《園林第宅總部》提要

《易·繫辭下》曰：「上古穴居而野處，後世聖人易以宫室，上棟下宇，以待風雨。」可知，第宅肇始，僅供遮風擋雨之用，並無尊卑貴賤之分。隨着社會的發展，階層分際明顯，第宅成爲財富與身份的象徵，各王朝更以律法形式明確各等級的規模與裝飾。

周人築園，有囿圃之别，蓋渾然天成，其專爲狩獵之地，鮮有人工設施，故能與民同利。秦漢以降，漸爲帝冑遊娱憩息之所，人工雕琢，窮極奢華。於是乎，殿宇亭臺，飛禽走獸，奇石佳木，名果異卉，彙聚一區。清之圓明園，乃中國皇家造園史之極致，西人稱之爲「萬園之園」。權富之家，由第及園，尉成風尚。漢袁廣漢之園、宋富鄭公園，留名史册。明清而後，江南園林，各樹風采，或妙於因借，或精在體宜，自然與巧構，薈萃了中國園林之精華，獨步於華夏。

我國古代園林第宅營造，受京都選址與經濟水準的影響，地區差異較大，考慮其歷史發展脈絡與營造水平，本總部重點收録歷朝京都所在地及江南地區資料，並按今北京、西安、洛陽、江南的順序排列，其他資料附後。

目録

題解

《爾雅·釋言二》 樊，藩也。郭璞注：謂藩籬。邢昺釋曰：孫炎曰：「樊圃之藩也。」郭曰：「謂藩籬。」藩以細木爲之。《齊風·東方未明》云：「折柳樊圃。」《小雅·青蠅》云：「營營青蠅，止于榛。」毛傳云：「棘榛所以爲藩。」是也。

《國語·周語中》 周制有之曰：列樹以表道，立鄙食以守路。國有郊牧，疆有寓望，藪有圃草，囿有林池，所以禦菑也。

許慎《説文解字》卷七下《宀部》 宅，所託也。从宀，乇聲。場伯切。

室，實也。从宀从至。至所止也。式質切。

許慎《説文解字》卷七下《口部》 園，所以樹果也。从口，袁聲。羽元切。

圃，種菜曰圃。从口，甫聲。博古切。

囿，苑有垣也。从口，有聲。一曰禽獸曰囿。于救切。

劉熙《釋名》卷五《釋宫室》 宅，擇也。擇吉處而營之也。舍，於中舍息也。

籬，離也。以柴竹作之。疏：離，離也。

柵，蹟也。以木作之，上平蹟然也。又謂之撤。撤，緊也。

葉廷珪《海録碎事》卷四下《屋宅門》 宅亦曰第，言有甲乙之次第也。《漢書》列侯食邑賜大第室，二千石賜小第室。

高承《事物紀原》卷八《舟車帷幄部》 屋，《釋名》：屋，奧也。《淮南子》曰：舜築牆茨屋。《新語》曰：堯舜之人比屋可對，以言民居也。《易》上棟下宇，蓋其始矣。其謂之屋，則自堯舜始矣。

彭大翼《山堂肆考》卷一七一《宫室》 《釋名》：宅，擇也。言擇吉處而營之也。其名起於堯舜之時，蒲坂城外有舜宅是也。《尉繚子》曰：天子宅千畝，諸侯宅百畝，大夫以下里舍九畝。宅亦曰第，言有甲乙之次第也。一説出不由里門，面大道者名曰第，爵雖列侯食邑，不滿萬户不得作第。其舍在里中者，皆不稱。

論説

孫希旦《禮記集解》卷二九《玉藻第十三之一》 君子之居恒當户，寢恒東首。若有疾風、迅雷、甚雨，則必變，雖夜必興，衣服冠而坐。

《春秋左傳·昭公三年》 初，景公欲更晏子之宅，曰：「子之宅近市，湫隘囂塵，不可以居，請更諸爽塏者。」辭曰：「君之先臣容焉，臣不足以嗣之，於臣侈矣。且小人近市，朝夕得所求，小人之利也，敢煩里旅？」公笑曰：「子近市，識貴賤乎？」對曰：「既利之，敢不識乎？」公曰：「何貴？何賤？」於是景公繁於刑。有鬻踊者，故對曰：「踊貴，屨賤。」既已告於君，故與叔向語而稱之。景公爲是省於刑。

君子曰：「仁人之言，其利博哉！晏子一言，而齊侯省刑。《詩》曰『君子如祉，亂庶遄已』，其是之謂乎！」

及晏子如晉，公更其宅，反則成矣。既拜，乃毁之，而爲里室，皆如其舊，則使宅人反之，曰：「諺曰：非宅是卜，唯鄰是卜。」二三子先卜鄰矣。且小人近市，朝夕得所求，小人之利也，敢煩里旅？公笑曰：「子近市，識貴賤乎？」」對曰：「既利之，敢不識乎？」公曰：「何貴？何賤？」於是景公繁於刑。有鬻踊者，故對曰：「踊貴，屨賤。」既已告於君，故與叔向語而稱之。景公爲是省於刑。

君子曰：「仁人之言，其利博哉！晏子一言，而齊侯省刑。詩曰『君子如祉，亂庶遄已』，其是之謂乎！」

及晏子如晉，公更其宅。反，則成矣。既拜，乃毁之，而爲里室，皆如其舊，則使宅人反之，曰：「諺曰：非宅是卜，唯鄰是卜。」二三子先卜鄰矣。違卜不祥。君子不犯非禮，小人不犯不祥，古之制也。吾敢違諸乎？」卒復其舊宅。公弗許，因陳桓子以請，乃許之。

呂不韋《呂氏春秋》卷一《孟春紀·重己》 室大則多陰，臺高則多陽。多陰則蹷，多陽則痿，此陰陽不適之患也。是故先王不處大室，不爲高臺，味不衆珍，衣不燀熱。燀熱則理塞，理塞則氣不達；味衆珍則胃充，胃充則中大鞔；中大鞔而氣不達，以此長生可得乎？昔先聖王之爲苑囿園池也，足以觀望勞形而已矣；其爲宫室臺榭也，足以辟燥濕而已矣；其爲輿馬衣裘也，足以逸身暖骸而已矣；其爲飲食酏醴也，足以適味充虚而已矣；其爲聲色音樂也，足以安性自娱而已矣。五者，聖王之所以養性也，非好儉而惡費也，節乎性也。

桓寬《鹽鐵論》卷四《園池第十三》 大夫曰：諸侯以國爲家，其憂在内。天子以八極爲境，其慮在外。故宇小者用菲，功巨者用大。是以縣官開園池，總山海，致利以助貢賦，修溝渠，立諸農，廣田牧，盛苑囿。太僕、水衡、少府、大農、歲課諸入田牧之利，池籞之假，及北邊置任田官，以贍諸用，而猶未足。今欲罷之，絶其源，杜其流，上下俱殫，困乏之應也，雖好省事節用，如之何其可也？

文學曰：古者制地足以養民，民足以承其上。千乘之國，百里之地，公侯伯子男，各充其求，贍其欲。秦兼萬國之地，有四海之富，而意不贍，非宇小而用菲，嗜欲多而下不堪其求也。語曰：「厨有腐肉，國有飢民；廄有肥馬，路有餧人。」今狗馬之養，蟲獸之食，豈特腐肉肥馬之費哉？無用之官，不急之作，服淫侈之變，無功而衣食縣官者衆，是以上不足而下困乏也。今不減除其本而欲贍其末，設機利，造田畜，與百姓争薦草，與商賈争市利，非所以明主德而相國家也。夫男耕女績，天下之大業也。故古者分地而處之，制田畝而事之。是以業無不食之地，國無乏作之民，今縣官之多張苑囿、公田、池澤，公家有鄣假之名，而利歸權家。三輔迫近於山、河，地狹人衆，四方並湊，粟米薪菜，不能相贍。公田轉假，桑榆菜果不殖，地力不盡。愚以爲非。先帝之開苑囿池籞，可賦歸之於民，縣官租税而已。假税殊名，其實一也。夫如是，匹夫之力，盡於南畝，匹婦之力，盡力麻枲。田野闢，麻枲治，則上下俱衍，何困乏之有矣？

桓寬《鹽鐵論》卷七《救匱第三十》 賢良曰：蓋橈枉者以直，救文者以質。昔者，晏子相齊，一狐裘三十載。故民奢，示之以儉；民儉，示之以禮。方今公卿大夫子孫，誠能節車輿，適衣服，躬親節儉，率以敦樸，罷園池，損田宅，内無事乎市列，外無事乎山澤，農夫有所施其功，女工有所粥其業。如是，則氣脈和平，無聚不足之病矣。

大夫曰：孤子語孝，躄者語杖，貧者語仁，賤者語治。議不在己者易稱，從旁議者易是，其當局則亂。故公孫弘布被，倪寛練袍，衣若僕妾，食若庸夫。淮南逆於内，蠻、夷暴於外；盗賊不爲禁，奢侈不爲節。若疫歲之巫，徒能鼓口舌，何散不足之能治乎？

賢良曰：高皇帝之時，蕭、曹爲公，滕、灌之屬爲卿，濟濟然斯則賢矣。文、景之際，建元之始，大臣尚有争引守正之義。自此之後，多承意從欲，少敢直言面議而正刺，因公而徇私。故武安丞相訟園田，争曲直人主之前。夫九層之臺一傾，公輸子不能正；本朝一邪，伊、望不能復。故公孫丞相、倪大夫側身行道，分禄以養賢，卑己以下士，功業顯立，日力不足，無行人子産之繼。而葛繹、彭侯之等隳壞其緒，紕亂其紀，毁其客館議堂，以爲馬厩婦舍，無養士之禮，而尚驕矜之色，廉耻陵遲而争於利矣。故良田廣宅，民無所之。不耻爲利者滿朝市，列田畜者彌郡國。横暴掣頓，大第巨舍之旁，道路且不通，此固難醫而不可爲工。

大夫勃然作色，默而不應。

王充《論衡》卷二三《四諱篇》 俗有大諱四：一曰諱西益宅。西益宅謂之不祥，不祥必有死亡。相懼以此，故世莫敢西益宅。

防禁所從來者遠矣。傳曰：「魯哀公欲西益宅，史争以爲不祥。哀公作色而怒，左右數諫而弗聽，以問其傅宰質睢曰：「吾欲西益宅，史以爲不祥，何如？」宰質睢曰：「天下有三不祥，西益宅不與焉。」哀公大説。有頃，復問曰：「何謂三不祥？」對曰：「不行禮義，一不祥也；嗜欲無止，二不祥也；不聽規諫，三不祥也。」哀公繆然深惟，慨然自反，遂不〔西〕益宅。」令史與宰質睢止其益宅，徒爲煩擾，則西益宅祥與不祥，未可知也。令史〔與〕質睢以爲西益宅審不祥，則史與質睢與今俗人等也。

夫宅之四面皆地也，三面不謂之兇，益西面獨謂不祥，何哉？西益宅，何傷於地體？何害於宅神？西益不祥，損之能善乎？西益不祥，東益能吉乎？夫不祥必有祥者，猶不吉必有吉矣。宅有形體，神有吉凶，動德致福，犯刑起禍。今言西益宅謂之不祥，何益而祥者？且惡人西益宅者誰也？如地惡之，益東家之西，損西家之東，何傷於地？如以宅神不欲西益，神猶人也，人之處宅，欲得廣大，何故惡之？而以宅神惡煩擾，則四面益宅，皆當不祥。諸工技之家，説吉凶之占，皆有事狀。宅家言治宅犯兇神，移徙言忌歲月，祭祀言觸血忌，喪葬言犯剛柔，皆有鬼神兇惡之禁。人不忌避，有病死之禍。至於西益宅何害，而謂之不祥？不祥之禍，何以爲敗？

實説其義，「不祥」者，義理之禁，非吉凶之忌也。夫西方，長老之地，尊者之位也。尊長在西，卑幼在東。尊長，主也；卑幼，助也。主少而助多，尊無二上，卑有百下也。西益（主）〔宅〕益主不增助，二上不百下也，於義不善，故謂不祥。不祥者，不宜也。於義不宜，未有兇也。何以明之？夫墓，死人所藏；田，人所飲食；宅，人所居處。三者於人，吉凶宜等。西益宅不祥，西益墓與田，不言不祥。夫墓，死人所居，因忽不慎。田，非人所處，不設尊卑。宅者，長幼所共，加慎致意者，何可不之諱？義詳於宅，略於墓與田也。

王充《論衡》卷二五《詰術篇》 圖宅術曰：宅有八術，以六甲之名，數而第之，第定名立，宫商殊别。宅有五音，姓有五聲。宅不宜其姓，姓與宅相賊，則疾病死亡，犯罪遇禍。

詰曰：夫人之在天地之間也，萬物之貴者耳。其有宅也，猶鳥之有巢，獸之有穴也。謂宅有甲乙，巢穴復有甲乙乎？甲乙之神，獨在民家，不在鳥獸何？夫人之有宅，猶有田也，以田飲食，以宅居處。人民所重，莫食最急，先田後宅，田重於宅也。田間阡陌，可以制八術，比土爲田，可以數甲乙。甲乙之術，獨施於宅，不設於田，何也？府廷之内，吏舍比屬，吏舍之形制，何殊於宅？吏之居處，何異於民？不以甲乙第舍，獨以甲乙數宅，何也？民間之宅，與鄉、亭比屋相屬，接界相連。不並數鄉，亭，獨第民家。甲乙之神，何以獨立於民家也？數宅之術□行市亭，數巷街以第甲乙。入市門曲折，亦有巷街。人晝夜居家，朝夕坐市，其實一也，市肆户何以不第甲乙？州、郡列居，縣、邑雜處，與街巷民家何以異？州郡縣邑，何以不數甲乙也？

天地開闢有甲乙邪？後王乃有甲乙？如天地開闢本有甲乙，則上古之時，巢居穴處，無屋宅之居，街巷之制，甲乙之神皆何在？

數宅既以甲乙，五行之家數日，亦當以甲乙。甲乙有支干，支干有加時。支干加時，專比者吉，相賊者兇。當其不舉也，未必加憂支辱也。事理有曲直，罪法有輕重，上官平心，原其獄狀，未有支干吉凶之驗，而有事理曲直之效，爲支干者，何以對此？武王以甲子日戰勝，紂以甲子日戰負，二家俱期，兩軍相當，旗幟相望，俱用一日，或存或亡。且甲與子專比，昧爽時加寅，寅與甲乙(子)不相賊，武王終以破紂，何也？

日，火也，在天爲日，在地爲火。何以驗之？陽燧鄉日，火從天來。由此言之，火，日氣也。日有甲乙，火無甲乙何？日十而辰十二，日辰相配，故甲與子連。所謂日十者，何等也？端端之日有十邪？而將一有十名也？如端端之日有十，甲乙是其名，何以不從言甲乙，必言子丑何？日廷圖甲乙有位，子丑亦有處，各有部署，列布五方，若王者營衛，常居不動。今端端之日中行，旦出東方，夕入西方，行而不已，與日廷異，何謂甲乙爲日之名乎？術家更説，日甲乙者，自天地神也，日更用事，自用甲乙勝負爲吉凶，非端端之日名也。夫如是，於五行之象，徒當用甲乙決吉凶而已，何爲言加時乎？案加時者，端端之日加也。端端之日安得勝負？

五音之家，用口調姓名及字，用姓定其名，用名正其字。口有張歙，聲有外内，以定五音宫商之實。

夫人之有姓者，用稟於天。（天）〔人〕得五行之氣爲姓邪？以口張歙、聲外内爲姓也？如以本所稟於天者爲姓，若五穀萬物稟氣矣，何故用口張歙、聲内外定正之乎？古者因生以賜姓，因其所生賜之姓也。若夏吞慧苡而生，則姓苡氏；商吞燕子而生，則姓爲子氏；周履大人跡，則姬氏。其立名也，以信、以義、以像、以假、以類。以生名爲信，若魯公子友生，文在其手曰「友」也。以德名爲義，若文王爲昌，武王爲發也。以類名爲像，若孔子名丘也。取於物爲假，若宋公名杵臼也。取於父爲類，有似類於父也。其立字也，展名取同義，名賜字子貢，名予字子我。其立姓則以本所生，置名則以信、義、像、假、類，字則展名取同義，不用口張歙、〔聲〕外内。調宫商之義爲五音術，何據見而用？

古者有本姓，有氏姓。陶氏、田氏，事之氏姓也；上官氏、司馬氏，吏之氏姓也；孟氏、仲氏，王父字之氏姓也。氏姓有三：事乎！吏乎！王父字乎！以本姓則用所生，以氏姓則用事、吏、王父字，用口張歙調姓之義何居？

匈奴之俗，有名無姓、字，無與相調諧，自以壽命終，禍福何在？《禮》：「買妾不知其姓則卜之。」不知者，不知本姓也。夫妾必有父母家姓，然而必卜之者，父母姓轉易失實，《禮》重取同姓，故必卜之。姓徒用口調諧姓族，則《禮》買妾何故卜之？

圖宅術曰：「商家門不宜南向，徵家門不宜北向。」則商金，南方火也；徵火，北方水也。水勝火，火賊金，五行之氣不相得，故五姓之宅，門有宜嚮。嚮得其宜，富貴吉昌；嚮失其宜，貧賤衰耗。

夫門之與堂何以異？五姓之門，各有五姓之堂，所向無宜何？門之掩地，不如堂廡，朝夕所處，於堂不於門。圖吉凶者，宜皆以堂。如門人所出入，則户亦宜然。孔子曰：「誰能出不由户？」言户不言門。五祀之祭，門與户均。如當以門正所嚮，則户何以不當與門相應乎？且今府廷之内，吏舍連屬，門嚮有南北；長吏舍傳，閭居有東西。長吏之姓，必有宫、商，諸吏之舍，必有徵、羽。安官遷徙，未必角姓門南嚮也；失位貶黜，未必商姓門北出也。或安官遷徙，或失位貶黜何？

姓有五音，人之性質，亦有五行。五音之家，商家不宜南嚮門，則人稟金之性者，可復不宜南嚮坐、南行步乎？一曰：五音之門，有五行之人。假令商姓回食(口)五人，五人中各有五色，木人青，火人赤，水人黑，金人白，土人黄。五色之人，俱出南嚮之門，或凶或吉，壽命或短或長。凶而短者，未必色白；吉而長者，未必色黄也。五行之家，何以爲決？

南嚮之門，賊商姓家，其實如何？南方，火也，使火氣之禍，若火延燔，徑從南方來乎？則雖爲北嚮門，猶之凶也。火氣之禍，若夏日之熱，四方洽浹乎？則天地之間，皆得其氣。南嚮門家，何以獨凶？南方火者，火位南方。一曰：其氣布在四方，非必南方獨有火，四方無有也，猶水位在北方，四方猶有水也。火滿天下，水辨四方，水或在人之南，或在人之北。謂火常在南方，是則東方可無金，西方可無木乎？

《漢書》卷四九《鼂錯傳》 陛下幸募民相徙以實塞下，使屯戍之事益省，輸將之費益寡，甚大惠也。下吏誠能稱厚惠，奉明法，存卹所徙之老弱，善遇其壯士，和輯其心而勿侵刻，使先至者安樂而不思故鄉，則貧民相募而勸往矣。臣聞古之徙遠方以實廣虛也，相其陰陽之和，嘗其水泉之味，審其土地之宜，觀其屮木之饒，然後營邑立城，製里割宅，通田作之道，正阡陌之界。先爲築室，家有一堂二內，門户之閉，置器物焉。民至有所居，作有所用，此民所以輕去故鄉而勸之新(色)〔邑〕也。爲置醫巫，以救疾病，以脩祭祀，男女有昏，生死相卹，墳墓相從，種樹畜長，室屋完安，此所以使民樂其處而有長居之心也。

徐堅《初學記》卷二四《居處部・宅第八》 《釋名》曰：宅，擇也。言擇吉處而營之也。《周禮》：凡任地國宅無征。鄭衆注云：國宅，城中宅。無征，無税也。又《尉繚子》曰：天子宅千畝，諸侯百畝，大夫以下里舍九畝，歷代之宅。戴延之《西征記》曰：蒲坂城外有舜宅。《瀨鄉記》云：譙城西有老子宅。《瀨鄉記》曰：老子祠在瀨鄉曲仁里，譙城西出五十里，廣北二里。李夫人祠是老子所生舊宅。《漢書》云：魯有孔子宅。《漢書》曰：魯恭王壞孔子舊宅以廣宮室，聞鐘磬琴瑟之聲，遂不敢壞，于其壁中得古文經傳。《水經注》云：齊城北門外有晏嬰宅。見酈元《水經注》。《左傳》曰：齊景公欲更晏子之宅，公曰：子之宅近市，湫隘囂塵，請更諸爽塏。辭曰：君之先臣容焉，于臣侈矣。且小人近市，朝夕得所求，小人之利也。《荆州記》云：宛有伍子胥宅。見范汪注《荆州記》。秭歸縣有屈原宅。見庾仲雍《荆州記》。義陽安昌有漢光武宅。見范汪注《荆州記》。《東觀漢記》曰：建武十七年，幸章陵，修園廟、舊宅、田里舍。宅亦曰第，言有甲乙之次第也。《漢書》：高祖詔列侯食邑者，皆賜大第室，更二千石受小第室。注云：有甲乙次第，故曰第。一曰出不由里、門面大道者名曰第。爵雖列侯食邑，不滿萬户，不得作第。其舍在里中，皆不稱第。見魏王奏事。《漢書》曰：夏侯嬰以太僕事惠市，高后德嬰之脱，孝惠魯元于下邑間，乃賜嬰北第。第一曰近我以尊，異之張放，以公主子取皇后弟平恩侯嘉女，成帝賜甲第。哀帝爲董賢起大第北闕下。《東觀漢記》曰：竇氏一公兩侯三公主四二千石，相與並代，自祖及孫，官府邸宅相望。《漢紀》曰：梁冀于洛陽城内起甲第。《魏志》云：明帝特爲舅孫甄暢起大第舍。《晉紀》曰：琅琊王道子開理東第。此第宅之事也。

徐堅《初學記》卷二四《居處部・苑囿第十二》 《風俗通》曰：苑，蘊也，言薪蒸所蘊積也。《説文》曰：苑有園曰囿，囿猶有也。《吕氏春秋》曰：昔先王之爲苑囿，園池也，足以觀望勞形而已矣，非好儉節乎，性也。故周有靈囿、《毛詩》曰：王在靈囿。毛萇注云：囿所以養禽獸也。天子百里，諸侯四十里。國游。《周禮》曰：囿人掌國游之獸禁。鄭玄注云：國之離宫小苑游觀處。漢有上林、樂游、博望、黄山，後漢有鴻德、畢圭、靈崑、廣成諸苑。見《漢書》及《後漢書》、《後漢紀》。晉有平樂、鹿子、桑梓諸苑。並在洛陽，見《晉宫名》及《河南十二境簿》。或曰囿有林池，所以禦災也，其餘莫非穀土，見《國語》。及其衰也，馳騁遊獵，以奪人之時，勞人之力。見《淮南子》。故《漢書・東方朔》曰：務苑囿之大，不恤農時，非所以强國富人者。蓋此謂也。其名苑有天苑、禁苑、上苑，囿有君囿、靈囿、上囿。

徐堅《初學記》卷二四《居處部・園圃第十三》 《説文》曰：園，樹果也。圃，樹菜也。按《天文要集》曰：匏瓜爲天子果園。又天園主果實菜茹蓄儲。《史記》有梁園、漆園、楚橘、柚園。《三秦記》：漢有果園。《三秦記》云：漢武帝果園有大栗。《魏志》有芳林園、桐園。芳林，後避少帝諱故，曰華林園。《晉宫閣名》有靈芝園、蒲萄園，此皆因草木樹果以立名也。又有玄圃、見《莊子》、《山海經》有玄圃。疏圃、見《淮南子》。瓜圃見《瑣語》。葦圃、花圃、竹圃、見《水經注》。唐圃、見《吕氏春秋》。此雖因草木而立，亦隨事以名之。

李格非《洛陽名園記》 論曰：洛陽處天下之中，挾殽澠之阻，當秦隴之襟喉，而趙魏之走集，蓋四方必争之地也。天下常無事則已，有事則洛陽先受兵。予故曰：「洛陽之盛衰者，天下治亂之候也。」方唐貞觀、開元之間，公卿貴戚開館列第于東都者，號千有餘邸。及其亂離，繼以五季之酷，其池塘竹樹，兵車蹂踐，廢而爲丘墟；高亭大樹，煙火焚燎，化而爲灰燼。與唐共滅而俱亡者，無餘處矣。予故嘗曰：「園圃之廢興，洛陽盛衰之候也。」且天下之治亂，候于洛陽之盛衰，而知洛陽之盛衰，候于園圃之廢興，而得則名園記之作，予豈徒然哉！」嗚呼！公卿大夫方進于朝，放乎以一己之私自爲，而忘天下之治，忽欲退享此樂，得乎？唐之末路是已。洛陽名公卿園林，爲天下第一。靖康後，祝融回禄盡取以去矣。予得李格非文叔《洛陽名園記》，讀之至流涕。文叔出東坡之門，其文亦可觀。如論天下之治亂，候于洛陽之盛衰；洛陽之盛衰，候于園圃之廢興。其知言哉。河南邵博記。

葉夢得《避暑録話》卷下 李翺習之論山居，以怪石、奇峯、走泉、深潭、老木、嘉草、新花、視遠七者爲勝。今吾山所乏者，獨深潭、老木耳。深潭不可無，松亦不多得。五方地土風氣各不同，古之立社，各以其所宜。木非所宜，雖日培之不植。許洛地相接，嵩山至多松，而許更無有。王幼安治第，遣人取松栽百餘本種之，僅能活一株，纔三尺餘，視之如嬰兒也。乃獨宜柏，有伐以爲椽者。睢陽近亳有檜，而見推重州宅，堂前有兩株樛枝者，約高二丈餘，百年物也。至杉，則三州皆無之。木之佳者，無如是四種，而余仕四方，未嘗兼得。今此山乃無不宜，種之得法，十年間便可合半抱，惟柏長差比遲爾。今環余左右者，略有數千株。常目松磊落昂藏似孔北海，檜深密紆盤似管幼安，杉豐腴秀澤似謝安石，柏奇峻堅瘦似李元禮。吾閒居久，賓客益少，何幸日得與四君子游耶！范文正公嘗謂：吾木會有時而老，但吾不及見也。

高濂《遵生八牋》卷七《居室安處條・序古名論》 天隱子曰：「吾謂安處者，非華堂邃宇，重裀廣榻之謂也。在乎南面而坐，東首而寢，陰陽適中，明暗相半。屋無高，高則陽盛而明多；屋無卑，卑則陰盛而暗多。故明多則傷魄，暗多則傷魂。人之魂陽而魄陰，苟傷明暗，則疾病生焉。此所謂居處之室，尚使之然，況天地之氣，有亢陽之攻肌，淫陰之侵體，豈可不防慎哉？修養之漸，倘不法此，非安處之道。術曰：吾所居室，四邊皆窗户，遇風即闔，風息即開。吾所居座，前簾後屏，太明即下簾以和其内映，太暗則卷簾以通其外耀。内以安心，外以安目。心目皆安，則身安矣。明暗尚然，況太多事慮，太多情欲，豈能安其内外哉？」

高太素隱商山，起六館，曰春雪未融館，清夏晚雲館，中秋午月館，冬日方出館，暑簟清風館，夜階急雨館。各製一銘。

神隱曰：「草堂之中，竹窗之下，必置一榻。時或困倦，偃仰自如，日間窗下一眠，甚是清爽。時夢乘白鶴游於太空，俯視塵壤，有如蟻壘。自爲莊子，夢爲蝴蝶，入於桃溪，當與子休相類。」又曰：「草堂之中，或草亭僻室，製爲琴室，地下埋一大缸，缸中懸一銅鐘，上以石墁，或用板鋪，上置琴磚或木几彈琴，其聲空朗清亮，自有物外氣度。」

東坡守汝陰，作亭以帷幕爲之，世所未有。其製若亭，四圍柱架穿插成之。裝起則以帷幕圍之，拆束則揭而他往。其銘略云：「乃作新亭，檐楹欒櫨，鑿枘交設，合散靡常。不由仰承，清幄四張。我所欲往，十夫可將。與水升降，除地布牀。」又云：「豈獨臨水？無適不臧。春朝花郊，秋夕月場，無脛而趨，無翼而翔。敝又改爲，其費易償。榜曰擇勝，名實允當。」又觀子由，繼作四言詩，内云：「視身如傳，苟完不求。山盤水嬉，習氣未瘳。風有翠帷，雨有赤油。匪車匪舟，亦可相攸。」則晴用布帷，雨用油幕可知。

唐子西云：「有軒數間，松竹迷道，庭花合圍，值堂屋之後，人事之所不及，賓游之所不至。往往獨坐於此，解衣盤礴，箕踞胡牀之上，含毫賦詩，曝背閲書，以釋忽忽之氣自妙。」

《山家清事》云：「擇故山濱水地，環籬植荆，間栽以竹，餘丈，植芙蓉三百六十。入芙蓉二丈，環以松梅，入此餘三丈。重籬外，芋栗羊棗桃李，内植梅。結屋前茅後瓦，入閣名尊經，藏古今書。左塾訓子，右道院迎賓。進舍三：寢一，讀書一，治藥一。後舍二：其一儲酒、穀，列山具農具，一安僕役庖湢，婢一，童一，園丁二。前鶴屋養鶴，後犬一二足，驢四蹄，牛四角。客至具蔬食酒核，暇則讀書課農圃，毋苦吟，以安天年。」

潘岳《閒居賦》曰：「太母在堂，覽止足之分，庶浮雲之志，築室種樹，逍遥自得。池沼足以漁釣，春税足以代耕。灌園鬻蔬，供朝夕之膳，牧羊酤酪，俟伏臘之費。凜秋暑退，熙春寒往，微雨新晴，六合清朗。太君升輕軒，御板輿，遠覽王畿，近周家園。席家筵，列子孫，柳垂陰，車結軌，或宴於林，或禊子汜。昆弟斑白，兒童稚齒，稱萬壽以獻觴，咸一懼而一喜。壽觴舉，慈顔和，浮杯樂飲，絲竹駢羅，頓足起舞，抗音高歌。人生安樂，孰知其他？」

王子猷嘗暫寄人空宅，便命種竹。或曰：「暫住，何煩爾主？」王嘯詠良久，指竹曰：「何可一日無此君？」

柳子厚曰：「把荷鍤，決溪泉，爲圃以給茹。其隙則浚池溝，藝樹木，行歌坐釣，望青天白雲，以此篁爲適，亦是老死亡戚戚者。」

孫公仲益曰：「新宅落成，市聲不入耳，俗軌不至門。客至共坐，青山當户，流水在左，輒談世事，便當以大白浮之。」

懿代崇佛法，迎佛骨，至起「不思議堂」以奉之。

杜祁公別墅起薝蔔館，室形亦六，器用亦六角，以象薝花之六出焉。

陶學士曰：「余銜命渡淮入廣陵界，維舟野次，縱步至一村圃，有碧蘆方數畝。中隱小室，榜曰秋聲館，時甚愛之，不知誰家別墅，意主人亦雅士也。」

宜春城中有堆阜，郡人謂之袁臺，地屬李致。致有文馳聲，衆爲築室于袁臺，取登東山而小魯之義，榜爲小魯軒。

宣城何子華，有古橙四株，面橙建堂，榜曰剖金。霜降橙熟，開樽潔饌，與衆共之。

陳犀罷司農少卿，省女兄於姑蘇。適上元夜觀燈，車馬喧騰，目奪神醉，嘆曰：「涉冰霜，泛煙水，乍見此高明世界，遂覺神朗。」頓還舊館。

武陵儒者苗彤，事園池以接賓客，建野春亭，内中雜植山野花草，五色錯雜。

李愚語人曰：「予夙夜在公，不曾漫遊華胥國，意欲於洛陽買水竹處，作蝶庵，謝事居之。庵中當以莊周爲開山第一祖，陳摶配食。若忙者，難爲主籍供職。」

王震爲國子博士，好觀雨中浮漚疏稠出沒，每雨，就四階挾擁處，寓目而心醉焉。張麟瑞戲之曰：「公宜以此亭名曰『醉漚』。」

黃宗羲《明文海》卷三一六蔣冕《送地理黃生歸劍江序》 相地之説，豈獨堪輿家有之。「我乃卜澗水東，瀍水西。」《書》固嘗有之矣。「卜云其吉，終焉允臧。」《詩》亦嘗言之矣。然此猶爲居室言，非爲宅兆言也。孔、曾相與問答，極論大孝子生事葬祭之道，顯顯然著之於書，以詔天下後世。至其終篇，舉送終之大節，而特揭之曰：卜其宅兆，而安厝之。使所在之地而皆可葬，則何事於卜？正以地有美惡，不得不卜以決之。葬焉而不卜，卜焉而不吉，則雖葬而未必能盡善吾親之體魄，容有不安焉者。此孔子所以有安之之説也。自是以來，鄒孟氏以及司馬氏、程氏、朱氏始有無使土親膚之説，又有土厚水深之説，又有土色光潤、草木茂盛，以爲地美之驗之説，又有避五患之説，又有擇主勢强弱、風氣聚散之説。皆不過推廣孔子之言，而益致其謹重周慎之意，特後來者言愈詳而意愈密耳。此正天下後世，凡爲人子者所當尊信服行，以爲蓍蔡指南者也。堪輿家謂凡人之賢愚壽夭、富貧賤貴，一切皆冢中枯骨之所爲，雖天道福善禍淫之理，世主賞善伐惡之權，皆可以置而不論，甚則至謂神功可奪，天命可改，而禍福之應速不旋日，則與此甚相矛盾，有不可同年而語者矣。然彼之業是術者，但見其師資相授，大率皆然，遂益鼓其説，以誤世人，矜張誇詡，飾僞以爲真，以愚誑愚，先後一轍。雖號爲讀儒書者，亦每甘其愚而不之悟，且自謂吾之禍福予奪，皆不出其術中，由是舉吾親之體魄，一聽其所爲，以自陷於水泉螻蟻之地，而不自覺。曾不知彼之言固有與吾儒合者。其曰「乘生氣」者是也。曰上聚，曰風，曰水，曰土，欲堅潤云者，皆生氣所以乘之由。亦豈得謂爲無理哉？在人子者，亦宜參互考究之爲所得，爲以自盡夫必誠必信之道，特不當以禍福言耳。予年十二而孤，先君窀穸事，惟吾伯兄、今湖廣憲副梅軒先生是賴，於堪輿家之説懵無所知。頃自先母棄背，朝夕皇皇焉圖營宅兆，業是術者，往往踵接於吾門。最後鄉貢士楊仁夫以書自衡山來，亟稱劍江黃生璿。既而生至，與之語郭景純《葬書》甚習，間與之陟岡阜，探討源委，其於山川性情，務求其隱顯向背之未易測識者，其於壽夭貧富之説，未嘗一出諸其口。其人又謙而好學，在吾家一聞丁副憲時雍言永豐吳慎儀之術有過人者，即辭予往從之，得其肯綮爲多。予家居二年，生凡三來，吾全每一見之，輒喜其問學日新而未已，庶乎可與論吾儒慎終之道，而不拘拘然泥於彼所傳禍福之談者。故因其佐予葬先母而歸也，書此以張之，且使人知予所以與進乎生者，意蓋在此而不在彼也。

衛泳《古文小品冰雪攜》卷上陳繼儒《園史序》 余嘗謂園有四難：曰佳山水難，老樹難，位置難，安名難。復有三易：曰豪易奪，久易荒，主人不文易俗。今江南多名園，余每過輒寓目焉。已復再游，或花明草暗而園主無暇至，即至掉臂如郵傳歸矣。或狹小前人制度，更輒而新之，園不及新，而其人骨且腐矣。或轉眼而售他姓，非大榜署門，則堅鐍扃户矣。或斫木作臼，仆石爲礎，摧棟敗垣，如水旱逃亡屋矣。即使榱桷維新，松菊如故，而擁是園者爲酒肉傖父，一草一木，一字一句，使見者穢而欲嘔，掩鼻蒙面而不能須臾留也。夫有之以爲恨，詎若亡之以爲快乎？吾友費無學，天下才子也。其先文憲公有晁采園，太僕公有甲秀園，君復自闢日涉園。君出入三園中，饒有湖山竹木之勝。而又性不耐苛碎，體不工獻酬。罷簪裾，遁名譽，先別妻子，次辭親友，嘗爲文見志。其中畜建康朱琴、黃魯直風字硯、湘纍衙尊、蒼玉斗各一，而三教之書聚焉。居恒著甚富，前無古人，間以其暇，爲韻人韻事，歌詠品題，漫興而讀書之，遂成一家園史。大抵言志類蕭大圜，誡子類徐勉。逍遥磅礴，文采雋逸。能寫其意中之味與方外之樂，即陸天隨之《幽居》，羅景綸之《鶴林》，皆未始有也。吾昔與王元美游弇州園，公執酒四顧，詠靈運詩云：「中有天地物，今爲鄙夫有。」余戲問曰：「輞川何在？蓋園不難，難於園主人；主人不難，難於此園中有《四部稿》耳！」公樂甚，浮余大白。今吾於《園史》亦云。雖然，以無學之才品，當置之木天一席地，而乃使如椽之筆退而修《園史》以寄傲，亦足悲已。知我者稀，無學且秘之。苟非文士，寧許窺園，不得許輕窺《園史》。

錢泳《履園叢話》卷二〇《造園》 造園如作詩文，必使曲折有法，前後呼應，最忌堆砌，最忌錯雜，方稱佳構。園既成矣，而又要主人之相配，位置之得宜，不可使庸夫俗子駐足其中，方稱名園。今常熟、吴江、崑山、嘉定、上海、無錫各縣城隍廟俱有園亭，亦頗不俗。每當春秋令節，鄉傭村婦，估客狂生，雜遝歡呼，説書彈唱，而亦可謂之名園乎？

吾鄉有浣香園者，在嘯傲涇，江陰李氏世居。康熙末年，布衣李芥軒先生所構，僅有堂三楹，曰恕堂。堂下惟植桂樹兩三株而已，其前小室，即芥軒也。沈歸愚尚書未第時，嘗與吴門韓補瓢、李客山輩往來賦詩于此，有《浣香園唱和集》，乃知園亭不在寬廣，不在華麗，總視主人以傳。

有友人購一園，經營構造，日夜不遑。余忽發議論曰：「園亭不必自造，凡人之園亭，有一花一石者，吾來嘯歌其中，即吾之園亭矣，不亦便哉！」友人曰：「不然，譬如積貲巨萬，買妾數人，吾自用之，豈可與他人同樂耶！」余駁之曰：「大凡人作事，往往但顧眼前，儻有不測，一切功名富貴、狗馬玩好之具，皆非吾之所有，況園亭耶？又安知不與他人同樂也。」

吴石林癖好園亭，而家奇貧，未能搆築，因撰《無是園記》，有《桃花源記》、《小園賦》風格，江片石題其後云：「萬想何難幻作真，區區邱壑豈堪論。那知心亦爲形役，憐爾飢軀畫餅人。」「寫盡蒼茫半壁天，煙雲幾疊上鑾牋。子孫翻得長相守，賣向人間不值錢。」余見前人有所謂烏有園、心園、意園者，皆石林之流亞也。

綜述

賈思勰《齊民要術》卷四《園籬第三十一》 凡作園籬法，於牆基之所，方整深耕。凡耕作三壟，中間相去各二尺。秋上酸棗熟時，收於壟中概種之。至明年秋生，高三尺許。間斸去惡者，相去一尺留一根，必須稀概均調，行五條，直相明。當至明年春，剥去横枝。剥必留距，若不留距，侵皮痕大，逢寒即死。剥訖，即編爲巴籬，隨宜夾結，務使舒緩。急則不復得長故也。又至明年春，更剥其末，又編之，高七尺便足。欲高作者，亦任人意。匪直姦人慙笑而返，狐狼亦息望而回，行人見者莫不嗟嘆，不覺白日西移，遂忘前途尚遠，盤桓瞻矚，久而不能去。枳棘之籬，折柳樊圃，斯其義也。其種柳作之者，一尺一樹，初時斜插，插時即編。其種榆莢者，一同酸棗。如其栽榆與柳，斜直高與人等，然後編之。數年長成，共相蹙迫，交柯錯葉，特似房櫳。既圖龍蛇之形，復寫鳥獸之狀，緣勢欹崎，其貌非一。若值巧人，隨便采用，則無事不成。尤宜作机，其盤紆茀鬱，奇文互起，縈布錦繡，萬變不窮。

沈括《夢溪筆談》卷二四 趙韓王治第，麻擣錢一千二百餘貫，其他可知。蓋屋皆以板爲笪，上以方塼甃之，然後布瓦，至今完壯。塗壁以麻擣土，世俗遂謂塗壁麻爲麻擣。

周密《癸辛雜識・前集・假山》 前世疊石爲山，未見顯著者。至宣和，艮岳始興大役，連艫輦致，不遺餘力。其大峯特秀者，不特侯封，或賜金帶，且各圖爲譜。然工人特出於吴興，謂之山匠，或亦朱勔之遺風。蓋吴興北連洞庭，多産花石，而卞山所出，類亦奇秀，故四方之爲山者，皆於此中取之。浙右假山最大者，莫如衛清叔吴中之園，一山連亘二十畝，位置四十餘亭，其大可知矣。然余平生所見秀拔有趣者，皆莫如俞子清侍郎家爲奇絶。蓋子清胸中自有邱壑，又善畫，故能出心匠之巧。峯之大小凡百餘，高者至二三丈，皆不事餖飣，而犀株玉樹，森列旁午，儼如羣玉之圃，奇奇怪怪，不可名狀。大率如昌黎《南山》詩中，特未知視牛奇章爲何如耳？乃於衆峯之間，縈以曲澗，甃以五色小石，旁引清流，激石高下，使之有聲，淙淙然下注大石潭。上蔭巨竹、壽藤，蒼寒茂密，不見天日。旁植名藥，奇草，薜荔、女蘿、菟絲，花紅葉碧。潭旁横石作杠，下爲石渠，潭水溢，自此出焉。潭中多文龜、斑魚，夜月下照，光景零亂，如窮山絶谷間也。今皆爲有力者負去，荒田野草，淒然動陵谷之感焉。

計成《園冶》阮大鋮《冶敘》 余少負向禽志，苦爲小草所紲。幸見放，謂此志可遂。適四方多故，而又不能違兩尊人菽水，以從事逍遥游；將鷄塒豚柵，歌戚而聚國族焉已乎？鑾江地近，偶問一艇於寤園柳淀間，寓信宿，夷然樂之。樂其取佳丘壑，置諸籬落許；北垞南陔，可無易地，將嗤彼雲裝煙駕者汗漫耳！兹土有園，園有「冶」，「冶」之者松陵計無否，而題之冶者，吾友姑孰曹元甫也。無否人最質直，臆絶靈奇，儂氣客習，對之而盡。所爲詩畫，甚如其人，宜乎元甫深嗜之。予因剪蓬蒿甌脱，資營拳勺，讀書鼓琴其中。勝日，鳩杖板輿，仙仙於止。

予則着「五色衣」，歌紫芝曲，進兕觥爲壽，忻然將終其身，甚哉，計子之能樂吾志也，亦引滿以酌計子，於歌餘月出，庭峯悄然時，以質元甫，元甫豈能已於言？崇禎甲戌清和届期，園列敷榮好鳥如友，遂援筆其下。石巢阮大鋮。

計成《園冶》卷一《興造論》 世之興造，專主鳩匠，獨不聞三分匠、七分主人之諺乎？非主人也，能主之人也。古公輸巧，陸雲精藝，其人豈執斧斤者哉？若匠惟雕鏤是巧，排架是精，一梁一柱，定不可移，俗以「無竅之人」呼之，甚確也。故凡造作，必先相地立基，然後定其間進，量其廣狹，隨曲合方，是在主者，能妙於得體合宜，未可拘率。假如基地偏缺，鄰嵌何必欲求其齊，其屋架何必拘三、五間，爲進多少？半間一廣，自然雅稱，斯所謂「主人之七分」也。第園築之主，猶須什九，而用匠什一，何也？園林巧於「因」、「借」，精在「體」、「宜」，愈非匠作可爲，亦非主人所能自主者，須求得人，當要節用。「因」者：隨基勢之高下，體形之端正，礙木刪椏，泉流石注，互相借資；宜亭斯亭，宜樹斯樹，不妨偏徑，頓置婉轉，斯謂「精而合宜」者也。「借」者：園雖別內外，得景則無拘遠近，晴巒聳秀，紺宇凌空，極目所至，俗則屏之，嘉則收之，不分町畽，盡爲煙景，斯所謂「巧而得體」者也。體、宜、因、借，匪得其人，兼之惜費，則前工并棄，即有後起之輸、雲，何傳於世？予亦恐浸失其源，聊繪式於後，爲好事者公焉。

計成《園冶》卷一《園説》 凡結林園，無分村郭，地偏爲勝，開林擇剪蓬蒿；景到隨機，在澗共修蘭芷。徑緣三益，業擬千秋，圍牆隱約於蘿間，架屋蜿蜒於木末。山樓憑遠，縱目皆然；竹塢尋幽，醉心即是。軒楹高爽，窗户虛鄰；納千傾之汪洋，收四時之爛熳。梧陰匝地，槐蔭當庭；插柳沿堤，栽梅繞屋；結茅竹里，濬一派之長源；障錦山屏，列千尋之聳翠，雖由人作，宛自天開。刹宇隱環窗，彷彿片圖小李；巖巒堆劈石，參差半壁大癡。蕭寺可以卜鄰，梵音到耳；遠峯偏宜借景，秀色堪餐。紫氣青霞，鶴聲送來枕上；白蘋紅蓼，鷗盟同結磯邊。看山上箇籃輿，問水拖條櫪杖；斜飛堞雉，橫跨長虹；不羨摩詰輞川，何數季倫金谷。一灣僅於消夏，百畝豈爲藏春，養鹿堪遊，種魚可捕。涼亭浮白，冰調竹樹風生；暖閣偎紅，雪煮爐鐺濤沸。渴吻消盡，煩頓開除。夜雨芭蕉，似雜鮫人之泣淚；曉風楊柳，若翻蠻女之纖腰。移竹當窗，分梨爲院；溶溶月色，瑟瑟風聲；靜擾一榻琴書，動涵半輪秋水，清氣覺來几席，凡塵頓遠襟懷；窗牖無拘，隨宜合用；欄杆信畫，因境而成。製式新番，裁除舊套；大觀不足，小築允宜。

計成《園冶》卷一《相地》 園基不拘方向，地勢自有高低；涉門成趣，得景隨形，或傍山林，欲通河沼。探奇近郭，遠來往之通衢；選勝落村，藉參差之深樹。村莊眺野，城市便家。新築易乎開基，祇可栽楊移竹；舊園妙於翻造，自然古木繁花。如方如圓，似偏似曲；如長彎而環璧，似偏闊以鋪雲。高方欲就亭臺，低凹可開池沼；卜築貴從水面，立基先究源頭，疏源之去由，察水之來歷。臨溪越地，虛閣堪支；夾巷借天，浮廊可度。倘嵌他人之勝，有一線相通，非爲間絶，借景偏宜；若對鄰氏之花，纔幾分消息，可以招呼，收春無盡。駕橋通隔水，別館堪圖；聚石壘圍牆，居山可擬。多年樹木，礙築簷垣；讓一步可以立根，斫數椏不妨封頂。斯謂雕棟飛楹構易，蔭槐挺玉成難。相地合宜，構園得體。

一、山林地

園地惟山林最勝，有高有凹，有曲有深，有峻而懸，有平而坦，自成天然之趣，不煩入事之工。入奥疏源，就低鑿水，搜土開其穴麓，培山接以房廊。雜樹參天，樓閣礙雲霞而出没；繁花覆地，亭臺突池沼而參差。絶澗安其梁，飛巖假其棧；閒閒即景，寂寂探春。好鳥要朋，羣麋偕侶。檻逗幾番花信，門灣一帶溪流，竹里通幽，松寮隱僻，送濤聲而鬱鬱，起鶴舞而翩翩。階前自掃雲，嶺上誰鋤月。千巒環翠，萬壑流青。欲藉陶輿何緣謝屐。

二、城市地

市井不可園也；如園之，必向幽偏可築，鄰雖近俗，門掩無譁。開徑逶迤，竹水遥飛疊雉；臨濠蜒蜿，柴荆横引長虹。院廣堪梧，堤灣宜柳；別難成墅，兹易爲林。架屋隨基，濬水堅之石麓；安亭得景，蒔花笑以春風。虛閣蔭桐，清池涵月。洗出千家煙雨，移將四壁圖書。素入鏡中飛練，青來郭外環屏。芍藥宜欄，薔薇未架；不妨憑石，最厭編屏；未久重修；安垂不朽？片山多致，寸石生情；窗虛蕉影玲瓏，巖曲松根盤礴。足徵市隱，猶勝巢居，能爲鬧處尋幽，胡舍近方圖遠；得閒即詣，隨興攜遊。

三、村莊地

古之樂田園者，居於畝畝之中；今耽丘壑者，選村莊之勝，團團籬落，處處桑麻；鑿水爲濠，挑堤種柳；門樓知稼，廊廡連芸。約十畝之基，須開池者三，曲折有情，疏源正可；餘七分之地，爲壘土者四，高卑無論，栽竹相宜。堂虛緑野猶開，花隱重門若掩。掇石莫知山假，到橋若謂津通。桃李成蹊，樓臺入畫。圍牆編棘，竇留山犬迎人；曲徑繞籬，苔破家童掃葉。秋老蜂房未割；西成鶴廩先支。安閒莫管稻粱謀，沽酒不辭風雪路；歸林得意，老圃有餘。

四、郊野地

郊野擇地，依乎平岡曲塢，疊隴喬林，水濬通源，橋橫跨水，去城不數里，而往來可以任意，若爲快也。諒地勢之崎嶇，得基局之大小；圍知版築，構擬習池。開荒欲引長流，摘景全留雜樹。搜根帶水，理頑石而堪支；引蔓通津，緣飛梁而可度。風生寒峭，溪灣柳間栽桃；月隱清微，屋繞梅餘種竹；似多幽趣，更人深情。兩三間曲盡春藏，一二處堪爲暑避，隔林鳩喚雨，斷岸馬嘶風；花落呼童，竹深留客；任看主人何必問，還要姓字不須題。須陳風月清音，休犯山林罪過。韻人安褻，俗筆偏塗。

五、傍宅地

宅傍與後有隙地可葺園，不第便於樂閒，斯謂護宅之佳境也。開池濬壑，理石挑山，設門有待來賓，留徑可通爾室。竹修林茂，柳暗花明；五畝何拘，且效温公之獨樂；四時不謝，宜偕小玉以同遊。日竟花朝，宵分月夕，家庭侍酒，須開錦幛之藏；客集徵詩，量罰金谷之數。多方題詠，薄有洞天；常餘半榻琴書，不盡數竿煙雨。硐户若爲止静，家山何必求深；宅遺謝眺之高風，嶺劃孫登之長嘯。探梅虚蹇，煮雪當姬輕身尚寄玄黄，具眼胡分青白。固作千年事，寧知百歲人；足矣樂閒，悠然護宅。

六、江湖地

江干湖畔，深柳疏蘆之際，略成小築，足徵大觀也。悠悠煙水，澹澹雲山，泛泛魚舟，閒閒鷗鳥，漏層陰而藏閣，迎先月以登臺。拍起雲流，觴飛霞竚，何如緱嶺，堪諧子晉吹簫？欲擬瑶池，若待穆王侍宴。尋閒是福，知享即仙。

計成《園冶》卷一《立基》 凡園圃立基，定廳堂爲主。先乎取景，妙在朝南，倘有喬木數株，僅就中庭一二。築垣須廣，空地多存，任意爲持，聽從排布；擇成館舍，餘構亭臺；格式隨宜，栽培得致。選向非拘宅相，安門須合廳方。開土堆山，沿池駁岸；曲曲一灣柳月，濯魄清波；遥遥十里荷風，遞香幽室。編籬種菊，因之陶令當年；鋤嶺栽梅，可並庾公故跡。尋幽移竹，對景蒔花；桃李不言，似通津信；池塘倒影，擬入鮫宫。一派涵秋，重陰結夏；疏水若爲無盡，斷處通橋，開林須酌有因，按時架屋。房廊蜒蜿，樓閣崔巍，動「江流天地外」之情，合「山色有無中」之句。適興平蕪眺遠，壯觀喬嶽瞻遥；高阜可培，低方宜挖。

一、廳堂基

廳堂立基，古以五間三間爲率；須量地廣窄，四間亦可，四間半亦可，再不能展舒，三間半亦可。深奥曲折，通前達後，全在斯半間中，生出幻境也。凡立園林，必當如式。

二、樓閣基

樓閣之基，依次序定在廳堂之後，何不立半山半水之間，有二層三層之説，下望上是樓，山半擬爲平屋，更上一層，可窮千里目也。

三、門樓基

園林屋宇，雖無方向，惟門樓基，要依廳堂方向，合宜則立。

四、書房基

書房之基，立於園林者，無拘内外，擇偏僻處，隨便通園，令遊人莫知有此。内構齋館房室，借外景，自然幽雅，深得山林之趣。如另築，先相基形：方圓、長扁、廣闊、曲狹，勢如前廳堂基餘半間中，自然深奥。或樓或屋，或廊或榭，按基形式，臨機應變而立。

五、亭榭基

花間隱榭，水際安亭，斯園林而得致者。惟榭祇隱花間，亭胡拘水際，通泉竹里，按景山顛，或翠筠茂密之阿；蒼松蟠鬱之麓；或借濠濮之上，入想觀魚；倘支滄浪之中，非歌濯足。亭安有式，基立無憑。

六、廊房基

廊基未立，地局先留，或餘屋之前後，漸通林許。躡山腰，落水面，任高低曲折，自然斷續蜿蜒，園林中不可少斯一斷境界。

七、假山基

假山之基，約大半在水中立起。先量頂之高大，纔定基之淺深。掇石須知占天，圍土必然占地，最忌居中，更宜散漫。

計成《園冶》卷一《屋宇》 凡家宅住房，五間三間，循次第而造；惟園林書屋，一室半室，按時景爲精。方向隨宜，鳩工合見；家居必論，野築惟因。雖廳堂俱一般，近臺榭有別致。前添敞卷，後進餘軒；必用重椽，須支草架；高低依製，左右分爲。當簷最礙兩廂，庭除恐窄；落步但加重廡，階砌猶深。昇栱不讓雕鸞，門枕胡爲鏤鼓；時遵雅樸，古摘端方。畫彩雖佳，木色加之青綠；雕鏤易俗，花空嵌以仙禽。長廊一帶迴旋，在豎柱之初，妙於變幻；小屋數椽委曲，究安門之當，理及精微。奇亭巧榭，構分紅紫之叢；層閣重樓，迥出雲霄之上；隱現無窮之態，招摇不盡之春。檻外行雲，鏡中流水，洗山色之不去，送鶴聲之自來。境倣瀛壺，天然圖畫，意盡林泉之癖，樂餘園圃之間。一鑒能爲，千秋不朽。堂占太史，亭問草玄，非及雲藝之臺樓，且操般門之斤斧。探奇合志，常套俱裁。

一、門樓

門上起樓，象城堞有樓以壯觀也。無樓亦呼之。

二、堂

古者之堂，自半已前，虚之爲堂。堂者，當也。謂當正向陽之屋，以取堂堂高顯之義。

三、齋

齋較堂，惟氣藏而致斂，有使人肅然齋敬之義。蓋藏修密處之地，故式不宜敞顯。

四、室

古云，自半已前(後)，實爲室。《尚書》有「壞宅」，《左傳》有「窟室」，《文選》載：「旋室㛹娟以窈窕」指「曲室」也。

五、房

《釋名》云：房者，防也。防密内外以爲寢闥也。

六、館

散寄之居，曰「館」，可以通别居者。今書房亦稱「館」，客舍爲「假館」。

七、樓

《説文》云：重屋曰「樓」。《爾雅》云：陜而修曲爲「樓」。言窗牖虚開，諸孔慺慺然也。造式，如堂高一層者是也。

八、臺

《釋名》云：「臺者，持也。言築土堅高，能自勝持也。」園林之臺，或掇石而高上平者；或木架高而版平無屋者；或樓閣前出一步而敞者，俱爲臺。

九、閣

閣者，四阿開四牖。漢有麒麟閣，唐有凌煙閣等，皆是式。

一〇、亭

《釋名》云：「亭者，停也。人所停集也。」司空圖有休休亭，本此義。造式無定，自三角、四角、五角、梅花、六角、横圭、八角至十字，隨意合宜則製，惟地圖可略式也。

一一、榭

《釋名》云：榭者，藉也。藉景而成者也。或水邊，或花畔，制亦隨態。

一二、軒

軒式類車，取軒軒欲舉之意，宜置高敞，以助勝則稱。

一三、卷

卷者，廳堂前欲寬展，所以添設也。或小室欲異人字，亦爲斯式。惟四角亭及軒可並之。

一四、广

古云：因巖爲屋曰「广」，蓋借巖成勢，不成完屋者爲「广」。

一五、廊

廊者，廡出一步也，宜曲宜長則勝。占之曲廊，俱曲尺曲。今予所構曲廊，之字曲者，隨形而彎，依勢而曲。或蟠山腰，或窮水際，通花渡壑，蜿蜒無盡，斯寤園之「篆雲」也。予見潤之甘露寺數間高下廊，傳説魯班所造。

一六、五架梁

五架梁，乃廳堂中過梁也。如前後各添一架，合七架梁列架式。如前添卷，必須草架而軒敞。不然前簷深下，内黑闇者，斯故也。如欲寬展，前再添一廊。又小五架梁，亭、榭、書房可構。將後童柱换長柱，可裝屏門，有别前後，或添廊亦可。

一七、七架梁

七架梁，凡屋之列架也，如廳堂列添卷，亦用草架。前後再添一架，斯九架列之活法。

一八、九架梁

九架梁屋，巧於裝折，連四、五、六間，可以面東、西、南、北。或隔三間、兩間、一間、半間，前後分爲。須用復水重椽，觀之不知其所。或嵌樓於上，斯巧妙處不能盡式，祇可相機而用，非拘一者。

一九、草架

草架，乃廳堂之必用者。凡屋添卷，用天溝，且費事不耐久，故以草架表裏整齊。向前爲廳，向後爲樓，斯草架之妙用也，不可不知。

二〇、重椽

重椽，草架上椽也，乃屋中假屋也。凡屋隔分不仰頂，用重椽復水可觀。惟廊構連屋，構倚牆一披而下，斷不可少斯。

二一、磨角

磨角，如殿閣擸角也。閣四敞及諸亭決用。如亭之三角至八角，各有磨法，盡不能式，是自得一番機構。如廳堂前添廊，亦可磨角，當量宜。

計成《園冶》卷一《屋宇・地圖》

凡匠作，止能式屋列圖，式地圖者鮮矣。夫地圖者，主匠之合見也。假如一宅基，欲造幾進，先以地圖式之。其進幾間，用幾柱着地，然後式之，列圖如屋。欲造巧妙，先以斯法，以便爲也。

屋宇圖式　五架過梁式（圖一—一）

前或添卷，後添架，合成七架列。

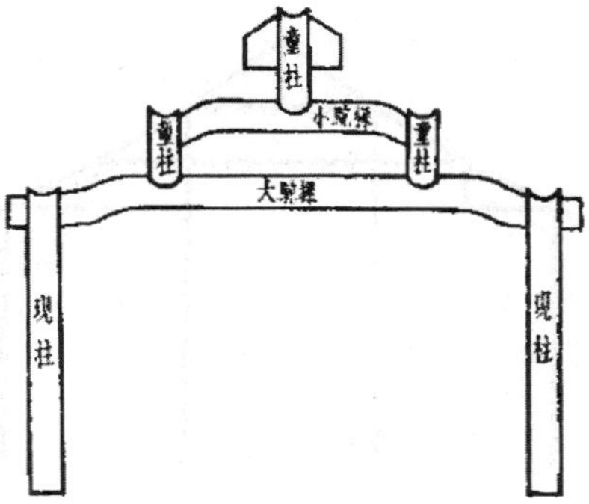

圖一—一　五架過梁式

草架式（圖一—二）

惟廳堂前添卷，須用草架，前再加之步廊，可以磨角。

七架列式（圖一—三）

凡屋以七架爲率。

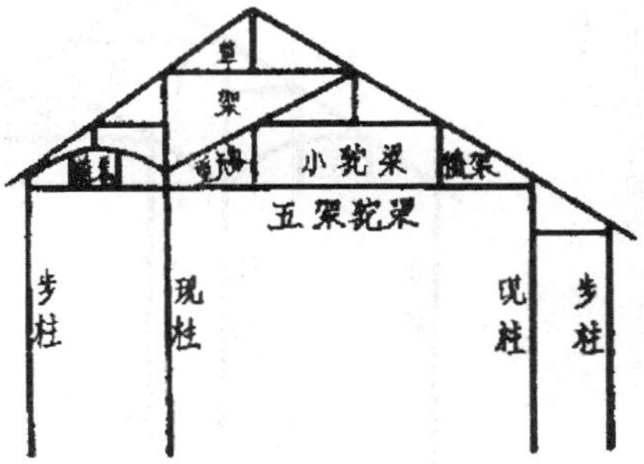

圖一—二　草架式

圖一—三　七架列式

七架醬架式(圖一—四)

不用脊柱，便於掛畫，或朝南北，屋傍可朝東西之法。

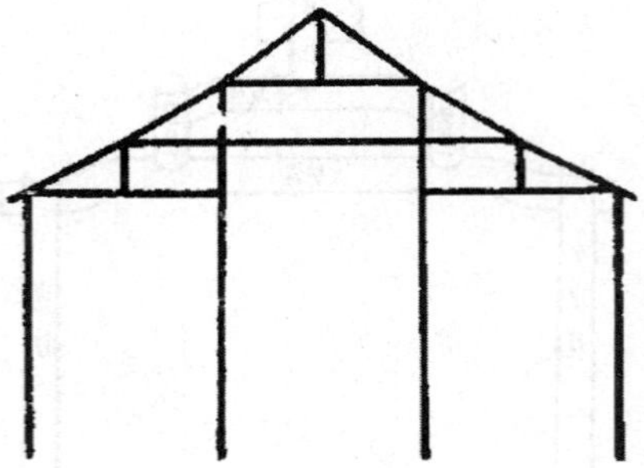

圖一—四　七架醬架式

九架梁式(圖一—五)、(圖一—六)、(圖一—七)

此屋宜多間，隨便隔間，復水或向東、西、南、北之活法。

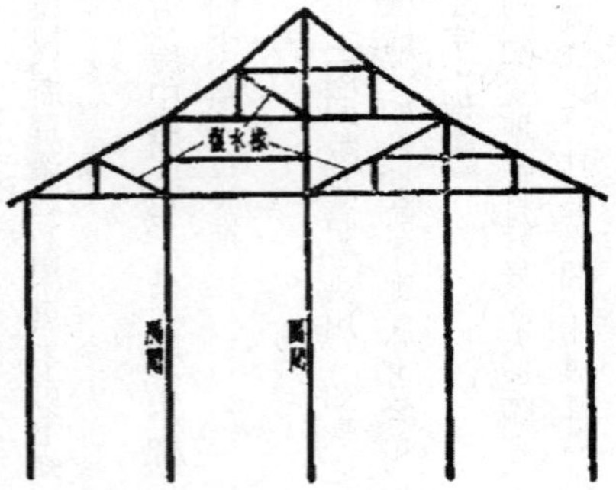

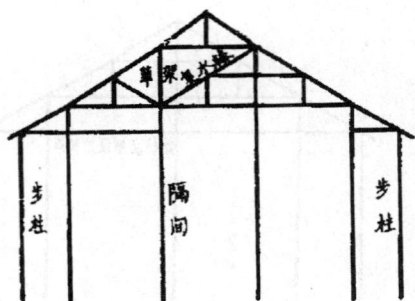

圖一—五　九架梁五柱式

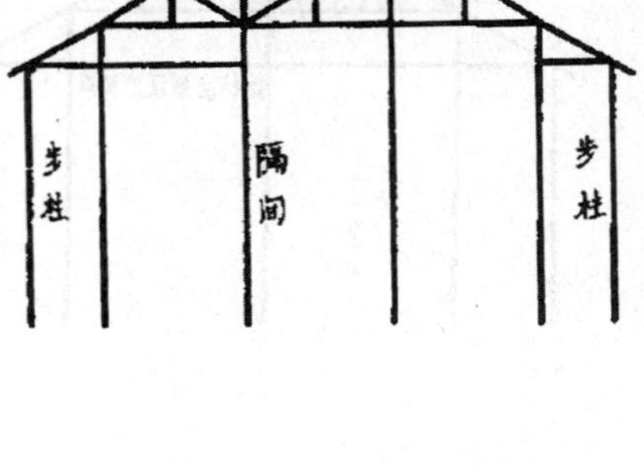

圖一—六　九架梁六柱式

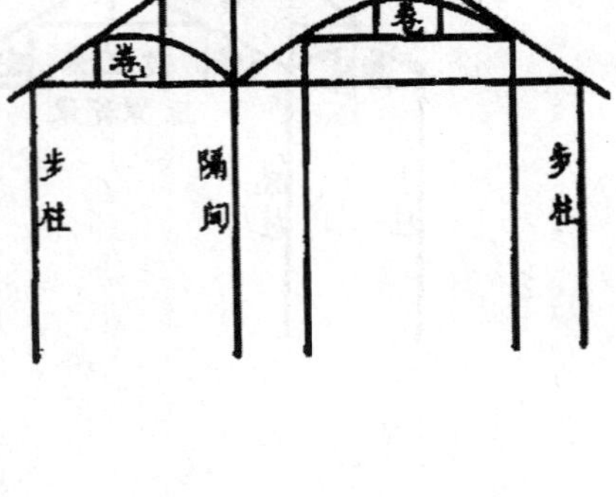

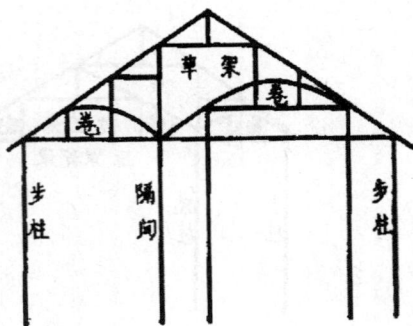

圖一—七　九架梁前後卷式

小五架梁式(圖一—八)

凡造書房、小齋或亭，此式可分前後。

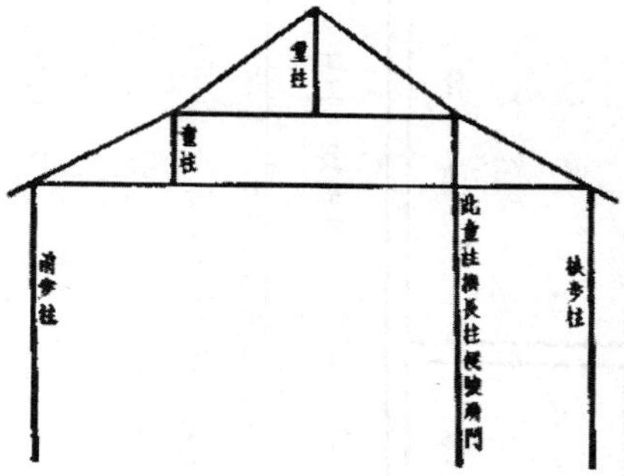

圖一—八　小五架梁式

地圖式(圖一—九)

凡興造，必先式斯。偷柱定磉，量基廣狹，次式列圖。凡廳堂中一間宜大，傍間宜小，不可匀造。

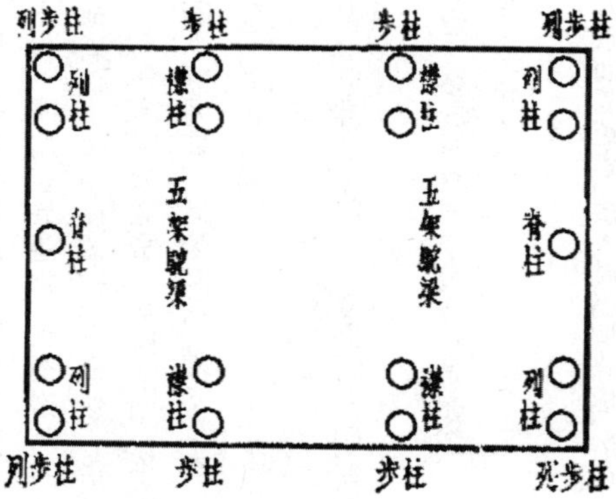

圖一—九　地圖式

梅花亭地圖式(圖一—十)

先以石砌成梅花基，立柱於瓣，結頂合簷，亦如梅花也。

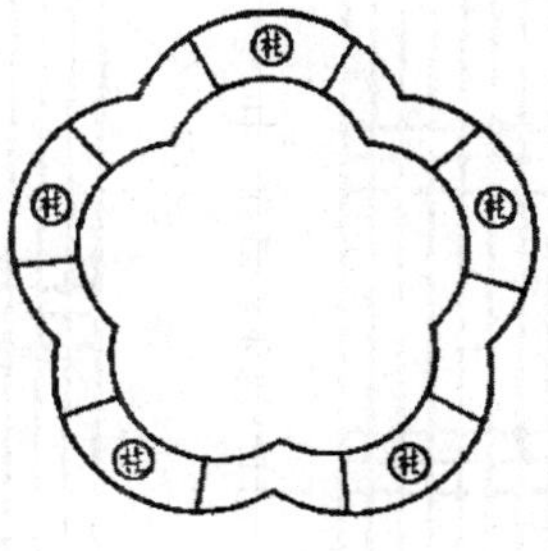

圖一—十　梅花亭地圖式

十字亭地圖式(圖一—十一)

十二柱四分而立，頂結方尖，週簷亦成十字。

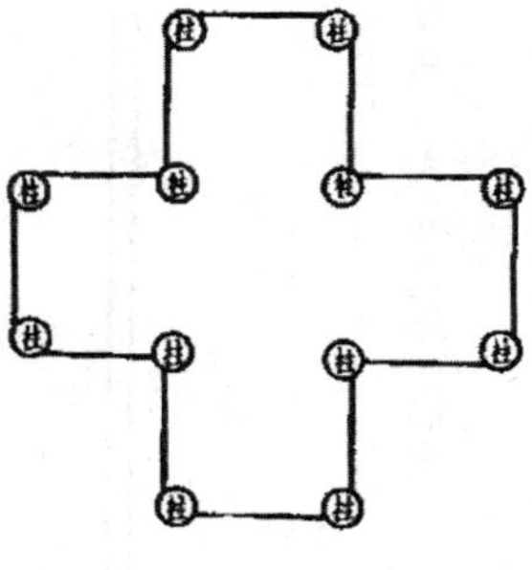

圖一—十一　十字亭地圖式

諸亭不式，惟梅花、十字，自古未造者，故式之地圖，聊識其意可也。斯二亭，祇可蓋草。

計成《園冶》卷一《裝折》　凡造作難於裝修，惟園屋異乎家宅，曲折有條，端方非額，如端方中須尋曲折，到曲折處還定端方，相間得宜，錯綜爲妙。裝壁應爲排比，安門分出來由。假如全房數間，內中隔開可矣。定存後步一架，餘外添設何哉？便徑他居，復成別館。磚牆留夾，可通不斷之房廊；板壁常空，隱出別壺之天地。亭臺影罅，樓閣虛鄰。絶處猶開，低方忽上，樓梯僅乎室側，臺級藉矣山阿。門扇豈異尋常，窗櫺遵時各式。掩宜合線，嵌不窺絲。落步欄杆，長廊猶勝；半牆床槅，是室皆然。古以菱花爲巧，今之柳葉生奇。加之明瓦斯堅，外護風窗覺密。半樓半屋，依替木不妨一色天花；藏房藏閣，靠虛簷無礙半彎月牖。借架高簷，須知下卷。出幙若分別院；連牆儗越深齋。構合時宜，式徵清賞。

一、屏門

堂中如屏列而平者，古者可一面用，今遵爲兩面用，斯謂「鼓兒門」也。

二、仰塵

仰塵即古天花版也。多於棋盤方空畫禽卉者類俗，一概平仰爲佳，或畫木紋，或錦，或糊紙，惟樓下不可少。

三、床槅

古之床槅，多於方眼而菱花者，後人減爲柳條槅，俗呼「不了窗」也。茲式從雅，予將斯增減數式，内有花紋各異，亦遵雅致，故不脱柳條式。或有將欄杆豎爲床槅，斯一不密，亦無可玩，如櫺空僅闊寸許爲佳，猶闊類欄杆風窗者去之，故式於後。

四、風窗

風窗，槅櫺之外護，宜疏廣減文，或横半，或兩截推關，茲式如欄杆，減者亦可用也。在館爲「書窗」，在閨爲「繡窗」。

裝折圖式

長槅式（圖一—十二）

古之床槅櫺版，分位定於四、六者，觀之不亮。依時製，或櫺之七、八，版之二、三之間。諒槅之大小，約桌兒之平高，再高四、五寸爲最也。

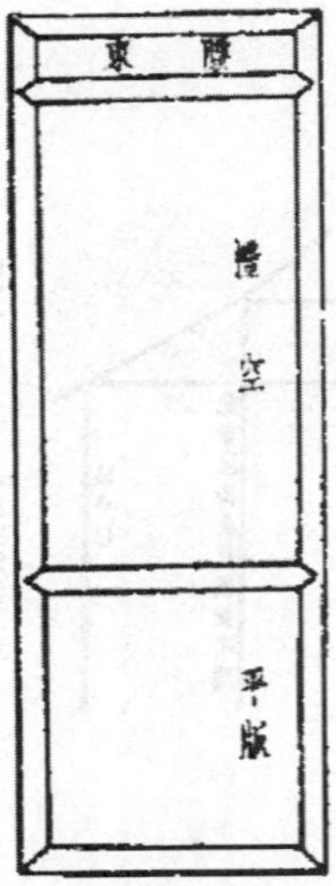

圖一—十二　長槅式

短槅式（圖一—十三）

古之短槅，如長槅分櫺版位者，亦更不亮。依時製，上下用束腰，或版或櫺可也。

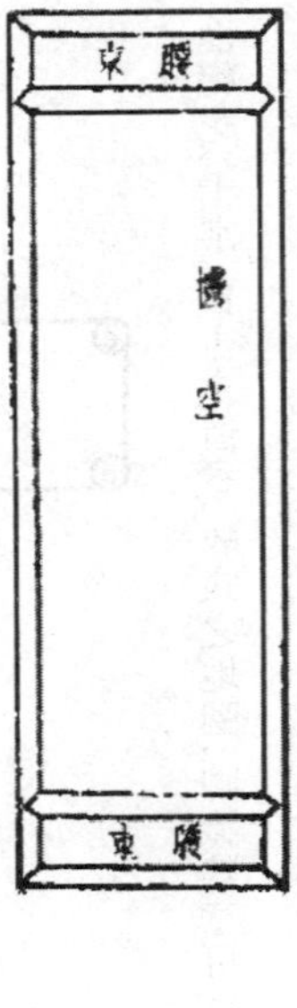

圖一—十三　短槅式

槅櫺式

床槅柳條式（圖一—十四至五十六）

時遵柳條槅，疏而且減，依式變換，隨便摘用。

圖一—十四　床槅柳條式之一

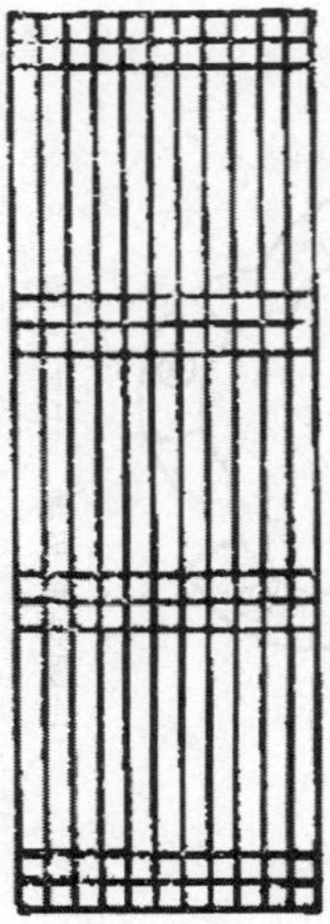

圖一—十五　床槅柳條式之二

圖一—十六　床槅柳條式之三

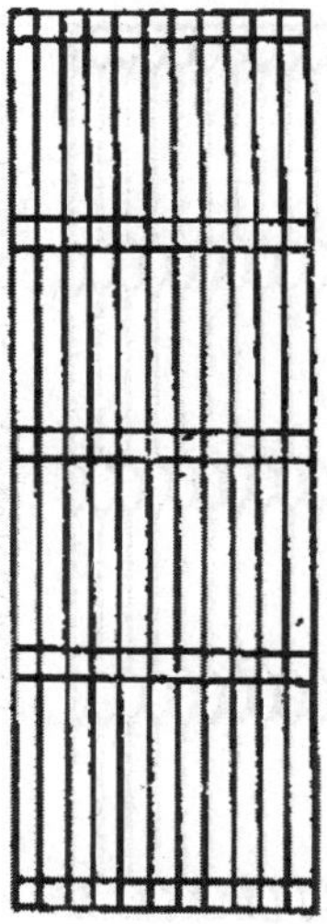

圖一—十七　床槅柳條式之四

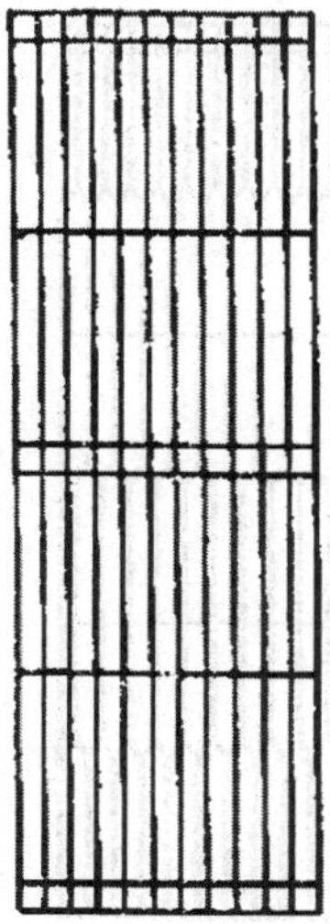

圖一—十八　床槅柳條式之五

圖一—十九　床槅柳條式之六

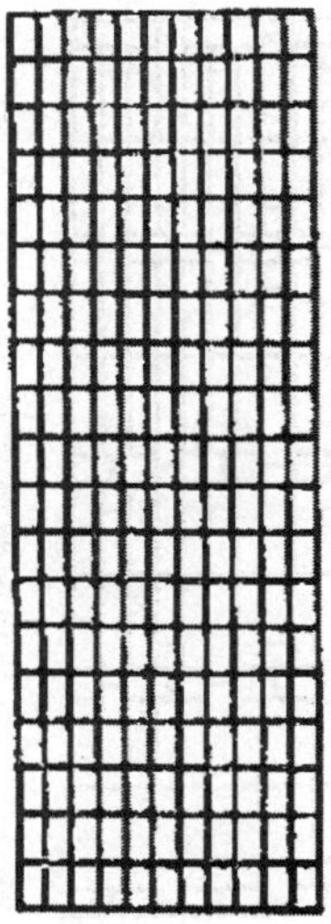

圖一—二十　床槅柳條式之七

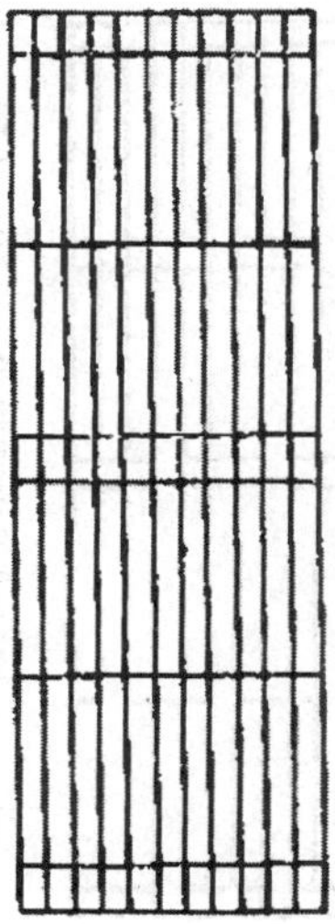

圖一—二十一　床槅柳條式之八

圖一—二十二　床槅柳條式之九

圖一—二十三　床槅柳條式之十

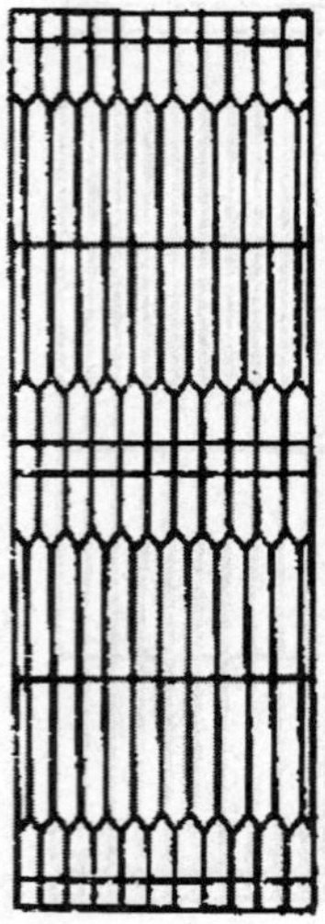

圖一—二十四　柳條變人字式之一

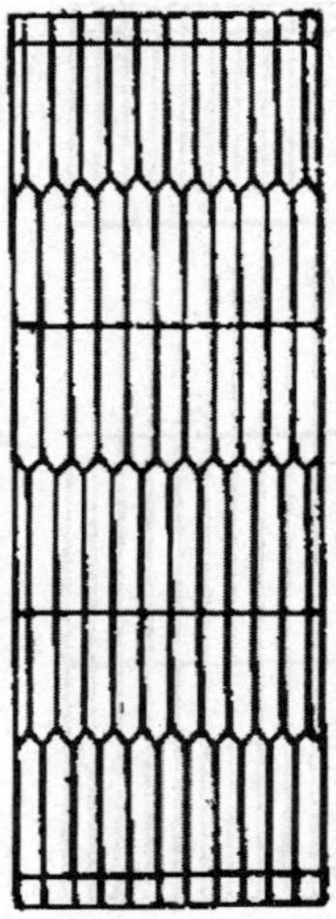

圖一—二十五　柳條變人字式之二

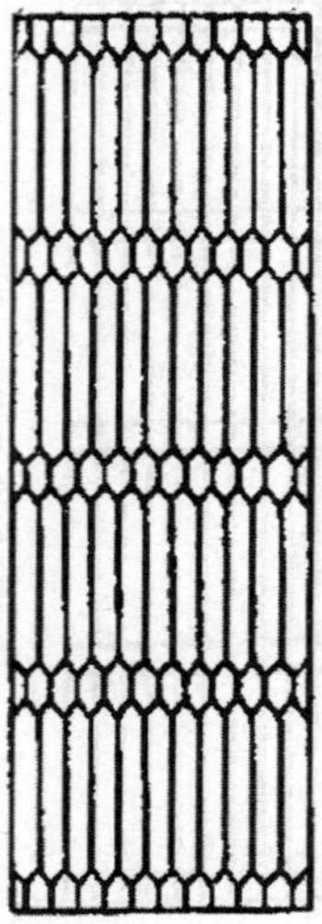

圖一—二十六　人字變六方式之一

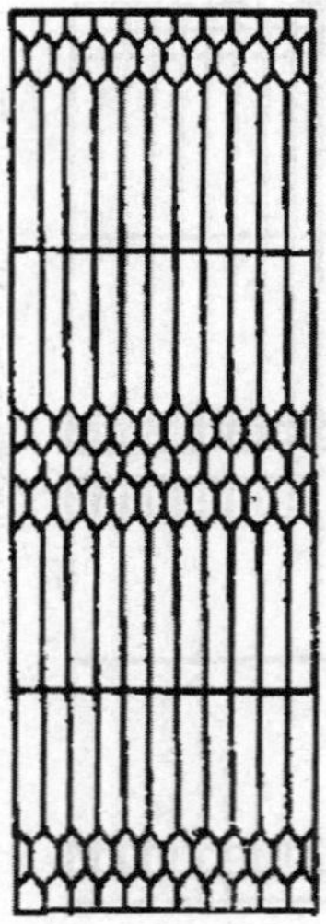

圖一—二十七　人字變六方式之二

圖一—二十八　柳條變井字式之一

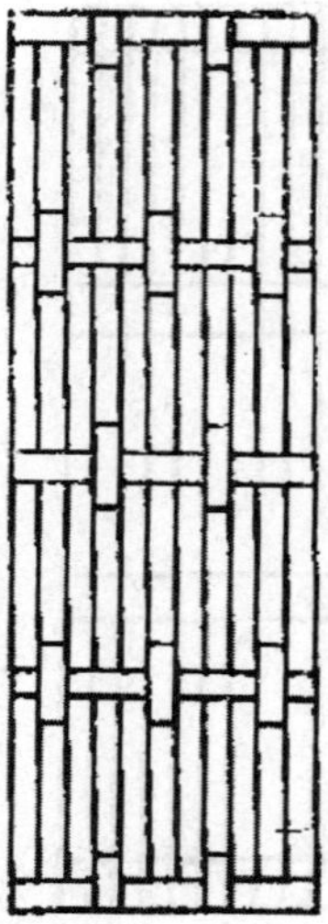

圖一—二十九　柳條變井字式之二

圖一—三十　柳條變井字式之三

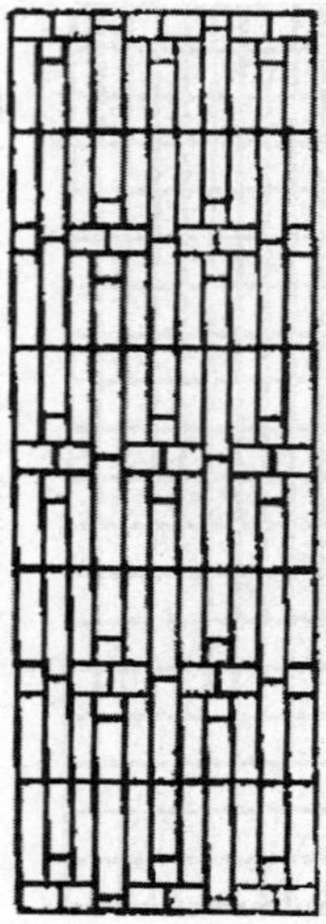

圖一—三十一　井字變雜花式之一

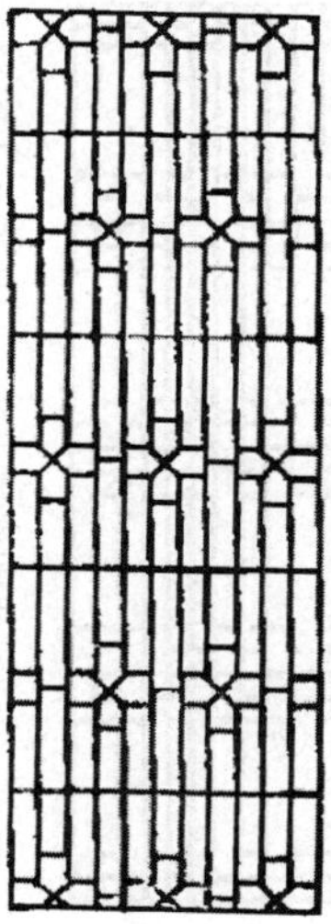

圖一—三十二　井字變雜花式之二

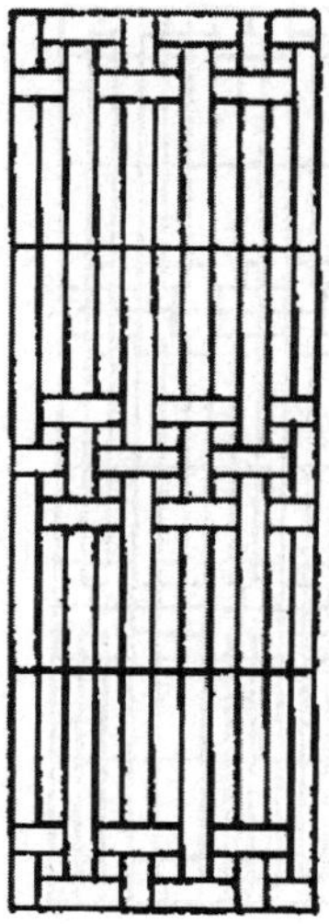

圖一—三十三　井字變雜花式之三

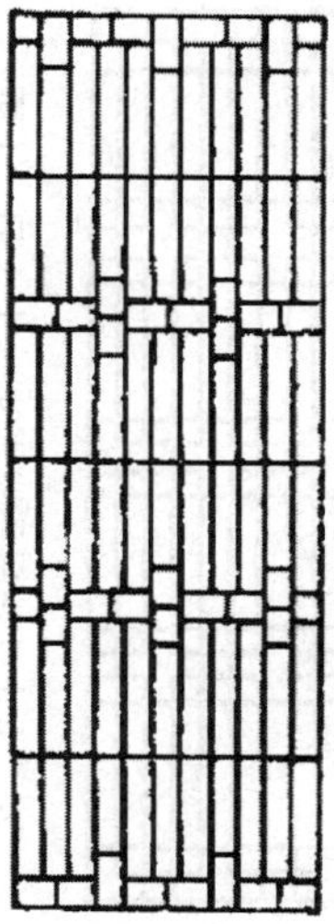

圖一—三十四　井字變雜花式之四

圖一—三十五　井字變雜花式之五

圖一—三十六　井字變雜花式之六

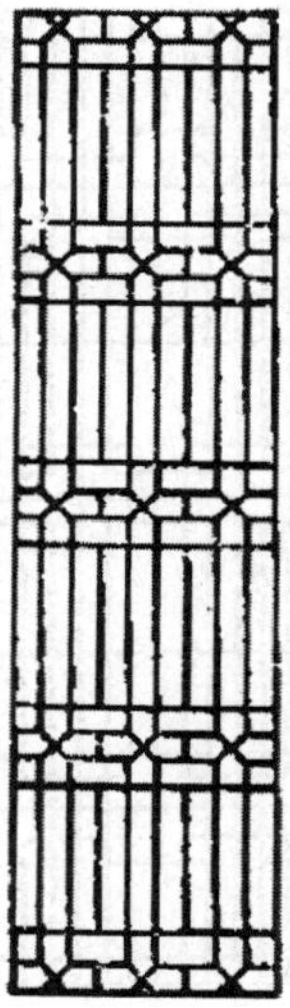

圖一—三十七　井字變雜花式之七

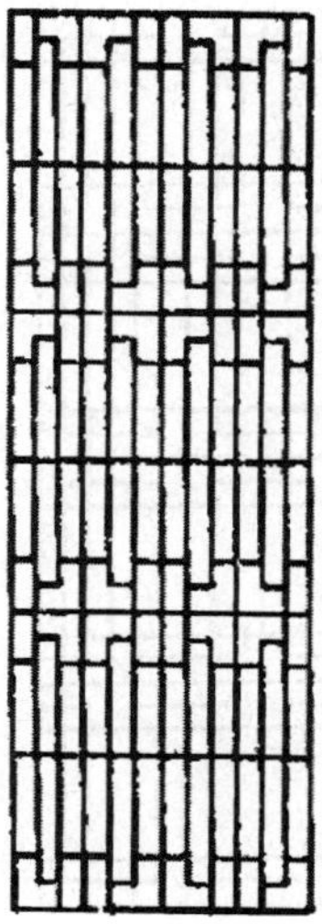

圖一—三十八　井字變雜花式之八

圖一—三十九　井字變雜花式之九

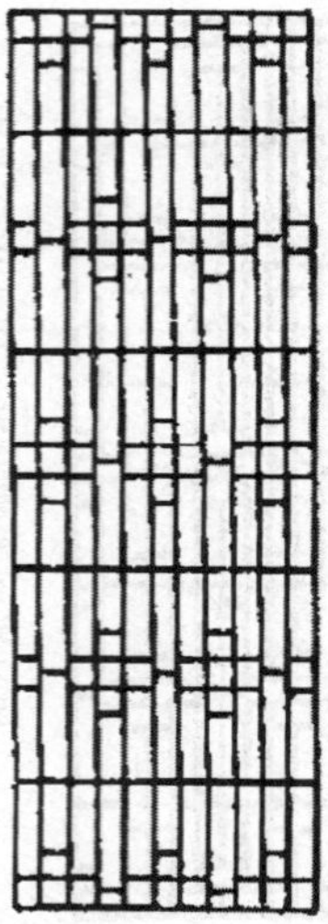

圖一—四十　井字變雜花式之十

圖一—四十一　井字變雜花式之十一

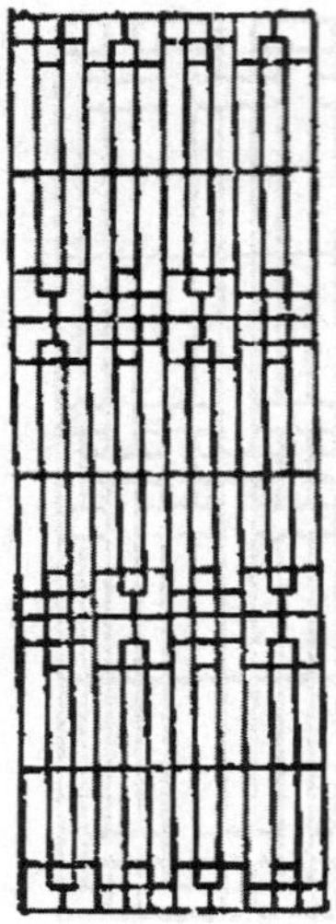

圖一—四十二　井字變雜花式之十二

圖一—四十三　井字變雜花式之十三

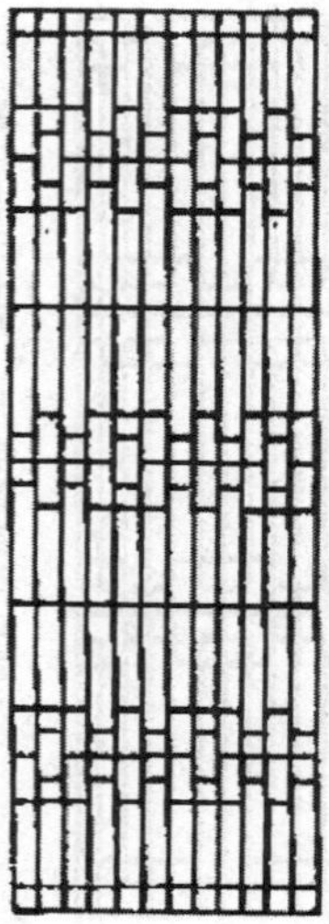

圖一—四十四　井字變雜花式之十四

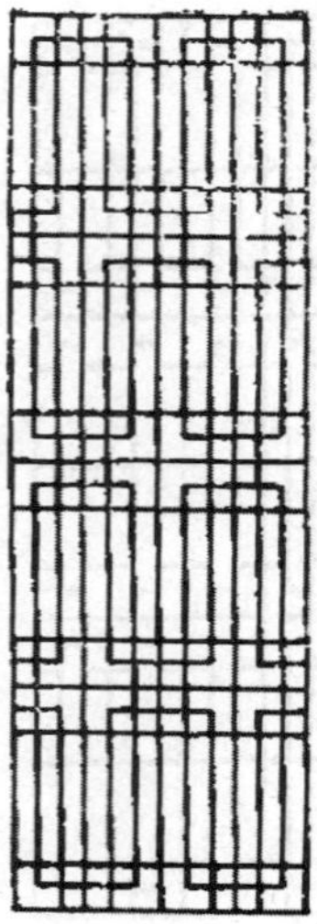

圖一—四十五　井字變雜花式之十五

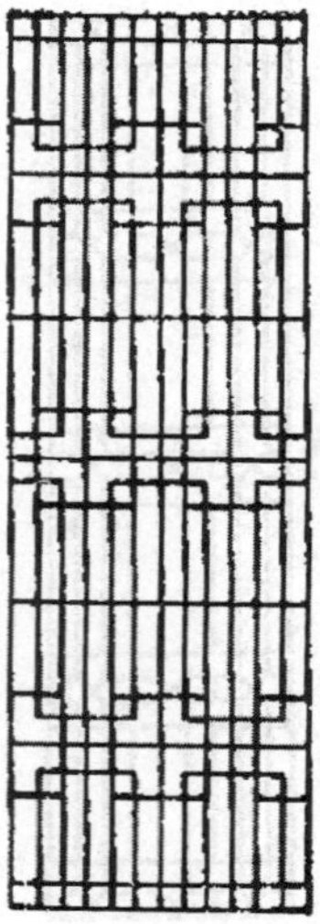

圖一—四十六　井字變雜花式之十六

圖一—四十七　井字變雜花式之十七

圖一—四十八　井字變雜花式之十八

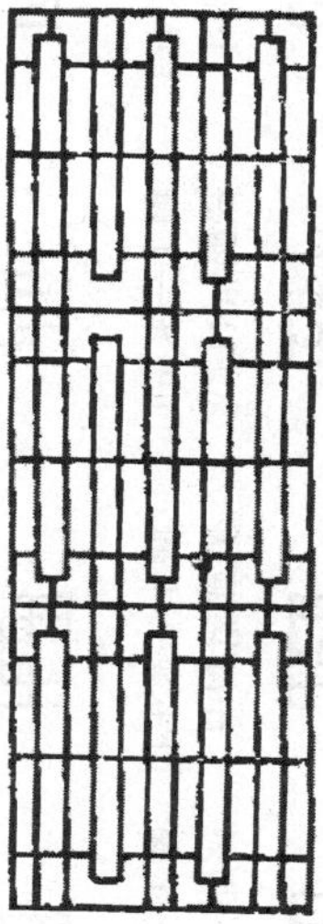

圖一—四十九　井字變雜花式之十九

圖一—五十　井字變雜花式之二十

圖一—五十一　井字變雜花式之二十一

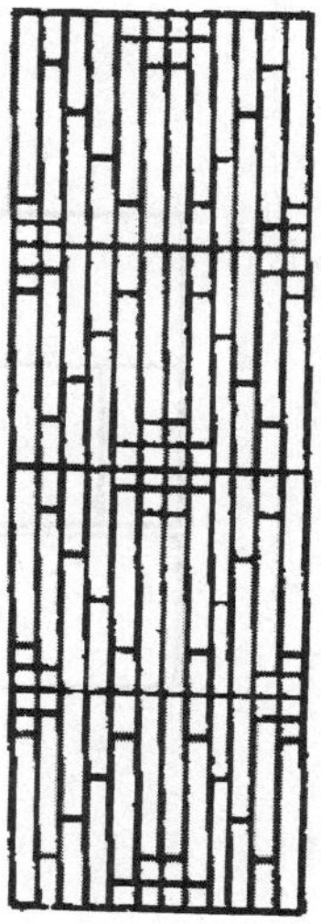

圖一—五十二　玉磚街式之一

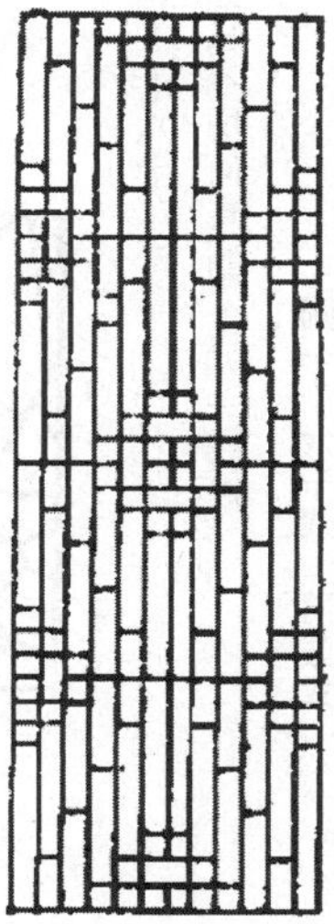

圖一—五十三　玉磚街式之二

圖一—五十四　玉磚街式之三

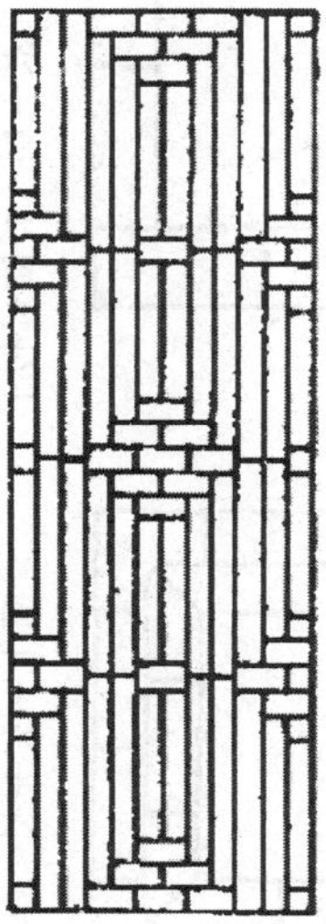

圖一—五十五　玉磚街式之四

圖一一五十六　八方式

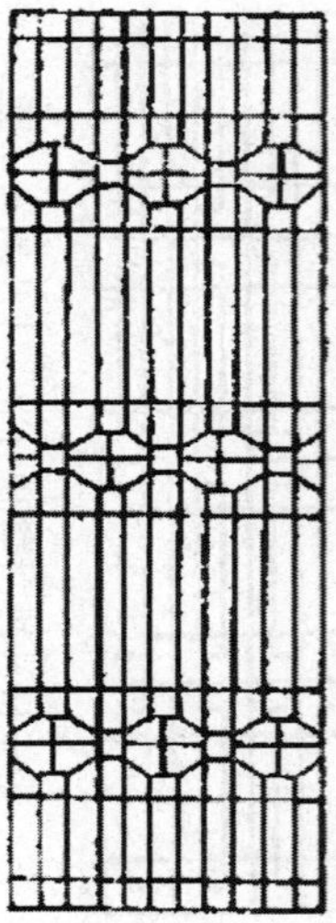

束腰式(圖一一五十七至六十四)

如長槅欲齊短槅并裝，亦宜上下用。

圖一一五十七　束腰式之一

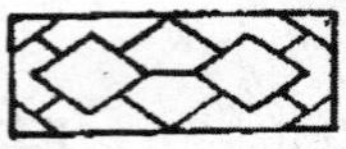

圖一一五十八　束腰式之二

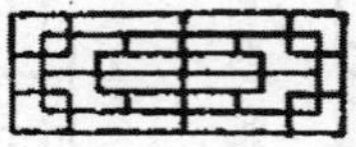

圖一一五十九　束腰式之三

圖一一六十　束腰式之四

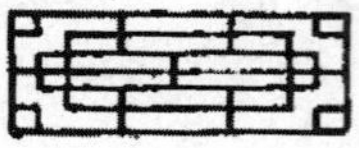

圖一一六十一　束腰式之五

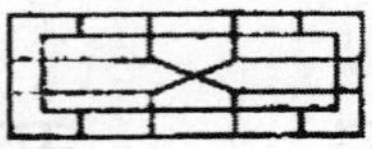

圖一一六十二　束腰式之六

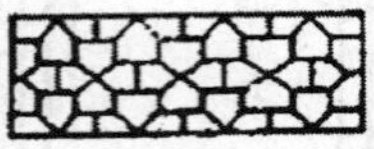

圖一一六十三　束腰式之七

圖一一六十四　束腰式之八

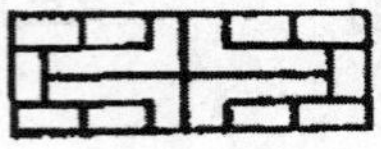

風窗式(圖一一六十五、圖一一六十六)

風窗宜疏，或空框糊紙，或夾紗，或繪，少飾幾欞可也。檢欄杆式中，有疏而減文，竪用亦可。

圖一一六十五　風窗式之一

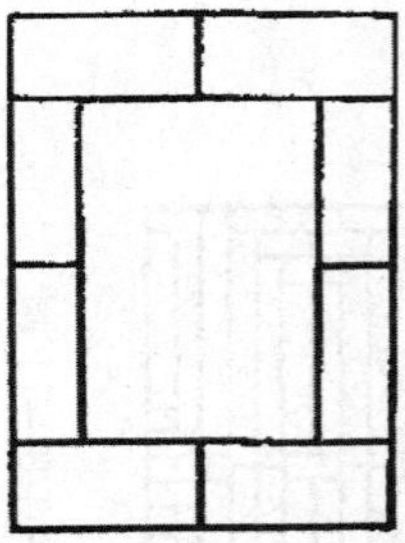

圖一一六十六　風窗式之二

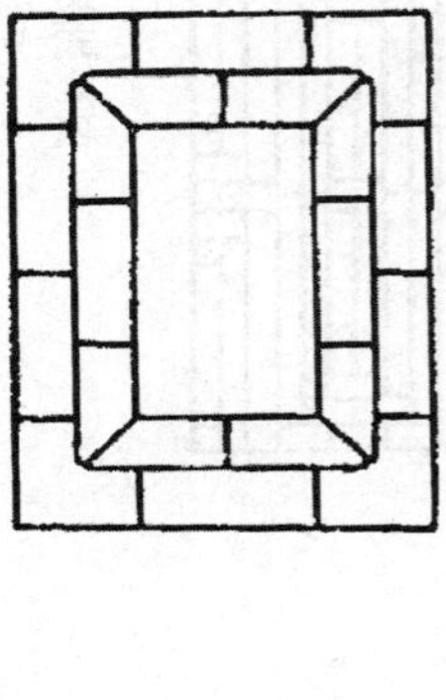

冰裂式(圖一一六十七)

冰裂惟風窗之最宜者，其文致減雅，信畫如意，可以上疏下密之妙。

圖一一六十七　冰裂式

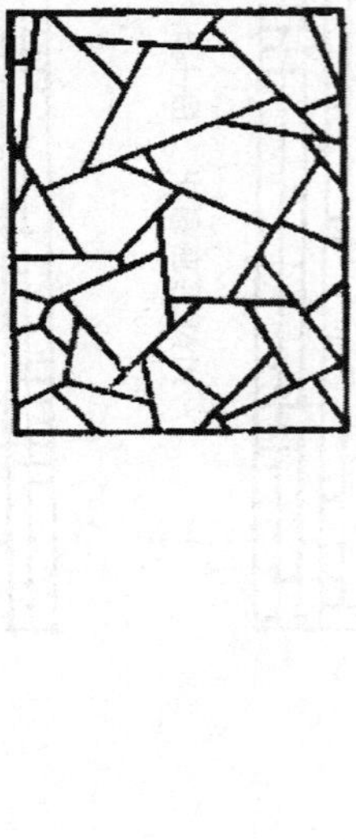

兩截式(圖一一六十八)

風窗兩截者，不拘何式，關合如一爲妙。

圖一一六十八　兩截式

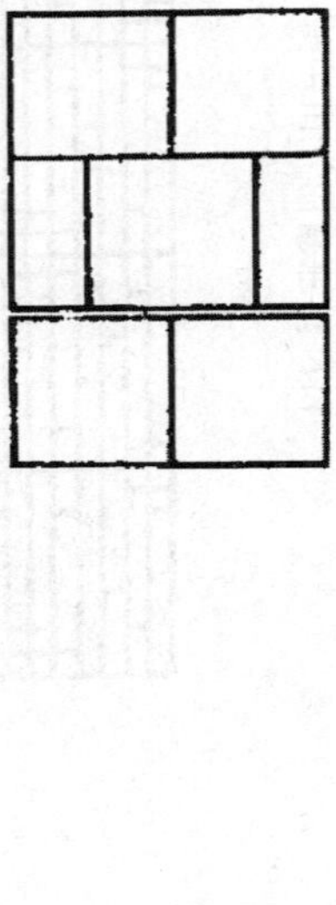

三截式(圖一一六十九)

將中扇掛合上扇，仍撑上扇不礙空處。中連上，宜用銅合扇。

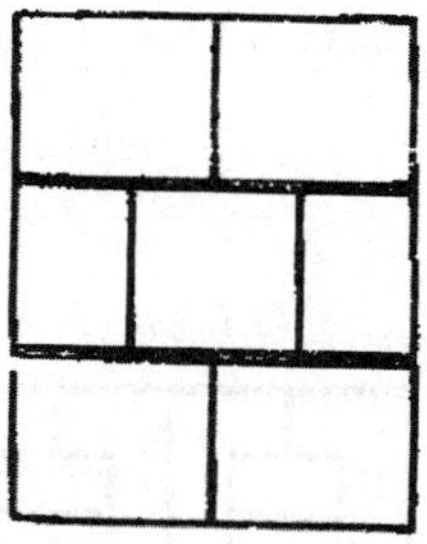

圖一—六十九　三截式

梅花式(圖一—七十)

梅花風窗，宜分瓣做。用梅花轉心於中，以便開關。

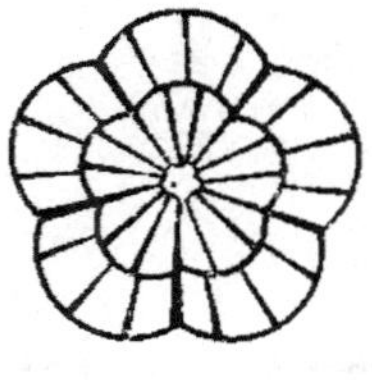

圖一—七十　梅花式

梅花開式(圖一—七十一)

連做二瓣，散做三瓣；將梅花轉心，釘一瓣於連二之尖，或上一瓣、二瓣、三瓣，將轉心向上扣住。

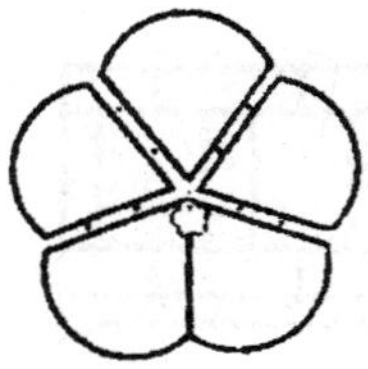

圖一—七十一　梅花開式

圖一—七十二　六方式

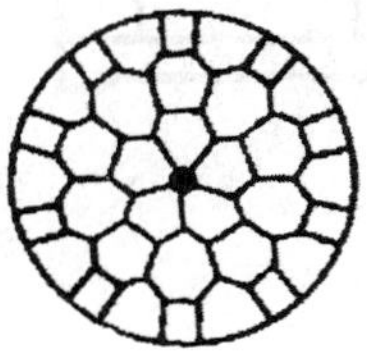

圖一—七十三　圓鏡式

計成《園冶》卷二《欄杆》　欄杆信畫而成，減便爲雅。古之回文萬字，一概屏去，少留涼牀佛座之用，園屋間一不可製也。予歷數年，存式百狀，有工而精，有減而文，依次序變幻，式之於左，便爲摘用。以筆管式爲始，近有將篆字製欄杆者，況理畫不勻，意不聯絡。予斯式中，尚覺未盡，儘可粉飾。

欄杆圖式

筆管式(圖二—一至圖二—三十七)

欄杆以筆管式爲始，以單變雙，雙則如意。變化以次而成，故有名。無名者恐有遺漏，總次序記之。內有花紋不易製者，亦書做法，以便鳩匠。

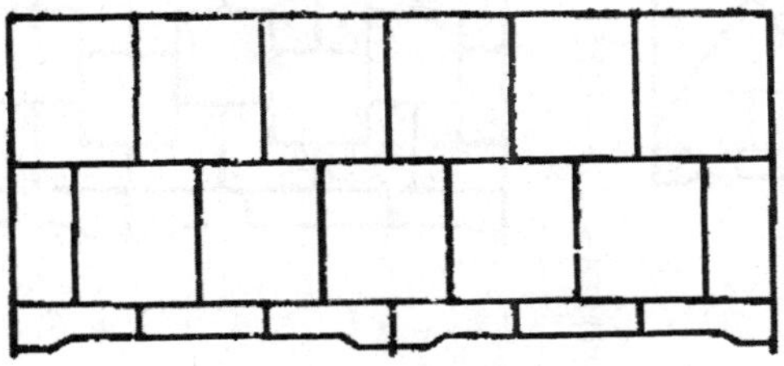

圖二—一　筆管式

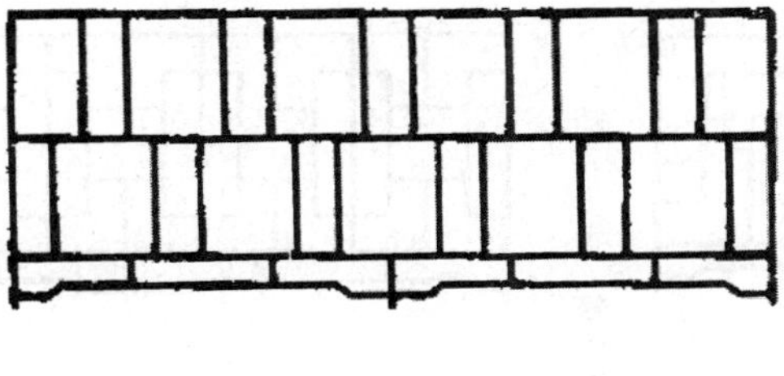

圖二—二　雙筆管式

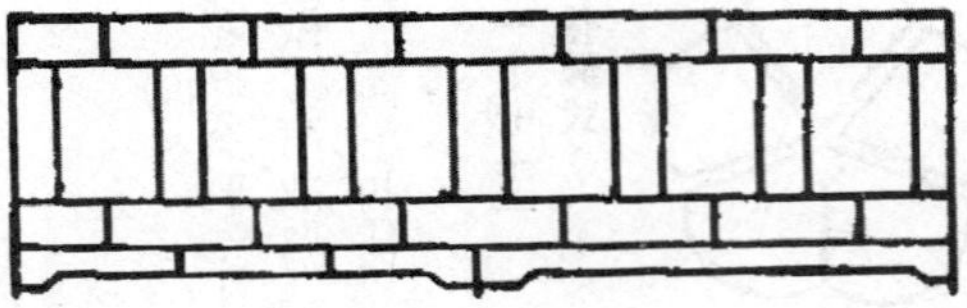

圖二一三　筆管變式一

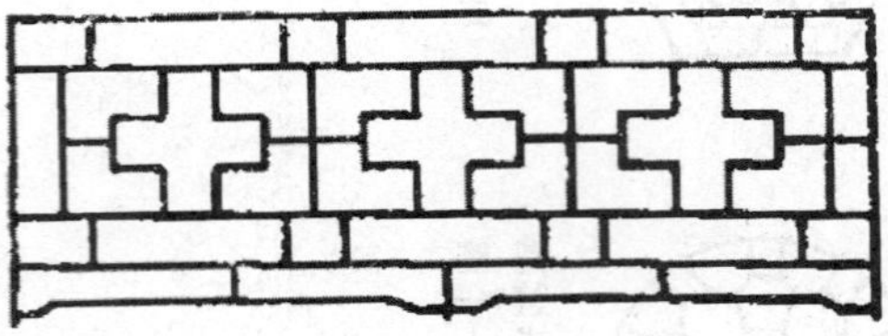

圖二一四　筆管變式二

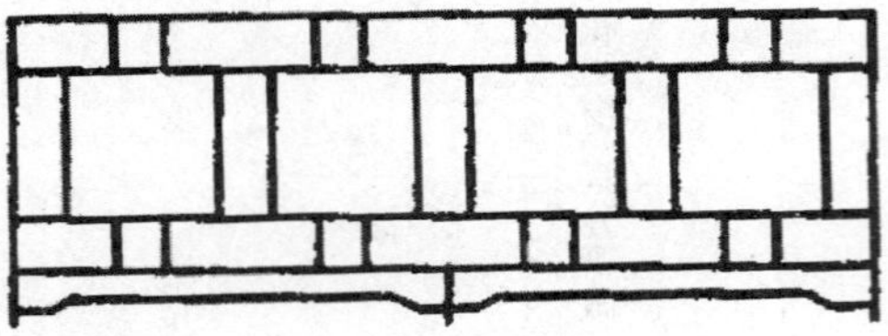

圖二一五　筆管變式三

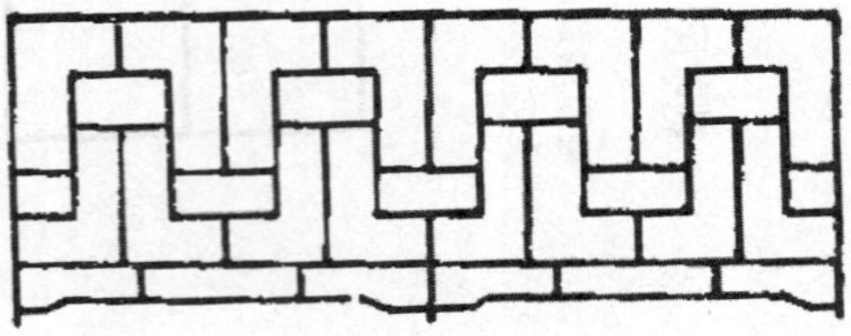

圖二一六　筆管變式四

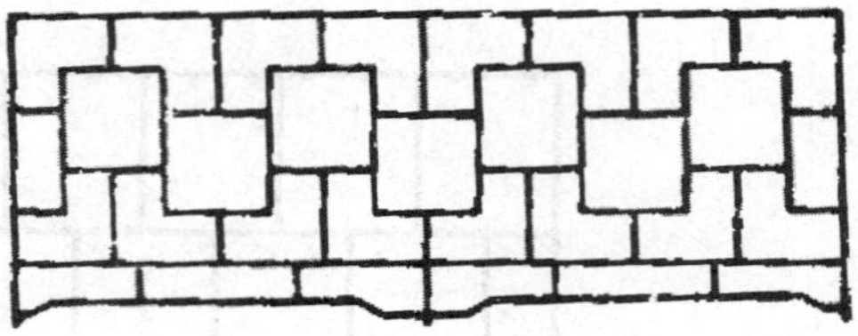

圖二一七　筆管變式五

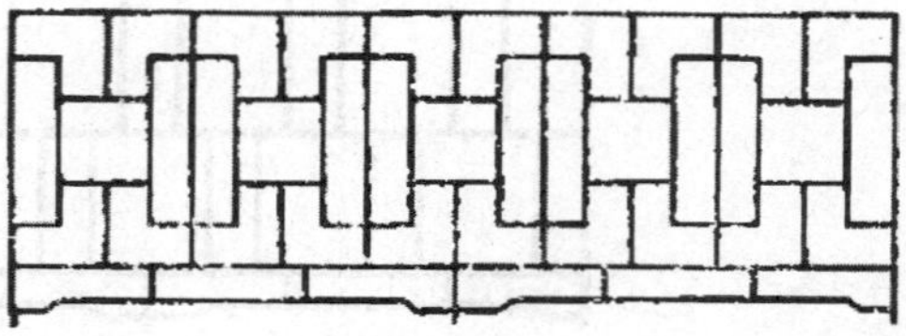

圖二一八　筆管變式六

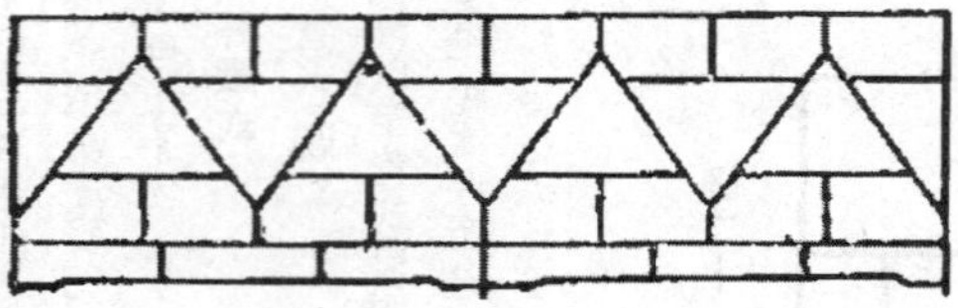

圖二一九　筆管變式七

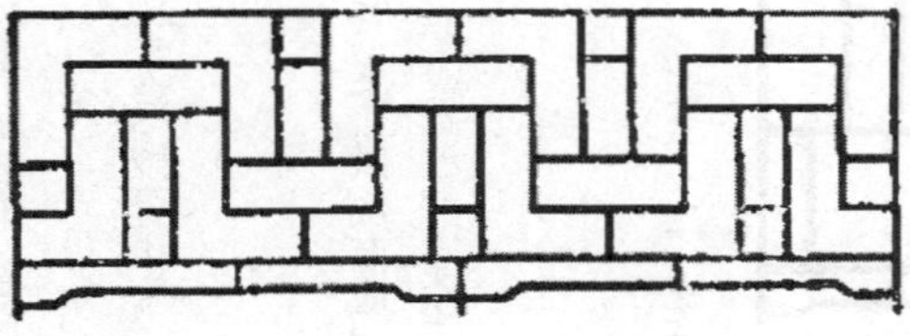

圖二一十　筆管變式八

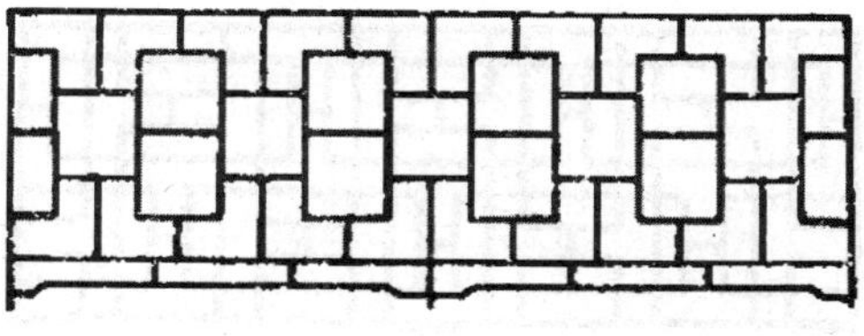

圖二一—十一 筆管變式九

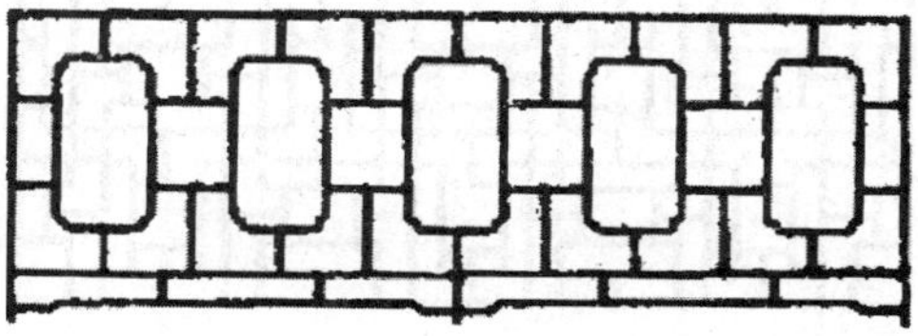

圖二一—十二 緣環式

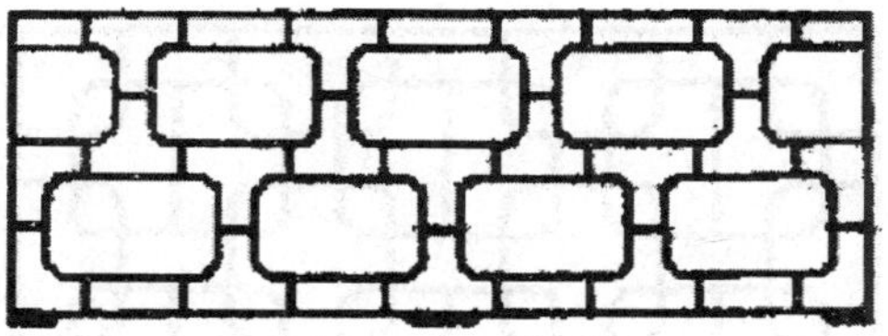

圖二一—十三 横環式一

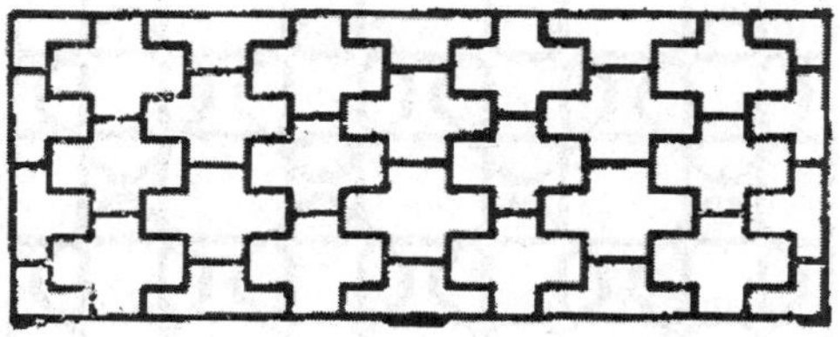

圖二一—十四 横環式二

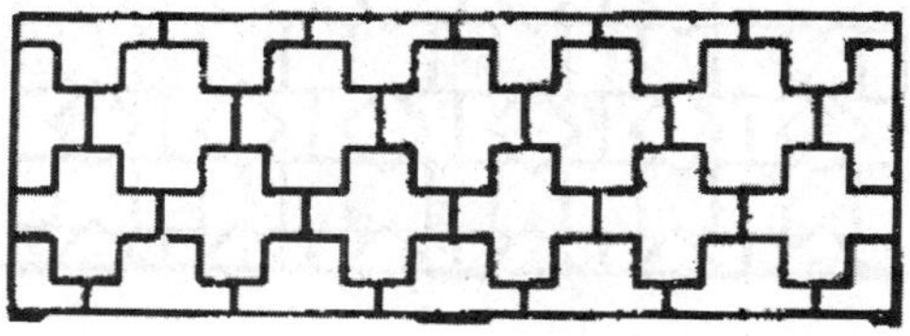

圖二一—十五 横環式三

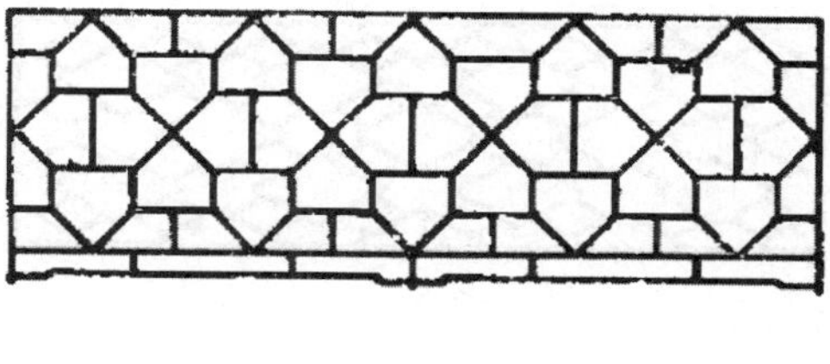

圖二一—十六 横環式四

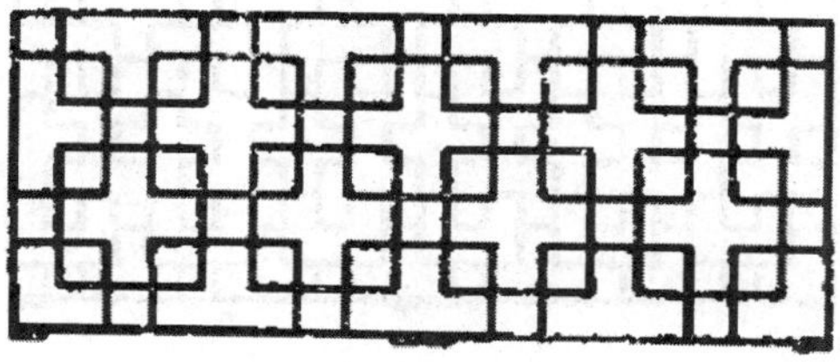

圖二一—十七 套方式一

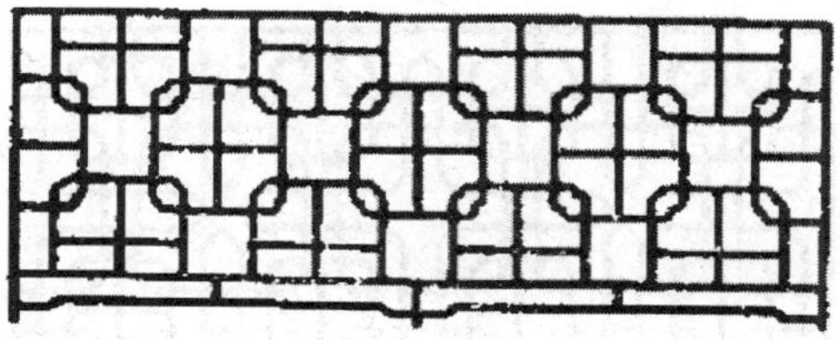

圖二一—十八 套方式二

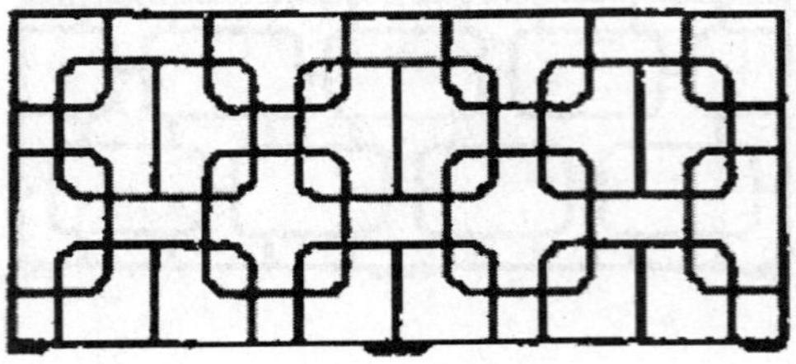

圖二一十九　套方式三

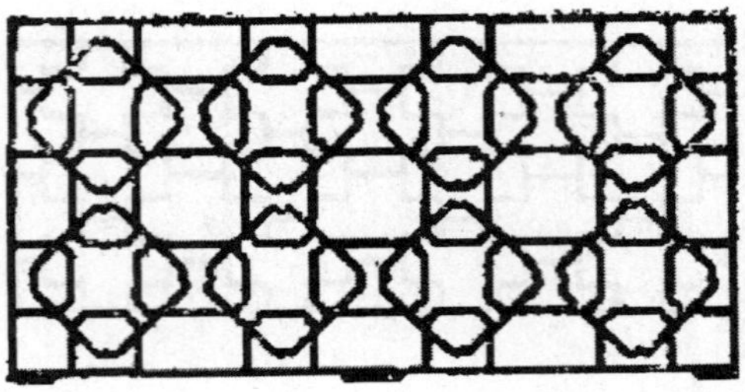

圖二一二十　套方式四

圖二一二十一　套方式五

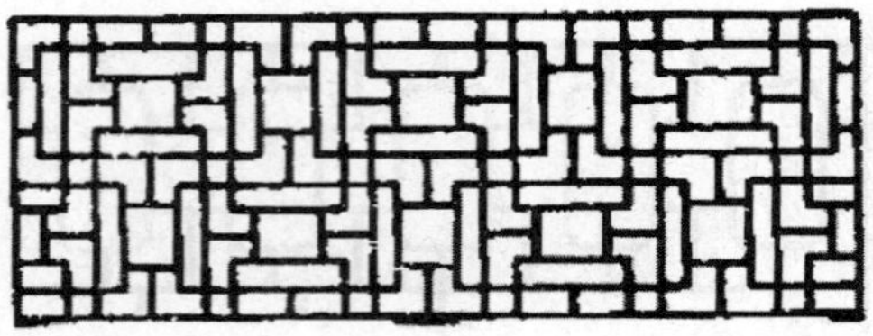

圖二一二十二　套方式六

圖二一二十三　套方式七

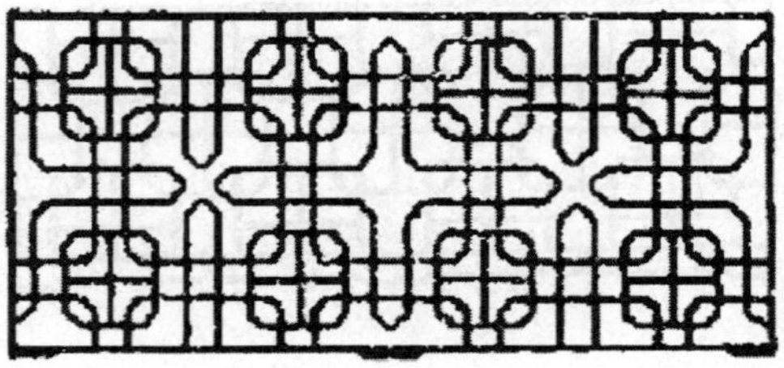

圖二一二十四　套方式八

圖二一二十五　套方式九

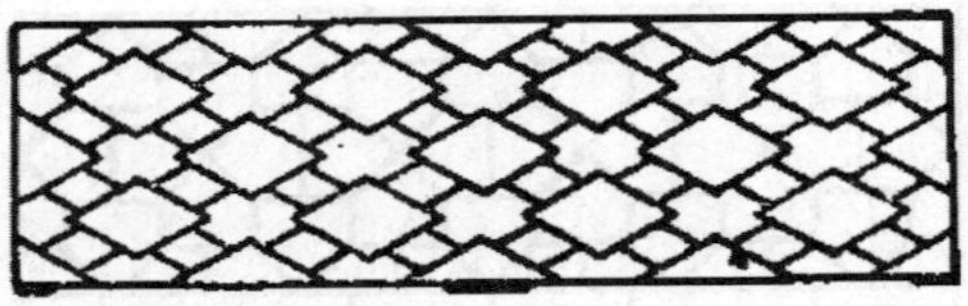

圖二一二十六　套方式十

圖二—二十七　套方式十一

圖二—二十八　套方式十二

圖二—二十九　三方式一

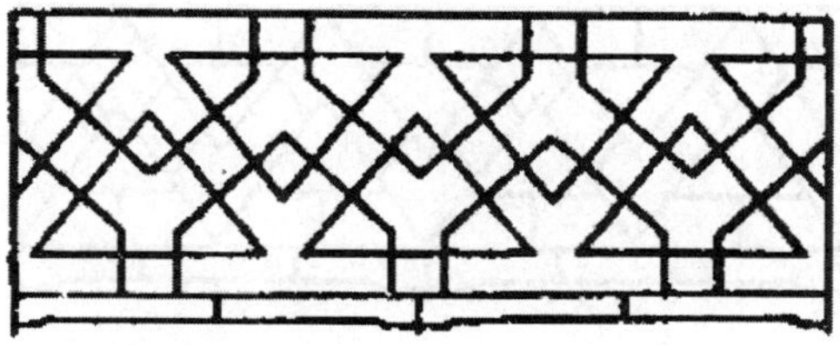
圖二—三十　三方式二

圖二—三十一　三方式三

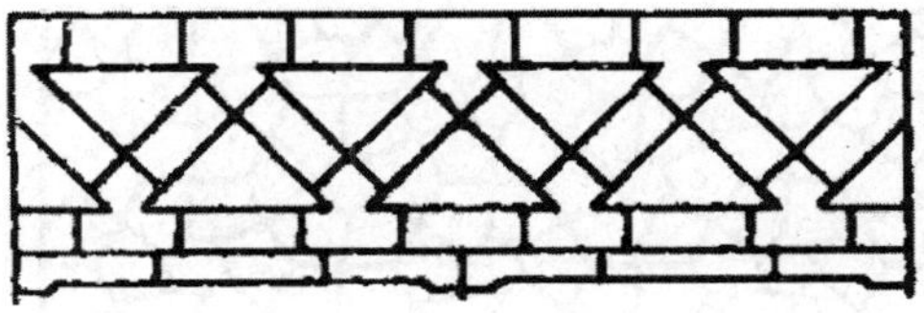
圖二—三十二　三方式四

圖二—三十三　三方式五

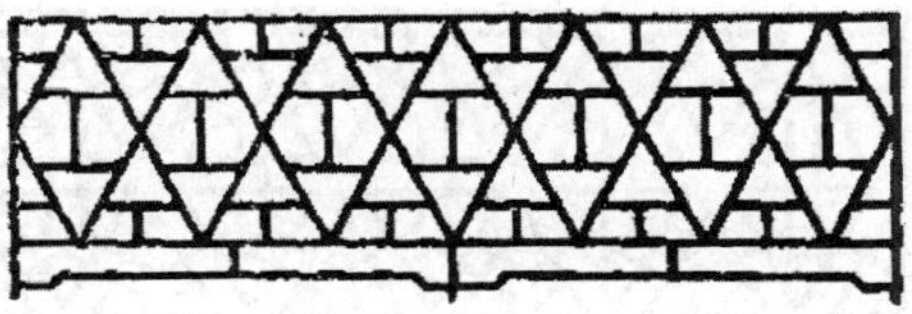
圖二—三十四　三方式六

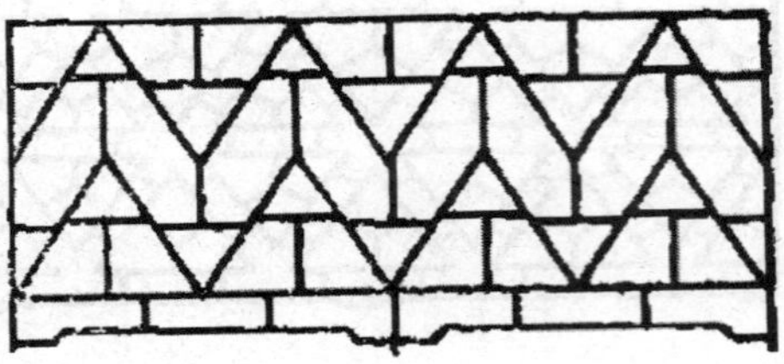
圖二—三十五　三方式七

圖二—三十六　三方式八

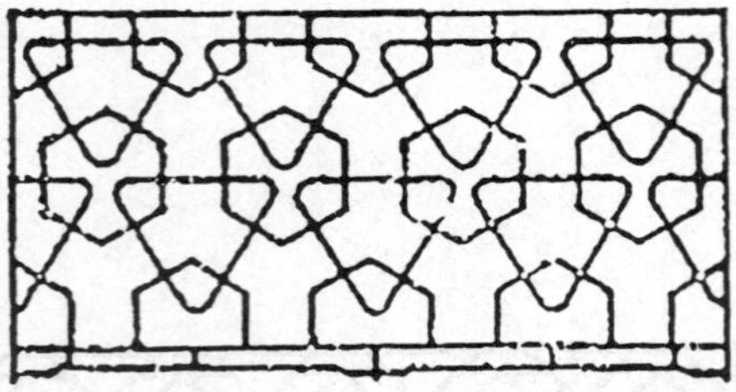
圖二—三十七　三方式九

錦葵式(圖二—三十八至圖二—四十五)

先以六料攢心，然後加瓣，如斯做法。斯一料攢心，斯一料鬬瓣。

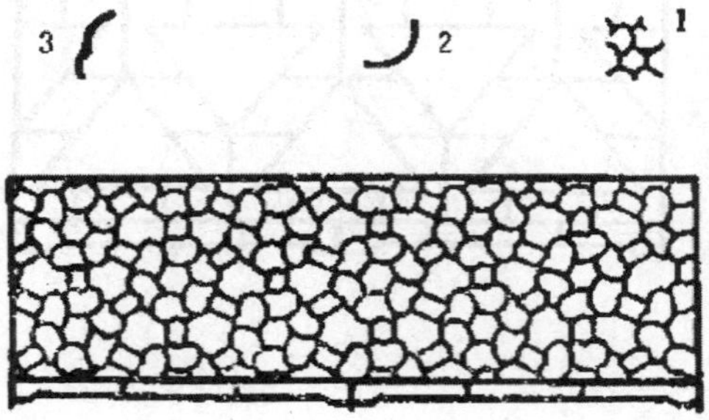

圖二—三十八　錦葵式

圖二—三十九　六方式

圖二—四十　葵花式一

圖二—四十一　葵花式二

圖二—四十二　葵花式三

圖二—四十三　葵花式四

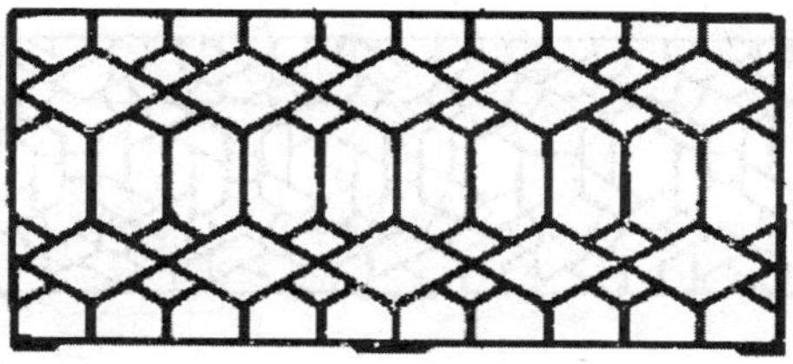

圖二—四十四　葵花式五

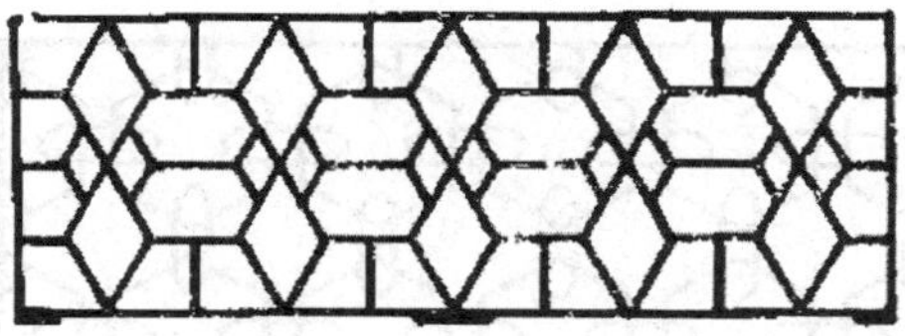

圖二—四十五　葵花式六

波紋式(圖二—四十六)

惟斯一料可做。

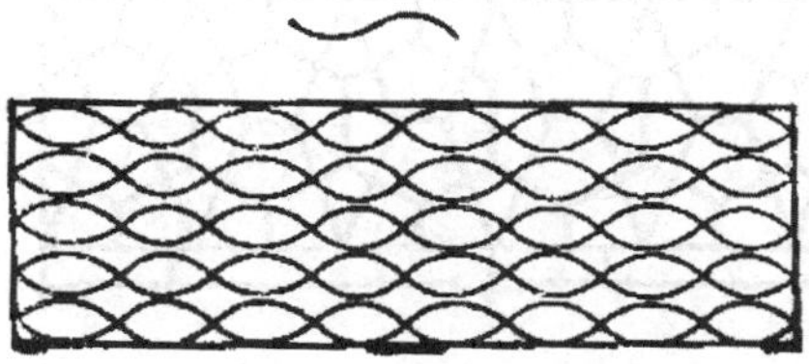

圖二—四十六　波紋式

梅花式(圖二—四十七)

用斯一料鬭瓣，料直，不攢榫眼。

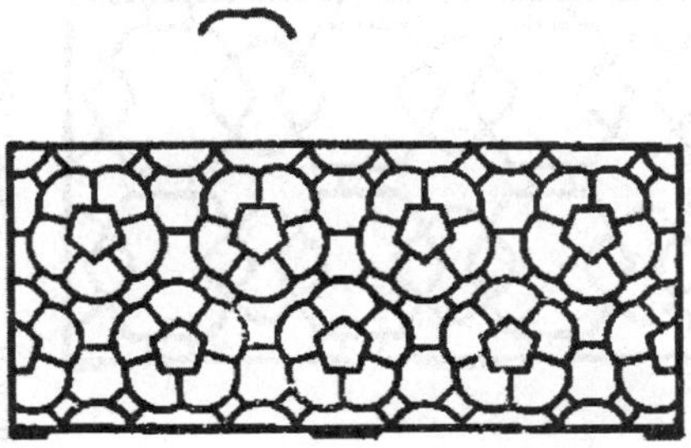

圖二—四十七　梅花式

圖二—四十八　鏡光式一

圖二—四十九　鏡光式二

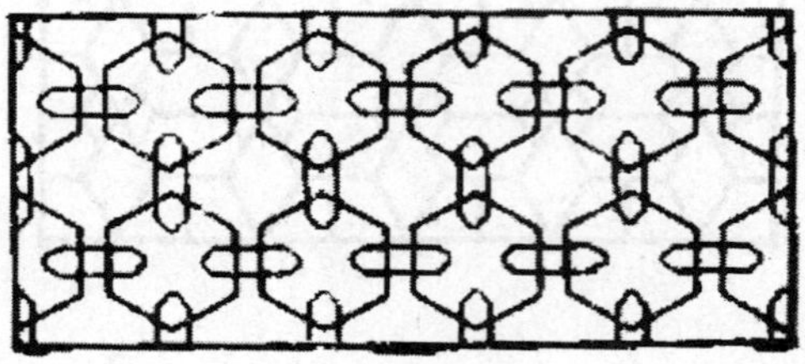
圖二—五十　鏡光式三

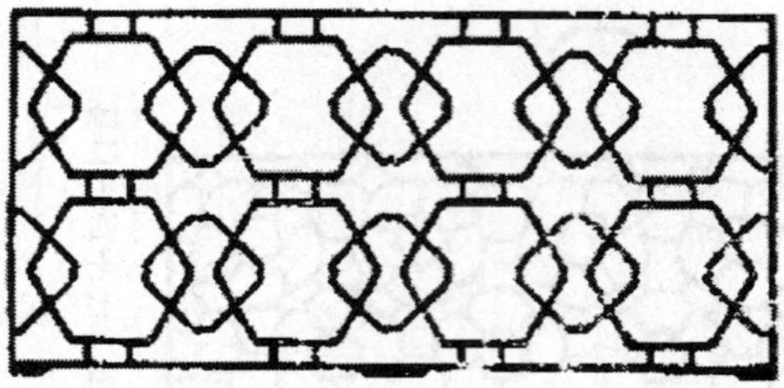
圖二—五十三　冰片式二

圖二—五十四　冰片式三

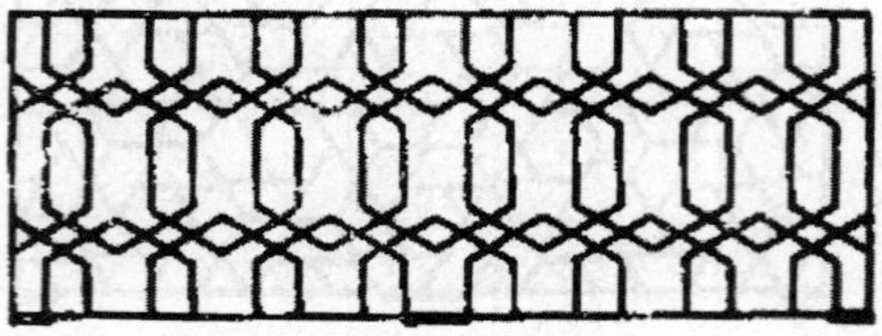
圖二—五十一　鏡光式四

圖二—五十二　冰片式一

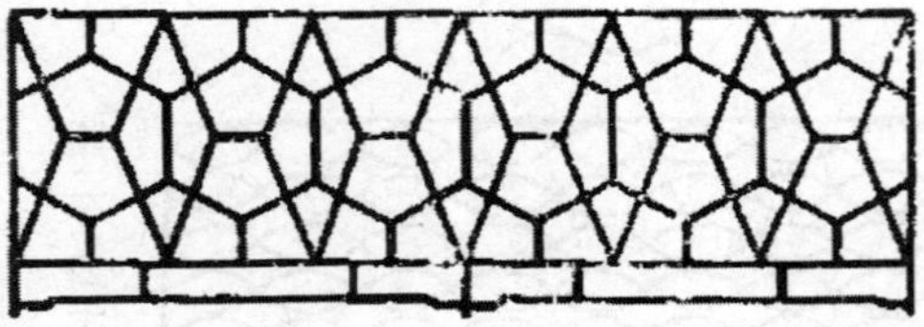
圖二—五十五　冰片式四

聯瓣葵花式(圖二—五十六)
惟斯一料可做。

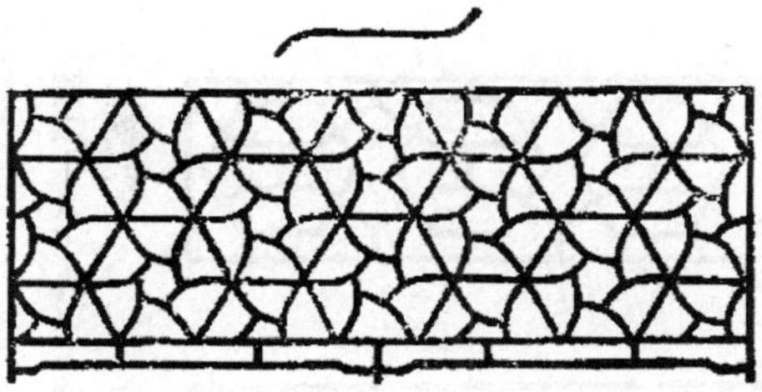
圖二—五十六　聯瓣葵花式一

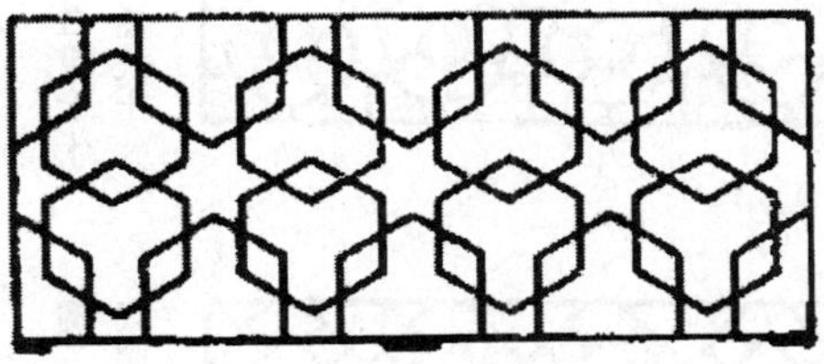
圖二—五十七　聯瓣葵花式二

圖二—五十八　聯瓣葵花式三

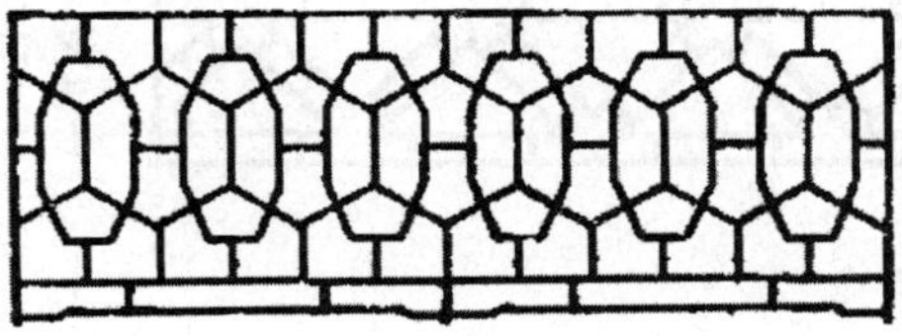
圖二—五十九　聯瓣葵花式四

圖二—六十　聯瓣葵花式五

尺欄式(圖二—六十一)
此欄置腰牆用,或置户外。

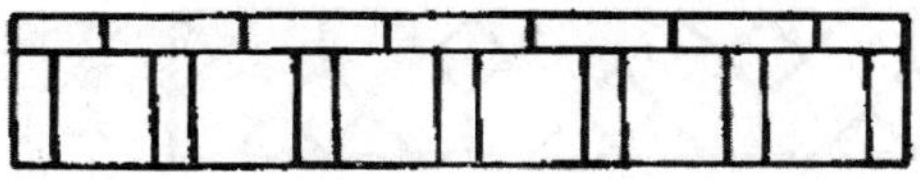
圖二—六十一　尺欄式一

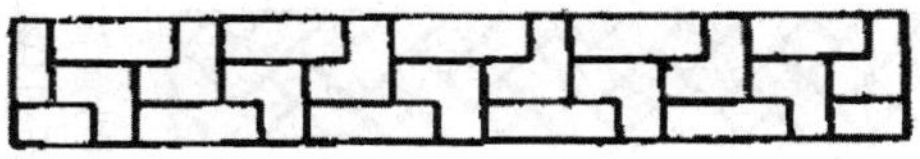
圖二—六十二　尺欄式二

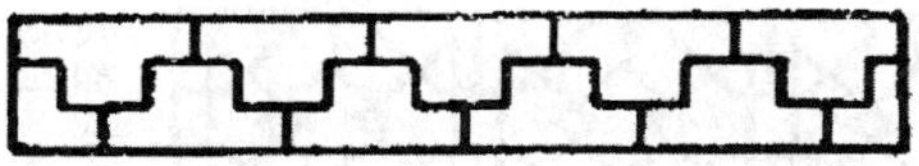
圖二—六十三　尺欄式三

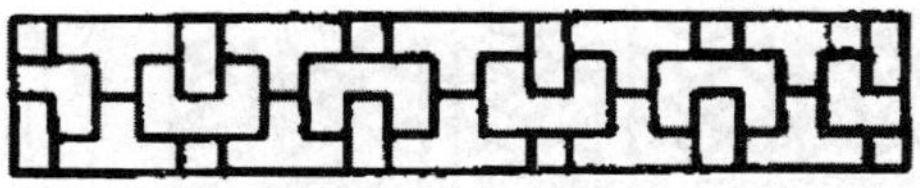
圖二—六十四　尺欄式四

圖二一六十五
尺欄式五

圖二一六十六
尺欄式六

圖二一六十七
尺欄式七

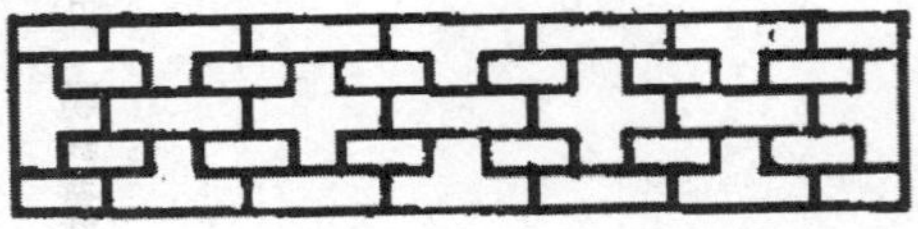
圖二一六十八
尺欄式八

圖二一六十九
尺欄式九

圖二一七十
尺欄式十

圖二一七十一
尺欄式十一

圖二一七十二
尺欄式十二

圖二一七十三
尺欄式十三

圖二一七十四
尺欄式十四

圖二一七十五
尺欄式十五

圖二一七十六
尺欄式十六

短欄式(圖二一七十七至九十三)

圖二一七十七
短欄式一

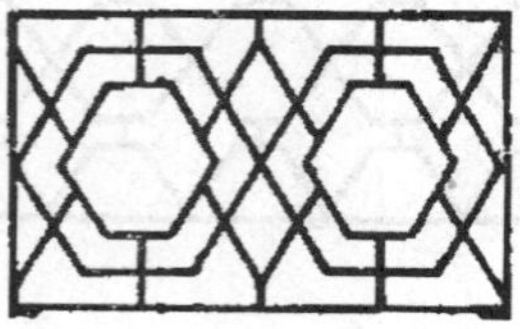
圖二一七十八
短欄式二

圖二一七十九
短欄式三

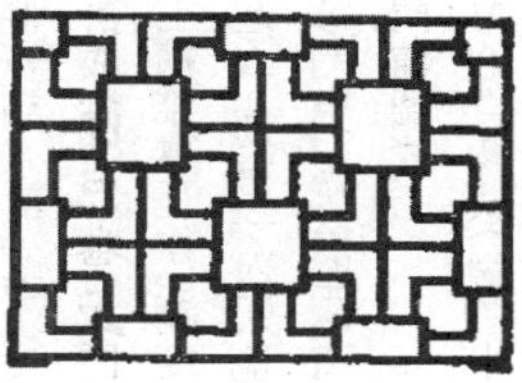

圖二一八十 短欄式四

圖二一八十一 短欄式五

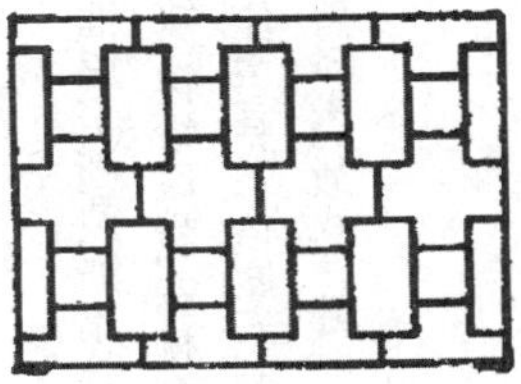

圖二一八十二 短欄式六

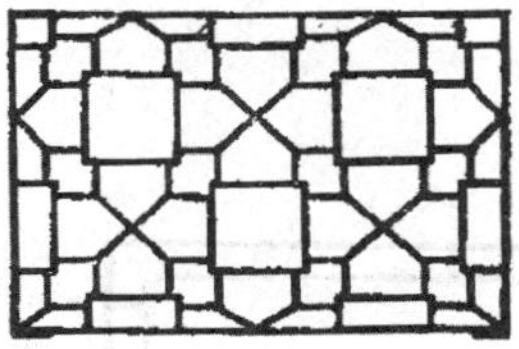

圖二一八十三 短欄式七

圖二一八十四 短欄式八

圖二一八十五 短欄式九

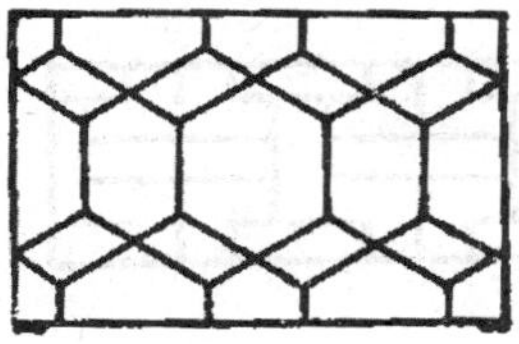

圖二一八十六 短欄式十

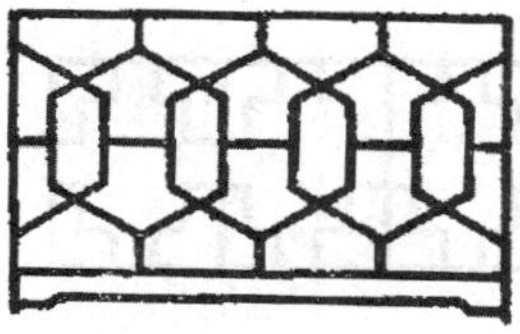

圖二一八十七 短欄式十一

圖二一八十八 短欄式十二

圖二一八十九 短欄式十三

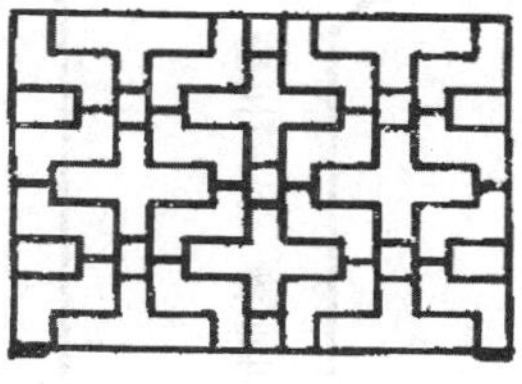

圖二一九十 短欄式十四

圖二一九十一 短欄式十五

圖二一九十二 短欄式十六

圖二一九十三 短欄式十七

短尺欄式(圖二一九十四至一百)

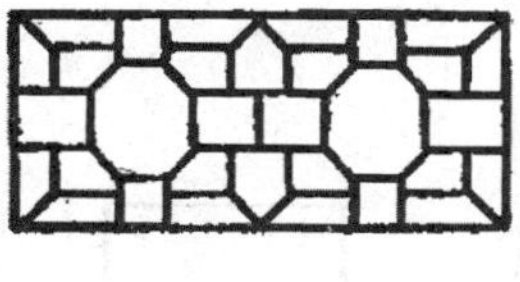

圖二一九十四 短尺欄式一

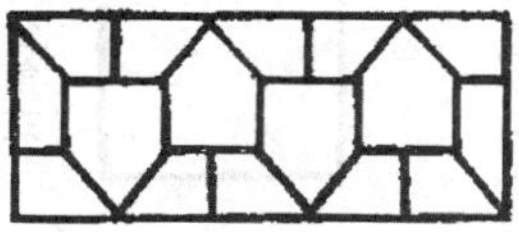

圖二一九十五 短尺欄式二

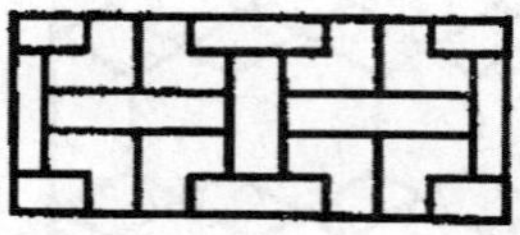

圖二—九十六 短尺欄式三

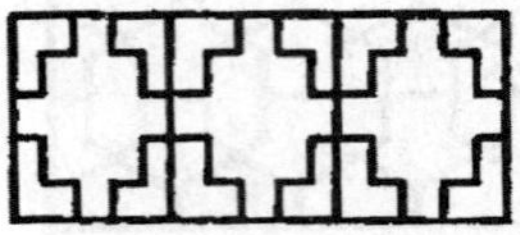

圖二—九十七 短尺欄式四

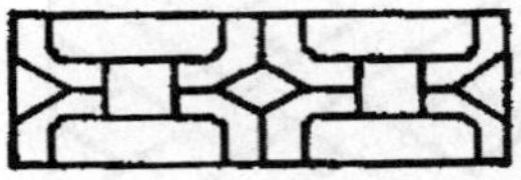

圖二—九十八 短尺欄式五

圖二—九十九 短尺欄式六

圖二—一百 短尺欄式七

欄杆諸式計一百樣。

計成《園冶》卷三《門窗》 門窗磨空，製式時裁，不惟屋宇翻新，斯謂林園遵雅。工精雖專瓦作，調度猶在得人，觸景生奇，含情多致，輕紗環碧，弱柳窺青。偉石迎人，別有一壺天地；修篁弄影，疑來隔水笙簧。佳境宜收，俗塵安到。切忌雕鏤門空，應當磨琢窗垣；處處鄰虛，方方側景。非傳恐失，故式存餘。

門窗圖式

方門合角式（圖三—一）

磨磚方門，憑匠俱做券門，磚土過門石，或過門枋者。今之方門，將磨磚用木栓栓住，合角過門於上，再加之過門枋，雅致可觀。

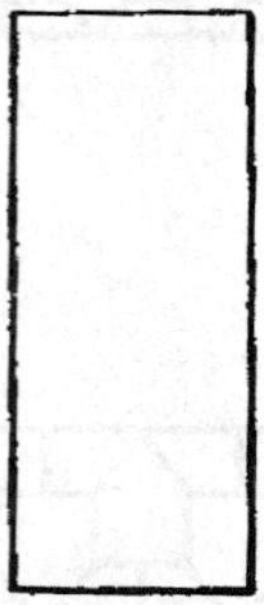

圖三—一 方門合角式

圈門式（圖三—二）

凡磨磚門窗，量牆之厚薄，校磚之大小，內空須用滿磨，外邊衹可寸許，不可就磚，邊外或白粉或滿磨可也。

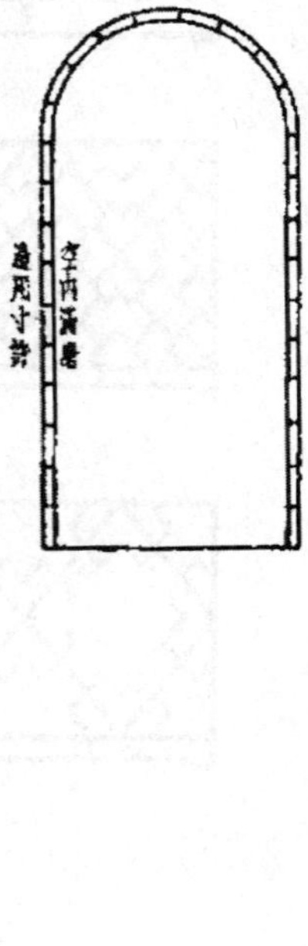

圖三—二 圈門式

上下圈式（圖三—三）

圖三—三 上下圈式

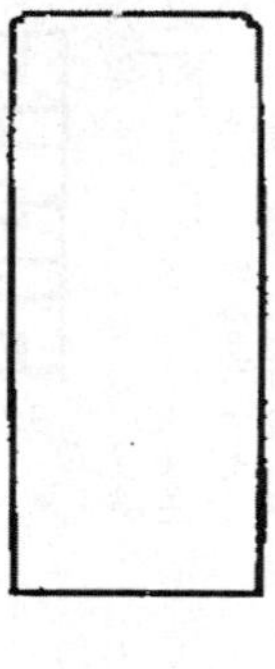

圖三—四 入角式

圖三—五 長八方式

圖三—六 執圭式

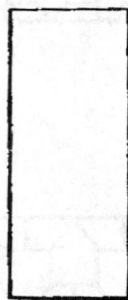

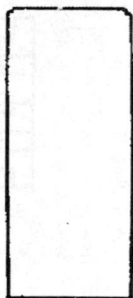

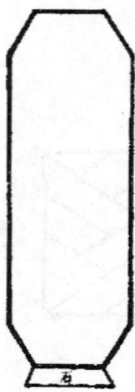

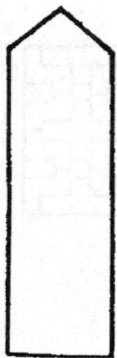

蓮瓣式(圖三—八)、如意式(圖三—九)、貝葉式(圖三—十)蓮瓣，如意，貝葉，斯三式宜供佛所用。

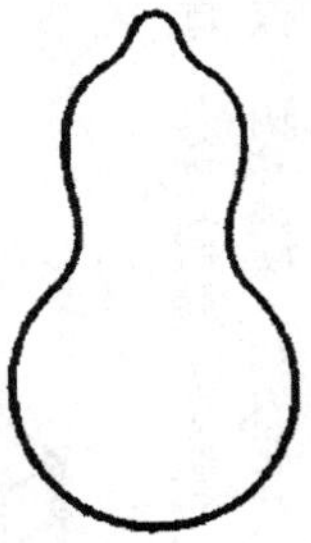

圖三—七　葫蘆式

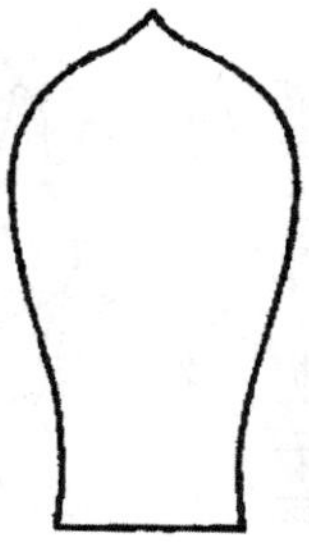

圖三—八　蓮瓣式

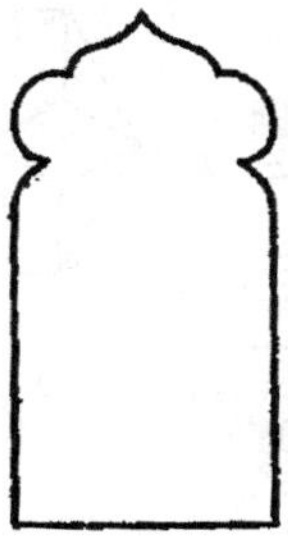

圖三—九　如意式

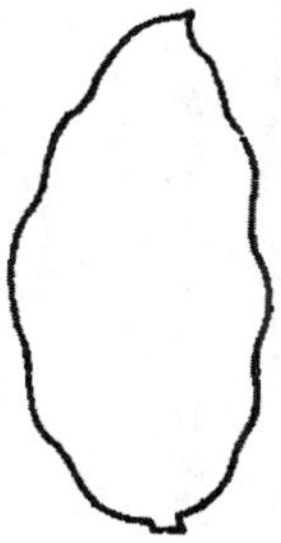

圖三—十　貝葉式

圖三—十一　劍環式

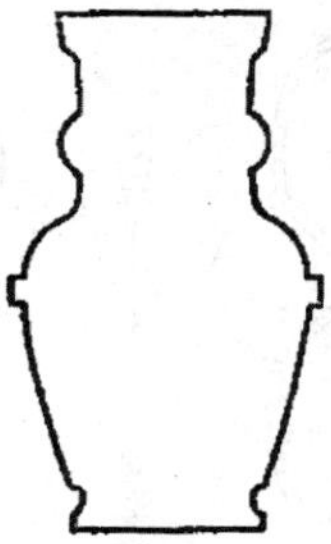

圖三—十二　漢瓶式之一

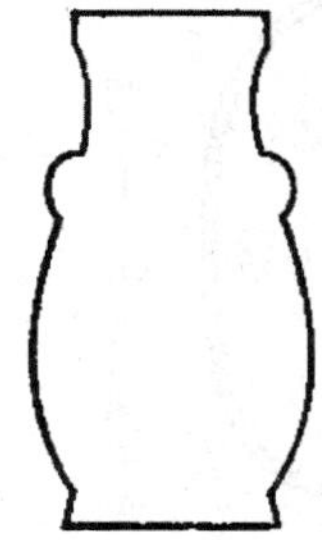

圖三—十三　漢瓶式二

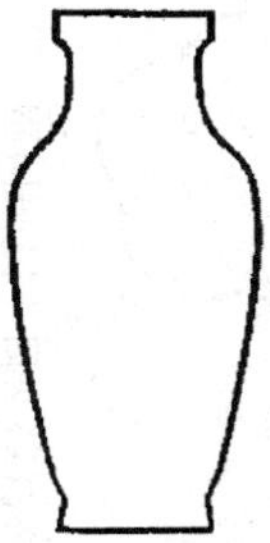

圖三—十四　漢瓶式三

圖三—十五　漢瓶式四

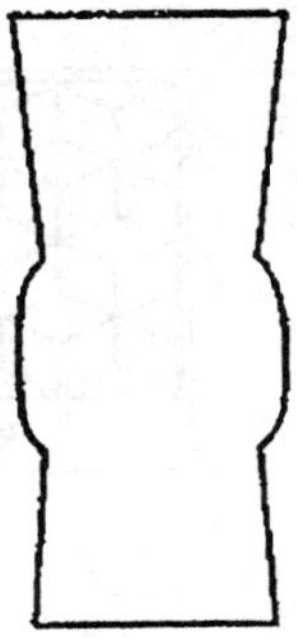

圖三—十六　花觚式

圖三—十七　蓍草瓶式

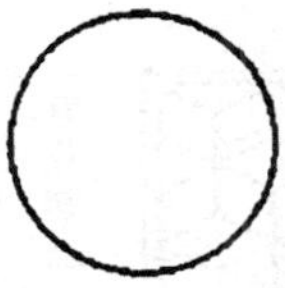

圖三—十八　月窗式

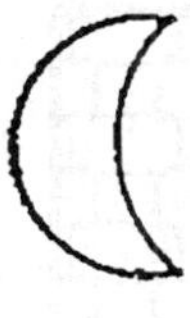

圖三—十九　片月式

大者可爲門空

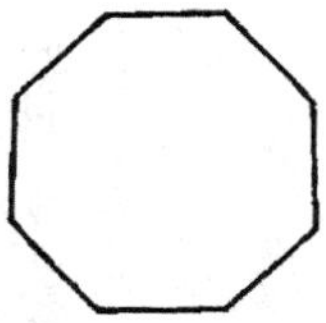

圖三—二十　八方式

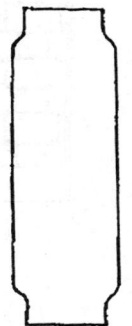

斯亦可爲門空

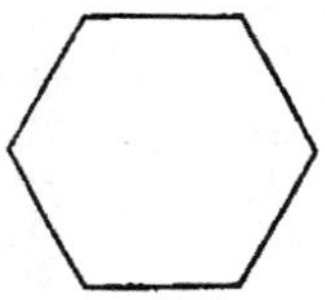

圖三—二十一　六方式

斯亦可爲門空

圖三—二十二　菱花式

圖三—二十三　如意式

圖三—二十四　梅花式

圖三—二十五　葵花式

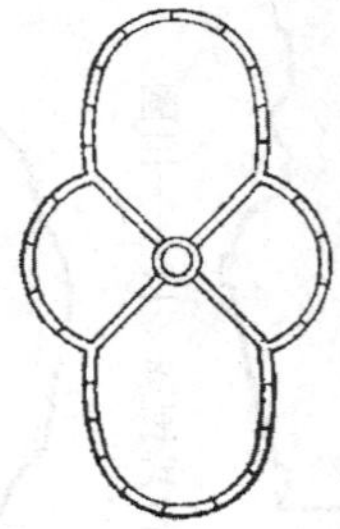
圖三—二十六　海棠式

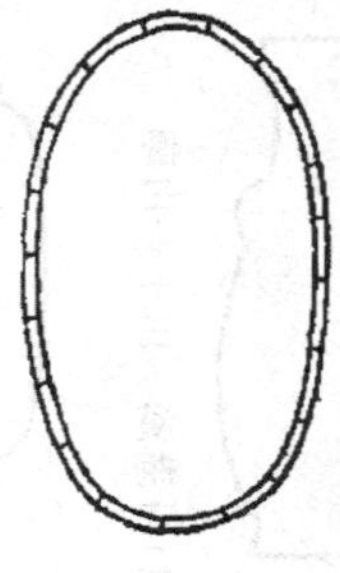
圖三—二十七　鶴子式

圖三—二十八　貝葉式

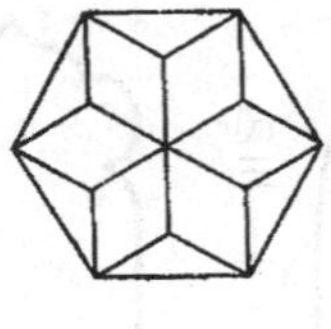
圖三—二十九　六方嵌梔子式

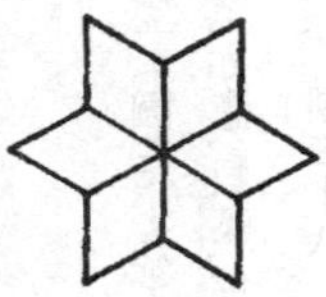
圖三—三十　梔子花式

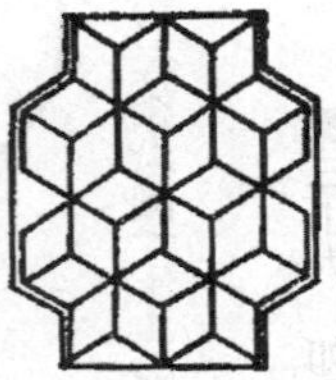
圖三—三十一　罐式

計成《園冶》卷三《牆垣》　凡園之圍牆，多于版築，或于石砌，或編籬棘。夫編籬斯勝花屏，似多野致，深得山林趣味。如内花端、水次，夾徑、環山之垣，或宜石宜磚，宜漏宜磨，各有所製。從雅遵時，令人欣賞，園林之佳境也。歷來牆垣，憑匠作雕琢花鳥仙獸，以爲巧製，不第林園之不佳，而宅堂前之何可也。雀巢可憎，積草如蘿，祛之不盡，扣之則廢，無可奈何者。市俗村愚之所爲也，高明而慎之。世人興造，因基之偏側，任而造之。何不以牆取頭闊頭狹就屋之端正，斯匠主之莫知也。

一、白粉牆

歷來粉牆，用紙筋石灰，有好事取其光膩，用白蠟磨打者。今用江湖中黄沙，並上好石灰少許打底，再加少許石灰蓋面，以麻箒輕擦，自然明亮鑑人。倘有污積，遂可洗去，斯名「鏡面牆」也。

二、磨磚牆

如隱門照牆、廳堂面牆，皆可用磨或方磚弔角，或方磚裁成八角嵌小方；或磚一塊間半塊，破花砌如錦樣。封頂用磨掛方飛簷磚幾層，雕鏤花、鳥、仙、獸不可用，入畫意者少。

三、漏磚牆

凡有觀眺處築斯，似避外隱内之義。古之瓦砌連錢、疊錠、魚鱗等類，一概屏之，聊式幾於左。

漏磚牆圖式

漏磚牆圖式（圖三—三十二至四十七）

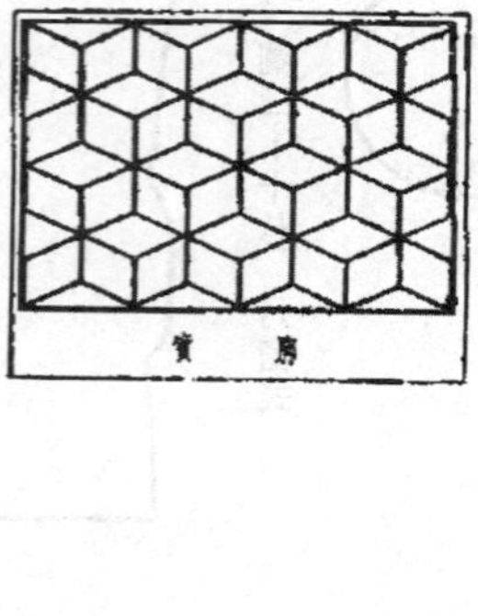
圖三—三十二　漏磚牆式之一

（菱花漏牆式）

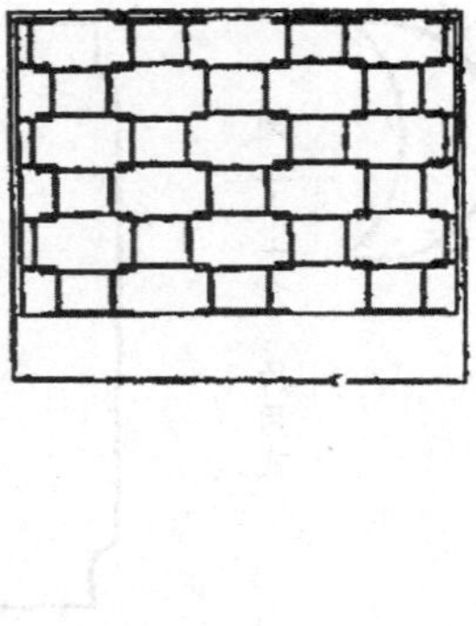
圖三—三十三　漏磚牆式之二

（絲環式）

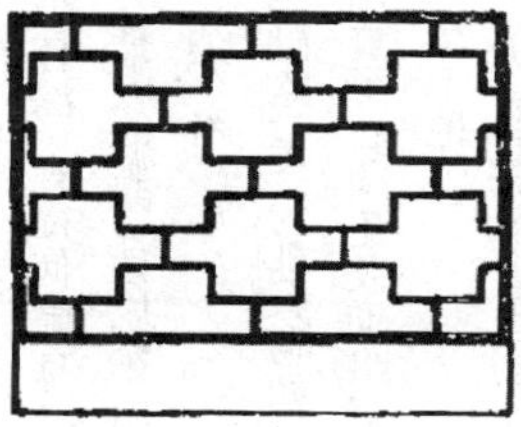
圖三—三十四 漏磚牆式之三

圖三—三十六 漏磚牆式之五（人字式）

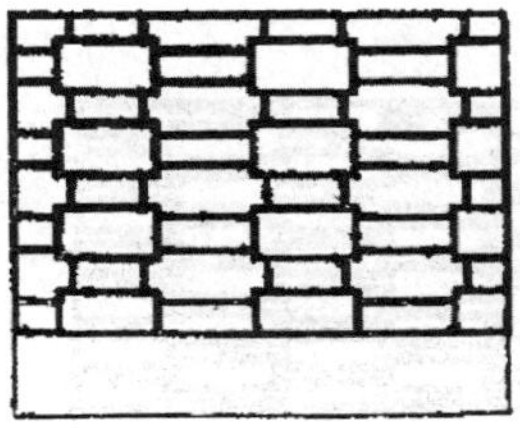
圖三—三十八 漏磚牆式之七

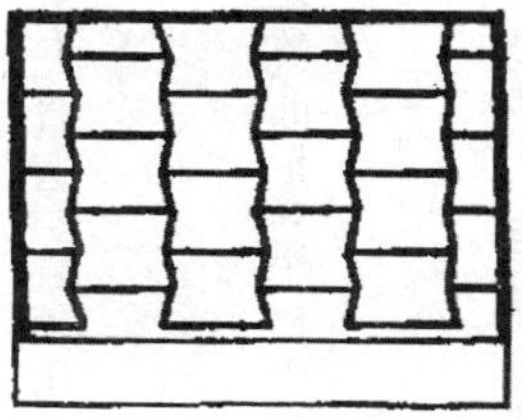
圖三—三十五 漏磚牆式之四（竹節式）

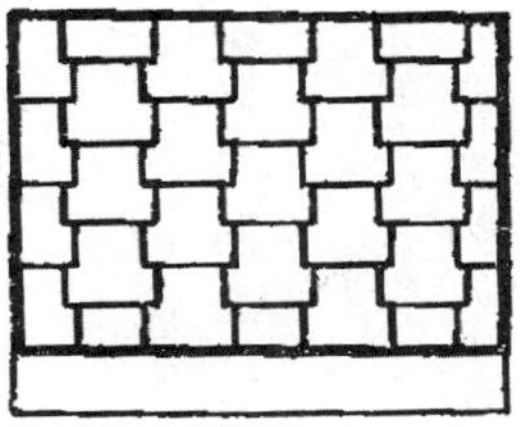
圖三—三十七 漏磚牆式之六

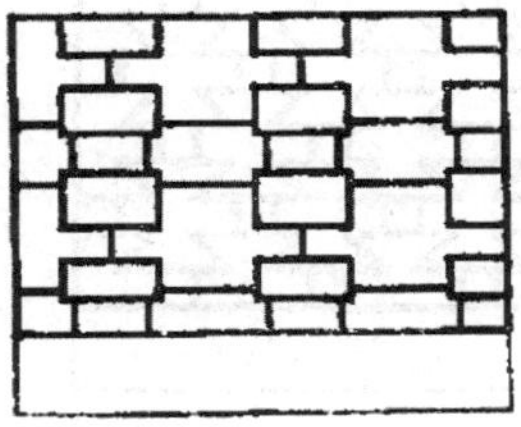
圖三—三十九 漏磚牆式之八

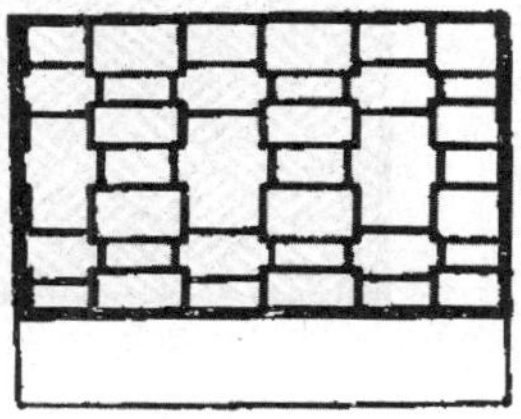
圖三—四十 漏磚牆式之九

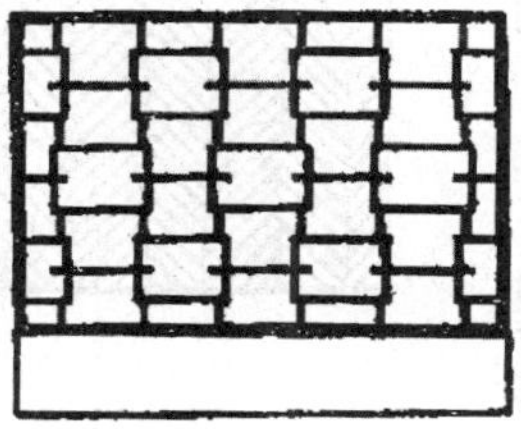
圖三—四十二 漏磚牆式之十一

圖三—四十四 漏磚牆式之十三

圖三—四十一 漏磚牆式之十

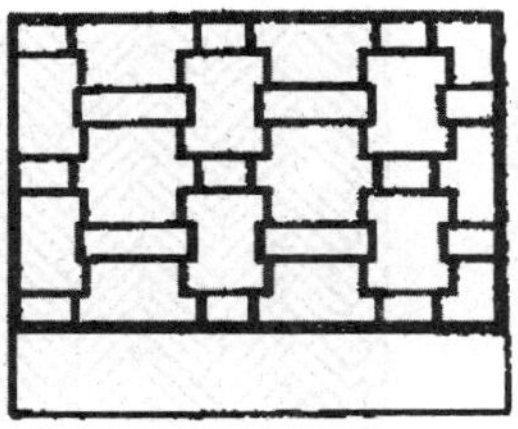
圖三—四十三 漏磚牆式之十二

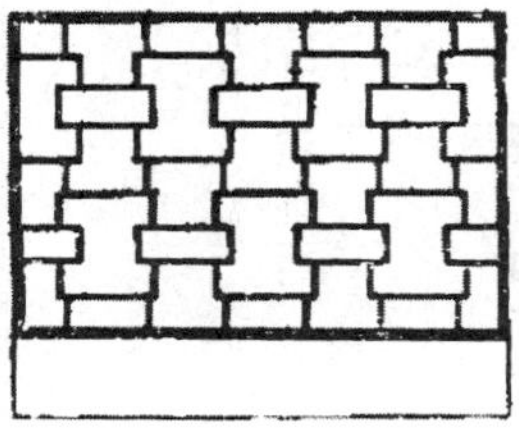
圖三—四十五 漏磚牆式之十四

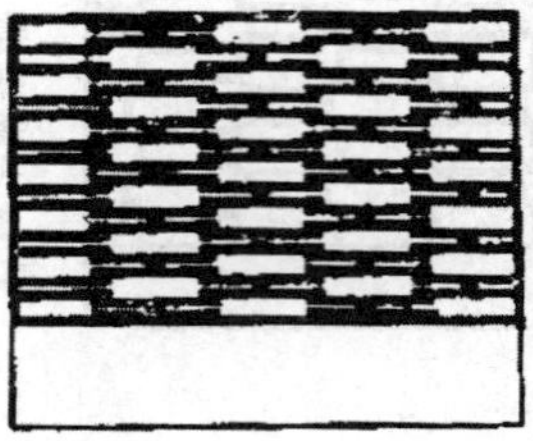

圖三—四十六　漏磚牆式之十五

圖三—四十七　漏磚牆式之十六

漏磚牆，凡計一十六式，惟取其堅固。如欄杆式中亦有可摘砌者。意不能盡，猶恐重式，宜用磨砌者佳。

四、亂石牆

是亂石皆可砌，惟黄石者佳。大小相間，宜雜假山之間，亂青石版用油灰抿縫，斯名「冰裂」也。

計成《園冶》卷三《鋪地》　大凡砌地鋪街，小異花園住宅。惟廳堂廣廈中鋪，一概磨磚，如路徑盤蹊，長砌多般亂石，中庭或宜疊勝，近砌亦可回文。八角嵌方，選鵞子鋪成蜀錦；層樓出步，就花梢琢擬秦臺。錦線瓦條，臺全石版，吟花席地，醉月鋪氈。廢瓦片也有行時，當湖石削鋪，波紋洶湧；破方磚可留大用，繞梅花磨鬭，冰裂紛紜。路徑尋常，階除脱俗，蓮生襪底，步出個中來；翠拾林深，春從何處是。花環窄路偏宜石，堂迴空庭須用磚。各式方圓，隨宜鋪砌，磨歸瓦作，雜用鈎兒。

一、亂石路

園林砌路，堆小亂石砌如榴子者，堅固而雅致，曲折高卑，從山攝壑，惟斯如一。有用鵞子石間花紋砌路，尚且不堅易俗。

二、鵞子地

鵞子石，宜鋪於不常走處，大小間砌者佳；恐匠之不能也。或磚或瓦，嵌成諸錦猶可。如嵌鶴、鹿、獅毬，猶類狗者可笑。

三、冰裂地

亂青版石，鬭冰裂紋，宜於山堂、水坡、臺端、亭際，見前風窗式，意隨人活，砌法似無拘格，破方磚磨鋪猶佳。

四、諸磚地

諸磚砌地：屋內，或磨、扁鋪；庭下，宜仄砌。方勝、疊勝、步步勝者，古之常套也。今之人字、席紋、斗紋，量磚長短合宜可也。有式：

磚鋪地圖式（圖三—四十八至五十九）

圖三—四十八　人字式

圖三—四十九　席紋式

圖三—五十　圓方式

圖三—五十一　斗紋式

以上四式用磚仄砌。

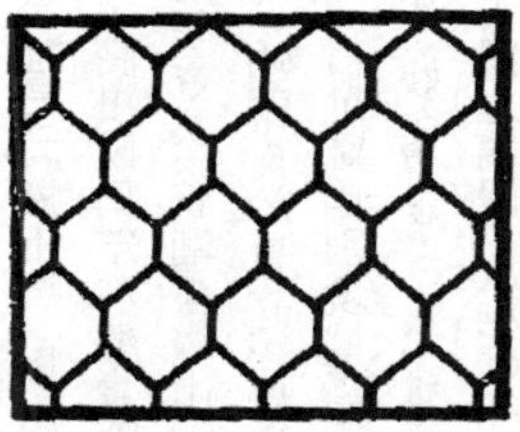
圖三—五十二 六方式

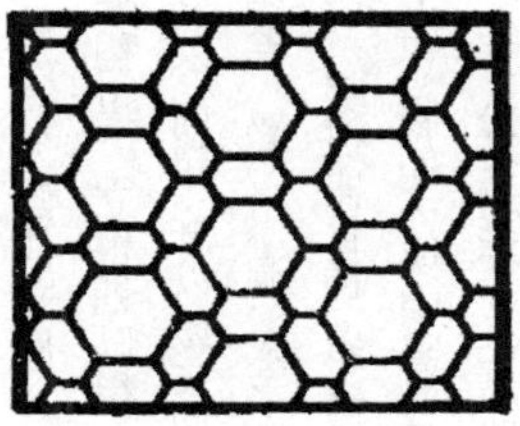
圖三—五十三 攢六方式

圖三—五十四 八方間六方式

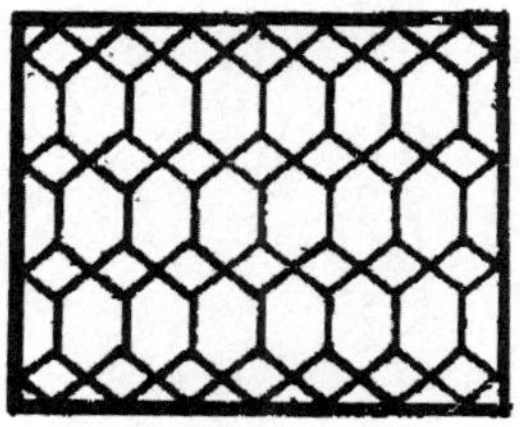
圖三—五十五 套六方式

圖三—五十六 長八方式

圖三—五十七 八方式

圖三—五十八 海棠式

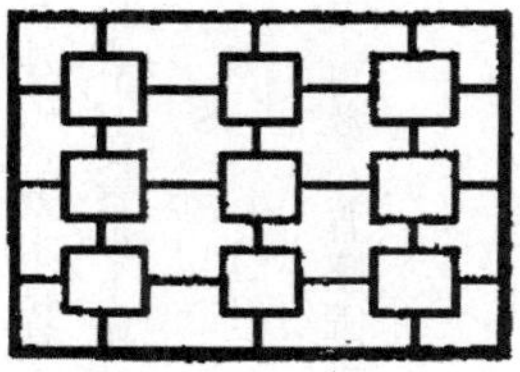
圖三—五十九 四方間十字式

以上八式用磚嵌鵞子砌。

香草邊式(圖三—六十)用磚邊，瓦砌，香草中或鋪磚，或鋪鵞子。

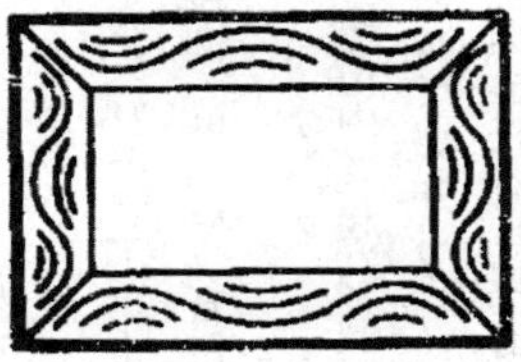
圖三—六十 香草邊式

毬門式(圖三—六十一)鵞子嵌瓦，衹此一式可用。

圖三—六十一　毬門式

波紋式（圖三—六十二）

用廢瓦檢厚薄砌，波頭宜厚，波傍宜薄。

圖三—六十二　波紋式

計成《園冶》卷三《掇山》　掇山之始，椿木爲先，較其短長，察乎虚實。隨勢挖其麻柱，諒高掛以稱竿；繩索堅牢，扛臺穩重。立根鋪以粗石，大塊滿蓋椿頭；塹裹掃于查灰，着潮盡鑚山骨。方堆頑夯而起，漸以皴文而加；瘦漏生奇，玲瓏安巧。峭壁貴於直立；懸崖使其後堅。巖、巒、洞、穴之莫窮，澗、壑、坡、磯之儼是；信足疑無别境，舉頭自有深情。蹊徑盤且長，峯巒秀而古，多方景勝，咫尺山林，妙在得乎一人，雅從兼於半士。假如一塊中竪而爲主石，兩條傍插而呼劈峯，獨立端嚴，次相輔弼，勢如排列，狀若趨承。主石雖忌於居中，宜中者也可；劈峯總較於不用，豈用乎斷然。排如爐燭花瓶，列似刀山劍樹；峯虚五老，池鑿四方；下洞上臺，東亭西樹。罅堪窺管中之豹，路類張孩戲之貓；小藉金魚之缸，大若酆都之境；時宜得致，古式何裁？深意畫圖，餘情丘壑；未山先麓，自然地勢之嶙嶒；構土成岡，不在石形之巧拙；宜臺宜榭，邀月招雲；成徑成蹊，尋花問柳。臨池駁以石塊，粗夯用之有方；結嶺挑之土堆，高低觀之多致；欲知堆土之奥妙，還擬理石之精微。山林意味深求，花木情緣易逗。有真爲假，做假成真；稍動天機，全叨人力；探奇投好，同志須知。

一、園山

園中掇山，非士大夫好事者不爲也。爲者殊有識鑒。緣世無合志，不盡欣賞，而就廳前三峯，樓面一壁而已。是以散漫理之，可得佳境也。

二、廳山

人皆廳前掇山，環堵中聳起高高三峯排列於前，殊爲可笑。加之以亭，及登，一無可望，置之何益？更亦可笑。以予見：或有嘉樹，稍點玲瓏石塊；不然，牆中嵌理壁巖，或頂植卉木垂蘿，似有深境也。

三、樓山

樓面掇山，宜最高，纔入妙，高者恐逼於前，不若遠之，更有深意。

四、閣山

閣皆四敞也，宜于山側，坦而可上，便以登眺，何必梯之。

五、書房山

凡掇小山，或依嘉樹卉木，聚散而理。或懸巖峻壁，各有别致。書房中最宜者，更以山石爲池，俯於窗下，似得濠濮間想。

六、池山

池上理山，園中第一勝也。若大若小，更有妙境。就水點其步石，從巔架以飛梁；洞穴潛藏，穿巖徑水；峯巒飄渺，漏月招雲；莫言世上無仙，斯住世之瀛壺也。

七、内室山

内室中掇山，宜堅宜峻，壁立巖懸，令人不可攀。宜堅固者，恐孩戲之預防也。

八、峭壁山

峭壁山者，靠壁理也。藉以粉壁爲紙，以石爲繪也。理者相石皴紋，做古人筆意，植黄山松柏、古梅、美竹，收之圓窗，宛然鏡遊也。

九、山石池

山石理池，予始創者。選版薄山石理之，少得竅不能盛水，須知「等分平衡法」可矣。凡理塊石，俱將四邊或三邊壓掇，若壓兩邊，恐石平中有損。如壓一邊，即罅稍有絲縫，水不能注，雖做灰堅固，亦不能止，理當斟酌。

一〇、金魚缸

如理山石池法，用糙缸一隻，或兩隻，並排作底。或埋、半埋，將山石周圍理其上，仍以油灰抿固缸口。如法養魚，勝缸中小山。

一一、峯

峯石一塊者，相形何狀，選合峯紋石，令匠鑿筍眼，爲座，理宜上大下小，立之可觀。或峯石兩塊三塊拼掇，亦宜上大下小，似有飛舞勢。或數塊掇成，亦如前式；須得兩三大石封頂。須知平衡法，理之無失。稍有欹側，久則踰欹，其峯必頹，理當慎之。

一二、巒

巒，山頭高峻也，不可齊，亦不可筆架式，或高或低，隨致亂掇，不排比爲妙。

一三、巖

如理懸巖，起脚宜小，漸理漸大，及高，使其後堅能懸。斯理法古來罕有，如懸一石，又懸一石，再之不能也。予以平衡法，將前懸分散後堅，仍以長條塹裏石壓之，能懸數尺，其狀可駭，萬無一失。

一四、洞

理洞法，起脚如造屋，立幾柱著實，掇玲瓏如窗門透亮，及理上，見前理巖法，合凑收頂，加條石替之，斯千古不朽也。洞寬丈餘，可設集者，自古鮮矣！上或堆土植樹，或作臺，或置亭屋，合宜可也。

一五、澗

假山依水爲妙，倘高阜處不能注水，理澗壑無水，似少深意。

一六、曲水

曲水，古皆鑿石槽，上置石龍頭漬水者，斯費工類俗，何不以理澗法，上理石泉，口如瀑布，亦可流觴，似得天然之趣。

一七、瀑布

瀑布如峭壁山理也。先觀有高樓簷水，可澗至牆頂作天溝，行壁山頂，留小坑，突出石口，泛漫而下，纔如瀑布。不然，隨流散漫不成，斯謂「坐雨觀泉」之意。

夫理假山，必欲求好，要人説好，片山塊石，似有野致。蘇州虎丘山，南京鳳臺門，販花紮架，處處皆然。

計成《園冶》卷三《選石》 夫識石之來由，詢山之遠近。石無山價，費祇人工，跋躡搜巔，崎嶇究路。便宜出水，雖遥千里何妨；日計在人，就近一肩可矣。取巧不但玲瓏，祇宜單點；求堅還從古拙，堪用層堆。須先選質無紋，俟後依皴合掇；多紋恐損，無竅當懸。古勝太湖，好事祇知花石；時遵圖（盡）〔畫〕，匪人焉識黄山。小倣雲林，大宗子久。塊雖頑夯，峻更嶙峋，是石堪堆，便山可採。石非草木，採後復生，人重利名，近無圖遠。

一、太湖石

蘇州府所屬洞庭山，石産水涯，惟消夏灣者爲最。性堅而潤，有嵌空、穿眼、宛轉、嶮怪勢。一種色白，一種色青而黑，一種微黑青。其質文理縱横，籠絡起隱，於石面遍多坳坎，蓋因風浪中衝激而成，謂之「彈子窩」，扣之微有聲。採人攜鎚鏨入深水中，度奇巧取鑿，貫以巨索，浮大舟，架而出之。此石以高大爲貴，惟宜植立軒堂前，或點喬松奇卉下，裝治假山，羅列園林廣榭中，頗多偉觀也。自古至今，採之已久，今尚鮮矣。

二、崑山石

崑山縣馬鞍山，石産土中，爲赤土積漬。既出土，倍費挑剔洗滌。其質磊塊，巉巖，透空，無聳拔峯巒勢，扣之無聲。其色潔白，或植小木，或種溪蓀於奇巧處，或置器中，宜點盆景，不成大用也。

三、宜興石

宜興縣張公洞、善卷寺一帶山産石，便於（竹林）〔祝陵〕出水，有性堅，穿眼，嶮怪如太湖者。有一種色黑質粗而黄者，有色白而質嫩者，掇山不可懸，恐不堅也。

四、龍潭石

龍潭金陵下七十餘里，沿大江，地名七星觀，至山口、倉頭一帶，皆産石數種；有露土者，有半埋者。一種色青，質堅，透漏文理如太湖者。一種色微青，性堅，稍覺頑夯，可用起脚壓泛。一種色紋古拙，無漏，宜單點。一種色青如核桃紋多皴法者，掇能合皴如畫爲妙。

五、青龍山石

金陵青龍山，大圈大孔者，全用匠作鑿取，做成峯石，只一面勢者。自來俗人以此爲太湖主峯，凡花石反呼爲「脚石」。掇如爐瓶式，更加以劈峯。儼如刀山劍樹者斯也。或點竹樹下，不可高掇。

六、靈璧石

宿州靈璧縣地名「磬山」，石產上中，歲久，穴深數丈。其質爲赤泥漬滿，土人多以鐵刃遍刮，凡三次，既露石色，即以鐵絲箒或竹箒兼磁末刷治清潤，扣之鏗然有聲，石底多有漬土不能盡者。石在土中，隨其大小具體而生，或成物狀，或成峯巒，巉巖透空，其眼少有宛轉之勢；須藉斧鑿，修治磨礲，以全其美。或一兩面，或三面，若四面全者，即是從土中生起，凡數百之中無一二。有得四面者，擇其奇巧處鐫治，取其底平，可以頓置几案，亦可以掇小景。有一種扁樸或成雲氣者，懸之室中爲磬，《書》所謂「泗濱浮磬」是也。

七、峴山石

鎮江府城南大峴山一帶，皆產石。小者全質，大者鐫取相連處，奇怪萬狀。色黃，清潤而堅，扣之有聲。有色灰青者。石多穿眼相通，可掇假山。

八、宣石

宣石產於寧國縣所屬，其色潔白，多於赤上積漬，須用刷洗，纔見其質。或梅雨天瓦溝下水，沖盡土色。惟斯石應舊，踰舊踰白，儼如雪山也。一種名「馬牙宣」，可置几案。

九、湖口石

江州湖口，石有數種，或產水中，或產水際。一種色青，渾然成峯、巒、巖、壑，或類諸物。一種扁薄嵌空，穿眼通透，幾若水版以利刃剜刻之狀，石理如刷絲，色亦微潤，扣之有聲。東坡稱賞，目之爲：「壺中九華」，有「百金歸買小玲瓏」之語。

一〇、英石

英州含光、真陽縣之間，石產溪水中，有數種：一微青色，間有通白脈籠絡；一微灰黑；一淺緑，各有峯、巒，嵌空穿眼，宛轉相通。其質稍潤，扣之微有聲。可置几案，亦可點盆，亦可掇小景。有一種色白，四面峯巒聳拔，多稜角，稍瑩徹，而面有光，可鑑物，扣之無聲。採人就水中度奇巧處鑿取，只可置几案。

一一、散兵石

散兵者，漢張子房楚歌散兵處也，故名。其地在巢湖之南，其石若大若小，形狀百類，浮露於山。其質堅，其色青黑，有如太湖者，有古拙皴紋者，土人採而裝出販賣，維揚好事，耑買其石。有最大巧妙透漏如太湖峯，更佳者，未嘗採也。

一二、黄石

黄石是處皆產，其質堅，不入斧鑿，其文古拙。如常州黄山，蘇州堯峯山，鎮江圌山，沿大江直至采石之上皆產。俗人只知頑夯，而不知奇妙也。

一三、舊石

世之好事，慕聞虛名，鑽求舊石，某名園某峯石，某名人題詠，某代傳至于今，斯真太湖石也，今廢，欲待價而沽，不惜多金，售爲古玩還可。又有惟聞舊石，重價買者。夫太湖石者，自古至今，好事採多，似鮮矣。如別山有未開取者，擇其透漏、青骨、堅質採之，未嘗亞太湖也。斯亘古露風，何爲新耶？何爲舊耶？凡采石惟盤駁、人工裝載之費，到園殊費幾何？予聞一石名「百米峯」，詢之，費百米所得，故名。今欲易百米，再盤百米，復名「二百米峯」也。凡石露風則舊，搜土則新，雖有土色，未幾雨露，亦成舊矣。

一四、錦川石

斯石宜舊。有五色者，有純緑者，紋如畫松皮，高丈餘，闊盈尺者貴，丈內者多。近宜興有石如錦川，其紋眼嵌石子，色亦不佳。舊者紋眼嵌空，色質清潤，可以花間樹下，插立可觀。如理假山，猶類劈峯。

一五、花石綱

宋「花石綱」，河南所屬，邊近山東，隨處便有，是運之所遺者。其石巧妙者多，緣陸路頗艱，有好事者，少取塊石置園中，生色多矣。

一六、六合石子

六合縣靈居巖，沙土中及水際，產瑪瑙石子，頗細碎。有大如拳、純白、五色者，有純五色者；其温潤瑩徹，擇紋彩斑斕取之，鋪地如錦。或置澗壑及流水處，自然清目。

夫葺園圃假山，處處有好事，處處有石塊，但不得其人。欲詢出石之所，到地有山，似當有石，雖不得巧妙者，隨其頑夯，但有文理可也。曾見宋杜綰《石譜》，何處無石？予少用過石處，聊記於右，餘未見者不録。

計成《園冶》卷三《借景》 構園無格，借景有因。切要四時，何關八宅。林皋延竚，相緣竹樹蕭森，城市喧卑，必擇居鄰閒逸。高原極望，遠岫環屏。堂開淑氣侵入，門引春流到澤。嫣紅艷紫，欣逢花裏神仙；樂聖稱賢，足並山中宰相。《閒居》曾賦，「芳草」應憐。掃徑護蘭芽，分香幽室；捲簾邀燕子，閒剪輕風。片片飛花，絲絲眠柳。寒生料峭，高架鞦韆。興適清偏，怡情丘壑。頓開塵外想，擬入畫中行。林陰初出鶯歌，山曲忽聞樵唱。風生林樾，境入羲皇。幽人即韻於松寮，逸士彈琴於篁裡。紅衣新浴，碧玉輕敲。看竹溪灣，觀魚濠上。山容藹藹，行雲故落憑欄；水面鱗鱗，爽氣覺來欹枕。南軒寄傲，北牖虛陰。半窗碧隱蕉桐，環堵翠延蘿薜。俯流玩月，坐石品泉。苧衣不耐涼新，池荷香綰；梧葉忽驚秋落，蟲草鳴幽。湖平無際之浮光，山媚可餐之秀色。寓目一行白鷺，醉顔幾陣丹楓。眺遠高臺，搔首青天那可問；憑虛敞閣，舉杯明月自相邀。冉冉天香，悠悠桂子。但覺離殘菊晚，應探嶺暖梅先。少繫杖頭，招携鄰曲。恍來林月美人，却卧雪廬高士。雲冪黯黯，木葉蕭蕭。風鴉幾樹夕陽，寒雁數聲殘月。書窗夢醒，孤影遥吟；錦幛偎紅，六花呈瑞。棹興若過剡曲，掃烹果勝黨家。冷韻堪賡，清名可並。花殊不謝，景摘偏新。因借無由，觸情俱是。【略】

夫借景，林園之最要者也，如遠借、鄰借、仰借、俯借、應時而借。然物情所逗，目寄心期，似意在筆先，庶幾描寫之盡哉。

文震亨《長物志》卷一《室廬》 居山水間者爲上，村居次之，郊居又次之。吾儕縱不能栖巖止谷，追綺園之蹤；而混迹廛市，要須門庭雅潔，室廬清靚。亭臺具曠士之懷，齋閣有幽人之致。又當種佳木怪籜，陳金石圖書。令居之者忘老，寓之者忘歸，游之者忘倦。蘊隆則颯然而寒，凛冽則煦然而燠。若徒侈土木，尚丹堊，真同桎梏、樊檻而已。志《室廬第一》。

一、門

用木爲格，以湘妃竹横斜釘之，或四或二，不可用六。兩旁用板爲春帖，必隨意取唐聯佳者刻於上。若用石梱，必須板扉。石用方厚渾樸，庶不涉俗。門環得古青緑蝴蝶獸面，或天鷄、饕餮之屬，釘於上爲佳，不則用紫銅或精鐵，如舊式鑄成亦可，黄白銅俱不可用也。漆惟朱、紫、黑三色，餘不可用。

二、階

自三級以至十級，愈高愈古，須以文石剥成；種綉墩或草花數莖於内，枝葉紛披，映階傍。砌以太湖石疊成者，曰「澀浪」，其制更奇，然不易就。複室須内高於外，取頑石具苔斑者嵌之，方有巖阿之致。

三、牕

用木爲粗格，中設細條三眼，眼方二寸，不可過大。窗下填板尺許，佛樓禪室，間用菱花及象眼者。窗忌用六，或二或三或四，隨宜用之。室高，上可用窗一扇，下用低檻承之。俱釘明瓦，或以紙糊，不可用絳素紗及梅花簟。冬月欲承日，製大眼風窗，眼徑尺許，中以綫經其上，庶紙不爲風雪所破，其制亦雅，然僅可用之小齋丈室。漆用金漆，或朱黑二色，雕花、彩漆，俱不可用。

四、欄干

石欄最古，第近於琳宫、梵宇，及人家冢墓。傍池或可用；然不如用石蓮柱二，木欄爲雅。柱不可過高，亦不可雕鳥獸形。亭、榭、廊、廡，可用朱欄及鵝頸承坐；堂中須以巨木雕如石欄，而空其中。頂用柿頂，朱飾；中用荷葉寶瓶，緑飾。卍字者宜閨閣中，不甚古雅；取畫圖中有可用者，以意成之可也。三横木最便，第太樸，不可多用。更須每楹一扇，不可中竪一木，分爲二三，若齋中則竟不必用矣。

五、照壁

得文木如豆瓣楠之類爲之，華而復雅，不則竟用素染，或金漆亦可。青紫及灑金描畫，俱所最忌。亦不可用六。堂中可用一帶，齋中則止中楹用之。有以夾紗窗或細格代之者，俱稱俗品。

六、堂

堂之制，宜宏敞精麗，前後須層軒廣庭，廊廡俱可容一席；四壁用細磚砌者佳，不則竟用粉壁。梁用球門，高廣相稱。層階俱以文石爲之，小堂可不設窗檻。

七、山齋

宜明净，不可太敞。明净可爽心神，太敞則費目力。或傍檐置窗檻，或由廊以入，俱隨地所宜。中庭亦須稍廣，可種花木，列盆景，夏日去北扉，前後洞空。庭際沃以飯瀋，雨漬苔生，緑縟可愛。遶砌可種翠雲草令遍，茂則青葱欲浮。前垣宜矮。有取薜荔根瘞牆下，灑魚腥水於牆上引蔓者，雖有幽致，然不如粉壁爲佳。

八、丈室

丈室宜隆冬寒夜，略仿北地暖房之制，中可置卧榻及禪椅之屬。前庭須廣，以承日色，留西窗以受斜陽，不必開北牖也。

九、佛堂

築基高五尺餘，列級而上，前爲小軒及左右俱設歡門，後通三楹供佛。庭中以石子砌地，列幡幢之屬，另建一門，後爲小室，可置卧榻。

一〇、橋

廣池巨浸，須用文石爲橋，雕鏤雲物，極其精工，不可入俗。小溪曲澗，用石子砌者佳，四旁可種繡墩草。板橋須三折，一木爲欄，忌平板作朱卍字欄。有以太湖石爲之，亦俗。石橋忌三環，板橋忌四方磬折，尤忌橋上置亭子。

一一、茶寮

構一斗室，相傍山齋，内設茶具，教一童專主茶役，以供長日清談，寒宵兀坐；幽人首務，不可少廢者。

一二、琴室

古人有於平屋中埋一缸，缸懸銅鐘，以發琴聲者。然不如層樓之下，蓋上有板，則聲不散；下空曠，則聲透徹。或於喬松修竹、巖洞石室之下，地清境絶，更爲雅稱耳。

一三、浴室

前後二室，以牆隔之，前砌鐵鍋，後燃薪以俟；更須密室，不爲風寒所侵。近牆鑿井，具轆轤，爲竅引水以入。後爲溝，引水以出。澡具巾帨，咸具其中。

一四、街徑庭除

馳道廣庭，以武康石皮砌者最華整。花間岸側，以石子砌成，或以碎瓦片斜砌者，雨久生苔，自然古色，寧必金錢作埒，乃稱勝地哉？

一五、樓閣

樓閣，作房闥者，須回環窈窕；供登眺者，須軒敞宏麗；藏書畫者，須爽塏高深，此其大略也。樓作四面窗者，前楹用窗，後及兩旁用板。閣作方樣者，四面一式，樓前忌有露臺卷篷，樓板忌用磚鋪。蓋既名樓閣，坐有定式，若復鋪磚，與平屋何異？高閣作三層者最俗。樓下柱稍高，上可設平頂。

一六、臺

築臺忌六角，隨地大小爲之。若築於土岡之上，四周用粗木，作朱闌亦雅。

一七、海論

忌用「承塵」，俗所稱「天花板」是也，此僅可用之廨宇中。地屏則間可用之。暖室不可加簟，或用氍毹爲地衣亦可，然不如細磚之雅。南方卑濕，空鋪最宜，略多費耳。室忌五柱，忌有兩廂；前後堂相承，忌工字體，亦以近官廨也，退居則間可用。忌旁無避弄，庭較屋東偏稍廣，則西日不逼；忌長而狹，忌矮而寬。亭忌上鋭下狹，忌小六角，忌用葫蘆，忌用茆蓋，忌如鐘鼓及城樓式。樓梯須從後影壁上，忌置兩旁，磚者作數曲更雅。臨水亭榭，可用藍絹爲幔，以蔽日色；紫絹爲帳，以蔽風雪，外此俱不可用。尤忌用布，以類酒舩及市藥設帳也。小室忌中隔，若有北窗者，則分爲二室，忌紙糊，忌作雪洞，此與混堂無異，而俗子絶好之，俱不可解。忌爲卍字窗旁填板，忌牆角畫各色花鳥。古人最重題壁，今即使顧、陸點染，鍾、王濡筆，俱不如素壁爲佳。忌長廊一式，或更互其制，庶不入俗。忌竹木屏及竹籬之屬，忌黄白銅爲屈戍。庭際不可鋪細方磚，爲承露臺則可。忌兩楹而中置一梁，上設叉手笆。此皆舊制，而不甚雅。忌用板隔，隔必以磚。忌梁椽畫羅紋及金方勝。如古屋歲久，木色已舊，未免繪飾，必須高手爲之。凡入門處，必小委曲，忌太直。齋必三楹，傍更作一室，可置卧榻。面北小庭，不可太廣，以北風甚厲也。忌中楹設欄楯，如今拔步牀式。忌穴窗爲櫥，忌以瓦爲牆，有作金錢梅花式者，此俱當付之一擊。又鴟吻好望，其名最古，今所用者，不知何物，須如古式爲之，不則亦仿畫中室宇之制。檐瓦不可用粉刷，得巨栟櫚擘爲承溜，最雅；否則用竹，不可用木及錫。忌有卷棚，此官府設以聽兩造者，於人家不知何用。忌用梅花箓。堂簾惟温州湘竹者佳，忌中有花如繡補，忌有字如「壽山」「福海」之類。總之，隨方製象，各有所宜，寧古無時，寧樸無巧，寧儉無俗；至於蕭疏雅潔，又本性生，非强作解事者所得輕議矣。

李漁《閒情偶寄》卷四《居室部・房舍第一》 人之不能無屋，猶體之不能無衣。衣貴夏涼冬燠，房舍亦然。堂高數仞，榱題數尺，壯則壯矣，然宜於夏而不宜於冬。登貴人之堂，令人不寒而慄，雖勢使之然，亦寥廓有以致之；我有重裘，而彼難挾纊故也。及肩之牆，容膝之屋，儉則儉矣，然適於主而不適於賓。造寒士之廬，使人無憂而嘆，雖氣感之耳，亦境地有以迫之，此耐蕭疏，而彼憎岑寂故也。吾願顯者之居，勿太高廣。夫房舍與人，欲其相稱。畫山水者有訣云：「丈山尺樹，寸馬豆人。」使一丈之山，綴以二尺三尺之樹；一寸之馬，跨以似米似粟之人，稱乎？不稱乎？使顯者之軀，能如湯文之九尺十尺，則高數仞爲宜，不則堂愈高而人愈覺其矮，地愈寬而體愈形其瘠，何如略小其堂，而寬大其身之爲得乎？處士之廬，難免卑隘。然卑者不能聳之使高，隘者不能擴之使廣，而污穢者，充塞者則能去之使淨，淨則卑者高而隘者廣矣。吾貧賤一生，播遷流離，不一其處，雖債而食，賃而居，總未嘗稍污其座。性嗜花竹，而購之無資，則必令妻孥忍饑數日，或耐寒一冬，省口體之奉，以娛耳目，人則笑之，而我怡然自得也。性又不喜雷同，好爲矯異，常謂人之葺居治宅，與讀書作文同一致也。譬如治舉業者，高則自出手眼，創爲新異之篇；其極卑者，亦將讀熟之文移頭換尾，損益字句而後出之，從未有鈔寫全篇，而自名善用者也。乃至興造一事，則必肖人之堂以爲堂，窺人之户以立户，稍有不合，不以爲得，而反以爲恥。常見通侯貴戚，擲盈千累萬之資以治園圃，必先諭大匠曰：亭則法某人之制，樹則遵誰氏之規，勿使稍異。而操運斤之權者，至大厦告成，必驕語居功，謂其立户開窗，安廊置閣，事事皆仿名園，纖毫不謬。噫！陋矣。以構造園亭之勝事，上之不能自出手眼，如標新創異之文人；下之至不能換尾移頭，學套腐爲新之庸筆，尚囂囂以鳴得意，何其自處之卑哉？予嘗謂人曰：生平有兩絶技，自不能用，而人亦不能用之，殊可惜也。人問絶技維何？予曰：一則辨審音樂，一則置造園亭。性嗜填詞，每多撰著，海内共見之矣。設處得爲之地，自選優伶，使歌自撰之詞曲，口授而躬試之，無論新裁之曲，可使迥異時腔，即舊日傳奇，一概删其腐習而益以新格，爲往時作者别開生面，此一技也。一則創造園亭，因地制宜，不拘成見，一榱一桷，必令出自己裁，使經其地入其室者，如讀湖上笠翁之書，雖乏高才，頗饒别致，豈非聖明之世，文物之邦，一點綴太平之具哉？噫！吾老矣，不足用也，請以崖略付之簡篇，供嗜痂者采擇。收其一得，如對笠翁，則斯編實爲神交之助爾。

土木之事，最忌奢靡，匪特庶民之家，當崇儉樸，即王公大人，亦當以此爲尚。蓋居室之制貴精不貴麗，貴新奇大雅，不貴纖巧爛漫。凡人止好富麗者，非好富麗，因其不能創異標新，舍富麗無所見長，只得以此塞責。譬如人有新衣二件，試令兩人服之，一則雅素而新奇，一則輝煌而平易，觀者之目，注在平易乎？在新奇乎？錦綉綺羅，誰不知貴，亦誰不見之？縞衣素裳，其制略新，則爲衆目所射，以其未嘗睹也。凡予所言，皆屬價廉工省之事，即有所費，亦不及雕鏤粉藻之百一。且古語云：「耕當問奴，織當訪婢。」予貧士也，僅識寒酸之事。欲示富貴，而以綺麗勝人，則有從前之舊制在。

新制人所未見，即縷縷言之，亦難盡曉，勢必繪圖作樣。然有圖所能繪，有不能繪者。不能繪者十之九，能繪者不過十之一。因其有而會其無，是在解人善悟耳。

向背

屋以面南爲正向。然不可必得，則面北者宜虚其後，以受南薰；面東者虚右，面西者虚左，亦猶是也。如東西北皆無餘地，則開窗借天以補之。牖之大者，可抵小門二扇；穴之高者，可敵低窗二扇，不可不知也。

途徑

徑莫便於捷，而又莫妙於迂。凡有故作迂途，以取别致者，必另開耳門一扇，以便家人之奔走，急則開之，緩則閉之，斯雅俗俱利，而理致兼收矣。

高下

房舍忌似平原，須有高下之勢，不獨園圃爲然，居宅亦應如是。前卑後高，理之常也。然地不如是，而强欲如是，亦病其拘。總有因地制宜之法：高者造屋，卑者建樓，一法也；卑處疊石爲山，高處浚水爲池，二法也。又有因其高而愈高之，竪閣磊峯於峻坡之上；因其卑而愈卑之，穿塘鑿井於下濕之區。總無一定之法，神而明之，存乎其人，此非可以遥授方略者矣。

出檐深淺

居宅無論精粗，總以能避風雨爲貴。常有畫棟雕梁，瓊樓玉欄，而止可娱晴，不堪坐雨者，非失之太敞，則病於過峻。故柱不宜長，長爲招雨之媒；窗不宜多，多爲匿風之藪，務使虚實相半，長短得宜。又有貧士之家，房舍寬而餘地少，欲作深檐以障風雨，則苦於暗；欲置長牖以受光明，則慮在陰，劑其兩難，則有添置活檐一法。何爲活檐？法於瓦檐之下，另設板棚一扇，置轉軸於兩頭，可撑可下。晴則反撑，使正面向下，以當檐外頂格；雨則正撑，使正面向上，以承檐溜。是我能用天，而天不能窘我矣。

置頂格

精室不見椽瓦，或以板覆，或用紙糊，以掩屋上之醜態，名爲「頂格」，天下皆然，予獨怪其法制未善。何也？常因屋高檐矮，意欲取平，遂抑高者就下，頂格一概齊檐，使高敞有用之區，委之不見不聞，以爲鼠窟，良可慨也。亦有不忍棄此，竟以頂板貼椽，仍作屋形，高其中而卑其前後者，又不美觀，而病其呆笨。予爲新制，以頂格爲斗笠之形，可方可圓，四面皆下，而獨高其中。且無多費，仍是平格之板料，但令工匠畫定尺寸，旋而去之。如作圓形，則中間旋下一段是棄物矣，即用棄物作頂，升之於上，止增周圍一段竪板，長僅尺許，少者一層，多則二層，隨人所好，方者亦然。造成之後，若糊以紙，又可於竪板之上裱貼字畫，圓者類手卷，方者類冊葉，簡而文，新而妥，以質高明，必當取其有裨。○方者可用竪板作門，時開時閉，則當壁橱四張，納無限器物於中，而不之覺也。

甃地

古人茅茨土階，雖崇儉樸，亦以法制未盡備也。惟幕天者可以席地，梁棟既設，即有階除，與戴冠者不可跣足，同一理也。且土不覆磚，嘗苦其濕，又易生塵。有用板作地者，又病其步履有聲，喧而不寂。以三和土甃地，築之極堅，使完好如石，最爲豐儉得宜。而又有不便於人者：若和灰和土不用鹽鹵，則燥而易裂；用之發潮，又不利於天陰。且磚可挪移，而甃成之土不可挪移，日後改遷，遂成棄物，是又不宜用也。不若仍用磚鋪，止在磨與不磨之間，別其豐儉，有力者磨之使光，無力者聽其自糙。予謂極糙之磚，猶愈於極光之土。但能自運機杼，使小者間大，方者合圓，別成文理，或作冰裂，或肖龜紋，收牛溲馬渤入藥籠，用之得宜，其價值反在參苓之上。此種調度，言之易而行之甚難，僅存其説而已。

李漁《閒情偶寄》卷四《居室部・窗欄第二》 吾觀今世之人，能變古法爲今制者，其惟窗欄二事乎？窗欄之制，日新月異，皆從成法中變出。「腐草爲螢」，實具至理，如此則造物生人，不枉付心胸一片。但造房建宅，與置立窗軒同是一理，明於此而暗於彼，何其有聰明而不善擴乎？予往往自製窗欄之格，口授工匠使爲之，以爲極新極異矣，而偶至一處，見其已設者，先得我心之同然，因自笑爲遼東白豕。獨房舍之制不然，求爲同心甚少。門窗二物，新制既多，予不復贅，恐又蹈白豕轍也。惟約略言之，以補時人之偶缺。

製體宜堅

窗櫺以明透爲先，欄杆以玲瓏爲主，然此皆屬第二義，具首重者，止在一字之堅，堅而後論工拙。嘗有窮工極巧以求盡善，乃不踰時而失頭墮趾，反類畫虎未成者，計其新而不計其舊也。總其大綱，則有二語：宜簡不宜繁，宜自然不宜雕斫。凡事物之理，簡斯可繼，繁則難久，順其性者必堅，戕其體者易壞。木之爲器，凡合筍使就者，皆順其性以爲之者也；雕刻使成者，皆戕其體而爲之者也；一涉雕鏤，則腐朽可立待矣。故窗櫺欄杆之制，務使頭頭有筍，眼眼着撒。然頭眼過密，筍撒太多，又與雕鏤無異，仍是戕其體也，故又宜簡不宜繁。根數愈少愈佳，少則可堅；眼數愈密愈貴，密則紙不易碎。然既少矣，又安能密？曰：此在制度之善，非可以筆舌争也。窗欄之體，不出縱横、欹斜、屈曲三項，請以蕭齋製就者，各圖一則以例之。

一圖：縱横格

是格也，根數不多，而眼亦未嘗不密，是所謂頭頭有筍，眼眼着撒者，雅莫雅於此，堅亦莫堅於此矣。是從陳腐中變出，由此推之，則舊式可化爲新者，不知凡幾。但取其簡者、堅者、自然者變之，事事以雕鏤爲戒，則人工漸去，而天巧自呈矣。

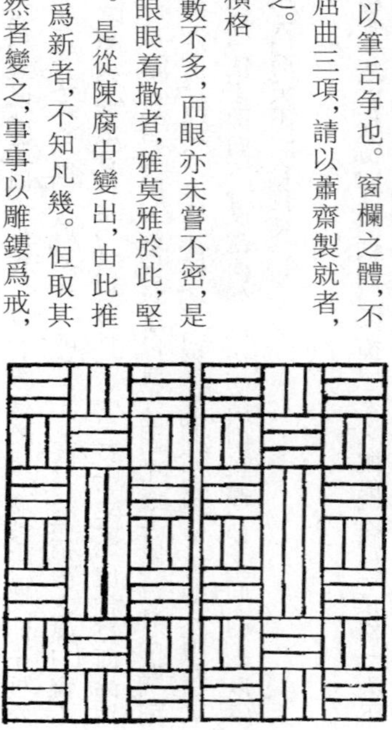

圖一 縱横格

二圖：欹斜格係欄

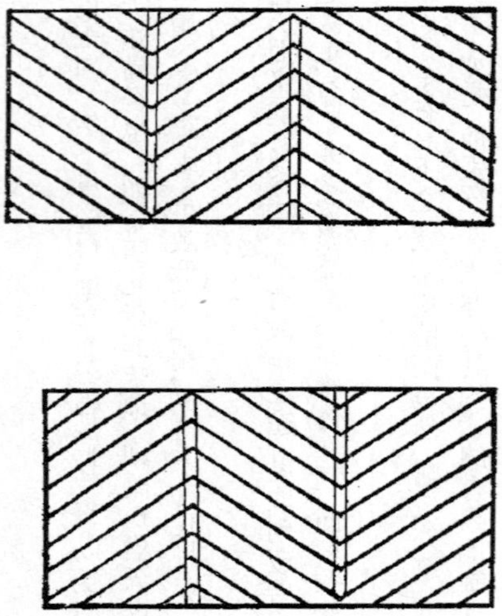

圖二 欹斜格

此格甚佳，爲人意想所不到，因其平而有筍者，可以着實，尖而無筍者，没處生根故也。然賴有躲閃法，能令外似懸空，內偏着實，止須善藏其拙耳。當於尖木之後，另設堅固薄板一條，托於其後，上下投笋，而以尖木釘於其上，前看則無，後觀則有。其能幻有爲無者，全在油漆時善於着色，如欄杆之本體用朱，則所托之板另用他色。他色亦不得泛用，當以屋内牆壁之色爲色。如牆係白粉，此板亦作粉色；壁係青磚，此板亦肖磚色。自外觀之，止見朱色之紋，而與牆壁相同者，混然一色無所辨矣。至欄杆之内向者，又必另爲一色，勿與外同，或青或藍，無所不可，而薄板向内之色，則當與之相合。自内觀之，又别成一種，文理較外尤可觀也。

三圖：屈曲體係欄

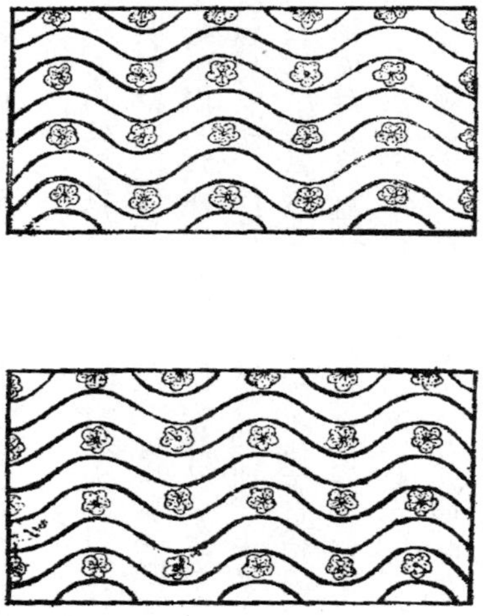

圖三 屈曲體

此格最堅，而又省費，名「桃花浪」，又名「浪裏梅」。曲木另造，花另造，俟曲木入柱投笋後，始以花塞空處，上下着釘，借此聯絡，雖有大力者撓之，不能動矣。花之内外，宜作兩種，一作桃，一作梅，所云桃花浪、浪裏梅是也。浪色亦忌雷同，或藍或緑，否則同是一色，而以深淺别之，使人一轉足之間，景色判然。是以一物幻爲二物，又未嘗於平等材料之外，另費一錢。凡予所爲，强半皆若是也。

取景在借

開窗莫妙於借景，而借景之法，予能得其三昧。向猶私之，乃今嗜痂者衆，將來必多依樣葫蘆，不若公之海內，使物物盡效其靈，人人均有其樂。但期於得意酣歌之頃，高叫笠翁數聲，使夢魂得以相傍，是人樂而我亦與焉，爲願足矣。向居西子湖濱，欲購湖舫一隻，事事猶人，不求稍異，止以窗格異之。人詢其法，予曰：四面皆實，猶虚其中，而爲「便面」之形。實者用板，蒙以灰布，勿露一隙之光；虚者用木作匡，上下皆曲而直其兩旁，所謂便面是也。純露空明，勿使有纖毫障翳。是船之左右，止有二便面，便面之外，無他物矣。坐於其中，則兩岸之湖光山色，寺觀浮屠，雲煙竹樹，以及往來之樵人牧竪，醉翁游女，連人帶馬，盡入便面之中，作我天然圖畫。且又時時變幻，不爲一定之形。非特舟行之際，摇一櫓變一象，撐一篙换一景，即繫纜時，風摇水動，亦刻刻異形。是一日之内，現出百千萬幅佳山佳水，總以便面收之。而便面之制，又絶無多費，不過曲木兩條，直木兩條而已。世有擲盡金錢，求爲新異者，其能新異若此乎？此窗不但娱己，兼可娱人；不特以舟外無窮之景色攝入舟中，兼可以舟中所有之人物，並一切几席杯盤射出窗外，以備來往遊人之玩賞。何也？以内視外，固是一幅便面山水；而以外視内，亦是一幅扇頭人物。譬如拉妓邀僧，呼朋聚友，與之彈棋觀畫，分韻拈毫，或飲或歌，任眠任起，自外觀之，無一不同繪事。同一物也，同一事也，此窗未設以前，僅作事物觀；一有此窗，則不煩指點，人人俱作畫圖觀矣。夫扇面非異物也，肖扇面爲窗，又非難事也。世人取象乎物，而爲門爲窗者，不知凡幾，獨留此眼前共見之物，棄而弗取，以待笠翁，詎非咄咄怪事乎？所恨有心無力，不能辦此一舟，竟成欠事。兹且移居白門，爲西子湖之薄倖人矣。此願茫茫，其何能遂？不得已而小用其機，置此窗於樓頭，以窺鍾山氣色，然非創始之心，僅存其制而已。予又嘗作觀山虚牖，名「尺幅窗」，又名「無心畫」，姑妄言之。浮白軒中，後有小山一座，高不踰丈，寬止及尋，而其中則有丹崖碧水，茂林修竹，鳴禽響瀑，茅屋板橋，凡山居所有之物，無一不備。蓋因善塑者肖予一像，神氣宛然，又因予號笠翁，顧名思義，而爲把釣之形。予思既執綸竿，必當坐之磯上，有石不可無水，有水不可無山，有山有水，不可無笠翁息釣歸休之地，遂營此窟以居之。是此山原爲像設，初無意於爲窗也。後見其物小而蘊大，有「須彌芥子」之義，盡日坐觀，不忍闔牖。乃瞿然曰：是山也，而可以作畫；是畫也，而可以爲窗；不過損予一日杖頭錢，爲裝潢之具耳。遂命童子裁紙數幅，以爲畫之頭尾，及左右鑲邊。頭尾貼於窗之上下，鑲邊貼於兩旁，儼然堂畫一幅，而但虚其中。非虚其中，欲以屋後之山代之也。坐而觀之，則窗非窗也，畫也；山非屋後之山，即畫上之山也。不覺狂笑失聲，妻孥群至，又復笑予所笑，而「無心畫」、「尺幅窗」之制，從此始矣。予又嘗取枯木數莖，置作天然之牖，名曰「梅窗」。生平製作之佳，當以此爲第一。己酉之夏，驟漲滔天，久而不涸，齋頭淹死榴、橙各一株，伐而爲薪，因其堅也，刀斧難入，卧於階除者累日。予見其枝柯盤曲，有似古梅，而老幹又具舟錯之勢，似可取而爲器者，因籌所以用之。是時栖雲谷中幽而不明，正思闢牖，乃幡然曰：道在是矣！遂語工師，取老幹之近直者，順其本來，不加斧鑿，爲窗之上下兩旁，是窗之外廓具矣。再取枝柯之一面盤曲、一面稍平者，分作梅樹兩株，一從上生而倒垂，一從下生而仰接，其稍平之一面則略施斧斤，去其皮節而向外，以便糊紙；其盤曲之一面，則匪特盡全其天，不稍戕斫，並疏枝細梗而留之。既成之後，剪綵作花，分紅梅、緑萼二種，綴於疏枝細梗之上，儼然活梅之初着花者。同人見之，無不叫絶。予之心思，訖於此矣。後有所作，當亦不過是矣。

便面不得於舟，而用於房舍，是屈事矣。然有移天换日之法在，亦可變昨爲今，化板成活，俾耳目之前，刻刻似有生機飛舞，是亦未嘗不妙，止廢我一番籌度耳。予性最癖，不喜盆内之花，籠中之鳥，缸内之魚，及案上有座之石，以其局促不舒，令人作囚鸞縶鳳之想。故盆花自幽蘭、水仙而外，未嘗寓目；鳥中之畫眉，性酷嗜之，然必另出己意而爲籠，不同舊制，務使不見拘囚之迹而後已。自設便面以後，則生平所棄之物，盡在所取。從來作便面者，凡山水人物，竹石花鳥，以及昆蟲，無一不在所繪之内，故設此窗於屋内，必先於牆外置板，以備成物之用。一切盆花籠鳥，蟠松怪石，皆可更换置之。如盆蘭吐花，移之窗外，即是一幅便面幽蘭；盎菊舒英，内之牖中，即是一幅扇頭佳菊。或數日一更，或一日一更；即一日數更，亦未嘗不可。但須遮蔽下段，勿露盆盎之形。而遮蔽之物，則莫妙於零星碎石。是此窗家家可用，人人可辦，詎非耳目之前第一樂事？得意酣歌之頃，可忘作始之李笠翁乎？

四圖：湖舫式

此湖舫式也。不獨西湖，凡居名勝之地，皆可用之。但便面止可觀山臨水，不能障雨蔽風，是又宜籌退步，以補前説之不逮。退步云何？外設推板，可開可闔，此易爲之事也。但純用推板，則幽而不明；純用明窗，又與扇面之制不合，須以板内嵌窗之法處之。其法維何？曰：即仿「梅窗」之制，以製窗欞。亦備其式於右。

圖四　湖舫式

五圖：便面窗外推板裝花式

四圍用板者，既取其堅，又省製欞裝花人工之半也。中作花樹者，不失扇頭圖畫之本色也。用直欞間於其中者，無此則花樹無所倚靠，即勉强爲之，亦浮脆而難久也。欞不取直而作欹斜之勢，又使上寬下窄者，欲肖扇面之折紋；且小者可以獨扇，大則必分雙扇，其中間合縫處，糊紗糊紙，無直木以界之，則紗與紙無所依附故也。若是則欞與花樹縱橫相雜，不免涇渭難分，而求工反拙乎？曰：不然。有兩法蓋藏，勿慮也。花樹粗細不一，其勢莫妙於參差，欞則極勻而又貴乎極細，須以極堅之木爲之，一法也。油漆並着色之時，欞用白粉，與糊窗之紗紙同色，而花樹則繪五彩，儼然活樹生花，又一法也。若是涇渭自分，而便面與花，判然有別矣。梅花止備一種，此外或花或鳥，但取簡便者爲之，勿拘一格。惟山水人物，必不可用。○板與花欞俱另製，製就花欞，而後以板鑲之。即花與欞，亦難合造，須使花自花而欞自欞，先分後合；其連接處，各損少許以就之，或以釘釘，或以膠粘，務期可久。

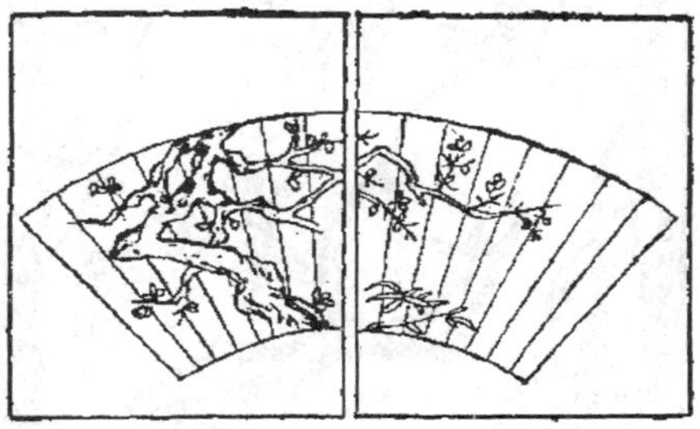

圖五　便面窗外推板裝花式

六圖：便面窗花卉式　便面窗蟲鳥式

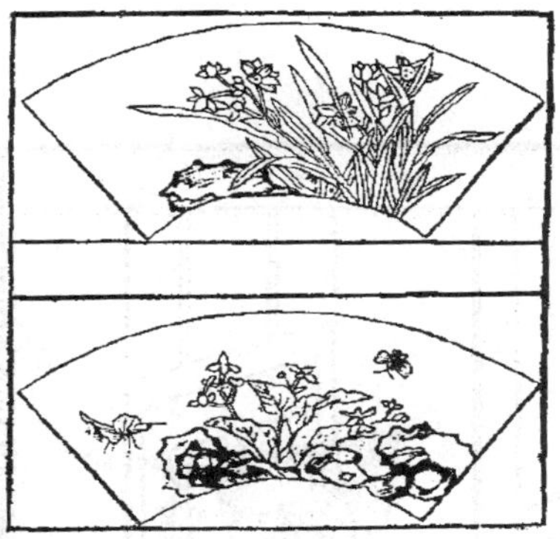

圖六　便面窗花卉式

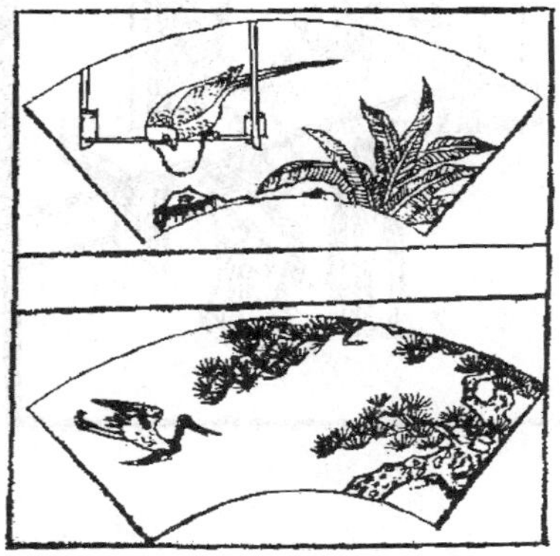

便面窗蟲鳥式

諸式止備其概，餘可類推。然此皆爲窗外無景，求天然者不得，故以人力補之；若遠近風景盡有可觀，則焉用此碌碌爲哉？昔人云：「會心處正不在遠。」若能實具一段閒情，一雙慧眼，則過目之物，盡在畫圖，入耳之聲，無非詩料。譬如我坐窗內，人行窗外，無論見少年女子是一幅美人圖，即見老嫗、白叟扶杖而來，亦是名人畫圖中必不可無之物；見嬰兒群戲是一幅百子圖，即見牛羊並牧、鷄犬交嘩，亦是詞客文情內未嘗偶缺之資。「牛溲馬渤，盡入藥籠。」予所製便面窗，即雅人韻士之藥籠也。

此窗若另製紗窗一扇，繪以燈色花鳥，至夜篝燈於內，自外視之，又是一盞扇面燈。即日間自內視之，光彩相照，亦與觀燈無異也。

七圖：山水圖窗

圖七　山水圖窗

凡置此窗之屋，進步宜深，使坐客觀山之地去窗稍遠，則窗之外廓爲畫，畫之內廓爲山，山與畫連，無分彼此，見者不問而知爲天然之畫矣。淺促之屋，坐在窗邊，勢必依窗爲欄，身之大半出於窗外，但見山而不見〔一〕畫，則作者深心，有時埋沒，非盡善之制也。

八圖：尺幅窗圖式

尺幅窗圖式，最難摹寫。寫來非似真畫，即似真山，非畫上之山與山中之畫也。前式雖工，慮觀者終難了悟，茲再繪一紙，以作副墨。且此窗雖多開少閉，然亦間有閉時；閉時用他槅他欞，則與畫意不合，醜態出矣。必須照式大小，作

圖八　尺幅窗圖式

木槅一扇，以名畫一幅裱之，嵌入窗中。又是一幅真畫，並非「無心畫」與「尺幅窗」矣。但觀此式，自能了然。

裱槅如裱回屏，托以麻布及厚紙，薄則明而有光，不成畫矣。

九圖：梅窗

製此之法，總論已備之矣，其略而不詳者，止有取老幹作外廓一事。外廓者，窗之四面，即上下兩旁是也。若以整木爲之，則向内者古樸可愛，而向外一面，屈曲不平，以之着牆，勢難貼伏。必取整木一段，分中鋸開，以有鋸路者着牆，天然未斫者向内，則天巧人工，俱有所用之矣。

圖九　梅窗

李漁《閒情偶寄》卷四《居室部·牆壁第三》　「峻宇雕牆」，「家徒壁立」，昔人貧富，皆於牆壁間辨之。故富人潤屋，貧士結廬，皆自牆壁始。牆壁者，内外攸分，而人我相半者也。俗云：「一家築牆，兩家好看。」居室器物之有公道者，惟牆壁一種，其餘一切，皆爲我之學也。然國之宜固者城池，城池固而國始固；家之宜堅者牆壁，牆壁堅而家始堅。其實爲人即是爲己，人能以治牆壁之一念治其身心，則無往而不利矣。人笑予止務閒情，不喜談禪講學，故偶爲是説以解嘲，未審有當於理學名賢及善知識否也。

界牆

界牆者，人我公私之畛域，家之外廓是也。莫妙於亂石壘成，不限大小方圓之定格，壘之者人工，而石則造物生成之本質也。其次則爲石子。石子亦係生成，而次於亂石者，以其有圓無方，似執一見，雖屬天工，而近於人力故耳。然論二物之堅固，亦復有差；若云美人入畫，則彼此兼擅其長矣。此惟傍山鄰水之處得以有之，陸地平原，知其美而不能致也。予見一老僧建寺，就石工斧鑿之餘，收取零星碎石幾及千擔，壘成一壁，高廣皆過十仞，嶙峋嶄絶，光怪陸離，大有峭壁懸崖之致。此僧誠韻人也，迄今三十餘年，此壁猶時時入夢，其繫人思念可知。磚砌之牆，乃八方公器，其理其法，是人皆知，可以置而弗道。至於泥牆土壁，貧富皆宜，極有蕭疏雅淡之致，惟怪其跟脚過肥，收頂太窄，有似尖山，又且或進或出，不能如磚牆一截而齊，此皆主人監督之不善也。若以砌磚牆掛綫之法，先定高低出入之痕，以他物建標於外，然後以築板因之，則有旃牆粉堵之風，而無敗壁頹垣之象矣。

女牆

《古今注》云：「女牆者，城上小牆。一名睥睨，言於城上窺人也。」予以私意釋之，此名甚美，似不必定指城垣，凡户以内之及肩小牆，皆可以此名之。蓋女者，婦人未嫁之稱，不過言其纖小，若定指城上小牆，則登城禦敵，豈婦人女子之事哉？至於牆上嵌花或露孔，使内外得以相視，如近時園圃所築者，益可名爲女牆，蓋仿睥睨之制而成者也。其法窮奇極巧，如《園冶》所載諸式，殆無遺義矣。但須擇其至穩極固者爲之，不則一磚偶動，則全壁皆傾，往來負荷者，保無一時誤觸之患乎？壞牆不足惜，傷人實可慮也。予謂自頂及脚皆砌花紋，不惟極險，亦且大費人工。其所以洞徹内外者，不過使代琉璃屏，欲人窺見室家之好耳。止於人眼所矚之處空二三尺，使作奇巧花紋，其高乎此及卑乎此者，仍照常實砌，則爲費不多，而又永無誤觸致崩之患。此豐儉得宜，有利無害之法也。

廳壁

廳壁不宜太素，亦忌太華。名人尺幅，自不可少，但須濃淡得宜，錯綜有致。予謂裱軸不如實貼；軸慮風起動摇，損傷名迹，實貼則無是患，且覺大小咸宜也。實貼又不如實畫，「何年顧虎頭，滿壁畫滄州。」自是高人韻事。予齋頭偶仿此制，而又變幻其形，良朋至止，無不耳目一新，低回留之不能去者。因予性嗜禽鳥，而又最惡樊籠，二事難全，終年搜索枯腸，一悟遂成良法。乃於廳旁四壁，倩四名手，盡寫着色花樹，而繞以雲煙，即以所愛禽鳥，蓄於虬枝老幹之上。畫止空迹，鳥有實形，如何可蓄？曰：不難，蓄之須自鸚鵡始。從來蓄鸚鵡者必用銅架，即以銅架去其三面，止存立脚之一條，並飲水啄粟之二管。先於所畫松枝之上，穴一小小壁孔，後以架鸚鵡者插入其中，務使極固，庶往來跳躍，不致動摇。松爲着色之松，鳥亦有色之鳥，互相映發，有如一筆寫成。良朋至止，仰觀壁畫，忽見枝頭鳥動，葉底翎張，無不色變神飛，詫爲仙筆；乃驚疑未定，又復載飛載鳴，似欲翺翔而下矣。諦觀熟視，方知個裹情形，有不抵掌叫絶，而稱巧奪天工者乎？若四壁盡蓄鸚鵡，又忌雷同，勢必間以他鳥。鳥之善鳴者，推畫眉第一，然鸚鵡之籠可去，畫眉之籠不可去也，將奈之何？予又有一法：取樹枝之拳曲似龍者，截取一段，密者聽其自如，疏者網以鐵綫，不使太疏，亦不使太密，總以不致飛脱爲主。蓄畫眉於中，插之亦如前法。此聲方歇，彼喙復開，翠羽初收，丹睛復轉。因禽鳥之善鳴善啄，覺花樹之亦動亦摇；流水不鳴而似鳴，高山是寂而非寂。坐客别去者，皆作殷浩書空，謂咄咄怪事，無有過此者矣。

書房壁

書房之壁，最宜瀟灑。欲其瀟灑，切忌油漆。油漆二物，俗物也，前人不得已而用之，非好爲是沾沾者。門户窗欞之必須油漆，蔽風雨也；廳柱榱楹之必須油漆，防點污也。若夫書室之内，人迹罕至，陰雨弗浸，無此二患而亦蹈此轍，是無刻不在桐腥漆氣之中，何不並漆其身而爲厲乎？石灰堊壁，磨使極光，上着也；其次則用紙糊。紙糊可使屋柱窗楹共爲一色，即壁用灰堊，柱上亦須紙糊，紙色與灰，相去不遠耳。壁間書畫自不可少，然粘貼太繁，不留餘地，亦是文人俗態。天下萬物，以少爲貴。步幛非不佳，所貴在偶爾一見，若王愷之四十里，石崇之五十里，則是一日中鬨市，錦綉羅列之肆廛而已矣。看到繁縟處，有不生厭倦者哉？昔僧玄覽往荆州陟屺寺，張璪畫古松於齋壁，符載贊之，衛象詩之，亦一時三絶，覽悉加堊焉。人問其故，覽曰：「無事疥吾壁也。」誠高僧之言，然未免太甚。若近時齋壁，長箋短幅盡貼無遺，似衝繁道上之旅肆，往來過客無不留題，所少者只有一筆。一筆維何？「某年月日某人同某在此一樂」是也。此真疥壁，吾請以玄覽之藥藥之。

糊壁用紙，到處皆然，不過滿房一色，白而已矣。予怪其物而不化，竊欲新之；新之不已，又以薄蹄變爲陶冶，幽齋化爲窰器，雖居室内，如在壺中。又一新人觀聽之事也。先以醬色紙一層糊壁作底，後用豆緑雲母箋，隨手裂作零星小塊，或方或扁，或短或長，或三角或四五角，但勿使圓，隨手貼於醬色紙上，每縫一條，必露出醬色紙一綫，務令大小錯雜，斜正參差，則貼成之後，滿房皆冰裂碎紋，有如哥窑美器。其塊之大者，亦可題詩作畫，置於零星小塊之間，有如銘鐘勒卣，盤上作銘，無一不成韻事。問予所費幾何，不過於尋常紙價之外，多一二剪合之工而已。同一費錢，而有庸腐新奇之别，止在稍用其心。「心之官則思」，如其不思，則焉用此心爲哉？

糊紙之壁，切忌用板。板乾則裂，板裂而紙碎矣。用木條縱横作槅，如圍屏之骨子然。前人製物備用，皆經屢試而後得之，屏不用板而用木槅，即是故也。即如糊刷用棕，不用他物，其法亦經屢試，舍此而另换一物，則紙與糊兩不相能，非厚薄之不均，即剛柔之太過，是天生此物以備此用，非人不能取而予之。人知巧莫巧於古人，孰知古人於此亦大費辛勤，皆學而知之，非生而知之者也。

壁間留隙地，可以代橱。此仿伏生藏書於壁之義，大有古風，但所用有不合於古者。此地可置他物，獨不可藏書，以磚土性濕，容易發潮，潮則生蠹，且防朽爛故也。然則古人藏書於壁，殆虚語乎？曰：不然。東南西北，地氣不同，此止宜於西北，不宜於東南。西北地高而風烈，有穴地數丈而始得泉者，濕從水出，水既不得，濕從何來？即使有極潮之地，而加以極烈之風，未有不返濕爲燥者。故壁間藏書，惟燕趙秦晉則可，此外皆應避之。即藏他物，亦宜時開時闔，使受風吹；久閉不開，亦在霾濕生蟲之患。莫妙於空洞其中，止設托板，不立門扇，仿佛書架之形，有其用而不侵吾地，且有磐石之固，莫能摇動。此妙制善算，居家必不可無者。予又有壁内藏燈之法，可以養目，可以省膏，可以一物而備兩室之用，取以公世，亦貧士利人之一端也。我輩長夜讀書，燈光射目，最耗元神。

有用瓦燈貯火，留一隙之光，僅照書本，餘皆閉藏於内而不用者。予怪以有用之光置無用之地。猶之暴殄天物，因效匡衡鑿壁之義，於牆上穴一小孔，置燈彼屋而光射此房，彼行彼事，我讀我書，是一燈也，而備全家之用，又使目力不竭於焚膏，較之瓦燈，其利奚止十倍？以贈貧士，可當分財。使予得擁厚資，其不吝亦如是也。

李漁《閒情偶寄》卷四《居室部・山石第五》 幽齋磊石，原非得已。不能致身巖下，與木石居，故以一卷代山，一勺代水，所謂無聊之極思也。然能變城市爲山林，招飛來峯使居平地，自是神仙妙術，假手於人以示奇者也，不得以小技目之。且磊石成山，另是一種學問，别是一番智巧。盡有丘壑填胸，煙雲繞筆之韻事，命之畫水題山，頃刻千巖萬壑，及倩磊齋頭片石，其技立窮，似向盲人問道者。故從來疊山名手，俱非能詩善繪之人；見其隨舉一石，顛倒置之，無不蒼古成文，紆回入畫，此正造物之巧於示奇也。譬之扶乩召仙，所題之詩與所判之字，隨手便成法帖，落筆盡是佳詞，詢之召仙術士，尚有不明其義者。若出自工書善詠之手，焉知不自人心捏造？妙在不善詠者使詠，不工書者命書，然後知運動機關，全由神力。其疊山磊石，不用文人韻士，而偏令此輩擅長者，其理亦若是也。然造物鬼神之技，亦有工拙雅俗之分，以主人之去取爲去取。主人雅而取工，則工且雅者至矣；主人俗而容拙，則拙而俗者來矣。有費累萬金錢，而使山不成山，石不成石者，亦是造物鬼神作祟，爲之摹神寫像，以肖其爲人也。一花一石，位置得宜，主人神情已見乎此矣，奚俟察言觀貌，而後識别其人哉？

大山

山之小者易工，大者難好。予遨游一生，遍覽名園，從未見有盈畝累丈之山，能無補綴穿鑿之痕，遥望與真山無異者。猶之文章一道，結構全體難，敷陳零段易。唐宋八大家之文，全以氣魄勝人，不必句櫛字篦，一望而知爲名作。以其先有成局，而後修飾詞華，故粗覽細觀，同一致也。若夫間架未立，才自筆生，由前幅而生中幅，由中幅而生後幅，是謂以文作文，亦是水到渠成之妙境；然但可近視，不耐遠觀，遠觀則襞積縫紉之痕出矣。書畫之理亦然：名流墨迹，懸在中堂，隔尋丈而觀之，不知何者爲山，何者爲水，何處是亭臺樹木，即字之筆畫杳不能辨，而只覽全幅規模，便足令人稱許。何也？氣魄勝人，而全體章法之不謬也。至於纍石成山之法，大半皆無成局，猶之以文作文，逐段滋生者耳。名手亦然，矧庸匠乎？然則欲纍巨石者，將如何而可？必俟唐宋諸大家復出，以八斗才人，變爲五丁力士，而後可使運斤乎？抑分一座大山爲數十座小山，窮年俯視，以藏其拙乎？曰：不難。用以土代石之法，既減人工，又省物力，且有天然委曲之妙。混假山於真山之中，使人不能辨者，其法莫妙於此。纍高廣之山，全用碎石，則如百衲僧衣，求一無縫處而不得，此其所以不耐觀也。以土間之，則可泯然無迹，且便於種樹。樹根盤固，與石比堅，且樹大葉繁，混然一色，不辨其爲誰石誰土。立於真山左右，有能辨爲積纍而成者乎？此法不論石多石少，亦不必定求土石相半，土多則是土山帶石，石多則是石山帶土。土石二物原不相離，石山離土，則草木不生，是童山矣。

小山

小山亦不可無土，但以石作爲主，而土附之。土之不可勝石者，以石可壁立，而土則易崩，必仗石爲藩籬故也。外石内土，此從來不易之法。

言山石之美者，俱在透、漏、瘦三字。此通於彼，彼通於此，若有道路可行，所謂透也；石上有眼，四面玲瓏，所謂漏也；壁立當空，孤峙無倚，所謂瘦也。然透、瘦二字在在宜然，漏則不應太甚。若處處有眼，則似窑内燒成之瓦器，有尺寸限在其中，一隙不容偶閉者矣。塞極而通，偶然一見，始與石性相符。

瘦小之山，全要頂寬麓窄，根脚一大，雖有美狀不足觀矣。

石眼忌圓，即有生成之圓者，亦粘碎石於旁，使有稜角，以避混全之體。

石紋石色，取其相同。如粗紋與粗紋，當並一處，細紋與細紋，宜在一方，紫碧青紅，各以類聚是也。然分别太甚，至其相懸接壤處，反覺異同，不若隨取隨得，變化從心之爲便。至於石性，則不可不依；拂其性而用之，非止不耐觀，且難持久。石性維何？斜正縱横之理路是也。

石壁

假山之好，人有同心；獨不知爲峭壁，是可謂葉公之好龍矣。山之爲地，非寬不可；壁則挺然直上，有如勁竹孤桐，齋頭但有隙地，皆可爲之。且山形曲折，取勢爲難，手筆稍庸，便貽大方之誚；壁則無他奇巧，其勢有若纍牆，但稍稍紆回出入之，其體嶙峋，仰觀如削，便與窮崖絶壑無異。且山之與壁，其勢相因，又可並行而不悖者。凡纍石之家，正面爲山，背面皆可作壁。匪特前斜後直，物理皆然，如椅榻舟車之類；即山之本性亦復如是，逶迤其前者，未有不嶄絶其後，故峭壁之設，誠不可已。但壁後忌作平原，令人一覽而盡。須有一物焉蔽之，使坐客仰觀不能窮其顛末，斯有萬丈懸巖之勢，而絶壁之名爲不虚矣。蔽之者維何？曰：非亭即屋。或面壁而居，或負牆而立，但使目與檐齊，不見石丈人之脱巾露頂，則盡致矣。

石壁不定在山後，或左或右，無一不可，但取其地勢相宜。或原有亭屋，而以此壁代照牆，亦甚便也。

石洞

假山無論大小，其中皆可作洞。洞亦不必求寬，寬則借以坐人。如其太小，不能容膝，則以他屋聯之，屋中亦置小石數塊，與此洞若斷若連，是使屋與洞混而爲一，雖居屋中，與坐洞中無異矣。洞中宜空少許，貯水其中而故作漏隙，使涓滴之聲從上而下，旦夕皆然。置身其中者，有不六月寒生，而謂真居幽谷者，吾不信也。

零星小石

貧士之家，有好石之心而無其力者，不必定作假山。一卷特立，安置有情，時時坐卧其旁，即可慰泉石膏肓之癖。若謂如拳之石亦須錢買，則此物亦能效用於人，豈徒爲觀瞻而設？使其平而可坐，則與椅榻同功；使其斜而可倚，則與欄杆并力；使其肩背稍平，可置香爐茗具，則又可代几案。花前月下，有此待人，又不妨於露處，則省他物運動之勞，使得久而不壞，名雖石也，而實則器矣。且搗衣之砧，同一石也，需之不惜其費；石雖無用，獨不可作搗衣之砧乎？王子猷勸人種竹，予復勸人立石；有此君不可無此丈。同一不急之務，而好爲是諄諄者，以人之一生，他病可有，俗不可有；得此二物，便可當醫，與施藥餌濟人，同一婆心之自發也。

謝肇淛《五雜俎》卷三《地部一》 宋時巨室治園作假山，多用雄黄、焰硝，和土築之。蓋雄黄能辟虺蛇，焰硝能生煙霧，每陰雨之候，雲氣渤鬱，如真山矣。

假山之戲，當在江北無山之所，裝點一二，以當卧遊。若在南方，出門皆真山真水，隨意所擇，築菟裘而老焉。或映古木，或對奇峯，或俯清流，或踞磐石。主客之景皆佳，四時之賞不絶，即善繪者不能圖其一二，又何疊石纍土之工所敢望乎？

假山須用山石。大小高下，隨宜布置，不可斧鑿。蓋石去其皮便枯槁，不復潤澤生莓苔也。太湖錦川，雖不可無，但可妝點一二耳。若純是難得奇品，終覺粉飾太勝，無復丘壑天然之致矣。余每見入園池，踞名山之勝，必壅蔽以亭榭，妝砌以文石，繚繞以曲房，堆疊以尖峯，甚至猥聯惡額，纍纍相望，徒滋勝地之不幸，貽山靈之嘔噦耳。此非江南之賈竪，必江北之閹宦也。

《西京雜記》載：茂陵富人袁廣漢築園，四五里激流水注其内，搆石爲山，高十餘丈，此假山之始也。然石初不甚擇。至宋宣和時，朱勔、童貫以花石娱人主意。如靈璧一石，高至二十餘丈，周圍稱是，千夫舁之不動。艮岳一石，高四十餘丈，封爲盤固侯，石自此重矣。李文叔《洛陽名園記》：十有九所，始於富鄭公，而終於吕文穆。其中多言花木池臺之盛，而其所謂山如王開府宅、水北胡氏二園者，皆據嵩少北邱之麓以爲勝，則知時未尚假山也。自宣和作俑而後，人争效之。然北人目未見山，而不知作，南人舍真山而僞爲之，其蔽甚矣。

吴中假山，土石畢具之外，倩一妙手作之，及舁築之費，非千金不可。然在作者工拙何如。工者事事有致，景不重疊，石不反背，疏密得宜，高下合作。人工之中，不失天然；偪側之地，又含野意。勿瑣碎而可厭，勿整齊而近俗，勿夸多鬥麗，勿太巧喪真，令人終歲遊息而不厭，斯得之矣。大率石易得，水難得，古木大樹尤難得也。

王氏弇州園，石高者三丈許，至毁城門而入，然亦近於淫矣。洛陽名園，以苗帥者爲第一。據稱：大樹百尺對峙，望之如山，竹萬餘竿。有水東來，可浮十石舟。有大松七，水環繞之。即此數語，勝概已自壓天下矣。乃知古人創造皆極天然之致，非若今富貴家，但鬥鉅麗已也。

紈袴大賈，非無臺沼之樂，而不傳於世者，不足傳也，拘儒俗吏，極意修飾，以自娱奉，而中多可憎者，胸無丘壑也；文人墨士，有魚鳥之致，山林之賞，而家徒四壁，貧不可爲悦也；窮鄉潟壤，沙塞陋域，空藏白鏹，而無一竹一石可供吟嘯者，地限之也。幸而兼此四者所得於造物侈矣，而猶然逐於聲利，耽於仕進，生行死歸，它人入室，不亦可嘆之甚哉！

唐裴晋公湖園宏邃，勝概甲於天下。司馬温公獨樂園卑小，不過十數椽，然當其功成名遂，快然自適，則晋公未始有餘，而温公未始不足也。况以晋公之勛業，當時文人已有「破盡千家作一池」之誚，而温公之園亦儼然與洛中諸名園並列而無慚色，乃知傳世之具在彼不在此，苟可以自適而止矣，不必更求贏餘也。

吾閩窮民，有以淘沙爲業者。每得小石，有峯巒巖穴者，悉置庭中。久之，甃土爲池，砌蠣房爲山，置石其上，作武夷九曲之勢。三十六峯，森列相向，而書晦翁《棹歌》於上。字如蠅頭，池如杯碗，山如筆架。水環其中，蜆蛳爲之舟，豕瓦爲之橋，殊肖也。余謂仙人在雲中，下視武夷，不過如此。以一賦傭，乃能匠心經營，以娱耳目若此，其胸中丘壑，不當勝紈袴子十倍耶？

《名園記》水北胡氏園，其名皆可笑。如其臺四望百餘里，縈伊繚洛，雲煙掩映，使畫工極思不可圖畫，而名之曰玩月臺。有庵在鬆檜藤葛之中，闢旁牖則臺之所見亦畢備於前，而名之曰學占庵。乃知此失，古人已有之，但不如今人之多耳。今人之扁額又非甚不通者，但俗惡耳。入門曲逕，首揭「城市山林」；臨池水檻，必曰「天光雲影」；「濠濮想」多見魚塘；「水竹居」必施筠塢；「日涉」、「市隱」，屢見園名，「環翠」、「來雲」，皆爲樓額。至於俗聯，尤不可耐，當借咸陽一炬了之耳！此失，閩最多，江右次之，吴中差少。

余在德平葛尚寶園，見木假山一座，巖洞峰巒皆木頭叠成，不用片石抔土也。余奇而賞之，爲再引滿，因笑謂葛君：「歲久而朽，奈何？」答曰：「此土中之根，非百年不朽也。吾園能保百年乎？」余更賞其達。時萬曆壬寅元日也。

魏武帝於鄴城西北築三臺，中名銅雀，南名金虎，北名冰井，皆高八九丈，有屋百餘間。今人但知有銅雀，而不知更有二臺也。

萬曆癸丑四月望日，與崔徵仲孝廉登張秋之戊己山，酒間，徵以支干命名者。徵仲言：「有子午谷、丁戊山、二西室。」余言：「秦有子午臺，見《拾遺記》。楚有丙穴。漢有戊己校尉，又有庚辛之枋，甲乙之帳，丙舍子夜，甲第辛盤。」徵仲言：「有屈戌、午道、白丁、壬人。」余言：「尚有乙榜及呼庚癸者。」時徵仲下第貧乏，大笑而已。歸途馬上思唐詩，有「午橋群吏散，亥字老人迎」，亦可補一闕也。

濮州有愁臺，陳思王故址也。長安有訟臺，韋庶人所作也。楚有思臺，樊姬墓也。漢有望思臺，武帝爲戾太子作也。有靈夢臺，爲李夫人作也。周有誃臺，景王作也。誃之爲言離也，此皆以情名者也。

帝王苑囿、臺觀之樂，誠不能無，蓋自土階茅茨，不可復得，而靈台靈囿，文王之聖，已不廢矣。如唐太宗之九成宫，明皇之驪山温泉，此其樂在山川者也；宋高宗叠石以像飛來，激水以爲冷泉，此其樂在工巧者也；宜和艮嶽，窮極人間，怪木奇石，珍禽異獸，深秋中夜，凄凉之聲四徹，此其樂在玩物者也。始皇阿房千萬間，武帝上林苑中，離宫七十所，煬帝西苑三百里，此其樂在宏麗者也。東昏爲芳樂苑，當暑種樹，朝種夕死，細草名花，至便焦燥，紛紜無已，山石皆涂采色，諸樓壁悉畫男女私褻之像，其殺風景甚矣，此其所以爲東昏也。

縉紳喜治第宅，亦是一蔽。當其壯年曆仕，或鞅掌王事，或家計未立，行樂之光景皆已蹉跎過盡，及其官罷年衰，囊橐滿盈，然後窮極土木，廣侈華麗以明得志，曾幾何時，而溘先朝露矣！余鄉一先達，起家鄉薦，官至太守，貲累巨萬，家居繕治第宅，甲於一郡，材具工匠皆越數百里外致之，甫落成而身死，妻亦死，子女争奪，肉未寒而券入他人之手矣！每語子弟：「可爲永鑒也！」

郭汾陽治第，謂工人曰：「好築此墻，勿令不牢。」築者釋鍤而對曰：「數十年來，京城達官家墻皆是某所築，今某死，某亡，某敗，某絶，人自改换，墻固無恙。」令公聞之，愓然動心，即日請老。噫，賢哉工人之言！達哉，令公之見也！

精巧愈甚，則失勢之日，人之瞰之也愈急，是速其敗也。價值愈高，則貧乏之日，人之市之也愈難，是益其累也。况致富之家，多不以道，子孫速敗，自是常理。冷眼旁觀，可爲嘆息！

宋王君貺拜三司，方二十七歲，即在洛起宅，至八十歲而宅終不成。子舍早世，惟一孫居之，不能十分之一。富鄭公亦起大宅，而無子族。子紹定居之，而紹定又無子。二公皆宋名臣，而不能勘破此關，况今世哉！

古人觀室者，周其寢廟，又適其偃焉。偃者，厠也。厠雖穢濁之所，而古人重之。今大江以北人家，不復作厠矣。古之人君，便必如厠，如晋景公如厠陷而卒，漢武帝如厠見衛青，北齊文宣令宰相楊愔進厠籌，非如今净器之便也。但江南作厠，皆以與農夫交易；江北無水田，故糞無所用，俟其地上乾，然後和土以溉田。京師則停溝中，俟春而後發之，暴日中，其穢氣不可近，人暴觸之輒病。又何如奏厠之便乎？

武帝如厠見衛青，解者必曲爲之説，此殊可笑。史之記此，政甚言帝之慢大臣，以見其敬黯耳。若非溷厠，史何必書？衛青，公主馬前奴也，官即尊貴，帝狎之久矣。文宣令宰相進厠籌，武帝之如厠見大將軍，亦何足怪？唐郭汾陽將校官，至節度使，封侯，皆趨走執役於前，夫人、小女至令捧湯、持帨，則帝之如厠見青，固狎愛之至，而亦青之所以自全也。

石崇厠上有絳紗帳，大床茵蓐甚麗，兩婢持香囊，則帝王之厠可知。豈比窮措大糞穢狼藉蠅蛆縱横者，而不可屈大將軍一見乎？

《明英宗實録》卷一五三 〔正統十二年閏四月丙戌〕福建福州府閩縣知縣陳敏政言四事：【略】一、禮制榜文：庶民房舍不得過三間五架。今福州街市，民居有七架、九架，其架或過於五，而一間、二間，其間不至於三。錐家健訟，指馬口實。官府丈量，俱論違式。紛紜折改，不得安居。乞今後房舍架多而間少者不罪，庶刁頑息告訐之風，良善遂安居之樂。事下禮部會議，以爲户口鹽糧宜從勘報；輪班人匠，舊例難改。餘悉宜允所言，從之。

《明會典》卷五九《禮部十六・稽古定制》 一、在京功臣宅舍地勢寬者，住宅後許留空地十丈，住宅左邊右邊各許留空地五丈。若見住舊居所在地勢窄隘已有年矣，左右前後皆是軍民所居，止仍舊居，不許那移軍民以留地。

一、京城係人煙輻輳去處，其地有限。設使官員之家，往往窺覦住宅左右前後空地，日侵月占，圍在牆内作園，種植菜蔬及爲遊玩處所，甚妨軍民居住。且京城官員不下數千，若一槩倣傚，京城内地多爲菜園，百十萬軍何處居住？今後官員住宅，照依前定丈尺，不許多留空地。如有過此，即便退出，與軍民居住。令子孫赴告官給園地，另于城外量撥。

一、在京文職官員所居房屋，臨時奏請，量撥居住。凡公侯内外文武四品以上官，不得令子孫家人奴僕於市肆開張鋪店，生放錢債，及出外行商中鹹興販物貨，以給家用。器物之類，遣人於外賣買，以給家用。不係商賈取利者，不在禁例。

一、古先哲王之制，大邑不過三國之一，中五之一，小九之一。且如國王所居之城九里，公侯所居之城止得三里，伯止得一二里，伯八十步，子男止得一里。古人尊卑之分如此，今已矣。功臣之家不守分限，往往於住宅前後左右多占地丈，蓋造亭館，或開掘池塘，以爲游翫，似此越禮犯法，所以不能保守前功，共享太平之福。

一、古人於地有王氣之處，往往埋金以厭之，或井其地以洩之，前代帝王如此用心。今京城已故各官，多有不諳道理，於住宅内自行開挑池塘，養魚種蓮，以爲玩好，非惟洩斷地脈，實於本家不利，以致身亡家破。今後京城内官員宅院，不許開挑池塘，亦不得于内取土築牆，掘成坑坎。

章潢《圖書編》卷一二四 此都邑之市，亦以井田爲規。其中爲王宮。其前爲朝，左宗廟，右社稷。其後爲市，四面皆有門，市賈百物，至皆貿易，而市官爲之治其爭亂，并譏察異言異服之人。市地爲廛，貿易者所居也。其外六區皆民居，四十家共一區，凡百畝，所謂二畝半在邑也。蓋廛有義賦其田也，謂市地之賦税也，受一廛者所居廛市之地。此言其規模之大畧也。

廛市之圖

廬舍之圖

此一夫所受，二畝半在田，二畝半在邑，所謂五畝之宅也。春夏則出於田因以治田，秋冬則入居於邑以爲安也。居之宅，四圍牆下則樹桑以供蠶事，其餘空地則種麻以爲布苧及蔬菜之類。蓋在野則八家共二十畝，而二畝半在田。在邑則四十家共百畝，而二畝半在邑也。

高濂《遵生八牋》卷七《居處建置》 煴閣

南方暑雨時，藥物、圖書、皮毛之物皆爲霉溽壞盡。今造閣，去地一丈有多，閣中循壁爲厨二三層，壁間以板弭之，前後開窗，梁上懸長笎，物可懸者，懸於笎中，餘置格上。天日晴明，則大開窗户，令納風日爽氣。陰晦則密閉，以杜雨濕。中設小爐，長令火氣温鬱。又法：閣中設牀二三，牀下收新出窑炭實之。乃置畫片牀上，永不霉壞，不須設火。其炭至秋供燒，明年復换新炭。牀上切不可卧，卧者病喑，屢有驗也。蓋火氣所爍故耳。

清閟閣　雲林堂

閣尤勝，客非佳流，不得入。堂前植碧梧四，令人揩拭其皮。每梧墜葉，輒令童子以針綴杖頭，亟挑去之，不使點污，如亭亭緑玉。苔蘚盈庭，不容人踐，緑褥可愛。左右列以松桂蘭竹之屬，敷紆繚繞。外則高木修篁，鬱然深秀。周列奇石，東設古玉器，西設古鼎尊罍，法書名畫。每雨止風收，杖履自隨，逍遥容與，詠歌以娱。望之者，識其爲世外人也。

觀雪庵

長九尺，闊八尺，高七尺，以輕木爲格，紙布糊之，以障三面。上以一格覆頂面，前施幃幔，卷舒如帳。中可四坐，不妨設火食具，隨處移行，背風帳之，對雪瞻眺，比之氈帳，似更清逸。施之就花，就山水，雅勝之地，無不可也。謂之行窩。

松軒

宜擇苑囿中向明爽塏之地構立，不用高峻，惟貴清幽。八窗玲瓏，左右植以青松數株，須擇枝幹蒼古，屈曲如畫，有馬遠、盛子昭、郭熙狀態甚妙。中立奇石，得石形瘦削，穿透多孔，頭大腰細，裊娜有態者，立之松間，下植吉祥、蒲草、鹿葱等花，更置建蘭一二盆，清勝雅觀。外有隙地，種竹數竿，種梅一二，以助其清，共作歲寒友想。臨軒外觀，恍若在畫圖中矣。

高子書齋説

高子曰：書齋宜明净，不可太敞，明净可爽心神，宏敞則傷目力。窗外四壁，薜蘿滿牆，中列松檜盆景，或建蘭一二，繞砌種以翠雲草令遍，茂則青葱鬱然。旁置洗硯池一，更設盆池，近窗處，蓄金鯽五七頭，以觀天機活潑。齋中長桌一，古硯一，舊古銅水注一，舊窑筆格一，斑竹筆筒一，舊窑筆洗一，糊斗一，水中丞一，銅石鎮紙一。左置榻牀一，榻下滚脚凳一，牀頭小几一，上置古銅花尊，或哥窑定瓶一。花時則插花盈瓶，以集香氣；閑時置蒲石於上，收朝露以清目。或置鼎爐一，用燒印篆清香。冬置暖硯爐一。壁間掛古琴一，中置几一，如吴中雲林几式佳。壁間懸畫一。書室中畫惟二品，山水爲上，花木次之，禽鳥人物不與也。或奉名畫山水雲霞中神佛像亦可。名賢字幅，以詩句清雅者可共事。上奉烏思藏鏒金佛一，或倭漆龕，或花梨木龕以居之。上用小石盆一，或靈壁、應石，將樂石，崑山石，大不過五六寸，而天然奇怪，透漏瘦削，無斧鑿痕者爲佳。次則燕石，鐘乳石，白石，土瑪瑙石，亦有可觀者。盆用白定、官哥、青東磁、均州窑爲上，而時窑次之。几外爐一，花瓶一，匙箸瓶一，香盒一，四者等差遠甚，惟博雅者擇之。然而爐制惟汝爐，鼎爐，戟耳彝爐三者爲佳。大以腹横三寸極矣。瓶用膽瓶花觚爲最，次用宋磁鵝頸瓶，餘不堪供。壁間當可處，懸壁瓶一，四時插花。坐列吴興笋凳六，禪椅一，拂塵、搔背、棕帚各一，竹鐵如意一。右列書架一，上置《周易古占》，《詩經旁注》，《離騷經》，《左傳》，林注《自警》二編，《近思録》，《古詩紀》，《百家唐詩》，王李詩，《黄鶴補注杜詩》，《説海》，《三才廣記》，《經史海篇》，《直音》，《古今韻釋》等書。釋則《金剛鈔義》，《楞嚴會解》，《圓覺注疏》，《華嚴合論》，《法華玄解》，《楞伽注疏》，《五燈會元》，《佛氏通載》，《釋氏通鑒》，《弘明集》，《六度集》，《蓮宗寶鑒》，《傳燈録》。道則《道德經新注指歸》，《西昇經句解》，《文始經外旨》，《沖虚經四解》，《南華經義海纂微》，《仙家四書》，《真仙通鑒》，《參同分章釋疑》，《陰符集解》，《黄庭經解》，《金丹正理大全》，《修真十書》，《悟真》等編。醫則《黄帝素問》，《六氣玄珠密語》，《難經脈訣》，《華佗内照》，《巢氏病源》，《證類本草》，《食物本草》，《聖濟方》，《普濟方》，《外臺秘要》，《甲乙經》，《朱氏集驗方》，《三因方》，《永類鈐方》，《玉機微義》，《醫壘元戎》，《醫學綱目》，《千金方》，丹溪諸書。閒散則《草堂詩餘》，《正續花間集》，《歷代詞府》，《中興詞選》。法帖，真則《鍾元常季直表》，《黄庭經》，《蘭亭記》。隸則《夏丞碑》，《石本隸韻》。行則《李北海陰符經》，《雲麾將軍碑》，《聖教序》。草則《十七帖》，《草書要領》，《懷素絹書千文》，《孫過庭書譜》。此皆山人適志備覽，書室中所當置者。畫卷舊人山水、人物、花鳥，或名賢墨迹，各若干軸，用以充架。齋中永日據席，長夜篝燈，無事擾心，閱此自樂，逍遥餘歲，以終天年。此真受用清福，無虚高齋者得觀此妙。

茅亭

以白茅覆之，四構爲亭，或以棕片覆者更久。其下四柱，得山中帶皮老棕本四條爲之，不惟淳樸雅觀，且亦耐久。外護闌竹一二條，結於蒼松翠蓋之下，修竹茂林之中，雅稱清賞。

檜柏亭

植四老柏以爲之，制用花匠竹索結束爲頂成亭，惟一檐者爲佳，圓制亦雅，若六角二檐者俗甚。桂樹可結，羅漢松亦可。若用薔薇結爲高塔，花時可觀，若以爲亭，除花開後，荊刺低垂，焦葉蠡蟲，撩衣刺面，殊厭經目，無論玩賞。

圜室

臞仙曰：圜室之制，人各不同，予所志者，取法於天地範圍之理，上圓下方。經一丈有二，中隔前後二間，前間開日月圓竅於東西，以通日月之光，後間於頂上孔開窗撑放，以取天門靈氣。艮上塞户，令不通達，以閉鬼户之意。此余所製也。

九徑

江梅、海棠、桃、李、橘、杏、紅梅、碧桃、芙蓉，九種花木，各種一徑，命曰三三徑。詩曰：「三徑初開是蔣卿，再開三徑是淵明。誠齋奄有三三徑，一徑花開一徑行。」

茶寮

側室一斗，相傍書齋，內設茶竈一，茶盞六，茶注二，餘一以注熟水。茶臼一，拂刷、净布各一，炭箱一，火鉗一，火箸一，火扇一，火斗一，可燒香餅。茶盤一，茶橐二，當教童子專主茶役，以供長日清談，寒宵兀坐。煎法另具。

藥室

用靜屋一間，不聞鷄犬之處，中設供案一，以供先聖藥王。分置大板桌一，光面堅厚，可以和藥。大鐵碾一，石磨一，小碾一，乳鉢大小二，塹音蠢。筒一，用以搗珠末不飛。春臼一，大小中稀篩各一，大小密絹篩各一，棕掃帚一，净布一，銅鑊一，火扇一，火鉗一，大小盤秤各一，藥櫃一，藥箱一。葫蘆瓶罐，此藥家取用無算，當多蓄以備用。凡在藥物所需，俱當置之。藥室平時密鎖，以杜不虞，此又君子所先。

高子花榭詮評

高子曰：歐陽公示謝道人種花詩云：「深紅淺白宜相間，先後仍須次第栽。我欲四時攜酒賞，莫教一日不花開。」余意山人家得地不廣，開徑怡閑，若以常品花卉植居其半，何足取也。四時所植，余爲詮評：牡丹譜類，數多佳本，遇目亦少。大紅如山茶石榴色者，寓形於圖畫有之，托根於土壤未見。他如狀元紅、慶雲紅、王家紅、小桃紅，雲容露濕，飛燕新妝。茄紫、香紫、胭脂樓、潑墨紫，國色煙籠，玉環沉醉。尺素、白剪絨，水晶簾卷，月露生香。御衣黃、舞青霓、一捻紅、绿蝴蝶，玳瑁闌開，朝霞散彩。數種之外，無地多栽。芍藥在廣陵之譜，三十有奇，而余所見，亦惟數種。金帶圍、瑞蓮紅、冠群芳，衣紫涂朱，容閑紅拂。千葉白、玉逍遥、舞霓白、玉盤盂，膩雲軟玉，色艷绿珠。粉綉球、紫綉球，俗名麻葉粉團。歡團霞臉，次第妝新。碧桃、單瓣白桃，瀟灑霜姿，後先態雅。垂絲海棠、鐵梗海棠、西府海棠、木瓜海棠、白海棠，含煙照水，風韻撩人。玉蘭花、辛夷花，素艷清香，芳鮮奪目。千瓣粉桃、俗名二色桃。緋桃、俗名蘇州桃花，瓣如剪絨，非絳桃也。若絳桃，惡其開久色惡。大紅單瓣桃，玄都異種，未識劉郎。千瓣大紅重臺石榴、千瓣白榴、千瓣粉紅榴、千瓣鵝黃榴、單瓣白粉二色榴，西域別枝，堪驚博望。紫薇、粉紅薇、白薇，紫禁漏長，卧延涼月。金桂、月桂，四時開，生子者。廣寒高冷，雲外香風。照水梅、花開朵朵下垂。绿萼梅、玉蝶梅、磬口臘梅，黃色如蜜，紫心，瓣如白梅少大，曾於洪宣公山亭見之，其香撲人。今云臘梅者，皆荷花瓣也，僅免狗英。月瘦煙橫，騰吟孤嶼。粉紅山茶、千瓣白山茶、大紅滇茶、大如茶盞，種出雲南。瑪瑙山茶、紅黃白三色伙作堆，心外大瓣，朱砂紅色。寶珠鶴頂山茶，中心如饅，叢簇可愛，若吐白須者，不佳。霞蒸雪釀，沉醉中山。大紅槿、千瓣白槿，殘秋幾朵，林外孤芳。茶梅花，小朵，粉紅，黃心。開在十一月各花净盡之時，得此可玩。茗花，香清，插瓶可久可玩。冷月一枝，齋頭清供。我之所見，調亦可同，倘人我好惡不侔，用舍惟人自取。若彼草花百種，橫占郊原，茲爲品題，分爲三乘。花之豐采不一，況栽成占地無多，種種剪裁，當與兼收並蓄，更開十徑，醉賞四時。

高子草花三品說

高子曰：上乘高品，若幽蘭、建蘭、蕙蘭、朱蘭、白山丹、黃山丹、剪秋羅、二色鷄冠、一花中分紫白二色，同出一蒂。黃蓮、千瓣茉莉、紅芍、千瓣白芍、玫瑰、秋海棠、白色月季花、大紅佛桑、臺蓮，花開落盡，蓮房中每顆仍發花瓣。夾竹桃花、單瓣水仙花、黃萱花、黃薔薇、菊之紫牡丹、白牡丹、紫芍藥、銀芍藥、金芍藥、蜜芍藥、金寶相、魚子蘭、菖蒲花、夜合花。以上數種，色態幽閒，丰標雅淡，可堪盆架高齋，日共琴書清賞者也。

中乘妙品，若百合花、五色戎葵、此宜多種。余家一畝中收取花朵一二百枝。此類形色不同，共有五十多種，能作變態，無定本也。白鷄冠、矮鷄冠、灑金鳳仙花、四面蓮、迎春花、金雀、素馨、山礬、紅山丹、白花蓀、紫花蓀、吉祥草花、福建小梔子花、黃蝴蝶、鹿葱、剪春羅、夏羅、番山丹、水木樨、鬧陽花、石竹、五色罌粟、黃白杜鵑、黃玫瑰、黃白紫三色佛桑、金沙羅、金寶相、麗春木香、紫心白木香、黃木香、茶蘼、間間紅、十姊妹、鈴兒花、凌霄、虞美人、蝴蝶滿園春、含笑花、紫花兒、紫白玉簪、錦被堆、雙鴛菊、老少年、雁來紅、十樣錦、秋葵、醉芙蓉、大紅芙蓉、玉芙蓉。各種菊花、甘菊花、金邊丁香、紫白丁香、萱花、千瓣水仙、紫白大紅各種鳳仙、金鉢盂、錦帶花、錦茄花、拒霜花、金莖花、紅豆花、火石榴、指甲花、石崖花、牽牛花、淡竹花、蕒莢花、木清花、真珠花、木瓜花、滴露花、紫羅蘭、紅麥、番椒、绿豆花。以上數種，香色間繁，豐采各半。要皆欄檻春風，共逞四時妝點者也。

下乘具品，如金絲桃、鼓子花、秋牡丹、纏枝牡丹、四季小白花，又名接骨草、史君子花、金豆花、金錢花、紅白郁李花、繅絲花、萵苣花、掃帚鷄冠花、菊之滿天星、枸杞花、虎茨花、茨菇花、金燈、銀燈、羊躑躅、金蓮、千瓣銀蓮、金燈籠、各種藥花、黃花兒、散水花、槿樹花、白豆花、萬年青花、孩兒菊花、纏枝蓮、白蘋花、紅蓼花、石蟬花。以上數種，鉛華粗具，姿度未閑，置之籬落池頭，可填花林疏缺者也。

以上種種，是皆造物化機，撩人春色，分佈寰宇。吾當盡植林園，以快一時心目，無愧歐公詩教可也。

高子盆景説

高子曰：盆景之尚，天下有五地最盛：南都，蘇、淞二郡，浙之杭州，福之浦城，人多愛之。論值以錢萬計，則其好可知。但盆景以几桌可置者爲佳，其大者列之庭樹中物，姑置勿論。如最古雅者，品以天目松爲第一，惟杭城有之，高可盈尺，其本如臂，針毛短簇，結爲馬遠之欹斜詰曲，郭熙之露頂攫拏，劉松年之偃亞層疊，盛子昭之拖拽軒翥等狀，栽以佳器，槎牙可觀，他樹蟠結，無出此制。更有松本一根二梗三梗者，或栽三五窠，結爲山林排匝，高下差參，更多幽趣。林下安置透漏窈窕崑石、應石、燕石、臘石、將樂石、靈壁石、石笋，安放得體。時對獨本者，若坐岡陵之巔，與孤松盤桓；其雙本者，似入松林深處，令人六月忘暑。除此五地，所産多同，惟福之種類更夥。若石梅一種，乃天生形質，如石燕石蟹之類，石本發枝，含花吐葉，歷世不敗，中有美者，奇怪莫狀。此可與杭之天目松爲匹，更以福之水竹副之，可充几上三友。水竹高五六寸許，極則盈尺，細葉老幹，瀟疏可人，盆上數竿，便生渭川之想，亦盆景中之高品也。次則枸杞之態多古，雪中紅子扶疏，時有「雪壓珊瑚」之號，本大如拳，不露做手。又如檜柏耐苦，且易蟠結，亦有老本蒼柯，針葉青鬱，束縛盡解，若天生然，不讓他本，自多山林風致。他如虎茨，余見一百兵家有二盆，本狀笛管，其葉十數重疊，每盆約有一二十株爲林，此真元人物也。後爲俗人所敗。又見僧家元盆，奇古作狀，寶玩令人忘餐，竟敗豪右。美人蕉盈尺上盆，蕉旁立石，非他樹可比。此須擇異常之石，方愜心賞。他如榆椿、山冬青、山黄楊、雀梅、楊婆奶、六月雪、鐵梗海棠、櫻桃、西河柳、寸金羅漢松、娑羅松、剔牙松、細葉黄楊、玉蝶梅、紅梅、緑萼梅、瑞香桃、絳桃、紫薇、結香、川鵑、李杏、銀杏、江西細竹、素馨、小金橘、牛奶橘、冬時纍纍朱實，至春不凋。小茶梅、海桐、纓絡柏、樹海棠、老本黄楊，以上皆可上盆。但木本奇古，出自生成爲難得耳。又如深山之中，天生怪樹，種落崖竇年深，木本雖大，樹則婆娑，曾見數本，名不可識，似更難得。又如菖蒲之種有六：金錢、牛頂、臺蒲、劍脊、虎鬚、香苗。看蒲之法，妙在勿令見泥與肥爲上，勿澆井水，使葉上有白星，壞苗。不令日曝，勿冒霜雪，勿見醉人油手，數事爲最。種之崑石、水浮石中，欲其苗之蒼翠蕃衍，非歲月不可。往見友人家有蒲石一圓，盛以水底，其大盈尺，儼若青壁。其背乃先時拳石種蒲，日就生意，根窠蟠結，密若羅織，石竟不露，又無延蔓，真國初物也。後爲腥手摩弄，缺其一面，令人悵然。大率蒲草易看，盆古爲難。若定之五色劃花，白定綉花、劃花，方圓盆以雲板脚爲美，更有八角圓盆，六角環盆，定樣最多，奈無長盆。官窑哥窑圓者居多，緣環者亦有，方則不多見矣。如青東磁，均州窑，圓者居多，長盆亦少。方盆菱花葵花制佳，惟可種蒲。先年蔣石匠鑿青紫石盆，有扁長者，有四方者，有長方四入角者，其鑿法精妙，允爲一代高手。傳流亦少，人多不知。又若廣中白石紫石方盆，其制不一，雅稱養石種蒲，單以應石置之，殊少風致。亦有可種樹者。又如舊龍泉官窑盈三二尺大盆，有底沖全者，種蒲可愛。若我朝景陵茂陵，所製青花白地官窑方圓盆底，質細青翠，又爲殿中名筆圖畫，非窑匠描寫，曾見二盆上蘆雁，不下絹素。但盆惟種蒲者多，種樹者少也。惟定有盈尺方盆，青東磁間或有之。均州龍泉有之，皆方而高深，可以種樹。若求長樣，可列樹石雙行者絶少。曾見宣窑粉色裂紋長盆，中分樹水二漕，制甚可愛。近日燒有白色方圓長盆甚多，無俟他求矣。其北路青緑泥窑，俗惡不堪經眼。更有燒成兔子、蟾蜍、劉海、荔枝，黨仙，中間一孔種蒲，此皆兒女子戲物，豈容污我仙靈？見之當破其坦腹，爲菖蒲脱災。山齋有崑石蒲草一具，載以白定劃花水底，大盈一尺三四寸，製川石數十子，紅白交錯，青緑相間，日汲清泉養之，自謂齋中一寶。

高子擬花榮辱評

高子曰：花之遭遇榮辱，即一春之間，同其天時，而所遇迥别。故余述花雅稱爲榮，凡二十有二：其一，輕陰蔽日。二，淡日蒸香。三，薄寒護蕊。四，細雨逞嬌。五，淡煙籠罩。六，皎月篩陰。七，夕陽弄影。八，開值清明。九，傍水弄妍。十，朱欄遮護。十一，名園閒静。十二，高齋清供。十三，插以古瓶。十四，妖歌艷賞。十五，把酒傾歡。十六，晚霞映彩。十七，翠竹爲鄰。十八，佳客品題。十九，主人賞愛。二十，奴僕衛護。二十一，美人助妝。二十二，門無剥啄。此皆花之得意春風，及第逞艷，不惟花得主榮，主亦對花無愧，可謂人與花同春矣。其疾憎爲辱，亦二十有二：一，狂風摧殘。二，淫雨無度。三，烈日銷爍。四，嚴寒閉塞。五，種落俗家。六，惡鳥翻銜。七，蓦遭春雪。八，惡詩題詠。九，内厭賞客。十，兒童扳折。十一，主人多事。十二，奴僕懶澆。十三，藤草纏攪。十四，本瘦不榮。十五，搓捻憔悴。十六，臺榭荒涼。十七，醉客嘔穢。十八，藥壇作瓶。十九，分枝剖根。二十，蟲食不治。二十一，蛛網聯絡。二十二，麝臍薰觸。此皆花之空度青陽，芳華憔悴，不惟花之寥落主庭，主亦對花增愧矣。花之遭遇一春，是非人之所生一世同邪？

葉夢珠《閲世編》卷三　閣老坊在縣治之南，爲相國徐文定公諱光啟所建也，成於崇禎辛巳之秋，工費甚繁。予初見其立柱時，每柱基下先掘地方丈，布木樁數十，並於高木懸大石以下樁，樁與坎內土齊，鋪以方石，而後立柱於上。柱之立也，先于架上横亙大木作盤車象，施大絙以垂，下縛十石柱，用數十人作氣以盤之，絙漸短而柱漸升，俄而直立，復用二大石闢笋，合抱于柱底，用壓石獸於其上，故頂蓋紛疊而下不動摇，亦石工之巧也。以後吾郡名公鉅卿不乏，旋逢鼎革，而建坊者罕見矣。

姚之騆《元明事類鈔》卷二九《宫室門》　《泳化編》：太祖一日念大臣所居必得大第，即與刑部尚書開濟剏爲之制，甚宏麗，令有司以此爲式，俗呼様房。

《清會典則例》卷一二七《工部・營繕清吏司・府第》　一、府第規制。崇德年間，定親王府制：正屋一座，廂房二座。臺基高十尺，内門一重，在臺基之外。均緑瓦，門柱朱髹。大門一重，兩層樓一座，及其餘房屋均於平地建造。樓、大門用瓴瓦，餘屋用版瓦。郡王府制：大門一重，正屋一座，廂房二座。臺基高八尺，内門一重，在臺基之上。正屋、内門均緑瓦，門柱朱髹，廂房用瓴瓦。餘與親王府同。貝勒府制：大門一重，正屋一座，廂房二座。臺基高六尺，内門一重，在臺基之上。均瓴瓦，門柱朱髹。餘與郡王府同。貝子府制：大門一重，正屋一座，廂房二座。均於平地建造，用版瓦，門柱朱髹。

順治九年題準：親王府基高十尺，外周圍牆，正門廣五間，啟門三。正殿廣七間，前墀周衛石闌。左右翼樓各廣九間，後殿廣五間。寢室二重，各廣五間。後樓一重，上下各廣七間。自後殿至樓左右均列廣廡。正門殿寢均緑色琉璃瓦，後樓翼樓旁廡均本色瓴瓦。正殿上安螭吻，壓脊仙人以次，凡七種。餘屋用五種。凡有正屋、正樓門柱，均紅青油飾。每門金釘六十有三，梁棟貼金，繪畫五爪雲龍及各色花艸。正殿中設座，高八尺，廣十有一尺，修九尺。座基高尺有五寸，朱髹，綵繪五色雲龍。座後屏三開，上繪金雲龍，均五爪。雕刻龍首有禁。凡旁廡樓屋，均丹楹朱户。其府庫倉廪廚廄，及祇候各執事房屋，隨宜建置於左右，門柱黑油，屋均版瓦。世子府制：基高八尺，正門一重，正屋四重，正樓一重。其間數修廣及正門金釘、正屋壓脊，均減親王七分之二。梁棟貼金，繪畫四爪雲蟒，各色花卉。正屋不設座。餘與親王府同。郡王府制與世子府同。貝勒府制：基高六尺，正門三間，啟門一。堂屋五重，各廣五間。均用瓴瓦。壓脊二：獅子，海馬。門柱紅青油飾，梁棟貼金，彩畫花艸。餘與郡王府同。貝子府制：基高二尺，正房三間，啟門一，堂屋四重，各廣五間，脊安望獸。餘與貝勒府同。鎮國公、輔國公府制均與貝子府同。又題準，公侯以下官民房屋臺階高一尺，梁棟許繪五彩雜花，柱用素油，門用黑飾。官員住屋中梁貼金，二品以上官正房得立望獸。餘不得擅用。

十八年題準：公侯以下，三品官以上，房屋臺階高二尺。四品官以下至士民，房屋臺階高一尺。

方式濟《龍沙紀畧・屋宇》　屋皆南向，迎暄也。日斜猶照，故西必設窗。間有北牖，八月墐之，夏始啟。

屋無堂室，廠三楹。西南北土牀相連，曰卍字炕，虚東爲然薪地。西爲尊，南次之，皆賓位也。

土垣高不踰五尺，僅可闌牛馬。門亦如闌，穿横木以爲啟開。中土人居之，始設門。相傳未立城時，惟溝其宅之四面爲界。

拉核牆。核，猶言骨也，木爲骨，而拉泥以成，故名。立木如柱，五尺爲間，層施横木，相去尺許，以䕸草絡泥掛而排之，歲加塗焉，厚尺許者，堅甚于甃。一曰掛泥壁。

工匠皆流人，技拙而直貴。土著人架木覆茅，婦子合作，戚友之能匠事者，助而不傭。

草屋茅厚尺許，三歲再葺之，官署亦然，煖於瓦也。庵廟則瓦。

卜魁，柵木爲城，將軍公署、私第皆在，夾植大木，中實以土，寬丈許；木末高低相間，肖睥睨。四門外環土城，纍垡爲之，周六里。西面二門。近南者臨水，寬廣可數百畝，江漲則通流。墨爾根、艾渾重城，皆植木爲之。

黄叔璥《臺海使槎録》卷三《赤嵌筆談》　築室，一椽、一木、一瓦、一石，向皆取給内地。以此處沙土不可以陶蓋瓦級甎，竹木不勝棟楹榱桷。康熙壬寅，巡歷南北兩路，窑亦錯列，殆不足供全郡之需。小民草寮，以竹爲柱，上覆以茅，用土塗附。傾盆疾雨，沙土漂流，捲地狂飆，棟桷摧折。且經年之竹，蠹已蛀盡，烏能久支耶。

黄叔璥《臺海使槎録》卷五《北路諸羅番一・居處》　作室名囤，先以竹木結成椽桷，編竹爲牆，蓋以茅草，爲兩大扇，中豎大樑，備酒豕，邀請番衆，舉上兩扇，合爲屋。狀如覆舟，寬二丈餘，長數丈，前後門户疎通。夫妻子女同聚一室，門兩旁上下，丹艧采色，燦然可觀。舍内地浄無塵，前廊竹木鋪設如橋，俯欄頗亦有致。鑿木板爲階梯，木極堅韌，或以相思木爲之。又一種木，文理樛結如檀梨狀，從内山採出，番亦不名何木，高可五六尺。入室者拾級而入。

黄叔璥《臺海使槎録》卷五《北路諸羅番三・居處》 自新港、蕭壠、麻豆、大武郡、南社、灣裏，以至東螺、西螺、馬芝遴，填土爲基，高可五六尺，編竹爲壁，上覆以茅。茅簷深邃垂地，過土基方丈，雨暘不得侵。其下可舂，可炊，可坐，可卧，以貯笨車、網罟、雞塒、豕欄。架梯入室，極高聳宏敞，門繪紅毛人像。他里霧、斗六門，亦填基爲屋，較此則卑狹矣。麻達夜宿社寮，不家居，恐去社遠，致妨公務也。

黄叔璥《臺海使槎録》卷五《北路諸羅番五・居處》 倚山掘土，狀若穴居。以沙石版代磚瓦，或用木及茅竿草爲之。闊不一式，高不盈丈，生畜俱養於内。子女嫁娶，則另築之。

黄叔璥《臺海使槎録》卷五《北路諸羅番六・居處》 屋曰夏堵混，以草爲蓋，或木或竹爲柱，厝蓋葺茅編成，邀衆番合於脊上。大小同居一室。惟未嫁者另居一舍，曰貓鄰。

黄叔璥《臺海使槎録》卷六《北路諸羅番七・居處》 築室曰濃密，架木爲樑，鑿鬆石片爲牆，鬆石，内山所出，鑿之成片。上以石片代瓦，亦用以鋪地，遠望如生成石室。比屋相連，如同内地街衢，與外社迥殊。男女未婚嫁，另起小屋，曰籠仔，曰公廨，女住籠仔，男住公廨。

黄叔璥《臺海使槎録》卷六《北路諸羅番八・居處》 大肚諸社屋，以木爲樑，編竹爲牆，狀如覆舟，體制與各社相似。貓霧捒諸社，鑿山爲壁，壁前用木爲屏，覆以茅草，零星錯落，高不盈丈，門户出入，俯首而行，屋式迥不同外社。

黄叔璥《臺海使槎録》卷六《北路諸羅番十・居處》 淡水地潮濕，番人作室，結草構成，爲梯以入，鋪木板於地。亦用木板爲屋，如覆舟，極狹隘。不似近府縣各社寬廣。前後門户式相類。

黄叔璥《臺海使槎録》卷七《南路鳳山番十・居處》 屋名曰朗。築土爲基，架竹爲樑，葺茅爲蓋，編竹爲牆，織蓬爲門。每築一室，衆番鳩工協成，無工師匠氏之費，無斧斤鋸鑿之煩，用刀一柄，可成衆室。正屋起脊，圈竹裏草標左右，如獸吻狀，名曰律武洛，名曰打藍，示觀美也。社四圍植竹木。貯米另爲小室，名曰圭茅，或方或圓，或三五間，十餘間毗連，亦以竹草成之，基高倍於常屋。下木上簟，積穀於上，每間可容三百餘石，正供收入，遞年輪換。夜則鳴鑼巡守，雖風雨無間也。

黄叔璥《臺海使槎録》卷七《南路鳳山瑯嶠十八社三・居處》 築厝於巖洞，以石爲垣，以木爲樑，蓋薄石板於厝上，厝名打包。前後栽植檳榔、蔞藤。至種芋藝黍時，更於山下竪竹爲牆，取草遮蓋，以爲棲止。收穫畢，仍歸山間。

紀事

高士奇《金鰲退食筆記》卷上《瓊華島》 瓊華島在太液池中。從承光殿北，度石梁至島，皆以文磚、乳花石雜甃之。巖洞窈窕，磴道紆折，多疊奇石，巑岏峰崿。其巔古殿，相傳本遼太后梳粧臺。歷金、元、明，皆有宫殿，爲遊觀之地。今殘石壞礎，猶刻雲物及廣寒殿宇。《遼史》云：皇城西門曰顯西，設而不開；北曰子北。其西城巔有涼殿。《金史・宫闕制度》云：京城北離宫有大寧宫，大定十九年建，後更爲寧壽，又更爲壽安，明昌二年更爲萬寧宫。瓊林苑有横翠殿、寧德宫，西園有瑶光臺，又有瓊華島、瑶光樓。元郝文忠公經《陵川集》載有《瓊華島賦》。葛邏禄迺賢《金臺集》有《粧臺》詩云：廢苑鶯花盡，荒臺燕麥生。韶華如逝水，粉黛憶傾城。野菊金鈿小，秋潭玉鏡清。誰憐舊時月，會嚮日邊明。其下自註云：粧臺在昭明觀後，金章宗嘗與李妃夜坐，上曰：二人土上坐。妃應聲曰：一月日邊明。上大悦。又有《壽安殿》詩云：夢斷朝元閣，來尋買酒樓。野花迷輦路，落葉滿宫溝。風雨青城暮，河山紫塞愁。老人頭雪白，扶杖話幽州。陶九成《輟耕録》載元時宫闕云：萬壽山在大内西北太液池之陽，金人名瓊花島，中統三年修繕之；至元八年賜今名。其山皆疊玲瓏石爲之，峯巒隱映，松檜隆鬱，秀若天成。引金水河至其後，轉機運㪺，汲水至山頂，出石龍口，注方池，伏流至仁智殿後，有石刻蟠龍，昂首噴水仰出，然後由東西流入於太液池。山前有白玉石橋，長二百餘尺，直抵儀天殿後。橋之北有玲瓏石，擁木門五，門皆爲石色，内有隙地，對立日月石，西有石棋枰，又有石坐牀。左右皆有登山之徑，縈紆萬石中，洞府出入，宛轉相迷。至一殿一亭，各擅一景之妙。山之東有石橋，長七十六尺，闊四十一尺半，爲石渠，以載金水，而流於山後，以汲於山頂也。又東爲靈圃，奇獸珍禽在焉。即今之景山是也。廣寒殿在山頂，七間，東西一百二十尺，深六十三尺，高五十尺。重阿藻井，文石甃地，四面瑣窻，板密其裏，偏綴金紅雲，而蟠龍矯蹇於丹楹之上。中有小玉殿，内設金嵌玉龍御榻，左右列從臣坐牀。前架黑玉酒甕一，玉有白章，隨其形刻爲魚獸出没於波濤之狀，其大可貯酒三十餘石。今在西華門外真武廟中。道人作菜甕。又有玉假山一峯，玉響鐵一懸。殿之後有小石笋二，内出石龍首，以噀所引金水。西北有厠堂一間。仁智殿在山之半，三間，高三十尺。金露亭在廣寒殿東，其制圓，九柱，高二十四尺，尖頂上置琉璃珠，亭後有銅幡竿。玉虹亭在廣寒殿西，制度同金露。方壺亭在荷葉殿後，高三十尺，重屋八面，重屋無梯，自金露亭前複道登焉，又曰線珠亭。瀛洲亭在温石浴室後，制度同方壺。玉虹亭前仍有登重屋複道，亦曰線珠亭。荷葉殿在方壺前仁智殿西北，三間，高三十尺，方頂，中置琉璃珠。温石浴室在瀛洲前仁智西北，三間，高二十三尺，方頂，中置塗金寶瓶。圜亭又曰膲粉亭，在荷葉殿稍西，蓋后妃添妝之所也。八面介福殿在仁智殿東差北，三間，東西四十一尺，高二十五尺。延和殿在仁智殿西北，制度如介福。馬湩室在介福殿前，三間，牧人之室在延和殿前，三間。庖室在馬湩前。東浴室更衣殿在山東平地，三間兩夾。太液池在大内西，周迴若干里，植芙蓉。儀天殿在池中圓坻上，當萬壽山，十一楹，高三十五尺，圍七十尺，重簷，圓蓋頂。圓臺址，甃以文石，藉以花茵，中設御榻，周闢瑣窻。東西門各一間。西北厠堂一間。臺西向，列甃塼龕，以居宿衛之士。東爲木橋，長一百二十尺，闊二十二尺，通大内之夾垣。西爲木吊橋，長四百七十尺，闊如東橋，中闕之，立柱架梁於二舟，以當其空，至車駕行幸上都，留守官則移舟斷橋，以禁往來。是橋通興聖宫前之夾垣，後有白玉石橋，乃萬壽山之道也。犀山臺在儀天殿前水中，上植木芍藥。隆福宫西御苑，在隆福宫西，先后妃多居焉。香殿在石假山上，三間，兩夾二間，柱廊三間，龜頭屋三間，丹楹瑣窻，間金藻繪，玉石礎，琉璃瓦，殿後有石臺。山後闢紅門，門外有侍女之室二所，皆南向並列。又後直紅門，並立紅門三，三門之外有太子鄂爾多荷葉殿二，在香殿左右，各三間。圓殿在山前，圓頂上，置塗金寶珠，重簷。後有流杯池，池東西流水圓亭二，圓殿有廡以連之。歇山殿在圓殿前，五間，柱廊二，各三間。東西亭二，在歇山後左右，十字脊。東西水心亭在歇山殿池中，直東西亭之南，九柱重簷。亭之後，各有侍女房三所，所爲三間，東房西向，西房東向，前闢紅門三，門内立石，以屏内外，外築四垣以周之，池引金水注焉。櫻毛殿在假山東偏，三間。後盝頂殿，三間。前啟紅門，立垣以區分之。儀鸞局在三紅門外，西南隅，正屋三間，東西屋三間，前開一門。

《明宣宗實録》：宣德三年春，奉皇太后遊西苑，宣宗親掖皇太后升萬歲山，奉觴上壽，獻詩頌聖德。皇太后悦，酌酒賜宣宗，且諭曰：今天下無事，吾母子得同此樂，皆天與祖宗之賜也。天下百姓，皆天與祖宗之赤子，爲人君者，但能保安百姓，使不至於飢寒，則吾母子斯樂可久遠矣。宣德七年七月，宣宗復登萬歲山，作廣寒殿，召翰林院儒臣侍命周覽都畿山川形勢，既畢，上諭之曰：此元之故都也。世祖知人善任使，信任儒術，愛養民力，故能渾一區宇，以成帝業。再傳至武宗，元政稍有變更。仁宗繼之，恭儉愛人，即位之初，興學校，勵風憲，清中書，其孜孜爲治，一遵世祖之定法，足爲賢君。至順帝，在位既久，肆意荒淫，怠于政事，紀綱法度蕩然，因之失國。使順帝能恭儉，長守世祖、仁宗之法，天下豈爲我祖宗所有。又曰：兹山兹宇，順帝所日宴遊者也，豈不可感。侍臣叩首曰：紂之跡，周之監也。八年四月，諭少傅楊士奇、楊榮曰：朕在宫中無事，偶有真趣，則賦一詩自適。不然，則取書籍玩味。故所在置書籍及楮筆之類。今修葺廣寒、清暑二殿及西瓊島，欲於各處皆置書籍，卿二人可于館閣中擇能書者數十人，取五經、四書及《説苑》之類，每書各録數本，分貯其中，以備覽閲。又朕近作《廣寒殿記》。遂命中官取示奇等。楊文貞《賜遊西苑記》云：登萬歲山，至廣寒殿，而仁智、介福、延和三殿及瀛洲、方壺、玉虹、金露之亭，咸得徧造。是日天宇澄明，纖塵不作，引而四望，山川之壯麗，草木之芳華，飛走潛躍，各隨其性，萬象畢陳，胸次豁然，心曠神怡，百慮皆浄。信天造之佳境，而人生之甚適也。李文達《賜遊西苑記》云：西有長橋跨池下。過石橋而北，山曰萬歲，怪石參差。爲門三，自東西而入，有殿倚山，左右立石爲峯，以次對峙，四圍皆石，贔屭齦齶，薜封蔓絡，佳木異草，上偃旁綴，樛葛薈翳。兩掖疊石爲磴，崎嶇折轉而上，巖洞非一。山畔並列三殿，中曰仁智，左曰介福，右曰延和。至其頂，有殿當中，棟宇宏偉，簷楹翬飛，高插于層霄之上。殿内清虚，寒氣逼人，雖盛夏亭午，暑氣不到，殊覺曠蕩瀟爽，與人境異，曰廣寒。左右四亭在各峯之頂，曰方壺、瀛洲、玉虹、金露，其中可跂而息。前崖有壁，夾道而入，壁間四孔，以縱觀覽。而宫闕峥嶸，風景佳麗，宛如圖畫。韓右都御史《賜遊西苑記》云：萬歲山在池之中，磊石爲之，高數千仞，廣可容萬人。山之麓，以石爲門爲垣。門之内稍高，有小殿。環殿奇峯怪石，萬狀悉有，名卉嘉木，争妍競秀。琴臺、棋局、石牀、翠屏之類，分佈森列。峯有最奇者名翠雲，上刻御製詩。琴臺上横郭公磚，擊之皆鏗鏗有聲。遂沿西坡北上，有虎洞、吕公洞、仙人菴。又上，有延和殿、瀛洲亭、金露亭。瀛洲之西、湯池之後，有萬丈井，深不可測。由金露折而東上，則廣寒殿也，高廣明靚，四壁雕彩雲，纍萬結砌而成。東下至玉虹，又下而南至方壺，至介福，皆與延和諸殿相對峙。而方壺、瀛洲，則左右廣寒而奇特者也。嚴分宜《賜遊廣寒殿》詩序云：泛金海觀于廣寒山，蕩舟持節者皆中使，水光蕩漾，遠近亭臺隱現，金碧交輝，若身造瑶池弱水之間。舍舟登岸，陟廣寒之殿，絶頂巍峙，高入雲漢。山麓爲臺，爲殿，山下有堆雪、積翠之坊。余歷觀前人記載，兹山實遼、金、元遊宴之地，明時殿亭皆因元之舊名，其所疊石，巉巖森聳，金、元故物也。或云：本宋艮岳之石，金人載此石自汴至燕，每石一准糧若干，俗呼爲「折糧石」。又「瑶島春雲」，爲燕京八景之一。李崆峒《秋懷》詩云：苑西遼后洗粧樓，檻外方湖静不流。又曰：雕闌玉樹留天女，錦石秋花隱御舟。蓋指此也。明時重九幸此登高。萬曆七年，廣寒殿傾頽，其脊中多至元錢，神宗曾分賜輔臣張江陵居正。明大學士蔣公德璟《敬日草》與内監劉若愚《勺中志》，乃以今之景山爲萬歲山，人多因之，誤矣。本朝順治八年，毁山之亭殿，立塔建寺，樹碑山趾。康熙己未地震，白塔頽壞，次年重建，加莊嚴焉。每歲十月二十五日，自山下燃燈至塔頂，燈光羅列，恍如星斗。諸喇嘛執經梵唄，吹大法螺，餘者左持有柄圓鼓，右執彎槌，齊擊之，緩急踈密，各有節奏，更餘方休，以祈福也。辛酉冬，運是山之石于瀛臺，白塔之下，僅餘黄壤，宜多植松栢，爲菁葱鬱茂之觀。

高士奇《金鰲退食筆記》卷上《太液池》 太液池，舊名西海子。在西安里門，周凡數里。上跨石梁，約廣二尋，修數百步。兩崖穹甃出水中，鯨獸楯欄，皆白石鐫鏤如玉。中流駕木，貫鐵緈丹檻，掣之可通巨舟。東西峙華表，東曰玉蝀，西曰金鼇。其北别駕一梁，自承光殿達瓊華島，制差小。南北亦峙華表，曰積翠，曰堆雲。瀛臺在其南，五龍亭在其北，蕉園、紫光閣東西對峙。層甍反宇，飛簷拂雲。夾岸榆柳古槐，多數百年物。池中萍荇蒲藻，交青布緑；野禽沙鳥，翔泳水光山色間，悠然自適。盛夏芰荷覆水，望如錦繡，吐馥流香，尤爲清絶。若其春冰乍泮，秋月澄暉，煙靄雲濤，雨朝雪夜，則余八年内直，晨夕策馬過橋頭獨有會心者。禁中人呼瀛臺南爲南海，蕉園爲中海，五龍亭爲北海。寒冬冰凍，以木作平板，下用二足，裹以鐵條，一人在前引繩，可坐三四人，行冰如飛，名曰「拖牀」。積雪殘雲，景更如畫。又于冰上作擲毬之戲，每隊數十人，各有統領，分伍而立，以皮作毬，擲于空中，俟其將墮，羣起而争之，以得者爲勝。或此隊之人將得，則彼隊之人蹴之令遠。喧笑馳逐，以便捷勇敢爲能。本朝用以習武。所著之履，皆有鐵齒，行冰上不滑也。康熙癸丑六月九日，賜閣部大臣、詞林臺省遊西苑，泛舟飲宴；辛酉七月二十一日，又賜閣部滿漢大臣、詞林臺省部屬諸臣宴于西苑，賜内紵蓮藕有差；己未二月晦日，賜士奇與張敦復學士、杜近公編修西苑遊宴。是歲五日侍宴西苑。庚申七月十三日，命余泛舟苑中，中使鼓棹，所得蓮芡盡賜之。又嘗奉召自私寓騎馬入紫光閣門，乘小舟至瀛臺内殿，對畢，復乘舟至紫光閣，騎馬出。賜荷花鮮魚攜歸。甲子五日，復于舟中侍宴。皆有詩恭紀。

高士奇《金鰲退食筆記》卷上《瀛臺》 瀛臺，舊爲南臺，一曰趯臺坡。林木深茂，有殿曰昭和。殿前有亭曰澄淵。南有村舍水田，於此閱稼。明李文達賢《賜遊西苑記》云：「南臺林木陰森，過橋而南有殿曰昭和，門外有亭臨岸，沙鷗水禽，如在鏡中。」本朝順治年間，别建宫室，爲避暑之處。向南有亭臨水，曰迎薰亭。後樓九間。樓後有殿，制度質樸。康熙庚申復加修葺，皆易黄屋。複殿重房，交疏對霤；青臺紫閣，浮道相通。又於水邊堆疊奇石，種植花樹。層巖小壑，委曲曼迴；蓼渚蘆灣，參差掩映。東有二亭，以樓覆之，隔窗雲霧，捲幔山泉，别具幽致。又作宛轉橋出水面，遥望流杯亭，水聲樹色，不異三山瑶島。御製詩有「畫舸分流簾下水，秋花倒影鏡中山」是也。前作瀛臺門樓五間。上日於侵晨臨門聽政畢，外直講官於此進講。高槐拂檐，堦下立塗金異獸二，製作甚精。左右迴廊各三間，上亦有樓。樓外復接小廊。門内東西樓屋各五間。自池東直房改作之後，凡内廷進講，皆遣中使至南書房，召張敦復學士同余，自西苑門内棹小舟至閘口，復換小舟至臺西亭子，從内左門入，於東邊樓下；講畢，復從内左門出，登舟，中使送至西苑門上馬。有時召余至内殿草制，或月上乃歸，則賜饌及池魚蓮藕之屬。瀛臺門下迤北有過船亭，雕簷峻宇，下連丹檻，掣之亦可行舟。直北兩廂，窗櫺臨水，爲内大臣及侍衛直宿之地。再北爲御膳房。自膳房轉東爲閘口，各種舡停泊堤外。自閘口過小橋向東板橋一帶，直抵池岸。循池而北，至西苑門，古樹幽蟉，槐柳茂密，葭菼蒼然，白鷺黄鸝，飛鳴上下。部院諸臣曉入西苑門奏事，從苑牆下轉西，過小紅門，别設板橋，夾以朱欄，懸設罾網，許諸臣於奏對之暇，舉網爲歡，有得魚者，即攜以歸。可謂昇平佳話也。

高士奇《金鰲退食筆訪》卷上《芭蕉園》 芭蕉園，自太液池東行半里許，蒲葺盈水、榆柳被岸、松檜蒼翠、果樹分羅中，崇闉廣砌，一殿穹窿。以黄金雙龍作頂，纓絡懸綴，雕櫳綺窗，朱楹玉檻，望而敞豁，舊曰崇智殿。殿後藥欄花圃，有牡丹數十株。轉西有亭，八面，内外皆水，曰臨漪亭，一曰釣魚臺。金魚作陣，遊戲其中。又一小石梁，出水中。向西，一亭在水際，曰水雲榭。按：芭蕉園一名椒園，有「宫眷、法從人等至此下馬」二石碑，當是世宗設醮時所立。前朝實録告成，於此焚草。七夕，宫中穿鵲橋補服，設乞巧山子，兵仗局進乞巧針。十五日，西苑作法事，放河燈，甜食房進供佛波羅蜜。《明世宗實録》：「十五年五日端陽節，幸西苑，預命侯郭勛、大學士李時、尚書夏言候於崇智殿，遣中官賚賜艾虎、花絛、百索、牙扇等物。御龍舟，召勛等各登舟，給酒饌。命三臣舟近龍舟行，自蕉園迤邐至澄碧亭登岸，復宴於無逸殿，盡歡而罷。」嚴分宜《鈐山堂集》載有《詔賜金海乘涼詩》序云：「供事西苑，直宿無逸殿。時溽暑蒸燠，上命中官導五臣，每以巳末申前，於金海邊乘涼。是日，出迎和門，乘舟泊水雲榭，觀臨漪亭，入椒園，至崇智殿。畫棟雕甍，金碧輝煥，蒼松翠柏，盤鬱垂蔭，不復知有暑氣。」又有《金海放燈》詩云：「紅燈焰焰水攸攸，此夕真從天漢遊。鸞簫鳳管鳴仙吹，錦纜龍旗引御舟。」其二云：「恍驚華渚流虹照，宛是緱山駕鳳來。仙人指點瑶池上，萬朵金蓮頃刻開。」又有《西苑賜川扇》詩云：「太液池邊暑氣生，海榴英簇絳霞明。蜀王新貢金花箑，御苑傳呼賜禮卿。」本朝順治年間改爲萬善殿，供三世佛像，選老成内監，披剃爲僧，焚修香火。木陳、玉林兩老衲，奉召至京師，曾居萬善殿。每歲中元，建盂蘭道場，自十三日至十五日，放河燈，使小内監持荷葉，燃燭其中，青碧熠熠，羅列兩岸，以數千計。又用琉璃作荷花燈數千盞，隨波上下。中流駕龍舟，奏梵樂，作禪誦，自瀛臺南過金鰲玉蝀橋，繞萬歲山，至五龍亭而回。河漢微涼，秋蟾正潔，苑中勝事也。

高士奇《金鰲退食筆記》卷下《兔園山》 兔園山，在瀛臺之西。由大光明殿南行，疊石爲山，穴山爲洞，東西分徑，紆折至頂。殿曰清虚，俯瞰都城，歷歷可見。砌下暗設銅甕，灌水注池，池前玉盆内作盤龍，昂首而起，激水從盆底一竅轉出龍吻，分入小洞，復由殿側九曲注池中。喬松數株參立，古藤縈繞，懸羅下垂，池邊多立奇石，一名小山子，又曰小蓬萊。其前爲曲流觀，甃石引水，作九曲流觴，皆雕琢奇異，布置神巧。明嘉靖時，復葺鑒戒亭，取殷鑒之義。又南爲瑶景、翠林二亭，古木延翳，奇石錯立，架石梁通東西兩池。南北二梁之間曰旋磨臺，螺盤而上，其巔有甃，皆陶埏雲龍之象，相傳世宗禮斗於此。臺下周以深塹，梁上玉石欄柱，御道甃團龍，至今堅完如故。老監云：「明時重九或幸萬歲山，或幸兔兒山清虚殿登高，宫眷内臣皆著重陽景菊花補服，喫迎霜兔菊花酒。」李文達《賜遊西苑記》云：「小山子遠望鬱然，日光横照，紫翠重疊。至則有殿倚山，山下有洞，洞上石巖横列密孔，泉出迸流而下，曰水簾。其淙散激射，飛薄濺灑，最爲可玩。水聲泠泠然潛入石池，龍昂其首，口中噴出，復潛繞殿前，左右危石，折旋爲徑。山畔有殿翼然，至其頂，一室正中，四面簾櫳，欄檻之外，奇峯回互，茂樹環擁，異花瑶草，莫可名狀。下轉山前，一殿深静高爽，殿前石橋，隱若虹起，極其精巧。」韓右都御史《賜遊西苑記》云：「又西南，至小山子，名賽蓬萊。入其門，有殿。殿前一大池，中通石橋，東西二小閣，立水中。橋南有娑羅樹，人所罕見。殿之後復有三殿，其階益上益高，至絶頂，則與萬歲山坤艮相望。絶頂下至第三殿之前，蓄水作機，瞰其下，有水簾洞。洞之中作金龍，決其水，下而觀之，連珠掩洞，形稱其名。龍口中亦噴水，水皆從前殿基下陰渠之内過，而至于其殿之前，鑿石爲曲渠，復作龍頭于其西，水至，出龍口，旋繞而東，可以流觴者。」李長史默《遊西内記》云：「北行古松間，隱隱見岡阜鬱然。至則小軒峙其前，甃石爲九曲黄河。軒北石假山也。石多削爲形肖，剥泐不可識。山數疊上，松皆偃蹇如天成。絶頂列銅池者六，皆貯水。池旁多穿孔竇，下注洞口。洞中爲龍，勢若噴吐，前爲圜池，龍盤其間。駕幸，則瀉銅池，從孔竇迸落，名曰水晶簾。吞以洞龍，洑流地中，激而上，出池龍口，復入地，注于黄河：制特幻巧。」今山前亭觀盡廢，池亦就湮，僅餘一亭及清虚殿，與長松古槐，摇落春風暑雨中。

于敏中《日下舊聞考》卷四〇《皇城二・東苑》 宣德三年七月，召尚書蹇義、夏原吉、楊士奇、楊榮同游東苑。夾路皆嘉樹，前至一殿，金碧焜燿。其後瑶臺玉砌，奇石森聳，環植花卉。引泉爲方池，池上玉龍盈丈，噴水下注。殿後亦有石龍，吐水相應。池南臺高數尺，殿前有二石，左如龍翔，右若鳳舞，奇巧天成。上御殿中，語義等曰：此旁有草舍一區，乃朕致齋之所，卿等盍往偏觀。於是中官引至一小殿，梁棟椽桷皆以山木爲之，不加斲削，覆之以草，四面闌楯亦然。少西有路，紆迴入荆扉，則有河石甃之。河南有小橋，覆以草亭。左右復有草亭，東西相望。枕橋而渡，其下皆水，游魚牣躍。中爲小殿，有東西齋，有軒，以爲彈琴讀書之所，悉以草覆之。四圍編竹籬，籬下皆蔬茹匏瓜之類。觀畢，上臨河，命舉網，得魚數尾，命中官具酒饌賜魚羹。既而召至前，賜以金帛、絛環、玉鈎等物，又賜宴於東廡，被旨令各盡醉而歸。《翰林記》。

《明英宗實録》卷三一九《西苑》 〔天順四年九月〕丁丑，新作西苑殿亭軒館成。苑中舊有太液池，池上有蓬萊山，山顛有廣寒殿，金所築也。西南有小山，亦建殿於其上，規制有巧，元所築也。上命即太液池東、西作行殿。三池：東向西者曰凝和池，西向東、對蓬萊山者曰迎翠池，西南向、以草繕之而飾以堊曰太素。其門各如殿名。有亭六，曰飛香、擁翠、澄波、歲寒、會景、映暉。軒一，曰遠趣。館一，曰保和。至是始成。上臨幸，召文武大臣從之，游賞竟日。

于敏中《日下舊聞考》卷五三《海子》 海子在府西三里，汪洋如海，中有芰荷鳧鷗可玩。《紀纂淵海》。

禁城中外海子，即古燕市積水潭也。源出西山一畝、馬眼諸泉，繞出甕山後，匯爲七里濼，紆迴向西南行數十里，稱高梁河。將近城，分爲二：外繞都城，開水門，內注潭中，入爲內海子。繞禁城，出巽方，流玉河橋，合外隍，入於大通河。《湧幢小品》。

積水潭在都城西北隅，東西亘二里餘，南北半之。西山諸泉從高梁橋流入北水關匯此。或因內多植蓮，名爲蓮花池。或因水陽有淨業寺，名爲淨業湖。內官監向嚴魚禁，今稍弛矣。酒後一葦，山光水色，簫鼓中流，時復相遇，江以北來無此勝游。然泛必從小徑，抵鰕菜亭，乃盡幽深之致。每年三伏日，錦衣衛率御馬監官校浴馬湖干，如濯雲錦。中元夜，寺僧於淨業湖邊放水燈，雜入蓮花中。遊人設水嬉，爲盂蘭會，梵唄鐘鼓，雜以宴飲，達旦不已。水中花砲有鳧雁龜魚諸種。冬時河凍，作小冰牀，各坐於上。一人挽行，輪滑如驟駛。好事者恒覓十餘牀，攜圍爐酒具酌冰凌中。積水潭水從德勝橋東下，橋東偏有公田若干頃，中貴引水爲池，以灌禾黍，綠楊鬖鬖，一望無際。稍折而南，直環北安門宮牆左右，流入禁城，爲太液池，汪洋如海，俗呼海子套。《燕都遊覽志》。

海子岸上接龍王堂，以石甃其四周。海子一名積水潭，聚西北諸泉之水流行入都城而匯於此，汪洋如海，都人因名焉。仁宗延祐六年二月，都水監計會前後與原修舊石岸相接，月五日興工，十一日工畢。至治三年三月，大都河道提舉司言：海子南岸東西道路，當兩城要衝，金水河浸潤於其上，海子風浪衝齧於其下，且道狹不時潰陷，泥濘車馬，難於往來，如以石砌之，實永久之計也。泰定元年四月，工部應副工物，七月興工，八月工畢。《元史·河渠志》。

至元三十年秋，車駕還自上都，過積水潭，見舳艫蔽水，天顔爲之開懌。特賜都水監郭公錢一萬二千五百緡，仍以舊職兼提調通惠河漕運事。《元名臣事略》。

都人呼飛放泊爲南海子，積水潭爲西海子。按海子之名見於唐季，王鎔爲鎮帥，有海子園，嘗館李匡威於此。北人凡水之積者輒目爲海，若寶坻之七里海，昌平北之四海冶，是也。元時運船直至積水潭，王元章詩：燕山三月風和柔，海子酒船如畫樓。想見舟楫之盛。自徐武寧改築北平城後，運河、海子截而爲二。城內積土日高，雖有舟楫，橋梁不能度矣。《詠歸録》。以上六條原在北城，今移改。

大都之中舊有積水潭，聚西北諸泉之水，流行入都城而匯於此，汪洋如海，都人因名焉。世祖肇造都邑，壯麗闕庭，而海水鏡淨，正在皇城之北，萬壽山之陰。自至元三十年濬通惠河成，上自昌平白浮村之神山泉，下流有王家山泉，昌平西虎眼泉，孟村一畝泉，西來馬眼泉，侯家莊石河泉，灌石村南泉，榆河溫湯，龍泉，冷水泉，玉泉，諸水畢合，遂建澄清閘於海子之東。有橋南直御園通惠河碑，有云取象星辰，紫宮之後，閣道橫貫，天之銀漢也。擬跡古昔，恣民漁採，澤梁無禁，周之靈沼也。《元一統志》。

積水潭在宛平縣西北三里，東西亘二里餘，南北半之。西山諸泉從高梁橋流入北水關，匯此，折而東南，直環地安門宮牆，流入禁城，爲太液池。元時既開通惠河，運船直至積水潭。自明初改築京城，與運河截而爲二。積土日高，舟楫不至，是潭之寬廣，已非舊觀。故今指近德勝橋者爲積水潭，稍東南者爲十剎海，又東南者爲蓮花泡子，其始實皆從積水潭引導成池也。《大清一統志》。

劉侗、于奕正《帝京景物略》卷一《定國公園》 城北內 環北湖之園，定園始，故樸莫先定園者，實則有思致文理者爲之。土垣不堊，土池不甃，堂不閣不亭，樹不花不實，不配不行，是不亦文矣乎。園在德勝橋右。入門，古屋三楹，榜曰「太師圃」。自三字外，額無扁，柱無聯，壁無詩片。西轉而北，垂柳高槐，樹不數枚，以歲久繁柯，陰遂滿院。藕花一塘，隔岸數石，亂而卧，土牆生苔，如山腳到澗邊，不記在人家圃。野塘北，又一堂臨湖，蘆葦侵庭除，爲之短牆以拒之。左右各一室，室各二楹，荒荒如山齋。西過一臺，湖於前，不可以不臺也。老柳瞰湖而不讓臺，臺遂不必盡望。蓋他園花樹故故爲容，亭臺意特特在湖者，不免佻達矣。園左右多新亭館，對湖乃寺。萬曆中，有築於園側者，掘得元寺額，曰

「石湖寺」焉。

劉侗、于奕正《帝京景物略》卷一《英國公新園　城北内》 夫長廊曲池，假山複閣，不得志於山水者所作也，杖履彌勤，眼界則小矣。崇禎癸酉歲深冬，英國公乘冰牀，渡北湖，過銀錠橋之觀音庵，立地一望而大驚，急買庵地之半園之，構一亭、一軒、一臺耳。但坐一方，方望周畢。其内一周，二面海子，一面湖也，一面古木古寺，新園亭也。園亭對者，橋也。過橋人種種，入我望中，與我分望。南海子而外，望雲氣五色，長周護者，萬歲山也。左之而緑雲者，園林也。東過而春夏煙緑、秋冬雲黄者，稻田也。北過煙樹，億萬家甍，煙縷上而白雲横。西接西山，層層彎彎，曉青暮紫，近如可攀。

劉侗、于奕正《帝京景物略》卷一《英國公家園　城北内》 英國公賜第之堂，曲折東入，一高樓，南臨街，北臨深樹，望去緑不已。有亭立雜樹中，海棠旋而居，亭北臨水，橋之。水從西南入，其取道柔，周别一亭而止。亭旁二石，奇質，元内府國鎮也，上刻元年月，下刻元璽。當賜第時，二石與俱矣。亭北三榆，質又奇。木性漸升也，誰扼令下？既下斯流耳，誰掖復上？左柯返右，右柯返左，各三四返，遂相攫挐，捺捺撇撇，如蝌蚪文，如鐘鼎篆，人形況意喻之，終無緒理。亭後，竹之族也，蕃衍碩大，子母祖孫，觀榆屈詰之意，用是亭亭條條；觀竹森寒，又觀花畦以豁，物之盛者，屢移人情也。畦則池，池則臺，臺則堂，堂旁則閣，東則圃。臺之望，古柴市，今文廟也。堂之楸樸老，不好奇矣，不損其古。閣之梧桐又老矣，翠化而俱蒼，直幹化而俱高嚴。東圃方方，蔬畦也，其取道直，可射。

劉侗、于奕正《帝京景物略》卷二《成國公園　城東内》 園有三堂，堂皆蔭，高柳老榆也。左堂盤松數十科，盤者瘦以矜，幹直以壯，性非盤也。右堂池三四畝，堂後一槐，四五百歲矣，身大於屋半間，頂嵯峨若山，花角榮落，遲不及寒暑之候。下葉已兔目鼠耳，上枝未萌也；緑周上，陰老下矣；其質量重遠，所灌輸然也。數石縱横其下，枝輪脈錯，若欲狀槐之根。樹旁有臺，臺東有閣，榆柳夾而營之，中可以射。繇園出者，其意蒼然。園曰「適景」，都人呼十景園也。

劉侗、于奕正《帝京景物略》卷二《宜園　城東内》 堂堂則異宜已，幽曲不宜張宴，宏敞不宜著書；垣徑也亦異宜，蔽翳不宜信步，皎曠不宜坐愁。冉駙馬宜園，在石大人衚衕。其堂三楹，階墀朗朗，老樹森立。堂後有臺，而堂與樹交蔽其望。臺前有池，仰泉於樹杪堂溜也，積潦則水津津，晴定則土。客來，高會張樂，竟日卜夜去。視右一扉而扃，或啓焉，則垣故故復，徑故故迂回。入垣一方，假山一座滿之，如器承餐，如巾紗中所影頂髻。山前一石，數百萬碎石結成也。風所結，賈爲石；墒所結，硐爲石；波所結，浮爲石；火所結，灰爲石；石復凝石，其劫代先後，思之杳杳。園創自正德中咸寧侯仇鸞，後歸成國公朱，今庚歸冉。石有名曰「萬年聚」，不知何主人時所命名也。

劉侗、于奕正《帝京景物略》卷二《曲水園　城東内》 駙馬萬公曲水家園，新寧遠伯之故園也。燕不饒水與竹，而園饒之。水以汲灌，善渟焉，澄且鮮。府第東入，石牆一遭，徑迢迢皆竹，竹盡而西，迢迢皆水。曲廊與水而曲。東則亭，西則臺，水其中央。濱水又廊，廊一再曲。臨水又臺，臺與室間，松化石攸在也。木而化歟？聞松、柏、槐、柳、榆、楓，焉聞化矣？木尚半，焉化石？非其化也，木歸土而結石也。松千歲爲茯苓，茯苓，土之屬也；又千歲爲琥珀，又千歲爲瑿，琥珀與瑿，石之屬也。夫石亦有形似，不可以化言之。洞壑中，有禽若、獸若者矣，可謂之物化乎？古丈夫、仙佛若者矣，人天化乎？樓若、城若、塔若者矣，人所搆造以化乎？然石形也松，曰「松化石」，形性乃見，膚而鱗，質而干，根拳曲而株婆娑，匪松實化之不至此。

劉侗、于奕正《帝京景物略》卷三《李皇親新園　城南内》 三里河之故道，已陸作乂，然時雨則渟潦，泱泱然河也。武清侯李公疏之，入其園，園遂以水勝。以舟游，周廊過亭，村暧隍修，巨浸而孤浮。入門而堂，其東梅花亭，非梅之以嶺，以林而中亭也，砌亭朵朵，其爲瓣五，曰梅也。鏤爲門爲窗，繪爲壁，甃爲池，範爲器具，皆形以梅。亭三重，曰「梅之重瓣也」，蓋米太僕之漫園有之。亭四望，其影入於北渠，渠一目皆水也。亭如鷗，臺如鳧，樓如船，橋如魚龍。歷二水關，長廊數百間，鼓枻而入，東指雙楊而趨詣，飯店也。西望偃如者，酒肆也。鼓而又西，典鋪、餅餜鋪也。園也，漁市城村致矣。園今土木未竟爾，計必繞亭遍梅，廊遍桃、柳、荷蕖、芙蓉，夕又遍燈，步者、泛者，其聲影差差相涉也；計必聽遊人各解典具酒，且食，醉卧汀渚，日暮未歸焉。

劉侗、于奕正《帝京景物略》卷五《惠安伯園　西城外》 都城牡丹時，無不往觀惠安園者。園在嘉興觀西二里，其堂室一大宅，其後牡丹數百畝，一圃也，餘時蕩然藁畦耳。花之候，暉暉如，目不可極，步不勝也。客多乘竹兜周行塍間，遞而覽觀，日移晡乃竟。蜂蝶群亦亂相失，有迷歸徑、暮宿花中者。花名品雜族，有標識之，而色蕊數變。間着芍藥一分，以後先之。

劉侗、于奕正《帝京景物略》卷五《釣魚臺　西城外》　近都邑而一流泉，古今園亭之矣。一園亭主，易一園亭名，泉流不易也。園亭有名，里井人俗傳之，傳其初者。主人有名，薦紳先生雅傳之，傳其著者。泉流則自傳。偶一日園亭主，慎善主之，名聽士人，游聽游者。出阜成門南十里花園村，古花園。其後村，今平疇地。金王鬱釣魚臺，臺其處。鬱前玉淵潭，今池也。有泉涌地出，古今人因之。鬱臺焉，釣焉，釣魚臺以名。元丁氏亭焉，因玉淵以名其亭。馬文友亭焉，酌焉，醉斯舞焉。飲山亭、婆娑亭，以自名，今不臺，亦不亭矣。堤柳四垂，水四面，一渚中央，渚置一榭，水置一舟，沙汀鳥閑，曲房人邃，藤花一架，水紫一方，自萬曆初，爲李皇親墅。

劉侗、于奕正《帝京景物略》卷五《白石莊　西城外》　自石橋北，萬駙馬莊焉，曰「白石莊」。莊所取韻皆柳，柳色時變，閑者驚之。聲亦時變也，静者省之。春，黄淺而芽，緑淺而眉，深而眼。春老，絮而白。夏，絲迢迢以風，陰隆隆以日。秋，葉黄而落，而墜條當當，而霜柯鳴於樹。柳溪之中，門臨軒對，一松虬，一亭小，立柳中。亭後，臺三疊，竹一灣，曰「爽閣」，柳環之。臺後，池而荷，橋荷之上，亭橋之西，柳又環之。一往竹籬內，堂三楹。松亦虬。海棠花時，朱絲亦竟丈，老槐雖孤，其齒尊，其勢出林表。後堂北，老松五，其與槐引年。松後一往爲土山，步芍藥牡丹圃良久。南登鬱岡亭，俯翳月池，又柳也。

劉侗、于奕正《帝京景物略》卷五《海澱　西城外》　水所聚曰「澱」。高梁橋西北十里，平地出泉焉，滮滮四去，潨潨，草木澤之，洞洞，磬折以參伍，爲十餘奠瀦。北曰「北海澱」，南曰「南海澱」，或曰「巴溝水」也。水田龜坼，溝塍冊冊，遠樹緑以青青，遠風無聞而有色。巴溝自青龍橋東南入於澱。澱南五里，丹陵沜。沜南，陂者六，達白石橋，與高梁水併。沜而西，廣可舟矣，武清侯李皇親園之。方十里，正中，挹海堂。堂北亭，置「清雅」二字，明肅太后手書也。亭一望牡丹，石間之，芍藥間之，瀕於水則已。飛橋而汀，橋下金鯽，長者五尺，錦片片花影中，驚則火流，餌則霞起。汀而北，一望又荷蕖。望盡而山，劍鋩螺矗，巧詭於山，假山也。維假山，則又自然真山也。山水之際，高樓斯起。樓之上斯臺，平看香山，俯看玉泉，兩高斯親，峙若承睫。園中水程十數里，舟莫或不達。嶼石百座，檻莫或不周。靈壁、太湖、錦川百計，喬木千計，竹萬計，花億萬計，陰莫或不接。

園東西相直，米太僕勺園，百畝耳，望之等深，步焉則等遠。入路，柳數行，亂石數垜。路而南，陂焉。陂上，橋高於屋。橋上，望園一方，皆水也。水皆蓮，蓮皆以白。堂樓亭榭，數可八九，進可得四。覆者皆柳也。肅者皆松，列者皆槐，筍者皆石及竹。水之，使不得徑也。棧而閣道之，使不得舟也。堂室無通户，左右無兼徑，階必以渠，取道必渠之外廊。其取道也，板而檻，七之；樹根槎枒，二之；砌上下折，一之。客從橋上指，了了也。下橋而北，園始門焉。入門，客懵然矣。意所暢，窮目；目所暢，窮趾。朝光在樹，疑中疑夕，東西迷也。最後一堂，忽啓北窗，稻畦千頃，急視，幸日乃未曛。福清葉公臺山，過海澱，曰：「李園壯麗，米園曲折；米園不俗，李園不酸。」兩園之北，有橋，曰「婁兜橋」，一曰「西勾」。

錢泳《履園叢話》卷二〇《澄懷園》　澄懷園，在圓明園東南隅，每年夏月，車駕幸園，尚書房暨南書房諸臣侍直之所。芳塘若鏡，紅藕如船，傑閣參差，緑槐夾道，真仙境也。余嘗於嘉慶十四年七月，相國英公有筆墨事見囑，小寓于此。時公爲户部侍郎兼副提督，適姚伯昂、席子遠兩編修新入南書房，同在近光樓盤桓者四十餘日，而上海趙謙士少農亦在園中，讀書評書，徵歌度曲，殊不知有春明門外十丈紅塵也。余時將回江南，因賦七律四首云：「樓前車馬響如雷，人在青山紫禁隈。百頃池臺因地起，千年雲木傍天開。久欽二妙同民部，恰見雙星列上台。惟我清閒無一事，獨隨野鶴步蒼苔。有鄰園仙鶴常來棲止，飛翔樓下。」「蓬萊十日小勾留，喜共羣仙會一樓。太液蓮華猶自發，薊門山色最宜秋。仲宣不免思鄉淚，鄭衆偏多爲國憂。別院笙歌聽未歇，雞人傳唱月如鉤。」「一番秋雨一番涼，立馬重門夜未央。謂英公也。玉露珠圓雙闕曉，宮槐花落四蹄香。明朝綵仗應無事，昨夕銀河倍有光。我亦相思千里道，欲憑行止費商量。」「從今歸去聽秋聲，恰與飛鴻結伴行。雲水偶然留雪爪，江天何處覓鷗盟。回思舊事千腸結，乍覺新涼百感生。卻羡昆明池上柳，世間離別不關情。」

錢泳《履園叢話》卷二〇《惠園》　惠園，在京師宣武門內西單牌樓鄭親王府，引池疊石，饒有幽致，相傳是園爲國初李笠翁手筆。園後爲雛鳳樓，樓前有一池水甚清冽，碧梧垂柳掩映于新花老樹之間，其後即內宮門也。嘉慶己未三月，主人嘗招法時帆祭酒、王鐵夫國博與余同遊，樓後有瀑布一條，高丈餘，其聲琅然，尤妙。

錢泳《履園叢話》卷二〇《萬柳堂》　萬柳堂，在京師廣渠門外，今爲拈花寺，余嘗往遊數次。國初爲馮益都相公別業，仿元時廉希憲遺制，亦名萬柳堂，當時如毛西河、喬石林、陳其年、朱竹垞輩皆有詩文紀之。然昔之所謂蓮塘花嶼者，即今日之瓦礫蒼苔也。成親王有詩云：「十日春陰五日雨，崇文門外無塵土。野春寒草回青趂馬蹄，越陌度阡成漫與。居人猶自説馮家，指點荒亭帶殘堵。國初筆蹟無門闕不住，鎖綠惟憑萬煙縷。老僧灑掃御書樓，滿壁雲龍照騰翥。國初筆蹟此間多，竹色牆邊無片楮。不知秋井幾回塌，苺苔掩抑雙猊礎。故老風流杳可思，詞林句律能從古。賦詩飲酒樂承平，攬迴臨深慰羈旅。豈無葫蘆嘲學士，亦有蓮華歌相府。敝車羸馬江南客，眼明到此思洲渚。羣鴉剩有後棲啼，雙燕如看舊時舞。希憲崇情且莫論，淡對悽如別南浦。落花紛紛已覺多，回首東風真莽鹵。」

于敏中《日下舊聞考》卷五六 萬柳堂，在廣渠門内，爲國朝大學士益都馮溥別業。康熙時開博學鴻詞科，待詔者嘗雅集於此。檢討毛奇齡曾製《萬柳堂賦》。今其基周圍一頃餘，内有小土山，即昔蓮塘花嶼也。《京城古蹟考》。

臣等謹按：元廉希憲萬柳堂在今右安門外草橋相近，詳見郊坰門。此則臨朐馮溥別業，蓋慕其名而效之者也。後歸倉場侍郎石文柱，有御書樓，恭懸聖祖御筆，額曰「簡廉堂」，聯曰「隔岸數間斗室；臨河一葉扁舟」。又有御書石刻數方嵌於壁間。康熙四十一年，石氏建大悲閣大殿、關帝殿、彌勒殿，舍僧住持，聖祖御書「拈花禪寺」額，賜僧德元，今恭懸大悲閣上。

《〔乾隆〕熱河志》卷二五《行宫一・避暑山莊》

避暑山莊。昔我聖祖仁皇帝，於康熙四十二年肇建避暑山莊，陰陽向背，爽塏高明，地居最勝。其間靈境天開，氣象宏敞，俯武列之水，挹磬錘之峯，疊石繚垣，上加雉堞，如紫禁之制，周十六里三分。南爲三門：中麗正門，東德滙門，西碧峯門。其東及東北、西北門各一。東門外長堤蜿蜒，北起獅子溝，南盡沙隄觜，延袤十二里，甃石七層，廣約丈許。宫中左湖右山。山勢自北而西，曰梨樹峪，曰松林峪，曰榛子峪，曰西峪，迴抱如環，濕翠晴嵐，朝夕異狀，不可殫名。湖水自東北演迤而南，至萬樹園之陽，凈練澄空，沙隄曲徑，如意洲在焉。其北爲千林島，凌空落影，望不可即。瀑源來自西峪，垂於湧翠巖之巔，玉噴珠跳，晴雷夏雪，滙注湖中。湖岸曲樹翬飛，長橋虹駕。引而東南，至德滙門之左，爲出水牐，以時蓄洩。高雲入峯，清流見底。凡夫敞殿飛樓，平臺奥室，莫不因地形，任天趣，不崇華飾，妙極自然。伏讀聖祖《避暑山莊記》及我皇上御製前、後二序，紹聞垂訓，意至深遠。《周詩》臺沼不得專美於前矣。

葉夢珠《閱世編》卷一〇《居第二・世春堂》 世春堂在北城安仁里，潘方伯充庵所建也。方伯爲尚書恭定公仲子，學憲衡齋之弟，奕葉簪纓，一時貴盛，故建第規模，甲於海上。面昭雕牆，宏開峻宇，重軒複道，幾於朱邸，後樓悉以楠木爲之，樓上皆施磚砌。登樓與平地無異，塗金染采，丹堊雕刻，極工作之巧，蓋當時物力既易，工費不惜，勢使然也。啓、禎之間，潘氏始衰，售於范比部香令。崇禎十一年甲戌夏，遭蒼頭之變，母子被弒，嗣君不能守，後樓先毁。旋爲西洋教長潘用賓國光居之，改其堂曰敬一，重加修葺，與舊日無異矣。鼎革之際，宦家邸第，大半殘毁於兵，獨西洋一脈，有湯味道若望主持於內，專征文武，往往反爲之護持，旅館不惟無恙，而規制視昔有加，亦斯第之幸也。康熙五年丙午，罷湯欽天監務，遂嚴禁西洋之教，凡西洋人在中國者，並敕歸其國，器用食物，有仿西洋法者，罪在製造之家，此第遂入於官。迨九年庚戌復用西洋南懷仁治曆，西洋人又入，今此第仍屬西洋教長所居矣。

宋起鳳《稗説》卷四《園囿》　京師園囿之勝，無如李戚畹之海澱，米太僕友石之勺園，二者爲最。蓋北地土脈深厚，慳於水泉，獨兩園居平則門外，擅有西山玉泉、裂帛湖諸水，汪洋一方，而陂池渠沼，遠近映帶，林木得水，蓊然秀鬱，四時風氣，不異江南。兩園又饒於山石卉竹，凡一切徑路，皆架梁横木，透迤水石中，不知其凡幾，樹木交陰，密不透風日。米園具思致，以幽窅勝，李園雄拓以富麗勝；然東南士大夫經游者，亦無不羡嘆其結構之美矣。此在都城之外郭也。若城内得勝門之水關，後宰門北湖，其間園圃相望，踞水爲勝，率皆勛戚巨璫别墅，稻畦千隴，藕花彌自。西山爽氣，日夕眉宇，又儼然西子湖。獨奉上禁，不敢具舟楫，故菰蒲灌莽，歲更繁盛，朝貴休沐，暇多過從。再則崇文門内東鄙之泡子河，亦引水關之水匯成池，更通地泉，其脈上漢，如濟南之趵突泉，水面滮滮若列星，故稱泡子河。經行數里，由觀象臺、吕公祠至城下，自水門石渠中出入於外城，河與會通橋水合，兩河園林亦櫛比，多都門卿士大夫小築。蓋地近貢院，春秋士子嘗假憩於此肄業，無晏飲管弦之樂。縱欲游者不過三五同志，雅集水湄，結詩文社而已，非豪貴家所尚，故地特少車騎冠蓋貴人迹，都人語幽寂可居處者，莫泡子河若矣。再則左安門外韋公寺側之莊園，饒林木蘆荻，清渠委宛，頗幽邃，春時寺有海棠兩樹大踰抱，高尋丈，數百年物也。每花士大夫多遇賞，經月始絶足音，其餘豆棚蔬畝，桔槔灌園聲遠近林樾間已耳。右安門之外豐臺、草橋兩地，亦饒水，緑楊參天，蒹葭密不容徑，其地土脈卑濕，大類江南，凡都門一切南北四時花木，皆於此種植頗繁。獨芍藥一種，甲於他卉，人家無他業，惟蒔花爲業，終歲仰給於是。芍藥數百千本，具五色，有重臺層蕾，起樓單瓣之殊，花概植畦中，界以水道，即如圃人種蔬制。每花一園，計數百畝，數十畝，無數畝者，一望紅白黄緑，繽紛錯綉，香氣直達數里外。每園各鑿淺泉數處，朝夕澆灌，花少放，地設廣席數十片，黎明摘其半開者，疊置席上，數千百柄，花傭結隊來各估計其值，擔入城，於市中賣之。朝貴過飲者，園丁施布幄花叢間，芬鬱溢鼻，久則迷離目眩，不復計其香色，惟有蜂蝶交於几席耳。此都門内外勝地，國人士得共相宴賞者。其他如定國、成國兩公，李、周、田三外家，王、魏、曹、李諸巨璫，皆有家園第，築於内第，即燕中士大夫，亦不得過而流覽焉。就中惟周、田兩家居第，通水泉，蔭植花木，疊石爲山，極盡窈窕。兩家本吴人，賓客僮僕，多出其里，故搆築一依吴式，幽曲深邃，爲他園所無。其近郭爲雅俗恒游者，外又有平則門之高梁橋，永定門之滿井，齊化門之松林，東便門之會通河；内又有三里河，李皇親新園，金魚池諸勝。又略水樹清嘉，饒於野致，而人工物巧搆制絶無也。垂三十年來，内城水關，三里河、泡子河已成陸可耕，無一草一木存焉者。勺園、海澱盡廢爲樊圃，並其址莫可迹，獨豐臺人家，以花爲事，至今雖敗壁頹垣，而花事盛時，不減疇昔，餘則半爲荒蕪。人生何必數千年，始嘆滄海陵谷耶！

蔣一葵《長安客話》卷四《郊坰雜記·勺園》　北淀有園一區，水曹郎米仲詔萬鍾新築也。取海淀一勺之意，署之曰勺，又署之曰風煙里。中所市景曰色空天，曰太乙葉，曰松坨，曰翠葆榭，曰林于澨。種種會心，品題不盡。都人嘖嘖稱米家園，從而游者趾相錯。仲詔復念園在郊關，不便日涉，因繪園景爲燈，邱壑亭臺，纖悉具備。都人士又詫爲奇，嘖嘖稱米家燈。元夕仲詔集客賦詩。吕九玄邦耀即席口占二首：「春城何用踏郊原？雙炬懸來景物繁。金翦裁成西麓錦，玉綃疊出上元村。天工暫許人工借，山色遥從夜色翻。恍惚重游邱壑裏，米家燈是米家園。」「村村曲徑彩崚嶒，野翠新妝寶炬蒸。短杖春宵扶待燭，輕舟寒夜渡無冰。林移金勝疑星聚，波入銀綃訝月升。恍似夢中曾一照，米家園是米家燈。」

《（光緒）重修天津府志》卷二二《輿地四·古蹟·水西莊》　水西莊，在城西三里芥園，查氏别墅。地周百畝，水木清華，爲津門園亭之冠。中有攬翠軒，枕谿廊，數帆臺，藕香榭，花影菴，碧海浮螺亭，泊月舫，繡野簃，一犁春雨諸勝。陳元龍《水西莊記》：直沽在京師東南三百里而近，滙衛、白兩河及丁字沽合流入海，凡畿内千里之水，皆趨赴焉，汪洋彌漫，襟帶輦轂，志謂即古者九河入海之處。近且設立府治，列於三輔，拱衛神京，譬析木之津，號爲天漢，泱泱乎稱天下之巨浸矣。又其地爲漕運孔道，冠蓋之所往來，商賈之所輻輳，舟車絡繹，百貨駢填，鼓角管絃之聲不絶於耳。遠望滄溟，蓬萊臺閣，時時隱現於波濤杳靄間，若可攬而有也。而自元置鎮以來，獨未有爲園以收其勝者。天行查君，夙負異才，抱遠識，少遊京都，樂津門之雄且沃，遂卜居者有年。暇日留連水次，有會於心，乃選材伐石，闢地而搆園焉。既成，亭臺映發，池沼縈抱，竹木蔭茈於檐阿，花卉繽紛於階砌，其高可以眺，其卑可以憩也。津門之勝，於是乎得攬於几席矣。遂名其園曰「水西」，屬余記之。查氏之族最大，遠近分居。其居吾邑者，如荆州、聲山、夏重、德尹、學菴諸君，皆歷通顯，負重名。聲山、德尹每爲予言：君乃查氏亢宗之子，具不世才，而未展其用。予甲申假旋道出津門，與君相見，接其言論豐采，握手傾服，如平生歡。今予已大耋乞歸，君亦年將古稀矣。片帆南下，秋氣初澄，可以停橈過訪，一攬斯園之盛，則又予之幸也。君喜交遊，重然諾，凡四方士大夫以及文人名士，偶有經過，周旋傾倒，無倦色，以故賢豪長者多樂歸之，而斯園亦因以得名。昔鄭當時置驛以通賓客，陳遵讌會賓朋，投轄使不得去，孔北海座上客常滿，罇中酒不空，古今以爲美談。然諸公皆貴仕登朝，人自趨之。君身在湖海，無可憑藉，而高情曠度，使聞風者罔不愛慕，且有園亭池館之勝，良辰美景，詩酒留連，歌詠太平，傳爲韻事。較之三子，又孰多而孰少耶？況君優遊泉石，養素怡神，則將與羨門比壽，王喬爭年，而斯園乃塵世之丹邱，且令人可望而不可即也。是爲記。雍正癸丑九月之朔，時年八十有二。蔡啟盛案：今又爲南運河神廟，中尚有高廟御筆碑，旁地列肆蒔花，皆寺僧所僦，合之誠可百畝許也。

佚名《三輔黃圖》卷四《苑囿・周靈囿》 周靈囿，文王囿也。《詩》曰：王在靈囿，麀鹿攸伏。麀鹿濯濯，白鳥翯翯。毛萇註曰：囿，所以域養禽獸也，天子百里，諸侯四十里。靈者，言文王之有靈德也。靈囿，言道行於苑囿也。孟子曰：文王之囿，方七十里，蒭蕘者往焉，雉兔者往焉，與民同其利也。文王靈囿，在長安縣西四十二里。

《〔乾隆〕西安府志》卷五六《古蹟志上・苑囿・周靈囿》 周靈囿，《雍勝畧》：在長安西四十里。按：《黃圖》作在西南四十二里，跨長安鄠縣境。《詩・大雅》：王在靈囿。《孟子》：文王之囿，方七十里。又靈臺，《詩・大雅》：經始靈臺。《左傳注》：在京兆鄠縣縣東五里有酆宫，又東二十五里有靈囿，囿中有臺。《黃圖》：臺高二丈，周回百二十步。又靈沼，在長安西三十里。《詩・大雅》：王在靈沼。《集傳》：臺下有囿，囿中有沼也。《毛詩稽古編》：靈，指文王之德言。《説苑》：積愛爲仁，積仁爲靈。朱子謂如神靈所爲。特從不日取義而已。

佚名《三輔黃圖》卷四《苑囿・漢上林苑》 漢上林苑，即秦之舊苑也。《漢書》云：武帝建元三年，開上林苑，東南至藍田、宜春、鼎湖、御宿、昆吾，旁南山而西，至長楊、五柞，北繞黃山，瀕渭水而東，周袤三百里。離宫七十所，皆容千乘萬騎。《漢宫殿疏》云：方三百四十里。《漢舊儀》云：上林苑，方三百里，苑中養百獸，天子秋冬射獵取之。帝初修上林苑，羣臣遠方，各獻名果異卉三千餘種植其中，亦在製爲美名，以標奇異。茂陵富民袁廣漢，藏鏹巨萬，家僮八九百人。於北山下築園，東西四里，南北五里，激流水注其中。構石爲山，高十餘丈，連延數里。養白鸚鵡、紫鴛鴦、犛牛、青兕，奇獸珍禽，委積其間。積沙爲洲嶼，激水爲波濤，致江鷗海鶴孕雛產鷇，延漫林池。奇樹異草，靡不培植。屋皆徘徊連屬，重閣修廊，行之移晷，不能徧也。廣漢後有罪誅，没入爲官園，鳥獸草木皆移，入上林苑中。上林苑有昆明觀，武帝置。又有繭觀、平樂觀、遠望觀、燕昇觀、觀象觀、便門觀、白鹿觀、三爵觀、陽禄觀、陰德觀、鼎郊觀、樛木觀、椒唐觀、魚鳥觀、元華觀、走馬觀、柘觀、上蘭觀、郎池觀、當路觀，皆在上林苑。又《舊儀》曰：上林有令有尉，禽獸簿記其名數。又有上林詔獄，主治苑中禽獸、宫館之事，屬水衡。又上林苑中有六池、市郭、宫殿、魚臺、犬臺、獸圈。

《〔乾隆〕西安府志》卷五六《古蹟志上・苑囿・漢上林苑》 漢上林苑，《雍勝畧》：即秦舊苑。其故基跨今盩厔、鄠、長安、咸寧、藍田五縣境。《水經注》：武帝微行，以爲道遠勞苦，爲百姓患。乃使太中大夫吾邱壽王與待詔能用算者，舉籍阿城以南，盩厔以東，宜春以西，提封頃畝及其價值，屬之南山，爲上林苑。《漢舊儀》：上林苑中廣長三百里。苑中養百獸，天子春秋射獵苑中，取獸無數。其中離宫七十，所容千乘萬騎。《史記》：蕭相國請曰，上林中多空地，願令民得田苑中。《關中記》上林苑門十二，中有苑三十六，宫十二，觀二十五。《西京雜記》：初修上林苑，羣臣遠方各獻名果異卉三千餘種，制爲美名，以標奇觀。《雍録》：秦之上林，其邊際難以詳究。《水經》：於宜春觀曰：此秦上林故地，武帝所拓比秦益大。以漢唐郡縣言之，則盩厔一縣不盡入苑，而鄠、杜兩縣，悉歸包并。其曰舉籍阿城以南，而阿城之北不在數，是其疆境至渭水南岸而極至。揚雄則曰：武帝廣開上林，南至宜春、鼎湖、御宿、昆吾、長楊、五柞，並南山，北繞黃山，瀕渭而東。葢謂踰渭而北又向東，皆爲苑地。此雄之誤也。渭北有苑百八十里，西向而入扶風，周回五百餘里。此渭北之苑。以《舊儀》、《黃圖》考之，自名甘泉苑，不名上林苑也。當時，揚雄但見渭南北皆有苑，而渭北又復有宫，如黃山宫之類。故誤言之。至張衡賦云「繞黃山而欵牛首」，牛首可欵，而黃山可繞，乃據行幸言之，非上林位置也。承華殿，《漢武故事》：七月七日，上林承華殿齋正中有青鳥從西北方來，甫頃王母至。鳳凰殿，《長安志》：宣帝神爵四年，鳳凰集上林，廼作鳳凰殿以答嘉瑞。平樂館，《漢武帝紀》：武帝元封六年夏，京師民觀角觝於上林平樂館。《西京賦》注：平樂館，大作樂處。蘭館，《漢元后傳》注：師古曰：《漢宮闕疏》云，上林苑有蘭館，蓋蠶繭之所也。上蘭館，《漢元后傳》注：師古曰：上蘭，館名，在上林中。涿沭館，《長安志》：宣帝許美人居上林涿沭館。數召入飾室，中若舍。磃氏館，漢《郊祀志》：上林神君舍之上林中磃氏館。注曰：磃，音蹏。鄭氏曰：音斯。鹿館，《外戚傳》：成帝許美人在上林鹿館，數召入飾室。新臺，《長安志》：《上林賦》曰「登新臺」。在豐水西北，近渭，今鄠縣也。清臺，《雍録》、《漢》志：武帝造太初歷，即上林清臺課候。《黄圖》曰：漢靈臺在長安西北八里，始曰清臺，後更靈臺。郭緣生《述征記》曰：長安宮南有靈臺，高十五仞。上有張衡所制渾儀相風銅烏，又有銅表題云「太初四年造」。《呂圖》曰：漢靈臺北與未央宮對。蠶室，《長安志》：咸宣怒其吏成信。信亡，藏上林中，宣使郿令將吏卒闌入上林中蠶室門。延壽門，《長安志》：平帝迎王皇后，自上林延壽門入未央宮前殿。昆明池，《雍勝畧》：在長安縣西南三十里豐邑鄉鶴鵲莊。《黄圖》：昆明池，漢武帝元狩四年穿。圖曰：上林苑有昆明池。《平凖書》：越欲與漢用船戰，遂乃大修昆明池，列觀環之，治樓船高十餘丈，旗幟加其上，甚壯。《關中記》：昆明池，漢武習水戰也，中有靈沼神池。云堯時理水訖，停舟於此，已有汙池，漢代因而廣深耳。《三輔故事》：昆明池中有豫章臺及石鯨。刻石爲鯨，魚長三丈。每至雷雨鳴吼，鬣尾皆動。立石牽牛織女於池之東西，以象天漢。《雍録》：武帝欲通西域，爲昆明所閉隔。聞昆明有滇池，方三百里。鑿此池習水戰，期以伐之。中有樓船，上建樓櫓。又有戈船，上施戈矛。四角悉垂幡旄，旍葆、麾蓋，照燭涯涘。其始鑿也，固以習戰。久之，乃爲遊玩之地。《三輔故事》曰：池周三百二十五頃。《長安志》、《水經》曰：交水西至石堨，武帝穿昆明池所造。有石闥堰在縣西南三十二里，昆明三百餘頃，皆用此堰水。唐太宗《冬日臨昆明池詩》：石鯨分玉溜，劫燼隱平沙。柳影冰無葉，梅心東有花。寒野疑朝霧，霜天散夕霞。歡情猶未極，落景遽西斜。杜甫《秋興詩》：昆明池水漢時功，武帝旌旗在眼中。織女機絲虚夜月，石鯨鱗甲動秋風。波漂菰米沈雲黑，露冷蓮房墜粉紅。關塞極天惟鳥道，江湖滿地一漁翁。温庭筠《昆明池水戰詞》：汪汪積水光連空，重疊細紋晴漾紅。赤帝龍孫鱗甲怒，臨流一盻生陰風。鼉鼓三聲報天子，雕旌獸艦凌波起。雷吼濤驚白若山，石鯨眼裂蟠蛟死。溟池海浦俱喧豗，青幟白旌相次來。箭羽槍纓三百萬，踏翻西海生塵埃。茂陵仙去菱花老，唼唼遊魚近煙島。渺莽殘陽釣艇歸，緑頭江鴨眠沙草。豫章觀，《黄圖》：武帝造，在昆明池中，亦曰昆明觀。桓譚《新論》云：元帝被疾，求方士。漢中送道士王仲都。詔問所能？曰：能忍寒。乃以隆冬盛寒日，令袒，載駟馬於上林昆明池上，環以冰。仲都卧於池上自若。即此觀也。《三輔故事》：昆明池中有龍首船，常令宮女泛舟池中。張鳳蓋，建華旗，作櫂歌，雜以鼓吹。帝御豫章觀臨觀焉。昆靈池、百子池，《初學記》：在上林苑。積草池，《黄圖》：在上林苑。蒯池，《漢武故事》：上林苑蒯池生蒯草，以織席。牛首池，張揖《上林賦》注曰：牛首，池名，在上林苑西頭。《寰宇記》：野韭澤即漢牛首池，地在内苑西，豐水西北。西陂池，《黄圖》：長安有西陂池、東陂池、朗池，皆在上林苑。飛廉觀，《黄圖》：在上林苑。武帝元封二年，作飛廉神禽，能致風氣者。身似鹿，頭如雀，有角而蛇尾，文如豹。武帝命以銅鑄置觀上，因名。《漢武故事》曰：公孫卿言，仙人好樓居，于是上作飛廉觀，高四十丈。楊禄觀、柘觀，《長安志》：班婕妤生子楊禄觀，柘觀。師古曰：二觀並在上林苑。雲林館、包陽館、大臺館、當路館、鼎郊觀、郎池觀、博望觀、樛木觀、便門觀、元華觀、益樂觀、華元觀、明光觀，《黄圖》：並在上林苑中。

《〔乾隆〕西安府志》卷五六《古蹟志上·苑囿·御羞苑》 御羞苑，賈《志》、《漢書》：武帝元鼎二年初置。水衡都尉掌上林苑，五丞屬官有御羞苑、禁圃令丞。注：如淳曰：御羞，地名，在藍田。其土肥沃，多出御物可進者。師古以爲御宿川，非是。宜春下苑。《黄圖》：在京城東南隅。《雍録》：宜春之名，漢史凡三。曰宜春苑者，地屬下杜。宜春宮即下杜苑中官也。曰宜春觀者，則在鄠縣。雖三其名，實止兩地。《東方朔傳》曰：武帝東遊宜春。師古曰：宜春在長安城東南。又曰杜縣東，即唐曲江也。又曰宜春近下杜，《史記·秦紀》曰：子嬰葬二世杜南宜春苑。司馬相如《哀二世賦》曰：臨曲江之隑州，望南山之參差。末云：吊持身之不謹，墓蕪穢而不修。合數者言之，則二世所葬，相如所賦，漢之曲州，唐之曲江，皆此下杜之宜春也。其苑若宮，皆秦創而漢唐因之。至宜春觀者，則在長安之西鄠縣澇渼二水之旁，上林故地。故師古於《東方朔傳》注曰「在鄠縣」者，自是。宜春觀在長安城西，豈得言東遊。其説極允。李白《侍從宜春苑奉詔賦龍池柳色初青聽新鶯百囀歌》：東風已緑瀛州草，紫殿紅樓覺春好。池南柳色半青青，縈煙嫋娜拂綺城。垂絲百尺掛雕楹，上有好鳥相和鳴，間關早得春風情。春風卷入碧雲去，千門萬户皆春聲。是時君王在鎬京，五雲垂暉耀紫清。仗出金宮隨日轉，天回玉輦繞花行。始向蓬萊看舞鶴，還過茝石聽新鶯。新鶯飛繞上林苑，願入簫韶雜鳳笙。

《〔乾隆〕西安府志》卷五六《古蹟志上·苑囿·逍遥園》 逍遥園，《長安志》：姚興常於逍遥園，引諸沙門聽番僧鳩摩羅什演講佛經，起逍遥宮。殿庭左右有樓閣，高百尺，相去四十丈。以麻繩大一圍兩頭各絓樓上。會日令二人各從繩上行過，以爲佛神相遇。澄元堂，《長安志》：在逍遥園中，鳩摩羅什演經所。

《〔乾隆〕西安府志》卷五六《古蹟志上・苑囿・大興苑》 大興苑，《長安志》：開皇元年置。《通志》：在宫城北，即唐禁苑也。芙蓉園，《劉餗小説》：本古曲江，文帝惡其名曲，改名芙蓉園。爲其水盛而芙蓉富也。《景龍文館記》：園在京城東南隅。有青林重複，緣城瀰漫。蓋帝城勝境，駕時幸之。《雍録》：隋營京城，宇文愷以京城東南隅地高，故闕此地，不爲居人坊巷，鑿之爲池，以厭勝之。又會黄渠水自城外南來，可以穿越而入。故隋世遂從城外抱之入城爲芙蓉池，且爲芙蓉園也。

《〔乾隆〕西安府志》卷五六《古蹟志上・苑囿・西苑》 西苑，《續世説》：大業元年築。周三百里。其内爲海，周十餘里。爲方丈、蓬萊、瀛洲諸山，高出水百餘尺。臺觀宫殿，羅絡山上，向背如神海。北有龍鱗渠。緣渠十六院，每院以四品夫人主之。堂殿樓觀，窮極華麗。宫樹秋冬彫落，則剪綵爲華葉，綴於枝條。色渝則易以新者，常如陽春。沼内亦剪綵爲荷芰菱芡。乘輿遊幸，則去冰而布之。十六院競以殽羞精麗相尚，求市恩寵。上好以宫女月夜數千騎遊西苑，作《清夜遊》曲，於馬上奏之。西苑池，《雍大記》：在長安城中。

杜寶《大業雜記》 〔大業〕元年夏五月，築西苑，周二百里。其内造十六院，屈曲周遶龍鱗渠。其第一延光院，第二明彩院，第三含香院，第四承華院，第五凝暉院，第六麗景院，第七飛英院，第八流芳院，第九曜儀院，第十結綺院，第十一百福院，第十二萬善院，第十三長春院，第十四永樂院，第十五清暑院，第十六明德院。□置四品夫人十六人，各主一院。庭植名花，秋冬即翦彩爲之，色渝則改著新者。其池沼之内，冬月亦剪綵爲芰荷。每院開東、西、南三門，門並臨龍鱗渠。渠面闊二十步，上跨飛橋。過橋百步，即種楊柳修竹，四面鬱茂，名花美草，隱映軒陛。其中有逍遥亭，八面合成，結構之麗，冠絶今古。其十六院，例相倣斅。每院各置一屯，屯即用院名名之。屯别置正一人，副二人，並用宫人爲之。其屯内備養芻豢，穿池養魚，爲園種疏，植瓜果，四時餚膳，水陸之産，靡所不有。其外遊觀之處，復有數十，或泛輕舟畫舸，習采菱之歌；或昇飛橋閣道，奏春遊之曲。苑内造山爲海，周十餘里，水深數丈。其中有方丈、蓬萊、瀛州諸山，相去各三百步，山高出水百餘尺。上有通真觀、集靈臺、總仙宫，分在諸山。風亭月觀，皆以機成，或起或滅，若有神變。海北有龍鱗渠，屈曲周遶十六院入海。海東有曲水池，其間有曲水殿，上已禊飲之所。

徐松《唐兩京城坊考》卷一《西京三苑》 西京大内凡苑三，皆在都城北。

西内苑在西内之北，亦曰北苑，《通鑑》：貞觀十七年，引魏王泰入肅章門，幽於北苑。程大昌曰：以在太極宫之北，亦曰北苑。南北一里，東西與宫城齊。按大明宫左銀臺門内爲東内苑，右銀臺門内其地即入西内苑。然則西苑之地東出於宫城之東而近東偏者，南北亦不止一里也。外垣門東爲日營門，西爲月營門，按《長安志》曰：内苑東曰東雲龍門，西曰西雲龍門。豈東西雲龍門即日營、月營二門耶？北爲重玄門，一曰魚糧門。其南門即宫城之定武門也。定武門北迆東爲觀德殿、□光殿，舊本《長安志》「光」上一字似「合」字、「金」字。若作「含」，則與禁苑複，俟考。迆西爲廣達樓。或作「廣遠」，《禁扁》作「廣運」，今從舊本《長安志圖》。《舊書・王君㚖傳》有廣達樓，在東都。又西爲永慶殿，其北東爲冰井臺，西爲通過樓。又西出西雲龍門而北，則爲大安宫，太宗初居承乾殿。武德五年，高祖以秦王有克定天下功，特降殊禮，别建此宫以居之，號弘義宫。八年，帝臨幸，謂羣臣曰：「朕以秦王有大功，故於宫中立山村景勝，雅好之。」至貞觀三年徙居之，改名曰大安宫。宫有垂拱前殿，高祖崩於此。又有戢武殿、□文殿、翠華殿、祭酒臺。穆案：《永樂大典》載《大安宫圖》，與《唐書》、《長安志》皆不合。其圖南面三門：中曰應天門，左曰左掖門，右曰右掖門。北面一門，無名。西面無門。東面一門，曰集禧門，蓋通西内苑之門也。應天門之内，左右各有井一。大安殿前曰仁壽門，左曰日華門，右曰月華門。大安殿之後曰宜明門，又北曰政和門。門内爲仁政殿，殿東西各有門一，無名。宜明門東首曰左嘉會門，西首曰右嘉會門。右嘉會門外爲瑶池，池之南隔一垣有一門，無名，更南即右掖門也。池之東北爲蓬萊閣，閣北一門，無名。左嘉會門東爲承明門，與集禧門相直。承明門之北曰昭慶門，與政和門相直。承明門之南曰會通門，與大安殿相直。又南曰敷德門，與仁壽門相直。又南即左掖門矣。殿左右、門内外各寫大木一章，豈即所謂山村景勝耶？穆於道光二十三年八月從《大典》摹出，附識於此。又西出苑，入夾城。舊本《長安志圖》，西苑之西當芳林門，有二門，東曰星纏門，西曰萬石門，疑入夾城北墉之門也。按「纏」當作「躔」。冰井臺之北曰櫻桃園，《舊紀》：景龍四年四月，游櫻桃園。内有拾翠殿、看花殿。園之西爲祥雲樓，北至重玄門，在東者歌武殿，在西者翠華殿。以上皆據舊本《長安志圖》。又有永安殿、見《長安志》。寶慶殿。《禁扁》引西苑。

東内苑在東内之東南隅，南北二里，東西盡一坊之地。南即延政門，北即左銀臺門，東即太和門。苑之近北有左右雲龍門，陳鴻祖《東城老父傳》：賈昌，景龍四年持幕竿隨玄宗入大明宮誅韋后，以長刀備親衛，詔從家東雲龍門。玄宗即位，治雞坊於兩宮間。帝出遊，見昌弄木雞於雲龍門道旁，召入爲雞坊小兒。按《長安志》與圖，左右雲龍門皆在西苑。中有龍首殿、龍首池。《通鑑》注：龍首渠水自城南而注入於此池。大和九年，毁銀臺門，又填龍首池以爲鞠場。池東有靈符應聖院、會昌元年造。僖宗崩於靈符殿，疑即此院之殿。承暉殿、元和十三年造，《裴度傳》作「凝暉」。看樂殿、小兒坊、内教坊、御馬坊、在東下馬橋頭，文宗置。毬場亭子殿。

禁苑者，隋之大興苑也，東距滻。《通鑑》：廣平王俶與僕固懷恩引回紇西域之兵自城南過，營於滻水之東。胡身之注：過京城南，歷安化、明德、啟夏門外，繞京城東南角，轉北歷延興、春明、通化三門之外，至滻水。北枕渭，西包漢長安城，南接都城。東西二十七里，南北二十三里，《舊書・地理志》作「三十里」，《玉海》引作「二十里」。按《長安志》言永泰門去宮城二十三里，今從之。周一百二十里。正南阻於宮城，故南面三門偏於西苑之西。旁西苑者芳林門，唐末有「芳林十哲」，謂自此門入交中官也。亦謂之芳林園。元和十二年，置新市於芳林門南。次西景曜門，又西光化門。西面二門：近南者延秋門，明皇幸蜀，自此門出。次北玄武門。北面《通鑑》：李晟收京城，使王佖將騎兵，史萬頃將步兵，直抵苑牆神麢村。《新書・李晟傳》：神麢村在苑北。三門：近西者永泰門，次啟運門，次飲馬門。按漢宣平門外有飲馬橋，此門蓋以橋爲名也。東面二門：近北者昭遠門，次光泰門。門臨滻水。《通鑑》：上出苑門，度滻水。胡身之注：禁苑東面出滻水，無其門，蓋出光泰門下。按朱泚之亂，李晟收京城，陳兵於光泰門外。又移軍光泰門外米倉村。程大昌云：光泰門在通化門北小城之東門，門東七里有長樂坡。苑中四面有監：在東西者曰東監、西監，南面長樂監，北面舊宅監，又置苑總監領之。監有廨，在苑中。《通鑑》言明皇率兵誅韋后，會於鍾紹京廨是也。皆隸司農寺。苑中宮亭二十四所，可考者曰南望春亭，曰北望春亭，即望春宮。天寶二年，韋堅引滻水抵苑東望春樓下爲潭，名廣運潭，在長安城東九里。楊復光《收復京城奏捷露布云》：雁門節度使李克用今月八日遣牙隊將前鋒楊守宗等三十二都，隨李克用自光泰門先入京師，從卯至申，羣兇大潰。自望春宮前蹴殺至昇陽殿下。按望春宮内有昇陽殿、放鴨亭，見《禁扁》。本紀：大和元年，毁昇陽殿東放鴨亭。曰坡頭亭，曰柳園亭，曰月坡，曰毬場亭子，曰青城橋，曰龍鱗橋，曰棲雲橋，曰凝碧橋，疑即凝碧池之橋。敬宗幸凝碧池，令軍士取魚長大者送新浚也。曰上陽橋，德宗迎沈太后入上陽宮，在大明宮之西。疑橋即上陽宮之橋。曰廣運潭，宋崔敦禮《廣運潭銘序》云：唐天寶紀元之九年，陝郡太守韋堅有請治漢、隋運渠，起關門抵長安，以運山東之賦，有詔從之。乃絶灞、滻，並渭而東，至永豐倉復與渭合，又鑿潭於望春樓下以聚舟。越二年潭成，天子臨幸嘉焉，錫名「廣運」。曰九曲宮，去宮城十二里，在左右神策軍後。李氏圖，九曲宮在魚藻宮之東偏北。《長安志》言宮中有殿舍山池。按《舊書・莊恪太子傳》，昭宗遇弑之日，蔣元暉於西内置社筵，酒酣，德王已下六王皆爲元暉所殺，投屍九曲池。疑即此宮之池。曰魚藻宮，貞元十二年，浚魚藻池，深一丈。穆宗又發神策六軍二千人浚之。《唐會要》：宮去宮城十三里，在禁苑神策軍後。宮中有九曲山池，貞元十三年詔：魚藻池先深一丈，更淘四尺。《通鑑》注言自東内苑光化門入禁苑，魚藻宮在其西。按《玉海》云：禁苑池中有山，山上建魚藻宮，在大明宮北。則胡氏説非也。曰蠶壇亭，在苑東，皇后祀先蠶之所。曰禎興亭，李氏圖，在飛龍院東。曰元沼宮，李氏圖，重玄門北爲凝碧池，池西爲元沼宮。曰神皋亭，曰七架亭，曰青門亭，即邵平種瓜之所，在長安城東，去宮城十三里。曰桃園亭，去宮城四里。按《舊紀》：景龍四年宴桃花園，疑即此園。曰臨渭亭。按臨渭水，當在苑之北。其隸舊宅監者七所，曰咸宜宮，漢之舊宮，去宮城二十一里。《蘇頲傳》：玄宗游咸宜宮羽獵。曰未央宮，《長安志》：武宗會昌元年，因游畋至未央宮，見其遺趾，詔葺之。總二百四十九間，作正殿曰通光，東曰詔芳亭，西曰凝思亭，立端門其内。揭未央宮名，命學士裴素撰記。《通鑑》：貞觀七年，從上皇置酒故漢未央宮。胡注：未央宮在長安宮城北，禁苑西偏。〔按稿本，未央宮并注皆張穆補。〕曰西北角亭，曰南昌國亭，曰北昌國亭，曰流杯亭，《禁扁》作「游杯」，皆在未央宮北。曰明水園，李氏圖皆在漢長安城内。皆漢故蹟也。《通鑑》注：漢長安城東西十三里，皆隸入苑中。余同年友王氏森文所作《漢唐長安城圖》皆親自履勘，較《長安志圖》爲精審，故作禁苑圖用其説。凡圖中所載者，皆實有舊址可考也。所謂梨園者，在光化門北。《長安志》：梨園在通化門外正北。按通化，外郭東面之門，蓋即光化之誤。《高宗紀》：儀鳳元年八月，停南北中尚梨園作坊。《中宗紀》：景龍四年二月，令五品以上并學士，自芳林門入集梨園。即此園也。至明皇置梨園弟子，乃在蓬萊宮側，非此梨園。近梨園者有蒲萄園。《長安志》：禁苑有東西蒲萄園。《舊書・李適傳》：中宗時，春幸梨園，夏宴蒲萄園。又有昭德宮、李氏圖，在九曲宮南。光啟宮、見《長安志》。含光殿、李氏圖，在魚藻宮西。飛龍院、驥德殿、李氏圖，飛龍院近飲馬門内，驥德殿在院東南。虎圈、李氏圖，在禁苑東北隅。又有雲韶院，當在梨園，故不數。白華殿、朱泚自含元殿徙居白華殿，《通鑑》注云：白華殿蓋近光泰門内，大明宮東北隅。又云：當在大明東苑之東。是亦在禁苑。會昌殿、《長安志》：禁苑南有文宗會昌殿。西樓，《通鑑》：魏徵將葬，上登苑西樓望哭盡哀。胡身之注：長安禁苑之西樓。不知其處。

《〔乾隆〕西安府志》卷五六《古蹟志上・苑囿・禁苑》 禁苑，《長安志》：在宮城之北。東西二十七里，南北三十三里。東接灞水，西臨長安。故城南連京城，北枕渭水。苑西即太倉，北距中渭橋，與長安故城相接。東西十三里，南北十三里，亦隸苑中。苑中四面皆在監。南太樂監，北舊宅監，東監西監分掌宮中植種及修葺園囿等事。又置苑總監領之，皆隸司農寺。苑中宮亭凡二十四所。南面三門中曰景曜，東曰芳林，西曰光化。東面二門南曰光泰，北曰昭遠。西面二間南曰延秋，北曰元武。北面三門中曰啟運，東曰飲馬，西曰永泰。《雍勝畧》、《雍録》曰：唐大内有三苑：西内苑、東内苑禁苑，皆在兩宮北，而有分別。西内苑並太極宮之北，東内苑則包大明宮東北兩面。兩内苑北門之外，始爲禁苑之南門。非也。考《長安志》，則禁苑者，其總名。而内苑則在禁苑中，如京城之中有宮城。東内苑後置，故加東字以別之。又大昌云：大明宮基取禁苑中射殿地爲之，則東苑雖在大明宮東，而實總屬禁苑，不可分稱三苑也。内苑，《長安志》：啟運門南北曰重元門，東曰東雲龍門，西曰西雲龍門。自元武門北至重元門一里，東西與宮城齊。南望春亭、北望春亭，《雍録》：在禁苑東南高原之上，舊記多云望春宮。其東正臨滻水也。天寶元年，韋堅因古迹堰渭水絶滻灞爲潭，東注永豐倉下，以便漕運，名廣運潭。未幾，滻灞二水壅潭不可漕，付司農掌之，爲捕魚所。魚藻池，《雍大記》：深一丈，在禁苑中。貞元十三年，詔更淘四尺，引灞河天濠水漲之。在魚藻宮後，穆宗以觀競渡。《雍録》：《王建宮詞》曰：「魚藻宮中鎖翠娥，先皇行處不曾過。而今池底休鋪錦，菱角雞頭積漸多。」先皇，德宗也。池底張錦引水被之，令其光艷透見，德宗亦已奢矣。蠶壇亭，《長安志》：在苑東，皇后祈先蠶之所。青門亭，《長安志》：去宮城十三里，在長安故城之東，即邵平種瓜之所。景龍四年四月，幸臨渭亭修禊飲。桃園亭，《長安志》：去宮城四里，隸舊宅監所領。咸宜宮、未央宮，《長安志》：在禁苑内苑，皆漢舊宮也。去宮城二十一里。唐置都邑之後，因舊址增修。宮側有未央池，漢武庫及樗里子墓。武宗會昌元年，因遊畋至未央，見其遺阯，詔葺之。尚有殿舍二百四十九間，作正殿曰通光殿。東曰詔芳亭，西曰凝思亭、立端門。又有南昌國、北昌國、流杯三亭，皆漢舊阯，在未央宮北，並隸舊宅監所領。梨園，《雍録》：在光化門北。中宗令學士自芳林門入，集於梨園，分朋拔河。開元二年置教坊於蓬萊宮上，自教法曲，命宮女數百人爲梨園弟子。《長安志》曰：文宗幸北軍，因幸梨園。令太常卿王涯取開元雅樂，選樂童按之，名曰雲韶樂。樂成，獻諸梨園亭，帝按之會昌殿。唐末芳林十哲自此門入，交中官。故十人者，冠戴芳林名號，如鴻都賦徒也。坡頭亭、柳園亭、月坡毬場亭子，青城橋、新鱗橋、栖雲橋、凝碧橋、上陽橋、正興亭、元沼亭、神臯亭、七架亭、明水園，《長安志》：並内苑所有。

《〔乾隆〕西安府志》卷五六《古蹟志上·苑囿·曲江池》 曲江池，《雍勝畧》：去咸寧縣南一十里。本秦隑州，漢之宜春下苑也。《寰宇記》：池水曲折，有似廣陵之江，故名。《西京記》：朱雀街東第五街，皇城之東第三街，昇道坊龍華尼寺南有流水屈曲，謂之曲江。《劇談録》：曲江，開元中疏鑿，遂爲勝境。南有紫雲樓、芙蓉園，西有杏園、慈恩寺。花卉環周，煙水明媚，都人遊玩，盛於中和、上巳之節。綵幄翠幬，匝於堤岸；鮮車健馬，比肩擊轂。上巳賜宴臣僚，京兆府大陳筵席。長安、萬年兩縣，以雄勝相較。錦繡珍玩，無所不施。百辟會於山亭，恩賜太常及教坊聲樂。池中備綵舟數隻，惟宰相三使北省官與翰林學士登焉。傾動皇州，以爲勝觀。入夏則菰蒲葱翠，柳陰四合；碧波紅蕖，湛然可愛。好事者賞芳辰，翫清景，聯騎攜觴，亹亹不絶。《春明退朝録》：曲江宴，唐初設以慰下第舉人，其後弛廢，而進士會同年於此。開元時，造紫雲樓於江邊。至期，上率宮嬪垂簾觀焉，命公卿士庶人酺，各攜妾妓以往。倡優緇黄，無不畢集。先期設幕江邊，是以商賈皆以奇貨麗物陳列，豪客園户争以名花布道。進士乘馬，盛服鮮制。子弟僕從隨後，率務華侈都雅。推同年俊少者爲探花使，有匿花於家者罰之。開元天寶間，旁有殿宇。安史亂後盡圮廢。文宗覽杜甫詩云「江頭宮殿鎖千門，細柳新蒲爲誰録」，因建紫雲樓、落霞亭。歲時賜宴，又詔百司於兩岸建亭館。曲江亭，《名山記》：在曲江池西南。杏園，《玉海》：曲江池西。《會要》：大中元年正月，勅進士放榜，從杏園宴集。

《漢書》卷九三《董賢傳》 董賢字聖卿，雲陽人也。父恭，爲御史，任賢爲太子舍人。哀帝立，賢隨太子官爲郎。二歲餘，賢傳漏在殿下，爲人美麗自喜，哀帝望見，説其儀貌，識而問之，曰：「是舍人董賢邪？」因引上與語，拜爲黄門郎，繇是始幸。問及其父爲雲中侯，即日徵爲霸陵令，遷光禄大夫。賢寵愛日甚，爲駙馬都尉侍中，出則參乘，入御左右，旬月間賞賜絫鉅萬，貴震朝廷。常與上卧起。嘗晝寢，偏藉上褏，上欲起，賢未覺，不欲動賢，乃斷褏而起。其恩愛至此。賢亦性柔和便辟，善爲媚以自固。每賜洗沐，不肯出，(嘗)〔常〕留中視醫藥。上以賢難歸，詔令賢妻得通引籍殿中，止賢廬，若吏妻子居官寺舍。又(詔)〔召〕賢女弟以爲昭儀，位次皇后，更名其舍爲椒風，以配椒房云。昭儀及賢與妻旦夕上下，並侍左右。賞賜昭儀及賢妻亦各千萬數。遷賢父爲少府，賜爵關内侯，食邑，復徙爲衛尉。又以賢妻父爲將作大匠，弟爲執金吾。詔將作大匠爲賢起大第北闕下，重殿洞門，師古曰：重殿謂有前後殿，洞門謂門門相當也，皆僭天子之制度者也。木土之功窮極技巧，柱檻衣以綈錦。下至賢家僮僕皆受上賜，及武庫禁兵，上方珍寶。其選物上弟盡在董氏，而乘輿所服乃其副也。及至東園祕器，珠襦玉柙，豫以賜賢，無不備具。又令將作爲賢起冢塋義陵旁，内爲便房，剛柏題湊，外爲徼道，周垣數里，門闕罘罳甚盛。

劉歆《西京雜記》卷四《董賢宅》 哀帝爲董賢起大第於北闕下，重五殿，洞六門，柱壁皆畫雲氣花蘤，山靈水怪，或衣以綈錦，或飾以金玉。南門三重，署曰：南中門，南上門，南更門。東西各三門，隨方面題署亦如之。樓閣臺榭，轉相連注，山池玩好，窮盡雕麗。

劉歆《西京雜記》卷三《袁廣漢園》 茂陵富人袁廣漢，藏鏹巨萬，家僮八九百人。於北邙山下築園，東西四里，南北五里，激流水注其内。構石爲山，高十餘丈，連延數里。養白鸚鵡、紫鴛鴦、氂牛、青兕，奇獸怪禽，委積其間。積沙爲洲嶼，激水爲波潮，其中致江鷗海鶴，孕雛産㲉，延漫林池。奇樹異草，靡不具植。屋皆徘徊連屬，重閣修廊，行之，移晷不能徧也。廣漢後有罪誅，没人爲官園，鳥獸草木，皆移植上林苑中。

《〔乾隆〕西安府志》卷五七《古蹟志中·第宅·史萬歲宅》 史萬歲宅，《兩京記》：長安待賢坊，隋北領軍大將軍史萬歲宅。其宅初有鬼怪，居者輒死。萬歲不信，因即居之。夜見人衣冠甚偉，來就萬歲曰：我漢將軍樊噲。墓近君居厠，常苦穢惡，幸移他所，必當厚報。萬歲許諾。因詰殺生人所由，曰：各自怖而死，非我殺也。及掘得骸柩，因爲改葬。後夜來謝曰：君當爲將，吾必助君。後萬歲爲隋將，每遇賊便覺鬼兵助己，戰必大捷。

《〔乾隆〕西安府志》卷五七《古蹟志中·第宅·長寧公主宅》 長寧公主宅，《兩京記》：崇仁坊西南隅。主既承恩，盛加雕飾。朱樓綺閣，一時絶勝。又有山池别院，山谷虧蔽，勢若自然。中宗及韋庶人數遊於第，留連彌日，賦詩飲晏。韋氏敗，遂奏爲觀。詞人名士，竟入遊賞。

張鷟《朝野僉載》卷三《安樂公主宅》 安樂公主改爲悖逆庶人，奪百姓莊園，造定昆池四十九里，直抵南山，擬昆明池。纍石爲山，以象華岳。引水爲澗，以象天津。飛閣步簷，斜橋磴道，衣以錦繡，畫以丹青，飾以金銀，瑩以珠玉。又爲九曲流盃池，作石蓮花臺，泉於臺中涌出，窮天下之壯麗。悖逆之敗，配入司農。每日士女遊觀，車馬填噎。奉敕，輒到者，官人解見任，凡人決一頓，乃止。

《〔乾隆〕西安府志》卷五七《古蹟志中·第宅·張嘉貞宅》 張嘉貞宅，馬《志》：在長興坊。《長安志》：本太常少卿崔日知宅。馬璘宅，馬《志》：在長興坊。《德宗實録》：大曆十四年七月，毁元載、馬璘、劉忠翼之第。天寶中，京師堂寢已極宏麗，而第宅未甚踰制。安史二逆之後，大臣宿將，競崇棟宇，無復界限。馬璘之堂尤盛。璘卒於軍，以喪歸。京師士庶欲觀之，假名故吏，投刺會吊者數十百人，故令撤毁之。自是京師樓榭之踰制者皆毁。又馬璘池亭，《長安志》：在崇賢坊。璘卒，池亭入官。貞元後，羣臣多賜宴於此。又《通志》：鄭仲、路隋、元行沖、王邱、辛京杲、韋聿、王潘、史憲中、鄭顥、于宗宅，俱在是坊。

《〔乾隆〕西安府志》卷五七《古蹟志中·第宅·張説宅》 張説宅，馬《志》：在永樂坊，本侍中王德正宅，《大唐新語》：有僧泓與説買永樂東南第一宅。戒曰：此宅西北隅最旺，慎無於此取土。越月，泓至。謂説曰：此宅氣候忽然索漠。公與泓偕行至宅西北隅，果有取土坑數處，深丈餘。泓大驚曰：禍事令公富貴一身而已，更二十年外，諸郎君皆不得天年。燕公曰：填之可乎？泓曰：容土無氣，與地脈不相連，亦猶人有瘡痏，縱以(地)〔他〕肉補之，終無益也。後説子均、垍皆爲禄山委任。克復後，均賜死，垍流之。《通志》：張説别宅在宣義坊。

《〔乾隆〕西安府志》卷五七《古蹟志中·第宅·安禄山宅》 安禄山宅，《長安志》：在親仁坊。《禄山故事》：舊宅在道政坊，元宗以其隘陋，更於親仁坊選寬爽之地，出内庫錢更造。院宇堂皇，窈窱周匝。帷帳幔幙，充牣其中。天寶九載，禄山獻俘至京，命入新宅。

《〔乾隆〕西安府志》卷五七《古蹟志中·第宅·九曲池》 九曲池，《雍大記》：在長安城西興慶池西。唐寧王山池院，引興慶水西流，疏鑿屈曲，連環爲九曲。池上築土爲基，疊石爲山，植松栢。有落猿巖、栖龍岫，奇石異木，珍禽怪獸畢有。又有鶴洲仙渚，殿宇相連，左滄浪，右臨漪。王與宫人賓客宴飲，弋釣其中。

《(乾隆)西安府志》卷五七《古蹟志中・第宅・定昆池》 定昆池，《遊城南記》：池在韋曲之北。《雍大記》：本安樂公主西莊。景龍初，命司農卿趙履温爲公主疏園植果，中列臺榭，憑空架迴，棟宇相屬。又勅將作監少監楊務廉引水作沼，延十數里，時號定昆池。《通典》：安樂公主恃寵，請昆明池，中宗不與，公主怒，自以家財別穿池，號定昆。景龍中，中宗幸焉。

《(乾隆)西安府志》卷五七《古蹟志中・第宅・王維別墅》 王維別墅，《雍録》：在藍田縣西南二十里輞川，王維別墅在焉，本宋之問別圃也。王維《輞川集序》：余別業在輞川山谷，其遊止有孟城坳、華子岡、文杏館、斤竹嶺、鹿柴、木蘭柴、茱萸沜、宮槐陌、臨湖亭、南垞、欹湖、柳浪、欒家瀨、金屑泉、白石灘、北垞、竹里館、辛夷塢、漆園、椒園等，與裴迪閒暇，各賦絶句云。王維《孟城坳》詩：新家孟城口，古木餘衰柳。來者復爲誰？空悲昔人有。《華子岡》詩：飛鳥去不窮，連山復秋色。上下華子岡，惆悵情何極。《文杏館》詩：文杏裁爲梁，香茅結爲宇。不知棟裏雲，去作人間雨。《斤竹嶺》詩：檀欒映空曲，青翠漾連漪。暗入商山路，樵人不可知。《鹿柴》詩：空山不見人，但聞人語響。返景入深林，復照青苔上。《木蘭柴》詩：秋山斂餘照，飛鳥逐前侶。彩翠時分明，夕嵐無處所。《茱萸沜》詩：結實紅且緑，復如花更開。山中倘留客，置此芙蓉杯。《宮槐陌》詩：仄徑蔭宮槐，幽陰多緑苔。應門但迎掃，畏有山檜來。《臨湖亭》詩：輕舸迎上客，悠悠湖上來。當軒對尊酒，四面芙蓉開。《南垞》詩：輕舟南垞去，北垞淼難即。隔浦望人家，遥遥不相識。《欹湖》詩：吹簫凌極浦，日暮送夫君。湖上一回首，青山卷白雲。《柳浪》詩：分行接綺樹，倒影入清漪。不學御溝上，春風傷別離。《欒家瀨》詩：颯颯秋雨中，淺淺石溜瀉。跳波自相濺，白鷺驚復下。《金屑泉》詩日飲金屑泉，少當千餘歲。翠鳳翊文螭，羽節朝玉帝。《白石灘》詩：清淺白石灘，緑蒲向堪把。家住水東西，浣紗明月下。《北垞》詩：北垞湖水北，雜樹映朱闌。逶迤南川水，明滅青林端。《竹里館》詩：獨坐幽篁裏，彈琴復長嘯。深林人不知，明月來相照。《辛夷塢》詩：木末芙蓉花，山中發紅萼。澗户寂無人，紛紛開且落。《漆園》詩：古人非傲吏，自闕經世務。偶寄一微官，婆娑數株樹。《椒園詩》：桂尊迎帝子，杜若贈佳人。椒漿奠瑶席，欲下雲中君。又《輞川六言詩》：采菱渡頭風急，策杖林西日斜。杏樹壇邊漁父，桃花源裏人家。萋萋春草秋緑，落落長松夏寒。羊牛自歸村巷，童稚不識衣冠。桃紅復含宿雨，柳緑更帶朝煙。花落家僮未掃，鳥啼山客猶眠。酌酒會臨泉水，抱琴好倚長松。南園露葵朝折，東谷黄粱夜舂。又《積雨輞川莊作》：積雨空林煙火遲，蒸藜炊黍向東菑。漠漠水田飛白鷺，陰陰夏木囀黄鸝。山中習静觀朝槿，松下清齋折露葵。野老與人争席罷，海鷗何事更相疑。

納新《河朔訪古記》卷中《魏郡部・華林苑》 華林苑，在臨漳縣鄴城東二里。苑後即南鄴城之西也。按：石虎時，有沙門吳進言：趙運將衰，晉當復興，宜役晉人，以厭其氣。虎於是使尚書張羣，發近郡男女十六萬，車萬乘，運土築華林苑。周迴數十里，及築長牆數十里。趙攬等上疏切諫，虎大怒，曰：牆朝成夕壞，吾無恨矣！乃從張羣，以燭夜作，起三觀四門，通漳水，皆設鐵扉。暴風大雨，死者數萬人。又鑿北城，引水於華林園。城崩，壓死百餘人。虎於苑中植人間名果，作蝦蟇車箱，濶一丈，深一丈，合土載花木，所植無不榮茂。至高齊武成間，增飾華林苑，若神仙所居，改曰仙都苑。苑中封土爲嶽，皆隔水相望，分流爲四瀆，因爲四海，匯爲大池，曰大海。海中置龍舟六艘，其行舟處，可廿五里。又爲殿十二間於海中，五嶽各有樓觀堂殿，四海中亦有宮殿洲浦，其最知名者，則北嶽之飛鸞殿，北海之密作堂也。飛鸞殿十六間，以青石爲基，珉石爲礎，鐫刻蓮花，內垂五色珠簾，緣以麒麟錦，楹柱皆金龍盤繞，以七寶飾之。柱上懸鏡，又用孔雀、山雞、白鷺毛當鏡作七寶金鳳，高一尺七寸，口銜金鈴，光彩奪目，人不能久視也。密作堂，周回廿四架，以大船浮之，以水爲激輪。堂爲三層：下層刻木人七，彈箏、琵琶、箜篌、胡鼓、銅鈸、拍板、弄盤等，衣以錦繡，進退俯仰，莫不中節。中層刻木僧七人，一僧執香奩，立東南角；一僧執香爐，立東北角；五僧左轉行道至香奩所，以手拈香，至香爐所，其僧授香爐於行道僧，僧以香置爐中，遂至佛前作禮，禮畢，整衣而行，周而復始，與人無異。上層作佛堂，旁列菩薩、衛士，帳上作飛仙右轉，又刻紫雲左轉，往來交錯，終日不絶。皆黄門侍郎、博陵崔士順所製，奇巧機妙，自古罕有。其苑中樓觀，山池臺殿，自周平齊之後，皆廢毀矣。今其基趾，詢之故老，猶能記其萬一。余以載記可考者，録敘如右。

蘇鶚《杜陽雜編》卷上《蕓輝堂》 元載末年，造蕓輝堂於私第。蕓輝，香草名也。出于闐國，其香潔白如玉，入土不朽爛。舂之爲屑，以塗其壁，故號蕓輝焉。而更構沉檀爲梁棟，飾金銀爲户牖。內設懸黎屏風、紫綃帳。其屏風，本楊國忠之寶也。屏上刻前代美女伎樂之形，外以玳瑁、水犀爲押絡。絡以真珠瑟瑟，精巧之妙，殆非人工所及。紫綃帳得於南海溪洞之酋帥，即鮫綃之類也。輕疎而薄，如無所礙。雖屬凝冬，而風不能入；盛夏則清涼自至。其色隱隱，焉忽不知其帳也，謂載卧內有紫氣。而服玩之奢僭，擬於帝王之家。蕓輝之前有池，悉以文石砌其岸。中有蘋陽花，亦類白蘋，其花紅大如牡丹，不知自何而來也。更有碧芙蓉，香潔菡萏，偉於常者。載因暇日，憑欄以觀。忽聞歌聲清響，若十四五女子唱焉。其曲則《玉樹後庭花》也。載驚異，莫知所在。及審聽之，乃芙蓉中也。俯而視之，聞喘息之音。載惡之既甚，遂剖其花，一無所見，即祕之不令人説。及載受戮，而逸奴爲平盧軍卒，人故得其實。載有龍髯紫拂，色如爛椹，可長三尺，削水精爲柄，刻紅玉爲環鈕。或風雨晦暝，臨流沾濕，則光彩動摇，奮然如怒。置之於堂中，夜則蚊蚋不敢入；拂之爲聲，雞犬牛馬無不驚逸；若垂之池潭，則鱗介之屬悉俯伏而至；引水於空中，則成瀑布三五尺，未嘗輒斷；燒燕肉燻之，則焞焞焉若生雲霧。厥後上知其異，屢言之，載不得已而遂進焉。載自云，得於洞庭道士張知和。

程大昌《雍録》卷六《芙蓉園》　唐曲江本秦隑州，至漢爲宣帝樂遊廟，亦名樂遊苑，亦名樂遊原，基地最高，四望寬敞。隋營京城，宇文愷以其地在京城東南隅，地高不便，故闕此地不爲居人坊巷，而鑿之爲池，以厭勝之。又會黄渠水自城外南來，可以穿城而入，故隋世遂從城外包之入城爲芙蓉池，且爲芙蓉園也。劉餗《小説》曰：「園本古曲江，文帝惡其名曲，改名芙蓉，爲其水盛而芙蓉富也。」韓愈詩曰：「曲江千頃荷花浄，平鋪紅蕖蓋明鏡。」長安中太平公主於原上置亭遊賞，後賜寧、申、岐、薛王。正月晦日，三月三日，九月九日，京城士女咸即此祓禊，帟幕雲布，車馬填塞，詞人樂飲歌詩。康駢《劇談録》曰：「曲江池，本秦時隑州，唐開元中疏鑿爲勝境，南即紫雲樓、芙蓉苑，西即杏園、慈恩寺，花卉環周，煙水明媚。都人遊賞，盛于中和、上巳節，即錫宴臣僚，會于山亭，賜太常教坊樂，池備綵舟，唯宰相、三使、北省官、翰林學士登焉，傾動皇州，以爲盛觀。」《長安志》曰：「文宗太和九年，發左右神策軍各一千五百人淘曲江，修紫雲樓、綵霞亭。仍勑諸司，如有力欲創置亭館者，宜給與閑地，任其營造。先是鄭注言秦中有災，宜以土工厭之，加濬昆明、曲江二池，帝又曾讀杜甫詩曰：『江頭宫殿鎖千門。』遂思復昇平事而加修刱焉。」予按此地在都城中固爲空隙，便於遊觀，然亦緣黄渠可引，故遊觀者樂之也。於是紫雲樓在其南，香園、慈恩寺在其西，皆以此池之故也。漢武帝時池周回六里餘，唐周七里，占地三十頃，又加展拓矣。地在城東南昇道坊龍花寺之南。

王仁裕《開元天寶遺事》卷二《王家富窟》　王元寶，都中巨豪也。常以金銀疊爲屋壁，上以紅泥泥之。於宅中置一禮賢室，以沉檀爲軒檻，以碔砆甃地面以錦文石爲柱礎。又以銅線穿錢，甃於後園花徑中，貴其泥雨不滑也。四方賓客，所至如歸，故時人呼爲王家富窟。

馮贄《雲仙雜記》卷三《杜勝宅》　杜勝宅，以軟漆纏桑枝編爲籬障。雨一過，黑光照四面。時通甫愛之，欲以銅官第取，不應。

陸游《老學庵筆記》卷五《蔡京宅》　蔡京賜第，有六鶴堂，高四丈九尺，人行其下，望之如蟻。

《〔雍正〕河南通志》卷五一《古蹟上・梁園》　梁園，在睢陽故城東二十里。一名梁苑。按《史記》：梁孝王築東苑，方三百里，大治宫室，爲複道，自宫連屬於平臺五十餘里。或曰即兔園。《西京雜記》曰：兔園中有百靈山、落猿巖、棲龍岫。又有鴈池，池間有鶴洲、鳬渚。《九域志》曰：東園中又有修竹園，枚乘賦曰「修竹檀欒夾池水」，是也。唐高適詩《梁苑》：白日暮梁山秋草，時君王不可見修。竹令人悲九月桑，葉盡寒風鳴樹枝。明王廷相詩：君不見梁王已破六國壘，苑中便起文圃臺。黄金白玉架樓閣，綺榻延賓四向開。清泠池上三尺雪，相如新賦傾鄒枚。臨卭美人門花朶，挑以琴心禮豈那。漢庭賣賦得千金，白首遊梁計宜左。今人空怍古人風，抱策爲儒歎不逢。古來文士不檢豈足病，且覽詞彩如長虹。

顧起元《説畧》卷二〇《居室・梁園》　梁孝王廣睢陽城七十里，西苑方二百里，作曜華宫，築兔園。園中有百靈山，膚寸石、落猿巖、栖龍岫，又有雁池，池間有鶴洲、鳬渚。其諸宫觀相連延亘數十里，奇果異樹，珍禽怪獸畢備。王日與宫人、賓客弋釣其中，是漢之諸王踰於後世人主也。梁冀廣開園囿，採土築山，十里九坂，以象二崤，深林絶澗，有若自然，奇禽馴獸，異方珍怪畢有。是漢之貴戚踰於後世人主也。袁廣漢於北山下築園，東西四里，南北五里，激流水注其中，横石爲山，高十餘丈，連延數里，養白鸚鵡、紫鴛鴦、犛牛、青兕，奇獸珍禽，委積其間。積沙爲洲嶼，激水爲波濤，致江鷗海鶴，孕雛産彀，延漫林池，奇樹異草，靡不植培。屋皆徘徊連屬，重閣修廊，行之移晷不能徧。是漢之富民踰於後世人主也。

徐松《唐兩京城坊考》卷五《東京・神都苑》　唐之東都苑，隋之會通苑也。又曰上林苑，武德初改芳華苑，武后曰神都苑。東抵宫城，按在宫城之西，故亦曰西苑。李希烈圍鄭州，東都留守鄭叔則入保西苑是也。西至孝水，北背邙阜，南拒非山，按《水經注》：甘水與非山水會。穀、雒二水會于其間。周一百二十六里，東面十七里，南面三十九里，一作二十九里。西面五十里，北面二十四里。一作二十里。隋舊苑方二百二十九里一百三十八步。太宗嫌其廣，毁之以賜居人。按苑缺東北隅，蓋屬于周之王城也。據《周書・作雒解》：王城郛方七十二里。當每面十八里。垣高一丈九尺。東面四門，從北第一曰嘉豫門，門上有觀，隋曰翔鳳觀。次南曰上陽門，次南曰新開門，最南曰望春門。南面三門，從東第一曰興善門，隋曰清夏門。次西曰興安門，次西曰靈光門。隋曰昭仁門。西面五門，從南第一曰迎秋門，次北曰遊義門，次北曰籠煙門，次北曰靈溪門，次北曰風和門。北面五門，從西第一曰朝陽門，次東曰靈囿門，次東曰玄圃門，次東曰禦冬門，最東曰膺福門。顯慶三年修建東都，始廢洛陽宮總監，改青城宮監爲東都苑北面監，明德宮監爲東都苑南面監，洛陽宮農圃監爲東都苑東面監，食貨監爲東都苑西面監，凡四監，知苑中雜事。按《通鑑》：王世充自方諸門出，憑故馬坊垣塹，臨穀水，以拒唐兵。胡注：方諸蓋自都城出禁苑之門，今未知所在。

苑内最西者合璧宮，顯慶五年，命田仁汪、徐感造八關涼宮，改名合璧宮，當中殿曰連璧殿。又有齊聖殿，北據山阜，甚爲宏壯，孝敬皇帝薨此宮之綺雲殿。最東都凝碧池，東西五里，南北三里。《六典》有凝碧亭。禄山入東都，宴其羣臣于凝碧池。《通鑑》：大業元年，築西苑，周二百里，其内爲海，周十餘里，爲蓬萊、方丈、瀛洲諸山，高出水百餘尺，臺觀殿閣，羅絡山上，蓋唐改海爲凝碧池，隋煬帝之積翠池蓋即凝碧池，水隨地易名耳。當中央者龍鱗宮。大帝所造。《通鑑》：海北有龍鱗渠，縈紆注海内，緣渠作十六院，門皆臨渠。則唐之龍鱗宮，仍以龍鱗渠名之也。十六院皆當在海之北。合璧之東南，隔水者爲明德宮。隋曰顯仁宮，南逼南山，北臨雒水，宮北有射堂、官馬坊。按《唐書·魏徵傳》：太宗幸洛，次昭仁宮。《貞觀政要》及《魏鄭公諫録》皆作顯仁宮，是昭仁宮即明德宮矣。合璧之東爲黄女宮。宮三面臨雒水，水深潭處，號黄女灣，因以爲名。按《太平寰宇記》云：後魏移平陰縣理于皇女臺側，疑黄女即皇女而訛。其正南而隔水者，芳樹亭也。在黄女宮南，大帝造。苑之西北隅爲高山宮。司農卿韋機造。按貞觀十一年，以穀、雒溢，廢飛山宮之玄圃院，賜遭水家。疑高山宮即飛山宮也。東北隅爲宿羽宮。韋機造。南臨大池，池流水盤屈。按宮中有宿羽臺。《通鑑》：武后宴突厥使于宿羽臺。注云：高宗調露元年所起。《舊書·突厥傳》作宿羽亭。東南隅爲望春宮。又有冷泉宮、隋造。有泉極冷，因以爲名。積翠宮、隋造。《六典》作翠微宮。按隋煬帝集四方散樂于東京，閱之于芳華苑積翠池，則宮以池得名。《通鑑》：貞觀十一年，上宴洛陽宮西苑，泛積翠池。注云：洛陽西苑，穀、雒二水會于其間，開元二十四年，慮其泛溢，爲三陂以禦之，一曰積翠，二曰月陂，三曰上陽。顯慶二年，駕幸洛陽，館玄奘法師于積翠宮。青城宮、隋造。在宿羽宮西。《通鑑》：王世充陳于青城宮。胡三省注：青城宮在洛城西北。金谷亭、大帝造。凌波宮。隋造。《六典》：穀、雒二水會于苑中，中有十一宮。

隋及唐初苑内，又有朝陽宮、栖雲宮、景華宮、成務殿、大順殿、文華殿、春林殿、和春殿、華渚堂、翠阜堂、流芳堂、清風堂、《永樂大典》引《洛陽志》：清風堂下有光風堂。〔按稿本，此注爲張穆補。〕崇蘭堂、麗景堂、鮮雲堂、迴流亭、流風亭、露華亭、飛香亭、芝田亭、長塘亭、《永樂大典》引《洛陽志》作草塘亭。〔按稿本，此注爲張穆補。〕芳洲亭、翠阜亭、芳林亭、《永樂大典》引《洛陽志》芳林亭下有流芳亭。〔按稿本，此注爲張穆補。〕飛華亭、留春亭、澂秋亭、洛浦亭，皆隋煬帝所造。武德、貞觀之後多漸移毁，顯慶後，田仁汪、韋機等改拆營造，或取舊名，或因餘所，規制與此異矣。

李濂《汴京遺跡志》卷四《艮岳壽山》 艮岳壽山在汴故城東北隅。初，徽宗未有嗣，道士劉混康以法籙符水出入禁中，言：「京城東北隅，地協堪輿，倘形勢加以少高，當有多男之祥。」始命爲數仞岡阜，已而後宮生子漸多，帝甚喜。於是命户部侍郎孟揆於上清寶籙宮之東築山，象餘杭之鳳凰山，號曰萬歲山，既成，更名曰艮岳。周回十餘里，其最高一峯九十步，上有介亭，分東西二嶺，直接南山。山之東有萼緑華堂、書館、八僊館、紫石巖、棲真磴、覽秀軒、龍吟堂。山之南則壽山兩峯並峙，有鴈池、噰噰亭。山之西有藥寮、西莊、巢雲亭、白龍沜、濯龍峽，蟠秀、練光、跨雲三亭，羅漢巖。又西有萬松嶺，嶺畔有倚翠樓，上下設兩關，關下有平地，鑿大方沼，沼中作兩洲，東爲蘆渚浮陽亭，西爲梅渚雪浪亭。西流爲鳳池，東出爲鴈池，中分二館，東曰流碧，西曰環山，有巢鳳閣、三秀堂，東池後有揮雪亭。後由磴道上至介亭，亭左有極目亭、蕭森亭，右有麗雪亭、半山亭。北俯景龍江，引江之上流注山澗。西行爲潄瓊軒，又行石間爲煉丹、凝真觀、圜山亭，下視江際，見高陽酒肆及清斯閣。北岸有勝筠庵、躡雲臺、消閒館、飛岑亭。支流别爲山莊，爲回溪。又於南山之外爲小山，横亘二里，曰芙蓉城，窮極巧妙。而景龍江外，則諸館舍尤精。其北又因瑶華宮火，取其地作大池，名曲江，池中有堂曰蓬壺，東盡封丘門而止。其西則自天波門橋引水直西，殆半里，江乃折南，又折北。折南者，過閶闔門，爲複道，通茂德帝姬宅。折北者四五里，屬之龍德宮。既成，帝自爲艮岳記，以山在國之艮位故也。岳之正門，名曰陽華，故亦號陽華宮。初，朱勔於太湖取石，高廣數丈，載以大舟，挽以千夫，鑿城斷橋，毁堰拆牐，數月乃至。會得燕地，因賜號昭功敷慶神運石，立於萬歲山，其旁植兩檜，一天矯者，名曰「朝日升龍」之檜，一偃蹇者，名曰「卧雲伏龍」之檜，皆以玉牌填金字書之。巖曰玉京獨秀太平巖，峯曰慶雲萬態奇峯。又作絳霄樓，勢極高峻，盡工藝之巧。其後羣閹興築不已，於是山林巖壑日益高深，亭樹樓觀不可勝紀，四方花竹奇石，咸萃于斯，珍禽異獸，無不畢有矣。宣和六年，有芝産于艮岳之萬壽峯，改名壽岳，一曰壽山。時蔡京子蔡攸有寵于帝，進見無時，嘗言于帝曰：「人主當以四海爲家，太平爲娱，豈徒自勞苦哉。」而帝遂數微行，因令苑囿多爲村居野店，每秋風静夜，禽獸之聲四徹，宛若山林陂澤之間，識者知其不祥之兆。帝晚歲患苑囿之衆，國力不能支，數有厭惡語，由是得稍止。及金人再至，圍城日久，欽宗命取山禽水鳥十餘萬，盡投之汴河，聽其所之，拆屋爲薪，鑿石爲砲，伐竹爲篦籬，又取大鹿數千頭，悉殺之以啗衛士云。

宋徽宗《艮嶽記》：於是按圖度地，庀徒僝工，纍土積石。設洞庭、湖口、絲谿、仇池之深淵，與泗濱、林慮、靈壁、芙蓉之諸山，取瓌奇特異瑶琨之石，即姑蘇、武林、明、越之壤，荆、楚、江、湘、南粤之野，移枇杷、橙柚、橘柑、榔栝、荔枝之木，金蛾、玉羞、虎耳、鳳尾、素馨、渠那、茉莉、含笑之草，不以土地之殊，風氣之異，悉生成長，養於雕闌曲檻。而穿石出罅，岡連阜屬，東西相望，前後相續，左山而右水，後溪而傍隴，連綿而彌滿，吞山懷谷。其東則高峯峙立，其下植梅以萬數，緑萼承趺，芬芳馥郁。結構山根，號萼緑華堂。又旁有承嵐、昆雲之亭。有屋内方外圓如半月，是名書館。又有八僊館，屋圓如規。又有紫石之巖，祈真之磴，攬秀之軒，龍吟之堂。其南，則壽山嵯峨，兩峯並峙，列嶂如屏。瀑布下入鴈池，池水清泚漣漪，鳧鴈浮泳水面，棲息石間，不可勝計。其上亭曰噰噰。北直絳霄樓，峯巒崛起，千疊萬複，不知其幾千里，而方廣無數十里。其西，則參、术、杞、菊、黄精、芎藭，被山彌塢，中號藥寮。又禾、麻、菽、麥、黍、豆、秔、秫，築室若農家，故名西莊。上有亭曰巢雲，高出峯岫，下視羣嶺，若在掌上。自南徂北，行岡脊兩石間，綿亘數里，與東山相望。水出石口，噴薄飛注如獸面，名之曰白龍淵，濯龍峽，蟠秀、練光、跨雲亭，羅漢巖。又西，半山間，樓曰倚翠。青松蔽密，布于前後，號萬松嶺。上下設兩關。出關，下平地，有大方沼，中有兩洲，東爲蘆渚，亭曰浮陽，西爲梅渚，亭曰雲浪。沼水西流爲鳳池，東出爲研池。中分二館，東曰流碧，西曰環山。館有閣曰巢鳳，堂曰三秀，以奉九華玉真安妃聖像。東池後，結棟山下，曰揮雲亭。復由嶝道，盤行縈曲，捫石而上，既而山絶路隔，繼之以木棧，倚石排空，周環曲折，有蜀道之難，躋攀至介亭。此最高於諸山，前列巨石，凡三丈許，號排衙，巧怪巉巖，藤蘿蔓衍，若龍若鳳，不可殫窮。麓雲半山居右，極目蕭森居左。北俯景龍江，長波遠岸，彌十餘里。其上流注山澗，西行潺湲，爲漱玉軒。又行石間，爲煉丹亭、凝真觀、圜山亭。下視水際，見高陽酒肆、清斯閣。北岸萬行蒼翠蓊鬱，仰不見天。有勝雲菴、躡雲臺、消閒館、飛岑亭。無雜花異木，四面皆竹也。又支流爲山莊，爲回溪。自山蹊石罅搴條下平陸，中立而四顧，則巖峽洞穴，亭閣樓觀，喬木茂草，或高或下，或遠或近，一出一入，一榮一彫，四面周匝，徘徊而仰顧，若在重山大壑，深谷幽巖之底，不知京邑空曠坦蕩而平夷也，又不知郛郭環會紛萃而填委也。真天造地設，神謀化力，非人所能爲者。此舉其梗槩焉耳。

張淏《艮岳記略》：徽宗登極之初，皇嗣未廣。有方士言：「京城東北隅地協堪輿，但形勢稍下，儻少增高之，則皇嗣繁衍矣。」上遂命土培其岡阜，使稍加于舊，而果有多男之應。自後海内乂安，朝廷無事，上頗留意苑囿。政和間，遂即其地大興工役築山，號壽山艮岳，命宦者梁師成專董其事。時有朱勔者，取浙中珍異花木竹石以進，號曰「花石綱」，專置應奉局於平江，所費動以億萬計。調民搜巖剔藪，幽隱不置，一花一木，曾經黄封，護視稍不謹，則加之以罪。斵山輦石，雖江湖不測之淵力不可致者，百計以出之，至名曰「神運」。舟楫相繼，日夜不絶。廣濟四指揮，盡以充輓士，猶不給。時東南監司、郡守，二廣市舶，率有應奉。又有不待旨，但進物至都，計會宦者以獻者。大率靈壁、太湖諸石，二浙奇竹異花，登、萊文石，湖、湘文竹，四川佳果異木之屬，皆越海渡江，鑿城郭而至。後上亦知其擾，稍加禁戢，獨許朱勔及蔡攸入貢。竭府庫之積聚，萃天下之伎藝，凡六載而始成，亦呼爲萬歲山。奇花美木，珍禽異獸，莫不畢集。飛樓傑觀，雄偉瓌麗，極於此矣。越十年，金人犯闕，大雪盈尺，詔令民任便斫伐爲薪。是日，百姓奔往無慮十萬人，臺榭宫室悉皆拆毁，官不能禁也。予頃讀國史及諸傳記，得其始末如此，每恨其他不得而詳，後得徽宗御製記文，及蜀僧祖秀所作《陽華宫記》讀之，所謂壽山艮岳者，森然在目也。因各摭其畧，以備遺忘云。

佚名《宋史筆斷·論花石綱之害》：徽宗取敗之道固始於蔡京「豐亨豫大」之對，然致天下之騷動，戎虜之憑陵，而身不能守其宗社者，皆由朱勔花石綱之運有以促亡之耳。初，朱勔因蔡京以進，上頗垂意花石，勔初致黄楊三四本，上已喜之，後歲歲增加，遂至舟船相繼，號曰「花石綱」。專置應奉局於平江，每一發輒數百萬，故花石至京師者，一花費數千緡，一石費數萬緡，此花石綱之始也。既而作萬歲山，運四方花竹奇石，積纍二十餘年，山林高深，千巖萬壑，麋鹿成羣，樓觀臺殿不可勝紀，此花石綱之中也。又爲苑囿，白屋不施五采，多爲村居野店之景，又聚野獸禽鳥于苑囿中，每秋風夜静，禽獸之聲四徹，宛若川澤陂野之間，識者以爲不祥之兆，此花石綱之末也。徽宗於是盡棄國政，乃與蔡京等酣歌達旦，以燕以遊，將爲終身之樂焉。故太學生鄧肅上十詩諷諫，即詔放歸田里。至於舟兵苦之羣聚爲盜，方臘稱亂，浙土騷然，然後罷花石綱，使般運糧道。

于時雖有罷之之名，而實無絶之之意，蓋冀盜息而即復之耳。故陳過庭乞罷冗官則貶于黄州，張汝霖請罷進花果則貶于均州，而蔡京等遊樂如故。不數年間，而粘罕、斡離不乃引兵大入，城邑多陷，上心始懼，遂欲罷之。及能非泛上供，并延福宫、西城租課、内外製造局。嗟乎，君子有終身之憂而無一朝之患，今寇盜既至，禍亂已成，乃始懼而修政，不亦晚乎！向使徽宗早信鄧肅之言，誅蔡京，戮朱勔，竄童貫，族王黼，絶愉目之奇玩，救勞苦之生民，則粘罕、斡離不雖猛如狼虎，亦豈敢肆跋扈而蹈我中國哉。惜乎，徽宗悔悟已晚，噬臍無及，故雖有改轍之心，而莫能爲謀矣，悲哉！

洪邁《容齋續筆》：宣和間，朱勔挾艮岳花石之名，以固寵規利。東南部使者、郡守多出其門，如徐鑄、應安道、王仲閎輩，共濟其惡，豪奪漁取。士民家一石一木稍堪翫者，即領健卒直入其家，用黄封表識，或未即取，而護視微不謹，則加以大不恭罪，及發行，必撤屋决牆而出。人有一物小異，共指爲不祥，惟恐芟夷之不速。楊戩、李彦創汝州西城所，任輝彦、李士渙、王滸、毛孝立之徒，亦助之發物供奉，大抵類勔，而又有甚焉者。徽宗患其擾，屢禁止之，然復出爲惡，不能絶也。偶讀白樂天《紫閣山北村詩》，乃知唐世固有是事。謾録於此：「晨遊紫閣峯，暮宿山下村。村老見予喜，爲我開一罇。舉盃未及飲，暴卒來入門。紫衣挾刀斧，草草十餘人。奪我席上酒，掣我盤中飧。主人退後立，斂手反如賓。中庭有奇樹，種來三十春。主人惜不得，持斧斷其根。口稱采造家，身屬神策軍。主人切勿語，中尉正承恩。」蓋貞元、元和間也。

周密《癸辛雜識》：前代壘石爲山，未見大顯。至宣和間，艮岳之役興，連艫輦致，不遺餘力。其大峯特秀者，不特侯封，或賜金帶。且各圖爲譜。然工人皆出于吴興，謂之山匠，蓋吴興北連洞庭，多産花石，而卞山所出特秀奇，故四方之爲假山者，率於此中取之。嘗聞汴京父老云：「艮岳之取石也，其大而穿透者，致遠必有損折之慮，乃先以膠泥實填衆竅，其外復以麻筋雜泥固濟之，日曬極堅實，始用大木爲車，致於舟中，直俟抵京，然後浸之水中，旋去泥土。則省人力而無它慮。此法奇甚，前所未聞也。」又云：「萬歲山大洞數十，其洞中皆築以雄黄及爐甘石，雄黄則辟蛇蝎，爐甘石則天陰能致雲霧，滃鬱如深山窮谷。後因經官拆賣，有回回者知之，因請買之，凡得雄黄數千斤，爐甘石數萬斤。」

和維《愚見紀忘》：艮岳舊址無存久矣，問之，皆曰：「三山兒坡是也。」其誤甚矣。考之《宋史》，徽宗於宫城東北起景龍門複道，禁中每歲放燈，自東華門以北，並不禁夜。又於次東建寶籙宫，後纍石爲山，以其在艮方也，號艮岳，又稱壽岳。《夢華録》云：京城北壁，其門有三，從東曰舊封丘門，中曰景龍門，乃大内城東角寶籙宫前也，次西曰金水門。近見汴之《城池沿革》一帙云：北面三門，中曰景龍門，太平興國改今名，俗名酸棗門；東曰安遠門，俗名舊封丘門；西曰天波門，又號太安門。至正年間，汴人拒守不及，遂築塞諸門，止留五門。然徽宗命侍郎孟揆於上清寶籙宫東築山，以象餘杭之鳳凰山，周圍十餘里，其最高一峯九十步，上有介亭。其艮岳的在宫城東北、景龍門内以東之地明矣。後金宣宗命尚書朮虎高琪展築汴城，就取艮岳之土搬築，以爲北面城垣，其景龍江改爲城濠，諸池沼悉皆填平，止有龍德宫前土嶺猶在，俗名三山兒坡，若以爲艮岳遺址，實爲大謬。龍德宫，徽宗潛邸也，在景龍門西，離寶籙宫遠矣。

岳珂《桯史》：艮岳初建，諸巨璫争出新意事土木。既宏麗矣，獨念四方所貢珍禽之在囿者，不能盡馴。有市人薛翁，素以豢擾爲優場戲，請于童貫，願役其間，許之。乃日集輿衛，鳴蹕張黄屋以游，至則以巨柈貯肉炙粱米，翁傚禽鳴，以致其類，既而飽飫翔泳，聽其去來。月餘而在囿者四集，不假鳴而致，益狎玩，立鞭扇間，不復畏矣。遂自命局曰「來儀」，所招四方籠畜者，置官司以總之。一日，徽宗臨幸，遠聞清道聲，望而羣翔者數萬。翁輒先以牙牌奏道左，曰：「萬歲山瑞禽迎駕。」上大喜，命以官，賚予加厚。靖康圍城之際，有詔許捕，馴籞者皆不去，民徒手得之，以充餐云。

王偁《東都事略》卷一〇六《列傳八十九》 臣偁曰：天下之禍，未有不由小人而成者也。觀王黼以奇技淫巧爲身謀，朱勔專以華石爲享上，小人誤國之罪，擢其髮不足以數也。然亦孰知其慨之至於此哉！於虖，華清盛而羯胡起，華陽成而狄難興。由古迄今，致亂召寇若出一軌，可不痛哉！方京師之失守也，蜀僧祖秀嘗親覩所謂華陽宫者，記其事云：政和初，天子命作壽山艮嶽於禁城之東陬，詔閹人董其役。舟以載石，輿以輦土，驅散軍萬人築岡。阜高十餘仞，增以太湖靈壁之石，雄拔峭峙，功奪天造。石皆激怒觝觸，若踶若齧，牙角口鼻，首尾爪距，千態萬狀，殫奇盡怪。輔以蟠木癭藤，雜以黄楊對青蔭其上。又隨其旋斡之勢斬石開徑，憑險則設磴道，飛空則架棧閣，仍於絶頂增高樹以冠之。搜遠方珍材，盡天下蠹工絶技而經始焉。山之上下，致四方珍禽奇獸，動以億計。猶以爲未也，鑿地爲谿澗，壘石爲隄捍，任其石之性不加斧鑿，因其餘土積而爲山。山骨皝露，峯稜如削，飄然有雲姿鶴態，曰「飛來峯」。高於雉堞，翻若長鯨，腰徑百尺，植梅萬本，曰「梅嶺」。接其餘岡，種丹杏鴨脚，曰「杏岫」。又增土疊石，間留隙穴，以栽黄楊，曰「黄楊巘」。築脩岡以植丁香，積石其間，從而設險，曰「丁嶂」。又得赬石，任其自然，增而成山，以椒蘭雜植於其上，曰「椒崖」。接衆山之末，增土爲大坡，徙東南側柏，枝幹柔密，揉之不斷，華華結結，爲幢蓋鸞鶴蛟龍之狀，動以萬數，曰「龍柏坡」。循壽山之西，移竹成林，復開小徑，至數百步。竹有同本而異幹者，不可紀極，皆四方珍貢，又雜以對青竹，十居八九，曰「斑竹麓」。又得紫石，滑浄如削，面徑數仞，因而爲山貼。山卓立，山陰置木櫃，絶頂開深池，車駕臨幸，則驅水工登其頂，開閘注水，而爲瀑布，曰「紫石壁」，又名「瀑布屏」。從艮嶽之麓，琢石爲梯，石皆温潤浄滑，曰「朝真磴」。又於洲上植芳木，以海棠冠之，曰「海棠川」。壽山之西，别治園囿，曰「藥寮」。其宫室臺榭卓然著聞者，曰「瓊津殿」、「絳霄樓」、「萼緑華堂」。築臺高九仞，周覽都城，近若指顧。造碧虚洞天，萬山環之，開三洞爲品字門，以通前後。苑建八角亭於其中央，榱椽窻楹，皆以馬腦石間之。其地琢爲龍礎，導景龍江東出安遠門，以備龍舟幸東西擷景二園。西則溯舟造景龍門，以幸曲江池亭。復自瀟湘江亭開閘，通金波門，北幸擷芳苑。隄外築壘衞之，瀕水蒔絳桃、海棠、芙蓉、垂楊，略亡隙地。又於舊地作埜店麓，治農圃，開東西二關夾懸巖，磴道隘迫，石多峯稜，過者膽戰股栗。凡自苑中登羣峯，所出入者，此二關而已。又爲勝遊六七，曰躍龍澗、漾春陂、桃華閘、鴈池、迷真洞，其餘勝迹不可殫紀。工已落成，上名之曰「華陽宫」。然華陽大氐衆山環列於其中，得平蕪數十頃，以治園圃，以闢宫門於西。入徑廣於馳道，左右大石皆林立，僅百餘株，以「神運昭功敷慶萬壽峯」而名之。獨神運峯廣百圍，高六仞，錫爵盤固，侯居道之中，束石爲小亭以庇之，高五十尺，御製記文，親書，建三丈碑，附于石之東南陬。其餘石若羣臣入侍幃幄，正容凛若不可犯，或戰栗若敬天威，或奮然而趍，又若傴取布危言以示庭諍之姿，其怪狀餘態，娱人者多矣。上既悦之，悉與賜號，守吏以奎畫列於石之陽。其它軒榭庭徑，各有巨石棊列星布，並與賜名。唯神運峯前群石，以金飾其字，餘皆青黛而已。此所以第其甲乙者也。乃命羣峯，其略曰朝日昇龍、望雲坐龍、矯首玉龍、萬壽老松、棲霞捫參、銜日吐月、排雲衝斗、雷門月窟、蹲螭坐師、堆青凝碧、金鼊玉龜、疊翠獨秀、棲煙嚲雲、風門雷穴、玉秀玉竇、鋭雲巢鳳、雕琢渾成、登封日觀、蓬瀛須彌、老人壽星、卿雲瑞靄、溜玉噴玉、藴玉琢玉、積玉疊玉。叢秀而在于渚者，曰「翔鱗」，立津涘者曰「舞仙」，獨踞洲中者曰「玉麒麟」，冠于壽山者曰「南屏小峯」，而附于池上者曰「伏犀怒猊」、「儀鳳烏龍」，立于沃泉上者曰「留雲宿霧」。又爲藏煙谷、滴翠巖、搏雲屏、積雪嶺，其間黄石仆于亭際者曰「抱犢天門」。又有大石二枚，配神運峯，異其居以壓衆石，作亭庇之，寘于寰春堂者曰「玉京獨秀太平巖」，寘于萼緑華堂者曰「卿雲萬態奇峯」。括天下之美，藏古今之勝，於斯盡矣。善致萬鈞之石，徙百年之木者，朱勔父子也。善理百工之繇埶、辨九州之珍産者，閹人梁師成也。奉人君之嗜好、忽天下之安危者，宰執王黼輩也。靖康元年閏十一月，大梁陷，都人相與排牆避虜于壽山艮嶽之巔。時大雪新霽，丘壑林塘，粲若畫本，凡天下之美、古今之勝在焉。祖秀周覽纍日，咨嗟驚歎，信天下之傑觀而天造有所未盡也。明年春，復游華陽宫，而民廢之矣。元老大臣所爲圖、書、詩、頌、名、記，人厭之，悉斧其碑，委諸溝中。至於華木竹箭，宫室臺榭，尋爲民所薪。同宇宙而長存，獨壽山艮嶽，以耳目之眩，蔽堯舜之明，爲王者一尤物耳。昔三代以嬖色取禍，秦隋以奢靡致失，自書傳之作，聖賢莫不以斯二者爲先誡也。自我藝祖以上聖之資定區宇，既克孟昶，閱宫中物有寶裝、溺器，遽命碎之。平劉鋹，廢媚川都，速禁采珠。蓋奢侈者，禍之媒孽，創業之君所諱也。於虖！富有天下，美味珍服莫敢以資其身。雖土階三尺，茅茨不翦，亦知其可也。崇寧之際，恭默求治，是時非無賢能也，而蔡氏先據要途，祖宗之法去民久矣。自是崇大苑囿，結怨敵國，皆出於此。不然，一夫不臣，天下族之，彼醜裔安得而内侮之邪？噫！天下之士聞壽山艮嶽者，舊矣。孰親觀其興廢，復使後世憑何圖記以攷之與？因括其大略，作《華陽宫記》云。

《宋史》卷八五《地理志》 萬歲山艮嶽。政和七年，始於上清寶籙宫之東作萬歲山。山周十餘里，其最高一峯九十步，上有亭曰介，分東西二嶺，直接南山。山之東有萼緑華堂，有書館、八仙館、紫石巖、棲真磴、覽秀軒、龍吟堂。山之南則壽山兩峯並峙，有雁池、噰噰亭，北直絳霄樓。山之西有藥寮，有西莊，有巢雲亭，有白龍沜、濯龍峽，蟠秀、練光、跨雲亭，羅漢巖。又西有萬松嶺，半嶺有樓曰倚翠，上下設兩關，關下有平地，盤大方沼，中作兩洲：東爲蘆渚，亭曰浮陽；西爲梅渚，亭曰雪浪。西流爲鳳池，東出爲雁池，中分二館，東曰流碧，西曰環山，有閣曰巢鳳，堂曰三秀，東池後有揮雪廳。復由嶝道上至介亭，亭左復有亭曰極目，曰蕭森，右復有亭曰麗雲、半山。北俯景龍江，引江之上流注山間。西行爲漱瓊軒，又行石間爲煉丹、疑真觀、圜山亭，下視江際，見高陽酒肆及清澌閣。北岸有勝筠庵、躡雲臺、蕭閒館、飛岑亭。支流别爲山莊，爲回溪。又於南山之外爲小山，横亘二里，曰芙蓉城，窮極巧妙。而景龍江外，則諸館舍尤精。其北又因瑶華宫火，取其地作大池，名曰曲江，池中有堂曰蓬壺，東盡封丘門而止。其西則自天波門橋引水直西，殆半里，江乃折南，又折北。折南者過閶闔門，爲複道，通茂德帝姬宅。折北者四五里，屬之龍德宮。宣和四年，徽宗自爲《艮嶽記》，以爲山在國之艮，故名艮嶽；蔡絛謂初名鳳凰山，後神降，其時有「艮嶽排空霄」，因改名艮嶽。宣和六年，詔以金芝産于艮嶽之萬壽峯，又改名壽嶽；蔡絛謂南山成，又改名壽嶽。嶽之正門名曰陽華，故亦號陽華宮。自政和訖靖康，積纍十餘年，四方花竹奇石，悉聚于斯，樓台亭館，雖略如前所記，而月增日益，殆不可以數計。宣和五年，朱勔於太湖取石，高廣數丈，載以大舟，挽以千夫，鑿河斷橋，毁堰拆牐，數月乃至，賜號「昭功敷慶神運石」，是年，初得燕地故也。勔緣此授節度使。大抵羣閹興築不肯已。徽宗晚歲，患苑囿之衆，國力不能支，數有厭惡語，由是得稍止。及金人再至，圍城日久，欽宗命取山禽水鳥十餘萬，盡投之汴河，聽其所之；拆屋爲薪，鑿石爲砲，伐竹爲笓籬；又取大鹿數百千頭殺之，以啗衛士云。

錢泳《履園叢話》卷一八《艮岳》 艮岳舊址在河南開封府城東北隅，約略計之，在今鐵塔上方寺左右。初，宋徽宗未有子嗣，聽方士劉混康言，京城東北形勢增高，當有多福多男之祥。政和七年，遂命户部侍郎孟揆於上清寶籙宮之東築爲山林，象餘杭之鳳凰山，曰「萬歲山」，周十餘里，命宦者梁師成專董其事。時有朱勔者，構求天下奇花異木、太湖靈壁，以及珍禽異獸、佳果文竹之類以進，號曰「花石綱」。專置應奉局於平江，每歲所費，以億萬計。調民夫發運，皆越海渡江，至於鑿城穿山而至。時東南監司郡守，亦有應奉，又有不待詔旨，但行進物至都，通宦官以獻者。後上亦知其擾，稍加禁戢，獨許朱勔及蔡攸入貢。竭府庫之積聚，萃天下之技藝，凡六載而成。飛樓傑閣，瑶島瓊臺，雄瑰偉麗，於斯極矣。宣和四年，上自爲記，以此山在國之艮方，故名「艮岳」。至靖康中，金人犯闕，城門不開，大雪盈尺，凍餓以死者無算。詔令民任便斫伐爲薪，以炊飲食。是日，百姓入艮岳者以數萬計，臺榭宮室，爲之一空。則當日之所謂「芳林園」、「玉津園」、「同樂園」、「宜春苑」、「凝碧池」者，更無從蹤迹矣。今相國寺尚存湖石數峯，相傳爲當時舊物。畢秋帆尚書巡撫河南，嘗築嵩陽吟館於内署之西偏，亦有數石峙於窗前。每逢宴會，必在此間，余親到也。

李格非《洛陽名園記・富鄭公園》 洛陽園池，多因隋唐之舊，獨富鄭公園最爲近闢，而景物最勝。游者自其第，東出探春亭，登四景堂，則一園之景勝可顧覽而得。南渡通津橋，上方流亭，望紫筠堂，而還右旋花木中，有百餘步，走蔭樾亭，賞幽臺，抵重波軒而止。直北走土筠洞，自此入大竹中。凡謂之洞者，皆斬竹丈許，引流穿之，而徑其上。横爲洞一，曰土筠；縱爲洞三：曰水筠，曰石筠，曰樹筠。歷四洞之北，有亭五，錯列竹中，曰叢玉，曰披風，曰漪嵐，曰夾竹，曰兼山。稍南有梅臺，又南有天光臺。臺出竹木之杪，遵洞之南而東，還有卧雲堂。堂與四景堂並南北。左右二山，背壓通流。凡坐此，則一園之勝可擁而有也。鄭公自還政事歸第，一切謝賓客，燕息此園，幾二十年。亭臺花木，皆出其目營心匠，故逶迤衡直，闓爽深密，皆曲有奥思。

李格非《洛陽名園記・董氏東園》 董氏以財雄洛陽。元豐中，少縣官錢糧，盡籍入田宅。城中二園，因蕪壞不治，然其規模尚足稱賞。東園北向入門，有栝可十圍，實小如松實，而甘香過之。有堂可居。董氏盛時，載歌舞，遊之醉不可歸，則宿此數十日。南有敗屋遺址，獨流盃、寸碧二亭尚完。西有大池，中爲堂，榜之曰「含碧」。水四向噴瀉池中，而陰出之，故朝夕如飛瀑而池不溢。洛人盛醉者，走登其堂，輒醒，故俗目曰「醒酒池」。

李格非《洛陽名園記・董氏西園》 董氏西園，亭臺花木，不爲行列區處；周旋景物，歲增月葺所成。自南門入，有堂相望者三。稍西一堂，在大地間。踰小橋有高臺一。又西一堂，竹環之中有石芙蓉，水自其花間湧出，開軒窓，四面甚敞，盛夏燠暑，不見畏日，清風忽來，留而不去。幽禽静鳴，各誇得意。此山林之景，而洛陽城中，遂得之於此。小路抵池，池南有堂，面高亭堂，雖不宏大，而屈曲深邃游者，至此往往相失，豈前世所謂「迷樓者」類也。元祐中，有留守喜宴集于此。

李格非《洛陽名園記・環谿》 環谿，王開府宅園，甚潔。華亭者，南臨池左右翼，而北過涼榭，復匯爲大池，周圍如環，故云然也。榭南有多景樓，以南望則嵩高少室，龍門大谷，層峯翠巘，畢效奇於前榭。北有風月臺，以北望則隋唐宫闕樓殿，千門萬户，岧嶤璀璨，延亘十餘里。凡左太沖十餘年極力而賦者，可瞥目而盡也。又西有錦廳、秀野臺。園中樹松檜花木，千株皆品，别種列除，其中爲島塢，使可張幄次，各待其盛而賞之。涼榭錦廳，其下可坐數百人。宏大壯麗，洛中無踰者。

李格非《洛陽名園記・劉氏園》 劉給事園，涼堂高卑，制度適愜，可人意。有知《木經》者見之，且云：近世建造，率務峻立，故居者不便而易壞，唯此堂正與法合。西南有臺一區，尤工緻，方十許丈地，而樓横堂列，廊廡回繚，闌楯周接，木映花承，無不妍穩。洛人目爲劉氏小景。今析爲二，不能與他園争矣。

李格非《洛陽名園記・天王院花園子》 洛中花甚多種，而獨名牡丹曰「花王」。凡園皆植牡丹，而獨名此曰「花園子」，蓋無他池亭，獨有牡丹數十萬本，皆城中賴花以生者，畢家於此。至花時，張幙幄，列市肆，管絃其中。城中士女絶煙火游之。過花時，則復爲丘墟，破垣遺竈相望矣。今牡丹歲益滋，而姚黄魏紫，一枝千錢。姚黄無賣者。

李格非《洛陽名園記・苗帥園》 節度使苗侯既貴，欲極天下佳處，卜居得河南。河南園宅又號最佳處，得開寶宰相王溥園，遂搆之。園既古，景物皆蒼老，復得完力藻飾出之，於是有欲凴陵諸園之意矣。園故有七葉二樹對峙，高百尺，春夏望之如山然，今刱堂其北。竹萬餘竿，皆大滿二三圍。疎筠琅玕，如碧玉椽。今刱亭其南。東有水，自伊水派來，可浮十石舟，今刱亭壓其溪。有大松七，今引水繞之有池。宜蓮荇，今刱水軒，駕出水上。對軒有橋亭，制度甚雄侈然。此猶未盡，得王丞相故園，水東爲直龍圖閣，趙氏所得，亦大刱第宅，園池其間。稍北曰「郊鄏」，陌陌列七丞相之第。文潞公、程丞相宅旁皆有池亭，而趙韓王園獨可與諸園列。

李格非《洛陽名園記・趙韓王園》 趙韓王宅園，國初詔將作營治，故其經畫製作，殆侔禁省。韓王以太師歸是第，百日而薨。子孫皆家京師，罕居之，故園池亦以扃鑰爲常。高亭大榭，花木之淵藪，歲時獨厮養擁篲負畚鍤者於其間而已。蓋人之於宴閒，每自吝惜，宜甚於聲名爵位。

李格非《洛陽名園記・水北胡氏園》 水北胡氏二園，相距十餘步，在邙山之麓，瀍水經其旁。因岸穿二土室，深百餘尺，堅完如埏埴，開軒窻其前，以臨水上。水清淺則鳴漱，湍瀑則奔駛，皆可喜也。有亭榭花木，率在二室之東。凡登覽徜徉，俯瞰而峭絶，天授地設，不待人力而巧者，洛陽獨有此園耳。但其亭臺之名，皆不足載。載之，且亂實。如其臺四望，盡百餘里，而縈伊繚洛乎其間。林木薈蔚，煙雲掩映，高樓曲榭，時隱時見。使畫工極思不可圖，而名之曰「玩月臺」。有庵在松檜藤葛之中，闢旁牖，則臺之所見亦畢陳於前。避松檜，搴藤葛，的然與人目相會，而名之曰「學古庵」。其實皆此類。

李格非《洛陽名園記・湖園》 洛人云：園圃之勝不能相兼者六。務宏大者，少幽邃；人力勝者，少蒼古；多水泉者，艱眺望。兼此六者，惟湖園而已。予嘗游之，信然。在唐爲裴晉公宅園。園中有湖，湖中有堂，曰「百花洲」，名蓋舊，堂蓋新也。湖北之大堂曰「四并堂」，名蓋不足，勝蓋有餘也。其四達而當東西之蹊者，桂堂也。截然出於湖之右者，迎暉亭也。過横地，披林莽，曲徑而後得者，梅臺、知止菴也。自行徑，望之超然，登之翛然者，環翠亭也。眇眇重邃，猶擅花卉之盛，而前據池亭之勝者，翠樾軒也。其大略如此。若夫百花酣而白晝眩，青蘋動而林陰合，水静而跳魚，鳴木落而羣峯出。雖四時不同，而景物皆好，則又其不可殫記者也。

《(雍正)山東通志》卷三六《古蹟三・亂石園》 亂石園，舊在鍋市街東，爲邑人汪大年讀書處。建築年月未詳。内多奇石，又有茗柯堂、半林堂、味元堂、雲帆閣、冷香亭、問雲樓、墨照樓、蕭蕭館、槐西榭等。

《(乾隆)淄川縣志》卷二下《建置志・園林・韓大參約庵别業》 韓大參約庵别業，邑東門南園。門爲小樓，南向。門内薜蘿滿壁，倚一怪石。周圍引般水爲月河，河北直走可數百步，兩傍松竹離立。道盡，築一高臺，臺上閣三楹，東、西二小閣輔之。閣下疊石爲峯，作三神山形，中峯有亭。山下嵌三洞，乍入迷路，前之河直遶山後而引灌洞，中斷處必涉而後可達他處。幼時來遊，乍入冥暗，同遊者作大聲相恐，輒心悸。前轉，徑微明，色然喜矣。河中有小舟可泛，每一令節，遊人集焉。自軍興兵及城下，守者恐隱攻具，去閣毁山，頹然别榛場矣。高瑋記。

李心傳《建炎以來朝野雜記》(甲集)卷二《郊廟・玉津園》 玉津園，紹興十七年建。明年，虜使蕭秉温來賀天申節，始燕射於是園。乾道、淳熙閒，初復燕射，飲餞親王，皆以爲講禮之所。後又有德壽宫東園，集芳園，太上皇后下天竺御園。

《(乾隆)江南通志》卷三〇《輿地志・古迹一・栝園》 栝園在江寧縣大功坊東巷内。舊爲徐魏公達别業，後歸周亮工。堂前老栝兩株，趙宧光題額。左峙一巨峯，沈周、吴寬、錢福皆有鐫題。

《(乾隆)江南通志》卷三〇《輿地志・古迹一・快園》 快園在江寧縣武定橋東，明徐霖所築。中有晚静閣。長洲文徵明書臺，曰振衣。刻名人題詠於上。又有麗藻堂，喬宇題。

《(乾隆)江南通志》卷三〇《輿地志・古迹一・謝安宅》 謝安宅在江寧烏衣巷口，秦淮之南。《圖經》云：安居驃騎航之側，桓元欲以安宅爲營。謝混曰：「召伯之仁，猶惠及甘棠。文靖之德，更不保五畝宅耶？」元慙而止。

《(乾隆)江南通志》卷三〇《輿地志・古迹一・紀瞻宅》 紀瞻宅在江寧縣烏衣巷。《晉書》云：瞻厚自奉養，館宇崇麗，園池竹石，爲一時之盛。元帝嘗幸其宅，既進驃騎將軍，即其宅爲驃騎府，遂名。其府側浮橋曰驃騎航。

《(乾隆)江南通志》卷三〇《輿地志・古迹一・元圃》 元圃在上元縣臺城

北，齊文惠太子築。《輿地志》云：圃内有明月觀，宛轉廊，徘徊橋。《梁書》云昭明太子立館於圃，以延朝士。番禺侯軌盛稱宜奏女樂。太子不答，惟詠左思《招隱》詩：「何必絲與竹，山水有清音。」軌大慚。

《〔乾隆〕江南通志》卷三〇《輿地志・古迹一・青溪園》 青溪園亭在上元縣。舊志：溪西自百花洲入，臨水小亭曰放船。入門有四望亭，榜曰「天開圖畫」。環以四亭：曰玲瓏池，曰玻瓈頃，曰金碧堆，曰錦繡段。其東有橋曰鏡中。橋東爲青溪莊，南有萬柳堤，榜曰「溪光山色」。北有亭臨水，曰撑緑。其徑前曰添竹，後曰香遠。尚友堂西扁曰香世界。先賢祠之東有亭曰花神仙，清如堂，南緑波。橋西有亭曰衆芳，曰愛青。其東又曰割青。青溪閣之南，清風關之北，有橋曰望花隨柳。其中有亭曰心樂，其前曰一川風月。自清風關東折而北，亭出溪東二：曰看竹，曰蒼雪。其後則爲静菴。菴後有石亭，曰最高。山後，跨梁陟徑，爲堂二：前曰閒暇，後曰近民。諸亭惟割青爲舊，餘皆馬光祖所建。宋名青溪園，爲小西湖，今廢。

錢泳《履園叢話》卷二〇《隨園》 隨園在江寧城北，依小倉山麓，池臺雖小，頗有幽趣。乾隆辛亥春二月初，余始遊焉。時簡齋先生尚健，同坐蔚藍天，看小香雪海，梅花盛開，讀畫論詩者竟日。至道光二年九月，偶以事赴金陵，則樓閣傾隤，秋風落葉，又是一番境界矣。其舊僕某尚識余姓名，真所謂「猶有白頭園叟在，斜陽影裏話當年」也。近年聞先生長君蘭村又葺而新之，遊人雜遝矣。

錢泳《履園叢話》卷二〇《張侯府園》 張侯府園在江寧府城東，國初爲靖逆侯張勇所建，今爲劉觀察承書得之。園不甚廣，大廳東偏，有賜書樓一座最高，可以望遠，萬家煙火，俱在目前，亦勝地也。其他如邢氏園、孫淵如觀察所構之五松園，皆有可觀。邢氏園以水勝，孫氏園以石勝也。以上江南。

《〔乾隆〕江南通志》卷三〇《輿地志・古迹一・顧愷宅》 顧愷之宅在江寧縣瓦官寺東北。愷之建層樓作畫，風雨寒暑不下筆，必天氣明朗，乃登樓染毫，即去梯，妻子罕見。

《〔乾隆〕江寧新志》卷一一《古迹志・魏國公諸園》 明魏國公諸園，在大功坊。賜第之南者曰南園，在西者曰瞻園，乃裔孫洪基所創。今在布政司署。竹石卉木，爲金陵園亭之冠。國朝以來，屢加修葺。又有萬竹園，在城西南隅，與瓦官寺近。東園在武定橋東城下，與回光寺近。明武宗于此設釣移日。西園在城内西南，近驍騎倉，有古松，高可三丈，相傳宋仁宗爲昇王時手植，以賜陶道士者。下覆二石：一曰紫煙，一曰鷄冠。宋梅摯有詩焉，光祖有銘。明朱之蕃題曰「六朝松石」，未知何據。又有四錦衣東園，在大功坊之東。莫不營構巧麗。魏公西園萬曆中已歸吴中丞用先，其子孫世居之。遠有謝園，中有晉康樂公謂元□者。按：《宋書・謝靈運傳》云：靈運父祖並塟始興山下。始興，即今浙江上虞縣。元，靈運之祖也。

錢泳《履園叢話》卷二〇《樂圃》 畢秋帆尚書爲陝西巡撫時，嘗買得宋朱伯原樂圃舊地，引泉疊石，種竹栽花，擬爲老年退息之所，余爲輯《樂圃小志》二卷贈之。尚書殁後，家産入官，無托足之地，一家眷屬盡住圃中，可慨也已。案，樂圃五代時爲吾家廣陵郡王金谷園遺址，伯原增築之。元時爲張適所居，明成化間又爲杜東原所有，申文定公致仕後，又構得之。有賜閒堂、鑑曲亭、招隱榭諸勝，嘗賦詩云：「棲遲舊業理荒蕪，徙倚叢篁據槁梧。爲圃自安吾計拙，歸田早荷聖恩殊。山移小島成愚谷，水引清流學鑑湖。敢向明時稱逸老，北窗高枕一愁無。」又有《園居詩》云：「樂圃千年跡，蕭齋五畝身。蓬蒿常謝客，花竹總宜人。清曠懷長統，風流屬季真。臨溪時獨釣，吾自老絲綸。」其二云：「投老身猶健，探幽興未闌。花神催爛漫，竹使報平安。茂樹禽聲合，高樓蝶夢殘。不知人世上，何處有風湍。」嗚呼！文定之與尚書，同是狀元，同是一品官，何福命之不相及也。

范成大《吴郡志》卷一四《園亭・樂菴》 樂菴在崑山縣東六里圓明村，侍御史李衡彦平歸老所居。衡本江都人，避地居崑山。志氣卓犖不群，學問通性理。登第後，治縣有聲。召對，纍遷樞密院檢詳諸房文字，出典大藩。俄引年而歸，作此菴，以經史圖畫自娱。歲餘落致仕，以侍御史同知貢舉，復告老。年幾八十，起居不衰。時過諸子於邑中，已復還菴。清修絶俗，給事惟一蒼頭。俄，旬餘不食。謝去醫藥。手書數十紙，遍别親舊，敕其子不得隨俗作佛事。書訖，掩户蕭然而化。其家刻其遺書，總一大軸，士大夫宗敬之。

范成大《吴郡志》卷一四《園亭・曜菴》 曜菴，在松江之濱。邑人王份有超俗趣，營此以居。圍江湖以入圃，故多柳塘花嶼。景物秀野，名聞四方。一時名勝喜遊之，皆爲題詩圃中。有與閑、平遠、種德、及山堂四堂。煙雨觀、横秋閣、凌風臺、鬱峨城、釣雪灘、琉璃沼、曜翁澗、竹廳、龜巢、雲關、纈林、楓林等處，而浮天閣爲第一，總謂之曜菴。份字文孺，以特恩補官。嘗爲大冶令，歸休老焉。題詩甚多，不可悉録。録其尤著于此，俾其家世保焉。

范成大《吴郡志》卷一四《園亭・東莊》 東莊《九國志》謂之東墅。與南園，皆廣陵王元璙帥吳時，其子文奉爲衙内指揮使時所創營之。三十年間，極園池之賞。奇卉異木及其身，見皆成合抱。又纍土爲山，亦成巖谷。晚年經度不已，每燕集其間，任客所適。文奉跨白騾，披鶴氅，緩步花徑，或泛舟池中，容與往來。聞客笑語，就之而飲。蓋好事如此。

顧起元《客座贅語》卷五《金陵諸園記》 弇州《游金陵諸園序》謂：李方叔記洛陽名園，十有九。若金陵中山王諸邸，所見大小凡十，若最大而雄爽者，有六錦衣之東園；清遠者，有四錦衣之西園；次大而奇瑰者，則四錦之麗宅東園；華整者魏公之麗宅西園；次小而靚者魏公之南園與三錦衣之北園：度必遠勝洛中。蓋洛中有水有竹有花有檜柏而無石，方叔記中不稱有疊石爲峯嶺者可推已。所記諸園凡十六：一曰東園，記稱近聚寶門稍遠，園在武定橋東城下，西與教坊鄰，今廢圮。二曰西園，在城南新橋西，驍騎倉南，記稱鳳臺園誤，其隔弄者，乃鳳臺園也；今再易主，屬桐城吳中丞。三曰鳳臺園，記止稱鳳皇臺，此中舊有一巨石，爲陳廷尉載去，今廢爲上瓦官寺。四曰魏公南園，本徐八公子所創，後轉入魏公，在府第對門。五曰魏公西園，在賜第之後，多石而偉麗，爲諸園之冠。六曰四錦衣東園，在東大功坊下。七曰萬竹園，在城西隅，地大皆種竹，今爲王計部、張太守許鴻臚分有之。八曰三錦衣北園，在府第東弄之東。九曰金盤李園，在卞忠貞廟西，今廢圮。十曰九公子家園，在府第對門。十一曰莫愁湖園，在三山門外，莫愁湖南，今圮。以上皆中山王諸邸所有也。十二曰同春園，齊王孫所創，在南門西沙窩小巷，今爲它人分據。十三曰武定侯竹園，在竹橋西，漢府之後。十四曰市隱園，在武定橋油坊庵，即姚元白所創者，今南半爲元白孫憲副允初拓而大之，北半爲故侍郎何仲雅，改名足園矣。十五曰武氏園，在南門内小巷内，記稱武憲副之第非，乃憲副之叔名易者，今數更主。十六曰王貢士杞園，在聚寶門外，小市西之弄中，其門北俯城壕，貢士官縣令。當弇州官南都時，諸園如顧司寇之息園，武憲副之宅傍園，齊王孫似碧之烏龍潭園，皆可游可紀，而未之及也。

《〔乾隆〕江南通志》卷三一《輿地志・古迹二・長洲苑》 長洲苑在長洲縣太湖北岸闔閭遊獵處。《圖經》云：在縣西南七十里。孟康曰：以江水洲爲苑。韋照云：在吳縣東。《吳都賦》「佩長洲之茂苑」即此。漢吳王濞嗣葺吳苑，極一時之盛，枚乘所云「上林不如長洲」。

《〔乾隆〕江南通志》卷三一《輿地志・古迹二・黄堂》 黄堂在長洲縣雞陂之側。《郡國志》云：楚春申君子假君所建，後太守居之。數失火，塗以雌黄，遂名黄堂。天下郡治名黄堂昉此。或云春申君姓黄，因此得名。

錢泳《履園叢話》卷二〇《獅子林》 獅子林在吳郡齊女門内潘樹巷，今畫禪寺法堂後牆外。元至正間，僧天如、惟則延、朱德潤、趙善長、倪元鎮、徐幼文共商疊成，而元鎮爲之圖，取佛書獅子座而名之，近人誤以爲倪雲林所築，非也。明時尚屬寺中。國初鞠爲民居，荒廢已久。乾隆廿七年，純皇帝南巡，始開闢薙草，築衞牆垣。其中有獅子峯、含暉峯、吐月峯、立雪堂、卧雲室、問梅閣、指柏軒、玉鑑池、冰壺井、修竹谷、小飛虹、大石屋諸勝，湖石玲瓏，洞壑宛轉，上有合抱大松五株，又名五松園。後爲黄小華殿撰府第，其北數百步有王氏之蘭雪堂、蔣氏之拙政園，皆爲郡中名勝。每當春二三月，桃花齊放，菜花又開，合城士女出遊，宛如張擇端《清明上河圖》也。余二十許時，嘗往遊焉，作《獅林竹枝詞》云：「蘭雪堂前青草蕃，蔣家三徑亦荒園。尋春聞説獅林好，借問誰家黄狀元。」「虬鬚園子倚門邊，分得秋娘買粉錢。入門疑到天台路，且避前頭兩少年。」「蒼苔新雨滑弓鞋，斜倚闌干問小娃。曾記飛虹橋畔立，不知誰拾鳳頭釵。」「一雙繡韈污泥濺，日暮歸來空自憐。不是貪遊生小慣，明朝還上虎邱船。」

錢泳《履園叢話》卷二〇《歸田園》 歸田園，在拙政園東，僅隔一牆，明季侍郎王心一所構，中有蘭雪堂、泛紅軒、竹香廊諸景。今王氏子孫尚居其中，相傳王氏欲售于人屢矣，輒見紅袍紗帽者，隱約其間，或呼嘯達旦，似不能割愛者，人亦莫敢得也。余少時嘗見侍郎與蔣伯玉手札，其時在崇禎十六年之十二月廿四日，書中言小園一花一木皆自培植，乞分付園丁，時加防護云云。其明年，侍郎即歸道山，宜一靈之不泯耳。

錢泳《履園叢話》卷二〇《息園》 息園，即顧氏依園舊址，族弟槃溪購而葺之。中有妙嚴臺，相傳爲梁簡文帝女妙嚴公主葬此。嘉慶十三年，濬池得古碣，是四至界牌，知唐、宋時尚有防護也。十六年，又添建先武肅以下五王家廟於前北向，有江蘇方伯慶公碑記。按府志，宋信安郡王孟忠厚府在閶邱坊巷，有藏春園，或即其地也。其東爲秀野園，康熙中翰林顧嗣立所居，有秀野草堂額，一時名士，如朱竹垞、韓慕廬輩俱有詩紀之。

錢泳《履園叢話》卷二〇《繡谷》 繡谷在閶門内後板廠，國初朔州刺史蔣深築。初刺史之祖垓，成進士後，隱居讀書，偶課園丁薙草，土中得一石，有「繡谷」

二字，作八分書，遂以名其園。園中亭榭無多，而位置頗有法，相傳爲王石谷手筆也。康熙三十八年己卯，刺史嘗集郡中諸名宿作送春會，坐中年最長者爲尤西堂、朱竹垞兩太史，張匠門、惠天牧、徐澂齋諸先生尚爲諸生，畫師則王石谷、楊子鶴，方外則目存上人。是時沈歸愚尚書年纔二十七，居末座，賦詩作畫，爲一時之盛。刺史之子仙根亦好風雅，乾隆二十四年又作後己卯送春會，則以尚書爲首座矣。世傳《張憶娘簪花圖》，即於是園作也。嘉慶中，爲葉河帥觀潮所得，道光初，又歸南康謝椒石觀察，作板輿之奉，今又爲婺源王氏所有矣。先是蔣氏欲將是宅出售他姓，猶豫未決，爲問于乩仙，仙判一聯云「無可奈何花落去，似曾相識燕歸來」，是宋人晏殊句也，而不解其義。迨歸葉氏，則上句應矣；後葉氏轉售于謝，謝又售于王，則下句應矣，異哉。

錢泳《履園叢話》卷二〇《瞿園》 瞿園，即宋氏絅師園故址嘉定瞿遠村氏增築之，其西數十步，即前大宗伯沈歸愚先生舊宅也。嘉慶戊寅四月，余嘗同范芝巖、潘榕臯、吴槐江諸先生看園中芍藥，其花之盛，可與揚州尺五樓相埒。范有詩云：「看花車馬聲如沸，誰問尚書舊第來。」今又歸天都吴氏矣。

錢泳《履園叢話》卷二〇《涉園》 涉園在新橋巷東，郡人陸閣亭太守所築。園不甚廣，東近城垣，有小鬱林、觀魚檻、吾愛亭、藤花舫、浮紅漾碧諸勝，近爲崇明祝氏别墅。

錢泳《履園叢話》卷二〇《逸園》 逸園在吴縣西脊山之麓，康熙中，孝子程文焕廬墓之所。右臨太湖，左有茶山、石壁諸勝。每當梅花盛開，探幽尋詩者必到逸園，其主人程在山先生名鍾，即孝子孫也。少工詩，同邑顧退山太史擇爲佳壻。太史之女曰藴玉者，自號生香居士，亦能詩，與在山更唱迭和，較趙凡夫之與陸卿子殆有過之。在山嘗有詩云：「空齋盡日無人到，惟有山妻問字來。」可想見其高致也。當時如沈歸愚大宗伯、彭芝庭大司馬、金安安廉訪諸老，入山探梅，輒留宿園中。余年十二、三時，嘗隨先君子遊逸園，並見先生及生香居士，其所居曰生香閣，閣下爲在山小隱，琴尊横几，圖籍滿牀，前有釣雪槎，其西曰九峯草廬、白沙翠竹山房、騰嘯臺，下臨具區，波濤萬頃，可望、縹緲、莫釐諸峯，雖員嶠、方壺，不是過也。嗣生香没後，在山亦旋卒，一子尚幼，爲地方官買得而造行宫，則向之亭臺池館，皆化而爲方丈瀛州矣。乾隆四十五年，高宗純皇帝南巡，駐蹕於此，有御製詩五古一首，其結句云：「園應歸故主，吾弗更去矣。」回鑾後，此園遂廢，今隔四十年，已成瓦礫場，無有知其處者。

錢泳《履園叢話》卷二〇《靈巖山館》 靈巖山館在靈巖山之陽西施洞下，乾隆四十八九年間，畢秋帆先生所築菟裘也。營造之工，亭臺之勝，凡四五載而始成。至五十四年三月，始將扁額懸掛其門，曰靈巖山館，先生自書，下有一聯云：「花艸舊香溪，卜兆千年如待我；湖山新畫障，卧遊終古定何年。」二門曰鍾秀靈峯，乃阿文成公書。又一聯云：「蓮嶂千重，此日已成雲出岫，松風十里，他年應待鶴歸巢。」自此蟠曲而上，至御書樓，皆長松夾道，有一門甚宏敞，上題「麗燭層霄」四大字，是嵇文恭公書。樓上有楠木橱一具，中奉御筆扁額福字及所賜書籍、字畫、法帖諸件，樓下刻紀恩詩及謝表藁，凡八石。由樓後折而東，有九曲廊，過廊爲張太夫人祠，由祠而上，有小亭曰澄懷，觀道左有三楹曰：「畫船雲壑，三面石壁，一削千仞。」其上即西施洞也。前有一池水，甚清洌，遊魚出没可數，其中一聯云：「香水濯雲根，奇石慣延採硯客；畫廊垂月地，幽花曾照浣紗人。」池上有精舍曰硯石山房，則劉文清公書也。其明年庚戌二月十四日，余與張君止原嘗邀王夢樓太守、潘榕臯農部暨其弟雲浦參軍及陸謹庭孝廉輩，載酒攜琴，信宿其中者三日，極文酒之歡。至嘉慶四年九月，忽有旨查抄，以營兆地例不入官，此園尚無恙也。自是日漸頽圮，蒼苔滿徑，至丙子年間，爲虞山蔣相國孫繼焕所得，而先生自出鎮陝西、河南、山東、兩湖計二十餘載，平泉草木，終未一見，可慨也。道光甲申八月，余偶過是園，回思庚戌之遊，屈指已三十四年矣。爲題四絶云：「賣去靈巖一角山，園門已付老僧關。林泉也自遭磨折，笑我重來鬢亦斑。」「憶昔春遊花正紅，曾隨杖履殿諸公。坐中最羡三松樹，依舊掀髯倚碧空。謂榕臯先生。」「雲壑巍然絶世奇，當年亭榭半參差。此中感慨誰能悉，試問牆間没字碑。舊時石刻俱已磨去。」「眼前富貴總堪哀，世事無如酒一盃。卻喜今朝風日好，山靈應爲故人來。」

錢泳《履園叢話》卷二〇《寒碧山莊》 寒碧山莊在閶門外花步洞庭，劉蓉峯觀察所築，園中有十二峯，皆太湖之選。道光三年始開園門，來遊者無虚日，傾動一時。

錢泳《履園叢話》卷二〇《水木明瑟園》 明瑟園在上沙，初吴江高士徐介白隱居于此，後郡人陸上舍稹增拓之，遂稱勝地，秀水朱竹垞檢討爲作《明瑟園賦》，後復荒蕪。乾隆五十二年，其族孫萬仞嘗得王石谷所繪園圖見示，余爲補書朱賦，於後忽忽三十年，又爲畢秋帆尚書營兆地，今且松籟如怒濤聲矣。以上蘇州。

錢泳《履園叢話》卷二〇《東皋草堂》　東皋草堂在常熟大東門外，明左少參瞿汝説所築，子稼軒先生式耜增拓之，有浣溪草堂、貫清堂、鏡中來諸景。稼軒官户科給事中，本朝順治三年，以議立永明王事，留粤東西數年，此園遂廢。其子伯申守之，吴梅村祭酒有《後東皋草堂歌》七古一首，爲伯申作也。近爲趙叔才文學所購，亭臺樹石，猶有存者。道光癸未四月，余偕藴山弟往遊，烹茶坐話，有滄桑之感焉。

錢泳《履園叢話》卷二〇《壺隱園》　壺隱園在常熟縣西門内致道觀西南，明左都御史陳察舊第。嘉慶十年，吴竹橋禮部長君曼堂得之，築爲亭臺，頗有旨趣，其後即虞山也。越數年復得彭家場空地，亦明時邑人錢允輝南皋别業舊址，造爲小築，田園種竹養魚，亦清幽可憩。

錢泳《履園叢話》卷二〇《燕谷》　燕谷在常熟北門内令公殿右前，臺灣知府蔣元樞所築。後五十年，其族子泰安令因培購得之，倩晉陵戈裕良疊石一堆，名曰燕谷。園甚小，而曲折得宜，結搆有法，余每入城亦時寓焉。以上常熟。

錢泳《履園叢話》卷二〇《康山》　康山，在揚州徐寧闗口兩門之間，相傳爲明狀元康對山讀書處，故名。余每至邗上，必偕友遊康山。其主人爲江鶴亭，名春，初爲儀徵諸生，能詩，工于制藝，當時與天台齊次風齊名，風格高邁，一時名士，皆從之遊。余於嘉慶二年始到康山，鶴亭已没，是其子吉雲。今閲三十年，復見其孫守齋矣。

錢泳《履園叢話》卷二〇《小玲瓏山館》　揚州馬主政名日琯，字秋玉，住東關街。好古博雅，考校文藝，評隲史傳，旁及金石、書畫、鼎彝、古玉、玩器諸物，與其弟日璐俱能詩，好客，爲東南壇坫。所居曰小瓏瓏山館，有看山樓、紅藥階、七峯草堂、清響閣、藤花書屋、叢書樓、覓句廊、澆藥井、梅寮諸勝，今亭榭依然，惜非舊主人矣。

錢泳《履園叢話》卷二〇《雙桐書屋》　雙桐書屋，即王氏舊園闗中張氏增築之，在左衞街。園門北向，進門轉右有竹徑一條，由竹徑而入，小亭翼然，亭中四望，則修桐百尺，清水一池，曲徑長廊，奇花異卉，真城市中山林也。余於嘉慶初始至揚州，園主人張丈琴溪輒來相招，極一時文酒之樂，今垂三十餘年，則亭臺蕭瑟，草木荒蕪矣。豈園之興廢，亦有數歟？

錢泳《履園叢話》卷二〇《片石山房》　揚州新城花園巷又有片石山房者，二廳之後，湫以方池，池上有太湖石山子一座，高五六丈，甚奇峭，相傳爲石濤和尚手筆。其地係吴氏舊宅，後爲一媒婆所得，以開麵館，兼爲賣戲之所，改造大廳房，彷彿京師前門外戲園式樣，俗不可耐矣。

錢泳《履園叢話》卷二〇《江園》　揚州江畹香侍郎家有一園，在闗口門大街，回廊曲榭，花柳池臺，直可與康山争勝。中有黄鸝數箇生長其間，每三春時，宛轉一聲，莫不爲之神往，余嘗與中丞之姪元卿員外把酒聽之。未三十年，侍郎員外叔姪相繼殂謝，此園遂屬之他人。余每過其門，不勝惘惘。

錢泳《履園叢話》卷二〇《静修儉養之軒》　静修儉養之軒在齊寧門内，鮑肯園贈公所築。四圍樓閣，通以廊廡，階前湖石數峯，盡栽叢桂、繡毬、丁香、白皮松之屬。余於壬午、癸未兩年，寓其中最久，每逢花晨月夕，坐卧窗前，致足樂也。

錢泳《履園叢話》卷二〇《樗園》　樗園在廣儲門内。嘉慶甲子、乙丑間吴門王鐵夫學博爲儀徵書院山長，寓此最久，同時汪浣雲、華吉崖亦嘗寓焉。

錢泳《履園叢話》卷二〇《平山堂》　揚州之平山堂，余於乾隆五十二年秋始到，其時九峯園、倚虹園、條園、西園、曲水、小金山、尺五樓諸處，自天寧門外起直到淮南第一觀，樓臺掩映，朱碧鮮新，宛入趙千里仙山樓閣中。今隔三十餘年，幾成瓦礫場，非復舊時光景矣。有人題壁云：「樓臺也似佳人老，剩粉殘脂倍可憐。」余亦有句云：「《畫舫録》中人半死，倚虹園外柳如煙。」撫今追昔，恍如一夢。

錢泳《履園叢話》卷二〇《九峯園》　揚州九峯園，奇石瓏瓏，其最高者有九，故以名園，相傳皆海嶽菴舊物也。高宗南巡見之，選二石入御苑，止存七峯，近又頹廢，不過四五石而已。高東井有詩云：「名園九箇丈人尊，兩叟蒼顔獨受恩。也似山王通籍去，竹林惟有五君存。」以上揚州。

錢泳《履園叢話》卷二〇《錦春園》　錦春園在瓜州城北，前臨運河，余往來南北五十餘年，必由是園經過。園甚寬廣，中有一池水，甚清淺，皆種荷花，登樓一望，雲樹蒼茫，帆檣滿目，真絶景也。高宗純皇帝六次南巡，俱駐蹕于此。成親王有詩云：「錦春園裏萬花榮，媚景熙陽照眼明。百里蜀岡遥挹翠，一渠邗水近涵清。獨憐廢砌横今古，頗見幽篁記姓名。來日江船須早放，倚闌愁絶莫風生。」

《〔乾隆〕江南通志》卷三一《輿地志・古迹二・范仲淹義宅》　范仲淹義宅在吴縣。元樓鑰記云：范氏自唐時居於靈芝坊，在今雍熙寺之後。皇祐中，文正公訪求宗族，買田千畝，作義莊以贍之。宅有二松堂：曰歲寒閣，曰松風。因廣其居爲義宅。中更兵燹，五世至良器始悉復故地。周一千四百八十丈，結屋十楹，寖復舊觀。

《（乾隆）江南通志》卷三一《輿地志・古迹二・玉山草堂》 玉山草堂在崑山縣西界谿上，元顧德輝築，顔曰「玉山佳處」。附：元楊維禎《玉山草堂記》：崑隱若顧仲瑛氏，其世家在崑山之西界溪上，與其弟爲東、西第，又稍爲園池別墅，治屋廬其中。名其前之軒曰桃源，中之室曰芝雲，東曰可詩齋，西曰讀書舍，後之館曰碧梧翠竹亭，曰種玉，合而稱之則曰玉山佳處也。予抵崑，仲瑛必居予佳處，且求志榜屋顔。按郡志：崑山縣華亭，陸氏祖所窆，生機、雲。時人因以玉出崑，而名山崑也。山木號馬鞍，出奇石似玉，煙雨晦冥時得佳氣，如藍山焉，故人亦呼曰玉，又曰崑。而仲瑛氏之居，去玉山甚遠矣，奚以佳名哉？山之佳，在去山之外者得之，山中之人不知也。如唐之終南隱者，與司馬道人指山之佳，身因在山數百里之外也。雖然，終南之佳，終南之隱者未知也。偕佳爲捷仕之徑，千古慙德，至於今，山無能揜焉。若仲瑛氏之有仕才，而素無仕志，幸有先人世禄生産，又幸遭逢盛時，得與名人韻士，日相優遊於山西之墅，以琴樽文賦爲吾弗遷之樂。則玉山之佳，非仲瑛氏弗能領而有之，與終南隱者可以辨其佳之誣不誣矣。

錢泳《履園叢話》卷二〇《樸園》 樸園在儀徵東南三十里，巴君樸園、宿崖昆仲以其墓旁餘地，添築亭臺，爲一家子弟讀書之所，凡費白金二十餘萬兩，五年始成。園甚寬廣，梅萼千株，幽花滿砌。其牡丹廳最軒敞，吴山尊學士書楹帖一聯云：「花候過丁香，喜我至剛逢穀雨；仙根依丙舍，祝君家看到仍雲。」有黄石山一座，可以望遠，隔江諸山，歷歷可數，掩映於松楸野戍之間。而湖石數峯，洞壑宛轉，較吴閶之獅子林尤有過之，實淮南第一名園也。道光癸未秋九月，余自邗上往遊，與童君石林、張君石樵輩信宿其中，得十六景，有梅花嶺、芳草坨、含暉洞、飲鶴澗、魚樂溪、尋詩經、紅藥闌、菡萏軒、宛轉橋、竹深處、識秋亭、積書巖、仙棋石、斜陽坂、望雲峯、小漁梁諸名目，各系一詩，刻石園中。

錢泳《履園叢話》卷二〇《珠媚園》 珠媚園在通州城東北隅。有州人王景獻者，嘗爲廣州太守，得前明顧大司馬舊第，爲增築之。極池臺花木之勝，其正中爲花對堂，堂前大紫薇二株，海内罕見，明時植也。壬午三月，余由福山渡海到州城，時泗州陳雨峯爲狼山總鎮，嘉興憑椒園爲州刺史，置酒園中，歡會竟日，因書四絶句云：「辟疆舊有小峯巒，築就平泉滯一官。斯事原來千古恨，空留花木讓人看。」「萬箇竹同文太守，一拳石肖李將軍。探幽莫訝淮東少，如此名園自不羣。」「一灣春水曲通池，池上桃花紅幾枝。爲語園丁好培植，再栽垂柳萬千絲。」「朱廊寥落暮雲多，滿徑蒼苔絆薜蘿。置酒忩忩人欲去，紫薇花發再來過。」

錢泳《履園叢話》卷二〇《文園》 如皋汪春田觀察少孤，承母夫人之訓，年十六以資爲户部郎，隨高宗出圍，以較射得花翎，纍官廣西、山東觀察使。告養在籍者二十餘年，所居文園有溪南溪北兩所，一橋可通。飲酒賦詩，殆無虚日，惟求子之心甚急，居常於邑不樂。道光壬午三月，余渡海遊狼山，將至揚州，繞道訪文園，時觀察年正六十，鬚髮皓然矣。余有詩贈之云：「問訊如皋縣，來遊豐利場。兩園分鶴徑，一水跨虹梁。地僻樓臺静，春深草木香。桃花潭上坐，留我醉壺觴。」「曲閣飛紅雨，閒門漾碧流。使君無量福，樂此復何求？闊別成清夢，相思竟白頭。掛帆吾欲去，海上月如鉤。」

錢泳《履園叢話》卷二〇《塔射園》 松江張氏有塔射園，在東塔街後，舊爲許氏别業，郡人張孝廉維煦購得其半，葺爲小園，以近西林寺塔故名。園中有紫藤花，開時爛漫可觀。舊聞崑山徐健菴司寇家有憺園，園西池内有小浮圖影，又蘇州虎邱有塔影園，此皆近于城市，與塔相近，理或有之。吾鄉小馬橋有寶泉堂，族曾叔祖蓉峯先生所建，堂前一井水，甚清洌，井中亦有塔影。馬橋距錫山五十里，距蘇亦五十里，塔影從何而來，此理之不可解者。

錢泳《履園叢話》卷二〇《嘯園》 嘯園在婁縣治東，明太僕卿范惟一所築，内有振文堂、天游閣諸勝。乾隆間沈氏虞揚得之，再爲修造，清池峭石，窈若深山，不知在城市間也。

錢泳《履園叢話》卷二〇《右倪園》 右倪園在松江府城北門外，沈綺雲司馬恕所居，今謂之北倉，即姚平山搆倪氏舊園而重葺者也。相傳元末倪雲林避亂嘗寓于此，恐亦附會。園中湖石甚多，清水一泓，叢桂百本，當爲雲間園林第一。

以上松江。

《（乾隆）江南通志》卷三一《輿地志・古迹二・孔宅》 孔宅在青浦縣治北九里。宋淳熙間，居民浚河，得碑云：天寶六年，黄池縣令朱氏葬於崑山縣全吴鄉，孔子宅之西南。其地有夫子廟，在慧日院側。院僧疏廟陾渠，得寶玉六事，璧三，環二，簪一，今藏縣庫。舊《圖經》云：夫子未嘗適吴。以闕里譜系考之，孔氏二十二代孫潛，後漢太子少傅，避地會稽，遂爲郡人。二十九代滔，梁海鹽令。三十二代嗣哲，隋吴郡主簿。三十四代貞，隋蘇州長史。意孔氏子孫有僑寓宦遊於吴，而遂居此者，即所居立先聖廟耳。今廟側又有梁紇廟，其爲子孫奉祀之地明矣。所瘞璧、簪、環、珮之屬，真孔堂之遺寶，得非葬先聖衣冠寶璧於是地乎？其旁有宰我墩、顔淵井，則因孔宅之名而遷合傅會者也。宅後侵於慧日院，今在孔宅涇北，夫子廟在涇南，相去頗遠，梁紇廟西去益遠，疑後人改作也。康熙乙酉春，聖祖南巡，賜御書「聖蹟遺徽」四字匾額，又「澤衍魯邦，四海人均化育；裔分吴會，千秋世永烝嘗」對聯。

《〔乾隆〕江南通志》卷三一《輿地志・古迹二・不礙雲山樓》 不礙雲山樓，在金山縣張溪。元楊謙隱居處。附：元楊維禎記：余嘗北渡揚子，訪金山之勝，而不知松之南又有所謂大金、小金，出没於雲海之中，如壺嶠之在弱流外也。至正九年春，余抵松之張溪。溪之東有大族，爲楊竹西氏居之。南扁其樓曰「不礙雲山」。竹西宴於樓之上，牕户四間，萬頃之雲，兩鰲之島，皆自獻於眉睫之下。竹西風日佳時，岸中樓上，手揮五經之餘，與一二解人談至理，既以八牕無礙者闢於目，復以八荒無礙者洞於心。雲山之觀，盡矣，備矣。竹西憮然若有得，起舉酒而自歌曰：「海之雲兮油油，雨我田兮有秋。海之山兮離離，障我流兮東之。」又歌曰：「雲之動兮蹮蹮，吾與雲動兮，動而不遷。山之静兮層層，吾與山静兮，静而不停。」併録其歌，以爲記。

《〔乾隆〕江南通志》卷三一《輿地志・古迹二・寄暢園》 寄暢園，在無錫縣惠山寺左。舊名鳳谷行窩，屢加增葺，易今名。聖祖南巡，臨幸是園，賜額二：一曰「松風水月」，一曰「山色谿光」。諭德秦松齡恭摹勒石。詳見《山川》。

《〔乾隆〕江南通志》卷三三《輿地志・古迹四・梁園》 梁園，相傳在碭山縣平臺下，梁王育養禽獸之所。李白詩作「梁苑」，枚乘賦作「菟園」，謝惠連賦、高適詩作「兔園」。

姚之駰《元明事類鈔》卷二九《宫室門・弇山園》 《王世貞集》：弇山園，一名弇州園。園之中爲山者三，爲嶺者一，爲佛國者二，爲樓者五，爲堂者三，爲書室者四，爲軒者一，爲亭者十，爲修廊者一，爲橋之石者二、木者六，爲石梁者五，爲洞者、爲灘若瀨者各四，爲流盃者二，諸巖磴澗壑，不可以指計；竹木、卉草、香藥之類，不可以勾股計，此園中之所有也。園畝七十而贏，土石得十之四，水三之，室廬二之，竹樹一之，此吾園之概也。

《〔乾隆〕江南通志》卷三三《輿地志・古迹四・東園》 東園在儀徵縣東翼城内。宋皇祐間，侍御許元建。中有澄虚閣、清讌堂、共樂堂、拂雲亭諸舊蹟。附：宋歐陽修《真州東園記》：真爲州，當東南之水會，故爲江淮、兩浙、荆湖發運使之治所。龍圖閣直學士施君正臣、侍御史許君子春之爲使也，得監察御史裏行馬君仲塗爲其判官，三人者樂其相得之歡，而因其暇日，得州之監軍廢營以作東園，而日往遊焉。歲秋八月，子春以其職事走京師，圖其所謂東園者來以示予，曰：園之廣百畝，而流水横其前，清池浸其右，高臺起其北。臺，吾望以排雲之亭；池，吾俯以澄虚之閣；水，吾泛以畫舫之舟。敞其中以爲清讌之堂，闢其後以爲射賓之圃。芙蕖芰荷之的歷，幽蘭白芷之芬芳，與夫佳花美木，列植而交陰，此前日之蒼煙白露而荆棘也。高甍巨桷，水光日景，動摇而下上，其寬閒深靚，可以答遠響而生清風，此前日之頽垣斷塹而荒墟也。嘉時令節，州人士女嘯歌而管絃，此前日之晦冥風雨、鼪鼯鳥獸之嗥音也。吾於是信有力焉。凡圖之所載，蓋其一二之略也。若乃升於高以望江山之遠近，嬉於水而逐魚鳥之浮沉，其物象意趣，登臨之樂，覽者各自得焉。凡工之所不能畫者，吾亦不能言也，其爲我書其大槩焉。又曰：真，天下之衝也。四方之賓客往來者，吾與之共樂於此，豈獨私吾三人者哉？然而池臺日益以新，草樹日益以茂，四方之士無日而不來，而吾三人者有時而皆去也，豈不眷眷於是哉？不爲之記，則復孰知其自吾三人者始也。予以爲三君子之材賢足以相濟，而又協於其職，知所後先，使上下給足，而東南六路之人，無辛苦愁怨之聲然後休；其餘閑，又與四方之賢士大夫共樂於此，是皆可嘉也，乃爲之書。

《〔光緒〕蘇州府志》卷四八《第宅園林四・諧賞園》 諧賞園在城西北隅，顧提學大典所居。中有遯居、遯泉、晚翠亭、曲水池、上樓、梅山、竹林、茅屋、馴雀軒，俱有記。顧大典《諧賞園記》：予家在城之西北隅，前臨渠，後負郭，左有林宫別墅喬木叢林之勝，遠市而僻。因割其左之半以爲園，園在世綸堂、春暉樓之後。樓垣高三尋，古藤翳之，蔓引蒙密，氤氲蔽虧。承以高臺，下爲雪竇朱闌翠幕，曲有奥趣。臺之左築室三楹，扁曰「雲蘿館」。左楹爲寢室，貯彝鼎樽罍琴劍之屬；右爲便坐，貯經史内典法書名畫之屬；中有一笠、一瓢、一衲、一杖、一鋤、一竿。主人素禪遠役，兹以倦遊歸，而多列游具者，聊效少文卧游耳。若鋤與竿，則爲郎時已繪鋤雲、釣月二圖，賦詩見志矣。館後夾以修廊，啟扉而入，爲清音閣，閣在園之一隅，登樓遠眺，則粉蝶雕甍，逶迤映帶；頫視，則園景可得十之八九。竹樹交戛，不風而鳴，琮琮琤琤，天籟自發。因以名吾閣，蓋取左思《招隱》語也。閣之後精室三楹，以前後爲向背。前玉華仙館，玉華者，石也，産於閩之將樂，瑩潔如玉，先大父爲令時攜歸者也。後爲松石山房，松石者，松花石也，産於栝之松陽，膚理如松幹，予爲司理時攜歸者也。後復綴一軒，扁曰「美蕉」。美蕉者，美人蕉也。産於閩之會城，而予廨中獨盛，緑苗紅萼，簇若朱蓮，予爲學使時攜歸，友人王敬美復書此扁以見貽者也。館旁設一門，非窺園則不啟扃。館以外爲載欣堂，堂後爲静寄軒，皆大父致政時所署，蓋取元亮《歸來》語也。軒前多植桂樹，堂前雜蒔衆卉，隔以短垣。垣之中闢爲門，門枕方池，修廣各百武，踞以石橋。中建水亭三楹，窗扉不扃，四面受景。翠羽飛鳴，金鱗濡沫。心與景會，魚鳥親人，令人真作濠濮間想也。橋面平臺曰舒嘯，修廣與埒，可布長筵。左右藩以柔荑，環以榆柳槐棘，枝葉交蔭，如蓋如幄。前列小山，疏峯灌木，離離相映，蒼松翠柏，蟠屈成屏。今歲久不治，栝棬盡釋，虬枝挺秀，且上干雲霄矣。復循古道稍西，更折而北二百武，入净因庵。庵甫盈丈，中奉大士像，香燈清净，儼若禪居。出庵，度平橋，疊石爲山。入山，皆仄徑，躡級數十而上，山巔有峯屹然，巧而麗，曰錦雲。下有洞，曰棲雲。羣峯環峙，有若騰者，有若舞者，有若人者，有若獸者，有嵌空者，有窈窕者，有突兀者，不可指計。出洞，復度石梁，涉翠微亭，上緣石壁，下俯澄潭。潭中殘英敗葉，積不能去，蓋園中深坳處也。折而南，跨水爲橋，橋通小溪，曰武陵一曲。以樓踞之，琅玕繚繞，碧水周遭，窗牖玲瓏，蒼潤可挹，名曰環玉。下藏一舟，冪以青油，可受數客。春夏則移櫂柳陰，載酒聽黄鸝聲；秋冬則弄明月泛雪霽。隔水曰枕流亭，每池水瀉溢，則激石爲湍。會予内弟劉宋卿鑿池得二石刻，皆開元古篆：一曰「清流急湍」，因樹之亭旁；一曰「茂林修竹」，舊樹竹間，今移之雲蘿館後亭矣。亭之陰，誅茅爲屋，園丁時釀酤酪以待客，扁曰「宜沽野店」，青簾宛然，有流水孤村之致。旁植梅杏桃李各數株，花時與客傾壺而醉，醉則相與枕藉，落英萬片，滿人衣裾，不減許謹花茵也。循溪而南數十武，畫橋碧砌，有亭翼然，扁曰「煙霞泉石」，蓋取游巖語也。亭後徧植薔薇、荼蘼、木香之屬，駢織爲屏，芬芳錯雜，爛然如錦，不減季倫步障也。亭之右，修竹萬竿，清陰蔽日。竹間置石几一，石榻二，深夏，手一編枕簟隨之，坐卧惟意，以取涼適，不減張廌竹林也。林盡而徑見，叢篠斜侵道旁，且苔滑易蹎，非策杖不可行。徑繞修垣，垣皆緣以薜荔，徑盡處爲山神祠。予手拈唐人絶句百首爲籤，籤皆靈驗。祠正面溪，蜿蜒曲折，窅篠陰黝，不辨歸路。蓋園至祠，而園之勝窮矣。大抵吾園臺榭池館，無偉麗之觀，雕彩之飾，珍奇之玩，而惟木石爲最古。木之大者數圍，小者合抱，蘢蔥蒨峭，邃若林麓。石之高者裊藤蘿，庳者蝕苔蘚，蒼然而澤，不露疊痕。皆百餘年物。偉麗、雕綵、珍奇，皆人力所可致，而惟木石不易致。故或者以吾園甲於吾邑，所謂無物處稱尊也。園在城，故取康樂「在兹城而諧賞」句以名吾園，語適與境合也。主人去家園二十餘年，官兩都，歷四方，足跡幾半天下。嘗登泰山，謁闕里，入會稽，探禹穴，陟鴈宕，訪天台，睇匡廬，泛彭蠡，窮武夷之幽勝，吊鯉湖之仙蹤。江山之勝，頗領其概。意有不合，退而耕於五湖，得以佚吾老於兹園也。入則扶杖板輿，出則與昆弟友生觴詠爲樂。江山昔游，斂之邱園之内，而浮沈宦跡，放之何有之鄉。莊生所謂自適其適，而非適人之適，徐徐于于，養其天倪。以此言賞，可謂和矣。夫諧者，和也，庶幾無戾余命園之意歟？姑記而述其所自修，又所謂陳其始末，無慚懷抱云爾，非敢曰藉是以永其傳也。

《〔光緒〕蘇州府志》卷四六《第宅園林二・拙政園》 拙政園，在婁齊二門間。嘉靖中，王御史獻臣因大宏寺廢地營别墅，以自托潘岳拙者之爲政也。文待詔徵明爲圖記。後其子以摴蒱負，失之，歸里中徐氏。國初，海寧陳相國之遴得之。中有連理寶珠山茶，花時爛紅奪目。相國謫塞外，此園入官，爲駐防將軍府。國朝吴偉業《詠拙政園連理山茶》：拙政園内山茶花，一株兩株枝交加。豔如天孫織雲錦，赬如姹女燒丹砂。吐如珊瑚綴火齊，映如蝃蝀凌朝霞。百年前是空王宅，寶珠色相生光華。長養端資鬼神力，優曇涌現西流沙。歌臺舞榭從何起，當日豪家擅閭里。苦奪精藍爲玩花，旋拋先業隨流水。兒郎縱博賭名園，一擲留傳猶在耳。後人修築改池臺，石梁路轉蒼苔履。曲檻奇花拂畫樓，樓上朱顔嬌莫比。千條絳蠟照鉛華，十丈紅牆飾羅綺。鬬盡風流富管弦，更誰瞥眼閒桃李。齊女門邊戰鼓聲，入門便作將軍壘。荆榛從填馬矢高，斧斤勿剪黄鶯喜。近年此地歸相公，相公勞苦承明官。真宰陽和暗回斡，長安日日披薰風。花留金谷遲難落，花到朱門分外紅。獨有君恩歸未得，百花深鎖月明中。灌花老人向前説，園中昨夜零霜雪。黄沙淅淅動人愁，碧樹垂垂爲誰發。可憐塞上燕支山，染花不就花枝殷。江城作花顔色好，杜鵑啼血何斑斑。花開連理古來少，並帶同心不相保。名花珍異惜如珠，滿地飄殘胡不埽。楊柳絲絲二月天，玉門關外無芳草。縱費東君著意吹，忍經摧折春光老。看花不語淚沾衣，惆悵花間燕子飛。折取一枝還供佛，征人消息幾時歸。旗軍既撤，迭居營將，又爲兵備道館，既而爲吴三桂壻王永寧所有，復籍官。康熙十八年，改蘇松常道新署。徐乾學《記》云：始虞山錢宗伯謙益嘗構曲房其中，以娛所嬖河東君。而海寧相公繼之，門施行馬。海寧得禍，入官。駐防將軍以開幕府。禁旅既還，則有鎮將某某者迭館焉。亡何，而前備兵使者安公以爲治所，未暇有所改作，既而歸於永寧。凡前此數人居之者，皆承拙政之舊。自永寧始易置邱壑，益以崇高雕鏤，蓋非復圖記詩賦之云云矣。滇黔作逆，永寧與兇渠有連，既先事死，而園屋猶以藩本入官。其最侈僭則楠木廳柱礎，皆刻升龍。今已撤而輦至京師，供將作矣。蘇松常道缺裁，散爲民居。後歸蔣氏，名曰復園。又歸海寧查比部世倓。復歸平湖吴氏。咸豐庚申，粤匪踞爲僞王府城，復歸官。同治十年，改爲八旗奉直會館。

《〔乾隆〕蘇州府志》卷四五《第宅園林一・南園》 南園，《祥符圖經》：在子城西南，有安寧廳、思元堂，清風、緑波、迎仙三閣，清漣、涌泉、清暑、碧雲、流杯、沿波、惹雲、白雲等八亭，又有樹亭二，就樹爲榱柱，及迎春、百花等三亭。西池在園廳西，有龜首、旋螺二亭，在池中心，形如旋螺。又有茅亭三，茶酒庫、易衣院。《續記》：廣陵王帥吴中治南園，釃流爲治，積土爲山，島嶼峯巒，出於巧思。錢氏去國，此園不毁。祥符中，知州秦羲葺之，以會寮吏館使客。朝貴皆爲賦詩，參知政事郡人丁謂爲序。時作景靈宫，購求珍石，郡人亦於此取貢京師。其間臺榭歲久摧圮。呂濟叔嘗作熙熙堂，厥後守將亦加修飾。今所存之亭，僅有流杯、四照、百花、樂豐、惹雲。每春縱士女遊覽。先是，長洲令王禹偁常攜客醉飲，賦詩云：「天子優賢似有唐，鏡湖恩賜賀知章。他年我若功成後，乞與南園作醉鄉。」大觀末，蔡京罷相欲東還，詔以園賜之。京遂作詩云：「八年帷幄竟何爲，更賜南園寵退歸。堪笑當年王學士，功名未有便吟詩。」《續志》：南園昔甚廣袤，異石奇木多爲朱勔取進，獨一松盤根大不可移而止。今府學後一方之地皆故址也。猶有清流崇阜，可以彷佛當時之勝比。蜀人高氏亦得一隅經營之，而流杯出焉，因作醉鄉等亭以倣古。

《〔乾隆〕蘇州府志》卷四五《第宅園林一・隱圃》 隱圃，在靈芝坊，樞密直學士蔣堂之居。堂兩守蘇，在杭州日已治第吴中，既而告老，日與賓客燕會賦詩爲樂，嘗自號遂翁。圃中有巖扃、水月庵、煙蘿亭、風篁亭、香巖峯、古井、貪山等，自賦《隱圃十二詠》。宅南溪上結宇十餘柱，名溪館，及築南湖臺於水中，亦皆有詩。皇祐五年六月，芝草生於溪館。知州李仲偃集賓僚賦詩爲壽，因立靈芝坊。胡宿撰《溪館記》。

《〔乾隆〕蘇州府志》卷四五《第宅園林一・石湖別墅》 石湖別墅，在縣西南十二里，參政范成大刱。因越來溪故城隨地勢高下而爲亭榭，植以名花，而梅爲獨盛。別築農圃堂，對楞伽寺，下臨石湖。孝宗御賜「石湖」二大字。成大作上梁文云：「吴波萬頃，偶維風雨之舟；越戍千年，因築湖山之觀。」又有北山堂、千巖觀、天鏡閣、玉雪坡、錦繡坡、説虎軒、夢漁軒、綺川亭、盟鷗亭、越來城等處，以天鏡閣爲第一。一時名人皆爲文詞以侈之。乾道八年壬辰三月上巳，周益公以春官去國，與其兄必達過之，成大置酒園中，夜分留題壁間云：「吴臺越壘，距盤門才十里，而陸沈於荒煙野草者千七百年，紫微舍人始創別墅，登臨之勝，甲於東南。豈鴟夷子成功於此，扁舟去之，天閟絶境，須苗裔之賢者，然後享其樂耶？」成大愧謝曰：「公言重，何乃輕許與如此？」益公曰：「吾行四方，見園池多矣，如薌林盤圃，尚乏此趣，非甲而何？」龔氏《紀聞》：范公文章政事，震耀一世，其地爲人所愛重。石湖一帶盡佳山水，作圃於其間頗衆，往往極侈麗之觀。春時士大夫游賞者，獨以不到此爲恨，猶洛中諸圃，必以獨樂爲重耳。石湖之名，前此未甚著，實自范文穆公始。由是繪圖以傳。

《〔乾隆〕蘇州府志》卷四五《第宅園林一・周公瑾宅》 周公瑾宅，在雍熙寺西。故井猶存。案：漢建安三年，孫策爲瑜治第於吴，今猶云周將軍巷。宋太尉周虎居之，遂改爲武狀元坊。盧《志》。一云瑜故宅在醋坊橋東，舊名九曲牆巷。一云梁太守陸襄宅即周瑜宅，後爲雍熙寺。案：宅即今城隍廟。

厲鶚《東城雜記》卷上《皐園》 皐園在城東隅，清泰門稍北。少司農嚴顥亭先生所築，即割金中丞別業之半，中有梧月樓、滄浪書屋、跨溪小太湖、墨琴堂、緑雪軒、芙蓉城、怡雲亭諸勝，修竹一林，平山一簣，蒹葭楊柳，罨岸被涯。引外沙河之流，從水門穿塹入園中，流經亭閣間，束而爲澗，展而爲沼，縠紋鏡光，隨風日波蕩，復注籬外長溝，以達於東河。倚杖閒聽潺湲有聲，城市所無也。先生有經世之才，寄意每在山澤，官都諫，以憂歸，日相羊其中。與汪澹漪書云：近匿迹東城，苦謝酬應，古樹當軒，流泉繞户，覺十數年墮落，餘生稍稍有清閒之樂。何日策杖荒塗，一罄疇昔乎？及其歿於京邸也，徐華徵鄴挽以絶句云：卜築東皐闢草堂，城隅樓角望蒼蒼。清秋風景朱門客，他日登臨憶侍郎。即謂此園也。先生名沆，字子餐，餘杭人，家錢唐，順治乙未進士。父忍公，三嚴先生之仲氏也。

錢泳《履園叢話》卷二〇《豫園》 豫園在上海城内，明潘恭定公恩之子方伯允端所築，方伯自有記。其地甚寬廣，園中有樂壽堂，董思翁爲作《樂壽堂歌》，書於屏障，字徑三四寸許，其墨蹟至今存焉，余於張芥航先生案頭見之。堂前爲千人坐，有池臺之勝，池邊有湖石甚奇峭，名五老峯，有玉玲瓏、飛駿、玉華之名，相傳爲宣和遺物也。今造城隍廟於其中，爲市估所占，作會集公所，遊人雜遝，婦女如雲，醫卜星相之流，亦無不畢集，雖東京大相國寺不能過之。

錢泳《履園叢話》卷二〇《日涉園》 日涉園在上海縣治南，明太僕卿陳所蘊別業，後歸陸氏起鳳，至其玄孫耳山先生錫熊貴，尤增築之。園中舊有竹素堂，爲吴門周天球題，三面臨流，最爲宏敞。高宗朝，先生以總纂《四庫書》成，蒙賜楊基畫《松南小隱圖》，即以園中傳經書屋改爲松南小隱，以敬奉之，紀恩也。此園垂二百餘年，陸氏至今世守。

錢泳《履園叢話》卷二〇《吾園》 吾園在上海城西，邑人李氏別業。得露香園水蜜桃種，植數百樹，桃花開時，遊人如蟻。園中有帶鋤山館、紅雨樓諸勝，桃林中築一亭，二鶴居之，每歲生雛，畜之可愛。

錢泳《履園叢話》卷二〇《從溪園》 從溪園在法華鎮，亦邑人李氏別業。法華故多牡丹，爲東吴之冠，而園中所植者尤蕃茂。花開時，園主人必設筵，宴請當道搢紳輩爲雅集焉。

錢泳《履園叢話》卷二〇《三泖魚莊》 三泖漁莊在青浦縣之朱家角，刑部侍郎王蘭泉先生所居也。有經訓堂、鄭學齋、蒲褐山房諸額。先生博雅好古，尤精金石之學，著有《金石萃編》一百六十餘卷，又《湖海文傳》、《湖海詩傳》共百餘卷，皆收羅天下賢豪長者及騷人墨客之作，爲東南壇坫。

錢泳《履園叢話》卷二〇《南園》 太倉州城南有南園，前明王文肅公所築，中有繡雪堂、潭影軒、香濤閣諸勝，皆種梅花，至今尚存老梅一株，曰瘦鶴，亦文肅手植也。余於乾隆庚戌早春，曾同畢澗飛員外過之，已荒蕪不堪矣。繡雪堂壁間有「話雨」二字，是董華亭尚書書，左方書「天啓丁卯，同陳眉公訪遜之山館聽雨題，四月七日其昌」，計二十二字，墨瀋猶存。道光庚寅冬日，偶見程芳墅所畫《南園瘦鶴圖》，不勝今昔之感，因書二絶句於後云：「昔年踏雪過南園，古寺斜陽草木繁。惟有老梅名瘦鶴，一枝花影倚頹垣。」「相國門庭感舊知，滿頭冰雪最相思。偶然留得和羹種，曾聽前朝話雨時。王文肅、董文敏與陳眉公三人者，最相善，俱年臻大耋。」

錢泳《履園叢話》卷二〇《平蕪館》 嘉定有張丈山者，以貿遷爲業，産不踰中人，而雅好園圃。鄰家有小園，欲借以宴客，主人不許，張恚甚，乃重價買城南隙地築爲園，費至萬餘金，署曰平蕪館，知縣吴盤齋爲作記。遂大開園門，聽人來遊，日以千計。張謂人曰：「吾治此園，將與邦人共之，不若鄰家某之小量也。」識見亦超。

錢泳《履園叢話》卷二〇《澹園》 澹園，在清江浦江南河道總督節院西偏。園甚軒敞，花竹翳如，中有方塘十餘畝，皆植千葉蓮華，四圍環繞垂楊，間以桃李，春時爛漫可觀，而尤宜於夏日。道光己丑歲，余應河帥張芥航先生之招，寓園中者凡四載，余有《澹園二十四詠》，爲先生作也。

錢泳《履園叢話》卷二〇《長春園》 長春園，在蕪湖北門外，即宋張孝祥于湖舊阯，本邑人陳氏廢園，山陰陳岸亭先生聖修宰蕪湖時，搆爲別業。園中有鴻雪堂、鏡湖軒、紫藤閣、剥蕉亭、魚樂澗、卓筆峯、狎鷺隄、拜石廊八景，赭山當牖，潭水瀠洄，塔影鐘聲，不暇應接，絶似西湖勝槩。曩余楚北往回，屢寓于此，時長君恒齋、次君默齋皆與余訂兄弟之好，極文酒之歡。迨先生擢任雲南，此園遂廢矣，惜哉！後三十年而爲邑中王子卿太守所購，故名希右園，有歸去來堂、賜書樓、吴波亭、溪山好處亭、觀一精廬、小羅浮仙館諸勝，時黄左田尚書亦予告歸來，日相過從，飲酒賦詩，爲鳩江之名園焉。

《〔乾隆〕杭州府志》卷二七《名勝・柳浪聞鶯》 柳浪聞鶯，宋時清波、湧金二門間爲聚景園。園有柳浪橋。緣堤植柳，北接亭子灣，即古柳洲是也。康熙三十八年，聖祖仁皇帝御書「柳浪聞鶯」扁額，崇奉於湧金門南創建亭榭，恭勒御碑。其地即靈芝寺顯應觀故址。背負雉堞，面臨方塘，架石梁于塘上。柳絲踠地，輕風摇颺，如翠浪翻空。春時黄鳥睍睆其間，流連傾聽，與畫舫笙歌相應荅焉。皇上六次南巡，並有御製詩。

《〔乾隆〕杭州府志》卷二七《名勝・留餘山居》 留餘山居，南山北麓，循仄徑而上，灌莽叢薄，中奇石壁立。山陰陶驥疏石得泉，其泉從石壁下注，高數丈許。飛珠歕玉，滴厓石作琴筑聲。遂于泉趾構亭結廬其中，俗稱陶莊。其壻汪文烈又闢而廣之，增建亭榭，剔幽抉險，愈入愈奇。玲瓏匼匝，儼若天成。由泉左攀陟至頂，爲樓曰白雲窩。樓西爲臺。雷峯窣堵，近在履舄之下。遥矚江介海門，鴻濛一氣。下視西湖，直杯水耳。乾隆二十二年春，皇上臨幸，賜「留餘山居」額、御製詩。二十七年至四十九年重幸，賜題亭額、對聯、御製詩。

《〔乾隆〕杭州府志》卷二七《名勝・漪園》 漪園在雷峯塔西。或以爲宋湖曲園址，非。湖曲園在塔東。其小蓬萊，今爲孫氏別業。此則宋翠芳園，一名屏山園之址也。舊有五花亭、八面亭、一片湖山諸勝。歲久俱廢，明末爲僧居，曰白雲菴。國都郡人汪獻琛重加葺治，易名慈雲。增構亭宇，雜蒔卉木，沿隄植柳，間以椶亭竹樹，爲小橋引通湖水。乾隆二十二年鑾輿臨幸，賜「漪園」二字爲額。二十七年御書對聯，三十年、四十五年、四十九年並有御製詩。

《〔乾隆〕杭州府志》卷二七《名勝・小有天園》 小有天園，慧日峯爲南屏主山，吴越時建興教寺于其上。疊巘層巒，丹厓翠壁，下有精舍，名壑菴，郡人汪之萼別業也。石笋林列，秀削玲瓏。有泉自石隙出，滙爲深池，古木壽藤，周遭圍繞，即古金鯽池，宋蘇軾撫檻散齋所也。之萼之孫守隄葺治爲園。軒檻周遭，亭廊合匝，皆擅勝致。復構南山亭于慧日峯上。拾級而登，歷幽居洞，陟歡喜巖，抵琴臺，司馬光摩厓家人卦隸書在焉。其上爲南山亭。山峯既高，所見益遠，全湖風景，近在眉睫。乾隆十六年、二十二年、二十七年、三十年、四十五年、四十九年聖駕臨幸。疊蒙賜題聯額及畫幅，前後並有御製詩。

《〔乾隆〕杭州府志》卷二七《名勝・吟香別業》 吟香別業在孤山東麓，前浙江巡撫范承謨陞任福建總督，去浙時取白居易句書「勾留處」三字于湖心亭。尋范殉耿逆之難，浙人哀思，于孤山路建祠崇祀。康熙二十八年，移字懸祠前亭上，亭臨方池。公之子時崇爲福浙總督時，悉栽荷池中，周繚石垣，臨池增建水閣，輔以舫齋，環以曲廊，左構重樓，右起高軒，遂成湖上勝地。范承謨嘗過湖隄，適荷花盛開，觸事行吟，得絶句十首。邦人刻石于此，因名吟香別業。乾隆二十二年至四十九年，聖駕臨幸，並有御製詩。梁詩正《恭和御製吟香別業元韻》詩：一徑春風芳草留，依然遺愛在杭州。已邀輦向花間過，争識詩從象外求。臨木軒窓都入畫，親人魚鳥足銷憂。何思此地經遊釣，爲賞新荷屢挈儔。

《〔乾隆〕杭州府志》卷二七《名勝・關帝祠花園》 關帝祠花園在金沙澗上。雍正八年，總督李衛因灘沙漲成平陸，創建祠宇。祠西爲園，由正殿繞步廊啟徑而入，疊石爲山，疏泉爲池，有橋有亭，有樓有室。最勝者爲垂釣亭。俯臨澗水，有白居易所云垂釣枕上之致。其上星橋月榭，倒影湖中，望之若神樓仙館。

《〔乾隆〕杭州府志》卷二七《名勝·安瀾園》 安瀾園，海寧州城西北隅，地幽境寂，多大陂池。明太常陳與郊因以建園。有竹堂、月閣、流香亭、紫芝樓、金波橋諸勝，謂之隅園。國朝爲大學士陳元龍別業，擴而大之，易名遂初。中建賜安堂，上爲樓，恭懸世宗憲皇帝御賜「林泉耆碩」四字。周遭環繞諸構，有曰環碧堂，曰澂瀾館，曰城隅花墅，曰静明書屋，曰清映軒，曰漾月軒，曰逍遥樓，曰十二樓，曰群芳閣，曰古藤水榭，曰翠微亭，曰南磵亭，曰煙波風月之亭，曰天香塢，曰碕石磯，曰浮槎，曰九曲梁。地廣六十餘畝，池半之。泉石深邃，卉木古茂，爲浙西之名園。乾隆二十七年，皇上閲視海塘，駐蹕，賜名「安瀾園」，御題「安瀾園」、「水竹延清」二額，並佛堂對聯。製駐蹕即事詩。三十年重幸，又題園柱對聯，御製疊韻詩。四十五年、四十九年俱有御製詩。陳元龍《遂初園詩序》：寧邑城西北隅，多陂池。昔經曾祖明太常公因池爲園，名隅園，歲久荒廢。余就其故址，爲之補植竹木，重葺館舍，冀退休歸老焉。而出入中外，任鉅義重，雖年踰大耋，不敢自有其身，林壑之思，徒託諸夢寐問爾。癸丑春，衰病且篤，因具疏請致政。蒙聖上俯俞所請，重以恩禮優隆，賜賚稠疊，御書堂額，以光里第，曰「林泉耆碩」。耆碩二字，愧竦不敢當，而林泉已拜寵錫，則家中所有一池之水、千竿之竹，不異鑒湖之賜。竊幸初心之獲遂也，因名之曰「遂初園」。令家僮掃徑，策杖而遊。園本近市，經曲巷，忽見茂林修竹，即園門也。入門屋三楹，曰城隅花墅。有長廊曰引勝。旁倚修陂，皆種梅花。循廊而西有一大池，望見亭宇在水中央。平橋横亘，曰小石梁。過橋有古藤水榭，臨水迴廊繞之。中峙一堂，曰環碧堂。廣庭面沼，水色林巒，迴環左右。堂之右曰清映軒，階前文石，有流觴曲水之致。東曰浮槎，跨水如舟，臨岸多薔薇屏、葡萄架。西曰澂瀾館，西池寬廣，水光澄徹。池中有一亭曰煙波風月之亭。凌空憑眺，晴雨皆宜。中間有樓五間，曰逍遥樓，前俯平岡，種牡丹數十本。北檻倚清流，對面梅花滿山麓間。樓之西偏，渡小橋，穿山徑，别有一院曰静明書屋。南榮北牖，軒爽可悦心目。自此而西，池流益廣，景象空明。有堂翼然，八窓洞開。斯堂也，實爲一園之主，敬奉御書賜額高懸，以垂不朽。而名斯堂曰賜安堂。安老于斯，永永不忘君賜也。堂之右有崇岡幽麓，循級登其巔，有亭曰翠微亭，以供憑眺。下有碕石磯，可坐而垂綸。岡之南有環橋，東西二池交會于此。橋之南有山，皆種桃杏，花開時髣髴武陵溪畔。桃山之南，桂樹數百株，高下茂密。中有亭曰天香塢，極小山叢桂之勝。旁有小閣曰群芳閣，登閣則梅杏桃李桂花皆在目前。從山根折而東，曲橋宛轉如長虹，可通于環碧堂。再折而南，有曲澗夾岸，石壁松栢交蔭。由環碧堂以通于南池，中隔高阜，林木鬱葱，儼然峻嶺。南池之西有軒，曰漾月軒。初月澄潭，天水一色。池南修竹之中有亭曰南磵亭，北望林煙山翠，如列屏障。迤東有樓，四面曲折，曰十二樓，與城隅花墅相接。園之西尚有隙地爲魚池，爲菜圃，可供朝夕之需。此遂初園之大槩也。園無雕繢，無粉飾，無名花奇石，而池水竹木，幽雅古樸，悠然塵外。老人隨意所之，遊覽既畢，良辰佳夕，可以觴詠，可以寤歌，因各系以詩焉。

《〔乾隆〕杭州府志》卷二三《古蹟·桂隱園》 桂隱園在白洋池北。宋淳熙間，張循王孫名鎡者建。廢久，惟存池及假山石一二。嘉靖《仁和縣志》。北園總名桂隱，有羣仙繪幅樓、清夏堂、玉照堂、蒼寒堂、艷香館、碧宇、水北書院、界華精舍、撫鶴亭、芳草亭、味空亭、垂雲石、攬月橋、飛雪橋、蕋珠洞、芙蓉池、珍林涉趣門、安樂泉、杏花莊、鵲泉。南湖則有閬春堂、煙波觀、御風橋、天鏡亭、把菊亭、星槎、鷗渚亭、汎月閣。又約軒有泰定軒。又衆妙峯山有詩禪堂、黄寧洞、天景白軒、文光軒、緑畫軒、書葉軒、俯巢軒、無所要軒、長不昧軒、摘星軒、餐霞軒、讀易軒、詠老軒、凝薰堂、楚佩亭、宜雨亭、滿霜亭、聽鶯亭、千歲菴、恬虚菴、憑暉亭、弄芝亭、都微别館、水湍橋、漪嵐洞、施無畏洞、澄霄臺、登嘯臺、金竹巖、隱書巖、古雪巖、新巖、疊翠庭、釣磯、菖蒲澗、中池、珠旒瀑、藏丹谷、煎茶磴。《桂隱百課》。張鎡《桂隱百課序》：淳熙丁未秋，余舍所居爲梵刹，爰命桂隱。凡堂館橋池諸名，各賦小詩，總八十餘首。逮慶元庚申，歷十有四年之久。匠生于心，指隨景變，移徙更葺，規模始全。因刪易增補，得詩凡數百。綱而言之，東寺爲報上嚴親之地，西宅爲安身擕幼之所，南湖則管領風月，北園則娱宴賓親，亦菴晨居植福，以資浄業也。約齋晝處觀書，以助老學也。至于暢懷林泉，登賞吟嘯，則又有衆妙峯山，包羅幽曠，介于前六者之間。區區安怡嗜静之志，造物亦不相負矣。或問于曰：造物不負子，子其忍負造物哉？釋名宦之拘囚，享天真之樂，適要當于筋力未息時。今子三仕中朝，顛華齒墜，涉筆臆無十二旬，如之何則可？余應之曰：仕雖多不使勝閒日，余之願也。敢不勉旃！

《〔乾隆〕杭州府志》卷二四《古蹟·聚景園》 聚景園，舊名西園。《都城紀勝》。在清波門外。孝宗致養北宮，拓園西湖之東，又斥浮居之廬九以附益之。清波門外爲南門，湧金門外爲北門，流福坊水口爲水門。亭宇皆孝宗御扁。嘗請兩宫臨幸。後光宗奉三宫，寧宗奉成肅皇太后亦皆同幸。歲久蕪圮。今老屋僅存者，堂曰攬遠，亭曰花光，粗見大槩而已。惟夾徑老松益婆娑，每盛夏芙蓉彌望。遊人艤舫逶堤外。居守者皆培桑莳果，有力本之意焉。《咸淳志》。園有會芳殿、瀛春堂、攬遠堂、芳華亭、瑶津、翠光、桂景、灩碧、凉觀、瓊芳、彩霞、寒碧、柳浪橋、學士橋。《武林舊事》。陸游《小舟遇御園》詩二首：「聖主憂民罷露臺，春風側苑晝長開。盡除曼衍魚龍戲，不禁芻蕘雉兔來。水鳥避人横翠靄，官花經雨委蒼苔。殘年自喜身强健，又作清都夢一回。」「水殿西頭起砌臺，緑楊鬧處杏花開。簫韶本與人同樂，羽衛纔聞歲一來。鵲首波心涵藻荇，金鋪雨後上莓苔。遠臣侍宴應無日，目斷堯雲到晚回。」

《〔乾隆〕杭州府志》卷二四《古蹟·湖山堂》 湖山堂在南新路第二橋西。咸淳三年，洪安撫燾買民地創建。棟宇雄傑，面勢端閎。後三年，安撫潛説友增建水閣六楹。又縱爲堂四楹，以達于閣，卓然爲西湖最。遊者爭趨焉。《咸淳志》。堂本魏静齋了翁所建，權臣惡之，乃勒碑爲洪雲巖建。

《〔乾隆〕杭州府志》卷二四《古蹟·集芳園》 集芳園在葛嶺，前臨湖曲，後據山岡。原張婉儀園，後歸太后殿。理宗以賜賈氏，改名曰後樂園。《咸淳志》。景定三年，詔以集芳園賜賈似道。園故思陵舊物，古木壽藤，積翠四抱，仰不見日。架廊疊磴，極其營度之巧，猶以爲未也。則隧地通道，抗以石梁；飛樓層臺，涼亭燠館；前抱孤山，後據葛嶺；兩隄映帶，一水橫陳，各隨地勢，以搆架焉。堂榭之有名者，曰蟠翠、雪香、翠巖、倚繡、挹露、玉蕊、清勝、西湖一曲、奇勲、秋壑、遂初、客堂、初陽精舍。山之坳曰無邊風月、見天地心。水之濱曰琳瑯步，曰歸舟。通名之曰後樂園。第之左瞰湖作別墅，曰光漾閣、春雨觀、養樂堂、嘉生堂，生意瀟然，生物之府，通名之曰養樂園。《齊東野語》。

《〔乾隆〕杭州府志》卷二四《古蹟·勝景園》 勝景園在長橋南，舊名南園。慈福太后以賜韓侂胄，後復歸御前。理宗撥賜福王，御書「勝景」二字爲扁。《咸淳志》。內有十樣亭榭，工巧無二。射圃、走馬廊、流杯池、山洞，堂宇宏麗，野店村莊，裝點時景，觀者不倦。內有閣名凌風，閣下香山巍然立于前，非古沉即枯枿耳。《夢粱録》。南園窮極幽勝，凡三日而後遍。掌園皆武爵之近上者。有香山十樣景之勝。纍奇石爲石洞二，有亭頂畫以文錦。香山，本蜀守所獻，高至五丈，出于河蝕濤激之餘，玲瓏壁立。更有晚節香亭，植菊二百種。取其祖魏公詩句名之，陸游記中不及也。《四朝聞見録》。侂胄嘗飲南園，過小莊，謂師睪曰，此真田舍間氣象，但欠犬吠鷄鳴耳。俄聞犬嘷，叢薄間視之，師睪也。《宋史·趙師睪傳》。

錢泳《履園叢話》卷二〇《玉玲瓏館》 玉玲瓏館在城南横河橋前，大宗伯姚公立德所居，以窗前有湖石號玉玲瓏，故名。按此石相傳爲宋宣和花石綱之遺，本包氏靈隱山莊舊物也，後歸沈氏庾園，又歸龔侍御翔麟，已屢易主矣。其石高丈許，頗有皺瘦之趣。道光癸巳冬日，余偶訪順德張雲巢都轉，曾一至焉。

錢泳《履園叢話》卷二〇《潛園》 潛園在張御史巷，其門北向，前儀徵令屠琴隖得餘姚楊孝廉別業，增築之。園中湖石甚多，清池中立一峯，尤靈峭，名曰鷺君。道光壬辰歲，嘉興范吾山觀察得之，自徐州遷居於此，賦詩云：「窗前有石何亭亭，頻伽銘之曰鷺君。當時得者潛園叟，太息主客傷人琴。此石之高高丈五，四面玲瓏洞藏府。峭然獨立波中央，但見羣峯皆伏俯。瘦骨稜嶒莫傲人，羽毛爲累失秋林。何日出山飛到此，不辭萬里同歸雲。石乎！石乎！何不油然作雲沛霖雨，空老荒山吾與汝。安心且作信天翁，莫羨窮鴟銜腐鼠。」

錢泳《履園叢話》卷二〇《長豐山館》 長豐山館在湧金門外，郡人朱彦甫舍人得王氏別業而擴充之，蓋其先世居休寧之長豐里，故名。園中有搴雲樓，六橋煙柳，盡在目前，可稱絶勝。舍人豪邁好客，每于春秋佳日，與郡中諸名宿載酒題襟，致足樂也。戊戌六月，余借寓樓上，有詩贈之云：「搴雲樓外水如天，樓上團團月正圓。清酒一壺詩百首，全家同汎采蓮船。」已上杭州。

《〔乾隆〕浙江通志》卷四五《古蹟七·謝元宅》 謝元宅，《水經注》：太康湖，晉車騎將軍謝元田居所在。右濱長江，左傍連山。平陵修通，澄湖遠鏡。於江曲起樓，樓側悉是桐梓，居民號爲桐亭。樓盡升眺之趣，蘆人漁子汎濫滿焉。湖中築路東出趣山，路甚平直。山有三精舍，高甍凌雲，垂簷帶空。俯眺平煙，杳然在下。水陸寧晏，足爲避地之鄉矣。

《〔乾隆〕紹興府志》卷七二《古蹟志二·寓園》 寓園，《山陰縣志》：在府城西南二十里寓山之麓。崇禎初，御史祁彪佳依山作園。園有八景，曰芙蓉渡、玉女臺、迴波嶼、梅坡、試鶯館、即花舍、歸雲軒、遠山堂諸名。《静志居詩話》：公嘗治別業於寓山，極林壑之勝。乙酉閏月六日，坐園中，題其案曰：圖功爲其難，潔身爲其易。吾爲其易者，聊存潔身志。含笑入九泉，浩然留天地。又書曰：已治棺寄蕺山戒珠寺，可取以斂我。是夜，兄子鴻孫侍側，夜分不寐。公苐曰：君子之愛人也以德。逮鴻孫倦隱几，步至放生碣下投水，味旦猶整巾帶立水中。子理孫、班孫葬之園旁，舍池館爲寺，塑公像于堂，至今存焉。

錢泳《履園叢話》卷二〇《青藤書屋》 青藤書屋在紹興府治東南一里許，明徐文長故宅，地名觀巷。青藤者，木連藤也，相傳爲文長手植，因以自號。藤旁有水一泓曰天池，池上有自在巖，孕山樓、渾如舟、酬字堂、櫻桃館、柿葉居諸景。國初陳老蓮亦嘗居此，皆所題也，後屢易其主。乾隆癸丑歲，郡人陳永年翁購得之，翁之子姪如小巖、九巖、十峯、士巖輩皆名諸生，好風雅，始將天池修濬而重闢之，復求文長手書舊額懸諸坐上，即老蓮所題諸景亦仍其舊，並請阮雲臺先生作記，一時遊者接踵，飲酒賦詩，殆無虛日。嘉慶戊申，余重遊會稽曾寓于此，爲作《青藤書屋歌》云：「昔我來遊書屋裏，青藤蟠蟠老將死。滿地落葉秋風喧，似歎所居託無主。今我來時花正芳，青藤生孫如許長。天池之水梳洗出，夭矯作勢如雲張。花開花落三百載，山人之名尚如在。發狂豈肯讓禰衡，醉來直欲吞東海。潁川兄弟荀家龍，買得山人五畝宮。引泉疊石作詩料，三楊七薛將無同。吁嗟乎！石簣石公呼不起，門前走狗何足齒。能令遺蹟不湮淪，便是青藤舊知己。況復披榛木栅鄉，年年寒食拜斜陽。塤篪迭唱歸舟晚，春水桃花何處香。」蓋文長無後，有墓在木栅鄉，將湮没矣，而陳氏昆仲復爲修葺而祭掃之，又文長身後之遇也。

錢泳《履園叢話》卷二〇《倦圃》　嘉興府城西門内有倦圃，即宋岳鄂王孫倦翁珂故宅，圃甚寬廣，儼若山林。嘉慶甲子三月，嘗同家恬齋過，圃中荒廢久矣。近爲陳氏所購，葺而新之，據朱竹垞《曝書亭集》所載，有叢菊徑、積翠池、浮嵐、范湖草堂、静春軒、圓谷、采山樓、狷溪、金陀别館、聽雨齋、橘田、芳樹亭、溪山真意軒、容與橋、漱研泉、潛山、錦淙洞、留真館、澄懷閣、春水宅諸勝，俱仍舊題，爲嘉禾勝地。

錢泳《履園叢話》卷二〇《曝書亭》　曝書亭在嘉興之梅會里，朱檢討彝尊築。僅有一亭，吾鄉嚴秋水先生書額，汪蛟門爲集杜詩一聯以贈，曰：「會須上番看成竹，何處老翁來賦詩。」嘉慶初，揚州阮雲臺先生督學浙江，嘗過訪，既爲修葺，又刻集杜一聯於石柱，并賦詩紀之。道光七年，東萊吕公延慶知縣事，又捐俸重修。

錢泳《履園叢話》卷二〇《南園》　李元孚名原，嘉興王店人，通申、韓之學。所居南園，即王復旦梅墅舊蹟，在曝書亭後園中。有延青閣、聽月廊、蒲溪草堂、涼舫、玉蘭徑、見山亭、梅花嶺、桂屏片雲軒、虚舟息機處、鏡香橋、知樂亭凡十三景，元孚俱有詩，命曰《南園雜詠》，諸前輩亦多和作，爲一時之盛。元孚殁後，竟成棄地，近復種爲桑園。事隔五十年而元孚尚未葬，停柩園中，可歎也。以上嘉興。

錢泳《履園叢話》卷二〇《二十五峯園》　二十五峯園在嘉善縣城内環整坊科甲埭，本海昌查氏舊園，有春風第一軒、八方亭、清夢軒、平遠樓諸勝，園多湖石，洞壑瓏瓏。今歸蘇州汪厚齋氏，終年關鎖，命僕守之。三十年來，園主人未嘗一至也。

《〔光緒〕嘉興府志》卷一五《古蹟二·耘廬》　耘廬在北門外七里。孝廉馮洪業築。平湖張《志》。爲畝三百，周遭浚濠，内爲連山複嶺，植梅三千，築室其中，名雪窖。植海棠千，名海棠巢。植桂二千，名桂香徑。馴舞鶴三十餘。一時文酒之盛，比之玉山。《檇李詩繫》。國朝屬御史陸光旭題曰桂山堂。其後侍郎高士奇得之，改曰北墅。有三十二景，曰江村草堂、雪香亭、碧梧溪、醒閣、秋柯坪、菊圃、松盤山、漁書樓、酣春榭、巖耕堂、問花埠、花南水北之亭、逃禪閣、泛緑亭、覆甕泉、蔬香圃、耨水樓、金粟徑、蘭渚、芙蓉灣、修篁塢、紅藥畦、瀛山館、蓴溪、晚花軒、鶴巢、紅雨山房、來禽坳、漱晚磯、抱甕陂、香芹澗、五老石。今廢。

《〔光緒〕嘉興府志》卷一五《古蹟二·涉園》　涉園在南門外烏夜邨張大白讀書處。其子給諫惟赤創造。山林邱壑，儼若天成；曲檻飛梁，縈紆映帶。巡撫范公承謨駐節于此，有長歌勒石。《海鹽續圖經》。中有來青門、攬翠閣、樸巢、玉玲瓏館、杏臺、流觴曲水、篔谷、柳幔荷香津、五龍澗、居然濠、濮松坪、蓮花隖、待月廊、可漱亭、寒香徑、攬湖峯諸景。伊《志》。

《〔光緒〕嘉興府志》卷一五《古蹟二·張黄門宅》　張黄門宅在遷善橋巷。《海鹽圖經》。黄門張寧致仕歸，築方洲草堂于海滋。疊石爲山，上有峯曰蒼玉，曰拄頰，曰小飛來巖，曰宿雨，曰滴露洞，曰歸雲坡，曰蘭雪岫，曰茶煙嶠，曰詠月磬，曰卓筆泉，曰洗硯池，曰映山，皆劖于石。而通目之曰一笑山。《静志居詩話》。後宅漸廢。國朝陳廷益得之重修，修葺復還舊觀。《殷水遺聞》。張甯記略：方洲草堂，疊石爲山，周植小檜、梅竹、雜卉，高曠未滿尋丈，而欲擬諸大山，可發一笑。彼山之大者，非己所有，亦非草堂所能貯，此山可貯而有，以其能小也。山雖小，而氣象景色，生意畢具，則亦自有可喜而笑者在，名之曰一笑山。其北有舍，南向，深僅及尋，而横廣以倍。其上環竹爲覆篷，仰飾粉素，通明虚白，恍若一舟寄泊于湖山風雪間。自念平生薄遊江海，以衰病還家，休卧篷室，名曰雪夜歸舟，所以著予之自得也。道光三年，改建風神祠。于《志》。

《〔光緒〕嘉興府志》卷一五《古蹟二·永宇溪莊》　永宇溪莊在北郊永宇圩。乾隆庚辰，曹廷棟自營壽藏，先築亭種梅，復搆屋數椽于後。中爲順寧居，有石刻侣鶴圖，即廷棟小照也。東曰雙巢，西曰秋水夕陽亭。折而南，曰幻不壬屋。其北曰俟廬。廷棟有《溪莊》前後四詠。前四詠爲築亭、種樹、編籬、架橋，後四詠則四面碑、三折徑、嗅梅欄、招鶴橋也。曹廷棟自爲記。

《〔光緒〕嘉興府志》卷一五《古蹟二·遯溪》　遯溪在永七區北暑圩，距城三里。相國錢士升别業。四方賢士輻輳，延黄道周講易其中。如賀逢聖、倪元璐、顔茂猷、熊開元輩，後先至止，講學論文，一時稱盛。嘉善戈《志》。中有鱗月堂，取李文山「玉鱗斜月」之句。又有招隱軒、木石居、桃花埂、君子亭。釋智潛有詩云：鱗月堂前花事冷，尚留殘雪在高枝。《魏塘紀勝》。乾隆戊寅，相國元孫浩充重修。伊《志》。

《〔光緒〕嘉興府志》卷一五《古蹟二・沈氏園》 沈氏園，去郡二十里餘，曰北山草堂。初，沈氏于此鑿池疊石，手植九松。今高百尺，合數圍。項玉筍《北山草堂記》。園昉于宋。明正德間，有名棐者，更爲增築，多畜鶴。拓地爲東西舍，疊石爲山，依山結屋，題曰北山草堂。《魏塘紀勝》。山頂有舞袖峯挺立，若美人側出，可四五尺，郎當如舞袖。艮嶽起花石綱，懼而髡其首，得存。《魏塘詩陳》。國朝周篔記：嘉興郡治東二十里有麟湖，湖北有沈氏居，自南宋迄今曰北山草堂者，其始基也。所堂後有池，池之北爲園。園有石山，上有古松九，遂以九松名其地。余客魏里，始往觀焉。所謂北山草堂者，結構甚古，規模宏壯，其中可坐千人。前後軒及左右翼室，深檐四覆，各占方面，亦皆可坐百數十人。又有堂曰小雅，高廣不及北山三之一。相傳「小雅」字爲建文帝遜位南游時所書。出堂後，並池而轉，度略彴，登涵虛閣。憑閣以望，池光如鏡，而峯巒倒影其中，有若修蛾高髻之窺臨矣。下閣遵山麓攀緣而上，山不甚峻，而盤迴曲折，高下之勢，遂若數仞者。下飲池水，入其中，爲澗爲壑，爲島爲嶼，清寒之氣，凜人毛髮。每入一洞轉一峯，向背位置，體勢各具。其曰舞袖峯者，尤爲一山之勝云。

《〔光緒〕嘉興府志》卷一五《古蹟二・野樂園》 野樂園，吴尚書鵬所建，即楞嚴寺基。《静志居詩話》：尚書居里門，會有詔許佃浮屠廢寺爲民居，公子繼輸值于官，請佃楞嚴寺隙地，且酬僧徒以白金四百，因葺野樂園。園有堂曰先瀛。前爲圃曰閒閒、曰猗猗、曰忘機、曰都春。門曰吾如所。堂後有樓，曰雲日。樓前亭二：曰漱芳，曰臨賦。小沼環之。左右齋各一，曰悟真，曰守虛。尚書自爲記。

《〔光緒〕嘉興府志》卷一五《古蹟二・西溪隱居》 漕渠之西爲西溪，有鮑恂隱居。趙《圖記》。明徐一夔記略：西溪在嘉禾郡城之西三里，緣溪上下，長波平陸，浸衍曲折，若龍蛇馳騖。樹木散出，篁竹叢生，隱如深林絶壑。今鮑先生之居在焉。先生之居，逐溪而成屋數楹，在竹樹中，高亢軒豁，有蔬可茹，有桑可蠶，有牲魚酒醴可以供祭祀賓客。旁無雜鄰，農家漁舍，參差相映。大官貴人，非求謁者迹不相及。白日悠永，沙禽水鳥之泳翔，村歌野唱之響應，輕橈短楫之往來，舉不出于顯盼之外，誠類夫隱者之居焉。初先生世居崇德州，其門人有爲之卜築者，徙此一十年矣。郡人至，比之武陵桃源云。周棐詩：溪上齋居好，幽偏事不侵。桑麻存晚計，圖史樂初心。岸幘幽窗曉，移牀緑樹陰。卜鄰何待老，從此數相尋。

《〔光緒〕嘉興府志》卷一五《古蹟二・焦家園》 焦家園，阜成門内，嘉興何《志》。案在今楊公浜之前。宋殿帥焦虎臣園。《方輿勝覽》。園舊有三峯石，高二丈餘，奇花異卉稱是。後孫炳炎中探花，奂炎魁武舉，元末裔孫熙七歲童科。尋爲王同知所有。後鞠爲茂草，惟遺峯石。宣德初，爲内侍昇其石去。柳《志》。今存者惟流觴石。趙《圖記》。案：此園，康熙間錢學使江因遺址重建，亭榭一新。有《緑溪三逕記》。既而割售于人，祝舍人維誥得其西偏之緑溪莊。其後併屬唐御史淮，題曰合峯園。仍學使之結搆，加以葺治，曲池喬木，尚餘古意。明許恂《如焦虎臣園》詩：虎臣花圃今何在，逝水東流去不還。誰似宣公枌社裏，清風千古閟芸關。

《〔光緒〕嘉興府志》卷一五《古蹟二・朱太史第》 朱太史第在梅會里，秀水朱檢討彝尊之居。明文恪公國祚故第，在府城碧漪坊。以避兵屢徙家，其曰静志居，曰茶煙閣者，少壯僑寓時所題也。順治十四年，卜居里中荷花池之陽，其廳曰潛采堂。堂西有竹垞，有甌舫，堂後曰敬悦齋。又有南垞、北垞、槐汧、芠池、芋陂諸蹟。堂南有桂之樹軒，有煮茶聽雪之亭。康熙三十五年，于池南結曝書亭。嚴繩孫書牓，後以名其集。四十四年，聖祖仁皇帝南巡，蒙賜「研經博物」額，敬懸廳事。最後葺娱老軒，爲晚年著書處。其欲築而未果者，曰六峯閣。孫稻孫以名其稿。楊謙《梅里志》。乾隆以來，曝書亭圮。嘉慶元年，學政今巡撫阮公元試嘉興，屬知府伊湯安因舊址重建。次年亭成，阮公偕守令率多士讌集賦詩以落之，刻詩文於石柱，並輯題詠爲二卷。伊《志》。朱彝尊《戲題竹垞壁調寄風中柳》：有竹千竿，甯使食時無肉。也不須更移珍木。北垞也竹，南垞也竹，護吾廬幾叢寒玉。

《〔光緒〕嘉興府志》卷一五《古蹟二・南陔草堂》 南陔草堂，沈大夫堯中宅。堯中，啟隆五世孫也。明王世貞《南陔草堂記》略：郡大夫沈公執甫以陸士仁所繪圖進，曰此苧村所搆南陔草堂圖也。始祖南園公棲隱東皋，搆有草亭已，治圃于水南。叔子静庵公吟嘯泉石，諸名公從之游。晚得夏太常㫤圖其亭勝并顏「東郭草亭」四字，鐫石以傳。四傳至先大夫南野公，日與里人飲酒于野爲樂。後五遷，乃傍南園遺址構數椽，仍結草亭，曰白苧山居。近稍增葺二十餘楹。南對淇園，緑陰當户。折而西，過釣磯，踰小橋，則草堂在焉。堂四面植梅，傍橋植柳。橋西爲水屋，中容小船。南樓三楹，扁曰「苧村煙雨」。蓋嘉禾之最勝處。西瞰澱湖，與煙雨樓相望。樹外湖光如練，帆影出没，真如、華嚴兩浮圖摩空而獻秀。又西爲望湖亭，亭西爲渡口，則主人遲客處也。管橘《東郭草亭爲沈大夫賦》：「幽偏用里足逍遥，小憩茅廬勝折腰。十畝瓜田春樹合，一灣萍水暮煙消。亭如緑野堪供賦，地似桃源可避囂。不獨于今成吏隱，也令千古讓風標。」又《南陔草堂詩》：「衡棲居寂似崆峒，野老相傳舊閟宫。曲徑春深麻苧雨，小亭秋滿芰荷風。吴岡越嶠微茫外，沙鷺汀鷗隱見中。須信世途無垣地，只宜長日醉芳醆。」

《〔乾隆〕延平府志》卷一二《古蹟・天趣園》 天趣園，在城東南杜溪里，佳木陰森，清泉噴湧，映帶巖石之間。明李東陽詩：延平山水稱絶奇，攢峯峭壁爭崔嵬。盤陀巨石坐其上，勢脱險阻成平夷。源泉萬斛出汨潏，曲水百折行逶迤。大者可以通園畦，小者可以流杯匜。青停黛蓄動復定，樹影倒浸清冷池。殊形異狀非一類，或是天巧非人爲。看民乘流作水碓，卻以人力裨天機。臨磯垂釣心中樂，天也人耶兩不知。藥爐丹竈事恍惚，惟見赤脚臨雲梯。

《〔道光〕福建通志》卷四七《古蹟・北園別館》　北園別館。周昌記略：北園者何？鄭代舊業也，去郡治五、六里而遥。園在平壤，無邱壑亭榭、曲折淩峻之致，然蠻煙瘴雨中居然一勝境。遥望青篁緑様，鬱鬱翳翳，蒼萃萬狀。此則園之外觀乎。環園小徑，柯木蔭之。入竹扉，有方塘可數畝，即寒江水亦不涸。小臺鋭出水上，余因而屋之，樹以欄楯，中則設几席，列琴書，可觴可詠。蓉洲季子顔以「致徹」，蓋取吾家濂溪先生、學士麟之以相況也。其後竹林之下，廓地築堂，視前梢宏敞。北則長隄小橋，水在有無間，活活作聲，皆從塘中溢流。雨後聽之，更疑遠從天外落矣。過橋有層臺，高二丈，從樹杪見東山牙列若棋柱笏，而大海煙雲，近在眉睫，可掬而取。塘之東，向爲棄地，命圃人芟其蕪，遍植桃花。稍南草亭，環覆竹樹，坐此可以忘暑。謖謖之聲與啼鳥相賡續。當塘之界於中也，必繞行而始達，余築橋通之，爲欄於其上，可俯而觀魚。橋下置二舫，如秦淮燈篷之式。花明月麗，懸燈兩簷，命童子蕩輕橈，唱采蓮諸曲。此時身在舟中，則如響鈞天泛瀟湘。余因歎此園之始，亦有花鳥笙歌之樂也，亦有樽罍綿繡之華也，然時易人非，亭臺無主，及余來撫是邦，因園之舊，蠲濁取清，葺廢以新，禽魚燈火無不呈奇輔致，爭效於暖風涼月之前。非獨爲兹園幸也，亦以天地之秀不限於荒僻，而士大夫車轍所至，當爲山川開闢荒莽，以寄其優閒之興會。否則，一水一石湮塞弗彰，亦林澗之媿矣。因爲之記，且繪而圖之。

《〔乾隆〕福州府志》卷二一《第宅園亭・石倉》　石倉在洪塘妙峯山下，學佺別業。中有浮山堂、石橋、臨賦閣、春草亭、石倉、長至臺、石君、聽泉閣、夜光堂、梵高閣、淼軒、梅花館、林亭、澗室、荔枝閣、碧泉菴、竹醉亭、琴書社、南池諸勝。

《〔乾隆〕福州府志》卷二一《第宅園亭・緑玉齋》　緑玉齋在鼇峯坊，徐山人𤊹所居。又有紅雨樓、宛羽樓。南損齋云：興公聚書萬卷，居鼇峯麓。客從竹間入，環堵蕭然，而牙籤四圍，縹緗之富，卿相不能敵也。子延壽、孫鍾震世守之。易代後，淪爲尼菴。樓今尚存。

《〔乾隆〕福州府志》卷二一《第宅園亭・松風堂》　松風堂在天寧山，李丞相綱謫居時寓之。有海月、來薰二亭，又有明極堂。李綱《題明極堂》詩：久客若飛蓬，年年氣味同。猶欣容榻地，更得化人宫。鬱勃炎蒸極，巍峩棟宇雄。疎林碎摇月，虚館迥含風。萬户軒楹外，三山指顧中。靈潮自朝夕，大舶各西東。悵望關河遠，蒼茫雲海空。餘生寄閒曠，任運學龐翁。

《〔乾隆〕福州府志》卷二二《第宅園亭・劉先儒砥故居》　劉先儒砥故居在龍峯巖。砥與蔡元定、黄榦友善，二公嘗往來其家，故改所居曰龍峯巖。又龍峯西有石門洞，劉砥與弟礪築室讀書，從朱子遊，朱子留山中最久，又名晦翁巖。

《〔乾隆〕續修臺灣府志》卷一九《雜記・鄭氏北園》　鄭氏北園，去郡治五六里，從海視之則南北矣，故名園。在平壤，無邱壑亭臺、曲折崚峻之致。丙寅，臺厦道周昌因其地，仍其茂林深竹，結亭築室，爲之記，且繪而圖之。季麒光顔曰「致徹」，有《秋夜遊北園記》。昌於道署後築小園，名寓望，蓋取左史「畺有寓望」之言。麒光亦有記。《赤嵌筆談》。又夢蝶園，在臺灣府治。漳人李茂春，明季舉人，遯跡來臺，搆茅亭于永康里以居，名夢蝶處。今改爲法華寺。張鷺洲詩云：疎林一碧映清渠，物外翛然水竹居。指點昔年尋夢處，秋風蝴蝶自遽遽。《瀛壖百詠》。

《〔乾隆〕衡州府志》卷六《山川・蔡子池》　蔡子池，在縣西南二里。《荆州記》云：蔡倫故宅，旁有池名蔡子池。倫始以魚網造紙。縣人今猶多能作紙，蓋蔡倫之遺業也。舊志云：蔡子池南有石臼，即蔡倫舂紙臼。唐别駕李懸以臼入貢。今池存宅廢，臼跡猶存。

《〔乾隆〕衡州府志》卷七《古蹟・蔡倫宅》　在縣南蔡子池邊。《湘中記》載，池南有石臼，即倫舂紙臼。唐别駕李懸以臼入貢。今池存宅廢，臼跡猶存。

《〔乾隆〕衡州府志》卷七《古蹟・李泌故居》　在煙霞峯下。李泌爲李輔國所譖，隱衡山，肅宗詔爲泌治精廬於山中。

《〔乾隆〕衡州府志》卷七《古蹟・龐居士宅》　在城南新街，居士龐藴之住宅也。龐公出世時，命曰無生菴。上有七景：曰高風亭、弄丸洞、要語碑、龐婆石、煙雨臺、金龜山、仙鶱嶺，明郡守蔡汝楠有碑。諸景歲久頹落，間存遺址，蔡碑亦斷缺。國朝康熙間，僧逸菴重建。

《〔同治〕南昌府志》卷七《地理・名蹟・闔園》　闔園在永和門內。李宗伯明睿搆，弋陽王之舊邸也。有山腰官閣、古石堂、碧欄池、浣花池、天池諸跡，公自言閬園以池勝，以竹勝，尤以松勝，他園不敢望焉。建聖沙樓，藏書其中。甲戌，自華亭歸得宋板書一船，皆上海潘文恪家舊藏，每部有文恪公小像，董元宰手書子孫寶藏等字於護殼。宗伯特搆一小閣庋焉，署曰「宋板居」。《江城名蹟記》。

《〔同治〕南昌府志》卷七《地理・名蹟・百花洲》 百花洲在城南東湖北涯。初爲百花洲，宋紹興中，張澄建亭其上，扁曰「講武」，以習水軍。洲畔有橋，即以百花爲名。《江城名蹟記》。國初，屋宇頽廢。康熙三十五年，巡撫安世鼎建僧寺。二十七年，巡撫宋犖建亭榭。四十三年，巡撫李基和堆假山。五十七年，巡撫白潢重修。雍正八年，巡撫謝旻、布政使李蘭、按察使胡瀛重修，巡撫岳濬復修。十一年，布政彭家屏勒「百花洲」三字於石，顔其廳曰「水木清華之館」。南昌、新建縣志併義。乾隆四十二年，巡撫海成復築堤以通蘇圃，改亭爲祠，召僧以祀雲卿，歸其向所置恒沙寺田，併侑以湖産所殖，闢西岸濱湖一帶爲射圃、箭亭，以講武事。四十五年，巡撫郝碩於洲之東偏改建樓閣。舊志。道光間，巡撫錢寶琛重修。咸豐間，軍興屋宇傾圮。同治四年，巡撫沈葆楨率僚屬及紳士新修於東邊。奉勅建張文毅芾、江忠烈忠源專祠，其餘亭軒及蘇公亭，皆焕然一新。《南昌縣志》。

《〔乾隆〕廣信府志》卷五《建置・古蹟・倪氏東園》 張宇初記：吾里倪氏始唐，爲鄉之大姓，凡鄰境邑代推其盛，子孫皆簪纓相續，非他宗所及也。先輩倪君晉明甫博學有智，畧少，從鴻生碩士遊。元季兵革，嘗謀以寧，鄉里衆戴其安。暨朝廷平一海内，君時已有年，遂即所居之東園，闢畦圃，蒔花卉，建齋曰慎獨。齋之東，象山靈臺，巋然而特立；南則鏖湖琵琶，卓然而隆起。臺山華巔秀其後，澄溪激湍帶其前。奇峯偉岫之覽，佳花異木之娱，圖書之列，詩酒之樂，靡不畢具。籬菊牡丹之殊品者，時則遺親友以花，餘乃貯之穹簷廣庭，絢爛若綺繡，年入衰餘，猶培撫不倦。暇日徜徉其間，擷幽芳而蔭喬木，聽遠籟而挹層岑，信忘其居乎塵闠也。子家於倪爲世戚，去東園相望不數十步，若其幽勝雅麗，嘗或濡其故家文物之流風矣。間相謂曰：余樂兹有年，可無一言以紀之乎？夫時之代謝，物之盛衰，古今若夜旦然。若夫金張陶猗之徒，誇侈於一時，使後之慕者求其雕甍綺閣之華，絲竹聲容之美，相去不數十載。遠而百餘歲，皆爲深榛餘礫、荒煙白露之墟，其能竟保其久哉！是惟世德之厚，猶本植而末茂，乃繁衍碩大之無窮也。倪之系，相傳數百載，可謂悠遠盛大矣，而東園之勝，雖遭時變遷，而卒宥其存，豈苟然哉？況君以高年耆德，與乎喬松鬱柏，齊其堅貞於嚴霜畏雪之表，爲其後允者宜思以不墜其先業，克昌其家。他日客有過東園者，則指而告曰：凡其鬱然蒼然者益固，煒然鮮然者益繁，皆其祖之手植也。可不慎護之哉！則視昔人之特爲耳目之悦，其賢豈不遠矣。惜予不足以發夫將來之志也，遂書其所樂者，以爲《東園記》。

《〔道光〕廣東通志》卷二一八《古蹟畧三・昌華苑》 昌華苑，一名顯德園，亦僞劉故址也。在荔枝灣，廣袤數十里。又芳華苑，在千佛寺側，桃花夾水一二里，可以通舟。《黄志》。劉鋹設紅雲宴於此。《粤中見聞》。今盡爲民居。《黄志》。

《〔道光〕廣東通志》卷二一八《古蹟畧三・南越王弟建德故宅》 南越王弟建德故宅在西城内，吴虞翻移交州時所居，有園池，吴萊《南海古蹟記》。即今光孝寺。樓元到廣州，徘徊躑躅於翻宅故處，哀咽悽愴不能自勝。《黄志》。

國朝嘉慶十六年，布政司曾燠始建翻祠于寺中。《探訪册》。

《〔道光〕廣東通志》卷二一八《古蹟畧三・劉王花塢》 劉王花塢即劉氏華林園，在郡西六里，名半塘，有桃梅菱蓮之屬。《輿地紀勝》。又有芳華苑、芳春園，俱在城北。《黄志》。又望春園，在城南二里許。今已盡爲民居，惟花塢故址僅存。《大清一統志》。

《〔道光〕廣東通志》卷二一八《古蹟畧三・楊子宅》 楊子宅在珠江南岸大洲，《府志》。漢議郎楊孚故宅。嘗植河南五鬣松于宅畔，《大清一統志》。冬雪盈樹，人異之，目其地曰河南。《府志》。許渾詩「河畔雪飛楊子宅」，即此。《大清一統志》。後城南有張瓊者，掘得一磚，刻云楊孝元宅。瓊以爲瑞，自號南雪。孝元，孚字也。《粤中見聞》。

《〔道光〕廣東通志》卷二一八《古蹟畧三・南園》 南園在府城南二里，中有抗風軒。明初，孫蕡、黄哲、王佐、李德、趙介輩結詩社於此。後廢爲總鎮府花園。嘉靖間，改爲大忠祠。《黄志》。自洪武初，南園五先生開粤中一代風雅，其後復有歐楨伯、梁公實、黎惟敬、李少偕、吴蘭皐結社南園，稱後五先生。朱彝尊《明詩綜》。國朝康熙癸亥，番禺令李文浩即大忠祠東偏建復抗風軒，列五先生主而祀之。乾隆癸未，督糧道熊繹祖允郡人士之請，詳准以後五先生附祀，顔曰「南園前後五先生祠」。《粤臺徵雅録》。

《〔道光〕廣東通志》卷二一八《古蹟畧三・小雲林》 小雲林在城内，明嘉靖中李待問所築。有湛碧亭，月波橋，招鶴亭，馭風亭，影山樓，青霞精舍，釣月臺諸構。據《文海》李待問自記。

《〔道光〕廣東通志》卷二二〇《古蹟畧五・張九齡宅》 張九齡宅，基址在州西二里。《寰宇記》。在曲江縣東。《宋史・楊大異傳》：大異提點廣東刑獄，訪張九齡故宅，建曲江書院以祀之。《輿地紀勝》：在曲江縣東六十里平圃驛畔，今廟宇乃其宅基。《大清一統志》。張曲江里第之側有枯樹，嘗因狂風發其一根，解作器具，花紋甚奇。人以公之手筆冠世，目之曰文章樹。陶穀《清異録》。

《〔道光〕廣東通志》卷二二三《古蹟畧八・蘇公樓》 蘇公樓，《明統志》：在海康縣西湖上，宋蘇轍謫雷州時寓此。其兄軾同時謫儋耳，亦處此月餘。後改爲祠。咸淳八年，郡守陳大震遷於湖西，與寇祠相對。旁有遺直軒。《大清一統志》。 蘇黄門以論熙豐邪説安置雷州，章惇下令流人不許占官舍，郡人吴國鑑造屋於此，以處子由。惇又以爲强奪民居，賴有僦券而止。曹學佺《名勝志》。 明正德間，郡守王秉良又即舊址建樓，刻二蘇詩於上。今并廢。黄《志》。

《〔道光〕廣東通志》卷二二一《古蹟畧六・東坡故居》 東坡故居，在白鶴峯上。宋蘇軾謫惠，卜居於此。黄《志》。 有德有鄰堂、思無邪齋、娱江亭、悠然亭及硃池、墨沼，又有東坡井。紹興二年，虔寇謝達陷惠州，居民官舍焚蕩無遺，獨留東坡故居，致奠而去。《夷堅志》。 其思無邪齋，明知縣連國柱修之。郝《志》。 宋蘇軾《思無邪齋銘》：大患緣有身，無身則無病。廓然自空明，鏡鏡非我鏡。如以水洗水，二水同一净。浩然天地間，惟我獨也正。

《〔同治〕嘉定府志》卷五《古蹟・揚雄故宅》 漢揚雄故宅，縣東南十五里子雲山。雄，江原人，初遷沐川，今屏山地。繼遷犍爲，再遷成都金花寺。此蓋其遷犍爲時所居。石壁臨江，巖壑深邃，入山數里，一峯巋然，如在雲表。舊有子雲亭，昔人嘗於其處得遺硯，如今製，但去圭角。見《名勝志》、《屏山縣志》、《方輿考畧》、《蜀水經》。

《〔光緒〕敘州府志》卷一四《古蹟・岑參別業》 岑參別業，《名勝志》：在龍騰山下。參從明皇幸蜀，尋守嘉州，後罷寓此。成化中，掘得斷碑，有「南溪州」三字，傍題「唐人岑參別業」。道光十九年，知縣翁紹海就龍騰寺東偏建屋三楹，供岑公栗主，題曰「龍騰別墅」。又建石亭一座，爲攬勝之所，題額云「勢如湧出」。《縣志》。 岑參詩：結屋依青嶂，開軒對翠疇。樹交花兩色，溪合水重流。竹徑春來掃，蘭樽夜不收。逍遥自得意，鼓腹醉中游。 國朝學使黄琮詩：補闕官諫垣，鵰鶚善搏擊。髮白莫興歎，老作二千石。青山緑水間，吏隱良不惡。官罷居南溪，灘聲落枕蓆。正復慰夙願，漁竿釣深碧。獨憐杜拾遺，凄涼幕下客。錦水與瀼西，何處得安宅？

《〔嘉慶〕黑龍江外記》卷二《將軍府》 將軍私宅稱府，在廨舍西北。中精舍三楹，疊石爲假山。將軍觀明栽野芍藥數本，顏曰芍藥廳。廳前有李一株，嘗秋月再花，將軍有詩記之。

藝文

《詩・大雅・靈臺》 經始靈臺，經之營之。庶民攻之，不日成之。經始勿亟，庶民子來。王在靈囿，麀鹿攸伏。孔穎達疏：《傳》《正義》曰：春秋成十八年，築鹿囿。昭九年，築郎囿。則囿者，築牆爲界域而禽獸在其中，故云囿，所以域養禽獸也。天子百里，諸侯四十里。解正禮耳。其文王之囿則七十里。故《孟子》云：齊宣王問於孟子，曰：文王之囿方七十里，有諸？孟子曰：《書傳》有之。曰：若是其大乎，民猶以爲小也。曰：寡人之囿方四十里，民猶以爲大，何也？是宣王自以爲諸侯而問，故云諸侯四十里。以宣王不舉天子而問及文王之七十里，則以爲文王非天子之制明。天子不止七十里，故宜爲百里也。又解囿稱靈，意言靈道行於囿也。鄭《駁異義》云：同言靈者，於臺下爲囿沼，則似因臺爲名。其實亦因相近靈道偏行，故皆稱靈也。 麀鹿濯濯，白鳥翯翯。王在靈沼，於牣魚躍。虡業維樅，賁鼓維鏞，於論鼓鐘，於樂辟廱。於論鼓鐘，於樂辟廱。鼉鼓逢逢，矇瞍奏公。

《全漢賦・枚乘・梁王菟園賦》 修竹檀欒，夾池水，旋菟園，並馳道，臨廣衍，長冗故。故徑於昆崙，貇觀相物芴焉子，有似乎西山。西山隑隑，卹焉隗隗。巷路崣移，崟巖嵔嵸巍。骳焉暴熛，激揚塵埃。蛇龍，奏林薄，竹游風踴焉，秋風揚焉，滿庶庶焉，紛紛紜紜，騰踴雲亂。枝葉翬散，摩來幡幡。焉谿谷沙石，涸波沸日。湲浸疾東流連焉轔轔。陰發緒菲菲，闇闇讙讙擾。昆鷄蝭蛙，倉庚密切。別鳥相離，哀鳴其中。若乃附巢蹇鷙之傅於列樹也，欐欐若飛雪之重弗麗也。西望西山，山鵲野鳩。白鷺鶻桐，鸇鶚鷂雕，翡翠鴝鵒。守狗戴勝，巢枝穴藏。被塘臨谷，聲音相聞。啄尾離屬，翱翔群熙。交頸接翼，闟而未至。徐飛翋䍇，往來霞水，離散而没合。疾疾紛紛，若塵埃之間白雲。也予之幽冥究之乎無端，於是晚春早夏，邯鄲裴國易陽之容麗人及其燕飾子相與雜遝而往款焉。車馬接軫相屬，方輪錯轂。接望何驂，披銜跡蹶。自奮增絶，怵惕騰躍，水意而未發。因更陰逐心相秩奔隧林臨河，怒氣未竭，羽蓋繇起，被以紅沫。濛濛若雨委雪，高冠扁焉，長劍閑焉，左挾彈焉，右執鞭焉。日移樂衰，游觀西園。之芝芝成宮闕，枝葉榮茂，選擇純熟，挈取含苴。復取其次，顧賜從者，於是從容安步，鬬雞走兔，俯仰釣射，烹熬炮炙，極歡到暮。若乃夫郊采桑之婦人兮，袿裼錯紆，連袖方路，摩吔長髮。便娟數顧。芳温往來，按神連才結，已諾不分，縹併進靖，儐笑連便，不可忍視也。於是婦人先稱曰，春陽生兮萋萋，不才子兮心哀，見嘉客兮不能歸，桑萎蠶飢，中人望奈何！

賀復徵《文章辨體彙選》卷二九五石崇《思歸引序》 余少有大志，夸邁流俗。弱冠登朝，歷位二十五年，五十以事去官。晚節更樂放逸，篤好林藪，遂肥遯於河陽別業。其制宅也，即阻長堤，前臨清渠。柏木幾於萬株，流水周於舍下。有觀閣池沼，多養魚鳥。家素習技，頗有秦趙之聲。出則以游自弋釣爲事，入則有琴書之娱。又好服食咽氣，志在不朽，傲然有凌雲之操。欻復見牽，羈婆娑於九列。困於人間煩黷，常思歸而永歎。尋覽樂篇，有《思歸引》儻古人之情，有同於今，故制此曲。此曲有絃無歌，今爲作歌辭，以述余懷。恨時無知音者，令造新聲而播於絲竹也。

梅鼎祚《梁文紀》卷九徐勉《誡子崧書》 勉，歷爲侍中加中書令，雖居顯位，不營產業，家無蓄積。門人故舊或從容致言，勉答曰：人遺子孫以財，我遺之以清白。子孫才也則自致輜軿，如其不才，終爲他有。嘗爲書誡其子崧：

吾家世清廉，故常居貧素，至於產業之事，所未嘗言，非直不經營而已。薄躬遭逢，遂至今日，尊官厚禄，可謂備之。每念叨竊若斯，豈由才致，仰藉先代風範及以福慶，故臻此爾。古人所謂：「以清白遺子孫，不亦厚乎！」又云：「遺子黄金滿籯，不如一經。」詳味此言，信非徒語。吾雖不敏，實有本志，庶得遵奉斯義，不敢墜失。所以顯貴以來，將三十載，門人故舊，亟薦便宜，或使創闢田園，或勸興立邸店，又欲舳艫運致，亦令貨殖聚斂。若此事衆，皆距而不納。非謂拔葵去織，且欲省息紛紜。中年聊於東田間營小園者，非在播藝，以要利入，正欲穿池種樹，少寄情賞。又以郊際閒曠，終可爲宅，儻獲懸車致事，實欲歌哭於斯。慧日、十住等，既應營婚，又須住止，吾清明門宅，無相容處。所以爾者，亦復有以。前割西邊施宣武寺，既失西廂，不復方幅，意亦謂此逆旅舍爾，何事須華？常恨時人謂是我宅。古往今來，豪富繼踵，高門甲第，連闥洞房，宛其死矣，定是誰室？但不能不爲培塿之山，聚石移果，雜以花卉，以娱休沐，用託性靈。隨便架立，不在廣大，惟功德處，小以爲好。所以內中逼促，無復房宇。近營東邊兒孫二宅，乃藉十住南還之資，其中所須，猶爲不少，既牽挽不至，又不可中途而輟，郊間之園遂不辦保，貨與韋黯，乃獲百金，成就兩宅，已消其半。尋園價所得，何以至此？由吾經始歷年，粗已成立，桃李茂密，桐竹成陰，塍陌交通，渠畎相屬。華樓迥榭，頗有臨眺之美；孤峯叢薄，不無糾紛之興。瀆中竝饒菰蔣，湖裏殊富芰蓮。雖云人外，城闕密邇，韋生欲之，亦雅有情趣。追述此事，非有吝心，蓋是筆勢所至爾。憶謝靈運《山家詩》云：「中爲天地物，今成鄙夫有。」吾此園有之二十載矣，今爲天地物，物之與我，相校幾何哉？此吾所餘，今以分汝，營小田舍，親纍既多，理亦須此。且釋氏之教，以財物謂之外命；儒典亦稱，何以衆人曰財。況汝曹常情，安得忘此。聞汝所買姑孰田地，甚爲舄鹵，彌復何安。所以如此，非物競故也。雖事異寢丘，聊可髣髴。孔子曰：「居家理治，可移於官。」既已營之，宜使成立。進退兩亡，更貽恥笑。若有所收穫，汝可自分贍內外大小，宜令得所，非吾所知，又復應霑之諸女爾。汝既居長，故有此及。凡爲人長，殊復不易。當使中外諧緝，人無問言，先物後已，然後可貴。老生云：「後其身而身先。」若能爾者，更招巨利。汝當自勗，見賢思齊，不宜忽略以棄日也。棄日乃是棄身，身名美惡，豈不大哉！可不慎歟！今之所敕，略言此意。政謂爲家以來，不事資產，暨立墅舍，以乖舊業，陳其始末，無愧懷抱。兼吾年時朽暮，心力稍殫，牽課奉公，略不克舉，其中餘暇，裁可自休。或復冬日之陽，夏日之陰，良辰美景，文案間隙，負杖躡屩，逍遥陋館，臨池觀魚，披林聽鳥，濁酒一杯，彈琴一曲，求數刻之暫樂，庶居常以待終，不宜復勞家間細務。汝交關既定，此書又行，凡所資須，付給如別。自兹以後，吾不復言及田事，汝亦勿復與吾言之。假使堯水湯旱，吾豈知如何？若其滿庾盈箱，爾之幸遇。如斯之事，竝無俟令吾知也。《記》云：「夫孝者，善繼人之志，善述人之事。」今且望汝全吾此志，則無所恨矣。

庾信《庾子山集》卷三《同會河陽公新造暗山池聊得寓目》 橫階仍鑿澗，對户即連峯。暗石疑藏虎，盤根似卧龍。沙洲聚亂荻，洞口礙橫松。引泉恒數派，開巖即十重。北園聞吹管，南鄰聽擊鐘。菊寒花正合，杯香酒絶濃。由來魏公子，今日始相逢。

庾信《庾子山集》卷三《北園新齋成應趙王教》 虹粉跂鳥翼，山節拱蘭枝。畫梁雲氣繞，雕窓玉女窺。月懸惟返照，蓮開長倒垂。盤根細壞石，行雨暴澆池。長藤連格徙，高樹帶巢移。鳥聲唯雜囀，花風直亂吹。白虎題書觀，玄熊帖射皮。文絃入舞曲，月扇掩歌兒。玉節調笙管，金船代酒巵。若論曹子建，天人本共知。

庾信《庾子山集》卷一〇《小園賦》 若夫一枝之上，巢父得安巢之所；一壺之中，壺公有容身之地。況乎管寧藜牀，雖穿而可坐；嵇康鍛竈，既煖而堪眠。豈必連闥洞房，南陽樊重之第；緑墀青瑣，西漢王根之宅。余有數畝敝廬，寂寞人外，聊以擬伏臘，聊以避風霜。雖復晏嬰近市，不求朝夕之利；潘岳面城，且適閒居之樂。況乃黄鶴戒露，非有意於輪軒；爰居避風，本無情於鐘鼓。陸機則兄弟同居，韓康則舅甥不別。蝸角蚊睫，又足相容者也。爾乃窟室徘徊，聊同鑿坯，桐間露落，柳下風來。琴號珠柱，書名《玉杯》。有棠梨而無館，足酸棗而非臺。猶得欹側八九丈，縱横數十步，榆柳三兩行，梨桃百餘樹。撥蒙密兮見窗，行欹斜兮得路。蟬有翳兮不驚，雉無羅兮何懼。草樹混淆，枝格相交。山爲簣覆，地有堂坳。藏狸並窟，乳鵲重巢。連珠細菌，長柄寒匏。可以療饑，可以棲遲。欹嶇兮狹室，穿漏兮茅茨。簷直倚而妨帽，户平行而礙眉。坐帳無鶴，支牀有龜。鳥多閑暇，花隨四時。心則歷陵枯木，髮則睢陽亂絲。非夏日而可畏，異秋天而可悲。一寸二寸之魚，三竿兩竿之竹。雲氣蔭於叢蓍，金精養於秋菊。棗酸梨酢，桃榹李薁。落葉半牀，狂花滿屋。名爲野人之家，是謂愚公之谷。試偃息於茂陰，迺久羨於抽簪。雖有門而長閉，實無水而恒沉。三春負鋤相識，五月披裘見尋。問葛洪之藥性，訪京房之卜林。草無忘憂之意，花無長樂之心。鳥何事而逐酒？魚何情而聽琴？加以寒暑異令，乖違德性。崔駰以不樂損年，吴質以長愁養病。鎮宅神以薶石，厭山精而照鏡。屢動莊舄之吟，幾行魏顆之命。薄晚閒闔，老幼相攜；蓬頭王霸之子，椎髻梁鴻之妻。燋麥兩甕，寒菜一畦。風騷騷而樹急，天慘慘而雲低。聚空倉而雀噪，驚懶婦而蟬嘶。昔早濫於吹嘘，藉文言之慶餘。門有通德，家承賜書。或陪玄武之觀，時參鳳凰之墟。觀受釐於宣室，賦垂楊於直廬。遂乃山崩川竭，冰碎瓦裂，大盜潛移，長離永滅。推直轡於三危，碎平途於九折。荆軻有寒水之悲，蘇武有秋風之別。關山則風月悽愴，隴水則肝腸斷絶。龜言此地之寒，鶴訝今年之雪。百靈兮倏忽，精華兮已晚。不雪鴈門之踦，先念鴻陸之遠。非淮海兮可變，非金丹兮能轉。不暴骨於龍門，終低頭於馬坂。諒天造兮昧昧，嗟生民兮渾渾。

庾信《庾子山集》卷一《三月三日華林園馬射賦》 臣聞堯以仲春之月，刻玉而遊河；舜以甲子之朝，披圖而巡洛。夏后瑶臺之上，或御二龍；周王玄圃之前，猶驂八駿。我大周之創業也，南正司天，北正司地，平九黎之亂，定三危之罪。雲紀御官，烏司從職，皇王有秉歷之符，玄珪有成功之瑞。豈直天地合德，日月光華而已哉！皇帝以上聖之姿，膺下武之運，通乾象之靈，啓神明之德。夷典秩宗，見之三禮；夔爲樂正，聞之九成。克己備於禮容，威風總於戎政。加以卑宫菲食，皂帳綈衣，百姓爲心，四海爲念。西郊不雨，即動皇情；東作未登，彌回天眷。兵革無會，非有待於丹烏；宫觀不移，故無勞於白鷰。銀瓮金船，山車澤馬。豈止竹葦兩草，共垂丹露；青赤三氣，同爲景星。雕題鑿齒，識海水而來王；烏弋黄支，驗東風而受吏。於時玄鳥司歷，蒼龍御行；羔獻冰開，桐華萍生。皇帝幸於華林之園，玉衡正而泰階平，閶闔開而勾陳轉。千乘雷動，萬騎雲屯。落花與芝蓋同飛，楊柳共春旗一色。乃命羣臣陳大射之禮，雖行祓禊之飲，即同春蒐之儀。止立行宫，裁舒帳殿。階無玉壁，既異河間之碑；户不金鋪，殊非許昌之賦。洞庭既張，《承雲》乃奏，《騶虞》九節，《貍首》七章。正繪五采之雲，壺寧百福之酒。唐弓九合，冬幹春膠；夏箭三成，青莖赤羽。於是選朱汗之馬，校黄金之埒。紅陽飛鵲，紫鷰晨風，唐成公之驌爽，海西侯之千里，莫不飲羽銜竿，吟猿落雁，鐘鼓震地，塵埃漲天。酒以罍行，餚由鼎進。采則錦市俱移，錢則銅山合徙。太史聽鼓而論功，司馬張旍而賞獲。上則雲布雨施，下則山藏海納。實天下之至樂，景福之歡欣者也。既若木將低，金波欲上，天顧惟穆，賓歌惟醉。雖復暫離北闕，聊宴西城，即同酆水之朝，更是岐山之會。小臣不舉，奉詔爲文。以管窺天，以蠡酌海。盛德形容，豈陳梗槩。歲次昭陽，月在大梁，其日上巳，其時少陽。春史司職，青祇效祥。徵萬騎於平樂，開千門於建章。屬車釃酒，複道焚香。皇帝翊四校於仙園，迴六龍於天苑。對宣曲之平林，望甘泉之長坂。華蓋平飛，風烏細轉。路直城遥，林長騎遠。帷宫宿設，帳殿開筵。旁臨細柳，斜界宜年。開鸛列之陣，靡魚鬚之旍。行漏抱刻，前旌載鳶。河湄薙草，渭口澆泉。堋雲五色，的暈重圓。陽管既調，春絃實撫。總章協律，成均樹羽。翔鳳爲林，靈芝爲圃。草銜長帶，桐垂細乳。鳥囀歌來，花濃雪聚，玉律調鐘，金錞節鼓。於是咀銜拉鐵，逐日追風，并試長楸之埒，俱下蘭池之宫。鳴鞭則汗赭，入埒則塵紅。既觀賢於大射，乃頒政於司弓。變三驅而畫鹿，登百尺而懸熊。繁弱振地，鐵驪蹋空。禮正六耦，詩歌九節，七札俱穿，五豝同穴。弓如明月對堋，馬似浮雲向埒。雁失羣而行斷，猿求林而路絶。控玉勒而摇星，跨金鞍而動月。乃有六郡良家、五陵豪選。新迴馬邑之兵，始罷龍城之戰。將軍戎服，來參武讌，尚帶流星，猶乘奔電。始聽鼓而唱籌，即移竿而標箭，馬噴沾衣，塵驚灑面。石堰水而澆園，花乘風而繞殿。熊耳刻杯，飛雲畫罍。水衡之錢山積，織室之錦霞開。司筵賞至，酒正杯來。至樂則賢乎秋水，歡笑則勝上春臺。既而日下澤宮，筵闌相圃，悵徙蹕之留歡，眷迴鑾之餘舞。欲使石梁銜箭，銅山飲羽，横弧於楚水之蛟，飛鏃於吴亭之虎。況復恭己無爲，《南風》在斯，非有心於蜓翼，豈留情於戟枝？惟觀揖讓之禮，蓋取威雄之儀。

王勃《王子安集》卷六《游冀州韓家園序》 銅溝水北，石鼓山東，星辰當畢昴之墟，風俗是唐虞之國。雖接燕分晉，稱天子之舊都；而向街當衢，有高人之甲第。祥風塞户，瑞氣沖庭，芳酒滿而緑水春，朗月閑而素琴薦。家僮掃地，蕭條仲舉之園；長者盈門，廓落東平之室。梧桐生霧，楊柳摇風，眺望而林泉有餘，奔走而煙霞足用。神龍起伏，俱調鼎鑊之滋；鳴鳳雌雄，並入笙竽之奏。高情壯思，有抑揚天地之心；雄筆奇才，有鼓怒風雲之氣。南庭興晚，東徑陰生。石髓拆而隱士歸，玉山崩而野人醉。僉爲文在我，卜翰苑當仁。王羲之之蘭亭五百餘年，直至今人之賞；石季倫之梓澤二十四友，始得吾徒之游。陶陶然，落落然，則大唐調露之元年獻歲正月也。

白居易《白居易集》卷四三《養竹記》 竹似賢，何哉？竹本固，固以樹德，君子見其本則思善建不拔者；竹性直，直以立身，君子見其性則思中立不倚者；竹心空，空以體道，君子見其心則思應用虚受者；竹節貞，貞以立志，君子見其節則思砥礪名行，夷險一致者。夫如是，故君子人多樹之爲庭實焉。貞元十九年春，居易以拔萃選及第，授校書郎，始於長安求假居處，得常樂里故關相國私第之東亭而處之。明日，履及於亭之東南隅，見叢竹於斯，枝葉殄瘁，無聲無色。詢於關氏之老，則曰：此相國之手植者。自相國捐館，他人假居，由是筐篚者斬焉，彗箒者刈焉。刑餘之材，長無尋焉，數無百焉。又有凡草木雜生其中，菶茸薈鬱，有無竹之心焉。居易惜其嘗經長者之手，而見賤俗人之目，翦棄若是，本性猶存。乃芟蘙薈，除糞壤，疏其間，封其下，不終日而畢。於是日出有清陰，風來有清聲，依依然，欣欣然，若有情於感遇也。嗟乎！竹，植物也，於人何有哉？以其有似於賢，而人〔猶〕愛惜之，封植之，況其真賢者乎？然則竹之於草木，猶賢之於衆庶。嗚呼！竹不能自異，惟人異之；賢不能自異，惟用賢者異之。故作《養竹記》，書於亭之壁，以貽其後之居斯者，亦欲以聞於今之用賢者云。

白居易《白居易集》卷四三《草堂記》 匡廬奇秀，甲天下山。山北峯曰香爐，峯北寺曰遺愛寺，介峯寺間，其境勝絶，又甲廬山。元和十一年秋，太原人白樂天見而愛之，若遠行客過故鄉，戀戀不能去。因面峯腋寺，作爲草堂。明年春，草堂成。三間兩柱，二室四牖，廣袤豐殺，一稱心力。洞北户，來陰風，防徂暑也。敞南甍，納陽日，虞祁寒也。木斲而已，不加丹；牆圬而已，不加白。堿階用石，冪窗用紙，竹簾紵幃，率稱是焉。堂中設木榻四，素屏二，漆琴一張，儒、道、佛書各三兩卷。樂天既來爲主，仰觀山，俯聽泉，傍睨竹樹雲石，自辰及酉，應接不暇。俄而物誘氣隨，外適内和，一宿體寧，再宿心恬，三宿後頹然嗒然，不知其然而然。自問其故，答曰：是居也。前有平地，輪廣十丈；中有平臺，半平地；臺南有方池，倍平臺。環池多山竹野卉，池中生白蓮、白魚。又南抵石澗，夾澗有古松、老杉，大僅十人圍，高不知幾百尺。修柯戛雲，低枝拂潭，如幢豎，如蓋張，如龍蛇走。松下多灌叢，蘿蔦葉蔓，駢織承翳，日月光不到地，盛夏風氣如八九月時。下鋪白石，爲出入道。堂北五步，據層崖積石，嵌空垤堄，雜木異草，蓋覆其上。緑陰蒙蒙，朱實離離，不識其名，四時一色。又有飛泉植茗，就以烹燀。好事者見，可以〔銷〕永日。堂東有瀑布，水懸三尺，瀉階隅，落石渠，昏曉如練色，夜中如環珮琴筑聲。堂西倚北崖右趾，以剖竹架空，引崖上泉，脈分綫懸，自簷注砌，纍纍如貫珠，霏微如雨露，滴瀝飄灑，隨風遠去。其四傍耳目杖屨可及者，春有錦繡谷花，夏有石門澗雲，秋有虎谿月，冬有鑪峯雪。陰晴顯晦，昏旦含吐，千變萬狀，不可殫紀，覼縷而言，故云甲廬山者。噫！凡人豐一屋，華一簀，而起居其間，尚不免有驕矜之態。今我爲是物主，物至致知，各以類至，又安得不外適内和，體寧心恬哉？昔永遠宗雷輩十八人，同入此山，老死不返。去我千載，我知其心以是哉！矧予自思：從幼迨老，若白屋，若朱門，凡所止，雖一日二日，輒覆簣土爲臺，聚拳石爲山，環斗水爲池，其喜山水，病癖如此。一旦蹇剥，來佐江郡。郡守以優容而撫我，廬山以靈勝待我。是天與我時，地與我所，卒獲所好，又何以求焉？尚以冗員所羈，餘纍未盡，或往或來，未遑寧處。待予異時弟妹婚嫁畢，司馬歲秩滿，出處行止，得以自遂，則必左手引妻子，右手抱琴書，終老於斯，以成就我平生之志。清泉白石，實聞此言。時三月二十七日，始居新堂。四月九日，與河南元集虚、范陽張允中、南陽張深之、東西二林長老湊、朗、滿、晦、堅等凡二十有二人，具齋施茶果以落之。因爲《草堂記》。

白居易《白居易集》卷六九《池上篇並序》 都城風土水木之勝，在東南偏。東南之勝，在履道里。里之勝，在西北隅。西閈北垣第一第，即白氏叟樂天退老之地。地方十七畝，屋室三之一，水五之一，竹九之一，而島樹橋道間之。初，樂天既爲主，喜且曰：雖有臺，無粟不能守也，乃作池東粟廪。又曰：雖有子弟，無書不能訓也，乃作池北書庫。又曰：雖有賓朋，無琴酒不能娱也，乃作池西琴亭，加石樽焉。樂天罷杭州刺史時，得天竺石一，華亭鶴二以歸，始作西平橋，開環池路。罷蘇州刺史時，得太湖石、白蓮、折腰菱、青板舫以歸，又作中高橋，通三島徑。罷刑部侍郎時，有粟千斛，書一車，泊臧獲之習筦、磬、絃歌者指百以歸。先是潁川陳孝山與釀法酒，味甚佳。博陵崔晦叔與琴，韻甚清。蜀客姜發授《秋思》，聲甚淡。弘農楊貞一與青石三，方長平滑，可以坐卧。大和三年夏，樂天始得請爲太子賓客，分秩於洛下，息躬於池上。凡三任所得，四人所與，泊吾不才身，今率爲池中物矣。每至池風春，池月秋，水香蓮開之旦，露清鶴唳之夕，拂楊石，舉陳酒，援崔琴，彈姜《秋思》，頹然自適，不知其他。酒酣琴罷，又命樂童登中島亭，合奏《霓裳·散序》，聲隨風飄，或凝或散，悠揚於竹煙波月之際者久之。曲未竟，而樂天陶然已醉，睡於石上矣。睡起偶詠，非詩非賦。阿龜握筆，因題石間。視其粗成韻章，命爲《池上篇》云爾。

十畝之宅，五畝之園，有水一池，有竹千竿。勿謂土狹，勿謂地偏；足以容膝，足以息肩。有堂有亭，有橋有船；有書有酒，有歌有絃。有叟在中，白鬚飄然；識分知足，外無求焉。如鳥擇木，姑務巢安；如龜居坎，不知海寬。靈鶴怪石，紫菱白蓮；皆吾所好，盡在我前。時引一盃，或吟一篇；妻孥熙熙，鷄犬閑閑。優哉游哉！吾將終老乎其間。

白居易《白居易集》卷四五《與微之書》 四月十日夜，樂天白：微之微之！不見足下面已三年矣，不得足下書欲二年矣，人生幾何，離闊如此！況以膠漆之心，置於胡越之身，進不得相合，退不得相忘，牽攣乖隔，各欲白首。微之微之，如何如何！天實爲之，謂之奈何！僕初到潯陽時，有熊孺登來，得足下前年病甚時一札，上報疾狀，次序病心，終論平生交分。且云：危惙之際，不暇及他，唯收數帙文章，封題其上，曰：他日送達白二十二郎，便請以代書。悲哉！微之於我也，其若是乎！又睹所寄聞僕左降詩，云：「殘燈無焰影幢幢，此夕聞君謫九江。垂死病中驚起坐，闇風吹雨入寒窗。」此句他人尚不可聞，況僕心哉！至今每吟，猶惻惻耳。且置是事，畧敘近懷。僕自到九江，已涉三載。形骸且健，方寸甚安。下至家人，幸皆無恙。長兄去夏自徐州至，又有諸院孤小弟妹六七人提挈同來。頃所牽念者，今悉置在目前，得同寒煖饑飽。此一泰也。江州風候稍涼，地少瘴癘。乃至虵虺蚊蚋，雖有，甚稀。湓魚頗肥，江酒極美。其餘食物，多類北地。僕門内之口雖不少，司馬之俸雖不多，量入儉用，亦可自給。身衣口食，且免求人。此二泰也。僕去年秋始遊廬山，到東西二林間香鑪峯下，見雲水泉石，勝絶第一，愛不能舍。因置草堂，前有喬松十數株，修竹千餘竿。青蘿爲牆垣，白石爲橋道，流水周於舍下，飛泉落於簷間，紅榴白蓮，羅生池砌。大抵若是，不能殫記。每一獨往，動彌旬日。平生所好者，盡在其中。不唯忘歸，可以終老。此三泰也。計足下久不得僕書，必加憂望，今故録三泰以先奉報，其餘事況，條寫如後，云云。微之微之！作此書夜，正在艸堂中山窓下，信手把筆，隨意亂書。封題之時，不覺欲曙。舉頭但見山僧一兩人，或坐或卧。又聞山猿谷鳥，哀鳴啾啾。平生故人，去我萬里，瞥然塵念，此際蹔生。餘習所牽，便成三韻，云：「憶昔封書與君夜，金鑾殿後欲明天。今夜封書在何處，廬山菴裏曉燈前。籠鳥檻猿俱未死，人間相見是何年？」微之微之！此夕我心，君知之乎？樂天頓首。

劉禹錫《劉禹錫集》卷二《白侍郎大尹自河南寄示池北新葺水齋即事》 公府有高政，新齋池上開。再吟佳句後，一似畫圖來。結構疏林下，夤緣曲岸隈。緑波穿戶牖，碧甃疊瓊瑰。幽異當軒滿，清光繞砌回。潭心澄晚鏡，渠口起晴雷。瑶草緣堤種，松煙上島栽。游魚驚撥剌，浴鷺喜毰毸。爲客烹林筍，因僧采石苔。酒瓶常不罄，書案任成堆。檐外青雀舫，坐中鸚鵡杯。蒲根抽九節，蓮萼捧重臺。芳訊此時到，勝游何日陪？共識吴太守，自占洛陽才。

李紳《追昔遊集》卷中《過吴門二十四韻》 煙水吴都郭，閶門架碧流。緑楊深淺巷，青翰往來舟。朱戶千家室，丹楹百處樓。水光摇極浦，草色辨長洲。憶作麻衣翠，曾爲旅棹游。放歌隨楚老，清宴奉諸侯。花寺聽鶯入，春湖看雁留。里吟傳綺唱，鄉語認歈謳。橋轉攢虹飲，波通門鷁浮。竹扉梅圃静，水巷橘園幽。縫堵荒麋苑，穿巖破虎丘。舊風猶越鼓，餘俗尚吴鉤。故館曾閑訪，遺基亦遍搜。吹臺山木盡，香徑佛宫秋。帳殿菰蒲掩，雲房露霧收。苧蘿妖覆滅，荆棘鬼包羞。風月俄黄綬，經過半白頭。重來冠蓋客，非復别離愁。候火分通陌，前旌駐外郵。水風摇彩旆，堤柳引鳴騶。問吏兒孫隔，呼名禮敬修。顧瞻殊宿昔，語默過悲憂。義感心空在，容衰日易偷。還持滄海詔，從此布皇猷。

元稹《元氏長慶集》卷三《茅舍》 楚俗不理居，居人盡茅舍。茅苦竹梁棟，茅疏竹仍罅。邊緣堤岸斜，詰屈簷楹亞。籬落不蔽肩，街衢不容駕。南風五月盛，時雨不來下。竹蠹茅亦乾，迎風自焚灺。防虞集鄰里，巡警勞晝夜。遺燼一星然，連延禍相嫁。號呼憐穀帛，奔走伐桑柘。舊架已新焚，新茅又初架。前日洪州牧，念此常嗟訝。牧民未及久，郡邑紛如化。峻邸儼相望，飛甍遠相跨。旗亭紅粉泥，佛廟青鴛瓦。斯事才未終，斯人久云謝。有客自洪來，洪民至今藉。惜其心太亟，作役無容暇。臺觀亦已多，工徒稍冤咤。我欲他郡長，三時務耕稼。農收次邑居，先室後臺榭。啓閉既及期，公私亦相借。度材無强略，庀役有定價。不使及僭差，粗得禦寒夏。火至殊陳鄭，人安極嵩華。誰能繼此名，名流襲蘭麝。五袴有前聞，斯言我非詐。

李德裕《李文饒文集》卷九《平泉山居草木記》 余嘗覽賢相石泉公家藏書目，有《園庭草木疏》，則知先哲所尚，必有意焉。余二十年間，三守吳門，一莅淮服，嘉樹芳草，性之所耽，或致自同人，或得於樵客，始則盈尺，今已豐尋，因感學《詩》者多識草木之名，爲《騷》者必盡蓀荃之美，乃記所出山澤，庶資博聞。

木之奇者，有天台之金松、琪樹，稽山之海棠、榧、檜，剡溪之紅桂、厚樸，海嶠之香柽、木蘭，天目之青神、鳳集，鍾山之月桂、青颵、楊梅，曲房之山桂、温樹，金陵之珠柏、欒荆、杜鵑，茅山之山桃、側柏、南燭，宜春之柳柏、紅豆、山櫻，藍田之栗、梨、龍柏。其水物之美者，有白蘋洲之重臺蓮，芙蓉湖之白蓮，茅山東溪之芳蓀。復有日觀、震澤、巫嶺、羅浮、桂水、嚴湍、廬阜、漏澤之石在焉。其伊、洛名園所有，今並不載。豈若潘賦《閒居》，稱鬱棣之藻麗；陶歸衡宇，喜松菊之猶存？爰列嘉名，書之於石。

己未歲，又得番禺之山茶，宛陵之紫丁香，會稽之百葉木芙蓉、百葉薔薇，永嘉之紫桂、簇蝶，天台之海石楠，桂林之俱那衛，臺嶺、茅山、八公山之怪石，巫峽、嚴湍、琅玡臺之水石，布於清渠之側；仙人迹、馬迹、鹿迹之石，列於佛榻之前。是歲又得鍾陵之同心木芙蓉，剡中之真紅桂，稽山之四時杜鵑、相思、紫苑、貞桐、山茗、重臺薔薇、黄槿，東陽之牡桂、紫石楠，九華山藥樹、天蓼、青櫪、黄心桄子、朱杉、龍骨。□□庚申歲，復得宜春之筆樹、楠稚子、金荆、紅筆、密蒙、勾栗木。其草藥又得山薑、碧百合焉。

歐陽詹《歐陽行周文集》卷五《曲江池記》 水不注川者，在藪澤則曰陂、曰湖，在苑囿則爲池、爲沼。苑之沼，囿之池，力墾而成則多，天然而有則寡。兹池者，其天然歟？循原北峙，回岡旁轉，圓環四匝，中成坳坎，窐窌港洞，生泉噏源。東西三里而遥，南北三里而近。當天邑别卜，繚垣未繞，乃空山之濼，曠野之湫。然黄河作其左塹，清渭爲其後洫，褒斜右走，太一前横。崇山浚川，鈎結盤護，不南不北，湛然中淳。西北有地，平坦彌望，五六十里而無窪坳，紫蓋凝而不散，黄旗鬱以常在，實陶鈞之至，造化之功。沙汰一氣之辰，財成六合之日，既以磽確，外爲寰宇，敞無垠堮，以居億兆，又選英精，内爲區域，束以襟帶，用宅君長。若人斯生，支體具矣，有心以係其神焉；若堂斯考，廊廡設矣，有室以處其尊焉。彼如紫蓋黄旗之氣，豈陶鈞造化者用宅君長英精之所耶？

夫物苟相表裏，制必同象，泄夫外則廓以靈海，導夫内則融乎此湫。歷代帝王，未得而有，豈降巢宅土之後，聯緜千百之代，建卜都邑，不欲合夫天意而居乎？將天意尚何其根深蒂固，可與終畢者而命處之。故澒於有隋，兆我皇唐之在孕，逮其季主，營之以須焉。揆北辰以正方，度南端而制極。墉隍劃趾，勾陳定位，地回帝室，湫成厥池。既由我署，才成伊去。真主巍巍，龍盤虎踞。爰自中而軌物，取諸象以正名。字曰曲江，儀形也。觀夫妙用在人，豐功及物。則總天府之津液，疏皇居之墊隘，潢汙入其洞澈，銷涎褩以下澄，污廅隨其佳氣，蕩鬱攸而上滅，萬户無重膇之患，千門就爽塏之致。其流惡含和，厚生蠲疾，有如此者。皎皛如練，清明若空。俯睇沖融，得渭北之飛雁；斜窺澹寧，見終南之片石。珍木周庇，奇華中縟，重樓天矯以紫映，危榭巉巖以輝燭。芬芳蔭滲，滉瀁電誕，凝煙吐靄，泛羽游鱗。斐鬱鬱以閑麗，謐徽徽而清肅。其涵虚抱景，氣象澄鮮，有如此者。

皇皇后辟，振振都人，遇佳辰於令月，就妙賞乎勝趣。九重綉轂，翼六龍而畢降；千門錦帳，同五侯而偕至。泛菊則因高乎斷岸，祓禊則就潔乎芳沚。戲舟載酒，或在中流。清芬入襟，沉昏以滌；寒光炫目，貞白以生。絲竹駢羅，緹綺交錯，五色結章於下池，八音成文於上空。砰輷沸渭，神仙奏鈞天於赤水；虆敷俞，天人曳雲霓於元都。其洗慮延歡，俾入怡怪，有如此者。至若嬉游以節，宴賞有經，則纖埃不動，微波以寧，熒熒渟渟，瑞見祥形。其或淫湎以情，泛覽無斁，則飄風暴振，洪濤噴射，崩騰騊騤，妖生禍覿，其栖神育靈，與善懲惡，有如此者。

小子幸因受遣，觀光上國，身不佞而自棄，日無名以多暇，詢奇覽物，得之於斯。矚太始之元造，訪前蹤於碩老。天生地成之理，識之於性情；物儀人事之端，徵之於耳目。夫流惡含和，厚生蠲疾，則去陰之慝，輔陽之德也。涵虚抱景，氣象澄鮮，則藻飾神州，芳榮帝宁也。洗慮延歡，俾人怡悦，則致民樂土，而安其志也。栖神育靈，與善懲惡，則俗知所勸，而重其教也。號惟天邑，非可謬創，一山一水，拳石草樹，皆有所謂。兹池者，其謂之雄焉。意有我皇唐，須有此地以居之；有此地，須有此池以毗之：佑至仁之亭毒，贊無言之化育。至矣哉！以其廣狹而方於大，則小矣；以其淵洞而諭夫深，則淺矣。而有功如彼，有德若此，代之君子，蓋有知之而不述，令民無得而稱焉。輒粗陳其旨，刊諸片石，庶元元荷日用之力也。貞元五年，歲在己巳，夏五月十有五日記。

釋智圓《閒居編》卷三二《陋室銘并序》 中庸子居室，既卑且陋。竊睹夫俗之華靡，使健羡之心聿生，貪暴之心得入，仁義道德日可喪滅矣，在中人得不慎乎！乃作《陋室銘》以自戒，其文曰：

維聖唐堯，土階茆茨。維聖大禹，宮室云卑。其道明明，其德巍巍。維賢顔淵，陋巷飄簞。維賢子思，甕牖桑樞。其樂不改，其守不渝。澆淫勃興，淳樸乃隳。綈繡土木，上惑下隨。彫峻牆宇，淳源益漓。爭奢斯起，禮讓斯頹。爲殘爲賊，爲瘡爲痍。奢夸禍基，斯亡可悲。吾之所居，容膝有餘。雲山吾友，經典吾師。困也德辨，聖賢是則。無萌侈心，無附羣慝。戒云戒云，出處語默。

勞季言《元獻遺文補編》卷一晏殊《中園賦》 在昔公儀，身居鼎軸。念家食之憑厚，斥芳蔬之薦萩。粤有仲子，堅辭廪禄。率齊體於中野，灌百畦而是足。惟二哲之高矩，藹千齡之信牘。雖顯晦之非偶，諒謨猷而可復。豈不以崇高宅乎富貴，聲教移乎風俗？四民謹舊德之業，百乘鄙盜臣之畜。義利愧於交戰，矛盾蚩兮并鬻。代工而治兮戒在貪競，付物以能兮使其茂育。斯有位之良訓，乃羣倫之所屬。天地閉兮賢隱，置網張兮獸伏。怖炎火之焚石，悪東龜之毀櫝。甘田畝以昏作，晦膏蘭而擇福。我負子戴兮終年靡勞，夏葛冬裘兮匪躬是辱。斯遁世之攸處，詎紛華之可瀆？眷予生兮曷爲？幸親逢乎盛時。進寬大治之責，退有尚農之貲。求中道於先民，樂鴻鈞於聖期。寓垣屋於窮僻，敞林巒于蔽虧。朝青閣以夙退，飭兩驂兮獨歸。窈藹郊園，扶疏町畦。解巾組以遨遊，飭壺觴而宴嬉。幼子蓬鬢，孺人布衣。嘯傲蘅畹，留連渚湄。或捕雀以承蜩，或擿芳而翫蕤。食周粟以勿踐，詠堯年而不知。琴風颯以解愠，田雨滂兮及私。爾乃壇杏蒙金，蹊桃銜碧。李雜紅縹，柰分丹白。梨誇大谷之種，梅騁含章之飾。烏勃旁挺，來禽外植。櫻胡品糅而形别，堂棣名同而實析。大椑朱柹兮駢發，楟棗安榴兮閒折。榠樝以馨烈蒙采，枳椇以甘芳見識。援蘡薁於林際，架葡萄於沼側。況夫霜薤含潤，露葵薦澤。芹自南楚，蒜來西域。蘇荏抽穎，蓼荽凝液。堇薺更茂，菲葑代殖。苜蓿麗蓰，蘘荷羃歷。鍾山之菘韭早晚，吴郡之莧茄紫白。織女耀而瓜薦，大昴中而芋食。匏瓠在格以增衍，藜藿緣陰而可摘。若其愈疾栽菊，忘憂樹萱。香珍緑蕙，媚服崇蘭。玉蘂金莖，相思杜鵑。辛夷襲紫，芍藥含丹。游龍出隰，芳苡生原。籬槿彫暮，宮槐合昏。四衢綺錯，五出星聯。蓑蓑落蘂，纂纂初妍。護臺香而蝶亂，聚崖蜜以蜂喧。薜荔與夫猪苓馬勃，澤茝溪蓀。荔蕓禦凍，椒桂含温。萸房入佩，菰首登飧。薜荔成帷，昔邪在垣。獨椹除渴，酸漿治煩。菖蒲感於百陰，葶藶萌於大寒。卷施心拔而不死，虎櫐蔓生而自懸。彘首牛脣之夥，鷄腸烏喙之繁。紅鬟緗膚，丹房碧延。或《山經》之號著，或《藥録》之名傳。至夫松檜被徑，梧楸蔭軒。江蕉凝緑，海柏渾圓。石南薈蔚，扶老縈纏。矗嶰筍之東美，垂溪柳之三眠。或後彫而秀出，或總翠以相先。叢灌駢滋，翾飛所據。驗九扈以農正，察五鳩而民聚。戴鵀興蠶織之候，布穀起耕耘之務。當陸成而鶗鴂云止，辨麥秀而倉庚始翥。伯勞驚于早寒，盍旦戒乎將曙。晨風不繫而逐雀，斲木無聲而食蠹。鷯介立以擅澤，烏羣嗷而反哺。鴟匪陋于荆棘，鷃無營于鐘鼓。順時律以弄吭，樂天和而命侣。燕溢溢以交賀，鵲翛翛而告語。既罿罻之不設，在橧巢而可俯。愚抱甕以殫談王道于樵子，接歡歌于壤父。鑿坎井之凝冽，決清渠而灌注。愚抱甕以殫力，智設橰而盡慮。咸不病于夏畦，各無憂于捽茹。懿夫！觀品彙之零茂，識元精之所存。覩百嘉之穰儉，明四序之無愆。動植飛潛兮，得宜乃悦；雨暘寒燠兮，協度而蕃。且復諭名花於君子，興瑶草於王孫。采家臣之秋實，歌上瑞之豐年。資旨蓄而御冬，擷衆芳而鍊顔。至若嚴客幸臨，良辰是遘。載掃危榭，爰張宴豆。蒙山騎火之茗，豫北釀花之酎。或秋弈以當局，或唐弓而在彀。哨壺枉矢之設，博簺樗蒲之侑。誠一笑兮相樂，亦千金而爲壽。灑毫牘以摛思，極朋情而卜晝。送歸鴻兮海壖，揳鳴琴兮賓石。舞長袖兮相屬，命歡謡兮遞奏。無取次公之狂，不遺椒舉之舊。春畹晚兮氣佳，臨高臺兮淑華。夏恢台兮日永，蔭茂林兮修迴。涼月皎兮鐘漏寂，朔霰飛兮天宇敻。廓丹府以懲忿，悦靈龜而繕性。茲所謂袪魯相之介節，略於陵之獨行。却園夫之利兮取彼閒適，荷王國之寵兮遂夫游泳。禽託藪以思翥，獸安林而獲騁。倡佯乎大小之隱，放曠乎遭隨之命。庶幾育于嘉運，契哲人之養正。

歐陽修《歐陽文忠公集》卷四〇《真州東園記》 真爲州，當東南之水會，故爲江淮兩浙荆湖發運使之治所。龍圖閣直學士施君正臣、侍御史許君子春之爲使也，得監察御史裏行馬君仲塗爲其判官。三人者樂其相得之歡，而因其暇日，得州之監軍廢營以作東園，而日往遊焉。歲秋八月，子春以其職事走京師，圖其所謂東園者來以示予，曰：「園之廣百畝，而流水橫其前，清池浸其右，高臺起其北。臺，吾望以拂雲之亭；池，吾俯以澄虛之閣；水，吾泛以畫舫之舟。敞其中以爲清讌之堂，闢其後以爲射賓之圃。芙渠芰荷之的歷，幽蘭白芷之芬芳，與夫佳花美木列植而交陰，此前日之蒼煙白露而荆棘也。高甍巨桷，水光日景動摇而下上，其寬閑深靚可以答遠響而生清風，此前日之頹垣斷塹而荒墟也。嘉時令節，州人士女嘯歌而管絃，此前日之晦冥風雨、鼪鼯鳥獸之嗥音也。吾於是信有力焉。凡圖之所載，蓋其一二之略也。若乃升於高以望江山之遠近，嬉於水而逐魚鳥之浮沉，其物象意趣，登臨之樂，覽者各自得焉。凡工之所不能畫者，吾亦不能言也。其爲我書其大概焉。」又曰：「真，天下之衝也。四方之賓客往來者，吾與之共樂於此，豈獨私吾三人者哉？然而池臺日益以新，草樹日益以茂，四方之士無日而不來，而吾三人者有時而皆去也，豈不眷眷於是哉！不爲之記，則後孰知其自吾三人者始也？」予以謂三君子之材賢足以相濟，而又協於其職，知所後先，使上下給足，而東南六路之人無辛苦愁怨之聲。然後休其餘閑，又與四方之賢士大夫共樂於此。是皆可嘉也，乃爲之書。廬陵歐陽修記。

歐陽修《歐陽文忠公集》卷三九《畫舫齋記》　予至滑之三月，即其署東偏之室，治爲燕私之居，而名曰畫舫齋。齋廣一室，其深七室，以户相通。凡入予室者，如入乎舟中。其温室之奥，則穴其上以爲明；其虚室之疏以達，則欄檻其兩旁以爲坐立之倚。凡偃休於吾齋者，又如偃休乎舟中。山石崷崒，佳花美木之植列於兩簷之外，又似泛乎中流，而左山右林之相映，皆可愛者。故因以舟名焉。《周易》之象，至於履險蹈難，必曰涉川。蓋舟之爲物，所以濟險難，而非安居之用也。今予治齋於署，以爲燕安，而反以舟名之，豈不戾哉？矧予又嘗以罪謫走江湖間，自汴絶淮，浮於大江，至於巴峽，轉而以入於漢沔，計其水行幾萬餘里。其羇窮不幸而卒遭風波之恐，往往叫號神明以脱須臾之命者數矣。當其恐時，顧視前後，凡舟之人，非爲商賈，則必仕宦，因竊自歎，以謂非冒利與不得已者，孰肯至是哉？賴天之惠，全活其生，今得除去宿負，列官於朝，以來是州，飽廪食而安署居。追思曩時山川所歷，舟楫之危，蛟鼉之出没，波濤之洶欻，宜其寢驚而夢愕。而乃忘其險阻，猶以舟名其齋，豈真樂於舟居者邪？然予聞古之人，有逃世遠去江湖之上，終身而不肯反者，其必有所樂也。苟非冒利於險，有罪而不得已，使順風恬波，傲然枕席之上，一日而千里，則舟之行，豈不樂哉！顧予誠有所未暇，而舫者宴嬉之舟也，姑以名予齋，奚曰不宜？予友蔡君謨善大書，頗怪偉，將乞其大字以題於楹，懼其疑予之所以名齋者，故具以云，又因以置於壁。〔慶曆二年〕壬午十二月十二日書。

歐陽修《歐陽文忠公集》卷四〇《海陵許氏南園記》　高陽許君子春，治其海陵郊居之南爲小園，作某亭某堂於其間。許君爲江浙荆淮制置發運使，其所領六路七十六州之廣，凡賦斂之多少，山川之遠近，舟楫之往來，均節轉徙，視江湖數千里之外如運諸掌，能使人樂爲而事集。當國家用兵之後，修前人久廢之職，補京師匱乏之供，爲之六年，厥績大著。自國子博士遷主客員外郎，由判官爲副使。夫理繁而得其要則簡，簡則易行而不違；惟簡與易，然後其力不勞而有餘。夫以制置七十六州之有餘，治數畝之地爲園，誠不足施其智，而於君之事亦不足書，君之美衆矣，予特書其一節，可以示海陵之人者：君本歙人，世有孝德，其先君司封，喪其父母，事其兄如父；戒其妻事其嫂如姑。衣雖敝，兄未易衣，不敢易；食雖具，兄未食，不敢先食。司封之亡，一子當得官，其兄弟相讓久之，諸兄卒以讓君，君今遂顯於朝，以大其門。君撫兄弟諸子猶己子。歲當上計京師，而弟之子病，君留不忍去，其子亦不忍舍君而留，遂以俱行。君素清貧，罄其家貲，走四方以求醫，而藥必親調，食飲必親視，至其矢溲亦親候其時節顔色，所疾如可理則喜，或變動逆節，則憂戚之色不自勝。其子卒，君哭泣悲哀，行路之人皆嗟嘆。嗚呼！予見許氏孝悌著於三世矣。凡海陵之人過其園者，望其竹樹，登其臺榭，思其宗族，少長相從，愉愉而樂於此也，愛其人，化其善，自一家而刑一鄉，由一鄉而推之無遠邇，使許氏之子孫世久而愈篤，則不獨化及其人，將見其園間之草木，有駢枝而連理也；禽鳥之翔集於其間者，不争巢而棲，不擇子而哺也。嗚呼！事患不爲與夫怠而止耳，惟力行而不怠以止，然後知予言之可信也。

韓琦《安陽集》卷二一《定州衆春園記》　天下郡縣無遠邇小大，位署之外，必有園池臺榭觀游之所，以通四時之樂。前人勤而興之，後輒廢焉者，蓋私於其心，惟己之利者之所爲也。彼私而利者，不過曰：「吾之所治，傳舍焉耳，滿歲則委之而去。苟前之所爲，尚足以容吾寢食、飲笑於其間可矣，何必勞而葺之，以利後人，而使好事者以爲勤人而務不急，徒取戾焉？吾不爲也！」噫！彼專一人之私以自利，宜其所見者隘而弗爲也。公於其心，而達衆之情者則不然。夫官之修職，農之服田，工之治器，商之通貨，早暮汲汲以憂其業，皆所以奉助公上而養其室家。當良辰佳節，豈無一日之適以休其心乎！孔子曰「百日之蠟，一日之澤」，子貢且猶不知，况私而自利者哉！中山之地，自唐天寶失御，盜據戎猾，兵革殘困，民不知爲生之樂者百有餘年。至我朝而後始見太平，亭障一清，生類蕃息。不有時序觀游之所，俾是四民間有一日之適，以樂太平之事，而知累聖仁育之深者，守臣之過也。非公於其心，而達衆之情者，又安及此乎？郡城東北隅，瀦水爲塘，廣百餘畝，植柳數萬本，亭榭花卉之盛，冠於北垂。蓋今宣徽李公昭亮始興之，後實廢焉。予之來，懼陷其心於不公也，復完而興之，凡棟宇、樹蓺前所未備者，一從新意，罔有漏缺。又治長堤，鑿門西南隅，以便遊者。於是園池之勝，益倍疇昔，總而名之曰「衆春園」，庶乎良辰麗節，太守得與吏民同一日之適，遊覽其間，以通乎聖時無事之樂，此其意也。後之人視園之廢興，其知爲政者之用心焉。皇祐三年正月日記。

韓琦《安陽集》卷二一《相州新修園池記》　相於河朔爲近藩，而地據形勝，西走鎮、定之衝，屯師積穀，與邊鎮相左右。然當無事時，州之武備，日懈不嚴，至五兵不設庫，散處於廳事之廊廡間，敗壞堆積，莫可詳閱。郡署有後園，北逼牙城，東西幾四十丈，而南北不及百尺，雖有亭榭花木，而扼束蔽密，隘陋殊甚。牙城之北，乃有官蔬之圃，縱廣半夫。中有廢臺巋然，荆棘蒙没，州人但以其基正圓，有道回環而上，如螺殼然，故以「抱螺」名之。雖老胥宿校，不能知興廢之由。予之來，雖以病不堪事，然猶不敢偷安自放，而忘治之所急。於是闢牙城而北之，三分蔬圃之地，其一居新城之南，西爲甲仗庫，凡五十六間，由是兵械百萬計，始區而别焉。以庫東之餘地，通於後園，由是園之南北，始與東西均焉。又於其東前直太守之居，建大堂曰「晝錦」；堂之東南，建射亭曰「求己」；堂之西北，建小亭曰「廣春」。其二居新城之北，爲園曰「康樂」；直廢臺鑿門曰「通之」；治臺起屋曰「休逸」，得魏冰井廢臺鐵梁四爲之柱。臺北鑿大池，引洹水而灌之，有蓮有魚。南北二園，皆植名花雜果，松柏、楊柳所宜之木，凡數千株。既成而遇寒食節，州之士女，無老幼皆摩肩躡武來游吾園。或遇樂而留，或擇勝而飲，歎賞歌呼，至徘徊忘歸。而知天子聖仁，致時之康，太守能宣布上恩，使吾屬有此一時之樂，則吾名園之意，爲不誣矣。觀吾堂者，知太守仗旄節來故鄉，得古人衣錦晝遊之美，而不知吾竊志榮幸之過，朝夕自視，思有以報吾君也。登吾臺者，西見太行之下，千山萬峯，延亘南北，争奇角秀，不可繪畫，朝嵐暮靄，變態無窮；俯視鄴郭之中，民閻官寺，伽藍廥廩，與夫花顔柳色，紅緑交映，燦然如指掌之上，一無遺者；而知太守興此，爲吾屬歲時休暇優逸之觀，而不知吾亦自謂能勤於作德，然後處兹而休且逸也。夫予始以武備不嚴，不敢以疾而忘治之所急，而因得（忘）〔志〕其榮遇，以及衆人之樂，則是舉也，豈無益之爲哉。故直書大概，并告來者。夫郡縣之爲政，有期而更也，政有所利，非一人能保其久也。前倡之，後繼之，推其心，以公而相照，則國家之事無不濟者，况一園池之末哉？葺之廢之，必有能辨其心者。時至和三年三月十五日記。

文同《丹淵集》卷二三《武信杜氏南園記》　慶曆中，武信始奉詔立學，郡人杜氏方將教其子航，乃合其州邑士人之議聞府，具書召予領其事。予既至，暇日多遊息於杜氏城南園亭。當是時，其處所始經度，編列排置，未若完具；然已見其氣象雄侈，縱衡高庳，次第甚設。私自念在蜀，土田險陿，民屋繁會，得平地若頃許，愛惜摩撫，分溝裂畦，種種蒔植於其間，冀四時孕利，出没相屬，號爲中人生涯者，百二三爾。是能捐倚城腴田萬金，爲游觀燕佚之所，將誰肯然耶？杜氏嘗亦指而謂予曰：「有一子，其材性以嗜學，家亦幸歲入有羨，可卒就其業。後時欲於此飾賓館，於此敞書室，於此開讌堂，於此闢射圃，使四方名人聞士，或至即舍此。相與朝夕講肄評議，將贍給之無厭。或異日渠能挾藝業，取科級歸，以會郡官鄉人，嘉辰令節，於是爲一日之娱，以榮其私，此區區也，予心尚之。」後予從官關中，相去逮十年，其子果登嘉祐二年進士。客凡有至自武信者，語次杜氏園亭，必曰：「夥，是甲蜀矣！」岑蔚幽邃，明露宣豁，有取必得，心適意會，實佳境也。復見府中群公燕集之詠，大誇花木之麗，池觀之美，予既恨不能再至周覽勝絶，且曰：夫世人欲治一物，計一事，求所以卒償其志願者，未始不齟齬而難合也多矣。大抵患力有所不足，而不克成；或至有可成，而患不能久。見以如其所素望，若杜氏之爲此也，可謂兼得之矣。始也教其子，以儒術、吏事求應有司之合法；今已見其一上入等而再官，有名矣。始也披剃荆莽，薙朽削薉，以裁築基級，今已見其巍軒夏宇，華旿而明焕矣。始也搯本而種，擇枝而附，今已見華暐暐而實纍纍矣。始也瘞萌於町，扶蘖於徑，今已見蕭然爲長林，而竦然爲高株矣。杜氏復未老，輕速强健，家事一切委其季。不問日，爲其子營飭所以延候賓友之事，於此始也。雖役智慮而勞指畫，今已見其外足自慰，而中無所歉矣。予故曰杜氏之爲此也，可謂兼得之矣。會其子用薦者得令綿之龍安，躬來求記，爲道其所以然。

司馬光《司馬公文集》卷六六《獨樂園記》　孟子曰：「獨樂樂，不如與人樂樂；與少樂樂，不如與衆樂樂。」此王公大人之樂，非貧賤者所及也。孔子曰：「飯蔬食，飲水，曲肱而枕之，樂亦在其中矣。」顏子一簞食，一瓢飲，不改其樂。此聖賢之樂，非愚者所及也。若夫鷦鷯巢林，不過一枝，偃鼠飲河，不過滿腹，各盡其分而安之，此乃迂叟之所樂也。熙寧四年，迂叟始家洛。六年，買田二十畝於尊賢坊北關，以爲園，其中爲堂，聚書出五千卷，命之曰「讀書堂」。堂南有屋一區，引水北流，貫宇下。中央爲沼，方深各三尺，疏水爲五，派注沼中若虎爪。自沼北伏流出北階，懸注庭下，若象鼻。自是分爲二渠，繞庭四隅，會於西北而出，命之曰「弄水軒」。堂北爲沼，中央有島，島上植竹。圓若玉玦，圍三丈，攬結其杪，如漁人之廬，命之曰「釣魚庵」。沼北横屋六楹，厚其墉茨，以禦烈日，開户東出，南北列軒牖以延涼颸，前後多植美竹，爲清暑之所，命之曰「種竹齋」。沼東治地爲百有二十畦，雜蒔艸藥，辨其名物而揭之。畦北植竹，方若碁局，徑一丈，屈其杪，交相掩以爲屋。植竹於其前，夾道如步廊，皆以蔓藥覆之，四周植木藥爲藩援，命之曰「采藥圃」。圃南爲六欄，芍藥、牡丹、雜花，各居其二，每種止植兩本，識其名狀而已，不求多也。欄北爲亭，命之曰「澆花亭」。洛城距山不遠，而林薄茂密，常若不得見，乃於園中築臺構屋其上，以望萬安、轘轅，至於太室，命之曰「見山臺」。迂叟平日多處堂中讀書，上師聖人，下友群賢，窺仁義之原，探禮樂之緒。自未始有形之前，暨四達無窮之外，事物之理，舉集目前。所病者學之未至，夫又何求於人，何待於外哉！志倦體疲，則投竿取魚，執衽采藥，決渠灌花，操斧剖竹，濯熱盥手，臨高縱目，逍遥相羊，唯意所適。明月時至，清風自來，行無所牽，止無所柅，耳目肺腸，悉爲己有。踽踽焉，洋洋焉，不知天壤之間復有何樂可以代此也。因合而命之曰「獨樂園」。或咎迂叟曰：「吾聞君子所樂，必與人共之。今吾子獨取足於己，不以及人，其可乎？」迂叟謝曰：「叟愚何得比君子，自樂恐不足，安能及人？況叟之所樂者薄陋鄙野，皆世之所棄也。雖推以與人，人且不取，豈得强之乎？必也，有人肯同此樂，則再拜而獻之矣，安敢專之哉！」

劉攽《彭城集》卷一《葺所居賦并序》　治平三年秋，京師大雨，涌水出，民舍多墊壞者，予所居獨完整無恙。及雨止，加葺其垣牆，因爲小賦。

賾至理之茫昧兮，同寓形於一區。任所遇之則然兮，夫孰賢而孰愚？彼每正而或禍兮，亦用拙而自如。雖背阪而向隍兮，將愈乎廣厦之宴居。歲荒落之淫雨兮，涌雖出而爲災。汩波流之罔極兮，浩潺湲而無涯。棟梁圮而弗支兮，堂壇蕩而爲溪。何昔日之高明兮，今直委而汙泥！彼攜持之與抱負兮，或耄耋之與孩嬰。念獨不保其闔廬兮，亦有朱户之亡其閒閎。將鬼瞰之使然兮，固天理平其不平也。愧予居之僻陋兮，豈擇處而淹留。四鄰聳而逋逃兮，恨衆人之我尤。福莫大於無過兮，顧舍此其何求。葺垣牆而圬墁兮，其託喻以監予。曰全生之近道兮，念無厭其所居云耳。

劉攽《彭城集》卷三二《兖州美章園記》　魯、泰山二郡國，四千石所治，今合爲兖州都督，東方大府也。自昔典城剖符，皆達官鉅人。吾問於耆舊老人，其遺風餘烈，蓋罕傳焉。獨府舍園池亭榭，得二三公之遺事。李丞相鑿池爲濟川擷芳亭，孔中丞名嶽雲亭，傅侍郎新柏悦堂，李右司作蒙、觀、緑野三亭。凡此遊觀，皆爽塏而高明邃深，至今以爲美。用是觀之，惟諸公曩昔之治，其亦若此，固多愜於人心者矣。夫教令，因民而設施者也，賓僚與時而聚集者也。方其時以爲善，既過則泯默寂寥。然古人有言，目前之事，或存或廢，千不識一，況此數十年之久，其能勿忘乎？自予從宦四方，閱州郡園圃，如此府者蓋鮮，而無令名以顯之，亦可惜也。座客聞吾言而請之，爲其多喬木焉，因目之曰美章。夫珍章嘉卉，所以逞顏色、娱心意者，可一日而具也。今此長林美蔭，高十尋，大連抱，非千百年之積不能至此，以謂有老成畜德君子之風，資以定名，不亦宜乎？乃命除道南出，闢大門，揭榜書之。既又刻石，廣其説以示後，曰凡塗塈梁棟，梓匠之所可勉也，戒勿隳廢而已。良幹豐本，受命於天，非人力所能及，戒勿翦伐之爾。北望岱宗，南眺鄒嶧，巖崿蒼翠，洩雲興雨，天下之壯觀。能者面之，明耳目，就空曠，以達其胸中之氣；不能者面之，亦何隳廢翦伐之虞乎？

范純仁《范忠宣公集》卷一〇《薛氏樂安莊園亭記》　蒲，舜都也，秦分爲河東郡。地沃人富，自漢唐至今，爲秦、晉之都會，固宜人物之多奇也。薛氏爲河東著姓，世有顯人。皇朝樞密直學士樂安公，以清德直道事太宗及真宗皇帝，門族尤盛，今中大夫公即其第幾子也。象賢繼世，詔封五郡，三領部使，四典巨鎮，高識懿行，爲時名臣。六十丐閑，七十請老，以三品歸第。乃於郡郭之東北，披岡帶河，擇爽塏之地，遠城市之喧，築室以居焉。因所封之郡，名之曰「樂安莊」。前啓重門，内曰「含幽」，閉關却掃，非幽人佳客，履迹罕至。南北分爲二園，其西種杏數百，中曰「静居」。内外重寢，妍華芳卉，交植於庭。疎竹蕭蕭，壽石雪頂，開軒對之，各以爲名。其北曰「逸老堂」，乃公寄傲宴息之所也；其東曰「三經堂」，以藏儒、道、釋氏之書，公以寄懷於簡册也；其西曰「無無堂」，公自以無欲、無營，又取夫莊生之言而名之也。東南構亭，築址數仞，中條、太華，列峙如屏。其最近者有五老峯，因名曰「五老榭」。次東爲臺，登覽曠迥，清宵月明，千里如晝，名曰「日月臺」。莊西北隅據垣乘高，下列蔬圃，時使老圃村童，引水溉畦，名曰「瞻蔬臺」。積土踰尺，周植美楸，春花夏陰，如幄何蓋，名曰「楸壇」。芳條雲布，繁英玉坼，垂架飄香，深若洞户，名曰「酴醿塢」。脩篁擁徑，翠影蒙密，新筠解籜，嘉色如染，名曰「猗猗塢」。衆木交陰，晝不見日，清風自來，好鳥時下，名曰「翠陰塢」。鑿井轉車，以汲甘泉。或沈浮瓜李，揮弄冰雪；或烹茶煮蔬，飲啜飴醴。外設客舍，庖廩廐庫，殆將百楹。其締搆製作，儉而適用，潔而不華，夏無繩蚋之苦，冬無風霰之患。其服用皆陶器藜牀，褐裘葛衣，俾君子有以取法，小人無所可欲，蓋盡得夫郊居之道。或霽色澄明，開軒極望；或落花滿徑，曳杖行吟；或解榻留賓，壺觴其醉；或焚香啓閤，圖書自娱。逍遥遂性，不覺歲月之改，而年壽之長也。此其遊適之樂，居處之安，又稱其莊之名矣。今士大夫或身老食貧，而退無以居；或高門大第，而勢不得歸。自非厚積纍之德，鍾清閒之福，安能享此樂哉？愚將老矣，固將倣公而退也。以人事之難，必姑識公之善處，以自勉云。公名俅，字肅之。

沈括《長興集》卷二四《蕭蕭堂記》 岸老琴於竹間，鳥呶其上，魚裔其下，竹間之風骹然鳴以相和。少進焉，則烏獗而去之，魚愗然逃於深淵。嚮也惟草木之見，今子然則予也。嚮以予爲草木也習之，今也以予爲非草木也跳焉。予樂竹間之蕭蕭，囊枕几而與居，曾一物之寇哉？顧獗予之所樂何耶？彼其一者以羅死於覆苓之芨，一者以弋獲於翳弣之樊。吾面目羅者也，其起居弋者也，彼安得不獗吾之所同哉？同於弋者，烏獗之。同於利者，市人噪之。所同者多，其取敵亦厚矣。子獨不見澤朝之氛，湏然一息而半楚國；舒六之山皆陽，然垂七日而後履其畔。未嘗辭於物也，而物莫能形於其中，彼又烏與爲敵哉？處乎物之所不求則深，道乎人之所不襲則遠。貫竹而西，俯而可漁者，吾碕之以深閣。擁木負薈，據而可望者，吾嶝之以遠亭。左吾廬，右澶渼，蔭若植芻者，吾介之以蕭蕭之堂。岸老琴於亭，而木之影摇於野；絃於閣，而水之聲發於緌；偃休於堂，則若佩琅玕、蘙雕鷊以閱桑林之奏。以今古爲一昔，以晝夜爲同爟。前日魚鳥之所樂，余攘之以爲己適，而魚鳥逐矣。物之於人，相爲鄰楚久矣。方其木草茂暢，獸蹏鳥跡之道交於中國，中國之民窟居縣釜，而資鳥獸之餘。及其驅虎犀，放龍蛇，胥山林而童藝之，丘陵爲邛畢，江湖爲大罛，而罥格之智殫焉。故人之所棄，魚鳥之所牧，魚鳥之所樂。人之所樂，人之所棄也。屑人之所棄，而攘魚鳥之所樂，謬於人情。吾自此遠矣，奚待瞷空谷，敝車馬之力，倉囊瞶目而較丈跬之遠哉？岸老於此也，峨而醉，肅而興，曼然而笑。客至則告之曰：藿蔓獵子之纓，螗蛄之哄，無以步齊夏。歸矣，無庸攝車爲也。噫！

沈括《長興集》卷二一《揚州重修平山堂記》 揚州常節制淮南十一郡之地，自淮南之西，大江之東，南至五嶺蜀漢十一路百州之遷徙貿易之人，往還皆出其下，舟車南北，日夜灌輸京師者，居天下之七。雖選帥常用重人，而四方賓客之至者，語言面目，不相誰何，終日環坐滿堂，而太守應決一府之事自若，往往亦不暇盡舉其職。不然，大敗不可復支，雖力足以自信，始皆不敢迎謂之可治，卒亦必出於甚勞，然後能善其職。故凡州之宴賞饗勞，太守之所游處起居，率皆有常處，不能以意有所揀擇，以爲賓客之歡。前守今參政歐陽公爲揚州，始爲平山堂於北岡之上，時引客過之，皆天下豪俊有名之士。後之人樂慕而來者，不在於堂榭之間，而以其爲歐陽公之所爲也。由是平山之名，盛聞天下。嘉祐八年，直史館丹陽刁公自工部郎中領府事，去歐陽公之時，才七十年，而平山僅若有存者，皆朽爛剥漫，不可支撑。公至，踰年之後，悉撤而新之，凡工駔廩餼材藁之費，調用若干，皆公默計素定，一日指授其處，所以爲堂之壯麗者，無一物不足，又封其庭，中以爲行春之臺。昔之樂聞平山之名而來者，今又將登此以博望遐觀，其清涼高爽，有不可以語傳者也。揚爲天下四方之衝，旦至乎此者，朝不知其往；朝至乎此者，夕不知其往。民視其上，若通道大途，相值偶語，一不快其意，則遠近搔括，謗喧紛不可解。公於此時，能使威令德澤，洽於人心，政事大小，無一物之失，而寄樂於山川草木、虚閑曠快之地，人知得此足以爲樂，而不知其致此之爲難也。後人之登是堂，思公之所以樂，將有指碑以告者也。

蘇軾《經進東坡文集事略》卷四九《靈壁張氏園亭記》 道京師而東，水浮濁流，陸走黄塵，陂田蒼莽，行者倦厭，凡八百里，始得靈壁張氏之園於汴之陽。其外，修竹森然以高，喬木蓊然以深。其中，因汴之餘浸，以爲陂池；取山之怪石，以爲巖阜。蒲葦蓮芡，有江湖之思；椅桐檜柏，有山林之氣；奇花美草，有京洛之態；華堂厦屋，有吴蜀之巧。其深可以隱，其富可以養，果蔬可以飽鄰里，魚鱉筍茹可以饋四方之賓客。余自彭城，移守吴興，由宋登舟，三宿而至其下。肩輿叩門，見張氏之子碩，碩求余文以記之。維張氏世有顯人，自其伯父殿中君，與其先人通判府君，始家靈壁而爲此園，作蘭皋之亭，以養其親。其後出仕於朝，名聞一時，推其餘力，日增治之，於今五十餘年矣。其木皆十圍，岸谷隱然。凡園之百物，無一不可人意者，信其用力之多且久也。古之君子，不必仕，不必不仕。必仕則忘其身，必不仕則忘其君。譬之飲食，適於饑飽而已。然士罕能蹈其義，赴其節，處者安於故而難出，出者狃於利而忘返，於是有違親絶俗之譏，懷禄苟安之弊。今張氏之先君，所以爲其子孫之計慮者遠且周，是故築室藝園於汴泗之間，舟車冠蓋之沖，凡朝夕之奉，燕游之樂，不求而足，使其子孫開門而出仕，則跬步市朝之上；閉門而歸隱，則俯仰山林之下。於以養生治性，行義求志，無適而不可。故其子孫，仕者皆有循吏良能之稱，處者皆有節士廉退之行，蓋其先君子之澤也。余爲彭城二年，樂其土風，將去不忍，而彭城之父老，亦莫余厭也。將買田於泗水之上而老焉，南望靈壁，鷄犬之聲相聞，幅巾杖履，歲時往來於張氏之園，以與其子孫游，將必有日矣。元豐二年三月二十七日記。

朱長文《樂圃餘稿》卷六《樂圃記》　大丈夫用於世，則堯吾君，舜吾民，其膏澤流乎天下、及乎後裔，與稷、契並其名，與周、召偶其功；苟不用於世，則或漁、或築、或農、或圃，勞乃形，逸乃心，友沮、溺，肩綺、季，追嚴、鄭，躡陶、白，窮通雖殊，其樂一也。故不以軒冕肆其欲，不以山林喪其節。孔子曰：「樂天知命故不憂」，又稱顔子在陋巷不改其樂，可謂至德也已。予嘗以「樂」名圃，其謂是乎？始錢氏時，廣陵王元璙者，實守姑蘇，好治林圃，其諸從徇其所好，各因隙地而營之，爲臺、爲沼，今城中遺址，頗有存者，吾圃亦其一也。錢氏去國，圃爲民居，更數姓矣。慶曆中，予祖母吴夫人，始購得之。先大夫與叔父或游焉、或學焉，每良辰美景，則奉板輿以觀於此。厥後稍廣西壖以益其地，凡廣輪踰三十畝。予嘗請營之，以爲先大夫歸老之地。熙寧之末，新築外垣，盡覆之瓦，方將結宇，而親年不待，既孤而歸於是，遂卜居焉。月葺歲增，今更數載，雖敝屋無華，荒庭不甃，而景趣質野，若在巖谷，此可尚也。圃中有堂三楹，堂旁有廡，所以宅親黨也。堂之南，又爲堂三楹，名之曰「邃經」，所以講論六藝也。邃經之東，又有米廩，所以容歲儲也。有「鶴室」，所以蓄鶴也。有「蒙齋」，所以教童蒙也。邃經之西北隅，有高岡，名之曰「見山」。岡上有「琴臺」，臺之西隅，有「詠齋」，予嘗拊琴賦詩於此，所以名云。見山岡下有池，水入於坤維，跨籬爲門，水由門縈紆曲引至於岡側。東爲溪，薄於巽隅。池中有亭，曰「墨池」，予嘗集百氏妙迹於此而展玩也。池岸有亭，曰「筆溪」，其清可以濯筆。溪旁有「釣渚」，其静可以垂綸也，釣渚與邃經堂相直焉。有三橋：度溪而南出者，謂之「招隱」；絶池至於墨池亭者，謂之「幽興」；循岡北走，度水至於西圃者，謂之「西澗」。西圃有草堂，草堂之後有「華嚴庵」。草堂西南有土而高者，謂之「西丘」。其木則松、檜、梧、柏、黄楊、冬青、椅桐、檉、柳之類，柯葉相幡，與風飄颺，高或參雲，大或合抱，或直如繩，或曲如鈎，或蔓如附，或偃如傲，或參如鼎足，或並如釵股，或圓如蓋，或深如幄，或如蜕虬卧，或如驚蛇走，名不可以盡記，狀不可以殫書也。雖霜雪之所摧壓，飆霆之所擊撼，槎枒摧折，而氣象未衰。其花卉則春繁秋孤，冬曝夏蒨，珍藤幽蔓，高下相依。蘭菊猗猗，蒹葭蒼蒼，碧鮮覆岸，慈筠列砌，藥録所收，雅記所名，得之不爲不多。桑柘可蠶，麻紵可緝，時果分蹊，嘉蔬滿畦，摽梅沈李，剥瓜斷壺，以娱賓友，以酌親屬，此其所有也。予於此圃，朝則誦羲、文之《易》、孔氏之《春秋》，索《詩》《書》之精微，明禮樂之度數；夕則泛覽群史，歷觀百氏，考古人之是非，正前史之得失。當其暇，曳杖逍遥，陟高臨深，飛翰不驚，皓鶴前引，揭厲於淺流，躊躇於平皋，種木灌園，寒耕暑耘，雖三事之位，萬鍾之禄，不足以易吾樂也。然吾觀群動，無一物非空者，焉用拘如此以自贅？即異日子春之疾瘳，尚平之累遣，將扁舟江海，浮游山嶽，莫知其所終極。雖然，此圃者吾先光禄之所遺，吾致力於此者久矣，豈能忘情哉！凡吾衆弟若子若孫，尚克守之，毋頹爾居，毋伐爾林，學於斯，食於斯，是亦足以爲樂矣，予豈能獨樂哉！昔戴顒寓居，魯望歸隱，遺迹迄今猶存，千載後吴人猶當指此相告曰：此朱氏之故圃也。元豐三年十二月朔吴郡朱伯原記。

蘇轍《欒城集》卷二四《洛陽李氏園池詩記》　洛陽古帝都，其人習於漢唐衣冠之遺俗，居家治園池，築臺榭，植草木，以爲歲時游觀之好。其山川風氣，清明盛麗，居之可樂，平川廣衍，東西數百里，嵩高、少室、天壇、王屋，岡巒靡迤，四顧可挹。伊洛瀍澗，流出平地，故其山林之勝，泉流之潔，雖其閭閻之人與其公侯共之。一畝之宫，上矚青山，下聽流水，奇花修竹，布列左右，而其貴家巨室，園囿亭觀之盛，實甲天下。若夫李侯之園，洛陽之所以一二數者也。李氏家世名將，大父濟州，於太祖皇帝爲布衣之舊，方用兵河東，百戰百勝。烈考寧州，事章聖皇帝守雄州十有四年，繕守備，撫士卒，精於用間，其功烈尤奇。李侯以將家子，結髮從仕，歷踐父祖舊職，勤勞慎密，老而不懈，實能世其家。既得謝居洛陽，引水植竹，求山谷之樂，士大夫之在洛陽者，皆喜從之游，蓋非獨其爲園也，凡將以講聞濟寧之餘烈，而究觀祖宗用兵任將之遺意，其方略遠矣。故自朝之公卿，皆因其園而贈之以詩，凡若干篇，仰以嘉其先人，而俯以善其子孫，則雖洛陽之多大家世族，蓋未易以園囿相高也。熙寧甲寅，李侯之年既八十有三矣，而聽視不衰，筋力益强，日增治其園而往游焉，將刻詩於石。其子遵度官於濟南，實從予游，以侯命求文以記，予不得辭，遂爲之書。熙寧七年十一月十七日記。

周城《宋東京考》卷一七趙佶《御製艮嶽記略》 傳曰：「爲山九仞，功虧一簣。」是山可爲，功不可書。乃命太尉梁師成董其事，遂以圖材界之，俾按圖度地，庀徒僝工，纍土積石，設洞庭、湖口、絲谿、仇池之深淵，與泗濱、林慮、靈壁、芙蓉之諸山。最環奇特異瑶琨之石，即姑蘇、武林、明、越之壤，荆、楚、江、湘、南粤之野，移枇杷、橙、柚、橘、柑、榔、栝、荔枝之木，金蛾、玉羞、虎耳、鳳尾、素馨、渠那、茉莉、含笑之草，不以土地之殊，風氣之異，悉生成長養於雕闌曲檻。而穿石出罅，岡連阜屬，東西相望，前後相續，左山而右水，沿溪而傍隴，連綿彌滿，吞山懷谷。其東則高峯峙立，其下植梅以萬數，緑萼承趺，芬芳馥郁，結構山根，號萼緑華堂。又旁有承嵐、崑雲之亭。有屋内方外圓，如半月，是名書館。又有八仙館，屋圓如規。又有紫石之巖，祈真之磴，攬秀之軒，龍吟之堂。其南則壽山嵯峨，兩峯並峙，列嶂如屏。瀑布下入雁池，池水清泚漣漪，鳧雁浮泳水面，棲息石間，不可勝計。其上亭曰噰噰。北直絳霄樓，峯巒崛起，千疊萬複，不知其幾十里，而方廣兼數十里。其西則參、朮、杞、菊、黄精、芎藭，被山彌塢，中號藥寮。又禾、麻、菽、麥、黍、豆、秔、秫，築室若農家，故名西莊。上有亭曰巢雲，高出峯岫，下視群嶺，若在掌上。自南徂北，行岡脊兩石間，綿亘數里，與東山相望。水出石口，噴薄飛注，如獸面，名之曰白龍沜、濯龍峽，蟠秀、練光、跨雲三亭，羅漢巖。又西畔山間樓曰倚翠。青松蔽密，布於前後，號萬松嶺。上下設兩關，出關下平地，有大方沼，中有兩洲，東爲蘆渚，亭曰浮陽，西爲梅渚，亭曰雪浪。沼水西流爲鳳池，東出爲研池，中分二館，東曰流碧，西曰環山，館有閣曰巢鳳，堂曰三秀，以奉九華玉真安妃聖像。東池後，結棟山下，曰揮雲廳。復由磴道盤行，縈曲捫石而上，既而山絶路隔，繼之以木棧，倚石排空，周環曲折，有蜀道之難。躋攀至介亭，此最高於諸山，前列巨石，凡三丈許，號「排衙」，巧怪巉巖，藤蘿蔓衍，若龍若鳳，不可殫窮。麓雲、半山居右，極目、蕭森居左。北俯景龍江，長波遠岸，彌十餘里。其水流注山間，西行潺湲，爲漱玉軒，又行石間，爲煉丹亭、凝真觀、圜山亭。下視水際，見高陽酒肆、清虚閣。北岸萬竹，蒼翠蓊鬱，仰不見天，有勝筠菴、躡雲臺、蕭閒館、飛岑亭，無雜花異木，四面皆竹也。又支流爲山莊，爲回溪。自山蹊石罅，搴條下平陸，中立而四顧，則巖峽洞穴，亭閣樓觀，喬木茂草，或高或下，或遠或近，一出一人，一榮一彫。四面周匝，徘徊而仰顧，若在重山大壑、深谷幽巖之底，不知京邑空曠坦蕩而平夷也，又不知郛郭環會紛萃而填委也。真天造地設，神謀鬼化，非人力所能爲者。此舉其梗概焉爾。

周城《宋東京考》卷一七祖秀《華陽宫記》 政和初，天子命作壽山艮嶽於禁城之東陬，詔閹人董其役。舟以載石，輿以輦土，驅散軍萬人，築岡阜高十餘仞。增以太湖、靈壁之石，雄拔峭峙，功奪天造。石皆激怒觝觸，若踶若齧，牙角口鼻，首尾爪距，千態萬狀，殫奇盡怪。輔以蟠木瘦藤，雜以黄楊，對青蔭其上。又隨其斡旋盤曲之勢，斬石開徑，憑險則設磴道，飛空則架棧閣。仍於絶頂，增高樹以冠之。搜遠方珍材，盡天下良工絶技而經始焉。山之上下，致四方珍禽奇獸，動以億計，猶以爲未也。鑿池爲溪澗，疊石爲隄捍，任其石之怪，不加斧鑿。因其餘土，積而爲山，山骨暴露，峯稜如削，飄然有雲姿鶴態，曰飛來峯。高於雉堞，翻若長鯨，腰徑百尺，植梅萬本，曰梅嶺。接其餘岡，種丹杏鴨脚，曰杏岫。又增土疊石，間留隙穴以栽黄楊，曰黄楊巘。築修岡以植丁香，積石其間，從而設險，曰丁香嶂。又得赭石，任其自然，增而成山，以椒蘭雜植於其下，曰椒崖。接衆山之末，增土爲大坡，從東南植側柏萬數，枝幹柔密，揉之不斷，葉葉結爲幢蓋鸞鶴蛟龍之狀，曰龍柏坡。循壽山而西，移竹成林，復開小徑至百數步，竹有同本而異幹者，不可紀極，皆四方珍貢，又雜以對青竹十居八九，曰斑竹麓。又得紫石，滑浄如削，面徑數仞，因而爲山，貼山卓立，山陰置木櫃，絶頂開深池，車駕臨幸，則驅水工登其頂，開閘注水而爲瀑布，曰紫石壁，又名瀑布屏。從艮嶽之麓，琢石爲梯，石皆温潤浄滑，曰朝真磴。又於洲上植芳木，以海棠冠之，曰海棠洲。壽山之西，别治園囿，曰藥寮。其宫室臺榭，卓然著聞者，曰瓊津殿、絳霄樓、萼緑華堂。築臺高九仞，周覽都城，近若指顧。造碧虚洞天，萬山環之，開三洞爲「品」字門，以通前後苑。中央建八角亭，榱椽窻楹，皆以瑪瑙石間之，琢其地爲龍礎。導景龍江東出安遠門，以備龍舟行幸東西擷、景二園。西則溯舟造景龍門，以幸曲江池亭。復自瀟湘江亭開閘通金波門，北幸擷芳園。隄外築壘衞之，瀕水蒔絳桃、海棠、芙蓉、垂楊，略無隙地。又於其旁作野店，麓治農圃。開東西二關，夾懸崖，磴道絶險窄，石多峯棱，過者膽戰股栗。凡自苑中登群峯，所出入者，此二關而已。又爲勝遊六七，曰躍龍澗、漾春陂、桃花閘、雁池、迷真洞。其餘勝跡，不可殫紀。工已落成，上名之曰華陽宫。然華陽大抵衆山環列，就中得平蕪數十頃，以治園囿。而闢宫門於西，入徑廣於馳道，左右皆大石林立，百餘株，名曰神運昭功敷慶萬壽峯。獨神運峯廣百圍，高六仞，錫爵磐固侯，居道之中，束石爲亭以庇之，高五十尺，御製記文，親灑宸翰，碑高三丈，附於石之東南陬。其餘衆石，或若群臣入侍帷幄，正容凛然，不可犯。或戰栗若敬天威，或儼然而立，或奮然而起，或翼然超群，或辣然危峙，或若傴僂趨進，布危言以示庭静之姿。其怪狀餘態，娱人者多矣。上既悦之，悉與賜號，守吏以奎章畫刻於石之陽。其他軒榭庭徑，各有巨石，棋列星布，並與賜名。惟神運峯前巨石，以金飾其字，餘皆青黛而已。此所以第其甲乙者也。乃命群峯，其略曰朝日昇龍、望雲坐龍、矯首玉龍、萬壽老松、栖霞捫參、銜日吐月、排雲衝斗、雷門月窟、蹲螭坐獅、堆青凝碧、金鼇玉龜、疊翠獨秀、棲煙嚲雲、風門雷穴、玉秀、玉竇、鋭雲、巢鳳、跱龍、雕琢渾成、登封日觀、蓬瀛、須彌、老人、壽星、卿雲、瑞靄、溜玉、噴玉、藴玉、琢玉、積玉、疊玉、叢秀。而在於渚者曰翔鱗，立於涘者曰舞仙，獨踞洲中者曰玉麒麟，冠於壽山者曰南屏小峯，附於池上者曰伏犀怒猊、儀鳳烏龍，立於沃泉者曰留雲宿霧。又爲藏煙谷、滴翠巖、摶雲屏、積雪嶺。其間黄石仆於亭際者，曰抱犢天門。又有大石二枚，配神運峯，異其居以壓衆石，作亭庇之，置於寰春堂者曰玉京獨秀太平巖，置於萼緑華堂者曰卿雲萬態奇峯。括天下之美，藏古今之勝，於斯盡矣。靖康元年閏十一月，大粱陷，都人相與排牆避兵於壽山艮嶽之巔。時大雪新霽，丘壑林塘，粲若畫本，凡天下之美，古今之勝在焉。祖秀周覽纍日，咨嗟驚愕，信天下之傑觀，而天造有所未盡也。明年春，復遊華陽宫，而民廢之矣。元老大臣所以圖書詩頌名記，人厭之，悉斧其碑，委諸溝中。至於華木竹箭，宫室臺榭，尋爲民所薪。同宇宙而長存，獨壽山艮嶽，以耳目之眩，蔽堯、舜之明，爲王者一尤物耳。昔三代以變色取禍，秦、隋以奢靡致失。自書傳之作，聖賢莫不以斯二者爲先誡也。自我藝祖以上聖之資定區宇，既克孟昶，閲宫中物有寶裝溺器，遽命碎之；平劉鋹，廢媚川都，速禁采珠。蓋奢侈者，禍之媒櫱，創業之君所諱也。於虖！富有天下，美味珍服，莫敢以資其身，雖土階三尺，茅茨不翦，亦知其可也。崇寧之際，恭默求治，是時非無賢能也，而蔡氏先據要途，祖宗之法，去民久矣。自是崇大苑囿，結怨四國，皆出於此。不然一夫不臣，天下族之，彼外患安得而内侮之耶？噫，天下之士聞壽山艮嶽者舊矣！孰親觀其興廢，復使後世憑何圖記以考之與？因括其大略，作《華陽宫記》云。

《國朝二百家名賢文粹》卷一五〇李石《合州蘇氏北園記》 天下之外物亦多矣，君子之道足以充乎物用。物雖多，君子不以爲泰且纍而以爲宜者，己之道足以樂之也。或曰：文王之囿與顔子陋巷孰樂？曰：顔子之安佚愈於文王之憂患。何也？顔子雖陋巷，郭内外田僅八十畝，乃有孔子者爲之依歸，故樂之。文王百里之國，廣囿至四十里者，以羑里之畏爲樂也。然則是皆未免役乎外物也。道苟有在，以物自忘，以憂爲樂，於聖賢則均也。龍門蘇氏父子兄弟以四世之學氾五畝之宫，不多也。其居曰北園者，游息脩藏之地，几硯詩書之林，可以世守之業也。父兄作之以厚其規摹，子弟述之以深其培壅，譬如農功，早夜以思，安能以莽鹵之耕而望十分之穫於水旱之間哉！思其所以爲輟作而冀豐報也。雖然，蘇氏子未即脱然於進取之纍，其得失榮辱不免矣，而能寄意丘壑，若將隱焉者，以道之在，可以樂此而無憂也。潔俎豆之羞，埽堂户之塵，諸生童子，日敬其事，凡名勝搢紳過北園者，屨相躡矣。疑義者有請，時事者有問，聞所未聞，見所未見，日益其所未能，主人賢名與北園勝狀日馳於國中。余昔嘗游焉，大抵以遜堂者爲主，翼以兩齋如飛。有亭曰「月涌」，紋漪淪漣，濯金波以出堂之前，向東爲蟾山是也。堂後鑿池種藕，龜魚得以自蔭，而寒蛙鳴聲，自相鼓吹，可歡也。池心爲小舫，舫左右爲橋跨池。又負西築堂曰「悦親」，以集園之城，内外之體具矣。燕怡綵服，晨昏色養之敬治於内，陞降進退、折節厚士之禮治於外，豈特崇無益之觀以自媚爲樂哉，以己之樂而達夫人之樂也。東西向背，不屋而徑者，尚可十數，擇景取勝，皆如人意，可坐可憩，可酌可吟，無適不宜。薙草芟棘於山之四隅，鉏高增庳，廣袤縈迂，以周一園之用，罅隙不遺矣。春物之最華者爲海棠洞，轇轕茂密，長八九十步，可容丈席，如錦帳而行其中。酴醿如亭，四柱覆香雪而庥其下。溜乎其風者，松栢之作聲；篩乎其日者，梅竹之闘清。茶先春而瓊英，橘逢秋而金星。甲乙品目，四時遞秀，變化不同，六氣晦明，態度亦因以異。此意匠增損，人爲能之。若夫平陂中突立一山，其上如砥，遶以涪水、大江，與小澗相參，出拱揖懷抱間。北瞰横琴山，泉音絲桐，入耳可喜。作臺對之，如攫醳抑按狀，於斷崖立壁中，面目峭絶，引蔓垂華，非雕非鎪，此則天巧，非人爲也。園門北距龍多山三十里相直，二水並山，迤匯爲龍淵，映帶龍門山。圜泓如鑑，雲雨風霆，神物靈氣，光怪出没叵測也。地志云，舊有獨柳大十圍，龍升其上仙去，此豈其地哉？《傳》曰「有道能兼物物」，又曰「惟德其物」，兹君子樂道役物之實，而不爲物所累。書生得失榮辱，或去或來，不惑一説，在人所以自擇者如何耳。裴晉公以緑野堂敵中書，李約以青山敵節度使小廳，而金谷、輞川皆糞土之交，浮穢之迹，此則其人也。若夫蟠淵升天，可卜蘇氏父子兄弟一門他日文字之祥，盍亦勉諸！淳熙五年十一月日，朝請郎、主管成都府玉局觀、賜緋李石撰并書。

洪适《盤州文集》卷三二《盤洲記》 出北郭左行一里所，穿耕疇、趨支徑，有棄地盈百畝，延曠紆坦，接西郭之衢。厥形始鋭如犁，至其中浸廣，末則一弓不能及。雙溪掖岸，泓渟灣洄，風生文漪，一眄無際，芝泉之所通也。歲極旱，溉汲撓之不枯。溪南則營山之麓，去水十許丈，限以蕪城，對之若高丘然。山中壽松，蛟奮龍舉。溪北有堤，堤外田可二三頃。芝嶺聳其東，牛首蹲其西，林岫相續如步障。兩山之缺，土湖所瀦，餘波薄堤下，積潦驟漲，混溪湖爲一。湖之外皆堆阜，有深樾，來車去甑，以堤爲岐。我出吾山居，見是中穹木，披榛開道，境與心契。旬歲而後得之，迺相嘉處，創「洗心」之閣。三川列岫，争流曾出，啓牕卷簾，景物坌至，使人領略不暇。兩旁鉅竹儼立，班者、紫者、方者、人面者、猫頭者，慈桂筋笛，群分流别。厥軒以「有竹」名，東偏堂曰「雙溪」。液間一壑，於藏舟爲宜，作「檥齋」于閣後。泗濱怪石，前後特起，曰「雲葉」，曰「嘯風」。巖北「踐柳」橋，以蟠石爲釣磯，側頓數椽下榻，設胡牀爲息偃寄傲之地。假道可登舟，曰「西汻」，絶水問農，將營「飯牛」之亭于壟上。導澗自古桑，由兑橋濟。規山陰遺迹，般澗水，剔九曲，蔭以并閭之屋。壘石象山，杯出巖下，九突離坐，杯來前而遇坎者浮罰爵。方其左爲「鵝池」，員其石爲「墨沼」，「一詠亭」臨其中。水由員沼循除而西，匯于方池。兩亭角力，東「既醉」，西「可止」。改席再會，則參用柳子序飲之法，以「水流心不競，雲在意俱遲」爲籤。坐上以序識其一，寘籤於杯而反之，隨波並進，人不可私。遲頓却行，後來者或居上，殿者飲，止而沉者亦飲。當其時，或併飲，或累籌，親賓被酒，童稚舞笑，不知落霞飛鶩之相催也。池水北流過薝蔔澗，又西入于北溪。自一詠而東，倉曰「種秫」之倉，亭曰「索笑」之亭，前有重門曰「日涉」。背梅林，夾曲水，越竹閣，甘橘三聚，皆東嘉、太末、臨汝、武陵所徙。又有營道、廬陵之金甘，上饒之繡橘，赤城之脆橙，厥亭「橘友」。禁苑、洛京、安、蘄、歙之花，廣陵之勺藥，白有梅桐、玉茗、素馨、文官、大笑、末利、水梔、山樊、聚仙、安榴、衮繡之毬，紅有佛桑、杜鵑、赬桐、丹桂、木堇、山茶、看棠、月季，葩重者石榴、木蕖，色淺者海仙、郁李，黄有木犀、棣棠、薔薇、躑躅、兒鶯、迎春、蜀葵、秋菊，紫有含笑、玫瑰、木蘭、鳳薇，瑞香爲之魁，兩兩相比，芬馥鼎來。艸則麗春、翦金、山丹、水仙、銀燈、玉簪、紅蕉、幽蘭，落地之錦，麝香之萱。既赤且白，石竹、鷄冠、涌地、幕天、荼蘼、金沙。生意如鶩，蝶影交加，厥亭「花信」。林深霧暗，花仙所集，厥亭「睡足」。栗得于宣，棃得于松陽，來禽得于贛，於果品皆前列，厥亭「林珍」。木瓜以爲徑，桃李以爲屏，厥亭「瓊報」。西瓜有坡，木鼈有棚，葱薤薑芥，土無曠者，厥亭「灌園」。沃桑盈陌，封植以補之，厥亭「繭瓮」。啓六枳關，度碧鮮里，傍柞林，盡桃李蹊，然後達于西郊，茭葦彌望，充仞四澤，煙樹緣流，帆檣下上，類畫手鋪平遠之景，柳子所謂「邇延野緑，遠混天碧」者，故以「野緑」表其堂。有軒居後曰「隱霧」。九仞巍然，嵐光排闥，厥名「豹巖」。陟其上則「楚望」之樓，厥軒「巢雲」，古梅鼎峙，横枝却月。厥臺「凌風」，右顧高柯，昂霄蔽日。下有竹亭曰「駐屐」，蠙洲接畛，樓觀輝映，無日不尋棠棣之盟。跨南溪，有橋表之曰「濠上」，游魚千百，人至不驚。短篷居中曰「野航」，前後芳蓮，龜游其上。水心一亭，老子所隱，曰「龜巢」。清飇吹香，時見並蒂，有白重臺紅多葉者，危亭相望，曰「澤芝」。整襟登陸，蒼槐美竹據焉，山根茂林，濃陰映帶，溪堂之語聲，隔水相聞。倚松有「流憩庵」，犬迎鵲噪，屐不東矣。欣對有亭，在橋之西畦。丁慮淇園之彈也，請使苦苣温菘避路，於是「拔葵」之亭作，蕞爾丈室，規橅易安，謂之「容膝齋」。履閾小牕，舉武不再，曰「芥納寮」。復有尺地曰「夢窟」，入玉虹洞，出緑沈谷，山房數楹，爲孫息讀書處，厥齋「聚螢」。山有蕨，野有薺，林有筍，真率殽烝，咄嗟可辦。厥亭美可茹，花柳夾道，猿鶴後先，行水所窮，雲容萬狀，野亭蕭然，可以坐而看之，曰「雲起」。西户常關，雉兔削跡。合而命之曰「盤洲」。吾朝而出，暮而歸，非有疾大風雨不廢也哉。或曰是洲近在城隅而人莫有知者，豈天墜地藏，顯晦自有時耶？吾應之曰：君未辨知昔者事，吾亦莫能言，方榴篠堙翳樵蘇之所不顧，牛羊之所不履，獨魚得其樂，烏鳶梟鴟習其幽且閴爾。吾杜關休老，無膏腴以蠹其心，無筦弦以蠱其耳，天其或者遺我爲終焉計。以兩地視雙溪，孰輕孰重，亦能從吾游乎？乾道壬辰五月十日，盤洲老人洪景伯記。

韓元吉《南澗甲乙稿》卷一五《東皐記》 東皐者，陶氏之園也。陶氏之先，自晉始顯，而淵明令彭澤，高風峻節，足以蹈厲一世。其詩語文章所及，後之君子喜道之，況其族姓家江南，本其苗裔者，則典型餘烈，故應概見而不妄也。茂安實陶氏諸孫，始予見其試於學宫，聲名籍甚。既而佐大農，從幕府於淮西，猶慷慨有功名之志。逮爲尚書郎，則已華髮蕭然，不復問功名富貴事。而間爲予言其所居之勝，在興國，與郡治共一湖水，將歸老焉。後數年，茂安果自湖湘之使事，挂其衣冠以歸。又數年，則以書來言曰：杭湖而東，得地數十畝，以爲東皐焉。東皐中爲一堂，曰「舒嘯」，南望而行，花木蔽芾，以極於湖之涯，作亭曰「駐屐」，西則又爲「蓮蕩」小閣，挹湖光而面之，餘可以爲亭爲榭者尚衆，而力有未及也。力之及者，名葩異卉，間以奇石，而松竹之植，稍稍茂密矣。至於山光之秀列，湖波之演迤，風日發揮，四時之景萬態，則亦不待吾力者也。吾雖老矣，得以朝夕自逸，而時與賓客遊於其間，往往愛之不忍去，獨憾子之未見也，可以爲我記之乎？予曰：夫世之所慕於淵明者，非特其去就可尚也，惟其志意超然曠達，適於物而不累於物，有所得者焉。莊子曰：「山林歟，皐壤歟，使我欣欣然而樂歟！」且山林皐壤，非世俗悦於耳目者也，所遇之樂，不自知而發。故雖樵夫漁父，負薪鼓枻，歌聲若出金石，而況於賢士大夫得之者乎？今茂安世之賢士大夫也，脱跡於名利之場，休心於寂寞之境，是宜得其樂，而自附於乃祖，以榮其歸。而予方奔走於朝市，聞茂安之風，蓋已堪愧，而茂安乃欲予文以道其意，亦俾予知歸之有不可緩者歟？嗟乎！予固未有茂安居之勝也，異日倘遂其歸而耕於靈山之下，千里命駕，以訪茂安於東皐。相與植杖而耘，詠歌歸來之辭；舉酒道舊，以謝湖山之美，庶不爲淵明之羞矣夫。淳熙四年九月，潁川韓元吉記。

陸游《渭南文集》卷二〇《居室記》　陸子治室于所居堂之北，其南北二十有八尺，東西十有七尺。東西北皆爲窗，窗皆設簾障，視晦明寒燠爲舒卷啓閉之節。南爲大門，西南爲小門。冬則析堂與室爲二，而通其小門以爲奥室，夏則合爲一，而闢大門以受涼風。歲暮必易腐瓦，補罅隙，以避霜露之氣。朝晡食飲，豐約惟其力，少飽則止，不必盡器；休息取調節氣血，不必成寐；讀書取暢適性靈，不必終卷。衣加損，視氣候，或一日屢變。行不過數十步，意倦則止。雖有所期處，亦不復問。客至，或見或不能見。間與人論説古事，或共杯酒，倦則亟舍而起。四方書疏，略不復遣，有來者，或亟報，或守累日不能報，皆適逢其會，無貴賤疏戚之間。足迹不至城市者率纍年。少不治生事，舊食奉祠之禄以自給。秩滿，因不復敢請，縮衣節食而已。又二年，遂請老。法當得分司禄，亦置不復言。舍後及旁，皆有隙地，蒔花百餘本。當敷榮時，或至其下，方羊坐起，亦或零落已盡，終不一往。有疾，亦不汲汲近藥石，久多自平。家世無年，自曾大父以降，三世皆不越一甲子，今獨幸及七十有六，耳目手足未廢，可謂過其分矣。然自記平昔于方外養生之説，初無所聞，意者日用亦或默與養生者合，故悉自書之，將質于山林有道之士云。慶元六年八月一日，山陰陸某務觀記。

陸游《放翁逸稿》卷上《南園記》　慶元三年二月丙午，慈福有旨，以别園賜今少師平原郡王韓公。其地實武林之東麓，而西湖之水匯於其下，天造地設，極山湖之美。公既受命，乃以禄入之餘，葺爲南園。因其自然，輔以雅趣。方公之始至也，前瞻却視，左顧右盼，而規模定；因高就下，通窒去蔽，而物象列。奇葩美木，争效於前，清流秀石，若顧若揖。於是飛觀傑閣，虚堂廣廳，上足以陳俎豆，下足以奏金石者，莫不畢備。高明顯敞，如蜕塵垢而入窈窕，邃深疑於無窮。既成，悉取先得魏忠獻王之詩句而名之。堂最大者曰許閑，上爲親御翰墨以榜其顔。其射廳曰和容，其臺曰寒碧，其門曰藏春，其關曰凌風。其積石爲山，曰西湖洞天。其潴水藝稻，爲囷爲場，爲牧羊牛畜雁鶩之地，曰歸耕之莊。其他因其實而命之名，則曰夾芳，曰豁望，曰鮮霞，曰矜春，曰歲寒，曰忘機，曰照香，曰堆錦，曰清芬，曰紅香。亭之名則曰遠塵，曰幽翠，曰多稼。自紹興以來，王公將相之園林相望，莫能及南園之仿佛者。公之志，豈在於登臨游觀之美哉？始曰許閑，終曰歸耕，是公之志也。公之爲此名，皆取於忠獻王之詩，則公之志，忠獻之志也。與忠獻同時，功名富貴略相埒者，豈無其人？今百四五十年，其後往往寂寥無聞。韓氏子孫，功足以銘彝鼎、被弦歌者，獨相踵也。逮至於公，勤勞王家，勳在社稷，復如忠獻之盛。而又謙恭抑畏，拳拳忠忠獻之志，不忘如此。公之子孫，又將嗣公之志而不敢忘。則韓氏之昌，將與宋無極，雖周之齊魯，尚何加哉！或曰：上方倚公如濟大川之舟，公雖欲遂其志，其可得哉？是不然，知上之倚公，而不知公之自處，知公之勳業，而不知公之志，此南園之所以不可無述。游老病謝事，居山陰澤中，公以手書來曰：「子爲我作《南園記》。」游竊伏思公之門，才傑所萃也。而顧以屬游者，豈謂其愚且老，又已挂衣冠而去，則庶幾其無諛辭，無侈言，而足以道公之志歟？此游所以承公之命而不獲辭也。中大夫、直華文閣致仕、賜紫金魚袋陸游謹記。

吴敬《竹洲集》卷一〇《竹洲記》 子吴子儆自永寧郡丞終更造朝，以淳熙戊戌四月日蒙恩賜對。儆言朝廷所以備北邊者甚至，而於南邊經久之備容有未盡。明日有旨擢守邕管，且令疾驅即戍。儆復自言，某有父年且八十，以儆爲命，南邊之事顧豈少如儆者，惟朝廷幸哀憐儆事親之日短而事君之日長也，願得散地，以便親養。宰臣以其事白上，上方以達孝治天下，爲之惻然，改界祠禄。儆自弱冠宦學，流浪餘三十年，率間一二歲乃一歸。家故新安之南六十里，有田百畝，有宅一區，僅如古井田之民。自祖父而上凡七世，皆安耕稼，守丘墓，無乘危涉險、折腰忍恥、匍匐趨走之勞。至儆與兄益章始棄祖父之業，失其身於場屋之間。益章筮仕爲太學官，不幸蚤世。儆凡三仕州縣，皆不偶。不惟不偶，且重得罪，以爲親憂，用是思欲自屏於無人之境，藏其身於庸陋寡過之地，薦復祖父之業，以安吾親之心。至是始以無庸叨冒優恩，月得俸錢三萬、米五斛，量入而約用之，可以育鷄豚、燕春秋。乃即舊居，稍稍葺治。居之前有洲，廣可數畝，舊有竹千餘箇。因其地勢窪而坎者爲四小沼，種菊數百本周其上，深其一沼以畜魚鱉之屬，備不時之羞，其三以植荷花、菱芡，取象江村之景，且登其實以佐觴豆。既又乘地之高，附竹之陰，爲二小亭。其一面溪，溪之上有山，山多松、杉、櫧、樟之屬，蔥蔚蒨茂，貫四時而不變，尤老人之所樂而數休焉，乃以「流憩」名之。其一名「静香」，以其前有竹，後有荷花，用杜子美「風摇翠篠娟娟静，雨浥紅蕖冉冉香」之句爲名。亭之南爲堂三間，環以巖桂、萬年枝及諸後凋難老之木。東西二室爲洞牖，使子弟之未勝耕者讀書其中。堂之北視上序爐亭之制，爲小齋堂名「仁壽」，謂其幸生堯舜之時，得奉吾親長見太平如擊壤之民也。齋名「静觀」，取明道先生詩「萬物静觀皆自得，四時佳興與人同」之意。是中大有佳處，惟天下之静者能見之。静香之東有杉，甚直而秀，其枝下垂如倚蓋，可數人容膝其下，因名之曰「直節菴」。蓋木之類至衆而至直者莫如杉，蘇少翁直節堂以杉名也。菴之西有梅，舊爲灌木所蔽，枝幹拳曲，苔蘚附之，與會稽之古梅無異。蓋梅之隱者，老而甚癯，山澤之儒也。其下平夷，可羅胡牀十餘。然胡牀於意行適至非便，乃斷木如鼓之狀可踞而坐者十輩，列於其下。冬仰其華，夏休其陰，渴想其味，不施棟宇而梅之美具得於俛仰之間，因名之曰「梅隱菴」。菴之前種桃李盧橘楊梅之屬，遲之數年，可以饋賓客及鄰里。桃溪之外，借地於鄰，復得一畝許，雜種戎葵、枸杞、四時之蔬、地黄、荆芥、閒居適用之物。菴之西開小徑，旁貫竹間。夾徑植蘭蕙數百本周其上，與地相宜，頗茂。循徑而南，有堤如荒城，高出氛埃。旁臨曠野，溪流其下，潺潺然與風疾徐，登之令人心目俱豁。復踞堤爲二亭，曰「遐觀」、曰「風雩」，於以見天空地大、萬物并育之趣。柳子厚謂凡游觀之美，奥如也，豁如也。是洲蕞爾之地，而高下曲折，幽曠隱見，殆具體而微者。時具壺觴奉老人，及致老人所素狎者，徜徉其中，遇夜或風雨乃歸。老人雖不飲酒，然見人痛飲，則爲之抵掌笑樂佐其酣適。間爲小詞道其閒適之意，與景物之過乎前者，使童穉輩歌之以侑酒。噫！能使予忘貧賤，安農圃而無復四方之志者，匪斯洲之樂也歟！

周必大《平園續稿》卷一九《玉和堂記》 春爲青陽，夏爲朱明，秋爲白藏，冬爲玄英，四氣和謂之玉燭，此格言也。今夫佳花美木在天壤間，氣和而後生。人皆知春時爲然，不知和氣所鍾，無時無花也。老叟既闢敝廬東爲平園，園西北隅隙地坦然，乃距北垣五十弓餘二肘爲堂三間，南置唐虞二典閣，背爲流盃亭，其深四丈二尺，博三丈七尺，崇二丈有奇。敞扉而涼，塞向而燠，可以納四時之和氣。散植紅梅、辛夷、桃、李、梨、杏、海棠、荼蘼、紫荆、丁香，冠以牡丹、芍藥，此春景也。前後兩沼，碧蓮叢生，東則紅芰彌望，榴花、萱草雜寘其間，此夏景也。巖桂拒霜，橘、柚、蘭、菊盛於秋，江梅、瑞香、山茶、水仙盛於冬，時花略備矣。至如佛桑、躑躅、山丹、素馨、茉莉之屬，或盆或檻，榮則列之，悴則徹之，而種植未歇也。始造於慶元庚申七月戊辰，八月丁未與客落其成。恭惟聖主在上，衆賢和於朝，萬物和於野，遂使皤然一叟得佚老於和氣之内，故榜其堂曰「玉和」，志幸會云。時嘉泰元年也。

楊萬里《誠齋集》卷七五《唤春園記》 新喻縣南五十里而近，有鄉曰臨川，其山深秀，其水紺潔。東西行者未至十里所，則望見一峯孤聳，如有人自天投筆於太空，至天半翔舞翻倒而下，至地躍而起，卓爾而立，其跗豐而安，其穎鋭而端。又如有人卧地仰空，醉持翠筆而書青霄也。故里之人名之曰「卓筆峯」云。士之居于臨川者，皆争此峯而面之。面之者衆，而莫有正焉者。面之而正焉者，惟人士周仲祥之居爲然，餘皆不然。不然者皆仲祥之爲嫉，嫉仲祥而仲祥不懼，又加貪焉，又築一山園於居之旁，其求多於此峯未已也。一日介吾亡友之子劉庭杞繪畫其所居與園與此峯以來，求予名其園，且記之。予歷指以問曰：「彼園之山椒有亭，翩然其上，如張蓋風中，勢欲飛去，有掣而止之者何？」曰：「此静菴也。」「彼山之趾有大屋，碧瓦朱甍，風屏月檽，閣其上而齋其下，學子往來，操琴枕書，口吻嗚聲者何？」曰：「此用德之堂，右以進修之齋，左以醉隱之軒，而冠以繙經之閣也。」「彼園之植高者雲倚，卑者地覆，纖者茸如，茂者幄如，丹者、素者、碧者、畦者、沚者又紛然如時女之出闉闍，酣遲日而拾瑤草者何？」曰：「水者蒲蓮，陸者卉木也。」予歎曰：「又多乎哉！」仲祥掇此峯於懷袖多矣，而園亭卉木之幽茂盛麗復如此，其取諸造物，不曰又求其寶劍乎？予恐造物者亦將仲祥之爲嫉，嫉之者不寧惟臨川之士而已。園之景名其一，遺其百，則兼總而命之曰「喚春」，蓋取諸劉夢得之聯句云。仲祥名瑀，喜教子，好賓客，艮齋先生謝公爲記其堂，亟稱其賢。其一子某未冠已秀警，誦書如水倒流，下筆翩翩有可愛者，其筆峯秀氣鍾美於是乎？韓宣子曰：「周禮盡在魯矣！」慶元二年十一月初五日，具位楊萬里記。

朱熹《晦庵先生朱文公文集》卷七八《雲谷記》 雲谷在建陽縣西北七十里，蘆山之顛。處地最高，而群峯上蟠，中阜下踞，內寬外密，自爲一區。雖當晴晝，白雲坌入，則咫尺不可辨，眩忽變化，則又廓然莫知其所如往。乾道庚寅，予始得之，因作草堂其間，榜曰「晦庵」。

谷中水西南流七里，所至安將院東，茂樹交陰。澗中巨石相倚，水行其間，奔迫澎湃，聲震山谷，自外來者至此，則已神觀蕭爽，覺與人境隔異，故榜之曰「南澗」，以識游者之所始。循澗北上，山益深，樹益老。澗多石底，高下斗絶，曲折回互。水皆自高瀉下，長者一二丈，短亦不下數尺，或詭匿側出，層纍相承，數級而下，時有支澗，自兩旁山谷横注其中，亦皆噴薄濺灑可觀。行里餘，俛入薈翳百餘步，巨石臨水，可跂而息。澗西危石側立，蘚封蔓絡，佳木異草，上偃旁綴，水出其下，淙散激射於澗中，特爲幽麗。下流曲折十數，騰蹙沸涌，西抵横石如齟齬者，乃曳而長，演迤徐去。欲爲小亭臨之，取陸士衡《招隱詩》語，命以「鳴玉」，而未暇也。自此北去，歷懸水三四處，高者至五六丈，聚散廣狹，各有姿態，皆可爲亭，以賞其趣。又北舍澗循山，折而東行，脚底草樹膠葛，不可知其淺深。其下水聲如雷，計應猶有佳處，而亦未暇尋也。行數百步，得石壁，高廣皆百餘尺，瀑布當中而下，遠望如垂練，視澗中諸懸水爲最長。徑當其委，跣揭而度，回視所歷群山，皆撫其頂。獨西北望，半山立石叢木，名豹子巖者，槎牙突兀，如在天表，然石瀑窮源，北入雲谷，則又已俯而視之矣。地勢高下，大略於此可見。

谷口距狹，爲關以限內外。兩翼爲軒窗，可坐可卧，以息游者。外植叢篁，內疏蓮沼，梁木跨之，植杉繞徑。西循小山而上，以達於中阜，沼上田數畝，其東欲作田舍數間，名以「雲莊」。徑緣中阜之足，北入泉峽，歷石池、山楹、藥圃、井泉。東寮之西，折旋南入竹中，得草堂三間，所謂「晦庵」也。山楹前直兩峯，峭聳傑立，下瞰石池，東起層嶂，其肋可耕者數十畝。寮有道流居之。自中阜以東，可食之地，無不闢也。草堂前隙地數丈，右臂繞前，起爲小山，植以椿桂蘭蕙，悄蒨岑蔚。南峯出其背，孤圓貞秀，莫與爲擬。其左亦皆茂樹修竹，翠密環擁，不見間隙，俯仰其間，不自知其身之高，地之迥，直可以旁日月而臨風雨也。

堂後結草爲廬，稍上山頂北望，俯見武夷諸峯，欲作亭以望，度風高不可久，乃作石臺，名以「懷仙」。小山之東徑，繞山腹，穿竹樹，南出而西，下視山前村墟，井落隱隱，猶可指數，然亦不容置屋，復作臺，名以「揮手」。南循岡脊，下得横徑，徑南即谷口小山。其上小平，田畂即以祈年，因命之曰「雲社」。徑東屬杉，徑西入西崦。西崦有地數十畝，亦有道流結茅，以耕其間，曰「西寮」。其西山之脊，蟠繞東下，與南峯西垂相齧，而谷口小山，介居其間，如巨人垂手，拱玩珠璧，兩原之水，合於其前。出爲南澗東寮，北有桃溪竹塢漆園，度北嶺有茶坡。東北行，攀危石，履側徑，行東峯之顛，下而復上，乃至絶頂。平處劣丈餘，四隤皆嶮削下數百丈，使人眩視，悸不自保。然俯而四瞰，面各數百里，連峯有無，遠近環合，彩翠雲濤，昏旦萬狀，亦非世人耳目所嘗見也。予嘗名湘西嶽麓之頂，曰「赫曦臺」，張伯和父爲大書，甚壯偉，至是而知彼爲不足以當之，將移刻以侈其勝。絶頂北下，有魏林横帶半巖，木氣辛烈，可已痞疾，疑即方家所用阿魏者。林下巖中，滴水成坎，大如杯碗，不竭不溢，里人謂之顯濟，水旱禱焉。又下爲北澗，有巨石二，對立澗旁，嶙峋崷崒，古木彌覆，藤卉蒙絡，最爲山北奇處。里人名其左曰「仁」，右曰「義」，歲時奉祠如法。聞自是東北去，有瀑布出油幢峯下，石崖隒下，水瀉空中數十丈，勢尤奇壯。東南别谷，有石室三，皆可居。其一尤勝，比兩房，中通側户，旁近水泉，可引以漱濯，然皆未暇往觀。

自東嶂南出小嶺，下數十步，有巨石贔屭，下瞰絶壑，古木叢生，樛枝横出，是爲中溪。别徑下入村落，其中路，及始入南澗西崖，小瀑之源，各有石田數畝，村民以遠且瘠，棄不耕。皆以貲獲之，歲給守者，以其餘奉增葺費，勢若可以無求於外而足者。

蓋此山自西北横出，以其脊爲崇安、建陽南北之境，環數百里之山，未有高焉者也。此谷自下而上，得五之四，其曠然者可望，其奥然者可居。昔有王君子思者，棄官栖遁，學煉形辟谷之法，數年而去，今東寮即其居之遺址也。然地高氣寒，又多烈風飛雲，所沾器用衣巾，皆濕如沐，非志完神王，氣盛而骨强者，不敢久居。其四面而登，皆緣崖壁，援蘿葛，崎嶇數里，非雅意林泉，不憚勞苦者，則亦不能至也。自予家西南來，猶八十餘里，以故它人絶不能來，而予亦歲不過一再至。獨友人蔡季通，家山北二十餘里，得數往來其間，自始營葺，迄今有成，皆其力也。然予常自念，自今以往，十年之外，嫁娶亦當粗畢，即斷家事，滅景此山。是時山之林薄當益深茂，水石當益幽勝，館宇當益完美，耕山釣水，養性讀書，彈琴鼓缶，以詠先王之風，亦足以樂而忘死矣。顧今誠有所未暇，姑記其山水之勝如此，並爲之詩，將使畫者圖之，時覽觀焉，以自慰也。

山楹所面雙峯之下，昔有方士吕翁居之，死而不腐，其地亦孤絶殊勝，本屬山北民家，今亦得之，名曰「休庵」。蓋凡耕且食於吾山者，皆翁之徒也，往往淳質清浄，能勞筋骨以自給，人或犯之不校也。有少年棄妻子從之，問其所授受，笑不肯言，然久益堅苦，無怨悔之色。嗚呼！是其絶滅倫類，雖不免得罪於先王之教，然其視世之貪利冒色，湛溺而不厭者，則既賢矣。因附記之，且以自警云。淳熙乙未秋七月既望，晦翁書。

《〔雍正〕浙江通志》卷四〇俞烈《可庵記》　臨安天目山之西麓，有逸民洪載，字彦積，自號耐翁，以力農起，衣食廑廑給，愛泉石若嗜欲，相攸紫薇巖之左，得佳山峭壁，稜層圭角，冒土欲出，荔鮮碧潤，斑斑呈露。翁放杖太息，曰：「是必有異。」呼奴具畚臿，厲斤斧，剪薙榛翳，篳除土礫，則峯巒效奇，直如立笋，平若截肪，岑鋭巘疊，争見姿態。既有端緒，則鋭意欲成之，凑歲儉饑，鳩旁近村民，用一緡錢移擔土，以漫治凹下。灌栵蔽翳，既芟除之，泉脉欲流，復釃導之，則平衍清深，嵌巖宛曲，各有奇狀。於是名其石之翼然欲昇者，曰「飛雲」；峭然凝佇者，曰「玉笋」；窈然清深，命曰「藥洞」；呀然深邃，命名「經龕」。山有峭立石壁而形如贔屭蹲負其下者，曰「金鰲」。泉眼流珠濺沫，不爲旱潦增損，命曰「靈泉」。闢微徑，上飛雲頂，築亭其巔，名曰「盤雲」，取樂天《牛氏石記》「盤坳秀出，如靈丘鮮雲」之意。巖石之下，小築數椽，扁曰「可庵」，翁燕游藏息之地也。庵之東數步，曰「長春塢」；西瞰清池，曰「含暉室」。徑直前，依山植桃數十百株，方春和時，霞錦燦爛，名曰「小桃源」。稍西，則爲歸藏之瑩。始翁得此地，神怡意適，謂是已足吾心，計當生死此中，坐而對石，則眼恍然明，困而支石，則意灑然醒。客或扣門，管領登山，擊鮮醉釃，必極其酣適然後已。聞客譽石之辭則喜，津津見顔面。每疑其嗜好之異，其中必有自得，其道機轉物，能與此石俱消忘者歟！

詣吾廬請記不已者，翁之孫咨夔，以儒學登第，且試學官、中其科，今分教饒學，與予交好，遂爲之記。

葉適《水心先生文集》卷一〇《北村記》　户部尚書吴興沈公，園於城北奉勝門外，而使告余曰：「北村畝餘三十，中涵五池，太半皆水也，其爲叢花茂木之蔭狹矣；靈壽書院劣容卧起，而移老堂巨屋也，不過三楹而止，其爲崇閎邃宇之居褊矣；洲藏渚伏，濠港限隔，非舟不能通道，相爲市者，皆魚蝦之友，菱芡之朋，而冠帶車馬之來絶矣；並日却坐，分夜獨宿，艫回棹轉，穿南北而透東西，遺音欸乃，常在庭際，而絲竹鼓鐘之奏息矣；蓋其陋若此也。惟對湖臺高不踰丈，具區前臨，湖心遠峯，明晦滅没，近而後溪、鳳凰、毗弁諸山，往往凑泊於溪山亭之下，殆或天與者。雖然，是亦樵夫野人之所同有也。若夫城中甲觀大囿，照耀映奪，曾不敢仰視而側立也。吾聞古之善游者，粗於天而不精於人。今吾鹵莽而營之，苟且而成之，姑以寄吾身於一壑之内而游於天地之外，非所謂粗耶？故名其園曰『自足』，而甲觀大囿照耀而映奪者，非惟不敢望，亦不敢羨焉。」

余謂公沖約有清識，既以天趣得真樂，而又能挹損其言，不自夸擅，可謂賢矣。余嘗評天下山水之美，雖質文變態各異，而吴興特爲第一。其山脉地絡，融液而浸灌者，莫非氣之至清。淳止演漾，澄瑩紺澈，數百千里，接以太湖，蒲荷蘋蓼，盛衰榮落，無不有意。而來鷗去鳥，風帆浪楫，恣肆渺莽，不知其所窮。昔之功已就若范蠡，身不用若張志和之流，未嘗不遁逸嘯歌於其間。蓋仙聖之宅，非人世也。余海濱之人，山凡水俗，常恨不得生長其地而尚友其賢豪。今公乃以築圃曲折、名實、大指，使余記之，豈非所願欲也哉！

舒嶽祥《閬風集》卷一〇《篆畦詩序》　篆畦者，予宅西之小園也。閬風之山，自天台華頂、天封東下，過寧海分水爲雁蒼，東踰嶺爲紫洞二山，腹背爲西谷紫洞之山。逆海而上爲龍舒山，自龍舒起爲大山曰香巖。又伏而爲小山曰花架尖，尖北爲大霧山，其里爲閬風，其村爲尚義。此山周回七十里，是爲雁蒼、紫洞之面目也。花尖之麓，引而爲二：其南下爲長隴，予種梅植桃之地也曰平臯，東騖十里而爲樟海；其北下曰下澤，爲予五畝所居之廬，廬當北麓兩臂之阿。其右臂伸而東，舊爲竹杏之隴。其左臂自花尖、大霧之間，有小澗出焉，昔人嘗名之爲曲水流觴之觀。水南過左臂之曲，趨於平田，田實分受其灌溉之利，有咸平間古松偃蹇，周覆百步，據左臂之曲曰篆畦，蓋右臂之肘腋也。其門與松相對，予少而喜曰真佳山水。又思爲綵衣板輿奉親之適。二親暇日遊焉，休焉。雖未樹亭宇，然窪隆曲折，隱見於竹樹之隙。南可以眺寧海、黄谿歸帆落鴈之縹渺也；東可以攬月中峯雲歸石室洞；西可以眺玉峯之雙竦，錦屏之九疊也；北可以思故埼天封滄海之吐呑、蓬島鎮亭神物之變化也。二親指顧之所，頗得要領。予唯唯而退，經營其中。一手茨葺，積歲月而成。予以其行徑紆餘，貫穿若篆文焉，故曰篆畦，以扁其門。門於宅爲東向，入門爲小徑，横障以檜。折而西入，分爲三徑：一爲歸樵嶺，陟而登也；一爲小軒三間，曰無弦琴，夾徑植官梅、香杏；其一爲長徑，繞隄而步，夾徑植玉毬、紅茶、月丹、寶相、薔薇、金沙、酴醾，徘徊玫瑰、錦春、月季、林禽、紫薇、八仙、海棠。下植素馨、冬萱、山薑、杜若。俯臨土谷，谷中望徑側之衆芳，皆覆冒於岸，若珠瓔步摇之粲翠。岸上望谷中，桃李、芙蓉雜卉，恍與岸平，若雲霞之興於步履之下也。外環以牆，牆之外又皆芙蓉、楊柳、冬青，有谷之勢焉。牆與谷合，故曰谷口。徑至此北歧而爲徑者二，其一折而北，又折而東，至指竹亭之南。夾徑植巖紅、梔子、密囿、百結、紫荆、雀李、金雀之屬。又折而南，過三角畦之地，遇列檜而斜避，與長徑雙馳，隔以月丹。其北則叢桃，桃有千葉、真紅、粉紅、合歡、碧色之異。又折而過叢桃之東、老桂之西北，爲好翁亭。又折而東，爲橘徑。又折而東北，與無弦琴之徑合，而入於軒中。由軒而西入小廊爲大亭，即好翁亭也。亭北爲壇三級：下植桂，中植山榴、天竹、鹿葱、玉簪之屬，上植檜。自好翁亭而西爲小廊，入指竹亭。亭北三面爲小廊，自廊北入，纍級而登爲乘桴亭。亭勢頗高，東南見海，其下植梅。梅有千葉、紅香、黄香、緑萼、真紅、粉紅之别。指竹左右皆列檜爲屏，環而合於亭之南，結爲洞門，以出而達乎前月丹之徑。由乘桴而北爲小廊三間，達乎耕養堂，面列檜爲障，穹然如小山，即好翁亭北之上級也。植牡丹、芍藥、檉柳、含笑、頳桐、紅蕉、錦帶桃、獨帶玉毬、千葉梔、水梔、天竹之屬。中有徑，可環繞而行也。堂有二齋：左曰方寸地，右曰静明天，此舊所居堂西之扁也。堂既改造，移置於此，不忘舊也。由耕養而東爲小廊，南入長友亭、書味軒。軒、亭皆有複軒，前爲長友而後爲書味也。長友北有大柑樹二株，蓋百年物也。取楚頌之辭以明之，亦取其甘之義也。由其左爲小廊門以出，又折而爲廊三間。經歸樵嶺，西達山亭曰羽人臺。蓋臺可以見東山，山有陶隱居、張少霞鍊丹之故迹也。谷口之横徑，自篆畦直入，至於老樟之東，鑿牆爲門以出，曰山扉。扉前有竹林，竹有黄甘、旱筆、斑筆之品。指竹之爲指竹，其殆指此竹以名之也。由竹林開徑折而東，下臨荷田爲舫亭，曰燕嬉。舟右曰楊柳枇，左曰芰荷洲。燕嬉，亦舊亭名也。亭之西，夾徑植海棠，循坡西北植木筆、拒霜、辛夷、紫笑。徑形正方，與山扉之前徑合，其中斑竹之林也。由山扉北入，植丹桂、木犀，中有亭曰丹林。由丹林西折而北爲檜障，穿障爲洞，又以八檜爲兩亭。亭左右相對，攬結而成，可蔽暑日。不假般斧，旁植櫻櫚、絲杉、羅漢樹。又於兩亭之間，鑿土爲井，井環以小廊，穿檜爲門。南出爲菊畦，曰花隱。自井北入爲橘井之藥圃，中外皆有徑，徑列植黄楊。由檜亭、橘圃夾徑以東植栝松。東折而南，又沿檜障以東，右植蠟梅，左植白茶。爲階三級，以上即指竹亭，西之檜障也。障外皆植梅，與乘桴亭西之梅接。梅間横開小徑，以入指竹之右腋，又階以升乘桴也。雖無壯武之觀，華麗之飾，然步武尋常，縈迴往復，若陶朱之魚，九島千里也。此篆畦之大略。畦創於寶祐丙辰，今三十年矣。畦中花木，多自舊都買致。有可慨然者，二親既棄世，念此先人之舊游也，不忍使榛莽之翳而斤斧之入也，葺而不廢。世殊事異，予既不仕，以農自食，又不得安其職而樂其業也。一觴一詠，雖不減往昔，然幾嬉笑而幾痛哭也。同志劉正仲，居梅林而遯於鴈蒼，每一過余畦，一相唁也，前後唱和多矣。就中過余最久者，惟癸未留半歲，有子戚而歸。甲申春冬，凡四至。今歲又爲余來，窮老不相忘，來當未已也。爲余寫前後詩成卷軸，請予序。噫！輞川之遊，惟見裴迪；金谷之賦，僅存潘生。相得之難如此，而可傳者益少，豈不悲夫！引筆識之實，眼暗久不能書。正仲之小楷，精妍可愛。更二十年後，亦恐不能逮今也。篆畦之花殘木老矣，此非可久之道。書以遺我後人，他日儻有衣食餘貲，其鋟於予墓之左，以光遠也。歲在乙酉三月望日，閬風舒岳祥序。

劉敞《公是集》卷三六《東平樂郊池亭記》 古者，諸侯雖甚陋，必有苑囿車馬鐘鼓之好，池臺鳥獸魚鼈之樂，然後仍能爲國，非以娛意崇不急也，以合士大夫、交賓客賢者而同吏民也。《蟋蟀》、《山樞》、《車鄰》、《駟驖》、《有駜》之詩是已。不然則觳，觳者墨術也，不侈於禮樂，不暉於度數，曰「人我之養，畢足而止」，亦瘠矣。夫東平，蓋古之建國，又有州牧連率之政，於今爲重。其地千里，其四封所極，南則梁，東則魯，北則齊，三者皆大國也。其土沃衍，其民樂厚，其君子好禮，其小人趨本，其俗習於周公、仲尼之遺風餘教。可馴以詩書，而不可詭以朱墨，詭以朱墨，鄙矣。鄆故有負城之園，其廢蓋久，士大夫無所於游，四方之賓客賢者無所於觀，吏民無所於樂，殆失《車鄰》、《駟驖》、《有駜》之美，而況於《蟋蟀》、《山樞》之陋。敞以謂非敦詩書、節禮樂之意也。據舊造新，築之鑿之，增之擴之，營之闢之。有堂有臺，有池有榭，有塢有亭，有館有南北門。堂曰燕譽，臺曰陳戲，池曰芹藻，榭曰博野，塢曰吾竹，亭曰玩芳，館曰樂游，南門曰舞詠，北門曰熙春。其制名也，或主於禮，或因於事，或寓於物，或諭於志，合而命之。以其地曰樂郊，所以與上下同樂者也。其草木之籍：松、梧、槐、柏、榆、柳、李、梅、梨、棗、樗、柿、安榴、來檎、木瓜、櫻桃、葡萄，太山之竹，汶丘之篠，嶧陽之桐，雍門之荻，蒲圃之檟，孔林之香草奇藥，同族異名。洛之牡丹，吳之芍藥、芙蓉、蔆芡、亭藺、菊、荇、茆，可玩而食者甚衆。孟子曰：「賢者而後樂此，不賢者雖有此不樂也。」吾其敢自謂賢乎？抑亦庶幾焉。後世將必有追數吾過者矣，吾請以此謝。

趙秉文《閑閑老人滏水文集》卷一三《遂初園記》 滏水西來，枝分屬龍門堰，入城，溉園田十餘里。城之西北隅，有園臨先塋往來道，與故翰林學士王公子立成趣園相鄰。園之地，廣修三十畝有奇，竹數千竿，花木稱是。其北循牆由菜園而入，老屋數楹，名其莊曰「歸愚」。闔户而入，名其堂曰「閑閑」。堂之兩翼，爲讀易思玄之所。少南，竹柏森翳，有亭曰「翠真」。又南，花木叢茂，有亭曰「佇香」。由竹徑行數十步，牆外水聲濺濺然，流入池中，軒之名曰「琴築」，稍西臨眺西山；臺之名曰「悠然」，其東叢書數千卷，蓄琴一張；庵曰「味真」，閑閑老人得而樂之。老人仰看山，俯聽泉，坐卧對竹松，此其所以樂也。老人非隱者也，自量於世終無補，但當謀爲早退閒居之樂爾。加我數年，年登六秩，一男三女，婚娶都畢，乞身南歸，爲園亭主人，斷置家事，勿相關白，當如我死也。飲酒不至醉，不茹葷血，布衣一襲，糲飯一盂，玄易書數册，吟諷終日。有客來則接之，焚香宴坐，與之眇天地之終始，笑夢幻之去來，浮雲世事，瞪目不顧。當春和體輕，駕柴車往來隆慮山中，至秋盡乃歸。未知前路能得幾寒暑？山中幾往來？復消幾量屐耶？況朝廷以半俸優我，鄉里以親舊待我，予何憂哉？因名其園曰「遂初」云。

李俊民《莊靖集》卷一〇《錦堂上梁文》 德邁于公，素有高門之望；賢如晏子，欲更近市之居。此心所安，乃卜既吉。爰即鳴珂之里，以新衣錦之堂。爲天下士，欲得萬間；在大丈夫，安事一室？象蓋取諸《大壯》，歌載播於《斯干》。已許王翰爲鄰，將見許伯入第。謹涓吉日，肇舉修梁。因採歡謡，式揚善頌。

抛梁東，崇構巍巍聳碧空。天際浮雲風卷盡，放教遠岫列窗中。

抛梁西，落霞孤鶩與齊飛。扶摇萬里垂天翼，肯向枝巢借一棲。

抛梁南，百屋堆錢不可貪。何如養取閑中趣，漸漸佳如食蔗甘。

抛梁北，歸意濃於山有色。故鄉曾見幾人還，多少朱門鎖空宅。

抛梁上，子子孫孫枝葉壯。不知更有貴甥誰，能與外家成宅相。

抛梁下，壁上尤堪三絶畫。更將黄卷教兒童，學取鄴侯書滿架。

伏願上梁以後，門闌多喜，家道克昌。鬼神爲之護持，民物於此安逸。豈止梁間之燕，咸賀其成；抑令屋上之烏，皆知所止。

元好問《遺山集》卷四〇《外家别業上梁文》 窮於途者返於家，乃人情之必至；勞以生而佚以老，亦天道之自然。方屬風霜匽薄之餘，而有里社浮湛之漸。兹焉卜築，今也落成。遺山道人，蟫蠹書痴，鷄蟲禄薄，猥以勃窣盤跚之迹，仕于危急存亡之秋。左曹之斗食未遷，東道之戈船已御。久矣公私之俱罄，困於春夏之長圍。窮甚析骸，死惟束手。人望荆兄之通好，義均紀季之附庸。出涕而女於吴，莫追於既往；下車而封之杞，有覬於方來。謀則僉同，議當孰抗？爰自上書宰相，所謂試微軀於萬仞不測之淵；至於喋血京師，亦常保百族於群盗垂涎之口。皇天后土，實聞存趙之謀；枯木死灰，無復哭秦之泪。初，一軍搆亂，群小歸功。劫太學之名流，文鄭人之逆節。命由威制，佞豈願爲？就磨甘露御書之碑，細刻錦溪書叟之筆。蜀家降款，具存李昊之世修；趙王禪文，何豫陸機之手迹？《文選·謝平原内史表》伊誰受賞，於我嫁名？悼同聲同氣之間，有無罪無辜之謗。耿孤懷之自信，聽衆口之合攻。果吮癰舐痔之自甘，雖竄海投山其何恨！惟彼證龜而作鼈，始於養虺以成蛇。追韓之騎甫還，射羿之弓隨彀。予北渡之初，獻書中令君，請以一寺觀所費，養天下名士，造謗者二三，亦書中枚舉之類也。以流言之自止，知神理之可憑。復齒平民，僅延殘喘。澤畔而湘纍已老，樓中而楚望奚窮？懷先人之敝廬，可憐焦土；眷外家之宅相，更愧前途。豈謂事有幸成，計尤私便，束諸侯助竹木之養，王録事寄草堂之貲。占松聲之一丘，東皋子《北山賦》：「菊花兩岸，松聲一丘。」近桃花之三洞。予此别業與白子西所居相近。東牆西壁，無補坼之勞；上雨旁風，有閉藏之固。已與編户細民而雜處，敢用失侯故將而自名？因之挫鋭以解紛，且以安常而處順。老盆濁酒，便當接田父之歡；春韭晚菘，尚愧奪園夫之利。彼扶摇直上，擊水三千；韋杜城南，去天尺五。坐廟堂，佐天子，蓋有命焉。使鄉里稱善人，斯亦足矣！輒取合歡之意，演爲助役之謡：

兒郎偉！抛梁東，人笑家山蕙帳空。老大讀書無用處，且將耕獲教兒童。

南，羊谷山中好石龕。杖履一游無脚力，會稽禹穴更須探。

西，未要坊名改碧鷄。種下五株桃樹子，本無心學浣花溪。

北，老怯寒冬思密室。嶺頭騎馬是官人，萬里風來沙土黑。

上，何人落日心猶壯？雲間道有少微星，兩眼眵昏無復望。

下，百尺長松遶茅舍。他年拈出次山詩，七十腰鐮行時稼。「長松萬株遶茅舍」，又云：「老公七十白腰鐮，將引兒孫行時稼。」此吾家次山公詩也。

伏願上梁之後，里仁爲美，鄰德不孤。子期永作知音，曹子期，吾友生。季鷹早思命駕。張緯文留滯燕京。起居飲食，身爲無事之人；伏臘歲時，家有長生之釀。旁沾親舊，共樂安閑。

《全金詩》卷六二初昌紹《成趣園詩文序》 獻州古河間郡，其地鹹鹵，不宜花木。去城十里之外，膏腴膴膴，連阡接陌，桑蔭障日。近城之地，幾不可以種植。城之東北隅，有田宜稼，獨異其餘，乃沃壤也。梁公子直買田於此，至三頃餘五十畝，乃結廬鑿井，築垣作圃而居焉。遍其田，則樹之以桑；環所居，則種之以榆柳。在圃之外，植之以果；在圃之内，藝之以花。花圃之中，構之以亭；環亭之左右前後，列之以松篁栝柏，清樾交合，葱茜蓊鬱。坐亭之中，四面景物，皆可得而有焉。又作松窗柏徑，藤架竹橋，以爲散策遊歷之地。至於花木之行列，亭軒之規制，欄檻之布置，無一不適人之意者。觀其所居之亭，不取乎丹刻其楹桷，侈大其制度，以爲遊人耳目之樂。蓋方丈之地，一榻翛然，但要容膝自安而已。所植之花，不必珍卉奇木，姚黄魏紫，但得秀而實者，隨所有而種。其與之遊者，不必達官聞人，名流勝士，但曠達之輩、方外之流，道同氣合，無不爲之友。其所觀之書，不必三墳五典、八索九丘，如道經禪話，醫方丹訣，無不愛而玩。榜其園曰成趣，亭曰容安，軒曰静樂，皆取其退居閑静之義。公先豪於貲，爲一郡之冠，然與衆異趣耳。瓦礫財貨，膏肓泉石，不以壟斷爲心。以澹泊爲事，即之則無一點膏粱羅紈氣。與之語則真通達之士也。家事無大小，一切諉之于二子。日詣其園，或命巾車，或乘款段，或幅巾杖履，乘興而往，朝至暮還。如願就宿於此，亦或有焉。客有扣門，則命壺觴，具鷄黍，講道論德，俯仰二儀，錯綜人物。客去，則闔扉而居，優遊偃仰。既而焚香默坐，誦淵明詩，讀南華真人語。所謂逍遥一世之上，睥睨天地之間，不愛當時之譽，永保性命之期，可以凌霄漢出宇宙之外矣。由是朝廷名卿、山林高隱，以至碩儒衲子，或過獻陵，睹其雅致，留心賦詠；或聞公之高尚，景慕其爲人，寄贈吟箋，長篇短歌，記文贊序，珠聯璧致，焜耀璀璨，照映巾甎。公於其暇，焚香盥手，一一展玩，諷詠其辭章，咀嚼其意味，且曰：「隨侯之珠、和氏之璧，天下之至寶，豈可專擅，久則恐爲神物奪去。與其私室什襲而藏之，曷若寫之貞珉，傳之不朽？」仍屬僕爲序。僕曰：「天下之名言，必得天下之名士爲之序，僕何預焉？」公堅懇不已。義不能辭，姑述其素所見聞者而爲書。

耶律鑄《雙溪醉隱集》卷一《瓊林園賦并序》 瓊林園者，金海陵庶人之所營也。嘗燕其羣臣於此。惋其規模迫狹，遂廣燕城，展遼大内，增建宫室，仍起廣樂園於寶昌之西。余遊歷燕都，因與夫鈎盾按行遺址，異其絶古今之制度；披覽圖籍，知其盡人神之壯麗。意不翅加萬於章華，什百於阿房。及繹史氏，詳其庶人本末，覈諸事跡，可謂悉備。然前朝耆舊，靡不毛舉其所遺。神動所閲，心隱所聞，不得以無言。故引筆爲賦。詞曰：

探元符，撼乾樞，剽靈圖，展帝容。驕氣憑陵而威靈折衝。援湯引武，絜大比崇。命相乎宸居，光宅乎天衷。度邑四方之極，定鼎輿地之中。海陵改燕京爲中都。詔曰：「顧此析津之分野，時惟輿地之正中。」拓層城之萬雉，體積陽之九重。控八紘之要會，擁百萬之提封。海陵廣燕城，營建宫室。詔曰：「眷惟全燕，實爲要會。」亶全燕之形勝，壯帝宅之恢雄。名山會乾而環北，靈海朝巽而漩東。蒼龍卧護以懷抱，横陳疊翠於遥空。鍾神秀於天府，《史記》蘇秦説（燕）文侯曰：燕，所謂天府也。扼天險於居庸。迺翳翔鸞，跨神龍，翔鸞位、神龍位，皆遼之大内瑶池位也。陵倒景，蔽鴻濛。森羅移乎地軸，幻化出乎人工。玉泉是導，金水是通。渤潏太液，滙浸芙蓉。十洲繡簇，方丈瀛蓬。後改瑶池位曰太液池。又有芙蓉池，有十洲、三島，非北宫之太液池、三島也。瓊林璀璨，玉蘂龍葼。建木森列，瑞葉青葱。海陵營建宫室、園苑，多取僊都、城闕、宫殿、池島之號。凡花木之可珍者，易以琪樹、珠樹、建木、瑞葉、瓊蕤、瑶草、朱英、紫脱之名。珠枝玉果，瑶花碧草，珍禽奇獸，奇薄珍叢。良難殫紀，謇不可得而窮也。緜聯翠苑，韜映金墉。樓闕嵳峩，殿閣穹隆。玉梯突兀，矗似長雲。輦路蔓延，頽若垂虹。端明閣飛梁輦路直抵第三層。虹橋絡漢，隥道盤空。下臨無地，勢出蒼穹。藹天香之帟幙，蔭桂影之房櫳。抗促調則秋凄，播雅奏則春融。滌暑無夏，辟寒無冬。凛祝融於水臺，喝玄英於華峯。儲陰蓄陽，神其帝力，冀主造化，使天無功。登明月，御清風。明月、清風二殿，在翔鸞位南。神龍在北，常爲祈醮所。延羽客而列金童。寶炬燦其星繁，香霧爛其霞烘。訪乘雲於姑射，諮問道於崆峒。期固九鼎於靈根，魏伯陽云：「九鼎謂丹砂之精。」主衆妙之真宗。抱駐景之神方，繼御氣之元蹤。庶委質於金母，而從事於壺翁。保後天之遐算，延歷運之所鍾。偷安宸極，竊號天公。愲自是之荒惑，矜超絶乎凡庸。奄萬象爲己有，置六合於牢籠。垂拱驕唐虞，高枕傲羲農。紛豪華之駘蕩，示湛恩之龐鴻。傾海以爲酒，并山以爲饔。鳳吹擾鸞歌，疊皷揭華鐘。白雨催花，金蓮布月，龍膏繼晷，樂事未終。玉鑾玲瓏，翠蓋葳蕤。僊音雜沓，紫霞淋漓。臨素娥之庭院，歷玉女之窗扉。紅雲洞瑣長春，花雨暗夫香霏。香霏亭在僊音長春院内。張以鈞天之廣樂，燭以日月之光輝。虎豹守護其天門，龍蛇飛動乎旌旗。迴睨廣道，東顧總期。庫臨芳而陋景，徽俾宏模廓。度紫宸之庭闈。黄道洞達於天街，銀河旁繞乎金堤。結合懽於鉤陳，詧長生於太微。通明起乎中央，蘂珠延其西陲。擴叢霄爲凌雲，表閶闔爲端儀。按：海陵初起都宮圖，後世宗廟多易其殿閣、池館名額，存其舊名者十無一二。亮仰法帝居，元圃清都，猶謂迫脅不足以壯萬世之宏規。詔班爾，勑工倕，曰「匪恢皇儀，罔震天威。可盡人神之壯麗，當蒇能事之瑰奇」。遂儷廣樂之園，就卜寶昌之西。屬乎碧城之基，繚以紫微之垣。冠丹丘之巔，枕絳河之湄。寶臺嵯峨，(嵬)〔崑〕閬崔巍。右環翠水，左帶瑤池。九龍蟠霓，據中天而崛起；五鳳偃蹇，摶積風而忘飛。十二玉樓兮駢羅，三千花界兮低迷。將將焉，煌煌焉，信彼都會之勝槩也。景落天外，晃銀海也。聲華曠代，何光大也。窮奇極泰，吁可駭也。使鬼爲之，則勞神矣；使人爲之，亦苦人矣。締嗟搆怨，跆音臺。籍秦矣。絶天流毒，足失民矣。雖智足拒諫，辯足飾非，萬姓仇汝，汝將疇依？惟狂罔念，人心惟危。章華就而荆人解散，阿房起而秦衆乖離。是以聖哲克勤克儉，無偏無頗。唯居其實，不居其華。以百姓爲心，以四海爲家。豈縱無厭之欲，賈有生之用，佐燕安酖毒之雄誇者哉。《海陵實録》：宮殿之飾多偏用金傅，然後間以五采，金屑飛空如落雪。凡一殿之費，以巨萬計。往往成而復毁，務極華麗。國力困弊，曾不少恤。沉而籌略，溺而機智。劣功優過，絶仁棄義。敢推貫日月之誠，而陰蘊滔天之勢。飾卓莽之狙詐，與操懿之狐媚。辟而忠鯁，暱而私阿。法嚴而峻，令煩而苛。厭飽人以道德，惡醉時以醇和。煽虐焰于毒燎，市禁網以誣羅。斂怨爲德，實維伊何。滄海横流，黔黎墊波。游童牧豎，彼且奚知，而遞賡迭和五噫之歌，曰：神彼帝京之宏麗兮，噫！壯九重而造天兮，噫！極鬼工之淫業兮，噫！殫九有之膏腴兮，噫！猛苛政如怒虎兮，噫！敢暴殄天物，竊玩神器。計同大帝之錫金，策猶繆公之時醉。廉政純龐，甄時隆替。審九域之安危，實一人之所係。移風易化，舛純駁粹。恬於剥亂，逸於乖盭。振顛沛之策，御怨咨之氣。猶指天之有日，寧恤志士之流議也耶。擬投策而斷江，海陵《臨維揚》詩有「鞭梢點盡長江水，不到吴山誓不歸」之句。將憑怒而傾地。衒雄斷以英畧，愈亦爲之兒戲。饕無上之大名，規尊勢之厚利。務隆振乎皇綱，忍紛擾乎人紀。好還者，必然之天道；代謝者，自然之物理。大定之更，維揚之變，詎不出乎不意。嗟乎！夸者殉權，貪者殉利。同歸殊塗，萬古一致。柰何創鉅不恤，神羞天恚。陸梁不顧，鬼責物累。務奮迅龍飛，振矜虎視。縱其驕蹇，逞其惑志。忘檢身之格言，失子愛之奥旨。致狼狽於剛愎，速梟獍以横恣。積非成虐，積是爲治。世殊事變，人道不思。忽明君之御民，若乘奔而無轡。忘天下之歸仁，由一日之克己。爲釋余之所有，庸經彼之所以。獨夫之號，庶人之貶，不爲過矣。

《歷代賦彙》卷二一〇郝經《瓊華島賦》 歲癸丑夏，經入於燕。五月初吉，由萬寧故宮登瓊華島。徜徉延竚，臨風肆矚，想見大定之治與有金百年之盛，慨然有懷，乃作賦焉。其辭曰：楛矢飛燕，遼傾宋奔。中夏壯觀，萃於金源。鬱天居之宏麗，開陸地之海山。忽陵飛而阜走，見虎踞而龍蟠。建瓴水於河朔，浩不知其波瀾。沉沉覃覃，旋坤轉乾。赤城紫府，幻出塵寰。粤惟瓊華之一島，突兀乎其間。崑崙之顛，海風怒掀。劈濤頭而迸落，結水面之青蓮。巖巖磐磐，儼立孱顔。嶷如鼇頭，冠日觀而卻走；傴如鱷背，負月窟而高寒。其頂有廣寒殿，故云。瑶光樓起，金碧鈎連。斷霓飲海，頡地頏天。華陽九州之塵，遼海百年之藴，烽湧煙填。慶雲佳氣，郁郁芊芊。時屬清平，天下宴然。倒淮南之戈而荆楚帖，崩統萬之角而安西安。神武不殺而日趨於平泰，信誓既結而無事乎開邊。明珠白雉不召而麇至，蒲梢騄耳無用而復還。一人高拱於其上，無所爲而樂穆清之燕。大臣優遊於其下，無所爲而興禮樂之盛。萬物鈞化而無間，四海被澤而不偏。風俗既厚，綱紀日完。財不聚而富，刑不用而措，政不更張而治，士不作聰明而賢。民日遷善，而不知其所以然而然。嶷嶷乎魏孝文，駸駸乎漢孝宣。宜乎於此樂天下之樂，軼邁往而追羲軒。收萬方之瑰詭，盡九土之纖妍。紆青雲之環珮，奏鈞天之管絃。御長風於絶頂，訪蓬壺之飛仙。開八荒之壽域，正一氣之陶甄。躋斯民於仁壽，而君臣與焉；挈斯民於遂樂,而君臣享焉。涵浸醲郁,上格於天。舒愉粹暢,下達於泉。濟濟洋洋,殆三十年,見始終之全。倏九龍之飛去,墮神鼎於羽淵。宗沉社僨,而乃屢遷。雖則屢遷,竟不能永其傳。功如是,德如是,不克負荷,一舉而棄捐。孰爲之司而使之然?涸金源於汴蔡,卧一島於蒼煙。悲風射闕,謂居庸也。枯石荒殘。瓊花樹死,太液池乾。遊子目之而興嘆,故老思之而淚潸。蓋餘恩遺烈,膏於骨髓,著於肺肝。雖死而若生,雖亡而若存。有與析津同沛箕尾共騫者,雖曰假山而實德山也。彼虐政虐世,昏君暴主,以萬人之力,肆一己之欲,刳吾乾坤,穢吾山川。雖曰石山,而實血山。民欲與之俱亡,卒聚而殲旃。寧不愧於茲焉?

姚燧《牧庵集》卷八《歸來園記》 歲壬子,余與今令醴泉雷君損之交,至至元丁亥最之,三十六年爲故人。始余從先世父中書左轄公,爰讀四書,君與横經幾席爲同業,交不爲淺,年不爲淺,故凡見其小不足余意者,必爲之盡言。蓋君自踐仕至今三十年,位止一令,所至與去,人稱其賢。今老矣,不厭不已,猶爲之。將行道耶?縣之上莅而壓之者數十,府寺守成法而遵之,幸且無事。苟自鬻其能,自用其情,則摇手觸禁而罪隨之,是其道非易行也。將爲貧耶?諸子孝且克家,有脂田十頃,終南堂室高麗,周其墅植榆楊雜果數千,小者圍栝椀,大則合抱充棟梁,歲入絹多於江陵李衡木奴,其本富已埒封君素侯矣!嗚呼!豈余蒙闇之甚,未真嘗宦味之甘便者耶!余嘗激之使委印而去,君以故人同業之故,受其説而不愠焉,此可見其寬有容也。然復有優遊牽制未斷之言焉,曰:「今遽不可,吾必以開歲某月而行!」嗚呼!君子進三揖,退一揖,所以礪難進易,退於平居也。如君所言,正如東萊譏魯隱「當授即授,何謂將授?當營即營,何謂將營」之説也。君又不以余爲躁而斥已,肯服其非,是又見其善從人也。徐曰:吾家有園,鑿池其中,中池爲堂,外爲四亭。東亭藝蘭,蘭則春芳,取楚屈原之辭,曰「紉蘭」;南亭北軒,闢池種蓮,蓮則夏敷,取周子之説,曰「愛蓮」;西亭植菊,菊則秋榮,取陶潛之詩,曰「采菊」;北亭樹梅,梅則冬花,取林逋之句,曰「疏影」。順四時草木秀發,循環流居四亭,期没吾齒,獨中池之堂與園未名,子爲制之。余曰:屈原之愛君,周子之鳴道,陶潛之明達,林逋之隘狷,能法四賢足矣,又何他求爲耶?詩曰:「高山仰止,景行行止。」宜名堂曰「景山」。雖然,周子爲人鄒孟氏之亞,其言亦六經洙泗之遺,余固不在淺學之妄論。餘三子則皆有説,屈原之不忘君,其失未免怨懟,激發而不平;林逋終身遁棄而忘君,又類潔身亂倫,其吟嘯多賦近體,句律清快可誦者有數;陶潛既仕矣,則其心爲不忘君,知其不可,以耻束帶見督郵爲目以去,正得孔子燔肉不至,微罪行之遺意,又其言和平微婉,猶玄酒希聲,後世雖有效而和之,終不能一造其堂奥。三子之中,古所謂吾無間然者也。園宜以「歸來」名。君試誦其辭,將不待人之勸激,自窮日力而歸矣。以是爲記,是歲十月晦書。

劉壎《隱居通議》卷二九《袁廣漢園池》 茂陵富民袁廣漢,藏鏹鉅萬,家僮八九百人。於北山下築園,東西四里,南北五里,激流水注其中。纍石爲山,高十餘丈,連延數里,養白鸚鵡、紫鴛鴦、犛牛、青兕,奇獸珍禽,充積其間。積沙爲洲嶼,激水爲波(致江)濤,海鶴孕雛産鷇,延漫林池。屋皆褭回連屬,重閣修廊,行不能徧也。廣漢後有罪誅,没入爲官園,鳥獸花木皆移入上林苑中。悲夫!廣漢真愚人也已。夫以漢武之爲人,百世之下,閲史册猶知其非能容物者。彼方修建宫苑,夸示四夷,一富民乃欲與之敵,帝豈能平邪?其取誅滅宜也。近代韓侂胄修圃甚麗,後亦没官,然事體卻不同。

戴表元《剡源戴先生文集》卷四《陶莊記》 古之言隱者,謂其材可以仕,而時不用,志不屑就而去,放於山林隴畝之間,然後已無所愧,而人有聞焉。故仲尼以禮樂稱野人,而史官評大夫之材,曰:登高能賦。苟使爲野人,而無禮樂,登高而不能賦,徒廬栖谷飲,蚩蚩然氓耳,何隱爲?余嘗與番陽吴熙載縱論此事,爲之三嘆。既而熙載出其所居陶莊諸詩讀之。蓋陶莊者,在番陽西山下,澗泉縈縈,林樾蓊焉。自其初,不過莊之旁有業農而氏陶者,以爲場圃。癸卯冬,熙載由錢塘歸,望而樂之,屋其坳窪,以爲居游之墅,因而疏鋤流之波以爲池,蒔秀蔚之叢以爲苑,而横一樓以操琴,其額曰「清音」。樓之北爲室,藏書册、硯筆、壺觴之屬,曰「集雅」。中爲堂,深沉曠廓,曰「燕超」。燕超之西爲齋,陳三代以來石碑銅器,洎古今書法名畫,曰「玩古」。東爲軒,臨泉,曰「觀魚」。北凌虚爲二亭,曰「看雲」、「馭風」。門之南爲徑,曰「五柳」。橋曰「雙檜」。而總其墅之名曰「陶莊」。熙載既爲其名與其詩。番陽又多故家遺儒,人人皆能詩,日相飲集唱酬以爲歡,由是陶莊日聞於人。而熙載方盛年强仕,以詞章器業行名當塗,凡四遷,而來通守吾州。陶莊雖佳,不得安而居也。嗟夫!若熙載者,豈非余所謂其材可以仕,可以隱,而内無愧於己,外可聞於人也乎哉?雖然,熙載之於陶莊,今誠未得居也,熙載志雖不屑,而方用於時者也。熙載驅駟四方，北居庸，南崑崙，東溟渤，西岷峨，風霜道路之危，若猶未厭，今而爲詩，宜有太史氏登歌以弦明堂，笙清廟。俟他日功成名就，潔身來歸，問園池花木固無恙，徐與番陽諸老，或過客如余輩，婆娑笑詠，以償陶莊隱居之樂，尚未晚也。

張養浩《歸田類稿》卷六《雲莊記》 余性雅嗜山水，向敚於仕，弗克如志。謝政來日與之處，凡七年無厭意。蓋吾鄉多名山，泉靈異者尤夥。違治城西北十數里爲先塋，其西百舉武爲別業第宅一區。始皆茅茨且陋，近年侈而易之以瓦，水陸田爲畝且五百，吾祖至養浩，相傳凡三世矣。第前有林甚茂，皆先祖手植，迨今將百餘年。樹多梨杏桃柿，交枝合蔭，盛夏亦爽然無暑意。負林爲亭，面亭激流爲池，實以荷芰，環以叢篁、垂柳、檜栢、花卉之植。所謂名山靈泉者，或獻嵐貢翠於几席之下，或岐流合派、經緯乎畎畝之中。王維輞川，殆伯仲埒。池取其芳，名曰雲錦；墅取其幽，名曰雲莊；林取其潔，名曰雪香；亭取其閑適，名曰綽然。中林植石一株，兩峯隆起，嶻嵲虧蔽，遠視若無，俯而臨之，上下無不洞徹。惟西一峯，則顯其竅甚，因名掛月，厥形大較類巨人元夫岸焉危坐。而主之者嘗得鶴二，豢之既久，習人不懾，往來飲啄，或翔，或眠，或立，或曲頸理羽，與林泉花石相映，巧史有不能繪。當其戛然而鳴，聲動寥廓，牛童輩擬而和之，若相應答，聞之令人神形飄灑，不待目崑丘、踵蓬萊，已彷彿其羽化矣。於戲！夫田園之勝，世非無有也，第人往往慕之而不能遂，遂而不能完，完而不能享，享而不能樂，樂而不能久，久而不能形諸文，形諸文而不能曲盡其所以樂。今夫農者、漁者、樵牧者，非不日親山水也，問厥趣，則瞪目不能語。惟得人焉而居之，則澗喜林歡，胥有輝而交相益矣。彼僕僕塵埃間，虞鞭笞，憂責任，聞清談則朵頤，睹高蹤則汗背，此慕焉不能遂者也；投紱而歸，以宅則無廬，以稼則無土，以遊觀則無園池，以出入則無子孫，此遂而不能完者也；家溢於貨，握齱淟涊，惟己之濡，威脅勢軋，則施與不辭，一客過門，縮首止避，此完焉不能享者也；蚊轟而集，烏合而飲，管絃聾其耳，優伎狂其心，與景靳然略無所預，此享而不能樂者也；日薄崦嵫，衰與疾會，始營菟裘，放情丘壑，笑焉而容不伸，歌焉而聲不副，此樂而不能久者也；康寧壽考，鬱於典墳，卑於詞翰，時有所述，雲扞物格，舉不受制，此久而不能形諸文者也；其或斐然而成，言不中度，音不中節，得彼失此，心手不相隨，此文而不能曲盡其所以樂者也。今余也，爲未遂，甫半百而休居；爲未完，子孫田園靡一之或缺；爲不能享，宴無虛設而客無虛歸；爲不能樂，樽酒琴書，行與偕而坐與之偶；爲不能久，肇釋重負，巖居川觀者，殆十年于兹；爲不能文，風雲月露，晨吟夕詠，靡不括奇納秀於囊篋；爲不能曲盡其所以樂，意之所得，物之所感，目之所及，筆之所向，亦足以發焉而無餘蘊。嗚呼！田園也，第宅也，子孫也，名也，年也，言也，他人求其一而不獲者，皆於余具之。是知造物之福於我者，可謂完矣。夫膺其福而不知，君子謂之不祥。信如其言，而走也何敢不千萬荷！故記之。

虞集《雍虞先生道園類稿》卷二九《劉氏長安園池記》 廉使劉公伯温，自其鄉張掖，道長安至京師。約長安當道路之半，卜宅於其城東，在九龍池之西北。九龍受龍首渠之水，於唐爲興慶池也。門當通衢，其北堂曰「養正」之堂，西曰「學齋」。琴瑟文書在焉，講習之所也。東曰「仁齋」，震之位也。「學齋」之南有蓮池曰「君子」之池，取濂溪翁語。西北有圃曰「學圃」，圃有蔬果卉木泉石之勝，牡丹爲時多。東北有臺，故城壘土之所遺，名之曰「懷古」。數嘗筆削著廷，登臨而有古昔之懷焉。臺下有亭曰「濯纓」，取孺子滄浪之辭也。於是，引興慶之水北行至於其宅之東南，分而西者，經中門，注「君子」之池。可以溉「學圃」而遂西也。其隨舍而東者，經臺及亭，而北出焉。居昔人都域之中，而有山林之趣。據闤闠之近，而無車馬之喧。下州小邦，一丘一壑，不足與之比高深而論今昔矣。伯温方以雄文博識，清節卓行，受知於聖明。入則紬書中秘，出則攬轡澄清，蓋未嘗安居於兹也。其廉於豫章，首畫爲圖以相示。俾予書之，以與其僚友觀覽，以係其懷思也。予以泰伯之裔，自文懿公陪葬昭陵，遂爲雍人。歷唐宋，受封於雍。唐文懿公封永興，宋忠肅公封雍。蒙國朝厚恩，猶畀先君之舊履彵。先父亦封雍郡。觀於伯温之宅，慨然風土之思，豈如常人而已哉？噫！集嘗使過長安，不得盡觀於八水之流。然城中久爲國都，水泉鹹苦，日飲皆自外至。而伯温之居，乃得流泉周其室廬，胡爲其勝矣哉！然而五六百年之前，侯王第宅相望，以動名貴富鐘鳴鼎食稱者，何可勝記。文士之所賦詠，登臨之所感慨，亦多矣。未有如伯温之居，尊其堂以求聖賢之學，成養正之功。左右齋居，體仁以育德，致道以成能。俯仰跬步於燕閒之暇者，無世俗凡近之褻也。觀流泉以翫其不息，托老圃以致其詠歸。昔之居人，能若此者蓋鮮矣。予雖衰耄，天或假之以年，尚能追飛鴻於太白，賦晚晴於終南。從伯温於鄉社，有一日釣游之樂，使後人有所覽焉，不亦可乎？

吳訥《文章辨體》卷三一歐陽玄《圭塘記》 圭塘者，中丞許公別墅之所營也。塘之上有亭，有堂，有臺，而總曰「圭塘」者，斯塘之景，可以都別墅之勝也。曰圭塘何？塘之形本豐而末撱，象圭之終葵者，因命之曰圭也。塘舊爲庸氏業，在鄴城西，距許公有壬居可二里許。公閒居，出舊所賜金買之。塘可五畝强，餘地通二十畝而廣。取道將至別墅，夾道植柳，名曰巷。巷罄折而至門，門扁曰「圭塘」。入有疊石假山，假山之後有菊壇。古有盟誓者爲壇，藝菊而壇，盟晚節也。壇之北有堂三間，東西舍各一。中堂扁曰「景延」，慕延篤之賢也。延傳在范史，人品與徐孺子、郭林宗相亞，而能研窮諸經，雅奥又似過之。景本訓大，近世好稱推慕，猶他經傳曰善、曰多、曰嘉，三字皆静，脩辭者作動字用，蓋善即奬，多即善，嘉即歎詠也。堂之前稍東，有安石榴一株，因之爲安石院。其西南隅爲臺，其顛甾石爲楯，名之曰「泠然」。漢人言神君至，則泠然以風。登者憑高而望，近則趙、魏平陸千里，遠則西北太行諸山，令人泠然有御風往還之意也。然後菊壇之東別闢一徑，稍北別爲衡門，入門循徑而西至圭塘。水深可舟，滿塘皆蓮，作亭于中，絶流爲甬道達亭上。亭成，有蓮一蒂，兩花生之，因名曰「嘉蓮」。塘四圍樹以梅、竹、松、菊、桃、李，爲三徑而重行，四時香色相禪，人行蔽虧間波無，樹陰人影間錯，如游罨畫溪也。亭之西爲雙洲，洲對峙，中有通道，自亭至洲爲納橋，晝納而夜撤也。舟穩若畫舫，或篙或棹，往來塘間，惟意所適。公昆弟翁季賓客留連觴詠，竟日忘歸。城中之人見公出必之圭塘，往往載酒攜樂而從，酒酣賦詩度曲，頃刻成什。已而倡和盈卷，傳之四方，於是唐王氏輞川、宋洪氏盤洲，不是過也。歲庚寅冬，附書江右賈客劉敬忠不遠數千里至清瀏山中，屬余記之。書至日，適有召命迫促就道，諾之而未暇作也。壬辰秋，叔子可行來京師，奉圖及書徵貢，而余已被旨賜歸矣。將行，乃記之。昔魏君立沼上顧鴻鴈麋鹿，謂孟子曰：「賢者亦樂此乎？」對曰：「賢者而後樂此。不賢者雖有此，不樂也！」孟子斯言，雖以發其陳善之端，而理實然也。賢者心不役物，故觸目之勝，能會以心。不賢者遑知所謂領悟哉？抑君子有九能謂之德音，然後可爲大夫，建邦能命龜，作器能銘，升高能賦，皆是也。公於是役也，位置之巧，營繕之工，使司卜築於有邦，神必協之繇矣。觀其華扁疊見，佳篇立成，作器而銘，升高而賦，孰能加焉？世之豪有力者，傚公爲園池，無禁也。公之賢之能，不易致乎？余之記斯塘，獨美公有大夫之能，以濟賢者之樂，雖盛於一時，而事有傳之百世者。雖然，賢能之於斯世，不克盡力乎竹帛，而致美乎林塘。愚不識司造之生賢能，使之用而使之止是歟？故願陳君子出處之大義，以告圭塘之主人云。

鄭元祐《僑吴集》卷一〇《玉山草堂記》 昔王摩詰置莊輞川，有藍田玉山之勝，其竹里館皆編茅覆瓦，相參以爲室，於是杜少陵爲之賦詩，有曰「玉山草堂」云者。景既偏勝，詩尤絶倫。後六百餘年，吴人顧仲瑛氏家界溪，溪瀕崑山。仲瑛工於爲詩而心竊慕二子也，亦於其堂廡之西，茅茨雜瓦爲屋若干楹，用少陵詩語扁曰「玉山草堂」。其幽閬佳勝，繚簷四周盡植梅與竹，珍奇之山石，瓌異之花卉，亦旁羅而列堂之上。壺槊以爲娱，觴詠以爲樂，蓋無虚日焉。客有過其家，喜即草堂以休偃者，仲瑛乞爲之記。客乃爲之言曰：「夫物貴乎有初，其來尚矣。在邃古時，所謂標枝而野鹿，久之而始知以韋前，及夫上衣下裳之日，亦何取乎方尺之韋以蔽乎膝之上也。然不若是不足以謂之法服，示不忘其初者，其意可見。竊意上棟下宇之始也，其草若以爲室，當必在乎陶瓦之先，今而覆瓦利百倍於茅也，其索綯以乘屋者，貧者不得已也。若仲瑛覆瓦而室者亘數百楹，櫛比而鱗次，若波水然，然猶搆此草堂者，豈但追慕少陵、摩詰乎？蓋亦古人不忘其初之謂也。仲瑛嗜詩如飢渴，每冥心古初，哦詩草堂之下，既以成篇什，又綵繪以爲之圖，今復命客爲之記焉。其於草堂拳拳若此，勢且與浣花溪、輞川莊同擅名於久遠，豈特不忘其初之謂哉！」客者遂昌山樵鄭元祐，其爲之記則至正九年秋九月一日云。

楊維楨《東維子文集》卷二三《甕牖銘有序》 隴西耕者李中，其先宋三省幹之後。中去其先之高門閭，退築草堂松之七里涇，爲耕讀室。室凡十楹，蓽户繩樞，北東西垣皆甕牖。中每風起，引東方明於甕，次讀古先聖人遺書，書已，出理耕事，日爲常。有過而哂者曰：「中弗光先廬，而甘爲甕牖繩樞之子歟？」中聞而益喜，遂自號繩樞子，仍以「甕牖」命其室，介其友錢鼒來見曰：「古者户牖必有銘，今辭弗古，若不足以起儆，幸先生有以銘。」予異其人，曰：繩樞子，今之人而有古之道者歟？士幸生華夏有宫室之後，又幸生高門縣薄之家，而遠返古初，甕牖是居，非悠然有得遺物而立於獨者，不能一日安於自如。惟其然，故豨韋氏之囿，軒轅之圃，有夏氏之宫，湯武氏之室，彼且能使我忻忻然而足歟？不也，世之傾宫室、危臺榭，直味者逆旅焉耳。豈徒逆旅，府怨階禍，雖滅身覆族不寤，豈不哀哉？此甕牖之可銘也。銘曰：隴之耕兮草之堂，甕之牖兮朝之陽。暾之入兮煌煌，月之燭也陽陇。天之刑民兮，峻宇雕牆。天之牖民兮，虚室之白，泰宇之光。

顧瑛《玉山名勝集》卷上楊維楨《玉山佳處記》　崑隱君顧仲瑛氏，其世家在崑之西界溪之上。既與其仲爲東西第，又稍爲園池別墅，治屋廬其中。名其前之軒曰「釣月」，中之室曰「芝雲」，東曰「可詩齋」，西曰「讀書舍」。後纍石爲山，山前之亭曰「種玉」，登山而住憩者曰「小蓬萊」，山邊之樓曰「小游仙」，最後之堂曰「碧梧翠竹」，又有「湖光山色」之樓。過浣花之溪，而「草堂」在焉。所謂「柳堂春」、「漁莊」者，又其東偏之景也。臨池之軒曰「金粟影」，此虎頭之尤癡絶者。合而稱之，則曰「玉山佳處」也。余抵崑，仲瑛氏必居余佳處，且求志牓顔屋。按郡志：崑山隸華亭，陸氏祖所窆，生機、雲時，人因以玉出崑而名「崑邑山」，本號「馬鞍」。出奇石似玉，煙雨晦明，時有佳氣如藍田焉，故人亦呼曰「玉」，又曰「崑」。而仲瑛氏之居去玉一舍遠，奚以佳名哉？山之佳，在去山之外者得之，山中之人未知也。如唐之終南隱者，與司馬道人指山之佳，身故在山數百里之外也。雖然，終南之佳，終南之隱者未知也，借佳爲捷仕之途，千古慚德至於今，山無能掩焉。若仲瑛氏之有仕才而素無仕志，幸有先人世禄生産，又幸遭逢盛時，得與名人韻士日相優游於山西之墅，以樽酒文賦爲吾弗遷之樂，則玉山之佳，非仲瑛氏弗能領而有之。吁，與終南隱者可以辨其佳之誣不誣矣。余嘗論：山不能重人，而人重之耳。望以子重，荆以卞和重，峴以羊叔子重，紫金以八公氏重，他日崑之重，既以陸氏。玉之重，又不以仲瑛氏乎？不然，山以玉稱者衆矣，若鄜，若灌，若龍城，若中己，若滇池，雪水、上饒、山陰，星沙、橫浦，皆未嘗無玉之稱也。求佳之賴人而重者，不得如仲瑛氏焉。則玉之稱山者，毋亦土石之阜之類焉爾，君子又何取哉？仲瑛謝曰：「瑛何脩而得比古哲人？竊願勉焉，以無辱先生之云也。」遂録諸堂之屏爲志。至正八年八月初吉。會稽楊維楨書於玉山之讀書舍。

顧瑛《玉山名勝集》卷上陳基《玉山佳處後記》　由吴城東行五十里爲界溪，又十五里爲馬鞍山，蓋古之婁縣、今所謂崑山也。濱溪而居者，曰顧君仲瑛。樂其水之清，而病去山遠，雖時舟至其所，然不可以朝夕成趣，於是即所居西偏積土爲小山，而纍石其上，高可數尋，而袤倍之。每日初昕，霽景鮮麗，則其峯巒之秀拔者，如瑞雲，如圭瓚。而其爲嶠爲巘者，又矯然若飛龍，歸然若伏獸。晦冥之夕，則雲雨之霮䨴者，恍若出於其谷。風雷之歕薄者，欻若興於其壑。以至嶄巖磊磈，如積雪，如紫芝，與夫高卑俯仰，獻奇而効異者，莫不各極其態。四時所植，則松、桂、石楠、李、桃、梅、竹、鞠、蘭、香草之屬，參差離列。而青叢翠蔓，薈蔚蔥蒨，丹榮紺實，含澤而葳蕤，有若玉藴於中，而光輝發於草木者，故狀其名曰「玉山佳處」。或者以爲擬崑山而作。崑山本婁地，今隸華亭縣，機、雲故宅在焉，蓋以人而勝也。或又以爲馬鞍山其石如玉，故名崑山。仲瑛於此豈尚德乎？夫人力之所作，固異於元氣磅礴胚腪而凝結者。然界溪山水之勝，林壑之美，至仲瑛而後備。朝夕凝睇以成趣，則天台、蓬萊、匡廬、王屋，皆可想而見之。夫豈崑山而已哉？若夫所謂尚德焉，則不在彼而在此也。陳基記。

顧瑛《玉山名勝集》卷上趙麟《玉山草堂賦》　東吴之邦，崑山之陽，有碩其人，於焉徜徉。夫以青雲卓絶之姿，緑野飄飄之趣，芥千金於外心，韞尺璧而自固，脱屣塵鞅，游情前古。於是即飛甍煥彩之隅，得靈嶽儲精之所，既戒盈而崇儉，果宅幽而勢阻。木無雕機，文弗被土，構堂維仞，葺草彌宇，蓋將追草玄於西蜀，軼浣花於南杜者也。觀其盤桓縈延，陻鬱發宣，審端卜地，葉吉卟天，翦弗納於危棟，材奚擇於脩椽。拔南荆之茹，于以凝善類之彙進；刈西疇之秸，于以知稼穡之艱難。樸素渾厚，次第聯駢。視萬室之煒若，異一區之藜然。煌煌乎禪褧襲衣而尚文錦，蕭蕭乎八音盈耳而調朱絃。其外則重扉洞開，楔臬旁通，吐納赤黄，掩暎蒼紅。其内則棼楣文質，疏户玲瓏，坐必虚右，席必設重。其前則晴嵐蒼蒼，煙骨童童，藍田日暖，玄圃春融，拂衣之濕翠飛霧，栖簷之暮靄從龍。又有清流暎帶，晴波湛空，淢淢淵淵，汩汩溶溶，黄簾蕩而金烏曉浴，碧礎潤而潮海夜通。乃有瑶草緑縟，綺樹瓊葩，芳椒杜若，紫荇蘘荷，盤松踞石，孫竹穿沙。水仙舞霓裳於翠幄，菊婢羅絳幘於緑霞。芙蓉倚西風而泣露，珊瑚出東海而吐華。崇蘭盈砌，緬江左風流之日；寒梅繞屋，即西湖處士之家。其中則犖石傚奇，層巒疊穎，引泉汲古，靈液沁泠，玩好時出，有列差等，商樽周彝，秦鐘漢鼎，雖遠跡於侈靡，實誇奇於博敏。玉堂金馬，彼軒冕以何爲？流水桃花，豈武陵之路永？又有牙籤玉軸，左圖右書，峨弁垂紳，前蹌後趨，語必無懷，歌必康衢，一詠一觴，談辨喧呼，胸襟星斗，咳唾明珠，鼓桐尾而悲別鶴，披芸香而落蠹魚。於是尚陶匏，徹氍毹，醴酒設，珍饌俱。方圖一局，決勝成圍；左右八筭，更拾投壺。節以薛人之皷，浮以太白之觚，賓醉蹁躚，主笑盧胡。方且進海錯，茹山蔬，摘芳卉，咀英芬，玩弄大塊，睥睨庸奴。閲春秋於朝夕，寄雲月於江湖。醒則橘斗，夢則華胥。其視墮珥遺簪之樂，孰若傲物忘世之娱？此草堂之佳絶，蓋希世之莫如。直南華老仙之曠達，又豈碧山學士所可比侔也哉？賦未已，客有進者曰：「子徒知掎摭於草堂之麗，而不知鈎摘於玉山之名者也。今主人之結草成廬，卜山爲隣也，上非求捷徑於終南，下非探至寶於崑岡。因將韞美深藏，種學韜光，文采内充，聞譽外彰，猶玉之在山而澤潤群芳者乎？温醇堅樸，縝密和樂，示人弗衒，守己彊確，猶玉之在璞而不事雕琢者乎？瑩絶無瑕，清越有聲，器成韞櫝，價重連城，猶萬鎰雖貴必有待於玉人者乎？是則草堂之勝，固擅乎玉山之清，而玉山之名，又係乎草堂之英也。子其知乎哉？」賦者曰：「唯唯。」於是團松葉之餘煙，濡菅茆之墜露，挹玉山之清輝，寫草堂而爲賦。

陳高《不繫舟漁集》卷一二《水竹幽居記》 福城東門之外一里，爲金鷄山。山之陽，爲東禪報恩光孝寺。寺之左右，其地多閒曠，雖負城郭，無異迥野。逆川順師來主是寺於兵燹之後，重建梵宇，不再期而成。瓦爍之墟，焕然金碧，衆屋既備，舊規復完。乃營寺西南隅隙地，爲休憩之所。其室三間，中廣尋丈，旁闢兩閣，疏櫺密牖，凉燠咸宜。又作小樓，僅容卧榻，及置几案。面其前有池，方可三十餘步，積水泓渟，色黝以碧。環其側植竹數百竿，玉幹翠葉，亭亭猗猗。復垣其四圍，穴垣爲小門以出入。内外迴隔，市囂俗紛，靡接于耳目，因名之曰「水竹幽居」云。予嘗偕客過之，俯池而翫，則瑩潔可鑑；倚檻而詠，則清標可挹。明月東出，微風南來，寒光隱映，爽氣交襲，翛翛乎若脱塵堁而游虚空，不知日之夕、身之寓也。客謂予曰：「吾聞爲佛氏教者，道存沖寂，心與世冥，而猶留意于物若是耶？」予未有以應也。乃相與質之主人，曰：「子以物觀物，而物于物；不若以非物觀物，而不物于物。今夫湛然而澄徹者，水也；挺然而涓净者，竹也。水猶法性本空，法身無相，作如是觀，則水非水，而竹非竹，雖有是居，寔無所住。非幻而幻，我且忘我，而況于水乎！況于竹乎！又況于水竹之居乎！」于是賓主相視而笑，釋然玄契，遂記于壁，俾惑者袪焉。

戴良《九靈山房集》卷一一《日月牖記》 世之人有竭匠氏之巧，盡木石之麗以爲牖者。客至而非之曰：「胡乃以是爲哉？自昔豪傑之士，惟思奮志於事功，而不耻居乎貧陋。故有以甕爲牖，而名著當時者。穴土剜木，曾何足儷乎？」則又有非之者曰：「客之言似矣。然其役心於有爲，孰若肆志於無爲。故道家之書，有曰耳者體之牖。然聽衆則牖閉，而決牖之術，無爲而已耳。則夫以甕而爲牖，豈若以耳爲牖哉？」於是在座之士又非之曰：「是固道家之所謂牖，而非大人先生之牖也。大人先生以萬期爲須臾，以八荒爲庭衢。故其於（友）〔牖〕也，非土非木，非甕非耳，獨以日月而爲之。日謂之晨明，月謂之夜光，晨夜相繼，則無時不明矣。無時不明，則幾於天道矣。牖乎牖乎！是豈世人之所能知乎？」於是參政陳公，治牖方成，適聞座客之言，即矍然曰：「余四明人也。明以日月爲義，而余牖以日月名，顧不可乎？」遂命爲説以釋之。余曰：「日月之照臨，初無限量也。人心之光明，亦豈有限量之可言哉？此吾儒之心學，所以貴夫擴充也。彼大人先生者，雖所趨有不同，然其負才放曠達乎事物之表，亦于其心而已矣。凡其光明如日月無有限量之可言者，豈不廓然於胸中也乎？今公以吾儒致位通顯，亦既贊戎機參大政矣。於是功成名遂，乃思退居田里，以自放於山巔水涯。而彼大人先生之心學，因亦窺見其一二。故遂斂其致君澤民之思，盎然自足於户牖之間，則其謂之日月牖也，不亦宜乎？」公曰：「善哉！其爲言也。雖然，吾儒之心學，衆所共聞。大人先生之心學，誠未之聞焉。請書其説，以告夫世之未聞者。」遂書以爲記。

胡助《純白齋類稿》卷二〇《隱趣園記》 隱趣園何爲而築也，吾兒璋所以承外舅之志也。始東曰蔡隱君曰：竹澗翁愛女擇婿，而璋也選在東牀，於是創館甥之室於别墅，使居之，翁可杖履往來也。甥舍之東偏，壤地十數畝，坡阜聯緜，松竹秀蔚。近可眺，遠可憩，幽可規，以爲園。中有方池半畝許，植蓮其内，名之曰君子池。池上間植青李來禽、夭桃紅杏、芙蓉楊柳，粲然成行，表曰春色。池左右植安石榴，爲洞曰夏意，中植丹桂。作待月壇，壇之後列海棠如步障，曰蜀錦屏。壇之前植山梔子，曰薝蔔林。兩傍夾以荼蘼棚，曰香雪壁。又植牡丹數本，甃石爲臺，曰天香臺。結柏屏於後，回環砌石子爲徑。編竹爲籬，種菊百數本，曰晚香徑。東有松竹梅，結亭其間，曰歲寒。西有修竹澗泉，曰竹澗。餘壤之沃者，雜樹桑麻棗栗。芋區蔬畦亦成行列，綽有隱居之趣。是皆竹澗翁平日之所規畫，而俾璋營之，惜翁之不及見其成也。會余自西掖請老歸田，吾兒迎養，日遊其間，於是總名之曰隱趣。而爲之記曰：信乎，園日涉以成趣，千葩萬草生意無窮，積歲月而後若此，夫豈一朝一夕之工哉。矧不出户庭，不勞登涉，而望以見群山之相環，雲煙之吞吐，朝暉夕陰，變態萬狀，娱人心目。其東南一峯，與歲寒相向尤峭拔者，白鹿峯也。晉孝子許公墓在焉。吾兒雅不欲仕，獨慕古人之遺風餘烈於山林間，故得園池之勝，與隱者之趣，固未必同也。誠能得夫隱居之趣，是與造物者遊，逍遥乎塵埃之外，彷徨乎山水之濱，功名富貴何曾足以動其心哉。嗚呼！古之君子真得隱居之趣者，亦不多也。晉有陶淵明，唐有李愿而已。此其人何如哉？噫！東風花柳，禽鳥和鳴，佳木陰濃，池蓮香遠，水清石瘦，黄菊滿籬，雪積冰堅，挺秀蒼翠。四時之景可愛，而千載之心攸存，慨然飛雲之想，而不忘泰山之瞻，斯爲無忝乎隱趣云爾。時至正九年龍集己丑正月既望，純白老人記。

劉因《静修先生文集》卷一八《游高氏園記》 園依保城東北隅，周垣，東就城，隱映静深，分佈穠秀。保舊多名園，近皆廢毁，今爲郡人所觀賞者惟是。予暇日游焉，甚樂。園之堂，其最高敞者，尚書張夢符題爲「翠錦」。或者指之謂予曰：「此貴家某氏之樓也，今甫四十五年耳，已撤而爲是矣。嘻！人其愚哉，非不見之，復爲是也奚益？」予聞之，大不以爲然。夫天地之理，生生不息而已矣。凡所有生，雖天地亦不能使之久存也。若天地之心，見其不能使之久存也，而遂不復生焉，則生理從而息矣。成毁也，代謝也，理勢相依而然也，人非不知其然也，而爲之不已者，氣機使之焉耳。若前人慮其不能久存也，而遂不爲之，後人創前人之不能久有也，而亦不復爲之。如是，則天地之間，化爲草莽灰燼之區也久矣，若與我安得兹游之樂乎？天地之間，凡人力之所爲，皆氣機之所使。既成而毁，毁而復新，亦生生不息之理耳，安用嘆耶？予既曉或者，復私記其説。至元辛卯四月望日記。

王褘《王忠文集》卷九《樗隱記》 清江胡居敬先生世家渝水之南天柱峯之下，先廬毁於兵燹者一紀矣，頃歲乃即其故阯作屋以居，而名之曰「樗隱」。一日與其友王褘相遇於廬龍山下，具以其意告之曰：「樗隱者，吾之託以自志也。樗，不材木也，無所可用，是以能終其天年也。吾聞之莊周氏云。」褘聞而疑之曰：「異哉，子之託以自志者，何其非類也。夫世之所重者材也，而樗乃以不材稱。材之所貴者用也，而樗獨以無用全，樗奚足道也？先生之起家也爲名進士，歷官也爲名御史，謂之不材而無用，非余所敢知也。而欲託於樗以隱稱，烏在其爲知類也？且莊周氏之論樗也，謂不材而無用，故得全其天年，此尤一曲之談，非通論也。木之材美者，無如楩、楠、豫章矣，苟其産乎深山絶谷之中，雖閲百千年，匠石不睨也。使樗而植根官道之旁，曾不拱把，其不夭於斧斤也者幾希。而謂木之爲樗者天年獨全焉，無是理也。彼莊周氏者，蓋徒悲夫世之人因材以爲累，不若不材之爲愈，故爲是有激之言。然獨不知不材者固亦有時而不免，爲尤可悲也。夫材既爲人累，而不材者又復不得免，然則將自處於材不材之間邪？曰非然也。材不材之間，似是而非，猶不免乎累者也。嗟乎！處於材不材之間，而猶不免於累，則凡可以爲累者，獨材之罪哉。雖然，余也亦嘗聞於莊周氏矣，所貴於有道者，以能不物於物焉爾。不物於物者，游乎物之初，而物莫能爲之損益也。物不能爲之損益矣，又奚材不材之論哉！今先生之學固内聖外王之道也，豈其不出於此乎？夫苟出於此矣，則其所造者，人將孰得而名言之？」先生矍然曰：「噫！子之疑我者，誠是也。吾其釋然矣。抑子之所聞，政吾之所有事焉者也，而子能言之，盍書以遺我，因以記吾居也。」遂書之以爲記。

《〔光緒〕海寧州志稿》卷八沈祏《自記淳樸園狀》 淳樸園，在紫薇山麓，開廣凡若干畝，取老杜「只疑淳樸處，自有一山川」之義命名。園之主人初居闤闠，性樂疏散，與世多忤。正德甲戌歲冬十月，始伐惡木，剃奥草，前指後畫，經之營之，是園出焉。園外小水環抱，主人植芙蓉於兩岸，命之曰「芙蓉溪」。溪東甃石路以達於園，題其路之門曰「真境路」。兩旁多種竹，緑陰交覆，委蛇盤鬱，凡幾曲屈。園内鑿池貯水，爲「淵淵池」。池中有載月舟，池上有杞菊闌。緣闌而行，若起若伏，有山蔚然，空翠耀目，即主人纍土疊石，爲「一拳山」。環山引水，自石罅間流轉作九曲狀，清瑩可賞，謂之曰「醒心泉」。泉上布石通行，曰「渡鶴矼」。去矼不數步，峯巒四合，路轉石回，得石洞，深廣僅十尺，主人當盛暑，挾書岸幘，趺坐其中，曰「神清洞」。洞側小徑，曰「通樵徑」。徑再曲，抵石梯，曰「穿雲磴」。磴窮處爲「蕩胸臺」，回臨水口，一目無際。臺上有石，漏透屈突，曰「太華蓮」。倚石背縛屋四楹，覆茅其上，旁嵌坐檻，爲晏坐亭。亭東則松風嶺、梅月嶠、落雁峯。西則振衣崗、睡鶴峯、雲牙石、滴露巖。峯與石各以形狀言也。巖下坡曰竹雪坡，坡際有茶煙谷、飯蔬亭、藕花灣、白鷗沙。沙上石壁，爲蘿壁，高可尋丈，怪石倒綴，藤蘿纏繞。下有盤石，可坐而釣，謂之「釣石」。重陰遮覆，則柳塘居東南。繇柳塘曲阜，度行休橋，有屋數椽，周列闌檻，可步可憑。屋下貼石固岸，引水爲藩籬，倚山爲屏障。署其南向四楹曰「可止軒」。軒傍小室，環擁古書，主人終日焚香兀坐，或掩卷注思，若有求而勿得者，曰「望道庵」。軒前草亭，獨居中流，爲「一鑒亭」。北則架木爲閣，下可通舟，軒窗洞豁，與一拳山對峙，巖花野卉，迭相開落，魚躍鳶飛，妙思無涯。主人之處斯閣也，百慮冰釋，靈台湛虚，謂之曰「涵虚閣」。主人則樸陋野夫沈祏也。

黄宗羲《明文海》卷三三〇梁潛《褚窩記》 永樂七年秋，予與翰林編修朱公文冕偕被召來北京，既至，于五雲坊之東得屋以居。然廹乎車馬塵坌之中，寢處之外無尺寸地空，又壚酤之與鄰，歌姬舞妓之嘈雜乎朝夕也。文冕病之，不得已乃背衢反置其户，別爲道出入，以稍絶市喧。又惡其匆飾也，束葦梗架上座爲承塵，而冪以楮，牆壁左右以楮墁之。又嚮明爲楮牕，楮瑩潔而牕甚疏達，于是通一室皎然，晨曦所徹，隅奧皆白。入乎其中者，視其貌亦濯濯然，衆駭而異之，鄙僕頑童旁睨而不敢入，清賓雅士日至而忘歸焉。無可憎之儔，無拂情之務，又甚温而密，故雖隆冬沍寒，醉卧而起，握筆而吟，不知折膠裂指之凛能侵乎其肌也。雖無高山喬木，以休而息，然時取古人之賦詠，奇聞異見之紀載，披而玩之，恍乎若即幽而入深，出洪濛而遊汗漫也。談論天地物理之要歸，以窮辨其是非，則雖外之囂，不得聞乎其內，雖四壁之彈箏擊筑，歌呼怒叶，無所干而能聒也。惟如是，故文冕居而樂之，因名之曰「楮窩」。其友檢討王君希範爲書二大字，又屬予爲記。嗟夫，文冕與予均所居，獨巧飾之如此，使其平時瀟灑自得之趣，一旦出乎卑隘喧迫之表，信乎其不遠求而獲甚奇者矣。夫文冕處一榻之小，如此其得也，事有大于是者，使文冕處之，其材志思慮之精，又烏可及哉！故爲記之詳焉。文冕苟去此而南也，失楮窩，必於吾記得之也。

黄宗羲《明文海》卷三三〇薛瑄《車窓記》　河東薛德温，官御史近五年，始買小屋兩間於京師，僅容几榻牀席。又苦其東壁暗甚，力不能辦一窓。小子淳乃取廢鹿車上轅，卸去兩傍長木，以中方穿櫺，類若窓者，穴壁而安置之。余歸自外來，因嘆曰：以御史之顯，曾不能辦一窓，致以此物爲之，使富者見焉，必睨目而哂，掩口而走矣。御史之拙於生事，乃至乎此。既而取古書讀其下，則旭日漏彩，清風度凉，心神通融，四體迢爽，忽不知天之迥，地之廣，而屋之陋也。復從而自解曰：吾之屋如是，可謂陋矣。然安之而忘其陋，是居雖小而心則大也。彼貪民侈士，巍堂綺户，可謂廣且麗矣。彼方褊躁汲汲，若不足以自容，日夜勞神慛精，思益以擴大之。是其居雖大，而心則小也。小大之説，君子必能辨之。於是作《車窓記》。

黄宗羲《明文海》卷三三八周鼎《甕竇記》　乙亥夏六月閏，寓户部劉静勉員外郎第。里中人爲校官於綦江者，郡人送之。予爲作序，借水爲喻，卒章用井九二之繇，曰予甕敝漏者也，亦偶見及之。翌日乃雨，積旬壞東西家牆，聲相聞，碎碉怒呼。家人婦子環擁，毳荷箔，立而食。屋漏下，衣垢不履，如行塗淖中。可鄙所寓旁小屋壞，相露及無爾我然。拾斷墼甃塞之，兩童疲不克事。予方飡，恚而起，張蓋督事。静勉子繼能方録書，輒來觀，曰：先生止。即捲袂扱裳，代兩童事。下欲作水竇，無材，予顧簷下棄巨甕，腹既裂，厥口完好，可材。衆笑謂不可，予竟可之，置如卧牀狀，水汩汩圓出他。竇外視之隘，厥中擴然以容，其納也若谷，其毖也若泉。隣媪稚遞相告語曰：劉地官家甕竇成，不勞費，又固不滯，宜習爲也，愈於吾甓爲矣。或諾之，或耻陋之，或患其腹不實，膚脆爲垣屋纍。媪曰：汝石竇垣且壓，將孰累乎？俄徽卒督人潔街衢，散歸不言。噫，甕敝矣，瓦礫等耳，孰望其爲作竇材也，厥亦幸哉。竇在垣屋中，位至卑，事至輕，量至褊，甕而屑爲之材，厥亦匪幸也哉？甕之用於酒漿、菹醢、醯醝、井汲，其常也，人不以爲幸言之，乃今竇而幸之，亦悖矣哉。惟其不幸而敝，而且材於竇，則幸也。雖然，完而用者，甕之常；敝而棄者，亦甕之常；棄而用其餘者，未必非其常也。士大夫能不以用爲幸，棄爲不幸，斯過人遠矣。

黄宗羲《明文海》卷三三四王一鳴《廣當無室記》　王子灌園漢陰時，故有當無室，嘗記之。頃之，試爲令，居皖太湖。其所居室三楹，前榮之至女牆不三尺所。室北設一竹榻，左右各竹笥一，以藏衣屨之屬。左一几置國朝律令、會典、集禮、職掌諸書，及諸當轄功令；右一几置《易》、《論語》、《老》、《莊子》、《楞嚴》、《圓覺》、《金剛》、《素問》、《難經》，各一卷。晝寅而出，晝巳而入，晝午而出，晝酉而入，蘧蘧然也。往在漢上，性好客，巾車短棹，十日而九峥嵘柯山之間，猶之豆也，斯拾之矣。不能飲，然見客牛飲則肉奮，亦舉一觴，觴舉而頹唐不自禁。又頗以食客爲佳，家不具饘粥，則稱子錢而益之。披詠之外，見人談治生策則攢眉。家人生産，經年不知其甲乙，謾可否從輔車間，計畫無復之矣。今皆改絃而鼓之，雙舉肘鄉步武間，山色在尋丈之外者，若阿閦國，一見不再見。病肺以來，望見日頰赤如赭，日飲一刀圭無已時。邑當子午道，爲楚外户，畏炙輠，如爰居聞鐘鼓。且自以受縣官一命，何敢以婧嫚爲要領。爰盡遷其平日所手一編三緘之，與之誓曰：所不以深藏而什襲，其以談説古昔奮簿書之晷，敗乃公事者，有如此日。又握算習勾股，法參伍進退，每案如牛腰，惟恐其畢，畢而睥睨思之，幸有所絓，而再進以求，絲毫之有所縮損悉取，若先邑令有聲受上賞者。爰書及天下所成讞訊之文，不啻馬骨搆之，爲篇求句，爲句求字。蓋夕解衣而慮朝褫，發郵筒則懼謗書，一年所於此矣。目瞤則諜心，睫交則憐心，自莫知其所以爲是者也。夫王子之居是室，則與漢上之居相去如風馬牛，然而王子每正襟坐室中，則恍然不懌，彼六合九州之外，無始之先，無終之後。以至毀譽之隙，成敗之間，與王子勞心而焦思，欠伸而偃仰，此其中能與室親者亘萬萬無一也，嘗借箸自策之矣。不閲消長者，不足以闚世；不通異同者，不足以禔理。有無之間幾希，藉以自存不㲉。安敢自謂有蓬之心，求稅駕所哉？

李賢《古穰集》卷五《賜遊西苑記》 天順己卯首夏吉日，上命中貴人引賢與吏部尚書王翺數人遊西苑。明年亦如之，又明年亦如之。初入苑，門即臨太液池，蒲葦盈水際，如劍戟叢立，芰荷翠潔，清目可愛。循池東岸北行，榆柳森排，草色鋪岸如茵，花香襲人。行百步許，至椒園，松檜蒼翠，果樹分羅。中有圓殿，金碧掩映，四面豁敞，曰崇智。南有小池，金魚作陣，遊戲其中。西有小亭臨水，芳木匝之，曰翫芳。又北行至圓城，自兩掖洞門而升，上有古松三株，枝幹槎牙，形狀偃蹇，如龍奮爪拏空，突兀天表。前有花樹數品，香氣極清。中有圓殿，巍然高聳，曰承光。北望山峯，嶙峋崒嵂，俯瞰池波，蕩漾澄澈，而山水之間千姿萬態，莫不呈奇獻秀於几窗之前。西有長橋，跨池下。過石橋而北，山曰萬歲，怪石參差，爲門三，自東西而入，有殿倚山，左右立石爲峯，以次對峙。四圍皆石，贔屭巉𡽪，蘚封蔓絡，佳木異草，上偃旁綴，樛葛薈翳，兩掖疊石爲磴，崎嶇折轉而上，巖洞非一。山畔並列三殿，中曰仁智，左曰介福，右曰延和。至其頂，有殿當中，棟宇宏偉，簷楹翬飛，高插於層霄之上。殿内清虚，寒氣逼人，雖盛夏亭午，暑氣不到，殊覺神觀蕭爽，與人境隔異，曰廣寒。左右四亭，在各峯之頂，曰方壺、瀛洲、玉虹、金露。其中可跂而息，前崖有壁，夾道而入，壁間四孔以縱觀覽，而宫闕峥嶸，風景佳麗，宛如圖畫。下過東橋，轉峯而北，有殿臨池，曰凝和，二亭臨水，曰擁翠、飛香。北至艮隅，見池之源，云是西山玉泉逶迤而來，流入宫牆，分派入池。西至乾隅，有殿用草，曰太素，殿後草亭，畫松竹梅於上，曰歲寒。門左有軒臨水曰遠趣軒，前草亭曰會景。循池西岸南行，有屋數連，池水通焉，以育禽鳥，有亭臨水曰映輝。又南行數弓許，有殿臨池曰迎翠，有亭臨水曰澄波。東望山峯，倒蘸於太液波光之中，黛色嵐光，可掬可挹，煙靄雲濤，朝暮萬狀。又西南有小山子，遠望鬱然，日光横照，紫翠重疊。至則有殿倚山，山下有洞，洞上石巖横列，密孔泉出，迸流而下，曰水簾。其淙散激射，飛薄濺灑，最爲可玩，水聲泠泠然，潛入石池，龍昂其首，口中噴出，復潛遶殿前，爲流觴曲水。左右危石盤折爲徑，山畔有殿翼然。至其頂，一室正中，四面簾櫳，欄檻之外，奇峯回互，茂樹環擁，異花瑶草，莫可名狀。下轉山前，一殿深静高爽，殿前石橋隱若虹起，極其精巧。左右有沼，沼中有臺，臺外古木叢高，百鳥翔集，鳴聲上下，至於南臺，林木陰森。過橋而南，有殿面水，曰昭和，門外有亭，臨岸沙鷗水禽，如在鏡中。遊覽至此而止。大官珍饌，極其醉飽以歸。夫一張一弛，文武之道，賜遊西苑，有弛之意焉。然張可久而弛不可多，以歲計之，弛纔一日，則又未嘗不致謹也。於是乎記。

劉定之《呆齋續稿》卷一《游梁氏園記》 梁氏園，在今京師西南五六里，其外有舊城。舊城者，唐藩鎮、遼金别都之城也。元遷都稍東，於是舊城東半遂入於朝市間，全元迹可見，而西半猶存，號爲蕭太后城，即梁氏園所在也。蕭太后者，遼后皆以蕭爲姓，有子爲帝，則太后别居宫城統部屬。故其亡也，末帝淳之妻猶得獨存稱太后，以至其國踰年乃滅也。或謂此雖遼金都城，而非唐藩鎮城，不然也。唐時此爲范陽藩鎮，安史反後，改名盧龍，而所治幽州薊縣不改。今移薊以名州，移盧龍以名衛，各去此數百里，其實唐之盧龍與薊在此也，惡得非唐藩鎮舊城乎？遼金不因藩鎮以爲都而曷因乎？稽諸史志，遼金又曷嘗創建都城乎？其城僅存土爾，甓皆爲人取去，今取猶未已，其土皆真黄土，人取之和煤炭以燒；亦有即之作墓者，以其猶高堅也。予往游之日，去清明節未久，插棘掛紙，近遠在目。嗟乎！昔之在此地者，以臣叛主，用夷猾夏，自唐中葉迄元季世，七百餘年矣。小而鼠拱豕伏，大而虎吞龍亢，孰得窺之哉！天旋地轉，時移事改，而懦夫豎子持畚鍤以劚甓掘土焉，就其構樓櫓，立麾蓋，暗鳴叱咤之故處，而葬埋哭泣，引紼掩袂焉；因其頹垣隳墉，而增高補缺，以障朔風，延夕暉，藝群芳，於是吾儕得以息朝署之迹，攄林野之興焉。俯仰古今，感慨多矣，可以自倖夫聖明之不易遭也。是日，園中牡丹皆半謝，蓋京師氣候，牡丹開於穀雨後，於候爲鳴鳩拂其羽，戴勝降於桑之間。予往乃立夏初，固已過也。同游者柯學士孟時，相約攜具，皆甚儉，園有龍槐，共酌其下而歸。去時微風埃，中道憩一寺，正統中太監僧寶所建，非數萬金不能成。僧寶没於土木，有像在寺。歸時風止，過太宗潛龍時所建天王寺，其規制視前寺僅三之一云。

韓雍《襄毅文集》卷九《賜遊西苑記》 皇上光復寶祚，惓惓焉敬天勤民，丕隆化理，小大百執事亦皆祇奉法度，罔敢怠荒。聲教所及，悉臣悉順，天心鑒悦，雨暘時若，民遂生養，皆感戴鼓舞，以修厥貢。皇上嘉念左右輔弼之臣夙夜在公，迺於天順三年夏四月，賜公卿大臣以次遊西苑。是月六日，拜賜者吏部侍郎桐廬姚夔、南陽張用瀚、户部侍郎關西楊鼎、禮部侍郎錢塘鄒幹、滁陽湯序、安成李紹、兵部侍郎固安王復、光州郝璜、刑部侍郎太原周瑄、富順黄仕雋、工部侍郎岐陽霍瑄、莆田翁世資、僉都御史銅梁王儉、太常少卿兼翰林學士安成彭時、學士秀水吕原、通政使昌黎張文質、右通政商水王溢、參議濟南尹旻、古邠劉昭、大理少卿吉水李茂、太常卿金臺李希安、詹事廬陵陳文、鴻臚卿齊政、少卿金臺楊詢、錢塘唐泰、新城楊瑄、順天府尹太原王福雍，菲薄亦幸預焉，總二十有九人。是日早朝退，召見文華殿，賜宴殿之西廡而出。太監清豐劉公、涿郡牛公、吴興裴公奉命偕行。遂由西華門而西，可百步許，入西苑門，即太液池之東南岸也。池廣數百頃。維時時雨初霽，旭日始昇，池之上煙霏蒼莽，蒲荻叢茂，水禽飛鳴遊戲于其間。隔岸林樹陰森蒼翠可愛，心目爲之開明。迺折北循岸而行，可二三里，至椒園。園内行殿在叢樹中。殿之北有釣魚臺，南有金魚池，水清澈可鑑。一茶而出。又北行可三四里，至圓殿，觀燈之所也。殿臺臨池，環以雲城，中官旋開門以入，歷階而登，殿之基與埤垷平，古松數株，高參天，衆皆仰視。時則晴雲翳空，炎光不流，暖風徐來，花香襲人。衆復倚埤垷而窺，其西以舟作浮橋，横亘池面，北則萬歲山在焉。又茶而出，北渡石橋以登兹山。山在池之中，磊石爲之，高數千仞，廣可容萬人。山之麓以石爲門爲垣，門之内稍高有小殿，環殿奇峯怪石萬狀，悉有名卉嘉木，争妍競秀，琴臺、棋局、石牀、翠屏之類分佈森列。峯有最奇者名翠雲，上刻御製詩。琴臺上横郭公磚，擊之皆鏗鏗有聲。遂沿西坡北上，有虎洞、吕公洞、仙人菴，又上有延和，有瀛洲，有金露，皆殿名。瀛洲之西，湯池之後，有萬丈井，其深不可測。由金露折而東，上絶頂，則廣寒殿也。高廣明靚，四壁彫彩雲纍萬，結砌而成。觀畢復出，徘徊周覽，則都城萬雉，煙火萬家，市廛官府僧寺浮圖之高傑者，舉集目前。而太液晴波，天光雲影，上下流動，遠而西山居庸，疊翠西北，帶以白雲，東而山海，南而中原，皆一望無際，誠天下之奇觀也。久之，東下至玉虹，又下而南至方壺，至介福，皆與延和諸殿相對峙，而方壺、瀛洲則左右廣寒而奇特者也。路徑縈迂，臺閣巖洞之屬不能具覽。又下至山之東麓，過石橋，復折北循岸數百步，至九間殿，門外繫五六小舟。稍北有船房，苫龍船其中。又北行數里，至北閘，上横小亭，釣竿數十，線餌具備，垂之清流，嘉魚紛集。又茶而起，沿池之北岸而西，西盡復折而南，有蓄水禽之所二，相去數里，皆編竹如牕，下通活水，啓扉以觀，鳥皆翔鳴。又南至浮橋西，圓殿對岸也。有公所，太監延入坐，供以湯餅。復出而南數里，至小教場，觀勇士習御馬。又西南至小山子，名賽蓬萊，入其門有殿，殿前一大池，中通石橋，東西二小閣立水中，橋南有娑羅樹，人所罕見。殿之後復有三殿，其階益上益高，至絶頂則與萬歲山坤艮相望。絶頂下至第三殿之前，蓄水作機，瞰其下爲水簾洞，洞之中作金龍，決其水下而觀之，連珠揜洞，形稱其名。龍口中亦噴水，水皆從前殿基下陰渠之内過而至於其殿之前，甃石爲曲渠，復作龍頭于其西，水至出龍口旋繞而東，可以流觴。衆坐玩久之，太監劉摘新杏分啗諸人，人各摘奇花插于鬢。又一茶，乃循故道出，東南行數里，至小石橋，橋上有亭，過而上崇坡，爲南臺，臺之中有行殿，殿之南門外臨流作小軒，衆皆坐息軒中。少頃太監遣人邀入殿之東廡，赴所賜燕。敘坐以位，器什貴重，品味豐潔，太監諭旨歡飲。中官庖臣，循環獻酬，酒既芳冽，杯復連引。既久，衆酣醉，遂趍出。太監亦皆出至橋亭，追余與姚侍郎等數人還坐亭中，復諭勸，且曰：諸君宜知此。因復酌數巨觥。予輩遂大醉，折北出西苑門，從吏扶掖以歸，晡時矣。明日入謝，衆皆私相慶幸，以爲千載一時之奇遇，樂莫大焉，不可無述作，以彰上恩，垂耀永世。臣雍竊聞，昔周之文王有臺池鳥獸之樂，人樂趍赴，形諸歌詩。孟軻氏釋之曰：古之人與民偕樂，故能樂也。今皇上至聖大德，比隆文王，而禁苑湖山之勝，賜近臣遊，即文王與民偕樂之盛心也。顧臣一介草茅，躬逢盛事，懽忭感激，何以爲報，亦惟勉竭駑鈍以效萬分之一耳。故記之而系以詩，遺爲家傳之美談且勵云。

聖皇德與穹蒼侔，羣臣蹇蹇陳嘉猷。化行八表人歌謳，時和年豐職貢修。皇情悦懌恩寵優，重臣特賜湖山遊。萬歲仙山比蓬丘，奇峯怪石何其稠。廣寒宫殿天際頭，左環方壺右瀛洲。攬衣直上明雙眸，俯視城郭隘九州。綵雲捧日時雨收，芳林爽氣如新秋。銀河瀉入宫牆流，太液巨浸天光浮。石梁中横濟川舟，圓殿控扼池襟喉。翠蘆兩岸風颼颼，花香成陣來無休。池中好鳥鳴相酬，育禽之所尤喧啾。嘉魚遊處香餌投，洋洋不畏垂綸鈎。坤隅有山更深幽，揜映畫閣峩瓊樓。水簾倒卸歸龍湫，流觴穿繞白玉溝。門前壯士如虎彪，各腰弓矢操驊騮。南臺僻在東南陬，華筵載錫羅珍羞。中官諭旨傳金甌，勸酬交錯相淹留。醉扶歸去衣頻摳，奇逢千載誰能儔。皇心廣大同虞周，與民偕樂曾先憂。感恩欲報慚無由，誓將赤心事宸旒。

何喬新《椒邱文集》卷一三《金井山居記》 廣昌西南九十里，有地曰金井，承仕郎黄君愈敬之别墅也。愈敬謂予曰：「自吾祖吾父以及吾身，家銀溪之上三世矣。銀溪距縣治四十里，然居民稠密，市肆浩穰，吾病其未能遠煩囂而極山水之樂也。故擇其幽遐深邃者居之，得金井焉。金井多佳山水，若牙梳嶂，若飛來峯，顛崖秀壑，虎兕蹲而鸞鶴翥者，皆環拱於吾居。而仙人井、七星潭，含煙雲而出風雨者，近在東阡西陌，可遊也。吾甚愛之，故築室於兹。前爲堂，後爲寢，旁爲燕休之室。墾田以種稻，歲時衣食仰給焉。鑿池以養魚，賓祭於是乎取之。度地以爲圃，雜蒔花卉果蔬，可以娱耳目而養口體。吾將老焉，尚寶丞程公嘗題吾室，曰金井山居。子幸爲吾記之。」又曰：「吾觀今之所謂巨室者，營營焉務厚積以充其欲，以遺其子孫。良田美莊，百計求之，象犀、珠玉、珍麗之物，巧取豪奪，惟恐其不得也。然不旋踵而歸於它姓者有之，或子孫不能守而復爲豪有力所奪者有之，吾心創焉。故凡世之可欲者泊然，其間所未能忘情者，山水之樂耳，爲此所以成吾樂也。山水之樂，非良田、美莊、象犀、珠玉、珍麗之物可比，庶幾可以終吾身，遺吾子孫，而豪有力者亦將不吾奪也。」予嘆曰：愈敬之賢加人數等矣。知煩囂之可厭而遠身於間曠之野，知貨財之不可守而娱情於山水之觀，可不謂賢乎？《傳》曰：智者樂水，仁者樂山。觀其所樂，可以知其德矣。知以燭之，仁以體之，黄氏之慶澤，蓋未有涯也。異時過其居者，見其喬木蔚然，秀色在户，曰斯賢者之居也。將有徘徊瞻仰而興嘆者矣。愈敬，今四川灌縣尹愈明之兄，以納粟授散官云。

文徵明《甫田集》卷一九《玉女潭山居記》 宜興諸山，銅官、離墨最巨。其次穿石山，峻巘不如二山，而巖竇虚嶷，湍瀨聯絡，奥窔瑰璚，最爲奇勝，而張公洞最有聞。玉女潭在張公洞西南，相去不三里而近，相傳玉女嘗修煉於此。唐以前名賢勝士多此遊覽，而李幼卿、陸希聲蓋嘗居之，一時倡酬篇詠，流傳至今，有以想見其盛也。自後湮塞不通，人鮮知者。溧陽史恭甫葬母山中，土人有以其地售者，恭甫喜而得之。乃疏土出石，決澮導流，刳闢蠲刈，盡發一山之勝。潭在山半深谷，中渟膏碧，瑩潔如玉，三面石壁，下插深淵，石梁亘其上，如楣而偃，草樹蒙冪，中深黑不可測。上有微竅，日正中，流影穿漏，下射潭心，光景澄澈。俯挹之，心凝神釋，寂然忘去。潭之湑有坻，即坻爲臺，構重屋其上，曰「玉光閣」。閣成，而潭之勝益靚以顯。潭石之巔，有靈應亭，山中嘗旱，禱於潭而雨，因爲亭以識。潭四周無隙，水伏流而南，出巖石之下，匯爲小池，玉潔不流，爲亭其上，曰「凝玉」。凝玉之西，淵泓洄洑，其流漸駛，别疏一渠，激其流北出行亂石間，緣石旋轉，可以流觴，曰「流觴嶼」。凝玉之南，古櫸一株，根柯鬱蟠，礧磈如石，獨孤及詩所謂「日日思瓊樹」者即此。其下湍瀨瀠洄，與樹映帶，曰「瓊樹湍」，漱玉軒在焉。湍流西下，折旋而南屬於灣，碕石累屬，如龍馬下飲，如砥柱中矗，水奔注激射如門。再折而東，水益駛，石亦益奇，夭矯如虬蟠、如鼉奮。飛流噴薄，濺沫成輪，聲震蕩如行峽中，曰「虬鼉峽」。峽左右梁曰「沸玉橋」。踰沸玉橋而北，地多美箭，間以江梅，曰「梅竹隩」，琅玕所、聽玉寮在焉。又北偃沼如初月，曰「生明池」。絶沼爲梁，曰「隔凡橋」。隔凡而上，則玉陽山房也。中爲玉虚堂，周堂爲八室，室三楹，依《易》卦爲面勢，隨方署名，曰「純陽」，曰「中陽」，曰「初陽」，曰「循陽」，曰「明陽」，曰「通陽」，曰「來陽」，曰「昇陽」。自昇陽北出，地漸高且廣，蓋山之麓也。因山爲臺，塏爽層出，陟級而上，延閣若干楹，前軒施檻，可以肆目，曰「大觀廊」。廊之後爲丹室，又後爲雲蓍臺。臺方三十尺有奇，始作臺而蓍生也。又其後爲環玉岡。由環玉岡東下，出雲蓍臺之左，曰「澄觀樓」。其前爲上元祠。又前爲東岡别館，爲護雲莊，爲仙寓。仙寓之南，爲來仙橋。由環玉岡而西，轉出玉潭之後，叢祠奠焉，曰「玉清祠」，祀玉女也。祠右隙地，白礫纍纍，散卧松竹間如羊，曰「初平林」。出初平林西行二百步，巨石盤踞，環匝如墉，曰「盤玉限」。自盤玉限西上，繞出山椒，有亭，直太湖之縹緲峯，曰「縹緲亭」。亭下怪石林立，鯨騫獸伏，競爲奇狀，嘉木出石罅，一本七幹，挺特修聳，與石争秀，曰「琪樹峽」。琪樹峽之西，爲集靈谷，又西爲飛雲洞。自此下上登頓，緣石徑而行；徑盡，出於山脊，平壤空曠，甃以文石，曰「瑶臺」。負臺爲室，曰「超然宇」。宇後群石掀舞，如華葉駢植，聯延如睨睥，曰「芙蓉城」。石之有奇者，曰「天成碑」、曰「雨霤」、曰「小蒼弁」、曰「青騾巖」、曰「三珠洞」、曰「二姑」、曰「雙仙」，皆以狀類名。而二姑、雙仙之間，有期仙壑。由期仙壑東下二百步，爲文殊峯。又東爲普賢峯，觀音巖在焉。山自環玉岡而下，左右盤亙，蜿蜒不絶，總若干畝。其中臺榭樓閣祠宇杠梁，凡三十有一；林壑巖竇，可名者二十有三；他細瑣不暇紀者，不在也。以其地在玉女潭之陽，因名玉陽山，而標其前曰「玉陽洞天」。

卞永譽《式古堂書畫彙考》卷二四文徵明《衡山書拙政園記》 槐雨先生王君敬止所居在郡城東北，界婁、齊門之間，居多隙地，有積水亘其中，稍加浚治，環以林木，爲重屋其陽，曰「夢隱樓」；爲堂其陰，曰「若墅堂」。堂之前爲繁香塢，其後爲倚玉軒。軒北直夢隱，絶水爲梁，曰「小飛虹」。踰小飛虹而北，循水西行，岸多木芙蓉，曰「芙蓉限」。又西，中流爲榭，曰「小滄浪亭」。亭之南，翳以修竹，徑竹而西，出於水澨，有石可坐，可俯而濯，曰「志清處」。至是，水折而北，滉漾渺瀰，望若湖泊，夾岸皆佳木，其西多柳，曰「柳限」。東岸積土爲臺，曰「意遠臺」。臺之下，植石爲磯，可坐而漁，曰「釣碧」。遵釣碧而北，地益迥，林木益深，水益清。駛水盡，別疏小沼，植蓮其中，曰「水花池」。池上美竹千挺，可以逭涼，中爲亭，曰「浄深」。循浄深而東，柑橘數十本，亭曰「待霜」。又東，出夢隱樓之後，長松數植，風至泠然有聲，曰「聽松風處」。自此繞出夢隱之前，古木疏篁，可以憩息，曰「怡顔處」。又前循水而東，果林彌望，曰「來禽囿」。囿盡，縛四檜爲幄，曰：得真亭。亭之後爲珍李坂；其前爲玫瑰柴，又前爲薔薇徑。至是水折而南，夾岸植桃，曰「桃花沜」。沜之南，爲湘筠塢。又南古槐一株，敷蔭數弓，曰「槐幄」。其下跨水爲杠，踰杠而東，篁竹陰翳，榆槐蔽虧，有亭翼然而臨水上者，槐雨亭也。亭之後爲爾耳軒，左爲芭蕉檻。凡諸亭檻臺榭，皆因水爲曲勢。自桃花沜而南，水流漸細，至是伏流而南，踰百武，出於別圃叢竹之間，是爲竹澗。竹澗之東，江梅百株，花時香雪爛然，望如瑶林玉樹，曰「瑶圃」。圃中有亭，曰「嘉寶亭」，泉曰「玉泉」。凡爲堂一，樓一，爲亭六，軒檻池臺塢澗之屬二十有三，總三十有一，名曰「拙政園」。王君之言曰：「昔潘岳氏仕宦不達，故築室種樹，灌園鬻蔬，曰：『此亦拙者之爲政也』。余自筮仕抵今，餘四十年，同時之人，或起家至八坐，登三事，而吾僅似一郡倅，老退林下，其爲政殆有拙於岳者，園所以識也。」雖然，君於岳則有間矣。君以進士高科，仕爲名法從，直躬殉道，非久被斥，其後旋起旋廢，迄擯不復，其爲人豈齷齪自守視時浮沉者哉！岳雖漫爲閒居之言，而謟事時人，至於望塵雅拜，乾没勢權，終罹咎禍。考其平生，蓋終其身未嘗暫去官守而即其閒居之樂也。豈惟岳哉！古之名賢勝士，固有有志於是，而際會功名，不能解脱，又或昇沉遷徙，不獲遂志，如岳者何限哉！而君甫及强仕，即解官家處，所謂築室種樹，灌園鬻蔬，逍遥自得，享閒居之樂者，二十年於此矣。究其所得，雖古之高賢勝士，亦或有所不逮也，而何岳之足云！所爲區區以岳自況，正聊以宣其不達之志焉耳。而其志之所樂，固有在彼而不在此者。是故高官膴仕，人所慕樂，而禍患攸伏，造物者每消息其中。使君得志一時，而或横罹災變，其視末殺斯世而優遊餘年，果孰多少哉？君子於此，必有所擇矣。徵明漫仕而歸，雖蹤迹不同於君，而潦倒末殺，略相比偶。顧不得一畝之宫，以寄其栖逸之志，而獨有羡於君，既取其園中景物，悉爲賦之，而復爲之記。嘉靖十二年歲在癸巳五月既望。

文徵明《拙政園圖詠・若墅堂》 若墅堂，在拙政園之中，園爲唐陸魯望故宅，雖在城市而有山林深寂之趣，昔皮襲美嘗稱魯望所居「不出郛郭，曠若郊墅」，故以爲名。

會心何必在郊坰，近圃分明見遠情。
流水斷橋春草色，槿籬茆屋午鷄聲。
絶憐人境無車馬，信有山林在市城。
不負昔賢高隱地，手攜書卷課童耕。

文徵明《拙政園圖詠·倚玉軒》 倚玉軒，在若墅堂後，傍多美竹，面有崑山石。

倚檻碧玉萬竿長，
更割崑山片玉蒼。
如到王家堂上看，
春風觸目摠琳琅。

文徵明《拙政園圖詠·小飛虹》 小飛虹，在夢隱樓之前，若墅堂北，横絶滄浪池中。

雌蜺蝩蜷飲洪河，落日倒影翻晴波。
江山沉沉時未雩，何事青龍忽騰翥。
知君小試濟川才，横絶寒流引飛渡。
朱欄光炯摇碧落，杰閣參差隱層霧。
我來彷彿踏金鰲，願揮塵世從琴高。
月明悠悠天萬里，手把芙渠照秋水。

文徵明《拙政園圖詠·夢隱樓》 夢隱樓，在滄浪池之上，南直若墅堂，其高可望廓外諸山。君嘗乞靈於九鯉湖，夢隱「隱」字。及得此地，爲戴顒、陸魯望故宅，因築樓以識。

林泉入夢意茫茫，旋起高樓擬退藏。
魯望五湖原有宅，淵明三徑未全荒。
枕中已悟功名幻，壺裏誰知日月長。
回首帝京何處是？倚欄惟見暮山蒼。

文徵明《拙政園圖詠·繁香塢》 繁香塢，在若墅堂之前，雜植牡丹、芍藥、丹桂、海棠、紫璚諸花。孟宗獻詩云：「從君小築繁香塢。」

雜植名花傍草堂，紫蕤丹艷漫成行。
春光爛熳千機錦，淑氣燻蒸百和香。
自愛芳菲滿懷袖，不教風露濕衣裳。
高情已在繁華外，静看游蜂上下狂。

文徵明《拙政園圖詠・小滄浪》 園有積水，横亘數畝，類蘇子美滄浪池，因築亭其中，曰小滄浪。昔子美自汴都徙吴，君亦還自北都，蹤跡相似，故襲其名。

偶傍滄浪構小亭，依然緑水繞虚楹。
豈無風月供垂釣，亦有兒童唱濯纓。
滿地江湖聊寄興，百年魚鳥已忘情。
舜欽已矣杜陵遠，一段幽蹤誰與争。

文徵明《拙政園圖詠・芙蓉隈》 芙蓉隈，在坤隅，臨水。

林塘秋晚思寥寥，雨浥紅渠淡玉標。
出水最憐新句好，涉江無奈美人遥。

文徵明《拙政園圖詠・意遠臺》 意遠臺，在滄浪西北，高可丈尋。《義訓》云：「登高使人意遠。」

閑登萬里臺，曠然心目清。
木落秋更遠，長江天際明。
白雲渡水去，日暮山縱橫。

文徵明《拙政園圖詠・釣䂬》 釣䂬，在意遠臺下。

白石净無塵，平臨野水津。
坐看絲裊裊，静愛玉粼粼。
得意江湖遠，忘機鷗鷺馴。
須知緡綸者，不是羡魚人。

文徵明《拙政園圖詠·水華池》 水華池，在西北隅，中有紅、白蓮。

方池涵碧落，菡萏在中洲。
誰唱田田葉，還生渺渺愁。
仙姿净如拭，野色淡於秋。
一片横塘意，何當棹小舟。

文徵明《拙政園圖詠·深静亭》 深静亭，面水華池，修竹環匝，境極幽深，取杜詩云云。

緑雲荷萬柄，翠雨竹千頭。
清景堪消夏，涼聲獨佔秋。
不聞車馬過，時有野人留。
睡起龍團熟，青煙一縷浮。

文徵明《拙政園圖詠・志清處》 志清處，在滄浪亭之南稍西，背負修竹，有石磴，下瞰平池，淵深泓渟，儼如湖澨。《義訓》云：「臨深使人志清。」

愛此曲池清，時來弄寒玉。
俯窺鑒鬚眉，脱履濯雙足。
落日下回塘，倒影寫修竹。
微風一以搖，青天散瀶淥。

文徵明《拙政園圖詠・柳隩》 柳隩，在水花池南。

春深高柳翠煙迷，風約柔條拂水齊。
不向長安管離别，緑陰都付曉鶯啼。

文徵明《拙政園圖詠·待霜亭》 待霜亭，在坤隅，傍植柑橘數本。韋應物詩云：「洞庭須待滿林霜。」而右軍《黄柑帖》亦云：「霜未降，未可多得。」

倚亭佳樹玉離離，照眼黄金子滿枝。
千里勤王苞貢後，一年好景雨霜時。
向來屈傳曾留頌，老去韋郎更有詩。
珍重主人偏賞識，風情原許右軍知。

文徵明《拙政園圖詠·怡顔處》 怡顔處，取陶詞「眄庭柯以怡顔」云。

斜光下喬木，睠此白日遲。
美人不可即，暮景聊自怡。
青春在玄鬢，莫待秋風吹。

文徵明《拙政園圖詠·聽松風處》 聽松風處，在夢隱樓北，地多長松。

疏松漱寒泉，山風滿清廳。

空谷度飄雲，悠然落虛影。

紅塵不到眼，白日相與永。

彼美松間人，何似陶弘景。

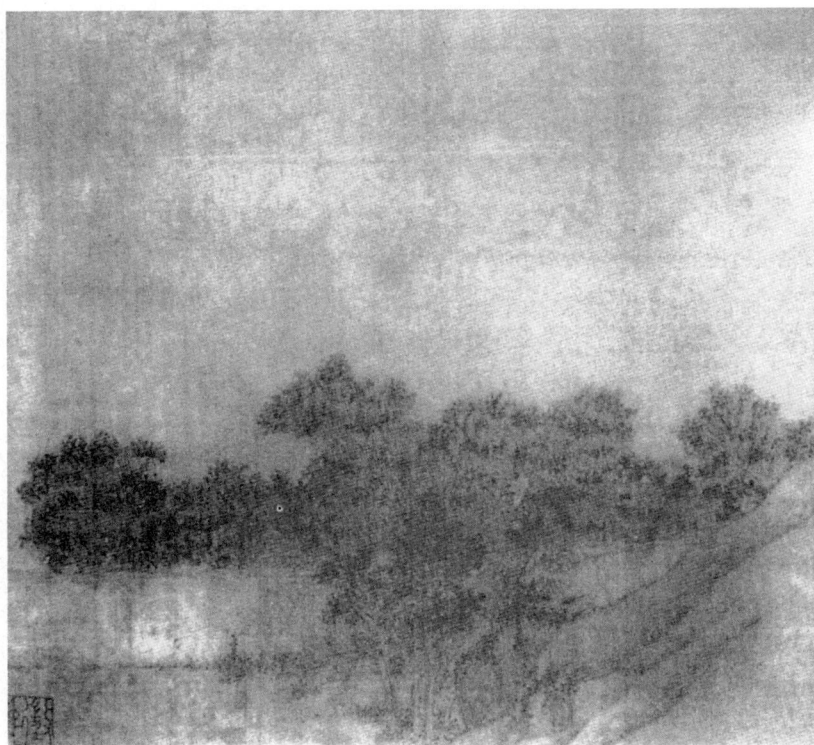

文徵明《拙政園圖詠·來禽囿》 來禽囿，滄浪池南，北雜植林檎數百本。

清陰十畝夏扶疏，正是長林果熟初。

珍重筠籠分贈處，小窗親搨右軍書。

文徵明《拙政園圖詠・玫瑰柴》 玫瑰柴，匝得真亭，植玫瑰花。

名花萬里來，植我牆東曲。
曉雨散春林，濃香浸紅玉。

文徵明《拙政園圖詠・珍李坂》 珍李坂，在得真亭後，其地高阜，自燕移好李，植其上。

珍李出上都，辛勤遠移植。
欲笑王安豐，當年苦鑽核。

文徵明《拙政園圖詠・得真亭》 得真亭，在園之艮隅，植四檜結亭，取左太沖《招隱》詩「竹柏得其真」之語爲名。

手植蒼官結小茨，得真聊詠左沖詩。
支離雖枉明堂用，常得青青保四時。

文徵明《拙政園圖詠・薔薇亭》 薔薇徑，在得真亭前。

窈窕通幽一徑長，野人緣徑擷群芳。
不嫌朝露衣裳濕，自喜春風屐齒香。

文徵明《拙政園圖詠・桃花沜》 桃花沜，在小滄浪東，折南，夾岸植桃，花時望若紅霞。

種桃臨野水，春暖樹交花。
時見流殘片，常疑有隱家。
微波吹錦浪，曉色漲紅霞。
何必玄都觀，山中自歲華。

文徵明《拙政園圖詠・湘筠塢》 湘筠塢，在桃花沜之南，槐雨亭北，修竹連亘，境特幽迴。

種竹連平岡，岡回竹成塢。
盛夏已驚秋，林深不知午。
中有遺世人，琴樽自容與。
風來酒亦醒，坐聽瀟湘雨。

文徵明《拙政園圖詠・槐幄》 槐幄，在槐雨亭西岸，古槐一株，蟠屈如翠蛟，陰覆數弓。

庭種宮槐已十圍，密陰徑畝翠成帷。
夢回玄蟻争穿穴，春盡青蟲對吐絲。

文徵明《拙政園圖詠・槐雨亭》 槐雨亭，在桃花沜之南，西臨竹澗，榆槐竹柏，所植非一。云槐雨者，着君所自號也。

亭下高槐欲覆牆，氣蒸寒翠濕衣裳。
疏花靡靡流芳遠，清蔭垂垂世澤長。
八月文場懷往事，三公勛業付諸郎。
老來不作南柯夢，猶自移牀卧晚涼。

文徵明《拙政園圖詠・爾耳軒》 爾耳軒，在槐雨亭後。吴俗喜疊石爲山，君特於盆盎置上水石，植菖蒲、水冬青以適興。古語云：「未能免俗，聊復爾耳。」

有拳者石，弗崇以巖，
上列灌莽，下引寒泉。

有泉涓涓，白石齒齒，
豈曰高深，不遠伊邇。
言敞東軒，睨彼叢棘，
君子於何，惟晏以適。
青青者蒲，被於崇丘，
歲雲暮矣，式晏以游。
君子於游，匪物伊理，
古亦有言，聊復爾耳。
豈不有營，我心則勞，
載欣載遨，以永逍遥。

文徵明《拙政園圖詠·芭蕉檻》 芭蕉檻，在槐雨亭之左。

新蕉十尺强，得雨净如沐。
不嫌粉堵高，雅稱朱欄曲。
秋聲入枕飄，曉色分窗緑。
莫教輕剪取，留待陰連屋。

文徵明《拙政園圖詠·竹澗》 竹澗，在瑶圃東，夾澗美竹千挺。

夾水竹千頭，雲深水自流。
回波漱寒玉，清吹雜鳴球。
短棹三湘雨，孤琴萬壑秋。

最憐明月夜，涼影共悠悠。

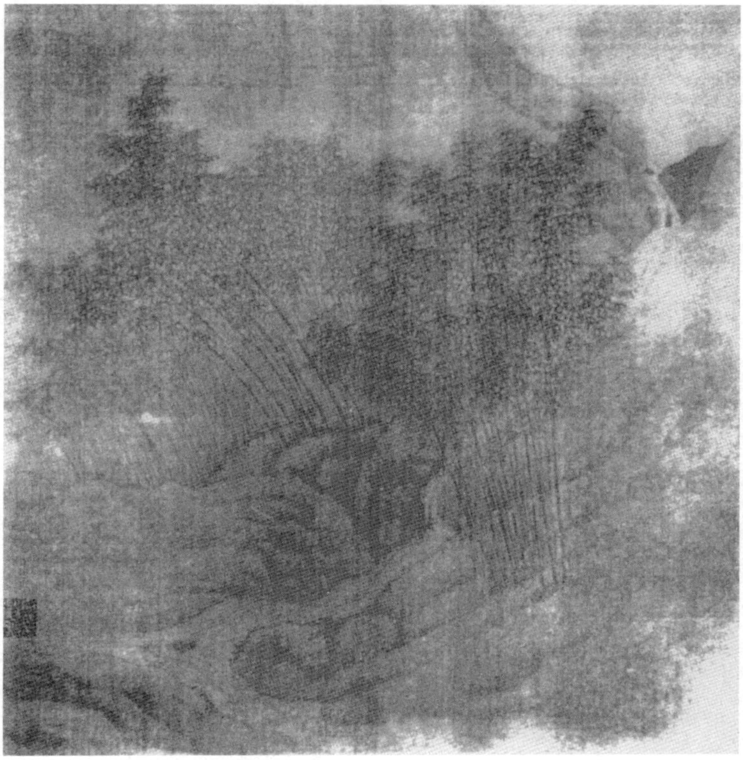

文徵明《拙政園圖詠・瑤圃》 瑤圃，在園之巽隅，中植江梅百本，花時燦若瑤華，因取楚詞語爲名。

春風壓樹森琳璆，海月冷掛珊瑚鈎。
寒芒墮地失姑射，幽夢落枕移羅浮。
羅浮不奈東風惡，酒醒參橫山月落。
千年秀句落西湖，一笑閒情付東閣。
祇今勝事屬君家，開田種玉生琪華。
瑤環瑜珥紛觸目，琅玕玉樹相交加。
我來如昇白銀闕，綽約仙肌若冰雪。
彷彿蓬萊萬玉妃，夜深下踏瑤臺月。
瑤臺玄圃隔壺天，遠在滄瀛縹渺邊。
若爲移得在塵世，主人身是瓊林仙。
當年揮手謝京國，手握寒英香沁骨。
萬里歸來抱雪霜，歲寒心事存貞白。
嗚呼！歲寒心事存貞白，憑杖高樓莫吹笛。

文徵明《拙政園圖詠・嘉實亭》 嘉實亭，在瑶圃中，取山谷《古風》「江梅有嘉實」之句，因次山谷韻。

高人夙尚志，裂冠謝名場。
中心秉明潔，皎然秋月光。
有如江梅花，枝槁心獨香。
人生貴適志，何必身巖廊。
不見山木災，犧罇漫青黃。
所以鼎中實，不受時世嘗。
曾不如苦李，全生衢路旁。
惻惻不忍置，悠悠心自傷。

文徵明《拙政園圖詠・玉泉》 京師香山有玉泉，君嘗勺而甘之，因號玉泉山人。及是得泉於園之巽隅，甘冽宜茗，不減玉泉，遂以爲名，示不忘也。

曾勺香山水，冷然玉一泓。
寧知隔瑶漢，別有玉泉清。
修綆和雲汲，沙瓶帶月烹。
何須陸鴻漸，一啜自分明。

黄宗羲《明文海》卷三三二顧璘《屏山小隱記》 凡居，恒藉山水爲勝，山以屏，水以鑑。非徒爾也，屏於山則端凝尚體，峭厲尚節，而吾有得于實；鑑於水

則量以容廣，智以澄别，而吾有得於虚。若無日月煙雲之麗，草木禽魚之生，晦明慘舒之變，以達其用，以成其文，一皆有助於德，此真知山水之情者然也。吾南山之居，遠水而獨近山，故唯屏焉是賴。山北環而南，正北如駝如象，勢若奔湊者，爲小石、大石；迤東伏而忽起曰戴山；特高且奇者，曰牛頭、花巖、祖堂三大峯，逶邐南回，其上佛宇，紺碧可覩；正南與吉山對，獨立不倚，形凹突如筆格。諸山旦暮異采，紫翠交映，雨作則吐雲蒸風，因風蔽虧，或有或無不可辨。過是，岡巒連延弗斷，然不甚高，而亦無名。西南蒼林鬱然而近，曰廟山；西山高者在江北，卓青横黛，隱隱來赴，如人知心夢寐潛達。吾廬處其間，藐焉回丘之麓，顧左左見，顧右右至，前瞻後矚，皆莫避去。或角巾杖履，出户四望，山所露見，悉爲我有，使我舍城市而婆娑於此。凡以屏故，故取以名吾居。有笑者曰：牛頭、花巖，名阜也，游者沓至，至則得之，諸山則此方之人所環居也，子獨屏之何耶？余諭之曰：凡言得者，以心，不以目。余强盛時，志在四方，每欲抉雲漢，攀日月，垂光旂常之上。時一至山，率目寓心往，弗能有之，而山亦不吾與。乃今動躓神恧，度無所用其愚，然後一篤于泉石，始駸駸入今無間矣。儻諸人猶吾少心，則固有勝者在也，雖家山中，殆天壤哉。亦遽曰「屏焉屏焉」，吾不之信。

黄宗羲《明文海》卷三五五李默《西内前記》　先是太史程子舜敷爲予談西内之勝，以爲非人間所宜有，亟約一往。不果者彌時，心切惘惘。於是季夏十有六日予方休沐，祠部王子克新晨興戒予同游，亭午弗至。移晷，乃攜吴子允際、陳子約之邀。予聯騎取道靈濟宫茶話，儀曹陸子選之已先至，陸子前驅望西安門，舍騎步入至内門。聞車駕且出，心甚恐，急趨過仁壽宫北門，又東折而南，則斧斤如織。稍西爲仁壽宫，直北隙地初築親蠶壇殿于此，用前詹事霍韜議也。數步穿壞墉達宫之正殿，黝堊綵繪，圬漫梓匠，百工鱗集，執藝以趨。殿東西北上爲永壽、萬春諸宫翼，而前殿凡十一楹，一陛以降。正南爲門者三，題曰仁壽宫門，門外西南數十步築神祇壇，方可十步，蓋倣周禮王社爲之，從新制也。直東爲帝社坊，凡駕臨，享特駐此坊。東北爲無逸殿，南爲豳風亭，蓋望見焉。還訪繕部甘子公望于直廬，邀予輩復自宫故道而出，指語予曰：此文皇帝潛邸也。啓珍羞宫所藏上御書亭殿題額，聳觀久之，趣至無逸。恭覩睿皇帝《農家忙》近體，上爲序述甚備。上又著《豳風圖記》並揭亭中。遂步出宫之東門南行，西望黍菽盈疇田畯。趙常侍者，遂導而西，古樹幽蟉陰森，滿目槐柳，多至數圍者，蓋遼時物云。前起石橋，橋下惟眢井二，餘皆鞠爲榛莽。北行古松間，隱隱見岡阜鬱然，至則小軒峙其前。又前甃石爲九曲黄河軒，北石假山也，石多削爲形肖，剥泐不可識。山數疊，上松皆偃蹇如天成。絶頂列銅池者六，皆貯水池，傍多穿孔，竇下注洞口，洞中爲龍，勢若噴吐。前爲圜池，龍盤其間，駕幸則瀉銅池從孔竇迸落，名曰水晶簾，吞以洞龍，洑流地中，激而上，出池龍口復入地，注于黄河，制特幻巧，恨不見其吞吐竟作何狀。山上有梳粧樓遺址，敗榱尚存，舊傳爲遼后遊處。自橋至此地，皆以文磚花乳石雜甃之。登覽四顧，都城已半在目中，而故苑荒丘，非復故物，相顧愴然。遂假息槐陰，涼風時來，常侍曰：是特小山耳。坡陁硉矹，隱起東南者，非兔兒山邪，公等豈知之乎？予亟欲就之，陸子時已憊甚，常侍呼酒數行，肴核雜進爲歎。數刻乃導出一門，循塍而東，過省耕亭，亭額即向所觀御書也。南並稻畦可二十畝，中有池，方廣十餘丈，環置桔槔，引池灌焉。踏者以人，聲節之咿喔欸乃，大類江南，苗芃芃櫛比可愛。陸子曰：是田畯力過矣，獲必寡。畯有憂色。復導自東小門出，則湖堤萬柳中也，緣堤稍南，樹益茂密，閴無人聲，林端望見昭光殿，常侍曰：此兔兒山也。予與吴子又欲趨之，諸君皆以迂阻，有難色，予亦不能獨往。稍北行，常侍别去，時夕陽半落，湖心波光閃爍，荷葉盡舒，花皆紅白二種，望之情神俱澈，香不足言。葭菼蒼然，有異鳥巢其末，時啾唧出蘆葦間。白鷺片片，杳淼難即。湖東列數亭爲艤舟處，亭外爲西苑門，殿闕參差，可歷歷指。甘子呼小舟絶流而東曰：予將出是門，過西華，遶闕右，向長安就司空議事矣。予五人者，遂北行數十步，東望釣魚臺，過曲榭，高可尋丈，翼以複閣，窻皆左右闢。左瞰湖，右臨内教場，故事，端陽節天子臨幸，競舟較射以爲戲。遂步出教場，北行直石橋西，橋兩端皆坊，東曰金鰲，西曰玉蝀，望圓殿梳粧樓如在席前。又聞橋北有龍鳳丹虎圈諸勝，而日暮矣。諸君子皆立橋少西，予獨與吴子步至橋下，臨水沉吟而還。王子乃邀予就飲惜薪司内侍某所，已乃復蹈西安，而出時已昏黑矣。是遊本圖搜剔幽奇，而王子以日昃至，陸子且有倦容，多張沮計，吴子洎予重爲之悢惘致私憾焉。予乃秉燭漫書所過，爲前記，邀吴子識之，庶有託於將來云爾。

黄宗羲《明文海》卷一三七雷禮《名園對》　京師自昔多名園，惟含春園最著，居都城外西郊，地闓爽，通濠泉，亭榭森列，貯名卉奇石，非民間所常有者。要人貴客，及仕於朝者，時引類遊賞，烹鮮擊肥，舉杯酒相勸酬，絲竹金革之音，與童歌相雜，無虚日。予自嘉靖十一年釋褐，嘗至其地，至今三十八年，同萬錦衣相城池隨訪其地，已爲空畦，惟蒼松數株僅存。居旁有一白髮老叟，因詢其顛末，則對曰：此園湮廢幾二十年矣。初，主人操熱柄，力可亢此園，貴客慕而遊之，以故轂交蹄劇不絶。及主人失勢，子復驕侈不自殖，轉盼間已爲他人所據，今又三易主矣。某聞而歎曰：浮雲易化，冬葉晨霜，彼競一生心力，爲他人置此園，不亦愚乎。老叟曰：噫，公知其一，不知其二。予髪且種種矣，見名園不下數百區，今皆鞠爲蓁蕪。然前人失之，後人又從而效之，不能袪却塵纓，非舉世皆愚而無一人省悟者乎？豈惟是哉，蓋達官皆名園也，治刼以來，席寵矜華，非筆牘所能盡。方其居高握重，力能禍福人，舉一世而奔走之，使趨其熱者，有如趨市，望塵掃門，忍恥受侮，顔色少有不在，媿畏如鼠。或躭逸謝客，閣人守閑，則必多方賄蒼頭，以求一面，輒自慶幸。固不徒名園麗景爲人忻慕而已。一旦上干國法，失其所據，而齚舌鉗口，巧爲親媚者，反爲讎敵，并第宅已屬之他人，獨非名園類耶？惟孤介挺立之士如此松，然不與春華爭妍一時，及歷艱難險阻，勵堅貞，樹不朽事業，不猶嚴冬大雪中百卉皆萎，獨挺秀於其中者乎？公既如所以戒名園，亦知所以勵於操矣。予聞而愕然，流汗浹背，退歸宦邸，書其對語，志自省焉。

黄宗羲《明文海》卷三三六唐順之《任光禄竹溪記》　余嘗游於京師侯家富人之園，見其所蓄，自絶徼海外奇花異石無不致，而所不能致者，惟竹。吾江南人斬竹而薪之。其爲園，亦必購求海外奇花石，或千錢買一石，百錢買一花，不自惜。然有竹據其間，或芟而去焉，曰：毋以是占我花石地。而京師人苟可致一竹，輒不惜數千錢，然纔遇霜雪，又槁以死，以其難致，而又多槁死，則人益貴之。而江南人甚或笑之曰：京師人乃寶吾之所薪。嗚呼，奇花石誠爲京師與江南人所貴，然窮其所生之地，則絶徼海外之人視之，吾意其亦無以甚異於竹之在江以南。而絶徼海外，或素不産竹之地，然使其人一旦見竹，吾意其必又有甚於京師人之寶之者。是將不勝笑也。語云：人去鄉則益賤，物去鄉則益貴。以此言之，世之好醜，亦何常之有乎？余舅光禄任君，治園於荆溪之上，徧植以竹，不植他木，竹間作一小樓，暇則與客吟嘯其中。而間謂余曰：吾不能與有力者爭池亭花石之勝，獨此取諸土之所有，可以不勞力而蓊然滿園，亦足適也。因自謂竹溪主人。甥其爲我記之。余以爲君豈真不能與有力者爭，而漫然取諸其土之所有者，無乃獨有所深好於竹，而不欲以告人歟？昔人論竹，以爲絶無聲色臭味可好，故其巧怪不如石，其妖豔綽約不如花，孑孑然有似乎偃蹇孤特之士，不可以諧於俗。是以自古以來，知好竹者絶少。且彼京師人亦豈能知而貴之，不過欲以此鬭富，與奇花石等耳。故京師人之貴竹，與江南人之不貴竹，其爲不知竹一也。君生長於紛華，而能不溺乎其中，裘馬、僮奴、歌舞，凡諸貴人所酣嗜，一切斥去，尤挺挺不妄與人交，凜然有偃蹇孤特之氣，此其於竹必有自得焉。而舉凡萬物，可喜可玩，固有不能間也歟？然則雖使竹非其土之所有，吾猶將極其力以致之，而後快乎其心。君之力雖使能盡致奇花石，而其好固有不存也。嗟乎，竹固可以不出江南而取貴也哉！吾重有所感矣。

陸樹聲《陸學士雜著十種・適園雜著・適園記》　循城之址，稍南百步，得棄地焉。疏抉叢穢，就其下者爲池，亭於池之上，纍石以當其前。亭之左折爲樓，樓四達以望遠。樹竹木其間，飾堂之舊者，以待賓客。屋於其旁者，爲茶寮。總之曰「適園」。園之始，余自南雍謝病歸，會以其地售者，余適有之。以其地之湫隘，棄於時，故易售。而余方倦遊，思去煩以息静也，故得之，若以爲適者然。以余之苦於驅疾病，以事奔走也，既休吏鞅，返初服，以便居息，則求以愉懌心志，寄耳目之適者，實藉是焉。故余每憩是也，於泉石之渟結，雲物往來，花木喬秀，禽魚之上下飛泳者，日與之接，耳目所遇，皆樂其己有也。凡余之所爲適者若此。而余因是以觀造物者之所有，若泉石雲物，花木禽魚，所爲麗於兩間，挾光景而與之游衍者，物各有以自適，而吾人於是托之以寄其適焉，如是者，固日交於前人，有以取之不禁也。則不惟余去煩息静者之所宜有，蓋自造物者之有是也，而我與物之所共適，非一屬於己，可專而有之，則余於是將不有超然而自適者乎？如是，則余園雖小，而余之所托以適焉者大矣。是不可以不記。

黄宗羲《明文海》卷三三七沈鯉《域外三槐記》　里居以藩垣爲域，域之外，吾不得而享其有也。惟吾居有奇者，子性不耐暑，方盛夏，夕陽毒人，極爲酷烈，而居廬不堪禦暑也。適隣人盛氏以宅來鬻，予不忍受鬻，第假其東界餘壤之直吾西垣之外者，種樹資夕蔭，乘涼其下。盛許諾，予復與約言曰：吾假壤以樹。壤而壤，則樹亦而樹也，畢吾生而已。盛曰：諾。予乃以辛卯仲春宜栽種之日，植佳槐三本，高俱可丈餘，園兩搤有半。幸雨多及時，無不活者，蓋一年如蓬，二年如蓋，迨今三踰夏而樹陰迴合，不見夕日。時維六月，羲和將委轡於咸池，予兀處一室，方鬱蒸不可當，忽從間西闚佳景在彼，則亟命兩童子舁一竹牀與一几，安寘其下。而吾披襟岸幘，手一編而趨之，矯顱一望，樹陰周環如幕斯舉。予不覺輾然一笑，謂吾無一斤一斧之費，而突起大厦若此乎。少頃，涼飈起樹端，踰垣而至，濯我煩襟，若故人遠來，灑灑出衷言相喻也。已復有陰雲籠樹上，方英英而白，忽蒼然改色，若深潭倒映在空也。樹間有雜鳥可百翼，乘風上下，時往時來，睍睆其音，不知其爲彼爲此也。予樂焉，則更命童子治具，招邀吾一二弟兄，坐竹牀爲河朔之飲。酒後耳熱，有賦「歸來」，有歌《棠棣》，有譽「嘉樹」者，或擬我「羲皇上人」。而吾獨感時事，爲泫然泣下。蓋吾同里巷諸公，當年起大厦連雲，治高臺廣榭，以鳴得意者，何可勝數也，今皆不知其踵跡之所在。而吾託蔭於鄰人之尺壤，以遂其苟安，乃輒便得之，而寬然有餘樂，豈有常處哉？今而後苟可適吾意，不必皆己有爲快矣。

朱察卿《朱邦憲集》卷六《露香園記》 上海爲新置邑，無鄭圃、輞川之古，惟黃歇浦據上游，環城如帶。浦之南，大姓右族林立，尚書朱公園最勝；浦之東西，居者相埒，而學士陸公園最勝，層臺纍榭，陸離矣。道州守顧公築萬竹山居於城北隅，弟尚寶先生因長君之築，闢其東之曠地而大之，穿池得舊石，石有「露香池」字，篆法蜾匾，識者謂趙文敏迹，遂名曰「露香園」。園盤紆澶漫，而亭館嵱嵷，勝擅一邑。入門，巷深百武，夾樹柳、榆、苜蓿，緑蔭葰楙，行雨日可無蓋。折而東，曰「阜春山館」，繚以皓壁，爲別院。又稍東，石纍纍出矣。碧漪堂中起，極爽塏敞潔，中貯鼎鬲琴尊，古今圖書若干卷。堂下大石棋置，或蹲踞，或淩聳，或立，或卧，雜藝芳樹，奇卉、美箭，香氣苾茀，日留樞户間。堂後土阜隆崇，松、檜、杉、柏、女貞、豫章，相扶疏蓊薆，曰「積翠岡」。陟其脊，遠近紺殿黔突俱出，飛帆隱隱移雉堞上，目豁如也。一楹枕岡左，曰「獨莞軒」，登頓足疲，借稍休憩，游者稱大快。堂之前，大水可十畝，即露香池，澄泓渟澈，魚百石不可數，間芰草飼之，振鱗捷鰭，食石欄下。池上跨以曲梁朱欄，長亘煒煒，池水欲赤。下梁則萬石交枕，谽谺轇葛，路盤旋，咫尺若里許。走曲澗入洞，中可容二十輩。秀石旁拄下垂，如笏、如乳。由洞中紆回而上，懸磴複道，嵾嵯棧齴，碧漪堂在俯視中，最高處與積翠岡等。群峯峭竪，影倒露香池半，風生微波，芙蓉蕩青天上也。山之陽，樓三楹，曰「露香閣」。八窗洞開，下瞰流水，水與露香池合，憑檻見人影隔山歷亂，真若翠微杳冥間有武陵漁郎隔溪語耳。樓左有精舍，曰「潮音庵」，供觀音大士像，優曇、華身、貝葉雜陳棐几。不五武，有青蓮座，斜榱曲構，依岸成宇，正在阿堵中。造二室者，咸盥手露香井，修容和南而出。左股有分鷗亭，突注岸外，坐亭中，盡見西山形勝。亭下白石齒齒，水流晝夜，滂濞若嚙，群鴉上下，去來若馴，先生忘機處也。先生奉長君日涉廣園，隨處弄筆硯，校讎墳典以寄娛。暇則與鄰叟窮弈旨之趣，共啜露芽，嚼米汁，不知世有陸沉之苦矣。昔顧辟疆有名園，王獻之以生客徑造，旁若無人，辟疆叱其貴傲而驅之出。先生懿行偉詞，標特宇内，士方倚以揚聲，以先生親己爲重，賢豪酒人欲窺足先生園，慮無紹介，即獻之在，當盡斂貴傲，掃門求通，非辟疆所得有也。彼鄭圃、輞川，豈以莊嚴雕鏤聞於世？以列子、王右丞重耳；露香園不爲先生重哉！先生已倩元美諸先生爲詩，復命予爲記，故記之。

《〔光緒〕海鹽縣志》卷七馮皋謨《白鶴園自記》 余謝粤中事歸，爲園營山，繞山植松、篁、檜、柏。結屋二楹，左右雜蒔花卉，日攜書諷詠其中，二鶴翩翻舞弄甚適，因以名園，而自稱白鶴園主人云。余衰年意興盡屬之。兹園前通水，屈曲環流，栽菱芡、芙蕖，門列佳樹數行，編槿籬。入門，爲藥欄、竹塢，揉柏爲亭，設石几，可弈。前二十武，夷直可壺，名其亭「壺觴處」。西穿，行徑宛委，爲庖湢，桃、杏、梅、李，鬱茂而蕃。東爲飲所，曰「浮白軒」。軒南纍石爲山，中開三洞，窈窕敞豁，夏涼冬燠，攀蘿躡級，延佇山巔，村落綢繆，原田萬頃，秦駐、金粟、紫雲諸山，悉來獻翠。下憩小亭，四座皆山。東循牆而轉，樹木葳蕤。又進爲太白居，居臨石屏，嵂崒壁削。旁兩室斗大，一貯丹經道籙，一置龕牀。余日面壁跏趺瞑坐，閑取證諸書，爲養生助。迤西，爲白雲阿，余生墓處。余閑舉酒屬客，笑而指曰：「吾以異日跨白鶴而游壙垠之野，宅兹元邱之宫，其將尋我於深松茂柏耶？抑飛鳴而過者我耶？」客大笑曰：「公善説幻，亟爲樂，無負兹園。」

《〔同治〕蘇州府志》卷四八顧大典《諧賞園記》 余家在城之西北隅，前臨渠，後負郭，左有琳宫、別墅、喬木、叢林之勝，遠市而僻，因割其左之半以爲園。園在世綸堂、春暉樓之後，樓垣高三尋，古藤翳之，蔓引蒙密，氤氲蔽虧，承以高臺，下爲雪竇，朱欄翠冪，曲有奥趣。臺之左，築室三楹，扁曰「雲蘿館」。左楹爲寢室，貯彝、鼎、樽、罍、琴、劍之屬；右爲便坐，貯經史、内典、法書、名畫之屬；中置一笠一瓢、一衲一杖、一鋤一竿。主人素憚遠役，兹以倦遊歸，而多列游具者，聊效少文卧游耳。若鋤與竿，則爲郎時已繪《鋤雲》、《釣月》二圖，賦詩見志矣。館後夾以修廊，啓扉而入，爲清音閣。閣在園之一隅，登樓遠眺，則粉堞雕甍，逶迤映帶；俯視則園景可得十之八、九，竹樹交戛，不風而鳴，琮琮琤琤，天籟自發，因以名吾閣，蓋取左思《招隱》語也。閣之後，精室三楹，以前後爲向背。前爲玉華仙館。玉華者，石也，產於閩之將樂，瑩潔如玉，先大父爲令時攜歸者也。後爲松石山房。松石者，松花石也，產於括之松陽，膚理如松幹，余爲司理時攜歸者也。後復綴一軒，扁曰「美蕉」。美蕉者，美人蕉也，産於閩之會城，而余廨中獨盛，緑苗紅萼，簇若朱蓮，余爲學使時攜歸，友人王敬美復書之扁以見貽者也。館旁設一門，非窺園則不啓扃。館以外爲載欣堂，堂後爲静寄軒，皆大父致政時所署，蓋取元亮《歸來辭》語也。軒前多植桂樹，堂前雜蒔衆卉，隔以短垣。垣之中闢爲門，門枕方池，修廣各百武，踞以石橋，中建水亭三楹，窗扉不扃，四面受景，翠羽飛鳴，金鱗濡沫，心與景會，魚鳥親人，令人真作濠濮間想也。橋面平臺，曰「舒嘯」，修廣與池埒，可布長筵，左右藩以柔荑，環以榆、柳、槐、棘，枝葉交蔭，如蓋如幄。前列小山，疏峯灌木，離離相映，蒼松翠柏，蟠屈成屏。今歲久不治，杯棬盡釋，虬枝挺秀，且上干雲霄矣。復循故道稍西，更折而北二百武，入浄因庵。庵甫盈丈，中奉大士像，香燈清浄，儼若禪居。出庵度平橋，疊石爲山，入山皆仄徑，躡級數十而上。山顛有峯屹然，巧而麗，曰「錦雲」。下有洞，曰「栖雲」。群峯環峙，有若騰者，有若舞者，有若人者，有若獸者，有嵌空者，有窈窕者，有突兀者，不可指計。出洞，復度石梁，陟翠微亭，上緣石壁，下俯澄潭，潭中殘英敗葉，積不能去，蓋園中深坳處也。折而南，跨水爲橋，橋通小溪，曰「武陵一曲」。以樓踞之，琅玕繚繞，碧水周遭，窗牖玲瓏，蒼潤可挹，名曰「環玉」。下藏一舟，冪以青油，可受數客，春夏則移櫂柳陰，載酒聽黄鸝；秋冬則弄明月、泛雪霽。隔水曰「枕流亭」。每池水瀉溢，則激石爲湍。會余内弟劉宋卿鑿池得二石刻，皆開元古篆，一曰「清流激湍」，因樹之亭旁，一曰「茂林修竹」，舊樹竹間，今移之雲蘿館後庭矣。亭之陰，誅茅爲屋，園丁時釀酤酪以待客，扁曰「宜沽」，野店青簾，宛有流水孤村之致。旁植梅、杏、桃、李各數株，花時與客傾壺而醉，醉則相與枕藉，落紅萬千，滿人衣裾，不減許瑾花茵也。循溪而南數十武，畫橋碧砌，有亭翼然，扁曰「煙霞泉石」，蓋取游巖語也。亭後遍植薔薇、荼蘼、木香之屬，駢織爲屏，芬芳錯雜，爛然如錦，不減季倫步障也。亭之右，修竹萬竿，清陰蔽日，竹間置石几一、石榻二，深夏手一編，枕簟隨之，坐卧惟意，以取涼適，不減張廌竹林也。林盡而徑見，叢篠斜侵道旁，且苔滑易躓，非策杖不可行。徑繞修垣，垣皆緣以薜荔。徑盡處爲山神祠，余手拈唐人絶句百首爲籤，籤皆靈驗。祠正面溪，蜿蜒曲折，窈窕陰黝，不辨歸路，蓋園至祠而園之勝窮矣。大抵吾園臺榭池館，無偉麗之觀，雕彩之飾，珍奇之玩，而惟木石爲最古。木之大者數圍，小者合抱，蘢葱蒨峭，邃若林麓。石之高者裊藤蘿，卑者蝕苔鮮，蒼然而澤，不露疊痕，皆百餘年物。偉麗、雕彩、珍奇，皆人力所可致，而惟木石不易致，故或者以爲吾園甲於吾邑，所謂無佛處稱尊也。園在城，故取康樂「在茲城而諧賞」句以名吾園，語適與境合也。主人去家園二十餘年，宦兩都，歷四方，足迹幾半天下，嘗登泰山，謁闕里，入會稽，探禹穴，陟雁蕩，訪天臺，睇匡廬，泛彭蠡，窮武夷之幽勝，吊鯉湖之仙蹤，江山之勝，頗領其概，意有不合，退而耕於五湖，得以佚吾老於茲園也。入則扶持板輿，出則與昆弟友生觴詠爲樂，江山昔游，斂之邱園之内，而浮沈宦迹，放之何有之鄉，莊生所謂自適其適，而非適人之適，徐徐於於，養其天倪，以此言賞，可謂和矣。夫諧者，和也，庶幾無戾餘命園之意歟？姑記而述其所自修，又所謂「陳其始末，無愧懷抱」云爾，非敢曰藉是以永其傳也。

黄宗羲《明文海》卷三三六王世貞《求志園記》 吴城之東北隅，爲友人張伯起園。園當其居之後，閣道以度，入門而香發，則雜荼蘼玫瑰屏焉，名其徑曰采芳，示吴舊也。徑逶迤數十武，而近有庭廓如，名其軒曰怡曠，示所遊目也。軒之右三而楹者，以奉其先隱君像，名之曰風木堂，示感也。堂不能當軒之半，然不敢以堂名怡曠者，示有尊也。軒之右齋以栖圖史，名之曰尚友，友古也。齋之後館，館臨大池，中多金銀玳瑁雜細鱗，名之曰文魚，池所蓄也。穿池而橋，循橋稍西南爲古梅十餘樹，名其廊曰香雪，言梅德也。伯起之言曰：吾吴以饒樂稱海内冠，不佞夫差之墟，甲第名圃，亡慮數十計，即屈諸君指且徧，亡及吾園者。諸材求之蜀、楚，石求之洞庭、武康、英、靈璧，卉木求之百粤、日南、安石、交州，鳥求之隴若閩、廣，而吾園固無一也。然至於旦而旭，夕而月，風於春，雪於冬，諸甲第名圃所不能獨擅而長秘，而吾得竊其餘。吾他無所求，求之吾志而已。且不見夫都將相貴重用事於長安東者耶？彼其於志，若無所不之，然往往人得挾其遇以屈吾志。吾外若伸，而中則屈，甚或發其次，且慨歎於所見，而輻輳沃麗之地，等之於荆榛鳥雀之區，聞歌以爲哭，見樂以爲憂，而不悟其所自。吾無所求伸於外，然吾求之千百禩之前，而若吾俟求之八荒之際，而若吾應求之千百禩之下，而若吾爲之符節者，此豈可與豪舉跡賞者道哉？王子聞之，歎曰：善乎！子之求也。志則可與聞乎？伯起笑而不答。王子有問曰：命之矣。

王世貞《弇州山人四部稿續稿》卷五九《弇山園記一》 自大橋稍南皆闤闠，可半里而殺，其西忽得徑，曰鐵猫弄，頗猥鄙。循而西三百步許，弄窮，稍折而南，復西，不及弄之半，爲隆福寺，其前有方池，延袤二十畝，左右舊圃夾之，池渺渺受煙月，令人有苕、霅間想。寺之右，即吾弇山園也，亦名弇州園。前横清溪甚狹，而夾岸皆植垂柳，蔭枝樛互如一本。溪南，張氏腴田數畝，至麥寒禾暖之日，黄雲鋪野，時時作餅餌香，令人有炊宜城飯想。園之西，爲宗氏墓，古松柏十餘株。其又西，則漢壽亭侯廟，碧瓦雕甍，嶠崒雲表。此皆輔吾園之勝者也。園之中，爲山者三，爲嶺者一，爲佛閣者二，爲樓者五，爲堂者三，爲書室者四，爲軒者一，爲亭者十，爲脩廊者一，爲橋之石者二、木者六，爲石梁者五，爲洞者、爲灘若瀨者各四，爲流杯者二，諸巖磴澗壑，不可以指計，竹木、卉草、香藥之類，不可以勾股計。此吾園之有也。園畝七十而贏，土石得十之四，水三之，室廬二之，竹樹一之。此吾園之槩也。宜花，花高下點綴如錯繡，游者過焉，芬色殢眼鼻而不忍去。宜月，可汎可陟，月所被，石若益而古，水若益而秀，恍然若憇廣寒清虚府。宜雪，登高而望，萬堞千甍，與園之峯樹高下凹凸皆瑶玉，目境爲醒。宜雨，濛濛霏霏，濃澹深淺，各極其致，縠波自文，儵魚飛躍。宜風，碧篁白楊，琮琤成韻，使人忘倦。宜暑，灌木崇軒，不見畏日，輕凉四襲，逗弗肯去。此吾園之勝也。吾自納鄖節，即栖託於此。晨起，承初陽，聽醒鳥。晚宿，弄夕照，聽倦鳥。或躡短屐，或呼小舠，相知過從，不迓不送。清酒時進，釣溪腴以佐之；黄粱欲熟，摘野鮮以導之。平頭小奴，枕簟後隨，我醉欲眠，客可且去。此吾居園之樂也。守相達官，干旄過從，勢不可卻，攝衣冠而從之，呵殿之聲，風景爲殺。性畏烹宰，盤筵餖飣，竟夕不休。此吾居園之苦也。園所以名弇山，又曰弇州者何？始余誦《南華》而至所謂「大荒之西，弇州之北」，意慕之而了不知其處，及考《山海西經》有云：「弇州之山，五彩之鳥，仰天名曰鳴鳥，爰有百樂歌儛之風，有軒轅之國，南棲爲吉，不壽者乃八百歲。」不覺爽然而神飛，仙仙傞傞，旋起旋止，曰：「吾何敢望是。」始以名吾園，名吾所譔集，以寄其思而已。乃不意從上真游，屏家室，栖於一茅宇之下，偶展《穆天子傳》，得其事曰：「天子觴西王母於瑶池之上，天子遂驅升於弇山，乃紀其跡于弇山之石，而樹之槐眉，曰西王母之山。」則是弇山者，帝嫗之樂邦，而羣真之琬琰也。景純先生仍僅以爲「弇兹，日入地」，夫奄兹在鳥鼠西南三百六十里，其中多砥礪，固可刻，而去隴首不遠。二傳皆先生筆，遂忘之耶？則不佞所名園與名所撰集者，雖瞿然愧，亦竊幸其於古文闇合矣。自余園之以鉅麗聞，諸與園鄰者，游以日數，他友生以旬數，而今計余跡，歲不能五六過，則余且去而爲客，乃猶竊弇山之號，而又重之以記，得無尚有所係耶？夫志大乘者，不貪帝釋宮苑，藉令從穆滿後以登弇山之巔，吾且一寓目而過之，而況區區數十畝宮也。且吾向者有百樂不能勝一苦，而今者，幸而併所謂苦與樂而盡付之烏有之鄉，我又何係也？夫山河大地皆幻也，吾姑以幻語志吾幻而已。

王世貞《弇州山人四部稿》卷五九《弇山園記二》　自隆福寺而西，小溪渺渺，垂柳交蔭，而吾園實枕之，扁其門曰弇州，語具前《記》中。入門，則皆織竹爲高垣，傍蔓紅白薔薇、荼蘼、月季、丁香之屬，花時雕績滿眼，左右叢發，不飂而馥，取岑嘉州語，名之曰惹香徑。徑至西而既得平橋，曰知津，取弇山堂道也。高垣之左方，以步武計，雜植榆、柳、枇杷數株，藩之以栖鶴。始有饋余兹禽者，後先六頭，每交吭羣唳，聲徹雲表，以鮮食裁之，留其二，名之曰清音栅，静夜所時得也。右方除地爲小圃，以畛計，皆種柑橘，土不能如洞庭，名之曰楚頌，取蘇子瞻語也。徑之陽有牆隔之，中通一門，顔之曰小祇林，始之闢是地也，中建一閣，以奉佛經耳，小祇林所由名也。既益之以道經，又輔之以島樹臺館之屬，余志日侈，勝日益廓，而去兹名遠矣，顔之，志始也。入門而有亭翼然，前列美竹，左右及後三方悉環之，數其名，將十種。亭之飾皆碧，以承竹暎，而名之曰此君，取吾家子猷語也。其左，竹中闢爲路，客游至此，倦少憇，所謂夏不見畏日，輕凉四襲，逗不肯去者，此亦其一也。轉而爲竹之背，一喬峯獨立而頫其首，若有聽者，以與經閣相望也，名之曰點頭石，取《生公傳》語也。去峯之十武，得石橋，廣而平，可布十席，嚮者往往於此候月，今以他勝處奪之，不能恒矣。名之曰梵生，取釋迦於忉利天説法還王舍語也。蓋至此而目境忽若闢者，高榆古松，與閣争麗，美蔭不減竹中，而不爲叫窱深黝，友人文壽承過此而樂之，古隸大書曰清凉界，甚怪偉，勒石立於橋之陽。右方循橋直上可數丈，得閣，其左右室藏佛道經，扁其左曰法寶，右曰玄珠。畏客之餘，輒闖入其中，以息躁汰濁而已，不能偏幡閲也。啟北窓，則中島及西山巒色峯勢，森然競出，飛舞拏攫，遠者窮目徑，邇者撲眉睫。閣之下亦寬廠，四壁令尤老以水墨貌佛境宗風，列榻其間，隨意偃息。軒後植數碧梧。自此而北，水隔之，路遂窮。閣之左有隙地，與中島對，踞水爲華屋二楹，以竢遊客，過者歷歷若鏡中，花木禽魚，自來親人，名之曰會心處，前植梨、栗、來禽數十本。右則鹿室，以棲三鹿，與園丁共之。此吾園景之一也。

王世貞《弇州山人四部稿》卷五九《弇山園記三》　知津橋者，跨小罨畫溪，北亘數十百丈，溪盡而兩山之趾出，步之則皆在望，以其類吴興之罨畫而小也，故以名。其西臨水五楹，中爲門，張中丞肖甫榜曰城市山林，前有垣障之。稍折而南，復西，則廓然一廣除，欲截五洞庭樹之，作五老峯，力未能也，姑藩而種含桃，含桃成，歲得一解饞，花亦足飽目；其左方種如之，俱曰含桃塢。堂五楹翼然，名之曰弇山，語具前《記》。其陽曠朗爲平臺，可以收全月，左右各植玉蘭五株，花時交映如雪山瓊島，采而入煎，啖之芳脆激齒。堂之北，海棠、棠梨各二株，大可兩拱餘，繁卉妖艷，種種獻媚。又北枕蓮池，東西可七丈許，南北半之，每春時坐二種棠樹下，不酒而醉，長夏醉而臨池，不茗而醒，遊客每徙倚其地，輒詫謂余：「此何必減王衛軍芙蓉池也？」余謝不敢當，而會吾鄉有從廢圃下得一石，刻曰芙蓉渚，是開元古隸，或云范石湖家物，因樹之池右。池從南，得小溝，宛轉以與後溪合，傍皆紅白木芙蓉環之，蓋亦不偶云。循堂左而東，沿小罨畫溪，一石坊限之，扁曰始有，其右坊，扁曰雖設，稱雖設者，以阻水故。度始有門，則左溪而右池。循池而南，其陰皆竹藩之，曰瓊瑶塢，塢内皆種紅白縹梅，四色桃百本，李僅二十之一，瓊言紅，瑶言白也。更西，得小平橋，名之曰小有，取別入山道也。自是復折而北，溝十步一曲，黄石爲砌，清流灣環可鑒，名之曰磬折溝。緣溝皆木芙蓉，即芙蓉渚立石處也。道左既梅塢，而竹所不能藩者，傍出侵道，其稍敝，梅益繁，名之曰香雪徑。又敝，則爲一亭，前阻溪水，溪即磬折溝所入也。隔岸始得西弇山，怪石奇樹，高下起伏，若坐若立，若舞若騫，曰飽於兹亭之中，而遊人往往過而忽之，故名其亭曰飽山。復折而東數十武，則徑之事窮，得萃勝橋。

王世貞《弇州山人四部稿》卷五九《弇山園記四》 萃勝橋者，踞諸山之口，吾欲於其陽立一綽楔，扁之曰海上三山，而力未能也。橋以石，頗壯麗，其下則諸溪之水皆會焉。其上，可以北盡西弇山，東北盡中島，東南取佛閣花竹之半，又以其隙得文漪堂之勝，所不能及者，東山耳，故名之曰萃勝。度橋始入山路，一石卧道如虎，南北皆嶺，南卑而北雄。北嶺之東南向者，一峯獨尊，突兀雲表，名之曰簪雲，其首類獅微俯，又曰伏獅，右一峯稍亞，若從者，曰侍兒，又右一峯更壯，而領中穿若的，曰射的。南嶺諸峯皆前向，此僅得其背耳。由飽山亭望之，可指數，一類古碑文，曰禹篆，餘不載。路折而北，得一灘，群石怒起，最雄怪，爲獅，爲虯，爲眠牛，爲躑躅羊者，不可勝數，總而名之曰突星瀨。瀨之右皆嶺，其據嶺而俯徑者，曰岝崿峯，曰楚腰峯，皆以狀也。一石屏，色若玉，而坦坨可愛，曰白雲屏。瀨之源爲蜿蜒澗，宛轉數十折，入天鏡潭。其一支穿縹緲樓下，以入潛虬洞，與潭會，中多奇石可紀。大抵前抱縹緲，而後枕諸山，回伏皆因之，所以名蜿蜒也。去白雲屏之亡何，徑忽斷，兩石所不接者尺許，其下澗水湛湛，通小龍湫。小龍湫者，頂螺旋如覆敦，三方皆奇石，岝崿而下，積水深窈，遊客過之，駭謂若有物其中，故以名。湫之西南，一綫道，傴僂而上，可以闖小雪嶺。余嘗游西洞庭石公之風弄，頗似之，名之曰石公弄。更十武許，得一巖，坐盤石其中，倦可息也，曰息巖。自是俯徑之峯，其拙者曰似傲，巧者曰殘萼，曰碎衲，拙而大者曰大樸，屏石之似白雲而稍蒼者，曰蒼玉。幾盡而得一磴，可拾級上，余戲名之曰誤游磴，所以稱誤游者，其脈自芙蓉池之西北，度小有橋，崇阜若馬脊，皆植桂，凡數十百樹，曰金粟嶺。自此復夷緣磬折溝，溝盡而得石磴十級以上，有亭一，可以觀田中穫，名之曰省穫。其又坦上十步許，一茅亭踞之，故文博士壽承嘗爲余古隸乾坤一草亭，結法甚佳，因扁之。抵此，則西原之野色盡矣。亭陰即小龍湫頂，度而稍西，北折，有白石數峯，因名之曰小雪嶺，循而至誤游磴，所謂似傲、太樸諸峯，皆道傍物也。客沿澗得磴便陟，逌邐以出，忽不知其至小有橋爲故道，始悟向者陟之誤也。由誤游磴復西，俯澗之石，有曰黑雲堆者，有曰千年菌者，以奇甚，故名。他可名峯石殊衆，倦不能署筆矣。尋得一洞，入夷而出險，洞中石，傾崎崖隤如相角者，名之曰呀牙，取《高唐賦》語也。東南攀躡而上，得平臺，即洞頂，傍植靈楸、玉蘭、胡桃之屬，一峯南向，曰玩客。稍東南數武，一峯曰指迷。自是大青石梁横亘之，最雄麗，名之曰青虹。循青虹復西而下，入洞屋，其上則縹緲樓也。南壁皆巧石堆擁，絶類飛來峯。下有小懸崖，適得舊刻石，米元章所題畫布袋和尚像，巖其中，名之曰契此巖，契此，和尚名也。北則設連牀，半出檐外，可以盡承南嶺之勝。余每春晝坐此，北風吹落花滿巾幘，依依不忍去。右折梯木而上，忽眼境豁然，蓋縹緲樓之前廣除，向入山所得簪雲三峯皆在焉。左錦川一峯森秀，真蜀錦也，名之曰浣花。自此遂陟縹緲樓，取少陵「城尖徑仄，獨立飛樓」語，又以洞庭西山嶺名名之。尺鷃逍遥，不自知其非九萬也。此樓是三弇最高處，毋論收一園鏡中，啓東户，則萬井鱗次，碧瓦雕甍，纖悉莫遁；啓西户，更上三級得臺，下木上石，環以朱欄，西望婁水如練，馬鞍山三十里而遥，木落自露；北望虞山百里而近，天日晴美，一抹弄碧，名之曰大觀臺，又曰背虞樹，背不及馬鞍者，志遠也。他美略矣。樓之下，左降得方臺，砥平懸崖，而下距天鏡潭數十尺，收西山之勝最切，而攝月最先，坐此令人意自遠，名之曰超然臺。一峯多嵌空而不能透，曰逗雲；一峯儼若垂紳者，曰端士；一石若面首而椎者，曰巫髻，皆臺飾也。樓南稍東，得石磴，十級而下白雲門，又東北十級而下，有門曰隔凡，則吾三弇之第一洞天也。空中靚潔，或明或晦，乳竇涔涔欲滴，巉巖巇崎，若嚙若搏，其水左與天鏡潭合，然上皆怪石覆之。北取蜿蜒澗，渺渺而入，俯窺之，若一星，以其窈窕不易測也，故名之曰潛虬，而亦會我先師曇陽子龍靈蛇於是，不二時而失之，旬日而見於徐墓，其義蓋亦吻雲。洞中石磴凡再斷，游者過之，必魚貫以手，乃其足猶踸踔也。出洞則復曠朗，稍南爲枕流灘，以其址汙時侵水也，傍多美石，曰鷹喙，曰小玲瓏者。更北過小石梁，正值青虹之下，與相映帶，因名之曰雌霓。復入呀牙洞，轉登故臺，少西得一亭，桂樹環之，曰叢桂。尋返抵臺，則取中弇道矣。臺雖庳，以其綰三弇之轂也，名之曰綰奇，由綰奇而下數級後，諸峯匯之，稍有石傍出於水，可以釣，名之曰忘魚磯，取王弘之語意也。磯傍有一石坌出，驤首欲奮，曰鰲頭。已復折而上，四周皆峯石，石隙雜植紅白梅，白者十八，一亭亭焉，曰環玉。傍有錦、劈二峯，劈峯獨擘雲而上，曰獨秀。小轉抵月波橋，而西弇之事窮。

王世貞《弇州山人四部稿》卷五九《弇山園記五》　西弇之事窮，而得水，與中弇隔頗遠，爲橋以導其水，兩山相夾，故小得風輒波，乘月過之，溶漾瑣碎可玩。適有遺蔡君謨《萬安橋記》者，中「月波」二字甚偉，因摹以顔橋楔之楣。度橋，一峯骨立當之，宛然陸叔平所貌也，名之曰古廉。前爲壺公樓，西壁右側饒峯石之屬。轉西南，皆踞水，鬱律磈礧，嵌空虛中，各出其態，以媚游舫。稍出水，則甚奇，有若雙舉肘者，曰擁袖；有若昂首而飲者，曰渴猊；有若尾渴猊而小者，曰猊兒；有若飄舉者，曰凌波；若憔悴將溺者，曰惘相，餘故不辨枚舉也。不數武爲率然洞，其上下平而左右饒石骨，以其修且谽呀也，類若爲率然所中穿者，故名。洞且盡，兩石夾之，儼然兩閽人，左高而瘦，右卑而古，總名之曰司閽石。其西南折而下，有盤石卧水，亦釣磯也，以其距藏經閣小邇，爲喚渡處，名之曰西歸津。復循洞口東轉，度清波梁，其下穿漱珠澗口，自此踞水之峯，有類白玉者，有類蒼璧者，皆古而多穿漏，其蒼者尤奇，名之曰天骨，白者曰楚琢。小轉而南，兩壁上陿，一石卧之，曰小雲門，自此轉而入峽矣。峽兩傍有怪石，叫窱陰沍，仰不見日，緣澗而轉，委曲泝沿，兩相翼爲勝。嘗謂峽高不能三尋許，而有蜀夔府岷峨勢。澗傍穿不過數尺，而乍使靈威丈人探之，當必有縮足不前者，此中弇第一境也。峽將窮，得一石，扣之其聲泠泠然，若搏磬，家弟過而樂之，名其峽曰磬玉，余名其澗曰漱珠，要以不能盡發其美爲恨。由磬玉峽再轉可十五級，而得石欄翼然，啓左扉而入，抵中樓，凡三楹，其前則爲石壁，壁色蒼黑，最古，似英又似靈壁，硌砑搏攫，饒種種變態，而不露堆疊迹，錢塘紫陽庵一二處仿佛近之，曰紫陽壁。客謂余：「世之目真山巧者，曰似假；目假之渾成者曰，似真。此壁不知作何目也？」壁之頂皆栽栝子鬆，高不過六尺，而大可把，翠色殷紅殊麗。啓北窗呀然，忽一人間世矣。漣漪泱漭，與天下上，朱栱鱗比，文窗綺樓，極目無際，東弇、西崦以朝夕鬥勝，顔之曰壺公，謂所入狹而得境廣也。左正值東弇之小嶺，皆緋桃，中一白者尤佳，適與敬美春盡過之，尚爛漫刺眼，因名之曰借芬。右室，於冬時遥睇縹緲雪色甚快，名之曰含雪。樓之下，前後所獲境與樓埒。稍東，承檐溜處産芝，已三閲歲矣，每産時，其址不雨而潤，上有紫氣，受日晶熒，因名之曰縈芝所。自含雪之前廊，可三級轉而南，一室世尊坐蓮花儼然，名之曰梵音閣，借紫陽壁頂鬆風名也。出閣右盤而上三級，則爲絶頂，曰紅繚峰，又曰玉玲瓏，亭亭霧表，是洞庭第一佳者。其左稍次，曰漏月峰，更次曰盤陀峰，右次錦石一，曰衲霞峰。復左盤而下，時時得佳石，獨錦峰一，尤精麗，是蜀品第一佳者，名之曰青玉笋。自此穿一石梁，其下即磬玉峽，名之曰鰲背。度鰲背，有亭亘焉，入亭無他奇，而澗峽之卉，時時入户，與壺公樓步武，客候樓，鐍不時啓，於此小憩，名之曰徙倚。自徙倚亭而南折，下數級，得東泠橋，而中弇之事窮。始余失筴爲愚公，其治山，獨兹弇最先就緒，而所徙乃吾麋涇故業，最饒美石，皆數百年物，即山足可峰也。所徙即非石而樹，山礬矮鬆，一尺九節，虬屈擁腫，他桃、梅、棠、栝之屬，若慕之而争爲奇者。峽仄澗迫，枝葉樛翳，遊人過之，墜帽鈎袂相踵接，而益稱快。然吾意未已，復有東、西弇，故曰愚公也。

王世貞《弇州山人四部稿》卷九《弇山園記六》　度東泠橋，一峰當之，曰窈窕峰。自此而南，有二峰，一高梧，數桃樹甚茂。又南爲舫屋，然皆非取東泠道也。折而北，一斧劈峰，曰青峭，又一峰曰拙叟。東轉皆曲徑，逶迤而上數十武，一峰斜睨若貧姥頻，曰碧皺。遂得亭北向，其左茂樹深澗，幽闃可人，蓋至亭而東弇之勝始顯，自此分二道以出，故名之曰分勝亭。陽道由正北穿小石門，微辟，右方一高峰，文理皺皺若裂，名之曰百衲，其次而庳者亦如之，曰小百衲，類僧與其雛偶語者。稍西一峰最崇，而兩尖相向，山師名之曰蟹螯，或以其俗請易之，余謂此晉畢吏部語也，使我得君山酒滿地，似此佐飲，何快如是，遂不易。東北斜上三級，得廣臺，是流杯處，其臺甃石爲芙蓉屏，石西面修可五尺餘，廣倍之，曰雲根嶂，得水則杯泛泛由嶂下竇，穿芙蓉度，客争取之，至濕衣屨不顧也。石芙蓉之水東注一峰，下瀉於池，怒激狂舞，儼然小棲賢也，名之曰飛練峽，徐凝詩故惡，二字卻殊不惡耳。然飛練、蟹螯二勝皆以泛舟始出之，餘不能爾。谿流觴所十餘級而下，始爲大灘，回顧一峰北向，若首肯灘景狀，曰挹清峯。灘勢直下，往往不能收足。第最寬廣，狠石四列，垂柳、緋梅、蜀棠交蔭憩之，則池與南榮畫棟、兩崦嵐壑、昏旦晦明之趣盡入阿堵，讀康樂「清暉娱人」語，真足忘歸也，因目之曰娱暉灘。左望一石甚麗，曰錦雲屏。已從東南探徑竇，側足而上，爲雲根障之背，雙井肩並，有轆轤，蓋汲水以流杯處，俯瞰沈沈，若虎丘劍池。復東數級而下，得老朴，大且合抱，垂蔭周遭，幾半畝，傍有桃梅之屬輔之。始僧售地，欲並伐此樹以要余，余謂山水臺榭皆人力易爲之，樹不可易使古也，益之價，至二十千而後許，爲亭以承之，曰嘉樹，樸惡木也，而冒嘉名，亦遇矣。亭北枕池而南臨澗，又藉樹蔭，雖小致，足戀耳。傍亭一峯，遥望之若蓮花，近不盡然，故名之曰似蓮。自嘉樹亭折而東，一石梁正碧色，曰玢碧梁。東上三級復西北轉，迤邐而上，得一嶺，若案。稍北，一嶺若馳，脊前後九栝子松環之，最茂，每日出如膏沐，青熒玲瓏，往往撲人眉睫，松實香美可咀，曰九龍嶺。亡何，抵三步梁，其修不能過三步也，而險。自此折而下，已宛轉復上穿，得美篠爲徑，抵振屧廊而止。此所謂陽道也。陰道皆幽徑，俯澗折而北，躡磴下，稍東復折而南，凡數折，始爲山神祠，祠傍一樹，斜穿垣而南，以蔭僧沼，復轉而蔭我。其右一樹大亦如之，皆出重價購之僧者，其材不中直五之一也。祠西傍出一道，由玢碧梁下度，可以俯窺留魚澗之勝。留魚澗者，首分勝亭而尾達於廣心池，最修而紆，幾貫東弇之十七，兩傍皆峭壁數丈，宛轉將百曲，即游魚入者，迷不得出，故名留魚。花時落英墮者，亦積不能出，故一名留英。大抵客游自陽道，則池與澗之勝各半得之，其自陰徑，所擅澗而已，徑不爲疊磴，上下甚峻而滑，忽起忽伏，其上則袂相挽，小斷則躓，下則履相踵，小近則嚙，以故游者或苦之，而振奇之士，更栩栩夸快，澗盡其陰徑出而得池，然再斷，斷之中爲平坡，其再斷之中復再斷，而中疊石以度，度者必振衣而躍乃先濟，曰振衣渡。游女至此，往往怯而返，又曰却女津。過此則繞斂霏亭之後，轉入亭。斂霏亭者，遥與先月亭對，蓋西崦之落照歸焉，故名，亦取康樂語也。自是與陽道之出山者會，而爲振屧廊。大抵中弇以石勝，而東弇以目境勝。東弇之石，不能當中弇十二，而目境乃蓰之。中弇盡人巧，而東弇時見天趣。人巧皆中擨，而天趣多外拓。時有二山師者，張生任中、西弇，吴生任東弇，余戲謂二弇之優劣，即二生之優劣，然各以其勝，角莫能辨也。

王世貞《弇州山人四部稿》卷五九《弇山園記七》 由西弇山而東，至環玉亭，而西山之事窮。北折得石門，榜之曰惜别峯，所不能盡者，間值三四焉。自是皆土山蛇紆而上，雜植美篠，壘石爲藩。其右大有餘地，擬蔭美木未遍。復紆而下，其左傍廣心池，一草亭當其阯，夜月從東嶺起，金波溶溶，萬穎注射，此得之最先，名之曰先月。循亭而北，復爲石磴，大小數十峯，參差磊塊，以祖出山道耳。溪水隔之，橋其上，曰知還，取陶彭澤語也。已復橋，稍東爲文漪堂，堂俯清流，湘簾朱欄，倒景相媚，微颸徐來，縠文熨皺，正值中島之壺公樓。夜分，燈火相映帶，小語猶聞，何但絲竹，吾不知於西湖景何如？彼或以遠勝耳。堂有三壁，間取《文選》詩句稍暢麗者，乞周公瑕擘窠書，是生平得意筆。左壁平湖，右壁雪嶺，則皆錢叔寶爲之，而雪嶺尤壯。出文漪堂，左折而入，得一門，曰息文，忽呀然哮豁，蓋廣除也。堂三楹踞之，殊軒爽，四壁皆洞開，無所不受風，間植碧梧數株，以障夏日耳，名之曰涼風堂，俟梧成，當取崔濟南語名之曰鳳條館。繇堂西數武，曰爾雅樓，一曰九友。所以稱九友者，余宿好讀書及古帖名迹之類，已而傍及畫，又傍及古器、壚鼎、酒鎗。凡所蓄書皆宋梓，以班史冠之；所蓄名迹，以褚河南《哀册》、虞永興《汝南志》、鍾太傅《季直表》冠之；所蓄名畫，以周昉《聽阮》、王晉卿《煙江疊障》冠之；所蓄酒鎗，以柴氏窑杯托冠之；所蓄古刻，以《定武蘭亭》、《太清樓》冠之，凡五友。僭而上攀二氏之《藏》，以及山水並不腆所著《集》，合爲九。鄖中思歸，時鬱鬱爲歌以志寄，蓋未幾而遂納節之請，九友居吾樓，始獲昕旦矣。閣前俯方沼，下蓄金魚數百頭，餌之則群起，適得米元章所書墨池二大字，勒石嵌於沼之陽，蓋稚子時時用滌硯，亦實録也。樓西通一竇，稍迂之，復得三楹，中室以奉三教像，名之曰參同；左室多藏宋梓書，名之曰少宛委；右則暖室也，藴火以禦寒，名之曰藊雲窩。中庭數拳石，隱小穴，剩垣外水逸階爲流杯。西穿暗室，出猊口注墨池，瀌瀌盈耳。吾以窮臘栖藊雲，以深夏息涼風，其他則朝夕坐爾雅，隨意抽一編讀之，或展卷册，取適筆墨。天所以縱我者，滾滾不竭；酒天所以酬筆墨者，數飛白不醒，亦足以老矣。一旦悉舍之而事空王，一瓢一褐，一團焦束身，向所謂爾雅樓，今僅四立壁耳。九友之去，爲何人主，不復問也。出息交門，而爲庖湢、食廩、酒庫。又西有樓五楹，藏書三萬卷，榜之曰小西，今亦爲兒子輩分去，存空名耳。樓之前高垣，其下修廊數十丈，枕廣心池，即由文漪堂出别墅後道也。自弇山園而入者，至此眷眷不忍别。出别墅者，豁然若得天地，人人思振屧焉，名之曰振屧廊。始乞尤子求畫壁作武陵源，而俞仲蔚以行草書《記》及詩，足三絶。一夕大風雨，傾墜無餘，余乃殺其左右之太高者，而中爲樓三楹，其下不廢廊，而樓可以眺，卷簾則幾得園景十之七，罨靄渺瀰，皆在目眥間，遂爲一勝地，游者快之，不復追憶前畫壁也。廊窮爲門，曰與衆。折而北復爲門，枕通流，榜曰琅琊別墅。稍東度一橋，又東則余今所作菟裘以居三子者也。

王世貞《弇州山人四部稿》卷五九《弇山園記八》　山以水襲，大奇也；水得山，復大奇。吾園之始，一蘭若，傍耕地耳，壘石築舍，勢無所資，土必鑿，鑿而窪，則爲池，山日以益崇，池日以窪且廣，水之勝，遂能與山抗。其源自知津橋南，有斗門外與潮合，而時閉之。稍北則爲藏經閣，閣地若矩，四方皆水，環若珪。左方稍前跨，爲石屋三間，以藏吾舟。其一舟具欄楯，冪以青油，可坐十客；其一狹，不容席，呼酒網鮮而已。舟行閣前，平橋不可度，兩岸皆松、竹、桃、梅、棠、桂，下多香草襲鼻。直北可數丈，則爲中弇之東泠橋，橋下兩岸皆峭壁，牪牙坌出，壽藤掩翳，不恒見日。紫薇、迎香、含笑之類，時時與篙㸒，是曰散花峽。循而東，首睹所謂蟹螯峯者，決流杯水，觀瀑布之勝，濺人面。稍循而東，傍娛暉灘，是泊之最勝處。更東抵嘉樹亭，折而北至斂霏亭，沿振屧廊泊文漪堂，於此喚酒炙，乃環小浮玉島。小浮玉者，其高不盈尺，廣十之，以水長落爲大小，爲其類吴興碧浪之浮玉也，故名。島之南則可循壺公樓，摘紅梅、碧桃花，西傍先月亭，沿土山而南，出月波橋，攸然別一天地矣。澄潭皎潔如鏡，西、中兩弇夾之，峯勢或近或遠，近者如媚，遠者如盼，其中弇則梵音閣之輔，峯皆出西弇，則潛虬洞、西泠灘之景在股掌間。折而南，稍東則爲中弇之面山，稍西穿萃勝橋則爲西弇之面山，是皆弇之最勝處，一轉楫則得之，名之曰天鏡潭，取青蓮「月下飛天鏡」語也。其直南入罨畫溪，抵知津橋，而水之事窮。吾嘗以春日泛舟，處處皆奇花卉，色芬㸒目鼻；當欲謝時，寄命微颸，每過，酒杯衣裾皆滿。花事稍闌，濃緑繼美，往往停橈柳陰篠叢，以取涼適，黄鳥弄聲，喈喈可愛。薄暝，峯樹皆作紫翠觀。少選月出，忽盡變，而玉玲瓏嵌空，掩映千態，倒影插波，下上競色，所不受影者，如金在鎔，萬穎射目，回槳弄篙，迸逸瑣碎。驚鱗撥剌，時躍入舟間。一奏聲伎，棹歌發於水，則山爲之答；鼓吹傳於崦，則水爲之沸。圓魄之夕，鳴鷄自狎，毋論達丙而亡倦色，即曙光隱約浮動，客猶不忍言去也，曰：「吾不憚東曦，安能使東曦之爲西魄也？」蓋弇之奇果在水，水之奇在月，故吾最後記水，以月之事終焉。

王世貞《弇州山人四部稿》卷七五《復清容軒記》　吴興水至多，割地幾十之五。其城西南隅爲勝；西南隅枕水而宫者至多，慈感寺爲勝；慈感寺之景至多，清容軒爲最勝。軒故旁寮，然其地據寺左而獨南向，前枕通塘，有蓮、芡、木芙蓉之屬，橈吹容與，笭箵散佈。軒之中，碧浪諸山凌睥睨而上，其外，碧浪諸水穿睥睨而下，以故其景最勝。考志所以名，則故元學士袁先生桷號清容者，微時客吴興，讀書其中，因取其號軒之，趙文敏公孟頫爲題字，而文敏亦時往來流憩若舍館，以故其名稱益著。軒業以屬寺，然寺僧不得而有之，而以供邦君、大夫、鄉薦紳、豪賢之遊目者，二百餘年於今矣。少時，不戒於火。予來吴興，過慈感寺，問軒於范太史，而得其故，意微欲復之，以屬守黄君、丞藍君、司理孫君。則有郡士嚴姓者慨然出而應募，發其帑，而竹木墁瓦至，不踰月而軒復。雖其宏壯侈麗不逮前，而山林之觀，争出於睥睨之上下者如故也。始予未爲吴興，則讀吴興諸書，稱文敏公第環三面而水，勝甲一郡。及余至，而訪求其故址，所謂「水晶宫」者，蓋陸沉於闤闠鼇祝之間，想像於暮煙春波而不可得，爲之慨嘆！而其旁一軒，獨以伯長之所偶游，文敏之所偶題，二百餘年而不隳，一隳而輒復之若新，抑何説也？物吾自有之，則吾爲主，吾有盡，而代吾而主者亦有盡；物吾不自有之，不得已而付之天地，天地無盡，而爲天地之人者亦無盡。故驪山之陽，翠微、玉華，更而爲禪室佛廬，而後能有永者恒也。人見夫王珣、周顗之徒舍其宅而寺之，誚以爲媚佛；及余游虎丘，望而知其爲千年之宫，且因以知有珣也。則夫世之君子陰利其有，而陽文之曰廬其居，其不一轉而泯其主，再轉而泯其迹者幾希也。作《復清容軒記》。

王世貞《弇州山人四部稿續稿》卷六三《靈洞山房記》　余性林栖，而受數左，海人而郭居，無可遊目者，僅能壘石疏池，以依稀山水之似，頗爲遊客之所麕集，不勝煩而中悔之，且以其自人力，目境狹而杖履易窮，益厭其無當。而今年强起，官白下，得走攝山、牛首，栖霞、獻花之勝，然不一宿而去之。至盧龍、清涼、天界、高座，釋老之宫，與魏邸東、西、南、北之圃，其高可以眺，其奇麗可以憩者，意稍足一暢，第不移晷而輿人告御矣。何者？以俱非吾有也。間從天官趙侍郎汝邁談其所卜靈洞山房之幽絶，娓娓久之，爲神飛而色揚。已出其一編示余曰：「此吾所自紀，紀之不足而詠歌之，諸賢之過我也，而續紀之、且和之者也。吾雖匏繫兹地，未嘗一夢寐而不在山房，子其爲我記，以寫吾思，吾得朝夕焉，且爲刻之石，以酬山靈。」余謝不敏，不許。蓋公之言曰：靈洞山者，去蘭谿東西十五里而遥，其來自金華之顛，若率然蜿蜒而下三十里而近，山一，而六洞環之，以故宋文憲公濂云：「洞六也。」而著名者三，所謂「白雲」、「紫霞」、「湧雪」

者也。白雲者，最險而高，時時有雲氣還往也。紫霞者，色紫而麗，幾如天台赤城霞也。湧雪者，玉乳散漫，若雪之飛舞也。吾故獲游焉，則茲山孤聳，俯諸嶺，懸絶數千尺，張左右翼而下，中爲石田，廣袤數十畝，前列三峯，若三大賓。山之趺，有泉曰「天池」，自地湧出，瑩可鑒髮，其甘若飴，盛夏冰齒。泉之右，山半有石，高可數百尺，若孤雲飛來，欲墮不墮，曰「飛雲」。更右一山，多異石。藤木樛葛，望之蒼然，宋初有異僧栖焉，築蘭若曰「栖真」，故多修竹、喬松，勝冠一邑，爲高賢之所托足。及吾往，而寺廢久矣，山亦已童，且爲野人所據，悵然久之。及吾有嶺左之役，過里，其主知吾之有山水好也，納券而請值矣，吾欣然爲昂其值，割大官之積鏹以償。而後自嶺左，以不任謫歸，始謀保此山，且以它地易蘭若址，去天池二十武，構樓三楹，攜所載圖籍歸之，顔之曰「秘書」。傍翼二小閣，一以宿客，一以儲糗。樓之前有齋，曰「三山」，可據而望三峯也。齋前有堂，曰「六虚」，取《易》語以表洞也，郭子章氏得其義矣。樓之後有軒，曰「太液」，面山而臨所謂「天池」者，其始方廣僅三尺許，僧以供粥茗而已。吾拓而浚之，至徑丈餘，於是盡受諸泉，泉盛而池溢。吾東西疏兩溝，磬折環吾牆而會匯於大池。池可半畝，亦吾所鑿也。自是委曲縱流，深壑琮琤不絶音，與風松相應，可一里許。有半山亭，廢而吾復之，樵歌牧笑，得於所憩。去亭有磐石，高亦數百尺，岿嶨如蓮花，吾爲創蓮花庵，以奉觀世音大士。更半里，降而達溪橋，諸山之水皆合，且餘十里，夾植桃李，春時爛漫，游者作武陵源觀云。昔之所望而不可即、游而不獲信宿者，長爲吾几席間物，吾亦可以快矣。即洞六而得三，於未顯者亦可以已矣，而猶時時往來於懷。一日有樵者來言：「公果欲盡得之乎？有一洞去白雲稍近，其勝殆踰之。」吾乃欣然攝衣而往，披荆棘，履巉巖，至洞口，則幽深不可際，列炬魚貫而下，四壁皆石鍾乳，瑩白如玉，滴瀝有聲，霏霏若露屑，吾乃名之曰「玉露」，其奇麗非三洞所敢望也。顧壁石若有題字，不盡湮滅，以爲始廢之耶，則胡以有題字？故嘗顯耶，則胡泯泯不獲以其名寄宋公筆也？殆不偶然矣。樵者沾沾謂吾：「當爲公更得二洞。」姑識之。趙公又爲余言：自吾有天池以煮茗，泉清而茗香；以釀酒，泉甘而酒醴。其流以溉田、滌松竹、灌百卉，流長而土加沃，蔬笋可以茹，芋栗可以飽。此吾居山之饒也。日掃一室，净几明窗，焚香燕坐，或誦古書，或詠古詩，或臨古帖，興到則消摇泉石間，鶴舞鶯歌，不減孔稚圭、戴仲若家樂。倦掃一榻，展簟而卧，山光滿几，雲容拂裾，夜分篝燈寂然，萬緣都息，唯聞泉聲泠泠度耳。此吾居山之所獨饗者也。故人過從，不冠而幘，酒茗資之泉，蔬笋芋栗資之圃，留則栖於閣，去則送於亭。此吾居山之與客共者也。今者日未舂而起，啜太倉粟，籩豆之實取之官禄，對案呼筆，手削吏牘，束縛冠帶，腰領不屬，問之吾山，有一於是乎？子趣記之，吾且歸矣。余曰：不然！公，天之所命以佐人主理者也。其以茲山奉公，非欲公長有之也，欲茲山之借公以名於天下後世者也。不然，何六洞之顯者，至公而始有文章；隱者，至公而始出也？凡專爲圃者不能山，居山者不辨爲圃，圃而山者，不能盡得山之勝，山而圃不能文章者，不能使其圃之長新，而公獨兼之。且夫袁廣漢之北邙、石季倫之金谷，皆因圃於山，竭其財力而飾之，其壯麗幾與上林埒，然不及身而没之縣官，其山之飾亦不保，而蕩爲樵人牧豎之場，季倫差有文章矣。要之，天下後世不以爲山榮而以爲山辱也。其與公可同年語哉！余茲與公約，公第無歸，而余請先之，公爲余傍山而掃一室，余且按公記與詩，次第而問矣。

王世貞《弇州山人四部稿續稿》卷六〇《安氏西林記》　余與仲，俱嗜名山水，而家東海瀉鹵，地無當者。家有園，頗見稱説，游客亦以近廛市，且不能得自然巖壑以爲恨。而念數年前，孝豐吴樞季嘗爲余言無錫安氏園之勝，蓋即今西林云。安氏爲錫最甲族，其居東離邑二十里而羸，邸里之雄沉，與畮井饒沃，無論埒國封，然不以豪故廢林野之趣。

北之膠山二里而羸，即山址，得園二，其上割山而半籠之，今太學懋卿蓋時栖處，其右方自懋卿之時栖處，而園益勝。破石根則神瀵涌，疏磴道則幽穴顯，斬惡木則嘉楠出。列棘以爲藩，藩嚴而中靚深；分流以自環，環多而相映絡。其臺榭可以巧承態，其户牖可以奇取睨，其泉可以釀，果茹蓏蔬可以羮，魚鱉蝦蟹可以飫客。而懋卿故有客癖，客之以文事名者，又雅慕懋卿，以故争麇集焉。山人葉茂長甫，客之雄也，今年自錢塘倦遊還，訪懋卿，倒屣揖之入，載酒崇肴，或憑鹿車，或鼓漁舠，相與窮晝夜爲娱樂。時秋氣鮮霽，雲初解駁，山若迫而邇，水若媚而密，禽魚若傲而爾汝我。懋卿之愛，托於酒而猶未已，則與茂長謀所以寵靈之，益釐而爲景者三十又二。景各有詩，茂長之爲體九，而懋卿之爲體僅一，顧其風調旨象，大約有足當者。懋卿具其事，貽書友人王世貞，俾爲記。世貞乃復約其所謂三十二景而得其尤勝者，諸臺館亭榭之類，凡麗於山事者五，麗於水事者十四，兼所麗者三。曰「蘭巖」者，膠之衡縱巖也，大國之香滋焉。曰「風絃障」者，高坪直上接於膠，下瞰諸水，長松冠之，風至則調調刁刁鳴，故曰「風弦」也。曰「遁谷」者，降膠而凹却，入水深，佳處也。曰「晨光塢」者，膠之逶迤而左右抱林者也。以左小缺，得嵎夷候獨早，故曰「晨光」也。曰「瀸瀸泉」者，穴於膠，最洌而分甘，所謂可以釀者也，然於茗尤發香而益色。是山事也。曰「鏡潭」者，諸流之所匯也，其受瀸瀸，且既皎而澄，可以燭鬚眉，故曰「鏡」也。曰「鳧嶼」者，水中最大洲也，群鳧鷺屬玉而族焉。曰「上島」者，嶼之右別島也。曰「中洲」者，嶼之輔洲也。曰「蕭閣」者，於嶼，長松匝之。曰「空香閣」者，於島，竹木叢之。曰「景榭」者，緣潭而立，得月則水中之樓閣皆可俯而有。曰「一葦渡」者，以渡鳧嶼名。曰「夕霽亭」者，以晞髮於頹陽名。曰「素波亭」者，渡口綰也。曰「息磯」者，可憩而息者也。曰「醉石」者，可藉而醉者也。是皆得之水，故曰水事也。曰「虛籟堂」，以遲賓者也，中空，於緒颸亡所不納，故名。曰「椒庭」者，廣除也，可以眺山椒。曰「爽臺」者，踞椒庭而聳，梧竹承之。是不盡麗於山水者也，然而山水之致襲焉，故曰兼所麗也。其曰「西林」，則以大士閣在焉，懋卿之所寓皈，以期異日與遠公埒者也。

凡山居者，恒恨於水；水居者，恒恨於山；山水居者，或狹且瘠，而不可以園。適於目者，不得志於足；適於足者，不得志於四體；適於四體者，不得志於口。是四者具矣，而多不得志於人與文。懋卿之西林，佹得之哉！嗟乎！豪而爲袁廣漢、石季倫、司馬文孝王，末矣。以洛陽之履道里，與李文叔記，類極清曠，適爾雅鶡適之觀，彼其於李文叔之《洛陽名園》前所云五者亡論，第不再易世而辱於屠酤市販之手，又久之，求其迹而不可得，豈非以其近塵，故豪者好之，狎而易爲有；俗者嫉之，接而輕相躪耶！懋卿乃能斟遠邇、劑喧僻，而加力茲林，不侈不陋，人無所用其欲惡而伸其狂，吾因知茲林之長爲安氏物哉！吾於文，劇喜柳柳州《愚溪》、《愚谷》、《鈷鉧潭》、《潭西小丘》諸記，於詩喜吾家右丞《輞川》諸絶，夢寐之所注，像其勝，鬱勃猶宿眉宇間。弟仲近歸自秦，叩所謂輞川者，云：「仿佛有之，不甚可指辨。」而李頤使君前按柳，頗毁柳之溪谷潭丘，以爲不能當其文。然則懋卿與茂長之詩行後世，其不以西林爲輞川、愚溪者幾希。游西林而得其實，其不以二子賢於右丞、柳州者幾希。余竊欣有托焉，故合所得於樞季者，以附二子詩語而記之。

《（同治）上海縣志》卷二八潘允端《豫園記》　余舍之西偏，舊有蔬圃數畦。嘉靖己未，下第春官，稍稍聚石、鑿池、構亭、藝竹，垂二十年，屢作屢止，未有成績。萬曆丁丑，解蜀藩綬歸，一意充拓，地加闢者十五，池加鑿者十七，每歲耕獲，盡爲營治之資。時奉老親觴詠其間，而園漸稱勝區矣。

園東面，架樓數椽，以隔塵市之囂。中三楹爲門，匾曰「豫園」，取愉悦老親意也。入門西行可數武，復得門，曰「漸佳」。西可二十武，折而北，竪一小坊，曰「人境壺天」。過坊，得石梁穹窿跨水上。梁竟而高墉，中陷石刻四篆字，曰「寰中大快」。循墉東西行得堂，曰「玉華」，前臨奇石，曰「玲瓏玉」，蓋石品之甲，相傳爲宣和漏洞，因以名堂。堂後軒一楹，朱檻臨流，時餌魚其下，曰「魚樂」。由軒而西，得廊，可十餘武，折而北，有亭翼然覆水面，曰「涵碧」。閣道相屬，行者忘其度水也。自亭折而西，廊可三十武，復得門，曰「履祥」，巨石夾峙若關。中藏廣庭，縱數仞，衡倍之，甃以石，如砥。左右纍奇石，隱起作巖巒坡谷狀，名花珍木，參差在列。前距大池，限以石闌。有堂五楹，巋然臨之，曰「樂壽堂」，頗擅丹雘雕鏤之美。堂之左室，曰「充四齋」，由余之名若號而題之，以爲弦韋之佩者也。其右室，曰「五可齋」，則以往昔待罪淮漕時，苦於馳驅，有書請於老親曰：「不肖自維：有親可事，有子可教，有田可耕，何戀戀鷄肋爲？」比丁丑歲首，夢神人賜玉章一方，上書「有山可樵，有澤可漁」，而是月即有解官之命，故合而揭齋焉。嗟嗟！樂壽堂之構，本以娱奉老親，而竟以力薄愆期，老親不及一視其成，實終天恨也。

池心有島横峙，有亭曰「鳧佚」。島之陽，峯巒錯疊，竹樹蔽虧，則南山也。由五可而西，南面爲介閣，東面爲醉月樓，其下修廊曲折，可百餘武。自南而西轉而北，有樓三楹，曰「徵陽」，下爲書室，左右圖書，可静修。前纍武康石爲山，峻嶒秀潤，頗惬觀賞。登樓西行爲閣道，屬之層樓，曰「純陽閣」，閣最上奉吕仙，以余攬揆偶同仙降，故老親命以「徵陽」爲小字；中層則祁陽土神之祠，蓋老親守祁州時，夢神手二柱，攜二童至，曰：「上帝以因大夫惠澤覃流，以此爲而子。」已而誕余兄弟，老親嘗命余兄弟祀之，語具《祠記》中。由閣而下，爲留春窩，其南爲葡萄架。循架而西，度短橋入經竹阜，有梅百株，俯以蔽閣，曰「玉茵」。玉茵而東，爲關侯祠。出祠東行，高下紆回，爲岡、爲嶺、爲澗、爲洞、爲壑、爲梁、爲灘，不可悉記，各極其趣。山半爲山神祠，祠東有亭，北向，曰「挹秀」。挹秀在群峯之坳，下臨大池，與樂壽堂相望，山行至此，藉以偃息。

由亭而東，得大石洞，窅窱深靚，幾與張公、善卷相衡。由洞仰出，爲大士庵，東偏禪堂五楹，高僧至此，可以頓錫。出庵門，奇峯矗立，若登虬，若戲馬，閣雲礙月，蓋南山最高處，下視溪山亭館，若御風騎氣而俯瞰塵寰，真異境也。自山徑東北下，過留影亭，盤旋亂石間，轉而北，得堂三楹，曰「會景堂」，左通雪窩，右綴水軒。出會景，度曲梁，修可四十步，梁竟，即向之所謂廣庭，而樂壽以南之勝，盡於此矣。

樂壽堂之西，構祠三楹，奉高祖而下神主，以便奠享。堂後鑿方塘。栽菡萏，周以垣，垣後修竹萬挺。竹外長渠，東西咸達於前池，舟可繞而泛也。樂壽堂之東，别爲堂三楹，曰「容與」，琴書鼎彝，雜陳其間。内有樓五楹，曰「頤晚樓」，樓旁庖湢咸備，則余栖息所矣。容與堂東，爲室一區，居季子雲獻，便其定省，其堂曰「愛日」，志養也。大抵是園不敢自謂輞川、平泉之比，而卉石之適觀，堂室之便體，舟楫之沿泛，亦足以送流景而樂餘年矣。第經營數稔，家業爲虚，余雖嗜好成癖，無所於悔，實可爲士人殷鑒者。若余子孫，惟永戒前車之轍，無培一土，植一木，則善矣。

《〔乾隆〕鎮江府志》卷四六張鳳翼《樂志園記》　郡城之南，有戴氏之圃二：一歸之邃庵楊少師，造待隱園，西涯、崆峒諸公俱有詩。一歸之戒庵靳少傅，歲久不治，荒塘數畝，老樹嶔嵜，去予家不一牛鳴地。予每過之，愛其幽曠，輒作濠濮間觀。癸未首夏，靳氏以屬於予，予乃誅茆鋤莠，雜藝花木數百章，爲亭三楹，顔之曰「心遠」。亭外枕水爲臺，砌以文石，覆以朱欄，池下蓄五色玳瑁魚數千頭。亭右爲曲廊十餘間，取所藏晉、唐以來墨迹，鈎填入石，懸壁間，署曰「翰墨林」。廊前則爲陶真室，南北相望。碧桃紫竹，森蔚階砌，予率兩兒講書處也。廊後精舍，以奉大士，爲雪珂庵。庵中一几、一蒲團、一鉢、一磬，佛書數卷，雪浪及吾家道允兩師時居之。陶真室傍出，爲來爽閣。池之東，新月初昇，竹樹隱蔽，水中荇藻相亂，憑閣以望心遠亭，咫尺有縹緲莫釐想。閣外有松一株，是數百年物，虬枝龍干，覆蓋畝許，風起濤鳴，泠泠然，空山幽澗，制聽濤亭以賞之。松下盤石，質理奇古，修廣幾丈，長日手談，足以忘世。雪浪師爲作《長松》、《磐石》二銘，刻石亭中。會許晉安自吴門來，許故畸人，有巧思，善設假山，爲選太湖石之佳者，於池中梯巖架壑，横嶺側峯，徑渡參差，洞穴窈窕。層折而上，其絶頂爲臺，可布席，坐十客。城外諸山，若鴻鶴、若磨笄、若天福、若五洲，環回帶擁，煙嵐變現，每冬雪初晴，與客振衣其間，遠近一色。池之東，仿大痴皴法，爲峭壁數丈，猙獰崛兀，奇鬼搏人。上建文昌閣，下立一亭，與峭壁正相對。落成時，友人陳從訓曰：「此冷泉看飛來峯者也，當名爲飛來亭。」靳浮玉曰：「此天平山萬笏朝天處也，當名爲萬笏亭。」兩君辨難肆出。郭五游據石梁，攀藤枝而笑曰：「二君且憩矣！未聞李伯時《西園圖》中，有此雅閧也。」曰：「請爲二君解，名之且憩可乎？」三人各大笑而起。心遠亭之後扉，則爲飛翠堂，凡五楹，頗弘敞，南軒北牖，喬木陰森，深夏不受隙日。後爲牡丹臺，花時爛若張錦，遊人藉茵攜酒，不禁也。堂之左，客用孫知微法，畫水滿壁，驚瀾蹴波，中夜有聲。出左壁，則爲虚和室，曲房小構，緑蔭垂檐。下有盆梅三十本，長不盈尺，而蒼蘚離奇，態不一狀。北向而間以短垣，則爲桐廬，中製地爐。堂之右，爲菊圃，長廊翼之，名曰「寄傲軒」。圃中有海棠數株，花時頗妨種菊，有議他徙者，謂：「美人與高士，氣韻正不相妨耳！」客游吾園者，類有詩，和之，共成一册，冠以乩仙，曰《樂志園匯集》，藏其板於寄傲軒中。客有問者曰：「子志存五嶽，學在先憂，平泉草木之戒，午橋松嶺之悲，莫不嗤爲大惑，有異達觀。今沾沾一園之樂也，將無泉石膏肓乎哉？」予曰：「唯唯，否否。以吾園之泉石，不足當弇山、愚谷之培塿，而謂足膏肓我乎？然我見高厦飛樓、淩雲凝霧者矣，問其主人，栖金門，遲玉漏，垂白不見者，豈少哉？即以楊邃庵之曠也，林居幾何時？銀州命下，冒暑西行，耄歲綸扉，中讒委頓，有待而隱，豈能隱乎？予以天縱之閑，偕諸酒人詞伯，杖履相從，春朝與朝，秋夕與夕，核字析疑，賡句鬥險，繼以浮白敲枰，徵歌度曲，不自覺其露晞而星没也，三十年矣。手種之樹，已合抱而干霄；出胎之雛，已唳風而展翮。天與吾曹以不争之福也，豈偶然哉！且子不聞倪雲林之清閟閣、顧仲瑛之玉山草堂乎？高人韻士，原宜置一丘一壑間，而兵燹倉皇，竄身避地，寄食黄冠以老。又吾郡襟江而控海，六朝以降，北府建鎮，金戈鐵馬，錯置三山間，誰能與佽飛蹶張共晨夕乎？今天下承平累葉，四裔賓貢，扶杖之老，不識鼓鼙，而廟堂禁疏網闊，萬物熙然，夜行無醉尉之訶，狂吟絶詩案之獄，其去雲林、仲瑛，何可以道里計？是吾儕所際，千百年未有之一日也。此而不樂，誰當樂者？若夫園林逆旅，過眼雲煙，短簿割虎丘别業以造寺，子瞻付東坡雪堂於賈耘老兄弟，物理應然，貪痴何有？予身後頗作判斷，安能下峴山之泣，爲後人笑哉！」客曰：「噫嘻！子真見道人也，謂此園爲莊生逍遥之游可矣！」萬曆己酉中秋後一日，惺懷居士張鳳翼君羽撰。

王稺登《寄暢園記》　寄暢園者，梁溪秦中丞舜峯公别墅也，在惠山之麓。環惠山而園者，若棋布然，莫不以泉勝。得泉之多少，與取泉之工拙，園由此甲乙。秦公之園，得泉多而取泉又工，故其勝遂出諸園上。園之舊名，曰「鳳谷行窩」，蓋創自其先端敏公，一轉而屬方伯，再轉而屬中丞公，皆端敏之裔也。中丞公既罷楚開府歸，日夕徜徉於此，經營位置，羅山谷於胸中，猶馬新息聚米然，而後畚鍤斧斤、陶冶丹堊之役畢舉，凡幾易伏臘而後成。

辟其户，東向，署曰「寄暢」，用王内史詩，園所由名云。折而北，爲扉，曰「清響」，孟襄陽詩「竹露滴清響」。扉之内，皆篔簹也。下爲大陂，可十畝。青雀之舳，蜻蛉之舸，載酒捕魚，往來柳煙桃雨間，爛若綉繢，故名「錦匯漪」，惠泉支流所注也。長廊映竹臨池，踰數百武，曰「知魚檻」，漆園司馬書中語。循橋而西，復爲廊，長倍清籞，古藤壽木蔭之，云「鬱盤」。廊接書齋，齋所向清曠，白雲青靄，乍隱乍出，齋故題「霞蔚」也。廊東向，得月最早，顔其中楹曰「先月榭」。其東南重屋三層，浮出林杪，名「凌虚閣」。水瞰畫槳，陸覽彩輿，舞裙歌扇，娱耳駘目，無不盡納檻中。閣之南，循牆行，入門，石梁跨澗而登，曰「卧雲堂」，東山高枕，蒼生望爲霖雨者乎？右通小樓，樓下池一泓，即惠山寺門阿耨水，其前古木森沉，登之可數寺中遊人，曰「鄰梵」。鄰梵西北，長松峨峨，數樹離立，箕踞室面之，王中允絶句詩也。傍爲含貞齋，階下一松，亭亭孤映，既容貞白卧聽，又堪淵明獨撫。松根片石玲瓏，可當贊皇園中醒酒物，主人每來，盤桓於此。出含貞，地坡陀，壘石而上，爲高棟，曰「雀巢」，亦王中允詩語。閣東有門入，曰「栖玄堂」。堂前層石爲臺，種牡丹數十本，花時，中丞公宴予於此，紅紫爛然如金谷，何必錦綉步障哉！堂後石壁倚牆立，牆外即張祜題詩處，茫然千古，滄耶桑耶，漫不可考矣。出堂之東，地隆然如丘，可羅數十胡牀，披雲嘯月，高視塵埃之外，曰「爽臺」。臺下泉由石隙瀉沼中，聲淙淙中琴瑟，臨以屋，曰「小憩」。拾級而上，亭翼然峭蒨青葱間者，爲懸淙。引懸淙之流，甃爲曲澗，茂林在上，清泉在下，奇峯秀石，含霧出雲，於焉修禊，於焉浮杯，使蘭亭不能獨勝。曲澗水奔赴錦匯，曰「飛泉」。若峽春流，盤渦飛沫，而後汪然渟然矣。西壘石爲洞，水繞之，栽桃數十株，悠然有武陵間想。飛泉之滸，曲梁卧波面，如蝀蜷雌霓，以趨涵碧亭，亭在水中央也。涵碧之東，樓巋然隱清樾中，曰「環翠」。登此則園之高臺，曲樹長廊，復室美石，嘉樹徑迷，花亭醉月者，靡不呈祥獻秀，泄秘露奇，歷歷在掌，而園之勝畢矣。

大要兹園之勝，在背山臨流，如仲長公理所云。故其最在泉，其次石，次竹木花藥果蔬，又次堂榭樓臺池籞，而淙而澗，而水而匯，則得泉之多而工於爲泉者耶？匪山，泉曷出乎？山乃兼之矣。夫園之麗兹山者，不知凡幾家？歷幾世？更幾姓？如昔平泉、金谷之比，不翅傳舍逆旅若耳！且也主人振纓馳轂，勤勞王事，終其身不一窺，按圖問監奴：「此某堂，此某亭，此某樓閣池臺耶？青鋪不圮，朱扉不生苔，倉琅根無恙，可下葳蕤之鎖乎？無使游者闌出入，撲吾樹頭梨棗，折砌上花，捕池中魴鯉也！」更幾十年然後歸，歸而龍鍾以老，濟勝無具，不能出五步之内矣。此不邯鄲華胥之夢且幻歟？秦之先，自五先生迄今，詩書軒冕相蟬聯，由端敏而方伯、而中丞，園之主雖三易矣，然不易秦也。秦不易，即主不易耳。中丞公爲讒人所螫，中歲解官。園成，日涉其中，婆娑泉石，嘯傲煙霞，棄軒冕，卧松雲，趣園丁抱甕，童子治棋局酒鎗而已，其得於園者，不已侈乎？客乃謂：「方今東師雖罷，朝政如秋荼也者，以中丞公之雄才大略，又富於春秋，不登三事九列，徒令雲卧一丘，疏泉藝石，消其胸中塊磊，即縣官奚賴焉？」余謝客曰：「子言在用世，非寄暢之旨也。姑置勿論。」己亥閏四月既望，太原王穉登記並書。

董其昌《容臺集》卷四《兔柴記》 宋人有云：「士大夫必有退步，然後出處之際綽如。」此涉世語，亦淵識語也。讀白香山《池上篇》，其所謂「十畝之宅，五畝之園，有水一池，有竹千竿，有書有酒，有歌有弦」者，實爲衣冠巢許之助。温公之獨樂，卒成謝傅之同憂，有以哉。今觀濟美張黄門公《兔柴記》，其疏泉劚石，經始戊戌，去解褐才七年耳。已抗枕漱之思，及在掖垣領衆正，稱耆宿，雖業在匡時，而尋盟之猿鶴，手植之松桂，未嘗一日釋於懷。及是以請急歸，而喜可知也。嗟乎！輦下貴人，嬰情好爵，騾鐸馬通之外，别無活計。即回首家山，不乏平泉金谷，亦僅付園丁管鑰。作者游者，賓主誰分，求其如白傅之飲一杯、吟一篇於池上者少矣，況能左伊川、右康節，著書談道，焕山川之色而隱起華夷之望如温國者哉。是在兔柴主人矣。余林居二紀，不能買山乞湖，幸有草堂、輞川諸粉本，着置几案，日夕游於枕煙廷、滌煩磯、竹裏館、茱萸沜中。蓋公之園可畫，而余家之畫可園，大忘人世之家具略相埒矣。獨世方急公，而余能使世兼忘我，是爲異耳。

《〔乾隆〕吴縣志》卷三九上顧天敘《晚香林記略》 余倦遊解綬，築室鄧尉之墓側，栖遲得間亭，與松楸伍，凡十餘年。會有震鄰之警，移居光福，傍徨山隈水澨。一日，於藩牆外瓦礫中，見有石挺然，如舟一葉，翳以蒼苔，淺深莫測。戲謂友人：石若可穴，便足埋我。因牽童子闢草萊，疏磈礧，向之植立者，雖漸舒，而下已坦露，疑其中未必有殊勝，工再三輟。後復漸加搜剔，宛轉成蹊，介然可步，下忽陡絶，最下又復平坦，方廣不可量。心竊樂之，尚未敢究厥功，且築垣爲外護，惟恐爲風雨化去，又恐兹石或不能藏其拙，而吾力或不能爲造化補綴也。越七年，余齒登七十，兒錫疇予告侍養歸，以兹石爲予所鍾意，鼓輿排坦，於是山川之綺錯，花木之滋茂，與夫廬舍之鱗差，舟楫之翔舞，皆近在履舄下，石乃不虚生矣。因復事畚鍤，全體畢露，高如磯，平如砥，奔流如浪，最奇者，遍山皆堅石，一綫獨瑕，周圍如帶，就其寬衍處疏之，儼然成澗。澗成，而靈龜出焉。澗無罅隙，莫知其所從來。今之好事家，不遠千百里，陸輦水運，致石園圃，殫人巧以奪天工。豈知人不勝天，假不勝真，而石之有當於予者，正喜其天真自然，純以拙勝也。於是先構小亭，曰「石浪」，擬其容也。次成一軒，曰「畫不如」，採牧之句以昭其勝也。堂曰「賜官」，戴君恩之浩蕩也。堂左有齋，曰「蟬葉」，長康痴絶，以蟬葉自蔽，余頗似之也。閣曰「清音」，向修耳「根圓通服習，清浄在音聞」之句，非耑取「山水有清音」也。閣之前有臺，曰「景范」，仰瞻萬笏，如侍希文函丈；俯瞷五湖，又若同泛少伯扁舟矣。寢室曰「第一玄」，陳希夷詩云：「欲知睡夢裏，人間第一玄」，蓋取諸此。室曰「炳燭」，語云：「老而好學，如炳燭，孰與昧行。」蓋以自勗而勉子弟之及時也。以「翔鴻」名墅者，翔鴻安可籠，以自況也。以「雁影」名廊者，古德謂：「雁過長空，影沉寒水，雁無留影之意。」其以是乎？合而命之曰「晚香林」。韓魏公詩云：「莫嫌老圃秋容淡，且看黄花晚節香。」末路一失，遺穢將來，與此山俱無窮，可畏哉！

按所居山，名鳳岡，曾見之吴文定公寬《游光福記》，於群峯中，雖培塿乎？遠從鄧尉發脈，蜿蜒而北，斷而復起，如鳳首覽輝而下。里人知有百步頂，不知有鳳岡也。鳳山，爲先人别號，若有懸契，感慕何極。

袁宏道《袁中郎全集》卷八《園亭紀略》 吴中園亭，舊日知名者，有錢氏南園，蘇子美滄浪亭，朱長文樂圃，范成大石湖舊隱，今皆荒廢。所謂崇岡清池，幽巒翠筱者，已爲牧兒樵豎斬草拾礫之場矣。近日城中，唯葑門内徐參議園最盛，畫壁攢青，飛流界練，水行石中，人穿洞底，巧踰生成，幻若鬼工，千溪萬壑，游者幾迷出入，殆與王元美小祇園争勝。祇園軒豁爽塏，一花一石，俱有林下風味，徐園微傷巧麗耳。王文恪園，在閶、胥兩門之間，旁枕夏駕湖，水石亦美，稍有傾圮處，葺之則佳。徐冏卿園在閶門外下塘，宏麗軒舉，前樓後廳，皆可醉客。石屏爲周生時臣所堆，高三丈，闊可二十丈，玲瓏峭削，如一幅山水横披畫，了無斷續痕跡，真妙手也。堂側有土壠甚高，多古木。壠上太湖石一座，名「瑞雲峯」，高三丈餘，妍巧甲於江南。相傳爲朱勔所鑿，才移舟中，石盤忽沉湖底，覓之不得，遂未果行。後爲烏程董氏構去，載至中流，船亦覆没，董氏乃破資募善没者取之，須臾忽得其盤，石亦浮水而出，今遂爲徐氏有。范長白又爲余言：此石每夜有光燭空。然則石亦神物矣哉！拙政園在齊門内，余未及觀，陶周望甚稱之。喬木茂林，澄川翠幹，周回里許，方諸名園，爲最古矣。

王心一《蘭雪堂集》卷四《歸田園居記》 予性有丘山之癖，每遇佳山水處，俯仰徘徊，輒不忍去，凝眸久之，覺心間指下，生氣勃勃，因於畫事，亦稍知理會。辛未，以先府君年高，棄官歸田。敝廬之後，有荒地十數餘畝。偶地主求售，余勉力就焉。地可池則池之，取土於池，積而成高，可山則山之。池之上，山之間，可屋則屋之。兆工於是歲之秋，落成於乙亥之冬，友人文湛持爲余額之，曰「歸田園居」。門臨委巷，不容旋馬，編竹爲扉，質任自然。入門不數武，有廊直啓，爲「牆東一徑」，友人歸文休額之也。徑盡，北折，爲林香樓，樓可四望，每當夏秋之交，家田種秫，俱在望中。自樓折南，皆池，池廣四、五畝，種有荷花，雜以荇藻，芬葩灼灼，翠帶柅柅。修廊蜿蜒，架滄浪而度，爲芙蓉榭，爲泛紅軒。自泛紅軒繞南而西，軒前有山，叢桂參差，友人蔣伯玉名之曰「小山之幽」。又西數武，有堂五楹，爽塏整潔，文湛持取李青蓮「春風灑蘭雪」之句，額之曰「蘭雪堂」。東西則樹桂爲屏，其後則有山如幅，縱横皆種梅花。梅之外有竹，竹鄰僧舍，旦暮梵聲從竹中來。其前則有池，其池取儲光羲「池草涵青色」句，曰「涵青」。諸山環拱，有拂地之垂楊，長大之芙蓉，雜以桃、李、牡丹、海棠、芍藥，大半爲予之手植。池南有峯特起，如雲綴樹杪，名之曰「綴雲峯」。池左兩峯並峙，如掌、如帆，謂之「聯璧峯」。峯之下有洞，曰「小桃源」，内有石牀、石乳。南出洞口，爲漱石亭，爲桃花渡。其石之出没池面者，或鋭如喙，或凸如背。又折北，磴而上，爲夾耳崗，爲迎秀閣，爲紅梅坐，直接竹香廊，以至山餘館，漸逼余室。予性不耐家居，不免人事應酬，如苦秦法，步游入洞，如漁郎入桃花源，見桑麻鷄犬，别成世界，故以「小桃源」名之。洞之上，爲嘯月臺、紫藤塢，可捫石而登也。洞之東，有池，曰「清泠淵」，池上有屋三楹，竹木蒙密，友人陳古白額之曰「一丘一壑」。自蘭雪以東，此其最幽者。蘭雪以西，石磴重疊，皆可布坐，梧桐參差，竹木交映，一徑可通聚花橋。東折，諸峯攢翠，下臨幽澗，頗有「茂林修竹，流觴曲水」之意。自此渡試望橋，曲徑數折，即得綴雲峯，北望蘭雪堂，又隔盈盈一水矣。山徑逶迤，從高趨下，上接綴雲，俯瞰涵青池者，爲連雲渚。絶澗欲窮，得石如螺，因之而渡者，爲螺背渡。又折而東，爲聽書臺，以可聽兒子輩讀書聲也。西折，爲懸井巖，有洞幽邃，蹈水傍崖，四面懸崖直削，蓋如井然。再拾磴而造其巔，諸峯高下，或如霞舉，或如舞鶴，各争雄長於綴雲下者，予不能盡名之。又西，則爲幽悦亭。亭之左，有石丈餘，夭矯如龍，予自采之包山雲。自此層磴而下，蹊澗相連，植有楊家果數樹，是爲楊梅隩。又北折，有屋半楹，四望皆竹，是爲竹郵。自竹郵又西折，從南爲飼鸝館，庭有舊石數片，玉蘭、海棠，高可蔽屋，頗堪幽坐。北折，則回廊曲而且幽。廊半有小徑，斜通石塔嶺。廊盡，由南折西，皆架山茶，有亭曰「延緑」。延緑之北，有石如玉，拱立檐際，謂之「玉拱峯」，每至春月，山茶如火，玉蘭如雪，而老梅數十樹，偃蹇屈曲，獨傲冰霜，如見高士之態焉。插籬成徑，至梅亭、紫薇沼，亦園居之一幽勝也。北臨漾藻池，遥望紫邏山，飛翠直來撲坐，夏月之荷，秋月之木芙蓉，如錦帳重疊，又一勝觀。有橋横跨池面，爲卧虹橋。橋之東，有石如雲，向空而涌，爲片雲峯。橋盡有石可憩，爲卧虹渚。轉徑而北，依山傍水，蒼松雜卉，接葉連陰，爲小剡溪，有石横亘如門，四山崒嵂，停水一泓，有古杏覆其上，爲杏花澗。渡澗盤旋而上，是爲紫邏山，以言其石之色也。山有五峯，曰「紫蓋」，曰「明霞」，曰「赤筍」，曰「含花」，曰「半蓮」，又謂之五峯山。有亭曰「放眼」，西與南洲之拙政園連林靡間，北則齊女門雉堞，半控中野，似輞川之孟城，東南一望，煙樹彌漫，惟見隱隱浮圖，插青漢間，近以林木蓊鬱，不可縱目。濮上葉潤山額之爲流翠亭。自流翠而南，於石阿間得路東折，爲拜石坡，水石俱備，梅杏交枝，左有花紅果樹，扶疏如蓋。有閣聳樹杪間，曰「資清」。資清之下，三圓其户，是爲串月磯，復設柴扉，常扃之。自拜石折北又西，則爲紫邏之背，衆峯疊涌，亂石嶙峋。環山有濠，從水中央結有草亭，架櫟而登，可通濠北，有地皆種木奴，因號其亭曰「奉橘」，蓋借王逸少《奉橘帖》名之也。至此，則山盡水窮。東行長廊，爲想香徑，竹梅夾道，香韻悠然，沈啓南有「可竹」之額，尚恨無人以梅匹之。出想香，已在蘭雪堂矣。東南諸山采用者湖石，玲瓏細潤，白質蘚苔，其法宜用巧，是趙松雪之宗派也。西北諸山采用者堯峯，黄而帶青，古而近頑，其法宜用拙，是黄子久之風軌也。余以二家之意，位置其遠近淺深，而屬之善手陳似雲，三年而工始竟。甲戌，予復流連塵網，庚辰歸田，又爲修其頽壞，補其不足，予無間陰晴，散步暢懷，聊以自適其丘山之性而已。所謂「此子宜置丘壑中」，予實不能辭避。崇禎壬午九月日，園居主人王心一記。

鍾惺《隱秀軒集》卷二〇《浣花溪記》 出成都南門，左爲萬里橋。西折，纖秀長曲，所見如連環、如玦、如帶、如規、如鉤，色如鑒、如琅玕、如緑沉瓜，窈然深碧，瀠回城下者，皆浣花溪委也。然必至草堂，而後浣花有專名，則以少陵浣花居在焉耳。行三四里爲青羊宫。溪時遠時近，竹柏蒼然。隔岸陰森者盡溪，平望如薺，水木清華，神膚洞達。自宫以西，流匯而橋者三，相距各不半里。舁夫云通灌縣，或所云「江從灌口來」是也。人家住溪左，則溪蔽不時見，稍斷則復見溪，如是者數處，縛柴編竹，頗有次第。橋盡，一亭樹道左，署曰「緣江路」。過北則武侯祠，祠前跨溪爲板橋一，覆以水檻，乃睹「浣沙溪」題榜。過橋一小洲，横斜插水間如梭，溪周之，非橋不通，置亭其上，題曰「百花潭水」。由此亭還度橋，過梵安寺，始爲杜工部祠。像頗清古，不必求肖，想當爾爾。石刻像一，附以本傳，何仁仲别駕署華陽時所爲也，碑皆不堪讀。鍾子曰：杜老二居，浣花清遠，東屯險奥，各不相襲。嚴公不死，浣溪可老，患難之於友朋大矣哉！然天遣此翁增夔門一段奇耳。窮愁奔走，猶能擇勝；胸中暇整，可以應世，如孔子微服主司城貞子時也。時萬曆辛亥十月十七日，出城欲雨，頃之霽。使客游者，多由監司郡邑招飲，冠蓋稠濁，磬折喧溢，迫暮趣歸。是日清晨，偶然獨往。楚人鍾惺記。

鍾惺《隱秀軒集》卷二一《梅花墅記》 出江行三吴，不復知有江。入舟舍舟，其象大氐皆園也。烏乎園？園於水。水之上下左右，高者爲臺，深者爲室，虚者爲亭，曲者爲廊，横者爲渡，竪者爲石，動植者爲花鳥，往來者爲游人，無非園者，然則人何必各有其園也？身處園中，不知其爲園，園之中各有園，而後知其爲園，此人情也。予遊三吴，無日不行園中，園中之園，未暇遍問也。於梁溪，則鄒氏之惠山。於姑蘇，則徐氏之拙政、范氏之天平、趙氏之寒山。所謂人各有其園者也。然不盡園於水，園於水而稍異於三吴之水者，則友人許玄祐之梅花墅也。玄祐家甫里，爲唐陸龜蒙故居。行吴淞江而後達其地。三吴之水，不知有江，江之名復見於此，是以其爲水稍異。予以萬曆己未冬，與林茂之遊此，許爲記。諾諾至今，爲天啓辛酉。予目常有一梅花墅，而其中思理，往復曲折，或不盡憶。如畫竹者，雖有成竹於胸中，不能枝枝節節而數之也。然予有遊梅花墅詩，讀予詩，而梅花墅又在予目。

大要三吴之水，至甫里始暢。墅外數武，反不見水，水反在户以内。蓋别爲暗竇，引水入園。開扉坦步，過杞菊齋，盤磴躋暎閣。暎者，許玉斧小字也，取以名閣。登閣所見，不盡爲水；然亭之所跨，廊之所往，橋之所踞，石所卧立，垂楊脩竹之所冒蔭，則皆水也。故予詩曰：「閉門一寒流，舉手成山水。」迹暎閣所上磴回視，峯巒巖岫，皆墅西所輦致石也。從閣上綴目新眺，見廊周於水，牆周於廊。又若有閣亭亭處牆外者，林木荇藻，竟川含緑，染人衣裾，如可承攬，然不可得即至也。但覺鈎連暎帶，隱露斷續，不可思議。故予詩曰：「動止入户分，傾返有妙理。」乃降自閣，足縮如循，褰渡曾不漸裳，則浣香洞門見焉。洞窮得石梁，梁跨小池。又穿小西洞，憩招爽亭。苔石嚙波，曰錦淙灘。指脩廊中，隔水外者，竹樹表裏之。流響交光，分風争日，往往可即，而倉卒莫定其處，姑以廊標之。予詩所謂「脩廊界竹樹，聲光變遠邇」者是也。折而北，有亭三角，曰在澗，潤氣上流，作秋冬想，予欲易其名曰寒吹。由此行，峭蒨中忽著亭曰轉翠。尋梁契集，暎閣乃在下。見立石甚異，拜而贈之以名，曰靈舉。向所見廊周於水者，方自此始。陳眉公榜曰「流影廊」。沿緣朱欄，得碧落亭。南折數十武，爲菴，奉維摩居士，廊之半也。又四五十武，爲漾月梁。梁有亭，可候月，風澤有淪，魚鳥空遊，沖照鑒物。渡梁，入得閒堂。堂在墅中最麗，檻外石臺，可坐百人，留歌娱客之地也。堂西北，結竟觀居，奉佛。自暎閣至得閒堂，由幽邃得宏敞。自堂至觀，由宏敞得清寂，固其所也。觀臨水，接浮紅渡，渡北爲樓，以藏書。稍入，爲鶴籞，爲蝶寢，君子攸寧，非幕中人，或不得至矣。得閒堂之東流有亭，曰滌研。始爲門於牆如穴，以達牆外之閣。閣曰湛華，暎閣之名故當暎此，正不必以玉斧爲重。向所見亭亭不可得即至者是也。牆以内所歷諸勝，自此而分，若不得不暫委之。别開一境，升眺清遠閣以外，林竹則煙霜助潔，花實則雲霞亂彩，池沼則星月含清，嚴晨肅月，不輟暄妍。予詩云：「從來看園居，秋冬難爲美。能不廢暄萋，春夏復何似？」雖復一時遊覽，四時之氣，以心准目想備之，欲易其名曰貞萋。然其意渟泓明瑟，得秋差多，故以滴秋菴終之，亦以秋該四序也。鍾子曰：三吴之水皆爲園，人習於城市村墟，忘其爲園。玄祐之園皆水，人習於亭閣廊樹，忘其爲水。水乎？園乎？難以告人。閒者静於觀取，慧者靈於部署，達者精於承受，待其人而已。故予詩曰：「何以見君閒？一橋一亭裏。」閒亦有才識，位置非偶爾。」

袁中道《珂雪齋前集》卷一一《篔簹谷記》　篔簹谷，周遭可三十畝，皆美竹。門以内，芟去竹一方，縱可十丈，横半之。前以木香編籬，植錦川石數丈者一，芭蕉覆之。有木樨二株，皆合抱，開時香聞十餘里。薝蔔、黄白梅各二株。有亭，顔曰「雜華林」。旁有室，曰「梅花廊」。總以竹籬絡之，而籬外之前後左右，皆竹也。於籬之西，雜華林之後，有竹徑百武，又芟去竹一方，縱可三十丈，横三之一，有亭三楹，顔曰「净緑」。後有堂三楹，名曰「攆龍」。其後爲燕居小室。總以牆絡之，而牆外之左右前後，皆竹也。於牆之西，净緑亭之後，又芟去竹一方，縱可十丈，衡半之，種黄柑四株，皆合抱，歲下柑實數石，甘美異他柑。有亭，曰「橘樂」。亦以籬絡之，而籬之前後左右，皆竹也。竹爲清士所愛，然未有植之幾數萬个，如予竹之多者。予耳常聆其聲，目常攬其色，鼻常嗅其香，口常食其笋，身常親其冷翠，意常領其瀟遠，則天下之受享此竹，亦未有如予若飲食衣服，纖毫不相離者。予既以腴田數百畝易之王氏，稍與中郎相視點綴，數年間遂成佳圃，而中郎總名之曰「篔簹谷」云。

錢謙益《牧齋有學集》卷二六《西田記》　西田者，太倉王奉常遜之之别墅也。出太倉西門，郊牧之間，陳隁表裏，沙丘邐迤，疇平如陸，岸墳如防，瓜田錯互，荳籬映望，襏襫掛門，苓箵緣路，水南雲北，迥異人間，遊塵市囂，不屏而絶，西山之風土也。廣平百里，却望極目，玉山東南，虞山西北，若前而揖，若背而負，日落霞起，日降水昇，歸室屬連，倒影薄射，西山之景物也。娱賓之堂，顔曰「農廢」，秋原膴膴，農務告作，饁婦在田，農歌滿耳，主人取以明農而親禾稼也。燕處之庵，顔曰「稻香」，琴書横陳，花藥分列，凝塵蔽榻，燕寢凝香，主人取以清齋而晏晦也。越長堤而西，菰蒲蔽虧，鳧鴨淩亂，清潭瀉空，秀木漏日，有霞外之閣，以覽落日，有錦鏡之亭，以俯遠水。又折而西，西廬在焉，中祀純陽，法筵精潔，旁繪屋壁，粉本蕭疏，啓東軒則婁江如鏡，面北窗則虞山如幃，顔之曰「垂絲千尺」，曰「緑畫」，而西廬之事窮。客游西田者以謂：江岸縈回，柴門不正，誅茅覆宇，丹雘罕加竹屋繩牀，類巖穴之結構，牛欄蟹舍，胥江村之物色。主人却謝朝簪，息機雲壑，箕裘日新，蘭錡如故，夙世詞客，前生畫師。擅輞水欹湖之樂，謝三年一病之苦，杖履盈門，漉囊接席，無朝非花，靡夕不月，此則主人之樂，而西田之所以勝也。客有曰：「子知主人之樂矣，未知主人之憂。家世相韓，身居法從，宸章昭回，行馬交互，大田卒獲，寧無周京離黍之思？嘉賓高會，或有青門種瓜之感！續方叔名園之記，愾嘆盛衰；詠右丞《秋槐》之詩，留連圖畫。子非主人也，亦焉知主人之樂乎？」客以其言告蒙叟，蒙叟笑曰：「吾聞之，生住異滅，惟一夢心。有作夢窗下者，夢窗非無，窗夢非有，安得以夢中建立爲主人之樂乎？有覺眠一堂者，覺者之堂，即眠者之堂，安得以夢外遷改，爲主人之憂乎？三災起時，壞劫不至四禪，西田一畝之宫，劫火返銷，兵輪遠屏，此世界中之四禪也。舍利弗不能見，佛土嚴净，螺髻梵王，見如自在天宫，主人通西方觀經，妙達圓净，如佛所言。或有佛土，以園觀臺觀而作佛事，安知此土非寂光土於四土中示現？華觀沉灰，瓊臺驟雨，如夢中事，豈是問哉？」西田落成，會奉常六十始壽，群公屬予言張之。余未游西田，於其勝未能詳也，聊約夢語以爲記。重光單閼之歲中秋二十日。

錢謙益《牧齋初學集》卷四三《聊且園記》　侍御萊蕪李君雍時，謁余而請曰：「余爲園於城之北隅，其中亭之曰『可以』，槐柏翳如，花竹分列，鑿沼矢魚，蹲石陰松，此余之所茇也。其東亭之曰『學稼』，植以梨棗，雜以柿杏，亭之後，除地築場，誅茅爲屋，溝塍迂錯，鷄犬識路，此余之所作勞也。其西亭之曰『學圃』，樹桑成陰，蔬得以避暍，渫井爲池，土得以滋墳，榮木周遭，瓜果狼藉，此余之所食也。折而南，其中有齋曰『則喜』，夾窗助明，琴書措柱，余之所抱膝而深居也。梅樹盤紆，編爲虎落，叢生蔓延，香霧雜遝，樹之眉曰『梅花深處』，東樹桃李，西樹杏，交亞蔽虧，爲梅外藩，以明余之比於梅也。其北則老樹攫拏，茂林晻靄，三徑未絶，窅如深山。又折而西北，地勢忽瀉，清池呀然，長林覆之，若眉著面，桃李緣堤，蓮藕盈池，無時不花，靡夕不月，余之所行吟而觴詠也。合而名之曰『聊且園』。子其爲我記之。」余惟侍御荷橐簪筆，供奉赤墀，今且巡行雲中、上谷間，宣威種落，一丘一壑，豈其所有事乎？東夷不靖，浹辰而克我河東，士大夫之辱，不止於四郊之多壘也，又何燕游之足云乎？侍御之名園曰「聊且」，「聊且」之爲言，苟然而已之辭也。今之苟然者多矣，苟然於廟堂而國論壞，苟然於疆圉而戎索壞。侍御之所謂苟然者，園亭燕游之事而已，其所告誡於世者，不已多乎？若以附於止足之義，如公子荆所云，其於「聊且」之云，固不相背，要亦所謂同枕而異夢者，何足以發侍御之指哉？侍御僇力王家，爲天子復河東故地，正佟夷之誅，使吾輩得握三寸管，爲太平之倖人，他日幅巾杖屨，訪侍御東海之濱，坐斯園而訪陳迹，以余知言者也，其樂爲何如？天啓元年四月初五日記。

瞿式耜《瞿式耜集》卷二《園居雜詠》

池涵高樹影層層，霞下荷香暗覺增。馴鶴久諳芳徑屧，飛蟲競撲水軒燈。
頻沽白墮招文酒，不羨清溪入武陵。天女攜花乘月散，敲門何避隔林僧。

村徑秋雲罥碧蘿，柴車何路得相過。幽栖留客宜栽竹，卒歲謀生有荷蓑。
放鶴青田宵聽唳，飯牛白日且聞歌。厨貧高士知無哂，黄葉山齋薦晚禾。

清池萍藻積爲斑，小築茅亭三兩間。月下琴聲響齋閣，雨餘苔色映門闌。
蛙能鼓吹何嫌鬧，石有藤蘿可恕頑。近擬腰鐮隨老圃，繁花惡竹頗能删。

地静從知鷗鷺閑，高情不共俗情删。霜林返照明孤嶼，野艇隨潮泊小灣。
每到鐘殘猶獨坐，有時月落不知還。柴桑風味偏饒我，策杖憑君日幾攀。

蜿蜒群峯一水環，白雲深處著三間。鳴禽自逐時花换，孤鶴偏隨野衲還。
高樹晚來穿漏月，小樓霜後獻丹山。南湖浩渺盈盈望，尚父遺風或許攀。

祁彪佳《祁彪佳集》卷七《寓山注序》　予家梅子真高士里，固山陰道上也。方干一島，賀監半曲，惟予所恣取；顧獨於家旁小山，若有夙緣者，其名曰「寓」。往予童穉時，季超、止祥兩兄，以斗粟易之。剔石栽松，躬荷畚鍤，手足爲之胼胝。予時亦同拏小艇，或捧土作嬰兒戲。迨後二十年，松漸高，石亦漸古，季超兄輒棄去，事宗乘，止祥兄且構柯園爲菟裘矣，舍山之陽，建麥浪大師塔，餘則委置於叢篁灌莽中。予自引疾南歸，偶一過之，於二十年前之情事，若有感觸焉者。於是卜築之興，遂勃不可遏，此開園之始末也。卜築之初，僅欲三五楹而止。客有指點之者，某可亭、某可榭，予聽之漠然，以爲意不及此；及於徘徊數四，不覺向客之言，耿耿胸次，某亭某榭，果有不可無者。前役未罷，輒於胸懷所及，不覺領異拔新，迫之而出。每至路窮徑險，則極慮窮思，形諸夢寐，便有别闢之境地，若爲天開，以故興愈鼓，趣亦愈濃。朝而出，暮而歸，偶有家冗，皆於燭下了之，枕上望晨光乍吐，即呼奚奴駕舟，三里之遥，恨不促之於跬步。祁寒盛暑，體粟汗浹，不以爲苦；雖遇大風雨，舟未嘗一日不出。摸索牀頭金盡，略有懊喪意；及於抵山盤旋，則購石庀材，猶怪其少。以故兩年以來，橐中如洗，予亦病而愈，愈而復病。此開園之痴癖也。園盡有山之三面，其下平田十餘畝，水石半之，室廬與花木半之。爲堂者二，爲亭者三，爲廊者四，爲臺與閣者二，爲堤者三。其他軒與齋類，而幽敞各極其致；居與庵類，而紆廣不一其形；室與山房類，而高下分標其勝。與夫爲橋、爲榭、爲徑、爲峯，參差點綴，委折波瀾，大抵虚者實之，實者虚之，聚者散之，散者聚之，險者夷之，夷者險之，如良醫之治病，攻補互投；如良將之治兵，奇正並用；如名手作畫，不使一筆不靈；如名流作文，不使一語不韻：此開園之營構也。園開於乙亥之仲冬，至丙子春孟，草堂告成，齋與軒亦已就緒。迨於仲夏，經營復始，榭先之，閣繼之，迄山房而役以竣。自此則山之頂趾，鏤刻殆遍。惟是泊舟登岸，一徑未通，意猶不慊也。於是疏鑿之工，復始於十一月，自冬歷丁丑之春，凡一百餘日，曲池穿牖，飛沼拂几，緑映朱欄，丹流翠壑，乃可以稱園矣。而予農圃之興尚殷，於是終之以豐莊與豳圃，蓋已在孟夏之十有三日矣。若八求樓、溪山草閣、抱甕小憩，則以其暇，偶一爲之，不可以時日計：此開園之歲月也。至於園以外，山川之麗，古稱萬壑千巖，園以内，花木之繁，不止七松、五柳。四時之景，都堪泛月迎風；三徑之中，自可呼雲醉雪。此在韻人縱目，雲客宅心，余亦不暇縷述之矣。

陳所蘊《竹素堂文鈔・日涉園記》 日涉園者，具茨山人陳子所葺園也。陳子雅好泉石，蓋自天性，後先所裒太湖、英德、武康諸奇石以萬計而善善。悟石山人張南陽以善疊石特聞，居第在城東南隅，有廢圃一區，度可二十畝而羨，相與商略葺治爲園。陳子時方領璽書，充三楚江防治兵使者，部符敦促甚急，不得已爲諏日戒途，然終不以珪組替丘壑念，亟命山人經始，仍手一籍授山人，曰：某所可山，某所可池沼，某所可堂宇、亭榭，某所可竹樹、蔬果；山作某某法，池沼作某某法，堂宇、亭榭作某某法，竹樹、蔬果作某某法。一一指諸掌上，山人按籍次第經營之，拮据不遺餘力。比及一年，陳子以入賀歸，園之大都略具矣。自後每一休沐，則一加葺治。逮解大梁參知紱，歸來乎十有二年，則無歲不興土木工。於時張山人已物故，復有里人曹生諒者，其技倆直欲與山人抗衡，而玲瓏透徹或謂過之。園蓋始於張而成於曹，非一手一足之力也。

入門，榆柳夾道，遠山峯突出牆頭，縹緲飛動。雙扉南啓，爾雅堂在焉。堂後盡種橙柑之屬，春花馥馥，秋實離離，悦口悦目，可謂兼之。由堂之東折，而北度飛雲橋，爲竹素堂。堂凡五楹，中三楹爲待客所；東西兩楹，一貯群籍，一設卧具，客至相與揚扢風雅，品題泉石，命酒飛觴，卜夜未已。客或不時至，則手一編，哦咿其中，有所撰造，亦於其中。削草堂之周遭，清流環繞，南面一巨浸，縱可三十尋，横亦如之。疊太湖石爲山，山在水中央，仿佛金、焦之勝。一峯高可二十尋，崔巍崒嵂，上干霄漢，名曰「過雲」，即入門時望見迴出牆頭者也。山上層樓隱約掩映，懸絙樹間，顔曰「來鶴」。昔有雙鶴自天而下，盤旋飛舞，引吭長鳴，久之後去，故云。下爲浴鳧池館，市囂所不到，榜曰「山静似太古，日長如小年」，唐子西語也。前有土岡，横亘可百武，飛虹跨其上，名曰「偃虹」。度偃虹而登岡，岡上俱植梅。梅有數種，種皆佳品，曰「香雪嶺」。岡下臨水，植桃數百株，花不甚艷而實最佳，曰「蒸霞徑」。西有明月亭、啼鶯堂、春草軒，皆便房曲室，窅窱宛轉，非孰識者不能入，入亦不能出也。遵岡而東，復折而北，由白雲洞穿浴鳧池館，拾級登過雲峯，復緣級而下。出桃花洞，度漾月橋，逗東皋亭，北沿步屧廊，修禊亭枕其右。修禊亭者，竹素堂之東偏亭，在水上，可以祓禊。陳子家故藏褚摹《蘭亭》真迹，因摹勒上石，置其中，每當上巳與友人修永和故事，相與一觴一詠，何渠古今人不相及也？由修禊亭之東，入一白板扉，是爲知希堂。堂前古榆，大可二十圍，其蔭蔽日，仰視不見木末。又有古檜一株，雙柯直上，輪囷離奇，皆數百年物也。園蓋得之唐氏，唐氏圃廢，鞠爲茂草，惟此二木及池上一梨尚爲唐氏故物。每一對之，輒爲憮然。堂之後折而北，濯煙閣在焉。四面長楊垂條拂地，不減王恭春月、張緒少年時態。故取張長史詩中語以名。閣下爲問字館，騷人墨客，時時載酒過之，户履恒滿。前復疊石爲山，石亦太湖産。中一峯亭亭直上，高出衆木之杪，群小峯附之，若拱若揖。磴道逶迤，拾之即可登閣。閣極空曠，南望，則城上睥睨在几席，浦中帆檣在户牖；北望，則朱門之甲第鱗次，民間之井邑突分，官署黌舍，梵宇龍宫，一一呈眉睫間，蓋園中一大觀也。若遇大雪，則一望瓊瑶，此身又在塵寰外矣。由閣道西出，是爲翠雲屏。屏高可二尋，長亘五六十武，南對竹素堂，北向殿春軒。兩面峯巒各自獻狀，而不相襲。南之麓爲夜舒池，紅妝翠蓋，夏月香氣侵人衣袂；北之麓高下起伏，悉植牡丹凡數百株，皆洛陽奇種，三吴名園所未有。繞殿春軒而出，其後長廊臨水，可睇可憑。隔岸桃柳雜植，修竹數千竿。廊窮而一小室見，縱可尋有半，横復殺之，僅容一几一蒲團。下施氍毹地衣，時時趺坐其中，以習静攝，所謂小有洞天也。庭前方丈地，則疊英德石爲山，尤奇絶。英德去吴中不下六七千里，又經洪濤峻嶺，未可卒致，人得一巒半峯，長僅尺有咫，輒詫爲奇玩，崇奉作案上供。而園中所聚多至數十百，大者丈餘，小亦不下五六尺，奇奇怪怪，駭目動心，見者驚爲謂不從人間來，嘖嘖嘆賞。山既成，餘石尚纍纍，不忍棄去，則徙置西廡之隙地，隨意點綴，疏疏莽莽，不減雲林道人一幅小景，亦奇觀也。迤邐而東，萬笏山房在焉。所置石皆武康産，間以錦川斧劈，不雜一他石。山麓芍藥數百本，花時直欲與牡丹争勝，不肯相下，故分畦種之，恐其並處而妒也。武康有錦羅，有鬼面，有疊雪諸品，皆挺峙特立，無跛倚，無附麗，有肅雍將濟氣象。錦川斧劈，長可至丈八九尺而餘，昂昂軒舉，望之翼如，真如萬國千官朝天擁笏，故云。而柱聯榜云：「王好支頤，遥對西山，挹朝來之爽氣；何須薦手，仰瞻北闕，承日下之恩光。」此陳子夙昔志也。

陳子既爲此園，久之未有記，友人時時從臾爲之。陳子曰：此未定之天也，待既定爲之未晚。歲萬曆癸丑冬至、甲寅之春，復大加葺治，增所未有，飾所未工。役既竣，以爲可以無加矣，將爲作記，而忽拜冏卿之命，蓋夢想所不到。既疏辭不獲，復爲部檄所敦促，逡巡久之，乃克就道。既抵滁陽，意殊不自得，野鳥入籠，山猿就檻，終遠本性，非其所好耳。或謂豐樂、醉翁、瑯琊諸名勝，此豈不足君所乎？胡不一寓目以解胸中牢騷？陳子然之。稍稍爲汗漫遊，而胸中牢騷終不能解。語云：「信美非吾土。」其然哉！於是追憶園中景物濡毫爲記，置之座右以當卧遊。然園名日涉，間者不涉此園已多日矣。放筆太息，不能已已。予亦安能鬱鬱久居此乎？寄語山靈，毋遽草此北山移也。

衛泳輯《古文小品冰雪攜》卷上劉士龍《烏有園記》　烏有園者，餐雪居士劉雨化自名其園者也。烏有則一無所有矣，非有而如有焉者何也？雨化曰：吾嘗觀於古今之際而明乎有無之數矣。金谷繁華，平泉佳麗，以至洛陽諸名園，皆勝甲一時。迄於今求頹垣斷瓦之彷彿而不可得，歸於烏有矣。所據以傳者，紙上園耳。即今余有園如彼，千百世而後，亦歸於烏有矣。夫滄桑變遷，則有終歸無。而文字以久其傳，則無可爲有，何必紙上者非吾園也。景生情中，象懸筆底。不傷財，不勞力，而享用具足，固最便於食貧者矣。況實創則張設有限，虚構則結構無窮，此吾之園所以勝也。

園之基，憑山帶水，高高下下，約略數十里。園之大者在山水。園外之山，群峯螺粲。園内之山，疊嶂黛秀。或横見，或側出，或突兀而上，或奔趨而來。煙嵐出没，曉夕百變。時而登眺，時而延望，可謂小有五嶽矣。山泉衆注，疏爲河渠。一棹中流，隨意蕩漾。傲睨放歌，頓忘人世。穿爲池而匯者，以停雲貯月，養魚植藕。分爲支而導者，以灌樹澆花，曲水行觴。淪其滯而旁達者，接竹騰飛，焦巖沾潤，刳木遥取，隔澗通流，此吾園山水之勝也。而其次在樹木。穠桃疏柳，以妝春妍；碧梧青槐，以垂夏蔭；黄橙緑桔，以點秋澄；蒼松翠柏，以華冬枯。或楚楚清圓，或落之扶疏，或高而凌霄拂雲，或怪如龍翔虎踞。葉栖明霞，枝坐好鳥。經行偃卧，悠然會心。此吾園樹木之勝也。而其次在花卉。高堂數楹，顔曰「四照」，合四時花卉俱在焉。五色相錯，爛如錦城。四照堂而外，一爲春芳軒，一爲夏榮軒，一爲秋馥軒，一爲冬秀軒，分四時花卉各植焉。艷質清芬，地以時獻，啣杯作賦，人以候乘。此吾園花卉之勝也。而其次在締造。飛閣參天，雲宿檐際。崇樓拔地，柳拂雕欄。曲房周回，户牖潛達。洞壑幽窅，燭火始通。種花編籬，香吹滿徑，插棘爲限，棘欲鈎衣，此吾園締造之勝也。更一院而分爲四，貯佳醖名茶歌兒舞女各一焉。又一院而分爲三，貯佛道儒三家者各一焉。又一院而分爲二，貯名書畫古鼎彝者各一焉。而又有雨花之室，衲子説空；碧虚之閣，羽人談玄。加以猿嘯清夜，鶴唳芳晨，盆草吐青，文魚跳波，幽韻勝賞，應接不暇。他如山鳥水禽，鳴蛙噪蟬，時去時來，皆屬佳客，偶聞偶見，俱屬天機，此又吾園人物之勝也。至於竹徑通幽，轉入愈好，花間迷路，壁折復還，則吾園之曲也。廣岫當風，開襟納爽，平臺得月，濯魄欲仙，則吾園之暢也。出水新荷，嫩緑刺眼，被畝清蔬，遠翠涵空，則吾園之鮮也。積雨階坪，苔蘚班駁，深秋霜露，蒹葭離披，則吾園之蒼也。怪石如人，雋堪下拜，閑鷗浴浪，淡可爲朋，則吾園之韻也。孤嶼漁磯，夕陽曬網，煙村酒舍，竹杪出簾，則吾園之野也。瀑驚奔雷，塵不到耳，藤疑懸綆，枝可安巢。亭置危巒，升從鳥道，橋接斷岸，度自懸空，則又吾園之奇而險也。

園中之我，身常無病，心常無憂。園中之侣，機心不生，械事不作。供我指使者，無語不解，有意先承。非我氣類者，望影知慚，聞聲欲遁。皆吾之得全於吾園者也。吾之園不以形而以意，風雨所不能剥，水火所不能壞，即敗類子孫，不能以一草一木與人也。人游吾園者，不以足而以目。三月之糧不必裹，九節之杖不必扶。而清襟所記，即几席而賞玩已周也。又吾之常有吾園，而並與人共有吾園者也。讀《烏有園記》者，當作如是觀。

衛泳輯《古文小品冰雪攜》卷上康範生《偶園記》　繇北郭門出，有長虹跨江，吾邑所稱鳳林橋也。踰橋而北，沿河西行數十武，則偶園在焉。三面環山，一面距河，左右古刹鄰園，多壽樟修竹，高梧深柳。竹柳之間，有小樓隱見者，芳草閣也。據高眺遠，西山爽氣，倍覺親人。下臨澄江，晴光映沼，從竹影柳陰中視之，如金碧鋪地，目不周玩。頃之，有小艇穿橋東來，掠岸而西，波紋盡裂，乃知是水。春霖積旬，秋江方漲，樓邊洲渚，盡成湖海，游舫直抵檻下，門前高柳，反露梢中流。西山百尺老樟，可攀枝直上。若乃雪朝憑欄，千山皎潔，月夕臨風，四顧凄清。南望樓臺浮圖，盡供點綴矣。繇芳草閣而北，爲江霞館，洞開重門，長江在几席間，判以短垣，使波光玲瓏透入。鄰園竹高千尋，隨風狂舞，亂擁階前，積雪壓之，直伏庭下，晛見雪消，則以次漸起。繇江霞館而北，爲蘭皋，深隱可坐。上有小樓，可眺北山。山下平疇百畝，寓目曠如。繇蘭皋折而西，爲夕攬亭，開窗東向，芙蓉柏栗諸樹，頗堪披對。距鄰寺僅隔一垣，暮鼓晨鐘，足發深省；梵唄瑯瑯，可從枕上聽。凡是數者，皆名號僅存，風雨粗蔽，遂儼然以偶園題之。客有教余樓前鑿池，池上安亭，檻内蒔花，庭前壘石者，余唯唯否否。祖生擊楫，陶公運甓，彼何人哉？士不獲蚤庸於時，寄一枝以避俗藏身，豈得已也。且夫聖人不凝滯於物，而能與世推移。一切嗜好，固無足以累之。坡老與舅書云：「書畫奇物，吾視之如糞土耳。」此語非坡老不能道，非坡老不肯道，非坡老亦不敢道也。書畫且然，況其他乎？園亭固自清娱，然着意簡飾，未免身安佚樂，無裨世用。即其神明，亦幾何不爲山水花木所凝滯哉！余之爲是園也，庶幾弗爲吾累也。偶然而園之，亦姑偶然而記之云爾。

鄭元勛《媚幽閣文娱・孫國光・游勺園記》 駐湛園之旬日，適雨師灑道，清和月乃欲如秋。友人胥西臣曰：「曷不決策爲勺園游？」遂同策馬出西直門，行萬緑陰中，不減山陰道上觀。無幾何，抵仲詔先生明農處。又無幾何，抵先生封樹先大夫處，同西臣謁墓。距墓數武而西，爲勺園。

園入路有綽楔，曰「風煙里」。里以内，亂石磊砢齒齒，夾堤高柳蔭之。折而南，有堤焉。堤上危橋雲聳，先令人窺園以内之勝，若稍以嘗遊人之饞想者，曰「纓雲橋」，蓋佛典所謂「纓絡雲色」，蘇子瞻書額。直橋爲屏牆，牆上石曰「雀濱」，黄山谷書額。從橋折而北，額其門曰「文水陂」，吕純陽乩筆書額。門以内，無之非水也。而跨水之第一屋，曰「定舫」。舫以西，有阜隆起，松檜環立離離，寒翠倒池中，有額曰「松風水月」。阜陡斷，爲橋幾曲，曰「逶迤梁」，即園主人仲詔先生書額。踰梁而北，爲勺海堂，堂額吴文仲篆。堂前古石蹲焉，栝子松倚之。折而右個爲曲廊，廊表裏複室皆跨水，未入園，先聞響屧聲。南有屋，形亦如舫，曰「太乙葉」，蓋周遭皆白蓮花也。從太乙葉東南走竹間，有碑焉，曰「林於澨」。按：林於，竹名也。燕京園墅得水難，得竹彌難。竹間有高樓，從萬玉中涌出，曰「翠堡樓」，樓額鄒彦吉書。登斯樓也，如寫一園之照，俯看池中田田，令人作九品蓮臺想，更從樹隙望西山爽氣，盡足供拄笏雲。從樓中折而北，抵水，無梁也。但古樹根絡繹水湄，仍以達於太乙葉，曰「槎枒渡」。亦園主人自書額。從樓下而東，一徑如魚脊，拾級而上爲松岡，有石笋離立，一石几峙其上。又蛇行下，折而北，爲水榭，榭蓋頭以茅，正與定舫直，而不相通。榭下水僅碧藻沉泓，禁蓮葉不得躪入，蓋魚龍瀺灂所都處也。自是返至曲廊，别有耳室，其上一綫漏明，如天開巖，梯而上，曠然平臺，不知其下有屋，屋下復有蓮花水承之也。從臺而下，皆曲廊，如螺行水面，以達於最後一堂，堂前與勺海堂直，仍是蓮花水隔之，相望咫尺不得通。啓堂後北窗，則稻畦千頃，不復有繚望焉。此中聽布穀鳥聲與農歌互答，顧安得先生遂歸而老其農於斯乎？自是返至勺海堂，左個爲水榭，榭東小堤，度一亭，亭内爲泉一泓，昔西岳十丈蓮生玉井，此則井乃藏蓮花中，亦奇矣哉。從亭折而南，爲濯月池，池在屋中，池形與窗楞形，皆如偃月然。池南爲浴室，額其氣樓曰「蒸雲」，仍與定舫直，而不相通，然種種不相通處，又皆蓮花水百脈滿注而蔑不通也。蓮花水上皆蔭以柳綫，黄鸝聲未曙來枕上，迄夕不停歌，何嘗改江南韻語耶？

大抵園之堂，若樓、若亭、若榭、若齋舫，慮無不若島嶼之在大海水者，無廊不響屧，無室不浮玉，無徑不泛槎，將海淀中固宜有勺園耶？園以内，水無非蓮，園以外，西山亦復如嶽蓮亶其勝乎。問先生之爲勺園，以補先大夫墓傍沙形也，然則先生居園，猶廬於墓也，今而後真當賦《遂初》哉！是日午後再雨，同西臣飯太乙葉中，聽蓮葉上濺珠聲，快甚，遂信筆爲記。

黄宗羲《明文海》卷三三四程瑶《逍遥園記》 予弱冠入官，旅進旅退，履危蹈險，凡三十有七年而歸。歸則創治斯園，脩飾完潔，以舊所集典籍古書帖充置其中，日玩而樂之，若將終焉，故扁曰「逍遥」，取《莊子》之語云，亦慕其沖曠之趣也。或有過予者，熟視而問之曰：子之取是名也，豈非脱危困而就安佚，前有所懲而今有所適，故以逍遥爲幸耶？予應之曰：子非知我者也。昔吾之困也，迹若偃蹇，而其心未嘗不樂也；今吾之適也，迹若逍遥，而其心未嘗樂也。或駭然曰：於處憂而樂，處樂而憂，此豈近於人情哉？可無爲我言之。予則曰：吾當强壯之年，進鋭氣盛，不肯降顔屈意，以其愚直之性，抗於羣小之間，叢謗而交攻之。雖日與酣飲奕棊，握手相歡者，背則造言巧搆，擠而下石焉。復有權貴人方竊天子之柄，進退天下士如反手。然予獨睥睨而平交之，彼集怒既深，遂中以他事奪吾符卿，貶爲度支郎，而怒亦泄矣。既以郎吏趨走堂下，日抱文案，受成於大吏之几前，俯仰曲折，狀類胥吏。遇事不可，不肯阿奉，輒面叱曰：此郎何戇也。摧凌歲餘，大吏乃以罪去。當其時，雖他人爲予不堪，而予優遊於其間，進則趨蹡朝著，退則偃仰一榻，吟詩誦書，終日不輟。彼其謗也，若不聞；其怒也，若不見；其黜也，若晉秩焉；惟安於義命而已矣。既而奉璽書乘郵傳，攜妻孥走西南數千里外，山有棧閣千仞之阻行者，汗流喘急，日纔數十里。夜宿荒山陋舍，其土人又恐之以虎豹，盡室惴惴，至明發乃安。水有岷沱之暴，三峽之險，雖一百千里，頗有順快，而舟人少懈，一與石遇輒破敗覆没，爲魚鱉食。予方危坐舟中，吟誦如平時。幸而登岸，始有更生之慶。迨其再貶而南也，踰梅嶺，涉炎海，出入蒼梧、羅浮之間，山嵐霧露之時侵淩，鳥言夷面之所交接，世俗目爲鬼關，乃宋寇萊公等所以亡其身者也。予方鞭撻掾史，嚴督簿書，暇則吟誦如平時，畧無瘴厲之加，疥癬之患，凡此皆迹若偃蹇，而其心未嘗不樂者也。及蒙恩致其事而歸，始治斯園，爲堂爲樓，爲殘山剩水，日課童僕栽松植竹，環以花卉。無者增之，枉者正之，密者疏之，旁出者直而上之。數載間，森然鬱然，可稱茂林矣。予脱山海之險，就清華之地，去舟騎之危，即林野之安，離羣小而對子姓，遠權貴而狎親知。誦聖言，閲古詩，旁及諸子百家，凡古今興亡之故，賢佞邪正之迹，四夷九州之遠，山澤鬼怪之幽，莫不覽之目而得之心。如建安、開元之什，昌黎、六一之作，奥如典謨，正如《詩》《禮》，精深如《周易》，徐讀玩味，豁然有悟，恍如聖賢之陟降，而授受於一堂之上也。若鍾、王、顔、柳之帖，時一展玩，則見壯者如武庫劍戟，媚者如美女嬌艷，端者如莊人正士，奇者變者如鸞鳳翔而龍蛇走也。時或徵妓樂，燕嘉賓，投壺奕碁，流觴藉草，舉大斗，縱歡呼，忽不知玉山之頽，夕陽之下也。此其逍遥曷可勝道，而顧以爲未樂，何哉？蓋是時，年已老矣。夫子云：四十五十而無聞焉，斯亦不足畏也已！況七十之餘，血氣日衰，聰明日退。上之不能進德修業，超出庸衆人；次之不能樹惠建功，竊比一良吏。閉門覓句，竟日不成一章，而荒謬之文，僅可覆瓿。是皆無以稱今而傳後，晚景漸廹，歸於泯滅澌盡，與草木同腐而已。静言思之，慘然傷，惕然恐，方有終身之憂，此其迹若逍遥而其心未嘗樂者也。《易》云：樂天知命。予安能至此？但前之未嘗不樂者，恃有此耳。《詩》云：無已太康，職思其居。好樂無荒，良士瞿瞿。予今之未嘗樂者，蓋爲此懼也。或作而謝曰：子之憂樂如此，固幾於道者。某其何足以知之？既得聞斯言也，昭然若發矇矣。瑶之薄陋，何敢當有道？而其自述也詳，因爲之記。

《［乾隆］江南通志》卷三一張寶臣《熙園記》　昔勝國時，玉峯顧仲瑛氏園池甲天下，至今人能追其桃溪金粟菊田之室之美，宛在眉睫，則鐵史如椽之記存焉爾。吾松顧氏熙園，膾炙海内，凡結綬宦遊，攜笻雲集者，靡不載酒相過，恣情蒐討，以爲江左之麗矚，遐壤之夸談。今秋觀潮浦口，適集玆園，得詳覽焉，遂爲之記。園距東郭三里許，面水而門。門以内爲四美亭，啟左扉面北，落落長杉，瀟瀟疎竹，夾植徑中。行數十武而危樓翼然，榜曰熙園。是園之啟途也。東入山徑，蒼苔碧蘚，似武陵道。中折而北，俯仰盤旋，陡入深壑，嵌空中時聞淙淙聲，疑山背有龍湫焉。復折而南，踰峻嶺，下層巒，劃然天門開，則流觴曲水在，其下爲聽鶯橋，花時趺坐，睍睆盈耳，可當數部鼓吹。倚橋面南而臨者，芝雲堂也。其陽則奇峯萬疊，古樹千章，蒼茫雲際，而下則華沼一曲，荷香十里，恍憶太液池頭。好事者每欲窮其幽致，則入西麓，出東隅，如登九折坂，入五溪洞，怪石巃嵸，林薄陰翳，幽崖晦谷，隔離天日。自午達晡，始得穿竇出。客外坐方飢疲欲卧，而出者爭目眩汗浹，魂摇摇不能吐一語也。噫，奇觀哉！其陰則因閣藥房，霓連雲蔓，複道相屬，行者每失故道。商周之鼎彝，唐宋之圖畫，紛披闐駢其中，不可更僕數，則主人安神思道之所，非酌霞枕香之友，弗能到也。憑樓西眺，旋臺飛觀，隱隱樹杪間，冠以玉樹瓊花，罨映下方，令人可望不可即。堂之左爲長廊響屧，隔岸土阜蜿蜒，雜植梅杏桃李，春華爛發，白雪紅霞，彌望極目。又疑身在衆香國矣。繞廊而北，度飛虹橋。橋平廣滑澤，可坐而邀月。大士閣兀立橋畔，題曰「水月如來」。稍東爲池上亭。又東度板橋，爲與清軒。前臨廣池，灝溔潢漾，繡尾銀鱗，出没無算，巨者賁浪飛涎。客至，舉網擊鮮，稱快事。遥睇南岸，皓壁綺疏，隱現緑楊碧藻中。其壺瀛宫闕，幻落塵界乎。繇是陟彼北山，平岡逶迤，高梧修竹，蔭蔽左右。西達齊青閣，北望平疇緑浄，欸乃四起，又疑下有朱陳村，茀少鳴雞吠犬耳。閣前週繞廣除，可馳駿足。對面翠屏壁立，峭崿欝盤。羽裳之客，斑衣之友，時遊娱其上。纍數級下，依水而屋，雕欄繡楹，虹飛霞屬，歌聲時出簾箔中，則小秦淮也。南遵迴廊數十盤，鼻間微聞旃檀氣，則羅漢堂峙焉。堂供簿伽像三，旁列五百應真，金碧莊嚴，鐘梵具設。堂後小閣三楹，藏貝葉書甚富。時倩高緇繙閲，鐸聲琅琅出牖外，儼然古招提也。堂前一巨石，高十丈許，四面玲瓏，真襄陽譜中物。初得是石未有盤，載至泖涇，舟覆石沈，牽挽而出，先得盤，次乃得石，合之，其舊偶也。珠還劍合，豈獨神千古哉！構堂時，掘地得古鐵缸，大可容斗斛，今以作焚爐，亦異物也。堂左經闢壯繆祠，度濯錦梁並步虚廊，尋石竇而出，則爲芝雲堂之右，曠然廣庭，而園之觀止矣。是園也，石第一，水第二，亭臺、花木、橋梁之屬第三，梓澤平泉遐哉邈矣。以子耳目所睹，記如婁水之王，錫山之鄒，江都之俞，燕臺之米，皆近代名區，顧有其鉅麗者不必有其閒曠，有其清秘者不必有其廣平。葢清宇先生擲數十萬金錢，收兩邑瘡痍，其胸次真可吞雲夢八九，故規模位置，軼前哲無兩。而嗣君原之、文孫元慶，大雅亢宗，又皆以繪事擅長，臆間具有邱壑。其增修點綴，俱從虎頭筆端、摩詰句中出之，宜其勝絶一代也。余不揣蕪陋，聊述梗槩如此，豈能若鐵史之鋪颺乎？

孫承澤《天府廣記》卷四三《詩二・海户曲》　大紅門前逢海户，衣食年年守環堵。收藁腰鎌拜嗇夫，築場貰酒從樵父。不知占籍始何年，家近龍池海眼穿。七十二泉長不竭，御溝春暖自涓涓。平疇如掌催東作，水田漠漠江南樂。駕鵝鶂鶄滿煙汀，不枉人呼飛放泊。南海子有水泉七十二處，元之飛放泊也。後湖相望築三山，兩地神洲咫尺間。以西苑後湖名海子，故此云兩。遂使相如誇陸海，肯教王母笑桑田。蓬萊樓閣雲霞變，晾鷹臺上何王殿？晾鷹臺，元之仁虞院也，常使大學士提調之，鷹墜皆用先朝舊璽改作。傳説新羅玉海青，星眸雪爪飛如練。玉海青即白鷹也。詐馬筵開挏酒香，元有詐馬宴。割鮮夜飲仁虞院。二百年來話大都，平生有眼何曾見？頭白經過是舊朝，春深慣鎖黄山苑。典守唯聞中使來，樵蘇輙假貧民便。芳林別館百花殘，廿四園中爛熳看。南海子有二十四園，係明時制。記得尚方初薦品，東風鈴索護雕闌。蒲萄滿摘傾筠籠，蘋果新嘗捧玉盤。賜出宮中公主謝，分遺闕下侍臣餐。一朝剪伐生荊杞，五柞長楊悵已矣。野火風吹螞蟻墳，海子東南有螞蟻墳，每清明日，數萬皆聚於此。枯楊月落蝦蟇水。玉泉一名蝦蟇，泉流入海子口。盡道千年苑囿非，忽驚萬乘車塵起。雄圖開國馬蹄勞，將相風雲劍槊高。帳殿行城三十里，旌旗獵獵響鳴鞘。朝鮮使者奇毛進，白鷹刷羽霜天勁。舊跡凌歊好放鶻，荒臺百尺登臨勝。俊鶻重經此地飛，黑河講武常年盛。弔古難忘百戰平，再覩修茅屋。衰草今成御宿園，豫游只少千章木。上林丞尉已連催，灑掃離宮補花竹。人生陵谷不須哀，蘆葦陂塘雁影來。君不見鄠杜西風蕭瑟裏，丹青早起濯龍臺。

歸莊《歸莊集》卷六《太倉顧氏宅記》 余在太倉，寓居顧氏宅。屋宇縱横，多不整飾，無樓閣亭榭美麗之觀，有地十餘畝，不植花木，止勤課隸人種菜菽，毋失時，方池環之，恐妨水畜，菡萏芙渠，不列其中。余始見而笑之。凡地貴鄉遂，賤都鄙，故城中有隙地，多爲園林，樹以名花，纍以奇石，風臺月榭，左右映帶，以爲快意娱目之所；惟郊外曠遠之鄉，乃種蔬、畜魚，取水陸之所入以供賦。今城居有十餘畝之地，而主人不知爲此，乃僅爲老圃、漁人計耶！既而思之：古者五穀桑麻菜蔬之外，無他種植；廬舍裁令蔽風雨，不崇侈，以故民富而俗樸。後益淫靡，豪家大族，日事於園亭花石之娱，而竭資力爲之不少恤。夫虒祁、章華、阿房、乾陽，彼以天子、諸侯之富，及財殫民罷，禍亂隨之，況於士庶人之家乎？故豪蕩相高，不至盡耗散不止。今日吴風汰侈已甚，數里之城，園圃相望，膏腴之壤，變爲丘壑，繡户雕甍，叢花茂樹，恣一時遊觀之樂，不恤其他。嗚呼！廢有用爲無用，作無益害有益，何其不思之甚也！今四方方薦飢，吴中往歲稔，民猶不給。使以築作之力用之南畝，盡花石園亭之地易之以五穀菜蔬，出主者營繕之費以賑貧民，於荒政不爲無助。顧氏之宅，不以彼易此，其將以矯弊而勵俗乎？抑主人之見未及此，而與吾意適符也？書以問之。辛巳三月晦日，崑山歸莊記。

申涵光《聰山集·文集》卷二《岵園記》 韓家屯世有我申氏別業。屯去城三里許，在滏河之陰。每春桃李夾岸，爛然如雲錦；夏秋轆轤聲徹夜，蓋郡之蔬茹取給焉。先曾伯祖南濱公自憲副致仕，歸就蔬園爲亭樹，所謂「南濱草堂」也。先伯祖中丞公擴大之，比卒，遂葬其地，曰：「夙所好，魂魄安焉耳。」予兒時見塋堧鐫「釣臺」兩字，則仍南濱公園中舊石也。先君令杞時，別購鷄丘王氏園，多老樹雜花。中一庭三楹，前兩小庭對峙，又前爲池，庭後爲臺。臺後則門臨水上，荻花柳陰，隔堤見雉堞樓櫓隱隱水煙中。先君自吏部郎里居，角巾野服，時與二三老友徜徉吟嘯，《詩集》中數言「南園」，即此。乙酉，禁旅屯駐兩閲月，馬矢所到，地無青草，牆垣頹毁，朱欄折而爲薪，時喪亂之後，萬念灰燼，聽其荒廢而已。行人折花，往往斧其大枝去。庭前有海棠兩株，高兩丈餘，俱折壞。久之，稍葺牆垣，劃前半種蔬。壬寅秋，大霖雨，西亭圮。次年春，移諸池之南，鑿甕牖於後，遥望翠柏垂垂如鏡中，題曰「泊亭」。依水，又以明志也。移東亭於河畔，築土而高之，外望如樓閣，題曰「定舫」。蓋如扁舟繫纜，不復泛泛風浪間矣。拓牆西數弓地爲曲徑，益花木之土宜者數種，總題曰「岵園」，取《毛詩》「陟岵」之義。與兩弟約，此園永不分析，長房主之，仕宦及有資財者，時偕力加修治，凡花木庭樹，有增勿減。昔李贊皇嘗云：以平泉一草一木與人者，非吾子孫。識者嗤其愚。若此園雖微，我先公平生遊覽之地，一草一木，手澤存焉，其敢忽諸？

毛奇齡《西河集》卷一二七《萬柳堂賦有序》 萬柳堂者，益都相公馮公之別業也。其地在京師崇文門外，原隰數頃，污萊廣廣，中有積水，渟瀯流潦。既鮮園廛，而又不宜於粱稻。於是用餥錢買爲坻場，垣之壍之，又偃而瀦之，而封其所出之土以爲山。巖陁坱曲，被以雜卉，搆堂五楹，文階碧砌，芄蘭薜茝，蘞蔓於地。其外則長林彌望，皆種楊柳，重行疊列，不止萬樹，因名之曰萬柳堂。歲時假沐於其中，自王公卿士下逮編户馬醫傭隸，並得游讌居處，不禁不拒，一若義堂之公人者。昔都城門外多羣公所置別業，如樊川金潤，謝墩韋谷，以及富鄭公園、田游巖宅之類，並有山亭水樹、魚鳥花竹之勝。然數傳以後，或存或毁，未必當時爲世通也。今以公所營而較之於昔，不無樸嗇，然而曠澹之懷，與物同之。且去此數里，穿池放魚，豢畜乳婦而鬻無主之嬰兒，其於游觀自得之外，更有會焉。故其街曰太平，其坊曰隆興，而其途之榜則曰教養。蓋取東南近藉教侯之養之義。至若元時豐臺有萬柳堂，與此地異。雖其名同，非以襲其事也。因爲之賦。

若夫城南杜曲，郭内張田。坊名履道，地類平泉。上宰欽賢之館，相公獨樂之園。開丙舍於廣陸，尋午橋之通川。緑野匪伊闕之舊，藍田出輞水之間。豈若謝氏東岡，潘仁西宅。林繞桐園，溪連梓澤。花飛會老之堂，草滿藏春之域。圖竹木於游巖，拾槐枝於李石。安邑之玉杯易碎，永寧之金盞可擲。築日華之館而糜其資，奪沁水之園而減其值。乃若院因起草，巖有退思。星辰相聚，雨露攸滋。谷口賜逍遥之榜，池邊吟醉白之詩。誰不遠企槐堂，近規薇省。閬苑千重，蓬池萬頃。竪三山之亭，倒九柱之景。李下無愧賢之名，竹中有解經之請。喜鳳侶之棲遲，待鸞車之行幸。又況心存公物，道在開濟。仿内府之無闌，效重門之撤備。韓滉作夾廡而更隳，裴垍欲垂簾而無計。總鮮酇侯垣舍之心，原無陳仲掃除之意。是用經營甌窶，規偃豬澤。除地町町，築牆橐橐。編棘爲樊，牽蘿作箔。立蘘荷之柱，開金杏之閾。魏勃爲之掃門，陶侃於焉運甓。夸娥之丘，望而可就；愚公之山，移而即得。穿林置放鶴之亭，鑿渚見藏魚之壑。蜀女因照水而屏開，越王將渡溪而屐落。於是徑設朱欄，橋成紅板。雁齒階長，蹲鴟柱短。天垂汲水之虹，岸接通泉之筧。遂使山髻如螺，峯頭似繖。粉浪冬遥，紅泉春淺。編錢作溝，操琴在磵。巖共壑爲七盤，水隨山而九轉。乃致人疑皇子之陂，客訝鄭公之谷。呼白雁於山阿，泛紅鹽於水澳。在庭有蘭杜之軒，在水有芙蓉之舳。既梁麗以來游，亦柴巾而競逐。錢鏗之斟雉方馨，函鼎之烹雞已熟。燃蚖脂於白水之濱，聽鳥語於青柯之麓。啣杯據王氏之牀，倚檻和燕人之筑。元規當此處而興生，文正且因之以爲樂。然而梁亭之瓜，不分彼我；牛山之杏，無間飽饑。故魯國有行惠之樹，清平畜濟生之池。寧成給陂田，以游以燕；元琰治蔬圃，如取如攜。又況靈囿蒭蕘，頗供樵採。芳林草木，可娱心耳。故其爲樹也，以千章之材，爲百年之計。郁郁菲菲，狎獵旖旎。綏山一桃，渤海九李。階下來禽，林間新雉。乃有紅羅館後之梅，碎錦坊南之杏。青門五色之瓜，烏椑八稜之柿。潘家以大谷成名，庾信之小園難比。擷碧薤於書帶之間，繡緑草於裙腰之裏。笑蘿女之垂釵，留宛童之遺屣。緣巖分竊衣之花，繞砌種摇車之藟。將欲捋蒲以求仙，何止拔茅而進士？又況東門之楊，其葉湑湑；漢宫垂柳，千株萬株。長條短幹，茀鬱依紆。絲絲縷縷，或結或舒。參天踠地，旁苑臨渠。如帷如幔，一區兩區。行列成門，蓬童似廬。低堪繫馬，深可藏烏。彭澤之家園盡蒔，武昌之官道皆除。葉葉蔽長康之目，條條染李子之裾。張緒之當年，無時不見；王恭之春月，何地能渝？是固合平邱之種而不加其盛，增永豐之植而轉見其疏。況乎藿谷殊名，樫河異地。南垞之浪難平，官渡之城未閉。章臺失眉嫵之青，楚苑嘆宫腰之細。節度移振武而驚其成林，司馬過金城而羞其破涕。又況春半飛花，日長飄絮。灩灩池塘，漫漫江路。雉啣蘂以爲童，鳩裝綿而逐婦。釀酒來蠻女之思，點袂起貴嬪之妬。雖復種移郎省，賦試貢士。接九列之衙，望三衢之市。猶且徘徊緑天，淪漣碧沚。塞谷相望，宫牆遥倚。青眼垂來，黄鶯啼起。枝著雨而低迷，葉迎風而披靡。恍淑氣之移人，攬遥情而自喜。置身冥柏之鄉，曠望熊山之阯。離塵垢之紛紜，與天地爲終始。因錫之以嘉名，渺躊躕而不已。

陳維崧《陳迦陵儷體文集》卷一《半繭園賦》 繭園者，崑山葉水部白泉先生之别墅也。水部公没後，園析而爲三，仲子九來於其所受之半葺而新之，名「半繭園」。維崧暇日偕二三賓侶游焉，遂援筆而爲之賦。賦曰：

將欲包沁水以爲園，控終南而建第。規天上之竈梁，仿人間之鶴市。王根則青瑣千門，樊重則雕櫳百里。嗤梓澤之非華，陋蘭亭之未麗。然而逖覽龍編，遐稽蝣晷。臺邊之金爵能飛，街上之銅駝善徙。青天歷歷，虚無兔窟之毫；碧瀣茫茫，仿佛蜃樓之氣。何如巢父，巢中得偃息之鄉；豈若壺公，壺内有栖遲之地。則有文莊後裔，昆岑大儒。受廛鹿邑，呼名鳳雛。門來好事，家多賜書。貂蟬七葉，蘭錡三吳。遂乃性僻蕭栖，人耽高蹈。築室城隈，結廬溪隩。境以窄而彌幽，地當偏而益妙。阮籍則居鄰酒壚，嵇康則室餘鍛竈。牖不飾以何松，梲非雕而奚藻。才充魚鴨之租，僅足鶴猿之料。羃䍥青袍之草，粗可承裀；萋迷紅綬之桃，差能妨帽。森梢馺娑，峥泓坦迤。一瓢日月，十笏山河。參差磵岫，繚繞巖阿。蒙茸芳椶，斑駁晴莎。當其運風斤於匠石，宛若抽妙緒於媌娥。魯般則繅其鳳鑷，郢人乃經彼龍梭。乍粉糅而綺密，漸襞積而星羅。名曰繭園，於焉嘯歌。夫其蘭坡鬱律，蘅皋氾濩。涉彴尋蹊，臨碕選路。渦濺沫以騰珠，瀑懸崖而振素。積百頃之澄潭，得千章之老樹。驚湍則燠館凝霜，激瀨則晴檐沸雨。洞開北牖，直面層岡。巘將頽而未落，磴欲仄以還翔。盤坳則三危鳥道，擁腫則九折羊腸。栝栢則夔呿魅睒，松杉則兕踣熊僵。翩其反而，耀石華於粉壁；日之夕矣，渲嵐彩於閑房。爾乃繚曲徑以西遵，徼周欄而右轉。浮黛樹於緑波，嵌青牆於鐵蘚。篁遮皂莢之橋，花隱蒲桃之館。頽陽睨交網以澄鮮，朏魄映綺疏而蹇產。更若横石梁而左渡，躋複道之崇臺。赤欄平而礙柳，金梯滑以扶梅。攀條而千枝近手，摘蕊而萬朵承釵。翩更涉夫殊庭，投霽目於林坰。攬稻畦之一碧，挹麥隴之遥青。樵琮琤而出谷，漁欸乃以揚舲。詢林端之白象青鶱，誰朝壞剎；問原上之金鳬銀雁，疇氏荒陵。固已悟浮生之一致，能無嘅大塊之殊形。日麗煙和，風光淡沲。東鄰秀髻，南國濃蛾。新妝下蔡，巧笑陽阿。人如初日，思比流波。亦復出瓊鋪而掩冉，入金谷以猗儺。髩臨風而緑偃，衫映水而紅拖。乍匿叢而展謔，或藉卉以聽歌。

更有顑頤末賓，羈孤猥士。十年之書劍未成，一夕之悲歌忽起。名久列夫瑶簽，遇難逢夫石髓。聊行國以相羊，暫窺園而徙倚。加以華陰道士，少室名僧。仙客則修琴三市，異人則賣藥諸陵。趙代之鳴箏躧屣，幽并之挾彈呼鷹。豪家借歌舞之場，紅幺一曲；上日炫綺羅之會，緑酺三升。莫不綏袿綷縩，轊轂縱横。慕原嘗之意氣，托袁灌以生平。於是俯清川，眺碧嶂。蔌蘭肴，斟桂釀。百嬌激蓮子之壺，獨鹿舞蔗竿之杖。短簫則燭下凄清，長笛則闌邊寥亮。忽若木之將淪，已素蛾之欲上。喟粉練之斜縈，攬沉思於夜情。撫長宵之煙月，追曩日之軒楹。墅尚未乞於羊曇，宅猶未割夫郈成。洛下之機雲，則弟兄並宇；山陰之羲獻，則少長隨行。曾四節之如馳，匪昔年之盛時。燕分泥於故壘，鷗通夢於鄰池。將毋類山間之圓魄，亦每因弦望以盈虧也耶？主人乃拂衣而起，憑軒而玩。屬坐客使盡觴，命鄙人而爲亂。觀乎止矣，何須後算之全；顧而樂之，已復前游之半。

冒襄《同人集》卷三陳維崧《水繪庵記》 水繪庵，即向之所謂鎮野帶垌，竹樹玲瓏，亭臺棋置者，水繪園是也。其主人辟疆氏既以遭值不偶，乃解脱圭組，將與黄冠、緇侣游，約言曰：「我來是客，僧爲主。」更園爲庵，名自此始。水繪之義：繪者，會也。爲其亘塗水派，惟餘一面，竹杠可通往來，南北東西皆水會其中，林巒葩卉，坱圠掩映，若繪畫然。古水繪在治城北，今稍拓而南，延袤幾十畝。西望崢嶸而兀立者，曰「碧霞山」。由碧霞山東行七十步，得小橋，橋址有亭，以茅爲之，踰亭而往，芙蕖夾岸、桃柳交蔭而蜿蜒者，曰「畫堤」。堤廣五尺，長三十餘丈。堤行已，得水繪庵門，門夾黄石山，如荆浩、關仝畫，上安小樓閣，牆如埤垷，列雉六、七。門額「水繪庵」三字，即主人自書也。門以内石衢修然，沿流背閣，徑折百餘步，曰「妙隱香林」。由是以往，有二道：其一左轉，由壹默齋以至枕煙亭；其一徑達寒碧堂。堂之前，白波浩渺，曰「洗鉢池」，蓋自宋尊宿洗鉢於此，因以名焉。洗鉢池前控逸園，右亘中禪寺，寺有曾文昭隱玉遺迹，緑樹如環。其東向臨流而閣者，曰「佘氏壺嶺園」。由壺嶺水行左轉，更折而北，曰「小浯溪」。溪出入萑葦，若楚浯溪然。由浯溪再折而西，曰「鶴嶼」，舊時常有鶴巢於此，今構亭曰「小三吾」，義詳别記中。又有閣曰「月魚基」，皆孤峙中流，北城倚焉。南臨懸霤峯下，稍折而東，亭曰「波煙玉」，蓋取長吉詩義。由亭而上，曰「湘中閣」、曰「懸霤山房」，參差上下，若凹若凸，凌虚厲空，泬寥莫測。西入石洞，甚廓，常有小穴，俯瞰濯浪坡，苔蘚石紋如織，前臨因樹樓，則蟠伏宛在地中。由石洞右折而上，爲懸霤峯，峯頂平若几案，可置酒，可彈棋。四顧煙雲翕習，若碧霞，若中禪，若逸園、壺嶺，璇題繽紛，朱甍烜赫，盤亘浯溪如綫，惟洗鉢池則白浪駕空，有長天一色之觀。峯之由南麓而來者，自妙隱香林以至濯浪坡，其間名亭臺而勝者以十數，濯浪坡爲最。坡廣十丈，皆小石離列可坐，當雨晴日出，則飛泉噴沫如珠；下有石渠，可作流觴之戲，有聲淙淙然。其樹多松，多檜、桂，多玉蘭、山茶；鳥則白鶴、黄雀、翡翠、鷺鷥、鸂鶒，時或至焉。懸霤之西，有鏡閣，兀立如浮屠，下列小屋，間側不可名狀。其北望隆然而高者，有土山，山之後有廬，曰「碧落廬」。碧落廬者，主人所知戴無忝客居也。其先戴敬夫與主人善，擬構是廬不果，主人因爲成之，而館其子無忝於其中，今游黄山不歸，更置一僧，昕夕悠然有鐘磬聲。由廬而西，竹梁可通鶴嶼。嶼前數武，孤石亭立水中，狀若灩澦，時躍白魚，潨然聞水聲。自此以往，旋經小橋，陸行二百步，左轉而東，得逸園。逸園其先祖大夫玄同先生栖隱處，有古樹高樓，直通玉帶橋下。

《〔同治〕贛縣志》卷四九之四丁煒《甓園記》 使院東有地方二畝許，外垣半圮。辛酉秋，余始自西署移至，周行閑，草没屐，棘牽袂，雨徑泥滑，几不容武。屋踞其中，榱桷僅具。甘蕉十數本，汗漫闌生，副坼階戺。屋後老柚二株，交柯輪囷。時方垂實纍纍，爲饑鼯陰蝠所剥蝕，荒翳彌甚，余慨然曰：「是非前人燕息地乎？何曠廢至此！」

越壬戌，政稍暇，乃庀材鳩工，謀結構焉。先葺其垣之圮者，拓其地之狹者，正其勢之偏者，碱其徑之窪者、淖者。因屋爲軒，軒之霤注繕之，椽敗易之，牖與壁黝且漶丹之、堊之而已。軒前爲庭，庭有架，葡萄蔓之，夏期芃陰也。庭左右爲□修園，爲老壁，移前後亂蕉列之陰，愈茂矣。其左右隙地宜花，植以玉蝶、古梅，集千葉緋桃，狀如虬螭對攫，而唐棣、山茶、木樨與垂絲海棠、紫薇諸名卉，亦稍分植其旁，增旖旎焉。其左隙地，視右爲豐，編以疏籬，覆以酴醾、素馨，庭始嶄嶄然田矣。當中庭負牆而立者，其花爲海棠，鐵幹霜枝，槎枒盤鬱，森與桃梅鼎峙，不待三春爛熳，而古態可挹。其平分海棠而鵠峙者，花則爲玉樹、爲石竹桃、爲磬口臘梅，雖開落異候而香色亦各具勝也。牆陰餘地植木芙蓉數株，繞諸卉後作屏障，羅列自是。而中庭之花事始備，闢軒北户爲後小院，繚以疏垣，玲瓏可望後圃，使花氣時時出入。院植玉蘭、丹桂於臺，適與軒房、後牖分映。牆陰石磴，安素瓷盆景十餘種，以供開軒寓目。踅院而東，則疏垣之外，老柚在列，蔭雙隅不畸不逼。度其方中之位可亭，遂亭之。交窗四闢，昕夕不扃，昭其曠也。亭前繞以回欄，後蔭修竹百數十竿，其環亭而植者，冬有紅白之梅，春有桃與李若梨，亦足爲憑欄之御。亭下庭可受月，則錦石墁焉，紆其徑以通看竹。每當素練澄輝，萬庭如水，園中新植梧桐、玉蘭、辛夷、海棠諸樹，與階前蘭蕙共作龜魚藻影，摇曳空明，恍疑濯魄冰壺也。亭東構屋三間，充兒曹呫嗶，而茶竈藥牀傍焉。籬竹爲垣，使花而藤者，若長春、若黄棣棠之屬，厠之而籬，内之月桂、木槿，亦時送艷。引曳屟步，則於亭之小景不無助焉。虛亭西爲圃，而凡果之屬，若棗、若杏、若櫻桃、若海榴、若粤橘，花之屬若綉球、若梔子、若蜀葵、若瑞香、若臘梅，凡前庭所未備及兹亭所再見者，皆叢之，羅羅清疏，蔚然林立。

蓋自亭之事畢，而花事亦遂告畢也，則園成矣。既竣役，謀所以命軒與亭者，並園名之。磽其園，志習勞也樂；開其軒，希集善也可。其亭雙江，花果不減東陽。口括以行，行有得。玩芝蘭，思德行；睹松柏，慕貞良也。余公餘之暇，以時燕息其中。或資於軒堂，可容吾揖客矣，室可還讀吾書矣。或資於亭，亭宜酒、宜詩，鳥可催觴，花能索句矣。宜琴與棋，梅鼓其清，竹諧其韻矣。凡人性有所近，隨處而情不易。昔王子猷愛竹，嘗謂不可一日無此君。故每借人居，輒自種竹。余家海壖，緊匏山郡，竹木邱壑之趣，未嘗暫釋於懷。今之爲此，亦聊遂其性之所近，非故以耳目謀煩兹父老也。然昔之在官者，於廨宇有所修飾，則曰：「以無勞來者。」余豈家於官者哉！區區之心，或亦後之君子所共諒乎？

是役也，經始於仲秋既望，告成於陽月上浣，用日凡五旬有奇，而種蒔補苴之畧不與焉。凡費俸八百兩有奇，而畚鍤與丹黄之事不與焉。園庭花果，簡其類之微者，略其名之複者，凡四十種有奇，而盆中之檜若柏與舊植之柚若蕉不與焉。軒深二丈，廣三丈二尺，劃其廣而三之，堂居其一則盈二室，倍之則詘；亭深一丈二尺，廣倍其深之半；若軒之左夾道，右隅室附於軒，及亭東之書屋附於亭，均可略也，姑不書。

朱彝尊《曝書亭集》卷六六《西陂記》　宋之故城，其門名見於載記者：陽也、盧也、蒙也、桐也、横也、桑林也、垤澤也。垤澤云者，垤以言閼伯之丘；澤，睢水也。其地有蒲魚萑葦之利，漁有村，蟹有舍。商丘宋公，懷童時釣游之所，思築圃於是。以其在郭之西，名曰「西陂」。顧未遑經始，先定池館之目，曰「渌波村」、曰「釣家」、曰「緯蕭草堂」、曰「和松庵」、曰「芰梁」、曰「放鴨亭」，各繫以詩，都人士屬而和焉。圖之横幅者，王山人翬也。久而公之懷故土益甚，則命禹鴻臚之鼎寫照作《西陂魚麥圖》，取元結詩句，冀歸老於江湖，記之以文者，邵上舍長衡也。公巡撫江南久，簡以馭吏，儉以示民。天子嘉其清德，藻舟所及，每見益親。歲在昭陽協洽，駐蹕江天寺，公入見請曰：「昔宋臣范成大居吳之石湖，臣嘗履其地，見淳熙十五年賜書刊石尚存。臣家有西陂別墅，敢乞御書二字賜臣，不令石湖勝迹，獨存千古。」天子笑而書之。今歲旃蒙作噩，天子復書「魚麥堂」以賜，至是公拜宸翰，先後難悉數矣。公乃命子弟立石西陂之上，屬其友秀水朱彝尊紀之。思夫爵位之崇高，林泉之逸豫，人生恒不能兼致，惟石湖一老，入而參知政事，退而偃息范村，女挈菜籃，兒修鷄柵，種斜橋之楊柳，播樂府於村田，此姜夔譜越調以介壽，號曰「石湖仙」也。今天子稱公治迹不去口，顧十四年所而遲遲未膺内召，豈非以江南重地，代公者實難其人與？抑聞之公嘗引年以請矣，天子給以禁苑葡萄一本，曰：「是果結實，然後請老。」今賜果之園，馬乳且垂垂於架，公念主恩愈渥，不敢上陳，近復申以天語，雙雕於堂柱曰：「兒孫歌舞詩書内，鄉黨優遊禮讓中。」則仍未嘗許公之歸也。公雖欲舍政事之賢勞，享西陂魚麥之樂利，顧豈得遽遂乎？虎丘之山，可以對月，滄浪之亭，可以賦詩，吾且隨中吳父老，期公游衍於斯焉。若夫西陂之勝，姑聽公之「鄉黨優遊禮讓中」可矣。

朱彝尊《曝書亭記》卷六六《萬柳堂記》　度隙地廣三十畝，爲園京城東南隅。聚土以爲山，不必帖以石也；捎溝以爲池，不必甃以磚也。短垣以繚之，騎者可望，即其中，境轉而益深。園無雜樹，迤邐下上皆柳，故其堂曰萬柳之堂。今文華殿大學士益都馮公，取元野雲廉公宴遊舊地以名之也。古大臣秉國政，往往治園囿於都下。蓋身任天下之重，則慮無不周，慮周則勞，勞則宜有以佚之，緩其心，葆其力，以應事機之無窮。非僅資遊覽燕嬉之適而已。方元之初，廉公定隴蜀還，進拜中書平章政事，賜宅一區，暇同盧、趙諸君子出郊置酒。所謂萬柳堂者，故老相傳，在今豐臺左右。當其飲酣賦詩，命歌者進驟雨新荷之曲，風流儒雅，百世之下，猶想見之。今公弼諧盛際，謀謨内贊，坐致太平，其勛業與廉公等。然廉公宣撫隴蜀荊南，威望著於方隅，而公澤洽天下；廉公在廷日少，公自翰苑登政府，立朝且三十年；廉公畏譏憂讒，而公一德孚於上下，所遇之隆，有過於昔賢者。要之勤學好士，孜孜恒若不及，則異代同揆，宜其曠世有契於心也。彝尊客山東時，道經臨朐，觀乎熏冶之源，清泉、白沙淪漣，側坎之下，叢竹百萬。詢之，則公之别業。循階以登，徑之翳者當闢，石之戴土者當剔，亭之圮者當葺，公輟不治，顧專力於是，則以冶源公所獨樂，而京師與天下人同其樂也。入其門，門者勿禁；升其堂，堂焉者勿問，庶幾物我俱忘者與？堂成後，適四方人士應召至京師，公傾心下交，貧者爲致館，病饋以藥，喪者賻以金，一時抒情述德，咸歌詩頌公難老，又慮公舍斯堂而請歸里也，爭賦詠公前，期公樂之而不去。彝尊椎鄙無文，獨未獲游公之門，其爲斯堂記者，譬猶山禽楚雀，啁啾翠陰之交，公之聽之，未必不欣然悦於耳焉。

王士禎《蠶尾集》卷六《西城别墅記》 西城别墅者，先曾王王父司徒府君西園之一隅也。初，萬曆中府君以户部左侍郎乞歸養，經始此園於裏第之西南，歲久廢爲人居，唯西南一隅小山尚存。山上有亭，曰石帆。其下有洞，曰小善卷。前有池，曰春草池。池南有大石横卧，曰石丈山。北有小閣，曰半偈閣。東北有樓五間，高明洞豁，坐見長白諸峯。前有雙松甚古。曰高明樓。樓與亭皆毁於壬午之亂，唯松在焉。康熙甲子，予以少詹事兼翰林侍講學士，奉命祭告南海之神，將謀乞歸侍養祭酒府君，兒悚念予歸無偃息之所，因稍葺所謂石帆亭者，覆以茅茨，窗檻皆仍其舊，西尻而東首，南置三石，離立曰三峯。亭後增軒三楹，曰樵唱。直半偈閣之東偏，由山之西，修廊繚紹以達於軒閣。由山之東，有石坡陀出亭之前，左右奔峭，嘉樹蔭之，曰小華子岡。岡北石磴下屬於軒閣，其東南皆竹也。南有石磴，與洞相直。洞之右以竹爲籬，至於池南。籬東一徑出竹中，以屬於磴，曰竹徑。其南限重關内外皆竹，榜「茂林修竹」四大字，岌岌飛動，臨邑邢太僕書也。樓既久毁，葺之則力有不能，將於松下結茅三楹，名之曰「雙松書塢」。西園故址盡於此。出宸翰堂之西，有軒南向，左右佳木修竹。軒後有太湖巨石，玲瓏穿漏，曰大椿軒。軒南室三楹，回廊引之，曰綠蘿書屋。其上方廣，可以眺遠，曰嘯臺。薜荔下垂，作虬龍拏攫之狀，百餘年物也。是爲西城别墅。予嘗讀李文叔《洛陽名園記》、周公謹所記《吴興園圃》，水石亭館之勝，甲於通都，未幾，已爲樵蘇芻牧之所。而先人不腆敝廬，飽歷兵燹，猶得僅存數椽於劫灰之後，豈非有天幸歟？予以不才被主知，承乏臺長，未能旦夕歸憩於此。聊書其顛委，以爲之記，示吾子孫，俾勿忘祖宗堂構之意云。或笑之曰：「是蕞爾者，何以記爲？」予曰：「非然也。釋氏書言維摩詰方丈之地，能容三萬二千師子座；第三禪遍浄天上，六十人共坐一針頭聽法。能作如是觀，安在吾廬之儉於洛陽、吴興乎？」因並書之。

張鶴徵《涉園題詠・張英・涉園圖記》 自昔言園林之勝不能兼者六：務宏敞者少幽邃；人力勝者罕蒼古；具丘壑者艱眺望。欲兼此數者則又有三：一水泉，一石，一林木。而臺榭堂室不與焉。洪波清流，容與浩渺，澄潭曲沼，縈回映帶，最爲增勝；然城郭之間，非可力致。波非有源，易涸易淤，則水泉難。奇峯崒嵂，怪石硆砑，龍蟠虎攫，鸞翔鶴翥，空庭曲徑，林下水邊，最爲宜稱；然千里求之不易，百夫運致爲勞，則石難。喬柯古木，臃腫輪囷，幹挺十尋，陰籠數畝，園林得此，如端人正士，垂紳正笏於巖廊之上，又如古君子仙人相與晤言寢處，可瞻仰而不可褻玩，風雨寒暑，皆作異態，洵園林之寶也；然非養之百年，貽之奕世，則不可猝得，東坡有「倉皇求買萬金無」之嘆，則林木爲尤難。能兼此三者，然後六事不謀而集，吾僅見之《涉園圖》耳。希白池淳泓涵蓄，其源來自山巖間，琮琤曲折，爲灘、爲渚、爲橋、爲澗，穿林度壑，隨處可賞，則水泉勝也。翠照流波，諸峯備極奇詭，高者觸雲，低者臨水，蒼蘚綉蝕，紫苔斑斕，則石勝也。松杉栝柏，皆可合圍，海棠可蔭廣庭，老梅修桐，隨地皆有，美箭十畝，古桂百叢，翠色干雲，蒼煙蔽日，則林木勝也。然後爲深堂邃閣，曲磴長廊，以襟帶乎其間。又且地臨渤海，望接滄溟，登臺遥矚，紫瀾萬狀，沐日浴月，番檣海舶，出没於几席之間，島嶼沙灣，隱現於簾櫳之際，此又涉園之所獨，而非他園之所能兼有者也。噫！亦奇矣。都諫螺浮公與余同官於朝，予兄事之，而興會高卓乃爾，茲園皆其手自部署。皜亭繼葺而新之，益增嘉勝。皜亭官於朝，不能朝夕居此園，而繪圖置諸左右，不忘先德也，不忘山林也，不忘故鄉也。噫！皜亭遠矣。予有田一區，茅屋數間，在龍眠山中，薄有溪光山色，手種松桂，皆不及拱把，而猶念念不能釋，矧皜亭之於涉園哉！其繪藻爲圖，形諸吟詠，以紓欲見之忱，固其宜也。康熙丁丑歲十月望，桐山學圃英頓首爲之記。

高士奇《金鰲退食筆記》卷上《賜遊西苑採蓮八首并序》 閬苑秋光，得庚肩吾之句；青潭曉靄，賡徐彦伯之篇。舒菡萏於方塘，紅英度影；氍芙蓉於曲榭，碧葉浮香。若斯撫景留連，靡不尋聲唱答。況乎迴翔舜海，在沐日浴月之中；泝泳堯淵，極引水穿雲之樂。檻棲花鷁，非同鷗鷺閒汀；橋落彩虹，不是煙波小艇。微涓莫補，寵渥難名。竊念臣跡本投竿，心隨偃草。似孤根之偶出，品實遜乎亭亭；擬短幹之方摇，榮已邀於灼灼。時則涼颸既拂，大火初流。槎辭巧夕之雙星，蓂紀中旬之三葉。覩滄池之漭沆，當秋宇之澄鮮。上乃蔭芝蓋以逍遥，蕩蘭舟而容與。白蘋紫荇，到處縈川；翠羽紅鱗，紛來入鏡。尤喜緗荷之出水，遍看珠菂之盈房。特命移船，容臣舉袖。纔催進檝，即分鳧雁之輝；許帶歸鞍，競拜櫻桃之賜。擎盤散馥，濺齒流甘。緬維曩賢所談盛事：陪遊灞滻，亦號殊恩；應制昆明，羣矜絶響。何似飛艎畫舸，一如漁蓑釣笠之輕；兼者仙液華腴，不異菰米蓴絲之易。真屬千秋之浩蕩，未酬畢世之津涯。爰紀八章，敬疏短引。江南靡艷之曲，不敢瀆奏乎宸聰；渚北悃欵之言，未足敷揚夫聖澤云爾。

芙蓉池水湛天淵，萍末風輕破浪圓。碧島丹崖方丈裏，有誰來泛採蓮船？

曲渚蒹葭翠作圍，新涼殘暑淡斜暉。輕飄兩槳移舟入，驚起莎邊白鷺飛。

風牕露檻接宸居，水氣澄鮮浸太虛。自是君恩深潋灎，特教天上看芙蕖。

鷁首風回撲面香，青荷葉底摘金房。剖來滿齒流瓊液，不羨仙人掌上漿。

垂虹百尺壓鼇頭，錦石疎花帶淺流。遥見西峯開罨畫，暮蟬聲裏變新秋。

綺岸銀塘倚棹過，雞頭菱角漾清波。臣今不作西湖憶，煙水菰蘆興已多。

水榭紅闌面面低，玉題金埒隔東西。緑陰交蔭松篁裏，惟有水禽無數啼。

隱隱輕雷送雨濃，迴看柳色映千重。片雲忽斷月初出，歸路時聞花外鐘。

王源《居業堂文集》卷一九《怡園記》 今相國太傅公爲園里第之西，曰「怡園」。壘石爲山，巉巖透邃，路盤回，窅然而深，層臺飛樓，錯峙亭榭，隱見輝映。中爲堂，堂右曲室，縹緗萬卷，回廊幽院，雅静閑潔。前後嘉樹異卉千章，鬱然蓊勃，公退朝即燕息其中。昔富鄭公爲園，具營心匠，爽闓深密，曲有奥思。公亦自所結構。蓋公立身廊廟，栖志巖壑，故能静以御物，量廣而識明，遇事凝然，一言而群疑坐定。每佳辰令節，偕群從諸子，或賓朋飲宴，賦詩度曲，登山臨池，景物清美，樓臺平瞰，西山天壽，透迤北拱，嵐翠横檐，涼雲出入襟袂。噫！公之量廣識明，其以此與？堂前爲池，激水懸流，自山孱湲下，凡四五，匯焉；山之坳，廉之曲，洞之阻，無不周，泠泠互響。而登堂必自池中履石，接山麓石梁然後達。源向游錫山秦園，規模與此别，而致則一。顧秦園水引惠泉，京師地高，乃轆轤轉井於山之外。源曰：「若鑄大壺，窪其頂以受水，置井底，高其喙，敘通山上，垂焉，吸之，則水涓涓流弗息，蓋借氣引水上，水有歸，而頂所受即相逼以出也。」公曰：「善。」又往往上元張燈，觀者如登碧落，繁星爛熳，層霄無際，玻璃水碧，懸黎夜光，雲堆霞涌，争輝吐焰，而煙火幻爲重樓、複閣、山川、仙佛、靈怪；或懸燈珠貫，千百日月並出，或浮圖、鳥獸、人物、琪花、瑶石，五色變化，恢奇眩怪，不可方物。而火樹盤旋噴薄，龍騰鳳矯，爆震空如雷，碧火起空，團團如明月，與直上千尺，赤褭褭爆裂，如天葩亂落者，俱以百數。要皆一綫所引，不假再然，其巧合天工如此。且夫水火，天地之大用，聖人因水火之利利天下，而天下治；宰相佐朝廷，舉賢才，理庶政，燮陰陽，其用不猶是乎？丁丑秋七月，公七十初度，源於是作《怡園記》，頓首以獻於公，而爲公壽。

王源《居業堂文集》卷一九《濤園記》 丁丑初秋，予將南游，許子月溪置酒寓齋，邀黄子叔威、薛子仲藩與予話别。小院幽花旖旎，碧柯交翳。飲酒樂，月溪請予爲濤園記。

濤園者，月溪家園，在福州城中烏石山上，舊名石林，其大父學憲公所創，而尊人甌香先生經營繼成之者也。鼎革後，毁於兵。又以遷海失業，據而處者百餘家。垂三十年，月溪始復其舊。而兩子鼎鼒竭蹶，克襄父志，用以妥先靈、承繼述焉。月溪磊砢有大志，詩畫俱落落雄視一世，不得已屈首一官，而遷延未授，恒抑鬱嘆息思歸，因指《濤園圖》示予。山麓緑蕉碧梧叢薄，有堂噲然，曰「瞻雲堂」，祠其先也。折而西，高與城外方山望，曰「真意齋」，慕淵明也。西壁岑崟峭舉，飛泉褭褭，下匯爲池，而齋後曰「鶴澗」。紅白老梅二，紅者據石臺覆澗上，曰「嫁梅」，友人贈爲白梅媲也。蹬道西北紆轉，不知其幾千尺，夾道叢梅欐佹，一亭峙其巔，顔曰「天光雲影」，朱晦翁筆也。亭前廣石，巍嶷嶢屼，乃真意齋西壁絶頂，曰「吞江石」。城内凡三山，烏石爲勝，園又據烏石之勝，面南與城偪，故吞江石可盡山海之奇。亭之東，蛇旋螺折，林篠幽遐窅窱，留霞塢也；兩石屹向，靈巖竇也；颶空矗翳，高踞東北，霹靂巖也；孤松矯然，盤拏碧空，獨樹坡也；朱欄衺斜出雲表，清泠臺也。而瞻雲堂北直上，舊曰「松嶺」，今種竹萬个，曰「竹路」。經石廊石梯，達清泠霹靂諸勝，西爲半泉亭。亭前西上，復東折爲棧道，傍崖凌空，北入巢雲洞。園周回四五里，峯壑隱轔鬱嵂，巖陁甗錡，古昔名賢題刻，俱畫圖不能盡。噫！予懷山之志久矣，每思結廬名勝，讀書尚志以終身，顧蹇産數奇莫能遂。兹園爲月溪故有，又在城市，則其歸隱甚易。予視月溪何如？披圖爲記，不能不爽然而自失也。

王源《居業堂文集》卷一九《東園記》 余友休寧黄子寅仲，家於縣南三十里之霞關，亦曰黄村。山環村，最近西曰方山，北數里金鷄峯，寅仲樓居北向東，闢園，讀書其中。初，寅仲尊人黄山先生家秦郵，寅仲與余同受業梁鷦林先生，讀書八寶。余寓園曰「霜皋」。水木孤淡，煙冥雲蔚。每月夜，攜手長橋堤畔，裵回歌哭，睥睨一世，志小天地。不二載，黄山先生殁，寅仲爲怨家構，久之乃解。是時梁先生亦殁，霜皋歸故主。余乃就寅仲讀書秦郵。嗚呼！大丈夫不能垂功名萬世，當築室深山，修明經世之學，爲帝師王佐法，乃皆不得，而徒録録與俗俯仰，雖終日讀書，與鄉里小兒何以異？閑嘗以此語寅仲，寅仲慨然仰天嘆。未幾，挈家歸休寧。黄氏，休寧鉅族也。其先世，或爲司馬，爲方伯，或爲令，代有治績武功。及黄山先生以俠聞，徒手致貲數十萬，已皆散去，寅仲致不能給饘粥，而讀書力學不稍衰。歸休寧數年，復來郵，謂余曰：「吾東園手植梅、李、桃百本，修竹千，高柳碧梧蔭其外，鑿池，芙蕖滿其中，而遠近家家種梅華，時登樓彌望，數里一白，雖貧足樂也。子爲我記之。」余曰：「嗟乎！昔與子讀書霜皋，余方十四五歲，子年二十餘，今子四十，而余亦且三十。倏忽二十年，恍如夢寐，泯泯然無尺寸建立。子既有山可隱，讀書射獵，可爲數年計。余稍稍得自活，亦將奉老親，挈妻子，從子於東園之側矣。」

愛新覺羅・玄燁《聖祖仁皇帝御製文第三集》卷二二《避暑山莊記》 金山發脈，暖溜分泉。雲壑渟泓，石潭青靄。川廣草肥，無傷田廬之害；風清夏爽，宜人調養之功。自天地之生成，歸造化之品彙。朕數巡江干，深知南方之秀麗；兩幸秦隴，益明西土之殫陳。北過龍沙，東遊長白，山川之壯，人物之樸，亦不能盡述。皆吾之所不取。惟兹熱河，道近神京，往來無過兩日，地闢荒野，存心豈誤萬幾。因而度高平遠近之差，開自然峯嵐之勢。依松爲齋，則竅崖潤色；引水在亭，則榛煙出谷，皆非人力之所能。借芳甸而爲助，無刻桷丹楹之費，喜泉林抱素之懷。静觀萬物，俯察庶類，文禽戲緑水而不避，麀鹿映夕陽而成羣。鳶飛魚躍，從天性之高下；遠色紫氛，開韶景之低昂。一遊一豫，罔非稼穡之休戚；或旰或宵，不忘經史之安危。勸耕南畝，望豐稔筐筥之盈；茂止西成，樂時若雨暘之慶。此居避暑山莊之概也。至于玩芝蘭則愛德行，睹松竹則思貞操，臨清流則貴廉潔，覽蔓草則賤貪穢，此亦古人因物而比興，不可不知。人君之奉，取之於民，不愛者即惑也。故書之於記，朝夕不改，敬誠之在兹也。

愛新覺羅・玄燁《聖祖仁皇帝御製文第三集》卷五〇《煙波致爽》 熱河地既高敞，氣亦清朗，無蒙霧霾氛，柳宗元記所謂曠如也。四圍秀嶺，十里澄湖，致有爽氣。雲山勝地之南，有屋七楹，遂以「煙波致爽」顔其額焉。

山莊頻避暑，静默少喧嘩。北控遠煙息，南臨近壑嘉。春歸魚出浪，秋斂雁橫沙。觸目皆仙草，迎窗遍藥花。炎風晝致爽，綿雨夜方賒。土厚登雙谷，泉甘剖翠瓜。古人戍武備，今卒斷鳴笳。生理農商事，聚民至萬家。

陳元龍《海昌勝迹志》卷一《遂初園詩序》 寧邑城西北隅多陂池。昔經曾祖明太常公因池爲園，名隅園。歲久荒廢，余就其故址爲之補植竹木，重葺館舍，冀退休歸老焉。而出入中外，任鉅義重，雖年踰大耋，不敢自有其身，林壑之思，徒托諸夢寐間爾。癸丑春，衰病且篤，因具疏請致政，蒙聖上俯俞所請，重以恩禮優隆，賜賚稠疊，御書堂額，以光里第，曰「林泉耆碩」。「耆碩」兩字，愧悚不敢當，而林泉已拜寵錫，則家中所有一池之水，千竿之竹，不異鑒湖之賜。竊幸初心之獲遂也，因名之曰「遂初園」。令家僮掃徑，策杖而游。園本近市，經曲巷，忽見茂林修竹，即園門也。入門，屋三楹，曰「城隅花墅」。有長廊曰「引勝」，旁倚修陂，皆種梅花。循廊而西，有一大池，望見亭宇在水中央，平橋横亘，曰「小石梁」。過橋，有古藤小樹臨水，回廊繞之，中峙一堂，曰「環碧堂」。廣庭面沼，水色林巒，回環左右。堂之右，曰「清映軒」。階前文石，有流觴曲水之致。東曰「浮槎」，跨水如舟，臨岸多薔薇屏、葡萄架。西曰「澂蘭館」，西池寬廣，水光澄澈；池中有一亭曰「煙波風月之亭」，凌空憑眺，晴雨皆宜。中間有樓五間，曰「逍遥樓」。前俯平岡，種牡丹數十本。北檻倚清流，對面梅花滿山麓間。樓之西偏，渡小橋，穿山徑，别有一院，曰「静明書屋」，南榮北牖，軒爽可悦心目。自此而西，池流益廣，景象空明，有堂翼然，八窗洞開。斯堂也，實爲一園之主，敬奉御書賜額，高懸以垂不朽，而名斯堂曰「賜安堂」，安老於斯，永永不忘君賜也。堂之右有崇岡幽麓，循級登其顛，有亭曰「翠微亭」，以供憑眺。下有碕石磯，可坐而垂綸。岡之南，有環橋，東西二池交會。以此橋之南有山，皆種桃杏，花開時仿佛武陵溪畔。桃山之南，桂樹數百株，高下茂密，中有亭，曰「天香塢」，極小山叢桂之勝。旁有小閣，曰「群芳閣」。登閣，則梅、杏、桃、李、桂花，皆在目前。從山根折而東，曲橋宛轉如長虹，可通於環碧堂。再折而南，有曲澗。夾岸石壁，松柏交蔭。由環碧堂以通於南池，中隔高阜，林木鬱葱，儼然峻嶺。南池之西，有軒曰「漾月軒」，初月澄潭，天水一色。池南修竹之中，有亭曰「南澗亭」，北望林煙山翠，如列屏障。迤東有樓，四面曲折，曰「十二樓」，與城隅花墅相接。園之西，尚有隙地爲魚池，爲菜圃，可供朝夕之需。此遂初園之大概也。園無雕繪，無粉飾，無名花奇石，而池水竹木，幽雅古樸，悠然塵外。老人隨意所之，遊覽既畢，良辰佳夕，可以觴詠，可以寤歌，因各繫以詩焉。

李塨《恕谷後集》卷三《素景園記》 素景園者，鄭公子見百所新闢也。其陽有舊園，中丞在時修之，藝蔬菜，間以花卉，在居宅東稍南，迤而北，即今園。南畔栽柏，蔘蔘排立如牆；北種芍藥，廣二十武有奇，縱三之二。又北爲魚池，旁雜植枸杞、楸、杏諸木。西爲舟房，置以書。正北廳四楹，階兩垂蒔牡丹。轉而北，又室五間，中列卷軸弧矢技擊距躍之具，皆坏累泥塗，無侈丹雘黝堊。對池東爲大陂，周遭皆楊柳、蘆荻，怒生於下。東薄邑城，西映宅居，樓閣如兩山夾護城麓，緣陂爲射道，不栖石爲山，珍禽鳥不購。自此花木檐宇，隨意補添，或不補，不爲意必也。公子率諸弟力學，各有精舍，而又以時聚此，挨文考道，接良友相質，並及學樂習射，昴弟怡怡互切劘。予過之，愛其景物之淡素也，爲之名曰「素景園」。因思昔人以畫品園，曰：某園，唐李小將軍畫；某園，元倪迂畫。皆絢而失者也。桂橑蘭棟，積璧堆金，隋秦富强怙侈之習所以敗也。紅葉丹堊，青濛晦渺，宋明虛浮無用之學所以亡也。何如伏羲之畫，三奇三偶，樸以素，無斫無幻，而億萬世生聚文明，窮變極化，已盡在此歟？且即以公子一家論，其爲絢乎？則中丞撫巡吴楚，如日之中，如花之放，而公子輩承其光而飫其艷也。果其爲素乎？中丞方且如朝暾，如蓓蕾，子若孫自此策羲和之駕，扇谷風之吹，其進有可量哉？於戲！素與絢之相去遠矣，故於一園而泄其意如此。

顧汧《鳳池園文集》卷五《鳳池園記》 鳳池在吾蘇城東，池清且漣，澇不溢，亢旱不能竭，相傳有靈泉焉。考《府志》，僅載有鳳池鄉，蓋鄉人所聚居，亦莫詳鳳池之何以得名也。池旁嘉木繁殖，交映茅蔀，昔吾族人月隱君櫛比拓治，爲自耕園，予自少遊憩於此。乙亥歲解組歸田，園已易主，頹垣灌莽，慨焉有感！乃厚其值以購之。於是，就深加浚，攘剔荒穢，聯闢鄰圃，卜築軒豁，遂移厥居，而以鳳池名其園。園之名曰「老圃」，志歸也。石徑逶迤，桐陰布濩，四時野卉，紛披苔麓，於前則武陵一曲，列嶂環蹊，板橋壓流，回廊盤互。嶺有梅，寒葩凝雪，疏影横雲，恍若羅浮之清夢焉。亭有桂，金粟交柯，天香籠月，邈乎淮南招隱之思焉。又有石臺爽塏，寒塘浸玉，宫柳起舞乎風前，文杏斜倚乎欄畔。於後，則傑然而高矗者，曰「賜書樓」，奎章絢日，榮光燭天。窈然而静深者，曰「洗心齋」，墨妙在序，樹下可宿。曠然臨流而四望者，曰「康洽亭」，菊畦繚繞乎籬邊，藥圃低亞乎坡側。左則虹梁横渡，鶴浦偃卧，桃浪夾岸而涌紋，蘭窩藏密而芽茁。榭曰「擷香」，群芳之所呈妍也。閣曰「岫雲」，西山之所拱翠也。右則崇丘崔嵬，洞壑陰森，牡丹錦發，朱藤霞舒，竹木晻薆以蔽日，檇李間砌而凌波。此皆沿流俯仰，目遇心怡，或棹艇而嘯歌，或垂綸而泳躍，時而嚶鳴求友，風柔日熏，足以賞其婉麗，觴詠流連；時而玉露戒寒，金波懸曜，足以滌其塵襟，辭繁就素。其迤西，則老樹參雲，軒名「抱朴」，蓋二三百年之遺植也。石橋宛轉，陸居似舟，榆槐夾路，薇花對溪，俯菡萏之清渠，陟芙蓉之幽澗，柏岡環護，石壁列屏，則有見南山房，於焉可以中隱者也。蓋天下川原林麓之美，類多出於煙蘿鳥道、轍迹罕至之所。其或歌臺舞榭，近麗城闉，又往往塵襟紛如，轇轕踵至。若夫結廬人境，心遠地偏，足不越郊坰，而神已游濠濮之表，蓋境不自異，因心而開，非所稱城市山林者耶？且予以遲暮之年，幸得朝斯夕斯，息焉游焉於此園者，皆聖天子之賜也。謹繹往年上諭有云：「鄉紳居家，當令知有田園之樂。」大哉王言！抑何曲體臣下之情甚深且厚也。竊嘗謂，士君子處廟堂之上，當時存泉石之思；處江湖之遠，亦當無忘宗社之慮。所謂丘壑夔龍，衣冠巢許，其義一也。彼夫入而不出，汲汲於富貴；往而不返，硜硜於巖穴者，庸詎足語出處之宜也夫？得此意也，則今日之鳳池，庶幾與陸渾山莊、輞川别業寄情不遠矣。

陳敬廷等《清文穎》卷四二王鴻緒《南苑賦》 猗燕畿之雄服，據九土之奥區，直尾箕而畫野，控渤澥以定都。侯綏仰止而和會，聖人御焉而膺圖。爰有南海鬱鬱國陽，帶以灤易滹衛之水，襟以玉泉翠微之岡，繞以薊邱督亢之饒沃，重以千秋勝國之遺疆。其外則銍總藁秸，稱三輔之腴土焉；聚落碁置，列灌絳之別墅焉；原隰鱗次，編羽林之園囿焉。繚以長垣，搆以崇墉，塗以西蜀之丹，潤以赤堇之銅。象營室之絶乎天漢，似天田之屬乎紫宫。遠而望之，爍乎如初升之璧月，爛兮如春霽之修虹。其内則廣皋狹畦，直塗曲畛，千頃鱗鱗，羣動蠢蠢；鬱嘉木之披離，挺喬柯之輪囷，岌修阜之逶迤，歷窪谷之蔽隱，儼重扃之軒豁，羅奇珍而淵蘊。其水則陂高梁之流液，涵素波而澒洞，待太液之遊鵠，媲樂池之集鳳；浪雲浮錦，波霞浸凍，冰泉凝沍，玉濤迴動。中則紫茭緑蘀，碧蒲翠萍，澤芝玉蕊，雞頭紫莖；田田似蓋，齒齒若鯨，文魚媵婢，珠蛤含星。上則鳧鷺春舞，鴛鸂晴宿，虞蓼披紅，芙蓉垂緑。其樹則有長生交讓，連理合歡，靈松菌桂，神梓木蘭，降桃素柰，青樫紫檀。夏侯之所賦，嵇含之所歎，漢帝之所移植，魏王之所遊觀，莫不菁葱鱗耀，樛結虯蟠。其草則有杜若卷施，縹蘭紫蕙，慎火離離，迷迭毿毿；或潤露而朝陽，或迎風而藉地。其鳥獸則有蒼鶴千歲，文翬五色；鵁鶄唼乎靈沼，孔雀貢於南域；濯濯白銀之麕，麗然黄金之鹿；鷹隼之所摧搏，獹猔之所騰逐。珍禽奇獸，或充牣而擾畜；山虞不能録其名，獸人不能殫其族。於是層樓蔚起，柘館參差，籠㯿耀日，鳳桷侵霓，周廬交列，帷幕密施；宮則明光建章之制，殿則九成興慶之規。凌瑶光而捫太乙，横赤道而掩黄旗。蓋六龍巡幸之暇，而爰居爰處者，實在乎斯。若夫景暄妍兮有曜，風習習兮自南，鳥睍睆兮和囀，林陰鬱而毵毵，靚芳辰其韶淑，景河洛之美談。寫宸情兮懌豫，命龍駕而戒鸞驂。爾乃建翡翠之旗，鳴靈鼉之鼓，縉招摇而指河魁，面朱雀而背元武，容容與與，千乘萬騎而戾乎其所。乃命八校之長，七萃之士，騁渠黄，騰騄耳，張越棘，釋盧矢，殲素鵰，戈白雉；一發兼豵，三驅殪兕；覈命中之上下，而課其能否。既而室弓服羽，軍事攸畢，神武遹皇，山海寧一。羣臣於是蹌蹌蹐蹐，而上萬年之觴，陳貙劉之禮，歌吉日之章；召揚雄於甘泉，命司馬於長楊；賡武功以文德，易肅殺而惠以吉康。蓋其冬狩夏苗，以儆軍實，而非以遊翺也。春巡秋省，以物土宜，而非以驅騁也。陰殺陽生，以若時紀，而非以軼情也。獻賦歌詩，以賁太平，而非以敖嬉也。欹歟皇哉，並西陲之靈臺，駕東京之甫草，陋漢后之遊汾，樂姬宗之在鎬。故能使七澤遜其勝，九藪讓其奇；華林芳樂媿其德，芝賓齊客失其詞。惟鴻恩之翔洽，畀萬族以熙熙。爰合符於軒虞，遂垂拱而治之。

沈德潛《歸愚文鈔餘集》卷四《復園記》

吳中婁、齊二門之間，有名園焉，園以「復」名，蔣司馬葺舊地爲園而名之者也。前此爲拙政園，創於王侍御，歸於陳相君，先後據於王、嚴二鎮將。其地飛樓突廈，麗棟朱甍，崇山廣池，與夫靡顔盛鬋，揚清謳，拂妙舞，窮旭繼夕，極一時聲色媟娱之樂。百餘年來，廢爲穢區，既已叢榛莽而穴狐兔矣。主人得其地而有之，謂荒宴可戒，而名區不容棄捐也，於是與客商略，因阜壘山，因窪疏池，集賓有堂，眺遠有樓、有閣，讀書有齋，燕寢有館、有房，循行往還，登降上下，有廊、榭、亭、臺、碕、沜、邨、柴之屬，既已經營締造，歷有年所矣。戊午、庚申，余兩經其地，謂是園告成，將豐而不侈，約而不陋，百里之内，可以接踵樂郊，而郟莒學山、藹園也。時予方之京師，未及俟其斷手何日，日月既久，常往來於心。丁卯春，以乞假南歸，復游林園，覺山增而高，水浚而深，峯岫互回，雲天倒映。堂宇不改，而軒邃高朗，若有加於前；境地依然，而屈盤合沓，疑新交於目。穠柯蔽日，低枝寫鏡，岸欹怪狀之石，砌列不名之藹。不離軒裳，而共履閑曠之域；不出城市，而共獲山林之性。回憶初游，心目倍適，屈指數之，蓋園之成已四、五年於兹矣。舊觀仍復，即以「復」名其園。予嘗思古來名園，如辟疆，如金谷，如銅池，如華林，如奉誠、平泉、履道、獨樂，一切擅勝寰中者，時疊見詠歌，形諸記載。然既廢以後，無人焉起而新之，求如宋玉故居復歸庾信者，藝林流傳，不可多見。今因「拙政」廢園而復之，雖林廬息影，栖情頤神，視前人之競豪侈、飾土木者，若各自樂其所樂，而不欲自標其名，恐使前此之殫心規畫者，因我而遽歸烏有之鄉也，其用心之厚，匪戔戔者所能共喻也已。且主人用心又不止此，主人高祖爲兵憲雉園公，雉園文章風節，養晦樹德，焯焯一時，後之子孫，故當思貽前光而揚清芬者。主人承先人庇蔭，本無藉於復業，而斂抑之懷，常有事於復德，則夫奉世澤而繼述之，味道風而涵泳之，以修身之不遠復，進於中行之獨復，無悔之敦復，有日惓惓於寸衷而不能暫釋者也。取以名園，其即謝康樂述祖德意乎？主人名棨，字誦先，需次司馬，今跧伏未出，匪以人爵爲貴者云。

陳敬廷等《清文穎》卷首八愛新覺羅・胤禛《圓明園記》

圓明園，在暢春園之北，朕藩邸所居賜園也。在昔皇考聖祖仁皇帝聽政餘暇，遊憩於丹稜沜之涘，飲泉水而甘。爰就明戚廢墅，節縮其址，築暢春園。熙春盛暑，時臨幸焉。朕以扈蹕，拜賜一區，林皋清淑，陂澱淳泓。因高就深，傍山依水，相度地宜，搆結亭榭。取天然之趣，省工役之煩。檻花堤樹，不灌溉而滋榮；巢鳥池魚，樂飛潛而自集。蓋以其地形爽塏，土壤豐嘉，百匯易以蕃昌，宅居於兹安吉也。園既成，仰荷慈恩，賜以園額，曰「圓明」。朕嘗恭迓鑾輿，欣承色笑，慶天倫之樂，申愛日之誠。花木林泉，成增榮寵。及朕纘承大統，夙夜孜孜，齋居治事，雖炎景鬱蒸，不爲避暑迎涼之計。時踰三載，僉謂大禮告成，百務具舉，宜寧神受福，少屏煩喧，而風土清佳，惟園居爲勝，始命所司酌量修葺。亭臺丘壑，悉乃舊觀。惟建設軒墀，分列朝署，俾侍直諸臣有視事之所；構殿於園之南，御以聽政。晨曦初麗，夏晷方長，召對諮詢，頻移晝漏，與諸臣相接見之時爲多。園之中，或闢田廬，或營蔬圃，平原膴膴，嘉穎穰穰。偶一眺覽，則遐思區夏，普祝有秋。至若憑欄觀稼，臨陌占雲，望好雨之知時，冀良苗之應候，則農夫勤瘁，穡事艱難，其景象又恍然在苑囿間也。若乃林光晴霽，池影澄清，净練不波，遥峯入鏡；朝暉夕月，映碧涵虚，道妙自生，天懷頓朗。乘機務之少暇，研經史以陶情，拈韻揮毫，用資典學。凡此起居之有節，悉由聖範之昭垂，隨地恪遵，罔敢越軼。其采椽栝柱，素壁版扉，不斲不枅，不施丹雘，則法皇考之節儉也。晝接臣僚，宵披章奏；校文於墀，觀射於圃，燕閑齋肅，動作有恒，則法皇考之勤勞也。春秋佳日，景物芳鮮，禽奏和聲，花凝湛露，偶召諸王大臣從容游賞，濟以舟楫，餉以果蔬，一體宣情，抒寫暢洽，仰觀俯察，游泳適宜，萬象畢呈，心神怡曠，此則法皇考之親賢禮下，對時育物也。至若嘉名之賜以「圓明」，意旨深遠，殊未易窺。嘗稽古籍之言，體認圓明之德。夫圓而入神，君子之時中也；明而普照，達人之睿智也。若舉斯義以銘户牖，以勖身心，虔體天意，永懷聖誨；含煦品匯，長養元和，不求自安而期萬方之寧謐，不圖自逸而冀百族之恬熙。庶幾世躋春臺，人游樂國，廓鴻基於孔固，綏福履於方來。以上答皇考垂祐之深恩，而朕之心至是或可以少慰也夫。爰宣示予懷而爲之記。

愛新覺羅・弘曆《圓明園四十景圖詠》　正大光明

園南出入賢良門内爲正衙，不雕不繪，得松軒茅殿意。屋後峭石壁立，玉笋嶙峋，前庭虚敞，四望牆外，林木陰湛，花時霏紅疊紫，層映無際。

勝地同靈囿，遺規繼暢春。當年成不日，奕代永居辰。
義府庭蘿璧，恩波水瀉銀。草青思示儉，山静體依仁。
只可方衢室，何須道玉津。經營懲峻宇，出入引賢臣。
洞達心常豁，清涼境絶塵。每移雲館蹕，未費地官緡。
生意榮芳樹，天機躍錦鱗。肯堂彌厪念，俯仰惕心頻。

勤政親賢

正大光明之東爲勤政殿，日於此披省章奏，召對臣工，亭午始退。座後屏風書「無逸」以自勖。又東爲保合太和，秀石名葩，庭軒明敞，觀閣相交，林徑四達。

庭訓昭雲日，欽承切式刑。勅幾宵豈暇，吁俊刻靡寧。
一念徵蒙聖，群言辨渭涇。乾乾終始志，無逸近書屏。

九州清晏

正大光明直北爲幾餘遊息之所。棼橑紛接，鱗瓦參差。前臨巨湖，渟泓演漾。周圍支汊，縱横旁達，諸勝仿佛潯陽九派。騶衍謂裨海周環爲九洲者九，大瀛海環其外，兹境信若造物施設耶。

昔我皇考，宅是廣居。旰食宵衣，左圖右書。園林游觀，以適幾餘。
豈緊廊廟？泉石是娱。所志維何？煌煌御書。九洲清宴，皇心乃舒。
肯構孰責？繼序在予。業業兢兢，奉此遺模。一念之間，敬肆攸殊。
作狂作聖，係彼斯須。謂天可畏，屋漏與俱。謂民可畏，敢欺其愚！
六膳八珍，牣乎御厨。念彼溝壑，曷其飽諸？水榭山亭，天然畫圖。
瞻彼茅簷，痌瘝切膚。慎終如始，前聖之謨。嗚呼小子，毋渝厥初。

鏤月開雲

殿以香楠爲材，覆二色瓦，焕若金碧。前植牡丹數百本，後列古松青青，環以雜蘤名葩，當暮春婉娩，首夏清和，最宜嘯詠。

雲霞罨綺疏，檀麝散琳除。最可娱幾暇，惟應對雨餘。
殿春饒富貴，陸地有芙渠。名漏疑删孔，詞雄想賦舒。
徘徊供嘯詠，俯仰驗居諸。猶憶垂髫日，承恩此最初。

天然圖畫

庭前修篁萬竿，與雙桐相映，風枝露梢，緑滿襟袖。西爲高樓，折而南，翼以重榭，遠近勝概歷歷奔赴，殆非荆關筆墨能到。

我聞大塊有文章，豈必天然無圖畫？茅茨休矣古淳風，於樂靈沼葩經載。
松棟連雲俯碧瀾，下有修篁戛幽籟。雙桐薈蔚矗煙梢，朝陽疑有靈禽噦。
優遊竹素夙有年，峻宇雕牆古所戒。詎無樂地資勝賞？湖山矧可供清快。
巋然西峯列屏幛，眺吟底用勞行邁？時掇芝蘭念秀英，或撫松筠懷耿介。
和風萬物與同春，甘雨三農共望歲。周阿苔篆緑蒙茸，壓架花姿紅瑣碎。
徵歌命舞非吾事，案頭書史閑披對。以永朝夕怡心神，忘筌是處羲皇界。
試問支公買山價，可曾悟得須彌芥？

碧桐書院

前接平橋，環以帶水。庭左右修梧數本，緑陰張蓋，如置身清涼國土。每遇雨聲疏滴，尤足動我詩情。

月轉風迴翠影翻，雨窗尤不厭清喧。即聲即色無聲色，莫問倪家獅子園。

慈雲普護 調寄菩薩蠻

一徑界重湖間，藤花垂架，鼠姑當風。有樓三層，刻漏鐘錶在焉。殿供觀音大士，其旁爲道士廬，宛然天臺。石橋幽致，渡橋即爲上下天光。

偎紅倚緑簾櫳好，鶯聲瀏栗南塘曉。高閣漏丁丁，春風多少情。
幽人醒午夢，樹底濃陰重。蒲上便和南，摐摐聲色參。

上下天光

垂虹駕湖，蜿蜒百尺，修欄夾翼，中爲廣亭。縠紋倒影，滉瀁楣檻間。凌空俯瞰，一碧萬頃，不啻胸吞雲夢。

上下天水一色，水天上下相連。河伯夙朝玉闕，渾忘望若昔年。

杏花春館

由山亭邐迤而入，矮屋疏籬，東西參錯，環植文杏，春深花發，爛然如霞。前

闢小圃，雜蒔蔬蓏，識野田村落景象

霏香紅雪韻空庭，肯讓寒梅占膽瓶。
最愛花光傳藝苑，每乘月令驗農經。
爲梁謾説仙人館，載酒偏宜小隱亭。
夜半一犂春雨足，朝來吟屐樹邊停。

坦坦蕩蕩

鑿池爲魚樂國，池周舍下，錦鱗數千頭，喁唼撥剌於荇風藻雨間。回環泳游，悠然自得。詩云：衆維魚矣。我知魚樂，我蒿目乎斯民！

鑿池觀魚樂，坦坦復蕩蕩。
泳游同一適，奚必江湖想？
却笑蒙莊癡，爾我辨是非。
有問如何答，魚樂魚自知。

茹古涵今

長春仙館之北，嘉樹叢卉，生香蓊葧，繚以曲垣，綴以周廊，邃館明窗，牙籤萬軸，漱芳潤，擷菁華。不薄今人愛古人，少陵斯言，實獲我心。

廣廈全無薄暑憑，灑然心境玉壺冰。
時溫舊學寧無説，欲去陳言尚未能。
鳥語花香生静悟，松風水月得佳朋。
今人不薄古人愛，我愛古人杜少陵。

長春仙館

循壽山口西入，屋宇深邃，重廊曲檻，逶迤相接。庭徑有梧有石，堪供小憩。予舊時賜居也。今略加修飾，遇佳辰令節，迎奉皇太后爲膳寢之所，蓋以長春志祝云。

常時問寢地，曩歲讀書堂。
秘閣冬宜煥，虛亭夜亦涼。
歡心依日永，樂志願春長。
階下松齡祝，千秋奉壽康。

萬方安和

水心架構，形作卍字，略彴相通，遥望彼岸，奇花緹若綺秀。每高秋月夜，沆瀣澄空，圓靈在鏡。此百尺地寧非佛胸涌出寶光耶！

作室軒而豁，當年志若何。
萬方歸覆冒，一意願安和。
觸景懷承器，瞻題仰偃波。
九年遺澤在，四海尚謳歌。

武陵春色

循溪流而北，復谷環抱。山桃萬株，參錯林麓間。落英繽紛，浮出水面。或朝曦夕陽，光炫綺樹，酣雪烘霞，莫可名狀。

復岫迴環一水通，春深片片貼波紅。鈔鑼溪不離繁囿，只在輕煙淡靄中。

山高水長

在園之西南隅，地勢平衍，構重樓數楹，每一臨瞰，遠岫堆鬟，近郊錯綉，曠如也，爲外藩朝正錫宴、陳魚龍角觝之所，平時宿衛士於此較射。

重構枕平川，湖山萬景全。
時觀君子德，式命上賓筵。
湛露今推惠，彤弓古尚賢。
更殷三接晉，内外一家連。

月地雲居 調寄清平樂

琳宫一區，背山臨流，松色翠密，與紅牆相映。結楞嚴壇大悲壇其中，魚鯨齊喝，風旛交動，才過補特迦山，又入室羅筏城。永明壽所謂宴坐水月道場大作夢中佛事也。

大千乾闥，指上無真月。覺海漚中頭出没，是即那羅延窟。
何分西土東天，倩他裝點名園。借使瞿曇重現，未肯參伊死禪。

鴻慈永祜

苑西北地最爽塏，爰建殿寢，敬奉皇祖、皇考神御，以申罔極之懷。堂廡崇閎，中唐有恤。朔望展禮，僾愾見聞。周垣喬松偃蓋，鬱翠干宵，望之起敬起愛。

原廟衣冠古昔沿，天興神御至今傳。
有承秩秩斯爲美，對越昭昭儼在天。
春露秋霜興感切，瞻雲就日致孚乾。
式思曩昔含飴澤，敢缺因時獻果虔。
實實閟宫龍接宇，深深元寢鳳翔筵。
羹牆如見依靈囿，朔望來齋比奉先。
釦器黄金仍兩序，泠簫白玉備宫懸。

萬年佑啓垂謨烈，繼序兢兢矢勉旃。

匯芳書院

階除閑敞，草卉叢秀，東偏學月牙形，構小齋數椽，旁列虚亭，奇石負土爭出，穴洞谽谺，翠蔓蒙絡，可攀捫而上問津石室，何必靈鷲峯前？

書院新開號匯芳，不因葉錯與華裳。菁莪棫樸育賢意，佐我休明被萬方。

日天琳宇

紫微丹地中，立一化城截斷紅塵，覺同此山光水色，一時盡演圓音矣。修修釋子，渺渺禪栖。踏著門庭，即此是普賢願海。

天外標化城，不許紅塵雜，雲臺寶網中，時有鐘魚答。

澹泊寧静

仿田字爲房，密室周遮，塵氛不到。其外槐陰花蔓，延青綴紫，風水淪漣，蒹葭蒼瑟，澹泊相遭，洵矣視之既静，其聽始遠。

青山本來寧静體，緑水如斯澹泊容。

境有會心皆可樂，武侯妙語時相逢。

千秋之下對綸羽，溪煙嵐霧方重重。

映水蘭香

在澹泊寧静少西，屋旁松竹交陰，翛然遠俗。前有水田數稜，縱横緑蔭之外，適涼風乍來，稻香徐引，八百鼻功德兹爲第一。

園居豈爲事游觀？早晚農功倚檻看。

數頃黄雲黍雨潤，千畦緑水稻風寒。

心田喜色良勝玉，鼻觀真香不數蘭。

日在豳風圖畫裏，敢忘周頌命田官？

水木明瑟 調寄秋風清

用泰西水法引入室中，以轉風扇，泠泠瑟瑟，非絲非竹，天籟遥聞，林光踰生净緑。酈道元云：竹柏之懷，與神心妙達；智仁之性，共山水效深。兹境有焉。

林瑟瑟，水泠泠。溪風群籟動，山鳥一聲鳴。斯時斯景誰圖得？非色非空吟不成。

濂溪樂處

苑中菡萏甚多，此處特盛。小殿數楹，流水周環於其下。每月涼暑夕，風爽秋初，净緑粉紅，動香不已，想西湖十里，野水蒼茫，無此端嚴清麗也。左右前後皆君子，洵可永日。

水軒俯澄泓，天光涵數頃。

爛漫六月春，摇曳玻瓈影。

香風湖面來，炎夏方秋冷。

時披濂溪書，樂處惟自省。

君子斯我師，何須求玉井！

多稼如雲

坡有桃，沼有蓮，月地花天，虹梁雲棟，巍若仙居矣。隔垣一方，鱗塍參差，野風習習，襏襫簑笠往來，又田家風味也。蓋古有弄田，用知稼穡之候云。

稼穡艱難尚克知，黍高稻下入疇諮。弄田常有倉箱慶，四海如兹念在兹。

魚躍鳶飛

榱桷翼翼，户牖四達，曲水周遭，儼如縈帶。兩岸村舍鱗次，晨煙暮靄，蓊鬱平林。眼前物色活潑潑地。

心無塵常惺，境愜賞爲美。川泳與雲飛，物物含至理。

北遠山村

循苑牆度北關，村落鱗次，竹籬茅舍，巷陌交通，平疇遠風，有牧笛漁歌與舂杵應答。讀王儲田家詩，時遇此境。

矮屋幾楹漁舍，疏籬一帶農家。

獨速畦邊秧馬，更番岸上水車。

牧童牛背村笛，饁婦釵梁野花。

輞川圖昔曾見，摩詰信不我遐。

西峯秀色

軒楹洞達，面臨翠巘，西山爽氣在我襟袖。後宇爲含韻齋，周植玉蘭十餘本，方春花氣襲人，宛入衆香國裏。

塏地高軒架木爲，朱明颯爽如秋時。不雕不斲太古意，詎惟其麗惟其宜。

西窗正對西山啓，遥接嶢峯等尺咫。霜辰紅葉詩思杜，雨夕緑螺畫看米。

亦有童童盤蓋松，重基特立孰與同？三冬百卉凋零盡，依然鬱翠惟此翁。

山腰蘭若雲遮半，一聲清磬風吹斷。疑有苾蒭單上參，不如詩客窗中玩。

結構既久蒼苔老，花棚藥畤相縈抱。憑欄送目無不佳，趺榻怡情良復好。

春朝秋夜值幾餘，把卷時還讀我書。齋外水田凡數頃，較晴量雨諮農夫。

清詞麗句個中得，消幾丁丁玉壺刻。但憶趨庭十載前，徊徨無語予心惻。

四宜書屋

春宜花，夏宜風，秋宜月，冬宜雪，居處之適也。冬有突厦，夏室寒些，騷人所艷。允矣茲室，君子攸寧。

秀木千章緑陰鎖，閒閒遠嶠青蓮朵。
三百六旬過隙駒，棄日一篇無不可。
墨林義府足優遊，不羨長楊與馺娑。
風花雪月各殊宜，四時瀟灑松竹我。

方壺勝境

海上三神山，舟到風輒引去，徒妄語耳。要知金銀爲宮闕，亦何異人寰？即境即仙，自在我室，何事遠求？此方壺所爲寓名也。東爲蕊珠宮，西則三潭印月，净淥空明，又辟一勝境矣。

飛觀圖雲鏡水涵，拏空松柏與天參。
高岡翽羽鳴應六，曲渚寒蟾印有三。
魯匠營心非美事，齊人搤掔只虚談。
争如茅土仙人宅，十二金堂比不慚。

澡身浴德

福海西壖，平漪鏡净，黛蓄膏停，竹嶼蘆汀，極望彌彌，浴鳧飛鷺，游泳翔集。王司州云：非惟使人情開滌，亦覺日月清朗。

芩香含石髓，秋水長天色。不竭亦不盈，是惟君子德。
我來俯空明，鏡已默相識。魚躍與鳶飛，如如安樂國。

平湖秋月 調寄浣溪紗

倚山面湖，竹樹蒙密，左右支板橋，以通步屧。湖可數十頃，當秋深月皎，瀲灔波光，接天無際。蘇公堤畔，差足方兹勝概。

不辨天光與水光，結璘池館慶霄涼，蓼煙荷露正蒼茫。
白傅蘇公風雅客，一杯相勸舞霓裳。此時誰不道錢塘？

蓬島瑶臺

福海中作大小三島，仿李思訓畫意，爲仙山樓閣之狀，岧岧亭亭，望之若金堂五所，玉樓十二也。真妄一如，小大一如，能知此是三壺方丈，便可半升鐺内煮江山。

名葩綽約草葳蕤，隱映仙家白玉墀。
天上畫圖懸日月，水中樓閣浸琉璃。
鷺拳净沼波翻雪，燕賀新巢棟有芝。
海外方蓬原宇内，祖龍鞭石竟奚爲？

接秀山房

平岡縈迴，碧沚停蓄，虚館閑閑，境獨夷曠。隔岸數峯逞秀，朝嵐霏青，返照添紫，氣象萬千，真目不給賞，情不周玩也。

煙霞供潤浥，朝暮看遥興。
户接西山秀，窗臨北渚澄。
琴書吾所好，松竹古之朋。
仿佛雲林衲，攜笻共我登。

别有洞天

苑牆東出水關曰秀清村。長薄疏林，映帶莊墅，自有塵外致。正不必傾岑峻磵，阻絶恒蹊，罕得津逮也。

几席絶塵囂。草木清且淑。即此凌霞標，何須三十六？

夾鏡鳴琴 調寄水仙子

取李青蓮兩水夾明鏡詩意，架虹橋一道，上構傑閣。俯瞰澄泓，畫欄倒影，旁厓懸瀑，水冲激石罅，琤琮自鳴，猶識成連遺響。

垂絲風裏木蘭船，拍拍飛鳧破渚煙。臨淵無意漁人羡，空明水與天。
琴心莫説當年。移情遠，不在弦，付與成連。

涵虚朗鑒

結宇福海之西，左右雲堤紆委，千章層青，面前巨浸空澄，一泓净碧，日月山入，雲霞卷舒，遠山煙嵐，近水樓閣，來不迎而去不距，莫不落其度内，如如焉亦無如如者，吾得之於濠上也。

涵虚斯朗鑒，鑒朗在虚涵。
即此契元理，悠然對碧潭。
雲山同妙静，魚鳥適清酣。
天水相忘處，空明共我三。

廓然大公

平岡迴合，山禽渚鳥遠近相呼。後鑿曲池，有蒲菡萏。長夏高啓北窗，水香拂拂，真足開豁襟顔。
有山不讓土，故得高巘巘。
有河不擇流，故得寬瀰瀰。
是之謂大公，而我以名此。
偶值清晏閑，憑眺誠樂只。
識得聖人心，聞諸程夫子。

坐石臨流

仄澗中瀿泉奔匯，奇石峭列，爲坻爲碕，爲嶼爲奥。激波分注，潺潺鳴籟，可以漱齒，可以泛觴。作亭據勝，泠然山水清音。東爲同樂園。

白石清泉帶碧蘿，曲流貼貼泛金荷。年年上巳尋歡處，便是當時晉永和。

曲院風荷

西湖曲院，爲宋時酒務地，荷花最多，是有曲院風荷之名。兹處紅衣印波，長虹摇影，風景相似，故以其名名之。

香遠風清誰解圖，亭亭花底睡雙凫。停橈堤畔饒真賞，那數餘杭西子湖。

洞天深處

緣溪而東，徑曲折如蟻盤。短椽陋室，於奥爲宜。雜植卉木，紛紅駭緑，幽巖石廠，别有天地非人間。少南即前垂天貺，皇考御題，予兄弟舊時讀書舍也。

幽蘭泛重阿，喬柯幕甜樹。
牝壑既虚寂，細瀑時淙潺。
瑟瑟竹籟秋，亭亭松月夜。
對此少淹留，安知歲月流？
願爲君子儒，不作逍遥游。

愛新覺羅・弘曆《御製文二集》卷一二《白塔山總記》　京都於唐爲范陽，於北宋爲燕山，遼始稱京，金元明因之。雖城郭宫市建置沿革時或不同，而答陽都會居天下之上游，俯寰中之北拱，誠萬載不易之金湯也。宫殿屏扆則曰景山，西苑作鎮則曰白塔山。白塔山者，金之瓊華島也。北平圖經載遼時名曰瑶嶼，或即其地。元至元時改爲萬歲山，或曰萬壽山，至明時則互稱之，或又謂之大山子。本朝曰白塔山者，以順治年間建白塔於山頂。然考燕京而詠八景者，無不曰瓊島之春陰，故予於辛未年題碣山左，亦仍其舊，所爲數典不忘之意耳。山四面皆有景，惜《春明夢餘録》及《日下舊聞》所載廣寒仁智之殿、玉虹金露之亭，其方隅曲折未能盡高下窈窕之致，使人一覽若身步其地而目覩其概。蓋地既博而境既幽，且禁苑森嚴，外人或偶一窺視，或得之傳聞，其不能覩之切而記之詳也亦宜。兹特界爲四面，面各有記，如柳宗元之鈷鉧、石城諸作，俾因文問景者若親歷其間，嘗鼎一臠，足知全味云爾。

愛新覺羅・弘曆《御製文二集》卷一二《塔山南面記》　承光殿之北，跨太液爲橋，南北各有坊，南曰積翠，北曰堆雲。過堆雲坊即永安寺，殿曰法輪。殿後石磴拾級而升，得稍平道，左右二亭，曰引勝，曰滌靄。復因迴疊石中，仍拾級左右各爲洞，玲瓏窈窕，刻峭摧崣，各極其致，蓋即所謂移艮嶽者也。穿洞而上，適與拾級而上者平。洞之上，左右各有亭覆之，曰雲依，曰意遠。平處爲佛殿，前曰正覺，後曰普安。兩廂各有殿，東曰聖果，西曰宗鏡。又自永安寺牆之東緣山而升，路中有振芳亭，再升爲慧日亭。稍西則順治年間建塔碑記及雍正年間重修碑記。復署升則進普安殿之東廊矣。其寺牆之西，亦緣山而登，半山有亭，扁曰蓬壺挹勝，再登則爲悦心殿。偶臨塔山，理事引見恒於此。其後爲慶霄樓，每逢臘日奉皇太后觀冰嬉之所也。悦心殿東側書屋爲静憩軒。轉石屏入牆門，則仍普安殿。自殿後陟石階將百磴，即山頂，白塔建於此。塔前琉璃佛殿曰善因。考日下舊聞，山頂爲廣寒殿，蓋即建塔之所。山中爲仁智殿，則今普安佛殿是。塔後列刹竿五，或謂之轉梵經，或謂之資瞭遠。其下爲藏信礮之所，八旗軍校輪流守之。蓋國初始定燕京，設以防急變者。雍正年間復申明其令，載在史策，其發信礮金牌則藏之大内。予因思之，比及藉此知守，其失守已多矣。然而覩此知懼，凛天命，畏民碞，戒盛滿之志，繫苞桑之固，則信礮之制豈非祖宗之良法美意萬世所當慎守者乎！

愛新覺羅・弘曆《御製文二集》卷一二《塔山西面記》　室之有高下，猶山之有曲折，水之有波瀾。故水無波瀾不致清，山無曲折不致靈，室無高下不致情。然室不能自爲高下，故因山以構室者，其趣恒佳。慶霄樓既據山之高，樓西緣廊而降有二道，其一向南不數武爲一房山，蓋房中覆湖石成山云。歷磴以下爲蟠青室，迴廊環其外。緣廊北降，達山之西，憑廊向南，俯睇有深淵。東則山之西脚，而山半腰有亭曰揖山，乃從悦心殿西角門而出者。其下峭壁插入，滉然靚然，若龍湫之有神物也。波與太液通，石橋鎖其口。橋之南，步堤東轉，可通悦心殿及永安寺前。橋之北則琳光殿前，爲山西總路矣。又其一轉而北，有亭焉，曰妙鬘雲峯，歷石磴而下則水精域。其下有古井，古井向有記，闕諸家記載謂引金水河轉機運斛之非，及葦上壓勝之謬。凡山之陰、山之麓所爲屈注飛流，線溪畝池，皆綆汲此井以成其勢。水精域之下爲甘露殿，又下爲琳光殿。則就平陸，爲山西之路。轉而北爲閱古樓，樓壁砌三希堂法帖碑版，攀梯而登，與地平。稍北則畝鑑室，窗臨清池，即鑿山溪引古井之水也。閱古樓後楹平臨山溪，石橋駕其上。度橋有小石亭，梁柱皆泐詩。過亭，峪岈崱屴，徑衹容人，攝齊而上，出巖牆門，與慶霄樓後門相望，而山西之景畧畢。

愛新覺羅・弘曆《御製文二集》卷一二《塔山北面記》 自閱古樓巖牆門出，轉而東，則邀山亭，又東北則酣古堂。堂之東室倚石洞，循洞而東，則寫妙石室。堂與室之南皆塔山之陰，或石壁，或茂林，森峙不可上。而室之東間乃樓也，踏梯以降，復爲洞。窈窱窅映，若陶穴，若嵌竄，旋轉光怪，不可殫極。若是者行數百武，向東忽得洞門，出則豁然開朗。小廠三間，曰盤嵐精舍。而春南則仍石巖陡立。然羊腸之徑可以躋而上達看畫廊，廊屬山東景，兹不複綴。自精舍轉而北，至環碧樓緣飛廊而下，則嵌巖室，折而西小山亭額曰一壺天地，西扇面房額曰延南薰。其盤嵐精舍之西，由洞門北行數十武，亦達扇面房。自房而西爲小崑邱，蓋畝鑑室水盈池則伏流不見，至邱東始擘巖而出，爲瀑布，沿溪赴壑而歸墟於太液之波。又西爲銅露盤，銅仙竦雙手承之，高可尋尺，此不過綴景，取露實不若荷葉之易，則漢武之事率可知矣。又西爲得性樓，爲延佳精舍，爲抱沖室，爲鄰山書屋，名雖殊而因高以降，或一間，或兩架，皆隨其宛轉高下之趣而各與題額。又自畝鑑室北牆門而出，緣山蹊亦可達此。至鄰山書屋則就平地廊接道寧齋矣。其東乃漪瀾堂，蓋山之北以堂與齋爲主室，而圍堂與齋北臨太液，延樓六十楹，東盡倚晴樓，西盡分涼閣，有碧照樓、遠帆閣分峙其間，各對堂與齋之中。南瞻窣堵，北頫滄波，頗具金山江天之概。故登樓與閣，偶有吟詠，無不以是爲言。由漪瀾堂而東，則蓮華室以奉大士及妙法蓮華經得名。出牆門而南，則爲塔山東面之境矣。若夫各室内或題額，或聯語，率銘意寄興，無關於景概之全，斯則不悉載。

愛新覺羅・弘曆《御製文二集》卷一二《塔山東面記》 因舊置而修飾之謂之沿，易新建而創爲之謂之革。山之南，沿者多而建者少；山之北，革者夥而置者稀。然東北渤瓊島春陰之石幢雖出於新建，亦實述其舊置。由石幢登山徑爲看畫廊，其上則交翠庭。庭之下、廊之側，攀援石洞以出爲古遺堂，對之者，巒影亭。自堂躡梯以下，仍依洞以出爲見春亭。遂循東岸可至半月城前。而自交翠庭步嶺路至智珠殿者，分左右階而下，亦達半月城前。蓋殿原據城上，埤堄即平殿基也。過石橋則陟山門，而白塔山四面之事備矣。白塔建自順治八年辛卯，至於今蓋百有二十年矣。夫士民之家尚以肯構爲言，況兹三朝遺蹟，地居禁苑，聽其荒廢榛蕪爲弗當。然予自辛酉、壬戌之間，始稍稍有所葺建，至於今凡三十年，而四面之景始畢成而爲之記。雖云發内帑以徐爲之，然而視春明夢餘録、日下舊聞所載有過之無不及矣。知我罪我，吾豈能辭哉！

高鳳翰《南阜山人斆文存稿》卷三《人境園腹稿記》 外園，門南向偏西，即就群房開一尋常欞子，大門不必過作局面，使人便不可測。入門，即植叢竹，少東北折，横界以磚牆，上砌一小石，額曰「竹徑」。由此北行，東西兩牆，盡以山石疊砌，作虎皮文，下壯上細，磚結牆頂作鷹不落，密栽薜蘿，曰「蘿巷」。直北至園盡處。少南，開内園門，東向，不用門樓，即就牆開門，内築發券方臺，用重磚厚砌，穿透中間，以通園徑。其内覆頂，用粗木密排作架，而以厚闊杉木板貼平使光，用飾觀瞻。臺之南面接山牆，用土堆起，靠園圍牆，曲折高下，相勢蜿蜒，外護山石，斷續歷落，綴以雜樹，循牆南下，作山徑，至山勢當西折處，漸底平下，迤邐接作山脚，屬於荷池而止，使遊人自亭中荷舫來者，由此登臺。此賓客遊覽，明出南路之一段也。其北，面山牆，外亦築一石磴，陡上細窄，以作暗道，使家人輩伺候搬運供客一切諸件自内出者，由此登臺。此暗藏北路之一段也。臺上當南北二路入首處，各留一缺，短欄闌之；而四圍遶以矮花牆，皆可坐憩，中安一大方矮石桌，列石墩坐具於旁，外砌一石，額於門上，曰「結廬人境」，或曰「人境園」。入門，即植一太湖石，相對作小亭，曰「拄笏亭」，取米元章拄笏拜石之義也。

接亭南界，則遍列密柏如牆，曰「柏屏」，與登臺山徑相對列。

南走可二三十步，相勢即西折，其南即依東西兩界之間，築土山，東昂西陂，即臺徑山脚也。少點以石，而雜樹山松、文栝、高梧、長楸、榆、柳、槐、棗之屬，掩映覆罨，曰「綠雲阜」。北界柏牆，作路徑；南則遠去外垣數十步，隱於山後作小屋三四間，竹籬茅舍，鷄犬吠鳴，以居園丁。更相隔數步，鼎足作三井，不必甃砌。旁植垂柳。各安一吊罐、墜石之野轆轤，共築一三和土大潭以貯水，而以地道總承之，要令亭上不見，但見檐脊樹頂，愈藏愈有深致。自此注水暗下而西，至荷池東頭，其一暗繞南折，從藕香書屋後西行以達蕉坪，再由蕉坪北注以入荷渠；其一北折，以灌亭前藥欄。其亭曰「四照亭」，方式而闊，内列四額：東曰「夕佳」，西向以賞秋；西曰「東皇駐影」，東向以賞春；南曰「薰風」，生微涼以賞朱夏」；北則四照亭之總額也。亭前植紅藥，曰「藥欄」；亭後作一長軒，疏欞短檻四五，檻使其障日通風，以蔭蘭桂，曰「並香榭」。其藥欄前監荷池，作一小船房，四面軒敞，但安短欄，不設窗牖，背亭向池，曰「荷舫」。

出舫南行，接一板橋，紅欄翼之，跨池穿荷，小作曲折，曰「分香橋」。橋盡，即置一五間長房，曰「藕花書屋」。而所引暗道井潭之水，放之西出者，則貯成淺陂，於中疊土爲坪，種蕉數十百本，所謂蕉坪也。坪東岸作栅，養鶴三四頭，就水飲啄，曰「鶴柴」。再引此水明出，繞藥欄亭廈而北，別用磚甃狹底闊面之水道以種荷。盡亭之北，繞出其後，復南行，繞亭而東折，至柏屏之西脚而止，所謂荷渠也。其山後三井之水，共蓄一潭者，注此有餘，則儲之以待別用灌溉，而園中之水，可常活活不絶矣。就此折處，築一牡丹巨臺，與亭側對，以作春賞。其四園多栽楊柳、桃、杏、垂絲、辛夷之屬；而物色一大直挺宣石，雄峙臺上，刻字曰「沁香」，所謂東皇駐影也。其東則以此時見有之井專供荷池之用。井設桔槔，覆以草棚，法將池井相連之處，鑿下數尺，中留東壁以界井，而開西溜以通池。仍復用磚甃起，以作水櫃，高砌短牆，立石井邊，以受桔槔倒注之水，刻文其上，曰「挹注潭」。挽水出井，即傾其內，旁註使西，而於池壁承溜處，銜一石龍首從口中瀉之。此東南大概布置也。

由此過荷渠、蕉坪而西，則貼南偏盡處，作一兩架茅屋，曰「抱甕山房」。接房北山築長花牆，依荷渠西岸北走，及園之半，開一大月門，去西牆五六尺，辟一館，前敞後窗，後植紫藤作架，而列梧、竹數十百本於前院，曰「來鳳館」。其房後空地，則另依房以實牆界斷，或柴籬竹栅皆可。中蓄山鹿數頭，以助野趣，更爲蕭颯。其月門花牆，南北之界，只取掠盡來鳳館而止。更以花牆斷其北畔，而別以短者曲折北去，護以竹籬，曰「老圃秋容」。於西築茅屋三楹，爲餐英居。其院中全以藝菊爲主，而雜以霜柿、丹楓、芙蓉、秋色海棠、蜀葵，參錯相間，以助冷艷，而秋景妙矣。北盡東折，則南向作長廊，護以朱欄，曲折横斜，多種梅品，曰「香雪步」。於廊中間，鑿後壁作門，通以疏欞細槅，別爲暖室者三楹，以便風雪中，時欵佳客，而額其上曰「雪窟陽春」。至此，園景略盡。由窟轉入，則後層矣。西植牡丹，顔曰「天香室」；東植茂竹，曰「種玉草堂」。而園之布置，西界亦無剩矣。

大略園中之物，各有所宜。如牆則外之東西巷宜薜荔，南宜荼蘼。內西牆宜磚花砌，内北牆宜編竹。其橋則有宜石版、木版、略彴、蜂腰，或用檻，或不用檻。其石則或宜巧宜拙，宜塊宜片，宜色宜素，又或直矗，或偃卧，或欹斜而婆娑，或整齊而端重，各以出奇争新，勿使雷同爲要。而四時之景，與其方隅，亦須先有全算，始足以備觀覽；舉此遺彼，缺略荒陋，未善也。至其中所用欄楯、窗槅、几榻器具，亦必變换，勿生厭觀。是又所當博取佳式，廣求妙品，以成勝觀，是在園翁主人矣。

高鳳翰《南阜山人斆文存稿記》卷三《原麓山莊記》 人世百有之樂無如山水，不絲竹而音，不藻采而色，不鹽梅修脯茗醴薰飲而味，一仰一俯，拾而取之，有餘樂矣；然非特其人，則山水之勝不出，而樂亦不極，而其人要惟賢而有力、曠逸而無競於世者，爲能有之，故山水之勝與人相濟而能成其樂，爲最難。東武侍御王公可木先生，由孝廉少年登朝，爲名御史，一旦以無妄去官，灑然蟬蜕，不攖念慮，選勝買山，結廬教子。得原麓山莊者，地當九仙、五蓮之間，爲一邑山水絶勝處，修篁古木，幽泉怪石，絡繹相屬，目不給賞。而所居草堂，尤據其最。堂奥而廣，護以眉廊，廊壁外延，長松亘嶺，公則可壁鑿窗，横連如卷，每一庋啓，萬緑森列，縈朝霞，拂夕翠，金碧之精，沁人心目，蓋小李將軍有遇之莫能措手者已。出莊不數武，即澗壑，岸徑紛坌，蜿蜒四走，水竹交蔭，與天混碧，蒼雪夏寒，温泉冬燠，奥如曠如，兩絶人境。公時擕客群從，亦或獨往。往則緣沿曲折，各依方幅，剔洗爬疏，使之爲坪、爲嶼、爲梁、爲坻、爲磴道、爲陂陀，爲支磯坐具，客來游者，皆可憩息飲釣，升降盥濯，以爲游節，而釋頓憊。又嘗於村邊得小阜，廉隅正方，四周如削；古松虬盤，縱拏横攫踞其上。公則置亭翼檻，使可憑眺，以收異境。其諸設施，類非尋常識趣所能營度。噫！丘壑之緣，興與事偕，倘所謂賢而有力，相濟而能成其樂者是耶！

乾隆辛酉，余自江南以老病歸，客有好事者，自山中來，爲余述之蓋如此。余時方病痺廢足，不獲從公爲濟勝游；然猶時時從人傳説，知公在山中，每於游酣意得時，未嘗不齒念老傖。則使余病且不死，得爲山中蹩躠客，尚當登公之堂，借其階戺欄楯左右將扶之力，爲之騁望搜奇，疏峯摘壑，攬其全而爲公賦之。

蔣恭棐《西原草堂文集》卷四《逸園紀略》 逸園在吴縣潭西，太湖濱，孝子程介庵先生廬墓處也。康熙四十五年丙戌，孝子卜葬贈儒林郎懿孝先生於西磧山之南麓，築室墓傍廬墓。四十八年己丑，何義門先生榜曰「九峯草廬」。五十三年甲午，邵北崖先生題『逸園』二字於壁。園廣五十畝，臨湖，四面皆樹梅，不下數萬本，前植修竹數百竿，檀欒夾池水。過飲鶴澗，古梅數本，皆叉牙入畫。歷廣庭，拾級而登，爲九峯草廬，義門先生題額云。其前遠近高下爲峯有九，故名。庭前丘壑雋異，花木秀野，庭後牡丹一二十株，旁構小閣，良常王虛舟先生顏曰「花上」。後爲寒香堂，秀水朱竹垞先生題額。堂西偏之室，曰「養真居」，孝子廬墓時栖止之所。草廬之東，爲心遠亭，山陰戴南枝高士所書。亭北崖壁峭拔，有室三楹，曰「釣雪槎」。欄檻其旁，以爲坐立之倚。佳花美木，列於兩檐之外，下則鑿石爲澗，水聲潺潺，左山右林，交映可愛。槎之東，銀杏一本，大可三四圍，相傳爲宋元間物。稍東有廊，曰「清陰接步」。又東爲清暉閣，虞山王艮齋先生題額。蟠螭、石壁界其前，銅井、彈山，迤邐其左。憑欄東望，高聳一峯，端正特立，尤爲峉崒。其下梅林，周廣數十里，琴川錢東澗先生《游西磧》詩云：「不知何處香，但見四山白」，最善名狀。草廬之西，曰「梅花深處」；引泉爲池，曰「滌山潭」。潭上有亭，曰「藻淥」，石梁跨其上，曰「盤碕」。盤碕之北，過芍藥圃，竹籬短垣，石徑幽邃，則白沙翠竹山房也。旁有斗室，曰「宜奧」。每春秋佳日，主人鳴琴其中，清風自生，翠煙自留，曲有奧趣。後爲山之幽，古桂叢生，幽蔭翳蔚，是爲園之北境。其由竹籬石徑折而西，飛橋梯架巖壑，下通人行，爲迪山，今名滌山。由西磧逶迤成隴，高二十餘丈，周百餘畝，其中平坦處，石臺方廣丈餘，登其巔，則莫釐、縹緲諸峯，隱隱在目，白浮長空，近列几案間。東則丹崖翠巘，雲窗霧閣，層見疊出，西則粘天浴日，不見其際，風帆沙鳥，煙雲出没，如在白銀世界中，爲逸園最勝處。

全祖望《鮚埼亭集外編》卷一五《桓溪舊宅碑文》 予先世家桓溪之上，故搜索溪上文獻最詳。嘗謂鄞之山水，自四明洞天四面有二百八十峯，其在鄞者居多，然莫如溪上之秀。舒龍圖嘗以慈溪、桓溪、藍溪稱爲「三溪」。予謂鼎足之中，當推桓溪者，以本色也。

句章城址邈矣，溪上之山，其脈甚遠，溯自四明山心之杖錫。迤邐而出，大小皎之幽深，石臼之清奇，天井之閒静，響巖之明瑟，或起或伏，穹穹窿窿，其中藥爐茶竈，瓊枝玉木，雞犬俱別，不可名狀。溪上之水，發源四明山中，及放乎蘭浦而下，它泉汩汩，一碧如洗，蕙江環其背，春深而緑陰夾岸，秋老而絳葉滿沚，千篙競發，縮項之鯿，時出丙穴，雖山陰道上之泉，不足比美。句餘靈淑之所蓄萃也。而吾鄞諸叟之卜築其間者，亦於此最多，故遊人遷客亦最盛：自唐賀祕書爲開荒詩老，其高尚澤今尚存；宋豊清敏公，則蕙江其故居也；陳尚書以忤蔡京歸，於密巖結冥菴；南渡而後，魏文節公自焦山來，築碧溪菴於石臼，爲觴詠地；而張監軍良臣自大梁來，亦卜居焉，三徑密邇。其時文節東閣之客，甲於江東：王季彝之詩，白玉蟾之仙，柴張甫之俠，張甫名厓，見《剡源集》。葛天民之誕，皆以魏、張之友來溪上，又未幾時而樓宣獻公別業在焉。宣少師之別業亦在溪上，而鄉里以其人不甚重，故弗稱。咸、淳間，安祕丞劉以忤賈似道亦居溪上，日賦詩。而王尚書深寧園亭多在城東，其溪上小園，則晚年所爲也。東發黄先生亦別署杖錫山居士，其寓溪上最久。清容謂溪上盛時，碧瓦朱甍，翬聳鱗比，望之如神仙居。嗚呼盛矣！

予家先世文詞之學，實自義田宗老六公發之，其時正及接樓、王諸叟之風采，至今取所傳家集讀之，雖所造深淺不同，然莫不循循有前輩師法。夫山川之秀，必賴人物以發之，不然則亦寂寥拂抑而不自得。以溪上之山川如此，人物如此，數百年以來，忽變而爲樵童牧叟荒江野燒之場，流風遺韻澌滅殆盡，欲求當日諸老蹤跡不可得，豈不惜夫。予自放廢以來，復從宗人求一隙地，築室其間，思爲溪上田父，以充聖世之幸民。因念漢宣城太山有廟，多名士集其中，荆州刺史爲立《冠蓋里碑》；唐之衡陽有《儒林文學碑》以志其一州人物。今吾溪上之盛，實無忝焉。乃爲文勒石，樹之舊宅之旁，後生晚輩不及見前哲之風流，得此碑，猶可追溯而想見之也。

全祖望《鮚埼亭集外編》卷一八《方國珍府第記》 方國珍亂浙東，所據爲慶、台、温，而兼有紹興曹江之東境，以通明壩爲地限。其用刑甚嚴，犯其法者，以竹籠之投於江。明太祖招之，國珍約降而不奉朔，徘徊持兩端。及湯信公以師渡江，國珍逃竄入海，已而自歸。太祖不責前事，賞以千步廊百間。而國珍子亞關，舊嘗在金陵爲質子，建言當築城於沿海以防倭。太祖詔下信公施行，於是始築定海等處十一城。定海城爲衛，而以大嵩、穿山、霩衢、翁山西城隸之。觀海城爲衛，而以龍山城隸之。昌國城爲衛，而以石浦、錢倉、爵溪三城隸之。皆以亞關之言也。國珍父子於元末羣雄爲首亂，鼠竊一十八年，真人出而熸火息，其罪甚巨，而吾鄉藩籬之固，則亦其父子實啟之，不可謂無功。其吾鄉府城，因元初隳天下城池而壞者，雖築於納麟之手，而亦至方氏始完。不然嘉靖以後，王直、徐海之亂，荼毒更有不可言者矣。

國珍所居，即元時都元帥府也。宋時爲慶元府治，元人始改都府治，而移總管之治於東。歸附後，爲寧波衛。又廓都府之後爲内衙，有甬道以通前，歸附後爲安遠驛。又取其右爲園，歸附後爲提舉司。又立萬户府於譙樓西，歸附後爲鎮撫司之獄。國珍三弟：其一爲右丞國璋，其一爲參政國瑛，其一爲行樞密國珉，故別建二府於鑒橋以居國璋，歸附後爲湯信公署，尋以賜萬指揮鍾，後爲屠侍郎第者也。建三府於問俗坊，以居國瑛，當史越王第宸奎閣之右，世所稱「史府菜園」者也，歸附後以賜李指揮齡，太祖命詹孟舉書「武鎮坊」以旌之，後爲張方伯第者也。建四府於五臺寺東南以居國珉，歸附後亦入官，後爲黄僉事第者也。易代以來，寧波衛已改爲巡道治，而所謂爲驛，爲司，爲獄皆廢，祇鑒橋屠侍郎第尚存，而張氏猶共傳「花廳」之名。

嗟夫！都府在宋時爲絶盛，有窻曰四明，有洞曰桃源，有臺曰百花，有軒曰叢碧，吴履齋諸公之所觴詠也，豈意其一變而爲桑海之場乎？然而隗嚚故宫，見於杜工部之詩，而王惲亦嘗詠劉豫之書舍，則雖渺然小腆之陳跡，未嘗不可存之，爲志乘之助也。

明初羣雄割裂，祇國珍以令終，既内附，有女適沐黔公子，在滇中，凡鄞人仕滇，如應布政履平輩女，敦鄉里之誼，還往若親戚。然則方氏之竊據也，所謂盜亦有道者耶？羣從弗戢，竟隕厥宗，悲夫！

全祖望《鮚埼亭集外編》卷二〇《小有天園記》 杭之佳麗以西湖，西湖之勝莫如南屏。南屏之列峯環峙，而慧日爲之尤，陟歡喜巖至琴臺，有司馬公磨崖之隸書，怪石嘉植，不可以名狀也。登其巔，重湖風景了然在目。相傳百年以前，諸老之園亭池榭盡在其間，今不可復問，而日新而未艾者，曰汪氏之小有天園。

是園也，本名壑菴，爲汪孝子之萼廬墓所居，其後遂爲別業，適當慧日峯之下，其東即净慈寺也。孝子身後，孫守湜益葺之，築南山亭於峯上，於以封植嘉樹，無忘角弓。薦紳先生游湖上者，未有不過是園，感嘆舊德，留連光景，其題詠盛見於前人別集。乾隆十有六年，天子南巡狩，孝子之後人湛等，更復闢治，新其軒序，浚其池塘，增其卉木，以爲大吏點綴湖山之助。已而天子幸净慈，遂至其園，問其主，杭守臣杜甲具奏：汪氏纍世同居，家門敦睦。天子欣然色喜，翊日再莅其園，進御饌焉，爰肇錫以嘉名，曰小有天園，賜奎墨以旌門，兼製長句一首。湛等感激天恩，恭建御碑，以奉御製，有光熊然上燭雲漢，而屬予爲之記。

恭惟天子以孝治天下，親奉聖母，時巡嶽瀆，以省民間之疾苦。而於山川名勝古蹟，亦間一遊豫，以寫閒情。然自淮而東，士大夫家之臺榭，祇吴中梁溪秦氏之園，建置最古，又以今侍郎蕙田方在法從，故得邀翠華之小憩，此外未有所聞，而汪氏獨得之，其爲寵光何可勝道。語不云乎：「莫爲之前，雖美弗彰；莫爲之後，雖盛弗傳。」非孝子之積善，不足以佑啟清門，得茲殊數；而非諸孫之克世其家，亦何以歷久長新，上荷天寵也。汪氏其勉之哉。移孝可以作忠，自今以往，所以丕振孝子之家聲，以上報國恩者，當何如矣。湛固汪氏之宗老也，於是役尤有勞，其定以予言爲不謬也。

全祖望《鮚埼亭集外編》卷二一《先檢討府君丙舍記》 出城西南二里，有崇法寺焉，據高岡爲勝，其旁爲先檢討府君之阡。是岡也，蓋甬上西南二道山水之會，凡城南山水之自仗錫來者，千巖萬壑，至它山而合，由南塘河以入城。其西之自大雷來者，千巖萬壑，至桃源而合，由西塘河以入城。南道爲大宗，西道爲支子，其水胥會於城中之湖上，故有雙清閣、會泉亭以志其地。餘波之在城外者，南道則循長春門而右，西道則循望京門而左，胥會於城下之濠，適當湖上雙清之地，祇隔雉堞一重爲限，而崇法寺岡實遥臨之。蓋山峙而水流，水之所之，山脈潛附以行。是岡爲二道山脈所注以鎮水者，是以平壤之中，突然墳起，近世堪輿家不解，忽以爲四明府治之勢，來自建嶴之錫山，穿城渡江，直抵候濤山而止。此其説，始於黄孟清僉事，而前此無有也。不知建嶴之山，實光、同諸峯之支隴，而遥與大雷一帶相應，其水則原通小溪，而會桃源之流以入江，左縈右拂，若爲二道之介紹者，非能獨擅其尊也。是岡之所自，蓋不止此。

夫惟二道山水之會，皆歸是岡，故雖不甚峻，而氣象盤延磅礴，爲城外之偉觀。其漢、唐以來之古蹟，最初則董孝子之母墓在焉，遊人過之必有詩，而嬾堂、臯父二公最工。古廟巍然，墓下有潭，久旱不涸，相傳以爲孝子廬墓泣血之所。宋則豐清敏公之紫清觀，實居寺西，沿河皆植蓮花。其觀連延三十餘畝。荆公爲鄞令，於寺最多題墨，戴帥初詩所云「驚風急雨舒王字」是也。其女卒即葬此。寺中別有荆公祠，未幾魏王愷之妃亦葬焉。咸淳間，袁尚書似道於寺左營南園，曲廊修檻，臺榭共十五區，而趙氏鄮山書院亦在焉。寺中舊有法智尊者之塔，趙清獻公穹碑護之，故遊人又呼曰「祖關」。入元而清容學士修復南園，其芳思亭、羅木堂，皆有詩。入明，而豐布政文慶重新紫清觀，有《故園十詠》。於是，是岡遊屐不減宋時。薦紳先生之葬者，黄公孟清而後，不下數十家，而堇山李侍郎嘗生壙時，築堂曰景賢，以慕豐、袁之遺。

先檢討阡，適在景賢堂之右，叢桂數十，風景明瑟，丙舍雖小，皆先學士之所經營。其前臨淵，有沙滙水中成渚，其左有橋，其後爲寺，佛鐙漁鼓，時足助清致。當時如張尚書東沙、周都御史苺厓、范侍郎東明、豐考功人翁，唱酬翰墨最多。而學士有女已許居辰州田叔，未嫁而卒，附葬阡旁，開壙得石志，則荊公女之銘也。殤女之兆域，先後如相待，時皆詫爲異事。二百年以來，日以頹矣。高岡無恙，流水潺潺，紫清芳思之賢子孫何可多得，故家門祚之感，不禁爲之憮然。

袁起《隨園圖・隨園圖說》 《隨園圖》成，友人互傳觀，曾游斯園者，探紙上之亭臺，證鴻泥之往迹，不禁感慨繫之。而未嘗至園者，謂余曰：「君因園亡作圖，既跋厥由，更仿《輞川》，標其名目，山樓水閣，固已詳矣。至若經營之巧、景物之盛，奪天工，乘地勢，極人力，與夫一花一石，宜春宜冬，棄取因材，命名之義，覽者終覺茫然，曷再縷析而分疏之，雖山重水復，難窮其妙，而升堂入室，了如指掌，庶免披圖仍有迷津之憾耶？」乃復爲《說》曰：

金陵北門橋迤西半里許，俗號乾河沿，水未乾時，爲南唐赴清涼山避暑故道，其盛可想也。過紅土橋，即隨園。柴扉北向，入扉緣短籬，穿修竹，行緑陰中，曲折通門。入大院，四桐隅立。面東屋三楹，管鑰全園。屋西沿籬下坡，爲入園徑。屋右拾級登回廊，北入内室。順廊而西，一閣，爲登陟樓台勝境之始，内藏當代名賢投贈詩，謂之曰「詩世界」。由是北折入藤花廊，秋藤甚古，根居屋内，蟠旋出户而上高架，布陰滿庭。循廊登小倉山房，陳方丈大鏡三，晶瑩澄澈，庭中花鳥樹石，寫影鏡中，別有天地，詩云：「望去空堂疑有路，照來如我竟無人」，詠此鏡也。東偏簃室，以琉璃代紙窗，納花月而拒風露，兩壁置宣爐，冬熱炭，温如春，不知霜雪爲寒。檐外老桂，涼陰蔽日，能令三伏忘暑，顏之曰「夏涼冬燠所」。登唐梯上，曰「南樓」，啓窗見龍舟山、鷄鳴塔、臺城、孝陵諸勝景。山房前懸李閣學集句、沈補蘿書楹帖，曰「此地有崇山峻嶺，茂林修竹；是能讀三墳五典，八索九丘。」繞大鏡後，入北室，曰「盤之中」，謂盤旋如蝸牛中也。再北而之西，軒曰「古柏奇峯」，階下瓔絡柏，高不盈五尺，虬曲心空，而皮僅存，蒼蘚如鱗，上生嫩條翠葉，裊裊迎風，傍一石，玲瓏如静女垂鬟，盈盈相向。軒之西，曰「金石藏」，庋鷄碑、雀籙、鐘鼎文字，及璜、琥、尊、罍焉。再轉而南，蒔芍藥滿臺，花影壓欄，如堆錦綉，園丁鋤地，得石刻隸書「環香處」三字，饒有古趣，遂爲室額。西達小眠齋，丹桂緑蕉，清陰繞榻，華胥一枕，遠絶塵囂。齋側穿徑繞南出，曰「水精域」，滿窗嵌白玻璃，湛然空明，如游玉宇冰壺也。拓鏡屏再南出，曰「蔚藍天」，皆藍玻璃，詩所謂「客來笑且驚，都成盧杞面」者，即此處。上登緑曉閣，朝陽初升，萬緑齊曉，翠微白塔，聚景窗前。下梯東轉，曰「緑浄軒」，皆緑玻璃，掩映四山樓台竹樹，秋水長天，一色暈碧。出軒北，至曲室，飾以五色玻璃，如雲霞散綺，斑瞵炫目，乃謂曰「琉璃世界」。毗連東軒，曰「嵰山紅雪」，皆紫玻璃，廊外西府海棠二株，花時恍如天孫雲錦，掛向窗前。自軒而北，爲書倉，藏書萬卷，手加丹黄。出倉而東，仍至小倉山房。由庭東側穿複道下，曰「南臺」，高踰百尺，當園之中，俯臨群境，延納衆景。臺上銀杏大四十餘圍。園中有銀杏三，皆千餘年物，而此樹最高，翠幹拂天，清陰匝地，築室其下，取申屠蟠故事，撰額曰「因樹爲屋」。自是東下坡入園，凡書室外，皆有回廊環抱。出小眠齋西行，長廊十丈，匯集同時名公、臣卿、騷人、女史、開士、羽客詩翰於此，號曰「詩城」。去西數十弓，山椒構亭，曰「香雪海」，繞以梅花七百餘株，疏影横坡，寒香成海，不啻羅浮、鄧尉間也。迨此而北麓之勝已畢。回向東，由水精域一帶廊外，迤邐至嵰山紅雪外下坡，達第三層閣，面南山如翠屏，喬木千章，琅玗萬个，俯瞰山下遊人，如行畫中，乃以淵明句爲額，曰「悠然見南山」。閣後下複道，南至第二層閣，曰「需雅閣」。西下回廊至小栖霞閣，東上坡達詩世界，下坡即南臺。由臺東出回廊，且折且下，玉蘭、海榴，環列於右，萬石鱗綴，雜植牡丹、蘭、蕙、朱櫻、紅蕉，拱抱於左。廊腰構亭，曰「群玉山頭」。下是隨廊再折再下而東，萬柳陰中，深藏水榭，曰「柳谷」。後枕牡丹巖，前憑菡萏池，水面豁然而開，天宇朗照，螺峯掃黛，絲柳垂金，浸影於鴨緑波中，時有鴛鴦、翡翠，往來遊戲，沈李浮瓜，最宜消夏，無復知有襏襫紅塵者。楹聯云：「不作公卿，非無福命都緣懶；難成仙佛，爲讀詩書又戀花」。良有以也。西出回廊，修篁一林，隱石峯七，瘦削離奇，迎人而立，曰「竹請客」。南出圓籬門，登池心橋，亭曰「雙湖」，兩水如鏡，左右夾亭，柳浪荷風，清心濯魄。下亭，壚土甃長堤，間植桃柳，蜿蜒仿西泠裏、外湖，目之曰「桃花堤」。池水自西山來，下通北門橋，繞秦淮出西水關赴長江，長流不斷。附堤建閘，使清波洄洑，不放落紅輕到塵市，曰「回波閘」。過閘不數武，雙亭並峙，曰「鴛鴦亭」。登亭仰望對山樓臺中人，恍若仙人凌空遊戲於蓬萊閬苑焉。出亭而再之西，跨堤杠石橋，風清月朗，老鶴立橋上，昂頸長鳴，游魚跳浪，跋剌相應，天機活潑，皆成詩境，名曰「渡鶴橋」。下橋順堤南行，過吊橋，登南山，羊腸徑曲，竹木交蔭，中一笠紅亭，曰「山半亭」，遊覽至此，宜小憩焉。亭西陟重岡，古柏六株，互蟠成偃蓋，因之縛茅，曰「柏亭」。出亭，度濤聲翠影，崎嶇而上，躋高峯，築室於顛，曰「山上草堂」，翛然林木，有濠濮間趣。其上曰「天風閣」，登閣四顧，則長干塔、雨花臺、莫愁湖、冶城、鍾阜，虎踞龍蟠，六朝勝景，星羅棋佈於窗前，遥望三山、白鷺洲，江光帆影，映帶斜陽，歷歷如繪，非山之所有者，皆山之所有也。至是則南山之迹已窮。乃復轉武下山，重過吊橋，向北，堤行至水西亭，夕照塗黄，波光泛碧，垂竿於萬藕花中，香風熨袂，鳥語留人。出亭再北，渡平橋，穿叢林，磬折入石洞，曰「神清之洞」。穿洞東出，楸、桂回合，奠堂於中央，曰「小栖霞」，宧窔幽寂，可琴，可棋，可觴詠，可茗話，後臨深潭，潛流湛爽，四時不涸，曰「澄碧泉」。上有五鬣松，夭矯拏空，乃六朝故物。沿潭怪石，如人，如獸，如卧，如立，峆岈萬狀。石隙雜蒔蘭、蕙、海棠、玉簪各卉，滿山種木芙蓉，花放如錦屏風，號曰「芙蓉屏」。堂側，登回廊，上達第二層閣。出堂繞籬東行，曰「判花軒」，日暖南寅，蘆簾深護，爲冬日藏花所。由軒過南臺下，再緣竹籬，東上回廊，仍達群玉山頭。廊盡，上山坡，而園中之景畢。園東南隅竹樹中，露永慶寺浮屠，倚廊相對，每逢上燈，萬盞琉璃，裝成一枝火樹，恍在園中，爲園亭所罕有之景。西南百步外，柏翠松蒼處，爲先太史佳城，登樓在望，時時得除茂草，灌宰樹，審諦其墓石。園外不築牆垣，而從無穿窬之患。就山起樓台，常易敧頹，附園有水田菜畦百畝，足供春秋祭掃及歲修灑涾之資。初宰江寧時，某茂才控僧毁其父棺，請臨勘，茅庵數椽，寄棺垂卅餘年，以凳朽而傾，問茂才：「胡久不葬？」泣曰：「固有志，而力不逮，誠死罪。」詢之僧：「有隙地否？予助資，爾出力，今日吉，曷爲瘞之如何？」皆泥首謝。乃召沙彌舉鍤下窆。寺甚隘，難久立，斜下有茶肆，頗幽静，姑小憩以待之，因知昔爲織造隋公别墅，今荒思售；適邑人乞修縣志，爰捐俸購爲纂書局，繼而自長安歸，遂陳情奉太夫人來居之，享林泉之樂者五十餘年，豈非教孝愛人之善報哉！

袁枚《小倉山房文集》卷一二《隨園記》 金陵自北門橋西行二里，得小倉山。山自清涼胚胎，分兩嶺而下，盡橋而止，蜿蜒狹長，中有清池水田，俗號「乾河沿」。河未乾時，清涼山爲南唐避暑所，盛可想也。凡稱金陵之勝者，南曰雨花臺，西南曰莫愁湖，北曰鍾山，東曰冶城，東北曰孝陵，曰鷄鳴寺。登小倉山，諸景隆然上浮；凡江湖之大，雲煙之變，非山之所有者，皆山之所有也。康熙時，織造隋公，當山之北嶺，構堂皇，繚垣牖，樹之楸千章，桂千畦，都人游者，翕然盛一時。號曰「隋園」，因其姓也。後三十年，余宰江寧，園傾且頽弛，其室爲酒肆，輿臺嚾呶，禽鳥厭之，不肯嫗伏；百卉蕪謝，春風不能花。余惻然而悲，問其值，曰「三百金」。購以月俸。茨牆剪闔，易檐改塗。隨其高爲置江樓，隨其下爲置溪亭，隨其夾澗爲之橋，隨其湍流爲之舟，隨其地之隆中而欹側也爲綴峯岫，隨其蓊鬱而曠也爲設宧窔。或扶而起之，或擠而止之，皆隨其豐殺繁瘠，就勢取景，而莫之天閼者，故仍名曰「隨園」，同其音，易其義。落成，嘆曰：「使吾官於此，則月一至焉；使吾居於此，則日日至焉。二者不可得兼，舍官而取園者也。」遂乞病，率弟香亭、甥湄君，移書史，居隨園。聞之蘇子曰：「君子不必仕，不必不仕。」然則余之仕與不仕，與居兹園之久與不久，亦隨之而已。夫兩物之能相易者，其一物之足以勝之也。余竟以一官易此園，園之奇可以見矣。己巳三月記。

《〔宣統〕吴縣志》三九中錢大昕《網師園記》 古人爲園以樹果，爲圃以種菜。《詩》三百篇，言園者，曰「有桃」、「有棘」、「有樹檀」，非以侈游觀之美也。漢魏而下，西園冠蓋之游，一時夸爲盛事，而士大夫亦各有家園，羅致花石，以豪舉相尚。至宋，而洛陽名園之記，傳播藝林矣。然亭臺樹石之勝，必待名流宴賞、詩文唱酬以傳，否則，辟疆驅客，徒資後人嗢噱而已。

吴中爲都會，城郭以内，宅第駢闐，肩摩趾錯，獨東南隅負郭臨流，樹木叢蔚，頗有半村半郭之趣。帶城橋之南，宋時爲史氏萬卷堂故址，與南園、滄浪亭相望。有巷曰「網師」者，本名「王思」，曩三十年前，宋光禄慤庭購其地，治别業，爲歸老之計，因以「網師」自號，並顔其園，蓋托於漁隱之義，亦取巷名音相似也。光禄既没，其園日就頽圮，喬木古石，大半損失，惟池水一泓，尚清澈無恙。瞿君遠村，偶過其地，懼其鞠爲茂草也，爲之太息。問旁舍者，知主人方求售，遂買而有之。因其規模，别爲結構，疊石種木，布置得宜，增建亭宇，易舊爲新，既落成，招予輩四、五人談宴，爲竟日之集。石徑屈曲，似往而復，滄波渺然，一望無際。有堂，曰「梅花鐵石」，山房曰「小山叢樹軒」。有閣，曰「濯纓水閣」。有燕居之室，曰「蹈和館」。有亭於水者，曰「月到風來」。有亭於厓者，曰「雲岡」。有斜軒，曰「竹外一枝」，有齋曰「集虚」。皆遠村目營手畫而名之者也。地只數畝，而有紆回不盡之致，居雖近廛，而有雲水相忘之樂。柳子厚所謂「奥如曠如」者，殆兼得之矣。園已非昔，而猶存「網師」之名，不忘舊也。予嘗讀《松陵集》賦任氏園池云：「池容澹而古，樹意蒼然僻。不知清景在，盡付任君宅」，輒欣然神往，今乃於斯園遇之。予雖無皮、陸之詩才，而遠村之勝情雅尚，視任晦實有過之。爰記其事，以繼《二游》之後，古今人何遽不相及也！

李調元《童山文集》卷七《醒園圖集》 醒園者，先君之别業也。其園在羅江，今改綿州治之北二十里雲龍山家塋之旁。據象山之麓，背西向東，磐溪抱其北，潺亭繞其南，下即羅江之上游。其東南金頂、鵜鶘諸山，若屏障，若几案，蓋天然圖畫也。始爲徐氏地，戊寅春，先君自宦浙憂歸，以密邇家塋，故售而有之。

然其時鮮嘉樹，多豐草，爲芻牧場舊矣。先君乃遍植松柏桃李，於窈然窪然、若凹若凸之間，作廳三楹於半山之椒，曰「花廳」。編以竹籬，雜植名花異卉於其中，並除箭道，設庖湢，以爲游宴栖息之地，外築粉垣護之，命曰「醒園」，蓋取杜少陵《題瀼西新草屋》第三章詩意也。額爲丹徒編修王文治書。然工未竟，而先君以王事歿於官。余以庚寅之正月旋里，經營窀穸甫畢，即因其舊址，各建亭於其上。不一年而成，俱各以匾額識之。其在山之最高者，爲望江亭，所謂「一覽衆山小」也；其下爲萬松嶺，每風叟叟而起，仿佛澎湃之聲。西山之陰爲放鶴亭，可一望雲龍諸山。下一層有二船房，左曰「貯風」，右曰「延月」，疊翠重嵐，最爲幽折。其中爲大觀臺，一園之景皆萃焉。出蓬萊門以北，曰「木香亭」，與酴醾架相對。每花時，芳氣襲人。下即魚池，有兩亭，南曰「納涼」，北曰「非魚」。每五六月之交，綠柳含風，坐卧終日，可以忘暑。稍下又爲清溪草堂，春時啼鳥繞屋，桃花三兩枝，令人移情。其南有洗墨池，上有石亭。其北則雨村書屋在焉。竹竿萬个，大有村落間意。其最北又有臨江閣，閣後有樹根亭，蓋先君安置天然牀處也。天然牀者，本東山柏樹根，高五尺，廣一丈，可坐可卧，以不假雕刻，而水草蟲魚皆備焉，故曰「天然」也。余嘗作歌銘以紀其事。以上大率隨地布置，不事粉飾，而藥欄花樹，在在皆有野趣。有園如此，宜乎爲湖山作主人矣。而中間多故，於去冬別而北上，又爲草堂之靈所竊笑。然麋鹿木石，癖性難醫，而毀傷薪木之憂，又未嘗一日去諸懷也。

今年秋八月，余友重慶守朱子穎，以回避來京，相晤於宣武門東之棗花齋，爲道其事，欣然爲我圖之，一揮即就。子穎，今之大白也，而其繪事亦在大小米之間，且子穎亦嘗至余家見先君，曾游醒園者，故能一一詳悉如此。使見此畫者，不啻身在園中，而他日入園中者，亦不啻身在畫中。則觀圖何必見園，觀園何必見圖乎！顧作圖何必作於京也。昔東坡有云：「余於元祐八年十一月將朝，假寐夢歸谷行宅，歷疏圃，坐南軒，見莊客數人掘地，得蘆菔根煮食。既覺，惘然思之，有文一篇以記其事。南軒，即先君之來風軒也。」故余之爲此圖也，思醒園，抑思先君也。

王灼《悔生文集》卷五《游歙西徐氏園記》 歙西徐氏有園，曰「就園」，方廣可數十畝。其西北隅鑿地爲方池，引溪水入焉；池之四周，皆纍以危石，池上有橫石爲橋，以通往來。由池而西爲亭，再西翼然而出者爲樓，池之南端，臨以虛堂，堂半出水上，前有橫闌可俯，堂背爲渠，溪水所從入池者也。循渠折而東行，皆長廊，中纍層石爲臺，臺高二尋，其上正平，可羅坐十餘人。旁植梅檜竹柏石楠甚衆。臺下逶迤，環以復壁；北復構堂三楹，堂之右側，與前池通。由堂左折，循牆入重門，中敞以廣庭，前繚以曲樹，繁蕤翳生，而牡丹數十百本，環帀欄檻，花時尤絕盛。由庭東入，其間重阿曲房，周回複壁，窅然而深，洞然而明。牆陰古桂，交柯連陰，風動影碧，浮映衣袂。園之外，田塍相錯，煙墟遠樹，歷歷如畫。而環歙百餘里中，天都、雲門、靈、金、黃、羅諸峯，浮青散紫，皆在几席。蓋池亭之勝，東西數州之地，未有若斯園者。予館於歙數年，嘗一至焉。戊申六月，復集同人來游於此，時天雨新霽，水汩汩循渠流，予與二三子解衣擊壺，俯綠陰，藉磐石，乘風乎高臺，祓除乎清流，歡嘻淋漓，詼嘲談謔。及日已入，猶不欲歸。園者皆瞪目相顧，嗟愕怪駭。既歸，二三子各適其適，顧吾獨悲園之朽蠹頽壞，已異於始至；則繼此而游，木之蠹、石之泐，其又可問邪？且吾數人暫合於此，一日別去，將欲從數百里外，齊軌連轡，復爲此窮日之游，其又可得邪？無以寓吾之思，因爲之記，俾後之人知有斯園之勝，並知有斯園今日之游。同游者三人：嚴州胡熙陳禹範、常州趙彬汸如、張一鳴臯聞。

石韞玉《獨學廬三稿・文》卷一《城南老屋記》 余家故寒素，城南經史巷有老屋一所，即余初生之地也。西鄰爲何翰林故宅，何名焯，學者所謂義門先生。其居與余居比屋連牆，其子孫不能守，吾先子割其宅之半以自廣，於是有山池竹木之勝。乾隆庚戌，余以進士通籍，官京師，將移妻子入都，治裝無資，不得已，質宅於中表黃氏，歷十有六年。嘉慶乙丑，予以重慶守入覲，因告歸，省墳墓，黃氏表弟紹武歸余宅，而未能償其直也。丁卯，余再入翰林，引疾歸，而老屋蕪穢，不蔽風雨。維時，長男同福官於浙，因攜家就之，卜居於紫陽山之麓。乘其隙稍修治故宅，且漸償黃氏之直，復拓旁屋附益之。又五年，歲在壬申，始歸孥於先世之舊居。所居之南，有水一池，池上有五柳樹，皆合抱參天，遂名之曰「五柳園」。柳在池北者四，池南者一，綠陰如幄覆池上，池水常綠。西磧黃山人貽余大石，上有「滌山潭」三篆字，遂以名吾潭。柳陰築屋三楹，面水，曰「花間草堂」。其西乃何氏賁研齋，彼名之以榮君旣，余不可無其實而有其名，易其名曰「花韻庵」。其東南，有屋三間，臨水，曰「微波榭」。榭之西，有廬若舫，環植梅樹，顔曰「舊時月色」。後有小閣，象柁樓，曰「瑤華閣」。閣外玉蘭一樹，高與閣齊，花時如雪，積檐端，閣因樹以爲名。舫之北，疊石爲洞門，曰「歸雲洞」。洞外石中有泉，曰「在山泉」。洞內構屋三間，曰「卧雲精舍」。由此繞出花韻庵之左，東北有斗室，曰「夢蝶齋」。園東，因何氏語古齋舊基，改築樓五楹，落成於鞠有黃華之候，名之曰「晚香樓」。樓北，曰「鶴壽山堂」，則余先世雲留書屋故地矣。余既受朝恩，通仕籍，不可襲希夷遁世之語，而往歲得焦山《瘞鶴銘》古本，寶而藏之，故摘銘首二字以名吾堂。又其北，曰「獨學廬」，藏書二萬餘卷。其東北，曰「舒詠齋」，童子讀書之所。其北，曰「徵麟堂」，則先世之舊廳事也，室宇無多，聊以庇吾身焉。計余年三十五及第登朝，至五十二歸田，其間一典福建鄉試，一督湖南學政，守重慶者七年，晉階潼商道，掌潼關之税務，遷山東按察使，三權山東布政使事，凡官於中外者，十有八年，曾無寸田尺宅，幾幾乎並先人之敝廬而失之。其歸也，至無以安八口。古人云：「隨身衣食，仰給於官，不別治生，以長尺寸。」余亦庶幾矣。今歸田七年，乃藉朋舊草堂之資，銖積而寸累，以復先人舊業，不可謂非幸也，而余年亦六十矣。我子孫若能世世守此，饘於斯，粥於斯，歌哭於斯，富貴也無有加，貧賤也無有損，是則余之深願也夫。

張惠言《茗柯文編·二編》卷下《鄂不草堂圖記》 巖鎮市之南，舊有園曰「先春」。地平衍，小不能三畮，臺榭之飾甚儉，池石花樹獨奇，其外，平疇長林，帶以崇山，雲物之態，四望交屬，巖鎮之爲園者莫及焉。乾隆乙巳，余客巖鎮時園荒無人，嘗以歲除之日，與桐城王悔生披籬而入，對語竟日，朔風怒號，樹木叫嘯，敗葉荒草，堆積庭下，時有行客，窺門而視，相與怪駭，不知吾兩人爲何如人也。壁間有舊題，則金君文舫，及其伯筠莊、季星巖聯句詩，蓋五、六年前游詠之盛，猶可想見。而其時筠莊官京師，文舫、星巖侍觀察公於吾郡，皆不得相見，讀其詩，俯仰今昔，又爲之慷慨。明年，余與悔生皆去巖鎮。又十年，余復來，則園已爲文舫所有，益治其傾圮，位置其樹石，增以迤廊、曲房、高樓、修除，山若聳而高，水若瀏而深，花木魚鳥，皆若相得而欣。既乃易其名曰「鄂不草堂」，志昔游也。於是，筠莊官河東，文舫則與星巖昕夕歌嘯其中。燕飲屬客，余時時在坐。而是歲王悔生適至，信宿草堂乃去。當君兄弟昔日詠觴之時，豈意十五、六年之後來爲斯園主人？而余與悔生，十年之間，南北奔走，適草堂之成，而復得相遇於此，人生盛衰聚散，大都如此，非偶然也。於是，黄君純矣畫草堂圖，記其後云：

園於程氏，當明之某年；草堂於金氏，爲嘉慶元年。編竹爲籬，方若干步。堂居東偏西向，前有桂樹四。堂之左，曲廊迤以北，水閣在其北，少西南向，其下池，怪石環其池，池中爲梁，梁西有梧桐，高三十尺，古藤繚之，盡其末，末下垂，復土爲本。相去六尺，樓在池西，方二丈四，達西，曲池環之若矩，夫渠盈焉。其岸多者梅石如人立。曲池之西，又樓之，東向，道夫渠上，屬於方樓，北降爲曲房、爲齋、爲庖湢，以屬於水閣。曲池之南爲畦，春種芍藥，秋種菊。菊東亭，亭北值水閣，牡丹在亭東，其東紅豆樹，高四十尺，三歲一實。北直乎堂。文舫，名應瓌，内閣中書。不榮其官，退而樂兄弟之樂，君子以爲賢。

《（乾隆）吴縣志》卷三九上張問陶《鄧尉山莊記》 吴郡西南有村市，曰「光福里」，負山帶湖，風土淳樸，吾友查澹餘比部之鄧尉山莊在焉。莊本明初徐良夫之耕漁軒，廢圮已久，比鄰有林亭池館，頗饒幽趣，君遂以厚值並得之。慨慕高蹤，重加葺治，樑棟之朽者剔之，垣墉之欹者扶之，臺榭之傾且頽者增築之，釐爲二十四景，各被嘉名，可謂極園林韻事矣。

予嘗一再過之，而歷覽其勝，尤難在綠波環繞，峙巘嶺若屏障於前，妙景天成，非闤闠所恒有。入門，則叢木蓊鬱，曲徑逶迤，中有廳事五楹，儲藏古籍，幾於充棟，曰「思貽堂」，七略四部，著録咸備，梁山舟學士爲書扁，不敢忘先澤也。堂後，峯巒排列，奇詭不可狀；别有英石一峯，崚嶒秀削，潘榕皐丈題曰「小緲雲」，以君家伊璜先生曾有縐雲石，故「小」之也。群峯之北，巍然而高峙者，曰「御書樓」，中奉其先德聲山宫詹侍直南齋時，蒙賜御書唐詩巨册、御製《紫葡萄》詩大幅、御筆堂額、楹聯及字畫碑刻硯墨各件，又内府秘書五百卷，乃奉敕擬纂《韻府》樣本時，特賜以資采輯者，此樓之所以名也。樓東多古樹，因樹爲屋，曰「静學齋」，亦宫詹蒙諭以「士人必先静學，方能如卿之品端行粹」，雍正在藩邸爲書齋額，宫詹感荷寵褒，識跋語以示後人，今君敬揭諸楣，亦以彰祖德也。西北有回廊盤亘，曰「月廊」，取楊誠齋「月到西廊第二間」詩意也。循廊以達於斗室，曰「寶褉龕」，曾摹隋開皇本《褉帖》嵌石於壁，真海内《蘭亭》之鼻祖，可寶也。後有隙地，可藝蔬果，曰「蔬圃」。面圃開軒，以仍良夫之遺迹，曰「耕漁軒」。軒外柳堤紆曲，有嫋嫋依人之態，曰「楊柳灣」。堤盡，則高閣凌虚而起，曰「塔影嵐光閣」。塔在龜山之麓，七十二峯亦隱隱可望也。西有小樓相連屬，曰「澹慮簃」，隱几看山，倏然物外，韋左司所謂「青山澹吾慮」是也。東爲藏弆書畫之所，曰「讀書廬」，煙雲供養，消暑爲宜。稍南，有池水一泓，澄清如鑒，曰「釣雪潭」，倚檻觀魚，令人作濠濮間想。潭上可憩息者，右曰「銀藤舫」，檐際古藤糾結，緑陰如幄。左曰「秋水夕陽吟榭」，君惓念故交，托興於伊人宛在，以寄遐思。臨水而南向者，曰「金蘭館」，良夫嘗輯賓朋題詠爲《金蘭集》，故表目也。潭水折而北流，有石梁横卧其上，曰「鶴步徛」，石窄而長，僅容人趾也。徛東有亭，踞土阜之巔，曰「石帆亭」，鄧尉西有石帆山，憑欄遠眺，如對石壁也。亭旁有坦坡，蜿蜒而西，種梅數十本，曰「梅花屋」，花時，君每擁爐讀史於此。由坡而升，曰「聽鐘臺」，遥聽山寺鐘聲以自省也。自臺而下，有茅茨焉，四壁周遮，惟南榮闢窗户，若燕、齊間之營造者，曰「無棣傳經室」，君少長海豐，與諸兄弟授經之地，即古無棣邑，今則棣華凋謝，追念鈞游，故名其室，以寄慨也。迤西爲逃禪處，曰「春浮精舍」。君不佛，而喜讀梵筴書，不交方外，而時與寒石、風公談禪理，嘗乞吾與庵無名異卉，分植庭隅，謂《水經注》云：「波羅奈國，維摩所處，有樹名春浮」，即此也。南結槿籬爲藩蔽，修竹萬竿，不露曦影，中藏清涼世界，曰「竹居」，凡户牖几案之屬，皆竹爲之，誠異境也。蓋至是而莊中之勝概，如季札之觀樂，嘆觀止矣。

噫！予與君訂交三十年，離合靡常，而相契之深如一日。回憶初游輦下時，落落無所遇，惟君兄映山給諫館予於賜硯堂邸第，距君家不百步，過從甚密。迨予爲給諫同館後進，嗣君又山銓部舉京兆，又出予門，由是視予益厚。然君夙擅經世才，而壯年乞養，早謝榮名，久切淵明三徑之思焉。去歲，予自萊州引退來吴，君果已先予七載歸老江南，卜宅於鮃溪、鴛湖兩地，而居吴之日爲多，近且厭苦塵囂，城居日少矣。是月也，予侍趙甌北前輩入山探梅，歸未旬日，君又買棹約同游，因得信宿山莊，從容談藝，嘯傲於湖山之表，息游於圖史之林，日坐春風香雪中，與君啣杯促膝，重話京華舊事，恍若前生。彼馳逐名場者，又烏知棲隱林泉之樂有如是耶？兹予僑寓山塘，亦君以別墅相假，始得寧居，其風誼不可没也。爰詳述山莊諸勝而並記之。嘉慶癸酉仲春之月。

梁章鉅《浪跡叢談》卷二《小玲瓏山館》 邗上舊迹，以小玲瓏山館爲最著，余曾兩度往探其勝，尋所謂玲瓏石者，皆所見不逮所聞。地先屬馬氏，今歸黄氏，即黄右原家，右原之兄紹原太守主之。余曾檢揚州郡志及《畫舫録》，皆不得其詳，遂固向右原索顛末，右原爲録示梗概云：康熙、雍正間，揚城鹺商中有三通人，皆有名園，其一在南河下，即康山，爲江鶴亭方伯所居，其園最晚出，而最有名。乾隆間翠華臨幸，親御丹毫。鶴亭身後，因欠帑，園入官。今儀徵太傅領買官房，即康山正宅，園在其側，已荒廢不可收拾，終年鍵户，爲游蹤所不到。蓋康山以康對山來游得名。揚郡無石山，僅三土山：平山、浮山及康山是也。康山若再過數年，無人興修，故迹必愈湮，恐無有能指其處者，而不知當日樓台金粉，簫管煙花。蔣心餘先生常主其園中之秋聲館，所撰九種曲，內《空谷香》、《四弦秋》，皆朝拈斑管，夕登氍毹，一時觴宴之盛，與汪蛟門之百尺梧桐閣、馬半槎之小玲瓏山館，後先媲美，鼎峙而三。汪、馬之舊迹，皆在東關大街。汪、馬、江三公皆鹺商，而汪、馬二公又皆應詞科。汪氏懋麟，江都人，由丁未進士授中書，以薦試康熙鴻博，爲漁洋山人高足弟子。園中有百尺梧桐，千年枸杞，今枸杞尚存，而老梧已萎，所茁孫枝，無復曩時亭苕百尺矣。此園屢易其主，現爲運司房科孫姓所有。至小玲瓏山館，因吴門先有玲瓏館，故此以小名。玲瓏石即太湖石，不加追琢，備透、縐、瘦三字之奇。馬氏兩兄弟，兄名曰琯，字嶰谷，一字秋玉；弟名曰璐，字半槎，皆薦試乾隆鴻博科。開四庫館時，馬氏藏書甲一郡，以獻書多，遂拜《圖書集成》之賜，此《叢書樓書目》所由作也。然叢書樓轉不在園。主其家者，爲園之勝處，爲街南書屋，覓句廊，透風透月兩明軒，藤花庵諸題額。杭大宗、厲樊榭、全謝山、陳授衣、閔蓮峯，皆名下士，有《邗江雅集九日行庵文宴圖》問世。輾轉十數年，園歸汪氏雪礓。汪氏爲康山門客，能詩善畫，今園門石碣題「詩人舊徑」者，猶雪礓筆也。園之玲瓏石，高出檐表，鄰人惑於形家言，嫌其與風水有礙，而憚鴻博名高，隱忍不敢較。鴻博既逝，園爲他人所據，鄰人得以伸其説，遂有瘞石之事。故汪氏初得此園，其石已無可蹤迹，不得已以他石代之。後金椶亭國博過園中觴詠，詢及老園丁，知石埋土中某處。其時雪礓聲光藉甚，而鄰人已非復當年倔强，遂決計諏吉，集百餘人起此石復立焉。惜石之孔竅爲土所塞，搜剔不得法，石忽中斷，今之玲瓏石巋然而獨存者，較舊時石質不過十之五耳。汪氏後人又不能守，歸蔣氏，亦運司房科，又從而擴充之，朱欄碧甃，爛漫極矣，而轉失其本色。且將馬氏舊額，悉易新名。今歸黄氏，始漸復其舊云。

錢儀吉《衎石齋記事續稿》卷一《新修環碧園記》 廣州負山襟海，雄勝甲東南，而城中可登眺者，惟越王之臺；其餘府寺閭里，開廛夾道，駢坒而鱗集，林沼殆希。獨學使之廨、環碧之園，傳爲南漢藥洲故址，吴淵穎所謂「湖水凝緑，列石嵌奇，突兀類太湖靈壁者九」，即其處也。蓋割仙湖之半，得九曜之八，居清嚴之地，又多宋元遺迹，聞者艷之。自余來東粵，一再過訪，惟見叢木湮濕，渾泥汨流，居舍庳壞，黝然不知惠風麗日之及，爲之悵然者久之。今閣學曉林王先生之至也，始重葺焉。攘其荒穢，導其湮鬱，徹牆之中蔽者，通三院爲一，築屋若干間。因積土爲小山，建亭其上，環以修篁數千挺，梅、桂、雜花百餘株，又增立一峯，秀特殊狀，於是清池翠碧，欄楯辨華，空明澄鮮，上下交映，晦明風雨之際，丹碧芬裔，披雲而揚風。而前人題銘之字，亦皆濯苔蘚而乘時俱出，先生其移我情哉！夫官廨之所，人多以傳舍視之，故鮮成而易敗。然吾聞古之君子，於它邦之館，雖一日必葺其牆屋，況其居職之地乎？且夫官亦傳舍也，一日居其位，必思一日盡其職，亦猶是耳。先生之爲此，誠君子之用心哉！是役也，惡木盡去，美蔭舒布，無蔽材焉；楗岸孔固，澄波如鑒，無撓清焉。地通徑闢，居高以臨之，蓋吾目無不見，而物無不容，則仁智之道焉。蓋先生之善爲政，而寓意於茲也，宜乎試曆數郡，頌聲如一，天子賢之，由侍講未一歲，連擢至今官。今將還京師，余乃緣粤士去思之情，而撰斯記。始園之葺在甲午，工既竣，乃得覃溪翁先生《藥洲圖》，其題識適以甲午，亦一異也。並志之。

《〔光緒〕益都縣圖志》卷一二馮時基《偶園紀略》　存誠堂，先文敏（毅）公居宅也。對廳之東，門北向，顔曰「一丘一壑」。入門東轉，爲問山亭。再東，即園門，西向，顔「偶園」二字。門内石屏四，鎸明高唐王篆書。屏後，石闌依竹。徑東行，達友石亭，亭前太湖石奇巧，爲一方之冠。石南魚沼，沼南竹柏森森，幽然而静。北出，爲雲鏡閣。閣西而北，有幽室，曰「緑格」。閣北而東，樓臺參差，别爲院落。閣後，太湖石横卧，長可七、八尺，爲園之極北處。友石亭西，一小齋，西有池，蓄魚；亭東南，石臺陡起，有閣曰「松風」，下爲暖室，乃冬日遊憩處。循臺而南，入楮緑門，大石橋跨方池，橋盡西轉，即佳山堂，堂南向，正對山之中峯。堂前花卉陰翳，陰晴四時，各有其趣。西十餘武，幽室向北，有茅屋數椽，曰「一草堂」，亭前金川石十有三，游賞者目爲十三賢室。南近樵亭，飾以紫花石，下臨池水，南對峭壁，引水作瀑布注於池。循山向東，流水上疊石爲橋，度橋，入石洞，東行西折漸上，至山腰，爲山之西麓。東陟登峯頂，爲山之主峯，近樹遠山，一覽在目。峯東北臨水，有石窟，俯而入，幽闇不辨物；宛轉而行，豁然清爽，則石室方丈，由石罅中透入日光也。出洞南轉，仰視，有孔窺天，若懸壁，三面皆石磴，拾級而登，則中峯之東麓。東横石橋，下臨絶澗，引水爲泉，由洞中曲屈流出，會瀑布之水，依東山北入方池。澗北即山阿，爲小亭，曰「卧雲亭」。後石徑崎嶇，攀援而升，爲山之東峯。北下，山半有斗室，曰「山茶山房」，房前緣石爲徑，此登松風閣閣後，下石階十餘級，爲友石亭之左。

《〔乾隆〕辰州府志》卷四二余子錦《霜谿别墅記》　出東門二三十丈許，民漸少，石漸生，水漸有聲，曲折不知其數而來者，霜谿也。田間野夫則習之不甚重；市井人不惟不習之，且厭之，亦不重；而學士大夫所工者，亭池臺榭，奇花異植，雖宜重者，而亦不知重此。霜谿之所以與邑並開闢，而至今無所傳焉。余自家澹園而來，竹既編而爲籬，鳥亦去而避客，朝斯夕斯，惟於斯谿上聊以適余懷也。谿稍稍爲余親，谿之面目稍稍爲余出，爰買谿上地半畝，因舊屋新廣之，以爲别墅，讀書、遊息、寢食於其中有日，始覺谿之爲余有，始覺非向之谿之爲余有。向之谿，一谿爾，谿上之山非谿有也，谿畔之樹非谿有也，谿中之呌者鳥、流者雲，眠者、翼者、藤而石者，非谿有也。自有此墅，日與谿相賓主，谿之山一疊兩疊層累而至千萬疊，一一如爲谿疊。谿之樹非谿之樹，一一如爲谿中安置之樹。鳥如爲谿聲，雲如爲谿色。藤古石瘦，一一如爲谿古、如爲谿瘦，何得不謂谿也，何得不爲墅謂谿也。墅屋三間，旁築二間，石一片横竪丈餘，隙地三丈餘，課僕植蔬，工勤而土儉，故優於他所。或曰：墅則墅矣，毋乃一丸地乎？余曰：不然。人故取於其心之所自足，不必强於其嗜之所必同，彼備衆景而奔於一谿，貯一谿而收之一墅，氣象萬千矣。能知乎谿者，則以知吾墅。

《〔乾隆〕吴縣志》卷二九中蔣元益《鳳池園記》　鄭康成《周官・載師》注云：「樊圃謂之園。」而許叔重《説文解字》則别：「圃種菜，園樹果。」夫園始以樹果，繼乃累高浚深，掃寬闢廣，罔弗以後益前爲勝。考吾郡顧氏，辟疆名最著，由晋迄唐，裔況居之，見之詞人題句。自雲美塔影、翰林秀野外，在城東者，則有月隱君之自耕園。月隱，中丞芝巖公之族也。芝巖，姓顧氏，名汧，從中州歸，購得之，嘗爲文以記，又爲《園居雜詩》，自《武陵一曲》至《得閒處》，凡十六題，皆五言絶也。中丞宅鑾駕巷，在園西數十步，子姓猶存，而園歸朱氏。後陳君建亭，葺而新之，以課兒弦誦，且養疴娱老，去塵垢、滌囂煩，凡園中之勝，並易以嘉名。而又於其東，買鄰隙地鑿小池，池傍築室象舫，名「愛蓮舟」，以徜徉游衍。復因池南屋老，欲作之，志未遂而即世。今令嗣輩庀材鳩工，爲新堂焉。堂成，顔以「春華」，囑予爲園記，予乃即建亭所以名勝者，演繹其説。池北樓，曰「飛雲」，飛若上聳，雲若下垂。循西而南，修廊曲徑，窈然静深者，曰「樓下宿」，非惠子之據梧而瞑，則少陵所謂「讀書秋樹根」也。有岑焉，引人入勝，不必其小而高也。軒曰「知魚」，魚相忘者江湖，人相忘者道術。橋曰「引仙」，仙以譬師朋，引以譬扶翼也。洞曰「浣香」，識密鑒洞，心清聞妙也。亭曰「接翠」，柯葉毋改，結交老蒼也。池東南，峙傑閣，如園舊名，名曰「鳳池」，池以濯故見，閣以來新意也。前望「深柳居」，借中散「曠懷味春虚」句，居安資深，其自得之也。後有「鶴坡」焉，鶴，仙禽也，橋引仙，坡栖鶴，志不凡也。左榭，曰「篛青」，士所周旋；右墅，曰「梅山」，澤之臞所嘯傲，皆老蒼也，皆可共歲寒也。或曰：「園之名勝，子爲演繹其說，似矣，如陳君之不易園名何？」予曰：「是有深意寓焉爾。往芝巖公記斯園，既曰「鳳池」，又名園以老圃，不若陳君一以鄉名名之，今後人得以鄉名，考園所在也。蓋邑載：鳳池鄉，相傳池有靈泉，旱澇不竭。宋詩云：『問渠那得清如許？爲有源頭活水來。』陳君戴仁抱義，希蹤古哲；令嗣内行聿修，繩趨彠序，咸克浚厥心源，勿愧斯園斯池也哉？」予與陳君交最久，因爲文以記之。君名大業，字駿周。子六人：文燦、文焕、文彬、雲鵬、文煒、文熾。彬與鵬，又予院課中士也。乾隆戊申春仲，作記者，長洲蔣元益。

《〔民國〕海寧州志稿》卷八陳璂卿《安瀾園記》 園於城之西北隅，曰「隅園」，隅陽公故業也。歸文簡相國，更號「遂初」。迨愚亭老人，擴而益之，漸至百畝，樓觀臺榭，供憩息、可眺游者三十餘所，制崇簡古，不事刻鏤。乾隆壬午，純皇帝南巡，復增飾池臺，爲駐蹕地，以樸素當上意，因命名以賜，園由是知名。

曲巷深里之中，雙扉南向。來游者北面入數武，有亭翼然，巍石特立，刊純廟賜題五言詩。駐驆凡四次，故碑陰及旁皆遍焉。稍折而西，歷一門，中爲甬道，左右古榆數十本，參天鬱茂，垂枝四蔭。道盡，爲門三楹，奉御書「安瀾園」三字榜於楣。少進，又一門，而繚以垣，不復可直望。乃更西折，入小扉，爲廊三折，而至滄波浴景之軒。軒面池，有橋焉，曰「小石梁」，爲入園之始徑云。自軒後東出，有屋九架，背於前而面於後，左右皆廂，庭平曠，歷階而登爲正室。由其左循廊而入。後又有室，左右亦各翼以廂，是内外二室者，老人所自居，故並未有名。老人秉資高明，早直絲綸之閣，及奉相國考終，遂幡然定謀，養志林泉，平居不即於宅而於園，偃仰嘯傲，夷猶幾三十年。春秋佳日，招集群從，酌酒賦詩，效李青蓮桃李園之會。又嗜音律，蓄家伶。遇宴集，輒陳歌舞，重簾燈燭，燦若列星。老人中座，年最高，而風采跌宕，若神仙然。一時從容閒雅之色，播聞遠近，人争慕之。

小石梁之西，戟門雙啓，内藤花二樹，共登一架，架可盈庭，徑必自其下而入。春時花發，人至遊蜂隊中，紫英撲面，鬢影皆香。其南爲堂，舊名「環碧」，今奉御書「水竹延清」及「怡情梅竹」二榜於中。堂後爲樓，面廣庭，負曲沼，幽房邃室，長廊復道，甲於一園。入其内者，恒迷所向。凡自仁廟以來，所頒宸翰，及駐蹕時陳充上用燕賞玩好之器，並貯樓中。樓前曲折，而右有軒然於湖上者，和風皎月亭也。三面洞開，湖波瀲灩，秋月皎潔之時，上下天光，一色相映。北瞻寢宫，氣象肅穆；南顧赤欄曲橋，去水正不盈咫；西望雲樹，蒼鬱萬重，意其所有無窮之境。其南十數武，爲瀲瀾之館，以補亭望月之或有不足。別有廊南行，以達掞藻樓之西偏。掞藻樓者，居環碧堂之西，檐梠與堂邐迤相接。旁有桂六七樹，開最早。樓四面皆麗廔，南則其正向也。階瀕池，砌石作洲，暗水入於其際，可供泛觴，因摹右軍「曲水流觴」四字顔其前。北墉有契神玉版石，鎸御臨東坡尺牘數行。自古藤水榭西來爲環碧堂，又西來至此，皆面水，隔岸有山，亦合沓而西，爲之障焉。由樓右小庭垣角斜出，即爲赤欄曲橋。既過橋，歷山徑二十餘武，豁然開朗，一亭中立，椳桂十餘本周繞之，天香塢也。群芳閣踞其東南，由閣底入，更東南行，繞漾月軒之後，而入於其中。軒東向，瀕水，故其前不可入也。南迤南，沿池爲隄，過竹扉，轉向東行，經一亭，可六七十步，始北轉，至十二樓。南向面水者，爲南樓，其左東向者，爲東樓，轉而北向者，爲北樓，亦面水，與古藤水榭斜相望。由南樓之西，有山路達於水濱，水似溪，通以小矼。過溪，山下有隄，南行陟山，尋折西而北，登群芳閣。道旁有樹，本分而復合者，交枝楓也。若不陟山，則緣隄北行，出於閣下，復經天香塢，斜趣西北，入月門，經一小樓，又西北，入一扉，睹木香滿架，架旁翠竹，幽蔭深秀。西走，折而北，出水次，小堤迤北而接以虹梁，稱「環橋」。橋之南，西折入竹扉，有亭北向，爲方勝之形。亭後修竹秀石，翛然意遠。迤西東向跨水而居者，爲竹深荷净，環橋正當其面。左出，過璞石之橋，甚小，可一人行。轉向池之北岸，沿之而東，十三四步，有徑北去，循行至筠香之館。館之名，純廟之所命也。蓋是處多竹，左右翠竿彌望，内外不相窺，故得是名。館左叢竹之中，又別有徑東去，復曲而南，環橋之北，當以山壁，緑筱蒙密，路頓窮。循壁西轉，其途始見。旁有小屋臨池，可望竹深荷净。一門在道左，窺之，瑯玕正緑，即筠香館東別出之徑也。東行數武，北望，有層樓聳然，掩映於竹樹之間，意復爲之無盡，然無他奇徑，亦至樓止耳。

舍是而東，倏入山徑，左右皆高嶺，古木淩漢，風篁成韻，池亭臺館，不可復見，仿佛有猿啼狖嘯、鸛鶴悲鳴之象。向登和風皎月之亭，所言「西望雲樹蒼鬱萬重」者，至此始信其境之果不同也。山漸開，徑亦漸寬，一舉首而寢宫在望矣。寢宫舊稱賜閑堂，自奉宸居，而其額遂撤。爲屋三架，架各三層，譬井田然，周以步欄，三面若一，皆拾級而登。東則別爲二廊，前一廊東去，爲梅林山，遍種梅，厥類不一。林盡，板橋隔岸，有屋相接，即環碧堂之後樓也。稍北一廊，亦東去，入一門，有屋三架，後有樓亦如之，以爲宸游翰墨怡情之所。其東，皆曲屈步廊，一東，一南行，或接以飛樓，或聯以棧閣，委宛而達於老人自居之室。宫後一峯矗立，多植篔簹。西北有磴可上，逼視城陴。自山徑來，在宫之右，轉步而前，庭廣數畝，寬平如砥。欄俯清流，縠紋渺遠，望隔湖山色，在煙光杳靄之中。夏日荷翠翻風，花紅絢日，雖西湖三十里，無以過之。緣湖西南堤行，抵碕石磯，有亭俯於水濱，可偃卧垂釣。返行數武，有登山之徑，在緑筱間，尋之至巔。又一亭，榜曰「翠微」，四圍皆箭竹，密不可眺瞰。繞亭而北，亦有徑可下云。若命舟，則於梅林板橋之西，便可鼓枻西入於寢宫前之大湖。又西，循堤而行，南過碕石磯，有港西北去，遂入環橋。迄竹深荷浄、璞石之橋而止宫前，放乎中流。東南過曲橋，分兩道：一南行，水漸狹，經群芳閣下之堤，過石矼，乃出溪口，西至漾月軒，而東迄於十二樓之南樓；一東行，經掞藻樓與環碧堂及古藤水榭，乃北轉，過小石梁，又北入於飛樓，亦漸狹，不勝篙楫，然涓涓者，仍西流而達於梅林之板橋焉。若夫負陵踞麓，依木臨流，或藤蓋一椽，藏數甋，因地借景，點綴閑閑，皆有可觀，不能殫紀。

嗟乎！天地之道，以變化而能久，故成毁恒相倚伏。蛇虺狐兔之區，忽焉而湖山卉木，騷人文士，佳冶窈窕，聽鶯而攜酒，坐花而醉月，覽時樂物，詠歌肆好，日落歡闌，流連不去，何其盛也！至於水閣依然，風簾無恙，而其人既往，事不可追，有心者猶俯仰徘徊，興今昔之感，矧當華屋山邱，遺蹤歇絶，其慨嘆當復何如耶？夫自湖山卉木而更漸，即於蛇虺狐兔之時，非數百年不能盡復其故，而碩果之剥，必有值其時而無可如何者，又況生也有涯，神智易敝，更不若草木之堅與花鳥之往來無息也，不尤可太息耶？自老人没，一再傳於今，園稍稍衰矣；然一丘一壑，風景未異，猶可即其地而想像曩時；過此以往，年彌遠而迹日就湮，余恐來者之無所徵也，故記之。

郭嵩燾《郭嵩燾日記》卷一《記游清漪園》〔咸豐十年三月〕十一日。樊監邀同伯寅、華潭游清漪園。本定是日以待碧湄同游，而碧湄不至。從左穿堂門入，至勤政殿，繞殿後石山至玉瀾堂。堂前後俱有寶座，右暖閣凡四。堂後繞石山至宜芸館東暖室瞻玉佛，高約尺許，外襲袈裟，飾以金，旁懸貝多羅樹畫幅，高宗御筆賜班禪聖師者，上用四體書題額。東西廡皆有堂三楹。由右小門至夕佳樓，正臨昆明湖，樓閣相照耀，氣象萬千。左旋至藕香榭後登舟，歷水木自親、對鷗舫諸勝，至大報恩延壽寺。相傳寺基爲明瑣妃陵寢，成祖生母也，今建爲廟，正當萬壽山之面。萬壽山即甕山也。右爲羅漢堂，架木爲山，曲徑盤旋，僅可容一人，門外顔曰「祇樹園」。内塑阿羅漢五百尊，或坐，或立，或卧，或一人，或數人叢聚，並於羊腸一綫中，高下位置，生動靈妙，視西湖浄慈、靈隱之羅漢堂，別出一奇。再上至銅殿，牆壁龕几，皆範銅爲之。由銅殿折而左，石山環列，躡級曲折，登正殿後之高閣，全湖俱在眼底。再上爲智慧海，前樹石坊，顔曰「衆香界」，爲甕山之顛。山後歷香巖宗印之閣，至須彌靈境。正中供三佛像，兩旁及殿後爲木山，塑阿羅漢五百尊。佛殿之大，殆無踰於此者。沿山麓行，至買賣街，蓋山之右臂，玉泉山水所經，頗有江南景致。高宗仿蘇州山塘之勝爲宫市，皆有懸額，今存者，裕豐當及茶樓數匾而已。市盡處爲墩，有橋，建亭其上，顔曰「荇橋」。傍橋砌石爲龍舟，遠望之如一巨艦泊橋下也。山麓沿湖皆石欄，雜樹松檜，或爲連房，或亭或堂，不可以數記，亦不能遍游也。至魚藻亭前上船，由藕香榭直入，過霞芬室，出勤政殿後至殿左室，觀西洋自行車二，製法極精巧。出至東朝房，午飯畢，由殿右門至文昌閣，閣凡三層，其第二層爲自鳴鐘一座。復登舟，至廣潤靈雨寺，望甕山樓閣，掩映煙樹間。生平所歷，未有此奇麗之景也。廣潤寺中楹爲涵虚堂，左曰「雲香閣」，右曰「月波樓」。以風大不復回舟，乃由石橋至廓如亭小憩而歸。計園中所歷諸勝，僅得其半。其圓城之在昆明湖中者，亦不能一至也。

俞樾《春在堂雜文》續編一《怡園記》 顧子山方伯既建春蔭義莊，闢其東爲園，以頤性養壽，是曰「怡園」。入園有一軒，庭植牡丹，署曰「看到子孫」。軒之東，有屋如舟，署曰「舫齋賴有小溪山」，涪翁句也。其前三面環水，左則蒼松數十株，余摘司空表聖句，顔之曰「碧澗之曲，古松之陰」。其上有閣，曰「松籟」。憑檻而望，郭外西山，隱隱見眉嫵矣。繞廊東南行，有石壁數仞，築亭面之，名曰「面壁」。又南行，則桐蔭翳然，中藏精舍，是爲碧梧栖鳳。又東行，得屋三楹，前則石欄環繞，梅樹數百，素艷成林。後臨荷花池，石橋三曲，紅欄與翠蓋相映。俗呼其前曰「梅花廳事」，後曰「藕香榭」云。梅花廳事之西，鑿坏於垣，曰「遁窟」。窟中一室，曰「舊時月色」，亦余所署也。循廊東行，爲南雪亭。又東爲歲寒草廬，有石笋數十株，蒼突可愛。其北爲拜石軒，庭有奇石，佐以古松。又北，爲坡仙琴館，以藏東坡琴也。館之右，有石似老人傴僂而聽琴，築室其旁，曰「石聽琴室」。又西北行，翼然一亭，顔以坡詩曰「繞遍回廊還獨坐」。廊盡此矣。庭中有芍藥臺，牆外有竹徑。遵徑而南，修竹盡而叢桂見，用稼軒詞意築一亭，曰「雲外築婆娑」。亭之前，即荷池也。循池而西，至於山麓，由山洞數折而上，度石梁登其巔，則螺髻亭也。自其左，履石梁而下，得一洞，有石天然如大士像，是曰「慈雲洞」。洞中石桌石櫈咸具，石乳下注磊磊然。洞外多桃花，是曰「絳霞洞」。洞之北，即余所謂「古松之陰」也。出松林，再登山，有亭曰「小滄浪」。亭後疊石爲屏，其前俯視，又即荷池矣。兹園東南多水，西北多山，爲池者四，皆曲折可通。山多奇峯，醜凹深凸，極湖嵌之勝。方伯手治此園，園成，遂甲吴下，精思偉略，即此徵之。攀玩終日，粗述大概，探幽搜峭，是在游者。

俞樾《春在堂雜文》續編一《曲園記》 曲園者，一曲而已，强被園名，聊以自娱者也。余故里無家，久寓吴下。歲在己巳，賃馬醫巷潘文恭舊第而居之。至癸酉歲，太夫人自閩北歸，以所居隘，謀遷徙，而無當意之屋。適巷之西頭，有潘氏廢地求售，乃以錢易之，築屋三十餘楹，用衛公子荆法，以一苟字爲之。取《周易》「樂天知命」之義，顔其廳事曰「樂知堂」，屬彭雪琴侍郎書而榜諸楣。堂之西，爲便坐，以待賓客，顔以曾文正所書春在堂三字，别詳《春在堂記》。「春在堂」後，尚有隙地，乃與内子偕往相度，而成斯園，即於春在堂後，連屬爲一小軒，北向，顔曰「認春」，白香山詩云：「認得春風先到處，西園南面水東頭。」吾園在西，而兹軒適居南面，認春所以名也。認春軒之北，雜蒔花木，屏以小山。山不甚高，且乏透、瘦、漏之妙，然山徑亦小有曲折，自其東南入山，自山洞西行，小折而南，即有梯級可登，登其巔，廣一筵，支磚作几，置石其旁，可以小坐。自東北下山，遵山徑北行，有回峯閣。度閣而下，復遵山徑北行，又得山洞。出洞而東，花木翳然，竹籬間之，籬之内，有小屋二，顔曰「艮宧」。艮宧之西，修廊屬焉。循之行，曲折而西，有屋南向，窗牖麗樓，是曰「達齋」。曲園而有達齋，其諸曲而達者歟？由達齋循廊西行，折而南，得一亭，小池環之，周十有一丈，名其池曰「曲池」，名其亭曰「曲水亭」。由曲水亭循廊而南，至廊盡處，即春在堂之西偏矣。大都自南至北，修十三丈，而廣止三丈；又自西至東，廣六丈有奇，而修亦止三丈，其形曲，故名「曲園」。所謂達齋者，與認眷軒南北相值。所謂曲水亭者，與回峯閣東西相值。艮宧則最居東北隅，故以「艮」名。艮，止也，園止此也。然艮宧南有小門，自吾内室往，可從此入，則又首艮宧，艮固成終成始也。嗟乎！世之所謂園者，高高下下，廣袤數十畝，以吾園方之，勺水耳，卷名耳。惟余本窶人，半生賃廡，兹園雖小，成之維艱。《傳》曰：「小人務其小者。」取足自娱，大小固弗論也。其助我草堂之資者，李筱荃督部，恩竹樵方伯，英茂文、顧子山、陸存齋三觀察，蒯子範太守，孫歡伯、吴焕卿兩大令。其買石助成小山者，萬小庭、吴又樂、潘芝岑三大令。贈花木者，馮竹儒觀察。備書之，矢勿諼也。

俞樾《春在堂雜文》續編一《留園記》 寒碧山莊，在閶門外花步里，劉觀察恕所居。恕本洞庭東山人，移居於此。園爲明時徐冏卿泰時東園故址，園之東北，有東園衖。恕性愛石，園中聚奇石爲十二峯，曰奎宿、玉女、箬帽、春蘭、累黍、一雲、印月、獼猴、鷄冠、拂袖、仙掌、干霄，皆自爲名，而屬崑山王學浩爲之圖，錢大昕題曰「花步小築」。范來宗爲之記。同治十三年改建二程夫子祠。其外園於光緒二年歸武進盛康，改名留園，大加修葺，有涵碧山房、洞天一碧、揖峯軒、石林小院、聞木樨香軒、緑蔭亭、半野草堂，自在處，遠翠閣，佳晴喜雨快雪之亭，花好月園人壽軒，仙苑停雲又一村，亦吾廬，又增東、西二園。出閶門三里而近，有劉氏之寒碧莊焉，而問寒碧莊，無知者，問有劉園乎，則皆曰：有。蓋是園也，在嘉慶初，爲劉君蓉峯所有，故即以其姓姓其園，而曰「劉園」也。咸豐中，余往游焉，見其泉石之勝，花木之美，亭榭之幽深，誠足爲吴中名園之冠。及庚申、辛酉間，大亂洊至，吴下名園，半爲墟莽，而閶門之外尤甚。曩之闤城溢郭、塵合而雲連者，今則崩榛塞路，荒葛罥塗，每一過之，故蹊新術，輒不可辨，而所謂劉園者，巋然獨存。同治中，余又往游焉，其泉石之勝，花木之美，亭榭之幽深，蓋猶未異於昔，而蕪穢不治，無修葺之者，免葵燕麥，摇蕩於春風中，殊令人有今昔之感。至光緒二年，爲毗陵盛旭人觀察所得，乃始修之、平之、攘之、剔之，嘉樹榮而嘉卉茁，奇石顯而清流通，涼臺燠館、風亭月榭，高高下下，迤邐相屬。春秋佳日，觀察與賓客觴詠其中，而都人士女，亦或掎裳連襼而往游焉。於是出閶門者，又無不曰「劉園」、「劉園」云。觀察求余文爲之記，余曰：「仍其舊名乎？抑肇錫以嘉名乎？」觀察曰：「否否！寒碧之名，至今未熟於人口，然則名之易而稱之難也，吾不知從其所稱而稱之。人曰『劉園』，吾則曰『留園』，不易其音而易其字，即以其故名而爲吾之新名。昔袁子才得隋氏之園而名之曰『隨園』；吾得劉氏之園而名之曰『留園』。斯二者，將無同。」余嘆曰：「美哉，斯名乎！稱其實矣。夫大亂之後，兵火之餘，高臺傾而曲池平，不知凡幾，而此園乃幸而無恙，豈非造物者留此名園以待賢主乎？是故泉石之勝，留以待君之登臨也；花木之美，留以待君之攀玩也；亭榭之幽深，留以待君之遊息也。其所留多矣，豈止如唐人詩所云『但留風月伴煙夢』者乎？自此以往，窮勝事而樂清時，吾知留園之名，長留天地間矣。」因爲之記，俾後之志吴下名園者，有可考焉。

《〔咸豐〕青州府志》卷二四毛永柏《四松園記》 咸豐戊午，余莅青之明年，歲稔人和，郡庭無事，嘗以其暇，蒐訪文獻古迹。郡人陳雪堂給諫因爲余言：城南謝氏園，四松甚古，數百年物也。余聞之，欣然命駕往觀，蒼顔危立，翛然塵表，儼睹前朝遺耈。考其地，則勝國衡藩舊邸之紫薇園也。鼎革後，廢爲民居，有亭今圮。謝氏之先，曾有以「四松」名齋也，刻《倡和集》，後亦無傳之者，而松之寂寞偃蹇，無人過而問焉者久矣。因思物之顯晦，數也，既顯矣，則不當使之復晦。爰與益都宰徐君子信議，余首捐貲若干緡，向主人丐其地，並買東鄰之隙地數弓，對松築軒三楹，題曰「雲門山館」，以雲門一角，與松映帶，正在窗牖間也。前有小亭，蔽虧於松下，沿舊名也。繞軒浚池，種菱藕之屬，亭之前後，雜植花樹，帶以複室，繚以周垣，近倚雉堞，遠挹嵐翠，松陰晨潤，山氣夕爽，風濤雨籟，既浄乎聞根，竹韻荷香，復通於鼻觀。兼之爐煙茗椀，酒榼棋枰，高人韻士，流覽過從，居然郡中一勝概矣。余亦於公餘之暇，招集賓僚，觴詠其間，觥籌既陳，清談轉勝，玉山自倒，逸興遄飛，醉翁之意不在酒而在松，傳之後人，亦未始非佳話也。抑余更有説焉：此四松者，昔在藩邸，閲歷豪華，日見金釵朱履，往來其下，風流可想見也。未幾，滄桑改易，池館榛蕪，謖謖長風，止與山靈相問答。然二百年來，歲月浸多，磊砢依舊，蟠條結翠，古花綴罄，雖松壽自長，亦熙朝雨露涵濡所致。今乃葺其舊址，而風窗月榭，未必不勝碧檻朱廊；賓從清歡，未必不勝笙歌羅綺，松能無今昔之感乎？而顯晦之理，存乎其中矣。嗟乎！微給諫物色得之，而松必不顯。使余聞給諫言，或漫賞之而漫置之，即顯矣，不免於仍晦。乃鋭意經始，不數月而落成，繼此而官斯郡者，儻修葺而愛護之，郡之賢士大夫時至撫摩而憑弔之，則亭可常存，然而非余之所敢知矣。東坡先生云：「蓋世有足恃者，而不繫乎臺之存亡也。」此則區區之志，欲與來者共勉之者耳。先是，官此者，慕四松之名，求之不獲，別於西城外得古柏，一株四幹，築亭其側，名以「四松」。今四松既顯，似可易前亭爲古柏亭矣，而並以此爲四松園云。

鄧嘉縉《白下愚園集》卷一《愚園記》 鳳凰臺西隙地數十畝，榛蕪蔽塞，瓦礫縱横，兵燹以來，窅無人迹，舊爲明中山徐王西園，煦齋太守樂其幽曠，貨而有之；又以市産與崇善堂易其餘之閑地，因高就下，度地面勢，有宫室臺榭陂池之勝，林泉花石魚鳥之美，規模宏敞，鬱爲巨觀，一時宴游，於是焉萃，信乎人物之盛，甲於會城者矣。

門東向，臨鳴羊街，後倚花盝岡，明之時有遯園，顧文莊之所築也。門以内，構櫨節棁，髹漆雕繪，南北相向，爽塏之屋數重，奉太夫人居養於内，且以安其家室焉。屋之西，別爲園，主人名之曰「愚」，石埭陳先生虎臣顔其額。自是入園，繞廊，北繞而西，鑱石曰「寄安」，主人自書之，嵌於壁。又逶迤西上，稍拓爲檻，曰「分蔭軒」，置几案數事，遊客得以少憩。鑿壁爲門，闔之，以示境之不可窮。轉而南下，至於無隱精舍，面南屋三楹，後爲澡浴之室，庭中植桂四、五株，雜藝鷄冠、老少年之屬，馥烈從風，陸離渲雨，深秋送涼，香色四溢。庭左數十步，爲春暉堂。其後蒔鼠姑花數種，其前甃石爲池，荇藻漾碧，水清見底。池側有小閣，窪然居纍石中。兩旁皆假山，峪岈嶔崎，歷落萬狀。閣左出，乃達於堂。循假山而西，磴道盤折，而躋於巔，孤亭聳峙，若飛鳥之將翔。以機引曲池水爲瀑布，返瀉於池，錚錚聲若琴筑。其東仿倪高士獅子林，疊石空洞，曲道宛轉，忽升以高，忽降以下，徑若咫尺，而不可以跨越，游者眙眩，幾迷出路。與西山相對待，皆可以來會於堂下。斯堂軒豁洞敞，列屋延袤，爲一園之勝，署曰「清遠堂」，張子青中丞所書，其楹帖則吾師全椒薛先生撰也。壁間榜時人題詠皆滿。入其右，爲水石居，前臨清塘，大可數畝，芙蕖作花，疏密間雜，紅房墜粉，掩映翠蓋，長夏南窗畢啓，薰風徐來，荷香暗襲，時有潛魚躍波，翠禽翔集，倚檻披襟，溽暑蕩滌。塘泛瓜皮小艇，可容兩三人弄棹於藕花深處，新月在天，水光上浮，絲管競作，激越音流，栖禽驚飛，吱吱格格，與竹肉之聲相和。堂之左，連闥洞房，爲主人操琴之所，素心人來，時作一弄。其上有閣，可以望假山，啓後户，曲徑如羊腸，繚以疏籬，竹樹蒙密，中爲竹塢，軒窗四闢，罥以碧紗，緑陰晝静，當暑蕭爽。循籬南行，至課耕草堂，不翦茨，不丹漆，規制儉樸，略如農家。旁列茅亭，引水畜鵝鶩，正西面塘，溉水田畝許，種黑秬，主人或親挽桔槔學灌園，秋獲足以供祭。就水南爲樹，居草堂之北陰，是爲秋水蒹葭之館，水木明瑟，湛然清華。沿塘築長堤，夾樹桃、柳、芙蓉，雜花異卉，春秋佳日，燦若雲錦。循堤而南不百步，有高閣窿然踞岡阜之上，梅花幾三百本，枝幹虬曲如鐵，時有清鶴數聲，起於梅崦之下。登閣而眺，東北諸山煙雲出没，如接几席，因名閣曰「延青」。時見南鄰茂樹，拂鬱雲表，分蔭軒所以名也。陂陀東下，度石橋，北與清遠堂正對，爲主人家祠，歲時聚子孫習禮其中，祭畢，闔其扉，遊人希得窺焉。度祠垣得小丘，若岯若岊，拾級百步許，有面東之屋數楹，編竹爲藩籬，海棠八九株，花時嫣紅欲滴，爲春睡軒。後瞰果圃，多桃、李、梅、杏、枇杷，青黄纍纍，鮮美可摘。出籬門，值塘之東堤，堤旁臨水之樹，署曰「柳岸波光」，樵包先生慎伯舊榜，而於此地爲特宜。隔岸望課耕草堂，風景似在村落間。又東一堂，扣而通之，朱橋碧欄，横亘於上，泛艇之人，往來放歌於其下。度橋，彎環曲徑，葡萄連架，覆蔓垂藤，緑蔭蔽日。入西向一門，爲樓三楹，與水石居相近，其中積軸萬卷，庋置如屏，主人每吟嘯於上，弄丹黄也。循樓而東，直達回廊，復與無隱精舍接矣。

凡斯園之中，各據勝概，而隱有内外之限。游兹園者，自回廊以西，至藏書樓爲内園；自書樓以西，循長堤，東至竹塢爲外園，必窮日而後登覽始遍。竹塢東出，别有門可通往來，與主人相識者來游，或不見主人，縱觀周歷而去。主人奉板輿之暇，樂與賓客觴詠，以娱其天，熙熙焉不知老之將至也。主人負不羈才，伉爽多奇氣，粤寇之亂，冒白刃出入賊中，謀恢復，事泄不果，跳身而免，雖窮厄困極，賴以振拔者甚衆，苟遇於世，將有所以見於天下，豈其自放林泉、托於愚以終老耶？然其經營布置，又豈尋常所可及哉！吾觀天下盛衰興廢之事相尋於無窮，而名之傳要必以人爲重。斯園於明爲元勛别墅，其鄰近若遯園、味齋、海石園，當其盛時，林亭甲第蔚然相望，今皆消沈刬滅，而其名尚存，則斯園之必賴主人以傳，又何疑焉。余第述其形勢，列序其名，以諗游者，且質之主人，以爲何如？至其名愚之意，則他記言之甚辯，余不贅云。光緒四年十二月，江寧鄧嘉緝記。

丁善寶《十笏園記》 光緒乙酉孟秋，余得郭氏廢宅於舍西，實前明胡四節先生之故居也。前有廳事，後有複室，俱頹敗不可收拾。中有樓三楹，獨屹立無恙，爰葺而新之，題曰「硯香樓」，爲藏書之所。素有濂溪之好，因汏其廢廳爲池，置亭其上，曰「四照」，曰「漪嵐」，曰「小滄浪」，曰「穩如舟」，更築小西樓，題曰「春雨」。樓下繞以回廊，架平橋通其曲折。老友蒯君菊畦、劉君子秀、于君敬齋，實代爲籌畫而布置焉；姻家劉雁臣又贈以舊石，於池之東，疊而爲山，立蔚香亭於最高處，西望程符、孤山之秀，撲人眉宇。山迤南爲十笏草堂，前有隙地，雜蒔花竹。西院有老屋八九間，中有深柳讀書堂，作家塾。旁曰「秋聲館」，曰「静如山房」，爲留客下榻處。園之東，高梧百尺，緑蔭滿庭，即余家居坐卧之碧雲齋也。八閲月而規模具焉，以其小而易就也，署其名曰「十笏園」，亦以其小而名之也。

嘗慨乎世之治田園者，每爲其子孫計，而子若孫或轉以逸樂，失其先人之志。余年踰十七閏，尚無子，此後之有子無子未可知，亦無所謂計不計；雖然，不能不爲後之人計。余之構斯園也，以中年多病，治此爲養静之區，非侈遑臺榭之觀美，以貽後人之逸樂者。今與後人約：毋得藉此會匪朋，毋得藉此演雜劇，更毋得藉此招納倡優博賭，滋生弊端，使泉石笑人。之數事者，皆余生平所不能爲，而尤不願後之人之爲之也。子侄輩儻能以余之心爲心，好余之所好，幸而上達不家食吉，則故鄉有此瓜牛廬，不難急流勇退，即爻占蹇遁，老守田園，耕讀之餘，日與益者三友，或篇什流連，或杯酒斟酌，艮其趾不出户庭，亦吾家之佳子弟也。況柳州有云：觀游者亦爲政之具歟？工甫竣，記此數語，俾後之人知吾所以構斯園之意，庶幾能長有此園也夫。時丙戌重陽前三日，適侄孫良翰自都中來，命楷書而刻石焉。園主人六齋自識。

冼剑民等《廣州碑刻集·徐琪·喻園記》 粤東學署爲南漢南宫舊迹。其東有池水焉。蓋相傳藥洲者是也。先是宋嘉祐時，即其處爲轉運使署。明宣德間，移春風橋之濂溪書院於此。正統時，復爲崇正書院。嘉靖元年乃改爲提學署。國初平藩蹂躪，遷署於育賢坊。康熙二十二年，張雪書先生莅此，始復還舊地。今所居者，皆雪書先生之遺也。

余未至粤，讀翁覃溪學士《金石略》，觀池上宋元諸石刻而艷之。及奉命視學是邦，下車之十日，自行館移入，亟訪所謂藥洲者，則池水墊淤，氣不可邇向，甚至敗敝屐，無一不没其中。至欲求古刻，惟許覺之一石尚在池旁。拜石雖遥遥望見，而泥濁環積，舟無可通，涉亦没踝，因命浚之。歷時一月之久，去垢穢至數千斛。清泉夜發，下見沙痕，遂以新土培之，植蓮其中。見池南向有隙地，雪書先生曾欲於是處築「愛蓮亭」，因成其志，而築「補蓮亭」於上，别詳亭記。此余葺喻園之始也。

補蓮亭既成，適檢《何夢瑶詩注》，有謂學使惠公構水石清華舫於亭北，摘龍門句爲柱聯。因思所謂亭者，即「拜石亭」也。今亭則不存，而拜石固在，爰就其址築爲舫齋，即仍其舊名，而題曰「水石清華舫」。復離而爲二，其東一室以池上有古榕與牆北一榕連理而生，而補蓮之後，次年六月，池中菂薏忽開並蒂，因名之曰「蓮柯並萼齋」，爲佳士彙徵、聯翩科第之慶也。

再東爲小廊，則覃溪學士摹蘇書「約經堂」三字處。稍折而南，則尋仙訪岳亭在焉。何以仙岳名？則以仙掌石上有陳九仙題名，與米海岳詩刻而云然也。

先是覃溪學士覓仙掌石米詩不得。翁文端公來，剔去榕根，而其迹始顯。余浚池後，仙掌雖露，而米詩仍不見。因翁記有「東規數尺」語，意必要陳九仙詩刻之右，然石上只見九仙題名而米刻杳然。蓋爲後人築廊所掩又數十年矣！因試抉而觀之。初以爲未必遽得，乃再去數甃，已有痕如錐畫者，熠熠於苔蘚之中，亟以水洗剔，而米詩全首具在，欣喜若狂。又察其形勢，始知此石舊實矗立。

仙掌石指向上，米老與九仙皆直，虛其左以待後題；九仙後至，則刻於左。不知何年爲榕根所壓，此石仆而入水。故海岳與九仙字皆向上，仙掌則在石側。其下有小洞，洞中亦有詩刻，即覃溪所得顧孺修、蕭子鵬二書處，所謂「仰卧而摸，隱隱有字者」是也。

余初擬掖而起之，因見其石有裂紋或至傾側，且上爲大榕所踞，恐石動而榕根隨損。若任其自然，設他日更有築廊於上者，則米老之詩將復晦，因爲小亭復之，虛其下有若扁舟，啓其片木則可俯拓米詩，掩之則不堪促膝，復以巨石橫置其下，題曰「米海岳詩刻，陳九仙題名」，而備志其因委。此字大而易見，後有見余之石者，即知此下所有，並移文端立石上於亭中，以資印證，而海嶽之刻庶歷久而彌彰乎？

出舫齋而北，即舊時之平臺，度平臺而北，即向之「光霽堂」。此堂實園之主屋。汪柳門師會葺之。余亦爲稍加粉飾，而於其西別爲長廊，曲折以繞廨内之後，其廊之外皆修竹，人行其中，緑映襟袖也。余辛卯出都時，家壽衡師賦詩爲贈，有「天遣吟詩賦鸞藻」句，因取詩意所在而名之曰「鸞藻軒」。平時校閱文字，批判文牘實燕處於此。

自軒而出，循竹徑東行，舊有小阜，無用也。余行經陽山，曾捐廉修昌黎讀書臺，人以爲喜。昌黎不可驟幾也，書則人所共讀也。因稍稍平治，周以短欄，置石几於中，即襲昌黎之意，亦名之曰「讀書臺」。若中秋可至此玩月，重九又可爲茱萸之會，不必尋天柱龍山也。

臺之東南有井一，即姚文僖所謂有泉出西北，名之曰「種花泉」者。舊無井欄，夜行殊可慮。乃鑿大石爲欄，繫以銘而志之。日汲者，聞轆轤聲，若春田之桔槔，亦頗可悦。

自此循廊而南，有亭東向。余以宋轉運使署舊有「瑞芝堂」，而余拜命之秋，是年都下寓廬，適生芝九，馮君文卿因以改七薌先生所畫九芝圖爲余贈行，至此又有「瑞之堂」也。因摹刻七薌先生畫於中，名之曰「瑞芝」。

自此而南，再折而東，即爲補蓮亭。出補蓮亭而東，再折而南，舊爲瓦礫，顧其旁有巨榕。余視之，因獨有可爲屋者，乃就東向築三楹，面對修竹。藥洲池水皆從渠汩汩而下，直達東海，曠然不知所居之在城市也。時方校俞曲園師《茶香室經説》，因名之曰「校經廬」。人以余在羅定得《並蔕蕙賦》、《國香三瑞詩》，因名其南一室曰「國香三瑞齋」，以其皆面東也。復名其北一室曰「迎輝室」。

自廬而北而東，舊有小亭，未有以顔。余觀錢衎石先生爲王曉林閣學作《園記》云：學使之廨，環碧之園，傳爲南漢藥洲故址。則道光時園因以「環碧」者。然此二字但言園中竹木之美，於學問之道無涉。余故不以名園，而此亭適在叢竹之中，於義頗合，因以此二字名之，以存其舊。

出亭再東而北，有神祠三楹，禱祀輒應。初不知所祀何神也。余按雪書先生《考古記》云：歲久湖湮，嘉定元年，經略陳峴疏鑿之。輦石爲山，建堂其中。洲後有白蓮池，池上建奉真觀以祀五仙。然則此祠所祀仍五仙之神，實奉真觀舊址也，因題曰「奉真遺迹」，朔望皆致禮焉。

自此而北則史仲韓、錢衎石兩先生所作《園記》，與關曙笙尚所書「藥洲」二字，姚文僖書「濂溪遺址」四字俱在壁間，再北則達「尋仙訪岳亭」矣。然讀雪書先生《考古記》謂宋熙、豐間，士大夫元夕、上巳，往往泛舟觴詠，或從此避暑。而紹興九年，連南夫題名亦有「春水新漲，小舟初成」句；紹興壬午呂少衛又有「泛舟觀九曜石」題名；慶元乙卯有趙希仁泛舟小酌；嘉熙庚子有長樂黄樸諸人「泛舟仙湖」各題名。是池之有舟，由來已久。今池水既浚，不可無舟楫以容與其間，因於池東造一舟曰「訪仙艇」，爲摩娑仙掌之用；池東造一舟曰「貫斗槎」，則拈許覺之詩意也。舟既成，復築步級二道，翼以扶欄，以達水坎，且摩崖以記之。又以每日池水有萬珠涌出，清可鑒底，因蓄魚數百於中，就姚文僖所刻「釣磯」石處，題之曰「珠泉」。禁觀者勿輕投綸，俾適濠梁之趣也。噫嘻！吾人之興廢舉墜，豈爲游觀計哉？不觀姚文僖之言曰：「荒者闢之，塞者疏之，斯二者皆可以喻學。」是此中有學問之道，在文僖知之。余因不妨師之也，故就「光霽堂」之西室，題曰「喻學齋」，而即改環碧之名以名其園曰「喻園」。

錢衎石先生云：「古人君子於他邦之館，雖一日必葺其牆屋，況居職之地乎？」一日居其位必思一日盡其職，余不敢以盡職自負，然粤中人文最盛，而弊亦從焉。喻乎君子之義，則德業日增，反是而或有所喻，則職且有不稱者，余唯不職之是懼。因更推喻學之義以爲喻園，言喻學則所喻在學，爲學喻則所喻又不止學矣！況試院爲通省文風所係，即以形家論，往者淤濁而茲則淪漣，非獨證吾人心迹之與俱，且渣滓去而清光來，亦足啓茅塞而發文明之象，喻之義不亦大哉？

若夫浚池之後，得陳九仙書「龍窟」二字於「拜石」下，又得「劉慶臣刊」四字於許覺之詩旁，慶臣蓋當時手民之稱，殆道豫之後初非劉也，此皆覃溪學士所未見者，又金石文字之緣矣。余既取太湖石刻改七薌之畫，因此石得之不易，即以斯記刻之於後。則雪書先生所謂安得致此者，今乃歷以致之，似又於九曜之外，別樹一峯矣。後之讀是碑者，當體余之志而益新是園，勿使之敝，益浚是池，勿使之濁，則獨喻之學，不將引爲共喻之學耶？是爲記。光緒二十年歲次甲午秋八月督學使者仁和徐琪撰。嘉慶廩黄逢龍書。

張鳴珂《寒松閣談藝瑣録》卷三易順鼎《匡山草堂記》 易子隱匡山，築草堂，臨三峽澗，西爲室，僅數楹，而燕處游觀之勝，有名號可圖詠者得十有八，曰「蘭若草堂」，可蘭若、可草堂也；曰「琴志樓」，志在高山、志在流水也；曰「畹巖」，種蘭處也；曰「鼻功德圃」，圃中種桂與梅也；曰「聽湍軒」，澗之湍，他處亦可聽，而軒尤宜也；曰「茶煙廊」、曰「粥飯寮」，山厨也；曰「雲錦亭」，取李白詩中語，亭對五老峯也；曰「鰲磯」，象形兼會意也；曰「龍霤」，有瀑如懸霤，形兼聲也；曰「小緑水洋」，潭深如洋，其色緑也；曰「藏舟壑」，汨小艇，可泛洋也；曰「絙仙梯」、曰「飛虹梁」、曰「三峽船」，皆作於石上者也；曰「松社」，思歲寒也；曰「十二欄」，指事也；曰「玉井」，種蓮池也。草堂俯澗十數丈餘，而樓出其上。樓三間，堂六間。堂之後爲圃，桂四株，梅二株。圃之後、牆之内，爲巖，巖三石七土。自圃五步而登，蘭之本數十。堂之前爲軒，築短垣，鬬疏牖焉，終日聞龍霤聲，與澗聲相亂；徐辨之，龍霤如墜雨，澗如怒雷。出軒左門，爲茶煙廊、粥飯寮。北行十步，又東南下澗，至雲錦亭，從軒望五老，見其四而止，至亭則皆見矣。置鏡於亭之南，攝五老入鏡中，峯頂雲、瀑、松、石、僧、樵，一一可數。亭在澗西磐石上，石再疊，方廣方半畝。由絙仙梯以達於鰲磯，前對龍霤，下瞰小緑水洋，月中敷坐，怡然悄然，有黄帝脱屣之思。磯南窈曲，如港如塢，老樹斷岸，天然泊舟處也。春夏大雨，溪水高丈餘，由此入鄱陽湖，西泝洞庭，上沅湘岷江，東沿於海九萬里，達歐羅巴、阿非利加諸島國矣。南石渡北石，相距三丈，則取道於飛虹梁；西石渡東石，隔澗相距，又四丈，則取道於三峽船，橋架水上，人行空中，奇險之觀，天下無有也。廬山泉石雖勝，罕兼二奇；兼二奇而有之，蓋以此爲最云。軒之右門外，曲廊相接，植雜花蕉竹爲十有二欄，欄以内，有室三間，爲松社，設賓榻以待足音跫然者。莊子曰：「霜雪既降，松柏後凋」，意在斯乎？欄以外，爲玉井，上有石橋，自巖後引水注焉，薰風南來，菡萏怒發，其花十丈，其藕如船，庶幾見之。堂之地，西抵畹巖，東抵三峽船，東南抵藏舟壑，南抵松社，北抵粥飯寮。經始於六月，觕成於十月，用錢四十萬有奇。易子曰：余行天下山川多矣，而留連於兹山之一壑一丘，有是哉，有是哉！爰張之以貽好事者。

姚華《弗堂類稿》卷五《頤和園遊記》 壬子孟秋下浣，與季常、立之、印昆、幼蘇、叔海同游頤和園。先飯於海甸裕盛軒，飯後到園。由仁壽殿後，行至玉瀾堂，緣昆明湖，登萬壽山，先至排雲殿，上五方閣。有銅室，甚堅緻，乾隆時造也。旋上佛香閣。門外有臺，高距地數丈，俯瞰湖光，清明可愛。繼由閣東轉輪藏下，復至排雲殿門，憩焉。下至湖邊，過畫中天，舊戲臺在此。到石船，又憩。船來，遂登船游湖。中至嵐翠間島上周遊，步至長橋。有鐵牛，乾隆御製銘，撫摩久之。船候於此，復上船。行至德和園，登戲臺。樓三層，底有三井。演水怪，則井中出水，注射可數丈；演神仙，則乘雲，自最上層下臺。兩旁爲親貴賞戲之處，兩廊則賞諸臣處也。由德和園出，復經仁壽殿行，出門遂歸。歷記所游，除湖光山色、天然風景最足留戀外，别無可喜者。壁上供奉書畫，尤俗惡不堪。榜書聯語，亦至膚庸。宫殿皆金碧輝煌，益見塵俗。惟長廊殊有畫意，亦由其在湖山間耳。湖上，山下。玉瀾堂後小樓三楹，面湖光而納山色，地亦甚佳。惜房低而狹，令人胸次迫迮。守者云：是德宗批本處也。嵐翠間島嶼亦可賞，坐船頭，於湖中遥望，金碧樓閣，在蒼巖翠巘之間，尚有致，特身入其中，則千篇一律，宏壯富麗則有餘，若清静瀟灑則相去遠矣。此人海最深處也。代異時移，令人爽然，不知憑弔之何從矣。排雲殿有慈禧后綉像，印昆諸君諦視最切，云甚美。予以其幽遠，頭部又爲神幛所罨，不得其真。又一處不記其殿名，爲慈禧舊駐，有寢殿，榻上帳褥尚在。距榻數尺有案，一黄緞敷之，兩旁檀几上置二盤，中有物，色黄而鋭上，若紙爲之，蓋以支帽耶。案後一椅，玉色緞爲衣。其他陳設，備極富貴，亦極塵俗云。

《〔民國〕考城縣志》卷一〇田蘭芳《怡怡園記》 考城王晦田孝廉介吾友王次玉以園記爲請踰歲矣，未圖所以應之也。今之夏，孝廉以書來督，余惶悚思有以報命，而仍不知語之所從出。一日，會魯君莘樵於定齋，魯君素善孝廉，叩以爲園之狀。則曰：「考城地僻而俗惇，人無外慕，務本節用之餘，往往各營别業，以慰勞而適情。而王氏所築特爲一邑最。」客有語之者曰：「王氏之園有樓可摘星，而窗可宿斗乎？」曰：「否。」「有池可倒碧，而沼可涵青乎？」曰：「否。」「隴底鸜鵒，嶺徼孔鸞，可以供耳目之玩；騰猿之樹，襯花之草，可以備憩息之樂乎？」曰：「否。」「然則所以爲最者何居？」曰：「王氏世有積德，至滇南先生間然之修彌純，凝神簡遠，栖心淡泊，中年以後漸厭城市，如螫痛之迫思去體。諸子察其無言之隱，乃構數畝之園於近郊，植援激流而通以彴略。正闢三楹，外覆一笠，皆葺茅爲之。木順土性，花取易植，先生辨色而往，見星而歸，諸子奉几撰杖隨其後，終日侍亭中，曲承顔色。於是上下歡一，若不知亭之外有溪，溪之外有垣，垣之外有城，更安知城之中有事哉？雖負城，邈然若在塵埃之外焉。邑之豪有力者無不美其制，美其德，終不敢以畫棟珠簾、高臺曲沼、琪花珍木相夸視。必抑抑然遜出此園之下，故謂之最焉。」余曰：「若是哉，王氏之園果爲可尚，而魯君之識亦可謂超出流俗萬萬矣！古今爲園之盛，若金谷，若平泉，争思構求難致，鬥麗争妍，然不過酣歌舞，耽曲蘖，心蕩志昏，飛潛動植之天機，於焉永隔。或紲攣簪組，豢饕醇醲，林塘雖設，且有終身未嘗暫涉其地而一愉其情者矣。以視寓目爲色，觸耳成聲，無外物之擾，有天倫之樂，果孰爲得失耶？然其所以致此之本，又可於名園之意而之得矣。夫橋曰『澄清』，定能静也。庵曰『避俗』，不亂群也。亭曰『一草』，昭儉德也。蓋洗心則藏密，遠囂則神閑，履素則氣清，倫物明察，鳶魚飛躍，不恍然在心目間乎？且總目其園曰『怡怡』，從未有兄弟弗翕而能致父母之順者，事親之道，孝廉兄弟，可謂有探源之懷焉。和氣所蒸，朱草生，醴泉涌，鳩白鳳彩，助悦白髮，是園且等之蕊宫閬苑矣。永叔記許氏先春園，而一歸本於孝友，其殆斯意也夫？」記遂成，以遺孝廉，使刊其壁以俟。

雜録

《春秋左傳・昭公九年》 冬，築郎囿。書，時也。季平子欲其速成也，叔孫昭子曰：「《詩》曰：『經始勿亟，庶民子來。』焉用速成，其以勦民也？無囿猶可；無民，其可乎？」

《戰國策》卷一八《趙一》 腹擊爲室而鉅，荆敢言之主。謂腹子曰：「何故爲室之鉅也？」腹擊曰：「臣羈旅也，爵高而禄輕，宫室小而帑不衆。主雖信臣，百姓皆曰：『國有大事，擊必不爲用。』今擊之鉅宫，將以取信於百姓也。」主君曰：「善。」

《吕氏春秋》卷二五《似順論・别類》 高陽應將爲室，家匠對曰：「未可也。木尚生，加塗其上，必將撓。以生爲室，今雖善，後將必敗。」高陽應曰：「緣子之言，則室不敗也。木益枯則勁，塗益乾則輕，以益勁任益輕則不敗。」匠人無辭而對，受令而爲之。室之始成也善，其後果敗。高陽應好小察，而不通乎大理也。

《史記》卷五《秦本紀》 孝文王元年，赦罪人，修先王功臣，褒厚親戚，弛苑囿。孝文王除喪，十月己亥即位，三日辛丑卒，子莊襄王立。

《史記》卷一二六《滑稽列傳》 始皇嘗議欲大苑囿，東至函谷關，西至雍、陳倉。優旃曰：「善。多縱禽獸於其中，寇從東方來，令麋鹿觸之足矣。」始皇以故輟止。

《漢書》卷六八《霍光傳》 人爲徐生上書曰：「臣聞客有過主人者，見其竈直突，傍有積薪，客謂主人，更爲曲突，遠徙其薪，不者且有火患。主人嘿然不應。俄而家果失火，鄰里共救之，幸而得息。於是殺牛置酒，謝其鄰人，灼爛者在於上行，餘各以功次坐，而不録言曲突者。人謂主人曰：『鄉使聽客之言，不費牛酒，終亡火患。今論功而請賓，曲突徙薪亡恩澤，燋頭爛額爲上客耶？』主人乃寤而請之。今茂陵徐福數上書言霍氏且有變，宜防絶之。鄉使福説得行，則國亡裂土出爵之費，臣亡逆亂誅滅之敗。往事既已，而福獨不蒙其功，唯陛下察之，貴徙薪曲突之策，使居焦髮灼爛之右。」上乃賜福帛十疋，後以爲郎。

《漢書》卷六八《霍光傳》 禹既嗣爲博陸侯，太夫人顯改光時所自造塋制而侈大之。起三出闕，築神道，北臨昭靈，南出承恩，盛飾祠室，輦閣通屬永巷，而幽良人婢妾守之。廣治第室，作乘輿輦，加畫繡絪馮，黄金塗，韋絮薦輪，侍婢以五采絲輓顯，遊戲第中。初，光愛幸監奴馮子都，常與計事，及顯寡居，與子都亂。而禹、山亦並繕治第宅，走馬馳逐平樂館。雲當朝請，數稱病私出，多從賓客，張圍獵黄山苑中，使蒼頭奴上朝謁，莫敢譴者。而顯及諸女，晝夜出入長信宫殿中，亡期度。

《漢書》卷九三《董賢傳》 賢第新成，功堅，其外大門無故自壞，賢心惡之。後數月，哀帝崩。太皇太后召大司馬賢，引見東廂，問以喪事調度。賢内憂，不能對，免冠謝。太后曰：「新都侯莽前以大司馬奉送先帝大行，曉習故事，吾令莽佐君。」賢頓首幸甚。太后遣使者召莽。既至，以太后指使尚書劾賢帝病不親醫藥，禁止賢不得入出宫殿司馬中。賢不知所爲，詣闕免冠徒跣謝。莽使謁者以太后詔即闕下册賢曰：「間者以來，陰陽不調，菑害並臻，元元蒙辜。夫三公，鼎足之輔也，高安侯賢未更事理，爲大司馬不合衆心，非所以折衝綏遠也。其收大司馬印綬，罷歸第。」即日賢與妻皆自殺，家惶恐夜葬。莽疑其詐死，有司奏請發賢棺，至獄診視。莽復風大司徒光奏「賢質性巧佞，翼姦以獲封侯，父子專朝，兄弟並寵，多受賞賜，治第宅，造冢壙，放效無極，不異王制，費以萬萬計，國家爲空虛。父子驕蹇，至不爲使者禮，受賜不拜，辠惡暴著。賢自殺伏辜，死後父恭等不悔過，乃復以沙畫棺四時之色，左蒼龍，右白虎，上著金銀日月，玉衣珠璧以棺，至尊無以加。恭等幸得免於誅，不宜在中土。臣請收没入財物縣官。諸以賢爲官者皆免。」父恭、弟寬信與家屬徙合浦，母别歸故郡鉅鹿。長安中小民讙譁，鄉其弟哭，幾獲盜之。縣官斥賣董氏財凡四十三萬萬。賢既見發，臝診其屍，因埋獄中。

《後漢書》卷三四《梁冀傳》 冀乃大起第舍，而壽亦對街爲宅，殫極土木，互相誇競。堂寢皆有陰陽奥室，連房洞户。柱壁雕鏤，加以銅漆；窗牖皆有綺疏青瑣，圖以雲氣仙靈。臺閣周通，更相臨望；飛梁石磴，陵跨水道。金玉珠璣，異方珍怪，充積臧室。遠致汗血名馬。又廣開園囿，採土築山，十里九坂，以像二崤，深林絶澗，有若自然，奇禽馴獸，飛走其閒。冀壽共乘輦車，張羽蓋，飾以金銀，游觀第内，多從倡伎，鳴鍾吹管，酣謳竟路。或連繼日夜，以騁娛恣。客到門不得通，皆請謝門者，門者纍千金。又多拓林苑，禁同王家，西至弘農，東界滎陽，南極魯陽，北達河、淇，包含山藪，遠帶丘荒，周旋封域，殆將千里。又起菟苑於河南城西，經亘數十里，發屬縣卒徒，繕修樓觀，數年乃成。移檄所在，調發生菟，刻其毛以爲識，人有犯者，罪至刑死。嘗有西域賈胡，不知禁忌，誤殺一兔，轉相告言，坐死者十餘人。冀二弟嘗私遣人出獵上黨，冀聞而捕其賓客，一時殺三十餘人，無生還者。冀又起别第於城西，以納姦亡。或取良人，悉爲奴婢，至數千人，名曰「自賣人」。

《後漢書》卷七八《張讓傳》 又造萬金堂於西園，引司農金錢繒帛，仞積其中。又還河閒買田宅，起第觀。帝本侯家，宿貧，每歎桓帝不能作家居，故聚爲私臧，復寄小黄門常侍錢各數千萬。常云：「張常侍是我公，趙常侍是我母。」宦官得志，無所憚畏，並起第宅，擬則宫室。帝常登永安候臺，宦官恐其望見居處，乃使中大人尚但諫曰：「天子不當登高，登高則百姓虛散。」自是不敢復升臺榭。

《後漢書》卷七八《侯覽傳》 建寧二年，喪母還家，大起塋冢。督郵張儉因舉奏覽貪侈奢縱，前後請奪人宅三百八十一所，田百一十八頃。起立第宅十有六區，皆有高樓池苑，堂閣相望，飾以綺畫丹漆之屬，制度重深，僭類宫省。又豫作壽冢，石槨雙闕，高廡百尺，破人居室，發掘墳墓。虜奪良人，妻略婦子，及諸罪釁，請誅之。而覽伺候遮截，章竟不上。儉遂破覽冢宅，藉没資財，具言罪狀。又奏覽母生時交通賓客，干亂郡國。復不得御。覽遂誣儉爲鉤黨，及故長樂少府李膺、太僕杜密等，皆夷滅之。遂代曹節領長樂太僕。

酈道元《水經注》卷一三《㶟水》 東郭外，太和中，閹人宕昌公鉗耳慶時，立祇洹舍于東睾，椽瓦梁棟，臺壁櫺陛，尊容聖像，及牀坐軒帳，悉青石也。圖制可觀，所恨惟列壁合石，疎而不密。庭中有《祇洹碑》，碑題大篆，非佳耳。然京邑帝里，佛法豐盛，神圖妙塔，桀峙相望，法輪東轉，兹爲上矣。其水自北苑南出，歷京城内，河干兩湄，太和十年，纍石結岸。夾塘之上，雜樹交蔭。郭南結兩石橋，横水爲梁。又南逕藉田及藥圃西，明堂東。明堂上圓守敬按：《大戴禮》作圜，《孝經》、《援神契》作圓。下方，四周十二户九室，而不爲重隅也。室外柱内，綺井之下，施機輪，飾縹碧，仰象天狀，畫北道之宿焉，蓋天也。

《晉書》卷五八《周處傳》 莚卓犖有才幹，拜征虜將軍、吴興太守，遷黄門侍郎。【略】初，莚於姑孰立屋五間，而六梁一時躍出墮地，衡獨立柱頭零節之上，甚危，雖以人功，不能然也。後竟覆族。

《晉書》卷九〇《黄芝傳》 魯芝字世英，扶風郿人也。【略】武帝踐阼，轉鎮東將軍，進爵爲侯。帝以芝清忠履正，素無居宅，使軍兵爲作屋五十間。芝以年及懸車，告老遜位，章表十餘上，於是徵爲光禄大夫，位特進，給吏卒，門施行馬。羊祜爲車騎將軍，乃以位讓芝，曰：「光禄大夫魯芝潔身寡欲，和而不同，服事華髮，以禮終始，未蒙此選，臣更越之，何以塞天下之望！」上不從。其爲人所重如是。

朱銘盤《南朝宋會要・食貨・山澤邸舍》 孝武大明中，子尚諸皇子皆置邸舍，逐什一之利，爲忠偏天下。侍中沈懷文言之曰：「列肆販賣，古人所非，故卜式明不雨之由，弘羊受致旱之責。若以用度不充，頓止爲難者，故宜量加減省。」不聽。本《傳》。

朱銘盤《南朝宋會要・方域・邸第》 太社西空地一區，吴時丁奉宅，孫皓流徙其家。江左初爲周顗、蘇峻宅，其後爲袁悦宅，又爲章武王司馬秀宅，皆以兇終。後給臧燾，亦頗遇喪禍，故世稱爲凶地。王僧綽常以正達自居，請以爲第。始就造築，未及居而敗。《僧綽傳》。

朱銘盤《南朝齊會要・方域・苑囿》 太子風韻甚和，而性頗奢麗。宫内殿堂，皆雕飾精綺，過於上宫。開拓玄圃園，與臺城北塹等。其中樓觀塔宇，多聚奇石，妙極山水。慮上宫望見，乃傍門列修竹，内施高鄣，造游牆數百間，施諸機巧，宜須鄣蔽，須臾成立，若應毀撤，應手遷徙。以晉明帝爲太子時立西池，乃啓世祖引前例，求東田起小苑，上許之。永明中，二宫兵力全實，太子使宫中將吏更番役築，宫城苑巷，制度之盛，觀者傾京師。上性雖嚴，多布耳目，太子所爲，無敢啓者。後上幸豫章王宅，還過太子東田，見其彌亘華遠，壯麗極目，於是大怒，收監作主帥，太子懼，皆藏匿之，由是見責。《文惠太子傳》

《梁書》卷二二《南平元襄王偉傳》 偉少好學，篤誠通恕，趨賢重士，常如不及。由是四方遊士，當世知名者，莫不畢至。齊世，青溪宫改爲芳林苑，天監初，賜偉爲第，偉又加穿築，增植嘉樹珍果，窮極雕麗，每與賓客遊其中，命從事中郎蕭子範爲之記。梁世藩邸之盛，無以過焉。

《陳書》卷三一《蕭摩訶傳》 〔太建〕十四年，高宗崩，始興王叔陵於殿内手刃後主，傷而不死，叔陵奔東府城。時衆心猶預，莫有討賊者，東宫舍人司馬申啓後主，馳召摩訶，入見受敕，乃率馬步數百，先趣東府城西門屯軍。叔陵惶遽，自城南門而出，摩訶勒兵追斬之。以功授散騎常侍、車騎大將軍，封綏(遠)〔建〕郡公，邑三千户，叔陵素所蓄聚金帛累巨萬，後主悉以賜之。尋改授侍中、驃騎大將軍，加左光禄大夫。舊制三公黄閤聽事置鴟尾，後主特賜摩訶開黄閤，門施行馬，聽事寢堂並置鴟尾。仍以其女爲皇太子妃。

《北齊書》卷一三《清河王岳傳》 岳自討寒山、長社及出隨、陸，並有功績，威名彌重。而性華侈，尤悦酒色，歌姬舞女，陳鼎擊鐘，諸王皆不及也。初，高歸彦少孤，高祖令岳撫養，輕其年幼，情禮甚薄。歸彦内銜之而未嘗出口。及歸彦爲領軍，大被寵遇，岳謂其德己，更倚賴之。歸彦密構其短。岳於城南起宅，聽事後開巷。歸彦奏帝曰：「清河造宅，僭擬帝宫，制爲永巷，但唯無闕耳。」顯祖聞而惡之，漸以疏岳。仍屬顯祖召鄴下婦人薛氏入宫，而岳先嘗喚之至宅，由其姊也。帝懸薛氏姊而鋸殺之，讓岳以爲奸民女。岳曰：「臣本欲取之，嫌其輕薄不用，非姦也。」帝益怒。六年十一月，使高歸彦就宅切責之。岳憂悸不知所爲，數日而薨，故時論紛然，以爲賜鴆也。朝野歎惜之。時年四十四。詔大鴻臚監護喪事，贈使持節、都督冀定滄瀛趙幽濟七州諸軍、太宰、太傅、定州刺史，假黄鉞，給轀輬車，賵物二千段，謚曰昭武。

《周書》卷一三《衛剌王直傳》 建德三年，進爵爲王。初，高祖以直第爲東宫，更使直自擇所居。直歷觀府署，無稱意者，至廢陟屺佛寺，欲居之。齊王憲謂直曰：「弟兒女成長，理須寬博，此寺褊小，詎是所宜。」直曰：「一身尚不自容，何論兒女！」憲怪而疑之。

《周書》卷三五《裴俠傳》 初，俠嘗遇疾沉頓，大司空許國公宇文貴、小司空北海公申徽並來伺候俠。俠所居第屋，不免風霜，貴等還，言之於帝。帝矜其貧苦，乃爲起宅，並賜良田十頃，奴隸、耕牛、糧粟，莫不備足。搢紳咸以爲榮。

《周書》卷三七《高賓傳》 賓，渤海蓨人也。【略】世宗初，除咸陽郡守。政存簡惠，甚得民和。世宗聞其能，賜田園於郡境。賓既羈旅歸國，親屬在齊，常慮見疑，無以取信。乃於所賜田内，多蒔竹木，盛構堂宇，並鑿池沼以環之，有終焉之志。朝廷以此知無貳焉。加使持節、車騎大將軍、儀同三司、散騎常侍，賜姓獨孤氏。

《周書》卷四五《樂遜傳》 武成元年六月，以霖雨經時，詔百官上封事。遜陳時宜一十四條，其五條切於政要：【略】頃者魏都洛陽，一時殷盛，貴勢之家，各營第宅，車服器玩，皆尚奢靡。世逐浮競，人習澆薄，終使禍亂交興，天下喪敗。比來朝貢，器服稍華，百工造作，務盡奇巧。臣誠恐物逐好移，有損政俗。如此等事，頗宜禁省。《記》言「無作淫巧，以蕩上心」。《傳》稱「宫室崇侈，民力彫弊」。漢景有云：「黄金珠玉，饑不可食，寒不可衣。」「彫文刻鏤，傷農事者也。錦繡纂組，害女功者也。」以二者爲饑寒之本源矣。然國家非爲軍戎器用、時事要須而造者，皆徒費功力，損國害民。未如廣勸農桑，以衣食爲務，使國儲豐積，大功易舉。

《周書》卷三一《韋敻傳》 韋敻字敬遠。志尚夷簡，澹於榮利。弱冠，被召拜雍州中從事，非其好也，遂謝疾去職。前後十見徵辟，皆不應命。屬太祖經綸王業，側席求賢，聞敻養高不仕，虚心敬悦，遣使辟之，備加禮命。雖情諭甚至，而竟不能屈。彌以重之，亦弗之奪也。所居之宅，枕帶林泉，敻對翫琴書，蕭然自樂。時人號爲居士焉。至有慕其閑素者，或載酒從之，敻亦爲之盡歡，接對忘倦。明帝即位，禮敬踰厚。乃爲詩以貽之曰：「六爻貞遯世，三辰光少微。潁陽讓踰遠，滄州去不歸。香動秋蘭佩，風飄蓮葉衣。坐石窺仙洞，乘槎下釣磯。嶺松千仞直，巖泉百丈飛。聊登平樂觀，遠望首陽薇。詎能同四隱，來參余萬機。」敻答帝詩，願時朝謁。帝大悦，敕有司日給河東酒一斗，號之曰逍遥公。

《南史》卷四四《文惠皇太子傳》 太子與竟陵王子良俱好釋氏，立六疾館以養窮人。而性頗奢麗，宫内殿堂，皆雕飾精綺，過於上宫。開拓玄圃園與臺城北塹等，其中起出土山池閣樓觀塔宇，窮奇極麗，費以千萬。多聚異石，妙極山水。慮上宫中望見，乃旁列修竹，外施高鄣。造游牆數百間，施諸機巧，宜須鄣蔽，須臾成立，若應毁撤，應手遷徙。製珍玩之物，織孔雀毛爲裘，光采金翠，過於雉頭遠矣。以晉明帝爲太子時立西池，乃啓武帝引前例，求於東田起小苑，上許之。

《隋書》卷二四《食貨志》 至天統中，又毁東宫，造修文、偃武、隆基嬪嬙諸院，起玳瑁樓。又於遊豫園穿池，周以列館，中起三山，構臺，以象滄海，并大修佛寺，勞役鉅萬計。財用不給，乃減朝士之禄，斷諸曹糧膳，及九州軍人常賜以供之。武平之後，權幸並進，賜與無限，加之旱蝗，國用轉屈。乃料境内六等富人，調令出錢。而給事黄門侍郎顔之推奏請立關市邸店之税，開府鄧長顒贊成之，後主大悦。於是以其所入，以供御府聲色之費，軍國之用不豫焉。未幾而亡。

《隋書》卷三九《賀若誼傳》 誼家富於財，於郊外構一别廬，多植菓木。每邀賓客，列女樂，遊集其間。

《隋書》卷四二《李德林傳》 初，大象末，高祖以逆人王謙宅賜之，文書已出，至地官府，忽復改賜崔謙。上語德林曰：「夫人欲得，將與其舅。於公無形迹，不須争之，可自選一好宅。若不稱意，當爲營造，并覓莊店作替。」德林乃奏取逆人高阿那肱衛國縣市店八十塸爲王謙宅替。九年，車駕幸晉陽，店人上表訴稱：「地是民物，高氏强奪，於内造舍。」上命有司料還價值。遇追蘇威自長安至，奏云：「高阿那肱是亂世宰相，以諂媚得幸，枉取民地，造店賃之。德林誣誷，妄奏自入。」李圓通、馮世基等又進云：「此店收利如食千户，請計日追贓。」上因責德林，德林請勘逆人文簿及本换宅之意，上不聽，乃悉追店給所住者。自是益嫌之。十年，虞慶則等於關東諸道巡省使還，並奏云：「五百家鄉正，專理辭訟，不便於民。黨與愛憎，公行貨賄。」上仍令廢之。德林復奏云：「此事臣本以爲不可。然置來始爾，復即停廢，政令不一，朝成暮毁，深非帝王設法之義。臣望陛下若於律令輒欲改張，即以軍法從事。不然者，紛紜未已。」高祖遂發怒，大詬云：「爾欲將我作王莽邪？」初，德林稱父爲太尉諮議以取贈官，李元操與陳茂等陰奏之曰：「德林之父終於校書，妄稱諮議。」上甚銜之。至是，復庭議忤意，因數之曰：「公爲内史，典朕機密，比不可豫計議者，以公不弘耳。寧自知乎？朕方以孝治天下，恐斯道廢闕，故立五教以弘之。公言孝由天性，何須設教。然則孔子不當説《孝經》也。又誷冒取店，妄加父官，朕實忿之而未能發。今當以一州相遣耳。」因出爲湖州刺史。德林拜謝曰：「臣不敢復望内史令，請預散參。待陛下登封告成，一觀盛禮，然後收拙丘園，死且不恨。」上不許，轉懷州刺史。

張鷟《朝野僉載》卷三 宗楚客造一宅新成，皆是文栢爲梁。沈香和紅粉以泥壁，開門則香氣蓬勃。磨文石爲階砌及地，著告莫韡者，行則仰仆。楚客被建昌王推得贓萬餘貫，兄弟配流。太平公主就其宅看，嘆曰：「看他行坐處，我等虚生浪死！」一年，追入爲鳳閣侍郎。景龍中，爲中書令。韋氏之敗，斬之。

杜寶《大業雜記》 〔大業五年〕尚書令楊素於東都造宅，新成，僭於宫省。宅方三百步，門院五重，高齋曲池，時爲冠絶。既而將入，遣人就衛尉少卿蘭陵蕭吉，請擇良日。吉知其不終，必致禍敗，在於此宅，乃以斗加書一卷，封付使人。此書全述死喪之事，極兇惡之書也，素焚於前庭。素宅内造沉香堂，甚精麗，新泥堂訖，閉之三日，後開視，四壁並爲新血所灑，腥氣觸人。

吴兢《貞觀政要》卷七《禮樂》 貞觀十二年，太宗謂侍臣曰：「古者諸侯入朝，有湯沐之邑，芻禾百車，待以客禮。晝坐正殿，夜設庭燎，思與相見，問其勞苦。又漢家京城亦爲諸郡立邸舍。頃聞考使至京者，皆賃房以坐，與商人雜居，纔得容身而已。既待禮之不足，必是人多怨歎，豈肯竭情於共理哉。」乃令就京城閑坊，爲諸州考使各造邸第。及成，太宗親幸觀焉。

《新唐書》卷八一《三宗諸子列傳》 初，帝五子列第東都積善坊，號「五王子宅」。及賜第上都隆慶坊，亦號「五王宅」。玄宗爲太子，嘗製大衾長枕，將與諸王共之。睿宗知，喜甚。及先天後，盡以隆慶舊邸爲興慶宫，而賜憲及薛王第於勝業坊，申、岐二王居安興坊，環列宫側。

《新唐書》卷八三《長寧公主傳》 長寧公主，韋庶人所生，下嫁楊慎交。造第東都，使楊務廉營總。第成，府財幾竭，乃擢務廉將作大匠。又取西京高士廉第、左金吾衛故營合爲宅，右屬都城，左頫大道，作三重樓以馮觀，築山浚池。帝及后數臨幸，置酒賦詩。又井坊西隙地廣鞠場。東都廢永昌縣，主丐其治爲府，以地瀕洛，築鄣之，崇臺、蜚觀相聯屬，無慮費二十萬。魏王泰故第，東西盡一坊，瀦沼三百畝，泰薨，以與民。至是，主丐得之，亭閣華詭埒西京。内倚母愛，寵傾一朝，與安樂宜城二主、后媦郕國崇國夫人争任事，賕謁紛紜。東都第成，不及居，韋氏敗，斥慎交絳州别駕，主偕往，乃請以東都第爲景雲祠，而西京鬻第，評木石直，爲錢二十億萬。

《新唐書》卷一二四《宋璟傳》 玄宗開元初，以雍州爲京兆府，復爲尹。進御史大夫，坐小累爲睦州刺史，徙廣州都督。廣人以竹茅茨屋，多火。璟教之陶瓦築堵，列邸肆，越俗始知棟宇利而無患災。召拜刑部尚書。四年，遷吏部兼侍中。

《新唐書》卷一四八《李林甫傳》 薛王別墅勝麗甲京師，以賜林甫，它邸第、田園、水磑皆便好上腴。車馬衣服侈靡，尤好聲伎。侍姬盈房，男女五十人。故事，宰相皆元功盛德，不務權威，出入騎從簡寡，士庶不甚引避。林甫自見結怨者衆，憂刺客竊發，其出入，廣騶騎，先驅百步，傳呼何衛，金吾爲清道，公卿辟易趨走。所居重關複壁，絡版甃石，一夕再徙，家人亦莫知也。或帝不朝，羣司要官悉走其門，臺省爲空。左相陳希烈雖坐府，卒無人入謁。

《新唐書》卷一七三《裴度傳》 時閹豎擅威，天子擁虛器，搢紳道喪，度不復有經濟意，乃治第東都集賢里，沼石林叢，岑繚幽勝。午橋作別墅，具燠館涼臺，號緑野堂，激波其下。度野服蕭散，與白居易、劉禹錫爲文章、把酒，窮晝夜相歡，不問人間事。而帝知度年雖及，神明不衰，每大臣自洛來，必問度安否。

《宋史》卷二一九《郎簡傳》 簡性和易，喜賓客。即錢塘城北治園廬，自號武林居士。道引服餌，晚歲顏如丹。尤好醫術，人有疾，多自處方以療之，有集驗方數十，行于世。一日，謂其子絜曰：「吾退居十五年，未嘗小不懌，今意倦，豈不逝歟？」就寢而絶。幼從學四明朱頔，長學文於沈天錫，既仕，均奉資之。後二人亡，又訪其子孫，爲主婚嫁。平居宴語，惟以宣上德、救民患爲意。孫沔知杭州，榜其里門曰德壽坊。然在廣州無廉稱，蓋爲絜所累。

李心傳《建炎以來朝野雜記》(乙集)卷三《上德三・東宮樓觀》 東宮舊無有。孝宗及信王未出閤，但聽讀於資善堂。紹興三十二年，孝宗爲皇太子，始居東宮，在麗正門内，其地甚隘。莊文太子立，復居之。莊文薨，其妃子出外第。光宗立爲太子，孝宗謂輔臣曰：「今次東宮却不須創建，朕宮中空閒不用宮殿甚多，可掇移修立。」由是工役甚省。淳熙二年夏，始創射堂一，爲遊藝之所。囿中又有榮觀、玉淵、清賞等堂，鳳山樓，皆燕息之地也。紹熙末，欲以爲泰安宮，既而不果云。

《資治通鑑》卷二二五《唐紀四十一》 壬申，毀元載、馬璘、劉忠翼之第。初，天寶中，貴戚第舍雖極奢麗，而垣屋高下，猶存制度，然李靖家廟已爲楊氏馬廄矣。及安、史亂後，法度墮弛，大臣將帥競治第舍，各窮其力而後止，時人謂之木妖。上素疾之，故毀其尤者，仍命馬氏獻其園，隸宮司，宮司，掌宮禁園籞者也。謂之奉成園。《雍録》：奉成園，在安邑坊。自丹鳳門南出，東街第六坊，爲安邑坊。

沈括《夢溪筆談》卷九《人事・造宅與賣宅》 郭進有材略，累有成功，嘗刺邢州。今邢州城乃進所築，其厚六丈，至今堅完。鎧仗精巧，以至封貯亦有法度。進於城北治第，既成，聚族人賓客落之，下至土木之工皆與。乃設諸工之席於東廡，群子之席於西廡。人或曰：「諸子安可與工徒齒？」進指諸工曰：「此造宅者。」指諸子曰：「此賣宅者，固宜坐造宅者下也。」進死未幾，果爲他人所有，今資政殿學士陳彦升宅，乃進舊第東南一隅也。

方勺《泊宅編》卷中 范迪簡，南劒州人，起白屋，官至卿監。年八十餘，諸子自峒、峋以下皆登科顯官，近世享福，殆少其比。其居地名黯淡灘，初買宅，或云其中有恠不可買，試使健僕宿其堂廡伺之，但見一物，人首而蛇身，往來其間，不甚畏人。諸僕遂謀以布被兜之，急縛就烹，一夕而盡，其恠遂絶。或云此喪門也。

陸游《老學庵筆記》卷八 蔡京賜第，宏敞過甚。老疾畏寒，幕帟不能禦，遂至無設牀處，惟撲水少低，間架亦狹，乃即撲水下作卧室。

葉夢得《避暑録話》卷下 李公武尚太宗獻穆公主，初名犯神宗嫌名，加賜上字遵。好學，從楊大年作詩，以師禮事之，死爲制服。士大夫以此推重。私第爲間燕、會賢二堂，一時名公卿皆從之游。卒謚和文。外戚未有得文謚者，人不以爲過。其後李用和之子瑋，復尚真宗福康公主，故世目公武爲老李駙馬，所居爲諸主第一。其東得隙地百餘畝，悉疏爲池，力求異石名木，參列左右，號静淵莊，俗言李家東莊者也。宣和間，木皆合抱，都城所無有。其家以歸有司，改爲擷芳園。後寧德皇后徙居，號寧德坊。

邵伯温《邵氏聞見録》卷一〇 洛城之東南午橋，距長夏門五里，蔡君謨爲記，蓋自唐已來爲游觀之地。裴晉公緑野莊今爲文定張公別墅，白樂天白蓮莊今爲少師任公別墅，池臺故基猶在。二莊雖隔城，高槐古柳，高下相連接。午橋西南二十里，分洛堰司洛水；正南十八里，龍門堰引伊水，以大石爲杠，互受二水。洛水一支自後載門入城，分諸園，復合一渠，由天門街北天津、引龍二橋之南，東至羅門；伊水一支正北入城，又一支東南入城，皆北行，分諸園，復合一渠，由長夏門以東、以北至羅門，二水皆入於漕河。所以洛中公卿士庶園宅，多有水竹花木之勝。元豐初，開清、汴，禁伊、洛水入城，諸園爲廢，花木皆枯死，故都形勢遂減。四年，文潞公留守，以漕河故道湮塞，復引伊、洛水入城，入漕河，至偃師與伊、洛匯，以通漕運，隸白波輦運司，詔可之。自是由洛舟行可至京師，公私便之。洛城園圃復盛。公作亭河上，榜曰「漕河新亭」。元祐間，公還政歸第，以几杖罇俎臨是亭，都人士女從公遊洛焉。

周密《癸辛雜識續集》卷上　薛野鶴曰：「人家住屋，須是三分水、二分竹、一分屋，方好。」此説甚奇。

龔明之《中吴紀聞》卷六《朱氏盛衰》　朱沖微時，以常賣爲業，後其家稍温，易爲藥肆。生理日益進，以行不檢，兩受徒刑。既擁多貲，遂交結權要，然亦能以濟人爲心。每遇春夏之交，即出錢米藥物，募醫官數人，巡門問貧者之疾，從而賙之。又多買弊衣，擇市嫗之善縫紉者，成衲衣數百，當大寒雪，盡以給凍者。諸延壽堂病僧，日爲供飲食藥餌，病愈則已。其子勔，因路中貴人以花石得幸，時時進奉不絶，謂之花綱。凡林園亭館，以至墳墓間所有一花一木之奇怪者，悉用黄紙封識，不問其家，徑取之。有在仕途者，稍稍拂其意，則以違上命文致其罪。浙人畏之如虎。花綱經從之地，巡尉護送，遇橋梁則徹以過舟，雖以數千緡爲之者，亦毁之不恤。初，江淮發運司於真、揚、楚、泗有轉般倉，綱運兵各據地分，不相交越。勔既進花石，遂撥新裝運船，充御前綱以載之，而以餘舊者載糧運，直達京師。而轉般倉遂廢，糧運由此不繼，禁衛至於乏食，朝廷亦不之問也。勔之寵日盛，父子俱建節鉞，即居第創雙節堂。又得徽廟御容置之一殿中，監司、郡守必就此朝朔望。勔嘗預曲宴，徽宗親握其臂與語，勔遂以黄羅纏之，與人揖，此臂竟不舉。弟姪數人，皆結姻於帝族，因緣得至顯官者甚衆。盤門内有園極廣，植牡丹數千本，花時以繒綵爲幙帟覆其上，每花標其名，以金爲標榜，如是者數里。園夫畦子藝精種植及能疊石爲山者，朝釋負擔，暮紆金紫，如是者不可以數計。圃之中又有水閣，作九曲路入之，春時縱婦女遊賞，有迷其路者，朱設酒食招邀，或遺以簪珥之屬，人皆惡其醜行。一日勔敗，檢估其家貲，有黄發勾者素與勔不協，既被旨，黎明造其室，家人婦女盡驅之出，雖閭巷小民之家，無敢容納。不數日，已墟其圃。所謂牡丹者，皆析以爲薪。每一扁牓，以三錢計其直。勔死，又竄其家於海島，前日之受誥身者盡褫之。當時有謔詞云：「做園子，得數載，栽培得那花木，就中堪愛。特將一個保義酬勞，反做了今日災害。詔書下來索金帶，這官誥看看毁壞。放牙笏便擔屎擔，卻依舊種菜。」又云：「疊假山，得保義，幞頭上帶著百般村氣。做模樣偏得人憎，又識甚條制。今日伏惟安置，官誥又來索起，不如更疊箇盆山，賣八文十二。」初，勔之進花石也，聚於京師艮嶽之上。以移根自遠，爲風日所殘，植之未久，即槁瘁，時時欲一易之，故花綱旁午於道。一日内宴，諢人因以諷之。有持梅花而出者，諢人指以問其徒，曰：「此何物也？」應之曰：「芭蕉。」有持松檜而出者，復設問，亦以「芭蕉」答之。如是者數四，遂批其頰曰：「此某花，此某木，何爲俱謂之芭蕉？」應之曰：「我但見巴巴地討來，都焦了。」天顔亦爲之少破。大學生鄭肅，有《進花石》詩，大寓規諫之意，至今傳于世。

李昉等《太平御覽》卷一九七　《南朝官苑記》曰：建康籬門。舊南北兩岸，籬門五十六所，蓋京邑之郊門也。如長安東都門亦周之郊門。江左初立，並用籬爲之，故曰籬門。南籬門在國門西，三橋籬門在金光宅寺側。東籬門，本名肇建籬門，在古肇建市之東北。籬門今覆舟東頭玄武湖東南角，今有亭名籬門亭。西籬門在石頭城東，議軍府在西籬門外，路北曰楊籬門外有石井籬門。

李昉等《太平御覽》卷一八〇《居處部八》　明教坊龍興觀西南隅，開府宋璟宅。南門之東，國子司業崔融宅。璟造宅，悉東西相對，不爲斜曲，以避惡名。融爲則天哀策，用思精苦，下直馬過其門，不覺，文就而卒。

《文獻通考》卷七《田賦考七》　漢高祖二年，故秦苑囿園池，令民得田之。文帝二年詔曰：「夫農天下之本也，其開籍田，朕親率耕，以給宗廟粢盛。」

陶宗儀《輟耕録》卷五《清風堂屍跡》　福州鄭丞相府「清風堂」石階上有卧屍迹，天陰雨時迹尤顯。蓋其當宋季，以暮年登科，未幾拜相，至今閭巷表之曰「耆德魁輔之坊」。鄭顯時，侵漁百姓，至奪其屋廬以廣居宅，有被逼抑者遂自殺於此。今所居爲官執豪奪，子孫不絶如綫。因記宋臨川吴曾《能改齋漫録》云：建炎四年五月，楊勍叛卒由建安寇延平，道出小常村，掠一婦人，逼脅，欲犯之。婦人毅然誓死不受污，遂遇害，横屍道傍。賊退，人爲收瘞之，而其屍枕籍處痕迹隱然不滅。每雨，則其迹乾，晴即濕，宛如人影，往來者莫不嗟異。鄉人或削去之，隨即復見。覆以它土，而其迹愈明。今三十年矣。與順昌軍員范旺事略同。但范現迹街磚，而此現於土上耳。范死以忠，婦死以節。小常村去劍浦縣治二十里，以《漫録》言之，則二人之死足以驚動萬世，宜其英烈之氣不泯如此。若清風堂者，不過寃抑之志不得伸，以決絶於一時耳，亦何爲而然哉？豈幽憤所積結致是邪？此理殆不可曉。

孔齊《至正直記》卷二《鄉中風俗》　鄉中風俗，中户之家皆用藩籬圍屋，上户用土築牆，覆以上草。至元紀年之後，有力之家患盜所侵，皆易以碎石，遠近多效之，由是喪訟交攻，不數年凋落甚矣。嘗有業地理者與余言，此致不祥，其信然矣。至於塋墓用之，尤不吉。荆溪豪民楊希茂、溧陽王雲龍，皆用石牆圍祖墓，以絶樵采。至正壬辰之亂，楊、王全家遇害，其可畏也如此。

孔齊《至正直記》卷二《石假山》 先人嘗言，作石假山甚不祥。蓋石者，土之骨也，不可使其露形於外。考之宋徽宗作花石綱，由是女真禍起。趙冀公南仲作石假山於溧陽南園，未幾毁於兵火。豪民陳竹軒富甲於溧陽，號曰半州，所居即南仲之宅，堂後有巨石，高踰三丈，名曰雙秀，見之者咸謂不祥，不數年竹軒死於京城，子孫凋落。又江景明，宣城人，寓居溧陽，風流文采，時人慕之，作假山石於南園，未踰年卒，由此遂廢。妻兄吴子道假山石於所居之西，先人嘗諭之曰：「立石以爲標格之美觀，固是好。但高則不祥，若不過五六尺，不踰檐，則無傷也。」且歷舉其覆轍者言之。有吴興奸民蔣德藻，曰：「此公樸實，前輩特不欲此。」等至明年，外海致訟，家資廢半，更兼子女禍於内，漸至氣象不佳矣。至正丙申，毁於兵火。

《元史》卷一四四《答里麻傳》 元統三年，遷山東廉訪使。時山東盜起，陳馬騾及新李白晝殺掠。答里麻以爲官吏貪污所致，先劾去之而後上擒賊方略。朝廷嘉納之，即遣兵擒獲，齊魯以安。除大都路留守。帝宴大臣於延春閣，特賜答里麻白鷹以表其貞廉。帝嘗命答里麻修七星堂。先是，修繕必用赤緑金銀裝飾，答里麻獨務樸素，令畫工圖山林景物，左右年少皆不然。是歲秋，車駕自上京還，入觀之，乃大喜，以手撫壁嘆曰：「有心哉，留守也！」賜白金五十兩、錦衣一襲。

《明太祖實録》卷一七二 〔洪武十八年三月壬戌〕命工部增造京官居舍。時京官員多有與民雜處者，禮部主客郎中曾伯機以爲言，上命增造房舍，凡百餘所。

彭大翼《山堂肆考》卷一七一《宫室》 唐郭子儀宅，居親仁里四分之一，中通永巷。家人三千，相出入，不知其居。又李訓起第善和里，通永巷，聚京師輕薄子。

梅鼎祚編《後周文紀》卷二《宣帝》 樂遜《上明帝陳時宜封事》：【略】其二，省造作。頃者魏都洛陽，一時殷盛貴勢之家，各營第宅，車服器玩，皆尚奢靡。世逐浮競，人習澆薄，終使禍亂交興，天下喪敗。比來朝貢，器服稍華；百工造作，務盡奇巧，臣誠恐物逐好移，有損政俗，如此等事，頗宜禁省。《記》言「無作淫巧，以蕩上心」，《傳》稱「宫室崇侈，民力雕弊」。漢景有云：「黄金珠玉，饑不可食，寒不可衣。雕文刻鏤，傷農事者也；錦繡纂組，害女功者也。」以二者爲饑寒之本源矣。然國家非爲軍戎器用、時事要須而造者，皆徒費功力，損國害民，未如廣勸農桑，以衣食爲務，使國儲豐積，大功易舉。

薛岡《天爵堂筆餘》卷三 長安富貴之場，苑囿亭臺，無不侈麗。獨米氏海淀勺園，一洗繁華。蒿徑板橋，帶以水石，畝宫之内，曲折備藏，有幽人野客之致，所以爲佳。都人皆極羡貴戚李園，綺艷絶世，而以勺園爲寒儉不足觀。吾鄉有人登余西閣，見官窑小膽瓶，插水仙，置花楠几上，瞿然嘆曰：「此瓶此几，當留以待牡丹，奈何以水仙辱之。」此當與陋勺園者同類而共道。富貴之悦人心，甚於芻豢之悦人口也。

沈德符《萬曆野獲編》卷二四《畿輔・京師園亭》 都下園亭相望，然多出戚畹勳臣以及中貴。大抵氣象軒豁，廊廟多而山林少，且無尋丈之水可以游汎。惟城西北净業寺側，有前後兩湖，最宜開徑。今惟徐定公文璧一園，臨涯據湲，似已選勝，而堂宇苦無幽致。其大門棹楔，顔曰太師圃，則製作可知矣。以予所見可觀者，城外則李寧遠圃最敞。主人老憊，不復修飾，聞今已他屬。張惠安園獨富芍藥，至數萬本。春杪貴游，分日占賞，或至相競。又萬瞻明都尉園，前憑小水，芍藥亦繁，雖高臺崇榭，略有迴廊曲室，自云出自翁主指授。又米仲詔進士園，事事模效江南，幾如桓温之於劉琨，無所不似。其地名海淀，頗幽潔，旁有戚畹李武清新構亭館，大數百畝，穿池疊山，所費已鉅萬，尚屬經始耳。其他豪貴家苑囿甚夥，併富估豪民，列在郊坰杜曲者，尚俟續游。蓋太平已久，但能點綴京華即佳事也。

沈德符《萬曆野獲編》卷二四《畿輔・西苑豢畜》 余往年初應京兆試，暇日同戚畹郭小侯游西苑，見豢籠諸禽頗珍異，足爲耳目玩。至若虎豹之屬，無慮數十，俱貯檻中。腥風逆鼻，爪目可畏，意甚憎之。又有所謂虎城，全如邊外墩堡式，前後鐵門扃固，畜牝牡二於菟。中設一廳事，爲其避雨雪處，昂首上視，如訴飢狀。好事者多投以鷄犬。鷄無知，初尚啄其目，虎一嘘氣，毛羽盡墮。狗初投下，即已悸而僵，任其糜啜而已。聞每一獸日給羊豕肉數十觔，似此不經之費真可省。十年來，無心續舊游。聞上夢虎噬足，次日令人絶其食。計虎城中但存虎骨矣。

劉宗周《人譜類記》卷下　范文正公在杭時，子弟以公有退志，請治園第爲逸老地。公曰：年踰六十，來日有幾？乃謀池圃，顧何時而居乎？吾患位高難避而居也。西都士大夫園林相望，爲主人者莫得常遊，而誰得障吾遊者，豈必有諸己而後爲樂耶！

《明史》卷一七三《石亨傳》　亨嘗白帝立碑於其祖墓。工部希亨指，請敕有司建立，翰林院撰文。帝以永樂以來，無爲功臣祖宗立碑故事，責部臣，而令亨自立。初，帝命所司爲亨營第。既成，壯麗踰制。帝登翔鳳樓見之，問誰所居。恭順侯吳瑾謬對曰：「此必王府。」帝曰：「非也。」瑾曰：「非王府，誰敢僭踰若此？」帝頷之。亨既權侔人主，而從子彪亦封定遠侯，驕橫如亨。兩家蓄材官猛士數萬，中外將帥半出其門。都人側目。

《明史》卷二〇六《鄭一鵬傳》　會武定侯郭勛欲得虎賁左衛以廣其第，使指揮王琬等言，衛湫隘不足居吏上，而民郭順者願以宅易之。順，勛家奴也，其宅更湫隘。一鵬與同官張嵩劾勛：「以敝宅易公署，驕縱罔上。昔竇憲改沁水園，卒以逆誅。勛謀奪朝廷武衛，其惡豈止憲比。部臣附勢曲從，宜坐罪。」尚書趙璜等因自劾。詔遠所易，勛甚銜之。

《明史》卷三〇八《趙文華傳》　文華既寵貴，志日驕，事中貴及世蕃，漸不如初，諸人憾之。帝嘗遣使賜文華，值其醉，拜跪不如禮，帝聞惡其不敬。及嘗進方士藥，帝服之盡，使小璫再索之，不應。西苑造新閣，不以時告成。帝一日登高，見西長安街有高甍，問誰宅。左右曰：「趙尚書新宅也。」旁一人曰：「工部大木，半爲文華作宅，何暇營新閣。」帝益愠。會三殿災，帝欲建正陽門樓，責成甚亟，文華猝不能辦。帝積怒，且聞其連歲視師黷貨要功狀，思逐之，乃諭嵩曰：「門樓庀材遲，文華似不如昔。」

《清高宗實録》卷四一　〔乾隆二年四月癸未〕署理都統事務和碩恒親王弘晊等議覆，總理事務王大臣奏，徵收地租，分給貧乏旗人，以爲恒産。奉上諭：朕以八旗無業貧人，居無定宅，終日縈懷，並不知京畿有空閒地面。今既有可修蓋之處，爾等查明，即行修造。但僅以本年租銀充用。其能有幾，若俟來年之租，亦覺遲緩。現在圓明園舊有英秀、儒弱二營，即將此二營空房拆毁運京，其修造之需，動用本年租銀之處，爾等悉心詳議具奏。俟數年後，空地蓋成房屋時，所得租銀，如何賞給旗人，或另有裨益之處，臨時再行議奏。欽此。現在查明空地，共四百八十二塊，約計可容房四千五百餘間。此次修造，若待全行查明空地，且俟冬月得租，再行興工，則迫於嚴寒，礙難修造。況一年之租，亦不能修造若干。臣等將現在空地，查明數目，移咨工部，量定地面尺丈。情願售賣者，照官價給與外，其圓明園舊有之英秀、儒弱二營空房。派員拆毁，運京備用。尚餘空地可蓋房屋者，亦即豫備應用之物，入秋興工。再查得八旗所有空地，多寡不同，若本旗蓋成房屋，即令本旗人居住，則房數不均。請交部查看已成之房屋，於臣等八旗就近之處，陸續分給居住。此項房間，除開檔人等外，其無房屋之護軍校、驍騎校，另户護軍、領催、馬甲，及孤寡人等，量户口之多寡，賞給居住。其未查明之空地，俟查明時，亦咨行該部，一體修蓋。奏入，報聞。

《清高宗實録》卷一七〇　〔乾隆七年七月丙寅〕步軍統領奏，修整京城臨街房屋，經臣等先後奏聞在案。其臨街小巷，情願借銀修理房基者，據各該業户呈報，地基共一百零一段，可蓋房三百九十七間半。請照通衢大街之例，每間給銀三十兩，共銀一萬一千九百二十五兩；應行修理房屋四十一間半，每間酌借銀二十兩，共銀八百三十兩，二項共銀一萬二千七百五十五兩。請交與各該旗參佐領，取具甘結，赴户部支領，給發本人，作速蓋造，限明春完竣。至所借銀兩，亦照旗人購買官房之例，勒限五年，按季分月還項。得旨：應借三十兩者著借給十五兩，應借二十兩者著借給十兩。

《清高宗實録》卷八八八　〔乾隆三十六年七月〕甲辰，諭：七月初一二等日，雨水較大，京城内外旗民房屋、牆垣坍塌者頗多，恐無力之家未必盡能自行修整，朕心深爲軫念。著交步軍統領衙門詳細查勘奏聞，照上年熱河賞修民房之例，酌量加恩，賞給銀兩，以資繕葺。

《清高宗實録》卷一三四六　〔乾隆五十五年正月辛卯〕諭軍機大臣等：前經降旨，令黎維祁及伊屬下人等來京，歸入漢軍旗下，編一佐領。嗣據福康安等查明，黎維祁等安插廣西者，共男婦大小三百七十六名口，俟交春後，阮光平未經進關以前，分起送京等語。朕以送京人數太多，令福康安等酌量分别約計百餘人，足敷編一佐領之數，送京入旗，其餘俱送往江南、浙江、四川等省，分隸督撫標下，入伍食糧。此旨，計福康安等已經接奉，其如何分别送京若干名之處，尚未據該督撫覆奏。現在已交春令，黎維祁等諒已自粵西分起來京，一切房屋住址，俱應豫爲辦理。若待福康安等奏到後，始行豫備，未免遲誤。現已降旨，於京城隙地起蓋房屋。查明漢軍旗分内人户較少者，將黎維祁等編入，並簡派大臣管理該旗，以資約束。查各旗佐領所屬，每佐領約有一二百人。此項入旗人數，未免過多，著傳諭福康安等即行再加分別，將黎氏支屬親戚及曾任官職者，約在八十户以内，分起送京。其餘人户仍遵照前旨，送往江南、浙江、四川等省安插，或即在粤西地方入伍食糧，徐歸民籍，亦無不可。既經薙髮改服，亦不慮其竄逸。倘有不安本分，滋事潛逃者，無難拏獲正法。

《清高宗實録》卷一四〇二 〔乾隆五十七年閏四月己卯〕又諭：據恒秀等奏，吉林地方失火，延燒旗民住房三千餘間，請辦理接濟等語。著照恒秀等所請，將燒燬官房。動用官項修理。其罪犯人等暫行收入同知衙門監内，俟監房修成時，照舊收禁。所有燒燬房屋之五品以下官員。及兵丁水手等，量其職分，賞借一年俸餉修造，限五年坐扣。旗民鋪面房屋，如有無力願借官銀修造者，每間借給官銀三十兩，作爲三年交還，餘俱照所請行。又諭：吉林地方，去年失火，延燒旗民房屋，甫經葢造完竣，今又被火燒燬三千餘間，甚爲可憫。該處木植價賤，牆壁皆係木造，易於引火，若改用磚瓦，自無此患。著恒秀曉諭各旗民，一體遵行。

《清高宗實録》卷一四七二 〔乾隆六十年閏二月庚寅〕又諭：據松筠等奏，達賴喇嘛、班禪額爾德尼等，請將伊等所屬唐古忒等應交糧石及舊欠錢糧寬免，並賑濟貧人，修理倒壞房屋之處請旨等語。達賴喇嘛、班禪額爾德尼等，一聞朕降旨蠲免天下錢糧，伊等亦請將唐古忒等撫恤辦理，實屬善舉，朕深爲嘉悦。達賴喇嘛、班禪額爾德尼著各賞給哈達一個、紫金俐瑪無量壽佛各一尊、碧玉手串各一卦、大荷包各一對、小荷包各三對。松筠等接奉時，即轉爲賞給。但前藏地廣，所交之項較多，達賴喇嘛既請寬免一年，即著照所請辦理。後藏地狹，所交之項較少，恐不足班禪額爾德尼一年之用，即著免其一半。但賑濟貧人，修理倒壞房屋等項，由達賴喇嘛之商中撥銀三萬兩，由班禪額爾德尼之商中撥銀幾萬兩之處，並未聲明。達賴喇嘛等仰體朕意，既將唐古忒等撫恤辦理，自不必撥用達賴喇嘛銀兩，著即動用該處正項，賞給前藏銀三萬兩，後藏銀一萬兩。松筠等務須悉心辦理，毋致一人遺漏，以副朕一體軫恤番僕之意。

《清仁宗實録》卷一六九 〔嘉慶十一年十月〕壬寅，諭内閣：禄康等奏勘估雙鶴齋等五處及併案黏修各項應需工料銀兩數目一摺，雙鶴齋等處，現屆應黏補興修，並非建造，前經派出禄康、恭阿拉勘估，伊等理應自行遴委妥員及匠役等，確覈估勘，據實具奏。乃伊等雖經另揀司員勘估，而所帶料估匠役仍不免用圓明園承辦原工之人，所謂换官不换吏，於事奚益，仍屬有名無實，虚糜錢糧耳。現據奏，雙鶴齋等處需用工料共計銀十一萬五千餘兩，此項工程祗係頭停、揭宼、油飾、彩畫，並未添造房間，何至需用工料銀數估計如此之多，顯係仍用各該處承辦匠役估計，以致虚報浮開，豫爲冒銷地步。禄康等率據所估數目，奏請興修，殊屬非是。禄康、恭阿拉著傳旨申飭，所有此項工程，除雙鶴齋一處暫緩興修外。其餘安瀾園等四處，及併案應修各工，著改派尚書長麟、侍郎托津另行遴委妥員及匠役等，率同親往履勘，確估具奏，不得仍用各該處司員匠役，致滋弊混。此後凡遇應辦工程，經朕特派估勘者，俱著奉派之員自行遴委妥員及匠役等確勘估計，以歸覈實而杜冒濫。

《清仁宗實録》卷二六一 〔嘉慶十七年九月甲戌〕諭軍機大臣等：據松筠等奏，酌擬移往盛京宗室房屋，現擇於小東門外東北里許，按照健鋭營規式，共建仰瓦房七十所，内除五十五户宗室居住外，尚餘住房十五所等語。盛京移住宗室房屋共有七十所，前經擬定移住之宗室祗有五十五户，餘房十五所，日久空閒，勢必漸就軿朽。現在閒散宗室内可以移往者尚多，著綿課等再公同酌擬添派十五户，共成七十户，届期一同派往可也。將此諭令知之。

《清宣宗實録》卷二四 〔道光元年十月戊子〕命吏部尚書劉鐶之、工部尚書穆克登額、吏部左侍郎那彦寶、工部右侍郎陸以莊修造城内空地房屋，給内務府三旗貧户居住。

《〔乾隆〕熱河志》卷七五《藩衛一・板升有序》 蒙古語音，以氊廬爲格爾，以土瓦屋爲拜甡。板升者，葢拜甡之訛也。氊廬其舊俗，而土瓦屋則近代始有之。内地流民至此，率仍屋處。明季因以是爲苦，葢視板升儼如甖甌脱矣。

周召《雙橋隨筆》卷八 眉公《巖棲幽事》有云：不能卜居名山，即於陵阜迴複及林木幽翳處，闢地數畝，築室數楹，插槿作籬，編茆爲庭。以一畝蔭竹樹，一畝栽花果，二畝種瓜菜。四壁清曠，空諸所有。畜山童灌園薙草，置二三胡牀著亭下，挾書研以伴孤寂，攜琴奕以遲良友。凌晨策杖，抵暮言旋，此亦可以娱老矣。余無力買山，惟願得境如此。老眼婆娑，足怡晚景。而再遭離亂，遠隔家園，幸緣蔦蘿之芘，假以書室數楹。地處衆山之麓，老樹參差，鳥聲嚦嚦，紙窻布幔，净几無塵。一編少倦，則攜鐺出，就泉石箕踞，長松下看友人對奕，或拈險韻，緩步搜詩。與眉公所言相去雖遠，亦避亂人一時佳境也。但世故方殷，家人婦子俱在量柴數米中時憂煎逼，所謂俗物來敗人意，無可奈何耳？石才叔蒼舒與山谷從遊，尤妙筆札，家蓄圖書甚富。文潞公帥長安，從借所藏褚遂良《聖教序》墨蹟一觀，潞公愛玩不已，因令子弟臨一本，休日宴僚屬出二本，令坐客別之。客盛稱公者爲真，反以才叔所收爲僞。才叔不出一語以辯，笑啟潞公云：今日方知蒼舒孤寒。潞公大噱，坐客赧然。凡人身處富貴之地，趨附者必多，擇人而交，甚不可濫。潞公稱爲賢者，而坐客如此，皆蠅營蟻附之徒耳，非才叔冷語逼人。公在熱鬧場中，想亦未能看破也。

中國第一歷史檔案館編《圓明園》下之六《總管内務府現行則例・員役定額》　圓明園管理園庭事務大臣、協理事務官員，俱係隨時建設，無定額。設六品總領六員，七品副總領六員，八品副總領六員，清字筆帖式七員，漢字筆帖式六員。

乾隆六年六月奏准，於筆帖式内委署副總領二員，添設學習筆帖式二員。

八年閏四月奏准，添設六品主事一員，七品副總領一員，八品副總領一員。

十四年十二月奏准，銀庫、器皿庫添設六品庫掌一員，委署庫掌一員。其添設委署庫掌，於本處筆帖式内委署，無庸出缺，再添設庫守六名，其庫務仍派協理官員等值年兼管，每至三年另行派員更換。奉旨：所添六品庫掌著放七品庫掌。餘依議。欽此。

十六年閏五月，奏請長春園添設六品總領一員，七品副總領二員，八品副總領二員，園户四十名，園隸四名，匠役十二名。奉旨：著添六品總領一員，七品副總領一員，八品副總領一員，園隸二名，園户二十名，匠役六名。欽此。

是年六月奏准，於筆帖式額内授爲署副總領五員，仍食筆帖式俸。

二十二年十二月内務府奏准，本處設委署主事一員，給與六品虛銜頂戴，仍在筆帖式額内食原俸，令其協理檔案事務。

二十三年十一月内務府奏准，查圓明園從前協理官員並無定額，於乾隆十五年雖經奏設協理官二員，亦未議定額缺，今照依原奏作爲定額。再，嗣後如圓明園等處行走人員内，遇有陞轉別司員缺，或因該員熟諳本處事務，人地相宜，應行奏留者，該管大臣於摺内聲明，將本處人員對品調補，概不准仍前奏留濫行開缺。

二十四年閏六月，奏請長春園新建水法工竣，酌添園户二十名，花兒匠十名。奉旨：園户准添十名，花兒匠准添四名。欽此。

是月會典館奏准：園庭總領改爲苑丞。副總領改爲苑副。

二十九年十二月呈准，銀庫、器皿庫現有考取入筒效力庫守十名，應照内務府候缺庫守之例給與頂戴，令其在庫效力行走，作爲定額，遇有庫守缺出掣補。

三十二年七月奏准，熙春園苑副四員内，係七品者三員，八品者一員。今酌將七品苑副撤回二員，仍留七品苑副一員，八品苑副一員，再添六品苑丞一員，署苑副二員，園户三十名，俱作爲熙春園額缺。又，圓明園原設筆帖式十二員内，節經奏准委署苑副七員，副庫掌一員，請將以筆帖式委署之苑副等八員，即作爲額缺，仍食原俸，所遺筆帖式之缺，仍按原額照例挑補。

三十四年十月内務府呈准，看守鰲山等庫兵丁交本園稽查。

是年定准：協理事務官二員，主事一員，六品苑丞八員，六品職銜委署主事一員，七品庫掌一員，七品苑副八員，八品苑副八員，筆帖式委署庫掌一員，筆帖式委署苑副九員，筆帖式十一員，庫守六名，候缺庫守十名，園隸四十名，園户五百八十名，各行匠役一百六名。内園户頭目十八名，食一兩五錢錢糧米一斛半、隨差地三十畝。園隸食一兩錢糧米一斛。園户、匠役食一兩錢糧米一斛隨差地三十畝。

三十九年三月，奏請綺春園内現在殿座既多，地面亦屬遼闊，理宜酌派人員專司其事。查從前撥往綺春園八品苑副一員，署苑副二員，筆帖式二員，園户二十名。今酌留署苑副二員，筆帖式一員，園户十名，其餘撤回，仍在原差行走。請添給六品苑丞一員，七品苑副一員，八品苑副一員，筆帖式一員，園户三十名，作爲綺春園額缺，即令管理熙春園事務員外郎一體董率。奉旨：六品苑丞一員，八品苑副一員，不必添設。准添設七品苑副一員，筆帖式一員，園户二十名。欽此。

四十五年十一月呈准，添設候補庫守八名，係由圓明園效力柏唐阿内揀補，令其與苑丞、苑副等一體當差，遇有庫守缺出，仍與圓明園候缺庫守一同補用。

四十六年十一月，奏請新建蓮池書院並舊有中所曾奉諭旨各座殿宇，安擺陳設處所既多，地面遼闊，必須派員專司其事，請照依熙春園之例，酌減署苑副一員，筆帖式一員，園户十名。添設六品苑丞一員，七品苑副一員，八品苑副一員，署苑副一員，筆帖式一員，園户二十名，作爲該園額缺，即令管理長春園事務員外郎一體董率。再，查熙春園，綺春園各有效力柏唐阿四名，並無錢糧，應照依本處庫守之例，給與二兩錢糧，其新建蓮池書院，亦請照此辦理。再，查圓明園、長春園俱有門隸，專司稽查出入，食糧匠役以備零星黏修。應請三園各添門隸二名，食糧裱匠二名，瓦匠二名，木匠一名，搭綵匠一名，以備承應該園差務。奉旨：改添七品苑丞一員，八品苑副一員，筆帖式一員。其六品苑丞一員，署苑副一員，不必添設。餘依議。欽此。

五十二年十一月，管理園庭事務大臣具奏，查得圓明園、長春園、熙春園、綺春園、春熙院等五處，共額設食一兩五錢糧園户頭目二十名，食一兩錢糧園户匠役六百四十七名，今遵旨酌擬除現食錢糧外。園户頭目照奉宸苑、清漪園等處園丁之例，每名每月酌添銀五錢，作爲二兩錢糧，其現食一兩錢糧之園户、匠役等每名每月酌添銀五錢，作爲一兩五錢糧。再，查圓明園、長春園内五路宫門河道，向雖設有園户頭目二十名，但園内殿宇較多，地面寬敞，督率園户等分撥各處打掃地面，坐更當差，實不敷用，今酌擬添園户頭目二十名。至熙春園、綺春園、春熙院三園，向無園户頭目，今每園酌添園户頭目四名，共添園户頭目三十二名。此項應添園户頭目錢糧，亦照園丁之例添給，即於各該園額設園户内改添，分撥各處當差，無庸額外添設。統計園户頭目、園户、匠役等六百六十七名，每月共應添銀三百四十九兩五錢。此外各項招募匠役等均非旗人，自未便一律議添，以昭區别。具奏。奉旨：圓明園著添園户頭目十名，長春園署添園户頭目四名，春熙院著添園户頭目一名。其熙春園、綺春園園户不必添給錢糧，亦不必添設頭目。餘依議。欽此。

嘉慶四年四月奏准，圓明園、長春園内園户較多，擇其勤慎老實者，撥派二十七名，内交綺春園二十一名，交大宫門新建朝房六名當差，並查看火燭。

六年五月，管理園庭事務大臣奉旨：圓明園現食二兩錢糧太監四百三名内，著賞給二兩五錢糧五十分。欽此。

是年七月，圓明園總管太監具奏，綺春園内新建西爽村、含淳堂、展詩應律、敷春堂，此四處宫殿廟宇處所既多，陳設供獻甚重，又兼山場道路寬大，各該處太監園户尚可盡力巴結，惟週圍河道以及大小水泡，並添蓋船塢，排造棹船，實無專司之人，應請每處討添閘軍六名，每日安船看水提閘，並河道撈割茬草坐更等事。再，宫殿廟宇亭臺遊廊房間橋梁甚重，每處討添招募匠役四名。奉旨：著管理圓明園事務大臣，挑補匠役、閘軍交進當差。欽此。

七年遵旨：春熙院著賞給莊敬固倫公主居住，其該院額設七品苑丞一員，八品苑副一員，筆帖式一員，庫守四名，園户、園隸、匠役等二十八名，俱分撥各園當差。

十六年六月奏准：暢春園具奏，撥來食八品俸七品苑丞一員，八品苑副一員，食二兩錢糧委署苑副二員，園户、園隸、匠役二十名，撥交本園分路當差。查圓明園額設官員内無虚銜之七品苑丞，該員既食八品俸，請歸入本園八品苑副數内，以昭畫一。再署苑副一缺，本園向由筆帖式内揀選，帶領引見陞補，仍食筆帖式原俸。今該園撥來之委署苑副，係由該堂官挑補，每月食二兩錢糧，與本處庫守無異，請於本園現任筆帖式内揀選二員帶領引見，作爲署苑副實缺。其撥來之委署苑副二員，即於此次續出之庫守二缺扣補，將原食之二兩錢糧裁汰。

十月内務府奏准，將暢春園七品食八品俸苑丞一員，八品苑副一員，筆帖式一員，園户、園隸、匠役二十五名，撥交圓明園、南園分路當差，其所食俸餉額缺，仍照本園奏准定例作爲額缺。

十七年六月奏准，圓明園外圍添修閘座，撥派奉宸苑閘軍三十名，作爲本園額缺，其每月所食錢糧米石及應挑應裁俱由圓明園辦理。

道光二年八月内務府議奏，恭照皇太后御綺春園，該園差務較繁，請將暢春園郎中一員調補綺春園協理該園一切事務，並管理綺春園西路。其原管綺春園等處員外郎一員，令其專管長春園事務，以重職守，仍請由暢春園食錢糧署苑副八名内，著撥四名，歸於綺春園當差。再，查熙春園現奉諭旨賞給惇親王綿愷居住，所有該園原設六品苑丞一員，筆帖式一員，園户頭目、園户等四十名撥給綺春園當差，其署苑副三員、庫守五名分撥長春園、綺春園西路當差，至郎中一缺擬請即照圓明園之例，嗣後每遇缺出，於内務府各處現在郎中内揀選奏請調補，其餘各缺，應歸圓明園查照向例一體辦理。奉旨：暢春園郎中著調補綺春園郎中，向設員外郎一員著專管長春園。至暢春園，著内務府大臣於郎中、員外郎内揀選一員兼行。餘依議。欽此。

圓明園現定額設員役：郎中二員，員外郎一員，主事一員，委署主事一員，六品庫掌一員，六品苑丞八員，七品庫掌一員，七品苑丞一員，七品苑副八員，八品苑副十三員，署苑副十一員，筆帖式十四員，庫守十八名，委署苑副四員，學習筆帖式二員，效力柏唐阿六名，園户頭目三十五名，園户六百十五名，園隸五十三名，招募匠役一百四十八名，閘軍五十四名，水手鑾子三名。

二十三年五月暢春園奏准，酌減官役，該園官員均撥圓明園，遇缺酌量陞補，所遺之缺即行裁汰，俟各該員補缺後，以八品苑副三員，委署苑副二員，筆帖式一員，作爲專路管理，其園户等留一百名作爲定額，所有房地租錢糧一併歸圓明園管理。

中國第一歷史檔案館編《圓明園》下之六《總管内務府現行則例・選補員役》 初，管理圓明園事務大臣係奉特旨簡派；協理園内事務官員，或係本管理大臣等奏派，或係特旨。除派其六品總領，七品、八品副總領缺出，俱係本園管理大臣等揀選應陞人員帶領引見補授，其筆帖式缺出由内務府掣籤補授。

乾隆十四年十二月奏准，圓明園銀庫、器皿庫添設庫守六名，於内務府考取入筩候補庫守人員，並官員子弟内家道殷實通曉文義者兼取，令其專守銀庫、器皿庫行走，伊等行走三年，其中如果有黽勉勤慎者，即以圓明園所屬筆帖式之缺轉補。

二十一年八月准鴻臚寺咨，是年七月吏部等部題准，查鴻臚寺奏請，嗣後令各該旗、各該衙門，將在京文武各員陞遷緣由，於命下五日内造具詳細名册，咨送臣寺繕寫啟疏，以備謝恩。按定例四品以上派員帶於午門外，五品以下於天安門外謝恩，如有遲延遺漏不到者，照例題參等語，應如所請。嗣後題陞調任及京察一等大計卓異俸滿陞用，並降調革職奉恩旨録用之文員，其由各該衙門自行開列移送在京文武各員，有奉特旨及議敘加級紀録者，亦令各該衙門開列職名移送該寺，其知照後，均聽該寺照例定期傳令各該員謝恩。此内如有患病丁憂事故不能依限赴寺者，由該旗、該衙門知照該寺查覈，准其補行謝恩。如無故踰限不到者，鴻臚寺自行查參。

三十二年呈准，協理事務官員，如遇京察卓異，或俸滿之時，保送内務府，照内務府卓異俸深之例一體陞用。員外郎如遇京察卓異，或俸滿之時，保送内務府，以郎中陞用。主事如京察卓異，或俸滿之時，保送内務府，以員外郎陞用。委署主事如遇京察卓異，或俸滿之時，以本園實缺六品陞用。六品苑丞缺出，於七品庫掌、七品苑副内揀選。七品庫掌、七品苑副缺出，於八品苑副内揀選。八品苑副缺出，於食筆帖式俸之委署庫掌、委署苑副内揀選。委署庫掌、委署苑副缺出，於筆帖式内揀選。由本處帶領引見補授。以上等員，如京察卓異主事、六品苑丞、六品庫掌内，每京察保送内務府二員以員外郎、副參領陞用。筆帖式缺出，由庫守揀選補授。庫守缺出，由本處效力行走之候缺守庫内挑補。園隸、園户缺出，出内務府三旗佐領管領下出具保結，送赴本園呈堂挑補。招募匠役缺出，由本園該管官員揀選呈堂挑補。

三十九年四月奏准，嗣後本處主事應陞之處，仍由内務府揀選陞用，員外郎所遺主事之缺，即將本處委署主事、七品苑副内揀選補授。委署主事缺出，即將本處八品苑副、委署苑副、筆帖式内揀選補放。

嘉慶四年三月奏准，嗣後本處主事、苑丞、庫掌擇其當差勤慎卓異俸深者，仍照舊例保送内務府按品陞用外，其所遺六品員缺，仍將本園委署主事、七品庫掌、苑副陞用，續出之缺，論品推陞。其委署主事缺出，即將本處八品苑副、署苑副、筆帖式内揀選陞用。至本園筆帖式，由本園庫守内揀選補用。至帶領引見既係本園揀選人員，自應本園帶領引見，其送内務府轉爲帶領應請停止。

十年二月呈准，本園郎中缺出，於内務府各處現任郎中内揀選奏請調補。至本園題缺員外郎一員，如係京察一等，或現職俸已滿，准其保送内務府歸入應陞班内陞用。員外郎缺出，主事、六品苑丞、六品庫掌陞用。主事、六品苑丞、六品庫掌缺出，七品庫掌、七品苑丞、七品苑副、委署主事陞用。七品庫掌、七品苑丞、七品苑副缺出，八品苑副陞用。八品苑副缺出，署苑副陞用。署苑副缺出，筆帖式陞用。委署主事缺出，八品苑副、署苑副、筆帖式陞用。筆帖式缺出，學習筆帖式、庫守補放。庫守缺出，候缺庫守補放。

十一年正月軍機大臣奏准，圓明園實缺庫守一項，係於乾隆十四年額設六名，又於四十六年添設十二名，俱有頂戴食二兩錢糧，節經奏明。至庫守額缺，前既兩次奏明添設十八名已足敷差委。其候缺庫守一項，戴用虚頂並未奏明，應請概行裁撤，請於現在裁撤之十八名及效力柏唐阿六名，酌留六名作爲定額，不給頂戴，遇有庫守缺出，即於此六名内挨次奏明充補。嗣後遇有無頂戴候缺庫守缺出，應令由内務府三旗佐領管領下出具保結，交該管王大臣挑補。再，查圓明園筆帖式向係咨補，今庫守既改爲奏補，所有筆帖式一項，亦應一體奏補。其學習筆帖式二名，仍照舊例間用。

十六年六月准暢春園具奏，撥來食八品俸七品苑丞一員、八品苑副一員，食二兩錢糧委署苑副二員。十月准暢春園具奏，撥來食八品俸苑丞一員、八品苑副一員、筆帖式一員。經管理園庭事務大臣節次奏准，食八品俸七品苑丞作爲本園八品苑副額缺，食二兩錢糧委署苑副與本園庫守無異，請於現任筆帖式内揀選二員帶領引見，作爲署苑副實缺，續出庫守二缺，將撥來之委署苑副扣補。現在八品苑副十三員，署苑副十一員，筆帖式十四員。

二十年六月内務府奏准，特用捐復人員，於五缺後補用一人。此二項陞補之缺全計。如特用人員有「即用」字樣者，遇缺即補。遇降調開復人員，於六缺後補用一人。此二項陞補之缺全計。員外郎缺出，除主事、六品司庫及各處保送京察列爲一等之六品苑丞、六品庫掌等員陞用外，其餘概不准陞用。

道光二年十一月，管理園庭事務大臣奏准，暢春園撥來委署苑副四員，係食二兩錢糧與本園庫守無異，今酌擬令其與庫守一體當差，遇有筆帖式缺出，與庫守相間補用。續出委署苑副缺時，由額設效力柏唐阿挑補。

二十年八月内務府奏准，圓明園郎中缺出，於各處現任郎中内揀選奏請調補，如内務府各處郎中内一時不得其人，由内務府各司處員外郎及圓明園員外郎内，一體揀選人妥協當差勤慎者二三員帶領引見補放。如蒙簡用内務府人員所遺員外郎之缺，即歸内務府陞補，如蒙簡用圓明園人員所遺員外郎之缺，由圓明園一等及俸深應陞人員内揀選陞用，如不得其人，由内務府員外郎内揀選奏請調補。

二十三年四月總管内務府奏准，嗣後除奉旨簡放熱河正副總管、户部三庫差、九江關監督係兼道員者仍照例開缺外，其江南、蘇州、杭州三處織造，粤海關、淮安關監督，均請照山海關、張家口、殺虎口之例，仍留底缺委員署理，應領俸銀米石即行停領，俟該員回京之日，仍歸本任當差，再支銀米，准其接算前俸。至天津鹽政一缺如由三院卿簡放者，自應請旨派員署理，如由郎中及别項人員簡放調放者，均請開其底缺以示區别。

中國第一歷史檔案館編《圓明園》下之六《總管内務府現行則例・考察官員》 雍正四年四月内務府奏准，内務府官員筆帖式等，均照康熙十八年之例考察。其奉宸苑等處官員筆帖式等，仍照例著該堂官甄别考察。

乾隆三年六月，照部議將保列一等官員帶領引見，准其加一級註册。

十一年二月，内務府奏准，嗣後七品贊禮郎、八品催總等員，凡遇京察年分均照内務府官員之例分别優劣編入京察本内一體具題，其不入京察之無品級庫掌、委署司庫、催總、委署催總、庫使、庫守、果房掌果各項人員，亦於京察時交該處，將伊等平日行走勤惰，當差優劣之處呈明，驗看甄别，除不稱職役者即行斥革，平等供職者視其行走年分歸班陞補外。如果有才堪辦事，行走勤慎，迥出尋常者，照京察一等註册之例，不拘年分即行註册，與應陞人員一體録用。

是年十月内務府奏准，圓明園等處六品、七品、八品總領等，照内務府七品贊禮郎、八品催總之例，遇京察年分令各該處將伊等分别優劣，編定等次，於該苑京察本内一體具題。

十八年三月内務府奏准，嗣後三院各衙門，京察卓異員數，亦仿照本府辦理之例考察。圓明園與清漪園等處，六品以上官共十三員内，准卓異二員。七品以下總領、催總等官亦照本府筆帖式之例，凡八員内准卓異一員，仍遵例由該衙門自行奏請，統歸本府帶領引見。凡遇京察，本處協理事務官三員、六品主事一員、六品總領七員與清漪園等處一體會同考察，合併卓異二員。再，本處七品庫掌一員、七品副總領八員、八品副總領八員内，每次卓異不過二員。筆帖式、委署庫掌一員、委署副總領七員、掌稿筆帖式二員、筆帖式二員内，每次卓異不過一員，俱由本處掌官考察，定以等次，咨送奉宸苑入本具題。

二十四年二月，内閣奉上諭：向來京察之例各部院堂官將所屬官員分别等次，若陞調不滿半年者，則仍由原衙門堂官出具考語，移咨新任衙門辦理。京察爲澄敘大典，理宜詳慎甄别，以防濫竽。該堂官等若因該員既經陞調别任，移送考語或未免意存假借，殊非程材課績之義。嗣後京察人員在新任衙門年例未滿，移咨前任堂官出具考語列在二等三等者，仍照舊例，其列爲一等者，著於帶領引見時另分一班，俱不得因有分班之旨轉增各部向來所定額數致滋濫觴。欽此。

三十三年二月奉上諭：向來部院各衙門京察届期所有列入一等人員，均由吏部帶領引見。至二、三等留任各官並無引見之例，該堂官等以其循分供職無闕黜陟之典，且人數衆多，其中即有年力衰庸，不無稍爲姑息人才，既難考覈公務，未免曠鰥大典，何由克副。嗣後京察二、三等人員内，凡年至六十五歲以上者，並令吏部一併帶領引見，候朕鑒定庶曹司不致濫竽戀棧，而該管堂官甄别公私亦可立辨於澄敘官方益昭慎重，著爲例。欽此。

嘉慶十三年十一月奉旨：吏部議駁。廣興奏，内務府應行迴避司員，與各部院司員對品調補，請旨飭令總管内務府大臣，遇有應行迴避之員，即於七司三院三山各等處酌覈調補一摺。内務府屬官向例不行迴避，原非引嫌杜弊之道，廣興所奏，不爲無見，然以内務府司員與部院司員對調，於一切保送陞轉等事亦多格礙難行。況雍正年間曾經遵旨議准，凡内務府屬官，均用内務府人員，則於部院司員對調尤與定例不符。兹吏部請將該侍郎所奏無庸置議，係屬照例辦理，惟議令該大臣自行酌覈調撥尚未妥協，此事著派軍機大臣會同外旗之總管内務府大臣，於内務府迴避各員，即於三院三山等處公同籤掣對調，帶領引見，以昭公允。嗣後内務府所屬司員内有陞至總管内務府大臣者，如遇有應行迴避親族，亦著軍機大臣會同外旗之總管内務府大臣照例辦理。著爲令。欽此。

道光十年二月奉上諭：嗣後考試各衙門實缺筆帖式，著照吏部所議，届期奏派搜檢大臣數員彈壓。副都統一員外場監試，御史六員内場監察，御史二員在貢院考試前一日監試。御史在貢院門外點名搜檢，並令本衙門認識官逐名認識，如有假冒入場者，按例懲辦外，並將認識官交部議處。至入場後，監試御史於龍門外按名給卷，各按卷面坐號歸號，如有越號者，查出參辦，責令彈壓副都統、監試御史不時巡查，務期諸弊肅清，以昭覈實。欽此。

中國第一歷史檔案館編《圓明園》下之六《總管内務府現行則例・奏銷房地租》 乾隆十六年六月呈准，圓明園一帶房地租，每年收得租銀租錢，統於園内歲修應用，至歲底彙入歲修銀兩摺内一併題銷。

四十八年正月呈准，圓明園每月收得房地租銀錢，歸入銀庫月摺新收項下具奏。

中國第一歷史檔案館編《圓明園》下之六《總管内務府現行則例・銀庫事宜》 乾隆七年四月奏准：康熙年間圓明園開設圓成當一座陸續領過雍和宫、圓明園架本銀二萬二千兩，每兩皆照二分起息，較比民當利息稍重。請自本年爲始，銀每兩、錢每千，二分起息；銀每十兩，錢每十千，分半起息。每年所得利息銀兩並用過銀兩數目，統於年終彙總具奏。

十五年呈准，圓明園銀庫請照各庫之例，添造千兩庫法一分，自一兩至五百兩計十一個；五十兩庫法一分，自五分至二十五兩計二十一個。行文奉宸苑出具印領赴户部支領應用。

十六年正月奏准，賞給雲梯營資生銀五萬兩，交圓明園存庫酌量資生，以備健鋭營公費等項領用，嗣後將一年所得利息並用過銀兩至年終彙總具奏。

二十七年十一月奏准，圓明園銀庫庫掌、庫守等，嗣後俱令在銀庫院内輪班值宿，每班派庫掌一員，庫守一名，帶領園户六名值宿專管，仍令銀庫值年郎中等不時稽查。至緑營員弁，仍照舊每日令千，把總一員，帶領營兵十名，協同值宿之庫掌等巡察看守，並令該參將、守備不時加意巡查。

二十八年十一月欽派清查圓明園，奏准酌定章程四條開後：一，本庫每年出入、實存銀兩數目，年底並不具奏，惟據管庫官員將收發數目呈堂存案。嗣後每年歲底將本庫舊管、新收、開除、實在各數，逐款分晰繕寫黄册具奏，以備查考。一，餘平銀兩一項，本庫向來收得銀兩入庫時未經動用即扣除餘平改爲市平入項歸總。嗣後亦照各庫之例，將所收銀兩總以庫平存庫，俟動用後得有餘平再行發用，統俟年底如有餘剩作爲庫平奏明歸入正項。一，本庫每年所進房地租銀約計五百餘兩，此係每年園庭内歲修動用之項，如有不敷，即動撥正項。至年底雖有奏銷，但所用銀兩概不分款項，是以無從查考。嗣後歲修工程只儘房地租銀項下動支，如實有不敷，准其奏明動支正項銀兩，統於年底將用過房地租銀及動撥正項銀兩數目分晰奏銷。一，本庫向無查庫定限，嗣後照内務府各庫之例，每五年一次奏請派員清查。

是月欽派清查圓明園庫務大臣等奏准，圓明園器皿庫存收裝修什物等項，每至歲底令該管官員等查明，將一年舊管、新收、開除，實在數目造具藍册呈堂鈐印存案。

三十一年十月奉旨：銀庫月摺内，地丁款下開寫絲毫忽微等細數極其纖悉。嗣後各省徵收錢糧及一切奏銷支放等事，俱著以釐爲斷，不必仍前開寫細數。著該部詳細定議具奏。欽此。經户部酌議銀數在五毫以上者作爲一釐歸並造册，不及五毫者悉行減除。奏准行文内務府，凡有關於錢糧衙門一體遵照辦理。

三十三年十二月奏准：嗣後每遇五年清查銀庫之期，將器皿庫裝修什物等項隨同銀庫一併查覈。

嘉慶五年十一月奏准，動撥圓明園庫銀十萬兩，交兩淮鹽政生息，以爲公費等項之用。經該鹽政請於商捐項下賞借發商。即自本年二月起按一分生息，年底解交，一年例銀一萬二千兩，連餘平銀四百八十兩，共銀一萬二千四百八十兩，除發一年公費飯食等銀以及預備同樂園、山高水長、慶豐圖黏修鰲山等燈並搭造燈棚各款外，餘存銀兩統於年終奏明歸入次年存收備用。

十三年閏五月奉旨：嗣後圓明園銀庫月摺，每月著於二十七日具奏。欽此。

二十二年十月總管内務府大臣蘇楞額、常福面奉諭旨：嗣後三山、暢春園等處應領銀兩，著由圓明園支領，如圓明園銀兩不敷支發，著奏明由廣儲司所存銀兩内撥給圓明園，再行發給支領。奉宸宛、南宛等處應領銀兩，著由廣儲司造辦處支領。欽此。

道光二十三年五月内務府奏准，裁撤織染局以節經費，其該局向有靛户一百名，承領官地二十四頃，按年交靛。嗣後應令該靛户等照例價折銀交納，此項地畝及徵租事宜歸圓明園經理。

中國第一歷史檔案館編《圓明園》下之六《總管内務府現行則例·應用物件》 圓明園内年例辦理盂蘭道場，所用河燈每一分五千盞，需用黄蠟一百二十斤，向户部領取。

乾隆八年閏四月，圓明園總管太監傳旨：貴織山堂、福園龍王廟、萬方安和山神廟、土地廟、五孔閘龍王廟、北門内土地廟，花瓶内無花，著買紙金花供上，每於年節换新。欽此。

十六年六月呈准，檔房年例需用本紙五十張，榜紙四百張，臺連紙八百張，西紙一百張，水筆六十枝，墨一斤，印色四兩，銀硃四兩，俱移付廣儲司領取，每年十一月初一日起，至次年正月三十日止，每日烤硯用黑炭三斤、木柴十五斤。圓明園内二處總領、副總領帶領園户坐更值宿，每年自十一月初一日起，至次年正月三十日止，每日熰炕各用炭五斤、木柴十斤，俱由營造司、圓明園柴炭庫行取。大宫門年例應用大竹掃帚一百八十把，闕東苗笤帚九十把，高一尺、徑二尺三寸擡筐三十六個，隨繩槓。牛心柳罐十四個，隨繩。上簸箕二十七個，柳罟子十八個，大笊籬十一把，鷄毛大撣子四把，小撣子九把，竹扒子十八張，鑾子木掀十二張。西廠子年例應用大竹掃帚二百三十五把，闕東苗笤帚一百八十把，擡筐三十六個，隨繩。大柳罐四個，牛心柳罐三十六個，俱隨繩。土簸箕四十五個，竹扒子四十五張，鑾子木掀十八張，柳罟子十八個，柳木槓八根。長春園大宫門年例應用大竹掃帚一百二十把，闕東苗笤帚六十把，高一尺、徑一尺三寸擡筐二十四個，隨繩。牛心柳罐十二個，土簸箕十二個，柳罟子十二個，大撣子二把，小撣子六把，竹扒子十二張，鑾子木掀十二張，以上物件俱移付各該處行取。

二十二年正月内務府奏准：酌定裁減圓明園各處需用煤炭木柴數目開後，佛樓安爐五個，每日用紅羅炭一斤四兩，法官二名、道士五名、幼僧十三名，做飯每日用黑炭九斤、煤二十斤、木柴四十斤。祭星每日用黑炭七十八斤。安佑宫温供茶每日用黑炭五斤、煤十斤，坐更一處每年自十一月初一日起，至次年正月三十日止，每日用黑炭五斤、木柴十斤。清浄地温供茶每日用黑炭八兩，坐更冬三個月每日用黑炭五斤、木柴十斤。廣育宫温供茶每日用黑炭三斤、煤八斤。舍衛城温供茶每日用黑炭三斤、煤八斤。每年自十一月初一日起，至次年正月三十日，凡遇皇上進宫之日，坐更每日用黑炭五斤、木柴十斤。關帝廟、寶相寺、法慧寺三處，温供茶每日各用黑炭二斤、煤五斤，總管三處做飯每處每日用黑炭三斤、煤八斤。簾子庫太監三名做飯每名每日用黑炭一斤、煤五斤。種稻田鑾子做飯每名每日用黑炭一斤、煤五斤。花洞熰花炕十九鋪，每年自十月十一日起，至次年二月三十日止，每鋪每日用黑炭一斤八兩、煤十斤。煖花房火盆十二個，每年自十一月初一日起，至次年二月三十日止，每個每日用黑炭三斤。雀鳥房煮食每日用木柴十斤，煖雀鳥炕九鋪，每年自十月初一日起，至次年二月三十日止，每鋪每日用黑炭一斤八兩、煤十斤。明春門坐更冬三個月，每日用黑炭五斤、木柴十斤。辦事檔房烤硯、燒炕，冬三個月每日用黑炭三斤、木柴十斤。圓明園並長春園内各處及保合太和陳設爐共二百八十個内，每日用炭六兩爐八個，用炭四兩爐七十五個，用炭三兩爐八個，用炭二兩爐一百八十八個，用炭一兩爐一個。凡遇皇上駕幸之日，每日用紅羅炭四十六斤十三兩。軍機處凡遇皇上駕幸之日，每日用黑炭十斤、煤十五斤。西廠侍衛飯房温茶水，凡遇皇上駕幸之日，每日用黑炭十斤。再凡園内有用煤炭、木柴之處，或無一定日期及無一定斤數者，俱係隨時傳取應用。其園内各處陳設爐所需紅羅炭如有添減之處，俱據總管太監來文及該苑丞等呈准申報到日，隨時知照營造司按數添減無定額。

二十四年十月，圓明園總管太監傳旨：清浄地、佛樓、舍衛城三處，共珊瑚樹七對，上掛五色哈達七十個，向包衣昂邦要，以後三年一换。欽此。

二十五年六月呈准，向例西廠侍衛飯房温茶水，每日用黑炭十斤，嗣後不必爲常例，俟應用時臨期行文支領。是年十月呈准，園内添更一處，每年十一月初一日起，至次年正月三十日止，此三個月内凡遇皇上進宫之日，坐更每日用黑炭五斤、木柴十斤。

三十三年内務府奏准，山高水長、同樂園安設萬壽燈、野意鰲山網城等燈，一併交本園辦理，其黏補修飾所需物料向廣儲司行取。

三十五年二月奏准，新建花神廟二月十二日花朝開光獻供，佛樓幼僧辦吉祥道場一永日，每月每日香燭供獻，萬壽聖節並花朝年節安擺供獻。

三十五年呈准，圓明園内等處各座宫殿，一年應用闕東苗笤帚一萬三百七十一把，象耳簸箕三百五十一個，土簸箕一千一百八十六個，白條大簸箕六個，白條大笸籮十六個，小笸籮十一個，大柳笸籮一個，糖鑼式柳笸籮二百十三個，牛心柳罐三百十五個，隨繩。鷄心柳罐二百四十七個，隨繩。大柳罐八個，隨繩。

白柳條笆斗二個，柳罶子八百十個，大笊籬一百七十一把，馬尾羅七十九個，鑾子木掀五百四十五張，擡筐五百三十二個，隨繩。各長一丈、徑一寸二分桶扣繩五十條，活毛荻桿小撣子一千五百二十八把，平常鷄毛小撣子八百三十九把，高五尺細桿撣子一百六十七把，大高撣子二百十三把，高一丈五尺撣子十把，各長二丈、徑一寸五分縈麻纜繩六十條，各長二丈五尺、徑三寸縈麻纜繩二十條，各長一丈、徑一寸六分縈麻吊舵繩二十條，各長一丈、徑一寸五分縈麻吊舵繩五條，各長二丈、徑一寸六分線麻纜繩二十條，各長二丈、徑一寸五分線麻纜繩八條，各長一丈、徑一寸六分線麻吊舵繩二十五條，各長一丈、徑一寸五分線麻吊舵繩四條，野鷄翎撣子一百把，響竹九十八把，做抹扒用新紅花布二千一百七十一丈一尺，舊帳房布七百九十三丈五尺，原封大竹掃帚四千二百十把，竹扒子一百五十六張，梃長四寸齒二寸鐵牙高叉子八十個，各圍圓四寸五分鐵箍八十個，鐵護纂二十五個，各長一丈七尺、上徑圍圓四寸二分、下徑圍圓六寸五分浄木篙五十根，各長一丈七尺、上徑圍圓三寸五分、下徑圍圓四寸五分熏竹篙四百二十根，桐皮篙四十根。隨篙纂鐵箍。熙春園年例應用關東苗苕箒七百三十把，原封竹掃帚四百十把，大高撣子二十七把，活毛荻桿小撣子一百二十五把，野鷄翎撣子十二把，高五尺撣子九把，鷄心柳罐二十六個，隨繩。糖鑼式柳簸籮十四個，柳罶子八十八個，象耳簸箕三十四個，土簸箕九十二個，牛心柳罐四十二個，隨繩。擡筐三十六個，隨繩。槓馬尾羅五個，響竹十把，鑾子木掀六十五張，竹扒子二十六張，新紅花布一百五丈，舊帳房布一百丈。綺春園年例應用關東苗笤帚一千八百二十五把，原封竹掃帚一千二十五把，大高撣子二十把，活毛荻桿小撣子二百五十九把，高五尺撣子十八把，野鷄翎撣子二十六把，馬尾羅九個，鷄心柳罐六十五個，隨繩。糖鑼式柳簸籮三十一個，柳罶子二百二十個，象耳簸箕八十五個，土簸箕二百三十個，牛心柳罐一百五個，隨繩。擡筐九十個，隨繩。響竹十九把，鑾子木掀一百六十二張，竹扒子六十五張，新紅花布一百九十七丈五尺，舊帳房布一百九十七丈五尺。以上物件俱由都虞司、廣儲司、營造司、掌關防處領取。

三十七年九月圓明園總管太監文開，長春園内新建宫殿，應用關東苗笤帚二百把，象耳簸箕十個，土簸箕三十個，糖鑼式柳簸籮四個，牛心柳罐六個，隨繩。柳罶子十五個，笊籬十二把，活毛荻桿小撣子三十把，平常鷄毛撣子二十把，大高撣子五把，高五尺細桿撣子五把，野鷄翎撣子四把，原封竹掃帚二十五把，竹扒子四張，響竹二把，做抹扒用新紅花布三十丈，舊帳房布十丈。

三十九年九月呈准，新建正覺寺，打掃地面應用關東苗笤帚一百把，原封竹掃帚十把，活毛荻桿小撣子十五把，平常鷄毛小撣子十把，大高撣子六把，五尺細桿撣子五把，野鷄翎撣子二把，象耳簸箕六個，土簸箕十個，糖鑼式簸籮二個，隨繩。鷄心柳罐六個，白條大簸籮二個，隨槓。槓擡筐十個，響竹一把，圍圓三寸馬尾羅二個，鑾子木掀十張，新紅花布二十丈，舊帳房布二十丈。

四十年呈准，新建文源閣，打掃地面應用關東苗笤帚五十把，原封竹掃帚十把，糖鑼式柳簸籮二個，大高撣子五把，活毛荻桿小撣子十五把，擡筐五個，隨繩。土簸箕十個，柳罶子十個，牛心柳罐二個，平常鷄毛桿子十五把，笊籬五把，新紅花布十五丈。

四十四年呈准，新建法源樓，打掃地面四十四年冬季起應用關東苗笤帚四十把，活毛荻桿小撣子十把，平常鷄毛撣子十把，大高撣子二把，五尺高細桿撣子二把，土簸箕五個，糖鑼式柳簸籮二個，做抹扒用新紅花布九丈。

四十七年呈准，圓明園新建知過堂，打掃地面四十七年冬季起應用活毛荻桿小撣子十把，牛心柳罐十五個。隨繩。再，長春園新建遠瀛觀，打掃地面四十七年冬季起應用關東苗笤帚一百二十把，原封竹掃帚三十把，活毛荻桿小撣子二十把，大高撣子五把，五尺高細桿撣子五把，野鷄翎撣子四把，糖鑼式柳簸籮四個，馬尾羅一個，柳罶子十五個，鑾子木掀十張，響竹六把，擡筐十個，隨繩。新紅花布十丈，舊帳房布十丈。

四十九年六月呈准，新建寶蓮航宫殿，打掃地面每年冬季起應用關東苗笤帚二十把，活毛荻桿小撣子二十五把，五尺高細桿撣子四把，糖鑼式柳簸籮二個，象耳簸箕四個，新紅花布十丈。

五十一年七月呈准，園内五福堂新建宫殿，打掃地面於五十一年冬季起應用關東苗笤帚三十把，活毛荻桿小撣子十把，土簸箕五個，新紅花布四丈八尺，以上布疋笤帚等項咨行該管處領取。

五十二年二月呈准，諧奇趣西樓大錫海一座，轆轤二分，於五十二年冬季起，每分應用長三丈三尺麻繩一根，計二分，用麻繩四根，大罐二個，計四分，用大罐八個。黄花燈北水法錫海一座，轆轤一分，用長三丈三尺麻繩一根，計二分，用麻繩二根，大罐一個，計四分，用大罐四個。海晏堂大錫海一座，轆轤四分，每分用長三丈五尺麻繩一根，計二分，用麻繩八根，大罐四個，計二分，用大罐十六個。通共用麻繩十四根，大罐二十八個，其麻繩俱係九股三樀各徑八分，大罐俱係口面一尺三寸。

五十三年十一月呈准，遵旨添建雷神殿，於五十三年冬季起用關東苗笤帚十把，活毛荻桿小撣子二把，平常鷄毛撣子三把，大高撣子一把，高五尺細桿撣子一把，象耳簸箕二個，土簸箕三個，糖鑼式柳笸籮一個，新紅花布三丈。

五十九年六月准工部文開，遵旨：向來各項物料皆係交舊换新，豈有金磚一項專領新磚，不繳舊磚，漫無稽查之理。嗣後行取各項磚木琉璃料件，即於咨取文内將换下舊料作何應用，併應繳之處，逐細聲明，以便查辦。

嘉慶四年四月奏准，應交圓明園陳設等項需用運脚錢文，請於内務府宫房租庫支領。

八年九月具奏，遵旨：查得園内除九洲清晏向有分例炭外，勤政殿等十三處殿宇擬添安炭斤。奉旨：所擬十三處内除安瀾園、玉玲瓏館二處不必添用，其餘十一處，勤政殿六斤，萬方安和二斤，慎修思永四斤，芰荷香二斤，長春仙館四斤，同樂園四斤，秀清村四斤，澄虚榭二斤，含經堂四斤，思永齋二斤，敷春堂四斤，著照擬定炭斤數目添用，如遇同樂園開唱大戲之日，同樂園准其添用，其餘十處不准添用，不開大戲之日同樂園不准添用，其餘十處准其添用。欽此。

十四年呈准，綺春園新建宫門，初次添行大掃帚九十八把，關東苗笤帚五十四把，口面一尺三寸、高一尺隨繩擡筐二十二個，牛心柳罐十一個，鑾子木掀十一張，竹扒子十張，大高撣子二把，小撣子五把。

十五年五月内務府奏准，覈減圓明園等處竹掃帚竹扒子二項，原應領竹掃帚一百把以上者，著給二十把，五十把以上者，著給十五把，不足五十把者，著給十把，不足十把者亦著給十把，其原應領竹扒子十張以上者，著給十張，五張以上者著給五張，不足五張者照舊著給。查本園九州清晏等六十九處，每年應領竹掃帚四千五百六十九把，除遵照覈減竹掃帚三千六百四十九把外，仍應領竹掃帚九百二十把，應領竹扒子一百八十四張，除覈減竹扒子十八張，仍應領竹扒子一百六十六張，以備散給各等處應用。

二十二年七月内務府奏准，皇上進宫及啓鑾後，園内每夜巡更擬放十鎗，用火藥二錢，烘藥二分，每年共用火藥三百兩，烘藥三十兩，由本園行文工部照數交進。八月呈准，佛樓等處應供紅白稻米飯穀子向關防衙門行取永爲年例。

道光六年六月奉旨：所有安佑宮、佛樓、恩慕寺、恩佑寺等處供奉蓮藕，嗣後著就近交圓明園，暢春園採進，毋庸向奉宸苑行取。欽此。

二十三年十二月呈准，據關防衙門文開，内務府呈准，現當節省經費之時，圓明園每年應用笤帚、撣帚、柳器、繩斤等項圓明園著覈減二成發給，暢春園著覈減八成發給，除覈減外。嗣後每年圓明園大宫門，應用關東苗笤帚六十五把，擡筐二十六個，隨繩槓。牛心柳罐十個，隨繩。土簸箕十九個，柳笸子十三個，大笊籬八把，鑾子木掀九張，鷄毛撣子三把，鷄毛高撣子三把。西廠子應用關東苗笤帚一百三十把，牛心柳罐二十六個，隨繩。柳笸子十三個，木掀十三張，土簸箕三十三個，擡筐二十六個。隨繩槓。長春園大宫門，應用關東苗笤帚四十三把，口面一尺三寸、高一尺擡筐十八個，隨繩。牛心柳罐九個，土簸箕九個，柳笸子九個，鑾子木掀九張，大高撣子二把，小撣子四把。綺春園大宫門，應用關東苗笤帚四十三把，口面一尺三寸、高一尺擡筐十八個，隨繩。牛心柳罐九個，土簸箕九個，鑾子木掀九張，大高撣子二把，小撣子四把，柳笸子九個。正覺寺，應用關東苗笤帚七十二把，活毛荻桿小撣子十一把，平常鷄毛小撣子七把，大高撣子四把，五尺細桿高撣子四把，象耳簸箕四個，土簸箕四個，糖鑼樣柳笸籮二個，鷄心柳罐四個，隨繩。白條大笸籮二個，擡筐七個，隨繩槓。馬尾籮二個，木掀七張。暢春園，應用大撣子八把，五尺撣子二把，活毛小撣子十五把，小撣子十七把，白條大簸箕一個，大簸箕十五個，小簸箕五個，象耳簸箕二個，大坐筐十個，隨繩。掇筐一個，柳罐三個，隨繩。糖鑼樣笸籮一個，水笸籮一個，牛心斗子二個，柳笸子六個，笊籬二把，馬尾籮一個，水瓢八塊，木掀四張，鑾子木掀一張，大巴斗一個，木槓二根，擡筐一個，笤帚一百四十四把，三股繩二條，關東苗笤帚二十一把，長一丈六尺、徑六分綠麻繩半條，各長一丈六尺、徑六分桶扣繩四條半。

中國第一歷史檔案館編《圓明園》下之六《總管内務府現行則例・修理橋梁》　雍正六年正月奏准，圓明園後河堤、蕭家河及西牆外出水河、五孔閘出水河、東門外舊有出水河五處，河道石橋三座並蕭家河石橋交奉宸苑管理。再圍牆所有木橋，俱交圓明園總領等管理。嘉慶十四年呈准，綺春園新建宫門修理完竣，所有外圍土山上樹株並攢衆木影壁橋座等項，理宜知照提督衙門撥派兵弁巡查，敬謹看守。其宫門應安設弓箭撒袋豹尾槍之木架，以及朝房門罩等座，理宜知照宫門應該班諸旗官弁，晝夜敬謹看守。

中國第一歷史檔案館編《圓明園》下之六《總管内務府現行則例・修艙船隻》　初圓明園等處船隻每年修艙，俱係該園總管等奏請辦理。

乾隆十六年六月奉宸苑奏准，嗣後圓明園等處船隻交與各該處人員每年按時呈報，各該管堂官詳查自行奏請辦理。

中國第一歷史檔案館編《圓明園》下之六《總管内務府現行則例・佛樓僧道》 雍正六年八月遵旨：於佐領管領下蘇拉内挑取道童二十名，在圓明園佛樓應差。

八年奉旨：撥出十名在御花園斗壇應差。

乾隆十三年四月圓明園總管太監傳旨：向萬善殿要幼僧十數衆，到佛樓習學經懺音樂，俟學習會時以備每月佛樓辦道場補用，俟道場完時，仍回彼處。如若佛樓辦道場之日，發帖傳行幾衆該處該員帶至佛樓諷經拜懺，依此爲例。欽此。

十八年四月，奏事處傳旨：圓明園佛樓道士二十名爲數過多，著交内務府大臣酌量裁減。欽此。是月内務府奏准，於現在圓明園佛樓道士十名、御花園斗壇道士十名内，每處裁減五名，各留五名。道士等每月所食錢糧銀一兩、一年米二十一斛，由各該佐領管領下行給。其春秋二季每季衣服銀各六兩，由廣儲司給與。

道光十九年十一月奉上諭：圓明園佛樓、慈雲普護、舍衛城、永日堂、廣育宮、關帝廟、法慧寺、河神廟首領太監充當僧人上殿唸經等事，著一併裁撤，該首領太監等均著留髮當差，有年老不願留髮者，聽其在原處當差，終身而止，亦不必上殿唸經等事。至佛樓唸經之幼僧十三名，道童十名，原係由外廟撥進著，全行撤出，仍令歸廟。其每年傳進外廟僧官，在佛樓唸經等日，亦著不必傳進。嗣後每届圓明園佛樓等處拜斗拈香日期，著圓明園司房先期請旨，併著該總管太監等傳諭各該處首領太監等，此後照常供獻上香，敬謹灑掃，著爲令。等因。欽此。是月奉上諭：圓明園佛樓撤出道童十名及雍和宮學經預備挑選之道童十名，均著撤回内務府當差，遇有蘇拉缺出，按名坐補，其未補缺以前，仍著食本身錢糧。欽此。是月總管内務府大臣裕誠面奉諭旨：由圓明園佛樓撤出幼僧全山著撥萬善殿當差，每月賞給錢糧銀二兩，終身而止。其餘撤出幼僧十二名，除撥補萬善殿外，交内務府分撥各廟，均著仍食本身錢糧，終身而止，如有事故即行裁撤。欽此。

中國第一歷史檔案館編《圓明園》下之六《總管内務府現行則例・船隻水手》 乾隆十六年六月奉宸苑奏准，本處有看守圓明園内翔鳳艇水手六名，係長估用，其餘水手二十一名，每年河開，由通州傳赴本處應差，每日各行給分例飯食，每一分羊肉四兩、細老米九合、鹽三錢、醃菜二兩、醬一兩、木柴二斤八兩。冬月無差，令其各回本處，裁退飯食。其所食錢糧銀兩由坐糧廳關給。

嘉慶十七年四月奉旨：昆明喜龍預備之水手十二名，今其船既經拆卸，著將此項水手十二名仍撥歸圓明園當差。欽此。

中國第一歷史檔案館編《圓明園》下之六《總管内務府現行則例・養蠶事宜》 雍正六年八月奉旨：圓明園於七年起著養蠶。欽此。

七年三月派首領太監一名、太監一名管理養蠶事務。

乾隆十年三月具奏，查奏宸苑所屬園户每名例應得給養贍家口地六十畝，每年錢糧銀十一兩，五年一次得給老羊皮十張，白粗布二丈。其圓明園蠶户每名例應每年得給錢糧銀十二兩，三色米十二石，煤一千八百斤，炭三百六十斤，藍布十五匹，棉花二斤，棉花線二兩，鈕子十四個，五年一次各給狐皮帽一頂，狐皮領一條，老羊皮襖一件。今由圓明園撥給。奉宸宛蠶户五名，候補園户充當看守打掃等項差務，如值養蠶之期，本身及妻室仍充養蠶差務，伊等所得錢糧米石、布匹等項挑補園户後，裁伊蠶户分例似稍拮据，請於挑補園户後，停其得給園户錢糧地畝，仍給蠶户錢糧分例。至伊等子孫長成，挑補伊等園户之缺，停給蠶户錢糧分例，即照園户例得給錢糧地畝。奉旨：此五名蠶户，俟園户缺出即行坐補，食蠶户錢糧分例。伊等子孫頂補原缺，仍食蠶户錢糧分例。欽此。

二十六年正月遵旨：園内養蠶向萬壽山織染局行取養蠶蠻子二户、蠶紙二張，在園内房間居住滋養。五月具奏，本年北遠山村養蠶抽得絲斤請交萬壽山織染局應用。其養蠶蠻子二户或留北遠山村居住，或令回往萬壽山織染局當差，俟明春再行傳喚浴養。奉旨：養蠶蠻子令回織染局當差，俟養蠶時再行傳喚。其餘知道了。欽此。

中國第一歷史檔案館編《圓明園》下之六《總管内務府現行則例・激桶事宜》 道光十六年十月，總管内務府具奏，圓明園、長春園等處額設激桶七十五架，查現在整齊者七架，再修理十八架，計二十五架，交該總管等分設各處妥爲看管，其餘糟朽不齊者，分年陸續修補，每次不過二十架，足敷試演之用。至隨激桶器具，由營造司添補妥協交進。每架應用太監園户數交該總管等照宫内章程奏明遵辦。每年春秋二季限同演習一次，其備用斧鐝器具交圓明園檔房存收。所有此項激桶器具，自本年安設後，每年會同該總管等查驗，儻有應行修理之處，即歸入秋季歲修，開單交出，分別修理等因一摺。奉旨：依議。欽此。

圓明園器具，長桿鐵杈子六把，長桿鉤子十二把，長桿麻刷十二把，蜈蚣梯子四個，上鉤下戳。激桶二十五架。每架隨小水桶六副，各隨扁擔鉤繩。

中國第一歷史檔案館編《圓明園》下之七《圓明園內工則例・花菓樹木價值》

保三年：

馬尾松，高八尺，每棵銀一兩六錢。馬尾松，高六尺，每棵銀一兩三錢。二號栢樹，每棵銀八錢。小栢樹，每棵銀三錢五分。小羅漢松，每棵銀一兩三錢。千松，每棵銀一兩。紅梨花，每棵銀二兩三錢。大山里紅，每棵銀七錢。白丁香，每棵銀二錢八分。紅丁香，每棵銀三錢五分。紅白丁香，每棵銀三錢。百日紅，每棵銀三錢五分。棣棠花，每棵銀二錢二分。山川柳，每棵銀三錢五分。文官菓，每棵銀二錢五分。鴛鴦桃，每棵銀七錢。楊柳，每棵銀二錢二分。大山杏，每棵銀一錢四分。小山杏，每棵銀一錢。山桃，每棵銀九分。大玫瑰，每棵銀四分。柿子，每棵銀七錢五分。栗子，每棵銀一兩。核桃，每棵銀一兩。軟棗，每棵銀三錢。桑樹，每棵銀一錢七分。馬英花，每棵銀五錢五分。蘭枝花，每棵銀五錢五分。白梅，每棵銀二錢五分。紅梅，每棵銀二錢八分。白碧桃，每棵銀七錢。紅碧桃，每棵銀二錢五分。千葉李，每棵銀二錢二分。千葉杏，每棵銀四錢五分。黄刺梅，每棵銀二錢。探春花，每棵銀二錢。梧桐，每棵銀一兩。秋樹，每棵銀五錢。垂柳，每棵銀三錢五分。紅壽帶，每棵銀三錢五分。籐花，每棵銀五錢。明開夜合花，每棵銀三錢。白纓桃，每棵銀三錢五分。玉梨花，每棵銀四錢五分。珍珠花，每棵銀一錢五分。紫荊花，每棵銀二錢五分。

保二年：

西府海棠，每棵銀一兩九錢。

不保年：

大栢樹，每棵銀一兩六錢六分。大羅漢松，每棵銀五錢五分。大馬尾松，每棵銀四錢八分。二號馬尾松，每棵銀二兩六錢。菓樹，每棵銀五錢五分。

保三年：

紅纓桃、接甜桃樹、蘋菓樹、接杏樹、檳子樹、李子樹、梨子樹、沙菓子樹，以上俱每棵銀七錢。

不保年：

小山裏紅，每棵銀二錢五分。小玫瑰，每棵銀一分五釐。榛子菓，每棵銀五釐。歐栗子、每棵銀三釐。

各花菓樹木價值例：

刨菠羅樹，每棵銀二錢七分。山桃，每棵銀三分。千葉李，每棵銀二錢。千葉杏，每棵銀三錢五分。佛梅花，每棵銀二錢。十姊妹，每棵銀五分。波斯桃，每棵銀五錢。粉碧桃，每棵銀二錢。大石榴樹，每棵銀一兩。大栢樹，每棵銀八錢。槐樹，每棵銀五錢。大刺松，每棵銀一兩一錢。大馬尾松，每棵銀一兩二錢。小刺松，每棵銀九分。小栢松，每棵銀七分。小馬尾松，每棵銀二錢五分。爬山虎，每棵銀五分。山葡萄，每棵銀一分五釐。芭蕉，每棵銀一錢五分。以上花菓俱無尺丈數目。

刺梅樹，高五尺，每棵銀五錢。栢樹，高六尺，每棵銀三錢。馬尾松，高七尺至八尺，每棵銀一兩二錢。萬壽帶，高七尺至八尺，每棵銀一兩三分。羅漢松，高一丈至一丈一尺，每棵銀二兩六錢。貼梗海棠，高三尺至三尺五寸，每棵銀二錢五分。蘭枝花，高四尺至五尺，每棵銀四錢五分。千葉杏，高五尺至六尺，每棵銀四錢。千葉李，高四尺至五尺，每棵銀二錢。桑樹，高六尺至八尺，每棵銀二錢。大馬尾松，高九尺至一丈，每棵銀二兩四錢。垂楊柳，高一丈三尺至一丈四尺、徑七寸至八寸，每棵銀八錢。龍瓜花，高八尺，每棵銀二兩一錢。秋樹，高一丈三尺至一丈四尺，每棵銀一兩一錢。觀音柳，高九尺至一丈，每棵銀一兩五錢。貼梗海棠，高三尺至四尺，每棵銀三錢。大山里紅，高一丈，每棵銀一兩。大千葉杏，高八尺至九尺、粗七寸至八寸，每棵銀一兩五錢。刺松，高九尺至一丈、粗七寸至九寸，每棵銀一兩。蘋菓樹，高六尺至七尺，每棵銀七錢。玫瑰花，高二尺五寸至三尺，每棵銀四錢。貼梗海棠，高三尺至三尺五寸，每棵銀三錢。黄棣棠，高三尺至三尺五寸，每棵銀二錢。黄壽帶，高四尺至五尺，每攢銀一兩二錢。沙菓樹，高六尺至七尺，每棵銀七錢。十姊妹，高五尺至五尺五寸，每攢銀五分。白玉棠，高五尺至五尺五寸，每攢銀五分。槐樹，高七尺至八尺，每棵銀四錢五分。紅梨花，高五尺至六尺，每棵銀一兩六錢。西府海棠，高六尺至七尺，每棵銀一兩四錢。粉碧桃，高五尺至六尺，每棵銀二錢。蘭枝花，高三尺至四尺，每棵銀三錢。紅丁香花，高四尺至五尺，每棵銀一錢二分。白丁香花，高五尺至六尺，每棵銀一錢二分。黄刺梅，高三尺至四尺，每棵銀一錢二分。黄壽帶，高四尺至五尺，每棵銀一錢。紫丁香花菠子，高六尺，每棵銀一錢八分。十姊妹，高六尺至七尺，每棵銀五分。黄海棠，高三尺至三尺五寸，每棵銀一錢五分。長春花，每棵銀二錢。金銀花，每棵銀三錢。沙白芍藥，每攢銀二錢一分。楊妃芍藥，每攢銀一錢四分。粉紅芍藥，每攢銀一錢。千葉連芍藥，每攢銀二錢二分。大紅芍藥，每攢銀九分。梧桐樹，高一丈至一丈二尺，每棵銀九錢。栢樹，高一丈至一丈二尺，每棵銀一兩四錢。錦堂梨，高一丈一尺至一丈三尺，圍圓四寸五分至五寸五分，每棵銀一兩。大栢樹，高一丈二尺至一丈四尺，圍圓七寸至九寸，每棵銀一兩四錢。大羅漢松，高一丈，徑九寸，每棵銀二兩六錢。紅梨花，高六尺至七尺，徑八寸，每棵銀二兩。西府海棠，高七尺至八尺，徑八寸，每棵銀一兩六錢。青楊樹，高一丈八尺至二丈，徑一尺二寸，每棵銀九錢。槐樹，高七尺至八尺九寸，每棵銀四錢五分。秋樹，高一丈三尺至一丈四尺，徑九寸，每棵銀一兩一錢。白菓樹，高七尺至八尺，徑七寸至八寸，每棵銀二兩七錢。

中國第一歷史檔案館編《圓明園》下之八《霜氏檔案・咸豐八年旨意檔》

二月初八日，總管王春慶奉旨踏勘等處高臺樓座、殿宇，供奉吕祖神像。查得：秀清村時賞齋高臺殿三間，水木清華之間正樓三間，平湖秋月藏密樓三間，耕雲堂爽籟居高臺殿三間，雙鶴齋採芝徑高臺四方亭，安瀾園遠秀山房高臺殿三間，彙芳書院間津高臺敞廳三間，紫碧山房景暉樓三間，共八處畫樣呈覽。未交下。

二月初九日，總管王傳旨：雙鶴齋採芝徑四方亭一座，殿内添供吕祖仙童柳仙神臺供案，著外邊踏看燙樣呈覽。欽此。

三月二十九日，王總管傳旨：慎德堂東西及基福堂新添蓋遊廊，著按燙畫樣添蓋。欽此。

五月二十四日，王總管傳旨：飛雲軒明殿西間門口北邊成做楠木邊、栢木心影壁一槽，栢木欞條竪着三檔，横著四檔，北面糊月白亮紗，如無月如紗，糊緑紗。欽此。

慎德堂後北泊岸安巡杖欄杆至東西木檔，齊九洲清晏，慎德堂後碼頭留走道石，竪着用春雨軒的。欽此。

七月初一日，總管太監傳旨：圓明園殿、奉三無私油飾硃紅五彩。再，圓明園殿前後廊各間安大夔龍花牙二塊，奉三無私前廊各間安大夔龍花牙二塊，後廊東西進間兩稍間各安横楣花牙，東西夾樓庫門撤去，安雙扇槅扇，釘引板，刷粉油。九洲清晏前廊油飾硃紅五彩，兩山後虎座油飾畫竹式，基福堂油飾硃紅

五彩，性存齋油飾緑色五彩，前穿堂油飾楠木色。俱於明春進匠修理。欽此。

七月十七日，總管王傳旨：九洲清晏殿前面大木著油飾硃紅五彩，外簷裝修油飾畫斑竹色，兩山後抱厦大木油飾緑油色五彩，外簷裝修油飾畫斑竹色。欽此。

七月十九日，王總管傳旨：澄虚榭正殿光油之時油飾緑油，竹式挑簷椽油飾俱照大木油飾式樣。欽此。

七月二十一日，總管王傳旨：澄虚榭南北書房遊廊大木油飾楠木色，裝修槅扇心油飾畫斑竹式。欽此。

中國第一歷史檔案館編《圓明園》下之八《霜氏檔案・咸豐九年旨意檔》

二月十八日，王總管傳旨：九洲清晏西寢宮後簷牆不必拆撤，北面鑲假支摘窗。欽此。同日又傳旨：九洲清晏後添蓋平臺、遊廊。各殿油飾本日進匠，着傳於外邊夫匠今日退出，聽旨意再進。欽此。

三月初五日，王總管傳旨：九洲清晏東山添蓋平臺、殿宇，着照燙樣式樣尺寸添蓋，隨同道堂平臺進匠添蓋，其基福堂油飾再聽旨意。再，新添蓋套殿三間，東、西間各安坐櫈。本月初六日進匠。欽此。

三月初八日，王總管傳旨：圓明園殿照舊油飾花樣成做，奉三無私油飾照畫樣成做，九洲青晏前後油飾緑色斑竹，畫博古，所有新添蓋平臺、殿宇俱油飾緑色，畫斑竹、博古。欽此。又傳旨：林虚桂静西間南窗東扇添安玻璃一塊，後簷罩内可堂添安牀一張，鋪紅白氊，北窗添安玻璃二塊，東間南窗西扇添安玻璃一塊，東進間靠南窗添安牀一張，進深三尺，東西可膛添鋪紅白玻璃，傳造辦處。欽此。

三月三十日，王總管傳旨：含碧樓西廊新添安樓梯俱成做本色木，不必油飾，外簷板牆，門俱按樣式油飾尺寸成做。欽此。

四月十二日，王總管傳旨：澹懷堂簾架風門裡面着釘屈戌、鐐銱，隨銅穿釘，照同道堂夾門窗式樣分位安釘。欽此。又傳旨：九洲青晏後殿兩山著照畫樣顔色、花樣油飾。再，同道堂戲臺後臺東邊添蓋遊廊一間，開鑽山門口二座，俱按燙樣尺寸式樣添蓋。其北面十錦窗安絹絲幪，同道堂北面所有添蓋平臺、遊廊、掛簷俱著改安磚掛簷。再，九洲清晏添蓋殿宇槅扇、掏環板俱著畫斑竹式樣。欽此。爲此知會。

八月十六日，王總管傳旨：九洲清晏後泊岸巡仗欄杆往東接至東擋木，用

安瀾園巡仗欄杆十一根。欽此。

十一月二十九日，王總管傳旨：上下天光北面樓下西北角，照樣式尺寸式樣添安樓梯。再，課農軒挪安槅斷照樣式添簾架，今冬添安。欽此。

中國第一歷史檔案館編《圓明園》下之八《霜氏檔案·咸豐十年旨意檔》

二月初九日，王總管傳旨：敷春堂東南所東牆中間門口點，砌南北院東牆分中，各開門口一座，安雙扇門，此活計照樣式承做。欽此。

二月初十日，王總管傳旨：由内交出紫檀素玻璃三屏照背一座，照樣式改做，收拾得時，安在清暉堂中間靠南窗。其牀挖缺，座子落矮一寸。欽此。

二月十五日，王總管傳旨：慎德堂院内現安木踏跺二座，於明日着該路將西邊一座出去，按臺堦平改做得時安在東邊，再將東邊一座照樣改做。欽此。

二月二十一日，王總管傳旨：上下天光天棚加進深，換柁板拉，西面安趄廊，南面安裌布帳三架，俱照樣式尺寸成做。再，敷春堂東所常嬪下房南院西頭改搭灰棚一間，成嬪正房後院西頭改搭灰棚一間，首領太監下房内添搭糙炕四鋪，内糙糊飾五間。欽此。

三月十一日，王總管傳旨：守曠懷樓下北間頂槅東、西留燈圈二個，牀罩内亦畫一堂，北二間頂槅留燈圈四個，瓷磚地頂槅南、北留燈圈二個，以上三間滿畫絹天花，四邊隨向俱要真柏木鑲邊，明日畫樣呈覽。欽此。

三月十四日，王總管傳旨：交下寄曠懷樓下天花樣一件，按此樣畫三間，傳造辦處，養如意館用白絹細畫竹式藤蘿。再，柏木四邊鑲銀燈圈着該路成做。欽此。

閏三月初七日，王總管傳旨：同樂園東西樓房各添搭天棚一座，俱照樣式尺寸添搭，於萬壽前再搭同樂園殿後簷三五間，酌量添搭天棚一座，隨正殿天棚安搭。欽此。

又三月二十七日，王總管傳旨：清暉堂明間南牀上素玻璃照背一座，挪安上下天光樓上明間，面南安，安鉄拉扯，其清暉堂撤下照背牀缺，着該路刎好牀，氈席着衣庫、氈庫刎好。欽此。

四月十二日，王總管傳旨：四宜書屋前簷天棚一座着按式樣尺寸安搭，油楠木色。欽此。

六月初五日，王總管傳旨：同樂園正殿天棚前簷往前展至戲臺簷頭齊。欽此。

六月二十八日，小太監喜兒傳旨：寄曠懷樓上東邊牀撤去，其牀缺分位白氈、草涼蓆刎齊。欽此。

七月初四日，奉旨：慎德堂東寢宮前面進深，槅斷壁子上掛五彩磁掛瓶七十九件照樣。欽此。

中國第一歷史檔案館編《圓明園》下之八《霜氏檔案·堂諭司諭檔》

同治十二年十月十二日吉立。

同治十二年十月至同治十三年九月，堂檔房爲知會事。今早奉堂夸蘭達諭：著傳知雷思起，於明日進内見堂夸蘭達，有面交事件，並著將大官門外圍週圍朝房、大小值房圖樣帶進呈閲。如伊病未痊，即著伊子進内。千萬莫悞。爲此知會雷。十月十二日畫押交回。

堂檔房爲知會事。奉堂郎中諭：著傳知雷思起，將安佑宫等處所燙樣式務於十月二十五、六日燙齊帶進，以便呈回各位堂憲閲看。千萬莫悞。爲此知會。十月十七日畫押交回。

堂檔房爲傳知事。奉堂郎中諭：著傳知雷思起將清夏堂并假表盤一帶仿照繪圖燙齊，務於十月二十五日帶進，呈各堂閲看。爲此特傳雷。十月十八日畫押交回。

十月二十九日，明、崇、貴諭：著雷於三十日隨同貴至清夏堂、萬春園，將遵旨更改各款詳細丈量各座尺寸，有無滯礙之處，趕緊燙樣，於初四日呈堂後恭呈御覽。

十一日，雷思起隨同明大人、堂夸蘭達前往萬春園查勘。更改戲臺，添遊廊，着戲殿添抱廈；天地一家春前殿、中後殿進深俱改二丈八尺，後抱廈改二丈六尺五寸；結峯軒撤去南轉角房；含遠挪對垂花門，兩邊添遊廊；東南各座值房、東西房均撤去，前院改每座五間，四座；東院改每座三間，三座；前尺寸詳細算明，趕緊燙樣進呈。

堂夸蘭達諭：著雷思起找好手藝雕匠一、二名，畫匠四名，速畫大時樣裝修，俱要紫檀天然式，嵌象牙、檀香，帶喜鵲，喜報三元，預備呈覽。

並又諭：十三日午點鐘到宅，有緊要機密之事相商。此項裝修係昨日皇上召見，隨同恭王爺起内，皇上問九洲清晏、同道堂由澄心堂挪安裝修之樣，照原先形式繪畫圖樣進呈，並將御製裝修之樣帶宅，另有變通辦理。

堂檔房爲知會事。孟總管傳旨：安佑宫、清夏堂、萬春園等處呈准燙樣，着交本處存收，所有更改續添房間數目，着登記檔册，掛抄交回。

十一月十三日，堂夯蘭達來諭：今日午初，將天地一家春改妥樣式送至內府堂上看視，莫悞爲要。特諭。又交貴夯蘭達天地一家春迤東值房小畫樣一張。今早上諭：桂清放盛京工部侍郎。又更改天地一家春殿宇，含遠戲臺等座，於十四日呈覽。又定，御製天地一家春裝修樣恭繳，並燙裝修細樣，於十七日交進，十八日呈覽。又圓明園大宫門中一路並各座殿宇燙樣三分，於二十一日呈堂看視，於二十二日呈覽。

堂檔房爲知會事。奉堂諭：並堂夯蘭達司諭：現經奏准安佑宫、清夏堂添、改蓋各座燙樣，著算房趕緊按燙樣造具做法清册，著會同樣式房合對丈尺，如有遺漏，惟算房、樣式房是問。此諭算房掛抄，樣式房未抄。原抄註回。

謹啟：堂檔房諸位老爺臺下，現在趕辦呈進燙樣，無暇，俟稍有暇，再爲合對。

十五日，內務府堂夯蘭達傳諭：天地一家春殿添後廊，澄光樹院內雲步踏跺，戲臺加高，改扮戲房，進深加一丈，共二丈六尺，開角門三座，撤屏門二座。問月樓兩山廊內添活板牆二段，協性齋撤去，添蓋四方亭一座。改妥後十七日呈看，并將天地一家春裝修樣，並畫各樣花卉小樣、紫檀色各大樣一并趕得，定十八日回堂後進呈。

十一月十九日，堂夯蘭達面奏，雙鶴齋畫樣在家內存。旨：著去取，趕緊進呈。存大老爺急到刑部街去取，又著廷昌速進內，帶尺丈在內廷畫樣，妥後，交吳坦達轉孟總管未刻進呈。旨：留中。

堂夯蘭達又著畫舊式樣地盤一張，酉刻交宅，以備明日備帶。

臘月十六日，安佑宫、清夏堂、萬春園、圓明園四處，奏准巳刻供樑。

二十日，貴傳畫松竹梅大牙三個，着趕緊做樣子進呈。

二十一日，明大人諭：做花活樣子，進呈廣濟寺，呈貴看紫檀栢木花活四樣，着並看大牙子花樣，呈中路簷口門樣六塊。

二十二日，貴交現在奏明裝修木料，現時做樣木料，着雷思起自爲採買，或花梨，或紫檀，或橄欖榆，趕緊斟酌好手藝雕匠趕緊成做。

二十三日，貴交更改福壽仁恩耳殿等十七處，改妥臘月初四呈覽。午刻隨同明、貴至寧壽宫、樂壽堂查勘仙樓式樣，丈量尺寸，擬在上下天光樓上安，並着畫七處殿座，戌刻送宅。

交硃筆添改樣七張，照此燙裝修樣，當日戌刻將硃筆樣七張回繳堂夯蘭達宅，以備交上自存一分。又交畫西路行宫四處，行西路總管多二爺。隨同明大人、堂夯蘭達查南海春耦齋仙樓式樣，丈量尺寸，着燙樣。又查，南船塢紫霞舟船長十一丈，寬一丈五尺，前牌樓一座三間，接往後平臺五間，又往後一殿一捲二層，平臺上前邊亮仙臺一座，週圍欄杆五采油飾，現在船沉在水內，糟朽不堪，未丈量。

二十五日午刻，堂夯蘭達着潘倬來催三處裝修，廿七日要看，寫回稟帖，有底。天地一家春改裝修燙樣，原交紙片均趕齊。

二十六日，慎德堂原交紙片並外簷齊，清夏堂擬添裝修內簷未齊。

二十六日，貴大人在宅看松竹梅雕畫作花樣，畫作太密，不用，雕作尚好，並問現在木料辦妥否？回明已買妥花梨、鐵梨，木匠已開工。着暫緩，雕作不必做，俟將上交改畫花樣進呈後，再按照交下松竹梅花樣另畫實在尺寸大樣，各做一段，約在三尺餘長，此事聽回奏後再做。又看楠木松竹梅大牙子一塊，説此活不疊落，太平，將來做實樣要曲折疊落方妥；照原交來畫片十四張著另改畫，竹式一張要散落，荔枝一張荔枝再小加密，藤蘿一張改葉，變别枝葉形式，不要此像小蜈蚣，着另改畫三張。於二十八日五下鐘在廣濟寺一准看三處裝修。莫悞。

二十六日晚，貴堂改天地一家春前後槅扇，撤去裡面槅扇二扇，邊扇添玻璃，兩山牆上玻璃方窗去寬，改長方式；中捲明間西縫鏡子門下不要披水板，開二面活門，方窗俱畫二面；東縫欄杆罩加寬，兩邊扇面窗去窄，另畫一塊；前簷萬字等牀挖缺，安合式。

堂檔房爲傳知事。今早奉堂夯蘭達諭：若傳知樣式房務於二十八日准辰刻赴園，預備堂夯蘭達赴園查工，有面交事件。莫悞。此傳雷。十一月二十七日畫押交回。

二十八日，辰刻到園。皇上要三座裝修燙樣，趕緊於午刻進城，未刻呈萬春園、清夏杳、慎德堂三處燙樣裝修，清夏堂、天地一家春二處俱留中。上交恭繳五片、十四片、各樣裝修畫片，均留中畫五片、十四片俱留，各樣燙裝修俱留八、九十片。

貴大人遵旨：中路大金樣，南路勤政殿全燙樣，慎德堂更改裝修，均定准十二月初三日進呈。

九洲清晏，福壽仁恩，改回同道堂。思順堂，皇后住。後殿，近貴人住。同順堂前殿，承恩堂後殿，新建殿，慧妃住。七處內簷裝修。

思順堂另燙小全樣一分，新建殿另燙小全樣一分，同順堂、承恩堂另燙小全樣一分，均於初五、六日呈進。

上下天光、課農軒、紫碧山房、春耦齋、雙鶴齋、樂壽堂、春雨軒，算各裝修應用紅木、紫檀、花梨板數。

十二月初一日，貴來信，未初在廣濟寺交下清夏堂、天地一家春裝修燙樣二分，著更改，要隨慎德堂裝修樣，初五日前後呈進七處裝修樣，并思順堂、新建殿二處燙樣。上問何日遞？回奏：初七、八日呈進。明日申正看中路，南路房樣二分初三日呈進。

十二月初三日，奉貴堂夸蘭達諭：圓明園、清夏堂、萬春園各殿內簷裝修著派雷思起承辦。回准明大人，允准不日發交。

諭：著趕辦硬木大花牙二塊，長三尺，寬一尺五六寸，厚三寸。竹式、梅喜式。

貴又諭：各殿座裝修著雷思起辦，其餘小座裝修交各處隨工自辦。計開：圓明園殿，奉三無私，九洲清晏，同道堂，慎德堂，思順堂，思順堂後殿，新建殿，承恩堂，同順堂，勤政殿，正大光明殿，静怡軒，洞明堂，保合太和，清夏堂前後殿，萬春園，凌虛閣，澄光榭，看戲殿，蔚藻堂，兩捲殿。

初五日，戌刻堂夸蘭達着家人來的，明日八下鐘進內，有面商事件。

初七日，呈進改安裝修各殿燙樣。旨留中。

思順堂、思順堂後殿、新建殿、同道堂、承恩堂、同順堂、九洲清晏大樣改妥，天地一家春裝修改妥，上下天光樓擬妥，燙春耦齋、樂壽堂舊式，雙鶴齋舊式燙樣。四路行宮、三捲殿、前後院東西院當寬、長尺寸，擬前書房向北，今晚貼簽送宅。

貴大人交四處行宮樣，三捲殿皇太后住，耳殿改格扇，撤去牀；東西所東西房北間改正門口，皇后住；南間撤板牆門口。

明大人要去圓明園匾名，四行宮單，旨意傳改裝修各款單。

十二月十一日，南苑查四處行宮全圖樣，六額駙交，舒、王二老爺傳。

明大人回準做裝修工程。大人諭：有前案可援，準行。回德魁大人允准。

十二日晚，堂夸蘭達在宅改慎德堂梧桐樹八棵，添八方花池八座；七間殿後添東拐角灰側一間，拐角牆、角門換大亭子，擬添游廊九間；思順堂前殿後層竹子糊一品藍紗；思順後殿靈仙祝壽花樣糊月白紗；天地一家春添琴桌二張，換炕桌，架几案二張，連二牀加欄杆瓶木；上下天光樓改撤一層，進深滿亮樓面，後廊；九洲清晏照春耦齋進深加几腿罩、樓下高尺寸；七間殿後槅扇改支窗；天地一家春改百十件。六款落矮百十件。磁磚補畫九十六個大壽字；思順堂改三面仙樓。

十四日，着進內聽樣。堂夸〔蘭〕達諭：十六日不必上園子，晚間到宅看樣仙樓，並傳有面交活。特記。

十五日，堂檔房福三老爺來信云，堂夸〔蘭〕達交來條，趕燙中路，撤去戲臺，改兩捲，或一捲一抱廈樣。

十六日，回。

十七日，進呈。留中。用一捲一抱廈，改三間槅扇。

呈明大人中路全樣一張。

十八日，早在內，堂夸蘭達交改天地一家春內外簷添玻璃裝修樣，並燙梅花樹寶座樣，一捲一抱廈南面加平臺三間，並寫院當尺寸，晚又交再燙竹式圍屏一分，按平臺中捲南面撤廊子，二十一日呈進。

二十一日，堂夸蘭達要去查毓慶宮新裝修樣一張，七間殿尺寸畧節一分。

二十二日，堂夸蘭達諭：著將桌張查明件數，開單遞宅，並將花樣數目開單送宅。

二十五日，天地一家春留堂上，三樓改抱廈平臺樣留堂上。改梅花式瓶另畫，畫各樣桌張另樣，共燙九十件，圈出四十八件，擬添畫四十二件，傳八仙廿件，椅子又廿件，几子卅二件，晚八下鐘送宅。通一百六十二件。

二十六日，堂夸蘭達遞桌張按燙九十件，硃筆圈出四十八件，擬添花樣傳辦四十二件。

二十八日，又奉旨傳八仙二十件，擬添椅子二十件，几子三十件，炕琴五對。

堂夸蘭達諭：正月初三日到宅，有話，並將應辦開單詳回，有工夫詳細想款，想一款，寫一款。

正月初三日，貴着官伴來問單，廷昌上貴宅遞單五件，內天地一家春殿內各縫裝修圍屏等一件，殿內份位安桌張等一件，慎德堂殿各縫裝修單一件，清夏堂前後殿各縫裝修單一件，圓明園各座請示另燙批示一件。

同治十三年正月十二日，交下中路全樣各座裝修，又傳毓慶宮金燙樣，又傳團河長平臺三間旋源堂燙樣，又傳養心門外木座各燙樣，又傳南苑全圖並四行宮様，又傳七爺要全圖様一張。又傳萬春園全様。東、西路各座尺寸。又傳各船隻五様畫様。又傳二十五日三園灰線。又傳畫天地一家春洋布裝修大様。

二十五、二十六、二十七，下圖灰線。二月初一日交堂夸蘭達宅内廷昌去。船隻七様，回明灰線事。

初四，堂夸蘭達交改船隻，另寫長寬尺寸，船艙各層進深、面寬尺寸。雙鶴齋燙様、萬春園東西路畫様於明日送宅呈看。

初七日早，回堂後呈進，又回明各廠成績事。堂夸蘭達諭：一、二日交各商辦理雕作大花牙，回園後呈進；雙鶴齋趕緊一月内修齊；挖前後湖河；回園後下圓明園；另畫船龍式、亭式大様；七爺要圓明、萬春全圖，前湖尺寸畫様，萬春園東、西路七處空地丈尺；大布裝修先進萬春園。十二日下園，十四日進城。回明各處均經指改。上要傳過鋪鑿畫様，畫堂檔房新舊式様呈看；雙鶴齋裝修名色改八方門二槽畫様；天地一家春各座均改正；堂夸蘭達令算房辦理。交堂夸蘭達七爺全圖二分。天地一家春兩捲房南面遊廊改抱廈式三間，由南來遊廊扒抱廈式様，西面遊廊添，留一井，協性齋拐角遊廊井填去；問月樓東山拆挪高疊落地盤，天地一家春殿大木様做法設法辦理，求堅固，添鐵活，清夏堂西拐角遊廊添拐南二間，與西值房北山齊；南河岸添堆一山石泊岸，山道寬一丈，用喜雨山房南土山坍山石；喜雨山房清理地盤，用條石安佑宮改做舊柱頂，正大光明殿交盧煜承修。

十五日，大洋布裝修呈宅存。

十七、八日，進呈布裝修，留中。

十九、二十日，交下改畫龍毘盧帽、鳴鳳在梧。呈五爺全器燙様，留府。大爺宅看奏底。

堂檔房爲知會事。奉堂夸蘭達諭：於本月二十五日辰刻赴園，至雙鶴齋等處查看活計，於二十六日至萬春園東西路查看活計，著傳知様式房、算房於是日丈量活計。莫悮。

二月二十五日，二十五下園灰各處十三所線。

堂檔房爲知會事。奉堂夸蘭達諭：所有天地一家春裝修現已呈覽，著將各畫様交様式房、算房及本工工頭，將現在所定様式尺寸詳細再行核對，將來安裝時與各座殿内尺寸是否相符？有無窒礙？〔據〕實稟覆，以便傳辦，而免安裝時稍有舛錯。特諭。此交。爲此知會。

堂檔房爲知會事。奉堂夸蘭達諭：著傳知様式房、算房各工頭，將五尺較對尺寸相符，交堂檔房成做二十根，發交様式房、銷算房各工頭承領，預備丈量地勢等項活計使用，以免舛錯。特諭。爲此知會。

二十五〔日〕下園，會同天和、義成灰十三所線，畫細様。

二十八日，燙門樓、門罩五様。堂夸蘭達諭：東頭、禹門公商天地一家春大殿大小様仍按原奏做本様一分，又問趙頭定準木器桌張尺寸單，又問帶人去看萬春園宮門外存楠栢木十三件，回明未奉詢不敢擅爲。堂夸蘭達諭：早晚帶人去看，好打算用項。又回明辦買楠木之事，堂夸蘭達諭：如有得用木值，開單回堂，準再爲領銀採辦。

前湖河挖深三尺。東、西安銅幪。萬春園東、西路様交下灰線。擬四合、三合房。天地一家春改柱，一丈三。達知算房，再進呈。

三月初三日，呈十三處燙畫様，清夏堂洋布裝修、桌張尺寸單一件，堂夸蘭達存。

初四日，進十三所燙畫様，留中。堂夸蘭達着官伴撤去圓明園、綺春園、長春園地盤畫様全圖三分。

三月初五日，堂夸蘭達傳：着初七日下園，會同東、西路灰十一處下房線，初八日等後看再畫細様進；又問大様並布裝修日期，並木様牙子三塊，回明均照所奏明日期交差；又回堂上存各裝修様均撤回，收拾存案；又回採辦京西北補木細清，着詳細辦理妥當，有真切實在，看明開單，斟酌辦理。

十六日，催中路大様，又叫黏兩座送宅看，又着速辦清夏堂桌張尺寸，又着辦桌張燙様，又催花牙並裝修，又着燙太平船燙様。交下四宜書屋改大門南房五間，又送宅看圓明園四方亭燙様，當日交回，云甚妥。又交回清夏堂様燙桌張，燙一百十七件，大櫃一對，交外辦二十一槽，京辦七槽。又查清夏堂壁牀，補面安裝料，京辦大花牙、布裝修。

奉諭：十九日申刻廟内看，二十進。

十八日，交進四宜書屋様，留中。

旨：用添蓋南屋大門様。依議：堂夸蘭達交來單，註明面寬進深地方。天地一家春、清夏堂裝修桌張様尺寸。

十九日，申正，堂夸蘭達看木裝修様，改大龍毘盧帽龍下脣，再另畫福字，鳴鳳在梧改山石，接樹木葉，瓜蝶改蝴蝶，石榴改染，碧紗橱改掏環，二槽。横皮梅夜加染，落地罩腿換，一扇改梅花，方窗破荷葉改正花葉，蓮花骨朵改尖形，天竹加中肚兒，佛手上加葉。

較對天地一家春、清夏堂桌張地位數目清單。

二十日早，送堂上寫折。大花牙，進松鼠葡萄，子孫萬代，梅花另染，喜鵲加白色。

上明大人宅回太平船樣，着二十一日進呈。

十九、二十日夜改畫裝修十數槽。申正，廣濟寺回堂，看妥。

二十一日，回堂後進呈覽，召見貴，鳳凰長高五六寸，大龍肚中高，兩頭再彎向大牙子，分量沉。回奏：安提梢楠木芽子一分之三。

清夏堂布裝修，大花牙三個，太平船一座，天地一家春布裝修八款俱留中。

二十四日，踏看天然木山寶座，意在留京辦。閱是樓舊裝修，改，要豁亮，要暖和。

堂夸蘭達諭：交下花牙後有辦法，營造司存有楠木，係武英殿下餘存，一二日去看，將來辦領，並着將行文之事各樣細款寫出，以備入文書。

二十九日，堂夸蘭達諭：將福園門、萬春園、西南門外等處他坦房間舊式，知會各路查明畫樣呈看，並着初二日下圓明園查工灰線。萬春園內戲臺初二日後請孟總管請旨，查漱芳齋戲臺天井地溝。又諭：所有奏過燙樣各分俱畫樣一個存堂上。又傳萬春園、東西路十一處暫不必灰線，將來仍歸本路辦，再傳再辦。上下天光樓着暫存，不必進呈，並不在此它它之內。又請示孟總管清夏堂、萬春園大樣，孟總管云未傳旨，聽再辦。

堂夸蘭達諭：着將布裝修歸着好聽信外傳，並將各款做法開單入文書。

二十九日，奉堂夸蘭達諭：着查萬春園東、西路膳房畫樣，並查九爺他坦舊式，西南門外各處坦他舊式畫樣，丈量尺寸，共若干處。

初一日，郭、李、李、白、雷、雷下園查各處他坦。

初二日，回堂夸蘭達，着再查詳細九爺他坦，並爲皇貴太妃他坦照萬春園宮門外他坦擬畫房間，十二、三日呈回細樣。並又着隨踏看雙鶴齋油飾金青緑煙雲，煙內江山萬代，帶草蟲、金魚，爲此記。又呈長春園海嶽開襟，查看橋、道。又呈萬春園，查看各座，並斟酌遊廊，東頭回准仍照燙樣辦理。

初四日，清夏堂宮門卯時豎立。茶膳房換八寸簷柱，看灰土。查春雨軒中路，問七間殿槽口，並交諭，着各監督、監修帶同燙樣人，算房工頭查看有無舛錯之處，報堂以備查覆。

初五日，同曹頭對七間殿丈尺，北頭多六尺。

初六日，同算房看燙樣，呈回檔房。

初七日，回堂夸蘭達，七間殿並南值房後簷地盤，轉角房分位，遊廊進深，原奏進深加二尺，現改四尺。並交堂上存案萬春園東、西路十一處房樣，又遞天地一家春、清夏堂裝修槽數、做法單一件。又傳看畫大樣三分，送宅。又傳畫各處樣各一分。存堂。

四月十二日，呈堂夸蘭達各處他坦樣四分。清夏堂、天地一家春內簷裝修各縫進深、面寬、槽數，鑲嵌二十一槽，清夏堂。十五槽天地一家春。留看，過十五日再廣濟寺呈看木牙樣、洋布樣。萬春園含遠加前廊，去抱廈；結峯軒東房六間南北山牆外加遊廊，井子，南山遊廊與後簷齊。舒卉軒北山值房五間，後簷與遊廊留空當五尺。清夏堂宮門兩山虎皮石牆因門罩舉架後高四尺，現過牆頂，此大牆着改修看面牆、圈方、黃心、冰盤簷，筒瓦頂，照萬春園宮門牆兩邊式樣。又回明做黃油木箱二支，隨鎖二掛，又稟明各項食公費，飯食人等會齊，求堂夸蘭達籌款，求立稿定准公費，呈檔房以備辦公之所。堂夸蘭達諭：等魁、明堂銷假即回，聽候辦理。堂夸蘭達諭：著將勤政殿、飛雲軒舊式裝修趕緊燙樣，以備進呈。

四月十四日，堂檔房爲（知）會事。四月十三日總管太監孟口傳，奉旨：著將清夏堂、天地一家春現在定准殿宇房間樣子按照前次呈覽。奉三無私大燙樣著各燙樣一分交進。欽此。爲此知會。四月十四日掛抄交回樣式房。

四月十八日，總司幫辦總司諭：前者所發司諭，係由該路並燙畫樣銷算房三處會同查明，現在燙樣與本路地勢有無窒礙，與做法是否相符，詳細斟核妥協，如有窒礙，早爲設法更正，以免舛錯，至今多日尚未報堂，著再將此諭傳知三處照辦，地勢有無窒礙，做法是否相符，會同悉心詳細核妥，呈報當檔房，以便酌辦。特諭。爲此知會。

四月二十一日，奉堂夸蘭達諭：所有奉旨中路更改活計十六款，著樣式房詳細丈量踏勘，有無窒礙回話。

四月二十二日，奉堂夸蘭達諭：着將外傳粵海關交京硬木，或紫檀、或花梨安裝料板片，並留京辦牀鋪安裝料、裝修方料根件數目單二分，內外簷玻璃數目單二件，桌張件數尺寸單二件，均開清交堂上幫班諸位開寫細單，以備行文，交坐京孫義轉發交廣東，並將木花牙樣三分，裝修布畫樣三十七分，桌張畫樣十九張，五尺一杆，照尺辦理，限一年陸續運京，交承辦裝修工次安做，萬勿遲悮。

四月二十三日，回明堂夸蘭達，由前湖引至水池，做地溝南北長二十二丈，水池深六尺五寸等，在大燙樣上貼條畫溝。九洲清晏東耳殿前接遊廊一間，七間殿西山往北接遊廊一間，通耳殿遊廊。後院東西值房各三間著改挑山頂。慎德堂東面遊廊畫一面十錦窗，西面遊廊十二間添二面透什錦窗。思順堂後殿西山樓不必挪，遊廊至樓接一間。九洲清晏、慎德堂前簷兩廊着按照舊製各改燙疊落遊廊一間，柱高各九尺。七間殿前前院花池着外燙小樣二分，一分係須彌座鑿甎花活，一分係八達馬下截，上砌花甎牆。承恩堂兩山浄房撤去，接連轉角房均加高(加高二尺)，十五間房東多燙大牆一段着撤去。

四月二十六日，又上至圓明園中路丈量，九洲清晏西耳殿原有前接平臺一間，進深一丈六寸。福壽仁恩東山遊廊撞平臺，前簷齊。九洲清晏東山耳房前簷着添平臺遊廊一間，進深一丈六寸，與西耳殿前一樣打對，九洲清晏東山遊廊撞平臺，前簷齊。新建七間殿後院添蓋東西值房二座，各三間，各面寬八尺，進深一丈，柱高七尺五寸，臺明高八寸，南山牆至七間殿後簷南北四尺。思順堂後殿西山樓地盤不必動，連魚腮帶尺頭腿金邊三尺五分，接平臺遊廊一間，進深三尺四寸，面寬八尺四寸，掛簷上皮安挑簷石一塊，上腿照舊砌。魚池由圓明園殿東山角往北添修引水溝一道，南北長廿二丈，寬二尺，高二尺，大料石溝蓋，每丈往北合溜四分，共下溜八寸八分。魚池做浄深六尺，引水着人灌，洩水自流，燙樣上用紙條貼畫，其餘各款按照傳旨遵辦。二十八日均燙齊貼簽，日内外堂夸蘭達下園看後再爲呈進。

二十七日，堂上來信，孟總管傳出：所有天地一家春放大燙樣，著自影壁轄哈，起滿燙全分。此交堂上。兆四老爺交來。清夏堂、天地一家春裝修、桌張並外傳木料板片清單，着照開來單較對燙樣，詳細斟酌妥協，以免錯誤，明日交堂上用印。初一日已刻將木牙樣三箱，洋布裝修樣二箱，並五尺桌張畫樣，開寫一總件數單交堂以備行文。面付給坐京孫義手領去行粤海關，限一年内陸續交京。

五月初五日，堂夸蘭達來字，前者奉旨改辦圓明園殿等處敞廳、水溝等項活計，日前在内簷及現在均已改妥，當即定於初十日後呈覽。昨日開得有初十日下園之條，恐初十日後呈覽未免較遲，現擬於初六日交進，着將樣子改妥，細心查看有無窒礙，核對妥協，准於明日辰初在隆宗門外等候，預備交進。莫悮爲要。初五辰刻鐘。

五月初六日，辰刻交進呈覽，留中。欽此。

水溝挖深五尺，往南溜一尺一寸，池水深三尺九寸。

五月二十八日，堂夸蘭達諭：萬方安和、恒春堂、全碧堂燙樣三分，務於六月初六日在内呈回後交進呈覽。

六月初六日，堂夸蘭達諭：明日進内聽樣，並代同樂園，茂、巴二位大老爺看。

六月十八日，茂夸蘭達各處畫樣均要一分。茂堂夸蘭達、巴夸蘭達在堂看同樂園燙樣，又呈貴大人宅，回同樂園燙樣，更改簽子，座挪，空堂加大。

十九日，回崇、魁、明大人，孟總管遞旨留中。貴大人要全壁，恒春、同樂園畫樣，晚送宅。總司要中路全樣，安佑宫全樣，南路全樣，清夏堂全畫樣，天地一家春全樣，六月二十四日面交，掌上交。貴大人要去安佑宫大殿内供器全樣一張。

二十一日，堂檔房爲知會事。同治十三年六月二十一日堂抄，奉堂諭：所有圓明園等處工程，着派署理堂郎中茂總司監督；續出幫辦總司中路監督，著派郎中廣；續出安佑宫監督，著派員外郎普。特諭。此交相應傳知各該處遵照可也。六月二十一日樣式房抄。

六月二十三日，貴大人在萬春園分給六廠由三山領來松木六分。貴大人又諭：萬春園東工頭畫横楣，坐櫈要時樣花樣，東頭託畫花樣。貴大人又諭，俟後各園各路不准使果松木修殿房。特諭。

貴大人諭：茂總司傳知田工頭，限三天内將茶膳房另拆换望板，改果松，换杉木，如不遵，即着撤商。貴大人又諭：將全壁、恒春堂照旨改正，廿五日在廣濟寺一看，廿六日下園丈量尺寸，有無窒礙，回明再燙樣。同樂園改三層戲臺，正面改樓，上層板與中層臺平。萬方安和改、添，擬裝修燙樣，貴大人諭：廿七日呈進覽。清夏堂大燙樣一分留中。

二十四日，回明茂、巴總司，昌平州鼓樓本處拆修，均詳細回明私買，如本州來文行内務府，必給回文。廿五日同在廣濟寺廟内回明，貴大人在辦。

奉貴大人面諭，二十五日在廣濟寺申刻看清夏堂大樣，後在同茂、廣、巴三位定議採買楠栢木之事。爲此記。

二十八日，在内廷回惇王爺萬方安和燙樣。

明、崇、貴三堂，五爺着問董總管，西北角有戲臺一座，無外簷，對面高山流水，更改擬安裝修燙樣，再回五爺看後呈覽。

七月初一日，貴大人在宅看同樂園燙樣，改三層臺二層樓，並着將後樓東西順山房各三間向南，改槅扇、支窗。

萬春園各院當貼尺寸簽。澄光榭西山遊廊添接二間，柱中至柱中一丈一尺五寸，分二間，定初三日卯時上任後呈進。

玉泉山報出牌樓坍塌，奉貴大人諭：着算房去丈量丈寸，查明根件，是何木值，再爲領取。又諭東振興領運。

貴堂諭：昌平鼓樓暫毋庸議。栢木九十根，自行墊買。杉木暫買二十根，預備傳做裝修。

奉貴大人諭，堂批，自本年七月初一日起，每月由內務府堂上撥給，奏明歸工一成餘銀內由圓明園堂檔房領，放給津貼燙畫樣人、掌案頭目人二分，二十兩；散衆當差人八分，四十八兩。共放六十八兩，開工放，止工停。着掌案頭目人雷思起自行秉公酌量添給當差勤奮之人。擬准工飯食名數分別開單呈堂，閱看後交堂檔房存案，俟籌款有項再行添給照例公費飯食紙張銀兩。特諭。經此次定准後爾等如有差使遲悮，或另有私事滑懶之人，一經查出即行撤去工食。特諭。

雷思起酌量添改六兩、飯四兩，廷昌同；祁成名四兩、飯二兩，白廷蕉同；伙鈞二兩、飯二兩；李英二兩、飯二兩；廷楝、廷芳一兩、飯二兩；耀恒一兩二□，飯二兩；白耀璞一兩、飯二兩；郭成浩二兩、飯一兩，李俊一兩，飯二兩；雷思耀一兩，飯二兩，羅榮一兩飯、一兩；郭璉□□，飯二兩。以上共領六十八兩，十五人分領六十八兩。

奉堂諭：李文强毋庸添給飯食，掌案撥三兩。交堂檔房存案。

初三日，貴大人諭：萬春園兩捲房、兩捲抱廈擬裝修。

初四日，貴大人下園查恒春、全壁堂改畫土山、遊廊、兩捲房樣添河，舊式一張、新式一張貼簽呈覽。

堂檔房知會，初七日進內，協理有面交事件，掛抄交回。

初六日，貴大人諭：着查九間房兩山各五間，東西九間外值房二間，兩值房北山三間，清夏堂空地尺寸。畫房一十四間樣，初七日呈覽。

初八日，貴大人諭：着將萬春園內臨河兩捲抱廈房，並兩捲殿，蔚藻堂殿裡內簷裝修，着燙樣，十八日下園呈堂，二十日在萬春園呈覽。

又諭：清夏堂茶膳房院各添值房五間，卡牆上安角門，十字亭東添遊廊三間，靠大木不要柱子，延壽宮西配殿西面安假槅扇支窗，共計三十四間，遊廊三間，十六、七呈堂。恒春、全壁堂一並十六、七〔日〕呈進。萬方安和裝修，飛雲軒、勤政殿裝修，蔚藻堂、兩捲殿兩捲抱廈燙樣裝修，雙請十五日呈貴大人宅回看。留宅。着另畫大裝修紙實樣四張。

十六日，進內呈堂恒春、全壁堂燙樣，清夏堂燙樣，貴大人改恒春堂西面包山牆，擺花瓦，作溝，改堆遊廊拐角山石，堵西面四方亭至兩捲房南北九丈。

十七日，回明大人擡回蔚藻堂、兩捲殿內簷裝修樣更改，十九日送園下處。

十八日，貴大人諭：蔚藻堂、兩捲殿裝修樣十九日送海甸園看後，廿日交在兩捲抱廈殿內，伺候呈覽。因陳□□奏傳。

堂夸蘭達諭：明早進內聽候有何事件，並聽有無旨意下園，停工不停，大人下園去不去，再辦一切之事。

二十二日，面見貴大人請示，栢木現催價銀，爲此請示。大人諭：支持十數天再説。

二十三日，呈貴大人宅，又回栢木事，並云只好聽之。萬春園、清夏堂、安佑宮、中路、南路尺寸樣五張，留看。又回茂堂郎中採買栢木二萬餘斤，現在均由通運京，木廠催銀，請示或退，着暫聽堂官三五日來部奏摺再説。貴大人着人來信，要南苑小全圖一分，里數略節一分，送宅。萬方安和燙樣着取回，其內簷裝修再聽五爺信辦理，並將前要去樣子五張交回，又要回三園全圖三分。

八月初一日，堂郎中諭：着將三園進呈御覽。燙樣奏准燙樣數目，造具做法清册，交堂上存案。將各路燙樣均令交回，交樣式房雷思起手收存，以備將來興修將查核辦理，務當經心曬晾，不可損壞。

三月初四日，呈進萬春園東、西路十三所畫樣一張，燙門樓、門罩樣五分。留中。

初五日，交下，召見貴，南北靠牆二處地勢窄小，不敷應用，依議。其餘四宜書屋用門罩，環翠門東用四合房，大門添捲棚，筒瓦頂，斗砌方磚心。着再查假表盤並各處不露明三處，添蓋下房各一所，每所均計六間，此房地勢皇太后經由看不見地方建蓋。十二日下園後進呈皇上，問中路大燙樣於何日得，貴回奏過二十日進，又問清夏堂並改鳴鳳在梧大龍毘盧帽何日進，貴回奏過十五日進。

初九日，下園灰十一處，下房線。誠、貴大人查工。

初十日，貴大人查工紫碧山房。

十一日，收拾十路樣至雙鶴齋。

十二日，明、貴大人諭：着隨同進園。皇上至安佑宫行禮後至中路，又至清夏堂、萬春園、雙鶴齋看樣。召見明、貴大人。傳膳。慎德堂後抱廈改二丈四尺，等處地盤清理渣土。又看七間殿。諭：院子小。又至紫碧山房，酉刻起鑾，戌刻倚虹堂進城。

十三日，貴大人改畫十一處下房樣，傳燙樣交堂。傳旨：中路金青緑油，計照雙鶴齋金退暈，要蟲鳥魚雲錦。

十四日，呈進萬春園東西路十一處下房樣。留中。

十五日，交下四宜書屋前所頭層添大門院分中。南房五間，假表盤下房用切刨土山蓋西房，不用昇平署。

上問中路大樣，催遠進，回奏月内進。

十七日，又進四宜書屋改宫門，南院當五丈五尺，雙請旨交下，用大門南房。進呈回崇、春大人進。大花牙三塊，清夏堂布裝修二十一樣，天地一家春三槽，太平船一支。旨留中。召見貴，鳳凰再加高五六寸，大龍肚中鼓、兩邊彎。牙子説太沉。問楠木，回奏三分之一。

二十四日，召見貴，交下松鼠葡萄，子孫萬代、喜鵲梅花大牙三塊，顔色照子孫萬代，花樣依議。清夏堂布裝修照樣。外傳大龍毘盧帽龍身上一條，前身蓋雲一條，後身蓋雲彩，畫妥請孟總管看。

三月二十八日，在廣濟寺回總司貴、巴、茂三位，中一路大全樣五箱，計十塊。

二十九日，呈覽：安設在養心殿前抱廈内，崇大人、春大人看。

旨：同順堂大木柱着改緑油，七間殿東進間現燙玻璃罩牀。

孟總管傳旨：諭几腿罩，意在要改裝修。大燙樣俱留中。

四月十二日，孟總管傳旨：萬春園全樣着照九洲清晏大木燙樣，仍八達馬活腿桌張並大樣箱，趕緊速做，十五、六日定准何日呈進内。

回堂夸蘭達話，清夏堂大木燙樣一分，八達馬活腿桌張照一體做，分二次呈進。

四月十八日，孟總管傳旨：承恩堂東轉角房明間後簷開門，十五間殿後牆外北灰棚一間撤去，改蓋東值房三間。七間殿西山通九洲清晏東耳殿，接轉角遊廊，東西面遊廊内開門。三捲殿北面撤去平臺，改挑山頂。思順堂後殿西山遊廊接至轉角樓東間，前簷齊。

未刻，孟總管又傳旨召見貴、雷思起，在養心殿前抱廈面奉諭旨：承恩堂前後支窗槅扇並内裏裝修均撤去，外簷添横楣、坐櫈，殿内兩山牆添鑲石刻字，東、西面着找寶座二分，油飾改緑油，東西浄房二間撤去，着照轉角房加高。同順堂殿五間，明間東西縫添安飛罩二槽，東間安寢宫，西間安毘盧帽供佛。七間殿院内添牡丹臺二座，要花磚，着燙小樣呈覽。七間殿後東北灰棚一間，進深改六尺，院牆，角門往北挪，東卡牆門口一段撤去，添蓋東房三間，北拐角牆補齊，外面地勢如不敷，接泊岸。垂花門外河泡着由前湖做來水法溝。思順堂殿院内栽梧桐樹，後院牆上添透什錦窗。轉角樓地盤着往西挪，至西牆齊，東山牆分位添接遊廊，前院南值房後簷抱廈添接建三捲殿，北平臺頂撤去，改挑山抱廈頂。在轉角房後簷不必開門。思順堂東面遊廊内板牆上，每間添什錦窗。十五間房東面卡牆門口不必撤，東面牆撤去。十六款。

孟總管又傳旨：萬春園大燙樣由内宫門往裡燙，往前不燙。孟總管又傳旨，萬春園大樣由影壁轄哈木往裡仍燙大樣。

五月初六日，吴進中路各款燙樣，在養心殿前抱廈安設未齊，皇上幸臨看視，更改，挪更房。

又傳旨：承恩堂殿前後小簷改通牙，滿貼金，花臺用花磚樣，二座。又傳出做一捲一殿一牌樓船樣，撲拉船樣，共八隻。又傳各河内葦草滿去浄。趕緊清挖。

十一日，傳出皇上幸圓明園。孟總管在養心殿前抱廈皇上面前問堂夸蘭達。萬春園大樣准於五月廿日之外呈進。

五月初八日，旨：交下七間殿、承恩堂樣二塊，同順堂、承恩堂仍照舊式樣改回。十五間房拆去不要，後院添東西廂房，各三間，各面寬一丈，進深一丈二尺，柱高九尺，臺明高一尺，竹池二座。東轉房明間後簷開槅扇。七間殿院内安花轉臺二分。十五間房後院牆南面添什錦窗，不透。

五月初十日，早，茂、巴回崇堂，由魏爺交内呈覽。

五月十一日，堂檔房爲知會事。五月十一日總管董傳旨：欽此。知會。五月十二日掛抄交回，樣式房抄。

五月二十七日，堂檔房爲知會事。五月二十六日總管内務府大臣明奉旨：萬方安和著踏勘修理，並全碧堂、恒春堂渣土趕緊清理，燙樣呈覽。欽此。又奉堂夸蘭達諭：著傳知西路工頭，將全碧、恒春堂房間數目趕緊查清，畫底盤樣，呈回本司，並將該處渣土趕緊清理。特諭。五月廿七日掛抄。

五月二十八日，堂郎中傳旨：萬春園澄光榭往東挪，凌虚閣中，西邊添接遊廊，東邊撤去遊廊，兩捲房撤去不要，添拐角遊廊；十間庫後值房三間，西邊添卡牆，東邊添門口，將畫樣改妥，初三日下園面奏。

五月二十六日，呈進萬春園大燙樣全分。計十二箱，二十二塊。旨：留中。召見貴一起。

五月二十八日，旨：同樂園永日堂着趕緊燙樣呈覽，並着清理渣土。

六月初三日，堂夸蘭達會同孟總管雙鶴齋呈進，萬春園更改，挪四方亭，澄光榭東由前簷添接遊廊三間，撤去往北遊廊四間，添小卡牆二段。舍衛城着清理渣土。秀清村往西撈淤。

旨：當時交下北值房西山着撤去卡牆一段，於初五日再内覆行呈覽。旨：留中。

初六日，呈進萬方安和、恒春堂、全壁堂燙樣三分。召見貴。旨：留中。

六月十九日，呈進同樂園戲臺並永日堂全燙樣一箱。旨：留中。

六月二十四日，召見貴一起，交出萬方安和添燙舊式裝修。同樂園改三層戲臺，看戲殿改樓二層，樓板與中層戲臺平，樓柱加高，其餘俱不更改。全壁堂宫門撤去，改門罩一間，兩邊添值房，各三間，添東西配殿，各三間，海墁磚分位添蓋兩捲殿，各五間，後院添内院牆，分中開屏門。恒春堂扮戲房後六間挪正，改五間，添工字平臺三間，再添南房五間，添工字平臺三間，兩山添遊廊，要通至北遊廊，看戲殿兩山添遊廊，拐角各二間，院子要大，前後兩山添蓋耳房，共四間，通殿内，看戲殿五間後廊撤去，改插金八尺，四尺作後廊在内，四尺在外，山石高峯加寬，改山石高臺，上添蓋敞廳三間，井填去，仿照萬春園看戲殿後敞廳一樣，北面、西面添砌牆。桃花塢垂花門往南挪，對橋中。清會音地盤拆去不要，添蓋兩捲房，各三間，東面添牆，通至全壁堂東北角，隨山式爬山，對兩捲添蓋亭子一座，將燙樣另行更改再行呈覽。

七月初三日，呈進同樂園戲臺，改三層。二層樓彙芳樓兩山順山房擬添槅扇支窗樣。旨：留中。

又進呈交出天地一家春殿，東北撤去兩捲房一座，添拐角遊廊五間，澄光榭往東挪，西邊添遊廊各□間，擬接遊廊二間，四方亭往南挪，對院中，兩邊抄手四間，平遊廊三間。澄光榭東前簷添面寬遊廊三間，撤去進深遊廊四間，三間值房東牆開角門，東南總管房頭層改蓋正房，東山添耳房一間前門窗、後南門，前院添牆一道長七丈，深一丈六尺二寸，分中開屏門。

初三日，改妥呈覽，留。召見貴大人，面奏當日下園查工，初六日進内。

初六日，董總管奏清夏堂添蓋值房，庫房二十四間。貴大人諭：初七日隨恒春堂、全壁堂、清夏堂一並呈覽。

初八日，召見貴大人一起，面奉諭旨：交下同樂園燙樣着照樣修建。貴大人諭：將燙樣交樣式房存。恒春堂、全壁堂當日交下畫樣，着按照畫樣燙樣，再行呈覽。兩捲殿兩山着添轉角遊廊，各二間，添蓋東配殿分位有井一眼，着填墊。

當日交下清夏堂添蓋值房二十四間畫樣，孟總管傳旨：着茶膳房後院各添蓋值房，各五間，共添蓋值房、庫房三十四間。當日交下清夏堂大燙樣，着添燙值房、庫房三十四間，擬齊後回堂，十六、七日呈覽。

貴大人諭：十九日下園，皇上二十一日幸園。

恒春、全壁堂添改遊廊、兩捲房、工字殿、兩捲殿，東西配殿添遊廊、門罩、南房燙樣，十八日進呈覽。當交下前門罩並值房，添前廊三尺五，兩山添拐角遊廊，各四間，工字殿平臺二面俱不要支窗，改安槅扇，速改妥存收，不必呈覽、呈堂，再諭再辦。清夏堂添庫房、值房三十四間樣式進呈覽，留中。造册交内務府存案。

八月初二日，召見英、明，諭：三海工程速爲勘辦。皇上駐南海春耦齋，勤政殿召見辦事。〔西〕太后駐北海悦心堂，畫舫齋，東太后〔駐〕北海漪瀾堂，均收拾油飾見新。

十二日，查畫南海，着燙樣呈進御覽。

十四日，查畫北海，着燙樣呈進御覽。又傳查鏡清齋，濠濮澗、浴蘭軒，密□空地添蓋房十五間，均着燙樣呈覽。又傳南北海添蓋茶膳房、值房、鹿圈等房，均着燙樣。

九月初七日，呈回額駙爺、公爺看南海樣。

二十二日，上駟院呈回三堂、内務府三堂看南北海燙樣，計八箱共十七件。

二十三日午刻，由孟總管交進呈覽。

二十四日，孟總管代雷思起呈養心殿抱廈，遵旨貼簽，再行述旨。並着將思順堂後殿、七間殿裝修五日交下八箱，照樣依議。七間殿、思順堂後殿裝修留中。

當日奏歌舞昇平戲臺樣，並院當尺寸，着照恒春堂戲臺用重簷，改兩捲殿，各進深一丈四尺，前後廊各四尺，柱高九尺五寸，並擬裝修俱依議。畫樣交下，額駙、公爺諭：燙樣俱擬回存。

奉旨：燙流雲全樣，同豫軒、寶竹室、濠濮澗、澄性堂樣再進。額駙諭：將内簷裝修原有見新，行勘估處。其新做裝修俟請示花樣准再行。靜明園、萬春園、長春園存楠栢木料。孟總管遞額附諭：派雷思起承修。

二十六日，額駙查南海灰添蓋房間線，丈量尺寸。

旨：召見内務府大臣，浴蘭軒内簷裝修着照天地一家春内簷安做。

八月初六日，吏部等部協辦大學士吏部尚書臣寶鋆等謹奏，爲遵旨議處具奏事。

内閣抄出同治十三年七月十八日奉上諭：御史陳彝奏内務府大臣辦事欺朦請予處分一摺。革員李光昭報效木植種種欺罔，業經降旨交李鴻章審辦，總管内務府大臣於該革員先後具呈時並不詳查駮詰，遽爲陳奏，實屬辦事欺朦，咎有應得，均著交部議處，以示懲儆。欽此欽遵。當經片取職名去後，今于七月二十三日准内務府片送到部。查定例，官員溺職者革職私罪等語，此案已革候選知府李光昭報效木植種種欺罔，總管内務府大臣於該革員先後具呈時並不詳查駮詰，遽爲陳奏，欽奉諭旨實屬辦事欺朦咎有應得，均著交部議處。除前任總管内務府大臣誠、明業經病故，暨總管大臣魁齡於兩次具奏時均經告假毋庸議外，應請將總管内務府大臣、工部尚書崇綸、鑲黄旗漢軍都統宗室春佑、工部左侍郎明善均著照溺職革職例議以革職，所有臣等遵旨議處緣由，理合恭摺具奏，伏乞皇上聖鑒，謹訓示遵行。再此係吏部主稿會同兵部辦理，吏部左侍郎魁齡例應迴避未經列銜，合併聲明。謹奏。

協辦大學士吏部尚書臣寶鋆謹奏，爲遵旨嚴議具奏事。

内閣抄出同治十三年七月廿四日奉上諭：御史孫鳳翔奏前署内務府司員肆行欺罔情罪尤重請先予嚴懲一摺。據稱上午李光昭呈請報效木植及此次呈進木植，皆係現任内務府大臣貴寶署理堂郎中任内之事，貴寶朦混具稿呈堂，並與李光昭交通舞弊等語。貴寶于李光昭報效木植一案，輒敢朦混回堂入奏，致李光昭得售其姦，欺朦尤甚。貴寶著先行交部嚴加議處，並着李鴻章查明李光昭有無異貴寶交通舞弊情事，據實奏明辦理，以示懲儆。欽此欽遵。到部。

查定例官員溺職者革職私罪等語，除恭録諭旨移咨直隷總督欽遵辦理外，此案前署理内務府堂郎中貴寶，於已革知府李光昭報效木植輒敢朦混回堂入奏，致李光昭得售其姦，欽奉諭旨，欺朦尤甚，著先行交部嚴加議處，應請將署内務府堂郎中，現任總管内務府大臣貴寶照溺職革職例議以革職。所有臣等遵旨嚴議緣由恭摺具奏，伏乞皇上聖鑒。謹奏。奉旨已録。

中國第一歷史檔案館編《圓明園》下之八《霜氏檔案・旨意檔》

同治十二年十月吉立。

同治十二年九月至同治十三年二月

九月二十七日，誠大人找宅問三園全圖。自宅有，自遞。

二十八日，貴找，傳要三園全圖。

十月初三日，桂、明、貴奉旨帶領樣式房雷進圓明園、綺春園，恭查安佑宫、清夏齋、敷春堂、奉三無私中路，着趕緊限一月内進呈燙樣。

進内呈覽安佑宫、清夏堂、萬春園、假表盤值房四處燙樣恭呈御覽，樣設毓慶宫。召見崇大人、春大人、魁大人、明大人、堂夸蘭達。旨：留中。

十二月二十八日，召見崇大人、明大人、堂夸蘭達，安佑宫照樣依議存内務府堂上，算房自領。清夏堂撤去工字殿三間，改丹陛，東西兩山添蓋抄手遊廊，各九間。河南岸正中間開山口，南面添蓋宫門三間，兩邊添蓋茶膳房各二座、各十間，東面牆内添安萬字橋一座。寄情咸暢四方亭東面添安如意橋一座。鏡虹館後院西山牆南北添砌卡牆一段，中間開屏門一座。清夏堂後院牆往北挪二丈，添蓋後照房一座九間，臺基通面寬不過十丈，通進深不過兩丈，中厠灰棚一間、院牆一段挪至東北角。萬春園内天地一家春撤去工字殿三間，添蓋殿一捲，後層改抱廈，照長春宫體元殿後抱廈式樣。協性齋四方亭遊廊往東挪修，南面接遊廊。澄光榭正殿三間往東接二間，對面兩捲套殿撤去，北捲添蓋戲臺一座，西山耳殿二間撤去，蓋遊廊。天地一家春東山牆之東添蓋轉角遊廊，西山牆之西轉角房東面改遊廊，西面改值房。蔚藻堂殿一座三間，往西接二間，西面添扒山拐角遊廊今往南拐，西值房五間東面改殿，西面添接亮抱廈五間，東面添接兩捲東殿三間，南面添遊廊通舒卉軒，西面、南面添砌花瓦大牆二段，中間添門罩一座，兩邊值房各三間，現存西值房三間撤去，東牆外東西住所，併東邊值房、南面四所、學圃敞廳、六方亭、土山、井均著燙樣，於十一月初四日恭呈御覽。欽此。

二十九日，孟總管、吳坦達傳旨：查西路行宫四處，初十日畫樣進呈。

十一月初四日，召見崇、春、明、貴，萬春園、清夏堂、天地一家春、西住所燙樣均留中。皇上問：慎德堂後添抱廈活安，行文奉宸院查船樣，清夏堂樣依議，中路燙樣過二十日後呈覽。又問内簷裝修。回奏：中路燙樣得請皇上再改裝修，現在燙畫樣人不足十名，此次之樣式係晝夜趕辦，實在趕不及。奉旨：允准。欽此。

初五日，召見崇、春、貴，清夏堂照樣依議。萬春園西所不用門罩，改垂花門，對蔚藻堂中，兩邊添硬頂、硬磚、門砌方磚心看面牆二段，西邊切刨土山一段。添蓋西值房七間，對舒卉軒中。六方亭加面寬，往東對中挪蓋。鏡緑亭撤去不要。默黛亭往東，對蔚藻堂中挪蓋。西兩捲殿往南挪，對東兩捲殿中。西河岸原有土山一段撤去，有凝樹去，無凝樹不去。東兩捲殿往南接一間，對西兩捲殿中。值房七間北頭撤去二間。問月樓改週圍廊。戲臺撤去不要，仍用兩捲房。凌虛閣樓仍照舊蓋，東面山房二間撤去，添蓋拐角遊廊。協性齋南北改高遊廊，撤去東面牆。天地一家春東山拐角添蓋游廊，通兩捲房，垂花門並遊廊往南挪，與天地一家春前殿東山遊廊平。天地一家春殿中捲新舊大木畫樣貴交董手請旨，貴面奉諭旨：各座内簷裝修著畫各花卉小樣呈覽。貴回奏，請皇上暫緩，俟中路宫門等燙樣進呈後，再按各座燙各樣活裝修進呈，請皇上欽定。

孟總管已刻面奉諭旨：著雷思起畫各樣裝修名目、仙樓，每一樣分十樣，要奇巧玲瓏，各花樣呈進。貴由孟代回奏：如畫樣不好，分進深、面寬，仍用合背燙各色裝修，各座、各包、各號，再行進呈，恭候欽定。

孟、董總管又傳旨：或紫檀、花梨嵌安象牙、檀香，仿照由澄心堂挪至九洲清晏同道堂殿内裝修樣式，或用樟木燙紫檀色。董總管云，今晚遞天地一家春大木樣之時，將此裝修前事奏明皇太后、皇上；再聽諭旨，更改各款樣式，初九日交呈進。

冬月初八日，召見崇、桂、明、貴，皇上御製天地一家春内簷裝修樣一分。貴傳旨：著將此燙樣交樣式房雷思起，按照御製燙樣詳細擬對丈尺，有無窒礙變通，趕緊再燙細樣一分，俱要紫檀色，中捲進深碧紗橱安玻璃心，加二面天然四季花、荷花、竹五圓光窗，要天然海墁圓光形式。西山牆上安長方五六尺洋玻璃亮方窗三個，外面窗户罩，中捲東次中間向南安洋玻璃鏡一塊，後卷東山燙紫檀木大櫃一對，中間安櫃，塞上安花牙。山牆平鑲紫檀木大櫃一對，明間前殿面寬安多寶閣，兩邊開格子門，中間加玻璃一分，南面中間安羣牆格子門，不要下檻，北面多寶閣通地面，每面格進深一尺。殿内方窗俱安大玻璃心，前後簷支窗俱安大玻璃屜。殿前簷大木上安横匾一塊，寫天地一家春。東次間前簷向北安大玻璃鏡一塊。前殿明間東縫，西次、西進間面寬，中捲後面寬，後捲明間西縫，東次間東縫俱安欄杆罩六槽。明間前殿西縫，中捲西進間後面寬，中捲、後捲明間東縫，俱安碧紗橱。後捲西次間西縫，安櫃格三層，帶卷口，下安櫃門，靠門口兩邊留白堂畫心，後殿明間安大穿衣鏡一架，後抱廈向北安扇面匾一塊，後簷安横楣坐櫈，後面中捲西次間後面寬鑲紫檀木大櫃一對，東次間後面寬安牀一鋪，中前捲東進間西縫安分中門口各一座，兩邊各安方窗各二扇，東次間中捲前簷向北安落地牀罩，内安寢宫牀一鋪，前捲，中捲西次間西縫安几腿罩二槽，前簷順山萬字牀四分，前殿安寶座牀一分，東次、東進間前簷牀二分，後簷几腿牀罩二分。

十一月初九日，召見崇、桂、明、春、誠、貴，呈進萬春園改安燙樣，奉旨留中。又呈遞黄新莊、梁格莊、半壁店、秋蘭四處行宫畫樣，奉旨留中。派出明、誠、貴於十二月初間前往，敬謹踏勘。欽此。貴面進天地一家春四捲殿大木樣一張，前、中、後各進深二丈八尺，後抱廈二丈六尺，共進深十一丈六尺。旨留中。貴遵旨，後抱廈後廊撤去戲臺，院奏添遊廊。上諭：問看戲殿前接抱廈，院當合式不合式？貴回奏：院當四丈四尺，若添抱廈八尺，下餘三丈六尺。上請示皇太后再爲交下。

二次又召見明、貴，皇上問：圓明園内尚存多少處？貴回奏十三處，雙鶴齋，慎修思永，課農軒，文昌閣，魁星樓，春雨軒，杏花村，知過堂，紫碧山房，順木天，莊嚴法界，魚躍鳶飛，耕雲堂。明、貴尊旨，著交樣式房機密燙樣進呈查中路樹。

十一月初十日，召見恭王爺、崇、春、桂、明、誠、貴。

萬春園天地一家春前捲二丈八尺，中捲二丈八尺，後捲改二丈八尺，後抱廈二丈六尺，撤去後廊，西山遊廊往南挪，其餘西所俱照燙樣。戲臺改重簷，見方三丈，安天井、地溝，院當四丈四尺，今改二丈四尺，看戲殿後廊挪在外，前接抱廈五間，明間面寬一丈，次、進間各面寬九尺，進深一丈二尺，高八尺，臺明高一尺六寸，下山一尺八寸。兩邊添抄手遊廊，西面分中安垂花門。後面高臺敞廳照燙樣，東西卡牆安角門。含遠敞廳往東挪，對垂花門，西面添西南拐角遊廊，東面添遊廊，並東南拐角遊廊。含遠房南對宫門東邊值房，添蓋房五間，南羣房東山往東接蓋南房，其餘各值房地基全行撤去，擬蓋正房三四層，著查勘地勢燙樣。

二起召見明、貴，著機密燙十三處樣。

圓明園殿座匾額：春雨軒，土地祠，文昌殿，魁星殿，慎修思永，雙鶴齋，綺春園莊嚴法界，長春園海嶽開襟，綺春園惠濟祠、河神廟，圓明園魚躍鳶飛、紫碧山房、課農軒，此十三處係密。旨派明、貴交樣式房機密燙樣呈覽。

十一月十一日，派明、致祭文昌。貴查萬春園，帶同樣式房雷思起於辰正到萬春園等處查勘，添改各座丈尺，趕緊更改燙樣呈覽。

十一月十四日，呈進天地一家春殿前三捲改二丈八尺，後抱廈改二丈六尺五寸。

含遠挪對垂花門，兩邊添接遊廊，撤去轉角房，改蓋東房六間，東西砌卡牆二段，含遠後院南北一丈五尺，垂花門前南北院五丈，改蓋正房五間，接蓋二間，添蓋南羣房九間，對面改蓋正房五間。東跨所現有房二間，並地盤俱拆去，改蓋正房三層，每座三間，各面寬一丈，進深一丈二尺，柱高八尺，臺高一尺，下出一尺七寸。添蓋戲臺一座，見方三丈，内週圍廊各寬四尺，中寬二丈二尺，柱高一丈二尺，臺高下出俱二尺二寸，上安天井，下安地溝，垂簷歇山抹角銅柱。看戲殿前接抱廈五間，明三間各面寬一丈，二次間各面寬九尺，進深一丈二尺，柱高八尺，臺高一尺六寸，下出二尺，兩邊添接抄手遊廊二座，東邊十二間，西邊十一間，垂花門一座，兩邊抄手遊廊。

協性齋轉角房一座，擬四方亭一座，歇山敞廳一座。看戲殿東西牆添角門二座，後院東西添值房各三間，扮戲房兩山各添值房七間。辰初孟總管進呈御覽。留中。

召見崇、誠、貴，面奉諭旨：問月樓兩山廊下添安天落槅板牆二段，其餘活計再聽御旨。上問裝修燙樣並宫門中路燙樣何日呈進？貴回奏：裝修十七、八日，中路燙樣二十一、二日進呈。

十一月十五日，召見明、貴，面奉諭旨：天地一家春仍要後廊，問月樓遊廊兩邊添天落槅板牆二段。安活下檻，南面安折鐵鐐銱四副。戲臺長柱高改一丈四尺，扮戲房往南加一丈，南邊安後廊。東住所之東牆上添角門一座，往南院牆上撤屏門一槽，往南另院四所東牆角門二座撤去，添在西牆。協性齋拐角房撤去不要，改蓋四方亭一座，四面各顯三間。澄光榭院内各座踏跺撤去，俱改雲步山石。三宫門内西配殿後西面牆撤去屏門一槽，於十七日改妥呈看，十八日進呈。御製裝修燙樣，並擬裝修燙樣，隨畫各樣花卉、天然罩、欄杆罩等三十張，一並恭呈御覽。

十一月十八日，進呈天地一家春更改燙樣並裝修，照御製一體一分，單片裝修樣三十三塊，畫紫檀色，鑲象牙、檀香、花卉人物天然罩十分，進深各樣罩花樣十四分，牀罩等五分，牀四分。辰刻孟總管進呈。旨留中。

召見明、貴，著欽天監擇吉，今冬立春前安佑宫、萬春園、清夏堂、圓明園共二十七處供樑，著拆藏舟塢、近春園、三山查找各座選用。十二月十六日辰時供樑。

十一月十九日，召見明、貴，萬春園中一路各座燙樣奏准。奉旨：依議。交下。存内務府堂上皇太后自畫再聽旨意。天地一家春四捲殿裝修樣，並各座紙片畫樣均留中。貴面奉明大人面諭，畫雙鶴齋。諭旨：雙鶴齋現存房間趕緊在内庭畫樣呈覽，交吴坦達、孟總管呈進。貴又面奉諭旨：慎德堂三捲殿，朕最愛豁亮，假柱均撤去不要，前捲俱安松鶴延年各樣罩，中捲俱安喜鵲梅花各樣罩，後捲俱安竹式各樣罩，二進間擬安寢宫。

十一月二十日，召見名明、貴，面奉諭旨：天地一家春明間東縫安葡萄架式欄杆罩，下角墩子撤去，改山子。次間東縫上安仙樓，改飄簷欄杆，掛簷二面下安花活二面，夾玻璃下羣牆，明間西縫安四季花碧紗㕑八扇，兩邊安長方式方窗，四圍花活，夾玻璃下羣牆，西次間後簷安鳳凰梧桐罩，西進間後簷安玉蘭式欄杆罩，中捲東進間後簷安松樹月光罩，中夾玻璃，明間中捲後簷安梅花罩，西縫中間安窗户，兩邊安玻璃穿衣鏡，東進間東山牆中間開窗户，安玻璃，後捲東山牆裡面鑲櫃，外面板牆酌擬洋線法山水，彎轉格閃亭座樓式樣，中捲西次間後簷櫃後面安板子一道，後捲東西次間安後簷牀，西進間後簷安牀，中捲明間東縫安欄杆罩，兩邊安扇面花窗，下羣牆，後捲東次間東縫中安子孫萬代天然罩，兩邊安元光花窗，下羣牆，中捲西進間後簷安四季花瓶式罩，其餘西次間大飛罩二槽，萬字牀三分，後捲仙樓閣子，明間西縫天圓地方瓜瓞綿綿天然罩，前捲東次間前後簷牀罩，並玻璃扇面窗、方窗，並寢宫牀罩，俱照樣依儀。上交下畫樣五張，照樣更改燙樣，並另畫大樣一並進呈，又交出畫樣十四張，著照畫樣燙樣，俱挖透，並畫酌改能做雕活大式樣進呈。旨：著做紫檀松竹梅大花牙子真式樣三分呈覽。慎德堂裝修式樣，安中間窗户，兩邊瓶式門，明間東西縫安欄杆罩，東西次間安碧紗橱，西次間後簷安鳴鳳在竹，中捲東進間後簷安月中丹桂天然二面罩，中捲明間後簷安天然梅花罩，寢宫安在後捲東進間後簷，中捲明間西縫中間安窗户，兩邊向西安穿衣鏡，後面要白牆，其餘着外邊擬安，松花枝染緑色。

二十一日，召見明、貴，傳慎德堂裝修樣，另有小圖記。明奏行宫四處二十二日隨中路宫門各樣、上下天光進呈。旨：天地一家春西次間進深几腿罩改飛罩，不要腿，安裝料撤去。

十一月二十二日，進呈圓明園大宫門、二宫門、正大光明殿、洞明堂、朝房、圓明園殿、奉三無私、九洲清晏、承恩堂、福壽仁恩、思順堂、慎德堂、得心虚妙、昭吟鏡、清暉堂、硝壁、上下天光樓、值房、遊廊等燙樣大小六塊，計二箱，並西路行宫四處畫樣。奉旨：留中。

召見明、貴，福壽仁恩東耳殿撤去不要。得心虚妙改重簷四方亭，兩邊歇山座，三座一邊高。清暉殿並耳殿撤去不要，擬蓋前後廊殿七間，西山遊廊接九洲清晏東山前簷遊廊，東院兩捲房正房、御前房六座俱撤去不要，院分中蓋三捲二面抱廈房一座，南面仿照得心虚妙山石高峯。承恩堂宫門内硃油板牆二道撤去不要，宫門内添影壁一座，前殿北後殿南添丹陛一道，兩邊添石欄杆，東南角各等處值房現係參差不齊，著前邊踏勘，擬安排數整齊再行燙樣呈覽。圓明園殿、奉三無私之前油飾，上架五采，下架硃油，往北至九洲清晏左右，慎德堂等俱改斑竹式油飾。天地一家春交下更改裝修燙樣，並慎德堂新定裝修燙樣，均於二十八日呈覽。清夏堂前殿後兩捲殿裝修，着前邊擬燙裝修進呈。上下天光樓改五間，上下簷俱週圍廊。

旨：二十三日着明、貴帶領雷思起至寧壽宫，看各殿裝修樣式丈量，並查南海春耦齋樓梯樣式，安在上下天光樓上。貴面奏天地一家春、慎德堂、清夏堂等處裝修請旨：俱係紫檀、紅木、花梨、檀香、象牙，此項木料現在京中較短，由廣東本地去做，抑或行文廣東督撫行取，派員送京交納；奏要板片，不要圓徑，向來硬木十檀九空，請旨准其行文廣東，要各樣板片，其應如何長、寬、高、厚、尺丈塊數，着派雷思起詳細按照各座定准裝修槽數度具丈尺清單，呈明以備行文廣東。

二十三日，召見明、貴，慎德堂對面南山得心虚妙歇山頂改挑山頂。硝碧挑山頂改四方亭子頂。福壽仁恩兩邊耳殿不要廊門，俱改單間，兩邊俱改二面亮遊廊。九洲清晏後抱廈撤去不要，改平臺五間，不要後廊子，三面安橫楣坐櫈，東面遊廊向東添褡連一面，中安板牆，二面橫楣坐櫈，東院兩捲房二座俱不要添蓋前後廊，正殿七間前簷與十五間房後簷齊，後院添花瓦牆一段，中安屏門，兩邊十錦窗，前面添垂花門一座，兩邊看面牆二段與東轉角房後簷齊，牆南面硬頂、硬斗砌方磚心，北面牆下城要五色剁縫石，掛飾白灰心，畫祥線法畫，往南添蓋三捲敞廳，中五間，南北二抱廈各三間，對面安山石高峯照壁一座，中改重簷四方亭一座，兩邊挑山二座，各三間，卡當並轉角疊落遊廊，北頭安山石踏跺，此院内拆去南北房四座。

承恩堂宫門内撤去板牆，添安石滚墩兩出水木影壁一座，正殿後撤去板牆一道，添丹陛，兩邊添石欄杆。後殿七間，兩邊撤去槅扇二槽，明間改玻璃槅扇風門，東院三間撤去不要。杏松院三間撤去不要，往南北房二間改三間，撤去小轉角南房三間，接往南北房三間，添後廊，東南各等處值房省，前邊擬蓋思順堂之西值房，院内小灰棚撤去不要。

圓明園殿明向東西安板牆門口。奉三無私明三間，中間安三面踏跺，地平寶座，東西進間安碧紗橱尋杳花，東西次間擬安面寬門口。九洲清晏東進間安寢宫牀罩，西進間供佛，前簷牀，東進間安石榴罩。西進間安八方門口，明間東西安欄杆罩二槽，後五間添平臺，明間安槅扇風門。福壽仁恩明間安寶座牀，東西次間前簷均安牀，明間東西縫安欄杆罩，明間安玻璃槅扇風門，東西耳殿改單間。思順堂殿内明殿前後安風門子，明殿後風門子添安玻璃几腿罩一槽，東西次間俱安碧紗橱，北窗安欄杆罩，南窗安牀，東進間北牀安寢宫，安南牀一張，西進間安瓶式門，添安北牀。承恩堂前殿明三間、兩進間安碧紗橱，後殿後簷安東寢宫牀，前簷南牀，四扇格扇，前簷方窗，後簷板牆。

正大光明、出入賢良、大宫門、朝房、如意門、壽山口、東西配殿、軍機房、繙書房、膳房、洞明堂、賢良橋、左右門、菓房、銀庫、六部九卿朝房、坦他、攢衆木、影壁、茶房各燙樣，均着照樣依議。

二十四日，召見明、貴，硃筆皇上自畫樣交下。圓明園殿進深板牆四殿，門口四個，靠前宫。奉三無私東西次間面寬門口撤去，地平寶座往前挪。九洲清晏東進間石榴罩撤去，改門口方窗，八方門撤去，改門口方窗改回同道堂。福壽仁恩東西耳殿添風門。思順堂前殿東進間進深門口改嵌扇，兩邊安松月窗，西進間進深瓶式門四周加冰紋，兩邊多寶閣，西次間後中面寬安欄杆罩，東西進間面寬南面安大櫃二對，後簷飛罩二槽，東西縫進深安碧紗橱二槽，東西次間後簷牀二張，明間東西縫安欄杆罩二槽。思順堂後殿明間槅扇安三面寶座牀，東西縫安碧紗橱，靠北安門口，東西次間安前簷牀二分，後金面寬安欄杆罩二槽，東進間進深中間安元光門，兩邊安扇面窗，後金面寬飛罩，東山排大櫃，西進間進深分中，嵌扇四扇，北邊板牆前簷安方窗，西進間後簷落地牀罩，前簷牀。承恩堂前殿東西次間前簷牀二分，後簷飛罩二槽，東西進間前後簷牀四分。新蓋七間殿明間前簷安槅扇，後簷安天然罩牀，東西縫安碧紗橱二槽，分中安門，東西次間後簷天然罩牀二分，東縫安八方門，兩邊安槅扇，松竹梅式樣，前簷牀一分，後金欄杆罩一槽，後廊東西面安大櫃，後牆開筒子窗，東進間前簷落地罩牀，後簷安開闔罩牀，進深安碧紗橱，西次間進深分中石榴罩，兩邊安靈仙祝壽花樣，前簷牀一分，後金欄杆罩，後廊東西排大櫃，後簷筒子窗，西進間進深安碧紗橱，前後簷安落地罩牀。

二十六日，召見明、貴，堂郎中貴寶。貴賞内務府大臣銜，雷思起賞二品頂戴，雷廷昌賞三品頂戴。

旨：慎德堂新建殿，並九洲清晏、福壽仁恩遊廊等座，不要斑竹式，俱改青金緑油飾。春耦齋、樂壽堂二處原有仙樓著燙樣，上下天光著外邊擬仙樓，樓梯要藏不露明，燙樣呈覽。著貴至廿八日圓明園踏勘新建殿地勢丈尺，並查勘各座船隻。上問：三處裝修燙樣何日呈進？貴回奏：二十九日。上又問：改中路燙樣並新建殿何日呈進？貴回奏：求皇上暫緩，現在晝夜趕辦，出月呈進。

二十七日，上傳清夏堂内簷裝修多畫式樣，燙齊一併呈進。廿八日未刻由園追回，一太監進三處裝修。

召見貴，五刻下來。

清夏堂、天地一家春二處内簷裝修留中。慎德堂油飾畫樣照樣准做，青、金、緑。慎德堂内簷裝修交下，改楠栢木，各槽均有更改，改楠木方柱。貴傳旨：前捲明間東西縫均安松樹天然罩二槽，中捲東西次間均安四季花碧紗橱二槽，中捲明間東西縫安梅花式碧紗橱二槽，東西次間前簷靠玻璃窗安碧紗橱二槽，後捲進深東西縫竹式天然罩二槽，東西次間東西縫均安上不透仙樓，東松月、西桂月圓光罩二槽，下碧紗橱，兩邊安窗户。一明一暗兩傍東西進間前簷向北寢宫要几腿罩，後捲明間開槅扇風門，中捲東西次間後簷板牆二段，向南天然松樹式方窗，後捲東西進間仙樓，碧紗橱要券口心子，中捲東西次間前簷碧紗橱要券口心子，寢宫窗户裏間安背板，中間夾玻璃，畫花，外面安券口牙子。後添接抱廈，不要進深大。内簷裝修改楠栢木，寢宫東西窗擬對背一間，圓柱改方柱。

二十九日，召見明、貴，筆慎德堂、同道堂、九洲青晏，此三處俱樣紫檀楠栢裝修各一分，思順堂、同順堂、承恩堂，及思順堂前後殿，同順堂前後配殿，以及新蓋七間殿闕防院俱樣楠栢木裝修，思順堂及新蓋七間闕防院俱各隨罩房樣一分。

貴又傳旨：思順堂後院牆對中開屏門，兩邊十錦窗户筒，七間殿後院牆不要屏門，要花瓦牆門樓。

二十九日，旨，慎德堂内裏改方柱，包栢木，下柱頂不要古鏡，均打平。

臘月初一日，召見明、貴，傳面奉旨：清夏堂前後殿裝修著照樣依議。紫檀色後殿明間安玻璃風門。天地一家春中捲東次間玻璃方窗、扇面窗兩邊要窗户臺；前捲、中捲西次間大飛罩横披要四季花，不要大心子；東次、稍間几腿罩牀二槽，上安横披不要大心子，前捲明間西縫四季花碧紗橱改券口牙子，西山牆玻璃窗三個改歸一個，要連上，中間安三堂；寢宫牀不要罩腿、横披，改四季花；殿内前後各牀上兩邊燙小案，中間燙炕桌，明間西縫穿衣鏡門中間二面燙雲盤案二張，前捲西山牆安百十樣陳設格子；自牀上皮至頂槅下皮畫一分，上留提裝白子畫一分，南邊至前簷牀北口齊；殿内擬安大案、琴桌、月牙桌、茶几、椅子，均着燙一分，下安活托，俱紫檀色。東山牆前皮，明大人口奏，不要洋山水，改鑲九江磁字或集錦。

旨：要大牀一張，要葡萄根天然式牀，别掛衣裳，牀上安葡萄架，活梗葉，帶鬚，要嘟嚕，檀香葡萄着做小樣呈覽。又著擬葫蘆藤蘿牀二分，給主位。貴交造辦處辦理。

又傳旨：天地一家春殿内黄地五彩雲龍繡鋪墊一分，月白緞地繡墨梅花鋪墊一分，青緞地鋪墊一分。

臘月初三日，呈進勤政殿、芳碧叢、保合太和、富春樓、飛雪軒、四得堂、秀木佳蔭、生秋亭、南路等處全燙樣。奉旨：照樣依議。

中路：圓明殿、奉三無私、九洲清晏、慎德堂、同道堂、同順堂、承恩堂、思順堂、新建殿、山石高峯、亭座全樣，留中。

貴面奉諭旨：得心虛妙改挑山，硝壁改四方亭，依議；承恩堂前後俱要支摘窗；七間殿往前挪五尺，後院改一丈五尺，東西添值房各一間，垂花門往北五尺；院南北三丈。東西轉角改二面，中安板牆，不要通；東山添接遊廊，西山添接遊廊，依議；抱厦房不要改，河泡四圍石泊岸，中建二丈四方亭，前添山石橋，通南山石北面，橋通垂花門；南山准疊落避廊樣，東牆改遊廊，安屏門，東院內南北添蓋房間；勤政南路樣式照舊建蓋；七間殿改四面廊子；承恩堂東西兩邊轉角房均改爲向南；思順堂後牆後院改安花瓦門樓屏門；十五間房改爲中間五間，東西各五間，均在中間安槅扇門。

召見明、貴。

初四日，圓明園中路等處燙樣交下更改，南路燙樣交存內務府堂上。

召見明、貴，貴傳旨：十五間殿前添修十字甬路，土院栽牡丹；承恩堂後簷改支摘窗，前院改土心栽花，杏樹院東面遊廊，背西面後院添藤蘿架，下堆山石；同順堂後簷改支窗，添藥蘭，串枝連，秦娘子。南面之西屏式門，東西面頂子門樓改十字甬路，影壁心改紅心，照儲秀宮西配殿後正房山牆開門，前面西南各房除給司房三間，其餘俱改簽內殿；七間殿後院栽竹子，前院栽梧桐、丁香，垂花門外山石直橋下通水，開挖河泡，四面山石，中修二丈見方亭，往南直上南山石，照御筆畫樣圖樣；當日恭交內務府堂。九洲清晏改十字甬路；慎德堂院南山石北栽梧桐，或八棵，或六棵；思順堂院改十字甬路，分四塊土院，栽梧桐八棵，後院牆內栽竹子，各院栽花燙活托，或花臺、或八、六方花池，活安；承恩堂、同順堂院內要熱鬧繁華，七間殿院內要清淡雅趣；垂花門外東牆改遊廊、開屏門，東院內南北添蓋房間，西邊接一間，依議；南山亭子疊落遊廊照樣依議；七間殿西山前廊西面接遊廊，後遊廊撤去，東山添遊廊，轉角西面隨遊廊，不要通；九洲清晏殿前撤去鶴鹿；十五間房改各五間，撤去牆一段；兩捲太監值房，西山撤去一間；慎德堂院內栽種花樹；七間殿東西稍間後窗背板外面安玻璃，裏面畫花，中間槅扇不要，安玻璃三扇；慎德堂後抱厦後簷柱子撤去；杏樹院東遊廊背砌牆垣；天地一家春方窗、扇面窗均安在中間，兩邊要窗户臺，所有裝修均不要大心子，前明間西縫四季花碧紗橱，要券口牙子，西山牆三窗户要連上，中間不要牆，寢宮牀不要罩腿，所有牀均要兩邊小案，中間桌子，穿衣鏡中間兩邊安大案兩張，前捲西山牆安百十件陳設格，殿內擬安桌張。

十二月初七日，召見明、貴，傳記旨：承恩堂前殿擬安三面仙樓，簷柱高一丈六寸，爲真仙樓加柱高二尺，假仙樓不必加柱高；福壽仁恩殿仍要八方罩二槽；新建七間殿內東、西後廊擺大櫃分位，撤去欄杆罩，改安落地罩，大櫃進深按罩腿安裝料尺寸定進深，此院內竹子、花樹大樣不必安；慎德堂東西寢宮裡面支窗背板一扇，外面上下扇安玻璃鏡，畫花，仍罩玻璃，前捲東西次間面寬，玻璃大方窗向南，改擺錫玻璃鏡向北，不透亮；思順堂前後院竹子、花、樹大樣不必安，思順堂後殿東山大櫃改安在後簷，有几腿罩牀，抑或安在東次間內簷；七間殿花蘭罩牀改几腿罩；承恩堂前殿次間東西縫碧紗橱不要滿花，改大心，要貼落字畫或係思順堂，再爲斟酌；思順堂前殿後層向北稍間，現安大櫃各一對，如挪在後簷內，均無牀，有几腿罩二槽；天地一家春東山百壽仿集錦式樣，鑲安各有各樣，以後裝修燙樣奏准後，按照大樣畫實樣再進呈。

十二月初八日，皇上上春耦齋辦事。孟總管口傳，春耦齋若燙二寸大樣，九洲清晏再燙大樣一分，照春耦齋仙樓裝修，十三呈進。堂夸蘭達要去九洲清晏尺寸、春耦齋尺寸、樂壽堂尺寸、預備明日召見，奏九洲清晏加柱高尺寸。

初九日，召見明、貴，九洲清晏改兩捲，加柱高二尺，照春耦齋擬仙樓裝修，東西間不要樓板，前要兩面亮仙僂，樓上下檻窗不要古雨板，均要碧紗橱；新建七間殿前院改二丈五尺，樹俱不要，後院改二丈五尺，東西添蓋值房，各三間，各面寬八尺，進深一丈二尺，柱高八尺，臺明高一尺，下出一尺六寸；東西房後院添蓋灰棚各一間，牆往北挪，展五尺，接山石泊岸碼頭，亭子見方二丈；垂花門兩邊遊廊加進深二尺，改二面，中安板牆十錦窗；慎德堂東西寢宮几腿罩上橫皮玻璃擺錫畫花支摘窗，裏面背上下板一扇，前面上下扇安玻璃鏡畫花，外罩玻璃；前捲東西次間面寬玻璃大方窗南面擺錫鏡畫花，北面不透，中卷東西次間面寬後簷擺大櫃二對，紫檀色裝修樣交出，俱改楠柏木，交外邊，存。楠柏木裝修燙樣一分，留中；存。承恩堂前後殿內簷裝修均要花梨木，其餘殿座、七間殿、思順堂前後殿，均要楠柏木，思順堂前殿內簷裝修花樣均改冰紋式，思順堂後殿均改竹式，寢宮俱安玻璃鏡，擺錫畫花；思順堂西邊寢宮几腿罩上安玻璃，擺錫畫花；東進間後簷擺大櫃，撤去牀、几腿罩，撤去提裝牙頭，橫皮往上安，櫃與裝修鑲平；新建七間殿東西稍間後簷大櫃前安大心落地罩，與櫃進深平，前簷欄杆罩二槽，東西次間前簷添几腿罩二槽，東次間東縫八方單南□子上安松月窗一扇，明間東西縫券口改大心子，連券口，帶羣板、掏環，俱要松竹梅；東西寢宮後簷落地罩要安玻璃，背後鋪錫畫花，東西進間碧紗橱改春雀鬧梅花樣，又次間改竹式，東西均一樣，東八方，西石榴；思順堂前殿糊藕灰，後糊一品藍，七間殿糊湖色，思順堂後糊湖色。

十三日，呈進春耦齋、樂壽堂燙樣二分，旨留中。九洲清晏裝修燙樣一分，當日交下改。明間面寬改大長方玻璃窗二面，天然竹子，兩次間碧紗橱分中開門，改券口、大心子、花邊、竹式邊框，掛簷改玻璃鏡畫，花中安燈，外罩玻璃，花邊分堂，上冰紋式，下竹式花樣，冰紋梅上花牙梅花，樓下三根杆花牙罩邊罩挪向外，東西進間後簷擬寢宮，上下層另燙明間掛簷燈式大樣一塊。九洲清晏改兩捲殿，依議。前、中、後廊深六尺，前進深二丈四寸，後進深一丈八尺。中路大全樣二塊，擬添七間殿後院，東邊又添灰棚一間，曲尺牆一段，北面添十錦窗，河泊岸山石改加寬八尺，垂花門外西面添遊廊九間。

旨：七間殿河泡內四方亭改重簷，七間殿小全燙樣一分留中。思順堂前後殿、七間殿裝修俱留中。天地一家春殿內添桌張、百十件格，東牆添綠磁磚百壽小樣一分，大樣圖張，俱留中。交下「大樣大吉」，有實三分，無實六分。西路四處行宮畫樣四分。

皇太后駐三捲殿西次間寢宮，後廊門口四處，八方門、圓光門口，擬將門口安板，耳殿俱添安槅扇。皇后駐四處東西廂房，留北間牀一鋪，其餘三鋪俱撤去。若再畫單座，交內務府堂，上行西路總管。

十四日，召見明、貴，在堂上孟總管又傳，九洲清晏改前層東西間寢宮，落牀罩安玻璃，畫花，由後層上仙樓，樓上擬安牀罩，罩腿玻璃鏡、竹子。上下層。天地一家春大裝修樣交下，東山牆上要一百個大壽字，俱一樣，要金底墨字，不要邊，斜方角對角安，再畫一個呈進。東山牆上方窗，梅花式、竹式天然窗罩二分，殿內罩桌椅等件，留炕桌十三件、月牙桌十一件、炕案二十六件，再添連三抽屜帶櫃門四張。西山牆用不通天百十件格，西連三玻璃窗上，外面添天然梅花樹式窗罩，下脚白石鉢形花盆。後抱廈明間添琴桌一張，天然白生梅式竹式寶座二分，後面梅花樹二棵，歸天然圍屏一架。下瓶二個，樹由瓶內生。

辰初二刻供樑，各商袍掛料，頭目十，幹夫二千。崇大人安佑宮行禮，明大人正大光明，魁大人天地一家春，春、誠大人中路，貴慎德堂；各司各分獻行禮，司房遞如意，董二老爺進城遞。西初回貴大人樣，着記旨：慎德堂內簷裝修，羣牆上點翠，嵌象牙、檀香人物花活。

十七日，呈進天地一家春裝修壽字樣，梅花窗罩在燙，寶座梅花樹，金地壽字藍邊；九洲清晏仙樓裝修，並玻璃燈掛簷，明間一塊七堂，每堂要四燈，撤去戲臺添一捲一抱廈，開三槽槅扇，樣依議，俱留中。梅花寶座梅花樹樣明日交進。

十八日，召見貴，傳：天地一家春前後簷支窗上扇撤欞條改畫一面梅花，裡面糊紗，下扇安玻璃；西次間東縫碧紗橱撤羣板，安夾堂玻璃，安瓶刻梅花耳子，要如意二柄，瓶內生梅花，通上大堂天然梅花樹，七下連絡；再畫一片羣板，內安花盆，要玉蘭，上要大倭角，心內畫牡丹，直身圈口心；東山牆仍要金地墨壽字，廊門上安壽字，前窗罩改松樹式，後窗罩仍用竹式；西次間西縫後簷柱二槽天然罩，中間靠大柱燙月牙桌一張，挖缺，抱柱子，下脚棖要高，不攩柱頂，另燙抱廈內梅花樹，西山牆窗罩下脚改在平地散水上安；殿內傳桌張多。

傳同道堂院內戲臺撤去，改三捲，南層亮平臺中層殿，北面改三槽槅扇，北面一抱廈俱要橫楣、坐櫈，加柱高，臺明，定於二十一日早交進。西山牆亦要金底墨壽字下城，綠琉璃萬字黃地。

二十一日，召進天地一家春改裝修二槽，窗罩松、竹、梅三個，添月牙桌一張，綠萬字黃地下城各樣桌張大櫃共八張畫樣，羅漢牀梅花天然式寶座二分，琴桌一張，梅花樹式竹式圍屏三分。同道堂院內添蓋一抱廈一捲一平臺，樣俱留中。

召見貴，自行踏勘惠風亭。天然紫檀座帶三峯山石，綠竹子二三杆，下水仙，背後生梅花樹二棵，玉梅花中間不連絡，樹往下罩，寶座係梅花自然式樣；足踏、琴桌各一張，俱自然梅花式，著另燙一分，明日進呈。同道堂院內著平臺向北，抱廈向南，槅扇三槽向北。留中。現交下存堂上。

董總管具摺奏，圓明園西路十三所，第七所西房二間，二十日被賊拆倒，叫外邊八旗拏住，爲此奏明。旨：明早交內務府大臣辦理。

二十二日，召見貴，交下八旗奏摺並總管片奏各一件，交內務府慎刑司行文與八旗，要陳蒼兕一名，係園户，住大有莊，著嚴刑審訊。欽此。

旨：交下天地一家春明間西縫碧紗橱罩扇大樣，皇太后親畫瓶式如意上，梅花要疊落散枝，下掏環人物另畫呈覽。御筆應恭繳，花盆玉蘭大券口式碧紗橱做雙分，俟安時再請旨。中捲東進間向北寢宮毘盧帽上改二龍捧玉福字真金火焰，前捲東進間向南几腿罩牀上添毘盧帽二龍捧玉佛字真金火焰，牀上供佛，後拖厦内，今早所進山子帶梅花樹、竹子、水仙、畫仙祝壽圍屏着添靈芝，竹子去短，由山窟窿内生梅花樹，添拖地斜木；羅漢寶座着改圓脚形式，足踏，琴桌均照樣，將來做真式時照惠鳳亭真樣辦理；西山牆着照東山牆百壽字一樣添畫，安磁字，下檻牆，並前簷檻牆均安黄琉璃地緑萬字，所遞桌、案、月牙桌、茶几、炕琴、炕桌、椅子照硃筆圈出每樣傳二張，如有單張，要松鼠葡萄式花樣；大櫃二對，一對要喜鵲鬧梅，一樹要松鼠葡萄式，着另畫樣；殿内所安之桌張查明件數，如現傳之桌張不敷用，着按照殿内現安裝修花樣傳辦，又傳八仙桌拾對，照喜鵲式二對，葡萄式二對，照殿内裝修花樣擬傳杌子、椅子，斟酌數目尺寸，所有桌張斟酌尺寸，椅子可以多傳。

二十八日，進各樣桌張，照天地一家春殿内所擺桌張共九十件，内硃筆圈出共四十八件，擬添花樣四十二件外，傳八仙二十件，椅子多傳二十件，杌子多傳二十件，通共一百五十件。留中。

二十八日，交下椅子去石面，大櫃改百喜。當日又遞天地一家春格扇，改梅花心，下玻璃瓶如意樣，並恭繳硃筆改瓶一張。

同治十三年正月十一日，召見崇、魁、春、誠、貴。當日交下思順堂前後殿，東西配殿，新建七間殿，福壽仁恩殿，新擬承恩堂殿，同順堂殿，九洲清晏仙樓掛簷牀罩，上下天光樓，思順堂前後殿燙樣；新建七間殿帶河亭燙樣，中路圓明園等處燙樣二塊；春耦齋、樂壽堂燙樣二分撤回，九洲清晏裝修樣撤回，同道堂院内戲臺撤回，改三捲。

貴傳旨：將燙一切樣子俱加大做八達馬地盤托，大房座做木頭的加大，小房座等俱按燙樣，大房座尺寸大小明日我與孟總管商量。回奏：做不了，如燙樣尺寸加大，還可行。明日再聽之。

初五日，圓明園中新建七間殿明間後廊着造辦處成做，通高八尺，天然葫蘆式、藤蘿式寶座牀三分，每座面寬九尺五寸，進深三尺五寸，堂夸蘭達要去尺寸單一份給造辦處。

二月初七日，召見明貴，呈進雙鶴齋燙樣一分，雙鶴齋、廓然大公迴圍遊廊照樣修理，其餘各座緩修；南山口外值房找補修理。船式樣八張留中，萬春東、西路全圖二張留中。旨傳挖前後湖淤淺，歸安碼頭山石泊岸。

初九日旨：傳畫各樣頂亭、平臺並龍船圍杆、旗子花樣。

十五日，貴堂着帶木作並天地一家春布樣一並看。

十七日，同茂四夸蘭達、巴夸蘭達回崇、明二堂，前湖挖河一張，七塊空地尺寸樣一分，船六張，由孟總管進。旨：留中。

二月二十日，召見貴，天地一家春洋布大畫樣，鳴鳳在梧罩一槽，鳳凰加大；毘盧帽大龍中肚加彎，龍身中加寬，着另畫各一分，其餘裝修均照樣依議。

又傳旨：四宜書屋着再丈量通進深、面寬、地勢丈尺，擬四所每所正房五間，前後廊各三尺五寸，進深一丈四尺，東西廂房二座，各三間，前廊三尺，進深一丈二尺，各所各院俱向東添蓋垂花門各一座，内有井一眼，擬在傍院分位。清夏堂正東、東北、東南地勢六塊，東北二塊，擬各一所，正東一塊擬一所，雲漪舘地勢擬二所，澄心堂東河岸擬二所，正覺寺西擬一所。每所正房三間，耳房二間，東西廂房各三間，南房三間，中間開高大門一座，前簷安横楣拐子坐櫈，後簷屏門，院内安一字花瓦影壁一座，院牆俱花瓦，仿照民間民房式樣。

貴夸蘭達諭：啓鑾後下園，着派妥人詳細丈量，畫五分樣，房坐二三分，山河回園後呈覽。前湖挖深三尺，兩邊安鐵幪，其餘均不必挖，回明崇大人布裝修並添修房間，崇大人向貴夸蘭達云：皇上傳辦各樣活計工程俱遵旨辦理，樣子着算房速造做法，趕緊入奏錢糧，請旨要銀。如有銀修工，如無銀無法辦。

中國第一歷史檔案館編《圓明園》下之八《霜氏檔案・圓明園旨意堂司諭》

光緒二十年，光緒二十年四月二十五日傳。樣式房。

二十五傳，二十六下園子，隨中堂大人查，五月初二交。十三傳，十六進内未進，十九進。汪老爺又傳，二十二日園内在詳查，在畫。中堂、容大人交給内回事長老爺奏。

堂檔房爲傳知事。奉中堂大人諭：定於十六日隨時遞文源閣等處畫樣，著傳知樣式房於十六日卯時至西苑門外内務府公所聽候。爲此傳知樣式房。五月十三日掛抄。

二十二日，貴夸蘭達來傳，進園踏看文源閣引水溝，慎修思永添東配房往東，補墊河二丈五尺。

中國第一歷史檔案館編《圓明園》下之八《霜氏檔案・旨意、堂諭、司諭檔記》

光緒二十二、三、四年八月吉立。樣式房。

光緒二十二年至二十四年。

光緒廿三年堂檔房爲傳知事。奉協理諭：著傳知樣式房於十三日辰刻將天地一家春圖樣檢查，帶至本園檔房，預備跟隨進園。特諭。爲此傳知樣式房。三月十二日掛抄。

堂檔房爲傳知事。奉皇太后，上幸園看視解馬。現奉協理諭：著傳知樣式房，務於廿六日辰刻將天地一家春各處圖樣攜帶赴檔房預備。莫悞。特諭。爲此傳知樣式房。三月二十三日掛抄交回。

堂檔房爲知會事。奉協理諭，著傳知樣式房務於廿九日卯正赴檔房，預備跟隨協理進園查工。莫悞。特諭。爲此傳知樣式房。三月二十七日掛抄交回。

堂檔房爲傳知事。協理諭：著傳知事樣式房，將應繪慎修思永、四宜書屋道路圖樣二張，並將慎修思永殿字圖樣，柱高若干？面寬、進深各若干？詳細註明，務於四月初二日送至檔房，或初三日卯刻帶至頤和園檔房，預備並回堂憲。特諭。爲此傳知樣式房。三月三十日掛抄交回。

堂檔房爲傳知事。奉協理諭：著傳知樣式房，於初六日卯初，將所繪慎修思永殿宇圖，並四宜書屋、慎修思永開通道路各圖帶至頤和園，預備呈回各位堂憲。莫悞。特諭。爲此傳知樣式房。四月初四日掛抄交回。

四月初五日至頤和園，帶見懷、立大人，又見文大人，隨堂郎中莊四老爺上大覺寺查看繪圖，初六日繪齊底子，白耀大爺去，初七日文人人在大覺寺午正看底圖，諭初八日呈覽。

堂檔房爲傳知事。奉協理諭：著傳知樣式房務於初十日卯刻至檔房聽候差務。莫悞。特諭。爲此傳知樣式房。四月初八日掛抄交回。

聖母皇太后出東宮門，進馬廠門，過大虹橋至鳴鶴園王爺、鏡春園四公主少座畢，傳鳴鶴園東牆拆添角門一座。四月初十日具。

堂檔房爲傳知事。奉堂諭，著傳知燙畫樣人雷廷昌，於五月初五日准卯刻帶畫樣〔人〕二、三名至頤和園朝房，有面交緊要事件。千萬莫悞。特諭。爲此傳知樣式房。五月初四日掛拜抄。

初七日回堂檔房打夜作，干字堂上汪老爺寫，初八日呈太后去，初七日回福、貴二位知。初八日上大覺寺。初十日上門回懷大人，未去。雷、郭進內，上門車錢六吊，郭爺賞錢四吊。

堂檔房爲傳知事。奉協理諭：著傳知樣式房雷廷昌，務於三十日辰刻攜帶天地一家春全分圖樣帶至檔房預備。莫悞。特諭。爲此傳知樣式房。五月二十八日掛抄交回。

堂檔房爲傳知事。皇太后幸園。奉協理諭：著傳知樣式房，務於明日辰刻攜帶天地一家春全分圖樣至檔房，聽候差務。特諭。爲此傳知樣式房。八月二十三日掛抄交回。

堂檔房爲傳知事。皇太后幸園。奉協理諭：著傳知樣式房於廿一日辰刻將天地一家春全分圖樣帶至檔房，聽候差務。特諭。爲此傳知樣式房。十月十七日掛抄交回。

堂檔房爲傳知事。奉協理諭：著傳知樣式房將慎修思永底盤樣於初九日辰刻帶至本園檔房，呈回本司閱看，以憑擬辦內簷裝修，並傳知樣式房檢查，如有慎修思永內簷裝修樣，著一併帶來，以便呈回堂憲，如無底盤樣等件，著樣式房趕緊來園，至慎修思永踏勘，趕緊繪圖，於初九日帶來。莫悞。特諭。爲此傳知樣式房。閏三月初三日掛抄交回。

堂檔房爲傳知事。奉協理諭：着傳知樣式房，於十三日辰刻攜帶慎修思永內簷裝修底盤圖樣至檔房，預備進園查看活計。莫悞。特諭。爲此傳知樣式房。閏三月十二日。

堂檔房爲傳知事。奉協理諭：着十三日奉司暫不演船，着傳知樣式房，十三日不必赴園聽傳可也。爲此傳知樣式房。閏三月十二日掛抄交回。

堂檔房爲傳知事。奉協理諭：着傳知樣式房，務於十八日准卯正至檔房，將慎修思永底盤樣呈回本司閱看，並隨同至慎修思永踏勘，擬辦內簷裝修。莫悞。特諭。爲此傳知樣式房。閏三月十五日掛抄交回。

堂檔房爲傳知事。奉協理諭，着傳知樣式房，務於一二日內將慎修思永內簷裝修畫樣擬妥，粘貼黃簽，呈回本司，以憑呈回堂憲。莫悞。特諭。爲此傳知樣式房。閏三月二十三日掛抄交回。

二十八日，霞峯上海甸回福、貴二位夸蘭達。

堂檔房爲傳知事。奉協理諭：着傳知樣式房，刻即將慎修思永內簷裝修圖樣繪妥，務於一二日送至檔房，以便回堂辦理。莫悞。特諭。爲此傳知樣式房。四月初一日掛抄交回。

堂檔房爲知會事。奉協理諭：皇太后於初九日幸園，着傳知樣式房，於初九日將中路畫樣備帶來園應差：又查慎修思永畫樣有破損之處，着樣式房另畫一張，於初九日早爲帶來以備呈覽。莫悞。特諭。爲此傳知樣式房。 四月初三日掛抄交回。

堂檔房爲傳知事。奉協理諭：着再傳知樣式房，於初六日辰初將另畫慎修思永地盤樣並立樣各一張送至檔房，呈回本司閲看。特諭。莫悮。爲此傳知樣式房。　四月初四日掛抄交回。

堂檔房爲傳知事。奉協理諭：查慎修思永迤西聽雪亭未經補蓋，着樣式房將聽雪亭地盤樣撤去。莫悮。特諭。爲此傳知樣式房。　四月初五日掛抄交回。

初九日，霞峯上圓明園聽差。皇太后、皇上、皇后進藻園門至後湖乘船，至課農軒少坐，至觀瀾堂又至未澡堂，召見立大人，奉懿旨：課農軒應修南北岸工程緊爲繪圖呈覽。奉諭：十一〔日〕卯刻會同算房、四廠、樣式房，各帶人踏看。爲此特記。

十一日，霞峯同瀾山上課農軒查看一切等項。奉諭：十四日一早在頤和園回立大人。特記。

四月十四日，霞峯上頤和園，同福、貴、存夸蘭達進内回李總管後，至懷大人公所呈回，奉懷大人諭，要繪圖一分。奉夸蘭達諭：於十七日在恭王府呈回立大人。爲此特記。

四月十七日，霞峯上恭王府，奉諭：水廳抱廈一間改三間。梁算房言，同治年奉旨改三間。福、盛、貴、存四位夸蘭達於二十二日早晨在頤和園宫門檔房聽候。爲此特記。

四月二十二日，霞峯上頤和園，同貴、福、世、德、盛、存夸蘭達呈回啓、懷、立、崇四位大人，圓明園北路課農軒地盤樣呈覽圖一張，並遞立大人圖一張。爲此特記。

五月十一日，圓明園掌稿汪大老爺來言，天利廠回夸蘭達，課農軒前所原地盤三間，前接一抱廈，今改抱廈三間，算房單子未加接地盤錢糧。爲此特記。

五月十二日，廣恩廠曹桂林着人來取圓明園課農軒地盤畫樣圖一張，隨帶去天昌、乾生廠地盤圖各一張。爲此特記。

堂檔房爲傳知事。奉協理諭：着傳知樣式房，趕緊將慎修思永内簷裝修畫樣預備齊全，於二三日内呈回本司閲看。特諭。爲此傳知樣式房。　五月十九日掛抄交回。

五月二十九日，霞峯上圓明園呈回福、貴二位夸蘭達，課農軒内簷裝修立樣併課農軒地盤陳圖一張，天利廠地盤樣一張。爲此特記。

堂檔房爲知會事。奉協理諭：著傳知樣式房，將慎修思永内簷裝修全樣並地盤樣，毋庸粘簽，預備呈回協理，莫悮時。特諭。爲傳知樣式房抄。

七月二十六日，皇太后幸園，同慎修思永内簷，奉立大大人諭，明間不要碧紗橱，擬妥鷄腿罩、天然罩，不要八方罩、瓶式罩，當晚派天利廠，次日辦齊回司，過給汪大老爺。爲此特記。

八月二十日，堂檔房爲傳知事。奉協理諭：着傳知樣式房，於廿六日卯刻備帶慎修思永地盤、裝修各畫樣至西苑門，呈回協理，預備呈回堂憲。莫悮。特諭。爲此傳知。

九月十八日，苑承恒二老爺來言，李總管催慎修思永内簷裝修，明日回堂，二十日呈遞，羅大爺回在天津未回來。

十九日，申刻，恒二老爺又來催回堂，羅大爺言霞峯今晚准到，恒二老爺言二十日福、貴二位夸蘭達在宅候。

二十日，霞峯回京，午刻至海甸見福、貴二位夸蘭達，奉諭當日晚見立大人。奉立大人諭，二十二日一早西苑門見，明日你回懷、啓、崇三位大人，六位夸蘭達，明日未刻在祥禄居候信。

中國第一歷史檔案館編《圓明園》下之八《霜氏檔案·圓明園等處殿宇匾名册》

光緒二十二年正月二十三日吉立。樣式房。

圓明園匾名開列於後，計開：

圓明園太宫門，出入賢良，正大光明，東如意門，西如意門，勤政殿，圓明園殿，前湖，如意橋，南大橋，保合太和，前垂天貺，東。長春仙館，西。四宜軒，十三所，九洲清晏，慎德堂，天地一家春，承恩堂，宫門泉石自娱，東西配殿，七間殿，添蓋值房，順山房，永春亭，四園佳歸，東。御蘭芬，南船塢，庫房，如意館，春和鎮，高板橋，飲練長虹，東樓門，南磚門，福園門，西南門，進水閘，藻園，藻園門，後湖，涵月樓，五福堂，蘇堤春曉，村莊房，碧桐書院，慈雲普護，抱樸草堂，澹泊寧静，多稼軒，天神壇，花神廟，桃花塢，南緯橋，法源樓，清浄地，劉猛將軍廟，北緯橋，紫碧山房，安佑宫，順木天，芰荷香，彙芳書院，極樂世界，瑞應宫，灌塘閘，慎修思永，文源閣，大北門，魚躍鳶飛，課農軒，四面雲山，雙鶴齋，一堂和氣，花港觀魚，西峯秀色，舍衛城，如意橋，望瀛洲，溪月松風，永日堂，同樂園，雙橋，麴院風荷，延真院，安瀾渡，澄虛榭，天宇空明，蕊珠宮，方壺勝境，五孔閘，三潭印月，藏密樓，清曠樓，關帝廟，若帆之閣，船塢，安瀾園，平湖秋月，君子軒，雷峯夕照，會心不遠，雲錦墅，蓬島瑤臺，福海觀，秀清村，淵渟鏡澈，南屏晚鐘，廣育宮，夾鏡鳴琴，一碧萬頃，湖在山望。

紫碧山房地盤樣：

紫碧山房，橫雲堂，樂在人和，洞內踏跺三十級，高一丈七尺，宮門，響水，值房，納翠軒，翼翠亭，含餘清芬，洞窗，牌樓，澄素樓，高峯，通高二丈三尺，暗溝，通長十三丈，霽華樓，坐霄漢，六方亭，仙臺，橋，石帆室，景暉樓，學圃，豐樂軒。

中國第一歷史檔案館編《圓明園》下之八《霜氏檔案・記要事分款底》

光緒二十二年二月初二日，懷、立大人呈進中路看畫樣子後，皇太后、皇上、皇后、東西宮上黃花燈後，又上海嶽開襟後，皇上、太后回頤和園，皇上晚膳畢還宮。

中國第一歷史檔案館編《圓明園》下之八《霜氏檔案・圓明園內觀湖堂找補大牆平墊山道單》

光緒二十四年四月二十二日。

光緒二十四年四月二十二日回明六位夸蘭達此單交檔房。此款歸廣儲司照單落底。

謹將圓明園內觀瀾堂、藻園門找補大牆，並牆頂門樓，平墊底盤、山頭道路等項零星活計錢糧、做法，分晰開後。計開：

觀瀾堂迤北壝墊底盤一座，見方三丈五尺，臺明高二尺五寸，均滿壝墊黃土，落水三次，拍打二次，行硪二次。底盤迤北平墊道路一段，均寬二丈五尺，折湊長五丈。底盤迤東平墊道路一段，平高墊低，起刨樹棵，鏟除荒草，擡運渣土，均見方二丈。底盤迤西平墊道路一段，南北長三丈五尺，東西均寬一丈五尺。底盤迤南平墊道路一段，平高墊低，擡運積土，南北長五丈，東西均寬三丈。添砌茶臺二座，每座高二尺五寸，長三尺，寬二尺，攙灰泥成砌碎磚。底盤迤東平墊土山頭一段，南北長三丈，東西寬二丈，拔除荒草，落水拍打。又平墊扒山土道二段，湊長十丈，均寬六尺，隨鏟土硒踀。廣育宮東山平墊扒山山石道路一段，起刨樹棵，清理積土，湊長十五丈，均寬七尺。底盤一座，東西寬四丈，南北長三丈五尺，壝墊渣土均深二尺五寸，上鋪黃土一層，落水拍打，行硪二次。又西山外清理院當一段，折長十一丈五尺，均寬二丈，擡運渣土，起刨樹棵，拔除荒草。又西山平墊扒山山道路一段，折長十二丈，均寬七尺。西大牆磚門一座，腿子裡外皮下肩原有大干擺，漿補見新，上身大磚滿磨飾，頭停刷隴捉節，週圍過木外皮油飾紅土油，隨兩山大牆二段，外皮下肩抹飾大麻刀青灰，湊長二丈九尺，均高五尺。筒子門一座，腿子下肩原砌虎皮石找補灰梗，上身大磚、頭停、踩口滿磨飾見新，週圍過木外皮油飾紅土油，兩山外原有虎皮石大牆二段，裡外皮下肩找補灰梗，湊長四丈五尺，均高四尺，間段大牆頂、並尺二方磚拔簷找補齊整。藻園門一座，門腿下肩原砌虎皮石找補灰梗，上身大磚磨飾見新，頭停滿刷隴捉節，週圍過木外皮油飾紅土油，兩山外原有虎皮石大牆二段，外皮下肩找補灰梗，湊長六丈，均高二尺。共估需工料銀肆伯捌拾伍兩柒錢。

此單四月二十二日在頤和園回明六位夸蘭達，照此單落底。

中國第一歷史檔案館編《圓明園》下之八《霜氏檔案・圓明園藏舟塢找艌船隻做法單》

光緒二十四年四月二十二日。

光緒二十四年四月二十二日回明六位夸蘭達此單交檔房。此擬歸廣儲司照單落底。

謹將圓明園內藏舟塢找艌改做船隻、拆搭罩棚，零星活計錢做法分晰開後，計開：

藏舟塢原有車蓬頂船一隻，撲拉船四隻，找艌船底、水旱點、前後撲頭、迎風、趨浪、走趕、攔木并索護板；船面滿找艌線麻油灰縫道；船底水點趨浪滿鑽生桐油二道，汁油漿二道；船面前後撲頭、走趕、索護板滿刷黃枝子色，鑽生桐油二次；挑換榆木舵挺、杉木舵扇，添做舵把，隨鐵活全分。拆搭改做罩棚一座，進深二丈，面寬四丈二尺，通柱高一丈九尺五寸，挑換糟朽，並添用杉槁，扎拴架子，滿添柳桿，上縫新蓆三層，滿換繩標、柱子、搶木，下脚分位俱加下柏木地釘，油飾上頂，刷紅土膠一道，滿搓紅土油一道。原有撲拉船四隻改做寶座敞船二隻，船面艙口開寬五尺、長九尺，滿添杉木大索護板，隨連幸券口板；添做徑木船槁二十五根，釘鐵活全分，油飾刷黃色，鑽生桐油二道，罩光油一道。共估需工料實銀玖佰肆拾伍兩柒錢。

中國第一歷史檔案館編《圓明園》下之八《霜氏檔案・圓明園慎修思永及文源閣丈尺冊》

光緒朝

慎修思永北路、春雨軒中路、文源閣北路，謹查舊樣底，丈尺恐其年久更改，不准。

慎修思永三捲殿一座九間，内，明間而寬一丈四尺，二次間各面寬一丈三尺，二稍間各面寬一丈二尺，四進間各面寬一丈二尺；中進深三丈一尺，前捲進深二丈二尺，後捲進深一丈六尺，内，前後廊各深六尺，簷柱高一丈二尺五寸，臺明高三尺，外簷油飾紅柱，緑裝修。

知過堂後殿一座七間，内明間面寬一丈四尺，二次間各面寬一丈三尺，稍間各面寬一丈二尺，二進間各面寬一丈二尺，後捲進深二丈，前後廊各深五尺，前捲進深一丈四尺，前廊深五尺；簷柱高□□□；臺明高□□□；下出□□□。

文源閣一座六間，内明間面寬一丈六尺四，次間各面寬一丈二尺五寸，西稍面寬五尺，中進深二丈六尺，前後廊上步各深一丈一尺；簷柱高□□□；下出□□□；臺高□□□。

宮門一座三間，明間面寬一丈二尺，二次間各面寬一丈，前進深一丈四尺，後廊深四尺；簷柱高□□□；下出□□□；臺高□□□。

碑亭一座，臺基見方一丈四尺；柱高□□□；下出□□□；臺高□□□。

前面趣亭二座，見方一丈；柱高□□□；臺高□□□；下出□□□。

春雨軒殿一座五間，内明間面寬各面寬一丈二尺，進深二丈四尺，前後廊各深五尺，前抱廈三間，進深一丈二尺，各面寬一丈二尺；簷柱高□□□；下出□□□；臺高□□□。

中國第一歷史檔案館編《圓明園》下之八《霜氏檔案・圓明園雙鶴齋各殿查冊》

光緒朝

查得雙鶴齋一座五間，前抱廈五間，現查滲漏，内裏裝修破壞，階條走錯；後廊兩轉角遊廊二座，每座十一間，現查大木歪閃，裝修不齊，瓦片破碎。東山值房一座六間，現查滲漏。

廓然大公一座七間，前抱廈三間，現查滲漏，内裡裝修破壞，地面殘缺，山牆並月臺臌閃，碼頭散卸，攔板不齊。前廊東山轉角遊廊十二間，現查後簷沉陷，大木歪閃，瓦片破碎。

臨河畫廊房三間，現查滲漏，糊飾無存，地面破壞。東山轉角彎轉平趄遊廊一座三十間，現查瓦片脱節，花心不齊。

綺吟堂一座三間，現查裝修不齊，油畫剥落。

採芝徑四方亭一座，現查窗心糊飾不齊。

丹梯六方亭一座，現查滲漏，花心不齊。

峭蒨居一座三間，東山抱廈一間，現查椽望糟朽，間有脱落，内外裝修不齊，油畫剥落。

妙遠軒敞廳一座三間，現查瓦片脱節，階條走錯，坐櫈欄杆並花心不齊，油畫剥落。

影山樓一座三間，現查滲漏，簷頭坍塌，裝修不齊，油畫剥落。

静嘉軒一座三間，後抱廈一間，現查後簷並北山坍塌，其餘滲漏，裝修不齊，月臺臌閃，攔板破壞。

澹存齋一座三間，現查椽望糟朽，瓦片破碎，花心不齊。

眺遠亭一座，現查滲漏。

啓秀六方亭一座，現查柱木歪閃。

規月橋上隨園式轉角遊廊一座二十間，現查轉角坍塌三間，其餘木植間有糟朽，瓦片破碎，欄杆無存。

鵠棚一間，現查不齊。

南邊值房三間，現查椽望糟朽。東順山房一間，後層值房三間，灰棚一間，俱現查木值糟朽。南面北庫房三間，現查椽望糟朽，裝修不齊，瓦片破碎。西庫房三間，現查坍塌。南庫房五間，現查坍塌二間，脱落一間，其餘間有糟朽。

環秀山房一座三間，現查頭停沉垂，間有脱落糟朽。東山遊廊三間，現查坍塌糟朽。東房二間，現查頭停破壞，一山坍塌。

中國第一歷史檔案館編《圓明園》下之八《霜氏檔案・課農軒等工錢糧冊》

光緒朝

課農軒南、北岸續修各座房間、亭座、牆垣、甬路、泊岸、碼頭等工，共估需工料實銀五萬三千零四兩四錢一分七釐。課農軒水村園、觀音庵各座，續擬油飾彩畫並添安雨搭等工，共估需工料實銀二千一百二十五兩六錢一分。北遠山村券門外往南拐，西河桶、山石泊岸等工，共估需工料實銀三千五百三十兩九錢五分五釐。三款共銀五萬八千六百六十兩九錢八分二釐。暫領過四萬兩。

中國第一歷史檔案館編《圓明園》下之九《内務府造辦處各作成做活計清檔》 乾隆二十八年七月二十五日記事録。

接得工程總理處來文一件，内開爲移付事。奉三、倭、四、和四位大人諭，查得今各殿座前後簷支窗上需用玻璃，除樂安和前簷東次間支窗上玻璃一塊，連窗邊高三尺八寸，寬四尺五寸，現存無庸辦理外，其樂安和東稍後金牀上東面玻璃一塊，寬五尺九寸一分，西面玻璃一塊寬二尺九寸二分，俱高六尺一寸一分連邊。九洲清晏前簷西稍間支窗上需用玻璃六塊，各高三尺寬一尺二寸。後抱廈西稍間窗眼需用玻璃一塊，長一尺五分，寬八寸五分。怡情書史後簷西次間支窗上需用玻璃二塊，各高四尺一寸五分，寬三尺七寸，大邊二寸五分。蘭室前簷支窗上需用玻璃一塊，高二尺八寸六分，寬一尺九寸六分，大邊二寸五分。蘭室牀上面西需用玻璃一塊，寬六尺，南北需用玻璃一塊，寬三尺三寸，俱高五尺五寸連邊。通蘭室廊門半腿插屏門一座。遊廊上需用冰紋玻璃窗一扇。以上活計俱係造辦處成造，著總理處轉交造辦處作速辦理，其中有尺寸不符應需對櫺剔安者，即面見本堂商酌。等諭。此件原文係奉總管交，著檔房駁回毀訖。

中國第一歷史檔案館編《圓明園》下之九《内務府造辦處各作成做活計清檔》 乾隆二十八年九月二十二日記事録。

郎中白世秀來説，太監胡世傑傳旨：着將造辦處庫内現收大玻璃共有多少查明回奏。欽此。

於九月二十六日，郎中白世秀將查得新用造辦處庫貯玻璃大小五塊，怡情書史屜窗用，長四尺五寸、寬二尺六寸。一塊，樂安和高罩東牆用，長六尺五寸、寬四尺六寸。西牆用，長五尺二寸、寬二尺五寸。樂安和蘭室牀上用，長四尺、寬三尺九寸。屜窗用，長二尺九寸、寬二尺。怡情書史屜窗用圓明園庫貯，長五尺二寸、寬二尺六寸。樂安和蘭室牀用奉三無私單件插屏，長六尺、寬四尺四寸。摺片一件。並查得造辦處庫貯現存玻璃摺片一件持進，交太監胡世傑呈覽。奉旨：知道了。再將圓明園收貯大玻璃數目查明回奏。欽此。

中國第一歷史檔案館編《圓明園》下之九《内務府造辦處各作成做活計清檔》 乾隆二十八年十月初九日油木作。

郎中白世秀來説，太監胡世傑傳旨：「怡情書史」、「水容峯翠」、「問清亭」、「採香亭」、「净界慈雲」、「延月亭」黑漆金字匾六面，内有漆水迸裂之處，著交安福查辦，再將匾六面並「曠真閣」黑漆銅字匾一面上金字刮下鎔化，仍用舊胎骨俱改做假大力石藍字匾七面，其絢秋林等處石匾三面，石對三副，將邊框收拾見新，其石面上字磨去，交懋勤殿另刻。欽此。

於十月十一日，郎中白世秀將「學古堂」匾一面持進，交太監胡世傑呈覽。奉旨：將「學古堂」三字上銅拉扯去了另補紫檀木板，其匾收拾見新。欽此。

於十一月初二日，領催段六將改做得漆匾三面、對三副持赴原處掛訖。交出：御筆白紙「揖翠樓」匾文一張，高一尺七寸五分，寬四尺九寸五分。御筆白紙「净界慈雲」匾文一張，高一尺八寸，寬五尺。御筆白紙「採香亭」匾文一張，高一尺八寸五分，寬五尺。御筆白紙「瞰碧亭」匾文一張，高一尺五寸，寬四尺。御筆白紙「問清亭」匾文一張，高一尺六寸七分，寬四尺五寸七分。御筆白紙「怡情書史」匾文一張，高一尺八寸七分，寬六尺一寸。御筆白紙「佇芳樓」匾文一張，高一尺七寸七分，寬四尺九寸。御筆白紙「凌虛館」匾文一張，高二尺一寸，寬五尺六寸五分。御筆白紙「延月亭」匾文一張，高二尺二寸，寬六尺。御筆白紙「曠真閣」匾文一張，高二尺三寸，寬六尺六寸。御筆白紙「水容峯翠」匾文一張，高二尺一寸，寬六尺一寸。

中國第一歷史檔案館編《圓明園》下之九《内務府造辦處各作成做活計清檔》 乾隆三十年五月初三日金玉作。

總管内務府大臣三交元光紙樣一張，傳旨：著照紙樣查玻璃一塊，在清暉閣圓光窗户上用。欽此。

於本日，筆帖式五德將清暉閣新建高臺房北窗户上用圓光玻璃一塊，徑過二尺六寸，並挑得庫貯長三尺、寬二尺六寸玻璃一塊，畫得紙樣一張持進，交太監胡世傑呈覽。奉旨：准用此玻璃，將長裏下去四寸。欽此。

於本月初六日，副催長薩靈阿將圓光玻璃一塊持赴清暉閣安訖。

中國第一歷史檔案館編《圓明園》下之九《内務府造辦處各作成做活計清檔》 乾隆三十年六月二十二日金玉作。

筆帖式雙保持來圓明園工程處漢字印文一件内開，爲咨行事。據苑副楊作新等呈稱，圓明園添建樓座房間工程，本年五月十九日奉旨：清暉閣前一間房南面檻窗六扇，著改夾堂中間鑲安玻璃。欽此欽遵在案。今造辦處碎小玻璃甚多，又兼有匠役，請將此項檻窗六扇送交造辦處，安妥玻璃之時，本工取回安裝，實爲妥協。等因回明額駙准行。遵此。總管達、金。記此。

中國第一歷史檔案館編《圓明園》下之九《内務府造辦處各作成做活計清檔》 乾隆三十四年正月初五日油木作。

庫掌四德、五德、筆帖式富呢呀漢來説，太監胡世傑傳旨：着額駙福隆安在山高水長搭蓋七丈二尺大蒙古包，前面搭蓋大些蒙古包四座，後面搭蓋四方房一座，兩邊配搭蒙古包二座。欽此。

於本月初六日，將貼得中間七丈二尺大蒙古包一座、後面有穿堂四丈二尺四方房一座，兩邊配搭一丈六尺蒙古包各一座、前面中間二丈蒙古包二座、前後一丈五尺蒙古包四座紙様一張，中間貼得七丈二尺大蒙古包一座、後面四丈二尺四方房一座，兩邊配搭一丈五尺蒙古包各一座、前面二丈蒙古包二座、一丈六尺蒙古包二座紙様一張，並請旨於初七日搭蓋等情，交太監胡世傑口奏。奉旨：准照前面蒙古包六座，後面有穿堂四方房紙様搭蓋。欽此。

本月十二日庫掌四德等爲十三日筵晏後請拆蒙古包，交太監胡世傑口奏。奉旨：俱各全拆。欽此。

中國第一歷史檔案館編《圓明園》下之九《内務府造辦處各作成做活計清檔》 乾隆三十四年二月初一日鑄爐處。

庫掌四德來説，太監胡世傑傳旨：照静怡軒垂花門前現設銅獅子做法様款加一倍放大鑄造一對，得時加倍鍍金，先畫様呈覽，准時再撥蠟様。欽此。

於本月初三日，庫掌四德等將畫得銅獅子紙様一張持進，交太監胡世傑呈覽。奉旨：准照畫様撥蠟様呈覽。欽此。

於本月初七日由建福宫領出做様銅鍍金獅子一對，鍍金處有磨磳，週身補釘有磕崩處。

於三月二十八日，庫掌四德等將照静怡軒銅獅子様放大一半撥得獅子蠟様一對持進，交太監胡世傑呈覽。奉旨：照様准鑄造。欽此。

於三十五年五月二十五日，庫掌四德、五德將造得紅銅獅子一對並原様鍍金獅子一對持進，交太監胡世傑呈覽。奉旨：將新造獅子一對刻大清乾隆年製，款按例先鍍金一次呈覽，其原様獅子一對仍安原處。欽此。

於本日副催長同德將獅子一對交建福宫收訖。

於三十五年八月十五日，庫掌四德、五德將造得銅獅子一對鍍得金一次持進，安在同樂園呈覽。奉旨：着在含經堂宫門前安設，交工程處配石座，其現安銅龍着撤出。欽此。

中國第一歷史檔案館編《圓明園》下之九《内務府造辦處各作成做活計清檔》 乾隆三十四年四月十七日油木作。

庫掌四德、五德來説，太監胡世傑交玻璃鏡紙様一張，玻璃淨心高七尺三寸，寬四尺，淳化軒。傳旨：着照様成做二寸寬紫檀木邊鑲牆玻璃鏡一面，對玻璃鏡畫鑲牆格子様，上邊兩層擺書，下邊擺陳設，其高矮亦照玻璃尺寸成做，先畫様呈覽。欽此。

於四月二十三日，庫掌四德、五德來説，太監胡世傑交烏木架漢玉鐸一件。傳旨：將淳化軒鑲牆格内白玉鐸一件，照現交出漢玉鐸烏木架様式做法，配做木架，其漢玉鐸亦在淳化軒安設。欽此。

中國第一歷史檔案館編《圓明園》下之九《内務府造辦處各作成做活計清檔》 乾隆三十四年六月初二日如意館。

接得郎中李文照等押帖内開，初十日太監胡世傑傳旨：澄虚榭曠然閣樓上假門上，換伊蘭泰畫條一張，北書房假門上換德舒畫條一張，静香館殿内假門上換伊蘭泰畫條一張，換嵩齡畫條一張，換德舒畫條一張，接秀山房澄練樓下假門上換德舒畫條一張，秀清村片雲樓上假門上換德昌畫條一張，活畫舫殿内假門上換張廉畫條一張，換嵩齡畫條一張，鑑園師善堂殿内假門上換王儒學畫條一張，樂性齋殿内假門上換嵩齡畫條一張，換德舒畫條一張，鑑園西間殿内假門上換福貴畫條一張，俱著楊大章畫花卉。欽此。

中國第一歷史檔案館編《圓明園》下之九《内務府造辦處各作成做活計清檔》 乾隆三十五年正月十九日油木作。

庫掌四德、五德來説，太監常寧傳旨：十一間樓化樓梯兩邊現掛烏木邊油畫掛屏，照様成做油畫掛屏一對，油畫交如意館畫。欽此。

於二十日，庫掌四德五德將水法殿油畫掛屏一對畫得高三尺三分、寬四尺五寸七分掛屏紙様一張持進，交太監胡世傑呈覽。奉旨：照様准做，邊框或用烏木紫檀木俱可，畫心交如意館畫。欽此。

於本年閏五月十七日，副催長安慶將做得油畫掛屏一對持進安掛訖。

中國第一歷史檔案館編《圓明園》下之九《内務府造辦處各作成做活計清檔》 乾隆三十五年四月十三日記事録。

庫掌四德、五德來説，太監如意傳旨：造辦處現收貯有錫大玻璃有多少塊，無錫亮玻璃有多少塊，俱各查明數目開寫尺寸清單具奏。欽此。

於本月十四日，庫掌四德、五德將查得庫貯長三尺至七尺有錫玻璃四十七塊，長三尺至七尺油畫並亮玻璃六十九塊，開寫數目摺片持進，交太監胡世傑呈覽。奉旨：着交三和在淳化軒看地方用。欽此。

於八月十四日，内大臣三和將淳化軒新建宮殿内做鑲牆玻璃鏡，並前後殿窗户上應安之玻璃，按造辦處庫貯玻璃單内挑得長三尺至七尺玻璃大小三十四塊，黏貼黃簽持進，交太監胡世傑呈覽。奉旨：俱准用。欽此。

玻璃尺寸計開：二十六日接得：畫玻璃，長六尺四寸，寬四尺一寸。一塊，係做淳化軒西北間大玻璃窗户用。亮玻璃，長五尺五寸，寬三尺七寸。一塊，係淳化軒窗户用。亮玻璃，長五尺二寸，寬二尺五寸。一塊，係淳化軒東暖閣方窗裁二塊用。有錫玻璃，長五尺五寸，寬三尺二寸。二塊，係蘊真齋西稍間仙樓下矮牀上玻璃鏡用，内一塊有回幾，長一尺寬三尺二寸一分。亮玻璃，長三尺四寸，寬一尺一寸五分。二塊，係順山殿支窗用。有錫玻璃，長四尺，寬六寸。六塊，係淳化軒東暖閣寢宮後方窗用。亮玻璃，長三尺五分，寬二尺五分。一塊，係淳化軒西稍間後簷支窗用。亮玻璃，長三尺一寸，寬一尺九寸。一塊，係淳化軒西稍間後簷支窗用。亮玻璃，長三尺二寸，寬一尺九寸五分。一塊，係淳化軒支窗用。亮玻璃，長二尺五分，寬一尺九寸五分。一塊，係順山殿支窗用。油畫錫玻璃，長三尺二寸，寬二尺。一塊，係淳化軒支窗用。亮玻璃，長三尺五分，寬一尺五分。一塊，係大方窗用。走錫玻璃，長三尺三寸五分，寬一尺九寸。三塊，係淳化軒支窗用。走鏡玻璃，長三尺一寸，寬一尺九寸五分。二塊，係淳化軒支窗用。走鏡玻璃，長三尺五分，寬一尺六寸。二塊，係順山殿支窗用。亮玻璃，長二尺三寸，寬一尺六寸。一塊，係順山殿支窗用。亮玻璃，長三尺一寸，寬一尺三寸。二塊，係大方窗用。亮玻璃，長三尺，寬一尺七寸。二塊，係順山殿支窗用。亮玻璃，長三尺五分，寬一尺八寸。一塊。係順山殿支窗用。

中國第一歷史檔案館編《圓明園》下之九《内務府造辦處各作成做活計清檔》 乾隆三十五年八月初五日油木作。

庫掌四德、五德來説，太監胡世傑傳旨：淳化軒三友軒東西板牆上，將德魁新進大玻璃内用二塊，在東西板牆上各安一塊，高裡下不足，將門檻長高，鋪夫爾吉褥子寬裡下餘多少割去，俱按樂安和現安大玻璃一樣成做。再，蘊真齋松竹梅窗户不亮，着拆下另安亮玻璃窗户一扇，先查玻璃呈覽。欽此。

本月初七日，内大臣三和，將德魁送到大玻璃内用二塊，畫得淳化軒東西板牆上玻璃鏡，將長裡下割去一尺四寸橫裡下做配三寸寬紫檀木大邊紙樣一張持進，交太監胡世傑呈覽：奉旨：照樣准做，將割下玻璃二塊做掛對一付，其蘊真齋松竹梅窗户不必安亮玻璃。欽此。

於九月二十九日，内務府大臣英謹奏：查淳化軒殿内西間三友軒高矮牀兩壁安對面玻璃鏡二架，用本處庫貯長八尺三寸、寬五尺一寸玻璃二塊，其尺寸應裁去一尺六寸，當委派庫掌四德監視小心燙裁安裝。今據四德禀稱，三友軒兩壁所安大玻璃二塊，已按尺寸燙裁安入紫檀木邊框，先將西邊一塊安訖，其東邊一塊於扶起搭運時，鏡身長大，匠役用力輕重不齊，不意驚裂六寸餘一道，實係我監視粗心以致損壞，理合呈明治罪等語。奴才伏思四德既經除派監視之事，理宜加意小心護持勿致損壞，今此鏡既燙裁妥協，乃至鑲安時仍致驚裂一面，咎實難辭。奴才因淳化軒安裝甚屬緊要，隨將庫貯餘存粵海關所進八尺三寸玻璃二塊内選出一塊，即令四德按尺寸敬謹燙裁安鑲。奴才親往查驗，業經安鑲穩妥外，所有驚裂玻璃應着落賠補，但京中不能購得，請交粵海關照尺寸採辦送京，所用價值照數由四德名下賠補，仍請將四德罰俸三個月以示警戒，爲此謹奏，繕摺隨菓報發去，交太監胡世傑轉奏。奉旨：知道了。欽此。

於十月初八日，内務大臣英奉旨：將燙裁驚裂大玻璃一塊畫樣呈覽。欽此。庫掌四德、五德隨將長六尺七寸，寬五尺一寸。大玻璃一塊長裡下驚裂六寸二分，浄剩長六尺一寸，寬五尺一寸，畫得紙樣一張，並裁下玻璃三塊持進，交太監胡世傑呈覽。奉旨：將大玻璃依驚裂處裁齊，照奉三無私現設插屏一樣配做插屏一件，其裁下玻璃三塊劄開，配做掛鏡三對，先畫樣呈覽。欽此。

於本年十月十七日，庫掌四德、五德將照奉三無私插屏樣畫得高九尺三寸、寬五尺九寸玻璃插屏紙樣一張，並畫得高二尺七寸、寬一尺七寸玻璃掛屏三對紙樣一張持進，交太監胡世傑呈覽。奉旨：俱照樣准做。欽此。

於三十六年四月三十日，庫掌四德、五德將做得紫檀木邊座玻璃大插屏一座、紫檀木邊玻璃掛鏡六面隨節活持進，安在奉三無私呈進交圓明園司房訖。

中國第一歷史檔案館編《圓明園》下之九《内務府造辦處各作成做活計清檔》 乾隆三十五年十月初九日記事録。

庫掌四德、五德來説，太監榮世泰傳旨：淳化軒理心樓下北窗四扇，着各安玻璃一塊，先查玻璃呈覽。欽此。

於本月十四日，庫掌四德、五德爲淳化軒理心樓下北窗户四扇各安玻璃一塊，挑得庫貯亮玻璃四塊，係小些不足用，畫得窗户紙樣一張，交太監胡世傑呈覽。奉旨：將玻璃分中横安。欽此。玻璃四塊各長一尺，寬七寸五分。

於本月二十四日，接得圓明園檔房旨意帖一件，内開，總管内務府大臣三，遵旨查得蘊真齋西稍間後簷檻窗添安玻璃，至二十二日尚未安裝，問據楊作新稱，原接得安玻璃畫樣一張，即照所畫紅線裡口做安玻璃邊框四塊，於二十日拿到玻璃，因不用邊框，即在窗櫺上安裝，隨傳喚木匠，來遲，改做窗櫺不及，是以未能安裝，此實係奴才糊塗錯做遲悮等語。但係呈准樣式，交到即刻就該安裝，遲到數日尚未安裝，實屬不合，請將監督楊作新交内務府衙門查議。爲此謹奏，奉旨：玻璃二十一日送到，如何一日即能安裝得，此與楊作新無不是，着將送玻璃遲悮之處查明具奏。欽此。

於本月二十六日，造辦處謹奏，據内務府大臣三奏稱，查得蘊真齋西稍間後簷檻窗添安玻璃至二十二日尚未安裝，將改做窗櫺遲滯之監督楊作新交内務府查議。等因具奏。奉旨：玻璃二十一日送到，如何一日即能安裝得，與楊作新無不是，着將送玻璃遲悮之處查明具奏。欽此。奴才等查得此檻窗上所用玻璃四塊，係由造辦處庫貯内選用，於本月十四日將玻璃並窗櫺紙樣一併呈准，即於是日交該工按樣改做窗櫺，應將此玻璃亦於是日即行送往，以得安裝，乃該作之庫掌五德、副催長憲德二人，運至本月二十一日，隨現做三友軒殿西間換安松竹梅大玻璃一同送往，以致遲悮，咎有難辭，應將五德罰俸三個月，憲德罰俸三個月，以示警戒。爲此謹奏。奉旨：知道了。欽此。

中國第一歷史檔案館編《圓明園》下之九《内務府造辦處各作成做活計清檔》 乾隆三十六年二月初一金玉作。

庫掌四德、五德來説，太監胡世傑傳旨：如意館改做得紫檀木雕松竹梅窗，交工程處安在同樂煙雲舒卷殿内，其玻璃着造辦處將拆下玻璃仍安上，如不足用，查庫貯玻璃添用。欽此。

於四月初二日，庫掌五德將挑得庫貯亮玻璃，持赴同樂園煙雲舒卷殿内松竹梅窗户上安訖。

中國第一歷史檔案館編《圓明園》下之九《内務府造辦處各作成做活計清檔》 乾隆三十八年二月初十日皮裁作。

庫掌四德、五德來説，總管王成傳旨：將保合太和、春雨軒、萬方安和等二十一處現有紫檀木畫玻璃燈六十對，將玻璃拆下做材料用，另換絹畫片，其畫片抹樣交如意館畫。欽此。

計開：保合太和紫檀木畫玻璃方燈三對，春雨軒紫檀畫玻璃方燈四對，萬方安和紫檀畫玻璃方燈三對，慎修思永紫檀畫玻璃方燈三對，彙芳書院紫檀畫玻璃方燈一對，紫碧山房紫檀畫玻璃方燈二對，芰荷香紫檀木畫玻璃方燈三對，皆春閣紫檀木畫玻璃方燈四對，安瀾園紫檀木畫玻璃拱面方燈四對，澄虚榭紫檀木畫玻璃八角方燈二對，雙鶴齋紫檀木畫玻璃方燈三對，蓬島瑶臺紫檀畫玻璃方燈二對，方壺勝境紫檀畫玻璃方燈二對，秀清村紫檀木畫玻璃方燈一對，葫蘆方燈一對，平湖秋月紫檀木畫玻璃六方燈四對，蒨園紫檀木畫玻璃八角方燈三對，玉玲瓏館紫檀木畫玻璃八角方燈三對，暎清齋紫檀木畫玻璃方燈二對，思永齋紫檀木畫玻璃方燈一對，八角方燈二對，叢芳榭紫檀木畫玻璃方燈三對，鑑園紫檀木畫玻璃燈一對。

於十二月初八日，將紫檀木燈另換得字畫片呈進，交各處掛訖。

中國第一歷史檔案館編《圓明園》下之九《内務府造辦處各作成做活計清檔》 乾隆四十三年八月初一日如意館。

接得郎中保成押帖内開，七月二十六日，總管李裕十八日擬慎修永樂天和殿内東牆用通景畫一張，鑑圃文供佛穿堂殿内東牆用通景畫一張，交厄勒里轉奏，奉旨：着方琮、袁瑛分畫。欽此。

中國第一歷史檔案館編《圓明園》下之九《内務府造辦處各作成做活計清檔》 乾隆四十六年五月二十九日記事録。

員外郎五德、催長大達色、舒興來説，太監鄂魯里傳旨：新建水法殿着做西洋花邊玻璃心匾一面，對一副，先查玻璃呈覽。欽此。隨將擬做新建水法殿玻璃心匾一面，查得庫貯有錫玻璃一塊，長七尺四寸，寬三尺五分，長裡下足用，寬裡下憞裁三寸五分，週圍配三寸寬木邊，成做連木邊通面寬八尺、高三尺。玻璃心掛對一副，查得庫貯有錫玻璃一塊，長八尺七寸，寬五尺二寸，長裡下足用，寬裡下憞裁一尺三寸，玻璃二條，周圍配二寸寬木邊，成做得連木邊通長九尺，寬一尺五寸，繕寫清單持進，交太監鄂魯里呈覽。奉旨：匾上玻璃准用，其對字上不必安玻璃，着懋勤殿寫金花箋紙字對，其匾對邊俱照現做水法殿彩漆西洋花邊做法一樣成做。欽此。

於閏五月初二日，交出御筆遠瀛觀白紙匾文一張，粉紅箋紙字對一副。

中國第一歷史檔案館編《圓明園》下之九《内務府造辦處各作成做活計清

檔》 乾隆四十七年四月十六日金玉作。

員外郎五德、催長大達色、金江、舒興來説，太監鄂魯里交旨：遠瀛觀窗户檻窗横披上鑲安玻璃。欽此。

計開：遠瀛觀工程應用玻璃尺寸單：前面中券横披一槽，用玻璃二十四塊，每塊各高八寸，寬六寸二分；二次券槅扇二槽，用玻璃一百三十八塊，每塊各高六寸八分，寬五寸四分；後面券門横披一槽，用玻璃二十四塊，每塊各高六寸八分，寬五寸四分；檻窗六槽，用玻璃三百九十六塊，每塊各高六寸八分，寬四寸六分；檻窗八槽，用玻璃五百二十八塊，每塊各高六寸八分，寬四寸二分；槅扇門口四槽，用玻璃九十六塊，每塊各高六寸五分，寬五寸一分。以上通共用玻璃一千二百六塊。

於七月十三日奉管理造辦處事務大臣舒文諭，圓明園遠瀛觀窗户上應安玻璃一千二百餘塊，查得錢糧庫現存玻璃一千餘塊，尚少二百餘塊，着向内殿總管王成要用，其鑲安玻璃理應木作、玉作辦理。今着交木作、玉作，每作達他内各擬派一員會同專辦，前往圓明園遠瀛觀踏勘，查明數目尺寸鑲安。特諭。隨奉管理造辦處事務大臣舒文諭，着派催長常存、副催長鶴齡會同踏勘辦理。遵此。

四十八年二月初一日，奉管理造辦處事務大臣舒文諭，此項玻璃碎小，准照查量過尺寸入于題頭檔内銷抵。遵此。

領得庫貯玻璃尺寸計開：長一尺三寸，寬六寸五分，四片。長一尺九寸，寬九寸，三片。長一尺六寸，寬四寸五分，二片。長一尺三寸，寬七寸，一片。長一尺二寸五分，寬四寸八分，二片。長一尺，寬八寸，十一片。長一尺七寸六分，寬七寸八分，九十片。長一尺六寸四分，寬六寸八分，四十二片。長一尺五分，寬七寸二分，八片。長一尺一寸六分，寬六寸六分，十八片。長一尺二寸，寬四寸六分，四片。長一尺五寸，寬六寸八分，八片。長一尺三寸，寬一尺，二片。長一尺三寸，寬六寸，二片。長一尺一寸四分，寬七寸，四片。長一尺，寬六寸五分，一片。長一尺八分，寬七寸，十六片。長九寸六分，寬六寸五分，一片。長七寸一分，寬五寸一分，一片。長九寸四分，寬七寸二分，四十片。長九寸八分，寬六寸五分，十二片。長九寸五分，寬七寸，十五片。長九寸六分，寬五寸六分，二十一片。長九寸，寬五寸，二片。長九寸五分，寬七寸三分，二片。長九寸，寬四寸五分，二片。長八寸，寬四寸四分，一片。長八寸，寬四寸二分，四片。長七寸九分，寬六寸二分，一片。長七寸五分，寬五寸五分，二片。長七寸二分，寬六寸，一片。長七寸五分，寬五寸七分，九片。長七寸五分，寬六寸，二片。長七寸四分，寬五寸，二片。長七寸，寬四寸五分，二片。長七寸，寬四寸八分，二十六片。長七寸五分，寬五寸，六片。長七寸五分，寬四寸五分，三片。長七寸七分，寬五寸八分，六片。長七寸一分，寬五寸一分，一片。長八寸三分，寬四寸九分，三片。見方八寸，一片。長八寸八分，寬六寸，十五片。長八寸一分，寬六寸四分，七片。長八寸三分，寬五寸七分，十五片。長八寸，寬六寸四分，十二片。長八寸五分，寬五寸，八十三片。長八寸六分，寬六寸六分，九片。長一尺二寸，寬八寸七分，一片。長七寸七分，寬六寸一分，七片。長七寸二分，寬五寸五分，七片。長七寸，寬四寸六分，二十四片。長七寸九分，寬六寸三分，十六片。長六寸七分，寬四寸八分，三片。長六寸八分，寬四寸四分，三十二片。長六寸五分，寬六寸，二片。見方六寸八分，一片。見方六寸七分，二片。長七寸一分，寬五寸一分，二片。長一尺一寸六分，寬六寸六分，四片。長一尺，寬六寸五分，七片。長一尺五寸，寬一尺，二片。長一尺四寸，寬九寸五分，二片。長一尺五寸，寬一尺五分，一片。長一尺五寸，寬九寸五分，四片。長七寸，寬五寸三分，二十一片。長八寸二分，寬六寸二分，十六片。長七寸五分，寬五寸八分，二十四片。長八寸，寬四寸五分，四十片。長八寸二分，寬六寸四分，十六片。長六寸七分，寬五寸四分，二十三片。長八寸三分，寬六寸一分，三十九片。長一尺一寸，寬八寸六分，二十二片。

中國第一歷史檔案館編《圓明園》下之九《内務府造辦處各作成做活計清檔》 乾隆四十七年三月二十二日鑄爐處。

掌稿筆帖式蘇楞額持來圓明園知會一件内開，遵旨：長春園添建遠瀛觀殿宇工程應用出水銅龍口二十四口，三月初二日，經管理圓明園内事務中將遠瀛觀殿上出水銅龍口樣一個恭呈御覽。奉旨：照樣准做，交鑄爐處成做。欽此欽遵。相應知會貴處，希即派員領取蠟樣，以便遵照旨内事宜辦理可也。等因前來。隨〔回〕明都統福隆安、副都統福長安、中堂英廉、管理造辦處事務大臣舒文准行。遵此。總管永德准行。記此。

中國第一歷史檔案館編《圓明園》下之九《内務府造辦處各作成做活計清檔》 雍正九年三月初六日漆作。

催總胡常保持出「魚躍鳶飛」匾一張，長七尺七寸五分，寬二尺四寸。「清寧齋」匾一張，長五尺三寸五分，寬二尺三寸。「碧梧書院」匾一張，長六尺五分，寬二尺一寸。「春宇舒和」匾一張，長五尺八寸五分，寬一尺八寸。「歡喜佛場」匾一張，長六尺八寸，寬二尺。「餘暇静室」匾一張，長五尺三寸五分，寬二尺一寸。「極樂世界」匾一張，長六尺八寸，高二尺。「天喜色」匾一張，長六尺八寸、高二尺。「秋襟暢遠」匾一張，長五尺八寸五分，高一尺八寸。「暢觀軒」匾一張，長四尺六寸，高一尺八寸五分。「神清志喜」匾一張，長六尺六寸，高一尺九寸五分。「傳妙」匾一張，長四尺三寸五分，高一尺九寸。「夏舘含清」匾一張，長五尺五寸五分，高一尺八寸。「學圃」匾一張，長四尺一寸，高一尺九寸。「乾惕堂」匾一張，長四尺七寸五分，高一尺九寸。「四達亭」匾一張，長四尺四寸五分，高一尺八寸。「静通齋」匾一張，高一尺九寸。「各秀屏山」匾一張，長五尺五寸，高一尺八寸。「引溪」匾一張，長三尺九寸，高一尺七寸五分。「臨鏡」匾一張，長三尺六寸，高一尺八寸。「湖山在望」匾一張，長五尺二寸，高一尺七寸。「接秀山房」匾一張，長四尺八寸五分，高一尺六寸五分。「舖翠環流」匾一張，長四尺六寸，高一尺七寸。「臨湖樓」匾一張，長四尺一寸，高一尺六寸五分。「杏園春色」匾一張，長四尺六寸五分，高一尺五寸五分。「攬翠亭」匾一張，長四尺一寸，高一尺六寸五分。「貴織山堂」匾一張，長四尺八寸五分，高一尺四寸五分。「西山入畫」匾一張，長四尺九寸，高一尺五寸五分。「絳雪陋室」匾一張，長三尺九寸，高一尺三寸五分。說宫殿監副侍蘇培盛傳：此御筆匾文二十九張係内務府總管海望、郎中保德給的尺寸，照尺寸寫的御筆，係園内各處懸掛的門外掛的匾，應如何做之處，酌量不必用銅字，其屋内掛的匾就使本文亦使得。記此。於本日將「魚躍鳶飛」等匾二十九面交郎中保德成造訖。

於十三年十月初九日，將「魚躍鳶飛」等匾文二十九張，領催馬學邇交太監趙朝鳳持去訖。

中國第一歷史檔案館編《圓明園》下之九《内務府造辦處各作成做活計清檔》 乾隆九年正月十五日燈作。

七品首領薩木哈來說，太監胡世傑傳旨：照清暉閣西近〔盡〕間現掛的吉利燈尺寸變別畫樣呈覽。欽此。

於本月十八日，七品首領薩木哈將畫得券門西洋樓子式燈樣一張，欄杆夔龍口足西洋式燈樣一張，上貼做法黄簽，並吉利燈紙樣一張，持進交太監胡世傑呈覽。奉旨：照西洋樓子式燈做十對，要四面畫片，西洋式燈做十對，要二面畫片，二面寫字，其畫片交春雨舒和人畫，字交懋勤殿寫。欽此。

於本年二月二十八日，七品首領薩木哈將做得燈胎樣二件，並討用楠木摺片一件，持進交太監胡世傑呈覽。奉旨：不必用楠木，或用杉木，或用椴木做漆。欽此。

於本年十二月二十七日，領催馬兆圖將西洋樓式燈二十對持赴清暉閣安掛訖。

中國第一歷史檔案館編《圓明園》下之九《内務府造辦處各作成做活計清檔》 乾隆十五年五月二十三日記事録。

員外郎白世秀、司庫達子來說，忠勇公傳奉旨：着造辦處想有用處西洋物件開寫清單呈覽。欽此。

於六月二十五日，員外郎白世秀、司庫達子想得有用處西洋物件：大玻璃鏡，高五尺餘，寬三尺餘；西洋珐瑯大瓶罐；金線、銀線；西洋水法房内裝修；内裡裝修，黄底紅花氊或紅底黄花氊，大小鐘錶；西洋箱子；西洋櫃子；西洋椅子；西洋桌子。繕寫摺片持進，交太監胡世傑轉奏。奉旨：西洋水法房内裝修不必做，將黄底黄花氊要些，其餘按數准要，再京内無有的稀奇物件，着帶些來。欽此。

於八月初十日，内務府大臣德將畫得西洋玻璃燈紙樣一張持進，交太監胡世傑呈覽。奉旨：准帶往西洋去做。欽此。

於九月初一日，員外郎白世秀、司庫達子持出銀二萬兩，交范清注領去。

於九月十五日，爲往西洋傳要物件，内庭交出銀二萬兩，繕寫摺片隨菓報帶往園上，交内大臣海望轉奏。奉旨：知道了。欽此。

中國第一歷史檔案館編《圓明園》下之九《内務府造辦處各作成做活計清檔》 乾隆十六年十月十八日蘇州。

員外郎白世秀來說，太監胡世傑交：御筆白箋紙「如是觀」匾文一張，净高一尺八寸，寬四尺八寸。御筆白箋紙對一副，嫩緑軟紅，净長四尺五寸，寬八寸。御筆白箋紙「煙雲舒卷」匾文一張，净高一尺八寸，寬六尺四寸。御筆白箋紙對一副，平野飛泉，净長六尺，寬一尺。御筆白箋紙「禮園書圃」匾文一張，净高二尺二寸，寬八尺。御筆白箋紙對一副，行處、閒中，净長七尺五寸，寬一尺一寸。御筆白箋紙「樂意寓静觀」匾文一張，净高二尺一寸，寬九尺。御筆白箋紙對二副，入座、盈庭，净長八尺五寸，寬一尺一寸。御筆白箋紙「得佳趣」匾文一張净高二尺，寬五尺四寸。御筆白箋紙對一副，拂招、負帶，净長五尺五寸，寬九寸。御筆白箋紙「得象外意」匾文一張，净高一尺八寸，寬六尺四寸。御筆白箋紙對一副，自是、依然，净長五尺五寸，寬九寸。御筆白箋紙「與和氣游」匾文一張，净高二尺，寬七尺。御筆白箋紙對一副，是處、此間，净長六尺，寬一尺。御筆白箋紙「寓意於物」匾文一張，净高二尺，寬七尺。御筆白箋紙對一副。静與、香生，净長六尺，寬一尺。傳旨：着交圖拉照本文酌量做漆匾漆對，不要雕漆。

欽此。

於十七年五月十四日，員外郎白世秀將蘇州織造安寧送到：「如是觀」青緑字漆匾對一分，「煙雲舒卷」檳榔字漆匾對一分，「樂意寓静觀」樹根字漆匾對一分，「寓意於物」萬年子字匾對一分，持進交太監胡世傑呈覽。奉旨：「如是觀」匾對着在蒨園掛，「樂意寓静觀」匾對在韶景軒掛，其「煙雲舒卷」、「寓意於物」匾對二分，着在萬壽山掛。欽此。

於五月十四日，奉承恩公德諭：南邊送到漆匾上匾釘挺鈎用不得，不准報銷，着造辦處另配匾釘挺鈎，對上各添做托掛釘二件。記此。

於十七年七月十五日，員外郎白世秀將蘇州織造安寧送到「得佳處」匾對一分，與「和氣游」匾對一分持進，交太監胡世傑呈覽。奉旨：着在九倩園掛，配如意匾挺鈎。欽此。

於十七年十一月初五日，員外郎白世秀將蘇州織造安寧送到匾一面，對一副持進，交太監胡世傑呈進訖。

於十八年正月二十日，員外郎白世秀將蘇州織造安寧送到雕漆「禮園書圃」匾對一分，隨挺鈎托掛釘持進，安在奉三無私呈覽。奉旨：着交園内總管看地方安掛。欽此。

中國第一歷史檔案館編《圓明園》下之九《内務府造辦處各作成做活計清檔》 乾隆二十二年四月二十九日油木作。

郎中白世秀、員外郎金輝來説，太監胡世傑傳旨：「望瀛洲」匾一面，「花港觀魚」匾一面，「溪山罨畫」匾一面，俱照原舊匾文，仍用舊胎骨做黑漆金字一塊玉匾，按原處懸掛，其「望瀛洲」匾上銅字刮金毁銅。欽此。

於七月十七日，員外郎金輝將「望瀛洲」匾上銅鍍金字刮下，鎔化得九成金一塊，重一錢，持進交太監胡世傑呈進。奉旨：着查從前鍍金時用過金多少，查明回奏。欽此。

於十月初五日，郎中白世秀、員外郎金輝將「望瀛洲」三個字鎔化得九成金一錢，查得四年分原鍍用金一兩八錢一分八釐，持進交首領張玉、太監胡世傑轉奏，奉旨：着將原監造鍍金之人查明回奏。欽此。

於十月初八日，郎中白世秀、員外郎金輝將查得乾隆四年七月間鍍「望瀛洲」銅字三個，係庫長花喜監看鍍金，繕摺持進，交首領張玉、太監胡世傑轉奏。奉旨：按「望瀛洲」銅字尺寸，照現今鍍金例應用多少？再查從前有刮金匾字得過金多少？原鍍金時用過金多少？比較查明，一併回奏。欽此。

於十月十三日，造辦處謹奏，爲查明回奏事。臣等查得「望瀛洲」匾字三個，共拆見方寸四百四寸，舊例用金四釐五毫，共用過金一兩八錢一分八釐；現今造辦處鍍平面銅活計每寸用金四釐，今按四釐之例折算，「望瀛洲」三字應用金一兩六錢一分六釐。再查從前於乾隆三年七月間傳做「流水音」匾一面，原鍍金用過金九錢五分八釐五毫，於二十一年七月間交出刮金鎔化之時得過金一錢四分，今以望瀛洲尺寸鍍過金一兩八錢一分八釐内刮煉所得金一錢比較，尚少得金一錢六分五釐。臣等伏思，此望瀛洲匾字係交員外郎海福刮金鎔化，該員理宜親身精細監視，乃並未經心，以任匠役刮煉，致將金數少得，殊屬不合。除將經手匠役業已重責外，其少得金一錢六分五釐，著海福照數賠補，爲此謹奏。

於本日，繕摺郎中白世秀持進，交太監胡世傑轉奏，奉旨：是。依議。其刮下金一錢做材料用。欽此。

中國第一歷史檔案館編《圓明園》下之九《内務府造辦處各作成做活計清檔》 乾隆二十五年六月初三日如意館。

接得員外郎安泰、金輝押帖一件内開，六月初一日太監胡世傑傳旨：長春園思永齋結春芳殿内南間迎門南牆，换張鵬翀畫條一張，着王炳畫山水，用絹畫，外鑲一寸藍綾邊。罩内南牆换允禧畫斗一張，着金廷標畫花卉，用絹畫，外鑲一寸藍綾邊。欽此。

中國第一歷史檔案館編《圓明園》下之六《賠修工做定例》 乾隆三十五年閏五月，内務府具奏，圓明園等園坍塌虎皮石大牆内，除新砌大牆著原承砌人員賠修外，其餘大牆派員即時成砌。奉旨：此項圍牆甫及一年，何至遽行坍塌，所有承辦各員除賠修外，仍交内務府大臣議處。嗣後各項工程遇有坍塌，在三年以内者，均照此例辦理，其在三年以外，五年以内者，衹令賠修，無庸議處。欽此。

四十三年七月圓明園總管太監具奏，圓明園、長春園宫殿遊廊、庫房、值房有滲漏之處。奉旨：新滲漏宫殿房間著收拾。舊滲漏宫殿房間收拾過今仍滲漏之處，著該監督賠修。嗣後有修理過宫殿房間，三年之内滲漏，著賠修，三年之外滲漏，官修，依此爲例。欽此。

《總管内務府現行則例・南苑》卷上《修理圍牆事宜》 乾隆五十四年十二月奏准，南苑週圍土牆改砌磚牆。自大紅門至鎮國寺門一段，長一千九百六十四丈；鎮國寺門迤南至西紅門一段，長一千八百二十五丈；西紅門至黄村門一段，長一千九百丈；黄村門至南紅門一段，長三千七百五十九丈；南紅門至迴城門一段，長二千三百七十五丈；迴城門迤北至東紅門一段，長二千五百二十四丈；東紅門至雙橋門一段，長一千六百九十七丈；雙橋門至小紅門一段，長一千八百三十八丈；小紅門至大紅門一段，長一千四百十丈九尺；以上改砌磚牆九段，共湊長一萬九千二百九十二丈九尺，底厚二尺三寸，頂厚一尺八寸，連簑衣頂通高一丈。又鎮國寺門、南紅門、雙橋門三處，各添旁門一座，看牆六道。應估需工料銀兩，由廣儲司領取應用。道光三年十一月奉旨，海子圍牆嗣後每年有坍塌處所，即將磚牆改補土牆，還復舊制。所有牆磚妥協堆貯，留備工程取用。欽此。道光四年九月奉宸苑酌議奏准，南苑坍塌圍牆應改築土牆，以復舊制也。今擬埋頭下肩及牆頂用坍塌舊磚，牆身用土坯成砌，抹飾撓灰泥，内地脚沖汕窪下處所襯築素土補築地脚，其應用土坯，即令海户成打，照例賞給飯錢。如此辦理，庶舊磚不致抛棄。牆身用土坯成砌，與現有磚牆齊高，彼此相連，自可能期堅固。嗣後磚牆續有坍塌，即照此一律改築。

是月奉宸苑酌議奏准，南苑圍牆内各段積沙，宜設法開挖也。查現在圍牆西、北二面，積沙過多。除每年隨時開挖一二丈外，仍責成三旗苑丞等率領十甲海户分年清挖，均著離牆五丈，透出地皮，隨種柳栽，以攩風沙。如有回乾之處，次年賠補。將牆内積沙清挖完竣後，再將牆外積沙按段開挖。離牆二丈，亦著添種柳栽。如所挖處所有礙民地，即行知順天府，令其自行勘丈，由該苑酌給價值，將地入官辦理。道光七年九月呈准，南苑坍倒圍牆，自道光四年起，所有秋季坍倒磚圍牆，令改補土牆。定限保固四年，如遇限内有坍倒之處，應著落承修監督賠修。道光十八年十二月奏准，現在圍牆間段多係土坯成砌，每遇雨水之際，易於坍倒。請仍照舊制，改砌磚牆以資鞏固。

寺觀總部

《寺觀總部》提要

佛寺建築，肇始於漢代之白馬寺。此時形制，蓋與府第、宫室並無明顯差别。唐朝而後，佛教益盛，寺宇體制日漸完備。其佈局沿襲傳統對稱的原則，以中軸爲主，前有牌門、蓮花池，進而爲佛寺殿堂，層級而上。左右則爲方丈院、禪堂、經樓、僧舍、廚庫、鐘樓、佛塔，或以廡廊聯屬，周以牆垣。殿堂之内，廡廊勾欄之間，題畫輝映，神仙、雲龍、水族、地獄變相，取材不一。歷代寺宇營建，雖然繁簡不盡相同，但格局佈置，基本類似。

道觀初創之時，多隱於深山野林，簡朴清静。南北朝時，道觀始具規模。唐宋以後，道教興盛，民間廣設宫觀。道觀總體佈局，與佛寺相似，中軸爲山門、神殿，左右爲客堂、齋舍與廚庫等。

佛寺、道觀建造均脱胎於宫殿，但多建於名山之間，有奇峰異壑、甘泉秀水襯映，加之錯落有致的殿宇建設，更顯其超逸高雅、玄妙神奇的特性。

本總部下設兩個部：《佛寺部》，收録佛寺營建及形制的相關資料。《道觀部》，收録道觀營建及形制的相關資料。

目録

佛寺部

題解

許慎《説文解字》卷三下《寸部》 寺，廷也，有法度者也。从寸，之聲。祥吏切。

徐堅《初學記》卷二三《道釋部・寺第八》 《文殊師利菩薩經》曰：佛初得道，在摩伽陀國伽耶山寺。《增一阿含經》曰：波斯匿等五王白世尊，此僧伽户水側，福妙最是神地。欲造寺，世尊曰：「汝等五王此處造寺，長夜受福。」世尊即申右手，從地中出迦夜如來而告曰：「欲作神寺，當依此法。」《佛遊天竺本記》曰：達親國有迦葉佛伽藍，穿大石山作之。有五重：最下爲鴈形，第二層作師子形，第三層作馬形，第四層作牛形，第五層作鴿形，名爲「波羅越」。波羅越，蓋彼國名鴿。《譬喻經》曰：阿育王起千八百寺。《高僧傳》曰：漢明帝於城門外立精舍，以處摩騰焉，即白馬寺是也。名白馬者，相傳云天竺國有伽藍名招提，其處大富，有惡國王利於財，將毁之。有一白馬繞塔悲鳴，即停毁。自後改招提爲白馬，諸處多取此名。

王觀國《學林》卷七 《晉書》孝武帝初奉佛法，立舍於殿内，引沙門居之，因此世俗謂佛寺爲精舍。觀國案：古之儒者教授生徒，其所居之舍皆謂之精舍，故後漢《包咸傳》曰：咸住東海，立精舍講授。又《劉淑傳》曰：淑少明五經，隱居，立精舍講授。又《檀敷傳》曰：敷舉辟不就，立精舍教授。又《姜肱傳》曰：肱道遇寇，兄弟争死，盜感悔，乃就精廬求見。章懷太子注曰：精廬即精舍也。以此觀之，則精舍本爲儒士設。至晉孝武立精舍以居沙門，亦謂之精舍，非有儒釋之别也。

顧起元《説畧》卷一九《冥契下》 佛刹名寺。按《風俗通》云：寺，司也。官府所止，故曰寺。李華《杭州開元寺塔碑》云：漢永平中，佛教初至洛陽，始置寺，度騰蘭二德。古者官之庭府稱寺，蓋賓而尊之，比於曹署，此其源也。翻譯名義集云：寺者，《釋名》曰嗣也，治事者相嗣續於其内。本是司名，西僧乍來，權止，公司移止别居。不忘其本，還標寺號。《法苑珠林》云：古德寺誥乃有多名。或名道場，即無生廷也；或名爲寺，即公廷也；或名浄住舍，或名法同舍，或名出世間舍，或名精舍，或名清浄無極園，或名金剛浄刹，或名寂滅道場，或名遠離惡處，或名親近善處，並隨義立，各有所表。今道俗雜居，豈得稱名也。【略】後魏太武帝始光元年，造伽藍，創立招提之名。唐會昌五年，毁招提蘭若四萬餘區。又《會要》元和元年，官賜者爲寺，私造者爲招提蘭若。《釋書》云：寺，謂之招提，或名伽藍。按：招提，梵音本拓鬬提奢，唐言四方僧物。後人傳寫誤以拓爲招，又省去「鬬」、「奢」二字，只稱招提。今十方住持是也。

沈自南《藝林彙考》卷六《棟宇篇・寺觀類》 《識遺》漢世官有九寺之目。劉昭注曰：寺，官舍也。《風俗通》曰：寺，司也。又曰：寺，嗣也。理事之吏，嗣續其中，則非獨爲佛也。觀之義亦遠。仲尼與於蜡賓，事畢，出遊於觀之上。蓋魯有兩觀，門旁高處也。《爾雅》釋觀爲闕。孫炎曰：宫門雙闕，懸法象，使民觀之。闕居巍巍高處，因名象魏。謂之闕者，觀法象則可闕去疑事。《春秋》晉楚邲之戰，潘黨請收晉尸，築爲京觀，封土觀示後人也。胡澹菴言觀有四：一曰朶樓，魯兩觀是也。一曰藏書所，漢東觀是也。一曰遊觀處，謝玄暉賦屬玉觀是也。一曰高可望，《皇帝内傳》置元始真容於高觀上是也。今老氏居，疑本《内傳》。詳此觀非老可專，凡高可縱觀皆觀也。至於藏只貯藏之義，狐兔穴居，例名藏。老聃爲周守藏吏，名柱下吏，藏乃藏書所。漢東觀藏書號柱史，藏室書所在也。釋道法其制度，佛經遂爲二氏之私。今復以事祈禳，豈以經典所在，福可集乎？若鐸鈸，胡致堂謂本西夷樂，夷俗吉凶並奏，今華俗專以送凶，不察夷亦以從吉也。

張英等《淵鑑類函》卷三五三《居處部十四・佛寺》 原《釋名》曰：寺，嗣也。治事者相續於其内。本是司名，西僧乍來，權止公司，移入别居，不忘其本，還標寺號。《文殊師利菩薩經》曰：佛初得道，在摩伽陀國伽耶山寺。《增一阿含經》曰：波斯匿等五王白世尊：此僧伽户水側福妙最是神地，欲造寺。世尊曰：汝等五王，此處造寺，長夜受福。世尊即申右手，從地中出迦葉如來而告曰：欲作神寺，當依此法。《佛游天竺本記》曰：達嚫國有迦葉佛伽藍，穿大石山，作之有五重：最下爲鴈形，第二層作獅子形，第三層作馬形，第四層作牛形，第五層作鴿形，名爲波羅越。波羅越，蓋彼國名鴿。《譬喻經》曰：阿育王起千八百寺。增《六帖》曰：佛國有精舍五，一給孤園，二靈鷲，三獮猴池，四菴羅樹，五竹林國。又曰：精舍、梵宫、寶地、化城、浄山、鷲峰、紺國、紺宇，皆佛寺名。《事物紀原》曰：漢明時，自西域以白馬馱經來，初止鴻臚寺，遂取寺名，置白馬寺，即僧寺之始也。《釋氏要覽》曰：招提，菩薩，皆古佛號，即今十方住持寺，故寺謂之招提，或名伽藍，或名道場，其實一也。白樂天《草堂記》曰：匡廬奇秀甲天下，北峰曰香爐峰，北寺曰遺愛寺。《春明夢餘録》曰：隋之天寧寺，舊在城中，今在城外矣。憫忠寺有唐景福元年《重藏舍利記》，其銘曰：大燕城內，地東南隅，有憫忠寺，門臨康衢。憫忠寺舊在城中，今在城外西南僻境矣。又曰：臥佛寺西南里許爲廣應寺，寺有白松箕踞，其下望見碧雲香山諸寺，寺西爲木蘭陀。

綜述

《後漢書》卷七三《陶謙傳》 初，同郡人笮融，聚衆數百，往依於謙，謙使督廣陵、下邳、彭城運糧。遂斷三郡委輸，大起浮屠寺。上累金盤，下爲重樓，又堂閣周回，可容三千許人，作黄金塗像，衣以錦綵。每浴佛，輒多設飲飯，布席於路，其有就食及觀者且萬餘人。

《魏書》卷九八《蕭衍傳》 初，衍崇信佛道，於建業起同泰寺，又於故宅立光宅寺，於鍾山立大愛敬寺，兼營長干二寺，皆窮工極巧，殫竭財力，百姓苦之。曾設齋會，自以身施同泰寺爲奴，其朝臣三表不許，於是內外百官共斂珍寶而贖之。衍每禮佛，捨其法服，著乾陀袈裟。令其王侯子弟皆受佛誡，有事佛精苦者，輒加以菩薩之號。其臣下奏表上書亦稱衍爲皇帝菩薩。衍所部刺史郡守初至官者，皆責其上禮獻物，多者便云稱職，所貢微少，言爲弱惰。故其牧守，在官皆競事聚斂，劫剥細民，以自封殖，多妓妾、粱肉、金綺。百姓怨苦，咸不聊生。又發召兵士，皆須鎖械，不爾便即逃散。其王侯貴人，奢淫無度，弟兄子姪，侍妾或及千數，至乃回相贈遺。其風俗頽喪，綱維不舉若此。衍自以持戒，乃至祭其祖禰，不設牢牲，時人皆竊云，雖僭司王者，然其宗廟實不血食矣。衍未敗前，災其同泰寺，衍祖父墓前石麟一旦亡失，識者咸知其將滅也。景又立衍子綱，尋復殺之。衍之親屬並見屠害矣。

《魏書》卷一一四《釋老志》 大人有作，司牧生民，結繩以往，書契所絶，故靡得而知焉。自義軒已還，至於三代，其神言秘策，蘊圖緯之文，範世率民，垂墳典之迹。秦肆其毒，滅於灰燼；漢採遺籍，復若丘山。司馬遷區別異同，有陰陽、儒、墨、名、法、道德六家之義。劉歆著《七略》，班固志《藝文》，釋氏之學，所未曾紀。案漢武元狩中，遣霍去病討匈奴，至皋蘭，過居延，斬首大獲。昆邪王殺休屠王，將其衆五萬來降。獲其金人，帝以爲大神，列於甘泉宫。金人率長丈餘，不祭祀，但燒香禮拜而已。此則佛道流通之漸也。

及開西域，遣張騫使大夏還，傳其旁有身毒國，一名天竺，始聞有浮屠之教。哀帝元壽元年，博士弟子秦景憲受大月氏王使伊存口授浮屠經。中土聞之，未之信了也。後孝明帝夜夢金人，項有日光，飛行殿庭，乃訪羣臣，傅毅始以佛對。帝遣郎中蔡愔、博士弟子秦景等使於天竺，寫浮屠遺範。愔仍與沙門攝摩騰、竺法蘭東還洛陽。中國有沙門及跪拜之法，自此始也。愔又得佛經《四十二章》及釋迦立像。明帝令畫工圖佛像，置清涼臺及顯節陵上，經緘於蘭臺石室。愔之還也，以白馬負經而至，漢因立白馬寺於洛城雍門西。摩騰、法蘭咸卒於此寺。

浮屠正號曰佛陀，佛陀與浮圖聲相近，皆西方言，其來轉爲二音。華言譯之則謂淨覺，言滅穢成明，道爲聖悟。凡其經旨，大抵言生生之類，皆因行業而起。有過去、當今、未來，歷三世，識神常不滅。凡爲善惡，必有報應。漸積勝業，陶冶粗鄙，經無數形，澡練神明，乃致無生而得佛道。其間階次心行，等級非一，皆緣淺以至深，藉微而爲著。率在於積仁順，蠲嗜慾，習虚静而成通照也。故其始修心則依佛、法、僧，謂之三歸，若君子之三畏也。又有五戒，去殺、盜、淫、妄言、飲酒，大意與仁、義、禮、智、信同，名爲異耳。云奉持之，則生天人勝處，虧犯則墜鬼畜諸苦。又善惡生處，凡有六道焉。

諸服其道者，則剃落鬚髪，釋累辭家，結師資，遵律度，相與和居，治心修淨，行乞以自給。謂之沙門，或曰桑門，亦聲相近，總謂之僧，皆胡言也。僧，譯爲和命衆，桑門爲息心，比丘爲行乞。俗人之信憑道法者，男曰優婆塞，女曰優婆夷。其爲沙門者，初修十誡，曰沙彌，而終於二百五十，則具足成大僧。婦入道者曰比丘尼。其誡至于五百，皆以□爲本，隨事增數，在於防心、攝身、正口。心去貪、忿、癡，身除殺、淫、盜，口斷妄、雜、諸非正言，總謂之十善道。能具此，謂之三業清淨。凡人修行粗爲極。云可以達惡善報，漸階聖迹。初階聖者，有三種人，其根業各差，謂之三乘，聲聞乘、緣覺乘、大乘。取其可乘運以至道爲名。此三人惡迹已盡，但修心盪累，濟物進德。初根人爲小乘，行四諦法；中根人爲中乘，受十二因緣；上根人爲大乘，則修六度。雖階三乘，而要由修進萬行，拯度億流，彌歷長遠，乃可登佛境矣。

所謂佛者，本號釋迦文者，譯言能仁，謂德充道備，堪濟萬物也。釋迦前有六佛，釋迦繼六佛而成道，處今賢劫。文言將來有彌勒佛，方繼釋迦而降世。釋迦即天竺迦維衛國王之子。天竺其總稱，迦維别名也。初，釋迦於四月八日夜，從母右脅而生。既生，姿相超異者三十二種。天降嘉瑞以應之，亦三十二。其《本起經》説之備矣。釋迦生時，當周莊王九年。《春秋》魯莊公七年夏四月，恒星不見，夜明，是也。至魏武定八年，凡一千二百三十七年云。釋迦年三十成佛，導化羣生，四十九載，乃於拘尸那城娑羅雙樹間，以二月十五日而入般涅槃。涅槃譯云滅度，或言常樂我淨，明無遷謝及諸苦累也。

諸佛法身有二種義，一者真實，二者權應。真實身，謂至極之體，妙絶拘累，不得以方處期，不可以形量限，有感斯應，體常湛然。權應身者，謂和光六道，同塵萬類，生滅隨時，修短應物，形由感生，體非實有。權形雖謝，真體不遷，但時無妙感，故莫得常見耳。明佛生非實生，滅非實滅也。佛既謝世，香木焚尸。靈骨分碎，大小如粒，擊之不壞，焚亦不燋，或有光明神驗，胡言謂之「舍利」。弟子收奉，置之寶瓶，竭香花，致敬慕，建宫宇，謂爲「塔」。塔亦胡言，猶宗廟也，故世稱塔廟。於後百年，有王阿育，以神力分佛舍利，役諸鬼神，造八萬四千塔，布於世界，皆同日而就。今洛陽、彭城、姑臧、臨淄皆有阿育王寺，蓋承其遺迹焉。釋迦雖般涅槃，而留影迹爪齒於天竺，於今猶在。中土來往，並稱見之。

初，釋迦所説教法，既涅槃後，有聲聞弟子大迦葉、阿難等五百人，撰集著録。阿難親承囑授，多聞總持，蓋能綜覈深致，無所漏失。乃綴文字，撰載三藏十二部經，如九流之異統，其大歸終以三乘爲本。後數百年，有羅漢、菩薩相繼著論，贊明經義，以破外道，《摩訶衍》、《大、小阿毗曇》、《中論》、《十二門論》、《百法論》、《成實論》等是也。皆傍諸藏部大義，假立外問，而以内法釋之。

漢章帝時，楚王英喜爲浮屠齋戒，遣郎中令奉黄縑白紈三十匹，詣國相以贖愆。詔報曰：「楚王尚浮屠之仁祠，潔齋三月，與神爲誓，何嫌何疑，當有悔吝。其還贖，以助伊蒲塞、桑門之盛饌。」因以班示諸國。桓帝時，襄楷言佛陀、黄老道以諫，欲令好生惡殺，少嗜慾，去奢泰，尚無爲。魏明帝曾欲壞宫西佛圖。外國沙門乃金盤盛水，置於殿前，以佛舍利投之於水，乃有五色光起，於是帝歎曰：「自非靈異，安得爾乎？」遂徙於道東，爲作周閣百間。佛圖故處，鑿爲濛汜池，種芙蓉於中。後有天竺沙門曇柯迦羅入洛，宣譯誡律，中國誡律之始也。自洛中構白馬寺，盛飾佛圖，畫迹甚妙，爲四方式。凡宫塔制度，獨依天竺舊狀而重構之，從一級至三、五、七、九。世人相承，謂之「浮圖」，或云「佛圖」。晉世，洛中佛圖有四十二所矣。漢世沙門，皆衣赤布，後乃易以雜色。

晉元康中，有胡沙門支恭明譯佛經《維摩》、《法華》、三《本起》等。微言隱義，未之能究。後有沙門常山衛道安性聰敏，日誦經萬餘言，研求幽旨。慨無師匠，獨坐静室十二年，覃思構精，神悟妙賾，以前所出經，多有舛駁，乃正其乖謬。石勒時，有天竺沙門浮圖澄，少於烏萇國就羅漢入道，劉曜時到襄國。後爲石勒所宗信，號爲大和尚，軍國規謨頗訪之，所言多驗。道安曾至鄴候澄，澄見而異之。澄卒後，中國紛亂，道安乃率門徒，南遊新野。欲令玄宗在所流布，分遣弟子，各趣諸方。法汰詣揚州，法和入蜀，道安與慧遠之襄陽。道安後入苻堅，堅素欽德問，既見，宗以師禮。時西域有胡沙門鳩摩羅什，思通法門，道安思與講釋，每勸堅致羅什。什亦承安令問，謂之東方聖人，或時遥拜致敬。道安卒後二十餘載而羅什至長安，恨不及安，以爲深慨。道安所在經義，與羅什譯出，符會如一，初無乖舛。於是法旨大著中原。

魏先建國於玄朔，風俗淳一，無爲以自守，與西域殊絶，莫能往來。故浮圖之教，未之得聞，或聞而未信也。及神元與魏、晉通聘，文帝久在洛陽，昭成又至襄國，乃備究南夏佛法之事。太祖平中山，經略燕趙，所逕郡國佛寺，見諸沙門、道士，皆致精敬，禁軍旅無有所犯。帝好黄老，頗覽佛經。但天下初定，戎車屢動，庶事草創，未建圖宇，招延僧衆也。然時時旁求。先是，有沙門僧朗，與其徒隱于泰山之琨瑞谷。帝遣使致書，以繒、素、旃罽、銀鉢爲禮。今猶號曰朗公谷焉。天興元年，下詔曰：「夫佛法之興，其來遠矣。濟益之功，冥及存没，神蹤遺軌，信可依憑。其敕有司，於京城建飾容範，修整宫舍，令信向之徒，有所居止。」是歲，始作五級佛圖、耆闍崛山及須彌山殿，加以繢飾。别構講堂、禪堂及沙門座，莫不嚴具焉。太宗踐位，遵太祖之業，亦好黄老，又崇佛法，京邑四方，建立圖像，仍令沙門敷導民俗。

初，皇始中，趙郡有沙門法果，誡行精至，開演法籍。太祖聞其名，詔以禮徵赴京師。後以爲道人統，綰攝僧徒。每與帝言，多所愜允，供施甚厚。至太宗，彌加崇敬，永興中，前後授以輔國、宜城子、忠信侯、安成公之號，皆固辭。帝常親幸其居，以門小狹，不容輿輦，更廣大之。年八十餘，泰常中卒。未殯，帝三臨其喪，追贈老壽將軍、趙胡靈公。初，法果每言，太祖明叡好道，即是當今如來，沙門宜應盡禮，遂常致拜。謂人曰：「能鴻道者人主也，我非拜天子，乃是禮佛耳。」法果四十，始爲沙門。有子曰猛，詔令襲果所加爵。帝後幸廣宗，有沙門曇證，年且百歲。邀見於路，奉致果物。帝敬其年老志力不衰，亦加以老壽將軍號。

是時，鳩摩羅什爲姚興所敬，於長安草堂寺集義學八百人，重譯經本。羅什聰辯有淵思，達東西方言。時沙門道彤、僧略、道恒、道檦、僧肇、曇影等，與羅什共相提挈，發明幽致。諸深大經論十有餘部，更定章句，辭義通明，至今沙門共所祖習。道彤等皆識學洽通，僧肇尤爲其最。羅什之撰譯，僧肇常執筆，定諸辭義，注《維摩經》，又著數論，皆有妙旨，學者宗之。

又沙門法顯，慨律藏不具，自長安遊天竺。歷三十餘國，隨有經律之處，學其書語，譯而寫之。十年，乃於南海師子國，隨商人汎舟東下。晝夜昏迷，將二百日。乃至青州長廣郡不其勞山，南下乃出海焉。是歲，神瑞二年也。法顯所逕諸國，傳記之，今行於世。其所得律，通譯未能盡正。至江南，更與天竺禪師跋陀羅辯定之，謂之《僧祇律》，大備于前，爲今沙門所持受。先是，有沙門法領，從揚州入西域，得《華嚴經》本。定律後數年，跋陀羅共沙門法業重加譯撰，宣行於時。

世祖初即位，亦遵太祖、太宗之業，每引高德沙門，與共談論。於四月八日，輿諸佛像，行於廣衢，帝親御門樓，臨觀散花，以致禮敬。

先是，沮渠蒙遜在涼州，亦好佛法。有罽賓沙門曇摩讖，習諸經論。於姑臧，與沙門智嵩等，譯《涅槃》諸經十餘部。又曉術數、禁呪，歷言他國安危，多所中驗。蒙遜每以國事諮之。神䴥中，帝命蒙遜送讖詣京師，惜而不遣。既而，懼魏威責，遂使人殺讖。讖死之日，謂門徒曰：「今時將有客來，可早食以待之。」食訖而走使至。時人謂之知命。智嵩亦爽悟，篤志經籍。後乃以新出經論，於涼土教授。辯論幽旨，著《涅槃義記》。戒行峻整，門人齊肅。知涼州將有兵役，與門徒數人，欲往胡地。道路飢饉，絕糧積日，弟子求得禽獸肉，請嵩强食。嵩以戒自誓，遂餓死於酒泉之西山。弟子積薪焚其屍，骸骨灰燼，唯舌獨全，色狀不變。時人以爲誦説功報。涼州自張軌後，世信佛教。敦煌地接西域，道俗交得其舊式，村塢相屬，多有塔寺。太延中，涼州平，徙其國人於京邑，沙門佛事皆俱東，象教彌增矣。尋以沙門衆多，詔罷年五十已下者。

世祖初平赫連昌，得沙門惠始，姓張。家本清河，聞羅什出新經，遂詣長安見之，觀習經典。坐禪於白渠北，晝則入城聽講，夕則還處静坐。三輔有識多宗之。劉裕滅姚泓，留子義真鎮長安，義真及僚佐皆敬重焉。義真之去長安也，赫連屈丐追敗之，道俗少長咸見坑戮。惠始身被白刃，而體不傷。衆大怪異，言於屈丐。屈丐大怒，召惠始於前，以所持寶劍擊之，又不能害，乃懼而謝罪。統萬平，惠始到京都，多所訓導，時人莫測其迹。世祖甚重之，每加禮敬。始自習禪，至於没世，稱五十餘年，未嘗寢臥。或時跣行，雖履泥塵，初不汙足，色愈鮮白，世號之曰白脚師。太延中，臨終於八角寺，齊潔端坐，僧徒滿側，凝泊而絕。停屍十餘日，坐既不改，容色如一，舉世神異之。遂瘞寺内。至真君六年，制城内不得留瘞，乃葬於南郊之外。始死十年矣，開殯儼然，初不傾壞。遂葬者六千餘人，莫不感慟。中書監高允爲其傳，頌其德迹。惠始冢上，立石精舍，圖其形像。經毁法時，猶自全立。

世祖即位，富於春秋。既而鋭志武功，每以平定禍亂爲先。雖歸宗佛法，敬重沙門，而未存覽經教，深求緣報之意。及得寇謙之道，帝以清净無爲，有仙化之證，遂信行其術。時司徒崔浩，博學多聞，帝每訪以大事。浩奉謙之道，尤不信佛，與帝言，數加非毁，常謂虚誕，爲世費害。帝以其辯博，頗信之。會蓋吴反杏城，關中騷動，帝乃西伐，至於長安。先是，長安沙門種麥寺内，御騶牧馬於麥中，帝入觀馬。沙門飲從官酒，從官入其便室，見大有弓矢矛盾，出以奏聞。帝怒曰：「此非沙門所用，當與蓋吴通謀，規害人耳！」命有司案誅一寺，閲其財産，大得釀酒具及州郡牧守富人所寄藏物，蓋以萬計。又爲屈室，與貴室女私行淫亂。帝既忿沙門非法，浩時從行，因進其説。詔誅長安沙門，焚破佛像，敕留臺下四方令，一依長安行事。又詔曰：「彼沙門者，假西戎虚誕，妄生妖孽，非所以一齊政化，布淳德於天下也。自王公已下，有私養沙門者，皆送官曹，不得隱匿。限今年二月十五日，過期不出，沙門身死，容止者誅一門。」

時恭宗爲太子監國，素敬佛道。頻上表，陳刑殺沙門之濫，又非圖像之罪。今罷其道，杜諸寺門，世不修奉，土木丹青，自然毁滅。如是再三，不許。乃下詔曰：「昔後漢荒君，信惑邪僞，妄假睡夢，事胡妖鬼，以亂天常，自古九州之中無此也。夸誕大言，不本人情。叔季之世，闇君亂主，莫不眩焉。由是政教不行，禮義大壞，鬼道熾盛，視王者之法，蔑如也。自此以來，代經亂禍，天罰亟行，生民死盡，五服之内，鞠爲丘墟，千里蕭條，不見人迹，皆由於此。朕承天緒，屬當窮運之弊，欲除僞定真，復羲農之治。其一切盪除胡神，滅其蹤迹，庶無謝於風氏矣。自今以後，敢有事胡神及造形像泥人、銅人者，門誅。雖言胡神，問今胡人，共云無有。皆是前世漢人無賴子弟劉元真、吕伯强之徒，接乞胡之誕言，用老莊之虛假，附而益之，皆非真實。至使王法廢而不行，蓋大姦之魁也。有非常之人，然後能行非常之事。非朕孰能去此歷代之僞物！有司宣告征鎮諸軍、刺史，諸有佛圖形像及胡經，盡皆擊破焚燒，沙門無少長悉坑之。」是歲，真君七年三月也。恭宗言雖不用，然猶緩宣詔書，遠近皆豫聞知，得各爲計。四方沙門，多亡匿獲免，在京邑者，亦蒙全濟。金銀寶像及諸經論，大得秘藏。而土木宫塔，聲教所及，莫不畢毁矣。

始謙之與浩同從車駕，苦與浩諍，浩不肯，謂浩曰：「卿今促年受戮，滅門户矣。」後四年，浩誅，備五刑，時年七十。浩既誅死，帝頗悔之。業已行，難中修復。恭宗潛欲興之，未敢言也。佛淪廢終帝世，積七八年。然禁稍寬弛，篤信之家，得密奉事，沙門專至者，猶竊法服誦習焉。唯不得顯行於京都矣。

先是，沙門曇曜有操尚，又爲恭宗所知禮。佛法之滅，沙門多以餘能自效，還俗求見。曜誓欲守死，恭宗親加勸喻，至於再三，不得已，乃止。密持法服器物，不暫離身，聞者歎重之。

高宗踐極，下詔曰：「夫爲帝王者，必祗奉明靈，顯彰仁道，其能惠著生民，濟益群品者，雖在古昔，猶序其風烈。是以《春秋》嘉崇明之禮，祭典載功施之族。況釋迦如來功濟大千，惠流塵境，等生死者歎其達觀，覽文義者，貴其妙明，助王政之禁律，益仁智之善性，排斥群邪，開演正覺。故前代已來，莫不崇尚，亦我國家常所尊事也。世祖太武皇帝，開廣邊荒，德澤遐及。沙門道士善行純誠，惠始之倫，無遠不至，風義相感，往往如林。夫山海之深，怪物多有，姦淫之徒，得容假託，講寺之中，致有兇黨。是以先朝因其瑕釁，戮其有罪。有司失旨，一切禁斷。景穆皇帝每爲慨然，值軍國多事，未遑修復。朕承洪緒，君臨萬邦，思述先志，以隆斯道。今制諸州郡縣，於衆居之所，各聽建佛圖一區，任其財用，不制會限。其好樂道法，欲爲沙門，不問長幼，出於良家，性行素篤，無諸嫌穢，鄉里所明者，聽其出家。率大州五十，小州四十人，其郡遥遠臺者十人。各當局分，皆足以化惡就善，播揚道教也。」天下承風，朝不及夕，往時所毁圖寺，仍還修矣。佛像經論，皆復得顯。

京師沙門師賢，本罽賓國王種人，少入道，東遊涼城，涼平赴京。罷佛法時，師賢假爲醫術還俗，而守道不改。於修復日，即反沙門，其同輩五人。帝乃親爲下髮。師賢仍爲道人統。是年，詔有司爲石像，令如帝身。既成，顏上足下，各有黑石，冥同帝體上下黑子。論者以爲純誠所感。興光元年秋，敕有司於五級大寺内，爲太祖已下五帝，鑄釋迦立像五，各長一丈六尺，都用赤金二十五萬斤。太安初，有師子國胡沙門邪奢遺多、浮陀難提等五人，奉佛像三，到京都。皆云，備歷西域諸國，見佛影迹及肉髻，外國諸王相承，咸遣工匠，摹寫其容，莫能及難提所造者，去十餘步，視之炳然，轉近轉微。又沙勒胡沙門，赴京師致佛鉢并畫像迹。

和平初，師賢卒。曇曜代之，更名沙門統。初曇曜以復佛法之明年，自中山被命赴京，值帝出，見于路，御馬前銜曜衣，時以爲馬識善人。帝後奉以師禮。曇曜白帝，於京城西武州塞，鑿山石壁，開窟五所，鐫建佛像各一。高者七十尺，次六十尺，彫飾奇偉，冠於一世。曇曜奏：平齊户及諸民，有能歲輸穀六十斛入僧曹者，即爲「僧祇户」，粟爲「僧祇粟」，至於儉歲，賑給飢民。又請民犯重罪及官奴以爲「佛圖户」，以供諸寺掃洒，歲兼營田輸粟。高宗並許之。於是僧祇户、粟及寺户，徧於州鎮矣。曇曜又與天竺沙門常那邪舍等，譯出新經十四部。又有沙門道進、僧超、法存等，並有名於時，演唱諸異。

顯祖即位，敦信尤深，覽諸經論，好老莊。每引諸沙門及能談玄之士，與論理要。初高宗太安末，劉駿於丹陽中興寺設齋。有一沙門，容止獨秀，舉衆往目，皆莫識焉。沙門惠璩起問之，答名惠明。又問所住，答云，從天安寺來。語訖，忽然不見。駿君臣以爲靈感，改中興爲天安寺。是後七年而帝踐祚，號天安元年。是年，劉彧徐州刺史薛安都始以城地來降。明年，盡有淮北之地。其歲，高祖誕載。於時起永寧寺，構七級佛圖，高三百餘尺，基架博敞，爲天下第一。又於天宫寺，造釋迦立像。高四十三尺，用赤金十萬斤，黄金六百斤。皇興中，又構三級石佛圖。榱棟楣楹，上下重結，大小皆石，高十丈。鎮固巧密，爲京華壯觀。

高祖踐位，顯祖移御北苑崇光宫，覽習玄籍。建鹿野佛圖於苑中之西山，去崇光右十里，巖房禪堂，禪僧居其中焉。

延興二年夏四月，詔曰：「比丘不在寺舍，遊涉村落，交通姦猾，經歷年歲。令民間五五相保，不得容止。無籍之僧，精加隱括，有者送付州鎮，其在畿郡，送付本曹。若爲三寶巡民教化者，在外齎州鎮維那交移，在臺者齎都維那等印牒，然後聽行。違者加罪。」又詔曰：「内外之人，興建福業，造立圖寺，高敞顯博，亦足以輝隆至教矣。然無知之徒，各相高尚，貧富相競，費竭財產，務存高廣，傷殺昆蟲含生之類。苟能精致，累土聚沙，福鍾不朽。欲建爲福之因，未知傷生之業。朕爲民父母，慈養是務。自今一切斷之。」又詔曰：「夫信誠則應遠，行篤則感深，歷觀先世靈瑞，乃有禽獸易色，草木移性。濟州東平郡，靈像發輝，變成金銅之色。殊常之事，絶於往古；熙隆妙法，理在當今。有司與沙門統曇曜令州送像達都，使道俗咸覩實相之容，普告天下，皆使聞知。」

三年十二月，顯祖因田鷹獲鴛鴦一，其偶悲鳴，上下不去。帝乃惕然，問左右曰：「此飛鳴者，爲雌爲雄？」左右對曰：「臣以爲雌。」帝曰：「何以知？」對曰：「陽性剛，陰性柔，以剛柔推之，必是雌矣。」帝乃慨然而歎曰：「雖人鳥事別，至於資識性情，竟何異哉！」於是下詔，禁斷鷙鳥，不得畜焉。

承明元年八月，高祖於永寧寺，設太法供，度良家男女爲僧尼者百有餘人，帝爲剃髮，施以僧服，令修道戒，資福於顯祖。是月，又詔起建明寺。太和元年二月，幸永寧寺設齋，赦死罪囚。三月，又幸永寧寺設會，行道聽講，命中、祕二省與僧徒討論佛義，施僧衣服、寶器有差。又於方山太祖營壘之處，建思遠寺。自興光至此，京城內寺新舊且百所，僧尼二千餘人，四方諸寺六千四百七十八，僧尼七萬七千二百五十八人。四年春，詔以鷹師爲報德寺。九年秋，有司奏，上谷郡比丘尼惠香，在北山松樹下死，屍形不壞。爾來三年，士女觀者有千百。於時人皆異之。十年冬，有司又奏：「前被敕以勒籍之初，愚民僥倖，假稱入道，以避輸課，其無籍僧尼罷遣還俗。重被旨，所檢僧尼，寺主、維那當寺隱審。其有道行精勤者，聽仍在道；爲行凡粗者，有籍無籍，悉罷歸齊民。今依旨簡遣，其諸州還俗者，僧尼合一千三百二十七人。」奏可。十六年詔：「四月八日、七月十五日，聽大州度一百人爲僧尼，中州五十人，下州二十人，以爲常準，著於令。」十七年，詔立《僧制》四十七條。十九年四月，帝幸徐州白塔寺。顧謂諸王及侍官曰：「此寺近有名僧嵩法師，受《成實論》於羅什，在此流通。後授淵法師，淵法師授登、紀二法師。朕每玩《成實論》，可以釋人染情，故至此寺焉。」時沙門道登，雅有義業，爲高祖眷賞，恒侍講論。曾於禁內與帝夜談，同見一鬼。二十年卒，高祖甚悼惜之，詔施帛一千匹。又設一切僧齋，并命京城七日行道。又詔：「朕師登法師奄至徂背，痛怛摧慟，不能已已。比藥治慎喪，未容即赴，便準師義，哭諸門外。」緇素榮之。又有西域沙門名跋陀，有道業，深爲高祖所敬信。詔於少室山陰，立少林寺而居之，公給衣供。二十一年五月，詔曰：「羅什法師可謂神出五才，志入四行者也。今常住寺，猶有遺地，欽悅修蹤，情深遐遠，可於舊堂所，爲建三級浮圖。又見逼昏虐，爲道殄軀，既暫同俗禮，應有子胤，可推訪以聞，當加叙接。」

先是，立監福曹，又改爲昭玄，備有官屬，以斷僧務。高祖時，沙門道順、惠覺、僧意、惠紀、僧範、道弁、惠度、智誕、僧顯、僧義、僧利，並以義行知重。

世宗即位，永平元年秋，詔曰：緇素既殊，法律亦異。故道教彰於互顯，禁勸各有所宜。自今已後，衆僧犯殺人已上罪者，仍依俗斷，餘犯悉付昭玄，以內律僧制治之。二年冬，沙門統惠深上言：「僧尼浩曠，清濁混流，不遵禁典，精粗莫別。輒與經律法師群議立制：諸州、鎮、郡維那、上坐、寺主，各令戒律自修，咸依內禁，若不解律者，退其本次。又，出家之人，不應犯法，積八不淨物。然經律所制，通塞有方。依律，車牛淨人，不淨之物，不得爲己私畜。唯有老病年六十以上者，限聽一乘。又，比來僧尼，或因三寶，出貸私財。緣州外。又，出家捨著，本無凶儀，不應廢道從俗。其父母三師，遠聞凶問，聽哭三日。若在見前，限以七日。或有不安寺舍，遊止民間，亂道生過，皆由此等。若有犯者，脱服還民。其有造寺者，限僧五十以上，啓聞聽造。若有輒營置者，處以違敕之罪，其寺僧衆擯出外州。僧尼之法，不得爲俗人所使。若有犯者，還配本屬。其外國僧尼來歸化者，求精檢有德行合三藏者聽住，若無德行，遣還本國，若其不去，依此僧制治罪。」詔從之。

先是，於恒農荆山造珉玉丈六像一。三年冬，迎置於洛濱之報德寺，世宗躬觀致敬。

四年夏，詔曰：「僧祇之粟，本期濟施，儉年出貸，豐則收入。山林僧尼，隨以給施；民有窘弊，亦即賑之。但主司冒利，規取贏息，及其徵責，不計水旱，或償利過本，或翻改券契，侵蠹貧下，莫知紀極。細民嗟毒，歲月滋深。非所以矜此窮乏，宗尚慈拯之本意也。自今已後，不得專委維那、都尉，可令刺史共加監括。尚書檢諸有僧祇穀之處，州別列其元數，出入贏息，賑給多少，并貸償歲月，見在未收，上臺録記。若收利過本，及翻改初券，依律免之，勿復徵責。或有私債，轉施償僧，即以丐民，不聽收檢。後有出貸，先盡貧窮，徵債之科，一準舊格。富有之家，不聽輒貸。脱仍冒濫，依法治罪。」

又尚書令高肇奏言：「謹案：故沙門統曇曜，昔於承明元年，奏涼州軍户趙苟子等二百家爲僧祇户，立課積粟，擬濟飢年，不限道俗，皆以拯施。又依內律，僧祇户不得別屬一寺。而都維那僧暹、僧頻等，進違成旨，退乖內法，肆意任情，奏求逼召，致使吁嗟之怨，盈於行道，棄子傷生，自縊溺死，五十餘人。豈是仰贊聖明慈育之意，深失陛下歸依之心。遂令此等，行號巷哭，叫訴無所，至乃白羽貫耳，列訟宮闕。悠悠之人，尚爲哀痛，況慈悲之士，而可安之。請聽苟子等還鄉課輸，儉乏之年，周給貧寡，若有不虞，以擬邊捍。其暹等違旨背律，謬奏之愆，請付昭玄，依僧律推處。」詔曰：「暹等特可原之，餘如奏。」

世宗篤好佛理，每年常於禁中，親講經論，廣集名僧，標明義旨。沙門條録，爲《内起居》焉。上既崇之，下彌企尚。至延昌中，天下州郡僧尼寺，積有一萬三千七百二十七所，徒侣逾衆。

熙平元年，詔遣沙門惠生使西域，採諸經律。正光三年冬，還京師。所得經論一百七十部，行於世。

二年春，靈太后令曰：「年常度僧，依限大州應百人者，州郡於前十日解送三百人，其中州二百人，小州一百人。州統、維那與官及精練簡取充數。若無精行，不得濫採。若取非人，刺史爲首，以違旨論，太守、縣令、綱僚節級連坐，統及維那移五百里外異州爲僧。自今奴婢悉不聽出家，諸王及親貴，亦不得輒啓請。有犯者，以違旨論。其僧尼輒度他人奴婢者，亦移五百里外爲僧。僧尼多養親識及他人奴婢子，年大私度爲弟子，自今斷之。有犯還俗，被養者歸本等。寺主聽容一人，出寺五百里，二人千里。私度之僧，皆由三長罪不及已，容多隱濫。自今有一人私度，皆以違旨論。隣長爲首，里、黨各相降一等。縣滿十五人，郡滿三十人，州鎮滿三十人，免官，僚吏節級連坐。私度之身，配當州下役。」時法禁寬褫，不能改肅也。

景明初，世宗詔大長秋卿白整準代京靈巖寺石窟，於洛南伊闕山，爲高祖、文昭皇太后營石窟二所。初建之始，窟頂去地三百一十尺。至正始二年中，始出斬山二十三丈。至大長秋卿王質，謂斬山太高，費功難就，奏求下移就平，去地一百尺，南北一百四十尺。永平中，中尹劉騰奏爲世宗復造石窟一，凡爲三所。從景明元年至正光四年六月已前，用功八十萬二千三百六十六。肅宗熙平中，於城内太社西，起永寧寺。靈太后親率百僚，表基立刹。佛圖九層，高四十餘丈，其諸費用，不可勝計。景明寺佛圖，亦其亞也。至於官私寺塔，其數甚衆。

神龜元年冬，司空公、尚書令、任城王澄奏曰：

「仰惟高祖，定鼎嵩瀍，卜世悠遠。慮括終始，制洽天人，造物開符，垂之萬葉。故都城制云，城内唯擬一永寧寺地，郭内唯擬尼寺一所，餘悉城郭之外。欲令永遵此制，無敢踰矩。逮景明之初，微有犯禁。故世宗仰修先志，爰發明旨，城内不造立浮圖、僧尼寺舍，亦欲絶其希覬。文武二帝，豈不愛尚佛法，蓋以道俗殊歸，理無相亂故也。但俗眩虚聲，僧貪厚潤，雖有顯禁，猶自冒營。至正始三年，沙門統惠深有違景明之禁，便云：「營就之寺，不忍移毁，求自今已後，更不聽立。」先旨含寬，抑典從請。前班之詔，仍卷不行，後來私謁，彌以奔競。永平二年，深等復立條制，啓云：「自今已後，欲造寺者，限僧五十已上，聞徹聽造。若有輒營置者，依俗違敕之罪，其寺僧衆，擯出外州。」爾來十年，私營轉盛，罪擯之事，寂爾無聞。豈非朝格雖明，恃福共毁，僧制徒立，顧利莫從者也。不俗不道，務爲損法，人而無厭，其可極乎！

夫學迹沖妙，非浮識所辯；玄門曠寂，豈短辭能究。然淨居塵外，道家所先，功緣冥深，匪尚華遁。苟能誠信，童子聚沙，可邁於道場；純陀儉設，足薦於雙樹。何必縱其盜竊，資營寺觀。此乃民之多幸，非國之福也。然比日私造，動盈百數。或乘請公地，輒樹私福；或啓得造寺，限外廣制。如此欺罔，非可稍計。臣以才劣，誠忝工務，奉遵成規，裁量是總。所以披尋舊旨，研究圖格，輒遣府司馬陸昶、屬崔孝芬，都城之中及郭邑之内檢括寺舍，數乘五百，空地表刹，未立塔宇，不在其數。民不畏法，乃至於斯！自遷都已來，年踰二紀，寺奪民居，三分且一。高祖立制，非徒欲使緇素殊途，抑亦防微深慮。世宗述之，亦不錮禁營福，當在杜塞未萌。今之僧寺，無處不有。或比滿城邑之中，或連溢屠沽之肆，或三五少僧，共爲一寺。梵唱屠音，連簷接響，像塔纏於腥臊，性靈没於嗜慾，真僞混居，往來紛雜。下司因習而莫非，僧曹對制而不問。其於汙染真行，塵穢練僧，薰蕕同器，不亦甚歟！往在北代，有法秀之謀；近日冀州，遭大乘之變。皆初假神教，以惑衆心，終設姦誑，用逞私悖。太和之制，因法秀而杜遠，景明之禁，慮大乘之將亂。始知祖宗叡聖，防遏處深。履霜堅冰，不可不慎。

昔如來闡教，多依山林，今此僧徒，戀著城邑。豈湫隘是經行所宜，浮諠必棲禪之宅，當由利引其心，莫能自止。處者既失其真，造者或損其福，乃釋氏之糟糠，法中之社鼠，内戒所不容，王典所應棄矣。非但京邑如此，天下州、鎮僧寺亦然。侵奪細民，廣占田宅，有傷慈矜，用長嗟苦。且人心不同，善惡亦異。或有棲心真趣，道業清遠者；或外假法服，内懷悖德者。如此之徒，宜辨涇渭。若雷同一貫，何以勸善。然覩法贊善，凡人所知；矯俗避嫌，物情同趣。臣獨何爲，孤議獨發。誠以國典一廢，追理至難，法網暫失，條網將亂。是以冒陳愚見，兩願其益。

臣聞設令在於必行，立罰貴能肅物。令而不行，不如無令。罰不能肅，孰與亡罰。頃明詔屢下，而造者更滋，嚴限驟施，而違犯不息者，豈不以假福託善，幸罪不加。人殉其私，吏難苟劾。前制無追往之辜，後旨開自今之恕，悠悠世情，遂忽成法。今宜加以嚴科，特設重禁，糾其來違，懲其往失。脱不峻檢，方垂容借，恐今旨雖明，復如往日。又旨令所斷，標榜禮拜之處，悉聽不禁。愚以爲，樹榜無常，禮處難驗，欲云有造，立榜證公，須營之辭，指言嘗禮。如此則徒有禁名，實通造路。且徙御已後，斷詔四行，而私造之徒，不懼制旨。豈是百官有司，怠於奉法？將由網漏禁寬，容託有他故耳。如臣愚意，都城之中，雖有標榜，營造粗功，事可改立者，請依先制。在於郭外，任擇所便。其地若買得，券證分明者，聽其轉之。若官地盜作，即令還官。若靈像既成，不可移撤，請依今敕，如舊不禁，悉令坊内行止，不聽毁坊開門，以妨里内通巷。若被旨者，不在斷限。郭内準此商量。其廟像嚴立，而逼近屠沽，請斷旁屠殺，以潔靈居。雖有僧數，而事在可移者，令就閑敞，以避隘陋。如今年正月赦後造者，求依僧制，案法科治。若僧不滿五十者，共相通容，小就大寺，必令充限。其地賣還，一如上式。自今外州，若欲造寺，僧滿五十已上，先令本州表列，昭玄量審，奏聽乃立。若有違犯，悉依前科。州郡已下，容而不禁，罪同違旨。庶仰遵先皇不朽之業，俯奉今旨慈悲之令，則繩墨可全，聖道不墜矣。」

奏可。未幾，天下喪亂，加以河陰之酷，朝士死者，其家多捨居宅，以施僧尼，京邑第舍，略爲寺矣。前日禁令，不復行焉。

元象元年秋，詔曰：「梵境幽玄，義歸清曠，伽藍淨土，理絶囂塵。前朝城内，先有禁斷，自聿來遷鄴，率由舊章。而百辟士民，届都之始，城外新城，並皆給宅。舊城中暫時普借，更擬後須，非爲永久。如聞諸人，多以二處得地，或捨舊城所借之宅，擅立爲寺。知非己有，假此一名。終恐因習滋甚，有虧恒式。宜付有司，精加隱括。且城中舊寺及宅，並有定帳，其新立之徒，悉從毁廢。」冬，又詔：「天下牧守令長，悉不聽造寺。若有違者，不問財之所出，并計所營功庸，悉以枉法論。」興和二年春，詔以鄴城舊宮爲天平寺。

世宗以來至武定末，沙門知名者，有惠猛、惠辨、惠深、僧暹、道欽、僧獻、道晞、僧深、惠光、惠顯、法榮、道長，並見重於當世。

魏有天下，至於禪讓，佛經流通，大集中國，凡有四百一十五部，合一千九百一十九卷。正光已後，天下多虞，王役尤甚，於是所在編民，相與入道，假慕沙門，實避調役，猥濫之極，自中國之有佛法，未之有也。略而計之，僧尼大衆二百萬矣，其寺三萬有餘。流弊不歸，一至於此，識者所以歎息也。

《南史》卷七〇《郭祖深傳》 時帝大弘釋典，將以易俗，故祖深尤言其事，條以爲：都下佛寺五百餘所，窮極宏麗。僧尼十餘萬，資産豐沃。所在郡縣，不可勝言。道人又有白徒，尼則皆畜養女，皆不貫人籍，天下户口幾亡其半。而僧尼多非法，養女皆服羅紈，其蠹俗傷法，抑由於此。請精加檢括，若無道行，四十已下，皆使還俗附農。罷白徒養女，聽畜奴婢。婢唯著青布衣，僧尼皆令蔬食。如此，則法興俗盛，國富人殷。不然，恐方來處處成寺，家家剃落，尺土一人，非復國有。

釋道世《法苑珠林》卷三九《營造部》 依宣律師《祇洹寺感通記》云：「經律大明祇洹寺之基趾，多云八十頃地，一百二十院。准約東西，近有十里。南北七百餘步。祇陀、須達二人共造成之。已後經二百年，被燒都盡。則當此土周姬第十三王平王之三十一年。祇陀太子初雖不許賣，後見布金，欣然奉施。即告長者：吾自造寺，不假於卿。須達不許，因此共造。太子立願，後若荒廢，願樹還生。恰至被燒，屋宇頓盡，所立樹者，如本不殊。何以被燒？良由須達爲凡之時，賣肉得財，居賤出貴，常願荒儉。雖巨富財，由穢心故，以此造寺，終遭煨燼。太子願力，淨心樹生。業行有殊，表之染淨也。於後五百年有旃育迦王，依地而起，十不及一，經于百年，被賊燒盡。經十三年，有王六師迦者，依前重造，屋宇壯麗，皆寶莊嚴。一百年後，惡王壞之，爲殺人場。四天王及娑竭龍王忿之，以大石壓之，殺毁者。經九十年，荒無人物。忉利天王令第一子下爲人王，又依地造。莊飾嚴好，過佛在時。經百五十年，魔天燒滅，則當此土漢末獻帝二十九年。以事往徵，顯宗已後，和、安、桓、靈之代，西域往來，行人踵接。則見天王葺構之作，祇樹載茂之緣。後雖有造者，僅按遺基，至于今日，荒凉而已，依南天王子撰《祇洹圖》一百卷、北天王子撰《五大精舍圖》二百卷，各在本天，不可具述也。」

夫造寺法用，不可楷定。隨其施主，物有豐儉。雖量力而作，然須用心精誠而造。寺物雖小，得福弘大。故《無上依經》云：「雖造四果聖人塔廟滿四天下，盡形供養，不如有人佛涅槃後，取佛舍利，造塔供養，所得功德勝前功德百千萬億分，不可爲喻也。」一由福有優劣，二由心有强弱。若有真心，縱小尚得福多，何況於大。若有僞心，縱大尚得福少，何況於小。是故行者若欲造作，必須殷重，不得輕慢也。

如《賢愚經》云：「天語須達長者云：汝往見佛，得利無量。正使令得百車珍寶，不如轉足一步至趣世尊。正使令得百象珍寶，不如舉足一步往趣世尊。正使令得一四天下滿中珍寶，不如舉足一步至向世尊。所得利益，盈逾於彼百千萬倍。聞已歡喜，佛爲説法，成須陀洹果。須達問舍利弗：世尊足行日能幾里？舍利弗言：日半由旬。如轉輪王足行之法，世尊亦爾。爾時須達長者即於道次住二十里作停舍。須達請太子，欲買園造精舍。祇陀太子言：若能以黄金布地，令間無空者，便當相與。須達曰：諾，謹隨其價。太子祇陀言：我戲語耳。須達言：太子不應妄語。即共與訟。時首陀會天化作一人，爲評詳言：夫太子法不應妄語。價既已決，不宜中悔。太子遂與之。便使人象負金出，八十頃中須臾欲滿，殘餘少地。《雜阿含經》：「殘五百步。」《字經》亦云：「太子祇陀有園八十頃，去城不遠。」須達思惟：何藏金足，不多不少，當取滿之。祇陀問言：嫌貴置之。荅言：不也。自念金藏，何者可足，當得補滿。祇陀念言：佛必大德，乃使斯人輕賓乃爾。教齊且止，勿更出金。園地屬卿，樹木屬我。我自上佛，共立精舍。須達歡喜，即然可之。即便歸家，當施功作。六師聞之，往白國王：長者須達買祇陀園，欲爲瞿曇沙門興立精舍。聽我徒衆與共角術。沙門得勝，便聽起立。若其不如，不得起也。瞿曇徒衆住王舍城，我等徒衆當住於此。王報須達，六師出如此言。須達愁惱不樂。舍利弗怪問不樂，須達具述報之。舍利弗言：正使六師滿閻浮提，數如竹林，不能動吾足上一毛。欲角何等，自恣聽之。須達歡喜，即報國王。却後七日，當於城外寬博之處，時舍利弗共勞度差各現神變，外道不如。具在經文。時舍利弗既見外道受屈，即爲説法，隨其本行宿福因緣，各得道迹。六師徒衆三億弟子，於舍利弗所出家學道。角技訖已，各還所止。長者須達共舍利弗往圖精舍。須達自手捉繩一頭，時舍利弗自捉一頭，共經精舍。時舍利弗欣然含笑。須達問言：尊者何笑？荅言：汝始於此經地，六欲天中宫殿已成。即借道眼，悉見六天嚴淨宫殿。問舍利弗言：是六天何處最樂？舍利弗言：下三色染，上二憍逸，第四天中少欲知足，恒有一生補處菩薩來生其中，法訓不絶。須達言曰：我正當生第四天中。出言已竟，餘宫悉滅，唯第四天宫殿湛然。復更徙繩時，舍利弗慘然憂色。即問：尊者何故憂色？荅言：汝今見此地中蟻子不耶？對曰：已見。時舍利弗語須達言：汝於過去毗婆尸佛亦於此地，爲彼世尊起立精舍，而此蟻子在此中生。乃至七佛已來，汝皆爲佛起立精舍，而此蟻子亦在中生。至今九十一劫，受一種身，不得解脱。生死長遠，唯福爲要，不可不種。是時須達悲心憐傷。經地已竟，起立精舍。爲佛作窟，以妙栴檀，用爲香泥。別房住止千二百處。凡百二十處別打揵椎。施設已竟，欲往請佛，即往白天。王聞即遣請佛。世尊與諸四衆，前後圍遶，放大光明，震動天地，徧照三千。城中伎樂，不鼓自鳴。盲聾病者，皆得具足。男女大小覩斯瑞應，歡喜踴躍，來詣佛所。十八億人都悉來集聚。爾時世尊隨病投藥，爲説妙法，各得道迹。佛告阿難：今此園地，須達所買，林樹華果，祇陀所有。二人同心，共立精舍。應當與號太子祇陀樹給孤獨食園。名字流布，傳示後世。爾時阿難及四部衆聞佛所説，頂戴奉行。」

又《涅槃經》云：「須達取金，隨集布地，一日之中，唯五百步，金木周徧。祇陀即語須達：餘未徧者，不復須金，請以見與。我自爲佛造立門樓，常使如來經由入出。祇陀太子自造門樓。須達長者七日之中成立大房，足三百口。禪坊静處六十三所，冬室夏堂，各各別異。厨坊、浴室，洗脚之處，大小圊厠，無不備足。」

問曰：何故如來偏住此園耶？荅曰：依《真諦師傳》云：「過去第四拘留孫佛時，人壽四萬歲，有長者名曰毗沙。此地廣一由旬，純以金板布地，徧滿其上；奉施如來，以爲住處。第五拘那含牟尼佛時，人壽三萬歲，有長者名大家主。以此園地廣二十里，純以銀衣等徧布其地，并以乳牛及犢子充滿其中，奉施如來，起爲住處。第六《迦葉波佛》時，人壽二萬歲，有長者名大旛相。以此園地廣二十里，純以七寶，徧布其地，奉施如來，起爲住處。第七今釋迦牟尼佛人壽百歲時，有長者名須達。於此園地廣唯十里，純以金餅布地，周滿園中，金厚五寸，買此園地，奉施如來，起爲住處。至後彌勒佛出世時，人壽八萬歲，須達爾時爲蠰佉國大臣，名須達多。此園地還廣一由旬，純以七寶徧滿布地，奉施如來，起爲住處。過去未來，地雖延促，終是一所。能施之人，雖有前後，據體而論，還是一人。恒爲長者，殷富熾盛，常充供養諸佛不絶。至釋迦時初得須陀洹果，臨終時得阿那含果。至彌勒佛出時，方證阿羅漢果。」故《雜阿含經》云：「給孤獨長者疾病，佛自往看病，記其得阿那含果。乃至命終生兜率陀天，恒下來禮拜佛，聽法已，還歸天上。」此據迹中示其小説，論實是大菩薩。

又《大集經》云：「佛告梵天王等：我諸聲聞現在未來三業相應，及與三種菩提相應，有學無學，具足持戒，多聞善行，度諸衆生。於三有海，及諸施主爲我聲聞而造塔寺，亦復供給一切所須及彼眷屬，付囑汝等，勿令惡王非法惱亂。爾時梵釋天王、龍王、夜叉等合掌向佛，而作是言：大德婆伽婆，已有一切如來塔寺及阿蘭若處，及未來世，若在家出家人爲於世尊聲聞弟子造塔寺處，我等悉共守護，令離一切諸難怖畏，亦如有給施飲食衣服卧具湯藥一切所須。如是施主，我等亦當護持養育。」

故《七佛經》云：「護僧伽藍神，斯有十八神：一名美音，二名梵音，三名天彭，四名歎妙，五名歎美，六名摩妙，七名雷音，八名師子，九名妙歎，十名梵響，十一名人音，十二名佛奴，十三名歎德，十四名廣目，十五名妙眼，十六名徹聽，十七名徹視，十八名偏視。」寺既有神護，居住之者亦宜自勵，不得惰怠，恐招現報也。

釋道世《法苑珠林》卷三九《伽藍篇第三十六》 依《道宣律師感應記》：問天人曰：荆州、河東寺者，此圖甚大，余與慈恩寺嵩法師交顧積年，其人即河東羅雲法師之學士也。云：此寺本曾住萬僧，震旦之最。聞之欣然，莫測河東之號。請廣而述之，亦佛法之大觀也。荅曰：晉氏南遷，郭璞多聞之士，周訪地圖，云：此荆楚舊爲王都，欲於硤州置之，嫌逼山遂止。便有宜都之號。下至松滋，地有面勢都邑之像，乃掘坑秤土，嫌其太輕，覆寫本坑，土又不滿，便止。曰：昔金陵王氣，於今不絶，固當經三百年矣。便都建業，仍於此置河東，改遷裴薛柳杜四姓居之。地在江曲之間，類蒲州河曲，故有河東目也。有東西二寺。昔苻堅伐晉，荆州北岸並没屬秦。時桓沖爲荆牧，邀翼法師度江，造東寺，安長沙寺僧，西寺安四層寺僧。苻堅殁後，北岸諸地還屬晉家。長沙、四層諸僧各還本寺，西東二寺因舊廣立。自晉宋齊梁陳氏，僧徒常數百人。陳末隋初，有名者三千五百人，浄人數千。大殿一十三間，惟兩行柱通梁長五十五尺。欒櫨重疊，國中京冠。即彌天釋道安使弟子翼法師之所造也。自晉至唐，曾無虧損。殿前四鐵鑊各受十餘斛，以種蓮華。殿前塔宋譙王義季所造。塔内塐像，忉利天工所造。佛殿中多金銅像，寶帳飛仙，珠瓔華珮，並是四天王天人所作。寺内僧衆，兼於主客，出萬餘人。當途講説者，五十三人，十三人得其聖果，各領千僧。餘小法師五百餘人。《十誦律》師有四十人，九人得聖。大小乘禪師八百餘人，其得聖人二百二十四人。徒衆嚴肅，説不可盡。寺法立制，誦經六十紙者免維那，誦《法華》度免直歲。寺房五重，並皆七架。别院大小，今有十所。般舟方等二院，莊嚴最勝。夏别常有千人，四周廊廡，咸一萬間。寺開三門兩重，七間兩厦，殿宇横設，並不重安，約准地數，取其久故。所以殿宇至今三百年餘，無有損敗。東川大寺，唯此爲高。映耀川原，實稱壯觀也。

釋道宣《續高僧傳》卷一〇《義解六・隋彭城崇聖道場釋靖嵩》 釋靖嵩，俗姓張，涿郡固安人。【略】及登冠受具，南遊漳輦。屬高齊之盛，佛教中興，都下大寺略計四千，見住僧尼僅將八萬，講席相距二百有餘，在衆常聽出過一萬，故寓内英傑咸歸厥邦。有大學寺融智法師（大齊國統法上之神足也），解貫衆師，道光二藏；學徒五百，負衮摩肩；常講〈涅槃〉及〈地論〉。

釋道宣《續高僧傳》卷一六《習禪一・齊鄴西龍山雲門寺釋僧稠傳》 帝以陵阜迴互，諮謁或難，天保三年，下勅於鄴城西南八十里龍山之陽爲構精舍，名雲門寺，請以居之，兼爲石窟大寺主。兩任綱位，練衆將千。供事繁委，充諸山谷。并勅國内諸州别置禪肆，令達解念慧者就而教授，時揚講誦，事事豐厚。

王溥《唐會要》卷四七《議釋教上》 武德七年七月十四日，太史令傅奕上疏請去釋教，高祖付羣官詳議。太僕卿張道源稱奕奏合理，尚書右僕射蕭瑀與之争論曰：「佛，聖人也。奕爲此議，非聖人無法，請寘嚴刑。」奕曰：「禮本事親，終于奉上。而佛踰城出家，逃背其父，以匹夫而抗天子，以繼體而悖所親。蕭瑀非出空桑，乃遵無父之教。」瑀不能答，合掌云：「地獄所設，正爲是人。」太宗嘗臨朝，謂奕曰：「佛道玄妙，聖迹可師，卿獨不悟，何也？」奕對曰：「佛是胡中桀黠，欺誑夷俗。遵尚其道，皆是邪僻小人，模寫莊老玄言，文飾妖幻之教耳。于百姓無補，于國家有害。」上然之。至九年二月二十二日，以沙門、道士虧違教跡，留京師寺三所，觀三所，選耆老高行以實之，餘皆罷廢。至六月四日勅文：「其僧、尼、道士、女冠，宜依舊定。」【略】開元二年正月，中書令姚崇奏言：「自神龍已來，公主及外戚皆奏請度人，亦出私財造寺者。每一出勅，則因爲姦濫。富户强丁皆經營避役，遠近充滿，損污精藍。且佛不在外，近求於心，但發心慈悲，行事利益，使蒼生安樂，即是佛身。何用妄度姦人，令壞正法。」上乃令有司精加銓擇，天下僧尼僞濫還俗者三萬餘人。【略】

會昌五年八月制：「朕聞三代已前，未嘗言佛，漢、魏之後，像教寖興。是逢季時，傳此異俗，因緣染習，蔓衍滋多。以至於耗蠹國風，而漸不覺；以至於誘惑人心，而衆益迷。洎乎九有山原，兩京城闕，僧徒日廣，佛寺日崇。勞人力於土木之功，奪人利爲金寶之飾，遺君親於師資之際，違配偶於戒律之間。壞法害人，莫過於此。且一夫不田，有受其餒者；一婦不織，有受其寒者。今天下僧尼，不可勝數，皆待農而食，待蠶而衣。寺宇招提，莫知紀極，皆雲構藻飾，僭擬宫殿。晉、宋、齊、梁，物力凋瘵，風俗澆詐，莫不由是而致也。況高祖、太宗，以武定禍亂，以文理華夏，執此二柄，足以經邦，而豈可以區區西方之教，與我抗衡哉！貞觀、開元，亦嘗釐革，剗除不盡，流衍轉滋。朕博覽前言，旁求輿議，弊之可革，斷在不疑。而中外諸臣，叶予至意，條疏至當，宜從所請。誠懲千古之蠹源，成百王之典法，濟物利衆，予不讓焉。其天下所拆寺四千六百餘所，還俗僧尼二十六萬餘人，收充兩税户，拆招提、蘭若四萬餘所，收膏腴上田數千萬頃，收奴婢爲兩税户十五萬人。隸僧尼屬主客，顯明外國之教。勒大秦、穆護祆三千餘人還俗，不雜中華之風。於戲！前古未行，似將有待，及今盡去，豈謂無時。驅遊惰不業之徒，已踰千萬；廢丹雘無用之居，何啻億千。自此清浄訓人，慕無爲之理；簡易爲政，成一俗之功。將使六合黔黎，同歸皇化。尚以革弊之始，日用不知，不制明廷，宜體予志，宣布中外，咸使知聞。」

王溥《唐會要》卷四八《議釋教下》 大中六年十二月，祠部奏：「當司伏准累年赦文及別勑，建置佛堂，並剃度僧尼等。伏以陛下護持釋教，以濟羣生，自出聖慈，孰不知感？非欲華飾寺宇，度廣僧尼，興作勞人，匱竭物力。近日天下未喻聖心，建置漸多，剃度彌廣，奢靡相尚，浸以日繁，恐黎甿因兹受弊。臣職司其局，不敢曠官，當陛下求理納諫之時，是小臣罄竭肝膽之日。伏乞允臣所奏，明立新規，舊弊永除，天下知禁。如此見佛法可久，民不告勞。」時宰臣因是上言：「伏以西方之教，清浄爲宗，拯濟爲業，國家弘闡已久，實助皇風。然度僧不精，則戒法隳壞；造寺無節，則損費過多。有司舉陳，實當職分，但須酌量中道，使可久行。自後應諸州准元勑置寺外，如有勝地名山，靈蹤古跡，實可留情，爲衆所知者，即任量事修建，卻仍舊名。其諸縣有户口繁盛，商旅輻輳，願依香火，以濟津梁，亦任量事各置院一所，於州下抽三五人住持。其有山谷險難，道途危苦，羸車重負，須暫憩留，亦任因依舊基卻置蘭若，並須是有力人自發心營造，不得令姦黨因此遂抑斂鄉閭。此外更不得輒有起建，如引別勑處分，不在此限。其僧尼踰濫之源，皆緣私度。本教遮止，條律極嚴，不得輒有起建。如可容姦，必在禁絶，犯者准元勑科斷訖，仍具鄉貫、姓號，申祠部上文牒。其官度僧尼，數内有闕，即仰本州集律僧衆同議，揀擇聰明有道性，已經修鍊，可以傳習參學者度之。貴在教法得人，不以年齒爲限，若惟求長老，即難奉律儀。剃度訖，仍具鄉貫、姓號申祠部請告牒。其僧中有志行堅精，願尋師訪道，但有本州公驗，即任遠近遊行。所在關防，切宜覺察，不致真僞相雜，藏庇姦人。」制可。

咸通二年，上以志奉釋氏，怠於朝政，左散騎常侍蕭倣上疏論之曰：「臣聞玄祖之道，用慈儉爲先；素王之風，以仁義爲本。如佛者，方外之教，非帝王所能慕也。昔貞觀中，高宗在東宫，以長孫皇后疾厲，上言度僧，以資福事。后曰：『佛者，異方之教，存而勿論。豈以一女子而紊王道乎？』故謚曰文德。且母后之論，尚能若此，哲王之心，安可反是哉？」疏奏，上甚嘉之。

六年，尚書右丞李蔚復上疏諫曰：「臣聞孔子聖者也，言必稱周任之言；苻融賢者也，諫必稱王猛之議。誠以事求師古，詞貴達情。陛下自纂帝圖，克崇佛事。臣採本朝名臣奏啓之言，以證奉佛始終之要。天后時，曾營大像，狄仁傑諫曰：『功不使鬼，必在役人，物不天來，皆從地出。』中宗時，公主貴戚奏度僧尼，姚崇諫曰：『佛不在外，求之於心。』睿宗爲金仙、玉真二公主造二道宫，辛替否諫曰：『自夏以來，淫雨不解，穀荒於壠，麥爛於場。陛下聖人也，遠無不知；陛下明君也，細無不見。而造不急之觀，賈六合之怨。』又諫造寺曰：『釋教以清浄爲基，慈悲爲主。今三時之月，穿池沼，損命也；殫府庫，損人也；廣殿宇，營身也。損命則不慈悲，損人則不濟物，營身則不清浄。』臣觀仁傑，天后時上公也；崇，開元時賢相也；替否，睿宗之直臣也。每覽斯言，未嘗不廢卷嘆惜其言之不行也。伏望詳前事之安危，覽昔賢之啓奏，營繕之閒，稍宜停減。」疏奏，優詔嘉之。

王溥《唐會要》卷四八《寺》 永徽六年正月三日，昭陵側置一寺，尚書右僕射褚遂良諫曰：「關中既是陛下所都，自長安而制四海，其間衛士已上，悉是陛下爪牙。陛下必欲乘釁滅遼，若不役關中人，不能濟事。由此言之，理須愛惜。今者昭陵建造佛寺，唯欲早成其功，雖云和雇，皆是催迫發遣。豳州已北，岐州已西，或一百里，或二百里，皆來赴作。遂積時月，豈其所願。陛下昔嘗語弘福寺僧云：『我義活蒼生，最爲功德。』且又今者所造，制度準禪定寺，則大弘福，寺自不可大於弘福。既有東道征役，此寺亦宜漸次修營，三二年得成，亦未爲遲。」

乾封元年正月十七日，兖州置觀、寺各三所，觀以紫雲、僊鶴、萬歲爲稱，寺以封岳、非煙、重輪爲名，各度二七人。

天授元年十月二十九日，兩京及天下諸州，各置大雲寺一所。至開元二十六年六月一日，並改爲開元寺。

景雲二年七月，左拾遺辛替否疏諫曰：「夫釋教以清浄爲本，慈悲爲主，故恒體道以濟物，不爲利欲以損人，故恒忘己以全真，不爲營身以害教。三時之月，掘山穿地，損命也；殫府虚帑，損人也；廣殿長廊，營身也。損命則不慈悲，損人則不濟物，營身則不清淨，豈大聖大神之心乎！臣以爲非崇教也。自像王西下，佛教東傳，青螺不入於周前，白馬方行於漢後。風流雨散，千帝百王，飾彌盛而國彌空，役彌重而禍彌大。覆車繼軌，曾不改途，晉臣以奉佛取譏，梁王以捨身構隙。若以造寺必期爲治體，養人不足爲經邦，則殷周已往皆闇亂，漢魏已降皆聖明；殷周已往爲不長，漢魏已降爲不短。臣聞夏爲天子二十餘代而殷受之，殷爲天子二十餘代而周受之，周爲天子三十餘代而秦受之，自漢以後，歷代可知也。何者？有道之長，無道之短，豈因其窮金玉、修塔廟，方見享祚乎！臣以爲減琢雕之費以賑貧人，是有如來之德；息穿掘之苦以全昆蟲，是有如來之仁；罷營構之直以給邊陲，是有湯武之功；減不急之禄以購廉清，是有唐虞之治。陛下緩其所急，急其所緩，親未來而疏見在，失真寶而冀虚無，重俗人之所爲，輕天子之功業，臣切痛之矣。當今出財依勢者盡度爲沙彌，避役姦訛者盡度爲沙彌；其所未度，惟貧人與善人耳。將何以作範乎？將何以租賦乎？將何以力役乎？臣以爲出家者，捨塵俗，離朋黨，無私愛。今殖貨營生，仗親樹黨，畜妻養子，是致人以毁道，非廣道以求人。伏見今之宫觀臺榭，唯京師之與洛陽，不增修飾，猶恐奢麗。陛下嘗欲填池塹，捐苑囿，以贍貧人無産業者。今天下佛寺蓋無其數，一寺堂殿倍陛下一宫，壯麗甚矣！用度過矣！是十分天下之財而佛有其七八，陛下何有之矣！百姓何食之矣！臣竊痛之。」

景龍二年九月，并州清源縣尉吕元太上疏曰：「陛下六合爲家，萬邦作主，布慈悲於沙界，樹功業於玄劫。蜺旌寶蓋，接影都畿，鳳刹龍宫，相望都邑。然釋氏真教，平等爲宗，本之以慈悲，加之以布施。伏願陛下廣平施之德，成育養之恩。回營構之資，充疆埸之費，則如來布施之法也；賜之穀帛，惠及饑寒，則如來慈悲之化也；綵綸既行，中外胥悦，則如來平等之教也。臣謹按《金剛般若經》云：『若以色見我，以音聲求我，是人行邪道，不能見如來。』是知大乘之宗，聲色不見，豈釋迦之意，在雕琢之功？今之作者，臣所未喻。」三年正月二十七日，宴侍臣近親於梨園，因問以時政得失。絳州刺史成珏對曰：「夫釋教之般，以慈悲爲主，蓋欲饒益萬姓，濟牧羣生。若乃邃宇珍臺，層軒寶塔，耗竭府庫，勞役生人，懼非菩薩善利之心，或異如來大悲之旨。臣備職方岳，叨膺洪運，敢陳芻蕘，狂妄死罪。」中書令蕭至忠奏曰：「方今百姓貧乏，邊境未寧，府藏内空，倉廩不實，誠宜節財用之費，省土木之功，務存農事，愛惜人力。寺、觀之役，實可且停。成珏之言，伏希採納。」兵部尚書、同中書門下三品韋嗣立上疏曰：「臣竊見比者營造寺觀，其數極多，皆務宏博，競崇瓌麗。大則費一二十萬，小則尚用三五萬餘，略計都用資財，動至千萬已上。運轉木石，人牛不停，廢人功，害農務，事既非急，時多怨咨。故曰：『不作無益害有益，功乃成；不貴異物賤用物，人乃足。』誠哉此言。且玄象秘妙，歸於寂滅，苟非脩心定慧，諸法皆涉有爲。至如土木雕刻等，惟是殫竭人力，但學互相誇麗，豈關降伏身心。凡所興功，皆須掘鑿，蟄蟲在土，種類最多，每日殺傷，動即萬計，連年如此，損害可知。于至道既有乖，在生人極爲損，陛下豈不深思之！」

貞元十三年四月勅：「曲江南彌勒閣宜賜名貞元普濟寺。」

元和二年九月勅：「成都府宜置聖壽、南平二佛寺。」

十二年二月，置元和聖壽佛寺於右神策軍。

長慶元年三月，劉總請以幽州私第爲佛寺，詔以「報恩」名，仍遣中官焦僊晟以寺額賜之。

大和二年十月，河中觀察使薛苹奏：「中條山蘭若營建之初，有兩泉湧出，請賜額爲大和寺。」從之。

會昌五年七月，中書門下奏：「天下諸州府寺，據令式，上州以上並合國忌日集官吏行香。臣等商量，上州已上合行香州，各留寺一所，充國忌日行香。列聖真容，便移入合留寺中。其下州寺並合廢毁。」勅旨：「所合留寺，如舍宇精華者，即留；如是廢壞不堪者，亦宜毁除。但國忌日當州宫觀内行香，不必定取寺名。餘依。」其月又奏：「請兩街合留寺十所，每寺留僧十人。」勅旨：「宜每街各留寺兩所，每寺各留三十人。」

六年正月，左右街功德使奏：「准今月五日赦書節文，上都兩街先各留寺兩所，依前委功德使收管，其所添寺，於廢寺中揀擇堪修建者。臣今左街謹具揀擇置寺八所及數内回改名額，分析如後。兩所依前名額：興唐寺、保壽寺。六所改名舊額，僧寺四所：寶應寺改爲資聖寺，青龍寺改爲護國寺，菩提寺改爲保唐寺，清禪寺改爲安國寺；緣間架數少，取華陽寺連接充數。尼寺二所：法雲寺改爲唐安寺，崇敬寺改爲唐昌寺。右街置八所，二所先准敕留，西明寺請改爲福壽寺，莊嚴寺改爲聖壽寺。八所添置二所，請依舊名額：僧寺一所，千福寺；尼寺一所，興元寺。六年請改名：僧寺五所，化度寺改爲崇福寺，永泰寺改爲萬壽寺，温國寺改爲崇聖寺，經行寺改爲龍興寺，奉恩寺改爲興福寺；尼寺一所，萬善寺改爲延唐寺。謹定揀擇添置及改名額分析如前。」勅旨：「宜依。」

大中元年閏三月勅：「會昌季年，並省寺宇。雖云異方之教，無損爲政之源。中國之人，久行其道，釐革過當，事體未弘。其靈山勝景，天下州府，會昌五年四月所廢寺宇，有宿舊名僧，復能修創，一任住持，所司不得禁止。」二年正月三日勅節文：「上都除元置寺外，每街更各添置寺五所；東都共添置五所，僧寺三所，尼寺二所。仍每寺度五十人。益、荆、揚、潤、汴、并、蒲、襄等八道，除元置寺五所外，更添置僧寺一所，尼寺一所。諸道節度刺史州，除元置寺外，更添置寺一所。其所置僧寺合度三十人。諸道管内州未置寺處，宜置僧、尼寺各一所，每寺度三十人。五臺山宜置僧寺四所，尼寺一所，如有見存者，便令修飾，每寺度五十人。其僧尼年幾限約並諸條流，並準會昌六年五月五日條例處分。」

五年正月詔：「京畿及郡縣士庶，要建寺宇村邑，勿禁，兼許度僧尼住持營造。」其年七月，宰臣奏：「陛下崇奉釋教，臣子皆願奔走。慮士庶等物力不逮，擾人生事，望令兩畿及州府長吏，與審度事宜撙節聞奏，不必廣爲建造，驅役黎甿。其所清度僧尼，亦須選有道行爲州縣所稱信者，不得容隱凶惡之流，卻非敬道，望委長吏，精加揀擇。其村邑佛堂，望且待兵罷建置爲便。」十月十七日，宰臣等上言：「近有勅許罷兵役後建置佛堂、蘭若，若今邊事寧息，必恐奏請繼來，若不先議條流，臨事恐難止約。伏以釋門之教，本貴正真，奉之精嚴，則人用加敬。今諸州府寺宇新添，功悉未畢，百姓等若志願崇奉，則宜並力同修。自今已後，有請置佛堂、蘭若者，望所在長吏分明曉示。待一切畢後，或有云州府遠處大縣，即許量事建置一所，其餘村坊不在更置佛堂、蘭若限。」制可。

王溥《五代會要》卷一二《寺》　後唐天成元年十一月敕：「應今日已前修蓋得寺院，無令毀廢，自此後不得輒有建造。如有願在僧門，亦宜準佛法格例，官壇受戒，不得衷私剃度。」

三年六月七日敕：「應天下大寺及敕賜名額院宇，兼有功德堂殿樓閣，已成就者各勒住持，其餘小小占射或施捨及置買，目下屋宇雖多，未有佛像者，並須量事估價，一時任公私收買。其住持僧便委功德使及隨處長吏，均配於大寺安止。如院在僻静之處，舍宇無多，不堪人承買者，便仰毀拆，其材木給付本僧，田地任人請射。仍限敕到後十日内，並須通勘騰併了絶，如敢遷延及有故違，其所犯僧徒二年，尼杖七十，並勒還俗。若有形勢借庇，當移不移，誑惑官中，更求院額，既達聽聞，所知之人，不係官位高低，並行朝典。如要增修福利，則任於合留寺院内興功。」

晉天福四年十二月敕：「今後諸道州府，城郭村坊，不得創造寺宇，所有自前蓋者，即依舊住持。」

開運二年七月，左諫議大夫李元龜奏：「天下寺宇房屋，近日多聞元住僧轉與相典貼，伏乞明行止絶。」從之。

周顯德二年五月六日敕：「條流僧尼，畫一如後。一、諸道州府縣鎮村坊，應有敕額者一切仍舊，其無敕額者並仰停廢。所有功德神像及僧尼，與限一月，騰併於逐處州軍縣鎮合留寺院内安置。所有殿堂屋宇，仰封鎖收管。所有資財、衣鉢、斛斗、孳畜、什物，並仰分付本主。一、天下諸縣城郭内，若無敕額寺院，只於停廢寺院内選功德屋宇最多者，或寺或院，僧尼各留一所。若無尼處，只留僧寺院一所。其在軍鎮及偏鎮坊郭户及二百户以上者，亦依諸縣例指揮。如邊遠州郡無敕額寺院處，於停廢寺院内，僧尼各留兩所。一、兩京諸道州府，除見留寺院外，今後不限城郭村坊、山林勝境古跡之地，並不得創造寺院蘭若。如有僧尼、俗士輒違敕命者，其主首及同句當人，並徒三年，仍配役，其僧尼勒還俗。本州府録事參軍、本判官、本縣令佐，並除名配流。地分廂鎮職員所由，當並嚴斷，長吏奏請進止。一、王公戚里、諸道節刺已上，今後不得奏請創造寺院及請開置戒壇。如違，仰御史臺彈奏。」

四年九月，賜京城内新修四寺額，以天清、顯静、顯寧、聖壽爲名。

王溥《唐會要》卷四九《僧籍》　天下寺五千三百五十八，僧七萬五千五百二十四，尼五萬五百七十六。兩京度僧、尼，御史一人涖之。每三歲，州縣爲籍，一以留州縣，一以上祠部。【略】會昌五年，勅祠部檢括天下寺及僧尼人數，凡寺四千六百，蘭若四萬，僧尼二十六萬五百人。

《西夏天盛改舊律令》卷一一《爲僧道修寺廟門》　一、諸人修造寺廟爲讚慶，爾後年日已過，毀圮重修及另修時，當依讚慶法爲之，不許尋求僧人。又新修寺廟□爲讚慶，捨常住時，勿求度住寺内新僧人，可自舊寺内所住僧人分出若干。若無所分，則寺侍奉常住鎮守者實量寺廟之應需常住，捨一千緡者當得二僧人，衣緋一人。捨二千緡當得三僧人，衣緋一人。自三千緡以上者一律當得五僧人，二人衣緋。不許別舊寺内行童爲僧人，及新寺中所管諸人賣爲僧人。【略】

一、諸人修造寺廟，捨常住物者，數當足，而爲讚慶。不許不聚集常住物，欺騙官方。倘若違律，報者捨者，局分人等有所欺瞞，依貪贓不枉法罪之從犯判斷，擔保者當再比之減一等，常住數當置足。又：一、諸人需於寺廟、官堂、神帳等中穿牆壁、鑿井、取土時，當報職管處，尋求論文，依應何爲實行。若違律不尋論文，自行穿牆、鑿井、取土時，依諸人於寺廟中住宿法判斷。

《明太宗實録》卷一八九〔永樂十五年閏五月〕癸酉，禁僧尼私建庵院。上以洪武年間，天下寺院皆已歸併。近有不務祖風者，仍于僻處私建庵觀，僧尼混處，屢犯憲章。仍命禮部榜示天下，俾守清規，違者必誅。

《明英宗實録》卷七八〔正統六年夏四月己巳〕禁僧道傷敗風化及私創寺觀。先是，巡按直隸監察御史彭勗言：天地辟而人生不知其幾何時矣，而人道之立，則肇於三皇，至堯、舜、禹、湯、文、武而後大備。自時厥後，膺天眷而居皇極者，莫不咸有是者，而多不能全是道者，由異端撓之也。古聖人所以立人道者，其教有四：曰士，曰農，曰工，曰商。相資以生，無有匱乏，其爲人也固易，而居皇極者亦易。秦漢以來，異端並起，或撓於申韓，或撓於釋老，爲君者每被其欺，爲人者恒苦其費，故上下俱難爲矣。我太祖高皇帝肇位四海，申明五常，制爲條章律令以示人。慮釋老之或盛，乃歸併寺觀爲叢林，不許私創庵院，私自剃度。慮人心之或流，乃禁褻瀆神明，不許修齋設醮，男女混雜。其立人道之心，勤且周矣。夫何近年以來，民無擔石之儲，亦或修齋設醮，富者尤爭事焉，以致釋道日興，民貧愈甚。夫人之爲惡，明有天討，幽有鬼責，今曰：皆因齋醮而消滅。豈理也哉？且修齋起於梁武，設醮起於林靈素，固非盛世可傳之典，而至于今不絶愈盛，詎非惑耶？孔子曰：攻乎異端，斯害也已。今寺宇遍天下，以僧人之情言之，幼時慾心未動，被僧誑誘；及年長慾動，歸俗則安逸難捨，住寺則慾心難忘，不免通於所親所交之婦。其傷風俗，爲人害一也。爲僧者惟以穹殿宇飾佛像爲功業，故恒設巧計，進諛言，以求媚豪官富民之施予，極其侈靡，心猶未足。彼豪官富民亦必攘奪刻剥，而後有此。其費錢財，爲人害二也。其屋室深邃，地勢幽僻，罪惡渠魁多匿於中，身雖出家，心實覬衅，一有可乘，即皆蝟起。其容姦慝，爲人害三也。撫此三害觀之，豈非蘇子所謂「非異端之能亂天下，而天下之亂所由出也」歟？今朝廷清明，天下無事，申韓之禍已熄，獨釋道之害方横。如兩京僧寺，其中所費不計，況天下僧寺之多乎。乞勑大臣會議，行移天下：凡僧尼未度者，悉令歸俗。民間男婦無子、年近五十以上，願出家者，許其落髮入寺爲僧爲尼，隨例給度。其寺庵原係叢林有佛像者，許其修整；非叢林者，不許創立。容留之人，務要置立板牌，掛於山門，備寫籍貫年甲，使人周知。仍行都察院備榜禁約，不許官民之家修齋設醮求福利，以崇不經之典。如此則風俗自淳，治化興行，爲千萬世之盛美矣。上令禮部、都察院考舊禁例以聞。禮部尚書胡濙、都察院右都御史陳智等，具録太祖高皇帝洪武間禁約條例入奏。上覽之，諭濙等曰：釋老俱以清浄爲教。近年僧道中多有壞亂心術，不務祖風，混同世俗，傷敗風化者。爾都察院即遵洪武舊例，再出榜各處禁約，違者依例罪之不恕。新創寺觀，曾有賜額者，聽其居住，今後再不許私自創建。

《明憲宗實録》卷二六〇〔成化二十一年春正月己丑〕禮部尚書周洪謨等言九事：一、承平日久，俗尚靡麗，宜禁止。服用違越者，治之如律。一、成化十七年以前，京城内外勑賜寺觀至六百三十九所，後復增建，以至西山等處，相望不絶。自古佛寺之多，未有過于此時者。宜申嚴著令，敢有增修、請額及妄稱復興古刹者，罪之。一、光禄寺正統間每歲牲數止四萬，成化元年，定數不過十萬。近又加十萬，猶不足用，且以猪易雞鵞，民力益困。今除上供外，乞查成化初例，凡增派浪費，悉宜停止。一、大慈恩、大能仁、大隆善護國三寺，番僧千餘，法王七人，國師、禪師多至數十，廪餼、膳夫供應不足。況法王、佛子、大國師例給金印，用度擬于王者，而其間又多中國人冒濫爲之。宜令給事中御史覈其本出山番簇者，聽其去留；冒濫者，悉令還俗。

《明英宗實録》卷二七六〔天順元年三月辛卯〕留守左衛通濟門千户所小旗陳福奏：洪惟太祖高皇帝創業之初，建創寺觀，設立僧道，已有定額。其後往往私創庵院，濫將無籍之徒收充，亦有逃軍囚匠，改名易姓，削髮頂冠，人莫之識。偷享安閒，不耕而食，不蠶而衣，不貨殖而財用有餘，故人皆樂爲之。近年，旱潦相仍，百姓艱食。其游惰之民或託爲僧道，游食四方而愈盛矣。以在京觀之，寺觀動至千百，僧道不可數計。求財索食，沿街塞路，張掛天神佛像，擅言禍福，以蓋造寺觀爲名，務圖肥己，飲食酒肉，宿歇娼妓，無所不爲。又有燃指焚香，刺膚割股，驚駭人目，扇惑人心，不惟饕餮於民，抑且有傷風化。乞在内令巡城御史、五城兵馬司，在外令巡按御史及有司等官，拏問發落。仍勑禮部將各府州縣蓋定寺觀，額設僧道名數，除已給度牒者，暫令各寺觀附籍，其餘查無度牒，悉發寧家隨住當差，遇有額内缺數，方許簪剃。設有仍前私自簪剃，及指稱行者道童名色，躲避差徭，將本犯并寺觀住持悉發充軍。其餘濫設寺觀，盡行拆毁。又有胡僧衣服紗羅僭用金玉，蠶食於國，其害尤甚，留之無補於治，宜悉遣還，免致夷狄雜處。中夏如此，則國無游民而民食足矣。上從之，命禮部查胡僧數以聞。

《大明律》卷四《户律一・户役・私創庵院及私度僧道》　凡寺觀庵院，除現在處所外，不許私自創建增置。違者，杖一百，還俗。僧道發邊遠充軍；尼僧女冠入官爲奴。若僧道不給度牒，私自簪剃者，杖八十。若由家長，家長當罪，寺觀住持及受業師私度者，與同罪，並還俗。

《明會典》卷五九《禮部十六・事例》　洪武三年，令寺觀庵院，除殿宇、梁棟、門牕、神座、案卓許用紅色外，其餘僧道自居房舍，並不許起造斗栱，彩畫梁棟，及僭用紅色什物床榻椅卓。六年，令凡各處僧道寺觀金采裝飾神佛龍鳳等像，除舊有外，不許再造。

屈大均《廣東新語》卷一九《塔》　塔本浮屠氏所製，以藏諸佛舍利者，即中國之墳也。華人今多建之以壯形勢，非禮也。吾嶺南在在有塔，其藏佛舍利者，惟廣州城中花塔，是佛之大冢也。予推原浮屠氏之意，其塔非爲形勢而設，故以附于墳語。

屈大均《廣東新語》卷一九《四塔》　廣州有四塔。其在城中者，一曰花塔，在六榕寺，梁大同間刺史蕭譽所建。其形八方，凡九級，高二百七十尺。上有銅柱，柱上一金寶珠，以銅周迴爲圜，一級一圜，皆有銅鍊以護之。塔下有魯般像，一手遮目仰視塔，所視處常爲雷震去，凡數十葺之皆然。一曰光塔，在懷聖寺，唐時番人所建。高十六丈五尺，其形圓，輪囷直上，至肩膊而小，四周無楯欄無層級。頂上舊有金雞，隨風南北。每歲五月，番人望海舶至，以五鼓登頂呼號，以祈風信。洪武間，金雞爲風所墮，乃易以風磨銅蒲盧。上有榕一株，白鶴棲之。二塔爲一城之標，形家者常謂會城狀如大舶，二塔其檣，五層樓其舵樓云。其在城東五里者曰赤岡塔。蓋會城東郊之山，左臂微伏，兩厓林巒，與人居相錯，纍纍若釜鐘然。形家者以爲中原氣力至嶺南而薄。嶺南地最卑下，乃山水大盡之處。其東水口空虛，靈氣不屬，法宜以人力補之，補之莫如塔。於是以赤岡爲巽方而塔其上，觚稜峻起，凡九級，特立江干，以爲人文之英鍔。其東二十五里有湛洲，當二水中，勢逆亦面巽。有二山連綴，穹然若魁父之丘。其内一山，石冢高平，於是又塔其上。以其水常有金鼇浮出，光如白日，因名曰海鼇之塔。二塔既成，屹然與白雲之山並秀。爲越東門，而引海印、海珠爲三關，而全粤扶輿之氣乃完且固。蓋吾粤諸郡，以會城爲冠冕，會城壯，則全粤皆壯。乃今二塔在東，三浮石在西，西以鎖西北二江之上流，東以鎖西北二江之下流。而虎門之内，又有浮蓮塔以東海口，使山水迴顧有情，勢力逾重，是爲江上之第三道塔云。

朱銘盤《南朝梁會要・文學・崇佛教》　扶南國大同五年，復遣使獻生犀。又言其國有佛髮，長一丈二尺。詔遣沙門釋雲寶隨使往迎之。先是，三年八月，武帝改造阿育王佛塔，出舊塔下舍利及佛爪髮，髮青紺色，衆僧以手伸之，隨手長短，放之則旋屈爲蠡形。按《僧伽經》云：「佛髮青而細，猶如藕莖絲。」《佛三昧經》云：「我昔在宮沐頭，以尺量髮，長一丈二尺。放已右旋，還成蠡文。」則與帝所得同也。阿育王即鐵輪王，王閻浮提一天下。佛滅度後，一日一夜，役鬼神造八萬四千塔，此即其一。吴時有尼居其地爲小精舍，孫綝尋毁除之，塔亦同滅。吴平後，諸道人復於舊處建立焉。晉元帝初度江，更修飾之。至簡文咸安中，使沙門安法程造小塔，未及成而亡。弟子僧顯繼而修立，至孝武太元九年，上金相輪及承露。其後，有西河離石縣胡人劉薩何遇疾暴亡，而心猶暖，其家未敢便殯，經七日更蘇。説云：「有兩吏見録，向西北行，不測遠近。至十八地獄，隨報重輕，受諸楚毒。觀世音語云：『汝緣未盡，若得活可作沙門。洛下、齊城、丹陽、會稽並有阿育王塔，可往禮拜。若壽終則不墮地獄。』語竟如墜高巖，忽然醒寤。」因此出家名慧達。遊行禮塔，次至丹陽，未知塔處，及登越城四望，見長干里有異氣，因就禮拜，果是先阿育王塔所，屢放光明，由是定知必有舍利。乃集衆就掘入一丈，得三石碑，並長六尺。中一碑有鐵函，函中有銀函，函中又有金函，盛三舍利及髮爪各一枚，髮長數尺。即遷舍利近北對簡文所造塔西造一層塔。十六年，又使沙門僧尚加爲三層。即是武帝所開者也。初穿土四尺，得龍窟及昔人所捨金銀環釧釵鑷等諸雜寶物。可深九尺許至石磉，磉下有石函，函内有鐵壺以盛銀坩，坩内有金鏤罌盛三舍利如粟粒大，圓正光潔。函内有瑠璃椀，椀内得四舍利及髮爪。爪有四枚，並爲沉香色。至其月二十七日，帝又到寺禮拜，設無礙大會，大赦。是日以金鉢盛水泛舍利，其最小者隱不出，帝禮數十拜，舍利乃于鉢内放光，旋回久之，乃當中而止。帝問大僧正慧念曰：「見不可思議事不？」慧念答曰：「法身常住，湛然不動。」帝曰：「弟子欲請一舍利還臺供養。」至九月五日，又于寺設無礙大會，遣皇太子王侯朝貴等奉迎。是日風景明净，傾都觀屬。所設金銀供具等物，并留寺供養，並施錢一千萬爲寺基業。至四年九月十五日，帝又至寺設無礙大會，竪二刹，各以金罌，次玉罌，重盛舍利及爪髮内七寶塔内。又以石函盛寶塔，分入兩刹刹下，及王侯妃主百姓富室所捨金銀環釧等珍寶充積。十一年十一月二日，寺僧又請帝於寺發《般若經》題。爾夕二塔俱放光明，敕鎮東邵陵王綸製寺《大功德碑》文。先是，二年改造會稽鄮縣塔，開舊塔中舍利，遣光宅寺釋敬脱等四僧及舍人孫照暫迎還臺。帝禮拜竟，即送還縣，入新塔下，此縣塔亦是劉薩何所得也。晉咸和中，丹陽尹高悝行至張侯橋，見浦中五色光長數尺，不知何怪，乃令人於光處得金像，無有光趺。悝乃下車載像還至長干巷首，牛不肯進。悝乃令馭人任牛所之，牛徑牽至寺，悝因留像付寺僧。每至夜中，常放光明，又聞空中有金石之響。經一歲，臨海漁人張係世於海口忽見有銅花趺浮出，取送縣，縣人以送臺，乃施像足，宛然合。會簡文咸安元年，交州合浦人董宗之采珠没水底，得佛光燄，交州送臺，以施於像，又合焉。自咸和中得像，至咸安初，歷三十餘年，光趺始具。初，高悝得像，後有西域胡僧五人來詣悝曰：「昔於天竺得阿育王造像，來至鄴下，逢胡亂，埋于河邊。今尋覓失所。」五人嘗一夜俱夢見像曰：「已出江東爲高悝所得。」悝乃送此五僧至寺，見像歔欷涕泣，像便放光，照燭殿宇。又瓦官寺慧邃欲摸寫像形，寺主僧尚慮損金色，謂邃曰：「若能令像放光，回身西向，乃可相許。」慧邃便懇拜請。其夜像即轉坐放光，回身西向。明旦便許摸之。像趺先有外國書，莫有識者。後有三藏那跋摩識之，云是阿育王爲第四女所造也。及大同中，出舊塔舍利，敕市寺側數百家地以廣寺城，造諸堂殿並瑞像周回閣等，窮於輪奐焉。其圖諸經變，並吴人張繇運手。繇丹青之工，一時冠絶。《南史·扶南傳》

武帝大弘佛教，親自講説；太子亦崇信三寶，遍覽衆經。乃於宫内别立慧義殿，專爲法集之所。招引名僧，談論不絶。太子自立二諦、法身義，並有新意。普通元年四月，甘露降於慧義殿，咸以爲至德所感焉。《昭明太子傳》

大通元年正月辛未，祀南郊。初，帝創同泰寺，至是開大通門以對寺之南門，取反語以協同泰。自是晨夕講義，多由此門。三月辛未，幸寺捨身。甲戌還宫，改元大通，以符寺及門名。《南史·武紀》

紀事

華北

劉侗、于奕正《帝京景物略》卷一《大隆福寺》 大隆福寺，恭仁康定景皇帝立也。三世佛、三大士，處殿二層、三層。左殿藏經，右殿轉輪，中經毗盧殿，至第五層，乃大法堂。白石臺欄，周圍殿堂，上下階陛，旋繞窗櫳，踐不藉地，曙不因天，蓋取用南内翔鳳等殿石欄干也。殿中藻井，制本西來，八部天龍，一華藏界具。景泰四年，寺成，皇帝擇日臨幸，已夙駕除道，國子監監生楊浩疏言，不可事夷狄之鬼。禮部儀制司郎中章綸疏言，不可臨非聖之地。皇帝覽疏，即日罷幸，敕都民觀。緇素集次，忽一西番回回蹣跚舞上殿，斧二僧，傷旁四人。執得，下法司，鞫所繇，曰：「輪藏殿中三四纏頭像，眉棱鼻梁，是我國人，嗟同類苦辛，恨僧匠譏誚，因仇殺之。」獄上，回回抵罪。考西竺轉輪藏法，人誦經檀施，德福滿一藏，爲轉一輪。一貧女不能誦經，又不能施，内愧自悲，因置一錢輪上，輪爲轉轉不休。今寺衆嘩而推輪，輪轉，呀呀如鼓吹初作。

劉侗、于奕正《帝京景物略》卷三《韋公寺》 京師七奇樹，韋公寺三焉。天壇拗榆錢也，榆春錢，天壇榆之錢以秋。顯靈宫折枝柏也，雷披一枝，屏於溜中，折而不殊，二百年葱葱。報國寺矬松也，幹數尺，枝横數丈，如淺水荇，如蛀架藤。卧佛寺古娑羅也，下根盡了，纍瘿露筋，上葉砌之，雨日不下。與韋公寺内之海棠也，蘋婆也，寺後五里之柰子而七也。寺在左安門外二里，武宗朝常侍韋霦建。貲竭不能竟，詔水衡佐焉，賜額弘善寺。寺東行一折，有堂，堂三折，有亭，亭後假山，亭前深溪。溪里許，蘆荻滿中，可舟爾，而無丹。寺無香火田地，以果實歲。樹周匝層列，可千萬數。寺南觀音閣，蘋婆一株，高五六丈。花時鮮紅新緑，五六丈皆花葉光。實時早秋，果著日色，焰焰於春花時。實成而葉竭矣，但見垂纍紫白，丸丸五六丈也。寺内二西府海棠，樹二尋，左右列，遊者左右目其盛，年年次第之，花不敢懈。寺後五里柰子樹，歲柰花開，柰旁人家，擔負几案酒殽具，以待遊者，賃賣旬日，卒歲爲業。樹旁枝低亞，入樹中，曠然容數十席。花陰暗日，花光明之，看花日暮，多就宿韋公寺者。海棠、蘋姿、柰子，色二紅白。花淡蕊濃，柎長多態。海棠紅於蘋婆，蘋婆紅於柰子也。崇禎已巳冬之警，我師駐寺，海棠蘋婆以存，柰子樹，敵薪之。

高士奇《金鰲退食筆記》卷下《宏仁寺》 宏仁寺在太液池西南岸，地最爽朗。本朝康熙年間，即清馥殿基址，改建爲寺，迎旃檀佛居之。黄甓碧甃，齋館敞麗。前樹二坊，東曰廣恩敷化，西曰普度能仁。入寺數武，白石甃方池，上跨三梁，緑荷出水，朱魚吹藻。其西作龍首，自牆外汲太液水貫注之。池北天王殿，殿東西分峙兩樓，以懸鐘鼓。再進爲慈仁寶殿，左曰弼教，右曰翊化。又進爲大寶殿，左曰覺德，右曰善慧。僧房之前，松栢楸槐，蔭植庭牖。所謂兜率淨宮，須彌寶殿，莫尚於斯也。旃檀佛像高五尺，鵠立上視，後瞻若仰，前瞻若俯，衣紋水波骨法見其表，左手舒而直，右手舒而垂，肘掌皆微弓，指微張而膚合，三十二相中鵝王掌也。勇猛慈悲，精進自在，以意求之皆備。相傳爲旃檀香木，扣之聲鏗鍧若金石，入水不濡，輕如髹漆，晨昏寒暑，其色不一，大抵近於沉碧。萬曆中，慈聖太后始傅以金。元翰林學士程鉅夫瑞像殿碑云：「釋迦如來初爲太子，生七日，摩耶棄世，生忉利天。佛既成道，思念母恩，遂昇忉利天，爲母說法。優填國王自以久失瞻仰於如來，欲見無從，乃刻旃檀爲像。目犍連尊者慮有闕繆，躬以神力，攝三十二匠，昇忉利天，諦觀相好，三返乃得其真。既成，國王臣民，奉猶真佛焉。及佛返人間，王率臣庶自往迎佛。此像騰步空中，向佛稽首。佛爲摩頂授記曰：『我滅度千年之後，汝從震旦，廣利人天。』由是飛歷西土一千二百八十五年，龜茲六十八年，涼州十四年，長安一十七年，江左一百七十三年，淮安三百六十七年，復至江南二十一年，汴梁一百七十七年，北至燕京居聖安寺十二年，北至上京大儲慶寺二十年，南還燕京内殿五十四年，燕宫火，迎還聖安寺一十九年，元世祖迎入萬壽山仁智殿十五年，遷於萬安寺一百四十餘年。」明蜀僧紹乾續記云：「萬安寺復居慶壽寺一百二十餘年。嘉靖戊戌慶壽寺災，奉迎鷲峯寺，迄天啓丁卯，共居八十八年。」計優填造像，當周穆王辛卯至明熹宗丁卯，凡一千六百一十餘年。由今計之，自丁卯至康熙甲子，又五十七年。佛以靈異著聞，京師寓内王公大人、士庶婦女，捐金莊嚴以丐福利者，歲無虚日。寺以西域僧主之，食二品俸。更於殿後造白塔一座，設鎏金頂，神光壯麗，工制甚精。每歲正月，車轂如雲，綺羅從風，聽世間士女觀看瞻禮也。然考釋氏感通録云：「梁武帝遣郝騫等往天竺國迎佛旃檀像，其王摹刻一像付騫，天監十年至建康，帝迎奉太極殿，建齋度僧，大赦斷殺，自是蔬食絶慾。」據此説，又與程鉅夫碑文不同。則此像爲優填之所刻歟？抑天竺之所摹歟？内有御製碑刻二通，謹録於左。又一碑，刻成都釋紹乾旃檀瑞像來儀記，明萬曆丁酉八月立。蓋自鷲峯寺遷於此者。其辭與程鉅夫記略同，不具載。

高士奇《金鼇退食筆記》卷下《大西天經廠》　大西天經廠，在五龍亭東北，山門臨太液池，南向。第二層殿曰大慈真如寶殿，殿壁繪畫龍神海怪。又有三大軸，高丈餘，廣如之，中繪衆聖像二十餘，左右則文殊普賢變相，三首六臂，每首三目，二臂合掌，餘四臂擎蓮花火輪、劍杵簡槊，并日月輪、火燄之屬，裸身，著虎皮裙，蛇纏胸項間，怒目直視，威靈凛烈，金塗錯雜，形彩陸離，傳爲商喜筆也。殿中立一小臺，可丈餘。臺上有亭，如毘盧頂。亭中黄幟下，則西天説法像也，真如面南，周環而諦聽者列如團箕。像皆尺許，範銅爲之，冠簪袍笏，儀表肅然。中垂五六線，下繫一物，似機牀，又如車軸，若轉輪狀。東西列四從神，各四尺，眉結雲聚，目稜電擊，犯燄慧肩，快蜂搶軒，戴銀兜鍪，衣烏鎧，佩弓矢，儀容嚴毅如生，蓋傀儡胎也。據内典：「下天處蘇迷盧之半爲忉利尉侯北方毗沙門統藥義衆，所治水精宫城護世，其住處曰紛陀利，曰質多羅，曰七林，曰摩倫，曰如意等。下壓象跡，當歡喜之地；上接蜂歌，離莊嚴之境。常憍尸迦將破怨敵，聖者奮勇健臂，出甲胄林，獨揭勝幢，不頓一戟，矍迦婁而垂翅，挨修羅而束手，猶怒折蓮柄，狂搜藕絲。」由此觀之，雖在空門，亦以忿怒鏖撲爲法大防，不獨世間攘巨寇者衽金浴鐵、强矯雄毅也。三層設大士像。門前古槐數株，婆娑清蔭。東有石屏，高八九尺，上刻龍水，鱗甲飛動，在斜陽蔓草間，亦銅駝石馬之類歟？

于敏中等《日下舊聞考》卷四五《隆福寺》　隆福寺在東城大市街之西北，明景泰四年建。本朝雍正元年重修。每月之九十日有廟市，百貨駢闐，爲諸市之冠。有世宗御製碑文，又御書真如殿匾曰慈天廣覆。乾隆十一年，皇上御書匾二，曰法鏡心宗，常樂我淨。《大清一統志》

臣等謹按：真如殿聯曰：覺海澄圓無所住；義天高廣本來空。皇上御書。

世宗皇帝《御製隆福寺碑文》：京城之内東北隅有寺曰隆福，肇建於明景泰三年，逾歲而畢工。營構之費悉出於官，蓋以爲祝釐之所。自景泰四年距今二百七十餘年，風雨侵蝕，日月滋久。朕昔曾經斯寺，有感於懷。兹乃弘施資財，庀材召匠，再造山門，重起寶坊。前後五殿，東西兩廡，咸葺舊爲新，飾以采繪。寺宇增輝煥之觀，佛像復莊嚴之相。既告厥成，因勒貞石，以紀其事。夫佛之爲道，寂而能仁，勸導善行，降集吉祥，故歷代崇而奉之。然朕非以自求福利。洪範曰，斂時五福，用敷錫厥庶民。言王者之福以被及羣生爲大也。然惟我皇考聖祖仁皇帝功德隆厚，歷數綿長，四海兆人胥登仁壽之域。自古帝王備福之盛，無有比倫。朕纘嗣鴻基，思繼先志，使遐邇烝民，嚮教慕義，俱植善果，各種福田。藉大慈之佑，感召休徵，錫以繁祉。井里安阜，耄期康寧，享太平之福永永無極，則朕所以受上天之景福承皇考之慶澤者，莫大乎是。此朕爲蒼生勤祈之至願也夫。

于敏中等《日下舊聞考》卷四三《大興隆寺》　正統十三年二月，修大興隆寺。寺初名慶壽，在禁城西。金章宗時所創。太監王振言其朽敝，上命役軍民萬人重修，費至鉅萬。既成，壯麗甲於京都諸寺。改賜今額，樹牌樓，號第一叢林，上躬臨幸焉。十三年十月，工完。督工太監尚義、工部右侍郎王永和、内官黎賢、主事蒯祥，各賞鈔有差。《明英宗實録》。

于敏中等《日下舊聞考》卷四三《雙塔寺》　雙塔寺即元慶壽寺，在西長安街。塔二：一九級，一七級。《春明夢餘録》。

九級者額曰「特贈光天普照佛日圓明海雲佑聖國師之塔」，碑題燕京編修所次二官王萬慶撰。畧曰：海雲名印簡，山西之寧遠人。八歲禮中觀沼公受戒，修童子行。年十一，能開衆講義，濟衆凶歲。金宣宗聞之，賜號通元廣慧大師。寧遠城陷，師與中觀皆執。青吉斯皇帝遣使語太師國王曰：老長老、小長老可好！自是天下稱小長老焉。一夕，夢神速其行，乃來燕。時中和老人章公住燕之慶壽寺，夢僧杖而入門，踞獅子座，是日師至。師每言於大官人胡土克曰：孔子聖人，宜世封以祀。又言：顔子、孟子後及習周孔學者皆宜免差役，勤服其業。從之。詔試僧道，不通經者還編户。師所著語録曰雜毒海。前後得其法者十四人。可庵朗公繼主慶壽寺焉。七級者額曰「佛日圓照大禪師可庵之靈塔」。今寺尚有海雲、可庵二像，衣皆團龍魚袋。海雲像，其弟子劉秉忠作贊。《帝京景物畧》。

按：青吉斯舊作成吉思，今照蒙古源流改正。胡土克，義見前，舊作忽都護。今譯改。

于敏中等《日下舊聞考》卷五二《弘慈廣濟寺》　弘慈廣濟寺，東望西安門，西接平則門帝王廟，南鄰乾石橋萬松老人塔，北近大街，寺基二十畝。《弘慈廣濟寺志》。

萬曆癸未，彭城伯張守忠、惠安伯張元善重修。《弘慈廣濟寺志》。

臣等謹按，弘慈廣濟寺舊爲西劉村寺，金時劉望雲建。明天順初，僧普慧因其址重葺之，賜額曰弘慈廣濟寺。本朝康熙三十八年奉敕重修，御製碑文勒石，并臨米芾觀音讚及滲金釋迦觀音普賢像頒賜寺中。正殿額曰「妙明圓通」，戒壇額曰「持戒律」，皆聖祖仁皇帝御書。乾隆十二年皇上臨幸兹寺，御製詩一首勒石殿西，并御書種諸善根額，恭懸殿内。

聖祖《御製弘慈廣濟寺碑》：蓋聞堂開鹿苑，誇祇樹之香林；境闢鷲峯，傳寶華之勝地。若其清風盈丈室，亦豈在於離羣；皎月映禪心，初何嫌於近市？正以琳宫伊邇，瞻龍象者知尊；精舍非遥，聽鼓鐘者易肅。兹弘慈廣濟寺，夙稱名刹，舊住高僧。梵宇莊嚴，峙鳳城之兑位；唄音宣朗，接紫陌之西隅。古木垂蔭於階除，皓鶴閒經於戺户。境幽塵隔，如在山林。心遠地偏，焉知闤闠？蓮花幢内，常明日月之燈；柏子香中，深入栴檀之海。六時禪誦，鐸鈴響徹丹霄；四海緇流，鉢錫雲依法界。藏經閣敞，珠聯貝葉之文；説戒壇高，石點雨花之偈。是以駐蹕常臨於浄地，揮毫特賁於禪扉。睠此幽恬，賞其清曠。僧湛祐，心通釋典，志勵虔修。葺陳構而維新，率羣衲以遵禮。住持僧然叢，克襄厥事，庭宇秩然。蓋其教以利益羣生爲本，其事以修持戒律爲歸，朕嘉其同善之心，挹彼廣慈之義。俯俞敦請，爰錫斯文。振寶筏之宗風，弘金繩之覺路。用垂貞石，以示來兹。

于敏中等《日下舊聞考》卷五二《寶禪寺》　寶禪寺在崇國寺之街西，即元大承華普慶寺也。成化庚寅，供用庫内官麻俊買地治宅，掘土得趙承旨碑，始知爲寺基。乃復建佛殿，山門廊廡廚庫悉具，聞於朝，改賜額曰寶禪寺，立太子少保户部尚書眉山萬安碑於庭。以寺既改額，承旨舊碑廢不復存。夫承旨書法，世所共珍，内官惟知少保尚書之文足重於世，而不知安之人品汙下，見其文者方且唾而不觀，咸以不見承旨碑爲憾也。《薊邱雜抄》。

趙孟頫《大普慶寺碑銘》：惟上帝降大命於聖元，太祖法天啓運聖武皇帝起自朔方，肇基帝業，以睿宗仁聖景襄皇帝爲之子。睿宗躬擐甲胄，翦金河南，雖不及撫有萬方，篤生聖嗣，是爲世祖聖德神功文武皇帝。雄畧蓋世，神武不殺，命將出師，不再舉而宋平。九域分裂者二百餘年，一旦一之，遐陬荒裔，咸受正朔，幅員之大，古所未有。於是治曆明時，建官立法，任賢使能，制禮作樂，文物粲然可紀。中統、至元之間，海内晏然，家給人足，而又妙悟佛乘，欽崇梵教，慈惠之德，洽於人心。肆世祖之享國三十有五年。施及裕宗文惠明孝皇帝，正位儲宫，仁孝而敬慎，問安視膳之暇，順美幾諫，天下陰受其賜多矣。至元廿二年，裕宗陟方。未幾，順宗昭聖衍孝皇帝亦遽賓天。三十一年，世祖登遐。當是時徽仁裕聖皇后不動聲色，召成廟於撫軍萬里之外，授是神器，易天下岌岌爲泰山之安。大德二年，武宗撫軍於北，今上日侍隆福，怡言煦之，摩手撫之，擇師取友，俾知先王禮樂刑政爲治國平天下之具，恩莫大焉。四年，裕聖上仙，皇上追思罔極，始建佛殿於大都。既而之國覃懷，屬成廟登遐，内難將作，上馳至京師，先事而發，殄殲大憝，封府庫，奉符璽，清宫以安太后，遣使以迎武宗。武宗既踐阼，以上至德偉功，不踰月而立上爲皇太子。上緬懷疇昔報本之意，乃命創佛宇，因其地而擴之，凡爲百畝者三。鳩工度材，萬役並作，置崇祥監以董其事。其南爲三門，直其北爲正覺之殿，奉三聖大像於其中。殿北之西偏爲最勝之殿，奉釋迦金像，東偏爲智嚴之殿，奉文殊普賢觀音三大士。二殿之間，對峙爲二浮圖，浮圖北爲堂二，屬之以廊，自堂徂門，廡以周之。西廡之間爲圓通之閣，中寘寶塔經藏焉。東廡之間爲總持之閣，奉大悲彌勒金剛手菩薩。齋堂在右，庖井在左。最後又爲二閣，西曰真如，東曰妙祥。門之南，東西又爲二殿，一以事護法之神，一以事多聞天王。合爲屋六百間，盤礎之固，陛戺之崇，題楶之騫，藻繪之工，若忉利兜率，化出人間，其工匠之傭，悉皆内帑，一毫不役於民。既成，賜名曰大普慶寺。給田地民匠碓磑房廊等以爲常住，歲收其入，供給所須。上既即大位，崇祥監臣請立石紀事，敕臣孟頫爲文。謹稽首再拜爲之頌曰：皇元應運，誕受萬方。帝以聖承，於前有光。明明天子，神明八葉。德盛功豐，富有大業。太祖張之，世祖皇之。天子康之，於赫皇武。皇武桓桓，聖謨孔彰。神器斯安。粤昔裕聖，功在社稷。我報之圖，天乎罔極。惟覺皇氏，具大神力。人天共依，是資福德。廼卜陰陽，相地柔剛。歲吉辰良，大匠是將。廼斲廼繩，築構[山耑]興。務殫乃心，毋費是懲。役者謳歌，相厥子來。匪民是庸，一須國材。有岑其宇，有踐其廡。有楹惟旅，金鋪雕礎。載瞻聖容，端相儼然。是依是崇，獲福無邊。皇帝仁孝，永命於天。聖子神孫，維千萬年。《松雪齋集》。

于敏中等《日下舊聞考》卷五二《白塔寺》 白塔寺建自遼壽隆二年，塔制如幢，色白如銀。至元八年，加銅網石欄。天順二年，改名妙應寺。《春明夢餘録》。

臣等謹按：壽隆原書作壽昌。按遼史，壽隆爲道宗年號，而無壽昌紀年。昌字蓋隆字之誤也，今改正。

妙應寺在阜成門内，寺右偏有白塔一座，創自遼壽昌二年，爲釋迦佛舍利建，内貯舍利戒珠二十粒，香泥小塔二千，無垢淨光等陀羅尼經五部。元至元八年，世祖發視，石函銅瓶，香水盈滿，色如玉漿，舍利堅圓，燦若金粟，前二龍王跪而守護。瓶底獲一銅錢，上鑄至元通寶四字。帝后閲之，愈加崇重，即迎舍利崇飾斯塔。角垂玉杵，階布石欄，簷掛華鬘，身絡珠網。制度之巧，蓋古今所罕有矣。《長安客話》。

凡塔下豐上鋭，層層笴拔也。白塔獨否，其足則鋭，其肩則豐，如膽之倒垂然。肩以上長項矗空，節節而起，頂覆銅盤，盤上又一小銅塔，塔通體皆白。《宛平縣志》。

至元十六年，建聖壽萬安寺於京城。二十五年四月，萬安寺成，佛像及窗壁皆金飾之，凡費金五百四十兩有奇，水銀二百四十斤。二十六年七月，幸大聖壽萬安寺，置栴檀佛像，命帝師及西僧作佛事坐静二十會。《元史・世祖紀》。

元貞元年正月壬戌，以國忌，即大聖壽萬安寺飯僧七萬。《元史・成宗紀》。

至治元年七月，奉仁宗及帝御容於大聖壽萬安寺。《元史・英宗紀》。

天曆元年十月，幸大聖壽萬安寺，謁世祖、裕宗神御殿。二年五月，幸大聖壽萬安寺，作佛事於世祖神御殿。《元史・文宗紀》。

世祖帝后影堂在大聖壽萬安寺，裕宗帝后亦在焉。世祖影堂藏玉册十有二牒，玉寶一鈕。堂有真珠簾，又有珊瑚樹、碧甸子山之屬。《元史・祭祀志》。

臣等謹按：元代影堂久廢，玉册玉寶等物今俱無存。

至正二十八年六月甲寅，大都大聖壽萬安寺災。是日未時雷雨中，有火自空而下，其殿脊東鼇魚口火焰出，佛身上亦火起。帝聞之泣下，亟命百官救護。惟東西二影堂神主及寶玩器物得免，餘皆焚燬。此寺舊名白塔，自世祖以來爲百官習儀之所。其殿陛欄楯一如内廷之制。成宗時置世祖影堂於殿之西，裕宗影堂於殿之東，月遣大臣設祭。《元史・五行志》。

天順元年，改妙應寺賜額。成化元年，於塔座周圍甎造燈龕一百八座以奉佛塔。相傳西方屬金，故建白塔鎮之。然同時元創有五色塔，而今僅有黑塔在其後，餘湮没莫考。

臣等謹按：妙應寺舊名大聖壽萬安寺，又名白塔寺，在阜成門街北，創自遼道宗年間。元至元二十六年，奉迎栴檀佛像居寺之後殿，詳弘仁寺條下。明天順元年，改名妙應，本朝康熙二十七年，修寺與塔，有御製碑文二立石殿庭中。乾隆十八年重修，御書般若波羅密多心經一卷及梵文尊勝咒，並賜大藏真經全部七百廿四函，以爲塔之鎮。御製修妙應寺文及修白塔銘俱勒石七佛殿庭中。正殿扁曰意珠心鏡，塔下三寶殿扁曰具六神通。聯曰：風散異香禪偈静，鳥窺清唄法筵開。皆皇上御書。四十一年，奉敕又修。寺内有御製滿、漢、蒙古、西番合璧大藏全咒十套，西番首楞嚴經一分，維摩詰所説大乘經全部，寺僧敬謹尊藏。

于敏中等《日下舊聞考》卷五三《崇國寺》 崇國寺在皇城西北隅定府大街。元時有東西二崇國寺，此則西崇國寺也。趙孟頫書有寺碑。宣德間重建，賜額大隆善護國寺，今都人猶稱崇國焉。《燕都遊覽志》。

臣等謹按：定府大街在東而護國寺在西，中隔德勝門大街。遊覽志云，寺在定府街，殆紀載之訛也。又護國之名，乃明成化間所增。此云宣德，亦屬失考。至都人稱崇國者，或當日初改寺名時語，今皆稱爲護國寺矣。

大隆善護國寺，都人呼崇國寺。寺始至元，皇慶修之，延祐修之，至正又修之。元故有南北二崇國寺，此其北也。宣德己酉，賜名隆善。成化壬辰，加護國名。正德壬申，敕西番大慶法王淩戩巴勒丹、大覺法王札什藏布等居此。中殿三，旁殿八，最後景命殿。殿旁塔二，曰佛舍利塔。成化八年勑碑二，正德七年勑碑二，梵字碑二。又天順二年碑二：其一西天大喇嘛桑噶巴拉行實碑，其一大國師智光功行碑。又有元碑四：其一至元十一年重修崇國寺碑，沙門雪磵法楨撰；其一至正十四年皇帝勑諭碑；其一皇慶元年崇教大師演公碑，趙孟頫撰并書；其一石斷爲七，環鐵束而立之，至正二十四年隆安選公傳戒碑，危素撰并書。寺爲托克托丞相故宅，今千佛殿旁立一老髯幞頭朱衣，一老嫗鳳冠朱裳者，托克托夫婦也。後僧録司，司右姚少師影堂。少師佐成祖爲靖難首勳，侑享太廟。嘉靖九年移祀大興隆寺，俄寺災移此。木主題推忠報國協謀宣力文臣特進榮禄大夫上柱國榮國公姚廣孝。像露頂袈裟趺坐，上有偈，署獨庵老人題。獨庵，少師號也。

于敏中等《日下舊聞考》卷五四《萬善寺》 萬善寺在北居賢坊，有勑建碑。《明順天府志》

臣等謹按：濟陽等衛今無考。北新倉、大軍倉詳官署門。五岳觀今存，其地即以是名。創自宋元間，明萬曆八年重修，有吏科給事中吳文燦撰碑。圓寧寺在今羊管衚衕，係元時舊蹟，以僧圓寧得名。明嘉靖十五年，沙門朽庵、宗林重修，其碑尚存寺中。又有元時石碣，亦作圓寧，其爲圓寧寺無疑。朱彝尊原書引五城坊巷衚衕集誤作元寧，今門額亦作元寧者，乃書額者未之考耳。報恩寺今存，內有碑一，明成化二年修撰嚴安禮撰。柏林寺在今雍和宮東，建於元至正七年，明正統間重建。有正統十二年祭酒李時勉碑。金太監寺今已毁，其地猶名金太監衚衕云。萬善寺亦在今羊管衚衕，明隆慶三年重修，有禮部尚書趙貞吉碑。

于敏中等《日下舊聞考》卷五六《法藏寺》 法藏寺舊名彌陀寺，金大定中立。景泰二年太監裴善静修之，更曰法藏。有祭酒胡濙、沙門道孚二碑。道孚，戒壇第一代戒師，世人稱鵝頭祖師者也。北地多風，故塔不能空，無可登者。法藏寺彌陀塔獨空其中，可登。塔崇十丈，窗八面。窗置一佛，凡五十八佛。佛設一燈。歲上元夜，僧然燈繞塔奏樂，金光明空，樂作天上矣。《帝京景物略》

于敏中等《日下舊聞考》卷五八《慈源寺》 慈源寺東數百武有關王廟，相傳即元崇恩萬壽宫。殿中塑像甚古，作姚彬被縛狀，殆元時舊塑。元設梵像提舉司，專董繪畫佛像及土木刻削之工，故其藝特絶，後人不能爲也。寺僧云，彬初爲黄巾賊將，貌類關公，其母病，思食良馬肉。彬知公所騎赤兔最良，因投麾下，竊赤兔以逃。關吏察其音不類河東，執以歸公。彬伉慨請死，臨刑忽大哭，公問之，則以與母永訣故爾。乃釋之。事不見於正史，世所傳關公事蹟亦無之。荒唐之辭不知何所本也。《寄園寄所寄録》

于敏中等《日下舊聞考》卷五八《明因寺》 正陽門外三里河東之明因寺，有李伯時渡海尊者卷，不知何年爲人賺去。存者贋本，而僧不知也。萬曆二十九年，紫柏大師自五臺來，夜夢十六僧請掛瓶鉢。亭午，有負巨軸售者，軸凡十六，貫休所畫羅漢也。師嘆異購之，各係以贊，傳寺中。天啓二年，董宗伯其昌過此，書佛成道記。宗伯三十年前見紫柏此寺中，索書成道記，尋前諾也。今揭石置僧寮左壁。《帝京景物略》

明因寺，故三聖寺也。萬曆初，慈聖宣文明肅皇太后改建賜額。殿左一碑，萬曆十七年立，司經局洗馬汝南王祖嫡撰。殿右一碑，萬曆二十年立，禮部左侍郎汝南何洛文撰。殿後右廡有董尚書其昌所書釋迦如來成道記，自稱香光居士記，凡十二版，嵌於南北壁，各六版。天啓四年刻石。帝京景物略謂在僧寮左壁，非也。《散懷録》

臣等謹按：今明因寺尚有十六羅漢畫軸，上有明萬曆時釋真可贊，似是後人僞託，非當時真蹟也。王祖嫡、何洛文二碑尚可讀，董其昌釋迦成道記石刻亦在寺中。

于敏中等《日下舊聞考》卷五九《大慈仁寺》 大慈仁寺殿前二松，相傳元時舊植，臺石一株尤奇。寺後毘盧閣甚高，望盧溝橋行騎歷歷可數。閣下瓷觀音像高可尺餘，寶冠緑帔，手捧一梵字輪，相好美異，僧云得之窑變，非人工也。《燕都游覽志》

臣等謹按：大慈仁寺在廣寧門大街之北，門額曰大報國慈仁寺，亦稱報國寺。元時二松已無存，毘盧閣亦久圮。本朝乾隆十九年發帑重修，正殿恭懸皇上御書額曰亨衢覺路。聯曰：廣長舌在無言表；清浄身參非色間。後殿御書額曰得清浄理。殿庭之右恭立御製重修報國寺詩碑。窑變觀音像今奉於正殿之後，北向。龕座周鐫御製窑變觀音像記，龕内御寫慈竹數竿，題修寺詩於上，并跋。龕左右御書聯曰：覺海化身現金粟；普門香界湧青蓮。其龕，内府所製也。

蔣德璟記：報國寺在宣武門外可二里，成化中重修，蓋憲宗爲皇太后祝釐處。初入東廊，憩禪悦庵，少遲入寺後總聖門禮佛，兩旁名畫百二十軸，皆天堂地獄變相，僧云宫内送至寺者。登大毘盧閣，三十六級，閣外通廊，環行一週，俯視西山，若在襟袖。遂行觀劉公定碑，出總聖門，過正殿，則雙松偃蓋，皆數百年物。東者可三四丈，有三層；西則僅高二丈，枝柯盤屈，横斜蔭數畝，其最修而壓地者，以數十紅架承之。移榻其下，梳風羃翠，一庭寒色。《春明夢餘録》

于敏中等《日下舊聞考》卷五九《歸義寺》 歸義寺在善果寺西，遼刹也。天王殿前一碑，無撰書人姓氏，額題「彌陀邑特建起院」。碑文稱寺肇自清寧七年，買徐員外地，遂爲歸義寺，備書寺基牆垣尋尺以及佛像經藏之數。碑陰首書疏主懺悔師守司徒純慧大師賜紫沙門守臻，本行僧録檢校司空精修大師賜紫沙門智清，次載邑衆姓名，開府儀同三司守太尉兼中書令豳國公劉二元，開府儀同三司兼侍中開國公趙徽，建雄軍節度使開國公劉需，諫議馬子詮，尚書張挺，中舍李思闕，秘書省校書郎劉文，左班殿直韓允，右班殿直王規，燕遼國妃劉蕭氏，遼國夫人杜鄭氏，其餘邑首、邑長、邑正、押司官、印官副、正副録知歷，錢物名號不一，又數十人。《倚晴閣雜抄》。

臣等謹按：善果寺之西半里許有菜圃，遼碑在焉。《倚晴閣雜抄》謂其地即歸義寺，以碑考之，似別爲一寺，而歸義寺乃在其北也。碑乃鄉人衆建者，絶無文理，無撰人姓名，字亦半剥落，就其可見者讀之，中數行敍買地契券以歸義寺爲北至，不云地即歸義寺也。倚晴閣雜抄云，買徐員外地遂爲歸義寺，想亦因碑無文理而誤讀耳。碑陰姓名今亦半剥落矣。

歸義寺創於遼，内有石幢記，作駢語，末書會同九祀龍集敦牂元月二十一日謹記。又記云，大遼保寧闕年都亭闕侯太原王公爲王妣自會同九年捨資就奉福寺文殊殿前，又建法幢於灦村之墳京東之墓云云，建幢女弟子張氏長男攝祁州司馬闕、次男留守押衙前都亭驛使闕、次男攝寰州長史恕、長女成郎婦、次女李郎婦、次女陳郎婦、未嫁女吉年、孫男三牛、銀青崇禄大夫檢校工部尚書兼御史大夫上柱國鄭承嗣、表弟閤門使崇禄大夫檢校闕部尚書兼御史大夫上柱國郭陟、次表弟將仕郎前守昌平縣主簿郭闕，鐫字者尹奉威也。《人海記》。

歸義寺在舊城時和坊，内有大唐再修歸義寺碑，幽州節度掌書記榮禄大夫檢校太子洗馬兼侍御史上柱國張冉撰。略曰：歸義金刹，肇自天寶歲，迫以安氏亂常，金陵史氏歸順，特詔封歸義郡王，兼總幽燕節制，始置此寺，詔以歸義爲額。大中十年庚子九月立石。《析津志》。

臣等謹按：歸義寺，朱彝尊所引諸書俱以爲遼刹，考《析津志》所載，則寺實建於唐。遼時石幢久淪土中，本朝乾隆三十九年，土人於菜圃掘得之，記凡二篇，今其幢移置善果寺内。

于敏中等《日下舊聞考》卷五九《昊天寺》 昊天寺，遼刹也，碑記無一存者，訪之惟有萬曆間山陰朱敬循一碑。其建置本末俱不詳，塔址已爲居民所侵。寺門一井，泉特清洌，不下天壇夾道水也。《析津日記》。

臣等謹按：昊天寺故基在西便門大街之西，今已廢爲農田，古蹟久湮。寺有寶塔，今無考。遼道宗碑及額之外，尚有乾文閣待制孟初碑，見元一統志，今俱無考。即明朱敬循碑亦不可得見矣。惟井泉尚存。

大昊天寺在舊城，寺建於遼。按乾文閣待制孟初所撰燕京大昊天寺傳菩薩戒故妙行大師遺行碑銘，道宗清寧五年，秦越大長公主捨棠陰坊第爲寺，土百頃，道宗施五萬緡以助，勅宣班殿學士王行己領役。既成，詔以大昊天寺爲額，額與碑皆道宗御書。大殿之後，建寶塔高二百尺，有神光飛繞如火輪，清信施財者沓至。師壽八十二。又按遼咸雍三年翰林學士王觀奉勅撰御筆寺碑，謂尾絡之分，燕爲大邦。闢千里之日圍，聚萬家之星井，中有先公主之館地。雕華宏冠，甲於都會，改而爲寺，遵遺託而薦冥福也。詔王行己督轄丁匠，梓者斤，陶者埴，金者冶，彩者繪，錘雲屯，杵雷動，三霜未逾而功告畢。櫟宇廊廡，亭檻軒牖，甍簷栱桷，欄楯櫟櫨，皆飾之以丹青，間之以瑶碧，金繩離其道，珠網罥其空。縹瓦鴛翔，修梁蜺亘。曉浮佳氣，涵寶砌以生春；夜納素輝，爍璿題而奪晝。又曰：中廣殿而崛起，儼三聖之睟容，傍層樓而對峙，龕八藏之靈編。重扉呀啓，一十六之聲聞列於西東，邃洞異舒，百二十之賢聖分其左右。或鹿苑龍宮之舊蹟，或刻檀布金之遺芬。種種莊嚴，不可殫記。《元一統志》。

郝經《登昊天寺寶嚴塔詩》：旭日燒銅輪，赤氣繞軍轂。平步登青天，陸海一龍窟。寶藏沙刼開，突兀翻地軸。瑰奇入霄漢，締構窮土木。高穿翡翠籠，直到蓮心出。錯落金鯨鱗，蹭蹬木蛇腹。致身知幾層，如覺重錦束。巧碎雕鎪心，力盡撐拄骨。合沓三天神，倚疊萬國佛。丹青雜珠琲，新若手未觸。盤盤老風烟，天門鎖寒玉。乾坤一柱旁，日月互生没。六年五入燕，空爲眼中物。於今始一登，頓覺超凡俗。曠宇淩高寒，飄飄肆遐矚。海卷碣石回，天壓陰山覆。盧溝一衣帶，居庸險何足？蒼蒼金臺雲，青青薊邱竹。昔賢今不見，悵望空注目。下視極羽淵，黄能尚盤屈。窟宅幾千祀，潛姦富凶毒。魑魅不能禦，何人與驅逐。燕雲割山河，神州疆理蹙。稱臣又呼父，萬古天王辱。一登還百憂，慘澹意回復。安得脱世網，對此傾醽醁？慷慨澆心胸，醉向天邊宿。《陵川集》。

于敏中等《日下舊聞考》卷六〇《憫忠地》 燕山京城東壁有大寺一區，名憫忠。廊下有石刻云，唐太宗征遼東高麗回，念忠臣孝子没於王事者，所以建此寺而薦福也。東西有兩甎塔，高可十丈，云是安禄山、史思明所建。《塞北事實》。

臣等謹按：文惟簡塞北事實稱，燕山京城東壁寺名憫忠，蓋唐時幽州鎮城遺址在今外城之西及廣寧門外地，故寺在其東。後條所載采師倫書重藏舍利記稱，寺在子城東門東百餘步。又景福元年碑亦云，大燕城内地東南隅有憫忠寺，門臨康衢。可互證也。今則在外城之西隅矣。廊下石刻及東西兩甎塔俱無考。寺額唐曰憫忠，明正統中改名崇福。本朝雍正十一年，世宗憲皇帝發帑重修，十二年二月工竣，賜額曰法源。山門内爲大雄寶殿，皇上御書額曰法海真源。聯曰：慧雨曇雲，清淨契無爲之旨；金乘珠藏，通明開不二之門。次爲戒壇，聖祖仁皇帝御書額曰覺路津梁。次爲無量殿，聖祖御書額曰存誠。皇上御書聯曰：參透聲聞，翠竹黄花皆佛性；破除塵妄，青松白石見禪心。次爲大悲壇，有皇上御書額曰善燈普照。聯曰：花雨靜飄空色外；心珠長印摩尼中。最後爲藏經閣，有聖祖御書藏經閣三字。殿前恭勒世宗御製法源寺碑，内閣學士兼禮部侍郎勵宗萬奉勅書。又有皇上御書心經碑，俱恭立殿庭。乾隆四十三年重修。

《〔乾隆〕熱河志》卷七七《寺廟一・永佑寺》 永佑寺在山莊内萬樹園。乾隆十六年建，南嚮，聯額皆御書。門外樹坊三，中曰仁壽世界，曰慈悲法門；果曰法瞻龍象，曰錫振雷音，西曰優曇耀采，曰薝蔔霏香。門三楹，額曰「永佑寺」。入門，前殿五楹，供彌陀佛，額曰「住世慈緣」，聯曰：得現一切色身善應常修智方便；成就甚深慧力普明獨證法圓通。丹墀刻碑二，恭鐫御製碑文，左一通前清文後蒙古文，右一通前漢文後西番文。後爲寶輪殿五楹，供三世佛、八大菩薩，額曰「法雲真際」，聯曰：松磴雲開宛呈真實相；蓮池月朗長印妙明心。配殿東曰妙覺，西曰慧昭。又後殿五楹，供無量壽佛，額曰「身心平等」，配殿東曰普惠，西曰廣仁。其東爲能仁殿，額曰「無畏清涼」，聯曰：凡有爲中皆幻相；到無心處是真禪。後殿之北，拔地窣天爲舍利塔，額曰「妙蓮湧座」。八方各有聯，南曰：佛幢結鬘安禪竟；僧帽披雲禮梵初。東南曰：觚稜日上槃承露；鈴鐸風迴座散花。東曰：屹峙錘峯標窣堵；分流濡水指神州。東北曰：浮圖彩煥神明舍；塞苑祥開納鉢天。北曰：户外七星羅玉宇；園中萬樹拱珠標。西北曰：積雪全消横遠嶺；浮雲淨卷俯高樓。西曰：夕靄明邊雁臺出；晨霞起處鷲峯來。西南曰：挂簷新月參三點；射角明河映九層。塔凡九層，層各有額，曰「初禪精進」，曰「二諦超宗」，曰「三乘臻上」，曰「四花寶積」，曰「五智會因」，曰「六通普證」，曰「七果圓成」，曰「八部護持」，曰「九天香界」。第一層東北壁恭刻御製詩。塔後豐碑屹立，面南鐫《御製永佑寺舍利塔記》，面北鐫《御製避暑山莊百韻詩并序》。面塔殿三楹，聯曰：軒庭懸舜日；岩壑蔚龍光。上有樓，正中恭奉聖祖仁皇帝御容。

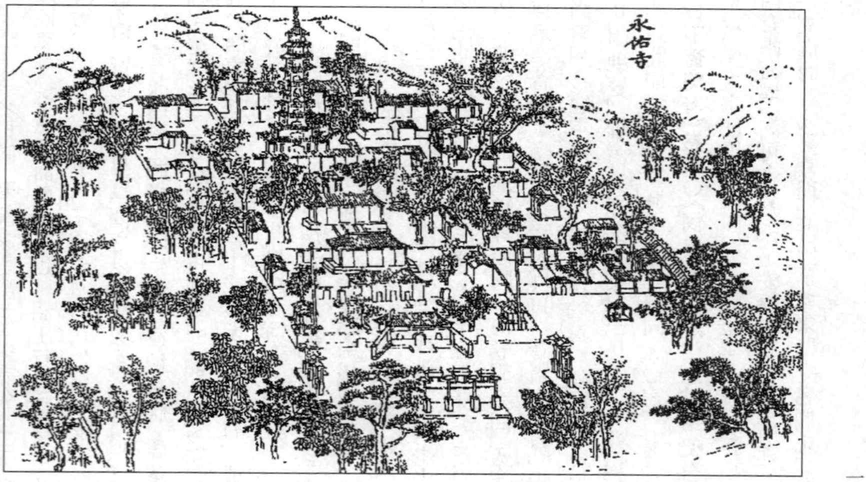

上每至山莊，必先詣展拜。乾隆二十七年秋八月二十三日，恭遇世宗憲皇帝諱辰，上思慕齋居，情殷僾愾，爰奉御容於樓之東楹，至日躬親瞻仰，用申依戀。樓西偏精藍三楹，爲寫心精舍，額曰「日就月將」，聯曰：今昔感頻增綣茲風露；寸分陰並惜寄彼縹緗。爲恭謁神御時臨憩之所。寺基在甫田叢樾之東，左傍宫牆，後環列水，樂成閣峙其東北，春好軒敞其東南，松牖雲扃，花香鳥語，誠龍象之福徵也。

《〔乾隆〕熱河志》卷七九《寺廟三・普寧寺》 普寧寺在熱河行宫東北五里獅子溝。乾隆二十年，平定準噶爾，上幸避暑山莊，四衛拉特部落來覲，賜宴封賚，敕建普寧寺，以昭武成。仿西藏三摩耶廟制，寺南嚮，聯額皆御書。門外樹坊三，中額曰「勝緣」，曰「法護」；東額曰「金界」，曰「寶林」；西額曰「福田」，曰「覺海」；門額曰「普寧寺」。門内正中碑亭，植碑三，恭鐫御製碑文。左右鐘鼓樓，中天王殿五楹，又内正殿七楹，供三世佛。前楹額曰「金輪法界」，聯曰：鎮留嵐氣閒庭貯；時落鍾聲下界聞。殿内額曰「大雄寶殿」，聯曰：福溥人天阿耨耆，閣開紫闕妙涵空。有栴檀薝蔔擁金繩。殿内佛背光，上額曰「仁佑大千」。後楹聯曰：震旦教宏宣，廣刹曇雲普資福蔭；朔陲功未定，新藩鱗集長慶寧居。殿後，從盤道上，閣供

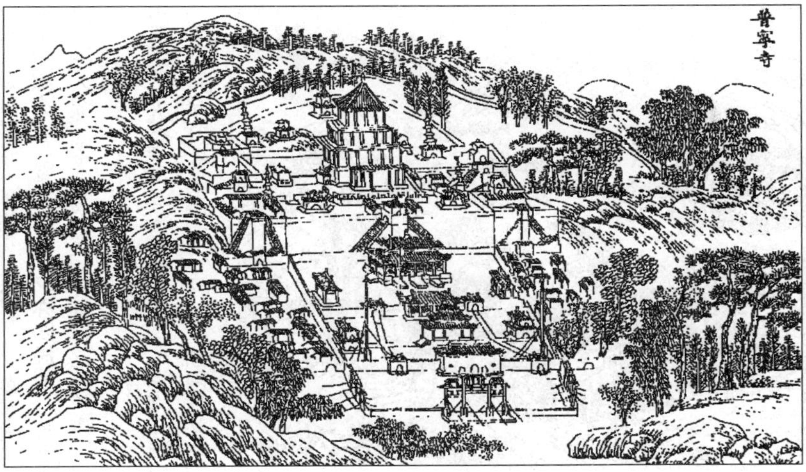

諸佛菩薩，額曰「大乘之閣」，月臺左右五色浮屠，四列四大部洲，四小部洲。閣三層，各七楹，下層額曰「鴻庥普陰」，前楹聯曰：耆崛天開金碧輝煌香界朗；精藍雲護栴檀馣馤梵林深。閣内聯曰：具大神通完十行；是真清淨現三身。二層聯曰：廣大真言參不漏；色空妙諦證無遮。上層額曰「真如圓滿」，聯曰：傳大千法寶；闡第一宗風。閣東精舍五楹，爲臨憩之所，額曰「妙嚴室」，聯曰：對物共春臺豳風入詠；願人登福地王會成圖。閣西爲講經堂。洪維我皇上以無量願力創開福地，俾西域萬象億載普寧，入寺瞻仰者合掌頂禮，頌神功而祝聖壽，真如普賢震旦湧現皈依也。

《(乾隆)熱河志》卷七九《寺廟三・安遠廟》 安遠廟在熱河行宮東北山麓，

距普寧寺東南二里許。乾隆二十四年，以降人達什達瓦部遷居山下，二十九年，敕

建安遠廟，倣伊犁固爾札廟式。廟西南嚮，門額曰「安遠廟」，繚垣正方，四面各有門。中爲普度殿，三層，週以迴廊六十有四楹，所謂都綱也。迴廊前立石，鐫御製詩，具清、漢、蒙古、唐古忒四體書。殿内御書聯曰：竺乾雲護三摩峙；朔塞風同萬里綏。殿壁週繪佛國源流，各識佛號於其旁，亦四體書。殿最上層恭藏御用甲，伏昭鴻勳也。每歲藩部入覲，咸集廟下，莫不歡喜膜拜，讚嘆佛力涵濡，聖恩安遠之義大矣。

《〔乾隆〕熱河志》卷七九《寺廟三・普樂寺》 普樂寺在熱河行宫東北二里許。西陲平定後，既建普寧寺、安遠廟，以示綏懷。廟南地勢寬廣，三十一年，復

勅建兹寺，東嚮，御書門額曰「普樂寺」，前殿額曰「宗印」。殿左右配殿各一，北爲勝因殿，南爲慧力殿，皆兼清、漢、蒙古、唐古忒四體書。正殿供上藥王佛，額曰「福慧圓成」，聯二，一曰：龍象護諸天毫相瞻時妙嚴普覺；漢瀛會初地法輪轉處安樂常臻。一曰：三摩印證喻恒河人天皆大歡喜；七寶莊嚴現香界廣輪徧諸吉祥。西有門達經壇，門内植碑一，恭鐫御製碑記。壇上四面有門，東額曰「須彌增勝」，西額曰「舍衛現祥」。上有圓亭二層，前檐額曰「旭光閣」。皆兼四體書。亭中四面有聯，東曰：竺乾法示西來意；震旦光圓東嚮因。西曰：化成層拱通乾闥；屬國環歸過月氏。南曰：花凝寶蓋皈真相；雲擁祥林現化身。北曰：妙演梵城超最上；廣臻法會樂無遮。又東山門一座，額曰「通梵門」，亦兼四體書。每歲秋巡，諸藩入覲瞻禮金容，如上春臺，同遊化宇也。

《〔乾隆〕熱河志》卷八〇《寺廟四・普陀宗乘廟》 普陀宗乘廟在行宫北里許。乾隆三十五年，舊藩新附，溥慶臚歡，命倣西藏布達剌都綱法式，創建兹宇。御書額曰「普陀宗乘之廟」。東西二門，額曰「威嚴総持」，曰「寶光普耀」。門内額曰「廣圓妙覺」。寶坊前額曰「普門應現」，後額曰「蓮界莊嚴」。前殿八楹，額曰「無量福海」。又十六楹，額曰「千佛之閣」。皆兼四體書。殿内聯曰：妙相合瞻千利資諸福；繁釐同祝萬歡洽羣藩。中殿二十楹，又十八楹，後殿二十五楹，殿外檐額曰「落伽勝境」，曰「文殊勝境」，曰「萬法歸一」，皆兼四體書。殿内額曰「妙德圓成」，曰「淨性超乘」，曰「萬緣普應」，聯曰：獅座具神威咸欽奮迅；鷲峰瞻相好普現莊嚴。曰：法界溯中臺臻大歡喜；化身現上塞護妙吉祥。曰：総持初地法輪資福勝因延上塞；廣演恒沙梵乘能仁宏願洽新藩。殿樓上聯曰：梵教流傳宗遞演；化身應現慧常融。八方亭外額曰「權衡三教」，六方亭外額曰「慈航普渡」，皆兼四體書。亭内額，一曰「精嚴具足」，一曰「示大自在」，聯曰：法界現神威即空即色；梵天增大力非住非行。又曰：水鏡喻西來妙觀如是；月輪悟南指合相云何。樓額曰「普勝三界」，四面羣樓，額南曰「秘密勝境」，北曰「極樂世界」，東曰「度經之閣」，東樓上曰「阿閦鞞佛壇城」，曰「觀世音菩薩壇城」，曰「無量壽佛壇城」，曰「釋迦佛壇城」，曰「雅曼達噶壇城」，曰「喜金剛壇城」，西曰「大乘妙峯」，皆兼四體書。聯十三，一曰：纓鬘垂護花龕彩；獅象馴依鷲嶺輝。一曰：佛刹現乾城法資喻筏；禪宗開震旦教演傳燈。一曰：以此無量慈同參不二；喻彼有爲法普渡大千。一曰：統須彌界天護持常住；徧華嚴海會應現隨方。一曰：秘印妙持超四果；圓光正覺示三乘。一曰：現法化

報身曇霏遍蔭；統先中後際象教同持。一曰：初地相光全総持一化；諸天梵香聚共演三摩。一曰：般若相常融具五福德；菩提心並證增八吉祥。一曰：覺觀印圓通能仁普示；識田悟清浄妙智同修。一曰：功德示經文香薰薝蔔；莊嚴瞻相好光暎琉璃。一曰：持法利身心衆生並濟；隨緣施願力一切常圓。

一曰：佛光普護三千界；壽域常開萬億春。一曰：寶樹交輝香不斷，祥輪常轉法無邊。廟謨輪奐，天藻輝煌，真佛國之化城，人間之福地矣。

《〔乾隆〕熱河志》卷八〇《寺廟四·殊像寺》 殊像寺在普陀宗乘廟西，名因臺麓，制倣香山。緣起備詳御製詩序。寺門三楹，南嚮，恭刻御書「殊像寺」額。寺額多具四體書。左右有鐘鼓樓，内爲天王殿。東西配殿各五楹，東曰饌香堂，西曰演梵堂。内爲會乘殿，殿七楹，額曰「會通三際」，聯曰：發心爲衆生緣深入善權菩薩果；現相如三世佛了分身住曼殊牀。又東西配殿各三楹，東曰指峯殿，西曰面月殿。其後建八方亭，額曰「寶香閣」，又曰「浄名普現」，聯曰：佛說

是本師宏宣象教；天開此初地示現獅峯。又東西配殿各三楹，東曰雲來殿，西曰雪浄殿。更内爲樓十八楹，額曰「清涼樓」，又曰「相合臺懷」，聯曰：地上拈將一莖草；樓頭現出五臺山。樓下額曰「妙五福德」，聯曰：地分臺麓示居國；座挹錘峯供養雲。又東西配殿各五楹，東曰吉暉殿，西曰慧喜殿。寺旁築室三楹，額曰「香林室」。又樓三楹，額曰「倚雲樓」。恭繹聖製，清涼五峯，香山塞山，非彼非此。所謂一而二，二而一，無分别，見作平等。觀曼殊闡義，得未曾有也。

《（乾隆）熱河志》卷八〇《寺廟四・須彌福壽廟》 須彌福壽廟，歲在庚子，恭逢皇上七旬萬壽時，則班禪額爾德呢祝釐來自後藏。上嘉其遠至，於山莊建

札什倫布廟居之。唐古特語札什爲福壽，倫布謂須彌山也。廟門南嚮，恭刻御書額曰「須彌福壽之廟」。廟額多具四體書。東西二山門有題額，一曰「梵香遍滿」，一曰「法界圓成」。碑亭一，額曰「智光普照」。寶坊一，額曰「總持佛境」。都綱殿樓三重，額曰「妙高莊嚴」。殿内面南額曰「寶地祥輪」，聯曰：開大般若臺朗照宗鏡；具妙莊嚴相深護法雲。又曰：證三摩菩提圓裝七寶；超六波羅密座湧千花。又曰：圓鏡照三千是空是色；妙香聞二六即佛即心。又曰：妙曼擁珠城莊嚴具足；芬陀承寶蓋福慧圓成。面北額曰「福緣恒演」，聯曰：現象香國身增五福德；説最上乘法證八吉祥。又曰：仙露浄塵根花垂薝蔔；香風翔法界樂送迦陵。又曰：證最勝因光華開七寶；溥無量壽安樂演三乘。東爲御座樓，聯曰：風鈴常轉蓮花藏貝葉；閒披金字經更内佛樓。二重額曰「生歡喜心」，聯曰：龍象莊嚴妙不可思議；人天歡喜普如是吉祥。又曰：見性悟真源參聖如意；定心觀妙諦示佛因緣。殿上層額曰「吉祥法喜」，殿内聯曰：寶閣護香雲静資禮梵；靈峯呈壽相妙悦安禪。下層額曰「芬陀普湧」，殿内聯曰：初地總持超梵乘；恒沙普演護祥輪。又御座樓南北殿各二重，北殿懸「南無阿彌陀佛」額，聯曰：到來佛相原如是；静處塵心那更生。又曰：功德無邊復無量；因緣非色亦非空。南殿東楹聯曰：現法化報身共依圓覺；攝聞思修教遍示妙明。西楹聯曰：象法湧祥輪西方震旦；智光騰寶炬海藏天宫。客堂額曰「萬法宗源」，聯曰：便有香風吹左右；似聞了義示緣因。仰惟壽宇宏開，皇風普鬯，西方妙法，同我太平。伏誦御製記文，仰見我朝聲教恢紘，卓越千古，非獨者崛闍山阿耨達水，頌無量功德已也。

《（光緒）重修天津府志》卷二五《輿地七・寺觀・海光寺》 海光寺在南門外，康熙四十五年建，初名普陀寺。五十八年，賜廟額曰「敕賜海光寺」，賜正殿額曰「隨處潮音」，賜正殿聯曰：水月應從空法相；天花故落映星龕。前志。宋師會《海光寺賦序》節録：海光寺者，湘公上人所住持也。歲在丙戌，天津總鎮藍公開水田於南門外，創普陀寺，延上人爲方丈，主於時。大殿未完，閣甫立，拄席未煖，而藍公陞任於閩，工程中止。上人以機緣未至，冷坐一室者十年。丙申，余備員運使，閒過其地，憫其日穨月廢，始爲之建山門，完大閣。戊戌，爲之築墻垣，謀廊廡。己亥，爲之開河取土，以崇寺基。恭遇駕幸西淀，上人以扁舟迎謁，奏對稱旨，賜紫賜額。於是直隸制府趙公、守道李公、津道朱公、分司杜公，皆仰體聖心，踴躍抒誠，鳩工卜日，不終歲而凡叢林所應建者，無不備舉。金碧輝煌，規模鉅麗，天下皆知有海光寺焉。辛丑，啟建道場，奉有鹽法道瞻禮之旨，九十日勝事彌

天，懽聲動地。余就寺之所有，目之所見，作一賦以鋪揚太平之盛。乾隆閒，賜正殿額曰「普門慧鏡」，賜正殿聯曰：覺岸正光明如水如月；法流大自在非色非空。賜寺內御書樓聯曰：春物薰馨含慧業；名禽宛轉入聞思。賜寺內大士樓聯曰：不生波處心恒定；大寂光天相總融。賜寺內後樓聯曰：歡喜白毫光妙明合印；莊嚴香水海安隱同參。有御製詩石刻。恭載卷四。嘉慶閒，賜正殿額曰「慈照圓窔」，賜正殿聯曰：法相總持通海會；性空無盡發天光。

《〔光緒〕重修天津府志》卷二五《輿地七·寺觀·望海寺》 望海寺在城外河北岸。前志。乾隆元年，巡鹽御史三保題請重修。賜正殿額曰「瀛壖慈蔭」，賜正殿聯曰：普度指通津慈航示喜；真如參覺海法界超塵。賜後殿額曰「海藏持輪」，賜後殿聯曰：證彼岸恒沙視茲喻筏；匯衆流一滴笑與拈花。有御製詩石刻。恭載卷四。嘉慶閒，賜正殿額曰「鏡流法喜」，賜正殿聯曰：滴水悟三乘妙參筏寶；大瀛收一覽慧徹珠圓。《縣志》。

《〔光緒〕重修天津府志》卷二五《輿地七·寺觀·地藏菴》 地藏菴在城北十八里，前志。順治六年建，嘉慶四年重修。《縣志》。姚廷贊《重修地藏菴碑記》節録：青縣北關外，舊有地藏菴，兩經兵火，屢罹奇荒，僧徒闃其無人，榱椽毁而莫搆。道人張應節募衆再造之，始爲薙草開林，繼復崇基表象，原殿廓而大之。左、右新增二廡，內塑十閻王及地獄、天堂諸像。二門外復置小殿二座，一塑三曹，一塑城隍、土地、五道衆神。蔽之以庭堂，峻之以陛級。殿后禪舍、廚房，森立環列，繚以周垣，飾以丹堊，斷烟荒草，倏爾金碧輝煌。名爲仍舊，功固有十倍于創始者矣。余因是而有感焉。本來無物，五蘊皆空，釋氏之教也。我佛以空寂爲妙明，等世法如泡影，而何有于遺像乎？世道不留，桑田變遷，秦餘空山，漢遺茂草，矧茲一宇漫同靈光，今日之金碧輝煌，安知非後日之斷烟荒草？以正法眼視之，不均屬無有耶？然像顯可徵，雖愚不惑，形潛莫睹，在智猶迷，上哲即心是佛，中人見像修福，天下上智少而中人多。今愚夫愚婦聞無上微言，聽三藏祕旨，低眉思卧，茫然不解，一覩聖像莊嚴，無不械足剞腹，降心輯志。自此寺之建，遠近絡繹，奔馳如歸，行見貪夫遷善，聾盲知方，識浪安流，地獄清涼，謂非有功于斯民不可況，張姓鼎立之勤不可泯也。

酈道元《水經注》卷一三《漯水·皇舅寺》 魏神瑞三年又建白樓，朱又下有毁字。全氏云：毁字衍文。樓甚高竦，加觀榭于其上，表裏飾以石粉，皜曜建素，赭白綺分，《箋》曰：宋本作粉。故世謂之白樓也。會貞按：《南齊書·魏虜傳》，拓跋魏自佛貍至萬民，世增雕飾，正殿西築土臺，謂之白樓。萬民禪位後，常遊觀其上。又《魏書·文成皇后李氏傳》，永昌王仁鎮長安，遇事誅，后送平城宮，高宗登白樓，望見美之。樓在今大同縣南。後置大鼓于其上，晨昏伐以千椎，爲城里諸門啓閉之候，謂之戒晨鼓也。又南逕皇舅寺西，會貞按：寺在今大同縣東南。是太師昌黎王馮晉國所造，朱訛作黎昌憑晉國，《箋》曰：當作昌黎馮晉國。瑋按，《後魏書》，馮熙字晉國，文明太后兄也，官定州刺史，進爵昌黎王，又爲洛州刺史，在諸州鎮，建佛圖精舍，合七十二處。孝文即位，爲侍中、太師。守敬按：《魏書·馮熙傳》，字晉昌。有五層浮圖，其神圖像，皆合青石爲之，加以金銀火齊，衆綵之上，煒煒有精光。又南逕永寧七級浮圖西，朱永訛作水，《箋》曰：當作永。其制甚妙，朱脱其字，《箋》曰：宋本作其制甚妙。戴、趙增。工在寡雙。《魏書·釋老志》，天安二年，起永寧寺，構七級佛圖，高三百餘尺，基架博敞，爲天下第一。又南遠出郊郭，朱《箋》曰：遠一作遶，趙改遶。弱柳蔭街，絲楊被浦，公私引裂，用周園溉，朱溉作挽，《箋》曰：謝云，宋本作繞。趙云：按沈名蓀曰，園挽謂灌園者所汲挽也，二字不誤。戴改作溉。會貞按：溉字是也。《沁水注》，以周城溉，《晉水注》，以周園溉，是其詞例。長塘曲池，所在布濩，故不可得而論也。一水會貞按：此如渾水之正流。南逕白登山西。服虔曰：白登，臺名也，去平城七里。

《〔雍正〕朔州志》卷四《建置志·祠祀·崇福寺》 崇福寺，即林衙古刹，在城東門內大街道北。基址極大，規模極宏，前後左右約占地一二十畝，爲朔州八景之一。創修詳見《八景》。大殿七間，東、西禪房六間。觀音殿五間，在大殿後。中牌坊一座。三寶殿三間，在大殿前。東地藏殿五間。西文殊殿五間。千佛閣三間，在三寶殿前。東鐘樓一座，西鼓樓一座。金剛殿三間，在千佛閣前。山門三間，前臨大街。左、右有馬道，前臨大街，後通北街。東六院內有僧正司一院，餘院衆僧分住經管。西六院俱係衆僧分住經管。每逢大慶，文武官員齊集在大殿前。

《〔雍正〕山西通志》卷一六九《寺觀二·應州·佛宮寺》 佛宮寺在州西北，初名寶宮。遼清寧二年，田和尚奉勅建有木塔，道宗賜額曰釋迦。高三百六十尺，圍半之，六層，八角，上下胥巨木爲之。玲瓏宏敞，稱宇內浮圖第一。金明昌四年增修。元延祐二年，避御諱，勅改今名。至正間，地大震七年，塔屹立不動。日午或陰雨，居人時見倒影。明洪武元年四月八日，塔頂佛燈連明三夜，視晝光尤燦。永樂間，成祖駐驆，登塔御書，峻極神工。正德三年，武宗巡幸宴賞，御題「天下奇觀」，出帑金命太監周善修葺。萬曆間重修。田蕙記內有透玲碑，相傳唐晉王墓上石，光明如鏡，照見人物。元季兵燹，止存二尺許，置塔壁。

《〔道光〕太原縣志》卷三《祀典·寺觀·童子寺》 童子寺在縣西十里龍山上，北齊天保七年，宏禮禪師建。時有二童子見於山，有大石似世尊，遂鐫佛像，高一百七十尺，因名童子寺。前建燃燈石塔，高一丈六尺。復鑿二石室，以處衆僧。金天輔元年，燬於兵。明嘉靖初，僧道永重建。

《〔道光〕太原縣志》卷三《祀典・寺觀・浄明寺》 浄明寺在縣北古城。隋仁壽二年建，曰惠明。宋太宗時，塔圮光現，詔復建。咸平間修。有吕惠卿碑記。景德三年七月，塔成，累甓九級，高一百五十八尺。元末，寺、塔皆廢。明洪武十八年，僧德閿重建。正德十六年，重修。

《〔道光〕太原縣志》卷三《祀典・寺觀・崇聖寺》 崇聖寺在縣東十里汾河西舊寨村。宋太平興國四年，太宗平劉繼元，毁太原城，置平晉縣於汾東。改行在爲佛寺，賜號平晉，一名回鑾。御製《平晉記》并賦及五、七言詩，刻石寺中。大中祥符二年，改額「崇聖皇祐」。五年，奉太宗御容於資聖院統平殿。《宋禮志》：太宗取劉繼元於并州，是太平之統也，即崇聖寺殿名曰統平，以奉太宗。嘉祐元年，統平殿災。詔復加崇建。熙寧初，汾水溢，寺毁。元豐二年，詔重建殿堂樓閣三百六十餘楹。左右浄房十區，以處僧衆。後壖垣爲館舍數十區，以待使客。外築防千尺，崇丈有五尺，以防水患。詔韓絳撰記。元豐八年，立石。明弘治十四年，碑吼三日夜，一夕没於汾。鄉民復於故址建殿焉。

《〔道光〕大同縣志》卷五《營建・寺廟・南堂寺》 南堂寺在城東南隅。後魏天安元年建，名永寧寺。搆七級浮圖，高三百餘丈，爲天下第一。舊志云：當時有金玉像，高一丈八尺。外有九級浮圖，高九十餘丈，上刹復高十丈，鈴鐸聲聞十里。後改今名。元初重修。劉秉忠遊雲中，留居於此。今廢。

《〔宣統〕項城縣志》卷一〇《祠廟志・大吉寺》 大吉寺在縣治東南。創建不知何時，唐人已有題詠。明洪武初年重建，置僧會司。宣德三年，避水患，遷今治，寺亦隨改於縣治西南隅。成化二十一年重修，邑進士張遇碑記現存。凡遇慶賀，官吏師生習儀於此。朔望講約，亦集於此。年久，漸圮。康熙五年，邑生員閻鎔、里民袁印茂、唐文華、方華德等重修。二十五年，知縣顧芳宗重修。歲久，傾圮。後又重建。人祖殿三楹，拜殿三間，千佛殿三間，觀音閣一間，客廳三間，齋房十三間，山門五間，瘟神殿三間，羅祖殿三間。院外十王殿三間，五佛殿、葛仙殿四間，前後山門，以及週圍垣墉。年、月、姓名失考。咸豐七年，王淑性、李連城率衆重修。同治五年，闔邑紳商補修。

東北

楊賓《柳邊紀略》卷四《寶勝寺》 寶勝寺在盛京城西三里。東西建石碑二座，東一碑前鐫滿文，曰：幽谷無私，有至斯響。洪鐘虚受，無來不應。而況於法身圓對，規矩冥立，一音稱物，宫商潛運。故如來利見迦維，託生王室。憑五衍之軾，拯溺逝川；開八正之門，大庇交喪。於是元關幽鍵，感而遂通；遥源濬波，酌而不竭。既而方廣東被，教肆南移。周魯二莊，同昭夜景之鑒；漢晉兩朝，並勒丹青之飾。自兹遺文間出，列刹相望，其來蓋亦遠矣。至大元世祖時，有喇嘛怕斯八，用千金鑄護法嘛哈噶喇，奉祀於五臺山。後請移於沙漠。又有喇嘛夏兒把忽秃兔，復移於大元裔察哈爾林丹汗國祀之。我大清寬温仁聖皇帝征破其國，人民咸歸。時有喇嘛墨爾根隨載而來，上聞之，乃命衆喇嘛往迎以禮，接至盛京西郊，因曰：有護法不可無大聖，猶之乎有大聖不可無護法也。乃命該部卜地建寺於城西三里許，遂搆大殿五楹，塑西方三大聖，左右列阿難、迦葉、無量壽、蓮花生、八大菩薩、十八羅漢，天棚繪四怛的喇佛城。又有寶塔二座，供佛幔打兒用黄金百兩，嵌東珠金壺一把、黄金二百兩，又有須彌山七寶八物，又有金壺一把、用黄金二百兩，金鐘二十一，金銀器皿俱全。東西廊各三楹，外山門三楹。至於僧寮、禪室、廚舍、鐘鼓、音樂之類，悉爲之備。營於崇德元年丙子歲孟秋，至崇德三年戊寅歲告成，名曰蓮花浄土寶勝寺。殿宇弘麗，塑像巍峩，層軒延袤，永奉神居。豈惟寒暑調，雨暘若，受一時之福利，將世彌積而功宣，身雖遠而名劭，行將垂示於無窮矣。

《〔道光〕吉林外記》卷六《觀音堂》 觀音堂二：一在城東北隅，正殿三楹，左、右配廡各三楹，鐘樓一，大門一楹，乾隆四十八年建。一在城東門外十二里龍潭山，正殿三楹，祭祀房三楹，禪堂三楹，乾隆十九年建，正殿恭懸乾隆十九年御書「福佑大東」匾額。

《〔道光〕吉林外記》卷六《西方寺》 西方寺在城西門外一里。正殿三楹，左、右配廡各三楹，耳房三楹。又彌勒殿一楹，鐘、鼓樓二，大門三楹，東、西角門各一。乾隆二十五年，里民重修。

華東

《〔嘉慶〕東昌府志》卷一二《秩祀下・寺觀》 大覺寺，州志：在州治東南，唐時建，宋延祐間修，明屢修。有碑記。寺塔十三級，高三十六丈，址周圍二十五丈四尺。亦建於唐，宋元豐五年修，元祐二年重修。明嘉靖十七年，梁公爽加鐵寶瓶於巔。

《〔乾隆〕德州志》卷一一《叢記志・寺觀》 崇興寺在城南二十里。舊志即載寺名，其由來舊矣。雍正五年，僧本旺立志脩整。乾隆十二年，僧性誠繼其志，至十八年重脩大殿，擴其舊規，增配殿、天王殿、山門。二十年，又建千佛閣及禪堂、方丈羣房，計三十餘間。增置寺田八十餘畝。

《明太祖實録》卷一八八《大天界寺》 〔洪武二十一年二月〕是月，重建天界善世禪寺於城南。初，元文宗天曆元年，始建大龍翔集慶寺，在今都城之龍河。洪武元年春，即本寺開設善世院，以僧慧墨領教事，改賜額曰「大天界寺」，御書「天下第一禪林」，榜于外門。四年，改曰天界善世禪寺。五年，又改爲善世法門。十四年，革善世院。十五年，設僧録司於内。至是，燬于火。上命徙于京城南定林寺故址，仍舊額曰「天界善世禪寺」。

《明憲宗實録》卷二八三《大永昌寺》 〔成化二十二年冬十月丁酉〕復建大永昌寺。先是，寺建于西市，已有成緒。及國師以星變被遣，寺亦隨廢。至是，太監梁方請更擇地建之。乃令工部左侍郎杜謙等相度地基，得故廣平侯袁瑄宅。時瑄家已失侯，瑄妻因請以宅獻而託方請襲侯。方言于上而許之。既又市其旁民居類十家，大興工役，視舊寺益加廣矣。

《〔乾隆〕江寧新志》卷一一《古迹志・瓦官寺》 瓦官寺在城西南隅。《實録》：晉哀帝興寧二年，詔移陶官于淮水北，遂以南岸陶所施僧慧力建寺，故名瓦官。慶元志：官或作棺者，非也。寺内有徵士戴安道手製佛像五軀，顧長康維摩圖，及義熙中師子圖所獻玉佛，世號三絶。梁時就建瓦官閣，南唐昇元中，改寺曰昇元寺，閣曰昇元閣。宋太平興國，改崇勝戒壇。明初，寺廢，半爲徐魏公園，半入驍騎衛倉。嘉靖中，杏花村建積慶菴，掘地得昇元石像，云此即瓦官寺故地，遂改爲古瓦官寺，實非舊址。又建閣曰青蓮，則附會長沙城隅之事。慶元志已辨之矣。華光庵在陡門橋南。成化間建。一葦庵在上浮橋。萬曆間建。

《〔嘉慶〕重刊江寧府志》卷九《古迹中・瓦官寺》 瓦官閣，南唐改曰昇元閣。景定志引《建康實録》：晉哀帝興寧二年，詔移陶官於淮水北，遂以南岸陶地施僧慧力，造瓦官寺。陸游《南唐書》：瓦官寺因山爲基，高可十丈。開寶中，王師收復。士大夫、豪民、富商之家、婦女數千人避難於其上。兵士舉火焚之，一旦而燼。祝穆《方輿勝覽》曰：南唐將歸，有於昇元寺前掘得古記，其詞曰：「若問江南事，江南事可馮，抱雞昇寶位。」謂後主丁酉生也。「走犬出金陵」，謂王師甲戌渡江也。「子建居南極」，謂曹彬列栅城南。「安仁秉夜燈」，謂潘美恐有伏兵，命縱火也。《焦氏筆乘》云：今驍騎衛倉是其遺趾。登閣，江山滿目，最爲勝處。太白詩：白浪高於瓦官閣。正與今倉基所見同。近詔毁私創庵院，集慶庵一黠僧因妄以瓦官名其處，因得幸免。然於古蹟實無涉也。今新橋西杏花邨有下瓦官寺，即集慶庵。又有上瓦官寺，本名叢桂庵，焦竑易名鳳游寺。顧起元《客座贅語》云：瓦官寺在淮水南城外，小長干在瓦官寺南，西出大江。其後洲渚漸生，江去長干遠。而楊吴築城圍淮水於内，瓦官寺遂在城内矣。劉樹聲云：驍騎倉在新橋西，明時爲本營儲米處，地勢最高。國初，倉廢，居民侵占爲屋，往往掘得不全銅佛。由是，羣起刨掘，銅佛盡而地平數尺矣。按：宋世子鑄銅佛，高一丈六尺，於瓦官寺。見《南史・戴容傳》。劉樹聲所記疑即此佛，爲潘美所燬。其址在明爲倉基，今倉廢，故人得而掘之也。涵虚閣，南唐建，在元武湖東宫園内。見《徐鉉集》。後燬。明宣德閒改建，名憑虚閣。登閣，滿城在望。

《〔乾隆〕江寧新志》卷一一《古迹志・弘覺寺》 弘覺寺在牛首山。山有辟支佛窟，故寺初名佛窟。舊志：梁司空徐度建。非也，度乃陳之司空，亦不聞有建寺事。唐大曆元年，代宗因感夢，勅修浮圖七級，相峙東西峰頂。宋太平興國中，改崇教寺。明正統間，改今額。山爲唐法融禪師開教處。入門有白雲梯，石磴百級。銀杏一株，蔭蔽天日。緣石徑而上，爲觀音閣，爲兜率崖。又上，爲文殊洞。洞旁有閣，明羅洪先題曰「含虚閣」。國朝康熙中，重修。巒壑萬狀，踞牛首之勝。舍利塔在文殊洞下，影入禪堂隙中，倒挂佛几，陰晴不改。西峰又有方塔，在文殊寺前。寺據雙峰之間，俯臨衆壑。紺殿雲浮，丹縷霞起，巒容樹色，高低隱見，陰晴異狀，四序皆宜，圖畫莫能及也。餘俱詳《牛首山》。《梵刹志》：以此寺與福昌院合而爲一。陳魯南又以幽栖□

《〔乾隆〕江寧新志》卷一一《古迹志・花巖寺》 花巖寺在幽棲山陰。唐高僧懶融居此，有百鳥獻花，因名。獻花岩舊惟菴居。明成化間，僧古道德達建寺，賜今額。寺中岩洞臺閣最盛。寺在芙蓉峰之半，上有芙蓉閣、翠微房、澄江臺、大觀堂，極佳。國朝康熙中，中丞林公天擎建菴，名滴翠軒，踞花岩之勝。

《〔乾隆〕江寧新志》卷一一《古迹志・蕭帝寺》 石觀音院在城東南隅金陵驛，古鹿苑寺也。梁天監十三年，武帝造寺於此，令蕭子雲飛白大書蕭字爲額，故世謂之曰蕭帝寺。南唐保大間重建，易名法光。宋重建，仍爲蕭帝寺。新志載：宋元絳《記畧》云：殿有聖像，即山而成，追琢之功，極其精妙。寺後有周處讀書臺。佛殿前有郗氏窟，舊傳郗后化蟒於此。今人以鷲峯、迴光二寺爲鹿苑舊址，誤也。

《〔乾隆〕江寧新志》卷一一《古迹志・保寧寺》 保寧寺，《金陵新志》云：在城南飲虹橋南保寧坊内。吳赤烏四年，爲西竺康僧會建，名建初。宋元嘉中，有異鳥翔集于此，時謂之鳳，因建鳳凰臺于寺側。後更寺名曰祇□。齊高帝爲比邱法願造寺於其地，得外國甎爲白塔，又名白塔。唐開元中，改長慶，其額韓擇木書。南唐保大中，更名奉先。宋太平興國中，贈額曰「保寧」。祥符六年，增建經鐘樓、觀音殿、羅漢堂、水陸堂、東西方丈，莊嚴盛麗，安衆五百。又建靈光、鳳凰、淩虛三亭，照映山谷間。甃磚墻五百丈，茂林修竹，松檜蓊蔚。政和七年，勅改神霄宮。建炎元年，復舊。三年四月，駕幸江寧，權以寺爲行宮。其後留守馬光祖重修。按：建初爲江南梵刹之始，其寺在吳宮中。《宮苑記》：吳立大市在建初寺前，寺亦名大市寺。舊志：大市在天津橋西北。則以保寧爲建初者，必有誤矣。

《〔乾隆〕江寧新志》卷一一《古迹志・報恩寺》 報恩寺在聚寶門外，古大長干里。寺有阿育王塔，未詳所始。諸書多引康僧會致舍利所造，然此乃建初寺事。按：《梁書・扶南傳》云：吳時有尼居此地，爲小精舍。孫綝尋燬除之，塔亦同泯。吳平後，復建立。晉簡文咸安中，使沙門造小塔。孝武太元中，離石胡劉薩何登越城望氣，掘地得舍利。更于簡文塔西造塔一層，其後益爲三層。至武帝大同三年，出舍利而改造之。舊塔即劉薩何所造也。新志備引《梁書》之語，而不言寺于古爲何名。考《帝紀》：大同三年八月，輿駕幸阿育王寺，大赦。則寺宇古名阿育王寺。其曰長干寺者，俗呼也。舊志謂吳赤烏建，名曰建初，梁天監初改名長干。俱無據。《建康實録》載晉丹陽尹高悝得金像事，新志云：金像隋文帝取入長安。亦見《梁書》。史又云：大同中，出舊塔舍利，敕市寺側數百家宅地，以廣寺域，造諸堂殿，并瑞像、周回閣等，窮于翰奂，其圖諸經變，並吳人張繇即張僧繇。運手。南唐時，廢爲營廬，久之，舍利數見感應。宋祥符中，僧可政表其狀，有詔復爲寺，即其表見之地建塔，則號「聖感舍利寶塔」。天禧二年，改名天禧寺。元末，燬于兵。明永樂十年，勅大□之梵宇悉準宮闕，建塔九級，賜額「大報恩寺」，御製碑記。嘉靖間，殿宇俱燬，惟塔存。國朝康熙三年，里人募修殿。左爲禪堂，有三藏殿，唐三藏法師石塔在焉。禪堂前有修藏社，藏南藏板。塔後爲無梁殿、萬佛閣，後有放生池、濠上亭，皆與塔前後相映。亭今廢。塔高百餘尺，五色琉璃合成頂冠，黄金照耀雲日，江山城郭悉在憑眺中。篝燈百二十有八，然炷無虛夜。數十里風鐸相聞，星光的皪。順治十七年，康熙元年、九年，皆有火損塔事，尋經修葺。二十三年，聖祖南巡，幸寺，登塔最高頂，御書「不二法門」四字匾額，懸於大殿。御製《幸報恩寺詩》一首。塔每級御書一額，曰「一乘慧業」，「二儀有象」，「三空勝地」，「四海無波」，「五律精嚴」，「六通真諦」，「七寶蓮花」，「八表同風」，「九有弘觀」。又金佛一尊，金剛經一部，供奉塔頂。《登報恩寺浮圖詩》一首。三十八年，塔燬。皆匯帑金修造。《御制修報恩寺塔初畢登之詩》一首。

《〔乾隆〕江寧新志》卷一一《古迹志・高座寺》 高座寺在雨花臺梅岡上。《梵刹志》云：晉永嘉中，名甘露寺。西竺僧尸梨蜜據高座説法，因名。《高僧傳》云：蜜過江，止建初寺。又云：蜜常在石子岡東行，頭陀既卒，因葬于此，成帝爲樹刹冢所。後有關右沙門來遊京師，乃於冢處建寺。陳郡謝混贊成其業，追旌往事，仍曰高座寺。或曰：寺以法師竺道生名，梁時寶誌公主講席于此。寺後即雨花臺，雲光法師講經，天雨寶花處，舊有雲公手植松及中孚塔。中孚者，李白之族子也，披緇于寺。寺宋末燬于兵。明洪武中，重修。弘治間，復加恢拓。國朝順治十五年，更建大殿寺。今亦就圮。

《〔光緒〕蘇州府志》卷三九《寺觀一・報恩講寺》 報恩講寺在府城北陲，俗稱北寺。《圖經續記》云：在長洲縣西北二里半。盧《志》：在今吳縣治東，半居長洲縣界。古爲通玄寺。吳赤烏中，孫權母吳夫人捨宅建。盧《志》云：孫權乳母陳氏捨第爲寺。晉建興二年，滬瀆漁者見神光照水徹天，旦觀之，乃二石像浮水上。或曰：水神也。以三牲巫祝迎之。像泛流而去。吳人朱膺等率僧尼輩迎於海濱，置通玄寺，光明七晝夜不絕。八年，漁者於滬瀆沙上獲帝青石鉢。初以爲臼類，葷而用之。俄佛像見於外，知其爲二像之遺祥也，乃以供佛。隋伐陳，爲吳令孫寬所廢。唐僧慧頵再建。武后遣使致珊瑚鑑一、鉢一，供像前。開元中，詔天下置開元寺。寺改名開元，金書額以賜寺中。有金銅元宗聖容，又有陸柬之書碑。大順二年，爲淮西賊孫儒焚燬。後唐同光三年，錢鏐重建開元寺於吳縣西南三里半。《吳郡志》：開元寺在吳縣西南，即錢氏所徙。寺有晉時浮海來二石佛及鉢，兵燼後，二像猶存，鉢亦爲一僧藏弃得脱。今寺中世寶之。周顯德中，錢氏於故開元寺基建寺，移支硎山報恩寺額於此。宋崇寧中，加號萬歲。尋以僧佛日崧來寺住持，演華嚴經疏，敕爲賢首教寺。建炎四年，罹兵燹。舊有塔十一成，梁僧正慧建。宋元豐時，經火，復新，蘇軾拾銅龜以藏舍利。至是再燬。紹興間，行者大圓重建，僅九成。《吳門表隱》云：塔中一小碑，有「嘉靖二十五年比邱如金募施王鎮修塔」十六字。又云：明弘治十三年，顧德實修，陳公琦記。元至元二十九年，重建寺。至順初，僧傳教募長生田，黄溍記。自明迄今，屢閲廢興，猶爲郡中塔寺之冠。國朝康熙間修，汪琬記。寺舊有子院，曰文殊，曰法華，曰泗洲，曰水陸，曰普賢。後皆廢。釋迦佛涅槃像昉於唐，《吳郡志》云：寺有臥佛，北人多呼臥佛寺。宋淳祐中，建傑閣七楹覆之。又有不染塵觀音像，高數丈。明萬曆四十年，申子洌重建，管志道記。

《〔光緒〕蘇州府志》卷三九《寺觀一・開元禪寺》 開元禪寺在盤門内。盧《志》：今吳縣治南。舊在城北隅，即今報恩寺後。唐同光三年，錢鏐徙今地。舊寺有晉時浮海二石像、帝青石鉢。寺更建，像別塑，而鉢猶存。宋紹興間，郡守洪邁作戒壇。元至治間，寺燬。重構。僧斷江恩以唐刺史韋應物舊有「緑陰生晝寂」詩句，作堂曰「緑陰」。明永樂間重修。嘉靖中，寺西偏地侵爲民居。萬曆七年，參政舒化檄郡守勘，復歸寺。十四年，修大殿。二十年，修石佛殿、佛閣、天王殿，建地藏殿、西方殿。二十六年，修戒壇。朱希周記。三十八年，大殿燬。四十六年，賜藏經，建閣供奉，壘甓爲之，寸木不用，因名無梁殿。《吳縣志》云：四十二年，僧幻庵叩閽請藏陳太后賜供滲金毘盧佛一尊，復額「通玄」。舊志皆不載，不知何所本。崇禎中，重修大殿，建萬佛閣。國朝康熙間，修大殿、石佛殿、戒壇。乾隆中，高宗南巡，嘗臨幸焉。道光六年，善慶庵僧如願重修。石韞五記。是年，適有海舶持歸日本沙門百城詩一卷，後題云：奉寄蘇州開元寺老大和尚、海衆和尚。小浮山人潘曾沂爲之記。九年，又建藏經閣。咸豐十年，燬，惟無梁殿存。同治十二年，寺僧量寬重修。

《〔光緒〕蘇州府志》卷三九《寺觀一・瑞光禪寺》 瑞光禪寺在盤門内。盧《志》：今吳縣西南。吳赤烏四年，僧性康來自康居國，孫權建寺居之，名普濟禪院。十年，權建舍利塔十三級於寺中，以報母恩。《乾隆志》：按《圖經續記》，瑞光禪院故傳錢氏建之，以奉廣陵王祠廟，今有廣陵像及生平袍笏之類在焉。不言創自赤烏，其説與諸志不同。今按葉夢得《石林詩話》云：姑蘇州學之南，積水數頃，旁有小山，錢氏廣陵王所作。今瑞光寺即其宅，而此其別圃也。則朱氏之説信而有徵矣。唐天福二年，重修塔，放五色光。敕賜銅牌，置塔頂。宋元豐二年，神宗命漕使李復圭延僧圓照宗本説法，天雨曇花，塔現五色舍利光，堂前池有白龜，聽講庭有合歡竹，既悴復榮，法鼓自鳴。於是更堂爲四瑞。僧宏道記。崇寧四年，奉敕修塔。塔放五色光，賜名天寧萬年寶塔。宣和間，朱勔出貲重修。以浮圖十三級太峻，改爲七級。《吳郡志》、壚《志》皆云朱勔建浮圖十三級。誤。賜額爲「瑞光禪寺」。靖康兵燬。淳熙十三年，重葺，有白牛助役之異。案：明馬承學記：白牛助役在宣和年。今從前志。元至元三年，敕修。至正末，復燬。明洪武二十四年，僧曇芳重建，僧六祐記。永樂間，凡再修，始還舊觀。嘉靖二十九年，里人顧章重修，馬承學記。隆慶間，建天王殿，重修大殿。天啟三年，乾隆《吳縣志》作萬曆癸亥。即四瑞堂故址建七佛閣，甫立柱，天眼放光，巡按御史王珙題曰「天眼閣」。自後塔光屢見。崇禎三年，修塔。十年，建大悲閣。國朝康熙十四年，修塔。乾隆四年，巡撫許容詣寺禱雨有應，捐俸倡修。聖祖仁皇帝、高宗純皇帝南巡時，皆臨寺焉。相傳舍利塔燃燈之夕，塔影倒入太湖中，漁者一無所獲。湖距塔三十里。道光間重修。咸豐十年燬，惟塔存。同治十一年，寺僧西語重修。

《〔光緒〕蘇州府志》卷三九《寺觀一・承天能仁禪寺》 承天能仁禪寺在臯橋東。《姑蘇志》：在甘節坊。相傳梁衛尉卿陸僧瓚故宅，因覩祥雲重重所覆，請捨宅爲重雲寺。臺省誤書爲重玄，遂名之。唐爲廣德重玄寺。錢氏時，又加繕葺，殿閣崇麗，前列怪石。宋初改承天。宣和中，禁寺觀橋梁名，不得用天、聖、皇、王等字，又改能仁。元並存舊額，稱承天能仁。以寺前有二土阜，亦名雙峨寺。盧《志》云：有二異石於庭前，因稱之爲雙成。寺有無量壽佛銅像，高丈餘；盤溝大聖祠、《中吳紀聞》：承天寺有盤溝大聖，身長尺許，人有禱祈，置掌上，吉則拜，凶則否，人皆異之。推所從來，乃盤溝村中有漁者，嘗遇一僧云：何不更業？漁者云：他莫能。僧云：吾教汝塑泗洲像，可致富。漁者云：人不欲之，奈何？僧云：吾授汝一術。遂以千錢與之，令像中各置一錢，所售之值，亦以千錢爲率。漁者如其教，競求買之，果獲千緡。寺中所藏，其一也。又按：陳直韋《居聽輿》云：濟州盤溝民業塑尤工。甫嬰孩，翁死，媪語其子：我不作福，汝父以貧喪，奈何？因發願飯僧。詰朝即有來者，自是不輟，以及一紀。或於別次謝其不倦，且叩所業，出一把粟，授其子曰：以是塑佛像一，置一粒於中。有禱者擎祝，吉則拜，凶則否。一粟取錢一百二十，日售數人。其像常州無錫徐侍郎梓官濟，得以歸。後入承天供奉，閲歲已百，靈響如昔。光帝嘗宣像入内。像高尺許，製甚樸，而神采欣悦，他塑者莫比。兩書事跡所述迥異，不知誰爲謬誤。其實皆荒唐附會之辭也。靈姑廟、《圖經續記》：聖姑廟蓋梁時陸氏之女，吳人於此祈子，頗有驗。萬佛閣、經樓、鐘樓。至順間，悉燬於火。至元間，復新之。至正末，張士誠據爲宫。史冊《隆平記事》云：元至正十六年，張士誠以承天寺爲王府。二十二年，復爲寺。又云：寺有千佛閣，木上皆鑿「萬歲閣」三字。先是，浙省災，責有司籍所在木，官酬以價。寺中蓄大木，將以建閣，黠僧於木上鑿「萬歲閣」三字，有司不敢取。及閣成，其字故在。張氏踞居，以僧元鑿字名其閣。

皆有先兆。明初，復爲寺，僧綱司在焉。宣德十年，巡撫侍郎周忱建賜經閣。正統八年，又燬。其明年，頒大藏至，都綱永瑞建堂九間以奉之。成化十年，住持道澤重建大雄殿，吴寬記。崇禎戊寅十一月，浚井得鄭所南《鐵函心史》。國朝康熙二十八年，巡撫都御史洪之傑廉知寺僧恣爲姦利，按置於法，籍其徒，悉驅遣之。三十一年，知縣張隆請聽民僦居，歲收其值，以供醫局、社學。寺遂廢。同治中，僧湧蓮重建。寺舊有子院，曰永安，《圖經續紀》：永安禪院在承天寺垣中，舊號彌勒院。太宗朝以藏經鏤板本，有餘杭道原禪師者，詣闕借板印造。景德中，又以太宗御製四袠及新譯經二十四袠并賜之。道原歸藏於此院。大中祥符八年，又編修《景德傳燈録》以進，敕賜今額。每歲度一僧。曰浄土，禪院也。曰寶幢，《圖經續記》云：寶幢舊曰藥師院。昔有錢塘僧道贊者作紫檀香百寶幢，覆以殿宇。翰林晁承旨與當時諸公二十三人爲之贊。曰龍華，曰圓通，教院也。明初猶存福昌、即舊永安。寶幢、圓通《姑蘇志》：圓通寺，宋元豐二年僧浄梵建。三小寺。寶幢又名玉篪山房。《吴縣志》：福昌，宋寶元間建。寶幢，宋元祐間建。嘉靖間，即其旁址改建雜造局。宋孫覿《能仁寺重鑄鐘銘》：太平興國之初，平江節度使孫承祐鑄大銅鐘於能仁寺，爲樓三成居之。後百五十年，當建炎庚戌，盜入平江，能仁大火，一夕燼。又四年，紹興癸丑，寺僧行和者募衆力更鑄，鐘成，爲銅萬三千斤。晉陵孫覿爲之銘曰：法音無礙，徧滿大千。際天軼海，無量無邊。衆生執迷，馳走空聚。聽蟻爲牛，夢春作鼓。矯亂顛倒，妄認前塵。色聲交騖，不守其真。粤有大士，修三摩地。出大音聲，而作佛事。燧木革金，以燔以鎔。鑄此東序，千石之鐘。蛇以目聞，豬以足聽。水鳥風林，更相和應。除聾破聵，一擊而通。八方上下，地獄天宫。一切滿中，十類四相。凡厥聲聞，俱證無上。〔元黄溍《平江承天能仁寺記》〕：平江承天能仁禪寺，在府署之北甘節坊。梁天監初，衛尉卿陸公僧瓚捨宅以建也。初賜名重玄。陳隋之際燬，至唐而復。廣德初，加號廣德重玄。遭廢。於會昌末重興。未幾而又燬。至後唐而復。宋咸平間，更一新之。大中祥符初，始賜額曰「承天」。宣和中，乃改其額曰「能仁」。南渡後，燬於建炎末，而復於紹興間。淳熙初，始定爲禪居。皇朝因之，而悉蠲其租賦差役。曰承天能仁者，並存其故額也。先是，嘗於大界相之內，析其地爲寶幢、永安、龍華、廣福四院。久之，復歸於一。尋又別立圓通禪院於其後，而分立寶幢、永安兩教院於其前。凡建置沿革與興廢之故，可見者如此。其易律爲禪也，妙庵宗公爲開山第一祖，繼之者有若、無門、覺庵諸公，皆以明德爲世師表。法會甚盛，珍樓寶屋，紺殿緇廬，雄踞乎萬井中，而隱然爲一大叢林。五山十刹，殆無以尚也。仍紀至元之元年冬十有二月，寺厄於菑，惟無量壽佛銅像及盤溝祠、靈祐廟獨存。佛身長丈有六尺，邦人所共瞻仰。盤溝靈異之跡尤著。靈祐則衛尉之女，不嫁而精於梵行。以經營寺事，而祀爲護伽藍神；以禱祈有應，而賜廟額，累封慧慈靈感顯祐善利夫人者也。烈焰熾然，而不與刼(居)〔灰俱〕化，人知爲重興之兆矣。顧法席久虚，越三歲，莫有任起廢之責者，行宣政院詢於僉言，俾廬山開先南楚説主之。其至，以四年冬十有二月，僅以衣裓坐具一布囊自隨。聞其風者，輸財薦貨，川赴山積。召匠簡材，首建大殿。殿楹之高，百三十尺，其大圍十有五尺，廣加其修若干尺。厚棟修宗，曲欒方楶，咸以楹稱。楹之表，上至屋極又若干尺，修去其崇若干尺，廣加其修若干尺。像設繪事，種種莊嚴，傅土設色，皆出國手之工。殿之後有萬佛閣，其楹加於殿楹三十尺。閣爲間五，而東西朶樓爲間四，隆其中而殺其旁，縱横修廣各中於度。其上列十五大蓮華，一華一佛，一一花瓣亦各有佛，以足萬數。下施機輪，可以運轉，奇詭殊特，昔所未覩。範銅爲巨鐘，至萬八千斤，比舊加三之一。會南楚升居徑山，他所宜有而未及爲者猶多也。今住持雪窗明以至正四年秋九月由虎邱遷至兹寺，亟損衣盂之貲，構經、鐘二樓，各爲間者三，其崇十有七尋，修廣稱是。樓經石藏，塗以純金。一柱八面納匭，五百天神環繞，力士翊扶旛蓋，香雲繽紛蒙蔽。達官大姓好事之家，觀者莫不目眩心駭，争投錢帛以助勝緣。雪窗之經畫相勞，靡憚其勤，甫及三歲，土木之功秩然有序。以老病厭理繁劇，悉裒衆施，併傾己橐，以授提點僧，而退處虎邱之東庵。八年冬，行中書省右丞石巖公、左丞吴公謀於行宣政院輓之，復出。遂以九年春三月，再正法席，增飾萬佛，創造四臂觀世音、四天神王、護伽藍神，補畫正殿之八十四龕、廡下之三十三參，杇墁瓴甓，縝壯礱密，髹彤金碧，絢耀華美，厨堂庫院，什器之須，纖細畢備。南楚之弗克視其成者，至是可以無憾矣。斥大方丈爲間者五，上爲重閣，下爲廣堂，前爲廳事，而蒙堂有位，衆寮有閣，倉庾湢室，亦次第告成。南楚之未及爲者，雪窗無不按其法之所宜，有而伸其志之所欲爲。雖曰前規後隨，而功實倍之。南楚之成其始者，奎章閣侍讀學士內翰虞公記之。而雪窗之成其終者，未之有記。於是其徒奉耆舊僧所述事狀，屬溍書而刻焉。阿含經世尊説若能補故寺，是謂二梵之福。南楚虎巖適嗣，雪窗以晦機笑，隱爲師(支)〔友〕，相與紹隆祖道，扶植教基，期於國家億萬斯年永永無極。是用假方便力，示現有爲，不離世間法，而入第一義，豈止可資二梵之福而已。雪窗之功，倍於南楚，而溍於虞公，無能爲役，何以贊一辭哉？姑序其歲月，使來者有考云爾。

《〔光緒〕蘇州府志》卷三九《寺觀一・天壽聖恩禪寺》 天壽聖恩禪寺在縣西南七十里，鄧尉山之南岡。唐天寶間，建天壽禪寺。宋寶祐間，又建聖恩禪院。爲上下道場。元季寺燬，僅存禪院。僧時蔚自杭來，重興。《姑蘇志》云：明初歸併白馬寺。明洪武九年，建觀音閣，構法堂，次第建大殿、三塔院、齋厨，鑄巨鐘，立層樓。嘉靖間，鐘爲分宜嚴相移去。萬曆間，復募鑄。永樂七年，重修大殿，建藏經閣、天王殿。正統八年，賜今額。萬曆間修。崇禎元年，吴江縣知縣熊開元重建大法堂。六年，重修大殿、方丈、天王殿、藏經閣。又建大悲堂。像設莊嚴，湖山靈秀，爲叢席冠。國朝康熙二十八年，春二月，聖祖仁皇帝南巡，臨幸，宿寺中四宜堂。御書「松風水月」四字額以賜。寺有梵天閣，正統十年建。舊方丈在法堂後，有閣曰天開圖畫。雙梧軒在方丈東，姚廣孝題。碧照軒在方丈西，陳亢宗題。還元閣舊名還源閣，順治五年建。又有南詢堂、拈花寺、精進堂、禪悅堂、延壽堂、印心堂、温硯寮、寶書樓、叢桂軒、滿月閣、證心室、純白窩，皆寺中勝處。有御書亭在四宜堂之西。三十五年，賜御書全經。五十八年，給帑金千兩飯僧，爲孝惠章皇后資福。雍正十一年，天王殿災。乾隆中，重建。浦起龍記。高宗純皇帝南巡六次，臨幸賜額。寺舊有飯僧田六頃，道光二十八年，當事議割其半充平江書院膏火，住持覺阿爲之請。同治十年，僧真照重修。

《(光緒)蘇州府志》卷四二《寺觀四・雙塔禪寺》 雙塔禪寺在城東南隅定慧寺巷。唐咸通中，州民盛楚等建。爲般若寺。《圖經續記》、《吴地志》：郡中有般若臺，内有金銅像，高一丈六尺，高士戴顒所製。訪之，未得其遺蹟。此寺舊名般若，殆是歟？案：仲若，晉人，去咸通數百年。豈仲若先建此臺，後即以般若名寺乎？吴趙錢氏改羅漢院。宋雍熙中，王文罕建兩磚塔對峙，俗遂以雙塔名之。至道初，賜御書四十八卷，改額爲「壽寧萬歲禪院」。萬歲，《元和縣志》作萬壽。誤。紹熙中，爲提舉常平祝聖道場，提舉徐誼嘗給以常平田。嘉熙中重建。案：嘉熙，《康熙志》作雍熙。今考雍熙，太宗年號，在紹熙之前。誤。明永樂八年，僧本清重建。國朝康熙十五年，里人唐堯仁捐資建天王殿、方丈、禪堂。乾隆中，東塔相輪毁。道光元年，重修。咸豐十年，燬，惟雙塔及一殿尚存。同治間，僧卻凡稍加修葺。

《(光緒)蘇州府志》卷四四《寺觀六・慧日禪寺》 慧日禪寺在縣治北九十步。梁天監間建。盧《志》云：梁吴興僧慧嚮建。《常昭合志稿》作惠。宋舊名壽聖，又名安安。《姑蘇志》作晏安。大中祥符元年，敕爲慧日禪院。《吴地記》：本常平禪院。紹興十五年，燬。自乾道、淳熙以迄嘉定，先後興建，始復舊觀。元元統元年，改爲寺。胡助記。《常昭合志稿》作吴助。明永樂八年，重修。初，寺鐘爲宋紹興中朝奉郎錢觀復所鑄，宣德九年，鐘閣就圮，邑人張士良新之。張洪記。弘治十一年，知縣楊子器修葺。嘉靖三十六年，大殿火。四十六年，移建鐘樓於東城上。萬曆十三年，重建大殿。十八年，建西方殿。厥後門燬而葺者再。崇禎九年，邑人王運昌重建大殿。國朝康熙三十一年，僧可宗募修。五十九年，禪堂火。雍正元年，大殿圮。乾隆十七年，里人王克明重建。僧于巖置常住田百畝。五十三年，邑人趙王槐重修西方殿。咸豐十年，燬，惟大殿及西方殿存。同治五年，僧本立重修。范國俊記。

《(康熙)常州府志》卷一八《寺觀・慧山禪寺》 慧山禪寺在惠山之麓。宋司徒長史湛茂之故宅也。景平初，入於僧，爲華山精舍。梁大同三年，建招提，名法雲禪院。宋至道間，賜額「普利」。紹興中，孟忠厚請以祠孟太后，改精忠薦福寺。元末燬。明永樂相繼重建。寺去城近，又有泉石之勝，故游者寒暑旦暮登覽不絶。寺門左、右石幢二，左宋，右唐。唐乾符三年白鹿山人李端行書名蹟也。入門，長松夾道，可二百步。中道日月池，有橋跨之。橋以上二坊，右聽松，左觀泉。上爲天王殿，内有金蓮池。池上石梁，踰梁之上，拾級而登大雄寶殿。左右兩廡，漸圮。庭下長生檜，宋蘇紳宰縣所植。殿後復高而上爲白雲堂，右爲文昌祠。又上爲大悲閣，爲玉皇殿、茅君祠。祠在山巔，舊有望湖閣、嘉蔭軒、挹翠軒、摧翠軒、繡嶺亭、翠落亭、曲水亭、魯般亭、鳳檜雙温樹，並廢。

許嵩《建康實録》卷一七《梁高祖武皇帝・長干寺》 是歲，旱，米一斗五千文，人多餓死。立長干寺。案，《寺記》：寺在秣陵縣東長干里，内有阿育王舍利塔，梁朝改爲阿育王寺。昔佛涅槃後，周敬王朝阿育王造八萬四千舍利塔，此其一焉。又案，《梁書》：大同二年八月，高祖改阿育王塔，塔下舍利及佛爪髮，髮青紺色，衆僧以手伸之，隨手長短，放之則旋屈爲蠡形。此塔比吴朝因孫綝亂曾毁廢之，塔亦同泯。平吴後，諸道人於舊所建立焉。晉末宋初，更修飾之，至簡文咸安中，使沙門程安造小塔，未成而亡，弟子僧明繼而修立。至孝武太元九年，上金相輪及承露盤。其後離石縣人劉薩阿因死更蘇，便出家，名惠達，行禮，次至丹楊，未知阿育王塔處，乃登城四望，見長干里有異氣，因就禮拜，果見先置塔所，方知必有舍利，乃對衆掘地一丈，得三石碑，各長六尺。中碑下有鐵函，函内有銀函，函内又有金函，盛三舍利及爪髮各一枚，髮長數尺。即遷近北，對簡文所造四層塔。十六年，又使沙門僧尚加三層，即高祖所開者也。高祖初穿三四尺，得龍甲。九尺許，方得石，石下有石函，函内有鐵壺，以盛銀坩，坩内有金縷罌，盛三舍利，如粟粒大，圓正光潔。又有瑠璃椀，椀得四舍利及爪髮，爪有一枚，爲沉香色。高祖至寺大會，造二剎，各有金罌、瓷罌重盛舍利爪髮，内七寶塔中。又以石函盛寶塔，分入剎下二塔，俱放光明。勅鎮東將軍邵陵王綸製寺《大功德碑》文。晉咸和中，丹楊尹高悝行至張侯橋，見地中有五色光長數尺，不知何怪，乃令人於光處剖視之，得金像。悝乃下車，載像，至長干巷首，牛不肯進，悝令御人任牛所之，牛直牽車至寺，悝因留像付僧。每至中夜，嘗放光明，又聞空中有金石之響。經一歲，臨安縣漁人張係世，於海口忽見有銅花趺浮水上，係世取以送縣，縣以送臺，乃施於像足，宛然相當。又簡文咸安元年，交州合浦縣人董宗之採珠没水底，得光燄，交州押送臺，以施像上，又合焉。自咸安歷隆安二十餘年，光趺如其初。高悝得像後，西域有胡僧五人來詣悝，曰：「昔于天竺得阿育王所造像，來過鄴下，值胡寇亂，埋像於河邊，尋失所在。」五人嘗一夜夢像語曰：「吾出江東，爲高悝所得。」悝乃送五僧至寺，諸僧見像歔欷流涕，像便放光，耀燭殿宇。又瓦官寺僧惠遼欲摸寫像形，寺主僧慮虧損金色，謂遼曰：「若能請像放光，回身西向，乃可相許也。」遼便懇拜請之，其像即轉坐放光西向，當便摸之。又銅花趺上先有外國書，莫有識者，後有三藏那求跋摩識，云是阿育王爲第四女所造也。及梁朝勑除市側數百家，以廣寺域，堂殿樓閣，頗極輪奐，其圖諸經變相，並是張僧繇□丹青之功，爲其冠絶。陳亡，寺內殿宇悉皆焚燼，今見有石塔三層，高一丈二尺，周圍八尺，形狀殊妙，非人工焉，鳥雀不敢棲息。《西京記》：光福坊大興寺殿內有□□□金像，歷宋、齊、梁、陳，數有奇異。陳國亡，忽面自西向，雖止之還爾。隋文帝載入於大內中供養，後移置此寺，寺衆以殿大像小，不可當陽，置之於北面。明日，乃自轉正，寺衆咸驚，復置北面，明還復轉南面，衆乃懺謝，不復更動。又靖安之崇敬寺有石像一軀，高五尺，制作麤惡，甚有靈驗。傳云是阿育王第四女所造也。其女貌醜，嘗自慨恨，多作佛像，及成皆類，如此千數。乃至誠祈禱，忽感佛見形，更造諸像，相好方具，其父使鬼神遍散諸像於天下，此石像是其一也。

《〔康熙〕常州府志》卷一八《寺觀・天寧萬壽禪寺》 天寧萬壽禪寺在新城通吴門外，舊名廣福。唐天復間，齊雲長老維亢施舍利，卜寺址，淮南楊行密因名齊雲。南唐保大中建浮屠七級，龕僧伽所留國祥寺衲衣，號普照王塔。宋崇寧二年，詔天下建崇寧寺，州以此應加萬壽二字。四年，賜塔名曰慈雲。政和元年，改崇寧爲天寧。紹興七年，更曰報恩廣孝。有司尋以廣孝犯太宗謚，改光教。十二年，詔爲崇奉徽廟道場。德祐乙亥，兵燬。元初重建。至正壬辰，復燬，僅存鐘樓、佛殿。明宣德六年，都綱浄因以寺爲祝釐之所，請于朝，募建天王殿、金剛殿，兩廡合五十餘楹，危簷傑構，爲郡中叢林第一。殿後有銀杏一株，大于五顯廟所植。爲雷火所焚，僅存樹膚矣，猶發青枝，今漸森蔚，空圍廓立，久爲風雨齧射，穿漏巉巖，若雲屏飛嶂，尤奇絶也。嘉靖丙口，僧德山于天王殿範銅鑄彌勒，修殿及方丈。先是，洪武間，僧浄因建樓于塵遠堂後，名塵外樓，茂林修竹，環繞屏列，客至寺者，必登焉。其後，樓燬于火，寺頗頽廢。萬曆間，住持僧文壁修葺。適會丈量寺基九十六畝四分，文壁請于府，恩免六十二畝，又于辦糧田內免均徭四十畝，立石正殿。癸巳，僧道緣請江陰僧圓鑛、明元四出廣募檀施，頗溢，廊廡一新，名賢題詠甚多。別録。國朝順治六年，僧香雪建九蓮閣。康熙十三年，回禄正殿。二十六年，重建大殿，功尚未成。知府于公琨有記。

《明太祖實録》卷一五六《大龍興寺》 〔洪武十六年九月〕甲子，建鳳陽大龍興寺成。寺即舊於皇寺也，自宋有之，爲金所廢。元時有僧名宣者復創寺，宣卒，德祝、高彬繼之。元末，寺復廢。至是，重建，經始於四月朔，是日落成。去於皇舊址十五里，於是賜名曰大龍興寺。上自爲文記之。佛殿、法堂、僧舍之屬凡三百八十一間，計工二萬五千，賞工匠士卒鈔二十五萬三百有奇。詔僧善杞、文彬主之，揚善杞號曰顯密法師，文彬號曰善世法師。善杞，德祝之弟子；文彬，揚州地藏寺僧，應召至。皆年高有戒行。

《〔乾隆〕杭州府志》卷二七《名勝・天竺靈山寺》 蓮華峯在飛來峯稍西，即靈鷲峯也，狀如蓮華故名。峯之南麓，舊有天竺靈山教寺，晉慧理始建。乾隆二十七年皇上賜額曰「法鏡寺」。其間古蹟曰翻經臺、曰夢謝亭，皆宋謝靈運遺蹟。曰神尼舍利塔，隨仁壽中建。曰三生石，唐李源遇圓澤處。曰七葉堂，隋僧真觀建。曰西嶺草堂，唐僧道標建。曰月桂亭，宋僧慈雲建。又有曲水亭、連雲棧。四十五年、四十九年，皇上臨幸，俱有御製詩。

《〔乾隆〕杭州府志》卷二八《寺觀一・積善海會寺》 積善海會寺在吴山，舊名石佛智果院，吴越王錢氏建。宋大中祥符間，改賜今額。嘉泰間燬，《咸淳志》。元至正間重建。平章庫庫子山書「大海會寺」額，御史大夫慶通書「觀音寶殿」額。《武林梵志》。明成化間復燬。踰年，僧浩中重建。國朝康熙三十七年，住持皈一復募新之。雍正九年，總督李衛重修。《浙江通志》。寺据吴山東南岡，每逢雨暘不時，有司迎上天竺大士於此祈禱。十三年御書「寶月清光」額。乾隆三十二年又燬。閱一年，商人捐修，巡撫熊學鵬有碑紀事。《清波類志》。李衛《重修海會寺碑記》：吴山海會寺，面對大江，後協重巒。城中官舍廬井，燦然如在履舄下，固東南明秀區也。寺建於吴越錢氏有國時，名石佛智果院。宋代賜名積善海會寺，元至正中獨稱今名。前後凡三進，每進三楹。天王諸菩薩皆具，而正殿則虔奉大士像於中。官斯土者，遇水旱告愆，必迎天竺大士於斯。積誠祈禱，呼吸可通。蓋靈氣所萃，實式憑焉。自宋至今，千有餘年矣。予奉天子命，總制是邦。再閏已逾，吏民相浹，時和年豐。間或暘雨不若，爲民請命，無不立驗。庚戌夏，以旱禱故，止息於寺，搜覽碑碣，知寺自國朝康熙戊寅重建後，歷有年所。已酉歲，雖畧加修補而餘制猶未備，恐久而弗治，行就傾圮。乃飭所屬庀材鳩工，凡梁柱之蠹朽者，榱桷之撓損者，甍瓦、階級與牆垣、門廡、闌楯之頹壞者，一新之。佛像莊嚴，諸天羅列；金容寶相，光耀雲表。而又於殿庭之隅，建廳事三楹，以爲官吏齋宿之所。閲兩月而訖。工費取諸公，不以簣土寸木徵應於下，防累民也。役既竣，乃進屬吏而告之曰：若知所以修建之故乎，非爲奉象教、尚虚無、後禪林之閎麗已也，蓋體聖天子子惠元元之至意。必欲釋其疾苦，予之安樂。苟有利益于民者，務設誠致敬，使之陰相默佑，以納於太平仁壽之域。故明以誠感靈，以誠應有，必然無疑者。是海會寺之崇大士與寒暑時日星雲水旱之祭，有禮殊而誠合者矣。今年春，天子撥動公帑三萬金，詔修天竺大士之宫，而予於奉命舉行，後復新海會寺。蓋精廬雖異，靈照則同。既爲聖天子之所垂注，億兆人之所瞻仰，不尤當敬謹增飾，以爲揭虔妥靈地耶。至歷朝興廢之詳，見于明翰林修撰李公旻、按察副使趙公寬暨國朝少司寇陳公論碑文，與載諸郡邑志乘者，可考而知。而余飭屬修建之費，凡木石、甎甓、髹漆之屬，與役夫之工，具有籍在，故署而不書。

《〔乾隆〕杭州府志》卷二八《寺觀一·天長净心寺》 天長净心寺在仁和北壁後洋街，今竹竿巷。《浙江通志》。晉天福四年錢氏建。舊名天長，宋大中祥符元年改賜今額。《武林梵志》。南渡後，析其地爲軍寨，咸淳元年興復。元季燬，明景泰間重建。內有龍華閣，宋理宗時捲簾使許正建，宋亡隱此，曰出塵菴。元延祐元年，有僧講法華經，天花紛降，遂名龍華。歸併于此者，清修院、正定巷、保福院、九曲法濟院。舊志。國朝順治癸巳，里紳顧大觀等重建大雄寶殿。《仁和縣志》。庚子，陳爾琳、姚元瑛建彌陁殿、白衣觀音殿。康熙五年，兵備道熊光裕建賜子觀音天醫真君殿。《浙江通志》。

《〔乾隆〕杭州府志》卷二九《寺觀二·雲林禪寺》 勑賜雲林禪寺在北高峯下，舊名靈隱寺。《西湖志》。晉咸和元年僧慧理創建。山門榜曰絶勝覺場，相傳葛洪所書。舊志。正殿曰覺皇殿。唐會昌廢教寺毀。後稍稍興復，規制未宏。吳越錢氏命僧延壽開拓，建經幢于寺門左右。宋景德四年，寺額增「景德」二字。高孝兩朝，屢幸。號禪院五山之第二山。元明興廢不常。今寺則國朝順治時僧宏禮所重建也。《西湖志》。內有天王殿、轉藏殿、伽藍殿、羅漢殿、金光明殿、大悲殿、法堂、方丈直指堂、南鑑堂、聯登閣、華嚴閣、青蓮閣、梵香閣、玉樹林、法壽堂、萬竹樓、鐘樓、普同塔。康熙二十八年，聖祖仁皇帝南巡，勑賜名雲林寺。三十八年，賜金佛一尊、香金五百兩及御書禪門法紀額，對一聯。四十二年，賜《御書金剛經》一卷，《心經》一卷。《雲林寺志》。乾隆十六年，御題覺皇殿曰鷲嶺龍宮，直指堂曰涌翠披雲。《西湖志纂》。二十二年、二十七年、三十年、四十五年、四十九年皇上南巡，御題詩章區聯，恭紀卷首。《南巡盛典》。

《〔乾隆〕杭州府志》卷二九《寺觀二·下天竺法鏡寺》 下天竺法鏡寺在靈鷲山麓。晉僧慧理建。隋開皇間，僧真觀與禪師道安、頭陀石室、檀越陳仲竇拓而新之，號南天竺寺。唐永泰中賜額。五代時有五百羅漢院，後廢。大中祥符改名靈山。天禧間復天竺寺額。舊志。紹興中改賜天竺時思薦福寺額。慶元三年又復原額。寶祐二年，賜天竺靈山教寺額。元末燬。明洪武間重建。《浙江通志》。舊有鍾離權書方丈額、陸羽二寺記、蘇公和周次元詩石刻，今皆不存。《武林舊事》。國朝康熙三十八年，聖祖仁皇帝南巡，駕幸寺中，賜帑重修。《西湖志》。乾隆二十七年，皇上賜額曰法鏡寺。四十五年、四十九年，御製詩章，恭紀卷首。《南巡盛典》。

《〔乾隆〕杭州府志》卷二九《寺觀二·净慈禪寺》 净慈禪寺在南屏山。《神州古史攷》。剏自周顯德元年。吳越忠懿王號曰慧日永明院。《净慈寺志》。釋道潛作羅漢堂。延壽禪師作宗鏡録，遂建宗鏡堂。宋太宗改壽寧禪院。紹興九年又改净慈報恩光孝禪寺。既而復燬。孝宗賜金成之，御書慧日閣。《西湖遊覽志》。淳祐十年建千佛閣。《咸淳志》。嘉泰燬。嘉定十三年復建。《浙江通志》。元季諸寺皆燬，惟是寺存。萬曆舊志。明洪武間燬，僧法净建。正統間燬，僧宗妙建。內有永明室、圓照樓、叢玉軒、一湖軒，並廢。鐵鍋重數千斤，欵云梁貞明二年鑄。寺北有四眼井。《西湖志》。國朝康熙三十八年，聖祖仁皇帝南巡，賜御書净慈寺額，對聯一副，《金剛經》一卷，《心經》一卷。三十九年，寺門及鐘樓燬，四十六年奉勑重修，四十九年工竣。御製《重修净慈寺碑記》，勒石寺中。雍正八年，恭建御碑亭于山頂，重建湖南佛國、震旦靈山二坊。濬萬工池，構慶芳橋。十二年奉旨重修，并修永明塔院。《浙江通志》。乾隆九年，奉勑重建。十六年，聖駕臨幸，御題扁額。二十二年、二十七年、三十年、四十五年、四十九年御製净慈寺詩，恭紀卷首。《南巡盛典》。

《〔乾隆〕杭州府志》卷三一《寺觀四·報國講寺》 報國講寺在鳳凰山麓。唐號羅漢院，南宋爲大內。元至元十三年，從楊璉真伽請，故宋內建五寺：曰報國、曰興元、曰般若、曰小仙林、曰尊勝。報國基址即垂拱殿。延祐六年火燬，大訢禪師重建。《報國寺考古録》。興元寺即芙蓉殿，般若寺即和寧門，仙林寺即延和殿，尊勝寺即福寧殿。楊璉真伽發宋諸陵，建墖其上。其形如壺，俗稱一瓶。塔高二百丈，內藏佛經數千萬卷、佛菩薩像萬軀，堊飾如雪，故又名白塔。至順辛未正月十四日黎明，雷震之。至正末爲張士誠所毀，其寺鐘即故禁物也。洪武二十四年，重建報國寺。《西湖游覽志》。萬曆丙午，僧海音新葺。《武林梵志》。

《〔乾隆〕杭州府志》卷三一《寺觀四·安國寺》 安國寺在治西。嘉靖《浙江通志》。唐開元二年建，名鎮國海昌院。會昌五年廢，大中四年復置，名齊豐。宋大中祥符元年，改今額。寺有大悲閣，宋理宗御書「妙智之閣」賜之。元至正元年重建。《武林梵志》。明洪武八年真價建雲堂，十一年至大建懺堂，三十年惠燈拓大殿爲四天王殿。永樂十三年似葵建三解脱門。天順間大殿燬，弘治元年重建。殿後甃石爲九蓮池，萬曆間改爲妙智閣，爲千手千眼觀音殿。改西方殿爲藏經閣。崇正甲戌，鐘樓不戒于火，丁丑重建。國朝康熙六年，里人買隙地構屋四十餘楹，供奉五百羅漢。雍正十二年重修天王殿。乾隆七年化募修葺。《海寧縣志》。二十七年，聖駕巡視海塘，幸安國寺，御製匾聯，恭紀卷首。《南巡盛典》。

《〔乾隆〕紹興府志》卷三八《祠祀志三・寺上・大能仁寺》 大能仁寺，嘉泰志：在府南二里一百四步。本晉許詢捨宅建，號祇園寺。後廢。吴越王時，觀察使錢儀復建，號曰國覺寺。咸平六年，從康戩之請，用承天節名，改賜承天寺。政和七年，上后土號曰「承天効法厚德光大后土皇地祇」，詔天下承天僧寺皆改爲能仁寺。蓋避后土號也。是歲詔建神霄玉清萬壽宫，以僧寺壯麗富贍者改建，而越以能仁爲之。石刻御製宫碑，奉安法堂。上作朱漆樓閣，嚴護正殿。左奉長生大君，右奉青華帝君，侍立真人各二人。側殿奉韓君丈人，又繪左右仙伯及從官於兩序殿柱，以金龍絡之。殿庭爲醮壇，殿門立二十四戟，殿上設威儀。築亭行符水，名仁濟亭。講堂名道紀堂，經藏名雲章寶室，貲産名道業。天寧、天應、天符、寧貺、元成節，各設醮，醮多至千二百位。自京師降青詞朱表御香。守閽及掃灑用禁軍，文書入疾置守臣。雖前二府，但稱管勾，百步内禁雜户及屠肆。街衢責地分人掃除，車檐及庖厨、宴集、音樂、采捕、刑獄之具皆有禁。道士知宫、副知宫，皆降勅差名曰長貳，氣焰熏灼。監司守臣通書啓送迎，交謁如等夷方。是時泗守葉默、建昌守陳并、秀守蔡巒，皆爲神霄道士所訟，得罪至流竄。歲用名香、朱丹、幣帛、酒醴、華果，不可勝數。紙札尤多，一取以千計，皆池表、歙表之類，不許以地所産充數，猶退易不已。遇特設齋，道士覯錢自三十千至三百，率無虚月。靖康内禪，始稍減削。建炎中興赦書，遂命神霄復爲僧寺。還像設於天慶觀，而能仁寺復故。州又有能仁院，故郡人謂能仁寺爲大能仁寺云。萬曆志：元初毁，至正間重創。明嘉靖三十年後，倭患作，有司議鬻諸寺院以助軍興。能仁遂廢。愈志：大學士吕本以其地建别業，名樛木園。崇禎十五年，祁鳳佳復買之，仍爲大能仁寺。至國朝康熙三十年後，主寺者失人，寺又頹敗。四十五年，僧德禧立誓以興復爲任，次第修之。奕然還舊觀焉。

《〔乾隆〕紹興府志》卷三八《祠祀志三・寺上・寶林寺》 寶林寺，嘉泰志：在府南二里二百二十二步。宋元徽元年，製法華經、維摩經疏，僧遺教等與法師惠基於寶林山下，原注：即龜山，亦名飛來山。建寶林寺。時有皮道與捨宅，連山造寺。山之巔有石岫，岫有靈鰻，禱雨多應。旁有巨人跡、錫杖痕。會昌毁廢。乾符元年重建，因改爲應天寺。晉末沙門曇彦與許詢元度同造甎木二塔，未成，詢亡。久之岳陽王至，忽悟前身造塔之事，宛若今日。由是塔益加壯麗。崇寧三年八月，詔改崇寧萬壽禪寺。三月八日，又改崇寧爲天寧。每歲天寧節，郡寮祝聖於此。紹興七年，改報恩廣孝禪寺。俄又改廣孝爲光孝，專奉徽宗皇帝香火，蓋以本天寧祝聖之地也。舊有長老滋須者，有高行。會改當十錢爲當五，郡守召須及能仁長老，密告之，且曰：聞二寺方大興造，有未還瓦木工匠之直，而蓄當十錢多，歸可急償之。明日文字一出，皆大折閲矣。二人既歸，能仁呼知事僧告以將赴它郡之請，凡有負者皆即日償之，抵夜乃畢。於是出千餘緡與之。得者皆喜。明旦遣侍僧問天寧，則曰：長老歸自郡齋，即以疾告，閉方丈門熟睡，至今猶未起也。及令下，須始以當五之數償負，能仁乃大愧服。萬曆志：乾道末，藻繪尤盛，置田五千餘畝。後經幾燬。今梵宇則明永樂十一年僧善怤所構，構時尚未有塔。嘉靖三年，郡人蕭副使鳴鳳言于郡，召僧鐵瓦復建塔。隆慶末塔復將圮。萬曆六年，寺僧真理募緣修之。又改其前殿，加高廠焉。寺舊有聖母閣，今廢。寺田亦罕存。塔前近建許元度祠。省志：康熙初年，僧性覺募修。

《〔乾隆〕紹興府志》卷三八《祠祀志三・寺上・開元寺》 開元寺，嘉泰志：在府東南二里二百七十步。節度使董昌故第。後唐長興元年，吴越武肅王建，奏以開元復爲大善寺，而以此爲開元寺。蓋處一州之中，四旁遠近適均。重甍廣殿，修廊傑閣。大鐘重數千觔，聲聞浙江之湄。佛大士應真之像，皆雄麗工緻，冠絶他刹。歲正月幾望爲燈市，傍十數郡及海外商賈，皆集玉帛珠犀、名香珍藥、組繡髹藤之器，山積雲委，眩耀人目。法書名畫、鐘鼎彝器、玩好奇物亦間出焉。士大夫以爲可配成都藥市。建炎庚戌，北騎侵犯。既退，羣盜投隙而至，遂焚，不遺一椽。今七十年，雖繼興葺，尚未能復。初，武肅王有浙東，以董昌第爲開元，而以昌生祠爲天王院。及是同時廢於火，亦有數焉。萬曆志：宋咸平中，僧曉原立戒壇，遇聖節則開，以傳度其徒。今以爲習儀祝釐之所。前門内兩近建湯太守祠，殿東建吴通判祠。萬曆十三年，僧真秀募修大殿，易石柱。省志：康熙間重修。

《〔乾隆〕紹興府志》卷三八《祠祀志三・寺上・雲門寺》 雲門寺，嘉泰志作淳化寺，萬曆志作雲門廣化寺。嘉泰志：淳化寺在縣南三十里，中書令王子敬所居也。義熙三年，有五色祥雲見，安帝詔建雲門寺。會昌毁廢。大中六年，觀察使李褒奏再建，號大中拯迷寺。淳化五年十一月改今額。寺有彌陀道場，杭僧元照書額。門外有橋亭，名麗句亭，刻唐以來名士詩最多。先唐時，雲門止有此一寺，今裂而爲四。雍熙者，儀堂也。顯聖者，看經院也。壽聖者，老宿所棲菴也。或謂雲門寺本面東，主秦望而對。陶宴等山，如列屏障。會昌廢寺後，止存一小殿面南，未毁。遂因附益以爲寺，非復舊址。而舊址乃多犁以爲田。紹興中，淮僧廣勤爲雍熙副院，嘗因牛足陷，得小銅維衛佛像於田中，蓋古雲門寺地也。李志：在雲門山，蓋古雲門寺地也。明天啟二年，僧福坤於舊址重建。有僧雪嶠住持本寺，卒瘞於寺之右隴。國朝順治十七年，賜帑銀五百兩修雪嶠塔。省志：雲門山向有六寺。雖一寺所析，皆非舊址也。此寺自會昌廢後，歷明天啟間重建，實古雲門寺地云。

《〔乾隆〕紹興府志》卷三九《祠祀志四·寺下·龍泉寺》 龍泉寺。嘉泰志：在縣西二百步。東晉咸康二年建，唐會昌五年廢。大中五年重建，咸通二年改今額，龍泉在寺山。王荆公有絶句，所謂「四海蒼生待霖雨，不如龍向此中蟠」。今有大字刻于泉旁。蓋後人倣公書爲之，非真筆也。高宗皇帝巡幸時，泊御舟于亭前江中。寺又有碑，乃虞世南撰。武后天授中，布衣董尋書。世南止曰虞南，蓋避太宗諱。按太宗在位時，羣臣皆不避其名，如虞世南、蘇世長、李世勣等是也。世勣至高宗時乃去世字，止曰李勣。猶用古禮卒哭乃諱之文。世南卒于太宗時，未嘗單名南。此碑蓋書人追去之也。〔萬曆志〕：宋建炎間燬。高宗南巡，幸龍山，賜金重建。元至元十三年燬。元貞改元重建。有彌陀閣、千佛閣、蟠龍閣、羅漢院、上方寺、中天院、東禪院、西禪院、鎮國院、喚仙亭、更好亭、龍泉亭。自山麓至絶頂，殿閣儼然，背山面水，爲一邑佳處。寺額三字，作歐陽率更體，或云即歐書，未知然否。虞世南、王安石輩皆棲遲于此。宋天子幸之，今漸蕪廢。所存者惟山門、大雄殿、中天院而已。大雄殿爲習儀之所，殿後近構觀音閣。

《〔雍正〕寧波府志》卷三三《寺觀·天寧禪寺》 天寧禪寺，縣治西，惠政橋北。唐大中五年建，始名國寧寺。宋崇寧二年改崇寧萬壽，政和二年改天寧萬壽，紹興七年改報恩光孝，後又名天寧報恩。元至元十九年燬，重建。至大二年又燬於倭，至治元年重建。明洪武二十年重建佛殿，永樂五年重建山門。宣德十年，郡守鄭珞重建鐘樓。正統六年重建藏殿，十年建千佛閣。景泰二年，重建方丈。成化元年，建羅漢殿堂，重修佛殿鐘樓、天王殿山門。國朝康熙二十三年三月燬。五十八年，僧明文徒實貴先造鐘樓并鑄鐘。五十九年，明文徒實貴重建大殿、天王殿。次年建羅漢堂。

《〔雍正〕寧波府志》卷三三《寺觀·育王禪寺》 育王禪寺，府東五十里阿育王山下。舊名阿育王廣利寺，晉義熙元年建。梁武帝賜阿育王額。宋大中祥符元年，賜名廣利，大覺禪師懷璉居之。熙寧三年□宸奎閣舍利殿，內有釋迦如來真身舍利。塔中有一角金鐘舍利在焉。高宗賜號曰佛頂光明之塔，常取至禁庭。寺東北山上有佛跡，循跡而上，有東塔院，即劉薩訶所禮舍利湧出之處。西塔院，寺西五十步，建於唐明皇。時又有明月堂、妙喜泉、無相庵。元至正十年，建承恩閣。明永樂十四年，佛殿災。國朝康熙元年，大殿災。十三年，建田房五楹。十九年，住持法鍾重修佛殿，寺爲天下禪宗五山之第五山。

《〔雍正〕寧波府志》卷三三《寺觀·永明教寺》 永明教寺，縣西南一里。唐儀鳳三年，邑大夫呂珂捨宅爲寺，高宗賜名大寶院，天寶中改大寶寺。宋大中祥符元年，改賜今額。有四香亭。寺前有橋，紹聖中建亭其上，曰「迎薰」。外立牌門，扁曰「寶峰」。宋林露譔藏殿記。明崇正五年燬於火，次年僧圓鑑、圓鎧募貲建千佛殿。國朝康熙三十一年，僧明登重建鐘樓，鑄大鐘懸其上。五十四年，僧明遠鼎建藏樓。計藏經六百六十三函，六千三百十四卷。

《〔光緒〕嘉興府志》卷一八《寺觀一·東墖講寺》 東墖講寺在縣東六里。至元志。漢朱買臣故宅，有買臣墓。詳冢墓。梁天監中建寺，《名勝志》。隋仁壽辛酉建墖。《隋書》：仁壽元年，詔分舍利于江南等五十三州，各建一墖。墖前二池，清涼國師所鑿。分青白色。劉志。大業間燬。唐武德甲申重建。廣德中，大理寺丞朱自勉新墖宇，奏請報國禪院額。會昌間廢，大中初重建，後黄巢焚燬。宋元豐己未重建，賜名「泗州大聖墖院」。崇寧癸未，因在城壽聖教院，改爲崇寧寺，案：至元志作政和六年，因在城壽聖教寺，改爲天寧萬壽寺。以壽聖教院額就墖院立之。政和丙申廢。教院爲神霄玉清萬壽觀，宣和中復額，後燬。壬子，僧可觀重建于墖東。嘉興湯志。紹興三十二年，改名東墖廣福教院。至元志。孝宗初，榜鐘樓曰景龍。舊名景陽。案《揮麈録》載，孝宗嘗登鐘樓，誤行至中間，竟墜于地，旁觀失色，孝宗屹然不動。即東塔寺之景陽鐘樓，王明清以爲真如寺，誤。淳熙戊申，僧清雅重建。寧宗召講《華嚴經》，賜紫衣，號寂照。御書「華嚴經閣」、「雷音海印」二堂名賜之。嘉興何志。案：趙圖記作理宗，誤。旋遭兵火。元皇慶癸丑，僧德虔大搆殿閣，輪藏法堂。至正己亥，僧守良重建佛殿、僧寮。明洪武初，殿墖燬。壬子，僧若允重建，定爲東墖廣福華嚴講寺。永樂丁酉，僧德祥經營普光明殿。洪熙乙巳，僧正猷修建殿堂、門廡。王英記畧：元中猷法師，别號復闇，永樂庚子，主嘉禾東塔華嚴講寺。曩因兵燹，殿宇傾廢。師至，憮然有感，遂捐衣鉢之贏，及募諸施者，簡才鳩工，薙荆棘，畚瓦礫，鼎建山門，題曰福城東塔。且其地據鳳凰山之勝，一水環抱，前通指南橋，北峙天王殿。殿後浮屠七級，達于普光明殿。殿前有方池二所，水分青白，因名其軒。次築别室于殿東，扁曰聽玉，曰環碧，皆舉其勝而名之。普光明殿成，塑三聖調御曁諸十地菩薩師象蓮座，經藏旛幢，棟接甍連，深嚴宏邃，髹彤黝堊，金輝碧暎，儼若竺乾鷲嶺之勢。工興于是年秋，訖于宣德戊申冬，凡十載，宗風大振。復建一室，顔曰環碧。吕原有記。景泰壬申，僧守倫重建華嚴經閣。吕原記畧：華嚴經閣在郡城東五里内，奉太宗所頒《大華嚴經》，故額。宋寧宗御書宸翰尚存，天下華嚴五山，東墖實居其一。住持倫公嗣法，元中猷公首住硤川之崇惠，再主秦溪之興善。及來東塔，道價益隆。乃復修塔架廡，增飾五百聖僧，鼎新方丈厨庫。惟閣之役甚鉅，久乃克成，奉華嚴大經毘盧聖像。又作千佛，列供左右。閣之崇八仞六尺，其廣袤若干。命之建立者，太守南昌舒公也。重書華嚴五山者，鎮守番陽孫公也。萬曆丁亥，僧芳蕖重修清白池亭，龔勉有記。并舍利墖，袁黄有記。辛亥改置禪堂于買臣墓後。朱國祚有記。知縣陸獻明給帖免役。崇禎十年，重新寶墖。嘉興湯志。國朝乾隆間重修。伊志。道光間僧正方重修禪堂。咸豐兵燬。僅存寶墖。同治僧正方重建山門、禪堂。伊志。

《〔光緒〕嘉興府志》卷一八《寺觀一·漏澤教寺》　漏澤教寺在縣東二里三十步。宋崇寧三年置，賢良陳舜俞孫捨宅爲之。至元志。明洪武二十四年，定爲教寺。柳志。弘治癸丑，僧道貞重建山門。徐璘記：縣治之東北有名藍曰漏澤，乃前賢山陰令舜俞陳公捨宅所建也。歷年既久，廢興不一。天順八年，天章彧公任本府都綱，覩殿宇卑隘，弗起觀瞻者之敬，乃與其徒謀一新之。遂中建大雄寶殿，東則伽藍，西則圓通，各肖像設。次建天王殿外山門廊廡。甃砌之類，罔不畢具。金碧輝煌，視昔百倍。弘治壬子冬，有隣不戒于火，災及山門。寺僧道貞能歷清苦，力欲新之，以壯乎寺。聞者樂然響應。經始于次年癸丑正月，落成于四月。嘉靖甲寅，寺廢。萬曆壬寅，里人馮夢禎等同僧廣誠恢復。鄭一先《漏澤寺承佃管地歸寺記》：漏澤園爲掩骼埋胔之所，佛家謂之尸陀林，亦曰逝多林。其地稱至不浄，而精藍在焉，豈佛之徒類脩白骨等觀，即境注心三昧，易就故耶？世尊説華嚴七處九會，逝多林其一也。寺故爲舜俞宅，非漏澤園明甚。自宋歷元，佛法方隆，龍象輩出，豈無名緇住持其地？嘉靖倭變，寺僧流亡，其地半爲居民所得，餘悉没入官。寺僅存正殿，僧居惟西廡數椽，湫隘不稱梵脩。于是大司成馮公夢禎等願得官地如干畝，以拓寺址。官房五十餘間并基地歸之寺，以爲常住永業。甲辰，僧道梅建金湯室。馮夢禎記。天啟丙寅，僧大賢建接引彌陀殿于禪堂之左，寺側有三賢祠。嘉興湯志。詳祠祀。國朝順治三年，住持僧性琮重建天王殿、大殿、禪堂、東西方丈。《浙江通志》。咸豐兵燬，同治重建三官殿。新纂。

《〔光緒〕嘉興府志》卷一八《寺觀一·圓通教寺》　圓通教寺在縣東三十六里。舊有廢址，周顯德五年，里民茅承翰申漢南王，乞于舊基立寧國寺。宋治平元年，改名圓通。劉志。元燬。明洪武己巳，僧嗣昌重建。辛未定爲教寺。歲久傾廢。成化甲午，僧景瑩等重建。弘治間復修建。徐春有記。天啟中，里人陸炳募建山門并地藏殿。嘉興湯志。寺有銀杏二株，歷唐宋至今。柳志。咸豐兵燬。同治間重建山門、大殿、禪堂。新纂。

《〔光緒〕嘉興府志》卷一八《寺觀一·興善教寺》　興善教寺在縣東南三十里。梁天監二年置，周顯德五年，改報恩院，宋治平元年，改興善院。至元志。舊有佛殿、法堂曁舍利雙墖。遭元兵火。明洪武二十四年重建，定爲教寺。景泰辛未，僧守倫創建佛閣。天順丁丑，僧文傑等重建。吕原有記。嘉靖間，僧道洧募修佛閣。嘉興湯志。錢芹有記。崇禎七年，置常住田。李日華《禪堂齋僧田碑記署》：善信盛肖野等陸續捐田五十九畝，畀堂行人耕植刈穫，以資香積。國朝順治三年，重修大殿、山門。葉紹遠有記。康熙中，先後修建大殿、天王殿、毘盧閣。朱彝尊記署：寺爲嘉海叢林之一，其開山者爲坦法師，而秋江天彝及道洧圓鏡相繼成之。迨國朝有馥生募衆重修法堂方丈，更爲擴充。惟毘盧漸成傾圮。康熙辛酉、壬戌間，有濟爲同師可如經營修葺，鳩工于甲子之春，落成于丙寅之秋，繼以雪介禪師整飭，始稱大備。雍正十三年，重修伽藍堂、三官殿、禪堂。乾隆二年，重葺天王殿、佛閣。九年復修大殿。興善寺志。

《〔光緒〕嘉興府志》卷一八《寺觀一·茶禪寺》　敕賜茶禪寺寺在在縣西五里。錢氏賜額爲保安院。宋景德間，每州各立景德院，遂改名景德。宣和間燬，大觀間重建。至元志。案《嘉禾百詠詩》註云：昔有白毫光高數丈，民以爲祥，乃作寺。有白龍潭在寺前，東坡昔過此，畫竹于壁，題詩云：聞説神仙郭恕先，醉中狂筆勢瀾翻。百年寥落何人在，只有華亭李景元。李亦畫竹于此，以詩和之。詩傳不全，有一聯云：野人不識天上面，知是虞皇第幾元。李華亭，名士也。元至正間，雲海寬公大構殿宇、廊廡及諸佛像。黄湣記畧：嘉興郡治距西四里爲景德寺，其初蓋曰龍潭，深險莫測，往往風雨壞帆檣，雨晴則有白光三道起水上。唐季異僧行雲者曰：運土石以實潭。積久，潭果塞，遂建三墖以鎮之。水至是迴抱灣環，利其爲大道場，乃構棟宇祠佛菩薩，而以龍護法焉。當五季吴越錢氏有國時，賜名保安禪院。宋景德中，敕天下郡縣爲景德寺，故易今額。宣和三年燬于寇。建炎三年，縣令陳少卿言于朝，始復寺基業。嘉定九年旱，邑人禱于龍，得雨，爵龍爲靈澤，而祠曰順濟。符牒具在。逮元至元中，石湖美公增置腴田，整飭楶㰂。後古禪性公奉璽書褒護。後至元五年，雲海寬公來主是席。既涖事，睹殿宇敝壞，將圖更作，遂議于衆，給以寺租，助以衆施，得錢可萬緡，乃大構焉。經始于至正五年之十月，落成于明年之九月。殿之崇八十有六尺，深廣稱之而殺十尺，中嚴靈山像，左右阿之，應真視舊有加。殿後增造觀音像，其東西翼廡則肖諸天神。金珠間錯，丹碧絢麗，煌煌如也。百廢具興，施者至，不可給師則捐橐贍之。寺故有記，漫滅不存，衆謂是役不易，非有記述，後嗣奚稽！咸願書諸石，以垂不朽。明洪武十五年，定爲禪寺。永樂初，僧真行建觀音殿于殿後，嗣建山門、方丈兩廊。又建鐘樓、藏殿。弘治間，郡守佟珍命修三塲、二殿。秀水黄志。明周用有記。萬曆辛卯，僧真講建大乘堂于殿右。辛亥，僧通理修觀音殿。壘石高數丈，鑿蓮千朶，名千花臺。陳懿典爲記。天啟甲子，重修天王殿。秀水任志。國朝順治初，僧恒修募葺鐘樓。盛遠有記。塲久圮。康熙十六年，里人錢江捐資鑄鐵頂重建，并修大乘堂、方丈。後有趙宋衮園亭、陳舜俞題。蘇公煮茶亭址，今廢。嘉興何志。乾隆十六年，奉頒御製心經塲軸一幅。二十七年，御書標示三乘扁、「湧塲同參法華品、試茶分證趙州禪」對聯，賜名茶禪寺。伊志。咸豐兵燬。同治間重建山門。光緒二年，姚文枬、金涵捐資重建三塲及觀音殿。新纂。

《〔光緒〕嘉興府志》卷一八《寺觀一・本覺寺》 本覺寺在縣西二十七里。此正檇李之地，舊有檇李亭。至元志，詳古蹟。唐大中間，有僧冀自臨海來，道宿亭下，感夢結庵以居。事聞，賜名報本。咸通乾符中，累賜田二千六百畝。嘉興湯志。宋熙寧間，東坡與文長老善常三過此，輒留詩。宣和間改爲神霄玉清萬壽宫。建炎元年，復舊額。嘉定間，僧元澄作三過堂，樹石勒蘇詩。淳祐間，守臣趙與岩請爲本覺禪院。秀水黄志。寶祐癸丑，建長生庫廬及禪堂僧室。宋徐聞詩記畧：本覺創自李唐，迨今數百載。中更兵火，剎以古故尊。我朝熙寧間，命蜀僧文長老來主禪席，蘇文忠公三過門而三賦詩。地以人故勝。寺距城西南不一舍，平疇迥野，一水環抱，層樓傑閣，渺立于蒼煙白葦之中，亦檇李之奇觀也。元至正中，建大悲閣。明洪武初，定爲禪寺。宣德壬子，僧志嵩建山門，扁曰萬壽山。立石塲二座于左右。成化庚寅，僧宗瑾重修。姚綬爲記。嘉靖丙申，郡守鄭鋼重修三過堂。呂希周有記。萬曆甲申，郡守龔勉重修三過堂，以祀蘇公。鍾庚陽有記。國朝乾隆二十七年，御賜本覺寺匾額。四十七年，僧濟如募重建大殿、蠶神殿，及齋堂、五福堂。嘉慶二年，增建觀音殿，置常住田。三年，杭嘉湖道秦瀛、知府伊湯安捐俸重建三過堂，并塑東坡及文長老像，并函石像詩碑於壁。秦瀛有記，詳古蹟。寺有石幢二，刻佛頂尊勝陁羅尼經咒。唐咸通十年三月立。伊志。詳金石。

《〔光緒〕嘉興府志》卷一八《寺觀一・天寧禪寺》 天寧禪寺在治北里許，漢嚴助宅也。名勝志。舊爲施水庵，以井泉甘冽，汲飲路人得名。唐咸通中改爲院。吴志。宋治平中，郡人慕容殿丞請于朝，更爲十方禪刹。嘉興湯志。熙寧元年，賜名壽聖院。崇寧二年，賜名天寧寺。政和六年，改名天寧萬壽院。柳志。殿西池上建臨清軒。嘉興湯志。宋王懋通《臨清軒詩》：方池疏鑿是何年，舊是山中卓錫泉。雲氣上浮虚白室，波光倒浸蔚藍天。憑欄只許陶元亮，高枕應思謝惠連。堂爲老夫分半榻，不妨來日此逃禪。元楊渤詩：池上幽軒半畝寬，老禪長對碧波寒。幾回窗外晴猶雨，道是降龍深處蟠。紹興七年，改名廣孝院。十三年，以孝宗誕毓是地，改報恩光孝禪院，賜田二千畝。趙圖記。元至元初，爲天寧萬壽禪寺。至正中，僧良念重修。黄溍爲記：寺額在異時已屢改易，人猶稱以天寧萬壽之故號者，以祝聖都道場在是也。至元間，朽庵祥公被上旨住是山，與耆舊僧智源兼任本郡僧司長副，崇護尤謹，創千佛閣於山門之東。明叟因公規恢基緒，賴源之力爲多。延祐中，千瀨慶公即方丈建圓通閣。泰定間，竺雲曇公重作僧堂衆寮。其後月舟滿公窘於有司之征繇，引避而去，佛鑑空海禪師念公，以至正四年嗣爲住持，至則繕治僧堂，斥大山門之舊址作門，以間計者五，其高七尋有半，深殺其高尋有二尺，左右設文武官僚之次，且用陰陽家説築。案：阜於官河之南，培主山於丈室之北，樹以奇石，名之曰秀玉峯。又建静渌軒于殿左。僧力金建深雪軒于殿右。陳基有《深雪堂記》。明洪武初，增建佛殿兩廡。辛未定爲天寧禪寺。僧宏宗復建天王殿、法堂、佛閣、方丈諸室。夏原吉記。建文中，建徹見樓。一名漢風閣。明趙友同記：嘉禾宗指南上人，清雅淳厚，住天寧禪寺，不數年間，修廢舉撓，巋然爲三吴名刹。尋得隙地于寺東北隅，作樓三間，取佛書中昇正法樓徹見一切語名之。永樂間，建堅密軒。朱叔服有記。又建毘盧閣，崇奉賢劫千佛及元板藏經。胡槩爲記。李應徵《登毘盧閣詩》：高閣層霄上，登臨意渺然。慧風開白社，法雨墮青蓮。寒散千林色，秋深萬井煙。下方歸路晚，霜月漸娟娟。僧傳如登毘盧閣詩：真參何處是毘盧，彈指重樓興不孤。上界香雲連雉堞，下方清梵徹鴛湖。淡煙半掩將軍墓，明月猶懸帝釋珠。間道頓伽能説法，都從祇樹聽□烏。正統間，前後建禪堂、鐘樓、齋堂、輪藏殿及觀音、靈官諸殿。嘉靖中，修輪藏殿。釋方擇有記。萬曆戊午，重建禪堂。天啟丁卯，重建鐘樓。嘉興湯志。宋徽宗御書屏在僧舍。趙圖記。國朝康熙八年，僧指開募修毘盧閣，奉大銅佛供閣下。嘉興何志。十九年毘盧閣災。秀水任志。内有直郡王貝闕霞飛書額。伊志。咸豐兵燬。同治間重建觀音殿。新纂。

《〔光緒〕嘉興府志》卷一八《寺觀一・精嚴講寺》 精嚴講寺在郡治西北一百八十步。晉成帝時徐尚書别業。案：《舊靈光寺實録》，尚書名恬，今土地記名熙。

因井夜發光，奏請捨宅爲寺，賜名靈光。至元志。唐龍朔間，僧僧伽遊方至山，出龍救旱。貞元中，僧靈祐講經寂滅建塔中。嘉興湯志。唐沈亞之有塔銘。錢文穆王時，立山門，掘地得一石龜，遂改靈龜寺。天福四年，復名靈光。宋祥符中賜今額。元有《沙門洪敏靈光寺碑記》，今石刻不存。寺之西北有五臺山。詳古蹟。内石經屋一十二間，刻《法華》、《維摩》等經。又有大藏殿、東西塔、厨混室、浄土水陸諸院，千佛、羅漢、大悲、天王諸堂。西南有木紋觀音殿，咸通年間立。像刻木屏上。舊傳未鐫前，其木在水濟人，遇浄則浮，遇羶即沈。人知不凡，取爲尊像。鐫製纔畢，面目手指皆有紋彩，時人稱爲木紋觀音。兵火後，移于寺東廡。紹興十一年重立。凡遇水旱，郡侯必請禱，以爲常。至元志。先是，吴越王得佛舍利，内于金鐸，以小銅塔緘之，寘寺門側。二塔各有宋時石刻御讚。淳熙丁酉，郡守韓彦質請于朝，更爲十方禪刹。僧景壽建殿宇廊廡，置田二千餘畝。嘉興湯志。宋王希吕爲記。明洪武二十四年，定爲天台講寺。今仍舊額。吴志。宣德間建輪藏殿，僧方澤有記。乙卯重修鐘樓。萬曆間樓復傾，郡守車大任捐俸重建。秀水黄志。明馮夢禎有記。寺前有百丈溝，左有靈光井。吴志。詳古蹟。國朝乾隆三十六年，重建大殿、廊廡。四十二年，復建禪堂、方丈，及大悲殿、香嚴大殿、佛堂、僧寮，置常住田。伊志。咸豐兵燬。同治間，僧濟延重建，規制如舊。新纂。

《〔光緒〕嘉興府志》卷一八《寺觀一・水西禪寺》 水西禪寺在郡治西北二里。《明一統志》。與祥符並在爽溪西，故名水西。唐會昌中，黄檗禪師開山，即廢。武宗會昌五年八月，大毁佛寺，復僧尼爲民。大中元年重建。相傳宣宗潛邸于此，因改爲資聖禪寺。内有宣宗御書寺額。嘉興湯志。其院舊在城外，乾寧三年移入城内。至元志。宋天聖間，僧慶暹稍加修飾。僧羿嵩有記。皇祐間，復葺精廬，以安僧衆。建炎兵燹，僅存御容書額。紹興初，僧元祖建大殿。淳熙咸淳間，增建山門、厨庫、僧舍、法堂。元至治中，僧資瑞置田，新佛像，設長生修造局。釋如芝有記。至正庚子，重建大殿。釋克新有記。明洪武辛未，定今額。萬曆丙辰，僧達材重修。舊有御書閣、裴相祠、大中亭，俱廢。嘉興湯志。國朝康熙十六年，里人錢江捐修大殿。嘉興何志。歲久傾圮。乾隆三十三年，僧静聞重建大殿。嘉慶四年，復建東廊接引殿，大悲、地藏、觀音諸殿。伊志。咸豐兵燬。同治間重修正殿。新纂。

《〔光緒〕嘉興府志》卷一八《寺觀一・楞嚴講寺》 楞嚴講寺在郡治西北二里三十步。舊稱楞嚴院。地勢爽塏，林木蓊鬱。石橋流水，似不與人境接。名勝志。宋嘉祐八年，百姓鈕咸有地在慈恩塔東，因捨入本院。熙寧間有旨，一應寺院有屋及三十間者，並以壽聖爲額。僧無擇請聞於朝，存之。後僧永和在院講《楞嚴經》，蔡丞相書楞嚴牌揭諸門，遂以爲名。至元志。元末兵燬。明洪武初，僧善修重建，辛未定爲今額。宣德間復建殿宇，新佛像。成化己丑，僧浄惠建金剛殿，搆雨花堂。僧方澤有序。癸卯，僧智覺修佛殿、建方丈。項忠記畧：楞嚴寺自宋迄今五百年，根運興廢，莫知其幾。宣德甲寅，住持道巽創建殿宇。繼巽有浄惠，惠所度弟子曰：知覺補席以來，慨然以興復爲己任，罄捐己橐，兼哀衆施，閲二寒暑，克底于成。嘉靖間倭燬。萬曆甲申，僧真可等先建禪堂、經室。馮夢禎有記。後郡守蔡承植命住持僧募建大殿，規制宏敞，範銅肖像。案姚士粦云：其像中範釋迦佛，左右則二十五圓通也。時沈司馬繼山方抽簪家食，偶閲胡元瑞甲乙剩言，有道者稱在朝同時公卿多仙聖，星曜託化，謂司馬是優波羅尊者，政圓通之一也。比鑪鞴經始，司馬欣然曰：近世六尺，盡付爍金。倘借尊者託身，金不易銷也。敢冒清修第一之云乎？今優波銅像，司馬獨鑄也。十五年慈聖太后頒賜觀音大士畫像一軸、紫衣袈裟一領于住持能宏傳光宅，并藏經四十一函，舊刻藏經六百三十七函。秀水任志。明神宗母后敕建禪堂及天王殿，遣内臣齎賜藏經五千卷，有護藏御敕。后復敕刻大藏方册，臣庶協力付梓。至國朝康熙六年告竣，板藏徑山，化成寂照。二寺流通于楞嚴講寺。考陳懿典記，天王殿乃白法禪師所建，王世貞《汪道昆藏經序》乃密藏師所刻，並無敕建敕刻之文。天啟間，僧性琮募建天王殿。陳懿典有記。崇禎己巳，復建笠院于殿後。譚貞默有序。置禪堂常住田。嘉興湯志。明李日華有記。國朝康熙四十四年，御賜「藏海慈波」額。《浙江通志》。咸豐兵燬，同治間重建禪堂。新纂。

《〔光緒〕嘉興府志》卷一八《寺觀一・炒麩庵》 炒麩庵在報忠坊。唐咸通間，宰相裴休女，名祖貞，棄俗學道，舍基創建。祖貞持行清苦，炒麩爲食，故名。明洪武壬申，比邱尼道欽重建佛殿、兩廡。後廢。移建于衆賢都西區，今名崇福庵。嘉興湯志。明許恂《如炒麩庵詩》：沽名不許齊眉案，苦行甘爲辟穀人。休笑於陵陳仲矯，炒麩咽李總非情。

《〔光緒〕嘉興府志》卷一八《寺觀一・餘慶大佛庵》 餘慶大佛庵，在縣西二十里。宋嘉祐辛丑，陳舜俞捨基爲之。僧文更建佛殿、齋堂。元至順間兵燬，惟存孤松亭及大佛殿。正統間復建。世傳石像大佛從地湧出，故名大佛。嘉興湯志。天啟二年建前殿，供賜子觀音，改今名。秀水任志。

《〔光緒〕嘉興府志》卷一九《寺觀二・慈雲禪寺》 慈雲禪寺在縣西北數十

步。三國時刱。唐名保安禪院，宋治平元年改今額。嘉善倪志。元初兵燬，止存甎墖二座。延祐丙辰，僧宗敬復蓋正殿，修墖甃階。至治辛酉，重葺華嚴大殿。泰定甲子，重新大法輪藏。嘉興湯志。周伯琦有《重修慈雲禪寺記》，又泰定元年釋宗敬亦有記。明洪武初定爲教寺，二十四年併歸大聖寺，永樂元年重建。劉志。嘉善章志：殿後有千佛閣，萬曆三年燬。前月臺中甓甃，方可丈許，遇晴反濕，雨則乾，俗謂之龍膽。正德二年，僧德海等重修二墖。周澤有記。萬曆中圮。崇禎四年，曹勛延僧海藏主持重建接引佛樓、長生堂、天王殿、東禪堂、齋堂。國朝康熙十一年，僧佷亭興建叢林，改爲禪寺。國朝曹爾堪記畧：慈雲寺建於吴赤烏間，宋建炎、元延祐、明景泰、正德，因時建造。寺僧最著者，唐爲道安，宋爲永寺主，元爲宗敬，明爲宗澤、德海等，秀峯其最後也。增建西禪堂、韋馱、文昌等殿。嘉善崔志。

《〔光緒〕嘉興府志》卷一九《寺觀二・景德講寺》 景德講寺，俗稱小寺。在縣東二里。唐天寶元年，案：《浙江通志》作天寶二年。此承嘉興湯志之誤。嘉善章志謂景德寺先一年建，當作元年爲是。鑑禪師建。時有弟兄二人同業焚修，各捨宅建寺。兄昭創大勝，弟鑑創本寺，稱昭鑑二禪師。咸通間賜額。案：柳志作宋雍熙五年，昭禪師開山，景德間賜額。誤。明洪武二十四年，定爲講寺。吴志。天順間，僧宗瑁重建。嘉靖中復圮，僧世奇重修。隆慶間，達觀可禪師閉關於此。萬曆八年，僧即空募建禪堂。嘉善章志。崇禎間，僧性賢增建藥師堂、白衣大士堂。孫恂有記。寺有幽瀾泉、盛唐記畧曰：幽瀾泉有三異：大旱不涸，瀹茗無滓，或夏經宿而味不變。游覽者必叩欄汲水飲而甘之。其上有亭，嘉靖甲寅倭刦邑，亭因毁。寇平城完，居民復集，適余謝政還，浚之得泉，而復亭其上。大悲閣、魏驥有記。翻經室。性賢募請陳繼儒等三十二人書《金剛經》，末附董其昌書《心經》，刊石庋藏於内。大悲閣西偏爲放下庵，里人錢士升建。内有錢相國手書《法華經》，搆堂三楹，曰更雨。國朝康熙五十八年，相國從孫以塏重修。置常住田。錢佳有記。國朝康熙八年，僧寂定復建前佛堂、韋馱堂、大悲壇、三元文昌閣、觀堂、齋堂。嘉善崔志。乾隆初，三元文昌閣燬，僧續寧改建鐘樓。伊志。

《〔光緒〕嘉興府志》卷一九《寺觀二・金粟寺》 金粟寺在縣西南三十六里金粟山下。吴赤烏中建。劉志。明宋濂《太平萬壽寺記》：吴時江以南尚無佛寺，赤烏中，康居沙門僧會爲吴大帝祈，獲釋迦文佛真身舍利，始創三寺：一爲金陵之保寧，一爲太平之萬壽，其一即海鹽之金粟。宋開寶己巳，錢武肅王賜號施茶院。案吴任臣《十國春秋・吴越世家》：開寶二年，王幸海鹽金粟寺，令寺僧設衆施茶。《澉水志》亦作武肅。《海鹽圖經》云：當時忠懿王則以開寶爲宋太祖年號，不當武肅時故也。《金粟寺志》云：僧會杖策遊，兹時當盛夏，搆亭施茶。其説不同。故柳志但云吴越有國時，嘗因施茶賜名云。大中祥符初，始改爲廣惠案《浙江通志》作廣福。禪院。舊有含輝堂。今廢。紹興二十五年，降御書法帖一十軸于本院奉安。至元志。明永樂元年，僧道雍重改法堂。七年，住持僧宗尚建方丈。宣德、正統間，相繼修葺。胡濙有記。萬曆中久圮，邑人蔡聯璧重建大殿、正殿、大悲閣、禪堂、方丈、祖師堂及僧寮、延雲棲，大蓮開堂説法。《海鹽圖經》。明趙國琦有記。天啟間，密雲重葺禪堂、丈室、天王寢殿。

國朝順治己亥，敕賜寺僧圓悟之徒道忞宏覺禪師號，併賜「敬佛」二字。有道人款寶篆，曰太和之印。《金粟寺志》：刊碑高六尺，闊二尺五寸，墨寶供奉寧波太白山天童宏法禪寺。康熙五年重修山門。二十八年，賜金粟方丈僧天岸《墨寶心經》一卷。三十三年，敕追謚圓悟慧空大師。雍正十一年，頒賜金粟寺對聯曰「不佛求不法求不僧伽求早已過去，無我相無人相無衆生相却是未來」。案《浙江通志》，雍正五年欽命文覺禪師賫奉御書對聯敬縣方丈。年分似誤。乾隆十六年，巡幸浙江，天寧寺僧源瀚、金粟寺僧源達，在蘇州觀音山上恭迎聖駕。敕賜《墨寶心經》各一卷。伊志。咸豐兵燬。今重建一埭。新纂。

《〔光緒〕嘉興府志》卷一九《寺觀二・天寧永祚禪寺》 天寧永祚禪寺在縣西三里。初名禪悦院，宋崇寧四年，案：至元志作宣和二年。賜今額。淳熙己酉，僧長溪創建佛殿、山門、寶塔。嘉定二年，永模建圓通殿。明洪武初，梵琦重建佛閣、法堂，并塔七層。二十五年，正觀建方丈。宣德間僧惟軾建僧堂。正統七年，僧宗琾建西方殿、山門，道彝文勝建鐘樓、輪藏殿、廊廡。成化九年，德傑重建方丈。海鹽陳志。嘉靖三十年，浩大修正殿，易木柱以石。董穀記。三十九年，守朴易塔中版臺以石，置守塔僧舍。萬曆三十七年，思達修正殿、輪藏殿、鐘樓、山門、兩廊及建準提閣。大殿後千佛閣，相傳僞吴取爲宫殿，遂廢。宋濂記：梵琦創大寶閣，範銅鑄賢刼千佛而毘盧遮那及曼殊師利、普賢、千手眼觀音諸像。寺中鎮海塔，僧琦募建，高二百四十尺。萬曆三十一年，僧元性募修。吴中偉有記。國朝順治初，僧源受重葺。康熙十七年重修。乾隆八年塔燬，僧源瀚募建并修千佛閣。元僧梵琦《鎮海浮屠頌敘》：梵琦九歲出家，便問建塔，功德最大，往往默感于心。天曆元年，住持此寺，時年三十四矣。至元統二年，夢龍王獻寶，因募塔緣，檀施日臻。後至元二年春，龍化蜿蜒之形於丈室，五彩畢備，四方來觀之，凡兩月而去。其夏填築塔基。三年丁丑九月二十三日起工建塔，至辛巳歲塔成。凡七層八面，高二十四丈。莊嚴綺麗，見者無不頂禮瞻仰。龍子復來，隱現非一，因祀爲應夢龍王。越二十年，兵興。己亥秋，失寶缾，計白金爲兩者二百。時謝事于郡城結庵，衆請再領寺事，而造鍮石寶缾。以至正三十四年秋九月二十四日奉缾修塔，天雨寶花。明年乙巳七月，泥蓋方畢。自丁丑至乙巳凡二十有九年矣。明陳善天《寧雁塔詩》：永祚招提建海濱，浮屠七級倚晴雲。危梯曲繞龍蛇窟，絶頂高樓鸛鵲羣。金鐸遥聞鳴斷續，天花曾見落繽紛。題名未躡慈恩上，間憑闌干對夕曛。西有西齋，琦師念佛處。後召入金陵，示寂歸葬，即起塔于此。宋濂立銘。萬曆中僧廣化重建。東有古東林，雪浪恩公爲涵碧題所搆念佛處。《海鹽圖經》。國朝康熙八年，重建鐘樓，有獨柱盤梯，最工巧。袁志。十八年，邑人張元熠捐貲重建。乾隆三十六年，澉浦觀音山僧重建山門、大殿。伊志。道光十八年，僧無礙重修寶塔，道可繼之重修大殿。咸豐兵燬，僅存大殿。同治間，僧玉峯重建禪堂、廊廡。新纂。

《〔光緒〕嘉興府志》卷一九《寺觀二·法喜寺》　法喜寺在縣西南三十里。舊名通元寺，吴大帝孫權吴夫人捨宅置。晉建興二年，郡東南滬瀆漁人夜見海上光明，照水徹天，明日睹二石神像浮水上，衆入海迎之，載入郡城。像至通元寺前，牽拽不動，衆議元像應居此寺。言畢，數人舁試，像乃輕舉，便登寶殿。梁簡文帝制石佛碑曰，有「迦葉佛維衛佛梵」字刻于像背。唐東宫長史陸柬之書碑。唐載初元年，則天皇后遣使送珊瑚鏡一面，鉢一副，宣賜供養，改爲重雲寺。開元五年，賜金魚字額。吴地記：舊通元寺移鹽官縣東四十里鮑郎市。宋祥符元年，賜額法喜寺。紹興九年，改禪寺。内有準高僧塔。李正民有記。明洪武三十年，處純重建山門、方丈。海鹽陳志。嘉靖三十五年，僧戒楫重修，增建觀音堂、達摩院。許相卿有記。萬曆二十九年，邑人顧所有捐貲建閣，請大藏儲其上。徐紹曾有記。又六年，前殿火，復捐貲新之。《海鹽圖經》。國朝乾隆間，僧衡峯募建後殿。嘉慶時，僧巨慧始竣事。咸豐初，僧鶴松重建經閣、前後殿、禪堂。旋悉燬於兵。同治五年，僧松復建造山門。新纂。

《〔光緒〕嘉興府志》卷一九《寺觀二·海門寺》　海門寺，古祐福庵。在縣南三十六里澉浦城中。宋延祐，當作寶祐二年。僧永固開山，名祐福庵。元大德六年，中峯於此説法，重建殿宇。至正癸卯，又建山門、僧堂、明樓、廊廡。明洪武十六年，重建大悲閣、方丈、庫堂。宣德十年，崇福請今額。海鹽朱志。明張寧有記。國朝康熙十四年，雲間僧恒可募修。案《續澉水志》，内有雪堂春社，僧明琇法聚集緇素修净土之所。古柏二株，三百餘年物也。乾隆二十六年，僧心如重修大殿。以上伊志。同治間，僧文秀建樓五間。新纂。明胡虚白《海門大悲閣詩》：寶閣淩空十丈高，倚闌南望際鯨濤。天花散處紛晴雪，海月生時見玉毫。夜氣澄清龍在窟，秋深蕭爽鶴鳴皋。丹梯咫尺諸天近，香霧濛濛溼苧袍。

《〔光緒〕嘉興府志》卷一九《寺觀二·德藏教寺》　德藏教寺在當湖市。唐會昌元年立。案松風臺舊碑，唐會昌二年僧道宣開山，本名法界庵。光啟初廢。後唐清泰中，鄉民邱邵請即故基新之，名曰寶興。宋大中祥符八年，改今名。景祐初復葺之。隆興二年，重修殿宇。至元志。宋魯衢有記。元至正十六年燬。明洪武初重建，定爲教寺。宣德間立僧會司。柳志。寺有雙墖、清泰中建，名寶興塔。宋元祐七年，魯壽方兄弟重修。紹興三年，魯琪再新之。山門、弘治間重建。天王殿、萬曆丁未重建。鐘樓、久廢。華光閣、久廢。大殿、永樂三年重建，萬曆癸卯重修。馬維銘有記。東殿今亦改祠關帝。大悲閣、二山門、趙孟堅題曰德藏講院。後殿、成化二年重建，萬曆辛丑重修。陳萬錦有記。千手觀音殿、成化間重建。地藏殿、禪堂、萬曆庚子重建。楊府有記。雲水寮、鄭龍光有記。水陸齋壇，久廢。及松風臺、山月池、梓樹坪、雨花亭、菊坡浦、花堂、竹庵、支院一十有四。國朝乾隆五十二年，知縣王恒重修後殿。《德藏寺志》。國朝彭孫貽《宿當湖德藏寺詩》：一榻掩雲臥，藤花眠竹牀。庭陰生古檜，客夢出山房。枯磬身心寂，孤梅寢食香。幽沈數年事，未忍對空王。

《〔光緒〕嘉興府志》卷一九《寺觀二·福嚴禪院》　福嚴禪院在縣東北一十二里。唐乾符三年置，爲千乘院。宋大中祥符元年改今名。先是，真覺禪師志添雲遊至京師，徽宗時在潛邸，陳太后病，因真覺咒水治療有功，許其指占名山住持。真覺乞來此，是爲本院第八祖。所賜金環磨衲袈裟一條，上題「遂寧郡王陳美人願福壽延長施真覺道者當來同成佛果」二十三字。師有《草庵歌》。元祐己巳，黄山谷爲之書，皆藏在院。真覺《再題草庵詩》：道人自結把茅新，坐斷溪山秋復春。夾竹日開梅數朵，此中曾否著香塵。又真覺請到汀州定光佛專爲祈禱道場，雨暘之愆，請禱輒應。舊有七級浮圖，久廢，後重建。至元志。宋陳舜俞有記。元末燬於兵火。柳志。千佛閣，嘉靖中廢。崇德靳志。國朝順治丁酉重葺，《浙江通志》。鑄鐘一座。康熙四十七年，御賜《心經》一卷。伊志。寺後有阜，題曰「天中山」。舊有留翠亭，竹木陰翳，爲邑中勝跡。五十九年，郡守吴永芳改葺爲止亭。伐石勒詩，以紀其事。吴志。宋楊萬里《崇德道中望福嚴寺詩》：一逕青松露，三門白水烟。殿横林外脊，塔漏隙中天。地曠迎先見，村移眺更妍。客程坐行役，不得泊春船。院中羅漢堂，僧天行建。尋圮。嘉慶六年大殿燬。道光二十五年，僧悟善重建，并增羅漢堂、地藏殿，於西南隅鑿池架屋爲放生所。池中峙英石峰，即綯雲石。東爲挂瓢亭，勒費隱師像於石。光緒二年觀音殿燬。新纂。

《〔光緒〕嘉興府志》卷一九《寺觀二·密印教寺》　密印教寺在縣西北青鎮。

梁朝置，名賢德寺，宋大中祥符元年改今名。舊有梁昭明太子祠，昭明讀書於此。詳古蹟。有無名氏記。內有華嚴浮圖，高一十三丈。古有聖僧入定，遊華嚴世界，寤，筆諸圖，妙入神品。宋時宣入禁中，兩經御覽，復歸於寺。南渡後始失之。淳熙初，有士子十人忽來，願書經。既畢，不告而去。筆法皆一體。至元志。元末兵燬。明洪武三年，僧可觀重建。天啟初，僧棲雲求董其昌、陳繼儒等手書《華嚴經》藏之。桐鄉徐志。國朝鈕汝騏有記。國朝康熙六十年，僧超言建大士殿。雍正十三年重修。乾隆八年續置常住田。伊志。

《〔康熙〕福建通志》卷六一《古蹟·靈巖廣化寺》 靈巖廣化寺在郡城南門外鳳凰山下。梁陳間，邑儒鄭露居第捨爲金仙院。隋開皇間，改爲寺。唐景雲初，賜額「靈巖」，柳公權書。宋太平興國初，改賜今額。近寺別爲院者十，爲庵者百有二十。今院惟東塔、西塔、月峰，庵惟普門、南山存。東塔院內有石浮屠，高五級。

《〔康熙〕福建通志》卷六一《古蹟·龍華寺》 龍華寺在縣西南仁德里。隋大業中，僧惟勝結茅於此，山林幽邃，人跡不到。後有白龍銜白蓮自空中來獻，故名寺。內有石浮屠二，高各有三十餘丈。屬院十有一，庵七十七。宋林纂、陳易嘗隱此山。尚書劉克莊詩：不見層巒與複巖，眼中彝曠似江南。烟收緑野連青嶂，樓瞰朱橋映碧潭。丞相無家曾住寺，聘君有字尚留庵。荒山數畝如堪貫，更欲誅茅老一龕。寺屢燬於火，宋紹興、元元貞、明洪武、萬曆間屢建。

《〔乾隆〕福州府志》卷一六《寺觀·報恩塔院》 報恩塔院在右三坊神光寺傍。《三山志》：大中十一年，觀察使楊發以隙游亭地命僧鑒空，創寺及塔七層。咸通九年，勑號神光之塔，院曰報恩塔院。閩之浮圖始于蕭梁，高者二百尺，至有倍之者，銛峻相望。乾符五年，巢寇焚殄無遺。開平中，閩王審知復其二，大中定慧及是也。太平興國二年，升爲寺。明道中，始爲禪剎。《閩都記》：王延曦又造石塔，已燬。又作小庵於寺後山麓，仍舊名絓月。

《〔乾隆〕福州府志》卷一六《寺觀·大中寺》 大中寺在左二坊鐘山。《三山志》：本梁太守袁士俊第，普通二年，捨爲寺，號袁寺。隋仁壽二年，始以舍利爲塔。大業二年，改鴻業寺，尋爲鐘山寺。唐上元元年，更名福唐寺。會昌例廢。大中四年，復之，賜今額。天聖中，災。元豐改元始新之。有定慧塔，八百羅漢像，觀音像。萬曆府志。今廢。國朝雍正十二年，燬於火。今地改爲長福營管公館。

《〔乾隆〕福州府志》卷一六《寺觀·萬歲寺》 萬歲寺在左三坊九仙山麓。《三山志》：天祐元年，琅琊王審知所造，明年賜名。梁開平中，表請其寺祝天子壽，蓋取其名也。至今誕節前一月，太守率僚屬班拜于庭，以佛法啓祝。及是日，拜祝如初。熙寧八年，始創千秋堂候班。乾道九年，史丞相浩改爲華封。有定光塔七層，梁開平元年，忠懿王所造。萬曆府志：正德十二年修，萬曆十一年重脩。尋復頹廢。四十年脩葺。

《〔乾隆〕福州府志》卷一六《寺觀·法雲寺》 法雲寺在左三坊九仙山之麓，五代唐清泰元年建。《閩都記》：初名地藏通文寺，宋祥符間更今名，賜額。明宣德中，重建。大雄殿之北爲法堂，其西爲千佛閣，東南爲吸翠亭。山門之內，砌石數十級以登，乃爲二門，東南山川若俯而視焉。萬曆乙卯，詹萊書「白玉仙人臺」扁，樹於閣上。國朝乾隆年，布政使陶士僙重修，改名白雲寺。

《〔乾隆〕福州府志》卷一六《寺觀·法海寺》 法海寺在左三坊。《閩都記》：舊名羅山，本孟司空宅。初，寺在城南，五代閩徙於城西。晉開運二年，遷今所，爲興福院。宋祥符中改今名。明嘉靖間，舉人高敘廢爲宅，後入藍侍御濟卿家。萬曆己亥，侍御孫圻舍爲寺。有羅山堂、金積園、萬緣堂諸勝。

《〔乾隆〕福州府志》卷一六《寺觀·聖泉寺》 聖泉寺在遂勝里，唐景隆元年建。《三山志》：僧懷一始卜居于愛同寺之西，苦乏水。忽一日，二禽鬬噪於地，異之，因卓錫其所，有泉如縷，俄而湧(淩)〔溢〕，(文)〔人〕乃甃石環其口。詳《古蹟》。寺舊名法華，先天二年立今額，唐劉軻記。有唐李邕《懷道塔碑》，皇甫政《懷一塔碑》。道、一二師碑：天降舍利，松不棲禽，梁不巢燕，池不生蛙，庭不生凡草，爲六奇。《閩都記》：又有文殊巖、多寶塔、天台井、放生池、神移泉、松塢，詳《古蹟》。芝塢、蟄龍淵、涵虛沼、御書堂、羅漢堂諸勝，今多頹廢。萬曆間，僧善燦重建佛堂。

《〔乾隆〕福州府志》卷一六《寺觀·湧泉寺》 湧泉寺在鼓山里。《三山志》：唐建中四年，龍見於山之靈源洞。從事裴胄曰：神物所蟠，宜寺以鎮之。後有僧靈嶠誅茆爲臺，誦《華嚴經》，龍不爲害，因號曰華嚴臺，亦以名其寺。梁開平二年，閩王審知復命僧神晏居焉，號國師，館徒千百，傾國貲給之。乾化五年，改爲鼓山白雲峯湧泉院。宣和間，有僧體淳訪經臺遺址，創閣曰妙峯，樓曰頻伸，齋曰東際，菴曰一多；又凝坐崇石，無寄軒，網珠鏡臺，芥瓶，憨睡室。門曰無盡，總名曰華嚴。謝肇淛《鼓山寺志》：明復改爲寺，宣德間重建。嘉靖壬寅，寺燬。國朝順治初，僧元賢重修。康熙間，御書「湧泉寺」額以賜。

《〔乾隆〕福州府志》卷一六《寺觀・石塔寺》 石塔寺在右三坊南澗寺東，唐貞元十五年建。《閩都記》：德宗誕節，觀察使柳冕以石建塔，賜名貞元無垢淨光塔，庚承宣爲記。五代晉天福二年，王延曦重建，名崇妙保聖堅牢塔。林同穎爲記。永樂、宣德、成化間，屢修。嘉靖間，寺地爲居民乾没，一塔僅存。國朝順治六年，重興。

《〔乾隆〕福州府志》卷一六《寺觀・西禪寺》 西禪寺在二都。《三山志》：古號信首，即王霸所居。隋末圮。咸通八年，觀察使李景温招長沙潙山僧大安來居，起廢而新之。十年，改名清禪，尋又改延壽。後唐長興中，閩王延鈞奏名長慶。淮兵焚燬，獨佛殿、經藏法堂、西僧堂僅存。天聖中，營葺始就。景祐五年，勑號怡山長慶。有奎華閣、明遠亭、嘉祐八年，元給事絳留詩：野色遠函天蓋轉，山圍高捧斗車來。宣和七年，陸侍郎藻更名斗車，尋仍舊。紫翠亭、放生池。《閩都記》：宣德三年，重建，屢修。茲寺爲候官第一禪林。

《〔乾隆〕福州府志》卷一六《寺觀・天王寺》 天王寺在〔長樂〕縣西隅松石峰，唐大中七年建。《三山志》：初，有檀木遡江潮而上，牧童取之，夜中發光。里人林錡夢其木謂「我比方毗沙門天王」，遂捨宅爲寺。廉帥楊公奏賜額曰「靈感天王寺」。寺有天王閣、檀像今存。煙蘿亭、枕流軒、清心亭、樂壽臺、望江亭。夏允彝《縣志》：今俱廢。隆慶四年，寺僧重建經堂、小軒。

《〔乾隆〕福州府志》卷一六《寺觀・靈石寺》 靈石寺在清源里，唐大中四年建。《三山志》：先是，唐武宗時，僧元修始菴于此，後深入巖谷中。宣宗時出，詣闕貢金買山，始創精舍，名翠石院。至是，錫今名靈石俱胝院。光啓三年，將死，書云：吾初住菴，刀耕火種，伽藍，買莊田，以供僧待客，未嘗緣化。茶毗之日，負院田園足爲齋供、外莊輸王及支費，此外不得他營。《閩都記》：宋天聖初，復廣寺宇。有十勝，亭榭盡廢，獨蒼霞亭、朱文公書扁、蟠桃塢、石刻尚存。《縣志》明萬曆四十三年，重修。國朝康熙三年，重建。

《〔乾隆〕續修臺灣府志》卷一九《寺廟・海會寺》 海會寺，即鄭氏北園也。康熙二十九年，臺廈道王效宗、總鎮王化行改建爲寺。佛像莊嚴，寺宇寬敞，亦名開元寺。乾隆十五年，臺廈道書成脩寺田在寺後洲仔莊五十甲，又寺前園六甲零，又様園一所，爲本寺香火。

《〔乾隆〕續修臺灣府志》卷一九《雜記・法華寺》 法華寺，即李茂春夢蝶處，後僧人鳩衆改建法華寺。康熙四十七年，鳳山知縣宋永清建前殿一座，祀火神；置鐘、鼓二樓。前後曠地，徧蒔花果。起茅亭於鼓樓之後，顔曰「息機」；退食之暇，時憩息焉。乾隆二十九年，知府蔣允焄重建。殿宇巍峩，林木幽邃，備極勝概。寺田在寺後荒埔一所約二甲餘，臺灣府蔣毓英給爲香燈；又有園在港西里大湖莊一所，鳳山知縣宋永清置爲香火。

《〔咸豐〕噶瑪蘭廳志》卷五《風俗・寺觀・木佛寺》 木佛寺在廳治北門外下渡頭三里。乃未開蘭之先，有得木頭於海上者，見其不雕之質，宛象觀音，歸而奉之，頗著靈異，因此得名。道光九年，里人募建一椽，李祺生序之，有「質本不雕，莫究牟尼麥化。來從彼岸，宛同初祖蘆浮」之句。

華中

李濂《汴京遺跡志》卷一〇《寺觀・相國寺》 相國寺在縣治東，本北齊建國寺，天保六年創建，後廢。唐爲鄭審宅園，睿宗景雲初，遊方僧慧雲睹審後園池中有梵宫影，遂募緣易宅，鑄彌勒佛像高一丈八尺。值睿宗以舊封相王，初即位，因賜額爲相國寺。玄宗天寶四載，建資聖閣東塔曰普滿，西塔曰廣願。宋真宗咸平四年，增建翼廊，三門、前樓，迎取潁川郡銅羅漢五百尊，置于閣上。神宗元豐中，增建東西兩廂。又立八院，東曰寶嚴、寶梵、寶覺、慧林，西曰定慈、廣慈、普慈、智海。金、元兵燬。國朝洪武初重脩。改賜額爲崇法禪寺，置僧綱寺於內，而併南北大黄、景福三寺入焉。後累經黄河入城，廊廡僧舍多被渰塌，今所存者聖容殿，結構奇絶，蓋舊殿也。

陳后山《談叢》：相國寺樓門，唐人所造。國初，木工喻浩曰：「他皆可能，惟不解卷簷爾。」每至其下，仰而觀焉，立極則坐，坐極則卧，求其理而不得。門內兩井亭，近代木工亦不解也。寺有十絶，此爲二耳。

沈括《夢溪筆談》：相國寺舊畫壁，乃高益之筆。有畫衆工奏樂一堵，最有意。人多病擁琵琶者誤撥下絃，衆管皆發「四」字。琵琶「四」字在上絃，此撥乃掩下絃，誤也。余以爲非誤，蓋管以發指爲聲，琵琶以撥過爲聲，此撥掩下絃，則聲在上絃也。益之布置如此，其心匠可知。

郭若虚《圖畫見聞誌》：治平乙巳歲雨患，大相國寺，以汴河勢高，溝渠失治，寺庭四廊，悉遭渰浸，圮塌殆盡。其牆壁皆高文進等畫，惟大殿東西走馬廊西對門廡，不能爲害。東門之南，王道真畫給《孤獨長者買祇陀太子園因緣》。

東門之北，李用及與李象坤合畫《牢度義門聖變相》。西門之南，王道真畫《誌公變相十二而觀音像》。西門之北，高文進畫《降魔變相》。今並存之，皆奇迹也。其餘四面廊壁，皆重脩。後復集同時名手李元濟等，用内府所藏副本小樣重臨倣者，然其間作用，各有新意焉。

又曰：《大相國寺碑》稱寺有十絶。其一，大殿内彌勒聖容，唐中宗朝僧慧雲於安樂寺鑄成，光照天地，爲一絶。其二，睿宗親感夢於延和元年七月二十七日，改故建國寺爲大相國寺，睿宗御書牌額，爲一絶。其三，匠人王温重裝聖容，金粉肉色，并三門下善神一對，爲一絶。其四，御殿内有吴道子畫《文殊維摩相》，爲一絶。其五，供奉李秀刻佛殿障日九間，爲一絶。其六，明皇天寶四載乙酉歲，令匠人邊思順脩建排雲閣，爲一絶。其七，閤内西頭，有陳留郡長史乙速令孤公爲功德主時，令石抱玉畫《護國除災變幻相》，爲一絶。其八，西庫有明皇先勑車道政往于闐國傳北方《毘沙門天王樣》來，至開元十三年封東嶽時，令道政于此依樣畫天王像，爲一絶。其九，門下有瓌師畫《梵王帝釋》及東廊障日内畫《法華經二十八品》、《功德變相》，爲一絶。其十，西庫北壁，有僧智嚴畫《三乘因果入道位次圖》，爲一絶也。《宋次道東京記》亦載相國寺十絶，乃是後來所見事迹，此不具録。

《宋朝燕翼詒謀録》：東京相國寺乃瓦市也，僧房散處，而中庭兩廡可容萬人，凡商旅交易，皆萃其中，四方趨京師以貨物求售轉售他物者，必由于此。太宗至道二年，命重建三門，爲樓其上，甚雄麗，宸墨親填書金字額，曰「大相國寺」。五月壬寅，賜之。

王君玉《國老談苑》：王嗣宗爲御史中丞，真宗一日幸相國寺，回自北門，嗣宗上言曰：「天子行黄道，豈可由後門，臣任當風憲，詎敢廢職乎！」上悦其直，給内帑三千緡以自罰，由是北門不常開。

程大昌《演繁露》：世傳相國寺門舊扁題云「相國之寺」，凡四字。或以之字爲贅，遂命除之，别添大字，其文曰：「大相國寺。」於體既該，於文無贅。最爲可傳。然扁題字數奇不偶者，往往皆增之字，不知起自何時。漢武帝太初元年，改正朔，易服色，色尚黄，數用五，故印文必五。如「丞相之印章」，則是四字外添一之字，以應五數。下及諸卿守相印文，凡不及五者，亦皆加一之字以足之。後世但見太初嘗增之字，遂倣效之，凡印文以及門堂扁額，槩增一之字以求合于古，殊失本意。

周密《癸辛雜識》：相國寺佛殿後壁，有咸平四年翰林高待詔畫大天王，尤雄偉。殿外有石，刻東坡題名云：「蘇子瞻，子由、孫子發、秦少游同來觀晉卿墨竹，申先生亦來。元祐三年八月五日，老申一百一歲。」又片石，刻坡翁草書《哨遍》，石色皆如玄玉。

蔡絛《鐵圍山叢談》：藝祖始受命，久之，陰計：「釋氏何神靈，而患苦天下？」有欲廢其教之意。一日，微行至相國寺，將昏黑，俄至一小院户旁，望見一髠大醉，吐穢於道左右，方惡罵不可聞。藝祖陰怒，適從旁過，忽不覺爲髠攔胷抱定，曰：「莫發惡心。且夜矣，懼有人害汝，汝宜歸内，可亟去也。」藝祖默心動以手加額而禮焉。髠乃捨之去。藝祖還内，密召忠謹小璫：「爾行往某所，覘此髠在否，且以其所吐物狀來。」及至，則已不見。小璫獨爬取地上所吐狼籍，至御前視之，悉御香也。釋氏教因不廢。

王銍《默記》：李後主手書金字《心經》一卷，賜其宫人喬氏。喬氏後入太宗禁中，聞後主薨，乃自内庭出是經，捨於相國寺之西塔院，以資冥薦。且自書於後曰：「故李氏國主宫人喬氏，伏遇國主百日，謹捨昔時賜妾手書《般若心經》一卷於相國寺之西塔院。伏願彌勒尊前，持一花而見佛。」云云。其後，江南僧持歸故國，置之天禧寺塔相輪中。寺後被火，相輪自火中墮落，而《經》不損，爲金陵守王君玉所得。君玉卒，子孫不能保之，以歸寧鳳子儀家。喬氏書在《經》後，字甚整潔，而辭甚愴惋，所記止此。《徐鍇集》南唐制誥，有宫人喬氏出家誥，豈斯人邪？

余少時，嘗讀書相國寺僧舍中，見大殿前有古碑二十餘，多可觀者。今四十餘年矣，昨偶至寺遊覽，止見三二碑，剥落漫漶，皆不可誦，餘不知所在。徘徊其下久之，重爲之憮然。

李濂《汴京遺跡志》卷一〇《寺觀・上方寺》 上方寺在城之東北隅安遠門裏夷山之上，即開寶寺之東院也，一名上方院。宋仁宗慶曆中，開寶寺靈感塔燬，乃於上方院建鐵色琉璃磚塔，八角十三層，高三百六十尺，俗稱鐵塔。寺舊有漆胎菩薩五百尊并轉輪藏黑風洞，洞前有白玉石佛。後殿内有銅鑄文殊、普賢二菩薩騎獅象，蓮座前有海眼井，世謂七絶。元末燬于兵，海眼井亦久失其處。國朝洪武十六年，僧祖全募緣重建。

周密《癸辛雜識》：光教寺在汴城東北角，俗呼爲上方寺，有琉璃塔十三層，鐵普賢獅子像甚高大，座下有井，以銅波斯蓋之，泉味甘，謂通海潮。旁有五百羅漢殿。又云，五百菩薩像，皆是漆胎，粧以金碧，窮極精妙。

上方寺塔前有行書碑一，題曰「大宋東京右街重修等覺禪院記」，乃咸平戊戌尚書職方郎中賜紫金魚袋王嗣宗撰，隴西彭太素書。字體流暢，頗類西安聖教序，汴城石刻，惟此爲最耳。

李濂《汴京遺跡志》卷一〇《寺觀·開寶寺》 開寶寺，舊名獨居寺，在上方寺之西，北齊天保十年剏建。唐開元十七年，玄宗東封還，至寺，改曰封禪寺。宋太祖開寶三年，又改曰開寶寺，重起繚廊朶殿，凡二百八十區。太宗端拱中建塔，極其偉麗。初，釋迦佛舍利塔在杭州，佛書所謂阿育王七寶塔也。及吴越王錢俶歸來，太宗遣供奉官趙鎔取寘寺內，度龍地瘞之。時木工喻浩有巧思，超絶流輩，遂令造塔八角十三層，高三百六十尺。其土木之宏壯，金碧之炳燿，自佛法入中國未之有也。真宗大中祥符六年，有金光出相翰，車駕臨幸，舍利乃見，因賜名靈感塔。仁宗慶曆四年，塔燬于火。其殿宇、廊廡、僧舍，俱燬于金兵矣。

歐陽脩《歸田録》：開寶寺塔在京師諸塔中最高，而制度甚精，都料匠預浩所造也。塔初成，望之不正，而勢傾西北。人恠而問之，浩曰：「京師地平無山，而多西北風，吹之不百年，當正也。」其用心之精如此。國朝以來木工，一人而已。至今木工皆以預爲法。有《木經》三卷行于世。世傳浩惟一女，年十餘歲，每卧則交手於胷爲結構狀，如此踰年，撰成《木經》三卷，今行于世者是也。

楊文公《談苑》：帝初造塔於開寶寺，得浙東匠人喻浩。浩性絶巧，乃先作塔式以獻。每建一級，外設帷幙，但聞椎鑿之聲，凡一月而一級成。其有梁柱齟齬未安者，浩周旋視之，持巨槌撞擊數十，即皆牢整。自云：「此可七百年無傾動。」人或問其北面稍高，浩曰：「京城多北風，而此數十步乃大河，潤氣津浹，經一百年，則北隅微墊，而塔正矣。」浩素不茹葷，求度爲僧，數月死，世頗疑其異。

喻浩或作預浩，未知孰是。

僧文瑩《玉壺清話》：郭忠恕畫樓閣重複之狀，梓人較之，毫釐無差。太宗聞其名，詔授監丞。時將造開寶寺塔，浙匠喻浩料一十三層，郭以浩所造小樣末底一級折而計之，至上層餘一尺五寸，收殺不得。謂浩曰：「宜審之。」浩因數夕不寐，以尺較之，果如其言，黎明扣其門，長跪以謝。

《道山清話》：元祐癸酉九月一日夜，開寶寺塔表裏通明徹旦，禁中夜遣中使齎降御香，寺門已閉，既開，寺僧皆不知也。寺中望之無所見，去寺漸明，後二日，宣仁上僊。

按《宋史》，端拱中，開寶寺塔成，侍御史田錫上疏曰：「衆謂金碧熒煌，臣以爲塗膏釁血。」帝亦不怒。繇是觀之，太宗輕用民力以作無益，固不能免千古之譏，然能容受讜言，不罪諫者，抑亦可謂賢已。

李濂《汴京遺跡志》卷一〇《寺觀·寶相寺》 寶相寺在大梁門外，世傳古鎚和尚證果之處。五代唐明宗長興元年剏建，晉高祖天福三年賜額，內有慈尊閣與彌勒佛大像，俗名大佛寺。寺之內又有羅漢洞及羅漢塑像五百尊，元末俱爲兵燬。洪武二十年，都綱善春因故址重建。

納新《河朔訪古記》卷下《河南郡部·白馬寺》 洛陽城西雍門外白馬寺，即漢之鴻臚寺也。永平十四年，摩騰三藏法師以白馬馱經至此，因建寺，以白馬名焉。鴻臚寺，漢爲掌外藩客官署，三藏以西域僧，故得館於此。自古惟官府有寺，佛廟得名，蓋踵鴻臚之名，始於白馬也。寺有關聖堂二所，世傳三藏與褚善信讎校經義之所。又有三藏贊碑一通，譔文、書篆，皆宋真宗御製也。又有翰林學士蘇易簡所譔碑一通，備載寺之興廢始末甚詳，至欽宗靖康時，毁於金人兵火。逮國朝至元七年，世祖皇帝從帝師帕克斯巴舊作八思巴，今改正。之請，大爲興建門廡堂殿、樓閣臺觀，鬱然天人之居矣。庭中一鉅碑，龜趺螭首，高四丈餘，碑首刻曰「大元重脩釋源大白馬寺賜田功德之碑」。榮禄大夫、翰林丞旨閻復奉勑譔碑曰：聖上大德改元之四年冬十月，釋源大白馬寺告成，詔以護國仁王寺水陸田在懷孟六縣者千六百頃，充此恒産，永爲皇家子孫祈福之地。仍命翰林詞臣書其事於石。臣復謹按清慧真覺大師文才所具事蹟，漢永平中，摩騰竺法蘭以白馬馱經至於西域，初，假館於鴻臚，後即東都雍門外建白馬寺，爲譯經之所。嗣後沙門踵至，若康僧會之於吴，佛圖澄之於晉，鳩摩羅什求那跋摩之於宋，元奘無畏之於唐。千載而下，經綸日繁，教風日競，北至幽都，南踰瘴海，東極扶桑，西還月窟，蓮宮梵宇，彌亘大千，實權輿於此。繇歷劫火，寺之興廢，所可考者，宋翰林學士蘇易簡文石在焉。國初，有僧白英山主，以毉術居洛，罄槖之貲，謀爲起廢。或訝其規模太廣，工用莫繼，則曰：茲寺中華佛教根柢，他日必有大事因緣，予第爲張本爾。至元七年，帝師大寶法王帕克巴，集郡國教釋諸僧，登壇演法，從容詢於衆曰：佛法至中國始於何時？首居何刹？扶宗弘教大師、龍川講主行育時在衆中，乃引永平之事以對，且以營建爲請。會白馬寺僧行政言與行育，叶帝師嘉納聞於世祖，聖德神功文武皇帝特勑行育，綜領修寺之役。經度之始，無所取財，遍訪檀施於諸方，洊更歲龠而未覩成效。帝師聞之，申命大師丹巴舊作紞巴，今改正。董其事。丹巴請假護國仁王寺田租以供土木之費，詔允其請。裕宗文惠明孝皇帝時在東宮，亦出帛幣爲助。於是工役始大作，爲殿九楹，法堂五楹，前三其門，傍翼〔以〕閣，雲房、精舍、齋庖、庫庾，以次完具。位置尊嚴，繪塑精妙，蓋與都城萬安、興教、仁王三大刹比勣焉。始終閲二紀之久，緣甫集而行育卒，詔贈司空鴻臚卿，謚護法大師。文才繼主席，酬酢衆務，率其屬敏於事者曰浄汴等，以畢寺之餘功。落成之際，仁王寺欲復所假田租，文才即遣僧奭言於丹巴曰：轉經頌禧，寺所以來衆僧也。有寺無田，衆安仰？丹巴令宣政院官達實愛滿舊作答失蠻，今改正。等奏請，遂有賜田之命，且勅有司世世勿奪云。一在宜陽縣治西九十里，一在永寧縣東南二十五里。

楊衒之《洛陽伽藍記》卷一《永寧寺》 永寧寺，熙平元年，靈太后胡氏所立也，在宮前閶闔門南一里，御道西。其寺東有太尉府，西對永康里，南界昭玄曹，北鄰御史臺。閶闔門前御道東有左衛府，府南有司徒府。司徒府南有國子學堂，内有孔聖像，顔淵問仁、子路問政在側。國子南有宗正寺，寺南有太廟，廟南有護軍府，府南有衣冠里。御道西有右衛府，府南有太尉府，府南有將作曹，曹南有九級府，府南有太社，社南有淩陰里，即四朝時藏冰處也。中有九層浮圖一所，架木爲之，舉高九十丈；有刹，復高十丈。合去地一千尺。去京師百里，已遥見之。初掘基，至黄泉下，得金像三十一作千。軀，太后以爲信法之徵，是以營建過度也。刹上有金寶瓶，容二十五石。寶瓶下有承露金盤三十重，周匝皆垂金鐸。復有鐵鏁四道，引刹向浮圖四角，鏁上亦有金鐸。鐸大小如一石甕子。浮圖有九級，角角皆懸金鐸，合上下有一百二十鐸。浮圖有四面，面有三户六窻，户皆朱漆。扉上有五行金釘，合有五千四百枚。復有金環鋪首。殫土木之功，窮造形之巧，佛事精妙，不可思議，繡柱金鋪，駭人心目。至於高風永夜，寶鐸和鳴，鏗鏘之聲，聞及十餘里。浮圖北有佛殿一所，形如太極殿。殿中有丈八金像一軀，中長金像十軀，繡珠像三軀，織成五軀，作功奇巧，冠於當世。僧房樓觀一千餘間，雕梁粉壁，青璅綺疏，難得而言。栝栢松椿，扶疎拂簷，藂竹香草，布護堦墀。是以常景碑云：須彌寶殿，兜率浄宮，莫尚於斯也。外國所獻經像，皆在此寺。寺院墻皆施短椽，以瓦覆之，若今宮墻也。四面各開一門。南門樓三重，通三道，去地二十丈，形製似今端門。圖以雲氣，畫彩仙靈，綺錢青鏁，輝赫麗華。拱門有四力士，四獅子，飾以金銀，加之珠玉，裝嚴焕炳，世所未聞。東西兩門亦皆如之，所可異者，唯樓二重。北門一道，不施屋，似烏頭門。四門外樹以青槐，亘以緑水，京邑行人多庇其下。路斷飛塵，不由奔雲之潤；清風送涼，豈籍合歡之發？詔中書舍人常景爲寺碑文。景字永昌，河内人也，敏學博通，知名海内。太和十九年，爲高祖所器，拔爲律學博士，刑法疑獄，多訪於景。正始初，詔刊律令，永作通式，勑景共治書侍御史高僧裕、羽林監王元龜、尚書郎祖瑩、員外散騎侍郎李琰之等，撰集其事。又詔太師彭城王勰、青州刺史劉芳入預其議。景討正科條，商榷古今，甚有倫序，見行於世，今律二十篇是也。又共芳造洛陽宮殿門閣之名，經途里邑之號。出除長安令，時人比之潘岳。其後歷位中書舍人、黄門侍郎、祕書監、幽州刺史、儀同三司，學徒以爲榮焉。景入參近侍，出爲侯牧，居室貧儉，事等農家。唯有經史，盈車滿架。所著文集數百餘篇，給事封暐伯作序，行於世。裝飾畢功，明帝與太后共登之，視宮内如掌中，臨京師若家庭。以其目見宮中，禁人不聽升。衒之嘗與河南尹胡孝世共登之，下臨雲雨，信哉不虚。時有西域沙門菩提達摩者，波斯國胡人也，起自荒裔，來遊中土，見金盤炫日，一作目。光照雲表，寶鐸含風，響出天外，歌詠讚歎，實是神功。自云：年一百五十歲，歷涉諸國，靡不周遍，而此寺精麗，閻浮所無也。極佛境界亦未有此。口唱南無，合掌連日。至孝昌二年中，大風發屋拔樹，刹上寶瓶隨風而落，入地丈餘，復命工匠更鑄新瓶。【略】永熙三年二月，浮圖爲火所燒。帝登淩雲臺望火，遣南陽王寶炬、録尚書長孫稚將羽林一千捄赴火所，莫不悲惜，垂淚而去。火初從第八級中平旦大發，當時雷雨晦冥，雜下霰雪，百姓道俗，咸來觀火，悲哀之聲，振動京邑。時有三比丘，赴火而死。火經三月不滅，有火入地尋柱，周年猶有煙氣。其年五月中，有人從象郡來云：見浮圖於海中，光明照耀，儼然如新。海上之民，咸皆見之。俄然霧起，浮圖遂隱。至七月中，平陽王爲侍中斛斯椿所使，奔於長安。十月而京師遷鄴。

楊衒之《洛陽伽藍記》卷一《建中寺》 建中寺，普泰元年，尚書令樂平王尒朱世隆所立也。本是閹官司空劉騰宅。屋宇奢侈，梁棟踰制，一里之間，廊廡充溢。堂比宣光殿，門匹乾明門，博敞宏麗，諸王莫及也。在西陽門内，御道北，所謂延年里。劉騰宅東有太僕寺，寺東有乘黄署，署東有武庫署，即魏相國司馬文王武庫，東至閶闔宮門是也。西陽門内，御道南有永康里，里内復有領軍將軍元義宅，掘故井得石銘，云是漢太尉荀彧宅。正光年中，元義專權，太后幽隔永巷，騰爲謀主。義是江陽王繼之子，太后妹壻，熙平初，明帝幼沖，諸王權上太后，拜義爲侍中，領軍左右，令總禁兵，委以腹心，反得幽隔永巷六年。太后哭曰：養虎自齧，長虺成蛇。至孝昌二年，太后反政，遂誅義等，没騰田宅。元義誅日，騰已物故，太后追思騰罪，發墓殘尸，使其神靈無所歸趣。以宅賜高陽王雍。建義元年，尚書令樂平王尒朱世隆爲榮追福，題以爲寺，朱門黄閣，所謂僊居也。以前廳爲佛殿，後堂爲講室，金花寶蓋，遍滿其中。有一涼風堂，本騰避暑之處，凄涼常冷，經夏無蠅，有萬年千歲之樹也。

楊衒之《洛陽伽藍記》卷一《瑤光寺》 瑤光寺，世宗宣武皇帝所立，在閶闔城門御道北，東去千秋門二里。千秋門内道北有西游園，園中有淩雲臺，即是魏文帝所築者。臺上有八角井，高祖於井北造涼風觀，登之遠望，目極洛川。臺下有碧海曲池。臺東有宣慈觀，去地十丈。觀東有靈芝釣臺，累木爲之，出於海中，去地二十丈。風生户牖，雲起梁棟，丹楹刻桷，圖寫列僊。刻石爲鯨魚，背負釣臺，既如從地踊出，又似空中飛下。釣臺南有宣光殿，北有嘉福殿，西有九龍殿，殿前九龍吐水成一海。凡四殿，皆有飛閣，向靈芝往來。三伏之月，皇帝在靈芝臺以避暑。有五層浮圖一所，去地五十丈。僊掌淩虚，鐸垂雲表，作工之妙，埒美永寧。講殿尼房五百餘間，綺疏連亘，户牖相通，珍木香草，不可勝言。牛筋狗骨之木，雞頭鴨脚之草，亦悉備焉。椒房嬪御，學道之所，掖庭美人，並在其中。亦有名族處女，性愛道場，落髮辭親，來依此寺。屏珍麗之飾，服修道之衣，投心八正，歸誠一乘。永安三年中，尒朱兆入洛陽，縱兵大掠，時有秀容胡騎數十，入瑤光寺淫穢，自此後頗獲譏訕。京師語曰：洛陽男兒急作髻，瑤光寺尼奪作壻。瑤光寺北有承明門，有金墉城，即魏氏所築。晉永康中，惠帝幽於金墉城。東有洛陽小城，永嘉中所築。城東北角有魏文帝百尺樓，年雖久遠，形製如初。高祖在城内作光極殿，因名金墉城門爲光極門。又作重樓飛閣，遍城上下，從地望之，有如雲也。

楊衒之《洛陽伽藍記》卷一《景樂寺》 景樂寺，太傅清河文獻王懌所立也。懌是孝文皇帝之子，宣武皇帝之弟。閶闔南，御道西，望永寧寺正相當。寺西有司徒府，東有大將軍高肇宅，北連義井里。義井里北門外有桑樹數十株，枝條繁茂。下有甘井一所，石槽鐵罐，供給行人飲水庇陰，多有憩者。有佛殿一所，像輦在焉，雕刻巧妙，冠絶一時。堂廡周環，曲房連接，輕條拂户，花蘂被庭。至於大齋，常設女樂，歌聲繞梁，舞袖徐轉，絲管寥亮，諧妙入神。以是尼寺，丈夫不得入。得往觀者，以爲至天堂。及文獻王薨，寺禁稍寬，百姓出入無復限礙。後汝南王悦復脩之。悦是文獻之弟，召諸音樂逞伎寺内，奇禽怪獸，舞忭殿庭。飛空幻惑，世所未覩，異端奇術，總萃其中。剥驢投井，植棗種瓜，須臾之間，皆得食之。士女觀者，目亂睛迷。自建義已後，京師頻有大兵，此戲遂隱也。

楊衒之《洛陽伽藍記》卷一《景林寺》 景林寺在開陽門内，御道東。講殿疊起，房廡連屬，丹檻炫日，繡桷迎風，實爲勝地。寺西有園，多饒奇果，春鳥秋蟬，鳴聲相續。中有禪房一所，内置祇洹精舍，形製雖小，巧構難比。加以禪閣虚静，隱室凝邃，嘉樹夾牖，芳杜匝堦，雖云朝市，想同巖谷。静行之僧繩坐其内，飡風服道，結跏數息。有石銘一所，國子博士盧白頭爲其文。白頭一字景裕，范陽人也，性愛恬静，丘園放傲，學極六經，説一作疏。通百氏。普泰初，起家爲國子博士。雖在朱門，以注述爲事，注《周易》，行之於世也。

楊衒之《洛陽伽藍記》卷一《正始寺》 正始寺，百官等所立也。正始中立，因以爲名，在東陽門外，御道西，一作南。所謂敬義里也。里内有典虞曹，簷宇清净，美於叢林。衆僧房前高林對牖，青松緑檉，連枝交映。多有枳樹，而不中食。有石碑一枚，背上有侍中崔光施錢四一作七。十萬，陳留侯李崇施錢二十萬，自餘百官各有差，少者不減五千已下。後人刊之。敬義里南有昭德里，里内有尚書僕射游肇、御史尉李彪、兵部尚書崔林、幽州刺史常景、司農張倫等五宅。彪、景出自儒生，居室儉素。惟倫最爲豪侈，齋宇光麗，服玩精奇，車馬出入，逾於邦君。園林山池之美，諸王莫及。倫造景陽山，有若自然。其中重巖複嶺，嶔崟相屬；深蹊洞壑，邐迤連接。高林巨樹，足使日月蔽虧；懸葛垂蘿，能令風煙出入。崎嶇石路，似壅而通；峥嶸澗道，盤紆復直。是以山情野興之士，游以忘歸。天水人姜質，志性踈誕，麻衣葛巾，有逸民之操，見偏愛之，如不能已，遂造《亭山賦》行傳於世。其辭曰：今偏重者，愛昔先民之重由樸由純。然則純樸之體，與造化而津梁。濠上之客，柱下之史，悟無爲以明心，託自然以圖志；輙以山水爲富，不以章甫爲貴；任性浮沈，若淡兮無味。今司農張氏，實踵其人。巨量焕於物表，夭矯洞達其真。青松未勝其潔，白玉不比其珍。心托空而栖有，情入古以如新。既不專流蕩，又不偏華尚，卜居動静之間，不以山水爲忘。庭起半邱半壑，聽以目達心想。進不入聲榮，退不爲隱放。爾乃決石通泉，拔嶺巖前。斜與危雲等竝，危與曲棟相連。下天津之高霧，納滄海之遠烟。纖列之狀一如古，崩剥之勢似千年。若乃絶嶺懸坡，蹭蹬蹉跎，泉水紆徐如浪峭，山石高下復危多。五尋百拔，十步千過，則知巫山弗及，未審蓬萊如何。其中煙花露草，或傾或頹；霜幹風枝，半聳半垂；玉葉金莖，散滿堦墀。燃目之綺，裂鼻之馨，既共陽春等茂，復與白雪齊清。或言神明之骨，陰陽之精，天地未覺生此，異人焉識其中。羽徒紛泊，色雜蒼黄；緑頭紫頰，好翠連芳。白鸐生於異縣，丹足出自他鄉，皆遠來以臻此，藉水木以翺翔。不憶春於沙漠，遂忘秋於高陽。非斯人之感至，伺候鳥之迷方。豈下俗之所務，入神怪之異趣。能造者其必詩，敢往者無不賦。或就饒風之地，或入雲多之處。氣嶺與梅岑，隨春之所悟。遠爲神僊所賞，近爲朝士所知。求解脱於服佩，預參次於山垂。子英游魚於玉質，王喬繫鵠於松枝。方丈不足以妙詠，歌此處態多奇。嗣宗聞之動魄，叔夜聽此驚魂。恨不能鑽地一出，醉此山門。别有王孫公子，遜遁容儀，思山念水，命駕相隨。逢岑愛曲，值石淩攲。庭爲仁智之田，故能種此石山。森羅兮草木，長育兮風煙。孤松既能却老，半石亦可留年。若不坐卧兮於其側，春夏兮其遊陟，白骨兮徒自朽，方寸心兮何所憶？

楊衒之《洛陽伽藍記》卷一《景明寺》 景明寺，宣武皇帝所立也。景明年中立，因以爲名，在宣陽門外一里，御道東。其寺東西南北方五百步，前望嵩山少室，却負帝城，青林垂影，緑水爲文，形勝之地，爽塏獨美。山懸臺觀，光盛一千餘間。複殿重房，交疏對霤；青臺紫閣，浮道相通。雖外有四時，而内無寒暑。房簷之外，皆是山池，竹松蘭芷，垂列堦墀，含風團露，流香吐馥。至正光年中，太后始造七層浮圖一所，去地百仞。是以邢子才碑文云「俯聞激電，旁屬奔星」是也。妝飾華麗，侔於永寧，金盤寶鐸，焕爛霞表。寺有三池，萑蒲菱藕，水物生焉。或黄甲紫鱗，出没於蘩藻；或青鳧白雁，浮沈於緑水。礱磑舂簸，皆用水功；伽藍之妙，㝡得稱首。時世宗好崇福，四月七日，京師諸像皆來此寺，尚書祠曹録像，凡有一千餘軀。至八日，以次入宣陽門，向閶闔宫前，受皇帝散花。於時金花映日，寶蓋浮雲，旛幢若林，香煙似霧。梵樂法音，聒動天地；百戲騰驤，所在駢比。名僧德衆，負錫爲羣；信徒法侶，持花成藪；車騎填咽，繁衍相傾。時有西域胡沙門見此，唱言佛國。至永熙年中，始詔國子祭酒邢子才爲寺碑文。子才，河間人也，志性通敏，風情雅潤。

楊衒之《洛陽伽藍記》卷二《明懸尼寺》 明懸尼寺，彭城武宣王勰所立也。在建春門外石橋南。在三層塔一所，未加莊嚴。寺東有中朝時常滿倉，高祖令爲租場。天下貢賦所聚蓄也。

楊衒之《洛陽伽藍記》卷三《高陽王寺》 高陽王寺，高陽王雍之宅也，在津陽門外三里御道西。雍爲爾朱榮所害也，舍宅以爲寺。正光中，雍爲丞相，給輿、羽葆鼓吹、虎賁班劍百人。貴極人臣，富兼山海，居止第宅，匹於帝宫。白殿丹檻，窈窕連亘；飛簷反宇，轇轕周通。僮僕六千，妓女五百，隋珠照日，羅衣從風，自漢晉以來，諸王豪侈未之有也。出則鳴騶御道，文物成行，饒吹響發，笳聲哀轉；入則歌姬舞女，擊筑吹笙，絲管迭奏，連宵盡日。其竹林魚池，侔於禁苑，芳草如積，珍木連陰。雍嗜口味，厚自奉養，一食必以數萬錢爲限。海陸珍羞，方丈於前。

楊衒之《洛陽伽藍記》卷四《沖覺寺》 沖覺寺，太傅清河王懌捨宅所立也。在西明門外一里御道北。懌，親王之中，最有名行，世宗愛之，特隆諸弟。延昌四年，世宗崩，懌與高陽王雍、廣平王懷並受遺詔，輔翼孝明。時帝始年六歲，太后代總萬機，以懌名德茂親，體道居正，事無大小，多諮詢之。是以熙平、神龜之際，勢傾人主，第宅豐大，逾於高陽。西北有樓，出淩雲臺，俯臨朝市，目極京師，古詩所謂「西北有高樓，上與浮雲齊」者也。樓下有儒林館、延賓堂，形製並如清暑殿。土山釣臺，冠於當世。斜峰入牖，曲沼環堂。樹響飛嚶，堦叢花藥。懌愛賓客，重文藻，海内才子，莫不輻輳，府僚臣佐，並選儁民。至於清晨明景，騁望南臺，珍羞具設，琴笙並奏，芳醴盈罍，嘉賓滿席。使梁王愧兔園之游，陳思慙雀臺之燕。正光初，元乂秉權，閉太后於後宫，薨懌於下省。孝昌元年，太后還總萬機，追贈懌太子太師、大將軍、都督中外諸軍事，假黄鉞。給九旒鸞輅、黄屋、左纛，輼輬車，前後部羽葆鼓吹，虎賁班劍百人，挽歌二部，葬禮依晉安平王孚故事。謚曰文獻。圖懌像於建始殿。拔清河國郎中令韓子熙爲黄門侍郎，徙王國三卿爲執戟者，近代所無也。爲文獻追福，建五層浮圖一所，工作與瑶光寺相似也。

酈道元《水經注》卷一六《穀水・永寧寺》 水西有永寧寺，熙平中始創也。作九層浮圖，趙云：按《魏書・術藝傳》，永寧寺九層浮圖，郭安興爲匠。浮圖下基，方一十四丈，自金露柈戴作橥。守敬按：柈音槃。杜甫詩，蕉糖幸一柈。下至地四十九丈，取法代都七級趙云：按七級浮圖在代都，是元魏所刱。九層在前，七級在後，何云取法耶？守敬按：代都之七級，是未遷都以前作，洛陽之九層，是既遷洛以後作，趙氏乃謂九層在前，七級在後，何耶？而又高廣之，朱《箋》曰：《洛陽伽藍記》永寧寺，熙平元年，靈太后胡氏所立也。中有九層浮圖一所，架木爲之，舉高九十丈。有刹，復高十丈，合去地一千尺。去京師百里遥，已見之。初掘墓基至黄泉下，得金像三十軀，太后以爲信法之徵。刹上有金寶瓶，容二十五石。寶瓶下有承露金盤三十重，周帀皆垂金鐸。會貞按：《魏書·釋老志》熙平中，於域内太社西，起永寧寺。佛圖九層，高四十餘丈。與酈《注》合。而《通鑑》梁天監十五年，稱魏永寧寺浮圖高九十丈，上刹復高十丈，又與《伽藍記》合。則亦見聞異辭矣。雖二京之盛，五都之富，利刹靈圖，未有若斯之構。

《〔光緒〕夔州府志》卷三五《寺觀·曇華寺》 曇華寺，距城東北百二十里。夔州府教授朱有紱記：寺在靈鳳山，距城東北百二十里。初入山，沙石陗滑，躋陟維艱。迨望見檐甍隱隱，則松栢交陰，逶迤一徑。拾級而登，殿宇宏敞，佛像莊嚴。相傳剏自唐代，明末燬於兵火。無碑石可徵，僅存正德年鐵鐘一口。

《〔同治〕永順府志》卷五《秩祀寺觀·觀音閣》 觀音閣在舊司城南，離城五十里。大士像係銅鑄。有香火田。原土司彭翼南建。

《〔同治〕永順府志》卷五《秩祀寺觀·梓橦閣》 梓橦閣在縣南三里，地名老城。正殿三間，廳三間。康熙五十二年張和尚募建。香火田三畝，秋糧銀三分三釐，土民晏、喻、劉、王四姓捐。

《〔同治〕永順府志》卷五《秩祀續編·觀音巖》 觀音巖在文昌門外五里許，有石聳立，肖大士像。乾隆三十四年，邑人鄒姓建廟其下。嘉慶十六年副將許天元重修，有地藏菴、接引菴。

《〔嘉慶〕常德府志》卷一二《寺觀·大善寺》 大善寺，府治東半里。宋雍熙間，僧古堤建。明時楊鶴修。舊志。國朝順治間，總兵楊遇明重建。乾隆五十六年復募修。寺本名開元塔院，見於紹興二十二年道者祖源所鑄鐘記，鐘今猶存。志稿。按：古堤，《五燈會元》作唐時人。

《〔嘉慶〕常德府志》卷一二《寺觀·耆闍寺》 耆闍寺，縣西平山之麓。寺爲東晉太元初釋惠元建。沙門竺慧亦居此，精苦有戒節。梁高僧傳。《朗州圖經》：沙門惠元，本姓春氏，義陽人也。少以弓弩爲業，至武陵山射一孕鹿，將死，能言先身果報事。惠元即悟，遂落髮於鹿死之處，而置伽藍名耆闍窟。死後十年，人傳於武當山下見之。

《〔嘉慶〕常德府志》卷一二《寺觀·迎恩寺》 迎恩寺，縣北七里橋。明嘉靖間榮恭王建，國朝康熙辛卯年重修。寺有「清淨禪林」、「一塵不染」二額，皆榮藩手書。志稿。

《〔嘉慶〕常德府志》卷一二《寺觀·潮音閣》 潮音閣，一名觀音閣，一名二聖寺，在清平門外。唐同光間，副將沈如常疊砌石櫃，上供觀音像，以鎮水勢。宋乾道間，僧法容重建。明永樂六年，僧妙珙重修。後正德間，王守仁迕逆瑾，謫龍場，往來旅寓，按：競渡略薛文清爲御史監沅州銀場，往來巡寓於此。皆居閣中。士人慕之，更建寓賢閣。守仁有《潮音閣詩》，見藝文。龍志。

《〔嘉慶〕常德府志》卷一二《寺觀·紫荆寺》 紫荆寺，縣北九十里。唐時建，明洪武間修，國朝康熙二十二年重修。宋寇萊公、黄山谷曾棲息於此。今有萊公竹、黄公洗墨池。志稿。

《〔嘉慶〕常德府志》卷一二《寺觀·和鳳寺》 和鳳寺，縣北八十里。舊名普鎮寺，三面距河，爲沅澧便道。去寺數十步有潭，相傳每春夏間，沅溪水漲，有怪出没潭中，往往爲害，里人立寺鎮之。明時有僧號天牧者，係元進士，薙髮隱此，始改今名。國朝乾隆三十八年重修。

《〔嘉慶〕常德府志》卷一二《寺觀·慶壽寺》 慶壽寺，縣東北九十里。相傳僧了遂創建。宋建炎間燬於火，開禧丁卯重建。國朝乾隆五十六年里人復修。志稿。

《〔嘉慶〕常德府志》卷一二《寺觀·景星寺》 景星寺，縣北一里。見李羣玉詩註，宋唐介重建，明正德四年重建，塑像。國朝嘉慶九年，夏光先重修準提閣。

《〔光緒〕叙州府志》卷一二《寺觀·觀音寺》 觀音寺，在縣東九十里月口場後，俗名活觀音。其神像得之河中，鄉人爲之建廟，最著靈異。後復改修，枕巖面江，境最清幽。廟中有穴，夏時嘗有風出，可以避暑。傍石峯壁立，邑舉人樊嵩齡題「小蓬萊」三字於其上。

《〔光緒〕叙州府志》卷一二《寺觀·佛來寺》 佛來寺，治東二十五里，巖高十餘丈，半腰有洞，深闊各二丈許。相傳有佛飛入，故名。乾隆五十二年，僧如禪募衆於洞外建大殿三楹，外環以樓，複閣重簷，遂爲治東一大名刹。有泉由洞流出，四時不竭，人呼爲觀音水。知縣孟自桓題詩，有「神仙洞裏尋僧去，菩薩雲中拜佛來」之句。

《〔光緒〕叙州府志》卷一二《寺觀·白雲寺》 白雲寺，即大佛坎，縣南三十五里。其寺懸岩邊，峒内石佛一尊，高丈餘。岩上有五舉硐，岩下有石井泉。寺下平洋一垻，有龜蛇獅象排列水口旁，有天心窩兩處。真名區也。

《〔光緒〕叙州府志》卷一二《寺觀・磐陀寺》 磐陀寺，城北二十五里，與百丈巖對峙，負山面河。山有石洞，一夜烈風暴雨，崩出雌、雄二石，其約十餘丈，餘礫滿山，森列狰獰，欲並墜河，填塞下流，使甕成湖海。雌石先下，僅塞其平；雄者傳觀音菩薩盤坐其上，遂止。因建寺石上，故名。

《〔乾隆〕辰州府志》卷一八《壇廟考・龍泉寺》 龍泉寺在城西五里西口之龍泉山，萬曆四十三年建，後屢募修。爲殿三楹，東麓爲映江閣，詩僧悦可静室。西有泉一泓，即龍泉也。山徑幽曲，西水清環，郡中遊觀之區，題咏甚富。

《〔乾隆〕辰州府志》卷一八《壇廟考・大冶寺》 大冶寺在城東十里，山水環抱，足恣勝覽。康熙初，僧朗慧募建正殿十楹，旁殿八楹，廊房各十有二。

《〔乾隆〕辰州府志》卷一八《壇廟考・寶壇菴》 寶壇菴在城西五里。萬曆庚戌，知縣曹行健建銘壇，有碑，其詞曰：水合兩江，峰高七級。錦鷄奮翼，金垣壁立。人文肇興，閭閻騈集。於萬斯年，永奠辰邑。

《〔道光〕永州府志》卷六《秩祀外志・緑天庵》 緑天庵在東門外一里許，唐僧懷素遺蹟。今筆塚墖頂及墨池僧存。僧寂輝重建。國朝太守劉道著記云：永州出東門，北行半里，上小岡，又半里，爲緑天庵，即唐僧懷素之故居也。世傳懷素幼學書庵中，貧無紙，乃種蕉萬餘，以供揮灑，庵故以是得名，然荒廢久矣。歲癸卯，江右僧慈月訪其遺跡，結茅居焉。洗石種蕉，饒有逸致。庵正向東，小殿三間，製甚朴拙。中供毘盧佛一尊，前簷有匾，八分書「古緑天莽」四字，乃同寅劉公慰三所題也。前三間爲半駕樓，推窻東望，一目數十里，瀟水如帶，遠山叠翠，凭檻四眺，實可怡神。殿之後怪石嶙峋，大小相倚，石上鐫「研泉」二字，字大三寸許，美麗透逸，不知何代題刻。土人云：舊有清泉一道，斜穿石罅，曲折下注，足資衲子瓢鉢。今無復涓滴矣。石隙種蕉數株，時花掩映。殿右角有石，正圓，高二尺，大四圍，上有銘字，磨滅不可辨識，乃懷素筆塚之墖頂也。昔懷素退筆爲塚，後人重之，爲修石墖。今墖已廢，惟頂存焉，製頗古茂，亦可懷遡流風矣。庵門正北向，出門七十餘步，稍西，爲墨池，相傳爲懷素洗研處。其池方正，周圍皆石生成。其南隆起，東西北三面稍卑。亘石爲底，深二尺許，南北七八尺，東西六七尺，乾涸無水，青艸蒙綴。雖荒穢未剪，而往日臨池滌浣之踪，依依在目。嗟乎！懷素以一衲子，善艸書，遂名動寰區，傳聲異代，至今過其地者，憑弔興懷，不能自已。一墨池，一筆塚，且珍重愛護，訪而修之，惟恐不及。況名德豐業，積厚流光，興起頑懦，利被民社者哉！余故感而記之，以詔後人。

《〔道光〕永州府志》卷六《秩祀外志・甘泉寺》 甘泉寺在縣治甘泉門内。明寧良記：祁城東北一里許，溪抱而山環，竹蔭而木茂，厥土豐潔而泉出焉，其味甘洌，故得其名。泉之西北高阜寬廣，古刹基也。永樂初，僧會善義住持縣郭普菴堂，因回禄之禍，徙建於甘泉故基。歲久，日就傾圮，不足以蔽風雨。善義徒繼僧會者法祐，意謂嗣衣鉢當繼祖風，興崇修之念，董其徒登山伐木，撤蠹壞而新之。又得邑之義官逯志聰捐己貲以副，工力浩大，弗克抵就，持疏叩檀那樂爲之助。由是工集而事舉，鐘魚一振而泉石皆七筋聲，不逾年，盡易隘陋，建列諸殿、像設、方丈、庖湢，凡若干楹，周以垣墻，甃以磚石。經始於成化己丑冬十二月，落成於庚寅十月。法祐不遠千里，走書徵記。予惟佛氏以寂滅爲教，虚無爲宗，衣緇茹素，窮居僻處，而無修飾。自漢明帝時，佛法入中國，迄今千百年矣，世之人無貴賤智愚，崇信之者十常八九，故天下名山勝地，莫不建浮層之宫。今法祐操貞素之行，重修梵宇，使棲雲之區與溪山竹木相爲偉觀，可謂知所傳者也。雖然，遵佛之教，求佛之心，雖丈室有餘地矣。不然則棟宇巍峩，丹堊照耀，直爲人之觀美耳，於佛奚有哉？法祐必知其説矣。成化辛卯九月。

《〔同治〕南昌府志》卷一三《典祀・寺觀・北蘭寺》 北蘭寺在德勝門外，南嶽護禪師道場，後廢。國朝康熙十六年，有臨濟派下僧淡雪由浙江來，重建前後殿宇，叠石爲山，種竹栽松，通止戈泉爲井，引蟹子泉爲溪。二十七年，巡撫宋犖建綿津青屋及秋屏閣、列岫亭、煙江叠嶂堂；布政使盧崇興建三元殿、觀蘭亭。三十八年，學士查昇題「豫章勝慨」額，併書《煙江叠嶂堂記》。後亭閣摧殘。西冷胡紹鼎招楚僧古峯住持，復修殿宇。乾隆十一年，僧廣聞建觀音殿，有巡撫鄂昌書「山水禪林」扁額。十五年，主考錢陳羣於秋屏閣西題「香界尋詩」扁額。四十三年，僧綱司徐今素建地藏殿，募收四野遺骸，以時瘞埋。五十一年，僧古巖建關帝殿。五十三年，募修列岫亭。道光間，僧綱司萬道修重修。咸豐三年，燬於兵。

《〔同治〕南昌府志》卷一三《典祀・寺觀・永福菴》 永福菴在惠民門内，京家山房左側。康熙十年，尼僧真修建，尼之姪果菴祝髮爲徒，遂居於此。嘉慶初，南康謝啟昆爲序募修，題曰「磨鷹法界」。道光元年，僧徹峯重建，並搆松雲精舍。咸豐八年，詩僧慧霖於精舍前築結歲寒緑館，平湖張金鏞爲之銘。館側有石山，山下有池，池上有夏桂洲遺石殿，後爲大士樓，樓下爲松鶴堂。同治八年，慧霖重修，安義楊應釗有記。菴東偏爲忠義祠，祠屋皆菴中別業。

《（同治）南昌府志》卷一三《典祀・寺觀・普賢寺》　普賢寺在惠民門內，故禪居寺。東晉隆安四年，武昌太守熊鳴鵠捨宅建，迎西來梵僧悉呾哆，開山倡教，故名禪居。唐神龍元年，勑賜隆興院。會昌間，觀察使裴休迎黃蘗山希運禪師居此。南唐保大二年，袁州刺史邊鎬以鐵二十萬觔鑄普賢乘白象，寺遂以名。永樂間重建。嘉靖丙戌修，郡人王文明記。國朝康熙四十一年，巡撫張志棟、布政使盧崇興重建。寺內原有石室，有教、長、春三堂，後分爲西禪、西竺、觀音、慈仁、即山、至教、慧照、一葦、報恩九堂。道光二年，正殿燬，募化重修。西竺堂久圮，增修如舊。以下皆本縣志。

《（同治）南昌府志》卷一三《典祀・寺觀・繩金塔寺》　繩金塔寺在進賢門外，舊名千佛院。唐天祐間，建有繩金寶塔。相傳建塔時，掘地得鐵函劍三，金瓶舍利三百，俗名塔下寺。明宋濂有記。國朝康熙四十七年，塔圮，巡撫佟國勷重建。自有記。乾隆四年，巡撫岳濬重修。二十年，巡撫胡寶瑔重修。內分法華堂、宿覺堂、圓覺堂。即市林寺。道光二年，巡撫阿霖修塔。咸豐三年，燬於兵火。同治七年，巡撫劉坤一重修，自有記。邑紳劉于潯監修。乾隆五十三年，江西按察使額勒春以城內外多火災，仿袁州府宜春臺水鼎，鑄鐵如式，高二尺八寸，周圍一丈一尺八寸，畫列卦位，增水宿水獸，擇用水年月日時安建於塔之陽，以「鎮火鼎」系以銘。

《（同治）九江府志》卷一三《建置志・寺觀・東林寺》　東林寺在盧山之麓，晉太元九年，慧遠開刱。所需木料俱從池中湧出，至今有出木池，在彌陀殿側。宋改爲禪寺，紹興間燬，明洪武六年重修。萬曆間，有僧大梆與徒寂融，興造神運殿、净業堂、禪房。崇禎間，豐城熊汝學督關荆州府，造金剛塔殿送寺供奉，匾曰「以此報本」，有記，立石。國朝順治十三年，僧照忍、采善募修五如來殿，推官席教事捐俸建。康熙五年，僧宗微等募修遠公影堂，兵巡道蔡協吉捐助。咸豐間，均經逆燬，尚存金剛銅塔、王陽明《遊東林寺歌》碑刻草書。

《（同治）九江府志》卷一三《建置志・寺觀・能仁寺》　能仁寺，法東，舊名承天院，肇自梁武。宋仁宗時，白雲端禪師大開治席。元祐間，有鐵佛乘石船於江上，示夢寺僧迎奉。元壬辰，兵燬。明洪武重建。弘治間改今名。崇禎七年，巡道王公興修，里民王少溪捐貲相助。國朝康熙十二年，僧古岩改造左右禪房。癸酉，驛道蔣興范延玉琳琇國師法孫厂安繼席。乙酉歲，安嗣明成募建彌勒殿，關督朱汝錩、雅爾泰捐助。庚子，懷寧程景渭建堂於法堂西，爲方丈，某官鄂爾奇顏曰「憩白堂」。雍正乙巳，同知梁逢鰲重葺法堂。乾隆丁巳秋，顯親王賜「白堂雲静」四字。庚申，欽頒《大清三藏經》。辛酉，巡道李根雲、知府施廷翰再建藏經閣，關督唐英捐修山門、羅漢齋堂。甲戌，實暹募化，徽人李鷄捐資重修。戊子、己丑間，蘄州李易生，僧碧如、邑人王蒼臣、徽人李敷廷，各捐費入寺，爲接衆之資。寺內石船、鐵佛現存。又有方石一塊，厚尺餘，竟爲簷雨滴穿。皆古蹟也。有大勝塔，唐建，歷宋、元、明遞修焉。咸豐間，寺燬於逆，惟鐵佛、石船、雨滴石尚存。經合邑商民集費，重建大雄寶殿。關督景捐修山門。大勝塔被逆毀去半。同治庚午，關督景福首捐銀一千兩，交紳士蔡燮等，勸捐重修，鈕綬和監修。

《（同治）九江府志》卷一三《建置志・寺觀・龍池寺》　龍池寺在甘棠湖北岸，晉慧遠創。宋紹興間，重建。元末燬，明洪武十一年復興。永樂元年，都綱紹法重建，後燬。景泰元年，住持深公薪建毘盧寶閣、樂師佛殿、藥師燈塔并大雄寶殿。羅漢聖僧諸天列帝前殿，天王左右兩帥。成化二十三年，又燬，知府呂捐俸倡修。正德三年，又燬，總都胡等倡建。國朝順治十八年，又燬，其某漸消，僅存佛殿。康熙六年，知府陳謙清復舊址，北部文德翼爲記。八年，里民盧士明等倡修。原係十方叢林，中傳子孫，漸就傾圮。乾隆五十五年，僧廣禪募修，開法邑布政，陳奉茲捐：德化鄉趙世龍户故，屯田六畝五分，紳等公捐，德化鄉楊先儒尸故，屯租八十石，俱勒有碑。廣禪傳慧松、方中、裕光、仁静，嗣後永爲十方叢林。咸豐間，復燬於逆。重建殿宇三間。

華南

《（道光）廣東通志》卷二二九《古蹟畧十四・光孝寺》　光孝寺在南海縣西北一里。《大清一統志》。虞翻廟在南海縣西北三里。《元和郡縣志》。寺乃南越趙建德之宅，虞翻之園囿也。相傳六祖祝髮于此。《圖經》云：本乾明、法性二寺，後併爲一。又云院有訶子，取西廊羅漢院井水煎湯頗能療疾。如此則又有羅漢之名當不止乾明、法性二寺也。方信孺《南海百詠》。吳虞翻居此，多植蘋婆訶子樹，名曰虞苑。晉隆和中，僧罽賓創爲王園寺。黃志。劉宋永初間，陀羅三藏飛錫至此，指訶子樹曰：此西番訶梨勒果之林，宜曰訶林。遂創戒壇，預讖曰：後當有肉身菩薩於此受戒。梁天監元年，智藥三藏自西竺國持菩提一株植於壇前。唐儀鳳元年，六祖慧能祝髮樹下，因論風幡，建風幡堂。宋太祖改爲乾明禪院。紹興二十年，改爲報恩廣孝寺。後易今名。金志。咸淳五年，重修。謹案：宋陳宗禮有《重修法寶輪藏殿記》，載《金石畧》。元、明屢經修建。有睡佛閣。國朝順治六年，僧今盌修。康熙十一年，東莞人蔡元真以寺頹廢，請平、靖兩藩重新之，有碑記。金志。寺又名法性寺，有米元章書三世佛名。稍北爲六祖殿，前爲菩提壇，壇側爲髮塔，其東南爲達摩井，西爲五祖殿。循廊而東爲風幡堂，堂前有池泓然。又東有僞漢銕塔，又東爲譯經臺、洗硯池，房融筆授楞嚴處。西廊復有一塔，規制差小。粵城內外古道場以光孝爲第一，氣象古樸，殊乎他刹。六朝以還，名僧居此者：曇摩耶舍，求郍羅跋陀，智藥三藏，初祖，六祖，印宗法師，波羅末陀，般刺密諦，仰山通智禪師，憨山德清法師，天然函是禪師。王士禎《廣州游覽小志》。唐釋法才《光孝寺瘞髮塔記》：佛祖興世信非偶然，昔宋朝求那跋佗三藏建茲戒壇，豫讖曰：後當有肉身菩薩受戒於此。梁天監元年，又有梵僧智藥三藏航海而至，自西竺持來菩提樹一株，植於戒壇前，立碑云：吾過後一百六十年，當有肉身菩薩來此樹下開演上乘，度無量衆，真儒佛心印之法王也。今慧能禪師正月八日抵此，因論風幡語而與宗法師説無上道，宗踴躍忻慶，昔所未聞，遂詰得法端由，於十五日普會四衆，爲師祝髮。二月八日，集諸名德，受具足戒。既而於菩提樹下開單，傳宗旨一如昔。讖法才遂，募衆緣建茲浮屠，瘞禪師髮。一旦落成，八面嚴潔，騰空七層，端如湧出，偉歟禪師，法力之厚，彈指即遂，萬古嘉猷，巍然不磨。聊敘梗概，以紀歲月云。儀鳳元年歲次丙子，吾佛生日，法性寺住持法才謹識。

《〔道光〕廣東通志》卷二二九《古蹟畧十四·華林寺》 華林寺在西南一里。梁普通七年，達摩從西竺國泛重溟，三周寒暑至此，始建。國朝順治十一年，宗符禪師重修。環植樹木，成叢林。郝志。今名西來初地。《嶺海名勝志》。

《〔道光〕廣東通志》卷二二九《古蹟畧十四·浄慧寺》 浄慧寺千佛塔在州西。浄慧寺，端拱中郡人林修建。古井九，環列基外。有巨鼎，藏劍二、鏡一，瘞佛牙於其下。劉氏長壽寺也。劉之宗女爲尼，居之，塔高二十七丈。《輿地紀勝》。在府西北半里，即舊寶莊嚴寺，寺有舍利塔。梁大同三年，創寺。唐高宗時重修。宋端拱中，改今名。塔後毁。元祐間，郡人林修建千佛塔。黃志。謹案：宋趙叔盎有《千佛塔記》，載《金石畧》。紹聖中，蘇軾顔曰「六榕」。明洪武六年，毁其半，以建永豐倉。惟存塔及觀音殿。八年，僧堅愈於塔東重創佛殿，啓門東向，仍曰六榕。《金志》。二十八年，併入西禪寺。永樂九年，復爲本寺。郝志。謹案：六榕寺塔，粤人名曰花塔。蘇書「六榕」額二字，今尚存。

《〔道光〕廣東通志》卷二二九《古蹟畧十四·孤園寺》 孤園寺在廣州。陳廣州刺史歐陽紇反，宣帝令徐儉持節喻旨。紇懼儉，沮衆不許入城，置儉於孤園。《南史·徐儉傳》。東、西、南、北二十八寺，列布四方，僞劉所建，上應二十八經，尚大半無恙。今各以寺名爲詩：《東七寺詩》：慈度天王更覺華，蒼龍東角梵王家。普慈化樂成塵土，興聖猶兼覺性誇。《西七寺詩》：文殊千佛顯真乘，水月光中見定林。昭瑞當時連集福，咸池今日應奎參。《南七寺詩》：井軫南宫焕寶光，千秋古勝並延祥。祇今兩寺無名字，地藏旁聯四實方。《北七寺詩》：國清尊聖北山隅，證果報恩同一區。地藏荒蕪并報國，尚餘悟性斗牛墟。《南海百詠》。

《〔道光〕廣東通志》卷二二九《古蹟畧十四·懷聖寺》 懷聖寺在府城内西二里，唐時番彝所創。明成化四年，都御史韓雍重建。留達官指揮阿都刺等十七家居之。黃志。番塔始于唐時，曰懷聖塔，輪囷直上，凡六百十五丈。黃志作高一十六丈五尺。絶無等級。其顛標一金鷄，隨風南北。每歲五六月，夸人率以五鼓登其絶頂，呼佛號以祈風信。下有禮堂。歷代沿革載懷聖將軍所建，故今稱懷聖塔。《南海百詠》。明洪武二十年，金雞墮於颶風。金志。謹案：塔在南海縣之番塔街，俗呼光塔。今有回回寺在其左，即禮拜堂之故址也。《桯史》「海獠事」别見。

《〔道光〕廣東通志》卷二二九《古蹟畧十四·海珠慈度寺》 海珠慈度寺，舊在州東南。漢大寶間建，歲久頹圮。宋寶祐中，郡人李昴英捐資與僧鑒儀，徙創江心海珠石上，仍名慈度。侍郎王埜書額。寺前有文溪祠。黃志。謹案：僞漢大寶間，創二十八寺於郡之四方，以應列宿，此其一也。寺在海珠石上，東、西二江水環之，雖巨浸稽天，不能没。語云：南海有沈水之香，亦有浮水之石。謂此也。寺傍文溪祠，環以雉堞，兵衛森嚴。今成重鎮矣。

《〔道光〕廣東通志》卷二二九《古蹟畧十四·大通寺》 大通寺在河南大通津上。寺前後老檜幾百株，婆娑掩映，天寶間所植。《南海百詠》。五代劉晟時，名寶光寺。宋政和六年，經畧使覺民題賜「大通慈應禪院」。相傳達摩禪師住此化去，有肉身，祈禱輒應。時萬曆六年，大旱，迎至訶林，禱雨隨降。復欲迎回本寺，輿重，舉之不動。日久，寺廢，其地爲豪右所據。國朝康熙六年，郡人蕭子奇贖地建復。別買田地基塘五十五畝。環寺植樹千株焉。郝志。

《〔道光〕廣東通志》卷二二九《古蹟畧十四・長壽庵》 長壽庵在城西南五里，舊順母橋故址。明萬曆三十四年，巡按御史沈正隆建爲慈度閣，爲妙證堂，禪房翼之，地可八畝。縣令劉廷元益以白雲廢寺田四十三畝，以供香火。有御史碑記。郝志。寺創於萬曆間，禪人大汕重新之。寺西偏有池，通珠江，水增減應潮汐。由半池北爲半帆，循廊曲折而東，爲繪空軒。軒前佛桑、寶相諸花，叢萃可愛。由半帆竝池而南，緣岸皆荔枝、龍(目)〔眼〕。池之南爲懷古樓，高明洞豁。其下爲離六堂，水木清華，房廊幽窈，如吴越間。寺有拈花釋迦像，飭以黄金、珠玉、琿璖、瑪瑙、瑟瑟之屬，莊嚴妙好。又有銅像，云是唐鑄也。《廣州遊覽小志》。

《〔道光〕廣東通志》卷二二九《古蹟畧十四・海幢寺》 海幢寺在河南，蓋萬松嶺福場園地也。舊有千秋寺址，南漢所建，廢爲民居。僧光牟募於郭龍岳，稍加葺治，顔曰「海幢」。《嶺海名勝紀》。僧池月、今無，次第建佛殿、經閣、方丈。康熙十一年平藩，建天王殿，其山門則巡撫劉秉權所建也。有鷹爪蘭，爲郭園舊植，地改而蘭仍茂，以亭蓋之。金志。有藏經閣，極偉麗，北望白雲、粤秀，西望石門、靈峯、西樵諸山，東眺雷峯，即往波羅道也，南爲花田。寺中龍象莊嚴，甲諸剎。《廣州遊覽小志》。

《〔道光〕廣東通志》卷二二九《古蹟畧十四・南華寺》 南華寺在縣南六十里。《大清一統志》。梁天監元年，天竺國僧智藥建。後爲六祖演法道場。唐萬歲通天初，則天皇后錫賚宣詔。元和間，賜塔曰靈照之塔。其寺爲嶺外禪林之冠。《輿地紀勝》。按：《指月録》：曹溪寶林堂宇湫隘，六祖謁里人陳亞仙，捨宅廣之，即此寺也。《大清一統志》。六祖傳黄梅衣鉢，居此。今衣鉢與真身俱存。開寶三年，賜名南華。塔毁，明成化六年建復。國朝康熙五年，平藩重建。有降龍塔、伏虎亭、卓錫亭、避難石、曹溪水十二景。郝志。

《〔道光〕廣東通志》卷二二九《古蹟畧十四・丹霞別傳寺》 丹霞別傳寺在縣南十七里。明虔撫鄧州李永茂隱居於此，其弟祠部克茂以施武林僧。國朝康熙元年，闢爲叢林。有長老峯、海螺巖、龍王閣、紫玉臺、雪巖、舵盤巖、片鱗巖、龍尾石諸勝境。郝志。

《〔道光〕廣東通志》卷二二九《古蹟畧十五・雲封寺》 雲封寺在梅關側。唐時創，名梅花院，宋大中祥符三年，賜今額。郝志。本梅山院，距縣七十里，有祖師塔、錫杖泉、放鉢石。《輿地紀勝》。俗呼掛角寺。相傳梁時飛來寺自吴中飛來，觸梅嶺，缺去一角，遂以名焉。《嶺海名勝記》。元大德間，參政鐵柱建觀音閣。《金志》。明改爲張曲江祠。黄志。謹案：雲封寺，《輿地紀勝》作雲峰寺。

西南

《〔康熙〕大理府志》卷二七《寺觀・崇聖寺》 崇聖寺，一名三塔寺，城西北二里，唐初，蒙氏增修之。有三塔，中塔高三百餘尺，十六級。其二差小，各鍇金爲頂，頂有金鵬，世傳龍性敬塔而畏鵬，大理舊爲龍澤，故鎮之。明正德九年五月六日，地大震，塔裂三尺許，人謂將仆，旬日復合。塔頂有欵識，爲唐開元元年南詔請唐匠恭韜徽義造。弘聖寺，又名一塔寺，府城西南，有塔高二十丈，十六級。世傳周時阿育王建，能鎮水患。嘉靖間郡人李元陽重修。

《〔乾隆〕騰越州志》卷四《城署志・寺觀・古西明寺》 古西盟寺，元與大伯夷會盟於此，侯璡築城，工訖，改此寺爲萬壽寺，旁築易衣軒三楹，積久傾圮。乾隆四十一年重建，上爲大殿，兩旁爲朝房，中爲待漏堂，左右復建厢房。前爲大門，仍以西盟寺。四像改新之外，爲甬道。又東步計步半里外爲券洞三門，環以圍墻照壁。知州吴楷作文記之，詳《藝文》。

《〔光緒〕順寧府志》卷三七《雜志・東山寺》 東山寺在城東二里，一名萬祥寺。明嘉靖間，土知府猛效忠建。康熙三十九年，僧廣照重修。寺内有東山閣。採訪：咸豐七年，兵燹，燬。光緒五年，僧真檀重建大殿、兩廡、大門。江寧楊振《遊東山寺》二首：策馬東山路，陰陰見樹林。僧來知寺近，橋迴識泉深。飛閣鳴山雨，清烟蕩遠岑。對茲消萬慮，卮酒託狂吟。崔嵬山上寺，四顧野雲澄。鳥慧能參佛，龍馴欲伴僧。古橋横瘦石，殘樹織枯藤。未惜行蹤遠，驅車冒雨登。田租穀八十三孔。

《〔光緒〕順寧府志》卷三七《雜志・龍泉寺》 龍泉寺在城南一里舊城，明天啓四年建。舊爲猛氏園亭。康熙三十三年，知府徐欐重修。内有十王殿、斗母宫，旁有龍泉，伏流而出，清洌異常，不盈不涸，有龍湫泛月之景。兵燹，燬。光緒五年，僧真檀重建大殿、兩廡、文樓。十三年，紳士重建水閣、大門，修築圍墻。

《〔光緒〕順寧府志》卷三七《雜志・如是庵》 如是庵在城西南三里，一名象塘寺。明時爲猛氏飲象所。順治十八年，蜀僧廣蓋建。時有楊君施地，曾氏倡捐。康熙四十九年，知府李文淵修。兵燹，燬。光緒二十年，曾氏嗣孫國瑾重建大殿、兩廡、面樓、大門。

《〔光緒〕順寧府志》卷三七《雜志・太平寺》 太平寺在城西南二十里鬱密山。順治五年，僧洪鑑建。蒼巖古徑，梵宇幽深，一郡禪林，此爲最勝。兵燹，燬。今僧如忠重建大殿、兩廡、大門。武陵楊拱昱《遊太平寺詩》：千峯攢削翠爲城，曲徑盤旋麥隴平。鳥唱猿啼山有韻，藤稍葛蔓藥無名。自拈酒政供消遣，偶啓禪關作送迎。不是老僧能好事，定中香爇世中情。

《〔光緒〕順寧府志》卷三七《雜志・明王室》 明王室，在城東南十餘里，僧宗慶、宗和創建。同治十二年，兵燹，燬。光緒三年，僧隆瀛募化功德，織紡生涯，苦心積資，重建大殿、兩廂。六年，重建面樓、大門。香火田九分，租穀三十八孔。

《〔道光〕貴陽府志》卷三六《祠宇副記・大興國寺》 大興國寺在府城中大街，武廟居其中，有頭門、二門、甬道、兩廡，旁爲諸佛殿。元至正間，廬陵賈人彭如玉建。明洪武二年，長沙遊僧南宗重修。萬曆二十年，僧法印赴京師請大藏，巡撫郭子章建閣貯之，南京諭德黄輝題曰「龍輪寶藏」。康熙三十七年，巡撫閻興邦重修關聖殿，有碑記。雍正間，創修毘盧殿。乾隆間，重修大士殿、盂蘭殿、三元宫。道光十四年，重修毘盧殿。十八年，重修準提殿，殿内設明巡撫郭子章木主祀之。關帝殿前罘罳下有泉，曰「靈泉」。

《〔道光〕貴陽府志》卷三六《祠宇副記・水月寺》 水月寺即觀音寺，在府城南門外南明河上，去甲秀樓數武。前臨浮玉橋，橋上舊有涵碧亭，今圮。寺門有閣曰拱南。大殿三楹，殿中之前有千佛銅壜一座，高可九尺。後有大士殿，旁爲澹花空翠園林，内客廳數楹，又有翠微閣三間。騷人遊客題咏頻多。省志稱琳宫璀璨，雲木蕭疎，山光水色，晴雨皆宜，誠爲南郊勝境。

《〔道光〕貴陽府志》卷三六《祠宇副記・扶風寺》 扶風寺在東門外螺螄山麓。山一名扶風山，秀峯鵠立，石骨螺旋，左拱棲霞，右環相寶，形家稱木筆文星，爲會垣入脉之所。峯後爲白家山，禁採石煤，以培風水。山腹有寺，建自國初嘉慶間。貴筑知縣玉湛恩借郡人何泌、翟翔時拓其基，另新殿宇，增建倉聖樓、字冢樓，下叠假山池，池外爲亭五楹。老樹接簷，曠朗幽勝。其右復有三楹。左有樓，拾級而登，足抒遠眺。寺前數十武有環秀亭，可供小憩。

《〔道光〕貴陽府志》卷三六《祠宇副記・東山寺》 東山寺在府城東東山上。明嘉靖間建，崇禎二年重修，康熙二十四年增修。舊有關聖殿三楹，歲久就圮。嘉慶十六年改建，道光二年添建奎閣。左度石脊，更有廟五楹俯臨峭壁旁，一亭鋭出巖唇，亭下有洞。山坳有培風亭，山半有振衣亭，其上有小魯亭。巡撫田雯建。郡入何德峧有《東山志》，最詳核。

《〔道光〕貴陽府志》卷三六《祠宇副記・南嶽山寺》 南嶽山寺在南嶽山頂。由石坊至寺門，五峯迴合，松篁夾徑。前爲關聖殿正殿，祀南嶽之神，後殿祀佛，佛旁有池，池南三楹爲遊人憇息所。嘉慶二十年，巡撫曾燠增修，道光初重修。

《〔光緒〕黎平府志》卷二下《寺觀・南泉山寺》 南泉山寺，城南門外二里，明初經始，旋燬於兵。萬曆三十四年，黎靖參將李思忠倡捐重建。國朝嘉慶年重修。大佛殿，在山中第一層。夕佳閣，有碑記。靈官殿，在山中第二層。天香閣，舊名天香書院，郡人何騰蛟讀書處。知府張鍈以一人讀書非書院，易今名。翠微亭，匾曰「翠微佳處」，今廢。南泉亭，光緒三年，知府袁開第建。十七年，知府俞渭、知縣趙一鶴籌款重修。寶頂菴正殿。在山中第三層。爲境内第一名勝。胡秉鈞《重修南泉山寺觀敘》：郡治在萬山之中，峯巒環拱，而山水之最佳者惟南泉，其來自石井山，蜿蜒數十里，至於郡城之南，矗然特出。邑乘謂其疎嵐翠嶂，蔚爲人文，良不誣也。前明開置之初，郡人士請於守土，建廟棲神，共爲三所，門堂殿閣廊廡亭欄，及禪房厨肆之屬，無不具備。嗣後，李參戎增夕佳閣，楊太守建天香書院，漸次修培，而林泉邱壑之幽美，較前而益勝。當夫風日晴和，緣徑而上，遐瞻邇矚，乾端坤倪，軒豁呈露，故遠近之尋幽選勝、與夫祈神賽福者，自春徂秋，往來不絶。而官斯土者，亦嘗於人和政理之暇，時一登臨，覽山川而察民物，著謝公之屐，放蘇公之鶴，塵希文之憂，爲永叔之醉，洵韻事也。近年以來，陰霾薄蝕，風雨飄摇，漸以梁桷赤白，陊剥不治，圖像之威，黮昧就滅。寺僧等念其爲郡城重地，不忍坐視頹圮，乃請於當事大人、樂善君子，謀所以修之，而乞余爲敘。夫佞佛者君子所譏，彼夫漢魏六朝之衰，崇奉釋教，捐貲宅如脱屣，傾蓋藏奉招提，而無稍裨於民生，固屬大惑矣。至若以有用之財，而歌臺舞榭動費多金，踵事增華，徒爲觀美者，亦復何益？而斯役也，非欲爲亭臺池館之點綴，層樓飛閣之宏鉅，不過以集腋成裘之舉，爲有基勿壞之謀，培山川之秀，迓神人之和，其事固有大相逕庭者。誠能舉郡國關要之處，昔人所培成者，時葺而修之，則不特與名都山水角勝争奇，而川岳之效靈者，終古不竭。彼青田劉氏謂此地山環水聚，龍鳳呈祥，當有偉人出其間者。余將拭目望之，豈徒壯形勝之觀，備玩遊之所也哉！是爲敘。

《〔光緒〕黎平府志》卷二下《寺觀・北塔寺》 北塔寺，即北塔，在城北門外里許，明崇禎年間建，國朝嘉慶年重修。樓五層，俱供佛。右祠，祀知府于元葉。寺外橋一。名北塔橋。望江亭一，道光七年，知縣雙荃以罰款建。咸豐初年，齋匪燬。

《〔光緒〕黎平府志》卷二下《寺觀・太平山寺》 太平山寺，城東六十里，羣山聳峙，内禪院十二所。西庵，即萬壽寺。正覺寺，即青蓮寺。龍靈寺，即青雲寺。法宗寺，俱在灘洞屯西界。東庵，三星伴月寺、觀音寺、鳳靈寺、虎溪寺、紫雲寺、法雲寺，俱在平陽屯東界。南林寺，南界。都木寨，皆太平境。

《〔光緒〕黎平府志》卷二下《壇廟・觀音山寺》 觀音山寺，在城南門外三里許。又觀音閣在五榕山頂。劉韶良《重修觀音山佛寺碑》：溪澗千纏之外，岡巒萬疊之間，靈秀葱然，幽深窈若，塵寰斯隔，仙境特開。雲木重重，虬姿矯其四匝；煙蘿嫋嫋，螺痕媚其半空。依稀牧笛，以迎來隱約仙鬟之抹。出有山焉，孖温挺異，攞喇争雄，骨擢秀以天森，脈鍾靈而地貫。笏擎霞峭，筆蘸嵐尖，猿臂雲攀，藤翹新黛。羊腸雨躡，苔緣古香，涼蔭襲其滿襟，松濤沸耳清籟。戛乎一磬，蕉水澄心。萬景蕭森，玉洞常留鹿跡；三清縹緲，瓊霄時聽鸞吟。斯爲選佛之場，此即降真之所。蓋是山絶頂，忽現觀音像一軀，不知降自何年，飛從何地也。神之所式，山因以名，噫嘻，亦靈俶矣哉。維神界巳色超，航經法渡，慈眉雙粲，妙手千攢，竹蔭紫以參霄，柳垂青而灑露。衣輕雪換，每導鸚哥；帔淺霞拖，曾皈龍女。珠纓風嫋，檀霏馥郁之香；寶座雲飄，蓮簇繽紛之彩。矧夫神奇罔測，元妙無方，飄飄乎霞可高騫，泠泠然風能遠御。元精自耿，變相斯呈，得非造化，潛參身倏，分而跡顯，不且陰陽迭運，氣因聚以形成，靈所昭焉，理或然也。厥有雞園長者，鹿苑善人，竭獻花一片之誠，作證果三生之想。庇諸大廈，彈以化城，方期樓閣玲瓏，形分蓬島，何意風塵澒洞。景換桑田，貉聚騷然，狐鳴蠢爾。閱大千之界，草竊塵囂；謁丈六之身，榮毘煙閣。誠足傷矣，因有説焉。竊訝夫相具慈悲，難本隨緣之救，法施廣大，災能應念而消。玉歷鈔傳金剛法，護羅刹終皈佛旨；天魔且撣神威顯，何以孽海波揚，昆池灰剩，雨天邊之刀仗，妖不協誅，飄世外之幢幡，煞難引避。問白馬之藏經何處，慨紅羊之救劫伊誰，得無運數所關，雖列聖猶難免。此其奈遷流罔極，彼羣生將更何如。嗟夫，世竟難述，天尤可問。牂江滚滚，不勝陷溺之悲；鷲嶺迢迢，能勿變遷之感。雖然，應數而生者，衆類也；歷刼不朽者，上真也。空空色相，豈猶雨造之拘；莽莽刼塵，終賴羣仙之挽。兹者鴞曾音韋，鶴尚踪停，幸我輩以能來，喜山靈之無恙。煙榛露莽，費以芟除，畫棟雕楹，工其締造。長願芝廊竹所，重瞻滿月之容；莫教玉宇瓊樓，輕返彩雲之駕。爰徵勝概，載勒貞珉。

《〔咸豐〕安順府志》卷一八《壇廟・崇真寺》 崇真寺，舊爲崇真觀，在城南，明洪武二十九年建。後有僧明玉自羊場壩遷住觀内。崇禎五年，僧真興重修，改名崇真寺。十二年，修靈官殿。乾隆五十六年，重修靈官殿並頭門。嘉慶二十五年，修大佛殿。道光元年，修真武殿。十六年，修玉皇閣、觀音殿。

《〔咸豐〕安順府志》卷一八《壇廟・圓通寺》 圓通寺在城南隅，後有石墖。元至元十一年建，明萬曆二十年，僧戒章等重修。後燬於兵。崇禎十年，僧圓經等重修。嘉慶二年，僧深恒重修。道光十五年，僧悟心修理大殿。二十三年，重修觀音閣及各殿宇。二十六年，僧會通達重建接引殿，三十年，知府常恩捐銀竣工。

《〔咸豐〕安順府志》卷一八《壇廟・金鐘山寺》 金鐘山寺，在城東門外金鐘山上。康熙三十八年，僧翠松住此。雍正十三年，建三聖殿。乾隆四十年，僧大惠建大雄寶殿。又僧海藏修頭門樓閣，供聖帝像。嘉慶十九年，僧元福建大悲樓閣。道光二十八年，知府胡林翼捐修右廂，開窗之一面以對城，頗增勝概。

《〔咸豐〕安順府志》卷一九《壇廟・無量寺》 無量寺，在關嶺。康熙三十五年，驛丞孫偉倡建。倣真定之無樑寺式，自下而上，架石拱洞，不需木樑。上蓋瓦，寬二丈八尺。供佛像三尊，以石爲之。一名望林寺，又名無樑寺。

《〔乾隆〕南籠府志》卷四《營建・八蜡廟》 八蜡廟在府城東門外大佛山麓。祠三楹，正設先嗇神位，東上設司嗇神位，餘六神稍退後一尺，分設左、右神牌，分寸稍殺。一曰先嗇之神，二曰司嗇之神，三曰神農之神，四曰郵表畷之神，五曰貓虎之神，六曰坊之神，七曰水庸之神，八曰昆蟲之神。八蜡歷代皆設壇壝，蜡祭百物之神，悉索備饗《禮經》所稱祭百種者也。

《〔乾隆〕雅州府志》卷三《寺觀・光相寺》 光相寺即瓦屋山。唐有蒲光者，見南北兩岩現辟支佛像、五色圓光、神燈金缸等，遂名辟支佛道場，宋淳熙中建寺。明永樂，僧澄清治鐵瓦二千七百片覆之，以銅萬餘斤鑄辟支佛像於寺。其後易爲沉香殿遺蜕，向北趺坐，由景晦明濃淡，一日數狀，無虎虵蟻蟲之屬，但有貔貅野牛，别一洞天也。

《〔乾隆〕雅州府志》卷一二《碩般多》 大寺在碩般多。建寺二座，築上甃石爲城，憑杭山梁，俯臨河坎，前闊後尖，畧加扇形。内供佛像經堂，住坐喇嘛、碟巴。其餘僧衆俱在城内修建房屋，環繞居住，俗碟巴俱在城内民房。

《〔乾隆〕雅州府志》卷一二《西藏・大招寺》 大招寺在西藏堡内，坐東向西。周圍建樓閣及轉經堂，瓦蓋，飾以黄金。内塑諸佛玉像，幢幡寶蓋，供奉萬歲御座，香花玉盞，四季長明，爲西藏巨觀。堪布大喇嘛一名，小喇嘛數千衆，另立僧官二名鈐束之。

《〔乾隆〕雅州府志》卷一二《西藏・塞喇寺》 塞喇寺在西藏北十里。築土爲城，留門三，内建大寺二座，設經堂佛像。住坐堪布大喇嘛一名，掌寺僧官二名，管轄喇嘛八千餘衆。多係陝西楊魯等土司及河州一帶僧人，在此受戒傳經，俱於城内土房居住。寺内有一降魔杵，番民呼爲多爾濟，傳自大西天飛來該寺，掌教珍之，置密室。番人歲一朝觀。

《〔乾隆〕雅州府志》卷一二《西藏・別蚌寺》 別蚌寺在藏西十五里。築土爲城，前臨大道，後依山巖，建大寺二座，起蓋金頂樓閣、佛像經堂。住坐堪布大喇嘛一名，闡講黄教；掌事僧官二名，管理喇嘛約近萬衆。俱於大寺旁築石室居住。

《〔乾隆〕雅州府志》卷一二《西藏・桑鳶寺》 桑鳶寺在西藏南，與甘丹寺相近。土城内建大寺二座，樓閣、經堂、佛像俱裝金，與大、小招寺相類。住坐堪布大喇嘛一名，掌事僧官二名，管理喇嘛約數千衆，均於城内居住。

《〔乾隆〕雅州府志》卷一二《西藏・甘丹寺》 甘丹寺在西藏東五十里甘丹山上，番民傳爲宗喀巴修，有成佛之地，漢教稱爲燃燈古佛。内經樓、佛像、幢幡、寶蓋壯麗，與大、小招寺畧同。住坐堪布喇嘛一名，闡講黄教；設僧官二名，掌管喇嘛約四千餘衆，皆於大寺旁土房居住。

佚名《衛藏通志》卷六《寺廟・布達拉宮》 唐時藏王曲結、通經典之稱。松贊噶木布《唐書》作弄贊贊普。好善信佛，頭頂納瓦塔葉佛，在拉撒地方山上誦旺固爾經，取名布達拉，爲西藏衆僧俗所瞻仰。每日焚香坐禪入定，不思他往。唐公主同巴勒布王之女名拜木薩，因藏王坐静，恐有外侮，遂修布達拉宫寨城垣，上掛刀鎗，以嚴防禦。其上藏王寢室與拜木薩寢室隔絶兩處，頂皆平坦，搭銀橋一道以通往來。後因藏王莽松作亂，官兵拆毁布達拉，僅存觀音佛堂一所。嗣經五輩達賴喇嘛掌管佛教兼管民間事務，修立白寨。又有代辦事務之桑結嘉木磋修立紅寨及内外房屋、金殿、佛像。相傳重修至今一百四十餘年。其地在北山之陽，五里平坦，突起一峯，高約二里，緣山砌平樓十三層，盤磴而上。其上有金殿三座，光彩耀目。金殿之下有金塔五座，西殿有宗喀巴手足印，日久不化，爲達拉喇嘛坐牀處。金殿内供奉御容，率衆喇嘛誦經。

西北

王溥《唐會要》卷四八《寺・開業寺》 開業寺，豐樂坊，本隋仙都宫。武德元年，高祖爲尼明照廢宫置證果寺。貞觀九年，廢寺，立爲高祖别廟，號静安宫。儀鳳元年十一月十五日，勅廢宫立開業寺，其宫中内人移就獻陵。

王溥《唐會要》卷四八《寺・慈恩寺》 慈恩寺，晉昌坊。隋無漏廢寺。貞觀二十二年十二月二十四日，高宗在春宫，爲文德皇后立爲寺，故以慈恩爲名。寺内浮圖，永徽三年，沙門玄奘所立。

王溥《唐會要》卷四八《寺・青龍寺》 青龍寺，新昌坊，本隋廢靈感寺。龍朔二年，新城公主奏立爲觀音寺，景雲二年改名。

王溥《唐會要》卷四八《寺・薦福寺》 薦福寺，開化坊。半以東，隋煬帝在藩舊宅。武德中，賜尚書右僕射蕭瑀爲園。後瑀子鋭尚襄城公主，不欲與姑異居，遂於園後地造宅。公主卒後，官市爲英王宅。文明元年三月十二日，勅爲高宗立爲獻福寺。至六年十一月，賜額改爲薦福寺也。

王溥《唐會要》卷四八《寺・龍興寺》 龍興寺，寧仁坊。貞觀七年，立爲衆香寺，至神龍元年二月，改爲中興寺，右補闕張景源上疏曰：「伏見天下諸州，各置一大唐『中興』寺觀，固以式標昌運，光贊鴻名。竊有未安，芻言是獻。至于永昌、登封創之爲縣名者，是先聖受圖勒名之所，陛下思而奉之，不令更改。今『聖善報慈』題之爲寺閣者，是陛下深仁至孝之德，古先帝代未之前聞。況唐運自崇，周親撫政，母子成業，周替唐興，雖紹三朝，而化侔一統，況承顧復，非謂中興。夫言中興者，中有阻間，不承統曆。既奉成周之業，實揚先聖之資。君親臨之，厚莫之重，中興立號，未益前規。以臣愚見，所置大唐『中興』寺觀及圖史，並出制誥，咸請除『中興』之字，直以『唐龍興』爲名。庶望前後君親，但承正統；周唐寶曆，共叶神聰。」上納之，因降勅曰：「文叔之起春陵，少康之因陶正，中興之號，理異於兹。思革前非，以歸事實。自今已後，不得言『中興』之號，其天下大唐『中興』寺觀，宜改爲『龍興』寺觀。諸如此例，並即今改。」

王溥《唐會要》卷四八《寺・聖善寺》 聖善寺，章善坊。神龍元年二月，立爲中興，二年，中宗爲武太后追福，改爲聖善寺。寺内報慈閣，中宗爲武后所立。景龍四年正月二十八日制：「東都所造聖善寺，更開拓五十餘步，以廣僧房。」計破百姓數十家，監察御史宋務光上疏諫曰：「陛下孝思罔極，崇建佛寺，土木之功，莊嚴斯畢。僧房精舍，宴坐有餘，禪宇道場，經行已足。更事開拓，奪人便利。貧者有溝壑之憂，富者無安堵之所，行非急切，何至于斯。況陽和發生，播植伊始，興役丁匠，廢棄農功。一夫不耕，必有飢者，三時之務，安可奪焉。臣聞失鬼神之心，可因巫祝而謝；失君長之心，可因左右而謝；失父母之心，可因親戚而謝；唯失百姓之心，不可解也。陛下以萬邦爲念，何用傷一物之心？應須拓寺，請俟農隙。」疏奏，上不納。

王溥《唐會要》卷四八《寺·昭成寺》 昭成寺，道光坊。本沙苑監之地。景龍元年，韋庶人立爲安樂寺，韋氏誅，改爲景雲寺，尋又爲昭成皇后追福，改爲昭成寺。

王溥《唐會要》卷四八《寺·唐興寺》 唐興寺，貞觀三年十二月一日詔：「有隋失道，九服沸騰，朕親總元戎，致兹明伐。誓牧登阤，曾無寧歲，思所以樹立福田，濟其營魄。可於建義以來，交兵之處，爲義士凶徒隕身戎陣者，各建寺剎，招延勝侣。法鼓所振，變炎火於青蓮；清梵所聞，易苦海於甘露。所司宜量定處所，並立寺名，支配僧徒及修院宇，具爲事條以聞。」仍命虞世南、李百藥、褚遂良、顔師古、岑文本、許敬宗、朱子奢等，爲碑記銘功業。破劉武周於汾州，立宏濟寺，宗正卿李百藥爲碑銘；破宋老生於吕州，立普濟寺，著居郎許敬宗爲碑銘；破宋金剛於晉州，立慈雲寺，起居郎褚遂良爲碑銘；破王世充於邙山，立昭覺寺，著作郎虞世南爲碑銘；破竇建德於汜水，立等慈寺，秘書監顔師古爲碑銘；破劉黑闥于洺州，立昭福寺，中書侍郎岑文本爲碑銘。已上並貞觀四年五月建造畢。

王溥《唐會要》卷四八《寺·慈德寺》 慈德寺，京兆府武功縣慶善宫西百步。貞觀五年，爲太穆皇后故置，以慈德名之。

《（乾隆）西安府志》卷六〇《古蹟志下·祠宇·寶泉寺》 寶泉寺，亦名元安寺。明周仲仁碑記：寺在縣東南四十里彭村。漢時建于南五臺山頂。魏永平中，於峯下塑毘盧佛像，增建下寶泉寺于山下。泉從竹林寺流至峯下，故名。唐時增修。元延祐己未，公主祥哥剌吉重建。泰定四年，改峯泉寺。明成化、正德間相繼修葺。按府志，寶泉寺作唐時建，賈志作明洪武年建，並誤。

《（乾隆）西安府志》卷六〇《古蹟志下·祠宇·興善寺》 興善寺，縣志：在永寧門外五里。創自晉武，初名遵善寺。隋開皇間額曰大興善寺，詔僧徒二十餘萬實之。招提之盛，甲于海内。唐元和四年，建修轉輪藏經閣。太和二年，得梵像觀音，作大士閣，並移大内天王閣於寺。唐末獨二閣存。宋淳熙間，崇辨禪師居閣，夜深有老狐聽經。明永樂時，雲峯禪師重葺殿堂鐘樓，稍復舊制。本朝順治五年，麩齋廣東二僧，重修方丈、大雄殿、周垣四百丈。康熙二十四年，憨休和尚修山門。三十年，約參和尚修方丈殿廊及鐘鼓樓。

《（乾隆）西安府志》卷六〇《古蹟志下·祠宇·草堂寺》 草堂寺，馮志：在鄠縣東南四十里圭峯下。後秦姚興宏始三年建。西僧鳩摩羅什譯經之處。什死焚之，其舌不壞。有塔存。唐改棲禪寺。王九思《遊終南記》：姚秦時，鳩摩羅什西來，譯經其地，其後建寺。前殿畫壁甚古，西南爲羅什葬塔。程子詩註云：寺在竹林之心，其竹蓋將十頃。今根株盡矣，獨寺後銀杏四株，上薄霄漢，亦百年外物。門外諸峯，蒼翠如畫。

《（乾隆）西安府志》卷六〇《古蹟志下·祠宇·大崇仁寺》 大崇仁寺，縣志：在西安府城西五里。隋高祖子秦孝王施宅建，初名濟渡寺。唐貞觀二十三年，太宗上賓，高宗徙於安業坊之修善寺，而以其處爲靈寶寺，盡度太宗嬪御爲尼處之。復徙鄰之道德寺於林祥坊之太原寺，而以其處爲太宗別廟。至儀鳳二年，二處併爲崇聖寺。《輦下歲時記》：唐進士櫻桃宴在崇聖寺佛牙閣。明天順八年，秦藩創修，成化十二年畢工，額曰大崇仁寺。本朝康熙甲子，總督鄂海修。康熙己丑，僧止水修臥佛殿五楹。壬寅，僧牧野修大殿五楹。雍正辛亥，知府王紹文倡惜字會田以繕僧人。甲寅，僧文若建文昌宫三楹，觀音殿五楹。按：明趙德輝碑記，寺在金勝舖，一稱勝金。以長安西面無山，建此以補金氣。乾隆乙未，中丞畢公重加修建。門外鑿池，方廣十餘丈。引永濟渠水注之，取金水相生義也。山門内大殿，殿後仿臨安浄慈寺。道容禪師塑五百阿羅漢，建堂安奉。堂前爲大悲閣，後爲晾經臺。臺後爲臥佛殿，殿右爲萬佛閣，方丈房廊。庖湢厨庫，無不畢具。丹雘有度，金碧相輝。長安故多寶刹，于此稱最勝焉。

《（乾隆）西安府志》卷六〇《古蹟志下·祠宇·寶刹寺》 寶刹寺，縣志：開皇中建。殿四面立柱，中横虚起。層閣、榱棟屈曲神奇，故名寶刹。

《（乾隆）西安府志》卷六一《古蹟志下·祠宇·興教寺》 興教寺，馮志：在城南六十里，總章二年建。都穆《遊終南山記》：内有三塔，其中塔特高大，爲三藏法師元奘瘞身之所。左爲慈恩基公塔，右爲大周圓測法師塔。寺北舊有玉峯軒，宋元豐四年，知永興軍吕大防建。

《（乾隆）西安府志》卷六一《古蹟志下·祠宇·薦福寺》 薦福寺，馮志：在永寧門外西南三里。隋煬帝藩邸，唐天授元年改爲寺。有小塔。神龍以後翻譯佛經，並在此寺。馮志：東有放生池，相傳漢洪澤陂也。縣志：武后始立爲大獻福寺，度僧二百餘。天授初改薦福寺。中宗即位，大加營飾。浮圖十五級，高三百餘尺。景龍中，宫人率錢所立。歷宋、元、明重修。天順二年，重賜寺額。本朝康熙間，紫谷禪師修雁塔初基。寺基周一頃五十畝。寺鐘出自武功河畔砧婦擣衣石，上下有聲，響聞數里，土人發之，乃巨鐘也，遂送寺。

《〔乾隆〕西安府志》卷六一《古蹟志下·祠宇·招福寺》 招福寺，賈志：乾封二年，睿宗在藩立。本隋正覺寺。南北門額並睿宗題。長安二年，上出門額及等身金銅像一鋪并九部樂，與岐、薛二王親送至寺。景龍二年，詔寺中別建聖容院，是睿宗在青宫真容也。先天二年，勅出内庫錢二千萬，工匠一千人重修。

《〔乾隆〕西安府志》卷六一《古蹟志下·祠宇·慈恩寺》 慈恩寺，馬志：在城南十里，曲江池北。《長安志》：隋無漏寺故地，高宗在春宫爲文德皇后立，名慈恩寺。浮圖六級，永徽三年，沙門元奘立，初惟五層，磚表土心，倣西域窣堵波制。後塔心卉木鑽出，漸以頹毁。長安中改造，依東夏刹表舊式，特崇于前。《遊城南記》：塔十層，云雁塔者，天竺記達嚫國有迦葉佛伽藍，穿石山作塔五層，最下一層作雁形，蓋此意也。兵餘止存七層。長興中，西京留守安重霸再修之。長安士庶遊者，道路相屬。熙寧中，富民康生遺火，經宵不滅，遊人自此衰矣。《畫墁録》：慈恩與含元殿相直，高宗每天陰則兩手心痛，知文德皇后當苦捧心之病，因鍼而差，遂造寺建塔，欲朝坐相向耳。《續文獻通考》：永徽三年，用七宫亡者衣物財帛建塔五級。其基四面，各一百四十尺，并象輪露盤高一百八十尺，層層中心皆葬舍利，不啻萬顆。上層以石爲室立碑，載二聖所製《三藏聖教序記》，褚遂良筆。唐《李適傳》：景龍以後，天子游豫，秋登報恩浮圖，從者獻菊花酒稱壽。李楷《雁塔記》：中宗幸慈恩賦詩，詞臣並和。上官婕妤以宋之問詩爲美，即其地。《國史補》：進士既捷，題名于慈恩寺塔，謂之雁塔題名。《通志》：明天順間，秦藩修。本朝康熙五十七年，總督鄂海重修。

《〔乾隆〕西安府志》卷六一《古蹟志下·祠宇·福應禪院》 福應禪院，賈志：在陸海坊四牌樓南。有吴道子畫觀音像及佛足跡，故唐名觀音寺。宋帝僧惟果長卧其中，太宗更名卧龍寺。秦藩碑記：明正德十六年修。

《〔乾隆〕興安府志》卷一七《祠祀志·寺觀·萬春寺》 萬春寺，州志：在舊州江北岸七里。先名萬頃寺，在州南高岡上。後移今地，更名萬春。創於唐懷讓祖師。明嘉靖四十年重修。林木鬱叢，昔有大竹千竿。入山門東折爲天王殿。中有平地，築露臺，建古殿五楹。中塑諸佛像皆古甚。迴廊四周，僧寮環之。殿後轉東有白蓮池，其上陡壁不可登。寺前有萬春洞，洞内外皆唐宋明人題名。中坐觀音大士像。乃唐咸通十二年塑。本朝順治十六年重修。康熙二十三年，知州李翔鳳刻「白雲深處」四字於洞門。其下有南嶽禪師白雲泉，一名卓錫泉，一郡之名勝也。

《〔嘉慶〕漢陰廳志》卷三《寺觀·承恩寺》 承恩寺在廳署東。因内祀馬王，即呼爲馬王廟。其地寬敞，通判錢鶴年每冬捐廉製給貧民衣襖，及荒年散粥，皆於此焉。其殿三進。前奉玉皇，左右爲牛王馬王。中供如來，東西爲魚籃眼光。後供火神。其初寺無正門，從西偏門出入，殊乖制度。且年久弗修，棟宇傾頹，像設剥落。嘉慶十七年，通判錢鶴年乃倡捐重修。於棟間得承恩寺字，乃改立正門，樹坊於右，題曰古承恩寺。金粧神像，重建歌臺。並增修前殿後楹與後殿前楹，及廊廡憩息之所，無不畢備。復齋戒凝神，手繪阿羅漢十八尊於中殿之兩壁。東壁以防六識尊者居中。般若經云，眼耳鼻舌身意爲六根。色聲香味觸法爲六塵。相交有見聞，鼰嘗染着，爲六識本。自一心和合爲十八界，防六識，防其外誘也。西壁以制五毒尊者居中。古德云，惡蝎毒蛇睡在汝心，蓋貪瞋癡三念甚者，皆能成毒。制五毒，制其内慝也。内典之言與孔門之四勿三戒、孟子之物交相引，殊派同源。俾瞻者觸目警心焉。

《〔光緒〕寧羌州志》卷二《建置·祠祀·華嚴寺》 華嚴寺，州北一百三十里。唐宋以來古刹也。有鐵佛三尊，亦名鐵佛寺。明神宗朝重修殿宇。鎔銅一萬五千觔，鑄爲接引佛像。有郡人王以正、李一鼇碑記。我朝以來，間有修葺之役。光緒七八年，寺僧蒙元成出貲重修，屋宇連接，規制恢宏。邑人呼爲大寺。貢生童元吉撰有碑記。

藝文

孔延之《會稽掇英總集》卷一六劉勰《梁建安王造剡山石城寺石像碑》 夫道源虚寂，冥機通其感；神理幽深，玄匠思其契。是以四海將寧，先集威風之寶；九河方導，已致應龍之書。況種智圓照，等覺遍知，揚萬化於大千，擒億形於法界。當其雲起攝誘之權，影現游戲之力，可勝言哉！自優曇發華，而金姿誕應；娑羅變葉，而塔像代興。月喻論其迹隱，鏡譬辯其常照。所以刻香望慓而自移，畫木趣井而懸峙；金剛泛海而遴集，石儀浮滬以遥渡。并造由人功，而瑞表神力；形器之妙，猶或至此；法身之極，庸詎可思！

觀夫石城初立，靈證發於艸創；彌勒建像，聖驗顯乎鐫刻。原始要終，莫非禎瑞。剡山峻絶，競爽嵩華；澗崖燭銀，岫巘藴玉。故六通之聖地，八輩之奥宇。始有曇光比丘，雅修遠離，與晉世於蘭，同時並學。蘭以慧解馳聲，光以禪味消影。歷游巖壑，晚届剡山，遇見石室，班荆宴坐。始有雕虎造前，次有丹蟒依足，各受三皈，兹即引去。後見山祇盛飾，造帶訏談，光説以苦諦，神奉以崖窟，遂結伽藍，是名隱岳。後蘭公創寺，號曰元化。兹密通石城，而拱木扃阻，伯鷟所未窺，子平所不值。似石橋之天斷，猶桃源之地絶。荒茫以來，莫測年代；金剛欲基，斯路自啓。野人伐木，始通山溪，翦棘藝麻，忽聞空響：此是佛地，不可種植。心悟神封，震驚而止。又光公禪室，耳屬東巖，常聞弦管，韻動霄漢，流五結之妙聲，凝九奏之清響。由是兹山，號爲天樂。

至齊永明四年，有僧護比丘，刻意苦節，戒品嚴浄，進力堅猛，來憩隱岳，遊觀石城。見其南騈兩峰，北叠峻崿，東竦圓岑，西引斜嶺。四嶂相銜，鬱如鷲岳；曲澗微轉，焕若龍池。加以削成青壁，當於前巘，天誘其衷，神啓其慮，心畫目準，願造彌勒，敬擬千尺，故坐形十丈。於是擎爐振鐸，四衆爰始胥宇，命曰石城。遂輔車兩寺，鼎足而處。克勤心力，允集勸助，疏鑿積年，僅成面璞。此外則碩樹朦朧，巨藤交梗。後原燎及崗，林焚見石，有自然相光，正環像上，兩際圓滿，高焰峰鋭，勢超匠楷，功逾琢磨，法俗竦心，邑野驚觀，僉曰冥造，非今朝也。自護公神遷，事異人謝；次有僧淑比丘，纂修厥緒，雖劬勞招奬，夙夜匪懈，而運屬齊末，資力莫由。千里廢其積跬，百仞虧其覆簣。

暨我大梁受歷，道鑄域中，秉玉衡而齊七政，協金輪而教十善。地平天成，禮被樂洽。瞻行衢而交讓，巡比屋其可封；慈化穆以風動，慧教涣以景燭，般若熾於香城，表刹嚴於浄土。希有之瑞，旦夕鱗集，難值之寶，歳時輻輳。鎮南將軍江州刺史建安王道性自凝，神理獨照，動容立禮，發言成德，英風峻於間平，茂績盛乎魯衛。自皇運惟新，宣力邦國，初鎮樊沔，遷牧派江。酌實樹聲，鞅掌於民政；率典頒職，密勿於官府。炎凉舛和，爰動勞熱，寢味貶常，興居睽豫。仁深祚遠，德滿慶鐘。乘兹久禱之福，將致勿藥之喜。所以休禎玄會，妙應旁通。

有始豐縣令吴郡陸咸，以天監六年十月二十二日，罷邑旋國，夕宿剡溪，值風雨晦冥，驚湍奔壯，中夜震惕，假寢危坐；忽夢沙門三人，乘流告曰：「君識性堅正，自然安隱；建安王感患未痊，由於微障。剡縣僧護造彌勒石像，若能成就，必獲康復。冥理非虚，宜相開導。」咸還都經年，稍忘前夢。後出門遇僧，云聽講寄宿，因言：「去歳剡溪風雨之夜，囑建安王事，猶憶此否？」咸當時憮然，答以「不憶」。道人笑曰：「但更思之！」仍即辭去，不肯留止。心悟非凡，倒屣諮訪，而慢色頗形，詭辭難領。拂衣高逝，直去靡回。百步追及，忽然不見。咸霍爾意解，且憶前夢，乃剡溪所見第三人也。再顯靈機，重發神證，緣感昭灼，遂用滕啓。君王智境邈群，法忍超絶。邁優填之至心，逾波斯之建善；飧瑞言於群聖，膺福履於大覺。倍增懇到，會益喜舍。乃開藏寫貝，傾邸散金，裝嚴法身，誓取妙極。以定林上寺祐律師，德熾釋門，名蓋浄衆，虚心弘道，忘己濟物；加以貞鑒特達，研慮精深。乃延請東行，憑委經始，爰至啓敕，專任像事。

律師應法若流，宣化如陽。揚舲浙水，馳錫禹山。於是捫虚梯漢，構立棧道，狀奇肱之飛車，類仙腹之懸閣。高張圖範，冠彩虹霓；椎鑿響於霞上，剖石灑乎雲表，命世之壯觀，曠代之鴻作也。初，護公所鐫，失在浮淺，乃鏟入五丈，改造頂髻。事雖因舊，功實創新。及巖窟既通，律師重履，方精成像軀，妙量尺度。時寺僧慧逞，夢黑衣大神，翼從風雨，立於龕前，商略分數。是夜將旦，大風果起，拔木十圍，壓壞匠屋，師役數十，安寢無傷。比及詰朝，而律師已至。靈應之奇，類皆如此。既而謀猷四八之相，斟酌八十之好，雖羅漢之三觀兜率，梵摩之再覩法身，無以加也。尋巖壁縝密，表裏一體，同影岫之縹章，均帝石之驄色，内無寸隙，外靡纖瑕，雕刻右掌，忽然横絶，改斷下分，始合折中。方知自斵之異，神匠所裁也。及身相克成，瑩拭已定，當於胸萬字，信宿隆起，色似飛丹，圓如植璧，感通之妙，孰可思議！天工人巧，幽顯符合。故光啓寶儀，發揮勝相，磨礱之術既極，繪事之藝方騁。棄俗圖於史皇，追法畫於波塞。青雘與丹砂競彩，白堊共紫鉳争耀；從容滿月之色，赫奕聚日之輝。至於頂禮仰虔，謦折肅望，如須彌之臨大海，梵宫之峙上天。説法視笑，似不違於咫尺；動地放光，若將發於俄頃，可使曼陀逆風而獻芬，旃檀隨雲而散馥。梵王四鵠，徘徊而不去；帝釋千馬，躑躅而忘歸矣。

初，隱岳未開，野絶人徑，有光公馴虎，時方雨雪，導跡污涂，始通西路。又東巖盤鬱，千里聯嶂，有石牛届止，至自始豐，因其蹄涔，遂啓東道。尋石牛通嶮，不資蜀丁之力；文虎摽徑，無待爲人之威。豈四天驅道，爲像拓境者歟？以大梁天監十有二年，歳次鶉尾，二月十二日，開鑿爰始，到十有五年，龍集涒灘，三月十五日，妝畫云畢。像身坐高五丈，若立形，足至頂十丈，圓光四丈，座輪一丈五尺，從地隨龕，光焰通高十丈。自涅盤已後一百餘年，摩竭提國始制石像，阿育輪王善容羅漢，檢其所造，各止丈六。鴻姿巨相，與我皇時，自非君王願力之至，如來道應之深，豈有成不世之寶，建無等之業哉！竊惟慈氏鼎來，拯斯忍剎，惟我聖運，福慧相符。固知翅城合契於今晨，龍華匪隔於來世。四藏寶奇，可蹺足而蹴；三會甘露，可洗心而待。睿王妙慶，現聖果於極樂；十方翾動，蒙法緣而等度矣。思柱石於天梯，想靈碑於地塔；樹茲紺碣，銘爲勝幢，金剛既其比堅，鐵圍可與共久。式奉偈贊，仍作頌曰：

法身靡二，覺號惟憶；百非絶名，萬行焉測？群萌殊感，聖應分極；釋尊隱化，慈氏現力。敻哉住緣，邈矣來際！求名受別，無垢立誓。凝神寂天，降胎忍世，七獲厥田，八萬伊歲。夷荆沉礫，飛花散寶，夜燎明珠，曉漩翠草。一音闡法，三會入道，府豈虛植？緣固人造。曰梁啓聖，皇實世雄。紺殿等化，赤澤均風。慈遍群有，智周太空；攝取嚴浄，匡飾域中。英英哲王，德昭珪璧；樂善以居，禮仁是宅。慧動真應，福交瑞迹，儀彼旃檀，像茲寶石。五仞其廣，百尺其袤，金顔日輝，紺螺雲覆。頻果欲言，鵝綱將授。調御誰遠？即心可覿。耆闍五峰，茲岳四嶺，緑篆織煙，朱柱鏤影。泉來石嘯，風去巖浄，梵釋爰集，龍神載聘。至因已樹，上果方凝，妙志何取？總駕大乘。願若有質，虛空弗勝。剎塵斯仰，邈劫永承。

李昉《文苑英華》卷八五八李邕《大相國寺碑》 夫聖不徒作，作必有因。化不徒開，開必有攝。故大事所會，一法傳所。若天若人，或賢或達。雖萬牙出地，而三獸渡河。使不聞者聞，未悟者悟，豈虛也哉。此寺伽藍，古廢建國。有洑州之象，自安業而來。及逝將復歸，堅守常往。人至萬且千，飛聲殷雷，用壯敵國。坐如清泰，安如須彌。有若部人郭賓者，生心起謗，雙目失明。有若部人陳振者，興言詆徒，喉腫及舌。皆追悔自昔，痊平在今。或没身爲奴，或鑄鐘依佛。延和初載，奉詔改爲大相國寺，復置額焉。先天中，内府降財，御書題額。睿宗通夢，靈應肇發，臨遣碩德僧真諦，載馳載驅，乃慰乃止。昭宣渥命，寵錫神幡。吏人候迎，法侶圍繞。豁虖里，羅郊原者，不可勝計。夫以金仙聖容之表，先主感之。代邸嘉名之舊，先主標之。筆精池水之妙，先主躬之。故能鍾乾坤，激日月，光景退燭，德寓弘覆，曷雲比也。我開元神武皇帝受天元禧，祚國傳寶。睦九族，叶萬邦。功濟而業成，遭光而孝理。惠康父子，義結華戎。寰瀛之濱，大輿之上。顒顒而戴，欣欣而懷。逮識路於茲，寓目於茲者，莫不瞻大名，欽聖札。仰天性而泣遺澤，荷慈氏而嘆堅林。形力者罔告勞，檀施者罔辭費。莊嚴不獨於示相，功德何止於無爲。砉布黄金，圖擬碧經。雲廓八景，雨散四花。國土威神，塔廟崇麗，此其極也。雖五香紫府，大息芳馨。千燈赤城，永懷照灼。人間天上，物外異鄉，固可得而言也。上座知隱，寺主元深，都維那上智儼，皆妙覺圓常，對境亡境。彌入後地，因如得如。合之不離，混以相濟。咸以爲他方所至，廣法界惟三。虛空所至，弘度門惟一。況乎實相感通之應，聖迹飛動之神，安可默頌聲，闕題記者已。乃作頌曰：

佛法住持，正教弘益。真容見寺，先帝書額。藩邸鴻名，建國前迹。我皇孝理，我人光澤。日月明明，家邦赫赫，觀妙追遠，懷恩惟昔。八部莊嚴，四天感激。以式永代，是記豐石。

白居易《白居易全集》卷六八《修香山寺記》 洛都四郊，山水之勝，龍門首焉。龍門十寺，觀遊之勝，香山首焉。香山之壞久矣。樓亭騫崩，佛僧暴露。士君子惜之，予亦惜之；佛弟子恥之，予亦恥之。頃予爲庶子，賓客，分司東都時，性好閑遊，靈跡勝概，靡不周覽。每至茲寺，慨然有葺完之願焉。迨今七八年，幸爲山水主，是償初心，復始願之秋也。似有緣會，果成就之。噫！予早與故元相國微之，定交於生死之間，冥心於因果之際。去年秋，微之將薨，以墓誌文見託。既而元氏之老，狀其臧獲與馬綾帛洎銀鞍玉帶之物，價當六七十萬，爲謝文之贄，來致於予。予念平生分，文不當辭，贄不當納。自秦抵洛，往返再三，訖不得已，〔乃〕迴施茲寺。因請悲智僧清閑主張之，命謹幹將士復掌治之。始自寺前亭一所，登寺橋一所，連橋廊七間，次至石樓一所，連〔樓一所〕廊六間，次東佛龕大屋十一間，次南賓院堂一所，大小屋共七間。凡支壞補缺，壘隤覆漏，圬墁之功必精，赭堊之飾必良；雖一日必葺，越三月而就。譬如長者壞宅，鬱爲導師化城。於是龕像無燥濕陊泐之危，寺僧有經行宴坐之安，游者得息肩，觀者得寓目。關塞之氣色，龍潭之景象，香山之泉石，石樓之風月，與往來者耳目一時而新。士君子、佛弟子豁然如釋憾刷恥之爲〔者〕。清閑上人與予及微之，皆夙舊也，交情願力，盡得知之。感往念來，歡且贊曰：凡此利益，皆名功德；而是功德，應歸微之，必有以滅宿殃，薦冥福也。予應曰：嗚呼！乘此功德，安知他劫不與微之結後緣於茲土乎？因此行願，安知他生不與微之復同遊於茲寺乎？言及於斯，漣而涕下！唐大和六年，八月一日，河南尹、太原白居易記。

《全唐文》卷二〇〇韋湊《諫造寺觀疏》 臣聞諸《易》曰：「何以守位曰仁，何以聚人曰財。」然則非財無以建國，國之府庫，非自殖財，還資於人，賦斂而制也。人之貲産，非自然生，勞筋苦骨竭力而致也。人所以甘於徵賦者，知用之不爲私也。資以散人，人有何怨？若乃用之或不節，散之以非公，既盡而厚斂，則人不堪命，鮮不怨叛矣。

歷觀古先有天下者，未嘗不以薄賦斂省徭役而興焉，徵税重人力殫而滅焉。臣并詳諸載籍，列爲龜鏡。然曩以邊烽驟驚，戎幕薦興，每應機須，頗傾帑藏。臣竊計即時庫物，如此嘗用，略支一歲，殊恐不足。而觀寺興工，土木所料，動至巨萬，更空竭力，必不支年矣。頃年天下災損流行，乏絶稍多，申奏相繼，每延聖念，總令賑恤，更加賦税，則人交不堪，衣食靡供，調斂安出？儻邊烽尚警，戎虜南牧，軍資糧用，將何以濟乎？此臣所以深憂也。

今營觀寺者，蓋謂修德以禳災也。以臣寡聞，稽諸史册，人君修德，有異於是。昔殷太戊時，桑穀生朝，七日大拱。太戊問伊陟，陟曰：「臣聞天不勝德，帝其修德。」太戊懼，早朝宴退，務撫百姓，三年，遠方重譯而至者六十國。桑穀日枯，殷道中興，此豈造寺觀哉？宋景公時，熒惑守心，公召子韋而問焉。子韋曰：「其禍當君，雖然，可移於相。」公曰：「相所以與理國者也。」曰：「可移於人。」公曰：「人死，寡人將誰爲君乎？」曰：「可移於歲。」公曰：「歲饑，人餓必死，爲人君而殺其人，誰以我爲君乎？」子韋曰：「君有至德之言三，天必三賞君。今夕星必徙舍，君延二十一歲。」公曰：「子何知之？」對曰：「君有三善，故有三賞，星必三舍，舍行七星。星當一年，君延年二十一矣。」果如子韋之言。此由仁發於衷，亦非造寺觀也。且修德者，謂躋萬姓於仁壽，不徇私於一己。任忠直，退諂諛，省賦役也。自陛下御極，修之久矣，何災不禳？何祥不至？而欲忽生靈之重命，崇棟宇於空祠，適足爲憂，何益聖德？此臣竊爲陛下不取也。

況道德之宗，興乎元元皇帝。其經曰：「聖人後其身而身先，外其身而身存。以其無私，故能成其私。」此乃抱素守真，薄以厚物，輕税節用，清淨無爲之旨也。今欲困人弊國，峻宇雕墻，思竭輸飾窮壯麗以希至道，其可得乎？近古以來，修黄老術者，漢之文景，豈造寺觀乎？惟寡欲清心，愛人省費，而時康俗阜，海内晏然，此得之矣；秦始皇規一身之樂，忘神器之危，鋭意神仙，將圖羽化，此失之矣。伏願陛下究道家之旨，備不虞之機，緩非急之作，務實府庫，以育黎甿，則寶祚愈隆，寰瀛永久矣。臣伏見敕停金仙、玉真兩觀，以救農時，可謂爲得矣。今仍使司市木仍舊，又大修觀内，所費不停。國用將空，何以克濟？支度一失，天下不安。

姚鉉《唐文粹》卷六五崔黯《復東林寺碑銘并序》 佛之心，以空化執智化也，以福利化欲仁化也，以緣業化妄術化也，以地獄化愚刼化也，故中下之人聞其説利而畏之。所謂救溺以手，救火以水，其於生人，恩亦弘矣。然用其法，不用其心，以至於甚，則失其道，蠹於物。失其道者迷其徒，蠹於物者覆其宗，皆非佛之以手以水之意也。爲國者取其有益於人，去其蠹物之病，則通矣。唐有天下一十四帝，見其甚，理而汰之，而持事之臣不以歸元返本以結人心，其道甚桀，幾爲一致。今天下取其益生人，稍復其教，通而流之，以濟中下，於是江州奉例詔。余時爲刺史，前訪此地，松門千樹，嵐光熏天，蜩螓響湍，鳴松有冷，然可别愛而不翦利以時。往時廢寺皆粲户部頻牒所賣，至是即喜而復之。民物之困不可横賦得。舊僧正言問能復東林乎？曰：「能。」即斷其髮，佳而勉之。又命言擇其徒，得二十九以粲其下，皆心生力完，臂股相用。言則隨才賦事，分命告復，所至響應。下虔江之木，鳩食訪工，陶土冶鐵。匠成於心，授規於手。日而不笠，雨而不屐，爨飪煮湯，優犒執藝。若殿、若廂、若門之三，若闕之左右爲塔。若講、若食、若客之館若庫，爲樓若厨。激飛泉而注於鷺鉹之間。若梁蜺於武，若亭臨於白蓮，若僧之房，若闕之室，若突躆勝，若卻居幽，奇可不尋，雅不出位。則爲間三百一十三，爲架一千八百七十六，爲楹、爲梁、爲棟、爲桷、爲牖、爲闔、爲屋之事數。爲級塼，爲蓋瓦，凡役工合六十五萬三百二十八。絪緼端明，嚴若有主。大中六年二月十四日，言命以圖反其備録訪余，爲其刻石之文，且曰：「自遠公至今若干歲，而傳法之地滅矣，賴君復之，君宜主書其事。」余則曰：「復之者上也。主其事而書之，於言公不詞。」余嘗觀晉史，見惠遠之事。及得其書，其辯若注，其言若鋒，足以見其當時，取今之所謂遠師者也。吾聞嶺南之山峻而不秀，嶺北之山秀而不峻，而廬山爲山，峻與秀兩有之。五老窺湖，懸泉墜天，秔香藥靈，鳥閑獸善，烟嵐之中，怳有絳節，白鶴使人觀之而不能迴眸也。且金陵六代，代促時薄，臣以功危，主以疑慘。潯陽爲四方之中，有江山之美，惠遠豈非得計於此心，視於時風邪？然鶩者搏羶，褒者拘素，前入不暇自歎者多，則遠師固爲賢矣。是山也，以遠師更清遠師也，以是山更名賜佛之法，如以曹溪、以天台爲號者，不可一二。故寺以山，山以遠，三相挾而爲天下具美矣。今言師愍佛之法，推遠之心，修廢之勤，任其事不宰其功。讓功於義明，義明曰：「余何能？言之績也。」讓功於建省，建省曰：「某何能？言之力也。」讓功於鏡暘以緡物，元諫以衆材，清持以播殖，景仁以化施，皆曰：「某何能？言之方也。」非言不顯義，非義不顯言，推與讓至，於是而不宏大敏固，始終一致者，未之有也。移之於邦國之理，何故不成哉？銘曰：

萬竅怒號，羣波猛起。刑戮不加，仁義莫止。有得佛心，則滅諸熾。慧以性生，性以悟理。山增惠臺，鑑闢妄軌。根深則定，葉茂則死。可用理人，不獨養已。峨峨匡峯，矯矯惠子。粱以崇山，津以江水。不騫不竭，吾道曷已。上復其道，吾以塞詔。惟師之言，勤以克肖。四五年來，休功再紹。推能與類，類以言妙。不曰良能，孰臻此要。山川不改，舊物復新。誡汝其徒，誕將又淪。

李邕《李北海集》卷三《嵩岳寺碑》 凡人以塔廟者，敬田也，執於有爲；禪寂者，慧門也，得於無物。今之作者，居然異乎！至若智常不生，玅用不動，心滅法滅，性空色空，喻是化城，竟非住處。所以平等之觀，一洗於有無；自在之心，大通於權實。導師假其方便，法雨任其根莖，流水盡納於海壖，聚沙俱成於佛道。大矣廣矣，不可得而談也。嵩岳寺者，後魏孝明帝之離宫也。正光元年，牓閑居士，廣大佛刹，殫極國財。濟濟僧徒，彌七百衆；落落堂宇，踰一千間。藩戚近臣，逝將依止；碩德圓戒，作爲宗師。及後周不祥，正法無緒，宣皇悔禍，道叶中興，明詔兩京，光復二所，議以此寺爲觀，古塔爲壇。八部扶持，一時靈變，物將未可，事故獲全。隋開皇五年，隸僧三百人。仁壽載，改題嵩岳寺，又度僧一百五十人。逮豺狼恣睢，龍象凋落，天宫墜構，刧火潛燒，唯寺主明藏等八人，莫敢爲尸，不暇匡輔。且王充西拒，蟻聚洛師。文武東遷，鳳翔巖邑，風承羽檄，先應義旗，輓粟供軍，悉心事主。及傳奕進計以元嵩爲師，凡曰僧坊，盡爲除削，獨兹寶地，尤見褒崇，實典殊科。明勅洊及，不依廢省，有録勳庸，特賜田碾四所，代有都維那惠果等，勤宣法要，大壯經行，追思前人，髣髴舊貫。十五層塔者，後魏之所立也。發地四舖而聳，陵空八相而圓，方丈十二，户牖數百，加之六代禪祖，同示法牙，重寶玅莊，就成偉麗。豈徒帝力，固以化開。其東七佛殿者，亦曩時之鳳陽殿也。其西定光佛堂者，瑞像之戾止。昔有石像，故現應身，浮於河，達於洛，離京轂也。萬輩延請，天柱不迴，惟此寺也。一僧香花，日輪俄轉。其南古塔者，隋仁壽二年。置舍利於羣岳，以撫天下，兹爲極焉。其始也，亭亭孤興，規制一絶；今兹也，巖巖對出，形影雙美。後有無量壽殿者，諸師禮懺誦念之場也，則天太后護送鎮國金銅像置焉。今知福利所資，演成其廣。珠幡寶帳，當陽之舖有三；金絡花鬘，備物之儀不一，皆光滿秋月，色陵渥丹。窮海縣之國工，得人天之神玅。逍遥樓者，魏主之所構也。引流插竹，上激登樓，菱鏡漾於玉池，金虹飛於布水。食堂前古鐵鐘者，重千斤，函二十石，正光年中寺僧之所造也。昔兵戎孔殷，寇攘偕作，私邑竊而爲寶，公府論而作仇。後有都維那惠登，發夕通夢，遲明獨往，以一己之力，抗分衆之徒，轉戰而行，踰晷而止。雖神靈役鬼，風雨移山，莫之捷也。西方禪院者，魏八極殿之餘趾也。時有遠禪師，座必居山，行不出俗，四國是仰，百福攸歸，明準帝庸，光啟象設。南有輔山者，古之靈臺也。中宗孝和皇帝詔於其頂，追爲大通秀禪師，造十三級浮圖，及有提靈廟，極地之峻，因山之雄，華夷聞傳，時序瞻仰。每至獻春仲月，諱日齋辰，鴈陣長空，雲臨層嶺，委鬱貞栢，掩映天榆，迢進寶階，騰乘星閣，作禮者便登師子，圍繞者更攝蜂王，其所内焉，所以然矣。若昔以達摩菩薩傳法於可，可付於璨，璨受於信，信恣於忍，忍遺於秀，秀鍾於今和尚寂，皆宴坐林間，福潤寓内。其枕倚也，陰陽所啟，居四岳之宗；其津梁也，密意所傳，稱十方之首。莫不佛前受記，法中出家，湛然觀心，了然見性。學無學，自有證明；因非因，本末清淨。開頓漸者，欲依其根；設戒律者，將攝乎亂。然後微玅之義，深入一如；廣大之功，遍滿三界。則知和雅所訓，皆荷法乘；慈悲所加，盡爲佛子。是以無言之教，響之若山；不舍之檀，列之如市。則有和尚姪寺主堅意者，憑信之力，統僧之綱，崇現前之因，鴻最後之施，相與上座崇泰、都維那曇慶等，至矣廣矣，經之營之，身田底平，福河流注。今昔紛擾，雜事夥多，是以功累四朝，法崇七代，感化可以函靈應，緣起所以廣玄成。故得尊容赫曦，光聯日月，厦屋弘敞，勢蹙山川，回向有足度四生，鐘重有足安萬國，豈伊一丘一壑之異，一水一石之奇，禪林玲瓏，曾深隱見，祥河皎潔，丹雘澄明而已哉！咸以爲表於代者，業以成形。藏於密者，法亦無相，非文曷以陳大略，非石曷以示將來。乃命道奂禪師，千里求蒙，一言書事，專積每極，臨紙屢空，媿迷津之未悟，期法主之可通。其詞曰：西域傳，耆闍山，世尊成道于其間。南部洲，嵩岳寺，達摩傳法於兹地。天之柱，帝之宫，赫奕奕兮飛九空。禪之門，覺之徑，密微微兮通衆聖。鎮四國，定有力。開十方，惠有功。立豐碑之隱隱，表大福之穰穰。

《全唐文補編・韋皋・嘉州淩雲寺大彌勒佛石像記》 惟聖立教，惟賢啓聖。用大而利博，功成而化神。即於空開塵刹之迷，垂其像濟天下之險。嘉州淩雲寺彌勒石像，可以觀其旨也。神用潛運，風濤密移，肸蠁幽晦，敦原其故。在昔岷江，没日漂山，東至犍爲，與涼山斗，突怒哮吼，雷霆百里，縈激觸崖，蕩爲廠空，舟隨波去，人亦不予。惟蜀雄都，控引吴楚。建兹淪溺，日月繼及。

開元初，有沙門海通者，哀此習險，厥爲天難。克其能仁，迴比造物。以此山淙流激湍，峭壁萬仞，謂石可改而下，江可積而平。若廣開慈容，廓輪相，善因可作，衆力可集。由是崇未來因，作彌勒像，俾前劫後劫，修之無窮。於是規廣長，圖堅久。頂圍百尺，目廣二丈，其餘相好，一以稱之。工惟子來，財則檀施；江湖淮海，珍寶畢至；僨師金工，亦罔不臻。於是萬夫競力，千鎚齊奮。大石雷墜，伏螭潛駭；巨谷將盈，水怪易空；時積日競，日將月就，不數載而聖容儼然。岧岧亭亭，岌嶷青冥；如現大身，滿虛空界；驚流怒濤，險自砥平；蕭蕭空山，寂照烟月。由内及外，觀心類境，則八風澄而愛河静也。余以爲人之生也，違道好徑，故哲聖因其所欲，示之以進修。其行滿於此，而福應在彼，理甚昭矣。至於奪天險以慈力，易暴浪爲安流，何哉？詳萬緣本生於妄矣。知妄本寂，萬緣皆空。空有尚無，險夷在焉。至聖寂照，非空非有。隨感則應，唯識淺深。化於無源，奚有不變。非天下之至神，其孰能平斯險也？！

彼海上人發誠之至，救物之宏。時有郡吏將求賄於禪師，師曰：「自目可剜，佛財難得。」吏發怒曰：「嘗試將來！」師乃自抉其目，捧盤致之。吏因大驚，奔走祈悔。夫專誠一意，至忘其身，雖回山轉目，可也。況弘我聖道，勵兹群心，安彼暴流？俾其寧息，其應速宜矣。而工巨用廣，其費億萬金。全身未畢，禪師去世。吁嚱！力善歸仁，爲可繼也。其後有連帥章仇兼瓊者，持俸錢廿萬，以濟其經費。開元中，詔賜麻鹽之税，實資修營。事感天人，克遵前志。諒禪師經始之謀大，慮終之智朗。苟利物以便人，期億劫以同濟。

貞元初，資天子命我守兹坤隅。乃謀匠石，籌厥庸。從蓮花座上至於膝，工未就者幾百尺。貞元五年，有詔郡國伽藍，修舊起廢。遂命工徒，以俸錢五十萬佐其費。或丹采以彰之，或金寶以嚴之。至今十九年，而趺足成形，蓮花出水，如自天降，如從地涌。像設備矣，相好具矣。爰記本末，用昭厥功。

《全唐詩》卷一九八岑參《與高適薛據登慈恩寺浮圖》 塔勢如涌出，孤高聳天宫。登臨出世界，磴道盤虚空。突兀壓神州，峥嶸如鬼工。四角礙白日，七層摩蒼穹。下窺指高鳥，俯聽聞驚風。連山若波濤，奔湊如朝東。青槐夾馳道，宫館何玲瓏。秋色從西來，蒼然滿關中。五陵北原上，萬古青蒙蒙。净理了可悟，勝因夙所宗。誓將掛冠去，覺道資無窮。

《全唐文補編·佚名·張懷深造佛窟記》 再出龍城之外，騰雲嘉氣，遍滿山川。鼓樂弦歌，共奏簫歆之曲。才拜貂獬之秩，續加曳履之榮。五稔三遷，增封萬户。寵遇祖先之上，威加大漠之中。亞夫未比於當年，忠勇有同於紀信。六州萬里，風化大開。懸魚兼去獸之歌，合浦致見珠之咏。西戎北狄，不呼而自歸；南域吐渾，擢雄風而請誓。此乃公之長策之所致乎！

時屬有故，華土不寧。公乃以河西襟帶，戎漢交馳。謀静六蕃，以爲軍勢。若乃隍中輯晏，劫虜失狼顧之心；渭水便橋，庶無登樓之患。軍食豐泰，不憂寇攘。此乃公之德政，其在斯焉。加以河西異族交雜，羌龍、嗢末、退渾數十萬衆。馳城奉質，願效軍鋒。四時通欵塞之文，八節繼野人之獻。不勞振旅，軍無□竈之傜；偃甲休戈，但有接飛之象。此乃公之威感，人皆具瞻。時因景泰，五稼豐登。深募良緣，克誠建福。宕泉金地，方擬鐫龕。公乃海量宏博，胸納百川。洞賾（擇）幽微，不爲兒戲。遂於北大像之北，欲建龍龕。以山峻崔嵬，有妨鐫鑿。遍問諸下，無敢枝梧。公乃喟然嘆曰：移山覆海，其非聖人乎？哥舒決海，貳師劈山，吾當效焉。

即日興工，横開山面，公以虔誠注意，上感天神。前驅滄海之龍，後擁雨師之卒。黄雲四合，盤旋宕谷之中；掣電明光，直上碧巖之上。才當夜半，地吼鰲聲。未及晨鷄，山摧一面。谷風凛烈，蕩石吹沙。猛獸奔竄於嵾岑，飛鳥搏空而戢翼。須臾隕石，大若盤陁。積壘堆阜於東，終截斷澗。流於西渚，既平嵂嵲，然後施工。攢鐵錘以扣石，架鋼鏨以傍通。日往月來，俄成廣室。連雲聳出，不異鷲嶺之峰；峭狀煙霞，有似育王之室；門當峗崿，鑿成香積之宫；再换星霜，化出蓬萊之傾；金樓玉序，徘徊多奉璧之仙；霎靆祥雲，每睹瓊瑶之什；班輪妙盡，構天匠以濟功；紫殿龍軒，對鳳樓而青翠；釋迦金象，趺室坐以垂衣；少分玉豪，想延王之初教；疑從刀利，下降人間。

八部奉寶蓋之珍，四王獻純陁之供。暉光赫奕，玉步金蓮。侍從龍天，悉周旋而邈塑。裝間衆人，盡瞻依體。掛仰六殊，疑聞四諦。龕内諸壁，圖繢真容。或則净居方丈，芥納須彌；或則九會華嚴，化出百千之界；或則擊珠貧子，乘諭三車；或乃流水濟魚，共贊醫王之妙。楞伽山上，萃百億之神仙；如意寶珠，溥施群生於有截。十二上願，定國安人。能隨喜於所求，必鑒心於至信。大悲慈氏，誕聖迹於儴伽；佉鷄山足，間捧舍蘭而作禮；寶臺指嘆，致群迷於一如；無去無來，導有緣於五蓋；西宫極樂，池多菡萏之蓮；寶馬藁臺，共贊本生之曲。文殊助化，鉢下降龍。大聖普賢，來自上王之國；勸持勸發，能堅護念之心；誓伏魔恐，直止無依之地。四王帝主，奉以瓊花。梵釋之天，來供妙果。虚空側塞，梵響玲玲。螺見凝空，珊瑚玉葉。階鋪異錦，滿砌紅蓮。百和旃檀，氛氲寶室。龕内丹臒，盡用真沙。駱驛長安，駕兹寶貨。家財撒施，工價兼多。慶窟設齋，數千人供，慶僧薦福，已報國恩。散絲緗與工人，用酬勞苦。巍巍乎，大矣哉，勝司斯畢，功將就焉。

夫人潁川郡君陳氏。柔容美德，淑行兼仁。閨門處治理之心，撫下施貞明之愛。居尊不棄於蠶桑，在貴不忘於(下缺)亦受寵光，花箋出降於(下缺)虔誠奉托，共建蓮宮。遠(下缺)延暉、次延禮、次延興、次延嗣、次(下缺)稱龍駒。學通九部之書，更(下缺)堪柱石。他年捧鉞永德(下缺)繼擒龍之族。宗人燉煌釋門(下缺)三年之内。實效驅馳，成吾(下缺)。

《全唐文補編・佚名・莫高窟記》 右在州東南廿五里三危山上。秦建元年中，有沙門樂僔杖錫西遊至此。遥禮其山，見金光如千佛之狀，遂架空鐫巖，大造龕像。次有法良禪師東來，多諸神異。復於僔師龕側，又造一龕。伽藍之建，肇於二僧。晉司空索靖題壁，號仙巖寺。自兹以後，鐫造不絶，可有五百餘龕。又至延載二年，禪師靈隱共居士陰祖等造北大像，高一百卌尺。又開元年中，僧處彦與鄉人馬思忠等造南大像，高一百廿尺。開皇年中，僧善喜造講堂。從初置窟至大曆三年戊申，即四百四年。又至今大唐庚午，即四百九十六年。時咸通六年正月十五記。

《全唐詩》卷七六一歐陽炯《題景焕畫應天寺壁天王歌》

錦城東北黃金地，故迹何人興此寺。白眉長老重名公，曾識會稽山處士。
寺門左壁圖天王，威儀部從來何方。鬼神怪異滿壁走，當檐颯颯生秋光。
我聞天王分理四天下，水晶宮殿琉璃瓦。彩仗時驅狒狖裝，金鞭頻策騏驎馬。
毗沙大像何光輝，手擎巨塔淩云飛。地神對出寶瓶子，天女倒披金縷衣。
唐朝説著名公畫，周昉毫端善圖寫。張僧繇是有神人，吴道子稱無敵者。
奇哉妙手傳孫公，能如此地留神踪。斜窺小鬼怒雙目，直倚越狼高半胸。
寶冠動總生威容，趨蹌左右來傾恭。臂横鷹爪尖纖利，腰纏虎皮斑剥紅。
飄飄但恐入雲中，步驟還疑歸海東。蟒蛇拖得渾身墮，精魅搦來雙眼空。
當時此藝實難有，鎮在寶坊稱不朽。東邊畫了空西邊，留與後人教敵手。
後人見者皆心驚，盡爲名公不敢争。誰知未滿三十載，或有異人來間生。
匡山處士名稱樸，頭骨高奇連五嶽。曾持象簡累爲官，又有蛇珠常在握。
昔年長老遇奇踪，今日門師識景公。興來便請泥高壁，亂搶筆頭如疾風。
逡巡隊仗何顛逸，散漫奇形皆涌出。交加器械滿虚空，兩面或然如鬥敵。
聖王怒色覽東西，劍刃一揮皆整齊。腕頭獅子咬金甲，脚底夜叉擊絡鞮。
馬頭壯健多筯節，烏觜彎環如屈鐵。遍身蛇虺亂縱横，繞頜髑髏干孑裂。
眉粗眼竪發如錐，怪異令人不可知。科頭巨卒欲生鬼，半面女郎安小兒。
況聞此寺初興置，地脈沉沉當正氣。如何請得二山人，下筆咸成千古事。
君不見明皇天寶年，畫龍致雨非偶然。包含萬象藏心里，變現百般生眼前。
後來畫品列名賢，唯此二人堪比肩。人間是物皆求得，此樣欲於何處傳。
嘗憂壁底生雲霧，揭起寺門天上去。

《全唐詩》卷七五史俊《題巴州光福寺楠木》

近郭城南山寺深，亭亭奇樹出禪林。結根幽壑不知歲，聳干摩天凡幾尋。
翠色晚將嵐氣合，月光時有夜猿吟。經行緑葉望成蓋，宴坐黃花長滿襟。
此木嘗聞生豫章，今朝獨秀在巴鄉。淩霜不肯讓松柏，作宇由來稱棟梁。
會待良工時一眄，應歸法水作慈航。

釋道宣《廣弘明集》卷二八上《修起寺詔》 制詔：孝感通神，瞻天罔極，莫不布金而構祇洹，流銀而成寶殿，方知鹿苑可期，鶴林無遠。取緣雅頌，仰藉莊嚴，欲使功侔天地，興歌不日，可令太師晉國公總監大陟屺二寺營造。

孟元老《東京夢華録》卷二宋白《大相國寺碑銘》 臣供職禁林，伏膺典策。大伽藍故事，湘素預聞。按大相國寺本北齊建國寺也，至唐室睿宗改賜今名。大凡有土地然後置國城，有國城然後興棟宇。恭承制旨，願畢其辭。謹再拜而揚言曰：天生蒸民，樹之司牧，文經武緯，創業垂統，建邦設都，上古已還，弗常厥所。堯都平陽，舜都蒲阪，周都豐鎬，漢都長安，咸以爲天下之君，保域中之大。乃眕梁國，古屬豫州。主於門極之三，度入房星之五。無名山大川之阻，沖四通五達之郊。梁開平中昇爲京闕，晉漢有周，三代因之。嘻，天道玄遠，有開必先。惟周之興，爲宋經始。遷宗社於斯，築新城於斯。太祖皇帝潛陽在下，玄德昇聞。百姓與能，川靈改卜。爰尊禪讓，方陟之後。以爲必躬必親，所以康世難，破澤潞維揚之隩；不壯不麗，何以威外夷，辟皇居應門之象。國之大事，在祀與戎。增嚴禋上帝之壇，大禁衛連營之制。由是荆湖内附，吴蜀一統。向明而治，十有七年。太宗皇帝，德合天地，明齊日月。肇膺顧命，一委長君。恢張回維，奮迅獨斷。盛哉吴越，享國百齡，我以尺一而召之；蕞爾并汾，不庭二紀，我以一戎而下之。功成制禮，治實作樂。新集仙秘閣之署，草籍田東封之儀。既而麟鳳效祥，草木呈瑞。重衣端拱，二十二祀。崇文廣武聖明仁孝皇帝之應運也，紫氣充庭，黃雲作蓋。壽邸通三之貴，震宮明兩之朝。歷數在躬，大寶曰位。以至誠奉六廟，以純孝尊萬安。接盤維以雍睦，御臣民以公正。禮無違者，文思化成。六合無不獲之夫，四海多來賓之國。皇猷既以彰矣，昌期亦以隆矣。一旦負黼扆語侍臣曰：朕荷九天眷命，襲二聖丕基。寅畏奉行，弗敢失墜。人熙有慶，時汔小康。行大中之道，吾無間然；存方外之教，意有所闕。太祖革封禪爲開寶之號，太宗錫龍興以太平之名。別開啓聖之梵宮，實作上都之壯觀。惟相國寺敕建三門，御書賜額，余未成就，我當修之。乃宣內臣，飭大臣。百工麇至，衆材山積。岳立正殿，翼舒長廊。左鐘曰樓，右經曰藏。後拔層閣，北通便門。廣庭之內，花木羅生。中廡之外，僧居鱗次。大殿睟容，即慧雲師所鑄彌勒瑞像也。前樓衆星，即潁川郡所迎五百羅漢也。其形勢之雄，制度之廣，剞劂之妙，丹青之英。星繁高手，雲萃名工。外國之希奇，八方之異巧，聚精會神，爭能角勝，極思而成之也。偉天觚稜鳥跂，梅梁虹伸，繡楊文楣，璿題玉砌，金碧輝映，雲霞失容。筝鐸玲瓏，成韶合奏。森善法於目前，飄樂音於耳界。若乃龍華春日，然燈月夕，都人士女，百億如雲。綺羅繽紛，花鬘纓珞。巡禮圍繞，旃檀衆香。仰而駭之，謂兜率廣嚴，攝歸於人世。又若天仗還都，鳳樓肆赦。千乘萬騎，流水如龍。旌旗篲空，歌吹沸渭。憑欄四顧，佳氣榮光。俯而望之，疑蕊珠閬風，神化於海上。猗宏麗也超勝也，皆不可稱不可量。大矣哉，維大雄氏，真大聖人。佐佑大君，興隆大化。受記付囑，爲世外護。故將以法王能仁，兼帝王要道，參而行之。經言廣大，則無思不服；經言慈悲，則視民如傷；經言忍辱，則國君含垢；經言利益，則我澤如春。德惟日新，精進也。畏於天命，持戒也。如是知見，如是信解。然由造有相之功德，廣無邊之福田。固皇圖如泰山，躋蒼生於壽域。翼災沴不作，僭賊不生，風雨咸若，寰區謐寧者歟。古云登高能賦，作器能銘。彼皆小者，尚以文爲。昔簡棲杍頭陀之碑，江總紀棲霞之迹，庾信述鳳林之景，王勃演牛頭之詞。鴻筆遺妍，軀趺盡在。矧夫夷門巽位，汴水陽涯。旁連北斗之城，近對蒼龍之闕。構此大壯，宜揚頌聲。臣久玷鼇山，榮瞻鳳扆。學微覩奧，文愧非工。捧詔惕然，抽毫銘曰：地象爲輿，天形若笠。四序迴圈，三辰出入。籲嗟五代，日不暇給。祖宗耿光，神祇降祥。受天永命，得人者昌。崛起大宋，祚踰皇唐。赫赫太祖，聰明神武。櫛風沐雨，披攘九土。握機蹈矩，炳文如虎。明明太宗，寬仁肅恭。發財訓農，萬方來同。類帝禋宗，神德猶龍。重熙累洽，慶流三葉。玉塞鏖兵，銅梁獻捷。文物葳蕤，禎符雜還。信及豚魚，混一車書。儒通《墳》《索》，道講之虛。勤行二教，諦奉真如。隋堤之側，寺名相國。髣髴天宮，光華日域。下福蒸人，上延聖曆。輪焉奐焉，五色相宣。眷陵寶馬，許史雲駢。爭趨勝地，如會諸天。不可思議，歎未曾有。悅懌羣心，歡呼萬口。千劫愛塵，一味抖擻。揆日占星，揚於紫庭。黃麻錫詔，翠琰刊銘。金田寶刹，萬祀千齡。

《〔乾隆〕阿育王山志》卷一三釋贊寧《寶塔傳》 阿育王寶塔者，乃如來真身舍利所藏處也。昔世尊入王舍城乞食，路逢童子聚沙爲戲，見佛威儀，心生歡喜，即以沙土爲麵，殷勤奉施。佛授記曰：「此童子，吾滅度後，于閻浮提作鐵輪王。有大威德，四大洲中悉皆臣順。取吾八塔真身舍利，造塔供養。」佛滅度後，果符昔記。阿育王有大神力，能役鬼神，于一夜中碎七寶屑成八萬四千寶塔。彼時有耶舍尊者，于五指間放八萬四千道光明，諸天、夜叉衆各隨光中往四天下，遇八吉祥、六殊勝地，乃安一塔。今皇宋輪王統領國土，有一十九所，顯晦不同。其顯者，與國爲福，與民爲利也。若明州鄮山所現者，乃其一也。西晉太康中，有劉薩訶者，并州離石人。生在畋家，弋獵爲活。得病至死，見一梵僧，語曰：「汝罪深重，應入地獄。吾憫汝，故宜往洛下、齊城、丹陽、會稽有阿育王寶塔處，頂禮懺悔，得免此苦。」既蘇，改業出家，法名慧達，或云法達，如指南行。至會稽，海畔山澤，處處求覓，莫識基緒。悲惱煩塞，投告無所。偶于一夜，聞地下鐘聲，即精誠懇切，經于三日，忽舍利寶塔從地涌出，光明騰耀。塔相青色，似石非石。高一尺四寸，廣七寸。五層露盤，四角挺然。四面窗虛，中懸寶磬。周以天王及諸佛菩薩、善神、聖僧、天人等像，相極精細。瞬目注睛，見八千像狀咸悉具焉，可謂神功聖績，非人智之所及也。達既見塔，悲喜無量，晝夜精勤，禮拜懺悔，瑞應頗多。按傳中劉薩訶者，乃利賓菩薩示現，豈偶然也？鄮縣古城在勾章東三百餘里，其寶塔即縣界孝義鄉也。地志云：「阿育王造八萬四千塔，此其一也。」《輿地志》云：「釋迦弟子能役使鬼神。一日布于四天下，造佛骨寶塔八萬四千，皆從地出。」《會稽記》云：「東晉丞相王導初過江時，有道人神采不凡，言從海上來，相告曰：昔與阿育王同遊鄮縣，安真身舍利塔。阿育王與真人捧塔飛空入海，諸弟子攀引不及，一時俱墮，化爲烏石，石如人形。」《名僧傳》云：「昔有神人捧塔飛行海上，弟子中有未得道者，墮地化爲烏石，猶作人形，上有袈裟紋縷。郡守諸琰遣使取看，奇之。至今村名『塔墅』，嶴名『烏石』也。」晉義熙元年，安帝敕于鄮山造塔亭、禪室，度二七僧住持守護。宋文帝元嘉中，遣陳精并僧道祐廣輿創建。鑿基下，得大石函，盛玻璃鍾，覆以銅鏡。又以金合盛銀罌，安三法身舍利并迦葉佛爪一，其色紅；髮一莖，伸之數尺，置之成螺。宋文帝詔造木浮圖三級藏之，厚賜供給。竟陵王發使奉珍異供施，聞三級木塔未至崇敞，欲增成五級。忽夢神人告曰：「阿育王塔無用增修。」王問其故，答曰：「三十年後有大力人興世增添耳。」梁武帝普通三年，敕建木浮圖、堂殿房廊，賜額「阿育王寺」，著作顧允祖作碑記記之。大同五年，上座僧綬奏木浮圖隳損，敕岳陽王蕭詧增修至五層。施黄金五百兩，鑄金銅像四百軀，寫經論五百卷，鑄四大鐵鼎以鎮四角，敕孫昭凡百供應，付武帝、昭明二真，安于塔内。蕭詧取石函内舍利三顆浴之，咒曰：「浮者，進上皇帝。」其最大者浮，遣主書吴文寵、僧璉等四法師同進。因敕免莊賦，調給兵士三千人，于寺外莊置營防衛。定襄侯蕭袛、陳留阮孝、鄮人黄璣、會稽太守蔡興宗、散騎常侍王仲和、太學博士顧諧、東宫直侍王仲達并梁朝名士，悉傾心皈向。陳宣帝遥敬此塔，度二七僧。越州昌樂公楊巽，勾章令袁不約信向尤篤。唐太宗世，鄮縣令王昭，遊禮近寺，望見木塔第三層上有二人立，皆舉手托四級西南角。遂問僧智悦曰：「何人修塔？」答曰：「不曾修。」因説所見。遣人上塔驗之，其四層西南角桐栱果壞。令曰：「善神示之，欲弟子修耳。」遂即修之。敏法師領徒至寺，一月敷講，道俗聚集。夜中，有人見百餘梵僧繞塔行道，以此詢衆。寺僧曰：「此常有之。」永徽元年，會稽處士張太元到寺禮塔，與僧智悦連床寢息。半夜，聞塔前誦《金剛般若》，了了分明。二人往看，一無所睹。垂拱二年，越州士曹唐元默迎塔到州，精嚴供養。女婿楊氏醉入道場，寶塔忽然飛去。元默驚心，作禮悵望，乃見在西家屋上，即送還本寺。中宗皇帝遠加敬仰，敕送供施，仍降詔委棲曠和尚如法香火。國清智晞尊者到寺，禮八萬四千拜，旋繞數周，忽感紫文印于右臂，方整明亮，終身不没。臨終，謂弟子曰：「衆聖封印，心無虚焉。吾定生彌勒内院矣。」肅宗朝，内供奉子璘者，□州人也。歸省所親，經宿嶽廟，神人告曰：「汝母在此受業。」璘聞，悲不自勝。乃問曰：「我母何罪而至于此？」神曰：「爲師少年頭瘡，多用鷄白調藥療之，因招罪苦。」璘告神釋免，神曰：「罪係有分，免即何緣？若要免之，往鄮山禮舍利寶塔。」璘徑到寺，方禮四萬拜，母于塔前雲裏現身，曰：「吾承汝力，已生忉利。」璘遂止寺，終身禮敬。唐僧宗亮詩云：「鐵輪王使鬼神功，靈塔飛來鄮嶺東。有客不隨流水去，磬敲疏雪淡雲中。」武宗澄汰沙門，塔止越州府庫。宣宗重興教法，塔入開元寺。鄮山論請，開元固執。觀察判官蒯希逸判云：「譬如人家寶物，失之多年。本主既認，便須給還。」太守王龜依判遣送歸育王。大中庚午歲正月齋日，八千許人傳塔供養，天花紛紛而落。其花如雪，衆以手擎，旋即鎔液。至夜初，又放五色光明。是年，有新羅僧夜入盜塔，手捧繞亭，亘夜而行，不離本處。懿宗咸通中，觀察使楊嚴奏，舍利寶塔靈異，實國内福境，敕度三七僧，精嚴香火。天祐中，太守黄晟，本奉化人也，迎塔往故鄉供養。上船頓重，加人助力，亦不能舉。晟嘆曰：「地薄無緣！」遂止。錢武肅王貞明二年丙子十二月，遣弟鏵并僧清外、鴻澤等，具船舫，香花迎舍利寶塔。明年上元夜，回止西陵岸，放光照明，江中如晝。武肅王躬扶彩輦從行至羅漢寺，廣陳供養。一僧頂戴，手搦一角，忽然墮地，隨手安著，屹然不動。僧統令諲至晚虔禱，遂見其角火星迸散，始知神力補鑄耳。丁丑歲，敕造木浮圖九層，戊寅二月八日畢工。四月八日，安舍利塔第三層七寶龕中。爾後累歲，凡大會齋日，多睹光明。錢文穆王深加禮敬，以職事殷繁，請僧代禮寶塔，其誠信如此。元帥大王戊申重修彩繪，其年九月二十六日，放大光明。周顯德戊午歲二月中，翰林承旨陶穀來錫命禮，入寺敬禮，見舍利紅色，自謂吉祥，再拜不已。副使司天少監同至，謂知塔大師義倫曰：「是塔必不傾側，它日必平陷耳。」至今四月十一日，果爲延火所焚，舍利寶塔迎在龍華寺。壬戌歲，王旨再造木塔，遂于第二層安貯。中龕百寶莊嚴，觀瞻者亂目。設黄金寶座，掛懸珠玉。元帥大王因覽《大衆毘尼部》，見吉利王爲迦葉佛造塔，金薄覆上，尋遣指揮使淩超重加甃砌莊飾，造檀香殿。雕鏤精麗，百寶珠瓔，風觸振響，音如天樂。别造金塔，極麗窮華。設使湘宫往製，胡後前規，亦未足侔也。且舍利寶塔，世人少知靈異。據《感通傳》，天人曰：「今鄮縣是阿育王古塔；小塔是賢劫初佛者，有迦葉佛臂骨，非人所見，羅漢將往鐵圍山。」若究此文，則有二塔：一將往鐵圍，是迦葉佛骨；一劉薩訶求出者，是釋迦舍利，乃即今人天恭敬者。且以神功不朽，歲記深長，雖補前文，難述未來之瑞應；更祈後哲，好編無盡之徽猷。贊寧想乾□□筆之餘，慮多遺墜，仰炎宋統天之□，思欲播揚，與劫齊修，惟高不動者也。時開寶五年，歲在壬申正朔撰。

鄭虎臣《吴都文粹》卷八孫承祐《靈巖山寺磚塔記》 吴靈巖山，即古吴王夫差之别苑也。太湖渺白涵其側，虎丘點翠映其後。自餘岡阜川瀆，沃野上田，環繞帶縈，若視諸掌。代遷人異，倬爲佛祠。愚守藩之七禩也，屬丙子歲。冬，先國妃居共氣之親，鍾斷臂之禍。詩人罔極，聊可論其哀；素王尚右，未足申其制。由是顯營雁塔，冥助翟衣，于山之椒，累磚而就。基其巖，所以遠騫崩之患；黜其材，所以絶朽蠹之虞。不揮郢匠之斤，止運陶公之甓。自于經始，迨爾賀成，凡九旬有六日。仍以古佛舍利二顆，親書《金剛般若》一編，置彼珍函，藏諸峻級。美歟！山聳地以千仞，塔拔山而九層。巍巍下瞰于娑婆，杳杳平觀于寥泬。纔疑涌出，或類飛來，如日之升，無遠弗届，可以高擎天蓋，可以久鎮地輿。實在報先妃之慈，薦先妃之福也。覺雲承足，定水澄心。拂石仙衣，尚爲游轉；無垢佛土，終正菩提。抽毫直書，用備陵谷。太平興國二年，平江節度使孫承祐新建。

《〔康熙〕開封府志》卷一九王嗣宗《祐國寺記》 夫聖人之妙用，必在于清净；聖人之至行，必存于教迹。雖玄黄并列，覆載之體不同；而水火交馳，化育之機一致。自淳元浸散，道德下衰，嗜欲熾而奔競繁，巧僞騁而仁義缺。揭日月者既患昏衢之翳，鼓槖籥者更嗟蕴界之塵。邪山厚而智種蟠芽，苦浪深而性珠匿耀。不有啓發，孰救沈淪？金容一夢于漢皇，玉偈遂流于中夏，教之盛者，其誰與京？《華嚴經》云：「佛成正覺，普見一切衆生，無不具有如來智慧，但以妄想執著而不證得。如來愍之，于是發大誓願，放大光明，始則轉四諦法輪，所以攝有學也；終則視一秉心印，所以契圓寂也。」其間張定慧、顯權實，性相雙列，空有交證。隨機設教，靡遺于巨細；對病施藥，寧差于淺深？一源通而萬派分，一炬然而千燈照。韙夫慈救之旨，可謂至矣；善誘之利，可謂備矣。後之學者，實繁有徒，何代無人，以幹法蠱。則斯院經始，粗得而言：後唐故明悟大師、賜紫惟課，甌閩之良族也，籍本温陵，俗姓林氏。生既殊禀，幼且不羣；殆至成童，卓然秀異。每或出侍遊覽，必曠望岑寂，若有所待也；入承訓教，必凝澹窗户，若有所奉也。舉止閑雅，爲宗族所異。一旦辭親，慨然有脱灑之志。年十三，詣泉州仙遊縣龍華寺文璀禪師，以祈落髮。師從其願，俾奉灑掃。年十七，受具于福州白塔戒壇。師神形清爽，心機穎悟。初讀《法華經》，豁若生知；次閱《因明論》，宛如宿習。自爾博訪講席，遍禮道場，不五六稔，大有領悟。遂振錫遊名山，禮諸祖，參勝會，扣玄關，了然默識，密契心要。北遊嶽麓，靈感非一，以長興庚寅歲憩于大梁之精舍。暇日躡屩至明德坊，睨隙地數畝，乃嘆曰：「有爲之法，逐境而遷；無定之波，遇坎則止。吾其少息焉。」遂有解履之興。因以厥志，募諸檀信。善願冥契，如谷響答，曾未周歲，資用充羡，乃書券而易之。于是購材鳩工，揆日興事，始則一室蔽風雨，終則百楹極壯麗。玉質金相，再稔而成，爨室糗房，繼踵而出，亦爲當時之勝概也。晉天福初，以精誠上請，遂賜額焉。紫服美號，翌日加錫，旌行業也。于是富門大族，率多相矚，捐金施寶，曾無虚日。師曰：「吾以一瓶一衲，植足皇都，經之營之，亟踰素願，乃緣合歟？吾當廣作佛事，以利一切，且以答檀施之惠也。」于是首寫《大藏經》總五千四十八卷，設秘藏以置之；次塑畫羅漢像各五百軀，闢華堂以列之。正殿之内，塑釋迦像，洎侍從賢聖總九軀，繪塑之妙，率爲一時之奇觀也。院之營構，自唐長興辛卯逮漢乾祐戊申，始卒十八年，經費數千萬。虹梁藻棟，總成三百間；圓頂染衣，度踰二百衆。匪師之力，曷至是哉！師以周顯德丙辰歲春三月，微恙遽作，翌日加劇，乃攝衣正念，召門弟子喻以後事，竟以其四月日示滅于方丈。門弟子升堂者三人：長曰智覺大師、賜紫從琛，早終。次曰讚正大師、賜紫從瑷，季曰明演大師、賜紫從璪，皆名流也。瑷公以素膺肯構，允謂當仁，爰于曳杖之秋，上禀傳衣之命，兢兢幹事，不墜清風。迨我皇朝乾德癸亥歲，錫以命服，旋加美號，奬舊德也。是歲季冬之令月，國家以皇居狹隘，載拓基垧，斯院所居，正該卜築。于是詔遷浄衆于京城之北，賜隙地數十畝，俾結界而居焉，仍以舊額旌之，即今豐美坊之西北隅也。瑷衣祴之外，悉以營材；糗糒之餘，罄將募役。斧斤交運，板築連施，剞劂之伎靡停，繪塑之工間作。督藏忘倦，卒覩成功，比之舊規，諒無慚德。紺殿中峙，迴廊四周，危樓接影聳于前，虚閣飛甍壓其後。禪堂四闢，爨室東開；聖像雲攢，經龕鱗次。小大相計，踰四百間；精潔護持，向二十稔。昔之舊物，一以無遺。嘻！負荷之勤，斯亦至矣。瑷公以太平興國己卯歲示化禪室。院之後事，屬于璪公焉。璪公行業素高，節概可法。自祗院事，纔逾半紀，炎凉搆疾，不臻上壽，以雍熙甲申歲秋九月奄云示化，良可惜也。今院主悟圓大師、賜紫智柔，洎供養主覺慧大師、賜紫智緣，皆先師課公及門者也。法裔相沿，式當預事。于是禀遺命，勵愨誠，循軌而趨，守節而立，檀施以之傾信，游學以之歸附。華龕燦燦，時開寶軸之文；雲衲侁侁，日飫香厨之供。院之法侣，殆百餘人，于佛法中率有所得。蘭敷菊秀，各振清芬；玉潔珠寒，供融善價。吾見其進，蔚有可稱。保此令猷，二公之力也。於戲！教之大也，如來開示之，菩薩闡揚之，四衆護念之，故佛滅度後二千歲，中雖隆替相仍，而傳持不絶。非神力何以至是耶！宜其世間作大依護，讚歎叙述，諒無愧焉。嗣宗掛籍策名，彤庭影組，素于内典，尤懵指歸。柔公以僕早熟道風，嘗師心要，縷述始末，俾緒斯文。智縈而未覩玄珠，識淺而更慚果海。猥承見托，難執讓名，强率斐詞，以旌殊績。

王禹偁《小蓄集》卷一七《揚州建隆寺碑》 唐貞觀中，制以天下戰陣處爲寺，且命虞世南、李百藥、岑文本之徒，刊勒碑銘，紀述功業，傳諸簡册，燦然可觀。蓋聖人不欲無罪而殺一夫，無名而荒寸土。及乎諸侯阻兵，百姓徯后，驅人以戰，事不獲已。矢石之下，死傷則多，狥義郊忠，有足哀者。雖復贈官爵，禄子孫，誠有勸于生，懼無益于死。以爲漢明之後，釋教誕興，謂冥寞之中，有輪迴之數，能使精魄復生人天。其道如何？事佛誦經而已。繇是交兵之地，捨爲梵宫，田不耕而有名也；死事之人，盡離鬼趣，士揖生而無恨也。帝王所尚，今古攸同，雖有服儒冠而執名教者，又安知其果不然邪？我太祖皇帝受禪于周，啓封在宋，朱旗所指，黔首乂安。惟李重進作帥江都，嬰城構逆，時建隆元年九月也。乃命故中書令石公，統王師以討之。十有二月，傅于城下，于是建行宫，迎法駕。是月十一日，太祖至大儀驛，距廣陵六十里。夜半而城陷，詔宣徽北院使李公知軍府事。尋以行在立爲梵宫，取僧之有德行者處焉。是時，先寺主道暉本居孝先，衆所推擇。李公列狀以聞，即可其奏，仍改法名爲道堅，以紀年爲寺額；曁田四頃，隸省一莊，咸以賜之，供香積而飯緇流也。道堅既没，智速嗣之。智速又没，義幽嗣之。義幽，超化大師也，以淳化二年歸寂，義隆、顯仁監而主焉，皆超化大師之弟子也。自國初至今凡四十載，日供僧不減六十人。像設莊嚴，經教具備，禮佛有殿，演法有堂，齋庖在東，僧寢在右。奥有室供湯沐焉，外有亭給登眺焉。廊廡翼舒，門扉洞啓，修竹交映，碧流縈回，實藩服之勝遊，淮海之福地耳。先是，太祖將返鑾輿，留其御榻，忌晨供帳，于今尚存。嗚呼！戰伐所亡，人骨已朽，乘兹善果，皆出冥塗，豈知不再事朝廷，復爲臣子歟？義隆等謂，修建已來，碑誌未立，以某出從翰苑，守是郡條，宜爲斯文，理不可讓。是時大行晏駕，聖主承祧，至道三年四月也。銘曰：

神道設教儒所崇，佛法度人釋之宗。王者草昧多屯蒙，乃有征伐揚武功。野必死戰城必攻，出入矢石豈梯衝，殞首喪元争效忠。聖人念爾心所恫，詔舍戰地爲梵宫，遊魂精氣或感通。拔爾出離冥塗中，恩異文王枯骨叢，事殊楚子京觀封。香燈鐘磬飄天風，四十餘年僧憧憧。止戈偃伯文軌同，三葉重光自建隆，祐我聖祚垂無窮。

劉喜海《洛陽存古録》卷九蘇易簡《白馬寺記》 東周舊壤，西洛名都，景氣澄清，風物奇秀。長源渺渺，元龜負書之川；平隰依依，白馬馱經之地。考其由，爲中國招提之始；語其要，居西京繁會之間。歷累朝而久鬱禎符，偶昌運而薦陳靈貺。不有興葺，寧紹德音。法天崇道皇帝端拱北辰，委裘南面，步攝提而重張歲紀，把鉤陳而再紐乾綱，實異俗于藁街，納生民于壽域。尚或探玄象外，訪道毫端。恭己虚懷，法潙汭無爲之化；凝神静想，憶靈山授紀之言。省鴻名，崇十號之空王；卑皇居，峻三休之妙觀。坐致華胥之境，平登安養之方。慈雲遠覆于冰天，法浪遐滋于桂水。東踰漲海，揚帆頒貝葉之書；西洎流沙，刻石記金剛之座。勤行之能事著矣，陰騭之元功大焉。一日，謂近臣曰：「朕常探索造化，窮研載籍。視彼河海，猶分其先後；譬諸水木，尚本其根源。觀夫象教斯來，真乘下濟，誠由彼摩騰、竺法蘭二法師者揚奈園之末緒，越葱嶺之修程。百千億佛始演其性宗，《四十二章》初宣其密義；則何必伯陽《道德》止留關令之家，倚相典墳傳自伏生之口而已哉！瞻彼邙洛，靈蹤尚存，未旌勝緣，良謂闕典。」時屬單閼歲值，勾芒馭辰，龍星雖耀于雩壇，兔魄罕離于畢宿。詢于黔首，未興《雲漢》之謡；軫彼皇情，已甚桑林之禱。命中使以馳驛，謁仁祠而致誠，憂勤上通，靈應如響。豈獨商羊鼓舞，但聞闕里之言；力士沾濡，惟紀開元之代。乃命鼎新緯構，寅奉莊嚴。采文石于他山，求瓌材于邃谷，離婁騁督繩之妙，馮夷掌置臬之司。闢蓮宫而洞開，列紺殿而對峙，圖八十種之尊相，安二大師之法筵。靈骨宛如，可驗來儀于竺國；金姿穆若，猶疑夢現于漢庭。天風高而寶鐸鏘洋，晴霞散而雕拱輝赫。周之以繚垣浮柱，飭之以法鼓勝幡。遠含甸服之風光，無殊日域；旁映洛陽之城闕，更敷天宫。時則郟鄏遊客，轘轅遺俗，或黄髮鮐背之老，或元髫稚齒之童，徒謡巷歌，相與而謂曰：「吾皇帝之稽古務本也，爲蒼生而祈福，致金仙之降靈。遂使權輿聖教之津，將墜而復決；經始福田之所，已廢而更興。未覩時巡，彌堅望幸。佇聽建圭立極，踰姬公洛食之符；檢玉升中，越孝武山呼之瑞。」以臣生逢堯、禹，職遜嚴、徐，自追閬苑之勝遊，粗得楞伽之真趣，爰承詔旨，命紀歲時。雖罄没荒蕪，欲繼金聲而莫及；然勒于琬琰，期將大德以彌新。缺八字禩四月八日記。

袁説友等《成都文類》卷三七李畋《重修昭覺寺記》 妙色非相，有相則尊；真諦無言，有言則大。矧夫法身普現，帝網交映，寶月破昏于濁際，静刹植福于沙界，肅五藴之紛擾，具十善之莊嚴，惠照倒迷，無一遺者，斯相之尊也。法音讚運，群動無妄。大雲秘藏于貝闕，師子敷座于紺宇，攝四大之種性，歸一如之總持，解脱障纏，無一悖者，斯言之大也。既尊且大，則有爲之教興，無涯之利顯，在乎人天寅奉，王臣護持。塵劫不遷，是曰常住，其斯之謂歟。昭覺寺，成都福地，在震之隅。先是，眉州司馬董常宅，舊名建元，其締構紹嗣之由，具蕭相國遘碑悉之矣。唐乾符丁酉歲，爲了覺大禪師宴居之所。禪師法號休夢，姓韓氏，京兆萬年人。時宣宗興復象教，乃應詔誦經，對御落采，配終南山之捧日寺。具大戒于律師神祐，悟般若于石霜慶諸，參法要于百丈懷海，契心印于洞山良价。初至洞山，洞山問：「近離何處？」曰：「湖南。」又問：「途中還見異人否？」曰：「若是異人，不涉途中。」价深器之。後領旨寓蜀，始立一大寺，闢甘露門。開堂日，僧問：「净名大士入不二法門，旨趣如何？」曰：「山僧未敢舉明。」又問：「若是，即事理不分。」答云：「扁舟已過洞庭湖。」凡言峻機悟，以復如是。時劍南節度使崔公安潛奏改建元，敕賜今額，仍給紫衣一襲，式光宗教。未幾，僖宗出狩，駐蹕西州，召禪師説無上乘，若麟德殿故事。由是開沃聖慮，握乾綱而不動；運輸神力，回天步而高引。玉鑾反正而帝眷彌深，賜禪師紫磨衲衣三事，龍鳳氍毹毯一榻，寶器盛辟支佛牙一函，布展義之澤也。越明年，王氏建節制兩川，于禪師申尊叔之禮，奏錫師號曰了覺大師。及王氏開國，而禪師滅度，享年八十一，僧臘五十一。門人洪福等建窣堵于當寺後庵，以令身歸之，謚曰「真隱之塔」。爾後宗派傳襲，真風炳然。至今住持大德延美上人，以了覺大禪師爲五代祖。上人陽安郡平泉人，姓杜氏，禮本寺懷進大德爲出家師，依彦通律師授具足戒。性惟真實，體本虛静，開口無機化，不言而鷗狎。虛懷善應，施不求而谷盈。禪林果熟，薝蔔彌香，覺苑地靈，黄金争布，作大利益，須非常人，美公之謂歟！兹寺有常住沃土三百廛，滌場斂穧，歲入千耦，併歸寺廪，與衆共之。有舟航大賈輸流水之錢，山澤豪族舍金穴之利，五銖一縷，悉歸寺府，無一私者。由是構樸斲之材，較班輸之技，而興修之議，于是集矣。寺之殿宇，舊且百間，今廣而增者三百。建正殿，塑金釋迦像一軀，爲黑白扳足之地；修經藏，挾唱梵之堂四屎，爲權實轉輪之所。廣方丈之室，傳達摩心；備水陸之儀，宣梁武教。及羅漢六祖，翊善大悲，各列一堂。又分千部經爲東西龕，續建紀天列宿堂一所，仍加壯麗。以至安毳侶、供公庖，局次有叙；厨倉寮庫、齋廳浴室，重門挾屋，啓閉以時。上縫瓦以如鱗，下密磚而若砥。左瞻右顧，俱是道場；一起一居，無非佛事。寺之舊址，復于頽垣，鞠爲茂草，僅百年矣。以至悖蹊樊圃，可畏其鄰；認牛忘羊，莫分其主。美公一旦竪版築以繩之，興百堵，畛舊封，葺墻五百餘間，周匝園圃，而諸鄰相讓，無一違者。凡供食之豐潔，法席之華焕，時一大會，朝飯千衆，累茵敷坐，如升虛邑，未有一物，爰假外求。寺之勝迹，有僖宗幸蜀放隨駕進士三榜題名記，陳太師塑六祖像，蕭相國文建寺碑，會稽孫位畫行道天王、浮丘先生、松竹，張南本畫水月觀音，翰林待詔失名氏，今寺額始自長安降到。模昭覺寺額，俱經亂不亡，爲唐故事。斯皆化感利捨護持之力也。自大中祥符戊申歲承領住持，迨三十有餘載矣。惟食不兼味，衣不重繭。言必諦信，故人無間言；行必總持，故身無擇行。深入無礙，物我不二。《經》云：「雖説種種道，其實爲佛乘。」吾見其人矣。然能爲愛河之舟楫，不住中流；開覺路之康莊，俾求諸道。故入其門者，如遜般若之岸，似升毗尼之堂。樹繞七重，塵無一點，信花界之勝果，錦江之福田者焉。尚能韜光愈晦，功成不居，耳聞讚揚，口稱慙愧，是謂常住不住，所得非得者乎！今門人賜紫沙門人遜謂布施迴向，歎未曾有者，典教宗尚，寧可闕歟？遂持了覺禪師誥敕三通，修寺行狀數紙訪畋，請紀茂實。畋且念景德初與今岳陽牧張都官逮肄業于兹，倏爾歲寒，永言夢寐。山陰都講，曾栽揮麈之松；衣錦相□，□□偷光之壁。及乎嘗醍醐之味，目琉璃之色，爲日久矣。德我既深，固不牢讓。大哉！開群迷之眼，俾矚乎大明，象設之謂也；安□動之心，俾諧乎一法，言教之謂□。□□□相則尊，所以祛其幻相；有言則大，由是辯其魔言。令蠢動廓然，見種種性，曰實曰權，歸乎一揆，付諸佛子，歷劫奉持，非師釋氏之雄者，其孰能與于斯文！

胡則《胡正惠公集・重修法輪院記》 夫巖谷窮邃，或生龍蛇；雲泉高潔，或居聖賢。廬嶽虎溪之間，法音靡墜；天台石梁之外，神應無方。皆所以抍濟衆生，登迴向地，誘掖羣品，趣歸依門。大千世界，實繁于兹。婺州東陽縣峴峰敕賜法輪寺，即其一也。始建之曰峴峰禪院。其峰峭怪，逾數千尋，其上砥平，廣十餘里。佳氣蓊蔚，迭爲形勝；飛泉激越，散作清涼。爰有神僧，環草而處，猛獸馴擾，常護左右，居人瞻仰，罔知名號。檀越章鐸，親訪靈跡，深加諦信，遂崇法宇，以廣金田。唐乾符三載丙申歲，締建既圓，誠請于上，果以峰名爲額矣。霜星易换，緇流履更，梵刹峨峨，千古如一。太宗太平興國八載，本院傳法僧久修，檀越章從紹，同士庶之心，操邑宰之命，恭召金華山智者寺重禮上人主領之。上人，餘杭人也，潔白僧行，通明佛果。學者參尋，若闇投燭；檀信親附，如渴就飲。于是堂集毳侶，厨豐天供。上人以悲心憫羣心，以智力勸衆力。與門弟子文懿、文鼎、文湛、文寵、嗣聰，重建僧堂、法堂，尊三寶也；次崇厨院、庫院，濟二時也；高大其門，專啓閉也；嚴潔其室，備澡浣也。以至道元年乙未歲始就。復有本邑信人胡細、厲號俱捐巨賂，同誓净緣，營立釋迦尊殿一門兩廈，咸平五年壬寅歲告畢。輪奂相宣，金碧交映，潼潼往來，目不暫舍。而又梵唄時作，香花間設，我慢者生精進心，調伏者證菩提果。得非神僧肇開于前，上人嗣興于後，聖賢居上，靈効昭然？大中祥符元年詔改峴峰禪院爲法輪院。善矣哉！郡邑改觀，道俗增信，植福之地也，垂于無窮。則以永樂縣君哀制，居苫凶間，靈泉院繼初上人鄉關碩德，布素舊交，三訪倚廬，請述記誡。且云重禮上人集本院僧誦大乘《金剛般若經》五千八十四卷，爲永樂縣君之冥薦，而啓予述作之誠心。荼苦之際，嘉彼精意，禫除之日，愧此鄙辭，聊記堅珉，用貽來者。大中祥符三年六月一日，朝奉郎、行太常博士、知温州軍州事兼管内勸農事、護軍、借紫胡則記。

《〔民國〕安徽通志稿・金石古物考》卷三曾會《梅山崇明院碑》 太極生而融結炳靈，則有形勝之宅；至人出而道德化俗，則有宴息之方。蓋由運無緣之慈，示不住之相。感地祇而無隱，致財力而自充，檀施翕歸，鬱興精舍者，其梅山崇明院歟！冠池陽之城，控建德之邑。岡巒連絡，遠自于乾奔；溪澗沿洄，直由于震導。左則九江屬縣，右則五柳遺墟。草樹秀而香，泉石靈而潔。顯德丙辰，即僞唐保大十四載，有釋師記者，圓機無滯，猶獨鶴之乘風；真性普明，若寒蟾之瑩水。得雲門之密契，旅秋浦以化緣。杖錫遲留，荆榛披構。草衣木食，期獨善于一身；海衆香厨，遽自豐于四事。檀那既廣，參徒益臻。遂以寶林爲名，旌其教也。太平興國己卯秋，報緣告盡，覺性無隳，二十四年，動無逾矩。法身非壞，蓋順俗以推遷；聖教難汙，必擇人而嗣續。有釋全通者，本枝東海，因土斷以係家；研味南宗，造寶林而隸業。雖其木叉之品，終懷石室之籌。高謝建康，獨居神足。專心師禮，不媿于曾、顔；密印禪那，莫知于能、秀。含章不耀，大巧無文。及夫道果自馨，理命幽付。綱條允緝，遐邇著聞。雖物力未張，而心謀已遠。越明年夏，敕改今號焉。天章焕乎山門，佛日光乎法裔。紹隆三寶，光闡一乘。克荷遺風，善持真教。真心浄業，有不可思議力焉。既而歲月貿移，棟宇摧圮。風雨有窘，香燈無嚴。信士成翰者夙植道因，信歸梵行。捨浄財如脱屣，構大殿以矗雲。乃謂歷氏族以外營，不若泯心機而玄運。匪出門徑，漸自脩崇。工傭屢豐，材力隨備。起于淳化甲午，環就八十餘間。伐木于靈丘，鑿石乎幽壑。陶寫□以疊翠，跨虹梁而聳空。藻井含章，金鋪布彩。屹若神造，端如化成。筭緡二千，課功三萬。因高就下，必順于天。然穴處巢居，不傷于□性；克叶幽贊，無愆素期。既而法堂、僧堂、厨庫、浴室、地藏殿、外三門、茶焙橋亭、迴廊從屋，審形面勢，含隱曜陽。窗户敞而虚徐，室寢重而窈窱。登降四合，高庳一新。聖相睟形，曲成于至妙；雲容山態，迸出于曾輝。每松風處之，如在兜率，得大安樂，良有以焉。先營莊産，雖勒碑文，遽此嗣興，復大增置，乃有吴衝、義橋、檀村凡三所，莫不土厚而水涵，力省而功倍。香厨薦入，率由巾鉢之餘；歲計無窮，但見京坻之積。則知秉持質直，自契于神明；運用圓通，遂臻于周□。□□無相，斯之謂乎！邑尹公孫公簡蘊蓄吏才，發揮像教。紅蓮幕府，遥□石笋之涯；緑茗得權，留委銅章之任。民謡載路，□□通方。援紀豐功，垂之不朽。銘曰：

大覺非覺，真空不空。太虚無外，諸相其中。威容既設，棟宇斯隆。江郡池陽，民封建德。澗藴泉靈，山迴地力。禪刹肇川，參徒□塞。□□導師，密印雲門。光啓精舍，傳持後昆。宇量風遠，莊嚴日新。肅肅靈儀，躭躭廣厦。香象時來，直□不夜。率自道主，靡由緣化。我田增置，以備齋羞。我堂閑敞，以奉優遊。施相無住、虚心自周。十室檀那，善根中□。一同宰官，貞方□護。□石崇明，永資潛度。

泉州觀察推官、承奉郎、試大理評事、知池州建德縣事兼監買茶公□□，大宋大中祥符三年七月一日建，院主僧全泰、監院僧全秀、焚脩住持僧全通、廬岳藍用和壬。

楊億《武夷新集》卷六《處州龍泉縣金沙塔院記》 金仙氏之教，有自來矣。天毒之國，實紀于《山經》，竺乾之師，嘗聞于柱史。西京名將，得休屠天祭之人；東漢諸王，爲蒲塞桑門之饌。道之行也，源遠乎哉！三吴奥區，控帶閩粵，魚鹽所出，生齒實繁。昔仲雍之翦髮文身，參以殊俗；劉濞之即山煮海，放于末游。加以勾踐之好兵，民性獷悍；益之東甌之事鬼，土風妖訛。自像法西來，漸被諸夏，此方士庶，佞佛尤謹。毁形變服，競爲苾蒭之飾；傾財破産，争修浮屠之舍。含福畏禍，革音遷善。水火或蹈，徽纆罔懼，而怵報應之説，堅信向之心。姦軌用衰，民德歸厚。《易》所云「神道設教」者，其是之謂乎！縉雲西鄙之邑曰龍泉，實甌冶子淬劍之地。土田膏腴，居人雜錯，山谷環合，習俗豪舉。版圖所載，提封萬井；舟楫僅通，懸流千仞。縣之南有精舍曰金沙，林嶺襟束，煙霞虧蔽，地形四塞，靡通鳥道。石門中豁，迴非人境，香火不絶，鐘唄相聞。聿爲道場，多歷年所，徒衆彌盛，堂構益隆。求之東隅，蓋有隙地，邑人李文進施財百萬，造塔七層。貨泉之費已殫，土木之功未畢。桑門延通，與其徒鴻顯，暨大姓李仁禄，共倡其事，薄斂于人。經斯營斯，載樸載斲，基扃環回而固護，堂陛崛起以穹崇。斲材也必取山木之良，礱之以密石；購匠也必擇雲梯之巧，賞之以兼金。極剞劂之工，加丹雘之飾。築室斯廣，蓋百堵之有餘；爲臺甚高，非三休而能詣。鳥鼠攸去，燕雀是依。名翬軒而欲飛，巨鼇兀以方抃。由余謂之使鬼，士茁疑其勝人。殆歲星之周天，始祇園之訖役。凡堂以陳賓主之次，室以備晏息之所，高門洞啓，回廊翼舒，庖厨載嚴，井榭攸設，舉其成數，凡四十間。湧塔屹于中庭，反宇聳于天半。泛朝日以增麗，蒙夕靄而如失。作鎮茲壤，垂厥方來。且以岳陽王感應舍利，李長者《華嚴合論》，匱而藏之，目之曰華嚴寶塔。舉其一而稱焉，亦取夫百寶莊嚴之義也。夫誠不果者物不應，志不篤者事不集。故霜隕燕地，風擊齊臺，誠之謂也；精衛填海，愚公移山，志之謂也。若通師者，奮空拳，創曾構。秉心固，必異石席之卷轉；致功微，漸同水索之鑽鋸。于是名豪居士，捐千金而不疑；織婦販夫，拔一毫而無惜。聚財致用，積日累勞。物力告窮，形勢總萃。非夫挺雞鳴不已之操，用蚍蜉時術之功，磨涅靡渝，顛沛于是，固將九年治水，厥功弗成，一簣爲山，中道而止。迹其所自，夫豈偶然！予乃知夫西方之言，有益于化，大雄之教，不虛其傳。矧于海隅，崇尚尤篤。以通師之善誘，以邑人之悦隨，譬諸靈臺，既克成于不日，將比棠樹，永見愛于斯民，豈只軒丘之獨神，孔堂之不壞而已！汝南周啓明者，郡之造秀，占數是邦，致書于予，懇請爲記。聊叙始末，以附諸地志焉。

楊億《武夷新集》卷六《潞州新敕賜承天禪院記》　景德元年冬，天子巡狩澶淵，駐蹕河上，始議和戎之利，慎柬使乎之才。乃詔西京左藏庫使、蔣州刺史、隴西李公繼昌，奉將信幣，克好盟好。復命行在，不逾浹旬。奏事宸居，沃心稱旨。時黄屋值流虹之慶，帷宫舉稱觴之典。執玉萬國，塗山無後至之刑；舞羽兩階，靈臺有偃兵之議。純嘏之錫，上帝是賚；富壽之祝，率土攸同。公因頓首上言，以上黨舊邦，卜居累世，有環堵之室，乃先人之廬，而自參表著于朝内，占名數于京邑，喬木猶在，高臺未傾，願爲仁祠，以施開士。增飾輪奐，肅奉焚修，庶以衆善之因，仰助無疆之算。上覽奏嘉歎，即命俞之。申錫璽書，旌以懿號，曰「承天禪院」，從其志也。夫箕裘善繼，前典攸稱；桑梓敬恭，先民所重。雖知樂之至，不忘所生；而似續之賢，由于肯構。矧壺關之壤，上應昂畢；羊頭之阨，北當燕趙。國俗尚武，人氣多豪。控山東列郡之衝，乃天下勁兵之處。悲歌慷慨，寖以成風，土厚水深，居之不疾，而公之先正，茲焉挺生。蘊翁歸文武之才，茂荀息忠貞之力。始事周室，迨于皇朝。功濟生民，道合明主。歷計相之劇任，處宣猷之上列，乃至正位機密，允輔大政。當太祖皇帝夙興夜寐，經營四方，料敵伐謀，指縱千里。前席借箸，允集大勳；持節建牙，出臨巨屏。功成身退，高朗令終。惟公經德體仁，象賢濟美，職在清禁，爵爲通侯。門戟鼎銘，昭閥閲之盛；朱轓佩玉，顯車服之貴。誓師邊徼，威肅巴賨；作牧藩垣，政成海岱。單介使虜，通玉帛之驩；三接承恩，居心膂之任。萬乘親倚，羣公傾慕，蓋所謂人倫之佳士，帝右之信臣者也。先是，公之載誕，亦在舊居，指樹尚存，藏環可驗。忝嘗奉祀，履霜露而長懷；井臼思歸，顧枌榆而永感。然而高扉納駟，奕葉珥貂，爽塏不遷，親鄰素擇。褒成徙籍，蓋出主恩；楊僕移關，敢罹特議？且深信内典，勤修白業。念昊天之罔極，報德無階；繄覺海之大雄，歸心有素。恭承明詔，肇開淨土。棟宇之制，侔七寶之莊嚴；苾蒭之徒，極四事之供養。匠石殫巧，天龍薦祥，金碧炫彩于晨曦，鐘梵交音于空界。問安之寢，聿爲道場；學禮之庭，更張法席。足以滋殖德本，發揮善利。香象負重，廣集彌天之流；水鳥談空，更同極樂之國。福祉之盛，豈可量哉？昔者南朝諸公，多割宅而爲寺；西域長者，競捨財以供僧。簡策相傳，風流未遠，貝多所記，報應非虛。訂公之爲，斯一致耳。生曩者，太尉先生居顯位，受厚禄，寵錫蕃庶，私帑充牣，奉身甚約，事佛尤謹。平飯僧七十萬，造千佛像。修紺殿以嚴寶刹，飾琅函以秘金文。又以方牘，摹印《金剛》、《上生》等經，施于四衆。山門禪苑，多所繕完；什器道具，率用營置。深達實相，不滯根塵。盡此報身，當得解脱。君子謂李公詒謀錫羡，源深流長。福履所綏，凡情叵測。何只積善餘慶，啓八世之莫京；定須當來下生，首三會而授記。父作子述，不其韙歟？予職在右曹，心師西竺。辱公之請，至于再三。僶俛揮毫，以謹歲月而已。時景德二年，歲次乙巳，四月八日記。

傅增湘編《宋代蜀文輯存》卷四謝用《重修資州法華院記》　若夫圓寂理證，乃超無學之真，方便教門，可度有漏之苦，斯則我古佛能仁之道也。虛無盡致，用通缺五字。□隨□，立感自天之祐，斯則我老子善濟之道也。移忠嚮國，爰彰繼世之功；行孝處家，可著揚名之德。斯則我缺六字。之道也。是故遺爲愚瞶，達是賢良，識三教之可宗千萬之一也。有本郡裴氏之子曰愈，徵其始，系出于顓頊之後。□□□□□。河東聞喜人，貞元五年進士，擢第宏詞科，應制舉賢良方正，有唐德宗朝開府儀同三司、守司徒、兼中書令、上柱國、晉國公、食□□□户、實封三百户度之遠裔也。晉公生五男，皆因官分寓他郡。長曰議，通議大夫、御史中丞、檢校户部尚書、忠武軍節度使、諫□□□等使、上柱國，襲晉國公、食邑三千户、實封一百五十户，賜紫金魚袋，寓昭應。兄弟并列方鎮。次曰譔，寓西京。次曰諗，寓寶鷄。少曰識，子孫分寓襄閬也。閬之所出，有見任皇朝大鴻臚卿、守西京留臺莊其人也。莊生奐，進士及第，直館閣。識生吉，任資州資陽縣令，因家于當州。吉生載，任當州銀山縣令。載生居仁，不仕。居仁生二男，長曰良，次曰弁，皆不仕。良生二男。長曰廣，亦不仕。次曰瞻，遇孟氏羈蜀，以武功靖列郡之寇，至昌州刺史、檢校司徒而薨。虎韜入智，蝟蟦呈祥，寧唯射戟之能，況負止戈之術。異閉閤而責過，可播通明；笑露冕以宣威，誠非人恕。瞻生四子。長曰審遇，任彭門軍倅。學以潤己，文能發身，陟郭槐麗水之臺，輔孟嘗還珠之化。仍傳孝悌，詠《白華》以融融；別著風流，折紅蓮而灼灼。次曰審述，歸皇朝補内員密直、檢校國子祭酒。力能扛鼎，箭可穿楊，既霑公禄之勞，兼頒庭臣之列。次曰審建，充殿直，因患退閑。方榮束帶，俄屬拖紳。慮成曳杖之虞，翻有歸田之興。少曰審通，身惟散逸，心不回邪。惡事人以折腰，乃放情而曲臂。審遇生二子，長曰恕，皇朝三班奉職，累監擢而卒。本修儒道，將欲雄飛。蓋逢亂寢之時，遂展見機之作。策勳有典，身已被于天光；制分無期，命難□于國爵。次曰愈，字損之，今之重修斯院之士也。執謙是德，視履有程。但循恬惔之徵，深得幽閒之趣。因其舊址，別構新規；奥捨萬緡，式資三寶。昔者彭門倅以先考昌牧有功及人，慮名積久而不彰，乃于承慶寺門興一院，題曰法華之號，建堂塑三教之像，僧廊房室具焉。至皇宋大中祥符六年，損之曰：「今上方恢張三教，斯院湫隘，不足稱乎聖化信奉之道。」尋聚材命匠，崇基度模，別建大殿三間，行廊、客廳、僧房、厨屋，都共三十餘間。及創砌堦，基石約三千餘□。昔爲濫觴，今成宏壯。住持有僧二房：長曰志能，道分二諦，術究三醫，廣度迷途，皆成釋子。次曰志昇，慈悲是行，崇熾爲心，效一力于善因，運群材于他郡。登山臨水，不辭辛苦之勞，以月繫時，尋極始終之事。其院也，高淩碧漢，旁引青風，登來而一道崎嶇，觀去而萬山重疊。下觀飛鴻之背，平流湍魄之輪。可豁勞生，宜澄世慮。下臨廣壑，東注長江。客帆之片片朝飛，漁火之星星夜鬪。賢不在野，莫觀垂釣之人；運偶昌時，寧有濯纓之士。于是高築台座，聳起三聖之像，蓋尊其儀也。鏝飾四壁，許繪人諸功德，延衆善也。夫事不可旌而旌者，僭也；物不可紀而紀者，昧也。如用者恥聞錢癖，勤入書淫。耕耘則冒雨破雲，歌詠則挨松坐訶。豈虞皇澤，來燭幽深。執簡而鑾竹俄捐，政服而村童共駭。今也，或承□命，許贊異功。雖人有庶幾之言，慮石出狂鐫之怨。時皇宋大中祥符九年歲在丙辰十月十二日記。

《〔光緒〕浦江縣志》卷一五釋清穆《普安禪院記》 左溪，浦陽之佳山水也。初，元朗大師道成行尊，思所以休息其身者，得左溪而庵焉。唐開元時，吾五世祖平，始與大師治屋室。天寶十三載，大師既就滅，左溪無嗣，居人惟于氏，中閒或衰，故左溪廢壞，寖不得復。國朝開寶中，吾祖伯昭傷先人之所爲，念大師之道場也，遂躬貧畚築，斬茅除榛，搜材發石，而漸復其屋室。上狀錢氏，請其名曰「雙溪」，又上狀請十方説法住持，願得杭州大比丘寶初者主之。皆從事未既，而吾祖亡，實太平興國八年也。吾父贈大理寺丞暠，乃竭其力而就其功。始於佛殿範如來諸大菩薩像，一切完備矣，粟蔬鹽醯，獨供給者四十餘年。嗚呼，古所謂善繼人之志、善述人之事者也！咸平二年，寶初師卒，以處州大比丘紹鈞嗣之，且以吾爲比丘。乾興初，紹鈞以疾去，衆以吾嗣之。祥符初，詔賜今額。天聖三年，始建三門，東西廡十五楹。七年，建大藏十六楹。九年，鑄大銅鐘四千觔。慶曆三年，建方丈六十楹，造檀香瑞像四身，紵漆天竺像一身，彌陀、勢至、觀音像三身。至於所謂方丈者，皆吾盡其心，而吾兄尚書屯田員外郎房相與成焉。噫！由開元到今六百年矣，吾院事始惟吾祖、吾父、吾兄與吾之所經營，不亦艱乎哉！自今以往，迨吾身之後，當擇諸方具德行知識者爲吾嗣。凡吾門内之子弟，其德行知識有若諸方者亦聽。其或不然，構朋樹黨，徼倖以求繼續，欲亂吾規矩者，在檀越大衆公之，可也公進之，不可也公退之。自初而下，可知也；自吾而下，雖百世可知也。金石有敝，此無廢已。大師之終始，有唐相李公華之碑存，來者足以觀焉。慶曆七年歲次丁亥八月望記。

夏竦《文莊集》卷二一《御書慈孝寺碑額記》 慈孝寺成，朝廷命史官頌故實，將昭銘於金石，永垂耀於文象。聖上穆清之暇，熏祓以觀，且曰：「先帝大猷，太后聖德，備在兹矣！非天下之妙翰，孰爲奇麗之觀？非朕躬之親筆，罔罄寅威之禮。」由是上自題額，命翰林學士綬書文。百工相趨，萬區載躍，以爲極帝王之能事，敦恭愛之大本，英華聖域，焜燿國經，巍巍乎亘千古而不朽者也。皇太后歎嘉睿志，濬發慈旨，申命史氏，識諸碑陰。臣聞聖人因親嚴以教民，故能感天地；本文治以化下，故能緯風俗。然則召至和之應，成惟幾之務，垂世烈而潤皇業者，必繇斯道。洪惟上聖，天縱多能。厥初啓朱藩，踐震邸，典學時敏，博志大成；及乎集丕統，迪詒謀，益復研精書林，垂思藝圃。探七經之奥賾，鑑百王之治亂。非仁義不圖於政，非禮樂不訪於朝。而又師臣勸講之餘，碩儒進讀之暇，寶跗在御，晝漏移刻。秦峰之篆，頡篇之楷，倒薤之妙，拂素之工，出自生知，動超神品。嘗以爲開元以降，御題碑榜，標桐柏以尊道，揭麗正以崇儒，未足以移雅俗之風，恢至要之體。故是寺之建也，飛白崇真之額，所以奉先猷，攄永慕，昭定陵之遺烈，以繼文而教天下也；玉篆慈銘之首，所以宣懿鑠，闡慈訓，尊長樂之美業，以愛親而訓四海也。昔羲畫八卦，以啓人文；禹錫九疇，以贊皇極。參之聖功，偕爲盛矣！若乃翔翬結宇，液金填畫。騰虬龍於螭首，潤雲露於翠珉。映調御之相光，陰詞臣之妙墨。奎躔婉其鈎曲，珠斗焕乎闌干。固將太一下觀，百靈潛衛，爲億祀君臣之法，昭兩宫孝愛之德也哉！臣忝貳近樞，荐拜嘉詔，仰欽累盛之懿，彌負重陳之怯。唯頌次典則，勒諸左右云。天聖六年八月朔日謹記。

夏竦《文莊集》卷二七《大安塔碑銘》 有宋封禪後十祀，建大安塔於左街護國禪院，從尼廣慧大師妙善之請也。今上寶元體天法道欽明聰武聖神孝德皇帝在宥之十有七載，詔史臣書其事，從尼慈懿福慧大師道堅之請也。妙善，長沙人，姓胡，字希聖。母既孕，不茹葷。妙善勝衣，志求事佛。馬氏之亂，略爲姬侍。嘗被毁逢怒，憂在叵測，默誦普門名稱，舍利見於額中，馬氏異而禮之。國初，宣徽使兼樞密副使李處耘南定湘川，得之郡邸。嘗以素誓未伸，斷穀謝病。夢異人曰：「我文殊也，汝第食，勝緣近矣。」明年處耘捐館，遂依洛陽天女寺，剃髮受具。往來兩京，高行著聞。太宗皇帝以椒塗之舊，錫以懿名，被之華服。大姓袁溥捨第起刹，賜額妙覺禪院，令妙善主之。自是肅禪儀，練律學，給瑜珈之會，演《華嚴》之説，五陟岱山，一汎泗水，皆中貴護送，傳舍供擬。皇帝巡狩河朔，刺血上疏，璽書褒嘆。是時萬年中參，恩愛異衆，宸闈進見，禮數踰等。贈中書令忠武公李繼隆每以保阿，尊事尤謹。洎元符降格，法御上封，妙善即朝日之郊，卜布金之地，諷甘露法品，祈東禪靈祐，帝意嘉之，賜名護國。天禧元年，湘東邃谷有鉅石，重累數十百丈，屹若浮圖，昔隱今見，詔遣使案視，建寺度僧以旌其異。妙善志往瞻禮，有大弟子道堅以師臘既高，衡陽云遠，懇留不已，先事以聞。翌日，妙善請告南遊，真宗曰：「汝老矣，何遽遠適？如來性海，隨處現前，儻有至誠，皆可供養。」妙善遂求建今塔，特詔許之。會江寧府長千塔成，繪圖來上，促召妙善于護國，將賜之。道堅在妙覺，地近先至，訪對稱旨，受圖以歸。首事創規，實始于此。由是涓日置臬，肇基寶甃，冶金礱石，作於地宫，將秘莊獻明肅太后所賜馱都，逮妙善曩得佛骨。會妙善示滅，盡以塔事囑累道堅。妙善享年七十有六，尼夏五十有五。宫闈震嗟，賻贈加品，建坊立刹，賜額寶勝，以道堅兼主之。道堅盡禮蒼皺，入謝扃禁，且陳妙善遺誓云：「此塔今世不成，來生願就。」先帝惻然，賜以潛邸珍玩三千萬直，仍命内侍分董其役。明年春，法堅製金襯寶函，納前舍利等入奉於内道場。贊唄三夕，兩街威儀導自滋福殿，帝薦香以送之。季商協吉，藏于石室。五年，繼賜乘輿副物貨鏹萬緡，以供餘費。乾興初，又以塔心殿楝須合抱修幹，既選未獲，貰於皇帝。上方以天下爲公，且重違其請，莊太后時爲皇太妃，乃以奩金五百萬輸於内府，市材以施之。天聖改元，内出明德太后寶器價二百六十萬，洎莊獻服用千餘萬付之公帑，易金銅，鑄輪蓋以施之。美哉！四門九級，岌業天中，十盤八繩，晃曜雲際。道堅又以圬墁雖畢丹采，剖劂未完，徧募檀信，獲緡一萬八百。洎法堅禀給餘貲三百二十萬以償其工。上繼志有嚴，奉先惟孝，宅心凝覺，追福太官。由二級而上，命奉安禰廟至宣祖皇帝四室神御，并列環衛，拱侍左右。自餘緣塔功德未具者，皆省服御成之。由是賢劫之象，薩埵之容，五佐星緯，八部人天，分次峻層，罔不咸備。七年功畢，詔賜茲額金榜，始嚴闉軿。臨視談贊五尼，賚紫方袍，并賜近院官舍九十區，僦直充供。明道二載，上給白金五十鎰，俾營獻殿。先有陳元虔捨僧伽像，張延澤施羅漢像，頗極精巧，精堅復建二殿夾峙於塔以奉之。又營諷《法華》、《孔雀經》二殿以次之。景祐中，上賜錢千萬，創二樓于塔前，右安特旨所賜龍藏，作香輪以轉千函，左挂莊惠所捨鐘樹雕格以維九乳。其斜廊壁繪羅漢迦文像，亦莊惠之施。粤自營創，逮夫圓成，則有宗藩施三門洎無量壽像，鄧國貴主施報身像，尚宫武氏施法身像，朱氏施藥師像，何氏施下生像，晉國夫人張氏施工繪獻殿壁，潁川郡君韓氏捨圃於西，戈水杜航捨地於東，及其季尚繼獻金録，壽春王文獻緡錢，義學比丘端琛指教相文字，比丘惟儼著塔録，吴門應德興爲匠石，皆道堅願力所召，共周能事者也。厥初妙善嘗夢塔相止於雙足，談者以爲上足善繼之祥也。塔成，忽一日遠望如失，靈祇環遶之異也。道堅，故通事舍人杜志儒之女。母，明德從父姨，再適故殿前指揮使、武成軍節度楊信，封隴西郡夫人。道堅生九歲即齋素，十有一求捨家，興國八年剃度得戒，明年賜紫伽梨，十有六授慈懿師名，嗣掌妙覺，月給俸料，三時賜衣，歲度僧薦紫各一。隴西夫人隨子剃染，期月歸寂。道堅天機警悟，資性嚴整，有大丈夫風槩。嘗誦《法華》千卷，《華嚴》、《首楞》、《浄名》、《圓覺》皆數百過，記憶教藏，該通大義。塔之規模，盡出智匠。總三院之務，安數百之衆，以慈悲攝嗔恚，以精通攝懈怠。故能念舉而物應，身動而衆隨。羣蘧表異，纖鱗示應。作大因緣，終始圓就。明道中，詔加福慧之名。嘗談經于觀文殿，有旨賜尼衆食料。道堅以爲出家分行，折伏驕慢，赴請之飯，猶起諸漏。彷徨移晷，切辭仰給，每院但受月廩作糜米十斛。聞者與之，謂其知分。夫以柔弱之賦，婉嫕之姿，其間具明淑之德，習師傅之訓，不過佩服詩禮，蹈履謙祗，體蘋蘩之柔潔，法山河之容潤而已。其能斷棄愛染，脱離塵垢，以堅固爲佛事，以勇猛趨實際，濬發心華，坐空蘊樹者，何其偉歟！古之后族出入宫掖，憑藉聲勢，狃忲恩澤，外交王侯，旁出姻援，不期驕而自速，靡羡侈而極懷，載之前聞，爲鑑來轍者有矣。其能委遠光寵，杜絶徼望，辭榮於宗屬，等志於貧賤，以喜捨化俗，以高潔自持者，抑爲難哉！宜乎萬乘待遇，六宫景慕，成支提之上緣，到無生之彼岸者也。於戲！是塔庀功二十年，規平三百尺，高二引有六丈，經用一億，旁廡佗舍，無慮五百楹。自非景祚和平，累朝信奉，設有大願，烏可成邪？是知諸佛慧命，其待時而興也。夫議者皆以爲聖上于是塔大美者四：中出寶幣，形民力也；日就勝因，暢先謨也；敦勸於下，使趨善也；命書厥旁，庸展親也。所宜鬼神潛衛，海域延仰，永集純嘏，施及懷生者焉。臣早預翻經，嘗更約史，仰被臺札，靡敢固辭。謹按塔者，梵云窣堵坡，此云靈廟。在乎諸天，則藏佛爪髮衣鉢；在於西度，則記佛降生經行演説圓寂之所。一以表人勝，次以生地信，三以報重恩。四果之位，能超三界，故有初級至四級者。如來出十二因緣，故極於十有二級焉。迦葉滅後，婆羅奈王起七寶塔爲作銘記，豈非刻石之識抑有初邪！或問古今哲王之導黎庶，不專講六藝，而參用三乘，豈其大抵同歸於善乎？臣嘗試論之：夫有生之源本始清净，寂則絶待於一物，感則資始於萬緣。至靈無方，至虚善應。覺者則圓通罔礙，湛寂自然。內不立於寸心，外無累於羣境。不爲世界之所流轉，不爲幻妄之所變移。迷者則奔馳萬有，昏翳五欲。習動而不能静，入業而不能捨。失本明而不知，沉諸趣而不恨。所以能仁愍之，出現于世。法不廣大，不能包種性；喻不善巧，不能破根蘊。窮理而至命，《象》、《繫》之旨也；率性而達道，《中庸》之意也。好生惡殺，仁義之均也；防非致和，禮樂之則也。聖人以爲外可以扶世訓，估生民；內可以澡心源，還妙本。所以崇其塔廟，尊其教戒。自東漢以來，歷世多矣。其間執分別之論，起歸嚮之疑，廢之而逾盛，毁之而逾信，豈非言詆乎不誣，理冥乎至當者哉！昔有人云：百家之鄉，一人持戒，則十人淳謹，百人和睦。夫能行一善，則去一惡而息一刑。一刑息於家，則百刑措於國。以此觀之，則斯法之來，裨我之治，蓋亦多矣！上具大智慧，有大威德。神道以設教，文明以化人。晏坐黼帷，鋪觀貝牒。信解出於天縱，悟入自於生知。指曹溪頓門，則言高達摩；覽竺乾半字，則義中悉曇。實玉毫之化身，託金輪而救物。未階鋪砌，孰望清光？而況投筆端闈，屬鞬遠戍。據案受簡，摩盾操觚。但緣外護之仁，少叙重熙之德。謹裁二十有四頌，以勒銘云：

於鑠帝宋氏，睿明繼臨照。百度恢大功，三歸崇正法。辰居憲紫微，東郊配蒼震。有大除饉女，肇營晏坐場。九級締層楹，兩朝施實玩。八觚回日月，百尋切雲霓。七佛儼金容，四聖崇睟表。瑑刻具千覺，圖繪周萬靈。鉤檻蔭璇題，高簷幕珠網。龍天乍來去，煙霞時蔽虧。我聞上帝宫，昔在莊嚴殿。八萬窗牖柱，衆寶極雕飾。曷若佛滅後，隨緣崇廟貌。設利羅如芥，蘇偷婆如果，有盤若棗葉，有像若麰麥。其福已勝彼，無量千百億。況惟此聚相，密邇於國城。樓觀相飛注，康莊四通達。宰官引鐃吹，公侯聯旆旍。都人集袂帷，王姬傳車水。流景啓清旦，行月麗中宵。幡影鋪九衢，鈴風聞百里。我願瞻仰者，應起大乘解，悟此見聞性，充滿於十方。我願供養者，應發菩提心，覺此煩惱燄，本是清凉源。我願掃除者，應生精進力，反此塵勞身，徑度禪定業。我願旋遶者，應作三昧觀，轉此顛倒想，頓入清凉慧。寂念以爲地，般若以爲基。正受爲花鬘，解脱爲寶篋，藏此無價珍，非空亦非色。遠謝修證垢，并祛照覺蔭。水澄滓乃去，火盡灰亦飛。法縛既解除，神通自遊戲。若於權實際，猶有一微塵。欲求見如來，尚隔須彌聚。佛祖秘密印，華梵微妙言。語默及思維，不越於此義。後之登塔者，應知建塔因。蓋表調御德，起發净信心。掩日不爲多，聚沙不爲少。但能復本覺，即成無上道。朝家光四葉，尊重於寶乘。真祖創妙緣，鴻禧昌厥後。吾皇授囊記，成此殊勝果。壽考億萬年，永庇大千界。

《〔咸淳〕臨安志》卷八〇胡宿《下天竺靈山教寺記》 粤若能仁出現，圓教流通，觀音機緣密契於中土，善財參禮徧歷於南方。曹溪傳於一心，天台宗於三觀，度門迭啓，叢林相望。異香旃檀居多於此岸，大乘氣象兼茂於他邦。豈非《離》之明、《巽》之聰，性爲般若，尤鍾於東南者虖？天竺寺者，餘杭之勝刹也；飛來峰者，武林之奇巘也。晉有梵僧慧理，指此山乃靈鷲之一小嶺耳，不知何年，飛來至此，挂錫置院，初曰「翻經」。隋開皇中，法師真觀增廣之，改爲天竺寺。其後大比丘曇超、道標，領徒唱教，名在僧史。唐末盜起，寺焚略盡，吳越王鏐因即舊址，建五百羅漢院。大宋之興，名山精舍，申易嘉號，錫名曰「靈山」。

祥符中，州人聯牒，業叩府下，請大士遵式領其衆，演天台教觀。式公辯博明解，遠近嚮慕，智者之學，自是益振。天禧初，文穆王冀公臨州，一見加禮，爲奏復「天竺」舊額。遄承可報，冀公親題其榜，筆力殊勁。且有敕旨，許作十方講院主持。還朝，又表其高行，賜號「慈雲」。仍施錢萬緡，爲營佛殿。雄盱赫敞，岌然翚飛。未幾，侍郎胡公繼典是郡，又捐己俸，助作三門，分施峻廊，翼其左右。檀施風偃，莫不喜捨。於是哀合衆施，環構衆宇。殿之後曰法堂，其右曰僧堂、曰金光三昧堂、曰老宿堂，其左曰厨、曰庫、曰浴院、曰延壽堂，及東西繚廊六十楹，井匽舂磑之所，最凡百二十餘區。皆匪亟而成，觀感以化。至於金像模肖，莫不奇特。又造旃檀觀音像置三昧堂中，慈相穆如，智者之遺法也。初，寺有檜樹枯死，至是柯葉復茂，衆目之曰「重榮檜」，乃蘭若中興之兆。慈雲告老，菴於東嶺，傳寺事於明智大師祖韶。韶公亦宿植德本，密資覺力，延棲海衆，宴坐道場，二紀有餘，百事無曠。天聖中，兩宮外護，三寶焉依。清淨之風，大流率土。吉祥之地，首眷茲山。乃詔乾元、長寧二節度僧各一。明道至皇祐間，二遣近璫黄元吉，捨施檀香縷金佛、菩薩、羅漢等像五十二身，釋迦、文殊、普賢、阿難、迦葉琥珀像五身，又施西天靈塔、佛骨、舍利、白氎等。仍賜飛白御書六軸、飛白御書扇子等。且有中旨，每歲增度行者一人。韶公欽承聖施，寅奉墨寶，於法堂後建御書閣三楝，以虔香火。閣之東西，建方丈二十區。北敞虚檻，正面鷲石，名勝游士，多至其下。又於殿之前建鐘、經二臺，東西對峙。三門之左，構五百羅漢院，右建天台教藏院，後曰看經堂。北曰泗洲菩薩殿，後曰茶堂，亭軒房廡之類，亦百有二十餘區，茲又明智纘諸檀而續之也。前後輪奐，表裏華潔，鐘梵通於宵漢，金碧照於巖谷。新澗春夏，衆聲睜然；靈峰蚤暮，雲氣馥若。疑神物之有護，信靈仙之所隱。大哉！佛以無生之心，體無邊之行，顧應現三界，拔濟衆生。殫土木之莊嚴，未有以稱其德；盛金石之篆刻，不足以究其功。居之者當感被王靈，念承法蔭，思耕鑿之苦，省肯構之勞，開發大心，紹續慧命，以三摩奢爲浄體，以六波羅密爲妙用。渡河沙之衆，圖報佛恩；宣海潮之音，答揚帝力。緒餘妙利，延被有情。則此寺之崛興，與茲山之共敝。韶公以某雅塵禁職，緬慕宗乘，見託以文，且記其事。至於龍潭猿澗，一丘一壑之勝，則有陸鴻漸《山記》在焉，今但記其置寺之本末云。

《〔光緒〕慈溪縣志》卷四二虞僚《重建蘆山寺碑記》景祐三年五月　如來以平等心除一切虚妄，以真實相斷一切煩惱。悟者得解脱，迷者謂之障閡。是故表上乘法，示大人相。毘耶杜口，得意之路爰闢；達摩掩室，息言之津特啓。然使布施以廣義，持戒以守信，精進以思敬，禪定以守静，忍辱以爲謙，智慧以通理，苟或宏茲六度，頓紓三災，妙物之功自茲而識，太極之致由是而通。長者輪園，俾依歸於象教；山神環地，使崇飾於善因。大哉！明州慈溪縣西南隅，崖谷共清，風泉相涣，前林後麓，左巖右壑者，曰蘆山。昔人以地勢爽塏，山形崇秀，誅茆墾壤，命匠度材，創爲法廬，□寂居清。重軒藻井，上亘於層霄；碧瓦朱甍，下離於塵壒。逮夫端拱之始，焚修大德法諱惠蘭，安處是地，傑出於衆。孜孜而勤於道，矻矻而幹其力。良募輿人之貨，搆成我佛之堂。勤劬告周，輪奂茲在。及乎歲歷浸久，隳壞有聞。雖衆厦尚存，獨中殿其橈。以爲物不終否，否極則泰臻；事無久廢，廢極則興作。迨天聖七祀，有徒弟光教、大德惠澄，夙稟善根，都忘外慮，平心無累，舉止弗閑，有毁必修，有損必葺，同議厥殿，鎮此精藍。締構以來，葭灰屢易。雖風雨聊資以庥庇，乃榱桷並傷於腐摧。敢起菩提之心，遍干達者之□。庶令革故，用得從新。遂得檀越孫承霸、陸承綰、錢公實者，皆猗頓之徒與，宗族以孝行稱，鄉閭以仁義睦。聲塵之累不離，慶善之根頗深。各修美世之緣，豈拒來者之請。然乃足衣足食，尚可爲也；自來多福多男，不亦宜乎。於是同抽浄財，約至百萬，命民畜衆，程土度工。班輸之藝翕陳，豫章之材間出。日之一日，天聖十年，厥工告成。畫檐由是翼舒，芝栭所以綺焕。駭多寶之湧出，善化城之屹然。□□抗中，長挹虹蜺之照；金人列内，並染丹青之文。以謂萬法本空，因心而立相；六塵不染，見性以觀真。既成大事之莊嚴，修道一方，故令群有，各遂瞻新。福之基兮興隆，禍之胎兮頓滅。苟非妙果，安濟群迷。笑百和之薰，所以道忘機而濟塵劫也；揚九乳之韻，所以降天禪而極地衹也。設或八正不開，則何以庇失道；五衍不極，則無以越逝川。耀慧日而蔭法雲，振綱而維絶紉，使緇素秉心而護法，俾民氓覩相而生善者，夫住持沙門自懷幹日，其能共畢斯宇，豈徒然哉。欲迄來於海衆，□頓錫於茲地。捧香花而參祖，演法身而□人。誠乃良緣護我，正道息心。了義而終，焉遊集矣。僚萍跡不羈，來居是邑。猥辱慈懇，請以爲記。敢叙開告，勒於貞珉。時景祐三年丙子五月甲午望日記。福川承福禪院同勾當僧行瑠并立石。

余靖《武溪集》卷八《韶州曹溪寶林山南華禪寺重修法堂記》　孟子曰：「聖人者，百世之師也。」蓋至聖之道，高深廣博，百世而下，遺烈猶存，賢者襲其規模，學者窺其户牖，此其所以日鑽歲仰，歸之無窮者也。然而道之大者，必久而後隆；事之美者，不一而能具。昔者六祖大鑑禪師初傳信器，歸隱海嶠，混迹弋獵，艱難備嘗；及其建梵宮，登師座，敷陳真覺，開導人天，其亦勤矣。滅度以來，四百餘載，雖千燈繼照，光徧河沙，而布金遺址，筌蹄寂寞，向非睿哲當天，英材接迹，講求世務，餘力佛乘，曷能恢復宗風以續先軌者哉？天禧四年，前轉運使、起居舍人陳絳上言：「曹溪演法之地，四方瞻仰，歲入至豐，僧徒至衆，主者不能均濟，率多侵牟。乞於名山僉選宿德，俾其舉揚宗旨，招來學徒。」制詔曰可。於是南陽賜紫僧普遂首膺是命，莊獻皇太后、今皇帝親遣中貴人詣山，迎致信衣，禁闈瞻禮，遂師得於便座召對移刻。陛辭之日，賜號智度禪師，錫以藏經、供器、金帛等，當時恩顧，莫與爲比。歸作衣樓藏殿，以示光寵，餘亦未遑開緝也。遂師即示，中旨付荆湖南路博訪高僧。今長老緣師自南嶽雲臺山再當是選，紹光正念，宣揚了義，居者蒙潤，來者如歸。乃擊鍾而謀曰：「嗣其業者爲之子也，誨於人者爲之師也。子之克劭，然後起家；師之不嚴，何以尊道？此世教之所以壯堂構也。日明月暗，墉墍户通，因分別以見塵緣，視頑虚而識空性，此梵刹之所以崇堂宇也。」由是蓄羡餘，廣購募，窮山跨谷，以求棟幹，殫能極藝，以召匠碩。協定星之期，觀大壯之象，材得以呈其美，工得以肆其巧。計廣以席，度深以筵，外像祇陀之居，中施師子之座。尋聲至者，圜立於前；如渴飲河，滿腹而去。嗟乎！聖不世出，故微言易絶。昔仲尼生於鄒魯，去世未久，而楊、墨、申、韓，各就其術，爲異同之論，以戕賊教化，所賴荀、孟大儒，開陳仁義，然後君臣上下，大倫以篤，夫子之道，不絶如線，况其遠者乎？如來生於西域萬里之外，寂滅千歲，教乃東被。而語皆重譯，書不同文，故翻經着論，得以紛綸其説，昏遇迷妄，貪着福報，淪家耗國，棄實趨權。亦賴諸祖以實際理地密相付囑，然後知佛不外求，見於自性，造惡修善，俱同妄作，所以遣空破有，不陷邪觀者，宗乘維持之力也。不然者，天下嗷嗷奔走，有爲之果，何能已乎？初，大鑑以諸佛大法眼藏傳清源思，思傳石頭遷，如是展轉相傳，至今長老緣師，爲十世矣。佛教之來中國也，達摩最後，諸祖出世，各分宗派，而曹溪之胄最衆，乃知道在乎要，不在乎先後矣。緣師，興元南鄭人，本府出家受具，得大乘之要於漢東祚師，遂振錫至於南嶽，郡將邦伯，悉飲其名，乃於唐興、南臺、雲蓋三啓禪師，稱爲嶽中之冠。及被朝旨，乃克歸紹本統而肯其基構，六祖之道由是中興矣。前所謂必久而隆，不壹而具者，有待而然也。緣師狀其事，請辭鑿石，以圖不朽，且予里閈所託，故於辭爲備云。康定二年十二月日記。

余靖《武溪集》卷九《惠州羅浮山延祥寺記》 名山大川，方域之鎮，必藉異人以光其圖諜；達才通識，稠衆之表，必託有爲以播其績用。二美胥副今爲難。羅浮山者，越之望也。蓬萊一峰，堯波所蕩，附麗於此，《水經》之怪録也；良常諸洞，吴郊之秀，岫穴相通，真唼之秘談也。曰浮屠西來，蔓延中國，塔廟嚴飾，徧宅形勝。兹山精藍十餘，而延祥之基最古。梁朝有頭陀僧景泰，不知何許人，薙草屋之號焉，朝遊南海，暮宿羅浮。大同中始建寺額，以其峰頂二石，望之如樓布金，所居適在南峰之下，故以南樓命之。唐開元二十六年，西域僧乾末多羅以鐵肖釋迦真像，浮海而去番禺。天寶二年，中貴人何行成以祠事將命，遂迎其像置山。歸，以珍柑入貢，因得御署其門曰延祥之寺，仍開明月戒壇於寺之右。凡嶺之南，落髮壞衣者，悉受具於此。武宗朝例削其籍，咸通恢復，而地歸中閣，別揭南樓之名於山之西。延祥再造苦晚，故久不競，然亦不敢父子私自相傳，必擇什方名德尸之，以俟來學。初，鐵像之來也，扶土以具其四體，及祥符初，住持僧彦課乃購金雇工易之以鐵，而像始完。彦課卒，州以興議，請今長老雲達紹隆禪席。達師桂州陽朔人，幼聰悟，師事同郡褫禪師，既削髮，即遊方至筠州洞山，寶禪師付以大乘之要。既而曰：「生本無物，何有本鄉；悟在於心，豈須戲論？」遂優遊南行，至於海上。有黄龍洞者，山靈絶境，人迹罕到，可以逃聲名，去思慮，於是結茅而居，期於自得而已。俄而學徒推戴以登師座。既尸其徒，則專其憂。括囊而來者，居於我乎要；持盂而求者，食於我乎仰。於是募信心以施其財，召匠指以利其器。審高卑，面平曠，鑿户牖，陶瓴甓，取於堅完，不務華麗，日廩歲資，悉得其度。康定元年，達公自袖其狀至於曲江，俾予書之，歸爲福地之識。明年，予因經途詣山，於其南得張鸞之碑，而知其名之始；於其側見明月之壇，而知其制之古；於其堂聞達師之問答，而知其言之當。乃曰：「道如是，書之無愧詞。」康定二年六月日記。

王昶《金石萃編》卷一三四釋普莊《聖宋江寧府江寧縣牛首山崇教寺辟支佛塔記》 牛首雙峰高插雲漢，實金陵之巨屏，東夏之福地。林樹葱鬱，泉石相映，聖賢大士，多所棲宅。故宋明帝嘗問道林誌云：「牛首有何神聖？」曰：「文殊領一萬菩薩，冬居於此，又辟支迦入定之所，即稱爲佛窟。寺上有巖洞，幽濬磅礴，中鎖真隱，世傳辟支宴坐之洞也。西竺曰辟支迦，唐云緣覺。因觀十二因緣而覺性明悟。」又云：「獨覺觀四時之凋變，知諸識之何依。無師自悟，稱之獨覺。」其或靈山隱秀，名洞棲真，因其所居，即爲化境矣。若夫道之污隆，地有興替，得其盛者，繫於人焉。當寺自天聖年中，有僧德銓，戮力自效，遍慕擅信，欲於山頂建造塼塔，以標勝迹。歲月兹久，工力未就。乃有府城信人高懷義，嘆之因循，慨其湮没，遂集衆力，同而成之。即於洞前按圖定址，審曲面勢，下葬舍利，上建塼塔，總高四丈五尺，中安辟支佛夾苧像一軀，粹容儼若，寶塔高妙，瞻者覩者，罔不發菩提心耶？噫！人之生，以寒暑之勢，朝營夕謀，豐衣厚食，不圖一善。至於齒齔髮華，乾没於世者有之矣。若高氏生能構斯善，鳩舉衆類，建是塔，作是緣，鎮此名藍，標於勝概，是不朽之矣。長干圓照大師普莊，因覩斯善，合掌讃嘆云爾。皇祐二年，歲次庚寅，春三月三日起工，八月望日落成，後三日謹記。興塔僧德銓，殿主僧德勤，維那僧德誠，寺主僧處真。李整刊。

文同《丹淵集》卷二四《邛州鳳凰山新禪院記》 臨邛郡西北，皆大山所叢，衍迤磅薄，深蟠遠走，直注大渡，限迥蠻詔，鬱如雲煙，湧如波濤，晴光陰嵐，明昧一屬。其間孤峰崒然，傑立豪崎，首領崕巘，腹背崔阜，翼開長巒，尾掉高岡，繁林茂樹，緑蘿纈菜，圍擁森合，綷若毛羽。地志書之曰：鳳凰山者，蓋前人嘗以狀而名之爾。唐有契覺道人，艾草鑿址，構菴此地，日禮《華嚴》秘典，以作佛事。嘗汲泉澗下，頗念其遠，有虎爲之擘地出水，澄潔甘凛，悉異他所。發源甚盛，於今賴之。會昌之厄，屋撤人遯。天成中，僧簡栖與錢、高二術士築壇營爐，鍊丹絶頂，不設梁柱，竅石以居。藥就而去，人跡乃滅，但有範坪，不陷不圮。國初，道士皇甫氏就其所興之地爲玉皇觀。開寶中，廣漢可尚善説修多羅了義，有詩名於蜀。與道士善，嘗遊此，愛之。道士亦謂：吾教澹泊，依嚮者少，地方壯猛，非列精廬、會大衆、習佛乘、演法義者，莫敢居此。遂以施可尚，易名曰草堂蘭若。尚傳聞慧，慧傳仁映，映傳允順，凡四世增葺。有屋無慮八十楹，堂殿、寮閣、庖庫、齋館種種悉具。嘉祐三年春，順既物故，其嗣遂絶。法如是者，畫輪之官。知郡事、祠部員外郎、秘閣校理李侯大臨，惜此伽藍，遂入民籍，乃以狀聞於大帥，端明殿學士宋公祁，願以本郡白鶴山中谿禪師淳用主之。公隆法嚮善，樂受，乃請盡舉其地以畀於師。師梵行高特，有聲南土。持大法眼，回矚鄉社，迅機敏語，導接無倦，拂蒙去蔀，領會者衆。受山之日，遠近白黑，咸此赴助。景氣明霽，崖谷軒豁，若有神物，踴躍衛護。螺鼓之會，遂不虚日，禪悦法樂，皆自滿慰。方便之化城，解脱之道場，於是乎在。師以余昔從事此郡，嘗歷覽勝境，今復倅州事，具曉本末，謂記此者莫余之詳，署狀丐辭，所懇精至。因語之曰：道以人存，地由法盛，增福持慧，圖爲永傳。師固已知之矣，余何暇喋喋哉！其或叙山之靈勝，述累世傳山之人，紀師爲第一代住持，此略備矣。嘉祐六年五月十五日記。

蘇頌《蘇魏公文集》卷六四《温州開元寺重修大殿記》 古聖人立言垂教，皆所以長世而利物也。至若道被幽顯而不遺，事見久遠而易信者，其惟浮屠氏之法乎。自中國達於蠻夷，自郡縣至於鄉聚，凡在含識，無有愚智，一聞其説，靡不歸誠而信向焉。由漢迄今，千有餘歲，雖世教有隆替，而佛事未嘗廢絶者，以其爲道一本於人心。人心欲安樂，則曰積德重者能享之；人心惡罪苦，則曰殖福厚者能去之。故塔廟佈於四方，像設備於家户，猶以爲奉之未至也。今夫吴、越之俗，以薰修相勝，至於傾竭財力而不爲勞，崇飾土木而不知止，是孰敺之使然耶？皆至誠悃愊，生於信心，故莫之能禦也。先是，永嘉郡火始作於民廬，延及官寺，遂逮僧舍。所謂開元寺者，東南之壯觀也，一旦煨燼，人用愁戚。其欲興造，切於己居。寺僧擇隨素有行願，知衆人之所欲爲也，於是盡發私橐，以圖修復之役。且謂築室者始乎成寢，治寺者先乎抗殿。乃即故地，規創新宇，料工度材，初亦無求於外。而郡之大姓聞風響應，願心而樂施者，不謀而同焉。締構既有日矣，適會擇隨順世，其徒曰有英等六輩，閔師之艱勤，齎志而殁，共誓勠力繼成其事，指期促辦，卒亦如師之素焉。粹其資費，幾數千萬。凡爲殿之堂室，暨四旁環屋曰遊巡者，總三十有一間。其崇七尋，其深倍之，其廣益深之半。中楹塑大像者三，左右立像者十。妙嚴之相，高廣之坐，瓔珠之具，金采之飾，一倣其教之所述焉。既而緇俗競勸，合爲廊宇房闥者，繼踵而畢事。不及三年，重門周閣，廣居大厦，巋然如初。而閎侈巨麗，又非疇日之儗也。按寺本東晉郡人李整之所捨宅也，歸佛於大寧之二禩，得號於開元二十六年中，廢於昭肅之初，復造於宣皇之季，火於治平之乙巳，完於熙寧之癸丑。六百年間，再毁而再復，終不可廢也。向非人情之所欲爲與僧志之不可奪，則渠能集大緣於一時，復已廢之頽址耶？夫人情之所欲爲，功雖大而易就，蓋不强之使然耳。下之人能不强人者，其興事也猶若此之速。然則爲治者亦有不强人之政乎？以之興事而就功，況於是其猶反掌歟？熙寧十年三月二十二日。

楊慎《全蜀藝文志》卷三八吴師孟《大中祥符禪院記》 一真無相，窮理則非空；萬法有爲，要終則不實。然而證於無者孰能離相，資於有者安得不爲？諸器世間，一切法爾。敕賜大中祥符禪院者，唐元和聖壽寺三十院之一也，然自係賜敕額，不隸於寺焉。孟昶爲蜀，檀越主樞密使王處回字亞賢之所建也。僞廣政九年丙午歲，實晉少帝開運三年也。亞賢捨私帑買毗盧、百合、法寶、羅漢、七俱眡等五院，合而爲一。其年七月二十四日僝工。締構之初，鼎新大壯，一椽一甓，皆不即舊。至十三年庚戌歲二月迄成，土木之盛，冠諸羅摩，號曰崇真禪院。佛殿、法堂、僧堂、客館、齋廳、浄厨，乃至波演那舍、應用什物及諸犍椎，罔不備具。自開運以來，名畫事相，偏滿其間，輪奐瀟灑，實大殊勝，無慮四百楹有畸。僧堂南北構二堂、二龕，蓄秘典兩藏。時有一老人自來應募，頗矜其能，伐石爲龍，磐繞龕下，活狀蜿蜒，巧制精絶。夜輒光怪，觀者駭異。而老人不取傭直，唯日食須魚及水中之物。功既畢而不知所詣，人皆以爲龍所化現，自鐫其象云。僧童之籌七十，成都縣文學鄉負郭水田七頃，華陽縣金城坊賃院一所，皆充常住，歲入租斛，月斂僦緡，以備蒲尼繕葺之費。始，亞賢之子曰秘書少監德琦，建白知府、侍郎吕公餘慶，請靈龕山諗諲禪師住持。諲傳小師懿爽，爽傳德嚴，爲都監寺。至道乙未，順賊既殲，德嚴詣闕陛見之日，太宗嘉獎，面賜紫衣，號圓明大師。仍許復歸，住持本院。祥符元年歲次戊申，轉運使、刑部員外郎施公護奏賜今額。嚴既圓寂，院付小師仁璲，以管内都僧正主之。璲傳崇教，教傳守則，則傳守謙。則、謙皆八十餘歲矣。知府、龍圖劉公庠以今都表白賜紫惟古浄行純裕，緇白信向，特給符牒，俾之住持。先是，崇教舊已磐石，欲俾師孟紀叙建院賜額之因，久而未克。今兹古師又能追繼祖師之志，復以識文及書丹見屬。師孟自念昔者先大父與圓明有方外之契，嘗爲親題院額，於今手澤存焉。重愧二師之勤，其敢以淺陋爲解？熙寧十九年記。

劉攽《彭城集》卷三二《太原府資聖禪院記》 惟元聖以神武撥亂，出民塗炭之域，所乘者時也；惟大雄以慈悲衍法，濟民生死之海，所會者因也。大治道陵遲，彝倫斁敗，方隅幅裂，聲教否隔，運極數還，乃復壹統。故西伯崇壘，再駕而後服；武王牧野，一戎而大定。聖人不能先時而亟其欲焉。四生異禀，五蘊殊感，空性迷没，邪法肆行，德非宿殖，莫聆真諦。故舍衛吃食，肇沉一音；毗耶問疾，乃至不二。如來不能無因而唱其端焉。在昔僞漢竊號，盗有汾晉，資魏氏河山之寶，倚并州兵馬之盛，曰實夏隸，蕲亢劉宗。及衆正龔行，小腆負固，藝祖無剿民之念，神宗收卒伐之功。而後氛浸清蕩，書軌無外。遷商餘民，用誥多士；本堯舊俗，謂之唐風。自是里閭逸居，田畝昏作，中外一體，遐邇褆福。世歷三紀，重熙累洽。邑具五民，既富而教，明則禮樂，幽有鬼神。習豆籩而率職者，必惟新於後生；祚金革而强死者，或未悔於前日。益兹象教，用照大迷，上以儲二后之冥祐，下以副兆姓之洪願。蓋資聖禪院，是始權輿焉。然則元聖建功，循斯教於休命；大雄妙覺，繇信向於方來。乘時會因，不其然乎？故知弁冕端委，莫匪帝力；塔廟莊嚴，則爲佛土。於是中外虚心，甿庶就義，崇兹勝果，底於日新。詔發秘藏，申錫舍利。既而肇建兹廟，儀形天表。軒臺靈威，懔懔如在；帝梵極樂，亹亹現前。嘗試揚搉，以告比丘。惟此晉國，始封叔虞，疆以戎索，啓之夏政，孰若清浄寂滅，至於無争。闕翬密鼓，分器之薄，孰若示現靈迹，持以堅固。九宗五正，域民之陋，孰若四衆招提，十方無礙。而況有先王之别廟，實曰都城，稱使者而侍祠，付之官守，兼是數者，其亦盛哉！自禪院初建，敕選名行僧二十八以充供養，歲度學者，并錫命服。暨舍利之降，始創鴈塔。劫火變壞，更置寶閣。及太宗神御落成，輪奐蜎蠖，金碧照爛，中人營辦，冠蓋相望。爰田上腴之賜，蠲其國征；邸舍廛欸之布，厚厥緡算。上恩賚予，至於再三；歲計會最，始盈千萬。其餘則元臣巨公，競加外護；里豪居士，樂輸檀施。於是高閎大廈，長廊邃宇。經行禪誦，香積宴座，各有攸處。矩模畟然，鱗次翼舒，星陳棋布。始由工度，儼若化城。自天聖初元至元豐紀號垂六十載，能事斯畢。總若干間，以殿名者幾所。鐘樓、經閣、香壇、廳事，凡若干名。於以資薦純佑，弼成鴻化，豈特憂深思遠之俗，益知用禮；權變縱横之士，舍其業結。抑自實沈曠林，悔懺尋戈之咎；負貳盤石，解脱囚械之苦矣。丞相韓公某，樞軸均逸，開封作牧，分閫秉鉞，威憺殊俗，惠孚小民。禮賢下士，常若不及；博古求舊，未之或遺。僧正檀江總持浄衆，綿歷歲月，緣化積累之勤，經營卜築之盛，不愆於素，率與有勞。求刻珉石，以垂不朽。公嘉允其意，樂道人善，以愚有志鉛槧，見命刊述。某晚聞道要，無所折衷，能讀書史，豈曰多學！爲之歌唐，竊季子見微之妙；其若有佛，愧靈運先成之知。辭不獲免，因直書云爾。

釋契高《鐔津文集》卷一四《武林山志》 其山彌杭西北。其道南北，旁湖而入。南出西關，轉赤山，逾麥嶺、燕脂。北出錢唐門，躋秦王纜船石，過秦望、蜻蜓二山。垂至駝峴嶺趾，左趨入袁公松門，抵行春橋，橋西通南之支路。過行春橋垂二里，南北道會，稍有居民逆旅，行人可休。益西趨二里，入二寺，門偪合澗橋。過合澗、龍迹二橋，自丹崖紫微亭，緣石門澗，趨冷泉亭，至於靈隱寺。流水清泚，崖石瓌怪如刻削，乍覩爽然也。自合澗橋南趨，更曲水亭，并新移澗，距天竺寺門。西顧山嶂重沓相映，若無有窮。靈隱，晉始寺之，禪叢也。天竺，隋寺之，講聚也。其山起歙，出睦，淩於杭，西南跨富春，西北控餘杭，蜿蜒曼衍，聯數百里。到武林，遂播豁如引左右臂，南垂於燕脂嶺，北垂於駝峴嶺。其山峰之北起者曰高峰，冠飛塔而擁靈隱，岑然也。高峰之東者曰屏風嶺，又東者曰西峰，在郡之西。又東者曰駝峴嶺。俗謂駝宛，乃語訛也。其高峰之西者曰烏峰，又西者曰石笋，又西者曰楊梅、石門，又西者曰西源。亦謂西庵。支出於西源之右者曰石人。其峰南起，望之而藹然者曰白猿，左出於白猿之前曰香爐，益前而垂澗者曰興正，右出於白猿之前而雲木森然者曰月桂。白猿之東曰燕脂嶺，白猿之西者曰師子，又西者曰五峰，又西曰白雲，又西者曰印西南。印西向前走，迤邐於武林之中者曰無礙，又前者曰善住，并善住而特起者曰稽留。俗謂雞籠，乃語訛也。其稽留之西者曰蓮華，有巖號玉女。其蓮華之東者曰飛來峰，乃西域異僧惠理所謂「此吾國靈鷲小嶺之飛來者」也。昔多靈仙隱焉，乃呼白猿而驗之。南屏天竺而北嶂靈隱，其巔有天然石梁西跨，其中有巖焉洞焉。洞曰龍泓，曰香林，巖曰理公。龍泓，前者北瞰，後者東出，謂其潛徹異境，絶浙江下，過武林。然南北根望而起者孱顔，大有百峰多無名，其名之者唯二十有四，與城闉相去十有二里，周亦如之。秦漢始號虎林，以其棲白虎也。晉曰靈隱，用飛來故事也。唐曰武林，避諱也。或曰青林巖、仙居洞，亦武林之别號耳。然其弗鬱巧秀，氣象清淑，而他山不及。若其雄拔高極，殆與衡、廬、羅浮異矣。其山八九月，每夜霽月皎，則天雨桂實，其壯如梧桐子。其水南流者謂之南澗，北流者謂之北澗。自合澗橋至於白雲峰之趾，凡八逾橋，其七石也，其一木也。北澗自龍迹橋至於西源峰之趾，凡七逾橋，其四石也，其三土木也。南澗源白雲峰之麓，東注會他支澗，逾第八橋之西，復東注，會奚家澗，入新移澗，出閘口曲流，北之合澗橋。北澗源西源山之腹，東注過騰雲塢口，稍偪楓樹塢口，湍於第五橋下，浸飛來峰趾，匯於西塢，漾渟於洗耳潭，豬於渦渚東嶼，亦謂之暖泉也。潋灩於冷泉亭下，經呼猿、石門澗，瀵激於伏龍泓，過龍迹橋下，東注與合澗。又東注，越二里，過行春橋下，出靈隱浦，入錢唐湖，古所謂錢源泉出武林山，此其是也。南北之澗雖多，多無名，然皆會二澗。其并南澗而入者曰南塢，南人謂谷爲塢，谷音浴也。并北澗而入者曰北塢。而北益有支塢者六，曰靈隱，曰巢楊，曰白沙，曰大同，曰騰雲，曰西源。是六塢者皆有佛氏精舍，曰靈隱，曰碧泉，曰法安，曰資嚴，曰辯利，曰無著，曰無量壽，曰定慧，曰永安，曰彌陀，曰吉祥，曰西庵，其精舍凡十有三。缺一名。其十者在支塢，其三者廢；其三者宅正塢。南亦有支塢，皆有精舍，曰天竺，曰興聖，曰崇壽，講聚也；曰慶寧，曰永清，曰金佛，曰德澄，曰福光，曰天竺，禪叢也；古觀音氏垂象，與人乞靈，曰永寧。其精舍凡十，其五在支塢，其五廢；其五宅正塢。諸塢皆有居民錯雜，其殷處幾成村墅。然無坂懇，不牧牛犢羊豕，水陸不甚汙。其人不事弋釣虞獵，以樵蕣自業，然同其在古潔静清勝之風未嘗混也。其俗在南塢者窮於白雲峰之巔，在北塢者至於西源則坡陀西趨西溪，南通南蕩。其泉之南出者，曰月桂，曰伏犀，曰丹井，曰永清，曰偃松，曰聰明，曰倚錫，凡泉之源七。其一月桂，在天竺寺；其一伏犀，在西來峰之巔，流液不常；其五皆在支塢。其泉之北出者曰冷泉，曰韜光，曰白沙，曰石笋，曰白公茶井，曰無著偃松，曰永安北源，曰彌陀西源，曰騰雲上源，西庵也，凡泉之源九。其一冷泉，在澗壖；其八在支塢。南塢，其古人之遺迹若吴葛玄之葛塢者，若晉葛洪之丹井者，若宋謝靈運之翻經臺者，若隋真觀所標之佛骨塔者，若唐道標、杜多之草堂者。其北塢，若漢陸棣之九師堂者，若晉葛洪之伏龍石門者，若晉許邁之思真堂者，若晉惠理之燕寂巖者，若晉杜師明之謝客亭者，若宋智一之飯猿臺者，若呼猿澗者，若梁簡文所記之石像者，若梁朱世卿之朱墅者，若唐白居易之烹茶井者，若唐袁仁敬之袁君亭者。二塢總十有六事，徒古今相傳，雖名存而其事頗亡，不可按而備書。其山無怪禽䰠獸，唯巢構之樹最爲古木。松筠、藥物、果蓏與他山類，唯美蕣與靈山之所生枇杷、桂花發奇香異耳。

張方平《樂全集》卷三三《蜀州修建天目寺記》 浮屠氏之教流而至諸華也，迨晉之東，其法益熾。以大設權，實示方便，指因報，明利益，故自世主至於士民，莫不甘心焉。五方異稟，四夷殊類，氣俗之别，慾惡不同，法制所弗齊，禮義所弗加，甚者至有不識父，而大率輒知奉佛。百家之聚，必有一窣堵焉；兩楹之室，必有〔一〕龕像焉。矧名都通邑，塔廟固錯落相望矣。晉原在井絡之維，處陸海之沃，玉壘、銅梁之阻，金沙、銀礫之饒，控犍、牂，通滇、僰。即山而鼓，民擁素封之資；厥篚之華，户贏玩巧之利。即安樂土，知植福田。郡有天目寺，城郭之最形勝，緇素之所萃聚。殿焚寇火，區址莽然。先是，郡之善男女合施鳩材，僝工構締，既已歷載，功緒弗就。至是尚書郎王君略領州，曲臺楊君璵爲之倅。二君敏材，利用周行之彦。獄市平簡，吏民便安，修弊起廢，出於餘力。越皇祐初年季春哉生朏，二君相造而諏曰：「按令式，前誕節袚精廬、啓梵會以祝延，而棟宇未完，像設莫備，執事者爲不虔矣，顧何以示遠方？」乃移縣大夫杜君濟勾考財簿，部護役事。於是境内四邑之耆老更相勉曰：「府君之志，上以恭邦典，下以爲吾屬也。且吾屬廢居射利，壖不知發，譬蟲食蓼而忘其苦。佛言人命在呼吸間，一息不屬，雖至親愛，莫相爲救，何嗟及矣。今此道場，近在闤闠，動步而至淨土，舉首而見化城。壯者游焉，有以生善念；老者依焉，有以發後心。是府君爲之舟航，拯吾屬於溺也。」於是樂輸善捨，如趨期令。既群樸斲，且塗堲茨，役效其勤，匠究其巧，歲未云半，仁祠鼎新。爲大殿八楹，環屬四阿，廊廡回合，屹若山，燦如霞，桷雕欒文，棁花鬘藻。蓋中爲大毗盧遮那像，文殊、普賢二大士左右之，相好殊勝，彩飾妙麗，紫金光聚，極於壯嚴，兜羅綿網，依然開合。殿之四周，圖華嚴九會，顯佛圖之神化，增法門之壯觀也。寺有阿育王塔，嘗見光相，亶有靈迹，淩空危聳，與殿對峙，自兹寶地，方爲具足。既慶成，邑人大和會，踴躍讚歎，欷歔瞻禮。以爲須彌燈座，寶華嚴飾，菴羅樹園，金色明爭，昔未嘗有，乃今復現，信一方之功德海，四(象)〔衆〕之甘露門也。二君皆余舊，置郵以布其事，請有以示之後者。余詳二君之爲，抑可謂仁術也歟！君子之教民，驅而納諸善而已。二君之爲也，本於嚴朝章，因以導民善，是亦仁術也矣。異夫舉土木之役，而事觀游亭榭之娱者哉！斯可以記矣。會中檀越、比丘衆等，蓋著之石陰。皇祐二年六月二十八日記。

《〔延祐〕四明志》卷一八方預《釋迦殿記》 三代而下，自天子達於庶人，爲之宫室，莫不有制。卑踰尊、賤敵貴，則其制亂。是故聖人作爲法度，雖毫毛纖悉之餘，未嘗不叮嚀規戒。盡君臣上下之分，使尊而貴者不過其侈，卑且賤者亦不甚陋，爲萬世之定法也。自爾創營百出，事非經見，窮巧極智。矧生於後人，則學者未聞，固不敢輕議。余以此事牽，出鄞江，因次象山縣。有浮屠氏慶恩者，忽見余而言曰：「負縣之北隅，有我佛所居，曰等慈慶恩，實僧院也。且院之名，今天子詔以賜之，舊亦以『鳳躍』爲額，甲乙繼守，四百餘歲。咨嗟前人，蔽於自奉，以法堂、方丈、香積、僧室逸居飽食爲事，獨大殿歷年踰久，棟楹梁桷，橈折朽腐，飄風暴風，無以處我佛。某方遠慕覺道，繼唱真乘，不忍坐見隳敝，發無量大慈悲心，一日率住持人友宗訪縣人林奉元，實此民巨富之又豪者，同力勸緣，廣募檀信，乃得錢百萬。涓日命工，雨鍤霜斤，鼎新革故，飛甍畫棟，蟬聯綺錯，仰望俯視，丹臒浮動。乃以釋迦佛坐之於中，文殊、普賢、迦葉、阿難四菩薩侍焉。護法二神立於其外，復以十八大羅漢環拱旁列。就其佛之尊者名之曰釋迦殿。遠近嚮慕，源源如歸。嗚呼！非我佛法廣大，妙道通達，則何能集是壯觀哉！以元嘉八年十月始作，治平二年十一月休工。某能力爲如是，願丐之以書本末，將激其不能爲者。」余應之曰：「師之言詳矣，使余雖信後之營向之巧而復爲之説，亦無以過之也，況余所不敢輕議者耶。」治平二年歲次乙巳，十二月己丑朔，二十五日庚戌書。

《〔康熙〕岷州志》卷一七王欽若《廣仁禪院碑》 王師既開西疆，郡縣皆復，名山大川悉在封内。惟是人物之未阜，思所以繁庶之理；風俗之未復，求所以變革之道。詩書禮樂之外，蓋有佛氏之道大焉，乃敕數州皆建佛寺，岷州之寺曰廣仁禪院。於是守臣爲之力，哲僧爲之幹，酋豪爲之助，雖經歷累歲，而數百區之盛，若一旦而就。初，前守种侯度爽塏之地於川之西南，背山面川，規可以容數百區之廣，以爲不如是之宏大，則不足稱佛宇之尊。今守張侯謂經營之既久，而恐勤者有惰，日加戒促，以底厥成功。初，岷州之復也，詔以秦州長道、大潭二縣隸之。長道有僧曰海淵，居於漢源之骨谷，其道信於一方，遠近歸慕者衆，州乃迎海淵以主其事。其道勤身以率下，愛人而及物，始至則程其力之所及，必使力勝其事，事足其日。又有藥病呪水之術，老幼争趨，或以車致，或以馬馱，健者則扶持而至，人大歸信。郡之豪酋曰趙醇忠、包順、包誠，皆施財造像。荆榛薙而宫殿巍然，門扉闢而金人焕然。次則範鐘以鼓其時，藏經以尊其道。徒有常居，客有攸舍，儲峙有廩，涓潔有庖，最其凡四百六十區。其衆瞻之於高山大川、深林臣郭之際，來者趨，過者下，咸曰：「壯哉，吾昔之未嘗有也！吾昔之所謂佛居而持其教，知爲日矣。岷州故和政郡，通吐谷渾、青海之塞南，直白馬氐之地，大山重複以環繞，洮水蕩潏於其中，山川之勝可以言天下之壯偉。前日之頹垣廢壘，今雉堞樓櫓以衛之；前日之板屋聚落，今棟宇衢巷以列之。又得佛宫塔廟以壯其城邑，凡言阜人物、變風俗者，信無以過此也。西羌之俗，自知佛教，每計其部人之多寡，推擇其可奉佛者使爲之。其誦貝葉傍行之書，雖侏㒧鴃舌之不可辨其音，琅然如千丈之水赴壑而不知止。又有秋冬之間聚糧不出，安坐於廬室之中曰坐禪。是其心豈無精粹識理者，但世莫知之耳。雖然，其人多知佛而不知戒，故妻子具而淫殺不止，口腹縱而葷酣不厭。非中土之教爲之開示隄防而導其本心，則其精誠直質，且不知自有也。傳曰『用夏變夷』，信哉其言乎！恭惟聖主之服遠也，不以羈縻恍忽之道待其人，必全以中國法教馭之。故强之并弱，大之淩小，則有甲兵刑罰以威之；擅山澤，專障管，則或賦或禄以易之；鳥獸驚駭，則文告期會以束之；閒田沃壤，則置兵募士以耕之；書勞告勤，則金帛爵命以寵之；争訟不決，則置吏案法以平之；知佛而不知戒，則塔廟尊嚴以示之。日計之不足，歲計之有餘，必世而後仁，盡在於是矣。元豐初，予以市國馬數至其郡，見海淵首其事，其後繼之，則見其功之半。今年遂自來告其功畢，請予記其終始。予謂海淵既能信其衆，又能必其成，復能知其終必以示後，皆非苟且者，乃爲書之。七年八月十四日記。

《〔雍正〕西湖志》卷一一楊傑《延恩衍慶院記》　天台宗師辨才淨老，坐道場者四十年。指空假中以接人，其心契於聖智；具戒定慧以行己，其德動於幽潛，真有道之士也。初住錢塘法惠院之寶閣，次住上下二天竺，又住南屏山之興教寺。往來學徒，蓋踰萬人。分傳教觀，多能演其所聞，開悟學者。師平生未嘗輒有求於人，然所至必爲四衆依嚮，莫不興盛，蓋其有以致之也。余在都下，時見清獻公與師酬倡偈頌，已知師之所存矣。及觀蘇子瞻與師言其兒幼弱不能行，因禱師加護，即壯而能行，然後知師功行至矣。師一日謂諸徒曰：「吾筋力衰憊，勞於應接，安得幽僻處一菴地以養餘年？」檀越聞之曰：「辨才師有退居之意，吾輩蒙其德不爲不久，盍往擇可居之地？」乃於龍井山得壽聖院，敝屋數楹，主者不堪其居，願人爲代以捨去。於是請師徒弟懷益主奉香火，汲巾侍瓶，甲乙相承，以嚴佛事。其院即吴越王所創，國朝賜今額也。檀越爲師鼎新棟宇，不日而成。中建尊殿，嚴聖像也；前有三門，示三解脱也；鐘鼓有閣，驚晦明也；堂曰「潮音」，信羣聽也；齋曰「訥」，欲無言也；室曰「寂」，寂而常照也；閣曰「照」，照而寂也；泉曰「沖」，用不窮也。又堂曰「閑」，趙公致政訪師，退居二閒人也。菴曰「方圓」，不執一也；橋曰「歸隱」，退以樂也；沼曰「滌心」，淵清澈也；羣居有寮，安其徒也。衆山環遶，景象會合，斷崖泓澄，神物攸宅，龍井巖也；勢將奮迅，百獸竄懾，獅子峰也；昔人飼虎，以度有情，薩埵石也；修竹森然，蒼翠夾道，風篁嶺也。元豐八年秋，余被命陪高麗國王子祐世僧統訪道吴越，嘗謁師於山中，乃度風篁嶺，窺龍井，過歸隱橋，鑑滌心沼，觀獅子峰，望薩捶石，升潮音堂，憩訥齋，酌沖泉，入寂室，登照閣，臨閑堂，會方圓菴，從容論議，夕而復還。師異日遣其徒丐文以紀其本末，余既與之記，又繫之以詩十三章云。

《〔嘉定〕赤城志》卷二九羅適《永樂教院記》　余成童時，好讀書，而鄉中無文籍。唯鄉先生朱叟絳世傳《論語》、《毛詩》，皆無註解。余手寫讀之，茫然不知義旨之罅隙，唯永嘆而已。慶曆中有僧智賢師、禹昭師，皆里釋之秀者，同遊錢塘，傳智者教，以餘力事明静大師。惟賢通儒書，能講五經、《論語》。二師性明敏，志堅而氣剛，各以儒釋二家自負，不少下人。余因得與二師遊，假其書，叩其論議，日浸淫開發，聞此達彼，由是知聖賢之門墻有可入者。遂尋師訪友，以終所業。余知經術之爲樂，權輿於二師也。熙寧初，余以赴泗水令，去鄉凡二十有五年。元祐六年，始按刑二浙。明年春，抵鄉曲，智賢已謝世，惟禹昭師迓余於王愛嶺。師雖雪眉松骨，老瘦成翁，其神清氣静，儼然若昔時。叙别話舊，傷往而感來，遂相與泫然流涕。師且告余曰：「此去東南三里，即蔣山，其院名永樂，老身之故棲也。願公臨之。」因與之踏雲躡翠，入長松之徑，登堂皇，卷簾四顧，美乎哉，前巖後峰，左岡右隴，流泉若蛇，盤屈而東注。東北有峰最高曰石柱，師曰：「以多大楞名之也。」是時春色在物，夕陽滿山，野花開而百鳥啼，微風起而白雲亂，幽芳可擷，逸興俄生。於是與師扶欄握手，相顧而笑，論無生之法，盡滌有慮之塵。緣言皆投機，默而心喻，何必須過虎溪然後稱陶潛、遠大師之忘形也與？明日歸溪南，師録其建院之因求作記，且曰：「蔣山者，蜀人蔣珏之後，諱政，字文通，避地居此，人以名。由梁天監中捨宅爲海雲寺，隋改曰海月。唐末兩爲兵寇所焚，錢氏乾符中，鄉人王惠與僧道隆興之，吴越王易名永安。本朝淳化中，貞惠大師常覺亦增葺焉。治平初，賜今額。」禹昭顧棟宇之已隳，勸檀那之植福。有麻氏者，鳩信士，率財力，新大殿，作山門，次建法堂、僧堂、方丈、僧房、厨庫及賓客之館，凡七十楹，皆撤舊成新，易卑爲高。始熙寧五年，終元祐八年。功告畢，余得師所録，久弗暇書。易路畿右，坐潁昌府久要堂竊思之，自余登第三紀矣，鄉曲少年，無登第者，亦無僧以儒釋學自負如二師者，然則山川秀氣，豈絶於吾黨也？必將有豪傑之士，發憤自奮，或儒或釋，揚名天下者矣。然則余老矣，不知能及其見否也？因取其所録暨余與二師相遇之始末及前日歸鄉之新事，載之鄙文，使吾黨少年他日觀吾文，知我起白屋之艱。若在故舊之難忘，能自激昂，以成厥志，此余作記之微意。其院之畛域，則紀於碑陰云爾。

夏竦《文莊集》卷二一《杭州寶雲寺記》　寶雲寺者，吴越忠懿王所建千光王寺也。西方之教，東流震旦。盛衰由於祇劫，輕重繫於震歷。五代紛競，諸夏陸梁。妙音阻而不通，法器垂而將墜。惟錢氏之守浙水也，稟天王之正朔，受如來之教戒。是時吴楚問國，號爲有道諸侯。帶江負海，列郡十三，數世百年，干戈不試，益以爲得大雄法力。故竭寶玉，崇塔廟，具香華，鳴鐘鼓以事之。嘗有里人張仁昭者，誦薄伽梵姥陀羅尼，積有年所，感召殊祥。攝衢州刺史翁成起聞之，欲旌其事，乃請於王，以乾德戊辰歲春二月創是寺於錢塘門之西，建千光王像，因以名之。其制則臺門前闢，紺殿中立。高樓東建，鴻鐘屢發；案臺西峙，龍藏常轉。旁儼像設，後引堂構，經齋方丈，温室雲厨。四百其楹，再潤而畢。

面白傳之湖，負武林之岫。右則鵲巢遺阜，左則星隕派峰。石怒欲飛，松怪如折。梵聲飄海外，香雲蔭空際。清吹時落，纖塵不飛。乃朝貴遊心之境，蒼生祈福之所。始請睦州九峰山僧環省升法堂，談妙義，未幾而終；復請衢州鎮境寺積善禪師義澄登寶座，語真空，於斯爲盛。是二師者皆學於郡永明寺道潛禪師，悟諸夢幻泡影，無有言語文字，以心傳心，深入圓頓。故其門聽法者，朝夕如市焉。洎我國家受命之十八年，王俶歸朝，奉圖獻地，皇明所及，佛日重光。雍熙二年，寺僧有因請真命於闕下。太宗皇帝詔以今額賜之，革僞號也；中貴人藍敏正書之，勤佛事也。時法鼓重鳴，金姿再構，讚唄鐘磬，盛於往初。洎淳化改號之明年，積善大師西向右脇而滅，其徒義隆傳衣受法，俄亦圓寂。懿夫禪源未涸，達士挺生。於是法證法師屈知寺住。師神彩高擴，藏識圓明。慈悲以導衆生，貞諒以接朝士。禪誦之暇，務以莊嚴爲意。故咸平三祀，選日庀工，階砌殿堂，悉增前制。化清虚於妙樂，擬莊麗於祇洹。爲南國之名區，作西郊之極觀。有大善知識作是言曰：善哉，寺之興也，有五善焉：張仁昭之感應，翁成起之信重，忠懿王之崇建，僧有因之請命，藍敏正之書法。法之行也，有三達焉：九峰之證入，積善之辯慧，義隆之傳授。足以表名山之昭感，示皇覺之遺休。若夫攝五善之心，證三達之法，景行精進，十四年於兹者，則有法證公焉。浙江東西，其名尚矣。固可書諸金石，垂於不朽者也。某素肄典墳，專談仁義，未窮觀於八藏，難了悟于三宗。奉運使兵部尚書郎江夏黄公世長之命，不敢固辭，但記其興置年月、傳授次第而已。若叙頓漸之宗，開權實之義，破諸有相，以至無生，蓋有格言，請俟能者。

李石《方舟集》卷一一《隆州重修超覺禪寺記》 隆州者，今隆興天子之賜名也。仰惟龍飛御宇，慈儉爲寶而民自化，不貪而國自富。其易名井監以復隆郡之舊者，豈惟默契鳳曆所紀，亦以作新雅俗，阜成綏遠之實也。矧以大丞相虞公當國，道結主知，功課吏治，故守令必得一代才敏强濟、孝道愛民者，莅其任而遞守此邦，各務思所以仰稱吾君吾相眷安重意。苟可以恢拓郡體，俾不至沿襲簡陋，不獨藻飾吾土文物之盛，其贊化佐治，即如二氏者，亦得夤緣受賜，與吾士均。先是州有超覺僧舍，凡歷三太守而院事甫集。始也樊侯汝霖，建雲章閣以奉安光堯太上皇帝御書；其中也，何侯耆仲請改律爲禪，以稱宸奎所藏；至是史侯松老又大治棟宇，因舊增新，於以全十方氣象，曰佛事如是，足以望此州矣。且州以跨鼇名者，三嵎山也，自治寺與民居，如出鼇背，負而欲飛。此實佛地所種，宜有奇傑樓觀，稱一境華封聖人之祝，當無甚難者。而士民乃相與倡言曰：「是有三難，地以險自障而難於取平，僧以私自營而難於聚食，院以貧自畏而難於致象。此沿革禪律之是非分矣。」侯曰：「是有甚易者，地則高下爲基而平之，僧則立規矩嚴師而振之，食則括隱剩田以給之。」舊址僅長二十丈，跨山迤邐而下，爲屋二百楹，凡六重，其直衍深七十丈，其廣三之一。爲重屋出深廣之中而陡，所謂「雲章閣」者，巍然與日月昭回於上。其他像繪雕鏤、丹青金碧，焕然次第一新，其貽無窮之傳曷有涯涘哉！嘗聞之或人曰，天下名山大川，率爲二氏所攘以居，耗地力而分民心，無大此者。是又不然，生於天地之中者必有靈氣，人先得之，聖賢者先受之，蓋天所賦也。且有宇宙便有此山，今之三嵎岌然與岷争雄，其靈氣融液，尚可以通海脉而輸天府，國寶所儲，以擅富强於天下，其賦於人又宜如何也？且以忠誼之著，勳業之美，文章之懿，與夫朴願純厚之俗，不蘊利以自富，不貪名以自勝，不健訟以爲能，吏易於治，國易於資，異時竹帛所書，垂範千載，豈特一州之地甲乙全蜀而已哉？二氏者得以仰聖世包容之度，以風雨而自芘於境内者，皆靈氣之餘也，而又何隘於數椽之屋而已耶？且史侯之政異矣，愷悌所格，補葺蠹弊者非一，其視一土一木，心巧目營，休休然如善射者雋中而附汰輈也。追逋粟以爲食，搜羡卒以爲力，合樊、何二守之政而收其成。向之所謂三難，唧唧口語者，乃今相與贊嘆，奔走香火，以爲寶坊成就如佛之説從地湧出也。僝工於某年月，凡用日若干，以某日落成。寺本唐神龍所創，以「飛泉」名，乾符以「超覺」名，國朝因之。李順之亂，民畏其險爲盗資，乃火之，崇寧初復之。僧百輩不少散徙，後先名僧相似，不必更書。史侯字喬年，某州人。年月日記。

韓元吉《南澗甲乙稿》卷一五《隱静山新建御書毗盧二閣記》 並江而南，自建業歷姑熟，其山之著者曰隱静，介於句曲、九華之間。初無奇形異態，以峻拔表見於外，而澗壑逶迤，草豐木茂，五峰錯立，如高人勝士超然迥出於埃壒，非世俗所得而有也。山之寺曰普惠，棟宇宏麗，佛事焕列，足以稱其山。寺之長老曰妙義大師道恭，當乾道三年，住山二十有四臘矣，禪學疏通而持律嚴甚，足以稱其寺。恭之始來也，寺既圮於盗，因撤而新之。築大殿，植二樓，峙傑閣於南，闢丈室於背，周廊重廡，環室數百，無一榱一桷仍其舊者。恭嘗自嘆，以爲積此歲月，其志願之力粗已伸矣，而寺故有閣藏三朝御書百有二十軸，規制卑陋，不足妥宸章寶墨之重。客過而問之，恭則憮然曰：「吾敢後此哉？是以庋天子之書，非有朝命、郡邑之請，懼不可爲爾。可自爲耶，可自爲，今爲矣。」於是鳩工庀材，夜以繼日，歲十二月乙未，閣亦新焉。先是，閣之建實嘉祐三年，郡人郭祥正爲之記，謂其甲於寺屋也，乃以卑陋易之，則其興造加於舊，率可知矣。明年三月告成，恭來言曰：以楹數之，從衡爲七十四楹，以尺度之，高下爲七十尺。中以庋御書，後爲複閣，以安毗盧遮那之像。左右飛閣，道壁湧千佛，欄楯四合，可以周旋瞻望作禮，圜遶在我教中毗盧遮那廣大樓閣等一切處。使昧者於此，不勞彈指，同入如來大光明藏。而雲漢昭回，炳耀大千，實我導師矣。願併記之。蓋宋室至太宗皇帝，悉平僭亂；章聖登封降禪，以告成功；仁宗偃武修文，躋於極治。萬幾餘間，始得游意翰墨。三聖奎畫，在世爲多，高出唐貞觀右，頒之天下，以鎮夫名山川。惟隱静以梁慧嚴師杯渡道場，獲受此賜。建炎初，賊張琪巢焉，書以僅存，是有神物陰拱而護之。今道恭典治此山，能竭己力，美輪奐以侈上施，又崇像設，益闡其師傳。用錢凡四百萬，積工凡萬一千有奇，而佛像之費不在焉。志勤而意廣，誠可嘉者。嘗讀《華嚴》，考所謂善財童子求善知識，自妙峰極海岸國，展轉南行，蓋百一十許，最後始登毗盧大閣，方能了知一切莊嚴自在境界。然是童子初入胎時，七寶樓閣已現其家，乃見世尊逝多林中重閣故在，而山巔水涯，城郭市肆，人天仙鬼，諸聚集相，奔走殆徧，是遭文殊調劇不悟。自今回觀，可發大笑。恭之不起於坐，既已莊嚴佛土矣，而最後因緣，猶示此閣。善財不生，彌勒未見，將與文殊義爲同異，必有能辨之者。特以御書在焉，則甚大而光明矣。道恭笑曰：「然。所以求子而記者，此也。」遂書以爲記。

韓元吉《南澗甲乙稿》卷一五《建安白雲山崇梵禪寺羅漢堂記》 閩之爲郡八，一水之分，上下有四。下州之民習王氏，故俗奉佛惟謹，至上州，雖佛之徒未知有佛也。建炎初盜起，上州民四鬭亂，四郡之境，蕩爲炎埃，而下州獨帖然無事。因相與訾病，以爲是不奉佛之應。自兵火事息，上州之民鮮不畏禍，而佛之徒頗知用其説以警懼動化其俗，凡所以奉佛者，相視出力，惟恐其後。無幾何，用事者斂佛寺之餘以佐縣官，由是佛之徒復睨其居如傳舍然，蔑有興事赴功之意。白雲在建爲望刹，異時以禪學著見號爲宗師者閱數世，久敝不舉。紹興二十六年，僧惠琳主之，乃嘆曰：「閩於天下，僧籍最富，今哀死殆盡，吾將製五百大士之像，使是州之民知雖無僧而有賢聖者存，豈不助吾教哉！」蓋左文林郎葉薦、宋穎實爲之勸，二年而告備，又爲尊者十八附其旁，佛之像峙其中，費金錢百萬餘，闢堂而居焉，求予文爲之記。予笑曰：宋穎蓋儒者也，儒之道不語怪以惑民，不取人以自利，今是像之設，不惑民而自利耶？宋穎曰：不然，凡吾州之民樂爲之者，以其有遷善之心也。琳之志所以有爲者，恥其徒之安於陋而不振也。天下之事，能不安於陋而振以有爲，俾民遷善而樂爲之，是豈特佛之徒也？予於是愧其言。然予嘗遊天台，至石橋，愛其山林之幽深，泉石之峻潔，以求望見所謂方廣寺者。而神光鐘磬之異，好事者往往能道之，則五百大士之神，其庇廕於世有不可誣。宋穎今爲台州從事，盍一造其地，以吾言招之，於此方之民，宜有以慰其意者矣。

韓元吉《南澗甲乙稿》卷一五《崇勝戒壇記》 佛刹之在江左，莫先於金陵之瓦棺寺。蓋自東晉興寧二年，移陶官秦淮之北，而以其南舊陶地施僧慧力，以爲之寺。或曰瓦官謂陶官也，後訛以爲棺爾。又曰昔有僧誦《法華經》者，以有虞氏之制葬於城隅，而蓮華生其上，故寺以瓦棺得名，然莫可考也。攷之寺記，晉武帝寧康三年，始建戒壇。唐貞觀二年，造閣三成，高二十五丈，挾以東西二閣，通十有九楹，爲一方雄傑之觀。其後閣壞於南唐，又新之，號吴興閣，而寺名昇元。宋有天下，易昇元爲崇喜閣，亦燼於火。太平興國五年，更錫崇勝院額，戒壇在焉。建炎渡江，兵寇雜擾，寺宇無一存者。紹興之十九年也，有寓僧福濤，慨然欲復之，而寺基廢爲軍營。會慈濟大師初政，以慈恩教法自北方之漢，曰吾教江南未有傳也，聞智者大師嘗講正觀，造疏鈔於此，則此地宜爲講席久矣。相與廬其側，以告於有司，請於朝，得其地纔什一也。施者漸集，而濤遽化，政主之餘二十載，悉力營焉。凡殿宇像設與夫講授之堂、棲息之室、庖湢庫廪，無不備具。乃致院事，以付其徒，甲乙傳之。書來請曰：初政幸未死，得以了此寺緣也，願有以記其始末。頃予將漕江東，見其營繕之勞、工築之力而志之不怠也，以爲佛之徒能堅忍不拔，期於事之必集如此。然予聞佛之説以空爲宗，以寂滅爲樂，以身爲僞，以諸相爲妄，故雖垢衣乞食，坐卧不過桑下，而能神通變化，一光明中，臺殿寶閣，彈指悉現，以起人敬畏之心，示其莊嚴佛土而已。後之讀書者，不解佛所説義，乃欲竭人之力，窮土木之工，以崇飾塔廟，效其髣髴，然神通示現者無。方人之土木者有限，故言治者詆以爲生民之蠹，而事佛之實，固不在是也。今慈濟師則不然，惟以講演妙義，動化一方。隨其志之所遇與施者所可及，而使荆榛瓦礫之墟，復爲道場清净之域，規制僅足，不侈不陋。亦建大閣，崇且百尺，造爲千佛，以五時教法，寘機輪之藏。遠近從學，持鉢而食者，動溢千指。其視正觀昇元寺宇之舊，若三千大千世界納一毛孔，而四方上下，隨處各異，又如四大海水入一蹄涔，而魚龍蝦蛭，游戲自在，不知是大是小，是同是別也。師聞之曰：是中安有大小同別耶？曩者仁宗皇帝賜一寶珠，徑大四寸，鎮在戒壇，前日劫火洞然，此珠不壞，照耀虛空，如揭日月。又顧長康曾於寺室手畫金粟如來之像，號爲神妙，吾得舊本刊置壁間。有人如此，入吾寺門，受其足戒，能於寶珠恭敬作禮諦觀，審見此寺八百年間無成壞相，隱然常住。況於經營建立，比量大小，作去來今，何有是處？欲解斯義，往問金粟，或説半偈，當能了之。予笑曰諾，因爲之書。淳熙五年五月，具位韓某記。

韓元吉《南澗甲乙稿》卷一五《建寧府開元禪寺戒壇記》 佛學之徒，以寂静能忍爲心，而以勤苦不退轉制事。故有斷其肢體以求師授法，死而至於更生，猶未忘其所營造者。用是以崇其塔廟，故雖窮山絶壑，必得其地而居之，而率有成焉。豈類於吾儒所爲執德之不回而正固之幹事者耶？蓋特用之於其一法爾。始予守建寧，而城南有大寺曰開元，負山面溪，形勢雄峙，世傳以爲吴大將吕蒙舊居也。建炎初火於巨盗，蕝而未葺，長老僧懷璧住而慨然曰，當以試吾願力也。不數年，則新其大門，更其兩廡，闢殿庭，興寢室，輪奂規畫，嚴且整矣。去歲之冬，又以書來曰：寺有授戒之壇，吾學之所甚重，蓋其誓夫新爲僧者。自紹興三十有二年移置於寺，而猶寓於方丈之地，非天子誕彌之節莫得宣焉。府縣之官，拜祝其下，而壇宇到今弗備。乃先捐其平生衣資，然後募諸施者，且取寺之贍衆之餘，合爲之費。鳩工庀材，甓石三成，琢鏤鍐巧，極其精製，衡餘百尺，從六十尺有二，崇過四十尺，丹髹其楹，繪采其壁。而左翼軍將劉琮者，思子明之功，施作佛像其中，四大神介胄其隅，以爲之衛。起五月辛未，至十二月而畢，亡慮三千緡也。而竊欲予文以記，三返而益勤。夫閩之八州，以一水分上下，其下四郡，良田大山，多在佛寺，故俗以奉僞爲美，而佛之廬幾甲於天下。若上州則雖有僧舍，類皆空乏不給，況殘毁之餘，能從事於土木哉？璧舊爲衢、信二刹，人所欽向，而用心精勤，汲汲靡懈，故至則成就若此。予是以知天下之事，不患於人之不能爲，而患在人之不肯爲。使士大夫遇事能有堅忍不拔之志，則亦何功之不可成，何業之不可廣也？故其有請，不復究浮屠之説、毗尼之教以衒詡其徒，而以有於吾心者舉而示之。然璧亦老矣，聞其築室於山，蓋將休焉。因爲此書，俾建溪之人歲時嬉遊梅山陸泉之下，以觀開元紺宇之盛，知其興復自璧始也。淳熙十年五月，具位韓某記并書。

《〔至順〕鎮江志》卷九洪邁《重建佛殿記》 江自岷山而下，歷巴夔湘楚，包呑前沫，横漾浯流，沱潛澧沔眄金，巨川數千百，演迤横放，薄於朱方，極沛以大，然後東入於海，舉天下之水莫盛此焉。金、焦兩山，崒然天立，鎮乎中流，皆有大蘭若岧嶢其上，古記謂紫金、浮玉者是矣。浮玉處其左，如幽人逸士，巖棲谷隱，恐入林之不密，故航葦罕至，而僧居觸事，隨亦泯歇。惟紫金超遥擅勝，不復與同，蕩然開闢，八面應敵。所謂江心一峰，水面千里，潭月雙映，雲天四垂，真能雄跨東南二百州，如宸章所表揭者。千颿下來，萬客鱗萃，魚龍之所憑怙，人天之所賓悒，古今推勝，無得擬議。寺舊名澤心，天禧中真宗皇帝感宵夢所抵，更爲龍游，飛帛扁額，以賁方來，室廬峥嶸，概與境稱。遭罹魔劫，鞠爲燼墟。中興以還，視力開葺。軍師劉寶奮營大殿，幾成而厄於火。明年，郡守韓及祖又嗣爲之，築於道謀，旋即蠹敗。淳熙四年，樞密沈公復出治，慨然歎曰：「吾行四方多矣，未有如此刹者，住山非本色人其可哉！」乃卑禮厚帛，延金華藴衷師於集山，俾主張是。舍寂而居囂，去安而即煩，人以爲介介，師不屑也。徧行其疆，悲智欻起，自念己身逢此壞相，亟倒空鉢囊，先衆募捨。前所未及，一切趨新。展前資以安耆舊，抗塔院以壯瞻睹。壽坊、經室、庖浴、厢縈，易翳爲明，寬潔敞靚。江濱故址隘而不舒，累石拓基，堤護榆楊，作屋二十四楹。中建亭，命曰「烟雨奇觀。」游士戾止，洗心儲清。又捨法施，爲後人買田六十頃。唯雄殿尊居，役鉅費侈，居之六年而後敢議。擇廉謹僧入閩，即山伐木，如約浮海，歸命黿鼉而協謨，節定星而揆日，道充於内而跡彰於外，其聲遠揚，如谷應響。施者惟恐不克豐其獻，匠者惟恐不克既其巧。度爲崇五十有五尺，爲廣七十有四尺，縻錢六十萬，閲四寒暑而成。廊如穹如，輪奂華奕。却顧城闕，根塵聿清，前瞻海潮，法音如在，吴頭楚尾，莫之與京。功甫訖，師移錫錢塘靈隱，邦人願有記，使來謁。當紹興之季，戎馬飲江，暴骨堆莽。是時長老浄信，誘化童隸，收拾瘞藏。予再奉使，往來親見，爲之啓于太上，被褒寵計僧徒二十人，則予於兹山疑若有宿因，故書而不辭。殿經始於癸卯之孟夏，成於乙巳之仲春，而記於丁未之秋八月實有二十四日癸巳云。

陸游《渭南文集》卷一九《重修天封寺記》 淳熙丙午春，予以新定牧入奏行在所，館于西湖上。日與物外人游，多爲予言浄慈有慧明師者，歷抵諸方，如汗血駒，所至蹴踏，萬馬皆空。方是時，知其得法，而不知其能文。後四年，予屏居鏡湖上，明來訪予。談道之餘，縱言及文辭，卓然儁偉，非凡子所及。方是時，知其能文，而不知其有才。明既從予游累日，乃曳杖負笠，入天台山，爲天封主人。

是山也，巖嶂嶄絶，爲天台四萬八千丈之冠；林麓幽邃，擅智者十二道場之勝。然地偏道遠，游者既寡，施者益落。明居之彌年，四方問道之士，以天封爲歸。植福樂施者，踵門遝至，雖却不可。于是自佛殿經藏，阿羅漢殿，鐘經二樓，雲堂庫院，莫不畢葺。敞爲大門，繚爲高垣，周爲四廡，屹爲二閣，來者以爲天宮化成，非人力所能也。又裒其餘，作二庫，曰資道，曰博利，以供僧及童子紉浣之用。彼庸道人日夜走衢路，丐乞聚畜，蓋未必能辦此。明方爲其徒發明大事因緣，錢帛穀粟之問，不至丈室，而其所立，乃超卓絶人如此，豈非一世奇士哉！予嘗患今世局于觀人，妄謂長于此者必短于彼，工于細者必略于大。自天封觀之，其説豈不淺陋可笑也哉！會明以書來求予文，記其寺之廢興，因告以予説，使并刻之，庶幾覽者有所儆焉。紹熙三年三月三日，中奉大夫、提舉建寧府武夷山沖佑觀、山陰縣開國男、食邑三百户陸某記。

陸游《渭南文集》卷一九《建寧府尊勝院佛殿記》　建寧城東永安尊勝禪院，成于唐僖、昭間，壞于建炎之末，稍葺于紹興之庚申，自佛殿始。方是時，院大壞塗地，趣于復立，以慰父老心，故不暇爲支外計。未四十年，遽復頽圮。適懷素者來，爲其長老，乃慨然曰：「殿大役也，舍是弗先，吾則不武。」乃廣其故基北南西東各三尺。意氣所感，助者四集，瓌材珍産，山積雲委。其最巨者，石痕村之杉，修百有三十尺，圍十有五尺，其餘蓋稱是。凡費錢三百萬有奇，而竹木磚甓黝堊之施者，工人役夫之樂助者，不在是數。其成之歲月，淳熙戊申冬十一月庚子也。越四年，紹熙辛亥五月，予友人方君伯謨移書爲懷素求文爲記。予爲之言曰：世多以浮屠人之舉事誚吾士大夫，以爲彼無尺寸之柄，爲其所甚難，而舉輒有成，士大夫受天子爵命，挾刑賞予奪，以臨其吏民，何往不可，而熟視蠹弊，往往憚不敢舉，舉亦輒敗，何耶？予謂不然。懷素之來爲是院，固非有積累明白之效，佛殿方壞，而院四壁立，今日食已，始或謀明日之食。懷素坐裂瓦折桷腐柱頽垣之間，召工人，持矩度，謀增大其舊，計費數百萬，未有一錢儲也。使在士大夫，語未脱口，已得狂名，有心者疑，有言者謗，逐而去之久矣。浮屠人則不然，方且出力爲之先後，爲之輔翼，爲之禦侮，歷十有四年如一日，此其所以巋然有所成就，非獨其才異于人也。以十四年言之，不知相之拜者幾人，免者幾人，將之用者幾人，黜者幾人。禮樂學校，人主所與對越天地，作士善俗，與夫貨財刑獄足用而弼教。藩翰之臣，古所謂侯國者，有抵倏去忽來，吏不勝紀。彼懷素固自若也，則其有成，曷足怪哉？且懷素之爲是院，不獨致力于佛殿，凡所謂堂寢之未備者，廊廡之朽敗者，皆一新之。今老矣，無他徙意。使不死，復十四年，或過十四年，皆未可知也。則是院之葺，又可前知耶？而士大夫凛凛拘拘，擇步而趨，居其位不任其事，護藏蠹萌，傳以相誘，顧得保禄位，不蹈刑禍，爲善自謀，其知耻者，又不過自引而去爾。天下之事，竟孰任之？嗚呼！是可嘆也已。懷素，三衢人，少從道行禪師游，能得其學。伯謨名士繇，莆陽人。

〔紹熙二年〕六月甲申，中奉大夫、提舉建寧府武夷山沖佑觀陸某記。

周必大《平園續稿》卷四〇《廬山圓通寺佛殿記》　宫室取諸《大壯》，貴賤可以通稱，特崇卑廣狹有别耳。秦孝公於强盛時，大築冀闕，由是「天子殿中」初見《商子·定分篇》；「臣侍殿上，兵陳殿下」，復載《史記·荆軻傳》，大抵秦制也。至始皇并天下，殿屋相屬，又作甘泉前殿，前後殿之名始立。西漢黄霸丞相府計吏上殿，東漢司徒府有大會殿，蓋車駕或臨幸會議於此而有殿名，非專指屋之高嚴也。若王根、董賢，則史氏明言其僭矣。《華嚴經》云：世尊於普光明殿，坐獅子座。其他摩尼、莊嚴等名甚多，蓋胡僧入中國，知以宫殿爲貴，故譯經者方易其名，殆非竺書本語。雖曰上擬皇居，然法不禁也。江州廬山之陽，石耳峰之下，當國朝乾德、開寶間，江南李後主及昭惠周后創觀音圓通道場以奉瑞像，命道濟禪師緣德主之。今號崇勝禪寺，東坡蘇公嘗留詩額，最爲名刹。乾道丁亥，予嘗至焉。中經兵厄，惟青石架梁導溪水徧給僧舍，凡二百五十丈，儼然如故，餘非舊物矣。正殿初奉觀音，後改塑釋迦、文殊，而環以二十五圓通。紹熙壬子秋，長老師序自開先移住此山，明年十二月癸丑，回禄爲災，焚蕩無孑遺。序辛苦經營，閲二年浸還舊觀，殿猶未備。郡人劉必達以母田氏命施錢百萬，造殿五間，起慶元丙辰，迄丁巳冬落成，宏麗堅壯，實與寺稱，而像設未備。戊午歲，廬帥高司農夔唱之，楚城潘汝綱、筠州延福院僧宗禧及好事者争和之。於是寘釋迦、文殊、普賢像於前，十八羅漢分列左右，塑觀音像於後，而圓通諸菩薩環之。庚申春畢工，遠來求記。予既推原名殿之由，知佛之尊，又諗序曰：壞於劫火，存乎定數，成以願力，則繫人焉。師之始至，適遭厄會，不憚艱勤，竟成勝事，非願力耶？昔天竺僧耆域至洛陽，望見晋宫闕，曰：「大略似忉利天，但彼道力所成，此衆生浄業之力。」師其勉率爾衆，期於見性。雖復山河變滅，而不壞者固存，此之謂道力，土木云乎哉？

周必大《平園續稿》卷四〇《汀州定光庵記》　佛以慧日照三千大千世界，顧豈滯於一方？然日出暘谷，浴於咸池，拂於扶桑，躔度必有所舍，其明難與他等，此定光庵所由興也。按臨汀州治子城内東北隅有卧龍山，實本朝定光圓應普通慈濟大師真身所棲之地，浄戒慈蔭靈感威濟大師附焉，殆猶日之躔度與？按定光泉州人，姓鄭，名自嚴。年十七爲僧，以乾德二年駐錫武平縣之南安巖，禳凶産祥，鄉人信服，共創精舍，賜額「均慶」。淳化二年，距巖十里別立草庵居之。景德初，又遷南康郡之盤古山。祥符四年，汀守趙遂良機緣相契，即州宅創後庵，延師往來，至八年終於舊巖。先有寧化僧慧寬，姓葉氏，能馴暴虎，號伏虎大師，居州東五十里，庵號普護。建隆二年將入寂，定光往視之，云：「後二百年當與兄同處一庵。」至元祐中，守曾孝總始增葺後庵，正名定光。淳熙二年，守吕翼之遂迎定光真身於南安巖而爲之主，又迎伏虎真身於廣福院而爲之賓，二百年之讖果驗。自是州無水旱疾疫，號爲樂土。南安舊巖屢乞師還，守不能遏，百夫肩輿，屹然弗動，老稚悲泣而退。慶元二年，郡守陳君曄增創拜亭及應夢堂。嘉泰二年，其季映復守兹土，每集僚吏致敬，患其陋隘，乃裒施利錢二千餘緡，以明年三月十七日鳩工，爲正殿三間，博四丈二尺，深亦如之；寢殿三間，博三丈，深居其半；應夢堂三間，廊廡等總十有八間，官無一毫之費。逮六月訖工，謂予姻且舊，來求記文。予惟二君皆以才能爲二千石，政成俱擢廣東提點刑獄而去，孜孜舊治，凡可儌福加惠於汀民者無所不用其至。予故樂爲之書，以代邦人大小馮君之歌。若夫推崇之典，靈異之迹，圖牒載之，前輩書之，兹不復云。

楊萬里《誠齋集》卷七六《永新重建寶峰寺記》 安福之南垂，永新之北際，介乎其間，有山孤秀，其高五千尺，其袤數十里。遠而望之，儼乎如王公大人弁冕端委，秉珪珮玉，坐于廟堂之上，使人一見而敬心生焉。迫而視之，澹乎若巖岳幽人被薜荔，帶女蘿，餐菊爲糧，紉蘭爲佩，呼吸日月，挼挲雲煙，使人一見而塵心息焉。故老相傳，其名曰萬寶峰云。距山不遠，有浮屠氏之宫曰寶峰寺，飲山之翠，納山之光，領山之要，里之人樂游焉。而樂之尤者，槎江居士朱君諱戩也。始游而愛其幽邃，昕而來，夕而返，超然有會於心，久而忘歸。既而惜其棟宇之壞隤漫漶，欲葺而新之，蓋心許而未之言也。一夕夢至某所，若道家所謂小有天者。其地瑶玉，其厦金鍌，其浸芙蕖，其林多羅，其禽頻伽，其牧猿猊，其人偏袒右肩，其服珠琲孔翠，往往或跨龍鳳以爲駟，或坐菡萏以爲床，駕雲騰空，超忽變化。須臾，山川草木，異彩炳焕，皆若金色，光奪人目。霍然驚起，因悟曰：「兹非予之心許而未言者耶？」則倒橐召匠，斵山取材，爲殿爲堂，爲寢爲廊，爲門爲墻，爲圃爲像。樸斲堅好，琱飾備具，金碧有爛，鼓鍾其鏜。市腴田以業其生，賈度牒以世其徒，遂爲衆山佛宫之冠。至其子良肱繼再葺焉，近歲戊午燼於鬱攸。其孫知微、知廣復一新之焉，於是壞之蕪者薙，基之窪者夷，級之缺者甃，宇之燎者立，像之亡者補，尺椽寸甓，舉非其舊。其舊惟數古佛及政和間一大鍾而止耳。里人縱觀，耋者喜其復，穉者駭其麗，遠者賀其新。寺始葺于紹興之甲子，再葺于紹熙之庚戌，一新于慶元己未之仲冬。後先之費，爲錢各百萬云。既成，知微介予倩劉億來謁予記之。予喟曰：天下事患莫之倡，倡之矣，患莫之繼。然士大夫之家而祖而父倡以忠孝，繼以背誕；倡以術業，繼以荒嬉。是亦繼也，有能如知微弟兄之繼其父祖之志者乎無也？抑請大之。其明年四月十一日，通議大夫、寶文閣待制致仕楊萬里記并書。

釋寶曇《橘洲文集》卷九《天童修三門榜并序》 伏見三門重閣，多歷年所，中安銅鑄千如來列，壽皇聖帝親灑宸翰，爲兹山無窮之賜。二事極古今之盛，閣有不勝其載之憂。今欲創爲七間，下闢三門，上安千佛，大侈名山之榜，以極尊崇。況上方傑閣飛樓，有首尾重輕之舉，敬募十方檀越發大道心，或一力圓成，或衆手畢舉，出自誠意，裝嚴福報，無有盡時。

千巖萬岳，是爲龍象蹴踏之場；四海九州，知有雲漢昭回之榜。樓觀淩空而縹緲，鼓鐘動地以峥嶸。木末層簷，首壓衆山之根柢；門前清鏡，卧看倒影之浮圖。遂令像設之尊，亦有寂寥之欲。願從檀施，益侈規模。在彌勒一彈指間，入善財不思議處。轉欄干之十二，無盡重重；列賢劫之一千，孤明歷歷。用嚴睿算，永福斯民。

《全遼文》卷七張輪翼《羅漢院八大靈塔記》 金枝聯七葉之榮，寶位禪千齡之運。謹按《内典》云：初地修一無數劫，受華報果，爲自在□今我皇帝是也。恒懷宵旰，肯構靈祠。系玉毫尊，恢八萬四千定慧之力。繼金輪，職威塵，數萬數束手而降。威加海表既如彼，恢張佛刹又若此。文武賢輔，各代天行化，運掌上之奇兵；輔國濟民，利域中之邦本。夫如是，黔首知力，白足荷恩。契經以塵合沙界，堪爲如來法器也。地有勝境，賢聖棲神，即羅漢院者矣。控昇俗一字之鎮，枕薊壤兩川之心。沃土宜禾，居民則逸。壯千里侯甸之風，觀萬仞崆峒之氣。以謂招提舊制，像運仍全。三十七品教□流風，百五十成紹佛跡。沙門首座誦法華經紹凝。行超俗表，道冠權門。斬結使之魔軍，斷煩惱之釣餌。良器□現，神受能人，塔主法清者哉。定心頓悟，識性宿習於□院。坤旺之方，涌窣堵淩雲之勢。長遠而久受勤苦，四祀能成；暫時而一託良能，九層俄就。揆□

建事白衆議曰，佛法付與國□大臣。今則特仗當仁，遽成勝槩。爰合□主爲都維郝左班殿直，銀青崇禄大夫，檢校太子賓客兼殿中侍御史驍騎尉商麴鐵煙火都監齊爲戴恩□悙獨義□鄉閭。恒包報國之衷，若兢履薄；深悟忘筌之旨，如救頭燃。歎戲沙成佛之因，化慳火生蓮之果。宀遇班輸磨砌，神工配鬼迹相參，宏壯孤摽，嚴像與崇陵門矗。《心地觀經》云：釋迦在祇園演法之初，此八大寶塔，一切相貌，現金色光明中。佛爲母於忉利天説經已化三道寶階下閻浮時。今來修崇過去瑞相法清與天水，赴文遂於開泰大師處，請到遺留佛舍利數十尊，用七寶石函，葬塔基下。乃與糾首陳壽邑證□澄等，教化有緣，市肆村落，各賚潤已，同辦利他。十尋之峻躅方成，三級之危簷迴起，遥擬帝幢。菱花鑑善惡於四隅，寶蓋淡炎涼於九有。文楣接漢，楠柱倚天。風簧雜千變鈴聲，帝妃一唱，雲盤落九霄甘露，天雨四花。龍龕會塵沙佛加持，仙路湊三界天作禮。金珠亘晴朗之日，洞瞰乾坤；寶鈴喧静夜之風，峥嶸宇宙。由旬半甲，利益頗同。大事既完，邇遐波委。禮此塔者，無寃不解，有恨皆銷。聾者善聽而歸，瞽者善視而去。具貪愛者，頓生厭離；被無明者，速得解脱。塵沾出地獄之門，影覆入菩提之室。薊門太師，六條布政，知稼穡之艱難；五馬争鞭，訣孤虚於向背。上佐員外，劍舞松窗，定有衝星之氣；鋒揮文陣，用□奪桂之名。如是則語其功德，皆生梵輔之宫；睹彼基坰，並入摩尼之殿。勒文刊石，用始顯終。太原□輪翼以□□朝省，若作酒醴，乃奉命監造麴糵届此，遇塔新建蔵事，經圓維那邑司塔主等書請撰録，難拒衆情，不得已而但述之爾。輪翼春秋八十有一紀。萬法而無□末□□□□□聯志歲月□□□□重熙十三年。歲次甲申四月壬辰朔八日丙時建。

《全遼文》卷八《昊天石塔記》 秦越大長公主發心造十三級石浮圖一座，高二百尺。昊天寶塔。大遼清寧五年春月吉日。張江裁《燕京訪古録》：「西便門内大街西偏北隙地，有殘缺石塔一座，其式與天寧寺隋塔無異。惟此塔周身皆圓，只存石基，高五尺，廣袤八十尺，塔身圍圓六十尺。由塔肚至上，只存三級，高四十尺。塔爲四方門，上嵌一銅匾，長方四尺，寬二尺五寸，鐫陰文『昊天寶塔』四大篆書。左爲『大遼……』，右爲『秦越大長公主……』，共三十一小字，正書。」

《全遼文》卷八王鼎《慧峰寺供塔記》 噫！惟佛法身，本離名相，然其應物，無不現形。故我釋迦文爲度娑婆界，當其出現，則轉彼法輪。至於涅槃，乃留其舍利，逕根歸本，其力無窮。若有衆生，能興供養，所獲利樂，詎可思惟。云誰奉之，屬在能者，則我邑主法師實其人也。法師諱從傑，燕京崇孝寺左街僧録通文理大師之門人也。心知如幻，志樂非家。自從學揮塵以來，有傳戒度人之願。本之實際地，長體無座；推之方便門，亦存有相。故隨緣靡定，應用無方。所至之間，便作佛事。先是此地有磚塔一所，上下十七簷，高伍二百尺，久虧妙供，空負孤標。大安五年己巳歲，師攜瓶錫，届是香林。因瞻窣覩之靈儀，知具如來之遺體。生希有難遭之想，從昔未聞；如無上最勝之容，於今復出。欲興大供，遂召多人。德不孤而鄰者自孚，唱彌高而和之亦廣。如風偃草，如蟻慕羶。或賁乎繒蓋幢幡，或備其香華燈燭。或高聲讚唄，或盡禮歸依。想應再動於魔宫，不止重輝於沙界。即於其年二月望，就其□特建圓寂道場，用酬庇廕。明年設會，衆亦復然。追慕感傷，信入隨喜。惟兹會也，非其有福德有善緣者，弗可遭逢成就而已。故師與檀那，交相慶賴，咸願刻石，永爲定式。於每年春仲白月滿時，恒建如是道場，以備如是供養。庶生生世世，承佛廕以彌堅；子子孫孫，固道心而相繼。際夫刧盡，直至因圓。仍以衆名列於碑後，用昭不朽，式示將來云爾。維大安七年歲次辛未三月庚申朔十七日丙子坤時建。

《全遼文》卷一〇行鮮《涿州雲居寺供塔燈邑記》 昔我釋迦氏出世也，聲教被於大千之界。垂方便門，饒益衆生，天上天下，世出世間，罔不受賜。滅度之後，迨今二千餘載，惟窣堵波以寘舍利，俾見聞之種，能殖梵福，永出迷津，耑臻覺岸，其大抵也。自炎漢而下，迄於我朝，城邑繁富之地，山林爽塏之所，尠不建於塔廟，興於佛像。欲令居人，率奉常享，實古今之大務也。涿州雲居寺，迺神州之鉅刹也。佛事嚴飾，僧徒駢羅，輪焉奂焉，欝爲道場，爰降聖迹，興于是處。昔有高僧，從西土來之於此地，遂開左臂，取出舍利二粒，迺釋迦如來之頂骨也。臨逝傳授數人，櫝而藏之，積有年矣。厥後有百法上人，得而祕之，外無知者。臨逝之日，方付與衆，接響傳聲，達於四方。遂使遠近瞻禮，高低仰慕。如輻湊轂，不可勝數。其間靈異，曷可殫言。是時有寺僧文密，與衆謀議，化錢三萬餘緡，建塔一坐，甓塼以成。中設睟容，下葬舍利。上下六簷，高低二百餘尺，以爲禮供之所。是以燈邑高文用等，與衆誓志，每歲上元，各揆己財，廣設燈燭，環於塔上，三夜不息，從昔至今，殆無闕焉。而後有供塔邑僧義咸等，於佛誕之辰，爐香盤食，以供其所。花菓並陳，螺梵交響。若緇若素，無不響應。郁郁紛紛。若斯之盛也。然而爲善雖異，於治亦同。蓋從人之所欲，固無定矣。噫！末法之代，去聖逾遠。沙門則道眼昏昧，檀越則信心寡薄，往往陷於饕餮之者衆矣。苟非舍利因緣，暨我曹循循善誘之力，其孰能與於此乎？所願邑衆等，承是勝緣，俾資遐福，世世生生，恒躋聖處。今具録姓名於碑陰，傳之無窮，永垂不朽。以俟來哲，見而遷矣。維乾統十年歲次庚寅九月丙寅朔七日壬申辛時建。

張金吾《金文最》卷七一李中孚《重修白馬寺釋迦舍利塔碑》 浮圖寺之教，本西方聖人之教也。迨乎東漢明帝時，則有若三藏曰摩騰、竺法蘭，以白馬馱經四十二章，始流傳教法至於中州。是時，乃卜府王城之東二十餘里，建精舍，度僧徒，創曰白馬寺，中州之人奉釋氏者自此始。厥後敬供香火相傳，魏、晉、隋、唐而下，迄千有餘歲不絶。洎五代之後，粤有莊武李王，於寺東又建精藍一區，號曰東白馬寺，并造木浮圖九層，高五百餘尺，塔之東南隅有舊碑云。距一百五十餘年，至丙午歲之末，劫火一炬，寺遂與浮圖俱廢，唯留餘址，鞠爲瓦子堆、茂草場者，今五十載矣。往來者視之，莫不咨嗟而歎息焉。噫！天壤之間，事之廢興，何代無之，又奚足怪！物極必反。無何，果有彦公大士，自濁河之北底此，睹是丘墟，徬徨不忍去。一夕，遽發踴躍特達心，乃鳩工造甓，緣行如流，四方雲會，不勞餘力，而所費以辦，因塔之舊，剪除荒埋，重建磚浮圖一十三層，高一百六十尺，徘徊界宇洞并龜頭一十五所，護塔墻垣二重、甘露井。又立古碑五通，左右焚經臺兩所，杈子并塔門九座。下創修屋宇二十八間，門窗大小三十七座，其餘不可具紀。不逾年而悉就所願，天時物數，若合符節焉。於告成之明日，丐中孚以紀其事。中孚於莊武王係六代孫，粗知其要，義不當辭，是可書也。時大定十五年五月初八日。

《全遼文》卷一一志才《永樂村感應舍利石塔記》 舍利者，如來之身骨也。若真實證性，安有乎形骸，或方便化生，示留乎身骨。過去諸佛，例皆如是。我釋迦牟尼，示見滅度，遺留舍利，育王建塔，以福人天。真身力持令三寶住世者，迺舍利功德神用而已矣。夫爾後戒壇講説，讀誦焚香，禮供書寫，曾獲舍利，或降净地，或落缾盤，或聯筆鋒，或流口内，或雕木像。依法闍維，亦獲舍利，此感應所致，記傳備載。至於今代，往往有之。或諸佛之誘化，或人心之出生，不可得知。如此殊勝，孰敢思議者。與永樂村贏鈸邑靳信等，宿懷善種，同奉佛乘，於大安三年二月望日，建圓寂道場三晝夜，以草爲骨，紙爲肉，彩爲膚，造釋迦涅盤卧像一軀，具儀茶毗。火滅後，獲舍利十餘粒。尋欲起塔，奈外緣未備。至大安六年，當村念佛邑衆張辛等，於本村僧院建甎塔一坐，三層，高五丈餘，葬訖舍利。后輩螺鈸邑衆韓師嚴等，欲繼前風，以垂后善。天慶九年二月十五日，亦興圓寂道場七晝夜，依前造像。至二十一日，亦具儀茶毗。火及之處，以取净殺血，於煙焰中，見於□□舉衆皆覩，灰燼内又獲舍利五十餘粒。奇哉！衆生之心，與佛心不隔。如來之體，與萬物無殊。村衆人酈祥、張善、石世永、董師言、張從讓、酈文常等，買石請匠，亦於本村僧院建石塔一坐。八角，十三層，高二丈餘，妙絶今古。至天慶十年三月三十日，葬舍利，四月三日樹立。噫！唐吏部韓愈，不信釋老，常□毀除，表論佛骨，怒言曰：穢指東漢已還，君王由信佛而壽促。彼韓公五十七而薨，豈是信於佛乎。且韓公唯宗乎儒邪，鄙釋之盛邪，用心之僻邪，昧佛之□邪？余不之知也。孔子答商太宰嚭曰：西方有聖者焉，不治而亂，不言而自信，不化而自行，蕩蕩乎人無能名焉。韓公豈不知見斯言乎！后代儒士，聞韓公之言，不達韓公之意，其間亦有呰謗者，類乎鸚鵡習乎人言也。余雖爲釋子，三教存心，凡行其道，必須融會。近有啄門者，以文見託，遂塞彼請，乃直書數百字。時天慶十年四月三日刻石作記。

《（康熙）盤山志》卷五李仲宣《祐唐寺刱建講堂碑記》 夫幽燕之分，列郡有四，薊門爲上。地方千里，籍冠百城。紅稻青秔，實魚鹽之沃壤；襟河控嶽，當旃戟之奥區。於古堞之外，西北一舍，有盤山者，乃箕尾之巨鎮也。深維地軸，高闢天門，暎碧凝霄，寒青壓海。珠樓璇室，仰窅窱於崑丘；寶洞瓊臺，耀磅礴於衡嶽。崆峒左倚，太行右連，懷珠之水派其陽，削玉之峰峭其後。嶺上時興瑞霧，谷中虚老於喬松。奇樹珍禽，異花靈草。絶頂有龍池焉，向旱歲而能興雷雨；巘下有潮井焉，依旦暮而不虧盈縮。於名山之内，最處其嘉。此境舊有五寺，祐唐者乃備其一。自昔相傳，有尊者挈杖遠至，求植足之所。僧室東北隅巘下有澄泉，恍惚之間，見千僧洗鉢，瞬息而泯，因兹構精舍晏坐矣。厥後於谿谷磵石之面，刻千佛之像，而以顯其殊勝也。雖雨漬苔斑，睟儀相而猶在，陽舒陰慘，流善譽而不騫。向此藍垣之北，長松之下，有大石焉，重萬餘鈞。或遇信敬者，微觸而動。迄今游閲之士，冠蓋相望，四序不絶於阡陌也。當昔全盛之時，砌叠龍蟠，簷排鳳翅；晨鐘暮磬，上聞兜率；禪宗律學，宛是祇園；駢闐可類於清涼，赫奕遥同於白馬，乃法侣輻輳之鄉也。爰自大兵之後，並已燼滅。由謂物不可以久廢，故亨利於德人。德人者，即寺主大德，乃當寺之景派也。厥本惟裔，其神不測。苦隨念盡，樂與人同。化六趣之茫然，歸十方之安穩。享年臘末晚，昌行業彌高。既多有續之聞，宜示無窮之績。寺主大德，俗姓瑯琊氏，釋諱希悟，鎮陽夏博人也。爰自聚沙之歲，禮當寺寺主，在楚禪師授法焉。剃除五蓋，慕別四生，舍慾棹而誓泛慈舟，棄毒藥而願食甘果。年二十詣長興寺，具月羅由啟宏願，延僧一十萬，次第竟矣。於是謂其友曰：「聞二儀舒慘，四序推遷，人生幾何？歲不我與。覽斯基址，孰忍悽涼？埜鹿羣麇，晝夜而草眠香徑；壞碑毁塔，高低而蔓掛藤蘿。玉毫消盡於華鬘，金磬(罷)〔能〕聞於齋懺。上漏下濕，日就月將，徐興再造之心，爰起從新之務。」於是乎，手披榛棘，力用經營，移怪石而截斷雲根，伐灌木而摧折煙色。應歷十二年，化求財賫，蓋佛殿一座。欒櫨娟妙，丹雘鮮新。塑佛中央，圖像四壁。保寧四年，又建厨庫、僧堂二座，俾爨饎之有所作也，賓旅之有所歸也。乾亨二年，加授紫衣載議，門迎廣陌，地處幽涼。虞生肇之徒見臨，顧講讚之所交闕，乃於僧室之陰，叠磷磷之石，澮瑟瑟之泉，高廣數尋，駢羅萬樹，薙除沙礫，俯就基扃，而又請邑人醵緡賂，四遠之最樂施者，如介甲之歸巨浸也。即乃市木靈嶠，采石煙巘，窮斤斧之功，極磨礱之妙，初心才啟，大厦攸成。式導昏衢，彌光世德。其堂也，保寧十年剏建。帶雲川之渺渺，總遠岫之峨峨。東覩種玉之田，西掞築金之闕。蘭楹鏤彩，桂柱凝丹。月入秋窻，風含夏户。簷外之杉松郁鬱，檻前之煙水潺湲。所貴安苾芻僧，置狻猊座。高談玉偈，然慧炬而絶煩惱薪；妙演金文，揮智刃而剖無明觳。長依佛住，永壓山門，對延靈鷲之峰，闡説瑜伽之旨。此乃邑人等心猶慕善，志乃忘筌，知浮生石火以難停，覺幻質風煙而易滅。各抽浄施，共構良因，即寺主希悟大德激勸之所致也，縁惠之所被也。厥外井有甘泉，地多腴壤，間栽珍果，棋布蔬畦。清風起兮緑幹香，細雨霽兮紅葵茂。載諒鴻基必葺，白足咸來，其供給之費，恒不闕於祇贍者，大德寺主力辦也。蓋惟寺主大德，道洽空有，識洞幽冥，全資化導於多方，以至圓成於能事。所冀皇朝永安神業矣！相國長調鼎鼐矣！京尹之仁，無秕稗矣。郡牧之信，及竹童矣。一切含靈，同沾利樂。一切惑溺，並向真如。爰述懿徽，俾雕翠琰。其邑人姓號，具列碑陰。仲宣縻職之歲，華構方成，命修辭以序之。序之伊何，即爲銘而記之。銘曰：峭壯靈峰，剏興華宇。式開講肆，用陳法侶。物置人多，利圓三寶。庶幾乎作善之祥，傳名曠古。統和五年歲次丁亥四月八日。

《全遼文》卷四王正《重修范陽白帶山雲居寺碑》 東北方之美者，有若燕山。燕山之殊勝者，有若雲居寺。寺之東一里有高峯，峯之上千餘步有九室，室之內，有經四百二十萬言。梵文泉興，巘穴鱗次。嘉木蔭翳於萬壑，磴道曲盤於半空。擬西方密藏之山，則鷲峯龍窟；鎮東漢祕文之宅，則天禄石渠。本自静琬高僧始厥謀，歷道暹迨智菀諸公成其事。原夫静琬之來也，以人物有否泰，像教有廢興。傳如來心，成衆生性者，莫大於經。勒靈篇儆來劫者，莫堅於石。石經之義遠矣哉！藏千萬法，垂五百年。曾拔宅而此經存，海飛塵而此經在。粼粼白石，寧懼始皇之焚；岌岌碧巘，不畏會昌之毁。致此雲居之寺，多以石經爲名。佛宇經廚，僧坊鐘閣，材惟杞梓，砌則琳珉，古檜星羅，流水還遶，璇提相望，門闥洞開。其中瑑玉泥金，後素作繪，般爾之心匠。僧凱之筆精。皎皎然，煌煌然，逞巧計工，焉知幾萬。度材揆室，何啻數千。故太行之山，茲寺爲中。若以東西五臺爲眉目，孤亭六聘爲手足，弘業盤山爲股肱，則佛法大體，念茲在茲矣。風俗以四月八日共慶佛生，凡水之濱山之下，不遠百里，僅有萬家，預饋供糧，號爲義食。是時也，香車寶馬，藻野縟川，靈木神草，絶赫芊緜。從平地至於絶巔，雜沓駕肩；自天子達於庶人，歸依福田。維摩互設於香積，焉將通戒於米山。面丹□者，熙熙怡怡，謂□闍於斯；俯清流者，意奪神駭，謂殑伽無礙。醵施者，不以食會而由法會；巡禮者，不爲食來而由法來。觀其感於心，外於身，所燃指續燈者，所鍊頂代香者，所墮巘捨命者，所積火焚軀者，道俗之間，歲有數輩。噫！佛之下生，人即如是。先是庚子年，寺主謙諷和尚爲門徒之時，會僕自皇后臺操觚之暇，被褐來遊，論難數宵，以道相得。和尚與僕約曰：夫人，入仕則竭忠以事君，均賦以利國，平徵以肅民，出家則荘嚴以奉佛，博施以待衆，齋戒以律身。盡此六者，可謂神矣！可謂神矣！自茲以別，迨今十五年矣，復與和尚會於此寺，僕以職倅於瀛，掌記於武定，廉察於奉聖，陟在憲臺，遷在諫署，佐茲邦計有日矣。和尚則歷綱維典寺事，見風雨之壞者，及兵火之殘者，請以經金遂有次序。以壇物畢萃於十方，故建庫堂一座，五間六架。以庖人可供於四衆，故建廚房一座，五間五架。以我佛方轉於法輪，故建轉輪佛殿一座，五間六架。以待賓不可以無位，次建暖廳一座，五間五架。又化助前燕主侍中蘭陵公建講堂一座，五間七架。又化助公主建碑樓一座，五間六架。并諸腰座，建飯廊二十三間四架。次又建東庫四間五架，次建梵網經廊房八間四架，次蓋後門屋四座。餘有捨短從長，加朱施粉，周而復始，不可殫論。於戲！小人入仕之風，不足畏也。和尚出家之理，亦以至矣。乙丑歲，天順皇帝御宇之十五載，丞相秦王統燕之四年，泰階平格擇明，八風草偃，四海鏡清。魑魅魍魎，即其鬼以不神；鳳凰麒麟，亦背僞以歸真。一金之施，期功德以絶倫；一介之士，欲風聲之不泯。和尚慶此得時，懇求作記。僕以静琬漂木涌泉之異，在唐臨冥報記，諸公舉續刊助之日，在太原智邈碑。燕國土風之狀，在室尚父昉文，更或潤詞，終成誕説。今之所紀，但以謙諷等同德經營，協力唱和。結一千人之社，合一千人之心。春不妨耕，秋不廢穫。立其信，導其教。無貧富後先，無貴賤老少。施有定例，納有常期。貯於庫司，補兹寺缺。維那之最者，有若前涿牧天水公珣。當舉六條，甚敬三寶。次則三傳隴西疑佳披法服，亦篤佛乘。説無緣爲有緣，化惡果爲善果。和尚則生生世世，應報宿緣，施者則子子孫孫，共酬前願。故寺不壞於平地，經不墜於東峯。古者，廬嶽蓮花，尚存芳躅，近者，恒山鐵塔，亦録前身。夫如是，有客稽首靈巘。載爲銘曰：

佛滅法兮□□堪哀，鑿空刊石兮静琬有才。仙衣拂兮盡不盡，劫火焚兮灰不灰。山河未壞兮幾人見，乾坤相軋兮知誰開。龍神護兮有道則見，天人歸兮求福不回。經五百年千仞上，夫何有於歲月，和尚曰善哉善哉。敬佩斯語，敢告將來。

《全遼文》卷六宋璋《廣濟寺佛殿記》　夫聞弘高威德，運大神道。金剛座中，果結菩提之樹，靈鷲山上，經宣菡萏之花。顯中印以爲師，應東方之現相者，我世尊之啓洪聖也。是以明帝夢從於漢室，佛寶初光；奘公取至於唐時，法輪漸轉。故自三千界神化之後，五百年象教已來。通覺路於羣方，闢空門於歷代。引寬定水，舒廣慈雲。粤有僧弘演，武清井邑生身，發蒙通遠；文殊閣院落髮，離俗歸真。幼尚忍草流芳，長惟戒珠護浄。竭揔持之力，振拔沈淪；弘方便之機，贊裨調御。屬以新倉重鎮，舊邑多人。悉謂響風，咸云渴德。載勤三請，深契四弘。此則振錫爰來，寧辝越里；彼則布金有待，永奉開基。因適願以經營，遂立誠而興建，矧於此也。南披拂鏡水，祕寶瑩珠；北負畫屏山，潛珉輝玉。鳳城西控，日迎碣館之賓；鼇海東鄰，時輯靈槎之客。而復枕榷酤之劇務，面交易之通衢。雲屯四境之行商，霧集百城之常貨。嗷嗷冒雨，擾擾蒙塵。是宜近彼人稠，增完永固，所貴多依佛住，弘濟無疆。然得富庶傾心，溢袖盈襟。奉財施之如林，賓寮率已。連鑣繼軌。賫俸給之若市，得非不畏入畏，念兹在兹。材呈而風舉雲摇，匠斲而雷奔電擊。乃以鑿甘井，樹華亭，濟往來之疲羸也；建法堂，延講座，度遠近之苦惱也。或飾鑄容圖像，恭敬者利益而不窮也；或開精舍香廚，依止者擔荷而無闕也。至於有一日必葺，無四體不勤，以勵乃至精。堅乎密行，而隆其業者也。噫！累功歲久，報力時虧。念光陰之不停，嗟羸老之將至。宜退知爲之事，好修課誦之因。乃謂門人道廣曰：吾以撥土匡時踏荒成辦，然稍增於締構，奈罔備於規模。營西位之浴堂，已憑他化；刱中央之祕殿，未遇當仁。今汝空祠衆中玄識高上，雖勤修慧炬，諒堪稱舉；而播植福田，得未周圓。度人宜體於三輪，證果俾昇於二梵。詎勞謙於後進，當善繼於前修。廣法師諦聽斯言，恭承彼事。應當根之善，立匪石之心。行不逸遊，舉步而惟思師訓；談無戲論，出言而即報佛恩。曾啓處以何安，念克終而無怠。復慮防於傳法，議須假於兼人。幸會頭陁僧義弘，雅好遊方，巡禮將周於四國；洞諳化道，致齋頻會於萬僧。見善則遷，與物無競。因率維那琅琊王文襲等數十人，異口同音而請，信心不逆而來。共結良緣，將崇勝概。繇是勞筋苦節，有廣上人之率羣材，貫骨穿肌，有弘長老之集多衆。疊水浮陸行之跡，專家至户到之心。或採異於曹吴，或訪奇於殷爾。度功量費，價何啻於萬緡，糾邑隨緣，數須滿於千室。鄉曲斯聽，人誰不從。獨有檀那，潛徵翠琰。所欲令聞不朽，咸可紀於石銘。惟希浄辦既堅，共勿輕於金諾，此所謂千人之邑耶。悉願時資潤屋，日廣精藍。愈固虔誠，即趨良會。故始歲則可以霜揮斤斧，煙迸鉤繩。欒栱疊施，棼橑複結。能推剞劂，五間之藻棟虹梁；巧極雕鎪，八架之文楹繡桷。巍巍乎！非衆心迴向，孰規輪奂之有如此者。及再期，則可以鱗比鴛瓦，雲矗花磚；粉布圬墁，霞舒丹雘。奇摽造立，三門之滿月睟容；妙盡鋪題，四壁之芳蓮瑞相。郁郁乎，非衆心合應，孰奉莊嚴之有如此者。次於南則殊興峻宇，正闢通門。度高低掩映之差，示出入誡嚴之限。屹然左右，對護法之金神；肅爾縱横，扃安禪之寶地。然謂瞻思罕狀，報應難名。蓋非一行所致，是期三年有成。窗軒疏不夜之明，周阿流耀；壇座簇長春之色，内奥含英。至哉！其基構備也既如彼，其功德圓也又若此。爰處一方乾位，以爲千古日宫。不惟資閭里之安康，抑亦占郊畿之宏壯。確乎不拔，上侔化出於摩尼；粲然可觀，下擬葺成於那爛。能事云畢，素願酬終。可以開示衆迷，可以滅除多罪。莫不惟道是仗，求福不回。有奉香花，有賫繒蓋。具八關而敬禮，漸悟超凡；崇六事以恭參，潛期入聖。或農商侶至，覩之者生善而歸；或漁獵人來，瞻之者斷惡而去。既而香界初就，道場永開。律儀修而白玉無瑕，戒行止而青松有操。閻浮業廣，咸歸精進之門；兜率觀成，悉有開生之路。適謀論撰，可叙因緣。庶記録以具存，用刊修而克永。捧柔翰而爰狀其事，趨敝居而屢記其詞。然璋罷典泥書，早疏硯席；連鍾風樹，久不文言。念於監督之間，最是歸依之所。既難推讓，惟謝精研。但資立意爲宗，聊以直書其事。而銘曰：

佛興中印，教遂東流。空門開奥，慧炬燭幽。粵有真性，夙著徽猷。布金因請，振錫爰投。慈悲恤苦，化度思柔。招提獨力，基構數秋。羸老將至，勝槩難周。門徒下命，軌躅前修。兼人幸會，合志勤求。千室爲邑，百種何憂。精藍同奉，潤屋咸抽。瓌材呈巧，寶殿延休。閻浮利濟，覩可優遊。此有歸仗，餘無比儔。

時太平五年三月三日丁時。

《全遼文》卷七佚名《薊州沽漁山寺碑銘》 粵若三無數劫歷修持，新新作佛；千百億身化沉淪，登登入滅。由去聖之尚遠，惟餘蔭以□緜。迨金人之符夢，示白馬以北因。來自西方，流通東土。精藍互建，秘典代崇者焉。遘我國家之業開雄盛，運啓熙隆。宏拓土疆，亘恢寓緜。尚武州境隣都府里萃山坊，朽塔古藍，比連遠近，要津義甃，望接縱横。沽漁山院者，自統和紀曆二十有八載，苾芻釋義訕創建也。峰巒峭拔，岫峴嶮巇。豺踞虎伏，煙霾霧翳。荆榛繁萃，毒蠆不通。林麓聳稠，鷙雄難越。茅茨之剪何託，蕪穢之治靡依。師乃顧此神明之嶼，揆乎爽塏之基。以慈悲力，化清信心。山東山西，將相之冑；非鹿非麋，不畋之客。雲屯至止，雷動鳩工。繩墨雨紛，斧斤星閃。沸宣不日，簷廡悉成。巍峩前殿，釋像百寶莊嚴；掩映後堂，慈氏壁千金縷細。南峯突兀，蹬道淩雲，上建無垢浄光塔，聳餘百尺，飛級數層。疑多寶佛涌見虛空，訝阿育王建於葱嶺。內藏則實我當院之衆，自運斧斤時建立也。經律論三學之内典，皆悉備矣。方室團菴，稠連四合，坐禪行道，不捨六時。上堂下化，永止寄安。常不下三五十衆。久矣！邇後采亭村創建起下院，成辦得殿堂佛事圓滿。燕山村亦起建到下院，成辦及少許佛事。亶利根植福之庭，誠善氏致供之所。常爲歸敬，久利含靈。逮至重熙紀號十有七歲，悦乃繼父兄之良果，構院舍之善隣，輟功勤於旬浹，捨緡鏹於萬千，特建六門陁羅尼幢一座。霜鋒剡翠，健筆摛文。衆鬼神威力加持，諸佛法慈悲護念。塵沾影覆，揔得生天；水浴風颺，皆能滅罪。利養無闕，瞻仰有歸。難弭清芬，因徵斐述。其銘曰：

巍巍碧嶠，幽燕之隩。居多名釋，行菩薩道。岌岌雲岩，翳是精藍。宿殖檀那，常近禮瞻。寶幢高廣，金鈴振響。陁羅密言，咸歸敬仰。親仁田氏，院之基蔕。萬祀千齡，良緣勿替。

《全遼文》卷八王觀《燕京大昊天寺碑》 尾絡之分，燕爲大邦。闢千里之日圍，聚萬家之星井。中有先公主之館地，雕華宏冠，甲於都會。改而爲寺，遵遺託而薦冥福也。詔王行己督轄工匠，梓者斤，陶者埴，金者冶，彩者繪。鍾雲《大典》作錘雲。屯，杵雷動，三霜未逾而功告畢。棟宇廊廡，亭檻軒牖，甍簷栱桷，欄楯櫟櫨，皆飾之以丹青，間之以瑶碧。金繩離其道，珠網罩其空。縹瓦鴛翔，修染虹亘。曉浮佳氣，涵寶砌以生春；夜納素輝，爍璿題而奮晝。（又曰）中廣殿而崛起，儼三聖之睟容；傍層樓而對峙，龕八藏之靈編。重扉砑啓，一十六之聲聞，列于西東；邃洞異舒，百二十之堅聖，分其左右。或鹿苑龍宫之舊蹟，或刻檀布金之遺芬。種種莊嚴，不可殫記。

《全遼文》卷八佚名《洪福寺碑》 大矣哉，恭維佛之性也，希希兮，夷夷兮，堪凝然而體不可窺；美矣夫！以謂佛之相也，茫茫然，大大然，周沙界而理不可詮。得不超歸莫測，徹果穹源。杳杳兮目誠孰視，寂寂兮口靡能宣。可謂開迷遂性，應物現形。教崇者弘出世之因，諦信者證升天之果。切以可久等莫不宿植善本，曩結良緣。幾傷幻化之軀，共集湼槃之樂。罔憑釋教，寧滅罪根。欲排多刧之殃，須仗三身之力。今則結集衆力，敬豎雙碑。邀般輸之奇匠，採崑嶽之幽石。一鎚之工爰運處，金宿摇空；八條之虬乃俄成，霜鱗矗起。亭巍一尋，面優數尺。一則披美於衆善，一則頭敍於多功。苟述其文，畧陳斯説。前有尊勝陁羅尼幢一所，寶莖上聳，高淩碧漢之心；蓮座下礎，永鎮黄金之地。次有佛殿一座，莫不簷虬吐霧，脊獸呀煙，瓦列鴛頡，梁横棟懸。内四壁兮繪容嚴粹，中一壇兮望像端幽。三十二相，相相皆嚴；八十種好，好好俱妙。又於東西廂有洞廊二坐，内塑羅漢各五十餘尊，可謂容嚴特妙，皃古同生。個個被結趺之座，尊尊該超地之因。於中位則建菩薩堂一區，三間四架，彩輝華而霞燦，勢髣髴而風翔。望容好□具皃相全。西壁上卧如慘戚，東廂中須岳巍峩。次西北有大雜寶經藏一坐，莫不彤楹巍立，蜺棟高横。金鈴咽天中之吹，晴幡映島外之霞。似到溟滄，蜃吐之樓臺岌岌；如臨岱岳，雲成之宫闕重重。内函則龕經六百帙，外費則櫝價一千緡。赤軸霞欄，黄卷金融。載傳者滅七返之罪，禮看者免無間之獄。又以次後則講堂一坐，内置須彌座，上宣金口言。日日講經，四海之潮聲雄震，燈燈演法，六時之花雨霏空。謂厨堂則氣樓迤邐，鍊鼎恢弘。烹乳酪之珍饈，造醍醐之上味。時修盛饌，日給羣僧。一合上寺並下内大僧，數餘百人，得不行貞雪柏，戒朗霜蟾。一垂奥義，誠能洞曉；三藏真文，言其易了。蓮座講時，攝龍鳥以皆伏，竹軒吟處，動鬼神以感驚者也。咸雍六年八月十五日建。

《全遼文》卷九佚名《安次縣祠垈里寺院内起建堂殿并内藏埤記》 伏聞混沌判則天地別，天地別則人民生。人民生則君后出，君后出則佛法興矣。自漢明帝創建白馬寺已還，迄至於今，法宇不絶也。我國家尊居萬乘，道貫百王。恒崇三寶之心，大究二宗之理。處處而敕興佛事，方方而宣創精藍，蓋圓於來果也。尚一人而如是，胡□姓以非然。劉惟極、宋守行、劉惟昇、李知新等，户貫燕京析津府安次縣長壽鄉，西南隅一小墅也，名曰祠垈里。田園靡廣，人物非稠。其間雖有祇園，惟存舊址。前有古殿一坐，然用柱石，全乏樑棟。摽架而成，豈非聖耶。後有寬閑之地，内乏立像之堂。惟極等遂誘多人，同集上善，各賫淨賄，共結良因。玖於當院特建東西堂二坐，正位殿三間，於大安五祀春三月啓土。而莫不鳩工運巧，命梓度材。若男若女，同助緣於此日；或貧或富，皆畢力於當時。厥後棟樑雷動，栱桷星攢。幼年壯年，日日不停於鎊錘；大匠小匠，時時無罷於斧斤。是以從微至著，自下升高，日往月來，堂殿方成。遠而視者，如雲住空；近而瞻者，從地湧出。聲聞於外，咸興供養之誠；樂在其中，盡得歸依之所。喜成大事，未稱卑懷。更於殿内，復建内藏一所。再擢大匠，碎剪良材。鵰鏤尺寸之形，壘砌百千之樣。亭臺掩映，然分齷齪之儀；樓閣高低，盡顯巍峨之勢。内置千帙之教，後留萬載之名。雖爲此地之功夫，應是他方之世界。修新功德，當獲忉利之奢華；補故因緣，得證梵天之快樂。今則徵求礎匠，磨琢燕珉，遂建碑二停。一則壯觀茄藍，一則摽鐫姓氏。願垂之而不朽也。從生生世世，承佛蔭以彌堅；子子孫孫，繼道心而不朽云爾。銘曰：

世遇平泰，因君統綏。禾稼頻實，由君德施。君子蕩蕩，衆人熙熙。佛法隆盛，興修正時。朝野慕善，特□堂殿，壯顔園祇。内修寶藏，中分像儀。余等辦集，因果求祈。功効既就，姓名欲垂，鐫琢玩石，刻録前事，負以金龜。濱海縱涸，我之不移。泰岳雖□，我之不隳。悠也久也，天地同期。

張金吾《金文最》卷一三王繪《大聖院記》 衆生以三毒業，流浪生死海中，盡未來無有已時。西方聖人大慈大悲，憫念有情，廓爲法航，濟而扶之，厥功大矣。雖雙林示寂入般涅槃，而應念化身至千百億，譬如清淨水中，月體皆現。謹按濟南圖經，老僧口鎮在聞韶驛東北七十一里，後唐清泰三年建，本小清河渡口，嘗有老僧坐化，因此爲名。又耆舊相傳，有入滅老僧結跏趺坐，泝流而上，若鳧鷖然，至是遂止。緇素神之，相與遷置，圍遶贊嘆希有，以爲兹必聖賢權化，警悟群迷，乃搆厦奉祀，水旱祈禳，皆有應驗，此大聖院權輿之事也。宋政和二年有旨，自崇寧以前修建堂宇間及三十者，特許存留。住僧省静以是訴於縣，縣以是聞於府，府給據付之，至今以爲證焉。三年，省静以年耄，請賜紫沙門智通住持。智通爲人質直精嚴，長於梵咒，眷言是院多歷年所，其宇摧敗，其地褊隘，竭力化緣創建，增葺大殿、法堂、寮舍、庖厨，塑佛一龕。冶鑄洪鐘，以警昏曉；增展鄰壤，以崇垣墉。度小師七人：廣興、廣文、廣德、廣峻、廣實、廣先、廣寶，濟濟蹌蹌，皆有學行。智通既老，再傳而廣峻住之，又再傳而廣寶住之。近年以來，昧者顯，敝者振，雕木莊嚴，六師佛像，丹雘粉飾，金碧相照，魚板鐘磬，歌唄潮音，琅琅不絶者，皆廣寶住持之力也。昔在皇統九年，繪就試回，待榜之次，胸次芥蔕。一日，先妣太君田氏謂繪曰：「昨暮夢自絡絲於張絲竿上火起，方驚愕間，忽見南寺大聖，忻然而言：汝子今歲必了此吉徵也。」不數月，捷報登第，式符其夢。太君遂施僧伽黎衣，以答靈貺。嗚呼！自非慈悲妙用，福佑一方，安能現化如是哉？繪欲顯聖賢之靈迹，故因書石云。讚曰：臺城之北，濼水之陽。鎮號老僧，肇自後唐。聖賢以化，於赫靈迹。坐亡溯流，理不可測。緇素神之，建立道場。用作佛事，基搆漸昌。歲月綿漫，其詳靡記。所可見者，省静爲始。智通擴之，廣峻承之。或卑或陋，廣寶營之。棟宇彌壯，像設益儼。金碧莊嚴，光輝冉冉。犍椎不停，苾蒭有歸。福佑一方，法雨霏霏。後之嗣者，守宜無失。刊諸翠珉，永戒無極。大定二十八年三月十五日，少中大夫、保德州刺史兼知軍州事王繪撰。

張金吾《金文最》卷六五仲汝尚《天寧萬壽禪寺碑》 琅琊之佛祠，在郡治者凡六區，其五爲毗尼，其一爲禪那，今普照是也。當子城之西南，有古臺巋然出於城隅。臺之西復有廢池，流潦豬焉。耆舊相傳，臺曰「曬書」，池曰「澤筆」，其地蓋東晉右將軍王羲之逸少故宅也。昔晉祚中缺，元帝渡江，臨沂諸王，去亂南遷，乃捨宅爲梵宫。世祀綿邈，真僞莫考。往歲嘗得斷碑於土中，字雖漫滅，尚仿佛可讀。按招提復興之代，實自後魏，至有唐孝孝明皇帝即位之九年，始賜額曰「開元」。宋真宗初，輔臣建言，請詔天下，每郡擇律寺一，更爲禪林，遇皇上誕彌之月，爲祈延景命之地。制從之。郡以開元應選，自是改稱天寧萬壽禪寺。逮廢齊居攝，專用苛政理國，知衆不附，尤狹中多忌，凡浮屠老子之居，曩日所嚴奉以祈福者，一切廢革，遂易天寧之號，榜以「普照」。開元遺址，固占臺爲基，下偪闤闠，棟宇褊迫，在我法中所當有者，皆廢缺未備，不稱寶坊之制。歲在丁巳，妙濟禪師覺海始來住持。入院之四年，乃議改作。衆懼難成，姑欲因陋就簡。

經始之初，異論蜂起，拱手旁觀，待其自敗。師志先定，屹如山立，終不可摇。時奉國上將軍渤海高公名和式，適守是邦，與師昔於過去劫在無量佛所曾植宿因，至是機緣會遇，針芥相投。公命首墮雉堞，以達蔽阻，又架石爲梁，跨望月湖，南臨廣路，於指顧問，已盡闢湫隘爲空曠之境矣。復召百工，授以成規，自當陽聖位，次及方丈，下逮僮隸所偃息，皆標立區所，期盡新之。益出己資力，往給經費，且示苦忍，降伏偷惰，畚鍤斤斧所嚮，輒以身先。於是郡人感其誠，無不風靡。遠方檀施，亦破慳釋惰，助作大緣，憧憧往來，相踵於路，以故資用饒益，魔失其便。寒暑未幾，悉滿初願。師又於大雄殿之北，創立廣厦，聚竺地所傳，調御所説五千四十八卷之經，爲大轉輪藏，發機於此，栖匭於輪。鏤海岸旃檀諸香，象須彌山及阿耨池，八方龍鬼出於水際，各持金革，現護法相。諸天寶宫彌覆其上，一一天宫，有諸寶欄楯，一一欄楯，有諸寶天女執妙音樂歌舞贊佛。復有無量化身如來坐獅子座，爲百億天衆放光顯瑞説無言法。機輪一動，聖凡出没，千變萬化，金碧相錯，耀人心目，如劫初時，風激水沫，涌爲七珍，蓮華藏世界不可説，宫殿以萬化成奇妙微巧。工告訖事，師擇九月辛未，集山東十八郡大長老洎傳戒宿德，建龍華會七晝夜，以落其成。幢蓋鐘鼓，填溢衢市，緇素萬人，遝遝咸會，覩是聖相，皆贊嘆隨喜。請採石斵碑，紀述希有，傳信無窮。求文於中陶仲汝尚，以記其事。汝尚曰：先佛世尊，示滅鶴樹，千有餘歲。至東漢一葉，教流震旦。訖於梁氏，始宏闡有爲，出世空術，盡成名相。我達摩初祖自天竺西來，救其末流，俾涅槃妙心，巍巍堂堂，猶星中月，益光耀於家法。自此天下之言禪者，皆以明道説理爲宗，不泥教律。惟此生於西蜀，棄萬金之産來爲沙門，親近諸説，求無上道，參承咨決，已得法要。固當高提祖印，直指人心，乃建塔廟、嚴像設，同二乘小果，希人天福報，此禪流後學所以竊議致疑於師也。然汝尚書聞師之言曰：「實理際地，不受一塵；佛事門中，不捨一法。吾以如幻三昧，遊戲世間，雖化大千盡爲佛刹，其中實供最勝第一種種，具足吾之妙用，未始有作也。昔貞際之住東院，不聽大檀越動一草以廣其居，是誠古佛用心，然不可爲叢林法。吾懼末世比邱喜虚誕者，競爲大以欺佛，遂有假如來衣竊信施食，視法宇之成壞，若行路之過逆旅，曾不介意。或問其故，輒謬曰：『古之人固如是也。』以至上雨旁風，覆壓是虞，乃擊鉢囊逡巡告去。有如諸方建化，率由此轍，則寶莊嚴道場，往往鞠爲茂草，如來遺法，其能久住世乎？敢畏多言。」汝尚唯唯。乃序寺之廢興緣起，俾刻石以告來者。時皇統四年十月二十日記。《沂州府志》

《〔同治〕陽城縣志》卷一四蘇瓘《海會寺重修法堂》 蓋聞作善今世者，貴得其門；修福來生者，必知其路。必歸依于釋教，庶不失其本心。昔者，時當訖籙于蒼姬，佛始顯光于天竺，心浄行善，識妙通真。顯化自彼西方，流風及兹東土。門開八正，使人深造于聖門；道謝四流，誘衆咸趨于大道。世拯沉淪之苦，法爲舟筏而施，凡曰有生，普被兼濟。能事畢矣！勝果成矣！國雖壽于無量，權乃息于無機。于是脱屣于金沙池中，挂衣于娑羅樹上，患身染塵劫，故自歸于涅槃。知名籍天宫，復往生于兜率。其質雖盡，其聖彌新，然後畫像並出于多方，寶刹森列于四海。況此梵王宫宇，面于金谷岩巒，映門之修竹萬竿青，繞院之茂林千蓋緑。緣有寒泉，涌出勝地；磨礱堅石，甃成曲池。逼砌靈源，吐作瓊珠之顆；迎風細浪，皺爲琉璃之盤。分派則走碧以横門，激石則成喧而盈耳。故題其額曰「海會禪院」，兹實古有之精舍最經年深者。舊堂壞壁，暗其丹青；圮桷疏檐，摧以風雨。既卑且隘，欲倒而傾。其或崇建道場，欲作佛事，齋席雖設，延衆實難，使十方香火之人，一會蓮社之友，或露坐于他所，或並立以差肩。解空説法者，烏可遍授于衆人？回心向善者，不能諦聽於經教。大定十年，有住持僧祐公上人發洪誓願，不憚勤勞，輒毁故以更新，特易小而成大。廣其制度，增其基址，修法堂五間；更于次下創建法堂五間，西挾院子屋六間；又于正殿後重葺厨屋，前後共十間，庫屋五間，僧堂五間。棟梁採于他山，躬逾絶嶮；柱石取于深谷，身履臨危。人感異而借力相先，工競能而施巧不緩，樂事者衆，不日而成。高低之麗構争新，上下之層臺聳翠。朱檐飛峻，射曉日而紅照紅；青瓦連空，凝暮雲而碧生碧。冀宏宣其法教，開後學之苾芻。祐公上人者，下佛村人氏，俗姓馬，法名宗祐，字吉老，夏臘六十有二歲。自幼年受業本院，從當日立事空門，經論通明，器識宏遠。其所修建，無不壯麗。費用約及于萬貫，幹辦只自于一身。推其功，豈小補哉？較其美，是難能也。余因暇日問禪是宇，公語此苦心竭力之事，深嘉其義，爲之記焉。贊曰：

事業興廢，皆由其人。能立事者，才智出倫。祐公自幼，不染俗塵。作佛弟子，必懷至仁。精舍有舊，孰更以新？公奮厥志，不憚若辛。建立堂宇，服勞一身。聖賢洞感，必饗而親。紀兹功德，昭示千春。冀爾來哲，相繼善因。

張金吾《金文最》卷七一趙攄《薊州玉田縣永濟務大天宫寺碑》 國朝故事，凡寺名皆請於有司，給授敕額：其異恩者，特加「大」字以冠之，所以別餘寺也。

雖京師名刹相望，而得賜是額者，殆亦無幾。然則永濟大天宮寺，其名豈録録者哉！初務之西南不遠二里，俗謂南臺頭，有岡隆隆然，泉注其下，縈紆環擁，右斜而去。泉岡之間，氣象幽勝，甲於其境。舊遼清寧之元，有鹽監張公日成者，愛異其地，以爲可起梵宇，爲鄉邦依歸之境，乃出金售之，經始基構。中則正殿三楹，塑彌陀像，置大經藏。越南北則堂各五楹，繪本尊四智菩薩。西序則僧堂三楹，隅則鐘樓及内外三門次焉，環則周廡自區。寺僧千指有奇。至於粥魚齋鼓，物物完具，一皆獨辦，不資衆化。而舊有馬鞍山師弟法定者，以名德聞於遼主，嘗被召對，講繹稱旨，賜號演教大師，乃請爲之宗主。功始告成，而東道公逝矣。幸而其子從宜有父風度，清寧八年，於寺乾隅，甓甃浮圖一十三級，奉安舍利，構堂三楹，繪先賢容像。築庵二區，延致諸方道人。在寺及永濟務各施息庫一，又施墅地二千四百畝、南墅地二千五百畝，用給齋厨之需。演教大師攝度徒衆，以立常住，鄉人初以南塔院目之。壽昌二年，賜「極樂院」額。乾統五年，改爲天宮寺。及本朝，命元臣諸帥經略宋人受進方物，行府寓置此寺者數年。由此天會五年八月，敕加「大天宮寺」以酬之，且示其旌表也。逮正隆間，二墅之地，籍隸佛土，凡傳受本末，有敕牒券記在焉。一日寺僧相與謀刻諸石，乃狀其事，請交於攄。攄曰：物之興替，陰有緣數，非偶而然。異時茲地，荆棘蕪焉，狐兔游焉，歲月不爲不多矣。一旦長者公子，基之承之，則紺宮華闕、梵聲潮音，化爲選佛道場，此莊嚴殊勝之因緣也。夫創之者勞，居之者逸，僅一再傳，則廢者多矣。且兵火之廟，佛廟丘墟，十所而九。是獨爲國相大臣，擁庇保全，自起至今，幾百餘歲，愈久而愈熾，此住持定力之因緣也。窮鄉陋邑，間有僧居，僅能以院自名而已，是獨能名動朝廷，得錫大寺之號，與京師一二名刹争衡，此威光□□之因緣也。即是因緣以觀之，則從來大士耆德主持法門之風爲不負矣。嘻！士之謀道者，或槁形灰心於山谷間，自非天龍送供爲衲衣饘粥之計，不能無外擾也，與夫居不謀而安，食不求而給，其於從道也，豈不□且優歟？敢告後之居者，一切時中，常作是念。當傳授精進，不墜家風，且歲時香火，以無忘檀施之力，則予之斯文何愧焉。時大定十二年十二月十五日立。

閻鳳梧《全遼金文》安泰《汾州平遥縣慈相寺修造記》 金仙氏之道，至廣至大，無量無邊，不可思議。然自迹觀之，以整濟萬有，誘化群迷，使脱□塗而歸浄上，出愛河而登彼岸。後世奉之以爲教者，其法大率有三：曰心、曰教、曰像也，皆釋迦如來親授于大弟子者。心法，傳正法眼藏，不由文字，不立言語，以心印心，真登覺地。如傳于摩訶迦葉至蕭梁，世有圓覺。遠磨方來東土，乃傳其法。教法，演三乘十二分教，由三祇歷五位，而漸致于等妙之地。始自如來説法，時有阿難集而爲經，優波離結而爲律，諸菩薩衍而爲論。至姚秦世，鳩摩羅什譯梵爲華，教始行于中國。像法，建塔廟、設儀相、幡花、香火，嚴飾供養，使人睹相生善。始自如來欲涅槃時，阿難親受其説。至東漢明帝夢見金人，遣使天竺，圖畫其像，因起寺于洛陽，像乃傳于中國。三者之中，像爲易從，故達人君子，莫不用之以化其俗。後世因之，日遠日甚。是以範金堊丹，雕木寶□，以奉其遺，而無侈厭。惰者捐力，貲者施財，悍夫瞻而色柔，童子睹而意肅。生則傾産奉施之，死則舉族哀祈之。心念口言，罔非在佛。噫！人有歐之以法令，協之以鞭箠，而逋懸欠負、强梁桀驁者，終不能無，及蹈佛宫、睹聖像，而回心向道。如是像法于人，豈小補哉。汾州平遥縣慈相寺者，乃古聖俱寺也。寺在縣東太平鄉之冀郭里。始有大士由西極來，曰無名師，實坐于麓臺山四十載。唐肅宗召詣京師，待若惇友。上元初，示化于宫城之寺邸，詔還故山。到前宋慶曆間，寺僧道靖層塔藏之，寺之興也。以此皇祐三年，改賜今額。宋末兵火焚燬，唯三門、正殿存焉。迨本朝天會年間，有僧寶量、仲英，相與起塔于舊址，立法堂于殿後，餘稍增葺，未能完備，量、英尋殁。有今主僧澄公，慨然嘆曰：「我先師輩營治田業，户甲三州，其餘贍衆之意，勤且至矣。至于寺宇，則未宏大，何以能聳動群品，而堅湊善之心乎？」遂請前本州僧正和衆、大德純迹，于塔後建大堂曰「普光」，取佛嘗説法于普光明殿之遺意也。堂設毗盧遮那佛，壁繪□□佛、八金剛、四菩薩、帝釋梵王。堂之右翼，置釋迦六祖，繪二十八祖，以彰心印所傳之自也。左翼置地藏菩薩十王像，以示善惡必報，結人善心也。堂之前，其友福勍又起兩廡，塑佛菩薩五十，阿羅漢五百。樓臺妓樂，寶山琪樹，珍禽異獸，奇花瑶草，七寶嚴飾，五彩彰施，爛爛煌煌，聳人瞻視。功未十三，二僧繼化，公皆畢焉。公復于塔内層設聖像以爲莊嚴。塔前對立二亭，東置土地神像，西覆聖井，仍塑五龍王于井上。法堂之東廡，立關將軍像，以玉泉山護法故也。寺舊有鐵像菩薩二座，公補爲萬殿，左起大屋而置焉。增塑慈氏、文殊二菩薩，洎十大論師于其間。其餘門廓、廳堂、厨庖、樓閣，洎僧徒、臧獲、傭保、馬牛之舍，或增舊創新，或支傾補壞，凡一千二百餘間。其中像設之儀，器用之具，一無缺者。閑庭隙地，則植以松竹花木。于是僧有經行宴坐之安，人適游禮虔仰之願。然後作大佛事三晝夜，飯緇素萬人，慶其成也。猶以爲未足，復命大法師起講筵三歲，齋嚓無虚日，鐘梵無庸聲。見者起敬，聞者發嘆，鄉近感化多爲佛人矣。功德既圓，仍念前修舊迹，恐遂湮没，乃磨刻數碑，以紀先師之行狀。祖隱之舊山，遠近法眷、聖藥源流，炳然在石爲不朽。計起自大定乙未，成于明昌庚戌，十五年間辦此大事，計其所費，奚可勝言。其協力者，管勾僧福杲、管庫僧福恩。既而功成事遂，公始計退休。即于殿廡之西建屋十數楹，别爲聖賢像，期以清寂自守，香火禮念而終身焉。公名福澄，俗姓胡氏，本縣欽賢里人。年十三普度爲僧，寶量即其師也。公爲人嚴整慎重，長于籌畫。故自幼至今四十餘年，經營寺事無不幹濟。寺舊枕麓臺河，河岸崩潰，歲勞伺護。乃役夫二千，鑿水遠流，遂免其患。東南原有别業數百畝，恒苦遠治。乃構屋數十間，就召耕傭，遂爲便易。先是，無名師有遺方眼藥，世鬻以資道用。至公住持，利入百倍。祖田數十頃，僅備糇糧之給，至公經畫，收亦數倍。其營建之費，雖外藉檀信，而田、藥所助十六七焉。人皆推爲福慧僧也。僕甫以母憂居鄉里，倚廬塊坐，無意著述。逼以其門人文普、文濟，勤請再四，乃直筆其事，殊愧漏略。明昌五年春四十有二日記。將仕郎、前武州寧遠縣丞安泰撰并書。

李俊民《莊靖集》卷一〇僧圓勝《崇安寺重修三門上梁文》 歲月既遷，久曠莊嚴之境；家風不墜，大開方便之門。結十方隨喜緣，種三生無量福。恃者衆力，期於一新。使檀越如此用心，欲衲子有個歇處。謹涓吉日，肇舉修梁。因採歡謡，式形美頌。

抛梁東，一旦精藍掃地空。誰似崇安能超廢，聖人門户見重重。

抛梁西，横峰側嶺護招提。却還舊觀淩霄漢，氣壓龍門一望低。

抛梁南，瓶鉢生涯共一龕。試問龍蛇今幾種，前三三與後三三。

抛梁北，色即是空空即色。有時天女散天花，莫認毗耶居士室。

抛梁上，一榻茶烟小方丈。幾年面壁少林師，肯向人前呈伎倆。

抛梁下，山林所在皆蓮社。此心安處便宜休，銷得蓋頭茅一把。

伏願上梁已後，永光法界，不墮劫灰。看取佛堂放光，且爲道場起本。金得長者之布，日日而興；衣自祖師而傳，源源不絶。

元好問《遺山集》卷三五《竹林禪院記》 竹林寺在永寧之白馬原。其初爲佛屋，居人以修香火之供。既廢矣，鄉豪麻昌及其族弟臣稍完葺之，以龍門僧廣居焉。廣，解梁人，自言白雲杲之徒。居而安之，即以興造自任，興定中，請於縣官，得今名。乃爲殿、爲堂、爲門、爲齋厨、爲庫窟，凡三年而寺事備。南原當大川之陰，壤地衍沃，分流交貫，嘉木高蔭，良穀美稷，號稱河南韋、杜，而寺居其上游。東望女几，地位尊大，居然有岳鎮之舊，偎麈劫立，莫可梯接。僊人諸峰顔行而前，如進而侍，如退而聽，如敬而慕，如畏而服。重岡複嶺，絡脉下屬。至白馬，則千仞突起，朗出天外，儼然一敵國之不可犯。金門、烏啄奔走來會。小山累累，如祖龍之石，隨鞭而東。雲烟杳靄，濃淡覆露，朝窗夕扉，萬景岔入，廣一攬而洛西之勝盡。蓋嘗嘆焉。佛法之入中國，至梁而後大，至唐而後固。寺無定區，僧無限員。四方萬里，根結盤互。地窮天下之選，寺當民居之半，而其傳特未空也。予行天下多矣。自承平時，通都大州，若民居，若官寺，初未有閎麗偉絶之觀。至於公宫侯第，世俗所謂動心而駭目者，校之傳記所傳，曾不能前世十分之一。南渡以來，尤以營建爲重，百司之治，或僑寓於編户細民之間。佛之徒則不然，以爲佛功德海大矣，非盡大地爲塔廟，則不足以報稱。故誕幻之所駭，堅苦之所動，冥報之所讋，後福之所徼，意有所嚮，群起而赴之。富者以貲，工者以巧，壯者以力，咄嗟顧盼，化草萊爲金碧，撞鐘擊鼓，列坐而食，見於百家之聚者乃如此。其説曰：「以力言者，佛爲大，國次之。」吁，可諒哉！正大庚辰，予閑居空上，廣因進士康國仲寧以記請。仲寧爲予言：「業專而心通，且喜從吾屬游，其進也有足與之者。」因爲記其事，并著予之所以感。四月望日，前内鄉縣令元某記。

張金吾《金文最》卷七一李中孚《重修白馬寺釋迦舍利塔》 浮圖氏之教，本西方聖人之教也。迨乎東漢明帝時，則有若三藏曰摩騰、竺法蘭，以白馬馱經四十二章，始流傳教法至於中州。是時，乃卜府王城之東二十餘里建精舍，度僧徒，創曰「白馬寺」。中州之人奉釋氏者自此始。厥後敬供，香火相傳，魏、晉、隋、唐而下，迄千有餘歲不絶。洎五代之後，粤有莊武李王，於寺東又建精藍一區，號曰「東白馬寺」。並造木浮圖九層，高五百餘尺。塔之東南隅，有舊碑云：距一百五十餘年，至丙午歲之末，劫火一炬，寺遂與浮圖俱廢。唯留餘址，鞠爲瓦子堆、茂草場者，今五十載矣。往來者視之，莫不咨嗟而嘆息焉。噫！天壤之間，事之廢興，何代無之，又奚足怪？物極必反。無何，果有彦公大士自濁河之北(底)〔抵〕此，睹是丘墟，徬徨不忍去，一夕遽發踴躍特達心。迺鳩工造甓，緣行如流，四方雲會，不勞餘力而所費以辦。因塔之舊，翦除荒埋，重建磚浮圖，一十三層，高一百六十尺。徘徊界宇洞並龜頭一十五所，護塔墻垣三重，甘露井。又立古碑五通，左右焚經臺兩所，杈子並塔門九座，下創修屋宇二十八間，門窗大小三十七座。其餘不可具紀。不逾年而悉就所願。天時物數，若合符節焉。於告成之明日，丐中孚以記其事。中孚於莊武王係六代孫，粗知其要，義不當辭，是可書也。時大定十五年五月初八日。

《〔嘉靖〕河南通志》卷二〇王磐《龍岩寺記》 相臺之西，佛寺爲多，若黄華峡峪、修定寶山皆古名刹，其得山水勝槩而去府城爲最近者曰龍巖。龍巖爲寺，不知始終何代。金大定間，有僧曰憲上座，得法於大尖山廣和尚，遊方至此，徘徊瞻眺，謂其從者曰：「此地前臨洹水，右倚太行，草棘之間，廢塔猶存，古精廬也，是可居矣。」乃謀諸里人，里人曰：「師能留居，願以奉施。」居逾年，學徒稍集，日益衆多。嘗繕締構，曾未十稔，而荊棘瓦礫之場，化爲寶坊金地。憲老，以傳其潤，潤傳其琛，琛能世其業，後值金季喪亂，所謂寶坊金地者，復化爲荊棘瓦礫之場矣。琛有弟子曰德清，避亂遊歷四方，事定來歸，曰：「先師故道場也，吾不可以不葺。」與其徒刈荊棘，驅虎狼，架蓬茅於垝垣，以庇風雨而託棲焉，今三十年矣。而佛殿法堂，鐘樓僧舍，齋廚庫窖，三門洞房，金碧像設，旛麾綵繪，盡復承平之舊，而宏敞縝密有加焉。噫！土木之崇麗，象設之莊嚴，皆有爲法耳。雖不槩於道，而道實寓焉。蓋常人之情，覩崇麗之境，則嚮慕之意起，瞻莊嚴之容，則肅敬之念生，此象教之所以有待於修飾者歟？及其弊也，則事外而遺內，務觀美而無踐履之實，崇堂邃宇，徒自尊高，刻桷丹楹，漫爲勞費，其於光揚佛法，滅度含靈之道，果何益哉？故德爽則千楹不足，道在則環堵有餘，若清者，其近於道矣。捨衣盂自奉之資，合檀信願心之施，財不蠹國，役不擾人，麗不至奢，儉不至陋，缾錫駐於一方，而道化行於四遠。師安陽人，姓王氏，幼從琛學佛，日誦千言。及長，徧通諸經，論議鈔疏，皆能闇誦，朝廷嘗遣使者閱試天下僧尼，自真定以南，師舉首。五臺山資圓戒會，衆推師爲壇主。開平府新宮成，詔集天下名僧，設道場以落之，師陞座敷暢真乘，稱旨。明年，大駕南巡，師朝行殿於相臺之南，賜號宣明雄辯大師。師爲人外融內和，趙魏間學佛者咸尊師之。其弟子澄昭、澄志等曰：「自昔精藍名刹形勝之地，必有金石記識題刻，非直爲觀美也，所以揄揚道化，紀述事功，昭示來世，俾有考焉耳。今吾師謙抑韜晦，退託而不爲，吾儕又復因循，不能有所表白建立，則將終於暗陋而已。」乃相與礱磨堅石，詣予求文。予既嘉師之能自信而篤於其教，又喜二子能推崇其師之德，而期於有聞也。爲次第其始末，而繫以銘辭。銘曰：

梵宮胡爲來此營，法不孤起緣境生。道人天眼識王氣，手拾瓦礫開榛荊。一庵本不求餘贏，户外屨滿日益增。漸看木杪挑飛甍，鄉閭喜聞鐘磬聲。人心慈良佛化行，熙熙樂土稱太平。一朝刼大移丘陵，世間成壞無足驚。清公嗣法法載賡，學徒仰之如景星。千經萬論浩渺溟，扣之即如缾水傾。龍巖棟宇廢復興，盡還舊觀加恢弘。子孫才賢相繼承，法輪長轉無時停。昭也沉默趨佛乘，志也彊毅持門庭。有不知者視此銘，百千年後如丹青。

耶律楚材《湛然居士文集》卷一三《萬壽寺創建廚室上梁文》 萬壽寺創建廚室，浪著上梁文六首，幸付工人輩歌之，用光法席。

抛梁東，香積移來不犯功。卻笑維摩無手段，但將盂飯到塵中。

抛梁南，底箇因緣最好參。試問助緣多少衆，前三三與後三三。

抛梁西，巧匠騎驢倒上梯。四面無門何用鎖，十方没壁不須泥。

抛梁北，柱石宛有擎天力。欲模此樣向諸方，懶殺僧繇描不得。

抛梁上，手不傷材真大匠。虛堂窮刼鎮叢林，借與兒孫爲榜樣。

抛梁下，聊倩般輸成大廈。朝朝香飯供諸佛，承事悉無空過者。

胡聘之《山右石刻叢編》卷二五陳賡《重建棲岩寺碑》 夫釋氏之興，肇自竺乾。祇陁精舍，迺給孤獨買地布金之所，請佛居之。於是大覺領衆闡法，隨機逗教，導物拯迷。受其利而證果者，不爲不多矣。暫被權機，未傳真實。其風既著，然後拈花示衆，謂之密傳妙心。甘露一傾，洽流東土，騰蘭涉漢，抵於洛京。方傳譯利生，帝遵民服，遂乃創修十寺，俾二衆有安棲之處，樂然行道以報國恩。此震旦伽藍之始也。教雖布化，禪猶未興。繼後梁、魏主分天下，菩提達磨祖師航海而來，游梁涉魏，壁觀於少林，直接上根□器。已而續艷聯芳，盛傳江表，至於百丈。方竪叢林，目之曰禪刹，俾既聚寰海衲子，遞扇宗風。建立既多，名號亦異。有以山川形勝名之者，龜山、鶴林之類是也。以國家年號名之者，開元、景德之類是也。又以嵒名之者，天下有三焉。濟南之靈嵒，上黨之紫嵒，河中之棲嵒。以前二而較之，莫若於棲嵒也。究其初，實隋之曇延菩薩韜光之地。寺之形勢，虎踞龍蟠，冠中條之秀絶。東觀蒲坂，西矚秦川，南接首陽，北窺普救。其去舜城不滿一舍之地，城之官庶，詣寺祈福，以至登亭眺望，有不忍回之者。其故何哉？以寺宇宏麗、山景清幽而致然也。偶罹兵革，悉遭焚毁，變爲荆榛瓦礫之場。殆數十年，孰能再復。壬辰、癸巳之後，河朔甫定。有贇公戒師心欲重構，力所弗克。同府署官等僉議曰：「此之金地，乃自來十方禪刹，非具大福德宗師，未易興之。」時懶牧楫公大禪師主仁壽法席，學徒雲萃，名譽日新，乃具疏敦請。既至，路僻林荒，人虎交錯，師訢然欲興復之。不二載間，師忽歸逝。尒後中書大丞相與府牧，竭誠勸請嗣法瑞峰欽公禪師繼之。公就命戮力不倦，採豫樟之材植，化信士之金珠。衆皆勱作，經之營之。僅廿餘稔，方鳩僝功，法堂、佛殿、廚庫、僧堂、望川亭、絶境軒，乃至丈室通過，滿目一新。仍於山下廣置産業，以贍清衆。公雖日行修造，而傳道接衲未嘗少間。繼續心燈者分焰照暎，諸方感踞，道場光明不絶。於至元辛未冬，朝廷頒旨，選天下道德兼備者，禪教師德，就燕都設會，令二宗論議。公預其數，至於宸闕，親面龍顔。上錫法衣浄賄。既佩恩而歸，仍行舊令，再爲林泉主人。公將近縱心之年，其利物之念愈隆，真本色住山人也。公一日遣人賫舊記謁予求文，將礱貞石，以昭後世，俾晚進者知前人之用心，激勵其志，令坐進斯道，不亦善乎！予曰：「吾儒士也。豈委釋門廣大之事哉！況公住寺已來，誠言實行，皆在遠近之耳目矣。奚假文爲？」曰：「願贈一言，用光梵宇。」予撝讓不已，摭之以爲銘辭。銘曰：

佛日初昇，竺乾道弘，教流東漢，梵刹方興。鼻祖傳芳，風行草偃，百丈標宗，始開禪苑。法既攸同，寺何有窮，隨人建立，各振玄風。蒲之棲嵓，河東冠絶，兵火一焚，變狐狸穴。緇素慘悽，邀懶牧師，惠然而應，創業開基。師偶緣終，瑞峯相繼，内外雍容，若合符契。寺宇番新，傳持得人，枝生茂葉，思濟斯民。承旨赴都，愈增道價，主持錫衣，光明遠射。鐵石肝腸，聲馳八方，祖庭日月，苦海舟航。琬琰磨礱，敷言紀述，後進英賢，當宜知悉。

王惲《秋澗集》卷六七《順德府大開元寺重建普門塔碑銘》 國家以神武戡定區夏，際海内外，悉主悉臣，其所以尊顯釋教，彌綸元化者，方往昔爲最重，于以推弘濟之深仁，斂無量之衆福，纘大寶，錫群生，躋六合於仁壽極樂之域，豈特崇奉而已哉！順德府大開元寺，爰自聖天子潛邸，迄於御極，持護寵錫者前後非一。至精藍浄衆特命近臣主領，不與他寺比，三十年間，續光起廢，集于大成。主僧崇嚴以寺之大緣，寔肇基寶塔，今雖雄峙雲衛，未有紀述，何以壽無盡藏之傳？至元丁丑秋，懇輦真國師以其事請於朝。制可，命奉御脱烈傳旨翰林院，定撰合立碑文者。臣謹按提點僧崇湛具列事蹟。寺舊有塔曰「圖照」，癸酉之兵燼焉。逮國朝辛卯，萬安恩公來主亟丈，始圖興復。其感驗靈異，有神化無方者。初，公既祝髮，心印佛乘，機蟠利用，鍊形辟穀，面壁安禪，結習於臨城者五年，建緣於清泉者有日。演法出無礙妙辯，濟物現當機應身，至回邪入正，卻火返風，鷄悟靈而啄香，牛馴致而受戒。寒泉復眢井之波，斗粟周衆僧之供。復以慈善根力，愈奇疾，極危厄，人藏髮餘，珠垂舍利，潔庖寮而侍館穀，代公私而息繹騷。其感化方便，人叵具舉，第以菩薩目之，以致遠邇隆嚮，願言依歸。及廟役興，得能仁觀音舍利二顆，光大殊常，又易塔心，柱礎因風自正。故動貴豪富、鉅商世農，施獻輸給，同竟事緣。金幣梓材，不期而輦至；藝巧工能，不率而子來。風動雲委，略無虚日。不十稔，疊構重簷，輪奂離立，文階層所，勢軋坤軸，藻拱璇題，翬飛塵外，若乃紺瓦鱗差，金輪眩彩。覆法雲於真境，曜慧景於康莊，絢爛動盪若金光，明中現無量化佛。仰之者火宅晨凉，即之者重昏夜曉，誠法界之寶宮，河朔之傑觀也！實經始於重光單閼之仲春，斷手於上章困敦之秋孟。簷十有三，崇六十仞，其工與費不可殫紀。癸卯冬，師拂衣禪室，歸寂真空。即日有雨木花之異，塔位石像亦恒化流潤，若潸焉出涕者。及斂，大衆聞空中來妙音樂聲，雲光變幻，環刹成五色樓觀，中現三大士像，至有升塔投空攀號者。其具戒門資萬數，内嗣祖傳法解《三藏》，教沙門今亦千計，其爲世宗師感慕者蓋如此。己酉歲，嗣僧崇朗因太保劉秉忠奏疏，請聖上爲大功德主，遂嘉納焉。且聞師梵行清修，乃遣近侍護葬，即建塔賜銘，謚曰「弘慈博化大士」，敕寺額曰「大開元寺」，塔曰「普門之塔」。爾後累降綸恩，優護贍卹，靡不備至。其紹化住持曰崇潤，嗣傳住持曰崇朗、崇悟、崇瑀，至崇嚴凡六代。初緣清泉浄土寺，乃大士宗侄崇音住持云。臣竊聞大雄氏之教，以清浄虚寂爲心，方便慈悲爲用。愍念大千衆生墮落苦海，洪濤鼓風，漂流無際。世尊心運慈航，拯溺度厄，俾登彼岸，歸浄土正路。又慮一切愛慾，有迷悶終不覺其本來真心者，故假象設教，閎厖靈欻，至理絶人區，事出天外。弗爾奚能傳悠久而警悟萬億劫邪！窣堵波之建，假教高顯極矣。然道自人弘，功繇緣立，非遇間氣傑出，智慧開濟大士，疇克弘通法海，鋪敦教基，如是光大者哉！宜爲聖天子終始崇奉如一，特詔賜銘，以昭永世。臣某拜手稽首而獻銘曰：

釋迦誕生自西域，靈山玄風暢無極。經從白馬肆金光，法本誠心歸利益。仁王應世憫言湮，大千淪流苦海厄。教因象設濟無邊，塔廟龍宮争湧出。開元大士弘慈公，五載雷轟奮禪窟，法音演出琉璃筒，建此道場化所服。高標突地跨蒼穹，一日雄尊三百尺，雨華天風韻流鈴，師雖示寂此長舌。聖皇錫號曰普門，臣今思議何惻怛！要欲手絜閻浮生，躋彼仁壽極樂國。臣聞大德必得壽，佛應回施無量福。蘿圖鞏固等彌盧，聖子神孫千萬億。

王惲《秋澗集》卷五七《大元國大都創建天慶寺碑銘并序》 大雄氏之爲教，

如慈雲慧日，覆燾無際，惟得其人，道乃大行，宫居像設，亦從而熾盛之。我國家鼎定全燕，教隆内典，故精藍勝刹，莊嚴寶界，金碧相望，有佛國大乘氣象。維永泰寺，肇基自遼，彌陀者，泰之别院也。大安兵燼，廢撤不存，鞠爲茂草者五十餘年。大元至元壬申，有僧雪堂，始來結庵而主之。先是師業嗣法，猶窟潛天德，以經戒嚴、機鋒峻，越在雲朔，名動京師。嘗假息閒，有以「天慶」名所棲而告之者，初不諭其故。既而有駙馬高唐郡王，聞師名德喜之，既覲止，即依慈蔭，扣真詮，師順事指方，日有所覺，以至承嗔獲譴、非罪而罹苦毒者，因師一言，多所縱釋。其後王請師住豐之法藏院，仍贈貝錦法衣，用著顯異。尋以道行上聞，有詔所在護持，及觀光大都，郡王迺出重幣易是院，爲師待問駐錫之所，與其徒奉香火修潔精進而已。至於建大道場，擴充無量功德，蓋遵養而有俟也。逮甲申冬，皇孫紺麻剌以師持誦保釐故，欲辟静室處之，宫府辭不可。翼日，出貨泉二千五百緡，洎名驃二，仍諭留守段禎、詹事丞張九思，即所居庀徒蕆事，起三大士正殿，丈室七巨楹，下至門閭、庖湢、賓客之所，略皆完美，始於乙酉之春，成於丙戌秋仲。役初作，闕地得廢鍾，所刻「天慶」二字考之，蓋有遼建號也。事夢既協，即爲新寺各額。於是倚晬像於金光，沸潮音於空際，有來諸天，普臨雙樹，顧謂永泰廢餘，復爲清凉法觀矣。後三歲，奉皇孫奩香，禮江浙名刹，起造藏經。師冒涉江湖，往返萬里，存神過化，高風所及，奔走供養，且有金仙通靈、茄藍主護之應，吁，亦異哉！凡得經四藏，計二萬八千餘卷，分貯大都之開泰、天慶，汴洛之惠安、法祥，及永豐法藏院，仍以法物付之，使人無南北，通暢玄風，壽聖皇，贊寶緒，天花雨紛，梵唱雷動，日開八方之供者，此師之所圖惟也。宜其經來神衛，號應基先，雖老栢重榮，神松回指，有不是過者。遂不千里遠，持待制王之綱事狀，以寺碑來請曰：「山僧空疎，無足比數，以義以契，尚憲使與顧，以銘章貺之，始終之願畢矣！」予以師憙儒學，有器識，所交皆藩維大臣、文武豪士，緩急於士大夫，周旋不榮悴間，解紛振乏，要有實效，然去來其間，殆雲凝而風休也。嘗即寺雅集，自鹿庵、左山二大老已下，至野齋、東林，凡一十九人，作爲文字，道其不凡。時方之廬阜蓮社云。是亦將因儒釋僧之特達者也，宜其行業成就如此，固可以著金石而垂不朽矣！師諱普仁，字仲山，姓張氏，雪堂其道號也。世爲許昌人。父世榮，官至豐州司録參軍。母夾谷氏。師生有禎祥，甫毁齓，不葷酒嚌。初祝髮于壽峰湛老，再具戒于竹林雲和尚，及參永泰贇公，一見器異，即蒙印可，至有機鋒灑落，瑩徹冰輪，頭角峥嶸，光騰星緯之諭。贇派出臨濟，第而上之，師乃慧照十九代孫也。過鎮陽，樹碑表行，濬源接派，以昭其本。於尊祖追遠，光又赫焉。余嘗論天下之事，雖小大有殊，酬酢注措，皆有本末。就釋氏教論之，佛法者本也，塔廟者末也，崇其末而遺其本，求進於道，亦以難矣。若師也，可謂持用有方，審所先後者哉！乃隨喜讚嘆而作偈曰：

道之大原出於天，物生而静乃本然。扶持有術繫後傳，惟聖日遠湮其言。奪攘矯虔紛目前，佛乘自西來竺乾，慈愍濟度心爲先。衆生迷惑不知覺，沉溺苦海甘流連。人人安得以手濟，以法爲柎經爲船。奉持頂戴破黑業，火宅變幻生青蓮。龍宫紺殿儘瞻禮，具香須滿黄金田。阿師振錫下南海，豈爲頭角争昂軒。向來四萬八千偈，重與震旦開經筵。燕豐汴洛還舊貫，佛界珠網摇秋煙。群昏再曉棲至善，如夢日月金沙淵。漢人得經纔四十，未若此舉思無邊。功圓行滿師不有，歸之帝孫祈永年。八方奠枕磐石靖，天子萬壽南山堅。聖孫神子麗不億，惟城惟藩復惟宣。歸來丈室炷香坐，但覺鐘鼓清而圓。從此桫欏雙樹底，知師澄定草鞋禪。

方回《桐江續集》卷三五《普同塔記》 人自其一身以至一髮一毛，皆中虚而外實，包天而肖地。其體四、其骸百、其臟五、其腑六、其竅九、其脈十有二、其俞穴大谷小谿三百六十有五，無不虚貫實而實輔虚。虚爲天之流行，實爲地之凝結。總言之，心之虚最靈，爲清、爲明、爲神、爲聖，位乎身之中，而身之實者，以其重厚沉濁之質，囿於其外。天虚地實，相依附而生，虚者還天，實者還地，厥初之妙合者，相離焉則死。古辟王作，深察夫死生之際，智不去惡，力不全愛，實中之虚，根理成性，吾與庶民同乎此。受者既已還爲天之太虚，虚外之實孕氣成形，雖要其終必還爲地之積土，而非假以久遠，則猶弊而未腐，毁而未泯，由是制爲邱壟掩埋之法，安厝封樹，各私其私，此人道之終事也。世季俗奪，或不皆然。錢唐故大都會，承平時城東西郊日焚三百喪有奇，月計之萬，歲計之十二萬。畝一金而歲欲十二萬穴，勢不可，故率以火化爲常。宴笑佚遊，朝居華屋，疾病奄忽，暮畀烈炬，孰不痛怛於斯。一旦有出乎意表者，又大不然。吴芮遠孫貌驚有似樊崇，暴黨事極報烝，其爲痛怛，抑又甚焉，則與其不忍於淩陂之歌曾，未若儕之綿上之融風也。三茅寧壽觀道士三山劉祖華，其亦悟夫理性形氣之虚實，人我不殊，捐私泉易地十畝於西湖之赤山，爲石塔曰普同之塔，高廣深各丈有二尺，界乎其内，納凡既燎者之骨，其徒居左，餘衆居右，惟革除鼎布以來胤嗣於其所先，配儷於其所偶，與僕於其所事，交朋於其所知，蓋有訃而莫臨，暴而弗殯者，不止蔗節瓜犀之感，獨此之得其所托，獲沾寒食之爵，若表南陽之阡，豈不亦仁人之所爲哉。雖然，虛還天以廟饗，實還地以墓藏，禮也。厚藏爲過，不墓爲不及。浮圖之甃而荼毗之歸，自釋氏始，本非中夏之令典，自老氏者亦不得已折而從之，予自孔氏又爲之文，悲夫！祖華儒而隱於黃冠，求予文者，其從父汝鈞，予詩友，予爲紫陽方回。塔成之年至元丁亥五月二十六日記。

牟巘《陵陽集》卷九《重修妙行院記》 杭北關之外，江漲橋至左家橋，有喻彌陀凈公接待妙行院。凈公早歲喜畫彌陀佛，無爲子楊次公呼之曰「喻彌陀」，名遂大傳。院距喻家橋甚邇，蓋以其姓姓其橋也。予異時屢至焉，比不至且久，每記無垢張公所作《窣堵銘》。其言方臘之亂，凈公徑入賊壘，願以一身代一城之命。賊悚，爲少戢。夫爲善之心，勇猛堅確，而本於誠實，是能感通神明。彼盜賊之徒，雖甚悍桀，亦有人心，寧不爲之革面改圖，惟善之歸乎？況推之以造事立業，將無不可爲者。凈公前後所爲，如欲飯百萬僧，乃至三百餘萬。鑿西湖多寶山爲彌勒像，以增廣其居爲殿堂樓觀，皆一念之誠，實始而終之。方其畫時，坐一凈室，禪觀寂然，見阿彌院光明好像，而後下筆，故所畫如所見。凡所建造，如其所畫也。事見於張忠獻、趙忠簡、張無盡之頌、之贊，皆世之鉅人元夫也。圓悟、勤大、慧果、真歇，亦皆敬重之，如見在佛，則佛法中之大知證也。不亦偉歟？院更多故，久就摧圮。幼山沖公提點，早受業妙行，往來諸山，偏歷僧職，各有勞能雅意，第欲弘其祖師前規，以酬夙願而已。乃以華亭、義興兩莊八百六十餘畝、山一百五十餘畝歸之。常住一新其院，三門、藏殿、佛殿、浴室、無量壽閣，廊廡楯檻，高下曲折，奇花異卉，芳菲掩映，宛爲勝處。大開養魚池，每歲臨池放生，以申祝贊。園囿洋洋，不可勝紀。又通船步，拓蔬圃，廣栴檀林，以安挂錫。至於建菩提園，修水陸堂，由中徂外，莫不完備。祖師心傳所謂勇猛堅確而本之誠實者，朝夕奉以從事。沖公年已八十許，健强如六七十，其力足以達其所爲，用克底於成。先是，喻彌陀之寂也，張循忠烈王以文祭之。王五世孫楧，予婿也。承其先志，以來求記，戊申十一月也。余聞沖公自稱方是閑，觀其大作佛事，無負祖師之付囑，亦可以少閑矣，而猶曰未是閒也。其果遂可閑歟？予願沖公益加之意，雖休勿休，喻彌陀死而不亡，歲時來歸，顧瞻新宇，亦當欣然爲之一笑。

《〔光緒〕浦江縣志稿》卷五釋自閑《龍峰山修塔記》 浦陽邑東南一里，有吴赤烏中龍德寺，是爲觀音僧伽二大士靈感道場。宋天聖乙丑，永康胡則捐錢百萬，陳公養施甎千竈，建塔山巔，七層六面，周遭欄楯，金碧丹堊，類衆寶合成。鐵鳳風翔，金鼇山負，龕燈光彩，參錯星宿，天風時至，簷鐸之聲聞於數里。春喧秋霽，遠近士庶登覽無虛日，空霏撲面，露氣逼人。左右顧盼，嚴越山川，雲氣遥接，仙華巖與雷公山相爲主賓。花封螘垤，數千百家出入浮屠影中，誠此邑之壯觀也。宣和歲辛丑，鄰寇煽殃，屹立烈焰中不壞，信士朱寵等修之。寶祐甲寅，寺僧子豪重修，垂四十載。大朝至元壬辰，忽一夕，大雨震電，及霽，勢若微側，豈天龍以舊觀未還有所警而然耶！住持文啟嘆曰：「三災已定，四相靡常，我輩豈容少懈。」與其徒妙思、妙静，傾衣裓，募檀信，竭乃心力，固本而正其末。張忠厚等施白金飾輪之表，至於大雄紺殿、圓通寶閣、堂室門廡、甓階石道，粲然一新。岳陽教授陳公舉書榜邑寓，淩蘭、吴幼敏、樓榮孫與七鄉善士捐貲交助。越六載，乃成，衆皆歡喜讚嘆，謂前莫及。昔越州龍興沙門曇彦與許詢元度同造二大塔，彦有神異，天降相輪，能駐日信工，塔未就，詢亡。彦年百二十餘，猶待得詢後身爲岳陽王來撫越，彦告門人曰：「許元度來也。」時岳陽王承誌公密記，入寺尋訪，彦迎曰：「許元度來何暮？昔日浮屠今如故。」王曰：「弟子姓蕭名詧，何以許呼？」彦以三昧如彼，悟前造塔之事，由是修飭，益增崇麗。今龍德與龍興名實頗類，是知前人願力不可磨滅者，皆一會再來人也，豈偶然哉！固不可以不記。大德九年龍集乙巳春三月辛酉日記。

姚燧《牧庵集》卷一〇《重建南泉山大慈化禪寺碑》 皇慶之元，普蓮宗主明照慧覺大師慈昱書遣弟子嗣瑞、嗣泌敍：南泉山大慈化寺，爲臨濟十三世孫普庵印肅所基，以勝國乾道己丑示化，既累謚矣，至皇元大德庚子，實百三十一年，昱再爲之請謚于朝，成廟制可。即以其年大德者，加舊謚寂感妙濟真覺昭貺之上，其褒其德，無以侔大。視昔八字，猶爝火之當皎日，黯不輝矣。又敍：寺火于至元壬辰之春，主僧去之，府縣具僚合諸山高德，請南源山廣利萬安正叟禪師紹中經理其廢。四年乙未，昱始繼席，循復完矣。當是加謚之歲，再火，再繕治之，踰紀乃成。且録劉必大爲國博應奉翰林文字、翰林修撰、提舉湖廣省儒學所撰加贈大德禪師萬佛寶閣、圓堂、普蓮堂、普度橋、袁士趙璧之橋墩、吉士宋處仁之昭烈廟、與立仰山太平興國寺佛鑑大師希陵之壽山慈化寺、與主南康開先寺了萬之天竺圓通殿及昱自爲高麗金字經諸記，丐燧曰：「以是爲迹，銘之寺碑。」

爲讀盡卷，漫不知位置何地，乃詢瑞輩，俾圖示之而統其要。寺蓋距州百二十里，蓮蕩横前，三門之内，對峙二塔，儲金字經，左右鼓鐘二樓，中拱二殿相沓，前曰普光，明以事佛，後曰定光，以覆普庵。塔次萬佛寶閣、雨化堂、達本堂、圓堂。樓下祠武安、忠靖兩王。武安之爲漢關羽者，世則知之；忠靖爲五季漢、周張翼佐南嶽者，則世莫聞。廡以周之，門左右則東西藏殿，儲經三藏。自餘齋閣、方丈、香林、書院、月臺，仍普庵之舊爲。大圓堂、諸小殿、僧寮、賓館、倉庫、庖湢，再廡周之，凡三重。中兩廡皆重，屋凡千四百楹。南泉之山四環其外，盤盤如城。天竺、圓通與昭烈皆在寺北黄圃市、壽山之間，昭烈則忠靖原廟，普蓮堂與橋則在州中。堂有亭、閣、廊門。橋當隆興吉瑞鄂潭，東西南北通塗，石墩十四，秀江中貫，而梁其上，有佛閣、鐘鼓樓與普蓮各五十楹，亦大役也。役大財不屈己力之，獨其攻金、攻木、攻石、陶冶、髹漆、綵繪百工，無一可後之。又衣食其徒，多至千人，若是其衆也。衆則用奢，而寺無寸田以自業，惟恃昱之言出化行，鼓舞作興于江湖西南方三千里地之民，最歲施入多至中統楮泉千計者百萬有奇，而佐力操畚鍤具薪爨者，猶不與存，何修而臻此哉！謂普庵澤敷，何前乎此，學佛之人不能振舉，至昱爲人心服而動趨于事者，非直其才致，然亦有道也。且人之情，能勉志竭力于一燬之後，再燬則弛而怠焉，昱不加退，規制益侈，輪奂益美。《易》曰：「神而明之，存乎其人。」其不信乎？雖然，猶當上求其所自。西方之教行中土也，漢、唐而下正朔所及，有遠踰海國，若今者乎？星羅棋錯，小而鄉、縣，大而府、州，爲佛宫者何啻萬區，爲其言祝除毛髮者，其徒又無慮百有餘萬。列聖爲制，不雜民版，又屢降璽書，禁人無侵覬其産，驛傳不宿，官物不儲，飲食燕樂不聽肆筵囂雜于中，其崇禮而保祐之已至矣。皇上又以司是僧爲正録者，衣食百需，取足諸山，虞日繭絲，使就困削，爲罷黜之，歲一再誦經五千四百八卷，天下何啻千藏。集祝髮之徒，散幣饋食，果茗膏燭之微，一出公帑，人又别加賜焉。是舉天下爲徒百有餘萬，沾浹恩波，無有一人或遺也。嗚呼，昱所以能就事功，與人之風行草靡樂推與者，豈不亦乘是機偶是時也。余儒者也，文乃儒之一事，言之不文，則行之不遠，昱其有見乎此，遠以求余，自非警顓童而習之白首，不知其原。矧余平生未踐其域，不嚌其味者，苟剽而强爲之，知終亦膚近而多所謬失，爲自欺且欺人，以速專門者所疵。韓子嘗曰：「如欲聞浮屠之説，當自就其師而問之。」何故謁吾徒而來請，余知守此，故不敢效必大之博洽，爲浮圖説，探其懷以與之，祇屢書其善興而教日夕祝釐，上酬帝力，下昭祖德者，而詩之。其辭曰：

普庵肅公，僧中之雄。由篤其道，爲世所崇。遇有潦熯，爲民祈禬。曰雨曰暘，罔不時若。衆嚮其化，爲新攸居。日月幾何？雲屋渠渠。尋復示寂，其在勝國。八言用褒，節惠已極。去世悠遠，傳之昱孫。猶以哀榮，上敷帝閽。於皇成廟，閔其克孝。不斥異代，加謚有詔。維茲大德，表歷紀年。不僭誄之，其仁立天。肅由是名，充塞普率。雖昱于藍，未敢曰出。作室燼餘，無田菑畬。人以賄來，如取寄諸。伐材赭山，鑱礎窮石。百工鼎鼎，孰後爾職。杵之騰騰，斧之矜矜。視址視方，其直引繩。栭以負棟，實千四百。丹漆之塗，如翬斯赫。嘗觀有司，鉅室責爲。有書以徵，有罰以隨。人將趨事，憚貽已勩。巧爲避逃，猶幸不至。于何浮圖，無罰與書。視所欲爲，諾不待呼。功成不有，歸之其祖。于橋殿堂，必字以普。倡其徒千，釋言日宣。于以祝釐，天子萬年。天子萬年，期昱孫子。有來源源，世受其祉。

劉敏中《中庵集》卷一四《大智全寺碑》 大智全寺，儀天興聖慈仁昭懿壽元皇太后作也。初，皇太后命工畫觀世音菩薩像于都城西高良河東南之亭，設長明燈供，報佛恩也。厥後，薦香曰：「我昔歸依佛蔭，崇奉九子之母，資福胤嗣，有願未酬。」乃命即其地廣而爲寺。寺成，皇帝詔翰林文諸石。臣等竊惟佛之教，由戒而定，定而慧，則佛矣。語其究竟，則法相皆空；語其神通，則功德罔極。凡知歸嚮，靡不如願。其道蓋一本乎濟衆利物而已，故歷代尊信之。然必有聖人者出，乃能取其濟衆利物之道，推而及於世。而佛以此時顯大威德，厚聖人之福而成其志。佛與聖人，一也。主上以天縱之聖，纘承丕緒，夙夜孜孜，慮德化爲未周，民生爲未遂，是以湛恩汪濊，涵煦無外，期於動植之倫，咸歸太和。上之所以資其道於佛，佛之所以厚其福於上者，於此可見。本而言之，實我皇太后夙昔擁佑啓迪之功也。惓惓焉，翼翼焉，光大佛宇，思裕後昆，其濟衆利物之念，深矣。寺之制，正殿位三世佛，前殿位觀世音菩薩，右爲九子母之殿，左爲大藏經之殿。北有别殿，以備臨幸。前爲三門，設四天像。而僧房，齋堂，庫廩，庖湢，甍連棟接，絡繹周匝。三門之外二亭，西曰寶華。東曰瑞慶。中爲池，池有梁，蓮花芬馥，浄供天出。金碧丹雘，焜煌交輝。賜名「大智全」，以慧言也。命開府儀同三司圓明廣照三藏大師沙津愛護持天藏主之，高僧雲集，法像莊嚴。鐘皷幢蓋，晻藹宏亮。梵唄之音，洋洋朝夕。觀者不覺企躍興善，如入祇陀園、升兜率天也。貲費皆出興聖宫，官民無與焉。命銀青榮禄大夫徽政院使章慶使殊祥院使甄用、監卿大同親軍指揮使領羣牧監臣錫哩瑪勒、銀青榮禄大夫平章政事同知徽政院事左都威衛使臣王恒董其事。經始於皇慶元年三月一日，落成於是年八月。皇太后親視，賞賚周悉。嗚呼！因果報施，感應昭然。皇太后敬祖裕後之誠，聖天子承顔順志之孝，佛如來知慧方便之教，故當如響隨聲，潛孚默應。璿源日益浚，金枝日益茂。福禄千億，賴及元元，以篤我國家億萬載景命無疆之休。皇乎盛哉！乃作頌曰：

佛之道，真實而奥；佛之門，虚寂而尊。匪空匪有，爲智爲慧。神妙變化，不可思議。有求必獲，有願不違。三界無大，一塵靡微。於皇聖元，是景是式。八表從化，萬彙懷德。帝道昭融，惟佛圓通。國勢穹窿，惟佛高崇。時之至和，莫是爲盛。蠢動含靈，咸遂而性。愉愉聖母，體仁以慈。穆穆天子，孝養日祇。聖母有念，有念惟大。宗社惟重，子孫是賴。曰有福田，即佛所居。迺闢新宮，新宮渠渠。緊師圓明，挈佛心印。新宮爰處，大法以振。祝釐儲祥，其來穰穰。孚錫羣方，邦家之光。載揚佛輝，勒此篆籀。聖母天子，嘉樂萬壽。

姚燧《牧庵集》卷一〇《崇恩福元寺碑》 大德十有一年，先帝立極，親祼太室，乃慨然曰：「予曾予祖，世祖聖德神功文武皇帝、裕宗文惠明孝皇帝。至元三十有一年，成宗既祔廟矣，而惟皇考實誕眇躬，未大尊顯，肆類上帝，誄行定謚曰：順宗昭聖衍孝皇帝。琢玉寶册納諸廟中，尊皇太后以儀天興聖慈仁昭懿壽元之號。邇之爲子，遠之爲孫，其孝以慈，可謂致極，而于宸心猶若未然。」明年至大之元，詔羣臣曰：「昔朕萬里撫軍北荒，險阻踐踰，躬擐甲胄，北寇底平，實難實棘。時有願言：皇曾考妣、皇祖考妣之豐功茂德，皇考太后之厚澤深仁，圖以報塞，必俟他日，振旅而南，大建寶刹，馮依佛乘，上爲往聖薦福冥冥，慈闈祝釐昭昭，下而億兆臣民，休祥蒙賴，初匪有永年，千百世專利一已，卿曹其灼是懷。」惟以其日，鑾輅親巡，胥地所宜，于都城南，不雜闤闠，得是吉卜，敕行工曹，甓其外垣，爲屋再重，踰五百礎，門其前而殿于後，左右爲閣樓。其四隅，大殿孤峙，爲制正方。四出翼室，文石席之，玉石爲臺，黄金爲趺，塑三世佛。後殿五佛，皆範金爲，席臺及趺，與前殿一。諸天之神，列塑諸廡，皆作梵像，變相詭形，怵心駭目，使人勸以趨善，懲其爲惡，有不待繙誦其書，已悠然生生者矣。至其榱題棁桷，藻繪丹碧，緣飾皆金，不可貲算，楯檻衡縱，捍陛承宇，一惟玉石，皆前名刹所未曾有。榜其名曰「大崇恩福元寺」，用實願言。外爲僧居，方丈之南，延爲行寧，屬之後殿，庫宧庖湢，井井有條，所置隆禧院，比秩二品，守以相臣。割田外郡，收其租入，以給祝髮，日稟月餼，坤維爲殿，乘輿時臨，留必信宿，久或旬浹，其急其成，爲何如哉！功垂什八，期以四年正月八日，大慶賛將，偏賚工官，下及役夫，何意其日，奄以奉諱，羣臣進勸，宜如故事，即踐天位。皇帝未忍，宅恤經時，而始受朝，稱天誄曰：「武宗仁惠宣孝皇帝。」恭抑之道，亦云至矣。又哀先志之弗竟，懼成功之將墜，飭敦匠臣，益虔乃職，罷行工曹，入于留鑰曰：「凡修營木石陶繪，百工衆技，汝實司之，與煩文移，入取汝所，何若從汝自爲，則易爲力，而程蚤集矣。」且敕臣燧，汝文之碑。臣管以闚，天子以四海爲家，何適非鄉，而獨不忘其生所者，人情之同。漢祖西都關中，若忘沛矣，及平英布，歸過其鄉，賦《大風》，使子弟歌之，曰：「朕千秋萬歲，魂魄猶思沛。」太祖奮跡龍庭，斯固其鄉。由世祖都燕，宮室池籞，百官府庫，根柢乎此。一歲乘輿，留居者半，以故武宗巡幸之還，蒐田而歸，必于是焉，大饗飲至若鄉然。矧建大刹，位置行列，棋錯星羅，出其睿畫，爲往聖今聖薦福祝釐者，尤所惓惓。陟遐之日，有未訖工，在天之靈，懷乎故都，他日過之，睹是翦然而完，粲然而新，必甚懌曰：「畢吾願者，真嗣皇爲賴哉！」臣燧載拜稽首，爲之頌曰：

鈞之爲地，匪福不異；其異維何，由建而寺。且地之有，于開闢初；何千萬年，混爲民廬。何于其時，曾不蒙福？而至今也，梵宮大築。曰不難知，譬人之身；正氣周流，隨日而新。嗟若梵宮，相方視址。授其成規，維昔天子。寫材于江，伐石于山；言出風行，草靡庶頑。又假相臣，汝往敦匠；易衣寒暑，饑俟汝餉。于兹三年，大立細捐。垂欲落之，而陟配天。皇帝曰噫，朕兄所志；有衔未究，其在傳次。乃敕攸司，無替爾程。其用則取，邦賦之經。佛宇敕爲，前古有是；而其所無，兩聖之治。前聖往矣，于佛焉依？今聖萬年，與日齊輝。濡軌長江，拳石喬嶽。善頌之存，梵唄攸記。

吴澄《吴文正集》卷四九《五峯庵記》 自佛氏之教行乎中土，其始也，福田利益之説足以誘庸愚；其久也，明心見性之説足以悦賢智。是以智愚賢不肖莫不翕然信奉而尊事之，由晉、隋、唐、宋以逮于今，可謂盛矣。百年之前，袁州慈化寺僧號普庵師，得正覺法，了悟自性，作慈閔念，濟度衆生。住世之時，固已起人之尊慕；入滅之後，威靈氣燄震燿遠近，信奉之者跨越江淮，奔走祠下，一歲不知幾千萬億人。僻在荒服，亦且航海梯山而效布施，圖刻像貌，家家而然。凡有天災人禍，必叩普庵云。僧道興者，瑞州高安諶氏之子。幼年辭家，捨身臨江寶慶院，苦行勤力，遍遊諸方，道路橋梁種種方便事，不憚勞瘁，獨力修完。歲在乙亥，歷撫州宜黃。于時疫癘煽熾，憑普庵師威神發願救治。是年六月，行宜黃南鄙之仙符坪，左黃山，右華蓋，五峰森聳乎其前，照鏡石、仙人塔隱暎乎其後。水口無路可通，沿流而下，有九龍淵幽闃寥逈，亢爽顯敞，拱衛旁羅，襟抱環匝，於佛境界爲宜。遂結草爲庵，名曰五峰。地屬袁氏，即日喜捨，庵之四畔林阜原陸悉以歸焉。墾闢荒蕪，自給衣食。每有祈禳，應答如響，趍之者如市。至元壬午，有樂貢士祈禳獲安，施杉木一千株，構佛殿及藏殿，運轉法輪。大德庚子，於東建觀音閣。至大己酉時，西建華嚴閣，門廡、庖廚一一周徧。又設普庵道場，曰玉泉庵，命其徒覺了主之。又造僧寮一所，曰桂溪庵，命其友江生主之。夫道興赤手而來，於萬山之間人迹不到之處誅茅菅，剪荆棘，驅狐狸豺狼，而立佛祠。乙亥至癸丑垂四十年，鼓舞羣動，赫赫如小慈化，雖曰福利之誘人，然非堅志長才足以辦事，亦安能成就若此？故嘗謂世之士大夫學孔氏之教者，食君上之禄，膺民社之寄，使人人能如佛氏之徒，何事不可辦？而素餐尸位怠其事者比比，可嘆已！吾安得不於道興之所爲，而嘉其志、其才之不易及哉！興之爲僧也，續吉州三學派，禮臺山禪寺僧大顯爲師。興傳之德通，通傳之惠深，是以五峰開山以來相傳之次。

程文海《雪樓集》卷一三《踈山白雲禪寺修造記》 大雄氏之宫布天下，得地者什六七，得人者什二三。西江之西之山之宫，仰爲大，踈次之，踈爲近，故予知踈爲多。昔踈之興也，蓋有記之者矣。故予獨記雲住師之能熾焉。自住之住是山也，於今八年矣。一年，而僧堂改觀。二年，而宫殿塗塈，丹雘莊嚴，像設供養之工畢舉。三年，作下院於撫州，又作於金溪縣。四年，鑿山爲園，蓺桑、蓺桐、蓺茶凡四千。五年，窣堵波小大之屋皆完新，以其餘力，復取化城洲地。六年，又鑿山種楙株餘二萬，役水舂磑而屋焘之。七年，架萬歲閣。八年，閣成，粉飾咸具，刻畫肖像萬身，創二庫以豐財。八年之間，無日不事，無事不有功。然後祝堯之廷、布金之地始淵麗廓大，崇桀輝赫。居者、過者，無不生懽喜贊歎、瞻仰尊敬心，曰：「住真善住者。」住曰：「未哉。明年吾新香積矣，又明年吾又新西堂矣。明年、明年無量，吾事亦無量。」於是山中之人，皆驚且服，願記其事。夫佛之道，非假宫室以爲殊勝也，非資田園以爲贍博也。然以人而學佛之學，則非人莫能爲者，毋亦宜先爲之乎？且佛固人也，彼爲刻躬闕性，無暇於此。今學焉者，既未能學其爲，又不爲人之爲，則予於斯也誠有不能名之者矣。今踈之熾也，得人之效也。記之而使繼之者繼之，其所謂無量無量者非耶？住，番人也，器資尚書之胄也，楚山上人之法子也。大德六年，山寂，踈無人。踈衆枚卜十人於佛，住獨吉。再卜，住又吉。乃以上聞，錫之璽書而爲踈主，遂自徑山來歸，歸而以潔身自誓於佛。然則佛固許之，且復訊之矣。住蓋能於無所住而生其心者耶。然則踈之熾也，奚足爲住言哉？至大四年二月八日記。

任士林《松鄉集》卷二《興聖寺重修寶塔記》 興聖寺在今松江府治之東南。漢乾祐五年，鎮東軍張司空捨宅建也。寺三門之外甃石梁，其南步石梁，而西有塔，屹立如空中住，其高若干丈，九簷四面，崇峙而方，縱廣正等。宋熙寧、元祐間，賜紫沙門希介，與如訥、如禮，協力建置。歲且久，磚瓦頹蝕，丹堊剥落。四方瞻仰，或怠或搛。至元二十有一年，僧行高，竭囊鉢之入，嘗葺而新之。大德四年，行高逝而清裕主之。明年七月，颶風大作，塔不得完立。上而相輪，下而欄楯，掣入空中，墮擲如棄。故頹蝕而葺者不以支，剥落而新者不以具矣。裕乃嘆曰：「當吾世而塔廢之，不可也。」乃出資剩爲倡，衆緣駢來。磚瓦泥土，車運舟輸。甃補加密，椽梠欄檻，雲擁星附，莊校益精。雙珠七輪插其危，金繩寶鐸縣其觚。九疊崔嵬，千燈周匝。丹梯上通，白蜃外飾。中分佛如來坐，層立菩薩神天。殊特妙好，視創始爲有光。既成，鈴鐸揚聲，山河倒影。神光千尺，曉夜發露。戍守之士，瞻拜失容，可謂偉矣！余惟古聖王之治天下也，布治象于象魏，振木鐸以徇之，所以示教化而民知向方也。今佛氏之宫，設寶塔於闤域之外，飾諸佛像，崇示萬目，使樂善者趍焉，非其意歟？然而佛住世時，而從地涌出，遂分多寶之坐。佛滅度後，而爲供舍利甃。阿育之藏，是固神通願力之所致也。夫以塔身山立，巍巍然萬物之表。崇善避惡，揭迷塗而有歸，使表正欲從之心，一以破邪見稠林之惑，兹非政化者之助乎？清裕師有精進心，爲殊勝事。一塔之成，豈易爲力哉！遂樂爲之記。

胡聘之《山右石刻叢編》卷二六韓仲元《大覺院興修記》 蓋聞一心向善，檀越之難能；戮力建緣，沙門之盛事。大覺院前充本縣都綱上座僧洪宣謂予曰：「本寺自兵荒以來，所存者正殿三間而已。予童年祝髮，居此者二十餘歲，憫其殘缺，常懷營葺之念，政以力微援寡，非可遽爲。兼常住舊有田三十餘畝，無以自贍，誓爲僧衆損衣節食，買及兩頃。比年繪畫功德三十餘軸，買五大部經文，創建油坊一所；又因其故基，興造上僧堂三間，東廚三間，翻蓋前僧堂五間，東廚五間，計爲室二十餘間。舊有三間，高約六十餘尺，層簷翬飛，壯麗端整。誠古良匠之所構，去歲大水，幾傾圮焉。遂謀於善衆，募工輦石，肇建崇階，小有腐壞者補完而增新之。噫！前後營造，雖勞心在己，内則法兄弟實爲之股肱，外則鄉鄰清信檀越多所借力。功既成矣，將刻石以貽後人，可乎？」予善其用心之堅，致力之久，特爲直書其事云。

《〔光緒〕壺關續志》卷下附録韓仲元《重修廣慈寺記》 佛者，西方大聖也。以無量無邊廣大之洪福，被三千大千世界之衆生。駕慈航而普渡群迷，霈法雨而均霑萬彙。其不可思議之功力掩造化，民無得而稱；道冠古今，世莫窮其妙。是以緇徒置夏屋以帡幪之，設形像而奉事之。佩其教者，若德，非言所能盡述。是以緇徒置夏屋以帡幪之，設形像而奉事之。佩其教者，若子弟之敬父兄，非聖力之大，詎能致嚴致敬如此！壺關東南二十餘里，有山曰烏泉。其地幽閑，迥出塵境，左揖紫團之仙洞，右瞰黄臺之崇巘，面五郎之行祠，背闍黎之遺廟。每憑高顧望，盡四山之勝概。至若春多嘉卉，夏少炎蒸，秋林綺靚於霜餘，冬嶺瓊堆於雪後，四時物態，今古常然。中有金田一處，名曰廣慈。據前賢刻石所載云，此寺肇於後魏，經陳、隋，歷皇唐以及五代，至石晉高祖天福年間，有僧審真者創立殿宇。自爾以來，代謝年移，不知幾興隆替廢矣。惟以閲歲之久，内則法像然且完備，外則簷楹欹側，梁棟腐朽，尋就傾壞。主此寺者，講經賜紅沙門先尊宿了晟，參禪洞究於玄微，衍法復升於猊座，賦性淳質，梵行清高，爲郡邑所敬信。常憫是殿宇將隕，當時已有薦修之議，方欲興工，示疾而化，勿果其願，近於食言。後人欲繼其志，以院門多故，未遑也。比年以來，上雨旁風，摧毁尤甚。有院主道深等，偶因暇日，昭穆班行，咸萃其謨曰：「此殿廢之至易，再造誠難，若吾儕坐視弗顧，旦有棟撓之凶，悔將何及！」遂同寅協恭，議覆前人之功業，垂後人之準繩哉。肇我大元至大政元初，有院主任濬等，思處世在於禪宫，想聊生仰於梵行。諺云：「穴翼雖堅，皆資傳羽。」以此糾合於衆，甫興營繕，始自前殿。至大中，知天生萬物也，惟人貴靈，履后土而戴皇天，垂衣裳而亦拱手。營居幻化，於世無益，尚恐不堪，重建彌陀之大殿，以成巨細之因圓。肆皇上帝慶政元初，有院主義源等，謂緇徒奕世，根本宜先，我不敢知，曰侍佛將來，因伊捨去，合其宜也。故高構法堂，偉其功。行至延祐年間，有院主任澍等，覬前經簣進之功，頗宜拭目，續建邱山之績，方稱雄觀。詢謨僉同，遂建立三門。至延祐六年，有院主任湛等，睹垣墉塈茨，丹雘頗勝於故，尚闕洞廢之功，更期咸熙庶績。信乎雲出無心，隨在作雨；泉流有本，澈處濟人。況托我佛之靈應，消我佛之衣糧。古云：「天威不違，顔如咫尺」。亦云：「對聖如對嚴君。」或昧真形，何所依俟？故繪畫衆聖法身形像，内外二殿，東西兩壁，前後一新，綜理無有虧缺，合圓滿之道也。中間值皇乾逾時之亢旱，殆闕甘泉，將上下二井之重浚，豐坎得給。鳩工萃力，同時底績，遂徧謁鄉豪暨諸善知識，壯者誠心而効力，富者傾財而喜捨，用有弗克，罄常住所有之貲以佐其費。陶工梓匠，咸精其能，腐木易以新材，仰棧代以瓴甋。當其師徒昆仲老幼，有五十餘衆之多。殿宇房廊，上下計百十餘間之廣。起功於至大元年之季春，相續數載，其梓材、陶冶、土石、丹青、工匠、殿最，所廢貲糧，默計萬緡，雖罄膏腴所取之實，賴檀那明中施捨，苟得完美。比至厥功告成，歲次延祐六年之仲秋也。其輪焉奂焉，遠勝於昔日矣。自今以始，足以庇蔭衆聖之遺像，上爲祝讚萬安之所，下則檀信亦有瞻依。諸僧又議曰：「此功一成，信爲盛事，其鄉社之勸功，衆僧行之服勞，宜刻石以示後人。」意既同，遂以記見謁。余以鄉曲之故，勉爲摭實而書其事云。時大元延祐六年十月。

趙孟頫《松雪齋外集・大元大普慶寺碑銘奉勅撰》 惟上帝降大命于聖元，太祖法天啓運聖武皇帝起自朔方，肇基帝業，兵威所至，罔不臣服。蓋以睿宗仁聖景襄皇帝爲之子。睿宗躬擐甲胄，翦金河南，雖不及撫有多方，篤生聖嗣，是爲世祖聖德神功文武皇帝。聰明冠古，無遠弗燭，雄略蓋世，而神武不殺。命將出師，不再舉而宋平，九域分裂者餘二百年，一旦一之，遐陬荒裔，咸受正朔，幅員之大，古所未有。於是治曆明時，建官立法，任賢使能，制禮作樂，文物粲然可紀。中統、至元之間，海内晏然，家給人足。而又妙悟佛乘，欽崇梵教，慈惠之德，洽于人心。肆世祖之享國三十有五年，施及裕宗文惠明孝皇帝，正位儲宫，仁孝而敬慎，問安視膳之暇，順美幾諫，天下陰受其賜多矣。至元廿二年，裕宗陟方，未幾，順宗昭聖衍孝皇帝亦遽賓天。三十一年，世祖登遐。當是時，徽仁裕聖皇后不動聲色，召成廟於撫軍萬里之外，授是神器，易天下岌岌者爲泰山之安。大德二年，武宗撫軍于北，今上日侍隆福，怡言煦之，摩手撫之，擇師取友，俾知先王禮樂刑政爲治國平天下之具，恩莫大焉。四年，裕聖上仙，皇上追思罔極，因念在世祖時，帝師八合思巴弘闡佛法，故我得聞其義，捨歸依三寶，修崇冥福，將何以盡吾心？始建佛殿于大都。既而之國覃懷，屬成廟登遐，内難將作，上馳至京師，先事而發，殄殲大慝，封府庫，奉苻璽，清宫以安太后，遣使以迎武宗。武宗既踐作，以上至德偉功，不踰月而立上爲皇太子。上緬懷疇昔報本之意，乃命大創佛宇，因其地而擴之，凡爲百畝者二。鳩工度材，萬役並作，置崇祥監以董其事。其南爲三門，直其北爲正覺之殿，奉三聖大像於其中。殿北之西偏爲最勝之殿，奉釋迦金像。東偏爲智嚴之殿，奉文殊、普賢、觀音三大士。二殿之間，對峙爲二浮圖。浮圖北爲堂二，屬之以廊。自堂徂門，廡以周之。西廡之間爲總持之閣，中置寶塔，經藏環焉。東廡之間爲圓通之閣，奉大悲彌勒金剛手菩薩。齋堂在右，庖井在左，最後又爲二閣：西曰真如，東曰妙祥。門之南，東西又爲二殿，一以事護法之神，一以事多聞天王。合爲屋六百間，盤礎之固，陛戺之崇，題楶之騫，藻繪之工，若忉利兜率，化出人間。凡工匠之傭，悉皆内帑，一毫不役於民。既成，賜名曰大普慶寺，給田地、民匠、碓磑、房廊等，以爲常住，歲收其入，供給所須。上既即大位，崇祥監臣請立石紀事，敕臣孟頫等爲文，垂示久遠。臣聞佛教福田之中，以三寶爲最勝福田。皇上深參祕典，建寺、造像、書經、飯僧，凡此勝因，所以資裕聖暨祖宗在天之靈，證無上覺。今皇太后怡愉康强，享無量福壽，其餘澤所被，至于海隅黎庶，法界會靈，咸獲安樂，功德可數量哉！臣等謹稽首再拜爲之頌，其詞曰：

皇元應運，誕受萬方，帝以聖承，于前有光。明明天子，神明八葉，德盛功豐，富有大業。維兹大業，太祖張之，世祖皇之，天子康之。於赫皇武，皇武桓桓！聖謨孔神，神器斯安。有粲之載，有作其彬，典章具舉，焕乎堯文！道冠百王，仁覆群生，宏觀英圖，日臻太平。粤昔裕聖，功在社稷，我報之圖，天乎罔極。惟覺皇氏，具大神力，人天共依，是資福德。迺卜陰陽，相地柔剛，歲吉辰良，大匠是將。迺斵迺繩，築構遄興。務殫乃心，毋費是懲。役者謳歌，相厥子來，匪民是庸，一須國材。有岑其宇，有踐其廡，有楹維旅，金鋪雕礎。瞿瞿其瞻，劌劌其廉，秩秩其正，於粲其嚴。載瞻聖容，瑞相儼然，是信是崇，獲福無邊。獲福無邊，聿歸裕聖，嘉與慈闈，式普其慶。皇帝孝仁，永命于天，聖子神孫，維千萬年。

阮元《兩浙金石志》卷一五孟淳《重修飛英舍利塔記》 飛英舍利塔者，《吴興志》云：凡三十七層，高六十五丈，神光現於絶頂，院周于塔，肇自唐中和年，創名上乘石塔舍利院，至宋紹興庚午燬焉，歲久未復。端平初，沂王夫人俞氏施貲，命錢唐妙浄禪寺比丘尼密印董其事，卒成之，減三十層，高半之。其後，海蓭重修，遂屬妙浄，爲子院。以無常産，主僧弗留，頹圮荒落，不能自振。乃請毗山普光蘭若僧惠日住持，以圖起廢，未遂兹願，復還普光。其徒妙演，繼主斯席，立志興修。然赤手視之，歷十數年，一木一甓未加也。迺悉捐衣鉢，倡其役，盡瘁營度，不爲私計。爾時施者益衆，佛事大集。然後木塔之闕者復完，山門法堂之仆者復起，像設莊嚴，墁堊明麗，寮居靚深，鈴語清越。自延祐甲寅，迄于戊午，五年而成。噫！勤矣哉。於是演來求記，予辭之，而請益力，因謂演：「塔何所託？」始曰：「以舍利。」爲言舍利所從來甚悉。當其靈異奇祕，固不得而控詰，而燬劫之餘，變化莫測，邦之人猶奔走皈慕信施之不倦，至再廢而再興之，亦可以知人心之樂善矣。故嘗異夫浮屠氏，往往持空言，集大緣，事莫不如志，亦其所以能然者，雖其願力，而亦有道矣。夫捐己有以示無我，所用必讎，所得以示信，至其勇猛精進勤懇專一，則又若果於爲義者。是皆有以觸人心之所同。既又怵之以因果，以來其好善惡惡之至情，故坐以來天下之施無難也。是其道也，然則校其行與名，有不同者矣。嗟夫！生人以來，所賴以存而不可離者，吾觀浮屠氏益信矣！妙演勤矣！所就亦盛矣，故爲之記。使其徒知所以樹立者，有道焉耳矣。延祐六年十又一月旦日記。

《〔同治〕湖州府志》卷五五朱穎達《靈岩山百福院重建大佛殿記》 古鄣之南，去縣三十里，有山曰靈巖。峰巒嵯峨，敻出霄漢，以其雲雨之所吞吐，以其仙佛之所隱見，故謂之靈。奇趣天成，秀氣秀盤，中有浮圖氏之宫，是爲百福院。前山旅朝，後岫環擁，清泉漱其乳竇，長松蔭其屏帷，真世間清絶之境也。院創於梁之開平，始號靈峰。尋易於宋之治平，改賜今額。大殿天臨，房院星拱。規矩森嚴，卓爲叢席。俄表前後，名僧間出。道價鏗轟明義，璘師創業於初，仲賢師再新大殿，臻師宏建山門，已有堅珉紀勒其事。皇元混一之後，紹隆三寶，教門頓興。有前溪如月師具大福慧，克振前烈，自維大殿重建三百二十餘載，棟梁摧損，金像塵昏，鋭欲整而新之。與闔寺聚議，咸擬募諸檀度，合衆力而成。既而師乃佇思曰：「吾徒逢教法隆盛之時，衣豐食足，莊嚴佛地，吾本分事也。與其求之於人，盍若求之於己。況吾鉢囊餘資他無所用，不從事於此，將何待哉？」乃召匠度木，一力鼎創，百凡所費，皆出於己。因其願力深重，志趣果決，遂得龍天默贊，人心感悦，機會湊合，程期敏速，事事便利，不日而成，似若神運其力，鬼助其作者。始事於乙未六月，立木於是年八月之壬子，完備於十月之初吉。比舊殿衡增一丈，殿基佛座各增高三尺。柱石雄固，棟楹圓整，面勢軒豁，椽角翬飛，方瓦甃砌，無纖毫欠缺。衆目駭觀，萬口歎詫，若夜摩睹史之宫，化成於霄漢之表。又既別捐浄資，重裝佛像，咸俾一新。諸房之僧請於師曰：「大殿崇成，師既專其功，吾儕僅能餔匠助傭加犒而已，曾不能以傭吾力。今紺容層飾，儻無復所裨，獨不愧乎願？計像所費，助十之三，使亦得寅髮誠於大椽之中，師之施名，固無滅也。」師不能拒其説，於是皆迄於成。既竣事，請作文以記之。余謂佛説諸波羅密門示般若之妙，因指菩提之正路，以檀波羅密爲第一。檀之爲義，以其能捨難捨，不有其有，破慳貪之執，垂慈忍之志，發勇施之心，所以爲六度萬行之首也。諸佛以此而發真慈，菩薩以此而濟舍識，修行非此則無以爲證果之階，嚮道非此則無以爲成佛之地，初不間於僧俗也。近世僧門但指俗人爲檀，盻盻然惟覬人之施與，一有營建，反藉此以取贏焉。己之資力，則固吝不出，惟以奉私欲、供泛用。甚而公界隤毀，如秦人視粵人之肥瘠，邈然不喜戚於其心。獨月師乃能視衆事如己之事，視公界如己之居，殫心竭力，必欲極其輪奂之美，以表其莊嚴之誠，自非道見透徹，人我兩忘，視世利如浮雲，宅心量如太虛，詎能致是哉？是足以風勵列刹，勸率後人矣，可不記乎？大德元年，宣授武德將軍、廣西轉運副使朱穎達記。

《〔康熙〕紹興府志》卷二三虞集《雲門寺記》　今天下名山爲佛氏之奥區者，有五臺、峨嵋、廬阜、衡岳、天台之屬，皆雄高奇偉，非堅志强力，忘年歷險者，不足以窮其勝也。其在國都會府，貴重嚴閟，遊者以瞻望爲艱。而一丘一壑，昔人遺跡之所存，其細大盛衰，又不可一槩論也。然則以風致言之，其惟會稽雲門乎？曩有斷江禪師恩公，住吳郡之開元，則章太守賦詩之地。予適吳與之遊，未嘗不道雲門也。蓋會稽有剡溪、鑑湖、蘭亭、東山、禹穴。六朝以來，幽人勝士之所經歷，好事者喜傳之。且其爲郡，地偏而安，俗醇而秀，非有靈怪環異以蕩人心，而故家遺俗，流風餘韻，接千歲而不泯。良田沃澤，可以自給，無風塵陸梁之虞。干戈不及，士大夫尚文而好静，樂仕是邦者，或不復思去。有餘不至於侈，不足不至於陋，海内未有能過之者也。予先世，自永興公始仕於唐，陪葬昭陵，遂封其郡，爲雍人。永興公之父太傅公，墓猶在定水院後也。後遷蜀而至於予，蓋二十世矣。故聞恩公之説，悠然故鄉之思也。且雲門之爲寺，在秦望山之麓，寬衍紆徐，無捫歷之勞，千仞可以馴至。其人不厭賓客，終年忘歸。精舍静居，環數十里，絶凡俗勢利之紛紜。秦望之高巔，杯分江海，一顧盼而盡得之，古人所謂山川景物，應接不暇者。東峯西崦，不出於徙倚之從容。而茂林修竹，崇山峻嶺之内，又詎可一言而盡乎。自與恩公别，二十有五年，雖隔存殁，而雲門常往來於懷也。於是，雲門僧住溧水之開福者，曰清昱，使其徒前龍潛侍者法堅，來請雲門寺記，則猶有恩公之遺意也。其言曰：寺本中書令王獻之舊宅，東晉安帝義熙三年，有五色雲現其上。事聞，安帝是以有雲門之稱也。高僧帛道猷始居之，前有法曠之幽棲，中有竺道一從猷之招而至，後支遁道林講經於兹山焉。逮至梁代，受業雲門者，則有洪偃避兵縉雲，歸葺廬舍，結衆勵業。智永名法極，右軍七世孫，書有家法。其兄子惠欣，亦出家能書，與永齊名。武帝重之，改號永欣寺。智果其弟子，智喆其兄師也，皆以善書聞。辯才永師之孫，世傳寶藏右軍蘭亭修禊序。唐太宗使御史蕭翼以計取之其人也。六祖慧能禪師説法曹溪時，秦望山有善現在弟子之目。代宗時，茂亮以法師教内庭，不自安而歸，其學者曇一律師，與之終老山中。弘明法師誦《法華經》，而瓶水自滿。靈一、靈徹兩律師，皆有盛名。於是時，徹通禪觀詩文藏秘府。數百年來，與地相接，因而聞者，則有任公釣石、陶隱君書堂、葛元井、何胤基、謝敷宅、鄭弘泉。唐人之與寺僧遊，而見諸吟咏者，則有王維、杜牧之、宋之問、顧況、鎦長卿、元微之、嚴維、郎士元、皇甫冉之流也。會昌唐武宗，沙汰寺毀。宣宗大中六年，觀察使李褒奏請重建，賜號拯迷寺。五代之亂，浄侣散去，海晏居之，爲石霜諸弟子，則青原石頭，藥山道吾之緒也。度人傳派，以甲乙主之。然門人去而爲禪、爲教、爲律不一也。晉高祖天福中，子蒙作上庵。宋建隆壬戌，希宴作看經院。開寶壬申，重曜作永興懺院。曜從天台韶國師學。淳化五年，又改曰淳化寺。天禧中，清外藴言志，智圓，智端，皆以其浄行願力，在脩其寺。慶曆七年，國子博士齊某，造山門殿棟，有皇祐元年之識焉。彦强仲皎，有詩名。禪照大師者，楊文公億，錢太傅惟演，王學士隨，皆賦詩送其歸雲門焉。是時明教嵩禪師嘗過之，比至蜀還，有詩賦其懷慕之意，諸方誦之。咸淳中，宋且亡，廣勤居之勢家，奏爲墳寺，更曰傳忠廣孝之寺云。寺舊有地田山三百餘畝。郡於南宋爲畿甸，將相家，若韓，若陸，若賈等，多所施與。爲師者求弟子極慎重，祝髮於寺者，多衣冠子孫，是以至於我元，而日加盛也。其寺凡十二房，曰紫霞、丹井、凝暉、朝陽、長春、雲壑、西巖、東隱、東院、東谷、東巖、寂照。寺常推尊宿，以爲之主，收租賦供給寺事。每四房，每歲擇一人以相之，豐則分其贏，儉則助其不給。又築三庵於勝處，曰龍山紫霞之曇密，曰慶雲東巖之善用，曰深居則丹井之允若也。僧皆修潔，樂其幽暇，不事馳騖，是以能久安山川之勝焉。力相與謀曰：前代之可書者多矣，而湮没無文，其可慨乎！各録其所知於書者，允若、清昱、起潛也。其參伍不齊，則稽諸法堅而得之數人者，又皆能詩善書，其所由來遠哉。今雲門有寺六，廣孝、恩昱、諸公所居也。上庵曰廣福看經院，曰顯聖永興懺院，曰雍熙。西曰普濟，南曰明覺，各有勝地。歲月可書，兹不盡記云。

黃溍《金華黃先生文集》卷一一《上天竺寺觀音殿記》 杭之上天竺山廣大靈感觀音教寺，新作大殿成，住山慧日屬溍記之。按郡志，石晉時，僧翊結菴兹山，有瑞光發于前磵，就視得奇木，募善工刻爲觀音大士像。會僧勳自洛陽持佛舍利來，納寘頂中，妙相以具。吴越錢氏易菴爲院，宋天聖初，乃徙今所，即瑞元所發處也。嘉祐、治平間，賜號靈感，遂以爲院額。淳熙初，易院爲寺。淳祐末，又加以廣大之號云。皇元尊像法而尚教乘，天竺實居江南列刹之首。仍紀至元之三年春三月，寺毁于菑，惟聖像巋然獨存，珍異服器亦無損豪末，人以爲是有神物陰護之，必重興之兆。亡何，而主僧仲頤告寂，集慶子思以五年夏五月來涖寺事，謂欲復吾故宇，莫先於治殿以揭虔妥靈。耆舊僧之意適同，各探己橐，出錢有差。知事僧亦力相之。俄有大商至自江右，獻巨柟六十有三，尋收亡僧所遺，錢以緡計者五千，銀以兩計者七百八十，田以畝計者四百。既而達官大姓相繼輸錢爲施，不啻十萬緡。於是隨木之宜以庀其材，斂田之入以給其食，量緡錢之多寡以總其費。殿之始建，以其年冬(有十)〔十有〕二月。凡其制爲間二十有四，悉准其舊。其崇八尋，倍其崇而益尋有二尺以爲脩，半其脩而去尋有二尺以爲廣。功未竟者三之一，而子思以至正二年春二月遷四明之延慶，本無由延慶東堂出領兹山，悉力殫慮，圖終其役。三年春三月，殿乃落成。冬十月，本無逝。四年春閏二月，慧日自下天竺山陞補其處，命節縮浮費，併裒衆施之羨餘，完以朽墁墍茨。益募施者，得錢二千五百緡，飾以髹彤，布以文甓，而前堂後室焕乎一新。先是，平章政事執禮和台光禄公，覩其帳座故敝，畀子思錢五千緡，使改爲之。鸞翔鳳翥，金碧焜煌，諏辰協吉，安奉如式。逮慧日之來，而器物之須、法所宜有者，纖悉畢備。緇白之侣，有所瞻依；薦紳之流，咸共欣慶焉。蓋天竺據羣山之奥，乳竇峰跱其前，白雲、獅子、雙檜諸峰拱揖其左右，其外則襟江而帶湖。風氣之會，清淑所鍾，神棲聖止，光靈彰灼，有以大庇乎斯人。而杭在異時爲行都，旄頭屬車之幸臨，宸章奎畫之褒飾，寶冠龍符、玉缶觚彝之賜予，燁其餘輝，下賁林壑，矧今昭代，帝德所覆，承護有嚴，名香花旛，中使狎至，王公貴人至於閭里好事之家稽首慕趨，恒恐弗及，宜不難於以壞爲成；然猶六更歲籥，三换主席，乃克就緒。溍是用備記其廢興之顛末，來者尚鑒於斯而扶植之，俾勿墜哉！若夫大士以種種之形示現諸國土，以巍巍之力饒益諸衆生，非世諦文字可得而記者，不敢贊一辭也。

黃溍《金華黃先生文集》卷一一《蔣山寶公塔院記》 道林真覺慈應慧感普濟大聖師寶公，感緣應迹，肇見於宋齊之際，靈異不可殫紀。至梁武帝，信嚮尤篤，親執弟子禮以事之。大師嘗指蔣山定林寺前岡獨龍阜謂帝曰：「苟以爲陰宅，後當永久。」帝問：「誰合得？」大師曰：「先去者得。」天監中，大師示寂于興皇寺，帝以錢二十萬購其地，奉真身窆焉。皇女永定公主既捐湯沐之資造塔其上，帝因爲建僧坊其下，今太平興國禪寺是也。寺初爲精舍，名開善，塔曰妙覺大師應世之塔。唐乾符中，改精舍爲寶公院。南唐復開善故名，而以院爲道場。宋太平興國中，乃畀今額，錫大師以道林真覺之號，而詔避其諱，祇稱寶公。慶曆初，郡守葉清臣始合定林諸寺爲一，以廣其居，而奏請十方禪刹。紹興中，又累加大師號以慈應慧感，塔曰感順之塔云。塔去寺二百步，其環以列屋，别爲塔院，不知昉於何時。逮入國朝，廢而復興，已六十年矣。泰定二年，寺厄于災。會文宗居潛邸，數臨幸而有禱於大師，禎祥之兆，屢形吉夢。錫以緡錢，圖起其廢。暨歸御宸極，内出金幣，雲委山積。飭工庀材，窮壯極麗。且進封大師曰普濟聖師，徵主僧守忠對揚便殿，授三品文階，以冠師號。增創新寺，賜額崇禧。惟塔院尚存其舊，規制庳陋，未及改作，而守忠遷主徑山。今住持法匡來補其處，節縮浮蠹，庫庾日充，乃盡撤塔院而一新之。塔之趾徑六筵以漸，而鋭其上，六面五級，周以步簷，最下一級飛榱外出，至二十有二尺。當其前爲正殿，以間計者三，其高六尋，脩如其高，而益尋有二尺以爲其廣。又前爲獻殿井亭，後爲觀音殿，以間計者五，而其崇減於正殿五之一。正殿之旁，翼以應夢之樓、彌勒之閣。闢兩扉而作堂，直其衝，左曰木末，右曰真樂。環其外爲僧廬庖湢之屬。以地勢中高外下，易於傾阤，則帖石以廣其址。四隅各設巨甕，貯水百斛，以備不虞。門桁故多怪松，久而摧缺，益植穉松以萬數。凡木石瓦甓、匠傭之費，爲鈔一十四萬九千九百緡，爲米四千三百九十斛。經始於至正四年之冬，落成於六年之夏。華鐙輝映，金鐸鏘鳴。曲檻方欞，下臨無地。耆舊僧奇偉等謂：「此殊勝昔所未覩，宜有登載，以示方來。」爰狀其實，謁辭爲記。按《建康志》，蔣山距城十五里，舊名鍾山。建康今爲集慶路。山之得名，志所叙詳焉。考其地脉，則由東南泝長江而西數百里乃止。其止也，蜿蟺磅礴，既翕復張。中脊而下，降爲平衍，郡治在焉。西爲覆舟、鷄籠諸山，又西爲石頭城，而兹山對峙其東。諸葛亮所謂「龍蟠虎踞，帝王之宅」，主於土中而言也。蓋自其所負山脊側而睨之，兹山持其左腋。及至其處，則沓嶂横陳，迴巒内向。正中一小峯，隆然孤起，即所謂獨龍阜。後人以峯頂圓粹如珠，名之曰寶珠峯。緣坡陀下抵山足，仰而視之，第見夫坐據要會，而獨擅其尊，不知爲山之腋也。今又決渠立牐，遏西谷之水折而東流，以合陰陽家之法。人力之所及，抑有以助成其形勝者焉。竊意宇宙間清淑之氣，倏聚忽散，初無定在。雖古帝王，莫得而專。是以支爲名山，奠兹吉壤，神棲聖止，託焉以安。其光靈震耀，閱千載猶一日，殆非偶然也，矧今昌辰，遭逢之盛，所以致其崇極者，蔑以加矣。然非荷負得人，安能祇承德意，昭宣遺休如此乎？是用弗辭，而爲記其歲月。若夫大師爲如來使，密贊化機，乘方便而示現有生，假神通而攝誘群品，不思議事，固非凡情所能度量，且有前賢之碑銘記傳在，兹不贅述焉。

黄溍《金華黄先生文集》卷一二《思谿圓覺法寶寺舍利塔》 吴興城東三十五里，思谿之上，有大叢林，號圓覺法寶寺。住山文梓重建塔成，伐石，屬溍書之，用圖永久。按狀，宋崇信軍承宣使王公永從，宣和間仕于朝。慈受深禪師時住慧林，永從暇日數與之游，而咨決心要，間語及有爲因果，禪師言起塔之功德最勝，蓋舍利所在，則爲有佛也。永從既謝事而歸，則捨家造寺建塔，迎禪師爲之開山。其後，永從子孫日益衰，悉取故所施田，而寺遂廢。淳祐間，觀文殿學士趙公與□捐金錢畀之，使以田復入于寺，且繕葺其棟宇，寺以復完。國朝至元十三年，塔與寺屋俱燬于兵。雖屢易主僧，率皆苟簡架漏，取足自容，僅存其香炧弗絶而已。皇慶二年，梓寔來，罄己貲，集衆緣，大治土木，作殿堂門廡，及齋廬庖湢之屬，爲屋總若干區。惟塔之役甚鉅，久乃克致其力。因舊爲七級，而增新爲八面，飛金湧碧，巍煌中天。闌楯外周，龕室内祕。華燈寶鐸，交輝和鳴。睟容密語，妥置如法。緇白四衆瞻仰讚歎，以爲多寶全身已滅而復現也。在仁宗時，西天竺嘗以古佛金剛座右製塔，方廣若干寸，函舍利來獻。詔以賜魏國趙公孟頫，魏國尋以歸于梓，俾永鎮兹塔，而祈福報上。至是，諏吉奉安惟謹；故所有辟支佛齒骨舍利，亦并藏焉。起天曆二年春，訖至正二年秋，凡十有五年，而告畢工。其秉心也專，肆力也勤矣。溍竊惟事之廢興係乎時，物之成壞關乎數。不囿乎時與數，而歷劫長存者，其惟夙昔所發深心大願乎？異時之真僧上士，有出没人間三世，而後合浮圖之穎者，今乃以十有五年之頃，熾然建立如此，不啻事半而功倍。自其異者而言之，時與數誠若不齊；自其同者而言之，本願則均。是故應知三世非遠，十有五年非近；虚空有盡，此願無窮，矧今真身法塔爲聖人出，乘機緣之遇合，而來止于此，願力所感，殆非偶然。視昔輪王天上人間、龍宮海藏之所分貯，一即八萬四千，八萬四千即一。光明之聚，遍法界無所不照，其功德爲異爲同，雖有巧智，莫能分別，尚安能測其時與數之盈虚乎？所可托以永久者，有不在區區世諦文字之末也。姑叙其略，庶來者得以考其構興之歲月云。施財爲助者之名銜，具列于石陰，兹不著。

黄溍《金華黄先生文集》卷一二《龍興祥符戒壇寺記》 杭州龍興祥符戒壇寺，梁大同間，郡人鮑侃捨宅以建也。初名發心，至唐而更其號曰衆善，曰中興，曰龍興。宋制，諸州咸立大中祥符寺，而兹寺例賜新額。寺蓋律刹，故有戒壇，今遂合而稱之曰龍興祥符戒壇寺云。按圖志，寺基廣袤九里有奇。其子院有千佛、諸天二閣，而戒壇有院，又有鐵塔及大小石塔。錢王九百九十眼井，實靈芝大智律師受經之地。觀眉山蘇公、南豐曾公上元所題紗籠銀葉錦帳紅雲之句，其規模之宏廓盛麗可知也。建炎南渡，金人擁重兵薄城下，城陷寺毁，而地入於官，因斥爲御前軍器所。民居往往錯峙其間，惟存西南一隅以爲寺。國朝至元十三年，宋社既墟，寺亦鞠爲荆棘瓦礫之場。二十一年，中菴吉公令其徒請于郡府，願入錢僦地，仍置僧坊，以續其香火，使勿絶。事下有司覆驗，得鐵塔一，石塔二，古井九，與圖志合，知爲寺之舊址無疑，乃給券書，悉以其地五十九畝九分歸于本寺。二十五年，江淮福建釋教都總統所被上旨，凡故所有寺，而今弗存者，俾復爲寺。於是祥符始得蠲其歲所入錢，而以地爲寺之永業。時吉公方主明慶法席，而敬堂恭公久居明慶，歷典要職，譽望素孚於人，爰舉以爲住持，二十八年也。恭公既涖事，即扣己橐，得錢數十萬緡，召匠簡材，百堵皆作。未幾，而佛殿、觀音閣、方丈之室、演法集僧之堂、棲鐘之樓、門廡倉庫、齋庖湢室，靡不畢備，爲屋總若干區。穹簷廣霤，傑棟脩宗，藻繪髹彤，照映城郭，遂爲一郡之大招提。慮無以給其食，則置田若干畝於吴中。爲役至殷，爲費至鉅，皆恭公身任之。名雖因舊以爲新，實則創造也。大德四年，工告訖事。有以恭公之名聞于上者，欽承睿旨，加護有嚴，而帝師亦畀以智光普覺之號。至治元年，恭公告寂，動公嗣，再傳而爲秀公。秀公視恭公爲曾大父，以重紀至元之四年來補其故處，恒自以弗克負荷爲懼，捐衣盂之資，作輪藏，覆以大厦，而函經以實之。設十八大阿羅漢，及律宗諸祖之像，嚴奉如法。且作別院于城西，以祠恭公。謂恭公起廢之功久未有述，乃伐石，來徵文以爲記。夫宇宙間事，成壞有時。其所由廢興，則存乎人耳。祥符之爲寺，千有餘歲，而廢又百有餘歲，而聖人御世，佛日再中。恭公之生，人與時會，用能以廢爲興，熾然建立如此。秀公夙承囑累，而不忘纂修其所已成，彌縫其所未及，恭公可謂能得人矣。寺之大者舊，亦恭公弟子，而僧衆得度於恭公、秀公者十數。它日恢弘祖道，扶植教基，固當代不乏人也。

黄溍《金華黄先生文集》卷一二《平江承天能仁禪寺記》 平江承天能仁禪寺，在府署北之甘節坊。梁天監初，衛尉卿陸公僧瓚捨宅以建也。初賜名重玄，陳隋之際燬。至唐而復。廣德初，加號廣德重玄，遭廢於會昌末。重興未幾，而又燬，至後唐而復。宋咸平間，更一新之。大中祥符初，始賜額曰承天。宣和中，乃改其額曰能仁。南渡後燬于建炎末，而復興於紹興間。淳熙初，始定爲禪居。皇朝因之，而悉蠲其租賦差役。曰承天能仁者，並存其故額也。先是，嘗於大界相之内，析其地爲寶幢、永安、龍華、廣福四院。久之，復歸于一。尋又别立圓通禪院於其後，而分立寶幢、永安兩教院於其前。凡建置沿革與廢興之故，可見者如此。其易律爲禪也，妙菴宗公爲開山第一祖。繼之者有若無門覺菴諸公，皆以名德，爲世師表，法會甚盛。珍樓寶閣，紺殿緇廬，雄據乎萬井中，而隱然爲一大叢林。五山十刹，殆無以尚也。仍紀至元之元年冬十有二月，寺厄于災，惟無量壽佛銅像及盤溝祠、靈祐廟獨存。佛身丈有六尺，邦人所共瞻依。盤溝靈異之蹟尤著。靈祐則衛尉之女不嫁，而精於梵行，以經營寺事，而祀爲護伽藍神，以祈禱有應，而賜廟額，累封慧慈靈感顯佑善利夫人者也。烈焰熾然，而不與劫灰俱化，人知爲重興之兆矣。顧法席久虚，越三歲，莫有任起廢之責者。行宣政院詢于，僉言俾廬山開先南楚説主之。其至以四年冬十有二月，僅以衣裓坐具一布囊自隨，聞其風者，輸財薦貨，川赴山積。召匠簡材，首建大殿。殿楹之高百三十尺，其大圍十有五尺。厚棟脩宋，曲欒方楶，咸與楹稱。楹之表上至屋極又若干，脩去其崇若干尺，廣加其脩若干尺。像設繪事，種種莊嚴。搏土設色，皆出國工之手。殿之後有萬佛閣，其楹加謚殿楹三十尺。閣爲間五，而東西朵樓爲間四。隆其中而殺其旁，縱横脩廣各中于度。其上列十五大蓮華，一華一佛，一一華瓣，亦各有佛，以足萬數。下施機輪，可以運轉。奇詭殊特，昔所未覩。範銅爲巨鐘，至萬八千斤，比舊加三之一。會南楚升居徑山，所作無量壽、觀世音、護伽藍神、三小殿及演法集僧之堂、三門兩廡、厨庫之屬，皆弗克視其成，它所宜有而未及爲者猶多也。今住持雪窗明，以至正四年秋九月，由虎丘遷主兹寺，亟捐衣盂之貲，構經鍾二樓，各爲間者三。其崇十有七尋，脩廣稱是。棲經有藏，塗以純金，一柱八面，納匭五百。天神環繞，力士翊扶。旛蓋香雲，繽紛蒙蔽。達官大姓、好事之家，觀者莫不目眩心駭，争投錢幣，以助勝緣。雪窗之經畫相勞，靡憚其勤。甫及三歲，土木之功，秩然有序。以老病厭理繁劇，悉裒衆施，併傾已橐，以授提點僧，而退處虎丘之東菴。八年冬，行中書省謀於行宣政院，輓之復出。遂以九年春三月，再正法席。增飾萬佛，創造四臂觀世音、四天神王、護伽藍神，補畫正殿之八十四龕，廡下之五十三參。朽墁瓴甓，縝壯礱密；髹彤金碧，絢耀華美。厨堂庫院、什器之須，纖細畢備。南楚之弗克視其成者，至是可以無憾矣。斥大方丈，爲間者五。上爲重閣，下爲廣堂，前爲廳事，而蒙堂有位，衆寮有閣，倉庾湢室，亦次第告成。南楚之未及爲者，雪窗無不按其法之所宜有，而伸其志之所欲爲。雖曰前規後隨，而功實倍之。南楚之成其始者，奎章閣侍書學士内翰虞公記之；而雪窗之成其終者，未之有記。於是其徒奉事狀，屬溍書而刻焉。《阿含經》：世尊説，若能補故寺，是謂二梵之福。南楚虎巖適嗣雪窗，以晦機、咲隱爲師友，相與紹隆祖道，扶植教基，期與國家億萬斯年永永無極。是用假方便力，示現有爲，不離世間法，而入第一義，豈止可資二梵之福而已。雪窗之功倍於南楚，而溍於虞公無能爲役，何以贊一辭哉！姑序其歲月，使來者有考云爾。

《〔至順〕鎮江志》卷一三俞希魯《報恩庵記》 東氏世居南陽，宋嘉祐中，徙潤丹陽之三城，迨今幾三百年，子孫蕃衍，蔚爲望族。距三城之東七里曰後彭，川平土曠，岡阜綿絡，松柏鬱鬱叢茂，則東氏之墓之所在也。墓東南三十步，舊有廬，湫隘不足以陳俎豆。一日，仲氏謀撤而大之，伯、季議克合。乃闢新基，拓故址，建堂五楹，挾以兩夏，東西爲廡，十有二庭。前立山門，中構佛宇，修廊旁翼，崇墉外繚，肖形奉先。左右有室，齋房庖湢，靡不畢具。仲氏復捐己帑，增以塑繪。於是坐列靈山，壁湧浄土，狻獰象豊，旛幢晻靄。山示水靈，窮狀極巧，金碧丹堊，種種莊嚴，鐘鍠鼓鏜，震眩觀聽。經始於延祐丁巳，訖工於泰定丁卯。延陵僧可證，俾主祠事。割腴田百四十畝，松山三十畝，以廪其徒。又益田若山二十畝，以給繕葺之費。若成之日，召諸子弟諭之曰：「家之興廢靡常，子孫之賢不肖難保。今先隴旁地，吾兄弟既爲壽藏，他日亦爾子孫歸全之所。田若山之贍僧者，當畀之常住，以永終是圖。餘田，則吾兄弟歲以次掌，斂所入以供時祀。常規待賓，不過湯茗蔬食，茹葷飲酒，非所以崇修祈之道。儻庵僧弗謹，凡吾子孫，舉得而責之，甚則易其人耳。子孫或妄有覬覦，以墜厥緒，凡吾宗族暨庵僧，舉得而懲之，甚則聞於官，庶使來者知懼，不負吾兄弟創始之初心也。」鄉黨聞而韙之。嗚呼！「欲報之德，昊天罔極。」傷哉，貧也！啜菽飲水盡其歡，斂形還葬以爲禮，是豈人子之所願哉！力足以有爲，財足以遂志，事亡追遠，苟可以求諸幽者，宜亦無所不至。此釋氏之説所以行於世，而孝子之心不爲是恝也。嘗諷廣微《南陔》篇，未嘗不三復興感，然則朿氏家訓，蓋有所自云。

歐陽玄《圭齋文集》卷九《洞淵閣碑》 太極判，二氣分，陰陽各究其變；後天設，六子陳，雷風獨彰其烈。陰陽究其變，而數行理氣之中；雷風彰其烈，而神寓造化之表。迨夫世别醇醨，位殊幽顯。札瘥水旱，若有握其柄者矣；生殺予奪，若有尸其職者矣。道也者，範圍乎兩儀；法也者，檢押乎品彙。由是，保制阨運，道稱主宰，攘除凶妖，法入機用。考夫漢儒列五時之名，而祠禱盛；《周官》書十日之號，而符呪興。司厲有秩而祭于國，袪疫有典而儺於鄉。其所由來，不既遠乎！斯則洞淵之閣，作於石晉之年，端有自矣。夫惟五季否塞，羣黎憔悴。時有神人拯世者出，是殆旻天覆下之仁。維伏魔三昧之尊，實神霄九帝之一。以無爲制動，以不怒示威。觀厥圖回，漠然兆朕。爰自黄冠道士，肇跡天成；青衣道童，接武淳化。歲歷四百，功施億兆。稽諸郡誌，酌以輿誦。禦民大陵之患，已民雩壇之嗟。感應捷於鼓桴，枉直明於槐棘。至若樹降魔之幢于雲間，得斬鬼之符于地下。沴氣以之而屏息，靈文由是而宣朗。繼道童而神效者，有大夫曰章氏焉。創三層之神居，表一郡之傑觀。雖焮隣寇，具存遺規。里人評事彭梅叟，獨割己貲，追還舊貫。驅五丁之力以鑿石，掄百尺之材以荷棟。揭洞淵於絶頂，用縱凡目；顔寥陽於上層，繼曰「聖境」。中標「諸天」，冠寶閣之稱；下扁「朝元」，著旋題之會。寥陽肖像七御，儼如天宫；伏魔專佚諸天，列叙帝馭。朝元距地而稍邇，飛仙齊班而上趍。直北面勢，題極高明。綺疏透乎初日，藻繪留乎行雲。閣後崇壝，其名「虚皇」，贊府歐陽確、旌表彭知微裒衆力之所作也。壝後累榭，以奉三寶，居士周繼祖、李必興踵義士之所爲也。三棟中達，兩廂傍峙。左挾之屋重上，懸鐘千斤；右挾之屋如之，鳴鼓百里。左廡則薰南鎦崇勛作天師閣，右廡則潭東劉龍祥作三官閣。東爲延真觀，舊主洞淵，新侑玄帝，北坡彭仁叟之所創，其神遷自壬癸福地者也；北爲鳳林橋，上引鈐岡，下通青原，茂林楊學周之所建，其意比擬河漢閣道者也。神幣燎而不炊，其爐曰「光明藏」；神泉引而無害，其井曰「清浄源」。每歲上元，設齋半月。金碧炫轉於西東，琉璃晃耀乎表裏。張燈如漢太乙，蹤跡通宵而可行；題榜若魏淩雲，鬢髮望空而欲白。劫利兜率，彼皆鋪張；華林鬱羅，孰得遊覽？故夫地位之高，有若兹閣，神人之好，信在於樓乎！而况發武功，過孤川，山脉鍾其秀矣；導攸輿，匯盧洞，江流蓄其靈矣。城濠通龍湫之穴，郡市布蜂房之居。要之地固以仙而名，境亦資人而勝。鍊師雲憁周孔鼎，静嘿蕭宣德、西叟李應康，玄門之梁梠，羽帔之冠弁，品登真録，功播珠庭者也。守約曾從龍，省齋歐陽慶祥，翠峰彭大同、坦菴施端履、斯立魯廷暉、静學劉孔彰、矮憁蕭惠通、無爲王雷發，洎夫桂林可心之劉曰元亨、曰道弘，環中澂川之彭曰克恭、曰道明，塵外之曾曰貴寬，適吾之劉曰益新，皆宗證之幹蠱，沖侶之哀謙。能使丹芝之茹有圃，青精之飯有田。扇離坎而液祥金，起般輸而獻神伎。然後聲鏗律吕之和，器備天人之供者也。貴寬幼從先人，來敎真館。及長，離俗之志勇，禔身之律嚴。佩混元之祕章，茹抱黄之梵炁。撝訶而百靈集，禁禬而諸福臻。爲兹山而徵辭，壽斯道於來裔，真其人也與！嗟夫！赤明延康，坐更歷劫，勾芒玄冥，迭御四時。洪惟皇元，昭授神策，歲宗羣望，代闡鳌事。切意洞淵之於明時，正猶希夷之於衆物。人見主張之功，若無事者；孰知輔翼之惠，又振德之乎？雖然，商顔邇德人之居，當疵癘之年，亦獲免是；華封居放勛之世，舍富壽之祝，則何以哉？載揚洪庥，請志善頌。銘曰：

粤若邃古，太和磅礴。柔剛相乘，鐃乏紛錯。情滋僞生，氣羸沴作。道惟虚集，庶物橐籥。神繇精聚，九圍郛郭。閭晉非據，烝黎罔託。煜處江沱，晝火其爝。軫野遘災，帝衷是愕。維時洞淵，受命碧落。相爾黄冠，抽我玄鑰。蒟氛彗歊，禊禨哲惡。道心剞螟，善氣辟蠚。三樟巢鳳，孤笛舞鶴。爰欻沖遊，誕矗穹閣。琪樹層柯，金枝重萼。翾升華拱，疊欞朱欂。飛廉霄鶱，天禄雲躇。赫曦雕櫳，鮮猋虛箔。帝真燕娭，營術揮擢。匽旌吴回，函琛海若。祝融灌烽，蓐收嵘欃。年降屢康，歲興長樂。士勤竹素，農力錢鎛。商通車輦，工世椝矱。征行靡古，疾疢勿藥。皇風載熙，大道斯廓。罔俾仁聖，職憂民瘼。神之格思，萬壽攸酢。

曾塵外鍊師來求《洞淵閣碑》，惜予久病，不能親書。煩致意青城楊奉禮，爲余雙樞筆作漢隸書之。歲久，當與韓擇木《桐柏觀記》争先進而方駕漢魏可也。如字多碑窄，可倣張長史郎官石，用小楷書之。青城皆足辦此，故以相屬也。

許有壬《至正集》卷四六《勅賜順聖寺碑》 昔我武宗皇帝之在潛邸也，今迭只斡爾朶皇后伯忽篤實侍左右，既乃從太皇太后於覃懷，武皇賓天，仍事興聖宫。慎畏自持，性强記，詢往求故，應答周悉。聖母嘗言，覃懷獲歸，弘濟聖業，非祖宗在天之靈默佑曲護，罔有今日，故力事崇構，資福於佛，爲祖宗報。伯忽篤日聆聖訓，而復厚沐撫視，乃效聖母報祖宗者以報聖母，出奩蓄楮幣三十五萬貫有奇，買地都城咸宜坊，作順聖寺。三門夾峙，大殿屹立，後建重屋，奉聖母神御。西爲十二楹，連甍有閣，竊自爲侍祠之地。東規如西，而煞其後，用度藏經。雲堂香積，秩秩有位，周廊連屬，宏麗静深，際通衢爲屋三十間，取僦貲以助恒費。經始至治壬戌之春，欲極工緻，而監者不稱，凡三撤易，歷十年而始有成。焜煌絢爛，照耀闤闠，遇者聳觀。買田千畝，俾永有食，擇比邱尼管旃卜主之。不紀其故，恐後遂湮没，以告中書，庶幾上聞而有所屬也。省臣敷奏，詔臣有壬爲文。臣有壬，詞臣也，有命敢辭！臣聞佛之教宏大精微，其要欲人同歸於善，有不言而自信，不化而自行之妙焉。其徒學者，女人爲比邱尼，蓋百不一二。佛以女人多疑惑，執者結業纏縛不能自出，不使入佛法中。而憍曇彌者卒能奉行秘教，宣説微妙，所謂身無常身命念念，遷滅代謝不足財，衆緣所共，無有真主，其言亦淵矣乎。伯忽篤之報聖母也，慤誠追慕，老益不替，亦善女人信敬佛法而知所先後者乎！身命奥旨，將究其極，若夫舉所蓄而傾委不靳，而已有得於財，無真主之言矣。昔聖母御興聖宫，受二子十孫三帝，極天下之養，始終十五年，中間受厚恩而極富貴者，不知其幾人，未聞有一人奮出知報者。伯忽篤以女人淑柔之質，而能若是，蓋有關於風教，宜有以紀之也。皇上孝治天下，事佛之宇，列聖神御在焉。聖母既有所矣，伯忽篤復此締築非瀆也，至誠展布，隨地而見，況及事親密，從殉無地，乃得十覩睟容，與紫金之像，白毫之光，相爲炳燿，則孝敬之心，油然而生，佛之不言而自信，不化而自行者，實寓乎其中矣。既述其概若是，且頌之曰：

象教若海，孰挹其深？世玩其迹，盍求其心？匪今斯今，罔有不欽。其屋如星，其徒如林。山臺野色，知幾萬區。曰兹都城，鈞天帝居。寶構突兀，鬱乎相輝。國帑海嶽，涓埃是縻。踽踽有人，毫積絲累。至於千萬，猶水壑委。十年營度，始盡厥美。聖母在天，監觀有赫。兹殫之力，實母之錫。陸海洶湧，出此兜率。東瞻徽儀，殿閣咫尺。盻蠁來臨，神御有侐。聖孫御天，治隆孝敬。淑媛有請，天休丕應。小臣載筆，聖德是紀。以彰孝治，以鬯佛旨。惟佛之旨，在神御祀，祐我聖嗣，承承繼繼。子孫孫子，與天地終始。

《〔光緒〕海鹽縣志》卷七釋梵琦《鎮海浮圖頌序》 梵琦九歲出家，便聞建塔功德最大，往往默感於心。天曆元年，住持此寺，時年三十四矣。至元統二年，夢龍王獻寶，因募塔緣，檀施日臻。後至元二年春，龍化蜿蜒之形於丈室，五彩畢備，四方來觀之，凡兩月而去。其夏，填築塔基。三年丁丑九月二十三日，起工建塔，至辛巳歲塔成。凡七層八面，高二十四丈，莊嚴綺麗，見者無不頂禮瞻仰。龍子復來，隱現非一，因祀爲應夢龍王。越二十年兵興，己亥秋，失寶瓶，計白金爲兩者二百。時謝事於郡城結庵，衆請再領寺事，而造鍮石寶瓶。以至正二十四年秋九月二十四日，奉瓶修塔，天雨寶花。明年乙巳七月，泥蓋方畢。自丁丑至乙巳，凡二十有九年矣。

李穀《稼亭集・京師穀積山靈岩寺石塔記》 靈巖東峰石塔，前同知民匠總管府事朴瑣魯兀大所藏舍利者也。舍利有塔，載於佛書，如釋氏在時七寶制底從地湧出，佛滅度後，阿育王所造，溢於西域，而布於天下，至今幾千百年，而往往猶有存焉者。朴君三韓人，入爲内侍，蒙恩既久，思所以報上而利物者，以爲苟得佛舍利如一粟許，恭敬供養，其所謂無量福報可必也。心求不置，則得幾粒，奉持積年，已而曰：「舍利隱見無常，隨人勤怠。今吾老矣，不藏於名山福地，後之人敬信者，或不如我，則豈爲吾家有。」乃募工作石龕，如浮屠法，中心藏之，外八其面，刻諸佛像。請予文其事，仍刻之。予聞佛者言舍利，梵語譯之爲堅固，或有不信，以金石擊碎之，炭火焚銷之，金石炭火，可破可滅，而粟粒自若也。蓋表其佛性也。朴君能得而有之，又能爲之所，使人瞻禮而同其福，此石可倒，而其所以報上利物之心，當堅固而不可破滅矣。是爲書。

李穀《稼亭集・大都天台法王寺記》 至正三年癸未春，法王寺成。榮禄大夫、太醫院使趙公謁予記。其言曰：「芬，高麗永春人也。自昔至元癸巳，選充内侍，給事掖庭，以迄于今（以迄一本作式至）。伏見世祖皇帝神武不殺，能一天下，聖聖相承，休養元元，皆本於仁愛。故於佛氏慈悲之道，神契妙合，是崇是信，芬竊感慕焉。又伏思念，猥以微賤，過蒙上恩，今既老矣，欲報末由。謹遵浮圖之法，開創伽藍，上以祝一人之壽，追列聖之福，下以利生靈於無窮。其列本末，以圖悠久，將子是託焉。」予惟爲臣之道，致身戮力，盡所當爲。若夫拳拳祝君之心，有出于不能自已，而亦有所不能爲之者，則歸之佛天，如斯而已，兹寺之所由作也。按佛氏之法，起自東漢，而其三韓，地濱出日，西域之教，宜若後至。以今觀之，山川之間，竺梵遺迹，往往有先中國而爲之者。又其爲俗，凡事君事親，養生送死，一以佛教。人或不然，群怪而衆訾之，謂於忠孝有未盡也。吁！習俗之久，蓋有莫本其所自者矣。今雖在輦轂之下，寺號高句驪者，其刹相望，宜乎公之汲汲於是也。先是有泉府使李公三真，捨安富里第爲佛祠，名之法王，召鄉僧孜信者主之。後入權門爲馬埒，李欲得其直，別營它所而未能也。既老且病，莫可奈何。聞公之爲，即以屬之，俾爲檀越。公曰訴其家，得其直之半，爲楮鏹者二萬五千，并所自施萬五千，典瑞使中公當住所助七千，而買地于金城坊，仍屬孜信幹其事。已而李没，公與夫人崔氏，又罄其服飾器皿可直錢者，先爲廊三面以僦人，次作殿其中，以奉佛。信又示化。庚辰二月，請天台師一印主席。塑金色釋迦，文殊普賢，及天台智者像，以闡其所謂一心三觀之教。事聞，中宮賜楮紙一萬相其費。明年作堂東西，又作南廡，北折而接之堂，以寮其徒。中廡而門，以直三門，翼殿左右，以位賓次。又明年，作丈室殿後室之東南，以居侍者。又其南以厨香積，以藏資儲。凡用楮幣，爲貫十四萬有奇，屋爲間八十有餘。崇不至奢，卑不至陋。像設端嚴，金碧絢煥，威儀供具，寺所有者，莫不畢備。其年十月，皇帝在西内，有進金字蓮經者，命藏是寺。中宮仍以香幣來，俾資經讀，明年亦如之。蓋所以崇重妙法，且嘉公勤於報上也。方役之殷，印師曰：「吾徒既仗佛力，衣食於人，而猶財檀施，可乎？」悉捐囊鉢之儲五千貫。同知民匠總管府事朴瑣魯兀大、大府大監朱完澤帖木兒，各施二千，資長明燈。鄉人好善者，約春秋率錢聽誦大經，歲以爲常。始于甲戌，終于癸未，首尾十年，亦廑矣哉。嘗觀塔廟者，其成之難，毀之則易。雖大其居而足其食，後人業之，而自利之，利盡而寺隨以亡。人知其然，猶踵爲而不已。毋徒曰：「吾盡吾心，吾竭吾力，後非吾慮，斯可已。」公之所以既成是寺，而又鑱其事於石，其意有在也。後之居此者，宜致其思焉。寺故監察御史觀音奴所居地，方九畝。於經營之始，偶得片石舊屋，下有刻三字，曰「法王寺」。公蓋感其有宿因，因額之云。

危素《危太朴文集》卷五《揚州正勝寺記》 有爲浮屠氏學者，唐廣明二年，建寺於揚州郡城左北廂南進賢坊，賜額爲「興教禪寺」。五代燬於兵，宋建隆二年，僧德欽乃重修創。大中祥符五年，賜改額爲「正勝」，尋復湮廢。乾道間，天竺教院僧如祖力學苦行，務興其教。有董評事諒者舍宅以居之，遂爲大隱菴。菴在北進賢坊之念佛巷，基廣五畝百六十步，如祖增加營葺，廣其殿堂，以安徒衆。淳熙十四年，請於州，移「正勝」以爲今額。如祖示寂，楚州淨慧院僧師謙號普明大師以州之命來主是寺，始度弟子十有七人。善妙、善億、善倚、善德相繼住持。景定二年夏，寺復燬，善德持鉢化金，建立殿宇。郡人謝都機者施財爲塑佛像，作藏室以貯經。揚既歸職方，江淮諸路設釋教總攝官。未幾，命善德主治平禪寺，仍俾其徒宗祐領寺事，加號崇理昌化大師，判教門，專令甲乙相傳勿變。久之，棟楹梁桷腐黑撓折。延祐元年，崇祐乃撤而新之，益加宏壯。其徒了忠裝飾靈山九士諸天像，又建法堂四楹，東廊十有一楹，作方丈以爲燕休之所。至了恭，作西廊八楹。了真以舊藏殿庳小，復謀崇廣。於是殿堂門廡，庖湢庫庾始獲且完。繚以周垣，繪以丹碧，大侈前觀。先是，如祖乞米飯僧，迨咸淳間，善德始置土田若干頃以給食。又置塔基廣七百餘步於城北，以藏遺骨。塔南有屋五楹，以供祀事，了靖所構也。厥後宗祐、了榮、道元、了恭、了真、了泰先後增土田若干頃。時則有若了忠、了明、道壽、道茂，咸有力焉。殫力以相其成者，道通、道照、行進、道濟、道成、道秀云。至正十二年，道秀領常住事，謂創寺訖今幾四百年，其興廢之故，久而無所考證，因屬僧行海撰次事狀，京師安静寺住持僧行璽請余爲之記。蓋佛之説行乎中國，而尊崇護衛，莫盛於本朝。揚爲南北之要衝，穹官顯人往來無虚日，富商大賈居積貨財之淵藪，其成此固不可以爲甚難，然猶經營數十年而後大完。以是推之，則天下之事豈可易言哉？惟能思其成之之艱，則不至於壞，雖壞必至於復興，吾於正勝觀之矣。

《〔乾隆〕阿育王山志》卷三危素《阿育王山廣利禪寺重建下塔記》 釋迦如來真身舍利寶塔布于天下。晉太康中，離石人劉薩訶感病危篤，逢梵僧語曰：汝罪深，當入地獄，宜往會稽尋阿育王所造舍利寶塔，頂禮懺悔，冀可逭云。薩訶懼，抵會稽，遍索之，無所得。一夕登鄮峰，聞鐘磬聲，即加精禱。越三日，寶塔從地湧出，神光騰焯。塔青色似石，崇尺有四寸，廣七寸，露盤五層，四角挺前，面開窗牖，中有磬，聲如人附擊。繞塔佛、菩薩、僧、天人等妙相嚴好，非智巧所能及也。義熙元年，安帝敕建塔、亭、禪室，度僧十有四人。宋元嘉中，遣使陳精及僧道祐重創祠宇，鑿地，得石函，盛玻璃鍾，覆以銅鏡，合銀罌，安三法身舍利並迦葉佛爪一，其色紅；髮一莖，伸之數尺，置之成螺。表進文帝，詔造木浮屠三級藏之。梁普通三年，增修建寺。自是以來，歷代尊奉。宋開寶間，僧統贊寧爲之傳。淳熙間沙門從廓、元至間沙門行彌皆有紀述傳於世。其二塔當鄮山之椒、鉅海之衰，其三下塔今去廣利寺五十步玉几峰之麓，明覺寺住持元興所重建也。先是，至正二年，行宣政院使西夏高公納麟知叢林積敝，舉諸山名德百數十人，布列衆刹，雪窗光禪師繇姑蘇之開元寺遷阿育王，居十有六載，四方景慕，學者雲集。既百廢具興，方圖經營下塔，而不及爲。元興，則師度弟子也，乃命之曰：「吾於兹山，庶幾盡心焉。獨下塔役必歷歲月而後可成，汝勉諸！」師示寂已久，元興規度有年，悉發其衣盂之資，計之不足以共費，遂謀及山中之耆舊，施各有差。方司徒國珎舍巨木爲塔心，海會寺住持枯木榮公、周君仲高寔紀綱之。僧清辨董公無怠，木石咸具，白於住山大千照禪師，撤舊塔而新之。始工於至正廿四年七月四日，越四年成。崇十有三丈五尺，廣二丈三尺。中爲級道，下設世尊象，環列十六應真天神衛護。前爲山門，後建殿五間，几筵香燈，無弗備者。置田若干畝，以資其用。元輿服承先志，久而益勤，緇素欣贊。今約之裕禪師謀勒石以紀其始末，致沙門若來所述，屬臨川危素文於石。惟劉薩訶求覓寶塔，莫識其緒，悲惱煩塞，投告無所，久之迺獲見塔，晝夜精勤，禮相懺悔。厥今寶塔巍巍，有目者咸覩，有耳者皆聞，非難見如薩訶之時，然而膠於利欲，昧於因果，投身惡趣不自知，雖有此塔，與無塔同，則元輿望於四衆者孤矣！元輿字象先，田所在、施者之名，具列如碑陰。素嘗銘雪窓之塔，約之師有夙昔之雅，故宜不得而讓焉。國史危素記。

陳高《不繫舟漁集》卷一二《重建東禪報恩光孝寺記》 粵自佛法之入中土，其教漫衍，招提之宫，徧乎海宇，而閩越尤多。東禪在福州城東三百步，倚郭近市，而左右乃背負山，林麓邃幽，是宜仙佛之所宅。梁大同三年，郡人鄭招勇者，始舍其居立浄土院。唐中廢爲白馬祠。咸通間，辨才大師慧筏以禪定之力，咸通避去，復建焉。屢更賜額，今之報恩光孝，則宋紹興十七年所賜也。舊有大藏經刻，留布真銓。又有東野、清陰之亭，芙蓉之閣。昔賢名人往往于斯遊觀吟詠，遂爲閩之望刹云。至正壬寅，平章燕赤不花公由江浙被命來鎮閩省。島夷據城以拒，火厥寺，公召兵討平之。異日言及寺之燬也，喟曰：「寺燎靡存，以我之故，其可勿圖。」乃遣使諧温，起前歸元寺住持法性圓辨禪師智順爲之主，而屬以興作焉。先是，禪師嘗造浮圖于浄江山，公道温見而嘉之，故有是舉。至則拂穢草，除燼土，購財僦工，千指并役。而行宣政院副使側實世鑑，復鳩貲以佐其費。肇寺于癸卯之五月，越明年冬告成。覺皇之殿，演法之堂，三門兩廡，僧堂鐘樓，悉復其舊。像設咸備，庖偪有舍，僝功之亟，觀者咨駭。既乃求文，以記營構始末。予惟釋氏之道，以色相爲虚幻。是故古之桑門，卉衣木食，林止巖棲，唯究觀夫空寂，初奚有慕于外乎！至于後世，徒衆寖繁，叢林日廣，于是乎崇屋大厦，而不以爲侈；施彰五彩，而不以爲華。其或庳狹簡陋，則爲之徒者，且不能一日群聚而處矣。故有廢必興，而起廢之功，不免于壯麗者，豈獨以歆動流俗而夸耀乎人哉？亦欲輯學徒，使之行住坐卧于中，而修焉證焉，以廣夫教之傳焉耳。然當四方用武之日，歲艱物匱，而兹寺之構，朞月以完，炫金碧于瓦礫之墟，而幻寶刹于劫灰之後，何其盛歟！向非禪師願力宏深，規猷有素，孰能成之若是之易！而藩省大臣爲之紀綱而相其成者，蓋謂西方像教，威靈赫奕，必能贊延丕祚，而陰隲黎元，非但植福田，利益于己而已也。禪師嗣法鐵關樞，得其宗要，辨説無礙。距辨才之世，凡七十一傳。方將遠紹遺風，以接來學，締造經畫，乃出緒餘，其道蓋不在是也。至正二十四年十一月甲子記。

邵亨貞《野處集》卷一《本一善應院記》 佛法入中國，歷漢、六朝、隋唐、五代、宋以至有元，千有餘年，久而益盛，塔廟殆徧天下。松江當三吴之東，爲瀕海下郡，招提蘭若附郭者至二十餘區，作始於數十年間者，實居其半，亦可謂盛矣。本一在城西北隅，其初爲真浄道院，宋乾道中邦人沈氏所建也。歲久且蕩析，至元間，主者月麓子趙公汝昌始克起廢。自殿堂而外，爲屋二十楹有奇。既乃請命帝師更以爲佛宇，而已祝髮爲浮屠以居之。定爲甲乙派，以「本一」易「真浄」名，蓋有見於佛老之道，其出其歸有不二者焉爾。延祐初，昌示寂，其徒存禮繼領是事，慨然負廓充之志。會里有禪居曰善應，主僧滋果教行一方。於是傾身延致，推使主席，而以己次之，若昆弟然。果亦率其弟子浄開以師事禮，時至正癸未也。遠近禪衲聞禮之能讓賢，果之有道行，皆接踵以至。郡士大夫亦喜與往還，問道之屨常滿户外。所居不能容，乃悉撤其舊而經營之。中爲大雄殿，東序西向，爲大士殿，前設山門，後爲法堂。西序東向，禪棲，稍北爲玄武祠，示不忘真浄所自也。又後爲方丈室，肅客之寮，香積之舍，以至祖祠儲藏井湢，咸稱位置。邦人皆樂資之不懈。凡越三年而功既，高深宏敞，視昔有逕庭矣。且以「善應」益其名。未幾，果與禮相繼觀化，開乃率職竣事。其徒善譽、善實，又終始竭力，以底于成。仍疏其事，請記於予。予嘗聞，浮屠人以師弟子爲叙，非若世之父兄子弟出於同氣者。其相與授而演迤之，蓋一本於義耳。今觀昌之創業於前，禮又能致果以振其道，而開與譽、實輩皆服勞不弛，師弟子之設心，先後若出一律，顧不優於同氣者與？所以恢弘祖道、導化方來者，不外是矣，宜其居之日以廣、法之日以盛也。昌，前宋宗室子，越人。蚤業儒遊宦矣，既爲道士，終爲浮屠。嘗掌書記浄慈禪寺，世稱三教遺逸，其人也。果號空林，雲間人。得法天目本禪師之門，戒律甚嚴，鄉人推之。凡是皆宜書。且爲之頌曰：我觀佛法心，本一無有二，一切世間法，皆從自心生。不爲外物間，萬法即歸一，是故此蘭若，昔爲真浄居。昌能會三教，了性命宗旨，始建立刹幢，以淑於後人。乃獲滋果師，善應出世法，説法及修造，廓充大乘境。臺殿諸宫室，諸佛菩薩像，旛幢大寶蓋，鐘鼓鯨魚音。香花供具等，種種無不備，遠近脩學人，聞風自傾向。因敬生解悟，悉明諸佛心，於一彈指頃，各證三摩地。如是二師力，雖寂而常應，洞徹十方界，歷劫無窮盡。

熊夢祥《析津志輯佚·歐陽玄·過街塔銘》 關舊無塔，玄都百里，南則都城，北則過上京，止此一道。昔金人以此爲界，自我朝始於南北作二大紅門，今上以至正二年，始命大丞相阿魯圖、左丞相別兒怯不花等創建焉。其爲壯麗雄偉，爲當代之冠。有敕命學士歐陽制碑銘。

皇畿南北爲兩紅門，設扃鑰，置斥候。每歲之夏，車駕消暑灤京，出入必由於是。今上皇帝繼統以來，頻歲行幸，率遵祖武。一日，攬轡度關，仰思祖宗勘定之勞，俯思山川拱抱之狀，聖衷愓然，默有所禱，期以他日即南關紅門之內，因山之麓，伐石甃基，累甓跨道，爲西域浮圖，下通人行，皈依佛乘，普受法施。乃至正二年二月二十一日，以宿昔之願，面諭近臣，旨意若曰：「朕之建塔實，有報施於神明，不可爽。然而調丁匠以執役，則將厲民，用經常以充費，則將傷財。今朕輟内帑之資以助繕，僦工市物，厥直爲平，庶幾無傷財厲民之慮，不亦可乎？」群臣聞者，莫不舉手加額，稱千萬歲。於是中命中書右丞相阿魯圖、左丞相別兒怯不花、平章政事鐵木兒達識、御史大夫太平總提其綱，南里剌麻其徒曰亦恰朵兒、大都留守賽罕、資政院使金剛吉、太府監卿普賢吉、太府監提點八剌室利等，授匠指畫，督治其工，卜以是年某月經始。山發珍藏，工得美石，取給左右，不煩輓輸，爲費倍省；塹高堙卑，以杵以械，墟堅且平。塔形穹窿，自外望之，揄相奕奕。人由其中，仰見圜覆，廣壯高蓋，輪蹄可方。中藏内經寶詮，用集百虛以召諸福。既而緣崖結構，作三世佛殿，前門翬飛，旁舍棋布，賜其額曰「大寶相永明寺」。勢連崗巒，映帶林谷，令京城風氣完密。如洪河之道中原，砥柱以制横潰；如大江之出三峽，灧澦以遏奔流。又如作室，北户加墐，歲時多燠。由是邦家大寧，宗廟安妥，本枝昌隆，福及億兆，咸利賴焉。

王士翹《西關志·故關》卷七王思廉《廣平路威州井陘縣蒼巖福慶禪寺碑》 蒼巖，舊無蘭若。隋文帝女嘗患厲風，聞此中石井旱不涸，水不溢，給用不竭，可已此疾。遂舍其側以供飲食湯沐，久之病良愈，因棄家爲佛子。文帝不能强，乃爲建寺。比丘尼從者如雲。寺有萬佛殿、十王堂、廊廡厨庫，公主真容堂，東北巒臺、宴臺，云是文帝駐蹕之地。土人相傳，弗克考究，或名興善，或呼山院，亦不知何代石刻，所書如此。大中祥符七年，勑賜今額，從孤臺僧銓悦、智贇之請也。悦鑿崖壁以棲衆，芟榛棘以通路。丹青簷宇，雕鏤像設，其功爲多。大觀三年，縣之南障城村賈已無子，以己業田三頃五十畝有奇施爲常住，夫婦終老焉。大定間，跨澗構石梁，實平定之天寧衍公倡之，寺僧知建，平定縣鄉豪陳宗助之也。國朝甲辰歲，僧普儀來居二十餘年。佛殿、文殊殿、公主堂、橋樓、雲堂、方丈、僧寮、香積、庫庾、閑窟燦然一新。儀，潘其姓，邳州人，幼而厭俗，年十七禮陝州大通寺福公而得名。繼參臨濟之慵庵而得法。朝旨命住元氏縣三聖院，儀不喜廛市，故挂錫于此。後以慵庵洎總統所，真定路僧俗官禪教諸師德，疏開普化。堂主臨濟席所至，四衆欽仰，門資百餘人。常以營繕爲己事，晚歸普化，不疾而逝，壽八十有二。實至元丁亥二月十一日也。荼毗火滅，獲舍利數百粒，其徒塔而藏之。至大戊申夏六月，住持行歡介臨濟，退堂深公録祖師行實寺之始末，謁文以謹歲月。曩予以事至北障城村，父老盛談此寺之勝，恨不一到。忽承兹屬，即爲紀之。若夫山水之峻潔，境趣之幽邃，樓殿之宏敞，林木之薈蔚，則前碑載之詳矣，可得而畧云。

釋來復《蒲庵集·鐘山靈谷禪寺記》 原夫帝王受命而建國也，必有天縱之聖，而後能立非常之功，致非常之治。欽惟我朝以神武定天下，奮梃一呼，萬方雷動，有攻必取，豪傑景從。不十年而六合爲一，盛德大業，振古無倫。於是定鼎金陵，以臨億垂，制禮考文，百揆咸秩。上規三代，下邁漢唐，赤赤隆隆，肇開正統，此皆出於非常者也。然我聖天子慈育黎庶，與佛同仁，萬機之暇，乃復存神内典，凡可以善世利生，而助宣王道者，莫不簡拔而尊崇之，若道林真覺寶誌聖師，其一也。重以聖師玄德妙行，素簡宸衷。且其誕跡鍾山，闡法梁代。寶刀金尺，掛錫自隨。現菩薩身，光開鏡像。微言毗贊於大乘，夙慧洞明於心要。道扶人主，福佑生民。悲願所孚，神化莫測。是以儲祥閟靈而植塔龍岡者，幾將千載于兹矣。今又與國同宗，聿新化地。寶珠一峰，卓秀雲表。天光日華，常所覆被。詢名定實，若有符於興王之運者矣。然以至人應世，行道無方，隨所寓止，皆爲伽藍。昔在洪武丙辰，住山僧仲羲慮以塔居高阜，俯臨宫闕，奏請遷創于朱湖洞左。既而闢基崇址，寺與塔俱經構垂成，而相地者復謂湫隘弗稱，乃於十四年辛酉九月奉旨，特命太師、韓國公臣李善長度吉地于龍岡之東谷，去舊基五里許，中衍而廣，水木清潤，奇峰秀巒，左右屏蔽。蓋山川神氣，數千百年蓄粹而不發者，抑有所待於今日矣。仍命中軍都督府僉事臣李新、指揮臣滕聚、袁禄、神壇署令臣崔安，諏日庀事，督相其成。爰檄在京工役徒隸，有能輸力者聽。檄下甸日，得五千餘人。負畚荷鍤，畢效其能。既構既葺，斤斧如雲。凡有磚丸木石之費，丹臒髹漆之需，並給公帑，不取于寺，不勞於民。以是年十二月首作奉佛之殿，演法之堂。殿有尊像堂，有華座。高廣嚴麗，實爲偉觀。至其安僧之堂，則棲禪有龕。會食之筵，則開單有位。宏敞邃深，可容千衆。他如經藏鍾樓，三門兩廡，湢庾厨庫，並皆完整。又作且過、定業二寮。定業以延老宿，且過以憩遊僧。其於兩廡壁間，則圖釋迦八相，所謂示從兜率，降現王宫，出家苦行，成道降魔等，悉如其事而序列之。仍擇地高厚者，於法堂之北竁而塔焉，以藏聖師舍利遺骼，雄壯加倍於昔。其幢蓋華髣，黝堊金碧，互暎交輝，巋然焕焕，震耀南北，宏偉盛大之規，天下無也。計其經始，訖于落成，纔九閲月，時十五年壬戌季夏也。畢工之日，詔有從役者五千餘人，俾得自遂以還鄉里，拜舞歡呼，聲動林谷。仍撥賜贍衆齋糧四千碩，該田若干畝，更賜寺額曰「靈谷」，蓋以識其幽勝也。明年癸亥正月丙辰，上御華蓋殿，召臣來復顧謂曰：「靈谷寺，天下名刹也。今新創已完，特所以彰道林師之靈貺耳，非欲介福于朕躬也。事因始末，爾其譔次而記之。」臣來復欽承上命，不敢以鄙陋辭。維昔世尊説法靈山，專以大教委寄國王爲之弘護，自是以來，二千三百餘載，金幢寶刹，遍覆寰區。而三乘五部之文，一如十玄之理，妙演流佈，開悟人天，真能續佛慧命於無窮者也。故知善爲一切衆生作大依怙與大安樂，苟非王力薰陶而涵育之，則功行不成，法亦隨墜矣。今之爲沙門者，逸居暇食於高堂廣衆之地，苦不知畊，勞不知穫，可謂至幸也已。然則息心静緣，攝御諸根，洞究真源，深明實性，當求無負於王力之所以弘護也，有能爲是道者，豈不誠度生之智筏，照世之真燈者哉。於戲！聖心即佛心也，聖化即佛化也。微佛則不足以感乎聖心，微聖心則不足以廣乎佛化。願力相資，應運而濟。視古視今，斯所以知靈山委寄之有在也。謹拜手稽首而述贊曰：

金陵之都，龍蟠虎踞。大江西來，沃日東注。神氣輝煌，幾千萬年。兆我皇明，受命統天。定鼎自兹，以臨萬國。玉帛來廷，咸歸至德。爰作佛祠，雄鎮鍾山。下壓鼇極，上摩天關。寶幢珠網，華座香臺。金碧焜然，三門洞開。諸宫殿雲，含攝無礙。蓮花旃檀，遍莊嚴海。修多羅藏，金口親宣。圓音普聞，雷動八埏。禪定有龕，千僧萃止。燕坐經行，夜摩睹史。朝斯夕斯，妙觀惟心。了心無作，超去來今。維道林師，德契聖皇。宿願所符，緝時禎祥。浮圖巋然，載遷崇坂。設利湧光，虹流星燦。寶珠峨峨，毓秀炳靈。式際景運，嘉名是徵。願瞻兹山，泉甘土沃。有華其榜，曰賜靈谷。伐鼓逢逢，考鍾鍧鍧。以頌以祝，天清地寧。聖人無爲，爲邦之祐。與佛同心，與天齊壽。一化廣被，百億須彌。報恩無盡，視此刻辭。

王褘《王忠文集》卷九《自建昌州還經行廬山下記》 又循山下，西北行，未至郡治二十里，爲歸宗寺，在金輪峰下。山勢方凝然，忽石峰從山腰拔起如卓筆，高與山齊。峰頂有舍利塔，俗呼爲耶舍塔。釋氏書云佛滅度後，所遺舍利八萬四千，散在人世，龍宫皆貯以金瓶寶篋，建塔藏焉。東晉時，耶舍尊者自西域奉舍利來，八萬四千之一也，於此建塔。塔高若干尺，范鐵爲之，外包以石，峰峭峻，鐵石重，人力不可施，皆運神通力致之，俗故呼爲耶舍塔。耶舍亦與遠公社，嘗舉如意，無言以示遠，遠不悟，即拂衣去。是時禪學未入中國，而兆則已此見矣。耶舍之去，逕上紫霄峰，紫霄又在金輪東也。

王褘《王忠文集》卷一〇《杭州仙林寺戒壇記》 杭州仙林大慈恩普濟教寺有萬善戒壇，普爲四衆傳授三聚浄戒之所也。寺蓋宋紹興末洪濟大師智卿所創，戒壇在佛殿後。隆興初，賜寺額爲「仙林」，壇曰「隆興萬善」。淳祐間，加寺額爲「仙林慈恩普濟」，壇曰「淳祐萬善大乘」。至至元中，祐岩法師榮公以前代宿德昭被光寵，奉帝師命，復加今寺額而爲壇主。至正三年，寺厄於災，壇亦就毁。其年妙智通悟明解大師就公來領寺事，以興廢起墜爲已任。久之始克哀衆施，建大佛殿，繼又罄已資，率耆舊僧建三門、兩廡及選佛、選僧二堂，惟戒壇未及興建，而爲費最鉅。蓋戒律之宣，諸天龍神人及衆人之所畢集，非有崇棟廣霤，穹座邃筵則無以致其嚴肅。不嚴不肅，則無以聳人天之觀聽，而一其皈嚮之誠。郡人顧君天祐父子者，嘗與就公論道，而有契焉，慨然樂爲之造，就乃捐金穀，購木石，卜吉而庀工。爲殿以間計者一，前後爲二棟，列楹十有六。其崇九十有九尺，去其崇三之一以爲廣，增其廣四之二以爲修，而壇居乎中。壇高九尺有奇。飛榱步檐，外稱其度；綵幢寶蓋，内極莊嚴。始事於十一年正月日，至明年十月日而訖工。塑繪像設者，顧君之配舒氏，而上下瓦甓，則其子婦戴氏佽助焉。竊聞我佛如來以一大事出現於世，普爲衆生設方便，力成就佛果菩提。是故弘敷軌範，式示開遮，詳布科條，用垂汲引，律之所戒，教由以行。學徒有所攝持，常人有所趨向，故得以去惡而就善，超凡而入聖。或智或劣，皆證大乘；若正若依，悉成佛道。後世律師教主代佛宣説，將集四衆，必有壇場，此戒壇所爲建也。今就公務隆祖道，載揚宗風，圓機應人，能無留礙。而顧君宿植德本，雅慕真乘，於世有爲，一無吝惜。宜乎茲壇之建，以壞爲成，有所不難，而亦有非偶然而然者。財法二施，等無差別，此豈有漏之因，人天之小善而已乎。就公名智就，別號道翁，越之新昌石氏子，以卜年被旨護持寺事。顧君字祐之，錢唐人。

《［康熙］江寧府志》卷一四陳沂《琉璃塔記》 南都城之南有大佛宇，孫吳時云神僧所居，南朝始有寺，因地長干，曰長干寺。趙宋改名天禧寺。國朝永樂初大建之，准宮闕規制而差小焉，名大報恩寺。故有舍利塔。文皇詔天下，盡甄工之能者，造五色琉璃，備五材百制，隨質呈色，而陶埏爲象，品第甲乙，鈎心斗角，合而甃之，爲大浮圖。下周廣四十尋，重屋九級，高百丈。外旋八面，內繩四方。外之門牖，實虛其四，不施寸木，皆埏埴而成。連大宮後，叠玉砌甃級，上爲五色蓮臺，座高擁尋丈。乃列朱楹八面，闢爲四門，懸十有六牖於八隅，門繞以曼陀、優鉢、曇花，壁刻以天王金剛四部大神，具頭目手足，異相；冠簪纓胄衣帶瑣甲，異制；戈戟輪鐸器飾，異執：種種不類。載以獅象，承以棼梁，井桷翔起，光彩璀璨。覆以碧瓦鱗次，螭頭豹尾，交結上下。又蔽以鏤檻雕楹，青瑣綉闥。於外二級至九級，不設瑣闥，惟楹檻皆朱，壁皆黝堊，榱桷則間以玄朱。其花蕚旋繞，牖户懸辟之制，皆如初級焉。盡九級之上爲鐵輪盤，盤上輪相，叠起數仞，冠以黃金寶珠頂，維以鐵解，墜以金鈴。每級飛檐皆懸鳴鐸，明牖以蚌蠣薄葉障之，器出楹外，凡百四十有四。晝則金碧照耀雲際，夜則百四十有四篝燈如火龍自天而降，騰焰數十里。風鐸相聞，數里響振。雨夜，舍利如火珠數顆次第出入輪相，間有聲。浮圖之內，懸梯百蹬，旋轉而上。每層布地以金，四壁皆方尺小釋像，各具諸佛如來因緣，凡百種，極致精巧，眉發悉具，布砌周遍。井拱叠起，皆青碧穹覆如華蓋。列牖設篝燈巧虹：若蝸殼宛轉，一寂穿出。門至絕級亦滑敞，首不低縮。出檐檻外，則心神惶怖，不能久佇。四顧群山大江，關阻旁達，無遠不在；近觀宮城廨舍，陸衢水道，居民巷市，人物往來動息，罔不畢見。飛鳥流雲，常俯視在下矣。

朱元璋《明太祖文集》卷一四《靈谷寺記》 朕起寒微，奉天繼元，統一華夷，鼎定金陵，宮室於鐘山之陽，密邇保志之剎。其營修者，升高俯下，日月殿閣，有所未宜，特敕移寺，凡兩遷方已。當欲遷寺之時，命太師某詣山擇地。及其歸告，乃云山川形勢非尋常之地。其勢川曠水縈，且左包以重山，右掩以峻嶺，背靠穹岑，排森松以摩霄漢，虎嘯幽谷，應孤燈而侶影，鶯囀巖前，啓修人之清興。飲潔流於山根，洗鉢於湍外，魚躍於前淵，鳥栖於喬木，鹿鳴呦呦，爲食野之萍。云之若是。既聽斯言，朕歡忻不已。此真釋迦道場之所也。即日召工曹，會百工，趨所在而建址。百工聞用伎以妥保志，曜靈佛法，人皆如流之趨下。嗚呼！地勢之勝，豈獨禽獸、水族之樂！伎藝之人，惟利是務，云何聞建道場，不憚勞苦，一心歸向？自洪武某年某月某日時某甲子工興，至某月日時，工曹奏朕，爲釋迦道場役百工，各施其伎。今百工告成，朕善其伎，特命禮曹賜給之。工曹復奏：伎藝若是，有犯役者五千餘人，爲之奈何？朕忽然有覺。噫！佛善無上，道場既定，安可再罪！當體釋迦大慈大憫，雖然真犯，特以眚災，一赦既臨，輕者本勞而役，死者本死而生。歡聲動地，感佛慈悲。吁！佛之願力，輝增日月，法輪建樞，燈繼香連。嗚呼，盛矣哉！願力之深乎？然是時，國務浩繁，不暇禮視，身雖未至，夢游幾番。此觀之歟？夢之歟？嗚呼！未嘗不欲體佛之心，而謂衆生誤，奈何愈治而愈亂，不治而愈壞，斯言乃格前王之所以。今欲寬不可，猛不可，奈何！然一日，潔已而往禮視。去將近剎餘里，俄谷深處，嵐霞之杪，出一浮圖。又一里，既將近三門，立騎四顧，見山環水紆，禽獸之所以，果然左群山、右峻嶺，北倚天叠嶂，復窮岑以排空，諸巒布勢，若堆螺髻於天邊，朝鶴摩天而翅去，暮猿挽樹而跳歸，喬松偃蹇於崖畔，洞雲射五色以霞天，此果白毫之象耶？谷靈之見耶？朕欲有謂而恐惑人，故默是耳。今天人師有殿，諸經有閣，禪室有龕，雲水有寮，齋有大廈，香積之所周全，莊嚴備具，以足朕心矣。故敕記之。

朱元璋《明太祖文集》卷一四《游新庵記》 鐘山之陽有谷，谷有靈泉，曰八功德水。不稽何代僧，因水以建庵，不過數間而已。其向且未的然。而游人信士，無問春秋四季，時時來往，酌水焚香，滌愆懺罪，已有年矣。朕自至此二十年餘，每觀此地，景雖佳麗，庵將頹焉。朕嘗嘆息：蔣山住持寺者，自建庵以至於斯時，前亡後化者叠不知幾人，曾有定向而革庵者乎！故空景美而庵頹。一日，暇游於此，有僧求布施於朕以崇建之。朕謂僧曰：「愚哉！爾知梁武帝崇信慧超、雲光等，舍身同泰寺；陳武帝敬真諦等，舍身大莊嚴寺。又如信道家之説者：秦皇遣方士而求神仙，漢武帝因李少君等而冀長生，魏道武因寇謙之行天宮靜輪之法，唐玄宗與葉法善同游月宮，宋徽宗任林靈素度道士數萬，此數帝之心未必不善，然善則善矣，何愚之至甚？其僧、道能則能矣，何招禍之如是？」答曰：「未知。」曰：「前數僧、道，當是時，日習世法，頗異常人，故作聰明於王侯。僧特云『天堂、地獄』，道務云『壺中日月』、『洞里乾坤』、『八寒、八熱』，致使數帝畏地獄，懼『八寒、八熱』，願登『天堂』，入『壺中』、『洞里』，所以昧之，國務日衰，海內不安，社稷移而君亡，謗及法門。是後，三武因此而滅僧，不旋踵而覆，豈佛、老之過歟！蓋當時僧、道不才，有累於一時，社稷移而異姓興，非天不祐，乃君愚昧非仁，連謗於佛、老。其三武罔知佛、老之機，輒毁效者。因二教之機微而理秘，時難辨通，致令千古觀於諸帝、臣之紀録，達斯文者，無有不切齒奮恨，以其所以，非獨當時爲人唾罵，雖萬古亦污名罪囚天地間。爾尚弗識，何愚之篤！近者有元，京師有異僧，名指空，獨不類凡愚之徒。元君順帝有時問道於斯人，斯人答云：『如來之教，雖云色空之比假，務化愚頑，陰理王度，又非帝者證果之場，若不解而至此，糜費黔黎，政務日杜，市衢嗷嗷，則天高聽卑，禍將不遠，豪杰生焉。苟能識我之言，悟我誠導，則君之修甚有大焉。所以修者，宵衣旰食，修明政刑，四海咸安。彝倫攸叙，無有紊者。調和四時，使昆蟲草木各遂其生，此之謂修。豈不彌綸天地，生生世世，三千大千界中，安得不永爲人皇者歟？』指空曰：『以此觀之，貧僧以百劫未達於斯，若帝或不依此而效前，其墮彌深，雖千劫不出貧僧之右。』又丞相搠思監至，賫盛素羞以供，亦問於指空，意在增福。指空曰：『凶頑至此而王綱利，愚民來供則國風淳。王臣游此民無益，公相之來，是謂不可。修行多道，途異而理同。公相知否？』曰：『不知。』曰：『在知人，在安民，忠於君，孝於親，無私於己，公於天下，調和鼎鼎，燮理陰陽，助君以仁。誠能足備，則生生世世立人間天上王臣矣。吾將數劫不達斯地。苟不依此，刻剥於民，欺君罔下，用施於我，雖萬劫，奚齊吾肩！』朕觀指空之云如是。爾僧欲以庵爲朕增福，可乎？彼雖有營造之機，朕安有己財於此！」僧曰：「富有天下，肯若是耶？」「不然。國之富，乃民之財，君天下者主之，度出量入以安民，非朕之己物，乃農民膏血耳。若以此而施，爾必不蒙福而招愆。」僧云：「佛法付之國王、大臣。」曰：「當哉！所以付之者，國令無有敢謗。聽化流行，非王、臣則不可。」僧乃省而叩頭。時朕不施。後更一住持法印者。朕務繁，不暇來此。

將歲過七年冬十一月二十有五日，因暇入山，遂達斯地。想昔日之徑，崎嶇高下，今日崎而平，嶇而直，坦途如是，豈不異乎？何止此徑而已，其庵架空幕谷，淩巖而出松，智流泉以成瀑布，飛吼長空。致猿啼夜月於峰巔，白鶴巢桐而每顧。深隱翠微，似有飄風而不至。游人遂樂，禽獸情歡，焕然一新。觀斯創造，庸愚者弗能。噫！有非常之人，建非常之功。法印如是，安得不神識者哉！傍曰：「僧於此，不貪而不盜，無私於己，有功於衆，叢林仰之。」嗚呼！庵爲僧所新，僧爲庵所名。人能知一軀，爲囊神之室，以神修軀。若不知修軀，以軀使神，豈不愚人者歟！

羅亨信《覺非集》卷三《敕賜昭化寺記》 懷安衛東二十里，昔置懷安縣，隸興和路。元運既終，普天率土，咸歸於我職方。以縣地臨□□，盡徙其民入居腹里，城空阨險而不利於戰守。洪武壬申，乃相西郊高明夷曠，築城宿兵以鎮焉。衛則因縣之舊也。城西隅初創永慶禪寺，爲祝禧道場，規模宏豁，神人具瞻。歲久，風雨飄零，日就凋弊。於時，邊鎮政殷，修葺有不暇及，竟致傾圮。遺基雖存，鞠爲茂草，見者莫不興嘆。永樂甲辰秋，仁宗昭皇帝嗣大曆服，更新治化，選將總師，控制西北。復簡中官才識超邁者，統領神機，分涖邊衛，以鎮御塞垣。於是，奉御公、玉武公住相繼來御懷安衛。衛東自新河口、西至西陽河，延袤幾三百里，俱瀕北塞，實爲要沖。二公更相往守二十年於兹，仰賴列聖威靈，丑類遠遁，邊塵不興，士卒安於耕牧，恒若有神爲之。默相旦夕，思爲酬答。每恨祝延無所。忽夜形夢寤，有人對曰：「明府欲報四恩，惟修古刹，獲福無量。」覺而訪之耆舊，曰「城西舊有廢寺，時現神光。夢之所感，其惟是邪？」乃齋沐，躬謁拜，許鼎新修建，塑莊諸佛。上祝皇圖永固，下保邊境清寧。先舍己資爲倡，官僚士庶聞而翕然樂從，咸曰：「斯寺之廢已久。一旦幸遇明公舉修，殆非偶然。」於是，富者助財，貧者舍力。謀猷相度，僦工庀材，諏日興作。治其繁蕪，擴其規制。中立大雄寶殿，次列天王殿，前辟山門，東居觀音、羅漢，西奉地藏、十王，後建三大士殿。伽藍有位，護法有堂，僧房丈室，庖湢廪庫，供具器物，種種咸備。修廊廣厦，棟宇翬飛；曲檻雕闌，榱題藻麗；像設尊嚴，金碧炳焕：誠足以覺群迷而化善類矣！經始於正統改元丙辰某月，落成於癸亥春二月。二公之用心，可謂勤且勞矣！乃具本末疏聞於朝，特奉玉音，賜額曰：昭化寺。命儀曹授僧人印穩爲住持，俾率其徒，披誦真詮，以祈景貺。復念斯寺之建，非一日而成，苟無文以紀其績，將何以示後人？因奉狀以徵予，言：「勒諸貞石，以垂不朽。」嗚呼！粵自如來滅度，象教東傳，迄今千三百八十餘載矣。凡有國家者，咸知尊奉以裨政化。叢林大刹，宏豁壯麗，則又莫過於今日。其據闤闠而擅形勝者，殆周於天下，何其盛哉！二公來御是邦，同寅協恭，撫綏士卒，政教興行，兵民咸遂。不惟克舉其職，尤能集福以利於人，其志誠可嘉矣。後之嗣守於斯者，尚思前人創建之勤，相與維持協贊而無或弛，則香火綿綿而不替，福澤彌遠而彌隆，是寺歷百世而愈昌矣。係以銘曰：

佛法東傳，肇於後漢。歷代咸尊，華夷靡間。塞北藩鎮，曰惟懷安。昔建梵刹，化導愚頑。歲久圮傾，崇基儼若。鬼神護呵，有待興作。中官出鎮，瞻拜嘆驚。自任其責，鼎新建營。首捐己資，復化衆力。焦思勞心，不懈朝夕，八載工成，厥惟艱哉。諸天像設，堂殿周回。伐鼓考鐘，曉參暮禮。緇衲雲從，金仙戾止。降福簡簡，密裨化機。兵無戰伐，民樂雍熙。聖子神孫，安居天位。丕烈顯謨，昭於萬世。

陳子龍等《明經世文編》卷五二劉健《諫造塔疏》　臣等仰惟陛下聖明，不意有此舉指。聞命驚惶，夜不能寐。竊念佛老鬼神之事，無益於世，有損於民。臣等已嘗累陳，不敢多瀆，今舉其明且切者言之。

前代人主信佛者無如梁武帝，而餓死臺城，宗社傾覆；信道者無如宋徽宗，而身被拘囚，斃於虜地，本欲求福，反以致禍，史册所載，非臣等所敢妄言。在祖宗朝，僧道有定員，寺觀有定額，不過姑存其教，未嘗妨政害民，所以治天下者，惟堯舜周孔之道而已。今寺觀相望，僧道成群，齋醮不時，賞賚無算。竭天下之財，疲天下之力，勢窮理極，無以復加。夫以天縱聖明，洞見物理，乃空府藏而不惜，竭民膏而不恤者，蓋謂其能祈福消災，庇民護國也。年近以來，災異迭見，南畿、浙江、湖廣、陝西諸處大旱，人民失所；江西各府，盜賊縱橫；廣西土官，侵佔地方；四川番夷，擾害邊境；達賊在套，復圖寇掠：禍患之多，難以枚舉。不知其所祈者何福，所消者何災？護國庇民，其功何在？今者造爲延壽之名，上惑聖聽，而陛下信其游説，輒與施行。

嘗聞堯舜之壽，皆過百歲。當時未有僧道，未有塔寺，不知誰與延之？陛下德合天道，政協民心，則和氣致祥，聖子神孫，自可享萬萬歲無疆之壽，何假於僧道寺之力哉！若建塔造寺，果可以祈國家之福，延君上之壽，則臣等雖家出資財，就工役，亦且爲之，何暇與之校論是非，稱量利害，但決知其無是理爾！祖宗朝有塔寺之舉，但當時官有餘財，民有餘力，雖終無益，亦未大損。

今内庫急缺緞匹，太倉銀數漸少，光禄寺行買累年賒欠，各邊糧草，所在虚，災傷地方，餓死盈途，逃亡相繼，賑濟官員，束手無措，尤爲窘急。而塔寺之動以數萬，若省修建之財，爲賑濟之用，即可以活數百萬生靈之命，豈非祈福延一大功德哉！且民之病遠在天下，陛下恐不得而聞；軍之病近在目前，乃陛下所親見。今班操官軍，歲少一歲，正以各項工役，累力賠錢，寧犯官刑，苟逃性命。朝廷屈法容恕，官差催督，尚未肯來。若又聞此大役，則今歲春班到者益少。堂堂京營，無人操備，設有不測，陛下誰與守哉！臣等每思弊政之來，不能力救，慚懼交并。

今事關撰述，若苟爲承順以上累聖聰，下妨治化，則臣等身自壞之。誤國之罪，雖萬死不足贖矣！伏望陛下大奮乾剛，特收成命，將前項塔寺，即爲停止。其敕書免令臣等擬撰，宗社幸甚！

王守仁《王陽明全集》卷二三《外集五・重修月潭寺建公館記》　隆興之南有巖曰月潭，壁立千仞，簷垂數百尺。其上澒洞玲瓏，浮者若雲霞，亘者若虹霓；豁若樓殿門闕，懸若鼓鐘編磬；幨幢纓絡，若摶風之鵬，飜集翔鵠，螭虺之糾蟠，猱猊之駭攫；譎奇變幻，不可具狀。而其下澄潭邃谷，不測之洞，環秘回伏；喬林秀木，垂蔭蔽虧；鳴瀑清谿，停洄引映。天下之山，萃於雲、貴；連亘萬里，際天無極。行旅之往來，日攀緣下上於窮崖絶壑之間，雖雅有泉石之癖者，一入雲、貴之途，莫不困踣煩厭，非復夙好。而惟至於兹巖之下，則又皆灑然開豁，心洗目醒；雖庸儔俗侶，素不知有山水之遊者，亦皆徘徊顧盼，相與延戀而不忍去。則兹巖之勝，蓋不言可知矣。巖界興隆、偏橋之間，各數十里，行者至是，皆憊頓飢悴，宜有休息之所。而巖麓故有寺，附巖之戍卒官吏與凡苗夷犵狁之種連屬而居者，歲時令節皆於是焉釐祝。寺漸蕪廢，行禮無所。憲副滇南朱君文端按部至是，樂兹巖之勝，憫行旅之艱，而從士民之請也，乃捐資庀材，新其寺於巖之右，以爲釐祝之所。曰：「吾聞爲民者，順其心而趨之善。今苗夷之人，知有尊君親上之禮，而憾於弗伸也，吾從而利道之，不亦可乎！」則又因寺之故材與址，架樓三楹，以爲部使者休食之館。曰：「吾聞爲政者，因勢之所便而成之，故事適而民逸。今旅無所舍，而使者之出，師行百里，飢不得食，勞不得息。吾圖其可久而兩利之，不亦可乎！」使遊僧正觀任其勞，指揮逖遠度其工，千户某某相其役。遠近之施捨勸助者欣然而集，不兩月而工告畢。自是飢者有所炊，勞者有所休，遊觀者有所舍，釐祝者有所瞻依，以爲竭虔效誠之地；而兹巖之奇，若增而益勝也。

正觀將記其事於石，適予過而請焉。予惟君子之政，不必專於法，要在宜於人；君子之教，不必泥於古，要在入於善。是舉也，蓋得之矣。況當法網嚴密之時，衆方喘息憂危，動虞牽觸，而乃能從容於山水泉石之好，行其心之所不愧者，而無求免於俗焉。斯其非見外之輕而中有定者，能若是乎？是誠不可以不志也矣！寺始於戍卒周齋公，成於遊僧德彬；增治於指揮劉瑄、常智、李勝及其屬王威、韓儉之徒；至是凡三緝。而公館之建，則自今日始。

《〔道光〕龍安府志》卷九上唐奇《鼎建興福寺記》 距治西北三十里，有溪名硫磺，溪之北有寺名興福。江西弋陽黄公由胄監令考成起，復改彰明。一日謂予曰：聞同寅劉公亟稱興福山水殊勝，製作甚佳。向因邊運，航巴陽，越小埡，涉硫磺，但見峰巒四塞，流水縈迴，恍然有物外棲真之景。既至，覩其經畫田疇建置，門第營繪設像，其方辨，其位正，其材良，其工技巧而精，其規模高而廣，足以爲經久傳遠之計。誠如劉公所談。主僧圓恩垂九十有四，扶笻出見，問其始末，對曰：初，此地林籟蔽天，人跡罕到，鹿豕虎狼所宅。正統紀元之三年，小僧適至，檀越王起，耆老楊明、趙毓等，指示披掃。得宋時碑，所記寺名興福，前主僧名圓恩，衆喜古今相符，仍舊名，成殿宇，造佛像，以謹祝延。即今之觀音殿，乃正統丙戌之冬所建也。自後，徒侶漸衆，誓薄衣食，勤苦開墾，成田則輸租於官，五穀則隨高下樹藝，茶桐漆蠟竹木椒巢，雜植而力芟。凡所收穫，與遠近所布施，必嚴出入，毫忽不輕費。二十餘年，上供不乏，自用不歉，藉其贏餘，足以備匠作工價金碧之需。於是敦延知名梓匠石工，與吾徒明藏、明鍜、明艾輩併力興作。前爲門者三，次爲天王樓，爲佛殿，接觀音殿爲影堂，爲卧雲、中隱、實際等關，與東西廊廡，計七十五間。經始於景泰壬申之冬，落成於成化癸酉之秋。本山徒衆所開闢者遐邇不等，爲龍洞、印空、復明、息心四關，分住以僧，依其地以爲食，量所入，充常住，輸公租，徒派益。衆未諳教典，景泰辛未歲，禮迎名僧無念、空庵二道者，居卧雲關，教以儒釋文墨與軒岐術，凡此經營幾六十年，乃克有成。今老矣，顧吾徒傳守何時。聞其言感於心，圓恩孑然一僧，成就厥事，在勤與儉爾。吾民每窘於租税，輕轉徙，是於勤儉不力也。先生典文教雖有所不屑，推其行，亦有所可書，約日相與游詠，爲彼紀述，以激吾民之惰，不爲不可。予識之，戊午秋，果偕往時，圓恩已故，顯績赫然。予誠有昌黎重大顛之意，未覩其人也。已未春，其徒明鍜、明艾造館下，告曰：興福山門，吾師勤儉所致，弟恐事涉久遠，寖至湮微，明鍜捐衣鉢，置堅珉，乞言以刻，庶知所自。予分教彰明，常憫其民之貧而惡、其民之惰，何也？我大明高皇帝平蜀租税，據其版圖，自後境土轄於江油，屯於青川，雜於龍州，此固貧之端而可憫。其間有能世守其業，糞多而力勤，産不加於隋者，然公私俱給，乃良民也。其有廢業述遁，産即等於勤者，公私俱乏，乃惰民也。司牧者在良民則當嘉，在惰民則當誅。圓恩主守此寺，勤儉率衆，上不失賦役，下以成世業，與良民伍。及其終也，明鍜求記其事，實又以勤儉傳守者。況承黄侯命，義不容辭，皆可書也。書之，非倡也，將以激吾民也。至若殿宇營建之時，山雲正其力，神異爲之出現，已載前碑，不復詳贅。

《〔乾隆〕江南通志》卷一一吕柟《遊燕子磯記》 己丑二月，王子崇邀陸伯載及予同遊燕子磯，登弘濟寺。寺西則觀音巖也，怪石礌垂，蒼黛參差，上接雲霄。而大江自龍江關西來，直過其下。觀音閣亦傍巖下，就江濬築基，上交竪九柱，皆丹。柱上棚棧構閣。閣三面皆欄扞，憑之瞰江，若在樓船頂立也。是時，晴見萬里，日映碧流，江豚吹浪上下，西望定山如蛾眉，東指瓜步如丘垤；他山皆閃閃冥冥，如落鷹蹲鴻，不可辨矣。昔予在解州，嘗遊龍門，眺砥柱，登流丹亭，汲河烹茶，以弔禹墳。至此，乃勃然興懷，將天下奇觀，尚有過斯二者乎？閣東厓有白巖，喬公篆書刻石上。而子崇、伯載至，乃復同升閣上，流覽歎賞，列席懸巖上，對江而酌，酒肴既行。卒爵，欲往遊燕子磯，乃招二篙師，泛舟行。至觀音港，登漢壽亭侯廟。先至水雲亭，其扁爲予友景前溪書，精采如神。乃面江小坐，遂上謁漢壽亭侯祠。左有大觀亭，亦前溪書。至此看江，日隱斷雲，烟霞霏微，蒼茫無際矣。遂攀松捫蘿，以上燕子磯。磯皆巉石疊起，水圍三面，其石罅猶見江轉磯底，可以高覽八極也。乃坐中磯，道士曰：五七年前，江衝磯前，深不可測。自立關廟後，水頗遠磯而去。今南徙磯東數百家矣。二君皆補和前詩，子崇又命行酌。興酣，北望泰山，東瞰滄海，灝氣縈迴，靈光掩映，不知此身之在天地間也。

歐陽德《歐陽南野集》卷一《陝西番僧乞撥軍匠護敕寺疏》 該陝西都司、岷州衛大崇教寺番僧，今占惡行奏先於宣德二年、奉欽命差太監王錦、羅玉、杜馬林等起調陝西都布二司軍民人夫，勅建寺院一所，給與護勅二道，賜額大崇教寺。奉兵工二部勘合，本衛撥發軍匠劉友等五十名，專一在寺看守。後成化三年，有寺前中殿被火燒燬三十餘間，後遺鑾駕等項、殿宇二百餘間見存。將軍匠劉友弟三十名各調城操。成化十三年七月内，奉兵部職方清吏司勘合，本衛仍撥原額軍匠郭玉、徐來保等二十名，在寺看守鑾駕、供器等項。本衛亦不係調用人數，俱係不鐵等匠，至今一百三十餘年，見有勘合、本衛印信帖文存照。近年以來、被本衛千户張德、軍吏孫大經、于文、周官、羅四、張鈔二等，不遵朝廷勅諭合，朦朧往往攬差軍伴到寺，將原撥軍匠郭玉等二十名内調去。朱友亮、楊保兒、原保、曾義姚、李加狗等六名，俱發各項當差。本寺止遺郭王、徐來保等一十四名，又不時差發占用。今本寺年久，坍塌數多，缺乏人匠，無人修補，殿宇有壞鑾駕等物，是令占惡竹等衆僧，倘蒙各邊調遣撫化番夷，後遺鑾駕勅書等項，無人看守。係是邊境，一時有失難辦，望皇上恩念太祖舊制，鑾駕等項，乞行禮部轉行鞏昌府巡按御史，照舊免撥差役，撥補二十名看守修理，勅建寺院。臣等僧衆祝延聖壽，撫化番夷等因，看得大崇教寺，遠在邊圉，其僧素能撫化番夷。宣德、成化年間，欽賜護勅，併給軍匠者，無非所以綏懷柔服之意。所據令占惡行奏免軍匠差役一節，又在彼中，本部無憑查處。爲此合咨貴院，煩轉行彼處巡按衙門，即查該寺原撥軍匠若干，是否專爲看守？其千户張德等，應否差用？如無他礙，徑自酌處。或照舊額二十名，追給補完。或據見在十四名，准免差撥。期在處置得宜。不失軍衛之體，而又有以服番僧之心，庶争端可息，而地方亦有攸賴矣。仍將查處過緣繇，轉咨本部，以憑查照施行。

《〔天啓〕滇志》卷一一之三吴鵬《重修崇聖寺記》 南中梵刹之勝，在蒼山洱水。蒼洱之勝，在崇聖一寺。雪巒萬仞，鏤樓灑翠，峙於其後；碧波千頃，蓄黛渟膏，潴於其前。層臺飛閣，紺殿朱樓，按甍連幢，交輝萃影，與晴嵐暮靄，掩映蔽虧於松杉梧竹之間，令人一望而神爽。飛翔修然，有遺世絶塵之意。寺門三塔，亭亭玉柱，直上干雲，此寰中之僅見者也。危樓鴻鐘，聲聞百里。塔頂有鐵記，云「貞觀六年尉遲敬德監造」。元世祖南征，駐蹕於兹，敕酋長段氏重修。五百年來，頹圮殆盡。郡人李内翰中溪氏率子弟，罄家資，竭力興復。蓋自嘉靖壬寅經始，至今癸亥乃得訖工。凡三閣、七樓、九殿、百厦。其位置之向背、基砌之崇卑，片瓦寸木，皆出李公之擘畫。釋迦殿之九楹，爲寺之主殿。主殿之後，曰現瑞，曰毗盧，曰極樂，曰龍華，皆梯磴而上，偉麗深窈，巍巍金像，互相輝耀。由左之瑞鶴門而入，則有不二、仙幌、天門、清都、瑶臺、玄元、三清之境；旁出則有斗母、三元、玉虚之宫，般若之臺。由右總持門而入，則有船若、華嚴、南泉、圓通、兜率、大士、雨花諸院；至其最高處，則有月波樓、艷雪臺焉。此寺之大致也。

李公勤勞首尾二十餘年，暑笠雨蓑，曾無倦色。蓋至是，而蒼洱之勝始有歸宿之地矣。微李公，則山水有遺憾焉！昔唐人纂《十道圖》，以潤之栖霞、臺之國清，荆之玉泉，濟之靈巖爲四絶。若校其形勝，恐四寺所不及也，惜其僻在西陲，韜韞鮮經，騷墨寡及。所幸挺靈鍾秀，得若人以發揮之，兹固造物者默有意於其間矣。余昔督學南中，嘗與李公同遊賦詩，乘月而歸，至今時夢見。適承書來，欲余作記。余掩書回首，不覺灑然，如執熱者之濯清風。因瀹茶剪燭，遂紀昔年所見與今所成就之大略，以爲寺記云。

傅梅《嵩書》卷二二羅洪先《少林寺重建初祖殿記》 達磨止少林，面壁九年，未嘗誦經，却時時顯釋迦以來教外别傳，口口密義是常誦真經，答梁武論功德。不數造寺，却處處立妙净莊嚴佛土，是常造寶寺。縱使具長廣舌，盡十二部妙論，遍三千大千界中，殿臺亭閣幡蓋香花、魚磬鼓鐘，種種色色，微細備足，一切俱令滅度，了無所在，亦無餘剩方名究竟平等。又况西來單傳，直指有説法否？有三十二相否？雖然釋氏視少林，猶吾黨洙泗。洙泗所傳，一貫當時，實鮮與聞。顧又謂能距楊墨即聖人徒，灑掃應對，精義無二？由是而觀，有能升孔氏堂，群洙泗弟子數千人鳴弦歌習，俎豆其間，不厭不倦，此其人難耶易耶，有不與其進耶！自達磨入震旦，稱初祖。五傳黄梅，法門益盛。雖頓漸分途，總歸含育。持偈禮像，隨資應機。至於手挈衣鉢，乃在初來。嶺南獦獠，必俟雪中，斷臂始堪顧盼，則堂前茂草誰誘衆生？是知有言無言，有爲無爲，迷悟差殊，不可執著。蓋其設教彌近，故易熾而不墜若此。然超此二見，亦必待人以是少林住持咸相讓避余三十年，而今有宗書。宗書名大章，本順德南和李氏子。自幼受度，歷叩名僧參詰。省解京師，貴人延供騰譽。嘉靖三十六年丁巳，河南府廉其名，招致授牒，曾未四載，起廢約涣，朝梵夕定，玄風流遠。時舉單傳，直指衍奥撥疑，千人心降并食，聚仰間，出餘力大葺故刹。己未臘月八日，重建初祖殿。舊面壁處高三十二尺，廣增二十有二，而深視高强其三。位爽勢尊，楹棟壯堅，瓴甋澤好，儀序丹藻，靡有損缺。凡八越月告成，累千百金，不動聲色。左右兩翼，各聯七室，區息禪誦。身依茇舍，被露席蓐，律戒謹嚴。少林大衆，歡未曾有。故友天真往遇衡山，假此因緣，遣徒光護千里重趼，乞言表信。予笑謂曰：「吾當距楊墨，寧爾貸辭？」光護哀請，浹旬弗怠。憐其專誠，足以激發吾黨，且資廣譬，爲記建殿歲月，書貽以歸。

程國政《中國古代建築文獻集要》明代卷下册王毓宗《大峨山永明華藏寺新建銅殿記》 太上在宥六合，誕育蒸人，嘉與斯世，共臻極樂。遣沙門福登，賫聖母所頒龍藏至鷄足山。登公既竣事，還禮峨眉鐵瓦殿，猛風倏作，棟宇若撼。因自念塵世功德，土石木鐵，若勝若劣，若非勝，若非劣，外飾炫耀，内體弗堅，有摧剥相，未表殊利。惟金三品，銅爲重寶。瞻彼玉毫，敞以金地，中坐大士，天人瞻仰，眷屬圍遶。樓閣臺觀，水樹花鳥，七寶嚴飾，罔不具足。不越咫尺，便見西方。以此功德，迴施一切衆生。從現在身，盡未來際，皆得親近，供養一切諸佛菩薩，共證無上菩提。既歷十年所，願力有加。沈王殿下，文章河間之瑰奇，猷憲東平之樂善。聞登公是願，以四方多事，恫瘝有恤。久之，乃捐數千金，拮據經始，爲國祝釐。會大司馬王公節鎮來蜀，念蜀當兵祲後，謂宜灑以法潤，洗滌陰氛。乃與稅監丘公，各捐餼以助其經費。已，中使衘命宣慈旨，賜尚方金錢，置葺焚修、常住若干，命方僧端潔者主之。庀工於萬曆壬寅春，成於癸卯秋。還報，王額其寺曰「永明華藏」云。遐邇之人，來游來瞻，嘆未曾有。登公謁余九峰山中，俾爲之記。

惟我如來，弘開度門，法華會中，廣施方便，擅相甍雲，遍周沙界，竹林布地，上等色天，所以使人見像起信。故信爲功德之母，萬善所繇生也。法界有情，種種顛倒，執妄爲真，隨因成果，墮入諸趣。當知空爲本性，性中本空，真常不滅，六塵緣影，互相磨蕩。如金在熔，爐冶煎灼，非金之性。舍彼熔金，求金之性，了不可得。十方刹土，皆吾法身。一切種智，或静或染，有情無情，皆吾法性。大覺聖人，起哀憐心，廣說三乘，惟寂智用，渾之爲一。然非同像，生信因信，欲求解脱。若濟河無筏，無有是處。密義内熏，莊嚴外度。爰辟廟塔，以爲瞻禮。馨潔香花，以爲供養。財法並施，以破貪執。皆以使人，革妄歸貞，了達本體而已。正遍知覺，善惡念念。

登公號妙峰，力修梵行，智用高爽，法中之龍象，山西蒲州萬固寺僧也。乃系以贊曰：

世尊大慈父，利益於衆生。功德所建立，種種諸方便。
後代踵遐軌，嚴飾日益勝。如來說諸相，皆是虚妄作。
云何大蘭若，福遍一切處。微塵刹土中，塵塵皆是佛。
衆生正昏迷，深夜行大澤。覿面不見佛，冥冥罔所睹。
忽遇紅日輪，赫然出東方。三千與大千，萬象俱悉照。
亦如陽春至，百昌盡發生。本身含萌芽，因法而漑潤。
亦如母憶子，形神兩相通。瞻彼慈憫相，酌我甘露乳。
唯知佛願弘，聖凡盡融攝。熒熒白毫相，出現光明山。
帝網日繽紛，寶珠仍絢爛。欄楯互圍匝，扃户各洞啓。
天龍諸金剛，擁贊於後先。既非圖繪力，亦非土木功。
於一彈指間，樓閣聳霄漢。星斗爲珠絡，日月成户牖。
即遇阿僧劫，此殿嘗不壞。願我大地人，稽首咸三依。
一覽心目了，見殿因見性。若加精進力，了無能見者。
佛法難度量，讚嘆亦成妄。諸妙樓觀間，各有無量光。
各修普賢行，慎勿作輕棄。我今稽首禮，紀此銅殿碑。
佛佛爲證盟，同歸智浄海。

萬曆癸卯九日之吉，賜進士第、翰林院檢討漢嘉龍鶴居士王毓宗頓首撰，雲中朱廷維鐫，吴郡吴士端集。

徐渭《徐渭集》卷一九《萬佛寺記》 去京師六十里所，邑曰房山，山曰大南峪。有地一頃，初結庵一區以居僧能貴。其後中人某某輩以南地頗廣且勝，又邑界也，暑雨冰霜，往來者衆，背僂肩赬，而無憩止，思有以擴之。乃稍出醵金其黨，旁及募者，以屬貴。起嘉靖辛亥，迄萬曆己卯而寺成。寺有殿三楹，東西翼倍之，廚沐之楹，視其殿。計將以聲衆也，置巨鐘一。以飲衆也，爲井一。以表衆也，爲浮屠一。而佛之數則盈萬，遂名寺曰萬佛。至是工竣矣，乃來請記。今夫主人之召客也，無弗敬者也。然客三數則暇，十則警，百則皇皇然惟恐其或失矣。夫敬一也，而有暇與惕之分，則以客多少之故也。此何以異於合芻泥金碧以成佛，而以納之其廬，其人之驟而望之也，一則寥寥然，十百則總總然，至千且萬，則奕奕然，接之且不暇，況得而易之乎？然此猶以敬言也，至其畏也，亦靡不然。設幽都獄具而以怖夫不類，其始觀夫一署也，矍然，至三五則愀然，至十則毛豎而却走矣。夫上智者，不待敬且畏而自善，下愚者畏之而後善，若夫敬而成善者，多中以上之人也。人之稟，上與下者少，而中者多，則設起敬之具以成其善者，多者勝而少者不勝。佛而至萬，敬之具多矣。吾故以是某某輩喜，而輒爲之記。然吾聞貴有戒行，是庶幾於敬者。以故今得從萬佛遷主御建慈壽寺中。

張居正《張太岳先生文集》卷一二《敕建慈壽寺碑文》 寺在都門阜城關外八里許。先是，我聖母慈聖宣文皇太后常欲擇宇内名山靈勝，特建梵宇，爲穆考薦冥祉。皇上祈允，遣使旁求，皆以地遠不便瞻禮，乃命司禮監太監馮保，卜關外地營之。出宫中供奉金若干兩，潞王公主暨諸宫眷，助佐若干金。委太監楊輝等董其役。時以萬曆丙子春二月始事，以月日既望告竣，而有司不知也。外爲山門、天王殿，左右列鐘鼓樓；内爲永安壽塔。中爲延壽殿，後爲安寧閣，旁爲伽藍、祖師、大士、地藏歲四殿，繚以畫廊百楹，禪堂、方丈有三所。又賜園一區，莊田三十頃，食其衆。以老僧覺淳主之，中官王臣等典領焉。寺成，上聞而喜曰：「我聖母齋心謁虔，懋建功德。其諸百靈崇護萬年吉祥。」恭惟我皇上聖心嘉悦，因名之曰「慈壽」，而詔臣紀其事。

臣惟佛氏之教，以毗盧檀那爲體，以宏施普濟爲用。本其要歸，惟於一心。心之爲域，無有分界，無有際量，其所作功德，亦不住於有相，不可思議。故曰：

「洗劫有盡，而此心無盡；恒河沙有量，而此心無量。」至於標宮建刹，崇奉頂禮，特象教爲然。以植人天之勝因，屬群生之瞻仰，則固未嘗廢焉。

惟我皇上，覺性圓明，妙契宿證。蓋自踐祚以來，所以維持之者，惓惓焉約己厚下、敬天勤民爲訓。至如梁胡良河以資利濟，減織造以寬杼柚，蠲積逋以拯民窮，慎審決以重民命，其一念好生之心，恒欲舉一世而躋之仁壽。故六七年間，海宇蒼生，餐和飲澤，陶沐元化，無小無大，咸稽首仰祝我聖母億萬年，保我聖主，與天無極。此之功德，寧可以算數計哉？猶且資佛力以拔迷途，標化城以崇皈仰，要使苦海諸有，悉度無漏之舟，閻浮衆生，咸證菩提之果。斯又聖人所以神道設教微意也。臣謹拜手稽首，恭紀日月，而係之詞曰：

於昭我皇，秉乾建極。薄海内外，罔不承式。誰其佑之，亦有文母。覃𢀛皇風，紹休三五。永惟穆考，神御在天。思廣勝因，以植福田。我皇承之，樂施靡惜。永延皇圖，冥資佛力。乃營寶刹，於兑之方。左瞰都城，右眺崇岡。力出於民，財出於府。費雖孔殷，民不與苦。厥制伊何，有殿有堂。丹題雕楹，玉甃金相。繚以周廊，倚以飛闥。畫棟垂星，綺疏納月。有涌者塔，厥高入雲。泉彼不周，柱乾維坤。維大慈尊，先民有覺。普度恒沙，同歸極樂。譬如我皇，博施群生。千萬億國，小大畢寧。惠路旁流，慈雲廣庇。如是功德，不可思議。民庶咸祝，天子萬年。奉我聖母，慈禧永安。臣庸作銘，勒兹貞石。志孝與仁，與天無極。

張居正《張太岳先生文集》卷一二《敕建萬壽寺碑文》 初禁垣艮隅，有番、漢二經廠。其來久矣。莊皇帝嘗詔重修，以祝釐延貺，厥功未就。今上踐祚之五年，聖母慈聖宣文皇太后諭上若曰：「創一寺以藏經梵修，成先帝遺意。」上若曰：「朕時佩節用之訓，事非益民者弗舉。惟是皇考祈祐之地，又重之以聖母追念薦福慈意，然不可以煩有司。」乃出帑儲若干緡，潞王公主暨諸宫御中貴，亦佐若干緡。命司禮監太監馮保等，卜地於西直門外七里許、廣源閘之西，特建梵刹。爲尊藏漢經香火院，中爲大延壽殿五楹，旁列羅漢殿各九楹，前爲鐘鼓樓、天王殿。後爲藏經閣，高廣如殿，左右爲韋馱、達摩殿，各三楹。修檐交屬，方丈、庖湢具列。又後爲石山，山之上爲觀音像，下爲禪堂，文殊、普賢殿，山前爲池三，後爲亭池各一。最后果園一頃，標以雜樹，琪株瑤果，房啓外環，以護寺地四頃有奇。法輪妙啓，龍像莊嚴；丹堊藻繪，争輝競爽。工始於萬曆五年三月，竣於明年六月。以内臣張進等主寺事。上賜之名曰「萬壽」，而詔臣爲之記。

臣聞古之聖王，建皇極以臨區宇，斂時五福，其一曰「壽」。而臣子祝頌其君，亦曰「報以介福，萬壽無疆」，曰「於萬斯年，受天之祜」。是人君以德致福，無先於壽。而爲之臣民者，思以仰酬洪造，發紓忱悃，舍頌祝之外，蓋亦無以也。我皇上聰明天啓，圖治妙齡。恢皇綱，接帝統，廣至治於無疆，錫嘉社於群臣百姓者，不啻淪肌而浹髓矣。薄海内外，日所出入，含生之倫，莫不翹首延睇，仰而頌曰：「天子作民父母，爲天下王。其庶幾萬年有國，以福我蒸黎乎！」夫林茂而鳥悦，淵深而魚樂，魚鳥之情，何期於林淵哉！所寄在焉。故凡億兆之命，懸於一人，天子明聖，則生人禔福。故億兆之情，莫不願人主之壽者，斯亦魚鳥之願歸於茂林深淵也。然則，兹宇之建設，雖役民生之力，用天下之財，而可以祝聖母萬壽者，臣民猶將樂趨焉。況役不民勞，費不公取，用以保國父民，功德無量。爲臣子者，其踴躍而讚頌之，詎能已耶！謹拜手稽首，恭紀其事，而係之以詞曰：

惟君建極，斂福錫民。民有疾苦，如在其身。巍巍大雄，轉輪宏教。毗盧光明，大千仰照。佛力浩衍，君亦如然。其以悲智，濟彼顛連。琅函貝葉，藏之天府。以翊皇度，自我列祖。沿及我皇，紹成先緒。表此勝因，共躋極樂。只奉慈命，復軫民瘼。毋煩將作，乃發帑儲。鳩工庀財，龍宫蔚起。鷲域宏開，翼翼峩峩。有截其所，仰侔神造。俯瞰浄土，凡斯巨麗。前武之繩，聿追來孝。旋觀厥成，景命有仆。永錫純嘏，既相烈考。亦佑文母，保兹天子，億萬斯年，本支百世，蟄蟄綿綿。

張居正《張太岳先生文集》卷一二《敕建五臺山太寶塔記》 昔阿育王獲佛舍利三十餘顆，各建塔藏之，散佈華夷。今五臺靈鷲山塔，是其一也。我聖母慈聖宣文皇太后，前欲創寺於此，爲穆考薦福。今上祈儲，以道遠中止，遂於都城建慈壽寺以當之。臣居正業已奉勒爲之記。顧我聖母，至情精虔，不忘始願，復遣尚衣監太監范某李友輩，捐供奉餘資，往事莊嚴。前爲山門、天王殿、鐘鼓樓，又内大雄寶殿，旁伽藍殿，外爲十方院、延壽殿，諸圍廊齋舍庖湢，罔不悉備。復賜園地，以供常住之需。工始年月日，成於年月日。計費金錢若干緡。聖母復命臣記之。

臣竊惟聖人之治天下，齊一幽明，兼綜道法，其燦然者，存先古帝王，垂成憲、著章程於世矣。乃有不言而信，不令而行，以慈陰妙雲，覆涅槃海，饒益群生，則大雄氏其人也。其教以空爲宗，以慈爲用，以一性圓明、空不空爲如來藏。

即其説不可知，然以神力總持法界，勞漉沉淪，闡幽理、資明功，亦神道設教者所不廢也。

我聖母誕育皇上，爲億兆主。養成聖德，澤洽宇内，施及方外，日所出入，靡不懷服。至如寧静以奠坤維，建梁以拯墊溺，儉素以式閫帷，慈惠以布恩德。含生之倫，有陰蒙其利而不知者。所種孰非福田，所證孰非菩提者。乃益建勝因，廣資冥福，託象教以誘俗，乘般若以導迷，斯可謂獨持慈寶，默運化機者矣。

先是，虜酋俺答，款關效貢，請於海西建寺，延僧奉佛，上可之。賜名曰「仰華」。至是，聞聖母作五臺寺，又欲令其衆赴山進香。夫醜虜嗜殺，乃其天性。一旦革彼凶悪，懷我好音。臣以是益信佛氏之教，有以陰翊皇度，而我聖母慈光所燭，無遠弗被。其功德廣大，雖盡恒河沙數，不足以喻其萬分也。乃拜手稽首，庸記歲月。而係之以詞曰：

於維慈氏，闡教金庚。以般若智，濟度群生。普天率土，莫非化城。法雲慧日，布濩流行。雁門之西，亦有靈鷲。七級浮屠，巋然特秀。阿育獲寶，散佈緇流。南飛一粒，永鎮神州。塵劫幾更，山川不改。重建妙因，機如有待。惟我聖母，天性慈仁。總持陰教，覆育蒸民。莊嚴寶刹，於茲靈壤。龍象巍巍，人天共仰。皇穹眷德，降福穰穰。既佑文母，亦佑我皇。定命孔固，漸隆漸昌。臣庸作頌，億載垂光。

王世貞《弇州續稿》卷六五《重建栖霞靈應聖殿記》 西方之聖，有圓通大士者，其名曰觀世音，又曰觀自在。其眷屬則父事阿彌陀，而弟蓄得大勢。其爍迦羅首、母陀羅臂、清静寶目，則皆八萬四千。其化身則百千萬億，其應度則無央無邊。恒河沙界，而獨於最下五濁惡世，所謂閻浮提者，爲至切，或曰緣也，或曰不然。最下五濁惡世，固大士之所最悲閔，而迫欲援拯之者也。西方之教，自我薄伽梵，爲人天説之。今自學語兒以至篤老殘癃，無不知誦阿彌陀，而大士之像並尊則爲寺，單供則爲菴，於名山大川，處處靡所不有。而金陵爲六朝建都地，自冠達帝之所隆崇，而我高皇之所刱廓崇塔精藍，甲於宇内，而攝山之栖霞，獨稱冠蓋，割地於明僧紹，立碑於江總持，所稱金池無底、玉樹生風者，宛然故也。法堂之西北嶺大有隙地，而無能承其勝者。襄陽比丘真節，自京師卓錫茲山，以福德爲一衆所皈依，凡聚徒三千餘指，講經三十餘度，皆力任。其供檀施鬱積，不以資三衣一鉢，慨然發希有想，曰：我圓通大士，其無意此地乎哉？會故殷少宗伯邁自瑯琊致吴道子所圖真儀，而今陸太宰光祖鑄赤金像，俱以命節師。乃悉出所貯檀施，庀材爲精舍以供之。有殿，有堂，有閣，有門，有廡，有齋厨筦庫之屬。又嘗開講至《法華》多寶佛塔品，則寶塔光相儼然見空中。於是復憑一衆力，建多寶塔。而慈聖皇太后詔中貴人張本等，周行名山至此，得未嘗有，出尚方金縷袈裟，以壯其事，塔不虞資矣。其塔與精舍成，皆乞左司馬汪公道昆爲之記銘。而復構三楹於後，以擬汪公之結夏。汪公者，故嘗建襄陽節者也。亡何，大士所寓之殿不戒於火，而像與真儀俱獨無恙。節公乃歎曰：茲非大士之靈祐也耶？方謀復之，而巨商某某俱感異夢，載其材甓與資來，與節公之所規畫合，不彌歲而殿成。緇素之徒來過者，唯舉手加額，訝其宏麗逾於昔而已，而不能究所自。節公乃乞言於居士，欲以志其靈感，以鎮山門。居士則謂如如之體，如紫金山，毫髮不動，常寂而應，常應而寂。此不惟大士爲然，導攝兩聖俱如之。靈耶，不靈耶，爲不靈而無不靈耶？吾不得而測也，節公亦不能測也。若圓通之旨，左司馬已詳之，居士可無贅已。

《〔道光〕廣東通志》卷二二九袁昌祚《琵琶洲海鰲塔記》 會郡自白雲巃嵸逆趨東北隅，而入其厚阯，盤於海，右海珠，左海印，以東扼三江及三河之輸。而東山左臂稍伏，兩涯林巒，雖與人居相錯，猶纍纍釜鐘然，故形家者流皆言會城水口宜塔，是人民之英鍔也。光禄勳丞唯吾王君再以直諫謝歸，每於斯厝意焉。會有河南赤岡者，君以偏其南而逼近高圻，未可也。萬曆丙申，適還舟自波羅，遥望琵洲，去郡可三十里，其山葱秀刺目，遂息棹登之。洲居二水中，吞吐潮汐，勢逆而回巽，二山連綴，巙然若魁文之邱。内一山石頂高平，爲塔基若天造焉。亟以語同行憲副金持甫及甘山人，皆奇之。歸而謀之郭篤周勳卿、楊肖韓曹郎、姚繼晤郡守，相繼命舟往視，皆曰可。繼惠郡楊正復少宰往，益慫慂之，猶以爲慮。會制府通州陳公移鎮至。政暇觴二三縉紳於君之氣雲洞，因以間言建塔，請徼惠然。制府聽許，第須諸生白事乃可行爾。次晨，君以屬其弟太學生學羲、諸生戴科、唐裔光、游應旂等上言，即報可，助以千金。直指惠安劉公凡六百，藩伯婺源游公與藩臬諸大夫皆協助，通計二千餘金。士民募義，又千餘金。繼直指貴陽馬公金二百。乃命工師龔坤司其度，擇耆民能者程其工。營畫度支，則總諸篤周、肖韓與君。三人數往督視，所私費再倍其所題金。而篤周應諸工料費更倍之，不計也。始於丁酉年三月初五日，至庚子年十二月十五日而成。稜觚峻起，凡九級，曰海鰲塔，則先陳制府命名之。吾粤列郡以會城爲冠冕，會郡壯則全粤竝壯，理勢固然。而琵洲綰轂其口，爲扃鐍，意者山川韞靈，以待今之人文始大興起邪。顧設科以來，望赤墀而願致身，粤非乏士也。大率以樸直孤蹤，有晉有蹇，將亦風氣致然。茲塔成，屹然與白雲竝秀，爲捍門，其勢皆逆趨而上，地力益厚，引海珠、海印爲三關竝海，遠山壁立，而外護靈氣完矣。自是科名不乏於庠，奔奏不滯於國，弓旌不遺於野，樞華不缺於朝。今年春，黄君士俊遂大魁天下，此一騐已。寓内人士將謂粤人質行不改其素，而驄鑣大路彬彬也，敢忘諸大夫建始之貺？先是，塔建至五級，物力漸恐不繼，今制府長泰戴公、直指無錫顧公共捐金六百。郡守京山方公遂爲檄十六屬，咸助輪甎石有差。今憲副前郡守沈公，今召佐司馬番禺令穆公與先令南海王公則不獨捐金，且協相之。制府戴公復起海壎，築石道，上屬之塔。塔前爲神祠、門樓者三，助金居多，而前功益以完美，詳具副碑。

高文、高成剛編《四川歷代碑刻・傳光宅・峨眉山普賢金殿碑》 余讀《雜花經・拂授記》，震旦國中，有大道場者三：一代州之五臺，一明州之補怛，一即嘉州峨眉也。五臺則文殊師利，補怛則觀世音，峨眉則普賢願王。是三大士，各與其眷屬千億菩薩，常住道場，度生弘法。乃普賢者，佛之長子。峨眉者，山之領袖。山起脉自崑崙，度葱嶺而來也，結爲峨眉，而後分爲五嶽。故此山西望靈鷲，若相拱揖授受，師弟父子，三相儼然。文殊以智入，非願無以要其終；觀音以悲運，非願無以底其成。若三子承乾，而普賢當震位。蜀且於北方爲坤維，峨眉若地軸矣。故菩薩住無所住，依山以示相；行者修無所修，依山以皈心。十方朝禮者，無論緇白，無間華夷，入山而瞻相好、睹瑞光者，無不回塵勞而思至道。其冥心入理，舍愛栖真者，或見白象行空，垂手摩頂，直游願海，度彼岸，住妙莊嚴城，又何可量，何可思議哉！

顧其山高峻，上出層霄，鄰日月，磨剛風，殿閣之瓦，以銅鐵爲之，尚欲飛去；榱桷棟梁，每爲動摇。宅辛丑春暮登禮焉，見積雪峰頭，寒冰澗底，夜宿絶頂，若聞海濤，震撼宫殿，飛行虚空中，夢驚嘆曰：是安得以黄金爲殿乎！太和真武之神，經所稱「毗沙門天王」者，以金爲殿久矣，而況菩薩乎！居無何，妙峰登公，自晉入蜀，携沈國主施數千金來謀於制府濟南王公，委官易銅於郫都石柱等處，内枘丘公復涓資助之。始於壬寅之春，成於癸卯之秋。而殿高二丈五尺，廣一丈四尺五寸，深一丈三尺五寸。上爲重檐雕甍，環以綉欞瑣窗，中坐大士，旁繞萬佛，門枋空處，雕畫雲棧、劍閣之險及入山道路，逶迤曲折之狀，滲以真金，巍峨晃漾，照耀天地。建立之日，雲霞燦爛，山吐金光，澗壑峰巒，恍成一色，若兜羅綿，菩薩隱現，身滿虚谷。

嗚呼，異哉！依衆生心，成菩薩道。依普賢行，證如來身。非無爲，非有爲；非無相，非有相；大士非一，萬佛非衆。毗盧遮那如來，坐大蓮華千葉之上，葉葉各有三千大千世界，各有一佛説法，則佛佛各有普賢爲長子，亦復毗盧如來。由此願力成就，普賢大願即出生諸佛，賓主無先后，互融十方三世直下全空，亦不妨歷有十方三界，雜花理法界、事法界、事理無礙法界、事事無礙法界，此一殿之相，足以盡□之矣，大矣哉！師之用心也，豈徒一米作福緣，一拜一念爲信種哉！

師，山西臨汾人，受業蒲之萬固，後住蘆芽梵刹，興浮圖，起住上谷，建大橋數十丈。茲殿成，而又南之補怛，北之五臺，皆同此莊嚴，無倦怠心，無滿足心，功成拂衣去，無係吝心，是或普賢之分身，乘願輪而□者耶！宅敬信師已久，而於此悟大道之無外，願海之無窮也。歡喜感嘆而爲之頌曰：

峨眉秀拔，號大光明。有萬菩薩，住山經行。普賢大士，爲佛長子。
十願度生，無終無始。金殿淩空，上接天宫。日月倒影，鈴鐸鳴風。
萬佛圍遶，莊嚴相好。帝綱珠光，重重明了。西連靈鷲，東望補怛。
五臺北拱，鐘聲相和。是一即三，是三即一。分合縱横，非顯三密。
示比丘相，現宰官身。長者居士，國王大臣。同駕願輪，同游性海。
旋風受吹，此殿不改。壽同賢勝，净比蓮花。六牙香象，遍歷恒沙。
威音非遥，龍華已近。虚空可銷，我願無盡。

賜進士第、中憲大夫、四川等處提刑按察司副使、奉敕提督學校、前河南道監察御史聊城傅光宅撰；萬曆癸卯九月之吉，吴郡吴士端集唐尚書右僕射上柱國、河南郡開國公褚遂良書；雲中朱廷雄刻。

董其昌《容臺集》卷四《重建雲栖禪院記》 杭之山自天目來，帶苕水、挾聖湖，南盡於江，折而東，是爲鳳凰諸山，宋之故宫在焉。溯流而西二十里，是爲五雲山，循山麓而西四五里是爲雲栖塢，則今蓮池禪師之道場也，坡陁坻平，巖谷堂密，劃然野處，而不與湖山爲群，境則變喧而幽，土則去穢而净，一似遺世者。山當江之三折海門，濤頭雲涌而霆擊者，至此蕩然爲平川，洋洋瀰瀰，怒氣消盡，一似忍辱者。繇東岡而上，有壁觀峰，青龍泉出焉，中峰之旁，復出一泉，名曰聖義泉；西岡之下，復出一泉，名曰金液泉，涓涓甘冽，汲灌不竭，一似利生者。此非有道者莫能居，而居之者亦於道力有助。自宋伏虎禪師住山，以至國朝，雖天禧中稍闢爲寺，而遞興遞廢，夷爲蓁莽久矣。師以隆慶五年托鉢此村，若有冥契曰：「吾骨人得骨山，可以老矣。」縛茅三楹，經禪宴坐，有終焉之志。環村四十里，數有虎傷，師以慈止殺，虎不爲暴。歲旱禱雨輒應，魅不爲災，居人異之，争來作室，度材於家山，仍礎於故址，民大和會焉。師曰：「毘盧宫殿，遍界遍空，草昧經營，無勤檀施，惟法堂奉經律，禪堂以栖僧，兹所急也。」既落成，而百年廢刹遂復舊觀矣，此雲栖之緣起也。師之侍者以爲古德破荒，衆檀積力，不可泯没，請余記之。余何以知出世事，而且有感於法道盛衰之際也，在昔唐宋時，士惟薄將相不爲者，始去而爲大僧，以了百千億劫之生死，故其戒行之嚴，宗風之峻，直可感鬼神、馴異類，或爲道俗所皈依，或爲帝王所禮敬，名藍浄刹，於是繁興矣，蓋其盛也。近世以經術收俊士，士所不收者，方自引而食於僧，是以赤縣神州，列刹相望，圓頂方袍，聚廬而處者百十爲輩，即而求之，所謂禪講律師如古尊者有幾。假令大年削牘，寂音操筆，二百年來，可應傳燈僧寶之選者又有幾，則雖金碧土木之莊嚴，崇之至於天，而廣之至於十繇旬，何益？蓋法道之衰相見矣。師庠校名士，始欲以禄養爲孝，既以弘法報恩爲孝，騏驥壯盛，而龍象超忽，最初發念，固已卓然，名聞利養之外矣。龐藴罄百萬而擲漢水，僧紹冒三毒以開攝山，豈足專美乎？師自主法席以來，既歷三紀，行在梵綱，志在觀經，標浄業則東林，立清規則百丈，柝義疏則玉泉，辨宗乘則慧日，摧陰魔則扳度，空排戲論則秀鐵面，雲栖雖幽迥荒率，無諸莊嚴，有具眼通者必曰：「先佛塔廟在矣。」有具宿命通者必曰：「某古德再來矣。」昆嵐偃岳而不波，大浸稽天而不溺，是云栖之興法道大有賴也夫。師所著有《彌陀經疏鈔》、《緇門崇行録》、《禪關策進》等書數十種鋟行於世，師俗姓沈名袾宏，字佛慧，仁和人。

劉大杰編《明人小品集・朱國禎・普陀遊記》 由定海棹舟，自北而東，過數小山，可三四十里，爲蛟門，北直金堂山。此處山圍水蓄，宛然一個好西湖也。將盡望見舟山，曰横水洋。潮落時，舟山當其衝。其一直貫，其二分左右；左爲北洋，右爲象山邊海諸處。入舟山中，山東西亘七八十里。南夾近海諸山，山斷續，望見内洋。舟行其中，如汜光月河可愛。盡舟山爲沈家門。轉而北，即蓮花洋。洋長可三四十里，過即普陀矣。

二

抵普陀之灣，步入一逕。過二小山，即見殿宇。本山皆石，吐出潤土，蜿蜒直下，結局寬平，可三百畝。即以右小山爲右臂，一小山圓浄爲案，左一長岡，不甚昂。築石台，上結石塔。殿三重，甚宏麗，乃内相奉旨敕建。殿之辛隅，爲盤陀石山，勢頗高聳。巽方爲潮音洞，吞吐驚人。正後迤邐菩薩巖，最高。曳而稍東，一石山，其下即海潮寺也。去前寺不過三里。萬曆八年所建，今已燬。兩寺之間，東濱如海，一堤如虹。海水上下，即無潮，猶汹湧駭人。東望水面横抹，諸山起伏如帶。色黑曰鐵袈裟，又東望微茫二山，曰大小霍山。極目閭尾，紅光盪漾，與天無際。惟登佛頭巖，能盡其概。若在半腰牽引，諸山宛如深窪。空處飛帆如織。彼中人了不知其異且險也。

三

大約山劈爲前後二支，支各峯巒十餘。前結正龍，即普陀寺。轉後爲托，即海潮寺。二大寺外，依山爲庵者，五百餘所。皆窈窕可愛，環山而轉。除曲徑外，度不過三十里。舟山有城有軍有居民，金堂最近。聞其中良田可萬頃，番禁不許佃作。大謝山直舟山之南，田亦不少，此皆可耕之地。然邊海之人，都以漁爲生，不争此區區粒食計。故地方上下，無有言及者。袁元峯相公欲行之，有司以爲擾民而止。

四

普陀是明州龍脉最盡處，風氣秀美。雖不甚險遠，而望洋者却步。即彼中士民，罕有至者。凡僧以朝南海爲奇，朝海者又以渡石梁橋爲奇。梁之南有曇花亭，下數級即爲梁。横亘可十丈，脊闊亦二三尺。際北有絶壁，有小觀音廟在焉。余坐上方廣寺，親見二十餘僧，踏脊於平地。其一行數步，微震懾，凝立。少選卒渡，衆皆目之，口喃喃不可辨。問之山僧曰：「幾不得轉人身也。」普陀一無所産，歲用米七八千石，自外洋來者，則蘇松一帶，出瀏河口，風順一日夕可到。自内河來者，歷錢江曹娥姚江盤壩者四，由桃花渡至海口，風順半日可到。兩地皆載米以施，出自婦女者居多。自閩廣來者皆雜貨，恰勾歲用。本山之僧，亦買田舟山，其價甚貴，香火莫盛於四月初旬，余至則闃然矣。却氣象清曠，欲久駐而竟不果，則緣之淺也。細訊東洋諸山，一老僧云：「有陳錢山突出極東大洋，水深難下椗。又無嶴可泊。惟小漁舟盪槳至此，即以舟拖擱灘塗。採捕後，仍拖下水而回。馬蹟又在其西，有小潭可以泊舟。但有龍窟，過者寂寂。一高聲，即驚動。波浪沸湧，壞舟。再西爲大衢，與長途相對。其西有礁無嶴，不可泊舟。大衢在北，長途在南，相對不過半潮之遠。潮從東西行，兩山束縛，其勢甚疾。舟遇潮來與落時，皆難横渡。候潮平然後可行。近昌國爲韮山，形勢巍峨，島灣深遠。此山之外，俱遼遠大洋。船東來者，必望此爲準。直上爲普陀矣。」

《〔萬曆〕應州志》卷六田蕙《重脩佛宫寺釋迦塔記》　天下郡縣浮圖不可勝記，而應州佛宫寺木塔爲第一。其茂廣不數畝，環列門廡不數楹，而稱第一者，舉先後縉紳士大夫同然一辭。蓋文皇帝北征，幸其上，題曰：峻極神功。正德間武廟西巡，再幸焉，題曰：天下奇觀。仍命工匠索其制，仿爲之則。盤旋迂曲，結構參差之妙，令人目眩心駭，得一迷十，無能尋其要領，此豈神爲之焉？夫天下浮圖皆以磚石，而此獨以木。自遼清寧至今六百餘祀矣，未有久而不壞者。且也乾兑之方，坤維多震。父老記今元迄我明大震凡七，而塔歷屢震，屹然壁立。州之居人或日午或陰雨見塔之隙處儼然倒影存。洪武元年四月八日，塔頂佛燈蓮明三夜，比晝尤光，一一不散。諸如此類，非有神焉，而能有是乎？晉雲爲僻壤，自邑至監司、直指、先生之照臨兹土者，公餘攀而一登，則控胡沙，俯雁門；長河大海之涯，泰岱恒華之巔，皆一覽而收。其以搜溥書之積，包羅區寓之名勝，較一園一沼之奇，孰多哉？

昔元之英宗嘗登眺，惘囹圄，爲之釋囚系，則茂對育萬物，應民猶籍是，庶幾遇焉。塔之所系，直爲臨況而已哉，宜乎稱而最之者。自王公至於士庶人胥神而異之也。今上七年，寺僧明慈、邦人陳麟等謂其丹堊彩飾塵浸漶漫，瓦石甃砌稍見缺損，恐不足以壯觀，乃募緣金資新而飭之，而徵記於余。余，邦人也。嘗疑是塔之來久遠，當締造時費將巨萬而難一碑記。即索之，僅得石一片，上書「遼清寧二年田和尚奉敕募建」數字而已，無他文詞。嗚呼！豈其時不能文哉？余揣和尚意必謂諸佛妙理，非關文字，惟是慈悲一脉，戒定一法，果報一事，能令利根者悟，純根者造，頑劣者畏，鷙悍者馴。況是三云爲邊郡，有夷德嗜殺風，然而見大雄則膜拜，聞彌陀則諷誦，因而導之，爲樹浮圖，妥金像其中，使之瞻拜皈依，憑極傾心。由兹勝殘去殺，即不人人證果變夷，庶有助乎？遼而金，金而元，三更夷族而爲大明。先大明四百年未有能推和尚之心者，推和尚之心自大明今日始，是明和尚者，大明也。戢夷氛以待真主，和尚其知來哉？諸塔中，靈怪神奇將和尚之舍利神焉？今新而飭之者，和尚之神所使耶？其有同心也。儒者斥浮圖氏，以其惑世誣民；而和尚之所募成，故夷狄而中國之也。試觀今日登臨者，題咏者，習禮其中者，疇非昭代，文物之盛而巍然具瞻，又足聳遠人拱畏之心，是和尚之功良有足多者矣，惡可不以爲之記其事？

謹按，塔之層有四，檐有六，角有八。八面欄杆圍遶，網户玲瓏，中通外直；而樓閣軒豁，盱人心目；盤旋而上，梯級數百，以尺計三百有六十，上插云霄，幾可摘星焉；下層金佛之高數仞，一指之大如椽，其上數層皆有像，而鐵頂衝天，八索貫系，尤稱奇異。塔後有大雄殿九間，舊記謂「通一酸茨梁」。東西方丈，相對向前。有天王殿、鐘鼓樓，而梵王坊則我朝洪武初壁峰禪師建焉。余問今厥費幾，曰：用金粟殆三千，僅一增色澤、易瓦石之缺略者耳。則當時用工幾許、費幾金粟、經營幾年而成，不可考而原也。第記其可知者，以補前人之闕，俾觀者得知其梗概云。

楊嗣昌《楊嗣昌集》卷五六《瓮子峰至漁仙寺》　瓮子一峰，躍出江上，頭如共工之欲觸，足如夸父之欲走也。已而躊躇四顧，略無應者。使左右有片石争長，當不孑孑若是。倒水巖斜對瓮子，十里而遥，巖壁椉立者八九，參差向背，各作一態。女蘿覆額如發，石穴方幅如張唇，最后一唇函數棺，如板齒。石脚插江而下，其前有碎石，規如盤，平如几，累累如鐘鼓鼎彝者，列浸盆水中。船人上瀨至難，到此惟欲急引去，叱之乃止。起，登岸，以次超踞石間，枕卧挺立如乘杯，如面壁，移晷乃行。抵漁仙寺，寺門多竹，左一牛屋負石一卷，高裁丈許，而蜿蜒修潔。余見米仲詔所藏海岳一石鎸三十二芙蓉者，意態絶與此類。寺後石室一，刻於信夫先生像。蓋先生解睢州歸，嘯歌此室三十餘年，精靈所留，石貌如在。余去年六月道睢，見州西石闕猶存名字云。其旁有二石，一爲馬文淵避暑地。左山之腹，亦三四枚。沿山左行，向後如欲合，忽有滲泉，從泉所出，蝸旋而上，數息得瓮城，周遭皆鐵嶺。奮策躋其嶺，四望江水，直見一勺，乃還。

楊嗣昌《楊嗣昌集》卷五七《德山香林禪院重建殿堂兼置山田記》　余故不解禪，往來德山，攬烟雲水石外，與諸禪人茶話寒温而已。有希曇者，閉關山中前后一十二載，家君至則叩户，語移時，余無所諦聽。家君語曰：「勿度相阿曇，渠不無參學。」在余唯唯。去年春，隨侍家君入山逾月。一日，懷片楮示余，曇請爲記，余諾之。按，曇住香林禪院，故三桂園，無室廬。萬曆甲寅，榮王爲楹，施功德幢，令僧明聖領衆焚修，兼執乾明寺事。明聖者，曇名也，本蜀嘉州楊氏子，剃發來德山，從慧光師聽法性天老和尚座下。已而行脚南北，復還本山閉關，及兹領院，念與兹山有緣，投老無復他適矣。曇兄顯官滇之曲靖，老而無子，爲裝百金，造二尊像遣賫山中。近於庚申仲冬，有弟子真鈐見舍蟻蠹，乞家君募疏重創法幢。曇不有其資，置民田四石、山地二十畝於樟木橋。榮王又捐貲置衆僧塔墓二於李家沖，用遺兹院以充常住。蓋在山中，今日曠絶無兩，故要余記爲證明之。

余悲德山自唐迄元道法之盛，響震人天，香火田廬，連畛相望，所由公據，故在豐碑如許。而今日者，第作常行粥飯因緣，抑猶寒乞群碎，至不可必旦夕也。嗟乎！棒喝風馳千人，五百常參不乏，斯已寥泌。若乃深山里，繯頭邊，一個半個，豈遂闃然無處覓此消息耶？借曰有之，將不能舍種田博飯吃，第取三條篾束肚皮，兩滴乳構千咽也明矣！曇老於行脚，已事略明，終能爲人基始。常住一時，護法則有人王；宰官應緣，則有天親無著。豈偶然哉！他日真有一個半個，伏見山里繯邊，或在於此，即復棒喝風馳千人，五百常參不乏，安知不在於此？是可書也。既須上石，仍作偈曰：

有佛國土名香林，一切施主建精舍。青青翠竹圍四旁，鬱鬱黄花三桂子。
法身般若是耶非，忠國大珠咸結舌。善來名聖老比丘，海棠香國來辨取。
將此身心奉塵刹，報大施主利衆生。前生無著共天親，揚顯今同比丘是。
布金造像數千里，遥禮山中結勝因。像均忉利供旃檀，金買田廬資粥飯。
普勸衆人粥飯了，切覷向上不須遲。借問向上作麽生？吃粥飯了洗鉢去。
我以翰墨恣游戲，永爲當來作證明。法華偈里小低頭，佛印是人決成佛。
何況證明斯事者，決定成佛不須疑。他日日后遇比丘，狹路相逢不迴避。
任你南泉水牯牛，鼻孔須在某甲手。擬向東邊擬向西，莫吹鐵笛騎牛去。

楊嗣昌《楊嗣昌集》補録一《箬陂庵記》 丙寅六月戊戌，度澹水橋東北行，陶令所謂秫稻已秀，翠色染人，籃輿紆曲千盤，不離此境。可十里許，稍稍入山，遠近多松髯，隱映出没。復十餘里，近箬陂，塍間多夜合側生，又有草叢生，葉如槐莖，堅如木本，而作黄花五出，疑青草槐也。《酉陽雜俎》云：「龍陽縣裨牛山南有青草槐，叢生，高尺餘，花若金燈，仲夏發花。」一向訪之龍陽，苦無人能識。輿夫乃云，田野間盡饒此物，但不著眼耳。沿陂入庵。庵主待於堂，侍者迎於門。禮佛茶罷，即從庵後登山最高頂。東窮遠目，可望洞庭。蓋我武陵東面惟此長陂一帶，山外更無别山。雖去湖尚遠，而水陸之平若掌矣。南則德山之孤峰，烟褰雨霽，始露眉睫。西則梁山千尺屏障，横斜披展，自朝至暮，設色更端，遞相易滅。不覺浩翠飛來，使爲小軒，勢與之接，即幽栖眼食第一佳事也。北則藥山蘭渚，仿佛模糊逾澹澧而過之，斯若吴門之練矣。山中有田數畝，租可充糧，陂澗可汲，松枝可薪。園頭出瓜豆菜茹，恒早於市廛。地饒芝菌，時時采而啜之，仍曝其餘以供客。遠方行脚，至則如歸。長住十餘人，皆持律自護，六時禪誦外無一事，有足佳者。法師字恒一，山下儒家子，壯歲出家，聽法於石頭，受戒於雲栖。兹庵悉其草創，單丁只手，屹爲叢林。昨冬升講座，演法華，道俗麕集。吾時以桃源之游，聞而返棹，則已無及，常悵悵於懷。此來小致求理之談，如聞應病之藥，固不止於半日閑也。夜卧妙嚴精舍，即余餘所書額。鐘鼓希微，悄然達旦。

張岱《陶庵夢憶》卷一《報恩塔》 中國之大古董，永樂之大窑器，則報恩塔是也。報恩塔成於永樂初年，非成祖開國之精神，開國之物力，開國之功令，其膽智才略足以吞吐此塔者，不能成焉。塔上下金剛佛像千百億金身。一金身，琉璃磚十數塊湊成之，其衣摺不爽分，其面目不爽毫，其鬚眉不爽忽，鬥笋合縫，信屬鬼工。聞燒成時，具三塔相，成其一，埋其二，編號識之。今塔上損磚一塊，以字號報工部，發一磚補之，如生成焉。夜必燈，歲費油若干斛，天日高霽，霏霏靄靄，摇摇曳曳，有光怪出其上，如香烟繚繞，半日方散。永樂時，海外夷蠻重譯至者百有餘國，見報恩塔必頂禮讚嘆而去，謂四大部洲所無也。

郭金台《石村詩文集》卷上《普寧禪院碑記代》 纂志畢，有懇予爲《普寧記》者云：「寺昔爲僧會應教，葷酒雜穢，今易禪僧主之，請額禪院，永其傳。」因簡舊乘，得宋皇祐二年所爲記，失姓名，記中止載「奉常貳卿張公鑄，殿中丞李公秉，暨邑人徐君旦與其子沔，捐數萬緡崇修堂殿，故事耳。」更閲《方外志注》：「普寧寺爲唐總章年間丞相閻立本舍宅爲寺處，又築墓寺後，委僧守。」再閲普圓院，則立本所舍南莊也。又閲智門院，則立本舍讀書處也。二院隸五都，距普寧不遠。始知立本寓玉山有年，前后所施宅院地事極確。不省舊志記流寓，載宋賢甚悉，何以遂遺唐立本姓名，而前記普寧亦無齒及閻公舍宅廬墓云云者？真闕文也。

會有問閻公何以寓玉，又築墓於此，先后舍宅事理如何。予曉之曰：「公在太宗時，被召春苑，寫泛舟花鳥。耻同厮役，戒兒曹勿爲。猶是太平君臣豫悦一段佳話，勞而語憤，自其偶然。其後歷永徽、麟德，下逮總章，權歸二聖，元老播遺，公見賢如房、杜，平生勤慎，遭不肖子蕩覆，門户無餘物，佞如李勣，方寢疾時戒其弟弼，亦曰：『吾遺諸子，今付汝。察有志氣不倫，交游匪類者，皆先撾殺然後聞。』公此時生平文彩志業固已冰冷泡没，不可控拾矣。況公位丞相，已極人臣，年老身退，子即才亦當因時消息，散家自全。且如公言，又未必才乎？」

公籍西安之萬年縣，去玉數千里。其時武后疑王、蕭長安爲祟，多居洛陽。

朝廷視玉亦蠻鄉瘴地。度公當日或無以言事，如韓瑗、來濟等遭廢斥而居此乎？然公已舍宅矣，又爲僧廬築墓委付矣。垂千餘年，諸寺猶存，公名猶在。考其墓，壘壘丘墳，錯雜悲風萋草中，問寺僧既不可雜識，自來邑令亦無考古遺事，披榛致奠，以古道行者，荒丘零落，良用黯然。予既從諸公之請額禪院付住持，而復周行院地，必求公墓所在，禁樵采，使住僧永祀，俾知公之舍宅爲寺，一切無有，是真禪定。而諸釋子，即住寺護丞相墓者，乃真吾徒也。寺垂圮方修，崇規佳勝，須其成，別爲文紀之。

郭金台《石村詩文集》卷上《武安禪院碑記》 由湖沿東望，一山翠黛如卓筆，榜人告曰：「塔山，又曰武安山，蓋玉山縣治之南屏也。」移舟稍近，有烟一縷出山際雲樹蓊藹中。或曰：「此武安寺也。」又近十里街，人烟已接目，而兹山上峙，疑於抗。沿江行數里，幾盡市，而兹山平立昂首，疑於壓。入城，從縣治南望，蜒蜿此山，塹江蘸波如巨人立，若相掬抱者。形家所謂庫櫃月將山，特爲縣治設也。奇矣，奇矣！

庚戌重五，予赴邑侯魏子約，始登山。山行數折約二里許，無就憩者。將及寺，始蔽樹受風。躍數武上，遂及寺。寺依山右立，度山形勝，寬閑數弓，僅容寺，餘皆頗險，下走無坦步恣游地，以故前事僅揞痺閣。一二僧伺佛香火，外無壯觀。行僧修來，自明迄清，身經萬劫不動轉，垂四十祀，乃次第成大禪院。院前有山曰黃谷、功曹、暖水，三山皆掉臂躍而去。其後有山層巒叠嶂，云起自閩幾百里，皆逆折騰踴而來。坐拂蘿亭，引僧北望。或曰此太甲，此懷玉，此三清，皆青濛切天無岸際，是固老佛古仙之窟宅，而玉山提封之靈洞也。

若乃曠然怡悦心目者，東津一路，與徒驢迹繞郭外，西關以下，柳烟野碓錯雜，比廬烟火間，具一幅圖畫，予輩愧無摩詰、道子筆。今日登高作賦，惟大夫記之。老僧急請於侯，侯以推予，又教予曰：「山川接待，君眼光收拾盡，若殿若堂，重樓複閣，皆修來實行具足，其勿遺。」予曰：「然。」又曰：「前山半有溪山一覽亭，今舊址失，予必補置，君屬目。」予爲指雙松夾道處，侯曰：「然。」同游唐君公崛、費君瞿如又屬予曰：「塔山無塔云，不宜塔矣。以武謐易安，不乃鑿乎？宜仍武安禪院舊名便。」予曰：「然。」予既以詩辭避唐、費二君雄筆，率略紀事付老僧，老僧稽首曰：「寺前磨無字碑，待能事久矣。公賦就，謹白侯勒石，以傳不朽。」

《〔道光〕龍安府志》卷九辛和《重修樂静庵記》 環江油皆山也。惟白魚山則雄峙西北，如鸞飛鳳舞，自天而下，分降合止，狀似平湖，疊嶂重巒，四面旋繞，蓋一方之勝概也。成化間，秦僧照空雲遊入蜀，見兹山水之美，結庵其間，静坐不出者凡三年。時則林莽茂密，山野寂寥，鹿豕往來，遊卧於側，照空危坐自如，若與鹿豕相忘者。人敬訝之。居士衛覺聰遂舍兹山，因與其徒寂惠、寂明建釋伽殿一，觀音殿一，左、右廊各一，名曰樂静庵。未幾，空師端坐而化。正德二年，徒寂明親赴禮部關受度牒。十二年，復建天王殿一，祖師、龍神殿各一。然猶病其規制狹小。嘉靖二十年，因觀音殿傾圮，遂出其土之所入，斬木於山，採石於原，革其故而鼎新之。經始於辛丑十二月，落成於壬寅五月，然後一庵之中，殿堂門廡廣大悉備，可以邁前修而利後學矣。予惟佛西方之神也，自漢入中國，而其教盛行於天下，人尊信之，至於今不衰。雖其空虛寂滅之説，至誣世界乾坤爲幻化，而不復以人倫爲重，然以無念爲宗，無相爲本，廣大慈悲爲德。凡世之顛連而無告者，得以藉其教業其業，食其食，以終其身，罔有羣聚作慝之事，則所以陰翊王化之不及者至矣。故我朝開國之初，凡淫祠不在祀典者，悉毀去之，而惟寺獨仍其舊，蓋爲此耳。夫立之像，以象教傳之經，以言教秘之旨，以心教如來之法也。始之由象以達其意，繼之由言以悟其精，終之明心以鈎其元，學者之事也。今兹有地可爲矣，循若法以證若果，尚不勉爲之乎？夫如是，則顓悟圓通直超彼岸。斯庵之建，不惟於諸佛有光，而淡泊無爲之風，可以回嗜利無已者之習，其爲王化翊者豈淺鮮哉！寂明俗姓衛氏，本縣人，生時母茹葷則竟日不乳，及長出家，剛果有志，且能事親友弟，爲鄉里所稱。所爲墨名而儒行者，徒然朋然，友亦相與竭力贊襄，共成其事，因得附書云。

錢謙益《有學集》卷二七《雙河衆香菴記》 無錫縣城之北，五里而遥，介雙河之趾，有菴曰衆香，水牯和尚棲息處也。和尚初乞食城市，不衫不履，凡多聖少，如古言法華。梁溪人異之，築菴以請，欣然至止。一日從定中起，語其徒曰：「過此五六由旬烏目山下，有一老人，無舌解語，將没巴鼻話頭拈弄筆墨，普作佛事。汝往鄭重致吾言，丐作菴記。」其徒如其言，踏門以請。余輾然笑曰：「汝所居菴，吾足未嘗履其地；汝之師，吾目未嘗識其人也。而欲使吾懸想而爲之記，如人畫空，落筆便錯，不已難乎？雖然，汝姑意請之，而吾姑意求之。吾未至斯菴，未知其延袤若何，靚深若何，若所云踞地之勝，前則惠、錫諸峯，如墮如拱。右則陽羡諸山，如鬟如髻。左若後則塔峯當窗，帆影掛牖，溝塍川原，如迎如却。旋目而思之，如觀李伯時《山莊圖》，如見所夢，如悟前世，固顯顯然在吾目睫中也。吾雖未識女師，吾知其目横鼻直，眉居眼上，猶夫人耳。若其爲人，孤行側出，安樂自在，竿木隨身，婆和在口，吾以人言意得之，未嘗不與之同床而坐，共湢而浴也。昔者法雲秀有衆數千百，説法如雲雨，所居世界莊嚴，法安訶之，謂是癡人，不足與語真。點胸入叢林，摳衣徐步，師問之，答曰：前廊後院，都是葛藤，常恐絆倒耳。當今宗師如林，付拂如葦，開堂語録，如甲乙簿，師獨能掉頭卷舌，託迹于鐘魚寥廓之鄉，豈其真有以自得，自不滿其一笑乎？其欲得吾記宜也。吾聞九龍有木石居士，具大辨才，用宗門語句，詮《般若經》，如燈取影，與牯師問答，皆放光動地。余願爲啞羊僧，坐卧其側，兩人應機答話，舌頭短長，常恐末後無卓錐地。假斯文爲哶引，奚爲不可？」記曰：菴在雙河之東偏。雙河者，旗亭名也。京江、義興二水，交匯亭前，如兩人拱揖聚語。已而分攜，抗手別去。其西去者，直下爲運河。其東去者，折爲支河，背官塘而抱村落，風迴氣静，堪爲阿練若地，故少宰孫公所居。今捨地者，少宰之孫民部君。共成菴者，木石諸檀越也。少宰故崇信法門，厥孫仗因託緣，善繼其志。千年香火，鬱爲寶坊。後世志金湯者，尚亦有徵于此。丁酉陽月二十八日。

錢謙益《有學集》卷二七《古慧明寺重修禪堂記》 壬辰仲夏，余遊長水，聞藕益旭公演法苕溪之晟舍，扁舟造焉。所居寺曰慧明，去闤闠少遠，鐘魚超然，結構粗就。寺僧敬松告我曰：此古慧明寺，宋、元間法瑶大師開山地也。厥後住持者，梁天監慧集法師、唐大曆道祥法師、貞元維寬禪師、宋建中靖國慈覺禪師。寺屢興廢，明朝宣德六年重建，更名利濟。住持者，南軒律師也。嘉靖末，平湖陸太宰議建禪堂，延古泉禪師開講。波旬作難，古泉焚所著經疏，腰包長往。閲七十歲，莫克興復。乙酉，里人閔君一棟延體源印師蒞事。印以參請力辭。閔引刀斷左臂，命二子捧持往請。印乃驚嗟受事。閔聞之，一笑而逝，丙戌十月五日也。閔願輪堅固，印法輪方廣，佽助有人，機緣歙集。未三載，禪堂告成，藕大師金陵解制，敦請駐錫，日講《楞嚴》，夕疏《楞伽》，八閲月于兹矣。公爲大師之友，仗緣至止，願施我慧目，作《禪堂記》開示學者。余諾之未及爲。敬松踵門請甚力，乃爲敍次其槩而申言之曰：

嗟乎！法幢傾摧，魔强教弱，未有甚于此時也。方盲禪之作也，一盲首路，羣盲拍肩，今胥天下而盲矣。以盲爲常，以有眼爲怪，諸有眼者，亦皆瞪瞢閉目，不敢自認久矣。夫天下之相安于無眼也，邪慧爲種子，虚妄爲現行，悟門掩則聰利者易煽，修路便則愚庸者易悦，印可濫則浮僞者易匿，撥無勇則莽蕩者易攬，不如是則徒黨不衆，門庭不專，裨販不廣，而利養不博。胥天下相率而無眼者，爲此故也。彼固曰，一棒一喝，單提正令，此宗門家法也。古人不云喝有時如金剛寶劍，有時如踞地獅子，有時如探竿影草，有時一喝不作一喝用，已後得老僧喝乎？雪峯三到投子，九上洞山，纔得于德山棒下打破漆桶。今人逢乞兒亦喝，逢村媪亦棒，以上堂爲排場，以付拂爲博易，何爲者乎？芙蓉楷曰：「隱山至死不肯見人，趙州至死不肯告人，山僧今日向諸人説家門，已是不著便，豈可更去陞堂入室，拈錐竪拂，張眉努目，東棒西喝，如癎病發相似。」豈非古德之良規，邪師之明鑑乎？其示人曰：「上上人不須看教，上中人下下人更不可看教。」審如是，「三藏十二分教，真是拭瘡疣紙」，六祖負薪時，何以從《金剛經》開悟乎？牛頭初祖，何以聞大部《般若》曉達真空乎？巖頭何以究《涅槃經》七八年覩三段義乎？玄沙備何以重閲《楞嚴》發明心地乎？泐潭英何以閲方山《十明論》了成佛法門乎？大慧杲何以大徹之後，閲《華嚴八》《地》文，了昔所疑殃崛因緣，打失布袋乎？未開宗眼，先拂教乘，用此弄引狂愚，豈非撥無因果。昧兩足相資之義，發過頭虚誑之言，量飲光之袈裟，懺悔歷然，效玉泉之布裩，嘔血無及。識法者懼，吾不能不爲之痛心也。

昔者法瑶大師，于此寺著《涅槃》《法華》《大品勝鬘》疏義，實爲開山鼻祖。向後諸師，持木叉，通□□，經明律修，燈燈不墜。今當魔民充塞，邪焰熾然之日，此伽藍中，獨能啓請法將，弘宣教綱，其于以眼目人天，標指末法願力大因地。嗟夫！胥天下皆盲，而有一二人不盲。此一二人者，固羣盲之導師也。慧明諸師，可謂有隻眼矣。余恐其有眼而不自認也，故不惜諄復以告之。旭公具正法眼藏，其亦以吾言爲然乎？是爲記。

錢謙益《有學集》卷二七《海寧安國寺祖庭修造記》 海寧安國寺，創始於唐，爲齊安國師道場。宋熙寧中，律師居則，造大悲閣，蘇文忠公子瞻爲記。我明天啓中，一松法師性公，闡台教于兹。一松之徒愚菴藏公，飽參宗匠，發明心地，來主法席，以興復祖庭爲己任。於是寺之殿堂樓閣，應緣一新，介吾門張子次仲乞文以記。

余觀近世宗與教分途久矣，禪者判天台爲教門，謂宗門所傳者，單傳直指之禪，非天台教門之禪。而山家諸師，退然左次，以義解自居，不敢與宗門頡頏。以余觀之，則可謂兩失也。夫宗門之指要，主于直指人心，見性成佛。天台所立之教觀，其語則佛語也，爲止爲觀之心，即佛心也。今禪者既判天台爲教門，而山家之師，怵于其説，不能自伮其教，此所謂兩失也。

天台之論禪至矣，《止觀》之書，條列次第，如人之一身，焦府竅穴，經絡井然，可以勾股計而一二數也。其極論禪發之病，何者現觀，何者待發，如良醫分別藥病，癥結傳染，節候淺深，可隔垣而見也。入法華三昧，得旋陀羅尼，儼然見靈山一會，至今未散，此則天台之禪也。禪者曰：吾宗不立文字，不落語言。天台之學，可傳于言而載于書者，皆教門之禪，非吾宗之禪也。抄掇公案，影掠話頭，開堂示衆，語録流布，如嚼飯以餧人，徒資嘔噦耳。而居然排遣教門，互相雄長。子瞻所謂大以欺佛者，莫大乎是，可勝嘆哉！諺有之曰：「自講入禪，把纜放船。」愚菴脱屣教門，深悟實相，今將安坐中流，作老船師，試以吾言正告學者，而有入焉，則禪者無大欺佛之病，而山家亦將有幡然而興起者矣。爲之記以俟之。辛丑九月朔。

歸莊《歸莊集》卷六《重建南翔寺觀音殿記》 辛丑夏四月，余以尋花至嘉定之南翔鎮，寓南翔寺惺寂默公房。一日，其徒清一摳衣再拜而言曰：「此寺殿宇向已頹廢，今幸改觀，我師實興復之。久欲丐公紀其事以告後人，未及踵門而公適至，敢以爲請！」惺寂爲人，修雅好文墨，余故與爲空門友。嘉其願力之宏，遂考其興作之始末而記之。寺創於梁天監中，時有鶴南翔之異。後唐開成中，寺廢而復興，復有雙鶴至。宋紹定中，賜額曰南翔寺。國朝正統中，巡撫周文襄公奏免其役，而猶輸税。其後殿宇屢廢屢復。崇禎末，正殿圮，觀音像剥落，且懼壓焉。丙戌之歲，惺寂聚寺中諸僧而誓之，以重建爲己任。己有瓢鉢之資盡捐之，又廣爲募緣，又多方稱貸，以甲午臘月經始，以戊戌四月落成。殿高六十有五尺，南北二十五步，東西如其數而加五步，重塑觀音像，莊嚴視昔有加。前殿金剛像仆地，鐘樓亦壞，皆爲修整之，仆者屹立，壞者堅固，其材木瓦甓人力之數不能詳，約費七千金。問其費之所出，則有督糧王藩司者，以行部駐寺中，見棟宇傾頽，首捐百金以倡，於是遠近大夫士相率鼓舞，而本鎮士民施捨者尤多。寺基一百四十餘畝，僧以賠荒税，故日以不支，有竄徙者。惺寂以情訴於藩司，藩司憫之。時新遭世變，民間賦額，頗有更定，乃爲請於撫院，移文達部，得永免其税，一寺數百年之苦頓除。余於是服寂之才。既又問寂，衲子所需一瓢笠耳，數千金之役，於何緣而發此大願？寂告余，其故有二：乙酉之變，江南死人如亂麻，即嘉定城中，横屍滿路，南翔走海上孔道，顧獨得全。或言某將軍提兵至，且肆殺略，以大士現形而止。然則吾與一寺一鎮之人，幸得免禍者，豈非荷慈雲之庇哉！不可不思所以報功德，一也。法門雖重禪誦，亦賴象教起人恭敬心。今之學佛者，多談苦空，鮮舉實事，我將矯其弊，二也。幸賴十方協助，空王默相，得以有成，我則何力之有！余於是不惟難寂之才，又嘉其立心之厚，用意之深也。儒者之學，每斥絶異教，然卒不能滅。明道先生嘗歎禮樂盡在此；朱子亦曰：「他位下常有人。」陽明先生送湛甘泉序，亦發此嘆。今姑不必深言，嘗思學宫頽圮，有司及博士及諸士子，謀修廢支傾，艱難殊甚，寂以一浮屠，矢宏願，興大役，卒告成事，此有足多者。寂又以年及知命，將遠塵世，入深山，捨有爲而證無爲。使如寂者在吾儒門，必能本人倫、持名教也。

孫光祀《孫光祀集》上編《重修平陰縣福勝寺碑記》 蓋聞聖功持世，并垂三教之尊；佛力宣慈，兼錫兆民之祉。崇事者千祀無異，奉若者四海攸同。平陰之福勝寺，其來舊矣。邑中作鎮，儼西土之雷音；寺内潛修，即東邦之福地。飛甍廣厦，原稱巍焕之觀；緋宇琳宫，殊助虚明之境。座前嶂列，北依峻玉之峰；郭外泉流，西繞錦川之水。莊嚴妙相，曜慧目於靈區；仙梵清音，靄法雲於真際。誠一方之勝概，亦萬劫之鴻基。迨有明末造之年，正民力困窮之會。殿廡就圮，院宇將頽。慨風雨之飄摇，睇拱檐之剥落。時有寺僧慧强者，信心募化，勵志增修。於是復葺禪林，重新寶刹。其年爲崇禎丙子。自時厥後，歲祲民荒，數年之間，我朝定鼎。革命之際，累歲兵燹。流移者亡家，生存者失業。寺宇傾敝，所不待言。計丙子以迄於今，業五十餘年矣。比歲以來，王政之所軫恤，良吏之所休養，群黎按堵，汔可小康。乃又有寺僧行居苦行募修，力成善果。綴新補故，次第告成。若翬飛於楹端，恍虹生於霞表。審曲面勢，良因匠氏之能；度材鳩工，實藉衲子之計。王舍城之宫闕，白玉猶存；給孤獨之園林，黄金尚在。爐烟縹緲，則火宅晨凉；磬韵清揚，則重昏夜曉。此非支道林之好事，固宜釋惠遠之攸芋矣。然此寺僧之勤而任勞，亦以紳士之賢而尚義。如朱君景益、何君執雁、張君之鉢、之銓四君子躬爲領袖，似添貝葉之花；衆善信共贊貲財，遂滿恒河之願。乃書其事，以紀歲月云。憶光祀幼時，先大夫曾以之注爲本寺僧，命法名曰「本蔭」，則光祀亦如來弟子也。乃塵緣漸染，世味霑濡，識昧三空，養慚四忍，未晰摩尼之奥旨，貪、嗔、癡敢謂悉捐？雖希聖賢之修能，德、功、言皆無所立。期於無過，尚待假年。咏抑戒之章，其亦可愧也夫！

湯賦《湯子遺書》卷三《重修乾明寺碑記》 睢州城西北隅有寺曰乾明。按《通志》，元至正元年建。考元人碑記云：「國初寺基，河患方横。」則在元即重修，非初建矣。或曰：「寺在唐宋爲楞伽禪院，蘇文忠公於紹聖元年將遷嶺表，遇雨信水曰唐水，城曰唐城，池曰唐池。謚又言：「望都山，堯母慶都之所居邑。」既有堯祠，思堯之德，畏其神，追祀其母，固其宜爾。歐陽修以《史記》、《地志》諸書無堯母葬處，得漢建寧五年成陽靈台碑文曰：「慶都仙没，蓋葬於兹，欲人莫知，名曰靈台。上立黄屋，堯所奉祀。」遂定堯母葬處在成陽。而郭緣生《述征記》有云：「成陽縣東南有堯母慶都墓，上有祠廟。」酈道元注《水經》亦云：「成陽城西二里，有堯母慶都陵。」審是，則堯母之葬在濟陰可據矣。雖然成陽之碑稱「蓋葬於兹」，「蓋」也者，來敢信之辭。堯既封於唐矣，母之終安知不於唐，葬之故土而妥其魂魄焉，此亦事理之可信者也！廟凡三楹，列以兩廡。康熙二十四年秋天，久雨廟圮，水穿陵露穴。知縣事錦州蔣侯國楨出俸錢治之，以磚築陵之四旁，外設重垣，涂飾廟貌，建坊於前，題曰「堯母陵」。余自江南奉召入都，過之，請余爲文，勒之石。余按帝嚳妃十人，堯母之外，其著者有邰氏，有娀氏。《詩》言「赫赫姜嫄，有娀方將」是已。娵訾氏常儀生摯，鄒屠氏生八英，羲和生晏龍。當時卜其四子，皆有天下。而有邰生棄，則云履大神迹；有娀生卨，則云鳦遺卵吞之，其事甚怪。或以爲釋經之誤。至於堯母，更謂其觀於三河，感赤龍而生堯，何其誕也。以堯之神聖，則其母之遺迹固不可以不治也。因侯之請，述所聞於古者，兼爲神弦詩，俾侯歲時授工歌焉。辭曰：

帝高辛兮十其妃，伊堯母兮降斗維。歲閼逢兮涒灘，丹陵側兮三河干。震夙兮生子，望舒盈兮十四。析土兮陶唐，望都山兮母之鄉。千秋兮萬歲，思帝懷兮罔替，列俎兮執籩，薦馨香兮母前。靈之來兮繽紛，覆輪囷兮黄雲。靈之逝兮婀娜，從彤車兮駕白馬。覡舞兮巫歌，會鼓兮傳芭。陵不崩兮廟不改，邦人祀事兮永久！

陳維崧《陳迦陵散體文集》卷六《重修芙蓉寺碑記代别駕熊公作》 環荆溪城南者銅官山，跨銅官南麓爲芙蓉寺。寺肇自唐太毓禪師。師參江西馬祖得道，結茅此山。同時襄陽龐居士道蘊，與師爲方外交，嘗三到寺中，後人因以名亭，即今名「來來」、「三到」者是。厥後代有建置，固蔚然江南一鉅剎云。銅官陂陀起伏，與故鄣、睦州巖壑相鈎連。國朝鼎革初年，奸民往往倚寺爲萑苻藪，盤踞窟宅，僧人各鳥獸散去。問所謂古芙蓉寺，僅滅没於荒烟暮靄間，無從識舊時規制矣。僧去而寺中田畝遂不可問，賦税日絀，邑人患之。順治十三年，荆溪紳士始公請禾中高僧自閑入寺。自閑先令首座雪厂率數衆行抵川埠，則路茀不受趾。羸糧宿火，覓居民爲鄉導，始得達。至則灌莽叢生，蓬蒿艾雚如林立；飛鼯野獾，歡噪悲吟，訝此跫然者何來也。既入寺，溼若弁甑，幽翳論惑，絶不類人間世。雪公晝則腰鎌鞁瘃刈惡草，暇支敗竈，爨橡栗作食；夜則偃仰一破樓中，户以外横一棹楔距之。距未闔，恍惚悲風吼林薄，哀湍瀧瀧繞寺鳴，徐聽之，蓋山魈作聲，或羣虎怒嘯耳。如是四閱月，始克迎自公入院，監院事者，仍屬雪公一人。無何，雪公應四明雲峯請；不數年，自公又示寂，於是寺之漸有起色者，乃復稍稍落。監院以繼席乏人，則倉皇四請。請或不肯應；或應矣，以爲此磽然犖然者，何至與百獸争此土也。甚者旦夕行，且接淅行然後快。最後仍渡江懇雪公。雪公念始事之勞，不獲辭。至則舉廢弛，輸賦課，斥囊鉢且畧盡。蓋雪公未至時，先已遣僧徒十人事播種，今則漸可銍穫矣。經營又數年，而寺之傾圮者，剥落者，田之蕪穢不治與僧徒散而之四方者，至是盡復其舊，且視昔有加焉。嗟乎，不綦難哉！歲戊申，雪公自崇明歸，構禪堂五楹，伽藍、祖師左右殿各五楹。明年，余署篆荆溪，舍弟高州守明軒來視余，爲塑金剛像四，橋一，名曰熊公橋，以倣龐公亭。繼余與太守紀公先後勘荒至芙蓉。余則爲寺田規荒熟，撥圖甲；而紀公則發願倡興大殿，又實與余共之。殿斷手甲寅季冬，不三年成。嘗爲總計之：雪公順治十三年入寺，康熙四年繼席，前後開荒共二百八十餘畝，增置山場千畝有羸，創造寺屋四十間，修葺破壞八十餘間，裝塑佛像若干軀，置買什物若干器。倡之者太守紀公，佐之者五邑共事諸君暨宜邑諸善信，而補苴缺畧，不佞兄弟亦微有力焉。一日者，雪公邀余入山，循橋而折入寺門，徘徊「來來」、「三到」兩亭間，掇龐公榛食之。憑高眺遠，善卷、離墨諸峯，繚青縈黛，歷歷能識其處。雪公笑謂予曰：居士亦知之乎！今日之琳宫紺宇，矢棘翬飛，皆昔之敗井頹垣，荒瓴斷甋也。今日之瓔珞莊嚴，旛幢妙好，齋魚粥鼓，花雨潮音，皆昔之篆緑蝸黄，愁燐慘霧也。悟成敗之迴環，悵萬緣之幻泡。後有來者，其孰知前人之勤且勩乎！因追溯往事，夜分太息不遑寐。嗚呼！凡爲之而勿冀其成，成之而勿患其紆且久，則必有物焉以相之矣。天下寧獨一事爲然哉！余嘉雪公之確苦淬勵，卒能拓復舊剎，而又懼遺跡之或湮也，是爲記。

徐乾學《憺園文集》卷二五《游南塔寺記》 予以癸卯七月甲戌至汀州，會有嶺南之行，取道上杭。同鄉封子鳴陛爲杭邑宰，款予於南城館舍。上杭之人曰：邑之山，紫金絶勝，其上有桃源、龍井，長松怪石，飛泉絶澗，自汀來舟必經此。予聞而樂之，悔其來之不一弭楫也。莫子穎修、羅子次公與予善，擬裹糧往，而霪雨累日，溪水驟漲，舟輿并不得行。穎修指城南小山與予寓相望者，號曰琴岡，上有梵刹，可以小憩，亦以水漲不能去。越日乙未，予得小舟以渡，西南歷石徑數武，循所謂琴岡者稍折而東，梵宇屹立，爲南塔寺。寺宋嘉泰中建，殿閣弘敞，金碧照耀。其西爲僧寮數楹，寺前方塘，游魚噴沫可玩，掛袍山、美女峰皆在其南。又東爲南泉庵，竹樹蒙密，繚垣紆鬱，規制比寺略小。王文成公嘗駐師上杭，來游此庵，題近體二首，南泉以此傳。

予考邑志及諸碑記，寺向有塔。吾鄉王侍御獻臣，以弘治乙丑謫丞此邦，造浮圖數級爲邑文峰。於文峰之側辟地得泉，泉水甘洌，建菴其上，遂以南泉名。今菴固巋然也，而塔已無有，聞諸故老，以陰陽家言廢。夫以名公巨卿之所經營，而壞於陰陽風水之説，既廢而悔，圖復則難，不亦重可惜邪！予嘗游鳳陽之亳州，其地有桐宫、桑林諸古迹。李尚璽先芳曩謫州佐，所在都立碑碣，其詞清晰可誦，與王侍御相類。豈賢人君子當其謫居無聊，益恣情山水以自娱樂，而在巖廊間者，有所不暇邪？然則王文成公奉天子命，提兵萬餘，盡殲山海之寇，班師經此，而率其賓佐僚屬，勸歌於荒溪野寺，其意致何等也？

夫琴岡之脊，雙刹相望，萬萬不如紫金諸山之勝，而桃源、龍井間，侍御之歌詠無聞，開府之旌旄不至。蓋金山去邑四十里，而琴岡乃在浮橋數武，以故游人往往舍遠就近，雖邑人生長兹土，有終身不至金山，或至而中道返者，豈獨予哉？豈獨予哉？

王士禛《帶經堂集》卷四二《游瓦官寺記》 金陵城西南隅最幽僻處，古瓦官寺在焉。鄧太史元昭招予結夏萬竹園。園與寺鄰，喜勝地落吾手也。時方燠甚，忽雲葉四垂，雨如屈注，淮水暴漲三、四尺。高柳青溪，御風以往，至鳳游寺，即上瓦官也。按葛寅亮記云，寺一更於升元，再廢於崇勝，戒壇洪武初盪然無存。其地半入驍騎倉，半入徐魏公族園。萬曆十九年，魏公慨然布金，遂復瓦官升元之舊。殿左空圃有土阜，高丈許，上多梧桐林，即古鳳凰臺址。今寺去江遠甚，臺僅培塿，不可以望遠。太白詩所謂「一風三日吹倒山，白浪高於瓦官閣」，故迹滄桑，不可復考。太史謂瓦官舊在城外，瀕於江，明初廣拓都城，始入城内云。稍西南爲下瓦官寺，藤梢橘刺，數折始得寺門，清迥視上瓦官不啻過之。寺有唐幡，相傳天后錦裙所制。錦作淺紺色，雲龍隱起，四角綴十二鈴。陸龜蒙《古錦記》云，瓦官寺有陳后主羊車一輪，武后錦裙一幅。今羊車不可見，而此裙宛然。又志，稱師子國玉佛、戴安道佛象、顧長康《維摩圖》，爲此寺三絶。皆化去。老狐看朱成碧，以此狐媚世尊，勿乃不可？顧千載而下，猶與金石同壽，事固有不可解者矣。六朝時，名僧支道林、法汰之流，皆居此。顧虎頭、伏曼容宅正在寺側，風流弘長，於古爲最，殊恨古人不我見也。入萬竹園，飲青嶰堂，出華林部奏伎堂側，琅玕萬個，流雲欲歸，蟬鳥亂鳴，意高枕此中，不復成夢。堂前有池如半規，烟霧莑鬱。太史云池每夕必有氣，絪緼輪囷，登閣望之，如匹練然。漏下三十刻，相約以明日訪六朝松石，乃别去。

《〔光緒〕黎平府志》卷二下胡奉衡《重修太平山寺募引》 昔梁武帝問達摩禪師：朕所修造若干寺塔，有幾許功德？對曰：並無功業。然則「化城喻」所謂諸梵天王以宫殿奉大通智勝，與童子積土聚沙爲塔廟，及《普賢行願》中，所有十方一切刹，廣大清浄妙莊嚴，不一而足，豈皆爲戲論乎？蓋帝王富有四海，所難不在布施，下此若又當有辨矣。不然，何以檀波羅蜜，何以列六度萬行之首哉？太平山爲府衛司所，一方名勝，載在志乘。吾鄉地居僻壤，舉足觸目，無往非山，兹獨被以佳名，蜿蜒高峻，廣衍百餘里，當諸山發源之地。余嘗身歷其巔，遠而黔之石屏銅崖，近而靖之飛峯九疊，不啻峼嶁在有無縹緲間，是要有神焉司之，與尋常之聳峙不同也。山頂老屋數區，建自前代，風饕霧虐，勢難久存。康熙初年，移而下者七八里，名東庵。其去相距十里許，有西庵，兹蓋因之而得名也。壬申癸酉，洪州李公及附近居民人修葺之，塑遮那法像，前後殿各三楹，左右各兩楹。而規制之隘也，材木之弗堅好也，屋舍次第之未中程式也，且無牆垣以蔽内外也。甫三載，而柱礎傾欹，門壁頽壞，有迫以不得不重修之勢。翠雲禪德自幼薙染於華，本分修行，精心禮誦，半珠自耀，風雪當門，所謂人中芬陀利華也，乃發宏願重修前後殿各五楹，其兩廡爲房、廟、庖、湢，調其規模，堅其材料，使勿爲嚴霜積霧寒雨苦風之所剥蝕，功有同於纍土，事必藉於布金。余聞之，佛法不違時節因緣，自有宇宙以來，即有此山矣，乃淪於灌莽蓁荆，不知幾何年，逮人跡所至，把茅傭練若而年，他日當有方外異人於其閒，爲此山大開生面，如匡廬遠公、黄梅諸祖、寶華鳥窠，得擬於三十洞天、七十佛地，俱未可知，其時節因緣固已肇端於此矣。吾願施材施法者并種善根，供佛供僧同圓佛果，一彈指頃，飛樓傑閣隨地湧出，即持貧女之一錢，已現輪王之七級，如磁引鐵，如珠雨寶，仰應感三洲之神力，爲邊隅五福之休徵，俾此土衆生亦緣兹山靈，永享太平之樂，不將化毒霧爲慈雲，轉災祲爲甘雨也哉。吾獨懼令曰之汎然乞募者，龍樹云：利養法如賊，能壞功德，苦永不得增長。山僧自居是刹，人跡罕接，草衣木食，墾荒汲谷，非真實修行辨道者，弗能安焉。名聞利養之譏，吾免矣。余晚依空門，不能於五濁場中超然遠引，今將候庵之告成，一瓢一衲，罷飯執爨，於斯終老焉。不知翠師其許我否。

《〔乾隆〕江寧新志》卷一三車敏來《報恩寺塔賦》 惜晴光於春日，攬勝蹟於長干。仰一塔之獨聳，作金陵之大觀。依聚寶之城闕，帶雨花之烟巒。玉爲毫兮金粟，乃普現於雲端。稽自阿育稱神，赤烏肇始薩訶。獲珠太康復越，迨慈恩之既改。迄永樂而大啟，準宮闕之規模。報罔極於無已，極法界之莊嚴。遍寰中以莫比，忽田雨之作戲。顯神工之弔詭，掘地下之琉璃。恰鈎闕以相擬，穿獨木於九重。卓一斧而如砥，還諸天之色相，生大地之歡喜。俯閶闔以如撲，隔層城而可指。爾其百工獻巧，五色呈奇。屋重以九百尺而爲度，口繩以四分十尋而立基。百蹬以旋，其巔取如環之運轉。八牖而虛，其半立卦之偶奇。圍繡闥於初層，在寰中亦在象外。列雕楹於九級，中方矩亦中圓規。於是金剛努目，菩薩低眉。方尺現因緣之具足，四部合神力以護持。或拈花於自象，或托鉢於青獅，或結尾之如豹，或昂頭之如螭。信黄金之遍布，訝寸木之不施。方攝衣而徒倚，已眩目而迷離。當夫叩禪關以初入，忽窈焉之如夕。徐進步於竿頭，聽人聲之俱寂。頃實地之得踏，恍洞天之乍開。爰更上於一層，幾飛行以絶迹。登絶頂而游心，收千里於咫尺。出檻外以仰探，若縹緲之可即。鐵盤留夜露之清，寶頂鬭曉日之赤。鈴鐸之敲風兮，飄飄乎憑虛御之，而凜乎其不可久立。至於烏銜遠岫，月到上方，僧登貝闕，塔摇珠囊。青蓮兮發其焰，白毫兮吐其芒。篝燈百四十四兮，口銀河以相耀。疑爲化身百千億萬兮，從浄土而生光。度迷津之筏，開選佛之場。領西來之妙諦，集大衆以闡揚。咸合掌以向佛，更繞塔而燻香。乃見地居離位，挺一柱以獨擎，影倒秦淮，望明星之并落。迎鍾阜之變蜂，新蟠龍之頭角。俯長江於萬里，擁金鰲以出躍。類插嶂以如筆，更生花之灼灼。懸照乘之夜珠，用作鎮於南郭。近吞飲虹之橋，遠拱青雲之閣。雖借意於光明之藏，實星輝於文明之學。斯以暢宗風之大覺兮，而同游於極樂。

厲鶚《樊榭山房集·文集》卷五《五百羅漢殿記》 在昔《涅槃經義》謂：「有五百商人採寶出海，值盗攘去，并剜其目。商日夜號痛，欲向無所，或告之曰：『靈鷲佛氏能救汝，若與我重寶，引汝見之。』商且行且舍，至大林精舍，佛爲説法，各證阿羅漢果。」夫所云阿羅漢者，《大論》云：「阿羅」名「賊」，「漢」名「破」，一切煩惱賊破；復次，阿羅漢一切漏盡，故應得一切世間諸天人供養；又「阿」名「不」，「羅漢」名「生」，後世中更不生，是名「阿羅漢」。《法華疏》云：《阿颰經》云「應真」，《瑞應經》云「真人」，皆無生之義也。或言名含三義：無明糠脱後世田中，不受生死果報，故云不生；九十八使煩惱盡，故名殺賊；具智斷功德，堪爲人天福田，故言應供。要而論之，修六度之梵行，標三乘之通號，均爲超越凡倫，優入聖域者矣。後世寶坊琳宫，偏閻浮提界，然非名藍巨刹，則五百應真之宇，時或缺焉。雲林向爲五山十刹之一，百栱千櫨，霞開鳥翥，承甍繞霤，虹拖蜿垂。其西禪堂之下，爲羅漢殿，創于何朝，未詳所自。具德大和尚來主法席，中興締構，實建今處，時順治戊戌也。逮今乾隆癸亥，八十餘年，榱桷頽瘁，法身雨立。主僧巨濤慨焉憫睇，廣募檀施，精心建立，幽祇協贊。歙人汪光禄應庚獨獎勝緣，爲布金之須達，一切興作，咸委巨公，于是百廢修舉，而羅漢殿工未竣。適光禄奄逝，令子明州守起踵成之。像設閒安，四周列坐，妙相莊嚴，奕奕有生氣，飛梁八維，環楹交峙，寶壇回互，殿如「田」字之形，俗因名曰「田字殿」。吾杭梵宇以百數，有此殿者，惟浄慈、雲林。今浄慈悉已阤頓，而雲林金碧丹黝，慈容統序，東西向背，毗接偶居，嚴飾之工，常留花窟。夫佛示像法，因垂像教，故金姿寶相，月面蓮眸，皆無爲之寂、不盡之靈之所託也。今五百應真，因苦願力，普攝無邊，散處山林，分形顯化，作人間福田，亦所以示人從生有貪，因貪受苦，因苦得報。則凡見形而入道者，于兹殿之興廢，所係豈不重歟！殿既成，巨公乞言于予。予肅瞻靈儀，敷具頂禮，契正覺之冥符，儼法相之常住，敬刊玄石，而爲之記。

厲鶚《樊榭山房集·文集》卷五《雲林寺重建輪藏殿記》 佛氏之有輪藏，自梁傅大士始也。嗣後叢林效之，且偏天下，俱供大士像於中。雲林輪藏殿，具公始建於順治庚寅，迄今幾及百年，棟宇頽廢，所謂輪藏者，亦欹傾摧剥而不能轉。乾隆庚申，新安光禄少卿汪君上章來游兹山，慨然以重興爲己任，而以是殿爲之首。落成之日，予適過寺，見夫傑構翔空，若地湧出，入門神聳，則如天樞激而坤軸動，月駕旋而風馭行。瑶窗寶網，眩金碧于無定；天龍帝釋，儼生氣以飛空。徐而察之，則集衆有力負之而趨，且聆夫大聲起于足下，又如良霄歌鐘之擊窟室，袁氏鼓角之鳴地中。偉矣哉！象教之力宏矣，檀護之施廣矣！主僧巨濤和尚謁予文以爲記。予惟傅氏之設輪藏，轉經也，然三藏十二部卷帙繁而重，庋之于輪，非數百人莫能轉。今所供者，諸佛菩薩像，則數人能勝其任，況轉佛即轉經乎？且佛氏所重者，以心轉境，不以境轉心，故云「能轉《法華》，不爲《法華》

轉」。若夫成住壞空，大地山河，皆太虛中一微塵耳，何有于輪？昔村婦薦夫，財少而輪自轉，則其能轉，有不係于輪者，惟此心之精誠，歷劫常存，亦歷劫常轉。汪君之輪財，巨公之集事，可云轉大法輪，將有不與土木丹青俱敝者矣。于是乎書。

沈德潛等《清詩別裁集》卷二四馬維翰《大喇嘛寺歌》 我無摩泥照濁水，偶參上乘心清涼。惠師羅什亦已化，今之行脚惟衣糧。西爐自昔西番地，舊無板屋皆碉房。不生草樹山壁立，茫茫沙磧無稻粱。恭惟先皇赫威命，版圖始入開封疆。至今萬里烏斯藏，亦來重譯瞻冠裳。奈仍夙昔錮不解，俱言此類生空桑。空諸所有有彼法，如何佛寺猶雕梁。繚以垣墻一百丈，甃以文石周四方。横窗側闥面面闢，旛竿略綽當門張。其上層樓絙金碧，下畫神鬼東西廂。寺僧少長凡幾衆，不語前立紛成行。偏袒右肩事膜拜，雙瞳轉仄黝有光。宰生割剥了不怖，呼號其側神揚揚。六時梵唄若功課，渴飲酪乳飢牛羊。宵分聚從大合樂，互吹骨角聲低昂。即論釋典尚清浄，此寧有意登慈航。或云流傳術頗異，播弄造化如尋常。安禪毒龍致時雨，誦咒青女停飛霜。此豈實具宓慧力，竟能詭術回穹蒼。咄爾世人迷不悟，福田利益縈中腸。乾坤高厚妙運用，豈待尺寸量短長。聖人深意在柔遠，順育萬類通要荒。因勢利導牖蒙昧，欲使寒谷回春陽。昭昭大道揭日月，異教豈足紊紀綱。矯首夷風倘一變，飲食男女真天堂。

《〔乾隆〕肇慶府志》卷二六李彦璟《鼎湖山慶雲寺記》 鼎湖山慶雲寺者，嶺南名刹也。地在端州下游羚羊峽之陰，去府治三十餘里。層巒叠嶂，萬山環峙。中有龍潭，其水深碧。世傳黄帝鑄鼎乘龍於此，因之爲名。僞耶？真耶？姑存而勿論。或曰：是山也，絶頂有湖，故《通志》載爲頂湖。天將雨，湖先出雲，故云雲頂。寺曰慶雲，蓋取諸此。開是山者，始於唐智常禪師。師得法於曹溪，歸隱白雲。從之游者，人各一邱，招提凡三十有六。至今三昧潭、羅漢橋、涅槃臺，遺迹尚存。遵白雲而來，數里許爲慶雲舊址。巖壑盤紆，林藪蓊蔚，常有獰虎守之，俗名虎窩。明萬曆間有憨山大師者應化嶺南，弟子金山迎住白雲，過此，見諸峰羅刹，狀若蓮花，遂更名爲蓮花峰。曰：後當有大福慧人闡化於此。紀之以詩，有「蓮花瓣瓣涌蒼溟」及「夜深説法有龍聽」之句。其他則上迪村居士梁少川故業。少川崇信佛法頗篤，於崇禎癸酉結茅山中，號蓮花庵。與友人陳清波諸子，爲蓮社之游。未幾，朱子仁來客廣利，久有出家之志，少川拉與共住。後聞栖壑和尚得法於博山，歸住蒲澗。子仁往謁得度，更名宏贊，字在犙。是歲甲戌，在犙留蒲澗。過夏，少川募資，除土叠石，改建堂宇。一棟三楹，傍作茅厨，悉從草創。至冬，在犙還山。明年乙亥秋，栖壑赴新州，道經廣利。在犙偕少川諸人迎入，共慶名山有主，欲留久住。栖壑辭以蒲澗緣未了，仍返廣州。臨行，出錢數十緡囑陳清波，令先備埏埴，以待將來。丙子夏，在犙諸人再造蒲澗懇請。栖壑於五月到山，是歲臘八，開壇授具，宏闡毗尼，緇徒始集，更庵爲慶雲寺。乃分執事，立規條，兼行雲栖博山之道。凡諸創建，皆隨願順緣，行所無事。首建佛殿山門，次建宗堂。其上建毗盧華藏閣，左翼以准提閣。閣下爲禪堂，懸鐘板。右翼以七佛樓，樓下設庫司以蓄十方信施。庫右爲禪喜堂，堂之上爲大悲閣。時問道日衆，乃建法堂於大雄殿之左，其前爲普供堂。建客堂於護法堂之右，其後爲洪誓殿。殿右爲印經寮，爲養老堂，爲慶喜堂。次於山門左右，建鐘鼓二樓。其最上一層鑄鐵浮屠，建殿以覆其上，供奉如來舍利。右爲方丈影堂，左爲浄業堂。影堂右爲雙樹堂，堂後有金剛壇。壇右爲旃檀林，爲日見軒。自浮圖香刹，下至山門，地分七級，受列五層。左右輔以夾道。夾道外左爲香積，爲茶寮，爲碓敞，爲行寮。其右爲檀越堂，爲息心堂，爲雲來堂，爲浴室，爲東司。至順治戊戌，殿堂制度，次第落成。主持者栖壑，贊勳者則在犙也。是歲之夏，栖壑示寂，計住山二十有三載，前後皈依受戒弟子數千人。大衆共推在犙繼主法席。犙乃構木入居於浄業堂之右，秉教奉行一軌於師法宗風，由是益昌。在犙殁，序及法屬湛慈。即今住持也。其奉法復興，在犙無異。凡二師未畢之原，未竣之工，莫不歷歷修舉，胥底於完美焉。故鼎湖雖幽奇特出，甲於嶺南，若不有慶云寺之莊嚴壯麗，掩映焜耀於其間，必且終爲樵人牧豎之場矣。亦孰從而見其爲名勝哉！然使頂湖慶云得并成其爲名勝者，詎非栖壑師弟三人創承濟美之力也與？余自佐郡以迄爲守凡八年於兹，數游勝地。每至，皆流連徘徊不忍去。興念三人共心結構，既有功於佛法，更有功于此山也。因拾舊聞，爲之疏其顛末，勒貞珉，庶俾三人與命鼎湖慶雲并垂不朽云。

《〔康熙〕常州府志》卷三四陸羽《惠山寺記》 惠山，古華山也。顧歡《吴地記》云：華山在吴城西北一百里。釋寶唱《名僧傳》云：沙門僧顯宋元徽中過江，住京師彌陀寺，後入吴，憩華山精舍。華山有方池，池中生千葉蓮花，服之羽化，老子枕中記所謂吴西神山是也。山東峰當周秦間大産鉛錫，至漢興，錫方殫，故創無錫縣，屬會稽。後漢有樵客于山下得銘云：有錫兵，天下争。無錫寧，天下清。有錫沴，天下弊。無錫乂，天下濟。自光武至孝順之世，錫果竭。

順帝更爲無錫縣，屬吴郡。故東山謂之錫山，此則錫山之岑崟也。南朝多以北方山川郡邑之名權創其地，又以此山爲歷山，以擬帝舜所畊者。其山有九隴，俗謂之九隴山，或云九龍山，或云鬬龍山。九龍者，言山隴之形若蒼虯縹螭含沓然。鬬龍者，相傳云：隋大業末，山上有龍鬬六十日，因以名之。凡聯峰沓嶂之中，有柯山、華陂、古洞陽觀、秦始皇塢。柯山者，吴子仲雍五世孫柯相所治也。華陂者，齊孝子華寶所築也。古洞陽觀下有洞穴，潛通包山。其觀以梁天監年置，隋大業年廢。秦始皇塢，塢者，林墅之異名。昔始皇東巡會稽，望氣者以金陵太湖之間有天子氣，故掘而厭之。梁大同中有青蓮花育于此山，因以古華山精舍爲惠山寺。寺在無錫縣西五里，宋司徒右長史湛茂之家此山下，故南平王鑠有贈荅之詩。江淹、劉孝標、周文信並遊焉。寺前有曲水亭，一名憩亭，一名歇馬亭，以備士庶投息之所。其水九曲，甃以文甋甗甓，淵淪潺湲，濯漱移日。寺中有方池，一名千葉蓮花池，一名纑塘，亦名浣沼。歲集山姬野婦，漂紗滌縷，其皎皎之色，彼耶溪鏡湖不類也。池上有大同殿，以梁大同年置，因名之。從大同殿直上，至望湖閣，東北九里有北湖，一名射貴湖，一名芙蓉湖，其湖南控長洲，東洞江陰，北淹晉陵，周一萬五千三百頃，蒼蒼渺渺，迫于軒户。閣西有黄公澗，昔楚考烈王之時，封春申君黄歇于吴之故墟，則此也。其祠宇享以醪酒，樂以鼓舞，禪流道伴，不勝滓噪，遷于山東南林墅之中。夫江南山淺土薄，不有流水。而此山泉源滂注崖谷下，溉田十餘頃。此山又當太湖之西北隅，縈竦四十餘里，惟中峰有叢篁灌木，餘盡古石嵌崒而已。凡烟嵐所集，發于薜蘿，今石山横亘，濃翠可掬。昔周柱史伯陽謂之神山，豈虚言哉？傷其至靈，無當世之名；惜其至異，爲訛俗所棄。無當世之名，以其棟宇不完也；爲訛俗所棄，必其聞見不遠也。且如吴西之虎丘，丹徒之鶴林，錢塘之天竺，以其臺殿樓榭，崇崇業業，車輿薦至，是有嘉名。不然，何以與此山爲儔列耶？若以鶴林望江，天竺觀海，虎丘平眺，郡郭以爲雄，則曷若此山絶頂，下瞰五湖，彼大雷、小雷、洞庭諸山以掌睨可矣。向若引修廊，開邃宇，飛簷眺檻，凌烟架日，則江淮之地，著名之寺，斯爲最也。此山亦猶人之秉至行，負淳德，無冠裳鐘鼎，昌昌曄曄，爲邇俗不有宜矣。夫德行者，源也；冠裳鐘鼎，流也。苟無其源，流將安發？予敦其源，亦伺其流，希他日之營立，爲後世之洪注云。

《〔康熙〕鶴慶府志》卷二六佟鎮《霞青宫碑記》 霞青宫去郡城五里許，以在朝霞山，故名。前明宜賓尹莫公寰海夫人所建也。寰海公卒於官，孫夫人長齋繡佛，故作茲宫，像真武祀之，以爲寰海公資冥福。後有閣，閣鑄大士像，兩廊列羅漢，殆夫人寄其學佛之意。此霞青之所由始也。無何，日就傾圮。有上人本全修葺之，得存其舊，而弘廠之觀未覩焉。歲甲申，德輝老衲及其賢上首慈利擴而大之，堂殿樓門，粗有規制，則是霞青之所由完也。至康熙辛卯，德老衲鐘魚再置常住，完美採石砌環門一巨臺，引泉注其下，淙淙然有聲。亭前欄楯相屬，夾竹憑松，可以遲韜𢡟，可以豁吟眸，使舊日溪山重開生面。則又霞青之所由盛也。嗟乎！茲宫未及二百年，而廢興變故已如斯。且大力如寰海公家，猶待諸上人相繼修葺，僅能存其故物，其難其慎，一至於此。後之繼諸上人而起者，可不知所務乎？予夙賞茲山之勝，又嘗與德老衲作世外交，一日，老納遣其徒囑予爲記。予謂佛氏之學，首務治心，作雲堂，置常住，正棲彼治心之人，以了無生之義，是爲最上一乘。若云福田求利益，非特不能知德老諸上人，亦且不自知其本心也。故備述宫之所由始，所由完，以及所由盛，以貽後之主是山而能治其心者。

愛新覺羅·弘歷《御制文初集》卷一六《闡福寺碑文》 太液池之北有亭五，翼然臨於水裔。玉蝀前横，瓊島東抱。波光塔影，淪漣映帶。亭之北綴以閒館，爽塏軒豁，蓋仍前明之舊。康熙中皇祖臨駐西苑，常奉太皇太后避暑於此，後以其地奉安仙馭几筵，遂相沿爲内廷遷次之所。越乾隆七年，肇先蠶壇於液池東北隅，相距甚邇。聖母皇太后以𦼮館盛儀，宜致蠲潔，命改建佛宇。朕遵懿旨，爰出内帑，勅將作葺其舊址，略爲崇飾。寶坊傑豎，香刹雙標，用如幻金剛三昧造大法像，高丈六者三倍之而羸。具慈愍性，有大威神，構層簷以覆之。珠網璇題，金碧照耀，冠於禁城諸刹。上爲慈聖祝釐，下爲海宇蒼生祈祐。始事於乾隆乙丑三月，越明年八月告成，因名之曰闡福。思自無始刧來，生人生物，凡諸福德，各各具有，亦各具足，而彼衆生芸芸冥冥，惟以各得所欲爲福。未得求得，已得求益，無有饜足，爲嗔爲忮，爲丐爲敚，窮刧相尋，輾轉纏縛。時惟因陀羅秉南面權，廓絃恢綱，約以皇度，馭以禁憲，沐以膏澤，浸以醇醲，敷錫多福於有生衆。厥有生衆善根深固，一心信嚮，正知正見，屏諸邪雜，咸得福慶，安樂老壽，滿所願欲。如其弗祇弗延，迺背而馳，式抵大戾，備諸苦惱，亦其自取。大悲氏發洪誓願，施無畏力，拯諸厄難，隨聲赴感，一時普度，拔去孽根，頓生福慧，孽緣净盡，福應備臻。於其本來了無欠缺。要知法王非以己福施彼衆生，亦非別能於彼衆生有所增益，凡此諸福，衆生自有，亦各具足能仁慈悲，遂得普度。古聖帝明王斂福錫福，其亦有同於此也耶！乃闡其義而説頌言：一切有爲法，不能造諸福。能受諸福者，皈依法王力。譬坐暗室中，迷悶不得出。忽遇大力人，闢門開四牖，因得大光明。此大光明相，非藉他目見。又如沈巨海，飄泊無邊底。忽遇大慈航，脱離惡濁浪。及登彼岸已，乃適得本來。告爾種福因，衆生性具足。迷惑不自知，種種成顛倒。願依法王力，恒河沙衆生，乃至未來劫，自性悉清浄，各各受諸福。恒河沙衆生，所受諸福德，同一清浄性，是爲福德聚。

愛心覺羅・弘歷《御製文二集》卷一〇《永佑寺舍利塔記》 自辛未奉慈輦南巡，於夫招提蘭若轉輪祝釐，無不虔掖金根，隨喜檀界，乃識所謂金陵之報恩、武林之六和，歸而欲肖之，以延鴻算。無何而一不戒於火，其一將成而圮，軀玉毁於櫝，有司者不能辭其責也。雖然，予豈肯以工作微過而責人，於是一無所問。且或者如形家之言，北方其誠不可如南方之爲塔乎？則有誌過之作，永罷塔而弗爲。然同時之建於熱河之永佑寺者，不可中止，恐其蹈轍，乃命拆其弗堅及築不如式者，而概易之以石。越十歲甲申，窣堵乃成，巋然峙於避暑山莊，較京師爲尤北，則堪輿風水之論，固不足憑，此亦默有以啟予之不必信八會地節之濫陳禍福，以聳聽乎。若夫工匠於未經試繩墨者，棘手瞠目，亦人情之常。政不必畏難塗廢，而棄前功於無用也。然是塔經營之初，實爲四衛拉特來歸西師籌畫之始，至自今大功告成，伊犁耕牧日以闢，而堵波法輪舍利迥焕，所謂有志者事必成。儒釋雖殊途，其理則一也。兹故詳誌其事，而於刹土僧祇化城福田之説則畧之，抑以金剛六如，雖調御相好，有所弗屑，何有於塔也。塔陰泐《避暑山莊百韵詩》，敬闡皇祖巡狩之義，欲以示範永世，乃予本意。後之人讀是碑者，當以繼武詰戎爲兢兢，政不必以闡象教期利益爲亟亟，則思過半矣。

于敏中等《日下舊聞考》卷五二愛新覺羅・弘歷《重修白塔碑銘》 粵大清乾隆十有八年，歲在癸酉秋七月，重修妙應寺白塔。朕手書般若波羅蜜多心經一卷，及梵文尊勝咒，並大藏真經全部七百廿四函，用以爲鎮。閱三月工竣，既勒文紀事，復爲之銘曰：

神京西偏，寶塔屹然。位正臨兑，隅衺控乾。色應金白，形規幢圓。昉於何時，創遼迄元。載歷有明，更名以傳。皇我聖祖，修舉廢湮。然不斷燈，演無遮筵。祇陀金布，闍崛石邊。流丹耀景，虹光燭天。空花不散，魯殿巍焉。予緬聖澤，敢弗祇虔？爰命葺釐，完毁補偏。咨將作匠，量水衡錢。敝者更之，漫漶飾旃。匪棘其欲，期善繼先。像設告蕆，親莅禮觀。莊嚴珠珞，的爍寶蓮。圓相具足，卍字駢旋。伽梨互映，忍鎧並堅。栴檀雲湧，獅象隊聯。周視招提，五色相鮮。天龍八部，雞足九埏。地字無垢，界名初禪。七寶競彩，百和騰烟。畢落枝蔚，曼殊華妍。岌岌窣堵，拔地孤騫。玉笋不籜，雪山齊巔。放毫相光，現離垢緣。金枓影直，寶鐸響連。於爍蘭若，朗耀大千。皇祖遺蹟，勿墜益綿。聖祖丕冒，佛慈廣延。上資壽母，福海無邊。共溥利益，覃及垓埏。運華嚴界，散功德泉。緊兹精藍，實廣福田。爰誌樂石，垂億萬年。

李調元《童山文集》卷八《游馬馳寺記》 馬馳寺在綿州北三十里，中有靈井，爲州八景之一。井去南村僅十里，髫年讀書在鶺鴒寺，去寺數里，欲游之而未得。後服官三十年，時時縈念，人有問靈井者，愧無以應也。今年九月二十六日，紅葉初飛，黄花滿地，余弟龍山謂余曰：曷不作馬馳游乎？余欣然，便携門人黄生，從一奚童，肩輿出門。由馮家嘴山口，沿羊腸，攀鳥道，過雙石橋，迤邐至寺。寺在鳳凰山麓，左爲九龍山，横雲擁翠，迴環如抱；右爲金頂山，山頂一松，如繖如蓋。登山而望，氣象萬千，洵一大道場也。殿宇五層，第一爲樂樓，樓下巨石，有馬足踏痕，寺所由名也。二層爲靈官樓，三層爲金剛殿，再上四層爲關帝殿，再上即佛殿矣，所謂上主靈廟，雖毁，基猶存焉。兩廊十餘間，僧才二三人，不免古寺牢落之嘆。禪房前有桂樹，大可數十圍，蔭蔽一畝，百餘年物也。東檐西廊有紫薇，根干奇古，如攫如拏，皮脱而膚現，搔之則動，所謂怕癢事也。東檐有樹一株，如碗大，葉似枇杷，而長可尺許，葉叢於顛，皮似白楊，異之。僧曰：此石瓜樹也，六月開花，八九月結子成穗。余因乞其子，種之殿前。石臺下有碑，爲明嘉靖二十三年左綿高第爲比丘妙叢撰《修理正覺寺記》。又由外垣折之殿後，有一碑，爲明成化十三年釋桂庵爲其師默庵撰《藏身碑記》，四方砌石，碑高一丈，寬四尺。向有亭，俗所云摇亭碑動者。今已圮。兩碑皆爲荆棘所縛，而字尚明顯，丞命余弟與門生録之。顧所謂靈井者獨不見，僧曰：井在山下方家壩，去此尚一里，盍往觀乎？遂命抬人肩輿覓路，至則井在野田中，有兩婦方據井雪姜，旁有兩汲瓶。曰：此必是矣。問之，果然。其井口有整石板，方其外而圓其口，縱横八尺，有圓石井蓋，仰卧于地，寬廣亦如之。問之老人，曰：此井向有光，如佛背光然。每風和日朗，井中絲氣或上，則爛漫爲云雨，故旱禱輒應，啓閉以時，不知何時爲浴袒者所穢，遂不靈矣，故不復閉。今壩中民借其泉以溉田，可灌二百餘畝，則仍食井之報也。然不敢浴，浴則病，故皆尊之曰「聖井」。余聞而益異之，視其深不過數尺，而原脉混混，晝夜滋濡，遂至澤及百家，長我禾稻，此而不靈，尚何爲靈乎？佛光之照，若有若無，何益民生？則固不以此而易彼也。使天而雨珠，饑者不得以爲食，又何必詫龍珠出骨，雷震復墜之奇哉？老人以爲然，遂記之。

武億《授堂文集》卷二《遊鞏縣石窟寺記》 余遊石窟寺，得唐宋碑刻，年月書撰可識者凡五。最後迤殿之東偏，尋觀石壁，又折而西。壁皆人力鑿龕，洞然深越，其龕之大，以丈計者有三。傍崖稍用剷治，輒畫區布界，地鑿象者若干，題年月日者，又莫能殫記焉。其有題「普泰元年，歲次淬孩，比邱某起造聖像。」普泰，魏節閔帝號也。辛亥字從水，當時僞體字如是，或亦因魏氏以水運興故也。然帝以辛亥二月爲爾朱兆所立，越明年而遂廢矣。五月十四日造石像一區，東魏孝静帝建元天平也。大統四年二月廿六日造石像一堪，則爲文帝所改元也。又有天平三年不記月日者四，天平三年書三月壬寅朔三日者一，天統七年四月者一，天統元年三月者一。天統，齊温公緯也。河清三年四月者一，齊世祖湛也。天保二年四月者有三：三月者一，題「許昌郡中正都督府長史」字可尋；又二月者一；六月者二；又九年六月者一。唐龍朔元年四月八日者一，下有「鞏縣河濱鄉楊造石像」字；三年五月者一；二年歲次壬戌五月己丑廿八日景辰者一；乾符二年八月十日者一。總章元年四月二日者一，下李光嗣名存。咸亨元年五月者一，三年十月者一。乾封三年者二。久視元年六月者一。延載元年八月者一。咸通八年六月、二月者又各有一。往者余走四川，覲朝天關，下瞰江水，石壁嶄立，積龕無數，皆雕鐫佛像，形模大小，莊嚴悉備，于時捨陸就舟，水迅不得泊視爲憾也。近復聞山西大同城西三十里雲岡堡巖上亦刻佛像，與此窟畧似。而洛陽伊闕，最爲宇内鉅觀。以故崖間凡有昔之題記，往往爲世所覩。今石窟寺僻遠，人跡罕所尋歷，而余以居間無事，得寓目焉。又嘆著録佚而不書，雖近如府縣志亦失載，於以嘆其久湮而迹不彰也。《魏書》宣武帝景明元年，詔大長秋白整準大京靈巖寺石窟於雒南伊闕山，爲高祖、文昭皇太后營石窟二所。攷此石壁之西，金建某像塔記有洛陽郭仁文，已云「自後魏宣帝景明開鑿爲窟，刻千萬佛像」，則信爲宣武營治矣。然史獨不詳此，或亦有所漏與？時與余偕者，杜君雲喬、焦君萬年，夜同宿寺僧舍，匆迫書之，時爲丙午歲三月之廿八日也。

黃景仁《兩當軒集》卷九《雲栖寺》 五雲山矗行復低，縱横十八澗九溪。何山不雲此間好，入塢忽逢雲所棲。漫空緑雨竹千頃，入不辨出雲俱迷。鐘聲道客出蘭若，步擔一二逢闍黎。蓮池蜕跡此焉在，一草木意皆含西。嵐形龕抱定光見，鮐皮如腊山肩齊。和南乍了嗒相對，師乎何語相提撕？旃檀噴鼻和薝蔔，伊蒲果腹甘餳飴。齋餘寺後看巖澗，腰腳縱好須扶藜。蘚堦四漫泉濊濊，藤壁獨裊煙淒淒。回峯閃緑埋倒景，急瀑掛練飛長霓。延緣復值徑窮處，嶺頭尺五夫抽梯。飛空騰擲我無具，有不盡意輸鼪鼷。名山幾處過如霧，眼膜欲刮無金篦。今宵且可抱雲宿，忍待日出窮攀躋。

惲敬《大雲山房文稿二集》卷四《光孝寺碑銘》 光孝寺在廣州府治迤西北一里所，於晉曰王園，於唐曰法性，於宋曰乾明，於明曰光孝。本朝順治十三年，東莞長者蔡元真重建。其時，靖南王、平南王勦李定國，駐師粵中主其事，後碑文以違詔格毀廢，垂一百五十七年。今皇帝嘉慶二十年，陽湖惲敬至廣州，沙門齊方暨諸檀那咸以爲請。敬以光孝寺爲粵中大道場，多天竺及支那應化之迹，而大鑒禪師於寺下髮秉戒，開最初法，浮圖之教，大鑒有功力焉。可以發明本末，分析源流，使後世無所倚惑，於是爲之銘，使碑於庭。蓋自菩提達摩尊者航海居嵩獄，二傳得大祖而始尊，五傳得大滿而始著，六傳得大鑒而始大，八傳至大寂無際而始變，十一傳至臨濟、洞山、仰山而始分，十三、十四傳至雲門、法眼而始極。大鑒之前皆精微簡直，而大鑒有以昌導之。大鑒之後皆超峻奥衍，而大鑒有以孕括之。故敬嘗謂大鑒之於浮圖，如孔子之教之有孟子，蓋謂此也。大抵西域君與師分治，主教者不治事，故浮圖之教引之而愈高，推之而愈微，由律而教，由教而宗。宗之始至中國也，求道之人皆堅持戒律，博涉經論，然後竭生平之力歸心正法，其意識之障積漸銷除，故一言指示即契大旨，如琴動而弦應，山頽而鐘鳴，以順得順者也。其後江西、湖南玄風大行，人人求一日之悟，東西推測，皆意識爲用，故廣設門庭，抑之使不得出，截之使不得行，庶幾塞極而通，閉極而剖，如鱗羽之化者必蟄其體，草木之坼者必固其孚，以逆得順者也。至於大鑒，遇言則鏟，遇見則拔，縱横無礙，浩汗無極，以縛爲解，以相爲空，如火之燎不可近，如海之泛不可禦，兼用順逆者也。後世學浮圖之人，上下根皆接，大小乘俱圓，權實皆匯於大鑒，此唐、宋、元、明以來其徒所不能易也。中國則君與師兼治，故孔子之教以下該高，以顯該微。其傳之後世也，戰國諸子亂其緒，兩漢諸儒拾其膚，宋、元人以浮圖之實言附孔子而諱其名，明人以浮圖之玄言攻宋人而紊其次。合之聖人遺經，各有得失。是故戰國之言通達，通達久則生厭，而浮圖之律乘得行；兩漢之言滯執，滯執久亦生厭，而浮圖之宗乘得入；宋、元，明之言往復變動，往復變動則生疑，而浮圖之教乘得以游衍附託。此則陰陽之屈伸，人心之往來，其互相乘除者也。其間有大力者，於後世儒者之言必求之孟子之書，以定其歸；浮圖之言必求之大鑒之書，以要其會。然後本末可明，源流可見。

惲敬《大雲山房文稿二集》卷三《遊六榕寺記》 東坡先生過陽羨，書周孝侯斬蛟之橋。敬在常時往求遺迹，橋已易名廣濟，先生書石刻藏之敗屋中矣。過嶺求六榕寺遺迹，先生書懸門之楣，寺亦易名浄慧。廣濟、浄慧於先生所名，不待智者能决其得失，而世人必易之，何也？六榕已久廢無存，院宇爲諸沙門障隔成私寮，牆壁縱横，階徑迂曲，無可遊憩。其舍利塔重建於宋與明，頽陋甚。先生所書《永嘉覺證道歌》共四碑，面陰皆刻之。一碑在塔之左，餘三碑不知没何所，可歎也！敬前與石農廉訪飲六榕山房，語及先生此書。後數日過光孝寺，天雨新霽，望舍利塔浮浮然，遂與定海藍奉政及二沙門往遊，不謂敗意如此。東坡先生年五十九以謫過嶺，敬休官後至此亦五十九。文質無所底，於先生何能爲役？而石農廉訪擁傳來，年五十八，方公風節、經濟、文章自厲，求所以不愧古人者。若是，則六榕山房之必傳於後如六榕寺無疑，特未知世人所以易之者又何如耳。蓋天下是非成毁之數，君子所不能争，亦必不争，而其可信者自在，皆如此也。

惲敬《大雲山房文稿二集》卷三《同遊海幢寺記》 順德黎仲廷善琴而嗜於詩，與海幢寺沙門江月爲方外之交。海幢寺者，長慶空隱和尚經行道場也，在珠江南壖，西引花田北，東環萬松嶺，爲粤東諸君子吟賞之地。敬至廣州，樂其幽曠，嘗獨往焉。八月之望，與仲廷飲於靖海門之南樓。隔江望海幢，如在天際，意爲之灑然。仲廷遂邀同志於後三日集於海幢。是日，至者皆單衫、青鞵、蒲葵扇，其齊紈畫水墨數人而已。南村麥學博鼓大琴，爲《關雎》、《塞上鴻》之操；鳳石鍾孝廉以樂書吹笛定其弦；敬獨卧江月房，仲廷起之，與蒼厓黄提舉、聽雲譚孝廉聽焉。而青厓梁中翰與隱嵐吕明經棋於側，若不聞者。人心之用固如是歟！澧浦謝庶常創意畫元人六君子圖，立大石主之。其仲退谷上舍及東坪伍觀察、墨池張孝廉、小樵何上舍、香石黄明經爲點筆渲墨。隱嵐棋罷，亦有事焉。澧浦謂石庫不足主六君子，退谷增之及尋丈。文園葉比部與其仲雲谷農部謂宜歌以詩，於是在坐者皆爲六君子詩，且侑之以酒。何衢潘比部後至，亦爲詩，皆性之所近也。仲廷、香石遂訊子居爲遊記，柟山張孝廉書之幀首，期後日刻石於方丈之壁間。江月，空隱下第九世也。空隱一傳爲雷峰禔，再傳爲海幢無。海幢無整齊如百丈，靈雋如趙州，汪洋如徑山，國初龔芝麓、王漁洋諸人俱共吟賞焉。夫士大夫登朝之後，大都爲世事牽挽，一二有性情者，方能以文采風流友朋意氣相尚，至枯槁寂滅之士，無所將迎摇撼，故嘗有超世之量、拔羣之識如海幢無者，蓋佛氏上流。敬爲儒家言數十年，惜乎未得生及其時，與之掃榻危坐，各盡其所至也。

惲敬《大雲山房文稿二集》卷三《重修松竇庵記》 敬始至瑞金，即聞有松竇和尚者，在本朝初年以詩名嶺南北。求其詩讀之，蓋灑然有以自得焉。及見黎參議所爲塔銘，始知和尚初習禪觀於縣東之烏華山。得法後，縣人嘗招提以居之，環院宇橋道種松千萬樹。其山巖谷深奥，日月如竇中仰視，故名之曰「松竇」。敬心向之，而未得即往也。後陳茂才雲渠來談縣西山水之勝，皆遠在數十里外，以暑不及遊，因同遊縣東之松竇。陟岡繞澗，盤旋於陂陀曲折中，意境頗幽寂可喜，及望見烏華之麓，則偃仰者不過三五樹，餘者久摧爲薪，其院宇橋道亦荒落矣。清澗者名悟增，和尚之三傳弟子也。性清苦，亦爲詩，寄居南塔寺。聞敬遊松竇，請復住持，而田屋皆已廢斥。州司馬楊家騂、茂才楊國芸等悲清澗之志，請於敬，謀之數年，用公使銀葺佛殿及寮房，贖其田歸之，而清澗復住持松竇。敬時已去瑞金矣。喜清澗能繼其師，而諸君子不廢古昔，爲嶺南北勝事，雲渠聞之，當亦快然撫掌作再遊之計也。遂記其始末如此。

惲敬《大雲山房文稿二集》卷三《重修松竇庵後記》 松竇山施於顧廷舉，其佛宇衆善成之。今存者已葺治，其頽廢者附記名題及間架於左方，庶後有能復之者焉。常住田皆開山時所買，後廢斥未贖者四十一畝，已贖者三十五畝，亦附記於左方。

護生居三楹，有左右廂各一楹。

田寮，東三楹，西三楹。

廚房三楹。

右共屋十四楹，在烏石山下，見存。

大殿三楹。

殿東，怡雲室三楹，即方丈。

殿西，齋堂三楹，廚房三楹，石香樓五楹。

殿前，甘露閣三楹。

殿後，嶺上藍浮亭，左下古月臺。

右共屋二十楹，亭一，臺一，在烏石山上。雍正十三年燬於火。

民田四十一畝，租四十五石。

右楊姓民田，康熙十二年、十四年前後買，至乾隆五十六年僧達念、峻山、空階、真皎、空仲出賣，未贖。

軍田二十五畝。

右羅姓軍田，康熙十五年頂畊，乾隆五十七年達念等出退，已贖回。

軍田十五畝。

右乾隆二十四年僧繼慧報墾，乾隆五十七年達念等出退，已贖還。

嘉慶十八年八月初八日，知瑞金縣惲敬記。

阮元《揅經室三集》卷四《六合縣冶山祇洹寺考》 嘉慶十二年，余在揚州，入西山酒城，拜外祖林榮禄公墓。冶山者，更在西數十里，遂登之。山多鐵，可拾而熔也。冶山之勢，自西北棠山來，西、北、東三面皆回抱而虚其中，有二泉，自山中出，匯爲溪，南流注於江。其東南之峰，下方而上鋭，有石脉出其下，起爲岡脊，南延數里爲原田，實爲溪之東岸。一在原上，曰上陳莊，（别有下陳莊，更在其南。）莊西向，溪經其前，溪之外有近山，山皆卑，迤邐相接，至西南桂子山而止，實爲溪之西岸。立於莊之前西望，近山之外復有青色遠山，山形正方如屏，與莊相對，夕陽落山外時，嵐黛更濃矣。冶山泉石縈回，水木清湛，非郡城所有之境也。山口有祇洹寺，寺屋十數楹，甚荒陋，無舊碑記可讀，然可少憩焉。十四年冬，余重入翰林，檢《永樂大典》，見宋《紹熙儀真志》載唐開元二十三年六合令房翰《祇洹寺碑》文，凡千餘言，碑稱此寺吴始爲象塔，梁以地若祇洹，遂以爲名。宋國公鎮吴州建寺，隋皇爲晉王時立白樓，隋末焚壞，唐開元重建，且有「座飛萬鶴，門結千龍，影殿香臺，雕甍綃柱，三百間邃宇，十八變雲圖」諸語。然則此寺最古，唐時且甚壯麗矣。又碑云：八百人遂以名村，然則上陳莊即稱之爲祇洹村也。亦可爰考而記之，以告游斯山者。

《〔道光〕廣東通志》卷二〇四錢大昕《潛研堂金石文跋尾》 龔澄樞造鐵塔，在廣州光孝寺。文凡七行，世所傳者惟西一面文。乾隆甲午夏，益都李文藻素伯諦觀東、南、北三面鐵綉中隱現有字。募人錐出榻之，文皆與西面同，而每行字數有多寡，蓋非一範也。素伯又爲文記塔之形制云，塔自趺以上高丈有九尺六寸，石趺四重，刻獅獸。鐵趺四重：一作瓦檐形；二作龍戲五珠縮其地，廉外爲四人首戴；第三重如贔屓狀，三重亦刻花紋；四重周作蓮花，四面各闊四尺六寸，爲瓣九，中瓣刻文於上。自蓮花瓣以上，凡七層，以次而狹，皆鑄佛像，最上闊不過二尺，又爲蓮花頂。每層大佛一，衆小佛環之。每面七層，計二百五十佛。四之，則千佛矣。下二層佛旁有字，梯而視之，第一層東曰「釋加佛」，西曰「彌勒佛」，南曰「彌陀佛」，北曰「藥師佛」。藥師佛者，釋家謂之功德佛，其造塔者自況乎！第二層東「盧遮那佛」，南「盧舍那佛」，西「牟尼佛」，北「毗舍浮佛」。它佛名皆刻佛左，而此獨刻佛右。塔頂似有字，勢甚危，不可梯也。

陳壽祺《左海文集》卷三《七塔考》 七塔者，閩都之雄勝也。

净光塔，唐貞元十五年觀察使柳冕建，庾承宣撰碑銘，尚存僧寮。晉天福六年，閩王延羲重建石塔十級，曰崇妙保聖堅牢塔，今之石塔是也。

神光塔，故在報恩院南澗寺南。大中十一年，觀察使楊發命僧鑒空造，咸通九年敕號者也。

定光多寶塔，在萬歲寺。天祐元年閩忠懿王建，明年始賜名也。

定慧塔，故在大中寺。梁開平四年閩王建，宋天聖中復造者也。

崇慶塔，故在安福院。梁乾化二年忠懿王建，今塔崎是也。

育王塔，故在文興里北。《三山志》云閩王時有之，佛殿題「琅琊安遠使募緣蓋造」。宋康定二年重建者也。

開元塔，故在太平寺後。唐同光元年建，後并入開元寺，宋天禧，元豐重建者也。

《三山志》云：閩之浮圖始於蕭梁，高者三百尺，有倍之者。乾符五年，巢寇焚殄無遺。忠懿王復其二，定慧、神光是也。然定光、崇慶、開元，亦王所造。定慧，梁《志》又以爲延羲建。延羲自立在晉天福六年，而是塔建於梁開平，則梁《志》誤也。《志》引謝郎中泌詩：「城里三山千簇寺，夜間七塔萬枝燈。」七塔之名見於此。《閩書》引是詩，爲宋末安撫徐經孫恐何書，亦誤也。然安福院之崇慶塔，元豐後寺災遂廢，非謝詩所指。宋熙寧間，建普光塔於甘棠坊，五級，明洪武間增爲七級。甘棠坊今入滿洲駐防地，謝詩蓋謂此也。今城中獨净光、定光二塔巋然存，余并毀也。

唐季閩中佛寺甚繁，王氏復增二百有奇，窮極土木，國隨以亡。況浮圖雄麗，若鬼神爲之，存之誠不如其毀之之爲愈也。然而詞人墨客流連風景，猶不能不以之俯仰慨懷，古今一致，其意趣殆出乎埃壒之表者也。

道光九年冬十月，何生廣華昆季搜訪金石，得古殘磚於東南城堞。有真書陽文三，曰「九仙塔」。字大徑寸，類晉磚字也。磚長八寸二分有半，厚一寸八分，博僅五寸五分，蓋方形而缺其半也。

九仙塔於傳記無徵，或曰今塔崎，巷外有街通焉，俗呼仙塔街，疑九仙塔即安福院之崇慶塔也。《三山志》云：安福院塔，號新塔。《閩都記》云：俗呼新塔，疑土音「新」、「仙」相近，故訛「仙」爲「新」，而《志》從之。不知仙塔之名，乃沿於古也。塔崎屬丁戊山，丁戊山者，九仙之支，則是塔之以九仙名可也。或曰即定光塔也。定光與九仙尤密邇，自山上望之，若尋仞間。且於山東有九仙觀，通津門外有九仙坊，寧越門外有九仙橋，皆以相鄰襲其號，九仙塔猶是也。初造塔時，未有定名，旅人范甓即以九仙字之，此其遺也。之二説者咸若可取，姑識之，以俟博古者之辨之也。

陶澍《陶澍全集・補遺二・重建啓安寺記》 安化本益陽縣梅山地。自宋熙寧四年，開上梅爲新化縣，五年，開下梅爲安化縣，各建一寺，析年號榜之。新化曰：「崇熙」，安化曰：「啓寧」，此寺所由昉也。其時，主啓寧者僧古梅，邵陽車氏子，出家大潙山，在芙蓉之東，距此百餘里。初至，誅茅爲菴而已。迨安化置縣，治洢水東，倚東華山麓，而寺隨之。后以水患徙治洢水西，遂名其舊地曰「啓寧坪」，而建寺於治址。計自初置縣以逮道光元年辛巳，前后已七百有五十年。而土人猶能指其初基者，以斯寺爲之蕞也。

憶嘉慶七年壬戌，澍以新入翰林，爲庶吉士，請假歸省。明年癸亥春入城，謁祀祖祠。暇日，侍先子萸江公偕友游東華山，小憩寺院，賦詩紀事，有「喜得趨庭兼縱目，非同竹院話浮生」之語。維時，宿雨初晴，遠山如沐，繞籬花木，翛然作塵外想。惟棟宇傾圮，僅存一樓，聚神像其中。先子慨然謂：「斯寺之興，實啓安化。非徒爲苾芻栖息已也。」遂發願：俟綿力稍充，獨任修建。明年甲子正月，澍起假入都，而先子亦以議修縣志來城。暮春，復偕明經王平寓諸君重游茲寺，俯賜和澍前韵，有「傍砌苔仍侵舊雨，隔簾花亦弄初晴」之句，詩載集中。又題關忠義楹聯云：「敢問何謂浩然？曰忠、曰信、曰仁、曰義；如有所立卓爾，乃聖、乃神、乃武、乃文。」聞者咸驚嘆。以爲聯語正大，得未曾有也。及今又三十餘年矣。

澍以菲材，渥荷聖恩倚任，駸歷中外，官至一品，追維積累，欲報無由。道光十年庚寅，自江蘇巡撫進督兩江，寺僧潭月以書來募化重修，且述前事。澍不覺恍然憶及侍游之日，如在目前。因屬蔣君高攀兄弟，就近經理，糾工庀材，凡兩年而告竣。爲屋三進，中爲正殿，高二丈四尺八寸，縱三丈四尺，廣四丈六尺，以奉釋迦牟尼文佛；前殿高廣如之，以奉關忠義；後進亦如之，以奉敕祀鄉賢萸江公，兩旁接連廂房，以居住持僧人。大門改題「啓安寺」，敬避御名。且以志安邑肇基之迹也。周圍繚以磚墻，東西直長一十八丈，自左至右寬五丈，共用磚十四萬有奇，瓦二十四萬有奇，棟梁、板壁用樹二千有奇，灰石若干，總共用銀四千兩有贏。皆澍頻年廉俸所餘，不捐之官，不募之民，成先志即以表君恩也。系之詞曰：

東華巍巍，伊水瀰瀰。山高水長，奠安之基。安邑基矣，啓宇於斯。神民和洽，福禄綏之。

道光十三年冬吉旦，太子少保、兵部尚書、兩江總督邑人陶澍謹記。

《〔光緒〕太谷縣志》卷七武蔚文《重修酎泉山寺記》 泉非酎，以「酎」名，美泉也。「酎泉」非山，山以「酎泉」名，美泉及山也。山水之間有古寺，寺無名，即以「酎泉」名，美泉及山，因并及寺也。泉美矣，山美矣，寺美矣。湯湯者可以長流也，巍巍者可以長峙也，煌煌者金碧而莊嚴，可以長焕也。乾隆四十二年，邑侯單公倡議重修。集城鄉紳士董其事，於四十六年告成。佛殿宏敞，而隆道宫猶未復也。至是，始易觀爲寺，以僧守之，而酎泉寺之名始著。繼自今幾六十年，漸就傾圮。道光五年秋，佛殿檐爲風雨撤去。寺僧急延衆檀越請葺之，衆皆有難色，慮其工之鉅而費不貲也。時族叔覲光、先兄化興揚言於衆曰：「事豈在難哉？亦爭乎力耳！」衆皆踴躍。復商於在城諸紳士，亦樂襄此舉。具白之官，邑侯彭公署曰：「可。」繼任劉公甫下車，首輸廉俸，以爲之倡。衆心益奮，協力捐貲，共募得數千金。庀材鳩工，自丙戌以迄丙申，而厥工告竣。佛殿前，復明廳，其下爲基三成，依巖爲壁，構社房各三楹。由兩掖折而下，中唐建韋陀閣。左右爲兩廡。降自中階，東西爲天王殿。正北開山門，直趨數十級，地勢始平。矯首望之，層巒飛閣，翼如也。周圍繚以垣。垣外酎泉出焉，匯爲池。舊淤淺，浚而深之。拓南岸數丈，甃以石。中央起四明亭，昔之所謂鳳洲者，今始復焉。南北通石橋。岸旁植榆柳，不下百餘株，爲游人憩息之所。其餘若官廳、僧舍等，莫不剪荒蕪而繕治之。缺者補，隘者充，陋者飾，而諸美畢集。

《〔咸豐〕安順府志》卷四八齊聖渭《重修飛虹山雲龍寺碑記》 寺者，嗣也，謂治事者相續以有成也。郡城東郊飛虹山，怪石玲瓏，丹巖峆嶇，曲徑盤折，竹木扶疎。昔傳前明建文遁迹到此，其或然與？先是觀凡禪師開山立廟，有佛殿數楹，後建一閣，奉大士像。風雨所侵，日久崩頹。□石禪師與其徒雲松重修之，稱繼美焉。傳至不肖僧耳殿，不守禪規，逐年蕩廢。其徒海霞，與俠邪遊，蕩廢益甚。即□石所修樓殿廊閣，縱不至頹簷朽桷，淪滅於石壁峻嶺中，而卑隘欹側，無復一種閒情冷艷之致矣。聞諸當事，邑尊劉公擇緇流中老宿覺林委住焚獻，清查田畝，得常住四十餘石，僧衆賴以安。監院師海通，林徒也，覩廟宇將圮，矢志重修，期圖永固。山徑未平者，復砌之；基址未固者，復築之。若殿，若樓，若廊，若閣，若客房，若方丈，若廚室，若齋堂，皆佛像裝嚴，丹青黝堊。約費二千餘金。自乾隆四十一年蠲吉動工，越嘉慶七年，次第告成。餘置租穀二十餘石，永助焚修。予維名山勝蹟，羣真之所呵護，百神之所憑依，往來文人學士，選勝留題，視塵世烟火穢濁之氣不類。賴司啓閉、給糞除者，因其廢墜而整理之，斯歷劫不朽。但功大難成，力多易舉，廣叩十方，借勸善信，得好施檀越，圓成善果。人情大抵然也。而師一椽一瓦，不貲人緣，耕作齒積，建此不巧之業，非志行堅定者能之乎？師曰：山靈告成，吾願已畢，從此鍵關禁足，看徒子若孫，持戒律，參内典。彷佛東坡《贈惠山寺僧》「歌枕落花餘幾片，閉門新竹自千竿」之句。此亦可想見師之志矣。重修時，與師共任勞者，有徒元亮、元定、元正、元奉、元體、元德等，其勞均不可泯。元定習儒書，曾從予遊，予嘉其不染塵俗，字之曰「鐵如」，亦善行僧也。爰染翰而爲之記。

冼劍民等《廣州碑刻集・張兆棟・重修六榕寺佛塔記》 廣州城西有寺曰寶莊嚴，中有塔曰舍利，梁大同三年沙門曇裕所造也。唐及五代，世有繕修，迄宋初毁於火，勝迹遢然。元祐元年，郡人林修創議建復，改其名曰千佛，凡九級，高二十有七丈，巍煥輪囷，實爲粤東之望。然其間時移世變，更數百年，屢興屢廢，風雨剥蝕，兵燹摧殘，已非昔日之舊矣。迨咸豐六年秋，爲災，塔頂亦委墜於地，象數陵夷，於斯爲甚。余以同治壬申歲奉天子命來撫是邦，幸賴聖澤覃核，歲豐人和，海宇無事，於是縉紳耆老咸以修塔請，僉曰：「是塔俯臨百粤，雄闞三城，厥狀如五色，筆矗插霄漢，有文明之象，加以王子安記事之文，蘇子瞻題額之字，前賢遺迹，烏可久湮。今當百廢具舉，盍重新輪涣，爲萬民祈福乎？」余因念培植文風，興復古迹，皆守土責也。遂商諸瑞澄泉節相長、樂初將軍及二三僚友，詢謀僉同。爰籌經費，并選干員，鳩工營繕。經始于同治甲戌孟秋，至光緒元年四月而工成。規模宏麗，寶相莊嚴，四方來觀，翕然稱善。惜乎澄泉節先已騎箕，未能一日登覽以落其成，良可慨哉！雖然，余之與諸君子經營是役者，非徒爲壯觀瞻、快臨眺已也，使他日人文蔚起，海澨澄清，民登衽席之安，士萃衣冠之盛，而後此舉爲不虚焉。至謂是塔以鎮海眼，地脉所關，鄉曲傳聞，存而弗論可耳。與是役者，布政使俊達、按察使張瀛、鹽運使國英、督糧道貴珊、補用道文星瑞、廣州協副將喀郎阿得附書。是爲記。誥授資政大夫兵部侍郎都察院右副都御史巡撫廣東等處地方提督軍務兼理糧餉山左張兆棟撰并書。大清光緒紀元歲正旃蒙大淵獻斗柄指已之月谷辰。

丘逢甲《嶺雲海日樓詩鈔》卷七《南漢敬州修慧寺千佛鐵塔歌有序》 庚子秋游梅口鎮，温柳介同年示以黄公度京卿所寄《南漢敬州修慧寺千佛鐵塔銘》搨本，矜爲創獲。及冬抵州謁京卿，得見塔殘鐵。其第七層一方即銘文，三方缺，故不知鑄者銘者姓名。四層及六七層之半俱佛像，以所得約之，知塔有千佛。惜缺者無從覓，不能見其全矣。塔蓋南漢劉鋹時州民募建以祝福者，與光孝寺東西鐵塔奉勅造者先後同時，計大寶八年乙丑歲建。而始毁於同治四年乙丑，閲歲乙丑者已十有五。銘文詞近《爾雅》，書亦具體顔平原。州中之金，此爲最古。惜省志州志俱未載。吴石華先生《南漢金石志》搜羅甚廣，亦失之眉睫，致久鬱而不顯，浸至殘毁，無過問者。今京卿得焉，不可謂非此塔此鐵之遭也。塔址在一小山上，梅江繞其下，去人境廬不半里，登璇樓可望見。惟修慧寺今不知何所。或云康熙間塔自齊州寺移建今址，然無可攷證，亦第故老相傳云爾。京卿已屬柳介載入今州志，復作歌屬予和焉。弔古慨今，遂有斯作。

五金之用鐵爲廣，惜或竟付降王長。上供鑄柱下鑄牀，更鑄貪癡佞佛想。有鐵不遺鑄五兵，又不鑄器資民生。峨峨兩塔奉勅造，民間觀者如風傾。梅水東來避災地，上有先朝修慧寺。眼中突兀窣堵波，不惜烏金鑄文字。誰歟銘者工祝詞，賢劫千佛森威儀。皇圖欲仗佛力固，安知天降香孩兒。一鐵山圍一世界，劫火中燒萬法壞。巍然此塔九百年，相輪夜轉罡風快。豈惟牛角難長延，眼看宋蹶元明顛。敬州遺事共誰説，塔端鈴語缺不圓。塔鑄何時歲乙丑，有大力者負以走。十五乙丑塔乃傾，敢信佛緣能不朽。自從象教嗟中衰，中分淨土參耶回。競假天堂地獄説，乘虚與佛争東來。東來明星張國燄，礮雨槍雲鐵飛艦。天經唪罷萬靈噤，海旂颭處千官謟。與之抗者談真空，白蓮萬朶開魔風。誰云此獠有佛性，妖騰怪踔巾何紅。此亦當今一張角，滿地黄花亂曾作。國成誰秉邪召邪，聚鐵羣驚鑄此錯。黄金臺邊鐵血殷，六龍西幸趨函關。麻鞋何日見天子，小臣足繭哀荒山。梅山蒼蒼梅水碧，雄心陶寫付金石。眼駭殘鐵南漢年，古鏽斑斕鐵花積。當時鐵者知何人？寺荒塔壞朝屢新。小南强花空供養，即今諸佛無完身。鐵不得用鐵之辱，海風夜嘯蛟涎濁。神州莽莽將陸沈，諸天應下金仙哭。謂佛不靈佛儻靈，睡獅一吼獰而醒。破敵神兵退六甲，開山力士驅五丁。五嶺雄奇積煤鐵，礦政未修民曷殖。地不愛寶資中興，會須富國兼强國。吾國平等存佛心，紛紛種教休交侵。行看手鑄新世界，采山有詔需南金。人天同慶迴末刼，王氣寧容霸氣雜。神力永鎮閻浮提，何須四萬八千塔。

冼劍民等《廣州碑刻集・長善・重修六榕寺佛塔記》 廣州都會，憑山瞰海，爲百蠻鎖鑰，番船連檣，貨寶鱗集，固一大重鎮也。城西有窣堵坡焉，大同三年曇裕法師建塔，賜號寶莊嚴者是也。唐王勃嘗撰《舍利塔記》，宋端拱中修繕之，改名淨慧寺，後毁於火，塔無存。世易時移，陵谷遞變。元祐元年郡人林修創議建復，夢神告以在子城朝天門外里許四環有九古井者，即故基也，果得之，并獲古鼎鏡劍。塔乃成，計九極，巍峨輪焕，雄矗天半，海舶收港引爲表望也。昭聖時蘇文忠公謫戍嶺南，僑寓天慶觀，沙門道綜丐公題額，公喜其地有六榕，古翠濃蔭，大書「六榕」二字，與之懸諸門榜，由是來游者仰玩東坡墨寶，群以「六榕」呼而不知寺名之爲淨慧也。噫異矣！公文章經濟，麟麟炳炳，爲宋名臣，惜其道未之大行，使非偃蹇南來，前賢穎沉，何以光巒儆而與佛塔同壽哉！不佞束發讀史，即洞仰止。同治己巳恭銜命鎮兹疆土，署與塔鄰，又爲漢軍正藍旗駐防地，幸得訪公文之舊迹，瞻公之遺翰，予與公豈非緣哉？雖然名勝興替，時也，亦守土責也，地經兵燹，巋然獨存，而多歷年所，風雨剥蝕，殆半摧壞。今天子寶祚承凝，南方無事，《傳》曰「有其舉之莫敢廢也」，遂謀諸僚友，取撥於海防經費之羡余，亟鳩厥工，咸裁浮費，始修於甲戌孟秋，落成於乙亥孟夏。未逾稔而古迹焕然，觚棱巖嵲，旋廊宛轉，朱欄寶頂，五光十色，仍曩制也。且瞻遠眺，三城形勢如在掌中。庶千載下，彼都人士訪文忠公之舊迹，瞻文忠之遺翰，因知此舉顛末，予或附公後而名藉浮圖，以并彰焉，豈又非緣哉？是爲記。清光緒元年歲次旃蒙大淵獻孟夏月谷辰。誥授振威將軍鎮守廣州等處地方將軍統轄滿漢及水師旗營官兵節制廣東陸路鎮協各營加三級紀録十三次札庫穆長善撰文。誥授振威將軍和碩額駙鎮守廣州等處地方漢軍副都統兼署滿洲副都統統轄滿漢八旗及水師旗營官兵世襲散秩大臣加七級紀録二次果爾敏書丹。

《〔光緒〕井陘縣志》卷三六侯少田《游蒼山記事仿栢梁體一百韻》 名山勝跡天所鍾，每恨佳境常罕逢。我客威州閲五冬，閉户不出如蟄蟲。山形綿亘殊平庸，何曾一見青芙蓉。層巒闇淡無奇容，荒涼止有荆棘叢。每携游屐心先慵，登臨何處豁雙瞳。友人語我陘山東，蒼巖古刹高且崇。浮嵐積翠畫難工，氣象蒼莽復葱蘢。我亦尋幽興正濃，一鞭策蹇隨奚僮。是時山霧雜氛霿，無端冷雨來濛濛。征衫盡濕無處烘，瀟瀟蒻笠飄西風。茂才愛我膽氣充，沽來美酒誇新豐。縱談四座俗耳聾，豪氣已塞山之谼。張君邀我策短節，閒尋石徑行蹱蹤。半山駐足心恍恍，下視村落蒼烟籠。欲鼓餘勇無由從，石菴小憩敲清鐘。四圍暝色忽朦朣，歸途唧唧號寒蛩。主人待客敬且恭，素不謀面情何隆。婆婆起舞酒正醲，一醉跌倒心融融。聊床笑謔恣談鋒，懽聲夜半驚山農。黎明即起牽花驄，蒼山隱隱隔長巃。崎嶇鳥道不敢縱，迎面但見山重重。荒村枕藉日已紅，留賓深感田舍翁。同行三五音跫跫，一徑草色青蒙茸。泉聲漱玉鳴淙淙，參差怪石都玲瓏。峯腰忽現梵王宫，層層峭壁森青松。根盤偃蹇如虬龍，無名古木紛横縱。禪關幽邃烟樹穠，林巒鎮日雲霞封。巖花潤草飛游蜂，衆壑譁然應鳥嚨。茂林白晝走豜豵，谷深恐有千年熊。澗中一綫望穹窿，懸厓止有鷹隼翀。梯雲磴道何從龍，攀援直上仙境通。半天樓閣跨飛虹，風摇簷鐸聲錚鏦。巍然紺宇迷雕櫳，良材畫棟皆松椶。菩提法雨蘇愚蒙，年年聚會撞金鏞。僧房萬劫無兵戎，那知人世豐與凶。兩山立對擬華嵩，飛橋百尺懸虚空。危欄護險如垣墉，琳宫照耀眩丹彤。帝君浩氣鎮群兇，萬古貫日真精忠。前山佳景不可窮，天然石作香爐供。獨立蒼茫嘆渺躬，奇觀如此稱神功。俯視下界目昏瞢，更上絶頂開心胸。法臺高聳青霄中，猱行我獨登其峯。昂頭伸手摩蒼穹，大聲一喝霹靂同。諸公退葸腰如弓，呼我下飲恣懽悰。詩留古碣思喬公，我輩偕來有蔡邕。抄詩賭酒興未終，此游翻悔太匆匆。蕭疎落葉飛梧桐，新霜點染烌林楓。仙風吹我下崆峒，芒鞋輕健如樵童。我來到處尋芳踪，身世都忘付梗蓬。途窮日暮心尚雄，大笑當年阮嗣宗。

上海博物館圖書資料室編《上海碑刻資料選輯・李朝觀・重修静安寺記》 滬瀆迤西行四五里，蔚然環村落閑者，曰蘆浦。有古叢林居僧焉，則静安寺也。考諸志與孫吴時碑所年月，寺始大帝赤烏中，實從滬濱遷此，於唐爲永泰禪院。静安者，宋祥符元年所易名也。更元歷明，逮國朝乾隆初，歙人孫思望出釀錢重修。寺百餘年至今，幾再廢矣。而故西晉時，浮江來石佛者猶在。錢氏王吴越，建瑜伽道場，所謂毗盧遮那像者，即佛也。以禱晴雨，有應弗益，神誠有裨於民，寺之固宜，亦以答民之所以思其功。光緒丁丑，寺僧募工材，謀將新寺山門與佛所殿。而晉、豫以大祲告，東南薦紳長者，乃相率出錢穀，助賑紛紜，傾解囊橐以救饑，鮮復助寺僧者。余乃商之里人暨甬東同客滬者，與其邑人士諸君子，謂唐景星、朱青田、王克明、戚增三、鄭陶齋、邵春棣、曹青章、姚少湖、王介眉、賈云階、郁正卿、張正卿、梅再春、姚右孫、姚悦三、曹潤甫也，則相與發願，濟晉、豫誠急，顧寺之再興也，即亦非異人責也。於是論者或諷余，則應之曰：「鄙人固竭蹶以從賑事者也，謂寺之工之急於賑不可也；而旱潦之不時，則固天與人所無如何，而人所時有求於神之事也。静安寺之佛，古之人以晴雨禱之而驗矣，以賑諉而露佛，以頽其居，則胡以有事而禱爲？」議遂定。於是合力勸分，各率以財，不日而寺事咸集。肇工自庚辰三月，明年辛巳落成，時四月八日也。住持僧乃用彼法浴佛，滬居之人，四遠雲聚，其鄉曲老稚、士女車馬之衆，海外之音塵，皆往觀佛以游於寺。時晉、豫既賴賑以全活矣。凡游者摩挲赤烏時碑及陳所植檜，以登講臺；訪涌泉，探緑雲之洞，濯纓於蝦潭，求故滬瀆遺壘，沿而觀蘆子渡所經流處，咸快然坐領其勝，無復向時西望愁苦之意，其心益歡。脱長此游宴，結太平山水之緣，無晉、豫之事，以禱祠煩於佛，則遂謂徒以供游賞臨覽，而用力於無用之地，亦慮始者所不欲自辨而私幸於心也。光緒九年冬十月，香山李朝觀記。

雜録

王溥《唐會要》卷四九《雜録》　貞觀二年五月十九日勅：「章敬寺是先朝創造，從今已後，每至先朝忌日，常令設齋行香，仍永爲恒式。」

開元二年二月十九日勅：「天下寺觀，屋宇先成，自今已後，更不得創造。若有破壞，事須修理，仍經所司陳牒檢驗，先後所詳。」七月十三日勅：「如聞百官家，多以僧尼、道士等爲門徒往還，妻子等無所避忌，或詭託禪觀，禍福安陳。事涉左道，深斁大猷。自今已後，百官家不得輒容僧尼等至家，緣吉凶要須設齋者，皆于州縣陳牒寺觀，然後依數聽去。」二十九日勅：「佛教者，在于清净，存乎利益。今兩京城内，寺宇相望，凡欲歸依，足申禮敬。如聞坊巷之内，開鋪寫經，公然鑄佛。自今已後，村坊街市等不得輒更鑄佛、寫經爲業。須瞻仰尊容者，任就寺禮拜；須經典讀誦者，勒於寺贖取，如經本少，僧爲寫供。諸州寺觀，亦宜准此。」

陳師道《後山談叢》卷二　陝之寺居多古屋，下柱不過九尺，唐制不爲高大，務經久爾。行露亭用斗百餘，數倍常數，而朱實亭不用一斗，亦一奇也。

沈括《夢溪筆談》卷一一《官政一・范文正浙西救災》　皇祐二年，吴中大饑，殍殣枕路。是時范文正領浙西，發粟及募民存餉，爲术甚備。吴人喜競渡，好爲佛事。希文乃縱民競渡，太守日出宴於湖上，自春至夏，居民空巷出游。又召諸佛寺主首諭之曰：「饑歲工價至賤，可以大興土木之役。」於是諸寺工作鼎興。又新敖倉吏舍，日役千夫。監司奏劾杭州不恤荒政，嬉游不節，及公私興造，傷耗民力。文正乃自條叙所以宴游及興造，皆欲以發有餘之財以惠貧者。貿易、飲食、工技、服力之人，仰食於公私者，日無慮數萬人。荒政之施，莫此爲大。是歲，兩浙唯杭州晏然，民不流徙，皆公之恵也。歲饑，發司農之粟，募民興利，近歲遂著爲令。既已恤饑，因之以成就民利，此先王之美澤也。

沈括《夢溪筆談》卷一八《技藝》　錢氏據兩浙時，於杭州梵天寺建一木塔，方兩三級，錢帥登之，患其塔動。匠師云：「未布瓦，上輕，故如此。」乃以瓦布之，而動如初，無可奈何。密使其妻見喻皓之妻，賂以金釵，問塔動之因。皓笑曰：「此易耳，但逐層布板訖，便實釘之，則不動矣。」匠師如其言，塔遂定。蓋釘板上下彌束，六幕相聯，如胠篋，人履其板，六幕相持，自不能動。人皆伏其精練。

《元史》卷二三《武宗二》　〔至大〕三年春正月癸未，省中書官吏，自客省使而下一百八十一員。賜諸王那木忽里等鈔萬二千錠。賜宣徽院使拙忽難所隸酒人鈔萬五百八十八錠。乙酉，特授李孟榮禄大夫、平章政事、集賢大學士、同知徽政院事。丁亥，白虹貫日。戊子，禁近侍諸人外增課額及進他物有妨經制。營五臺寺，役工匠千四百人，軍三千五百人。己丑，以紐隣參議尚書省事。

《〔乾隆〕杭州府志》卷二五《古蹟》　惠力寺壁在寺正殿，高三丈，闊四丈，厚尺五。砌法迴紋如織。相傳構殿之始，有圬者操墁受工，羣工從之，巧同一手。圬者工竣去，羣工欲更爲之，則茫然失其就理。千年以來，殿已數建，此壁嶷然不動。故殿雖當極弊，終無崩落者，人以爲公輸蹟云。

《欽定總管内務府現行則例・南苑》卷上《廟宇事宜》　乾隆二十年十月，總管内務府大臣三和等將燙得德壽寺燙樣一座，進呈御覽。奉旨：兩順山房不要東西配殿，與大殿、天王殿分中往後挪幾尺蓋造。旗杆照新挪分位豎立，工竣時不許僧人居住，交南苑海户看守。欽此。乾隆二十二年十二月奉宸苑奏准，南苑德壽寺工竣，酌派南苑官員輪流值日照管，並派領催三名，帶領海户二十名，收什殿宇，打掃地面，以及承應看守、坐更等項差務。再從前佛前香供，每月用銀二十六兩八錢八分，向掌儀司領取，因興工修理，於乾隆二十年五月停止未領，今已工竣，應行領給，但爲數過多，相應核減。嗣後每月額定銀一兩，即於南苑鬻賣羊草銀兩内動支給與，入於每年奏銷羊草摺内聲明題銷。永慕寺例用物件，凡旗杆、絨繩、棕繩、冬夏簾櫳、雨褡等項，如有破壞不堪用時，呈明移咨工部更換。拜氈不堪應用，呈明移咨武備院更換。供案如有損壞，呈明移咨營造司修理。供器、法器、乞單、坐褥等項，如有破壞不堪應用，呈明移咨廣儲司更换。乾隆二十年三月總管内務府大臣三和奉旨：中項工竣時，著南苑管理。欽此。道光二年七月奉旨：南苑寧佑廟匾額，著改安佑廟字樣。欽此。

朱銘盤《南朝宋會要·方域·寺》 帝以故宅起湘宫寺，費極奢侈。以孝武莊嚴刹七層，帝欲起十層，不可立，分爲兩刹，各五層。新安太守巢尚之罷郡還，見帝，曰：「卿至湘宫寺？我起此寺，是大功德。」虞愿在側曰：「陛下起此寺，皆是百姓賣兒貼婦錢，佛若有知，當悲哭哀愍，罪高佛圖，有何功德？」《南齊書·虞愿傳》。

道觀部

綜述

《魏書》卷一一四《釋老志》　道家之原，出於老子。其自言也，先天地生，以資萬類。上處玉京，爲神王之宗；下在紫微，爲飛仙之主。千變萬化，有德不德，隨感應物，厥迹無常。授軒轅於峨嵋，教帝嚳於牧德，大禹聞長生之訣，尹喜受道德之旨。至於丹書紫字，昇玄飛步之經；玉石金光，妙有靈洞之説。如此之文，不可勝紀。其爲教也，咸蠲去邪累，澡雪心神，積行樹功，累德增善，乃至白日昇天，長生世上。所以秦皇、漢武，甘心不息。靈帝置華蓋於濯龍，設壇場而爲禮。及張陵受道於鵠鳴，因傳天官章本千有二百，弟子相授，其事大行。齋祠跪拜，各成法道，有三元九府、百二十官，一切諸神，咸所統攝。又稱劫數，頗類佛經。其延康、龍漢、赤明、開皇之屬，皆其名也。及其劫終，稱天地俱壞。其書多有禁祕，非其徒也，不得輒觀。至於化金銷玉，行符敕水，奇方妙術，萬等千條，上云羽化飛天，次稱消災滅禍。故好異者往往而尊事之。

初文帝入賓於晉，從者務勿塵，姿神奇偉，登仙於伊闕之山寺。識者咸云魏祚之將大。太祖好老子之言，誦詠不倦。天興中，儀曹郎董謐因獻服食仙經數十篇。於是置仙人博士，立仙坊，煮鍊百藥，封西山以供其薪蒸。令死罪者試服之，非其本心，多死無驗。太祖猶將修焉。太醫周澹，苦其煎採之役，欲廢其事。乃陰令妻貨仙人博士張曜妾，得曜隱罪。曜懼死，因請辟穀。太祖許之，給曜資用，爲造静堂於苑中，給洒掃民二家。而鍊藥之官，仍爲不息。久之，太祖意少懈，乃止。

世祖時，道士寇謙之，字輔真，南雍州刺史讚之弟，自云寇恂之十三世孫。早好仙道，有絶俗之心。少修張魯之術，服食餌藥，歷年無效。幽誠上達，有仙人成公興，不知何許人，至謙之從母家傭賃。謙之嘗覲其姨，見興形貌甚强，力作不倦，請回賃興代己使役。乃將還，令其開舍南辣田。謙之樹下坐算，興墾發致勤，時來看算。謙之謂曰：「汝但力作，何爲看此？」二三日後，復來看之，如此不已。後謙之算七曜，有所不了，惘然自失。興謂謙之曰：「先生何爲不懌？」謙之曰：「我學算累年，而近算《周髀》不合，以此自愧。且非汝所知，何勞問也。」興曰：「先生試隨興語布之。」俄然便決。謙之歎伏，不測興之深淺，請師事之。興固辭不肯，但求爲謙之弟子。未幾，謂謙之曰：「先生有意學道，豈能與興隱遁？」謙之欣然從之。興乃令謙之潔齋三日，共入華山。令謙之居一石室，自出採藥，還與謙之食藥，不復飢。乃將謙之入嵩山。有三重石室，令謙之住第二重。歷年，興謂謙之曰：「興出後，當有人將藥來。得但食之，莫爲疑怪。」尋有人將藥而至，皆是毒蟲臭惡之物，謙之大懼出走。興還問狀，謙之具對，興歎息曰：「先生未便得仙，政可爲帝王師耳。」興事謙之七年，而謂之曰：「興不得久留，明日中應去。興亡後，先生幸爲沐浴，自當有人見迎。」興乃入第三重石室而卒。謙之躬自沐浴。明日中，有叩石室者，謙之出視，見兩童子，一持法服，一持鉢及錫杖。謙之引入，至興尸所，興欻然而起，著衣持鉢、執杖而去。先是，有京兆灞城人王胡兒，其叔父亡，頗有靈異。曾將胡兒至嵩高別嶺，同行觀望，見金室玉堂，有一館尤珍麗，空而無人，題曰「成公興之館」。胡兒怪而問之，其叔父曰：「此是仙人成公興館，坐失火燒七間屋，被謫爲寇謙之作弟子七年。」始知謙之精誠遠通，興乃仙者，謫滿而去。

謙之守志嵩岳，精專不懈，以神瑞二年十月乙卯，忽遇大神，乘雲駕龍，導從百靈，仙人玉女，左右侍衛，集止山頂，稱太上老君。謂謙之曰：「往辛亥年，嵩岳鎮靈集仙宫主，表天曹，稱自天師張陵去世已來，地上曠誠，修善之人，無所師授。嵩岳道士上谷寇謙之，立身直理，行合自然，才任軌範，首處師位，吾故來觀汝，授汝天師之位，賜汝《雲中音誦新科之誡》二十卷。號曰『並進』。」言：「吾此經誡，自天地開闢已來，不傳於世，今運數應出。汝宣吾《新科》，清整道教，除去三張僞法，租米錢税，及男女合氣之術。大道清虚，豈有斯事。專以禮度爲首，而加之以服食閉練。」使王九疑人長客之等十二人，授謙之服氣導引口訣之法。遂得辟穀，氣盛體輕，顏色殊麗。弟子十餘人，皆得其術。

泰常八年十月戊戌，有牧土上師李譜文來臨嵩岳，云：老君之玄孫，昔居代郡桑乾，以漢武之世得道，爲牧土宫主，領治三十六土人鬼之政。地方十八萬里有奇，蓋歷術一章之數也。其中爲方萬里者有三百六十方。遣弟子宣教，云嵩岳所統廣漢平土方萬里，以授謙之。作誥曰：「吾處天宫，敷演真法，處汝道年二十二歲，除十年爲竟蒙，其餘十二年，教化雖無大功，且有百授之勞。今賜汝遷入内宫，太真太寶九州真師、治鬼師、治民師、繼天師四録。修勤不懈，依勞復遷。賜汝《天中三真太文録》，劾召百神，以授弟子。《文録》有五等，一曰陰陽太官，二曰正府真官，三曰正房真官，四曰宿宮散官，五曰並進録主。壇位、禮拜、衣冠儀式各有差品。凡六十餘卷，號曰《録圖真經》。付汝奉持，輔佐北方泰平真君，出天宮静輪之法。能興造克就，則起真仙矣。又地上生民，末劫垂及，其中行教甚難。但令男女立壇宇，朝夕禮拜，若家有嚴君，功及上世。其中能修身練藥，學長生之術，即爲真君種民。」藥別授方，銷練金丹、雲英、八石、玉漿之法，皆有決要。上師李君手筆有數篇，其餘，皆正真書曹趙道覆所書。古文鳥迹，篆隸雜體，辭義約辯，婉而成章。大自與世禮相準，擇賢推德，信者爲先，勤者次之。又言二儀之間有三十六天，中有三十六宮，宮有一主。最高者無極至尊，次曰大至真尊，次天覆地載陰陽真尊。次洪正真尊，姓趙名道隱，以殷時得道，牧土之師也。牧土之來，赤松、王喬之倫，及韓終、張安世、劉根、張陵，近世仙者，並爲翼從。牧土命謙之爲子，與群仙結爲徒友。幽冥之事，世所不了，謙之具問，一一告焉。《經》云：佛者，昔於西胡得道，在三十二天，爲延真宮主。勇猛苦教，故其弟子皆髡形染衣，斷絶人道，諸天衣服悉然。

始光初，奉其書而獻之，世祖乃令謙之止於張曜之所，供其食物。時朝野聞之，若存若亡，未全信也。崔浩獨異其言，因師事之，受其法術。於是上疏，讚明其事曰：「臣聞聖王受命，則有大應。而《河圖》、《洛書》，皆寄言於蟲獸之文。未若今日人神接對，手筆粲然，辭旨深妙，自古無比。昔漢高雖復英聖，四皓猶或耻之，不爲屈節。今清德隱仙，不召自至。斯誠陛下侔蹤軒黄，應天之符也，豈可以世俗常談，而忽上靈之命。臣竊懼之。」世祖欣然，乃使謁者奉玉帛牲牢，祭嵩岳，迎致其餘弟子在山中者。於是崇奉天師，顯揚新法，宣布天下，道業大行。浩事天師，拜禮甚謹。人或譏之，浩聞之曰：「昔張釋之爲王生結襪。吾雖才非賢哲，今奉天師，足以不愧於古人矣。」及嵩高道士四十餘人至，遂起天師道場於京城之東南，重壇五層，遵其新經之制。給道士百二十人衣食，齊肅祈請，六時禮拜，月設厨會數千人。

世祖將討赫連昌，太尉長孫嵩難之，世祖乃問幽徵於謙之。謙之對曰：「必克。陛下神武應期，天經下治，當以兵定九州，後文先武，以成太平真君。」真君三年，謙之奏曰：「今陛下以真君御世，建静輪天宮之法，開古以來，未之有也。應登受符書，以彰聖德。」世祖從之。於是親至道壇，受符録。備法駕，旗幟盡青，以從道家之色也。自後諸帝，每即位皆如之。恭宗見謙之奏造静輪宮，必令其高不聞雞鳴狗吠之聲，欲上與天神交接，功役萬計，經年不成。乃言於世祖曰：「人天道殊，卑高定分。今謙之欲要以無成之期，説以不然之事，財力費損，百姓疲勞，無乃不可乎？必如其言，未若因東山萬仞之上，爲功差易。」世祖深然恭宗之言，但以崔浩贊成，難違其意，沉吟者久之，乃曰：「吾亦知其無成，事既爾，何惜五三百功。」

九年，謙之卒，葬以道士之禮。先於未亡，謂諸弟子曰：「及謙之在，汝曹可求還録。吾去之後，天宮真難就。」復遇設會之日，更布二席於上師坐前。弟子問其故，謙之曰：「仙官來。」是夜卒。前一日，忽言「吾氣息不接，腹中大痛」，而行止如常，至明旦便終。須臾，口中氣狀若烟雲，上出窗中，至天半乃消。屍體引長，弟子量之，八尺三寸。三日已後，稍縮，至斂量之，長六寸。於是諸弟子以爲尸解變化而去，不死也。

時有京兆人韋文秀，隱於嵩高，徵詣京師。世祖曾問方士金丹事，多曰可成。文秀對曰：「神道幽昧，變化難測，可以闇遇，難以豫期。臣昔者受教於先師，曾聞其事，未之爲也。」世祖以文秀關右豪族，風操温雅，言對有方，遣與尚書崔賾詣王屋山合丹，竟不能就。時方士至者前後數人。河東祁纖，好相人。世祖賢之，拜纖上大夫。潁陽絳略、聞喜吴劭，道引養氣，積年百餘歲，神氣不衰。恒農閻平仙，博覽百家之言，然不能達其意，辭占應對，義旨可聽。世祖欲授之官，終辭不受。扶風魯祈，遭赫連屈孑暴虐，避地寒山，教授弟子數百人，好方術，少嗜慾。河東羅崇之，常餌松脂，不食五穀，自稱受道於中條山。世祖令崇還鄉里，立壇祈請。崇云：「條山有穴，與崐崘、蓬萊相屬。入穴中得見仙人，與之往來。」詔令河東郡給所須。崇入穴，行百餘步，遂窮。後召至，有司以崇誣罔不道，奏治之。世祖曰：「崇修道之人，豈至欺妄以詐於世，或傳聞不審，而至於此。古之君子，進人以禮，退人以禮。今治之，是傷朕待賢之意。」遂赦之。又有東萊人王道翼，少有絶俗之志，隱韓信山四十餘年，斷粟食蒌，通達經章，書符録。常隱居深山，不交世務，年六十餘。顯祖聞而召焉。青州刺史韓頹遣使就山徵之，翼乃赴都。顯祖以其仍守本操，遂令僧曹給衣食，以終其身。

太和十五年秋，詔曰：「夫至道無形，虚寂爲主。自有漢以後，置立壇祠，先朝以其至順可歸，用立寺宇。昔京城之内，居舍尚希。今者里宅櫛比，人神猥湊，非所以祇崇至法，清敬神道。可移於都南桑乾之陰，岳山之陽，永置其所。給户五十，以供齋祀之用，仍名爲崇虚寺。可召諸州隱士，員滿九十人。」

遷洛移鄴，踵如故事。其道壇在南郊，方二百步，以正月七日、七月七日、十月十五日，壇主、道士、哥人一百六人，以行拜祠之禮。諸道士罕能精至，又無才術可高。武定六年，有司執奏罷之。其有道術，如河東張遠遊、河間趙静通等，齊文襄王别置館京師而禮接焉。

徐堅《初學記》卷二三《道釋部・觀第四》 《太上決疑經》曰：元始天尊在協晨靈觀。《諸天内音經》曰：太上觀罪福之(腸)〔賜〕開死生之門，九靈觀主天地大期，洞靈上觀主御帝君，紫陽觀主雲風，北靈觀主開八書於空洞，通陽觀主得度之人，大靈觀主得度升仙人太和真人。《尹軌樓觀先師傳》曰：周穆王問杜沖，靈宅棲玄，爲修觀。《道學傳》曰：茅山南洞，有崇元觀，道士張允之，觀前别地爲金陵觀。女道士王道憐，八龍山自造觀宇，名玄曜觀。張元始復於茅山南洞，造玄明觀。

王溥《唐會要》卷五〇《雜記》 開元九年十二月，天台山道士司馬承禎上言：「今五嶽神祠，山林之神，非正真之神也。五嶽皆有洞府，有上清真人降任其職，山川風雨，陰陽氣序，是所理焉。冠冕章服，佐從神仙，皆有名數，請别立齋祠之所。」上奇其説，因勅五嶽各置真君祠一所。【略】二十六年六月一日，勅每州各以郭下定形勝觀寺，改以「開元」爲額。至天寶元年四月八日，開元觀主李昭宗奏：「本觀先是清覩觀，勅改爲開元觀，屬玄元降符，陛下加號。往年改額，曰『開元』文字，今日崇號，合兼『天寶』之名。其額望請改爲『大唐開元天寶之觀』。」勅：「依，其天下諸州開元觀，並加『天寶』字。」

李攸《宋朝事實》卷七《道釋》 建隆初，太祖遣使詣真源祠老子，於京城修建隆觀。觀在閶闔門外，周世宗建，曰太清觀。帝命重修，賜今名。自是齋修率就是觀。自五代以來，道流庸雜。乾德五年，右街道録何自守坐事流配，乃詔萊州道士劉若拙爲左街道録，案：左街道録原本闕街字，今從李燾《長編》增入。俾之肅正道流。開寶五年閏二月，詔曰：沖妙之門，清浄爲本。逮於末俗，頗玷真風，或竊服冠裳，寓家宮觀，所宜懲革，以副欽崇。兩京諸州士庶稱奇詭者，一切禁斷；其道流先有家屬同止者，速遣出外。自今如願入道者，須本師與本觀知事同詣長吏陳牒，請給公驗，方許披度。十月，又令若拙與功德使集京師道士試驗，其學業至而不修飭者皆斥之。若拙，蜀人，自號華蓋先生，善服氣養生，九十餘歲不衰，步履輕捷。每水旱，必召於禁中致禱。其法精至，上甚重之。大中祥符元年，增宮名曰玉清昭應。凡役工日三四萬，發京東西、河北、淮南州軍禁軍，調諸州工匠，每季代之，兵卒歲一代，並優其口糧資值，選四廂都指擇使忠佐二員董役，案：宋初有軍頭司、引見司。端拱元年，並冠稱御前忠佐。詳見《文獻通考》，此云忠佐，從省文。立賞格以勸。其所用木石，則有秦、隴、岐、同之松，嵐州、汾陰之栢，潭、衡、道、永、鼎、吉之杉、松、桐、楮，温、台、衢、婺之豫章，明、越之松、杉。其石則淄、鄭之青石，衛州之碧石，萊州之白石，絳州之斑石，吴越之奇石，洛水之玉石。其采色則宜聖庫之銀硃，桂州之丹砂，河南之赭土，衢州之朱土，梓州之石青、石緑，磁、相之黛，秦、階之雌黄，廣州之藤黄，孟、澤之槐花，虢州之鉛丹，信州之黄土，河南之胡粉，衛州之白堊，鄆州之螺粉，兖、澤之墨，宣、歙之漆，賈谷之望石，萊、蕪、興之鐵。其木石皆遣所在官部押兵民入山谷伐取，挽輜車、泛舟航以至，餘皆分布部綱輸送。又于京師置務，化銅爲鍮，冶金箔、鍛鐵以給用。凡宮之東西三百一十步，南北四百三十步，地多黑土疏惡，于京東取良土易之，自三尺至一丈，有六等。上以負擔之勞，令自新城濠由廣濟濠入舊城濠，抵宮門。案：李燾《長編》：上以道里稍遠，令丁謂等議。謂等請用車載土。上曰：挽舟止役十人而土可速致，令三司以空船給昭應宮運土，浚治渠道自新城北濠入。與此所載，詳畧互異。兵匠供茶酒、飲食，綱卒皆給鞋錢、衣屨、口糧。民以材木鬻于官者，蠲其算。或有獻良木者，優賜其值。車駕時來省視，必有賜賚。遇節序日，别賜燕會。及宮成，令長吏于采木石處建道場以謝。五年，聖祖司命天尊降臨，改奉尊像于玉皇後殿東，建司命殿，爲治事之所。十一月，詔名玉皇殿曰太初聖，祖殿曰明慶，天書閣曰寶符。凡宮殿門名，無慮五十餘所，皆御製賜名，親書填金。有司具黄麾仗，道門威儀，奉迎至宮奉安。東西山院在集靈、凝命之旁，皆累石爲山，引流水爲池。東有昆玉亭、澄虚閣、昭德殿，西有瑶峯亭、涵暉閣、昭信殿。原註：山院常扃鐍，中設茵褥、屏風、棊枰、琴阮之屬。北門内二宴殿曰迎禧、迎祥，後二殿曰崇慶、崇福。太初殿，楚石爲丹墀，龍墀前置日月樓，畫太陽、太陰像及環殿圖八十一。太一東西廊圖五百靈官，前置石壇、鐘樓、經樓，原註：上聞江西有鐘洪大，遣使取之，既而不堪用，令李溥就杭州别鑄，重三萬斤。四隅置樓闕，其外累甓爲牆，引金水爲甓渠，環宮垣。又分爲二石渠，貫宮中。六年四月，上望拜奉迎。丙午，奉安，肆赦。門下：國家重熙鼎盛，席慶善之鴻基；百禄惟新，承昊穹之蕃錫。爰自綿區底定，寶籙荐臻。叶千歲之昌辰，舉一王之茂典。肇營恭館，式耀丕圖，偉嘉會以元亨，荷太靈之昭格。昔者九龍垂馭，啓道德之仙源；五老告期，顯唐虞之瑞命。天人交應，古今同符。昨以錬楚越之良金，法紫清之妙像，肅陳仗衛，迎至國都，榮觀焜燿，懽聲沸嘒。上真高聖，凝三氣之殊姿；英祖神宗，儼重瞳之粹質。屬朝修之禮畢，罄恪謹之誠深。動色相趨，降祥允集。宅靈祕宇，永申崇奉之宜；賜福羣倫，宜霈覃延之澤。可大赦天下。云云。於戲，昭事上帝，惟懷永圖。克己彌恭，務守盈成之業；保民在念，庶躋仁壽之鄉。更資同德之臣，叶贊承平之治。建安軍升爲真州，鎔范之地建爲儀真觀。玉清昭應宮，作于大中祥符元年，至七年十一月宮成。案：《宋史紀事本末》：十一月乙酉，玉清昭應宮成。初議營宮，料工須十五年，修宮使丁謂令以夜繼晝，每繪一壁給二燭，故七年而成。凡二千六百一十楹，制度宏麗。屋宇稍不中程式，雖金碧已具，劉承珪必令毁而更造。所載較此爲詳，附録備考。

紀事

華北

劉侗、于奕正《帝京景物略》卷三《白雲觀》 白雲觀，元太極宫故墟。出西便門，下上古隍間一里，麥青青及門檻者，觀也。中塑白皙皴皴無須眉者，長春丘真人像也。觀右有阜，藏真人蜕。像，假也；蜕者，亦假也，真人其存歟？真人名處機，字通密，金皇統戊辰正月十九日生。有日者相之，曰神仙宗伯。年十九，辭親居昆崙。二十，謁重陽王真人，請爲弟子。道成，而成吉思皇帝自乃蠻國手詔致聘。詔文云：「朕居北野，嗜慾莫生，每一衣一食，與牛豎馬圉，共弊同享，謀素和，恩素畜。是以南連趙宋，北接回紇，東夏西夷，悉稱臣佐。念我單於國，千載百世，未之有也。訪聞丘師先生，體真履規，懷古君子之肅風，抱真上人之雅操，朕仰懷無已，避位側身，選差近侍官劉仲禄，備輕騎素車，謹邀先生，不以沙漠悠遠爲念。」真人庚辰正月，乃北至燕。令從官曷刺馳奏：「登州栖霞縣志道丘處機，近奉宣旨遠召，海上居民，心皆恍惚。處機自念，同時四人出家，三人得道，惟處機虚名，憔悴枯槁。比到燕京，聽得車駕遥遠，風塵澒洞，天氣蒼黄，老弱不堪，伏望聖裁。龍兒年三月日奏。」十月，曷刺回，復敕師前。壬午四月，達行在所。雪山之陽，設座黄幄東，與講鈞禮而不名，延問至道。真人大略答以節欲保躬，天道惡殺，治尚無爲之理。命史書策，賜號神仙，爵大宗師。賜金印章，曰神仙符命，掌管天下道教。夜醮焚簡，五鶴翔焉。尋乞還，詔居大都太極宫，改從真人號，曰長春。真人每晨起，呼果下騮，其徒數十，徜徉山水間，日暮返。年八十時，北山口崩，太液池竭，真人曰：「其在我乎？」七月九日，留誦而逝。逝之明年，其徒尹清和，始以師入龕，葬於處順堂之後。今都人正月十九，致漿祠下，游冶紛沓，走馬蒲博，謂之燕九節。又曰宴丘。相傳是日，真人必來，或化冠紳，或化游士冶女，或化乞丐。故羽士十百結圜松下，冀幸一遇之。西十餘里，爲唐太宗哀忠墓。西南五六里，爲蕭太后運糧河，泯然湮滅，無問者。

于敏中等《日下舊聞考》卷五九《玉虚觀》 金有玉虚觀，元有玉虚宫，今之玉虚觀未審即其遺址否。觀有正統中禮部尚書胡濙碑，刑部侍郎周瑄篆蓋，中書舍人吴謙書。文稱正統丁巳鍊師吴元真來游斯地，其址已爲錦衣千户吕儀别墅。有處士劉泰能言觀之舊蹟，鍊師欲復之，吕因舍其地。於是總兵石亨捐貲以建。及歲己未，夏不雨，惠安伯張昇詣觀請師禱雨有應，事聞，賜以綵緞。至天順二年賜額。御史李錦記其事焉。《析津日記》。

玉虚觀在舊城仙露坊。按舊碑，金泰和八年尚書户部主事雲騎尉龐鑄所撰《重修玉虚觀三清殿記》，文簡而理明。觀中有故太師梁忠烈王祠堂。王諱宗弼，乃太祖武元第八子。金泰和四年八月，道士高守沖爲之立碑，其文亦龐鑄所作。國朝至元七年建玉虚觀大道祖師傳授之碑，參知政事楊果撰，高挺書。《元一統志》

于敏中等《日下舊聞考》卷四八《大慈延福宫》 大慈延福宫在思城坊，成化十七年建，以奉天地水府三元之神。有弘治十七年敕勒於石。《寄園寄所寄録》

臣等謹按：延福宫在齊化門大街北，經始明成化辛丑，越明年而落成，有明成化御製碑文可考。又有正德十一年封延福宫住持嚴大容真人制碑及嘉靖乙酉徐階撰重修碑文，而無弘治十七年石刻。本朝順治十年國子監祭酒單若魯碑載順治初年聚滿漢子弟羣教學於斯，乾隆三十六年奉勅重修，有御製碑文。延壽觀今無考。

《御製重修三官神廟碑記》：京城迤東朝陽門内之思城坊有舊廟直蹕途者，視所顔榜曰大慈延福宫，所奉神曰三官之神，是明成化十八年建也。乃詔將作，比歲國慶臻洽，百度具釐，顧兹礡欹弗完，黕昧弗塗，都人擎薌爆牲，謂典其闕。遂以乾隆庚寅嘉平即工，閱辛卯月辰載浹用底厥成。若值若傭，並支内帑之羨，所司請爲記。朕惟道藏説三官經，大指言賜福赦罪解厄，掌衆生禄籍，而地分三界，時分三元，位分三品，迄莫詳其所自始。按三國志張魯傳及注引典略語，稱魯於漢之熹平間爲益州牧劉焉督義司馬，據漢中，以祭酒領部衆，增設張角張修之法，教民學道，始請禱者書姓名并思過之意，作三通以告之天，著山上，一薶之地，一沈之水，謂之天地水三官，蓋緣起如是。嗣是撰述家其文不少概見。洎元揭傒斯爲曲阿三官祠記，明宋濂跋之，謂水縱大亦兩間一物，何得與天地抗？在經生咫聞之論固然，殊不知三品三元諸目其言洵出無稽，要其舉三界以賅人境，有未可以人廢言者。伊古神聖非常之原，孰如地平天成？然懷襄不除則平成不奏，水與天地何如者？夫天體迴遊，包地與水，是地已不得與天抗。第一炁蒼渾，人皆知囿於其境，而不見實躋其境，其日所附麗者地也。若水行乎地之中，周乎地之際，脱有物焉一旦出乎地之界，當反入乎水之界耳，外此寧别有遁境哉？由此推之，以叙五行，土特地之所指名，而金而木而火其得與水争界哉？由此推之，以修六府，土不待言，穀特土之所封殖，而金而木而火其不得與水争界，猶竣更僕哉？且祀法有類有望，有偏有索饗，悉就凡人精神所到之境緣而格之，而神之憑依固即在是。今三界所筦既已粲乎隱隱，可絜而度，則雖從而爲之各晉以位之品，各宗以時之元，宜亦秉禮守道者之所不欲拒。而斯廟之增繕，上以爲國祝禧，下以爲民祈祐，於焉考新宫而繹祭義，又誰曰不然？傳曰：咸秩無文。無文之文可以文其碑矣。

于敏中等《日下舊聞考》卷五五《靈佑宫》 靈佑宫在南城山川壇之北，舊爲十方道院，止一楹爾。萬曆壬寅，始拓爲三楹，名真武廟。越歲癸丑，司禮監魏學顔闢地數十畝，建閣一，爲殿五，請於朝，賜額曰護國靈佑宫。碑文大學士福清葉向高所撰，湖廣道御史晉陽潘雲翼書。《行國録》。

于敏中等《日下舊聞考》卷五二《朝天宫》 朝天宫西三牌十五舖，有椒園廠、菊子園、官菜園、西城草廠、青塔寺、立禪廟、朝陽庵、秀頭庵、妙清觀。《五城坊巷衚衕集》。

臣等謹按：朝天宫本元代舊址，盛於明嘉靖時，齋醮之及無虚日。考名山藏所紀，其崇奉與大高玄殿相埒。明憲宗詩云：「禁城西北名朝天，重簷巨棟三千間。」致飾之巍焕，有由來矣。燬於天啓年間。今阜成門東北雖有宫門口東廊下、西廊下之名，其實周迴數里大半爲民居矣。西廊下有關帝廟，乃土人因其餘址而葺之者。然止大殿三楹，殿前甬道綿亙數百武，砌石斷續，猶見當時規制。宫後向存舊殿三重，土人呼爲獅子府，蓋即元天師府也。今皆廢。西城草廠，今蔣養房衚衕有隙地，猶有是名，或即其遺址也。朝陽庵在玉帶衚衕，有明嘉靖二十年重修碑，稱正德戊寅寺獲石佛一，又尊勝咒幢一，上刻開皇年號曰朝陽寺云。今石幢猶存庵中，幢三面正書，六面梵書，正書殘缺，其可見者第一行爲寺故□□靈塔記五字，第二行爲宛平□西關人也父李祥母王氏師自十一十六字，第三行爲寺主爲師施經受具自後偏習經論於大十六字，第四行爲僧臘二十二荼毘七字，第五行爲二十六日建五字，第六行爲法弟比丘尼沙門智懃九字。按遼史，開泰二年，改唐幽都縣爲宛平縣，宛平之名自此始。今幢有宛平字，其爲遼時物無疑。開皇之號，蓋僞托也。舊獲石佛，今無存。别有香鑪石座，其製八角，每角亦有三梵字「妙清觀」。詳後條。椒園廠、菊子園、官菜園、立禪廟、秀頭庵皆無考。

朝天宫在皇城西北，元之天師府也。《春明夢餘録》。

宣宗章皇帝倣南都之制，建朝天宫於皇城西北，有三清殿以奉上清、太清、玉清，通明殿以奉上帝，建普濟、景治、總制、寶藏、佑聖、靖應、崇真、文昌、元應九殿以奉諸神，東西建具服殿以備臨幸。宫成於宣德八年閏八月，御製詩文勒碑紀事。憲宗純皇帝成化十七年六月重修，亦御製詩文勒碑紀事。至天啓六年六月廿夜，十三殿齊災。宫後天師府有趙孟頫張天師像贊碑、人道歌碑，虞集黄籙大醮碑。《帝京景物畧》。

凡大朝會，百官先期習儀二日。國初或在慶壽寺，或在靈濟宫，宣德間建朝天宫於阜成門内白塔寺西，始爲定所。《長安客話》。

高士奇《金鰲退食筆記》卷下《大高玄殿》 大高玄殿在神武門之北，南向，臨玉河。其前門曰始青道境。左右有牌坊二，曰先天明鏡，曰太極仙林，曰孔綏皇祚，曰弘佑天民。内有二閣，左曰炅明閣，右曰朙靈軒。殿之東北曰象一宫，所供象一帝君，範金爲之，高尺許，明世宗玄修玉容也。門前二亭，鈎簷鬬桷，極盡人巧，中官呼爲『九梁十八柱』云。官民過者，至此下馬。每歲大旱，則建醮祈雨，遣官禮拜。殿之東，即北上西門，有橋，甃磚石各半，謂防車輪耳。

《清會典》卷七一《壇廟・顯佑宫》 顯佑宫在地安門外，南嚮。繚以周垣。廟門三間，顯佑門三間，正殿五間。崇基石闌，三出陛，中九級，東、西各七級。兩廡各五間，殿前左、右碑亭各一，東南燎鑪一，後殿五間。廟門内東、西鐘、鼓樓各一，廟門外牌坊一。凡正殿門樓均黑緑琉璃，餘均瓻瓦，門楹丹雘，梁棟飾以五采。

《〔光緒〕重修天津府志》卷二五《輿地七・寺觀・北極廟》 北極廟在縣北柏家莊。

明余勁《修北極真君廟碑記》節録：青縣舊有北極真君廟，在邑白家莊之北，柏家莊之南。衛河瀉其左，官道亙其右，厥地夷曠，雖密邇人境，寂而不譁，誠棲神乞靈之所也。廟之興廢巔末無所考。入國朝，鄉民即舊址縛房數椽，以祀香火。久之，無大興復者。弘治丁巳，邑人韓宗素有清修苦行之志，來尸是廟，昏晨焚供惟謹，人多重之。一日乃謀新故物，方以功大費繁爲念，適大同周侯來令是邑，宗白其事，侯甚悦之，遂鼓舞於上，而宗亦振奮不怠。一時義人富室，翕然嚮風，皆不求而薦貨，不煩而獻功，不募而助。宗亦殫竭心力，書晝夜維，於是乃除穢以廣其地，積土以高其基，選木於河，輦石於山，灰鍜貨於商，隣甓易於陶，百需既備，宗始請命於侯而經營之。大建祐聖殿三間，其崇三十尺，其廣五十尺，深則殺廣之半。梁□□□抱材，軒敞莊偉，突然如山，且飾以金碧，輝煌璀璨，光奪人目。内則哀金鑄祐聖像，而配以張薩二真人，俱高七尺。左、右則塑四帥及諸從衛，以翼之莊嚴，極其美麗。至於焚供之器，皆以金爲之。又鑄鉅鏞千斤，將懸以樓。廟之四周，繚以崇垣，限以山門。凡庉息庖湢之屋，皆以次而興。但三官殿工已肇而未合。是役經始於戊午年十有一月，積工數年，至癸亥五月方告成。邑之義官王雄、孫説輩謀於衆曰：是廟固造端於韓宗，脱微賢司牧力贊之，未必其工之大就如是也，不記諸石，無以告後來。乃相率請文以爲記。

《明世宗實録》卷四六二 〔嘉靖三十七年閏七月〕御製承天府元佑宮紀成碑文成，命工勒石，具詞曰：朕惟湖廣承天府爲我皇考睿宗獻皇帝疇昔分封之處，皇考聖德配天，勤政恤民，化行江漢；皇妣慈孝獻皇后坤德承乾，媲美任姒。二聖積功累仁，光四表而格上下，長發其祥，誕育眇躬。祇奉上天明命，繼承大統，君主億兆於兹有年。朕念斯地慶源所自，特啟建元祐宮，以崇真妥聖，保國福民。乃命巡撫諸臣相度會計，集材飭具，經始於嘉靖己酉，迄戊午而告成。中爲元祐寶殿，後爲降祥殿，最後爲三洞閣。其配殿，左爲宣法，右爲衍真。其前爲元佑門，又前爲儲祉門。鐘鼓二樓，拱侍環列，丹雘之施，金碧之飾，絢麗煇煌。撫臣具奏請以文記，昭示永久。惟《書》有之：靈承行旅，克堪用德，惟興神天。則祀天享神，自成周而上，已莫不然。我太祖、成祖定鼎兩京，并建朝天宮，以崇奉玄元，祈天永命，神明協佑，蓋愈久而益彰焉。眷惟承天，朕實肇基于此，所以凝天命而臨大寳，克承皇考豐芑之貽者，惟玄元之佑，是依是賴。臨御以來，崇報之典，罔敢少置於朕懷，謹效法皇祖，式建新宮。又設官以領焚修，降勑以諭群下，給田以贍官道，禮無不周，事無不備矣。仰惟帝真鑒享克誠，尚其眷顧有加，寵綏彌篤，翊眇躬而康泰，振我道以興隆，海宇昇平，四夷歸化。永安二聖在天之靈，丕延宗社億萬年之祚，則玄功昭揭於無彊，而朕承庥襲慶，感寧有既耶？謹記。已建碑亭二座，左勒御製紀成文，右勒護宮勑諭。仍賜左、右二坊額曰「保祚」、「延禧」。

華東

《〔乾隆〕泰安府志》卷七《祠祀志・碧霞元君廟》 碧霞元君廟在嶽頂西南下里許，玉女池側。按：廟始創於宋之祥符，真宗有記。金改稱爲昭真觀。明洪武中修，有學士劉定之記。成化間，改稱碧霞靈應宮。其制南向，正殿五間，舊欄其東一間，題曰「東寳庫」，西一間，題曰「西寳庫」，用以投儲諸所捐施焉。殿前香亭一間，左翼、右翼殿各三間。東鼓樓，西鐘樓，中爲露臺，爲甬路。甬路南廟門五間，門外棹楔三。南曰勅建碧霞坊，東安民坊，西濟世坊。碧霞坊之前爲火池，四方祇謁者焚帛於□。愚覽形勝，繚繞偉麗，遐邇環拱，蓋造化靈區云。國朝順治辛丑，巡撫許文秀、守道王紀檄知州曲允斌、武舉張所存修整正配各殿，鐘、鼓二樓；又於火池北創建大門三間，上爲樂舞樓，東、西各築石閣三間，制加詳。康熙五十六年，泰山大水，盤路傾圮。命江南學臣林之浚、江西學臣魯南翔重修。雍正七年，泰山廟宇、盤道傾圮頽壞。發帑遣内務府郎中丁皁保、赫達塞重修。乾隆五年，頂廟火災。命内務府員外郎江都重建。御製碑文記其事，并匾額牓聯。又西北别爲元君寢宮。又西有方臺，皆石砌，前明置，曰北斗臺。又嶽頂北十里許爲後石塢，嶽之南朝陽洞，俱有玉女祠。

《明太祖實録》卷一六三《朝天宮》 〔洪武十七年七月戊戌〕建朝天宮。其地即吴治城，晉西州故址，南宋時始置總明觀，唐建紫極宫。宋真宗大中祥符間，改祥符宫，尋改天慶觀。元元貞時，改玄妙觀，文宗時又改永壽宫。至是重建，賜名朝天宫，設道録司于内。

《〔康熙〕常州府志》卷一八《寺觀・圓妙觀》 圓妙觀在縣東南四里。舊在行春門城濠，晉永嘉初，毛中尉捨宅建。梁大同，號寳莊嚴。唐景龍中，改曰龍興淮南。順義中，築外子城，徙今地。宋開寳中，郡守俞思創三清殿。天聖五年，重修。六年，上遣内璫賜真武像一，仙衛道器稱是。大中祥符元年，天書降，賜名天慶。五年，詔即觀建殿，奉安聖祖神御，長吏朝謁如式。其正殿有三：前曰金闕寥陽；次曰昊天，上有通明閣；次曰太清。東西修廊，皆五十餘楹，南極、北斗、三官、五嶽諸殿，與翊聖真武院介其間。紹定間，新建藏殿，層簷傑棟，爲吴中道宫之冠。德祐乙亥，兵發。道士徐道明死之。事具「人物忠節志」。後道流樊可道重建。元元貞元年，改今額，道士徐養浩建飛霞樓于觀之東北。至正壬辰，復燬于兵。明洪武丙辰，重建元元殿。宣德中，增彌羅小殿。舊有門在西偏。天順間，都紀張碧虛移置薦福廢寺前南面。今觀中有古契書、陳烈帝畫像，即宋史所謂藏之石匣中者。又有金銅像一軀，亦宋時物也。後火，復摹趙孟頫「元妙」二字榜于門。今漸圮。郡縣迎春必于其地。嘉靖間，知府金豪因建迎春堂于太清殿。後萬曆二十九年，知縣晏文輝移堂于殿前。中堂曰陽春，左曰太和，右曰協和，規制視昔有加。基地七十一畝四分，內免糧五十二畝三分一釐。國初圮，止存老君殿。里紳孫自式創建大殿三間。後耆民曹廷俊竭力修建，廢者畢舉。肇始于康熙辛亥，落成于壬申。知府于公琨有記。

《〔光緒〕嘉興府志》卷一八《寺觀一・崇道宮》 崇道宮在郡治西南二里。柳志。吳越武肅王時建在南城外，後移入城。古萬壽宮基，舊名崇福宮，宋治平初敕賜「崇道宮」額，俗稱爲南宮。內有一枝堂，每大比，郡人士取南宮一枝之讖，多會此。後廢。明正統間，張復字復陽。爲朝天宮道士歸，郡人爲新一枝堂，建棲元樓以居之。萬曆戊戌，道士許廓無建斗閣于拱辰堂後。當閣未建時，學士朱國祚過，見紅燈七盞懸于中天，以爲異。語一府吏登譙樓望之，亦如所見。嗣是，每夜望之，無不然。閣建後始隱。崇禎間增建兩廡，十王、太乙、九天、三官、純陽、伽藍六殿。後建元帝殿，塑三十二天像于兩旁。里人岳元聲施道藏于斗閣，因改名藏閣。舊有繼秀堂、來鶴亭、慵齋、拙齋。嘉興湯志。國朝順治十一年，道士馬顯科等建鉢堂。秀水任志。咸豐兵燬。新纂。

《〔光緒〕嘉興府志》卷一八《寺觀一・翔雲觀》 翔雲觀在縣西三十里濮院鎮。秀水任志。舊名元明觀，元濮鑑捨宅建。前殿供真武像，覆蓋皆琉璃瓦。兩廡塑諸天像。元統中，濮允中又建三清閣于殿後，閣後有翔雲石。詳古蹟。楊鐵崖扁其山門曰翔雲勝境。明景泰時復葺，尋燬。萬曆辛巳，馮孜重修。崇禎六年再葺。岳駿聲有記。國朝康熙二十九年，程士樞修三清閣。三清寶閣、三元寶殿兩額，並董文敏書。乾隆四十一年重修。伊志。咸豐兵燬，同治間重建。新纂。

《〔光緒〕嘉興府志》卷一九《寺觀二・仁濟道院》 仁濟道院在縣東北二十里風涇鎮。梁天監初剏。唐貞觀十九年，道士許拱明建。案明周鼎玉《虛觀記》，有掌教道士許拱盟，在洪熙、宣德間。此作拱明，當即其人。而云唐貞觀十九年，必有一誤。宋建炎間賜額。案柳志作淳祐八年建。誤。明嘉靖三十六年，寇亂院廢。隆慶六年，道士張大經募資復建。嘉善章志。宣德五年建三清殿。吳志。萬曆間，太僕顧偲叨重修殿壁，畫諸天及十殿閻王傳爲仙蹟。內有高王祠、國朝乾隆三十年重建。四香亭，嘉善崔志。明周文襄忱治水時建。亭後爲古桂軒。明顧備施藥處。國朝康熙三十五年，改爲文昌閣。閣西爲顧備祠，舊有陟翠丹房，傳爲唐道士許拱明修煉處。今廢。乾隆二年，御賜住持妙正真人婁近垣「澡雪心神」額，「千章樹影屏間緑，百道泉聲雲外清」對聯，供奉三清殿。七年婁近垣捐資重修。伊志。國朝錢陳羣有記。案：仁濟道院舊志，皆云唐貞觀時建。吳志作宋淳祐建。考邑人戴賓谷重新殿宇，恰當宋淳祐時，蓋誤以重建爲剏建。今據虞伯生碑記正之。

《〔光緒〕嘉興府志》卷一九《寺觀二・棲真觀》 棲真觀，在治西北一百步。趙圖記。舊本真武廟。宋乾道二年，道士郭宗諒請廣陳廢額爲之。至元志。明萬曆壬辰，道士徐月汀盡撤而新之，特爲宏麗。時方伯劉炌、憲副沈孝徵大爲檀施，而月汀宣力尤多。《海鹽圖經》明李當泰有記。國朝康熙十一年，楊起震搆斗母壇，袁志。給諫張惟赤造彌羅閣。十五年，道士顧名思修大殿。咸豐兵燬。光緒元年重建正殿。新纂。

《〔光緒〕嘉興府志》卷一九《寺觀二・佑聖宮》 佑聖宮，在縣治西一里，梯雲橋北。宋景定間，魯璠捨基，道士陳道正創建。明洪武二十四年，歸併佑聖道院。宣德間立道會司，重建殿宇、山門。平湖朱志。明周時樂有記。國朝乾隆二十八年重修。其附于宮者，東爲長生閣、康熙間建。閣前有聖母殿。痘神殿、康熙間建。財神殿、舊名瞻月房。乾隆五十三年，知縣王恒重修。一在乍浦南門外。華陀廟、藥王廟，西爲真武殿、文昌殿。平湖王志。

《〔光緒〕嘉興府志》卷一九《寺觀二・天清宮》 天清宮在縣西南一百步。原東嶽行宮，宋政和修廟。舊碑磨滅猶可讀，謂淹没時久，感夢興繕，從知建立甚古。又云廟屋百楹，增修殿宇三所。崇興亭臺，連東西二所。彩飾后嬪供帳，與夫百司執事從祀之神，靡不備具。繹騷之後再創，郡志止稱聖帝廟。後之規模壯麗，有加於前。至元志。紹定四年，道士蘇大亨請額，建爲天清宮。元末兵火。明洪武十五年，設道會司。柳志。永樂中重建。嘉靖中廢。崇禎辛未，改建於崇義橋河東，關帝廟左。石門鄺志。宋陸宗學《遊天清宮詩》：青鳥曾傳海外書，瀛洲消息近何如。燒丹既悟神仙訣，避地何妨水竹居。石子種來多化玉，藥苗分出半登蔬。天壇月冷秋如水，夜夜唫風起步虛。

《〔光緒〕蘇州府志》卷四〇《寺觀二・上真觀》 上真觀在穹窿山三茅峰，相傳漢平帝時建。始爲道院，宋天禧五年重建，改「上真觀」額。前志云：歲久傾圮，斷碑僅存，依稀見上清司命三茅真君及延祐年號數字。又彭瓏《穹窿山無量殿古斷碑記》

云：宋徽宗朝建。皆在天禧之後。茲從《光福志》。國朝順治七年，道士施道淵興建，康熙間始竣。四十四年，聖祖仁皇帝南巡，臨幸，敕賜「餐霞挹翠」額。雍正八年，修三清殿。乾隆三年，修三茅殿。六年，置修葺田若干畝。道光十六年，里人錢鳴萃重修。咸豐十年，經兵燹，廟宇殘燬。同治中重建。

《〔光緒〕蘇州府志》卷四〇《寺觀二·福濟觀》 福濟觀在臯橋東，俗稱神仙廟，宋淳熙間建。初爲巖天道院，元至大間重建，賜今額。至正末燬。明成化間重建。宋道士陸道堅嘗與省幹王大猷設雲水齋於此，感純陽呂仙授以神方，大猷子孫傳以濟人。見徐有貞記。嘉靖間燬。萬曆十三年重建。乾隆《吳縣志》作三十四年。國朝康熙六年，觀主姚宏勝延穹窿山鐵竹施真人重建。二十三年，重構山門。乾隆八年修。嘉慶中，燬於火。二十四年，巡撫陳桂生重修。咸豐十年，遭粵匪之亂，山門燬。同治十年，重建。

《〔光緒〕蘇州府志》卷四二《寺觀四·回真道院》 回真道院，在懸橋巷。宋咸淳二年，沈道祥建。《姑蘇志》作元至元間建。奉呂祖像。呂祖嘗自稱回道人，故名。明隆慶、天啟間，相繼重修。崇禎乙亥，里人郭從儀建三元閣。國朝順治六年，道士鄭秉中重建大殿。鄭敷教記。康熙十三年，道士周弘教建天倪堂。乾隆四十八年，重修。彭啟豐記。道光間，建關帝殿。張京度記。同治六年，里人重修。內設安仁義塾。案：鄭敷教記云：吳文定公與道士千自清善，千嘗謂仙人好樓居，擬建樓，請額于文定，文定書「望鶴樓」三字與之。隆慶己巳，始建樓。樓成之日，白鶴數十迴旋其上，適符其額云。

李心傳《建炎以來朝野雜記》（甲集）卷二《郊廟·今景靈宮》 今景靈宮，在新莊橋之西，本劉光世賜第也。初築三殿，聖祖居前，宣祖至徽宗居中，元天大聖后與祖宗諸后居後。掌宮內侍七人，道士十人，吏卒二百七十六人。上元結鐙樓，寒食設鞦韆，七夕設摩睺羅。簾幕歲一易，歲用酌獻二百四十羊。凡帝、后忌辰，通用僧、道士四七人作法事。十八年，增建道院。二十一年，韓世忠卒，九月又以其賜第增築之。天興殿五楹，中殿七楹，後殿十有七楹，齋殿、進食殿皆備焉。期年而畢。

李心傳《建炎以來朝野雜記》（甲集）卷二《郊廟·太一宮》 太一宮，以紹興十七年建，明年宮成，凡一百七十楹，分六殿，大殿曰靈休，奉十神太一塑像。夾殿曰瓊章寶室，藏殿。別殿四，曰介福，上本命殿。金闕寥陽，三清。明離，火德真君。齋明。齋殿。兩廡繪三皇五帝至里域星官，凡一百九十五。每歲四立日，以籩豆祀之，用素饌。火禁，依皇城法。士民許即道院設道場，品官聽升殿。宮成，以秦太師爲奉安太一使。翌日，上親詣，職事官寺監簿、在京釐務官通直郎已上，皆立班。道士官給糧，歲爲五百斛。其後，又詔市嘉興田三十頃，以爲道糧。宮後小坡上，有亭曰武林，竹柏周遭，頗清絶。孝宗受禪，增建本命殿曰崇禧。光宗受禪，還介福像於夾屋，而名新殿爲崇福。

李心傳《建炎以來朝野雜記》（甲集）卷二《郊廟·佑聖觀》 佑聖觀，孝宗舊邸也。壁間有上少年時所題，云：「富貴必從勤苦得，男兒須讀五車書。」至今以碧紗籠寶藏之。淳熙三年初建，以奉佑聖真武靈應真君，十二月落成。或曰真武像，蓋肖上御容也。

李心傳《建炎以來朝野雜記》（甲集）卷二《郊廟·寧壽觀》 寧壽觀，在七寶山之上，舊名三茅堂，有徽宗御畫茅真君像。紹興二十年，賜額。觀後林內，下瞰大內之宮中樓殿，皆髣髴可見，今爲禁地。

李心傳《建炎以來朝野雜記》（甲集）卷二《郊廟·延祥觀》 延祥觀，紹興十四年建，以奉四聖真君。初，靖康末，上自康邸北使，將就馬，小婢招兒見四金甲神，各執弓劍以衛上，指示衆人，皆云不見。顯仁后聞之曰：「我事四聖，香火甚謹，必其陰助。」及陷虜中，每夕夜深，必四十拜。及曹勛南歸，后令奏上，宜加崇奉，以答景貺云。觀今在西湖上，極壯麗，其像以沈香斲之，修繕之費皆出慈寧宮，有司不與。

李心傳《建炎以來朝野雜記》（甲集）卷二《郊廟·顯應觀》 顯應觀，紹興十七年建，以奉磁州崔府君，在西湖之東岸。昔高宗靖康北使，至磁州而還。建炎初，秀王夫人夢神人自稱崔府君，擁一羊謂之曰：「以此爲識。」已而有娠，遂産孝宗，亦異矣。崔府君，東漢崔瑗也，封嘉應侯。

吳自牧《夢粱録》卷七《萬壽觀》 萬壽觀在新莊橋西，紹興間建殿觀宇。以太霄殿奉昊天，寶慶殿奉聖祖，長生殿奉長生帝，西則純福殿奉元命。後殿十二楹，爲二十二室，奉太祖以下，會聖宮、章武殿、應天璇運皆塑像，以存東都遺制。前殿東有真廟室，扁曰「延聖」，章惠后室扁曰「廣□〔惠〕」，温成后室扁曰「寧華」。四孟朝獻畢，上由御圃詣本觀諸殿行燒香禮。景定改道院齋閣，以奉皇太后。元命觀東建神華館，命羽士焚修。

《〔乾隆〕杭州府志》卷二八《寺觀一·宗陽宮》 宗陽宮在新宮橋東。成化舊志。宋德壽宮後圃也。淳熙中更名重華。咸淳四年，以其半改築道宮，奉先朝神像，賜今額。樓臺殿宇，宏壯甲于省會。元延祐間，羽士杜道堅修。至正燬。明洪武邱月菴、永樂周道淵、宣德沈復玹、弘治沈養浩相繼重修。國朝康熙丙午，不戒于火，羽士徐尚麟與其徒和有鴻興復之。《浙江通志》。宫有十景，曰道德講堂、得月樓、老君臺、登瀛橋、太液泉、趙子昂十子碑、静觀堂、老梅、蕉墀、芙蓉石。《宗陽宫志》。又有梅石雙清碑，係孫杕畫梅，藍瑛畫石。乾隆十六年，聖駕臨幸，御製梅石碑詩，是宫遂鼎新焉。《南巡盛典》。

《〔乾隆〕杭州府志》卷二八《寺觀一・佑聖觀》　佑聖觀在錢塘興禮坊。宋孝宗爲普安郡王時外第也。淳熙三年，詔改爲道宫。紹定間重建，賜額曰佑聖。元大德七年燬，是年重建，改爲觀。成化舊志。內有洗竹亭、七葉坡、禮經筵、夢雲樓、清暑檐、種藥畦、馭鶴臺、吹笙石、冬青逕、洗藥井。《西湖遊覽志》。又有宋理宗像、趙孟頫書碑。萬曆《錢塘縣志》。元季兵火，此觀獨存。國朝初年，凡遇慶賀節，皆于此習儀上供。萬壽龍牌前有天王殿，及九皇、四將、三清、雷祖、天師等殿，後有玉皇閣。順治乙未設置火藥局，不戒于火，三清等殿皆燬。康熙五十二年，欽頒道藏供奉殿內。雍正七年，移供聖因寺。《浙江通志》。

《〔乾隆〕杭州府志》卷二八《寺觀一・通元觀》　通元觀在七寶山東南麓。宋紹興間，命內侍劉敖典領三茅觀事，敖夢三茅君駕白鶴至瑞峯之陽，旦見三鶴飛翔夢所，乃卜其地築壇爲宇。高宗御書「通元」二字榜之，并賜道號能真觀。有壽域樓、萬玉軒、坐鶴亭、謁斗閣、白鶴泉、鹿泉諸勝。三清殿後石壁，刻高宗御詩。又有貫雲石虞集張翥贈詩石刻。元道士俞行簡重修。明正德、嘉靖間，道士徐元一、郁克正更新。國朝康熙間，道士朱閎緒重建三清殿。《通元觀志》。劉敖《剏建通元觀碑記》：夫通元觀之肇剏也，原敖丱角時輒道浄厥身遺厥欲慕厥道，冀求真全元氏之門，憾世弗客宥，進事內庭，因荷天渥，授以內侍，官賜食玉食，衣錦衣，掌宫崇，相玉宸，富貴亦極矣。雖然，詎敖志哉，蓋嘗嘆曰：富貴夢幻也，真全身寶也。羈富貴而匪求真全，是惜夢幻而捐身寶者，敖寧弗致於審耶。因學觀心養性，煉質守形，尋道機，窮道奥，真全企悟于豁然，庶蔑元元之妙有不昧於虚靈矣。於是竊修道於宫居，屢懇請於主上，丐放山林，圓就心學。紹興庚午預激皇衷，命出主吴山寧壽觀，手賜法名能真，給福牒，賚紫衣，暨七寶頃田。所賞之隆，悉歸於觀，供奉香燈洊命。敖持堅養道，祝國永長。仲夏，辭陸入山，篤謹焚修，密守煉功，幸幾圓成，無辜廷慮。己卯臘初，敖夜坐，夢三茅君偕趺胎禽旋遊山角，狀若樓止。伺明旦瞻之，果見三鶴。踰年是日，鶴復來翔。噫！敖之感於茅君，驗曷殊甚也。遂仰鶴稽籲矢搆觀以迎，即期相地，翦莽斫荆，鑿山平基，運斤斲木，前創茅君之庭，後竪三清之殿，築謁斗臺於乾維，立望鶴亭於艮位。經房丹室，起蓋隨宜；衣鉢山門，蔑一不備。工竣，觀罔額持疏，請沭御題曰通元，仍加璽書於左，焕燿元宇。於戲！觀幸矣哉，額亦稱矣哉，敖之心不亦愜矣哉。且昔敖在內侍也，寤寐之間，念念于道，故嘗履富貴而厭處，談真全而樂聞，是非薄緣，種植元門，宿慮有在，奚以求道而道得，適請而請從，劾修煉而獲悟，夢茅君而化鶴哉！又奚以剏觀成而請疏。上通元之題，沛自九重而光福地哉！工始庚辰之丑，訖壬午之申，請額月弦而石壁襄于月望也。後之嗣觀者尚守之哉！紹興三十二年七月中元日記。

《〔乾隆〕杭州府志》卷二八《寺觀一・三茅寧壽觀》　三茅寧壽觀在七寶山東麓。唐時爲三茅堂。宋紹興二十年，因東都舊名，賜額殿曰太元。內奉徽宗御畫茅君象，累朝賜觀御書，有高宗黄庭度人經，寧宗道紀堂字、理宗養生論。《西湖遊覽志》。紹興間賜古器三種：一宋鼎，宋孝武帝孝建元年作。一唐鐘，本唐澄清觀舊物，上有河東薛泚銘。一褚遂良書小楷《陰符經》。咸淳志。近志增以吴道子南方星君像、玉靶劍、七寶數珠、軒轅鏡，爲觀中七寶。吴道子畫及劍，見陸游碑記。惟數珠、古鏡未考所自耳。元至元燬，明洪武初重建。成化十年建昊天寶閣。《湖山便覽》。嘉靖間賜道藏，改稱吴山佑聖觀。戊午總督胡宗憲改三清殿爲元武殿。萬曆間賜《道藏經》一部。明季漸圮，至國朝僅存三茅君小殿。《錢塘縣志》。陸游《三茅寧壽觀碑記》：紹興二十年十月，詔賜行在三茅堂名寧壽觀，因東都三茅寧壽之舊也。初，章聖皇帝建會靈觀，寔于崇元殿之側營三茅君殿，是爲祖宗崇奉之始。至是，高宗皇帝方齊天下，于仁壽之域尤垂意焉。乃命道士蔡君大象知觀事，蒙君守亮副之，許其徒世守。又命內侍劉敖典領，置吏胥，給清衛兵，畧用大中祥符故事。後十年，敖遂請棄官，專奉寧壽香火，詔如所請，賜名能真，改左右衛都道籙，仍領觀事，寔又用至道中內侍洪正一故事。上心眷顧此觀，每示優假如此，然迨今歲月寖久，未有紀之金石以侈上賜者。紹熙五年六月，知觀事沖素大師邵君道俊始礱石來請，游爲文傳示後世。伏覩寧壽觀，寔居七寶山之麓，表裏江湖，拱輔宫闕，前帶馳道，後枕崇阜，盡得都邑之勝。廣殿中峙，修廊外翼，雲章寶室，藏帙富麗，浩浩乎道山蓬萊之藪也。鐘經二樓，暈飛霄漢，飄飄乎化人中天之居也。金符象簡，羽流畢集，進趨有容，肅恭齋潔，濟濟乎茹靈芝飲沆瀣之衆也。導以雷旌，節以玉磬，侍者翼從，以登講席，琅琅乎徹九天震十方之音也。祐陵之御畫，德壽重華之宸翰，焕乎河洛之圖書也。鴻鐘大鼎，華蓋寶劍，褚遂良、吴道子之遺跡，卓乎祕府之奇珍也。榮光異氣，夜燭天半，所以扶衛社稷、安鎮中夏者，於是乎在，非他宫館壇宇可得而比焉。

《〔乾隆〕杭州府志》卷三二《寺觀五・洞宵宫》　洞宵宫在縣南十八里。漢元封三年，建宫壇於大滌洞前。唐宏道元年，本山潘先生奉勅面南建天柱觀。中宗朝賜觀莊一所。後有朱法師改北向。乾寧二年，錢武肅王與閭邱先生相度山勢，復改南向。宋大中祥符五年，因陳堯佐奏改洞霄宫，賜仁和縣田一十五頃，并賜鐘磬法具等。政和二年，都監何士昭陳乞賜度牒三百道。後廢。紹興二十五年重建。淳祐七年，靈濟通真先生孫處道奏請賜錢益市恒産，規制愈崇。南渡後，凡宰執大臣丐閒去位者，以提舉洞霄宮繫銜。咸淳甲戌冬，延燎一空。《大滌洞天記》。元至元丙子重建，未完，復燬。甲申再新，宮宇規模，視昔愈壯。《洞霄宮志》。元至正間，兵燬。明洪武初重建，歷二十餘年。而後修垣鉅殿，門廡室廬，庖庾壇壝，皆次第周完，無改舊觀矣。《餘杭縣志》。國朝康熙元年，羽士孫道元棲真於此，自是壇宇宮亭又可上延霄客，下接元流矣。《餘杭縣新志》。

《〔雍正〕寧波府志》卷之三三《寺觀・佑聖觀》 佑聖觀，府治西北二里，舊名佑聖道院，元至治間建。後廢。明正統間，欽差内官歐成重建真武殿、玉皇閣、方丈廊廡。國朝康熙三十三年，提督馬三奇、海關柏渡、守張星耀，令黄圖翬重修玉皇閣。四十三年，海關寶善重建真武殿。邑人胡德邁有記。四十八年，海關穆爾薩重建靈官殿。五十八年，鄞民何宗廉重建迎真橋。六十年，同知趙永譽、通判李尚德修葺廊廡。雍正四年，章炳、徐廷勳、張思永、范從誠、陳兆申、張宗瀚等，重修真武殿、斗姥閣、大士閣、吕祖臺亭。寧紹台道孫詔捐俸新建佑聖山門，供奉士府太歲神。

《〔雍正〕寧波府志》卷三三《寺觀・清道觀》 清道觀，縣東南三里。唐天寶五年建，後廢。宋紹興間，道士葉景虚重建尚書樓，鑰扁具門，曰列仙游觀。元至元間燬。後重建。山門之東，塔山之阿，舊有東山道院，扁曰真聖觀。後圮，併於本觀。明洪武二十四年，收併至道、崇壽二宮道士。立爲叢林，王智静重修。歲久朽蠹。成化四年，道士吴以誠重建。其東一室，曰天開圖畫。面江帶野，境最幽勝。其山多鬻於民間。萬〔曆〕二十年，署篆郡丞龍德孚，或贖或勸諭而歸之本觀焉。國朝康熙間，道會張□祖重建大殿、文昌閣、官廳諸處。雍正八年，住持馮守恒創符官閣，重建靈官殿宇。

《〔乾隆〕紹興府志》卷四〇《祠祀志五・天慶觀》 天慶觀，嘉泰志：在府東南五里一百二十步。唐之紫極宮也，梁開平二年改鎮聖觀。大中祥符元年正月改曰承天觀，時天書事猶未興也。初，景德五年正月原注：即祥符元年。乙丑，左承天門天書降。戊辰改元大中祥符，以其日爲天慶節。二年十月十四日詔曰：朕以欽崇至道，誕錫元符。率土溥天，期福祥之。咸被靈壇仙館，俾興作以攸宜。庶昭清静之風，永治淳熙之化。式營仙館，以介民禧。宜令州府軍監關縣擇地建道觀一所，並以天慶爲額。蓋用節名也。惟西京稱天慶宮，餘悉爲觀。於是州以承天應詔。五年閏十月九日詔曰：近者告期，中夕降聖。皇闈昭示，誨言備聞。帝胄尊祖，聿隆于顯。號奉先式，焕于丕圖。鴻緒發源既彰于累積，緜區設教用表于欽崇。天下州府軍監，並于天慶觀置聖祖殿。其殿内尊像及侍從，並令玉清昭應宮降樣。其後遂著令諸州給閒田供齋厨，藩鎮十頃，餘七頃、五頃。官吏之官罷任並朝拜，禁乘馬出入。遇天慶節，士庶焚香庭中。殿在觀之昊天殿北。建炎初，罷玉清神霄萬壽宮，詔迎長生青華像赴觀。建炎三年十一月，高宗皇帝駐蹕。癸亥列聖御容至自東京，亦迎赴天慶奉安云。萬曆志：唐之紫極宮，相傳即偃王所居之翁州。元改元妙觀。

《〔乾隆〕紹興府志》卷四〇《祠祀志五・祠宇觀》 祠宇觀，嘉泰志：在縣南七十里四明山。漢人劉綱及妻樊夫人上昇之地，古有祠宇觀，唐明皇天寶三年，以其地險遠，移觀于瀑布□，故俗謂之白水宮。宋政和六年，詔建玉皇殿，蠲其雜賦。初，唐末有高士謝道塵隱于是山之南雷。原注：今有大雷峯，亦不知南雷何在。嘗至吴中，謂陸魯望曰：吾山有峯最高，四穴在峯上。每天宇燈霽，望之如牖户，相傳謂之石牕，故兹山名曰四明山。中有雲，二十里不絶。民皆家雲之南北，每往來謂之過雲。有鹿亭，有樊榭，有潺湲洞。木實有青櫺子，味極甘而堅，不可卒破。有猿謂之鞠侯。於是魯望與友人皮襲美賦詩九篇傳于世。然今雖山中居人，皆不知此異境果在何處。與華山之華陽、武陵之桃源無異。蓋神仙所居可聞名而不可到也。或謂山圍八百里，四面皆七十峯。其説出于近世，莫可得而考。按今明州，蓋以此山得名。而山實屬會稽之餘姚縣。正如眉州，本以峨眉山得名，而山乃屬嘉州之峨眉縣也。又華州以華山得名，而華山高五千仞，華州乃不見而同州反見之。故語曰：世間多少不平事，却被同州看華山。亦此類也。《餘姚縣志》：初，大蘭山劉樊昇仙之後，弟子立祠宇以奉其祀。陳永定中，有敕建觀，因其舊祠，故曰祠宇。唐天寶三年，勅道士崔御、處士李建移置潺湲洞外，一名白水宮。宋龍虎山三華院吴真陽號混朴子。遊歷至此，止焉。徽宗以凝神殿校籍召，不起。政和六年，詔大其觀，建玉皇殿，榜其門曰丹山赤水洞天，封劉綱昇元明義真君，樊氏昇真妙化元君，而真陽受丹林郎。禁樵採，蠲租賦。紹興間，丞相張浚表真陽爲真人，許歲度道士一人，分甲乙傳次。嘉熙初，理宗禱于會稽之龍瑞宮，分金龍玉簡藏焉。元毛永貞檄領觀事，重爲修葺，築石田山房於其側。江西薛毅夫來訪，永貞首爲賦詩。至京師告于名士，各爲和之。永貞又爲二圖，其一曰原建之圖，其一曰唐遷觀之圖，刻于觀中。明永樂十三年詔道士朱大方復繪其圖以上，後廢。

《〔天啟〕舟山志》卷二《寺觀・道隆觀》　道隆觀，去城一里南東嶽行祠。宋宣和二年建。額從守臣婁冑之請，額曰金闕賡陽蓬萊福地，皆特賜也。建炎間，金虜追高宗於此，登岸砍殿柱，血流，虜畏遁去，竟藉以安。元至元間，道士漸加修葺。至嘉靖三十二年，倭寇入犯，總督胡公宗憲遷其殿宇，迎大士像於招寶山供奉之，餘盡焚燬。慶曆間，稍爲修復。萬曆十四年，建藏經殿以奉聖母，頒賜藏經，立静室。二十六年火，二十七年復賜藏經到山，緣寺㔨欝攸不堪安奉，内使以聞。三十年，因頒發帑金前後共數千兩，遣内臣張隨建藏殿及圓通等殿，賜額護國永壽普陀禪寺。琳宫紺宇，連雲蔽日，大匪昔侔矣。元劉賡有記。餘載《普陀志》。

《〔同治〕南昌府志》卷一三《典祀・寺觀・玉隆萬壽宫》　玉隆萬壽宫在逍遥山，舊名遊帷觀，即許旌陽故宅。相傳旌陽常以五色帷施黄堂諶母祠，及仙去，錦帷飛還故宅，因立觀。南唐徐鉉書額。宋大中祥符三年，更今名。神宗時，詔洪州玉隆觀、五嶽廟，建提舉、提點等官，予祠禄。見《宋史》。宫内有逍遥閣。明萬曆十三年重修，萬恭記。十七年，民人劚地得金龍、玉簡各一，今藏鐵柱宫。國朝康熙二年，道人徐守誠募修正殿、諶母閣、三清殿，創玉皇閣，募建三官殿、關帝殿。熊文舉有記。乾隆四年，巡撫岳濬重修。八年，道人程陽昇募建夫人殿。三十四年，玉皇閣、真君關帝殿燬，道人許來浩、趙本逸募建，裘曰修有記。嘉慶二年，復燬，道人鄧合溱、熊永雪募建，里人添創文昌閣。八年，道人胡合源、萬合和募修山門、望仙樓，巡撫秦承恩有記。道光元年，夫人殿燬。道人喻圓森、周教浪募修真君殿，巡撫韓文綺爲之倡。十四年至二十八年，道人喻圓森、鄒永栲募緣，將各殿閣修葺。咸豐六年，粤賊竄境，神像被毁。邑紳吴坤修捐貲重塑。十一年，賊由安義突至，焚燬蕩然。同治六年，郡紳劉于潯、夏廷榘呈請大憲，飭合省富商捐助重建，規制焕然。

《〔同治〕廣信府志》卷二之二《建置・寺觀・大上清宫》　大上清宫，四代真人張盛建傳籙壇。唐會昌中，賜額「真仙觀」。宋祥符中，敕改上清觀。崇寧四年，遷建今址。致和三年，改爲上清正一宫。元大德己酉，賜名正一萬壽宫。明洪武二十三年重建。永樂、正德、嘉靖，皆賜帑修葺。國朝康熙二十六年，賜御書「大上清宫」額。五十二年，賜帑興修。雍正九年，遣大臣監修；建斗母宫，賜御書「斗母宫」額。御製碑文恭載《藝文》。置香田膳田，增廣道院額，設法職。乾隆、嘉慶間，俱特旨動帑修葺。

附《大上清宫新制》：宫門南臨大溪，溪北爲横街，通衢也。街北建坊，三脊四柱，坊北東，西旛杆二，疊石爲基，中甃巨石爲路。東、西繚以朱垣，又北爲門，環甎爲闕，以通往來。南闕中朱户金鋪，闕上樓七間，重簷丹楹，周以朱欄，簷際懸聖祖仁皇帝御書「大上清宫」額。南望雲林、琵琶諸峯，熛鋭炎上。形家以謂，惟水制火，故奉真武於樓中。舊像不稱，易脱沙。脱沙者，聚沙爲像，漫帛於上而髹之。已而去其沙，與宋之夾紵、元之摶换，一法而異名耳。凡宫中新塑神像皆如之。樓東、西祀靈官元壇。闕後東偏小屋二間，司香火及門之啟閉者居焉。北爲大路，俱甃以巨石，繚以朱垣。垣之内外，喬木森列逶迤，三折而北，至下馬亭，亭西嚮五間。過亭而折北曰櫺星門，鑿石爲之，中設朱松。旁爲兩門，門高稠石柱三之一。龍虎門五間，在櫺星門北，望闕朝賀之地也。門外蒼松二株，豫章二株，皆高數百尺。門内東、西向，祀雷部六師。門之南，東、西碑亭各一，碑勒明時修宫勅諭。亭四向，十字脊，脊頂置寶瓶。鐘、鼓二樓又在兩碑亭南門之旁。東、西角門各一，門之北爲甬道。又北爲臺階，白石陛三重，上周以石欄，鑿蓮花爲柱飾。北爲玉皇殿七間，舊之寥陽殿也。凡皆以所祀神像更名。玉皇殿北爲后土殿七間，舊之真風殿也。又北爲三清閣，上下各七間，舊之玉皇閣也。閣下祀九宸，東西列三十六雷神。龍虎門以北，東西周廊共四十四間。玉皇殿之東西配殿曰三官，曰三省，各三間，舊之元壇、文昌殿也。后土殿之東西配殿曰五嶽，曰四瀆，各三間，舊之三官、四聖殿也。三清閣旁東曰文昌殿，一間；又東曰天皇殿，三間，舊之雷祖殿也。閣西曰關聖殿，一間；又西曰紫微殿，三間，舊之高真殿也。四殿俱南嚮。以上皆彤壁朱扉，金鋪銅沓冒。正殿俱重簷丹楹，藻井間以金碧，飾以雲龍。三清閣覆以碧琉璃瓦。此因宫之舊而增修者也。玉皇殿之東南爲新建碑亭，亭覆以黄琉璃瓦，重簷丹楹，四面瑣窗，藻井金飾，雕石爲基，内供世宗憲皇帝御製碑文。龍虎殿前，從西側門向北循牆行，則新建之斗母宫在焉。殿七間，正南向，覆以黄琉璃瓦，重簷罘罳，祀斗母聖像，東西列從臣四。南爲穿堂七間，覆以碧琉璃瓦，以黄琉璃瓦飾簷端，蒙以罘罳，磨磚甃地，鑿中道爲雲龍形。瞻禮者由左右拾級而上。東西爲短垣，上爲朱牖。穿堂南爲前殿五間，碧瓦罘罳，一如穿堂。前祀真武，旁列從臣四；後祀馬靈官銅像。又南爲朱門三，金鋪銅沓冒，前簷懸世宗憲皇帝御書「斗姥宫」額。門旁東、西角門二。前殿東、西配各三間，東祀太歲，西祀送子。正殿東、西焚修房各五間，房南東、西亭各一。凡殿俱朱牖丹楹彤壁，藻井間畫金碧雲龍。門外照牆以碧琉璃瓦爲盤龍形飾中央四角，龍虎門自東側門向北爲提點司，門屋一座，堂三間，後堂三間，後倉房七間，前後東西廂旁八間，又齋堂三間，南向。廚房二間，居其側。前門屋一間，四週圍牆，爲醮壇齋食之所。在斗姥宫之前，宫之東爲道院八，宫之西爲道院十六，其舊有而新修者十二院，每院門屋一間，正廳三間，左右丹房共四間，後樓房三間，左右耳房各一間，週遭繚牆，各分院址，内新舊共二十四院，凡宫中之法官居焉。宫中道院八所：三華院在提點司之東，東隱院在三華之東南，仙隱院在三華之東，崇元院在仙隱之前，太素院在仙隱之東北數百武，十華院在太素之東；郁和院在東隱之南，清和院在郁和之南。蓋東隱之院西向，而二院亦西向，皆在其左也。宫西道院十六所：掌禧院在三清閣後，崇清院在崇禧之北，繁禧院在崇清東北數十武，達觀院在斗母宫西而稍北，明遠院在斗母宫西而稍南；洞觀院在明遠之南，棲真院在洞觀之南，蓋明遠之院東向，而二院亦東向，皆在其右也；混成院中在斗母宫之前而稍西；紫中院舊曰紫微院，在混成之南；清富院在混成之西而東向，鳳棲院在繁禧之前，高深院在達觀之東，精思院在明遠之北，真慶院在棲真之南，玉華院在混成之東北，迎華院在紫中之西。

《〔光緒〕嘉興府志》卷八《寺觀一・元妙觀》 元妙觀在郡治東北三里。舊址在碧漪坊。宋大中祥符間建，復改爲天福寺。元大德五年，楊道録重建于天星湖。秀水任志。元顧文琛有記。至正十八年兵燬。明洪武元年，道士趙雲軒首建三清祠。永樂十年，住持趙宗純重建。柳志。正德丁丑，住持周景常修。嘉興湯志。明董穀有記。後爲冷仙祠。詳祠祀。國朝康熙十年，殿圮。復建聖帝殿、文昌殿。秀水任志。乾隆間重修。伊志。咸豐兵燬，同治間重建冷仙祠。新纂。

華中

李濂《汴京遺跡志》卷一〇《寺觀・萬壽觀》 萬壽觀，在景龍門西北，本玉清昭應宫東偏别殿也。天聖七年夏六月，玉清昭應宫災，燔爇殆盡，惟存長生、崇壽二殿，并章獻太后本命殿。後稍脩葺，改崇壽殿名太霄殿，徙奉玉皇銅像，增繕寶慶、延聖二殿及膺福齋殿、崑玉池亭。又葺章懿太后御容殿，改名萬壽觀。後皆燬于金兵。

《宋朝燕翼詒謀録》：萬壽觀，本玉清昭應宫也。宫爲火所焚，惟長生、崇壽殿存，殿有三像，聖祖、真宗各用金五千餘兩，昊天玉皇上帝用銀五千餘兩。仁宗天聖七年，詔玉清昭應宫更不復脩，以殿爲萬壽觀。蓋明肅太后尚有脩營之意，宰臣猶帶使領，至是始去之，示不復脩營也。真宗朝，盛禮縟儀屢舉，費金最多，金價因此頓長；人以爲病。仁宗明道二年正月癸未，詔册寶法物凡用金者，並改用銀，而以金塗之。自此十省其九，至今惟寶用金，餘皆金塗也。

林希《兩朝寶訓》：天聖七年七月，《紀年通載》云六月。玉清昭應宫災，上以所存長生、崇壽殿爲萬壽觀。

李濂《汴京遺跡志》卷一〇《寺觀・祥源觀》 祥源觀，在繁臺東南，宋初有人於此地見龜蛇，因建真武堂。真宗天禧二年，泉湧堂側，汲之靡竭，人有疾疫者，飲之輒愈，乃就其地建觀，總殿廡神厨、鐘經樓、齋堂，道院廨舍凡六百一十三區。其正殿曰靈真，以奉真武像，加號靈慈真君。東聖藻殿，以安御製贊。西靈淵殿，湧泉之所。前廣聖殿，西開祥齋，殿南有靈禧園，東有凝碧池，乃唐汴牧澤改爲池，後皆燬于金兵，累經河溢淤平。

《宋朝會要》：醴泉觀，本拱聖營地也。天禧二年閏四月，詔拱聖營醴泉所宜立觀，以祥源爲名。仁宗時，觀火，既重建，改名曰醴泉。東水門裏亦有醴泉觀，與此不同。

李濂《汴京遺跡志》卷一〇《寺觀・玉陽觀》 玉陽觀，有二：一在大梁門内，即楊六郎宅址也；一在城隍廟後近西街北，乃金章宗時汴京之永豐倉也，金季兵燬。元世祖時，盤山棲雲道人王志謹于其處建觀，以居全真道人蜕座子、陳志寶。元末改爲忠襄王察罕帖木兒祠堂。國朝洪武初，又改爲河南布政司巨盈庫。

李濂《汴京遺跡志》卷一〇《寺觀・建隆觀》 建隆觀，初名太清觀，在大梁門外西北，周世宗所建。宋太祖以建隆改元，遂更名爲建隆觀，重脩殿宇廊廡，總一百四十有九區，後取杭州昊天上帝銅像奉安于中。真宗大中祥符元年，以唐秘書監賀知章七代孫道士某住持是觀，加葺昊天上帝殿。其後皆燬于金兵。

李濂《汴京遺跡志》卷一〇《寺觀・會靈觀》 會靈觀在南薰門内東北，普濟水門西北，宋大中祥符五年剏建，内設延真獻殿、祝禧齋殿，西則崇元殿以奉靈寶天尊，二夾殿則奉中茅、小茅真君，東西列五嶽聖帝五殿，左右二夾殿則奉五嶽之儲副佐命之山，羅浮、括蒼、霍山、抱犢、少室、武當等十山真君。初名五嶽觀，觀成，賜名會靈。李若谷罷參知政事留京師，以資政殿大學士提舉會靈觀事，宫觀置提舉自此始。觀南有奉靈園，觀東有凝祥池，中有崇禧殿，觀西壖有小池，中亦建崇禧殿，奉扶桑大帝、暘谷神王、洞淵龍王等神，續又增置明麗及臨水二殿。後皆燬于金兵。

《宋朝會要》：大中祥符八年五月，詔會靈觀，池以凝祥爲名，園以奉靈爲名，觀以奉五嶽帝。仁宗時，觀火，既重建，改名曰集禧。

李濂《汴京遺跡志》卷一〇《寺觀・延慶觀》 延慶觀在城内汴河之北，浚儀橋之西，舊爲朝元萬壽宫齋堂。今軍儲倉，即朝元萬壽宫之遺址也。元世祖時，盤山棲雲道人王志謹建。元末僞宋太保劉福通廢之，惟存齋堂耳。國朝洪武初，爲寶泉局鑄錢之所，後移局於蔡河灣，而齋堂悉已頹毁。洪武六年，設道紀司於內，十年，都紀邵惟真、副都紀鄭德柔等改建正殿，奉安三清，又建左右高真之殿及東西兩廡。永樂十年，都紀趙德信又建三門，焕然一新，內有宋時諸名公石刻甚多，今悉散失，無復存者矣。

陳頎《閑中今古》：開封，趙宋建都之處，予每追訪古蹟，故老僅能道其一二，形似而已。府學中諸碑刻，多宋太學中石經，皆磨滅破碎，罕有完者。間有徽廟時詩文，亦首尾弗全，周視齋廡，見石礎俱斷碑，隱然文字在上。學子言：「不特此耳，爲在位之人取爲它用者甚衆。」後於延慶觀東偏道士房，見一石刻，乃蘇子美所作詩：「瓜果浮沉酒半醺，滿牀書史亂紛紛。北軒凉吹開踈竹，卧看青天行白雲。」因録於此，以見當時士大夫其所著述何可勝數。如此詩者，不過一時口占，尚刻之於石，則其它大述作而爲世所珍重者，不爲後人柱下之石能幾何哉？又曰：成化間，黄河邊有龍生一卵在葦泊中，大如升許，漁者得焉。一商人以布易之，送於官，置諸延慶觀，居民異之，觀者如堵。時盧龍周斌知開封府，以其惑亂人心，擊碎之，中包碧水，餘無所有。數日後，俄有大風自觀中起，拔庭前兩木，從東北去，拔都司前一大木，又拽去左布政章繪衙內樓後半間。未幾繪被原傑侍郎考黜，斌擢陝西參政去。禍福有定，不可惑也。併記之。

《明太宗實録》卷二〇七《武當山宫觀》〔永樂十六年十二月丙子〕武當山宫觀成，賜名曰太嶽太和山。山有七十二峯，三十六巖，二十四澗。峯之最高者曰天柱，境之最勝者曰紫霄。南巖上軼游氣，下臨絶壑。紫霄、南巖舊皆有宫，南巖之北有五龍宫，俱爲祀神祝釐之所。元季兵燬。至是，悉新建宫。五龍之東十餘里名玄元玉虚宫，紫霄曰太玄紫霄宫，南巖曰大聖南巖宫，五龍曰興聖五龍宫。又即天柱峯頂冶銅爲殿，飾以黄金，範真武像於中。選道士二百人供洒埽，佃田二百七十七頃，并耕户以贍之。仍選道士任自垣等九人爲提點，秩正六品，分主宫觀，嚴祀事，上資太祖高皇帝、孝慈高皇后之福，下爲臣庶祈弭災沴。凡爲殿觀門廡享堂厨庫千五百餘楹，上親製碑文以紀之。

《〔乾隆〕辰州府志》卷一八《壇廟考・元妙觀》元妙觀在城内鶴鳴山巔，縣學之後，舊名紫極宫，宋至道初改名天慶，洪武中重修，改今名。相傳有銅鑄唐明皇像祀其中。

《〔嘉慶〕常德府志》卷六《山川考・桃川宫》桃川宫，舊名桃花觀，縣西南三十五里。《玉海》淳化元年，朗州官奉詔修桃源觀。五百仙人閣成，名望仙閣。劉禹錫《桃源詩》：「皇家感至道，聖祚自天錫。金闕傳本文，玉函留寶歷。禁山開秘宇，復户潔靈宅。」自注：詔隸二十户免傜，以奉灑掃。《桃源洞志》洞天營葺，唐以前無聞。自黄洞源、瞿柏廷相繼控鶴於兹，刺史温造紀其事。於桃川宫宇之建，當自大歷貞元間。碑碣所載桃源觀、桃源新壇，俱頽漫不可考。宋政和元年，權發遣廣南西路轉運副使張莊奏聞，始建景命萬年殿及福壽二星，經鐘樓閣，齋寮厨庫，廊廡方丈，凡一千三百三十楹。明年賜名桃川萬壽宫額，設提點掌之，以便祝釐。淳祐元年增創武當行宫於宫之陰，矩度畧與太和比。元末燬於兵。明景泰六年，中丞李收集制書，立殿宇數楹。成化十八年，郡守李募修三清龍虎殿、法堂官廳。弘治十四年建山門。正德十三年復建行宫，題曰「元岳」，遵太和始額也。萬曆初觀察劉陶宇、十八年分守湖北道李廷謨、三十二年分巡湖北道劉之龍，皆先後參建，大觀斯備。三十七年，分巡湖北道郭顯忠改建大士堂於山巔。明末俱遭兵燹。國朝漸次修補，遠遜舊跡。

《〔嘉慶〕常德府志》卷一二《寺觀・報恩觀》報恩觀，府東一里。唐時建，宋高宗賜號「天寧萬壽宫」，孝宗改「報恩光孝觀」。明洪武甲辰重建，正德十年賜道藏經十二櫃。後燬於火。國朝康熙二十三年，鎮平將軍徐由彝重建。復圮。乾隆五十八年重修。舊志參

《〔嘉慶〕常德府志》卷一二《寺觀・元都觀》元都觀，府西半里。唐時建，名乾明，後晉名隆興，又名天慶。宋祥符間改元妙。元末兵燹，明初重修。國朝康熙間復修，改今名。龍志參

《〔嘉慶〕常德府志》卷一二《廟壇・三元宫》三元宫在道門口。江南客民建。《册府元龜》：唐開元二十二年十月，勑曰：道家三元，誠有科戒。兩都及天下諸州，每年正月、七月、十月三元日，起十三至十五兼宜禁斷。

《〔同治〕永順府志》卷五《秩祀寺觀・迴龍宫》迴龍宫，在内龍保，離城五十五里。祖師像係銅鑄。有香火田。原土司彭泓海建，廟後即供其像。

《〔光緒〕叙州府志》卷一二《寺觀・元貞觀》元貞觀在縣東點軍山，明嘉靖十九年建。正殿中有古井，滃然仰出。皇朝乾隆年間，僧道成晨起焚香，見有龍從井中出，烟雲繚繞，覺殿中所塑龍皆有躍躍欲飛之勢。僧鳴鐘説偈，移佛前石香爐鎮之。至今風雨之中，猶時見烟雲馥郁之氣。

《〔光緒〕叙州府志》卷一二《寺觀・三清觀》三清觀在縣東五里。唐貞觀二年建，明弘治十一年重修。康熙九年，知縣陳大謨增修。《縣志》何源《重修三清殿碑》：三清者何？上清、玉清、太清也。玉以言其純净無疵，清以言其澄澈

不滓，上則高而無極，太則坦而無垠，蓋三氣爲天地之宗，其本即人身中精氣神是也。人能保固此三者，則渾同太虛，包舉罔遺，至道在我矣。邑東三里許，有三清殿，村因以名焉。承平時，閭左殷富，風教純樸，歲時伏臘飲射之暇，奉事神明甚恭而謹。是殿前三官，次真武，中三清，後玉皇，最後與文昌宮閣相望，鐘磬喤鏘。每歲季春仲夏，輙迎神遊蹕於此，香炬圯集，觀者如堵，蓋古祥之盛蹟也。始於唐之貞觀二年，盛於宋，圮於元。迨弘治十一年，復行修建。至嘉靖三年，盛復如初。甲申後，蜀士民自相殘賊，城邑坵墟，棟折簷頹，穢如坻塲。余壬辰休致，見寺廟傾圮，恫乎悲愴。欲力爲修補，尋以他事久寓蓉城，此願遂弗克竟。丙午還里，雖四壁蕭然，擬舌耕修理，以酬素志，而事充役廣，憚於經始。幸值邑侯陳公蒞政八年，政通人和，百廢俱舉。僧人滿參發大勇猛，力襄厥事。率作興功，易其楹桷，環以垣墉，飾以丹護，三清煥然改觀矣。緣財力殫詘，文昌宮尚議續舉。聊序其心，以誌此殿興廢之由。凡蠲貲助工士民，另書姓名於樑。若夫因象見心，即心成象，精氣神融合無間，則直証元宗法象間，俱屬筌蹏矣。是爲序。新附。

華南

《〔道光〕廣東通志》卷二二九《古蹟畧十四·三元宮》 三元宮，在粵秀山東。晉南海太守鮑靚建，名越岡院。明萬曆及崇正重修，更今名。國朝順治間修。康熙四十五年，左翼鎮復修斗姥宮。府志。國朝杭世駿《三元宮用杜少陵憶昔行韻》詩：琳宮拔地雁展翅，挨傍紛如貼輕舸。心驚危棧出槎枒，膽歷烟梯怯么麽。集靈縹緲謁帝歸，奇鬼猙獰向人坐。鳥銜旌節步虛過，松奏笙鏞半空墮。丹房有月燭幽陰，石洞無雲闞關鎖。堅屯殷壁拓弓弦，夜浦推窓見漁火。火鈴龍尾摇扶蘇，綬帶霞衣側婀娜。吹簫駕迴鳳難期，薦菊盤空泉亦可。青苔白石不逢人，銕券銅符誰贈我。采金鑄鼎蹟已荒，立茅受印計終左。金波浪説竊靈藥，碧海何曾結仙果。烟鐘催客踏斜陽，獨向寒江看側柂。

謹案：《寰宇記》：天井岡下有廟甚靈，士人祈年，謂之北廟。今三元宮適當其地，而别無所謂北廟者，疑此即古北廟故基也。

《〔道光〕廣東通志》卷二二九《古蹟畧十四·元妙觀》 元妙觀，在府城内稍西。唐名開元，宋大中祥符間，改曰天慶。内有衆妙堂、蘇公像、方公祠，宋季燬。元元貞二年，改今名。大德間，宣撫使塔刺海重修。復毁。明洪武初，征南大將軍廖永忠新之。黄志。萬曆三十年，太監李鳳重修。國朝康熙五年，平藩重建，有碑記。金志。劉鋹及二子各範銅爲像，少不肖即殺治工，凡再三乃成。今尚在天慶觀中東廡。《南海百詠》。

《〔道光〕廣東通志》卷二二九《古蹟畧十四·五仙觀》 五仙觀，在郡治西。其先，有五仙人各執穀穗一莖六出，乘羊而至，衣與羊各異色如五方。既遺穗與州人，騰空而去，羊化爲石。州人因其地爲祠。《南海百詠》。舊在番禺十賢坊，後徙他所。宋政和三年，經畧張勱仍復於舊址。黄志。明洪武元年，平章廖永忠寓觀中，誤烈薪火，燬焉。遂重建。十年，布政使趙孠堅以觀地爲廣豐庫，乃改創於郡西坡山禁鐘樓後，建通明閣，塑五仙像其中。歲久圮。成化五年，布政使張瑄重修。國朝雍正元年，提督馮毅又修。有碑記。郝志。

《〔道光〕廣東通志》卷二二九《古蹟畧十五·沖虚觀》 沖虚觀，在羅浮山朱明洞南，宋建。《大清一統志》。有銅龍六，銅魚一。蘇軾云：近於朱真人朝斗壇獲之二物，非金非石，非銅非鐵，龍各具四足而微鱗，魚空洞其中而無孔，堅若窑瓷，輕若木葉，實神物也。《羅浮山志》。觀即都虚觀故址。晉咸和中，葛洪至此煉丹，從觀者衆，乃於此置四菴，山南曰都虚，又曰元虚，又改名沖虚。洪没，唐天寶初，置守祠十家，仍度道士，賜額。内有葛洪祠及葛洪丹竈，蘇軾書四大字。前有玉簡亭，以覆明永樂中所賜玉簡。黄志。國朝嘉慶十三年，道人陳圓琯募貲重修。觀左有吕祖祠，古諸仙祠址也，今又名東書院。《採訪册》。

西南

《〔乾隆〕廣西府志》卷二五《藝文·玉皇閣》 玉皇閣，考之梁記，則剏自天啓甲子年，然無碑銘可據，且乏文獻足徵，竊謂首善之地不可無記。閣踞西關里許，鐵龍山麓，面正街，巍坊一座，表曰玉皇行宫，裏曰雨露風霆。進渡小石梁至大門，榜曰金闕瑶臺。大門内，甬道左右爲靈官二殿。再進數十步至朝天門，門内爲四聖殿，供大鼎一。上下丹墀，□廠軒豁，雙桂馥月，翠柏淩雲，具足鬱葱之象。丹墀上正殿，殿内暖閣，層架精嚴叠壘，工緻爲妙。有境彌、羅宫諸像，俱範金爲之。兩壁會尊經全部，東西廊各五間，塑列仙三十六位，盡勃勃有生氣。殿額榜曰飛閣淩霄，諸匾聯俱知府扶風張繼孟親書。殿兩山以三官東嶽二殿翼之，後又殿三楹，爲三清宫。兩廊後各樓五間，東爲僧舍，西爲遊覽憇息之所，静室雲廚俱極整飾，爲一郡巨觀。

《〔道光〕夔州府志》卷三五《寺觀·三台觀》　三台觀，在縣北二十五里，廟上下三層，尚屬整齊。有銅像祖師一尊，左腕上注「正德年鑄」等字。内有正德皇帝御碑一座，漫没不可識。僅萬曆間巫山舉人樂珮碑文尚存。《重修三台觀碑記》：夔城當入蜀首郡，西北三十里許，山名三台，上有觀，爲真武神宇。里人遠邇事之甚謹。余束髮以來，未及登覽。萬曆壬午，解綬自滇歸。季春三日，適神壽誕，甫得一遊。見峰巒倚漢，茂植結垣，車馬往來，香雲繚繞。中有一二羽客，危坐胎息，何其逸也。迺知陟於此者，可以望遠，可以怡情，可以脱塵而習静，詎不得名之爲夔門勝境乎？歲月既久，當爲重修計。黄冠魏氏常静住持於此，即以身任，衆姓踴躍喜捨，越期殿成。續爲廊東西十間，朝真殿三間，廣應祠一間，山門三間。是此磐固，大勢森嚴，見者壯之夫！兹教也，語顯跡無踰武當，語人心趨附亦無踰武當。此觀之建，遠不可稽，大都聞武當而景從也。創立於先民，改觀於今日，里人之見或緣祈福，或以報功，縱不得謂之無所爲而爲之矣，將不可謂之勉於向善，而足稱治世之良民也歟哉！然後之視今，猶今之視昔，數百年後有聞風興起者，當必爲記以俟之也。故因魏氏之治觀，次第其畧，鐫之貞珉，不獨彰里人之善念，亦以致望於里人之後賢云爾。明萬曆歲在元默攝提格白藏穀旦，郡人知縣樂珮撰。

《〔道光〕夔州府志》卷三五《寺觀·天仙觀》　天仙觀，距城東北百四十里。夔州府教授朱有紱記：觀在長龍山絶頂，距城東北百四十里。遠望上鋭下圓，形如斗笠，左右及後皆空，兩溪夾繞其間，亭亭獨立。削巖峻陂，螺旋以上，約十里許，至絶頂，則前面岡梁，直亘一二十里，崖石多作龍鱗狀，山端一峯鐵峙，峯後爲天仙觀，老氏居之，供奉真武祖師，相傳極靈異，歲有雷風埽殿云。九月一日，九日，香火甚盛，遐邇屆期先至止宿焉。土人稱爲川武當，不知剏自何代。嘉慶初爲教匪所燬，迨後重爲募建，故規制未宏。後殿塑仙女像，俗謂天仙公主，爲昔時落草成神者。又謂秦始皇鞭山入海，是山遁跡止此。皆屬無稽之談，□可笑也。友人白舫題詩云：白雲掃盡秋氣清，四山叠繞如列城。中有一峯獨孤立，形如覆笠高不傾。兩溪夾繞互縈帶，蒼蒼遥挹擬蓬瀛。蟻路盤盤若攀陟，舉足螺旋難力争。輿殆人疲躋絶頂，長岡石作龍鱗生。峰後咫尺得仙觀，數輩羽士虚左迎。時值重九前一日，香火叢集堂殿盈。丹房狹隘坐何有，天使客减登高情。夕嵐鬱蒸□將墜，聊借田舍隱吟聲。巉喦陡下數百步，茅屋始息筋骸撑。月梳飛上萬籟寂，要知隨遇安所行。汲泉洗琖酌同賞，留取徵輝杯底明。

西北

王溥《唐會要》卷五〇《觀》　龍興觀，崇教坊。貞觀五年，太子承乾有疾，勅道士秦英祈禱，得愈，遂立爲西華觀。垂拱三年，改爲金臺觀。神龍元年，又改爲中興觀。三年三月二十四日，復改爲龍興觀。

王溥《唐會要》卷五〇《觀》　昊天觀，全一坊地。貞觀初，爲高宗宅，顯慶元年三月二十四日，爲太宗追福，遂立爲觀，以「昊天」爲名，額高宗題。

王溥《唐會要》卷五〇《光天觀》　光天觀，務本坊。本司空房玄齡宅，景龍二年閏九月十三日，韋庶人立爲觀，名翊聖觀。景雲二年，改爲景雲女冠觀。天寶八載，改爲龍興道士觀。至德三載，改爲光天觀。

王溥《唐會要》卷五〇《景雲觀》　景雲觀，修業坊。景龍二年，韋庶人立爲翊聖觀。景雲元年，改名景雲觀。景龍三年四月，大理少卿盧懷慎上疏曰：「伏准去年閏九月十三日勅，宜於兩京及荆、揚、益、蒲等州，各置景雲翊聖等觀，圖樣内出，候農隙起作者。近聞所在，已有起作。率計一觀，將數萬功，併而言之，爲役凡幾。日計未見其損，歲終或受其弊。謹據元勅，重人遵道，式稽老氏無爲者，養神亦何在其速就哉！又《月令》云：『日短至，可以伐木。』今孟夏而採斫林藪，天害昆蟲，既違順時之宜，且非好生之義。夫修建塔廟，不在朝夕，務兹稼穡，如救水火，安可急其所閒，有妨農要。伏望天恩，重申前勅，使移此功力，咸勤播殖，待及有秋，式遵揆日。又諸州申請，欲用當處官錢，既違成規，亦不可允。」

王溥《唐會要》卷五〇《景龍觀》　景龍觀，崇仁坊，本申國公高士廉宅，西北方金吾衛。神龍元年，併爲長寧公主宅。韋庶人敗後，遂立爲觀，仍以中宗年號爲名。

王溥《唐會要》卷五〇《福唐觀》　福唐觀，崇業坊，本新都公主宅，景雲元年，公主子武偡官出家爲道士，立爲觀。

王溥《唐會要》卷五〇《金仙觀》　金仙觀，輔興坊。景雲元年十二月十七日，睿宗爲第八女西寧公主入道立爲觀。至二年四月十四日，爲公主改封金仙，所造觀便以金仙爲名。

王溥《唐會要》卷五〇《玉真觀》　玉真觀，輔興坊。與金仙觀相對。本工部尚書竇誕宅，武后時爲崇先府，景雲元年十二月七日，爲第九女昌隆公主立爲觀。二年四月十日，公主改封玉真，所造觀便以玉真爲名。諫議大夫寧悌原曰：「臣觀老尚虛無，釋崇寂滅，義極幽玄之旨，思遊通方之外。故入道流者，則虛室生白，靜慮玄門；該釋教者，則春池得寶，澄心靜域。然後法貫羣有，道垂兼濟，過此以往，莫非邪教。其鬻販先覺，詭飾浮言，以複殿爲經坊，用層臺爲道法，皆無功於玄慮，誠有害於生人。梁武靡報於前，先朝殷鑒非遠，咸耳目所接，黎元憤咎。伏以公主入道，京城置觀，雖昭報之誠，有切於天旨；而社稷之計，難踰於安人。若使廣事修營，假飾圖像，盡宇内之功力，傾萬國之賢儲，爲福則靡効於先朝，樹怨則取謗於天下。又自隋室以降，寺觀已多，禪定東明之域，足受緇黄之衆，更爲建立，罕見其宜。後失請收，前弊未遠。」上覽而善之。

景雲二年，金仙、玉真二公主入道，制各造一觀，左散騎常侍魏知古諫曰：「陛下爲公主造觀，將樹功德，以祈福祐。季夏之月，興土功，犯時令，欲益反損，何功德之有焉？況兩觀之地皆百姓之宅，卒然逼迫，令其轉移。扶老攜幼，投竄無所，剔椽發瓦，吁嗟道路。乖人事，違天時，起無用之作，崇不急之務，羣心搖搖，衆口藉藉。陛下爲人父母，何以安之？臣愚必以爲不可，伏願俯順人心，仰稽天意，降德音，下明勅，速罷力役，收之桑榆，則天下幸甚。」吏部員外郎崔涖上奏曰：「伏承陛下緣兩公主造觀，可爲尊德敬道矣。割慈忍愛，上爲七聖崇福，下爲萬邦作因。豈不願神力潛資、靈功密祐、社稷永固、宗廟長存者乎！臣謂功奪其成，凶與其敗，寧邦致亂，修福招殃。何則？季夏事殷，時多禁忌，斬木發土，移石開山，非直苦人，必是傷物。欲益反損，求安乃危，臣知其否，未見其可。然則救犯不暇，何福助之有焉？且季夏者，土德正王之月，炎陽方暑之月，草木茂盛之月，昆蟲繁育之月，天地鬱蒸之月，黍稷鋤耨之月。夫土德正王之月，不可發洩地氣，恐犯時禁；則必有天殃，有天殃則人心不附，禍亂作矣。炎陽方暑之月，不可興動版築，恐致霖潦，必無成功，無成功則人力不存，怨望結矣。草木茂盛之月，不可以斬伐山林，恐非堅實，則速蠹敗，速蠹敗則人勞不衷，獎勵阻矣。昆蟲繁育之月，不可以穿鑿原隰，恐乖側隱；乖惻隱則必生災變，生災變則多夭枉。天地鬱蒸之月，不可以傜役丁夫，恐爲痁癘，則必多夭枉，多夭枉則人情不樂，風俗離矣。黍稷鋤耨之月，不可以妨奪農桑，恐傷禾稼，則必闕歲計，闕歲計則食用不足，盜賊聚矣。行此六者，謂之六殁。《書》曰：『德惟善政，政在養人。』《傳》曰：『新作南門，書不時也。』又曰：『凡士功，龍見而興，務成事也。火見而致用，水昏正而栽，日至而畢。』此言功作從時者，所以順於天地也。《詩》曰：『定之方中，作爲楚宫。』此言宫室合時也。《禮》曰：『季夏之月，樹木方盛，無有斬伐，無摇養氣，不可以興土功。妨農事，則有天殃。』違此四者，謂之四犯。陛下營兩觀而降六殃，損萬人而招四犯，欲將致理，不亦難乎？臣望順時從人，休功罷役。候定中以建事，占水正而修栽，所冀天地鬼神降福。臣聞漢明帝永平三年夏大旱，是時大起宫室，尚書僕射鍾離意免冠上疏曰：『昔成湯遭旱，以六事自責：政不節耶，使人疾耶，宫室營耶，女謁盛耶，苞苴行耶，讒夫昌耶。竊見此宫大作，人失農時，此所謂宫室營也。自古非苦宫室小狹，直患人不安寧。須應天心，請罷營役。』帝善而從之，諸作減省，即日澍雨。今者雖非宫室起功，終是觀寺興造。伏望俯從臣請，待冬初，庶得伐木各宜，役功無犯矣。必以天文徵應，神理須然，用厭禨祥，事資興建。與其積怨傷國，孰若施恩養人。往者，宋景一言，熒惑猶能退舍；但今陛下從諫，凶咎定不爲災。」中書舍人裴漼上疏曰：「臣按《禮記》春、秋《月令》曰：無衆大衆，無起大役，不可興土功，恐妨農事。若號令乖戾，役使不時，則人加疾疫之危，國有水旱之變，此五行之必應也。今自春將夏，時雨愆期，下人憂心，莫知所出。陛下雖有哀矜之旨，兩都仍有寺觀之作，時旱之應，實此之由。且春令告期，東作方始，正是丁壯就功之日，而土木方興，臣恐所妨尤多，所益甚少，耕夫蠶妾，飢寒之源。故《春秋》『莊公三十年冬，不雨』，《五行傳》以爲『不時作南門，勞人興役』。伏望陛下降明詔，發德音，順天時，副人望，兩京公私營造及諸司市木，並請且停，則蒼生幸甚。」右補闕辛替否上疏曰：「臣往見明詔，自今已後，一依貞觀故事。且貞觀之時，豈有今日之造寺營觀，加僧尼道士，益無用之勞，行不急之務，而亂政者也！臣聞出家修道，不參人事，專其身心，以虛淡爲高，以無爲爲妙，依兩卷《老子》，視一軀天尊，無欲無營，不損不害，何必璇臺玉樹，寶像珍龕，使人困窮，然後爲道哉！伏願陛下以兩觀之財，爲公主貸貧乏，填府庫，則公主之福德無窮矣。不然，臣恐下人怨望，不減于前朝矣。」太極元年四月十七日制：「爲金仙、玉真出家造觀，報先慈也。外議不識朕意，書奏頻煩。將爲公主所置，其造兩觀宜停。其觀便充金仙、玉真公主邑司，令竇懷貞檢校。所有財物，瓦木一事已上，附公主邑司收掌。朕别更創造，終不煩勞百姓。此度修營，公私無損，若有干誤，當寘嚴刑。」大理少卿韋湊上表曰：「臣竊計即時庫物，如此日常用，備支一世，殊恐不足。而觀寺興功，土木所料，動支鉅萬，更空竭之，必不支一世矣。今所造觀寺者，蓋謂爲善造福，將以禳害延祥也。以臣寡聞，稽諸史策，人君修德，有異于是。昔殷太戊時，桑穀合生于朝，七日大拱，太戊問于伊陟，陟曰：『臣聞妖不勝德，帝其修德。』太戊懼，早朝晏退，務撫百姓。三年，遠方重譯而至者十六國，桑穀自枯死，殷道中興。此豈由造寺觀哉？宋景公時，熒惑守心，公召子韋而問焉。子韋曰：『禍當君，雖然，可移於宰相。』公曰：『宰相所與理國家也，無宰相誰乃爲之理乎？』曰：『可移於人。』曰：『人死，寡人將誰爲君乎？』曰：『可移於歲。』曰：『歲飢饉，人必死，爲人君而殺其人，誰以我爲君乎？』韋曰：『君有至德之言三，天必三賞君，熒惑必三徙舍，舍行七星，星當一年，君延年二十一矣。』果如子韋之言。此由仁發於衷，亦非造寺觀也。且修德者，躋仁壽於萬姓，不徇私於一己。任忠直，退諂諛，輕其賦，省其役也。自陛下御極，修之久矣，何災不禳，何祥不至。而欲忽生靈之命，崇棟宇於空祠，適足妨名，何益聖德？此臣竊爲陛下不取也，況道德之崇興者乎！玄元皇帝其《經》曰：『聖人後其身而身先，外其身而身存。』又曰：『我好静而人自正，我無事而人自富。』又曰：『人之飢，以其上食税之多；人之難理，以其上之有爲。』此皆抱素守真，薄己厚物，輕税節用，清净無爲之旨也。今欲困人病國，峻宇雕牆，思竭班輸，飾窮壯麗，以希至道，其可得乎？次有駕鶴登天，驂龍上漢。玉京金闕，自建於神功，紫府清都，不資於人力。廣爲廊廡，又何益哉？近古修黄老術者，漢之文景豈造觀乎？寡欲清心，愛人省費，此得之矣。臣伏見勅停西觀，以救農時，可謂爲得矣。今承使司市木仍舊，又太清觀内所費不停，諸觀修營，見將鐵物，農工所急。雖軫皇情，國用將空，未聞天聽。度支一失，天下不安，臣忝職司，敢忘寧寢。』竇懷貞族弟詹事府司直維金先謂懷貞曰：「兄位極臺衮，當思獻可替否，以輔明主。奈何校量瓦木，廁迹工匠之間，欲令海内何所瞻仰？」懷貞不能對。及尹思正爲將作大匠，懷貞調發夫匠，思正減之，懷貞大怒，思正曰：「公盛興土木，害及黎元，受小人之譖，輕辱明臣。今日之事，不能苟免，請從此辭。」拂衣而去，杜門不出。上聞，特令視事，及懷貞被誅，代懷貞爲御史大夫。

王溥《唐會要》卷五〇《咸宜觀》　咸宜觀，親仁坊，本是睿宗藩國地。開元初，置昭成、肅明皇后廟，號儀坤，後昭成遷入太廟。開元四年九月八日勅，肅明皇后前於儀坤廟安置。二十一年五月六日，肅明皇后祔入太廟，遂爲道士觀。寶曆元年五月，以咸宜公主入道，與太真觀換名焉。

王溥《唐會要》卷五〇《都玄觀》　都玄觀，道德坊。本隋秦王浩宅，天后朝置永昌縣。神龍元年，縣廢，遂爲長寧公主宅。景雲元年，置道士觀。開元五年，金仙公主居之，改爲女冠觀。十年七月，改爲都玄觀。

王溥《唐會要》卷五〇《安國觀》　安國觀，正平坊。本太平公主宅，長安元年，睿宗在藩國，公主奉焉。至景雲元年，置道士觀，仍以本衔爲名。十年，玉真公主居之，改爲女冠觀。

王溥《唐會要》卷五〇《玄都觀》　玄都觀，本名通達觀，周大象三年，于故城中置，隋開皇二年，移至安善坊。都觀有道士尹崇，通三教，積儒書萬卷，開元年卒。天寶中，道士荆朏亦出道學，爲時所尚。太尉房琯每執師資之禮，當代知名之士，無不遊荆公之門。初，宇文愷置都，以朱雀門街南北盡郭有六條高坡，象乾卦，故于九二置宫闕，以當帝之居。九三立百司，以應君子之數。九五貴位，不欲常人居之，故置玄都觀、興善寺以鎮之。

王溥《唐會要》卷五〇《三洞觀》　三洞觀，醴泉坊。本靈應道士觀，開皇七年立，貞觀二十三年，朱崇坊移换於此。

王溥《唐會要》卷五〇《清虚觀》　清虚觀，豐邑坊。隋開皇七年，文帝爲道士吕師辟穀錬氣，故以「清虚」爲之名。

王溥《唐會要》卷五〇《天長觀》　天長觀，侍賢坊。本名會聖觀，隋開皇七年，文帝爲秦孝王俊所立。開元二十八年，改千秋觀。天寶七載，改名天長觀。

王溥《唐會要》卷五〇《五通觀》　五通觀，安定坊。隋開皇八年，爲道士焦子順能役鬼神，告隋文受命之符。及立，隋授子順開府柱國，辭不受，常諮謀軍國□，帝恐其往來疲困，每遣近宫置觀，以「五通」爲名，旌其神異也。號焦天師。

王溥《唐會要》卷五〇《興唐觀》　興唐觀，長樂坊。本司農園地，開元十八年造觀。其時有勅，令速成之，遂拆興慶宫通乾殿造天尊殿，取大明宫乘雲閣造門屋樓，白蓮花殿造精思堂屋，拆甘泉殿造老君殿。

王溥《唐會要》卷五〇《昭成觀》　昭成觀，頒政坊。本楊士建宅，咸亨元年九月二十三日，皇后爲母度太平公主爲女冠，因置觀。初名太清觀，尋移於大業坊。垂拱二年，遂改爲魏國觀。載初元年，改爲崇福觀。開元二十七年，爲昭成皇后追福，改爲昭成觀。

王溥《唐會要》卷五〇《九華觀》　九華觀，通義坊。開元二十八年，蔡國公主捨宅置，其地本左光禄大夫李安遠宅。開元初，爲左羽林大將軍李思順宅。

王溥《唐會要》卷五〇《玉芝觀》　玉芝觀，延福坊。本越王貞宅，爲新都公主宅，公主捨宅爲新都寺。廢爲鄴王府。天寶二年立，名爲玉芝觀。

王溥《唐會要》卷五〇《新昌觀》 新昌觀，崇業坊。天寶六載，新昌公主因駙馬蕭衡亡，奏請度爲女冠，遂立此觀。

王溥《唐會要》卷五〇《華封觀》 華封觀，平康坊。天寶七載，永穆公主出家，捨宅置觀。其地西北隅本梁公姚元崇宅，以東即太平公主宅。其後勅賜安西都護郭虔曜，今悉并爲觀，號「華封」。

王溥《唐會要》卷五〇《玄真觀》 玄真觀，崇仁坊。東半以左僕射高士廉宅，西北隅左金吾衛。神龍中，爲長寧公主宅，又吞人數十屋。主既承恩，盛加雕飾，朱樓綺閣，驚絶一時。韋氏敗後，公主隨夫外住，遂奏爲景龍觀。初欲出賣，官估木二十萬，山池仍不爲數。天寶十三載，改爲玄真觀。

王溥《唐會要》卷五〇《宗道觀》 宗道觀，永崇坊。本興信公主宅，賣與劍南節度使郭英乂，其後入官。大曆十二年，爲華陽公主追福，立爲觀。元和八年七月，命中尉彭忠獻帥徒三百人修興唐觀，賜錢十萬，使壯其舊制。其觀北拒禁城，因是開複道爲行幸之所。是日，又命以内庫絹千匹，茶千斤，爲興唐觀複道夫役之賜。又以莊宅錢五十萬，雜穀千石，充修齋醮之費。

《〔乾隆〕西安府志》卷六〇《古蹟志下・祠宇・樓觀》 樓觀，馮志：在盩厔縣東南三十里。本尹喜之居，有草樓焉。後人創立道宮，名曰樓觀。《玉海》：關令尹傳曰，尹喜結草爲樓，精思至道，周康王聞之，拜爲大夫，以其樓觀望，號此爲關令草樓觀。即觀之始也。一云周穆王尚神仙，因尹真人草樓在終南山之陰，召幽逸之人尹軌、杜沖謂之道士，居於草樓之所，號草樓觀。《册府元龜》：元宗開元十年四月，帝夢京師終南山趾有天尊之象，求得之於盩厔樓觀之側。縣志：唐高祖自以系出老氏，元宗尊元元皇帝，詔改樓觀爲宗聖觀。宋端拱三年，改順天興國觀。元中統元年，改宗聖宮。明萬曆間，有道士姬東坡者，善鼓琴，講《南華經》。上嘉其恬寂，賜《道經》一、藏龍旂御仗幢旛十六及瑞蓮圖，併勞以璽書。《通志》：前爲四子堂及文始、三清二殿，再進則望氣樓。其右殿曰景陽，有丹井；左殿曰寶章。後爲宗聖宮，宮後林莽翠繞，有臺據高岡上，曰説經臺。元至元二年重修。樓殿淩空，金碧溢目。

《〔乾隆〕西安府志》卷六一《古蹟志下・祠宇・迎祥觀》 迎祥觀，王恕碑記：在廣濟街東景龍觀也，創自景龍二年。按：蘇靈芝《書老君應現碑》，開元二十九年，元宗夢見老君曰：吾乃汝遠祖，有像在京城西南百餘里，汝遣人求之，吾合與汝於興慶相見。覺而異之，命尚書張九齡、道士蕭元裕訪盩厔聞仙峪，果得老君玉像，高三尺餘，以進。其日元宗在興慶軍迎謁，次日送景龍觀大同殿安置，詔改景龍爲迎祥觀，仍於現像之所建會靈觀焉。明成化間，道士高静寬重修。《兩京記》景雲二年，天台道士司馬承禎被召，止於此觀。《通志》：鐘樓懸睿宗御製鐘。睿宗《景龍觀鐘銘》：原夫一氣凝真，含紫虚而構極，三清韞秘，控碧落而崇因。雖大道無爲，濟物歸於善貸，而妙門有教，滅咎在於希聲。景龍觀者，中宗孝和皇帝之所造也。曾城寫質，閬苑圖形。但名在騫林，而韻停鐘簴。朕翹情八素，締想九元，命彼鼓延，鑄斯無射。考虞倕之懿法，得晉曠之宏規，廣召鯨工，遠徵梟匠，邪溪集寶，麗壑收珍。驚風雨之晨，節昏明之候。飛廉扇炭，屏翳營爐，翥鶴呈姿，蹲熊發狀。角而不震，侈而克揚。度其曉散靈音，鎮入鵷鸞之殿；夕騰仙韻，恒流鳷鵲之闈。聾俗聽而咸痊，迷方聞而永悟。洪乃式啓，寶字攸鐫。其銘曰：紫宸御歷，青元樹因。傾巖集寶，竭府收珍。杜夔律應，張永規陳。形包九乳，儀超萬歲。上資七廟，傍延兆人。風嚴韻急，霜重音新。月落於歲，從今憶春。懸玉京而薦福，侶銅史而司晨。景雲二年太歲辛亥金九月癸酉金朔一十五日丁亥土鑄成。

《〔乾隆〕西安府志》卷六一《古蹟志下・祠宇・乾元觀》 乾元觀，《册府元龜》：大歷十三年作。置道士四十九人，以追遠祈福，上賞肅宗也。其地在皇城南長興里，本涇原節度馬璘宅。璘初創建，募天下巧工營繕，屋宇宏麗。將卒，抗表獻之。帝方軫懷罔極，欽崇道福，遂命爲觀，名乾元。

《〔乾隆〕西安府志》卷六二《古蹟志下・祠宇・太平興國觀》 太平興國觀，賈志：在縣東三十里終南鎮。宋蘇軾作上清詞即此。縣志：太宗以年號名宮，俗呼雪樣宮。久圮，明潼關道張宗孟重建。《玉海》：有神降於盩厔民張守真家，守真爲道士，即所居，創北帝宮。太宗嗣位，真君降言，有「忠孝加福，愛民治國」之語，詔於終南山下築宮。凡二年，宮成。中有通明殿，題曰上清太平宮。太平興國六年，封神爲翊聖將軍。大中祥符七年，加號翊聖保德真君。凡所降語，帝命王欽若編爲三卷。《宋史・禮志》：太祖神御之殿，鳳翔上清太平宮寇萊公祠。賈志：在渭南縣北五十里下邽鎮，係公故里。縣志：舊有旌忠碑，宋參知政事孫忭撰。今廢，其一在棠村里。

《〔乾隆〕西安府志》卷六二《古蹟志下・祠宇・重陽宮》 重陽宮，賈志：在縣東六十里祖菴鎮。劉祖謙碑記：師王嘉字知明，重陽其號。金正隆間，遇至人於甘河。後于南時村掘地爲隧，封高數尺，居三年。後自實之，遷於劉蔣村。成道後，門人於此建殿，號祖菴。元季門徒道衆興建殿閣，名重陽宮。

《〔乾隆〕興安府志》卷一七《祠祀志・寺觀・純陽宮》 純陽宮，即柴扉道院。州志，在州舊城東南隅，相傳吕仙遺跡。明萬曆中重修，有記。本朝康熙六年，知州王章重建，後燬。知州牟文龍重建。其一在州南七里之香溪。溪南爲純陽洞，有遇仙橋、玉皇閣。昔年樓臺掩映，竹樹陰森，宛如圖畫。吕純陽、郭尚竈常棲遲於此。明永樂中，大宗伯胡濙受命訪仙人張三丰，題詩崖壁。太守鄭福邂逅吕仙，自是遂爲名勝矣。明進士劉卿記。鄭福，深州人，未第時與翁對奕，自言寄跡城南七里之香溪。第後復會於京。及授金州，下車首詣南橋，遇道士，言未終則飄然去。至洞，惟石棋在榻，無復踪跡，始悟前所遇者爲仙翁云。按州志，宋泰定年鑄星羅鐘，重萬觔，欵式古甚，今在城南純陽宫。按州志，南橋即今遇仙橋。

藝文

朱象先《古樓觀紫雲衍慶集》卷上歐陽詢《大唐宗聖觀記》 夫至理虚寂，道非常道，妙門凝邈，無名可名。爰自太始開圖，混元立極，三才奠處，萬品流形，莫知象帝之家，未睹穀神之域，希夷瑣閉，淇滓封奇。及夫烏邇勃興，隱書詮奥，至化因兹而吹萬，玄教由是以開先，聖聖襲明，道德授受，於是混元之教，風動天下，水行地中矣。宗聖觀者，本名樓觀，周康王大夫文始先生尹君之故宅也。以結草爲樓，因即爲號。先生稟自然之德，應玄運而生，體性抱神，韜光隱耀，觀星候氣，物色真人。會遇仙輀，北面請道，二經既演，八表向化，大教之興，蓋起於此矣。兹觀中分秦甸，面距終南，東眺驪峰，接晴嵐之浥浥，西顧太白，集積雪之皚皚。授經之古殿密清，路牛之靈未特立，市朝屢易，仙邇長存，物老地靈，每彰休應。卿雲日覆，壽鶴時來，樹無窠宿之禽，野有護持之獸。文始藥井，韓梵未墮，老君輦車，確然不朽。至於穿寄盜竊，進退自拘，似有摯維，悉皆面縛。昔周穆西巡，秦文東獵，並枉鶩回轅，親承教道。始皇建廟於樓南，漢武立官於觀北。崇台虚朗，招徠雲水之仙，閑館錯落，賓友松喬之倡。秦漢廟户，相繼不絶，晉宋謁版，於今尚存，實神明之奥區，列真之會府。後魏文帝變夷風於華俗，立仁義之紀綱，崇信教門，增置徒倡。有陳先生寶熾，穎川人，夙有幽逸之姿，幼懷林壑之趣，松風入賞，名岳留連。玉皇之道，既弘銀榜之宫雲構。續有王先生子玄，言窮名象，思洞隱微，念在玄空，累非外物，含神自静，儀聖作師，並德音孔昭，鬱爲宗範。周太祖定業關内，躬受五符；隋文皇沐芳禮謁，獲聞休征。迨隋德將季，政教陵遲，六飛失馭，四維圮絶，夷羊在牧，輩巷滿野，家習兵凶，民墜塗炭。皇帝命世應期，榮鏡區宇，戡難静亂，亭毒無垠，廣大配乎天地，光華方諸日月。數階庭之莫莢，聆鳳和鳴，照景星於玄雲，觀麟郊藪，緝禮裁樂，化俗移風。農夫勸於時雨，隴餘滯穗；工女勤於蠶績，杼軸不空。九服韜戈，三邊静拆，西戎革面，東夷獻舞，朔南洎聲教，漠北盡來王，德化遐漸，無幽不暢。三善克懋，非假二疏。一有元良，萬邦貞固，昭一均天縱，道契生知，篤尚玄根，欽兹聖躅，以武德三年詔錫嘉名，改樓觀爲宗聖觀。宸宸興念，纂胄所先，啓族承家，鼻於柱史，得一以靈，蹈五稱聖，弱爲道用，柔爲至堅，損之又損，以至於益，瓜艇綿長，慶源悠侵，爰初啓祚，致醮靈壇，自然香氣，若霧霏空，五色雲浮，如張羽蓋。七年，歲惟作噩，月在黄鍾，六轡齊驤，百辟咸從，親幸觀所，謁拜尊儀。軒后之詣崆峒，神農之上石室，順法行禮，異代同規。觀主岐平定，精金格之書，究玉岌之文，知來藏往，盡化窮神，豫鑒天休，贊弘景福。法師吕道濟、監齋趙道隆，玉器凝潤，鶴情超遼，辨析連環，辭同炙輠，對歇天旨，妙沃帝心，乃謂片言小善，尚題鉗碣，蚓夫皇輿迂駕，抱酌希微，大道資始，爐錘萬物，不有刊勒，其可已乎。侍中江國公陳叔達，朝宗羽儀，詞才冠秀，奮兹洪筆，爲制嘉銘，其詞曰：

眇矣靈化，玄哉妙門。飛形九府，煉氣三元，黄庭秘録，金格微言。玉京留記，金鼇還魂，揚塵東海，問道西崑。物色函關，存容清廟。建標伊始，層壇雲峭。綺井虹伸，風窗電笑。玄都正律，帝台仙召。抱髓捫星，餐霞引照。豁虚罔象，無名至要。高廂久縣，清泉餘療。宅心勝倡，遊息衆妙。絶壁翠微，漂流丹竅。鞠草如結，周原甚突。聖道將弘，重光顯曜。明明我後，積德累功。陶涎寓縣，叱吃雷風。庸稽大室，禮盛鄧宫。時乘正位，道配玄穹。四維載仰，百世斯隆。有截示外，無思自東。祥符浹遠，瑞采澄空。百神咸秩，千齡是崇。宗玄壯觀，詔蹕康莊。雲行輦道，吹發山梁。飛文協一，接禮神皇。五旌回首，六轡齊驤。宸儀展敬，享福無疆。巍然高碣，播此遺芳。給事中騎都尉歐陽詢撰，武德八年二月十五日建。

曹學佺《蜀中廣記》卷三〇王勃《題玄武山道君廟詩并序》 吾之有生二十載矣，雅厭城闕，酷嗜江海，常學仙經，博涉道記。知軒冕可以理隔，鸞鳳可以術待。而事親多衣食之虞，登朝有聲利之迫。清識滯於煩城，仙骨摧於俗境。嗚呼！阮籍意疎，嵇康體放，有自來矣。常恐運促風火，身非金石；遂令林壑交喪，煙霞板蕩。此僕所以懷泉塗而惴恐，臨山河而歎息者也。粵以勝友良暇，相與遊於玄武西山廟，蓋蜀郡三靈峯也。山東有道君廟，古者相傳以名焉爾。其丹壑藂倚，玄崖糾合，俯臨萬仞，平視重玄，乘杳冥之絶境，屬芬華之暮節。玉房跨霄而懸居，瓊室出雲而高峙。亦有野獸羣狎，山鶯互囀，崇松埒巨柏争陰，積瀨與幽湍合響。眇眇焉，逌逌焉。王孫何以不歸，羽人何以長往？其玄都紫微之事耶？方斂手鐘鼎，息肩巖石，絶視聽於寰中，置形骸於度外，不其然乎？時預乎斯者，濟陰鹿弘胤、安陽邵令遠耳。盍詩以言志，不以韻數裁焉。詩曰：

源水終無路，山阿若有人。駈羊先動石，走兔欲投巾。洞晚秋泉冷，巖朝古樹新。斜崖連鳥翅，疊磴上魚鱗。化鶴千齡早，元龜六代春。浮雲今可駕，滄海自成塵。

其二云：振翮疲霜冷，征月佇天潯。回鑣凌翠壑，飛軫控青岑。巖荒靈竈没，澗毁石渠沈。宫闕雲間近，江山物外臨。玉壇棲暮夜，珠洞結秋陰。瀟瀟離俗影，擾擾望鄉心。誰憶山遊好，徒傷人事侵。

徐鉉《徐公文集》卷二八《洪州始豐山興玄觀記》 聖人之言，道無不在。若乃域中歸其大，萬物恃之生，鴻化玄造，無德而稱已。至于顯神道之教，挺方外之朝，反之于身，以固其本，清心鍊氣，保精嗇神。飡霞茹芝，修用者殊規；御風乘景，游集者無方。蓋真階仙品之有差，故洞天福地而區别，奇篇所紀，靈境可尋。豫章始豐山者，案圖牒，第三十七之福地也。爾其穹窿蹇産，干霄蔽日，淩空瞰野之勢；嶔崟窈窕，蒸雲泄雨，儲神宅怪之奇。陰林脩幹，材用之所生也周；飛湍激流，利澤之所及者遠。紫煙白霧，隱映而紛霏；靈風爽氣，蕭寥而披靡。醮享之數，歷代相因。爰有興玄之觀，是爲薦誠之地。土德云季，三災迭興，市朝貿遷，堂構隳頓，幾歎遼城之鶴，常棲楚幕之烏。若夫真氣所憑，神靈攸相，物無終否，道不遠人。道士聶紫庭，襲玉笥之地英，追九仙之夙契，以勤行爲志業，以訪古爲師資。歲在玄枵，來游此觀，顧瞻祠宇，慷慨傷懷，徒侶敦請，遂膺其任。積行所應，至誠易通，游居之人，莫不信奉。以爲興作者古人之所慎，因循者前哲之所宗，足備制度，何必侈大？于是補其闕而葺其壞，窒其隙而扶其傾。集瓴甋塼埴之工，加杇鏝丹雘之飾。瑣窗鏤檻，朱户金鋪，深沈靡迆，虚明藻麗。百年舊制，一旦維新；日就厥功，十稔而已。己不病于費，人不知其勞。用此修真，真其焉往？又以方志漏略，碑頌堙沉，使夫來者，何所宗仰？謂余爲好道者，故求我以文，是用直書，以觀成績。淳化元年夏六月記。

徐鉉《徐公文集》卷一二《池州重建紫極宫碑銘》 域中之大曰道，百行之先曰孝。故孝心充乎内，必道氣應乎外。于是有聿修之德，追遠之懷，揚名顯親之善，集靈徼福之舉。用于邦國則臣節著，施于家庭則子道光，以之爲政則民從乂，以之薦信則神降福。然則壇館之作，焉得已乎！池州紫極宫者，本東晉之普明觀也。浸之以秋浦，鎮之以齊山。北望陵陽，寶真人飛升之所；南瞻九子，費徵君棲隱之鄉。玄風徘徊，精氣交感，代有奇士，居爲殊庭。既奉玄元之御，因崇紫極之號。治亂迭運，隆替不常。戊午歲，太守陳公始臨此郡，歷垝垣而歎息，步遺址而顧瞻，役不徒興，義將有屬。公嬀水洪派，太丘舊族，重世避地，徙居建安，祖德門風，冠映圖牒。王師拓境，閩方即叙，撫納歸附，旌訪賢能。惟我嚴君，首奮奇節，芟夷逋穢，弘濟艱難，偏師所指，無往弗克。故十年之間，由裨將歷郡守，登上公，建齊壇，功名之盛，近古無匹。及王室多故，邊城不寧，復遣公督舟師，率諸將萬里赴援，三年轉戰。算無遺策，兵不頓鋒，威行軍中，勳在王府。舍爵再命，聿來是邦。于是解甲釋兵，頒條布政，事從中興，民用接和，會文賦詩，彬彬然有儒者之風矣。俄而王妣國太夫人凶問至，公孺慕出次，烝烝永懷。以爲柔儀慈訓，實大吾族；鞠育仁愛，兼倍諸孫。嘗藥弗親，執紼且違，欲報之恩，王事靡盬。思所以薦祉于冥莫，求神于希夷，非龜山之宫，必易遷之館。然則琳房金闕，瑶壇檜井，迎列真之御，資閬風之遊，仙經不誣，勝事可作。于是瞻星揆日，飭用庀徒，散廡下之金，出荆門之絹，人百其力，工薦其能。易其傾頽，化以壯麗，成于心匠，不愆素期。自某年月鳩工，至某年月訖事，凡出錢若干萬，築室若干間。正殿當陽，三尊負扆，享列宿之位于東序，設三官之堂于西廂。嚴饋奠之室于艮維，所以盡時思之禮；敞閑宴之亭于乾位，所以極坐忘之懷。矢棘翚飛，霞駁雲蔚。琁題行月，焕城邑之晶光；飛甍白日，壯江山之氣色。如是則飈歘之駕，不得不臨；肹蠁之福，不得不集。想見武夷之會，足申令伯之心。至矣哉！善慶孫謀，無得稱已。嘗試論之曰：神仙者，君子之所歸也，故《真誥》云：至孝至貞之人，皆先受靈職，次爲列仙，歲登降其幽明，如人間之考績矣。若乃盡忠于君，純孝于親，敷惠于民，歸誠于仙，而不得與夫餌芝術、醮星斗者同躋真階，吾不信也。勗哉夫子，其惟有終。鉉扈駕南巡，致禮名岳，假道過此，仰瞻久之。傳我以文，輒不遜讓。其銘曰：

我經池陽，池陽既康。化以至道，民知嚮方。乃新閑館，以奉虚皇。君子薦祉，則惟其臧。我登新宫，新宫既崇。深嚴耽耽，丹彩彤彤。九華散影，十絶盤空。若在宣岳，如游閬風。至道不煩，玄關甚邇。孝享誠敬，奉時祖妣。善慶純嘏，施于孫子。三茅二許，夫何遠已？流芳金石，永永千祀。

徐鉉《徐公文集》卷二六《揚州新建崇道宮碑銘并序》 有天地然後有萬物，有萬物然後有君臣，有君臣然後有教化。教之大者當由其本，則大道是已。夫道積乎中，動合于真，故能舉堯、舜、周、孔之法，奮禮樂刑政之用。若道不在焉，而守其籧廬，則莊周于是糠秕仁義，輪扁于是糟粕古書矣。夫孝本因心，而宗廟簠簋所以致孝也；道本勤行，而宮觀壇墠所以尊道也。爲政者有能，原聖人之旨以垂憲，崇列真之宇以薦誠，其殆庶乎！廣陵大藩，四海都會，制度之盛，雄視諸侯。土德既微，三災斯構，井邑屢變，城郭僅存。皇宋膺圖，更造區夏，雖天實輔德，亦世而後仁。今上嗣位之六年，詔太常傅士孫君邁佐理斯郡。服膺古訓，得意玄門，以爲教之不興，民將安仰？于是相爽塏之地，即清曠之墟，創朝修之宮，奉玄元之御。當崇墉之左次，俯合瀆之東涯，出俸錢以易置，運心匠以經營。班、倕方集，畚鍤既興，未及僝功，移典秋浦。同聲之應，千里非遥，太子右贊善大夫潘君若沖，負儒雅之才，韞恬淡之量，允膺朝選，代撫斯民。庶政交修，能事畢舉。惟兹靈宇，既有成規，于是揆日庀徒，克終懿績。若乃殿堂陛楯之制，閈閎罘罳之列，或躊躇以閑宴，或窅窱而曼延。睟容肅穆，仗衛紛繹。摇太霄之佩，植紫旄之節，拊洞陰之磬，扣豐山之鐘。欻若經閬風而歷琳房，飄如排玄雲而揖丹露。風亭月觀之地，紫氣浮空；歌臺舞閣之基，芝英擢秀。學者假筌蹄而有得，游者甘樂餌而斯留，靄然福鄉，丕變浮俗。既畢雲構，乃揚王庭，有詔賜名曰崇道。大矣哉！聖人在上，墜典咸修，自成嵔㠢之區，何假崆峒之問！是宜刻于樂石，紀在方書。某也素爲道民，嘗學史氏，以文見屬，所不復辭。銘曰：

大哉道原！湛然常在。其質無象，其功不宰。君子得之，勤行不怠。勤行伊何？啓焕靈場。乃闢隙荒，乃築宮牆。峨峨高門，屹屹崇堂。祀事孔明，玄儀載光。淮海惟揚，九州之奥。厥民伊何？富庶而教。夫仰靈構，人知至道。咨爾三方，是則是效。崑岡北峙，邗水南通。聖日麗天，其氣盤空。煒煒煌煌，魂魄熊熊。道民作頌，永播皇風。

鄭虎臣《吴都文粹》卷七王禹偁《新修太和宮記》 夫大道無名，强其名而彰用；至教無類，聚其類而誘人。得之者同出而異名，失之者賤彼而貴我。自昔皇綱既紊，世教多門，雖分之而有三，亦統之而爲一，蓋應機以設，殊途而歸者矣。矧夫伯陽之道，宣父所師，尚清净以化民，體希夷而應物。用之理國，則絶聖棄智，追軒、昊之淳風；以之修身，則抱樸含章，異巢、由之素隱。無欲觀妙，有感則通，邈乎速哉，不可得而言矣。蘇州太和宮者，唐畢諴之别業也。諴之子師顔，及其子宗逸，避巢寇之亂，徙而家焉。先是，道士戴省甄者，長洲人也，幼喪其父，隨母歸于畢氏。宗逸無子，戴實嗣焉，與兄子玄棄俗入道。淮海王之有國也，五世其昌，三教具舉，顧眦陵之勍敵，建吴門之巨屏，利用禦寇，匪親不居。節度使錢公文奉，茅土是分，緇黄尤盛，乃以子玄主開元觀，省甄處洞玄宮。尋屬兄也云亡，委兹棣萼；母兮不造，傷彼棘心。且念出破琴之家，繼卧甕之後，林烏返哺以無及，桑蟲受食而有懷，思舍田園，肇興寶宇。爰以己巳歲申牒而請命焉，則神德啓運之九年，開寶紀號之二祀也。錢氏賜額曰太和。乃與弟子吴玄芝主而建焉。于是剪榛蕪以樹垣墉，浚汙潦以開池沼，伐彼良木，鳩于梓人，繫日以僝功，隨方以募衆。亦既無怠，斯焉告成，倬彼仙鄉，忽如神化。則有上清之殿，事天尊也；北極之堂，列仙官也；星壇三級，侈祠祀也；霜鍾萬鈞，警昏旭也。繪事盡妙，睟容有儀。芝蓋雲駢，宛若瑶池之會；冰膚雪態，依然姑射之人。其或民罹札瘥，歲有水旱，則必禱三官而禳謝，修七齋之威儀。霜清步虚，露泠真籙，章醮具矣，福祐隨之。實天神之攸憑，生民之所怙也。爾乃就水以治檻，因高而創亭。奇花移茂苑之春，怪石減洞庭之翠。夏筍錦拆，秋荷蓋圓，纖埃不生，衆卉自茂。漁人誤入，應謂桃源；海客遐瞻，史迷蓬島。姑蘇勝概，此實盡之。暨聖上承乾，許王入覲。隨圖籍而效貢，已在提封；攷碑篆以無聞，曷虞陵谷。禹偁字人多暇，訪道于兹，爰述斯文，用垂來裔。振絃歌而化俗，尚愧子游；乘風雲而上天，焉知老氏？謹爲銘曰：

蘇臺南址，震澤東涘。其誰居之？畢公之里。其誰嗣之？戴氏之子。棄兹浮世，依彼玄門。迺興宮宇，肇自田園。厥功既輯，其教彌尊。他山未勒，秘宇空存。敢書事迹，貽于後昆。

楊億《武夷新集》卷八《重修亳州洞霄宮碑銘并序》 臣聞：昔者大道之行，異人間出。洪惟柱史，寔暢真宗，叙《道德》之二篇，述慈儉之三寶。玩志衆妙，理洞于帝先；垂訓方來，尊居于教父。故尹喜望氣，爰識真人；史遷編年，首推黄老。或謂之隱君子，著書五千文；或以爲太史儋，享壽二百歲。立言垂于不朽，乘化入于無間。惟苦縣厲鄉，即降神之地。土風雜乎南楚，郡境介于陳留。蓋尸而祝之，嵔㠢作庚桑之社；思且愛矣，陜郊存召伯之棠。後人緬慕玄風，周爰衡壤，聿因靈迹，肇建嚴祠。歷代封崇，樵蘇之禁彌肅；昔賢讚述，金石之刻具存。又往者聖質誕祥，元符冥合，乘白鹿而下，爰自九天，感流星之精，生于左腋。指李樹以爲姓，由聃耳而立名，禀粹斗魁，發祥井脉。僉以爲塗山祀夏，式脩啓母之祠；后稷配天，乃建姜嫄之廟。恭惟聖母，實育至人，陵谷未移，光靈如在。又因遺址，别啓殊庭，目之爲李母祠，蓋有年矣。雖潔粢致享，不領天子之祠官；而閒館棲神，具載職方之地志。歲月寖遠，遺構僅存，期運環周，祥符顯發，施及唐室，係自仙源。乾封中以錫羡流光，肇開鴻緒，似續蕃衍，襲慶本支。且念太極之先，冠二儀而首出；盛德之後，垂百世以彌昌。追崇長樂之名，用顯始基之迹，由是追封聖母爲先天太后。又以列真之宇，神光燭于宫壇；集靈之虚，紫氣干乎霄極。琳房絳闕，窈窱重光，孔蓋翠旍，裴回戾止。蓋方輿之福地，乃虚皇之密都。由是改命祠宇爲「洞霄宫」。香火無廢于熏修，棟宇益增于輪奂。南望吾子，飛觀淩雲；左帶臨溪，清流漱石。行人胥畏，頗類軒臺；遊者忘歸，更疑秦洞。至乃玄貺昭格，冥感彰聞。或旭景朝躋，非煙絢綵；或柔條夕勁，甘露垂滋。或千仞鳳翔，覽德暉而下集；或九井龍見，乘雲氣以上騰。往昔海縣塵飛，萑蒲蟻聚，流矢集屋，束藴乘墉，即必黑氣塞川，愁霖貫序。兇黨不能肆毒，闔境率以寧居。當時降璽書以旌揚，垂方策而標記。求諸故府，蓋圖牒之未刊；巋然靈光，實神明之所庇。皇朝接千歲之統，按九州之圖，包舉海隅，并走群望，講求祀典，咸秩無文。誕揚清浄之風，式契玄元之旨，深詔譙郡，崇奉靈場，繕究匪虧，焚修彌潔。崇文廣武聖明仁孝皇帝之在宥天下也，恭默思道，齋慄事神，紹祖宗之耿光，集乾坤之景命。端拱南面，唯軫念于蒼生；閒宴西清，乃娛情于玄牝。順風之拜，幾慕于崆峒；赤水之珍，靡徵于謑詬。敺民壽域，日用而不知；決事齋居，天行而彌健。乃至探求三五之載籍，致恭上下之神祇，黍稷犧牲，悉用先王之禮；壇場珪幣，無取方士之言。正違治煩，脩弊起廢。陳信策告，蔑聞秘祝之官；備物薦嘗，奚餒若敖之鬼。乃至山川作鎮于地，出雲雨以嘉生；卿士有益于人，垂竹帛而悠久。莫不咨詢典故，彌縫闕漏，豐潔苾芬而致用，聰明正直之是依。用能陟降泰畤，與三靈交歡；端委明堂，俾諸神受祀。帝錫純嘏，百禄是膺，洛出圖書，九疇式叙。盛德大業，光表格天，固非名言之所能及也。乃眷亳社，時惟穀陽，仁里未遷，清都斯在。曩以神虬躍于沮澤，陰魄離于罕車，雩禜偶愆，水潦荐降。雲不待族，雨及我私，甫田或害于粢盛，樊圃幾勤于浸灌。是宫也雖面勢爽塏，取規《大壯》。在山楶藻梲，于焉勝人；非麥麴鞠窮，何以禦濕？屋瓦斯漏，梁木其摧，本郡以聞，當陽太息。即日降明詔，遣近臣，案行故墟，周視層搆，度費制用，庀徒僝工。之子于垣，百堵皆作，靈臺經始，不日而成。雲鍤募農隙之民，風斤得藝成之匠。朱扉洞呀于廣陌，紺殿崛起于中天。榱桷交持，見陰虬之騰倚；觚棱四注，狀名翬之翰飛。繪素彰施，模晬容而克肖；吉蠲享獻，表明德之惟馨。空歌洞章，蕭寥乎旦暮；飆輪歘駕，出入于虚無。固以昭戬穀于聖神，誇壯麗于方國，契宸心于妙有，躋氓俗于無何。行將追七十二君，告成功于日觀；享萬八千歲，比聖曆于天皇。玄同至真，永錫難老，如斯而已矣。秋八月，新宫成，主者上言，願志能事。大君有命，允屬下臣。臣學古非優，聞道素淺。草寬大之詔，無東里潤色之才；談恍惚之宗，增吾黨狂簡之愧。躑躅燥吻，謹爲之銘。其銘曰：

至哉玄元，權輿太極。象帝之先，味者奚覿？矯矯伯陽，自天生德。其道猶龍，人靡能測。厥初誕祥，時惟厲鄉。領垂縞髮，室照神光。蹈十把五，舌舑而長。井泉湧脉，星精耀芒。集靈之址，玄祠崛起。檜亦手植，樹曾親指。聖母遺阡，右環渦水。福地旁連，清都對峙。瓜瓞其昌，錫羡于唐。寶册追謚，雲篆龍章。金闕易號，丹臺絳房。明靈如存，祀典不忘。帝臨赤縣，乘正御辯。致恭神祈，大庇黎獻。德馨流聞，沼毛登薦。鬼有所歸，民亦不倦。帝居紫宸，味道全真。格天在宥，易俗還淳。陰陽大順，闗石和鈞。亮采時叙，輝光日新。乃眷東顧，欽崇教父。定之方中，增修祠宇。閈館相望，飛軿攸駐。日薄星回，池平樹古。申命中人，王言如綸。鳩工底法，即舊謀新。三時之隙，百日之勤。恍若神化，以棲靈真。瞰鮮原兮靡迆，面皇州兮密邇。氣蓊蔚兮上騰，波滃淪兮東委。唯列仙之殊庭，干青霄兮特起。竦金閣兮崔嵬，薦蘭蒸兮裴回。緘紫籙兮難見，秘靈符兮不開。伊九天之神母，御瓊輪兮下來。祝聖人兮富壽，延寶曆兮京垓。又何必迎年之館兮，通天之臺！

馬莊《琴川志》卷一三《乾元宫新建紫微殿記》 粵夫璿宵肇覆，神明于是位焉；生齒賦形，禍福由茲職矣。雖無方而可驗，豁爾杳冥；暨有感以咸伸，幾乎影響。所以吉凶可見，陰隲下民。俾列像以惟嚴，庶舒衷而有自。必也，敞之珍館，儼彼粹儀，貴覩相以善萌，必應期而福介者也。常熟縣乾元宫者，即梁天監二年之所建也，誌石詳焉。星籥遷綿，基址髣髴，頹墉腐桷，鼠鏤蠹耕，春草秋蓬，蟲營蛇據，唯三清前殿巋然僅存。丁遼東之始歸，尚嗟如故；秦武陵之再訪，堪嘆無規。宫之執事者目茲圮壞，若炙于心。歎檀信之門，莫有不移之諾；顧寂寥之跡，彌堅如在之恭。徒懷必葺之勤，豈逮布新之力。有日，即今縣尹司田外郎胡公晏因得鳴絃之暇，來訪祈靈之場，憩繁樾以釋煩，陟層臺而瞰迴。叢峰筭拔，碧藏日暮之雲；暗溜枝分，雅雜風中之弄。俯視熬波之海，旁窺曳練之門，清音一來，俗態俱去。而乃環顧隳址，爰發善因，謂其道衆曰：「前之尊殿，雖繪塑靡完，而瞻仰不怠。宮之所闕者，惟北極殿焉，今則欲議隆興，須求幹集。」乃召監宮崇虛大師李維簡，令以常住田園歲之入者摧其所羨，聚而營之，所以上贊瑤圖，下福氓隸者也。于是材積楩楠，匠求鄢郢，界址砥直，面勢箕張。暨涓吉以上梁，忽中程而授夢。絳衣峨弁，依稀對仙介之容；辨色遲明，煒煜獲靈芝之瑞。雖成邃宇，尚闕靈儀。忽本邑南沙有編户張及者，夙植善緣，早承儒訓。謂月規之寶相，既久藏家；仰雲屋之重桴，猶虚正座。願心彌確，喜捨不回。然勝事之欲彰，抑冥契之所會，是以具威儀而交錯，抵鄉墅以前迎。屬以盾日煒威，箕風瘁物。芳疇雨絶，徒勞御史之巡軒；積派塵生，更擁宓神之渡轙。衆心猶豫以方切，一夕滂沱而不期。玉女電鮮，方對東皇之笑；阿香雷響，豈必南山之聲。翌日，涸澤皆涵，方舟倏濟。暨迎奉既旋于震邑，而宵晨連霈于畢霖。年瑞有期，食天無爽，得不謂羣誠仰屬，而冥貺昭格者也。故使邑人目一勝事，遞口成響，家率户辦，猶恐居後。及縣尹司田首塑本命星官一尊，逮殿主潘惟信勸化衆户，各塑星神侍從一尊，以實其殿也。衣冠濟濟，金碧煌煌。真從翼分，宛同于星拱；檀龕寶錯，若狀于帝車。復有本邑歸政鄉陸杲捨錢五萬爲砌階之資。刻玉鏤瓊，鄙陶侃之運甓；峻基宏址，得給孤之布金。且觀夫使人爲善，司田之始謀也；潔己集事，殿主之化緣也。今也民易化，緣易成，政在其中矣，豈不由善教所被而道心自然耶？忽日，殿主自常熟來蕪城，訪予閒居，語其建殿之始末，懇以鄙文見須。既不獲遜，乃直書其事，以誌歲時爾。皇宋天聖四年五月二十一日，朝奉郎、檢校尚書考功員外郎、充潁州團練副使、上柱國馬莊記。

宋祁《宋景文集》卷三四《景靈宮頌》 臣聞，有開必先，大樸爲神器之本；率義而上，九皇爲聖人之祖。然則往來不窮之謂變，陰陽不測之謂神。其精甚真，强名曰道。故其高出太虚，深際六極。冠三儀而稱大，亘上古而難老。帝鴻得之升雲天，伯陽得之爲教父。遥源寶系，接正統以延鴻；錫羡貽謀，啓靈心而孚佑。非天下之至賾，其孰能預于此乎？真宗文明武定章聖元孝皇帝之在宥天下也，基命静淵之樞，繹思光明之懿。順考古以遵妙道，聿懷福以祲羣元。雖有佳兵，不矜其忿鷙；雖有拱璧，常寶乎慈儉。詔爵磨砥石之鈍，官惟其人；齋居録賤星之囚，刑幾于措。絶金鑠，次農書，惠孤終，優老壽。彌文郁矣，監二代而可從；大孝熙矣，放四海而皆準。疵癘不作，寵綏有截。于是呼韓就序，并會清明之朝；戊己撤候，咸羈荒忽之服。《蕭》《勺》四暢，粉澤交絢。既而蘂晨真蔭，接乎常明之寶；蘭宇秘圖，流于主（文）〔文〕之辟。援絶瑞，按秋游。縱雉鬱蒼之椒，奠繒堆堀之上。曲禮之記三百，翕習而攄容；神靈之封七千，昭明而受記。下之報禮也既重，則上之降康也彌速。當其蒼水前戒，紫宙博臨，瑜然象載之美，飄如風馬之下。嘉夜四馥，順拜晬清之容；流霞載輀，躬聞聲臭之載。皇基遏悟，飆遊上賓。天子乃稽靈心，極能事，以爲誓誥所不及，則稱事裁典，故我金聲玉振，制儀號之當；天人之相交，必知意合德，故我鏤版藏鐀，爲積累之先。盡物之多，不足以稱德，于是總鴻鑠薦高廣之稱；自外而至，不止于無主，于是度寶構爲密靖之都。則景靈之作，乃國家所以陳本錫支，優裕淳烈者也。故其測星廟之秘緯，即珍坤之寶勢。鼛鼓不勝其樂，靈臺勿亟于成。宛延鴻紛，上軼倒景；静深神麗，仰法太微。峙大衆之會，據神區之隩。焕若飛樓之十二，接層城而在兹；兀如神鼇之三番，負五山而不去。秘殿博敞，繚垣盤亘。珊瑚玉樹，恍陟閬風之顛；溝水蒲池，差勝渭陽之廟。采詩供清夜之誦，持節候神人之來。惟清静之庭，以觀其妙；不携貳之爽，以爲之宗。蓋天子穆然思所以躅烝上神，申固百禄者，又可得而云矣。先是，上棟協吉也，倚雲築而流睿唱；銀榜將署也，泚壺墨而霏仙翰；考室大備也，洽藻鳧，晞蕭露。漢錢差賜，下逮乎門闌；周醵溭觀，徧露乎歌耋。此樂成之三物也。典領置使，咨于台宰；神靈標節，著之休令。六羽基德，五雲御歷，受民者十四姓，長神者三百年，則見于先天之紀；雲日衆變，天淵盈塞，郡國所上者數百千所，羣臣將順者千有餘篇，則存乎降聖之記。此昭荷之四物也。禘所自出，王者之配；益作原廟，大孝之本。于是并詔方國，建天慶之祠。生民厥初，歆然著其盛；有物混成，寂兮爲之母。于是嗣薦瓊册，推懿后之尊。典鑄尚方，摹瑑黄冶，作爲上帝之神寶，分鎮列郡之殊庭。此隆孝之三物也。若夫赤精下教，陰隲乎九宗；朱光以渥，遂開乎百世。事隔人理，故宫而不廟；儀參僊品，故薦而不血。禮有因造，事兼節文，則先聖御製贊載之備矣。恭惟皇帝陛下，奉承審訓，祗遹孫謀。允執厥中，純亦不已。方穀既富，樂鳧鷖之守成；秘過不移，善春秋之順祀。方且載主卒業，見羹永懷。故即位之二年，詔迓先帝真像于是宮，建寶殿以奉安之。其後再郊委粟之場，大合清廟之主。先甲而告，按齋輅以右回；肆夏之趨，飭釦金而一獻。又以見聖者之作，明者之述。周家之世世修德，復命武王；虞民之丞丞克孝，重協于帝者已。原乎萬世不毁，是之謂有功；非人所致，是之謂受命。五運迭起，雜霸德者蓋斗精之餘；千載胥會，守天聚者必盛德之後。我宋之興也，基乎溟涬，㕨乎遂始。挾宇宙以制物，載降爲皇；絶天地而屬民，用佐于帝。及夫氣開于嗜慾之至，兆應乎精神之嚮。太祖經武攻昧，躬文王之一怒，於變時雍；太宗執競題期，訓神禹之五事，莫匪爾極。故真考之纂大也，百度累盛，羣公交告。仁閔之監，臨我而無貳；博厚之寶，涌出而不愛。有積善爲之長發，有列真迪其凝命。屹神壝，謹馨粢。度九筵之堂，枚枚而有侐；瞻八景之馭，飄飄而下臻。聯壓神臯之奥區，震顯舊邦之新命。萬八千歲，俾爾壽而無疆；十有五王，靖我民而斯久。與夫漢纂堯後，立唐山之祀，而文獻不足；李出柱下，尊瀨鄉之宇，而獨恭不優，非同年而語矣。而臣濫首詞禁，躬閲瑞圖。猥奉方底之音，謬當成功之告。重念永定宸刻，冠映三辰之章；温雒秘文，稡合五星之老。矧敢軋稽緩之蒙思，贊顯承之真剽，剽皇墳之末，揚天律之大哉！姑述下武之欽崇，粗標底績之和會。至于奕奕寢貌，奚狀萬楹之多；縵縵帝容，但繼百工之和。躑躅流汗，敢次頌云：

於皇巨宋，得天之統，絶瑞雲照，繁祺山擁，福禄總兮。粤在三葉，虛晨夢協，青閣籠霄，朱文委牒，人神接兮。帝心祇遹，沛容善述，圓封累磩，奠(琮)〔宗〕侔栗，東風秩兮。道蔭孔彰，飆游下翔，歌綿悟㕨，執競日强，命歷長兮。真宗曰咨，咨爾群辟，揚庭薦號，剡圭聯册，首宗祏兮。真宗曰咨，咨爾疇工，仰觀星定，大度瑰宫，罄爾邕兮。炳丹激射，飛仙圖寫，邃軒拖虹，回阿舞馬，表神舍兮。氊闟周張，瓊糜迪嘗，雲旎芬樹，羆案凝鏘，奠青場兮。天錫神寶，飛榮妙道，美鏐冶質，福庭分告，尊有昊兮。帝署嘉名，宸藻樂成，媧天鏤石，奎畫摹星，襲六經兮。兩宫纂服，上儀繁縟，不失舊物，聿懷多福，似以續兮。先聖丕律，美假洋溢，肖像頎長，棲神曲密，降之吉兮。干旄之旟，惟皇厥都，有龜而書，有龍而圖，沓珍符兮。五城宛延，館御列仙，淵然其泉，健然而天，亘永年兮。

宋祁《宋景文集》卷三五《太一新宫頌并序》 臣聞昔者宅命之駿，索百神以徧祭；降生之嘉，鼓萬物而均福。然則祀典載其群族，禮文領其盛節。疏之則氣縱而靡震，狎之則精携而不物。上聖於是揖歸運之孚佑，倚太虛而參變。慎齋精意，洞洞屬屬，旁求於幽闇；爇蕭煮鬯，芬芬宓宓，忝進於馨香。是以封君錯居，守神靈者七千之廣；冢宰制用，備祭祀者什一之仂。誠欲異而不瀆，建爲有極，鼓舞至妙，祛合無垠，以億上帝，以庇生民者也。粤若體粹亨之元，奮希微之妙。厥存主宰，以司變化。上驗秘緯之次，總按萬靈之圖。何言而善乎應，象先而不爲老。肇稱太一，尊有十神。亳忌啓奉祠之方，天官著常居之記。化截群有，輔蓋高之監；文包幽室，啓無窮之命。疇祀恤而不昌，罔匱神而能永。若乃瑰宫奕奕，礱砥而孔曼；嘉壇崇崇，藉闟而四合。蘂笈真籍，按循醮戒；草樓上士，奉承薰濯。沃酒茅以示潔，默牲鑾而撤腥。蒐三代之文，有所未秩；擘群條之極，制定其當。質不及野，儀不過物。鎮神華以作固，舉禪海而蒙祉。非巨宋之善制，疇克臻於此耶！恭惟皇帝陛下高拱密清，共規洪鬯。得天統以播憲，括地象而經野。建大中之治，陳之浹日；訂丕承之烈，肆於時夏。尺一信牘，重撫樹惇之鄉；六齊佳兵，更鑄大農之器。回霜收電，而欽刑之恤；鍼疽委轡，而慎赦之數。合質劑以一度，同土炭以均風。捫箕舌而埾佞讒，攦倕指而黜纖巧。於是都人擯踶嚙於贅聚，女紅後纂組於紝織。薪棫美官人之盛，鱣魚譬萬物之多。光明緝熙，上下充格。儒者之喙三尺，訥於抒頌；從臣之槖千翰，秃於宣美。方復澹然無治，幾而不康。可以震珍見怪者罔不祈，可以蒙嘉獲豐者罔不序。由是種祠舊時，悉領縣官，嘉幣偶馬，以爲歲事者不可載已，乃詔建太一宫於都城之西南。順禮文，介熙事，且言時也。先是筮龜既同，天星既中。圭以溯景，臬以攻位，鎮沉奥之厚載，據神明之積高。審曲有經，伻圖中覆。陛下以爲崇奉真蔭，導迎秘祉，不可屈外府之財用，取祝史之辭忱。乃命損乘輿張飭，發少府藏，償其調度，因過更宂卒，覆將作善匠，給其員程。既而隴材千章，周版百堵，督墨爲雨，叩鼛成雷。法《大壯》之上棟，憲《斯干》之南户。人不扶勉，工以雄成，未踰二時，大告考室。述夫秘殿，則崔嵬博敞，鬱律鴻紛。翠虯齊首以負棟，海鴟寋尾而銜瓦。玉碣重荷，文璫四注。陽宗倒光以納景，陰祇濛霧而扶傾。犀塵不游，螟風無隧。乃有皇邸五色，黼帷九張，爲之真寢；乃有雲梢三素，緑輿八景，儲乎仙衛。甲乙異帳，辛壬殊秩。衆殿并列，十座如一，焕紫宫之是環，玔赤霄而可挹。其左右則飛宇回帶，修廊班屬，雲楶百層，芝栭萬狀。因其真畫之品，并繪群靈之迹。恍然覺神仙之可以致，肅然知鬼神之易爲巧。其前則藻扃連觀，抗爲重門，樹松隱椎，表其馳道，揭示篆銀之牓，列坐鑄鐐之狄，所以震疊焜照千祀也。其外則繚垣自盛，靈囿封殖，甘露騰文於茂樹，醴泉側出於陰溝，間以九層之臺，五城之樓，榮曝偓佺，袂挹浮丘，所以範圍鴻洞九清也。及夫嘗烝戒旦，剛柔涓辰，祓惟淨之場，裒列真之對。於是乎水土和氣之實，玉帛二精之庋，沚毛紛旅，洞潦淳溉，仙漿挹斗，香雲薄霄。像以鸞輅龍駒，器以釦金華蓋。瑞祝發中而臨遣，使者持節以侍祠。靈璬絳幡，導乎謁款，則盥而不薦，稽大《易》之象；坐工合樂，陪乎夜誦，則昏祠至明，采甘泉之制。高真并享，晬福如儀。飛龍秋游以格思，肸蠁興作而歸福。數百千所，聊記符瑞之多；七十五來，更邁神光之異。猗歟盛哉，濬哲之能事，神明之鉅典也！蓋製作之本，我朝舊矣。始太宗徇史官之請，胥宇於國南，以開拜貺之館；今陛下按故府之法，度筵於都右，以敞集靈之庭。俯仰其前，不失夏家之舊物，陟降於上，越成周邦之新命，有由然也。夫神能專福，不加於鮮德；君能專祀，不殖於非禮。且如黜其封血，豈爲觳觫之愛；而懿德改薦，遂介無疆之休。探乎秘經，不徇拘攣之義；而層構昭事，自成一王之典。捐金斥幣，紓執事之滯，而民不益賦；升壇奠斝，爲百姓之請，而過無移下。由是言之，寧不善始善述？雖絲衣其紑，高子誌星尸之繹，蓼蛇下屬，文公作鄜畤之瑞，待我具五，始標黑帝之祠，嚮坐而拜，躬接高門之享，一何區區者已！下臣陶乃文之化，覩告成之蹟，固非大夫之能賦，實虞薪者之多誚。輒次輿頌，升之有司。其辭曰：

奐焉層構兮，鎮我都之夾右兮，我稽神宗之舊兮。

右一章。

肅然上靈兮，戾我宮之靖冥兮，我據昭德之馨兮。

右二章。

帝宥黔黎兮，匪孔禱之私兮，與神哀是對兮，俾物之阜而滋兮。

右三章。

天眷聖皇兮，執周道之彊兮，俾君壽而臧兮，配天之久且長兮。

右四章。

李覯《直講李先生文集》卷二三《麻姑山重修三清殿記》 覯幼時讀顔魯公《麻姑仙壇記》，觀其稱道壤地之殊絶，人物之瓌怪，目想其處，謂如鈞天帝庭，非下土所髣髴也。及長，游山縱觀所有，則歌吟雲烟，饜飫水石而已。其餘古屋數百楹，或腐或濕，無足可居，惟仙若神，何以顧享？噫！物有愈衰而後復，理之常也。則所謂三清殿者，今爲復之先乎！按是殿之作，背山嚮陽，得地之正。由五代迄兹，載祀遠矣。雖其營繕頗甚盛壯，而木窮於蠹，瓦困於雨，日壞月墮，幾將壓焉。潁川陳公某，鄉之耆德，勇於爲善。一見其事，惻然於中，乃發家財以葺之。工之巧者必至，材之良者必備。或改以新，或完其舊。昔撓以隆，昔卑以崇。赭焉而霞烘，翚焉而雲溶。真儀之位，得以如禮。山英水靈，若喜若慰。雖大道之要，本乎澹泊，安在土木之華而後張顯？然名山之景，列在圖籍，非有游覽之盛，不足稱述。故言神仙者必曰崑崙之墟、海中洲島，宫闕之侈，視珠玉不啻如土芥，世俗相承，以爲美談。若麻姑山，著稱久矣，元和辭人白樂天輩咸有詠歌，粲於屋壁。自爾以來，言者溢口，書者滿牘，天下靈境，兹不後焉。苟非崇飾棟宇，嚴事上靈，其何足觀之？則潁川公之意，豈徒然哉？覯之視公，大父行也，見命爲記，謹書其略。於時歲在辛巳，大宋康定二年。

文同《丹淵集》卷二二《成都府玉局觀新建五符幢記》 事有紲於荒忽茫昧之中，繇曠古及下世無俗書以傳。凡智解狹莽，不能究度，至詆忌蔽人，令弗通思慮，所該外物，語者率謂狂矞罔誕，非經見，乃用擯笑不講録。是皆蒙塞自淺，豈寥然亶盡大方之理者歟！其有導神幾，宣靈謀，混淪焉行於亡形，以鎮養乎元元，使怪厲不作，消祓摧殄，不得横悍以肆其姦；是術也，凡王侯保土社，芘群品，當知嚮服而尊高之，渠可嫚忽耶？其所謂蓋《太上洞真靈寶五老赤書》云。按元始至真肇探於太樸之先，凝神火庭，尋詳曲折，焕譯妙勢，爲天奥寶。告瑞發應，秀映靈都，神杖封固，長依跬息。大道君、玉帝諸真懇請恭受，反復難遴，傾倒切至，始賜矜諭，敕詣紫微，居齋九旬，後肯付畀；然猶戒禁，勿得布下，是天所貴重若此。不記從何劫運，漏墜人世，有聖研極，鐫胎剖魄，識其倪緒，取安諸隅，廣寓泰寧。傳云：東京桓永壽時，正一道陵患魑魅恣雜，鬪人鬼，使異行，植幢嵋山，誓刻嚴毒，自是判然，幽明不殽。至黄唐文缺，重璪置昭慶道祠。歲久巋然，頗剥爛，幾泐無所考。宋五世天子英文明睿，陞用賢畯，命侍臣趙公抃鎮蜀。公致治未期，民物宜順，暘潤孔時，川隰生秫，蠶饒穀登，體腹温飫，蓄訛勃疫，淪伏不起，寇兵弭消，寂無纖譁。頌公平循，聲辭邕邕。公固以爲未然，復訪悠遠安保方域、俾無虞戾之深計。顯効休功，件已設施，事可託神，亦圖崇修。原掾陳汝玉學廣知博，告公具前，躬摹秘符，解釽論辯。公得且喜，告下趣輯。迺相玉局衍基，潔爲靈場，築垣繕宫，就完種勝。初，伐石西山，鼬地深窅，材洪執鉅，輓致殊力，工徒愁嗟，求策迷所。一昔，暴洚涌發，漂碮下磵，出道平夷，遂可筏行。既至正晝，矞雲叢飛，滃然下覆，天光明麗，景氣晏悦；暗藹高真，颯若來況。都人觀繞，驚歎喜蹈；回頸望公，祝若父母，云：護我等亭育撫燾，心精神虔，祥報昭露。明日，授匠矩尺，礱爲觚幹，恭肖神畫，鑱勒其上。秋禁周具，供所祚納，大坤之維，永永蒙祐。噫，大霄妙章，上靈秘篆，何此群兆，幸焉覯覿！常爲投依，以挹厥休，千萬億年，公惠無泯。一日，公戒部吏文同，使紀其事。同謹再拜，撰辭以獻；復類而爲詩，以與蜀人，使長言之無窮。其辭曰：

　　於未物前，有氣混茫。擴無端崖，滉漭汪洋。中函神胞，孕此威章。靈鋩決分，飄青墮黄。布照大空，流精發光。乃時玉符，獲於元皇。自然秘文，盤葩屈芒。支交歧聯，蜿紆結張。皇執焉嘻，練於洞陽。瑩焕九霄，瑞應蔚彰。書簡刻金，煇燭焜煌。太陽靈洞，俛仰是將。惟時諸真，嘯命以蹡。詣皇咨觀，祈必願償。命入太空，九光華房。擴開金扃，動決靈囊。戒勿下傳，上館乃當。何劫墜流，降奠五方。桓志末朝，幻獝肆狂。虎冠道師，得焉其詳。植石摹形，大峬之傍。陰怪震驚，掃滅伏藏。後多歷年，復治於唐。迄今巍如，鏤蹟劣亡。治平之君，堯舜禹湯。詔用趙公，付之蜀疆。公來民宜，蠹暴呴尪。太和熏烝，百體具康。肌燠羸孺，腹果衍糧。境殄萑蒲，獄朽桁楊。沸舌頌公，壽福熾昌。願公光華，袞公繡裳。移蜀之爲，天下以滂。公聞曰噫，是志曷荒？有及後人，乃利也長。或告真文，本先圓蒼。可圖營之，福招禍禳。流蔭西南，被賴無央。公喜趨爲，日不暇遑。牙譙西隅，玉宇是望。高宫翼如，綵枅繪梁。覆幢其間，崒然百常。先時堪輿，與公効祥。水滕雲幪，異孰爾量？蜀人其承，永隔害殃。公德之深，萬世曷忘？杪哉末兮，峴碑陝棠。

　　治平四年二月記。

鄭獬《鄖溪集》卷一五《福源觀大殿記》　玉仙女真也，蓋炎帝時人，爲神仙之術，能飛鍊九丹，躡淩雲氣。嘗居於仙都山，山在大海之南，高麗之域。山有玉仙峰，峰有玉仙溪，因其所居，遂號爲玉仙。而洛陽之東南，山亦爲玉仙山，而溪爲玉仙溪，其上有玉仙祠，豈爲神靈之别都耶？道士陳景顥始作玉仙祠於都城之南，前作方池，取玉仙溪水而貯之，於其東别爲大殿，塑玉仙像，及靈官侍衛，左右嚴列，肅如也，都人皆往祠焉。嘉祐六年夏，予疾甚，家人禱。逾秋疾良已，始謁於祠下，與陳君蔭緑藤而坐，出書一卷，曰：「此《玉仙傳》也，我方圖爲殿而君適至，其遺我以文。」予諾之。其《傳》不著撰者名氏，而蜀道士杜光庭編集之。《傳》又言玉仙武陽人，少時欲嫁之不可，乃乘舟浮大溟，爲風所引，至於仙都山。黄帝時嘗巡於海上，築壇而請見之。光庭博於道家之學，其言必有所出，而於予無所考。然則玉仙，古仙人也，莊生所謂吸風飲露，御飛龍遊者邪？其威靈福應，蓋有感動於世者，故世人共祠之而不厭也。然陳君初來此，獨處於荒莽空野之間，無尺柱寸瓦爲之資。人笑之，以爲張空説，必不能有所成就，而陳君不悔也。丏取收拾凡三十年，於是祠成，又作真君殿及道院，齋館、庖房、廥畜之室皆具。其南闢爲花圃，植雜花數千株，則向之腐壞污塹狐鼠之徑，俄而爲飛亭曲閣修林翠竹之美觀也。都人之來遊者，怳然相顧，不知物境從何而來者也，豈天地變怪之忽有之邪？蓋世人之惟見其成，而不知陳君經營之勞而持之堅也。故有爲於世者，未必盡爲材，材者未必能有所立，惟其強力能久，固執而不懈者，乃克有立焉。予既有所祈而嘉陳君之用心，由是作記以遺之。

陳垣等《道家金石略·吕惠卿·宋中太乙宫碑銘》　熙寧四年，司天監建言，太乙五福之神，以七年閼逢攝提格之歲，行臨中宫，其名爲真室，其分爲京師之野，其祥爲民康物阜太平之應，請立祠如故事。天子可其奏，命將作監即國中之南而建宫焉。經始於四年之冬，而成於六年之春，凡爲三門七殿，分祠十太一與太歲之神，而五福居其中。上爲之制名，皆以承神之貺休爲義，而真室之殿又親書之。其廊廡四壁，圖百神之朝，天至於五帝日月星辰，而地至於五嶽四瀆，莫不咸在。其位號尊卑，服物同異，與夫壇場之制，禱祀之儀，皆以太乙之學爲本，而參用道家之説焉。天子命有司具儀仗，將以今年冬至奉安神像於其宫，勑臣惠卿書碑以記其事。臣伏攷《周禮·春官》，宗伯之職，典祀天神，其尊達於昊天上帝，其卑逮於司中司命、風師雨師。而爲《禮》學者當之以星官之書，皆有著位。而宗伯之屬官則有馮相氏、保章氏，掌會天位與夫封域分野，以觀天下之祅祥。而凡以神仕者，掌三辰之法，以猶鬼神示之居，辯其名物而致之。而太祝掌六祝之辭，以祈福祥。蓋宗伯總其祀之典，馮相、保章氏主其變動之占。凡以神仕者，圖其居之所在，而太祝掌其祈。合而言之，皆禮官之事而已。太乙之號雖不經見，而歷代史官著其星在紫宫、天一之南，以爲天帝神也。主使十六神，知其咎休。所在之國，北辰之第二星最赤明者乃其座也。而三台爲天階，太乙躡之以上下。史官之言星，雖不可盡攷，然其説皆有師承，其位皆可指數，而其占之效者亦衆。觀其言太乙之尊如此，則昔之言天神之貴曰太乙，其佐曰五帝，以至主之以爲郊，則非特亳人之方，漢家之制而已。蓋禮官之事既以散亡，而馮相、保章氏之占，流而爲日官式局之法，而道家之所以圖其像，制其服物位號之差，壇場禱祀之法，殆得所謂凡以神仕者猶其居，與夫大祝祈福祥之遺意也。今日官以爲五福之神，凡四十五年一徙宫，歷中央四維，太約二百二十五年而周，則二百二十五年之間，必歷中宫矣。而攷之既往，其應未必盡合，何也？竊嘗譬之天時者，節候也；人事者，種藝也。有天時之順而無人事，猶節候雖應而不種藝，求其有穫，不可得也。有人事之脩而無天時，猶種藝雖力而節候異，求其有生，不可得也。古之人以爲天不人不因，人不天不成者，亦謂此耳，奚獨至於太乙而疑之乎？臣觀皇帝粤自嗣服，改修政教，整齊吏方，而法度之行，先立於府寺，興舉民事，而利澤之及，首加於都畿。以至士被教育，兵足廪賜，凡百勞來，又皆先於四方。而雨暘寒燠，莫不順適。浮言不能搖其成，異意不能幸其失。豈惟人事，抑有天時之助也。則真室之祐，其兆於兹乎。在太平興國時，臨黄室宫，其野爲吴越，而太宗立祠於東南郊。在天聖時，臨黄廷宫，其野爲梁蜀，而仁宗立祠於西南郊。其意以謂天子以天下爲家，夫苟在吾四海九州之内，則其福一也，豈有彼此之限哉？況夫臨中央以當四維之會，則其嘉休之應，將訖於四海，非止天子之所居而已也。則其所以成之者，豈宜不廣哉？必將推已施之仁，而孚之於所未被；求未立之政，而脩之於所已行，使覆載之内，蒙澤如一，動植之類，賦生咸若。於斯時也，治成而禮樂議，誠至而天地察，觀物大小以稱德産之精微，比義上下以秩神明之位處，乃吾所以錫庶民之福，而逆三神之釐，其尤大者也。而臣尚得待罪從官，以經術文字爲職，則所當歌頌盛德者，又非獨一二而已。而是宫之作，乃以屬臣，其敢以固陋辭乎？謹拜手稽首而獻文曰：

渾淪一氣，精窅嘿兮。環無初終，廓無域兮。消息滿虚，怳誰測兮。煌煌威神，兆太乙兮。臨制紫宫，位辰極兮。陟降三堦，監萬國兮。大人占之，造爲式兮。推步變遷，發潛伏兮。降祥隤阯，維五福兮。循行四維，歷真室兮。四十五歲，宫一易兮。誰其當之，祚有德兮。赫赫有宋，荒九服兮。世哲相承，千百禄兮。習安玩治，蠱將積兮。篤生睿聖，起以飭兮。政行四方，首京邑兮。淫詖沮伏，終以立兮。五氣來叙，消薄蝕兮。灑滄沈災，膏鹵墒兮。太乙之來，前可跡兮。新宫奕奕，成不日兮。仰模帝居，麗金碧兮。太乙之下，安且宅兮。天造人因，方兩得兮。成能成位，聖賢職兮。斂時景福，重敷錫兮。延及海隅，均動植兮。燕壽兩宫，后嬪懌兮。子孫皇王，世萬億兮。禮具樂成，底平格兮。臣將載歌，以申敕兮。

《國朝二百家名賢文粹》卷一二六呂惠卿《大名府天寧萬壽觀碑》 皇帝踐祚之四年，昭陽協和之歲，九月癸巳，宰臣京等建言，天下州軍賜寺額，以爲天寧萬壽。既得請，越十月朔丁未，御史中丞石豫復請置觀如寺。比奏可，亦以崇寧萬壽爲名，唯節鎮置之而已。近臣繼請於觀置明離、天保二殿。明離祠火德，天保奉本命，而天保之額，上爲親書之。臣惠卿以留守北京，既承命，即遣人詣京師，請成節正局觀道士蹇昌辰掌觀事。昌辰經圖其制，得府東真武院，斥大其故地，而更造之。三闢前門，挾以側堂，大殿中嚴，醮壇對峙。明離、天保顓面乎東序，真室、道藏沓設乎西清，客舍、齋廳間列廊廡，講堂、寢室深達疏漏。以至道侶之所會集，童行之所休息，井庖浣沐，閑廄溲匽，莫不備具。凡爲屋一百八十有九間，惟真武殿臨舊，餘皆創足焉。其經始落成之年月與寺相先後，而吾皇之所以下下，群臣之所以報上，與夫北京之士民聞詔而樂施，已見於寺碑者，兹不復道也。臣切以謂道未始有物，而生天生地，神鬼神帝，日月星斗得之以旋轉者也。孔氏之儒、釋氏之佛、老氏之道未始不本於此。而孔氏經世藏用而未之嘗言，釋氏救生體變而無乎不在，唯老氏則絶棄聖智，以復於無物，則不離於本宗而已。是故其祠以三清爲主，而上之玉皇大天帝、紫微昊天天皇、南極大帝、三十二天帝、諸仙、日月星宿、六甲十二辰，下之地祇嶽瀆、三十六洞天、七十二福地莫不咸在，蓋其所自生與其所以神者於是而有祈焉，固其宜也。伏惟皇帝陛下以天縱之資，應帝王之運，故聞儒者祖述憲章、至治成法，則朝謨之廟堂，夕措之天下，而不以爲難；聞佛者之動容作相、揚眉瞬睛，一言足大悟人，則延序接引，而不以爲誕；聞老者寶珠如黍，萬真之會，上無復祖，天中之天，則書鏤傳布而不以爲疑。故群臣請建寺僧，傳妙法，置觀藏真文，祠火德以崇興，運本命以固先元，亦皆受之而不辭，凡以出於本宗而知其固有故也。然則躬萬機之繁，豈足以勞吾神；極四海之奉，豈足以汩吾志哉！臣固知惟慈能勇而躬持乎三寶之全，以道法天而成位乎四海之上。方具致筋力之治於千載寂寥之後，養松喬之壽於九重蠖濩之中，臣雖歸老丘園，猶冀旦暮之遇也。昔者臯陶賡虞而舜德元，尹吉美周而宣功興，臣竊睎慕焉。因觀之成，作銘以獻。其詞曰：

域中有物誰能名？窈窈冥冥含其精。孕乾育坤陶萬形，運轉兩曜騎列星。老氏得之以爲經，其祠主之維三清。天帝列真地群靈，乃所自神興其生。臣子禱君福壽增，於兹有祈理所應。真人來應帝王興，每聞妙理心已傾。中虚萬務莫足攖，養已烏能昏五情。保持三寶唯勇行，道參天地位乃成。堯南舜北皆此明，喬松不假離穆清。衰遲非敢當能銘，作此庶幾奉椿齡。

蘇軾《蘇文忠公全集》卷一七《上清儲祥宫碑》 元祐六年六月丙午，制詔臣軾，上清儲祥宫成，當書其事于石。臣軾拜手稽首言曰：「臣以書命待罪北門，記事之成，職也。然臣愚不知宫之所以廢興，與凡財用之所從出，敢昧死請。」乃命有司具其事以詔臣軾。始，太宗皇帝以聖文神武佐太祖定天下。既即位，盡以太祖所賜金帛作上清宫朝陽門之內，旌興王之功，且爲五代兵革之餘遺民赤子，請命上帝，以至道元年正月宫成，民不知勞，天下頌之。至慶曆三年十二月，有司不戒于火，一夕而燼。自是爲荆棘瓦礫之場，凡三十七年。元豐二年二月，神宗皇帝始命道士王太初居宫之故地，以法籙符水爲民禳禬，民趨歸之，稍以其力脩復祠宇。詔用日者言，以宫之所在爲國家子孫地，乃賜名上清儲祥宫。且賜度牒與佛廟神祠之遺利，爲錢一千七百四十七萬，又以官田十四頃給之，刻玉如漢張道陵所用印，及所被冠佩劍履以賜太初，所以寵之者甚備。宫未成者十八，而太初卒，太皇太后聞之，喟然歎曰：「民不可勞也，兵不可役也，大司徒錢不可發也，而先帝之意不可以不成。」乃勑禁中供奉之物，務從約損，斥賣珠玉以巨萬計，凡所謂以天下養者，悉歸之儲祥，積會所賜，爲錢一萬七千六百二十八萬，而宫乃成。内出白金六千三百餘兩，以爲香火瓜華之用。召道士劉應貞嗣行大初之法，命入内供奉官陳衍典領其事。起四年之春，訖六年之秋，爲三門兩廡，中大殿三，旁小殿九，鐘經樓二，石壇一，建齋殿宇東，以待臨幸，築道館于西，以居其徒，凡七百餘間。雄麗靖深，爲天下偉觀，而民不知、有司不與焉。嗚呼，其可謂至德也已矣！臣謹按道家者流，本出於黄帝、老子。其道以清淨無爲爲宗，以虚明應物爲用，以慈儉不争爲行，合於《周易》「何思何慮」、《論語》「仁者静壽」之説，如是而已。自秦、漢以來，始用方士言，乃有飛仙變化之術，《黄庭》、《大洞》之法，太上、天真、木公、金母之號，延康、赤明、龍漢、開皇之紀，天皇、太一、紫微、北極之祀，下至於丹藥奇技，符籙小數，皆歸於道家，學者不能必其有無。然臣嘗竊論之：黄帝、老子之道，本也。方士之言，末也。脩其本而末自應。故仁義不施，則《韶濩》之樂不能以降天神。忠信不立，則射鄉之禮不能以致刑措。漢興，蓋公治黄、老，而曹參師其言，以謂治道貴清静，而民自定。以此爲政，天下歌之曰：「蕭何爲法，講若畫一。曹參代之，守而勿失。載其清静，民以寧壹。」其後文景之治，大率依本黄、老，清心省事，薄歛緩獄，不言兵而天下富。臣觀上與太皇太后所以治天下者，可謂至矣。檢身以律物，故不怒而威；捐利以予民，故不藏而富；屈己以消兵，故不戰而勝；虚心以觀世，故不察而明。雖黄帝、老子，其何以加此。本既立矣，則又惡衣菲食，卑宫室，陋器用，斥其贏餘，以成此宫，上以終先帝未究之志，下以爲子孫無疆之福。宫成之日，民大和會，鼓舞謳歌，聲聞于天，天地喜答，神祇來格，祝史無求，福禄自至，時萬時億，永作神主。故曰「修其本而末自應」，豈不然哉！臣既書其事，皇帝若曰：「大哉太祖之功，太宗之德，神宗之志，而聖母成之。汝作銘詩，而朕書其首曰上清儲祥宫碑。」臣軾拜手稽首獻銘曰：

天之蒼蒼，正色非耶？其視下也，亦若斯耶？我築上清，儲祥之宫。無以來之，其肯我從。元祐之政，媚于上下。何脩何營，曰是四者。民懷其仁，吏服其廉，鬼畏其正，神予其謙。帝既子民，維子之視。云何事帝，而瘠其子。允哲文母，以公滅私。作宫千柱，人初不知。於皇祖宗，在帝左右。風馬雲車，從帝來狩。閲視新宫，察民之言。佑我文母，及其孝孫。孝孫來饗，左右耆荀。無競惟人，以燕我後。多士爲祥，文母所培。我膺受之，篤其成材。千石之鐘，萬石之簴。相以銘詩，震于四海。

周必大《平園續稿》卷四〇《臨江軍閣皂山崇真宫記》 古者名山大川在中國者多雄尊浩蕩，頒於祠官，天子巡狩望秩，爲民祈福而已。荆之衡嶽猶以爲遠，自有熊氏已祀灊、霍，况其他乎？當是時，上既不求遠略，下亦安其常居，雖有黄老之言，何自而入？深山窮谷稀奇絶特之觀，誰實顧之？及周穆王車轍馬迹馳騖乎八荒，中天之臺，瑶池之宴，浸傳於世。秦皇、漢武忻然慕之，由是有爲黄老之學者轉而爲方士之術，負策抵掌，順風而至，羨門、安期之説興，徐福、少君之詐作。當是時，上雖信之，其徒未盛於下也。及乎土宇日廣，生齒日衆，遐方僻地，列置郡縣，王喬、薊子訓、左慈輩又争以神怪風動四方。於此時也，豈特人主嚮之，所謂四民往往從之者衆。衆必有所聚，既不能安處於市廛，則搜奇擇勝，梯崖架險，設壇場，立室廬，茹芝錬丹於人迹不至之地。一嵓洞之幽，一川谷之秀，殆將無所遁其形。宫觀遂徧天下，而尤盛於東南。此積習之勢然，非今昔之理異也。彼所謂清都帝居十洲三島，既茫昧不可考，而洞天福地載之傳記，有可□言者。距臨江軍四十里，山曰閣皂，蓋福地之第三十三也。自漢末張道陵、葛玄、丁令威皆有壇井，故《寰宇記》以爲神仙之館。舊隸吉州新淦縣，逮臨江析軍，乃屬清江。山形如閣，山色如皂，以是得名。初置靈山，煨於隋燼，至唐道士程信然掘地得玉石像尺餘，覆以鐵鐘，創草堂居之。先天元年，孫道沖始爲臺殿，因山名觀。咸通大火，玉像僅存，楊薦父子次第葺之。江南李氏改名玄都，本朝避聖祖諱又改景德。天禧庚申、熙寧丙辰，再焚再葺，政和八年始賜號崇真宫。前對靈雲峰，後倚東西兩山，皆有壇。其東葛也，其西張也。水出宫後，名葛憩源，凡半里餘，聲響潛行石間。大抵葛仙遺迹爲多，故崇寧間封沖應真人，告命在焉。北有令威觀，基合而爲一久矣。入門即御書閣十一楹，藏頤陵賜書百一十八幅，章聖封泰山芝草二本，《皇祐新樂圖》一卷，紹興宸翰十軸。閣後設傳籙壇，蓋法許授籙者惟金陵之茅山，信州之龍虎，與此爲三。徽宗朝給「元始萬神」銅印，至今用之。次曰金闕寥陽殿，曰昊天殿，曰正一堂，曰靖應堂。其東曰祖師殿，曰藏殿。最後玉像閣五間，其崇五丈，友傑冠於一宮。於殿宇皆翼以修廊，道士數百人環居其外，争占形勝，治廳館。總爲屋千五百間，江湖宮觀未有盛於斯者，士大夫川浮陸走，無不迂途而至。乾道癸巳，予亦至焉，讀廣明許元真、咸平張賀、熙寧雙漸、陽申、元祐張商英諸碑，雖隨事登載，辭頗異同。如以鐵鐘爲開皇舊物，視其款識則咸通十三年所鑄也。玉像有三，其一憑几而坐，二人跣足立侍，亦與所書不合。於是主者李漢清、王永成、王次鼎俱以宮記爲請，予諾之而未暇。今管轄王自正、知宮鄒時億、副劉惟允、度師陳處和懇請益堅。予謂易觀爲宮殆且百年，此而不記，闕孰甚焉，乃會萃衆説，詳考初終，使好事者知自昔道家者流凡三變而其教成，此宮因地之利歷千年而其制備，庶幾有考焉。若夫叙勝概曰靖虚，則有前代孫偓、李洞、宋齊丘、沈彬、孟賓于、徐鉉、陶弼之留題，近世道士張景先、陳孟陽、陳彦舉、黄常吉之詩集傳於山中，此不復云。

周必大《平園續稿》卷四〇《麻姑山仙都觀新殿記》 物生天地間，有象斯有數，成毁相尋，抑有理焉。孔子作《春秋》，既書成周宣榭火，又書晉梁山崩。夫無室曰榭，猶未免於火，山有朽壞，亦未免於崩，況夫名山勝境，道宮極土木之工，歲月侵久，非朽即燬，豈特數哉，理固然也。或葺或新，乃傳無窮。建昌軍本撫州南城縣，出南門六七里有麻姑山，予嘗游焉。自尋真亭而上，徑蹊紆峻，次以界青、雙練、枕流三亭，縣瀑對瀉，雪濺雷吼，天下奇觀也。進至龍潭，唐明皇時黄龍嘗見，奉祀至今。自此驟得平地，是爲仙都觀，世傳蔡經舊宅，方士號丹霞小有天。麻姑事實具載顔魯公碑。仁宗嘗賜飛白「來」字，元豐間封清真夫人，元祐改封妙寂真人。徽宗加號真寂沖應元君，榜曰「元通之殿」，皆宣和御筆也。觀後齊雲亭，望軍城僅如聚落。其西十里别有丹霞福地，初循稻畦，尋復陟巘。兩山之間，甽畝層出，原泉灌注，旱則蓄之故不乾，潦則洩之故不溢，黄冠藉以自給。慶元六年庚申三月戊寅，融風告災，棟宇夜燼。明年改元嘉泰，知觀事李惟賓創正殿七間，博十丈，深六丈有奇，依《營造法式》。容閣帳三間，分列三清及天帝、地示九位於上，其下則元君居中。東偏奉宣和二牌、三朝内禪詔；西爲皇帝本命殿。宏壯華麗，殆過於舊。暈祠外環，三門前聳，位置先定，以漸圖之。方營求之初，故妻益國夫人王氏首施錢三十萬，於是惟賓以記爲請。案顔碑及郡人李泰伯文，觀興於天寶，至梁凡百六十年而葺焉。由梁迄本朝康定辛巳垂百四十年，敝又改爲，今復一百六十年。數雖適然，理則存乎其人。戒謹所不睹，恐懼所不聞，何畏乎鬱攸？風雨攸除，鳥鼠攸去，何憂乎朽蠹？東海揚塵，猶或可待，況二百載之近乎？三年十二月旦，周某謹記。

《(康熙)太平府志》卷三六沈端節《天慶觀記》 我國家受天駿命，剗五季僭亂，與海内更始。方隅底平，民生寧一康定，珍圖瑞牒，輻輳盛際。大中祥符二年，詔天下建宮廟，昭靈貺，乃於太平州舊城之北賜地一頃，建天慶觀，仍以儀真七寶所鑄玉帝像賜之，奉安於正殿。靖康、建炎初，干戈俶擾，劫火洞然，城闕寺觀，化爲灰燼，獨賜像巍巍，神示呵護，無有壞。昊天、聖祖二殿，巋然存乎荆榛瓦礫之場。數更守將，率深顰而屢嘆，然終不能有所興作。紹興二年，許侯端夫來守姑孰，始易置於新城西偏，以便朝謁。然時方搶攘，制度草創，規摹狹陋，且前殿未備，歷歲滋久，楹桷朽腐，有風雨漂摇之慮。樞密和義楊公倓以昭慶之節來殿是邦，顧瞻咨嗟，夙夜祇惕。鳩工度材，相地之宜，因故基而侈大之。爲重門複殿，翼以回廊，而勢顯敞。殿宇静深，廊廡修直，肅肅然有丹臺琳館氣象，頓還升平舊觀。過之者莫不動色起敬，徘徊尊仰。經始於淳熙五年三月十有八日，告成於七月七日。惟公慈祥樂易，不動聲氣，而事已整辦，得老氏清静自正之理焉。倘爲治者揆朝廷興建之本，嗣公忠勤之志，增葺勿怠，傳之永久，是與國垂無疆之休，而亦有無窮之聞矣。可不懋哉！

張金吾《金文最》卷七五楊峻《同官縣靈泉觀碑》 粤以元璞未分，窈冥而含五太；淵宗至寂，恍惚而藴二神。雖寓强名，難窮妙體。上無復祖，惟我是身。在乎太初太易之前，生乎無象無形之内，塵劫雖壞，亘古常存。分清濁而肇乾坤，運化育而誕景曜。允爲萬炁之祖，宏闢衆妙之門。鑽仰而彌高彌堅，究詰而至玄至妙。孰知空洞而内隱别體，寧測太無而中藴至真。肇自公孫黄帝之登極也，以道化天下，志洞清虚，心傾妙有。感西王母而降駕，授帝下像元始大尊。帝置宮中道觀之下，辰夕朝謁。然宮觀之號，由黄帝之始也。厥後漢、唐，仙宮道觀棋布天下。去縣之北僅二里餘，有靈泉觀者，實岱宗之行宮，鎮銅川之福地，形勢雄壯，殿宇峥嶸。西腋嶺峰之靈岩，翠侵户牖；東瞰漆水之烟浪，潤徹軒楹。南面孤祠，暮雨猶孟姜之泣淚；北覘神水，鹿苑隱梵僧之譯經。周迴顧盼，嵐光堆裏，松蘿影中，霞闕連雲，重樓聳漢，誠一方之奇觀也。政和初，道士寇景安乃元魏天師謙之苗裔，酷厭塵網，栖心物表，飄然而至此。忻然曰：「吾頤真之地也。」未迨再期，創營北極殿於西岩之上。日以焚修爲事，逮四十餘載而羽化。師法眷孫黨存信繼而住持，性頗敦厚，心尚恬澹，言論朴直。授伏魔録，戒律嚴肅，擬碧潭之明月，清無纖翳。驅邪療病，應猶谷聲。携幼扶耄，以求救治，獲痊癒者不爲鮮矣。由是父老莫不欽慕其行業，暨召齋醮，遠邇雲臻。迄大定初，王師南征，軍須匱乏，許進納以賜宫觀名額。法師喜曰：「斯廟雖牓『東嶽聖帝之廟』名，然非朝廷攸賜。竊觀廟有甘泉，疫癘者飲之輒愈，鄉老目之曰靈泉，不若具厥事迹陳告，儻得一額，兹亘古亘今之難遇也。」諸道友咸懌其説，法師遂以狀聞省部。迨於敕下賜今名額，法師欣然曰：「況吾教中立觀，度人最爲鴻因，今契吾昔宿之志矣。」由是萌心營葺，鳩工市木，創建三清殿，重修岱嶽殿、炳靈公殿、嘉應侯殿、西齊王殿、法堂、三門、客廳、廊廡、厨庫、寮房，咸罄嚴備。塑像繪壁，尤極臻妙。若斯經營三十餘載，厥工告畢。參差殿閣，瓦砌鴛鴦而凝烟；屈曲廊廡，階甃瓊瑶而晃日。重門啓鑰，風光凝壺中之洞天；危檻横虹，眼界擬海面之閬苑。莓苔氈徑，薜蔓綉墻。曉卷珠簾，聳天峰醮揉藍之碧；夜涼玉宇，和月泉飛素練之寒，雖曰華胥，未易過也。法師曰：「生平之願足矣。」或曰：「大道無形，上真非象，胡爲勞役形神而事土木之工耶？」師答曰：「道雖無形，無形莫宏其道；真雖非象，非象奚彰其真。雖微妙而差别，終有無以相依。昔黄帝睿聖聰哲，尚事玉象於道觀之下，余何人哉，安敢不營葺觀宇，欽事真聖哉！」至大定歲次大荒落，師春秋七十有五，八月十五日而羽化。門人有二：長曰李沖虚，次曰党沖惠。孫前管内威儀裴宗微。小師党沖惠謂余曰：「本觀爰古岳祠，不知元起何代也。先師住持，垂逮三紀，晝不暇餐，夕不暇寐，罄竭囊帳，專事經營，暨於完就。然厥勤勞，固非一朝一夕矣。況本觀額名，雖荷宸恩所賫，非先師亦不克得也。沖惠雖不肖，濫叨冠裳，夙昔追省，誠慮先師平昔之勤續湮滅於千載之下，薦恐後世罔知創賫觀額之由，煩公爲我記之，刊於貞石，庶俾後人知本觀肇起之根因耳。」余辭曰：「峻沮濱布衣，假使有倚馬之才，難免雌黄。不若求文於權貴，雖匪吐鳳之句，褒逾金玉。」沖惠曰：「此聾瞽之識見，況文章天下之公論，幸公勿辭。」僕不獲已，勉書記。銘曰：

至道希夷，玄精一炁。視聽無形，生先象帝。實佀淵宗，靡知誰子。難窮難詰，强名强字。宏肇妙門，溥育群彙。昭明兔烏，贔屭天地。中誕人居，上竪君治。逮於軒皇，洞究至理。格彼玄女，密授奥旨。玉像欽崇，道觀肇起。宫闕葺修，秦漢奢熾。黄冠党公，紫府傑士。佩籙捧符，馘妖剪祟。德服耆艾，行播遠邇。殿宇經營，囊笥捐棄。聳雲樓臺，晃日金翠。福鎮銅□，雄莅漆水。皇恩優渥，賫額頒賜。勤勩一身，住持三紀。道摭元因，乃書銘記。萬載千春，永播休美。

張金吾《金文最》卷七六胡筠《續修太清宫碑》 今之太清宫，即老子舊居也。今之太極殿，即老子降聖之地。殿南有虚元堂，相傳爲老子講經宴息之所，自□册之後，亦以殿名之。宫中舊有八檜，今惟手植存焉。太極殿東有九井，或傳老子初生，九龍吐水以浴聖體。又謂老子生而作禹步，步成一井，井各有龍，靈迹甚著。迄今歲旱，州郡官僚拜祝，勺其水設壇場而禱之，隨即雨降。亳，古殷湯之故都也。按《藏經》老子生於殷武丁二年，然其踪迹，多見於周世，司馬遷不得其實，但稱與孔子同時，百六十餘歲，或言二百餘歲。孔子歿後百二十九年，周太史儋見秦獻公，談周秦離合之事，儋即老子也。老子感七國之亂，始出函谷，强爲尹喜著五千文，爲道家修身之祖。其後秦并六國，而不知所終。未幾，而紫雲現芒碭，赤帝之子龍飛於豐沛之上焉。老子之子名宗，爲魏將，封於段干。宗子注，注子宫，玄孫假出仕於漢文之世。其後李其姓者，指李之仙裔也。老子之居，更歷兩漢，皆以廟名之。至唐有天下，知李氏其系出於老子，尊爲祖廟，始增大其制度。高宗乾封中，親謁道宫，册老子爲玄元皇帝，聖母爲先天太后。至明皇時，躬詣玄元廟，册玄元皇帝爲大聖祖，改廟爲太清宫，先天大聖后廟爲洞霄宫。至開元十三年正月八日，老子示現於太清宫，紫氣紅霧中穆穆若有白鶴彩雲來朝廟廷。二月癸酉，上尊號爲大聖祖高上大道金闕天皇大帝。明皇手書玄元所著五千文，仍自爲注釋，頒於祖廟，刻石迄今存焉。至宋，真宗躬謁祠下，奉玉册，封太上老君爲混元□皇帝，增修其宫室。至靖康之亂，大軍已過，而鼠盗竊發其宫，層樓傑閣，門閎廊廡，蒼宫翠珉，玉像神儀，靈跡聖迹，爲狂賊縱火，一爇而盡。惟敗壁頹垣，空庭斷砌，蓬蒿蔚長，狐兔潛游，其荒涼如此。逮至撫定，先有道士邢象符、王繼真、丁禮符、李修□相繼以主宫事，僅二十餘年，而稍加興葺焉。其次兩宫都監田子虚與副運韓元英，再創修太極殿西軒輪火藏，仍印經以實之。又其次四十年間，□景成、延守德、李若谷承襲管句，逐歲興緣，改故添新，亦未始廢墮，爲三清、玉帝二大殿，靈寶、五師、九曜、十二元辰、四聖、三官諸小殿子，皆粗成次序。至大定甲辰歲，今知宫郭居明又率道衆三十餘人，詣本邑西南寧平鄉崇賢里□安村，敬請致仕李顯武爲勸緣功德主，重修宫焉。顯武宏謀遠略，大過於人，善化導興緣者也。初聞道衆踵門，則托亂以避，縱復見面，再三固辭，不果其命。適會前防禦紇石烈輔國解職蔡郡，移鎮亳社，聞太清道衆請顯武而未許，遂召而與之語曰：「太上之宫者，李氏之祖廟也。自罹兵火□□六十稔矣。其宫制尚未完成，分其待於足下者，胡不鼓餘勇而樂爲之？今辭讓者再三，竊爲足下不取」。顯武曰：「圭年逾八十，齒衰髪槁，日暮之光，爲十年可成之役，如不克終，爲之奈何。」太守曰：「□天將待足下起□廢之祖庭，詎□以衰槁爲辭，烏知天帝不能延君之壽以就勝事也。」顯武欣然信其説，乃自甲辰六月，召衆工揆度立約。翼日，躬詣諸鄉，□□沐而化之。人皆喜捨與，無逆其意者。至十月五日，載以巨軸，由縣西鄉東入太清，前車已抵宫，而後車未出縣。十二月八日，作斵木大齋。至丙午歲春月，立前後三門，屹然高大。□□歲四月望日，北宫火災，其殿閣靈儀，頃刻而□，諸女道流，號哭撫膺，不可撲滅。後數日，洞霄主事十五餘人，率衆鄉老詣顯武，請兼修此宫。公默然一心計，謂太清雖未完而尚有故殿，今洞霄三殿俱亡，太清之役可□而洞霄不可緩也。於是斷以己意，誓修兩宫。至丁未歲，復建洞霄先天太后大殿，於法座下，斸地得玉石，縱横五尺，命石工王熙復琢太后聖容，未幾而成。端麗殊妙，方之舊儀，尊嚴厚重，高出數倍。四方瞻禮之士私相告曰：「將謂終身不復覩此瑞相，豈意今日見之。」往往厚出施利，喜躍而退。於是自本州以至鄰郡，奉道者或捨金珠、糧□、錢帛、材木、笆箔、椽柱、薪草，莫可勝紀。於是顯武命前副宫楚運亨掌其文籍，司其出納，雖一毫之私不有也。又命前上坐孫居遷主其材木，公其用度，雖一寸之木不虚用也。其宫中已就者，前後三□□虚元殿西轉□□廊一十間。太極殿之東，創爲七元殿，殿南北轉角行廊一十三間。太極殿之西，立南斗殿，殿南北轉角行廊二十間。東立五嶽殿，諸位並已完成。顯武所用衆工，皆於本郡縣精加遴選，伎藝工巧過人者，然後用之。究其助修兩宫費用之資，最爲大者，本州佑德、州東永城、州北修橋院。至於本宫諸處醮筵，皆命前管句道正馮洞慶爲高功，同辦大緣。□自亳之外，助緣者歸德、陳、蔡、曹、單、宿、泗、潁、壽、睢州、太康等處諸施主，雖名銜至衆，而籍之甚明。顯武又慮亳楮易壞，不可傳之永久，故刻諸堅石，揭於太極殿之西，使各人後世子孫以爲美觀。又顯武昔嘗與蔡州致仕劉忠顯爲友，二人各於仕路，早謀休退，崇奉道德，不惟所好尚同，抑亦於祖庭遞相興緣有志。公自嘆衰邁，來日無多，每談話間，則以未集之事托付於劉，劉亦無拒焉。言或再三不已，劉君复曰：「公何□區如此乎？寧不聞大丈夫之言，堅若金石，金石可革，而言不可渝也。豈徒面從而背違哉！」顯武欣然曰：「吾得其人矣，余無憂患矣，死亦無憾矣！」於是爲宫門之紀綱者，屬僕爲文。僕故初紀混元靈迹、歷代尊奉之事，及自撫定至今，前後住持之人，次述顯武戮力化緣，銖積寸累經營之功，終載遠近施主喜捨之意。然以兩宫之費，總而計之，不啻數千萬，以一人所施之物納諸其中，如毫末之小，涓滴之微。顯武乃能裒聚總集，以就大緣，而用度不匱，僕亦欣羡焉。遂爲詳説而備述之云。明昌二年歲次辛亥十月丙子朔十五庚寅日。

李俊民《莊靖集》卷一〇《神霄宫上梁文》　金碧朝真之地，劫火所焚；斧斤起廢之人，家風猶在。方圓鳩僝，俄睹翬飛。莫不聞風而喜之，未見有力不足者。告成有日，當落霞孤鶩之秋；會集如雲，盡珮玉鳴鸞之侶。謹涓穀旦，爰舉虹梁。因採歡謡，式揚善頌。

抛梁東，萬象咸歸道域中。靈宇歸然還舊觀，共爲鼻祖立玄風。

抛梁西，成壞須知自有時。技癢游人休疥壁，留爲君子看花題。

抛梁南，輦(玉)〔土〕夷荒共結庵。絳帕蒙頭多少衆，從今剔耳聽玄談。

抛梁北，清高地位仙凡隔。天風吹散步虚聲，化鶴時來千歲客。

抛梁上，冠劍登壇環珮響。門外黄塵不見山，致身福地何蕭爽。

抛梁下，人物山陰隨所化。不須更覔换鵝書，手内黄庭皆自寫。

伏願上梁之後，地天交泰，神鬼護持。徐甲復來，不憚掃除之役；可元再出，一新香火之緣。

李俊民《莊靖集》卷一〇《高平顯真觀三門上梁文部志淵》　瓦礫積年，未敞棲真之地；斧斤一旦，共爲起廢之人。時然後興，應者如響。同力莫不相濟，下手惟嫌太遲。得助者多，能事將畢。謹差穀旦，爰舉虹梁。因採歡謡，式形善頌。

抛梁東，壯觀玄門似有功。幽事不妨清浄念，便從林下立家風。

抛梁西，看破棲霞不肯棲。别看道場重起本，紅塵背鏡笑人迷。

抛梁南，杖屨山林處處庵。但結卧龍岡下伴，不須海上覔仙龕。

抛梁北，地位清高風雨隔。一朝白日上青天，得道旌陽人不識。

抛梁上，有作有爲俱是妄。問君何處是真游，試向仙翁山下望。

抛梁下，蕭爽殘年香火社。姓名今已籍丹臺，空界時來鸞鶴駕。

伏願上梁已後，羽衣雲集，宗教日崇，不羨陶家隱居，如在壺公謫處。靈宮載肅，蓋多星斗之臨；歷劫長存，自有鬼神之護。

元好問《遺山集》卷三五《忻州天慶觀重建功德記》 吾州跨西岡而城，而岡占城之半，是爲「九龍之原」。《檀弓》志晉大夫之葬，直謂之「九原」。《水經》説滹沱經九原城北流，此其地也。岡勢突起，下瞰井邑，民居官府，率無以稱，故作州者以廟學、道院、佛寺鎮之。道院舊傳爲唐七聖觀。蓋天寶八年，玄宗親謁大清宮，上聖祖玄元皇帝尊號爲「聖祖大道玄元皇帝」，高祖、太宗、高宗、中宗、睿宗五帝，皆加「大聖皇帝」之號。州郡立紫微宫，畫玄元像事之，五帝則列侍左右。杜工部《冬日洛城北謁玄元廟》詩有「畫手看前輩，吴生遠擅場。五聖聯龍衮，千官列雁行」之句，爲可考也。「七聖」云者，必增入玄宗、肅宗父子，乃得爲七，是則此觀其起于代宗朝乎？玄元大殿規制宏敞而古意猶在，知其爲數百年物，至以魯靈光比之。玄元像則摶土刻木所成，巍然尊大，極天人之相。書舊謂出於神人之手，宜不妄也。按：玄宗起紫微宫，天下所同，而此州不得獨有七聖觀。果嘗以「七聖」爲額，是斥名矣，是以七聖爲斷矣。有國者率用萬世自期，尚肯以七爲斷乎？意其本名紫微，流俗以七聖尊像所在，輒改名之耳。舊門題曰「紫微」，爲可見矣。其後，觀有白鶴之異，復改「白鶴觀」。圖經無所見，惟石晉天福二年，木土慕容增葺之，書於版記者如此。大中祥符二年，詔郡國立「天慶觀」，故「白鶴」又改焉。天水氏以軒轅爲祖，起祠殿于玄元之左，撤太倉而立之，號曰「明慶」，堂宇亭榭，齋厨廊廡，過唐舊之半。見於都官員外郎、知州事冉宗閔《明慶殿記》及著作郎、知平遥縣事、權通判杜岐公衍《列仙亭題咏》者如此。宣和末，金兵入郡境，并東城而南，觀以不廢。承平之久，道化大行。土木之役，歲月不絶。迨貞祐之亂，遂掃地矣。宣撫使劉公易起殿於明慶之故基，而州將樊侯天勝力復玄元之舊，此興復之大凡也。歲庚戌春二月，予還自鎮州。管内道士王守沖謂予言：「兵荒之後，吾所居無尺木寸甓之餘，先師撥土立之。計所成不能前世百分之一，而吾師弟子之心力盡矣。先師留語以觀記屬吾子，幸吾子不讓。」予私竊慨嘆：予年運而往矣，其所經見亦已多矣！曩予嬰年，先大夫挈之四方。十八乃一歸，始聞鄉里談天慶異事。每歲二月望，道家以爲真元節，云是玄元誕彌之日。及其期，有鶴降此殿，多至十數，少不下三二。州人習以爲常，皆先期延望，刺史約先見者有朋樽之賜。鶴既至，翔舞階庭，了不驚異。黄冠千里來會者，項背相望。如是三日乃罷。從是，予兩見之，特亂後鶴乃不至耳。此觀既經累朝崇飾，他道院莫與爲比。位置爽塏，曠若人表，高齋坐嘯，可以盡山川之勝。古木蔽映，窗户幽邃，屏障几席翦焉無埃塵。岐公白子西之詩、高司户子文之筆札、孫内翰國鎮之文，往往在人口傳知。雄水壁極風濤起伏之變，有蜀兩孫之風。張永淳「天蓬四聖」，毛髮生動，威重可怖，號爲河東名筆，皆游人過客之願見者。食指既衆，以高業見稱者行輩相及，而王姓爲多。宋中葉有王尊師洞謙、王道判洞真。百年以來，老師王治淳度王大用，大用度王志常，志常度守沖。老師年八十，衣冠狀貌，無蔬食誦經、山林枯悴之態。每杖履出游，路人爲之斂容加敬。大用器量不凡，所與游皆州里名勝。志常出農家，十六七許時，牧牛田間，遇異人挈之而行，一日至天壇之陽臺宫。後八年來歸，父母驚喜，疑其死而復活，遂度爲道士。氣質渾厚，真受道之器。年近九十，以去冬留頌而逝。皆予所接見者也。因爲守沖言：「子之居，入境俱勝，異事又多，垂示永久，宜無不可。今紫微劉君歷六百甲子，道行淳篤，神觀開朗，予方質以所聞，撰《新興方志》。子之師不以屬筆且當志之，况於平生之言。」乃爲記其事，且爲長謡，以《招鶴》命篇，使并刻之，以爲真元故事。其辭曰：

胎仙之來兮馭者誰？金支翠蕤光陸離。來幾時兮倏上馳，渺翩翩兮烟景微。藐姑射兮玉雪肌，物不疵癘兮年不饑。皤然棄我兮我疇依。去家千年兮丁令威，去何速兮來何遲，予鄉里兮今是非。玄元之祠兮松十圍，蒿蓬金碧兮更换移。南枝越鳥兮安故棲，子獨無情兮淡忘歸。趣雲裝兮莫予違，明年真元兮與子期。

《〔同治〕畿輔通志》卷一八二杜仁傑《崇真觀碑記》 蒲城之爲邑，尚矣。介於九河之間，鄰於太行之左，河内公之惠政仍存，蘧伯玉之遺墟尚在。至於東連魯界，民霑禮義之風；南距梁園，地接豐饒之美，可謂天下之樂郊，中原之通逵者也。式屬前朝滅亡之會，當聖朝開創之初，而乃陞縣爲州，革故鼎新，□道於是乎始興，玄門以之而大啓。粤有武山道士李志真者，輕貨重身，去邪歸正，間遇翟仙翁，以杖畫地，因爲頌曰：「奉君大藥，保爾靈龜。要知南離北坎之相交，認取東九西七之本意。」君乃大悟。越壬辰北渡後，遂禮郝太古門人同塵、弘妙真人李二老爲師。居無幾何，盡得所傳。一日，復寓保垣州。有節度使吴師、經歷劉君，久欽德業之尊，遂擇高明之所，地舉以東北隅，觀揭以「崇真」額。若夫富者以財，貧者以力，初不召而自臻。公則有據，私則有券，後亦□□□奪，不煩十年營造之勢，故有一旦落成之舉。由是三清有殿，七真有堂，靈官有位，法籙有司。東廊西廡，翬飛而對峙；齋寮客舍，棋布以相望。實我皇王仁壽之元鄉，乃生民祈禳之福地也。凡所度門弟子，無慮百人。造其深者，□成、志元，俱姓□云：今綱維是主張，惟太醫侯居仲安、道士曹志寬、馮志成與有力焉。而又贅之以銘，其銘曰：

道本無形，杳杳冥冥。天得之而不失其清，地得之而不失其貞，日月得之而不失其明，四時得之而不失其形，萬物得之而不失其榮。惟人得之，包括混成。主宰其間，莫之與京。爰有德人，志真是名。身爲法藏，舌爲教鈴。緣之所在，於蒲之城。植杖未幾，僅百斯楹。松檜葱蒨，土木丹青。孰供孰給，孰經孰營。一念倏忽，寶坊熒熒。乃知元元，蔭及千齡。細礱堅石，爰刻我銘。四方所瞻，萬世之寧。

李道謙《甘水仙源録》卷一〇宋子貞《順德府通真觀碑》 夫道家者流，推老氏爲始祖。老氏之教，主之以太一，建之以常無。有以沖虛恬淡養其内，以柔弱謙下濟其外。蓋將使人窮天地之始，會萬物之終，刳心去智，動合於自然。以之修身，則壽而康；以之齊家，則吉而昌；以之治國平天下，則民安而祚久長。非有甚高難行之論，幻怪詭異之觀也。世既下降，傳之者或異，一變而爲秦漢之方藥，再變而爲魏晉之虛玄，三變而爲隋唐之禳禬，使五千言之玄訓束之高閣，以爲無用之具矣。金正隆間，重陽祖師王公，以師心自得之學，闡化於關右，制以强名，謂之全真，當時未甚知貴。國朝啓運之初，其門人丘長春首被徵聘，仍付之道教，天下翕然宗之。由一以化百，由百以化千，由千以化萬，雖十族之鄉，百家之閭，莫不有玄學以相師授，而況大都大邑者哉！此通真觀之所以作也。謹按其觀在郡城之西南隅，始歲在辛巳，同塵真人李志柔，依城隍廟聚徒而居之，尋購地其傍，廣以爲觀，因得今額。才構一室，以爲講論之所。會以掌教尹清和之命，俾居終南之宗聖宫，即以觀事囑之於弟志雍暨韓志久，而二人者皆道念深重，能守師訓，又得郡守安國軍節度使趙侯伯元爲功德主，於是遠近響應，緣力日振。首建大殿於其東，以像三清。次築祖堂於其西，以祀七真。然後齋堂方丈、静位散室、膳饈之厨、雲衆之居，相望而作。至於井竈廄庫，級甃綵繪，罔有不備。拓庭而能寬，植木而能疏，沉沉焉，洞洞焉，真高人之雅居，而列仙之别館也。觀之南，别置蔬圃，以資道衆。其爲屋凡四十間，爲像凡二十一軀，爲地合六十畝。始大殿告成，而志雍遽蛻去，餘皆志久爲之。庚申之夏，余自覃懷應聘於上都，亦嘗一過其地，故特書之，使千載而下，居其室、食其功者，知有所自來矣。同塵，洺水人，自其父志微素喜沖澹，嘗事開玄真人李志實，故同塵亦在弟子之列。及學成行尊，而其兄志端，弟志藏、志雍，皆從之遊，俱嘗隸籍是觀。同塵性淳，至早歲得鍊氣訣，隱居於仙翁、廣陽兩山之間，絶迹人間者，蓋十有二年。及聞長春宗師奉詔南下，乃迎謁於燕山，玄關秘鎖，迎刃而解。其後傳道四方，遊無定所，及住持終南，道價益重，遂以朝命得今真人之號，并黄金冠服。陶鑄之下，率多成德，其化行一鄉，行乎一邑，自爲方所者，若宫若觀若庵，殆百餘區，然猶以通真爲指南。志久，潞之長子人，實與余同里閈，雅爲大宗師李真常之所知，因以承制之命，賜號通真大師。及今誠明真人張公嗣掌道教，又令綱紀順德、洺、磁、威四州之衆，其爲人蓋可知。銘曰：

乾坤肇判鷄子封，怳惚有象存其中。化育萬有初無功，混混浩浩始復終。廣成多言坐崆峒，陽和泄地一脉通。函關鬱鬱紫炁充，兩篇道德開盲聾。言各有師師有宗，子孫異日紛相攻。終南躍起重陽公，浄掃浮雲還太空。天皇下降開玄風，一竅吹作萬不同。襄城道士得小童，平地幻出蓬萊宫。地周千里歸帡幪，物不疵癘年穀豐。歲時篋筥走媪翁，自今以始傳無窮。

《〔成化〕山西通志》卷一五段成己《創修棲雲觀記》 榮河，古河陰也。漢以來爲大縣，武帝始祠后土汾陰脽上，四方都國各繕治宫觀名山以望幸。道教之興，蓋濫觴於此。相傳千數百年，其間一消一長之不同，而道自若也。國家以馬上取天下，軍務倥傯，日不暇給，首宗崇此教，尊道德之人，居之京邑，以示天下，天下風靡從之。自天兵南牧，大夫士衣冠之子孫陷於奴虜者，不知其幾千百人，壹入於道，爲之主者，皆莫之誰何，而道之教益重。既占道家之籍，租庸調舉不及其身，非有司所得拘，而道之教益盛。通都大邑，道宫之瓊樓玉宇，連甍接棟，相望于闤闠間。雖十家之邑，三户之聚，頤真進道之廬，無地無之。綸巾羽服，以道自名者，肩相摩，踵相接也。可範模于人，人共推尊者，亦世不乏人。至元十八年五月甲午，榮河栖雲觀張志覺介清風觀主人王志瑞、鄉進士周從善狀其師立觀始末，繪而圖之，就平陽寓舍來謁文志其事。余以王、周二君積年相向之誠，雖耄老懶惰，使余不得違也。越翼日，三子來告歸，與之坐而問曰：「道路悠遠，臨事無以相質。觀之成，因舊之基而作之邪？選擇勝地而創爲之也？師之所自出何人？名之所取何義？請指圖摘狀以示覼縷。」曰：「先師諱志瑩，宋姓。世爲邑德門，喪亂流落燕城，鞠于父女弟適范氏之姑。以幼失怙恃，死心向道，餘事不能亂也。求訪真訣，得盤山王真人師之，雖姑之深愛卒不得留也。一見如舊識久知，師爲遠棄，眷顧有加，其所得豈直呼吸吐納而已。至於齊得喪、一死生之理，人不可得而聞者，亦默有傳焉。歲癸巳，辭歸里閈，披荆棘，結廬居之，終日危坐若無與世者。其積于中者厚，輝光發越，有不能掩者，人之慕之，日輳于門，如流水之就下，不可遏也。邑舊有大寧宮，一方之觀，故制宏麗，猶存一二，廢不復興。宮之東有地百畝，突起數仞，昔爲民居，浄穢相雜，干戈以來，曠爲閑壤，前對披雲亭，仰揖金山，俯瞰黄流，幽閴寥敻，天然幽栖之地。師因人心居中，人從而尸祝俎豆之，乃剞劂朽壤，剪焚榛穢，披而攘之，剗而夷之，選其中尤亢爽者，度材相收。南構殿三架，宇前後各二，立元始道君老子像，使起敬信。後爲堂，與殿相稱，列七真人于座，求全吾真者，得知所自出。堂之左右，延宇垂阿，武安靈官位奠焉。東西兩廡，共十二楹四椽，中爲賓館，以待四遠游方之士。前爲大門，三筵四桷。廡西偏室，南北各三間，北爲盤方之士，前爲大堂之東北，行十餘步，自地中高外下，下環喬木百章，緑陰口光到地瓏玲蔽芾，清氣自生。中爲玉皇殿，殿衺四楹，膳房、浄居分列其次。其殿過清元與，盛夏避暑爲宜。道者寧志寬慕師行施焉。師經始之日，瞻前顧後，目規心畫，因高下各定其位。經營未幾，中道而逝，鳩僝之功，托于志覺。堂之構之垂四十年，于今但得就緒。雖不足以繼先志，而功亦至矣。栖雲盤山之號，師取以名觀，示不忘本也。暇日步閑廊，登高殿，烟雲燈霽，萬象披露，一之玉壤，皆在衽席之下。由其中以望山之高，雲之浮，川之流，禽鳥之遨遊，無不合形輔勢，效伎于吾之前。以境之勝，其取名栖雲，似無嫌。」余聞而嘆曰：「古之人喜居高遠望，豈使動心駭目然哉？天壤間横陳錯布，孰非至理？然體道之人，不待窺牖而可以畢見。由學者言之，睹山而悟生之本静，觀水而知柔弱勝剛强。萌抽甲折，生生之理具，萬本摇落，歸根之原見，至風雨霜露之接於吾身，皆教之所在，其取益弘矣。」乃歌曰：「栖雲之幽幽，可以處體。栖雲之奥奥，可以觀妙。陟彼栖雲，萬象錯陳。觀水善時，見山知仁。栖雲之下，無冬無夏。孰同我遊，洪崖浮休。」若夫知觀之安而無居安之質，玩名之美而不求所以名之意，豈二師所望于學者哉！志覺作而謝曰：「先生發明名觀之義盡矣。願以此言書之石，可乎？」余曰：「唯唯。」三子歸，乃次第其語爲之記。齒名觀之人弟子孫凡二十，所隸庵觀五，其名之甲乙、庵觀遠近具列于碑陰，係觀之恒産，刻諸別石，兹不書。秋七月晦日記。

姬志真《雲山集》卷四《濱都重建太虛觀記》　大壑混茫，鏡含萬象，八紘九野之水，衆派百川之流，咸輻湊焉，以其善下而能容，既廣而且大，故幾於道。神變之所在，顥氣之所鍾，往古來今，神仙異士，多生於其側。登萊之域，近東海之涘。登之南邑曰棲霞，邑之北墅曰濱都，處公艾二山之顔，東之山曰忘憂，西之臺曰鳳凰，金水流其前，玉岡阜其後，左及丹砂井，右挹金鱗泉，隱約之間，太虛道觀獨建於斯。原其所從，實長春丘真人之所經始也。初，真人志道剛決，修煉有年，聞望遠及，而遠聖聰。大定戊申正月，起而應召，奏對有嘉，寵錫優渥。己酉春二月，得旨還山，西歷陝右，特以隨機接物，杖履遊方，建立玄門，不遑寧處。明昌冬十月，復之海上，而及濱都，營葺斯觀，堂構垍茨，與衆共之。坤母負基，海神貢具，治秦鞭之石，萃楚有之材，暮止朝勤，日改月化，連年不息，方見成功。殿宇峥嶸，丹青炳焕，洞房特室，寮舍三間，莫不嚴飾。及列玄藏，以蓄羣經，弘規壯麗，爲東方道林之冠也。承安庚申，勑賜額曰「太虛」。無幾何，貞祐之末，車騎南遷，兵塵蔽野，勢移陵谷，崑崗火熾，人物殆盡，觀之所有，俱掃地矣。真人方在騷屑之間，天祐神相，獲無恙焉。戊寅，徙居萊之昊天觀。己卯冬十月，詔下。庚辰春正月，發軔北行，以觀付清虛大師范公洎姜公、武公，命主張，是乃重興之。范公諱全生，道號虛真子，本齊之濟陽人。自幼而道，師事長春，賦性敦厚，服膺師訓，終身不忘，故能克紹箕裘，而道價諸方。以其純信而無疑也，故偏得師之妙。側聞一語，銘骨以酬。壬午春正月，興議觀之規，始鳩工董役，積力選材，採之築之，勿亟勿怠，其徒數百，未嘗暫息。越明年，真人復起自龍庭，勑住燕然之長春宮，教門方盛，學徒雲集，百倍於常。太虛之觀，不謀而作，不慮而成，土木雲屯，棟宇鱗次，下院盈十所，聖位列三區，方丈賓寮，靖廬特室，便房雜舍，約百餘楹。壇墠肅清，門庭曠達，所以將迎風馭，棲止雲朋，仰叩圓穹，祝延皇祚，以報洪恩之萬一也。及蒙行省李公夫人楊氏爲外護功德主，凡所不給，悉裨助之。戊申七月，嗣教宗師承朝旨，凡師真遺迹，命革爲宮。太虛仍存舊號，爲太虛宮。此重修之大略也。由是觀之，道之所存，充塞四虛，其運無乎不在，雖有昇降出没，消長存亡，日新之變，而大常者存乎中，故本迹相繼，而終古不泯。是宮，長春真人起本於前，范公大師張拓於後。雖經暫廢，而遽興之，百倍於前，天祚之也。夫修天爵者來人爵，建大功者立大名，功成名遂而不居焉，繼其後者，無窮匱已，烏知其盡哉！道之神化也如是。

李道謙《甘水仙源録》卷九趙復《燕京刱建玉清觀碑》　一介之士，苟存心於愛物，則於人必有所濟。古之君子，抱負道德，不幸而不得有爲於時，猶當行之一邑一鄉，以盡己之職分。逮其必不得已，則以活人爲己任。昔陸宣公以仁義之學輔德宗，晚貶忠州，闔甕牖，終日端坐其中，書《本草》，製藥物，以惠州閭之有疢疾者。故參政范文正公嘗言：「達願爲帝王師，窮願爲良醫。」仁者以經濟民物爲心，蓋未嘗必天下以不遇而遂忘之也。燕有隱君子姓馬氏，名天麟，字君瑞，志希其法名也。世居上谷之德興，自其父祖以上，皆以醫學起家，而潛德不耀。初，金國大定、明昌中，經理北邊，桓州開大元帥府，公之父以醫從行。公時年幾冠，由曉女直言，擢帥府譯史，歷仕諸師，皆以幹濟稱。積十餘年，秩滿罷歸。貞祐甲戌，杖策渡河，校功幕府，有司覈按舊蹟，補亳州衛真縣酒税監，滿即投檄不仕。居許、汴間，與里人沖虛大師李公有舊，常往來京城之丹陽觀，且日與名士大夫遊。正大壬辰，國破，公自許昌挺身北渡抵燕，遂納拜於洞真于真人爲受業師。公既與世不偶，乃北踰居庸，涉武川，乞食昌州境中。見營幕錯居，感疾者衆，類乏醫療，公慨念疇昔，即發其所祕三折肱之藝，賫散餌之，病者四起。會那演相公避暑嶺外，嬰酒積癥，病卧帳中，命公視之，一劑立愈。忻然握手，相得如平生懽，因聯騎南下，禮清和老師，得印號清夷子。公既歸燕，直相府之東，通衢之北，百步而近曰甘泉坊，有東嶽行祠，居人奉事惟謹。及公至，虛席請居之，因並施焉。既又斥地得數畝，薙草攡蕆，延袤如度，售材陶甓，剏建爲玉清觀，棲泊道流，館穀諸方。蓋燕距昌千有餘里，公夏時而往，比秋而還，歲卒爲常。其所遊者，皆名王貴人，凡醫術所贐，悉歸常住，一物不留私囊中。那演暨其弟三相公，素服公廉静寡欲，咸加禮重，常似助其所不給。及南庵庵主李公志玄者，復相與經營，宣力甚多。已署正殿四楹，將立元始像，齋堂寢室，可食可居，庖湢蔬井，可濯可溉，高明爽塏，魚貫順序，焚香燕處，希夷無爲，以祖述黄老，而憲章莊列，公之志願能事畢矣。公雅與太一知宮李公志通及丹陽大師劉公志安道同德合，爲方外采真之遊。一日，無故而疾作。嘗謂二公曰：「余年逾從心，大期斯迫，與公等交遊三十年，蹤跡半天下，區區營巢一枝者，將爲度師真人諸上足傳道之地耳。門人法屬，未有畀付，玉清後事，欲勤諸堅珉，以垂不朽，幸卒勉之。」既稽諸宿論，僉謂宜允。公性資慷慨，豁落無隱，恭謹博愛，輕財好施。自從事冠裳，律己嚴甚，恪守師訓，刳形待物。昌州當馹騎孔道，每歲掌教真常真人北覲天庭，公必先事經理，纖悉備具，罔有闕遺。則公之用力於斯道，可謂廣矣。故備述其平生始末而系之以銘。其辭曰：

太虛無形，玉清無色。道斯强名，化寧有極。恭皇於穆，象帝之先。翬飛輪奐，棟宇森然。黝甓山升，梓材魚貫。爲國表儀，視民容觀。翼翼相府，維護維呵。甡甡有侶，宣力孔多。得一以盈，緒於土苴，修之乃真，以福天下。污隆既異，懷卷無方。經生起死，折肱之良。我聞玄宮，以閱衆甫。博大宗師，神明爲伍。西山之東，東山之西，勒此銘詩，爲天下谿。

李道謙《甘水仙源録》卷一〇商挺《大都清逸觀碑》

己卯之歲，長春丘公來自海上，應太祖皇帝之聘，越金山而入西域也。弟子從行者十八人，各有科品，隸琴書科則有真人沖和潘公焉。及南歸至蓋里泊，夜宣教語，謂衆曰：「今大兵之後，人民塗炭，居無室，行無食者，皆是也。立觀度人，時不可失。此修行之先務，人人當銘諸心。」長春既居燕，士庶之託跡，四方道侶之來歸依者，不啻千數，宮中爲之嘆咽。公曰：「吾師之言，不可忘也。」乃擇勝地以爲長春別館。壬辰歲，廣陽坊居民有貨其居者，公往相焉，曰：「土厚木茂，清幽之氣蔚然，真道宮也。」遂捐資以貿之。建正殿，翼左右二室，以居天尊洎諸神像，講堂、齋庖、方丈、客寮，靡不有所，亦門人韓、郭、尹、劉諸人，善繼其志而後有成也。仍築琴臺於殿之陰。金朝有名琴二：曰春雷、曰玉振，皆在承華殿。貞祐之變，玉振爲長春所得，命公蓄之，故以名其臺。而又葺蔬圃以供歲計，植花木爲遊觀之所。觀成之日，實城西南之冠，求額於清和真人，故以清逸名之。至元丙戌秋，門人王志和偕同輩二三人，狀觀之顛末，來求文以刻之石。有以清逸名額之意爲問者，予應之曰：「天地之氣，有清有濁。人受所賦，則清者賢而濁者愚。世之賢者，有避世之士焉，薄功名而不爲，輕世位而不居，寄形於寂寞之濱，委心於紛華之外者，静安閒適以自樂其所樂耳。潘公之修是觀也，静而深，有山林之趣；幽而雅，無金碧之華，琴臺足以寓意，庭柯足以怡顔，四時花木，足以招徠賓客，門巷蕭條，俗駕稀而市聲遠。人之至也，猶若脱塵羈，逃世網，其心放焉而有忘其歸者，況家於其中也哉！彼戀功名，嗜富貴，縈内疚以汩心志，圖外觀以維車服，而疲憊精神於車塵馬足間，視清逸者爲何如？」作者喟然嘆曰：「清和之言旨哉，請以是説書之石，用告來者。」於是乎書。公諱德沖，字仲和，淄州齊東人。方在娠，母夢祥雲覆其體，姙十九月乃生。七歲猶不言，忽有一道者過其門而丐焉，即從傍與語，家人遂驚。道者曰：「道器也。」令其父教之讀書，日誦千餘言。將娶婦，遂潛往棲霞濱都觀，請謁長春師，過濰陽玉清宮，清和尹公爲紹介焉。初號沖和，後領河東道教事，居純陽上宮，又號九峯老人，賜號玄都廣道沖和真人。銘曰：

清逸之觀何隆隆，乾坤清氣公所鐘。祥雲覆母身乃降，道氣大受超凡庸。利名神仙官府聊相從，翛然遠引追喬松。石壇月高曉露濃，滿庭花木春融融。不到蓬萊中，抗塵走俗嗟樊籠，琴臺千古遺高風，自愧老筆銘新宮。

王惲《秋澗集》卷四〇《大都宛平縣京西鄉剏建太一集仙觀記》 金源氏熙宗朝，一悟真人蕭公以仙聖所授秘籙，創太一教法於汲郡。悼后命之驅逐鬼物，愈療疾苦，皆獲應驗，事蹟惝怳，驚動當世。一悟傳之重明。大定間，召住天長觀，嘗入禁中論道稱旨，寵賜甚渥。三代虛寂師，以道價凝重一時。泰和四年，太極宮初建，命師主焉。其四代東瀛子即祖房孫，諱輔道。師人品峻潔，博學富才智，士論有「山中宰相」之目。大元壬子歲，應世祖皇帝潛邸之聘，占對稱旨。上以有道之士，特隆禮眷，賜號「中和仁靖真人」，寶冠錦帔副焉。及登大位，中和已仙去，玄談粹宇有不能忘者，詔五代大師居壽至京師，特建琳宇，勒額「太一廣福萬壽宮」，命主秘祀，其香火衣糧之給，一出内府。逮今承化純一真人全祐繼奉祀事，十載間，以受業者衆，國之經費日廣，堅辭廩料，至于再三。有司上議，禱祀重事，供給所需，不可闕也。全祐謙撝之請，亦不可違也。良田菓植隸大司農者，量宜頒賜，置爲恒産，遂賜順之坎上故營屯地四千餘畝。復慮未臻豐贍，元貞改號，歲七月載生明之二日，上御神德殿，平章政事領大司農臣〔怗哥〕等，言宛平縣京西鄉馮家里隸農司藉，栗林叢茂，川谷間以株而計者約五千數，若盡畀全祐，庶幾資廣道蔭，永昭祀事。制可。全祐榮被恩賚，乃自諗曰：「吾道家者流，清心繕性，歸潔一身，何以仰答恩私？有廣開福田，朝香夕火，祈天永命，介求多祉而已。」明年丙申春，相栗林隙地，重崗環抱，主峰面其北，下毖寒泉，泓澄碧瀲，旁地衍沃，可引灌溉。既奠厥居，中搆正殿三楹，像事玄元九師祖師真官。二堂位其左右，前翼兩廡，下至寮舍厨庫，莫不備具。四周繚以石垣，前啟玄門，榜曰「太一集仙觀」。工既訖，乃以不肖，猥同井閈，且承事太師，求文諸石，昭示來者。若稽載藉，如元魏之寇謙之、李唐之司馬子微，皆以道術昭著，顯蒙寵賚，史臣屢書特書，于以見山林處士，裨贊治化，延昌鼎祚，不以獨善爲高；時君世主，欽挹真風，優加禮遇，不以崇高爲大。千古而下，光賁簡册。今純一師操履貞固，精嚴祭醮，至蒙兩宮眷顧，而圖報之誠惟恐不及，是觀之建，特其餘事耳。其感遇之盛，與前世同談而共美者矣。是可書。大德元年九月望日記。

王惲《秋澗集》卷五六《衛州創建紫極宮碑銘》 維衛紫極道宮，全真師沖虛子房公所創建也。初，公既參丘尊師於海上，長春目其氣志非凡，殊稱異之。居無幾何，命公主馬坊之清真觀。迨國朝壬寅歲，聊攝趙侯請師住持郡之玄都宮，於是鶴馭東遊，道出弊邑。汲長趙實扈林聞師道價重一時，以治城崇道里隙地，廣六十舉武，縱則倍之，奉師爲玄覽別館，訢然許焉，輟其徒張志洞等結茆以居。嘗闕地得石，上刻宋太宰張邦昌詩什，知爲吳越錢氏子孫棣華庵故基也。師留博僅紀，而西還淇上。方屨滿户外，每以居逸教無爲慮，因集其徒而告曰：「吾大方家，雖清虛自然爲宗，要以應時衍化爲重，詎容山林長往，歸潔一己乎？且吾行天下多矣，未若衛之土中而處會，俗美而易化，不於焉闡吾教，尚何往？然祝延寶供、香火焚修之所，非大壯麗不足以張皇教基，竦道俗瞻敬之心也。」迺命門徒孟志玄、趙志樸率衆下商洛之材，跋涉艱阻，以歲月得木萬計，遂建吴殿七鉅楹。内設三清大像，示至道之原也；中起通明觀，以奉玉皇黼扆，欽天帝之尊也；後復作七真殿五筵，叙列仙品，見玄教之傳也；下至壇墠神闥，齋室庖湢、廄庫蔬圃，莫不畢舉。師素負巧思，志堅而氣充，規撫位置，意匠中定，不待晝宫于堵，而爲執用者之法，要使堅完鞏固，爲數百年物。尋師委蜕仙去，遺命志樸等曰：「今大功將集，無以吾存殁而作有間，勉强前修，以卒吾志。」故志樸等三十年間，焦心勞思，攻苦食淡，繼述師訓，猶一日然。今則繪彩供帳，截然一新，金光五雲，絢爛溢目，宏麗靖深，爲一方偉觀。其工費之廣，自力其力，初不外假，而衆忘勞焉。實經始于壬子之春，迨至元甲申秋，工告迄功。志樸乃件右師之行業，與夫興造本末，踵門磬折，謁予文者再。余以鄉梓盛蹟，且與師有玄談之雅，勉爲叙次之。師諱志起，濰州昌邑人。幼業儒，既而以異夢有覺，遂入道。爲人氣貌魁奇，操行清峻，通古今，善篆籀，樂與名士夫遊。至於醮祭之獲福，雲鶴之顯異，所在驚動世之耳目者爲多。遺山謂師「外樸而内敏，質直而尚義，似夫墨名而儒實」者，蓋確論云，宜其事業成就如此。至元戊寅，志僕以師德請于朝，蒙敕定僭號曰「弘真體静真人」。若志樸者，於師弟子之禮，始終盡矣，尚猶以師不覩道緣大成爲歉。予慰之曰：「不然。昔真人舍清真而遊博，去博而終稅駕于衛。今雖神遊無方，其眷戀於此也必矣。況共衛間，名山勝境，固爲小有洞天，如玄元化現於仙山，公和舒嘯於蘇門，海蟾留題於白鶴，仙蹤靈貺，前後接踵，見于方志、雜出于傳記之説者，昭昭矣。異時馭風騎氣，追陪真仙，安知不過故山而留語，俯華表而增懷，而爲孫劉絶塵之舉也邪？」仍作歌詩，詳見師志，俾刻諸樂石，雖綿亘千祀，庶幾來者有所考焉。其辭曰：

道家者流本静清，杳冥而無迹與形。崇慈尚儉貴不争，兹乃黄老之常經。有時土苴爲世程，祈禳醮祭由是生。像緣教設雖强名，雄樓傑觀争峥嶸。猗嗟先生起營陵，魁偉德業玄門英。至人未免安傣行，河山兩戒礎金庭。方花古礎排巨楹，紫雲爲蓋青雲城。群仙嬀統須皇靈，紫垣落落羅天星。先生演化意有徵，孰後倦焉先此營。庶用張本道可興，陰助政治歌清寧。大緣未竟倏上昇，門人攀慕涕雨零！歲纍月積大有成，惜不久視爲宗盟。仙宫洞房本不扃，神遊八表風泠泠！來過故國宜少停，紫極夜氣開蓬瀛。追攀逸駕非吾能，尚想爲國儲休禎。風時雨若穀不螟，下洗澆俗還淳誠。我時刻石何千齡，要作華表歸來銘。

《〔光緒〕蘇州府志》卷四一牟巘《平江府重修三清殿記》　混沌既判，惟天爲大，不可俄而度。據遠視之，其色蒼蒼，以形體則謂之天。作善降之百祥，作不善降之百殃，以主宰則謂之帝。元始而亨，亨而利貞，以性情則謂之乾。不疾而速，不行而至，以妙用則謂之神。合理爲氣，其可得而名言者如此。古者祀天，雖有壇壝之制，配侑之禮，五方之名，粢盛牲玉之薦，大抵一精二純，尚忠質而已。非若後世爲之尊號焉，爲之宫室焉，爲之冠冕衣裳焉。自唐則封，天寶以來，追尊本始，加上徽稱，益崇以備。豈非神而明之，章爾靈慶，震動宇内，俾知所夤奉歟？平江玄妙觀三清殿，實再建於淳熙丙申。殿凡七楹，雄傑冠浙右。又越八十年甲寅，住持嚴守柔重覆屋。又八年辛酉，蔣處仁重葺周櫊。又三十四年，爲今至元戊子，改賜額。舊觀浸隳，處仁之徒嚴焕文，興任作新，而爲費甚重。發心募緣，善綉樂施，時則今左轄朱文公清與妻若子，大捐金錢，以相其役。焕文不避寒暑，致木江淮官，易其梁柱。以至交員偃值，靡不堅壯；污墁陶甃，靡不完密；斧藻像飾，靡不嚴潔。始於己丑二月，成於庚寅十月。焕文嘗賤，事淳祐掄魁黄由之孫孚翁，得其奥旨，恬静有守，人皆傾信。住持許孚祖、張善淵、滕伯淳，皆志同慮協，故所爲必成，焯有可記也。大德壬寅十月，因吴興趙孟頫諗於陵陽牟巘曰：「殿成十有三年矣。淳熙之役，適逢三丙申，殆非偶然。已治石廡下，願爲記成事。」固辭弗獲。夫氣有盈虚，物有成壞，時有因革，惟理獨不忤。昭昭靈靈，千載一日，蓋覆冒中之主宰，性情中之神化也。洪惟新殿，有嚴典領。焕文不有其功，方且夙夜祗恪用對。越在天，凡所爲民禱禬者，固有出於土木科儀、瓜花香燈之外。上帝溥臨，降觀有赫，尚敬之哉！是爲記。

朱象先《古樓觀紫雲衍慶集》卷上李鼎《大元重修古樓觀宗聖宫記》　終南山者，中國之巨鎮也，稽之古典，《書・大禹》、《詩・小雅》，皆所稱美焉。亦曰中南，以其在天之中，居都之南也。至若盤地紀，承天維，奔走羣仙，包滀玄澤，靈氣浮動，草木光怪，則又爲天下洞天之冠。故古之閎衍博大真人，以游以處，謂之仙都焉。古樓觀者，真人尹氏之故宅，終南名勝之尤者也。按《史記》，真人當姬周之世，結樓以草，望氣徯真，已而果遇太上老君，延之斯弟，執弟子禮，齋薰問道，遂受道德二篇五千言焉。真經既傳，大教於是乎起矣。原其旨也，主之以太一，建之以常無，有以沖虚恬淡養其内，以柔弱謙下濟其外。蓋將使人窮天地之始，會萬物之終，去智與故，動合於自然，以之修身則壽而康，以之齊家則吉而昌，以之治國平天下，則民安而祚久長。其指甚簡，其事易行，由是時君世主，莫不尊是道而貴是德。周穆王親訪靈躅，爲建祠宇，度道士七人，號曰樓觀，是則度人立觀之始也。始皇好神仙，於此構清廟；漢文慕黄老，于是立齋宫。魏晉周隋以來，或鑾輿躬謁，或詔敕繕修，給户灑掃，賜田養道。有唐啓運，高祖武德三年，詔改樓觀爲宗聖觀。宋室興，端拱元年，復賜觀額曰順天興國。是則歷朝崇建之略也。若夫玄孫道子，聚則形，散則氣，坐在立亡者有之；通真達靈，曰昇舉，曰尸解者有之；以道輔世，爲帝歸者有之；飛篆馘魔，拯民瘼者有之；垂科立教，開化人天者有之；枕流漱石，不屑世務，高尚其事者有之。歷觀先師傳所載，祖玄述妙，世有其人，是又知源深而流長，仙脈綿綿而未艾也。爰自白鹿昇虚之後，陵遷谷變以來，聖迹未湮，斑斑可尋者，可指數也。驚然若赴谷之黿，凸然如覆几之盂，古殿隱隱而見乎木杪者，授經臺也。邃而幽，深而曠，窈窕而入，蜿蜒而上者，文仙谷也。望之巍巍然，蒸嵐鬱黛，朝夕乎其上，靈光寶氣，秀發乎其間者，錬丹峰也。裒九曲之勢，呈千歲之姿，不逐炎涼變遷者，繫牛柏也。淳天一之水，含内景，吐玉津，爲金液大還之用者，丹井也。傳有云，老君既昇，所乘薄畚車并藥臼等，寶而傳之者千餘歲矣。唐開元中，詔入内府，遂亡焉。又《關尹》九篇，名聞舊矣，而世亡其書。唐宋崇道之代，詔訪逸書屢矣，竟不獲。大元癸巳之歲，政清和典教之日，有張仲才，沂水羽客也，得是書于浙，特詣師席獻之，一時驚異焉。嘻！以千載之前之尹書，歸千載之後之尹氏，意者天昌是道，而斯文應期而出也，不然，何鍼芥機投如是之妙歟！頃者金天失馭，戈革熾興，累代宏規，例墮灰劫。暨國朝撫定，紀綱初復，于時清和大宗師以真仙之胄，掌天下教，每念祖宫隳圮，蠹然于懷。歲丙申，自燕來秦，躬行祀禮，四方宿德，不召而集。裴回遺址，其存者惟三門鍾樓并二亭耳，遂議興復。時有前道士張致堅，狀其舊業以獻，宗師深稽冥數，每得人於詞色之表，顧謂同塵真人李公曰：「祖道中興，玄功是劻，紹隆修建，公不宜後。」乃以觀事付之，公謝不敏，不獲命，受之。仍請行省田相君雄，乾州長官劉侯德山爲功德主，繼承總府文據，以近觀舊有地土，明斥四止，永爲贍衆恒産。公於是率徒千指，以宗師所委大師韓志元、張志樸糾領其事，薙榛棘，除瓦甓，輂材植，斲者、陶者、規構者、耕以饟給者，莫不同誠竭力，彌月漫歲，有鼛鼓弗勝之意。逮于壬寅，稍克就緒。建殿三，曰金闕寥陽，曰文始，曰玄門列祖。爲樓三：曰紫雲衍慶，曰景陽，曰寶章。爲堂二：曰真官，曰齋心。賓有館，衆有寮，梵誦有室，山門、方丈、廚庫、蔬圃、水輪，至於下院别業，以次而具。丹堊藻繪，赫然一新。其用廣，其功速，轉天關，旋地軸，華日月而平北斗，其爲力也大哉。由是觀之，非清和不能知同塵，非同塵不能了此緣，故一時有「尹李古今仙契」之語，非偶然也。中統元年夏六月，以朝命易觀爲宫，仍舊宗聖之名，作大齋以落之。公之門人提點成志遠、知宫仕志安等議云：「此宫自有周以來，累朝崇建，事迹或載在傳記，或勒之碑銘，固已傳之無窮矣。惟今吾師重修之盛績，獨無紀述見于後。我輩出於門下者幾三千人，於師之德，不得爲無負也。」乃狀其始末，詣燕之長春宫，請記於掌教誠明真人。真人以潤文見命，予以年邁，且廢筆硯久矣，度其不可違，乃案來狀，并録到歷代碑誌，相與參較而編次之。李公名志柔，字謙叔，家世洺水，自其父志微素喜沖澹，嘗事開玄李真人，學爲全真。公既長，亦與弟子列。開玄愛其稟氣特異，數於根本憤悱之地啓迪之，公亦心領神喻。一旦氣質變化，有一日千里之敏。其兄志端、弟志藏、志雍，皆從之游。初隱于仙翁、廣陽兩山十年，及聞長春宗師奉詔南下，乃迎謁於燕山，玄關秘鎖，迎刃而解，其後道價益重，名徹上聽，賜號同塵洪妙真人，并金冠錦服。諸方建立，若宫、若觀、若菴，殆三百餘區，然皆以是宫爲指南。故興造之日，凡在門下者，莫不迢遞來自數千里之外，服勤效勞，惟恐其後，是以功成如是之速也。雖然，是宫之復，其亦天時道運之所爲乎？昔自玄元文始契遇于兹，扶先天之機，闢衆妙之門，二經授受而教行矣。世既下降，傳之者或異，一變而爲秦漢之方藥，再變而爲魏晉之虚玄，三變而爲隋唐之禳禬，其餘曲學小數，不可殫紀，使五千言之玄訓束之高閣，爲無用之具矣。金大定初，重陽祖師出焉，以道德性命之學，唱爲全真，洗百家之流弊，紹千載之絶學，天下靡然從之。聖朝啓運之初，其高弟丘長春徵詣行在，當廣成之問，以應對契旨，禮遇隆渥，且付之道教，自王侯貴戚，咸師尊之。於是玄元之教，風行雷動，輝光海宇。雖三家聚落，萬里郵亭，莫不有玄學以相師授，教法之盛，自有初以來，未有若此時也。今焉革故鼎新，豈惟一古樓觀之復，其人歸户奉，琳宇相望，蓋又作新天下萬樓觀也。嗚呼！非天時道運，其能如是乎？因歷言之，使後之學者，有以觀考而知勉云，於是乎書。太原李鼎撰。

姚燧《牧庵集》卷一〇《重脩中太一宫碑》 勝國昔有中土也，作三太一宫，太平興國于東南郊，慶曆于西郊，元豐于汴都，故隨其方東、西、中爲名。中後火于崇寧，政和復之。其東、西見毁者，豈在金垂亡，恐資敵用爲攻具耶？何以知之，若熙春閣，亦傑構也，嘗賦一軍令薪之，以艱于撤，欲火傾之，取其餘材，束蕴已然，或惜勝先而臨西，死氣也，而尅寅，是時尅其日，月又助之，所求之事，上下有憂，豈非天網四張，萬物盡傷者乎！迹此則壬在春秋世已有其説。後讀獨孤及《八陣記》，門具將發，然後合戰，漫不知其如何。因問歷翁孫氏子，渠云韜鈐之家，惟視三門具不具，五將發不發。蓋三門謂遁甲之客大主，小開休生。五將謂監本與主。因攷沈括《筆談》「太一之外，其九太一各自爲目，曰五福、天一、地一、君基、臣基、民基、大遊、九氣、十神，唯太一最尊，不可别名，止謂之太一。三年一移。後人遂對大遊而爲之小遊，實出誤加。京師東西太一宫，正殿祠五福，而顧居太一于廡，甚爲失序。熙寧中，初營中太一宫，下太史考定神位。余時領太史，與議，爲二殿，前祠五福，後祠太一，各全其尊。惟謂三基爲棋者，由避唐明皇諱而改，不能正之，仍襲舊云」。嘗考其制，爲殿三重，前榜真室，中膺慶，後太歲。今疑真室爲九太一所共，膺慶則太一專之，如應沈議共以前祠三清事，萃九太一于膺慶者，豈改于金源氏耶。不然，天下三清殿榜或直曰「三清」，或曰「金闕寥陽」，無有名真室者，亦足證也。後陰陽家無太一、九氣、十神，于五福而撲以滅。予于中統辛酉，屢躋覽焉，及觀黔迹，故曉中太一惟半存者，豈異然耶？嘗求太一所由，《楚辭·九歌》首以東皇太一居楚東，以配東帝，故曰東皇。其後漢武感神仙，亳人繆忌奏祠太一，方曰天神貴者太一，其佐曰五帝。中宫天極星，其一明者，太一常居也。古者天子以春秋祠之東南郊，後遣祠官寬舒具太一壇，壇三垓，五帝壇居其下，各如其方。祭亦曰郊，與天地同太牢，祝宰祠。太一衣紫及繡，五帝各如其方色。今不知五帝謂太皞、炎帝、黄帝、少皞、顓頊耶，抑他有是神也。《淮南子》又曰：「太微者，太一之庭；紫宫者，太一之居。」至宋太平興國作東南郊，猶守其舊，惟覆壇以屋。慶曆、元豐作于西、中，至以道流易郊爲醮，祠而不殺牲，皆異乎古始者。近世陰陽之流，以太一與六壬、遁甲爲三式，有司設科試之，以驗其學之精疏，即書以求，壬最先出。吴王囚越王石室，將赦之。越王心獨喜之，又恐其不卒也，以告范蠡。以爲十二月戊寅日，時加日出戊，囚日也，寅陰後之辰，合庚辰歲後會也。夫以戊寅日聞喜，不以其罪罰日也。時加卯而賊戊，功曹爲騰蛇而臨戊，謀利事在青龍，青龍在天地一、君臣民三基、大遊之外，別加文昌、飛符、始擊、計神、主客、參爲十六神，蓋變遁之小者爲參耳。又壬用天一貴神者，實太一神之一。或曰：「若然，是三式相爲用者，皆出人爲，何以推人事吉凶得失，無不巧發而奇中。」皇元祝金歷于甲午之歲，宮由凋于兵，榱棟傾落，牆圮崩弛，風雨震淩，牛羊降陟。知開封府富察君哀之，謂非藉名德之師，疇能以興。乃書遺警副董德輝，香幣迎致惠慈利物至德真人于河朔，請主上清及是宮。上清由規南征，撤以造舟。真人求得重陽開化真君爲道所廬，作新朝元宮，他不暇爲。署其徒提點張志夷、知宮田志浄，責使營葺。若有緒矣，而志夷逝，後惟志浄與知宮王志實、吴志超、提點劉道資、朱道輝爲之，積七十餘年，而三清殿、真室、歲君殿，周廡庖廩，既美既完。泰定，虛白文逸真人孫君履道，實四傳而嗣其師惠慈之位，以有國者作之于全盛之時，而數子者修之于已壞之後，度力校財不能萬一，其舉贏于時，詘瘁盡而智殫，久其年而勤不少懈，迄用有成，與國妥神，祈天永命，惓惓爲心其如何也。請其友燧宜文諸石。遂詩之曰：

古有國惟上帝祇，羣祀禮秩疇與夷。太一名肇見楚辭，武帝耽惑偓佺思。爲壇三垓太一祠，大牲一以郊爲儀。千載勝國乃取師，去壇而屋凡三爲。兵惟中存東西隳，存者罅漏風雨闞。伊誰哀之曰惠慈，來前其徒責繕治。匹夫位微爲功遲，甲子一周一紀奇。六子迭守成其虧，于焉妥神神安怡。何必三年始推移，願于皇輿歲周馳。上錫吾君壽無期，左右相協帝績熙。中爲百辟登稷夔，癉共殛吸絶姦欺。下與萬方澤羣黎，奮張百穀不廩饑。凡是厥職神所司，迺今國家歲禳祈。峙焉嶽靈流川示，與夫無文亦秩之。非于天神獨見遺，由彼無廟禋安施，自爾豐報當有時。

戴表元《剡源集》卷六《先天觀記》 信之龍虎山以僊著，學僊者附之而居，枝牽葉聯，不可勝數也。曾貫翁作「先天觀」於其山之南，役最後，地最僻，境最勝。其初也人皆疑之，終也人皆奇之。貫翁曰：「噫嘻！吾何意于是乎哉？蓋吾生而畸孤，年未衰而倦遊，交雖多而寡諧。以爲既不願有求於世，徒得數弓之宅，一夫之田，奉吾師香火而休焉，已不翅足。顧便近地不可得，會有以山麓售，喜而質之。則樵者捫巖而蘇，耕者焚林而畬，其艱且勞如是，而何以爲居。然不敢決焉捨去，爲之盡力。攀陟一睨，忽然而堂皇開，突然而輔衛立。問其名，若仙人岡、塵山、臺山、天應山之屬。平時想像於煙嵐渺没間者，一一近在目睫，心不能無動，遂乃銖累寸葺，自經始于庚寅，明年辛卯精廬成。又明年壬辰中堂成。越十有三年甲辰，祖殿、庫廡、門臺諸室俱成。澗徑自水口甃至觀前可三里，水縈縈四時不絶流。溯『鶴飛臺』下，少東第一橋曰『雙清』，其南曰『月泉』。益東第二橋，有成石如船，俯瞷澗中，曰『雲闕』。而溯少南，第三橋曰『桃花流水』。益南又第四橋□□北折匯一巨池，曰『長生』，『先天觀』門臨焉。過門益北，造一亭，顔其扁曰『一粒粟』。中又折，益西曰『自然亭』。『自然』之西南，曰『深處巍屏』。深處陡上，巍屏矗張，正與僊人岡、塵山相客主，曰『雷壇』。俯壇而西南曰『雲庵』，曰『逍遥遊』，眺『琵琶峰』，可企而摘也。復南俯一圓池，曰『魚我』，『魚我』之頂曰『天風雲外』。其東下曰『玄圃』，益下横二泉，橢而瓠腹者曰『瓢餘』流爲丹〔鼎〕。出二泉，右可以第四橋，左可以『長生池』也。諸名或亭或不亭，諸亭或扁或虛，大略使人遊其中，如循環無端。觀傍田可稼者，餘百畝田，上山破荒發堅，悉種花竹雜果木，今皆滃然成茂林。此吾居山之顛末次第，誠不料得至於此，而人何以疑之，復何以奇之乎？」吾始聞貫翁賢，願親之。及承其言，儉而慈，静而貞，信乎其有道高君子也。古之爲僊者不擇地，今所稱琳館往往爲人指目者，其先固皆荒巖絶谷，不通車轍馬迹之處，意有神物祕惜，待其人而居之。如貫翁之於「先天」，寧非是耶？寧非是耶？請以是爲記。大德八年九月日朔旦。

吴澄《吴文正集》卷四八《紫霄觀記》 至治元年十月甲子，紫霄觀道士張惟善來言：「紫霄觀在南豐之西南八十里，巖洞之勝，世之稀有。而遠於通都要途，故搜奇探幽之士鮮或至者。惟遁身絶俗之人，保神煉氣，棲息其間，而亦昧昧，鮮有聞也。其入山之逕，石巖削立，中鑿石磴百餘級，至梯雲洞。洞之上右一逕入華陽洞，正路逶迤而陞，又石磴七十餘級，而後至觀門。立正殿以禮天神，屋三分之二居巖下，其前宇飄雨所及，乃覆以瓦。正殿之左爲屋，以禮玄武神，右爲屋以處道流。其前爲法堂，又前爲藏室，藏室與觀門相直。正殿之後，石竇中有蜕骨，色如金，長八尺許。又上小巖中有仙牀，又上一巖形如甕盎，名曰經洞。觀之左有掛冠石、赤松巖及蛟湖、金坑之屬；觀之右有丹井，四時不竭。由丹井入中巖，有張丹霞讀書山房。中巖而上至山頂爲上巖，有浮丘祠。祠下有小巖，曰妙仙洞。踞高望遠，軍峰卓然，諸山聳秀，盱水如帶，縈紆横陳。

軍峰之下，水流小澗，遶觀之前如綫，通於山石之間，五七里内凡九曲，出雙蓮橋，合于大溪。觀之後方峰如屏。觀之前一山名香爐峰，前後左右，小巖洞不可勝數。觀肇自唐開元，名妙仙觀，五代時頽廢。宋大中祥符，道士王士良重興之，治平初改今名額。淳熙間，道士吴源清知書能詩，錫號善遠大師，賜紫，一新殿堂，今百餘年。惟善忝主此山。大德丁未，善士施財修葺其舊，惟善已紀其歲月于石。延祐丁巳，又以善士施財創建經藏，正月興役，九月畢工，十有一月開藏運動。施者王子茂、陳哲諶檝暨遠近諸善士，王應祥承父之志，竟所未竟。惟善昔年遊江右、江左，自兩淮、荆襄至武當而還。今老於山中矣，蘄一言以傳久遠，可乎？」予聞其言，泠然有御風之想，欲飛至其所，一觀幽奇，而不可得。惟善通儒家、道家書，樸素而不俚，逍遥而不詭，方外畸人也。以此地宜有此人，非此人不足以宅此幽奇也。予既以未獲至爲欠，則筆其所誦授之，以達予意於山靈，尚期他日往遊而賦詠焉。

吴澄《吴文正集》卷四八《仙岩元禧觀記》 信之山水固奇秀，而龍虎山都其最。山之西十餘里，厓石嵌崌，下瞰溪津，洞穴百數，有名者二十四，號爲仙巖。地勢險絶，人跡不到，陽顯陰幽。若或宅于其間龍虎勝境，寄身老子法者宫之。逮及國朝，盛極甲天下，一本三十六支，冠揭千餘，其崇隆豐厚，位望儕於親臣，資用儗於封君，前代所未嘗有。蓋其地氣之積鬱發達而然。開府大宗師以龍虎道士際遇世祖皇帝，依日月光，歷事五朝，眷渥如一。嗣其統於神奇者若而人，演其派於故山者若而人，分設宫觀布列朔南郡縣者不可勝計。至若仙巖之卓詭殊特，自應乘其旺氣，而開府之徒孫張師嗣房始建觀于巖之陰，面玉屏、鉢盂、天馬諸山，名元禧觀。師恢廓慷慨，剛直自立。人有過，輒面折；人有急，周之無吝情。好讀書，能吟詩，每謂：「富貴浮雲，死生夜旦爾。倘不聞道，如未出世。」擇地營構，俾其徒安内養、忘外想，蘄守清虚謙讓之教，前傳後續永不失墜也。嘗從開府入覲仁宗皇帝，制授體道通玄淵静法師，主潭州路嶽麓宫乃以元禧觀事屬其徒何斯可。致和元年，制授斯可明素通玄隆道法師，主仙巖元禧觀。何之諸孫薛玄羲具建觀始末，薛之諸孫曾吾省詣予求文載諸石。羲曰：「元禧觀，延祐三年丙辰肇建，六月己未落成。殿名宗元，鐘樓、鼓樓翼于左右；堂名玄範，東西二廂曰楚樵、曰愛梅，東西二館曰清真、曰寶玄。外設聽事之所。其二廡曰興仁、曰集義，中門扁曰漁樵真隱。一池前泓，曰環翠池；一澗横遶，橋以便往來，曰通德橋。觀之後有閑機洞，有芳潤圃，有玉泉井。茂林修竹，名花異果，羅簇葱蒨。買田若干畝以飯衆。經畫四五年，而功大集。泰定三年丙寅，張師化去，何師克紹先志，凡營搆未備者，一一修完。觀之陽諸巖嶄峭，或唅呀而中空，或瑰瑋而外見；川流中貫，風帆上下，探僻搜怪者時時而至。昔陸文安公偕文學士七十八人游覽，留其名氏。今元禧之建，可無記乎？願得一言與文安之記並刻，以誌後觀。」予夙聞仙巖之名，而足不一履，未由模寫其態狀之彷彿。因嘅龍虎上清關係地勢，然亦有天焉，亦有人焉。天運將昌其教，而教門之繼繼承承，莫非人才之傑。人才之傑有以當地氣之靈，地氣之靈有以符天運之昌，天、地與人三者合一，龍虎上清之極盛于今也，豈偶然哉？仙巖之元禧則傑才之衍、靈氣之波、昌運之瀦也。

《（成化）河南總志》卷一六張仲壽《崇福宫記》 霄壤間有靈地，不得乎偉人，不能耀其蹟，有偉人不際乎熙運，不能行其道。故必熙運啓而後有以感召乎偉人，偉人出而後有以顯發乎靈地。匪今斯今，振古如斯。瞻彼嵩高，衆嶽所宗。搆宫其間，精祇攸會，蓋土宇靈奇之最者也。自箕山月冷、潁水雲荒，苔封啓母之石痕，草掩穆王之轍迹。越嬴秦而值漢，始於其地創萬歲觀。歷三國六朝，浸久浸壓，而至唐則重建太乙觀。又經五代兵革而復圮，逮于宋乃改爲崇福宫。金杪燹餘，可憐焦土，林號無盡□咽不竭，兔葵、燕麥動摇春風，過而覽者爲之躊躇而太息。夫形勢鬱盤，其地未嘗改也；氣鍾精秀，其人未嘗乏也。而或顯或微，且興且廢，兹豈偶然之故？嗟夫，世故輪雲熙洽之運，其亦真難遇哉。天佑皇元，神聖迭興，際覆極載，靡有尺寸。單大與夫一動、植不衣被昭回，五三以來鮮儷也。矧嵩當中土，蔭茅二室，豈無抱道合真、足以備廣歲之間者？其不於此奮然而直遂其爲乎？是以嵩之重陽帝君有高弟長春聖君侈其逢，即有振起之漸，繼之以棲雲□君志嵩承其志，用展經營之規，玄化流通，妙機誘掖，富貲貧力，近輸遠致，載庀以拓，迄構而完。爲殿曰寶珠，曰重陽。爲堂曰寶録，曰蟬蜕，曰真官。主有室，衆有寮，賓有館。外而門廡，内而堵院，以至庫廄庖湢莫不畢具。仍以餘力修治真君、玉僊、啓母三觀，創白雲一堂，使舊者俱新焉。三十六奇峰翠連□□，百萬重道氣光浮金碧，鸞旌紛下，鶴笙時來。山川以之而增輝，洞天由是而改色。吾知岳降神生甫申，于以翊邦家萬億年太平之盛，嵩不益效靈於今日乎？大德己亥，欽奉璽書追封喬氏爲虚静妙淵真人。今彭君志堅、羅君道全實典是宫，既嗣葺臣麗於前□光，且緬思往績，榮服新霈，猶懼不聞于後，遂遣其徒來京師丐予文記之。□槷身塵鞅，恨未能一登峻極，續昌題名温公紀行之尾，固甚喜。其遇聖元非常之運，而營高高非常之地，於是，長春、虛靜二師乃所謂非常之人，此其相回而成信，非偶然者。是可書也。若以爲道不同而靳於言，則吾豈敢。至大辛亥正月廿七日記。

任士林《松鄉集》卷一《杭州路開元宮碑銘》 國家混一區宇，玄風淳化，如肇開闢。聖天子慈儉無爲於其上，大臣清静寧一於其下。中外小大之臣，有忠無倦；禮樂刑政之具，有舉無數。斯民熙熙然，齒髮太古，飲哺自然。是故老氏之教，昭晰而日尊。初唐開元時追崇老子，詔天下置開元宮。杭州刺史陸彦恭，即城北隅，以基以搆。乾符五年戊戌，巢寇犯城，酒雨弗降，遂燬。越五十有九年，是爲清泰三年，吴越文穆王復新而廣之。介成之，三元大師夏隱言；銘載之，節度掌書記林鼎；主之，經文大德師樊德隆也。逮宋景德中，改爲景德觀。乾興初，寧海軍節度使俞承福拓舊創新，棟宇凡四百間，前進士陳戩實記其事。更建炎，官事草創，宮亦遷改靡定。嘉泰初，詔以嘉王邸改建。邸在泰和坊秘書省之左。宮成，復賜額「開元」，并奉閟伯之神。大洞法師張君實再經始，紹定辛卯毁。尋詔有司闢大宗正故址更建，度道士十有四人，仍撥賜田地蕩爲頃七十有九有奇。至元十三年，朝廷置行中書省於杭，以鎮南服，即舊祕書省爲治。越十有五年辛卯災，宮亦毁。外宰購拓基，新垣宇。越明年，住持董君德時遂置故駙馬都尉楊氏宅爲宮，在城北清湖之西。又明年，有旨賜璽書護持，命翰林承旨閻公復作銘詩以紀之。元貞二年丙申，陳君天錫奉旨住持，實嗣董君。董君之時，今住持王君壽衍貳宮事。大德四年庚子，奉晉王旨主宮席，不就。八年，特拜宣命以靈妙真常崇教法師住持提點，仍賜璽書護持，給尚方五品印。光華震赫，遂甲諸方。故凡宮之役，董初創而未完，陳欲繼而不遂，靈妙式克成之。規宏事舉，教立道行。寥陽之墀，玉宸之闕，景命有祈，明離有阼，柔祇嶽立，圓靈漢繞。霧集沉水之芬，風落鈞天之韻。登壇朝夕之士，列佩維百，儼然高居之在人世也。若夫雲房星序，園池花竹，天鶴來庭，雲水四集，其列仙之游館歟！於是老子之祠，閟伯之奉，歷世有虔，亦倣乎其人而後昌乎！夫老子之道，先天地而固存，後天地而不悖，鑿鑿五千言，所以憂世立教。言君道曰無爲，堯舜之所以爲君；言臣道曰有爲，禹稷之所以爲臣。周流六虛，出入古始，推本皇道帝德之所以盛，王功伯力之所以衰。不顯顯以爲著，不泯泯以爲博，而深涉天人之故。其文王之易，箕子之疇歟！故樓觀之飾，起自穆王，而有唐以來，宮觀由之而盛也夫！然則優游琳館，安坐而食，高談皇道，盛述帝德，修身而玄沖，存神而貞一，獨不足以仰裨治道乎！遂爲之銘。銘曰：

道非有始非無始，憂世立言尊老氏。開元有詔杭刺史，貝闕珠宮聳城市。劫灰洒灑東風靡，化人幾見蓬萊水。皇元區宇一文軌，慈儉無爲萬國理。秦苑秋深千柱峙，金闋寥寥開雉尾。上帝高居百神止，紫衣翩翩有道士。漱滌玄風摇玉齒，高談道德五千旨。對揚至化天萬里，天書晝下玉局璽。呵祓岳祇走瀆鬼，吴山蒼蒼浙水瀰。下蟄蛟蜃上虎兕，大道流行民俗美。皡皡熙熙遠九紀，甘雨時兮樣風起。百穀成兮廩億秭，萬億年兮壽天子。

任士林《松鄉集》卷二《四聖延祥觀碑銘》 北極中天之尊，左右前後，有奕有靈，尚矣。故四聖之奉，著於隋唐。蓋招摇在上，天帝之居，四衛所領，威德爲鎮。在天成象，在地成形，而興運立極，著見之跡，昭在人世。是故歷代虔事之典，唯道家爲最嚴。宋建隆初，置紫極觀於汴，奉四聖也。逮紹興十三年，置四聖延祥觀於杭。初，顯仁太后奉四聖惟謹。思陵南渡，顯仁北歸，行幸湖山，神光靈響，若有玄契。遂出金錢内帑，命漕臣董成崇立觀宇以昭報事。越七年，賜今額，撥賜田地山蕩，隸杭、蘇、湖、潤，總若干頃。命左右街都道録彭君德淳實開山，翼以瑞真館，延棲真之士，多幽人韻客寄跡其間，有林處士之風。至元十三年，玄教大宗師真人張君留孫出際風雲，入覲，道行眷隆，築崇真萬壽宮于京師，留侍扉庭。十八年，有旨命主延祥。凡觀之役，一以舊褐祗事。二十有二年，有以慧力掩真入者主之，觀之徒雲萍東西，無所於寄。事聞于朝，大德元年，有旨江浙行省撥杭天宗河之北官地若干，俾興四聖延祥觀。凡田地山蕩，舊隸觀者復籍入，於是大宗師際遇日久，效事忠勞，乃命提點吴君全節左右經度，且囑杜君道堅、孫君益謙、吴君存真實規畫之。完有俶載，日理歲入，植材庀工，惟崇惟良。首營棟宇，恪事祈祝。八年，三清殿成。明年，四聖殿成。若門廡樓閣，齋堂庖廩，以次成。千楹柱立，萬梠藻附，靈脩扶其崇矗，象緯瞰乎飛跂，儼然瓊輪玉蓋之來下也，赫然金矛玄纛之前陳也。璽書護持，雲漢疊見，玄教指歸，川岳景從。於是觀之規日崇且闢矣。然觀之遷襲有數，事之振起維人。不有廢者，其能興乎！夫國家以祈天永命爲嚴事，以神道設教爲丕圖，況威神福德，所以環拱中天，上翊北極，爲國重鎮，爲民鉅依，昭事敢不虔乎？乃爲銘詩，以紀福庭。銘曰：

中天之居帝九重，招摇在上紫極穹。帥垣四列帝曰庸，威神福德鎮域中。於民有芣國有功，璽書晝下青玉驄。棟宇日闢疆畝東，峨峨千柱臨天宗。真人上界大道宗，二三抵事恪以公。神靈監觀明且聰，時暘雨若年穀豐。永作神典帝業隆，於萬億年承皇風。

趙孟頫《松雪齋集》卷七《九宮山重建欽天瑞慶宮記》 九宮之山，真人居之。其山之高，去地且四十里，殆與人境絶，多壽木靈草、幽花上藥，薈蔚藿蘼，蒙籠蔓延於其上，清泠之泉，噴薄飛流於其下，蓋遊仙之館而棲真之地也。自真人之居是山，禱焉而雨暘時，祈焉而年穀熟。故宋人築宮而嚴事之，其事則司業易公之記可攷矣。己未，江上之役，兵既解，而宮毁于盜。沖隱大師封君大本與其徒思復于古昔，拾瓦礫，除蓁莽，度才鳩工，作而新之，迺作妙應之殿。殿西南鄉爲淵静之居，東爲方丈殿，南爲天光之堂。其上曰朝元之閣，閣西龍神殿，東爲藏室，皆南鄉。閣之南爲仙游之殿。又南爲通明之殿，殿西爲西廡，廡西爲道院，其東亦爲廡，東廡之東爲齋廚、倉廩。廡南爲天聲之樓，縣大鍾其上。樓東西面又爲道院。庭西東面爲朝真之館。中庭爲虚皇之壇，壇南爲碑亭，亭南爲三門，門東爲化士之局，西亦如之。三門之南爲華表，其東西皆屬以周廊。門南爲壺天之亭，又南爲天上九宮之門。合數百間，皆雄傑壯麗，儼若清都；縹緲靚深，疑出塵境。雖仙靈之宅陰有相者，亦不可謂非人力之極致也。當封君時，則有若某某同其勞。封君既老，戴君繼之，最後得法師羅君希紸某某成其終。繇封君以來，歷年三十，更有道之士十數，然後毁者復完，廢者復興，卑者崇之，缺者增之。百神之像，祭酒之器，養生之田，鼓鐘幕帟供張之具，視昔有加焉。至元丁亥，孟頫奉詔赴闕，始識法師羅君于京師，而又與予同邸舍，居久之，以記爲請，不得辭，乃叙其事而記之。然余於此重有感焉。使世之儒者不廢先儒之説，以正誼明道爲心，令議者不得以迂闊而非之，則斯文當日新，庠序當日興，《子衿》之刺不作矣。豈惟是哉？使天下之人，農、工、商、賈，皆不墜其先人之業，各善其事，則家日以益富，生日以益厚，安有壞家毁屋者哉？余於此重有感焉，故併書使刻之石。後之人其尚思余言，毋俾其成之難者，敗于易也。今天子崇信道德，凡兹山之田，皆已復其租矣。衣食于山中者，盍亦思庶人帥子若弟，終歲勤動以供賦役，而吾乃得優游消摇，茹蔬飲水，以自樂其道，宜何以報帝力哉？羅君方以道術受知聖明，其必有以也。

柳貫《待制集》卷一四《玉隆萬壽宮興修記》 郭景純與許旌陽同時，嘗爲旌陽相宅，得豫章西山之陽曰逍遥山者居焉。後於其地拔宅升真，即建游帷觀，改玉隆萬壽宮。游帷者，昔旌陽上升時，嘗飄墮錦帷其處，名之即以其實也。玉隆者，度人經：三十二天，號有太釋玉隆騰勝天。謂是宮爲羣帝所館，安知玉隆騰勝，不在兹乎？實之欲以其名也。觀肇興於晉，而盛於唐，尤莫盛於宋。宋祀將四百，而是宮之營繕，見於紀載者二：大中祥符之締構，其力出於郡人光禄寺丞胡公仲容，而王冀公實記之。政和丙申之恢拓，其費出於係省之官錢，其圖準西京崇福之舊制，於是内出玉册，遣帥臣加上尊號，又詔侍從升朝官爲提舉宮事，其祠秩之次，浸比隆于嶽鎮矣。然則祀隆而宮盛，非以昭應之受書，玉清之定鼎，適會乎其時哉？至元丙子，宋社既屋，有司上江南名山仙迹之宜祠者于禮部，玉隆與居其一。故凡主是宮，率被受璽書如令。至治元年，臨川朱君思本實嗣居其席。始至，見十一大曜、十一真君殿，祖師祠堂，摧剥弗治，位置非據，謀將改爲，則以狀請于教主嗣漢天師。會玄教大宗師吴公亦以香幣來祠，因各捐貲倡首焉。而施者稍集，掄材庀工，有其具矣。蓋宮制：二殿中峙，廂序參列于前，而分晝其中，以左右拱翼。迺相藏室之北，撤故搆新，作别殿六楹。東以奉十一曜真形之像，西以奉吴黄十一真君之像，夾輔面背，各有攸尊，亦既無紊于禮。又即十一真殿舊址築重屋一區，上爲青玄閣，下爲祠。凡自唐以來，嘗有所施，與嘗主興造之官僚，以及歷代住持，同袍、士庶之有功有績者，皆列主而祠。每三、七日集衆焚誦，歲時潔羞薦饗，視子孫妥侑之意，無弗逮焉。經始于泰定二年之八月，閲三年而考其成。朱君過余請記。余與君有雅，故知其猷爲敏裕，而信其成此不難也。然余聞鬼神之交，古有其道，而若受明祈永，則固帝王一心運量之所致，民無與焉。降秦及漢，禮壞樂崩，黄老最先出，一時怪迂之士，乘其淫昏，勸之以祈禬禳却之方，大抵末矣。然而曰宮曰觀，猶不過踵夫壽宮、交門、棫陽、蜚廉之迹，而更斥之大，壇席文鏤，黼黻極盛，人以爲宜然耳。嗚呼！其去黄老爲治之本，何其遠哉！古者明於神事，必皆精爽不貳、聰明齊肅之民。而今之爲道士法者，抑豈其徒歟？不然，所謂重黎氏之遺胤，而果能勝夫宗祝之任者歟？旌陽晉人，是嘗有德於吴楚之民。及其功崇行成，超然上征，而山川炳靈，鼎竈斯在。今難去之千載，霓旌羽蓋，猶時臨睨乎故鄉。則夫驂羣帝之御，挾飛仙以遨遊，不即于是，而奚即哉？十一大曜，天神也；十一仙真，神人也。吾無間然矣。乃若列主於祠，而享有烝嘗之奉者，又安知不出于八百地仙之籍也哉？雖然，精爽不貳，必朱君而後足以當之。自始有宮，迨今何啻千年，營繕之功不一，而獨祥符、政和得傳，以其有記故也。然則朱君之爲是役，績用章灼如是，欲不記，得乎？無其時而有其人，天下之事焉不可哉？朱君字本初，受道于龍虎山中，而從張仁靖真人㞐直兩京最久。學有源委，嘗著《輿地圖》二卷，刊石于上清之三華院云。

虞集《道園學古録》卷四七《成都路正一宮碑》 蜀之山川，高厚而深遠，故其生物也特異。文武材能豪傑之士，世世不乏，然猶不足盡其神氣之秘藴。於是，有神人仙者，圖赤斧之流，出乎其間。而世所共知者，漢正一天師張陵遺跡，幾偏西南，事最著。其興利若鹽井之屬，至于今賴之。其後，若朱桃推、王葆和等，尤不可勝數。最近者且百年，有法師劉浩然、碧雪庵道士張仝者，高行奇術，近接耳目，里中兒女子能道之。故成都青陽玉局諸宮，桀然以名天下者，非一日矣。延祐三年春，予在奉常，被旨修歲祀于江瀆，禮成且還，思昔之所聞而問焉。凡宮室樓殿，蒼乎其幽，黝乎其潛，萃乎魄乎其雄傑高岸不可測者，亦徒見夫深林茂木，清泉瑰石而已，求其人，固不得彷彿而從之也。蓋爲之躊躇歎息，而不能去。四川儒學提舉云於此有曰汪君者，幾近之，修漢天師張氏正一法，(待)〔持〕戒嚴甚。飲食起居之堅苦，自其徒有不能堪。蜀大旱，祈禱無所應，吏民走以要汪君。君以其法致之，雨立至。大水，又以要汪君，雨立止，歲以不害。若夫疫癘鬼怪之撓吾民者，得汪君指顧，皆帖息如常時。汪君出，道見者無男女老稚，皆拜伏車下，如見神人。自行中書省肅政廉訪司，凡官府郡縣，咸信尚焉，未始少爲之屈也。成都守陝攝，度地於城中之西偏，與前守共搆室處之。遠近之民吏軍將商賈，送竹木瓦石，金幣米粟，與百工操其伎自獻者，四面而至矣。於是，宮廣若干畝，制屋爲殿者二：一祠天帝，一祠漢正一天師。爲堂者幾，祠某神。爲圜庵及東西屋，以居修真者。而居汪君者，曰草堂。爲屋若干間，門廡、厨湢、庫庾悉具。經始以延祐元年二月，成於三年之八月，總凡役者，郡人徐慶原，而汪君翛然若不與知者也。既復命，予以汪君事語玄教嗣師玄德真人吴公全節。真人曰：「此吾龍虎山中學道弟子也，西游青城十年矣。」未幾，成都守臣上其事，集賢院以聞。有敕，賜名曰正一宮。正一者，本其法所師之號也。汪君名集虛，字太，廣信人。今守，國人，元帥紐林公之孫。元帥自憲宗皇帝時，以兵取蜀，有大功。前守張氏，名雋，河中人。嘗在宿衛。玄德真人曰：「子本蜀人，又嘗使過其處，宜爲銘。」銘曰：

維蜀之都，金城壨壨；靈關秦闕，文林漢作。休養自葛，殷完最唐；閲世千百，以安爲常。或伐而服，或據斯取；兵無久搆，旋按故堵。瘥繁蠹痝，數丁剗除；嘘嚱百年，谷陵均墟。既撤而息，迺見牙蘖；承時嘉澤，更長斯洽。神帝靈仁，惠肯顧依；宰于燥淫，疵癘勿威。厥惟清静，克通神志；靡祈弗應，相我人士。人士作宫，敬報神師；有儼有臨，匪僭匪私。於皇天子，視遠如邇；郡奏朝聞，夕出封璽。曰咨遠人，孰保孰容；苟相之道，予曷弗從。伊祝何祕，于躬受福；嗟爾衆庶，視此明勅。毋邪爾思，勿貳爾心；物辨志定，正一是欽。可以安泰，可以長久；名不虛造，是用嘉爾；凡我蜀人，帝力是知；永歌萬年，新宫是詩。

黄溍《金華黄先生文集》卷一四《慶元玄妙觀玉皇閣記》 昔有虞肆類上帝，而及于六宗山川羣神；成周禋祀昊天，而及于日月星辰、司中司命、風師雨師、社稷、五祀五嶽、山林川澤、四方百物。今道家者流，祝祭禮祠之事，諸神位號之多，至於三千三百，而莫尊於昊天上帝，率與有虞、成周之法合。老子爲柱下史，孔子嘗問禮焉，於帝王之舊典禮經，固無不知。其徒之尊其所尊，宜有所本矣。然老子之道，務清静無爲，去健羡，就卑弱。古之人用之治其國，而民以寧一。至於飛符走檄，崇珍館而啓玄科，五千言之中雖未嘗及之，而非有道外之法也。蓋凡天下通都大邑、名區奥壤，宫觀壇場之制，自前殿之外，必爲玉皇之别殿。蓋三境之高真，玄穹之主宰，當各全其尊也。慶元玄妙觀，在唐爲紫極宫，以奉玄元；在宋爲天慶觀，以奉聖祖。國朝至元十九年，燬于災。元貞某年，有詔撤聖祖之祠，黜天慶之號，而改畀今額，穹門邃廡、奥殿廣堂悉復其舊。惟帝座久虚而不設，非闕典歟？大德某年，前住持雷谷陳君入覲，被上旨，俾以甲乙次相授。陳君慨然以興造爲己任，謀闢聖祖殿故址，建玉皇閣，未及庀工而化。由陳君若干傳，逮今住持順菴王君，而閣乃成。初，王君以泰定某年入侍内祠，賜號玄門真士，主本郡之太清宫。以精於禬禳，朝廷數遣代祀名山。京師大旱，禱雨輒應。有司治決河，投其鐵符，水勢隨減。名聞于上，制授太虚玄静明妙真人，住持本觀。至正五年冬，奉今天子及兩宫皇后所降香旛歸，建金籙、黄籙二大齋。感瑞鶴翔舞，異香不散。士民慕嚮而至者，不可數計。所獲信施甚厚，乃裒聚以資土木之費。始作於六年之十一月，訖功於某年之某月。閣之高若干尺，脩若干尺，廣若干尺，列楹若干。複霤重簷，塗堲丹青，窮極壯麗。威儀像座，嚴奉惟謹。謂不可無以紀其成績，乃以狀來，求爲之記。夫以數百年之曠典，一旦而舉之，殆非偶然。自今以始，明靈顧歆，祥慶來下，使斯人蒙其福澤，保其壽康，而泳游於清静無爲之化，此王君之志也。所可記者，奚止於程工屬役之勤而已乎！王君名天助，字致和，同都昌國州之蓬萊鄉人也。

黄溍《金華黄先生文集》卷一四《瑞雲觀記》 瑞雲觀在平江城東三十里，今所謂笠澤福地者也。吴松江由具區來，出其西，而其南爲姚城江，東爲龍江，又東爲陳湖，其北則闔閭浦也。重波複浪，四望如一。其中可居處，乃多沃土。民安於耕桑，皆樸淳有古風。水木之清華，禽魚上下泳飛之樂，敻焉若在世外，然而更千百年，委棄於田夫野老之手，未有能啓其祕而專其勝者。玄門高士陸君志寧，始作菴於其處。由是昔之祕者無所伏，勝者益以發舒。君不以得於耳目者爲已足，復斥故宇，易菴以爲觀，合其徒而居焉。凡觀之制，中爲三清殿，而旁爲玄天、北斗、太乙三元之别殿，祠堂寢室、講舍齋廬、門廡庖湢，次第畢備。惟玉皇上帝之閣，爲役最鉅，久乃訖功，而觀以成。總爲屋以間計者百有□十，繚以脩垣，而除道成梁，以屬于南埭。既又割上腴之田千五百畝有畸，以資食飲百物之須。爲費一出於君，而君之悉力殫慮，二十年於此矣。菴之初爲觀也，教主嗣天師爲署今額，因命君開山，而以甲乙爲世守。既而所司具以觀之成剡上，天子特爲下璽書加護焉。君既勵其徒俾勿替，且飭其族人，毋敢有所預。懼後莫之考，而或毁其成也，爰伐石，以記來屬。夫乾坤清淑之氣，川融山結，非有數量，而仙經所録洞天福地，僅百一十有八。神而明之，不以其人歟？幸以人與境遇，而又蒙被帝力如此，游而息者，衎衎施施，未有已也。或者真仙異人於此乎出，則福地之在笠澤，而笠澤之有瑞雲，將與金庭玉扃並存於天壤間，尚何成毁之足慮哉！顧不可無以著作始之自，乃弗辭而爲之記云。

李存《俟菴集》卷一四《重修崇真閣記》 崇真閣者，撫州金谿縣后居里之后土祠也。宋初，吾何氏某世祖員外府君，由邵武徙居于是，有后居之名。相傳員外避亂，隨兵後車而至，事遠莫可考。當其時，斯里蓋榛莽也。歷數世，生齒既盛，於是始有聚居，若市井然。建炎間，從祖三十六府君，始自維揚蕃釐祠迎后土之神，歸而祠之。祠在市之南，凡水旱疾疫禱輒應。皇元大德初，祠宇凋零，祀事幾息。我先人南唐府君復因舊基而新之，中爲正殿，傍設兩廡。外爲門，門之外竪兩隻石像，日月左右列之。後爲閣，閣可坐四五十人，堊其壁，畫星斗像，故號爲「七星閣」，館學道之士以灑掃之。歲三月十八日設醮祭，遠近至者甚衆，率爲常。由是后居之里，往往物不疵癘，而民無札瘥。我先人即世，祠事日以廢弛，棟宇日以傾欹。竊惟后土，雖不在國之祀典，而是祠者，乃上世之所創建，厥廟宇又先人之所改作，豈宜廢墜而弗顧。至元戊寅，出統鈔若干，賈其基於族黨，施而公之，可永爲后居不廢之祀。既又得族之樂善者某人等，議同而力協，由是規模粗復其舊。既舉，衆咸謂是祠之完，一足以安神祇，次足以慰祖考，宜書于石。予謂區區之是舉也，政恐不足以紹述先志，文奚以刻石爲？然尚慮吾之宗屬、里之居人，猶以斯廟爲吾家之私業，視其廢興，忽焉不加喜戚於其心也。是宜勒諸石以告來者，自今以往，苟有傾毁，人得而葺之，庶斯祠之不朽云耳。

隆慶《中都志》卷七張起岩《亳州天静宫興造記》 自漢氏尚黄老，而老氏之教盛。太史公叙九流，於道家極稱與，加以時君好之者，其教日盛。唐推老君爲祖，加號聖祖大道玄元皇帝。宋亦以祖列于上真，又上寶册于太清宫，加太上老君混元上德皇帝之號。由是宫觀徧乎寓縣，簪裳錯乎民編，而其教益盛。近世全真氏出，益恢以大。業是者又自分其派爲四五，衍爲六七，蓋咸本乎老氏。則夫所自出之地，締構崇飭，固宜矣。余自翰林丁内艱，家居濟南。天静宫道士牛志春涉河而來，致提點劉道廣之辭曰：「天静宫，老君所生之地也。我師徒經營三紀，視它所爲雄麗。惟是文諸石以紀其成者尚闕，敢請志之。」志春，余華不注里人，跋涉千里者再，嘉其勤，不容辭。謹按宫在城父之福寧鎮東南，去亳郡四舍，南距渦河二里，下臨淮水。世傳老子在妊，有星突流於園，既而降誕，則天静之基舊矣。然其經始，它無所攷，獨宋天禧二年盛度所撰碑文，漫滅不可讀，而銘半存，三班借職王宗顔同監修官亳之守臣監修者，名御在焉，蓋奉敕而爲之也。薦燬于兵，蕩無遺者。皇元奄有區夏，太祖聖武皇帝以仁民立心，於丘長春之説，與神武不殺有默契者，而道教益以盛。積以歲月，昔之摧毁者寖復其舊，故天静之興造日新月盛，是殆有數存乎其間也。殿即舊址爲二，一位三清，一位太上老君。前三其門，後丈其室，監壇二帥、靈官有堂，齋誦有所，鐘有樓，井有亭，道士有區舍。至於庖庫庾廄，靡不畢具，旅楹無慮百餘。又若流星園之聖母殿，玉龜山太霄宫之别館，尚不計也。規其近地，爲旅邸果園蔬圃，以給日用；履田三十畝爲永業，而食其中者幾千指。嗚呼，主張維持是者，亦云勤矣！嘗觀《道德篇》有曰「貴大患若身」、「道德無名，不敢爲天下先」之言，又「不矜不伐，不争不自，是不自見」之言。莊周祖老氏者，其言曰：「虚静恬淡，寂寞無爲者，萬物之本也。」夫以爰清爰静，退讓無我，身與名宜若外物矣，尚爲是争先矜衒也哉？然而爲其徒者，必大其宫室，尊其稱謂，土木之工，金碧之飾，不以少遜於浮屠氏，似與老莊立言之指相左，而此以爲不如是不足以尊其教也。今夫臣焉而怠其事，子焉而隳其職，視官守世業如傳舍者多矣。況乎以諸方雲水之偶合，能一意乎報本反始，而迄續乎成，是則可尚也已。銘曰：

大道渾淪，孰知其然。粤惟老氏，妙探其源。何以驗之？有五千言。誰其測之？猶龍在天。爲於無爲，玄之又玄。巋然其宫，渦水之壖。緬惟厥初，流光是園。祥發誕彌，赫靈有年。自古在昔，尊崇云極。朝享不違，奉承無斁。秘殿耽耽，長廊翼翼。文彩輝輝，周墉屹屹。禮折九重，城傾萬室。璇霄企聖，翠華駐驊。清瑶勒銘，鴻休烜赫。刼火薦經，蕩焉無跡。破荒起廢，諒自有時。塗榛級夷，曰翦曰治。手胼足胝，始垣以基。乃殿乃宇，乃廡乃祠。齋庖庫庾，經構靡遺。烝徒景從，爲國祝釐。歸美君師，報本在兹。昴爾朋簪，昭哉嗣徽。至順三年十一月，翰林待制兼國史院編修官張起巖撰。

許有壬《至正集》卷六三《武昌路武當萬壽崇寧宫碑銘》 武當，均州山，先名太和，道流謂其峻極秀絶，非元武神不足當，故更名武當。勝國端平甲午，兵摇襄漢，均民走鄂深，以神德不能忘嗚於官，行武當祠於鄂，爲沖霄壇。制使孟珙禱於神，有齊安之捷，易壇爲觀，蓋復崇寧額也。我皇元至元庚寅，升武當萬壽崇寧宫。地據雄峻，鶴山亘其後，大江朝其前。雲關扃深，石磴梯危，大殿高堂，傑閣危亭，長廊縈帶，通樓環匝。百神胥宇，羽流棲息，壇壝鼓鐘，學館庖廩，轇轕錯布。仰觀樓閣玲瓏在五雲中，絶頂俯瞰，萬間鱗集，煙靄蔽虧，若洞庭觀波濤，目爲之眩。而山川形勝，圜闠盛麗，金碧丹雘，高下相輝。玉京十二樓不得而見之，此亦人間之洞天也。泰定甲子，又改作玉皇閣，高凡十二丈，深廣相若。由甲午迄至正甲申，一百一十一年，壇而觀，觀而宫，若葺故，若建新，幾人幾日，幾工幾木，而甲申之五月戊午掃於一炬！洞真明道沖妙真人住持提點兼領諸宫觀事羅君大震，職宫事餘四十年，勞瘁已至，時當弛擔，而彼所謂刼運乃丁其會，常情體解氣沮，方偕其徒曹大坤等，以己貲率衆力任其復，而威順王實鎮是邦，主贊尤恪。重起兩廡甲子樓三十一間，以其下内半爲雲房。歲丁亥，三清殿成，深廣十尋，高九丈，加舊制三之一。又建元天上帝殿，聖像侍從，供器靡不孱功，而又作亭礱石以紀綸綍，運機爲藏以待禬禳，餘凡締構，日以就緒矣。昔閣之成，嘗屬予記。亡友玄教大宗師閑閑吴公亦屢爲言，時待罪政府，多事因循，遂至今日。乃己丑八月書來，告其掇拾煨燼有成，仍命余誌。夫所謂刼運者，猶吾儒所謂數也。天地且有數，人力之盛，神靈之託，有能出天地之外者乎？其成其毁，有不必究者已。元武之祠，昉宋真宗。我朝至元己巳，龜蛇見於高粱河，以爲元武之祥，爲築昭應宫，於是武當之山若增而高矣。是宫之名，雖主元帝，而巍然南面朝五帝者，實主玉皇。元帝，五帝之一也。若夫北方七宿，爲水之神，寓形龜蛇者，世飫聞矣。主之大者，盍啓厥旨。玉皇，禮家所謂昊天上帝也。以形體言謂之天，以主宰謂之帝，以功用謂之鬼神，以妙用謂之神。主宰者，不離乎功用而能妙用者也。日月之運行，風雷之鼓舞，山川之流峙，人物之生息，皆功用之著者。闔且闢於斯，往且來於斯，視之而弗見，聽之而弗聞，則有妙用存焉。先王之有天下也，以爲萬物本乎天，故祀帝於郊，圜邱以體其形，蒼璧以象其色，樂九變以著其數，猶曰「維天其右之」。其之爲言，不敢必之辭也。不特此也，羣祀亦然。或求諸陰，或求諸陽，不敢方所徵形狀索也。自神仙好樓居之説行，遂有作崇臺傑觀以俟之者。嵩呼之聞，巨跡之見，真若可以形聲相接，而像設濫觴於此矣。其始也，施之羣祀；其卒也，於上帝亦冠裳而宫室之矣。聖人以神道設教，上智昭昭，無幽不通。下愚蚩蚩，既顓而蒙。孰爲民彝，孰爲帝衷？可使由之，而不能使之知也。今號於衆曰，帝以主宰言，其不啞然笑者幾希。孰與樹中天之華構，揭上帝之高居，使瞻而仰之者舉首加額曰：「上帝臨女，無貳爾心。」由是而舍惡從善之心油然生矣。是宫之建，顯命靈躅，祝釐芘民者，固自有在。而使民觀感日遷於善，聖教之助，不又多矣乎！銘曰：

岷江東涘，鄂城西壁。疊巘嶟嶟，崇宫仡仡。天關失守，灰飛瞬息。剥胤碩果，複根定力。嘘蜃倏樓，琢璇俄室。三華屹崒，九光赫奕。雕梁龍矯，文瓦鱗集。棟吻雄鼇，闌腰蝺霓。疏櫺綺結，飛簷翠濕。碧霞騰虚，流雷洞闢。屏翳擁幢，豐隆列戟。桂漿釃素，蕙肴蒸碧。靈霜清厲，廣樂翁繹。瑶草肥露，玉華酣日。紫芝已甲，蟠桃行實。祥鸞朝朝，瑞麟夕夕。元龜左顧，靈蛇右翼。山川開朗，神人愉懌。物具阜康，世允寧謐。丕冒神休，永奠人極。

《〔萬曆〕古田縣志》卷一二林謙《佑聖宫記》 佑聖行宫，舊拱辰堂也。堂在縣城北隅，坐坤向艮。故老相傳，有雲水道人自武當山佩香火來寓斯堂，數日出，不知所向。衆異之，由是禱者旁午，其應如響。嘉定間，邑宰傅公康易爲北極道院。柰堂宇隘陋，守宫者往往突不黔、席不煖而去。元肇基方朔，瑞應玄天，適符水德，嗣是靈貺游臻，封册累降，金水龜蛇之異現于高粱，後復現於武當。南巖驛聞于朝命，有司即其地架昭應宫。丙子冬，天伐南指，易地煙埃，惟本宫靈光一點，巋然獨存，第失其守者。洎庚辰春，衆請道士馮君諱守一號斗室元翁董是宫。既至，刻苦焚脩，凡遇章醮，祇祇畏畏，遠邇聞風景慕。得檀施銖寸累積，不數載裕如也。乃闢舊址，神贊其謀。財穀不鬼而輸，木石無脛而至，田者施之，隣者遜之，或捐己帑而增益之無吝色。遂更其扁曰「佑聖宫」，改作坐乾向巽。中砌石壇，高三尺許，闊倍之。像設嵬然，位置儼然。殿下平地，輪廣五六丈，鋪白石爲颺馭出入馳道。左構挾殿，右架雲堂，庖圍圖湢，一一新矣。置園數圻，蔬菓可掬。一旦風氣有開，宫門改觀，羽流雲集，我道興隆，棲遲游息於其間，兹其幸歟？是役也，始於己丑季春，迄於丙申秋杪。前有馮君規之，後有王君元挟隨之。儲無餅粟，蓋無把茆，馮君乘之，此舉誠不易易，何就效如是之衆耶？蓋帝乃水位之精，《易》曰：「天一生水。」《老子》曰：「道生一。」《書》曰：「天祐于一。」真慶宫亦以天一名之，帝以天一位真床宫，馮君名守一而守是宫，機會相符，名實相應，此佑聖宫之所由興也。嗣守者，倘能因馮君守一之名，爲清净畫一之法，不貳以二，不參以三，天一真慶宫，秖在靈臺丹府中，其上帝臨汝，無二爾心，諸君其勉之。後馮君五年，知宫魏君士暉，字君悦，又能脩飾潤色之。一日諗予曰：「是宫苟完矣，微馮君之力，不及此。先生寒齋後人，與馮君皆嵩道派也，知其用心孔艱，幸誌之，罔俾湮墜。」余不敢辭，敬爲之誌。延祐甲寅歲三月，前進士有山林謙益仲撰。

《〔光緒〕益都縣圖志》卷二八周德洽《大元重建龍山觀碑》 《易·繫辭》曰：上古穴居而野處，後世聖人易之以宫室，上棟下宇，以待風雨，蓋取諸大壯。如《詩》載陶覆陶穴，定之方中。皆自野而文，自樸而華，文物之備，蓋有漸也。宫觀之興，實原於此。今龍山爲觀，亦祖諸是爾。成觀之主，兆自有唐開元歲天寶觀住持知觀苗德兒，下迨明昌二年道士王守泰等，流芳千載。及我皇元至元戊辰，天寶觀真大道宗主通和大師、本方舉師牛希仙門弟賜紫金襴圓明大師丁德全、上足五方都舉正于公清淵，重新締構之也。觀違青社七里有奇，其山川形勢則背倚堯祠，瀑水、駞峰、龍山、石公、洋河周其四遠。面清溪，肘翠阜，春花秋果，白石丹崖。牧唱樵歌，響震林樾；黄鶯紫燕，聲度軒牕，盤谷、桃源，不啻過也，正宜幽人清士之所盤桓。爲殿爲堂，東西方丈，雲寮靖室，齋厨庫廐，以楹計者不下三十有餘。其塑像金碧綵繪，殫其技無遺巧焉。同槽碾磨博鐘之制，特其餘事爾。首功於前至元戊辰，斷手於元統甲戌，歷年滋久，可謂曰艱哉。其爲聖天子萬年祈福之場，士庶民請恩之域，固不偉歟！其周圍童土，豐歉足用，培植果樹，富埒封君，木奴之數，不足比也。外而臨朐縣石灰村，田宅與夫耕牛服畜無一不備，務農力本者何敢望焉。公之績德，可謂不負其師矣。公姓于氏，清淵其名，號葆光明真普應大師。世居雪宫之第六都張家莊，七歲著道士服，葷腥酒絶不茹飲。博通經史，中立不倚。自幼至老，俚俗之言不出諸口，純誠愿確謹厚之士，綱紀而有爲者。嘗蒙弟十二祖沖妙真人器任之，法賜金襴紫衣，充益都路都道録，歷階至教主五方都舉正。登真於後至元乙亥三月二十三日，享春秋七十有六。葬於觀之南原仙塋。度門徒甚衆，翘楚有幹局者四人焉，曰：劉進善，號沖和普潤大師，本觀提點。程天祥，瑞真普照潤德大師，法賜金襴紫服，本方法師。于太清，守道崇真常善大師，法賜金襴紫服，益都路道門提舉。仇天祥，真常明德大師，法賜金襴紫服，本觀提舉。尚餘法徒子姪輩與其方下宫觀宿德綱首人員及其本宗襲傳掌教真人，次序載於碑陰之宗派圖。至正甲申孟陬元宵節，天寶觀住持舉正沈進静、迎祥宫本路道門提點張天良等道公門徒輩，命余撰次之。或曰：道則一而已，猶有真妄之别乎？曰道者，人物性命之理，天地鬼神之奥，大則無不包焉，真則不容僞矣。《語》云：「雖小道必有可觀者焉。致遠恐泥，是以君子不爲也。」由此觀之，則真大道者可久而爲之矣。或者笑而頷之。銘曰：

青社城右，龍山之陰。觀以山名，維繚維深。東海高門，有孫乃耳。從令威師，來奠于此。平心鍊性，種植耕耘。七十餘載，歲月彌勤。率其徒侶，伐木諄諄。成此峩峩，齋房殿宇。朝鍾暮鼓，晨香夕燈。祝天子壽，岡陵維增。事遂功完，宜酬逸樂。晚景桑榆，西山日薄。年逾從心，幡然上賓。總兹成業，托付門人。詔爾門人，休負師祖。鑑我斯銘，毋忘勤苦。

《〔至正〕四明續志》卷一〇危素《四明别館記》 天曆二年，道士吕君虚夷由句曲山還四明，朝列大夫、臨江路同知總管府事趙由松具書，致其治郡城之廢觀。吕君起應之，發橐中資，飾唐吕真人巖之象，作玄玄堂六楹，上爲太清樓，祠老子。又得施入作三清殿。既而復居民所據地，作三門、雲堂、廊廡、庖湢，趙氏之祖與夫施財者，皆作室祠之。既完，與其徒講老莊氏之道，迺以書至京師，求爲記。按其觀由松之大父清敏公所構也。公諱與懽，字悦道，明《春秋》，尤尚老氏學。宋淳祐間，尹臨安，以清静爲治。聞有道士上謁，飄然有淩雲之意，欲與之語，因忽不見，明日童謡於路，謂吕真人云。於後歸守四明，拓其里第旁田舍，構福順道院，象而祠之。它日，群鶴蜚鳴而下，世傳吕真人三至其家。公之子浙東道宣慰使孟傳請於張天師宗演，更道院爲觀。孟傳命道士朱可立主之。繼者非其人，趙氏子姓適宦遊他郡，久之，觀弊壞，僅存衍慶祠二楹以棲神像。至是，由松歸謀於族人曰：「昔者兹觀爲吕真人作也，苟得其人而守之，庶幾先君之志有所託矣。」皆曰「非虚夷不可」，故來居之。虚夷又謂有詔致祭山川，獨四明洞天行事於野，在吾法爲弗嚴，乃作高閣奉地示，榜曰四明別館。掌其教者爲移牒有司，必於此乎祭。虛夷將老於句曲，俾其徒以次主之。此其書所列者也。呂君四明人，字與之，端謹而文，慕陶隱居、司馬錬師之風，始著道士服於天台桐柏山。嘗作大瀛海道院於海隅，著《老子講義》若干卷。與余最故，乃不讓而記之，並繫之以詩。其詩曰：

純陽真人列僊翁，佩劍游嬉都市中。常來武林謁君公，笑而不語乘剛風。白鶴飛去滄海東，井泥路斷棟宇空。大瀛海客顔如童，還歸故邦樹靈宮。祝鼇報上鳴鼓鐘，伏藏蛟鰐驅豐霳。仰聞至道貴虛盅，陰滓陽盡精濡融。欻然變化猶神龍，後天而老茫無窮。真人玩世如冥鴻，下土陽燄何濛濛。方蓬雲氣通雲夢，千二百歲常相從。

劉楚《槎翁文集》卷五《長春道院記》 古遺世長往之士恒有休憩倘習之所，彼豈擇而取之哉。感化而冥合，聞風而景從，蓋有非偶然之故者，若今長春道院之建是矣。方之外有蒲衣道者曰方丘生，蚤遊臨川吴文正公之門。既而師事李西來於武夷山，學全真之學，西來者故金蓬頭之高弟子也。久而去之，居龍虎聖井山之天瑞庵。又去之，浮游江湖，見東魯能仁叟，參明性命一致之要，其説與金契。復歷叢林，究境宗旨，遊四祖，見平川濟公玄解木牛之機，登雲居，見小隱太公，竟悟斬苗之旨。□復告之曰：「龍蚍混雜，必須尋箇休歇處。」後得安成之武功山而休焉。武功者，晉葛仙翁錬丹處也。日月之所蔽虧，風雷之所震撼，縣崖絶磴，人迹罕至，生築室其巔，若將終身。一日忽棄之去，衆咸駭之。未幾兵起，武功燬焉。去而之豫章，止快活林，復曰：「茲城繁庶已極，詎宜久居。」又去之，將歷崆峒，踰梅嶺，登羅浮，以絶于南海焉。其言曰：「吾教以清凈無爲爲宗旨，以一瓢一笠爲身具，然昔有丘長春吾宗師者，啓神武不殺之機，有功於生靈多矣。今其教將自北而南乎？」他日由贛之興國見令尹陳侯，與語，大奇之，乃止之曰：「子雲水徒也，凡一山一水無不可以遊息者，何拘拘乎羅浮之求哉。」一日由南郭登金鷄冠嶺而眺望焉，土人云其下嘗爲鍾氏圃曰芳所長春者廢矣，生聞而歎曰：「茲長春遺讖乎，吾瓢笠之緣其有在矣。」時鍾氏有某者樂善人也，聞之即慨然以其土施之，侯乃卜日理基爲營宮室，一時材植工徒之盛，若川輸雲委，無不翕若。中爲正殿祀天神者，凡九楹，高若千尺，前抱廣廊，旁翼兩廡，殿後爲堂曰「會于一」，東爲小廳曰「有何不可」，又東爲小室曰「幻寓」，西曰「葛藤窩」，皆休息談燕之所。前東揔爲高門，榜曰「長春道院」，兩山之厓繚以長垣，引以廣塗，帶以松竹，蔚然深秀，誠仙者之所居也。其院南少西數十步有大池焉，方廣數畝，揞石起亭曰「清碧」，可臨可眺，而翼乎其前者，則慈祐寺，僧振遠之所作也。振遠龐質而習静，類有道行者，而邑之名士曰羅君某，尤卓卓以文辭著稱，生日與二人者游，蓋甚相好也。他日方丘生又將於殿之西作新祠，設陳侯之像于中，復爲已與二君之像于東偏，以著一時會遇之雅，且昭不忘焉。夫鍾氏之園池固嘗盛矣，然卒淪棄爲無用之地，一旦起而棟宇之，其名號之遺，雖若適然，而陳侯營創之功要不可泯矣。昔顔魯公爲撫州刺史，凡管内名山仙宇，如《麻姑壇記》□爲之大書深刻于石，故五六百年間莫敢有廢之者。豈惟莫之敢廢，其高風偉績足以媲美于無窮者，豈偶然哉。吾見其道明德立、山益高而水益深也。抑生之者去而遠遊，其所得於先達異人之餘論，宜不得而遂隱矣。來者因是有聞焉，則長春之教所以演於東南而倡於興國者，其在茲乎。經始於癸卯三月之九日，休工於某月日。董其役者曾可武、張茂德，而嗣其業者，則郭宗玄元素也。

劉仁本《羽庭集》卷六《慶元路玄妙觀重修道藏記》 傳言蓬萊山爲海中神仙會府，幽經秘籙咸在焉。自老聃爲周守藏吏，爲柱下史，凡四方記言，文書載籍，悉歸柱下。此道家者流摭茲故實，而經藏所由始也。故後漢校書者，有指東觀如老子之藏室、道家之蓬萊山云。夫道書之妙，無踰於《道德經》八十一章，五千七百餘文。其大要以清虛爲本，卑退自持。若曰「衆皆有爲而我獨遺」；又曰「知其雄，守其雌，爲天下谿；知其白，守其黑，爲天下式。知足不辱，知止不殆」；又曰「挫其鋒，解其紛，和其光，同其塵，是謂玄同」者，皆謙抑撝遜，慈儉無爲，求全乎道而已。非如後世之洞章靈篆，丹書寶籙，琅函玉笈，長生保命之文，超魂度死之篇，詭秘寥閴，遐哉邈矣，遂失其真。然羽人高士，又率以祠祝爲職。而禳禬醮祭之儀，受籙純嘏之託，自天子至於庶人，一皆有事於茲矣。四明之玄妙觀，肇基於晉。在唐爲紫極宮，宋爲天慶觀，徽宗始賜經建藏。其祖師王拙隱相攸於東廡間，而管轄柯東谷繕完之。入國朝，易今名。繼有倭夷之災，觀與藏俱燬。至大辛亥，呂真師既謀興復，首葺藏殿，置輪機，具像設。未幾而又漫漶剥落。至正壬寅，道士請于今司徒越國夫人董氏，出黄金三十兩，白金二百兩，米粟一百斛，役智巧之工，嚴華麗之飾。上刻經緯星宿之次，爲璇璣衡表之運，中函靈祕洞玄之章，金科玉字之典，挾以天龍威勇之神，紐以尻輪環轉之柱，金碧焜燿，驚心駭睫。於是太微紫清之境，斗杓斡運之樞，不違顔咫尺。而凡人以災眚告者，啓其竅塞，推轂蹈規，左右旋轉，揚鈴伐鐘，縈星步斗，飈迴跂翼，奔走鬼神，變祲爲祥，避凶趨吉。握禍福機於一轉移之頃，際天人感通之道於兩間，精誠肸蠁，豈欺我哉？既集事，住山卓君履一以狀來請記，固讓弗獲。噫！夫道藏之建，爲儲經書設也，其名義當矣，有自來遠矣，余奚假辭？至於禳祓請禱之事，必得其說斯無惑。蓋人稟天地之中以生，順陰陽五行之氣以理，日月星辰所照臨，風雨霜露所淩轢，川嶽神祇所呵禁。一有災沴疾病困苦之加，則存乎厭禳祈籲之典者，亦人情物理所必然也。若宋景公用子韋悔禍之言而熒惑爲退三舍，感應之道，雖有惡人，齋戒沐浴，可以祀帝。矧鬼神之事，領之祠官，則爲黄冠師者，齋明盛服，祝辭致告，凡所以爲民集禎祥、治災異之具，宜無所不用其誠焉。兹道藏之繕修，雖云越國之求福，其亦民心所共樂成也歟？始工於陽月初吉，既畢於明年夏五月。於是乎記。

程敏政《篁墩文集》卷一九《洞元觀重修記》 祁門縣東一里有山曰祁山，高拔深秀，縣因以名，而洞元觀實據其麓，山三面壁立，中竅爲石室，曰青蘿巖，亦曰棲真巖，乳泉出焉。考之圖經，蓋漢將梅鋗故宅。唐大歷中，置觀曰龍蟬。宋太平興國中，改通玄，又改洞元，相傳有孫元明者於此仙去。元至正末，悉燬於兵，殘甓斷礎，無孑遺者。宣德壬子，道會周允中與其徒方志良始言有司募工修復，薙荒而勝，剗險而夷，贖其侵疆，拓其故基，爲玉皇樓八楹，紫微閣十有六楹，三清殿八楹，東寮十有二，像設有嚴，鐘鼓在御，置田立籍，還其舊規。而允中卒，志良爲道會，益嗣葺之。既老，則以付其徒鄭碧鑑。碧鑑以兹役之不克竣也，殫智畢力，節縮浮費，告所還往助者益衆。而前知縣事御史曹君鳳、今知縣事韓君伯清皆憐其志，佐其費，遂爲四聖殿十有四楹，東廡十有二楹，方丈十有四楹，祖師堂十有二楹，道室二十有二楹，過廂庖屋十有六楹，鐘鼓樓各十有二楹，又爲獨秀樓八楹。高者翬飛，下者鱗次，金碧焜煌，丹堊鮮好，而凡爲闌、爲墀、爲街道、爲坊表，咸以文石，堅緻如法。蓋自成化庚子抵弘治乙卯，十有五年，而洞元之役始告厥成，於是碧鑑因予族孫啓來休寧南山以請記。夫世之號有起廢創始之功者，非其人志之堅、行之恒，則不能以有成。幸而有之，類必爲肖子，爲能吏，爲服采榦方之臣，不可得也。而碧鑑一方士，無所承於家藉於官，以其獨任之勇、積久之力，成偉觀於一墟，繼前功而丕振，非庶幾乎志堅而行恒者，其孰能之？彼有所承藉而反忽於其所當爲，至無以副其前倡其後。予固惜碧鑑之功有在此而不在彼者，後之人撫忠賢發跡之地，而想其破秦拯民之烈，徇羽人巖棲之志，而企其遺塵高世之躅，重前代祝釐之意，而仰戴我列聖咸和並育之澤，益堅其志，恒其行，心碧鑑之心，而俾無替焉可也。碧鑑家邑南塘，司徒傳之後。弘治九年歲次丙辰秋九月望日。

程敏政《明文衡》卷三六周叙《游嵩陽記》 宣德丙午三月十五日，予在鞏，祀宋陵畢，瞻望嵩少諸山，慨然想其勝，與廣文宜春吴公遜志約游焉。行李僕御已戒，至期，聞有達官至，吴君不果行。越二日，予遂携邑庠生王庸、劉清、李暄同往。行二十五里，至黑石渡，沿洛陽南至河，水清，駛水濱，山石犖確。下步行二里餘，午食將軍趙仁家。又行半舍許地，曰漫流岡。上有郭汾陽廟，環廟古柏數百株，蒼翠蔚然可愛。有碑二通：一金元光二年天黨趙琢撰，云：汾陽嘗領兵清河上，至是，索芻米，不獲。里人告以是邦西南岡嘗出毒霧爲災，故田谷不秋，無以供餉。汾陽乃旋軍登其上以壓之，毒因以息。里人遂立廟祠之。相傳祠下有洞，時有聲隆隆然，蓋毒霧所出處。予惟古人稱掃清氛祲，汾陽之謂矣。一則緱山東老人所題，老人逸其名，必宋元顯者。夜宿原良村王庸家。自鞏至是七十餘里。

翌旦，遵趙城陟轘轅道，石徑崎嶇，盤回以上。中有關名粤嶺，老卒數人守之。時天旱，邑人祈禱甚久。忽微雨從西北來，予顧謂二生曰：「今日之游，固樂；天復雨，又樂之尤也。」轉南，僅五里，入少林寺。竹木蔽翳，仰不見日。花艸餘香，鬱鬱襲人。寺在五乳峰麓，少室山當其南，隱若屏列。寺僧聞客至，迎迓甚恭。佛殿后爲講堂，堂后有立雪亭，則佛徒惠可受法於達磨處。惠可嘗侍達磨，雪深至腰，不去，竟得其法。予因嘆曰：「昔游定夫、楊中立立雪於程門，卒傳其道。惠可學佛法亦然。使世之爲弟子者皆若此，其學詎有不成者邪？」因觀歷代所建碑刻。其文最舊，則有梁武帝御制達磨大師贊，前刻歐陽圭齋序，余皆唐宋以下文字。又向西北循山厓深入三里許，攀援而上，山勢岈然環抱，視寺之臺殿，山之林壑，若在席下，是爲達磨面壁庵。庵有石影，云：「達磨面壁九年之遺迹也。」時雨止雲收，烟霧澄霽，幽鳥玄蟬，鳴聲上下，倏然有塵外之想。僧云：「西南八里巔有惠可庵，有卓錫泉。」以榛莽蒙翳不果上。寺主僧二人，曰圓宗林之廷者甚能言，相與辯論亹亹，亦自可敬。飯畢，啓行，逾十里，則嵩山少室，東西對屹，山色掩映，蒼翠如滴。路循深溪，灘石壘磈，按轡徐行，毛髮森竪。俄經一小土神祠南，忽有一赤衣童子急趨道左，令導途者索之，彌久不見。竊自念曰：連月旱暵，而赤色者南方朱火之象也，是豈旱魃之流歟！因相與名其地曰赤童子山。又行十里，憩郵亭中。亭後一里，有寺名會善，刻元雪庵所書《茶榜》，字徑三寸許，遒偉可觀。觀畢，即出，晚至登封，假館學宮。自原良至是，又六十里。

明日，同廣文劉仲武、司訓吴永庸謁中岳神祠。且默禱，久旱，祈賜雨澤。禮畢，而縣丞李政繼至。祠在縣東八里嵩山之陽。中原壤地平曠，有山亦培塿不奇崛。唯嵩山蜿蜒磅礴，騎奔雲矗，綿長數十里，屹然在天地之中。諸山環列，勢若星拱。蓋乾坤秀粹所鐘，宜神靈之宅也。祠規制極宏壯峻極，殿南爲降神殿，三面皆圖申甫像。丹青頗剥落，而筆意蒼古，督李丞命畫工模之。宋金以來石刻以百數，唯王曾奉敕撰者，碑最穹壯。字體雖甚勁麗，又漫滅不可讀。并命諸生用紙墨模榻以考其舊。既出，李具酒肴於道士方丈，相與宴飲甚歡。丈室後有竹數百竿，微風度之，鏗然有聲，如擊金石，此又洛中之僅見也。

又明日，與仲武、永庸循北門游嵩陽觀。觀久廢，惟古柏三株存。大者圍幾三丈，高兩倍之，相傳漢武帝封爲大將軍，有石刻識其下。次者亦幾二丈圍，云皆封次將軍。望之，如張帷幄，如擁車蓋，風動，又聞如絲竹之音。相對倚久之，不能去。惟朝廷方取材川蜀，以資梁棟。此木近在河洛，似獨遺棄，豈造物者固有以庇之？抑以孤處僻遠，不見知於世邪？前有天寶三載紀聖德感應碑，高大異常制，書法極妙。又從東度涸澗，尋崇福宮，即太乙觀。林深，從者迷失道，往返數四，始達。宮亦屢廢，惟三清殿存，亦至元間重修者。房屋近毁於野火。道官依殿以居。舊有弈棋、樗蒲、泛觴三亭，今惟九里池存。有泉名太乙，歲久亦湮，則泛觴亭之故址也。二宮觀俱漢唐宋以來天子巡幸暨王公卿士宴游之所。方其盛時，珠宫琳館，金碧交映，鑾輿所至，草木生輝。及其廢也，荒烟斷礎，鞠爲丘墟。樵人牧豎，得而辱焉。噫！方外之流恒自視其道與天地長久永存，今既若此，豈非物之興廢，固自有時哉！升高以望遠，則箕潁諸山川，隱然如畫，追想巢由之高風。

西則少室三十六峰，綺綰綉錯，高插霄漢，深悲李山人之陳迹。目與景接，心契神會，超然若御灝氣，游鴻蒙，而不知其所止也。稍東有啓母石，云：涂山氏所化。其説怪誕不經。極西有法王寺，亦名刹，殿宇頽圮，惟浮圖巍然。南下，則有周公測影、觀星二臺廢址。北顧嵩高二十四峰，舒奇獻秀，歷歷可指。并山頂而東，則又有所謂盧鴻巖、投龍洞，皆嵩陽勝處。

擬次日再約往游。是夕，予冒風寒，頗不懌。且疲於登陟，遂不果。而顧予先後之所已賞者，其所得亦可謂富矣。因累書其事於簡以識予是游之勤。并各書一通，一以遺鞏邑廣文吴公，俾想見兹游之勝；一以留登封學宮，以備他日好游者之故實云。是爲記。

王季重《王季重集・重修廬山白鶴觀記》 廬山五老峯前有白鶴觀，道士劉混成騎鶴飛昇處也。唐高宗敕建此觀，而宋學士蘇子瞻常獨游此，觀棋有詩。天啓乙丑夏，山陰王思任來游，攜其友沈三賢、陸士慎，徘徊於觀之前後，掬池臼之水，烹雲霧之茶，摘蔬造飯，薄飲追凉，相與歌呼樂甚。然而欷噓感嘆者繼之，蓋不勝今昔之俯仰焉。棟宇頽危，門檽不設，飢豬擾案，鳥鼠碎簷，雖長松歷澗，依然瑟響，而蒿荆籬豆，迷陽岑莫，亡聊賴甚矣。觀主人李元丹乞留一言，以爲興復之藉，而任適在潯陽，爲題白鶴觀説以貽。星子令陳巽言倡其事，郡孝廉陶孔志爲糾首以成之。崇禎壬申，任復爲起部視榷鳩兹，而元丹忽來，出孝廉手札徵記。嗟呼！廢興之故，蓋有數存，觀不得劉道士不創也，不得蘇學士不名也，而予與元丹之意，不得陳使君、孝廉等不復也。星渚瘠澀，雖未必能焕隆章灼，而亦稱稍稍恢葺矣。然而元丹目尚沖然，腹猶未甚果然也，則請有以廣之。丹知白鶴之説乎？夫鶴者，九皋之騏驥，性必處陰，行必步斗，非仙人之友，則仙人之僕也。不則其分身而託焉者，不則其相齊州而寄焉也。費禕之樓也，介象之廟也，茅盈之帳也，丁令威之華表也，鄭弘之射的也，浮丘之青田也，王喬之緱嶺，而廣成子之石穴也，皆鶴也，皆寄也。道士偶一乘之，遂遺雲氣，入層霄，視傴僂五老之鹹項，不啻一跡爪其間，豈復知小兒輩復有土木事乎？子瞻聰明絶世，了元以爲大愚，即驂鸞駕鶴，爲不死人，猶屬最下一乘。赤壁之游，自謂登仙羽化，而縞衣玄裳者笑謂其樂非真樂。夫何知闔户書寢之時，誰與棋者？非道士與羽客戲爲君子軍，於流水古松之間，以嬲髯蘇也耶？噫嘻！子瞻誠大愚矣。然而子瞻不愚，勝固欣然，敗亦可喜，勝不過三世諸佛，敗不過九天仙子，諸佛仙子與我何有哉！且夫天地之間，有情者俱妄，無情者乃真，是故莫壽於古松流水，而道士與羽客皆短。日長境静，恍惚古初，不聞人聲，但聞落子，非禪非玄，髯得之矣。如必從道士起見，則廬山亦匡續以後之名，未有續時，此山何所命名？而竟無人來往居處其下與？過而不留，住應無所，此爲深於樂山者也。元丹能詩，可與言昔，以此記歸之。

王概《太嶽太和山紀略・金殿》 金殿在天柱峰極頂，又名金頂。元置銅殿於上，明永樂以規制弗稱，移於小蓮峰，更爲創建。基琢文石，冶銅成殿。沃以黄金，負西面卯。高丈五尺，横丈二尺，直九尺，式如暖閣。外體精光一片，毫無鑄鑿之痕。內則刻劃瓦鱗及榱桷、檐牙、棟柱、門槅、窗櫺、壁隅、門限，諸形畢具，皆剞銅爲之。上設帝像，聖容豐潤如生，傍侍天兵像四，莊嚴焕發。自殿屋、法像至供御器物，悉是銅質金飾，焜煌一色。藏有御賜物數件，龜蛇最奇，蛇員瑩，龜棱隅，蛇繞龜腹背，色黟如漆，而龜潔如脂，因其玉質，巧絶人工，非上方不有也。外植銅柱數十根，如欄杆周護之。左右益以飛棧，爲更衣二小室。殿外爲臺，臺外爲楹，楹外爲城。開四天門，以象天闕。東、西、北三門逼臨絶巘，惟南天門，通路由之。群峰捧托，帝闕高居。一朵紅雲，萬道寶光。洵爲白玉乾坤、黄金世界，迥出五嶽珠宮、紺殿之上者也。

惲敬《大雲山房文稿二集》卷三《酥醪觀記》 茶山、小蓬萊、艮泉三谷之水匯爲大溪，西南奔注，曰下陂，曰白水砦。大溪之中阻與岡阜爲回合，而酥醪觀翼然臨之，葛稚川北庵也。楹牖廉廡甚飾。其樹多松，大者數十圍；其竹多篔簹、龍鍾；其花多木芙蓉、木犀；其鳥多謝豹、搗藥鳥，時有五色雀。《集仙傳》云：「安期生與神女會于玄丘，醉後呼吸水露，皆成酥醪。」此庋詞也，取之名觀，不知所自始。觀之東北隅，有樓一楹，香山黄子實名之曰「浮山第一樓」。觀之外爲小築，亦有樓。敬入山居之七日，名之曰「八龍雲篆之樓」。觀之前有大坪，坪之前有池，池有紅白蓮。住持度大坪將爲觀門，左右益構丹室焉。浮山之勝會於雙髻、符竹、蓬萊三峰，三峰之勝會於酥醪觀。自酥醪觀過下陂，背白水砦，以登於麓，羣峰擁之，西至分水嶺，即浮山之外山矣。蓋浮山東閾分霞嶺，西閾分水嶺也。復五十里至增城，敬常薄暮過之，城堞之上，山俱作紺碧色，山外落日如盤，爲五色蕩之，其時真神遊八極之表矣。嘉慶二十年九月癸丑，陽湖惲敬記。

于敏中等《日下舊聞考》卷五四愛新覺羅・弘歷《重修顯佑宮碑記》 議禮家稟承經訓，斥道流傅會神奇之事以爲説莫吾勝，顧不揆夫天人幽明所究極。道者之説之本出乎經，故道晦而經益荒，即禮亦因之以缺。圖誌載真武之神爲靖樂王太子，受道秘於紫虛元君，入山修鍊飛昇，從而著寶號傳真籙，疑於精英惚怳足以聳動一世之耳目，而不能塞扶翊風教者之心。然禮不云乎！前朱雀而後玄武。釋者謂玄武卽龜蛇，爲旐有四斿，其星虛危七宿，其次元枵娵訾，凡注天官職方者莫不徵引。蓋先王取象以節軍旅疾徐進返之度，爲能應天而順人。卽由此推之，命討告功，若禡禨伯禱，庸得謂非其所有事而竟齒於無文之秩乎？今道家奉神，左右有將曰龜曰蛇，正數典不忘其朔。至改玄武爲真武，則自宋時避廟諱以真代玄始。而羽士尊之曰北極玄天，又取漢時五帝義疏沿而襲之，其訓後爲北方，原出經解，匪彼氏哆譚尤信。京師顯佑宮建自明永樂十三年，以祀佑聖真君。正德中，更署額爲靈明顯佑。按成化碑記備詳洪武及靖難間行陣呵護之應。雖語涉響像，尚不謬經文飾怒遺意。其後濫觴罔制，致內官陳善憑兹援納左道，猥瀆明禋，宮猶巍然，神豈顧饗？惟是神宮，地當坎位。稟元冥之令，符天一之行。佑國佑人，昭格融顯。有其舉之，亦莫可廢。乃以癸未孟春，出內帑之羡，鳩工庀材，匪增曰葺。其年十有二月訖事，整贍恢閎，足以揭虔展事。所司礱石請記，爲推明闡道正經之大者，以示前民用而袪民惑。其他世俗昭報如雞鳴之祠，武當之幣，皆畧而不書。

陵墓總部

《陵墓總部》提要

遠古之喪，只封樹而無墓祭。後因王權增強，喪處高築，漸成山陵。秦始皇營驪山，秉事死如生之意，建寢園游宫，如人君之居。地下壙築方城，由墓道、過洞、天井、甬道而入，内置類似前朝後寢之局，玄室以納梓宫。陵墓上方繞以周垣，四向闢門，門有闕，闕外爲神道，前列象生。唐宋雖稍有增改，然體制相承。明太祖營建孝陵，上下二宫合而爲一，陵門以内列神廚、神庫、殿門、享殿與東西兩廡。成祖而後，乃至清朝諸陵，悉遵孝陵之法，而宏敞過之。惟山陵之制，明孝陵改方爲圓，若饅首狀，清代改爲前方後圓、南北較長之寶頂。

逝者生前有品位高低之分，死後陵墓亦有崇卑之别，歷代王朝悉以禮法約束。至明清之際，規定尤爲細緻，對王公而下，乃至平民百姓，其墓塋享堂、碑首雕飾，均有明確規範，不可踰越。

本總部下設三個部：《陵墓綜合部》，輯録古代陵墓營建觀念與禮制流變的相關資料。《皇陵部》，輯録各朝皇陵修建及其形制的相關資料。按年代順序，以皇陵爲目排列，並將各朝陵墓修造概括性的資料置於各朝之末。《墓冢部》，輯録古代公卿、士紳以下墓塚之相關資料。

目録

陵墓綜合部

題解

《禮記・檀弓上》 吾聞之，古也墓而不墳。鄭玄注：墓，謂兆域，今之封塋也。古，謂殷時也。土之高者曰墳。

揚雄《方言》卷一三 冢，秦晉之閒謂之墳，取名於大防也。或謂之培，音部。或謂之堬，音臾。或謂之埰，古者卿大夫有采地，死葬之，因名也。或謂之埌，波浪。或謂之壠。有界埒似耕壠，以名之。自關而東謂之丘，小者謂之塿，培塿亦堆高之貌。洛口反。大者謂之丘。又呼冢爲墳也。凡葬而無墳謂之墓，言不封也。墓，猶慕也。所以墓謂之墲。墲謂規度墓地也。《漢書》曰「初陵之墲」是也。

許慎《說文解字》卷九上《勹部》 冢，高墳也。從勹，豖聲，知隴切。

許慎《說文解字》卷一三下《土部》 塋，墓也。從土，熒省聲，余傾切。

墓，丘也。從土，莫聲，莫故切。

墳，墓也。從土，賁聲，符分切。

劉熙《釋名》卷一《釋山》 陵，陵隆也，體高隆也。山頂曰冢。冢，腫也，言腫起也。

劉熙《釋名》卷八《釋喪制》 壙，曠也，藏於空曠處也。冢，腫也，象山頂之高腫起也。墓，慕也，孝子思慕之處也。丘，象丘形也。陵亦然也。假葬於道側曰肂。肂，翳也。日月未滿而葬曰渴，言謂欲速葬無恩也。過時而不葬曰慢，謂慢傲不念早安神也。葬不如禮曰埋。埋，痗也，趨使葬腐而已也。不得埋之曰棄，謂棄之於野也。不得停屍曰捐，捐於地邊者也。

戴侗《六書故》卷二五 窆 窆，充芮切。《周禮》曰：小葬兆甫窆。又曰：邦若屋，誅則爲明窆。鄭大夫讀爲穿，杜子春讀爲毳，皆謂穿壙也。康成曰：今南陽謂穿地曰窆，讀如脆。

楊桓《六書統》卷一一 塋，余傾切。墓域也。從土，熒省聲。

《說郛》卷三二下《墨娥漫録》 秦名天子冢曰長山，漢曰陵，故通曰山陵。

《康熙字典・辨似》 冢，音塚，高墳也。

顧炎武《日知録》卷一五《陵》 古王者之葬稱墓而已。《左傳》曰：殽有二陵，其南陵，夏后皋之墓也。《書傳》亦言，桐宮湯墓。《周官》：冢人掌公墓之地。並言墓，不言陵。及春秋以降，乃有稱丘者。楚昭王墓謂之昭丘，趙武靈王墓謂之靈丘，而吴王闔閭之墓亦名虎丘。蓋必其因山而高大者，故二三君之外，無聞焉。《史記・趙世家》：肅侯十五年起壽陵。《秦本紀》：惠文王葬公陵，悼武王葬永陵，孝文王葬壽陵，始有稱陵者。《後漢書・東平憲王蒼傳》言園邑之興始自彊秦。《通典》：襄陵有晉襄公之陵。至漢，則無帝不稱陵矣！宋施宿《會稽志》曰：自先秦古書帝王墓皆不稱陵，而陵之名實自漢始。非也。

論說

《春秋公羊傳・定公十五年》 辛巳，葬定姒。定姒何以書葬？未踰年之君也。有子則廟，廟則書葬。

《春秋公羊傳・莊公三十二年》 冬，十月，乙未，子般卒。子卒云子卒，此其稱子般卒何？君存稱世子，君薨稱子某，踰年稱公。子般卒，何以不書葬？未踰年之君也，有子則廟，廟則書葬。無子不廟，不廟則不書葬。

《吕氏春秋》卷一〇《孟冬紀・安死》 世之爲丘壟也，其高大若山，其樹之若林，其設闕庭、爲宫室、造賓阼也若都邑。以此觀世示富則可矣，以此爲死則不可也。夫死，其視萬歲猶一瞚也。人之壽，久之不過百，中壽不過六十。以百與六十爲無窮者之慮，其情必不相當矣。以無窮爲死者之慮，則得之矣。

今有人于此，爲石銘置之壟上，曰：「此其中之物，具珠玉、玩好、財物、寶器甚多，不可不扣，扣之必大富，世世乘車食肉。」人必相與笑之，以爲大惑。世之厚葬也，有似于此。自古及今，未有不亡之國也；無不亡之國者，是無不扣之墓也。以耳目所聞見，齊、荆、燕嘗亡矣，宋、中山已亡矣，趙、魏、韓皆亡矣，其皆故國矣。自此以上者，亡國不可勝數，是故大墓無不扣也。而世皆争爲之，豈不悲哉？

君之不令民，父之不孝子，兄之不悌弟，皆鄉里之所釜鬲者而逐之。憚耕稼采薪之勞，不肯官人事，而祈美衣侈食之樂，智巧窮屈，無以爲之。于是乎聚羣多之徒，以深山廣澤林藪，扑擊遏奪，又視名丘大墓葬之厚者，求舍便居，以微扣之，日夜不休，必得所利，相與分之。夫有所愛所重，而令奸邪、盜賊、寇亂之人卒必辱之，此孝子、忠臣、親父、交友之大事。

堯葬于穀林，通樹之；舜葬于紀市，不變其肆；禹葬于會稽，不變人徒。是故先王以儉節葬死也，非愛其費也，非惡其勞也，以爲死者慮也。先王之所惡，惟死者之辱也。發則必辱，儉則不發。故先王之葬，必儉，必合，必同。何謂合？何謂同？葬于山林則合乎山林，葬于阪隰則同乎阪隰。此之謂愛人。夫愛人者衆，知愛人者寡。故宋未亡而東冢扣，齊未亡而莊公冢扣。國安寧而猶若此，又況百世之後而國已亡乎？故孝子、忠臣、親父、交友不可不察于此也。夫愛之而反危之，其此之謂乎！《詩》曰：「不敢暴虎，不敢馮河。人知其一，莫知其他。」此言不知鄰類也。故反以相非，反以相是。其所非方其所是也，其所是方其所非也。是非未定，而喜怒鬥爭反爲用矣。吾不非鬥，不非爭，而非所以鬥，非所以爭。故凡鬥爭者，是非已定之用也。今多不先定其是非，而先疾鬥爭，此惑之大者也。

王符《潛夫論・浮侈第十二》 子曰：「古之葬者，厚衣之以薪，葬之中野，不封不樹，喪期無時。後世聖人易之以棺椁。」桐木爲棺，葛采爲緘，下不及泉，上不泄臭。後世以楸梓槐柏杶樗，各取方土所出，膠漆分致，釘細要，削除鏟靡，不見際會，其堅足恃，其用足任，如此可矣。其後京師貴戚必欲江南檽梓、豫章、楩柟。邊遠下土，亦競相仿效。夫檽梓、豫章，所出殊遠，又乃生於深山窮谷，經歷山岑，立千步之高，百丈之溪，傾倚險阻，崎嶇不便。求之連日，然後見之；伐斫連月，然後訖。會衆然後能動擔，牛列然後能致水。油潰入海，連淮逆河。行數千里，然後到雒。工匠彫治，積累日月。計一棺之成，功將千萬夫。既其終用，重且萬斤，非大衆不能舉，非大車不能挽。東至樂浪，西至燉煌，萬里之中，相競用之。此之費功傷農，可爲痛心！古者墓而不崇。仲尼喪母，冢高四尺，遇雨而墮。弟子請治之。夫子泣曰：「禮不修墓。」鯉死，有棺而無椁。文帝葬於芷陽，明帝葬於洛南，皆不藏珠寶，不造廟，不起山陵。陵墓雖卑而聖高。今京師貴戚，郡縣豪家，生不極養，死乃崇喪。或至刻金鏤玉，檽梓楩柟，良田造塋，黄壤致藏，多埋珍寶、偶人、車馬，造起大冢，廣種松柏，廬舍祠堂，崇侈上僭。寵臣貴戚，州郡世家，每有喪葬，都官屬縣，各當遣吏，齎奉車馬、帷帳，貸假待客之具，競爲華觀。此無益於奉終，無增於孝行，但作煩攪擾，傷害吏民。今按鄗、畢之郊，文、武之陵，南城之壘，曾析之家，周公非不忠也，曾子非不孝也。以爲褒君顯父，不在聚財；揚名顯祖，不在車馬。孔子曰：「多貨財傷於德，弊則没禮。」晉靈厚賦以彫墻，《春秋》以爲非君；華元、樂吕厚葬文公，《春秋》以爲不臣。況於羣司、士庶，乃可僭侈主上，過天道乎？景帝時，武原侯衛不害坐葬過律，奪國；明帝時，桑民樅陽侯坐冢過制，髡削。今天下浮侈離本，僭奢過上，亦已甚矣！凡諸所譏，皆非民性，而競務者，亂政薄化使之然也。王者統世，觀民設教，乃能變風易俗，以致太平。

祝穆《古今事文類聚前集》卷五〇六劉向《諫厚葬疏》 棺槨之作，自黄帝始。黄帝葬於橋山，堯葬濟陰，丘隴皆小，葬具甚微。舜葬蒼梧，二妃不從。禹葬會稽，不改其制。殷湯無葬處。文、武、周公葬於畢，在鄗東南，無墳壠。逮至吴王闔閭，違禮厚葬，十有餘年，越人發之。及秦惠、文、武、昭、襄五王，皆大作丘壠，多其瘞藏，咸盡發掘暴露，甚足悲也。始皇葬於驪山之阿，下錮三泉，上崇三墳，其高十丈，周回五里有餘，石槨爲游館，人膏爲燈燭，水銀爲江海，黄金爲鳧鴈，珍寶之藏，機械之變，棺槨之麗，宫館之盛，不可勝原。又多殺宫人，生埋工匠，計以萬數。驪山之作未成，而周章百萬之師至其下矣。項籍燔其宫室營宇，往往咸見發掘。其後牧兒亡羊入其鑿，牧者持火照求羊，失火燒其藏槨。自古及今，葬未有盛如始皇者也，數年之間，外被項籍之災，内罹牧豎之禍，豈不哀哉！

《漢書》卷三六《楚元王傳》 臣聞《易》曰：「安不忘危，存不忘亡，是以身安而國家可保也。」故賢聖之君，博觀終始，窮極事情，而是非分明。王者必通三統，明天命所授者博，非獨一姓也。孔子論《詩》，至於「殷士膚敏，裸將于京」，喟然歎曰：「大哉天命！善不可不傳于子孫，是以富貴無常；不如是，則王公其何以戒慎，民萌何以勸勉？」蓋傷微子之事周，而痛殷之亡也。雖有堯、舜之聖，不能化丹朱之子；雖有禹、湯之德，不能訓末孫之桀、紂。自古及今，未有不亡之國也。昔高皇帝既滅秦，將都雒陽，感寤劉敬之言，自以德不及周，而賢於秦，遂徙都關中，依周之德，因秦之阻。世之長短，以德爲効，故常戰栗，不敢諱亡。孔子所謂「富貴無常」，蓋謂此也。

孝文皇帝居霸陵，北臨厠，意悽愴悲懷，顧謂羣臣曰：「嗟乎！以北山石爲椁，用紵絮斮陳漆其間，豈可動哉！」張釋之進曰：「使其中有可欲，雖錮南山猶有隙；使其中無可欲，雖無石椁，又何慼焉？」夫死者無終極，而國家有廢興，故釋之之言，爲無窮計也。孝文寤焉，遂薄葬，不起山墳。

《易》曰：「古之葬者，厚衣之以薪，臧之中野，不封不樹。後世聖人易之以棺槨。」棺槨之作，自黄帝始。黄帝葬於橋山，堯葬濟陰，丘壠皆小，葬具甚微。舜葬蒼梧，二妃不從。禹葬會稽，不改其列。殷湯無葬處。文、武、周公葬於畢，秦穆公葬於雍橐泉宫祈年館下，樗里子葬於武庫，皆無丘隴之處。此聖帝明王賢君智士遠覽獨慮無窮之計也。其賢臣孝子亦承命順意而薄葬之，此誠奉安君父，忠孝之至也。

夫周公，武王弟也，葬兄甚微。孔子葬母於防，稱古墓而不墳，曰：「丘，東西南北之人也，不可不識也。」爲四尺墳，遇雨而崩。弟子修之，以告孔子，孔子流涕曰：「吾聞之，古〔者〕不修墓。」蓋非之也。延陵季子適齊而反，其子死，葬於嬴、博之間，穿不及泉，斂以時服，封墳掩坎，其高可隱，而號曰：「骨肉歸復於土，命也，魂氣則無不之也。」夫嬴、博去吴千有餘里，季子不歸葬。孔子往觀曰：「延陵季子於禮合矣。」故仲尼孝子，而延陵慈父，舜、禹忠臣，周公弟弟，其葬君親骨肉，皆微薄矣；非苟爲儉，誠便於體也。宋桓司馬爲石槨，仲尼曰：「不如速朽。」秦相吕不韋集知略之士而造《春秋》，亦言薄葬之義，皆明於事情者也。

逮至吴王闔閭，違禮厚葬，十有餘年，越人發之。及秦惠文、武、昭、嚴襄五王，皆大作丘隴，多其瘞臧，咸盡發掘暴露，甚足悲也。秦始皇帝葬於驪山之阿，下錮三泉，上崇山墳，其高五十餘丈，周回五里有餘；石槨爲游館，人膏爲燈燭，水銀爲江海，黄金爲鳧雁。珍寶之臧，機械之變，棺槨之麗，宫館之盛，不可勝原。又多殺宫人，生薶工匠，計以萬數。天下苦其役而反之，驪山之作未成，而周章百萬之師至其下矣。項籍燔其宫室營宇，往者咸見發掘。其後牧兒亡羊，羊入其鑿，牧者持火照求羊，失火燒其臧槨。自古至今，葬未有盛如始皇者也，數年之間，外被項籍之災，内離牧豎之禍，豈不哀哉！

是故德彌厚者葬彌薄，知愈深者葬愈微。無德寡知，其葬愈厚，丘隴彌高，宫廟甚麗，發掘必速。由是觀之，明暗之效，葬之吉凶，昭然可見矣。周德既衰而奢侈，宣王賢而中興，更爲儉宫室，小寢廟。詩人美之，《斯干》之詩是也，上章道宫室之如制，下章言子孫之衆多也。及魯嚴公刻飾宗廟，多築臺囿，後嗣再絶，《春秋》刺焉。周宣如彼而昌，魯、秦如此而絶，是則奢儉之得失也。

陛下即位，躬親節儉，始營初陵，其制約小，天下莫不稱賢明。及徙昌陵，增埤爲高，積土爲山，發民墳墓，積以萬數，營起邑居，期日迫卒，功費大萬百餘。死者恨於下，生者愁於上，怨氣感動陰陽，因之以饑饉，物故流離以十萬數，臣甚惛焉。以死者爲有知，發人之墓，其害多矣；若其無知，又安用大？謀之賢知則不説，以示衆庶則苦之；若苟以説愚夫淫侈之人，又何爲哉！陛下慈仁篤美甚厚，聰明疏達蓋世，宜弘漢家之德，崇劉氏之美，光昭五帝、三王，而顧與暴秦亂君競爲奢侈，比方丘隴，説愚夫之目，隆一時之觀，違賢知之心，亡萬世之安，臣竊爲陛下羞之。唯陛下上覽明聖黄帝、堯、舜、禹、湯、文、武、周公、仲尼之制，下觀賢知穆公、延陵、樗里、張釋之之意。孝文皇帝去墳薄葬，以儉安神，可以爲則；秦昭、始皇增山厚臧，以侈生害，足以爲戒。初陵之橅，宜從公卿大臣之議，以息衆庶。

《漢書》卷五一《賈山傳》 孝文時，言治亂之道，借秦爲諭，名曰《至言》。其辭曰：

臣聞爲人臣者，盡忠竭愚，以直諫主，不避死亡之誅者，臣山是也。臣不敢以久遠諭，願借秦以爲諭，唯陛下少加意焉。

夫布衣韋帶之士，修身於内，成名於外，而使後世不絶息。至秦則不然。貴爲天子，富有天下，賦斂重數，百姓任罷，赭衣半道，羣盗滿山，使天下之人戴目而視，傾耳而聽。一夫大謼，天下嚮應者，陳勝是也。秦非徒如此也，起咸陽而西至雍，離宫三百，鍾鼓帷帳，不移而具。又爲阿房之殿，殿高數十仞，東西五里，南北千步，從車羅騎，四馬騖馳，旌旗不橈。爲宫室之麗至於此，使其後世曾不得聚廬而託處焉。爲馳道於天下，東窮燕齊，南極吴楚，江湖之上，瀕海之觀畢至。道廣五十步，三丈而樹，厚築其外，隱以金椎，樹以青松。爲馳道之麗至於此，使其後世曾不得邪徑而託足焉。死葬乎驪山，吏徒數十萬人，曠日十年。下徹三泉合采金石，冶銅錮其内，桼塗其外，被以珠玉，飾以翡翠，中成觀游，上成山林。爲葬薶之侈至於此，使其後世曾不得蓬顆蔽冢而託葬焉。秦以熊羆之力，虎狼之心，蠶食諸侯，并吞海内，而不篤禮義，故天殃已加矣。臣昧死以聞，願陛下少留意而詳擇其中。【略】

昔者，秦政力并萬國，富有天下，破六國以爲郡縣，築長城以爲關塞。秦地之固，大小之勢，輕重之權，其與一家之富，一夫之彊，胡可勝計也！然而兵破於陳涉，地奪於劉氏者，何也？秦王貪狼暴虐，殘賊天下，窮困萬民，以適其欲也。昔者，周蓋千八百國，以九州之民養千八百國之君，用民之力不過歲三日，什一而籍，君有餘財，民有餘力，而頌聲作。秦皇帝以千八百國之民自養，力罷不能勝其役，財盡不能勝其求。一君之身耳，所以自養者馳騁弋獵之娛，天下弗能供也。勞罷者不得休息，飢寒者不得衣食，亡罪而死刑者無所告訴，人與之爲怨，家與之爲讎，故天下壞也。秦皇帝身在之時，天下已壞矣，而弗自知也。秦皇帝東巡狩，至會稽、琅邪，刻石著其功，自以爲過堯舜統；縣石鑄鍾虡，篩土築阿房之宫，自以爲萬世有天下也。古者聖王作謚，三四十世耳，雖堯舜禹湯文武絫世廣德以爲子孫基業，無過二三十世者也。秦皇帝曰死而以謚法，是父子名號有時相襲也，以一至萬，則世世不相復也，故死而號曰始皇帝，其次曰二世皇帝者，欲以一至萬也。秦皇帝計其功德，度其後嗣，世世無窮，然身死纔數月耳，天下四面而攻之，宗廟滅絶矣。

祝穆《古今事文類聚前集》卷五〇六虞世南《諫山陵厚葬書》 臣聞古之聖帝明王所以薄葬者，非不欲崇高光飾，珍寶具物，以厚其親。然審而言之，高墳厚壠，珍物畢備，此適所以爲親之累，非曰孝也。昔漢成帝造延、昌二陵，制度甚厚，功費甚多。諫大夫劉向上書：孝文寤而遂以薄葬。又漢氏之法，人君在位，三分天下貢賦，以一分入山陵。武帝歷年長久，比葬，陵中不復容物。霍光暗於大體，奢侈過度。其後至更始之敗，赤眉賊入長安，破茂陵取物，猶不能盡。無故聚斂百姓，爲盜之用，甚無謂也。魏文帝於首陽東爲壽陵，作終制，其畧曰：「昔堯舜壽陵，因山爲體，無封無樹，無立寢殿園邑，爲棺槨足以藏骨，爲衣裳足以朽肉。吾(勞心)〔營此〕不食之地，欲使易代之後，不知其處，無藏金玉銅鐵，一以瓦器。自古及今，未有不亡之國，無不掘之墓。喪亂以來，漢氏諸陵無不發掘，及至燒取玉柙金鏤，骸骨并盡，乃不重痛哉！若違詔妄有變改，吾爲戮屍於地下，死而重死，不忠不孝，使魂而有知，將不福汝。以爲永制，藏之宗廟。」魏文之制，可謂達於制矣。伏願陛下深覽古今，爲長久之慮。臣之赤心，惟願萬歲之後，神道常安，陛下名揚於宗廟耳。書奏不報。

《全唐文》卷二〇七宋璟《諫築墳逾制疏》 夫儉，德之恭；侈，惡之大。高墳乃昔賢所誡，厚葬實君子所非。古者墓而不墳，蓋此道也。凡人子於哀迷之際，則不以禮制爲思，故周孔設齊、斬、緦、免之差，衣衾棺槨之度，賢者俯就，私懷不果。且蒼梧之野，驪山之徒，善惡分區，圖史所載，衆人皆務奢靡而獨能革之，斯所謂至孝要道也。中宫若以爲言，則此理固可敦諭。在外或云，竇太尉墳甚高，取則不遠者，縱令往日無極言者。其事偶行，令出一時，故非常式。貞觀中，文德皇后嫁所生女長樂公主，奏請儀注加於長公主，魏徵諫云：「皇帝之姑姊爲長公主，皇帝之女爲公主，既有長字，合高於公主。若加於長公主，事甚不可。引漢明故事云，羣臣欲封皇子爲王，帝曰：「朕子豈敢與先帝子等」。時太宗嘉納之，文德皇后奏降中使，致謝於徵。此則乾坤輔佐之間，綽有餘裕，豈若韋庶人父追加王位，擅作酆陵，禍不旋踵，爲天下笑，則犯顔逆耳，阿意順旨，不可同日而言也。況令之所載，預作紀綱，情既無窮，故爲之制度，不因人以摇動，不變法以愛憎，所謂金科玉條，蓋以此也。比來蕃夷等輩及城市閒人，遞以奢靡相高，不將禮儀爲意。今以后父之寵，開府之榮，金穴玉衣之資，不憂少物；高墳大寢之役，不畏無人。百事皆出於官，一朝亦可以就。而臣等區區不已，屢以上聞，諒欲成朝廷之政，崇國母之德，化浹寰區，聲光竹素。儻中宫情不可奪，陛下不能苦違，即準令一品合陪陵葬者，墳高三丈已上，四丈以下，降勅將同陪陵之例，即極是高下得宜。

王溥《唐會要》卷二〇《陵議》 貞觀九年，高祖崩，詔定山陵制度，令依漢長陵故事，務在崇厚。時限既促，功役勞敝，祕書監虞世南上封事曰：「臣聞古之聖帝明王，所以薄葬者，非不欲崇高光顯，珍寶具物，以厚其親。然審而言之，高墳厚壠，珍物必備，此適所以爲親之累，非曰孝也。是以深思遠慮，安于菲薄，以爲長久萬世之計，割其常情，以定之耳。昔漢成帝造延、昌二陵，制度甚厚，功費甚多，諫議大夫劉向上書曰：『孝文帝居霸陵，悽愴悲懷，顧謂羣臣曰：「嗟乎，以北山石爲槨，用紵絮斮陳漆其間，豈可動哉？」張釋之進曰：「使其中有可欲，雖錮南山猶有隙；使其中無可欲，雖無石槨，又何戚焉？」夫死者無終極，而國家有廢興，釋之所言，爲無窮計也。孝文寤焉，遂以薄葬。』又漢氏之法，人君在位，三分天下貢賦，以一分入山陵。武帝歷年長久，比葬，陵中不復容物。霍光暗于大體，奢侈過度，其後至更始之敗，赤眉入長安，破茂陵取物，猶不能盡。無故聚斂百姓，爲盜之用，甚無謂也。魏文帝于首陽東爲壽陵，作終制，其略云：『昔堯葬壽陵，因山爲體，無樹無封，無立寢殿園邑，爲棺槨足以藏骨，爲衣衾足以朽肉。吾營此不食之地，欲使易世之後，不知其處。無藏金玉銅鐵，一以瓦器。自古及今，未有不亡之國，是無不掘之墓。喪亂以來，漢氏諸陵無不發掘，乃燒取玉柙金鏤，骸骨竝盡，豈不重痛哉？若違詔妄有變改，是爲戮屍于地下，死而重死，不忠不孝，使魂而有知，將不福汝。以爲永制，藏之宗廟。』魏文此制，可謂達于事矣。向使陛下德止于秦、漢之君，臣則緘口而已，不敢有言。伏見聖德高遠，堯、舜猶所不逮，而俯與秦、漢之君同爲奢泰，捨堯、舜、殷、周之節險，此臣所以戚戚也。今爲丘壠如此，其内雖不藏珍寶，亦無益也。萬世之後，人但見高墳大塚，豈謂無金玉也？臣之愚計，以爲漢文霸陵，既因山勢，雖不起墳，自然高敞。今之所卜，地勢既平，不可不起。宜依《白虎通》所陳周制，爲三仞之墳，其方中制度，事事減少，事竟之日，刻石于陵側，書明丘封大小高下之式，明器所須，皆以瓦木，合于禮文，一不得用金銀銅鐵。使後世子孫，竝皆遵奉。一通藏之宗廟，豈不美乎？且臣下除服，用三十六日，已依霸陵。今爲墳壠，又以長陵爲法，恐非所宜。伏願深覽古今，爲久長之慮。」書奏，不報。世南又上疏曰：「漢家即位之初，便營陵墳，近者十餘歲，遠者五十年，方始成就。今已數月之間而造數十年之事，其於人力，亦已勞矣。又漢家大郡五十萬户，即日人衆未及往時，而功役與之一等，此臣所以致疑也。」又公卿上奏，請遵遺詔，務從節儉，太宗乃謂中書侍郎岑文本曰：「朕欲一如遺詔，但臣子之心，不忍頓爲儉素。如欲稱朕崇厚之志，復恐百世之後，不免有廢毁之憂。朕爲此不能自決，卿等平章，必令得所，勿置朕於不孝之地。」因出虞世南封事，付所司詳議以聞。司空房玄齡等議曰：「謹按高祖長陵，高九丈，光武陵高六丈，漢文、魏文竝不封不樹，因山爲陵。竊以長陵制度，過爲宏侈，二文立規，又傷矯俗。光武中興明主，多依典故，遵爲成式，實謂攸宜。伏願仰遵顧命，俯順禮經。」詔曰：「朕既爲子，卿等爲臣，愛敬罔極，義猶一體，無容固陳節儉，陷朕于不義也。今便敬依來議。」於是山陵制度頗有減省。

十八年，太宗謂侍臣曰：「昔漢家皆先造山陵，既達始終，身復親見，又省子孫經營，不煩費人功，我深以此爲是。古者因山爲墳，此誠便事，我看九嵕山孤聳迴繞，因而傍鑿，可置山陵處，朕實有終焉之理。」乃詔曰：「《禮記》云：『君即位而爲椑。』莊周云：『息我以死。』豈非聖人遠鑒深識，著之典誥？恐身後之日，子子孫孫，尚習流俗，猶循常禮，功四重之櫬，伐百祀之木，勞擾百姓，崇厚墳陵。今先爲此制，務從儉約，于九嵕之上，足容一棺而已。木馬塗車，土桴葦籥，事合古典，不爲世用。又佐命功臣，義深舟楫，追念在昔，何日忘之。漢氏將相陪陵，又給東園祕器，篤終之義，恩意深厚。自今以後，功臣密戚及德業佐時者，如有薨亡，宜賜塋地一所，以及祕器，使窀穸之時，喪事無闕。」至二十三年八月十八日，山陵畢。陵在醴泉縣，因九嵕層峯，鑿山南面，深七十五丈，爲玄宫。緣山傍巖，架梁爲棧道，懸絶百仞，繞山二百三十步，始達玄宫門。頂上亦起遊殿。文德皇后即玄宫後，有五重石門，其門外于雙棧道上起舍，宫人供養如平常。及太宗山陵畢，宫人欲依故事留棧道，惟舊山陵使閻立德奏曰：「玄宫棧道，本留擬有今日，今既始終永畢，與前事不同。謹按故事，惟有寢宫安供養奉之法，而無陵上侍衛之儀，望除棧道，固同山岳。」上嗚咽不許，長孫無忌等援引禮經，重有表請，乃依奏。上欲闡揚先帝徽烈，乃令匠人琢石，寫諸蕃君長貞觀中擒伏歸化者形狀，而刻其官名。突厥頡利可汗右衛大將軍阿史那出苾，突厥頡利可汗右衛大將軍阿史那什鉢苾、突厥乙彌泥孰俟利苾可汗右武衛大將軍阿史那李思摩，突厥都布可汗右衛大將軍阿史那社爾，薛延陀真珠毗伽可汗，吐番贊普，新羅樂浪郡王金貞德，吐谷渾河源郡王烏地也拔勒豆可汗慕容諾曷鉢，龜茲王訶黎布失畢，于闐王伏闍信，焉耆王龍突騎支，高昌王左武衛將軍麴智盛，林邑王范頭黎，帝那伏帝國王阿羅那順等十四人，列于陵司馬北門内，九嵕山之陰，以旌武功，乃又刻石爲常所乘破敵馬六匹于闕下也。

神龍元年十二月，將合葬則天皇后于乾陵，給事中嚴善思上表曰：「臣謹按《天元房録葬法》云：『尊者先葬，卑者不合於後開入。』臣伏聞則天大聖皇后欲開乾陵合葬，然以則天皇后卑于天皇大帝，欲開陵合葬，即是以卑動尊，事既不經，恐非安穩。臣又聞乾陵玄宫，其門以石閉塞，其石縫鑄鐵，以固其中。今若開陵，其門必須鐫鑿。然以神明之道，體尚幽玄，今乃動衆加功，誠恐多所驚黷。又若别開門道，以入玄宫，即往者葬時，神位先定，今更改作，爲害益深。又以修築乾陵之後，國頻有難，遂至則天皇后總萬幾二十餘年，其難始定。今乃更加營作，伏恐還有難生。但合葬非古，著在古昔，在禮經緣情爲用，無足依准。況今事有不安，豈可復循斯制？伏見漢時諸陵，皇后多不合葬。魏、晉之後，祚皆不長。雖受命應期，有因天假，然循機享德，亦在天時。但陵墓所安，必資勝地，後之胤嗣，用託靈根，或有不安，後嗣固難長享。伏望依漢朝之故事，改魏、晉之頽綱，于乾陵之傍，更擇吉地，取生墓之法，别起一陵，既得從葬之儀，又成固本之業。伏以合葬者，緣人私情，不合葬者，前修故事。若以神道有知，幽塗自得通會。若以死者無知，合之復有何益！然以山川精氣，上爲星象。若葬得其所，則神安後昌。若葬失其宜，則神危後損。所以先哲垂範，具立葬經，欲使生人之道必安，死者之神永奉。伏望少迴天眷，俯覽臣言，行古昔之明規，割私情之愛欲，使社稷長享，天下永安。」疏奏，百官詳議，尋有勅令，准遺詔以葬之。

開元十七年，玄宗因拜橋陵，至金粟山，觀岡巒有龍盤鳳翔之勢，謂左右曰：「吾千秋後，宜葬于此地。」後遂追先旨葬焉。

天寶十三載二月制：「獻、昭、乾、定、橋五署，改爲臺，令各升一階，自後諸陵，例皆稱臺。」又至德元年八月六日，前興、定陵署焦士炎上表：「請永康、興寧二陵爲署。」勑令中書門下，召禮官定其可否。太常禮院奏曰：「《禮記》：『追王太王、王季，上祀先公，以天子之禮。』上文言追王王季，下文言上祀先公，足明追者全用天子之禮，先公惟祀事得用。故鄭玄注言追王王季者，以近起焉，又言追王者，改葬之矣。葬且猶改，則其餘可知。伏以景皇帝竝是追尊，皆用天子之禮，陵臺之號，不合有殊。」從之。

建中元年，德宗即位，將厚奉元陵，刑部員外郎令狐峘上疏諫曰：「臣聞《傳》曰：『近臣盡規。』《禮記》曰：『事君有犯而無隱。』臣讀《漢書・劉向傳》，見論王者山陵之誡，良史稱歎，萬古芬芳。何者？聖賢之心，勤儉是務，必求諸道，不作無益。故舜葬蒼梧，不變其肆；禹葬會稽，不改其列；周武葬于畢陌，無丘壠之處；漢文葬于霸陵，因山谷之勢。禹非不忠也，啓非不順也，周公非不悌也，景帝非不孝也，其奉君親，皆從微薄。昔宋公始爲厚葬，用蜃灰，益車馬，其臣華元、樂舉，《春秋》書爲不臣。秦始皇葬驪山，魚膏爲燈燭，水銀爲江海，珍寶之藏，不可勝計，千載非之。宋桓魋爲石槨，夫子曰：『不如速朽。』子游問喪具，夫子曰：『稱家之有無。』張釋之對孝文曰：『使其中無可欲，雖無石槨，亦何戚焉？』漢文帝霸陵，皆用瓦器，不以金銀爲飾。由是觀之，有德者葬愈薄，無德者葬愈厚，昭然可睹矣。陛下自臨御天下，聖政日新，進忠去邪，減膳節用，不珍雲物之瑞，不近鷹犬之娱。有司給物，悉依元估，利於人也。遠方底貢，惟供祀事，薄於己也。故澤州奏慶雲，詔曰『以時和爲嘉祥』；邕州奏金坑，詔曰『以不貪爲寶』。恭惟聖慮，無非至理，而獨六月一日制節文云，緣應山陵制度，務從優厚，常竭帑藏，以供費用者。此誠仁孝之德，切于聖衷。伏以尊親之義，貴于合禮。陛下每下明詔，發德音，追蹤唐、虞，超邁周、漢，豈取悦凡常之口，有違賢哲之心，與失德之君，競于奢侈者也。臣又伏讀遺詔曰：『其喪儀制度，務從儉約。』陛下恭順先志，動無違者，若制度優厚，豈顧命之意也。」疏奏，優詔從之。

貞元十四年四月詔曰：「昭陵舊寢宮在山上，置來多年，曾經野火燒爇，摧毁略盡，其宫尋移在瑶臺寺側。今屬通年，欲議修理，緣供水稍遠，百姓勞敝。今欲于見住行宮處修造，以冀久遠便安，又爲改移舊制，恐在所未周，宜令中書門下百官，同商量可否聞奏。」于是吏部員外郎楊於陵議曰：「伏以陵園宮寢，非三代之制，自秦、漢以來有之。但相沿于陵旁制寢，未聞去陵有遠近步數之節。在漢宣、元之後，諸儒韋玄成、匡衡等迭建陵寢之議，或興或廢，亦無明徵。陛下嚴恭禋祀，至誠至慎，俯擇羣議，上參天心，則葺修之理，可得指事而言也。竊以陵寢經界，在柏城之内，非遠于陵也。若諸陵寢宮，皆因高有定制，去陵有定限，則縱非太宗之寢，雖遠井泉，皆宜循舊，不可移也。如但止于柏城之内，去陵遠近不一，則昭陵舊寢，焚爇既盡，行宫所卜，展敬多年。今便于側近循造，不出柏城之内，則與諸陵寢廟，復何異也？議者或以太宗創業垂統，功德巍巍，寢宮舊規，不合變易。復山上已毁之地，則爲展孝，就山下載安之所，則爲遠陵，甚不然也。何者？因陵建寢，當時之事也；乘變改作，順時之宜也。夫園塋本于安静，繕建彰于動作，燎火之恐，當不安矣，版築之勞，斯爲動矣。將欲崇閟宇于荒廢，興大役于密邇，慮非聖靈之所憑依，區區財力之費，曾何足計？是則曩時之創立，以近爲便，今日之改制，以便爲宜，奚必于柏城封域之中，生近陵之嫌也。伏惟陛下虔奉祖宗，盡心園寢，上以追孝敬，下以庇烝黎。臣識陋學淺，莫探往制，罄竭所見，謂宜改修。」太常博士韋彤奏議曰：「歷代禮書及國朝故事，未見有不可改移之禮。先王建都立邑，以安民也，有不便則爲之遷，況其有故乎！伏以文皇寢園，頃遇焚爇，遂奉仙駕，久移舊宫，事則因災，非無故也。歲月傳敍，神御已安，就其修建，可謂至順。且陵旁置寢，是秦、漢之法，擇其高爽，務取清嚴，去陵遠近，本無著定。是以今之制置，里數不同，各于柏城，隨其便地，又非皆在山下也。臣訪聞昭陵舊寢，經火之後，人行遂少，林莽隱蔽，逕路欹危。伏以玄宫尚幽，所奉宜静，今若必須仍舊，土木興功，不惟負載至難，亦恐喧囂太逼。大道以變通則久，聖人以適時爲禮。今陛下孝思所切，營建惟新，是則通于神明，豈伊常情所及？聖旨所示，謂于瑶臺寺左側，是必于昭陵柏城之内，不在瑶臺寺明矣。既不越封兆，而力役易從；俯近井泉，則膳羞愈潔。規模一定，垂之無窮，酌其便宜，誠爲允當。」初，正月中，令有司修葺陵寢，以昭陵舊宮先因火焚毁，故詔百官詳議。議者多云舊宮既被焚爇，請移就山下，或有議請修舊宮者，上意亦不欲遷移，由是復以山下爲定。于是遣右諫議大夫、平章事崔損充修八陵使。及所司計料，獻、昭、乾、定、泰五陵，各造屋三百七十八間，橋陵一百四十間，元陵三十間，惟建陵不復創造，但修葺而已。所緣寢陵中帷幄牀褥一事以上，竝令制置，上親閲焉。

寶曆二年二月，太常奏：「追尊孝敬皇帝以下四陵，宜停朝拜事。孝敬皇帝恭陵，讓皇帝惠陵，奉天皇帝齊陵，承天皇帝順陵。前件四陵，昔年追尊大號，皆是恩制，緣情而行，當時已不合經典。今乃二時朝拜，上擬祖宗，竊以情禮之差，過猶不及。謹按《禮記》及歷代禮文并國朝故事，皇帝旁親無服，又云五代而親屬盡。伏以四陵親非祖宗，事無功德，緣情權制，禮合變更，有司因循，尚爲常典。況今宗廟之上，遷世已遠，尊卑降殺，朝謁須停。」勅旨依奏。

《舊唐書》卷六三《封倫傳》　〔大業中〕高祖嘗幸温湯，經秦始皇墓，謂倫曰：「古者帝王，竭生靈之力，殫府庫之財，營起山陵，此復何益？」倫曰：「上之化下，猶風之靡草。自秦、漢帝王盛爲厚葬，故百官衆庶競相遵仿。凡是古冢丘封，悉多藏珍寶，咸見開發。若死而無知，厚葬深爲虚費；若魂而有識，被發豈不痛哉。」高祖稱善，謂倫曰：「從今之後，宜自上導下，悉爲薄葬。」

司馬光《司馬公文集》卷七一《葬論》　葬者，藏也。孝子不忍其親之暴露，故斂而藏之。齎送不必厚，厚者有損無益。古人論之詳矣。今人葬不厚於古，而拘於陰陽禁忌則甚焉。古者雖卜宅、卜日，蓋先謀人事之便，然後質諸蓍龜，庶無後艱耳，無常地與常日也。今之葬書，乃相山川岡畎之形勢，考歲月日時之支干，以爲子孫貴賤、貧富、壽夭、賢愚皆繫焉，非此地、非此時，不可葬也。舉世惑而信之，於是喪親者往往久而不葬。問之，曰：歲月未利也。又曰：未有吉地也。又曰：遊宦遠方未得歸也。又曰：貧未能辦葬具也。至有終身累世而不葬，遂棄失尸柩，不知其處者。嗚呼，可不令人深歎愍哉！人所貴於身後有子孫者，爲能藏其形骸也。其所爲乃如是，曷若無子孫死於道路，猶有仁者見而殣之耶？先王制禮，葬期遠不過七月。今世著令，自王公以下皆三月而葬。又《禮》，未葬不變服，食粥，居倚廬，哀親之未有所歸也。既葬，然後漸有變除。今之人背禮違法，未葬而除喪，從宦四方，食稻衣錦，飲酒作樂，其心安乎？人之貴賤，貧富，壽夭繫於天，賢愚繫於人，固無關預於葬。就使皆如葬師之言，爲人子者方當哀窮之際，何忍不顧其親之暴露，乃欲自營福利耶？昔者，吾諸祖之葬也，家甚貧，不能具棺槨。自太尉公而下，始有棺槨，然金銀珠玉之物，未嘗以錙銖入於壙中。將葬太尉公，族人皆曰：「葬者，家之大事，奈何不詢陰陽，此必不可。」吾兄伯康無如之何，乃曰：「詢於陰陽則可矣，安得良葬師而詢之？」族人曰：「近村有張生者，良師也。數縣皆用之。」兄乃召張生，許以錢二萬。張生，野夫也，世爲葬師，爲野人葬，所得不過千錢，聞之大喜。兄曰：「汝能用吾言，吾俾爾葬。不用吾言，將求它師。」張師曰：「惟命是聽。」於是兄自以己意處歲月日時，及壙之淺深廣狹，道路所從出，皆取便於事者，使張生以《葬書》緣飾之，曰大吉，以示族人。族人皆悦，無違異者。今吾兄年七十九，以列卿致仕。吾年六十六，忝備侍從。宗族之從仕者，二十有三人。視它人之謹用《葬書》，未必勝吾家也。前年吾妻死，棺成而斂，裝辦而行，壙成而葬，未嘗以一言詢陰陽家，迄今亦無它故。吾常疾陰陽家立邪説以惑衆，爲世患，於喪家尤甚。頃爲諫官，嘗奏乞禁天下葬書，當時執政莫以爲意。今著茲論，庶俾後之子孫葬必以時，欲知葬具之不足厚，視吾祖；欲知葬書之不足信，視吾家。元豐七年正月日，具官司馬光述。

祝穆《古今事文類聚前集》卷五八程正叔《葬説》　卜其宅兆，卜其地之美惡也，非陰陽家所謂禍福者也。地之美者，則其神靈安，其子孫盛，若培擁其根而枝葉茂，理固然矣。地之惡者，則反是。然則曷謂地之美者？土色之光潤，草木之茂盛，乃其驗也。父祖子孫同氣，彼安則此安，彼危則此危，亦其理也。而拘忌者惑以擇地之方位，決日之吉凶，不亦泥乎？甚者不以奉先爲計，而專以利後爲慮，尤非孝子安厝之用心也。惟五患者不得不謹：須使異日不爲道路，不爲城郭，不爲溝池，不爲貴勢所奪，不爲耕犁所及。一本謂五患者：溝渠，道路，避村落，遠井、竈。五患既謹，則又鑿地必四五尺，遇石必更穿之，防水潤也。既葬，則以松脂塗棺槨，石灰封墓門，此其大畧也。若夫精畫，則又在審思慮矣。其火葬者，出不得已，後不可遷，就同葬矣。至於年祀寖遠，曾高不辨，亦在盡誠，各具棺槨葬之，不須假夢寐蓍龜而決也。葬之穴，尊者居中，左昭右穆而次，後則或東或西，亦左右相對而啓穴也。出母不合葬，亦不合祭。棄女還家，以殤穴葬之。

程頤《河南程氏文集》卷一〇《葬法決疑》　古者聖人制卜葬之禮，蓋以市朝遷變，莫得預測，水泉交浸，一作侵。不可先知，所以定吉凶，決善惡也。後代陰陽家流，競爲詭誕之説，葬書一術，遂至百二十家。爲害之大，妄謬之甚，在分五姓。五姓之説，驗諸經典，本無證據，古陰陽書亦無此説，直是野俗相傳，竟無所出之處。惟《堪輿經》黄帝對天老，乃有五姓之言。且黄帝之時，只有姬、姜二三姓，其諸姓氏盡出後代，何得當時已有此語？固謬妄無稽之言。其所謂五姓者，宫商角徵羽是也。天下萬物，悉配屬之，行事吉凶，依此爲法。至如以張、王等爲商，武、庚等爲羽，是則同韻相求。及其以柳姓爲宫，以趙姓爲角，又非四聲相管。其間亦有同是一姓，分屬宫商，複姓數字，徵角不辨，都無憑據，只信其臆説爾。夫姓之於人也，其始也亦如萬物之同形者，呼其白黑小大以爲別爾。後世聖人乃爲之制，因生賜姓，胙土命氏，其後子孫因邑因官，分枝布葉，而庶姓益廣。如管、蔡、郕、霍、魯、衛、毛、聃、郜、雍、曹、滕、畢、原、豐、郇，本皆姬姓；華、向、蕭、亳、皇甫，本皆子姓。其餘皆爾，不可勝舉。今若用其祖姓，則往往數經更易，難盡尋究。況復《葬書》不載古姓，若用今姓，則皆後代所受，乃是吉凶隨時變改也。人之分宗，譬如木之異枝。木之性，有所宜之地也。取其枝而散植之，其性所宜，寧有異乎？若一祖之裔，姓音不同，同葬一地，遂言彼凶而此吉，決無是理。設有人父本宫姓，子以功勳更賜商姓，則將如何用之？今二人同言，則必擇其賢者信之。葬禮聖人所制，五姓俗人所說。何乃舍聖制而從俗說，不亦愚乎？昔三代之時，天下諸侯之國，卿大夫之家，久者千餘歲，其下至數百歲不絕。此時葬者未有五姓也。古之時，庶人之年不可得而見矣。君卿大夫，史籍所可見者，往往八九十歲百歲者不少矣。自唐而來，五姓葬法行於世矣，數世百歲之家鮮矣，人壽七八十歲者希矣。苟吉凶長短，不由於葬邪，則安用違聖人之制而從愚俗所尚？吉凶長短，果由於葬邪，是乃今之法，徒使人家不久長，壽命短促，大凶之道也。進退無取，何足言哉？夫葬者藏也，一藏之後，不可復改，必求其永安。故孝子慈孫，尤所慎重。欲地之安者，在乎水之利。水既利，則終無虞矣。不止水一事，此大概也。而今之葬者，謂風水隨姓而異，此尤大害也。愚者執信，將求其吉，反獲其凶矣。至於卜選時日，亦多乖謬。按葬者逢日食則舍於道左，待明而行。是必須晴明，不可用昏黑也。而葬書用乾、艮二時爲吉，此二時皆是夜半，如何用之？又曰己亥日葬凶。今按《春秋》之中，此日葬者二十餘人，皆無其應。宜忌者不忌，而不宜忌者反忌之，顛倒虛妄之甚也。下穴之位，不分昭穆，易亂尊卑，死者如有知，居之其安乎？如此背謬者多矣，不欲盡斥，但當棄而勿用，自從正法耳。

羅大經《鶴林玉露》卷六 古人建都邑，立室家，未有不擇地者。如《書》所謂達觀于新邑，營卜瀍澗之東西。《詩》所謂升虛望楚，降觀于桑，度其隰原，觀其流泉。蓋自三代時已然矣。余行天下，凡通都會府，山水固皆翕聚。至於百家之邑，十室之市，亦必倚山帶溪，氣象回合。若風氣虧疏，山水飛走，則必無人煙起聚。此誠不可不信，不可不擇也。乃若葬者藏也，藏者欲人之不得見也，古人之所謂卜其宅兆者，乃孝子慈孫之心，謹重親之遺體，使其他日不爲城邑道路溝渠耳。借曰精擇，亦不過欲其山水回合，草木茂盛，使親之遺體得安耳，豈藉此以求子孫富貴乎？郭璞謂本骸乘氣，遺體受蔭，此説殊未通。夫銅山西崩，靈鍾東應，木花於山，栗牙於室，此乃活氣相感也。今枯骨朽腐，不知痛痒，積日累月，化爲朽壤，蕩蕩游塵矣，豈能與生者相感，以致禍福乎？此決無之理也。世之人惑璞之説，有貪求吉地未能愜意，至數十年不葬其親者；有既葬，以爲不吉，一掘未已，至掘三、掘四者；有因買地致訟，棺未入土而家已蕭條者；有兄弟數人，惑於各房風水之説，至於骨肉化爲仇讎者。凡此數禍，皆璞之書爲之也。且人之生也，貧富貴賤，夭壽賢愚，稟性賦分，各自有定，謂之天命，不可改也，豈冢中枯骨所能轉移乎？若如璞之説，上帝之命反制於一坏之土矣。楊誠齋素不信風水之説，嘗言郭璞精於風水，宜妙選吉地，以福其身，以利其子孫；然璞身不免於刑戮，而子孫卒以衰微，則是其説已不驗於其身矣。而後世方且誦其遺書而尊信之，不亦惑乎？今之術者言：墳墓若有席帽山，子孫必爲侍從官。蓋以侍從重戴故也。然唐時席帽乃舉子所戴，故有「席帽何時得離身」之句。至宋朝都大梁，地勢平曠，每風起則塵沙撲面，故侍從跨馬，許重戴以障塵。夫自有宇宙，則有此山，何賤於唐而貴於今耶？近時京丞相仲遠，豫章人也，崛起寒微，祖、父皆火化無墳墓，每寒食則野祭而已，豈是因風水而貴哉？

王與之《周禮訂義》卷三七 凡死於兵者不入兆域。鄭康成曰：戰敗無勇，投諸塋外以罰之。王昭禹曰：死政者既養其老，孤而又享之，所以勸之也。凡死於兵者，不入兆域，所以絀之。

凡有功者居前。鄭康成曰：居王墓之前，處昭穆之中央。易氏曰：既入兆域，又居前列，示勸而已。黄氏曰：諸侯居左右以前，卿大夫居後，有功者各居其前。

以爵等爲丘封之度與其樹數。鄭康成曰：別尊卑也。王公曰：丘，諸臣曰封。漢律曰：列侯墳高四丈，關内侯以下至庶人各有差。賈氏曰：《周禮》丘封高下之數無文，故鄭以漢法況之。案《春秋緯》，天子墳高三仞，樹以松；諸侯半之，樹以栢；大夫八尺，樹以欒草；士四尺，樹以槐；庶人無墳，樹以楊柳。王昭禹曰：以昭、穆爲左右，各以其族，尚親也；凡死於兵者不入兆域，尚德也；凡有功者居前，尚功也；以爵等爲丘封之度與其樹數，尚貴也。蓋先王之所以治死者如此。

大喪既有日，請度甫竁，遂爲之尸。鄭司農曰：既有日，既有葬日也。鄭康成曰：甫，始也。請量度所始竁之處地。劉執中曰：請度深廣，制度於冢宰，而小宗伯莅之，冢人甫始穿地以爲竁。鄭司農曰：始竁時，祭以告后土，冢人爲之尸。王氏曰：凡祭爲尸，皆取所祭之類，故宗廟之尸則以其昭穆之同，山林之尸則以山虞，竁墓之尸則以冢人。

及窀，以度爲丘隧，共喪之窆器。鄭康成曰：隧，羨道也。度丘與羨道廣袤所至。賈氏曰：《左傳》晉文公請隧，不許，則天子有隧，諸侯已下有羨道。隧道則上有負土，若鄭莊公與母掘地隧而相見者也。羨道，上無負土。然則隧與羨別，而鄭云隧羨道者，對則異，散則通。窆器，下棺豐碑之屬。《喪大記》曰：凡封用綍，去碑負引，君封以衡，大夫以咸。賈氏曰：衡，横也，謂以木衡之於棺傍，乃以綍繫木下棺。大夫卑，不得以木横之，直有棺傍咸耳，以綍繫之而下棺也。

滕珙《經濟文衡續集》卷二一《陵議類》 右臣竊惟至尊壽皇聖帝聖德神功覆冒寰宇，深仁厚澤，浸潤生民，厭世上賓，率土哀慕，宜得吉土，以奉衣冠之藏，垂裕後昆，永永無極。而因山之役，累月于兹議論紛紜，訖無定説。臣嘗竊究其所以，皆緣專信臺史而不廣求術士，必取國音坐丙向壬之穴而不博訪名山，是以粗略苟簡，唯欲袝於紹興諸陵之旁。不唯未必得其形勢之善，若其穴中水泉之害，地面浮淺之虞，雖明知之，亦不暇顧。羣臣議者又多不習此等猥賤之末術，所以不能堅決剖判，致煩明詔博訪在廷，臣實痛之，其敢無辭以對？蓋臣聞之，葬之爲言，藏也，所以藏其祖考之遺體也。以子孫而藏其祖考之遺體，則必致其謹重誠敬之心，以爲安固久遠之計，使其形體全而神靈得安，則其子孫盛而祭祀不絶，此自然之理也。是以古人之葬必擇其地，而卜筮以決之，不吉則更擇而再卜焉。近世以來，卜筮之法雖廢，而擇地之説猶存。士庶稍有財力之家，欲葬其先者，無不廣招術士、博訪名山，參互比較，擇其善之尤者，然後用之。其或擇之不精，地之不吉，則必有水泉、螻蟻、地風之屬，以賊其内，使形神不安，而子孫亦有死亡絶滅之憂，甚可畏也。其或雖得吉地而葬之不厚，藏之不深，則兵戈亂離之際，無不遭罹發掘暴露之變。此又其所當慮之大者也。至于穿鑿已多之處，地氣已洩，雖有吉地，亦無全力。而祖塋之側，數興土功，以致驚動，亦能延災。此雖術家之説，然亦不爲無理。以此而論，則今日明詔之所詢者，其得失大槩已可見矣。若夫臺史之説謬妄多端，以禮而言，則記有之，曰死者北首，生者南向，皆從其朔。又曰葬於北方北首，三代之達禮也。即是古之葬者，必坐北而向南，蓋南陽而北陰。孝子之心不忍死其親，故雖葬之於墓，猶欲其負陰而抱陽也。豈有坐南向北、反背陽而向陰之理乎？若以術言，則凡擇地者必先論其主勢之强弱，風氣之聚散，水土之淺深，穴道之偏正，力量之全否，然後可以較其地之美惡。政使實有國音之説，亦必先此五者，以得形勝之地，然後其術可得而推。今乃全不論此，而直信其庸妄之偏説，但以五音盡類羣姓，而謂塜宅向背各有所宜，乃不經之甚者。不惟先儒已力辨之，而近世民間亦多不用。今乃以爲祖宗以來世守此法，順之則吉，逆之則凶，則姑亦無問其理之如何，但以其事質之，則其繆不攻而自破矣。蓋自永安遷奉以來，已遵用此法，而九世之間，國統再絶。至於思靖康之變，宗社爲墟。高宗中興，匹馬南渡。壽皇復自旁支入繼大統，至於思陵亦用其法，而壽皇倦勤之後，旋即升遐，太上違豫日久，以至遜位。赤山亦用其法，而莊文魏邸相繼薨謝，若曰吉凶由人，不在於地，不有所廢，其何以興？則國音之説自爲無用之談，從之未必爲福，不從未必爲禍矣。何爲信之若是其篤，而守之若是其嚴哉？若曰其法果驗，不可改易，則洛、越諸陵，無不坐南而向北，固已合於國音矣，又何吉之少而凶之多耶？臺史之言，進退無據，類皆如此，試加詰問，使之置對，必無辭以自解矣。若以地言，則紹興諸陵臣所未覩，不敢輕議。然趙彦逾固謂舊定神穴，土肉淺薄，開深五尺，下有水石，難以安建矣。而荆大聲者乃謂，新定東頓之穴，比之先定神穴高一尺一寸五分，開深九尺，即無水石。臣嘗詳考二人之言，反復計度，新穴比之舊穴只高一尺一寸五分，則是新穴開至六尺一寸五分，則與舊穴五尺之下有水石處高低齊等，如何却可開至九尺，而其下二尺八寸五分者無水石耶？且大聲既知有此無水吉穴，當時便當指定，何故却定土肉淺薄、下有水石之處以爲神穴？直至今日，前説漏露無地可葬，然後乃言之耶？其反覆繆妄，小人常態，雖若不足深責，然其姦心乃欲奉壽皇梓宫置之水中而畧不顧忌，則其罔上迷國，大逆無道之罪，不容誅矣。脱使其言别有曲折，然一坂之地，其廣幾何？而昭慈聖獻皇后已用之矣，徽宗一帝一后又用之矣，高宗一帝一后又用之矣，計其地氣已發洩而無餘。行圍巡路下官之屬，又有迫狹之甚，不可移減。今但就其空處，即以爲穴，東西趲那，或遠或近，初無定論。蓋地理之法譬如針灸，自有一定之穴，而不可有毫釐之差。使醫者之施砭艾，皆如今日臺史之定宅兆，則攻一穴而偏身皆創矣，是又安能得其穴道之正乎？若果此外别無可求，則亦無可奈何。而今兩浙數州皆爲近甸，三二百里豈無一處可備選擇，而獨遷就偪仄於此數步之間耶？政使必欲求得離山坐南向北之地，亦當且先泛求壯厚高平可葬之處，然後擇其合於此法者。況其謬妄不經之説，初不足信也耶？臣自南來，經由嚴州富陽縣，見其江山之勝雄偉非常。蓋富陽乃孫氏所居之處，而嚴州乃高宗受命之邦也。説者又言，臨安縣乃錢氏故鄉，山川形勢寬平邃密，而臣未之見也。凡此數處，臣雖未敢斷其必爲可用，然以臣之所已見聞者，逆推其未見未聞，安知其不更有佳處萬萬於此，而灼然可用者乎？但今偏信臺史之言，固執紹興之説而不肯求耳。若欲求之，則臣竊見近年地理之學，出於江西、福建者爲尤盛。政使未必皆精，然亦豈無一人粗知梗槩、大畧平穩，優於一二臺史者？欲望聖明深察此理，斥去荆大聲置之於法，即日行下兩浙帥臣監司，疾速搜訪，量支路費，多差人兵轎馬津遣赴闕，令於近甸廣行相視得五七處，然後遣官按行，命使覆按。不拘官品，但取通曉地理之人，參互考較，擇一最吉之處以奉聖皇神靈萬世之安。雖已迫近七月之期，然事大體重，不容苟簡。其孫逢吉所謂：少寬日月，別求吉兆爲上。此十字者，實爲至論，惟陛下采而用之，庶幾有以少慰天下臣子之心，用爲國家祈天永命之助。臣本儒生，不曉術數，非敢妄以淫巫瞽史之言眩惑聖聽，自速譏誚。蓋誠不忍以壽皇聖體之重，委之水泉沙礫之中，殘破浮淺之地。是以痛憤激切，一爲陛下言之。譬如鄉鄰親舊之間，有以此等大事商量，吾乃明知其事之利害必至於此，而不盡情以告之人，必以爲不忠不信之人，而況臣子之於君父，又安忍有所顧望而（然默）〔默然〕無言哉？惟陛下詳賜省察，斷然行之，則天下萬世不勝萬幸。

鄭思肖《所南文集·答吳山人問遠遊觀地理書》 所南翁福之連江人也，落命吳中，不與世接久矣。夫何天風吹子來前，與吾相見，問遠遊觀地理之事，而子又謂某家傳地理學幾二十年，以能問於不能，何耶？終不成味古人之所殘，鉤吾子之所蓄，倒售於吾子。陳言泛意，想不足以新子之聽。既有問，只得破口傾出自己胸中之天，以廓吾子之天，勿怪其荒誕無緒，不與地理書同也。今吾六十四歲矣。二十二歲壬戌二月，我父菊山先生卒于吳中。十一月，葬于長洲縣甑山之原，天幸保全四十三年，略無他説。幼嘗聞我父曰：「汝祖卒於枝江縣主簿，葬於南門外。我一兩歲失怙恃，莫知所在。丙午歲，遊荆州，止望祭於南門外。」我祖宗墳墓，俱在吾連江透裏，我終天憾恨不消。今我祖之墓不知何如，我父之墓未知其往，又爲無後罪人，惟有終天痛哭於罔極，尚忍言墳墓之事耶。古之葬者，厚衣之，以薪葬之中野，不封不樹，將以泯之於太朴之天也。劉向言：「黃帝時始製棺槨。自是以後，緣情制禮，三代損益，尚從簡朴。」寧儉寧戚，爲禮之本，始得盡子孫之心，又得盡春秋霜露之感，祭於斯拜於斯也。古人胸中高明，一見便了所以。古法人人皆葬，皆無疑背，罔不合宜。未若後世嘮嘮叨叨、支支離離，棄本逐末，侈爲乖謬。司馬温公《葬論》、伊川先生《葬説》，允爲儒者正大之論，終難磨滅。唐呂才《救時》、《卜宅》、《禄命葬》三篇，其説亦正才，所學則淺陋也。吾每思之，天地間山水奇絶之處，世間富貴之人，各有氣數，安得人人俱得吉地葬之，又安得富貴之人復得吉地，世世永享福壽富貴耶。天地亦不肯妄加禍福於人，亦安得使人可弄智術，移易天地氣數禍福耶。堅欲厚葬吉地，決動温韜竊發之心，今江南罕有數十年完墳，何獨樵兒牧豎荆棘狐狸之悲乎。凡子孫堅欲上穴爲安厝計，有數十年求之不得者。非唯死者不能妥其陰魄，而生者空勞心費財，有累養生送死正理，強留死者未得入土，骸骨卻爲自己他時富貴之謀，何孝子順孫之用心哉。抑不思《左傳》曰：「天子七月而葬，諸侯五月而葬，大夫三月而葬，士踰月而葬。」葬節書法或書其緩，或書其速，或書其禮。其非禮，其過制厚葬，《春秋》其嚴乎。與《禮記》葬期微有異，是爲古制必有以也。且地理之説，其可考者，自公劉居豳，有相其陰陽之意，至十四世周成王，有命召公先相洛之事。孔子有「卜其宅兆，而安厝之」之語，卜者擇其吉也。《禮記·曲禮》已有「前朱鳥，後玄武，左青龍，右白虎」之説。暨乎《春秋左傳》書葬頗多，主乎大義，不及葬法。《儀禮》、《禮記》喪祭最備，語葬亦多主乎禮，不及葬法。《檀弓》縣子曰：「夫喪不可不深長思也。」至於葬獨不深長思之何歟，又當思。國子高曰：「葬者藏也。」欲人弗得見也。孟子曰：「無使土親膚也。」是掩親之道也。孔子曰：「葬於北方。」北首三代之達禮也，之幽之故也。《禮運》曰：「死者北首。」鄭康成註謂：「地藏爲葬也。」是不可首南、首東、首西而葬也。此三代之葬法也。子游問喪具，夫子曰：「稱家之有亡。」有，毋過制；苟亡矣，還葬縣棺而封。」謂無則便爲窆，束棺直下而葬也。孔子曰：「吾見封之如堂如坊，如夏屋，如斧。馬鬣封也。」孔子以延陵季子習禮，觀其葬長子於嬴博之間。孔子曰：「其坎深去聲不至於泉。」謂度深得宜曰深，此即孔子之葬法也。孔子合葬於防，封之高四尺，從周制也。有子曰：「夫子制棺四寸，槨五寸。」孟子曰：「中古棺七寸，槨稱之。」則棺槨六向俱當厚也。莊子曰：「衛靈公死，卜葬於故墓，不吉。卜葬於沙丘而吉，掘之數仞得石槨焉。」則周末已重卜葬之吉凶矣。漢興，風俗漸繁漸華，正如漢京房輩卜筮之斷，不如《左傳》載卜筮之斷明白簡當也。淮陰侯布衣時，貧無以葬母，乃行營高敞地，令其旁可置萬家者。太史公聞淮陰人言，視其母冢良然，則漢初已尚地理山川之勝矣。至晉地理之術始盛行，羊祜猶出折臂三公，陶侃葬牛眠地，郭璞葬龍耳，不三年當致天子等説，久相傳爲美談。地理家謂始於赤松子《青囊書》、《錦囊書》、《狐首經》。樗里子青烏先生、郭璞、一行師、袁、李、曾、楊輩，俱精其術。郭璞青囊中書已爲火取去。今所存《狐首經》爲第一書。邇後其書千百，議論縱横，遇有安厝，咸以此事爲重，誠不可廢。流至於今，耀爲奇術。子毋以是而動心乎，欲以市道罔利，則不可；欲以陰騭存心，則可。有足力，無眼力則不可；有足力，有眼力則可。欲之天下四方，觀天地造化，觀天地氣數，觀天下山川，觀天下人物，觀天下風俗，觀天下文章，觀天下萬事，觀天下萬物，則可。子正少年，鋭氣英發，宜爲古人，宜學儒者。不優於儒者，不足以通天地人也。吾其人也，吾之上即天也，吾之下即地也。中其中者吾也。以其中仰乎上，則蒼穹高懸，尊不敢望。以其中俯乎下，則大塊横陳，近可諦視，足力所到，目力所窮，了不可逃於吾胸中。既不可逃於吾胸中，即今雙足之下，尺寸之地，來龍從何發源。若不能見吾雙足之下來龍，則不知吾眼底所見八方來龍。若不見吾眼底八方來龍，則不知此縣此州、衆山衆水、一丘一壑各各來龍。若不見縣州山水丘壑各各來龍，則不知九州五嶽、萬山萬水各各來龍；則不知至遠八方、遐陬絶域、四大海中一切大小山水、洲潬諸國，不與南閻浮提中國接壤之地各各來龍畢竟畢竟；不知渺渺茫茫無邊大地大海全體來龍。欲知茫茫渺渺、無盡無盡大海大地全體來龍，胡不以仰觀俯察、近取遠譬之理，反覆精思天地人之全體，更反覆精思之，復反覆精思之，求於必悟，以通其太妙。昔者，大禹隨順山勢濬導水脈，因其地理支派，別九州以治水，本不論天下地理形勢。南揚、北冀、東青、西雍，中間周圍三四萬里，爲堯之九州。天下，《尚書》以積石爲河源，苦不遠窮於析支渠搜之外。《周禮·大司徒》求地中以建國，周知天下地域廣輪之數，遠不出於九州之外。唐一行以山河之象存乎兩戒，其北戒自三危負地絡之陰，屈曲入東北至朝鮮，是爲北紀。北紀爲胡門，河源爲北紀之首。其南戒自岷山負地絡之陽，屈曲入東南至閩中，是爲南紀。南紀爲越門，江源爲南紀之首。兩戒乃雍梁以東，兩支山勢，兩支水脈。只是論唐天下十道之形勢，更自三危而西北，幾萬里方至崑崙山，始是黄河之源。漢使張騫窮河源，《續博物志》謂：騫至宛夏間，見河水初原，達其潛發處。小崑崙山宛夏間，至大崑崙山尚極遠。桑欽《水經》論：崑崙山去嵩高山西北五萬里，高萬一千里。《淮南子》、《博物志》：其高如之。司馬遷、班固咸贊崑崙山高二千五百餘里，日月所相避隱爲光明，正是大崑崙山。其上即釋氏阿耨達多池，流出四河，黄河居其一。東土之山勢，咸自西北大崑崙山迤邐而來。至王屋、太行、飛狐、上黨諸山，爲東土天下之脊。自大崑崙山更西南幾萬里，方是天竺國。更幾萬里以上，方是西海。儻不能盡論南海之南、北海之北、東海之東、西海之西，非大地之全論。不知其大，焉知其微？微者以何爲體？不知其近，焉知其遠？遠者以何爲界？知地而不知天，知天地而不知人，知人而不知天地，知天地人而不知萬物，非知天、地、人之全論。天不獨爲天，亦不自知其所以爲天。地不獨爲地，亦不自知其所以爲地。人不獨爲人，亦不自知其所以爲人。萬物不獨爲萬物，亦不自知其所以爲萬物。徹見三才之機，互而萬之，則三才之道妙矣。天形圓而完，其體則正，故能範圍造化中大全之體，則以日至天頂爲午，日入地底爲子。地形方而平，其體則偏，僅能函載天運内小半之體，則以極南爲午，極北爲子。天道雖左旋，天氣則下降。地道雖右轉，地氣則上騰。地勢雖散漫平走八極，而向東向南最低最弱最薄。地運則在地中密移，東西南北而不定。地外地之全體，則在大海中，隨春夏秋冬四遊而有準。然地之正體以下，以北爲正。丙午壬子，正當其正。山亦地也，爲陽中之陰而峙。水亦地也，爲陰中之陽而流。山以南爲陽，以北爲陰。水以南爲陰，以北爲陽。山體雖鎮静，其勢則活動。水勢雖浮動，其體則平静。東土水勢雖東流，東海潮勢則西上。東土山勢皆自西北大崑崙山發源。乾山爲山之正位，爲先天之艮山。後天寅爲艮山，亦爲山之正位。大崑崙山山西，山皆西向，水皆西流。南海、北海、東海、西海之外諸山，皆深深遠遠自海底而來突出，未易評論，決非《山海經》所能盡知。地之陽氣盡從地底而上，故純坤之伏卦爲乾。山之陽氣亦自地底而上，由卑而高，陽氣直達山頂，故艮之陽畫居最上爻。冬至後，陽氣盛，水土漸重。夏至後陽氣衰，水土漸輕。坤雖柔也，其動也剛。坤雖静也，翕則斂而歸根，開則散而生萬物。當夏至一陰後，至閉塞成冬時，地氣亦上騰，但至深至微至密耳。午時後亦如是。以天地間，未嘗有一息不升降流行之造化也，而人亦未嘗有一息不升降流行之氣脈也，而坤地之妙用，亦未嘗有一息頑静而不流動也。潮者，海水還歸尾閭之底，爲潮落，大海氣脈吸而入也。尾閭外之，水湧出大海之上，爲潮長，大海氣脈呼而出也。良以望夕之月，受陽光正滿，則望夕之陽潮，直至子時正盛而正滿。晦日之月還陰魄正滿，則晦日之陰潮，直至午時正盛而正滿。世傳初三、十八爲潮大信，猶如陽極於夏至，而未月之末，熱愈熾；陰極於冬至，而丑月之末，寒愈洌也。月與潮與人身中陽精藥物，體雖不同，而同一造化。又日月五星行度、一切星辰、一切風雲雷雨等，又陰陽五行八卦八門九星太一十六星等，又劫數年月日時、時節氣候、支干方位、一切吉凶神殺、一切天神地祇、一切諸法、一切造化，妙用無窮無盡，皆一一各各變化不同。又天下無盡世界，地不同，山不同，水不同。一丘一壑，相距不多，步尺鑿深，或間尋丈。土性、土脈、土色、土味、土聲、水性、水脈、水色、水味、水聲、石性、石脈、石色、石味、石聲，一一不同。各地所産禽獸，所生草木，以至種種萬物，其狀其性一一不同。三才萬物萬事萬法，萬變萬異，無窮無盡，一一各各不同。其不同，一一雖不同，一一莫不皆有倫序。文理支脈，一一各相背而馳，不相統，不相合，不相通，不相同。自生自滅，自始自終，自形自色，自性自命，各分絡繹，各爲經緯，各具一切，各辦乃事。非真不相統，非真不相合，非真不相通，非真不相同。不同者不通者，形也事也。通者同者，理也氣也數也。莫不皆自宜其宜也，莫不皆自然其然也，皆所以錯綜倒順，彌綸宇宙，以立三極也。天地人萬物皆活物也，皆以南北爲經，東西爲緯也，皆一理也。一一皆以大造化爲本。大造化以何爲本，以真陽生意爲本。天以之散爲萬象，地以之散爲萬物，人以之散爲萬事。其根源，一一杳冥乎至深至深玄微之中。而事業，一一發見於無盡無盡廣大之外。其實皆原於真陽生意也。真陽者體也，生意者用也，二者本不相離也。不偏於偏曰真，不陰於陰曰陽，不死於死曰生，用之無盡曰意，故曰真陽生意。其天地人之神氣乎，其天地人之命蒂乎？不以古今變，不以頃刻停，鼓舞萬化，無有終極。其機或焉滯，天地閉，在人則病。其機或焉息，乾坤毁，在人則死。列子曰：「天地空中一細物耳。」人又天地中一細物耳。然其理甚妙，其心甚大，其機甚微，其氣甚深，其體甚真，其用甚溥。可以與天地竝，而參天地之化育者，以此天猶吾身也，地亦猶吾身也。今吾之身，相與生其生者，皆十二經脈、奇經八脈行乎至深至妙之中，層負萬氣，支縷萬脈，統緒相纏，首尾相銜，次第相軋，玄妙相應，貫頂貫踵。縱横經絡五藏六腑，四肢九竅，周而循環，呼吸吐納，灌注井滎，流通榮衛，氣血筋骨，精神魂魄，三百六十骨節，八萬四千毫竅，以之爲身，其妙未嘗不相通也。以之爲穴，至於種種之事，其妙用又未始相同也。此所以爲一身來龍之關鍵也。其能如是者，乃吾身中下丹田，先天、先父母，一點真陽生意流衍之妙也。其人之神氣乎，其人之命蒂乎？當天地造化真陽生意動時，人之三焦之原，十二經脈之根本，雙腎之間下丹田，至深深至微微之中，一點真陽生意先動。任督、湧泉一時俱動，天地人萬物咸同此真機而相通焉。雙腎之間爲下丹田，出《神景内經》。馮玠註《難經·八難下》註引之甚詳。《黃庭經·脾長章》註引《玉歷經》亦然。又《道藏》、《别經》處處皆同此説。人能通真機之妙，得此真陽，藥物聚則成丹，不聚則不成丹，乃妙於人者之聚也。粤自判重濁爲地之後，柔者爲土，剛者爲金，頑者爲石，英華榮茂者爲草木，雜氣爲物，秀氣爲人，皆依乎地而形其形者也。然皆不識地之所以爲地，能博厚無疆，發育萬物，何所藉而能如是。孰知夫大地之下，皆一重土，一重泉，相間爲九，因而曰九地、九原、九壘、九泉也。層負萬氣，支縷萬脈，柔順鞏固，盪化流躍，斜細其軸，互爲鉗鎖，深運其機，密相橐籥，張布玄網，維絡地根，非金非石，非水非土，千千萬萬，經攢緯織，牢牢不可解，重重不相礙，綿亘持抱，幾千萬億里無邊大地，懸浮於茫茫無邊大海之上，以之爲地，其妙未嘗不根通也。以之爲穴，至於種種之物，其妙用又未始相同也。此所以爲大地來龍之關鍵也。其能如是者，乃大地底至深至玄，先天先地，一脈真陽生意流衍之妙也。其大地之神氣乎，其大地之命蒂乎？此下鎮地根之大寶也。真陽生意躍爲浮散，流溢於淺淺之處，則地氣泄而虚耗，不用之猶不足，凡百事皆不宜。真陽生意妙於凝合，反抱乎深深之根，則地氣密而柔實，雖費之亦有餘，在天下則太平，在人則壽，則爲神仙。真陽生意其天地人萬物之福基乎。《淮南子》、《博物志》所載地下有四柱、三千六百軸，非真有其形，聊借譬喻真陽生意，有大力量負荷世界，支撑劫運也。豎亥大章所步幾萬幾億之多，非真有其數，不足測量博厚無疆之地勢也。又如十大洞天、三十六洞天，亦孔穴之至大者，可以通仙靈出入之路。洞者空也，通也。洞而爲天也，純是陽氣結而爲骨，潛自崑崙，分跨海外，洞洞相通，犬牙相錯。十大洞天、三十六洞天，只是一洞，外無隙罅，内有光明，不入凡穢，密貯妙暖。十大洞天、三十六洞天、七十二福地，皆地底真陽生意凝結流衍之妙也。三十六洞天不可葬，如人身上有三十六穴不可鍼。七十二福地不可葬，如人身上有七十二穴不可灸，俱禁穴也。洞天福地、神仙長生之氣，不可以尸氣犯生氣也。其洞中四通八達之路爲大地來龍之骨，與人脊梁四肢節節相拄，有筋附骨絡之，外實而無穴，中通而有陽髓之意相同。世人肉眼不見身内支脈節節有條理，竟以此身爲塊然之肉。世人肉眼亦不見地底支脈井井有條理，亦竟以大地爲塊然之土。殊不知天地人萬物皆有文理支脈。煙縷冰澌，壁裂瓦兆，尚有文理，謂之地理，獨無文理支脈乎？曷爲地之文理支脈，其來龍者地之根源所自本也。又取其勢如龍之來，蜿蜒活健也。勢之大者，厚德載物。次則廣闊坦平，委蛇坡陀，嶮峻崔嵬之狀也。支者，勢之分也。又外則路之所通，内則脈之所貫也。脈者，真陽生意流行之迹也。穴者，地氣山勢來龍支脈真陽生意之妙畢聚於此，凝結不滯，活動不流之窟也。此穴之能福於人者，真陽生意凝結不滯活動不流之澤也。穴者，竅眼也。鍼穴灸穴非竅眼，曰筋、曰骨、曰肉，不曰穴。葬穴非竅眼，曰土，曰石，曰泉，不曰穴。以其能通不能通内外氣脈之機爲義。高土爲頃，兆域爲墓，即宅所兆也。兆，朕也，謂地之一罅，微露造化毫芒妙處，即竅眼爲穴也。與鑿井無竅眼通井脈，則不爲井之意同。鑿井，橫出泉眼，來處近淺而易竭，水味汙泛。直出泉眼，來處遠深而不竭，泉味清甘。土實水妙，土虛水濫。方方處處鑿井者，見地下土與泉，各各層層色澤氣味亦難盡其説。泉之正直而上曰檻泉；縣出曰沃泉，謂倒溜而下也；側出曰氿音軌泉；湧出曰瀵泉；所出同，所歸異曰肥泉；所出異，所流同曰瀵泉。井無水曰眢井。水一也，以泉來處不同而名不同，味亦不同也。山地一也，地脈陽氣發源不同，有散出者、橫出者、直出者、曲出者、半地出者、一脈分衆脈者、衆脈合一脈者、地氣竭有穴無脈如眢井者，其類衆泉之各異出而異名也。山勢以橫走而來，地氣當直上而出。橫者束之勝，則穴深。直者漠之勝，則穴淺。地之陽氣勝，爲有餘。山之形勢勝，爲不足。山地二脈，紐結均平爲兼美，其間之脈，山勢互橫互直，互斜互曲，互正互偏，互相坱圠，種種内異脈外異狀不同，又過於泉脈多多。以是聚而爲穴，又一一不同。有山勢地脈相逐相軋，相束相入，回抱真陽之氣，倒溜結秀於地中者，此歸源之穴也。此最難得難識，發雖遲，葬之久久，子孫終有奇特得道之士。穴之爲穴，非千萬可悉，議其所以爲形勢氣數者。形者天生其物之象也，勢者物情前陳之狀也，氣者天地萬物盛衰之候也，數者天地萬物盛衰之限也。形勢乃天地萬物之部位，氣數乃天地萬物之機括。形勢外也，氣數内也。一切形勢卒難自變，盡是氣數逼之換骨。形勢雖奇，氣數未來，無以發其妙趣。有華麗之屋在焉，無富貴之人居之，縱華麗亦衰冷，其如辜負此華屋何？地乃陰物，乃寒物，乃查滓物，而於陰寒查滓中得陽和精華之妙，非實而何，非真陽生意而何？此真陽生意實自深深地底根源而來，與人之一身十二經脈、奇經八脈遠遠自下丹田任督、維蹻諸脈根源而來，見於骨節皮膚之上而爲穴之勢頗同。天地人造化之機悉不在外，悉在内，悉不可見，悉不可知，故妙，故神，世人焉得見之，焉能知之？地理之法，又與鍼法同。不知醫脈者，則不知病。不知病者，則不知正穴。毫釐之差即不得穴。或得其穴，鍼之無法，淺深不中度，反病於人。不識真來龍者，則不識真形勢氣脈。不識真形勢氣脈者，則不識真穴。大地茫茫然，不可尺寸量。或坐向不當，或失於東西南北之微差，或深淺不中度，皆不得氣脈之正。形勢正而氣脈完者，唯一穴，祔葬則分矣。祔葬即合葬也。祔葬亦有離合之分，衛人之祔則離，魯人之祔則合，謂隔槨别壙之分也。《詩》云：「死則同穴。」《檀弓》曰：「合葬非古也。」自周公以來，未之有改也。《喪大記》曰：「男子不死於婦人之手，婦人不死於男子之手。」意不欲死者戀戀於所私乎。子孫附葬於其下者，皆受正穴之福澤也。葬骨殖，初無偏正，勢又輕矣。葬衣冠杖履，則寄誠也。盍取形勢正而氣脈完者爲善。形勢雖正雖完雖妙，氣數已過，非吉也。識形勢易，識氣數難。識穴尚易，定正偏淺深尤難。纔遇形勢氣數，得其大體，正以主之。衆者客也，主爲君，客爲臣，君居正位，臣伏四方。須當熟視偏正，不必苦泥末節。穴不真，位不正，不可作。如是説，若人平日心地不開，眼力不真，臨時微差其意，則龍側虎向，風擊水衝，關繫不小。風水有渙散之象，山風有蠱壞之象。風能扇播地氣，夏至以後風自上而下，漸漸吹來，直入地底。曾有爲異風吹側墓中之棺者。水能衝地氣，能泄地氣，能截地氣，使山地氣脈直從水底過地而去，亦能回抱地氣，映帶地勢。凡當要衝處，俗諺戒之，如當風門水口，遂相襲以爲看風水，最忌無情之風、無情之水、無情之山、無情之地。内無含蓄則直、則露、則無情、則不吉，以其不能聚真陽生意而爲神氣也。或微拱而不聚，或聚而不凝不活者，爲虚位，爲盲穴。似聚者暫駐而即去，微有滲漏便不完實。真聚者凝結而不滯，活動而不流者，爲真穴。其真自千里百里十里，從他山分勢舞來，至此斂然而止。或自地底發源，深深直上，至此欣然而聚。多有真似種種物象之形者，或平原曠野間，或水底，或石罅，别有奇異，有非世人可窺覘其深邃之妙者。其地之上也，外欲密，而内欲敞，欲常見日月，欲不紊陰陽，欲最茂草木，欲不生蛇虺，勢欲圍簇，氣欲疏通，意欲清美，色欲明净，脈絡欲雄健深厚而不露，骨肉欲勻實柔净而不枯。骨者石也，肉者土也。大體欲左右宛轉，擁護環抱，顧戀有情，如朝王者，然後爲佳。使其地氣支脈湧沸而透爲一竅，山勢來龍旋折而注爲一窟，兩宜相入，通而爲一，停涵蟠蓄，衆妙絪緼，凝結而不滯，活動而不流。其地之下也，外必柔而内必化，土重而體清，紋細而髓深，暖如春氣、如雲潤、如瓊粲、如金流泛甘香，不與土同。羣奇雜瑞，叢然相獻，内外四方，靡不相宜。其一山一水，一丘一壑之神氣乎，其一山一水，一丘一壑之主位乎？環視此外，皆奴僕爾。一窟雖密，其上必有瑞氣，其下必有靈物。一窟雖微，其餘潤所及，或數里，或數十里，莫不隨其地氣支脈，山勢來龍，相宜情態，委蛇踴躍，遠近大小，清濁淺深，高下輕重，盛衰通塞之勢之意，爲地爲穴之優劣。勢之所駐，爲山氣之所會，爲聚止；而不聚則非穴，山脈地脈不正則無穴。果能抱真陽生意之妙，正而聚則爲穴，此妙於地者之聚也。人多看山勢之止，不識地氣之聚。山乃附於地者也，當以地爲主。平原曠野間，當獨論地下氣脈氣數。多不喜平原曠野，以爲無形勢可取，正緣不見地下氣脈氣數盛衰端的爾。平原曠野間，忽得清暖妙潤之地，雖不如山之高峻而速於應驗，因其平坦，極是耐久而平穩，是以古者葬之中野也。先論地氣，然後論山勢，乃爲全論。山勢露在外易見，地氣潛在内難見，止以山言，聚以地言，《易・萃卦》曰：「觀其所聚，而天地萬物之情可見矣。」一聚之義妙矣哉。天者大造化之聚，地者山水土之聚，都邑者人民之聚，山者土石之聚，海者水之聚。聖賢者道德之聚，儒者德行才學之聚，佛者福慧之聚，神仙者純陽之聚，男女者父母媾精之聚。富貴者福德之聚，一切諸寶貨造化秀氣之聚。皆聚則妙，不聚則不妙。聚則富貴而有權，不聚則貧賤而無位。大聚則大妙，小聚則小巧。久聚則久耐，暫聚則暫美。大凡陽氣聚則暖，暖則生精神，生萬物。陽氣聚爲生，爲吉，爲福。陰氣聚則寒，寒則不生精神，不生萬物。陰氣聚爲殺，爲凶，爲禍，不可不辨。陽氣浮於淺，則爲暖。陽氣極其深，則爲熱。人之水臟之下極熱，不熱不足以化諸食，不足以運諸世事。地之水輪之下極熱，不熱不足以縮諸水，不足以消諸陰氣。萬物之生，其受氣雖偏而雜，只是藉此一點暖氣以生。其生真火，即真陽生意也。爲三才萬物立深深之壽根也。深深者不外其外，而内其内也。世人不論内論外，高人不論外論内。外富内貧，外強内弱，外勝内不勝，非福、非壽、非根本之論。有能一覷直透數萬丈波濤之底者，方見龍宫海藏分明，可唾手取第一顆鎮海明珠。有類如是之地，不生奇特之人，必生奇特之寶。所以佛仙勝迹，鬼神靈宅，多據山水秀異所聚之地，可以赫其靈，可以尊其神，葬者可以妥其魄，可以昌厥後，皆天地山水真陽生意氣脈凝結不滯，活動不流之妙所致。其天地人神氣之流慶乎？緬想《周易》，聖人爲棺槨治葬之法，翻巽初六，爲兑上六，是爲大過卦。大過乃始乎巽陰，終乎兑陰之卦。雖始終乎陰也，以乎外初六上六之陰畫，包乎内二三四五之陽體，是拱其陽，而聚之於内也。始於入巽之陰，終於悦兑之陰，巽開陰卦之始爻，兑了八卦之終事，始可以終乾父坤母之大事。能了父母送死之大事，當以外拱其陰以包之，内聚其陽而實之之地而葬焉，則死者入而悦矣，有歸根還源意。孰曰「遊魂」，上古葬之中野者。何中野者？非獨指一處，凡一山一水，一丘一壑，所在莫不有天地正中之位，天地正中之氣。外而得地勢之正，内而得地脈之正，其真陽生意之機之聚，寧不在是。宜東不東，宜西不西，宜南不南，宜北不北，宜高不高，宜低不低，宜深不深，宜淺不淺。如蓋覆函，分毫不差。微有參差，即不相應，皆非中也。氣數已過，氣數尚遠，亦非中也。中則和，不中則不和。和則真陽生意聚矣。古者葬之中野，聖人以棺槨，取大過，皆寓葬法於言外。諸葬書盡不議及此。若地理四面形勢似乎潮落，吸其真陽生意，歸斂地中，密拘於内，是爲葬者之穴。若地理四面形勢似乎潮長，嘘其真陽生意，浮漾地上，流潤於外，是爲生人之居，此陰宅陽宅之分也。若倒用之，力則減矣。開闢初心，發而爲真陽生意，以溥大化。天地尊位，山澤通氣，本不爲葬而設。本爲生民立極，鼓三才萬物生死之機，開斯世興衰無疆之運，先古氣清，後劫氣昏，此意玄賾，存於不論。一郡有一郡之形勢氣數，一縣有一縣之形勢氣數。坐向，前欲正而朗，後欲實而厚，高而不陷。左欲昂而長，右欲低而短。分而相向，捧盤獻珠，怪其光明燦爛，見者顔面亦生紅潤。地欲厚，土欲重，古人每稱土輕重，驗地岡厚薄，立郡治縣治，宜於坐鎮四方，潤澤生民。地下氣脈所聚者，大則爲郡爲縣，人物所聚必繁盛。陽氣不聚，則土弱而地無力，不宜勝載世事。陽氣聚，則土實而地有力，則地與人相宜而生福。聚之小者爲穴，而爲穴之形勢氣脈則欲斂束。山之與地數里數十丈之形勢氣脈，聚于或一二丈或數丈之餘。愈密愈妙。掘地藏寶貨於不露形像，葬者冥竊天地真陽生意一罅之暖，自然宜其後人，吉無不利。地亦欲厚，土亦欲重。一郡一縣之間，可居者多，可井者亦多，居而奇則少，井而奇更少。欲求穴，萬或一二，真陽生意散而流行天下，無往不在，無往不生草木萬物。然氣聚處少，聚而爲穴者，真陽生意之小，小至微一芽爾。其大本則垂蔭十方，無盡衆生世界。《抱朴子》云：「天下一郡一縣，一鄉一里，一宅一房，各有生地，各有死地。」又兵家兵書多論天下戰守形勢，其説應機出處，便宜行事，難拘其説。如荆州、永州，息壤不可犯之。《淮南子》謂之息土。又地形之小異也。廣南之地頗有惡戾之土，葬及一年，骨與棺盡朽爲土。四裔遠域更有麤硬惡戾之土，非正氣也。《易》曰：「立地之道曰柔與剛。」坤以柔道爲正。土柔而細潤則吉，土剛而麤硬則惡。山氣多剛，地氣多柔，柔勝於剛乃吉。唐末，遠方或以五色帛，或以器貯活魚，埋之一年，發視其魚生死，五色變不變，驗其地美惡，其癡殊甚。昔有至人教人，待大雪中看雪，不積處是穴。又有至人教人，執火把走，遇火滅處是穴，乃陽氣散漫而出，不容火燃也。又有至人教人，燃燈於所指之地，看燈不明處是穴，乃一縷陽氣勁緊直出，隨一縷燈焰而上，不爲風雨所滅地。如數里數十里之間，山地四向皆砂礫冷瘦之土，忽其中一圍或一二丈或數丈乃清暖柔膩之土，至吉地也。此皆論地下造化也，皆真陽生意之聚之妙也。水圓折者有珠，水方折者有玉，此其似也。不止於此，地運、山運將興，素有虎狼，盡盡自去，卻與人相宜，而生歡愛心，如增如漲，如地下藹藹有情於生春。地運、山運將衰，囊無蛇虺，戢戢亂生，卻與人不相宜，而有損害意，似偷似陷，似地下索索有聲而走氣。非有高明之人，見以見外之見，即古山水開新氣象，剖其精玄，則失之矣。唯是世間萬事，年改月換，日變時化，山山別、水水別、處處別、方方別、氣數別、變化別、興衰別、久近別、一別衆別，別別無盡，衹將別以益別，竟莫別其爲別，以何別別之法，別其不別之別。應笑盡走於不容不別之萬別世境，不識別有非別非非別之地在乎山阿。一天之妙無盡，四時之氣常和，八方之風寒莫入數畝之土，宜最多。樂哉斯丘，絶無偏頗。宜以菟裝，遯世婆娑。宜以窀穸，瘞瑴嵳峩。過於鐵函，牢不可磨。縱有萬別，其如之何？不遇至人，意終不決。至人開眼一照，洞見天外。天地俱新，山水俱活，一指指定，不勞再指，更不求其契合於一切法，而自然契合。天上陰陽五星，九星四時，地下五行八卦，八門九宮，二十四局，三十六將，一切造化，何用安盤下鍼，擬議來龍，定主賓，分拱按，形勢諸事？又何須移路避衝，改水換勢，種樹補缺，培土爲照，粉飾諸事？世率以五行之山各二十四局，纔遇一山一水，若差一步十步，又各有二十四局，互換作數山數水之用，互換爲主爲賓爲龍爲虎爲風爲水，互飛天星，互移八卦，互開八門，互飛三白，互爲六儀，人各出奇術，人各生奇見，展轉發明，各各屈折山水形勢，歸於輪盤格局之中，爲千千萬萬山水妙用。此爲移尺寸之差，盡換山水之勢，頓別禍福之應，乃人爲之穴也，實非山水自然真穴也。此意相襲已久，難可遽改。若用坐東坐西，則陰陽相差。坐南向北，則位置顛倒，陰寒極重。後人以枕所坐之山，即爲北首，非北首也，非天地正位也。縱別有至奇特處，不得已而用之，終減分數，何況不深忖細論分金輪盤諸格局法，只推測得世上尋常五行生旺格局，未足以見地下真正自然氣數。大地廣博氣脈，紛錯糾纏，潛走地下，自然變化，自然奇特，一一處處，各各自然不同。詎可以世間奇見活法，移換拘束自然造化，以三年一步、十步一世，種種諸法移易氣數，勒爲定驗？山山水水、處處方方，氣脈氣數有時遲，有時速，有時進，有時退，有時然而不然，有時不然而然，又一一各各皆不同。於不同，果可以輪盤籌策，算以活法，局以定驗，推測之乎？天静無風，一鈴獨鳴。天津橋上聞杜鵑聲，以心通知之，亦似以風角鳥占知之，不以尋常推測法知之，而乃寫爲山形，板成死本，纂爲格詩，釘作死句，争知天下事盡在一毫上，挫過好事。勿泥死法，當開活眼；勿執外境，當察内情；勿拘小局，當觀大體。千丈爲形，百尺爲勢，其見亦狹矣。目前之所謂葬者，不過取山水微有格局處，不問無真來龍，不問無真穴，不能細論主山，妄誕指東畫西，誣合遷就立説。只怕地下有石有水，深鑿不過案天星九尺爲例，卻令多增新土，培高爲勢，終是客土，氣不相合。江南墳墓，棺槨去土多止三四尺，豈治葬良法？夫子封墓，謂不可弗識，非爲培勢。從古封墓論爵，焉敢過制歟。忍聞江南之人，子孫零落，掘焚取物賣地，風俗惡薄可歎，反不如楊王孫立於贏葬也。古者葬法俱不用石槨塼槨，亦不用柏梁槨板，四圍竝不甃砌，但以周圍厚木棺槨，深深懸棺下葬，不用槨亦可，最以深爲妙，不留影迹與後人知始佳。古今天下處處葬法各不同，獨此法最簡最妙，只恐父母無治命，子孫決不肯用此法。舊以歷青和油煎，偏刷棺外。又黄泥石灰，或查和擣，卻周圍實之，久則如鐵，極可取。謀葬者當薄葬，棺内無物，棺外葬不華飾。又當漫山無迹，只可遥望拜掃，庶或其可。世人竭目力，繼心思，略見地上分毫氣數，不能徹見地下本體造化。猶相人之形貌、醫人之疾病者，不能徹見人之靈臺五臟，豈善相也，豈神醫也。世人既見不分明，不得不再四爲避凶就吉謀。孔子曰：「里仁爲美，擇不處仁，焉得知。」《釋名》曰：「宅，擇也。擇吉地而營之也。」聖賢教人擇地而居之道也。若夫橘踰淮而北爲枳，鴝鵒不踰濟，貊踰汶則死，及蟻遷穴，鵲巢避風避太歲之類，萬物各有所宜，萬物各有所不宜。《禹貢》任土作貢，職方氏九州所宜。歷代貢各州所産，皆土地所生，風氣所宜者。《易》亦論及天地之宜，象物之宜，與地之宜，使民宜之。《月令》亦論來歲時令之宜。大司徒以土宜相民宅，與夫七月豳俗，皆論天時地氣人事之宜與不宜。陰陽家諸法、諸卜皆論與此事宜與不宜。《考工記》論天時人事獨歸重於此，地氣然也。真的確論，本乎地者，親下故爾。地氣非獨能變物之美惡，然頗能移人之性情。其地宜佛、宜僊、宜儒、宜富貴、宜豪傑、宜人民、宜於清粹、重厚者吉，其於濁惡、頑脃者不吉。種種人事所宜不同，由於地土清濁剛柔變化之氣種種不同而然。司馬頭陀識骨人不宜住肉山，而識潙山主之奇驗是已。或宜於此，或不宜於彼，或宜於古，或不宜於今，皆地氣使然也。山勢地氣宜於葬者，則宜於存者。論地之外，山地卻要分明，一依風俗古例。存者立陽券，問人買地。又立陰券，問土神買亡者葬地。明示疆界，幽告神明，苟不宜，客鬼争之，土神訶之，官訟陰譴，纏綿子孫，乃存亡事理財物不正直分明所招，非山地風水神殺之咎。偷葬者有福，無争無咎，葬之不宜，則爲僵尸，地寒氣滯，骨槁肉堅之故。肉軟者非僵尸，暖則化，化則吉。況葬以藏爲義，人之藏物必藏於深密完固之處，不爲人竊鼠偷，則物永久。葬之藏骸，當藏於暖密完固之處，復藉山環水拱，則墓永安。更亡者在生，德行精神完固無失，宜潛陰神，瞑如入定，歸宿深密，鞠育靈活。一窩暖雲，漬醒冷骨，寂以養幽，獨妙於遊冥漠，何當躍滯爽於玄夜，開生顏於尸解？次則爪甲纏身，笑面如生，此大不易得，否亦過於南面王樂也。非此暖意，則太陰何以煉形。真陽生意之妙一至於是。于以宜後人，以安以壽，以富以貴，父母子孫一氣潛通，幽明孰能間之。人之欲安欲壽，欲富欲貴者，固天下所同欲也。抑又當思天有時，地有運，氣有盛衰，世有古今，天上劫運，世間莫測，而三元甲子一周一百八十年，天運一小變，地運亦一小變。一丘一壑，一紀十二年，亦一小變。小則地脈山脈或移，風路水路或轉，土有增有陷，石有長有泐，又或掘鑿燒毁坍崩。又甚則高岸爲谷，深谷爲陵。又甚則萬方易俗，萬化易位。又甚則桑田變海，海變桑田；大則復混沌復開闢，混沌開闢無有盡期。造化氣數一回，天溥真陽生意以福於人，則地氣通，一方之水土俱甘香暖潤，人物亦清正賢慧，鬼神鳥獸亦咸若，萬物亦盛多，一切色、一切聲、一切氣亦俱清。造化氣數一去，地收真陽生意以遠於天，則地氣塞，一方之水土俱苦澀枯寒，人物亦愚陋惡逆，鬼神鳥獸亦不寧，萬物亦衰乏，一切色、一切聲、一切氣亦俱濁。禎祥妖孽可以前知，人生無慧目、慧耳、慧性，則不能見一切先變之色，不能聞一切先變之聲，不能察一切先變之氣，不能辨一切先變之味。以至一切處、一切物、一切事、一切俗、一切人、一切心，種種先變之兆，外雖如然未變，内已隱然先變。小則數月、數年前，大則數十年、數百年前已兆之矣。如《史記》秦樗里子已先知葬章臺東，後百年有天子宫夾我墓，所言奇中。非獨此一人一事，亦非獨一丘一壑、一物一事、一家一郡消長之理如是，天地氣數大體消長之理亦如是。人與萬物尚未變，獨地氣先變。蓋地爲萬物之母也，真陽生意盛，則地氣盛，萬物壯實而耐；真陽生意衰，則地氣衰，萬物槁弱而不耐。或消或長，難以定論。如海中沙渚，或東湧，或西没，如空裏雲霧，或雨出，或晴收。又地水之外，渾是金剛之氣，秉而爲輪，自然天下八方地底，無往不當生金銀。時未至，氣未完，體未堅，物未出，彼長此消，古無今有，各有氣數，悉難以定論。自古帝王建都，下而小邦外化，立國往往不同。原於天時地利人和，各各與氣主盛衰，氣數之所感召，三者有一不完，則王氣衰歇。古今天下三才萬物盛衰生死之運，處處亦各各不同。天地日月尚終歸於壞，特歲月劫運久近不同耳，安有一定不易之人事，亦安有一定不易之乾坤耶。亘古不壞者理也，真陽生生之意也。欲知地理之脈絡，又當知地運之盛衰，又當合天地人萬物之全體，逆參其機括而擒縱觀之，或得其樞要焉。豈可獨委之地理，而不究天人之理也？固是天下山水頗多吉地，率皆天秘地隱，神藏鬼匿，不使世人窺見其處。其出也自有氣數，決待吉人與之，非天地私與之，吉人自與之也。太公五世反葬於周，禮不忘其本。狐死正丘首，仁也。成子高不肯以死害於人，擇不食之地而葬焉。鬱鬱佳城，有主久矣。當時盜眼豈不欲竊滕公吉地，似定數也。孫鍾感三官下教，其葬不亦重乎？非設瓜也，二人皆陰隲也。君子有是心，葬之不吉，未之有也。是以爲惡人葬吉地，上天有禁。天地鬼神斷不許無德行無福之人，私竊天地之寶，以壽不仁之富貴。至人未嘗不見之，未嘗不知之，決不輕易漏泄。世人況無先事而知、隔物而見之術，又無透空破地藍碧方瞳之人，曷能源流天地人萬物一脈真造化乎。其不能遡乎真造化者，以舉世之人紛紜萬學，一一盡走於不相同之域，而未造於未始不相同之天。同其不同，不同其同，同其同，不同其不同，則不墮於同不同之偏。不同者，三才萬物紛然妙用。同者，三才萬物本然真體。初未嘗同，未嘗不同也，惡可以天道地道人道物理，一一一切之不同者，惑亂其胸中之天耶？庶幾不泥於天地人之迹，而通乎天地人之賾也。此非術也，理也。三才萬物之理本一致也，欲造一致之妙，必推其精粗而格致焉。譬如乳出酥，酥出醍醐，至醒醐則極妙矣。陽氣者，一切有形中之至精者也，是猶酥也。真陽生意者，又陽氣中之至精至精至精者也，是猶醍醐也。道家謂之水中金藥物也。天地人萬物萬事萬法之各各變化不同也，果誰爲之？全論其全體，全然同是一真陽生意，千變萬化，而爲之其先天先地先父母者也。真陽生意，果誰爲之？超此難言也。案圖索駿，泥形取象，真死漢，寧足以語此道。世之所傳所學，只是世間法，縱得真傳妙用奇訣，亦世間法。不涉於世間法而得之，始爲高眼，苦學三十年，不如點化數語。又不如一雙垂覺之眼，又不如一片玲瓏之心，猶未也，猶未也，難哉！又況一切世法，上聽上天所行，又隨國法所轉，又審世道汙隆，又逐人心正邪，尚之則靈，不尚之則不靈。又當識其時宜也，斷以不疑爲上。通達之人皆可，不通達之人多忌諱，此陰陽家諸法不容不存。第人鹵莽，難闖其妙，又不可苦溺其説，又當觀人力量見識德行福德爲何如？遇其地或太過，而其人不足以當之，亦不可。天地至大，萬物至多，唯一至公之理，行乎其中，天且弗違，安有私心。然彼一一各有分劑，一一各有法緣，當以真情實行，盡力行我之正大，契彼之氣數。忽然眼開，見奇特造化，欲加一毫人爲不可得，奚特地理云乎哉。道家謂五嶽之外有别五嶽。鄒衍謂九州之外有大九州。列子謂焉知天地之表不有大於天地者乎。釋氏謂南閻浮提爲四大部洲之一，娑婆世界爲華藏二十重世界中，第十三重諸世界中之一，此其大槩也。恣情瀾翻，何有涯涘，是誠不可以聖智測度。然天地依風，風依虚空，虚空無形，無所依。天地虚空，根蒂安在？必有剖破天地虚空根蒂者，視之而笑，且置此説。尚有一則語，頗費分疏：昔迦葉示滅窣堵波，至今在天竺國鷄足山中。迦葉親抱釋迦佛金縷袈裟，直待彌勒佛下生而付焉。其事極遠極遠，當時正是何穴，又如何不隨天地山川氣數遷變耶，理耶非理耶，數耶非數耶？子當努力行四方，子當努力行四方。一旦鐵鞋根斷，會遇無舌大丈夫，歷歷明以告子，何止三教九流萬方萬法要旨，大地山水來龍，天地人萬物陰陽虚空根蒂而已。子終身之事畢矣。子當牢記其語，待歸以告我。

朱右《白雲稿》卷二《原葬》　葬者，藏也。上古之俗，厚衣之以薪，不封不樹。中古聖人易之以棺槨，地理之説未聞也。公劉遷豳，相陰陽，觀流泉，周公宅洛，卜澗水東，瀍水西，則擇地以處生人矣。公孫文子曰：「樂哉斯丘也，死則我欲葬焉。」孔子曰：「卜其宅兆而安厝之。」則亦擇地以處喪者矣。初未始以吉凶休咎論也。後世陰陽家乃曰順之者昌，逆之者不死則亡。於是世之人多忌，其泥也滋甚。今之言陰陽地理者，宗郭氏。予嘗考郭氏書，曰：「葬者，乘生氣也。」又曰：「氣乘風則散，界水則止。」至哉言乎！夫太極既判，二五妙合，在天成象，在地成形，何莫非生氣之融聚也。乘其生氣，則神靈安，子孫盛，辟猶培壅其根而枝葉茂，理固然也。故其爲術也，葬其所會，乘其所來，擇其所相，避其所害，外藏八風，内閟五行，聚之使不散，行之使有止，如斯而已矣。郭氏既没，學者罕得其旨。隋僧令偲傳其術于華山，行有左驗。唐太宗收其圖經，入鎮内庫，禁天下不得傳。及黄巢破長安，國師楊筠松竊奔江西，江西術遂宗楊氏。楊授弟子三人：曰曾智，曰鍾可期，曰僧文通。曾授廖禹與其甥賴文進。廖授胡矮仙。胡授劉七椀、王六道。上牢劉子先得之於王，世守其業，至唐卿者而學始昌。丹山蕭才清與王敬叔，又得之劉唐卿焉。自是江以南之業地理者，得其學爲真傳，其不得者，妄焉耳。予嘗聞其略，曰：生氣所會，地脈所歸，察其來脈，審其陰陽，辨其逆順，究其分合，别其明暗，得其淺深，爲之饒減正折，如剥花，如接木，不前不後，不左不右，高而不抗，低而不窪，急而不傷，緩而不脱，止其所止，是謂至善。如不由此，舛錯繆戾，蓋有不得其安者矣。故曰差之毫釐，失之千里，可不慎歟！臨海毛德齋氏，世爲龍奥大家，代以儒顯。德齋聰慧有識，讀書燭理，嘗侍其尊平遠翁遊湖海間，得地理秘傳。其《龍穴圖經》，與郭氏之説，若持左券而合符節，視它術者不啻相什伯千萬矣。暇日過予寓地，相與劇論所得，指畫口授，亹亹弗輟，信源委之有自也。於其别，序其説，作《原葬》以贈之，世固有知音者矣。

黄宗羲編《明文海》卷一〇四王材《葬説上》　擇葬以利後，於古無之。帝王迭興，豈必盡緣丘隴，閥閲降替，其先顧無力以卜佳塋耶？中原之國水深土厚，自昔多循昭穆而窆，蓋不卜而無不可者。山澤之國，高則欲避其寒，卑則欲避其濕，凡此，惟以寧親之體不致速朽而已。而今之葬者，膠術人之誣佞，山之所從，坎之所向，或稱華蓋，或稱御屏，或稱天馬，或稱筆笏，或稱旗鼓倉庫。擬諸星曜，或稱貪狼，或稱武曲，或稱巨門輔弼，而以爲其子若孫富貴之基。官秩崇卑，積藏厚薄，若數權量，或稱鎗刃退筆卧尸，或於星稱廉文破禄，則使人惴惴焉而謹避之。至于兆域，時或忽焉，高或忘其寒，卑或忘其濕，象獅龜蠏，惟形之值。嗟夫，山之爲物，舉足異觀，此之類筆笏，彼之類鎗刃，此之爲巨門，彼之爲禄存。山非有二，應此則以吉，應彼則以凶，不將屢變其靈而不自守耶？苟曰不然，則吉凶之數，毋乃惟人意象所期耶，是地靈無定而天命不由也？今葬書益繁，講者益膠，雖高明之士，往往惑之。訟葬者之徧于州邑，有以也夫。

《葬説中》

衣薪俗遠，而瓦棺，而堲周，而棺槨，而塗車芻靈，飾牆置翣，人子送親之禮，於是爲備。芻靈柳翣，已則焚之，所以盡于人心。惟是衣以飾身，棺周于衣，槨周于棺，土周于槨，必誠必信，勿之有悔，不致速朽而已。昔魯君將以璠璵斂，孔子徑庭麗級而諫，比之暴骸中野。自吴營虎丘，秦作驪山，恣其力所能致而無不爲，然卒不旋踵爲盜所發。人主何樂于發而爲是哉？今士大夫家葬禮等差雖載在令甲，然穹碑廣楔，象設森崇，一時觀美，或適爲異時開毁之標。余所經燕齊之郊，前代石人羊馬仆裂相望，其塚中之存者幾希矣。或曰：安僻之地，得爲則爲之。要之顯孝，弗惟是也。

《葬説下》

史稱德彌厚者葬彌薄。夷子學於墨氏，而葬不從墨，人子曷忍而薄其親哉？璠璵之戒，蓋不使中有可欲以爲毁壞之囮耳。然逝者弗明，或溺其平生之所好，人子亦往往念親所好，而將之以如生之心。夫以周書埋汲，卒見人間；漢茂陵之道書，唐昭陵之字帖，且不能終錮，況於金玉珠寶，爲恒衆所共利者乎？前代葬者無貴賤咸納鏡棺中，取明暗之義，今開封古鏡徧天下，則知舊墓蓋有不勝其發者。吁，可不戒哉，可不戒哉！

黄宗羲編《明文海》卷一三四趙汸《葬書問對》 或問：葬地之説，理有是乎？對曰：有之。然則其説孰勝？對曰：《葬書》至矣。問曰：《葬書》真郭氏之言乎，抑古有其傳也？對曰：不可考。周官冢人掌公墓，墓大夫掌凡邦墓，皆辨其尊卑度數而葬以其族。大司徒以本俗六，安萬民，次二曰族墳墓。則葬不擇地，明矣。豈有無事而著其法者哉？《漢書・藝文志》敘形法家，大舉九州之勢，以立城郭室舍，形人及六畜骨法之度數，器物之形容，以求其聲氣貴賤吉凶，而宫宅地形與相人之書並列。葬地之法其肇派於斯乎？予嘗讀張平子《冢賦》，見其自述上下岡隴之狀，大畧如今《葬書》尋龍捉脉之爲者。豈東漢之末，其説已行於士大夫間？至景純最好方伎，世見其葬母暨陽，卒遠水患，符其所徵，而遂以《葬書》傳諸郭氏邪？然無所考矣。問曰：《葬書》世所有，然自齊梁至隋唐，君子不道，至宋司馬温公乃欲焚其書，禁絶其術，何也？對曰：其言有大悖於理者，書固可焚，術固當絶也。夫盛衰消長之變，一定而不可推移者，雖聖智功力無能爲，蓋天之所命，而神功之不可測者也。後世諸子百氏，好爲異端奇論者衆矣，未有敢易此以爲言者。而《葬書》獨曰神功可奪，天命可改。嘻，其欺天罔神，謗造化而誣生民也甚矣。世俗溺於其説，以爲天道一定之分，猶有術以易之，則凡人事之是非黑白、物我得失之細，固可顛到錯亂，伏藏擒制，於方寸之隱發以遂吾私而無難，而世道人心遂有不可回者。豈非《葬書》之有以誤之與？禁而絶之固善。問者曰：夫其謬戾既已如此，而又以爲葬地之理在焉，何也？對曰：術數之書，其言不純往往類此。夫創物之智，難以言傳，固不可以爲言者之失而蔽其善也。曰：敢問其言之善者何謂也？對曰：所謂乘生氣者是也。班孟堅曰，形與氣相首尾。此精微之獨異，而數之自然，最爲得形法之要，蓋與葬者之言相表裏。夫山川之起止合散，其神交氣感，備百物之精，故地形之書與觀宫宅人物者，同出一原。而後世楊、廖之徒，遂精其能而極其變，然後坤靈生息之機，得乘以葬而後無失焉。蓋非殊資異識，足以盡山川百物之情，逆來順往，旁見側出，皆得其自然之數者，不足以語此，則事雖鄙而理亦微矣。故其書愈多，其法愈密，而此三言者足以盡蔽其義。蓋古先遺語之尚見於其書者乎？又問曰：星，天象也。術家以名山，豈《葬書》之旨耶？對曰：五行陰陽，天地之化育，在天成象，在地成形，聲色貌象，各以其類。蓋無物不然，無微不著，而況山阜有形之最大者哉。苟至理所存，不必其説之，皆出於古也。曰：直者，吾知其爲木；鋭者，吾知其爲火；轉動者，吾知其爲水。而圓之爲金，方之爲土，何也？對曰：易象乾，爲天爲金爲圓，因其從革，以觀其在鎔則知之矣。四方形而土居其中，蓋體坤而得地之象也。問者曰：然則或謂人間萬事皆順，惟金丹與地理爲逆者，何也？對曰：人有五藏，外應天行，流精布氣，以養形也；陽施陰受，以傳代也。非逆不足以握神機而成變化。天有五氣，行乎地中，流潤滋生，草木榮也；絪緼上騰，發光景也。非逆不足以配靈爽而貫幽明。知金丹之爲逆者，則生氣得所乘之機矣。夫豈二物對待之名哉？又問曰：今閩巫方位之説，亦得《葬書》之旨乎？對曰：論五行衰旺生克，此自陰陽家事，非所以求形法。《葬書》言方在勢與形之次，而近世臨川吴公刊定其書，置是語於雜篇之首，蓋常與人言方位時日無關於地理，可謂得其本矣。譬諸方伎家起死回生，必精乎色脉之度數，長生久視不出乎内外之法象。蓋形氣之治，神機合變，不係於方，其本如此。問曰：然則欲知葬地之理者，將即形法而求之備乎，抑合陰陽家而論之也？對曰：是固當辨。譬之人事，形法其言相也，陰陽其推命也，有不相待者矣。然言相者因百物之異形，而各極其情狀，以察造化之微，而知吉凶。必不以相人者相六畜也。推命者以生年月日時論禍福吉凶，猶或失之者，由其爲術之本，不足以範圍大化也。移之以推六畜輒大謬者，六畜之生不同於人也。夫方位之説，本非所以求地理，況乎隨意所擇，不得形法之真，而槩以其説加之，則亦何異以虚中子平之術而推六畜，以論牛馬者而論人耶？又問曰：然則其説何自而始，術家多談之者，又何耶？對曰：不知其所自起也。贛人相傳，以爲閩士有求葬法於江西者，不遇其人，遂泛觀諸郡名蹟，以羅鏡測之，各職其方，以相參合，而傳會其説。如此蓋瞽者扣盤捫燭以求日之比。而後出之書益加巧密，故遂行於閩中。理或然也。夫勢與形，理顯而事難，以管窺豹者，每見一斑；按圖索驥者，多失於驪黄牝牡。苟非其人神定識超，未必能造其微也。方位者，理晦而事易，畫師喜模鬼神，憚作狗馬，況羈旅求合之巫，惡肯改所難以艱其衣食之途哉？此可爲智者道爾。問者又曰：理既如是，則《葬書》所謂反氣納骨，以蔭所生者，固在其術中矣。何乃於奪神功、改天命之説而斥絶之若是耶？對曰：本骸得氣，遺體受蔭者，氣機自然之應也。然吉地不易求，而求全吉者尤未易，葬師常鮮遇，而遇真術者爲尤鮮，是其術之明晦用舍，地之是非得失，且懸於天而不可必。今其言曰君子以是奪神功，改天命，何其不思之甚乎？孔子曰：不知命無以爲君子。豈《葬書》之所謂君子者乎？又曰：然則今之名卿大家，其先世葬地多驗，如執券取物。至其盛時，竭力以求，輒無所得，或反倍謬取禍。豈亦分定者不可推移耶？對曰：不但如是而已。夫家之將興，必先世多潛德陰善，厚施而不食其報，若是者，雖不擇而葬，其吉土之遇與子孫之昌，固已潛符默契，蓋天畀之也。後世見其先之鼎盛，而不知所自來，於是妙貪巧取，牢籠刻削，以爲不知何人之計，則其急於擇地者，亦殖私窺利之一端爾。其設心如是，則獲罪於天，而自促其數者多矣。擇而無得，與得而倍謬，豈非神理之顯著者哉？問曰：然則大儒子朱子亦有取焉，何也？對曰：大賢君子之事，不可以常人類論。古者三月而葬，凡附於棺者，必誠必信，地風水泉螻蟻之爲患至深，善腐速朽之藏，如委棄於壑，蓋時有定制，民無得而遺焉，皆昔人知之而無可奈何者。伊川程子謂死者安則生人安，乃自後世擇地而言其自然之應爾。朱子之葬必擇地，亦曰爲所得爲，以自盡夫必誠必信之道，而不失程子之意云爾。然君子之澤，未常有加於報施之常則，其託斯事於季通氏者，又豈有所歆羨期必也哉？固非可與常人類論也。問者又曰：死葬者，生人之必有，而大儒君子所爲，乃後世之標準也。故世之論葬地者，必以朱子爲口實，則仁人孝子之葬其親，地不可無擇也明矣。今物理之難明者既如彼，而得失之懸於天者又如此，則所謂爲其得爲，以盡其必誠必信之道者，將何自而可耶？對曰：死，葬之以禮，祭之以禮，斂手足形還葬，與葬以天下一也，故喪具稱家之有無，夫吉地之難得，豈特喪具之費而已哉？先王制禮，致嚴於廟，以盡人鬼之情，而藏魄於幽，以順反原之變，其處此固有道矣。積善有餘慶，積不善有餘殃。秦不及期，周過其歷，祈天永命，歸於有德。而心術之壞，氣數隨之。此必然之理也，聖賢豈欺我哉？學士大夫秉禮以喪親，本仁以厚德，明理以擇術，得失之際，觀乎時義而無容心，則庶乎不悖於性命之常，而無憾於慎終之教矣。豈非先哲之志而君子之道哉？又問曰：然則《孝經》所謂卜其宅兆而安厝之者，果爲何事？而前輩謂中原土厚水深，地可不擇；江南水土淺薄，不擇之患不可勝道。則將奈何？對曰：聖人之心，吉凶與民同患也，而不以獨智先羣物，故建元龜泰筮，以爲生民立命，而窀穸之事亦得用焉。豈以偏方地氣之不齊，而強人以所難知者哉？且江南之林林總總，生生化化者，無有窮時，而地之可葬者，有時而盡也。又安得人傳景純之說，而家有楊、廖之師哉？夫道不足以公天下，法不足以關後世，而垂訓者未之聞也。雖然，有一於此，《葬書》所謂勢來形止，地之全氣者，誠未易言。若夫童斷過獨，空缺曠折，水泉砂礫，凶宅之速滅亡者，固有可避之道也。大山長谷，迴溪伏嶺之中，豈無高平深厚之地，可規以爲族葬者？雖鬼福之應，無及於人，而盛衰之常，得以盡其天分。譬如有病不治，常得中醫，其視委之庸巫，聽其貪戾妄作冥暗顛覆於一坏之壤而不自知者，則大有逕庭矣。昔人謂誤解《本草》爲生人之禍，今葬術豈輕於《本草》？然藥餌得失見於目前，而葬地吉凶每存身後，故未有能稽終知弊者也。事關於送終之大節，儒先君子有所不廢，而流俗因仍未能極其表裏精粗之藴，與夫得失之由，故作《〈葬書〉問對》。

黄宗羲編《明文海》卷九二黄省曾《難墓有吉凶論》 按《周禮》：冢人掌公墓之地，辨其兆域而爲之圖。先王之葬居中，以昭穆爲左右。凡諸侯居左右以前，卿大夫士居後，各以其族。凡死於兵者，不入兆域。凡有功者居前，以爵等爲丘封之度，與其樹數。墓大夫掌凡邦墓之地域，爲之圖，令國民族葬，而掌其禁令，正其位，掌其度數，使皆有私地域。先王之世，君臣宗族葬同一墓，生相愛親，死相依眷，仁之至，義之盡也，其爲葬道若是而已。後世饕剽富貴之人衆，而奇邪之流乃興，故爲堪輿風水之說，以簧皷於萬世。以爲天下之人，貴賤由墓地之興衰，貧富本葬辰之凶吉，與凡一切顯晦替隆之事，皆關於三尺之黄土。上自鼎鉉，下至閭閈，莫不俛心帖耳而信之，迎術師若綺皓，尊《青囊》如六經，登高相脉，揑怪指空，陟險求龍，談虚恣僞，日侵月盛。至於家無不相之墓，墓無不點之穴，穴無不選之葬。天下之人皆憒昏望異於爵冕金玉之榮，聾眊於其小術之中而不悟，亦可悲矣。今其言曰：葬者所以乘生氣也，五氣行於地中，人受體於父母，本骸得氣，遺體受蔭。予以其說爲虚也。信以爲然，則本骸宜常得氣，遺體宜常受蔭，帝王之後常爲帝王，公侯之嗣常爲公侯，朱頓之胤常爲朱頓，然後其說爲可信也。然葬埋之術，莫尚於唐宋，亦莫慎於唐宋。自當時而觀之，唐則有若三原高祖之獻陵，敬宗之莊陵，武宗之端陵，九嵏太宗之昭陵，梁山高宗之乾陵，龍泉中宗之定陵，豐山睿宗之橋陵，金粟玄宗之泰陵，武將肅宗之建陵，檀山代宗之元陵，嵯峨德宗之崇陵，金甕順宗之豐陵，金幟憲宗之景陵，堯山穆宗之光陵，天乳文宗之章陵，仲山宣宗之貞陵，紫金懿宗之簡陵。宋則有若鞏縣昭武、太祖、太宗、真、仁、英、神、哲之八陵，會稽寶山徽、高、孝、光、寧、理、度之七陵。皆師極天下之妙工，土極天下之貴穴，日極天下之良辰，可謂卜之嚴審之極矣，生氣可謂乘矣，本骸可謂得氣矣。何唐之祚卒移於五代，宋之祚卒移於元，陵寢之地今爲蔓草牧羊之所，而帝王之後或流而爲氓伍，化而爲僕隸，而遺體不爲之受蔭乎？帝王不能蔭子孫以帝王，則知公侯不能蔭子孫以公侯，朱頓不能蔭子孫以朱頓也，亦明矣。又曰：氣乘風則散，界水則止。古人聚之使不散，止之使不行，故謂之風水。風水之法得水爲上，藏風次之。予以其説爲虚也。夫地氣流行，何所不貫，毫髮之塊，膏潤咸達者也。若無風之地草木榮麗，多風之地草木凋落，斯迺可謂乘風則散也。今觀無風之地草木榮麗，多風之地草木未嘗不榮麗也。若水之此方草木盛長，水之彼方草木不生，斯乃可謂界水則止也。今觀水之此方草木盛長，水之彼方草木未嘗不盛長也。大地之氣充霄塞漢，非風之所能散；貫金通石，非水之所能止。况風亦氣也，以風乘氣，是謂以氣入氣，可謂之聚，不可謂之散也。水者氣之液也，氣行土中，獨不行於液中乎？陸有草木，水有萍藻，生氣未嘗爲之間隔也。山譬人之骨也，土譬人之肉也，水譬人之血脉也，氣行乎骨肉之中，獨不行乎血脉之中乎？人氣無血脉骨肉之間，知地氣無水土之間也，水雖界也，氣安得而止乎？又曰：骨者人之生氣，死而獨存，故葬者返氣納骨，以蔭所生之法。予以其説爲虚也。人以氣聚而生，氣散則死。骨既朽枯，氣安可返？若可納氣，人應再生，人不再生，是氣不返骨，骨不納氣之徵也。又曰：千尺爲勢，百尺爲形，勢來形止，是謂全氣。以止爲氣之全，則以形爲氣之不全矣。蜿蜒曼衍之地，皆虧消虚之所，萬物宜不育産可也。今蜿蜒曼衍勢行之地，未嘗不産乎物，則氣未嘗不全也。又曰：地有吉氣，隨土所起。以起爲吉，則以伏爲凶矣。天下之地隆起者少，平伏者多，是吉氣少而凶氣多也。氣一而已，吉則俱吉，凶則俱凶。一起一伏，千伏千起，是一吉而間一凶，千凶而亂千吉也，紛紜錯糅，坤元之氣，豈其然乎？既以平伏爲凶，則今城郭人民之居，何多居於平伏至凶之地乎？城郭人民，居於平伏之地者，未嘗皆凶，居於隆起之地者，未必皆吉。山鄉之民未必皆富且貴，平鄉之民未必皆貧且賤。是以起伏爲吉凶者，虚也。又曰：左爲青龍，右爲白虎，前爲朱雀，後爲玄武。玄武垂頭，朱雀翔舞，青龍蜿蜒，白虎蹲踞。勢形反此，法當破死。予以其説爲非也。青龍、白虎、朱雀、玄武之説，本起於天文之家。天文家以角亢氐房心尾箕東方七宿爲蒼龍，斗牛女虚危室壁北方七宿爲玄武，奎婁胃昴畢觜參西方七宿爲白虎，井鬼柳星張翼軫南方七宿爲朱雀，即史所謂東宮蒼龍房心，南宮朱雀權衡，西宮參爲白虎，北宮玄武虚危者也。凡天星之名，皆天文家以人物形器名之，而實無其形。况二十八宿隨天而運，初無定方，今借以爲東西南北之定象，固已非矣。至以東方爲青龍，實求其蜿蜒之狀；西方爲白虎，實求其蹲踞之狀；南方爲朱雀，實求其翔舞之狀；北方爲玄武，實求其垂頭之狀；則誣謬之甚也。仰觀天文，東方七宿果有青龍之蜿蜒乎？南方七宿果有朱雀之翔舞乎？西方七宿果有白虎之蹲踞乎？北方七宿果有玄武之垂頭乎？天象無青龍、白虎、朱雀、玄武之實，則地勢不當求蜿蜒、蹲踞、翔舞、垂頭之形也。况天之東方七宿常名爲青龍，西方七宿常名爲白虎，未或之改也。今一山也，北墓目之爲朱雀，南墓目之爲玄武，東墓目之爲白虎，西墓目之爲青龍，是於一山之間，可爲四象之目，無是理也。既欲其蜿蜒，又欲其蹲踞，既欲其垂頭，又欲其翔舞，是則山雖人可造爲朝營夕設，亦難爲衆墓形勢之各給也。况青龍吉也，何又嫌其嫉主；白虎凶也，何又樂其蹲踞。是皆詰之而可窮者也。又曰：土以紅黄紫爲生氣，以青黑爲死氣。予以其説爲虚也。按《禹貢》：兖州厥土黑，徐州厥土赤埴墳，梁州厥土青黎，雍州厥土惟黄壤。則天下之土惟徐雍爲黄赤，則惟徐雍爲生氣吉善可葬之地。惟兖梁爲青黑，則惟兖梁爲死氣災惡不可葬之地。若然，則天下之人死者皆當求徐雍而葬之，可乎？然未聞徐雍多墓，而兖梁無墓也。兖梁之人死者所葬者皆青黑之土矣，未聞兖梁之人皆罹災受禍，履貧蹈賤，覆家絶宗，如堪輿人之説也。今兖梁之人仍多富貴吉慶之族，則青黑土爲死氣之説爲無驗也。又觀宣聖之墓在兖州曲阜之孔林，顔子之墓在兖州之防山，孟子之墓在兖州之四基山，皆葬於黑墳死氣之地也。今孔子之後世爲上公，萬祀不替，顔、孟之後皆有常官，天下之善祥吉慶，莫大於是。是青黑土爲死氣之説爲無驗也。又其法以山形之圓者爲金，方者爲土，曲者爲水，頂圓身聳者爲木，尖峭者爲火；支脉之行以相生爲吉，以相尅爲不吉。予以其説爲虚也。設使後山爲金，前山爲木，是爲金之尅木。金既尅木，則後山産物，前山不能産物，斯爲驗矣。未聞前後兩山相依，圓者産物，頂圓身聳者不能産物也。五形之山皆能産物，各擅生氣，則相生相尅之説爲無驗也。况世有貧而無墓之家，往往出草茅而公卿，由布素而臺閣，此其遺體果受何蔭而然也？且同一祖墓也，或父貧而子富，或子賤而孫顯，或孟夭而季壽，或兄華而弟枯，以爲父子、子孫、孟季、兄弟，同一遺體也。以爲本骸得氣耶？則父不宜貧，子不宜賤，孟不宜夭，弟不宜枯，而有不受其蔭者也。以父子、子孫、孟季、兄弟有貧富、賤顯、壽夭、華枯之不同，則以遺體受蔭之説爲無徵也。世人欲信其説，試先觀於堪輿之人乎。堪輿之人爲其祖先父母相度墳兆，安厝棺槨，必竭目力之巧，盡心思之營，過於爲人相度當百倍矣，而卒無一人之富，一姓之顯者，不過朝游暮陟，餬口四方，鼓舌揚唇，資生巨室而已。堪輿之人既不能相善墓而福利其身與其子孫，則必不能與人相善墓利人之身與其子孫也。此其術之誕假明著大驗也。推原其始，不過因人情之澆壞，世皆希慕富貴之人，學究之徒覬爲卿相，倚桑之女庶爲后妃，搴旗之輩思爲建牙，不軌之徒仰爲王侯，故術者造爲不經之説，迎其情，中其欲，預爲之兆，遠爲之期，故得行其術而竊其貲爾。長揞奪之風，作叛亂之氣，起非分之望，騰無將之心，甚非國家之福也。今一世之人方且羅網於其内，如夢不寤，如醉不醒，雖圭璋特達之士，亦且甘其誣僞之説，而亦何罪於庸庸瑣瑣貪污細下之人乎？

黃宗羲編《明文海》卷八九李濂《族葬論上》 古之葬者，衣之以薪，葬之中野，不封不樹，未聞棺槨也。中古聖人始易之以棺槨。《檀弓》曰：有虞氏瓦棺，夏后氏塈周，殷人棺槨，周人牆翣。益彌文矣，未聞合葬也。季武子曰：合葬非古也，自周公以來，未之有改也。子曰魯人之祔也，合之，善夫。合葬矣，未聞封而識之也。子曰：古者墓而不墳。丘也，東西南北之人也，不可以弗識也，於是封之崇四尺。封識矣，未聞族葬也。《周禮・春官》：冢人掌公墓之地，辨其兆域而爲之圖，先王之葬居中，以昭穆爲左右。蓋古者王公以下皆族葬，不特士庶人爲然也。曰爲之圖，謂方其未死也，豫圖其地之形勢及丘壠之處，謹而藏之，後有死者，按圖以葬也。曰先王之墓居中，以昭穆爲左右，謂以遷徙造塋者爲始祖也。如文王居豐，葬於畢，是文王爲造塋者，宜居中穴；次以武王爲昭，居左；成王爲穆，居右；康王爲昭，居左；昭王爲穆，居右。至平王東遷，則又爲洛陽之始祖矣，嗣王亦然。抑此論古者國君之葬制云爾，未及士庶人也。墓大夫掌凡邦墓之地域，而爲之圖，令國民族葬，而掌其禁令，正其位次，掌其度數，使皆有私地域。曰掌其禁令，戒不相侵也。曰正其位次，俾序昭穆也。曰掌其度數，謂差其丘封之度與其樹數也。此士庶人之族葬，以君爲之畫地以葬，非民自爲地也。故曰聖人父母萬民，生則富之、教之，死則葬之，此王澤所以入人之深，淪骨而浹髓者也。夫族葬之制見之《周官》者如此，孰廢之？曰：秦廢之。秦用商鞅，廢井田，開阡陌，先王族葬之制，由是大壞。兼以形家之術興，野師盲巫又倡爲吉凶禍福之説，世人私心累之，故喜聞而樂從。於是世自爲墓，以覬利澤，或有一易、再易、三四易，遠去父母之兆，而不復省視者矣。嗚呼！流俗之可惡，邪説害之也。君子有維持世道之責，以闢邪説、正人心爲己任，盍求古人族葬之制而行之，以爲斯世斯民之表乎？

《族葬論下》

人有言曰：宗法廢而天下無親族，自封建之制不行，而大小宗之法不立，是故人之於族也，散無統紀，不相聯屬。由是親者疎，疎者爲途人，固有閲數歲而不相見者矣。維持世道之君子，思挽末俗而反之厚，將何所庸力乎？有一焉，固人人之所得爲也。吾聞族葬之法，載諸《周官》，苟能憲古準今，參酌而行之，當歲時拜掃之際，親疎畢至，同展謁於墓所，序暌闊，相慰勞，而水木本源之念油然以生，庶幾合族之道乎。邇者改卜蘇村之阡，弗揣凉薄，乃講求古人合葬之法，欲使子孫世守之不廢。蓋嘗偏考先正諸家之法，而獨有取於趙季明氏之圖，其制曰：族葬之法，以造塋者爲始祖，子不別嫡庶，孫不敢即於父，皆以齒列昭穆，尊尊也。曾玄而下，左右祔以其班也。妻繼室無所出，合祔於夫，崇正體也。妾從祔，母以子貴也。降女君，明貴賤也。按：韓魏公葬所生母胡氏，其柩退嫡夫人之穴尺許。與夫同封，示繫一人也。其出與改嫁，雖宗子之母，不合葬，義絶也。男子長殤，及殤已娶，皆居成人之位，有父之道也。中下之殤，葬祖後，示未成人也；序不以齒，不期天也。男女異位，法陰陽也。男葬祖北之東，女葬祖北之西。祖北不墓，避其正也。葬後者皆南首，惡其趾之向尊也。嫁女還家以殤，處之如在室也。本伊川《葬説》。妾無子猶陪葬，以恩終也。葬女殤後。季明斯論平正周密，足以補《周官》之未備，族葬者宜以是爲式矣。又曰：葬親而不祔其祖，與祔而不以其倫者均之，視死者爲不物。噫嘻！爲人之子孫而視祖考爲不物，其違禽獸不遠矣。濂著是篇，而藏之祠堂，副在譜牒，期後世有行者。子孫不至大愚，必從吾志。

顧炎武《日知録》卷一五《厚葬》 《晉書・索綝傳》：建興中，盜發漢霸、杜二陵，文帝霸陵，宣帝杜陵。多獲珍寶。帝問綝曰：漢陵中物，何乃多耶？綝對曰：漢天子即位一年而爲陵，天下貢賦三分之，一供宗廟，一供賓客，一充山陵。武帝享年久長，比崩，而茂陵不復容物，其樹皆已可拱。赤眉取陵中物，不能減半，於今猶有朽帛委積，珠玉未盡。此二陵謂霸、杜。是儉者耳，亦百世之誡。《漢書・王莽傳》：赤眉發掘園陵，惟霸陵、杜陵完。按《史記・孝文紀》言：治霸陵皆以瓦器，不得以金銀銅錫爲飾。而劉向《諫昌陵疏》亦以孝文簿葬，足爲後王之則。

然攷之《張湯傳》，則武帝之世已有盜發孝文園瘞錢者矣。蓋自春秋列國以來，厚葬之俗，雖以孝文之明達儉約，且猶不能盡除，而史策所書，未必皆爲實録也。

《左傳·成公二年》：八月，宋文公卒。始厚葬，用蜃炭，益車馬，始用殉。重器備，椁有四阿，棺有翰檜。君子謂華元、樂舉於是乎不臣。臣，治煩去惑者也，是以伏死而争。今二子者，君生則縱其惑，死又益其侈，是棄君於惡也，何臣之爲！

《呂氏春秋·節喪篇》曰：「審知生，聖人之要也；審知死，聖人之極也。知生也者，不以害生，養生之謂也；知死也者，不以害死，安死之謂也。此二者，聖人之所獨決也。凡生於天地之閒，其必有死，所不免也。孝子之重其親也，慈親之愛其子也，痛於肌骨，性也；所重所愛，死而棄之溝壑，人之情不忍爲也，故有葬死之義。葬也者，藏也，慈親孝子之所慎也。慎之者，以生人之心慮。以生人之心爲死者慮也，莫如無動，莫如無發，無發無動，莫如無有可利，則此之謂重閉。古之人有藏於廣野深山而安者矣，非珠玉國寶之謂也。葬不可不藏也，葬淺則狐貍扫之，扫讀曰掘。深則及於水泉，故凡葬必於高陵之上，以避狐貍之患，水泉之溼，此則善矣。而忘姦邪盜賊寇亂之難，豈不惑哉！譬之若瞽師之避柱也，避柱而疾觸杙也。狐貍、水泉、姦邪、盜賊、寇亂之患，此杙之大者也。慈親孝子避之者，得葬之情矣，善棺椁，所以避螻蟻蛇蟲也。今世俗大亂之主，愈侈其葬，則心非爲乎死者慮也，生者以相矜尚也。侈靡者以爲榮，儉節者以爲陋，不以便死爲故，而徒以生者之誹譽爲務，此非慈親孝子之心也。民之於利也，犯流矢，蹈白刃，涉血盩肝以求之。盩，古抽字。野人之無聞者，忍親戚、兄弟、知交以求利。今無此之危，無此之醜，其爲利甚厚，乘車食肉，澤及子孫，雖聖人猶不能禁，而況於國彌大，家彌富，葬彌厚，含珠鱗施、含珠，口實也。鱗施，施玉於死者之體，若魚鱗也。玩好貨寶、鍾鼎壺濫、以冰置水漿於具中爲濫，取其冷也。轝馬衣被、戈劒，不可勝數，諸養生之具無不從者。題湊之室，室，椁也。題湊，復累。棺椁數襲，積石積炭，以環其外。姦人聞之，傳以相告。上雖以嚴威重罪禁之，猶不可止。且死者彌久，生者彌疏；生者彌疏，則守者彌怠；守者彌怠，而葬器如故，其勢固不安矣。」《安死篇》曰：「世之爲丘壟也，其高大若山，其樹之若林，其設闕庭、爲宫室、造賓阼也若都邑。以此觀世示富則可矣，以此爲死則不可也。夫死，其視萬歲猶一瞚也。瞚，古瞬字。人之壽，久之不過百，中壽不過六十，以百與六十爲無窮者之慮，其情必不相當矣，以無窮爲死者之慮，則得之矣。今有人於此，爲石銘，置之壟上曰：『此其中之物具珠玉玩好、財物寶器甚多，不可不扫，扫之必大富，世世乘車食肉。』人必相與笑之，以爲大惑。世之厚葬也有似於此，自古及今，未有不亡之國也；無不亡之國，是無不扫之墓也。以耳目所聞見，齊、荆、燕嘗亡矣，齊湣王，楚平王，燕王噲。宋、中山已亡矣，趙、魏、韓皆亡矣，作書之時，秦初并三晉。其皆故國矣。自此以上者，亡國不可勝數。上猶前也。是故大墓無不扫也，而世皆争爲之，豈不悲哉！君之不令民，父之不孝子，兄之不悌弟，皆鄉里之所釜融者而逐之；融、鬲同。《史記·蔡澤傳》：入韓魏，遇奪釜鬲於塗。憚耕稼采薪之勞，不肯官人事，而祈美衣侈食之樂，智巧窮屈，無以爲之。於是乎聚羣多之徒，以深山廣澤林藪扑擊遏奪，又視名丘大墓葬之厚者，求舍便居，以微扫之，日夜不休，必得所利，相與分之。夫有所愛所重，而令姦邪盜賊寇亂之人卒必辱之，此孝子、忠臣、親父、交友之大事。堯葬於穀林，通樹之；舜葬於紀市，不變其肆；禹葬於會稽，不變人徒。變，動也。言無所興造，不擾民也。是故先王以儉節葬死也，非愛其費也，非惡其勞也，以爲死者慮也。先王之所惡，惟死者之辱也。發則必辱，儉則不發，故先王之葬必儉必合必同。何謂合？何謂同？葬於山林，則合乎山林；葬於陵隰，則同乎陵隰，此之謂愛人。夫愛人者衆，知愛人者寡，故宋未亡而東冢扫，東冢，文公冢也。文公厚葬，故冢被發也。冢在城東，因謂之東冢。齊未亡而莊公冢扫。莊公名購，僖公之父，在位六十四年。國安寧而猶若此，又況百世之後而國已亡乎？故孝子、忠臣、親父、交友不可不察於此也。夫愛之而反危之，其此之謂乎？魯季孫有喪，孔子往弔之，入門而左，從客也。主人以璠璵收。此季平子意如之喪也。主人，桓子斯也。收，斂也。孔子徑庭而趨，歷級而上，曰：『以寶玉收，譬之猶暴骸中原也。』言必發扫。徑庭歷級，非禮也；雖然，以救過也。」

張英等《淵鑑類函》卷一八三《禮儀部三十·塚墓一》 增《説文》曰：塚，高墳也。壟，丘也。墓，兆域也。原又曰：孔子曰，朋友之墓有宿草而不哭焉。增《禮系》曰：天子墳高三雉，諸侯半之，卿大夫八尺，士四尺。天子樹松，諸侯樹柏，大夫樹楊，士樹榆，尊卑差也。《方言》曰：塚，秦晉之間謂之墳，或謂之培，或謂之堬，或謂之采，或謂之埌，或謂之壟。自關以東謂之丘。小者謂之塿，大者謂之丘。凡葬而無墳謂之墓，所以安墓謂之撫。《呂氏春秋》曰：世之爲丘壟也，其大若山，其樹若林。以此觀世示富則可矣，以此爲死則不可。是故大墓無不掘者，而世争爲之，豈不悲哉。《禮論》曰：問：君將臨墓，主人先以除身無服，將若不哭，主人當哭否？賀循答之云：凡君臨臣民，皆須先君哭，禮也。此際君宜哭，則主不敢以哭犯君耳。《唐書新語》曰：開元中，集賢學士徐堅葬妻，問兆域之制於張説曰：長安神龍之際，有黄州僧宏道通鬼神之意，而以人事參之。僕嘗聞其言，猶記其要，墓欲深而狹。深者取其幽，狹者取其固。平地之下一丈二尺爲土界，又一丈二尺爲水界，各有龍守之。土龍六年而一暴，水龍十二年而一暴。當其遂者，神道不安，故深二丈四尺之下可以設窀穸。墓之四維，謂之折壁，欲下闊而上斂。其中頂謂之中樵，中樵欲俯嶔而傍煞。墓中米粉爲飾，以代石堊，不置瓴甋瓦，以其近於火；不置黄金，以其久而爲怪；不置朱丹雄黄礜石，以其氣燥而烈，使墳上草木枯而不潤；不置羽毛，以其近於屍也。鑄鐵爲牛豕之像，可以禦二龍。玉潤而潔，能和百神，置之墓内，以昭神道。僧泓之説如此。《圍墓書》曰：大墓天剛，嚴父之門，八將之首。位處乾尊，欲得連堽，隱軫然如亂雲，望之翩翩，絶而復連。小頃大起，千里相牽，壽過期頤，世世登仙。又曰：望之如飛電，即之如鳥驚，法出勇士，伏節御兵。又曰：夫欲依山葬者，其山連延百里不絶，一高一下，小頃則大欲，出公卿。若三重之山，望之似城郭多諸跂別者，亦出公卿。如新月形在腹中，葬冢之所若至日没見日光者，出封侯。又曰：凡相山陵之法，山望如龜狀者，出公卿，代代不絶封侯；山望如龍狀，有頭尾蜲蛇者，葬之，出二千石。凡依山作塚，皆當立此，東爲利，得山之形力也。山如龜形，又巍巍直上，如闕狀，出二千石。又曰：欲知貧富，堽陵肥薄狀如馬形，草木茂盛，色黄紫，皆富也。堽陵多傷，缺土色，赤白地瘦，草木黄赤不茂，或多細石，皆貧。《相冢書》曰：冢欲得見郡縣城郭，欲得連屬，長長無極。冢青氣鬱鬱，出二千石；赤氣，出公卿；白氣，出刑戮；黄氣，出封侯。欲得雌龍地，多子孫。不用雄龍堽、武子堽。原又曰：凡葬於龍耳出貴侯。青烏子稱，山三重相連，名傘山，葬之，出二千石。

孫希旦《禮記集解》卷七《檀弓上第三之一》 季武子成寢，杜氏之葬在西階之下，請合葬焉，許之。入宫而不敢哭。武子曰：「合葬，非古也，自周公以來，未之有改也。吾許其大而不許其細，何居？」命之哭。

孫希旦《禮記集解》卷九《檀弓上第三之三》 有子問於曾子曰：「問喪於夫子乎？」曰：「聞之矣：喪欲速貧，死欲速朽。」有子曰：「是非君子之言也。」曾子曰：「參也聞諸夫子也。」有子又曰：「是非君子之言也。」曾子曰：「參也與子游聞之。」有子曰：「然。然則夫子有爲言之也？」曾子以斯言告於子游。子游曰：「甚哉！有子之言似夫子也。昔者夫子居於宋，見桓司馬自爲石椁，三年而不成。夫子曰：『若是其靡也！死不如速朽之愈也。』死之欲速朽，爲桓司馬言之也。南宫敬叔反，必載寶而朝。夫子曰：『若是其貨也！喪不如速貧之愈也。』喪之欲速貧，爲敬叔言之也。」曾子以子游之言告於有子。有子曰：「然。吾固曰非夫子之言也。」曾子曰：「子何以知之？」有子曰：「夫子制於中都，四寸之棺，五寸之椁，以斯知不欲速朽也。昔者夫子失魯司寇，將之荆，蓋先之以子夏，又申之以冉有，以斯知不欲速貧也。」

孫希旦《禮記集解》卷九《檀弓上第三之三》 孔子曰：「之死而致死之，不仁而不可爲也；之死而致生之，不知而不可爲也。是故竹不成用，瓦不成味，木不成斲，琴瑟張而不平，竽笙備而不和，有鐘磬而無簨虡。其曰明器，神明之也。」【略】仲憲言於曾子曰：「夏后氏用明器，示民無知也。殷人用祭器，示民有知也。周人兼用之，示民疑也。」曾子曰：「其不然乎！其不然乎！夫明器，鬼器也。祭器，人器也。夫古之人胡爲而死其親乎！」【略】國子高曰：「葬也者，藏也。藏也者，欲人之弗得見也。是故衣足以飾身，棺周於衣，椁周於棺，土周於椁，反壤樹之哉！」【略】昔者夫子言之曰：「『吾見封之若堂者矣，見若坊者矣，見若覆夏屋者矣，見若斧者矣。從若斧者焉。』馬鬣封之謂也。今一日而三斬板，而已封，尚行夫子之志乎哉！」【略】

天子之棺四重，水、兕革棺被之，其厚三寸，杝棺一，梓棺二。四者皆周。

天子之殯也，菆塗龍輴以椁，加斧于椁上，畢塗屋，天子之禮也。鄭氏曰：菆木以周龍楯如椁而塗之。天子殯以輴車，畫轅爲龍。斧謂之黼，白黑文也。以刺繡於縿幕上，加椁以覆棺，已乃屋其上，盡塗之。孔氏曰：菆，叢也。用木菆棺而四面塗之，故云「菆塗」也。龍輴者，殯時用輴車載柩，而畫轅爲龍也。以椁者，亦題湊菆木，象椁之形也。斧，謂繡覆棺之衣爲斧文也。先菆四面爲椁，使上與棺齊，而上猶開，以棺衣從椁上入覆於棺，故云「加斧於椁上」也。畢塗屋者，畢，盡也，斧覆既竟，又四注爲屋，覆上而下，四面盡塗之也。愚謂菆塗龍楯以椁者，天子之殯，以龍輴載柩，其外菆木四周，象葬時之椁然也。加斧於椁上，謂用夷衾以覆棺，其上畫爲斧文也。《喪大記》曰「君錦冒黼殺，大夫玄冒黼殺，士緇冒赬殺」，「自小斂以往用夷衾，夷衾質殺之，裁猶冒也。」是君之夷衾畫黼也。《既夕禮》「幠用夷衾」，賈疏云「夷衾本擬覆棺，故斂不用」，則殯時用夷衾覆棺明矣。畢塗屋者，菆木與棺齊，以夷衾從椁上入覆於棺，乃以木題湊而盡塗之。屋者，言其題湊之狀中高而四下，象屋之形也。《左傳》宋葬文公，「椁有四阿」，言其僭天子也。天子椁有四阿，其菆塗象椁，亦爲四阿可知。

綜述

《周易・繫辭下》古之葬者，厚衣之以薪，葬之中野，不封不樹，喪期無數。後世聖人易之以棺槨，蓋取諸大過。

《周禮・春官・冢人》冢人掌公墓之地，辨其兆域而爲之圖，先王之葬居中，以昭穆爲左右。釋曰：訓公爲君者，言公則諸侯之通稱，言君則上通天子。此既王之墓域，故訓爲君也。云圖，謂畫其地形及丘壟所處而藏之者，謂未有死者之時，先畫其地之形勢，豫圖出其丘壟之處。丘壟之言，即下文丘封是也。既爲之圖，明藏掌，後須葬者，依圖置之也。云「先王造塋者」，但王者之都，有遷徙之法，若文王居豐，武王居鎬，平王居於洛邑，所都而葬，即是造塋者也。若文王在豐，葬於畢，子孫皆就而葬之，即以文王居中，文王弟當穆，則武王爲昭居左，成王爲穆居右，康王爲昭居左，昭王爲穆居右，已下皆然。至平王東遷，死葬即又是造塋者，子孫據昭穆夾處東西。若然，兄死弟及俱爲君，則以兄弟爲昭穆，以其弟已爲臣，臣子一列，則如父子，故別昭穆也。必知義然者，案文二年秋八月，大事于大廟，躋僖公，謂以惠公當昭，隱公爲穆，桓公爲昭，莊公爲穆，閔公爲昭，僖公爲穆，今升僖公於閔公之上爲昭，閔公爲穆，故云逆祀也。知不以兄弟同昭位，升僖公於閔公之上爲逆祀者。案：定公八年《經》云「從祀先公」，《傳》曰「順祀先公而祈焉」。若本同倫，以僖公升於閔公之上，則以後諸公昭穆不亂，何因至定八年始云順祀乎？明本以僖閔昭穆別，故於後皆亂也。若然，兄弟相事，後事兄爲君，則昭穆易可知。但置塋以昭穆夾處，與置廟同也。凡諸侯居左右以前，卿大夫士居後，各以其族。釋曰：言「凡」者，以其非一，故并卿大夫以凡之。此因上而言。以其王之子孫，皆適爲天子，庶爲諸侯卿大夫士。若出封畿外爲諸侯卿大夫士者，因彼國葬而爲造塋之主。今言諸侯卿大夫士者，謂上文先王子孫爲畿内諸侯、王朝卿大夫士。死者則居先王前後之左右。言「居左右」者，若父爲天王是昭，則子爲穆居右。若父是穆，則子爲昭居左。爲卿大夫居後亦然。但昭穆不定，故左右俱言，謂一父之前後左右並有也。云「各以其族」者，謂次第。假令同昭穆，兄當近王墓，弟則遠王墓爲次第。諸侯言左右，卿大夫士下云各以其族，互相通也。注「子孫」至「昭穆」 釋曰：言「子孫」者，據造塋者所生爲子，已後左右，王之所生，累世皆是孫。言以尊卑處其前後者，尊謂諸侯，卑謂卿大夫士。云「亦併昭穆」者，謂兄弟同倫，當昭自與昭併，當穆自與穆併，不謂昭穆併有也。凡死於兵者，不入兆域。釋曰：《曲禮》云「死寇曰兵」，注云「當饗祿其後」，即下文云「凡有功者居前」是也。此是戰敗，故投之塋外罰之也。凡有功者居前。釋曰：云「居前」，則不問爲諸侯與卿大夫士，但是有功，則皆得居王墓之前，以表顯之也。此則《曲禮》云「死寇曰兵」，兼餘功，若《司勳》王功、事功、國功之等皆是也。言「處昭穆之中央」者，上云「諸侯居左右已前」，即是昭居左，穆居右。今云昭穆之中央，謂正當王冢前，由其有功，故特居中顯異之也。以爵等爲丘封之度與其樹數。釋曰：此文自王已下皆有，而云爵等爲丘封之度，則天子亦是爵號也。雖云度與樹數，天子已下無差次之文。注「別尊」至「有差」 釋曰：云「別尊卑」，尊者丘高而樹多，卑者封下而樹少，故云別尊卑也。鄭知「王公曰丘，諸臣曰封」者，此無正文。《爾雅》云，土之高者曰丘。高丘曰阜，是自然之物，故屬之王公也。聚土曰封，人所造，故屬之諸臣。若然，則公中可以兼五等也。鄭引《漢律》者，《周禮》丘封高下樹木之數無文，以漢法況之也。若然，案《春秋緯》云：「天子墳高三刃，樹以松；諸侯半之，樹以栢；大夫八尺，樹以欒；士四尺，樹以槐；庶人無墳，樹以楊柳。」鄭不引之者，以《春秋緯》或説異代，多與《周禮》乖，故不引，或鄭所不見也。《王制》云「庶人不封不樹」，而《春秋緯》云「庶人樹以楊柳」者，以庶人禮所不制，故樹楊柳也。大喪既有日，請度甫竁，遂爲之尸。釋曰：大喪，謂王喪。有日，謂葬日。天子七月而葬，葬用下旬。云「請度甫竁」者，謂冢人請於冢宰，量度始穿地之處也。言遂爲尸者，因事曰遂。初請量度，至葬訖祭墓，故冢人遂爲尸也。注「甫始」至「之尸」 釋曰：先鄭以「遂爲之尸」，據始穿時祭墓地，冢人爲之尸。後鄭據始穿時無祭事，至葬訖成墓，乃始祭墓，故冢人爲尸。不從先鄭者，見《小宗伯》云「卜葬兆，甫竁哭之」，又云「既葬，詔相喪祭之禮」，喪祭謂虞祔，下乃云「成葬而祭墓爲位」。據彼文，則初穿地時無祭墓地之事，葬訖乃有祭墓地，即此遂爲之尸，一也。故後鄭不從先鄭。若然，引之在下者，《小宗伯》雖無初祭墓地之事，亦得通一義，故引之在下。及竁，以度爲丘隧，共喪之窆器。釋曰：上經已甫竁祭墓訖，此經復云及竁以度爲丘隧者，此更本初欲竁之時，先量度作丘作隧道之處廣狹長短，故文重耳。注「隧羨」至「以咸」 釋曰：以案僖二十五年《左傳》云：「晉文公請隧，不許。王曰：未有代德，而有二王。」則天子有隧，諸侯已下有羨道。隧與羨異者，隧道則上有負土，謂若鄭莊公與母掘地隧而相見者也。羨道上無負土。若然，隧與羨別，而鄭云「隧，羨道」者，對則異，散則通，故鄭舉羨爲況也。云「下棺豐碑之屬」者，按《檀弓》公肩假云：「公室視豐碑，三家視桓楹。」鄭注云：「豐，大也。天子斲大木爲碑，形如石碑，前後重鹿盧。」是大碑之事。言「之屬」者，仍有六綍之等，故引《喪大記》也。凡封者，封即窆，謂下棺。云「執紼去碑負引」者，謂天子千人分執六紼，諸侯五百人分執四紼。其棺當於壙上，執紼者皆負紼背碑，以鼓爲節而下之。云「君封以衡，大夫以咸」者，衡，横也，謂以木横之於棺傍，乃以紼繫木下棺。大夫以咸者，大夫卑，不得以木横之，直有棺傍咸耳，以紼繫之而下棺也。彼諸侯及大夫法，但天子無文，故引之，以爲證天子之法耳。及葬，言鸞車象人。釋曰：及，至也。謂至葬，冢人語巾車之官，將明器鸞車及象人，使行向壙。注「鸞車」至「生乎」 釋曰：云「鸞車，巾車所飾遣車也」者，《巾車職》云：「大喪飾遣車。」遣車則明器，遣送死者之車也。云「亦設鸞旗」者，以其遣車有鸞和之鈴，兼有旌旂，經直云鸞車不言鸞旗，故鄭言之，以其旍旗在車所建，故知有車亦有旗。先鄭云「象人謂以芻爲人」者，後鄭不從。以其上古有芻人，至周不用，而用象人，則象人與芻靈别也。云「言，言問其不如法度者」，此後鄭亦不從，以其臨葬，不得始問其不如法度。玄謂「語之者，告當行，若於生存者，於是巾車行之」者，遣車之數，依《檀弓》云：「諸侯七乘，大夫五乘。」鄭云：「天子九乘。」遣車所載所苞大遣奠，大夫苞五个，諸侯七个，天子當九个，令向壙，巾車抱之而行也。云「孔子謂爲芻靈者善，謂爲俑者不仁，非作象人者，不殆於用生乎」者，此《檀弓》文。彼鄭云：「俑，偶人也。」謂以爲木人，與生人相對偶，有似於人，此則不仁。又云：「非作象人不殆於用生乎哉」，是記人釋孔子語。殆，近也。言用象人，不近於生人乎？是孔子善古而非周人也。鄭引此者，欲破先鄭以芻靈與象人爲一。若然，則古時有塗車芻靈，至周仍存塗車，唯改芻靈爲象人。及窆，執斧以涖，釋曰：案《鄉師》云「執斧以涖匠師」，則此亦臨匠師。兩官俱臨者，葬事大，故二官共臨也。遂入藏凶器。釋曰：因上文窆下棺訖，即遂入壙藏明器。明器，即《檀弓》云木不成斲，瓦不成味，琴瑟張而不平，笙竽備而不和，神明死者之器者也。正墓位，蹕墓域，守墓禁。釋曰：墓位，即上文昭穆爲左右，是須正之，使不失本位。墓域，即上文兆域是也，謂四畔溝兆。蹕，謂止行人不得近之。守墓禁，謂禁制不得漫入也。注「位謂」至「塋限」釋曰：云「丘封所居前後」者，即上文爲諸侯及有功者居前，爲卿大夫士者居後是也。云「禁所爲塋限」者，謂禁者以塋域爲限而禁之。凡祭墓，爲尸。釋曰：後鄭知此祭墓爲禱祈者，上文「遂爲尸」，是墓新成祭后土；此文云「凡」，非一，故知謂禱祈也。先鄭云「爲尸，冢人爲尸」者，上文祭墓，謂始穿地時，此文據成墓爲尸。後鄭以此亦得通一義，故引之在下。是以《禮記・檀弓》云「有司舍奠於墓左」，彼是成墓所祭，亦引此「凡祭墓爲尸」證成墓之事也。凡諸侯及諸臣葬於墓者，授之兆，爲之蹕，均其禁。釋曰：上文唯見王及子孫之墓地，不見同姓異姓諸侯之墓地，故此經揔見之。若然，此墓地舊有兆域，今新死者隨即授之耳。

墓大夫掌凡邦墓之地域，爲之圖，釋曰：鄭知邦中之墓地是萬民葬地者，以其冢人掌王墓地，下文云「令國民族葬」，非有爵者，故知經邦墓是萬民。若然，下云「掌其度數」，鄭云「度數，爵等之大小」，而見有爵者，謂本爲庶人設墓，其有子孫爲卿大夫士，其葬不離父祖，故兼見卿大夫士也。令國民族葬，而掌其禁令，釋曰：經云「族葬」，則據五服之内親者共爲一所而葬，異族即别塋。知族是五服之内者，見《左傳》哭諸之例云：「異姓臨於外，同姓於宗廟，同宗於祖廟，同族於禰廟。」故知族是服内，是以鄭云「各從其親」也。正其位，掌其度數，釋曰：凡萬民墓地，亦如上文豫有昭穆爲左右，故云「正其位」。云「度數，爵等之大小」者，亦如《冢人》云「丘封之度與其樹數」也。使皆有私地域。釋曰：知古者墓地同處者，上文云族葬是同處。云「使相容」者，釋經私地域也。凡争墓地者，聽其獄訟。帥其屬而巡墓厲，居其中之室以守之。釋曰：云「帥其屬」者，墓大夫帥下屬官也。云「巡墓厲」者，謂墓大夫帥其屬巡行遮列之處。云「居其中之室以守之」者，謂萬民墓地，族葬地中央爲室，而萬民各自守之。注先鄭云「官寺」，寺則室也。

職喪掌諸侯之喪及卿大夫士凡有爵者之喪，以國之喪禮涖其禁令，序其事。釋曰：言「諸侯」者，謂畿内王子母弟得稱諸侯者，若《司裘》云「諸侯共熊侯豹侯」者也。言「凡有爵者」，還是卿大夫士，言「凡」以該之耳。云「序其事」者，謂若襲斂殯葬先後之事。注「國之」至「葬也」釋曰：云「國之喪禮，《喪服》、《士喪》、《既夕》、《士虞》今存者」，此據《儀禮》之内見在者而言，故云今存者。但《士喪禮》，始死時事；《既夕》，葬時事；《士虞》，葬訖及日中而虞事也。云「其餘則亡」者，但《儀禮》本事義三千條，其時有天子諸侯卿大夫士喪與既夕及虞、卒哭，與祔、小祥、大祥禮皆有，遭暴秦而亡，漢興唯得十七篇，高堂生所傳，即今《儀禮》是也，故云其餘則亡。云「事謂小斂、大斂、葬也」者，舉大事而言，其閒仍有襲事，亦掌之，下文别見祭，故此不兼也。凡國有司以王命有事焉，則詔贊主人。釋曰：知「有事謂含襚贈賵之屬」者，《春秋》云：「王使榮叔歸含且賵。」又兩小傳皆言：「衣被曰襚，貨財曰賻，車馬曰贈，珠玉曰含。」明知有含襚贈賵之屬。又案《士喪禮》兼有贈賵無常，惟玩好是也。不言賻者，賻施於生者，故亦不言也。先鄭云「凡國謂諸侯國，有司謂王有司也」，後鄭不從者，下文云「公有司」，豈得公分之爲諸侯有司、爲王有司乎？明此國有司亦不得分之也。故後鄭云「國有司，有司從王國以王命往」，向喪家者也。凡其喪祭，詔其號，治其禮。釋曰：喪祭餘文皆爲虞，此言「凡」者，以其喪中自相對，則虞爲喪祭，卒哭爲吉祭，若對二十八月爲吉祭，則祥禫已前皆是喪祭，故言凡以該之，是以鄭亦不言喪祭爲虞也。云「治其禮」者，案《大宗伯》亦云「治其禮」，鄭云「謂簡習其事」。此治其禮義亦然也。注「鄭司」至「祝之」釋曰：先鄭云「號謂謚號」，後鄭不從者，《小宗伯》云「小喪賜謚讀誄」，不在此，故後鄭云：「告以牲號齍號之屬，當以祝之。」有牲號、齍號，謂若《特牲》、《少牢》云「柔毛，剛鬛，嘉薦，普淖」，皆是祝辭，故云當以祝之也。凡公有司之所共，職喪令之，趣其事。釋曰：云「令，令其當供物者給事之期也」者，此謂諸官依法，合供給喪家者，不待王命，職喪依式令之，使相供。云「有司，或言公或言國。言國者由其君所來」者，解稱國之意，君則王也。云「居其官曰公」者，謂不須王命，自居其官之職。往供則曰公，公，謂官之常職也。

《春秋左傳・成公二年》 八月，宋文公卒。始厚葬，用蜃炭，益車馬，始用殉，重器備。椁有四阿，棺有翰、檜。

君子謂華元、樂舉「於是乎不臣。臣，治煩去惑者也，是以伏死而争。今二子者，君生則縱其惑，死又益其侈，是棄君於惡也，何臣之爲？」

《春秋左傳・襄公四年》 秋，定姒薨。不殯于廟，無櫬，不虞。匠慶謂季文子曰：「子爲正卿，而小君之喪不成，不終君也。君長，誰受其咎？」

初，季孫爲己樹六檟於蒲圃東門之外，匠慶請木，季孫曰：「略。」匠慶用蒲圃之檟，季孫不御。杜注：「御，止也。」

君子曰：「《志》所謂『多行無禮，必自及也』，其是之謂乎！」

《後漢書・志第六・禮儀志下》《古今注》具載帝陵丈尺頃畝，今附之後焉。光武原陵，山方三百二十三步，高六丈六尺，垣四出司馬門。寢殿、鍾虡皆在周垣內。隄封田十二頃五十七畝八十五步。《帝王世記》曰：「在臨平亭之南，西望平陰，東南去雒陽十五里。」明帝顯節陵，山方三百步，高八丈。無周垣，爲行馬，四出司馬門。石殿、鍾虡在行馬內。寢殿、園省在東。園寺吏舍在殿北。隄封田七十四頃五畝。《帝王世記》曰：「故富壽亭也，西北去雒陽三十七里。」章帝敬陵，山方三百步，高六丈二尺。無周垣，爲行馬，四出司馬門。石殿、鍾虡在行馬內。寢殿、園省在東。園寺吏舍在殿北。隄封田二十五頃五十五畝。《帝王世記》曰：「在雒陽東南，去雒陽三十九里。」和帝慎陵，山方三百八十步，高十丈。無周垣，爲行馬，四出司馬門。石殿、鍾虡在行馬內。寢殿、園省在東。園寺吏舍在殿北。隄封田三十一頃二十畝二百步。《帝王世記》曰：「在雒陽東南，去雒陽四十一里。」殤帝康陵，山周二百八步，高五丈五尺。行馬四出司馬門。寢殿、鍾虡在行馬中。因寢殿爲廟。園吏寺舍在殿北。隄封田十三頃十九畝二百五十步。《帝王世記》曰：「高五丈四尺。去雒陽四十八里。」安帝恭陵，山周二百六十步，高十五丈。無周垣，爲行馬，四出司馬門。石殿，鍾虡在行馬內。寢殿、園吏舍在殿北。隄封田一十四頃五十六畝。《帝王世記》曰：「高十一丈。在雒陽西北，去雒陽十五里。」順帝憲陵，山方三百步，高八丈四尺。無周垣，爲行馬，四出司馬門。石殿、鍾虡在司馬門內。寢殿、園省寺吏舍在殿東。隄封田十八頃十九畝三十步。《帝王世記》曰：「在雒陽西北，去雒陽十五里。」沖帝懷陵，山方百八十三步，高四丈六尺。爲寢殿行馬，四出門。園寺吏舍在殿東。隄封田五頃八十畝。《帝王世記》曰：「〔在雒陽〕西北，去雒陽十五里。」質帝静陵，山方百三十六步，高五丈五尺，爲行馬，四出〔司馬〕門。寢殿、鍾虡在行馬中，園寺吏舍在殿北。隄封田十二頃五十四畝。因寢爲廟。《帝王世記》曰：「在雒陽東，去雒陽三十二里。」桓帝宣陵，《帝王世記》曰：「山方三百步，高十二丈。在雒陽東南，去雒陽三十里。」靈帝文陵，《帝王世記》曰：「山方三百步，高十二丈。在雒陽西北，去雒陽二十里。」獻帝禪陵，《帝王世記》曰：「不起墳，深五丈，前堂方一丈八尺，後堂方一丈五尺，角廣六尺。在河內山陽之濁城西北，去濁城直行十一里，斜行七里，去懷陵百一十里，去山陽五十里，南去雒陽三百一十里。」蔡質《漢儀》曰：「十二陵令見河南尹無敬也。」魏文帝《終制》略曰：『漢文帝之不發霸陵，無求也。光武之掘原陵，封樹也。霸陵之完，功在釋之；原陵之掘，罪在明帝。是釋之忠以利君，明帝愛以害親也。忠臣孝子，宜思釋之之言，察明帝之戒，存於所以安君定親，使魂靈萬載無危，斯則賢聖之忠孝矣。自古及今，未有不亡之國，亦無不掘之墓也。喪亂以來，漢氏諸陵無不發掘，至乃燒取玉柙金縷，骸骨并盡，是焚如之刑也，豈不重痛哉。禍由乎厚葬封樹，桑、霍爲我戒，不亦明乎！」臣昭案：《董卓傳》：「卓使吕布發諸帝陵及公卿以下冢墓，收其珍寶。」《卓別傳》曰：「發成帝陵，解金縷，探含璣焉。」《吕氏春秋》略曰：「審知生，聖人之要也；審知死，聖人之極也。知生者，不以物害生；知死者，不以物害死。凡生於天地之間，其必有死。孝子之重其親者，若親之愛其子，不棄於溝壑，故有葬送之義。葬者，藏也。以生人心爲之慮，則莫如無動，無動莫如無利。葬淺則狐貍掘之，深則及水泉，故必高陵之上，以避二害。然而忘姦寇之變，豈不惑哉！民之於利也，犯白刃，涉危難以求之；忍親戚，欺知交以求之。今無此危，無此醜，而爲利甚厚，固難禁也。國彌大，家彌富，其葬彌厚，珠玉金銅，不可勝計。姦人聞之，轉以相告，雖有嚴刑重罪，不能止也。且死者彌久，生者彌疏，彌疏則守之彌怠。藏器如故而守之有怠，其勢固必掘矣。世以此爲死者則惑矣！大凡死者，其視萬世猶一（瞑）〔瞚〕也。人之壽，久者不過百，中者六十。以百與六十爲無窮者慮，其情固不相當矣。必以無窮爲慮，然後爲可。今有銘其墓曰『此中有金寶甚厚，不可掘也』，必爲世笑矣。而爲之闕庭以自表，此何異彼哉！自古及今，未有不亡之國也。無不亡之國，是無不掘之墓。以耳目之所聞見，則齊、荆、燕嘗亡矣；宋、中山已亡矣；趙、韓、魏皆失其故國矣。自此以上，亡國不可勝數，故其大墓無不掘也。而猶皆争爲之，豈不悲哉！今夫君之不令民，父之不（教）〔孝〕子，兄之不悌弟，皆鄉邑之所遺，而憚耕耒之勞者也。仍不事耕農，而好鮮衣侈食。智巧窮匱，則合黨連衆，而謀名丘大墓。上曾不能禁也，此有葬自表之禍也。昔堯葬穀林，通樹之；舜葬紀市，不變肆；禹葬會稽，不變人徒。非愛其費，以爲死者〔慮〕也。先王之所惡，惡死者之辱。以爲儉則不發，不發則不辱，故必以儉而合乎山原也。宋未亡而東冢掘，齊未亡而莊公〔冢〕掘。國存而乃若此，又況滅名之後乎！此愛而厚葬之故也。欲愛而反害之，欲安而反危之，忠臣孝子亦不可以厚葬矣。昔季孫以璵璠斂，孔子歷級而止之，爲無窮慮也。」

《後漢書・志第九・祭祀下》 古不墓祭，漢諸陵皆有園寢，承秦所爲也。説者以爲古宗廟前制廟，後制寢，以象人之居前有朝、後有寢也。《月令》有「先薦寢廟」，《詩》稱「寢廟弈弈」，言相通也。廟以藏主，以四時祭。寢有衣冠几杖象生之具，以薦新物。秦始出寢，起於墓側，漢因而弗改，故陵上稱寢殿，起居衣服象生人之具，古寢之意也。建武以來，關西諸陵以轉久遠，但四時特牲祠；帝每幸長安謁諸陵，乃太牢祠。自雒陽諸陵至靈帝，皆以晦望二十四氣伏臘及四時祠。廟日上飯，太官送用物，園令、食監典省，其親陵所宮人隨鼓漏理被枕，具盥水，陳嚴具。

徐天麟《東漢會要》卷七《禮七・凶禮・園寢》 古不墓祭，漢諸陵皆有園寢，承秦所爲也。説者以爲古宗廟前制廟，後制寢，以象人之居前有朝、後有寢也。《月令》有「先薦寢廟」，《詩》稱「寢廟奕奕」，言相通也。廟以藏主，以四時祭。寢有衣冠几杖象生之具，以薦新物。秦始出寢，起于墓側，漢因而弗改，故陵上稱寢殿，起居衣服象生人之具，古寢之意也。建武以來，關西諸陵以轉久遠，但四時特牲祠；帝每幸長安謁諸陵，乃太牢祠。自雒陽諸陵至靈帝，皆以晦望二十四氣伏臘及四時祠。廟日上飯，太官送用物，園令、食監典省，其親陵所宮人隨鼓漏理被枕，具盥水，陳嚴具。《志》。

更衣別室。《明紀》注云：「更衣者，非正處也。園中有寢有便殿。寢者，陵上正殿。便殿，寢側之別殿，即更衣也。」

酈道元《水經注》卷一三《漯水》 嶺上有文明太皇太后陵，陵之東北有高祖陵，二陵之南有永固堂，會貞按：《魏書・文成文明皇后馮氏傳》，太后與高祖遊於方山，顧瞻川阜，謂羣臣曰，舜葬蒼梧，二妃不從，豈必遠附山陵？吾百年之後，神其安此。高祖乃詔有司營建壽陵於方山，又起永固石室。太和五年起作，八年而成。《孝文紀》，太和五年建永固石室於方山上。十四年十月葬文明太皇太后於永固陵。又《孝文紀》太和二十三年崩，葬長陵，則高祖之葬不在此。據《文明皇后傳》，初，高祖孝於太后，於永固陵東北里餘，豫營壽宮，有終焉瞻望之志，及遷洛陽，及自表瀍西以爲山園之所，而方山虛宮，至今猶存，號曰萬年堂。堂之四隅朱隅上有周字，守敬按：《通鑑》齊建元三年，《注》引此無周字，今删。雉列榭、階、欄、檻，及扉、户、梁、壁、椽、瓦，悉文石也。檐前四柱，採洛陽之八風谷八風山見《伊水注》。黑石爲之，雕鏤隱起，以金銀間雲矩，朱作雉，趙同。守敬按：齊建元三年《注》引此亦作雉，戴改矩。有若錦焉。堂之内外四側，結兩石趺，朱訛作扶，《箋》曰：疑作趺。張青石屏風朱張訛作帳，《箋》曰：孫云，疑作張。以文石爲緣，並隱起忠孝之容，題刻貞順之名。廟前鐫石爲碑、獸，碑石至佳。朱作在冢，《箋》曰：宋本作至佳。趙、戴改。守敬按：《大典》本、明抄本作至佳。《通鑑》齊建元三年，《注》引此同。據此則耳伯所稱宋本爲可信。又下碑字當衍，不然則衍獸字。《魏書・孝文紀》稱立碑於石室之庭。《文明皇后傳》云，高祖刊石立碑，頌太后功德。左右列柏，四周，迷禽闇日。院外西側有思遠靈圖，圖之西有齋堂，南門表二石闕，闕下斬山累結御路，下望靈泉宮池，守敬按：《魏書・孝文紀》太和三年，起靈泉殿於方山，池詳下。皎若圓鏡矣。

《晉書》卷二〇《禮志中》 古者天子諸侯葬禮粗備，漢世又多變革。魏晉以下世有改變，大體同漢之制。而魏武以禮送終之制，襲稱之數，繁而無益，俗又過之，豫自制送終衣服四篋，題識其上，春秋冬夏，日有不諱，隨時以斂，金珥珠玉銅鐵之物，一不得送。文帝遵奉，無所增加。及受禪，刻金璽，追加尊號，不敢開埏，乃爲石室，藏璽埏首，以示陵中無金銀諸物也。漢禮明器甚多，自是皆省矣。魏文帝黄初三年，又自作終制曰：「禮，國君即位爲椑，存不忘亡也。壽陵因山爲體，無封樹，無立寢殿，造園邑，通神道。夫葬者藏也，欲人之不得見也。禮不墓祭，欲存亡不黷也。皇后及貴人以下不隨王之國者，有終没，皆葬澗西，前又已表其處矣。」此詔藏之宗廟，副在尚書、祕書、三府。明帝亦遵奉之。明帝性雖崇奢，然未遽營陵墓之制也。

宣帝豫自於首陽山爲土藏，不墳不樹，作《顧命終制》，斂以時服，不設明器。景、文皆謹奉成命，無所加焉。景帝崩，喪事制度又依宣帝故事。武帝泰始四年，文明王皇后崩，將合葬，開崇陽陵，使太尉司馬望奉祭，進皇帝密璽綬於便房神坐。魏氏金璽，此又儉矣。江左初，元、明崇儉，且百度草創，山陵奉終，省約備矣。成帝咸康七年，皇后杜氏崩。詔外官五日一入臨，内官旦一入而已，過葬虞祭禮畢止。有司奏，大行皇后陵所作凶門柏歷門，號顯陽端門。詔曰：「門如所處。凶門柏歷，大爲煩費，停之。」案蔡謨説，以二瓦器盛始死之祭，繫於木，裹以葦席，置庭中，近南，名爲重，今之凶門是其象也。禮，既虞而作主，今未葬，未有主，故以重當之。禮稱爲主道，此其義也。范堅又曰：「凶門非禮，禮有懸重，形似凶門。後人出之門外以表喪，俗遂行之。薄帳，即古弔幕之類也。」是時，又詔曰：「重壤之下，豈宜崇飾無用，陵中唯潔掃而已。」有司又奏，依舊選公卿以下六品子弟六十人爲挽郎，詔又停之。孝武帝太元四年九月，皇后王氏崩。詔曰：「終事唯從儉速。」又詔：「遠近不得遣山陵使。」有司奏選挽郎二十四人，詔停之。

古者無墓祭之禮。漢承秦，皆有園寢。正月上丁，祠南郊禮畢，次北郊、明堂、高廟、世祖廟，謂之五供。

魏武葬高陵，有司依漢立陵上祭殿。至文帝黄初三年，乃詔曰：「先帝躬履節儉，遺詔省約。子以述父爲孝，臣以繫事爲忠。古不墓祭，皆設於廟。高陵上殿皆毁壞，車馬還厩，衣服藏府，以從先帝儉德之志。」文帝自作終制，又曰「壽陵無立寢殿，造園邑」，自後園邑寢殿遂絶。齊王在位九年，始一謁高平陵而曹爽誅，其後遂廢，終於魏世。

《隋書》卷七《禮儀志三》〔梁天監〕六年，申明葬制，凡墓不得造石人獸碑，唯聽作石柱，記名位而已。【略】開皇初，高祖思定典禮。太常卿牛弘奏曰：「聖教陵替，國章殘缺，漢、晉爲法，隨俗因時，未足經國庇人，弘風施化。且制禮作樂，事歸元首，江南王儉，偏隅一臣，私撰儀注，多違古法。就廬非東階之位，凶門豈設重之禮？兩蕭累代，舉國遵行。後魏及齊，風牛本隔，殊不尋究，遥相師祖，故山東之人，浸以成俗。西魏已降，師旅弗遑，賓嘉之禮，盡未詳定。今休明啓運，憲章伊始，請據前經，革兹俗弊。」詔曰：「可。」弘因奏徵學者，撰《儀禮》百卷。悉用東齊《儀注》以爲準，亦微採王儉禮。修畢，上之，詔遂班天下，咸使遵用焉。

其喪紀，上自王公，下逮庶人，著令皆爲定制，無相差越。正一品薨，則鴻臚卿監護喪事，司儀令示禮制。二品已上，則鴻臚丞監護，司儀丞示禮制。五品已上薨、卒，及三品已上有朞親已上喪，並掌儀一人示禮制。官人在職喪，聽斂以朝服，有封者，斂以冕服，未有官者，白帢單衣。婦人有官品者，亦以其服斂。棺内不得置金銀珠玉。諸重，一品懸鬲六，五品已上四，六品已下二。轜車，三品已上油幰，朱絲絡網，施襈，兩箱畫龍，幰竿諸末垂六旒蘇。七品已上油幰，施襈，兩箱畫雲氣，垂四旒蘇。八品已下，達於庶人，鼈甲車，無幰襈旒蘇畫飾。執紼，一品五十人，三品已上四十人，四品三十人，並布幘布深衣。三品已上四引、四披、六鐸、六翣。五品已上二引、二披、四鐸、四翣。九品已上二鐸、二翣。四品已上用方相，七品已上用魌頭。在京師葬者，去城七里外。三品已上立碑，螭首龜趺。趺上高不得過九尺。七品已上立碣，高四尺。圭首方趺。若隱淪道素，孝義著聞者，雖無爵，奏，聽立碣。

吴兢《貞觀政要》卷六《儉約第十八》 貞觀十一年，詔曰：「朕聞死者終也，欲物之反真也；葬者藏也，欲令人之不得見也。上古垂風，未聞於封樹；後世貽則，乃備於棺槨。譏僭侈者，非愛其厚費；美儉薄者，實貴其無危。是以唐堯，聖帝也，穀林有通樹之説；秦穆，明君也，橐泉無丘隴之處。仲尼，孝子也，防墓不墳；延陵，慈父也，嬴、博可隱。斯皆懷無窮之慮，成獨決之明，乃便體於九泉，非徇名於百代也。洎乎闔閭違禮，珠玉爲鳧鴈；始皇無度，水銀爲江海；季孫擅魯，斂以璵璠；桓魋專宋，葬以石槨；莫不因多藏以速禍，由有利而招辱。玄廬既發，致焚如於夜臺；黄腸再開，同暴骸於中野。詳思曩事，豈不悲哉！由此觀之，奢侈者可以爲戒，節儉者可以爲師矣。朕居四海之尊，承百王之弊，未明思化，中宵戰惕。雖送往之典，詳諸儀制，失禮之禁，著在刑書，而勳戚之家多流遁於習俗，閭閻之内或侈靡而傷風，以厚葬爲奉終，以高墳爲行孝，遂使衣衾棺槨，極雕刻之華，靈輀冥器，窮金玉之飾。富者越法度以相尚，貧者破資産而不逮，徒傷教義，無益泉壤，爲害既深，宜爲懲革。其王公已下，爰及黎庶，自今已後，送葬之具有不依令式者，仰州府縣官明加檢察，隨狀科罪。在京五品已上及勳戚家，仍録奏聞。」

王溥《唐會要》卷三八《葬》〔開元〕二十九年正月十五日敕：「古之送終，所尚乎儉。其明器墓田等，令于舊數内遞減。三品以上明器，先是九十事，請減至七十事；五品以上先是七十事，請減至四十事，九品以上先是四十事，請減至二十事；庶人先無文，請限十五事。皆以素瓦爲之，不得用木及金、銀、銅、錫。其衣不得用羅錦繡畫。其下帳不得有珍禽奇獸，魚龍化生。其園宅不得廣作院宇，多列侍從。其輀車不得用金銀花、結綵爲龍鳳及垂流蘇、畫雲氣。其別勅優厚官供者，准本品數十分加三等，不得別爲華飾。其墓田，一品塋地，先方九十步，今減至七十步；墳先高一丈八尺，減至一丈六尺。二品先方八十步，減至六十步；墳先高一丈六尺，減至一丈四尺。三品墓田先方七十步，減至五十步；墳先高一丈四尺，減至一丈二尺。其四品墓田先方六十步，減至四十步；墳高一丈二尺，減至一丈一尺。五品墓田先方五十步，減至三十步；墳先高一丈，減至九尺。六品以下墓田，先方二十步，減至十五步；墳高八尺，減至七尺。其庶人先無步數，請方七步，墳四尺。其送葬祭盤，不得作假花果及樓閣，數不得過一牙盤。」

《新唐書》卷一四《禮樂四》 凡國陵之制，皇祖以上至太祖陵，皆朔、望上食，元日、冬至、寒食、伏、臘、社各一祭。皇考陵，朔、望及節祭，而日進食。又薦新於諸陵，其物五十有六品。始將進御，所司必先以送太常與尚食，滋味薦之，如宗廟。【略】［開元二十八年］制：「以宣皇帝、光皇帝、景皇帝、元皇帝追尊號謚有制，而陵寢所奉未稱。建初、啓運陵如興寧、永康陵，置署官、陵户，春、秋仲月，分命公卿巡謁。二十年詔：建初、啓運、興寧、永康陵，歲四時、八節，所司與陵署具食進。」天寶二年，始以九月朔薦衣於諸陵。又常以寒食薦餳粥、雞毬、雷車，五月薦衣、扇。陵司舊曰署，十三載改獻、昭、乾、定、橋五陵署爲臺，令爲臺令，陞舊一階。是後諸陵署皆稱臺。

祝穆《古今事文類聚前集》卷三六《喪事部》　唐太宗貞觀十一年，詔：恐身後子孫習於流俗，加四重之櫬，伐百祀之木，崇厚墳陵。今頒此制，務從儉約，於九㚇之山，足容一棺而已，木馬塗車，土桴葦籥。事合古典，不爲時用。

《宋史》卷一二五《禮志二八》　紹興二十七年，監登聞鼓院范同言：「今民俗有所謂火化者，生則奉養之具唯恐不至，死則燔爇而棄捐之，何獨厚於生而薄於死乎？甚者焚而置之水中，識者見之動心。國朝著令，貧無葬地者，許以係官之地安葬。河東地狹人衆，雖至親之喪，悉皆焚棄。韓琦鎮并州，以官錢市田數頃，給民安葬，至今爲美談。然則承流宣化，使民不畔於禮法，正守臣之職也。方今火葬之慘，日益熾甚，事關風化，理宜禁止。仍飭守臣措置荒閑之地，使貧民得以收葬，少裨風化之美。」從之。二十八年，户部侍郎榮嶷言：「比因臣僚陳請禁火葬，令州郡置荒閑之地，使貧民得以收葬，誠爲善政。臣聞吴越之俗，葬送費廣，必積累而後辦。至於貧下之家，送終之具，唯務從簡，是以從來率以火化爲便，相習成風，勢難遽革。況州縣休息之久，生聚日繁，所用之地，必須寬廣。仍附郭近便處，官司以艱得之故，有未行摽撥者。既葬埋未有處所，而行火化之禁，恐非人情所安。欲乞除豪富士族申嚴禁止外，貧下之民并客旅遠方之人，若有死亡，姑從其便，候將來州縣摽撥到荒閑之地，別行取旨。」詔依，仍令諸州依已降指揮，措置摽撥。

《宋會要輯稿·崇儒》六之三八《前代勳臣烈士置守墳户詔》開寶三年十月五日　前代帝王已創興祠廟，修葺園陵，仍據事跡高卑，各置守陵廟户外，其功臣、烈士，今定名德高者二十三人，各置守墳三户：孫臏、陳平、韓信、周亞夫、長孫無忌、魏徵、李勣、尉遲敬德、渾瑊墓十，并破損；公孫杵臼、樂毅、晏嬰、曹參、衛青、霍去病、霍光、劉備、諸葛亮、關羽、張飛、段秀實墓十二，并不破損。功名次者八人，各置兩户：趙簡子、孟嘗君、唐儉、高士廉、岑文本、馬周墓六，并破損；趙奢、丙吉墓二，不破損。功名又次者三人，常禁樵采，不得侵耕：慕容德、裴寂、元稹墓并不破損。其嘗經開毀者，仰逐處給官錢備置棺槨，如法修崇。太常禮院各隨朝廷及逐人官品，當時制度，下少府監擇好羅錦修置禮衣，給付諸州長吏，選日致祭掩閉，仍令所司定儀注以聞。所置守墳户并以側近中等以下户充，二税外免諸色差役。廟宇常須洒掃，無致摧圮；墳隴林木常禁侵伐，無林木者常令栽植。委逐縣檢校，每歲終具有無破損申州。

程頤《河南程氏文集》卷一〇《葬説并圖》　卜其宅兆，卜其地之美惡也，非陰陽家所謂禍福者也。地之美者，則其神靈安，其子孫盛。若培壅其根而枝葉茂，理固然矣。地之惡者則反是。然則曷謂地之美者？土色之光潤，草木之茂盛，乃其驗也。父祖子孫同氣，彼安則此安，彼危則此危，亦其理也。而拘忌者惑以擇地之方位，決日之吉凶，不亦泥乎？甚者不以奉先爲計，而專以利後爲慮，尤非孝子安厝之用心也。惟五患者不得不慎，須使異日不爲道路，不爲城郭，不爲溝池，不爲貴勢所奪，不爲耕犁所及。五患既慎，則又鑿地必至四五丈，遇石必更穿之，防水潤也。既葬，則以松脂塗棺槨，石灰封墓門，此其大略也。若夫精畫，則又在審思慮矣。其火葬者，出不得已，後不可遷就同葬矣。至於年祀寖遠，曾高不辨，亦在盡誠，各具棺槨葬之，不須假夢寐、蓍龜而決也。葬之穴，尊者居中，左昭右穆而次。後則或東或西，亦左右相對而啓穴也。出母不合葬，亦不合祭。棄女還家，以殤穴葬之。

下穴昭穆圖

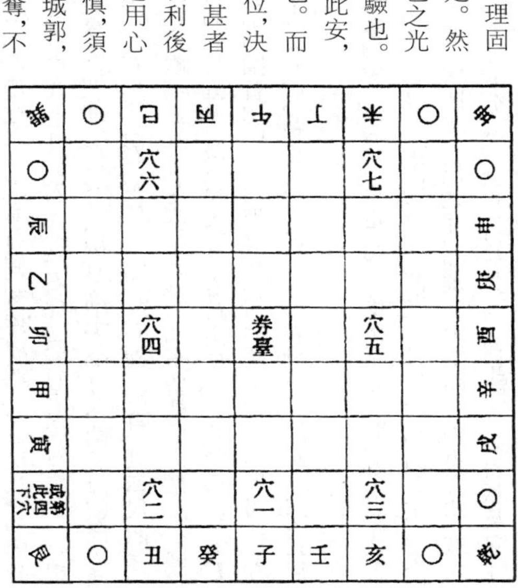

周密《癸辛雜識》續集卷上《碑蓋》 趙松雪云：北方多唐以前古冢。所謂墓誌者，皆在墓中正方，而上有蓋，蓋豐下殺上，上書某朝、某官、某人墓誌。此所謂書蓋者，蓋底兩間用鐵局局之。後人立碑於墓道，其上篆額止謂之額，後訛爲蓋，非也。今世歲月志乃其家子孫爲之，非所謂墓碑也。古者初無歲月志之石。

李昉《太平御覽》卷五六〇《禮儀部》 《唐書新語》曰：開元中，集賢學士徐堅葬妻，問兆域之制於張説。曰：長安神龍之際，有黄州僧泓道通鬼神之意，而以人事參之。僕嘗聞其言，猶記其要。墓欲深而狹，深者取其幽，狹者取其固。平地之下一丈二尺爲土界，又一丈二尺爲水界，各有龍守之。土龍六年而一暴；水龍十二年而一暴。當其隧者神道不安，故深二丈四尺之下可以設窀穸。墓之四維謂之折壁，欲下闊而上斂。其中頃謂之中樵，中樵欲俯嶔而傍煞。墓中米粉爲飾，以代石堊。不置瓴甋瓦，以其近於火。不置黄金，以其久而爲怪。不置朱丹、雄黄、礬石，以其氣燥而烈，使墳上草木枯而不潤。不置羽毛，以其近於屍也。鑄鐵爲牛豕之象，可以禦二龍。玉潤而潔，能和百神，置之墓内以助神道。僧泓之説如此。

《明太祖實録》卷三九 〔洪武二年二月〕丁丑，上仁祖淳皇帝陵名曰英陵。初，禮部尚書崔亮以爲歷代諸陵皆有名號，今仁祖陵宜加以尊名。上乃定曰英陵。亮復奏，請下太常行祭告禮。時太常博士孫吾與以爲，山陵之制，莫備於漢。凡人主即位之明年，將作即營陵地，以天下貢賦三分之一入山陵。如漢文帝起霸陵，欲以北山石爲槨。時文帝尚在尊位，豈有陵號祭告之禮乎？又唐太宗昭陵之號，定於葬長孫皇后時。武后合葬乾陵，其號定於高宗初葬之日。其時帝后之陵初未有兩號，其於祭告之禮，決無有也。蓋廟號與陵號不同，廟號是易大行之號，不祭告不可也，故必上册謚以告之神明。若陵之有號者，則後之嗣王所以識别先陵而已，故歷代皆不以告。今英陵加號，尚書崔亮欲行祭告。臣竊以爲非禮之宜，願罷其説。亮曰：加上陵號，尊歸先世。考之典禮，如漢光武加上先陵曰昌；宋太祖加上高祖陵曰欽，曾祖陵曰康，祖陵曰定，考陵曰安。蓋創業之君，尊其祖考，則亦尊崇其陵。既尊其陵，亦必以告。禮緣人情，加先帝陵號而不以告先帝者，非人之情也。臣以爲告之是。於是廷議皆是亮。遂命侯英陵碑石成，遣太常行祭告禮。

《明會典》卷一六二《工部》 〔洪武〕二十九年定，公侯塋地周圍一百步，墳高二丈，圍牆高一丈。一品塋地周圍九十步，墳高一丈八尺，圍牆高九尺。二品塋地周圍八十步，墳高一丈六尺，圍牆高八尺。三品塋地周圍七十步，墳高一丈四尺，圍牆高七尺。四品塋地周圍六十步，墳高一丈二尺，圍牆高六尺。五品塋地周圍五十步，墳高一丈，圍牆高四尺。六品塋地周圍四十步，墳高八尺。七品以下塋地周圍三十步，墳高六尺。石人二，石馬二，石羊二，石虎二，石望柱二。一品石碑，螭首高三尺，碑身高八尺五寸，闊三尺四寸，龜趺高三尺六寸。石人二，石馬二，石羊二，石虎二，石望柱二。二品石碑，蓋用麒麟，高二尺八寸，碑身高八尺，闊三尺二寸，龜趺高三尺二寸。石人二，石虎二，石羊二，石馬二，石望柱二。三品石碑，蓋用天禄辟邪，高二尺六寸，碑身高七尺五寸，闊三尺，龜趺高三尺二寸。石虎二，石羊二，石馬二，石望柱二。四品石碑，圓首，高二尺四寸，碑身高七尺，闊二尺八寸，方趺高三尺。石虎二，石馬二，石望柱二。五品石碑，圓首，高二尺二寸，碑身高六尺五寸，闊二尺六寸，方趺高二尺八寸。石羊二，石馬二，石望柱二。六品石碑，圓首，高二尺，碑身高六尺，闊(六)〔二〕尺四寸，方趺高(一)〔二〕尺六寸。七品石碑，圓首，高一尺八寸，碑身高五尺五寸，闊二尺二寸，方趺高二尺四寸。

《明會典》卷一六二《事例》 永樂八年定，親王墳塋享堂七間，廣十丈九尺五寸，高二丈九尺，深四丈三尺五寸。中門三間，廣四丈五尺八寸，高二丈一尺，深二丈五尺五寸。外門三間，廣四丈一尺九寸，高深與中門同。神厨五間，廣六丈七尺五寸，高一丈六尺二寸五分，深二丈一尺五寸。神庫同。東西厢及宰牲房各三間，廣四丈一尺二寸，高深與神厨同。焚帛亭一，方七尺，高一丈一尺。祭器亭一，方八尺，高與焚帛亭同。碑亭一，方二丈一尺，高三丈四尺五寸。周圍牆二百九十丈。牆外爲奉祠等房十有二間。正統十三年定，王府墳塋親王地五十畝，房十五間。郡王地三十畝，房九間。郡王之子地二十畝，房三間。郡主、縣主地十畝，房三間。

顧炎武《日知録》卷一五《前代陵墓》 漢高帝十二年十二月詔曰：「秦皇帝、楚隱王、師古曰：「陳勝也。」魏安釐王、齊愍王、趙悼襄王皆絶亡後，其與秦皇帝守冢二十家，楚、魏、齊各十家，趙及魏公子無忌師古曰：「即信陵君也。」各五家，令視其冢，復，亡以與他事。」魏明帝景初二年五月戊子，詔曰：「昔漢高創業，光武中興，謀除殘暴，功昭四海。而墳陵崩頽，童兒牧豎踐蹋其上，非大魏尊崇所承代之意也。其表高祖、光武陵，四面各百步，不得使民耕牧樵采。」宋武帝永初元年閏月壬午朔，詔曰：「晉世帝后及藩王諸陵守衛，宜便置格。其名賢先哲，見優前代，或立德著節，或寧亂庇民，墳墓未遠，並宜灑掃。主者具條以聞。」南齊明帝建武二年十二月丁酉，詔曰：「舊國都邑，望之悵然，況乃身經南面，負扆宸居，或功濟當時，德章一世，而塋壟欑穢，封樹不脩，豈直嗟深牧豎，悲甚信陵而已哉！昔中京淪覆，鼎玉東遷，晉元締構之始，簡文遺詠在民，而松門夷替，埏路榛蕪，雖年代殊往，撫事興懷。晉帝諸陵，悉加脩理，並增守衛。」梁武帝天監六年，詔曰：「命世興王，嗣賢傳業，聲稱不朽，人代徂遷。二賓以位，三恪義在，時事寢遠，宿草榛蕪，望古興懷，言念愴然。晉、宋、齊三代諸陵，有司勤加守護，勿令細民侵毁。作兵有少，補使充足。前無守視，並可量給。」《文選》載任昉《爲卞彬謝脩卞忠貞墓啓》。魏高祖太和二十年五月丙戌，詔：「漢、魏、晉諸帝陵，各禁方百步，不得樵蘇踐藉。」孝明熙平元年七月，詔曰：「先賢列聖，道冠生民，仁風盛德，焕乎圖史。暨曆數永終，迹隨物變，陵隧杳靄，鞠爲茂草，古帝諸陵，多見踐藉。可明勑所在，諸有帝王墳陵，四面各五十步，勿聽樵牧。」隋煬帝大業二年十二月庚寅，詔曰：「前代帝王，因時創業，君民建國，禮尊南面。而曆運推移，年世永久，丘壟殘毁，樵牧相趨，塋兆堙蕪，封樹莫辨。興言淪滅，有愴於懷。自古以來帝王陵墓，可給隨近十户，蠲其雜役，以供守視。」唐太宗詔見下。唐玄宗天寶三載十二月詔：「自古聖帝明王，陵墓有頽毁者，宜令管内量事脩葺，仍明立標記，禁其樵采。」古人於異代山陵，必爲之脩護若此。《陳書·淳于量傳》：「坐就江陰王蕭季卿買梁陵中樹，季卿坐免，量免侍中。」

宋熙寧中，興利之臣建議，前代帝王陵寢，許民請射耕墾。而唐之諸陵，悉見芟削，昭陵喬木，翦伐無遺。《宋史·鄧潤甫傳》。小民何識，自上導之，靡存愛樹之思，但逐樵蘇之利。吁，非一朝之故矣。

金太宗天會二年二月，詔：「有盜發遼諸陵者罪死。」七年二月甲戌，詔：「禁醫巫閭山遼代山陵樵采。」《金史·斡魯古孛堇傳》：「乾州後爲閭陽縣，遼諸陵多在此，禁無所犯。」獨元之世祖縱楊璉真伽發宋會稽攢宫不問，此自古所無之大變也。《元史》：「楊璉真伽爲江南釋教總統，發掘故宋趙氏諸陵之在錢塘、紹興者，及其大臣冢墓，凡一百一所。」

《實録》：洪武九年八月己酉，遣國子生周渭等三十一人，分視歷代帝王陵寢，命「百步内禁人樵牧，設陵户二人守之。有經兵燹而崩摧者，有司督近陵之民以時封培。每三年一遣使致祭。」其後每登極詔書並有此文，而有司之能留意者鮮矣。

魏高祖太和十九年九月丁亥，詔曰：「諸有舊墓銘記見存，昭然爲時人所知者，三公及位從公者，去墓三十步；尚書令、僕、九列十五步；黄門、五校十步，各不聽墾殖。」陳文帝天嘉六年八月丁丑，詔曰：「梁室多故，禍亂相尋，兵甲紛紜，十年不解。不逞之徒，虐流生氣；無賴之屬，暴及徂魂。江左肇基，王者攸宅。金行水位之主，木運火德之君。時更四代，歲逾二百。若其經綸王業，搢紳民望，忠臣孝子，何世無之？而零落山丘，變移陵谷，咸皆翦伐，莫不侵殘。玉杯得於民間，漆簡傳於世載。無復五株之樹，罕見千年之表。自天祚光啓，恭惟揖讓，爰暨朕躬，聿脩祖武。雖復旂旗服色，猶行杞、宋之封；每車駕巡游，眇瞻河、雒之地。故橋山之祀，蘋藻弗虧；驪山之墳，松柏恒守。惟戚藩舊壟，士子故塋，掩殣未周，樵牧猶衆。或親屬流隸，負土無期，子孫冥滅，手植何寄。漢高留連於無忌，宋祖惆悵於子房，丘墓生哀，性靈共惻者也。朕所以興言永日，思慰幽泉，惟前代侯王，自古忠烈，墳冢被發，絶無後者，可簡行脩治，墓中樹木，勿得樵采。庶幽顯式暢，稱朕意焉。」

唐太宗貞觀四年九月壬午，詔曰：「欽若稽古，緬想往册，英聲茂實，志深褒尚。始兹巡省，眺矚中塗，漢氏諸陵，北阜斯託，寂寥千載，邈而無祀。歷選列辟，遺迹可觀；良宰名卿，清徽不滅。宜令所司普加研訪，爰自上古，洎於隋室，諸有明王聖帝，盛德寵功，定亂弭災，安民濟物，及賢臣烈士，立言顯行，緯文經武，致君利俗，丘壟可識，塋兆見在者，各隨所在，條録申奏。每加巡簡，禁絶芻牧，春秋二時，爲之致祭。若有毁壞，即宜脩補。務令周盡，以稱朕意。」是則不獨前代山陵，即士大夫之丘墓並爲封禁，亦興王之一事，可爲後法者矣。

徐乾學《讀禮通考》卷六一《喪儀節》 （洪武）二十六年詔：自今，凡功臣故不建享堂，其墳塋葬具皆令自備。惟没於戰陣者，官給。又定，凡武職官員或没於矢石，或死於任所，先由禮部定奪，應合造墳者，移咨知會，仍審安葬去處。若在京者，與擇墳地，會計工程照例應撥囚徒、甎灰。造墳中，間有公、侯、伯合用硃紅椁、冥器、誌石、甎灰、人工別無定例，度量支撥。具椁具冥器，行下寶源、軍器、營繕、鍼工、鞍轡局所，依例料造應付。若有令許令祖墳或就任所安葬及造享堂者，臨期定奪施行。造椁并冥器、甎灰。公、侯、伯造椁無冥器。都督、同知、僉事、指揮使，紅漆椁，誌石甎四千五百箇，石灰四千五百斤，囚五十名。指揮、同知、僉事，黑漆椁，誌石甎三千四百五十箇，石灰三千四百五十斤，囚二十名。正副致仕千户、衛鎮撫，甎一千五百箇，石灰一千五百斤，因一十二名。百户、所鎮撫，甎二百四十箇，石灰二百四十斤，因六名。千百户所鎮撫，骨殖安葬甎、灰、因減半。【略】今例公、侯、伯造墳：合用黄麻一百二十斤，白麻一百二十斤，俱丁字庫支。石灰七千五百斤，馬鞍山支。蘆席四百領，營繕司支。楸棍三百根，大峪廠支。沙板甎三千箇，通積抽分竹木局支。松木長柴一百根，把柴一百五十根，俱蘆溝抽分竹木局支。棺椁一副，通州抽分竹木局支。糯米一石五斗，户部支。夫匠三十二名。内後軍都督府二十名，每名銀一兩，順天府十二名，每名一兩五錢。開壙合葬減半，都督等官同。都督、都督同知、僉事造墳：合用黄麻一百斤，白麻一百斤，石灰五千斤，蘆席三百領，楸棍三百根，沙板甎二千箇，松木長柴一百根，棺椁一副，糯米一石，夫匠二十名。内後軍都督府十二名，順天府八名，各銀數如前。凡文官造墳，嘉靖六年奏準：一品、二品、三品未經考滿者，價銀、夫匠減半給領。開壙者，不分品級崇卑，止與夫匠五十名。如有一府、一州、一時造墳數處，在各省者，聽本布政司官，在直隸者，聽撫按官，酌派鄰近府州，通融區畫。病故大臣，果有功德昭彰，聞望表著，公私無過者，禮部擬奏差官造葬，以示優崇。二十七年奏準：今後大臣病故，例該造葬者，其奏討差官查果合例方與題請，如或例有未合，止行各司府委官照依品級造葬。近例文官父母妻故，例應造墳及開壙合葬者，俱照受封品級崇卑數目派給。

徐乾學《讀禮通考》卷六一《喪儀節》 凡内臣病故乞葬，正德十二年奏準：務查本官歷年深淺、有無勤勞，應該造墳或蓋享堂、碑亭者，定與等第，照例奏請，不許一槩妄行比乞。

徐乾學《讀禮通考》卷八二《葬一・葬法》 王文禄《葬度》：擇地。古云：五害不侵，高山忌石巉巖，平原忌水衝射。土脈膏潤，草木暢茂，來龍迢遥，結穴端正，水環沙護，即吉地也。近泥天星卦例，方向不顧龍穴，沙水多側斜，反背爲之，主家僥福不悟也。且親存享爽塏華居，没葬形勝吉地，親體安，子心安矣。若專僥福，則唐宋豈乏吉地邪？何變更也。當不違地，甚無徇地。

開壙。葬者，藏也。深葬爲安，不宜及泉耳。今卷篷發券壙，古殯法非葬法也。予葬二親於待葑原，掘土深三尺三寸，下有黄脈成山尖形，自亥轉巳，横當壙心，若非深葬曷見也？金井長一丈二尺，濶一丈五尺四寸，糯米粥調純石灰築底一尺厚，四圍牆一尺二寸厚，中端隔二椁，亦一尺厚。大甎一尺長，四寸半闊，三寸厚，重六斤，一面印學圃王公慈淑陸氏壙甎，一面印嘉靖己亥孝子王文禄監製。惟印字也窑户鍊泥細熟且堅而不裂，糯米調純石灰一横二縱，層疊砌成牆，厚一尺，爲二壙底鋪條甎一層並方甎一層，地面甎一層，壙内復加六斤甎一層，連灰縫一尺厚，堅築，以備歲久樹根蛇獾損壞。

擇灰。灰乃青石燒成，内有不著火未過石筋，亦有侵白土及白石末，須用水碗中試之，乃見。唯灰真正則發而堅，不可不慎。燒甎。石壙生水，必用火甎，則乾燥色青、聲響乃燒透者。若黄色無聲，不堅也。必與高價則泥細而熟燒且透，而甎必堅。人子爲親，止此而已，豈可吝乎？

和灰。灰隔法，三分石灰，一分黄土，一分湖沙，曰三和土。予偶閲一書，曰石灰火化、糯米水煮，合築之，水火既濟，久久復還原性，結成完石。今曰黄土山間爛黄石末也。若黄土損其石力，不能成石雲。予築二親壙，用糯米粥、純石灰。唐一庵曰：湖州山中有鶩樟樹，取皮葉杵爛，水浸取汁，甚粘，勝糯粥也。陳圬師鳳曰：古法得土而粘，得沙而實。子曰：用沙不燥裂耳，非特御斤斧也。凡壙以三和土爲得中制。

築法。和灰須干濕均停，摶之成塊，撒之成灰。若太濕則粘杵難築，太干則燥散不堅。凡鋪二寸餘厚，築之一分，漸漸築起。人力須齊，不可停歇，歇則結皮不相連矣。不能一日完，必鋤動面皮，刷汗加築。砰砰有聲，錐釘不入爲妙。

取汁。糯米舂白，煮粥，方稠粘。鍋中投石灰，冬不冰，人且不食。若鶩樟樹價尤輕，擣皮葉，水浸之，汁自出。其汁一絲墜地，盡瀉出也。汁灑於地，其樹即生。今人憚於路遥而不用。子至今悔之。凡作灰隔，不可不求此樹雲。

入壙。先用干石灰鋪壙底，後用二布縣棺而下，頭北足南，首丘而向明也。男左女右，從昭穆也。棺外四圍空隙，俱用糯粥調純石灰輕輕築實之，毋使震動棺中。棺蓋上亦然。與甎壙平，乃覆石蓋。朱紫陽所謂實葬，永無客水之侵，後雖地震，亦不動也。壽壙須用細土填實，他時臨用取去之。蓋石泯縫免使客水得入。

石蓋。紫色石堅，二塊合縫，易於蓋。子二親蓋石上築純灰一尺二寸，又加三和土尺餘，四圍純灰隔外套下二尺餘，又壓大黄石數十塊，三和土挨之，碎黄石數十擔覆砌之。大石取其重，後人難動，細碎石取其無用，且壞犁鋤。

成墳。墳者，土之墳起者也。惟山爲宜，且五害不侵，然吴下多平原，焉得人皆山葬？須積客土成山。高大則氣暖，且不易侵掘。若種松柏成林，不免樵薪之用，江右封而不樹，恐奪生氣也。予則曰，樹盛蔽陰，土濕而天光不照。今宜少種樹而多培土。古云：難保百年墳，悲夫！人各有親，君子當憐而存之，且律例嚴發掘之禁，此正王仁及枯骨而安孝子永世之心。

徐乾學《讀禮通考》卷八八《葬考七》 《漢舊儀》：每天子即位，明年，將作大匠營陵地，用地七頃，方中用地一頃，深十三丈，堂壇高三丈，墳高十二丈。武帝墳高二十丈，明中高一丈七尺，四周二丈，內梓棺柏黄腸題湊，以次百官藏畢。其設四通羨門，容大車六馬，皆藏之內方，外陟車石。外方立，先閉劍户，户設夜龍、莫邪劍、伏弩，設伏火。已營陵，餘地爲西園后陵，餘地爲婕妤以下，次賜親屬功臣。

徐乾學《讀禮通考》卷九三《葬考十二・山陵六》 《陵工紀事》：陵寢有後殿、中殿、前殿，重門相隔。有爲門之樞紐者曰銅管扇，冶鑄甚艱。舊例責内侍監造，時因慶陵擇定九月初四日窀穸，内侍以期太迫，再四規避，工部尚書劄臣萬燝董其事，甫一月而功成。

徐乾學《讀禮通考》卷九九《喪具五・石獸》 《封演見聞記》：秦漢以來，帝王陵前有石麒麟、石辟邪、石馬之屬，人臣墓前有石羊、石虎、石人、石柱之屬，皆所以表飾故壟，如生前之儀衛耳。國朝因山爲陵，太宗喪九嵕山，門前亦列石馬，陵後司馬門内又有蕃酋會侍軒禁者一十四人，石像皆刻其官名。後漢太尉楊震葬日，有大鳥之祥，因立石鳥像於墓。《風俗通》云：《周禮》方相氏葬日，入壙毆罔象，罔象好食亡者肝腦，人家不能常令方相立於側，而罔兩畏虎與柏，故墓前立虎。或説秦穆公時，陳倉人掘地有物若羊，將獻之。道逢二童子謂曰：此名爲蝹常，在地中食死人腦，若殺之，以柏東南枝捶其首。由是墓側皆樹柏。此上兩説各異，未詳孰是。案《禮經》云，天子墳高三雉，諸侯半之，大夫八尺，士四尺。天子樹松，諸侯樹柏，大夫樹楊，士樹榆。《説文》云：天子樹松，諸侯樹柏，大夫榆，士楊。案《禮經》，古之葬者，不封不樹。後代封墓而又樹之。《左傳》云：爾墓之木拱矣。又曰：樹吾墓檟。仲尼卒，弟子各自他方持其異木樹之於墓。蓋殷周以來，墓樹有尊卑之制，不必專以罔象之故也。《風俗通》又云：汝南彭氏墓頭立石人、石獸。田(宅)[家]老母到市買數片餌，暑熱行疲，息石人下，遺一片餌。客來見道，行人因謂之云：石人能愈病，人來謝汝。轉相告語。頭痛者摩石人腹，病者多自愈。因言得其福，乃號曰石賢士。輜軿轂擊，帳帷(絳)[障]天，絲竹之音，聞數十里。數年稍自休歇。樵子云：石門誌墓古之道邪？荅曰：古不崇墓，況損人功而爲觀乎？非古也。盧思道《西征記》云：新鄉城西有漢桂陽太守趙越墓，墓北有碑，碑有石柱，東南有亭，以石柱爲名。然墓前石人、石獸之屬，自漢代而有之矣。

徐乾學《讀禮通考》卷九九《喪具五・墓圖》 古金石例，墓圖作方石碑。先畫墓圖，有作圖象者，内畫墓樣，各標其穴某人，其石嵌之祭堂壁上。無祭堂，則嵌圜牆上。韓魏公父墓圖今有此石，歲久卧之牆外。宗支圖碣二，一埋中宫之外，一立中宫之上。太原以墳塋中心，爲宅神，亦中宫之義也。祭堂瓦花頭皆寫云某氏千秋墓，甎亦然。南陽宗資墓前，人有得古花頭瓦，其花頭刻云宗氏千秋。今石刻在申州刺史宅。凡祭堂二，于中宫左右建也。

徐乾學《讀禮通考》卷一〇〇《喪具六》 墓田之制，一品塋，先方九十步，今減至七十步，墳先高丈八尺，減至丈六尺。二品，先方八十步，減至六十步，墳先高丈六尺，減至丈四尺。三品，先方七十步，減至五十步，墳先高丈四尺，減至丈二尺。四品，先方六十步，減至四十步，墳先高丈二尺，減至丈一尺。五品，先方五十步，減至四十步，墳先高一丈，減至九尺。六品以下，先方二十步，減至十五步，墳先高八尺，減至七尺。庶人先無文，其地七步，墳高四尺，其送葬祭盤，不許作假花果及樓閣，數不得過一牙盤。

屈大均《廣東新語》卷一九《山場》 廣之著姓右族，其在村落者，人多襟岡帶阜以居，廬井在前，墳墓在後。其瀕海者，亦必多置山場，以爲蒸嘗之業。子姓以昭穆序，祔葬先塋。貧者乘凶血葬，毋有積久而不葬，或以無地而葬以水火者。而吾鄉沙亭，其地半當山海間，山場凡有數所。自宋以來，奉宗千有餘人，環祖宗之精爽以居，人與鬼數十世毋相離也。朝見祠而生敬，而求神聚於陽；暮見墓而生哀，而求氣散於陰。人不出鄉，鬼無爲客。仁孝之風，庶幾去古不遠者也。吾祖父阡在涌口之山，山形如平沙落鴈，兩三峯正當草堂，松楸之聲，不絶於耳，烟嵐之色，不絶於目。吾不廬墓而墓咫尺吾廬，雖謂之廬墓可也。

《清會典則例》卷一三七《工部・屯田清吏司・山陵》 一、寶城：昭西陵周環三十四丈五尺。孝陵周環六十七丈。孝東陵周環三十四丈七尺九寸。景陵周環七十丈一尺五寸。泰陵周環六十五丈。孝賢皇后陵寢同。

一、方城，崇墉雉堞：昭西陵廣五丈，縱三丈六尺，高二丈二尺七寸。孝陵廣六丈三尺，縱四丈三尺三寸，高二丈三尺五寸。孝東陵廣十丈有二寸，縱三丈二尺二寸，高二丈六尺七寸。景陵廣六丈五尺，縱四丈五尺六寸，高二丈四尺。泰陵廣六丈五尺，縱如之，高二丈三尺九寸。孝賢皇后陵寢同。

一、明樓，重檐覆黄琉璃。昭西陵廣二丈六尺，縱如之，檐高一丈四尺五寸。内碑一，高一丈五尺五寸，廣五尺五寸，厚二尺六寸。仰覆蓮座，高五尺，廣七尺三寸，飾金字，繪五采。孝陵、孝東陵、景陵、泰陵同。孝賢皇后陵寢同。碑不鐫字。

一、祭臺以白石爲之。昭西陵廣一丈九尺四寸，縱五尺三寸，高四尺五寸。各陵同。

一、二柱門：孝陵廣二丈一尺八寸，石柱二，高丈九尺九寸，門楣闕飾五采，扉朱櫺。景陵、泰陵、孝賢皇后陵寢同。

一、琉璃花門曰陵寢門，皆三門，金釘，朱扉，在隆恩殿後。惟昭西陵於殿之左、右各建門一，廣二丈三尺九寸，縱一丈一尺五寸，檐高一丈三尺六寸。於隆恩門内設重垣，建琉璃花門三：中廣二丈三尺二寸，縱一丈一尺，高一丈三尺三寸；左、右廣一丈七尺五寸，縱一丈，檐高一丈二尺六寸。孝陵三門：中廣二丈三尺，縱一丈，檐高一丈五尺五寸；左、右廣丈六尺六寸，縱七尺七寸，檐高一丈二尺八寸。孝東陵、景陵、泰陵、孝賢皇后陵寢同。

一、隆恩殿五間，重檐，脊四下，覆以黄琉璃，崇階，石闌，凡五出陛。昭西陵廣八丈，縱五丈一尺八寸，檐高一丈七尺四寸。孝東陵同。孝陵廣九丈四尺，縱五丈三尺，檐高一丈七尺。景陵、泰陵、孝賢皇后陵寢饗殿均同。

一、兩廡各五間：昭西陵廣五丈五尺，縱二丈二尺二寸，檐高一丈二尺。孝東陵同。孝陵廣七丈七尺，縱二丈五尺，檐高一丈二尺五寸。景陵、泰陵、孝賢皇后陵寢同。

一、燎鑪二：昭西陵廣九尺三寸，縱六尺六寸，高八尺五寸。各陵同。

一、隆恩門五間：昭西陵廣五丈一尺五寸，縱二丈，檐高一丈二尺二寸。孝東陵同。孝陵廣六丈二尺五寸，縱二丈八尺，檐高一丈三尺。景陵、泰陵、孝賢皇后陵寢均同。

一、神厨五間：昭西陵廣六丈八尺，縱二丈三尺五寸，檐高一丈二尺五寸。各陵同。

一、神庫，南、北各三間：昭西陵廣三丈七尺，縱二丈三尺五寸，檐高一丈一尺五寸。各陵同。

一、宰牲亭，重檐氣樓：昭西陵廣二丈八尺五寸，縱如之，檐高一丈二尺。各陵同。

一、井亭：昭西陵廣一丈，縱如之，檐高七尺五寸。各陵同。

一、神道碑亭：昭西陵廣二丈七尺，縱如之，檐高丈七尺。内碑一，高一丈八尺五寸，廣六尺三寸，厚二尺八寸；龍趺長一丈五尺五寸，高五尺二寸。孝陵、景陵、泰陵同，孝賢皇后陵寢同。碑不鐫字。

一、龍鳳門三，門兩旁翊垣，均飾以琉璃，扉朱櫺。孝陵廣三丈二尺九寸，高二丈一尺五寸。泰陵廣十丈八尺七寸，高二丈五尺三寸。

一、石像生：孝陵龍鳳門南，朝衣冠介胄文、武臣像各三對，卧立麒麟、獅、象、馬、駝、狻猊各一對，凡十有八對；望柱二，高九尺。景陵五對，望柱二。泰陵、孝賢皇后陵寢同。

一、聖德神功碑亭，重檐：孝陵廣七丈四尺，縱亦如之，檐計高三丈有二尺。内碑高二丈有六寸，廣六尺七寸，厚二尺三寸；龍趺長丈六尺三寸，高五尺六寸。景陵廣七丈二尺五寸，縱如之，檐高三丈一尺六寸。列碑二，各高二丈三尺，廣七尺四寸，厚二尺九寸；龍趺各長丈六尺，高六尺一寸。泰陵同。

一、擎天柱：孝陵柱高二丈五尺，徑四尺二寸；座高五尺二寸，徑八尺七寸。四周石闌，各高五尺五寸，各面廣一丈四尺七寸。景陵、泰陵同。

一、具服殿三間：孝陵廣三丈四尺，縱二丈三尺，檐高一丈。泰陵同。

一、大紅門：孝陵廣十有一丈七尺六寸，縱三丈四尺六寸，檐高二丈五尺。泰陵廣十有一丈九尺三寸，縱三丈五尺三寸，檐高二丈二尺九寸。

一、石坊：孝陵二，均廣九丈七尺五寸，高二丈三尺六寸。泰陵三，均廣九丈有九寸，高二丈四尺六寸。孝賢皇后陵寢，廣七丈有一寸，高二丈五尺八寸。

一、石橋：孝陵，七洞、五洞橋各一，三洞橋三，均在龍鳳門以内；陵寢門内、外，平橋各一。孝東陵三洞橋一，在隆恩門前。景陵三洞橋三，在神道碑亭前。泰陵大紅門前，五洞橋一；龍鳳門外，七洞橋一，平橋一；神道碑亭前，三洞橋三。孝賢皇后陵寢望柱前，五洞橋一；碑亭前，一洞橋一；大門前，三洞橋三；陵寢門外，一洞橋三。

一、下馬石牌：昭西陵高一丈三尺六寸，廣三尺四寸，厚一尺四寸，在神道碑亭前，東、西相距五十丈。孝陵紅門外石坊前，東、西各一；神道碑亭前東、西各一；高、廣、厚同上。景陵與昭西陵同。泰陵大紅門前二；神道碑亭前二。孝賢皇后陵寢神道碑亭前東、西各一，高、廣、厚同。

一、神道：孝陵：自大紅門達龍鳳門，越一洞橋、七洞橋、五洞橋，至神道碑，中爲孝陵，東爲孝東陵。由七洞橋北東轉折而至大碑樓，北爲景陵。由七洞橋南西轉折而北爲孝賢皇后陵寢。昭西陵在大紅門之東。泰陵：自大紅門越七洞橋，達龍鳳門，經三洞橋至神道碑，爲泰陵。

一、圍牆：昭西陵，内圍牆一百八丈一尺五寸，高一丈一尺；外圍牆一百三十六丈一尺，高一丈二尺三寸。孝陵，内圍牆一百九十七丈一尺五寸，高一丈一尺；外圍牆六千四百三十九丈四尺八寸，高一丈三尺。孝東陵，内圍牆一百六十二丈三尺七寸，高同上。景陵，内圍牆一百七十九丈四尺五寸，高同上。泰陵，内圍牆一百九十四丈五尺一寸，高一丈三尺；外圍牆四千三百九十九丈，高一丈四尺五寸。孝賢皇后陵寢，内圍牆一百九十丈三尺二寸，高一丈三尺。

一、紅柱：東陵各陵均設内紅柱，每間十有五丈立一柱，貫以朱繩；外圍牆外每里立外紅柱三，周三百二十里。泰陵每十有五丈立紅柱一，周一百五十六里。

一、園寢規制，琉璃花門：景陵皇貴妃園寢，廣一丈八尺二寸，縱八尺八寸，檐高一丈一尺。妃園寢，廣一丈八尺五寸，縱九尺六寸，檐高一丈二尺三寸。泰陵妃園寢，廣一丈九尺，縱九尺五寸，檐高一丈三尺。端慧皇太子園寢，廣一丈八尺四寸，縱八尺，檐高一丈二尺。榮親王園寢，廣一丈六尺二寸，縱六尺，檐高一丈八寸。端親王園寢，廣一丈六尺，縱六尺，檐高一丈六寸。懷親王、皇三子園寢同。饗殿：景陵皇貴妃園寢，廣八丈二尺，縱四丈四尺五寸，檐高一丈三尺五寸。妃園寢，廣六丈七尺，縱三丈四尺，檐高一丈三尺。泰陵妃園寢，廣六丈，縱三丈四尺，檐高一丈三尺。端慧皇太子園寢，廣六丈五尺四寸，縱三丈四尺，檐高一丈四尺。榮親王園寢，廣三丈八尺六寸，縱二丈六尺五寸，檐高一丈二尺。端親王園寢，廣三丈八尺，縱二丈五尺，檐高一丈二尺。懷親王、皇三子園寢同。燎鑪：景陵皇貴妃園寢，廣九尺七寸，縱七尺，高七尺三寸。妃園寢，廣八尺七寸，縱六尺一寸，高七尺。泰陵妃園寢，廣九尺，縱六尺四寸，高六尺六寸。端慧皇太子園寢，廣九尺三寸，縱六尺六寸，高七尺。大門：景陵皇貴妃園寢，廣四丈七尺二寸，縱二丈八尺六寸，檐高一丈二尺六寸。妃園寢，廣三丈八尺五寸，縱二丈六尺五寸，檐高一丈一尺五寸。泰陵妃園寢，廣三丈八尺五寸，縱二丈六尺五寸，檐高一丈一尺五寸。端慧皇太子園寢，廣五丈一尺，縱二丈二尺，檐高一丈一尺五寸。榮親王園寢，廣三丈五尺，縱二丈一尺，檐高一丈一尺。端親王園寢，廣三丈四尺，縱二丈，檐高一丈五寸。懷親王、皇三子園寢同。東西廂：景陵皇貴妃園寢各五間，廣五丈五尺，縱二丈一尺五寸，檐高九尺二寸。妃園寢各五間，廣五丈一尺，縱一丈七尺，檐高九尺。泰陵妃園寢各三間，廣二丈一尺，縱一丈七尺，檐高九尺。端慧皇太子園寢各五間，廣五丈四尺，縱二丈二尺，檐高一丈一尺。榮親王園寢各三間，廣三丈八尺六寸，縱二丈六尺五寸，檐高一丈二尺。端親王園寢各三間，廣三丈一尺，縱一丈二尺，檐高一丈。懷親王、皇三子園寢同。

一、興建陵工，順治十八年題準，孝陵取土於磨盤山，燒甎於遵化州温泉，燒灰於薊州井兒峪、禪房峪，青白石於房山縣盧家莊大石窩，青砂石於宛平縣馬鞍山，豆渣石於遵化州鮎魚關。採取用部匠及直隸、山東、山西匠役，給價成造。至需用臨清甎，移咨山東巡撫燒解。康熙二年，差禮部滿、漢尚書各一人，欽天監官二人，恭擬陵工方位，工部滿、漢尚書各一人輪班督理，八旗各咨取才能官一人，同工部司官協理工程。八年，題準，孝陵凡有應修之處，不拘年分，由部具題，交禮部選擇吉日，即行修理。五十七年，題準，孝東陵取土、燒甎灰、採石，均照孝陵定例，匠役於京城直隸取用。五十八年，題準，臨清甎停其燒解，交陵工甎舖户照臨清式樣，在遵化州温泉燒造。雍正元年，題準，景陵取土、燒甎灰、採石，照孝陵定例辦理。乾隆元年，題準，泰陵取土燒甎於易州北河頭村，燒灰於房山縣韓奇村、淶水縣壇山村，採石於房山縣盧家莊大石窩。又奏準，温泉窰移於四十里外遵化州之十里舖燒造。十七年，奏準，東陵甎窰仍於温泉燒造。

一、皇陵工部：東陵管理修造事務衙門設於石門堡；今石門驛。康熙二十五年，鑄給關防。乾隆元年，設立泰陵工部於易州；二年，奏準頒發泰陵管理修造事務關防，每年題請欽點大臣掌管。十二年，遵旨議準，改擬東陵工部辦理事務關防，令郎中掌管，其動支錢糧，呈明總理陵寢事務衙門察覈，仍用東陵承辦事務關防。又議準，增給泰陵承辦事務關防，其修造事務關防，改擬「泰陵工部辦理事務」字樣，令郎中掌管。

一、陵工官役，石門工部額設郎中一人，員外郎三人，筆帖式四人，書吏二名，守庫把總一人，巡兵四十名，由馬蘭鎮撥給。昭西陵、孝陵、孝東陵、景陵，各設領催一名，匠役四十名，灑掃人十六名。樹户，昭西陵二十名，孝陵、景陵各百名，均咨直隸總督，於遵化州豐潤縣民人内召募。乾隆元年，奏準，泰陵工部設郎中一人，員外郎一人，筆帖式二人，守庫把總一人，巡兵四十名，由泰寧鎮撥給。領催一名，匠役四十名，灑掃人十有六名，樹户百名，均由部行直隸總督，於易州、涿州、淶水等州縣召募。二年，奏準，增設主事一人，書吏二名。五年，議準，東、西兩陵工部郎中等官歸陵寢總理貝勒大臣管轄，一切修造事宜均聽察辦。十七年，奏準，孝賢皇后陵寢增設員外郎一人，一應工程事務歸并石門工部辦理。領催一名，匠役二十名，灑掃人十有六名，樹户百名，均於遵化豐潤等附近州縣民人内召募。

一、陵寢廨舍營房：康熙二年，定孝陵内務府郎中一人，員外郎二人，尚茶正、尚膳正、内管領各一人，各給房四間。首領内監十有二人，執事人役四十名，各給房三間。禮部衙署四十間。郎中一人，給房三間。執事人役及牛羊圈共房一百八十五間。又蓋造八旗官兵營房。總管一人，給房六間。翼領二人，防禦十有六人，各給房三間。領催驍騎八十名，每名二間。馬蘭關副將衙署八十二間，都司三十一間，左營守備二十間，右營守備十有四間。千總署五所，每所四間。把總署十所，每所三間。兵丁營房六百四十四間。十九年，蓋造景陵内務府官房。總管一人，員外郎二人，尚膳正二人，各給房四間。尚茶正、内管領、副内管領各一人，筆帖式二人，首領内監十有二人，執事人役七十名，各給房二間。禮部衙署二十七間。郎中一人，員外郎二人，各給房四間。讀祝官二人，贊禮郎四人，各三間。筆帖式二人，各二間。執事人役及牛羊圈共房一百七十間。八旗官兵營房總管給房八間。翼領二人，各六間。防禦十有六人，各四間。筆帖式二人，領催驍騎八十名，各二間。二十一年，蓋造景陵妃園寢内務府官房。副内管領一人，給房四間。内監四名，執事人役四十三名，各給房二間。禮部讀祝官二人，贊禮郎三人，各三間。筆帖式二人，各二間。執事人役五十二名，各一間。八旗營房防禦八人，各四間。筆帖式一人，領催驍騎四十名，各二間。二十五年，建造石門工部衙署二十四間。郎中一人，員外郎二人，各給房三間。筆帖式四人，各二間。二十七年，蓋造昭西陵内務府官房。郎中、尚茶正、尚膳正、内管領各一人，各給房四間。筆帖式二人，各給房三間。首領内監十有二人，各給房三間。執事人役四十名，各給房二間。禮部衙署二十六間。郎中一人，員外郎二人，各四間。讀祝官二人，贊禮郎四人，各三間。筆帖式四人，各二間。執事人役及牛羊圈共房一百六十七間。八旗防禦十有六人，領催驍騎八十名，各給住房如孝陵例。五十一年，增建景陵内務府官房十有一所，所各二間。五十七年，蓋造孝東陵内務府官房。郎中一人，員外郎二人，尚茶正、尚膳正、内管領各一人，首領内監十有二人，執事人役五十四名，各給住房間數與孝陵同。禮部牛羊圈十有二間。又設八旗防禦十有六人，即以孝陵禮部官員房十六所，共七十二間，分撥居住。雍正元年，增建景陵内務府官房二十二所，所各二間。是年，於新城東馬家莊建造昭西陵貴人園寢大門三間，飾以五采琉璃；花門一間，繚以周垣；均覆緑琉璃瓦。大門外東西廂各三間。三年，建造東陵王府一百三十間，公府四十間，侍衛官房三十三所，每所六間。是年，增建昭西陵貴人園寢饗殿五間，飾五采金朱，覆以緑琉璃瓦。四年，奉旨，各陵内務府額設員外郎二人，内改設主事一人，再於孝陵增設内副管領一人，給與住房三間。八年，議準，建造泰寧營南百全副將衙署二十間，兩營把總各三間，兵丁營房二百間；北百全都司衙署十四間，千總四間，把總三間，兵丁營房二百間。下龍華守備千把兵丁營房與北百全同。乾隆元年，設守衛泰陵官房貝勒府六十間，公府四十間，大臣房十所、共六十間，承辦事務衙署十九間，祝版房二十間，侍衛官房四十六所、每所六間。内務府總管、員外郎、主事、内管領、副内管領、尚茶正各一人，尚膳正、筆帖式各二人，首領内監十有二人，執事人役五十四名，各給房如景陵例。禮部衙署三十間。郎中一人，員外郎一人，讀祝官二人，贊禮郎四人，筆帖式二人，執事人役一百五十一名，各給房如景陵例。工部衙署二十間。郎中、員外郎各一人，筆帖式二人，各給房如禮部。又設八旗官兵營房總管，給房七間。翼領二人，各五間。防禦十有六人，各四間。筆帖式二人，領催驍騎八十名，各二間。又奏準，各陵隆恩門外兩旁，令欽天監官相度地勢，各增設版房三間，下鋪城甎，上覆以錫，飾以紅油，令守護官軍直宿。又奏準泰寧地方，於雍正八年，原議定額設副將一人，都司、守備各一人，千總二人，把總四人，馬步兵六百名；今請改協爲鎮，應蓋造總兵衙署百二十間，大門以外照壁、石獅、旗杆、柵欄等項，照例設立。將原有副將衙署改爲新增遊擊駐劄，都司衙署改爲守備駐劄。增設千總二人，各蓋衙署六間。把總四人，各蓋衙署五間。外委千、把總各二人，各給房三間。增兵四百名，除二百名分撥房山、淶水二縣外，餘二百名，各蓋給營房二間。每馬兵二名，給馬棚一間。所需工料，行文總理工程處辦理。再泰寧營舊設千、把衙署僅四間、三間，兵丁營房人各一間，不敷棲止，且無馬場。請均照新設千把兵丁衙署營房之例，一律增蓋。又奏準，泰陵禮部祝版房並乳牛圈移建於夏莊。二年，議準，泰陵牛羊圈亦移建於夏莊。三年，設泰陵妃園寢官房内務府主事、副内管領各一人，内監六名，執事人三十名，禮部主事一人，讀祝官二人，贊禮郎三人，筆帖式二人，執事人役五十二名，工部主事一人，八旗防禦八人，領催驍騎四十名。又張家莊端親王等園寢執事人二十名，王家莊懷親王、皇三子園寢執事人十名，均照泰陵官員兵役間數，給房居住。又議準，泰寧鎮屬左右兩營官兵，原爲守護陵寢風水而設，除內外紅柱、汛撥分防及各項差（遺）〔遣〕外，存營兵僅六十餘名；今新增各園寢皆需巡察看守，不敷分撥，請增千把各一人，步兵百名。應需衙署營房，照泰寧鎮官兵之例一式建造，令直督委官確估，動項興修，工竣報部題銷。七年，奏準，各陵增設驍騎校二人，各給住房三間，即於侍衛官房內撥補。各園寢增設驍騎校一人，各給住房三間。又奏準，朱華山端慧皇太子園寢應建官房。內務府內副管領、尚茶副、尚膳副各一人，內監二人，各給房三間。執事人二十名，各二間。禮部讀祝官二人，贊禮郎三人，各給房六間。八旗委署翼領一人，防禦七人，委署驍騎校及領催驍騎四十名，均照例給房居住。又奏準，朱華山添建千總、把總、馬守兵住屋。千總一人，給房六間。外委把總一人，給房三間。馬兵十有一名，守兵四十八名，各給房二間。又奏準，馬蘭鎮所屬龍洞峪、哨馬營、琉璃廠、王家峪等處，均關緊要，游巡兵丁不敷分撥；請增設馬兵三十六名，守兵八十四名，共蓋營房二百四十間。八年，建景陵皇貴妃園寢官房。內務府員外郎一人，內監四人，執事人二十二名，禮部讀祝官二人，贊禮郎三人，校尉六名，八旗防禦四人，驍騎校一人，領催驍綺四十名，各照應得間數，給房居住。十年，議準增造泰陵工部庫房十有六間。十五年，議準增建馬蘭鎮兵丁營房百間。十七年，蓋造孝賢皇后陵寢及妃園寢官房。內務府郎中、員外郎、主事、尚茶正、尚膳正、內管領、內副管領各一人，筆帖式二人，首領內監十有八人，執事人役八十四名，禮部衙署二十九間，郎中一人，員外郎二人，讀祝官二人，贊禮郎四人，筆帖式四人，執事人役一百七十九名，牛羊圈四所，八旗官兵一百五十二人，各給官房營房，均如景陵例。

一、存留備用錢糧，歲咨工部陸續給發，每具領，以五百兩爲則，留貯馬蘭峪永濟庫。凡遇奇零工程及祭饗辦運器用，均呈報承辦事務衙門，動支存庫銀及時備辦，事竣咨部覈銷。不敷備用，再請給發。如工程稍大者，報部別行覈給。乾隆十八年，覆準，陵寢風水圍牆，以及水洞、栅闌、鐵檽等項，如有應修，由馬蘭、泰寧二鎮察報陵寢工部郎中，呈明承辦事務衙門，委官會同勘寔，咨部覈覆。非繫歲修，由部酌給興舉，仍令該鎮委監修官隨工察驗，工竣，造册出結，報部覈銷。

一、四時祭饗所用紙張、顔料、布疋、金銀錫箔等項，均咨部覆準，行文户部，由部委官支領成造。二十一年，諭：「陵寢妥侑先靈，襄事人員，理宜有所專屬。向來在陵辦事司官，皆由在京司官內論俸升用，其總理事務之貝勒等，既非本部堂官，而在京堂官，又相距路遠，無從稽察。遇有應修工程，雖照例委官察估，究未能覈實妥確，殊非敬事之道。其如何俾有專屬，及應修大小各工如何稽察考覈，以昭慎重之處，著該部詳議具奏。欽此。」遵旨議準，東西兩陵工部司官，從前原屬臣部。自乾隆五年，將石門郎中等官歸并貝勒等管轄，是以遇有應修大小各工，均由該貝勒等委該處工部司官估修。所需錢糧向不奏聞，均咨臣部辦理，殊非敬事之道。請嗣後東西兩陵工部司官，仍歸本部管轄。但該處司官原由各衙門司官內論俸升補，多有不諳工程者。請嗣後凡有奇零黏補工程，陵寢重地，亦未便不時興作，應於每年十月內，令該貝勒等通行察勘，將實在應修之處，匯總具奏，由部委諳練工程司官前往，會同該處官員詳察。果繫應修者，即行確估，由部覈給錢糧，委部員前往，會同該處司官修理。仍令該貝勒等不時稽察，統俟工竣報部，由部別委司官按例覈算，造册奏銷。倘遇必需即行修理之工，亦令該貝勒等隨時具奏，亦照此辦理。庶陵寢司官既有專屬，而大小工程亦昭敬謹。再考東西兩陵，向例由部支領備用銀，自五百兩以至二三千兩不等，以爲祭祀及歲修之用。今修理工程既令奏明，由部覈給，所有前項備用銀毋庸豫行支給。至東西兩陵每年清明、孟秋望、冬至、歲暮祭祀，並修理器皿等項必需之銀，仍令該總理等先期分案，咨部覈給，由部入於月摺奏聞。

一、種樹：舊例委官監種，限以三年。限內乾枯者，監種官自行補足。限外者，由部覈給錢糧補種。康熙三十三年，覆準，陵寢栽樹，每二丈種樹一株。乾隆十二年，奏準，各陵遇有枯樹，應行補栽，累年籠統造報，並無定例。嗣後各陵大樹以乾隆十三年爲始，如有枯樹，作爲五年一次，由承辦事務衙門詳細覈明應否補栽，分別具奏，由部給發錢糧，令該處內務府及石門工部官，督令樹户揀選栽種。至隆恩門以後及兩旁樹株，毗近寶城圍牆，屢行栽種有關風水。嗣後如有枯樹，遞年別行注册，期滿五年，將所記之數，分別奏請辦理。

《清會典則例》卷一三七《墳塋工部・屯田清吏司》 一、墳塋規制：順治初年，定親王饗堂五間，門三，飾硃紅油，繪五彩金花；茶飯房左右各三間，碑亭一座，圍牆百丈；守塚人十户。世子、郡王饗堂三間，門三，飾硃紅油，繪五彩小花；茶飯房三間，碑亭一座，圍牆八十丈；守塚人八户。固倫公主同貝勒、貝子，饗堂三間，門一，飾硃紅油，不繪彩；茶飯房三間，碑一通，圍牆七十丈；守塚人六户。和碩公主、郡主同鎮國、輔國公，饗堂門制同貝勒、貝子，碑一通，圍牆六十丈；守塚人四户。縣主、郡君同鎮國、輔國將軍，碑一通，圍牆三十五丈；守塚人二户。民公、侯、伯碑一通，圍牆四十丈，守塚人四户。一、二品官制同鎮國將軍。三品官碑一通，圍牆三十丈，守塚人一户。四品、五品官同六品以下官碑一通，圍牆十有二丈。

一、造墳工價：順治十年，題準，親王給銀五千兩，世子四千兩，郡王三千兩，貝勒二千兩，貝子一千兩。鎮國公五百兩，輔國公同。十八年，議準，民公六百五十兩，侯六百兩，伯五百五十兩，一品官五百兩，二品官四百兩，三品官三百兩，四品官二百兩，五品官至七品官一百兩。皆給價，令其自造。康熙十四年，議準，鎮國將軍與一品官同，輔國將軍與二品官同。

一、碑制：順治十年，議準，親王至輔國公碑身均高九尺，用交龍首龜趺。親王碑廣三尺八寸七分，首高四尺五寸，趺稱之。世子、郡王碑廣三尺八寸，首高三尺九寸，趺高四尺三寸。貝勒碑廣三尺七寸三分，首高三尺六寸，趺高四尺一寸。貝子碑廣三尺六寸六分，首高三尺四寸，趺高四尺。鎮國公碑廣三尺六寸三分，首高三尺三寸，趺高三尺九寸。輔國公同。康熙十四年，議準，鎮國將軍碑身高八尺五寸，廣三尺四寸；螭首龜趺，首高三尺，趺高三尺六寸。輔國將軍碑身高八尺，廣三尺二寸；麒麟首龜趺，首高二尺八寸，趺高三尺四寸。民公、侯、伯碑身高九尺，廣三尺六寸；螭首龜趺，首高三尺二寸，趺高三尺八寸。一品官碑制與鎮國將軍同。二品官碑制與輔國將軍同。三品官碑制，身高七尺五寸，廣三尺；天禄辟邪首，龜趺，首高二尺六寸，趺高三尺二寸。四品官至七品官，碑皆圓首方趺。四品官碑身高七尺，廣二尺八寸；首高二尺四寸，趺高三尺。五品官碑身高六尺五寸，廣二尺六寸；首高二尺二寸，趺高二尺八寸。六品官碑身高六尺，廣二尺四寸；首高二尺，趺高二尺六寸。七品官碑身高五尺五寸，廣二尺二寸；首高一尺八寸，趺高二尺四寸。

一、碑價：順治十年，題準，親王給銀三千兩，世子二千五百兩，郡王二千兩，貝勒千兩，貝子七百兩。鎮國公四百五十兩，輔國公同。十八年，題準，鎮國將軍五百兩，輔國將軍四百兩。康熙二年，定官員曾經與謚者，工部差官立碑。十四年，題準，鎮國將軍三百五十兩，輔國將軍三百兩。與謚大臣停其差官，立碑皆給價，令其自立。民公、侯、伯各四百兩。一品官與鎮國將軍同，二品官與輔國將軍同。三品官二百五十兩。

一、造墳立碑：一、二品官病故，禮部題請，如止給半葬，即無碑價。三品以下殁於王事者，禮部始行題請。凡工價銀，旗員由部節慎庫給發；在外，直省藩庫給發。

一、石像生：民公、侯、伯，一、二品官，皆用石人二，石馬二，石虎二，石羊二，石望柱二。三品官減石人。四品官減石人、石羊。五品官減石人、石羊、石虎。

一、古昔陵寢祠墓：順治元年，定昌平州明代十二陵設内監陵户，禁止樵牧。康熙二十八年，奉旨，會稽禹陵著地方官修理陵廟，增守祠人役。三十八年，覆準，明代孝陵委江寧地方佐貳官一人，專司修理傾圮。四十一年，諭：「織造官會同地方官，動支公項，修理會稽禹陵。欽此。」雍正七年，諭：「自古帝王皆有功德於民，雖世代久遠，而敬禮崇奉之心不當弛懈。其陵寢所在，乃神所憑依，尤當加意防衛。至於往聖先賢名臣忠烈，芳型永作楷模，正氣長留天壤，其祠宇塋墓，亦當恭敬守護，以申仰止之忱。著各省督撫轉飭各屬，將境内所有古昔陵寢祠墓，勤加巡視防護稽察，務令嚴肅潔净，以展誠恪。若有應行修葺之處，著動用本省存公銀，委官辦理。朕見歷代帝王，皆有保護古昔陵寢之飭諭，而究無奉行之實。朕雍正元年恩詔内，即以修葺歷代帝王陵寢通行申飭。亦恐有司相沿積習，視爲泛常，嗣後著於每年年底，令該地方官將防護無誤之處結報，督撫造册轉報，工部彙齊奏聞。倘所報不實，一經發覺，定將該督撫及地方官分別議處。明太祖陵在江寧，昔我聖祖仁皇帝屢次南巡，皆親臨祭奠，禮數加隆。著江南總督轉飭有司，加意防護。其明代十二陵之在昌平州者，自本朝定鼎以來，即設立内監陵户，給以地畝，令其處修禋祀，禁止樵採。聖祖仁皇帝時，屢頒諭旨，嚴行申飭。著該督轉飭昌平州知州、昌平營參將，並差委人員時加巡視，務令地境之内清净整齊。倘陵户或有不敷，著該督酌議加增。此南、北明陵二處，亦著該督撫於每年歲底册報工部彙奏。欽此。」乾隆元年，諭：「各省前代帝王陵廟均宜嚴肅整齊，以展誠恪。聞湖廣地方，炎帝神農氏陵廟殿宇牆垣丹艧合度，而帝舜有虞氏陵廟規模窄狹，丹青剥落，不足以肅觀瞻。著該督撫轉飭有司，動用公項，即行修葺。其别處陵廟如有類此者，悉令該督撫委官察勘，動用存公銀酌量修理，務令完整。再，各陵廟向來未設陵户，無人看守者，可酌設幾户，專司灑掃，永著爲例。欽此。」又諭：「雍正七年，皇考曾降諭旨，凡往聖先賢陵墓，有應行修葺者，令各該省動用存公銀，委官料理。今聞山東之少昊陵、帝堯陵廟，及周公、顔子、曾子、孟子、閔子、仲子、南宮子各祠廟，迄今數載尚未興工，殊爲怠緩。著山東巡撫即委官确估，報部興修，務期工程堅固，可垂永久。亦不許委官浮冒侵欺，以至工程草率。欽此。」二年，議準，帝堯陵在濮州城東南六十里雷澤之東穀林莊，陵前有饗殿三間，陵南一里有堯母慶都陵，陵東五十步有堯妃中山夫人祠，舊設祠田百二十畝，濠地四十畝，州官春秋祭饗。至東平州堯陵，緣自金末，黄河屢決，穀林舊址無存，明洪武間，未經深考，始於東平葺陵建廟以祀，沿譌已久。今不便仍襲前明故事，致祭東平。應令山東巡撫飭該地方官，确勘濮州城東穀林舊址，修建饗殿配殿等項，並於陵前設堯母靈臺祠，配以中山夫人，悉如舊制，詳加料估，動項興修。其東平一陵，仍令有司以時展祭。五年，題準，直隸慶都縣繫帝堯生長之鄉，向有堯母陵廟，年久坍塌，應令該督飭屬動項修理，據實報銷。六年，覆準，舜陵雖在湖南，而故都實在蒲坂，則兩地皆爲聖蹟，自應時加修葺，以昭敬禮。今山西安邑縣帝舜陵寢年久傾圮，守陵之大雲寺亦漸飄摇，應令該撫動用存公銀，立限修整，工竣報銷。九年，覆準，江寧明太祖陵寢，戟門、圍牆、朝房、廊廡、寶城等處，均有坍塌，委官勘估，即於藩庫存公項内動撥興修。十一年，諭：「前代帝王陵寢及聖賢忠烈墳墓，向來均令修葺防護，陝西爲自古建都之地，陵墓最多，有不載在《會典》内者，既無圍牆，又無陵户。著交該督撫察明，酌築圍牆，以禁作踐，以資保護。欽此。」十三年，覆準，陝西一省古昔帝王陵寢，《會典》開載祭者，十有三陵：如黄帝之橋陵，周文王、武王、成王、康王、漢高帝、文帝、宣帝、魏文帝、唐高祖、太宗、憲宗、宣宗陵。此外，周、秦、漢、唐之陵，尚有數十餘處。向來令地方官防護，每年造册報部。而其中多有未築圍牆者，又無守陵之户，所云防護，有名無實。但陝省帝王陵寢較他省爲多，而諸王妃嬪亦多塋墓。此次酌築圍牆，設立陵户，未可漫無分別。凡古昔帝王、皇后陵寢，並聖賢忠烈、或立德立功立言炳著史册者，所有塋墓，應令該撫逐細察明，將酌築圍牆丈尺作法，先行造册報部，次第辦理。其諸王妃嬪及先賢忠烈，内雖有善足録，而考其生平事業未甚表著者，無庸一槩築牆防護。再，見在陵寢，有陵前無隙地者，有止敷圈築圍牆者，亦有陵外隙地自數十畝至數十頃不等者，倘不乘此清釐，日久難免侵占。而看守陵墓之户，必須每歲給有工食，方有責成。應將清出陵外隙地數目無多者，給附近居民耕種，免其升科，充爲陵户。其地畝多者，令地方官酌收租息，以爲撥給並無隙地陵户工食之用，毋庸動支公項。仍造具收穫租息，並給各陵户工食清册，報部察覈。再，黄帝、文、武、成、康之陵，周公、太公之墓，均有饗祠，年久不免傾圮，應令該撫將應行修葺之處，照例先行造具估册，咨部委官修葺，工竣，取具册結報銷。其將來所收租息，除築牆工資、陵户工食外，每年積餘，即可爲修葺各饗殿及先賢祠宇之用，統於歲終將收支數目造册報覈。至昔日諸王妃嬪及諸臣之墓，雖不在築牆看守之例，應仍令地方官留意防護，不致湮没。凡前賢有後裔者，聽其自爲防護。其子孫衰微，不能自築圍牆者，亦爲築牆防護。統於每歲防護册内，逐欵造册報部，照例彙入年終具題。又奏準，明愍帝陵饗殿牆垣傾圮，請令直督轉飭有司，确估工料，動支存公銀，量爲修葺。十六年，諭：「金朝陵寢近在房山，歲久榛蕪，未經修葺。朕惟國家祀典光昭，雖以時遣官將事，而一切饗殿繚垣，儀制所存，觀瞻宜備。令直隸總督前往相度，有應增修除治者，即行奏聞，率屬鳩工庀事。工竣之日，朕躬親展奠，以昭敬禮前朝之意。欽此。」

《〔乾隆〕西安府志》卷六三《古蹟志下・陵墓》

按：自古明王聖帝、往聖先臣，存樹風猷，没隨陵谷，矧關中爲周、漢、隋、唐建都所在，喬陵巨闕，什倍他邦。顧一殘于董卓，再發于温韜，封殖已亡其大半。至宋熙寧中，興利之臣建議先世陵寢封内，許民耕種。唐代芟夷尤甚，昭陵喬木，翦(代)〔伐〕無遺。見《宋・鄧潤甫傳》。迨及明初，惟洪武九年八月，曾遣國子生周渭等三十一人分視帝王陵寢。百步内，禁人樵牧；設陵户二人守之；三年一遣致祭。見《實録》。其後代登極詔書並有此文，而有司之留意者頗鮮。我朝深仁大澤，順治二年四月，諭陝西詔首舉歷代帝王陵寢在秦中者，有司照例以時致祭。及名臣賢士墳墓，俱嚴禁奸民掘毁。嗣是春秋祀事，載在《會典》，而外舉凡國家有大慶大典，特遣重臣親齎牲帛，展事諸陵。祭告之文，豐碑林立。今中丞畢公仰體皇仁，每因公經過各府州邑，凡有陵墓所在，必爲下車瞻拜咨訪。顧隧埏大半榛蕪，而封樹亦多殘毁。揆其所由，並因陵户侵漁，廣開田畝所致。夫陵户原以守陵以防外間樵牧，今反自行開墾，使玄宮秘殿，半没黍離。矧當日原給地糧，資其口食。今陵户多者，至擁數十百畝，而所守之陵，轉無尺寸之封。倒行逆施，莫此爲甚。因與省僚集議，諭各守令，即丘隴可識、塋兆見存者，料量四至，先定封域，安立戒石，堅築券墻，墻外四面，各拓隙地二畝。其餘分田歸户，照户給單。刊刻節畧于碑，詳注條目于册，碑表于陵，册藏于官。春秋享祀，互相察核。至象衛華表，翁仲羊虎等，並爲扶持，俾無陂側。其有宋元以前碑石文字完整者，建亭覆護；殘缺者，舁置學宫，或于名藍頓置。若本無碑表者，則爲别書貞石，建立墓前，以垂永久。碑制：在陵寢者以高八尺、寬三尺、厚一尺爲度，在冢墓者以高五尺、寬二尺五寸、厚七寸爲度；碑面書某代某陵及某墓，左側書封内四至里數，右側書陵户及耕種封内地畝，並口食地若干。至于護陵封樹，則按照地土所宜。陵户一名，責令栽種十株。守令等有能捐奉補種者，並予優獎。其賢聖名臣冢墓，并視此修治。如此不待十年，自見佳城葱鬱。傳季友所謂「抒懷古之情，存不刊之烈」。故爲詳著于篇，俾後來者知取則焉。

孫希旦《禮記集解》卷七《檀弓上第三之一》　孔子既得合葬於防，曰：「吾聞之，古也墓而不墳。今丘也，東西南北之人也，不可以弗識也。」於是封之，崇四尺。孔子先反，門人後，雨甚至，孔子問焉，曰：「爾來何遲也？」曰：「防墓崩」。孔子不應。三，孔子泫然流涕曰：「吾聞之，古不修墓。」【略】

有虞氏瓦棺，夏后氏堲周，殷人棺槨，周人牆置翣。何云：「冶土爲甎，四周於棺。」

鄭氏曰：瓦棺，始不用薪也。火熟曰堲，燒土冶以周於棺也。或謂之土周，由是也。《弟子職》曰：「右手折堲。」槨，大也。言槨大於棺也。牆，柳也。凡此言後王之彌文。孔氏曰：古之葬者，厚衣之以薪，葬之中野，有虞氏造瓦棺，始不用薪。然虞氏瓦棺，則未有槨也。夏后瓦棺之外加堲周，殷則梓棺以替瓦棺，又以木爲槨，以替堲周，周人更於槨傍置柳、置翣扇，是後王之制以漸加文也。《喪大記》註云「在旁曰帷，在上曰荒，帷荒所以衣柳」，則是以帷荒之内木材爲柳。其實帷荒及木材等總名爲柳，故《縫人》註云「柳之言聚，諸飾之所聚」也。愚謂棺外之材，蓋以柳木爲之，故謂之柳，因又以爲柳衣之總名也。以其在棺外，若牆圍然，故又謂之牆。古時喪制質畧，至後世而漸備，爲之棺槨而無使土親膚，爲之牆、翣而使人勿惡，凡以盡人子之心，而非徒爲觀美而已。

周人以殷人之棺槨葬長殤，以夏后氏之堲周葬中殤、下殤，以有虞氏之瓦棺葬無服之殤。【略】

大公封於營丘，比及五世，皆反葬於周。君子曰：「樂，樂其所自生。禮，不忘其本。」古之人有言曰：「狐死正丘首，仁也。」

舜葬於蒼梧之野，蓋三妃未之從也。季武子曰：「周公蓋祔。」

鄭氏曰：舜征有苗而死，因留葬焉。蒼梧，於周南越之地，今爲郡。祔，謂合葬。孔氏曰：三妃，《帝王世紀》云：「長妃娥皇，無子；次妃女英，生商均；次妃癸比，生二女，霄明、燭光。」是也。愚謂記者引舜事以證古無合葬之禮，又引季武子之言以明合葬之所自始也。或問：舜卒於鳴條，而《竹書紀年》有「南巡不反」，《禮記》有「葬於蒼梧」之説，何也？朱子曰：孟子所言，必有依據，二書駁雜，恐難盡信。然無他考驗，則亦論而闕之可也。

孫希旦《禮記集解》卷八《檀弓上第三之二》　孔子之喪，公西赤爲志焉。飾棺牆，置翣設披，周也。設崇，殷也。綢練設旐，夏也。【略】

子張之喪，公明儀爲志焉。褚幕丹質，蟻結於四隅，殷士也。【略】

易墓，非古也。

鄭氏曰：易，謂芟治草木，不易者丘陵也。孔氏曰：墓，謂冢旁之地。不易者，使有草木如丘陵然。

愚謂墓以藏體魄，無所事於易也。即古不修墓之意。

孫希旦《禮記集解》卷一二《王制第五之二》　庶人縣封，葬不爲雨止，不封不樹。

喪不貳事，自天子達於庶人。

天子七廟，三昭三穆，與大祖之廟而七。諸侯五廟，二昭二穆，與大祖之廟而五。大夫三廟，一昭一穆，與大祖之廟而三。士一廟。庶人祭於寢。

孫希旦《禮記集解》卷四三《喪大記第二十二之一》　君夫人卒於路寢，大夫世婦卒於適寢，内子未命則死於下室，遷尸于寢，士之妻皆死于寢。復，有林麓則虞人設階，無林麓則狄人設階。

孫希旦《禮記集解》卷四四《喪大記第二十二之二》　父母之喪，居倚廬，不塗，寢苫枕凷，非喪事不言。君爲廬，宫之，大夫士襢之。既葬，拄楣，塗廬，不於顯者，君、大夫、士皆宫之。

既練，居堊室，不與人居。君謀國政，大夫士謀家事。既祥，黝堊。祥而外無哭者，禫而内無哭者，樂作矣故也。君大棺八寸，屬六寸，椑四寸。上大夫大棺八寸，屬六寸。下大夫大棺六寸，屬四寸。士棺六寸。

君裏棺用朱、緑，用雜金鐕。大夫裏棺用玄、緑，用牛骨鐕。士不緑。

君蓋用漆，三衽三束。大夫蓋用漆，二衽二束。士蓋不用漆，二衽二束。

君、大夫鬊、爪實于緑中，士埋之。

君殯用輴，欑至于上，畢塗屋。大夫殯以幬，欑置于西序，塗不暨于棺。士殯見衽，塗上。帷之。

熬，君四種八筐，大夫三種六筐，士二種四筐，加魚、腊焉。

飾棺，君龍帷，三池，振容，黼荒，火三列，黻三列，素錦褚，加僞荒，纁紐六，齊，五采，五貝，黼翣二，黻翣二，畫翣二，皆戴圭，魚躍拂池。君纁戴六，纁披六。

大夫畫帷，二池，不振容，畫荒，火三列，黻三列，素錦褚，纁紐二，玄紐二，齊三采，三貝，黻翣二，畫翣二，皆戴綏，魚躍拂池。大夫戴前纁後玄，披亦如之。

士布帷，布荒，一池，揄絞，纁紐二，緇紐二，齊三采，一貝，畫翣二，皆戴綏。士戴前纁後緇，二披，用纁。

君葬用輴，四綍，二碑，御棺用羽葆。大夫葬用輴，二綍，二碑，御棺用茅。士葬用國車，二綍，無碑，比出宮，御棺用功布。凡封，用綍去碑負引。君封以衡，大夫、士以咸。君，命毋譁，以鼓封；大夫，命毋哭；士，哭者相止也。

君松椁，大夫柏椁，士雜木椁。

棺、椁之間，君容柷，大夫容壺，士容甒。君裏椁、虞筐，大夫不裏椁，士不虞。

皇陵部

紀事

伏羲陵

司馬貞《補史記・三皇本紀》 都於陳，東封太山，立百一十一年崩。按：皇甫謐：伏羲葬南郡，或曰冢在山陽高平之西也。

王明清《揮麈前録》卷二 太昊葬宛丘，在陳州。

羅泌《路史》卷一〇《太昊紀上》 曾報在治百六十有四載，落而女弟炮媧立，年百九十有四，葬山陽。《世紀》云：葬南郡，在襄陽。按：帝冢今在山陽高平西北。高平，襄陽之境。然《九域志》兖、單皆有伏羲陵，又河中府有庖王廟。引戴氏《西征記》云：潼關直北，隔河望，層阜巋然獨秀，謂之風陵。伏羲氏風姓也，此當是女媧墓。然古帝王墓冢皆非一所，宜必有説。

李賢《明一統志》卷三五 伏羲陵，在秦州北四十里。世傳三陽寨媧牛堡有伏羲陵，舊有碑斷裂。按《史記》：庖犧氏風姓，母曰華胥，履大人跡於雷澤而生庖犧氏於成紀。

女媧陵

馬端臨《文獻通考》卷一二三《王禮考》 女媧葬趙城縣東南。在晉州。

《清一統志》卷一一六 媧皇陵，在趙城縣東五里，見《寰宇記》。案：皇甫鑒《城冢記》：女媧墓有五，其一在趙簡子城東五里，即此。《明太祖寔録》：洪武十六年，命趙城媧皇陵與歷代帝皇一體致祭。縣志：在縣八里有二冢，東西相距四十九步，各高二丈，周各四十八步。

章廷珪等《〔雍正〕平陽府志》卷三二《陵墓》 上古媧皇陵。縣東八里有二塚，各高二丈，周四十八丈，松栢鬱茂。宋乾德四年，詔給守陵五户，長吏春秋奉祀。開寶六年，右補闕裴麗澤撰廟碑銘，曰：平陽故都，得女媧之原廟。遂命中使蕆事，有司揆功，選異材，召大匠，以堅易脆，去故就新。則媧皇陵之載趙城，蓋已久矣。歷代胥遣官致祭，祭文詳《祠祀》卷內。

炎帝陵

徐乾學《讀禮通考》卷八八《葬考》 《郡國志》：神農氏葬長沙。

羅泌《路史》卷一二《炎帝》 蓋宇于沙，是爲長沙。攷神農之都宜在南方，故顓帝之都在北，益以知太昊之在東，少昊之在西爲信。第世遠紀畧，傳者亂，不得其定其詳。見後及國名記中。崩葬長沙茶鄉之尾，是曰茶陵。所謂天子墓者，《郡國志》云：炎帝神農氏葬長沙。長沙之尾東至江夏謂之沙羡，今郡有萬里沙祠故曰長沙。《世紀》云：神農葬茶陵。《衡圖經》云：茶陵者，所謂山谷生茶名也。地有陵名者，皆以古帝王之墓，竟陵、零陵、江陵之類是矣。炎陵今在麻陂，林木茂密，數里不可入，石麟石土，兩杉蒼然，逾四十圍，兩杉而上陵也。前正兩紫金嶺，丁未春予至焉。寓人云，年常有氣出之，今數載無矣。所葬代云衣冠，赤眉時，人慮發掘夷之。陵下龍潭，傳石上古有銅碑陷入焉。《五行書》云：神農丁亥日死，丁未日葬。有唐嘗奉祠焉。太祖撫運，夢感見帝，于是馳節夐求，得諸南方，爰即貌祀時序隆三獻。廟在康樂鄉鹿原陂上，乾德五年建。太平興國中，將事官覆舟憚險，奏徙縣南隅。廟有胡真官殿，云帝之從臣。帝病，告以當葬南方，視旗所矗，遇嶠即止，因葬于兹。今中途嶠梁嶺也，梁坑有轍迹。淳熙十三年，予請守臣劉清之奏，於陵近復置廟，乞以陵前唐興敂寺爲之，謂佛殿其中，而炎帝殿乎其旁，不惟不正，而三五之時，初未嘗有西方之教君。從之，即命軍使成其事，未竟而去。

黄帝陵

《史記》卷一《五帝本紀》 黄帝崩，葬橋山。皇甫謐曰：「在位百年而崩，年百一十一歲。」案：《大戴禮》：「宰我問孔子曰：『榮伊言黄帝三百年，請問黄帝何人也？抑非人也？何以至三百年乎？』對曰：『生而人得其利百年，死而人畏其神百年，亡而人用其教百年。』」則士安之説略可憑矣。《列仙傳》云：「軒轅自擇亡日，與羣臣辭。還葬橋山，山崩，棺空，唯有劍舄在棺焉。」《皇覽》曰：「黄帝冢在上郡橋山。」《地理志》橋山在上郡陽周縣，山有黄帝冢也。《括地志》云：「黄帝陵在寧州羅川縣東八十里子午山。《地理志》云上郡陽周縣橋山南有黄帝冢。」案：陽周，隋改爲羅川。《爾雅》云山鋭而高曰橋也。

羅泌《路史》卷一四《黄帝紀上》 〔黄帝〕葬上郡陽周之橋山。慶之華池西，翟道山寧之真寧東八十，子午山也。《郡縣志》云：陵在山上。《風土記》：陽周所有黄帝陵在子午山上，今塚存大曆七年廟。按《混天記》：黄帝葬南陵山，南陵也，故葬曰上陵山。而《神鑑》謂黄帝葬南甲山，則首向也。思元注云：黄帝葬西海橋山。《地志》亦謂山有黄帝塚。《史記》：武帝巡朔方還，祭黄帝塚于橋山，元魏諸帝亦數祭焉。《後魏書》：文成東巡涿鹿，祠黄帝，祭橋山，觀温泉，幸廣寧。泉今在上谷東南二十里。《九域志》：橋山又有軒轅太子陵廟，而嬀之懷戎川橋山，有黄帝葬及祠焉。

于敏中等《日下舊聞考》卷一四二 元封元年，帝北巡朔方，勒兵十餘萬還，祭黄帝冢橋山。釋兵須如。帝曰：吾聞黄帝不死，今有冢，何也？公孫卿曰：黄帝已仙上天，羣臣思慕，葬其衣冠。

《〔雍正〕畿輔通志》卷一七《山川》 漁子山，平谷縣東北十五里。世傳黄帝陵在漁子山，其下有軒轅廟。

徐乾學《讀禮通考》卷八八 乾學案：軒轅陵在橋山，載紀所同。特橋山匪一，上郡、嬀州皆有之。漢武帝元封元年，帝北巡朔方，勒兵十餘萬還，祭黄帝冢橋山，此上郡之橋山也。北魏明元帝神瑞二年六月丁卯，南次石亭，幸上谷。壬申，幸涿鹿，登橋山，觀温泉，使使者以太牢祠黄帝，遂至廣寧。泰常七年九月，幸灅南，遂如廣寧，幸橋山，遣使者祠黄帝。因東幸幽州。太武帝神䴥元年八月，東幸廣寧，臨觀温泉，以太牢祭黄帝，此嬀州之橋山也。郭景純注《山經》云：帝王冢墓皆有定處，而《山經》往往複見，蓋聖人久於其位，仁化廣及，至於殂亡，四海無思不哀，故絶域殊俗之人，聞天子崩，各自立位而祭，起土爲冢，是以所在有焉。景純之論可謂善言古者矣。後之讀史者偏執成見，以《史記》爲是，必以《魏書》爲非，然黄帝既都涿鹿，安在嬀州之不可營葬也乎？

堯帝陵

徐乾學《讀禮通考》卷八八《山陵》 歐陽修《集古録》案：《皇覽》云：堯冢在濟陰城陽。《吕氏春秋》云：堯葬穀林。皇甫謐云：穀林即成陽。然自《史記·地志》及《水經》諸書皆無堯母葬處，惟見於此碑，蓋亦葬成陽也。《水經註》、《地理志》曰：成陽有堯冢、靈臺。今成陽城西二里有堯陵，陵南一里有堯母慶都陵，於城爲西南，稱曰靈(都)〔臺〕，鄉號崇仁，邑號修義，皆立廟。四周列水潭而不流，水澤通泉，泉不耗竭。至豐魚笋，不敢採捕。前並列數碑，栝栢數株，檀馬成林。二陵南北列馳道，逕通皆以磚砌之，尚修整。堯陵東、城西五十餘步，中山夫人祠，堯妃也。石壁堦墀仍舊。南、西、北三面長櫟連蔭，扶疎里餘。漢建寧四年五月，成陽令管遵所立碑文。

《〔雍正〕平陽府志》卷三二《陵墓》 百陶唐氏陵，府城東七十里郭行里，俗謂之神林，又謂之神臨。陵高一百五十尺，廣二百餘步，旁皆山石，惟此地爲平土，深丈餘。有金泰和二年碑記。相傳唐太宗征遼，曾駐蹕於此，因謁堯陵，遂塑己像。明嘉靖間，知縣趙統撤太宗像，每祭，以丹朱並堯諸臣配饗，祭在仲秋上旬。國朝雍正七年修葺，十三年知府章廷珪復加增治。明初，訪歷代帝王陵墓，山東東平州以堯陵聞，載之祀典。

《〔雍正〕山西通志》卷一七六《辨證》 《臨汾縣志》曰：堯陵在城東七十里，俗謂之神林。高一百五十尺，廣二百餘步，旁皆山石，惟此地爲平土，深丈餘。其廟正殿三間，廡十間，山後有洞一道，有金泰和二年碑記。竊考舜陟方乃死，其陵在九疑。禹會諸侯於江南計功而崩，其陵在會稽。惟堯之巡狩不見經傳，而此其國都之地，則此陵爲堯陵，無疑也。按志所論，似爲近理。但自漢以來，皆云堯葬濟陰成陽，未敢以後人之言爲信。

舜帝陵

《〔道光〕永州府志》卷一〇《古蹟志》 帝舜陵，在今寧遠縣東南。《一統志》。舜踐帝位四十九載，南巡狩，崩於蒼梧之野，葬於江南九疑，是爲零陵。《史記》。習鑿齒云：舜葬零陵。《五帝紀》注：舜冢在零陵營浦縣。一名永陵。自古禁樵採，置守陵户。《寰宇記》。舊志云：宋置守陵五户。禹南巡至衡山，築紫金臺，望九疑而祭舜。《一統志》。三代祭舜於大陽溪，遺壇猶在。《九疑山志·舊陵墓志》。省志稱舜宫。秦皇、漢武，皆望祀於九疑山下。□□又見元封五年《漢本紀》。案：舊志云：龜趺文礎，磊磊猶存。□志云：秦漢廟在玉琯巖削，今往訪之，古碑趺贔贔尚在巖東南圍垣中，□多古磚瓦。石室中嘗得玉琯。詳見《名勝志》。其冢，唐時傳稱在女英峯。《元和郡國志》、《方輿勝覽》、《零陵總記》。舊經謂：在三分石上有銅碑。《九疑圖記》。明初以來，始立廟舜源峯焉。《陵廟考》。國朝遇大慶典，遣使祭告。春秋二仲月上甲日，縣令具牲帛致祭。如明制。

任昉《述異記》卷上 會稽山有虞舜巡狩臺，臺下有望陵祠。帝舜南巡，葬於九疑，民思之，立祠曰望陵祠。

《説郛》卷二七下《山陵雜記》 舜葬蒼梧之野，有鳥如丹雀，自丹洲而來，吐五色之氣，氤氲如雲，名曰憑霄雀。能羣飛銜土以成墳。

屈大均《廣東新語》卷一九《鼻天子塚》 始興縣南二十里，有鼻天子冢，或以爲象，然象之稱天子，何也？《史記》云：禹踐天子位，堯子丹朱，舜子商均，皆有疆土，以奉先祀，服其服，禮樂如之。以客見天子，天子弗臣。象當時豈以天子之弟，亦載天子旌旗爲禹賓客，隱然有天子之望歟？其或堯爲摯之弟，代爲天子。象當時亦嘗爲禹所讓，幾幾有代位之事，有鼻之人屬望，因亦稱之爲天子歟。《山海經》稱：丹朱曰帝，則亦可稱象天子歟。其葬始興也，或當舜南巡狩，象嘗朝見於南嶽，因從舜以至曲江、始興之間。象薨，即葬於其地歟。零陵縣今有有鼻墟，而道州亦稱有痺地，有痺者何？有鼻也。豈有鼻之地甚廣，自零陵至始興，皆象之封内歟。然舜嘗於曲江奏《簫韶》，曲江在始興下流。舜崩葬九疑，而商均窆其陰。《大荒南經》稱：赤水之東，蒼梧之野，舜子商均所葬。舜崩而子弟陪葬，禮也。始興密邇九疑，何當時臣庶不以象陪葬，抑象薨在舜陟方之先歟？《括地志》稱：鼻亭神在道縣北六十里。相傳舜葬九疑，象嘗至此，後人因立祠名鼻亭神，則象薨於舜陟方之後可知矣。《傳》曰：舜葬蒼梧，象爲之耕。象，舜之弟也。耕者，其爲兄守視祭田歟。九州之大，舜乃封象有鼻以爲其寢陵主，豈舜故有神靈，先知其將崩於蒼梧歟？象既篤友愛之情，自宜遺命陪葬梧野，今二冢相望數百里而遥，豈舜神明之所安歟？《禮記》曰：舜葬蒼梧，二妃不能從。或謂二妃葬衡山。衡山在零陵郡地，去蒼梧不遠，何當時二妃亦皆不得祔葬歟？吾聞象有神靈，宋時有掘鼻天子冢者，見銅人數十，擁笏列侍，俄聞墓中擊鼓大呼噪，懼弗敢入，豈象時已有銅人殉葬之事歟？然零陵嘗得白玉琯，乃西王母所獻，而舜以殉葬者，則象冢中亦宜有異寶歟？舜之親愛，天下莫不聞知，當烝烝乂時，象既爲舜所化，必有功德於其國，國人之不敢犯斯冢也。自有虞時至宋，亦云久矣。舜崩，四海喪之如考妣，愛象者所以愛舜也。舜放驩兜崇山以變南蠻，考《書》疏：崇山在衡、嶺之間。與有鼻不遠，南蠻風俗，於變爲中華，意象必有力焉，南裔之人，爲之建祠廟，守丘墓，必不偶然。予嘗欲至其冢立一覺碑，書之曰「古帝舜之弟有鼻國君之冢」，以示後人。或曰：按越滅吴，遂有南海，其後越爲楚所滅，越王子孫自丹陽皋鄉入始興，有皋天子城，其曰鼻天子墓者，或越王子孫死葬始興，因稱墓曰皋天子，不可知。鼻者，皋字之譌也。曰天子者，句踐大霸稱王，其子孫因僭稱天子也。則亦一説也。

余廷燦《存吾文稿・舜陵考》 舜陵本始于《尚書》，詳核于《禮記》，雜見于《墨子》、《離騷》、《史記》諸書。《書・舜典》曰：陟方乃死。《禮・祭法》則曰：舜勤衆事而野死。《檀弓》又曰：舜葬于蒼梧之野。《墨子》則曰：舜道死南紀之市。《史記》則曰：舜南巡狩，崩于蒼梧之野，葬于江南九疑。朱子注《離騷》「九疑」，亦曰：九疑，舜所葬。又通考《十三經》古注、《漢書》、《漢紀》各注，暨《竹書》、《山海經》、《淮南子》、《風俗通》、《世紀》、《皇覽》、《輿地考》，俱各往往稱舜南巡崩，葬蒼梧九疑，蓋歷三千年無一異辭者。

自唐昌黎韓子孤據《竹書紀年》云：帝王之崩曰陟，因謂陟爲上升。如舜南巡，則地勢東南下，宜言下方，不應言陟方，乃斷陟爲讀，而以方乃死爲釋文。蔡氏傳《尚書》采其説，後儒又援《孟子》「卒于鳴條」一語，遂置經傳中确然可據者不信，而揣測乎無何有之鄉，羣謂九疑不必有舜陵，而陟方斷斷非南巡矣。

然姚姒典謨，簡古渾噩，從無贅文自釋之例。而《商書》有陟遐自邇之文，則陟亦不盡訓升，而訓行，方則省方之方是。廷燦竊謂五十載書其年，猶《堯典》二十有八載云爾；乃死書其崩，猶《堯典》乃殂落云爾。中錯陟、方二字書其事，則是年適巡行南方，有事于苗民爾。何以知之？以《吕刑》皇帝問下民鰥寡，有辭于苗而知之也。夫舜豈徒重拱蒲坂，而遠征發洞庭、彭蠡之鰥寡走數千里外，一問苗情于殿陛乎？吾知其必不然矣。蓋自苗民弗用靈，已竄于堯世，敘于三危，《吕刑》所謂遏絶苗民，無世在下者，而其後留而未竄者，又頑弗即工。禹攝位有年，奉命徂征，而仍逆命，于是禹因益贊以班師，舜則因益贊而行方問俗，蓋不以苗民菲薄，直深入其地，一如所以待羣后者，與之明明棐常，分北其君子小人，使鰥寡無蓋。蠢兹有苗，忽近聖人至德之輝光，亦遂蒸蒸然向風丕變，故曰誕敷文德，而有苗格。不然，舜居攝且三十年，即帝位又五十年，施德既久矣，而史臣獨别之以七旬，則此七旬效何以獨捷，且將屬于何載，斷于何時，豈不以禹師臨之三旬而不服，舜德南行七旬，而乃所過者化乎？《吕刑》繼「皇帝清問下民，鰥寡有辭于苗」之下，即曰「德威惟畏，德明惟明」，正總括文德誕敷，七旬苗格之實言之也。故《表記》亦曰：德威惟畏，德明惟明，非虞帝其孰能如是。且史臣紀《舜典》而殿以分北三苗者，以見舜在帝位之終，紀《禹謨》而殿以有苗格者，以見禹即帝位之始，可知三苗在虞，直至末年南巡而後靖，舜于時適百有十歲而死焉葬焉。吾蓋讀《吕刑》而得《舜典》、《禹謨》之通證，并得五十載陟方之确詮。陟方之解定，則舜陵定矣。

然則鳴條之説何居乎？曰：淮、泗在上古無涓滴注江，而《孟子》謂禹排淮、泗。公侯在《周官》本受封五百、四百，而《孟子》謂公侯皆方百里，此亦何皆深求其解？命世大賢，高文英辨，特取東西角對，爲下揆一起步，豈于《禹貢》、《職方》必一一求詳哉？如其一一求詳，則畢、郢分明兩地也，豈文卒于畢，又卒于郢哉？其亦考所不必考者矣。或曰：舜即南巡崩，必無不反葬者。不知聖人以天下爲身，没即于其地葬焉，又豈可以後世反葬丘首之説泥者？或曰：九疑封樹無考。不知冢人設自《周官》，孔子曰：古也墓而不墳。《系辭》曰：古之葬者不封不樹。蓋因山爲體，亦其時制則然。又南方之人，信古而質，必不敢妄有增益。惟舜功德在人，奕世猶共識其葬處不忘云。或又曰：蒼梧屬嶺外，與衡隔遠。不知蒼梧于古爲山名，本荆州南境，去衡不數百里。自漢武帝時，始析長沙置零陵郡，又析南越置蒼梧郡。零陵郡則設營道、營浦、泠道諸縣，九疑山在營道南境，故有謂舜葬營道者。營道郡今隸永州府之寧遠縣，出郭六十里，爲天南第一巨鎮。舜陵在九疑之舜源峯，聳翠出奇，誠天造地設以妥虞殯者。蒼梧郡則設謝沐、馮乘諸縣，謝沐即今隸永州府之永明，馮乘即今隸永州府之江華，江華接壤九疑，而如淳云舜葬蒼梧馮乘縣，只以兩地佩離毗連，又執泥蒼梧郡名，故有是誤。究之，古無郡縣，惟以名山大川表封域，爾時九疑正蒼梧之野，蒼梧之野即九疑。《書》注釋云：九疑一名蒼梧山。應劭云舜葬蒼梧九疑是也。惟文穎云九疑半在蒼梧，半在零陵，則猶主嶺外蒼梧郡言，殊未深考者。湘鄉蕭副車智瑚作《舜陵考》，徵引甚博，予以古文法著其援據之正，斷制之确者，而削其不合者，至以經證經，竊謂差有一得，以待通經學古者是正焉。

大禹陵

《越絶書》卷八《越絶外傳記地傳第十》　昔者，越之先君無餘，乃禹之世，别封於越，以守禹冢。問天地之道，萬物之紀，莫失其本。神農嘗百草、水土甘苦，黄帝造衣裳，后稷產穡，制器械，人事備矣。疇糞桑麻，播種五穀，必以手足。大越海濱之民，獨以鳥田，小大有差，進退有行，莫將自使，其故何也？曰：禹始也，憂民救水，到大越，上茅山，大會計，爵有德，封有功，更名茅山曰會稽。及其王也，巡狩大越，見耆老，納詩書，審銓衡，平斗斛。因病亡死，葬會稽。葦椁桐棺，穿壙七尺，上無漏泄，下無即水。壇高三尺，土階三等，延袤一畝。尚以爲居之者樂，爲之者苦，無以報民功，教民鳥田，一盛一衰。當禹之時，舜死蒼梧，象爲民田也。禹至此者，亦有因矣，亦覆釜也。覆釜者，州土也，填德也。禹美而告至焉。禹知時晏歲暮，年加申酉，求書其下，祠白馬。禹井，井者法也。以爲禹葬以法度，不煩人衆。

裴駰《史記集解》卷二《夏本紀》　自虞夏時，貢賦備矣。或言禹會諸侯江南，計功而崩，因葬焉，命曰會稽。會稽者，會計也。《皇覽》曰：禹冢在山陰縣會稽山上，會稽山本名苗山，在縣南，去縣七里。《越傳》曰：禹到大越，上苗山大會計，爵有德，封有功，因而更名苗山曰會稽。因病死，葬筆棺，穿壙深二尺。上無瀉泄，下無邸水。壇高三尺，土階三等，周方一畝。《呂氏春秋》曰：禹葬會稽，不煩人徒。《墨子》曰：禹葬會稽，衣衾三領，桐棺三寸。《地理志》云：山上有禹井、禹祠。相傳以爲下有羣鳥耘田也。

李昉《太平御覽》卷三七《地下》　《帝王世紀》曰：禹葬會稽，下不及泉，上不通臭，既葬收餘壤爲壟。

施宿等《會稽志》卷六《大禹陵》　禹巡守江南，上苗山，會計諸侯，死而葬焉。猶舜陟方而死，遂葬蒼梧。聖人所以送終，事最簡易，非若漢世人主，豫自起陵也。劉向書云：禹葬會稽，不改其列，謂不改林木百物之列也。苗山自禹葬後更名會稽。

施宿等《會稽志》卷一八《拾遺》　千人壇，即禹陵也。《史記正義》引《會稽舊記》云：禹葬茅山，有聚土平壇，人功所作，故謂之千人壇。

《説郛》卷三二上《傳載略》　越中禹志者，即高松數十株參天，遠望無不見，故鄉人謂之禹志也。禹巡狩至會稽殂落，葬於此陵。今與山爲一體，皆變爲石矣。故《漢書》云，禹葬會稽，不改其列。注云：不改松栢百物之列也。祠後窆石存焉，即古之縣封碑之濫觴也。今疑爲禹志即禹帝陵耳。且三王之世，無山陵名，至秦爲山，漢爲陵，後兼二爲名，若然者，古之志，即今之陵也。

董斯張《廣博物志》卷七《地形》　禹命羣臣曰：吾百世之後，葬我會稽之山，葦椁桐棺，穿壙七尺，下無及泉。墳高三尺，土階三等。葬之後，田無改畝，以爲居之者樂，爲之者苦。

《（雍正）浙江通志》卷二三八《陵墓四·會稽縣》　大禹陵，嘉泰《會稽志圖經》云：在會稽縣南一十三里。禹巡狩江南，上苗山，會計諸侯，死而葬焉。劉向書云：禹葬會稽，不改其列，謂不改林木百物之列也。苗山，自禹葬後，更名會稽。是山之東有隴，隱若劍脊，西嚮而下，下有窆石。或云此正葬處，疑未敢信。窆石之左，是爲禹廟，背湖而南嚮。按《皇覽》：禹塚在會稽山。自先秦古書，帝王墓皆不稱陵，陵之名實自漢始。

《（乾隆）紹興府志》卷之七十三《陵墓志一》　禹陵，《大清一統志》：在會稽縣東南。舊志云：在府城南十五里會稽山西北。《吴越春秋》：禹命羣臣曰：吾百世之後，葬我會稽之山。葦槨桐棺，穿壙七尺，下無及泉。墳高三尺，土階三等。葬之後，田無改畝，以爲居之者樂，爲之者苦。禹崩之後，啓即天子位。使使以歲時春秋而祭禹於越，立宗廟於南山之上。禹以下六世而得少康，少康恐禹祭之絶祀，乃封其庶子於越，號曰無余。余始受封，人民山居，雖有鳥田之租貢，纔給宗廟祭祀之費，乃復隨陵陸而耕種，或隨禽獸而給食。不設宮室之飾，從民而居。春秋祠禹墓於會稽。無余傳世十餘。末君微劣，不能自立，轉從衆庶，爲編户之民。禹祀斷絶十有餘歲，有人生而言語，其語曰：鳥禽呼嚥喋，嚥喋指天向禹墓，曰：我是無余君之苗末，我方修前君祭祀，復我禹墓之祀，爲民請福於天，以通鬼神。衆民悦喜，皆助奉禹祭，四時致貢，因其封立以承越君之後，復夏王之祭。《越絶書》：禹始也憂民，救水到大越，上茅山大會計。及其王也，巡狩大越，因病死，葬會稽。《皇覽》：禹冢在會稽山，自先秦古書帝王墓，皆不稱陵，陵之名實自漢始。劉向曰：禹葬會稽，不改其列。謂不改林木百物之列也。《史記正義》引會稽舊記云：禹葬茅山，有聚土平壇，人功所作，故謂之千人壇。獨懸窆處，不可億知。唐宋之問《謁禹廟》詩【略】。嚴維詩【略】。李紳詩：削平水土窮滄海，畚鍤東南盡會稽。山擁翠屏朝玉帛，穴通金闕駕雲霓。秘文鏤石藏蒼璧，寶檢封雲化紫泥。清廟萬年長血食，始知明德與天齊。《嘉泰志》云：禹巡狩江南，死而葬焉。猶舜陟方而死，遂葬蒼梧。聖人所以送終事最簡易，非若漢世人主，豫自起陵也。又云：是山之東有隴，隱若劍脊。西嚮而下，有窆石。或云此正葬處。窆石之左爲禹廟，背湖而南嚮。然則古之宫廟，固有依邱隴而立者。宋建隆二年詔：先代帝王陵寢，令所屬州縣遣近户守視。其陵墓有墮毁者，亦加修葺。乾德四年詔：吴越立禹廟于會稽，置守陵五户，長吏春秋奉祀。紹興元年，詔祀禹于越州。紹熙三年十月，修大禹陵廟。宋秦觀詩：陰陰古殿注修廊，海伯川靈儼在旁。一代衣冠埋(窆石)[石窆]，千年風雨鎖梅梁。碧雲暮合稽山暗，紅芰秋開鑑水香。令我免魚中由力，恨無歌舞奠椒漿。舊志：明洪武三年，訪歷代帝王陵寢，令各行省臣同詣所在，審視陵廟，并具圖以進。浙江行省進大禹陵廟圖。九年，令五百步之内，禁人樵採。設陵户二人，有司督近陵人看守。每三年傳制，遣道士齎香帛致祭。登極，遣官告祭。每歲有司以春秋二仲月祭。嘉靖中，閩人鄭善夫定禹墓在廟南可數十步許，知府南大吉因立石刻「大禹陵」三字，覆以亭。

錢泳《履園叢話》卷一九《夏禹陵》 禹陵在紹興府城南十五里，見《吴越春秋》、《越絶書》、《史記》、《漢書》、《正義》、《皇覽》諸書。《嘉泰會稽志》云，禹巡狩江南，死而葬焉，猶舜之陟方而死，遂葬蒼梧。古聖人所以送終，事最簡易，非若漢世人主之豫自起陵也。案自先秦古書帝王皆不稱陵，陵之名實自漢始，今名禹陵者，是後人尊之之辭也。陵有禹廟，甚巍焕，背湖南向，自唐、宋、元、明以來，春秋祭祀不絶。明嘉靖中，閩人鄭善夫定禹陵在廟南數十步，時知府南大吉因立石，刻「大禹陵」三字，覆以亭，攷古者不封不樹，後之人何能定其故處？恐附會耳。今廟旁有姒氏者數家守衛之，相傳即禹之苗裔。廟中無古碑，皆有明以來所立，惟窆石一塊甚古，上有篆書隱隱可辨，説者謂當是三國吴告祭之文也。乾隆五十七年春，余嘗與修郡志，偕平寬夫侍郎、徐朗齋孝廉親往拜之。

湯陵

《史記》卷三《殷本紀》 注云：《集解》：駰案《皇覽》曰：湯冢在濟陰亳縣北東郭，去縣三里。冢四方，方各十步，高七尺，上平，處平地。漢哀帝建。

馬端臨《文獻通考》卷一二三《王禮考一八》 太戊葬大名内黄縣東南。

《清一統志》卷一五七《陵墓・彰德府》 殷中宗陵，在内黄縣西南二十五里，高一丈五六尺。宋開寶間樹碑。梁周翰撰文。

《〔雍正〕河南通志》卷五一《古迹上》 亳城，在内黄縣西南二十五里，按《書》殷有三亳，蒙爲北亳，偃師爲西亳，穀熟爲南亳，皆殷故都。蒙，其北亳也，中宗陵寢近焉。

孫星衍《岱南閣集》卷一《湯陵考》 曹縣陵

《皇覽》曰：湯冢在濟陰亳縣北。《水經注》以此語爲裴駰語，下文作《皇覽》曰薄城北。東郭，去州三里。冢四方，方各十步，高七尺，上平，處平地。漢哀帝建平元年，大司空御史長卿《水經注》作大司空史部長卿。案行水災，因行湯冢。劉向曰：殷湯無葬處。《史記集解》。

按：漢濟陰郡治在曹縣左山南，薄縣今曹縣地。

按：《皇覽》文止此，《史記集解》此下有皇甫謐之言，是裴駰所引，謐在《皇覽》之後也。《水經注》此下有在漢屬右扶風云云，是酈道元之言。《皇覽》引建平間事及劉向語，意言湯冢至漢時按行水災始得知之，前此劉向尚未知也。又按所稱建平元年案行水災事，核之《漢書》，建平元年詔稱河南潁川郡水出，流殺人民，壞敗廬舍，則其時大司空史案行水災，正在河南一路，濟陰適行部所及，因行湯冢，即謂薄縣之冢，水災不得至三輔也。《皇覽》引此事以證薄縣湯陵，裴駰引此文于湯崩之下，亦以爲殷湯陵明甚。至《水經注》始于此下云在漢屬右扶風，則疑建平時所行湯冢爲徵之湯池徵陌，又疑爲亳王。推酈道元既稱不經見，難得而詳，特因漢司空史按行水災必在三輔近地，三輔近地之湯冢有亳王湯，因妄意徵之湯池即爲湯冢，并不察亳王湯冢之在三原、始平之間，此其大謬也。

臣瓚曰：湯居亳，今濟陰縣是也。今亳有湯冢，己氏有伊尹冢，皆相近也。《漢書注》。

杜預《春秋釋例》：梁國蒙縣西北有亳城，《水經注》引作北有薄伐城。中有成湯冢，其西有箕子冢。

伏滔《北征記》：望亳蒙間，成湯、伊尹、箕子之冢皆爲丘墟。《太平寰宇記》。

《水經注》：汳水又東徑大蒙城北，自古不聞有二蒙，疑即蒙亳也，所謂景亳爲北亳矣。崔駰曰：崔當作裴。湯冢在濟陰薄縣北。《皇覽》曰：薄城北郭東三里平地有湯冢，四方，方各十步，高七尺，上平也。杜預曰：梁國蒙縣北有薄伐城，城中有成湯冢，其西有箕子冢。今城内有故冢方墳，疑即杜元凱之所謂湯冢者也。劉昭注《郡國志》梁國薄縣引杜預曰：蒙縣西北有薄伐城，中有湯冢。《左傳》宋公子御説奔亳。其西又有微子冢。

按：此即引《春秋釋例》文，微子冢當爲箕子。

《括地志》：薄城北郭東三里平地有湯冢，按在蒙，即北薄也。《史記正義》。

《太平寰宇記》：宋城縣，箕子冢在縣北四十一里二十步古蒙城内。《史記》：紂之諸父。晉伏滔《北征記》云：望亳蒙間，成湯、伊尹、箕子之冢墓皆爲丘墟。今蒙與北亳相去三十里。

又楚丘縣伊尹墳在縣西北十四里。按《書》云：沃丁既葬伊尹于亳。《都城記》云：濟陰界梁國有二亳，南亳穀熟城，北亳在蒙城西北，屬睢陽郡。今驗墳西十里有亳城，在東京考城縣界。晉伏滔《北征記》云：望亳蒙間，成湯、伊尹、箕子之冢今爲丘墟也。

《路史》：古亳城在考城東北五十二里，有湯葬，亦有溵水，盤庚徙治。

按：漢時不知湯冢，自按行水災始得之。魏晉已來皆以爲在濟陰薄縣。據《太平寰宇記》考城縣北亳城在縣東北五十三里，考城即今舊考城，在曹縣境内，是湯陵在今曹縣無疑。

《曹縣志》：湯王陵在縣南二十里。《明成化碑》：陵在曹南土山之嶺，廣二十丈，袤四十丈，高稱之。陵上建廟古有之，迄國朝，因其廢而重修，增其舊制。

偃師陵

《括地志》：洛州偃師縣東六里有湯冢，近桐宫，蓋此是也。《史記正義》。《太平寰宇記》：偃師縣湯王陵坑，在縣東北山上八里。

按偃師湯陵唯見于《括地志》、《寰宇記》因之，别無他據。考《郡國志》偃師劉昭注引《皇覽》曰：有湯亭，有湯祠。鞏引杜預曰：縣西南有湯亭。《春秋釋例》：景亳，河南鞏縣西南有湯亭，或言亳即偃師也。是魏晉時以偃師有湯亭，不云湯陵，《括地志》誤亭爲陵耳。宋建隆二年，詔祀商湯，廟在偃師縣，蓋承古祠之舊。

滎河陵

《元和郡縣志》：寶鼎縣，殷湯縣在縣北四十里。

《聖賢冢墓記》：湯冢，後魏天賜中圮，其明器悉爲河東張恩霠之于河。《路史》。

《太平寰宇記》：寶鼎縣，殷湯陵在縣北四十里。後魏太和中，有縣人張恩破陵求貨。先有石弩，以銅爲鏁，盜開埏門，矢發，中三人皆斃。恩更爲他計，卒取得墓中物，多是鐘磬及諸樂器，再得其銘。恩恐人知，以銘投之汾水。後事泄，爲主司所理，乃于水取得其銘。銘曰：我死後二千年，終困于張恩。由是執事不復深加其罪。

《括地志》：汾陰故城，俗名殷湯城，在蒲州汾陰縣北九里，漢汾陰縣。《史記・河渠書》正義。又《太平寰宇記》：寶鼎縣，後魏太和十一年復置汾陰縣于后土城，周武帝又移于殷湯古城。

按：滎河即寶鼎，古汾陰地。滎河湯陵惟見于《元和志》，蓋因後魏時張恩破陵得銘，有死後二千年之語，遂指爲湯陵。據《括地志》以爲俗名殷湯城，則非陵明矣。考《魏書・禮志》：孝文太和十六年，詔帝堯祀于平陽，虞舜祀于廣寧，夏禹祀于安邑，周文公祀于洛陽。其時并未祀湯，是魏已前無汾陰祀典之證。至《隋禮儀志》禘祫之月，以其日使祀先王公，帝堯于平陽，以契配；帝舜于河東，咎繇配；夏禹于安邑，伯益配；殷湯于汾陰，伊尹配；文王、武王于灃、渭之郊，周公、召公配；漢高帝于長陵，蕭何配。汾陰之祀實始于此。或因太和有破陵得銘之事，崇其廟貌，列爲古迹而祀之。若以爲湯陵所在，則祭堯于平陽，舜于河東，禹于安邑，并非陵寢之所在也。《太平寰宇記》雖于寶鼎縣載湯陵，而宋城、楚丘皆引伏滔「亳蒙間成湯、伊尹、箕子之冢」，是亦未定在寶鼎也。《宋史・禮志》載乾德初詔先代帝王各置守陵五户，而不言其陵所在，且其詔云「或廟貌猶在，久廢牲牢；或陵墓雖存，不禁採樵」；則祀不止陵，亦兼有廟，汾陰之迹，何得定爲陵乎？

澄城陵

《帝王世紀》：《韓詩内傳》曰：湯爲天子十三年，年百歲而崩。葬于徵，今扶風徵陌是也。《路史》引韓嬰所謂帝乙墓，蓋用此文。

按：「葬于徵」已下是皇甫謐語，但徵爲馮翊縣，不知何由誤作扶風？《水經注》亦承其誤。

畢以珣按：《太平御覽》引《韓詩内傳》曰：湯爲天子十三年，年百歲而崩，葬于徵，今扶風徵陌是。此皇甫謐之言也。謐作《帝王世紀》，于古帝王每詳其名號形像及在位年歲、葬地，其書例也。故云太昊在位百一十年；神農在位百二十年，葬長沙；黄帝在位百年，年百一十歲，葬橋山；帝堯在位九十八年，年百一十八歲。舜南征有苗，崩于鳴條，年百歲，葬蒼梧。禹年百歲，葬會稽。帝太甲享國三十三年，年百歲而崩。帝武丁享國五十九年，年百歲。如所記述，書例然也。韓氏《詩傳》既非作史，何由述在位之年及享年之數，并記葬地？可斷知其非韓説無疑也。故《殷本紀》集解云：皇甫謐曰：湯即位十七年而踐天子位，爲天子十三年而崩，年百歲云云。則以爲皇甫謐語，可證《御覽》之誤矣。其《御覽》作《韓詩内傳》者，按《御覽》一書徵引頗多，舛誤亦最多，有一文未了别起一行，前文之注誤連後文，皆由傳刻訛謬之致。後人若引此以入《韓詩内傳》，又據此以證湯陵在徵之説爲西漢人語，其謬甚矣！

又按：《御覽》所引《韓詩傳》，當是湯時大旱，君親之南郊以六事謝過自責之語也，見《公羊解詁》。

《水經注》：漢哀帝建平元年，大司空史郤長卿按行水災，因行湯冢。在漢屬右扶風，當作左馮翊。今征之回渠亭有湯池徵陌是也。然不經見，難得而詳。按《秦寧公本紀》云：二年，伐湯。三年，與亳戰，亳王奔戎，遂滅湯。然者周桓王時自有亳王號湯，爲秦所滅，乃西戎之國葬于徵者也，非殷湯矣。

按：《史記集解》于漢哀帝建平元年行湯冢事及劉向語下引皇甫謐曰：即位十七年而踐天子位，爲天子十三年，百歲而崩。《太平御覽》引《帝王世紀》云：《韓詩内傳》曰：湯爲天子十三年，年百歲而崩。葬于徵，今扶風徵陌是。是「年百歲而崩」已上爲《韓詩内傳》文，「葬于徵」已下爲皇甫謐語。則《水經注》「在漢屬右扶風」以上脱文當有：「皇甫謐曰：即位十七年而踐天子位，爲天子十三年，年百歲而崩」之語，并脱所引《韓詩内傳》。

按：酈道元引《皇覽》，自漢哀帝已下疑非《皇覽》文，并疑漢時所行湯冢又非薄縣湯陵，遂疑徵之湯池，又因湯池之名疑爲亳王湯之冢，蓋承皇甫謐之誤。是以言不經見，難得而詳，亦未嘗敢定爲亳王也。今既考建平時水災在河南潁川，不得按行至三輔，足證酈元引證之誤。《括地志》雖在《水經注》後，而所説亳王湯陵在始平、三原，又勝于皇甫謐、酈道元在徵之説矣。

興平陵

《括地志》云：雍州三原縣有湯陵。又有湯臺，在始平縣西北八里。按其國蓋在三原、始平之界矣。《史記正義》。

按：始平即今興平。《長安志》：興平縣，商湯祠在縣西北二十里湯祠鄉。則《括地志》所稱湯陵即湯祠矣。但興平之湯祠真亳王湯，而《長安志》已訛爲商湯祠，轉展傳訛，何可究詰？

按：湯陵以在今曹縣者爲成湯陵，古者墓而不墳，故至漢建平時始得之。其在今偃師者乃湯亭之誤，在今滎河者出魏時小説家附會之言，不足信。在今澄城者亦湯池之傳疑，在今興平者或亳王湯之陵，俱不足以奪曹縣湯陵之説。

按：《書序》：伊尹放諸桐，《史記集解》引鄭注曰：地名也，有王離宫焉。趙岐注《孟子》云：放之于桐邑處居也。是漢人俱以桐爲地名，即《郡國志》梁國虞之桐地桐亭也在殷畿内。至僞孔注《尚書》乃云：湯葬地也。僞孔晋人之書，不足據也。孔穎達《正義》不得證佐，始云：經稱葬于桐宫，密邇先王。知桐是湯葬地也。密邇先王之詞亦僞《尚書》，閻百詩《尚書古文疏證》已駁之矣。

周威烈王陵

酈道元《水經注》卷一六《穀水》 池水又東流入洛陽縣之南池，池即故翟泉也，南北百一十步，東西七十步，皇甫謐曰：悼王葬景王于翟泉，今洛陽太倉中大冢是也。《春秋·定公元年》，晋魏獻子合諸侯之大夫于翟泉，始盟城周。班固、服虔、皇甫謐咸言翟泉在洛陽東北，周之墓地。今按周威烈王葬洛陽城内東北隅，景王冢在洛陽太倉中，翟泉在兩冢之間，側廣莫門道東、建春門路北。路，即東宫街也，于洛陽爲東北。

始皇陵

《史記》卷六《始皇本紀》 行從直道至咸陽，發喪。太子胡亥襲位，爲二世皇帝。九月，葬始皇酈山。始皇初即位，穿治酈山，及并天下，天下徒送詣七十餘萬人，穿三泉，下銅而致椁，宫觀百官奇器珍怪徙臧滿之。令匠作機弩矢，有所穿近者輒射之。以水銀爲百川江河大海，機相灌輸，上具天文，下具地理。以人魚膏爲燭，度不滅者久之。二世曰：「先帝後宫非有子者，出焉不宜。」皆令從死，死者甚衆。葬既已下，或言工匠爲機，臧皆知之，臧重即泄。大事畢，已臧，閉中羨，下外羨門，盡閉工匠臧者，無復出者。樹草木以象山。**《集解》**《皇覽》曰：「墳高五十餘丈，周迴五里餘。」**《正義》**《關中記》云：「始皇陵在驪山。泉本北流，障使東西流。有土無石，取大石於渭(山)〔南〕諸山。」《括地志》云：「秦始皇陵在雍州新豐縣西南十里。」

馬端臨《文獻通考》卷一二四《王禮考一九》 《漢舊儀》：驪山者，古之驪國。晉獻公伐之而取二女曰驪姬。此山多黄金，其南多美玉曰藍田，故始皇貪而葬焉。使丞相李斯將天下刑人徒隸七十二萬人作陵，鑿以章程三十七歲，錮水泉絶之。塞以文石，致以丹漆，深極不可入。奏之曰：丞相臣斯昧死言，臣所將隸徒七十二萬人治驪山者已深已極，鑿之不入，燒之不然，叩之空空如下天狀。制曰：鑿之不入，燒之不然，其旁行三百丈乃止。

祝穆《古今事文類聚前集》卷三六《喪事部》 始皇葬於驪山。吏徒數十萬人，曠日十年，下徹三泉，合采金石，冶銅錮其内，漆塗其外，被以珠玉，飾以翡翠，中成游觀，上成山林，爲葬埋之。侈至於此，使其後世曾不得蓬顆蔽冢而託葬焉。

《説郛》卷二九下佚名《西軒客談》 秦始皇帝將葬，匠人之作機巧者，生閉墓中，其後爲項羽所發，亦不見有所扞拒。世傳唐時有民發南陽一古墓，初觀墓側有碑斷倒草間，字磨滅不可讀。初掘約十丈，遇一石門，錮以鐵汁，用羊糞沃之，累日方開。開時箭發如雨，射殺數人，乃以石投其中，每箭發，輒投數十石，箭不復出，遂列炬而入。至開第二重門，有木人數十，張目運劍，又傷數人。衆以棒擊之，兵仗悉落，見其四壁皆畫以兵衛之像。南壁有大漆棺，懸以鐵索。其棺下金玉堆積，方欲攫取，俄而其棺兩旁颯颯風起，吹沙撲迸人面，須臾風沙大作，埋没人足，蜑至於膝，衆驚走出，門隨即塞。一人出遲，被沙埋死，不知何術也。始皇墓藏機巧，殊不及此，何哉！

《〔乾隆〕西安府志》卷六三《古蹟志下・陵墓》 始皇帝陵，馮志：在臨潼縣東一十五里。《始皇本紀》：始皇初即位，穿治酈山。及并天下，天下徒送詣七十餘萬人，穿三泉下銅而致槨。宫觀百官奇器珍怪，徙藏滿之。令匠作機弩矢，有所穿近者，輒射之。以水銀爲百川江河大海，機相灌輸。上具天文，下具地理，以人魚膏爲燭，度不滅者久之。二世曰：「先帝後宫，非有子者出焉不宜。」皆令從死，死者甚衆。漢《劉向傳》始皇葬酈山之阿，下錮三泉，上崇三墳，高五十餘丈，周迴五里餘。其後牧兒亡羊，羊入其鑿。師古曰：鑿所謂穿冢藏者。牧者持火求羊，失火，燒其藏槨。《漢舊儀》：始皇使李斯將天下刑人徒隸作陵，鑿以章程三十七歲，深極不可入。奏之曰：丞相臣斯昧死言，臣所將徒隸七十二萬人治驪山者，已深已極，鑿之不入，燒之不然，叩之空空，如下天狀。制曰：其旁行三百〔尺〕〔丈〕乃止。《水經注》：秦始皇陵，項羽入關發之，以三十萬人三十日運物，不能窮。關東盜賊，銷槨取銅。牧人尋羊燒之，火延九十日不能滅。《西京雜記》：五柞宫樹下石麒麟，始皇墓上物。頭高一丈三尺。前左脚折，有赤如血。父老謂其有神，皆含血屬筋焉。《博物志》：始皇陵在陰槃縣界北，水背陵障，使東西流。又運取大石於渭北渚。故歌曰：運石甘泉口，渭水爲不流。千人唱，萬人謳，金陵餘石大如塸。土屋其銷功力，皆如此類。《三秦記》：始皇陵作地市，生死人交易市平，不得欺死人云。《三輔故事》：始皇陵以明珠爲日月，魚膏爲燭脂，金銀爲鳧雁，金蠶三十箔，四門施徼。《長安志》、《郡國志》曰：始皇陵以多奇物，故云秦王地市。都穆《驪山記》：始皇陵内城，周五里，舊有門四。外城周十二里，其址俱存。自南登之，二丘並峙，人曰此南門也。石門石樞，猶露土中，陵高可四丈。項羽、黄巢皆嘗發之。老人云：始皇葬山中，此特其虚塚。《古今考》：高帝爲亭長，送徒驪，秦政自營墳墓也。由是襲爲故常。漢之陵廟，率人主自爲之。《陜甘資政録》：乾隆乙未年，立石表墓前。曹鄴《始皇陵下作》詩：千金買魚燈，泉下照狐兔。行人上陵過，却弔扶蘇墓。纍纍壙中物，多於養生具。若使山可移，應將秦國去。舜殁雖在前，今猶未封樹。鮑溶《經秦皇墓》詩：左崗青虬盤，右坂白虎踞。誰識此中陵，祖龍藏身處。别爲一天地，下入三泉路。珠華翔青鳥，玉影耀白兔。山河一易姓，萬事隨人去。白晝盜開陵，玄冬火焚樹。哀哉送死厚，乃爲棄身具。死者不復知，回看漢文墓。

長陵

《史記》卷八《高祖本紀》 四月甲辰，高祖崩長樂宫。【略】故漢興，承敝易變，使人不倦，得天統矣。朝以十月。車服黄屋左纛。葬長陵。《集解》皇甫謐曰：「長陵山東西廣百二十步，高十三丈，在渭水北，去長安城三十五里。陵在雍州咸陽縣東三十里。」

《〔乾隆〕西安府志》卷六三《古蹟志下・陵墓》 高帝長陵，賈志：在咸陽縣東三十里，亦曰長山。其北有蕭城，蕭何築以守長陵。漢初，徙關東豪族以奉陵邑。長陵、茂陵各萬户，皆屬太常，不隸於郡。長陵令秩千鍾。陪葬諸臣蕭何、張良、曹參、紀信在其東。《高祖本紀》：十二年四月甲辰，崩長樂宫。五月丙寅，葬長陵。《集解》：皇甫謐曰：長陵山東西廣百二十丈，高十三丈，在渭水北。《漢高后紀》：六年夏六月，城長陵。注：張晏曰：起縣邑，故築城也。師古曰：《黄圖》云，長陵城周七里百八十步，因爲殿垣，門四出。及便殿、掖庭、諸宮寺皆在中。是即就陵爲城，非止謂邑居也。《外戚世家》：高后崩，合葬長陵。注：《關中記》曰，高祖陵在西，吕后陵在東。漢帝后同(瑩)[塋]，則爲合葬不合陵也。諸陵皆如此。《長安志》：《關中記》曰：長陵城有西北南三面，東面無城。陪葬者皆在東。《陝甘資政録》：乾隆乙未年修。已下咸陽。唐彦謙《長陵詩》：長安高闕此安劉，祔葬纍纍盡列侯。豐上舊居無故里，沛中原廟對荒丘。耳聞明主提三尺，眼見愚民盜一抔。千載腐儒騎瘦馬，渭城斜月重回頭。

按馬志，戚夫人墓在長陵東，而《漢中府志》西鄉縣東南二十五里，亦有墓。

安陵

《史記》卷九《吕后本紀》 七年秋八月戊寅，孝惠帝崩。【略】下九月辛丑，葬。《集解》駰案：《漢書》云：葬安陵。《皇覽》曰：山高三十二丈，廣袤百二十步，居地六十畝。皇甫謐曰：去長陵十里，去長安北三十五里。

《〔乾隆〕西安府志》卷六三《古蹟志下・陵墓》 惠帝安陵，《吕后本紀》注：葬安陵。《皇覽》曰：山高三十二丈，廣袤百二十步。《長安志》：《關中記》曰：徙關東倡優樂人五千户，以爲陵邑。善爲啁戲，故俗稱爲啁陵也。《漢・外戚傳》：孝惠張皇后廢處北宫。孝文後元年薨，葬安陵，不起墳。《陝甘資政録》：在今縣東三十里張馬村。乾隆乙未年修。

霸陵

《史記》卷一〇《孝文本紀》 孝文帝從代來，即位二十三年，宫室苑囿狗馬服御無所增益，有不便，輒弛以利民。嘗欲作露臺，召匠計之，直百金。上曰：「百金中民十家之産，吾奉先帝宫室，常恐羞之，何以臺爲！」上常衣綈衣，所幸慎夫人，令衣不得曳地，幃帳不得文繡，以示敦朴，爲天下先。治霸陵皆以瓦器，不得以金銀銅錫爲飾，不治墳，欲爲省，毋煩民。南越王尉佗自立爲武帝，然上召貴尉佗兄弟，以德報之，佗遂去帝稱臣。與匈奴和親，匈奴背約入盜，然令邊備守，不發兵深入，惡煩苦百姓。吴王詐病不朝，就賜几杖。羣臣如袁盎等稱説雖切，常假借用之。羣臣如張武等受賂遺金錢，覺，上乃發御府金錢賜之，以愧其心，弗下吏。專務以德化民，是以海内殷富，興於禮義。

後七年六月己亥，帝崩於未央宫。遺詔曰：「朕聞蓋天下萬物之萌生，靡不有死。死者天地之理，物之自然者，奚可甚哀。當今之時，世咸嘉生而惡死，厚葬以破業，重服以傷生，吾甚不取。且朕既不德，無以佐百姓；今崩，又使重服久臨，以離寒暑之數，哀人之父子，傷長幼之志，損其飲食，絶鬼神之祭祀，以重吾不德也，謂天下何！朕獲保宗廟，以眇眇之身託于天下君王之上，二十有餘年矣。賴天地之靈，社稷之福，方内安寧，靡有兵革。朕既不敏，常畏過行，以羞先帝之遺德；維年之久長，懼于不終。今乃幸以天年，得復供養于高廟，朕之不明與嘉之，其奚哀悲之有！其令天下吏民，令到出臨三日，皆釋服。毋禁取婦嫁女祠祀飲酒食肉者。自當給喪事服臨者，皆無踐。絰帶無過三寸，毋布車及兵器，毋發民男女哭臨宫殿。宫殿中當臨者，皆以旦夕各十五舉聲，禮畢罷。非旦夕臨時，禁毋得擅哭。已下，服大紅十五日，小紅十四日，纖七日，釋服。佗不在令中者，皆以此令比率從事。布告天下，使明知朕意。霸陵山川因其故，《集解》應劭曰：「因山爲藏，不復起墳，山下川流不遏絶也。就其水名以爲陵號。」《索隱》霸是水名。水徑於山，亦曰霸山，即芷陽地也。毋有所改。歸夫人以下至少使。」令中尉亞夫爲車騎將軍，屬國悍爲將屯將軍，郎中令武爲復土將軍，發近縣見卒萬六千人，發内史卒萬五千人，藏郭穿復土屬將軍武。《集解》如淳曰：「主穿壙填瘞事者。」《索隱》復音伏。謂穿壙出土，下棺已而填之，即以爲墳，故云復土。復，反還也。又音福。乙巳，《集解》駰案：《漢書》云：「乙巳葬霸陵。」皇甫謐曰：「霸陵去長安七十里。」羣臣皆頓首上尊號曰孝文皇帝。

祝穆《古今事文類聚前集》卷三六《喪事部》 漢文灞陵：漢文帝治灞陵，皆以瓦器，不得以金銀銅錫爲之，因其山，不起墳。《本紀》。灞陵不起山陵，稠種柏樹。《三輔黄圖》。將兵護諸陵。《漢官儀》。

灞陵石槨：張釋之從文帝行至霸陵，上使慎夫人鼓瑟，上自倚瑟而歌，悽然悲懷，顧謂羣臣曰：「嗟乎！以北山石爲槨，用紵絮斮陳漆其間，豈可動哉！」左右皆曰：「善。」釋之前曰：「使其中有可欲，雖錮南山，猶有隙。使其中無可欲，雖無石槨，又何戚焉？」文帝稱善。

《〔乾隆〕西安府志》卷六三《古蹟志下・陵墓》 文帝霸陵，《孝文帝本紀》：帝治霸陵，皆以瓦器，不得以金銀銅錫爲飾。不治墳，欲爲省，毋煩民。後七年六月，帝崩。遺詔曰：霸陵山川因其故，毋有所改。應劭曰：因山爲藏，不復起墳。山下川流，不遏絶也。就其水名以爲陵號。《外戚世家》：竇太后後孝景帝六歲，建元六年崩，合葬霸陵。《陝甘資政録》：在今咸寧縣東三十里鳳皇嘴。乾隆乙未年修。

陽陵

《史記》卷一一《孝景本紀》 中四年三月，置德陽宫。《集解》瓚曰：「是景帝廟也，帝自作之，諱不言廟，故言宮。《西京故事》云景帝廟爲德陽宮。」大蝗。秋，赦徒作陽陵者。【略】後三年十月，日月皆(食)赤五日。十二月晦，雷。日如紫。五星逆行守太微。月貫天廷中。正月甲寅，皇太子冠。甲子，孝景皇帝崩。遺詔賜諸侯王以下至民爲父後爵一級，天下户百錢。出宮人歸其家，復無所與。太子即位，是爲孝武皇帝。《集解》駰案：《漢書》云：「二月癸酉，帝葬陽陵。」皇甫謐曰：「陽陵山方百二十步，高十四丈，去長安四十五里。」。三月，封皇太后弟蚡爲武安侯，弟勝爲周陽侯。置陽陵。

《〔雍正〕陝西通志》卷七〇《陵墓》 漢景帝陽陵在高陵縣西南三十里鹿苑原上。

《〔乾隆〕西安府志》卷六三《古蹟志下・陵墓》 景帝陽陵，賈志：在高陵縣西南三十里。按：今地屬咸陽，名木家村。《史記・孝景帝本紀》：孝景四年後九月，以弋陽爲陽陵，五年三月作陽陵。《索隱》曰：豫作壽陵也。皇甫謐曰：陽陵山方百二十步，高十四丈，去長安四十五里。《漢・景帝紀》：五年春正月，作陽陵邑。夏募民，徙陽陵。後三年二月癸酉，葬陽陵。《外戚傳》孝景王皇后，武帝母也。後景帝十五歲元朔元年崩，合葬陽陵。《陝甘資政録》乾隆乙未年修。

茂陵

《漢書》卷六《武帝紀》 太始元年春正月，因杅將軍敖有罪，要斬。徙郡國吏民豪桀于茂陵、雲陵。師古曰：「此當言雲陽，而轉寫者誤爲陵耳。茂陵帝自所起，而雲陽甘泉所居，故總使徙豪桀也。鉤弋趙倢伃死，葬雲陽，至昭帝即位始尊爲皇太后而起雲陵。武帝時未有雲陵。」【略】〔後元二年〕二月，行幸盩厔五柞宮。乙丑，立皇子弗陵爲皇太子。丁卯，帝崩于五柞宮，入殯于未央宮前殿。三月甲申，葬茂陵。

李吉甫《元和郡縣志》卷二《關内道》 漢茂陵在縣東北十七里。

馬端臨《文獻通考》卷一二四《王禮考》 元帝時貢禹奏言，武帝棄天下，昭帝幼弱，霍光專事，不知禮正，妄多藏金錢財物，鳥獸、魚鼈、牛馬、虎豹、生禽凡百九十物，盡瘞藏之。又皆以後宮女置於園陵，大失禮，逆天心，又未必稱武帝意也。昭帝晏駕，光復行之。至孝宣皇帝時，陛下惡有所言，羣臣亦隨故事，甚可痛也。唯陛下深察古道，諸園陵女亡子者宜悉遣，獨杜陵宮數百誠可哀憐也。漢法，天子即位一年而爲陵，天下貢賦三分之，一供宗廟，一供賓客，一供山陵。武帝歷年久長，比崩，陵中至不復容物，由霍光暗於大體，奢侈過度也。

《〔乾隆〕西安府志》卷六三《古蹟志下・陵墓》 武帝茂陵，《漢・武帝紀》：建元二年夏四月，初置茂陵邑。後元二年二月丁卯，帝崩。三月甲申，葬茂陵。《關中記》：漢諸陵皆高十二丈，方百十二步。惟茂陵高十四丈，方百四十步。徙民置諸縣者凡七陵，長陵、茂陵各萬户，餘五陵各五千户。《水經注》：漢武帝茂陵，故槐里之茂鄉也。《陝甘資政録》：在今興平縣東北二十里莢村。乾隆乙未年修。

平陵

《漢書》卷七《昭帝紀》 〔元平元年〕夏四月癸未，帝崩于未央宮。六月壬申，葬平陵。臣瓚曰：自崩至葬，凡四十九日。平陵在長安西北七十里。

宋敏求《長安志》卷一三《咸陽》 昭帝平陵在縣東北一十三里。

《〔乾隆〕西安府志》卷六三《古蹟志下・陵墓》 昭帝平陵，《昭帝紀》：元平元年六月壬申，葬平陵。《黄圖》：平陵去茂陵十里。帝初作壽陵，石槨廣一丈二尺，長二丈五尺。無得起墳。陵東北作廡，長三丈五步。外爲小厨，裁足祠祀，萬年之後，掃地而祭。《漢・外戚傳》：孝昭上官皇后，凡立四十七年。建昭二年崩，合葬平陵。《陝甘資政録》：在今縣東北十五里新莊村。乾隆乙未年修。

按：《河南通志》，漢昭帝陵在洛陽縣城東平落保。昭帝崩於長安，無葬洛陽之事。《通志》誤。

杜陵

《漢書》卷八《宣帝紀》 〔黄龍元年〕冬十二月甲戌，帝崩于未央宮。元康元年春，以杜東原上爲初陵，更名杜縣爲杜陵。徙丞相、將軍、列侯、吏二千石、訾百萬者杜陵。

《漢書》卷九《元帝紀》 初元元年春正月辛丑，孝宣皇帝葬杜陵。臣瓚曰：自崩至葬，凡二十八日，杜陵在長安南五十里也。

徐乾學《讀禮通考》卷八八《葬考》 《漢舊儀》：茂陵、平陵、杜陵，邑皆取二千石將相守陵。故三陵多貴，皆三萬户至五萬户。

《〔乾隆〕西安府志》卷六三《古蹟志下・陵墓》 宣帝杜陵，《漢・宣帝紀》：元康元年春，以杜東原上爲初陵，更名杜縣爲杜陵。徙丞相、將軍、列侯、吏二千石、訾百萬者杜陵。《元帝紀》：初元元年春正月，孝宣皇帝葬杜陵。《黄圖》：帝在民間時，好遊鄠杜間，故葬此。《漢舊儀》：武帝治茂陵，昭帝平陵，宣帝杜陵，邑皆取二千石將相守陵，故三陵多貴，皆三萬户至五萬户。《漢・外戚傳》：

孝宣王皇后立四十九年，永始元年崩，合葬杜陵，稱東園。《長安志》：杜陵之制，正方據地六十畝，四面皆有觀闕。基阯東南數千步，陪葬數十塚，環拱森列。北里許亂冢百餘，不知名。《陝甘資政録》：在今縣南二十里三趙原，乾隆乙未年修。

渭陵

《漢書》卷九《元帝紀》〔永光四年〕九月戊子，罷衛思后園及戾園。冬十月乙丑，罷祖宗廟在郡國者。諸陵分屬三輔。以渭城壽陵亭部原上爲初陵。詔曰：「安土重遷，黎民之性；骨肉相附，人情所願也。頃者有司緣臣子之義，奏徙郡國民以奉園陵，令百姓遠棄先祖墳墓，破業失産，親戚别離，人懷思慕之心，家有不安之意。是以東垂被虚耗之害，關中有無聊之民，非久長之策也。《詩》不云虖？『民亦勞止，迄可小康，惠此中國，以綏四方。』今所爲初陵者，勿置縣邑，使天下咸安土樂業，亡有動摇之心。布告天下，令明知之。」又罷先后父母奉邑。【略】竟寧元年五月壬辰，帝崩于未央宫。【略】秋七月丙戌，葬渭陵。臣瓚曰：「自崩及葬凡五十五日。渭陵在長安北五十六里。」

《〔乾隆〕西安府志》卷六三《古蹟志下・陵墓》 元帝渭陵，《漢・元帝紀》：永光四年冬十月，以渭城壽陵亭部原上爲初陵。詔勿從有司所奏，遷徙郡國百姓以奉園陵。竟寧元年七月丙戌，葬渭陵。注：服虔曰：陵未有名，故曰初。《元后傳》：孝元王皇后建國五年二月癸丑崩，三月乙酉合葬渭陵。《外戚傳》：孝元傅昭儀，哀帝祖母也。元壽元年崩，合葬渭陵，稱孝元傅皇后云。哀帝崩，王莽秉政，奏貶爲定陶共王母。元始五年，莽復言，共王母前不臣妾，至葬渭陵，冢高與元帝山齊，廢共王母冢，歸定陶，葬共王冢次。《水經注》：渭陵在渭水之南，故曰渭陵。王莽奏，毁傅太后冢，周棘其處，以爲世戒。今其處積土猶高，世謂增墀，亦謂增阜，又謂成帝初陵。《陝甘資政録》：在今縣北十五里大寨村。乾隆乙未年修。

延陵

《漢書》卷一〇《成帝紀》〔建始二年〕閏月，以渭城延陵亭部爲初陵。【略】。鴻嘉元年春二月，壬午，行幸初陵，赦作徒。以新豐戲鄉爲昌陵縣。【略】〔二年〕夏，徙郡國豪傑貲五百萬以上五千户于昌陵。賜丞相、御史、將軍、列侯、公主、中二千石冢地、第宅。【略】〔永始元年〕秋七月，詔曰：「朕執德不固，謀不盡下，過聽將作大匠萬年言昌陵三年可成。作治五年，中陵、司馬殿門内尚未加功。天下虚耗，百姓罷勞，客土疏惡，終不可成。朕惟其難，怛然傷心。夫『過而不改，是謂過矣。』其罷昌陵，及故陵勿徙吏民，令天下毋有動摇之心。」立城陽孝王子俚爲王。

〔二年〕十二月，詔曰：「前將作大匠萬年知昌陵卑下，不可爲萬歲居，奏請營作，建置郭邑，妄爲巧詐，積土增高，多賦斂繇役，興卒暴之作。卒徒蒙辜，死者連屬。百姓罷極，天下匱竭。常侍閎前爲大司農中丞，數奏昌陵不可成。侍中衛尉長數白宜早止，徙家反故處。朕以長言下閎章，公卿議者皆合長計。〔長〕首建至策，閎典主省大費，民以康寧。閎前賜爵關内侯，黄金百斤。其賜長爵關内侯，食邑千户，閎五百户。萬年佞邪不忠，毒流衆庶，海内怨望，至今不息，雖蒙赦令，不宜居京師。其徙萬年敦煌郡。」【略】〔綏和二年三月〕丙戌，帝崩于未央宫。【略】四月己卯，葬延陵。臣瓚曰：「自崩至葬凡五十四日。延陵在扶風，去長安六十二里。」

《漢書》卷七〇《陳湯傳》 初，湯與將作大匠解萬年相善。自元帝時，渭陵不復徙民起邑。成帝起初陵，數年後，樂霸陵曲亭南，更營之。萬年與湯議，以爲「武帝時工楊光以所作數可意自致將作大匠，及大司農中丞耿壽昌造杜陵賜爵關内侯，將作大匠乘馬延年以勞苦秩中二千石；今作初陵而營起邑居，成大功，萬年亦當蒙重賞。子公妻家在長安，兒子生長長安，不樂東方，宜求徙，可得賜田宅，俱善。」湯心利之，即上封事言：「初陵，京師之地，最爲肥美，可立一縣。天下民不徙諸陵三十餘歲矣，關東富人益衆，多規良田，役使貧民，可徙初陵，以彊京師，衰弱諸侯，又使中家以下得均貧富。湯願與妻子家屬徙初陵，爲天下先。」於是天子從其計，果起昌陵邑，後徙内郡國民。萬年自詭三年可成，後卒不就，羣臣多言其不便者。下有司議，皆曰：「昌陵因卑爲高，積土爲山，度便房猶在平地上，客土之中不保幽冥之靈，淺外不固，卒徒工庸以鉅萬數，至爇脂火夜作，取土東山，且與穀同賈。作治數年，天下偏被其勞，國家罷敝，府臧空虚，下至衆庶，熬熬苦之。故陵因天性，據真土，處勢高敞，旁近祖考，前又已有十年功緒，宜還復故陵，勿徙民。」上乃下詔罷昌陵，語在《成紀》。

《〔乾隆〕西安府志》卷六三《古蹟志下・陵墓》 成帝延陵，《漢・成帝紀》：建始二年春閏正月，以渭城延陵亭部爲初陵。綏和二年四月己卯，葬延陵。《黄圖》：王莽時，遣使壞渭陵、延陵園陵罘罳，曰：母使民復思也。又以黑色洿其周垣。《外戚傳》：孝成班倢伃失寵，退處東宮。至成帝崩，充奉園陵。薨，因葬園中。又孝成許皇后立十四年，而廢在昭臺。歲餘，還徙長定宮。後九年，賜藥自殺，葬延陵交道廐西。《陝甘資政録》：在今縣西北十里石村。乾隆乙未年修。

義陵

《漢書》卷一一《哀帝紀》〔建平二年〕七月，以渭城西北原上永陵亭部爲初陵。勿徙郡國民，使得自安。【略】〔元壽二年〕六月戊午，帝崩于未央宮。秋九月壬寅，葬義陵。臣瓚曰：「自崩至葬凡百五日。義陵在扶風，去長安四十六里。」

馬端臨《文獻通考》卷一二四《王禮考一九》 平帝元始元年詔義陵，民冢不妨殿中者勿發。如淳曰：陵上有宮墻，象生制度爲殿屋，故曰殿中。師古曰：此説非也。殿中，謂壙中象正殿處。

《〔乾隆〕西安府志》卷六三《古蹟志下·陵墓》 哀帝義陵，《漢·哀帝紀》：建平二年七月，以渭城西北原上永陵亭部爲初陵。勿徙郡國民，使得自安。元壽二年秋九月壬寅，葬義陵。《平帝紀》：元始元年詔，義陵民冢，不妨殿中者，勿發。《陝甘資政録》在今縣西八里底王村。乾隆乙未年修。

康陵

《漢書》卷一二《平帝紀》〔元始五年〕冬十二月丙午，帝崩于未央宮。大赦天下。有司議曰：「禮，臣不殤君。皇帝年十有四歲，宜以禮斂，加元服。」奏可。葬康陵。詔曰：「皇帝仁惠，無不顧哀，每疾一發，氣輒上逆，害於言語，故不及有遺詔。其出媵妾，皆歸家得嫁，如孝文時故事。」

《〔乾隆〕西安府志》卷六三《古蹟志下·陵墓》 平帝康陵，《漢·平帝紀》：元始五年冬十二月葬康陵。《陝甘資政録》在今縣西北二十五里雙陵寨。乾隆乙未年修。

原陵

《後漢書》卷一下《光武帝紀》 初作壽陵。將作大匠竇融上言園陵廣袤，無慮所用。帝曰：「古者帝王之葬，皆陶人瓦器，木車茅馬，使後世之人不知其處。太宗識終始之義，景帝能述遵孝道，遭天下反覆，而霸陵獨完受其福，豈不美哉！今所制地不過二三頃，無爲山陵，陂池裁令流水而已。」初作陵未有名，故號壽陵，蓋取久長之義也。漢自文帝以後皆預作陵，今循舊制也。【略】〔中元二年〕二月戊戌，帝崩于南宮前殿，年六十二。

酒賢《河朔訪古記》卷中《河南郡部》 漢光武帝原陵。在臨平亭南，方三百二十步，高六丈。西望平陰，去洛陽東南十里。案：《帝王世紀》作十五里。

馬端臨《文獻通考》卷一二四《王禮考一九》 光武葬原陵，山方三百二十三步，高六丈六尺。垣四出，司馬門、寢殿、鐘虡皆在周垣内。提封田十二頃五十七畝八十五步。《帝王世紀》曰：在臨平亭之南，西望平陰，東南去雒陽十里。帝以中元二年二月戊戌崩，三月丁卯葬。

祝穆《古今事文類聚前集》卷三六《喪事部》 光武初作壽陵，自文帝以後皆預作陵。將作大匠竇融上言：園陵廣袤無所用。帝曰：「古者帝王之葬，皆陶人瓦器，木車茅馬，使後代之人不知其處。今所制不過二三頃，無爲山陵，陂池裁令流水而已。」

顯節陵

《後漢書》卷二《明帝紀》〔永平十八年〕秋八月壬子，帝崩於東宮前殿。年四十八。遺詔無起寢廟，藏主於光烈皇后更衣別室。帝初作壽陵，制令流水而已，石椁廣一丈二尺，長二丈五尺，無得起墳。外爲小厨，財足祠祀。《東觀記》曰：陵東北作廡，長三丈五（步）〔尺〕。萬年之後，埽地而祭，杅水脯糒而已。過百日，唯四時設奠，置吏卒數人供給灑埽，勿開修道。敢有所興作者，以擅議宗廟法從事。

《後漢書》卷三《章帝紀》 肅宗孝章皇帝諱炟，顯宗第五子也。母賈貴人。永平三年，立爲皇太子。少寬容好儒術，顯宗器重之。十八年八月壬子，即皇帝位，年十九。尊皇后曰皇太后。壬戌，葬孝明皇帝于顯節陵。《帝王紀》曰：顯節陵方三百步，高八丈。其地故富壽亭也，西北去洛陽三十七里。

徐天麟《東漢會要》卷七 明帝顯節陵，山方三百步，高八丈。無周垣，爲行馬四出，司馬門、石殿、鐘虡在行馬内，寢殿、園省在東，園寺吏舍在殿北。隄封田七十四頃五畝。《帝王世紀》曰：故富壽亭也，西北去雒陽三十七里。

酒賢《河朔訪古記》卷中《河南郡部》 漢明帝顯節陵。在洛陽縣東南三十七里，故富壽亭也。陵周三十丈二尺，無周垣，行馬四出。

敬陵

《後漢書》卷三《章帝紀》〔章和二年二月〕壬辰，帝崩於章德前殿，年三十三。遺詔無起寢廟，一如先帝法制。

《後漢書》卷四《和殤帝紀》〔章和二年三月〕癸卯，葬孝章皇帝于敬陵。在洛陽城東南三十九里。《古今注》曰：「陵周三百步，高六丈二尺。」

酒賢《河朔訪古記》卷中《河南郡部》 漢章帝敬陵。《帝王世紀》曰：在洛陽縣東南三十九里。陵周三百步，高(二丈六尺)〔六丈二尺〕，無周垣。爲行馬四出，司馬門、鐘虡皆在行馬内，寢殿、園省在東，園寺吏舍在殿北。提封田十二頃五十七畝八十五步。案：《河南志》作提封田二十頃五十五畝。

馬端臨《文獻通考》卷一二四《王禮考一九》 章帝敬陵，山方三百步，高六丈二尺，無周垣，爲行馬四出，司馬門，石殿、鍾虡在行馬内，寢殿、園省在東，園寺吏舍在殿北。隄封田二十五頃五十五畝。

慎陵

《後漢書》卷四《和殤帝紀》 〔元興(元年)〕冬十二月辛未，帝崩于章德前殿，年二十七。【略】〔延平元年春〕三月甲申，葬孝和皇帝于慎陵。在洛陽東南三十里。俗本作順者，誤。尊廟曰穆宗。

徐天麟《東漢會要》卷七《帝陵》 和帝慎陵，山方三百八十步，高十丈，無周垣，爲行馬四出，司馬門、石殿、鍾虡在行馬内，寢殿、園省在東，園寺吏舍在殿北。隄封田三十一頃二十畝二百步。《帝王世紀》曰：在雒陽(東南)四十一里。

酒賢《河朔訪古記》卷中《河南郡部》 和帝慎陵。在洛陽縣東南四十一里，陵周三百八十步，高十丈。

康陵

《後漢書》卷四《和殤帝紀》 〔延平元年〕八月辛亥，帝崩。癸丑，殯於崇德前殿，年二歲。

《後漢書》卷五《安帝紀》 〔延平元年九月〕丙寅，葬孝殤皇帝于康陵。墳在慎陵塋中庚地，高五丈五尺，周二百八步。

馬端臨《文獻通考》卷一二四《王禮考一九》 殤帝康陵，山周二百八步，高五丈五尺。行馬四出，司馬門、寢殿、鐘虡在行馬中。因寢殿爲廟。園吏寺舍在殿北。提封田十三頃十九畝二百五十步。《帝王世紀》曰：高五丈四尺，去雒陽四十八里。帝以延平元年八月辛亥崩，九月丙寅葬。

恭陵

《後漢書》卷五《安帝紀》 〔延光四年三月〕丁卯，幸葉，帝崩于乘輿，年三十二。【略】〔四月〕己酉，葬孝安皇帝于恭陵，在今洛陽東北二十七里。《伏侯古今注》曰：陵山周二百六十丈，高十五丈。廟曰恭宗。

馬端臨《文獻通考》卷一二四《王禮考一九》 安帝恭陵，山周二百六十步，高十五丈，無周垣，爲行馬四出，司馬門、(右)〔石〕殿、鐘虡在行馬内，寢殿、園吏寺舍在殿北。提封田一十四頃五十六畝。《帝王世紀》曰：高十一丈，在雒陽西北，去雒陽十五里。

憲陵

《後漢書》卷六《順冲質帝紀》 〔建康元年八月〕庚午，帝崩於玉堂前殿，時年三十。遺詔無起寢廟，斂以故服，珠玉玩好皆不得下。【略】其年八月庚午，即皇帝位。年二歲。尊皇后曰皇太后。太后臨朝。丁丑，以太尉趙峻爲太傅，大司農李固爲太尉，參録尚書事。九月丙午，葬孝順皇帝於憲陵。在洛陽西十五里，陵高八丈四尺，周三百步。廟曰敬宗。

酒賢《河朔訪古記》卷中《河南郡部》 順帝憲陵。在洛陽縣西十五里，陵周三百步，高八丈四尺。北邙山下，制度並同前，但鐘虡在司馬門内，寢殿、園省寺吏舍在殿東。提封四十八頃十九畝三十步。

馬端臨《文獻通考》卷一二《王禮考四一九》 順帝憲陵，山方三百步，高八丈四尺，無周垣，爲行馬四出，司馬門、(右)〔石〕殿、鐘虡在司馬門内，寢殿、園省寺吏舍在殿東。提封田十八頃十九畝三十步。《帝王世紀》曰：在雒陽西北，去雒陽十五里。帝以建康元年八月庚午崩，九月丙午葬。

懷陵

《後漢書》卷六《順冲質帝紀》 永嘉元年春正月戊戌，帝崩于玉堂前殿，年三歲。【略】己未，葬孝冲皇帝於懷陵。在洛陽西北十五里。《伏侯古今注》曰：高四丈六尺，周百八十三步。

《後漢書》卷九三《李固傳》 冀不從，乃立樂安王子纘，年八歲，是爲質帝。時冲帝將北卜山陵，固乃議曰：「今處處寇賊軍興，用費加倍，新創憲陵，賦發非一，帝尚幼小，可起陵於憲陵塋内，依康陵制度，康陵，殤帝陵也。其於役費三分減一。」乃從固議。

馬端臨《文獻通考》卷一二四《王禮考一九》 冲帝懷陵，山方百八十三步，高四丈六尺，爲寢殿，行馬四出門，園寺、吏舍在殿東。提封田五頃八十畝。《帝王世紀》曰：西北去雒陽十五里。帝以永嘉元年正月戊戌崩，其月己未葬。

静陵

《後漢書》卷七《桓帝紀》 本初元年，梁太后徵帝到夏門亭，將妻以女弟，會質帝崩，太后遂與兄大將軍冀定策禁中。【略】秋七月乙卯，葬孝質皇帝于靜陵。在洛陽東南三十里。陵高五丈五尺，周百三十八步。

馬端臨《文獻通考》卷一二四《王禮考一九》　質帝靜陵，山方百三十六步，高五丈五尺，爲行馬四出門，寢殿、鐘虡在行馬中，園寺、吏舍在殿北。提封田十二頃五十四畝，因寢爲廟。《帝王世紀》曰：在雒陽東，去雒陽三十二里。帝以本初元年閏六月甲申崩，七月乙卯葬。

宣陵

《後漢書》卷八《靈帝紀》　〔建寧元年〕二月辛酉，葬孝桓皇帝于宣陵。在洛陽東南三十里，高十二丈，周三百步。廟曰威宗。

禪陵

《後漢書》卷九《獻帝紀》　魏青龍二年三月庚寅，山陽公薨。自遜位至薨，十有四年，年五十四，謚孝獻皇帝。八月壬申，以漢天子禮儀葬于禪陵，置園邑令丞。《續漢書》曰：「天子葬，太僕駕四輪輴爲賓車，大練爲屋幙。中黄門、虎賁各二十人執紼。司空擇土造穿，太史卜日，將作作黄腸、題湊、便房，如禮。大駕，大僕御。方相氏黄金四目，蒙熊皮，玄衣朱裳，執戈揚楯，立乘四馬先駈。旂長三刃，十有二旒曳地，畫日、月、升龍。書旐曰『天子之柩』。謁者二人，立乘六馬爲次。太常跪（曰）哭，（日）十五舉音，止哭。晝漏上〔水〕，請發。司徒、河南尹先引車轉，太常曰請拜送。車著白絲三糾，紼長三十丈，圍七寸，六行，行五十人。公卿已下子弟凡三百人，皆素幘，委貌冠，衣素裳，挽。校尉三（百）人，皆赤幘，不冠，持幢幡，皆銜枚。羽林孤兒、《巴俞》爟歌者六十人，爲六列。司馬八人，執鐸。至陵南羨門，司徒跪請就下房，都導東園武士奉入房，執事下明器，太祝進醴獻。司空將校復土。」爟音徒了反。《帝王紀》曰：「禪陵在濁鹿城西北十里，在今懷州修武縣北二十五里。陵高二丈，周回二百步。」劉澄之《地記》云：「以漢禪魏，故以名焉。」

《後漢書》卷一六《禮儀志》　獻帝禪陵，《帝王世紀》曰：不起墳，深五丈。前堂方一丈八尺，後堂方一丈五尺，角廣六尺。在河内山陽之濁城西北。去濁城直行十一里，斜行七里。去懷陵百一十里。去山陽五十里，南去雒陽三百一十里。

佚名《三輔黄圖》卷六《陵墓》　漢諸陵先總屬太常令，後依其地界屬三輔。漢太上皇陵。高帝葬太上皇於櫟陽北原，因置萬年縣於櫟陽大城内，以爲奉陵邑。其陵在東者太上皇，西者昭靈后也。高祖初居櫟陽，故太上皇因在櫟陽。十年，太上皇崩，葬北原。

高祖長陵，在渭水北，去長安城三十五里。按《高祖本紀》：十二年四月甲辰，崩于長樂宫，五月葬長陵。長陵山東西廣一百二十步，高十三丈；長陵城周七里百八十步，因爲殿垣，門四出，及便殿、掖庭、諸官寺，皆在中。

呂后陵，在高祖陵東。按《史記・外戚世家》：高后合葬長陵。注云：漢帝后同塋則爲合葬，不合陵也。

惠帝安陵，去長陵十里。按《本紀》：惠帝七年八月戊寅，崩于未央宫，葬安陵，在長安城北三十五里。安陵有果園、鹿苑云。

文帝霸陵，在長安城東七十里。因山爲藏，不復起墳，就其水名，因以爲陵號。

景帝陽陵，在長安城東北四十五里。按：景帝五年作陽陵，起邑陽陵，山方百二十步，高十丈。

武帝茂陵，在長安城西北八十里。建元二年初，置茂陵邑。武帝自作陵也。本槐里縣之茂鄉，故曰茂陵，周回三里。《三輔舊事》云：武帝於槐里茂鄉，徙户一萬六千，置茂陵，高一十四丈一百步。茂陵園有鶴觀。户一萬六千，一本作六萬一千。

昭帝平陵，在長安西北七十里，去茂陵十里。帝初作壽陵，令流水而已。石槨廣一丈二尺，長二丈五尺，無得起墳。陵東北作廡，長三丈五步，外爲小厨，裁足祠祀。萬年之後，掃地而祭。

宣帝杜陵，在長安城南。帝在民間時，好遊鄠、杜間，故葬此。

元帝渭陵，在長安北五十六里。

成帝延陵，在扶風，去長安六十二里。一曰成帝於霸陵北步昌亭起壽陵，即武帝之廢陵也。王莽時，遣使壞渭陵、延陵園門罘罳，曰：毋使民復思也。又以墨色洿其周垣。

哀帝義陵，在扶風渭城西北原上，去長安四十六里。平帝康陵，在長安北六十里興平原口。

文帝母薄姬南陵，在霸陵南，故曰南陵。即今所謂薄陵也。

昭帝母趙婕好雲陵，在雲陽甘泉宫南。今人呼爲女陵。

李夫人墓，東西五十步，南北六十步，高八丈，在茂陵西北一里。俗名英陵，亦云集仙臺。一曰高三十丈，周回三百六十步。

王莽妻死，葬渭陵長壽園，僞謚曰孝穆皇后，僭號億年陵。舊本云：億年陵，王莽妻死謚曰孝穆皇后，葬渭城長壽園西，陵曰億年。

徐天麟《東漢會要》卷七《禮七・凶禮・帝陵》 建武二年，以皇祖、皇考墓爲昌陵，置陵令守視；後改爲章陵，因以春陵爲章陵縣。《城陽恭王傳》。

光武原陵，山方三百二十三步，高六丈六尺，垣四出，司馬門寢殿鐘虡皆在周垣内，隄封田十二頃五十七畝八十五步。《帝王世紀》曰：在臨平亭之南，西望平陰，東南去雒陽十五里。

明帝顯節陵，山方三百步，高八丈，無周垣，爲行馬四出，司馬門石殿鐘虡在行馬内，寢殿園省在東，園寺吏舍在殿北，隄封田七十四頃五畝。《帝王世紀》曰：故富壽亭也，西北去雒陽三十七里。

章帝敬陵，山方三百步，高六丈二尺，無周垣，爲行馬四出，司馬門石殿鐘虡在行馬内，寢殿園省在東，園寺吏舍在殿北，隄封田二十五頃五十五畝。《帝王世紀》曰：在雒陽東南，去雒陽三十九里。

和帝慎陵，山方三百八十步，高十丈，無周垣，爲行馬四出，司馬門石殿鐘虡在行馬内，寢殿園省在東，園寺吏舍在殿北，隄封田三十一頃二十畝二百步。《帝王世紀》曰：在雒陽〔東南〕四十一里。

殤帝康陵，山周二百八步，高五丈五尺，行馬四出，司馬門寢殿鐘虡在行馬中，因寢殿爲廟，園寺吏舍在殿北，隄封田十三頃十九畝二百五十步。《帝王世紀》曰：高五丈四尺，去雒陽四十八里。

安帝恭陵，山周二百六十步，高十五丈，無周垣，爲行馬四出，司馬門石殿鐘虡在行馬内，寢殿園寺吏舍在殿北，隄封田一十四頃五十六畝。《帝王世紀》曰：高十二丈，在雒陽西北，去雒陽十五里。

順帝憲陵，山方三百步，高八丈四尺，無周垣，爲行馬四出，司馬門石殿鐘虡在司馬門内，寢殿園省寺吏舍在殿東，隄封田十八頃十九畝三十步。《帝王世紀》曰：在雒陽西北，去雒陽十五里。

沖帝懷陵，山方百八十三步，高四丈六尺，爲寢殿行馬四出門，園寺吏舍在殿東，隄封田五頃八十畝。《帝王世紀》曰：西北去雒陽十五里。

質帝静陵，山方百三十六步，高五丈五尺，爲行馬四出門，寢殿鐘虡在行馬中，園寺吏舍在殿北，隄封田十二頃五十四畝，因寢在廟。《帝王世紀》曰：在雒陽東，去雒陽三十二里。

桓帝宣陵，《帝王世紀》曰：山方三百步，高十二丈，在雒陽東南，去雒陽三十里。

靈帝文陵，《帝王世紀》曰：山方三百步，高十二丈，在雒陽西北，去雒陽二十里。

獻帝禪陵，《帝王世紀》曰：在河内山陽之濁城，南去雒陽三百一十里。

錢儀吉《三國會要》卷一〇《禮四・喪制》 章武三年，先主遺詔：「百寮發哀，滿三日除服，到葬期復如禮。其郡國太守、相、都尉、縣令長，三日便除服。」五月，梓宫自永安還成都，謚曰昭烈皇帝。八月，葬惠陵。徐乾學曰：「魏武令葬畢便除，臣民猶服二十七日。先主止令三日除服，則又減矣。」

先主甘皇后卒，葬于南郡。章武二年，追謚皇思夫人，還葬于蜀，未至而先主殂隕。丞相亮言：「按謚法宜曰昭烈皇后。輒與太常臣賴恭等議，與大行皇帝合葬。臣請太尉告宗廟，布露天下，具禮儀别奏。」制曰：可。

先主穆皇后吴延熙八年薨，合葬惠陵。

惠陵

徐乾學《讀禮通考》卷八九《葬考》 《蜀志》：章武三年夏四月癸巳，先主殂于永安宫。五月，梓宫自永安還成都。秋八月，葬惠陵。

高陵

迺賢《河朔訪古記》卷中《魏郡部》 曹操疑塚，在滏陽縣南二十里，曰講武城，壁壘猶在。又有高臺一所，曰將臺。城外高丘七十二所，參錯布置，巋然相望。世云曹操疑塚。初，操之葬，以惑後人，不致發掘故也。塚間有曹公廟，殿屋甚華麗。廟北一高邱之前，鉅碑一通，螭首龜趺。齊思王之碑，姜一芝所撰云。西望西陵，不十餘里，烟樹歷歷可見。十二月，予按轡其間，自午抵暮，縱横出入塚中，不知所鄉。噫！何其用心之詐也，使操能見武侯八陣圖，則有愧多矣。

錢儀吉《三國會要》卷十《禮四・謁陵》 延康元年南征，親祠譙陵。黄初三年詔曰：「古不墓祭，皆設于廟。先帝高陵殿皆毁壞，車馬還廄，衣服藏府。」遂革上陵禮。及齊王在位九載，始一謁高平陵。《宋志》：其後遂廢。

首陽陵

《三國志》卷二《魏書二・文帝紀》 〔黄初三年〕冬十月甲子，表首陽山東爲壽陵，作終制曰：「禮，國君即位爲椑，存不忘亡也。昔堯葬穀林，通樹之，禹葬會稽，農不易畝，故葬於山林，則合乎山林。封樹之制，非上古也，吾無取焉。壽陵因山爲體，無爲封樹，無立寢殿，造園邑，通神道。夫葬也者，藏也，欲人之不得見也。骨無痛痒之知，冢非棲神之宅，禮不墓祭，欲存亡之不黷也，爲棺槨足以朽骨，衣衾足以朽肉而已。故吾營此丘墟不食之地，欲使易代之後不知其處。無施葦炭，無藏金銀銅鐵，一以瓦器，合古塗車、芻靈之義。棺但漆際會三過，飯含無以珠玉，無施珠襦玉匣，諸愚俗所爲也。季孫以璵璠斂，孔子歷級而救之，譬之暴骸中原。宋公厚葬，君子謂華元、樂莒不臣，以爲棄君於惡。漢文帝之不發，霸陵無求也；光武之掘，原陵封樹也。霸陵之完，功在釋之；原陵之掘，罪在明帝。是釋之忠以利君，明帝愛以害親也。忠臣孝子，宜思仲尼、丘明、釋之之言，鑒華元、樂莒、明帝之戒，存於所以安君定親，使魂靈萬載無危，斯則賢聖之忠孝矣。自古及今，未有不亡之國，亦無不掘之墓也。喪亂以來，漢氏諸陵無不發掘，至乃燒取玉匣金縷，骸骨并盡，是焚如之刑，豈不重痛哉！禍由乎厚葬封樹。『桑、霍爲我戒』，不亦明乎？其皇后及貴人以下，不隨王之國者，有終没皆葬澗西，前又以表其處矣。蓋舜葬蒼梧，二妃不從，延陵葬子，遠在嬴、博，魂而有靈，無不之也，一澗之間，不足爲遠。若違今詔，妄有所變改造施，吾爲戮尸地下，戮而重戮，死而重死。臣子爲蔑死君父，不忠不孝，使死者有知，將不福汝。其以此詔藏之宗廟，副在尚書、祕書、三府。」【略】〔七年五月〕丁巳，帝崩于嘉福殿，時年四十。六月戊寅，葬首陽陵。

錢儀吉《三國會要》卷一〇《禮四・葬雜録》 七年五月丁巳，帝崩于嘉德殿，殯于崇華前殿。六月戊寅，葬首陽陵，以終制從事。飯含無以珠玉，無施珠襦玉匣。

青龍三年正月丁巳，皇太后崩。三月庚寅，葬文德郭后，營陵于首陽陵澗西，如終制。

《魏書》：哀策曰：「惟青龍三年三月壬申，皇太后梓宫啓殯，將葬于首陽之西陵，哀子皇帝叡親奉册祖載，遂親遣奠，扣心擗踊，號咷仰訴，痛靈魂之遷幸，悲容車之向路。」

太和四年，改葬文昭甄后于朝陽陵。

魏武帝《遺令》：百官當臨殿中者，十五舉音，葬畢便除。其將兵屯戍者皆不得離；有司各率乃職。

陸機引《遺令》曰：「吾使伃伎人皆著銅爵臺，於臺堂上施八尺牀繐帳，朝晡上脯糒之屬，月朝十五輒向帳作伎。吾歷官所得綬皆著藏中。吾餘衣裘可别爲一藏。」倚廬中施凷縑帳，蓐素牀，以布巾裹凷革，轀輬、版輿、細犢車皆施縑裏。《通考》引晉有司奏云：前代故事。

内外公私聲樂祭祠等，既葬祔廟之後，皆復其常。《唐會要》。

鄧哀王沖年十三亡，太祖爲娉甄氏亡女與合葬。

明帝愛女淑薨，追封謚爲平原懿公主，爲立廟，取甄氏亡從孫黄與合葬；追封黄列侯，以夫人郭氏從弟悳爲之後，承甄氏姓；封悳爲平原侯，襲公主爵，朝夕哭。高堂隆議：不應二月廢祠殯葬之間權廢事。《楊阜傳》：文皇帝、武宣皇后崩，不送葬；平原公主葬南陵，自臨送。

建安十年禁厚葬。黄初三年制：無立寢殿，通神通。

楊泉曰：「周衰，立寢於墓。漢興不改，及其末年，咸往祭焉。蓋由京師三輔，酋豪大姓，力强財富，婦女贍侈，車兩相追，宿止墓下，連日厭飫，遂以成俗，迄於今日。」封演《聞見記》：魏、晉以來，始有紙錢附。

《金疊子》：今俗家人死，輒行課算，某日魂當還，輒棄死尸徹哭，傾户走竄，謂之躲衰。此雖鄙猥，絶有所本。魏皇女淑薨，陳羣諫曰：「聞車駕欲幸摩陂，實到許昌，二宫上下皆悉俱東，或言欲以避衰。」今俗云「避煞」即此。

司馬光曰：「漢世公卿多建祠堂於墓，魏、晉以降漸復廟制。」

吴陵

《〔同治〕蘇州府志》卷四九《冢墓一》 孫王墓，盧《志》：漢豫州刺使孫堅、妻吴夫人及其子會稽太守策三墓，並在盤門外三里，載於唐陸廣微《吴地記》，即今齊昇院東南。墓前有小溝曰陵浜。《祥符圖經》云：孫堅墩鄉俗稱爲孫王墓。案：《吴書》：堅死於初平三年，年三十七。策死於建安五年，年二十六。堅妻吴氏死於建安七年，合葬堅墓。黄龍元年，權追尊堅爲武烈皇帝，廟曰始祖，墓曰高陵；吴氏爲武烈皇后，策爲長沙桓王。太元元年八月朔，大風拔吴高陵松柏，石碑蹉跌郡城南門飛落。《晉陽秋》云：惠帝元康中，吴令河東謝詢表爲孫氏二君，置守冢五人修護掃除，有詔，從之。其文張悛所作，今載《文選》。宋政和六年，村民發墓，磚皆作篆隸，爲萬歲永藏之文，得金玉奇器甚多，有東西銀杯初若粲花，良久，化爲腐土，并金搔頭十數枚，金握臂二，悉皆如新，一瓦熏爐，與近世陵墓所製略似，而箱底灰炭猶存，碑石斷缺，僅存中平年三字。守將遽命掩之。所得古物，盡歸朱勔家，洪芻《香譜》亦略載此事，即楊友夔所賦孫豫州墓者是也。洪氏《三庚志》云：盤門外大冢，紹熙二年秋雨隤圮，牧童入其間，得銅器數種，持賣於市。鄉人往視，圮處蓋其隧道，有石刻隸書曰「大吴長沙桓王之墓，赤烏三年」凡十二字，知府沈揆亟命掩塞，仍立石表其所。滕宬爲記。袁席之謂策死距赤烏三年已四十載。豈非權稱制之久復改葬乎？所得之鏡，滕藏一小鏡，其背有銘十四字。一小麟鎮紙，無款識，以遺席之。嘉熙中，墓旁土中又得唐孫德琳墓志云：開元十年窆於十四代祖吴武烈皇帝陵東南平地。又案：《丹陽圖經》載高陵在縣西練塘鄉吴陵港，以傳記證之，當是藁葬曲阿，後遷於吴，史不及詳載耳。滕宬所記，謂紹熙中，提舉常平張體仁嘗命其屬表之，題曰「先賢墓」。徐誼屬宬考訂，止從俗稱孫王墓。宬蓋專據陳壽説，破虜葬曲阿，獨指此爲伯符之墓，亦未詳謝詢所表，不審三墳同穴，以友夔詩爲差謬，故論説紛紜，自相牴牾。舊志既莫能是正，故詳載始末云。

蔣陵

錢儀吉《三國會要》卷一〇《禮四・喪制》 孫權太子登初葬句容，置園邑奉守如法，後三年，改葬蔣陵。

初寧陵

徐乾學《讀禮通考》卷八九《葬考》 《宋書》：永初三年五月癸亥，上崩于西殿。秋七月己酉，葬丹陽建康縣蔣山初寧陵。

高寧陵

徐乾學《讀禮通考》卷八九《葬考》 《宋書》：泰豫元年夏四月己亥，上崩于景福殿。五月戊寅，葬臨沂縣幕府山高寧陵。

遂寧陵

徐乾學《讀禮通考》卷八九《葬考》 《宋書》：昇明三年四月帝禪位於齊，建元元年五月己未，殂于丹陽宫。六月乙酉，葬于遂寧陵。

朱銘盤《南朝齊會要・賓禮・三恪》 高帝建元元年四月甲午，封宋帝爲汝陰王，築宫丹陽縣故治，行宋正朔，車旗服色，一如故事，上書不爲表，答表不稱詔。五月己未，汝陰王薨，追謚爲宋順帝，終禮依魏元、晉恭帝故事。六月乙酉，葬宋順帝于遂寧陵。十月丙子，立彭城劉胤爲汝陰王，奉宋帝後。辛巳，汝陰太妃王氏薨，追贈爲宋恭后。本紀。

泰安陵

徐乾學《讀禮通考》卷八九《葬考》 《南齊書》：建元四年三月壬戌，上崩于臨光殿。四月庚寅，上謚曰太祖高皇帝，奉梓宫於東府前渚，升龍舟。丙午，窆武進泰安陵。

《(康熙)常州府志》卷一九《陵墓》 齊泰安陵。在通江鄉彭山南。齊高帝及昭皇后劉氏所葬。按《南齊書・高帝紀》云：建安四年，窆武進泰安陵。即此。景安陵。齊武帝所葬。興安陵。齊明帝及敬后劉氏所葬。《輿地志》云：泰安、景安、興安三陵，在故蘭陵東北金牛山，其中邱埭爲齊、梁二代陵口。梁建陵。在東城里。梁武帝父文帝及獻后張氏葬。《梁書・武帝紀》云：大同十年，武帝幸蘭陵，謁修陵。即此。修陵。在南蘭陵皇業寺前。梁武帝及德后郗氏所葬。《梁書紀》云：大同十年，帝幸蘭陵，謁建陵畢，辛丑，哭于修陵。後崩，亦葬此。唐貞觀十一年，詔令百步禁樵採。莊陵。梁簡文帝及簡后所葬。其地有巷名蕭塘。景安陵以下俱隸丹陽境，以舊屬武進，併記之。

朱銘盤《南朝齊會要・凶禮・山陵》 高昭劉皇后宋泰豫元年殂，歸葬宣帝墓側，今泰安陵也。本傳。建元四年四月丙午，窆高皇帝於武進泰安陵。本紀。高帝遺詔以關康之《春秋五經》本入玄宫。《臧榮緒傳》。

景安陵

徐乾學《讀禮通考》卷八九《葬考》 《南齊書》：永明十一年秋七月，上不豫，戊寅大漸，詔曰：「我識滅之後，身上著夏衣畫天衣，純烏犀導，應諸器悉不得用寶物及織成等，惟裝複袂衣各一(本)通。常所服身刀長短二口鐵環者，隨我入梓宫。陵墓，萬世所宅，意常恨休安陵未稱，今可用東三處地最東邊以葬我，名爲景安陵。喪禮每存省約，不須煩民。」是日崩。九月丙寅，葬景安陵。

朱銘盤《南朝齊會要・凶禮・山陵》 永明十一年七月，大漸，詔曰：「陵墓萬世所宅，意嘗恨休安陵未稱，今可用東三處地最東邊以葬我，名爲景安陵。」九月丙寅，葬景安陵。本紀。

修陵

徐乾學《讀禮通考》卷八九《葬考》 《梁書》：太清三年五月丙辰，高祖崩于淨居殿。十一月乙卯，葬于脩陵。《元和郡縣志》：脩陵在丹陽縣東三十一里，貞觀十一年，詔令百步禁樵採。

《(乾隆)江南通志》卷三九《輿地志》 修陵在丹陽縣東二十一里皇業寺前。

崇安陵

《南齊書》卷二〇《文安王皇后傳》 永元三年，梁王定京邑，迎后入宫，稱制，至禪位。天監十一年薨，年五十八。葬崇安陵。謚曰安后。

興安陵

《南史》卷五《齊明帝本紀》 〔永泰元年〕秋七月己酉，帝崩于正福殿，年四十七。【略】謚曰明皇帝，廟號高宗，葬興安陵。

《南齊書》卷二〇《明敬劉皇后傳》 〔明敬劉皇后〕，永明七年卒，葬江乘縣張山。【略】永泰元年，高宗崩，改葬，祔于興安陵。

修安陵

《南史》卷四一《始安貞王道生傳》 建武元年，明帝追尊道生爲景皇，妃江氏爲后，立寢廟於御道西，陵曰修安。

朱銘盤《南朝齊會要・賓禮・先代陵墓》 高帝建元元年四月庚子，詔「宋帝后蕃王諸陵，宜有守衛。」有司奏帝陵各置長一人，兵有差，王陵五人，妃嬪三人。本紀。

武帝永明元年四月壬午，詔曰：「魏矜袁紹，恩洽丘墓，晉亮兩王，榮覃餘裔，二代弘義，前載美談。袁粲、劉秉與先朝同奬宋室，沈攸之於景和之世，特有迺心，雖末節不終，而始誠可録。歲月彌往，宜特優降。粲、秉前年改葬塋兆，未修材槨，可爲經理，令粗足周禮。攸之及其諸子喪柩在西者，可符荆州送反舊墓，在所爲營葬事。」本紀。

十一年，宜都王鏗爲南豫州刺史，時有盗發晉大司馬桓温女冢，得金蠶銀繭及珪璧等物，鏗使長史蔡約自往修復，纖毫不犯。本傳。

武帝數幸豫章王嶷第。宋長寧陵墜道出第前路，乃徙其表闕騏驎於東岡上。騏驎及闕形勢甚巧，宋孝武於襄陽致之，後諸帝王陵皆模範而莫及也。本傳。

莊陵

《南史》卷八《梁本紀》 〔大寶二年〕冬十月壬寅，帝崩於永福省。〔三年〕四月乙丑，葬莊陵。

萬安陵

《陳書》卷二《高祖本紀下》 〔永定三年六月〕丙午，崩于璿璣殿，時年五十七。【略】〔秋八月〕丙申，葬萬安陵。

永寧陵

《陳書》卷三《世祖本紀》 〔天康元年夏四月〕癸酉，世祖疾甚，是日崩于有覺殿，【略】〔六月〕丙寅，葬永寧陵。

長陵

《魏書》卷七下《高祖本紀下》 〔太和二十三年〕夏四月丙午朔，帝崩于穀塘原之行宫，時年三十三，祕諱。至魯陽發哀，還京師。上謚曰孝文皇帝，廟曰高祖。五月丙申，葬長陵。

永陵

《〔乾隆〕西安府志》卷六四《古蹟志下・陵墓》 文帝永陵，《北史・文帝紀》：帝孝文之孫，以南陽王爲宇文泰取立。在位十七年，葬永陵。《后妃傳》：文帝悼皇后郁久閭氏，大統六年崩，葬於少陵原。十七年，合葬永陵。《陜甘資政録》：在富平縣東南三十里中華原。乾隆乙未年修。

按《通志》，後魏孝文帝長陵在富平東南。《後魏書》：孝文孝於文明太后，於永固陵東北里餘（塋）〔營〕壽宫，有終焉瞻望之志。及遷雒陽，乃表瀍西爲山陵所，而方山虚宫號曰萬年堂。其云：方山者代都也，瀍西者雒陽也。孝文自代遷雒，安得葬富平耶？又攷《册府元龜》，唐高宗顯慶二年二月，帝在雒陽宫遣使以少牢祭後魏孝文帝陵，則孝文之葬在雒陽，唐時尚未誤也，傳譌之始本於宋太祖乾德四年十月癸亥詔修歷代帝王陵寢，當日儒臣攷之不審，誤以北魏孝文、西魏文帝爲一人。崑山顧氏謂，陵前舊有宋碑，大書孝文之葬。後來《通考》諸書，於東西魏帝山陵缺焉不載，以致沿譌日久，無從究證。余家舊藏金石文字，有游師雄《紹聖元年普寧寺題名》，猶稱此爲西魏文帝陵也。

永固陵

《北史》卷一四《文宣皇后叱奴氏傳》 文宣皇后叱奴氏，代人也。周文帝爲丞相，納爲姬，生武帝，天和三年六月。尊爲皇太后。建德三年三月，崩。五月葬永固陵。

《魏書》卷一三《文成文明皇后傳》 初，高祖孝於太后，乃於永固陵東北里餘，豫營壽宫，有終焉瞻望之志。及遷洛陽，乃曰表瀍西以爲山園之所，而方山虚宫至今猶存，號曰「萬年堂」云。

《〔雍正〕山西通志》卷一七三《陵墓》 永固陵在方山鎮，有雙陵。《水經注》曰：方〔山〕巔上有文明太皇太后陵，陵之東（北）有高祖陵，二陵之南有永固堂，堂之四周隅雉列。榭階欄檻及扉户梁壁椽瓦，悉文石也。檐前四柱采洛陽之八風谷黑石爲（之），雕鏤隱起，以金銀間雲雉有若錦焉。堂之内外四側結兩石扶帳，青石屏風以文石爲緣，並隱起忠孝之容，題刻貞順之名。廟前鐫石爲碑，獸碑石在塚左右，列栢四周，迷禽暗日。院外西側有思遠靈圖，圖之西有齋堂。南門表二石闕，闕下斬山累結御路，下望靈泉、宫池，皎若圓鏡矣。

成陵

《〔乾隆〕西安府志》卷六四《古蹟志下・陵墓》 文帝成陵，《後周文帝紀》：魏恭帝三年夏，太祖北巡狩。九月有疾，還至雲陽。冬十月，崩於雲陽宫。還長安發喪，葬於成陵。《皇后傳》：文帝元皇后，大統七年薨，合葬成陵。《資政録》：在今富平縣北二十里。乾隆乙未年修。

静陵

《〔乾隆〕西安府志》卷六四《古蹟志下・陵墓》 孝閔帝静陵，《北史・周本紀》：元年九月，晉公護逼帝遜位，以弑崩。武帝誅護。上謚曰孝閔皇帝，陵曰静陵。

昭陵

《周書》卷四《明帝紀》 武成二年庚子詔曰：【略】「朕稟生儉素，非能力行菲薄，每寢大布之被，服大帛之衣，凡是器用，皆無雕刻。身終之日，豈容違棄此好。喪事所須，務從儉約，斂以時服，勿使有金玉之飾。若以禮不可闕，皆令用瓦。小斂訖，七日哭。文武百官各權辟衰麻，且以素服從事。葬日，選擇不毛之地，因地勢爲墳，勿封勿樹。且厚葬傷生，聖人所誡，朕既服膺聖人之教，安敢違之。凡百官司，勿異朕此意。四方州鎮使到，各令三日哭，哭訖，悉權辟凶服，還以素服從事，待大例除。非有呼召，各按部自守，不得輒奔赴闕庭。禮有通塞隨時之義，葬訖，内外悉除服從吉。三年之内，勿禁婚娶，飲食一令如平常也。時事殷猥，病困心亂，止能及此。如其事有不盡，准此以類爲斷。死而近思，古人有之。朕今忍死，書此懷抱。」其詔即帝口授也。辛丑，崩於延壽殿，時年二十七，謚曰明皇帝，廟稱世宗。五月辛未，葬於昭陵。

《〔乾隆〕西安府志》卷六四《古蹟志下・陵墓》 明帝昭陵，《周書・明帝紀》：世宗明皇帝武成二年詔，喪事所需，務從儉約。選擇不毛之地，因勢爲墳，勿封勿樹。崩，葬於昭陵。《北史・后妃傳》：明敬皇后獨孤氏，二年四月崩，葬昭陵。

孝陵

《〔乾隆〕西安府志》卷六四《古蹟志下・陵墓》 武帝孝陵，《周書・武帝紀》：高祖武皇帝，宣政元年崩。遺詔：朕居處每存菲薄，葬事資用，須使儉而合禮。墓而不墳，自古通典。隨吉即葬，葬訖公除。己未，葬於孝陵。《北史・后妃傳》：武帝阿史那皇后，隋開皇二年殂。隋文帝詔有司備禮，祔葬於孝陵。李皇后隋開皇元年出俗爲尼，八年殂，以尼禮葬於京城南。

定陵

《〔乾隆〕西安府志》卷六四《古蹟志下・陵墓》 宣帝定陵，《周書・宣帝紀》：宣皇帝大象二年葬定陵。《北史・后妃傳》：宣帝楊皇后，隋大業五年殂。煬帝詔有司備禮，祔葬於定陵。米皇后隋開皇元年出俗爲尼。六年殂，以尼禮葬於京城西。

恭陵

《〔乾隆〕西安府志》卷六四《古蹟志下・陵墓》 後主恭陵，《北史・周本紀》：大定元年二月，遜位於隋，奉爲介國公。開皇元年五月殂，謚孝靖皇帝，葬恭陵。

煬帝陵

徐乾學《讀禮通考》卷八九《葬考》 《隋書》：大業十三年十一月，唐公入京師，遥尊帝爲太上皇，立代王侑爲帝，改元義寧。二年三月，右屯衛將軍宇文化及等以驍果作亂，入犯宮闈。上崩于温室。蕭后令宮人撤牀簀爲棺以埋之。化及發後，右禦衛將軍陳稜奉梓宮于成象殿，葬吴公臺下。唐平江南之後，改葬雷塘。

李賢《明一統志》卷二九《河南府》 煬帝陵，在永寧縣東北。煬帝崩于江都，唐太宗爲遷葬于此。

《〔乾隆〕西安府志》卷六四《古蹟志下・陵墓》 煬帝陵，《通志》：在咸陽縣東北三十五里。按《隋書》，義寧二年三月，宇文化及作亂，入犯宮闈，上崩温室。蕭后令宮人殯於西院。化及發後，陳稜改葬吴公臺下。唐平江南後，改葬雷塘。《揚州府志》云：帝墓在城西雷塘側，其説似爲有據。又賈志云：帝陵在武功西原。

永康陵

《〔乾隆〕西安府志》卷六四《古蹟志下・陵墓》 世祖永康陵，《唐書》：武德元年六月，追謚皇考曰元皇帝，廟號世祖。《禮樂志》：開元二十八年制：永康陵置署官、陵户，春、秋仲月分命公卿巡謁。《陝甘資政録》：在今縣北四十里清河鄉。乾隆乙未年修。

獻陵

《舊唐書》卷一《高祖本紀》 〔貞觀〕九年五月庚子，高祖大漸，下詔：「既殯之後，皇帝宜於别所視軍國大事。其服輕重，悉從漢制，以日易月。園陵制度，務從儉約。」是日，崩於太安宮之垂拱前殿，年七十。羣臣上謚曰大武皇帝，廟號高祖。十月庚寅，葬於獻陵。高宗上元元年八月，改上尊號曰神堯皇帝。天寶十三載二月，上尊號神堯大聖大光孝皇帝。

《新唐書》卷一〇二《虞世南傳》 高祖崩，詔山陵一準漢長陵故事，厚送終禮。於是程役峻暴，人力告弊。世南諫曰：「古帝王所以薄葬者，非不欲崇大光顯以榮其親，然高墳厚隴，寶具珍物，適所以累之也。聖人深思遠慮，安於菲薄，爲長久計。昔漢成帝造延、昌二陵，劉向上書曰：『孝文居霸陵，悽愴悲懷，顧謂羣臣曰：嗟乎！以北山石爲椁，用紵絮斮陳漆其間，豈可動哉？張釋之曰：使其中有可欲，雖錮南山猶有隙；使無可欲，雖無石椁，又何戚焉？夫死者無終極，而國家有廢興。孝文寤焉，遂以薄葬。』又漢法，人君在位，三分天下貢賦之一以入山陵。武帝歷年長久，比葬，方中不復容物。霍光暗於大體，奢侈過度，其後赤眉入長安，破茂陵取物，猶不能盡。無故聚斂，爲盜之用，甚無謂也。魏文帝爲壽陵，作終制曰：『堯葬壽陵，因山爲體，無封樹、寢殿、園邑，棺槨足以藏骨，衣衾足以朽肉。吾營此不食之地，欲使易代之後不知其處。無藏金銀銅鐵，一以瓦器。喪亂以來，漢氏諸陵無不發者，至乃燒取玉匣金縷，骸骨並盡，乃不重痛哉！若違詔妄有變改，吾爲戮屍地下，死而重死，不忠不孝，使魂而有知，將不福汝。以爲永制，藏之宗廟。』魏文此制，可謂達於事矣。

陛下之德，堯、舜所不逮，而俯與秦、漢君同爲奢泰，此臣所以尤戚也。今爲丘隴如此，其中雖不藏珍寶，後世豈及信乎？臣愚以爲霸陵因山不起墳，自然高顯。今所卜地勢即平，宜依周制爲三仞之墳，明器一不得用金銀銅鐵，事訖刻石陵左，以明示大小高下之式，一藏宗廟，爲子孫萬世法，豈不美乎！」

書奏，未報。又上疏曰：「漢家即位之初，便營陵墓，近者十餘歲，遠者五十年。今以數月之程，課數十年之事，其於人力不亦勞矣。漢家大郡，户至五十萬，今人衆不逮往時，而功役一之，此臣所以致疑也。」時議者頗言宜奉遺詔，於是稍稍裁抑。

徐乾學《讀禮通考》卷八九《葬考》 《唐書》：十一年二月丁巳，營九嵏山爲陵，賜功臣密戚陪塋地及秘器。

《〔乾隆〕西安府志》卷六四《古蹟志下・陵墓》 高祖獻陵，《唐太宗紀》：貞觀九年十月庚寅，葬太武皇帝於獻陵。《長安志》：封内二十里，下宫去陵五里。《后妃傳》：高祖太穆順聖皇后竇氏，崩於涿郡。帝有天下，詔即所葬園爲壽安陵，及祔獻陵，尊爲太穆皇后。《讀禮通考》：獻陵陪葬：楚國太妃萬氏、館陶公主、河間元王孝恭、襄邑恭王神符、清河王誕、韓王元嘉、彭思王元則、道孝王元慶、鄭惠王元懿、虢莊王元鳳、鄅悼王元亨、徐康王元禮、滕王元嬰、鄧康王元裕、魯王元夔、霍王元軌、江安王元祥、密貞王元曉、并州總管張綸、營國公樊興、平原郡公王長楷、譚國公丘和、巢國公錢九隴、刑部尚書劉德威、沈叔安。《陝甘資政録》：在今縣東北四十里浮陽鄉。乾隆乙未年修。

昭陵

《新唐書》卷三《高宗本紀》 〔貞觀二十三年〕四月從幸翠微宫。太宗崩，以羽檄發六府甲士四千衛皇太子入于京師。【略】〔八月〕庚寅，葬文皇帝于昭陵。

馬端臨《文獻通考》卷一二五《王禮考二〇》 〔貞觀〕十八年，帝謂侍臣曰：「昔漢家皆先造山陵，既達始終，身復親見，又省子孫經營，不頓費人功，古者因山爲墳，此誠便事。九嵏山孤聳迥絶，因而旁鑿可置山陵，處朕有終焉之理。」乃詔營山陵於九嵏山之上，足容一棺而已，務從儉約。又佐命功臣義深舟楫，追念在昔，何日忘之。漢氏相將陪陵，又給東園祕器，篤終之義，恩意深厚。自今以後功臣密戚及德業佐時者，如有薨亡，賜塋地一所，及賜以祕器，使窀穸之時喪事無闕。凡功臣密戚請陪陵葬者聽之，以文武分爲左右而列，墳高四丈已下，三丈已上。若父祖陪陵子孫從葬者，亦如之。若宫人陪葬，則陵户爲之成墳。凡諸陵皆置留守，領甲士與陵令日知巡警，左右兆域内禁人無得塟埋。古墳則不毀之。【略】太宗崩，葬昭陵，在京兆府醴泉縣。因九嵏層峯，鑿山南西深七十五尺爲玄宫。山旁巖架梁爲棧道，懸絶百仞，繞山二百三十步始達玄宫。門頂上亦起遊殿。五月己巳崩，八月庚寅葬。

文德皇后即玄宫後，有五重石門。其門外於雙棧道上山起舍，宫人供養如平常。及太宗山陵畢，宫人亦依故事留棧道准舊。山陵使閻立德奏曰：玄宫棧道本留擬有今日，今既始終永畢，與前事不同，謹按故事，唯有寢宫安神供奉之法，而無陵上侍衛之儀。望除棧道，固同山嶽。上嗚咽不許。長孫無忌等援引禮經，重有表請，乃依奏。

李好文《長安志圖》卷中《昭陵圖説》 余觀自古帝王奢侈厚葬，莫若秦皇、漢武，工徒至六十萬，天下税賦三分之一奉陵寢。秦陵纔高五十丈，茂陵十四丈而已，固不若唐制之因山也。昭陵之因九嵏，乾陵之因梁山，泰陵之因金粟堆，中峯特起，上摩煙霄，岡阜環抱，有龍蟠鳳翥之狀。民力省而形勢雄，何秦漢之足道哉。昔貞觀十八年，太宗語侍臣曰：漢家先造山陵，身復親見，又省子孫經營煩費，我深是之。我看九嵏山孤聳迥絶，實有終焉之志。乃詔先爲此制，務從儉約，九嵏山上，足容一棺而已。又慕漢之將相陪葬，自今後，功臣密戚，各賜塋地一所。至二十三年八月，畢工，先葬文德皇后長孫氏。當時陪葬之盛，與夫刻番酋之形，琢六駿之像，以旌武功，列于北闕，規模宏大，莫若昭陵。按：陵今在醴泉縣北五十里。《唐陵園記》云：在縣東三十里。蓋指舊醴泉縣而言之也。其封内周回一百二十里，下宫去陵十八里。今已廢毀，陪葬諸臣碑刻十亡八九，悲夫！因語邑官，命刊圖于太宗廟，以廣其傳焉。紹聖元年端午日，武功游師雄景叔題。

《〔雍正〕陝西通志》卷七〇《陵墓》 按《唐書》：貞觀十年十一月庚寅，葬文德皇后於昭陵。十一年二月丁巳，營九嵕山爲陵，則是陵未營而后先葬，陵之營因后也。陵有獻殿，有後殿，山巔亦有游殿，今俱廢。惟陵北存石屋三楹，六駿列於左右。及貞觀中擒服諸番君長頡利等十四人像琢石列之北司馬門內，今皆不完。其周垣、重門、甬路諸故跡猶存也。陪葬凡一百七十有七冢。昭陵下宫，太宗陵寢宫也，在九嵕山陵之右腋。後燬於火。貞元十四年欲復置，山高無水泉，苦於供役，廷臣集議移置瑶臺寺側，去陵一十八里。今廢。

《〔乾隆〕西安府志》卷六五《古蹟志下・陵墓》 唐太宗昭陵，《唐・地理志》：貞觀十年，營昭陵。析雲陽、咸陽，置醴泉縣。《太宗紀》：貞觀十年六月己卯，皇后崩。十一月庚寅，葬文德皇后于昭陵。《后妃傳》：文德順聖皇后長孫氏，從幸九成宫。屬疾大漸，與帝訣曰：妾生無益于時，死不可以厚葬。願因山爲隴，無起墳，無用棺椁，器以瓦木，約費送終，是妾不見忘也。及崩，葬昭陵。因九嵕山以成后志，帝自著表序始末揭陵左。《太宗紀》：十一年二月丁巳，營九嵕山爲陵，贈功臣密戚陪塋地。《唐鑑》：帝自爲終制云，王者以天下爲家，何必物在陵中，乃爲己有？今因九嵕爲陵，鑿石之工纔百餘人，數十日而畢。不藏金玉人馬，器皿皆用土木形具而已。庶幾奸盗息心，存殁無累。當使百世子孫，奉以爲法。《會要》：帝謂侍臣曰：昔漢家皆先造山陵，既達始終，身復親見，又省子孫經營。乃詔營山陵于九嵕山上，務從儉約，足容一棺而已。又佐命功臣，義深舟楫，追念在昔，何日忘之？漢世將相陪陵，又給東園秘器，篤終之義甚厚。自今功臣密戚及德業佐時者，如有薨亡，賜塋地一所，及賜以秘器，使窀穸之時，喪事無闕。凡功臣密戚請陪葬陵者，聽之，以文武分左右而列。墳高四丈以下，三丈以上。若父祖陪葬，子孫從葬者，亦如之。《太宗紀》：二十三年五月己巳，皇帝崩於含風殿。八月庚寅，葬昭陵。《會要》：昭陵因九嵕層峯鑿山南西，深七十五尺爲玄宫，旁巖架梁爲棧道，懸絶百仞，繞山二百三十步，始達玄宫門。頂上亦起遊殿。文德皇后即玄宫後有五重石門。其門外于雙棧道上起舍，宫人供養如平常。及太宗山陵畢，宫人亦依故事，準舊。山陵使閻立德奏曰：玄宫棧道本留，擬有今日。今既始終永畢，與前事不同。謹案故事，唯有寢宫安神供奉之法，而無陵上侍衛之儀。望除棧道，固同山嶽。長孫無忌等復援引禮經奏請，乃允。又上欲闡揚先帝徽烈，乃令匠琢石，寫諸蕃君長十四人，列于陵司馬北門內。又刻石爲常所乘破敵馬六匹於闕下。《安禄山事蹟》：潼關之戰，我軍既敗。賊將崔乾祐領白旗，引左右馳突。我軍視之，狀若神鬼。又見黄旗軍數百隊與乾祐鬬，俄不知所在。後昭陵奏，是日靈宫前石人馬流汗。柳宗元《陳京行狀》：昭陵山峻而高，寢宫在其上。內官憚其上下之勤、輓汲之艱也，謁于上，請更之。公曰：斯太宗之志也。其儉足以爲法，其嚴足以有奉。吾敢顧其私容而替之者也。奏議不可從之。《文獻通考》：貞元十四年，命有司修葺陵寢。遣左諫議大夫平章事崔損完修八陵使。及(司所)〔所司〕計，獻、昭、乾、定、秦五陵各造屋三百七十八間，橋陵一百四十間，元陵三十間，惟建陵不復創造，但修葺而已。《讀禮通考》：昭陵陪葬妃嬪四：越國太妃燕氏、趙國太妃楊氏、紀國太妃韋氏、賢妃鄭氏；諸王七：蜀悼王愔、蔣王惲、越王貞、紀王慎、趙王福、曹王明、嗣紀王證；公主十八：高密公主、駙馬都尉、工部尚書、杞國公段(編)〔綸〕合葬。長廣公主、駙馬都尉楊師道合葬。長沙公主、駙馬都尉豆盧懷讓合葬。衡陽公主、駙馬都尉阿史那社尒合葬。已上高祖女。襄城公主、駙馬都尉蕭鋭合葬。南平公主、駙馬都尉劉元懿合葬。遂安公主、駙馬都尉王大禮合葬。長樂公主、駙馬都尉長孫冲合葬。豫章公主、駙馬都尉唐義識合葬。普安公主、駙馬都尉史仁表合葬。臨川公主、駙馬都尉周道務合葬。清河公主、駙馬都尉程懷亮合葬。蘭陵公主、駙馬都尉竇懷悊合葬。晉安公主、駙馬都尉韋思安合葬。安康公主、駙馬都尉獨孤諶合葬。新興公主、駙馬都尉長孫曦合葬。城陽公主、駙馬都尉薛瓘合葬。新城公主；駙馬都尉韋正矩合葬。諸臣一百三十七：宋國公蕭瑀、觀國公楊恭仁、申國公高士廉、梁國公房喬、趙國公長孫無忌、萊國公杜如晦、衛國公李靖、鄭國公魏徵、虞國公温彦博、江陵縣子岑文本、英國公李勣、高唐縣公馬周、高陽郡公許敬宗、固安縣公崔敦禮、鄂國公尉遲恭、胡國公秦瓊、褒國公段志玄、夔國公劉弘基、薛國公長孫順德、盧國公程知節、永興公虞世南、莒國公唐儉、東萊郡公公孫武達、漢東郡公李孟嘗、河南縣公元仲文、天水郡公丘行恭、鄖國公姜確、虢國公張士貴、子簡、孫柔遠。丹陽郡公李客師、潞國公薛萬均、武陽縣公李大亮、大安縣公閻立德、范陽郡公張延師、芮國公豆盧寬、平原郡公長孫敞、竇國公史大奈、畢國公阿史那社尒、凉國公契苾何力、薛國公阿史那忠、汾陰縣公薛收、陽翟縣侯褚亮、豐城縣男姚思廉、曲阜縣子孔穎達、新野縣公張後胤、冠軍大將軍許洛仁、已上見新、舊《唐書》傳。剡國公張公謹、芮國公豆盧承業、周國公鄭仁泰、雁門公梁建方、原州都督李正朝、輔國大將軍史奕、左監門衛大將軍賀拔儼、嘉國公周仁護、輔國大將軍阿史那德昌、驃騎將軍乙速孤晟、大將軍可汗阿史那步真、金吾衛大將軍梁敏、吏部尚書馬載、户部尚書房仁裕、殿中監唐素會、光禄卿姜遐、司衛卿尉遲寶琳、尉遲寶琪，已上見《京兆金石録》。魏州刺史王濤、金州刺史豆盧貞松、寧州刺史賈義節、衛州刺史蕭業、乙速孤行儼、乙速孤昭祐、太宗尚服宗道、内侍張阿難、江夏王道宗、禮部侍郎孔志約、工部侍郎孔元惠、吏部侍郎姜晦、太常卿姜皎、衛尉卿魏叔玉、秘書監岑景倩、宗正卿李芝芳、光禄卿房光義、原州別駕房暉、咸陽縣丞房曜、衛尉卿房光敏、閬州刺史房誕、贈鴻臚卿竇庭蘭、洪州刺史吴黑闥、晉州刺史裴藝、寧州刺史竇義節、吏部郎史馬覬、原州都督李正明、臨淮公李規、西平郡王李琛、簡州刺史李震、大將軍薛咄摩、大將軍蘇泥熟、大將軍阿史(阿)〔那〕道真、大將軍賀蘭整、雍州長史岑方倩，按《宰相世系表》，曼倩，文本子，襲長寧公。方倩誤。大將軍張世師，《醴泉志》作張大師。按《宰相世系表》，張後胤子有律師、小師、統師、彦師、道師、無世師、大師。大將軍瑯琊王駢、大將軍懷德公于伯億，按《醴泉志》作牛伯億。大將軍李森、大將軍公孫雅靖、瑯琊公王珍、常州公李倩、千金公李俊、中山王李据、汝州別駕房漸、左清道率房恒、雍州長史李弼、原州都督史幼虔、陝王府司馬史爲謙、將軍斛斯正貴、將軍徐定成、將軍康野、將軍元思玄、將軍李承祖、將軍薛承慶、右衛郎將軍尉遲昱、左衛郎將軍姜昕、中郎將殷承爽、右監門將軍執失善、左金吾將軍房先忠、横野軍都督拔野鐵、都督渾大寧、于闐王尉遲光、將軍仇懷古，按《醴泉志》作懷遠。將軍杜君綽、將軍麻仁靖、將軍何道、將軍楊思訓、左衛大將軍李思摩、薩寶仁贊普、新羅王真德。已上見《文獻通考》。《陝甘資政録》：乾隆乙未年修。杜甫《行次昭陵詩》：舊俗疲庸主，羣雄問獨夫。讖歸龍鳳質，威定虎狼都。天屬尊堯典，神功協禹謨。風雲隨絶足，日月繼高衢。文物多師古，朝廷半老儒。直詞寧戮辱，賢路不崎嶇。往者災猶降，蒼生喘未蘇。指麾安率土，蕩滌撫洪爐。壯士悲陵邑，幽人拜鼎湖。玉衣晨自舉，鐵馬汗常趨。又《重經昭陵詩》：草昧英雄起，謳歌歷數歸。風塵三尺劍，社稷一戎衣。翼亮貞文德，丕承戢武威。聖圖天廣大，宗祀日光輝。陵寢盤空曲，熊羆守翠微。再窺松栢路，還有五雲飛。

按《昭陵石蹟考》，九嵏在涇陽王橋鎮西。地脉從崆峒來，渭遶其前，涇環其後，而出其東，岐梁西峙，仲山嵯峩東障，南則終南太乙，天外列屏。封内周迴百二十里。陪葬諸王、妃主、勳舊、番將，東西班列，碁布有序。他如諸番君長擒伏歸降者，咸刻石肖其狀貌，深眼大鼻，弓刀雜佩，凡十四人，拱立於享廟之前，北闕之下，石駿如生。壯哉，誠異觀也！乙未季春，中丞畢公以護送川師入蜀，迴塗道經醴泉。時余偕行左右，得以周覽封域，瞻拜玄宫，及陪葬諸冢墓。所稱丞相塚者，魏文貞墓也。英、衛二公，詔準漢衛、霍故事，起塚象陰山鐵山。土人呼上下三塚，謂塚有三峯也。英公墓與許洛仁、尉遲恭、程知節、史大奈諸武臣墓，皆在陵南之東。游景叔《昭陵圖》所謂文武分左右列，亦不盡然。公主妃嬪大半在昭陵東南山上，俗曰亂冢坪。又曰姑姑陵。諸王，景叔圖内不載，無考。其他功臣密戚，俱在山下平地，去陵遠者十餘里至數十里。當日陵内封地周迴百二十里，墳冢故爾相去廣遠。《陵墓志》謂百餘人一山者，臆説也。當時百六十餘冢，皆有穹碑，夾以蒼松翠栢，長楊巨槐，下宫寢殿與表裏山河，互相暎帶。慨自朱梁温韜盗掘後，再歷千載，高臺已傾，曲池已平。摳衣駐馬，環眎諸塋，有屹若崇山，如英、衛二公冢者；有巉削如懸崖絶壁者，有頂平如磐石者，有下方上鋭漸削如浮圖者。其他如臺如壘，或僅賸劵墻，或僅存石獸，或已蝕爲田隴，牛羊踐踏其間。盡一日之力，瞻望不暇。歸後檢閱史傳及諸家志乘圖籍所載，互有不同。《唐書》所録僅七十四人，《通考》百五十五人。苟好善《醴泉志》，本於游景叔圖一百六十四人。其他載籍，惟徐氏《讀禮通考》所載一百六十六人，較爲詳審。今從之。惟是歷千五百餘年，金石難壽，博加鎪菑，僅得二十六碑。文復大半剥蝕，詳見「金石」卷内。而圖籍所傳，魯魚亥豕，不可究詰。今考《醴泉志》有而《讀禮通考》所無者，公主三墓，晉陽、汝南、常山也；妃嬪四墓，賢妃徐氏、彭城夫人、鄭國夫人、竇卿妹也；丞郎三品以下十二墓，閻立本、蕭守業、孔志亮、瑯琊王冲、姜簡、薛頤、長孫璿、盧赤松、杜正、劉洪真、安康伯、西平王安也；功臣大將軍以下十四墓，梁仁裕、段存爽、康平、魯何道、薛仁貴、王波利、盧承基、王愔、申進連、李承祖、薛出芝、龔善、仇務薦、阿史那什鉢苾也。至《唐書》有而縣志無者二人，長孫順德、阿史阿社尒也。《京兆金石録》有而縣志無者三人，張公謹、李正朝、一作明。尉遲寶琪也。《通考》有而縣志無者十六人：乙速孤晟、乙速孤行儼、乙速孤昭祐、李宗道、賈義節、姜皎、姜昕、房暉、房曜、薛咄摩、岑曼倩、執失善、麻仁靖、王珍、薩寶王贊普、新羅王真德也。至縣志所有晉陽、汝南、常山三公主早夭，或《唐書》失載。其名姓(設)〔涉〕于疑似者八人，閻立本疑即閻立德，蕭守業疑即蕭業，孔志亮疑即孔志約，琅邪王冲疑即琅邪王駢，梁仁裕疑即房仁裕，段存爽疑即殷承爽，康平疑即康野，魯何道疑即何道。若薛仁貴，本傳護喪還鄉里，墓碑今在安邑，並未陪葬。又王濤，《集古録目》：濤，字波利，越巂邛都人，官至魏州刺史，則波利即王濤也。又盧承基，考《宰相世〔家〕〔系〕表》有豆盧承業，寬之子，承基當即其人，疑子孫避明皇諱改也。此皆志乘之誤，所當更正者。其餘諸臣未知所據，當兩存之，以俟考。至《讀禮通考》中亦有可疑者，如阿史那社尒，已載偕衡陽王公主合葬，不應複載。新羅王真德之亡，史但言遣使至其國弔祭，不聞其陪葬也。至諸書皆無而應補入者，唐《李適之傳》，適之爲其祖恒山愍王承乾、父越州都督象求陪葬昭陵，詔可。又紀王慎爲則天所謫，道死巴州。神龍初，廣求宗室還葬。慎子七人：琮、叡、秀、獻、欽俱爲武后所殺，琮與叡則同死桂林。開元四年，琮子行休始迎三喪歸，陪葬昭陵，則昭陵當有琮、叡二墓。又近日新出土有紀國先妃陸氏，及監門將軍王君墓碑，皆當補入者。夫周畿漢甸，遠在西陲，南人卒難踵至。而故籍所傳，如王方慶《九嵕山志園陵記》、范文光《昭陵志》、《昭陵附塋圖全書》皆不可得見，僅於荒榛斷莽中，剩有殘碑斷碣，與三峯八水流峙人間。余以閒廢之身，冗寄斯土，竟能親陟崇岡，緬想貞觀一代君臣際會之隆，生死同歸之誼。俯仰憑弔，三致意焉，可不謂厚幸歟！

乾陵

《舊唐書》卷五《高宗本紀下》〔永淳二年十二月己酉〕是夕，帝崩於真觀殿，時年五十六。【略】上謚曰天皇大帝，廟號高宗。文明元年八月庚寅，葬於乾陵。

司馬光《資治通鑑》卷二〇三《高宗皇帝紀》〔光宅元年〕八月庚寅，葬天皇大帝于乾陵。乾陵在奉天縣北五里梁山。

司馬光《資治通鑑》卷二〇八《唐紀二十四》〔神龍元年〕十二月丁卯，上始御同明殿見羣臣。太后將合葬乾陵，給事中嚴善思上疏，以爲：「乾陵玄宫以石爲門，鐵錮其縫，今啓其門，必須鐫鑿。神明之道，體尚幽玄，動衆加功，恐多驚黷。況合葬非古，漢時諸陵，皇后多不合葬，魏、晉已降，始有合者。望於乾陵之傍更擇吉地爲陵，若神道有知，幽塗自當通會；若其無知，合之何益！」不從。

馬端臨《文獻通考》卷一二五《王禮考》高宗崩，葬乾陵，在京兆府奉天縣界。

李好文《長安志圖》卷中

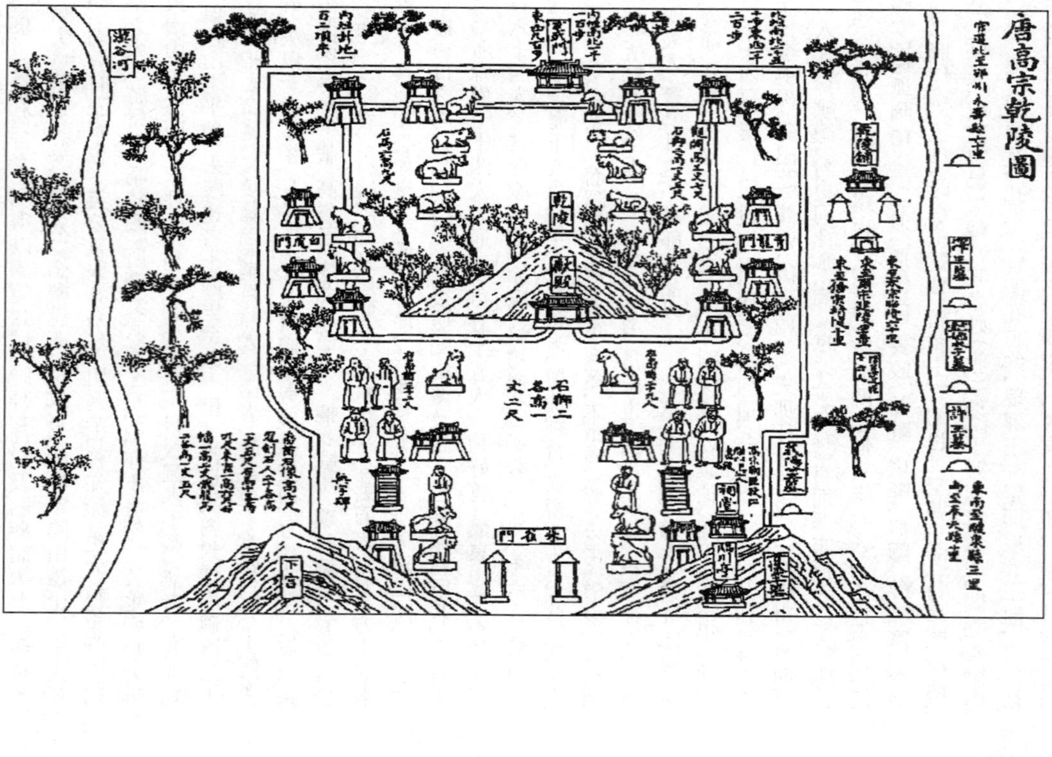

定陵

《舊唐書》卷七《睿宗紀》〔景雲元年〕十一月己酉，葬孝和皇帝于定陵。

馬端臨《文獻通考》卷一二五《王禮考二〇》 中宗崩，葬定陵，在京兆府富平縣界。

《〔乾隆〕西安府志》卷六四《古蹟志下·陵墓》 中宗定陵，《舊唐書》：景龍四年六月壬午，帝崩於神龍（殁）〔殿〕。十一月己酉，葬於定陵。《后妃傳》：和思順聖皇后趙氏，神龍元年追謚曰恭皇后，祔定陵。《長安志》：封内四十里，下宫去陵五里。陪葬太子一，節愍太子重俊；公主五：宜成、長寧、成安、定安王同皎、永壽韋鐵。《陝甘資政録》：在今縣北二十五里龍泉山。乾隆乙未年修。按：《河南府志》中宗定陵在偃師縣治東。誤。

泰陵

劉肅《唐新語》卷一〇《厘革》 玄宗嘗謁橋陵，至金粟山，覩岡巒有龍盤鳳翔之勢，謂左右曰：吾千秋後宜葬此地。寶應初追述先旨，而置山陵焉。

《新唐書》卷六《代宗本紀》〔廣德元年三月〕辛酉，葬至道大聖大明孝皇帝於泰陵。

馬端臨《文獻通考》卷一二五《王禮考二〇》 玄宗崩，葬泰陵，在京兆府奉天縣界。

齊陵

《〔乾隆〕西安府志》卷六四《古蹟志下·陵墓》 奉天皇帝齊陵，《縣志》：在新豐西二里。《唐十一宗諸子傳》：玄宗子，天寶十載薨。肅宗立，詔曰：靖德太子琮，親則朕兄，朕昔踐儲極，顧誠非次。君父有命，不敢違，永言懇讓，不克如素。宜進謚奉天皇帝，妃竇爲恭應皇后。詔裴冕持節改葬，號齊陵。

建陵

《舊唐書》卷一〇《肅宗本紀》〔寶應元年四月丁卯〕是日，上崩于長生殿，年五十二。羣臣上謚曰文明武德大聖大宣孝皇帝，廟號肅宗。寶應二年三月庚午，葬于建陵。

馬端臨《文獻通考》卷一二五《王禮考二〇》 肅宗崩，葬建陵，在京兆府醴泉縣界。

李好文《長安志圖》卷中

《〔雍正〕陝西通志》卷七〇《陵墓》　肅宗建陵，在縣正北三十里武將山。縣志。廣德元年三月庚午，葬文明武德大聖大宣孝皇帝於建陵。

《〔雍正〕陝西通志》卷七〇《陵墓》　貞元十四年，命有司修葺陵寢，以昭陵先因火焚毁，故詔百官詳議。議者多云舊宫既被火爇，請移就山下。或有議請修舊宫者。上意亦不欲移，由是復以山上爲定。於是遣左諫議大夫平章事崔損完修（入）〔八〕陵使。及（司所）〔所司〕計，獻、昭、乾、定、泰五陵各造屋三百七十八間，橋陵一百四十間，元陵三十間，惟建陵不復創造，但修葺而已。所緣陵寢中帷幄牀蓐一事，已上並令制置，上親閱焉。

《〔乾隆〕西安府志》卷六五《古蹟志下·陵墓》　肅宗建陵，《舊唐書·肅宗紀》：寶應元年四月乙丑，上崩于長生殿。二年三月庚午，葬建陵。《后妃傳》：章敬皇后吴氏，生代宗。薨，郭子儀等表上尊謚章敬皇后，祔葬建陵。《長安志》：下宫去陵五里。陪葬功臣一，尚父汾陽郡王郭子儀。《陝甘資政録》：陵在今縣北三十里武將山。乾隆乙未年修。

按常袞《李汧公墓志》：公諱懷讓，成紀人，封汧國公。廣德元年九月，薨于華州軍府。即以其年十月陪葬建陵，旌勳臣也。新舊《唐書》及諸志乘，俱未載。

元陵

《舊唐書》卷一一《代宗本紀》　〔大曆十四年五月辛酉〕是夕，上崩于紫宸之内殿。【略】八月庚申，羣臣上尊謚曰睿文孝武皇帝，廟號代宗。十月己酉，葬於元陵。

馬端臨《文獻通考》卷一二五《王禮考二〇》　代宗崩，葬元陵，在京兆府富平縣界。

《〔乾隆〕西安府志》卷六四《古蹟志下·陵墓》　代宗元陵，《舊唐書·代宗紀》：大曆十四年五月辛酉，上崩於紫宸上内殿。十月己酉，葬元陵。《册府元龜》德宗立，詔元陵務極優厚，當竭帑藏奉用度。令狐峘上疏諫。詔答曰：「朕頃議山陵，荒哀迷謬，以違先旨。卿引據典禮，非惟中朕之失，亦使朕不遺君親於患。敢不聞義而從，奉以終始？雖古遺直，何以加焉？」《長安志》：陵封内四十里，下宫去陵五里。《陝甘資政録》：在今縣西北三十里檀山。乾隆乙未年修。

崇陵

《新唐書》卷七《德宗本紀》　〔貞元〕二十一年正月癸巳，皇帝崩于會寧殿，年六十四。

《新唐書》卷七《憲宗本紀》　〔永貞元年〕十月己酉，葬神武聖文皇帝於崇陵。

《新唐書》卷一〇二《令狐峘傳》　德宗立，詔元陵制度務極優厚，當竭帑藏奉用度。峘諫曰：「臣伏讀漢劉向論山陵之誡，良史咨欷。何者？聖賢勤儉，不作無益。昔舜葬蒼梧，弗變其肆；禹葬會稽，不改其列；周武葬畢陌，無丘壟處；漢文葬霸陵，不起山墳。禹非不忠，啓非不順，周公非不悌，景帝非不孝，其奉君親，皆以儉觳爲無窮計。宋文公厚葬，《春秋》書華元爲不臣；桓魋爲石槨，夫子以爲不如速朽。由是觀之，有德者葬薄，無德者葬厚，章章可見。陛下仁孝切於聖心，然尊親之義貴合于禮。先帝遺詔，送終之制，一用儉約，不得以金銀緣飾。陛下奉先志，無違物，若務優厚，是咈顧命，盩經誼，臣竊懼之。今赦令甫下，諸條未出，望速詔有司從遺制便。」詔答曰：「朕頃議山陵，荒哀迷謬，以違先旨。卿引據典禮，非唯中朕之失，亦使朕不遺君親于患。敢不聞義而從，奉以終始？雖古遺直，何以加焉！」

《〔乾隆〕西安府志》卷六四《古蹟志下·陵墓》　德宗崇陵，《唐憲宗紀》：永貞元年十月己酉，葬神武聖文皇帝於崇陵。《后妃傳》：昭德皇后王氏生順宗，貞元三年立爲皇后，册〔禮方訖而〕崩，葬靖陵。永貞元年改祔崇陵。《長安志》：崇陵封内四十里，下宫去陵五里。《陝甘資政録》：在今縣北大石里嵯峨山南。乾隆乙未年修。

按《舊唐書》，韋賢妃初爲良娣，貞元四年册爲賢妃。德宗崩，請於崇陵終喪紀，因侍於寢。元和四年薨，後來似應祔葬。史無明文，附載於此。

豐陵

《舊唐書》卷一四《順宗本紀》　〔元和元年正月〕甲申，上皇崩於興慶宫之咸寧殿，享年四十六歲。六月乙卯，皇帝率羣臣上大行太上皇謚曰至德大聖大安孝皇帝，廟號順宗。秋七月壬申，葬於豐陵。

馬端臨《文獻通考》卷一二五《王禮考二〇》　順宗崩，葬豐陵，在京兆府富平縣界。

《〔乾隆〕西安府志》卷六四《古蹟志下·陵墓》　順宗豐陵，《舊唐書·順宗紀》：元和元年正月甲申，太上皇崩於興慶宫之咸寧殿。秋七月壬申，葬豐陵。《后妃傳》：莊憲皇后王氏，生憲宗。永貞内禪，册爲太上皇后。元和十一年三月，崩於南内之咸寧殿。其年八月，祔葬豐陵。《長安志》：陵封内四十里，下宫去陵五里。《陝甘資政録》：在今縣東北三十里金甕山。乾隆乙未年修。

景陵

《新唐書》卷八《穆宗本紀》〔元和十五年〕五月庚申，葬聖神章武孝皇帝於景陵。

馬端臨《文獻通考》卷一二五《王禮考二〇》 憲宗崩，葬景陵，在京兆府奉天縣界。

《〔雍正〕陝西通志》卷七一《陵墓》 景陵在豐山陵南，下宫有宋重修廟碑。橋陵、泰陵、光陵碑俱毁，惟景陵有録其全文者，今猶傳。

光陵

《新唐書》卷八《敬宗本紀》〔長慶〕四年正月，穆宗崩。【略】十一月庚申，葬睿聖文惠孝皇帝於光陵。

馬端臨《文獻通考》卷一二五《王禮考二〇》 穆宗崩，葬光陵，在京兆府奉天縣界。

莊陵

《新唐書》卷八《文宗本紀》〔太和元年〕七月癸酉，葬睿武昭愍孝皇帝於莊陵。

宋敏求《長安志》卷二〇《三原》 敬宗莊陵在縣西北五里太平鄉胡村，封内四十里，下宫去陵八里，陪葬一。

馬端臨《文獻通考》卷一二五《王禮考二〇》 敬宗崩，葬莊陵，在京兆府三原縣界。

《〔乾隆〕西安府志》卷六四《古蹟志下・陵墓》 敬宗莊陵，《文宗紀》：太和元年七月癸酉，葬睿武昭愍孝皇帝於莊陵。《長安志》：封内四十里，下宫去陵八里。陪葬一，悼懷太子晉。《陝甘資政録》：在今縣東北三十里張家里。乾隆乙未年修。

按《河南通志》，敬宗陵在偃師縣西南緱氏堡。《河南府志》，在偃師縣景山，號恭陵。有《高宗御製功德紀》及御書碑，俗名太子陵。考《唐書》，天祐元年正月，昭帝遷洛，安有敬宗先葬偃師之理？所謂太子陵，乃高宗太子弘，於上元二年從幸合璧宫，薨，詔謚孝敬皇帝者，非敬宗也。

章陵

《新唐書》卷八《武宗本紀》〔開成五年八月〕壬戌，葬元聖昭獻孝皇帝於章陵。

馬端臨《文獻通考》卷一二五《王禮考二〇》 文宗崩，葬章陵，在京兆府富平縣界。

《〔乾隆〕西安府志》卷六四《古蹟志下・陵墓》 文宗章陵，《唐武宗紀》：開成五年正月辛巳，帝崩於太和殿。八月壬戌，葬於章陵。《長安志》：陵封内四十五里，下宫去陵三里。陪葬楊賢妃。《陝甘資政録》：在今縣北四十里天乳山。乾隆乙未年修。

端陵

《新唐書》卷八《宣宗本紀》〔會昌六年八月〕壬申，葬至道昭肅孝皇帝於端陵。

宋敏求《長安志》卷二〇《三原》 武宗端陵在縣東一十里神泉鄉騰張村，封内四十里，下宫去陵四里，陪葬一。賢妃王氏。

馬端臨《文獻通考》卷一二五《王禮考二〇》 武宗崩，葬端陵，在京兆府三原縣界。

《〔乾隆〕西安府志》卷六四《古蹟志下・陵墓》 武宗端陵，《唐宣宗紀》：會昌六年八月壬申，葬至道昭肅孝皇帝於端陵。《長安志》：端陵封内四十里，下宫去陵四里。《后妃傳》：賢妃王氏，初進才人，帝不豫，才人侍左右。帝曰：吾氣奄奄，欲與汝辭。對曰：陛下萬歲後，妾得以殉。及帝崩，即自經幄下。宣宗即位，嘉其節，贈賢妃，葬端陵之柏城。《陝甘資政録》：在今縣東北三十里浮陽鄉。乾隆乙未年修。

貞陵

《新唐書》卷九《懿宗本紀》〔咸通元年〕二月丙申，葬聖武獻文孝皇帝於貞陵。

馬端臨《文獻通考》卷一二五《王禮考二〇》 貞陵在京兆府雲陽縣界。

《〔乾隆〕西安府志》卷六四《古蹟志下・陵墓》 宣宗貞陵，《唐懿宗紀》：大中十三年八月癸巳，帝崩於咸寧殿。咸通元年二月丙申，葬貞陵。《長安志》：封内一百二十里，下宫去陵十里。《讀禮通攷》：貞陵陪葬婕妤柳氏。《陝甘資政録》：在今縣西北范村里仲山南。乾隆乙未年修。

簡陵

《新唐書》卷九《僖宗本紀》 乾符元年二月甲午，葬昭聖恭惠孝皇帝於簡陵。

馬端臨《文獻通考》卷一二五《王禮考二〇》 懿宗崩，葬簡陵，在京兆府富平縣界。

《〔乾隆〕西安府志》卷六四《古蹟志下・陵墓》 懿宗簡陵，《舊唐書》：咸通十四年七月戊寅，帝疾大漸。辛巳，遺詔當舉薄葬之禮，宜遵漢魏之文山陵制度，務在儉約。《僖宗紀》：乾符元年二月甲午，葬簡陵。《長安志》：陵封内四十里，下宫去陵七里。《陝甘資政録》：在今縣北四十里虎頭山。乾隆乙未年修。

靖陵

《新唐書》卷一〇《昭宗本紀》〔文德元年十月〕辛卯，葬惠聖恭安孝皇帝於靖陵。

馬端臨《文獻通考》卷一二五《王禮考二〇》 僖宗崩，葬靖陵，在京兆府奉天縣界。

和陵

《新唐書》卷一〇《哀帝本紀》〔天祐二年二月〕己酉，葬聖穆景文孝皇帝于和陵。【略】四月乙未，以旱避正殿，减膳。庚子，有彗星出于西北；甲辰，出于北河。辛亥，降京畿死罪以下，給復山陵役者一年。

《舊唐書》卷二〇下《哀帝本紀》〔天祐二年〕四月己丑朔壬辰，勅河南府緱氏縣令宜兼充知陵臺令。仍昇爲赤縣。

徐乾學《讀禮通考》卷九〇《葬考》 《舊唐書》：天祐五年二月，帝爲全忠所害，謚哀皇帝，以王禮葬于濟陰縣之定陶鄉，明宗時就故陵置園邑。

王溥《唐會要》卷二一《諸陵雜録》 孝敬皇帝恭陵，在河南府緱氏縣界，上元二年八月十九日葬。初，修陵，蒲州刺史李仲寂充使。將成，而以玄宫狹小，不容送終之具，遽欲改拆之，留役滑、澤等州丁夫數千人，過期不遣。丁夫恚苦，夜中投塼瓦，以擊當作官，燒營而逃，遂遣司農卿韋機續成其功。機始于隧道左右，開便房四所，以貯明器。于是撙節禮物，校量功程，不改玄宫，及期而就。

【略】

永徽二年四月，進獻、昭二陵令爲從五品，丞爲從七品。

景龍二年三月十一日勅：「諸陵所使來往，宜令所支預料所須，送納陵署，仍令署官檢校，隨事供擬，不得差百户私備支承。」

開元二年，昭成皇后靖陵在洛陽，上令舅希瓘往樹碑。上曰：「其文須取第一手。」遂令魏知古宣旨，令中書侍郎蘇頲爲碑文。頲因極言：「帝王及后，禮無神道碑。近則天皇后崇尚家代，猶不敢稱碑，刻爲述聖紀。且事不師古，動不合法。若靖陵獨建，即陛下祖宗之陵，皆須追建。」上從其言而止。

二十三年十二月三日勅：「諸陵使至先立封，封内有舊墳墓，不可移改。自今以後，不得更有埋葬。」

大曆十四年十月，代宗山陵靈駕發引，上號送于承天門，見輼輬不當道，指丁未間，問其故，有司對曰：「陛下本命在午，故不敢當道。」上號泣言曰：「安有枉靈駕而謀身利？」乃命直午而行。

貞元六年十一月十八日，勅諸陵柏城四面，合各三里内不得葬。如三里内一里外舊塋，須合祔者，任移他處。

元和元年十二月，太常奏：「隱太子、章懷、懿德、節閔、惠莊、惠文、惠宣、靖恭、恭懿、昭靖九太子陵，世數已遠，官額空存，今請除陵户外並停。」從之。二年正月，停諸陵留守。四年閏三月二十八日，勅諸陵臺令，每季集，宜令正衙辭見。八年七月，宗正卿王涯奏：「永康、興寧、順三陵，及諸太子陵，並許三百步外任人興墓。」從之。

十五年二月，山陵使奏：「准崇陵例，當使合置副使兩員。李翺官是宗卿，職奉陵寢，按行陵地，公事已終，使請兼充副使，專于陵所勾當。」從之。

大和八年七月，大雨雹，定陵東廊下，地裂一百三十七尺，深五尺。詔宗正卿李仍叔啓告修塞。

會昌二年四月二十三日勅節文：「諸陵柏栽，今後每至歲首，委有司于正月、二月、七月、八月四箇月内，擇動土利便之日，先下奉陵諸縣，分明榜示百姓，至時與設法栽植。畢日，縣司與守塋使同檢點，據數牒報，典摺本户税錢。」

文德元年，僖宗晏駕，以左僕射、平章事孔緯充山陵使。祔廟畢，准故事不入廟。上遣中使日赴延英，合令依舊視事。

嵩陵

《新五代史》卷一二《周本紀》〔顯德元年〕夏四月乙卯，葬神聖文武恭肅孝皇帝於嵩陵。在鄭州新鄭縣。

馬端臨《文獻通考》卷一二五《王禮考》 先時帝屢戒晉王曰：昔吾西征，見唐十八陵無不發掘者，此無他，惟多藏金玉故也。我死當衣以紙衣，斂以瓦棺，速營葬，勿久留宫中。壙中無用石，以甓代之，工人徒役皆和雇，勿以煩民。葬畢，募近陵民三十户蠲其雜徭，使之守視，勿修下宫，勿置守陵宫人，勿作石羊虎人馬，惟刻石至陵前云：周天子平生好儉約，遺令用紙衣、瓦棺，嗣天子不敢違也。汝或違吾，吾不福汝。

安陵

《宋史》卷一二二《禮志二十五》 太祖建國，號僖祖曰欽陵，順祖曰康陵，翼祖曰定陵，宣祖曰安陵。

安陵在京城東南隅，乾德初，改卜河南府鞏縣西南四十里訾鄉鄧封村。以司徒范質爲改卜安陵使，學士竇儀禮儀使，中丞劉温叟儀仗使，樞密直學士薛居正鹵簿使，太宗時尹開封，爲橋道頓遞使。質尋免相，以太宗兼轄五使事，修奉新陵。皇堂下深五十七尺，高三十九尺，陵臺三層正方，下層每面長九十尺。南神門至乳臺，乳臺至鵲臺，皆九十五步。乳臺高二十五尺，鵲臺增四尺。神牆高九尺五寸，環四百六十步，各置神門、角闕。【略】順祖、翼祖皆葬幽州，至真宗始命營奉二陵，遂以一品禮葬河南縣。制度比安陵減五分之一，石作減三分之一，尋改上定陵名曰靖陵。

徐松《宋會要輯稿》第三十一册《禮三十七》 太祖乾德元年十二月二十三日詔：改卜安陵，命樞密承旨内客省使王仁贍爲按行使。仁贍與司天監趙修己言，得河南府鞏縣西南四十里訾鄉鄧村地吉，從之。二年正月七日，以宰臣范質爲改卜安陵使，翰林學士竇儀爲禮儀使，吏部尚書張昭爲鹵簿使，御史中丞劉温叟爲儀仗使，皇弟開封尹匡藝爲橋道頓遞使。後質罷相，命開封尹代，兼轄五使公事；昭致仕，以樞密直學士薛居正代。十一日，有司請新陵，皇堂下深五十七尺，高三十九尺。陵臺三層，正方，下層每面長九十尺。南神門至乳臺，乳臺至鵲臺，皆九十五步，乳臺高二十五尺，鵲臺增四尺。神牆高九尺五寸，周回四百六十步，各置神門、角闕。吉仗用大駕鹵簿，凶仗用大升輿、龍輴、鵝茸纛、魂車、香輿、銘旌、哀謚册寶車、方相、買道車、白幰弩、素信幡、錢山輿、黄白紙張、暖帳、夏帳、千味臺盤、衣輿、拂纛、盟器輿、漆梓宫、夷衾、儀椁、素翣、包牲、倉瓶、五穀輿、瓷甒、辟惡車。進皇堂有鐵帳覆梓宫，藉以椶櫚褥，鐵盆、鐵山以燃漆燈。宣祖衮冕，昭憲皇后花釵，翬衣、贈玉。十二神，當壙、當野、祖明、祖思、地軸及留陵刻漏等。二月十三日，禮儀使言：宣祖謚册寶舊藏太廟，昭憲皇太后謚册寶遷入安陵，宣祖册寶未審入陵以否。太常禮院言：按《晉書》，武帝禪位之年，追謚大帝，至太初四年文帝王太后崩，將合葬開崇陵，太尉司馬望奉祭，進文帝璽綬於便房神坐。望約此例，遷入安陵。從之。三月二十六日，啓故安陵，奉宣祖、昭憲皇太后、孝惠皇后梓宫於幄殿。四月九日，安陵掩皇堂。真宗咸平三年六月五日，遣内殿崇班麥守恩往保州奉順祖惠元皇帝、惠明皇后、簡穆皇后神柩於西京白馬寺，令有司議修奉二陵年月。國初，加上四祖陵名，欽陵、康陵、定陵並在幽州，惟安陵舊在京城東南隅。又改卜安陵後，三陵尚未修奉。真宗即位，有言順祖、翼祖葬保州者，始舉是禮。六年二月，太常禮院議康、定二陵制度，請依改卜安陵例。詔比安陵減省制度。康陵比安陵減省外，皇堂深四十五尺，靈臺高三十三尺，四面各長七十五尺。神墻高七尺五寸，四面各長六十五步。四神門，南神門外至乳臺四十五步，乳臺高一丈五尺。乳臺至鵲臺五十五步，鵲臺高一丈九尺。簡穆皇后陵比孝明皇后減省亦同此制。其石作比安陵減三分之一。每陵四神門外，各設獅子二，南神門外宫人二，文武官各二，石羊、石虎各四，石馬各二并控馬者，望柱石二。景德元年七月二十一日，手詔曰：康陵、安陵已經近奉，將修兆域。以園寢之事，邦國大經，開國之初，已曾會議。尋建陵名，尚虚神寢，而有司抗表，屢有所陳，因以二陵尚居清苑，朕以事關宗廟，理合審詳，周訪羣言，皆云有據。朕猶存慎重，宜廣諮詢，至于命中使以經營，委藩侯而訪察。繼觀來奏，咸曰無疑。復俾大臣，再陳定議，遂有迎奉之請，用慰追遠之誠。既覩僉同，式稽典禮。於是遷之梵剎，營此寢園。今則安厝有期，儀制將舉。朕偶從餘暇，肆閲羣編，因覽《太宗實録》，明載二陵所在，又不指保州。眷言夙宵，未免疑惑。況奉先之事，垂世大猷，務叶禮徑，所宜明允。可令中書門下與樞密詳定以聞。二十三日，中書門下、樞密院上言：伏以尊崇祖禰，務極孝思，營奉陵園，必遵典制。今者肇基王業，首舉徽章，欲行四廟之儀，尋建諸陵之號，雖未崇於兆域，已脩載於册書。向以攸司連上封疏，述其忠款，頗陳懇激之言。詢及宰司，亦有僉同之議。恭惟聖慮務極精詳，密詔求詢，皆有依據。矧重雍之肇啓，當大孝之丕承。咸秩無文，動循故實。持伸迎護，將展厝安，而陛下覩信史之所摽，指塋域而有異，因垂中詔，俾極參詳。敢抒羣心，上酬清問。臣等共議，其迎到神寢，向期下葬，即望權停。所有二陵，伏請量加營繕，務從儉省。葬以衣冠，設其園寢，用伸朝拜之禮，以改尊祖之懷。徐俟辯明，續伸遷奉，庶不違於古道，且旁協於人情。狂瞽之言，仰祈聖擇。從之。二年正月十八日詔：康陵、定陵宜令藍繼宗罷修。其迎到神柩，遂以一品禮葬于河南府河南縣，爲二位。二十七日，太常禮院言：每歲春秋二仲，遣官於西京白馬寺，行獻奠之禮。今準詔旨，罷修康、定二陵，其獻奠官宜停。從之。大中祥符四年正月二十八日，車駕幸汾陰，次西京，遣知制誥錢惟演詣一品墳，以香幣酒脯祭告。仍詔俟朝拜諸陵日，差官以少牢致祭。

永昌陵

《宋史》卷三《太祖本紀》〔開寶九年十月〕癸丑夕，帝崩於萬歲殿，年五十。殯于殿西階，謚曰英武聖文神德皇帝，廟號太祖。太平興國二年四月乙卯，葬永昌陵。

《宋史》卷一二二《禮志二十五》 開寶九年十月二十日，太祖崩，遺詔：「以日易月，皇帝三日而聽政，十三日小祥，二十七日大祥。諸道節度防禦團練使、刺史、知州等，不得輒離任赴闕。諸州軍府臨三日釋服。」羣臣敍班殿庭，宰臣宣制發哀畢，太宗即位，號哭見羣臣。羣臣稱賀，復奉慰盡哀而退。【略】陵在鞏縣，祔宣祖，曰永昌。

張淏《雲谷雜紀》卷三 太祖拜安陵，奠哭爲别曰：此生不得再朝于此也。即更衣服，弧矢，登闕臺，望西北鳴弦發矢，指矢委處，謂左右曰：即此，乃朕之皇堂也。以向得石馬埋于中。又曰：朕自爲陵，名曰永昌。是歲果晏駕。

馬端臨《文獻通考》卷一二六《王禮考二一》 永昌陵在河南鞏縣。附宣祖永安陵。

迺賢《河朔訪古記》卷中《河南郡部》 宋太祖永昌陵。在芝田西四十里，陪葬子孫十五墳。宋太宗永熙陵。在芝田西南四十里，皇堂深百尺，方廣八十尺。陵臺方二百五十尺。置守陵五百人。陪葬子孫凡八墳。

永熙陵

《宋史》卷六《真宗本紀》〔至道〕三年二月，太宗崩。【略】〔十月〕己酉，葬太宗於永熙陵。

《宋史》卷一二二《禮志二十五》 至道三年三月二十九日，太宗崩于萬歲殿。真宗散髮號擗，奉遺詔即位於殿之東楹。制永熙陵，皇堂深百尺，方廣八十尺，陵臺方二百五十尺。

徐乾學《讀禮通考》卷九一《葬考》《東都事畧》：至道三年三月癸巳，帝崩于萬歲殿，十月己酉，葬永熙陵。

永定陵

《宋史》卷九《仁宗本紀》〔乾興元年二月〕庚申，命丁謂爲山陵使。【略】六月己酉，命參知政事王曾按視山陵皇堂。丁巳，契丹使來祭奠弔慰。庚申，入内内侍省押班雷允恭坐擅移皇堂伏誅。丁謂罷爲太子少保，分司西京。甲子，改命馮拯爲山陵使。丙寅，降參知政事任中正爲太子賓客。【略】冬十月壬寅，契丹使來賀即位。己酉，葬真宗皇帝于永定陵。

《宋史》卷一二二《禮志二十五》〔乾興元年三月〕十四日，司天監言：「山陵斬草，用四月一日丙時吉。」十六日，山陵按行使藍繼宗言：「據司天監定永安縣東北六里曰卧龍岡，堪充山陵。」詔雷允恭覆按以聞。皇堂之制，深八十一尺，方百四十尺。制陵名曰永定。

《宋史》卷二八三《丁謂傳》 允恭方爲山陵都監，與判司天監邢中和擅易皇堂地。夏守恩領工徒數萬穿地，土石相半，衆議日喧，懼不能成功，中作而罷，奏請待命。謂庇允恭，依違不決。内侍毛昌達自陵下還，以其事奏，詔問謂，謂始請遣使按視。既而咸謂復用舊地，乃詔馮拯、曹利用等就謂第議，遣王曾覆視，遂誅允恭。

《宋史》卷四六八《雷允恭傳》 章獻后初臨政，丁謂潛結允恭，凡機密事令傳達禁中，由是允恭勢横中外。山陵事起，允恭請效力陵上，章獻后曰：「吾慮汝有妄動，恐爲汝累也。」乃以爲山陵都監。允恭馳至陵下，司天監邢中和爲允恭言，「今山陵上百步，法宜子孫，類汝州秦王墳」。允恭曰：「何不就？」中和曰：「恐下有石與水爾。」允恭曰：「上無他子，若如秦王墳，何不可？」中和曰：「山陵事重，踏行覆按，動經月日，恐不及七月之期耳。」允恭曰：「第移就上穴，我走馬入見太后言之。」允恭素貴横，人不敢違，即改穿上穴。入白其事，章獻后曰：「此大事，何輕易如此？」允恭曰：「使先帝宜子孫，何惜不可？」章獻后意不然，曰：「出與山陵使議可否。」時丁謂爲山陵使，允恭具道所以，謂唯唯而已。允恭入奏曰：「山陵使亦無異議矣。」既而上穴果有石，石盡水出。允恭竟以是并坐盜金寶賜死，籍其家。中和流沙門島。謂尋竄海上。

迺賢《河朔訪古記》卷中《河南郡部》 真宗永定陵。在芝田北五里，皇堂深八十一尺，上方百四十尺。

徐乾學《讀禮通考》卷九一《葬考》《東都事畧》：乾興元年二月戊午，帝崩于延慶殿，冬十月己酉，葬永定陵。【略】《文獻通考》：始丁謂請名陵曰鎮陵，及謂貶，馮拯謂三陵皆有永字，故易曰永定陵。然永安乃縣名也，宣祖陵止名安陵，又翼祖已名定陵，于是復改翼祖陵爲靖陵。議者譏拯不學，當時無正之者。

永昭陵

《宋史》卷一二二《禮志二十五》 嘉祐八年三月晦日，仁宗崩，英宗立喪服制度及修奉永昭陵，並用定陵故事，發諸路卒四萬六千七百人治之。宣慶使石全彬提舉制梓宮，畫樣以進，命務堅完，毋過華飾。

迺賢《河朔訪古記》卷中《河南郡部》 仁宗永昭陵，在芝田北十二里。初崩，發諸路卒四萬六千七百八十人修奉山陵。

徐乾學《讀禮通考》卷九一《葬考》 《東都事畧》：嘉祐八年三月辛未，帝崩于福寧殿，冬十月甲午，葬永昭陵。

永厚陵

《宋史》卷一四《神宗本紀》 〔治平〕四年正月丁巳，英廟崩，帝即皇帝位。戊午，赦天下常赦所不原者。遣馮行己告哀于遼。己未，尊皇太后曰太皇太后，皇后曰皇太后。命宰相韓琦爲山陵使。【略】二月乙酉，初御紫宸殿。立向氏爲皇后。丁亥，詔入内内侍省、皇城司合覆奏事並執條覆奏。戊子，進封交阯郡王李日尊爲南平王。加邈川首領董氈檢校太保。詔山陵所須，應委三司、轉運司計置，毋輒擾民。詔提舉醫官院試堪診御脈者六人。【略】八月丁未朔，太白晝見。戊午，復西夏和市。己巳，京師地震。癸酉，葬英宗于永厚陵。

《宋史》卷一二二《禮志二十五》 治平四年正月八日，英宗崩，神宗即位。十一日，大斂。二月三日，殯。四月三日，請謚。十八日，奏告及讀謚册于福寧殿。七月二十五日，啓菆。八月八日，靈駕發引。二十七日，葬永厚陵。

馬端臨《文獻通考》卷一二六《王禮考二一》 諸陵儀制。治平四年，永厚陵置使，副使二，增募奉先軍一指揮。昭陵東南禁地，占民田者，優買償之。

迺賢《河朔訪古記》卷中《河南郡部》 英宗永厚陵。南至定陵七里一百三十步，東至昭陵九十步。

永裕陵

《宋史》卷一六《神宗本紀》 〔元豐八年〕九月己亥，上大行皇帝謚曰英文烈武聖孝皇帝，廟號神宗，十月乙酉，葬于永裕陵。

《宋史》卷一二二《禮志二十五》 元豐八年三月五日，神宗崩。十三日，大斂，帝成服。十七日，小祥。四月一日，禫除。七月五日，請謚于南郊。九月八日，讀謚寶册于福寧殿。二十三日，啓菆。十月一日，靈駕發引。二十一日，葬永裕陵。二十九日，虞主至。十一月一日，虞祭于集英殿。自復土，六虞在途，太常卿攝事，三虞行禮于殿。四日，卒哭。五日，祔廟。【略】紹聖四年，太史請遷去永裕陵禁山民塚一千三百餘，以便國音。帝曰：「遷墓得無擾乎？若無所害，則令勿遷，果不便國音，當給官錢，以資葬費。」

永泰陵

《宋史》卷一二二《禮志二十五》 元符三年正月十二日，哲宗崩，徽宗即位。詔山陵制度，並如元豐。七月十一日，啓菆。二十日，靈駕發引。八月八日，葬永泰陵。九月一日，以升祔畢，羣臣吉服如故事。

徐乾學《讀禮通考》卷九一《葬考》 《東都事畧》：元符三年春正月己卯，帝崩于福寧殿，七月壬寅，葬永泰陵。

永祐陵

《宋史》卷二二《徽宗本紀》 靖康元年正月己巳，詣亳州太清宫，行恭謝禮，遂幸鎮江府。四月己亥還京師。明年二月丁卯，金人脅帝北行。紹興五年四月甲子，崩于五國城，年五十有四。七年九月甲子，凶問至江南，遥上尊謚曰聖文仁德顯孝皇帝，廟號徽宗。十二年八月乙酉，梓宫還臨安。十月丙寅，權欑于永祐陵。十二月丁卯，祔太廟第十一室。十三年正月己亥，加上尊謚曰體神合道駿烈遜功聖文仁德憲慈顯孝皇帝。

《宋史》卷一二二《禮志二五》 〔紹興五年〕六月，張浚請謚于南郊。户部尚書章誼等言：「梓宫未還，久廢謚册之禮。請依景德元年明德皇后故事，行埋重、虞祭、祔廟之禮，及依嘉祐八年、治平四年虞祭畢而後卒哭，卒哭而後祔廟，仍於小祥前卜日行之。異時梓宫之至，宜遵用安陵故事，行改葬之禮，更不立虞主。」從之。九月甲子，上廟號曰徽宗。九年正月，太常寺言：「徽宗及顯肅皇后將及大祥，雖皇堂未置，若不先建陵名，則春秋二仲，有妨薦獻。請先上陵名。」宰臣秦檜等請上陵名曰永固。

徽宗與顯肅初葬五國城，十二年，金人以梓宫來還。將至，帝服黄袍乘輦，詣臨平奉迎，登舟易緦服，百官皆如之。既至行在，安奉于龍德别宫，帝后異殿。禮官請用安陵故事，梓宫入境，即承之以槨；有司預備衮冕、翬衣以往，至則納之槨中，不復改斂。秦檜白令侍從、臺諫、禮官集議，靈駕既還，當崇奉陵寢，或稱欑宫。禮部員外郎程敦厚希檜意，獨上奏言：「仍欑宫之舊稱，則莫能示通和之大信，而用因山之正典，則若亡存本之後圖。臣以爲宜勿徇虚名，當示大信。」於是議者工部尚書莫將等乃言：「太史稱歲中不利大葬，請用明德皇后故事，權欑。」從之。以八月奉迎，九月發引，十月掩欑，在昭慈欑宮西北五十步，用地二百五十畝。十三年，改陵名曰永祐。

永獻陵

李心傳《建炎以來朝野雜記》（甲集）卷二《郊廟・永祐永獻喪制》 徽宗初葬五國城，後七年，虜人乃以梓宮還行在。梓宮將至，上服黄袍乘輦，詣臨平奉迎，登舟易緦服，百官皆如之。既至行在，寓於龍德别宫，以故待漏院爲之，在行宫南門外之東，帝、后異殿。先是，選人楊煒獻書於執政李光，以梓宮雖還，真僞未辨。左宣義郎王之道亦貽書諫官曾統，乞奏命大臣取神櫬之最下者，斵而視之，然後奉安。既而禮官請用安陵故事，梓宫入境，即承之以槨，有司預製衮冕翬衣以往，至則納槨中，不改斂。欽宗之喪，舉哀於天章閣南，以學士院爲几筵殿，遥上陵名曰永獻。暨乾道中，朝廷遣使求陵寢地，虜人許以還奉，且并歸靖康梓宫。朝廷難之，虜人乃以禮陪葬於鞏縣云。

《宋史》卷三四《孝宗本紀》 〔乾道七年五月〕庚寅，金人葬欽宗于鞏原。

徐乾學《讀禮通考》卷九一《葬考》 《朝野雜紀》：欽宗之喪舉哀于天章閣南，以學士院爲几筵殿，遥上陵名曰永獻。暨乾道中，朝廷遣使求陵寢地，金人許以還奉，且併歸靖康梓宫，朝廷難之，金人乃以禮陪葬于鞏縣云。

永思諸陵

《宋史》卷一二二《禮志二十五》 淳熙十四年十月八日，高宗崩，孝宗號慟擗踊，踰二日不進膳。【略】仍詔：「欑宫遵遺誥務從儉約，凡修營百費，並從内庫，毋侵有司經常之費。諸路監司、州軍府監止進慰表，其餘禮並免，不得以進奉欑宫爲名，有所貢獻。」上陵名曰永思。

紹熙五年六月九日，孝宗崩。太皇太后有旨，皇帝以疾聽在内成服，太皇太后代皇帝行禮。【略】已而詔于永思陵下宫之西，修奉欑宫，上陵名曰永阜。

慶元六年，光宗崩，上陵名曰永崇。

嘉定十七年，寧宗崩，上陵名曰永茂。

景定五年，理宗崩，上陵名曰永穆。

咸淳十年，度宗崩，上陵名曰永紹。

自孝宗以降，外庭雖用易月之制，而宫中實行三年之喪云。

錢泳《履園叢話》卷一九《宋六陵》 宋六陵者，高宗、孝宗、光宗、寧宗、理宗、度宗也，俱在會稽縣寶山，今名爲攢宫山。乾隆五十七年三月，余隨紹興太守李公往拜之。按六陵，元順帝至元中有西僧楊璉真伽者，恃恩横肆，爲江南總統，與會稽天衣寺僧福開及剡之演福寺僧允澤，帶同西僧及部領無賴人等，詐稱朝廷有旨，以楊侍郎、汪安撫侵占寺地爲名，羣擁陵上，時有陵使中官羅銑者拒之，兩相争執，羣夫擁而毆之，羅大哭而逃逸。先發寧宗、理宗、度宗、楊后四陵，劫取寶玉極多，而理宗之陵所藏尤厚，啓棺之初有白光竟天，蓋寶氣也。復發徽、欽、高、孝、光五帝及孟、韋、吴、謝四后之陵，浙東之民莫敢言者。時有唐林兩義士于暗中釀金以收真骨，一一表識葬於天章寺旁，以冬青樹識之。後真伽事敗，其資皆籍没入官，理宗頭顱亦入宣政院，以賜所謂帝師者。危素在翰林時，偶燕見，備言始末，帝太息者久之。至明太祖洪武二年，詔下北平，返理宗頭顱葬舊陵，而天章寺之真骨亦得歸葬，仍名六陵。其明年，即有旨遣官訪歷代帝王陵寢，令各行省臣同詣所在，審視陵廟，并圖以進。於是浙江行省繪圖奏上，始行建復，終明之世，禁人樵採。本朝雍正七年三月，欽奉上諭，飭令該地方官於宋高宗以下六陵加意防護，故春秋祭祀，至今猶不廢云。

永福陵

屈大均《廣東新語》卷一九 宋端宗崩於硇洲時，曾淵子充山陵使，奉帝還殯于沙衝馬南寶家，佯爲梓宫出葬，其實永福陵在厓山也。今新會壽星塘山中，有陵迹五處，以遺民隱諱，故得免于會稽之禍。予嘗訪其迹，吊之曰：一路松林接海天，荒陵不見見寒煙。年年寒食無尋處，空向春山拜杜鵑。又曰：萬古遺民此恨長，中華無地作邊墻。可憐一代君臣骨，不在黄沙即白洋。又曰：北狩南巡總寂寥，空留抔土是前朝。憑君莫種冬青樹，恐有人來此射鵰。

《〔道光〕廣東通志》卷二二六《古蹟略十一》 宋端宗永福陵，在縣南厓山，張世傑葬端宗於此。《大清一統志》。舊志言，景炎帝崩於硇州，至香山殯馬南寶家，後葬壽星塘。山中有陵跡五處，莫知真陵所在。《填海録》則以爲在厓山。《填海録》鄧光薦家所傳，光薦嘗隨駕，目擊其事，則陵在厓山無疑。《厓山志》。《宋論》云：考諸野史，景炎葬於海濱亂山之中，民爲之諱其處，世莫得聞焉。《番禺客語》云：在香山者非也，相傳壽星塘陵跡自是馬南寶僞爲疑陵。今亦不知所在。黄《志》。

楊太后陵

屈大均《廣東新語》卷一九 楊太后陵，在厓山海濱。番禺張詡銘云：「朝閩夕廣，提二弱孤。依臣張陸，爲宗社圖。所奔波者，趙氏塊肉。今則亡矣，伊疇之屬。茫茫大海，履之若無。止見仁義，不見其軀。曹娥死孝，貞義死信。惟后死之，仁至義盡。山陵峨峨，尺土孔多。六鰲擎負，毋使隨波。」布政使劉大夏，嘗過慈元陵，泫然曰：「后死國而弗祀，義弗稱。」謀立廟厓門之上，人感其意，不日而就，是爲全節廟。

《〔道光〕廣東通志》卷二二六《古蹟略十一》　楊太后陵，在厓山海濱。時太后聞變赴海，張世傑營葬，倉卒莫辨其地。《厓山志》。又有宋后疑陵，一在香山梅花水坡上，一在饒平南澳墳頭岡。郝《志》。明張詡《全后疑陵》詩：全后燕京去不還，一陵誰道葬香山。衹應此地衣冠在，月色長如見母顔。

謹案：舊志：宋二王航海，至元十四年十二月，二王移師香山，宋太后全氏殂，殯於梅花水坡上。考《宋史》，全太后與瀛國公入燕後，削髮爲尼，卒於北，未嘗南還也。

皇后園陵

《宋史》卷一二三《禮志二六》　皇后園陵。太祖建隆二年六月二日，皇太后杜氏崩于滋德殿。三日，百官入臨。明日大斂，欑于滋福宮，百官成服，中書、門下、文武百僚、諸軍副兵馬使以上並服布斜巾四脚、直領襴衫，外命婦帕頭、帔、裙、衫。【略】九月六日，羣臣奉册寶告于太廟，翌日上于滋福宮。十月十六日，葬安陵。十一月四日，神主祔太廟宣祖室。

乾德二年，改卜安陵于河南府鞏縣。三月二十五日，奉寶册，改上尊謚曰昭憲皇太后，讀于陵次。二十六日，啓故安陵。二十七日，靈駕發引，命攝太尉、開封尹光義遺奠，讀哀册。四月九日，掩皇堂。

太祖孝明、孝惠二后。乾德元年十二月七日，皇后王氏崩。二十五日，命樞密承旨王仁贍爲園陵使。時議改卜安陵于鞏，并以二后陪葬焉。皇堂之制，下深四十五尺，上高三十尺。陵臺再成，四面各長七十五尺。神牆高七尺五寸，四面各長六十五步。南神門至乳臺四十五步，高二丈三尺。吉仗用中宫鹵簿，凶仗名物悉如安陵而差減其數，孝惠又減孝明焉。

二年三月二十七日，孝明皇后啓欑宫，羣臣服初喪之服；明日，孝惠皇后自幄殿發引。皆設遺奠，讀哀册。四月九日，葬孝惠于安陵之西北，孝明于安陵之北。二十六日，皆祔于别廟。其後，孝明升祔太祖室。

太祖皇后宋氏，太宗至道元年四月二十八日崩。帝出次，素服舉哀，輟朝五日。六月六日，上謚曰孝章皇后。以歲在未，有忌，權欑于趙村沙臺。三年正月二十日，祔葬永昌陵之北。皇堂、陵臺、神牆、乳臺、鵲臺並如孝明園陵制度，仍以故許王及夫人李氏、魏王夫人王氏、楚王夫人馮氏、皇太子亡妻莒國夫人潘氏、將軍惟正亡妻裴氏陪葬。二月二日，祔神主于别廟。莒國潘氏，至道三年六月追册爲莊懷皇后，陵曰保泰，神主祔后廟。

太宗賢妃李氏，真宗至道三年十二月追尊爲皇太后，謚曰元德，祔葬永熙陵。大中祥符六年，升祔太宗室。

太宗明德皇后李氏，真宗景德元年三月十五日崩。十七日，羣臣上表請聽政，凡五上始允。帝去杖、絰，服衰，即御坐，哀動左右。太常禮院言：「皇后宜準昭憲皇太后禮例，合隨皇帝以日易月之制。宗室雍王以下，禫除畢，吉服，心喪終制。」五月，詳定園陵，宜在元德皇太后陵西安葬。八月十二日，上謚。九月二十二日，遷坐于沙臺欑宫。十月七日，祔神主太宗室。三年十月十五日，帝詣欑宫致奠。十六日，發引。二十九日，掩皇堂。

真宗章穆皇后郭氏，景德四年四月十五日崩。皇帝七日釋服，後改用十三日。羣臣三日釋服。諸道、州、府官吏訃到日舉哀成服，三日而除。二十一日，司天監詳定園陵。帝令祔元德皇太后陵側，但可安厝，不必寬廣，其棺槨等事，無得鐫刻花樣，務令堅固。二十五日，殯于萬安宫之西階。詔兩制、三館、祕閣各撰挽詞。閏五月十三日，上謚曰莊穆。六月二十一日，葬永熙陵之西北。七月，有司奉神主謁太廟，祔享于昭憲皇后，享畢，祔别廟。大中祥符二年四月十五日，大祥。詔特廢朝，羣臣奉慰。

真宗宸妃李氏，仁宗明道元年二月二十六日薨。初葬洪福禪院之西北，命晏殊撰墓銘。二年四月六日，追册爲莊懿皇太后。十月五日，改葬永定陵之西北隅。十七日，祔神主于奉慈廟。

真宗章獻明肅皇后劉氏，明道二年三月二十七日崩于寶慈殿，遷坐于皇儀殿。【略】四月，遣使告哀遼、夏及賜遺留物。十日，司天監詳定山陵制度。皇堂深五十七尺。神牆高七尺五寸，四面各長六十五步。乳臺高一丈九尺，至南神門四十五步。鵲臺高二丈三尺，至乳臺四十五步。詔下宫更不修蓋，餘依。二十七日，以宰臣張士遜爲山園使。是日，翰林學士馮元請上尊謚：九月四日，讀于靈坐。十月五日，葬永定陵之西北隅。十七日，祔神主于奉慈廟。

真宗章惠皇后楊氏。景祐三年十一月五日，保慶皇太后崩。太常禮院言：「皇帝本服緦麻三月，皇帝、皇后服皆用細布，宗室皆素服、吉帶，大長公主以下亦素服，並常服入內，就次易服，三日而除。」詔以「保祐沖人，加服爲小功，五日而除。」四年正月十六日，上謚。二月六日，葬永定陵之西北隅。十六日，升祔奉慈廟。

仁宗慈聖光獻皇后曹氏。神宗元豐二年十月二十日，太皇太后崩于慶壽宮。是日，文武百官入宮，宰臣王珪升西階，宣遺誥已，內外舉哭盡哀而出。二十六日大斂，命韓縝爲山陵按行使。二十九日，皇帝成服。十一月，韓縝言：「永昭陵北稍西地二百十步內，取方六十五步，可爲山陵。」上以迫隘，縝言：「若增十步，合徵火相主及中五之數。」詔增十步。

十二月，中書言：「先是，司天監選年月，遷祔濮安懿王三夫人。今大行太皇太后山陵，濮三夫人亦當舉葬。」於是詔：宗室正任防禦使以上許從靈駕，已從濮安王夫人者，免從。

三年正月十四日，上謚。太常禮院言：「大行太皇太后雖已有謚，然山陵未畢，俟掩皇堂，去『大行』，稱慈聖光獻太皇太后；附廟題神主，仍去二『太』字。」

祕閣校理何洵直言：「按禮，既葬，日中還，虞于正寢。蓋古者之葬，近在國城之北，故可以平旦而往，至日中即虞於寢，所謂葬日虞，弗忍一日離也。後世之葬，其地既遠，則禮有不能盡如古者。今大行太皇太后葬日至第六虞，自當行之於外，如舊儀；其七虞及九虞、卒哭，謂宜行之於慶壽殿。又按《春秋公羊傳》曰：『虞主用桑。』《士虞禮》曰：『桑主不文。』伏請罷題虞主。」太常言：「洵直所引，乃士及諸侯之禮。況嘉祐、治平並虞于集英殿，宜如故事。又嘉祐、治平，虞主已不書謚，當依所請。」

太常禮院又言：「慈聖光獻皇后祔廟，前二日，告天地、社稷、太廟、皇后廟如故事。至日，奉神主先詣僖祖室，次翼祖、宣祖、太祖、太祖后。太宗皇帝、懿德皇后、明德皇后同一祝，次饗元德皇后。慈聖光獻皇后，異饌、異祝，行祔廟之禮。次真宗、仁宗、英宗室。禮畢，奉神主歸仁宗室。如此，則古者祔謁之禮及近代徧饗故事，並行不廢。」從之。三月十日，葬永昭陵。二十二日，祔于太廟。

英宗宣仁聖烈皇后高氏，哲宗元祐八年九月三日崩于崇慶宮。遺誥：「皇帝成服，三日內聽政，羣臣十三日，諸州長吏以下三日而除。釋服之後，勿禁作樂。園陵制度，務遵儉省。餘並如章獻明肅皇太后故事。」十四日，詔園陵依慈聖光獻太皇太后之制。紹聖元年正月二十八日，禮部言：「將題神主，謹按章獻明肅皇后神主書姓劉氏。」詔依故事。四月一日，葬永厚陵。

神宗欽聖憲肅皇后向氏，建中靖國元年正月十三日崩。二月，太常寺言：「大行皇太后山陵一行法物，宜依元豐二年慈聖光獻皇后故事。皇堂之制，下深六十九尺，面方二丈五尺，石地穴深一丈，明高二丈一尺。鵲臺二，各高四十一尺。乳臺二，各高二丈七尺。神牆高一丈三尺。」五月六日，葬永裕陵。二十六日，祔于神宗廟室。

先是，元祐四年，美人陳氏薨，贈充儀，又贈貴儀。徽宗入繼大統，詔有司議追崇之典，上尊謚曰欽慈皇后，祔葬永裕陵，與欽聖同祔神宗室；崇寧元年二月，聖瑞皇太妃朱氏薨，制追尊爲皇太后，遂上尊謚曰欽成皇后，五月祔葬永裕陵，祔神主於神宗室，皆備禮如故事。

哲宗皇后劉氏，政和三年二月九日崩。詔：「崇恩太后合行禮儀，可依欽成皇后及開寶皇后故事，參酌裁定。」閏四月，上謚曰昭懷皇后。五月，葬永泰陵，祔神主於哲宗廟室。

徽宗皇后王氏，大觀二年九月二十六日崩。尚書省言：「章穆皇后故事，真宗服七日。」從之。十月，太史局言：「大行皇后園陵斬草用十月二十四日，斥土用十一月十三日，葬用十二月二十七日。諸宗室合祔葬者，並依大行皇后月日時刻。」十一月，宰臣蔡京等請上謚曰靖和皇后。十二月，奉安梓宮于永裕陵之下宮，神主祔別廟。四年十二月，改謚曰惠恭。其後，高宗復改曰顯恭。

哲宗昭慈聖獻皇后孟氏，紹興元年四月崩。詔以繼體之重，當承重服。以遺誥擇近地權殯，俟息兵歸葬園陵。梓取周身，勿拘舊制，以爲他日遷奉之便。六月，殯于會稽上亭鄉。欑宮方百步，下宮深一丈五尺，明器止用鉛錫。置都監、巡檢各一員，衛卒百人。生日忌辰、旦望節序，排辦如天章閣儀。虞主還州，行祔廟禮。

徽宗顯仁皇后韋氏，紹興二十九年崩，祔于永祐陵欑宮。

高宗憲聖慈烈皇后吳氏，慶元三年崩。時光宗以太上皇承重，寧宗降服齊衰期。四年三月甲子，權欑于永思陵。

孝宗成肅皇后夏氏，開禧三年崩，殯于永阜陵正北。吏部尚書陸峻言：「伏覩列聖在御，間有諸后上仙，緣無山陵可祔，是致別葬。若上仙在山陵已卜之後，無有不從葬者。其他諸后，葬在山陵之前，神靈既安，並不遷祔。惟元德、章懿二后，方其葬時，名位未正，續行追册。其成穆皇后，孝宗登極即行追册，改殯所爲欑宮，典禮已備，與元德、章懿事體不同，所以更不遷祔。竊稽前件典禮，祇緣喪有前後，勢所當然，其於禮意，卻無隆殺。今來從葬阜陵，爲合典故。」從之。

寧宗恭聖仁烈皇后楊氏，紹定五年十二月崩，祔葬茂陵。

濮安懿王園廟

《宋史》卷一二三《禮志二六》 濮安懿王園廟。治平三年，詔置園令一人，以大使臣爲之。募兵二百人，以奉園爲額。置柏子户五十人。廟三間二厦，神門屋二所，及齋院、神廚、靈星門。其告祭濮安懿王及諸神祝文，並本宮教授撰。河南府給香幣、酒脯、禮物。太祝、奉禮則命永安縣尉、主簿攝，如闕官，以本府曹官。凡祭告及四仲饗，並依此制。奉安神主三獻，命西京差判官一員亞獻，朝臣一員終獻，攝。知園令出納神主。廟制用一品，夫人任氏墳域，亦稱爲園。

元豐詔曰：「濮安懿王，先帝斟酌典禮，即園立廟，詔王子孫歲時奉祀，義協恩稱，後世無得議焉。今三夫人名位或未正，塋域或異處，有司置而不講，曷足以彰明先帝甚盛之德，仰承在天之志乎？三夫人可並稱曰『王夫人』，命主司擇歲月遷祔濮園，俾其子孫以時奉主與王合食，而致孝思焉。」禮官奏請，王夫人遷葬給鹵簿全仗，用鼓吹，至國門外減半。喪行與四時告享，並令嗣濮王主之。

南渡後，主奉祠事，以嗣濮王爲之；園令一員，以宗室爲之；祠堂主管兼園廟香火官一員，以武臣爲之。紹興二年九月，詔每歲給降福建度牒一十道，充祠堂仲饗、忌祭。五年二月，嗣濮王仲湜言：「被旨迎奉濮安懿王神主至行在，今已至紹興府，欲權就本處奉安。」從之。先是，神主、神貌在廬州，嗣濮王士從乞奉遷於穩便州郡安奉故也。

十三年五月，知大宗正事、權主奉濮安懿王祠堂士会言：「濮安懿王神貌、神主權於紹興府光孝寺，仲享薦祭，其獻官、牲牢、禮料並多簡略。乞令有司討論舊制。」行下禮部、太常寺令參酌，欲令士会攝初獻，仍差士会子或從子二人攝亞、終獻。其合用牲牢，羊、豕各一；籩、豆各十，設禮料。初獻合服八旒冕，亞獻、終獻合服四旒冕，奉禮郎、太祝、太官令服無旒冕，並以舊制從事。從之。二十六年二月，嗣濮王士俴言：「濮安懿王祠堂，外無門廡，內闕龕帳，別無供具，望下紹興府置造修奉。」淳熙五年四月詔：「濮安懿王祠堂園廟，自今實及三年，令本堂牒紹興府檢計修葺。」從嗣濮王士輵請也。

秀安僖王園廟

《宋史》卷一二三《禮志二六》 秀安僖王園廟。紹熙元年三月，詔秀王襲封等典禮。禮部、太常寺乞依濮安懿王典禮，避秀安僖王名一字。詔恭依，仍置園廟。四月，詔：「皇伯滎陽郡王伯圭除太保，依前安德軍節度使，充萬壽觀使，嗣秀王，以奉王祀。」

六月，禮部、太常寺言：「濮安懿王園廟制度，廟堂、神門宜並用獸。所安木主石埳，于室中西壁三分之一近南去地四尺開埳室，以石爲之，其中可容神主趺匱。今來秀安僖王及夫人神主，欲乞並依上件典禮。四仲饗廟，三獻官并奉禮郎等，係嗣秀王充初獻，本位姪男攝亞、終獻，其奉禮郎等，乞湖州差官充攝。行禮合用牲牢羊、豕，湖州排辦；祭器、祭服，工部下文思院製造。每遇仲饗，本府前期牒報湖州排辦。所有行禮儀注，乞從太常寺參照濮安懿王儀注修定。」並從之。其園廟差御帶霍漢臣同湖州通判一員相度聞奏。八月，霍漢臣暨通判湖州朱偰言奉詔相度園廟，以圖來上。十月，詔委通判一員，提督修造祠堂，如法修蓋。

十一月，禮工部、太常寺言：「濮安懿王園廟三間二厦、神門屋二坐、齋院、神廚、靈星門，欲令湖州照應建造。」從之。三年正月一日，嗣秀王伯圭奏：「建造秀安僖王園廟，近已畢工，所有修製神主儀式，令所司檢照典故修製，委官題寫。」詔差權禮部尚書李巘題寫。二月，伯圭又奏：「秀安僖王祠堂園廟，乞從濮安懿王例，每三年一次，從本所移牒所屬州府檢計修造。」從之。

《宋史》卷一二三《禮志二六》 〔紹興〕十年三月，禮部言：「池州銅陵縣丞呂和問進宮陵儀制，望付太常寺以備檢照。永安軍等處今已收復，遂委知軍詣諸陵逐位檢視，除永定、永昭、永厚、永裕、永泰陵園廟並無損動，內永安、永昌、永熙陵神臺開裂，未敢一面擅行補飾。太常寺看詳若行補修，合就差所委修飾官奏告行禮。」詔令河南府委官如法補飾，不得滅裂。其後兵部侍郎兼史館修撰張燾言：「伏見宣諭官方庭實有請，乞將來先帝山陵，一依永安陵等制度。臣區區愚忠，願明詔有司，異時永固陵凡金玉珍寶盡斥不用，播告天下，咸使聞知。如是，自然可保無虞。」上嘉納之。三十二年六月，詔祖宗陵寢，令本處招討使同本處官吏躬親朝謁，如法修奉，務在嚴潔，以稱孝思之意。

乾道六年八月，詔承信郎劉湛特轉兩官，右迪功郎劉師顏特與右承務郎升擢差遣，秦世輔特轉一官，升充正將，以湛等歸正結義保護陵寢故也。

李心傳《建炎以來朝野雜記》（甲集）卷二《郊廟・昭慈永佑殯宮儀》 國朝自宣祖葬河南之永安，其後六聖皆祔。紹興元年，昭慈聖獻皇后崩於越州，遺誥權宜擇地攢殯，候軍事寧息，歸葬園陵，梓宮取周於身，以爲他日還奉之便。於是權殯於會稽縣之上皇村。十二年，徽宗梓宫將還，宰相秦檜白令侍從、臺諫、禮官赴尚書省集議。靈駕既還，當崇奉陵寢，或稱殯宫。禮部員外郎眉山程敦厚希檜意，獨上奏，言：「仍殯宫之舊稱，則莫能示通和之大信，而用因山之正典，則若忘存本之後圖。臣以爲宜勿徇虚名，而當示大信。」於是議者工部尚書莫將等乃言：「太史稱歲中不利大葬，請用明德皇后故事權殯。」許之。議狀遠引明德而近舍昭慈，似有所避也。其後高宗遺誥亦稱殯宫，訖今遂循故事。

李心傳《建炎以來朝野雜記》（甲集）卷二《郊廟・殯宫五使》　昭慈之喪，以同知樞密院事李回爲總護使，刑部尚書胡直孺爲橋道頓遞使，神武左軍都統制韓世忠爲總管，内侍楊公弼爲都監，調三衙神武輜重越州卒千三百人穿復土，不置五使。永佑、顯仁亦如之。高宗山陵始備五使，如典禮。

李心傳《建炎以來朝野雜記》（甲集）卷二《郊廟・昭慈永佑顯仁永思永阜永崇六殯宫》　昭慈殯宫方百步，下宫深一丈五尺，明器止用鉛錫，置都監、巡檢各一員，衛卒百人，生日、忌辰、旦望、節序排辦如天章閣之儀，以香火院爲泰寧寺。永佑陵在昭慈殯宫西北五十步，用地二百二十畝。兩殯宫歲用祠祭錢八千四百餘緡，修繕錢五千緡。顯仁皇后殯宫在顯肅宫之西十九步。二殯宫舊未有禁地，顯仁既葬，始立四隅，以二十里爲禁域，凡民居、丘墓皆遷之。永思陵亦在會稽。紹熙末，將營永阜陵，趙子直以思陵之旁，土薄水淺，議卜於臨安之中軍寨。朱晦翁亦乞於近畿改卜。衆議不同，復祔於會稽之域。其後遂續建永崇陵焉。

李心傳《建炎以來朝野雜記》（甲集）卷二《郊廟・成恭成穆慈懿恭淑四殯宫》　初營佑陵，顯肅皇后同穴，後以顯仁祔之，憲節皇后陪葬於佑陵，故永思獨以憲聖祔。孝宗在藩邸，成穆已殯於臨安府南山之修吉寺。乾道初，成恭殁，因葬其東。慈懿皇后殯宫又在成穆之東，神穴深九尺，紅圍裏方二十有五步，用成恭例也。恭淑皇后殯宫，在慈懿之東廣教寺。

李心傳《建炎以來朝野雜記》（甲集）卷二《郊廟・元懿太子殯所》　元懿太子殯所，在建康府城中鐵塔寺法堂西偏之小室，無守者，蓋時方巡幸，庶事草創故也。

《明太祖實録》卷五三　（洪武三年六月庚辰）遣使葬宋理宗頂骨于紹興永穆陵。先是，上與侍講學士危素論宋元興替，素因言：元世祖至元間，胡僧嗣古、妙高欲毁宋會稽諸陵，時夏人楊輦真加爲江南總攝，奏詣如二僧言。遂發諸陵，取其金寶，以諸帝遺骨瘞于杭之故宫，築浮屠其上以厭之。又截理宗頂骨爲西僧飲器。天下聞之，莫不心酸。上聞，嘆息久之，謂素曰：「宋南渡諸君無大失德，與元又非世仇，元既乘其弱併取之，何乃復縱姦人肆酷如是耶？」即命北平守將吴勉訪索頂骨所在，果得之西僧廬中。既送至，命有司厝于京城之南。至是，紹興府以《永穆陵圖》來獻，遂敕葬于故陵。

恭陵

宇文懋昭《大金國志》附録二《金虜圖經・山陵》　虜人都上京，本無山陵。祖宗以來，止卜葬於護國林之東，儀制極草創。迨亮徙燕，始有置陵寢意，遂令司天臺卜地於燕山之四圍。年餘，方得良鄉縣西五十餘里大洪山曰大洪谷曰龍喊峯，岡巒秀拔，林木森密。至築陵之處，亮尋毁其寺，遂遷祖宗、父、叔改葬于寺基之上，又將正殿元位佛像處鑿穴，以奉安太祖旻、太宗晟、父德宗宗幹，其餘各隨昭穆序焉。惟亶被殺，葬于山之陰，謂其刑餘之人不入。

孫承澤《天府廣記》卷四〇《陵園》　金太祖、太宗陵在上京，貞元三年，命大房山雲峯寺爲山陵，建行宫於其麓。宫成名曰磐寧。命判大宗正寺京等如上京，遷太祖、太宗梓宫葬大房山。太祖陵名曰睿陵，太宗陵名曰恭陵。

宣宗葬德陵，章宗葬道陵，二陵在房山東北。

萬壽王冢在阜成門外之西，碑存。

元朝帝陵

《元史》卷一七《世祖本紀》　（至元）三十一年春正月壬子朔，帝不豫，免朝賀。癸亥，知樞密院事伯顏至自軍中。庚午，帝大漸。癸酉，帝崩于紫檀殿。在位三十五年，壽八十。親王、諸大臣發使告哀于皇孫。乙亥，靈駕發引。葬起輦谷，從諸帝陵。

孫承澤《春明夢餘録》卷七〇《陵園》　元人無陵，遇大喪，棺用楠木二片，鑿空其中，類人形小大，合爲棺，置遺體其中。殮用皮襖、皮帽、靴、襪、繫腰、盆盂俱用白粉皮爲之。殉以金壺瓶二，盞一，碗碟匙筯各一。殮訖，用黄金爲箍四條以束之。送至直北園寢之所，深埋之，用萬馬蹴平，候草青方已，使同平坡，不可復識。

孝陵

《明太祖實録》卷一五四　（洪武十六年五月）甲子，孝陵殿成，命皇太子以牲醴致祭。其儀：是日清晨，執事者於殿中陳祭儀畢，引禮内官引皇太子、親王由東門入，就殿中拜位贊拜。皇太子以下皆四拜，皇太子少前跪，諸王皆跪。皇太子三上香，執事内官以爵酌酒，授皇太子，執事内官受爵，置于案。贊讀祝，内官捧祝於香案前，跪讀曰：近者園陵始營，祭享之儀未具。今禮殿既成，奉安神位，謹用祭告。讀訖，皆興，行亞獻、終獻畢，贊拜，皇太子以下皆四拜。執事者捧祝帛，詣燎位。禮畢，皆退。

徐乾學《讀禮通考》卷九三《葬考十二》 《江寧府志》：明太祖孝陵在鍾山之陽，與馬皇后合葬，懿文太子祔葬於左。寶城、明樓、御橋、孝陵殿廊臺墀道、戟門、文武方門、大殿門、左右方門、御河橋、櫺星門、華表，多同大内制，有成祖御製碑。沿山周圍，繚垣四十五里，王門、西紅門、後紅門、東西黑門、神宫監、孝陵衛環之。嘉靖十年，更名鍾山爲神烈山，其祔葬功臣墓，俱在鍾山後。

乾學案，明太祖孝陵典故以革除之事，《實録》、《會典》並無紀載。今現存者，陵前大金門，三道門内爲神功聖德碑，有碑亭，左有神烈山碑亭，亭左有卧碑，刻崇禎時禁約。自神功聖德碑而北，有大石橋一，又北有石獸二十四，四虎、四獬豸、四橐駝、四象、四獅、四馬，各二蹲二立相間。又石望柱二，刻雲氣。又石人八，四文臣四武臣，並夾侍神路之旁。又北爲櫺星門三道。又北有石橋五，並五空。橋北門五道，東西二井，神帛爐左右各一，中爲孝陵享殿，殿九間。殿北門三道，繚以周垣。又大石橋一五空，中爲甬道，拾級而登，進明樓即寶城矣。自大金門之西爲王門，又西爲西紅門，而櫺星門之東爲吴王山，有鍾山亭，西有菜房橋，橋西爲前湖。懿文太子東陵在享殿左垣外。又有虎山在寶城西南，迤邐而西北爲後紅門。陵之規制，約畧如此。明初置孝陵衛典守，本朝特設陵户守衛。康熙二十三年，鑾駕南巡，親詣孝陵拜奠，特諭嚴禁樵牧，春秋二祭，有司虔潔舉行，仍命立碑以垂永久。猗歟盛哉！聖德無疆，誠千古所罕覯矣。

長陵

顧炎武《昌平山水記》卷上 永樂五年七月乙卯，皇后徐氏崩，上命禮部尚書趙羾以明地理者廖均卿等往擇地，得吉於昌平縣東黄土山。及車駕臨視，封其山爲天壽山，以七年五月己卯作長陵。十一年正月成，仁孝皇后梓宫自南京至，二月丙寅葬。二十二年七月辛卯，上崩於榆木川，十二月庚申葬。自是列聖因之，皆兆於長陵之左右而同爲一域焉。

自州西門而北六里至陵下，有白石坊一座五架，又北有石橋三空，又二里至大紅門，門三道，東西二角門，門外東西各有碑，刻曰：官員人等至此下焉。入門一里有碑亭，重簷四出陛，中有穹碑，高三丈餘，龍頭龜趺，題曰大明長陵神功聖德碑，仁宗皇帝御制文也。亭外四隅有石柱四，俱刻交龍環之，其東有行宫，今亡。又前可二里爲櫺星門，門三道，俗名龍鳳門。門之前有石人十二：四勳臣、四文臣、四武臣。石獸二十四：四馬、四麒麟、四象、四橐駝、四獬豸、四獅子，各二立二蹲，近者立，遠者蹲。石柱二，刻雲氣，並夾侍神路之旁，迤邐而南，以接乎碑亭。碑文後書洪熙元年四月十七日，小子嗣皇帝某謹述。蓋文成而碑未立。宣德十年四月辛酉，修長陵、獻陵，始置石人、石馬等於御道東西。十月己酉，建長陵神功聖德碑，是時仁孝皇后之葬二十有三年，太宗文皇帝之葬亦十有一年矣。然而始立者，重民力也。櫺星門北一里半爲山坡，坡西少南有舊行宫，今存土垣一周。坡北一里有石橋五空，又北二百步有大石橋七空，大石橋東北一里許有新行宫，宫有感思殿，今亡。宫東南有工部廠及内監公署，今並亡。大石橋正北二里有石橋五空，又二里至長陵殿門神道，自嘉靖十五年世宗謁陵，始命以石甃，今稍殘缺。自大紅門以内，蒼鬆翠柏無慮數十萬株，今翦伐盡矣。

長陵在天壽山中峯之下，門三道，東西兩角門，門内東神厨五間，西神庫五間，厨前有碑亭一座，南向，内有碑，龍頭龜趺，無字。重門三道，榜曰祾恩門。東西二小角門，門内有神帛爐東西各一。其上爲享殿，榜曰祾恩殿，九間重簷，中四柱飾以金蓮，餘皆髹漆。階三道，中一道爲神路，中平外墄，其平刻爲龍形，東西二道皆墄。有白石欄三層，東西皆有級，執事所上也。兩廡各十五間，殿後爲門三道。又進爲白石坊一座，又進爲石臺，其上爐一，花瓶、燭臺各二，皆白石。又前爲寶城，城下有甬道，内爲黄琉璃屏一座，旁有級分東西上，折而南，是爲明樓，重簷四出陛，前俯享殿，後接寶城，上有榜曰長陵。中有大碑一，上書曰大明，用篆；下書曰成祖文皇帝之陵，用隸。字大徑尺，以金填之。碑用朱漆欄畫雲氣，碑頭交龍方趺。寶城周圍二里。城之内下有水溝，自殿門左右繚以周垣，屬之寶城，舊有樹，今亡。

獻陵

《明宣宗實録》卷七 〔洪熙元年八月〕乙亥，命行在工部建仁宗昭皇帝陵：寢殿五間，左右廡各五間，門樓三間，神厨五間，并祭器。行在工部奏：南京修理殿宇未完，比奉詔書，在京用工人匠，二三丁者放一丁，四五丁者放二丁，單丁在役二年之上者放回休息。今工未畢而匠加少。其應放免者，請仍給糧賞用工，待工畢放回。上曰：「詔書豈可失信。即皆放遣，勿留。」

《明英宗實録》卷九九 〔正統七年十二月〕丙午，造獻陵明樓。

《明英宗實録》卷一〇二 〔正統八年三月〕己卯，以營建獻陵工畢，遣侍郎張琦祭厚土之神，興安伯徐亨祭天壽山之神。

顧炎武《昌平山水記》卷上 獻陵在天壽山西峯之下，距長陵西少北一里。自北五空橋北三十餘步，分西爲獻陵神路，至殿門可二里。有碑亭一座，重簷，四出陛，内有碑，龍頭龜趺，無字。亭南有小橋，門三道，榜曰祾恩門，無角門。殿五間，單簷，柱皆朱漆直椽。階三道，其平刻爲雲花，石欄一層，東西有級，兩廡各五間。餘如長陵。殿有後門，爲短簷，屬之垣，垣有門。垣後有土山曰玉案山，故闢神路於殿西。玉案山之右有小橋，前數步又一小橋，跨溝水，溝水自陵東來，過橋下會於北五空橋。山後橋三道，皆一空。又進，爲門三道，並如長陵，而高廣殺之。甬道平寶城，小塚半填，榜曰獻陵，碑曰大明仁宗昭皇帝之陵。餘並如長陵。山之前門及殿，山之後門及寶城，各爲一周垣。舊有樹。

景陵

《明英宗實録》卷一 〔宣德十年春正月〕癸未，營建大行皇帝陵寢於天壽山。勑太監沐敬、豐城侯李賢、工部尚書吴中、侍郎蔡信督工，成國公朱勇、新建伯李玉、都督沈清，及内府諸衙門、錦衣衛，發軍匠人等，共十萬人興役。

顧炎武《昌平山水記》卷上 景陵在天壽山東峯之下，距長陵東少北一里半。自北五空橋南數步，分東爲景陵神路，至殿門三里。碑亭門廡如獻陵。殿五間，重簷，階三道，其平刻爲龍形。殿有後門，不屬垣。殿後門三道，並如獻陵。甬道平寶城，長而狹。榜曰景陵，周垣如長陵。寶城前存樹十五株，冢上一株。

裕陵

顧炎武《昌平山水記》卷上 裕陵在石門山，距獻陵西三里。自獻陵碑亭前，分西爲裕陵神路，路有小石橋。碑亭北有橋三道，皆一空，平刻雲花。殿無後門。榜曰裕陵，餘並如景陵。寶城如獻陵。垣内及冢上樹存一百七十株。

泰陵

顧炎武《昌平山水記》卷上 泰陵在史家山，距茂陵西少北二里。自茂陵碑亭前，分西爲泰陵神路。路有石橋五空，賢莊、灰嶺二水遝焉。碑亭北有橋三道，皆一空，制如茂陵。榜曰泰陵，碑曰大明孝宗敬皇帝之陵。垣内及冢上樹百餘株。殿上存御座、御案、御榻各一。承塵皆五色花板，多殘缺，而茂陵、泰陵獨完。

茂陵

《明孝宗實録》卷三 成化二十三年九月辛亥，營建大行皇帝陵寢於天壽山，薦名茂陵。命内官監太監黄順、御馬監太監李良、太傅兼太子太師保國公朱永、工部左侍郎陳政，提督軍夫人匠營造，賜之勑曰：爾等須同心協力，區畫有方，撫恤得宜，作急用工，俾人勞逸均而事易集，庶副委任之重。其管工内外官并頭目人等，敢有役占賣放及交收物料貪圖刁蹬、酷害下人者，輕則爾等重加懲治，重則指實奏聞區處。故諭。

顧炎武《昌平山水記》卷上 茂陵在聚寶山，距裕陵西一里。自裕陵碑亭前，分西爲茂陵神路。路有石橋一空，制如裕陵。榜曰茂陵，碑曰大明憲宗純皇帝之陵。垣内外及冢上樹千餘株。十二陵唯茂陵獨完，他陵或僅存御榻，茂陵則簨虡之屬猶有存者。

康陵

《明世宗實録》卷九六 〔嘉靖七年十二月丁酉〕禮部右侍郎嚴嵩以顯陵工成，因言：天眷陛下，靈異非一。恭上册寶其辰，燠雲釀雨；及改題之際，靈風颯然，若神靈彷彿而來下。奏安神牀前夕，愁霖徹霄；及行禮之際，祥曦散彩，羣臣歡慶而動色。至于白石産棗陽，有羣鸛集繞之祥；碑物入漢江，有河流驟漲之異，此兩事尤爲殊特。昔太宗文皇帝建碑孝陵，得美石于陽山，學士胡廣有記。營建北京，得大木于蜀，有巨石當道，夜聞吼聲如雷，石劃自開，木由中出，勑胡廣撰神木山之碑。今奇産靈貺，事適相類，不有紀載，後世何述？臣請勑輔臣撰文，行令工所立石，以紀天眷聖孝，昭示萬世，與玆山無極。而營建歲月、工費、諸臣執事微勞，皆附著之，俾後有考焉。禮部尚書方獻夫請從嵩奏。上曰：修建顯陵，本以伸朕追孝之情。今嵩所奏靈異，寔我皇考功德隆至，格于上天，致此祥應，於朕何預？第嵩言出自忠赤，誠不可泯。依擬撰文爲記，立石垂後。

顧炎武《昌平山水記》卷上 康陵在金嶺山，距泰陵西南二里。自泰陵橋下，分西南爲康陵神路。山勢自此折而南，故康陵東向。路有石橋五空，錐石口水遝焉。又前有石橋三空，制如泰陵。榜曰康陵，碑曰大明武宗毅皇帝之陵。垣内外樹二三百株。

永陵

顧炎武《昌平山水記》卷上 永陵在十八道嶺，嘉靖十五年改名陽翠嶺，距長陵東南三里。自七空橋北百餘步，分東爲永陵神路，長三里，有石橋一空，有碑亭一座如獻陵，而崇鉅過之。碑亭南有石橋三道，皆一空。門三道，門内東神厨五間，西神庫五間，重門三道，東西二小角門。又進復有重門三道，飾以石闌，累級而上方至中墀，殿七間，兩廡各九間。其平刻左龍右鳳，石闌二層。餘悉如長陵。殿後有門，兩旁有垣，垣各有門。明樓無甬道，東西爲白石門，曲折而上。樓之三面皆爲城堞。榜曰永陵，碑曰大明世宗肅皇帝之陵。享殿、明樓皆以文石爲砌，壯麗精緻，長陵不及也。寶城前東西垣各爲一門，門外爲東西長街，而設重垣於外。垣凡二周，皆屬之寶城，其規制特大。

昭陵

《明神宗實録》卷二〇　〔萬曆元年十二月丙辰〕巡視廠庫工科給事中梁式等奏：查盤營建昭陵錢糧數，工部四司共用銀五十萬一千五十兩有奇。營繕二十萬四千四百二十二兩有奇，虞衡一萬三千一百四十五兩有奇，都水一十一萬八千八百五十四兩有奇，屯田一十六萬四千六百二十八兩有奇。除户、兵二部銀一十一萬一百一十九兩，工部實用銀三十九萬九百三十二兩有奇。

顧炎武《昌平山水記》卷上　昭陵在大峪山，距長陵西南四里。自七空橋北二百許步，分西爲昭陵神路，長四里，路有石橋五空，德勝口水逕焉。又西有石橋一空。陵東向。碑亭西有橋三道，皆一空，餘如康陵。榜曰昭陵，碑曰大明穆宗莊皇帝之陵。

定陵

《明神宗實録》卷一五三　〔萬曆十二年九月辛丑〕禮部題：臣等查得嘉靖十五年，世宗皇帝預擇壽宫，既得吉兆，隨命官營建，以故規制盡善，福祚無疆。今我皇上睿謀達識，親卜大峪山吉地，恭奉兩宫聖母同閲，定爲萬萬年壽域，隨勑臣等會議預建事宜。仰見大聖人之作爲，真同符皇祖，超越百王。臣等祇承綸命，敢不殫心經畫，仰贊鉅典。謹遵照嘉靖十五年事例，参以今所應行，逐一議擬，開列上請：一、欽天監選擇預建壽宫，開山伐木，用十月初六日卯時，吉。動土興工，用十一月初六日辰時，吉。一、伐木日祭告本山之神，合欽遣大臣一員行禮。一、興工日祭告九陵各一壇，天壽山之神一壇，后土之神，司工之神共一壇，合欽遣大臣十一員行禮。一、翰林院撰各祝文。一、太常寺備辦各祭品香燭制帛。一、請勑命知建造事勳臣一員、内閣輔臣一員，總擬規制禮部堂上官一員，總督工程工部堂上官一員，提督大石窩及催儹物料工部堂上官一員，總督官軍兵部堂上官一員，巡視工程錦衣衛堂上官一員，監收物料、點閘官軍科道各一員。一、勑命内官監總督、提督工程官二三員。一、壽宫規制，禮、工二部會同内官監區畫畫圈，上請欽定。一、兵部查照先年事例，議撥做工官軍，并委司官二員管理。一、工部議奏委官處辦木植、甎石、物料、錢糧、工匠、夫役等項。一、欽天監擇官隨督工官審穴定向，仍差撥陰陽生四名候時。一、太醫院差撥醫士四名，隨帶藥餌，調治軍匠。詔從之。伐木祭告，遣公徐文璧；興工告九陵，遣公徐文璧、朱應禎，侯吴繼爵、郭大誠、蔣建元，伯王學禮、劉應元，衛國本王偉；天壽山，駙馬侯拱宸；后土等神，尚書楊兆；各行禮。

《明神宗實録》卷一五四　〔萬曆十二年十月〕己酉，工部以壽宫營建事宜，請勑定國公徐文璧、大學士申時行知建造，兵部尚書張學顔、工部尚書楊兆總督工程，侍郎何起鳴、提督王友賢催儹，陰武卿專管，禮部尚書陳經邦總擬規制。又太監張宏總督，劉濟提督，張清、王昇、馬良管理。欽定壽宫式樣、丈尺。

顧炎武《昌平山水記》卷上　定陵在大峪山，距昭陵北一里。自昭陵五空橋東二百步，分北爲定陵神路，長三里，路有石橋三空。陵東向。碑亭東有橋三道，皆一空，制如永陵。其不同者門内神厨、庫各三間，兩岸各七間。三重門，旁各有墻，墻有門，不升降中門之級。殿後有石闌一層，而寶城從左右上。榜曰定陵。碑曰大明神宗顯皇帝之陵。

慶陵

顧炎武《昌平山水記》卷上　慶陵在天壽山西峯之右，距獻陵西北一里。自裕陵神路小石橋下，分東北爲慶陵神路，長二十餘步，有橋一道，一空。制如獻陵。平刻龍鳳，殿柱飾以金蓮。殿無後門，殿後繚以垣，門一道。門北有橋三道，皆一空，其水自殿西下。殿門西又有一小橋，爲行者所由。殿北過橋有土岡，自東而來，至神路而止。岡後周垣，門三道如獻陵。寶城東西直上，至中復爲甬道而入。榜曰慶陵。殿門前及垣内樹五百株。

德陵

顧炎武《昌平山水記》卷上　德陵在潭子峪，距永陵東北一里。自永陵碑亭前，分北爲德陵神路。陵西南向。碑亭前有橋三道，皆一空，制如景陵，平刻龍鳳，殿柱飾以金蓮。殿無後門。榜曰德陵。殿樓門亭俱黄瓦。

思陵

顧炎武《昌平山水記》卷上　鹿馬山有田貴妃墓，南距西山口一里。崇禎十五年七月，妃薨，葬此。遣工部左侍郎陳必謙等營建，未畢而都城失守。賊以帝后梓宮至昌平州，士民率錢募夫葬之田妃墓內，移田妃於右，帝居中，后居左。以田妃之槨爲帝槨，斬蓬藋而封之。門外右爲司禮太監王承恩墓，以從死祔焉。

《明太祖實録》卷五二〔洪武三年五月〕辛卯，遣使訪歷代帝王陵寢。初，上嘗觀宋太祖詔修歷代帝王陵寢，歎曰：此美事也。遂遣翰林編修蔡玄，侍儀舍人李震亨、陳敏，于謙等，往四方求之，仍命各行省之臣同詣所在審視，若有廟祀，并具圖以聞。

《明太祖實録》卷五九〔洪武三年十二月甲子〕庚午，遣使致祭歷代帝王陵寢。初，上遣使訪求古帝王陵寢。河南、陝西各行省具圖所在帝王諸陵，凡七十有九以進。禮官考其功德昭著者，曰：伏羲，神農，黄帝，少昊，顓頊，唐堯，虞舜，夏禹，商湯，中宗，高宗，周文王，武王，成王，康王，漢高祖，文帝，景帝，武帝，宣帝，光武，明帝，章帝，後魏文帝，隋高祖，唐高祖，太宗，憲宗，宣宗，周世宗，宋太祖，太宗，真宗，仁宗，孝宗，理宗，凡三十有六。各製衮冕服、函香幣，遣祕書監丞陶誼等往脩祀事，每陵以白金二十五兩，俾具祭物。陵寢之發者掩瘞之，壞者完築之；廟之弊者因其舊而葺之，無廟者設壇以祭。仍令有司禁樵採，歲時祭祀以爲常，牲用大牢。上親製祝文。

《明英宗實録》卷四四〔正統三年秋七月甲申〕造寧化王母墳，舊制應用地周圍四十五丈，而監造官用一百五十五丈，又占墳垣外地十七頃有畸。上以諸王制度具有成式，逮監造官治罪。

《明英宗實録》卷一六七〔正統十三年六月〕丁丑，石樓縣主卒，有司造墳，用地五十三畝有奇。永和王美塢復請益墳外地三十畝，增造具服等房。上以山西地土窄狹，豈可過用以妨民田。命今後造墳，一字王地五十畝，房十五間；郡王地三十畝，房九間；郡王之子二十畝，房三間；郡主、縣主地十畝，房三間。著爲令。

《明英宗實録》卷二七八〔天順元年五月〕癸酉，命工部尚書趙榮毀壽陵。初，襄王瞻墡來朝，上命往謁三陵。王還，上章言：「郕王葬杭氏，明樓高聳，僭擬與長陵、獻陵相等，況景陵明樓未建，其越禮犯分乃如是。臣不勝憤悼。伏覩皇太后制諭，廢之如昌邑王。臣閲《漢書》，霍光因昭帝無後，援立昌邑以承漢祀，而無纂奪之非；後因過惡荒淫，數其罪而廢之，復其原爵。其郕王祈鈺承皇上寄托之權，而乃乘危纂位，改易儲君，背恩亂倫，荒淫無度，幾危社稷，豈特昌邑之比乎？幸遇皇上豁達大度，寬仁厚德，友愛之篤，待之如初。又存其所葬杭氏僭擬之跡而不廢。雖聖德之可容，奈禮律之難恕。伏望夷其墳垣，毀其樓寢，則禮法昭明，天下幸甚。」上是王言，遂命榮帥長陵等三衛官軍五千人往毀之。

《明英宗實録》卷二八九〔天順二年三月甲午〕掌欽天監事、禮部右侍郎湯序奏二事：一、兩京天文生、陰陽人及官生户下子弟，能讀習三場，能習天文曆數者，聽從本監保奏録用。一、自親王以下及文武大臣之家，例當有司營葬者，往往夫婦異葬，各造墳塋、享堂，不惟勞民傷財，抑且有乖禮度。令後宜令夫婦同墳塋、享堂，庶便於民，且合乎禮。事下禮部議，俱從之。

龍文彬《明會要》卷一七《禮十二・凶禮・山陵》 太祖即位，設祖陵祠祭署，置奉祀一員，陵户二百九十三，設皇陵衛，并祠祭署奉祀一員，祀丞三員，陵户三千三百四十二。《禮志》。

四年，建祖陵廟，仿唐宋同堂異室之制。同上。

十一年四月，命脩葺皇陵。詔曰：「皇堂新造，予時秉鑑窺形，但見蒼顔皓首。忽思往日之艱辛，竊恐前此碑記出自儒臣粉飾之文，不足以爲後世子孫戒。特述艱難，以明昌運。」乃自製碑文，命江陰侯吴良督工刻之。《大訓記》。

十九年八月甲辰，命皇太子修泗州盱眙祖陵。又詔禮部製帝后冕服，命太子詣陵寢，行葬衣冠祭告禮。《大政記》。

二十六年，令：車馬過陵及守陵官民入陵者，百步外下馬。違者以大不敬論。《禮志》。

三十一年，太祖崩。遺詔：「喪祭儀物毋用金玉。孝陵山川因其故，勿改作。」《本紀》。

永樂元年，工部以泗州祖陵黑瓦爲言，帝命易以黄，如皇陵制。《禮志》。

十一年，營壽陵於昌平。既成，帝車駕臨視，名曰長陵；封其山曰天壽，遂以徐皇后葬焉。《三編》。

宣宗即位。方脩獻陵。帝欲遵遺詔從儉約，以問蹇義、夏原吉。二人力贊曰：「聖見高遠，出於至孝，萬世之利也。」帝親爲規畫。三月而陵成，宏麗不及長陵。其後諸帝因以爲制。

迨世宗營永陵，始益崇侈云。《蹇義傳》。

英宗即位，罷山陵夫役萬七千人。《本紀》。

正統二年，諭：天壽山陵寢，翦伐樹木者重罪。都察院榜禁，錦衣衛官校巡視，工部、欽天監官環山立界。《禮志》。

天順元年，毁景帝所營壽陵，以親王禮葬西山。至成化十一年，敕有司繕陵寢，祭饗視諸陵。《景帝紀》。

成化四年，慈懿太后崩。詔議山陵。大學士彭時及商輅、劉定之言：「合葬裕陵，主祔廟，此不易之理。皇上所以遲疑者，以今皇太后萬壽後，當與先帝同尊，自嫌二后並配，非祖宗制。考之於古，漢文帝尊所生母薄太后，而吕后仍祔長陵。宋仁宗追尊生母李宸妃，而劉后仍祔太廟。今若陵廟之制，稍有未合，則有乖前美，貽譏來葉。」帝復猶豫。時偕朝臣伏文華門泣請。帝與太后皆感動，始從時議。《彭時傳》。

鳳陽皇陵所在，近境取寸木，法皆死。陵軍多倚禁虐民。巡按何鑑請以山麓爲限，他樵採勿禁。遂著爲令。《何鑑傳》。

慈懿雖合葬裕陵而異隧，距英宗元堂數丈許，窒之。虚右壙以待，隧獨通。弘治十七年，周太后崩。孝宗御便殿，出《裕陵圖》示大學士曰：「陵有二隧，一窒一通。此皆先朝内臣所爲，未合禮。昨見成化時彭時、商恪等章奏，先朝大臣忠厚爲國如此。先帝亦甚不得已耳！」因與劉健等議，欲通隧。欽天監奏：「恐動地脈。」乃止。《錢皇后傳》。

孝宗崩，工部言：「大行遺詔，惓惓以節用愛民爲本。乞敕内府諸司，凡葬儀冥器并山陵殿宇，務從簡省。」《禮志》。

正德元年，給事中周璽奏：「中官李興、王瑞營造先帝陵寢，砍伐禁山樹木數萬株，掘取禁山石片數百丈，損傷龍脈，驚犯陵寢。新寧伯譚祐、工部侍郎李隧奉命提督，知情故縱，罪俱難逭。伏覩英宗諭旨：『於天壽山偷砍樹木，該管軍衛人等不行鈐束，罪該處死。』憲宗諭旨：『於鳳陽等處應禁山場，伐樹取石，正犯處死。』弘治中，南京守備太監蔣忠於孝陵南二十餘里案山開路，私便行走，事發論死。此列聖杜漸防微之深意。今興等所盜，非一木一石比。陛下止令充淨軍，罪重罰輕，未厭衆心。乞將興、瑞照例處死，祐、隧亟加貶黜，以全國法，以安陵寢。」疏入，帝不納。《明臣奏議》。

十三年二月丙戌，傳旨以「大行太皇太后山陵將開隧道，朕欲輕騎往視。啓土工畢，徧祭諸陵」。楊廷和、毛澄等言：「山陵之役，祖宗列聖以來，付之有司。雖梓宫發引，送之不踰禁闕。其爲慮也深矣。伏望勉從家法，以安人心。」科道朱鳴陽等言：「梓宫在殯，陛下於視朝聽政，猶且不允；輕騎遠出，豈禮所宜？且吉凶異禮，喪祭異宜。陛下欲徧祀諸陵，不知服從吉乎？抑以凶乎？以衰絰之哀慘，行俎豆之雍容，尤不可之甚者也。」不報。

嘉靖元年十二月，命廷臣議擇壽安皇太后葬地。時文武大臣皆言：橡子嶺地形高敞，可以卜葬。而上意欲附近茂陵，命興工擇日。楊廷和等言：「宋寧宗欲祔孝宗於裕、思諸陵之旁，朱熹累疏謂：『祖塋之制，不宜數興工作，驚動神靈。』今欲祔壽安皇太后於茂陵左右，將開金井，興大工，在天之靈，恐有未安。且其襟抱疎洩，利害非細。請如原議。」不納。已上《實録》。

四年，畿民盜天壽山陵樹。巡按楊紹芳引盜大祀神御物律斬。都御史王廷相言：「大祀神御物者，指神御在内祭器帷帳之物而言。律文：盜陵木者，止杖一百、徒三年。今舍本律，非法之平。」《廷相傳》。

十四年三月，上親詣諸陵閱視。語郭勛曰：「景陵規制獨小，又多損壞。其於我宣宗皇帝功德之大，殊爲弗稱。當重建宫殿，增崇基構，以隆追報。」《憲章録》。

十五年十月，遷孝肅、孝穆、孝惠三后神主於陵殿。禮官言：「奉慈殿之祀，其稱皇太后、太皇太后者，乃子孫所上尊號。今已遷奉於陵，則宜從夫婦之義。改題孝肅神主，不用『睿』字，孝穆、孝惠不用『純』字，則嫡庶有别矣。」從之。

十七年，改陵殿曰祾恩殿，門曰祾恩門。又建成祖聖蹟亭於平臺山，率從官行祭禮。已上《禮志》。

二十七年二月，作永陵。時大行皇后將葬，上以陵名未定，下禮官議。於是尚書費宷言：「太祖葬孝慈皇后於孝陵，成祖葬仁孝皇后於長陵，皆命名在先，卜葬在後。載《實録》中。」上乃自定孝烈皇后陵曰永陵。

隆慶元年，奉安世宗梓宫，乃自天壽山西南襖兒峪遷孝潔皇后梓宫合葬。孝恪皇后亦自金山遷祔焉。已上《會典》。

自仁宗獻陵以後，規制儉約。世宗葬永陵，其制始侈。及神宗葬定陵，給事中惠世揚、御史薛貞巡視陵工，費至八百餘萬云。《禮志》。

萬曆十三年八月，作壽宫於大峪山。命禮部侍郎朱賡往視，中官示帝意，欲倣永陵制。賡言：「昭陵在望，制過之，非所安。」疏入，久不下。已竟如其言。《朱賡傳》。閏九月，帝以李植言：壽宫有石數十丈，恐寶座將置石上。癸卯，復躬往天壽山閲視之。終謂大峪吉，遂謫植及江東之、羊可立於外。《李植傳》。

【略】

獻皇帝陵在承天府鍾祥縣東十里松林山。後號純德山。嘉靖三年，葺陵廟，薦號曰顯陵。司香内官言：「陵制狹小，請改營，視天壽山諸陵。」工部尚書趙璜言：「陵制與山水相稱，難概同。」帝納其言。《趙璜傳》。九月，錦衣百户隨全、光禄録事錢子勳既以罪褫，希旨請獻帝顯陵改葬天壽山。事下工部，璜以爲：「改葬不可者三：皇考體魄所安，不可輕犯，一也；山川靈秀所萃，不可輕洩，二也；國家根本所在，不可輕動，三也。昔太祖不遷皇陵，太宗不遷孝陵。願以爲法，不敢輕議。」上命禮官集議。《明政統宗》。十月，禮部尚書席書會廷臣集議，上言：「顯陵先帝體魄所藏，不可輕動。昔高皇帝不遷祖陵，文皇帝不遷孝陵。全等諂諛小人，妄論山陵，宜下法司按問。」報曰：「先帝陵寢在遠，朕朝夕思念，其再詳議以聞。」書復集衆議，極言不可。乃已。《席書傳》。

十七年十二月癸卯，章聖太后崩。先是上營壽陵於大峪山，將奉獻皇帝改葬焉。至是諭禮部曰：「兹事重大，不可緩。其遣重臣於大峪山營造顯陵；一面南奉皇考梓宫來山合葬。」丁未，命崔元、張瓚等爲奉迎禮儀使。壬子，上詣大峪山相視山陵。直隸巡按御史陳讓上言：「合葬之舉，出自陛下誠孝之一心。然臣聞葬者藏也，欲令不得見也。今出皇考體魄於所藏之地，竊非所宜。昔黄帝衣冠之陵在陝西者曰橋陵。舜葬九疑，二女不從。古人事死之禮，先廟而後墳，重魂而後魄。臣以爲宜奉睿宗遺衣冠與章聖皇太后合葬於大峪山。又以章聖皇太后遺冠帔，奉以合葬於顯陵。如此，則體魄不動，陟降有歸，仁之至、義之盡也。」疏入。上責其阻撓成命，黜爲民。已而上自大峪山還。己未，諭輔臣曰：「遷陵一事，朕中夜思之。皇考奉藏體魄將二十年，一旦啓露於風塵之下，撼摇於道路之遠。朕心不安，即皇考亦必不安，聖母尤大不寧也。今欲決以禮之正，莫如奉慈宫南詣，合葬穴中。令禮臣再議以聞。」《實録》。嚴嵩等言：「靈駕北來，慈宫南詣，共一舉耳。宜如初議。」上意終不決。因止崔元等且勿行，而令指揮趙俊南往，啓視幽宫。明年，俊自承天還，言：「顯陵不吉。」上欲親詣承天，周閱卜兆。九卿、大臣許讚、吕柟等皆諫。上曰：「朕豈空行哉？爲吾母耳！」三月庚辰，至承天，謁顯陵。作新宫，曰：「待合葬也。」四月戊申歸，過慶都堯母墓。從臣請致祭，帝曰：「帝堯父母異陵，可知合葬非古。」既至京，復詣大峪審視，曰：「大峪不如純德。」遂定南祔之議。閏五月庚申，葬獻皇后於顯陵。《三編》。

孫承澤《天府廣記》卷四〇《陵園》　明太宗永樂七年五月己卯，營山陵於昌平縣，遂封其山爲天壽山。時太宗擇壽陵，久不得吉壤，而仁孝皇后尚未葬。禮部尚書趙羾以江西地理術人廖均卿至昌平，徧閱諸山，得昌平東黄土山最吉。遂即日臨視，定議封爲天壽山。陵前爲總神路，又爲門，門外刻石文武大臣象獸石柱及牌樓，南爲紅門，門内爲拂塵殿，外爲石牌坊。各陵寶城正前爲明樓，樓前爲石几筵，又前爲祾恩殿，爲祾恩門。各陵殿舊名享殿，嘉靖十七年上躬祀天壽山，始名殿曰祾恩殿，門曰祾恩門。祾者，祭而受福之名也，恩者罔極之恩也。門外爲聖蹟碑亭，爲神庫、神厨、宰牲亭。明成祖文皇帝后陵曰長陵。西爲明仁宗昭皇帝后陵曰獻陵。東爲明宣宗章皇帝后陵曰景陵。又西爲明英宗睿皇帝后陵曰裕陵，孝肅皇后祔。又西爲明憲宗純皇帝后陵曰茂陵，孝穆、孝惠皇后祔。又西爲明孝宗皇帝后陵曰泰陵。又西南爲明武宗毅皇帝后陵曰康陵。景陵之東爲明世宗肅皇帝后陵曰永陵，在景陵東，孝烈、孝恪皇后祔。康陵之西南爲明穆宗莊皇帝后陵曰昭陵，孝安、孝定皇后祔。昭陵之北，明神宗顯皇帝后陵曰定陵，孝靖皇后祔。裕陵之東南爲明光宗貞皇帝后陵曰慶陵，孝和、孝純皇后祔。永陵之東爲明熹宗悊皇帝陵曰德陵。

恭仁康定景皇帝、貞惠安和景皇后陵在西山。前爲享殿，爲神庫、神厨、宰牲亭、内官房。成化年建碑亭於門左，嘉靖二十一年，以神碑偏置門左非制，乃改建於陵門之外。

世傳西内老佛，正統五年十二月，廣西思恩州知州岑瑛遇一老僧於道，從者呵之不避，詰其度牒，乃楊應能也。自言：「此非吾姓名，自金川失守，大内火起，吾遂潛由地道以出，自湖湘入蜀，至雲南，復至閩，最後入廣西，至横州南門壽佛寺居。居十五年，僧徒歸者日衆，吾復遁往南寧陳步江一寺，而歸者復如之。乃又去南寧，雲遊四方，以度歲月，迤邐至此。淪落江湖，垂四十年，老朽殆盡，早晚入土，無能爲矣。願送骸骨歸。」瑛大駭，聞於巡按御史奏之，驛送赴京，號爲老佛。途次賦詩云：「淪落江湖四十秋，歸來白髮已盈頭。乾坤有恨家何在？江漢無情水自流。長樂宫中雲氣散，朝元閣上雨聲愁。新蒲細柳年年緑，野老吞聲哭未休。」及至京，朝廷未審何人，以尚膳太監吴亮建文時内使也，使之審視老佛，亮見即曰：「不是。」曰：「我昔御便殿時，棄片肉於地，汝伏地餂食之，何謂不是？聞楊士奇尚在，能出一認乎？」亮佯爲不知，已而復命，遂取老佛入西内，壽終葬西山，不封不樹。載史仲彬《致身録》。

世又傳西山之金山寺後有老佛墓，題曰天下大師之墓。予於丁酉十月初五日，自退谷早飯後，策一驢同僧秋月，徧於金山後尋訪，無有也。至功德寺午飯，問之寺僧，俱云未有。並言王先生亦曾屢訪不獲。王先生者，宗伯王公崇簡也。余有《退谷小志》。宗伯載其事於首云：「崇禎戊寅九月間，策杖尋大師墓於金山口，遠近十數里未得其處。乃於黑龍潭前平原廣畝之間，禾黍既登，秋風落寞，出一石碣，云大内遷出二棺之記。旁書宛平縣令名，無年月，無封樹，恨未能考所始。」宗伯所記，則此二棺世廟時有宫婢之變，波及曹王二妃賜死，宛平縣收埋於此，要與建文無與也。又閲《貽安堂集》，謂滇中奸僧死於詔獄，非死於大内，則大師之碣益信爲妄傳矣。王世貞《建文還國辨》曰：建文之出奔，王文恪、陸文裕、鄭端簡俱詳載其事，以爲天順中出自滇南，呼寺僧曰：「我朱允炆也。胡濙名訪張儠傔，其實爲我。」衆聞之大驚，以聞。詔傳送入朝，衆無識者。僧曰：「固也。太監吴誠俾來驗之。」亦不識。曰：「吾賜汝鵝肉，汝兩手俱有所執，伏於地而口餂之，記否？」誠始拜而哭，命居大内，以壽終，葬西山，不封不樹，而史不及之。豈有所諱耶？薛應旂《憲章録》則言：正統十二年，廣西思恩州獲異僧，陞州爲府，以知州岑瑛爲知府。瑛初遇老僧於道，從者呵之不避，詰其度牒，乃楊應能也。曰：「此非吾姓名，吾有所託而逃耳。汝不聞金川門事乎？」瑛大驚，送至京師。使尚膳太監吴誠試之，其説如前。考之史，第云，正統五年有僧九十餘，自雲南至廣西，紿人曰：「我建文也，張天師言我有四十年苦，今爲僧期滿，宜亟返邦國。」以黄紙爲書，命其徒清進特詣思恩府，土官知府岑瑛執送總兵官柳溥，械至京。會官詢之，乃言真姓名爲楊行祥，河南鈞州白沙里人，洪武十七年度爲僧，歷遊兩京、雲南、貴州至廣西。上命錦衣衞錮禁之，凡四踰月，死獄中。其同謀僧十二人俱謫戍遼東邊衞。此事與應旂紀相近，然應旂實借此附會前説耳。其人乃楊行祥，非楊應能也。建文以洪武十年生，距正統五年，當六十四，不應九十餘也。是時英宗少，三楊皆故臣，豈不能識，而僅一吴誠識之？識之又何忍下之獄而死，戍其同識十二人也？且事發於正統五年，非十二年也。思恩固府，未聞某年陞州爲府也。野史又載建文詩凡三首，後二詩不及前之悲切而自然，恐皆好事者附會也。大抵建文出亡與否不可知，僧臘已高，當滅跡以終，必不作此等詩以取禍，亦必不肯出而就危地。所以有此紛紛者，正因楊行祥一事誤耳。

顧起元曰：國朝壬午之事，建文皇帝遜位，自鄭海鹽、薛武進皆以爲實。然至正統復出，移入京師大内云云，非載於紀傳。然余考之西山不封不樹之説，毫無髣髴。使當時果有之，於時禁網業已漸弛，於洪熙之後何所諱，而人遂不一志其處也？且以帝之遜爲真邪，龍而魚服矣，鳳而鴻冥矣，何天不可摩而飛，何地不可摩而葬？孝康之祀忽諸，又何所戀戀於京師一抔土也？弇州謂正統復出之説妄，直據史斷之，其言良爲有見。余又疑靖難師至日，捕官搜奸，爬梳亡遺，當時誰敢指后屍誣以爲帝者？紀又載葬帝以天子禮。夫禮以天子，陵寢今在何地？既不爲置陵守冢，又何云以天子禮葬乎？此兩説者，姑以意逆之，存疑焉可也。

錢謙益《致身録》：考成化間，吴江處士史鑑明古與長洲吴文定公爲友，常請文定公表其曾祖諱彬字仲質之墓。今《匏庵集》中所載《清遠史府君墓表》是也。萬曆中，吴中盛傳《致身録》，稱建文元年，彬以明經徵入翰林，爲侍書，壬午之事，從亡者三十二人，而彬與焉。彬後數訪帝於滇，於楚，於蜀，於浪穹，帝亦間行數至彬家。諸從亡者氏名踪跡皆可考證。前有金陵焦修撰序，謂得之茅山道書中。好奇慕義之士，見是録也，相與欷歔太息，徬徨憑弔，一以爲必有，一以爲未必無。南科臣歐陽調律上其書於朝，且有欲爲請謚立祠，附方、鐵諸公之後者。余以墓表暨録參考之，斷其必無者有十。表稱彬幼跌宕不羈，國初與諸少年縛貪縱吏獻闕下，賜食與鈔，給舟遣還。恭謹力田，爲糧長，税入居最，每條上利害，多所罷行，鄉人賴之。如是而已。令彬果遜國遺臣，縱從亡訪主多所諱忌，獨不當云曾受先朝辟召乎？亦不然，亦一老明經也。其生平讀書纘文，何以盡没而不書乎？文定公之表，蓋據明古行狀，何失實至於此？其必無者一也。表稱每治水諸使行縣，縣官以爲能，推使前對，反覆辨論，無所畏。彬既從亡間歸，尚敢卬首伸眉，領諸父老抗論使者前，獨不畏人物色乎？縣官豈無耳者，獨不知爲故翰林侍書，推使前對使者乎？其必無者二也。表記彬生平自縛吏詣闕，足跡不出里閈。録載其間關訪主，廿年之間，徧走海内，何相背也？洪熙初，奉詔籍報民間廢田，減邑税若干石。以録考之，彬方訪帝於滇南，何暇及此？其必無者三也。表言彬重然諾，遇事不計利害，至死不悔。而録云以從亡爲讎家所中，死於獄。彬實未曾死獄，而云以從亡死獄，甚其詞以覬䘏也。表書其卒之日，宣德二年三月十日，書其年六十有二，而録云後三日，而録云六十七，卒之年與日皆舛誤。其必無者四也。從亡狥志之臣，或生扞牧圉，或死膏草野，或湮滅而淵沉，或鳥集而獸散，身家漂蕩，名跡漫漶，安有晏坐記别，從容題拂，曰某爲補鍋匠，某爲葛衣翁，某爲東湖樵，比太學之標榜，擬期門之會集哉？野史記壬午七月，有樵夫聞詔自湛於樂清之東湖，今則以爲從亡之牛景先。豈湛湖者一樵，從亡者又一樵耶？其必無者五也。録載彬入官後，元年諫改官制，四年請堅守，請誅增壽，皆剽竊建文時政以彬事傅致之也。不然，何遜國諸書一時論諫皆詳載，而獨於彬削之耶？其必無者六也。録後有敷奏記事，洪武二十四年八月廿五日，東湖史仲彬縛貪縱官吏見上於奉天門，賜酒饌寶鈔。次日陛辭，朱給事吉祖之秦淮，王文學彝、張侍制羽、布衣解縉賦詩贈行，而給事中黄鉞記其事。按朱吉墓記：洪武二十三年辭薦不起，二十五年以明經能書薦入中書書詔勅，二十七年授户部給事中。是年吉正辭疾里居，尚未入官，何得稱給事中祖餞秦淮也？張羽爲太常司丞謫嶺南，半道召還，自沉於龍江，此洪武初年也。王彝與魏觀、高啓同誅，洪武七年也。解縉二十三年除江西道監察御史，旋放歸，是年縉不在朝，又不當稱布衣也。黄鉞建文元年以宜章縣典史中湖廣鄉試，次年中湖廣榜進士，授刑科給事中，安得洪武中先官給事中也？作是録者，以鉞同郡人，又死於壬午，故假鉞以重彬，而不知其踳駮若是。其必無者七也。録云：吴江縣縣丞到彬家問建文君在否，彬曰：未也。微哂而去。當時匿革除奸黨罪至誅死，何物縣丞，敢與彬開笑口相向乎？此鄉里小兒不解事之語。其必無者八也。當明古時，革除之禁少弛矣。明古之友自吴文定而外，如沈啓南、王濟之輩，著書多訟言革除，何獨諱明古之祖？明古爲姚善、周是修、王觀立傳，具在《西邨集》中，大書特書，一無避忌。何獨於己之祖則諱而没其實乎？其必無者九也。鄭端簡載梁田玉等九人，松陽王詔得之治平寺轉藏上，彼云轉藏，此云道書，其傅會明矣。序文蕪陋，亦非修撰筆也。其必無者十也。史之後人諸生兆斗改録爲《奇忠志》，多所援據，通人爲之序，以爲有家藏秘本，合於茅山所傳者也。去年兆斗過余，問侍書事真僞云何，余正告之曰：僞也。爲具言其所以。兆斗色動，已而曰：先生之言是也。問其所藏秘本，則遜謝無有。余觀《西邨集・趙秉文畫跋考》云：「世之作僞者，幸其淺陋不學，故人得而議之。使其稍知時世先後，而飾詞以實之，尚何辯哉？」明古之論，殆爲斯録發與！語有之，俗語不實，流爲丹青。余之爲是考也，深懼夫史家弗察，溺於流俗而遺誤後世也，余豈好辯哉！

崇禎十五年，給事中沈胤培疏云：「竊見駙馬都尉鞏永固一本，奉旨：『着該部科詳酌確議。』臣不覺舉手加額曰：皇上修明舊章，無幽不闡，請謚建文於此日，真千載一時，殆祖宗陰牖之使言，而成我皇上繼述之善也。按臣祖子木爲銀臺時，具疏稱祀建文，大略言：『建文君高皇帝太孫，懿文太子嫡子，五年御宇，統順系明。生爲金潢玉牒之主，没含斷蓬飛草之怨。心竊痛之。成祖用王景議，以天子禮葬，遣臣致祭，輟朝三日，而成祖之不欲廢其祀可知也。恩詔褒祀死節諸臣，是忠於建文者宜祭祀，乃建文何獨不得祀？因請祀於孝陵高皇帝之旁或懿文太子之側。』疏下，部覆如議，留中不報。而要非臣祖一人之私言也。方弘治中，禮部主事楊循吉亦常請追謚建文，而以景帝及元順帝爲比，謂親親固當視景帝，避位尤當視順帝。人皆誦其不刊。暨萬曆十六年，國子監司業王祖嫡復以建文不宜革除，景泰不宜附録，並形奏辯。乃景泰附録改正，而建文年號報罷。直至二十三年九月，神宗始允禮臣范謙覆科臣楊天民、臺臣牛應元等疏，而奉有建文事跡着附載太祖高皇帝紀之末仍存其年號之旨。其難其慎，越今又四朝矣。推而論之，不帝何以編年？不帝何以議享？存其年號，不得不復其帝統，復其帝統，不得不酌其徽稱與修其祀典。事本相因，禮原一貫。合先後諸臣之章奏，神宗霈發之明綸，已示顯號鴻名之漸矣。且成祖不常曰欲法周公輔成王乎？令孺子而在，未必不復辟也。又不嘗稱建文爲少帝乎？位號依然，并未如景泰之追廢爲郕戾王也。且建文得統於高皇帝，尤非若景泰之因危擁立也。乃一則尊崇於易世之後，一則泯滅於數十代之餘。不過表帝遜國，則靖難無光，而不知天與人歸，成祖自不能避征誅之迹。勢窮事去，建文亦何必存揖讓之名？要以承祧有主，即冢君避野，原無傷太祖之心；況一脈相傳，則繼體開天，更遞禪文皇之緒。而何嫌何疑之有哉？皇上至仁符堯，虛受邁禹。遠希憲廟追崇景帝之規，追體神宗褒表忠魂之意。則臣有四説於此。察觀實録，令建文自爲本紀，無溷附以成萬世之信史，一可議也。祛西山不封不樹之訛，而考尋成祖禮葬之蹟，因以表爲陵園，二可議也。倣恭仁康定之謚法，而斟酌於二字四字之間，三可議也。即園爲寢而春秋二享掌於南奉常，四可議也。夫然後皇上之心盡，二祖列宗之心盡，而三百年來臣民之心亦無所不盡，念祖德而隆孝思，恢皇謨而舉廢典，端在此矣。」

鞏都尉上疏，請以建文君入祀典。崇禎帝曰：「建文無陵，從何處祭？」蓋建文之死，史謂葬以天子之禮，所葬之地，南中杳然也。又傳謂西山有天下大師之墓，在金山寺後，余在退谷，幾經尋訪，又杳然也。崇禎帝謂其無陵信矣。然加號存年之典卒未舉行，誠缺事也。

故明莊烈愍皇帝於崇禎十七年三月十九日同中宫周皇后身殉社稷，逆賊以二棺殮之，停於東華門外，昌平民舁葬皇陵田貴妃墓中。

永陵

《〔乾隆〕盛京通志》卷二一《山陵》 啓運山在興京城西北十里，肇祖原皇帝、原皇后、興祖直皇帝、直皇后之陵共一山，稱興京陵。景祖翼皇帝、翼皇后、顯祖宣皇帝、宣皇后之陵共一山，稱東京陵，在奉天府城東二百五十里。順治五年十一月南郊，始追上列祖尊號，八年，封興京陵山爲啓運山，東京陵山爲積慶山，均從祀方澤。十三年，於陵山週圍立界址，界内禁止樵採。十五年，奉移東京陵改祔興京，罷積慶山祀典。十六年，尊稱爲永陵。十八年，立遷祔永陵廟碑。啓運山週圍共十里，寶城高一丈三尺七寸，南北長二十九丈，東西寬二十二丈七尺，週圍長八十六(大)〔丈〕一尺六寸。建啓運殿，殿制三楹，門四，窗八。康熙十六年重修，改用黄瓦。殿内大暖閣四座，上設黄緞罩，内設寶牀、帷幔、衾枕、椸以奉神御。小暖閣四座，錦罩，恭奉四祖神位、神牌八尊，上設黄緞罩。閣前設龍鳳寶座八，五供案四，朝燈八，龍毯三。乾隆四十四年，於龍毯上增蓋黄布雨旱罩各三。啓運殿坐臺高二尺九寸，四週長三十一丈九尺，礓𥗋三路，中盤龍爲飾。左右配殿各三楹，門各四。西配殿前焚帛磚樓一座。啓運門三楹，門六。東爲果房，西爲膳房。房各三楹。功德碑亭四座，門二。亭前門爲祝版房、齊班房，共五楹。西爲茶膳房、滌器房，共五楹。正門三楹，前有朱欄門六，繚墻三面，均高七尺八寸。東西長二十一丈六尺，南北長二十二丈三尺，週圍共長六十六丈二尺。東西紅門二座，果樓三楹，省牲亭五楹，前有門一座。繚墻南面，高六尺五寸，東、西、北均高五尺，四週共長三十三丈。門外原設栅木一千四百四十八架。乾隆四十三年，命展添栅木三百四十四架，共栅木一千七百九十二架。東邊爲祭物井，西邊爲冰窖。其西山嘴有石堤木橋一。明堂前，下馬木牌二座。原設紅樁三十二，今增設紅樁三十六，白樁六十四，青樁三十六，俱於乾隆四十三年奉旨重添。東西界牌四，前後左右堆房四。週圍界址，統計二千二百八十八丈。陵前寶頂，上有瑞榆一株，輪囷盤鬱，圓覆城隅。乾隆四十三年，有御書《神樹賦》勒石西配殿。謹案：御製《神樹賦》恭載《天章門》。永陵形勢，萬峯環拱，衆水朝宗，龍盤虎踞，誠萬世帝業之基。

《清宣宗實録》卷四三七 〔道光二十六年十二月〕丙辰，諭内閣：奕湘等奏估修永陵明堂前土隄泊岸工程一摺，著欽天監於明春選擇吉期，先期知照，届時敬謹興修，以昭慎重。估需銀兩，著由盛京户部銀庫支領。

福陵

《〔乾隆〕盛京通志》卷二一《山陵》 太祖承天廣運聖德神功立極仁孝睿武弘文定業高皇帝福陵，在奉天府城東北二十里。順治八年，封山曰天柱，從祀方澤。康熙二年，改建兩陵地宮，修理完竣，以奉安祇告讀文致祭，一如大享禮，焚帛獻酒，奉安禮成，祭酒三爵。天柱山週二十五里，孝慈高皇后祔焉。寶城高一丈七尺一寸，週五十九丈五尺。寶頂一座，高二丈，頂長十二丈，四週長三十三丈。月牙城高一丈六尺五寸，四週長二十三丈四尺七寸，正中琉璃照壁一座。方城高一丈五尺七寸，四週長一百一十三丈八尺四寸，垛口高五尺。上有角樓四座，每座二層，上層格扇各四，下層門二，彩油爲飾。方城上北面明樓一座，門二。內碑一座，書「太祖高皇帝之陵」。明樓之下爲洞門二。門外石五供一案，供座高四尺，長一丈八尺六寸，寬五尺，上設香爐、蠟臺、花缾，俱雕石爲之。前爲石柱門二，隆恩殿三楹，門四，窗八。殿內大暖閣一座，上設黃緞罩，內設寶牀、帷幔、衾枕、榑椸，以奉神御。小暖閣一座，錦罩，恭奉神牌二尊。上設黃緞罩。閣前龍鳳寶坐二座，福金椅東西各一，配椅二，五供案一，陳設桌四，朝燈六。上俱設黃緞罩。龍毯六，乾隆四十四年，於龍毯上增蓋黃布雨旱單各七。隆恩殿坐臺高五尺，四週長三十六丈七尺七寸八分，礓礤三路，中盤龍爲飾，四傍雕石花闌干。左右配殿各五楹，門十二。西配殿前焚帛石樓一座。隆恩門三楹，樓三，層門二。康熙五十四年重修。東爲茶膳房，西爲果房、滌器房，房各三楹。其南爲省牲亭、齊班房，各三楹。前爲碑樓碑座二，層門二，恭立神功聖德碑一通。碑亭之前有橋二座，礓礤一百八層。東西華表柱四。橋邊左右列石獅、虎、駝、馬各二。前正門三楹，彩油爲飾。門六，兩旁雕石獅二。華表柱二，石牌樓二。乾隆二年，設東西柵木八十八架。柵之外舊設有堆房各一。門之前有虎皮溝一道，下馬木碑各一。東西石泊岸紅樁各五根。繚墻南面，高九尺八寸，東、西、北均高七尺八寸，四週共長五百八十丈。左右紅門二座。雍正九年定制：禁紅門前大路及山根左畔車馬行走。門之外，下馬石牌各一。門之前有滌祭品井一，冰窖房六。乾隆四十三年，皇上謁福陵後，命大臣敬謹閱視，於附近地方查出墳塚數處，俱令遷葬，官給葬費。並於正門外添安柵木一千五十四架，移展紅樁二百六十一，外酌增白樁二百六十一，青樁四十。青樁之外，方許樵採、耕牧及行走、葬厝。青樁以內，概行禁止。規制益昭嚴肅。陵之東西界牌四座，四週界址共二千九百六十丈。壽康太妃園寢在福陵右，享殿三楹，門四，礓礤三。路內設寶牀、紅氈、坐褥，以奉神御。配案二，花毯三。前正門三楹，門二。繚墻共四十七丈。東西茶膳果房各三楹，四週堆房各二。福陵形勢，渾河環其前，輝山興隆嶺峙其後，遠則發源長白，俯臨滄海，王氣所鍾聚也。

昭陵

《〔乾隆〕盛京通志》卷二一《山陵》 太宗應天興國弘德彰武寬溫仁聖睿孝隆道顯功文皇帝昭陵，在奉天府城西北十里。順治八年，封山曰隆業，從祀方澤。山高六丈一尺，長一百一十五丈。孝端文皇后祔焉。寶城高二丈三尺八寸，週六十一丈。寶頂一座，高二丈，四週長三十三丈。月牙城高二丈二尺七寸，四週長二十七丈七尺。正中琉璃照壁一座。方城高二丈三尺三寸，四週長七十九丈，垛口高五尺。上有角樓四座，規制與福陵同。方城上北面明樓一座，門二。內碑一座，書「太宗文皇帝之陵」。明樓之下爲洞門二，門外石五供一案，供座陳設與福陵同。前爲石柱門二。隆恩殿，康熙三十一年重建大殿。殿制三楹，門四，窗八。殿內大暖閣一座，上設黃緞罩，內設寶牀、帷幔、衾枕、榑椸，以奉神御。小暖閣一座，錦罩。恭奉神牌二尊，上設黃緞罩。閣前龍鳳寶坐二座，福金椅東西各一，配椅二，五供案一，陳設桌四，朝燈六，俱設黃緞罩；盛弓櫃一，龍毯七。乾隆四十四年，於龍毯上增蓋黃布雨旱單各七。隆恩殿坐臺高六尺，四週長三十六丈四尺二寸。礓礤三路，中盤龍爲飾，四旁雕石花闌干。左右配殿各三楹，門十二，西配殿前焚帛石樓一座。隆恩門三楹，規制同福陵。東西茶膳滌器等房，規制亦同。前有碑樓，恭立神功聖德碑一道。亭前後華表柱四，左右列石麒麟、獅、虎、駝、馬各二。前正門三楹，彩油爲飾。門六。西爲省牲亭六楹，饌造房三楹，更衣亭四楹。門之前，齊班房二楹，石牌樓一，石橋一。橋之西爲滌祭品井一，橋之南下馬石牌各二，華表柱二，石獅二，東西橋道二。繚墻南面高九尺八寸，東、西、北均高七尺八寸，四週共長四百九十五丈九尺。墻內松林蓊翳，計一千六百二十五株。左右紅門二，界牌四，週圍界址共二千五百六十丈。陵前立仗石馬，曰大白、小白，乃我太宗當日所乘以略陣破敵者。乾隆四十三年，於前門外增添柵木四百四十二架，移展紅樁一百二十八、白樁九十、青樁四十四。十六年重修福陵隆恩樓，並昭陵明樓等工。懿靖太貴妃園寢在昭陵右。享殿三楹，門四，礓礤三路。內設寶牀、紅氈、坐褥，以奉神御。配案二。前正門三楹，門二，繚墻共四十九丈。東西茶膳果房各三楹，四週堆房各二。昭陵形勢，自城之東北，疊巘層巒，至此而寬平宏敞，有包絡萬象、跨馭八荒之勢，遼水右迴，渾河左繞，佳氣鬱葱，萬年帝業，丕基鞏焉。

昭西陵

《〔光緒〕清會典事例》卷九四三《工部・陵寢》 孝莊文皇后陵爲昭西陵。

寶頂高一丈三尺，周環二十七丈七尺。環以寶城，高二丈五尺六寸，周環三十二丈六尺五寸。前爲方城，崇墉雉堞，廣五丈，縱如之，高二丈七尺八寸。上爲明樓，重檐，覆黄琉璃，廣二丈六尺，縱如之，檐高一丈四尺五寸。内碑一，高一丈五尺五寸，廣五尺五寸，厚二尺六寸。仰覆蓮座，高五尺，廣七尺三寸，飾金字，繪五綵。下爲甕券門，門外月臺前設白石祭臺，廣一丈九尺四寸，縱五尺三寸，高四尺五寸，上陳石五供一分。南爲隆恩殿五間，重檐脊四下，均覆黄琉璃，廣八丈，縱五丈一尺八寸。檐高一丈七尺四寸，内設暖閣三。外有月臺，左右列銅鼎。崇階石欄，五出陛。左右建陵寢門一，廣二丈三尺九寸，縱一丈一尺五寸，檐高一丈三尺六寸。兩廡各五間，廣五丈五尺，縱二丈二尺二寸，檐高一丈二尺。左右燎鑪各一，廣九尺三寸，縱六尺六寸，高八尺五寸。南正中建琉璃花門三，金釘朱扉，中廣二丈三尺二寸，縱一丈一尺，檐高一丈三尺三寸。左右廣一丈七尺五寸，縱一丈，檐高一丈二尺六寸。前爲隆恩門五間，廣五丈一尺五寸，縱二丈，檐高一丈二尺二寸。東西班房二，兩厢各五間，廣五丈九尺五寸，縱二丈六尺，檐高一丈三尺四寸。中建神道碑亭一座，廣二丈七尺，縱如之，檐高一丈七尺。内碑一，高一丈八尺五寸，廣六尺三寸，厚二尺八寸。龍趺長一丈五尺五寸，高五尺二寸。東爲神厨五間，廣六丈八尺，縱二丈三尺五寸，檐高一丈二尺五寸。

神庫南北各三間，廣三丈七尺，縱二丈三尺五寸，檐高一丈一尺五寸。宰牲亭一座，重檐氣樓，廣二丈八尺五寸，縱如之，檐高一丈二尺。池南設堆撥房一，又東爲井亭一座，廣一丈，縱如之，檐高七尺五寸。東西下馬石牌各一，高一丈三尺六寸，廣三尺四寸，厚一尺四寸。

神道兩旁均封以樹，十株爲行，各間二丈，每間十有五丈。立荷花頭紅柱一，貫以朱繩。

陵之内圍牆，周長一百八丈一尺五寸，高一丈一尺。外圍牆，周長一百三十六丈一尺，高一丈二尺三寸。

孝陵

《〔光緒〕清會典事例》卷九四三《工部・陵寢》 世祖章皇帝陵爲孝陵。寶頂高一丈五尺，周環五十四丈九尺。環以寶城，高二丈四尺，周環六十三丈。月牙城，高二丈三尺，廣十八丈七尺。正中琉璃影壁一座。前爲方城，崇墉雉堞，廣六丈四尺二寸，縱如之，高二丈八尺七寸。上爲明樓，重檐，覆黄琉璃，廣二丈六尺，縱如之，檐高一丈四尺五寸。内碑一，高一丈五尺五寸，廣五尺五寸，厚二尺六寸。仰覆蓮座，高五尺，廣七尺三寸，飾金字，繪五綵。下爲甕券門，門外月臺，前爲月牙河，水洞四達，中設石平橋。橋之南，設白石祭臺，廣一丈九尺四寸，縱五尺三寸，高四尺五寸，上陳石五供一分。其前爲二柱門，廣二丈一尺八寸，石柱二，高一丈九尺九寸。門楣閾飾五綵，扉朱櫺。又前琉璃花門三，金釘朱扉，中廣二丈三尺，縱一丈，檐高一丈五尺五寸，左右廣一丈六尺六寸，縱七尺七寸，檐高一丈二尺八寸。門外玉帶河一道，中建石平橋三。前爲隆恩殿五間，重檐脊四下，均覆黄琉璃，廣九丈四尺，縱五丈三尺，檐高一丈七尺。内設暖閣三，外設月臺，左右列銅鼎、銅鶴、銅鹿各一。崇階石欄，凡五出陛。東西廡各五間，廣七丈七尺，縱二丈五尺，檐高一丈二尺五寸。燎鑪各一，廣九尺三寸，縱六尺六寸，高八尺五寸。前中爲隆恩門五間，廣六丈二尺五寸，縱二丈八尺，檐高一丈三尺。東西班房二，丙厢各五間，廣五丈七尺二寸，縱二丈七尺五寸，檐高一丈二尺一寸。東厢後設神厨五間，廣六丈八尺，縱二丈三尺五寸，檐高一丈一尺五寸。神庫南北各三間，廣三丈七尺，縱二丈三尺五寸，檐高一丈一尺五寸。宰牲亭一座，重檐氣樓，廣二丈八尺五寸，縱如之，檐高一丈二尺。南正中建神道碑亭一座，廣二丈七尺，縱如之，檐高一丈七尺。内碑一，高一丈八尺五寸，廣六尺三寸，厚二尺八寸。龍趺長一丈五尺五寸，高五尺二寸。池東石平橋二座，前設蟠龍松架。其亭前正中建三洞石橋一。又前五洞石橋一。又前七洞石橋一、一洞石橋一。東西有下馬石牌二，高一丈三尺六寸，廣三尺四寸，厚一尺四寸。南中爲龍鳳門三，門兩旁翊垣，均飾以琉璃，扉朱櫺，廣三丈二尺九寸，高二丈一尺五寸。門外左右設班房各三間，前列石像生，朝衣冠介冑文武臣像各三對，卧立麒麟、獅、象、馬、駝、狻猊各一對，凡十有八對。望柱二，高二丈二尺七寸。其中正中建聖德神功碑亭一座，重檐廣七丈四尺，縱如之，檐高三丈二尺。内碑一，高二丈有六寸，廣六尺七寸，厚二尺三寸。龍趺長一丈六尺三寸，高五尺六寸。擎天柱前後各二，高二丈五尺，徑四尺二寸，座高五尺二寸，徑八尺七寸。四周石欄，各高五尺五寸，各面廣一丈四尺七寸。碑亭前設東西班房各三間，南左有具服殿三間，廣三丈四尺，縱二丈三尺，檐高一丈。前中爲大紅門，廣十一丈七尺六寸，縱三丈四尺六寸，檐高二丈五尺。門前左右設班房各三間，東西對立下馬石牌二，高一丈三尺六寸，廣三尺四寸，厚一尺四寸。又前正中石坊二，廣九丈七尺五寸，高二丈三尺六寸。神道兩旁均封以樹，十株爲行，各間二丈，每間十有五丈，立荷花頭紅柱一，貫以朱繩。陵之內圍牆，周長一百九十七丈一尺五寸，高一丈一尺。外圍牆，周長六千四百三十九丈四尺八寸，高一丈三尺。

孝東陵

《〔光緒〕清會典事例》卷九四三《工部・陵寢》 孝惠章皇后陵爲孝東陵。寶頂高一丈二尺，周環三十丈有五尺。環以寶城，高二丈四尺，周環三十五丈九尺五寸。前爲方城，崇墉雉堞，廣五丈，縱如之，高二丈九尺。上爲明樓，重簷覆黃琉璃，廣二丈六尺，縱如之，簷高一丈四尺五寸。內碑一，高一丈五尺五寸，廣五尺五寸，厚二尺六寸。仰覆蓮座，高五尺，廣七尺三寸，飾金字，繪五綵。下爲甕券門，門外月臺前設白石祭臺，廣一丈九尺四寸，縱五尺三寸，高四尺五寸，上陳石五供一分。又前琉璃花門三，金釘朱扉，中廣二丈三尺，縱一丈，簷高一丈五尺五寸，左右廣一丈六尺六寸，縱七尺七寸，簷高一丈二尺八寸。南正中建隆恩殿五間，重簷脊四下，均覆黃琉璃，廣八丈，縱五丈一尺八寸，簷高一丈七尺四寸。內設暖閣三，外設月臺，左右列銅鼎一，崇階石欄，凡五出陛。東西廡各五間，廣五丈五尺，縱二丈二尺二寸，簷高一丈二尺。燎鑪各一，廣九尺三寸，縱六尺六寸，高八尺五寸。前爲隆恩門五門，廣五丈一尺五寸，縱二丈，簷高一丈二尺二寸。東西班房二，兩廂各五間，廣六丈，縱二丈五尺三寸，簷高一丈四尺三寸。東廂迆南有石平橋一，橋之東神厨五間，廣六丈八尺，縱二丈三尺五寸，簷高一丈二尺五寸。神庫南北各三間，廣三丈七尺，縱二丈三尺五寸，簷高一丈一尺五寸。宰牲亭一座，重簷氣樓，廣二丈八尺五寸，縱如之，簷高一丈二尺。井亭一座，廣一丈，縱如之，簷高七尺五寸。正中建三洞石橋一，西有石平橋二，橋前蟠龍松架三。神道兩旁均封以樹，十株爲行，各間二丈，每間十有五丈，立荷花頭紅柱一，貫以朱繩。陵之內圍牆，周長一百八十九丈一尺，高一丈五尺六寸。

景陵

《〔光緒〕清會典事例》卷九四三《工部・陵寢》 聖祖仁皇帝陵爲景陵。寶頂高二丈，周環六十二丈八尺。環以寶城，高三丈七尺一寸，周環六十七丈七尺一寸。月牙城，高二丈二尺，長十有六丈。正中琉璃影壁一座。前爲方城，崇墉雉堞，廣六丈四尺，縱如之，高二丈八尺七寸。上爲明樓，重簷，覆黃琉璃，廣二丈六尺，縱如之，簷高一丈四尺五寸。內碑一，高一丈五尺五寸，廣五尺五寸，厚二尺六寸。仰覆蓮座，高五尺，廣七尺三寸，飾金字，繪五綵。下爲甕券門，門外月臺前設白石祭臺，廣一丈九尺四寸，縱五尺三寸，高四尺五寸，上陳石五供一分。其前爲二柱門，廣二丈一尺八寸，石柱二，高一丈九尺九寸，門楣閾飾五綵，扉朱櫺。又前琉璃花門三，金釘朱扉，中廣二丈三尺，縱一丈，簷高一丈五尺五寸，左右廣一丈六尺六寸，縱七尺七寸，簷高一丈二尺八寸。南正中建隆恩殿五間，重簷脊四下，均覆黃琉璃，廣九丈四尺，縱五丈三尺，簷高一丈七尺。內設暖閣三，外設月臺，左右列銅鼎、銅鶴、銅鹿各一，崇階石欄，凡五出陛。東西兩廡各五間，廣七丈七尺，縱二丈五尺，簷高一丈二尺五寸。燎鑪各一，廣九尺三寸，縱六尺六寸，高八尺五寸。前爲隆恩門五間，廣六丈二尺五寸，縱二丈四尺，簷高一丈三尺。左右班房各三間，前有三洞石橋三，迆西石平橋二。東西廂各五間，廣六丈一尺，縱三丈一尺五寸，簷高一丈四尺。南爲神道碑亭，廣二丈七尺，縱如之，簷高一丈七尺。內碑一，高一丈八尺五寸，廣六尺三寸，厚二尺八寸。龍趺長一丈五尺五寸，高五尺二寸。東有井亭一座，廣一丈，縱如之，簷高七尺五寸。碑亭南建龍鳳門，謹案，道光十三年諭，景陵牌樓門改寫龍鳳門，以昭畫一。廣七丈有一寸，高二丈五尺八寸。左右列石像生，朝衣冠介冑文武臣像各一對，立馬、立象、立獅各一對，凡五對。望柱二，高二丈三尺二寸。東爲神厨五間，廣六丈八尺，縱二丈三尺五寸，簷高一丈二尺五寸。神庫南北各三間，廣三丈七尺，縱二丈三尺五寸，簷高一丈一尺五寸。宰牲亭一座，重簷氣樓，廣二丈八尺五寸，縱如之，簷高一丈二尺。東西對立下馬石牌二，高一丈三尺六寸，廣三尺四寸，厚一尺四寸。望柱前建立五洞石橋一。橋南建聖德神功碑亭一座，重簷，廣七丈二尺五寸，縱如之，簷高三丈一尺六寸。內碑二，各高二丈三尺，廣七尺四寸，厚二尺九寸。龍趺各長一丈六尺，高六尺一寸。前後擎天柱四，高二丈五尺，徑四尺二寸，座高五尺二寸，徑八尺七寸。四周石欄，各高五尺五寸，各面廣一丈四尺七寸。西有堆撥房三間。神道兩旁均封以樹，十株爲行，各間二丈，每間十有五丈，立荷花頭紅柱一，貫以朱繩。陵之內圍牆，周長一百七十九丈四尺五寸，高一丈一尺。

泰陵

《〔光緒〕清會典事例》卷九四三《工部・陵寢》 世宗憲皇帝陵爲泰陵。寶頂高一丈三尺，周環六十六丈四尺。環以寶城，高二丈一尺，周環八十二丈九尺。月牙城，高二丈一尺，周環十九丈有九寸。前爲方城，崇墉雉堞，廣六丈五尺，縱如之，高二丈八尺四寸。上爲明樓，重簷，覆黃琉璃，廣二丈六尺，縱如之，檐高一丈四尺五寸。内碑一，高一丈五尺五寸，廣五尺五寸，厚二尺六寸。仰覆蓮座，高五尺，廣七尺三寸，飾金字，繪五綵。下爲甕券門，門外月臺前設白石祭臺，廣一丈九尺四寸，縱五尺三寸，高四尺五寸，上陳石五供一分。其前爲二柱門，廣二丈一尺八寸，石柱二，高一丈九尺九寸，門楣閾飾五綵，扉朱櫺。又前爲琉璃門三，金釘朱扉，中廣二丈三尺，縱一丈，檐高一丈五尺五寸，左右廣一丈六尺六寸，縱七尺七寸，檐高一丈二尺八寸。南正中建隆恩殿五間，重檐脊四下，均覆黄琉璃，廣八丈，縱五丈一尺八寸，檐高一丈七尺四寸。内設暖閣三，外設月臺，左右列銅鼎、銅鶴、銅鹿各一，崇階石欄，凡五出陛。東西廡各五間，廣七丈七尺，縱二丈五尺，檐高一丈二尺五寸。燎鑪各一，廣九尺三寸，縱六尺六寸，高八尺五寸。前爲隆恩門五間，廣六丈二尺五寸，縱二丈八尺，檐高一丈三尺。東西設守護班房二，又兩廂各五間，廣五丈七尺，縱二丈七尺，檐高一丈有七寸。南正中建神道碑亭一座，廣二丈七尺，縱如之，檐高一丈七尺。内碑一，高一丈八尺五寸，廣六尺三寸，厚二尺八寸。龍趺長一丈五尺五寸，高五尺二寸。亭前中建三洞石橋三，左右有石平橋一。橋之東神厨五間，廣六丈八尺，縱二丈三尺五寸，檐高一丈二尺五寸。神庫南北各三間，廣三丈七尺，縱二丈三尺五寸，檐高一丈一尺五寸。宰牲亭一座，重檐氣樓，廣二丈八尺五寸，縱如之，檐高一丈二尺。井亭一座，廣一丈，縱如之，檐高七尺五寸。碑亭之東西對立下馬石牌二，高一丈三尺六寸，廣三尺四寸，厚一尺四寸。南正中爲龍鳳門三，門兩旁翊垣，均飾以琉璃，扉朱櫺，廣十丈八尺七寸，高二丈五尺三寸。左右列石像生，朝衣冠介冑文武臣像各一對，立馬、立象、立獅各一對，凡五對。望柱二，高二丈四尺九寸。望柱前七洞石橋一。又前建聖德神功碑亭一座，重檐，廣七丈二尺五寸，縱如之，檐高三丈一尺六寸。内碑二，各高二丈三尺，廣七尺四寸，厚二尺九寸，龍趺各長一丈六尺，高六尺一寸。前後擎天柱四，各高二丈五尺，徑四尺二寸，座高五尺二寸，徑八尺七寸。四周石欄，各高五尺五寸，各面廣一丈四尺七寸。亭之南，三洞石橋一。左設具服殿三間，廣三丈四尺，縱二丈三尺，檐高一丈。前正中爲大紅門，廣十一丈九尺三寸，縱三丈五尺三寸，檐高二丈二尺九寸。門外列石獅二，下馬石牌二，高一丈三尺六寸，廣三尺四寸，厚一尺四寸。又前左右堆撥房各三間。前中設石坊三，均廣九丈有九寸，高二丈四尺六寸。又前五洞石橋一。神道兩旁均封以樹，十株爲行，各間二丈，每間十有五丈，立荷花頭紅柱一，貫以朱繩。陵之内圍牆，周長一百九十四丈五尺一寸，高一丈三尺。外圍牆，周長四千三百九十九丈，高一丈四尺五寸。

泰東陵

《〔光緒〕清會典事例》卷九四三《工部・陵寢》 孝聖憲皇后陵爲泰東陵。寶頂高一丈五尺九寸，周環二十三丈八尺四寸。環以寶城，高二丈三尺八寸，周環二十九丈六尺。前爲方城，崇墉雉堞，廣四丈六尺，縱如之，高二丈七尺四寸。上爲明樓，重檐，覆黄琉璃，廣二丈九尺四寸，縱如之，檐高一丈七尺八寸。内碑一，高一丈四尺一寸，廣四尺九寸，厚二尺三寸五分。仰覆蓮座，高五尺，廣七尺，飾金字，繪五綵。下爲甕券門，門外月臺前設白石祭臺，廣一丈九尺七寸，縱五尺，高四尺三寸，上陳石五供一分。又前琉璃花門三，中廣二丈三尺六寸，縱八尺五寸，檐高一丈六尺五寸，左右廣一丈五尺五寸，縱七尺五寸，檐高一丈三尺三寸。南正中建隆恩殿五間，重檐脊四下，均覆黄琉璃，廣八丈五尺，縱五丈三尺五寸，檐高一丈九尺六寸。内設暖閣三，外設月臺，左右列銅鼎、銅鶴、銅鹿各一，崇階石欄，凡五出陛。東西廡各五間，廣四丈九尺，縱二丈五尺，檐高一丈四尺七寸。燎鑪各一，廣九尺六寸，縱六尺八寸，高八尺八寸。前中爲隆恩門五間，廣五丈七尺三寸，縱二丈四尺六寸，檐高一丈四尺三寸。東西班房二，兩廂各五間，廣五丈六尺五寸，縱二丈一尺五寸，檐高一丈三尺七寸。南正中設三洞石橋一，東西石平橋二。橋之東設神厨五間，廣六丈四尺五寸，縱二丈五尺八寸，檐高一丈三尺。神庫南北各三間，廣三丈七尺，縱三丈三尺五寸，檐高一丈有三尺。宰牲亭一座，廣三丈，縱如之，檐高一丈三尺五寸。井亭一座，廣一丈有三寸，縱如之，檐高九尺八寸。東西對列下馬石牌二，高一丈二尺七寸，廣三尺四寸五分，厚一尺二寸。三洞橋南迆西七洞平橋一。神道兩旁均封以樹，十株爲行，各間二丈，每間十有五丈，立荷花頭紅柱一，貫以朱繩。陵之内圍牆，周長九十八丈，高一丈四尺九寸。

裕陵

《〔光緒〕清會典事例》卷九四三《工部・陵寢》 高宗純皇帝陵爲裕陵。寶頂高一丈五尺，周環六十四丈九尺。環以寶城，高二丈六尺七寸，周環七十三丈五尺。月牙城，高二丈一尺，長十七丈九尺，正中琉璃影壁一座。前爲方城，崇墉雉堞，廣六丈五尺，縱如之，高二丈三尺九寸。上爲明樓，重檐，覆黄琉璃，廣二丈六尺，縱如之，檐高一丈四尺五寸。内碑一，高一丈五尺五寸，廣五尺五寸，厚二尺六寸。仰覆蓮座，高五尺，廣七尺三寸，飾金字，繪五綵。下爲甕券門，門外月臺前爲玉帶河，中建后平橋一。橋南設白石祭臺，廣一丈九尺四寸，縱五尺三寸，高四尺五寸，上陳石五供一分。其前爲二柱門，廣二丈一尺八寸，石柱二，高一丈九尺九寸，門楣閾飾五綵，扉朱櫺。又前爲琉璃花門三，金釘朱扉，中廣二丈三尺，縱一丈，檐高一丈五尺五寸，左右廣一丈六尺六寸，縱七尺七寸，檐高一丈二尺八寸。門南設一洞石橋三。前正中建隆恩殿五間，重檐脊四下，均覆黃琉璃，廣九丈四尺，縱五丈三尺，檐高一丈七尺。内設暖閣三，外設月臺，左右列銅鼎、銅鶴、銅鹿各一，崇階石欄，凡五出陛。東西廡各五間，廣七丈七尺，縱二丈五尺，檐高一丈二尺五寸。燎鑪各一，廣九尺三寸，縱六尺六寸，高八尺五寸。南中爲隆恩門五間，廣六丈二尺五寸，縱二丈八尺，檐高一丈三尺。門外左右設班房三間，前爲月牙河，中建三洞石橋三，左右平橋二。東西厢各五間，廣六丈一尺四寸，縱三丈一尺八寸，檐高一丈四尺。前正中爲神道碑亭，廣二丈三尺，縱如之，檐高一丈七尺。内碑一，高一丈八尺五寸，廣六尺三寸，厚二尺八寸。龍趺長一丈五尺五寸，高五尺二寸。前設蟠龍松架四，東西列下馬石牌二，高一丈三尺六寸，廣三尺四寸，厚一尺五寸。亭東有神厨五間，廣六丈八尺，縱二丈三尺五寸，檐高一丈三尺五寸。神庫南北各三間，廣三丈七尺，縱二丈三尺五寸，檐高一丈一尺五寸。宰牲亭一座，重檐氣樓，廣二丈八尺五寸，縱如之，檐高一丈二尺。碑亭一座，廣一丈，縱如之，檐高七尺五寸。碑亭前中建一洞石橋一。又前建龍鳳門，廣七丈有一寸，高二丈五尺八寸。池西堆撥房三間。門南左右列石像生，朝衣冠介冑文武臣像各一對，立馬、立麒麟、立象、立駱駝、立狻猊、立獅各一對，凡八對。望柱二，高二丈三尺二寸。望柱前正中五洞石橋一。又前建聖德神功碑亭一座，重檐，廣七丈二尺五寸，縱如之，檐高三丈一尺六寸。内碑二，各高二丈三尺，廣七尺四寸，厚二尺九寸。龍趺各長一丈六尺，高六尺一寸。前後擎天柱四，高二丈有五寸，徑四尺二寸，座高五尺二寸，徑八尺七寸。四周石欄，各高五尺五寸，各面廣一丈四尺七寸。西有堆撥房三間。神道兩旁均封以樹，十株爲行，各間二丈，每間十有五丈，立荷花頭紅柱一，貫以朱繩。陵之内圍牆，周長一百九十丈有三尺二寸，高一丈三尺。

昌陵

《〔光緒〕清會典事例》卷九四四《工部・陵寢》　仁宗睿皇帝陵爲昌陵。寶頂高一丈五尺，周環六十六丈六尺。環以寶城，高二丈六尺，周環七十三丈二尺八寸。月牙城高二丈五尺二寸，廣十八丈五尺。正中琉璃影壁一座，高一丈六尺九寸，廣二丈一尺三寸。前爲方城，崇墉雉堞，高二丈九尺，廣六丈三尺三寸，縱如之。上爲明樓，重檐，覆黃琉璃，高一丈七尺二寸，廣四丈三尺一寸，縱如之。内碑一，高一丈四尺八寸，廣五尺二寸，厚二尺二寸五分。仰覆蓮座，高五尺一寸，廣七尺四寸，厚三尺四寸五分，飾金字，繪五綵。下爲甕券門，門外月臺前設白石祭臺，廣二丈六寸，縱五尺六寸，高四尺六寸五分，上陳石五供一分。其前爲二柱門，廣二丈七寸，縱八尺一寸，高一丈六尺三寸。石柱二，高二丈七尺三寸，徑二尺一寸五分，門楣閾飾五綵，扉朱櫺。又前琉璃花門三，金釘朱扉，中廣二丈四尺四寸，縱九尺，檐高一丈六尺三寸，左右廣一丈六尺，縱八尺一寸，檐高一丈三尺。隨花門東西卡子牆，高九尺一寸，長二十八丈八尺四寸。前爲隆恩殿五間，重檐脊四下，均覆黃琉璃，廣九丈五尺二寸，縱五丈二尺九寸，檐高二丈三寸。内設暖閣三間，廣六丈，縱一丈九尺八寸。外設月臺，左右列銅鶴、銅鼎、銅鹿各一，崇階石欄，凡五出陛。東西廡各五間，各廣七丈九尺六寸，縱二丈七尺六寸，檐高一丈四尺八寸。燎鑪各一，廣九尺八寸，縱七尺，高九尺六寸。前中爲隆恩門五間，廣六丈二尺八寸，縱二丈八尺五寸，檐高一丈五尺。東西班房各三間，各廣二丈四尺二寸，縱一丈二寸，高八尺二寸。東西朝房各五間，各廣五丈七尺六寸，縱二丈七尺三寸，高一丈三尺。池南設石平橋一座。橋東神厨五間，廣六丈九尺二寸，縱二丈四尺六寸，高一丈三尺四寸。神庫南北各三間，廣三丈七尺六寸，縱二丈一尺四寸，檐高一丈三尺。宰牲亭一座，重檐，廣二丈九尺二寸，縱如之，高一丈二尺。環以紅牆，高九尺，長五十丈九尺三寸。南正中建神道碑亭一座，廣二丈六尺七寸，縱如之，檐高一丈八尺七寸。内碑一，高一丈七尺五寸，廣五尺八寸五分，厚二尺四寸。龍趺高五尺，長一丈六尺。前正中建三洞石橋三，東西下馬石牌各一，高一丈四尺三寸，廣三尺四寸，厚一尺四寸。又前三洞石橋一。南中爲龍鳳門三，兩旁翊垣，飾以琉璃，扉朱櫺，廣二丈九尺三寸，高二丈五尺六寸。門右設班房三間，左右列石像生，朝衣冠介冑文武臣像各一對，立馬、立象、立獅各一對，石望柱二，高二丈二尺八寸，徑三尺三寸，座高三尺，徑四尺五寸。前建五孔石橋一。正中建聖德神功碑亭一座，重檐，廣七丈四尺八寸，縱如之，檐高三丈六尺。内碑二，各高二丈一尺六寸，廣七尺一寸，厚二尺五寸。龍趺長一丈六尺八寸，高六尺。擎天柱前後各二，高三丈二尺四寸，徑四尺六寸，座高五尺三寸，徑八尺七寸。四周石欄高四尺九寸，廣一丈四尺七寸。神道兩旁各封以樹，九株爲行，各間一丈五尺。陵之内圍牆，周長二百二十七丈一尺八寸，高一丈二寸。

昌西陵

《〔光緒〕清會典事例》卷九四四《工部・陵寢》　孝和睿皇后陵爲昌西陵。寶頂高六尺，周環八丈八尺五寸。環以寶城，高一丈四尺五寸，周環十丈八尺七寸。月臺前設白石祭臺，廣二丈一寸五分，縱五尺六寸，高四尺六寸，上陳石五供一分。前爲琉璃花門，金釘朱扉，廣一丈六尺四寸，縱八尺，檐高一丈六尺。左右隨牆角門二，廣八尺二寸。隨花門東西卡子牆，高一丈二尺五寸，長二十二丈九尺五寸。玉帶河一道，中建有欄石平橋一，左右無欄石平橋一。前建隆恩殿三間，廣五丈一尺二寸，縱四丈四寸，檐高一丈六尺二寸。內設暖閣三間，廣四丈一尺二寸，縱一丈四尺。外設月臺，列銅鼎二，左列銅鶴一，右列銅鹿一，崇階，凡五出陛。東西廡各三間，廣三丈四尺三寸，縱二丈二尺三寸，檐高一丈二尺。燎鑪東西各一，廣九尺六寸，縱六尺九寸，高八尺八寸。前中爲隆恩門三間，廣三丈四尺二寸，縱二丈二寸，檐高一丈三尺五寸。東西班房各三間，廣二丈四尺，縱一丈二寸，高九尺。東西朝房各五間，廣五丈一寸，縱二丈二尺四寸，高一丈一尺四寸。池東設神厨五間，廣五丈六尺五寸，縱一丈八尺二寸，檐高一丈一尺四寸。神庫南北各三間，廣三丈三尺，縱一丈四尺二寸，檐高一丈一尺二寸。宰牲亭一座，重檐，廣二丈四尺四寸，縱如之，檐高一丈三尺。內紅牆，高九尺三寸，長五十四丈七尺六寸，前正中建三洞石橋，左右建石平橋。橋南下馬石牌二，高一丈二尺八寸，廣三尺四寸，厚一尺二寸。神道兩旁均封以樹，十一株爲行，各間一丈五尺。陵之内圍牆，周長一百二十五丈二尺三寸，高一丈八寸。

慕陵

《〔光緒〕清會典事例》卷九四四《工部・陵寢》　宣宗成皇帝陵爲慕陵。寶頂高九尺，周環二十九丈二尺五寸。環以寶城，高一丈四尺五寸，周環三十一丈四尺五寸。月臺前爲白石祭臺，廣二丈一寸五分，縱五尺五寸，高四尺七寸，上陳石五供一分。前爲疊落，護以石欄。欄前建石牌坊，隨牌坊東西卡子牆，高五尺八寸，各長五丈二尺三寸。又前爲玉帶河，中建有欄石橋，左右建無欄石平橋。前爲隆恩殿三間，廣七丈八寸，縱六丈八尺八寸，檐高二丈五寸。內設暖閣三間，廣五丈五尺一寸，縱一丈四尺。外爲月臺，列銅鼎二，左石幢一，右石日晷一，崇階，凡五出陛。東西廡各三間，各廣四丈三尺六寸，縱二丈六尺五寸，檐高一丈五尺。燎鑪東西各一，廣九尺九寸，縱七尺一寸，高九尺三寸。前中爲隆恩門五間，廣五丈八尺八寸，縱二丈四尺三寸，檐高一丈五尺七寸。東西班房各三間，廣二丈四尺一寸，縱一丈二寸，高八尺六寸。東西朝房各五間，廣五丈七尺四寸，縱二丈七尺二寸，高一丈二尺四寸。前中建三洞石橋，左右建無欄石平橋。又前建神道碑亭一座，廣二丈四尺，縱如之，檐高一丈八尺。內碑一，高一丈七尺五寸，廣六尺一寸，厚二尺五寸五分。龍趺長一丈六尺三寸，高六尺。左神厨五間，廣六丈六尺八寸，縱二丈三尺五寸，檐高一丈三尺五寸。神庫南北各三間，廣三丈四尺五寸，縱二丈五寸，檐高一丈二尺。宰牲亭一座，重檐，高一丈三尺八寸，廣二丈九尺，縱如之。內紅牆高一丈一尺五寸，長五十六丈一尺三寸。東西下馬石牌，高一丈三尺二寸，廣三尺四寸，厚一尺二寸。前中爲龍鳳門三，門旁翊垣，飾以琉璃，扉朱櫺，高二丈六尺，廣三丈二尺一寸。門外右設班房三間，前建五孔石橋一。神道兩旁均封以樹，十七株爲行，各間一丈二尺五寸。陵之内圍牆，周長一百九十五丈七尺五寸，高一丈。

慕東陵

《〔光緒〕清會典事例》卷九四四《工部・陵寢》　孝静成皇后陵爲慕東陵。寶頂高五尺五寸，周環六丈六尺五寸。環以寶城，高一丈三尺八寸，周環八丈七尺五寸。月臺前爲白石祭臺，廣一丈九尺一寸，縱五尺六寸，高四尺七寸，上陳石五供一分。前爲琉璃花門，金釘朱扉，中廣一丈六尺五寸，縱八尺，檐高一丈五尺八寸。環寶頂屏牆，高一丈一尺四寸，周長三十二丈五尺。隨花門東西卡子牆，高一丈四尺八寸，各長十丈八尺八寸。左右隨牆角門，廣八尺五寸五分。琉璃花門前爲隆恩殿五間，廣六丈八尺五寸，縱四丈四尺五寸，檐高一丈六尺。內設暖閣三間，廣四丈一尺，縱一丈四寸。外設月臺，列銅鼎二，左銅鶴一，右銅鹿一，崇階，凡五出陛。東西廡各三間，廣三丈二尺，縱二丈二尺一寸，檐高一丈三尺。東西燎鑪二，廣一丈，縱七尺，高九尺。前中隆恩門三間，廣三丈八尺七寸，縱二丈六尺二寸，檐高一丈四尺一寸。東西班房各三間，廣二丈四尺二寸，縱一丈二寸，檐高八尺。東西朝房各五間，廣五丈一尺二寸，縱一丈七尺四寸，檐高一丈二寸。前中建有欄石平橋，左右建無欄石平橋。橋南東首神厨五間，廣五丈五尺九寸，縱一丈八尺，檐高一丈二尺。神庫南北各三間，廣二丈，縱一丈三尺七寸，檐高一丈四寸。宰牲亭一座，重檐，廣二丈四尺二寸，縱如之，高一丈二尺八寸。內紅牆，高九尺五寸，長五十一丈六尺。東西下馬石牌，高一丈二尺八寸，廣三尺四寸，厚一尺二寸。神道兩旁均封以樹，十三株爲行，各間一丈二尺五寸。陵之内圍牆，周長一百三十七丈六尺二寸，高一丈二尺二寸。

定陵

《〔光緒〕清會典事例》卷九四四《工部・陵寢》 文宗顯皇帝陵爲定陵。寶頂高一丈六尺，周環三十六丈。環以寶城，高二丈四尺，周環五十丈。月牙城，高二丈四尺，廣四十丈。正中琉璃影壁一座，高一丈九尺二寸，廣二丈四寸。前爲方城，崇墉雉堞，高二丈四尺，廣六丈三尺，縱如之。方城下東西卡子牆，各高二丈三尺，長二丈四尺。上爲明樓，重檐，覆黄琉璃，高一丈六尺五寸，廣四丈三尺六寸，縱如之。內碑一，高一丈二尺，廣四尺三寸，厚一尺三寸。仰覆蓮座，高四尺一寸，廣六尺二寸，厚二尺四寸，飾金字，繪五綵。下爲甕券門。門外月臺前爲月牙河，水洞四達，中設石平橋。橋南白石祭臺，廣一丈九尺五寸，縱四尺六寸，高五尺，上陳石五供一分。前琉璃花門三，金釘朱扉，中廣一丈五尺五寸，縱九尺二寸，檐高一丈六尺，左右廣九尺二寸，縱八尺一寸，檐高一丈三尺。隨花門東西卡子牆，高一丈三尺，長八丈七尺。門外玉帶河一道，石平橋三。前隆恩殿五間，重檐脊四下，均覆黄琉璃，廣八丈四尺五寸，縱七丈一尺二寸，檐高二丈一尺。內設暖閣三間，廣五丈一尺，縱一丈九尺。外設月臺，左右列銅鼎、銅鶴、銅鹿各一，崇階石欄，凡五出陛。東西廡各五間，廣七丈四尺，縱三丈三尺二寸，檐高一丈四尺九寸。東西燎鑪二，廣九尺四寸，縱六尺九寸，高九尺六寸。前中隆恩門五間，廣六丈三尺，縱二丈八尺，檐高一丈五尺。東西班房各三間，廣二丈四尺，縱一丈二尺，高九尺。東西朝房各五間，廣六丈二尺，縱二丈五尺，高一丈五尺。前三孔石橋三，東西便橋一。正中建神道碑亭，廣二丈二尺一寸，縱如之，檐高一丈九尺二寸。內碑一，高一丈七尺，廣五尺七寸，厚三尺四寸。龍趺高四尺五寸，長一丈五尺八寸。三孔橋迆東爲神厨五間，廣六丈八尺，縱二丈三尺，檐高一丈四尺。神庫南北各三間，宰牲亭一座，廣三丈四尺二寸，縱如之，檐高一丈五尺五寸。大門一座，廣一丈四尺，縱六尺八寸，檐高一丈一尺。環以紅牆，高一丈一尺，長六十一丈。牆外井亭一座，東西下馬石牌，高一丈三尺，廣三尺五寸，厚一尺二寸。南中爲龍鳳門，高二丈五尺，廣六丈三尺，左右列石像生，朝衣冠介胄文武臣像各二，馬、象、獅各二。擎天柱二，高二丈五寸，徑三尺一寸，座高二尺五寸，徑三尺八寸。前五孔橋一，東西便橋二。神道兩旁各封以樹，九株爲行，各間二丈。陵之內圍牆，周長一百四十七丈六尺六寸，高一丈三尺六寸。

定東陵

《〔光緒〕清會典事例》卷九四四《工部・陵寢》 孝貞顯皇后陵爲普祥峪定東陵。寶頂高一丈二尺三寸，周環十八丈六尺。環以寶城，高二丈四尺，周環二十四丈五尺，座高五尺，周環三十一丈五尺。東西卡子牆，各高九尺八寸，長三丈四尺五寸。前爲方城，崇墉雉堞，廣四丈，縱如之，高二丈七尺三寸。上爲明樓，重檐，覆黄琉璃，廣二丈五尺五寸，縱如之，高一丈九尺。內碑一，高九尺七寸，廣三尺四寸，厚一尺三寸。仰覆蓮座，高三尺三寸，廣四尺九寸，縱二尺五寸，飾金字，繪五綵。下爲甕券門，門外月臺前設白石祭臺，廣一丈九尺五寸，縱四尺六寸，高五尺，上陳石五供一分。又前琉璃花門三，金釘朱扉，中廣二丈二尺六寸，縱一丈，檐高一丈七尺八寸，左右廣一丈六尺九寸，縱八尺三寸，檐高一丈六尺三寸。隨花門東西卡子牆，各長五丈三尺五寸，高九尺八寸。正中建隆恩殿五間，重檐脊四下，均覆黄琉璃，廣六丈七尺五寸，縱四丈一尺五寸，檐高二丈。內設暖閣三間，廣四丈七尺二寸，縱一丈七尺。外設月臺，左右列銅鼎二，仙鶴一，梅鹿一，崇階石欄，凡五出陛。東西廡各五間，廣五丈三尺，縱三丈四尺五寸，檐高一丈六尺二寸。燎鑪東西各一，廣九尺二寸，高如之，縱六尺五寸。前中隆恩門五間，廣四丈七尺，縱二丈八尺一寸，檐高一丈六尺五寸。東西班房各三間，廣二丈六尺五寸，縱一丈二尺，高九尺五寸。東西朝房各五間，廣六丈二寸，縱二丈五尺八寸，高一丈六尺。前三孔石橋一座，白石橋一座，東西便橋各一，蟠龍松四架。正中建神道碑亭，廣三丈，縱如之，檐高二丈四尺。內碑一，高二丈一尺一寸，寬六尺，厚二尺六寸五分。龍趺高四尺五寸，長一丈五尺八寸。東爲神厨五間，廣五丈一尺，縱二丈四尺，檐高一丈六尺。神庫南北各三間，廣三丈四尺，縱二丈二寸，檐高一丈三尺五寸。宰牲亭一座，廣三丈二尺，縱如之，檐高一丈六尺。環以紅牆，高九尺二寸，長四十六丈四尺。大門一座，廣一丈三尺五寸，縱六尺七寸，檐高一丈一尺。井亭一座，東西下馬牌二，高一丈三尺八寸，廣三尺三寸，厚一尺四寸。石橋三座，東西直班堆撥房各三間。神道兩旁各封以樹，九株爲行，各間八尺。陵之內圍牆，周長一百三十九丈二尺，高一丈三尺。

惠陵

《〔光緒〕清會典事例》卷九四四《工部・陵寢》 穆宗毅皇帝陵爲惠陵。寶頂高一丈七尺，周環三十七丈。環以寶城，高二丈六尺三寸，周環五十一丈三寸。正中琉璃影壁一座，高一丈七尺八寸，廣二丈八寸。前爲方城，崇墉雉堞，高二丈六尺七寸，廣六丈六寸，縱如之。方城外東西卡子牆，高二丈五尺五寸，長四丈八尺六寸。上爲明樓，重檐，覆黄琉璃，高八尺九寸，廣四丈三尺七寸，縱如之。內碑一，高一丈二尺三寸，廣四尺三寸，厚一尺一寸。仰覆蓮座，高四尺二寸，廣六尺二寸，厚二尺六寸，飾金字，繪五綵，崇階石欄，凡五出陛。下爲甕券門，門外爲白石祭臺，廣一丈九尺二寸，縱四尺五寸，高四尺六寸，上陳石五供一分。又前琉璃花門三，金釘朱扉，中廣二丈六尺，縱九尺八寸，檐高一丈八尺，左右廣一丈七尺，縱九尺三寸，檐高一丈五尺四寸。隨花門東西卡子牆，高一丈一尺，長三丈二尺。前爲隆恩殿五間，重檐脊四下，均覆黄琉璃，廣九丈七尺五寸，縱七丈三尺八寸，檐高二丈四寸。內設暖閣三間，廣三丈七尺七寸，縱一丈九尺五寸。外設月臺，左右列銅鼎、銅鶴、銅鹿各一，崇階石欄，凡五出陛。東西廡各五間，廣八丈一尺，縱三丈三尺，檐高一丈五尺八寸。東西燎鑪一，廣九尺三寸，高如之，縱六尺五寸。前中隆恩門五間，廣五丈七尺三寸，縱三丈六寸，檐高一丈五尺七寸。東西班房各三間，廣二丈六尺五寸，縱一丈，高九尺二寸。東西朝房各五間，廣六丈五寸，縱三丈三尺，高一丈三尺。前三孔石橋三，東西便橋一。迆東爲神厨五間，廣六丈四尺，縱二丈三尺，檐高一丈三尺五寸。神庫南北各三間，廣三丈三尺，縱二丈三寸，檐高一丈二尺八寸。宰牲亭一座，廣二丈九尺，縱如之，檐高一丈四尺八寸。環以紅牆，高八尺五寸，長四十五丈。大門一座，廣一丈四尺五寸，縱六尺七寸，檐高一丈一尺。門外井亭一座。三孔橋之前爲神道碑亭，廣二丈二尺一寸，縱如之，檐高九尺一寸五分。內碑一，廣五尺七寸，高一丈六尺七寸，厚二尺三寸；座高四尺五寸，廣六尺二寸，厚三尺。正南爲龍鳳門，高一丈九尺，廣三丈五尺三寸。左右下馬牌一，均高一丈二尺九寸，廣三尺四寸，厚一尺四寸。石望柱二，高一丈九尺五寸，徑三尺二寸。前五孔橋一。泊岸西，三孔石平橋一。神道兩旁各封以樹，橋北十二行，每行十二株，南北各間三丈，東西各間二丈。橋南一百十八行，每行九株，各間一丈一尺。陵之內圍牆，周長一百九十八丈，高一丈一尺。

清皇妃諸陵

《〔光緒〕清會典事例》卷九四九《工部・園寢墳塋》　昭西陵貴人園寢。琉璃花門一座，廣一丈七尺四寸，縱七尺三寸，檐高一丈七尺五寸。前正中饗殿一座，廣四丈二尺五寸，縱一丈九尺三寸，檐高一丈六尺五寸。南有大門三，廣三丈八尺，縱二丈三尺，檐高一丈六尺五寸。東西廂各三間，廣三丈七尺五寸，縱二丈四尺三寸，檐高一丈二尺五寸。左右下馬樁二。圍牆周長七十一丈，高一丈二尺六寸。

景陵皇貴妃園寢。琉璃花門一座，廣一丈八尺二寸，縱八尺八寸，檐高一丈一尺。前正中饗殿一座，廣八丈二尺，縱四丈四尺五寸，檐高一丈三尺五寸。兩廡各五間，廣五丈五尺八寸，縱二丈四尺二寸，檐高一丈六尺二寸。東有燎鑪一座，廣九尺七寸，縱七尺，高七尺三寸。南有大門三，廣四丈七尺二寸，縱二丈八尺六寸，檐高一丈二尺六寸。門外左右設班房，東西廂各五間，廣五丈五尺，縱二丈一尺五寸，檐高九尺二寸。前有一洞石橋一座。圍牆周長一百五十五丈，高一丈三尺。妃園寢。琉璃花門一座，廣一丈八尺五寸，縱九尺六寸，檐高一丈二尺三寸。前正中饗殿一座，廣六丈七尺，縱三丈四尺，檐高一丈三尺。東有燎鑪一座，廣八尺七寸，縱六尺一寸，高七尺。南有大門三，廣三丈八尺五寸，縱二丈六尺五寸，檐高一丈一尺五寸。門外設左右班房，東西廂各五間，廣五丈一尺，縱一丈七尺，檐高九尺。前有一洞石橋一座。圍牆周長一百五十五丈七尺，高一丈三尺。

泰陵皇貴妃園寢。琉璃花門一座，廣一丈九尺，縱九尺五寸，檐高一丈三尺。前正中饗殿一座，廣六丈，縱三丈四尺，檐高一丈三尺。東有燎鑪一座，廣九尺，縱六尺四寸，高六尺六寸。南有大門三，廣三丈八尺五寸，縱二丈六尺五寸，檐高一丈一尺五寸。門外設左右班房，東西廂各三間，廣三丈一尺，縱一丈七尺，檐高九尺。前有一洞石橋一座。圍牆周長一百三十丈九尺，高一丈五寸。

裕陵皇貴妃園寢。琉璃花門二座，廣一丈八尺，縱九尺，檐高一丈一尺。正中饗殿一座，廣六丈七尺七寸，縱三丈五尺三寸，檐高一丈五尺二寸。兩廡各五間，廣五丈一尺五寸，縱二丈二尺四寸，檐高一丈三尺五寸。東有燎鑪一座，廣九尺三寸，縱六尺五寸，高八尺六寸。南正中大門三，廣三丈三尺八寸，縱二丈七尺二寸，檐高一丈三尺八寸。門外設左右班房，東西廂各五間，廣五丈一尺，縱一丈七尺三寸，檐高一丈。前有一洞石橋一座。圍牆周長一百三十丈六尺，高一丈四尺。

昌陵皇貴妃園寢。琉璃花門一座，廣一丈八尺，縱九尺，檐高一丈一尺三寸。前正中饗殿一座，廣六丈，縱三丈四尺，檐高一丈三尺。東有燎鑪一座，廣九尺六寸，縱六尺八寸，高七尺三寸。南有大門三，廣三丈八尺四寸，縱二丈，檐高一丈一尺五寸。門外設左右班房，東西廂各三間，廣三丈一尺，縱一丈七尺，檐高九尺。前有一洞石橋一座。圍牆周長一百四十五丈四尺，高一丈二尺。

定陵皇貴妃園寢。琉璃花門一座，廣一丈九尺，縱六尺四寸，高稱之。東西卡子牆，高一丈一尺，長十九丈。正中饗殿一座，廣七丈六尺，縱五丈二尺，檐高一丈八尺。東有燎鑪一座，廣九尺，縱六尺二寸，高九尺。南有大門三，廣四丈五尺，縱三丈一尺六寸，檐高一丈四尺。門外設左右班房各二間，東西廂各五間。前有一洞石橋一座。圍牆周長一百三十二丈，高一丈一尺五寸。朱華山端慧皇太子園寢。琉璃花門一座，廣一丈八尺四寸，縱八尺，檐高一丈二尺。前正中饗殿一座，廣六丈五尺四寸，縱三丈四尺，檐高一丈四尺。兩廡各五間，廣四丈八尺，縱二丈四尺五寸，檐高一丈三尺五寸。東有燎鑪一座，廣九尺三寸，縱六尺六寸，高七尺。南有大門三，廣五丈一尺，縱二丈二尺，檐高一丈一尺五寸。門外設守護班房，東西廂各三間，廣三丈六尺七寸，縱二丈一尺七寸，檐高一丈二寸。圍牆周長一百三十丈二尺，高一丈一尺。

《（光緒）清會典事例》卷九四九《工部・園寢墳塋》 清皇子、新王、公主諸陵。

皇十二子園寢。琉璃花門一座，廣一丈五尺五寸，縱七尺一寸，檐高一丈一尺五寸。正中饗殿一座，廣三丈八尺，縱二丈八尺二寸，檐高一丈一尺二寸。前有大門，廣一丈五尺二寸，縱一丈八尺，檐高一丈六寸。門外設守護班房。圍牆周長四十九丈，高九尺二寸。丈營臺榮親王園寢。琉璃花門一座，廣一丈六尺二寸，縱六尺，檐高一丈八寸。正中饗殿一座，廣三丈八尺六寸，縱二丈六尺五寸，檐高一丈二尺。前有大門，廣三丈五尺，縱二丈一尺，檐高一丈一尺。門外設守護班房，東西廂各三間，廣三丈八尺六寸，縱二丈六尺五寸，檐高一丈二尺。圍牆周長五十二丈六尺，高一丈。朱華山理密親王園寢。琉璃花門一座，廣一丈八尺，縱八尺，檐高一丈四尺。東西卡子牆，長九丈四尺，高一丈一尺。正中饗殿一座，廣六丈二尺，縱四丈一尺，檐高一丈七尺。前有大門，廣四丈五尺，縱二丈八尺，檐高一丈五尺。門外設守護班房，東西廂各三間。圍牆周長七十二丈，高一丈一尺。張家莊端親王園寢。琉璃花門一座，廣一丈六尺，縱六尺，檐高一丈六寸。正中饗殿一座，廣三丈八尺，縱二丈五尺，檐高一丈二尺。前有大門，廣三丈四尺，縱二丈，檐高一丈五寸。門外設守護班房，東西廂各三間，廣三丈一尺，縱一丈二尺，檐高一丈。圍牆周長五十一丈四尺，高一丈。王家莊懷親王等園寢，規制與端親王園寢同。梁各莊慧愍固倫公主園寢。正中饗殿一座，廣三丈一尺，縱一丈九尺，檐高一丈。南有大門，廣三丈一尺，縱一丈三尺，檐高九尺五寸。門外設守護班房，東西廂各三間，廣二丈八尺，縱一丈二尺，檐高九尺。圍牆周長五十二丈六尺八寸，高七尺三寸。許家峪端憫固倫公主園寢。正中饗殿一座，廣三丈五尺九寸，縱二丈九尺八寸，檐高一丈一尺三寸。南有大門，廣三丈五尺二寸，縱一丈九尺。門外設守護班房，東西廂各三間。圍牆周長九十一丈，高一丈三尺。陳門莊端順固倫公主園寢。正中饗殿一座，廣二丈一尺一寸，縱如之，檐高一丈二尺三寸。南有大門，廣一丈一尺九寸，縱一丈四尺四寸，檐高一丈二尺三寸。門外設守護班房，東西廂各二間，廣二丈，縱一丈二尺，檐高八尺五寸。圍牆周長三十二丈一尺，高一丈二尺三寸。妙高峯醇賢親王園寢。琉璃花門一座，廣一丈四尺，縱五尺二寸，檐高九尺八寸。東西卡子牆，各長五丈三尺，高八尺。正中饗殿一座，五間，廣五丈三尺，縱二丈七尺，檐高一丈一尺五寸。饗殿前抱厦三間，廣三丈三尺，縱一丈五尺，檐高一丈一尺。北面燎鑪一座，廣九尺三寸，縱六尺五寸，檐高八尺六寸。大門一座三間，廣三丈四尺，縱一丈六尺，檐高一丈。門外設守護班房，南北廂各三間，廣二丈八尺，縱一丈六尺，檐高八尺五寸。圍牆周長七十一丈九尺四寸，高八尺。黃色琉璃碑亭一座，四面各顯三間，廣二丈，縱高一丈三尺八寸。碑高九尺，廣四尺，龍首高四尺五寸，龜趺高稱之，碑文內恭書皇帝御名。

藝文

梅鼎祚編《東漢文紀》卷四劉蒼《諫章帝起陵邑疏》帝欲爲原陵、顯節陵起縣邑，蒼聞，疏諫，帝從而止。　伏聞當爲二陵起立郭邑，臣前頗謂道路之言，疑不審實，近令從官古霸問湼陽主疾，使還，乃知詔書已下。竊見光武皇帝躬履儉約之行，深覩始終之分，勤勤懇懇，以葬制爲言，故營建陵地，具稱古典。詔曰：無爲山陵陂池，裁令流水而已。孝明皇帝大孝無違，奉承貫行。至於自所營創，尤爲儉省，謙德之美，於斯爲盛。臣愚以園邑之興，始自強秦。古者丘隴且不欲其著明，豈況築郭邑、建都郛哉？上違先帝聖心，下造無益之功，虛費國用，動搖百姓，非所以致和氣、祈豐年也。又以吉凶俗數言之，亦不欲無故繕修丘墓，有所興起。考之古法則不合，稽之時宜則違人，求之吉凶復未見其福。陛下履有虞之至性，追封禰之深思，然懼左右過議，以累聖心。臣蒼誠傷二帝純德之美，不暢於無窮也。惟蒙哀覽。

曹丕《魏文帝集》卷一《爲漢帝置守冢詔》 朕承符運，受終革命，其敬事山陽公如舜之宗堯，有始有卒，傳之無窮。前羣司奏處正朔，欲使一皆從魏制，意所不安。其令山陽公於其國中，正朔服色，祭祀禮樂，自如漢典，又爲武、昭、宣、明帝置守冢各三百家。

林虙編《兩漢詔令》卷一〇成帝《罷昌陵詔》永始元年七月。 朕執德不固，謀不盡下，過聽將作大匠萬年言昌陵三年可成。作治五年，中陵、司馬殿門内尚未加功。天下虚耗，百姓罷勞，客土疏惡，終不可成。朕惟其難，怛然傷心。夫過而不改，是謂過矣。其罷昌陵及故陵，勿徙吏民，令天下毋有動揺之心。

蕭統編《文選》卷三八傅季友《爲宋公求加贈劉前軍表》 臣聞崇賢旌善，王教所先，王隱《晉書》，衛瓘上言曰：崇賢舉善而教用彰。謝承《後漢書》曰：滕延拜京兆尹，旌善爲務。念功簡勞，義深追遠。《尚書》禹曰：惟帝念功。《論語》曰：慎終追遠，民德歸厚矣。故司勳秉策，在勤必記，《周禮》曰：凡有功者，銘書於王之太常。德之休明，没而彌著。《左氏傳》，王孫滿曰：德之休明。故尚書左僕射、前軍將軍臣穆之，爰自布衣，協佐義始，裴子野《宋略》曰：高祖潛謀匡復，署穆之主簿，委以腹心。内竭謀猷，外勤庶政，《尚書》曰：爾有嘉謀嘉猷，則入告爾后于内。又曰：庶政惟和，萬邦咸寧。密勿軍國，心力俱盡。《韓詩》曰：密勿同心，不宜有怒。密勿，僶俛也。及登庸朝右，尹司京畿，沈約《宋書》曰：穆之爲尚書左僕射。又曰：加丹陽尹。《尚書》曰：若時登庸。敷讚百揆，翼新大猷。《尚書》曰：納于百揆。《毛詩》曰：匪大猷是經，惟邇言是聽。頃戎車遠役，居中作捍，沈約《宋書》曰：高祖北伐，轉穆之左僕射，甲仗五十人，入居東城。《毛詩》曰：左旋右抽，中軍作好。鄭玄曰：居軍中爲容好也。撫寧之勳，實洽朝野，識量局致，棟幹之器也。《蜀志》曰：文帝察黄權有局量。《易》曰：棟隆之吉，不橈于下也。方宣讚盛化，緝隆聖世，志績未究，遠邇悼心。皇恩褒述，班同三事，《蜀志》曰：偉度姓胡，爲諸葛亮主簿，故見表述。《尚書》曰：三事大夫，敬爾有宜。榮哀既備，寵靈已泰。《論語》，子貢曰：夫子其生也榮，其死也哀。寵靈，已見江淹《雜體詩》。

臣伏思尋：自義熙草創，艱患未弭，王隱《晉書》曰：義熙，安帝年號。《國語》，太子曰：天禍至于今未弭乎？外虞既殷，内難亦荐，沈約《宋書》曰：義熙五年，慕容超數爲邊患，公抗表北伐。公之北伐也，徐道覆乃有闚闟之志，勸盧循承虚而下，循從之。《公羊傳》曰：君子避内難，不避外難。時屯世故，靡有寧歲。《周易》曰：《屯》，剛柔始交而難生。又曰：《屯》，難也。潘正叔《迎大駕詩》曰：世故尚未夷。《國語》，姜氏告於公子曰：子之行，晉無寧歲。臣以寡劣，負荷國重，實賴穆之匡翼之勳。豈惟讜言嘉謀，溢于民聽。若乃忠規密謨，潛慮帷幕，造膝詭辭，莫見其際。《穀梁傳》曰：士造辟而言，詭辭而出。范寧曰：辟，君也。詭辭而出，不以實告人也。《風俗通》曰：禮諫有五，諷爲上。故入則造膝，出則詭辭。《禮》曰：善則稱君，過則稱己。王隱《晉書》曰：樂廣任誠保素，莫見其際。事隔於皇朝，功隱於視聽者，不可勝記。所以陳力一紀，遂克有成，《國語》，狐偃曰：畜力一紀，可以遠矣。又舅犯曰：若克有成，晉之柔嘉是甘。出征入輔，幸不辱命。微夫人之左右，未有寧濟其事者矣。《左氏傳》，重耳曰：微夫人力之不及此。《爾雅》曰：左右，助也。寧濟，已見曹植《責躬詩》。履謙居寡，守之彌固。《易》曰：九三，勞謙君子有終吉。王弼曰：履，得其位也。每議及封爵，輙深自抑絶，所以勳高當年，而茅土弗及。《三輔決録》曰：茂陵馬氏，代襲茅土。撫事永念，胡寧可昧？謂宜加贈正司，追甄土宇，俾忠貞之烈，不泯於身後；大賚所及，永秩於善人。《論語》曰：周有大賚，善人是富。

臣契闊屯夷，旋觀終始，金蘭之分，義深情感。《易》曰：二人同心，其利斷金；同心之言，其臭如蘭。是以獻其乃懷，布之朝聽。所啓上，合請付外詳議。

蕭統編《文選》卷三八任彦昇《爲范始興作求立太宰碑表》 人之云亡，忽移歲序，《詩》曰：人之云亡，邦國殄瘁。鴟鴞東徙，松檟成行。言成王未知周公之意，類鬱林之嫌子良；而周公有居攝之情，由子良有代宗之議，故假鴟鴞以喻焉。吴均《齊春秋》曰：鬱林王即位，子良謝疾不視事，帝嫌之。又潘敞以仗防之。子良既有代宗議，憂懼不敢朝事，而子良薨。《毛詩序》曰：《鴟鴞》，周公救亂也。成王未知周公之志，乃作詩以遺王，名之曰《鴟鴞》焉。《説苑》曰：梟與鳩相遇，鳩曰：子安之？梟曰：我將東徙。鳩曰：何？梟曰：西方之人，皆惡我聲。鳩曰：子鳴。於是鳴。鳩曰：子改鳴則可，不改子鳴，雖東徙猶惡子也。《左傳》，伍子胥曰：樹吾墓(櫝)〔檟〕。六府臣僚，三藩士女，蕭子顯《齊書》曰：子良爲輔國將軍、征虜將軍、竟陵王、鎮北將軍、征北將軍、護軍將軍，所謂六府；子良又爲會稽太守、南徐州刺史、又南兖州刺史，斯謂之三藩也。人蓄油素，家懷鉛筆，油素，已見《吴都賦》。葛龔《與梁相牋》曰：曹褒寢懷鉛筆，行誦文書。瞻彼景山，徒然望慕。景山，謂墳也。《毛詩》曰：陟彼景山。劉禎《贈五官中郎將詩》曰：望慕結不解。昔晉氏初禁立碑，《晉令》曰：諸葬者不得作祠堂碑石獸。魏舒之亡，亦從班列。而阮略既泯，故首冒嚴科，爲之者竟免刑戮，致之者反蒙嘉嘆。《陳留志》曰：阮略，字德規，爲齊國内史。爲政表賢黜惡，化風大行。卒於郡，齊人欲爲立碑。時官制嚴峻，自司徒魏舒已下，皆不得立。

齊人思略不已，遂共冒禁樹碑，然後詣闕待罪。朝廷聞之，尤嘆其惠。至於道被如仁，功參微管，本宜在常均之外。如仁、微管，並見上傳季友《修張良教》。故太宰淵、丞相嶷，親賢並軌，即爲成規。褚淵碑即王儉所制。蕭子顯《齊書》曰：豫章文獻王嶷，字宜儼，薨，贈丞相。南陽柴藹爲建立碑，第二子恪，託沈約及孔稚珪爲文。乞依二公前例，賜許刊立。寧容使長想九原，樵蘇罔識其禁；駐驛長陵，輶軒不知所適。《禮記》曰：趙文子與叔譽觀乎九原，文子曰：死者如可作也，吾誰與歸？《戰國策》，顔蠋謂齊王曰：秦攻齊，令曰：敢有去柳下季墓五十步樵採者，罪死不赦。《東觀漢記》，和帝詔曰：高祖功臣，蕭、曹爲首，朕望長陵東門，見二臣之壟，感焉。

祝穆《古今事文類聚前集》卷五〇喬潭《女媧陵記》 登黃龍古塞，望洪河中流，巋然獨存，大浸不溺者，媧皇陵也。夫巨靈擘太華，蹠首陽，導河而東，以洩憤怒。雖有重丘大阜，險狹之口，罔不漱之爲黃壤，汩之於旋波，不可復振，奔崩而下矣。女媧氏已葬之後，豁然之衝，天險束阨，風濤鼓作，乃能中乾外禦，特立萬年，其憑神可知也。水無盈縮之度，陵有高卑之常。霖潦漲之，兩涘没矣，於是乎不爲之小而就其深。旱暵滲之，孤嶼出矣，於是不爲之大而就其淺。非夫巨靈壯趾以固本，河伯高肩以承隅，胡然動静如因其時，升降不失其則。羅浮二岳，以風雨合離；蓬萊三山，以波濤上下。不復故道，遂違常流，甚相遠矣。君子曰：夫能屠黑龍，涸九州，況乎一水之上而自爲謀；夫能斷鼇足，立四極，況乎數仞之高而自爲力。神人之異，昧者難知，密邇山谷，森羅物象。莽莽蘆渚，寧非止水之餘；嶄嶄石林，猶有補天之色。摇演空曲，精靈若存。且夫上無積草，表以孤樹，常感風氣，纖條悲鳴。若冥應肹蠁，鼓簧而吹笙。由是憧憧往來，無不加敬。山有梅栗，關吏羞焉；水有菱芡，舟人奠焉。塚之木無或斬焉，陵之土無或抔焉。是則馨香已陳，而樵蘇自禁矣。故聖人取薄葬，去厚送。驪山之銀海魚燈，虎丘之金精龍劍，錮之其内，散之其間，適爲大盜之守，未是藏身之固。彼橋山帝丘，九疑會稽，皆因山而墳，未聞其赭者。余謂媧皇，受命在火，火以示水，谷不爲陵，開門負固，日用其力。不然其隙地，豈必封崇乎？是故觀其制，志之，爲城塚後記。

《（民國）鞏縣志》卷一八孫昂《修奉園陵之記》 粵若封樹所興，革乎材也；陵域爰設，存厥制焉。矧復河洛導川，昔□□建都之壤；澗瀍流潤，本宗周卜邑之疆。陰陽萃乎淳和，天地挺乎中正。有測景之故事，存定鼎之宏基。岌嵩嶺於轘轅，□長郊於郟鄏。嘉以坤□含瑞，天鎮聳奇，標神岳崇高之形，奠中土峻極之勢，所以安三聖之園寢，爲萬世之邦基。皇上□□衣□□維洪業，□千齡之景，□□□□法。禹度而凝誕，堯仁而當宁。叶推方以敷育，體得一以布猷。□政暢乎古今，神休裕乎上下。恭□禮典，恪奉孝儀。保慶皇太后神德丕宣，陰教鴻被，早蘊承天之道，夙敦與月之方。□□□而咸熙，光揚淑哲；務四教而克備，懿洽宫闈。爰自先帝，垂法中區。皇上承統大寶，外則靡親於國柄，内則密潛於□□。謨光簡册於永年，出□智識於前古。近鍾疾疹，遽奄遐算，景祐三年十一月四日上仙，謚曰莊惠。乃命起復雲麾將軍、侍衛親軍馬軍副都指揮使、建寧軍節度觀察留後鄭守忠充修奉園陵部署，内藏庫使、嘉州刺史、入内内侍省押班劉從原充修奉園陵都監，入内供奉官于德原、郝仲康充修奉園陵走馬承受，西京左藏副使李知常充監修皇堂。就兹洛士，營乃園陵，掘地揆乎吉辰，壙□按乎舊制。兵人工匠，計一萬一千。虔膺宸旨，寅奉葬儀，人無告勞之聲，工有勿亟之制。奉孔氏之要道，力匪同科；洞周詩之格言，民從悦使。居然辦集，究矣經營。十二月十二日，入内副都知皇甫繼明錫御宴以賞勳；是月二十六日，入内供奉官趙用頒中金而褒績，入内殿頭朱文用錫挾纊而布乎帝澤，當糅雪而軫乎皇情。判河南府、太師張丞相士遜奉竹木磚□之材，錢帛芻粟之給，動逾萬計，不擾一物。吏部侍郎王上樞隨職此虔護，志在憂恤，彌務儉禮，勿使勞衆。入内都知王惟忠恭副簽轄，克持公正，謀畫悉周，忖度必中。孟津户部侍郎范雍輸車五百輛，奉寧户部侍郎陳堯佐運甎五萬計，皆鎮股肱之郡，率展經綸之力。租庸吏部侍郎程琳坐籌而事無愆素，備物而□有餘資。計度支郎中楊日華、主客郎中林維，始則提振而辦材，終則漕輓而集事。洛苑副使王從均備埏埴之器，左藏庫副使麦允言舉巡警之職。入内供奉官楊□□□□務之局，督應用之具。入内殿頭王繼隆、入内高品朱若水、劉□躬掌善局，日犒庶士。入内殿頭李允恭得賈谷之匠，采粟嶺之石，繼轍而至，□時而來。故使□□乳臺之崔嵬，雙峙而中矩；神門山門之卓犖，四闕而有□。闕廷端以并陳，獻殿敞以獨□，焕□□而□級，植松柏之歲寒，閟皇堂於中□，繪皇宸之躔次。隧道亘乎百步，石門確乎一重。樞圈鐵而載堅，開磨珉而益□。王座虚其四丈，梓宫周以七楹。木則或梁或棟而掄材，運斤倏就；石則乃人乃獸而有器，琢璞備陳。聿起盛儀，逮侔舊體，昭乎輪奂之狀，得乎□儉之猷。自十一月十六日興役，至今年正月十六日畢事，□計五十餘萬，皆修奉二臣之英幹也。是月二十日，□□□頒金帛有□，遽飛章而告成，俟靈輿而終禮。昂猥膺分職，夙昧摛文，辱嚴命而若驚，揚休績而弗磬。時景祐四年正月二十三日記。玉册官郜□、王文炳鎸，翰林書藝、御書院祗候高士安篆額，□□□□□監内□□使、入内内侍省□□□□□行□□公事、□□光禄大夫、檢校右散騎常侍、使持節嘉州諸軍事、嘉州刺史兼御史大夫、騎都尉、彭城郡開國公、食邑二千一百户劉從原立石。修奉園陵□□□護衛忠軍□□□□□□□□□軍副都指揮使、建寧軍節度觀察□□□□光禄大夫、檢校户部尚書、使持節建州諸軍事、建州刺史兼御史大夫、柱國、滎陽郡開國公、食邑四千七百户、食實封八百户鄭守忠。

歐陽修《歐陽文忠公集》卷五八《會聖宫頌并序》 西京留守推官、將仕郎、試秘書省校書郎臣歐陽修，謹齋心滌慮，頓首再拜言：臣伏見國家采《漢書》原廟之制，作宫於永安，以備園寢。欲以盛陵邑之充奉，昭祖宗之光靈，以耀示於千萬世，甚盛德〔也〕。修永惟古先王者，將有受命之符，必先興業造功，以警動覺悟於元元，然後有其位。而繼體守文之君，又從而顯明丕大，以纂修乎舊物。故其兢兢勤勤，不忘前人。是以根深而葉茂，德厚而流光，子子孫孫，承之無疆。伏惟皇帝陛下以神聖〔至〕德，傳有大器，乾健而正，離繼而明。即位以來，於兹十年，勤邦儉家，以修太平。日朝東宫，示天下孝。親執籩豆，三見於郊。日星軌道，光明清潤，河不怒溢，東南而流。四夷承命，歡和以賓，奔走萬里，顧非有干戈告讓之命，文移發召之期，而犀珠、象牙、文馬、㲉玉，旅於闕庭，納於厩府，如司馬令，無一後先。至德之及，上格於天，下極於地，中浹於人，而外冒於四表。昆蟲有命之物，無不仰戴。神威聖功，效見如此。太祖創造基始，克成厥家，當天受命之功；太宗征服綏來，遂一海内，睿武英文之業；真宗禮樂文物，以隆天聲，升平告功之典；陛下夙夜虔共，嗣固鴻業，纂服守成之勤。基構累積，顯顯昌昌，益大而光，稱於三后之意，可謂至孝。況春秋歲時，以禘以祫，則有廟祧之嚴；配天昭孝，以享以告，則有郊廟明堂之位；篆金刻石，則有史氏之官。歌功之詩，流於樂府；象德之舞，見乎羽毛。惟是邦家之光，祖宗之爲，有以示民而垂無窮者，罔不宣著。陛下承先烈，昭孝思，所以奉之以嚴，罔不勤備，聖人之德謂無以加。而猶以爲未也，乃復因陵園，起宫室，以望神游。土木之功，嚴而不華，地爽而潔，宇敞而邃，神靈杳冥，如來如宅，合於《禮經》孝子謦欬思親之義。愚以謂宫且成，非天子自臨享，則不能以來三后之靈。然郡國不見治道，太僕不先整駕，恬然未聞有司之詔，豈難於動民而遲其（咎）〔來〕耶？特以龜筮所考須吉而後行耶？不然何獨留意於屋墻構築，而至於薦見孝享未之思耶？況是宫之制，夷山爲平，外取客土，鍛石伐木，發兵胥靡，調旁近郡。如此數年，而道路之民徒見興爲之功，恐愚無以識上意。是宜不惜屬車之費，無諱數日之勞，沛然幸臨，因展陵墓，退而諭民以孝思之誠，遂見守土之臣，采風俗以問高年，亦堯舜之事也。古者天子之出，必有采詩之官，而道路童兒之言皆得以聞。臣是以不勝惓惓之心，謹采西人望幸意，作爲頌詩，以獻闕下。詞曰：

巍峨穹崇，奠京之東，有山而崧。𤄊淪道源，匯流而淵，有洛之川。川靈山秀，回環左右，有高而阜。其阜何名？太祖、太宗、真宗之陵。惟陵之制，因山而起，隱隱隆隆。惟陵之氣，常王而喜，鬱鬱葱葱。帝懷穹旻，受命我宋，造初於屯。帝念先烈，用顧余家，宣力以勤。赫赫三后，重基累構，既豐而茂。燕翼貽謀，是惟永圖，其傳在予。曰祖曰宗，有德有功，予實嗣之。克勤克紹，以孝以報，予敢不思？惟此園陵，先后之宅，既宅且安。后來游止，弗宫弗室，神何以驩？迺相川原，乃得善地，地高惟丘。乃以荆灼，乃訊寶龜，龜告曰猷。帝命家臣，而職我事，而往惟寅。一毫一絲，給以縣官，無取於民。伐洛之薪，陶洛之土，瓦不病窳。柯我之斧，登我之山，木好且堅。家臣之來，役夫萬名，三年有成。宫成翼翼，在陵之側，須后來格。有門有宇，有廊有廡，有庭有序。殿兮耽耽，黼帷襜襜，天威可瞻。庭兮殖殖，鉤盾虎戟，容衛以飭。太祖維祖，太宗維弟，真宗維子。三聖嶷嶷，有以正位，於此而會。聖兮在天，風馬雲車，其來僊僊。聖會於此，靈威神馭，其宫肅然。聖既降矣，其誰格之，惟孝天子。聖降當享，其誰來薦，亦孝天子。孝既克祗，而來胡遲？其下臣修，作頌風之。

司馬光《司馬公文集》卷二五《山陵擇地劄子》 臣竊聞大行皇帝欲以十月二十七日大葬，而朝廷遣使按行山陵，至今未知定處。或云欲於永安縣界之外，廣求吉地。臣愚以爲過矣。夫陰陽之書，使人拘而多畏，至於喪葬，爲害尤甚。是以士庶之家，或求葬地，擇歲月，至有累世不葬者。臣常深疾此風，欲乞國家禁絶其書，而未暇也。今山陵大事，當守先王之典禮，至於葬書，出於世俗委巷之言，司天陰陽官皆市井愚夫，何足問也？古者天子七月，諸侯五月，大夫三月，士踰月，葬於北方北首。未嘗問歲月、相山岡，然考其子孫之吉凶，豈有異於今哉！《春秋》書：「己丑，葬敬嬴，雨，不克葬。庚寅，日中而克葬。」「丁巳，葬定公，雨，不克葬。戊午，日下昃，乃克葬。」然則，雖云卜日，亦當臨事制宜也。《周禮》：「冢人掌公墓之地。先王之葬居中，以昭穆爲左右。」明不擇地形也。然而周有天下，三十六王，八百六十七歲。蓋王者受命於天，期運有常，國之興衰，在德之美惡，固不係葬地時日之吉凶也。且葬者，藏也，本以安祖考之形體。得土厚水深，高敞堅實之地則可矣，子孫豈可因以求福哉？又鄉者國家以謹於時日之故，堅用八日大斂，自爾以來，聖躬有疾，至今尚未平復，陰陽無驗，亦已明矣。況國家自宣祖以來葬於永安，百有餘年，官司儲峙，素皆有備。今改卜它所，不惟縣邑官司更須創置，亦恐大行皇帝神靈眷戀祖宗，未肯即安於新陵也。凡科率之物，期日遠則民力寬而事易辦，期日近則費愈多而事不集，塼石之類，體重難移。若山陵之處不使豫先知之，則有司何以供辦，百姓何以輸納？至時暴加迫趣，則一錢之物必直十錢，疲羸之民將不勝其弊矣。伏望朝廷特賜指揮按行山陵使等，只於永安縣界舊陵側近選擇善地，旬日之内，早定奪聞奏。仍令有司豫先計度山陵的實合用之物，降下本處，寬設期限，使之備辦，不得大約虚數，及安立近限。必使號令明信，則事無不濟，而民力不困矣。取進止。

朱熹《晦菴集》卷一五《山陵議狀》 臣熹竊惟：至尊壽皇聖帝，聖德神功，覆冒寰宇，深仁厚澤，浸潤生民。厭世上賓，率土哀慕。宜得吉土以奉衣冠之藏，垂裕後昆，永年無極。而山陵之卜，累月于兹，議論紛紜，訖無定説。臣嘗竊究其所以，皆緣專信臺史，而不廣求術士，必取國音坐丙相壬之穴，而不博訪名山。是以粗略苟簡，唯欲祔於紹興諸陵之旁，不惟未必得其形勝之善，若其穴中水泉之害，地面浮淺之虞，逼仄傷破之余，驚動諸陵之慮，雖明知亦不暇顧，羣臣議者，又多不習此術，所以不能堅決剖判，致煩明詔，博訪在廷，臣實痛之，其敢無辭以對？

蓋臣聞之，葬之爲言藏也，所以藏其祖考之遺體也。以子孫而藏其祖考之遺體，則必致其謹重誠敬之心，以爲安固久遠之計。使其形體全而神靈得安，則其子孫盛而祭祀不絶，此自然之理也。是以古人之葬，必擇其地而卜筮以決之，不吉，則更擇而再卜焉。近世以來，卜筮之法雖廢，而擇地之説猶存。士庶稍有財力之家，欲葬其先者，無不廣招術士，博訪名山，參互比較，擇其善之尤者，然後用之。其或擇之不精，地之不吉，則必有水泉、螻蟻、地風之屬以賊其内，使其形神不安，而子孫亦有死亡絶滅之憂，甚可畏也。其或雖得吉地，而葬之不厚，藏之不深，則兵戈亂離之際，無不遭罹發掘暴露之變，此又其所當慮之大者也。至于穿鑿已多之處，地氣已泄，雖有吉地，亦無全力。而祖塋之側，數興土工，以致驚動，亦能挺災。此雖術家之説，然亦不爲無理。以此而論，則今日明詔之所詢者，其得失大概已可見矣。若夫臺史之説，謬妄多端。以理而言，則《記》有之曰：「死者北首，生者南面，皆從其朔。」又曰：「葬于北方北首，三代之達禮也。」即是古之葬者，必坐北而向南，蓋南陽而北陰，孝子之心，不忍死其親，故雖葬之于墓，猶欲其負陰而抱陽也。豈有坐南向北，反背陽而向陰之理乎？若以術言，則凡擇地者，必先論其主勢之強弱，風氣之聚散，水土之淺深，穴道之偏正，力量之全否，然後可以較其地之美惡。政使實有國音之説，亦必先此五者以得形勝之地，然後其術可得而推。今乃全不論此，而直信其庸妄之偏説，但以五音盡類羣姓，而謂冢宅向背，各有所宜，乃不經之甚者，不惟先儒已力辨之，而近世民間亦多不用。今乃以爲祖宗以來世守此法，順之則吉，逆之則凶，則姑亦不問其理之如何，且以其事質之，則其謬不攻而自破矣。蓋自永安遷奉以來，已遵用此法，而九世之間，國統再續。靖康之變，宗社爲墟。高宗中興，匹馬南渡。壽皇復自旁支入繼大統。至于思陵，亦用此法，而壽星倦勤之後，旋即升遐。太上違豫日久，以致遜位。赤山亦用此法，而莊文魏邸相繼薨謝。若曰吉凶由人，不在于地，不有所廢，其何以興也？則國音之説，自爲無用之談，從之未必爲福，不從未必爲禍矣，何爲信之若是其篤，而守之若是其嚴哉！若曰其法果驗，不可改易，則洛越諸陵無不坐南而向北，固已合于國音矣，又何吉之少而凶之多耶？臺史之言，進退無據，類皆如此。試加詰問，使之置對，必無辭以自解矣。

若以地言，則紹興諸陵，臣所未睹，不敢輕議。然趙彦逾固謂舊定神穴，土肉淺薄，開深五尺，下有水石，難以安建矣。而荆大聲者，乃謂新定東頭之穴，比之先定神穴高一尺一寸五分，開深九尺，即無水石。臣嘗詳考二人之言，反復計度。新穴比之舊穴，只高一尺一寸五分，則是新穴開至六尺一寸五分，則與舊穴五尺之下有水石處高低齊等，如何卻可開至九尺，而其下二尺八寸五分無水石耶？且大聲既知有此無水吉穴，當時便當指定，何故卻定土肉淺薄、下有水石之處以爲神穴，直至今日，前説漏露，無地可葬，然後乃言之耶？其反復謬妄，小人常態，雖若不足深責，然其奸心，乃欲奉壽皇梓宫置之水中而略不顧忌，則其罔上迷國、大逆無道之罪，不容誅矣。脱使其言别有曲折，然一坂之地，其廣几何？而昭慈聖(皇)〔獻〕、皇后已用之矣，徽宗一帝二后又用之矣，高宗一帝一后又用之矣，計其地氣，已發泄而無餘，行園、巡路、下宫之屬，又已迫狹之甚，不可移減。今但就其空處，即以爲穴，東西趲那，或遠或近，初無定論。蓋定穴之法，譬如針灸，自有一定之穴，而不可有毫厘之差。使醫者之施砭艾，皆如今日臺史之定宅兆，則攻一穴而偏身皆創矣，又安能得其穴道之正乎？若果此外别無可求，則亦無可奈何。而今兩浙數州，皆爲近甸，三二百里，豈無一處可備選擇，而獨遷就逼仄于此數步之間耶？政使必欲求得離山坐南向北之地，亦當先泛求壯厚高平可葬之處，然後擇其合于此法者。況其謬妄不經之説，初不足信耶！

臣自南來，經由嚴州富陽縣，見其江山之勝，雄偉非常。蓋富陽乃孫氏所起之處，而嚴州乃高宗受命之邦也。説者又言臨安縣乃錢氏故鄉，山川形勝，寬平邃密，而臣未之見也。凡此數處，臣雖未敢斷其適然可用，然以臣之所已見聞者，逆推其未見未聞，安知其不更有佳處萬萬于此而灼然可用者乎？但今偏信臺史之言，固執紹興之説而不肯求耳。若欲求之，則臣竊見近年地理之學，出于江西、福建者爲尤盛。政使未必皆精，然亦豈無一人粗知梗概，大略平穩，優于一二臺史者。欲望聖明深察此理，斥去荆大聲置之于法。即日行下兩浙帥臣監司，疾速搜訪，量支路費，多差人兵轎馬，催遣赴闕，令于近甸廣行相視，得五七處，然後遣官按行，命使覆按。不拘官品，但取通曉地理之人，參互考訂，擇一最吉之處，以奉壽皇神靈萬世之安。雖已迫近七月之期，然事大禮重，不容苟簡。其孫逢吉所謂「稍寬日月，别求吉兆爲上」，此十一字者，實爲至論。惟陛下采而用之，庶幾有以稍慰天下臣子之心，爲國家祈天永命之助。

臣本儒生，不曉術數，非敢妄以淫巫瞽史之言眩惑聖聰，自速譏誚。蓋誠不忍以壽皇聖體之重，委之水泉沙礫之中，殘破浮淺之地，是以痛憤激切，一一爲陛下言之，譬如鄉鄰親舊之間，有以此等大事商量，吾乃明知其事之利害必至于此，而不盡情以告之，人必以爲不忠不信之人。而況臣子之于君父，又安忍有所顧忌而默默無言哉！惟陛下詔賜省察，斷然行之，則天下萬世不勝幸甚。謹録奏聞，伏候敕旨。

《説郛》卷二七楊奐《山陵雜記》 漢水出鮒魚之山，帝顓頊葬於陽，九嬪葬於陰，四蛇衛之。帝嚳葬於狄山之陰，舜葬蒼梧之野，有鳥如丹雀，自丹洲而來，吐五色之氣，氤氲如雲，名曰憑霄。雀能羣飛，銜土以成墳。禹到大越上苗山，更名山曰會稽，因死葬焉。穿地深七尺，土無瀉泄，下無流水。壇高三尺，土堦三等，周圍方一畝。王季歷葬於渦水之尾，水嚙其墓，見棺。文王曰：「譆！先君必欲一見羣臣百姓也，天故使明水見之。」於是出而爲之張朝，百姓皆見之。太公封於營丘，比及五世，皆反葬於周。五世之後，乃葬於齊。穆天子葬盛姬於樂池之南，大匠御棺，日月之旂，七星之文，鐘鼓以葬，視皇后之葬法，謚曰哀淑人，是曰淑人丘。齊桓公墓在臨淄縣南二十一里牛山上，亦名鼎足山，一名牛首堈，一所三墳。晉永嘉末，人發之，初得版，次得水銀池，有氣，不得入。經數日，乃牽犬入，中金蠶數十簿，珠襦、玉匣、繒綵，軍器不可勝數。又以人殉葬，骨肉狼籍。宋襄公葬其夫人，醯醢百甕。晉侯請隧。隧埏道，天子之禮，諸侯懸棺而封。宋文公卒，厚葬，用蜃炭，益車馬，始用殉，重器備，椁有四阿，棺有翰檜。魏惠王死，葬日，天大雨雪，至于牛目，壞城郭。闔閭葬女於邽西，名爲三女墳。闔閭冢在閶門外，名虎丘。下池廣六十步，水深一丈五尺。銅椁三重，墳池六尺，玉鳧之流，扁諸之劒三千，方圓之口三千。時耗、魚腸之劒在焉。十萬人築治之，取土臨湖口，築三日而白虎踞上，故號爲虎丘。會稽若耶大塚，《越絶書》：句踐葬先君夫鐔冢也。山陰越王允常墓在木客山。《水經注》：句踐都瑯琊，欲移允常塚，塚中生疾風，飛沙射人，人不能近。句踐謂不欲，遂止。句踐子墓在夫山。《越絶書》：夫山大冢，句踐庶子冢也，去縣十五里。始皇營建冢壙，積年方成，而周章百萬之師已至其下，乃使章邯領作者七十萬人以禦難，弗能禁。項羽入關，發之，以三十萬人三十日運物，不能窮。關東盜賊，取椁銷之。始皇墳，周迴七百步，下周三泉，刻玉石爲松栢，以明月珠爲日月。項籍屠咸陽，殺子嬰，掘始皇帝塚，大掠而東。文帝治霸陵，皆瓦器，不以金銀銅錫爲飾，因其山，不起墳。文帝葬於芒碭，明帝葬於洛南，皆不藏珠玉，不造廟，不起山陵，陵墓雖卑而聖高。碭山梁孝王冢，以石爲藏。行一里許到藏中，中有數尺水，有大鯉魚，靈異，人不敢犯。有至藏者，輒有獸噬之，其獸似豹。臨江閔王榮，以孝景前四年爲皇太子，四歲，廢爲臨江王。三歲，坐侵廟壖地爲宫，上徵榮。榮詣中尉府對簿，中尉郅都責訊王，王恐，自殺。葬藍田，鷰數萬銜土置冢上，百姓憐之。漢廣川王去疾好發冢，發晉靈公冢，得玉蟾蜍一枚，大如拳，腹空，容五合水，光潤如新玉，取以盛書滴。平陽公主嫁衛青，青與主合葬冢在華山。葬時發土，得銅椁一枚。光武建武二十六年，初作壽陵。帝曰：古者帝王之葬，皆陶人瓦器，木車茅馬，使後世之人不知其處。漢明帝永平十三年，初作壽陵，制令流水而已。東平王冢在東平，傳言王思歸京師，其塚上松栢皆西靡。孝靈皇帝葬馬貴人，贈步摇，赤綴、青羽蓋、駟馬也。初平二年，孫堅進至雒陽，掃除陵廟，得傳國璽於城南甄宫井中。漢末，關中亂，有發前漢時宫人冢者，猶活，既出，復如舊。郭后愛念之，常置左右。問當時宫内事，了了有次第。魏武帝臨終，遺命曰：「汝等登銅雀臺，常望吾西陵墓田。」曹操篡漢有天下，殁後恐人發其塚，乃設疑冢七十二在漳河之上。魏邴原有女早亡，太祖愛子蒼舒亦没。太祖求合葬，原辭曰：「非禮。」太祖乃取甄氏女合葬。《中山恭王衮傳》云：衮疾，因勑令官屬曰：昔衛大夫蘧瑗葬濮陽，吾望其墓，常想其遺風，願託賢靈以葬髮齒，營吾兆域，必往從之。太康元年，汲縣民盜發魏王墓，或言安釐王冢，得竹書數十車，皆簡編蝌蚪文字。束晳爲著作，隨宜分析，皆有冥證。古書有《易卦》，似《連山》、《歸藏》，文有《春秋》，似《左傳》。晉張士然，請湯武諸孫置守冢人。五代時，慕容儁夢石虎齧其臂，寤而惡之，購求其屍而莫知之。後宫嬖妾言虎喪東明觀下，於是掘焉，下度三泉，得其棺。剖棺出屍，屍僵不腐。儁罵之曰：「死尸安敢夢生天子也？」晉東海越王屍爲石勒所焚，妃裴氏求招魂葬。吳越公主墓在小越伏龍山。乾德四年，詔吳越立禹廟於會稽，置守陵五户，長吏春秋奉祀。

王惲《秋澗集》卷四〇《唐建昌陵石麟記》 唐昭慶陵在新隆平縣南十有三里使相鄉正尹里，其石儀一十八事，儼然具在。內二石麟，身首蹄鬣一與馬同。兩膊雲豔，光拂鬃鬣，第題顛有觡突出，肉葳甤其端，所謂示其武而不用者也。雖雨蘚模糊，雯華剥裂，而制度精絶可愛。《傳》曰：麟，四尾上揭，類牛而短。麢身，牛尾，一角，五彩色備，王者至仁，則被應而出。又云：視明禮靈之瑞。則至今刻像列諸陵闕，豈顯夫祖宗生有至德，殁備盛飾，以表其仁厚故耶？既而入東南招提，讀開元十三年縣尉楊晉所撰碑頌，蓋知爲唐皇祖宣簡公、懿王陵墓也。儀鳳元年，高宗追謚尊號，宣簡曰宣皇帝，陵曰建昌；懿王曰光皇帝，陵曰延光。仍配守衛者三千人，勑象成令，專知檢校、州刺史歲别一巡。其石儀之制，固當追尊崇建歲作也。寺即總章間立，額曰光業。由是而觀，其賁奉之嚴，守衛之盛，累聖明禋之禮，郊歌時薦之儀，固云極矣。今陵園湮滅，無復所見，有荒烟野田而已。嗚呼！盛極則隨衰，藏侈則厚發，此必然理也。上世葬之中野，不封不樹，何摸金暴骼之有？文質中判，古不能復，然則何爲而可？漢之灞陵，其中制乎！至元十九年壬午歲夏六月十九日，秋澗王惲記。

《南京歷代碑刻集成·朱棣·御製大明孝陵神功聖德碑》 仰惟皇考，備大聖之德，當亨嘉之運，受上天之成命，正中夏文明之統，開子孫萬億世隆平之基。予小子棣恭承鴻業，夙夜靡寧，圖效顯揚，思惟罔極。乃永樂元年六月戊午，合臣庶之辭，奉册寶，上尊謚。復命儒臣，纂修實録，編類寶訓，以紀成烈。載惟皇考，稽古創制，樹石皇祖考英陵，刻辭垂訓。予嘗伏讀，爲之感激。矧自詩書所載，彝鼎所銘，皆古先聖王，稱頌祖考之德，用垂無窮。是亦繼志述事之大者，不可以緩。謹頌述功德，勒之貞石，表揭于孝陵，以示子孫臣庶，永永無極。序曰：

皇考太祖聖神文武欽明啓運俊德成功統天大孝高皇帝，姓朱氏，句容大族也。皇曾祖熙祖裕皇帝，居泗州。皇祖仁祖淳皇帝，居濠州。皇考生焉，聰明天縱，德業日崇，至孝純誠，動與天應，龍髯長郁然，項上奇骨隱起至頂，威儀天表，望之如神。及天下亂，豪傑相率來歸。乃焚香祝天，爲民請命。發迹定遠，遂至滁州，進保和州，率衆渡江，由采石駐師太平，入居建康，親取寧國，下婺州，保境息民，以待天命。僞漢來寇，親擊敗之，復親征之，取江州，江西諸郡悉歸附。已而僞漢主圍龍興，自將往救，大敗之鄱陽，僞漢主死。進攻武昌，其子以城降，封歸德侯，湖湘底平。繼取姑蘇，執僞吳主浙西。用靖命大將軍下山東，清中原，分兵取閩廣，一軍由□□，一軍由慶元入閩，一軍入蒼梧，放乎南海，疆宇日廣，威德日盛，臣民勸進，凡三讓乃許。歲戊申春正月乙亥，告祀天地，即皇帝位于南郊。定有天下之號曰「大明」，紀元洪武。建社稷宗廟，追尊四代考妣爲帝后，册中宫，建皇太子，追封同姓。是歲八閩肅清，廣海奠服，山東就降，河南順附。大將軍師次通州，元君夜遁，其下舉城降，諸將遂收山西。自龍門濟河長安，父老迎降，關隴悉定。元亡將屢爲邊患，敗之定西，逐出塞外。復命將攻應昌，獲元君之孫，羣臣請獻俘于廟，不許，封崇禮侯。已而禮遣之歸漠北，元宗室及吐蕃皆降。命將征蜀，僞夏主降，封歸義侯，蜀平。元將以遼東降，因而任之。吐蕃别部寇邊，命將逐之，至崑崙山而還。西南夷作亂，命將征之，廓云南地數千里，悉爲郡縣。元主乘間寇邊，命將征之，度大嶺之北，元主走死，餘衆皆降。其命將出師也，必丁寧告戒，以不殺爲務。率授成筭，舉無遺策，而恒歸功于下。由是羣雄殄滅，武功告成，天下歸一。

至于崇君道、修人紀、革胡元弊習，以復先王之舊者，其謨烈爲尤盛。渡江首辟禮賢館，聘致賢士，與討論治道，雖祁寒盛暑不廢，書古經訓于殿廊，出入省觀爲監戒。采古明堂遺意，合祀天地，歲一享之，宗廟時享，至誠至敬。復建奉先殿于禁中，朝夕薦獻，每四鼓而興，昧爽臨朝，日晏忘餐，晡復聽政。日常居外，盜賊小警，終夕不寐。邊防武備，尤注意。臣庶有所陳奏，無間疏賤，皆得接見，虚心清問，從善若決江河。諭告臣民，動引古道。自爲詔敕，不待構思，洞達幽隱。性節儉，服御朴素，遇靡異奇巧之物，輒棄毁之。食不用樂，間設麥飯野蔬，四方異味，不許入貢。非宴羣臣，不設盛饌。無行宫别殿，苑囿池臺，不事游獵。有司不得奏祥瑞。恒儆天戒，以修庶政。遇災傷，輒寬刑罰。尤重農事，語及稼穡艱難，或至出涕，親耕籍田，命守令勸課農桑，教民樹藝，修陂池堤防，以備旱澇，屢賜民田租，弛坑冶之利，罷淘金網珠諸産；珍怪洞穴，塞而禁之。

分天下爲十三道，考古封建之制，册諸子爲王，以固藩屏。罷中書省，内升六部，分理庶務。析五軍都督府，以掌兵政。置都察院，以司糾察。外置布政司統郡邑，都司統軍衛；而以按察司監臨之。外戚不予政，宦寺服掃除而已。自居建康，即有事于學宫，天下既定，乃建國學，親祀孔子，數視學講經。郡邑咸建廟學。春秋釋奠，下及里社，皆立學，分遣國子生教，北方郡縣，賜以經籍。詔天下文體，務崇古雅，毋泥聲律對偶。海外蕃國，皆遣子入學，太學生常數千人。召名儒，修五禮。作九韶之樂，咏歌祖德，勒之金石。審天象，作地志，演繹經傳，定法律。親爲祖訓，以示子孫。翊戴功臣，咸錫封爵鐵券，殁祀于廟。有軍功者，皆世其禄。古帝王忠臣義士，在祀典者，陵廟皆爲修治禁防。正山川百神封號，廢天下淫祠。元臣以死殉國者，咸命列祀典。詔天下置旌善申明亭，行鄉飲酒禮。凡先王所以教民成俗者，舉行無遺。維護户口滋殖，年穀屢登，盜賊屏息，邊境晏然。東極海隅，西越流沙，南逾丹徼，北盡朔漠，重譯來朝者，無虚歲。聲教所及，罔不率服。

初，皇祖妣淳皇后，夢神饋藥如丸，燁燁有光，吞之，既覺異香襲體，遂娠皇考，及誕之夕，有光燭天。長游定遠，道中遇疾，有紫衣兩人，飲食之，與共卧起。疾愈，莫知所之。嘗夜隱麻湖中，遇羣童稱迎乘輿，叱之不見。渡軍采石，上有雲氣如龍文，貫牛渚磯。親征婺州，五色雲如蓋，覆其軍，皇考皆不恃爲祥，而臨事之際，恒存儆戒。皇考年廿五起率師，三十有四爲吴國公，三十九即吴王位，四十有一即皇帝位，在位三十一年，歲戊寅閏五月乙酉，崩于西宫，壽七十一。皇妣孝慈昭憲至仁艾德承天順聖高皇后馬氏，宋太保默之後，追封徐王馬公之子，坤厚含弘，同勤開創，化家爲國，功德并隆，涂山有妾，古今一揆。壬戌八月丙戌崩，壽五十一，合葬孝陵。陵予作于鍾山之陽，因山爲墳，遺命不藏金玉，器用陶瓦。萬方哀悼，若喪考妣。皇子，男二十有四，女十四。男：懿文皇太子標，秦愍王樉，晉恭王棡，予小子棣，自燕藩入繼大統，周王橚，楚王楨，庶人榑，潭王梓，魯荒王檀，蜀王椿，湘獻王柏，代王桂，肅王楧，遼王植，慶王㮵，寧王權，岷王楩，谷王橞，韓憲王松，瀋王模，安王楹，唐王桱，郢王棟，伊王㰘。女：臨安公主，寧國長公主，崇寧公主，安慶公主，汝寧公主，懷慶長公主，大名長公主，福清公主，壽春公主，南康長公主，永嘉長公主，含山長公主，汝陽長公主，寶慶公主。孫：建文君允炆，皇太子高熾，秦隱王尚炳，嗣晉王濟熺，漢王高煦，趙王高燧，周世子有燉，楚世子孟烷，嗣魯王肇煇，蜀悼莊世子悦熑，代世子遜煓，寧世子磐烒，岷世子徽焲，谷世子賦灼，嗣韓王冲𤆬，余悉封郡王。曾孫男瞻基，嗣秦王志堩，晉世子美圭，余以次册封。

于戲！皇考皇帝，除暴救民，實有難于湯武者。自商周之后，享國長久稱漢唐宋。然不階一旅而得天下者，惟漢高帝，我皇考迹與之同，而功業過之。蓋元氏入主中夏，將及百年，衣冠之俗，變爲左衽，彝倫斁壞，恬不爲怪，上天厭之，遂至大亂。皇考起徒步而靖之，修復□□，甄陶六合，重昏沈痼，一旦昭蘇，大功大德，在天地，在生民，固不待予小子之讚揚。然使後世有所憑借儀式，以上繼英□石刻之意，有不可已者。謹拜手稽首而陳頌曰：

天命皇考，肇基大明。□□□□，萬世理平。天命皇考，誕降發祥。有光燭天，淵潛濠梁。皇考神聖，與天同運。龍飛雲從，百神協順。人之奔赴，如寒就温。麾之益附，避之益親。乃整師徒，東渡大江。仰觀俯察，綏靖寇攘。天錫輔翼，多士祁祁。合而施之，大小具宜。疇咨□□，相臣將臣。非庸拓地，惟仁保民。義旗所指，襁負來屬。浙左江西，俾藩俾牧。僞漢來侵，往覆其穴。宥而弗誅，俾自懲刷。頑不革心，蝓噬江西。皇考秉鉞，以訖天誅。天休誘掖，慶闕攸徂。爰定荆楚，爰服三吴。孰閩而守，孰海之逋。孰居嶺表，以沫自濡。以吊以伐，于武弗究。旱望雲霖，迓降恐後。茫茫中原，關河隴蜀。德威所臨，奔走府伏。不汗寸兵，農田賈肆。嚮懷義師，如饑之食。天曆在躬，天眷日隆。四方勸進，弗謀僉同。皇登大寶，聖作物覩。元主炳幾，退代其所。天兵徐驅，不震不劬。不翦不屠，朔漠爲墟。乾坤定位，日月重輝。豈伊智力，天命人歸。巍巍成功，本乎峻德。神武睿文，通明信塞。賤貨貴德，不爲游畋。既絶旨酒，亦拜善言。雍雍肅肅，顧諟天明。不以微隱，如臨大廷。一民寒饑，謂己致之。乾乾夕惕，至于耄期。允儉允勤，允孝允誠。禮樂文章，煥如日星。廟祀有嚴，神天歆格。學教修明，化洽蠻貊。生齒日繁，年穀屢豐，民不知力，吏不言功。視其法度，周官儀禮。相厥民風，關雎麟趾。輿圖之廣，亘古所無。功侔開辟，式應貞符。洪河載清，海不揚波。窮髪編户，鼓舞謳歌。諸福畢至，不盈而懼。惟曰罔德，弗恃祥瑞。極天所覆，極地所載。太和絪緼，貫若萬匯。功成上賓，陟降帝所。式我子孫，惟福是祐。思齊皇妣，貞順柔嘉。坤厚承天，徽音孔遐。含章内美，以相以翼。民戴考妣，覆燾無極。瓜瓞綿綿，螽斯詵詵。保我子孫，爲王爲君。天作鍾山，永奠玄宮。世萬世億，福禄攸同。

永樂十一年九月十八日，孝子嗣皇帝棣謹述。

王恕《王端毅奏議》卷六《督修孝陵查算工料數目奏狀》 成化二十年五月十九日，節該欽奉勅命臣同守備太監張本，嚴督內外該管官員，查勘實在用工官軍匠作，毋令空閒役占計算在官；物料併價銀及支給錢糧，毋令冒支妄費；仍逐日併工修造，早爲完備。欽此。臣謹遵奉聖訓，會同守備太監張本并內外守備官，恭詣孝陵叩頭訖，當同內外管工官太監鄭彊、隆平侯張祐、侍郎劉俊等，徧歷工所，看得孝陵殿宇門廡碑亭等項，俱已裝修完備。惟明樓已抓縛鷹架未曾拆修，有鄭彊等説稱，斗科已造成五十餘座，因是原料明梁大楠木三根，坐派四川布政司採辦，南京工部已差營繕清吏司主事吴湜前去催儹未到，以此不敢拆卸。又，看得周圍牆垣除修完外，止有一千七十丈未完，臨及漿糲房牆垣損壞六十五丈未嘗修理，各官説稱前牆係是原未計料之數。臣等除行南京工部，復差虞衡清吏司主事施恕馳驛前去，著落四川布、按二司官吏，併行分巡分守官嚴督該府縣官吏，委官量起人夫採打拽運，及行四川巡撫都御史孫仁督發；併工督令管工官將前項未修未宂牆垣，俱已修宂完備。於本年六月初五日，疎放軍夫匠作暫且歇工。當將現在未用物料，責令南京內官監監工內使張秀等并工部委官看守，及今孝陵衛委差官軍輪流日夜巡綽，行查前後修完工程用過物料，役過軍匠，支過工錢口糧，并原派未到物料備細數目附卷；欲候催儹楠木至日，另行擇日興造明樓。緣係奉勅令臣等併工修造，早爲完備事理，未敢擅便，今將各項總數開坐具本，專差千户姚鉞齎捧，謹題請旨。

王恕《王端毅奏議》卷六《定奪修城營葬工料奏狀》 准工部咨，營繕清吏司案呈奉本部送於工科，抄出應天府府尹于冕等奏，據上元等縣申，據神泉等鄉里老葛再等呈，照得南京外羅城週圍一百三十餘里，城門一十七座，比先年間，原係工部委官驗工計料，差撥人匠軍夫修理。近年以來，遇有城垣坍塌，應天府與工部分修。現今各縣一年一次或二次，起撥人夫多者一百四五十名，少者六七十名，每夫集價銀一兩，動經七八百兩至一千餘兩。及南京內官病故造墳安葬，亦係民間撥夫集價，逓年出辦，負累人難。況南京積年起運惜薪司、光禄寺、安王妃等處柴薪夫價，光禄寺挑酒夫價，竹籬扛索價，并修理鰣魚廠內織染局攙缸煉灰價銀；及現今內府成造段疋，揀選香炷，欽差內外官員往來，日逐供給下程，僉撥皂隸，搬運柴薪，挑送糧米等項，并手下役使厨役等類，俱要供食；一年之內，出銀動以數千兩計。以此科派繁重，委的困苦無伸，呈乞轉達，將修城造墳二事，量與寬減等因到府。臣等看得外羅城所以環衛南京大城，宗社宮闕之所在，帑庫倉場之所積，遇有坍塌損壞，雖舉天下之工力修理，亦不爲過。但本府所轄止是七縣，內有江浦、六合二縣係在江北，里少民貧，動輒移逃，難以科差；外惟有上元等五縣可以差撥。加之地方連年旱澇相仍，人民缺食困苦之極。況外羅城週圍里數闊遠，城門不止一座，南京工部原有湖廣、江西、福建三布政司，所屬府州縣人匠工料數多，原設有修倉主事一員，就管修城，專理其事。今本府蕞爾七縣，逓年與南京工部分工修理，況本府亦無現在人匠，俱是將價銀雇覔南京工部管下人匠，用工修理。委的事體未當，合無今後將坐派本府修城夫價，以十分爲率，本府出辦二分，其八分灑派附近直隸蘇、松、常、鎮、太平、徽州、寧國、安慶、池州等九府，照依府分人民多寡出備，大約一處集價不過銀六七十兩，一年一次，預先解送南京工部交納。遇有城垣坍塌，本部就委原管修城主事，驗工計料，一併修理。如此，則非但畿甸之民得以少寬，抑且灑派不多，外郡之民不致累負，況南京工部逓年得此工價，不須别項勞費，庶可經久常行。其內官病故造墳一節，緣內臣平昔俱曾効勞，造墳之禮固不可廢，但南京工部原無定例，遇有坐派夫價工料等項，往往多寡不一。合無查照在京近年司禮監太監許安、御馬監太監劉永成等病故，工部造墳安葬事例，行移南京工部照例遵守施行。借撥本府夫匠一槩停止，庶不至於勞民傷財。臣等竊惟南京乃祖宗根本重地，上元等七縣皆京畿之民，比之他處，尤當時加愛養，不宜日漸疲憊。伏望聖明裁處，乞勅該部將前項修城等事，量爲寬減處置，以蘇民困，以固邦本。臣等職在養民，昧死冒干天聽，不勝恐懼待罪之至。爲此具本該通政使司官，於奉天門奏，奉聖旨：「該部知道。欽此。」欽遵行據順天府，查得太監劉永成、許安病故安葬事例，本府應付棺材一具，人夫二十名，匠四名，開報前來，案呈到部。參照應天府所奏，要將修城夫價以十分爲率，本府出辦二分，其餘分派附近直隸蘇、松等府出備；及奏查安葬太監劉永成等則例，以憑遵守一節；緣係修理城垣，安葬大臣，俱係朝廷重務。今本府所奏中間雖是有理，但未經行勘，難便定奪，合咨貴職煩爲查勘前項所奏，務要斟酌停當，徑自具奏以憑定奪等因，備咨到職。隨行南京工部，又行應天府，查得南京外羅城垣先年遇有倒塌，是南京工部委官驗工計料，各衛差撥軍餘前赴該廠領料，與班匠用工修理。景泰六年，蒙守備太監袁誠等奏，行應天府著落上元、江寧、句容、溧陽、溧水五縣不爲常例，借倩人夫一百名，分作二班相兼軍餘，挑運木瓦等料，匠作修理。至成化九年，本府府丞白昂見得牆垣經年不完，夫役艱難，備行內外守備等官會議，得外羅城週圍一百六十里，共一十六門，遠近不等，馴象門起八門，係應天府修理，滄波門起八門，係南京工部修理。其該用工料，南京工部與應天府各另出備，兩不干預。每年春秋二季，內外守備等官，公同南京工部并應天府官，各照分修地方相看，遇有損壞，就行丈量料計修理。及查得應天府每年修城，有用工價銀二三百兩者，亦有四五百兩者，多寡不一。參照應天府奏，要將夫價以十分爲率，本府出備二分，其餘灑派附近直隸蘇、松、常、鎮、太平、徽州、寧國、安慶、池州等九府，照依府分人民多寡出備，預先解送南京工部交納，遇有城垣坍塌，本部就委原管修城主事驗工計料，一併修理一節，緣南京工部與應天府分修外羅城垣，係是內外守備官會同議允，已行年久事理，況於事體頗便，難以更改。及看得直隸蘇、松、常三府錢糧數多，徽州、安慶等府路程窵遠，況各府俱有城池，每年俱要起夫備料修理，難令出備工價銀兩。其鎮江、寧國、太平、廣德與應天府州，俱係原奉恩例減免錢糧去處，又與南京相近，太平府蕪湖縣近來設有抽分場，僉點夫役，供應往來，事頗繁重，亦難出備。若令鎮江、寧國、廣德三府州出備，事頗相應。及照內臣病故造墳安葬，既已查有前例，別無定奪。合無行令鎮江、寧國并廣德三府州，每年各出價銀六十兩，俱解送應天府收修城垣，其餘不足之數，不分多寡，俱令應天府上元等五縣出備，仍照舊與南京工部各照原分地方城垣門座修理；今後南京內臣病故，合無照依太監劉永成、許安事例安葬。緣係二部咨臣查勘所奏，斟酌停當，徑自具奏。定奪事理，俱未敢擅便，具題。

葛昕《集玉山房稿》卷一《壽宮營建事宜疏》 題爲欽奉聖諭事：准禮部咨，該本部題，萬曆十二年九月二十一日，司禮監太監張宏等傳奉聖旨：「朕奉兩宮聖母，閱定大峪山吉地。茲仰奉慈命，遵皇祖故事，預作壽宮。一應營建事宜，禮、工二部會同擇吉日來行。欽此。」欽遵恭捧到部，臣等查得嘉靖十五年，我世宗肅皇帝預擇壽宮，既得吉兆，隨即命官營建，規制盡善，福祚無疆。今我皇上睿謀遠識，親卜大峪山吉地，復恭奉兩宮聖母，閱定爲萬萬年壽域，隨勅臣等會議預建事宜，仰見大聖人之作爲，同符皇祖，超越百王，乃卜世卜年之洪基，而非尋常營作所可擬也。臣等祗承綸命，敢不殫心經畫，仰贊巨典？謹遵照嘉靖年間事例，參以今所應行逐一議擬，開列上請，恭侯聖明裁定。節奉聖旨：「是伐木祭告，遣公徐文璧；興工告九陵，遣公徐文璧、朱應禎、侯吴繼、爵郭大誠、蔣建元，伯王學禮、劉應元、衛國本、王偉；天壽山，駙馬侯拱宸；后土等神，尚書楊兆。各行禮。欽此。」該本部擬奏，差官處辦木植、磚石、物料及工匠夫役等項，徑自題請施行。臣等卷查嘉靖十五年預建壽宮，經費浩繁，規制物料，俱侯內外重臣親詣天壽山規畫會計，議處具奏。所據處辦錢糧、工匠等項，及本部應委司官，合行事宜，相應急爲議處。仰惟皇上神謨宏遠，睿思精詳，法皇祖之弘規，承兩宮之慈諭，特勅臣等預建壽域，誠足以培億萬載靈長之慶。一切營建事宜，該臣等遵奉成命，已會同禮臣，恭照嘉靖十五年事例，將開山興工吉期，并應差內外大臣，已經具奏題，恭侯聖諭欽定職名。其科道、兵部司屬錦衣衛、內官監等官，移文各該衙門，聽其徑自題請。至於各項物料數目，合遵先年事例，侯欽命內外重臣會同科道等官，親詣大峪山，督令官匠人等踏勘，從實會計前來，另行具題外，所有臣部總理工程、提督工程，并催趲物料，兼督大石窩等處堂上官，亦均侯聖明裁定。其應差司屬官員及議處錢糧、木石、磚瓦等料，并工匠、夫役應行事宜，議擬列欵上請，合侯命下，臣等欽遵施行。其有未盡事宜，仍聽臣等內外大臣會同酌議具題。

計開：

一、議分職掌。照得大工工役重大，司官須委任分理，各有專責，庶便考成。所有本部司屬，合無一一分派職掌。除本司掌印官臣昕管理錢糧，不時往來工所，調度一應工役，其常川在工驗收木植、磚灰、石料，催趲夫匠，管理工程，似應差委司官四員；山、台兩廠管造粗料，司官二員；神木等廠收發木植，司官一員；大石窩、馬鞍山、白虎澗開取石料及燒造石灰，司官三員；瑠璃黑窑燒造磚瓦，司官二員；大通橋查發磚料，司官一員；其臨清燒造城磚、通州查發磚木，即劄委本處註選司官，各行管理，不必另行差委，以滋煩費。

一、議處錢糧。照得工程重大，支用錢糧自當浩繁。今查本部節慎庫見貯屯田等司堪動料價事例，爲數不多，合無先儘見貯銀兩支用。其各省直拖欠本部各項解京錢糧，應照先年差委司屬官分投守催，但恐於各地方未免騷動，今次合只嚴行各省直撫按官，勒限將各該司府節年拖欠匠價、料價，并見開事例銀兩，除蠲免奏留外，上緊盡數催徵，按季作速解部接濟。臣等多方撙節，務期有濟。如再不敷，仍查照嘉靖年舊例具題，勅下户部、兵部查發協濟。庶錢糧不致缺乏，而工程可爲永賴。

一、議查處木料。爲照工作肇興，首莫要於聚材。本部各廠舊存木植，近因鼎建慈寧宮殿及添脩龍躔殿等處，將收貯楠杉鷹平取用數多，見存數少。即今大工需用杶散等木，除照例派行各商買辦外，楠杉等大木，合先將各廠見存者，委該司官會同内監酌量取用，一面仍移文川、廣等處撫按官，查照先題數目，陸續催解前來接濟。再照在廠木植，徑運大峪山工所，道路窵遠，爲費不貲。合無行内官監，差掌尺寸官作在於各廠，查照原估棟柱等項，照數截成粗料，方行運行。赴該工出細，遺下頑頭木屑，即盡發瑠璃兩窰燒造瓦片，庶於工作兩濟。

一、議採石。恭照壽宫興建，惟用石料數多，而開山鑿取，拽運更艱。查得嘉靖十五年，各項石料俱在大石山窩、馬鞍山、牛欄山等處開取，即今應用石料，仍應照舊在於各山取用。合無先差監部官帶領匠作，前赴各山勘驗，分別青白石及白玉等石，某塘堪充某料，預爲會計，多召匠作，分塘照數開取，先儘地工所需，刻期開出聽運。務要堅細合式，期濟實用。

一、議燒造磚瓦。照得瑠璃等窰，并蘇州、臨清等廠燒造磚瓦，往年率有粗惡，不堪應用。雖節經移文嚴督，如法燒造，猶自玩習如故。今鼎建壽宫，非尋常工程可比，前項各料，合行内監并各廠委官，查照先年式樣，務要澄漿得法，火力俱足，體質堅細。各記窰户姓名，以便查考。其大通橋、張家灣磚廠，本部即行該管司官，將見積各項磚料，查明呈報，聽候運用。不足數目，仍照先題事理行催蘇州、臨清等廠，照數派運，立限解赴前來應用。又查得昌平州迤東地方，先年原有窰座，俱曾燒運上用磚瓦。其道路去陵頗近，合無多招窰户，即於該州地方，採取細土，如法燒造。務期精堅合式，仍聽各窰户自運工所驗收，與臨清黑窑各磚相兼應用，尤爲省便。

一、議燒運石灰。照得磚石所需，全賴石灰，爲數頗鉅。若驗收無別，則弊竇易生。查得馬鞍山燒運灰色潔白，軍莊灰性稍次，且道路有遠近，價值有多寡，合無以十分爲率，軍莊止准燒三分，嚴行該管司官，各另給號票運送，監工官處對票驗收。原駄不得卸地堆積，以滋守候等弊。仍不許將軍莊灰充馬鞍山白灰，及將沙石插和，希冒价值。違者，管工官從重究治。庶宿弊可釐，而灰皆實用。

一、議均買辦。照得物料有貴賤，價值有盈縮，本部雖有會估，尚有開載未盡者。一遇派僉買辦，各商遇有利者，鑽刺承攬；無利者，展轉推避。今值大工興建，預支銀兩，動以萬計，若不議擬畫一，不惟錢糧難完，抑且有妨工務。合無查照先年及今惜薪司柴炭事例，將本部鋪户分作四把，中間審其家道殷實及有行止者一二名爲首，衆各連名保結。每遇關預支，眼同赴領，敢有侵費而同把不舉首者，坐令均賠。庶苦樂相當，永杜規避，錢糧可濟實用。

一、議取車輛。照得裝運木石等料車輛，在灣廠，責令通惠河郎中差派；在内廠，分撥見役車户承運。但本部及灣廠原額官車數目不多，分運石木，不敷應用。查得嘉靖十五年舊例，原額派取直隸各府車户裝運。合無仍行各該巡撫衙門，轉行順天、真、保定等府附近州縣，僉派車户報部，仍候本部明文至日，方酌量解部應用，亦不得一槩濫行派擾。其運過脚價，照估散給。完日先期發回，庶輪運有濟，工作無悮。

一、議處匠役。照得大工興作，木石瓦搭等匠，合用數多，遽難召集。查照嘉靖年間事例，隨工匠役，行戎政衙門及五城兵馬司、宛、大二縣拘集。其開山石匠，行順天、真、保定等府州縣僉解。合無將前項各匠，俱各照例，在内仍行戎政等衙門多方拘集，在外應取開山石匠，仍行各該巡撫催取解部。俱要精壯藝熟者，方准收用，本部照估給與工食。各匠夥内，令推有身家行止者，准作頭役，便於約束衆匠。其承領工價，見工分給，仍嚴禁頭役侵尅，俾各匠趨利赴工，方爲有濟。其大工興建之日，民間私工不許占恡匠役，有礙拘僉。仍行各城巡視御史出示曉諭。

一、議處軍夫。查得嘉靖十五年營建壽宫，兼脩七陵，至用官軍十二萬，更番應役。今建此大工，合公同内外管工官估用軍夫若干，照舊例咨行兵部，行移京營摘撥，赴工應用。其永、鞏二營，摘撥殺虎手，并見在各朝房看守錢糧軍人，巡山防山，要務嚴謹，不致踈虞。仍各免其摻備。其京營軍夫，俱聽提督工程官及兵部司官點閘，同工部司官量工撥派，與本部募夫相兼供役，仍照例給與鹽糧，造册送户部關支。

一、議支銀兩。照得夫匠之在山工，既離京窵遠，薪米不便，照常等候出給實收，不免有悮工作。合照先年事例，給發預支銀，每次二三萬兩，差官解發昌平州寄庫，聽候提督大臣按月酌量給發放支，陸續另發接濟。該工司官仍每半月出給實收一次，赴監視工程科道掛號，每一月開具揭帖，送提督大臣，并呈本部查明照數扣除。每季終，該工清查出給數目，仍該找給銀兩若干，報部，以便筭給。年終通將給過錢糧造册奏繳。

一、議處供應。照得在工諸臣，駐劄山陵，非歲月可計，俱應量給廩餼。但昌平州素稱凋疲，一切應付，俱責令處給，勢必不敷。合無移文順天撫按衙門，查將偏僻州縣驛傳及無礙銀兩，酌量派發該州協濟。每年終，各將派取解送過數目咨部查考，庶免偏累。

一、議處軍夫匠作止宿處所。照得大工興舉，人人露宿，原無室廬，倘遇風雨，何以存息。合無咨行提督并天壽山内外守備，許於紅門内外近工遠樹處所，聽居民人等隨便搭設浮鋪，出賣飯食。其做工軍民夫匠，或二三十名，亦許搭蓋席舍一二間居止。如敢有棍徒生事，搶騙嚇詐財物者，悉聽巡視官校訪拿究治。

一、議取水泉。照得山中水泉甚少，軍民夫匠屯聚萬衆，仰給於水，時不可缺。查得嘉靖年間興建壽宫，既截取河流，復多開井眼。合無行令内外提督等官，督率欽天監官相勘附近工所地方，但於龍脉無礙處所，即多方開濬井泉，務足軍民夫役朝夕汲用，統乞聖裁。奉聖旨：「壽宫營建事宜，既議停當，俱依擬行。總督工程，命卿楊兆；提督工程，何起鳴；催儹物料等務，王友賢。各照例領勑管理。」

王禕《王忠文集》卷九《謁茂陵記》　漢武帝茂陵，東去長安城八十里，在興平縣東北十七里。《關中記》云：漢諸陵皆高十二丈，方百二十七步，惟茂陵高十四丈，方百四十步，其形方正，以漸綱其上而頂平，狀類覆斗。凡陵，皆徙民置邑其傍，爲户五千，獨長陵、茂陵俱萬户。蓋漢諸陵多在渭北咸陽原上，自東而西。高祖長陵、惠帝安陵、景帝陽陵，昭帝平陵，及武帝茂陵，所謂五陵也。茂陵東一里三十步爲衛青墓，其高二丈。少東爲霍去病墓，高如青墓而頂鋭，支傍分鉅石矗立其上，與塚形不類。《漢書》云去病爲驃騎將軍、大司馬、冠軍侯。元狩六年薨，帝悼之，發屬國玄甲，軍陳自長安至茂陵，爲塚象祁連山，以去病嘗破匈奴於祁連也。顔師古云：「塚上有(竪)〔豎〕石，塚前有石人馬者是也。」當茂陵東，去病墓西稍北，有塚，視青墓高少减，世傳爲丞相公孫弘墓也。茂陵西一里爲李夫人墓，《三輔黄圖》云：「東西五十步，南北六十步，高八丈，名習仙臺。《水經注》云：「其塚形三層，世謂爲英陵。」蓋其上爲級陛之狀，與諸陵所製特異。此漢家妃嬪始終承恩寵者也。又按《武帝故事》，帝嘗見形，謂陵令薛平曰：「吾雖失勢，猶爲汝君，奈何令吏卒上吾陵上磨刀劍乎！自今以後其禁之。」平頓首謝，即不見。推問陵傍，果有方石可爲礪，吏卒每盗磨刀劍，霍光欲斬之，張安世以爲神道芒昧，不宜爲法，乃止。嗚呼！武帝去今千一百八十八年，世易代殊，向之神靈無復見矣！蒿萊榛棘，極目悽然，而牧竪畊夫，朝夕蹂躪，徒以資後人之慨嘆而已！洪武辛亥四月四日，余至興平，其令沈君、主簿朱君苦相留，因乘間謁陵下。撫盛衰之無常，歎年運之徂往，瞻仰久之而去。同行者：儒士劉仁夫、謝安仁也。

孫承澤《天府廣記》卷四〇蔣德璟《鳳泗記》　泗州與盱眙縣夾淮而居，相距五里許。度浮橋，從州城外沿淮北行十里渡小河，即基運山也。山一片皆漫土。嘉靖中，始改稱基運云。易輿以馬，入御碑亭，佳氣葱鬱，古柏萬株，數百步爲紅門，旁即祠祭署也。世襲奉祀朱自讓來迎，引入殿前，行五拜三叩頭禮。殿前豎石闕四，石獸十六件，石馬六，内臣控馬二，朝臣十四。殿内三黄幄，置神座，德祖玄皇帝后居中南向，即高皇帝高祖也。懿祖恒皇帝后居東西向，熙祖裕皇帝后居西東向。其陵寢神宫御器一如孝陵及天壽制。殿門後即熙祖陵，所稱萬歲山者也。高皇帝以世湮遠不輕祖，故斷以德祖爲肇基，而德、懿二陵經兵燹亦失其處，故止於熙陵寢殿行望祭焉。龍脈西自汴梁，由宿虹至雙溝鎮，起伏萬狀，爲九岡十八窪，從西轉北，亥龍八首坐癸向丁，一大坂土也。殿則子午，陵前地平壠數百丈，皆高數尺，繞身九曲。水入懷遠，從御橋東出，與小河會。又前爲汴河，其左爲徙湖，爲二陳溝，又前即泗州城，有塔，又前爲大淮水，水皆從西來。遶陵後東北入海。而淮水彎環如玉帶，皆逆水也。又前即盱眙縣治，米芾所書第一山也。山不甚高，然峯巒横亘八九，與陵正對，即面前案山。又前二百餘里爲大江，而陵後則明堂九曲，水遶玄武，又後爲汴湖，又後二百里爲黄河，又數百里爲泰山。大約五百里之内，北戒帶河，南戒雜江，而十餘里明堂前後，復有淮、泗、汴河諸水環遶南東北，惟龍自西來稍高耳。陵左肩十里爲掛劍臺，又左爲洪澤湖，又左爲龜山，即禹鎖巫支祁處，又左爲老子山。自老子山至清河縣，縣即淮、黄交會處也。陵右肩六十里爲影塔湖，爲九岡十八窪，又右爲柳山，爲朱山，即汴梁虹宿來龍千里結穴。真帝王萬年吉壤。縣令孫徵奎云：大水時可一尺，其山較泗州城中地高可丈餘。惟御碑亭前築堤稍斜射而東，一帶人家蔽塞案山，似於明堂爲礙耳。午飯祠祭署朱君所，因與瓏熺酌數巡而歸。謹按圖說，稱熙祖世爲句容通德鄉朱家巷人，生宋季元初。至元間，因亂挈家渡淮，至泗州，見其風土醇厚居焉。泗人社會常推爲祭酒。居泗凡三十八年，一日卧屋後楊家墩下，墩有窩，遇二道士過，指卧處曰：若葬此必出天子。其徒曰：何也？曰：若以枯枝試之，必生葉。亟呼熙祖起，祖故熟睡，道士乃插枯枝去。十日後，熙祖侵晨往驗，果生葉，因拔去生枝，別易枯枝。前道士復來，心異之。見熙祖在旁，因指之曰：必此人易去。遂語祖曰：若有福，殁葬此，當出天子。語訖忽不見。元致和二年丁卯夏，熙祖殁，因葬焉。甫封土，即自成墳。仁祖年四十六，冬十二月，携南昌、盱眙、臨淮三王及曹國長公主遷於鍾離東鄉盱眙之木場里。淳皇后見一異人，修髯奇貌，黄冠朱裳象簡，授白藥一丸，神光燁燁，使吞之，遂孕。明年，天曆元年九月十八日，太祖高皇帝生。聖造戊辰、壬戌、丁丑、丁未也。遡葬期甫歲餘耳。將誕之夜，紅光燭天，里人起呼朱家火，及至，無有也。舍旁故有二郎廟，時聞空中語：亟徙去！至晚果徙東北百餘步。高皇帝甫生，淳皇后抱浴池，嘆曰：家貧乏襁褓，其奈何！忽紅羅浮水上，因取而衣之。今傳爲紅羅障。其生處常見五色王氣，世名明光山，有紅廟在焉。廟在盱眙縣靈跡鄉，距縣百二十里。及高皇帝龍飛，定鼎金陵，追尊四代，已建仁祖淳皇帝陵於鳳陽，因命皇太子至濠泗祭告祖考妣於泗州。然未識玄宫所在。時向城西瀕河憑弔，歲時遣官致祭。洪武十七年甲子十月十二日，宗人龍驤衛總旗朱貴從軍於外，年老始歸，即畫圖貼説，識認宗派，指出居處葬處，備陳靈異始末。貴故偕熙祖北渡者，上即命皇太子至泗修建陵寢，號曰祖陵。命禮部製造三祖考衮冕冠服瘞殿後，每歲大小二十六祭。設祭田一百四十九頃，僉遷人户三百一十四户，因授貴奉祀四品服色，子孫世襲管理署事。當貴面奏圖時，恩賜田宅鈔錠金帶衣服等物，寵賚有加，令置祠署於貴先人所居之稍北。其東南即熙祖之舊屋基，特賜奉祀官，世爲葬地。及貴子紱襲前官，高皇帝召入謹身殿，賜膳一桌，復賜御前子鵝肉，諭以莫嫌官小，與國同濟。而楊家墩者，宋保議大夫楊浚、大理寺評事楊枏墓也。命改遷於陵西之黄崗里。復諭户部免守陵户役及一應雜色差糧。嘗曰：濠泗實朕鄉里，陵寢在焉，人民理宜優恤。諭署官曰：鄰近荒田儘力開耕，永不起科，不屬有司衙門。諭署官曰：你衙門裏無刑名造作，也不刷卷。嗣是文皇帝駕過泗州，詣陵祭告，賜金飾鞍馬鈔錠，田地四十四所，並夫役百户内侍等官。又命朱貴子紱諭泗州降有功，駕渡淮，仍以令牌召紱至營賜坐，温語移時，賜父老牛酒慰勞焉。列聖承統，皆遣重臣祭告，景泰時以不雨，弘治時以大風傷陵樹，嘉靖時以陵前山石墜，以基運山從祀方澤，以皇嗣未生，以修陵工完，皆遣重臣祭告。萬曆二年七月十四夜，大風雨損壞殿宇門牆，及湖水衝激東南角岸，命南工部郎郭子章修理，并砌石堤。二十年，復命南禮侍曾朝節，南工部郎沈演、周詩再築護堤二道。

孫承澤《天府廣記》卷四〇蔣德璟《察勘皇陵記》 崇禎辛巳四月二十五日辰時，上召成國公朱純臣，恭順侯吴惟英，新樂侯劉文炳，駙馬都尉萬煒、鞏永固，宣平伯衛時春、禮部尚書林欲楫、侍郎王錫衮、蔣德璟來中極殿。時臣璟方病瀉，即力疾入午門直房，同王公小坐。旋入左掖門纂修館待林公。頃之，諸公及内閣四位俱入皇極殿旁直房坐。是時方祈雨，用青布袍角帶，而上傳令用青錦繡本等服色，諸臣相顧未敢信。内璫亟趣之，急令辦官出，持袍帶入换，交揖畢，即同入弘政門。内璫再趣，云上御中極殿已久。即魚貫入中左門，循殿垣高下可四十級，到中極殿外，鞠躬入，分東西班檻外一拜三叩頭畢。上曰：「卿等進來。」攝齊入殿内東西立。上曰：「成國公等過來，禮部過來。」同過中跪。上曰：「孝陵爲高皇帝弓劍之所，關係重大，《會典》所載近陵不許開窑取石，砍伐樹木，禁例甚嚴。近來法久人玩，於原額四窑外，開得甚多，及燒鑿紅石，傷損樹木等項，雖經南中諸臣回奏，還須特遣重臣親勘，卿等有所見，各奏來。」勛戚六人各通職名奏畢，大約皆言奉命往勘陵，須用通曉地理者同去。聞有上林苑監楊應祥頗曉堪輿，可取來同看。上命即取應祥來。左侍郎錫衮奏：「臣向爲南京司業祭酒，頗知孝陵事體。」上遽令勛戚諸臣起，惟禮部三臣面對。錫衮復奏：「孝陵自花山以下屬句容，以上屬上元。向有祖窑四個，天啓後漸添頗多，宜行拆毁。」右侍郎臣蔣德璟奏：「孝陵在鍾山，古稱龍蟠虎踞之地，最爲形勝。祖其龍脈從茅山來，歷燕岡、武岐、華山、白雲峯、龍泉庵一帶至陵，可九十里。祖制附陵二十里内禁例甚嚴。今新開諸窑，若礙龍脈，自當嚴禁。只是愚民無知，以前似不必究。臣又見宗室舉人朱統鐼曾有疏言，孝陵水口關砂諸處，亦有私取紅石，并陵後龍潭一帶皆當查看。又前歲有涇縣百姓全大功疏言，泗州祖陵、鳳陽皇陵二處亦當照管。」上曰：「是全大功？」閣臣旁立對曰：「是全大功。」臣再奏：「泗州地稍低，聞大水時幾没陵山砂脚，鳳陽陵龍脈來處間亦有鑿開池塘者。」【略】上迴顧久之，即曰：「成國公、新樂侯、禮部尚書來。」三臣同過。上曰：「今命卿等三人往南京孝陵，會同奉祀及守備神宫監、禮部禮科察勘，附陵三十里及龍脉經行處并左右砂水俱不許開石燒灰，凡新添窑房悉行拆毁，樹木椿楂或宜移去，或宜栽補，俱詳察便宜行(至)〔事〕。泗州祖陵、鳳陽皇陵一并嚴行踏勘，如有勢豪大姓把持，立行參奏治罪。」欲揖奏：「楊應祥江西人，丁憂回籍，恐不在家。有原任禮部郎中今陞浙江提學副使王應華，係臣舊屬官，如楊應祥不在，即取王應華來。」上曰：「一并行文取來。」因賜成國公路費二百兩、綵緞二十表裏，新樂侯路費一百五十兩、綵緞十五表裏，尚書林路費一百兩、綵緞十表裏。命再賜茶，即同出檻外叩頭而出。時天氣尚熱，闢四大門，薰風習習。上寶座周圍刻金龍形，一片黃金璀璨也。內置金椅及御榻，以黃綾衣之。諸臣就席時，上用茶，間覽案上文書。司禮監大璫旁立侍，而諸臣坐，真盛事也。祖制，宴羣臣皆在午門外、文華門外，惟郊祀慶成宴三品及學士在皇極殿。永樂中召坐西內圓殿，宣德中召儒臣入萬歲山廣寒殿，又召遊太液池，皆賜宴西苑。然不聞侍坐，亦不聞在中極者。蓋正統後坐禮久廢。今上崇禎十三年始議行之，而中極自賜宴親王外從來未有也。是日上立傳內閣取朱統鐼、全大功本。查統鐼疏在丁丑四月，全大功疏在丁丑閏四月，閣中不知也。搜尋久之始上。然當時僅票統鐼疏有祖陵泄水故道宜清，孝陵來脈小民鑿石及句容建坊祭葬事情着該監撫按作速修理禁飭，而大功疏則票已有旨而已。上遂特發旨二百餘言，詳述孝陵及鳳、泗二陵察勘事情，仍鑄關防給勅書以行。禮部侍郎臣蔣璟德恭紀。

孫承澤《天府廣記》卷四〇《陵園》 順治十七年十月初四日，奉世祖章皇帝聖諭：「朕惟膺圖永祚，統紹百王，而創業宏模，情殷勝國。歷觀史册興亡之迹，考其治亂得失之由，僉以政荒，遂干天譴。邦國既隳，士民罔懷。維有明莊烈愍皇帝實治理之究圖，惜贊襄之莫逮，以致寇氛犯闕，宗廟爲墟，追念喪師，匪因失德。朕每念及此，未常不惻焉傷心也。頃者兩幸昌平，周視明代陵隧，躬親盥奠，俯仰徘徊。以彼諸陵規制，咸壯麗相因，獨愍帝之陵，荒凉庳隘，典物未昭。原彼當年孜孜求治，宵旰不遑，祇以有君無臣，薄海鼎沸。洎乎國步傾危，身殉社稷，揆諸正終之例，豈同亡國之君？朕於憑弔之餘，撫往興悲，不禁流涕。因欲繕治陵寢，丹堊几楹，慰靈爽於九泉，彰異數於奕禩。乃核少府金錢，悉皆小民正供。倘增工徒之費，殊乖賦式之經。然終不忍聽其闕略。用是布告方州，開導悃忱，交相輸助，聿新礱甃，以肅松楸。爾等溯厥源流，夙沐前朝之澤；凡茲臣庶，寧無故主之恩？矧愍帝之終，異於往葉，而勸忠之感，當有同心。或列籍薦紳，或齒登編户，恩沾累世，德瀸高曾。勿以革故爲嫌，咸致事亡之誼。各隨心力，共佐經營。在內所捐貯工部，至各直省地方輸之有司，彙解工部。猶慮經費浩繁，紓以歲月，計貲罔缺，工役乃興。繚以周垣，崇其峻殿，奢靡不尚，雖少遜厥諸陵，鳩庀獨新，庶無曠乎儀制。所在奉行，毋滋擾害，克成斯舉，式副朕心。」諭下，遠邇感誦，以爲仁德高出前古。未幾，龍馭上昇，未及施行而罷。

王源《居業堂文集》卷一九《景泰陵記》 癸未夏四月，黃宗夏自西山歸，爲予言景皇帝陵。二十五日偕往謁，去西直門二十里，在玉泉山後，所謂金山口也。東南向，遠望紅墻，缺而未毁，碑亭矗墻上，墻無門，亭瓦黃，碑不盈丈，勒「大明恭仁康定景皇帝之陵」。亭後三楹未傾，享殿盡毁，碎黃瓦縱横徧殿址，時露柱礎，雜蒿藜。冢高四、五尺，圜可三丈許。無寶城，無門，階圮。冢下俱種黍，餘松五株。墻外西南一井，老槐二，郁森森然。

初，景帝御極，建壽宮于天壽山，在獻陵西北一里。天順复辟，廢帝爲郕王，薨，以王禮葬之金山口，謚曰戾。金山口者，西山麓，諸王、公主暨諸妃多葬此。成化十一年，追復帝號，上尊謚，始修陵殿，亭瓦仍碧，世宗謁陵，始易黃瓦，然規甚隘，非帝制也。後光宗即位，一月，崩，葬慶陵，慶陵即景帝所營壽宮也。

夫南宮之錮，太子之易甚矣，然英宗此狩，苟非景帝踐阼，任賢能，一力戰守，其不爲南宋之續者几何，功在宗祏，胡可没也？一人之私微耳，憲宗可不謂賢乎？或曰天下大師墓在景帝陵後，或曰妄也，不封不樹，何考焉？弘光上景帝廟號曰代宗，建文廟謚曰惠宗讓皇帝。悲夫，江左亡國之餘，有此一事足傳歟。

王源《居業堂文集》卷一九《十三陵記》(上) 天壽山十三陵，曰長陵，成祖。曰獻陵，仁宗。曰景陵，宣宗。曰裕陵，英宗。曰茂陵，憲宗。曰泰陵，孝宗。曰康陵，武宗。曰永陵，世宗。曰昭陵，穆宗。曰定陵，神宗。曰慶陵，光宗。曰德陵，熹宗。曰思陵。烈皇帝。昌平州在京師北六十里，天壽又在州北三四里，萬峯環矗如城，缺其南如門，而層層拱抱，中則平原，廣輪可二十里，東、西、北三面崇岩叠嶂，綿亘百里不絶，南則近山爲案，遠山如列屏，諸陵俱依山爲域，山各異名。

長陵在正北黃土山下，名康家莊。三峯爲障，崇閎森偉，儼若垂裳以臨萬國，裊裊然龍翔鳳翥，而下結爲長陵。老君堂水自東北來，西折繞其前，合西北賢莊、灰嶺、錐石諸水而南，復折而東，自東山口逶迤出。東稍北二三里爲景陵，背黑山，向西南。永陵在陽翠嶺下，舊名十八嶺，亦西南向，去長陵東南二三里。而永陵東北則德陵也，可二里曰鎖子山潭子峪，向正西。此長陵以東之陵也。其西則獻陵、慶陵、裕陵、茂陵、泰陵，以次而西偏北，皆南向。相去近者里許，遠二三里。皇山寺嶺獻陵也，其二嶺慶陵也，石門山裕陵也，寶山茂陵也，史家山泰陵也，史家山與長陵之山不相屬，蓋特起于西者，然猶在封域中。自此而西隔大澗，出勢盡矣。故康陵轉而南，西負蓮花山，東向。東向自康陵始也，于是昭陵亦東向，定陵亦東向，非形勢使之然哉？定陵在長陵西南，昭陵又在定陵西南，俱二三里，俱在大峪山下。康陵去長陵十餘里，遠在祥子嶺西，嶺遮不見。而昭、定二陵，則東與永陵相望，此長陵以西之陵也。

初，太祖葬孝陵，在應天。及成祖都北平，遂營長陵。然仁宗猶欲南遷，且即位不一載升遐，山陵未建，故獻陵祔于長陵之右。由是宣宗之景陵、英宗之裕陵、憲宗之茂陵、孝宗之泰陵，俱以世祔焉。于戲！二井建于東、西山麓，東井、西井，成祖葬十六妃嬪之所。成祖豈欲與子孫同一域乎？《周禮》公墓雖有昭、穆之制，然文、武、成、康又同域乎？天壽雖靈域，而王氣所鍾獨長陵耳，次則獻、景二陵耳，二十里間，安得有子孫世世帝王之穴乎？江右梁份謂裕、茂二陵皆不吉，猶未若康陵、德陵之甚。康陵，武宗也；德陵，熹宗也；二宗皆無後。當日或出于苟且，若孝宗之葬泰陵，穆宗之葬昭陵，神宗之營定陵。一則金井明知其有水，營泰陵太監李興、新寧伯譚祐、工部侍郎李鐩董其事。吏部主事楊子器見金井内有水孔，大于杯，仰噴不止，遂言于朝。興誣以誹謗，下獄。起復知縣丘泰復抗疏言之。遣使復視，鐩陰令人塞其孔，復命無有。乃營葬。一則世宗以爲空凄之地，初，世宗以大峪爲吉壤，欲遷顯陵於是。既而曰大峪地勢空凄，遂棄不用。而昭陵卒用之。一則廷臣力爭其不可，神宗營定陵，太僕寺少卿李植、光禄寺少卿江東之、尚寶司少卿羊可立疏言，大峪非吉壤，且劾大學士申時行。帝不聽，親閲定之。乃皆不顧而竟爲之，抑獨何哉？惟永陵世宗自擇，差佳。至于慶陵，形勢雖比獻陵，然景泰既已營之，廢爲窪，光宗倉卒營葬于此，則其氣泄已久。然則神宗之後三傳不過二十餘年，而國遂亡，豈非天乎？

烈皇帝即位，欲卜山陵，天壽更無可卜，有别營遵化之議，國家多事，遂寢。崇禎十五年，田貴妃薨，葬于小紅門内錦屏山下，東北去昭陵可六里。諸陵俱隔絶不見，形勢無可觀。十七年三月十九日，賊李自成陷京師，帝徇社稷，周皇后從死。賊以梓宫送昌平，吏目趙一桂哭諭士民，士民號泣奔走，斂錢數百貫，啓貴妃墓，合葬帝后于中。順治初，修以爲陵，榜曰思陵，制甚狹。梁份曰：是宜稱攢宫。或曰當日欲更修，如十二陵制，不果，惜哉！然而陵矣，于戲！陵之不亦可乎？

王源《居業堂文集》卷一九《十三陵記》（下） 先君子自國變，逋播江、淮數十年。年八十始北歸，欲徧謁諸陵，哭拜烈皇，以正丘首，志未遂而歿。歲癸未，源友梁份暨新安黄曰瑚徒步往謁。份爲圖説，曰瑚步跬，形勢規制、遠近吉凶無不載。又參考國史諸陵建立始末，悉正《肅松録》、《水東日記》諸書之誤。

丙戌二月二十三日壬子，源偕份子文中過昌平。癸丑，雇役擔囊步登天壽，以卒先君子未遂之志。按梁、黄所記，應自昌平西門外，北由白石坊進大紅門。誤聽役夫出東門，由東山口入，已逾碑亭而北，乃復折而南至碑亭。亭高數仞，重檐四出，門四辟，豐碑穹然，金字篆額曰「大明長陵神功聖德碑」，碑文仁宗皇帝御製也。南望大紅門可一里，東西山勢抄裹，建墻屬之。此墻跨山上，周四圍者也。環顧峥峥嶸嶸，諸陵可見者四五，紅墻黄瓦，殿樓金碧耀目。北華表二里許，至欞星門，石獸、石人左右列，各二十有四，門琉璃墻半毁。又北二里曰蘆殿坡，坡下平窪，水所經也。過五空橋一，七空橋一。自此而北尚有二橋，共四五里至北坡上，進東始至長陵門。又以役夫誤引向東北景陵路，竟至長陵東，而七空橋北俱未經。

按陵制有大門，門外有碑亭，有具服殿，有宰牲亭，有神宫監，守陵太監所居。有祠祭署。門之内左神厨，右神庫。次門曰祾恩門，内有殿曰祾恩殿，即享殿也。嘉靖時始名祾恩，謂祭而受福也。左右有廡，廡前有神帛爐。殿後有陵寢門，門内屏，屏後石案，案上五供。後寶城，城上有樓，曰明樓，如碑亭，丹檐畫棟，翬飛雲表。下有甃道如城門，其下蓋隧道也。樓之上，榜曰某陵。中有碑，大書曰：某宗某皇帝之陵。寶城内一大冢如山，多橡子樹，城帖冢起，雉堞環之。冢與城平，或高出城之上，此其規制大略也。

然各有不同，巋峻壯闊莫如長陵，殿重檐九楹，高可十丈，修十有一丈，廣倍之，而加以丈者三。朱扉黄屋，藻井交龍柱，其外丹陛崇高，玉石欄三重，丹墀，神帛爐二，左右廡各十五楹。殿後有門通陵寢門。寶城高三仞許，周三里。甃道深三四十步，漸高如登山，路窮，左右分折，拾級上明樓，樓從廣十七步。望碑亭可十里，微偏西南，不正向也。諸陵唯永陵殿七楹，石欄二重，餘俱五楹，欄一重而已。永陵兩廡各九楹，餘俱五楹而已。永陵外有重墻，重門，長陵所無。餘即以祾恩門爲門，兩廡即神厨、神庫而已。碑俱無文。亭去門俱百數十步。寶城路由殿中入者，唯景、永二陵同長陵，餘懼從殿外繞後入寶城。明樓唯永、定二陵同長陵，餘俱一二里十二三步而已。而諸陵甃道平，有門通于後，冢前别爲墻，琉璃屏當甃道左右，城折上明樓。永、定二陵無甃門，直從外腋上雉堞。俱文石壁，亦文石地，階戺俱文石玓瓅，磷磷爛爛，冰鏡瑩潔，纖塵不留，長陵莫逮也。故莫麗于永陵，莫朴于獻陵，莫幸于茂陵，莫不幸于康陵、昭陵，莫慘于定陵，而莫痛于思陵。

先是，源至長陵東，置行李一老翁門姓家。是日所謁者，長、景、永、德四陵。景陵規制小，德陵尤小，皆地限之也。謁德陵畢，日已没，返宿翁家。翁細詢謁陵故，歡然嘆息，市村醪共飲，話遺事至夜分，就土坑而卧。

甲寅晨起，取道長陵具服殿，西謁獻陵，質素無華。殿單檐，明樓墻裂階圮。仁宗遺命不欲侈也，故景陵因之。殿後不與寶城屬，以長陵有沙尾隔，故寶城別爲垣。慶陵亦然，而華飾過之。噫！裕、泰、茂三陵形勢皆不利也。英宗始革妃嬪殉葬例，孝宗一代聖明之主，俱不得吉壤，何哉？茂陵松柏獨存，自裕陵西，夾道蒼森。過石橋，歷碑亭，至祾恩門，數千株髣髴覞覞，貞寒萋緑。國變時，中官高姓者守陵，力護持之，故無恙。但瓮門内冢墻甚低，級階上冢，與諸陵異。泰陵更不起冢，皆不知何故？而泰之祾恩門毁而復修者，只一中門，高數尺而已。泰祥子嶺者一名黑嶺，最獰惡，茂、泰、康三陵俱受其害，而康陵尤甚。其明樓不知何時毁頹，垣碑斷裂，荒荒無復諸陵之觀。

循祥子嶺而東，摧崣路阨嶇，水流磝礐中，跼步過，即錐石之水也，可三里，方轉祥子嶺南，回望諸陵歷歷，而康陵不知所在矣。又二三里至定陵，其規制之大與永陵同，重墻與永陵同。乃自大門内鏇磢滌滌，而繚垣遺址，殘石斷瓦，金光碧彩，雕鏤龍鳳麒麟、仙靈異卉，其精其堅，更不同也。不能毁者寶城、明樓也，樓全石爲之，城石層層灌以鐵液。豐碑大書：「大明神宗顯皇帝之陵」，榜曰「定陵」。荆榛凄然，瓦礫靡然，而明樓巋然，彩光焕然，異哉！諸陵俱設太監一，陵户三，各給地三十五畝，使守門鎖閉。謁者予陵户錢，方啓入。獨定陵不設，芻牧出入無禁，而門外碑亭僅存其垣。若宰牲亭、神宫監，無一椽一瓦之存矣。故莫慘于定陵也。昭陵亦稍存松柏，但祾恩殿、明樓俱毁。陵户云：乙亥年三月五日，夜大雨，忽雷震，殿火不可救，雨下如注，庭水深尺許，而火愈熾，只救得兩廡存耳。明樓毁于前，不記何時，碑亦燔裂，字不全。謁昭陵出，已暮。陵前一小廟，有土屋二間，一道士張姓者居之。借寓炊食已，而守陵太監郭姓，邀至家宿焉。于是謁者十有二陵，未謁者烈皇帝陵耳。

乙卯，從昭陵取道，西南至思陵，正南向，碑亭甚小，碑有文，極稱帝之憂勤聖德，以臣不忠而致亡。順治年，降臣金之俊奉命撰，不敢誣也。亭後十數步有門，中一大門，東西二小門，東門左一碑，順治年祭帝文。門壞，無鎖，一石倒抵。排之入，享殿三楹，兩廡各三楹，修僅五步，廣十餘步，檐脊瓦俱傾損，庭中蕪穢無人迹。墀下行禮潸然。殿内煖閣，案供神牌一，書「大明欽天守道敏毅敦儉宏文襄武體仁致孝莊烈愍皇帝」，黄曰瑚云金書，今乃墨書。又云：牌後有帝暨后妃木主三，俱冒以白櫝，今亦無。殿後有陵寢門，門内平地。仿明樓式建一亭，榜曰「思陵」。中有碑，金書「大明莊烈愍皇帝之陵」。後有五供，唯石爐有案，餘置之地。冢高六七尺，磚甃其下，周以垣。兔葵旅麥滿其中，徘回嗚咽久之，掩袂出。碑亭前，有從死太監王承恩墓，東向，有碑，亦順治年立。設有陵户四，不知處。

南里許，出小紅門。小紅門者，天壽山西偏之門，與大紅門同一墻也。東南行數里，趨昌平西門，遥過白石坊，望見碑亭、長陵、永陵。益趨而東，則山遮不見矣。聞昔林樹數十萬株，變後翦伐無遺，犁爲田。獨茂陵如故，他陵不但松柏無存，其不存者多矣，故曰莫幸于茂陵也。

丙辰，歸至先人塋次，謹述記二篇以告云。

聞之張景蔚親見烈皇帝神主，題御諱字德約，行五，生于萬曆庚戌十二月二十四日寅時，崩于崇禎甲申三月十九日丑時。蓋生于萬曆三十八年，即位于天啓七年丁卯，方十八歲，戊辰改元崇禎，十七年殉社稷，三十五歲。附記。

邵廷采《思復堂文集》卷一〇《書思陵始末》 武進邵衡文集有書趙一桂事。趙一桂者，不知其邑里，崇禎甲申三月，以省祭官署昌平州吏目，營葬思陵事竣，列其狀申州。略曰：

職於三月二十五日奉順天府僞官李檄，昌平州官吏即動帑銀，雇夫穿田妃壙，葬崇禎帝及周后。梓宫四月初三日發引，初四日下窆。時會州庫如洗，又葬日促，監葬官僞禮政主事許作梅束手無策。職與義士孫繁祉、劉汝朴等十人斂錢三百四十千，僦夫穿故妃壙方中羡道，長十三丈五尺，廣一丈，深三丈五尺，督工四晝夜。至初四日寅時，羡道開通，始見壙宫石門。工匠以拐丁鈅匙啓門入，享殿三間，陳祭器，設石案一，懸萬年燈二。旁列紅紫錦綺，繒幣五色具左右列，侍宫嬪生存所用器物衣奩，皆貯以木笥。左旁石床，一床上疊氈毹、五采龍鳳衾褥、龍枕。又啓中羡門，内大殿九間，正中石床高一尺五寸，闊一丈，陳設衾褥如前殿，田妃棺槨厝其上。其日申時，先帝梓宫至陵，停席棚，陳猪羊金銀紙錁祭器，率衆伏謁，哭盡哀，奉梓宫下。職躬領夫役，奉移田妃柩于石床右，次奉周皇后梓宫石床左，然後奉安先帝梓宫。田妃棺槨如制，職見先帝有棺無槨，遂以田妃槨用之。梓宫前各設香案祭器，職手燃萬年燈，度不滅。久之事畢，掩中羡，閉外羡門，覆土與地平。初六日，又率諸人祭奠，號哭震天者移時。呼集西山口居民百餘人，畚土起冢，又築冢墻高五尺有奇。本朝定鼎，敕建陵殿三間，繚以周垣，使故主陵寢不侵樵牧，雖三代開國無以加。竊計一時斂錢諸人，皆屬義士：孫繁祉諸生捐錢五十千，耆民劉汝朴錢五十千，白紳錢三十千，徐魁錢三十千，李某錢五十千，鄧科錢五十千，趙永健錢二十千，劉應元錢二十千，楊道錢二十千，王政行錢二十千，合三百四十千。

於乎！甲申之禍，天崩地塌，傳聞烈皇帝大行舁至東華門，賊殮以柳木，覆以篷廠，老宫監三四人坐其旁。諸臣皇皇然方投揭報名，翹足新命，梓宫咫尺，無一人往謁。甚者揚揚意得，揮鞭疾驅過之，曾不足當一睨者。而趙一桂胥吏末員，孫繁祉、劉汝朴等草莽布衣，相率斂錢營葬，奠醊號哭，其高義寧出唐珏、林景熙下哉？友人譚吉璁，康熙初客京師，嘗遍謁昌平諸陵，撰《肅松録》。録中載趙一桂事，云得之州署故吏牘中，語可信不虚。烈皇帝不幸遭離百六，躬殉社稷，草草渴葬，此亘古深痛。余懼後世史失其詳，輒據一桂語稍加删潤，備著之如右。

又按許作梅，河南新鄉人，庚辰進士，官行人，從逆，改僞禮政府屬。僞順天府李，不詳何人。嘗見《甲申野史》載襄城伯李國禎以死力争三大事，又稱藁葬梓宫，惟襄城一人往送，返役即自殺。今以一桂事考之，襄城未嘗至陵下，灼然無疑。而争三大事及自殺，亦似傳訛。寧都魏禧作《新樂侯傳贊》，附載襄城事，與《野史》頗異同云。

胡天游《石笥山房文集》卷三《禹穴記》 禹穴者何？禹之所葬也。凡帝王既陟而封曰陵，公卿大夫庶人士惟龏與墓、與隧、與冢、與壙、若宰、若睾墳。古者太朴，未彰陵稱，則就而托焉，故謂之穴。

或曰：穴故非禹陵。禹得覆鬴，瑑黄帝之所藏，以治水畢，還置于委宛。故太史公上會稽探禹穴，將求其書而讀之。審陵焉，遷何以得發？或曰：穴誠非陵禹，即無藏書。禹固有穴，則據酈元所注《水經》，會稽東有硎，去禹廟七里，深不見底，曰禹井，即謂之禹穴。或曰：是井也，固不得言穴。若禹穴誠有，是則妄實以窆石之下與陽明之洞。

嘗核《吕氏春秋》、淮南王、皇甫謐所著書，咸言禹葬于會稽。《墨子》云：禹東教于九夷，而道死，葬會稽之山，土地之深，下毋及泉。未聞言禹穴者。且禹事備于《書・大傳》，戰國瑰誕之士之所傳，假穴誠有之，何勿稱乎他説？古者帝王之葬尊，盧氏之爲埰，祝融之爲窌，帝鴻之爲玢，少昊之爲堬，慶都之爲⿰龠刂，娥盲之爲殔。古而野，其無文而異辭耶？云禹穴者，其夏之舊世，其猶窌、堬、⿰龠刂、殔之謂耶？庭堅葬于楚，楚人謂之公琴；琴，墳也，非墳稱也。假今謬述者之論，將以是爲皋陶之所葬，將以是爲皋陶之所藏，其琴者耶？《三良詩》曰：臨其穴。《唐之風》曰：死則同穴。人死乃穴而封之，若茆物然，使不復出。故開世成水，舉五符竅五穴，曾李斯之勿談，獨鄭舫者辭而滋惑之，毋亦奸且陋矣乎！方漢孝武世，禹未崇陵稱，故尚云穴。且太史公去禹久遠，然越世世祀大禹，流稱餘俗多有存者，入其國，升其墟，以思禹之明德，則必觀乎禹之所以葬者焉，故曰探禹穴。

乙卯春，予嘗至陵下慨然望，思自漢至今，紛紛紜紜，傳僞誣貞，要皆滋私附，無足録，故解焉以醒厥惑。或曰：焦貢曰舜升大禹石夷之野，禹生于石紐，若禹穴當在蜀。是尤未能信，無爲争之。

孫星衍《孫淵如外集》卷六《大清防護昭陵之碑》 夫如堂者密，實惟帝之囿時。積高曰雍，乃神明之冢舍。是以尊盧虚壠，尚仿象于藍田。西海衣冠，必封崇于上郡。何況龍蟠大壑，比鄗聚之聲靈；天命玄宫，繼長陵之功烈者哉？

醴泉縣西北六十里九嵏山，唐太宗文皇帝昭陵之所在也。帝提劍乘天，握圖出震，驅除吞噬，彈壓殷齊。白魚赤帝之祥，版泉丹水之迹，讓黼扆而肅五日之禮，寓斧斨而正二叔之辜。浮龜不足效其文，斷鼇不足媲其武。帝系之所傳，史牒之所頌，盡美又善，無得而稱焉。原其終始，靡間歸藏，乃若山陵，有彰聖哲。且夫雄略之主，必旁皇乎上仙；蓋代之氣，每綢繆于没世。水衡灌地，將爲江河，玉桃服屍，思畢天地，故以七十餘萬驪山穿治之徒，一萬六千茂陵大徙之户。帝則深遵節約，塵鑿嵯峨，似委宛之桐棺，擬穀林之通樹。萬乘之貴，悟旨莊周；獨決之明，徵言季札。克終后志，遂下王言，侍衛減于常儀，瓦木止于形具。此則帝之儉也。藏弓烹狗，志士因而拊心。長頸烏喙，哲人于焉長往。子胥抉目于吴闕，彭越覆醢于淮南，未嘗不掩浸潤之明，損豁達之度。帝則我言嫵媚，推心置腹之誠；祖見瘡痍，丈夫意氣之語。暨乎鼎湖髯去，閟隧地之空號；欒水和存，想張朝而再見。金枝玉葉，左武右文，前部鼓吹，東園秘器。祁連之冢，亘馳道以如山。贔屭之文，蔽玄宫而似壘。此又帝之仁也。兵者凶事，不得已而用之。守在四裔，將羈縻而勿絶。然奇肱之車，飛而偶至。長臂之服，通而復速。帝則薄伐之勇，係馘于明堂；畏懷之徒，輸誠于身後。至使酋豪謝罪，慕濺血于墳沙；蕃長歸朝，鬥圖形于玄闕。此又帝之大也。昔者宣尼遺訓，古墓無墳。漢臣陳言，南山有隙。亡羊之牧，欻誤入于三泉，踞虎之丘，驟見傷于敵國。帝則流連翰墨，眷惜鍾王，以《堯典》之同棺，當佳城之銘椁。卒令沙丘之字，勢怵于登堂；寶鼎之埏，力窮于發弩。嗟爾後世，似有先知，倒我衣裳，詒之繭紙。此又帝之智也。若乃宣室之問，不信無徵。墨翟之言，將聞豈見？鬼雄非毅，魂氣何之？楚平一去，被辱于仇鞭。武皇見形，憤心于磨劍。帝則歸復于土，陟降在天。呼嘯若瑾之神，叱咤投壺之雹。黑雲閃野，遏妖寇于咸陽；黄旗立空，禦賊軍于華澤。皇堂奏異，血汗如神，祖龍無所用其驅，蚩尤不足比其縱。此又帝之靈也。

帝緝熙之德，不懈于生存；服畏之思，彌光于奕祀。故能奠不朽之基業，享絶代之明禋。置廟設祀，建隆、開寶之遺。陵户豐碑，洪武、崇楨之迹。我國家光宅八表，懷柔百神，屢致馨香，頻加守護。使星夜出，映園寢之神光；燎火朝輝，雜封中之雲氣。沅守官關隴，案部池陽，瞻拜神宫，周游墓道。其山也，北據塞門之坂，南帶甘泉之流，右睨温秀之峯，左眺穛穫之藪。岧巒巀嶭，三褱角其雄名；隥道盤紆，九疑争其遠勢。非烟非霧，立而望之，鬱鬱葱葱，佳哉氣也！而風高壤裂，石室摧基，地阻荆生，陰堂絶棧。樵蘇上下，曾無百步之防。鏵鍤侵陵，或至諸臣之冢。穹碑半剥，翁仲全傾。因以乾隆四十二年，檄築圍墻三十餘丈。大書瓦屑，邕分邈隸之奇。列植松楸，茇舍甘棠之敬。旋因入覲，上適疇咨，始知聰明之德，久契乎聖懷。平成之歡，待格乎神漠。沅再之官，又逾五稔，兼營寺宇，特用陵租。知縣蔣君能平其政，實任厥勞。恐古墓之爲田，考陪陵于往牘。紀其名位，復立貞珉，仰體皇謨，光昭來者。將與會稽窆石，共磨滅于苗山。風后神堆，謝浮沈于黄水。游心隨武，九原可作之臣。佇想非熊，五世歸周之葬。風雲加會，陵谷長存。豈止狄山之紀，久迷食肉之方；濟陰之祠，但獲龍魚之瑞云爾。

阮元《揅經室三集》卷二《修隋煬帝陵記》 煬帝被弑後，殯于流珠堂。堂在宫中，應是今揚州宋寶祐廢城子城内。繼葬于吴公臺下，臺在雷塘之南。貞觀中，以帝禮改葬于雷塘之北，所謂雷塘數畝田也。嘉靖《維揚志》圖，于雷塘之北，畫一墓碑，碑刻「隋煬帝陵」四字。距今非久，不應迷失，乃問之城中人，絶無知者。嘉慶十二年，元住墓廬，偶遇北村老農，問以故址。老農言：陵今故在，土人名爲皇墓墩，由此正北行三里耳。乃從之，行至陵下。陵地約剩四五畝，多叢葬者，陵土高七八尺，周回二三畝許。老農言土下有隧道，鐵門西北向，童時掘土尚及見之。予乃坐陵下，呼村民擔土來，委土一石者與一錢。不數日，積土八千石，植松百五十株，而陵乃巋然。復告之太守伊君墨卿，以隸書碑刊而樹之。

張星鑑《仰蕭樓文集·謁惠陵記》 惠陵在成都府城外，漢昭烈帝所葬也。余入蜀後，欲游其地，不果者屢矣。頃晨，嘉禾錢君清泉來訪，約余與其鄉王判官游。因飯于使廨。午後，三人同出南門。過萬里橋，相傳有先桓侯墓，前將軍關侯墓亦于此相近，皆衣冠招魂葬也。輿行約一里，見古柏參天，繚以丹垣。入門，殿宇巍奂，拜昭烈像。殿後即武侯祠。尋回廊而西，竹徑窈窱。竹竿高數丈，分左右行，其巔枝葉相交，濃青蔽日。徑盡至陵，圍墻修整，扃鍵嚴甚，但窺見高冢嵬嵬，古柏森森而已。錢君久客秦中，秦中多帝王陵，談昭陵、乾陵、醴陵諸勝，徘徊者久之。余曰：蜀自獻逆之亂，城郭宫室俱爲焦土，即古墓亦掘毁無遺。獨昭烈陵巋然無恙，且與龐靖侯、趙順平侯、姜平襄侯墓遠近數百里相望，猶存漢家尺土，不可謂非劉氏遺澤長也。二君曰然。復至武侯祠，倚古柏下。因憶少讀工部《蜀相詩》，其起二句，未知其工，今日之游悟之。詩云：「丞相祠堂何處尋」，蓋武侯附祀于此。當日知有惠陵，而不知武侯祠，故曰何處尋也。曰：「錦官城外柏森森」，不言惠陵而惠陵自在句中，至寫景之妙，無論矣。錢君曰：子好工部詩，何不至草堂一游。乃命輿夫取徑，行五里許，林木幽深，中藏古寺，鐘磬聲相雜。錢君曰：此草堂寺也。由山門至大殿，旁有竹徑，略似惠陵。過工部祠，謁公像，觀壁間石刻。有楊户部芳燦所撰《陸放翁配饗杜公祠記》，文筆典雅，讀之不厭。坐詩史堂良久，茶話而返。道經青羊宫，不及入。暮色蒼然，自遠而至，循城垣走，仍入自南門。是日爲己未八月之望，夜無月。既歸，天微雨。與錢、王二君飲于惜分陰齋，因秉燭以紀游迹焉。

李鴻章《李鴻章全集奏議八·定陵工程清款摺》 奏爲定陵等處添建營房工費，直庫無款可籌，請照原議由部另籌撥給，恭折仰祈聖鑒事。竊准户部咨開，定陵普祥峪萬年吉地、菩陀峪萬年吉地暨惠陵添建守護官兵營房，估需工料銀三十五萬五千五百餘兩，議由直隸藩庫按照放款章程籌撥馬蘭鎮修辦等因，當經行司查核辦理。兹據藩司周恒祺以此項工需向不由司撥給，司庫亦萬無款項可籌，具詳前來。臣查此次添設執差守護官兵營房，仿照八旗内務府現建營房規模一體建蓋，原爲陵工特辦之事，與尋常緑營修建兵房規制既大小不同，需費亦繁簡迥異。是以馬蘭鎮與工部原奏皆請由户部籌款發給，而户部謂係緑營兵房，應由司庫撥款。臣飭司詳細檢查，向來陵寢添建營房，無論旗營、緑營皆無由司撥銀案據。僅有地方緑營借餉修理營房之案，其所借銀兩仍于該營應領額餉内分年扣還。至馬蘭鎮官兵專司守護，差務極煩，口分極少。若令照章借餉修理，斷無能分扣三十餘萬巨款之理。必須另行籌撥，以示體恤。此工關係緊要，如果直省有款可籌，亦斷不敢稍分畛域。無如司庫萬分支絀，實係力難兼顧。直省本缺額之區，每年糧賦若照額全征，計抵出款尚不敷銀三四十萬兩。近歲迭遭災歉，蠲豁頻仍。上届旱荒尤重，去年下忙、今年上忙及陳欠糧租，節次奏蒙恩旨豁緩。又須另籌賑濟，各庫早經羅掘一空，暫時設法挪借之款不少。現在僅指下忙錢糧，除秋禾被水災歉蠲緩外，約可征銀六十餘萬兩，而應發本年秋冬季東陵、西陵各部員役并通省旗緑各營官兵額支俸餉，以及各衙門廉俸役食年例緊要各款，約共需銀一百餘萬兩。刻下各處紛紛催領，急如星火，皆係必不可少之需，萬難緩欠。以入抵出，實不敷銀數十萬兩。又有欠發春夏季俸餉等項，尚未知從何設措。且來年春季俸餉有應于年前預發，及籌備恭辦穆宗毅皇帝、孝哲毅皇后梓宫永遠奉安大差，又約共需銀四五十萬兩。臣與藩司再四商籌，毫無頭緒，焦慮莫名。夫畿疆爲根本重地，向例額支歲款不敷或大差需款，原准聲請撥濟，臣深知部庫未充，未敢請撥。即近年迭辦永定河漫口大工并此外加增之款，如節次奉撥惠陵工需及種樹經費，添派守護暫安殿官兵口分各項，統計爲數甚巨，亦無不設法匀凑。誠以時艱帑絀，但可兼營即應協力。惟當兹大祲之後，民窮財匱，窘苦異常。轉瞬恭辦陵差，應支緊要各款多無指項，焉有餘力再顧他用。況此項特出巨工，本非司庫應撥之款，惟有仰懇天恩，俯念直隸地瘠災困，籌款萬難，將馬蘭鎮承修前項營房工料銀兩，仍照該鎮及工部原議，由户部迅速另籌撥給，以免貽誤。理合恭折由驛具奏，伏乞皇太后、皇上聖鑒訓示。謹奏。光緒四年十月初九日，軍機大臣奉旨：「户部議奏。欽此。」

蕭穆《敬孚類稿》卷一五《大禹陵記》 《史記》：禹會諸侯江南，計功而崩，因葬焉，命曰會稽。會稽者，會計也。《皇覽》曰：禹冢在山陰縣會稽山上。會稽山，本名苗山，在縣南，去縣七里。然明以前尚不能定禹陵確在何地。宋人魏了翁于理宗時奉旨到紹興上皇村祭告諸陵，一路均有詩，記其風景。于禹陵有曰：禹陵原在亂山中。自注曰：大禹葬于亂山之中，人迹所不到之地。是不以今之禹陵爲禹陵也。而云人迹所不到之地，不知何所見而云然。然後世定以今禹陵所在者，一因山下有一窆石，爲大禹下葬之物，上有漢人篆刻，留傳已久，又山下有姒姓數十家居之，云自夏、商以來，皆大禹之後看守陵寢。自明浙人南大吉來官紹興，其人精于地理，始定禹陵確爲今會稽山地，乃大書「大禹陵」三字，刻陵前。國朝康熙□□年，聖祖仁皇帝南巡，到紹興，祭大禹陵，始封姒姓一人爲九品奉祀生。

余于光緒壬辰秋九月，訪老友周季況太守星詒于紹興，因偕鍾厚堂觀察念祖、徐顯民文學，飴孫孝廉兩昆仲至。初十日，乘晝舫出東郭門，南行六七里，泊舟會稽山下，厚堂備竹兜五到大禹廟。入廟，敬瞻大禹塑像。前有古柏二十餘株，正殿前左首有古檜一株。復由大殿下左首回廊，出耳門，上石磴數十級，至窆石亭，摩挲窆石，光澤如鏡，下方有漢人篆刻，多不可辨，至後人題名頗多，未暇細覽。其石高一人，伸一手乃探得石圈，上尚有六七寸。中段寬廣，約兩人合抱乃周，上方漸鋭。其石中斷，今係接竪之。相傳此石舊理土中，明初爲胡大海掘出，久不能起，工人用力過猛，以致中斷云。由亭左下，有阮相國元八分書《重修大禹廟》碑刻，亦有亭覆之。出廟門左首上行百餘步，即「大禹陵」三字碑亭。亭之右稍下，又有咸若古亭。由大碑亭左首行數十步，有「禹穴」二字碑刻，亦有小石亭覆之，乃康熙二十一年會稽知縣呇霨林書也。又上山十餘步，有竹二三百竿，疑此下即爲隧道，左右兩山環拱，形勢甚佳，且今陵地距山陰縣南恰有七里，與《皇覽》合。再證之窆石，及山下姒姓數十家居之歷代無恙，則大禹之葬，確爲此山無疑矣。復下山至南鎮廟，又上香爐峯，周覽會稽諸山，峯巒重叠，奇秀可愛，昔人所云「山陰道上應接不暇」是也。後改徑下山，回舟，與諸子暢飲良久，入東郭門，别鍾、徐三子。回季老寓，戌刻矣。

陳衍《石遺室文集》卷五《游明陵記》 凡物之生，方其毒之既積而厚，雖造化之强有力，亦姑任其自然。及其氣之將澌，蹴而踣之，曾不加力焉。古今一姓之盛衰廢興，能遁乎此者蓋鮮。此何道邪？萬物本乎土，故天道遠而地道邇。一簣之山，必不生干霄蔽日之材，反是者可知。獨天下之大，古今之遥，萬匯之賾，其脉絡統系，起伏聚散，隱微曲折，變動而不可究耳。明代獨夫之痛虐，世濟其惡，十嬴政而五桀紂。彼其敢以刀鋸鼎鑊待天下，流血成渠，伏屍成丘而不怯者，以爲異族主中國，中國人所大耻而共憤也，吾能于其掌握取而還之中國，功德軼堯、舜，陵湯、武矣，吾又何施而不可？後世國家之將衰亡，其子姓必先予以六極之弱及凶短折，而後人欺其孤寡，循循然取而代之。明又不然。且廟社既墟，而代之者獨煦仁孑義，禮葬崇謚而防護之。乃至瞻仰山陵，咨嗟其治績之不可及。彼豈真異乎人之性，心悦誠服于勝國哉？以爲桀、紂而堯、舜之，嬴政而湯、武之。我苟未至于桀、紂、嬴政，必堯、舜、湯、武無異辭矣。永樂以下十三陵，聚于昌平一州。天于昌平之山，數十里連岡叠阜，專爲明設，初無一人前葬其間哉。掘而去之無萬數也。長陵居中，山最峻，自是左右昭穆，代占一山，古族葬法也。而天誘其衷，初不計其環抱之山至十三代而已盡，雖欲不亡不可也。且莊烈葬地已爲田妃所占，莊烈并無葬身地也。天道冥渺誠不可知，而地道之昭昭者竟若此，可不異哉！長陵享殿，楠木柱大逾車輪，圓徑當一尋有餘，長十數仞，如是者六十，蓋盡中國山林之材木矣。嬴政之塵兀蜀山，寧足道耶？定陵竪墓碑之寶城，合各巨柱，以上至梁棟榱題、檐桀椽瓦之屬，乃以一石琢成者，自繼統之初，即經始工程，作三十餘載乃成。桓魋之石椁，嬴政之錮三泉，又足道耶？前清既煦仁孑義加防護矣，赤眉、楊璉真伽之事後此所必無。天道何薄于吕雉、宋理宗之倫，而厚于朱氏哉？朽胔何知？而長留此大無道之揭櫫于天壤，使憑吊者太息痛恨，不視史家之紀載顯著萬萬耶？而況乎史家之不必紀載耶！辛亥七月，與陳弢庵閣學同游，歸特爲之記。

雜録

《吕氏春秋》卷二一《開春論・開春》 魏惠王死，葬有日矣。天大雨雪，至于牛目。羣臣多諫于太子者，曰：「雪甚如此而行葬，民必甚疾之，官費又恐不給，請弛期更日。」太子曰：「爲人子者，以民勞與官費用之故，而不行先王之葬，不義也。子勿復言。」羣臣皆莫敢諫，而以告犀首。犀首曰：「吾未有以言之。是其唯惠公乎？請告惠公。」惠公曰：「諾。」駕而見太子，曰：「葬有日矣？」太子曰：「然。」惠公曰：「昔王季歷葬于渦山之尾，欒水嚙其墓，見棺之前和。文王曰：『嘻！先君必欲一見羣臣百姓也，天故使欒水見之。』于是出而爲之張朝，百姓皆見之，三日而後更葬。此文王之義也。今葬有日矣，而雪甚，及牛目，難以行。太子爲及日之故，得無嫌于欲亟葬乎？願太子易日。先王必欲少留而撫社稷、安黔首也，故使雨雪甚。因弛期而更爲日，此文王之義也。若此而不爲，意者羞法文王也？」太子曰：「甚善。敬弛期，更擇葬日。」惠子不徒行説也，又令魏太子未葬其先君而因有説文王之義。説文王之義以示天下，豈小功也哉？

劉歆《西京雜記》卷三 杜子夏葬長安北四里，臨終作文曰：「魏郡杜鄴，立志忠欵，犬馬未陳，奄先草露。骨肉歸於后土，氣魂無所不之。何必故丘，然後即化。封於長安北郭，此焉宴息。」及死，命刊石，埋於墓側。墓前種松柏樹五株，至今茂盛。

劉歆《西京雜記》卷六 廣川王去疾，好聚無賴少年遊獵，畢弋無度，國内冢藏一皆發掘。余所知爰猛説，其大父爲廣川王中尉，每諫，王不聽，病免歸家，説王所發掘冢墓不可勝數，其奇異者百數焉。爲余説十許事，今記之如左。

魏襄王冢，皆以文石爲槨，高八尺許，廣狹容四十人。以手捫槨，滑液如新。中有石牀、石屏風，宛然周正。不見棺柩明器蹤跡，但牀上有玉唾盂一枚，銅劍二枚，金玉雜具，皆如新物，王取服之。

哀王冢，以鐵灌其上，穿鑿三日乃開。有黄氣如霧，觸人鼻目，皆辛苦，不可入。以兵守之，七日乃歇。初至一户，無扃鑰。石牀方四尺，牀上有石几，左右各三石人立侍，皆武冠帶劍。復入一户，石扉有關鑰，叩開，見棺柩黑光照人。刀斫不入，燒鋸截之，乃漆雜兕革爲棺，厚數寸，累積十餘重，力不能開，乃止。復入一户，亦石扉，開鑰，得石牀，方七尺。石屏風、銅帳鏮一具，或在牀上，或在地下，似是帳麋朽，而銅鏮墜落牀上。石枕一枚，塵埃朏朏，甚高，似是衣服。牀左右石婦人各二十，悉皆立侍，或有執巾櫛鏡鑷之象，或有執盤奉食之形。無餘異物，但有鐵鏡數百枚。

魏王子且渠冢，甚淺狹，無棺柩，但有石牀，廣六尺，長一丈。石屏風，牀下悉是雲母。牀上兩屍，一男一女，皆年二十許，俱東首，裸卧無衣衾，肌膚顔色如生人，鬢髮齒爪亦如生人，王畏懼之，不敢侵近，還擁閉如舊焉。

袁盎冢，以瓦爲棺槨，器物都無，唯有銅鏡一枚。

晉靈公冢，甚瑰壯，四角皆以石爲玃犬捧燭，石人男女四十餘，皆立侍，棺器無復形兆，屍猶不壞，孔竅中皆有金玉。其餘器物皆朽爛不可别，唯玉蟾蜍一枚，大如拳，腹空，容五合水，光潤如新，王取以爲書滴。

幽王冢，甚高壯。羡門既開，皆是石堊，撥除丈餘深，乃得雲母，深尺餘，見百餘屍，蹤横相枕籍，皆不朽，唯一男子，餘皆女子。或坐或卧，亦猶有立者。衣服形色，不異生人。

《三國志》卷三九《董和傳》 董和字幼宰，南郡枝江人也，其先本巴郡江州人。漢末，和率宗族西遷，益州牧劉璋以爲牛鞞、江原長、成都令。蜀土富實，時俗奢侈，貨殖之家，侯服玉食，婚姻葬送，傾家竭産。和躬率以儉，惡衣蔬食，防遏踰僭，爲之軌制，所在皆移風變善，畏而不犯。然縣界豪彊憚和嚴法，説璋轉和爲巴東屬國都尉。吏民老弱相攜乞留和者數千人，璋聽留二年，還遷益州太守，其清約如前。與蠻夷從事，務推誠心，南土愛而信之。

酈道元《水經注》卷八《荷水》 焦氏山東即金鄉山也，有冢謂之秦王陵山。上二百步得冢口，塹深十丈，兩壁峻峭，廣二丈。入行七十步得埏門，門外左右皆有空，可容五六十人，謂之白馬空。埏門内二丈得外堂，外堂之後又得内堂。觀者皆執燭而行，雖無他雕鏤，然治石甚精。或云是漢昌邑哀王冢，所未詳也。

酈道元《水經注》卷一九《渭水》 渭水右逕新豐縣故城北，東與魚池水會，水出麗山東北，本導源北流，後秦始皇葬于山北，水過而曲行，東注北轉，始皇造陵，取土其地，汙深水積成池，謂之魚池也。在秦皇陵東北五里，周圍四里，池水西北流，逕始皇冢北。秦始皇大興厚葬，營建冢壙于麗戎之山，一名藍田，其陰多金，其陽多玉，始皇貪其美名，因而葬焉。斬山鑿石，下錮三泉，以銅爲槨，旁行周迴三十餘里，上畫天文星宿之象，下以水銀爲四瀆、百川、五嶽、九州，具地理之勢。宫觀百官，奇器珍寶，充滿其中。令匠作機弩，有所穿近，輒射之。以人魚膏爲燈燭，取其不滅者久之。後宫無子者，皆使殉葬甚衆。墳高五丈，周迴五里餘，作者七十萬人，積年方成。而周章百萬之師，已至其下，乃使章邯領作者以禦難，弗能禁。項羽入關，發之，以三十萬人三十日運物不能窮。關東盗賊，銷槨取銅，牧人尋羊燒之，火延九十日不能滅。

酈道元《水經注》卷二三《濟水》 水又東逕碭縣故城北，案碭下近刻衍山字。應劭曰：縣有碭山，山在東，出文石。秦立碭郡，蓋取山之名也。王莽之節碭縣也。山有梁孝王墓，其冢斬山作郭，穿石爲藏，行一里到藏中，有數尺水，水有大鯉魚，黎民謂藏有神，不敢犯神。案近刻民訛作萌，犯神訛作犯之。凡到藏皆潔齋而進，不齋者至藏，輒有獸噬其足。獸難得見，見者云似狗，所未詳也。山上有梁孝王祠。

《晉書》卷一《宣帝紀》 〔嘉平三年〕六月，帝寢疾，夢賈逵、王淩爲祟，甚惡之。秋八月戊寅，崩於京師，時年七十三。天子素服臨弔，喪葬威儀依漢霍光故事，追贈相國、郡公。弟孚表陳先志，辭郡公及轀輬車。九月庚申，葬于河陰，謚曰文，後改謚宣文。先是，預作終制，於首陽山爲土藏，不墳不樹；作《顧命》三篇，斂以時服，不設明器，後終者不得合葬。一如遺命。晉國初建，追尊曰宣王。武帝受禪，上尊號曰宣皇帝，陵曰高原，廟稱高祖。

《晉書》卷三《武帝紀》 〔泰始二年〕初，帝雖從漢魏之制，既葬除服，而深衣素冠，降席撤膳，哀敬如喪者。戊辰，有司奏改服進膳，不許，遂禮終而後復古。及太后之喪，亦如之。九月乙未，散騎常侍皇甫陶、傅玄領諫官，上書諫諍，有司奏請寢之。詔曰：「凡關言人主，人臣所至難，而苦不能聽納，自古忠臣直士之所慷慨也。每陳事出付主者，多從深刻，乃云恩貸當由主上，是何言乎？其詳評議。」戊戌，有司奏：「大晉繼三皇之蹤，蹈舜禹之跡，應天順時，受禪有魏，宜一用前代正朔服色，皆如虞遵唐故事。」奏可。冬十月丙午朔，日有蝕之。丁未，詔曰：「昔舜葬蒼梧，農不易畝；禹葬成紀，市不改肆。上惟祖考清簡之旨，所徙陵十里内居人，動爲煩擾，一切停之。」

《晉書》卷五《孝愍帝紀》 〔建興三年〕六月，盗發漢霸、杜二陵及薄太后陵，太后面如生，得金玉綵帛不可勝記。時以朝廷草創，服章多闕，敕收其餘，以實内府。丁卯，地震。辛巳，大赦。敕雍州掩骼埋胔，修復陵墓，有犯者誅及三族。

《晉書》卷六《元帝紀》 〔太興〕二年春正月丁卯，崇陽陵毁，帝素服哭三日；使冠軍將軍梁堪、守太常馬龜等修復山陵。迎梓宫于平陽，不克而還。五月癸丑，太陽陵毁，帝素服哭三日。

《晉書》卷八《穆帝紀》 〔永和八年〕二月，峻平、崇陽二陵崩。戊辰，帝臨三日，遣殿中都尉王惠如洛陽，以衛五陵。

《晉書》卷三八《扶風武王駿傳》 扶風武王駿字子臧。【略】駿有孝行，母伏太妃隨兄亮在官，駿常涕泣思慕，若聞有疾，輒憂懼不食，或時委官定省。少好學，能著論，與荀顗論仁孝先後，文有可稱。及齊王攸出鎮，駿表諫懇切，以帝不從，遂發病薨。追贈大司馬，加侍中、假黄鉞。西土聞其薨也，泣者盈路，百姓爲之樹碑，長老見碑無不下拜，其遺愛如此。有子十人，暢、歆最知名。

《晉書》卷五一《束晳傳》 束晳字廣微，陽平元城人，漢太子太傅疎廣之後也。【略】時有人於嵩高山下得竹簡一枚，上兩行科斗書，傳以相示，莫有知者。司空張華以問晳，晳曰：「此漢明帝顯節陵中策文也。」檢驗果然，時人伏其博識。趙王倫爲相國，請爲記室。晳辭疾罷歸，教授門徒。年四十卒，元城市里爲之廢業，門生故人立碑墓側。

《晉書》卷五六《江惇傳》 惇字思悛，孝友淳粹，高節邁俗。性好學，儒玄並綜。每以爲君子立行，應依禮而動，雖隱顯殊途，未有不傍禮教者也，若乃放達不羈，以肆縱爲貴者，非但動違禮法，亦道之所棄也。乃著《通道崇檢論》，世咸稱之。蘇峻之亂，避地東陽山，太尉郗鑒檄爲兗州治中，又辟太尉掾；康帝爲司徒，亦辟焉；征西將軍庾亮請爲儒林參軍；徵拜博士、著作郎，皆不就。邑里宗其道，有事必諮而後行。東陽太守阮裕、長山令王濛，皆一時名士，並與惇游處，深相欽重。養志二十餘年，永和九年卒，時年四十九，友朋相與刊石立頌，以表德美云。

《晉書》卷八九《嵇紹傳》　嵇紹字延祖，魏中散大夫康之子也。【略】

初，紹之行也，侍中秦準謂曰：「今日向難，卿有佳馬否？」紹正色曰：「大駕親征，以正伐逆，理必有征無戰。若使皇輿失守，臣節有在，駿馬何爲！」聞者莫不歎息。及張方逼帝遷長安，河間王顒表贈紹司空，進爵爲公。會帝還洛陽，事遂未行。東海王越屯許，路經滎陽，過紹墓，哭之悲慟，刊石立碑，又表贈官爵。帝乃遣使册贈侍中、光禄大夫，加金章紫綬，進爵爲侯，賜墓田一頃，客十户，祠以少牢。元帝爲左丞相，承制，以紹死節事重，而贈禮未副勳德，更表贈太尉，祠以太牢。及帝即位，賜謚曰忠穆，復加太牢之祠。

《南齊書》卷一八《祥瑞志》　武進縣彭山，舊塋在焉。其山崗阜相屬數百里，上有五色雲氣，有龍出焉。宋明帝惡之，遣相墓工高靈文占視，靈文先與世祖善，還，詭荅云：「不過方伯。」退謂世祖曰：「貴不可言。」帝意不已，遣人於墓左右校獵，以大鐵釘長五六尺釘墓四維，以爲厭勝。太祖後改樹表柱，柱忽龍鳴，響震山谷，父老咸志之云。

《宋書》卷一五《志第五》　晉武帝咸寧四年，又詔曰：「此石獸碑表，既私褒美，興長虚僞，傷財害人，莫大於此。一禁斷之。其犯者雖會赦令，皆當毁壞。」至元帝太興元年，有司奏：「故驃騎府主簿故恩營葬舊君顧榮，求立碑。」詔特聽立。自是後，禁又漸頽。大臣長吏，人皆私立。義熙中，尚書祠部郎中裴松之又議禁斷，於是至今。

王通《元經》卷六　經太元五年春，帝正月乙巳謁高平陵。夏四月大旱，五月大水，秋九月皇后王氏崩。冬十月，李遜據交州反。

傳曰：漢故事，陵上立祭殿。至魏制以謂古不墓祭，自有廟設，於是園邑寢殿遂廢。至晉武帝每謁崇陽陵，一謁高原陵。逮江左元帝崩後，諸公有謁陵辭告之事，非洛邑之舊也。褚太后臨朝，拜陵，以帝幼故也。高平陵，簡文陵也。帝自即位，自此始行謁陵之禮。

《隋書》卷六八《何稠傳》　仁壽初，文獻皇后崩，與宇文愷參典山陵制度。稠性少言，善候上旨，由是漸見親昵。及上疾篤，謂稠曰：「汝既曾葬皇后，今我方死，宜好安置。屬此何益，但不能忘懷耳。魂其有知，當相見於地下。」上因攬太子頸謂曰：「何稠用心，我付以後事，動静當共平章。」

王溥《唐會要》卷二一《諸僭號陵》　神龍二年四月十二日，贈后父故上洛郡王玄貞爲酆王，廟號褒德，陵置六品、八品丞各一員。韋庶人父也。

蘇氏曰：天寶九載，有詔發韋氏冢而平之。其時，差長安縣尉薛榮先專知。及見銘誌，發冢日月，與葬日月同；舊爲陵號榮先，又與專知官薛榮先名同。自閉及開，凡四十五年，而兆應若是，足表僭溢過分，殃咎夙成，有以戒將來暴興者。其中寶玉，已經盜發罄矣，而柩櫬狼狽，徒生嘆嗟，又足以誡將來厚葬者也。

三年三月二日制令：「武氏崇恩廟，依舊享祭，仍置五品令、七品丞；昊、順二陵置令、丞如太廟。」其年七月，武崇訓將葬，監護使、司農少卿趙履温諷安樂公主奏依永泰公主例，爲崇訓造陵，制許之。給事中盧粲駁奏曰：「伏尋陵之稱謂，本屬皇王及諸君。自有國以來，諸王及公主墓，無稱陵者，唯永泰公主承恩特葬，事越常塗，不合引以爲名。《左傳》曰：『唯名與器，不可以假人。』魯王哀榮之典，誠別承恩，然國之名器，豈可妄假借！比貞觀以來，諸王舊例，足得豐厚。」手勑曰：「安樂公主與永泰公主無異，緣此特爲陵制，不煩固執。」粲又奏曰：「臣聞陵之稱謂，施於尊極，不屬王公以下。且魯王若欲論親等第，則不親於雍王。雍王之墓，尚不稱陵，魯王則不可因尚主而加號。且君之舉事，則載於方册，或稱之往典，或考自前朝。臣歷檢貞觀以來，駙馬墓無得稱陵者，且人君之禮，服絶于期，蓋爲不獨子其子。陛下以膝下之恩愛，施及其夫，褒贈之儀，哀榮足備，豈得使上下無辨，君臣一貫者哉？」又奏曰：「安樂公主承兩儀之澤，履福禄之源，指南山以錫年，仰北辰而永庇。魯王之葬，車服有章，加等之儀，備有常數；塋兆之稱，不應假永泰公主爲名，非所謂垂範將來，作則羣辟者也。」上無以答，竟從粲奏。先是，武氏昊陵、順陵置守户五百人，梁王三思及魯王崇訓墓各置守户六十人。又韋氏褒德廟，置守户一百人。至景龍三年三月十六日，太常博士唐紹上疏曰：「謹按昊、順二陵，恩勑特令依舊，因循前例，守户與昭陵數同。又先代帝王陵户，准式二十人。今雖外氏特恩，亦須附近常典。請准式量減，取足防閑，庶無逼上之嫌，不失尊崇之道。又親王守墓，舊制例准得十人。梁、魯近加追贈，不可越於本爵。准令，贈官用蔭，各減正官一等，故知贈之與正，義有抑揚，禮不可踰，理須裁制。請同親王墓户，各置十人爲限。又太廟宿衛，准備正兵，縱令壖内埽除，還以其兵應役；褒德別加廟户，兼配軍人，既益煩勞，又虧常典。縱使恩加極禮，須准太廟汚隆，別置百人，亦請停廢。」疏奏，不納。至景雲元年七月一日，廢昊陵、順陵二名。至二年五月五日，復昊、順二陵。太平公主所請。至先天二年正月二十七日，又廢，並稱太原王墓。

杜寶《大業雜記》 吏部侍郎楊恭仁欲改葬，學士舒綽曰：「此所擬之處，掘深五尺之外，亦有五穀，若得一穀，即是福德之地，公侯世世不絶。」恭仁即將綽向京，令人掘深七尺，得一穴，如五石甕大，有粟七八斗。此地經爲粟田，蟻運粟下入此穴。當時朝野之士以綽爲聖。

《新唐書》卷九七《魏徵傳》 文德皇后既葬，帝即苑中作層觀，以望昭陵，引徵同升，徵孰視曰：「臣眊昏，不能見。」帝指示之，徵曰：「此昭陵邪？」帝曰：「然。」徵曰：「臣以爲陛下望獻陵，若昭陵，臣固見之。」帝泣，爲毁觀。尋以定五禮，當封一子縣男，徵請封孤兄子叔慈。帝愴然曰：「此可以勵俗。」

《新五代史》卷四五《張全義傳》 初，莊宗滅梁，欲掘梁太祖墓，斲棺戮屍。全義以謂梁雖仇敵，今已屠滅其家，足以報怨，剖棺之戮，非王者以大度示天下也。莊宗以爲然，鏟去墓闕而已。

邵博《聞見後録》卷九 《晉史》劉聰時盜發漢文帝霸陵、宣帝杜陵、薄太后陵，得金帛甚多。朝廷以用度不足，詔收其餘，以實府庫。自漢至晉已四、五百年，陵中之帛豈不腐壞，當云金玉可耳。又蘇公爲韓魏公論薄葬曰：漢文葬於霸陵，木不改列，藏無金玉，天下以爲聖明，後世安於泰山。亦非也。

劉敬叔《異苑》卷七 漢武帝冢裏先有玉箱、瑶杖各一，是西胡康渠王所獻。帝平素常玩之，故入梓宫中。其後四年，有人於扶風郿市買得此二物，帝左右識而認之，説賣者形狀，乃帝也。

馬永卿《嬾真子》卷四 亳州永城縣之七十里有芒碭山，山有巖曰紫氣，此蓋高帝避難所也。復有梁孝王墓，僕嘗與宿州知録邵渡同遊，入隧道中百餘步，至皇堂，如五間七架屋許大，周迴有石門子十許，上鐫作内臣宫女狀。中有大石柱四，所以懸棺，棺不復見矣。入時必用油圈以爲燭，其中盛夏極涼，如暮秋時。山下有居民數百家，今謂之保安鎮，蓋當時守塚之遺種也。土人呼墓爲梁王避暑宫，故老云：前數年時有人入其中，常得黄金而出，今不復有矣。《孝王傳》云：未死，財以鉅萬計，不可勝數；及死，府藏餘黄金尚四十餘萬，他財物稱是。想見當時送葬之物厚矣。魏武帝置發塚中郎、摸金校尉，如此塚蓋無不發者。然古人作事奇偉可驚，非後世比也。

祝穆《古今事文類聚前集》卷三六《喪事部》 既葬隋亡：隋文帝仁壽二年，皇后獨孤氏崩。上令儀同三司蕭吉爲皇后擇葬地，得吉處云：「卜年二千，卜世二百。」上曰：「吉凶由人，不在於地。高緯葬父，豈不卜乎？俄而國亡。正如我家墓田，若云不吉，朕不當爲天子；若云不凶，我弟不當戰没。」然竟從吉言。吉退，告族人蕭平仲曰：「後四載，太子御天下。若太子得政，隋其亡乎！吾前紿之卜年二千者，三十字也；卜世二百者，取世二傳也。汝識之。」

王欽若等《册府元龜》卷一七四《帝王部》 明帝景初二年五月詔曰：「昔漢高創業，光武中興，謀除殘暴，功昭四海，而墳陵崩頽，童兒牧豎踐蹈其上，非大魏尊崇所承代之意也。其表高祖、光武陵四面百步，不得使民耕牧樵採。」

王欽若等《册府元龜》卷九四六《總録部》 齊桓公墓有水銀池。金蠶數十薄，珠襦、玉匣、繒綵不可勝數。又云晉曹嶷爲青州刺史，愍帝建興中，發齊景公及管仲冢，尸並不朽，繒帛可服，珍寶巨萬。

李昉等《太平御覽》卷一九一《市》 《西京記》曰：東京豐都市，東西南北居二坊之地，四面各開三門，邸凡三百一十二區，資貨一百行。初築市掘得古冢，土藏無塼甓，棺木陳朽，觸之便散。屍著平上幘，朱衣。得銘曰：「筮道居朝，龜言近市。五百年間，於斯見矣。」當時達者參驗其文，魏黄初二年所葬也。

李昉等《太平御覽》卷八〇三《珍寶部二》 《三秦記》曰：「始皇冢中，以夜光珠爲日月，殿懸明月珠，晝夜光明。」

李昉等《太平御覽》卷八七〇《火部三》 《史記》曰：「始皇冢中，以人魚膏爲燭。」

陳澔《禮記集説》卷一《曲禮下》 君子雖貧，不粥祭器；雖寒，不衣祭服；爲宫室，不斬於丘木。呂氏曰：祭器可假，服不可假也。丘木所以庇宅兆，爲宫室而斬之，是慢其先而濟吾私也。

馬端臨《文獻通考》卷一二四《王禮考十九》 《漢舊儀》：驪山者，古之驪國，晉獻公伐之而取二女曰驪姬。此山多黄金；其南多美玉，曰藍田，故始皇貪而葬焉。使丞相李斯將天下刑人徒隸七十二萬人作陵，鑿以章程三十七歲，錮水泉絶之，塞以文石，致以丹漆，深極不可入。奏之曰：「丞相臣斯昧死言：臣所將隸徒七十二萬人，治驪山者，已深已極，鑿之不入，燒之不然，叩之空空如下天狀。」制曰：「鑿之不入，燒之不然，其旁行三百丈，乃止。」

徐乾學《讀禮通考》卷八八《葬考》 《漢書本紀》：永始元年秋七月，詔曰：朕執德不固，謀不盡下，過聽將作大匠萬年言，昌陵三年可成，作治五年，中陵司馬殿門内尚未加功。天下虚耗，百姓罷勞。客土疏惡，終不可成。朕惟其難，怛然傷心。夫過而不改是謂過矣，其罷昌陵及故陵，勿徙吏民，令天下毋有動摇之心。

徐乾學《讀禮通考》卷九三《葬考》　《昌平山水記》：鹿馬山有田貴妃墓，南距西山口一里。崇禎十五年七月，妃薨葬此，遣工部左侍郎陳必謙等營建，未畢而都城失守。賊以帝后梓宫至昌平州，士民率錢募夫葬之田妃墓内，移田妃於右，帝居中，后居左，以田妃之槨爲帝槨，斬蓬藋而封之。門外右爲司禮太監王承恩墓，以從死祔焉。

沈德符《萬曆野獲編》卷二四《畿輔》　白石。本朝陵寢用石最多，及正德、嘉靖兩朝，再建三殿兩宫，其取石更繁。倘鑿之他方，即傾國家物力亦不能辦。乃近京數十里，名三山大石窩者，專産白石，瑩徹無瑕，俗謂之白御石。頃年三殿災後，曾見輦石入都，供柱礎用者，俱高廣數丈，似天生異種，以供聖朝之需。又如嘉靖初，改營興獻王顯陵，正苦乏石，而襄陽之棗陽縣忽得白石如京師之大石窩，斧鑿相尋，用之不盡。不惟陵寢早竣，楚之民力亦賴以少甦，真非偶然。

彭大翼《山堂肆考》卷三〇《地理》　《輟耕録》：曹操疑塚七十二，在漳河上。宋俞應符題詩：「生前欺天絶漢統，死後欺人設疑塚。人生用智死即休，何有餘機到丘壟。人言疑塚我不疑，我有一法君未知，直須發盡疑塚七十二，必有一塚藏君屍。」京鏜詩：「疑塚多留七十餘，謀身自謂永無虞。不知五馬同槽夢，曾爲兒孫遠慮無。」

朱國禎《湧幢小品》卷六《祖陵》　洪武初年間，迷失祖陵，未知先骸厝所，遣官于泗洲城西相河壖，歲時望祭。十七年，有朱貴者，先充龍驤衛小旗，泗州盱眙縣招賢鄉人，年少，回家祭祖，賫捧祖陵家圖，親赴高皇御前，畫圖貼説，識認宗室相同，因願守祖宗根本。高皇大喜，除授署令，後改爲奉祀，賜貴田宅、鈔幣等物，令世襲，主奉祭祀。其陵廟尚用黑瓦，至宣德中年，始易以黄。

朱國禎《湧幢小品》卷六《朱巷》　高皇系出句容，歷世墓皆在朱家巷。既遷江北，熙祖葬泗州，爲祖陵；仁祖葬鍾離，爲皇陵。上都金陵之癸卯，追封，立石句容，上自爲文，題曰「朱氏世德之碑」，實宋龍鳳九年事。既即大位，刻石于臨濠之陵，并祭四代祖考。既得泗州圖帖，立爲祖陵，則并祭德祖、懿祖，而句容碑墓俱停。至嘉靖十一年，縣人都御史王暐上言：「其地祖迹，明載天潢玉牒聖祖碑文中，乞加崇封。」遂命南京禮部侍郎崔銑、巡撫都御史夏邦謨、巡按御史劉良卿、提學御史馮天馭勘上，自句容縣西門，出行十一里，過二小山，地名通德鄉，有一土穴，樹根在内，原係櫟木，四枝屈曲向上，枝頭各有五指，鄉人異之，呼爲龍爪。今枯朽，惟有穴西田一段，各衆稱即朱巷故址。量丈尺，得地五畝，見今民楊春爲業。自巷基西行一百五丈，斜坡土脊一段，株木一顆，木下一阱，故老相傳朱皇帝家墳。量丈尺，得地三畝，遍生荆棘，并無丘壠。石碑西北，古廟一所，壁畫神像，并書句容朱安八字樣。石香爐上，刻朱鄉社二十八户置，凡七十六字。總是一片荒坡，上曰：「既無實迹，且罷。」

朱國禎《湧幢小品》卷六《陵像》　孝陵神道，可十餘里，循山而下，稍稍紆曲。石像十八對，皆有臺。想孝慈皇后葬時，都已製成。天壽山神道，長亦如之，徑直，有上下龍鳳橋各一，蓋水自塞外南注，折而東，穿過神道，局面寬廣完美，真大地也。石像，宣德中始製。世宗時，神道始石砌諸像，并護以石臺。蓋文皇雖營壽陵，葬仁孝皇后，而其時屢出塞逐虜，重以南征，軍興勞費不可言，又建兩宫，改築三殿，其時物力大匱，無暇及此裝飾工程也。

朱國禎《湧幢小品》卷六《陵户》　祖陵洒掃户二百九十三，無禮生。皇陵則三千三百四十二户，禮生二十四。親親之殺如此。自孝陵而下各設軍衛，則五千五百，然猶未及漢立縣之盛也。

朱國禎《湧幢小品》卷六《九陵》　天壽山九陵，長陵居中，惟景陵居左；獻陵、裕陵、茂陵、泰陵、康陵皆在右；永陵又在景陵之左，是左二而右五矣。泰陵臨溪水，直流二十里，制又卑隘，傷哉，傷哉，當時大臣不得辭其責。康陵中斷，豈盡人事，亦若天人之窮。乃昭陵在各陵之右，壽陵又在其下，未知形勢何如。今曰定陵。

朱國禎《湧幢小品》卷六《陵祭》　太祖得濠州，自往致祭，禮用緦麻，特製粗布白纓衫絰，比緦加重。恐改葬泄靈氣，培土加封。文皇入金川門，先謁孝陵。方即位，凡忌辰，上率百官親祭，至騎行不用法駕。既遷北京，皇太子親祭。宣德中，留駙馬顓職祀事。長陵復土，宣宗自祭，間遣親王，或改駙馬。以後南改魏公，庭臣皆陪。北則兼用勛戚，庭臣分陪。此辟如人家上墳，子孫那得恝然。南京隔遠，無如之何。天壽山相近，天子歲一親行可也。

宣宗奉皇太后謁二陵，歸見耕者，親下馬問之，親舉耒者三，因録其語，示蹇、夏諸大臣。其文曰：「庚戌春暮，謁二陵歸，道昌平之東郊。見道旁耕者，俯而耕，不仰以視，不輟而休，召而問焉。曰：『何若是之勤哉？』跽曰：『勤我職也。』曰：『亦有時而逸乎？』曰：『農之于田，春則耕，夏則耘，秋而熟則獲，三者皆用勤也。有一弗勤，農弗成功，而寒餒及之，奈何敢怠？』曰：『冬其遂逸乎？』曰：『冬，然後執力役于縣官，亦我之職，不敢怠也。』曰：『民有四焉，若是終歲之勞也，曷不易爾業爲士、爲工、爲賈，庶幾乎少逸哉？』曰：『我祖、父皆業農，以及于我，我不能易也。且我之里無業士與工者，故我不能知。然有業賈者矣，亦莫或不勤，率常走負販，不出二三百里，遠或一月，近十日而返。其獲利厚者十二三，薄者十一。亦有盡喪其利者，則闔室失意，戚戚而憂。計其終歲，家居之日，十不一二焉。我業是農，苟無水旱之虞，而能勤焉，歲入厚者，可以給二歲溫飽；薄者，一歲可不憂。且旦暮不失父母、妻子之聚，我是以不願易業也。』朕聞其言，嘉賜之食。既又問曰：『若平居所睹，惟知賈之勤乎？抑尚有他知乎？』曰：『我鄙人，不能遠知。嘗躬力役于縣，竊觀縣之官長二人，其一人寅出酉入，盡心民事不少懈，惟恐民之失其所也。而升遷去久矣，蓋至于今，民思慕之弗忘也。其一人率晝出坐廳事，日昃而入，民休戚不一問，竟坐是謫去。後嘗一來，民亦視之如途人。此我所目睹，其他不能知也。』朕聞其言，嘆息，思此小人，其言質而有理也。蓋周公所陳《無逸》之意也，厚遺之，而遂記其語。」

國朝謁陵親祭，自英宗正統後，五朝不復舉，蓋百二十年矣。至世宗，乃克親行。穆宗一行，神宗亦如之，又以壽工，親往者三。

朱國禎《湧幢小品》卷六《壽陵》 嘉靖五年，世宗既奉章聖皇太后謁廟，禮成。十五年三月議興壽工，三月丙子，又奉皇太后率皇后謁陵。發京師，次玄福宮。上戴龍威冠，絳紗袍，躬被櫜鞬，乘龍馬，鞅韐護行，晡次沙河。次日，駕發，入紅門，至行宮，召諭大臣曰：「此處一帶，居民鮮少，田地荒落，七陵在此，如何守護？」對以量移富民，上不可。再對添設一總兵，南衛京師，北衛陵寢，允之。已謁長陵、獻陵、景陵，從致仕官駱用卿之言，定壽域于十八道嶺，易名曰陽翠。庚辰，遍謁諸陵，壬午至沙河，敕諭昌平官生父老，免今年糧税三分之二。年六十者，布帛二匹，酒十斤；七十以上倍。生徒給燈油八十斤。遂幸西山。既夕，至玉泉亭。癸未，由青龍橋奉皇太后登舟游西湖，至高梁橋，入阜城門。四月十九日，上復詣七陵，告興工，往返凡十日。

神皇壽宮在大峪山下，先擇廷臣中明堪輿者，大宗伯徐學謨舉南尚書陳道基，通政參議梁子琦、聽補僉事胡宥以往。子琦擇獻七處，皆以山厓不當上意，後命再卜。陳、胡已去，而禮部惡梁躁競不用，改卜大峪。梁憤宗伯及閣臣，上彈文，二三御史和之，卒不勝而止。然世廟曾欲葬章聖太后于此，而曰大峪空凄，不如純山完美，其出自世宗聖明自斷耶？抑有術者指之耶？聖壽萬年，地必上吉，紛紛者何爲。

又壽宮皆種栝子松，或曰：申文定阿上意，遣其姻工部郎徐泰時往取。考之陽翠嶺興工，亦采此松。蒙遺者，皇甫百泉，亦蘇州人也。

朱國禎《湧幢小品》卷六《把滑》 《水東日記》云：太宗皇帝初營天壽山，命皇太子偕漢、趙二王暨皇太孫往視之。過沙河，凍，王請卻步輦就行。仁廟素苦足疾，中官翼之，猶或時失足。漢顧趙曰：「前人失脚，後人把滑。」宣廟即應聲曰：「更有後人把滑哩。」漢回顧，怒目者久之。此則雖由一時，而後來武定州事已兆于此矣。

永樂五年，皇后崩，未卜陵地。六年，如北京，皇太子在應天監國。次年，相黄土山最吉，定名天壽。十一年，上已南還，命漢王奉皇后梓宮渡江安葬，號曰長陵。久之，漢王固請還京，有異謀。十三年，太宗刺知狀，徙王安樂。尋北狩，數出塞，仍太子監國，太孫從行，監北京，從出塞者一。久之，太孫亦還京。至十八年，三殿、兩宮成，決意定都，始召太子、太孫并會北京，受朝。由是觀之，六年定天壽山之後，十八年大會之前，仁宗未嘗一日在順天也。沙河把滑之語，考其時，仁宗、太孫與漢王，了不相及。

朱國禎《湧幢小品》卷六《少昊陵》 在曲阜縣東北八里，陵前有石壇、石像，有石碑四，高廣各二十餘尺，龜趺亦長二十尺，其上無字，蓋宋時所造，碑成未鐫，金兵至，遂寢，亦奇踪也。《史記》：少昊葬雲陽。顔師古注云：雲陽，山名，在曲阜。今陵在平地，無山形。陵前又有大石，方廣丈許，舊爲土壅。嘉靖末，水泛始出。其文云：奉敕修，仙源縣景靈宮太極觀于大中祥符五年三月一日奉安聖祖，遂爲大帝立石。聖像，蓋宋真宗時所建，老氏之宫也。

朱國禎《湧幢小品》卷六《堯陵》 在曹州東北五十里，舊雷澤城西。陵高四丈五尺，廣二十餘丈，陵上有廟，俗謂之堯王寺是也。《皇覽》云：堯冢在濟陰城陽。《吕氏春秋》云：堯葬穀林。皇甫謐云：穀林，即城陽也。《水經注》云：城陽城西二里有堯陵，陵南一里有堯母慶都陵，皆立廟。四周有水，潭而不流，水澤通泉，泉不耗竭，大鐃魚笋，不敢采捕。前列數碑，枯柏數株，檀檜成林。二陵南北列，馳道徑通，皆以磚砌之。堯陵東城西五十餘步，有中山夫人祠，堯妃也。石壁階墀仍舊，長櫟聯蔭，扶蘇里餘。自漢迄晉，二千石及丞尉，多刊石述序云。

宋神宗熙寧元年七月，知濮州韓鐸上狀，請敕本州春秋致祭，置守陵户，免其租税，俾奉洒掃。詔給守陵五户。弘治五年，曹州學正濮琰又以爲言，且云：元至正間，爲水所没，水去，又辟爲僧寺。成化初，撤寺爲祀，尋廢，無以昭祀典，下所司知之。禮部尚書耿裕移文，欲改正祀典，已而不果。《歐陽修集》載濟陰《堯祠碑》云：「『帝堯者，蓋昔之聖主也。』又曰：『聖漢龍興，纂堯之緒，祠以上犧，至于王莽絶漢之業而壇場夷替，屏懾無位。』大抵文字磨滅，字雖可見，而不復成文。其後有云：『李樹連理，生于堯冢。太守河南張寵，到官始初，出錢二千，敬致禮祠。』其餘不能讀。碑後有年月，蓋熹平四年所建。」又載《堯祠祈雨碑》云云。

朱國禎《湧幢小品》卷六《古陵廟》 帝王陵寢，自神農而上不可考，其餘皆有異同。黄帝之葬，《皇覽》云：在上郡陽周之橋山。《括地志》云：黄帝陵在寧州羅川縣東八十里子午山。《薊州志》云：平谷縣漁子山，上有大冢，舊傳爲軒轅黄帝陵，上有黄帝廟。《封禪書》有黄帝采首山銅，鑄鼎于荆山下，鼎成龍髯之説。《魏・地形志》：趙興郡陽周縣橋山有黄帝冢，襄樂郡肩施縣有黄帝祠。少昊陵已見前説。而《遁甲開山圖》云：雲陽，今長沙茶陵露水鄉攸縣界是也。其地葬處，生鐵成墳，顓頊葬頓丘，在濮陽城門外廣陽里。崔鴻《前秦録》云：顓帝葬廣陽，下不及泉。《九域志》云：順安高陽縣有顓頊陵，縣故隸瀛而臨河，濮陽地相出入，故臨河。東九里有顓帝廟，帝嚳亦葬頓丘。《皇覽》云：帝嚳冢，在東郡濮陽頓丘城南臺陰野中。《山海經》云：帝嚳葬狄山之陰，帝堯葬其陽。郭景純注云：聖人久于其位，仁化廣及，殂亡之後，四海若喪考妣，各自起土爲冢，祭醊哭泣，是以所在有墓。《元和志》云：頓丘北三十五里，有秋山縣，北三十里，有帝嚳墓。《世記》云：嚳葬濮陽頓丘廣陽里。堯葬見前。帝舜之葬，《孟子》云：舜生于諸馮，遷于負夏，卒于鳴條。《竹書》云：陟于鳴條。《尚書》書陟方乃死。《墨子》云：舜西放乎七戎，道死南紀之市，衣衾三領，穀木之棺，葛以緘之。已葬，而市人乘之。《吕覽》云：舜葬紀市，不變其肆。《路史》云：諸馮，即《春秋》之諸浮，冀州地也。鳴條在河中府安邑，在舜墓，有紀市，鳴條陌去紀市才兩舍。蒼梧之葬，漢儒所傳，非其實也。《禮・檀弓》曰：舜葬蒼梧之野。《史記》云：舜踐帝位三十九年，南巡狩，崩于蒼梧之野，葬于江南九疑，是爲零陵。《皇覽》云：舜冢在零陵營浦縣，其山九溪皆相似。王孫謀瑋曰：象封有鼻，實在蒼梧、九疑之間，亦嘗僭稱虞帝，故始興有鼻天子墓，後世訛爲虞舜所葬，故有蒼梧之説。《孟子》鳴條一言，足爲破的。

漢、唐之陵，多在陝西，易考，大約多西南向。前宋在河南府，後宋在會稽，取玄空五行，天水納音，皆北向，湖有趙王墳，蓋沂王、濟王之類。六朝五代，俱在秣陵。孝陵一建，皆統入圍中矣。

朱國禎《湧幢小品》卷六《拜陵》 臣下拜陵，始于晉王導。自以元帝眷同布衣，匪惟君臣而已，每一崇進，皆就拜，不勝哀感，由是下詔羣臣遵行。

朱國禎《湧幢小品》卷六《伐墓柏》 唐肅宗時，韋陟爲吏部尚書。宗人伐墓柏，坐不教下遷，不知借事去之乎？抑唐有此律令也？今大族墓木，每被不肖子孫砍伐販賣，族中顯貴者不敢呵止。則添設此例，未爲不可。

朱國禎《湧幢小品》卷六《舅家移塋》 近時重陰陽堪輿家，凡圖墓多從舊塋睥睨，余深不以爲然，多避去。暇中閲唐《李義琰傳》，改葬其先，使舅家移塋而兆其所。高宗聞，怒曰：「是人不可使秉政。」高宗懦主，乃能如是，想亦心慈，有不忍也。然義琰頗清儉鯁切，而亦爲此，何與？

朱國禎《湧幢小品》卷六《土窑》 梁豫之郊，多帝王陵及卿相冢。冢小者，猶延里許。俗善伐冢，有敗者，劃其門，洞而居，即稱窑。其穴山壁栖者，亦如之。

朱國禎《湧幢小品》卷六《彭祖舉柩》 商彭祖卒于夏六月三日，其舉柩日，社兒等六十人，皆凍死，就葬于西山下。其六十墓，至今猶在，號曰社兒墩。又墓前有薤林，春不種而生，秋不收而枯。或人妄加耕鋤墓旁，則雷雨大作。

朱國禎《湧幢小品》卷六《古墓》 延安府甘泉縣西六十里，有薄姬冢。高丈餘，老松古柏，蓊鬱相映，人不敢犯。

越王趙佗墓山在南海，南自鷄籠岡，北至天井，連岡接嶺。佗葬，輀車四出，棺塴無定處。吴黄武中，交州從事吴瑜訪佗墓，莫能得。獨得王嬰齊墓，珠襦玉匣，玉璽金印三十六，銅劍三，爛若龍文，悉鏤玉押金飾。後瑜携劍經贛上，飛入江水。

漢太史司馬遷墓，在韓城縣南芝川鎮，前有祠，見存。司馬遷世家龍門，芝川去龍門，只隔黄河。

荆軻墓在郃陽縣東數十里，臨川伍福題詩曰：「荒村古廟祀荆軻，立馬斜陽感慨多。可惜壯心爲國許，堪嗟匕首奈秦何。九泉已負燕丹死，千載空悲《易水歌》。落叶滿庭香火冷，頽垣寂寞翳烟蘿。」

四明倪公涷，爲南兵郎，過景州，輿中假寐，見萬隊雲屯，前一金甲將軍，若相迎狀。詢爲誰？曰：「周亞夫也。」既出北門，驟雨，停一敗廟中，即亞夫廟也。輿中拈一舊帙，復得《亞夫傳》，心異之。復少寐，則見夢，且揖曰：「吾室苦爲牧竪所穢，得一掃除，可乎？」夜次獻縣，爲邑令趙完璧言之。明日，詢之，有古篠地，則周墓在焉。因新其廟，立主懸扁，禁樵采，此萬曆戊子年事。趙後爲太常寺少卿，倪淮安太守。

李克齋遂，爲衢州太守，廳有叢冢，相傳爲郭璞墓，發之不利于守。公曰：「出政之地，豈丘壠可栖？且景純不歿于此。」竟發之，得石笋二，乃唐刺史李郈所樹者，訛傳云。

南宋劉錡之墓，在臯亭山北小嶺下，東向，石獸、石橋，偉壯俱存。土稱劉太師墳，旁有庵，當是守墓者。土人云：「掘下二尺，皆磚，甚堅，可用。」墓已穿掘，前後皆穴，巨石露角，余言于縣令塞之。錡之忠勇，在韓、岳下。秦檜之黨，欲斬錡以謝金。晚年用兵，不得志，嘔血以死，可憐也。

宋張十五者，園中有古墓，張因貧，發取其物。夜聞語云：「有少物，幾被劫去。」張次日又畢取銅鏡諸物，遂病瘇毒，日號呼曰「殺人」，竟以死。萬曆乙未，烏鎮夏司寇建宅，旁有舊墓，發而棄之，子女殞者七人。余鎮人遷一墓，有蜂飛出，螫其臂，潰爲瘡，大僅如豆，中有人聲，若呼名而詈者，竟死。

夏英公好術數，于洛中得善地。迨其葬吋，其子龍圖安期已貴顯，當開營域，不自督促，委之干者。其地乃古一侍中葬穴也，故椁碑刻具在，諱不以白，取棺于旁近埋之。葬未幾，而龍圖死，其婦挈貲財數萬改適，次弟又得罪，廢焉。

朱國禎《湧幢小品》卷六《譙周墓》 四川南充縣署有譙周墓，自晉以來，無敢動者。嘉靖中，太守袁光翰徙之，爾後，縣中頻見緋衣貴人出入，縣尹至者輒不利，往往遷他所避之。隆慶戊辰，南城吴鑒以進士任縣令，獨不避。下車之日，妻張暴卒；未幾，母張又爲侄所殺，疑是其子，笞而斃之，遂被劾去。

朱國禎《湧幢小品》卷六《駱賓王冢祀》 正德九年，曹某者鑿靛池于海門城東黄泥口，忽得古冢，題石曰「駱賓王之墓」。啓棺，見一人衣冠如新，少頃即滅。曹驚訝，隨封以土，取其石而歸，籍籍聞諸人，有欲覺之者。曹懼，乃碎其石。嘗考賓王本傳，文明中與李敬業共謀，起義兵于廣陵，不捷而遁。通近廣陵而且僻，此豈其證歟？然世所傳，謂其落髮，遍游諸名山，今章服儼然，何也？豈嗣聖物革後，宥而弗罪，復逃于釋耶？抑人憐其才，故厚其葬而然耶？

萬曆丙戌，祀駱賓王于金華之鄉賢祠。蓋吾師蘇紫溪先生以督學批行，而胡元瑞請之也。元瑞嘗謂：「史第知狄梁公、宋廣平，而不知賓王，故力以請。」又欲祀劉孝標，不果。

朱國禎《湧幢小品》卷六《墓記銘》 文正書院祀希文而下，世遴一人統司之，曰主奉。第十三世孫從規，易建石表，又以文正、忠宣而下，累世宅兆在洛者，久缺封掃，請于官，求自往省，至萬安山尹樊里，省奠封掃如儀。自魏公祔葬諸冢，遺封故存，獨忠宣之兆越五里。至則無所見，問知爲屯戍所平久矣。因望祭悲號，削蓁蔓，披砂礫，肆搜不得，乃禱于空，跽泣連數日。天忽大雨三日夜，雨止，滌土去，深三尺餘，露斷碣數尺，題曰「宋丞相范忠宣公之墓」。大驚喜，亟白于守禦分閫官，始按圖譜加封樹，作墉屋，辨址界，正神道，植望獸以表之，勒石記事。

宋時熊博爲建州刺史，寓治建陽。嘗乘舟江上，見山岸崩嚙處，有棺將墜，博使人往視之，則有銘焉。其辭曰：「筮卦吉，龜卦凶。三十年後洪水冲。欲陷不陷被藤縛，欲落不落被沙閣。五百年後遇熊博。」博感嘆，爲移葬他里。博後仕至工部尚書。

景定四年，王益爲蘄州按撫使。元兵至，遷城于麟山，得古墓，中石銘云：「本有千年地，姑借五百年。感謝王刺史，移我過西園。」

朱國禎《湧幢小品》卷六《太保墓石》 劉太保秉忠，祖康懿公、弟秉恕墓，俱在邢臺縣治西南先賢村。嘉靖年間，爲盜所發，內有石刻云：「爲盜者李淮。」事聞于府，捕得治罪。劉兄弟精數學，故前知如此。

朱國禎《湧幢小品》卷六《掩墓》 周濟，洛陽人。母喪，躬自營葬域，見艮方多磚，公曰：「此必古者不封之墓。」即掩之，因增土數尺。是夜夢一老人，衣冠甚偉，揖謝曰：「感公修吾宅。」問其名，乖崖也。既覺，悟曰：「乖崖乃張咏之號。」已而考之，實葬其地。濟以御史巡西蜀，威州土官董敏、王允仇殺累年，敕濟率方鎮兵數千，至其境，曰：「撫之不服，加兵未晚。」令人賫榜往。允沉吟，書「囮」字于榜尾，令持還。衆不解其意，濟曰：「此非無見，囮者，誘禽鳥之媒也，意謂誘而殺之耳。」復釋此意，示以誠信，允大驚曰：「非凡御史也。」即投服，以馬數十，令子弟入貢贖罪，敏亦愧服，一方遂安。

朱國禎《湧幢小品》卷六《壙對》 吴明卿自作生穴，旁爲祠，題其柱曰：「陶元亮屬自祭之文，知生知死；劉伯倫荷隨行之鍤，且醉且醒。」明年登七十四，方賀者履不絶于户時，語二子，事小定。且自爲志，無何遂卒。

朱國禎《湧幢小品》卷六《築墓除妖》 張惠，德州人，少以孝義稱。祖塋去家五里，洪武初，遭兵燹，被挖暴露。累年惑于術士，未曾修葺。時公尚幼，永樂十二年，中鄉舉歸，即謂族人曰：「祖墓荆榛歲久，爲子孫者，安可坐視！」不用術士，不擇日期，以一身任其吉凶。冬月跣足披髮，如初喪。授都察院司務，至南禮部尚書，每過里，謁宣聖畢，必至祖塋，親操鋤鍬，增築墳壠，日晡方回。親戚鄰里，就塋所一會，不于私家宴樂，每日飲食，皆在墳所，亦無桌凳，就地而食。嘗泣而言曰：「吾祖宗在于地下，吾安忍肥甘華美，爲己樂哉！」巡按雲南，有御史張善，福建人，病于池州，親往視，留治湯藥。日晚散步，門仆曰：「此處有妖蛇，來時如風聲。」公曰：「來即報知。」門仆有懼色，責治之。他日，報曰：「來矣。」自挾弓矢，至階下，望蛇連發數箭，箭盡而蛇不下。令隸取席，于樹下焚之，良久，蛇墜樹，聲如倒墻。公曰：「官得其人，妖不爲害。今縣有妖蛇，必非良吏也。」召縣官笞之。過沅陵，見居民延燒數百家，皆云：「有惡鳥銜火。」即爲文檄城隍神，責之，翌日，惡鳥死于江。

朱國禎《湧幢小品》卷六《祭墓》 謝枋得過辛棄疾墓旁僧舍，有疾聲大呼于堂上，若鳴其不平者，自昏暮至三鼓不絶聲，近寢室愈悲。一寺人驚以爲神，枋得秉燭作文，旦且祭之，文成而聲始息。

朱國禎《湧幢小品》卷六《墓旁神鼎》 博大山在番禺東，山有盧循母檀氏墓。東南有盧堠，循浮海與吴隱之戰立烽堠處，山下溪有神鼎。唐劉道錫刺廣州，遣人系鼎耳出鼎，耳斷，鼎没，劉及執綆者耳盡痛。

《清世祖實録》卷八 〔順治元年八月癸未〕設故明十三陵司香官及陵户，給以香火地畝，仍諭以虔潔禋祀，禁止樵牧，用稱國家隆禮前朝至意。

《清高宗實録》卷二一 〔乾隆元年六月〕又奏：泰寧鎮官兵衙署、營房，雖分官員，兵丁自行居住，原爲守護山陵億萬年永遠之計，初建時，必須詳慎經理，向背合宜，請令該鎮會同欽天監於粱各莊等處，就近選擇。得旨：「著照所議行。仍將此旨知會總理工部怡親王等，令其協同辦理。」

《清高宗實録》卷二一一 〔乾隆九年二月乙丑〕直隸提督保祝奏：豫、東兩省，應運陵糈四萬七千餘石。請將八溝所買四萬石，就近撥運薊州供用。不敷，再將唐三營等處採買米，照數撥足。所有豫、東兩省運薊漕糧，毋庸復運。輓運既易，脚價可減。得旨：「著照所請速行。下部知之。」

《清高宗實録》卷二四一 〔乾隆十年五月己亥〕户部議准：直隸總督高斌奏請，十年夏季，薊州、遵化州、豐潤縣，供應陵工歲需俸餉銀兩，應於九年地丁糧銀内動撥，至應需漕粟米石，請於古北口外八溝等處採買米内運用。得旨：「著照該督所請行。」

《清高宗實録》卷二八四 〔乾隆十二年二月己巳〕户部議覆：直隸總督那蘇圖奏，本年秋冬二季及明年春夏二季，遵化、薊州、豐潤等三州縣，供應陵糈需米四萬五千餘石，除積年存貯餘米三千餘石，尚需撥米四萬二千石。應即在八溝貯買餘存米内，酌撥運往，所有向例撥充陵糈漕糧，應行停止。應如所請辦理。得旨：「依議速行。」

《清高宗實録》卷二九五 〔乾隆十二年七月癸丑〕直隸總督那蘇圖奏：今歲熱河八溝一帶均屬豐收，穀價平減，請於司庫撥銀二萬五千兩，委員陸續採買，運貯薊州、遵化、豐潤三州縣倉内，以供陵糈。得旨：「照所請行。」

《清高宗實録》卷二九六 〔乾隆十二年八月庚申〕大學士公訥親覆奏：向來陵糈米石，係豫、東二省輪年供應。因乾隆八年將應運薊糧撥往江南備賑，奉旨在古北口一帶採買，分運薊州、遵化、豐潤三州縣，以補原額。嗣原任熱河副都統達勒當阿條奏，每年秋成，在口外動帑採買，經陞任直隸總督高斌議，以年歲豐歉難齊，必須臨時奏請，毋庸豫定每年採買。此後九年，係撥漕糧；十年，係口外採買；十一年，係撥漕糧，並採買餘剩米石。本年應用米石，部議於十年口外購買米石内撥充，此節年改撥之由也。今直隸總督那蘇圖奏請於八溝等處採買，蓋豫爲明歲陵糈之用。查此項米石，在口外採買，雖有節省，而豫、東二省供應之米，仍須運至通倉；每年採買，亦須現撥正項，誠未見大有裨益。報聞。

《清高宗實録》卷二九六 〔乾隆十二年八月辛未〕軍機大臣等議覆：直隸總督那蘇圖奏稱，前經奏請在熱河八溝等處買米，撥運遵化、薊州、豐潤三州縣，以供陵糈。節省運費，本屬無多，況口外買運，仍須現撥正項，不如即將所買穀，留該處備用。且蒙古被旱，現在賑恤，遵旨以此接濟，洵爲有益。請將所撥司庫銀二萬五千兩，交熱河道，分發各廳採買收貯等語。應如所請。得旨：「依議速行。」

《清高宗實録》卷四〇七 〔乾隆十七年一月辛卯，〕〔直隸總督方觀承〕又奏：從前八溝買米之案，乃因廣籌積貯，以備内地撥運。今次專爲買抵陵糈，而以截留漕米爲内地州縣借糶之用，價雖較貴，而合之糶價，仍屬有盈無絀，應仍令採買足數，實於民食大有裨益。奏入，報聞。

錢儀吉《三國會要》卷一〇《禮四・謁陵》 建安二十三年，令公卿大臣列將有功者陪壽陵。《甄后傳》：明帝即位，追謚文昭，使司空王朗持節奉策以太牢告祠于陵。

錢儀吉《三國會要》卷一〇《禮四・葬雜録》 楊泉曰：「周衰，立寢於墓。漢興不改，及其末年，咸往祭焉。蓋由京師三輔，酋豪大姓，力強財富，婦女贍侈，車兩相追，宿止墓下，連日厭飫，遂以成俗，迄於今日。」封演《聞見記》：魏、晉以來，始有紙錢附。

《金罍子》：今俗家人死，輒行課算，某日魂當還，輒棄死尸徹哭，傾户走竄，謂之躱衰。此雖鄙猥，絶有所本。魏皇女淑薨，陳羣諫曰：「聞車駕欲幸摩陂，實到許昌，二宫上下皆悉俱東，或言欲以避衰。」今俗云「避煞」即此。

司馬光曰：「漢世公卿多建祠堂於墓，魏、晉以降漸復廟制。」

墓冢部

紀事

古帝王冢

《（道光）濟南府志》卷六三《陵墓》 古帝王冢，縣志云：在縣西北八里。高二丈，周二百步。一稱曹家冢。無考。

太王墓

《（道光）濟南府志》卷六三《陵墓》 太王墓，舊通志云：在縣東南十八里。俗傳無考。縣志云：在縣東南十八里。高三丈，周百步。相傳爲太王墓，姓氏莫考。

古天子墓

《（道光）濟南府志》卷六三《陵墓》 古天子墓，縣志云：在城西南二十五里。高三丈五尺，周圍一百八步。

古皇后塚

《（道光）濟南府志》卷六三《陵墓》 古皇后塚，縣志云：在城西南三十五里。高一丈一尺五寸，周圍一百二十三步。

寄駕塚

《（道光）濟南府志》卷六三《陵墓》 寄駕塚，縣志云：在城西南二十五里。高一丈八尺，周圍七十八步，上有泰山行宫。

齊桓公墓

《（咸豐）青州府志》卷二四下《古迹考下》 齊桓公墓，在縣東南十五里鼎足山。《括地志》云：在縣南二十里牛山上，一名鼎足山，一名牛首岡，一所二墳。晋永嘉末，人發之，初得版，次得水銀池，有氣，不得入，經數日，乃牽犬入，得金蠶數十箔，珠襦、玉匣、繒綵、軍器不可勝數。《水經注》引《從征記》云：女水西有桓公冢，甚高大，墓方七十餘丈，高四丈，圓墳，圍二十餘丈，高七丈餘。一墓方七丈。二墳。《述征記》曰：冢在齊城南二十里，因山爲墳，大冢東有女水，或云齊桓公女冢在其上，故以名水也。墓東舊有祠，魏武帝所立，《元和郡縣志》云：貞觀十一年，詔禁樵蘇。

古唐侯丹朱墓

《（雍正）平陽府志》卷三二《陵墓》 古唐侯丹朱墓，縣西北史村。高一丈，圍一百六十步，俗呼爲金井。臨汾縣亦有丹朱墓。並存。

周叔虞墓

《（雍正）平陽府志》卷三二《陵墓》 周叔虞墓，縣西北孝義村北。其塚三，各高一丈，周圍二十步。

晉厲公墓

《（雍正）平陽府志》卷三二《陵墓》 晋厲公墓，縣東南。故城高一丈六尺，周圍五十步。《左傳·成公十七年》：晋厲公欲去羣大夫而立其左右。既殺三郤，公遊匠驪氏，欒書、中行偃執公。明年正月庚申，二子使程滑弑公，以車一乘，葬于翼東門之外。即此地。

唐虞許由墓

《（雍正）平陽府志》卷三二《陵墓》 唐虞許由墓，縣東南三十里箕山北巢許府後。其洗耳河名湝澗。《通志》：許由墓在平陵縣東六十里箕山之側，太史公曰：余登箕山，其上蓋有許由塚云。高九丈，周八十一步。二塚南北並列，其一或巢父冢耶？古栢參天，雅稱勝地。《地形志》：洛州陽城郡陽城縣有許由墓。未知孰是，存疑。

商吴泰伯墓

錢泳《履園叢話》卷一九 吴泰伯墓，在吾邑之鴻山，舊名皇山。《南徐記》：泰伯宅東九里，有皇山，泰伯所葬地。按《史記·世家》正義注云，泰伯居梅里平墟，在無錫東南三十里是也。漢桓帝永興二年，詔吴郡太守麋豹修之，周以垣墉，給五十户守衛其墓。晋肅宗太寧元年，詔祀泰伯用王者禮樂，具王者冕服，建廟于瑩城南三十步，命晋陵太守殷師領焉。宋武帝永初元年，勑泰伯以太牢祀。唐太宗貞觀十三年，詔重廣泰伯門殿，遣禮部尚書韓太沖祀以太牢，賜金銅香爐一具。十五年，賜泰伯六十四世孫駙馬都尉吴世偉苗田千頃，永充廟祀。宋太平興國三年，勑朝散大夫梁周翰賜墓旁田二百二十三畝，令歲收供奉灑掃。仁宗天聖元年，勑賜繞墓田一百畝耕種，併入墓倉貯用。哲宗元祐七年，有詔吴泰伯以至德廟爲額，遣官致祭。元符間，制封至德侯。崇寧初，進封王爵。元仁宗元貞元年，命祭三讓王吴泰伯於姑蘇至德廟。英宗至治二年，詔遣御史中丞察罕帖木耳致祭。明洪武二年，改封吴泰伯之神，春秋祀之。弘治間，邑人楊文建亭表墓。本朝康熙中，巡撫吴存禮、邑令吴興祚先後興修，後爲山民侵削，樹木殆盡。雍正四年，邑令王喬林勒石永禁。乾隆二年，又給帑修葺，邑令王允謙增建享堂墓門。至嘉慶初年，墓之前後皆爲近民開墾，墓門亦頹圮無餘，僅存一小碣，有高忠憲公題字。向例，有泰伯廟道士東西兩房輪流值管，而終年未嘗一至，蓋荒廢久矣。十六年，婺源齊公彦槐來宰吾邑，先余嘗畫一圖，請翁閣學方綱、曾中丞燠、吴祭酒錫麒、吴學士鼒、范編修來宗輩作爲詩文，面呈齊侯，且請修墓，以發其端。至十九年，邑中大旱，侯勸賑鄉閭，始謁墓所。其明年，歲大熟，尚有贏餘，即取造豐樂橋，且以修墓，凡費白金三千兩有奇。自此垣墉復整，墓門復立，植以松柏，栽以梅花，添置守墓道士一人，田八畝，時加防護，侯之力也。後侯以怱怱去縣，未立碑文，他日當爲書刻之，以傳諸後來云。

安陽侯賨墓

《〔康熙〕常州府志》卷一九《陵墓》 周泰伯墓，在鴻山。塚高一丈四尺，周三十五步。《南徐記》：泰伯宅東九里有皇山，泰伯所葬地。皇山即今鴻山。安陽侯賨墓，在安陽山。塚高一丈五尺，周百二十步。《風土記》。

吴王闔閭墓

祝穆《古今事文類聚前集》卷五〇《喪事部》 吴王闔閭葬虎丘山下。發吴都之士十萬人共治葬，穿土爲川，積壤爲丘。池廣六十步，水深一丈五尺。銅棺三重，澒池六尺，黄金珠玉爲鳧鴈。扁諸之劍、魚腸之干在焉。葬三日，金精上騰爲白虎，蹲踞于上，因名虎丘。《越絶書》。

陸廣微《吴地記》 虎丘山避唐太祖諱改爲武丘，又名海湧山，在吴縣西北九里二百步，闔閭葬此。山中發五郡之人作塚。銅槨三重，水銀灌體，金銀爲坑。《史記》云：闔閭塚在吴縣閶門外，以十萬人治塚，取土臨湖，葬經三日，白虎踞其上，故名虎丘山。《吴越春秋》云：闔閭葬虎丘，十萬人治葬，經三日，金精化爲白虎蹲其上，因號虎丘。秦始皇東巡至虎丘，求吴王寶劍，其虎當墳而踞，始皇以劍擊之，不及，悞中于石。遺跡尚存。其虎西走二十五里，忽失（抣）〔於〕今虎疁。唐諱虎，錢氏諱疁，改爲滸墅。劍無復獲，乃陷成池，古號劍池。池傍有石，可坐千人，號千人石。其山本晉司徒王珣與弟司空王珉之别墅，咸和二年，舍山爲東西二寺。立祠於山。寺側有貞娘墓，吴國之佳麗也。行客才子多題詩墓上，有舉子譚銖作詩一絶，其後人稍稍息筆。

錢王塚

《〔康熙〕衢州府志》卷二六《陵墓》 錢王塚，在縣西一百三十里雲臺鄉闐子坑。舊傳吴越王錢鏐祖塋也。錢氏微時，爲人負擔至此。其人曰：此水九曲，列岫如屏，葬者子孫必興。因取枯竹標識。數日令錢往視，竹已生根，拔去而紿以失所在。潛以（及）〔父〕骨瘗之，旁有倒生藤拂墓如掃。樵人以刀斷之，膏液流丹。錢氏爲王時，塚下洞水汩三朝，國亡後不復有矣。縣志。

柳下惠墓

《〔乾隆〕兗州府志》卷二一《陵墓志》 周柳下惠墓，在縣西八里進賢社。封高丈餘，袤九十尺，其制三階，乃門人所築。燕伐齊，令有近柳下季之壠百步樵採者死不赦，即此地。

周魯諸公墓

《〔乾隆〕兗州府志》卷二一《陵墓志》 周魯諸公墓，在縣東八里，修壠蔓延，皆諸公葬地。《寰宇記》：伯禽墓在縣南七里，高四丈四尺。文公墓在縣南九里，高五丈五尺，塚之北有石人四，石獸二。

古雙王墓

《〔乾隆〕兗州府志》卷二一《陵墓志》 古雙王墓，在縣西南五十里黄山北。古墓二，塚周圍大二畝，高二丈，世稱爲雙王堌堆，或曰伏羲帝、后之墓。

春申君墓

《〔嘉慶〕常德府志》卷之二八《山川考》 楚春申君墓，在府治前。統志。《方輿勝覽》：黄歇，黔中人。戰國時爲楚相，封春申君。開元寺址，其宅墓在焉。按：墓在今府署東轅門外，舊有殘碑，字剥落不可讀，疑爲春申君墓表。《武陵志稿》：國朝乾隆壬辰，知府葉馨嘗修砌之，上建鼓亭。三十九年，知府吕又祥立碣，前建小祠。吕又祥記畧曰：甲午季春，余守是邦，聞府第頭門外左側鼓亭下有春申君墓，予踵視之，踐踏污穢，僅有墳堆碑座，而碑記無存矣。凡屬墳墓，猶禁侵凌。春申君爲千古聞人，不可聽其踐污，不爲修復。考府志載，府前大街由下南門出河街俱名珠履坊，即春申君館客處，又稱府北開元寺乃春申君舊宅，今入爲府第。《廣輿記》：春申君墓在開元寺，今府第係開元寺改建，爲春申君舊宅，則此墓雖無碑而志有足據。或謂《史記》：春申君於考烈王十五年請封江東，因城吴墟，即今蘇州，似其墓亦宜在吴。然此邦密邇鄢郢，能禁楚人之不葬於楚地邪？於是擬爲修墓建祠，吏役咸白前任某修其墓而厲鬼爲祟。予曰：嘻！是何言歟？春申君有靈，豈有因人修其墓而反以爲厲乎？即有之，或修墓者中存玉魚之欲，故有以示之耳。越孟冬朔十日，折去鼓亭，高砌其墓，繚以垣牆，前建祠宇，其墓前竪以小碣，曰「楚春申君黄歇之墓」。嘉慶三年，知府胡文銓重修春申君墓。

按：先是，墓前微塌，胡守因啓墓修之，乃隧葬懸棺。其和方廣約五尺，栗色斑駁，似朽非朽，衆皆見之，疑爲梆也。四周皆陶甓，每甓長二尺餘，寬尺餘，厚亦徑尺，砌甚堅固，墓門閘以大石。修復樹碣。

孫武墓

《（同治）蘇州府志》卷四九《冢墓一》　孫武墓，《越絶書》：巫門外大冢，吴王客齊孫武冢也。去縣十里。《後漢書》引《皇覽》云：在吴縣東門外。《吴地記》：在平門西北二里，地名永昌。國朝嘉慶庚申，陽湖孫星衍嘗買舟訪墓，至巫門外，地名雍倉，得古冢，有柏樹甚古，土人呼爲孫墩，因作巫門訪墓圖，且系以詩。惟案：《吴地記》云：在平門西北二里。則與今永昌里數不合。孫星衍《巫門訪墓詩》：吾家吴將高絶倫，功成不作霸國臣。《春秋三傳》佚名姓，大冢卻在吴東門。吴人耕種少閒地，訪墓雍倉一舟繫。彎環惟見古柏存，徧覽平疇失碑記。傳家私印不可磨，（自注：家藏孫子銅印，方不及寸，文云：「孫武私印。」）闔閭冢側祠巍我。武成王廟廢不舉，東南淫祀何其多。君不見烏喙之鄰施間諜，内變忽然消霸業。西施可惜入宫遲，不付將軍教兵法。

楚元王墓

《（同治）徐州府志》卷一八上《古迹考》　楚元王墓，《水經注》：同孝山陰，有楚元王冢，上圓下方，纍石爲之，高十餘丈，廣百許步。經十餘墳，悉結石也。《北征記》：彭城西二十里有山，有楚元王墓。《舊志》：今在楚王山。山下又有古冢數十處，皆甃以巨石，相傳爲交子孫墓。宋傅亮《爲宋公修楚元王墓教》：夫褒賢崇德，千載彌光。尊本敬始，義隆自遠。楚元王積仁基德，啓蕃斯境。素風道業，作範後昆。本支之祚，實隆鄙宗。遺芳餘烈，奮乎百世。而邱封翳然，墳塋莫翦。感遠存往，慨然永懷。夫愛人懷樹，甘棠且猶勿翦。追甄墟墓，信陵尚或不泯。況瓜瓞所興，開源自本者乎？可蠲復近墓五家，常給灑掃。案：據《水經注》引戴延之同孝山説，墓當屬蕭境。惟山陰本無定所，酈《注》亦無確論。今從《北征記》。

吴王夫差墓

《（同治）蘇州府志》卷四九《冢墓一》　吴王夫差墓，在陽山。《吴越春秋》：越王乃葬以禮於秦餘杭山卑猶。越王使軍士集干戈人一隰士以葬之。宰嚭亦葬卑猶之旁。案：《越絶書》隰作壜。《越絶書》：夫差冢在猶亭西卑猶位，近太湖，去縣十七里。三臺者，太宰嚭、逢同妻子死所在也，去縣十七里。《史記索隱》云：猶亭，亭名。卑猶位三字共爲地名。

燕昭王墓

孫承澤《天府廣記》卷四〇《陵園》　燕昭王墓，《九州要記》曰：在古漁陽北之無終山。《一統志》云在府西清河岸側之燕丹村。昭王墓前有斑狸，化爲書生，欲往見司空張華。時墓前華表亦神，語斑狸曰：張公難籠絡，子非但自誤，亦且誤及老表。遂見華。容止風流，華雅重之。論及文史，互有勝負。言卒便退。華已使人防門不得出。豐城令雷焕謂華曰：此非千年老精，必千年枯木，照之則形見。遂使人伐昭王墓前華表。伐者聞華表嘆曰：老狸果誤我。於華表穴中得青衣小兒，長二尺餘，使還未至洛陽，而變成枯木。遂燃以照之，狸露真形。

巴蔓子墓

《（道光）重慶府志》卷一《陵墓》　巴蔓子墓，在治西通遠門内。雍正間，郡守張光鏻重修。乾隆二年，邑人周尚義捐修砌石。道光十五年，知縣楊霈捐俸三百金重封之，置守者，春秋二仲致祭，以妥忠魂。碑題「東周巴國將軍蔓子之墓」。王爾鑑詩：穹窿哉，蔓子墓，渝城巔，石封固。多少王侯將相陵寢穴樵兒，獨此屹立兩江虹勢迴盤護。頭斷頭不斷，萬里鬚眉宛然見。城破城還存，年年春草青墓門。君不見，背弱主，降强主，斷主之頭獻其土。又不見，明奉君，暗通鄰，求和割地榮其身。惜哉，不識蔓子墳。

商仲雍墓

錢泳《履園叢話》卷一九　按《史記索隱》注，仲雍冢在常熟縣西虞山上，與言偃冢並列。《太平寰宇記》云，虞山有仲雍、齊女墓，即簡文帝《招真治碑》所云：「遠望仲雍，而高墳蕭瑟；旁臨齊女，則哀壟蒼茫。」蓋齊、梁時猶不廢也。唐、宋、元、明以來，無有爲之表者，國初始修葺之。乾隆二十五年，裔孫有周姓者，相傳爲仲雍之後，又立墓門于北門大街，由山麓甃路，直達墓所。五十四年，裔孫等又建石坊，學使曹秀先題曰「南國友恭」四字。近來邑之士大夫輒有訟官，謂周氏侵占言子墓者，可發一笑。

商大夫彭祖墓

錢泳《履園叢話》卷一九　《浙江通志》云，彭祖墓在臨安縣東南十里。《嘉靖臨安志》云，因彭祖壽年八百，故號其山曰八百山，里曰八百里。昔武肅王禦黄巢，臨安兵屯八百里矣，即此。《東坡詩集》有《彭祖廟詩》云：「跨歷商、周看盛衰，欲將齒髪鬬蛇龜。空餐雲母連山盡，公自注：山有雲母，彭祖所採服也。不見蟠桃著子時。施注：老彭善補導之術，并服木桂、雲母、麋角，常有少容。」子由亦有詩曰：「猖狂戰國古神仙，曳尾泥塗老更安。厭世乘雲人不見，空墳聊復葬衣冠。」而朱文公《雪心賦》亦引用之云：「天柱高而壽彭祖。」《名山勝概》云八百山踰横碪次，彭安有孤冢如堂，或曰是商大夫老彭墓也。旁有一碑仆且泐，不可讀，據諸説則彭祖實有墓在臨安矣。案《水經注》，彭城有彭祖塚。又《續漢郡國志》武陽彭亡聚引《益州記》注云，亦有彭祖塚。二蘇之詩，恐是彭城或武陽兩地之墓，未必在臨安八百里也。

周延陵季子墓

錢泳《履園叢話》卷一九　吴季札墓，在江陰縣北七十里，地名申港。墓前有石碑，古篆曰：「嗚呼有吴延陵君子之墓」十字，字大徑尺，相傳爲孔子手書，體勢奇偉。舊志載，唐開元中，玄宗命殷仲容摹搨其書，然則唐以前已刻之。大曆十四年，潤州刺史蕭定重模勒石。今廟中所存者，是宋崇寧二年常州太守朱彦立，蓋屢次重刻矣。今丹陽驛前及金壇之九里鎮，俱有一碑，未知孰是？

周先賢言子墓

錢泳《履園叢話》卷一九　言子墓，在虞山北麓乾元宫下，《史記索隱》及《吴地記》皆載之，宋、元以來不廢。明弘治中，知縣楊子器爲表其墓。崇禎初，巡按御史路振飛再修。國朝康熙間，參議王儒重修墓道。雍正間，方伯鄂爾泰又建石坊，題曰「南方夫子」，而蘇松糧道王澄慧又築墻垣衛之。乾隆三十三年，裔孫襄陽太守言如泗、五經博士言如洙等屢爲修建，規模宏敞，松楸鬱然，爲吴中古墓云。

周先賢曾點澹臺滅明二墓

錢泳《履園叢話》卷一九　山東費縣舊有曾點、澹臺滅明二墓，碑志久闕矣。嘉慶十三年九月余入京，曾偕孫淵如觀察同過費縣訪得之，遂以隸古書丹付縣令郭志青刻二碣，一立於曾點墓前，一立於澹臺滅明墓前，以垂永久。

周先賢閔子墓

錢泳《履園叢話》卷一九　閔子墓，據《太平寰宇記》在范縣東，今所傳在歷城者誤也。嘉慶癸亥冬，陽湖孫淵如觀察爲山東兖沂曹濟道，以查賑按行范縣，知墓所在，時以河決，不能詣謁。及官糧儲道，忽夢浚井出古丈夫，布衣泥塗狀，自稱閔子騫，覺而異之。因出俸錢，屬縣令譚文謨訪視廢基，申禁樵採，嗣以縣令屢更，事未施行。至華亭唐晟宰是縣，始捐廉重修，栽種樹木，乞觀察爲文紀之，並訪義士左伯桃、羊角哀墓于縣之義城寺東，并攷其原委，以存志乘焉。

周要離冢

錢泳《履園叢話》卷一九　余少時在閶門内十廟前，沿城脚下見水潭邊有石碣，上刻「古要離冢」四字，横卧荒草中。據《後漢書》注，梁伯鸞墓在要離冢北，卻無碑碣可考。道光七年，福州梁茝林方伯爲訪古蹟，僅于潭水中得一碣，即是刻也。後有成化十年渤海高出題字樣，而伯鸞墓終無踪蹟。

闔廬子女冢

袁康《越絶書》卷二《越絶外傳記越地傳第三》　闔廬子女冢，在閶門外道北。下方池廣四十八步，水深二丈五尺。池廣六十步，水深丈五寸。隧出廟路以南，通姑胥門。并周六里。舞鶴吴市，殺生以送死。

李夫人墓

《（乾隆）西安府志》卷六三《古蹟志下・陵墓》　李夫人墓，《長安志》：亦名習仙臺，高二十丈，周百六十步。在縣東北十六里。《漢・外戚傳》：夫人卒，上以后禮葬焉。《水經注》：茂陵西北一里，即李夫人冢。冢形三成，世謂之英陵，一作萊陵。《黄圖》：英陵亦云集僊。

衛青墓

《（乾隆）西安府志》卷六三《古蹟志下・陵墓》　衛青墓，《漢・霍去病傳》：青尚平陽主，與主合葬。起冢象廬山。注：師古曰：在茂陵東、去病冢之西，相併者是也。《陝甘資政録》：在縣東北二十三里道張村。乾隆乙未年修。

按：楊奂《山陵雜記》：衛青與平陽公主合葬，冢在華山。葬時發土，得銅槨一枚。其言無據。至冢象廬山，全祖望云，即盧山。揚雄所謂填盧山之壑者也。攷匈奴中有奚苻盧山，見《趙充國傳》。

霍光墓

《（乾隆）西安府志》卷六三《古蹟志下・陵墓》　霍光墓，《霍光傳》：地節二年，光薨。上及皇太后親臨光喪，載光尸柩以輼涼車，黄屋左纛，發材官輕車北軍五校士軍陳至茂陵，以送其葬。謚曰宣成侯。發三河卒穿復土，起冢祠堂，置園邑三百家，長丞奉守如舊法。《陝甘資政録》：在縣東北三十里陳千村。乾隆乙未年修。

按：賈、馬兩《志》及《咸陽志》俱云，光墓在平陵西。考平陵在咸陽東，茂陵在咸陽西三十餘里。若果葬平陵西，奚必發軍校至茂陵耶？又《明一統志》云，光墓在浮山縣北二十里。《畿輔通志》又云，光墓在蠡縣城西，皆誤。今從馮《志》。

蕭何墓

《〔乾隆〕西安府志》卷六三《古蹟志下・陵墓》　蕭何墓，《蕭相國世家》注：《東觀漢記》云，墓在長陵東司馬門道北百步。《陝甘資政録》：今在縣東北三十里王村西四里。乾隆乙未年修。按：蕭相國陪葬長陵，則墓在咸陽，信矣。《城固縣志》又云，墓在縣西二里杜家流。或因何在漢中久，民思之，爲之起塚，亦未可知。至若《河南通志》及《永城縣志》並載相國墓，則傳聞異辭之故也。

張禹墓

《〔乾隆〕西安府志》卷六三《古蹟志下・陵墓》　張禹墓，《漢・張禹傳》：禹，河内軹人，徙家蓮勺。年老自治冢塋，起祠堂。好平陵肥牛亭部處，地又近延陵，奏請求之。上以賜禹，詔令平陵徙亭他所。《水經注》：安昌，漢成帝河平四年，封丞相張禹。今城東有古冢，時人謂之張禹墓。余考《漢書》，禹徙家蓮勺，自治冢塋於平陵。哀帝建平二年薨，遂葬於彼，此則非也。

王翦墓

《〔乾隆〕西安府志》卷六三《古蹟志下・陵墓》　王將軍翦墓，賈《志》：在富平縣東四十里。左列六塚，相傳爲六國圖書。縣志：每歲二月八日，鄉人望其墓若海市狀。《關中陵墓志》作六月朔望。城郭依然，車馬交錯其上。

李業墓

《清一統志》卷三一三　漢李業墓，在梓潼縣西五里，上有二石闕，臨官路。碑文漢隸。

漢高密太守錢咸墓

錢泳《履園叢話》卷一九　《成化湖州府志》云：在長興縣西五里。《浙江通志》云：咸爲彭祖四十七代孫，墓在長興縣西五里，其山名繖蓋山。《西吳里語》云：墓柱上題漢故旗門將軍、高密太守錢府君之神道。

漢富春公錢讓墓

錢泳《履園叢話》卷一九　《萬曆湖州府志》云：富春公墓在長興縣西五里。按公諱讓，字德高，高密太守咸之曾孫。順帝永和元年，舉孝廉，除歷陽、章安二縣長。後從太尉趙峻，辟爲西曹掾，遷黄門選部侍郎。九江寇盜周生、范容作亂，詔授廣陵太守、征東大將軍討平之。桓帝建和元年，拜廣陵相、征東大將軍、使持節、都督江東諸軍事、徐兖二州刺史，封富春公，食邑五千户，實封一百五十户。夫人徐氏，合葬長城縣平望鄉西北梓山，乃江東錢氏第一代祖也。長城，即今之長興縣。

漢太子洗馬錢京墓

錢泳《履園叢話》卷一九　案先世《大宗譜》：公諱京，字仲恭，富春公第二子，仕後漢歷東宫舍人、太子洗馬，葬長城縣吴概山。

漢孝女曹娥墓

錢泳《履園叢話》卷一九　按《嘉泰會稽志》云：在縣東七十二里。《後漢書》：元嘉初度尚設祭之誄之，改葬娥於江南道旁，即此。余於乾隆、嘉慶間嘗三過其廟，廟之東偏有雙檜亭，宋張即之書。亭後有大小兩塚，其大爲娥之父母，其小者即娥墓也，余爲補書一碑刻石墓上。

漢東海孝婦墓

錢泳《履園叢話》卷一九　余曩嘗入京，過郯城縣，路旁有東海孝婦祠，香火甚盛。嘉慶廿三年夏，偶遊海州之雲臺山，過新縣北二里亦有孝婦祠，祠後有二塚，相傳孝婦死祔于姑墓，土人爲立祠焉。然案沈括《夢溪筆譚》，今東海縣即漢之贛榆，屬琅邪，非古之東海也。《廣輿記》謂孝婦是郯人，《一統志》云冢在郯城東十里，又似以郯城爲真墓云。

南越王趙佗墓

《〔道光〕廣東通志》卷二二五《古蹟畧十》　漢南越武王趙佗墓，黄《志》在縣東北八里。又言佗墓在禺山，蓋與此山相連接耳。《元和郡縣志》。《南越志》云：佗墓自雞籠以北至此山，連岡屬嶺。吴黄武五年，使交趾治中從事吕瑜訪鑿佗墓，自天井至於此山，功費彌多，卒不可得。宋樂史《太平寰宇記》。裴淵《廣州記》曰：城北有尉佗墓，墓後有大岡，謂之馬鞍岡。王氏《交廣春秋》曰：越王生有奉制稱藩之節，死有秘奥神密之墓。佗之葬也，因山爲墳，其隴塋可謂奢大，葬積珍玩。吴時遣使發掘其墓，求索棺柩，鑿山破石，費日損力，卒無所獲。佗雖奢僭，慎終其身，乃令後人不知其處，有似喬松遷景，牧豎固無所殘矣。《水經注》。《番禺雜志》云：趙佗疑塚在縣東北二百步。相傳佗死營墓數處，及葬，喪車從四門出，故不知墓之所在。惟菖蒲澗側，石馬舌上有云：山掩何年墓，川流幾代人，遠同金騕褭，近似石麒麟。時莫解之，但疑其墓不遠。蔡如松云：舊説即悟性寺也。今蒲澗之南，枯塚數千，人猶謂趙王疑塚。予又案：《南越志》云，孫權時聞佗墓多以異寶爲殉，乃發卒數千人尋掘其塚，竟不可得。次掘嬰齊墓，得玉璽、金印、銅劒之屬。而佗墓卒無知者。且佗死於武帝之初，至孫權時方三百載有奇，已尋掘不可得，至今千餘載，益不可考。又不知《傳奇》唐崔煒所入果何地耶。《南海百詠》。

屈大均《廣東新語》卷一九《趙佗墓》 南越武王趙佗，相傳葬廣州禺山。自雞籠岡北至天井，連山接嶺，皆稱佗墓。《交廣春秋》云：佗生有奉制稱藩之節，死有秘異神密之墓是也。孫權嘗遣交州從事吴瑜訪之，莫知所在，獨得明王嬰齊墓，掘之，玉匣珠襦，黄金爲飾，有玉璽金印三十六，銅劍三，爛若龍文。而文王胡墓亦莫知其處。佗墓後有大岡，秦時占者言有天子氣，始皇遣使者鑿破此岡，深至二十餘丈，流血數日，今鑿處形似馬鞍，名馬鞍岡。其脈從南嶽至于大庾，從大庾至于白雲，千餘里間，爲危峯大嶂者數百計。來龍既遠，形勢雄大，固宜偏霸之氣所鍾也。岡南至禺山十二里，禺山南至番山五里，二山相屬如長城，南控溟海。木棉、松柏、刺桐之屬，一望葱青，實爲靈穴之所結，故佗墓營焉。自南漢劉龑鏟平二山，積石於番爲朝元洞，積沉香於禺爲清虚臺，而地脈中斷，然霸氣亦時時鬱勃。元至正間，廣州人林桂芳兵起，稱羅平國。南海人歐南喜兵起稱王。又至元間，增城人朱光卿兵起，稱大金國，他如邵宗愚、王成輩，争戰紛紜。么麽草竊，是皆以東粵天險，絶五嶺，通二洋，可以纂趙、劉之業而抗中原也。獨東莞何真，灼知天命有歸，不敢妄爲一州之主以禍生民，誠爲識時俊傑也者。洪武初，永嘉侯朱亮祖，戡定南粵，於越秀山巔建望樓，高二十餘丈，以壓其氣。歷二百餘年，清平無事。黄蕭養僭稱齊帝，即位五羊驛館，踰月而亡，蓋其驗焉。嶺南形勢，蓋與曩時大異。風氣既開，嶠路四達，梅關橫隘，車馬周行，瀧水灘川，舟航交下，雖有强兵勁馬，戍守不給，一夫奪險，勢若山崩矣。

南越文王墓南越明王墓

《〔道光〕廣東通志》卷二二六《古蹟畧十一》 南越文王趙胡墓，黄《志》。南越明王趙嬰齊墓，俱在番禺縣。今不可考。同上。《南越志》云：黄武五年，孫權使吕瑜訪鑿佗墓，卒不可得。掘嬰齊墓，得珠襦玉匣三具，金印三十六，一皇帝信璽，一皇帝行璽；又得印三紐；銅劍三枚，並爛若龍文，其一刻曰純鈎，二曰干將，三曰莫邪，皆雜玉爲匣。《太平寰宇記》。後瑜攜劍經贑上，飛入江水。元吴萊《南海古蹟記》。

任囂墓

屈大均《廣東新語》卷一九《墳語》 任囂墓，在南海縣西北二里。墓上舊有廟，今無。今鎮海樓左，但有三君祠一區，祀囂及趙佗、陸賈耳。當始皇時，南海尉屠睢，以苛法鉗制粵人，粵人不服，乘秦人疲惰，潛出奇兵攻之，遂破五軍。囂至，撫綏有道，不敢以秦虎狼之威復加荒裔，於是民夷稍稍安輯。當是時，秦北有蒙恬，威讋漠庭；南有任囂，恩洽揚越，而始皇乃得以自安。其後項、劉並起，豪傑紛争，莫知所向，而甘公乃教張耳曰：漢王之入關也，五星聚東井。東井者，秦分也。先至必霸。自甘公此説一倡，而天下皆歸心漢矣。囂亦善識天文，能知五星餘氣及越門爲南方偏霸之象，卒教尉佗成其業。故張耳之歸漢也，以甘公而富貴數世。尉佗之自立也，以任囂而享國五傳。是皆以天文決之。

霍去病墓

《〔雍正〕陝西通志》卷七〇《陵墓》 去病元狩六年薨，上發屬國玄甲軍陳，自長安至茂陵爲冢，象祁連山。《漢書·霍去病傳》。師古曰：在茂陵旁，冢上有豎石，冢前有石人、馬者是也。

漢葛仙翁墓

《〔乾隆〕紹興府志》卷七四《陵墓志二》 漢葛仙翁墓，《嘉泰會稽志》：在縣西南四十里，蒿公山之巔。有石室高丈餘，狀如塚。案《神仙傳》：葛玄居會稽，語弟子張恭曰，今當解去。遂入石室而卧二晝夜。大風折木，良久而止。然燭視之，但有衣在。豈即此地而名墓耶？

漢太子墓

《〔乾隆〕兖州府志》卷二一《陵墓志》 漢太子墓，在縣南三十里紫雲山西。上有石亭，堂三座，年久没於土，不盡者三四尺，石壁刻伏羲以來祥瑞及古忠孝人物，極其纖巧。漢碑一通，亦餘三尺許在土外，中有孔，文字模糊不可讀。相傳爲漢太子墓云。

李剛墓

酈道元《水經注》卷八 黄水東南流，水南有漢荆州刺史李剛墓。剛字叔穀，山陽高平人，熹平元年卒。見其碑，有石闕祠堂，石室三間。椽架高丈餘，鏤石作椽，瓦屋施平，天造方井，側荷梁柱，四壁隱起雕刻，爲君臣官屬，龜龍麟鳳之文，飛禽走獸之像，作制工麗，不甚傷毁。

張伯雅墓

酈道元《水經注》卷二二《獲水》 洧水東流，綏水會焉。水出方山綏溪，即《山海經》所謂浮戲之山也。東南流逕漢弘農太守張伯雅墓。塋域四周案近刻脱域字。壘石爲垣，隅阿相降，列於綏水之陰。庚門表二石闕，夾對石獸於闕下。冢前有石廟，列植三碑。碑云：德字伯雅，河南密人也。案南近刻訛作內。碑側樹兩石人，有數石柱及諸石獸矣。案近刻脱矣字。舊引綏水南入塋域而爲池沼，案域近刻訛作城。沼在丑地。皆蟾蠩吐水，石隍承溜。池之南又建石樓、石廟，前又翼列諸獸。但物謝時淪，凋毁殆盡。夫富而非義，案夫近刻訛作矣。比之浮雲，況復此乎？王孫士安，斯爲達矣。

王子雅墓

酈道元《水經注》卷三一 水南道側，有二石樓，相去六七丈。雙跱齊竦，高可丈七八。柱圓，圍二丈有餘，石質青緑，光可以鑒。其上欒櫨承栱，雕簷四注，窮巧綺刻，妙絶人工。題言：蜀郡太守姓王字子雅，南陽西鄂人。有三女無男，而家累千金。父没當葬，女自相謂曰，先君生我姊妹，無男兄弟，今當安神玄宅，翳靈后土，冥冥絶後，何以彰吾君之德？各出錢五百萬，一女築墓，二女建樓，以表孝思。銘云：墓樓。東平林下近墳墓。

尹儉墓

酈道元《水經注》卷三一《淯水》 彭水逕其西北，漢安邑長尹儉墓東。冢西有石廟，廟前有兩石闕，闕東有碑，闕南有二獅子相對，南有石碣二枚，石柱西南有兩石羊，中平四年立。

鄧芝墓

李賢《明一統志》卷六八 鄧芝墓，在梓潼縣西南五里，有二石闕。芝，南陽人，仕蜀漢，爲車騎將軍陽武亭侯。

張桓侯墓

《〔雍正〕四川通志》卷二九上《陵墓》 張桓侯墓，在華陽縣南萬里橋側，侯爲帳下張達所殺，持其首奔吴，昭烈收屍裝首葬此。又保寧府城内府治左有張桓侯墓，明弘治中，黎典膳築墻四十七丈，重修祠宇，立石有記。

三國吴王夫人墓

錢泳《履園叢話》卷一九 華亭南二里許，有屋基廢地一塊，近處居民有劉叟者，每見有紅裳女子徘徊其間，人有見者，旋入地中而滅，甚怪之。疑土中有異，發之不數尺，獲一磚甚古，下有巨槨如屋。旁有穴，以火燭之，有石榻，上卧髑髏一具，前植短碑，有吴陸公遜第三女王夫人之墓十二字，非篆非隸。左列石几，供一瓦盆，其色如玉，乃取出貯水，甚清，經年不竭。後見紅裳者復來，或隱或見，其人隨感疾死。盆爲好事者取去，並無他異。此乾隆初年事。

吴大將軍丁奉墓

錢泳《履園叢話》卷一九 華亭新橋鎮東市有丁奉墓。嘉慶八年，農人墾田見一石，攜歸，石上有大將軍丁奉墓六字，餘俱漫滅。今墓尚存，高三尺許。案《三國吴志》：丁奉，安豐人。以斬孫綝，遷大將軍。迎立孫晧，擢大司馬左軍師。

晉謝太傅墓

錢泳《履園叢話》卷一九 謝太傅安墓，在長興縣西南六十里，地名三鵶岡，今尚有子孫守墓者。按《晉書》，文靖卒，本葬于建康之梅嶺。至陳，始興王叔陵淫暴，好發古冢。晉世王公貴人多葬其地，叔陵乃發謝墓，以葬其生母彭氏。時文靖裔孫名夷吾者，適爲長城令，徙葬於此，立廟祀焉，有大觀三年墓田碑可攷。嘉慶三年，吾友邢佺山太守來宰是邑，重修其墓，并賦詩云：「謝公原上夕陽斜，華表巋然樹半遮。雷雨元功高百辟，風雲荒塚護三鵶。古陂已泐唐人石，野草猶開晉代花。賴有烏衣賢裔在，蘋蘩重薦不須嗟。」錢竹汀宫詹、秦小峴少寇、阮雲臺宫保俱有詩紀之，爲一時盛事云。

晉永安侯錢廣墓

錢泳《履園叢話》卷一九 《〔弘治〕湖州府志》云，在長興縣西二里。按先世《大宗譜》，公諱廣，字敬仲，西晉舉孝廉，除上將軍。平賊石冰、封雲等有功，徵補軍諮祭酒，揚威將軍、領江州刺史、使持節、征虜將軍、都督江洪二州諸軍事，封永安侯，謚忠壯。夫人周氏，合葬長城縣胡陵山。按《晉書》，永安侯廣，名見《周玘傳》。

水丘太夫人墳

錢泳《履園叢話》卷一九 《墳廟記》云，在錦南鄉上錢王堡，計一十四畝一角，四面有高石塘，墳客李承禮。東至官路，西至錢照田，是錢壽田爲主。南至朱仁佑田，是俞宗貴爲主。北至戴照田，是錢長兒爲主。康熙舊志云，水丘夫人墓在縣南水丘隝，旁有定安院。《慶系譜》云，水丘太夫人爲武肅王祖母，建初王之原配也。景福二年，勑自河南郡太君，加封河南郡太夫人，歷封楚、魏、梁、陳四國太夫人，累贈晉國、許國太夫人、九華太夫人。年九十餘而薨，準勑祔廟配享，生子一，諱寬，即英顯王也。

郭璞墓

顧炎武《日知録》卷三一　《晉書・郭璞傳》：璞以母憂去職，卜葬地于暨陽，去水百步許。人以近水爲言，璞曰：當即爲陸矣。其後沙漲，去墓數十里皆爲桑田。《王惲集》乃云，金山西北大江中亂石間有叢薄，鴉鵲棲集，爲郭璞墓。按史文元謂，去水百步許，不在大江之中，且當時即已沙漲爲田，而暨陽在今江陰縣界，不在京口。又所葬者璞之母，而非璞也，世之所傳皆誤。《世説》載璞詩曰：此阜烈烈，巨海混混，壘壘三墳，惟母與昆。則璞又有二兄同葬。

梁臨川王錢伯仁墓

錢泳《履園叢話》卷一九　按臨川王伯仁，字仲方，宋明帝泰始中，舉孝廉，除王府兵曹參軍、員外散騎常侍。蕭梁革命，義不再仕，遂挂冠歸。天監二年，詔舉世家勳德之士，郡守柳渾表薦之，拜揚州刺史，卒葬高密太守墓西二里。夫人吴郡張氏，子五人：肅之、樂之、邕之、敬之、和之。有女名寶媛，歸文瓚。陳公生子覇先，即陳武帝也。永定初，追贈臨川王，見《陳書・外戚傳》。又按顔魯公《湖州石柱記》云，錢氏長城人，父仲方。高祖微時，先娶之，早卒。及即位，追尊爲昭皇后，墓曰嘉陵，在縣北五里。

梁妙嚴公主墓

錢泳《履園叢話》卷一九　蘇城閶丘坊巷有息園，今爲錢氏家廟，族弟槃溪司馬購顧氏依園地增築之。園中有高阜曰妙嚴臺者，即梁時妙嚴公主墓，府志已載之。案徐柯《妙嚴臺詩序》云，考梁時公主之見於史書者，有玉姚、玉婉、玉嬛、令嫕、含貞，又長城、吉安皆有封號，不知妙嚴主何封也。簡文王皇后生長山公主，名妙碧，則妙嚴爲簡文女無疑矣，舊志以爲梁武帝女，誤也。公主之墓西去數百步，今爲蒲林巷，巷之西口有石馬二區，故老相傳尚是墓前物，今俗稱石馬鞍頭是也。墓上建一亭，登亭南望有傑閣，即禪興寺閣，上有公主像，戴毘羅帽，兩手合十，作跏趺狀，有宫女十人侍其兩旁。相傳公主曾下降郡人孫瑒，瑒死，梁亦旋滅，陳高祖以先朝公主，賜十宫人以優禮之，年八十餘而卒。嘉慶十八年，槃溪濬池得宋時舊刻，似是界石，有東至王從事地云云，則此墓唐、宋時猶存也。

陳黄門侍郎顧野王墓

錢泳《履園叢話》卷一九　案《吴地記》，顧野王墓在横山東平陸。横山，今在吴郡西南十八里。《隋書・十道志》云，山四面皆横，故名横山。顧炎武詩序亦以爲在今蘇州府吴縣横山之東越來溪上，今三吴顧氏皆其後也。

唐褚中令遂良墓

錢泳《履園叢話》卷一九　唐褚中令墓，據《河南府志》在偃師者，誤也。案《新唐書》本傳，遂良貶死愛州，即窆於彼，二男彦甫、彦沖，一孫俱祔。咸通九年，詔訪其喪，歸葬陽翟，唐人有詩紀其事，安有葬在偃師之説？且《宰相世系表》云，褚氏出自漢褚少孫後，裔孫重始居陽翟。又《褚亮傳》云，亮父玠，玠祖澹，皆錢塘人。是其先並無居緱氏之説，自史載遂良自愛州貶所歸葬陽翟，亦應在今禹州，不得云偃師也。乾隆戊申正月，余在開封，偶閲《河南府志》，與洪稚存論及此，故記之。

唐工部郎杜甫墓

錢泳《履園叢話》卷一九　案《河南通志》云，唐工部郎杜甫墓在河南府偃師縣之土婁村，元和八年，元微之志其墓。劉昫《舊唐書》載宗武子嗣業遷甫之柩，歸葬於偃師西首陽山之前。墓志亦云啓子美之柩，襄祔事於偃師。祔者，祔當陽侯墓也。是墓在偃師土婁無疑矣。自《河南府志》有鞏人與事之語，遂沿司馬温公詩話誤載入鞏縣，反駁元微之祔葬偃師，爲江陵途次懸擬之詞，豈《舊唐書》亦不可據耶？以嗣業數千里乞丐焦勞，遷柩歸葬，豈不知其祖平日不忘本不忘仁之言？祔葬當陽，以慰泉壤，禮也。乃去土婁咫尺，遷就葬鞏，既違祖遺志，而又悖元公襄祔之言，斷無是理。乾隆初年爲村民所侵，耕爲麥地，邑令朱公訪出，造營碑記，以復舊制。閲四十餘年，又復侵削，舊時墓前本有杜公祠，爲鄉民改祀土穀神，欲復其舊不可，乃於城西五里堡專建焉。前臨通衢，過者易識，後洛水暴漲，棟宇摧頽。五十二年，邑令南皮湯公毓倬又爲清理，廣其兆域，崇其塚封，環以牆垣，前開墓道，樹碣大道邊，至今不廢。湯公又於城西五里堡以舊茶亭改建，其地軒敞，足以棲靈，即以舊祠僧奉香火。五十三年，余遊河南，深悉其事。

唐魯郡開國公顔真卿墓

錢泳《履園叢話》卷一九　顔魯公墓在偃師縣東北之邙山，明嘉靖中，先世祖樂閑公曾任偃師，嘗爲清理，墓前有米芾書碑云：「公之使賊也，謂餞者曰：

『吾昔在江南遇道士陶八，八授以刀圭碧霞，服之可以不死，且云七十後有大阨，當會我於羅浮山後。』公葬偃師縣北山。有賈人至南海，見道士奕，託書寄至偃師顔家，及造訪，乃塋也。守墓蒼頭識公書，大驚，乃卜日開壙視之，棺已空矣。」其事甚奇，附録於此。

唐遯璞先生墓

錢泳《履園叢話》卷一九　按先世《大宗譜》，先生諱師寶，字道圭，隱居不仕，武肅王六世祖。始卜居臨安。卒，葬臨安縣石鏡鄉大錢邨，世稱遯璞先生。

唐贈尚書僕射長城令公墓

錢泳《履園叢話》卷一九　《慶系譜》云，公諱仁昉，字德純，遯璞先生子，武肅王五世祖也。卒，葬大錢邨父塋。

唐贈尚書左僕射檢校司空常州刺史公墓

錢泳《履園叢話》卷一九　《慶系譜》云，公諱碩亶，字文甫，武肅王四世祖也。高隱不仕，晦蹟丘園。夫人陳氏，合葬於臨安縣石鏡鄉。

唐宣州旌德縣令贈尚書禮部郎右諫議大夫洪勝王墓

錢泳《履園叢話》卷一九　《慶系譜》云，公諱沛，字仁澤，武肅王高祖，梁開平中追贈吏部尚書、左僕射，建廟於臨安，春秋致饗，追封洪勝王。配童氏，追封齊國太夫人，改封趙國太夫人，合葬於臨安縣錦南鄉石鏡溪祖塋。

唐贈尚書左僕射加太尉同中書門下平章事建初王墓

錢泳《履園叢話》卷一九　《慶系譜》云，公諱宇，字道古，武肅王祖也。幼承庭訓，精習詩書，而性尤至孝，唐贈尚書左僕射，加太尉、同中書門下平章事，梁贈檢校司空、彭城侯，追封建初王。《墳廟記》云，建初王墳在天目鄉官田橋中沙里，去縣五里，計十三畝二角，墳客宋德。東至盛自福桑園，西至衆户行路并水田，南至大官路，北至墳後直上大隴，分水爲界。

英顯王墓

錢泳《履園叢話》卷一九　《吴越備史》云，皇考諱寛，字宏道，僖宗文德元年以子吴越王功高，勅授威勝軍節度推官，檢校尚書禮部員外郎，兼侍御史，加檢校尚書職方郎中，兼御史中丞，進太府少卿、朝散大夫、檢校禮部尚書。乾寧二年夏四月乙巳薨，贈尚書左僕射，累贈特進、檢校司徒、開府儀同三司、檢校太保、太尉、太傅、太師、中書令，追封英顯王。至光化三年庚申十一月己酉，始葬皇考太師於安國縣錦北鄉清風里之原。初，太師薨，王因受制討董昌，而淮帥楊行密遣將臺蒙等圍我姑蘇、嘉禾等處以應昌，又遣安仁義、田頵等攻我鎮戍，昌復搆湖州刺史李師悦率兵四千人侵我封境，王命顧全武、許再思自西陵趨石城討昌，進圍越城，遂拔之，昌既死。至四年四月，我師復從海道以救嘉禾，破賊寨十有八，所擒賊將魏約、張宣等及士卒三千餘人，嘉禾平。秋八月，王再命顧全武等復姑蘇，而昭宗賜鐵券適至。其明年，我師救蘇州，生擒淮將李近思，斬首一千餘級，再戰又斬其將梁琮、張庸等。而楊行密復遣將李簡率兵屯無錫，我師復攻之，獲其偏將陳益等，餘皆散走。冬十月乃克姑蘇，淮將臺蒙等皆宵遁，蘇州平。其年閏十月，婺州王壇抗命，而衢州刺史陳岌復貳於我。光化二年春，我師復大敗陳岌黨於龍丘，而命副指揮使方密、羅聚等濟師於婺州。其次年正月，淮將康儒、徐從皋等復攻婺州，王命從弟銶率師討之，遂大敗賊徒于軒渚，并絶其糧道，王壇急奔宣城，陳岌降王，以岌爲浙東安撫使。是年冬十月，勅遣中使取王形圖於凌煙閣。五年之中，王未嘗有一日之安，是以緩也。英顯王配水丘氏，即太夫人姪女，勅封越國、秦國太夫人。天復元年九月壬子薨，累贈太元太夫人，與英顯王合葬焉。墳廟記云，墓在錦北鄉，去縣五里，計三頃六十六畝二角四十步，看管羅青，東至官路，見有石云云。泳謹案縣志，錦北鄉即今之縣治也。宋時始建，則今縣治二堂之後有錢王墓者，其爲英顯王墓無疑矣。國朝乾隆十年，滇南李公名元，來宰臨安，見縣治二堂時有異鳥翔集，且循歷巷道，空洞有聲，因令一人持炬就空穴處，入丈許，則石屋寛敞，行數十步，磚甃堅固，見有一碑模糊不辨，疑爲武肅隧道，既出，遂蓋浄土，就堂改祠，以奉香火。其後絳州趙公民洽蒞任，謂神人不並治，墓可存疑，而堂不可爲祠也，因移建於舊墓前，工垂成，調去。嶺南嚴公天召繼之，立石存焉。今土人俱誤視爲武肅王墓，而實非也。以上先世七墓，《臨安縣志》俱失載。

楊貴妃墓

《〔乾隆〕西安府志》卷六四《古蹟志下・陵墓》　楊貴妃墓，《唐・玄宗紀》：丙申，次馬嵬驛，上命力士賜貴妃自盡中驛。《陝甘資政録》：墓在興平馬嵬西里許。順治乙未，縣令賀文龍訪得之，乾隆乙未年修。

張九齡墓

《〔道光〕廣東通志》卷二二七《古蹟略十二》　唐張九齡祖墓，在河西黄田嶺。去縣城半里。《縣志》。同中書門下平章事謚文獻張九齡墓，在縣北二十五里羅源村。《輿地紀勝》。在城西二十里武臨源。宋郡守譚粹，公外家十代孫也，歲躬致祭。宣和中，郡守陳逸時行奠禮，植松數千株。紹興中，舍人朱翌白太守蘇泳，以公墓在法應祀，歲以爲常。正德間，布政吴廷舉重建饗堂，編夫看守。黄《志》。唐徐浩撰《神道碑》，詳《金石略》。殿中監張九皋墓，在始興郡洪義里。同上。

劉龑墓

《（道光）廣東通志》卷二二六《古蹟畧十一》 劉王墓，郡北山七里有雷洞，亦劉王墓也。《南海百詠》：俗謂僞劉雷將軍墓。又云：劉氏時所鑿，謂之雷藏，欲以饗雷。事見《番禺褉志》。然其上因山爲之，初不封樹，近歲爲風雨所圮，方洞見其中。識者亦疑爲趙佗墓。黄《志》。墓在縣東二十餘里。崇禎九年秋，北亭洲間有雷出，奮而成穴，一田父見之，投以石，空空有聲，乃内一雄雞其中，夜盡聞雞鳴。於是率子弟以入，堂宇豁然，珠簾半垂，左、右金案玉几備列。有金人十二，舉之，各重十五六斤。中二金像冕而坐，若王者與后，重各五六十斤。旁有學士十八，以白銀爲之。地皆金蠶珠貝所築。旁有便房，當廳寶鏡大徑三尺，光燭如白日。寶硯一，硯池中有玉魚能游動。碧玉盤一，以水滿注其中，有二金魚影浮出。他珍異甚衆。田父先持鏡歸，光動鄰舍，亟碎之。有一珠，入夜輒作怪狀，懼而棄之。於是鄰人覺而争往，遂白邑令。令亟臨其地，視搜發令，得玉枕一、金人四以歸。玉枕作卧虎形，長可尺許。大小珠見風悉化灰土，口含之而出乃得完好。承棺有黄金磚四。棺既斧碎，有懷其齒髮以出者。一碑當穴門中立，辭稱：高祖天皇大帝哀册文，翰林學士知制誥正義大夫尚書右丞相紫金袋臣盧應敕撰。并書其所爲大帝者，崩於歲壬寅四月甲寅朔念四日丁丑，號爲大有十五年；葬以光天元年，陵曰康陵，蓋劉龑墓也。惠棟《精華録訓纂》。

謹案：劉龑塚碑，朱錫鬯、王士禎所紀互有不同，詳《金石畧》。崇禎九年，郝《志》作十五年。

文穆王墓

錢泳《履園叢話》卷一九 先文穆王墓，在錢塘縣龍山之原，今名玉皇山。後晉天福七年二月十九日勅葬。舊時墓基，有三百餘畝，前案登雲山，外案浙江會稽諸山，歷歷可數。墓前二百步外有神道碑一座，龜趺螭首，地名頭城門，蓋當時尚有墓城也。宋熙寧十年，郡守趙清獻公抃以錢氏墳廟蕪廢，奏改廢刹妙因院爲表忠觀，即在墓左，蘇文忠公軾爲作碑文，終宋之世，墳廟無恙。元時燬于兵火，則觀廢而墓存。明正德十二年，浙江按察使許公讚始爲清理，已被土豪江氏佔葬，圖蔽所侵，謬指他向，十餘年不決。至嘉靖十年，裔孫德洪、大經、應揚、邦祥、椤等復呈監司，請掘壙志以爲驗。於時御史王公繼禮、僉憲王公臣移文杭州守婁公至德，發土夫百餘人，而郡佐敖公文瑞、劉公望之躬執畚鍤以從事，十日而志見，乃命七日不掩築，縱民來觀，以示徵信。遠近相聞，扶老攜幼，焚香羅拜，觀者塞途。其明年德洪請諸高陵吕柟大書「吴越國文穆錢王墓」八字，而浙江提學僉事林雲同暨錢塘知縣王釴爲之刻石，即今墓前所立者是也。國朝康熙三年，奉文清丈，而舊時墓基所有三百餘畝者，惟存十之一矣。雍正六年間，爲土民先後盜賣。至九年，又有土豪孫蘭臺之故父貪涎風水，盜葬其親，并將墓前石人石獸及華表并天下兵馬都元帥牌坊石柱等盡皆毁埋，以圖滅蹟。爰有二十六世孫志成者，于乾隆三年四月控縣，爲吏胥得賄，蒙蔽遲延不結，志成憤而成疾，鬱鬱以死。旋有二十七世孫時號心湖者，體志成之志，刈力擴清，又爲弓算經承，與管墳人王君瑞父子及族逆錢在中等通同作弊，訟延至二十六年，心湖抱憤無告，忽奮然起曰：「明春車駕南巡，吾當叩閽與孫氏權輕重耳。」孫故富家，聞之大懼，而當事亦恐負廢弛之咎，俾通省理事同知納公興安治其事，即鎖押王君瑞父子及錢在中、孫蘭臺等，一訊而明，立限孫氏及盜葬者三十餘家統于十日内起遷，清出墳山二十八畝九分有零，另請歸額，其案始定。今之得以春秋祭掃者，心湖力也。嘉慶初年，泳遊兩浙都轉運使幕中，歲時往拜。至十三年春，又捐錢三十千文，而與住杭諸宗人勸資增築石冢，計周圍十六丈，高八尺餘，上覆以土亦四尺許，而請巡撫阮公元書碑立石，冀垂永久。道光十七年，宗人寶琛爲浙江布政使，瞻拜墓下，命族人廷烺、廷爈、治增等又修之。

廣陵郡王墓

錢泳《履園叢話》卷一九 廣陵郡王，諱元璙，武肅王第六子，石晉時爲中吴軍節度使，加檢校太師，兼中書令。天福七年五月薨，以王禮葬於吴縣南宫鄉椤伽山之原，即今之南横山。玉濟之《姑蘇志》及《蘇州府志》俱以爲忠獻王者，悮也。墓久湮没，並無碑志，惟存翁仲、石將軍、麒麟數事而已。嘉慶初年，爲廣東嘉應州軍犯張樂真盜葬。至十五年春，余與族弟槃溪不忍坐視，首發其事，控諸縣府，自此涉訟二年，卒爲清復，至今祭之。而廣陵嫡支子孫，居浙江之象山縣者最盛，而未之知也。余嘗賦詩云：「薦福山前落日遲，我來祭掃又何辭。螭頭有石眠荒草，馬鬣無封記斷碑。小子尚能清譜牒，時泳正修廣陵王一支之譜及廣陵王墓域志。諸孫早爲建崇祠。槃溪新建五王祠堂，以廣陵王威顯公爲配饗。王靈赫赫今如在，爲祝山神好護持。」

武肅王墓

錢泳《履園叢話》卷一九　先武肅王墓，在今臨安縣城内安國山下，《備史》云，長興三年壬辰春二月，唐主遣吏部侍郎盧詹、刑部郎中楊薰賜王國信湯藥等。三月己酉，夜大雪，至庚戌三月二十八日。王薨於正寢，年八十有一，在位四十一年。朝廷聞訃，廢朝七日，哀悼不已。詔謚曰武肅，命將作監臣李鍇、光禄少卿臣張褒宣命。夏四月庚午，奉靈輴殯於衣錦軍，即今之臨安也。應順元年甲午春正月壬午，勅葬王於安國縣衣錦鄉茅山之原，命工部侍郎楊凝式爲碑文。《墳廟記》云，武肅王墳山并祠堂在縣城内，計二頃四十五畝二角五十步，看管羅青、吴贊。東至縣子城，西至縣牆，南至官街火星池，北至大溪廟基，計一十一畝，祠堂基計九畝二角三十步，廟後墳山地計一百四十畝二角。又云裏城東桑園地計七十畝，祠堂西桑園地計一十四畝二角二十步，墓南向，後坐安國山，即茅山也。前對功臣山，山上有一塔，爲功臣塔，甚聳秀。墓營左右有龍虎沙兩條回抱，前神道碑已倒，一字無存，華表一對、石馬、石羊、石虎俱全，石翁仲兩對，石將軍一對，享堂五楹，其中供奉武肅王木主，以文穆、忠獻、忠遜、忠懿四王配享，享堂之東數武有關帝廟，即吴越之太廟也。今居民尚稱之曰太廟山，廟後有石室，即所謂五祖祏也。墓門之前，即是大街。泳謹案，武肅王墓載于《浙江通志》、《杭州府志》、《臨安縣志》及《吴越備史》、《十國春秋》、《五代史記》諸書。宋時墓基并祠堂，據碑記載有二頃四十五畝二角五十步，其四至餘地，皆歷歷可考。元、明以來如舊，弘治間邑令王公翔鳳、毛公忠相繼知縣事，嘗爲置立屋舍柵門，令人看守，禁止作踐，春秋設祭。後被土人將墓上東西龍印二山及甬道左右，各築牆垣，佔爲園圃，鋤犂耕種，放牧牛羊。正德十二年五月，經臨安縣，省祭官陳天顯、高𤊞等十三人稟呈于浙江按察僉事許公讚，批發臨安縣查勘申詳，追得侵佔人犯盛金等三十四人，即會同署印知事王儒及儒學掌印官，丈量清理，追出山田地蕩共四十四畝五分零，不許佔種，立石爲界，即將盛金等分别治罪。其各地上原造小房，令其拆卸，仍將丈量細數并招情繪圖，備行儒學收掌。飭本縣知縣廖瑜支給官銀，于冢前臨街建立大門三間，周圍築衞牆垣，又造享堂三間，拜臺一所，著本縣城隍廟護印道士梁元崇看守，給帖付照。嘉靖十八年二月，裔孫刑部郎德洪等又請于巡按浙江監察御史傅公，即批本縣查勘清理，又命會稽裔孫生員珏守墓。以舊時祭費不敷，于本縣祠典内每年增設祭儀，春秋二仲致祭，每祭照鄉賢名宦品物外，加帛四端，共計銀四兩。議將種地山民編爲塋户，專管護，其荒穢不治，坐之以罪。墓域地形周圍五百一十步，并令多植松柏，以壯觀瞻。至隆慶二年間，又被土民吴阿五等三十人佔據，并毁壞石器，私創淫祠，復經裔孫彪題呈于巡按浙江監察御史李公，批準清查。遂限侵佔之人立書退狀，將所佔之地還官，著守祠人照址管業，其久住房屋并山田魚池等俱令納租，以爲祭費。崇禎初，又被土民趙應元、王七等盜斫松樹，裔孫簡討、國本、受益等又呈于欽差督撫軍門張公，勒石禁約，以懲侵盜，又批准下縣。國朝以來，墳廟無恙，子孫雖散處四方，未能年時祭掃，而春秋享祀不絶。泳於嘉慶元年在兩浙轉運使幕中，往臨安瞻拜第一次。道光三年，由吴門至杭州，瞻拜第二次。十一年，又偕族弟懋溪瞻拜第三次，則知于七年七月，爲住祠人唐阿七勾結縣書張德銓等，盜伐墓上大松五株，本邑裔孫振禮、錦昌等具呈縣主，詎德銓朦混謂以此爲變賣充公之用，反將振禮等七人管押勒結，于是裔孫生員丹陛、大聚等又上控，經杭州府知府成公親提嚴訊，追價在案。時泳以惠山家祠未曾竣工，因循至十二年冬始與族人松坡、蔭軒、懋溪、佩之、硯茶硯輩酬費興脩，而太倉宗人伯瑜觀察名寶琛者，正爲浙江糧儲道，將除雲南按察使，亦有所捐，共得三百餘兩，重建照牆，石庫門上署「錢武肅王神道」六字，而再立墓前大碑，題曰「唐故天下兵馬都元帥尚父守尚書令兼中書令吴越國王謚武肅錢王之墓」三十字，又于東會錦門口立一碑，曰「錢武肅王故里」六大字。時以經費不敷，僅將祠堂添瓦小修，神牌更正，而甬道上之蒼苔瓦礫，神宫前之積水瀠洄，未能挑濬，一律擴清，此十四年四月事也。至十五年春，泳偕諸宗人祭埽，則知伯瑜廉訪又擢浙江布政使矣。是時地方大吏正入奏大修海塘，其欽差大臣爲歙縣吴退旃都憲，與泳本舊好，遂面遞一呈，請修先墓。至次年海塘工竣，奉旨欽頒「朝宗效祉」四字額，恭懸祠内。而都憲還朝，先捐白金百兩爲倡，自是撫、藩、臬、運以及兩浙諸觀察各有所捐，合一千七百餘兩。正欲興修，而爲伯瑜方伯借挪先修會稽祠墓。至十六年，方伯始飭臨安縣知縣馮雲祥再修，清出胡姓所佔東南角竹園一所，于東邊照牆上再建一石庫門，稍肅觀瞻而已。

忠獻王墓

錢泳《履園叢話》卷一九　忠獻王墓，在文穆王墓西，兩墓並列，僅隔一山，其神道碑一座，在今玉屏峯下。明成化間，先爲太常吴誠佔葬，由吴墓北行數十步，爲江氏墳堂，墳堂之後有一澗水，甚清澈，再上數十步，有平坡，即忠獻墓域也。松楸鬱然，並無封冢。又上數十級，爲嘉靖中宫保尚書江瀾之墓。相傳江氏佔葬時，既將神道碑文燬滅，而墓之左右前後皆爲江氏所有，其時子孫亦有控縣者，而江氏勢焰甚盛，既不能復，又坐誣告流戍，金陵士人至今尚目爲江半朝。舊有墓基三畝，國初猶爲錢氏辦糧，雍正八年，江氏一并盗買，竟無從識認矣。乾隆五十九年三月，錫山裔孫天球、文炳、俊選等同來祭掃，見平坡上有洞穴，疑爲隧道，即呈之杭州太守李公亨，特立碑表志，諭錢塘知縣鄧公雲龍親勘立界，有案存焉，自神道碑至墓基，計二百四十步。

忠遜王墓

錢泳《履園叢話》卷一九　忠遜王墓，在會稽縣南秦望山北，地名昌源，今誤爲桑園。《嘉泰會稽志》亦云在昌源坂。《流光譜》云在石纖峯大石屏之下，今土人謂之田螺石是也。案元至元中，有西僧楊璉真伽將發宋諸陵，浙東西騷動，大家之墓，各將石器埋藏，伐松平塚，恐罹此厄，墓之荒廢，當在是時。宋末林景熙詩云：「牛頭一星化爲石，千仞岐增垂鐵脊。隆隆隱隱佳氣藏，列峯環拱效圭璧。」又裔孫養廉詩云：「零落穹碑春雨裏，埋藏卧馬夕陽邊。」細味二詩，其墓在田螺石下無疑矣。國初爲邑人屠氏所得，造爲墳墓，松楸已高，幸正域尚存，惟存兩石柱。道光三年三月初六日，泳遊天台回，路過會稽，嘗同宗人雲亭粥之輩，放舟入山，至昌源坂，拜墓下，紀以詩云：「扁舟出城南，雙槳如輕翮。乍過樵風涇，悠然入深碧。攜我緑玉杖，著我遊春屐。來看射的峯，更上田螺石。峭壁何崢嶸，飛泉亂噴激。祏室已無踪，墓門亦殘闕。憶昔先讓王，踐祚方六月。禍起碧波亭，一朝棄簪笏。猶幸骨肉恩，愛護同毛髮。遷徙鎮東車，竟入神仙窟。詩酒樂餘年，子孫滿朝籍。至今越州民，思念猶未歇。以上諸事俱見《吴越備史》。遥遥七百載，幾見滄海易。何況古墓田，松楸異今昔。翁仲既無語，桑精豈能白。亦有父老言，此中是真域。清酒誰薦芳，烏啼自朝夕。四山落蒼翠，滿路生荆棘。一顧三回頭，行者咸歎息。我來昌源坂，憑人問遺蹟。徑窄滑蒼苔，馬鬣終難識。古寺留斜陽，鐘聲送行客。謂顯聖寺。款款信歸橈，鏡湖水流急。」至十六年冬，有宗人寶琛爲浙江布政使，泳遂告之，始知是墓所以荒廢之故，旋命紹興太守及山陰、會稽兩邑宰，勘明清丈，表志立碑。

忠懿王墓

錢泳《履園叢話》卷一九　先忠懿王墓，據《宋史》在河南洛陽縣邙山賢相里之陶公原，而《河南通志》、《河南府志》俱失載，何也？案靖康之亂，吾錢氏合族俱隨高宗南渡，居於江浙兩省者十之八九。紹興元年，榮國公忱奉母賢穆大長公主定居台州，時金人盤踞汴梁，不能往祭，故又立忠懿王衣冠墓於天台，以便春秋奉祀，惟舊時譜牒無一言及之者。乾隆五十九年春，錢塘袁簡齋先生遊天台，見有一碑大書「宋秦國忠懿錢王墓」八字，卧於路旁，亦明嘉靖中裔孫德洪立。先生有詩云：「天台路旁古墓欹，大書忠懿錢王碑。更書南京尚寶吕，爲十七世德洪題。其壙旁隆中窪陷，頗似發掘遭赤眉。在昔錢王薨逝後，宋主恩禮無少衰。賜葬洛陽賢相里，不聞此地曾輿機。或者子孫衣冠葬，七百載事難參稽。從來正史與碑碣，往往傳聞多異詞。崇韜枉哭子儀墓，安生誤受熊光欺。我非成精老桑樹，難呼翁仲説是非。且題數行書所見，郢書燕説存其疑。」道光三年，泳遊天台，遍求不得，問山僧，亦無知者。他日當再爲尋訪，扶其碑而樹之。

會稽郡王墓

錢泳《履園叢話》卷一九　先六世祖宋駙馬都尉、會稽郡王暨賢穆大長公主合葬之墓，在天台縣西北三十里，護國寺東五百步，鳳皇山之陽。泳謹案，郡王以靖康元年十月六日薨於汴京賜第，年七十二。未幾金人入汴，二帝北巡，高宗即位於南都。建炎二年五月，王長子榮國公忱等奉母賢穆與郡王靈輀奔江南，權厝於丹徒縣之南山，以一弟守之，即奉賢穆避浙東，旋遷台州。高宗既定鼎杭州，即台城賜公主營第。紹興十二年冬，皇太后鑾輿北歸，賢穆歡呼大喜，乃求入覲。或謂主年高，恐攖寒暑。主曰：「吾蒙上恩至深，自恨老矣，不獲春秋時見，今國有大慶，可即安不一賀天子乎？」遂行，既至臨安，見上并見太后，相爲涕泣，上與太后遣使勞問，相望于道。居數日，主寢疾，上趣國醫診視，疾少間。十一月壬寅，忽索衣冠，命湯沐，端坐而薨，年八十有四。其明年九月十三日，先有旨遷郡王靈輀與賢穆合葬焉，事具家傳。道光三年二月，泳遊天台，親拜墓下，荒涼不堪，墓前石坊已圮，僅存兩石柱，中間甬道有巨碑，上刻「會稽郡錢王墓」五字，明嘉靖間，餘姚裔孫刑部郎德洪立，而郡王塚封已窪陷如坎窞，似久無人祭掃矣。爲感歎者久之，歸而告諸宗人，適是年江南水災，莫有應者。至五年九月始往重修，凡費白金三百兩有奇，半皆出自宗人捐助，亦以十三日築成，並訪得郡王長子少保瀘州軍節度使榮國公忱墓在護國寺東北山之麓，及三子德慶軍節度使贈咸寧郡王恤墓在護國寺西半里許大嶺山之陽，即泳本房祖也。又榮國第三子觀文殿大學士忠肅公端禮墓在護國寺前山，其子越州安撫使管墓在桃源山，與其孫左丞相贈太師魏國忠靖公象祖墓在忠肅墓東偏，凡五所，俱高其塚封，立碑表志，祭奠而歸。嗚呼！先世自武肅王以布衣提三尺劍，鎮十四州，保民立國，傳子及孫，至忠懿王順天納土，澤及雲礽，功德著於史册，自古莫有倫比。故國家有祀祭之典，官吏有防護之册，而爲之子孫者豈忍聽其荒廢不治而漠然置之耶，且武肅王後惟忠懿一支子孫最盛；忠懿之後，惟會稽一支子孫最盛，今江浙郡縣奚啻數百萬家，皆郡王嫡支也，竟無一人爲道之而祭之者，亦奇矣哉！

蘇洵墓

《清一統志》卷三〇九　蘇洵墓，在州東(墓)(蟇)頤山東二十里老翁泉旁。

王建墓

陸游《劍南詩稿》卷八《丁酉上元》　後陵永慶院，在大西門外不及一里，蓋王建墓也。有二石幢，猶當時物。又有太后墓，琢石爲人馬，甚偉。

香頭墳

屈大均《廣東新語》卷一九《墳語》　香頭墳，在新寧縣境。宋末帝舟次厓門，新寧有伍隆起者，以三世受國厚恩，非死不報，於是貢米七千石，率其鄉人捍衛。時賊臣張弘範已入廣州，隆起奮身與戰，累日不沮。潛爲其下謝子文所殺，以首投降。丞相陸秀夫使人收葬，以香爲首，其墳因曰香頭墳。予銘之曰：天生沉檀，以爲君首。血肉非香，烏鳶所有。斲以良工，其大如斗。玉粹金純，黄泉不朽。

林逋墓

《(雍正)浙江通志》卷二三五《陵墓》　宋和靖處士林逋墓，《(萬曆)杭州府志》：在孤山之陰，元至元間，儒學提舉余謙修葺，植梅數百本，構亭於下。明成化十年，郡守李端重修。邑人于冕、沈恒於墓上重種梅樹。

岳飛墓

《(乾隆)杭州府志》卷三三《冢墓》　少保鄂王謚忠武岳飛墓，在棲霞嶺。子雲祔葬。《大清一統志》。隆興時，中丞汪澈宣撫荆襄，故部曲合詞訟飛冤，哭聲雷震，孝宗詔復飛官，以禮改葬。養子雲，死時年二十三，亦以禮祔，贈安遠軍承宣使。《程史》。岳侯之斃獄也，獄卒隗順負其屍出，踰城至九曲叢林中，葬之山隅，樹雙橘于上識焉。順將死，謂其子曰：「異日朝廷求而不獲，汝當告言，棺上一鉛筩有棘寺勒字，吾埋殯之符也。」後果購其瘞。以一班職爲賞。其子上告官，悉如所言。而屍色如生，尚可更殮禮服也。《朝野遺記》。至元以來，墳漸傾圮，江州岳氏名士迪者與宜興州岳氏，合力起廢。《輟耕録》。岳王墓木皆南向。天順時，同知馬偉取檜折幹爲二植墓前，名分屍檜。正德八年，都指揮李隆範銅爲檜及妻王氏、万俟卨三像，反接跪墓前。萬曆中，兵使者范淶增張俊像。撫臣王汝訓沉張俊、王氏兩像于湖，移檜、卨二像跪祠前。《湧幢小品》。嘉靖十四年，巡按御史張景刻「盡忠報國」四大字于石，豎墓之南。參政洪珠書，提學僉事徐階爲記。萬曆舊志。國朝雍正七年，總督李衛飭屬員重修。錢塘縣知縣李惺重鑄四鐵人，立碣爲記。《浙江通志》。

吕通墓

《(乾隆)西安府志》卷六五《古蹟志下・陵墓》　吕通墓，縣志：在縣北五里。宋吕蕡，先汲郡人。任比部郎中。父通，太常博士。蕡過藍田，愛其山川風景，遂葬通藍田，因家焉。生大忠、大防、大鈞、大臨。舊有墓十五。明成化十九年，知縣劉震封樹。萬曆三十一年，知縣王邦才勘復侵地，共得三十六畝，四界石存。范育《吕大鈞墓表》：元(封)(豐)五年六月，吕君和叔卒。九月從葬驪山之趾先大夫墓。明戴珊《新建吕氏祠記》：縣北五里許，號吕氏莊。芸閣寺北十餘墓，偏西南就平有廢阯。鄉人率知爲吕氏故物，乃檄知縣劉震復其墓，即廢阯作祠堂。張士佩《重修四獻祠記》：四獻祠依墓。墓廣二十畝，祠廣十有四畝。而墳祠之壖，祭田寓焉。《陝甘資政録》：乾隆乙未年修。

宋三賢墓

《(道光)重慶府志》卷一《陵墓》　南川縣宋三賢墓，在縣北七十里石龍廟側，有石墓一列三凾，額題「濂溪、明道、横渠墓所」八字，俗號夫子墳。今旁住居民姓多周、程者，諮訪世系，亦弗能辨。按：濂溪先生，道州營道人，初爲分寧主簿，調南安司理參軍，累遷廣運判官，提點刑獄。後以疾求知南康軍，因家廬山蓮花峯下。明道先生，河南洛陽人，第進士，調鄠、上元主簿，已爲晉城令，改著作佐郎權御史，顯指新法不便，力求罷職，改僉書鎮寧軍判官，最後出知扶溝縣，監汝州鹽税。哲宗召爲宗正丞，未赴而卒。横渠先生，大梁人，家於陝西郿縣，第進士，爲祁州司法參軍，遷雲巖令。熙寧中，召爲崇文院校書。直規新政，不合，稱疾屏居南山下。已又薦知太常禮院，不合於有司，仍以疾歸，道卒。由此觀之，三先生未葬於斯土也明矣。紹興間，伊川先生謫涪州，墓地界址相距止二十里，其或三賢遺蹟，伊川爲之冢於斯歟？以故佳城鬱鬱，古刻蝱然。

善卷墓

《〔嘉慶〕常德府志》卷六《山川考》 善卷先生墓，在善卷村。《湖廣通志》、《德山志》同。按《明統志》墓在大西山。又《辰志》云：宋祥符中有人竊發其墓。須臾雷雨交作，人莫敢犯。《湖南通志》：善卷墓在辰溪縣西九峯嶺。並録俟考。

韓世忠墓

《〔同治〕蘇州府志》卷四九《冢墓一》 韓忠武王世忠墓，在靈巖山西麓。盧《志》：紹興二十一年十月葬。敕使徐仲護其事，吴、長洲二縣令奔走供役。孝宗御題神道云：中興佐命定國元勳之碑，敕趙雄爲文。碑高十餘丈，趺蓋在焉。初，敕文而未立龜趺留木瀆。嘉定間，以景獻恩例敕葬趙希懌於穹窿，相傳磨韓碑爲趙用者。其後始樹碑，爲樓三成以覆之，正與穹窿相直。不數月，韓氏首喪其長子。時有術者言，少須幾時，穹窿亦未易當。繼報景獻薨。案：碑額乃高宗御題。《姑蘇志》又云：後碑成而額在百步外，鄉人云：龍陣過揭也。今穹碑尚存，好事者梯而搨之。趙雄文雖未必得其全王事蹟，當有與《宋史》可參考者。明高啓《韓蘄王墓》：「宋室中興日，將軍武略優。功宜超賈鄧，名恥並張劉。白馬空南渡，黄龍竟北游。誓禽諸郡種，還報兩宫讎。朝使頒金册，邊人識錦裘。躍戈衝野陣，横棹截江流。殘虜亡魂走，中原指掌收。未終藩閫寄，已惑廟堂謀。坐散熊羆士，甘臣犬豕酋。和戎詞易屈，復漢志難酬。闕聳吴山曉，陵荒翠樹秋。廉頗歸未老，郭令罷誰留。折檻言徒切，藏弓勢可憂。俄看星隕壘，永使陸沈州。感慨思前代，淒凉弔古丘。劔花埋虎氣，碑蘚剥螭頭。石騎嘶風雨，山僧護檟楸。鼓旗何寂寂，簡册漫悠悠。父老悲猶在，英雄事已休。栖鴉嶺前墓，聞説更堪愁。」

蘇姑墓

《〔同治〕徐州府志》卷一八上《古迹考》 蘇姑墓，在府廨東北隅。國朝石杰《修建蘇姑墓亭記》：署之東偏有蘇姑墓，相傳爲東坡少女。新守莅任輒祀之。上覆小亭，繚以短垣。飄摇風雨，亭圮垣毁者久矣。余葺而新之，誌歲月于石。

張世傑墓

《〔道光〕廣東通志》卷二二八《古蹟略十二》 太傅張世傑墓，在陽江縣南赤坎村。相傳諸將函骨葬之於此。俱同上。張世傑疑塚，在陽江縣壽文都平章山。黄《志》。按：《宋史》謂世傑死平章山下，《元史》謂死海陵港口。平章即海陵之東也。世相傳世傑葬處爲潮居里赤坎村。明弘治己未，知縣柯昌始大封其墓。陳獻章詩「大封赤坎墓，昭昭愜衆聞」是也。黄《志》則謂潮居里赤坎村乃在香山，陽江無之，又以此爲疑墓。考今縣東平地都有赤坎村，而無所謂潮居里，誠有可疑。嘉靖二十五年，知縣吴焕章重修之。金《志》。

謹案：世傑墓以在香山爲是者，自《厓山志》始。

國朝知縣張汝霖修復之。以在陽江爲是者，陳獻章以前皆云然。柯昌封之，吴焕章修之，雖忠臣靈爽，無乎不在，然論從其朔。黄佐著其墓於香山，而指此爲疑墓，未确也。《厓山志》又謂，柯昌在陽江，實未封赤坎墓，但報書給獻章請作記。不知昌建世傑祠無可疑者，祠既建而墓獨不封，以欺賢者，無是理也。兹兩墓並存，仍從《大清一統志》爲定論焉。

范祖禹墓

《〔道光〕廣東通志》卷二二八《古蹟略十三》 宋范龍學太史墓，内翰諱祖禹，按晁氏所記，公元符初徙於化，未幾，以疾不起。聞李寶善地理，諭公之子冲，使窆之南山，且預言獲歸葬。已而果驗。塚在郡南山二里南山寺，未經寇燬。墓左有碑，乃崇寧五年所立，大書龍學范公墓，揭於碑額。《輿地紀勝》。明永樂十三年，參議鄭阜偕知州田庸構祠於墓。趙次進記略：予在薇垣時，嘗與同寅右參政鄭公論及唐宋遷謫嶺南諸公事業，是非斷在史筆，固已昭然。其間有被誣枉而終炎荒者，恆歎悼之。後鄭公過化州，停車訪宋范先生祖禹葬處，州守、學掾罔有知者，耆民董廷輔因自言少時嘗從其祖登高山之巔，指山之北丘壠巍然者曰比宋范學士墓，識之不忘。遂引至其處，荒荆野竹，交蔽蒙密。因而芟除，果見崇封如。故遂相其墓之東偏，可建祠堂。與知州田庸、學掾滕善、訓導蔣崇文、李縉各出資易材，構室三楹，扁曰「宋翰林學士范公之祠」，以春秋祀之。外立牌門，牓曰「范翰林之墓」。歲久圮廢。嘉靖二十八年，知府歐陽烈命知州傅昂修理。爲亭，扁曰「玉光」。前爲門，題曰「宋翰林學士范公之墓」。黄《志》。

羊續墓

《〔乾隆〕泰安府志》卷四《古跡志》 羊續墓，縣西六十里羊流店北。有五塚，三塚高丈餘，二塚半之。其三高塚，一爲盧江太守續墓，一爲上黨太守衢墓，一爲丹陽尹曼墓。其二塚未詳。初，相墓者謂有天子氣，孫祜聞而鑿之。今鑿跡猶在。又有謂三高塚中即有太傅祜墓。按：《晉書》本傳：祜卒，從兄琇等述祜志，求葬先人墓次，帝不許，賜近陵葬地一頃。祜墓固在洛陽也。

金粟道人顧阿瑛墓

《(同治)蘇州府志》卷五〇《冢墓二》　金粟道人顧阿瑛墓，在綽墩山壽寧庵下，德輝生前自築。環植叢桂，名金粟堆。自爲志。後卒於鳳陽，返葬於此。殷奎銘。縣志云：袁華《壽寧庵》詩中有「被酌坐逃禪，銘墓親操筆。夢幻前後身，道悟中邊蜜」等句。意蓋指生壙也。葉《志》：德輝有《金粟冢中讌集詩七十韻》，《信義志》載。國朝康熙中，有無賴子覬壙中所有，從佛殿後穴地引絙秉炬下，見壙中磊石爲穹，梁以大鐵索二繫柩半空，前設石案，案設香爐、蠟臺，一磁瓶高尺許。其人以陰寒逼人，取磁瓶急出。嘉慶乙亥夏，大雨連旬，庵前數武忽陷，一穴深不可測，絙燈俯窺，約略似石甃四圍者。里人以土填之，久始滿。案：此則壽寧庵下，當即金粟冢也。案：仲瑛自撰《生壙志》云：母喪，函骨歸葬綽墩之壟，復鑿土作壽藏之陽。又殷奎《顧府君墓志》云：葬君綽墩之壽藏。據此則墓在綽墩無疑。

丁鶴年墓

《(雍正)浙江通志》卷二三五《陵墓》　元高士丁鶴年墓，《(萬曆)錢塘縣志》：在清波門外。傳詳「寓賢」、《列朝詩集傳》。鶴年，西域人，曾祖阿爾丹從元世祖狥地西土。論功，父以世蔭爲武昌尹。鶴年避兵錢塘，生母馮氏阻絶他所，病死，痛哭求母，夢母具告以所瘞血沁骨殮而葬焉。晚屏絶酒肉，廬於父墓以終其身，卒葬其旁。

半拉房古墓

《(宣統)呼蘭府志》卷一《地理略・古蹟》　半拉房古墓，在本屯東南四里許。四隅石柱各一，後二柱之間有石牌，漶漫無文字。其南石翁仲二，一西南向，冠虎頭冠；一東向，沙帽無翅；均寬衣大袖，兩手交胸，無鬚髯，膝以下仍没土中。自地面量之，高四尺四寸，其腰一寬尺有五寸，一寬尺有六寸。又南，石虎二，身長二尺三寸，高一尺一寸。又南，石羊二，在左者長二尺六寸，高尺有五寸；在右者毁其首，身長二尺四寸，高一尺一寸。虎與羊均伏卧石上，兩虎間有石池一，具達户井之東，亦有石人、石獸。疑皆古墓也。

半拉城古墓石像

脱鞋塚

《(道光)濟南府志》卷六三《陵墓》　脱鞋塚，縣志云：在城西南二十里。高一丈，周圍三十四步。

明宗室塚

《(咸豐)安順府志》卷一二《古蹟》　明宗室塚，在普定城北各什，周六丈餘，碑碣雕鏤極精緻。爲風雨所剥蝕，字跡多漫滅。惟旁留「朱氏佳城千載盛，皇家率土萬年春」十四字可辨。又右柱二，其左題「富水貴山，際此間真成錦繡」十一字，右字俱滅。有守墳莊，相距里餘。不知何人墓，詳其語意，殆朱氏宗室也。

王陵母墓

《(同治)徐州府志》卷一八上《古迹考》　王陵母墓，在城西南二里。明嘉靖中，御史朱衣立碑冢上，後爲居人所毁。康熙間，淮徐同知孫國瑜按舊址衛以石垣，建坊墓門。嘉慶四年，淮徐海道康基田重修。

李子長墓

屈大均《廣東新語》卷一九《墳語》　李子長墓，在西樵雲路村，其碑曰「明抱真先生李子子長之墓」，霍文敏公所書也。子長，順德人，名孔修，初赴省試，以搜簡過嚴，嘆曰：「此豈朝廷所以待士耶？」擲硯而去，今貢院右有擲硯亭存焉。常從白沙先生問學，得無欲之旨，操行廉潔，人不可得而衣食之。布政使朱英餉米二十餘石，固辭不獲，乃悉舉所有瓶、盎、盤、匜之屬以貯米，才容一二石許，餘則不受。遇空輒畫貓兒賣之，毛骨如生，鼠見驚走。其山水翎毛亦精絶，人爭寶重，然皆不肯多畫。平居大帽深衣，入夜不解，閉户静默，人希見其顔面。間出，則市人環觀，以爲異物。舉止雍容，擇地乃蹈，遇雨輒拱手徐行。人曰：「先生何不趨？雨瀧凍透衣矣。」曰：「前路豈無雨耶？」行益從容，人皆笑之，至今廣人言迂拙者，猶曰子長子長云。嘗詣縣輸糧，令見其容止有異，問姓名弗答，第拱手，令叱之，則再拱手，令怒以爲不遜，笞之五，竟無一言而出。白沙戲之曰：「如何又兩手，剛被長官笞。」傳者以爲美談。晚於道深造，年九十餘無疾卒。文敏葬之西樵，稱曰：「白沙抗節振世之志，惟子長，謝佑不失。」或問：「子長廢人，有諸？」陳庸曰：「子長誠廢，則顔子誠愚矣。」佑字天錫，南海人，亦早棄諸生從白沙遊，安貧味道，人稱爲二高。子長無子，今西樵人以祭于社，爲社師。

彭烈女墓

屈大均《廣東新語》卷一九《墳語》　彭烈女墓，在廣州大北門外百餘武。烈女往爲某家婢，色情婉美，其主已許字傔某矣。一夕欲嬈之，堅拒不可，主乃逐傔以絶其意，傔臨行有言弗遜，主怒撻之數百，肩背流血，烈女遂自縊。死前謂傔曰：「某傔受大杖，凡以我也。我食主與母十餘年矣。顧義有所不可。」言短而深，主懊悔無極，葬之郭外。番禺令馮藁表其墓，銘曰：「夫爲人奴，儂乃婢子。雠主不能，儂則當死。」

將軍墓

屈大均《廣東新語》卷一九《墳語》　將軍墓，在永安古名都下陳田。將軍姓字不詳，自建縣未有祀者。常有光氣燭天，相傳爲古將軍墓。下有銅鼓石一片，不嘗作響。有閩人翁文珪者省墓，築室于旁，其石輒響。大響則翁氏有大慶，小響則有小慶。世世衣冠，人謂即將軍後裔云。

孝子墓

屈大均《廣東新語》卷一九《墳語》　孝子墓凡二，皆在永安。其在縣北牛塘大山頭之下者，孝子黄讓所葬。在縣西林田張八嶺者，讓子啓愚、啓魯所葬。父子三孝，故皆稱孝子墓。讓墓無碑碣，然永安人無不知爲黄孝子墓者。大均嘗過之，書於石曰：「父孝子，子孝子，牛塘與林田，兩墳隔十里。牛塘不封樹，行人罔不指。」啓愚、啓魯墓，有石書曰：「大明孝子黄啓愚、啓魯之墓。」石廣二尺，長三尺五寸，左右白亜刻二鶴二兔，壇砌方磚五，花石方圓大小不一。父子事載《永安志》，墓則予所補書云。

忠僮陳添桂墓

屈大均《廣東新語》卷一九《墳語》　陳添桂者，海陽人，諸生莊涖之家僮也。涖家海陽龍溪東溝砦，家頗富饒。隆慶二年，巨寇林道乾率衆攻砦，砦陷，涖與家人盡匿複垣之内。寇執添桂，詰知爲涖家僮也，窮其主所在，以先避郡城爲解。寇怒，懼以危言，其對如初。已而斷左手，不言。復斷右手，亦不言。寇乃更斷其首領以去。當是時，涖家人之在複垣者，並聞其語及受苦楚聲甚悉，然不知爲支解也。比出，見遇害狀異常，相與慟哭。添桂時年十有八，未娶，涖殯之如家人子禮。墓在崎溝田，每伏臘，享祭以報。

王將軍墓

屈大均《廣東新語》卷一九《墳語》　王將軍墓，在廣州珠江南岸三山之陽。其碣曰：「皇明虎賁將軍縣伯電煇王公偕同節元配張氏一品夫人暨十五庶夫人之墓」。吾粤人所立也。天下罕此墓碣，榮矣哉！予嘗爲王將軍作傳，而陳子恭尹爲之歌曰：「炎方有義士，姓王名曰興。十三學殺人，十五手搏狼。三十建義旗，姓名驚一方。天子頒虎符，作鎮亹江陽。翠華日以遠，地絶軍彌張。百戰環岡州，冒死披殘疆。海濱富斥鹵，重林與連岡。高者掩雲日，遠者浮蒼茫。煮波致財貨，鑄冶成刀鎗。宫室何所居，天家侯與王。藁粟何所饋，從駕子與孃。心膽何所贈，海内豪與英。敵兵四面來，衆士各逞强。將軍躍上馬，命客持一觴。獨出揮長戈，兩目流電光。直取首來將，生挾歸戎行。顧飲所持酒，昔熱猶未涼。相持及三月，彍騎皆奔亡。來時三萬人，半還仍重傷。奏功自間道，涉瘴徂昆明。黄金三千鎰，玉帛各有筐。天駟方驅馳，下臣效芻漿。臣興昧死上，帝曰興卿良。賚爵列五等，高獸盤銀章。其文曰虎賁，將軍盪南荒。敵人聞之懼，彪虎盈千旗。來者左右賢，其君督責之。不得此彈丸，若輩何生爲。上天仍助虐，其年兼薦饑。將軍察天命，命匠搜良材。斲以爲巨棺，綵翣懸葳蕤。約日出合戰，敵怯不敢來。堅壁十里外，池邐興長圍。溝壘内外防，突援無所施。始從戊戌夏，兩及中秋期。戰士飯草土，抱骨還登陴。所憂負將軍，糜爛死猶歸。將軍曰嗚呼，共盡終何裨。我乃報國恩，汝當全宗支。乃命幼子九，先出卑其辭。卜吉結歡會，敵將不致疑。是夜一更終，將軍訣所知。夫人翠鳳冠，有母頭如絲。侍妾十五人，左右皆肩隨。肅肅何雝雝，俱集園東陲。上有古梅樹，樛結垂高枝。白石爲几席，皎月明蒼苔。將軍命夫人，拜別而慈闈。拜畢與將軍，四拜中間居。十五妾羅拜，娟娟無參差。夫人命尊酒，有脯形如圭。酌罷提羣妾，先掛臨中闈。阿母大驚呼，將軍言勿悲。著我錦繡袍，麒麟當心開。戴我七梁冠，簪纓鬱崔嵬。玉帶與璽書，次第皆抱懷。置敕中堂上，燈燭煢且輝。望闕遥謝恩，臣死有赧顔。報君一身少，妻孥同摧殘。房中何所有，火藥堆如山。將軍未即死，先解夫人繯。次及妾十五，列置火藥端。出户著朝衣，捧敕仍來還。飛身乃入火，烈焰貫高天。鷄鳴部曲入，白骨空巑岏。舉哀建素旐，合斂歸巨棺。敵人亦流涕，況在同肺肝。卜葬三山陽，隱約題墓門。歲時俎豆陳，宿草來攀援。」

孝女墓

屈大均《廣東新語》卷一九《墳語》 孝女畢氏，番禺畢村人。甲寅夏，兵往花山剿賊，掠得之，殺其父母，繫女以行。女中夜抽刀殺兵，割截肢體棄池中。天明，衆從女索兵，女紿以上山射生未返。一日見斷屍浮出，問之，女曰：「是兵殺吾父母，吾故殺之以報讎，死今無憾。」其帥欲釋之，諸將不可，乃射一矢以死。隨殮之，葬於山麓。予銘其墓曰：「古有龐娥，亦有緱玉。手刃親讎，白茅無辱。女不共天，以讎爲肉。大卻大窾，批導惟欲。劃之折之，遊刃於族。散棄大軱，髓於溝瀆。父母有神，謋然而速。動刀甚微，躊躇志足。一矢見射，以報鞠育。有歸哀丘，花山之麓。上啼母鳥，下鳴麗鹿。中有嬋娟，年可十六。魂魄毅然，鬼雄蒲服。」

戴節婦墓

屈大均《廣東新語》卷一九《墳語》 南海人戴綺之妻鄒，方娠而寡，哀毁踰禮。既生遺腹子晟，父母憫其少，勸之他適，鄒截髮自誓，守節三十七年而卒。巡按御史姚虞銘其墓曰：「綺也吾夫，晟也吾子。吾不夫綺，吾則有死。吾不子晟，疇奉綺祀。吾祀吾綺，吾心已矣。於戲！晟母綺妻，戴婦鄒女。女不二夫，臣不二主。我勒兹碑，臣道之矩。」

素馨斜

屈大均《廣東新語》卷一九《墳語》 素馨斜，在廣州城西十里三角市，南漢葬美人之所也。有美人喜簪素馨，死後遂多種素馨於冢上，故曰素馨斜。至今素馨酷烈，勝於他處。以彌望悉是此花，又名曰花田。方信儒詩：「千年豔骨掩塵沙，尚有餘香入野花。何似原頭美人草，風前猶作舞腰斜。」予詩：「花田舊是内人斜，南漢風流此一家。千載香銷珠海上，春魂猶作素馨花。」近崇禎間，有名姬張喬死，人各種花一本於其冢，凡得數百本，五色爛然，與花田相望，亦曰花冢。予詩：「北同青草冢，南似素馨斜。終古芳魂在，依依爲漢家。」冢在白雲山梅坳。

張勇墓

《〔乾隆〕西安府志》卷六五《古蹟志下・陵墓》 張勇墓，王宏撰《張襄壯侯墓志》：康熙二十三年卒，次年葬咸寧東南鳳栖原。《洋縣志》：康熙四十四年，賜塋坊，額曰秦隴真純。聯曰：秦山隴水家聲舊，真志純心世澤長。

歸有光墓

《〔同治〕蘇州府志》卷五〇《冢墓二》 太僕寺丞歸有光墓，在縣治南金潼里。王錫爵銘。孫莊祔。國朝丁元正《修復歸震川先生墓記》：震川先生墓，在今新陽縣治東南數百武，爲方九畝七分有奇，三面距河，惟右與居民址相接，而以路爲界，故有石馬、華表、碑碣、松楸之屬。乾隆六年辛酉四月，余承乏來兹，越日謁先生墓。於湫隘囂塵中，幾不可復識墓門石柱，僅存隔牆古樹一株，扶疎輪囷，陰可覆冢上。施斧斤者且數四，以關合境風水，得全。登隴四望，溷厠穢積，累累錯於前。其左、右，屋而翼者，圈而牧者，坑而土室者，園而灌蔬者，廠而爲磨、爲舂、爲廩、爲棧、爲庖湢，瓜分瓦裂，日以侵削。余蓋不勝古墓犂爲田、松柏摧爲薪之感，命吏稽册籍，繪圖勘丈，召居民而諭之以義，動之以情，怵之以法，皆悅服。其踞者吐之，價售者償之，礙者毁之，否則仍之，俾出其租。計反所侵高糧地五畝七分零，合之乾隆元年，減輕則地四畝一分零。舊額復。復立兩户册，名歸太僕莊。著以官示，無敢易也。東西道爲兩圈門，以通行人，中建墓門，仍舊制，甃石爲之牆若千丈，刻石曰「明太僕寺丞歸震川先生墓」。後依古樹，亦甃石爲屏，環隙地植松數百株。令居民守之，歲以所入地租輸賦外，供春秋祭埽。爲詳其事於憲，而專其成於學。

三女塚

《〔咸豐〕武定府志》卷一〇《古迹志》 三女塚，在城南三十五里。有夫婦耄年無子，生三女，各築一塚，聽父母擇之，塚高二丈，周圍數丈，遥望如土山，三塚如一。

藝文

張溥《漢魏六朝百三家集》卷一四張衡《冢賦》 載輿載步，地勢是觀。降此平土，陟彼景山。一升一降，乃心斯安。爾乃隳巍山，平險陸，刊藂林，鑿盤石，起峻壟，構大槨。高岡冠其南，平原承其北。列石限其壇，羅竹藩其域。系以脩隧，洽以溝瀆。曲折相連，迤靡相屬。乃樹靈木，靈木戎戎。繁霜峨峨，匪雕匪琢。周旋顧盼，亦各有行。乃相厥宇，乃立厥堂。直之以繩，正之以日。有覺其材，以構玄室。奕奕將將，崇棟廣宇。在冬不涼，在夏不暑。祭祀是居，神明是處。脩隧之際，亦有掖門。掖門之西，十一餘半，下有直渠，上有平岸。舟車之道，交通舊館。寒淵慮弘，存不忘亡。恢厥廣壇，祭我兮子孫。宅兆之形，規矩之制，希而望之方以麗，踐而行之巧以廣。幽墓既美，鬼神既寧，降之以福，於以之平。如春之卉，如日之升。

白居易《白居易集》卷六五《禁厚葬》 臣伏以國朝參古今之儀，制喪葬之紀：尊卑豐約，煥然有章。今則鬱而不行於天下者久矣，至使送終之禮，大失其中，貴賤昧從死之文，奢儉乖稱家之義。況多藏必辱於死者，厚費有害於生人，習不知非，寢而成俗：此乃敗禮法，傷財力之一端也。陛下誠欲革其弊，抑其淫，則宜乎振舉國章，申明喪紀：奢侈非宜者，齊之以禮；凌僭不度者，董之以威。故威行於下，則壞法犯貴之風移矣；禮適其中，則破産傷生之俗革矣。移風革俗，其在茲乎！

祝穆《古今事文類聚前集》卷五六盧子駿《濠州刺史劉公善政述》 客有自濠梁來者，余訊之曰：「濠梁之政何如？」客曰：「楚俗好巫而信鬼，死者其親戚不敢穿斵事葬，相傳立小屋，號曰殯宮焉，雖在城郭而爲之。有土木隳槀棺櫬巍然者，有棺櫬分坼骸骨縱横者，不獨庶人，而士大夫之家有焉。劉公惻然曰：非禮也，吾忍不導之耶？下令曰：某月有限，限畢，其家不闕地葬者，笞二十。鰥寡惸獨力不任者，絶嗣無主傍無近親者，刺史以俸錢爲營之訖事。人無犯令，野無殯宮焉。」盧子曰：「異乎哉，劉公今日能以禮導邦人。且夫葬者藏也，欲人之不得見也。奈何宿昔濠之人，不藏其父子昆弟耶？」又曰：「生，事之以禮；死，葬之以禮。奈何宿昔濠之人，不以禮葬其父子昆弟耶？」又曰：「延陵季子葬其子，仲尼觀之，曰：其坎深不至於泉，期斂以時服。奈何宿昔濠之人，喪其父母昆弟不葬於土中耶？」又曰：「魂氣歸於天，形魄歸於地。奈何宿昔濠之人，不歸其父子昆弟之形於地耶？」今刺史彭城劉公教生者以禮，示之日月，信也；恤死者以仁，除其暴露，義也。合此智以成之，難乎哉！余耳得客之言，不浹旬，適至濠上，因書以備太史氏采録焉。

韓琦《安陽集》卷二一《重修五代祖塋域記》 唐鎮、冀、深、趙等州節度判官、朝議郎、檢校太子左庶子兼御史中丞、賜紫金魚袋諱乂賓，琦之五代祖也。初，庶子以博學高節，晦道不仕。而鎮帥太傅王紹鼎雅知其名，屢加禮辟，庶子不得已而起，補節度副記室事。紹鼎卒，其子太尉常山王景崇襲有父鎮，益尊禮庶子，奏授節度掌書記。時巢賊犯闕，僖宗幸劍南，景崇率定帥王處存，合鄰道兵入闕進討，闕輔以平，皆庶子謀也。景崇卒，其子太師鎔幼，嗣父位，府事一咨於庶子。以義結鄰帥，内尊王室，朝廷嘉之，故恩命累及。以光啓二年八月十四日終於鎮府立義坊之私第，年七十有五。庶子曾祖諱朏，沂州司户參軍。祖諱沛，登州録事參軍。父諱全，隱居不仕。自隱居而上，世葬深州博野蠡吾鄉之北原。博野今爲永寧軍。庶子以龍紀元年十月十五日，復附葬於先塋。夫人崔氏，棣州司馬魯之長女，婦道母訓，爲世儀法，終於天復二年七月十九日，年八十有三，其年八月十七日歸祔於庶子。生二子，長諱定辭，鎮、冀、深、趙等州觀察判官，檢校尚書，祠部郎中兼侍御史，好學能文，無所不覽。嘗聘燕帥劉仁恭，仁恭命幕吏馬彧以詩贈祠部，頗衒己學。祠部即席酬之曰：「崇霞臺上神仙客，學辨癡龍藝最多。盛德好將銀筆述，麗辭堪與雪兒歌。」一座愛其辭而不能解焉，大屈服。事具《北夢瑣言》。次諱昌辭，真定府鼓城令，琦之高祖也，爲政有惠愛而不壽，年二十九而亡。生一子諱璆，廣晉府永濟令，琦之曾祖也。永濟始自蠡吾北原徙鼓城，與夫人張氏之喪葬於趙州贊皇縣太平鄉之北馬村。先君令公始葬永濟與夫人史氏暨琦祖太子中允、知康州諱構與夫人李氏於相州安陽縣之豐安村。自先君之亡，諸子幼而孤，長而薄宦，奔走四方，故但能時奉豐安之祀，其於北馬、蠡吾之塋，則力莫能及。年世殊邈，幾於不能辨識。嘉祐三年，琦始得北馬之塋，一新封植。今年春，遣男忠彦走蠡吾，又得庶子之塋於北原。而先域之西北隅，北距唐河數里之近，嘗經霖潦暴漲，浸淫及於庶子之塋。且念神宅久安，不敢改卜，乃於嘉祐八年七月一日，遣孝彦告而啓壙，自下以甓實而上，絶沮洳而止，衣衾棺柩，易而新之。然後塞隧廣封，以爲萬世之固。逮遠祖諸塋，率加治葺。剪其荆棘，而易以嘉木；繚其垣墉，而表以高閎。既襄其事也，遂直書營繕之始末，而納諸壙中。且復誡於子孫曰：「夫謹家牒而心不忘於先塋者，孝之大也！惟墳墓祭祀之有託，故以子孫不絶爲重。琦自志於學，每見祖先所爲文字與家世銘誌，則知寶而藏之，有遺逸者，常精意搜掇，未始少懈，時編歲緝，寖以大備。其所誌先域之所在，雖距今百有餘年，必思博訪而得之，卒能不墜先業，推及先塋之八世，得以歲時奉祀，少慰庸嗣之志。向若家諜之不謹，祖先文字之不傳，雖有孝於祖先之心，欲究其宅兆而嚴事之，其可得乎？後世子孫不能勤而知此，則與夫世之絶也何異？子孫其志之！子孫其志之！」時嘉祐八年七月十三日記。

袁説友《成都文類》卷二三陳臯《杜宇鼈靈二墳記》 戰國時，蜀災昏墊，杜宇君於蜀不能治，舉荆人鼈靈治之。水既平，乃禪以位。死皆葬於郫，今郫南一里，二塚對峙若丘山。獨鼈靈墳隸净林寺，寺僧夷其崇爲臺觀。隱士張俞懼其遂湮没，請於郡而碑之，因置祠其上，使杜宇岡勢相及。宇之墳尤盤大，民菑畬之，其來遠矣。皇祐壬辰春，净林僧死，寺籍爲田，許民墾甸，而鼈靈墳與寺俱化爲民畝。張俞聞之，建言於縣尹虞曹外郎郭公，公愀然動色，駕而省之。明日，進士杜常等五十八人以狀理於庭，公報曰：「昔者七國相血，生民肝腦塗地，獨杜宇亡戰争之競，有咨俞之求，以拯斯民。雖鼈靈成洪水之功，微宇不立。議其賢，則杜宇居多；載其烈，則鼈靈爲大。二人嗣興，其舜禹之業，九之一焉。況勤民御災，皆載祀典，微此，則古之聖賢暴於原莽，而吾不之知矣。」於是具不可籍之議聞於郡，那嘉其請，俾復其寺，訪名僧以主之，得景德寺禪者垂白焉。白好静退，能禪寂，邑人所嚮仰。公於是命之，因畫域二墳隸於寺，命刻石志其事，庶來者知二人有大造於西土，宜與惠無窮。皇祐四年九月二十四日記。

林之奇《拙齋文集》卷一五《泉州東坂葬蕃商記》 負南海、征蕃舶之州，三泉其一也。泉之征舶通互市于海外者，其國以十數，三佛齊其一也。三佛齊之海賈以富豪宅生于泉者，其人以十數，試那圍其一也。試那圍之在泉，輕財急義，有以庇服其疇者，其事以十數，族蕃商墓其一也。蕃商之墓，建發於其疇之蒲霞辛，而試那圍之力能以成就封殖之。其地占泉之城東東坂。既翦薙其草萊，夷鏟其瓦礫，則廣爲之窀穸之坎，且復棟宇，周以垣墻，嚴以扃鑰。俾凡絶海之蕃商有死于吾地者，舉於是葬焉。經始于紹興之壬午，而卒成乎隆興之癸未。試那圍於是舉也，能使其椎髻卉服之伍生無所憂，死者無所恨矣。持斯術以往，是將大有益乎互市，而無一愧乎懷遠者也。余固喜其能然，遂爲之記，以信其傳于海外之島夷云。

韓元吉《南澗甲乙稿》卷一五《崇福庵記》 古者葬而不封，蓋遠之也。中古而降，則既封矣，然墓而弗祭也。成周之禮則祭矣，故冢人祭墓爲尸，然未有守也。其曰守墓禁與墓大夫之職，皆典其禁令而已。兩漢而下，守墓之家始有聞焉。夫葬而封，封而祭，祭而守，豈後世之俗寖不逮於古歟？亦曰禮之變而無悖者矣。謹其兆域之原，護其松檟之植，易其廬而屋焉，假人而掌之，子孫歲時必至而不敢忘，聖人復起，宜有取乎此也。自浮圖氏之説興，士大夫之家欲守其墳墓者，率致其徒，國家著令，從而許之。其爵算有不得命爲寺，則亦自築精舍，選擇一二而處焉，以爲畝之丁壯而無妻孥之累，潔齊安净，庶以嚴奉享也，天下之俗幾何幸哉！秘閣修撰韓公之爲都大提點坑冶鑄錢也，當紹興之十五年，請於朝曰，所領凡九路，不可以謀尺寸之産，惟母太碩人鄭之喪未葬，將卜地於信州上饒縣。詔俞之。於是兆於明遠鄉禪寂院之東山。無幾何，公使於蜀，又帥於夔，而不幸捐館舍。紹興之二十年，其繼室李夫人奉公之柩祔窆焉。越五年，於墓左始爲屋數十楹，以處浮圖氏者。又十有三年，益大葺之，範金爲鐘，樓居其上，門闥室宇，以備以嚴，視佛廟之規，雖微而體具。始山未有泉，庀工之日，斸土而泉湧，已而有露降於墓木而甘。夫人嘅嘆，謂其有物陰相之也，因名曰崇福庵，買牒而度爲僧者三人，買田以贍夫僧者踰六十畝。蓋韓氏家許昌，渡江而南，墳墓既不可族矣。修撰公蚤以才諝自奮，歷尚書郎，宣力四方，隱然爲時吏師，而不得世其貴，以盡發其藴。平生未嘗營産業，僅克有地以葬其親，而身没數千里外。取二猶子子之，繇夫人而後家道立。夫人間關東歸，既教其子以詩書，而躬布衣糲食，翛然自得，以從浮圖氏之學，凡舍宅之外，悉捐其貲，以爲是庵。嘗曰吾夫之力所不及者，吾以一婦人之力，閲二十寒暑而卒成之。修撰公諱球，字美成，於某爲祖父。某寓於信，親見夫人遇事有法，可以爲難，故爲道禮之變，且述夫人之志以示後之子孫，俾知孝云。乾道四年十月，右朝散郎、守大理少卿韓某記。

王十朋《梅溪先生後集》卷一七《追遠亭記》 儒與墨其道本相爲用，故世謂之孔墨，然先師孟子獨觥然闢之，以爲無親，何也？蓋二家皆尚儉，儒儉於其身而厚其親，墨氏身親俱儉焉。儒治喪以厚，墨治喪以薄。儒謂養生不足以當大事，惟送死可以當大事，又謂君子不以天下儉其親；而墨氏乃以薄爲其道，宜其得罪於名教也。孟子之學出於子思，子思之學出於曾子，而曾子遊孔門以孝稱。夫子爲參作經，其末章有曰：「卜其宅兆而安措之，爲之宗廟以鬼饗之，春秋祭祀以時思之。」參發明夫子之意而爲之言曰：「慎終追遠，民德歸厚矣。」伋又廣曾子之意而爲之言曰：「喪三日而殯，三月而葬，凡附於身與棺者必誠必信，勿之有悔焉耳矣。」孟子行其所學於師者，盡棺槨衣衾之美以葬親，富踰於前而葬亦踰於前。其闢夷子之言，足以爲萬世人子之法，師友淵源得有所自也。吾徒錢生萬中年少而好學，居家以孝謹稱。其喪祖母氏也，能竭力以佐父，其奉窀穸之事，得吉地于黄奥之原以爲藏室，極其工力而不計其費。又築亭於其前以饗之，名曰「追遠」。將葬，來告於予曰：「大事有日，亭無文以記之，敢請！」予曰：「子孝以事親，而厚其所逮事，用孟子不儉之訓以治喪，又采曾子『追遠』之語以名亭，將不忘於春秋之享。子之存心如是之厚，謂子非儒者流，可乎？予敢以荒迷蕪陋辭耶！」於是乎書。紹興辛未十月日記。

李道謙《甘水仙源録》卷九陳時可《燕京白雲觀處順堂會葬記》 長春大宗師既仙去，嗣其道者尹公乃易其宫之東甲第爲觀，號曰「白雲」，爲葬事張本也。越明年三月朔，召其徒而告之曰：「父師殯于葆光，未安也。吾將卜地白雲，構堂其上而安厝之，何如？」或曰：「工力非細，道糧不足，未易爲也。」公曰：「誠以孝思報德，何患乎不成。矧我父師遺德在人，四方門弟子疇不追慕？當自有贊成者，公等勿疑。縱復不然，盡常住物給其費，各操一瓢可也。」於是普請其衆，以四月丁未除地建址，越四日庚戌，雲中河東道侶數百輩裹贏糧來助，凡四旬成。其堂制度雄麗，榜之曰「處順」。既祥，奉仙骨以葬，其歲月事跡已見于本行碑。一日，求予别爲之記，將以諸方會葬者之名氏刻于石之陰，以大其事。余然之，有笑而詰余者曰：「昔莊子之將死也，弟子欲厚葬之，莊子曰：『吾將以天地爲棺槨，以日月爲連璧，星辰爲珠璣，萬物爲齎送，吾葬具豈不備耶？』弟子曰：『吾恐烏鳶之食夫子也。』曰：『在上爲烏鳶食，在下爲螻蟻食，奪彼與此，何其偏也。』老聃之死也，秦佚弔之，三號而出，曰：『適來夫子時也，適去夫子順也，安時而處順，哀樂不能入也，古者謂是帝之懸解。』道家者流，學老聃者也，今夫長春子之徒，徒以『處順』名其堂，而其師反真之日，相與嚴敦匠之事，且嗷嗷然哭之，其哀如是。及至葬，大備其禮，四方來會之道俗逾萬人，至有司衛之以甲兵，其厚且侈又如是。是豈老莊之意乎？」余應之曰：「以長春子之懸解，其視生死如昨夢然，豈有望於是哉！但弟子戴師之恩，不得不爾。且所謂理事者，若知之乎？夫忘哀樂、外形骸，理也，方外之聖賢自處如此。至于送終追遠，事也，人間世之禮如此。若泥於理而蔽於事，得謂之囿乎？吾書生也，試以吾孔孟之道語若。《易》曰：『古之葬者厚，衣之以薪，葬之中野，不封不樹，喪期無數，後世聖人易之以棺槨，蓋取諸大過』，欲其甚大過厚也。孟子之書有曰：『昔者孔子殁，三年之外，門人治任將歸，入揖於子貢，相向而哭，皆失聲然後歸。子貢反，築室於場，獨居三年然後歸。』不忘孔子也。今也，遊長春之門者，既學其道矣，能不以墨者之薄葬其師，又將慎終追遠如子貢之徒，何害爲達哉！若以爲哭則害道也，若嘗笑乎？」曰：「然。」「笑與哭，哀樂也，而笑獨不害乎？《中庸》曰：『喜怒哀樂之未發，謂之中；發而皆中節，謂之和。中也者，天下之大本也；和也者，天下之達道也。』苟哀樂中節，又何害於道乎！」難者乃屈，因書其事爲記，且遺其徒以詩，使歌以供師，以見弟子思師之至、師有德之至也。其詞曰：

師乘雲兮帝之鄉，蜕仙骨兮留葆光。將葬兹兮啓玉棺，貌如生兮髮膚完，既更其衣兮又新其冠。人所知兮其不朽，所不知者兮不亡之壽。師在天兮閲塵世，有室輪囷兮可遊可憩。師憐我勤兮時來歸，跨鳳驂鸞兮匪鞭匪笞。屋頭有山兮門臨風漪，杖屨所經兮若或見之。歆我兮祐我，進殽蔬兮侍香火。玄門之教兮師能弘，國家崇尚兮子孫奉承。我曹報德兮來者無怠，暮禮朝參兮敬之如在。

元好問《遺山集》卷三四《樊侯壽冢記》 知郡定襄樊侯天勝以武功積官，服民政者垂二十年，思所以昭積厚於祖考，侈寵榮於鄉國，今年冬十月，修治先塋，列松檟，樹碑表，以吉日壬辰，合祭三世。牲幣來助者傾動州里。諸侯之禮備而孝子之情盡，且欲作壽冢，以爲他日寧神之地，謀于葬家師。鄉之父兄皆以爲：往在丙戌之春，吾侯方從征淮海，常山軍取太原及吾州。行省大帥怒其二三聚境中之民而守之，將盡戮而後已。吾侯奉郡王命，至自益都，以吾民被脅之故，不當妄有屠滅者訴於帥，辭旨哀切，有足感動。且自與山軍鬭，轉戰逐北，不旬日而東山平。帥知侯之忠，即日并所守者縱遣之。又三年，常山復取平定、盂、五臺，阜平，軍東山。先鋒大帥已廢州民三十餘聚落，且命侯入滹沱原，侯設方略鬭山軍，擣其巢穴，殺獲甚衆。主帥知侯無它，則引兵去。州之民再被更生之賜，皆從吾侯得之。侯之福禄，如川之方增，何遽以身後爲計乎？又謀於州之士。僕僭爲侯言：「生而養，死而葬，中國之大政而聖人之中道。自佛老家之説勝，誕者遂以形骸爲外物，天地爲棺槨，日月爲含襚，甚者至有「狐狸亦可，螻蟻亦可」之說。雖畚鍤後隨，以曠達自名者，猶見笑於大方之家。雖然，彼自有方内外之辨矣。吾處方之内，聖人之中道舍而不由，尚何從乎？漢以來，太宗指走霸陵道，武帝治茂陵五十年，至尊且不以陵寢爲諱，況其下者乎？漢相孔耽、高士趙岐、吳人范慎皆作壽冢。唐司空表聖豫作冢墓，圖先賢其中，時往醉飲，人有難之者，表聖曰：吾寧暫游此中邪！米元章知淮陽，自尅死期，作棺櫬置黄堂上，飲食坐卧對之。彼皆名世大賢，顧豈爲警世詭俗之行，以取崖異邪？吾侯雖未之學，而識趣自遠，悟代謝之必至，要歸藏之有所，終焉之志，有不期合而合者。雖不謀於人，可也。」侯喜而飲予酒，再拜謝曰：「有是哉！請刻子之文於石，以曉來者。」于是乎書。

張金吾《金文最》卷一〇九杜仁傑《泰安阜上張氏先塋碑》 布山之陽，有邸曰阜上，阜上之民，有張氏者，以財穀雄里社。當前金正隆間，人夥地狹，往往無所資衣食。惟張氏有田若干畝，有牛若干角，然能周急繼困，過客無問貴賤，館之如一，當時遂有長者之稱。張氏冢男諱林者，因卜新塋於阜之東南三里許。卜者尹通實相其事，林問通曰：「是葬也，有何徵兆？」通曰：「比襄事時，有一縞兔起巽方，走乾位。」及窆果應。續謂林曰：「君冢三世之後，當有異人出，予不復能見矣。」林生彬，彬生仙，祚胤始大。仙生四子：孟曰榮，仲曰平，季曰山，其第四子方在孕。未朞月，母劉氏見茹葷者，輒掩鼻而去。及劬勞之日，若昏瞶然，有人疾呼曰：「長老在門首，汝當敬謁。」遂出，見一僧坐馬且合爪言曰：「我必飯於而家。」覺而舉一子，骨法殊不類凡兒。甫齔，並不飲食肉人乳，亦異哉！六歲習神童，誦五經，略皆上口。然不樂居家，十二去父母，入山學道，禮真静崔先生爲師，得法諱志偉，號天倪子，發辭吐氣，已不在了蓬老輩下。不數年，道價騰滿齊、魯間。時東西諸侯，皆出於武弁，見之無不屈膝。東平嚴武惠公，以寧海范普照住持萬壽上清宮，輿議以謂治軍民如武惠，掌道教如普照，可謂無前矣，必得峻潔知辦如張志偉者以二宮政，斯可矣。至三謁，然後惠然。居無幾，廢者興，缺者完，惰者勤，慢者敬，凡所應用，無一不備，僉曰稱哉！已而，驛稟朝廷，賜號崇真保德大師，授紫衣，緣以金襴，報之也。於是慨然拂衣，復還布山之舊隱。閒與故人畢清卿對榻以談，方偃息間頃，緣泰山之阿，入西溟谷，若有人前導者。由淵濟公祠至竹林寺，樓觀參差，如在天上。從者四五輩，皆素所不識。覺而告之，畢曰：「果有是耶？」其年七月，武惠公以書來召，因論泰安之爲郡，蓋前古帝王封禪之所。其宮衛，其輦輅，其祠宇，自經劫火之後，百不一存，良可悼惜。下官忝在其境，不粗爲修葺之，甚非所謂事神之義也。敢以大師道蔭，爲我綱維是事，乃所願也。師傴僂致詞曰：「某一空山食菜道人，何敢承當？」武惠公答以工匠之役，木石之資，與夫綵繪丹雘之費，我盡領之。師無讓爲，遂諾之。經構迄今，三十餘年無空日。故自絶頂，大新玉女祠，倍於故殿三之二，取東海白玉石爲像如人然，一稱殿之廣袤。天門舊無屋，又創立之。下至會真宮、玉帝殿及聖祖殿，方丈、廊廡、齋厨，皆不與焉。外則岱嶽、朝元等觀，皆增修有數，抑亦勞哉。若夫師之寢處、飲食與役夫等，是以人忘其死，而成師之志，雖國朝爲之，亦不能齊一如此。有司聞之，特加崇真明道圓融大師之號，並提點泰安州教門事。復於中統四年，蒙燕都大長春宮掌教誠明真人，專使賫奉聖訓，委師提舉修飾東嶽廟事。予自壬辰北渡後，往來於奉高者有年矣。夤緣得與師交際，其相與之意甚厚，且嘗有同老泰山之約。一日以乃祖先塋記見屬，予敢不敬從。如吾師者，退然才中人，癯瘁若不能勝衣，然問無不知，扣無不應。若乃芥納須彌，囊括宇宙，不足喻其胸次横闊之萬一。乃以區區土木之功相溷，何其不知師之甚耶！雖然，諺有之：「一子受恩，禄及萬家。一人成道，超昇九族。」或有此理。向之所謂白兔之示現、老僧之託化、泰山之神遊，今則驗之。噫！信乎其爲張氏之異人也。他日委蜕而去，羽化而仙，凡爲而徒者，如欲紀其出處之大略，請以《先塋記》爲證云。《甘水仙源録》

王義山《稼村類稿》卷二九《先君壙記》 嗚呼！先君有子不肖，獲罪於天，不自隕滅，禍延於先君。嗚呼！先君何辜至此極邪！未窆之先，表兄宣教郎待參聶嘉狀先君之行，將乞銘於今世大手筆。義山不敢私述先德，謹取嘉所狀者約而鑱諸壙。初，嘉與義山兄弟同筆硯，學成而歸。寶祐乙卯，嘉領鄉薦，明年試南宮，知舉定其賦將魁天下，他考官意見相角，竟以賦五名入等，先君教也，嘉以是狀先君最詳。王自江左爲士林盛族，先君諱道昌，字叔潛，世居豫章豐城之槎溪。曾祖諱子忠，祖諱幡然，父諱德秀，俱弗仕。妣清江周氏，故賓州別駕諱邦光之女；娶清江聶氏，嘉姑也。先君骨相偉岸，望之揚休山立。事親最孝，處兄弟無間言，待族姻以恩義相陶浹，議論務寬厚，人有善稱不容口，惡則爲諱之。家僅中産，無剩財，小有餘，輒推以及人，歲不登，減糴價以濟鄉之貧乏，率爲常，力行好事，不止一人以君子長者稱之。以詩書遺後人曰：「吾家籝金也。」方弱冠笈書郡庠，十載一燈，僅一再亞選。語人曰：「吾有子可脈此書矣。」謝場屋去，築書堂曰「麗澤」，羣鄉之秀者學焉。數十年來，里中講説義方之訓，以先君爲法。淳祐己酉，義山、義端聯江西薦。又明科壬子，又聯薦。又明科戊午，義端又薦。又明科辛酉，義山又薦。明年義山偶塵忝廷試覆考，秘書文公天祥以義山策有直氣，已第在前三名，後乃乙科。越三年景定甲子，會朝廷賜高年爵，蒙恩授先君承務郎致仕，母孺人。先君存時，嘗卜壽藏於瑞州高安縣新豐鄉西山之原。義山、義端以咸淳丁卯冬十二月癸酉奉柩葬兹地，其地位巽面乾，至穴所推一峯而上之，龍虎詭蔚，一水來前，迂徐演迤如之玄。山下有奇石兩，如鹽虎形，抑水勢而緩之，徘徊淀洑然後東。前聳一山如蓆帽天馬，策策如躍。或曰壬戌殿廷之選可取而償，使爲先君子而孫，孫而子，子而復孫，孫而復子，相與環無窮，當有代應是讖者。嗚呼！利先君之葬爲子孫榮，爲人子者忍乎？先君生於淳熙丙午閏七月丁丑，終於咸淳丁卯六月庚午，壽八十有二。義山從政郎、南安軍司理參軍，義端成忠郎、知武岡軍綏寧縣。孫男二人，惟肖，登仕郎，次通孫。孫女五人，長適鄉貢進士鄧直夫，次適將仕郎待銓彭懋，次許嫁進士袁雷應，未行。餘尚幼。先君將考終，稱萬古萬古者再。義端問何謂也？先君曰：「汝不觀誠齋先生與伯子訣之言乎？」言訖而逝。義山時贊員江西漕幕，是夕漏二皷，家僮以先君將去世之命召，戴星而奔，未百里訃聞。嗚呼！爲人子者當親庭甚可懼之年，乃去之而仕，今歿不及歛。嗚呼！窮天下之哀，不足以聲此心之痛，盡天下之辭，不足以文此身之過。罪大惡極！嗚呼！尚得爲人子邪！

王惲《秋澗集》卷五九《長樂阡表并序》 汲郡王氏，其先河南陽武縣圈亭人，避靖康之亂，北渡河至汲，樂其風土衍沃，遂占藉爲長樂鄉西晉里人。今墟落南原纍纍而阜者，蓋自肇遷已來丘壠也，族衍代深，法不可溝合，率藁殯兆外。時我曾祖府君，以大宗子覩其然而歎曰：「禮當改卜新阡，爲王氏第一塋，明靈其舍諸，況責寔在我乎！」於是擇葬，而東得地於第四疃清溝之北，自禰而上三世，合羣從，凡厝者廿餘竁，其紹已絶而力弗逮者，率棺衾畢具。遠近聚觀，莫不欽其孝之至、仁之厚也。及夫歲時墓祭，先西後東，傳于今而不墜。百年來，墓栢蔚茂，蒼煙梨雪，光動林陌，識者謂君子之澤，淵流而未央也！時則泰和之末、大安初年也。迨我有元至元十五年戊寅，不肖孫惲由翰林待制授朝列大夫，充河北河南道提刑按察副使。明年春三月，按部而南，過家上塚，首從二墳，以封以饗。其東阡則繚以短垣，周若干步武，復欲發達幽光，慨焉莫究。訪耆舊，則高年俱盡；考世德，則旌紀寂寥。因念天下之物，未有無本而立、舍祖而豐昵者也，然遠則疏，疏則不親，不親則塗人，此世俗之常情也。今王氏二百載間，丘墓移置者三：始焉西晉里，再卜白楊疃，分白楊而祖西河鄉。勢固有當然者，彼子孫浸遠，吾豈敢必其不源委泮涣、枝葉扶疏者哉！惟其泝流尋源，推末求本，明夫當然之理，固不得親其親而豐于昵者矣。後之來者，能以吾言世守而不易，雖百世可親也，而我祖建遷之義，是不可不表見于後。曾祖諱經，字伯常，讀書不仕，以仁厚庇一鄉，衛人至今以長者稱云。銘曰：

族萃蕃，理則遷，尊而祖，獲所安。論本根，不易存，祭先河，祖所遵。致時祀，首遠墳，取此法，裕後昆。緊我曾，寔古人，仁之厚，孝之純。西晉里，長樂原，憶墓栢，鎖蒼煙。鬱相望，見嬋嫣，孰不曰，王氏阡。銘貞石，表先德，陵谷遷，庶可識。

戴表元《剡源集》卷四《中枝山葬記》 剡源中枝山之葬，起我先考府君。以至元甲申季冬十有七日，兑穴震向。又明年丙戌，伯考府君卒，以仲冬二十八日祔葬先考府君墓右。旁山爲穴五，後壁三，用鬼尚右，最右穴葬伯考〔府君〕，〔先考〕府君穴居中。又次虛穴爲左，遂稍前左右各虛穴一。外曲角如員形，内皆甃結磚槨，仍實土，以待他日右男左婦而祔焉。余家初絶貧，來榆林又日淺，又連歲遭大喪，然不敢不即葬，蓋幸既有中枝山，而家世居喪，不用俚俗禮，無緇黄濫費。鄉鄰姻友，奠賻所入，咸可取資，以故僅僅得以成葬。又古禮士葬踰月，陰陽家倣其意，葬在百日者，不問兇殺。故自初喪，即極力治葬具，無他營以及於事。又江南山稠水迫，難用中原昭穆爲穴。穴多者惟以磚槨隔分左右。中枝之祔穴，不先甃結，則後不可動。每見世人有餘資，多買田而不蓄山，蓄山又不可用於葬。比居喪，不惜資財以供雜祀廣會，以沽兒童婦女之稱譽。久之心移力倦，不暇能葬，而昏巫謬史，拘忌禍福之説，緣之而起。有三年、五年、十年不得葬，葬又卤莾，知後有當祔，而不豫爲穴。至於臨時，穿鑿崩損，驚傷先人之肌骸，爲可恨也！故爲記以戒吾子孫，毋怠。

劉壎《水雲村泯稿》卷一四《建請改葬鄉賢游澧州狀》 竊惟尊禮先賢，國家之令典；建明議事，學校之公言。伏見《南豐志》該載先賢數内，有故澧州太守游大夫，諱少游，文學政事，爲時名臣。亡殁之後，已行埋葬，經今百年。昨因至元己丑、庚寅間，兵寇擾攘，將本官墳墓發掘，破棺取物，衆皆見其金紫儼然，顔貌如生，衣服俱被剥去，屍體棄於道傍。子孫凋零，無人收瘞。鄰近憐其裸露，就將浮土略爲掩藏，不復再行正葬。今則又歷年深，雨水寖淫，牛畜踐踏，此去日久，必復暴露矣。生前既是品官，身後豈宜如此？本處亦有善人，肯爲出力遷葬，卻爲未曾聞官，由此未敢輕動。本官原葬新城者，接連玉泉地面，有玉泉耆儒人黄貢元，名猶方，讀書知禮，樂爲義事。謂宜委之此人，倡率鄉里仁人義士及游門宗親，協力維持，製造棺衾，將本官遺骸裝斂入棺，加以釘線灰漆，如法封閉，結砌墳穴，用石蓋壓，務令完牢。仍於墓前鐫石，明書「澧州太守游公之墓」，致祭安奉，以表先賢。則澤及朽骨，風厲薄俗，誠州郡之美事也。

程文海《雪樓集》卷一三《楊氏先塋記》 邃古之初，不封不樹。中古墓而不墳。成周之時，始以爵等爲丘封之度，與其樹數，設官掌之。漢律：列侯墳高四丈。自是以降，其制益明。天禄、辟邪之屬，亦各有差等，所以辨貴賤、定民志也。聖天子以仁孝治天下，加惠臣鄰，無有幽顯，孝子慈孫之心咸翼然以奮。嗚呼，教孝勸忠之政不其美與。梁國楊文懿公之墓在大梁祥符縣魏陵鄉白榆村。先是，公之二子敬直、元直遵禮經廣兆域，至於表羨道、識玄堂，猶有竢也。二子既受簡知，至大三年秋七月，詔推恩其祖禰。明年夏四月，又賜碑墓道，遣將作院使野訥傳旨集賢大學士李謙爲之文。冬十有一月，又加贈錫謚，時敬直以轉運使官兩淮，元直以太醫院使侍禁中。皇慶元年夏六月，元直請歸脩治先人塚及樹所賜碑，不許；乞聽兄離職行事，乃許。敬直承恩奉詔唯謹。明年春正月，元直復泣請于興聖宫，又不許；請至二十餘，終不許，曰：「爾爲爾親，吾爲吾子孫也。且爾兄在，豈必爾？其命河南行省給費爲爾成之。」元直曰：「以公給私，不可。」固辭，從之，乃賜楮幣萬五千緡，仍督行省相其役。二月，復遣刑部郎中楊某，賜河南丞相尚醞二壺，以申敕之。明年三月壬子，丞相身率僚佐共建敕賜神道碑于墓右。寓公鄉老及四方來觀者萬數，莫不咨嗟嘆息，曰：「非盛德之後，能若是乎？」改作祠堂三楹，秦國公李孟爲榜曰「致嚴」。壙未有銘，集賢侍講學士趙孟頫銘之。墓前有表，參知政事賈鈞書之。墓南二丈有石門，刻御史中丞郝天挺之字，曰「楊氏先塋」。塋前石人、獸如制。又南去二百五十尺，華表雙高，國子祭酒劉賡題其衡顔曰「梁國公神道」。有碣路左，書曰「大司徒梁國公墳」，則鄂國公史弼書也。中以畝計者十五，垣以甓外以丈計者六百。繚以牆，樹榆、柳、栢、松數萬，鬱鬱如屯雲，翼翼嚴嚴，遼遼極目。前臨官道，過者竦瞻，咸曰：「此非教忠之原、發祥之兆乎？」蓋是舉也，金工、石工、木工、土工凡六千有奇。其費，上賜之外，竭家之有，猶不足也。冬，敬直、元直乃圖其成，請記於所知程某。曰：「兄弟幸賴先訓，歷事累朝，被遇兩宫，隆恩異數，顯寵若此，非勒之金石，何以表君上、示子孫？且辱知於子餘三十年矣，其爲我記之。」某曰：「余聞仲尼之言封崇矣，有若堂者，有若防者，有若覆厦屋者，有若斧者。合葬於防，從若斧者焉。此足以觀聖人慎終之一節也。君子不以天下儉其親，聖人亦從事之宜而已。故有其位，有其財與其時，君子莫不盡心焉。非以爲汰也，非以爲觀美也，所以勸也，所以事君、事親也。昔有身爲冢宰，乃家廟之不營，而祭於寢，司寇劾之者。有傷其生無以爲養，死無以爲禮，聖人非之者。適於宜而已。若楊氏兄弟之廉敏端惠，孝友敬篤，其事君也，外則于藩于宣而致其理，内則夙夜在公而致其勤；其事親也，生事葬祭咸致其誠，則於事君事親之禮，講之亦久矣。宜能位並九卿，澤及三世，軌物備制，遂其所俟。嗚呼，此忠臣孝子之事也。至於啓發人之善心，使之思教子，思立身，以及於事君、事親之本。其得於觀感羨慕者，又不知其幾何人也。《詩》云：『孝子不匱，永錫爾類。』其是之謂乎？是宜有記。」嗟夫，楊氏之子子孫孫，毋怠毋荒，丕念爾先，丕敬厥德，其克永世哉。梁國文懿公諱澤，字潤夫，凡再被贈恩，階曰榮禄大夫，官曰大司徒，勳曰柱國。其封，文懿其謚也。其行已載所賜碑。敬直今爲大中大夫、江西等處行中書省參知政事，元直昭文館大學士、資德大夫、太醫院使掌醫卿。延祐二年十月日記。

蘇天爵《滋溪文稿》卷四《文水王氏增脩塋兆記》 正議大夫、晉寧路總管王侯國器，既承寵命，褒贈其父祖，請于翰林學士承旨歐陽公銘其隱德遺善于碑，又刻宗人世系于碣，又各題石表識其墓，及陳祭石于前。乃謂天爵曰：「先世塋兆翁仲石儀已具，封樹祭田，冢人所居，皆次第成之。子其書于碑陰，俾後人守之，庶幾永久而弗墜也。」按王氏先墓在太原文水縣云周里，東距汾河數里之近。比年河流填淤，夏秋之交，水衍溢于墓域。侯築土四圍，高十有五尺、闊八尺，水害遂息，樹松、柏、榆、柳凡八百章，鬱然暢茂。墓域舊惟三畝，王氏族大且盛，葬不能容。侯買地五十畝，以二十畝爲葬地，餘爲祭田，三畝作宅，爲室四楹，令冢人居之。鑿井及泉，以資溉浸。蓋所以致謹于先兆者，周密深遠，是亦人所難能者哉！天爵曩讀《周官・太宰》，以九兩繫邦國之民，其五曰宗，以族得民。説者謂百夫無長則亂，一族無宗則踈。古人因族以立宗，敬宗以尊祖，吉凶有以相及，有無得以相通。尊卑有分而不紊，親踈有别而不二。族墳墓以葬之，合廟祀以享之。後世廟制既亡，而族葬之禮猶在，士之有志于古者，尚可得而稽焉。故既設冢人之官，祭于墓則有尸。是聖人制禮，出于人情之所不忍，以廣其孝思之誠者，亦不得而廢也。然則冢墓封樹之崇，又可不致敬乎！近世士大夫家爵秩以華其身，禄賜以畜其妻子，或值親喪久弗葬者有之，或仕遠方而子孫不知其先墓者有之，聞侯之風，不亦甚可愧歟！夫河東之俗，本于儉嗇。侯起家試吏，仕至良二千石，廉以律己，儉以養身，俸稍所入，以歲時奉先嚴、事宅兆爲篤。先儒有言，謹家牒而心不忘乎先塋者，孝之大也。侯其孝矣乎！侯曰：「國器之少也，從世父拜于墓下，有術者言此地當出官人。今承祖考之訓，列官三品，吾何能有哉，皆先世之澤也。」又嘗誡族人曰：「比見世人或困窮乏，斬伐丘木，賣以爲薪。吾子孫有若此者，族中長者當痛責之，以懲其衆，庶其人羞愧自悔，起敬起孝。又況國制明有厲禁，人豈可被不孝之名，蹈茲刑憲，以辱父母之遺體乎！」是則侯之望于後人者至矣！昔者，侯掾秋官，先公適主幕府，及拜御史，又與天爵同日被命，是以侯交吾家最舊。故因其請，遂爲之記，以表其孝行，來者尚嗣葺之而無壞也。至正五年秋九月朔旦，通奉大夫、山東東西道肅政廉訪使蘇某記。

貢師泰《玩齋集》卷七《終慕庵記》 終慕庵者，鄭君彥昭母夫人江氏墓祠之名也。彥昭由御史出僉湖南憲，航海至樵川，值太夫人憂，道阻不克歸葬，遂權厝于城南壽山下之烏槎岡。岡距城二里許，峯巒四面環合，外密而中寬。風氣完厚，長林清泉，相與映帶，嘉花靈草，紛披巖鄂，四時香氣不絶。其支隴蜿蜿蟺蟺，若翔蛟矗龍，乍起乍伏，忽焉勢降而形委也。彥昭既即其上大爲之封，種松竹數百株以庇以蔭，又築屋若干楹以祠以廬，以致其終身之慕，而題之如此。夫慕者，愛而思之之謂。愛莫先於愛親，愛親篤則思親亦至。恩愛發於天理之公，其始非不同也。及夫外誘而内遷，忘其所當慕，以慕其所慕，而慕親之心遂不能不爲之移矣。昔之人有舉天下之欲不足以移其終慕之心者，其惟大舜乎！舜處人倫之變，卒致底豫之化，天下後世孰不聞之。然求其所能深知舜心者，孟子一人而已矣。世之學者，不惟不足以知舜之心，其亦果知孟子之心乎？或曰：「孟子且難知，彥昭名庵，而又取夫舜之所難知者，不亦遠乎？」予曰：「聖人，人倫之至。學聖人之道而不以舜，猶爲方圓而不以規矩也。嗚呼！彥昭亦可謂善學者哉！」比年賊陷邵武，四郊焚蕩殆盡，獨太夫人塋墓無恙，所種松竹方鬱然深秀，識者謂天於彥昭亦厚矣！今彥昭以閩海僉憲行部，過太夫人墓下，顧瞻雲山，怳焉魂氣之流行；履茲霜露，愾焉音容之如在。焄蒿悽愴，接乎目而感乎心者，無往而非吾親之存，則終慕爲何如哉！是宜記。

王禮《麟原前集》卷六《義塚記》 義塚者何？西域氏旅塋也。嘗之者誰？吉安中憲大夫達嚕噶齊也。於是可觀德矣，於是可知混一之盛矣。何也，西域之於中夏，言語嗜欲殊焉。雖漢唐以來，婚媾有之，然各懷舊族，不能雜處他土，顧安有生西域而葬江南者。惟我皇元肇基龍朔，創業垂統之際，西域與有勞焉。洎於世祖皇帝，四海爲家，聲教漸被，無此疆彼界。朔南名利之相往來，適千里者如在户庭，之萬里者如出隣家。於是西域之仕於中朝，學於南夏，樂江湖而忘鄉國者衆矣。歲久家成，日暮途遠，尚何屑屑首丘之義乎！嗚呼！一視同仁，未有盛於今日也。至正辛卯，公以海北廣東監憲，簡在帝心，選守名郡，實監吉安。明年淮寇蔓延，賴公仁勇廉明，戡定勞來，所以父母斯民至矣。又以餘力買地一方於水之東，西域客死於此皆葬焉。築堂三間，以享以祀。俾特穆爾布色董其後而世守之，庶無他族逼處，魂魄相安於九京也。郡之耆老，嘆於里巷曰：《傳》稱親親而仁民，仁民而愛物。推是心也，將掩骼埋胔，如恐弗及，況士大夫之墓，有不封崇之乎。」父兄詔其子弟曰：「吾儕小人，服盡情盡。相視途人，疾而不持，喪而不救。坏土莫讓，甚若仇敵。聞賢太守之風，將不勝其愧悔矣。」嗚呼！民德歸厚，其在斯舉也。夫是不可以不記。

陳焯編《宋元詩會》卷九一楊維楨《冬青塚篇》 老羝夜射錢塘潮，天山兩乳王氣消。禿妖尚壓龍虎怪，浮圖十丈高岧嶤。文山老客智且勇，夜舟拔山山不運。江南石馬久不嘶，塚上冬青今已拱。百年父老憤填胸，不知巧手奪天工。冬青之木鬱葱葱，六櫝更樹蒲門東。

宋濂《宋學士全集》卷二四《諸暨方孝婦石表辭》 嗚呼！是惟孝婦方氏之墓。夫孝未易稱，余獨歸之孝婦而不靳者，將以媿爲人婦之不孝者也。孝婦姓方氏，諱迎，越之暨陽人。生二十七歲，歸同里楊君敬。敬有母何氏，孝婦左右就養，唯恐違其志。何病腑道澀，不能親御偃溷，孝婦浸之湯盆中，以指探出之。積歲之久，手文皆龜裂，而孝婦未嘗有倦色。昔人有爲親浣厠牏者，史臣尚以爲難，載之於策。考孝婦之事，尤人所難者耶。人之所難者且若是，則孝婦其他之行，弗問而可知也。嗚呼！是尚不得爲孝婦矣乎？使如此而不得爲孝，則夫勃谿而不恭者，乃足爲孝乎？予自成童時，讀劉向所傳古孝婦事，以爲斯世何爲無此人，心雖未敢必其無，然歷三十餘年，卒不能一逢。嗚呼！余豈意今於暨陽乃見之也。暨陽距余金華僅二百里，余昔嘗兩至其處，而不知有孝婦，至今始得知之。嗚呼！予又意世之如孝婦者，夫豈少哉？特以不遇於君子，故湮滅草萊，而人弗聞之耳。其弗聞者，予固無如之何。其幸而得聞者，可不大書揭之崇阡，以媿人婦之不孝者耶。非惟媿人婦也，抑將媿人子也。孝婦性儉慈，頗知讀書，嘗鬻田教子。父德在，母張，皆宦族。年六十一，生二子：恆、慧。其卒以至正二年九月五日。其葬於馬鞍山，以三年十二月二十二日云。

鄭紀《東園文集》卷六《鄭林記》　人之所以爲人，其始也禀氣於天，受形於地。形氣合則生，及其終也，魂升於天，魄降於地，魂魄離則死。故孝子於父母之在堂也，愉色承顔，樂其心，不違其志，朝暮甘旨，左右就養，使飲食起居，各適其宜，所以養其氣而安其形也。蓋必欲父母形氣保全，長生不死，然後有以盡其心焉。不幸父母既殁，則因其升天之魂，立主於廟，以棲妥之。因其降地之魄，則坎地爲穴，以掩藏之。升者屬陽廟，立地上，順乎陽也。降者屬陰穴，坎地中，順乎陰也。魂棲于廟，則昭明焄蒿洋洋如在，雖離乎魄，而實不散。魄藏于穴，則山川生氣融結相乘，雖離乎魂，而實不朽。故孝子既崇廟貌，尤重墳塋，其不忍死其親之意，寧有窮乎？《檀弓》云：葬者，藏也，欲人之不得見也。葬於北方，北首三代之達禮也。孔子喪母顔氏，與父叔梁紇合葬于防，曰：「古者墓而不墳，今丘也，東西南北之人也，不可以弗識。」於是封之，崇四尺。國朝墓制，一品墳高一丈八尺，碑螭首；二品一丈六尺，三品一丈四尺，碑首麒麟，皆龜趺。是歷代崇重墳塋之制，所以重父母之遺體也。吾家鄭林在屏山，世居之北，坐子向午。墓穴卜於宣德元年丙午，今誥贈嘉議大夫、南京户部右侍郎、清泉府君始殁時。景泰辛未，次兄邑庠生實齋殁。甲戌，始增闢三穴于兩旁，左一葬實齋，虚右二爲封翰林院檢討、今累贈南京户部右侍郎、松菴府君暨封孺人今累贈淑人吴氏。壽藏封爲馬鬣形，高七尺，廣二丈。至成化丁亥，紀在告中，松菴殁，葬于新闢之右穴。越十年丁酉，吴淑人殁，乃窆于松菴之左。明年戊戌，伯兄介軒殁，又於兩旁左右各闢四穴，左近中一穴，改遷三兄竹莊之柩窆焉。虚左三穴，以待竹莊之配傅氏暨五弟得月之夫婦也。右之左二穴，葬介軒與其配林氏。虚右二穴，則待紀暨累封淑人黄氏。仍舊形高倍之，廣倍其二，皆琢石以固之。初丁酉，葬吴淑人時，先期除地于墓南，因山畫勢，分爲三層。後爲享堂五間，皆石爲柱。後接墓階，前臨露臺，扁曰終慕，爲子孫歲時祭享敘立之位。前爲儀門，横列七間。前有覆亭，亭之前鑿沼，通橋旁植荔樹。又前爲外門版樓，扁曰鄭林，郡守岳公季方來哭松菴時書也。又前則神道，祭田、享堂，兩旁直出，皆爲從屋，高則書樓，低則庫房、庖湢之所。從屋兩旁及塋域後山東西兩岡，雜植杉松竹木茶果，不下數十萬章。蒼翠蓊鬱，環蔭拱抱，四時不改。朱子所謂主勢之强、風氣之聚、水土之深、穴道之正，程子所謂本根枝葉光潤茂盛之説，鄭林其庶幾乎？雖然，予嘗讀陳無已爲徐甄君作《思亭記》于墓旁。始云：「子孫登斯亭者，望松梓丘隴，則思其親，固爲思亭喜矣。」繼讀至：「賢不肖異，思視林木，思以爲材；視榛棘，思以爲薪；登丘隴，思發其所藏，又不能不爲思亭之悲也。」夫鄭林之喜，不過如無已之所言；鄭林之悲，似非盡於無已之所言而已也。如今日吾家子孫，内外長幼，歲時敘立享堂之下者，不下百人，遠則三秀公陳夫人之遺體，近則清泉公之遺體，又近則松菴公之遺體，同此魂氣，同此形魄，其始實一人之身也。及異姓相聚，户割門分，能無爲雞豚細利而妯娌相詬乎？能無爲小忿外誘而操戈入室乎？能無誶箒色鋤而寸帛斗粟不相容乎？彼之所云，丘隴之外物也，此之所論，父母之遺體也。遺體一傷，則父母祖宗之魂魄形氣，其能安乎？故曰：鄭林之悲，非盡於無已之所言而已也。鄭之孫子，盍並思之。

崔銑《洹詞》卷一二《三仕集・看朱巷的确回奏公移》　十一月初十日准本部咨准禮部咨該副都御史王暐奏「句容縣有龍爪樹朱家巷，係聖祖所自出之地，久未顯揚。今宜照近日表章堯母墓、詔書修理臣下墳事例，建園寢，置守護之户」一節，合行南京禮部堂上官會同彼處撫按提學御史看驗，欽依着訪求的确奏來。職隨于本月十一日離任至句容縣，會同各官親詣其地，先自本縣西門出行十一里，過二小山，地名通德鄉。有一土穴，樹根在内。原係櫟木，四枝屈曲向上，枝頭各有五指，鄉人異之，呼爲龍爪，今枯朽八年。穴西田一段，各衆稱即朱巷故址。弓量丈尺，得地五畝，西距京八十里，見今民楊春爲業。自巷基西行一百五丈，斜坡土脊一段，株木一科，木下一井，故老相傳朱皇帝家墳。弓量丈尺，得地三畝，遍生荆棘，并無丘隴石碑。西北古廟一所，壁畫神像，并書句容朱安八字樣。石香爐上，刻朱慶杜二十八户置，凡七十六字。職等反覆看驗前地，總是一片荒坡，地勢欹斜，各衆雖稱某爲巷、某爲墳，略無遺迹可認。雖稱故老流傳，别無碑籍可徵。仰惟皇上大孝冠百王，至仁普四海，古帝之母、異代之臣，抔土可辨，特頒恤典。若句容此地，果如原奏，是乃聖祖千百年積慶之原，皇朝億萬載興王之基，禮意深長，事體重大。職等旬日之内，竭力訪求，止于前所開載，未見的确，豈敢信擬扶同，自陷于欺罔不忠也哉！

徐渭《徐渭集》卷四《治家五首》

買地苦無資，葬地苦無術，伏地苦無亨，改地苦無溺。世治景純詮，人十我僅一，校量惑吉凶，我一人則十。即一亦不營，乃始奴太乙，嗟彼漆園人，橫天縱溟翼。

二

鑽木而得水，凛然若懷冰，或爲風所欶，如火燔厥身。不知此怵惕，爲死還爲生，子輿垂訓典，蜸腐慘蚋蠅。南華破籠縛，死生等殤彭，鳶蟻許均啜，不待相喧爭。吾欲往從之，東轅復西輪，停車歧路中，坐惜桑榆傾。

三

馬血爲轉燐，人血爲野火，何爲松柏間，赤輪陟如跛。人言鬼炬微，神者赤而大，翳導向空馳，填雲盛旗馬。枯冢僻且荒，來遊則云那，我欲往詢之，恐即無可話。隔河聞於菟，黃犢夜在野，一夫呼以馳，炬滅松露瀉。

四

桓魋石爲槨，竺僧衣以薪，弘景盛纏綿，王孫裸其形。四子雖殊軌，均之爲鉗黥，彼此互相笑，同浴譏裸裎。突豎五尺土，掩蓋歇偶人，線脱機不動，徒有木櫪存，既云木櫪矣，何苦勞紛紛！

五

明器夜爲人，幽宫盡婚墳，此事容有之，要非是常紀。嘗聞掘冢徒，自言習見鬼，齒骨滿百年，比次作泥委。水銀築長河，魚膏燈玉几，苦作沙丘儀，未免劫時毁。客有明月珠，一夕失所在，黃金飾櫝箱，洵美亦何濟？

顧炎武《亭林文集》卷五《齊四王塚記》 自青州而西三十餘里，淄水之東，牛山之左，大道之南，穹然而高者，四大冢焉。酈道元《水經注》曰：水南山下有四冢，方基圓墳，咸高七尺，東西直列，是田氏四王冢也。余考田氏之稱王者五，而王建遷于共以死。所謂四王，則威、宣、湣、襄是矣。威、宣二王，當齊全盛之日，其厚葬固宜。獨是湣王殺死于莒，齊之七十餘城皆已爲燕。田氏之絶而無主者五年，而田單以一邑之兵，一戰破燕，收數千里之地，而迎王子于城陽之山中。其時君臣新立，人民新定，死者未弔，傷者未起，反故王之喪于莒而葬之，其刊文少殺于威、宣二王之舊，吾是以知襄主之孝、田單之忠，而三代以下之爲人臣子者，莫能及也。吾嘗考地理之志，有周厲王之墓，在霍州東北。王流于彘，卒且葬焉，宣王即位而未之能復也。詩人志之曰：韓侯取妻，汾王之甥。厲王也，而謂之汾王，刺宣王也。故厲王稱汾，而湣王不稱莒也，是襄王之孝也。

或曰：厚葬非禮也，子奚取焉？曰：此常論也，乃齊之二王，既以爲故事矣。宋元公告其羣臣，請無及先君，而仲幾不可，又況于處變之日乎？然則後之人君不幸而遇國家之變，其如齊之襄王，其如周之宣王，請擇于斯二君者。

姜宸英《湛園集》卷三《記周孝廉兩世改葬事》 孝廉以父墓非吉，數謀改卜，而兄弟難之，未果。臨没，以誡其三子。既没，猶視母夫人從城中來撫之，乃瞑。卒後三年，子廷韓兄弟遂遵先命，請於伯叔父，自鄧尉遷葬軍障山。啓封之日，孝廉殯猶在堂，家人歸，竟夜聞若有聲哭嗚嗚不止，聽者皆爲感慟。至棺出於土，則蟻蝕木幾盡，然後其兄弟咸服其先見，而悔其遷之不蚤也。孝廉初祔葬山左，後廷韓卒，廷范與其季揚議，以軍障兆域隘，復卜地泉瀆河陽。泉瀆者，地本周氏業，佃者竊鬻諸富室，歲輸之租，而糧存舊户，孝廉知之，不問也。後富室訟糧於官，佃者窘，以情告，孝廉笑曰：是無患，吾并糧予之，則汝訟解矣。佃感激去。范兄弟至是乃厚值贖歸其地，遷孝廉與其元配倪孺人柩合葬焉。孝廉之不校，廷范兄弟之能曲成先志而妥其神靈於地下也，《詩》曰「教誨爾子，式穀似之」，周氏有焉。孝廉諱炳文，文季其字，無錫人。余在京師，廷范持總憲徐公墓表來，日造余邸，復謀所以久遠其親者，言及必涕交橫下，其請至經年益勤。余以是愈知孝廉之賢，而樂其有後。若孝廉名行，總憲公援明季朱德升先生贈謚故事，以爲惟孝廉足媲美其鄉先輩，而自愧不能爲表章德升之姚文毅，其説既以備矣，余故不敢復贅。

全祖望《鮚埼亭集外編》卷二一《響巖先塋地脈記》 鬼蔭之説，生平所不信，以爲言之即令無有不中，有如曾、楊、廖、厲之徒，要非吾心所希覬，則固不過謹避五患而已足。説者以爲流泉夕陽，古人不廢相度，欲以張鬼蔭之説之古，不知都邑之異於墟墓也。倘使五患之外，更有所營，則是《禮經》墓大夫、冢人所掌，反失之耶？獨吾家響巖塋道，則向來所言實中，而先公之深以爲幸者，正鬼蔭之徒所憾。屬在子弟，其亦可審所趨矣。

響巖者，鄞城南之勝地也。由沙渚而上五里至蘭浦，又五里爲響巖，其背爲蕙江，水北作聲則巖中應之，一喁一于，清空互答，微類石鐘。而山光蒼翠浮動，天寒輒有鸜鵒羣集如雲，唐賀秘監之别業也。先檢討府君未通籍，授徒巖下葛氏，每講經之暇，咄咄若有不怡者。其徒叩之，歎曰：「吾兩喪未舉，是以爲恨。」其徒曰：「前邨有田甚高潔，可葬也，請即以贈先生，可乎？」府君大喜，遂以葬其祖父，不二十年，侍郎府君果高其門，而族祖聞夷先生者，雅以地學自負，過而歎曰：「誠吉地也，其清氣繚繞，殆宜世由館閣以至開府。但惜穴後脈洩，伸於貴，詘於富。」侍郎府君揚歷兩京，身後圖書法物頗富，而祿廪所餘渺然。諸子爲治壙，已不免於鬻田。宫詹府君繼起，清苦更甚，甫殁而不保其甲第。有明三百年，世宦之貧，未有如吾家者也。萬曆中，堪輿師沈一鵬者，老學也，來相是塋，亦以聞夷之説爲不易，而嘆吉地之不能兼備如此。

先公曰：「此正吾家之幸也，使先世爲墨吏以肥其家，其竟傳之無窮乎？抑亦易斬之流也。夫君子之不爲墨吏，未必果由於地脈。然使果然，則是出山泉水，不害其清，而一酌千金之可免也。其爲吉孰大於此。夫地脈固有清有濁，是塋也，蓋其清氣最完，故世有介節。今世之言地學者，以求富爲第一，但見濁氣不至，則瞿然憂之，其以爲洩也固宜。」是時，萬九沙編修在座，嘆以爲名言，其後爲先公作行狀，采及之，而不肖更繫其詞以爲記。

秦瀛《小峴山人續文集》卷二《重修泰伯墓碑》　《南徐記》稱泰伯宅東九里有皇山，泰伯所葬地。皇山即鴻山，其地爲無錫古梅里，今析隸金匱縣，山去縣城三十五里。舊制冢高一丈四尺，周三十五步。晉太寧元年，詔祀泰伯用王者禮。殷師爲晉陵太守，嘗表其墓，置守冢一家。唐宋以來，興替無可考。人或相傳爲吴王墩。明弘治間，國子監丞楊文作亭表人，無何又廢。萬曆之季，邑人有事興舉，忠憲高公爲文立石。康熙中，聖祖時巡江浙，親題匾額揭諸廟。乾隆二年，復奉明詔，頒帑修治，增建饗堂、墓門。我國家尊禮往聖，推崇至德，厥典茂焉。越今嘉慶戊寅，已八十年。金匱令齊侯謁墓，見墓荒穢，謀治之。先厘其界址，而後從事，鳩貲召工，共縻金若干兩有奇，規制加廓，閲數月告蕆。侯親致癸，聿觀厥成。【略】侯名彦槐，婺源人，己巳進士，由庶吉士改今官，墓縱横修廣丈尺，與夫添置旁舍，及種植松柏之屬，宜見于侯自爲記，勒諸碑陰。

張濬《鎔金室集》卷三《遊魚山訪曹子建墓記》　今魚山，漢吾山也，武帝《瓠子歌》所謂吾山平者。魏封曹植爲東阿王，植每登魚山，有終焉之志。後徙王陳，薨。其子志遵治命，返葬于阿，即山爲墳。墳在山西麓，墳上土爲風雨所蝕，磚甃畢露，顫顫欲墜。賴有老棘偃蹇生壁間，得不墮。左逼溪石，枕岩，前臨厓，僅僅足容足。墳形築若亭，與今制絶異。然地逼仄湫隘，不似王侯陵也。去墳前三丈强，有短碣一，是明人立。有斷碑一，半入土，不辨其爲唐爲宋也。離墳右約十丈，有老農結茅居焉。茅檐下，則隋開皇間子建廟碑巋然完好。碑額無題字，鑿作浮屠形。碑文則隸篆雜書，古朴奇特。詢之農，農言是新出土者，是其父若祖扶而置之于此也。

雜録

酈道元《水經注》卷四《河水》　又歷高陽宫北，又東南逕司馬子長墓北，墓前有廟，廟前有碑。永嘉四年，漢陽太守殷濟瞻仰，遺文大其功德，遂建石室，立碑樹桓。案近刻訛作柏。太史公自敘曰：遷生于龍門，是其墳墟所在矣。

《晉書》卷一〇三《劉曜載記》　曜將葬其父及妻，親如粟邑以規度之。負土爲墳，其下周迴二里，作者繼以脂燭，怨呼之聲盈于道路。游子遠諫曰：「臣聞聖主明王、忠臣孝子之於終葬也，棺足周身，槨足周棺，藏足周槨而已，不封不樹，爲無窮之計。伏惟陛下聖慈幽被，神鑒洞遠，每以清儉恤下爲先，社稷資儲爲本。今二陵之費至以億計，計六萬夫百日作，所用六百萬功。二陵皆下錮三泉，上崇百尺，積石爲山，增土爲阜，發掘古冢以千百數，役夫呼嗟，氣塞天地，暴骸原野，哭聲盈衢，臣竊謂無益於先皇先后，而徒喪國之儲力。陛下脱仰尋堯舜之軌者，則功不盈百萬，費亦不過千計，下無怨骨，上無怨人，先帝先后有太山之安，陛下饗舜、禹、周公之美，惟陛下察焉。」曜不納，乃使其將劉岳等帥騎一萬，迎父及弟暉喪於太原。疫氣大行，死者十三四。上洛男子張盧死二十七日，有盜發其冢者，盧得蘇。曜葬其父，墓號永垣陵，葬妻羊氏，墓號顯平陵。大赦境内殊死已下，賜人爵二級，孤老貧病不能自存者帛各有差。

干寶《搜神記》卷一五　吴孫休時，戍將於廣陵掘諸冢，取版以治城，所壞甚多。復發一大冢，内有重閣，户扇皆樞轉可開閉。四周爲徼道，通車，其高可以乘馬。又鑄銅人數十，長五尺，皆大冠朱衣，執劍侍列。靈坐皆刻銅人，背後石壁，言殿中將軍或言侍郎常侍，似公侯之冢。破其棺，棺中有人髮已班白，衣冠鮮明，面體如生人。棺中雲母厚尺許，以白玉璧三十枚藉尸。兵人輩共舉出死人以倚冢壁。有一玉長尺許，形似冬瓜，從死人懷中透出墮地。兩耳及孔鼻中皆有黄金，如棗許大。

杜寶《大業雜記》　吏部侍郎楊恭仁欲改葬，學士舒綽曰：「此所擬之處，掘深五尺之外，亦有五穀，若得一穀，即是福德之地，公侯世世不絶。」恭仁即將綽向京，令人掘深七尺，得一穴，如五石甕大，有粟七八斗。此地經爲粟田，蟻運粟下入此穴。當時朝野之士以綽爲聖。

段成式《酉陽雜俎》卷一三《冥迹》 貝丘縣東北有齊景公墓，近世有人開之，下入三丈，石函中得一鵝，鵝迴轉翅以撥石。復下入一丈，便有青氣上騰，望之如陶煙，飛鳥過之輒墮死，遂不敢入。

張邦基《墨莊漫録》卷一〇 重和戊戌歲，平江有盤門外大和宫相近耕夫數人穴一塚，初入隧道甚深，其中極寬如廈屋然。復有數門扃鐍不可開。耕者得古器物及鴈足鐙之類，以爲銅也。欲（貸）〔貨〕之，熟視之，乃金。因分争至官，時應安道逢原爲（都）〔郡〕守，盡令追索元物到官。乃遣郡官數人往閉其穴，觀者如堵。其中四壁，皆繪畫嬪御之屬。丹青如新，畫手殊奇妙。有一祕色香爐，其中灰炭尚存焉。諸卒争取破之。塚之頂皆畫天文玄象。此特初入之室，未見棺柩，意其在重室内也。又得數器而出，乃掩之。後考《圖經》云，吴孫破虜堅之墓也。然考之《吴志》，堅薨葬曲阿，未詳此果何人也。

李昉等《太平廣記》卷三九〇《冢墓・李思恭》 乾寧三年丙辰，蜀州刺史節度參謀李思恭埋弟於成都錦浦里北門内西迴第一宅，西與李冰祠鄰，距宅之北，地形漸高，岡走西南，與祠相接，於其堂北鑿池五六尺，得大冢。甎甓甚固，於甎外得金錢數十枚，各重十七八銖，徑寸七八分，圓而無孔，去緣二分，有隱起規，規内面各有書二十一字。其緣甚薄，有刃焉。督役者馳其二以白，思恭命使者入青城雲溪山居以示道士，杜光庭云：此錢得有石餘。思恭命并金錢復瘞之，但不知誰氏之墓也。其地北百步所有石笋，知石笋即此墓之闕矣。自此甚靈，人不敢犯。其後蜀主改置祠堂，享之。出《廣異記》。

周密《癸辛雜識》别集卷下《買地券》 今人造墓必用買地券，以梓木爲之，朱書云：用錢九萬九千九百九十九文買到某地云云。此村巫風俗如此，殊爲可笑。及觀元遺山《續夷堅志》載，曲陽燕川青陽垻有人起墓，得鐵券，刻金字，云敕葬忠臣王處存，賜錢九萬九千九百九十九貫九百九十九文。此唐哀宗之時，然則此事由來久矣。

姚寬《西溪叢語》卷下 劉禹錫云：翁仲遺墟草樹平。《魏略》云：明年景初元年，徙長安鐘簴、駱駞、銅人、承露盤，盤折，銅人重不可致，留于霸城。大發卒鑄作銅人二，號曰翁仲，列坐於司徒門外。後漢鄗南千秋亭有石壇，壇廟之東，枕道有兩石翁仲，南北相對。

江休復《嘉祐雜志》 錢君倚學士説，江南王公大人墓，莫不爲村人所發，取其磚以賣者，是磚爲累也。曰近江南有識之家，不用磚葬，唯以石灰和篩土築實，其堅如石，此言甚中理。

孔齊《至正直記》卷一《塋墓建庵》 予嘗謂塋墓建庵，此最不好，既有祠堂在正寢之東，不必重造也。但造舍與佃客所居，作看守計足矣。至如梵墓以石，墓前建拜亭之類，皆不宜。此于風水休咎有關係，慎勿爲之可也。

孔齊《至正直記》卷一《僧道之患》 宋淳熙中，南豐黄光大行甫所編《積善録》云：「僧道不可入宅院，猶鼠雀之不可入倉廩。鼠雀入倉廩，未有不食穀粟者；僧道入宅院，未有不爲亂行者。」此足爲确論。予嘗見溧陽至正間新昌村房姓者，素豪于里，塋墓建庵，命僧主之。後其婦女皆通于僧，惡醜萬狀，貽耻鄉黨。蓋世俗信浮屠教，度僧爲義子，往往皆稱義父義母，師兄弟姊妹之屬，所以情熟易狎，漸起口心，未有不爲污亂者。或婦女輩始無邪僻之念，則僧爲異姓，久而本然之惡呈露，亦終爲之誘矣。浙東西大家，至今墳墓皆有庵舍，或僧或道主之。歲時往復，至于升堂入室，不美之事，容或多矣。戒之，戒之！

陶宗儀《輟耕録》卷一一《墓尸如生》 松江蟠龍塘普門寺側，一無主古墓，至正己亥春，爲其里之張雕盜發。有誌石，乃宋時錢參政良仁妹諱惠浄，以該恩奏封孺人，生一男五女，年六十有五，嘗捨田入寺。因於紹興四年十月，祔夫墓之右。破棺無穢氣，顏色如生，口脂面澤若初傅者，冠服鮮新，亦不朽腐，得金銀首飾器皿甚多，至放其繡履傳相玩弄，人以爲異。余聞漢廣川王去疾發魏王子且渠冢，無棺槨，有石床，床下悉是雲母末，上二屍，一男一女，皆年二十餘，東首裸卧，顏色如生人，鬢髮亦如生人，此恐雲母之功。今此婦葬日距今百七八十年，而亦不損壞，其理又何邪？

《明太祖實録》卷四四 洪武二年八月癸亥朔，鄂國公常遇春柩車至龍江。上親致奠，爲文以祭之。【略】祭畢，慟哭而還。命擇地於鍾山草堂之原，營墓建祠。

《明太祖實録》卷六六（洪武五年十一月）丙寅，禮部奏定封贈之禮。凡文武官自一品至七品，得贈其曾祖、祖父母及妻有差。功臣没後加贈，則公封爲王，侯封爲公。没于王事，合加官爵封謚者，有司奏請。若領兵征伐而陷没者，不許褒贈，或舊有勳勞，合追封者，有司不得輒請，取自上裁。凡功臣喪葬之禮，有司臨時上請，墳塋、享堂、碑亭，官爲修治。其壙内房室及享堂加采色，惟公侯及一品得用，其餘不許。文官至二品，武官至三品，或勅葬，或賜錢帛。公侯省府臺各指揮使等官之家父母及妻喪，或遣官致祭，及賜予，皆出自上恩。武臣没於王事者，自迎柩至葬，凡七次遣官致祭；小祥、大祥，皆有司隨時上請，給賜之恩，取自上裁。指揮、千百户亡没，有優給之例。從征死事者全給；從征病卒者半之。邊上守禦病没及從征病還而卒者，不得援例優給。其有勤勞立功者，優給之恩，亦取自上裁，有司不得奏請。詔從之。

《明太祖實録》卷一一六 〔洪武十年十一月癸未〕衛國公鄧愈卒。愈，初名友德，後賜今名，泗州虹縣人。姿貌魁偉，有大志，勇力過人。【略】上嘉其功，遣使召還，至壽春，以疾卒，年四十一。訃聞，上哭之慟，詔輟朝三日，追封寧河王，謚武順。柩至三山門，車駕自臨奠，親爲視葬地。而舊塋之在鳳臺鄉者，狹隘弗稱，乃改擇城南西山之原，勅有司營建墓兆，仍命遷愈母張夫人及弟昂之喪同葬焉。凡喪事所須，皆官給之。

《明孝宗實録》卷三三 〔弘治二年十二月辛卯〕致仕應天府府尹于冕奏，乞贈謚其父謙，并移祠宇於祖塋，賜與祠額、祭文。事下禮部，覆奏謂：「古今忠義之臣，能爲國家建大議、決大事而成非常之功者，生則有旌擢之恩，没則有褒恤之典。非特酬其一時之功，實以爲後來人臣之勸也。故少保兵部尚書于謙，當正統十四年虜寇犯順，中外危懼，而能奮其忠義，衛安宗社，一時修武備、靖疆域之功固多，其間斥和議、立團營之功尤大。已用言者准令立祠致祭。今冕奏年老無嗣，恐後頹廢，乞憫其情，懇令有司移杭民所建祠宇於墳所，賜與祠額、祭文，加增一祭，春秋行禮，仍如詔書，例給一夫守視，復其雜徭。」上曰：「謙能安社稷以遏寇畧，其定國捍患之績著矣。中罹權姦之害，雖先帝已嘗昭雪，優加褒恤，然不使之廟食於後，猶未足爲爲國効忠者勸，其祠額可賜曰『旌功』，加贈特進光禄大夫柱國，謚『忠愍』。」

《明熹宗實録》卷七二 〔天啓六年六月戊寅〕太子太保肅寧伯魏良卿奏：乞伊曾祖魏文用、祖魏志敏、伯魏釗各卹典，并自行監造墓道、牌坊。禮部尚書李思誠、工部尚書薛鳳翔題覆得旨：魏忠賢竭忠體國，純孝成家，功已著於旂(嘗)〔常〕，恩宜隆於祖考，查照勳臣例，給與三代葬祭、誥命，其墓道、牌坊，准令自行建造，以彰先德。

葉盛《水東日記》卷一五 古者植木塚上，以識其處耳。吾家自先太傅以上，塚上松木多不過數十。太尉初葬寶峯，比上世差爲茂鬱，然亦止數畝耳。左丞歸葬之後，積以歲月，林樾寖盛，遂至連山彌谷。不幸孫曾遂有剪伐貿易之弊，坐視則不可，禁止則爭訟，紛然爲門户之辱，其害更甚於厚葬。吾死後墓木毋過數十，或可不陷後人於不孝之地，戒之，戒之！

陸容《菽園雜記》卷八 天順間，安陽民牧牛入一破塚中，鐵索懸一棺，去地四五尺，四旁無一物。民摇動其棺，沙土蒙頭而下，不能開眼，民懼，急趨出，沙已没趺矣。翌日，拉伴往視之，沙土滿中，不復見棺，蓋觸其機發也。

陸楫《古今説海》卷一一三《説畧》 太保公，忠憲曾祖也，周國公祖也，皆葬靈壽相比。獻肅公自太原移帥定武，始議改葬。既發穴，則二瓦棺並列，有泉湛然其下，大驚，以問鄉老，有曰，當時開壙見水，貧不能易地，遂以木架於水上，然猶不腐，則知未嘗溢涸爾，因不敢改。而相地者以爲奇，第斲石爲柱，横二石梁，瓦棺仍之，不别爲槨，增築其封，岐冢首於上。淇水李公邦直爲墓表，孫康簡公曼叔書之。亦買田靈壽以贍同族之貧者。

馬驌《繹史》卷八六之四《孔子類記》 《史記》：「孔子葬魯城北泗上，弟子皆服三年。三年心喪畢，相訣而去，則哭各復盡哀，或復留。唯子貢廬於冢上，凡六年，然後去。弟子及魯人往從冢而家者百有餘室。」

徐乾學《讀禮通考》卷九八《喪具》 《南史・裴子野傳》：子野葬湘東，王爲之墓誌銘，陳于藏内。郡陵王又立墓誌于羡道。羡道列誌自此始。

《〔雍正〕陝西通志》卷九九《拾遺》 李道，咸通末爲鳳翔府士曹。因推發掘塚賊，問其所發，云：爲盜三十年。咸陽之北，岐山之東，古塚皆開發。嘗入一塚，自埏道直下三十餘尺，得一石門，門内箭出不已，如是百餘發，不復有箭，以物撞開之，一盜先入，俄爲輪劍所中，死門内。十餘木人周轉運劍，其疾如風，勢不可近。以木横拒之，機關遂定，盡拔去其刃。因至其中，但見帳幄儼然，茵褥舒展，遍於座上。有漆燈甚明。木偶人與姬妾皆偶。去地丈餘有皮裹棺柩，鐵索懸挂焉。以木撞之纔動其棺，即有砂流下如水，逡巡不可止，流溢四面，奔馳出門，砂已深二尺餘。良久視之，砂滿塚内不可復入，竟不知何人之墓。

《〔咸豐〕武定府志》卷一〇《古迹志》 狼丘塚，在縣東南十八里。高二丈餘，廣六畝。上建碧霞元君廟。每歲四月十八日，遠近駢集，賽會極盛。有碑記。《酉陽雜俎》：齊地有狼塚，一老狼死，衆狼負土瘞之成丘，故名。《陽信縣志》：薛仁貴微時，醉卧于此，野燒將及，一狼以身負水濡草一周，火至遂息。仁貴覺，狼死于側，感而埋之。後東征還，令軍士負土成丘，以志報也。

其他建築總部

《其他建築總部》提要

古代中國建築除前置建築類型外，尚有亭、臺、樓、閣、齋、軒、堂、坊表之名屬，或獨立建構，或附屬於某類建築群，其功能則或布政德、宣教化，或禮神佛、鎮妖魔，或資以表識，或爲憩息交誼之所。其構作則匠心獨運，精巧古樸，奇特宏偉。本總部下設《亭部》《臺部》《樓部》《閣部》《齋部》《軒部》《堂部》和《坊表部》，輯録各類建築的營建活動及其形制的相關資料。

目録

亭部

題解

許慎《説文解字》卷五下《高部》 亭，民所安定也。亭有樓，從高省，丁聲。特丁切。

劉熙《釋名》卷五《宫室》 亭，停也，亦人所停集也。

綜述

墨翟《墨子》卷一四《備城門》 百步一亭，高垣丈四尺，厚四尺，爲閨門兩扇，令各可以自閉。尉必取有重厚忠信可任事者。

李誡《營造法式》卷八《小木作制度·井亭子》 造井亭子之制：自下鋜脚至脊，共高一丈一尺，鴟尾在外。方七尺。四柱，四椽，五鋪作一杪一昂。材廣一寸二分，厚八分，重栱造。上用壓厦版，出飛檐，作九脊結宽。其名件廣厚，皆取每尺之高，積而爲法。

柱：長視高，每高一尺，則方四分。

鋜脚：長隨深廣，其廣七分，厚四分。絞頭在外。

額：長隨柱内，其廣四分五釐，厚二分。

串：長與廣厚并同上。

普拍方：長廣同上，厚一分五釐。

枓槽版：長同上，減二寸。廣六分六釐，厚一分四釐。

平棊版：長隨枓槽版内，其廣合版令足。以厚六分爲定法。

平棊貼：長隨四周之廣，其廣二分。厚同上。

楅：長隨版之廣，其廣同上，厚同普拍方。

平棊下難子：長同平棊版，方一分。

壓厦版：長同鋜脚，每壁加八寸五分。廣六分二釐，厚四釐。

栿：長隨深，加五寸。廣三分五釐，厚二分五釐。

大角梁：長二寸四分，廣二分四釐，厚一分六釐。

子角梁：長九分，曲廣三分五釐，厚同楅。

貼生：長同壓厦版，加六寸。廣同大角梁，厚同枓槽版。

脊槫蜀柱：長二寸二分，卯在内。廣三分六釐，厚同栿。

平屋槫蜀柱：長八分五釐，廣厚同上。

脊槫及平屋槫：長隨廣，其廣三分，厚二分二釐。

脊串：長隨槫，其廣二分五釐，厚一分六釐。

叉手：長二寸六分，廣四分，厚二分。

山版：每深一尺，即長八寸，廣一寸五分，以厚六分爲定法。

上架椽：每深一尺，即長三寸七分，曲廣一寸六分，厚九釐。

下架椽：每深一尺，即長四寸五分。曲廣一寸七分，厚同上。

厦頭下架椽：每廣一尺，即長三寸。曲廣一分二釐，厚同上。

從角椽：長取宜，均攤使用。

大連檐：長同壓厦版，每面加二尺四寸，廣二分，厚一分。

前后厦瓦版：長隨槫，其廣自脊至大連檐，合貼令數足，以厚五分爲定法。每至角，長加一尺五寸。

兩頭厦瓦版：其長自山版至大連檐。合版令數足，厚同上。至角加一尺一寸五分。

飛子：長九分，尾在内。廣八釐，厚六釐。其飛子至角令隨勢上曲。

白版：長同大連檐，每壁長加三尺。廣一寸。以厚五分爲定法。

壓脊：長隨槫，廣四分六釐，厚三分。

垂脊：長自脊至壓厦外，曲廣五分，厚二分五釐。

角脊：長二寸，曲廣四分，厚二分五釐。

曲闌槫脊：每面長六尺四寸。廣四分，厚二分。

前後瓦隴條：每深一尺，即長八寸五分。方九釐。相去空九釐。

厦頭瓦隴條：每廣一尺，即長三寸三分。方同上。

搏風版：每深一尺，即長四寸三分。以厚七分爲定法。

瓦口子：長隨子角梁内，曲廣四分，厚亦如之。

垂魚：長一尺三寸；每長一尺，即廣六寸，厚同搏風版。

惹草：長一尺；每長一尺，即廣七寸。厚同上。

鴟尾：長一寸一分，身廣四分，厚同壓脊。

凡井亭子，鬭脚下齊，坐于井階之上。其枓栱分數及舉折等，并准大木作之制。

李誡《營造法式》卷二一《小木作功限・井亭子》 井亭子，一坐，鬭脚至脊共高一丈一尺，鴟尾在外。方七尺。

造作功：結宽、柱木、鬭脚等，共四十五功；枓拱，一寸二分材，每一朵，一功四分。

安卓：五功。

李誡《營造法式》卷一三《瓦作制度・用獸頭等》 用獸頭等之制：

亭榭鬥尖用火珠等數：

四角亭子，方一丈至一丈二尺者，火珠徑一尺五寸；方一丈五尺至二丈者，徑二尺。火珠四焰或八焰；其下用圓坐。

八角亭子，方一丈五尺至二丈者，火珠徑二尺五寸；方三丈以上者，徑三尺五寸。

凡獸頭皆順脊用鐵鉤一條。套獸上以釘安之。嬪伽用葱臺釘。滴當火珠坐于華頭甋瓦滴當釘之上。

《永樂大典》卷一八二四五《十八漾・匠・匠氏諸書》十四《梓人遺制・亭子車圖》

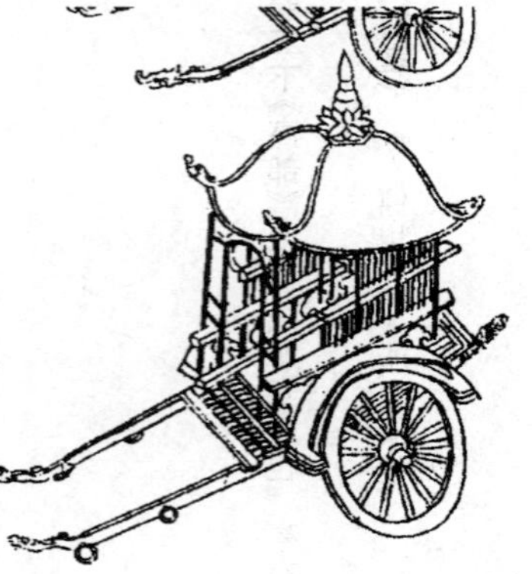

亭子車

午榮、章嚴《魯班經》卷一《搜焦亭》

造此亭者，四柱落地，上三超四結果，使平盤方中，使福海頂、藏心柱十分要聳。瓦蓋用暗鐙釘住，則無脱落，四方可觀之。

詩曰：枷梢門屋有兩般，方直尖斜一樣言。家有姦倫夜行子，須防横禍及遭官。

詩曰：此屋分明端正奇，暗中爲禍少人知。只因匠者多藏素，也是時師不細詳。使得家門長退落，緣他屋主大限衰。從今若要兒孫好，除是從頭改過爲。

午榮、章嚴《魯班經》卷一《凉亭水閣式》 粧修四圍欄杆，靠背下一尺五寸五分高，坐板一尺三寸大，二寸厚。坐板下或横下板片，或十字掛欄杆上。靠背一尺四寸高，此上靠背尺寸在前不白，斜四寸二分方好坐。上至一穿枋做遮陽，或做亮格門。若下遮陽，上油一穿下，離一尺六十五分是遮陽。穿枋三寸大，一寸九分厚中下二根斜的，好開光窗。

《魯班經・像四》

搜樵亭

《魯班經・像八》

涼亭式

《魯班經・像九》

橋亭式

文震亨《長物志》卷一〇《位置九・亭榭》 亭榭不蔽風雨，故不可用佳器，俗者又不可耐，須得舊漆、方面、粗足、古朴自然者置之。露坐，宜湖石平矮者，散置四傍，其石墩、瓦墩之屬，俱置不用，尤不可用朱架架官磚于上。

計成《園冶》卷一《屋宇》一〇《亭》 《釋名》云：「亭者，停也。人所停集也。」司空圖有休休亭，本此義。造式無定，自三角、四角、五角、梅花、六角、横圭、八角至十字，隨意合宜則製，惟地圖可略式也。

計成《園冶》卷一《立基・亭榭基》 花間隱榭，水際安亭，斯園林而得致者。惟榭祇隱花間，亭胡拘水際，通泉竹里，按景山顛，或翠筠茂密之阿；蒼松蟠鬱之麓；或借濠濮之上，入想觀魚；倘支滄浪之中，非歌濯足。亭安有式，基立無憑。

《大明律》卷二六《刑律九・雜犯》 拆毁申明亭： 凡拆毁申明亭房屋及毁板榜者，杖一百，流三千里。

李斗《工段營造録》卷一七 古者亭郵立木以文其端，名曰華表，即今牌樓也。大木做法，謂之三檁垂花門法。在中柱以面闊加四定長，面闊十之一見方。所用中柱、邊柱、垂蓮柱、脊額枋、棋枋、坐斗枋、正心簷脊枋、懸山桁條、簷脊檁木、蔴葉抱頭樑、穿插枋、簷額枋、簷椽、飛簷椽、連簷、瓦口、裏口、椽椀、博縫板、兩山博縫頭、抱鼓石上壺瓶牙子、兩山穿插枋下雲拱雀替、三伏雲子、拱子、十八斗、廂穿插擋用假雀替墊拱板、廂象眼用角背及象眼板、簷脊檁、柱頭科大斗及斗科諸件，見方折數。

碑亭方圓互用。大木有四角攢尖。方亭做法：用簷柱、箍頭簷枋、四角花樑頭、桁條、抹角樑、四角交金墩、金枋、金桁、雷公柱、仔角樑、老角樑、戧枕頭木、簷椽、翼角翹椽、飛簷椽、翹飛椽、腦椽、大小連簷、瓦口、閘檔横望諸板。六柱圓亭做法：進深以面闊加倍定，面闊以進深減半定。用簷柱、圓柱、花樑頭、圓桁條、扒梁、井口扒梁、交金墩、金枋、金桁、由戧、雷公柱、六面簷椽、飛簷椽、腦椽、大小連簷、瓦口、閘檔望墊諸板。四柱八柱同科。

李斗《工段營造録》卷一七 行旅宿會之所館曰亭。重屋無梯，聳檻四植，如溪亭、河亭、山亭、石亭之屬。其式備四方、六八角、十字脊，及方勝圓頂諸式。亭制以《金鼇退食筆記》九梁十八柱爲天下第一。湖上多亭，皆稱麗矚。

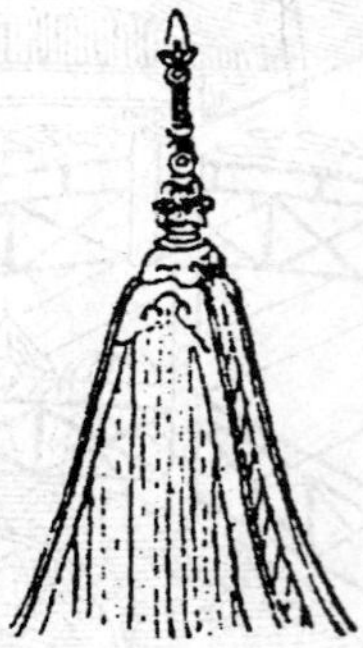

王概《芥子園畫譜》卷三《人物屋宇譜・界畫臺閣法・遠亭式》

王概《芥子園畫譜》卷三《人物屋宇譜・界畫臺閣法・九曲十八面亭式》

王概《芥子園畫譜》卷三《人物屋宇譜・寺院樓塔法・亭覆水車式》

王概《芥子園畫譜》卷三《人物屋宇譜・寺院樓塔法・井亭式》

王概《芥子園畫譜》卷三《人物屋宇譜・墻屋式・湖心築亭有橋可通式》

紀事

馮翊《桂苑叢談・賞心亭》咸通中，丞相姑臧公拜端揆日，自大梁移鎮淮海。政績日聞，未期周榮加水土，移風易俗，甚洽羣情。自彭門亂常之後，藩鎮瘡痍未平，公按轡躬己而治之，補綴頹毀，整葺壞綱，功無虚日。以其郡無勝遊之地，且風亭月榭既已荒凉，花圃釣臺未愜深旨，一朝命於戲馬亭西連玉鈎斜道，開闢池沼，搆葺亭臺。揮斤既畢，萃其所芳。春九旬，都人士女得以遊觀，一旦聞浙右小校薛陽陶監押度支運米入城，公喜其姓同曩日朱崖左右者，遂令詢之，果是其人矣。公愈喜，似獲古物，乃命衙庭小將代押，留止別館。一日，公召陶同遊，問及往日蘆管之事，陶因獻朱崖陸邕元白所撰歌一曲。公亦喜之，即於兹亭奏之。其管絶微，每於一觱栗管中常容三管也。聲如天際自然而來，情思寬閑，公大佳賞之，亦贈其詩，不記終篇，其發端云：虛心纖質雁銜餘，鳳吹龍吟定不如。於是賜賚甚豐。出其二子，皆授牢盆倅職。初，公搆池亭畢未有名，因名賞心。諸從事以公近諱，蓋賞字有尚也。公曰：宣父言徵不言在，言在不稱徵，且非内官宫妾，何避其疑哉？遂不改作。其亭自秦畢陷逆，乃爲芻豢之地。嘆乎公孫弘之東閣，劉屈氂後爲馬厩，亦何異哉。

范成大《吴郡志》卷六《官宇・雲章亭》 雲章亭在舊凝香堂西南，故有此亭。紹興三十一年，郡守洪遵始命名。亭有仁宗皇帝賜陳經御書飛白「端敏寶文閣」、佛字石刻及獎諭陳經敕，賜丁謂詩，并太上皇帝御書《千字文》。

范成大《吴郡志》卷六《官宇・池光亭》 池光亭在郡宅後池北。紹興十七年，郡守鄭滋重建。池傍有小山二：東曰芳坻，郡守蔣粲建，飛白書其額；西有檜，郡守洪遵訪故事植焉。唐有白公檜，已不存。淳熙六年，郡守司馬伋以亭名犯曾祖及祖諱，暫以木蘭堂榜之。

范成大《吴郡志》卷九《古迹・金昌亭》 金昌亭在昌〔閶〕門。宋少帝，景平二年廢爲營陽王，幽于吴郡。徐羡之等使邢安泰弑帝于金昌亭，帝有勇力，不即受制，突走出昌〔閶〕門，追以門關踣之。此云走出昌〔閶〕門，則亭尚在城中。陸龜蒙又謂：梁鴻墓在金昌亭下一里，又似在城外。恐在今城，有少遷徙耳。

范成大《吴郡志》卷一四《園亭・鱸鄉亭》 鱸鄉亭在吴江。始陳文惠公堯佐《題松陵》詩，有「秋風斜日鱸魚鄉」之句。屯田郎中林肇爲令，乃作亭江上，以鱸鄉名之。陳瓘瑩中主縣簿，嘗賦詩。

范成大《吴郡志》卷一四《園亭・醉眠亭》 醉眠亭在松江，李無晦所居。李本湖人，徙居松江。高尚不仕，以詩酒自娱。治園亭，號醉眠。

范成大《吴郡志》卷一四《園亭・如歸亭》 如歸亭在吴江，張先子野撤而新之。蔡襄君謨《題壁》云：蘇州吴江之瀕，有亭曰如歸者，隘壞不可居。康定元年，知縣事祕書丞張先始爲大之云。

《永樂大典方志輯佚・臨汀志・蒼玉亭》 蒼玉亭在州城東東禪寺蒼玉洞羣石中。宣和間，提刑林公道命名巖節。隆興間，郡守吴公南老惜亭背石，移而面之，揭今名。慶元間，郡守陳公曄猶以亭去石近，移退石拾五丈有奇，前浚方池，引鄭家陂水於其中。端平間，郡守李公華重創，長汀丞王九萬爲之記。

《永樂大典方志輯佚・臨汀志・翠微亭》 翠微亭在蒼玉洞羣石之巔。乾道間，郡守謝公知幾創。紹定間，郡守李公華重創。近燎於野燒，有基在。

《永樂大典方志輯佚・臨汀志・横翠亭》 横翠亭在東禪寺中門之左。崇寧間，郡守陳公粹創。僧刻崇寧間洪芻二絶句于柱云：「風枝雨葉春無賴，石徑茅茨晝不開。緑竹笋高人未覺，紫荆花謝我重來。」又云：「海棠紅映梨花白，竹杖芒鞋繞屋櫚。深處提壺安好語，無人沽酒引陶潛。」又《陪郡守陳公軒遊東山》詩中句云：「篆破高青知野火，點殘横緑是沙鷗。微行曲折如羊坂，亂石峥嶸似虎丘。」寶慶間，郡守林公岊詩云：「山中有寺寺有閣，閣外之山横翠來。」和者甚衆。

《永樂大典方志輯佚・臨汀志・水月亭》 水月亭在頒條門外二里許方湖。先皆是平田，寶慶間，郡守林公岊築堂三楹，扁曰正雅，爲郡士麗澤講習之所，自爲記。紹定間，郡守李公華規而廣之，改今名。遶堂爲荷蕩柳堤，景趣雅勝，長汀丞王九萬爲之記。堂之南隔水爲景星庵。

《永樂大典方志輯佚・臨汀志・寅湖亭》 寅湖亭在州東北三里許。嘉定間，郡守汪公端中命長汀宰錢厚創，後因寇擾廢。寶祐間，郡守周公晉重創。

《永樂大典方志輯佚・臨汀志・悠然亭》 悠然亭，在寧化縣治南街之左，據城瞰溪。

祝穆《方輿勝覽》卷一七《江東路・南康軍・玉淵亭》 玉淵亭在棲賢寺門外。澗中白石不以數計，如卧羊，故曰玉淵。張安國書二字。仍作詩云：「靈源直上與天通，借路來從五老峯。試向欄干敲柱杖，爲君喚起玉淵龍。」

祝穆《方輿勝覽》卷二〇《江西路・贛州・塵外亭》 龔公崖頂有塵外亭，今在州治東。形勢最高絶，凡四境之山川，可以枚閲。蘇子瞻《塵外亭》詩：「楚山淡無塵，贛水清可厲。散策塵外游，麾手謝斯世。山高惜人力，十步輒一憩。却立浮雲端，俯視萬井麗。幽人宴坐處，龍虎爲斬薙。馬駒獨何疑，豈墮山鬼計。夜垣非助我，謬敬欲其逝。戲留一轉語，千載起攘袂。」

祝穆《方輿勝覽》卷一六《江東路・徽州・翠眉亭》 翠眉亭在績溪。韓無咎記：「歙之績溪縣西隅，有亭曰翠眉，不知其何人作也。前則二小山對出，自亭而望，嫵然如眉。地勢平衍，林木茂蔚。元豐末，蘇文定公爲縣，愛其清幽，時往游焉，賦詩其上。公去而邑人思之，即亭爲祠。紹興中，好事者飾縣廨一堂，名以景蘇。後令曹訓刻公在績溪所爲詩凡三十六篇於石，而摹公之像於翠眉亭云。」

祝穆《方輿勝覽》卷七《浙東路・婺州・極目亭》 極目亭。韓無咎《極目亭詩集序》：「婺之牙城東南隅，有亭纔數椽，郡守周彦廣嘗取米元章所書『極目亭』三大字榜之。然元章舊題乃上蔡也，既陷没不可見，猶得見於吾州，豈特其名之適實，而字畫之妙亦因是顯矣。然棟宇狹甚，不足以陳觴豆，列絲竹。客至，倚徙而愛之，主人僅爲茗飲，或奉一杯相壽而已耳。予再爲婺之明年，值歲豐少事，乃闢而新焉。其規制不能侈大，頗與其地爲稱。於是來登者酒酣歡甚，往往賦詩或歌詞自見，則皆巨公長者，及鄉評之彦與經從賢士大夫也。蓋婺城臨觀之許凡三：中爲雙溪樓，西爲八詠樓，東則此亭。皆盡見羣山之秀，兩川貫其下，平林曠野，景物萬態。而雙溪直譙門，涉通衢百舉武。八詠在郡庠之偏，距州治尤遠，且須女之祠寓焉。二樓不可頻至，惟極目亭在後圃之隙，不必命駕煩民，得與賓客共之。予以山林麋鹿之姿，遇退食之餘，好風佳月，必携幼穉，支笻躡屨，徜徉于兹，蓋溪光山色，奇花美卉，無日而非我有也。吾恐異時太守之賢不得而廢，則嘯歌觴詠有以慰吾之暇者，可不傳乎？雖蘭亭逸少之風莫及，而峴山叔子之嘆未忘，因類而録諸木，俾好事者其考之。」

祝穆《方輿勝覽》卷七《浙東路・慶元府・鮚亭》 鮚亭，《漢地理志》：「鄞縣，有鮚埼亭。」顔《注》云：「鮚音結，蚌也。埼，岸曲也，其中多鮚，故以名亭。」

祝穆《方輿勝覽》卷一九《江西路・袁州・介亭》 介亭在東湖之南。廣漢張公杓知州事，南軒先生栻過之，爲書東湖扁榜，且易盧石堂爲介亭，仍題榜側云：「介亭之石，本盧肇家故物也。挺然特立，望之有汲黯在朝之氣象。予既取豫卦六二之義以題其亭，併告來者。」

祝穆《方輿勝覽》卷六《浙東路・紹興府・蘭亭》 蘭亭在山陰縣二十五里天章寺，有曲水。王羲之《蘭亭敘》：「永和九年，歲在癸丑，暮春之初，會于會稽山陰之蘭亭，脩禊事也。羣賢畢至，少長咸集。此地有崇山峻嶺，茂林脩竹，又有清流激湍，映帶左右，引以爲流觴曲水。列坐其次，雖無絲竹管絃之盛，一觴一詠，亦足以暢敘幽情。是日也，天朗氣清，惠風和暢，仰觀宇宙之大，俯察品彙之盛，所以游目騁懷，足以極視聽之娱，信可樂也。夫人之相與，俯仰一世，或取諸懷抱，晤言一室之内；或因寄所託，放浪形骸之外。雖趣舍萬殊，静躁不同，當其欣於所遇，暫得於己，快然自足，不知老之將至。及其所之既勌，情隨事遷，感慨係之矣。向之所欣，俛仰之間，已爲陳迹，猶不能不以之興懷，況脩短隨化，終期於盡。古人云死生亦大矣，豈不痛哉！每感昔人興廢之由，若合一契，未嘗不臨文嗟悼，不能喻之於懷。固知一死生爲虚誕，齊彭殤爲妄作，後之視今，亦猶今之視昔，悲夫！故列敘時人，録其所述，雖世殊事異，所以興懷，其揆一也。後之覽者，亦將有感於斯文。」《遯齋閑覽》：「王右軍《蘭亭敘》『天朗氣清』，自是秋景，以此不入選。然『絲竹管絃』，語亦重複。」《續齊諧記》：「晉武帝問尚書摯虞曰：『三月曲水，其義何？』答曰：『漢章帝時，平原徐肇以三月初生三女，至三日而俱亡，一村以爲怪。乃相携至水濱盥洗，遂因水以泛觴。曲水之義起於此。』帝曰：『若所談，非好事。』尚書束晳曰：『仲洽小生，不足以知此。臣請説其始。昔周公成洛邑，因流水以泛酒，故逸詩曰「羽觴隨流波」。又秦昭王三日置酒河曲，見有金人出奉水心劍，曰：「令君制有西夏。」乃因其處立爲曲水。二漢相沿，皆爲盛事。』帝曰：『善。』賜金五十斤，左遷仲洽爲陽城令。」適南亭，陸農師記：「會稽爲越之絶，而山川之秀甲於東南。自晉以來，高曠宏放之士多在於此。至唐，餘杭始盛，而與越争勝，見於元、白之稱。然山川之勝，殆有鬱而未發者也。熙寧十年，給事中程公出守是邦。公，吏師也。下車未幾，政成訟清。與賓客沿鑑湖上蕺山以尋右軍秘監之跡，登望稍倦，未愜公意。於是有以梅山之勝告公者，蓋指其地昔子真之所居也。今其少西有里曰梅市。其事應史公聞往焉。初届佛刹，横見湖山一面之秀，以爲未造佳境也。因至其上望之，峯巒如列，間見層出，煙海杳冥，風帆隱映，有魁偉絶特之觀，而高情爽氣適相值也。已而山之僧因高築宇，名之曰『適南』，蓋取莊周『大鵬圖南』之義。暇日領賓飲而賞焉，於是闔州以爲觀美，而春時無貴賤皆往。又其風俗潔雅，嬉遊皆乘畫舫，平湖清淺，晴天浮動。及登是亭，四眺無路，風輕日永，若上蓬萊之上，可謂奇矣。雖然，公之美志喜於發揚幽懿，豈特貢一山而已。凡此鄉人藏道蓄德，晦於耕隴、釣瀨、屠市、卜肆、魚鹽之間者，庶幾託公之翼，搏風雲而上矣。」

祝穆《方輿勝覽》卷六《浙東路・紹興府・秋風亭》 汪綱《柱記》：「秋風亭，辛幼安曾賦詞，膾炙人口，今廢矣。予即舊基面東爲亭，復創數椽於後，以爲賓客往來館寓之地。當必有高人勝士，如宋玉、張翰者，來游其間，游目騁懷，幸爲我留，其毋遽起悲秋思歸之興云。」

祝穆《方輿勝覽》卷一七《江東路・南康軍・折桂亭》 折桂亭在郡治。背倚五老峯，面對大江，千島萬溆，出没煙雲波浪間，真奇觀也。

祝穆《方輿勝覽》卷七《浙東路・婺州・水樂亭》 水樂亭在東陽縣西南八

里。兩山對峙，有飛泉數丈，界山而落，泠然有聲。宰王槩作亭澗上，取元次山「水樂」之説。蘇子瞻寄題詩云：「但向空山石壁下，愛此有聲無調之清流。流泉無弦石無竅，强名水樂人人笑。」

祝穆《方輿勝覽》卷一五《江東路・太平州・十詠亭》 十詠亭在城東。蓋《姑孰溪》、《丹陽湖》、《謝公宅》、《凌歊臺》、《桓公井》、《慈姥竹》、《望夫石》、《牛渚磯》、《靈墟山》、《天門山》十詠也。蘇子瞻有云：「余嘗舟次姑孰堂下，讀《姑孰十詠》，怪其語淺近，不類李白。王平甫云：『此李赤詩也。』赤見《柳子厚集》，自比李白，故名赤。其後爲厠鬼所惑以死。今觀其詩止此，而以太白自比，則其人心疾久矣，非厠鬼之罪也。」

祝穆《方輿勝覽》卷一五《江東路・太平州・夢日亭》 夢日亭在蕪湖北二十里。晋王敦鎮姑孰。明帝時，敦將舉兵内向，帝密知之，乃乘巴、滇駿馬微行，至于湖，陰察敦營壘。敦正晝寢，夢日環其城，驚起曰：「此必黄鬚鮮卑奴來也。」乃使五騎追帝。帝亦馳去，見逆旅賣食嫗，以七寶鞭與之，曰：「後有騎來，可以此示之。」俄而追者至，因以鞭示之，五騎傳玩稽留，帝僅獲免。由是樂府有《湖陰曲》，亭名以此。

張敦頤《六朝事迹編類》卷四《樓臺門・白下亭》 李白《金陵白下亭留別》詩云：「驛亭三楊樹，正當白下門。」王荆公有詩云：「東門白下亭，摧甓蔓寒葩。」則亭在東門明矣。荆公舊宅，在今報寧寺故基，其詩有「門前秋水可揚舲，有意西尋白下亭」之句，今廢矣。

張敦頤《六朝事迹編類》卷四《樓臺門・翠微亭》 翠微亭在城西五里清涼寺山頂，南唐時建。林逋有詩云：「亭在江干寺，清涼更翠微。」陳軒《金陵詩集》注云：清涼寺翠微亭，最爲佳處。

張敦頤《六朝事迹編類》卷四《樓臺門・賞心亭》 賞心亭，丁晋公謂所建也。公以家藏《袁安卧雪圖》張於其屏，乃唐周昉筆，經十四太守無敢覬覦者，後爲一太守以凡筆畫蘆雁易之。王琪密學來作守，登臨賦詩曰：「千里秦淮在玉壺，江山清麗壯吴都。昔人已化遼天鶴，舊畫難尋《卧雪圖》。冉冉流年去京國，蕭蕭華髮老江湖。殘蟬不會登臨意，又噪西風入坐隅。」荆公有詩云：「檻折簷傾野水傍，臺城佳氣已消亡。難披草莽尋千古，獨倚青冥望八荒。坐覺塵沙昏遠眼，忽看風雨破驕陽。扁舟此日東南興，欲望江流萬里長。」又詩云：「霸氣消磨不復存，舊朝臺殿只空邨。孤城倚薄青天近，細雨侵尋白日昏。稍覺野雲成晚霽，卻疑山月是朝暾。此時江海無窮興，醒客無言醉客喧。」

張敦頤《六朝事迹編類》卷四《樓臺門・東冶亭》 東冶亭，晋太元中，於汝南灣東南置亭，爲士大夫餞送之所。楊修之有詩曰：「忍淚相看酒共持，一生心事幾人知。年年折盡東亭柳，此別緜緜無盡期。」舊傳在縣東八里。

張敦頤《六朝事迹編類》卷四《樓臺門・五馬亭》 五馬亭，晋元帝與彭城王雄、西陽王羕、南頓王宗、汝南王祐南渡之後，當時讖云「五馬浮渡江，一馬化爲龍」，謂此也。亭今廢，其地屬金陵鄉，去城西二十五里幕府山之側。

張敦頤《六朝事迹編類》卷四《樓臺門・新亭》 新亭，晋初元帝渡江，僕射周顗與羣臣遊宴，坐中歎云：「雖風土不殊，舉目有江山之異。」因而流涕。王導曰：「諸公當須戮力中原，以壯王室，何爲作楚囚悲邪！」衆皆肅然整容。宋孝武即位於新亭，僕射王僧達改爲中興亭，去城西南十五里，俯近江渚。楊修之有詩云：「滿目江山異洛陽，北人懷土淚千行。不如亡國中書令，歸老新亭是故鄉。」

駱天驤《類編長安志》卷四《堂宅亭閣・白雨亭》 白雨亭，《長安志》：「太平坊，有御史大夫王鉷宅。天寶中，鉷有罪賜死，官簿録太平坊宅財物，數日不能遍。宅内有白雨亭，簷上飛流四注如白雨，當盛夏處之，凛若高秋，皆思挾纊。」

駱天驤《類編長安志》卷四《堂宅亭閣・望春亭》 唐望春亭，去京城一十一里，據苑之東南高原之上，東臨滻水西岸。《兩京道里記》曰：「隋文帝初置，以作送客亭。煬帝改爲長樂宫。大業初，夜見太子勇領徒十人，各持兵仗，問楊廣何在。帝懼，走長樂宫，文武宿衛不知乘輿所在，比明，方移仗此宫。煬帝遂幸洛陽，終大業不敢都長安。」李晟葬，德宗御望春門臨送，疑亭有門。按《長安圖》及雜(見)〔記〕多云望春宫。

駱天驤《類編長安志》卷四《堂宅亭閣・長樂亭》 長樂亭，《新説》曰：「長樂亭，在京兆通化門東十里長樂坡上。堯咨自序云：『青門路長樂坡，古離別之地。大中祥符七年，予爲京兆守，作亭於坡側。東出迎餞，必至斯亭，但見頽垣壞址，草色依依，徘徊亭上，感而長歌曰：「古人別離增愁悲，今人別離多吁戲。古今人物自遷變，唯有別離無盡期。南山峨峨在天半，灞水嗚嗚流不斷，應見古今別離人，一番纔去一番新。落日危亭悄無語，覽今念古堪傷神。」歌畢，因命筆書之，復存其歎古之意，載之篇首，刻石立于亭中，命曰《長樂亭記》。』」

駱天驥《類編長安志》卷四《堂宅亭閣·緑野亭》　緑野亭，《新説》曰：「緑野亭，在武功縣。張氏懿族也，有園在縣之西南隅。慶曆中，自叔美君築亭於其園，名曰緑野，以爲遊息之所。後横渠先生過而悦之，乃寓居以講學，士大夫從之者甚衆，由是亭名益重。後歲久弗葺，賢士大夫登其亭而憫焉。此横渠先生講學之處，忍使廢之。族人復增飾之。紹聖三年，張閎中爲之記。政和改元重陽日，承事郎知京兆武功縣事劉幹立石。」

駱天驥《類編長安志》卷四《堂宅亭閣·流杯亭》　流杯亭，《新説》曰：「興慶池北衆樂堂後有宋太尉張金紫所構流杯亭，砌石成風字樣，曲水流觴，以爲祓禊宴樂之所。傍有《禊宴詩碑》。」

駱天驥《類編長安志》卷四《堂宅亭閣·杜郵亭》　杜郵亭，《咸陽記》曰：「杜郵亭，在縣西十八里，白起自刎處。」《水經注》曰：「咸陽城西十八里有杜郵亭，今爲孝里亭，西有白起墓。」

駱天驥《類編長安志》卷四《堂宅亭閣·戲亭》　戲亭，《史記》曰：「戲亭，在新豐縣東南驪山半原。」蘇林曰：「褒姒不好笑。幽王爲烽火、大鼓，有寇至，舉烽火，諸侯悉至，無寇，褒姒乃笑。欲悦之，數舉烽火，諸侯不信。犬戎共攻幽王，徵兵不至，遂殺幽王於驪山下。」潘岳《西征賦》曰：「履犬戎之侵地，疾幽王之詭惑。舉僞烽以沮衆，淫嬖褒而縱慝。軍敗戲水之上，身死驪山之北。赫赫宗周，滅爲亡國。」

駱天驥《類編長安志》卷四《堂宅亭閣·桂林亭》　宋桂林亭，亦曰三桂亭。《新説》曰：「桂林亭，在長安城南杜城、潏水之陽，乃宋諫議陳公之别墅。三子堯叟、堯佐、堯咨同登科，扁其亭曰三桂，繪其像，仍各書所試程文題於板，示不忘其本。大中祥符堯咨知永興軍府事，書詩於碑，至今猶存。詩曰：『不誇六印滿腰間，二頃仍尋負郭田。當日弟兄皆刷羽，如今鴻雁盡摩天。扶踈已問新栽竹，清淺猶尋舊漱泉。大户今來還又去，夕陽旌旆復翩翩。』」

《〔嘉靖〕思南府志》卷二《建置·濟江亭》　濟江亭，凡三間，左右廂房二間。一在府江之南，舊無設。正德六年，蜀寇方四作亂，大參朱璣、知府甯閲創其制。思南貴藩屬郡也，去省城千餘里，牂牁要路，山川險阻。離郡治數百步許，一水濴流，名曰烏江，發源夐遠，出自廣西泗城州，入流程番府，沿于省城，下通于涪，達于江，深百餘丈，闊三百餘步，迴湍汹湧，兩岸逼狹，難於建橋。惟設桐槽小舟渡載，凡商賈行旅之經涉，與夫官吏師生之迎送，咸畢集于此。時值四川強賊方四等流劫本府，并石阡、龍泉坪等處，荼毒生靈，所司告急，鎮巡重臣節奉成命，決調本省兵將，兼以湖廣偏鎮等四衛及輪戍官軍，分爲五路，扼險進勦，檄貴州布政司、今陞貴州按察司按察使朱公文瑞，于是府駐劄，調度兵糧，紀驗功次。時當三伏，酷暑炎蒸，江水泛漲，披堅執鋭之士，肩擔輸運之夫，行抵江岸，人多舡寡，渡載不前。民居寫遠，林木皆無，立候移時，(涅)〔汗〕流如雨，渴飲渾潦，動成瘴癘。公乃目擊其事，心甚憂憫，遂措置工料，行委經歷周鳳起、巡檢胡訓文、驛丞安襄、土舍安岐鳳等共董厥事。乃于是江渡口拓石二畝，竪亭三間，兩傍翼以耳房，周匝築墻，設以門屏，扁其亭曰「濟江」，俾往過來續者得以休息。又造大舡若干隻，撥水手若干名，撑駕兵糧于此，隨到隨渡。仍令所司多造斛面，差官監視，隨到隨收。人免稽留，途無嗟怨。於是兵餉足用，士氣倍增，將校協力，勇于追戰，隨處驗功，弊無妄殺。以故兵威大振，逆賊破膽，餘黨潛遁，居民得以安枕，官軍凱還，所司具呈。

《明太祖實録》卷一一五《觀心亭》　〔洪武十年冬十月〕壬子，觀心亭成。初，上勑工曹造觀心亭于宫城上。至是，落成，上親幸焉。時致仕翰林學士承旨宋濂來朝，乃召濂，語之曰：人心易放，操存爲難。朕日酬庶務，罔敢自暇自逸，況有事於天地宗廟社稷，尤用祗惕。是以作爲此亭，名曰觀心，致齊之日，端居其中。吾身在是，而吾心即在是，却慮凝神，精一不二，庶幾無悔。卿爲朕記之，傳示來裔。

田汝成《西湖游覽志》卷八《放生亭》　放生亭，在寶石山麓。宋天禧四年，王欽若請以西湖爲放生池，禁民採捕，郡守王隨爲之記，有碑存焉。慶元四年，趙師羼建德生堂、飛泳亭於橋畔，理宗御書，並廢。

傅梅《嵩書》卷三《亭館十·醉雨亭》　醉雨亭，在望朝嶺西二里許。萬曆庚戌夏，久旱之後，忽得甘霖。予省耕過此，息於樹下，有以壺觴獻者，予飲，輒至醉，邑人咸以爲異。蓋予三載無酒容矣。是年果稱大有。西成既畢，衆即其地建一亭，以志不忘。予命之名，並爲之記。

蔣一葵《長安客話》卷二《瀛州亭》　亭在翰林院内堂之右方，故有隙地一區。萬曆初，掌院某甃石爲方池，構亭中央，扁曰瀛州，規制甚雅。公餘諸公每於此小憩，真不啻登瀛州云。福唐葉向高有《雨後觀新水》詩：「澄潭斜趁小亭看，徙倚朱闌對夕天。風落簾櫳寒古樹，雲浮宫闕媚晴川。人疑銀漢孤槎上，水接天河一帶懸。聞道鳳池饒雨露，驚看此日更清妍。」又鄧宗齡有《新池得雨》詩：「祕閣開蓬島，微濛起暮陰。樹摇金掌溼，波接絳河深。芳砌留餘潤，游魚欲聽音。雲中山斗在，會看作商霖。」

張岱《陶庵夢憶》卷七《瑞草谿亭》　瑞草谿亭爲龍山支麓，高與屋等。燕客相其下有奇石，身執橐臿，爲匠石先發掘之。見土輦土，見石甃石，去三丈許，始與基平，乃就其上建屋；屋今日成，明日拆，後日又成，再後日又拆，凡十七變而谿亭始出。蓋此地無谿也而谿之，谿之不足，又瀦之、甃之，一日鳩工數千指，索性池之，索性闊一畝，索性深八尺。無水，挑水貯之，中留一石如案，迴瀦浮巒，頗亦有致。燕客以山石新開，意不蒼古，乃用馬糞塗之使長苔蘚，苔蘚不得即出，又呼畫工以石青、石緑皴之。一日左右視，謂此石案，焉可無天目松數棵盤鬱其上！遂以重價購天目松五六棵，鑿石種之，石不受鍤，石崩裂，不石不樹，亦不復案。燕客怒，連夜鑿成硯山形，缺一角，又輦一礐石補之。燕客性卞急，種樹不得大，移大樹種之，移種而死，又尋大樹補之。種不死不已，死亦種不已，以故樹不得不死，然亦不得即死。谿亭比舊址低四丈，運土至東，多成高山，一畝之室，滄桑忽變。見其一室成，必多坐看之，至隔宿或即無有矣。故谿亭雖渺小，所費至巨萬焉。燕客看小説：「姚崇夢游地獄，至一大廠，鑪鞴千副，惡鬼數千，鑄瀉甚急，問之，曰：『爲燕國公鑄横財。』後至一處，爐竈冷落，疲鬼一二人，鼓橐奄奄無力，崇問之，曰：『此相公財庫也。』崇寤而嘆曰：『燕公豪奢，殆天縱也！』」燕客喜其事，遂號「燕客」。二叔業四五萬，燕客緣手立盡。甲申，二叔客死淮安，燕客奔喪，所積薪俸及玩好幣帛之類又二萬許，燕客攜歸，甫三月又輒盡，時人比之魚弘四盡焉。谿亭住宅，一頭造，一頭改，一頭賣，翻山倒水無虚日。有夏耳金者，製燈剪綵爲花亦無虚日。人稱耳金爲「敗落隋煬帝」，稱燕客爲「窮極秦始皇」，可發一粲。

彭大翼《山堂肆考》卷一七二《冷泉亭》 亭在杭州飛來峯下，唐刺史元藇建，白居易記。宋梅詢詩：「古竇鳴幽泉，蒼崖結虚宇。六月期客遊，披襟苦徂暑。開牕弄清淺，吹鬢疑風雨。不見白樂天，煙蘿與誰語。」

彭大翼《山堂肆考》卷一七二《干越亭》 亭在餘干縣羊角山，前瞰琵琶洲，唐李德裕建。施肩吾詩：「琵琶洲上行人絶，干越亭中客思多。」按餘干縣今隸江西饒州，本越之西境，爲越餘地，故曰餘干。

彭大翼《山堂肆考》卷一七二《放鶴亭》 宋熙寧間，雲龍山人張天驥作放鶴亭于徐州東山之麓。蘇子瞻記：「彭城之山，岡嶺四合，隱如大環，獨缺其西。而山人之亭，適當其缺。春夏之交，草木際天。秋冬雪月，千里一色。風雨晦明之間，俯仰百變。山人有二鶴，甚馴狎，旦則望西山之缺而放焉，縱其所如。暮則傍東山而歸。故亭以放鶴命名。」

彭大翼《山堂肆考》卷一七二《車蓋亭》 亭在德安府西北，取魏文帝「西北有浮雲，亭亭若車蓋」之句。又宋蔡確遊此亭詩：「紙屏石枕竹方牀，手倦抛書午夢長。睡起莞然成獨笑，數聲漁笛在滄浪。」

彭大翼《山堂肆考》卷一七二《粲粲亭》 道州治後有粲粲亭，宋時建。取杜甫《舂陵行》「粲粲元道州」之意。又有欣欣亭，取白居易《道州民歌》「老者幼者何欣欣」之意。有肅肅亭，取杜甫《餞裴道州》「肅肅秩初筵」之意。有振振亭，又取《柳文廟碑》「振振薛公」之意。

彭大翼《山堂肆考》卷一七二《解珮亭》 亭在安陸州城北漢江邊，即鄭交甫遇仙女解珮處。又漳州龍溪縣東有留珮亭，宋通判鄭渙代去，郡人攀留，渙留珮爲别。後人即地建亭，扁今名。

彭大翼《山堂肆考》卷一七二《鵠奔亭》 亭在肇慶府城南。按《搜神記》：漢九江何敞爲交州刺史，行部至高要，宿于此亭。夜有女子，呼曰：「妾本廣信蘇氏女，名娥，嫁爲同縣施氏妻。夫死，遺有雜繒，偕婢鬻之旁縣，日暮宿于此亭，俱爲亭長龔壽刺死，合埋樓下。」敞乃掘尸捕壽，壽具伏罪。初發尸時，有雙鵠奔其亭，故名。

彭大翼《山堂肆考》卷一七二《洞酌亭》 瓊州府城北雙泉之上有洞酌亭，蘇軾有詩。軾嘗于此鑿井得二泉，相去咫尺而異味，故曰雙泉。後李光謫瓊，居雙泉九年，再移昌化。有詩云：曾是雙泉舊主人。

彭大翼《山堂肆考》卷一七二《夢謝亭》 晏殊《類要》：謝靈運會稽人，其家世不宜子息，乃寄養于錢唐杜師明舍。師明先夜夢有賢人相訪，及曉，乃靈運至。後因以名亭。白樂天詩：夢兒亭古傳名謝，歌妓樓新道姓蘇。夢兒亭即夢謝亭也。在靈隱寺山上。

彭大翼《山堂肆考》卷一七二《燕喜亭》 亭在連州城中。韓愈記云：太原王弘中于其居之後荒丘之間立屋，以避風雨寒暑。既成，愈請名之。其丘曰竢德之丘，石谷曰謙受之谷，瀑曰振鷺之瀑，土谷曰黄金之谷，瀑曰秩秩之瀑，洞曰寒居之洞，池曰君子之池，泉之源曰天澤之泉。合而名之，以屋曰燕喜之亭，取《詩》所謂「魯侯燕喜」者頌也。

彭大翼《山堂肆考》卷一七二《峴山亭》 襄陽府城南峴山上有峴山亭。宋熙寧初，史中煇重建。歐陽脩記：峴山臨漢上，望之隱然。蓋諸山之小者，而其名特著于荆州，豈非以其人哉？其人爲誰？羊叔子、杜元凱是已。

彭大翼《山堂肆考》卷一七二《狎鷗亭》　亭在彰德府忘機堂前，宋韓魏公建。歐陽公題詩：險夷一節如金石，勳德俱高快古今。豈止忘機鷗鳥信，陶鈞萬物本無心。魏公喜曰：余在中書，進退升黜，未嘗置心。永叔少謂知我。又永州城西有玩鷗亭，宋汪藻字彥章，號龍溪。謫居時建其亭，結茅所爲向愚溪之口，有羣鷗日馴其地，因以名亭。

彭大翼《山堂肆考》卷一七二《咽瓜亭》　河南府城南下臨伊水有饐瓜亭。宋吕蒙正微時讀書龍門，見賣瓜者，意欲得之，無錢。其人偶遺一枚于地，蒙正取食之。後作相建亭于此，以咽瓜名，示不忘貧賤也。

彭大翼《山堂肆考》卷一七二《弄水亭》　唐俞秀老紫芝題弄水亭《臨江仙》詞：弄水亭前千萬景，登臨不忍空迴。水輕墨淡寫蓬萊。莫教世眼，容易洗塵埃。收去雨昏都不見，展時不似雲開。先生高趣更多才。人人盡道小杜卻重來。

彭大翼《山堂肆考》卷一七二《玩鞭亭》　玩鞭亭在蕪湖縣北。宋楊萬里詩：老賊平欺晉鼎輕，一輪日色夢中驚。寶鞭脱急非無策，何似休將日繞營。

彭大翼《山堂肆考》卷一七二《玩珠亭》　亭在高郵州樊良鎮。宋嘉祐中，揚州天長澤陂中有一大珠，天晦冥時多現。後轉入甓社湖，或在新開湖，凡十餘年。鎮當珠往來之處，行人往往維舟以待其現，因名亭焉。

彭大翼《山堂肆考》卷一七二《望嶽亭》　衡州府治西有望嶽亭，唐採訪使韋虚舟建。以其東望清湘，北瞻碧嶽，因以名亭。又崖州城南有望闕亭，唐李德裕貶崖州司户時建。詩云：獨上江亭望帝京，鳥飛猶用半年程。青山只恐人歸去，百匝千迴重繞城。

彭大翼《山堂肆考》卷一七二《五友亭》　亭在四川南充縣。宋游炳題：明月清風爲道友，古典今文爲義友，孤雲野鶴爲自在友，怪石流水爲娱樂友，山果橡栗爲相保友。是吾友者，無須臾不在此間也。

彭大翼《山堂肆考》卷一七二《萬石亭》　亭在永州城北，唐刺史崔能建。柳宗元爲記：公以御史中丞來莅是州，政暇登城，見大石林立，涣若奔雲，錯若置棋。于是闢壤剪榛，立亭其中，以其石多，故名亭曰萬石。

彭大翼《山堂肆考》卷一七二《賞心亭》　亭在金陵城上西南，下臨秦淮，盡觀覽之勝。宋丁謂建。嘗以真宗所賜《袁安卧雪圖》張于亭，柱上有蘇軾題名。曾拯詩云：柱上題名客姓蘇，江山清絶冠吴都。六花飛舞憑欄處，一本天生卧雪圖。又滁州之西南，泉水之旁，歐陽公築亭曰醒心，曾子固爲之記。

彭大翼《山堂肆考》卷一七二《天繪亭》　《夷堅志》：昭州瘴毒地，而山水頗清婉。郡圃有亭曰天繪，郡守李丕以與金年號同，欲更之。有范姓者爲易名清暉。後李視積壤中有片石，載丘濬所作記。其略云：予擇勝得此亭名曰天繪，取其景物自然也。後某年某月日，當有俗子易名青暉者，可爲一笑。考其命名之月日，果不差。

彭大翼《山堂肆考》卷一七二《真賞亭》　亭在湖州府安吉縣西方山之麓，宋乾道間縣令安鼎夢遊此山後，因往上方寺循行，而南經此，與昔所夢無異。遂建亭，名真賞。蘇東坡詩云：自昔懷清賞，神遊杳靄間。如今不是夢，真實是廬山。

彭大翼《山堂肆考》卷一七二《臨皋亭》　黄州城南有臨皋亭，宋元豐三年蘇軾謫黄州，寓居臨皋亭。詩云：臨皋亭中一危坐，三越清明新改火。後秦檜父官于黄，生檜于亭中，改名臨皋館。

彭大翼《山堂肆考》卷一七二《靈根亭》　建昌縣北又有壽松，一名桂劔松。其松盤屈奇怪。宋寶慶初，知縣曹豳創亭，扁曰千歲靈根。又于門外榜曰煙蘿勝景。嘉定間，縣丞李鴻漸刻圖于石。

祁彪佳《祁忠惠公遺集》卷七《太古亭》　斫松葺茅，不加琱堊。意其爲太古遺制乎？亭之址，初在友石榭。及榭成，遷之松徑下。陶石梁先生再過園中，亟索余之所在，往憩焉。笑曰：「太古不合時宜，乃左遷至此耶？」客曰：「否否。此亭有深静之色，譬如綺里輩初出商山，衣冠甚偉，豈堪與絳灌爲伍。」此地負岡蔭渚。在幽篁老幹間，瀟然獨立，不共花鳥争研冶，亭可謂得所矣。

祁彪佳《祁忠惠公遺集》卷七《選勝亭》　昔人謂許椽非徒有勝情，實有濟勝之具。余謂更須有選勝之緣耳。緣所未至，一泉一石，每於交臂失之。乾坤自開闢，山水自渾濛也。此亭北接松徑，南通巒雉，東以達虎角庵，遊者之履常滿，然而素桷茅榱，了不異人意。惟是登亭佪望，每見霞峯隱日，平野盪雲。解意禽魚，暢情林水，亭不自爲勝，而合諸景以爲勝，不必勝之盡在於亭。乃以見亭之所以爲勝也乎。

祁彪佳《祁忠惠公遺集》卷七《柯亭》　昔蔡中郎宿於柯亭之館，仰視第三椽竹，云可作笛。吹之果有異聲。柯亭去此十里，爲山爲橋，尚仍其名。當於卜築時，適有巧工，能截竹爲亭子，因以識中郎遺跡。不知一枝碧琅玕，亦能作金石聲否？又恐獨孤生吹至入破時，忽然裂壞，不但碎自興公妓手也。

祁彪佳《祁忠惠公遺集》卷七《妙賞亭》　寓山之勝，不能以寓山收，蓋緣身在山中也。子瞻於匡廬道之矣。此亭不暱於山，故能盡有山。幾疊樓臺？嵌入蒼崖翠壁，時有雲氣往來縹緲。披層霄而上，仰面貪看，恍然置身天際，若並不知有亭也。倏然迴目，乃在一水中。激石穿林，泠泠傳響。非但可以樂飢，且滌十年塵土腸胃。夫置嶼於池，置亭於嶼，如大海一漚。然而衆妙都焉。安得不動高人之欣賞乎。

張岱《陶庵夢憶》卷七《懸杪亭》　余六歲隨先君子讀書於懸杪亭，記在一峭壁之下，木石撐距，不藉尺土，飛閣虛堂，延駢如櫛。緣崖而上，皆灌木高柯，與簷甃相錯。取杜審言「樹杪玉堂懸」句名之「懸杪」。度索尋樟，大有奇緻。後仲叔廬其崖下，信堪輿家言，謂礙其龍脈，百計購之，一夜徙去，鞠爲茂草。兒時怡寄，常夢寐尋往。

張岱《陶庵夢憶》卷一《筠芝亭》　筠芝亭，渾樸一亭耳，然而亭之事盡，筠芝亭一山之事亦盡。吾家後此亭而亭者，不及筠芝亭。後此亭而樓者、閣者、齋者，亦不及。總之，多一樓，亭中多一樓之礙；多一牆，亭中多一牆之礙。太僕公造此亭成，亭之外更不增一椽一瓦，亭之內亦不設一檻一扉，此其意有在也。亭前後，太僕公手植樹皆合抱，清樾輕嵐，滃滃翳翳，如在秋水。亭前石臺，躐取亭中之景物而先得之，升高眺遠，眼界光明。敬亭諸山，箕踞麓下，谿壑縈迴，水出松葉之上。臺下右旋曲磴三折，老松僂背而立，頂垂一幹，倒下如小幢，小枝盤鬱，曲出輔之，旋蓋如曲柄葆羽。癸丑以前，不垣不臺，松意尤暢。

張岱《西湖夢尋》卷一《西湖北路・玉蓮亭》　白樂天守杭州，政平訟簡。貧民有犯法者，於西湖種樹幾株；富民有贖罪者，令於西湖開葑田數畝。歷任多年，湖葑盡拓，樹木成陰，樂天每於此地，載妓看山，尋花問柳。居民設像祀之，亭臨湖岸，多種青蓮，以象公之潔白。右折而北，爲纜舟亭，樓船鱗集，高柳長堤，游人至此買舫入湖者，喧闐如市。東去爲玉鳧園，湖水一角，僻處城阿，舟楫罕到。寓西湖者，欲避囂雜，莫于此地爲宜。園中有樓，倚窗南望，沙際水明，常見浴鳧數百，出没波心，此景幽絶。

白居易《玉蓮亭詩》：

湖上春來似畫圖，亂峯圍遶水平鋪。松排山面千層翠，月照波心一點珠。
碧毯綠頭抽早麥，青羅裙帶展新蒲。未能抛得杭州去，一半勾留是此湖。

孤山寺北謝亭西，水面初平雲脚低。幾處早鶯争暖谷，誰家燕子啄新泥。
亂花漸欲迷人眼，淺草纔能没馬蹄。最愛湖東行不足，綠楊深裏白沙堤。

張岱《西湖夢尋》卷二《西湖西路・冷泉亭》　冷泉亭在靈隱寺山門之左。丹垣綠樹，翳映陰森。亭對峭壁，一泓泠然，淒清入耳。亭後西栗十餘株，大皆合抱，冷颼暗樾，遍體清涼。秋初栗熟，大若櫻桃，破苞食之，色如蜜珀，香若蓮房。天啓甲子，余讀書岣嶁山房，寺僧取作清供，余謂雞頭實無其鬆脆，鮮胡桃遜其甘芳也。夏月乘涼，移枕簟就亭中卧月，澗流淙淙，絲竹並作。張公亮聽此水聲，吟林丹山詩：「流出西湖載歌舞，回頭不似在山時。」言此水聲帶金石，已先作歌舞聲矣，不入西湖安入乎？余嘗謂住西湖之人，無人不帶歌舞，無山不帶歌舞，無水不帶歌舞。脂粉紈綺，即村婦山僧，亦所不免。因憶眉公之言曰：「西湖有名山，無處士；有古刹，無高僧；有紅粉，無佳人；有花朝，無月夕。」曹娥雪亦有詩嘲之曰：「燒鵝羊肉石灰湯，先到湖心次岳王。斜日未曛客未醉，齊抛明月進錢塘。」余在西湖，多在湖船作寓，夜夜見湖上之月。而今又避囂靈隱，夜坐冷泉亭，又夜夜對山間之月，何福消受。余故謂西湖幽賞，無過東坡，亦未免遇夜入城。而深山清寂，皓月空明，枕石漱流，卧醒花影，除林和靖、李岣嶁之外，亦不見有多人矣。即慧理、賓王，亦不許其同在卧次。

袁宏道《冷泉亭小記》：靈隱寺在北高峯下，寺最奇勝，門景尤好。由飛來峯至冷泉亭一帶，澗水溜玉，畫壁流香，是山之極勝處。亭在山門外，嘗讀樂天記有云：「亭在山下水中，寺西南隅，高不倍尋，廣不累丈，撮奇搜勝，物無遁形。春之日，草薰木欣，可以導和納粹；夏之日，風泠泉渟，可以蠲煩析酲。山樹爲蓋，巖谷爲屏。雲從棟出，水與階平。坐而玩之，可濯足于牀下；卧而狎之，可垂釣於枕上。潺湲潔澈，甘粹柔滑，眼目之囂，心舌之垢，不待盥滌，見輒除去。」觀此亭記，當在水中，今依澗而立，澗闊不丈餘，無可置亭者。然則冷泉之景，比舊蓋減十分之七矣。

張岱《西湖夢尋》卷三《西湖中路・湖心亭》　湖心亭舊爲湖心寺，湖中三塔，此其一也。明弘治間，按察司僉事陰子淑，秉憲甚厲，寺僧怙鎮守中官，杜門不納官長，陰廉其姦事毁之，并去其塔。嘉靖三十一年，太守孫孟尋遺迹，建亭其上，露臺畝許，周以石欄，湖山勝概，一覽無遺。數年尋圮。萬曆四年，僉事徐廷裸重建。二十八年，司禮監孫東瀛改爲清喜閣，金碧輝煌，規模壯麗，遊人望之，如海市蜃樓。烟雲吞吐，恐滕王閣、岳陽樓，俱無甚偉觀也。春時山景睺羅，書畫骨董，盈砌盈堦，喧闐擾嚷，聲息不辨。夜月登此，閴寂淒涼，如入鮫宮海藏，月光晶沁，水氣滃之，人稀地僻，不可久留。

張京元《湖心亭小記》：湖心亭，雄麗空闊。時晚照在山，倒射水面，新月挂東，所不滿者半規，金盤玉餅，與夕陽彩翠，重輪交網，不覺狂叫欲絶。恨亭中四字匾，隔句對聯，填楣盈棟，安得借咸陽一炬，了此業障。

張岱《湖心亭小記》：崇禎五年十二月，余住西湖。大雪三日，湖中人鳥聲俱絶。是日更定矣，余拏一小舟，擁毳衣爐火，獨往湖心亭看雪。霧淞沆碭，天與雲、與山、與水，上下一白，湖上影子，惟長堤一痕、湖心亭一點、與余舟一芥、舟中人兩三粒而已。到亭上，有兩人鋪氈對坐，一童子燒酒，鑪正沸。見余大驚喜曰：「湖中焉得更有此人！」拉與同飲。余強飲三大白而別。問其姓氏，是金陵人，客此。及下船，舟子喃喃曰：「莫説相公癡，更有癡似相公者。」

張岱《西湖夢尋》卷四《西湖南路・柳洲亭》　柳洲亭，宋初爲豐樂樓，高宗移汴民居杭地，嘉、湖諸郡，時歲豐稔，建此樓以與民同樂，故名。門以左，孫東瀛建問水亭。高柳長堤，樓船畫舫，會合亭前，雁次相綴，朝則解維，暮則收纜，車馬喧闐，騶從嘈雜，一派人聲，擾嚷不已。堤之東盡爲三義廟，過小橋折而北，則吾大父之寄園、銓部戴斐君之別墅。折而南則錢麟武閣學、商等軒冢宰、祁世培柱史、余武貞殿撰、陳襄範掌科各家園亭，鱗集於此。過此則孝廉黃元辰之池上軒、富春周中翰之芙蓉園，比閭皆是。今當兵燹之後，半椽不剩，瓦礫齊肩，蓬蒿滿目。李文叔作《洛陽名園記》，謂以名園之興廢，卜洛陽之盛衰，以洛陽之盛衰，卜天下之治亂。誠哉言也！余於甲午年，偶涉於此，故宮離黍，荊棘銅駝，感慨悲傷，幾效桑苧翁之遊苕溪，夜必慟哭而返。

陳繼儒《筆記》卷一《四照亭》　王喚爲屋四合，各植花石，隨時之宜，春海棠，夏湖石，秋芙蓉，冬梅，名四照亭。慶元中，趙公藹會客，問名亭所自，銅陵主簿姚行簡對曰：《山海經》云：招摇之上，其花四照。《華嚴經》云：無量寶樹，普莊華嚴，燄成輪光四照。又云：光雲四照常圓滿。今亭四面見花，故以此名。趙稱賞，贈遺甚厚。

朱國禎《湧幢小品》卷一〇《瀛洲亭》　院後堂東南角有瀛洲亭，環以池，池去玉河可百餘丈。掌院學士曾植齋朝節欲溝河水注之，畚鍤已具。時余在史館科深，謬稱爲長。已注籍求省母，學士亟來迓，不得已乘肩輿往。學士迎笑曰：「老史官當爲主，乃爾推托耶？」時督工者爲余同年主事應雲溟朝卿，學士門生也。與諸公相顧未及言，余曰：「得注水甚妙，然須測地勢高下如何。」測之，池高于河數丈，學士召匠詰問曰：「汝言河高于池，可鑿，今何悖也？」匠不能應。余曰：「彼只欲從事，支錢糧耳，安惜其他？故非親驗不能決。」學士大笑而止，乃別爲溝，汲井水以灌。

錢泳《履園叢話》卷一八《古迹・墨妙亭》　墨妙亭在湖州府署後。嘉慶癸酉初冬，余始至吳興。時陽湖趙季由爲吳興太守，遂與尋覓漢、唐諸刻，竟無有存者，遂賦二詩云：「苕花正浮雪，橘林新著霜。謝公到郡久，今始來斯堂。握手招殘碑，一笑傾壺觴。墨妙已無亭，寒花尚餘香。羲獻不可作，顏徐亦難量。俯仰感古今，緬焉暗神傷。」「坡公來吳興，嘗晤孫莘老。酬贈詩最多，當時和者少。屈指七百年，此事誰復討。青山依然在，古刻蹟如掃。乃悟金石質，年壽猶不保，何如飲美酒，令我顏色好。」烏程。

錢泳《履園叢話》卷一八《古迹・柯亭》　柯亭在山陰縣西南四十里。今亭已廢，即爲柯橋寺。按郡志，千秋亭一名柯亭，又名高遷亭。漢末蔡中郎避難會稽，宿于柯亭，仰觀椽竹，因取爲笛，今詞家所謂「柯亭辨笛」是也。乾隆十六年，高宗皇帝南巡，有《柯亭》詩。山陰。

錢泳《履園叢話》卷一八《古迹・蘭亭》　蘭亭在山陰縣西南二十七里，其地相傳爲越王勾踐種蘭處，因名。晉王右軍《曲水詩序》即于此作也。由婁公埠舍舟而途，約行五六里許，即天章寺。亭在寺東，右軍書序所謂「崇山峻嶺，茂林修竹，清流激湍，映帶左右」者，至此始信。國朝康熙三十四年，聖祖仁皇帝臨幸于此，有御書大字蘭亭穹碑一座，上覆以亭。乾隆十六年春，高宗純皇帝南巡，又有《御製蘭亭即事詩》一首，即刻其陰。癸丑三月三日，郡守李曉園亨特嘗邀袁簡齋太史、平寬夫宮詹輩二十一人，作修禊之會，余亦與焉。今五十餘年矣，歲月易遷，歡情難再，可爲太息者也。會中有桐城姚秋槎觀察仿《西園雅集圖》作記一篇，刻于郡志。會稽。

仇巨川《羊城古鈔》卷七《古迹・陸公亭》　甘溪陸公亭，在城東北五里山下。三國時，吳刺史陸胤自西北百餘里築堤瀦水，用便民汲。民德之，建亭以志遺愛。唐會昌中，節度使盧鈞復加疏鑿以濟舟楫，更飭廣厦爲踏青游覽之所。

仇巨川《羊城古鈔》卷七《古迹・浴日亭》　浴日亭，在南海神祠右小山屹立，前有華表，爲望洋之所。夜半見日出，金輪翻涌，赤波昕昕，煒煌數千萬里，洵巨觀也。宋蘇文忠，明陳文恭、湛文簡，國朝周人驥皆鑴石留題。

《〔乾隆〕鼓山志》卷二《寺院・合珪亭》 合珪亭在圓通庵下，以山有巨石二，形如合珪，故名。又以在嶺之半名「半山亭」。宋紹興甲申，僧宗逮建。嘉熙甲辰，僧德融重建。明天啓壬戌，郡人陳宏道造，内供石塔一座。國朝順治丙戌，爲海風所敗。癸巳，里人楊宏材、鄧文美同建。後圮。乾隆丙子，郡人何駒、何奕沛、何奕霑、何奕璋重建。

《〔乾隆〕鼓山志》卷二《寺院・觀音亭》 觀音亭在龍頭井，古名「涌泉亭」。元延祐乙卯，僧妙有構，後圮。國朝康熙辛丑，制府滿公禱雨有應，復建。乾隆戊辰，僧興隆重修。甲申夏，爲洪水倒壞，福清施璧端建。

《〔乾隆〕鼓山志》卷二《寺院・澄心亭》 澄心亭，在放生池前。寺之巽方甚缺，國朝乾隆壬午，住僧興隆募請郡人盧述、盧遵同弟盧通、盧連遂建亭，前後二座。右客寮三間。三方圍墻、池岸、石欄，以補巽方之缺。經始于壬午仲春，落成于甲申季夏，榱椽列就，池魚百千成羣，重重匝匝。右行旋轉，如僧朝暮雁行課佛之狀，亦如螺髻青絲，萬旋輪轉不停之相。觀者嘆奇，咸謂盧述昆季大爲名山增色焉。

《〔乾隆〕鼓山志》卷二《寺院・龍頭泉亭》 龍頭泉亭，在觀音亭左，國朝乾隆甲申，僧興隆構。郡守李拔額曰「源頭活水」。

《〔乾隆〕鼓山志》卷二《寺院・駐錫亭》 駐錫亭在山門左，國朝乾隆壬午，僧興隆建。

《〔乾隆〕鼓山志》卷二《寺院・仰止亭》 仰止亭在蹴鼇橋上，國朝乾隆壬午，僧興隆構，郡守李拔名之。

《〔乾隆〕鼓山志》卷二《寺院・艮止亭》 艮止亭在靈源左，宋紹興甲申，僧宗逮構，後廢。國朝乾隆壬午，僧興隆復修。

許承祖《西湖漁唱》卷一《孤山路・四照亭》 四照亭，在孤山巔。周素芝《太倉稊米集》稱孤山闕氏舊有四照閣，部使者獻《西湖圖》，神廟問闕氏四照閣安在？其知名如此。《（成化）杭州府志》：天順間，郡守胡濬建仰賢亭，方伯寗良仍以四照顔之。今故址皆不可考。雍正七年，總督李衛建亭，世宗憲皇帝御書「雲峯四照」四字爲額。乾隆十六年，皇上省方南幸，恭建行宫于聖因寺右，御題扁曰：明湖福地。曰：月波雲岫。欽定八景，各賦五言律詩，以亭爲首。自亭而下，曰竹涼處、曰緑雲逕、曰瞰碧樓、曰貯月泉、曰鷲香亭、曰領要閣、曰玉蘭館。奎章昭示，遂爲湖山未有之大觀。

一片平波延邇緑，四圍疊巘貢遥青。輝煌步步瞻奎壁，圖畫天成是此亭。

許承祖《西湖漁唱》卷一《孤山路・放鶴亭》 放鶴亭，在孤山北，和靖處士故廬也。《遊覽志》：上多古梅，舊傳逋于孤山築巢居閣，植梅三百本，歲久不存。元儒學提舉余謙，復補植，爲構梅亭。郡人陳子安，以處士妻梅子鶴，不可偏舉，乃持一鶴放之，并構鶴亭。後並廢。明嘉靖間，邑令王釴重建，題曰放鶴。李日華撰記。康熙三十八年，聖祖仁皇帝南巡，御書放鶴扁額并《舞鶴賦》。乾隆十六年，聖駕臨幸，御製《放鶴亭》詩，共勒石亭中。

山空人去獨徘徊，一笠荒亭幾樹梅。那復霜禽偷眼下，月明應與夢同來。

許承祖《西湖漁唱》卷一《孤山路・西爽亭》 西爽亭，在歲寒巖上。一名望海石。《西湖志》：宋西太乙宫凉堂故址也。平坦曠闊，可眺全湖。雍正八年，總督李衛建亭。今環入禁苑，皇上御題領要閣，即其處。下爲報恩院，明司禮監孫隆建。順治五年，上方院盧九德重修。立栅水中，禁人捕魚，遂名盧舍菴。

歲寒巖畔接平岡，新構虚亭面面凉。不獨西山收爽氣，要看月黑盪湖光。

《癸辛雜識》：四聖觀前，每至昏後，有一燈浮水上，其色青紅，自施食亭南至西陵橋復回。風雨中光愈盛，月明稍淡，震雷時則與電争光閃爍，每夕觀之無少差。蓋湖光也。蘇長公有「更待月黑看湖光」之句。

許承祖《西湖漁唱》卷一《孤山路・湖心亭》 湖心亭，居全湖中心，舊有湖心寺久廢。《遊覽志》：明嘉靖間知府孫孟、萬曆間僉事徐廷祼，先後創建。亭西向，正對南北兩峯，有太虚一點宛在水中央之額。司禮〔監〕孫隆升爲重簷，題曰喜清閣。聶心湯《錢塘縣志》：湖心寺外三墖，其中墖、南墖並廢。乃即北墖基建亭，名湖心。復于舊寺基建德生堂，爲放生之所。據此，則舊湖心寺，乃今之放生池，而今之湖心亭，乃三墖中北一墖之基也。康熙三十八年，聖祖仁皇帝巡幸西湖，御書「静觀萬類」及「天然圖畫」額，皆勒石供奉亭中。乾隆十六年，皇上臨幸賦詩，十景各有御製題詠，璀璨龍章，兹亭尤瞻美盛云。

百遍清遊未擬還，孤亭好在水雲間。倚欄四面空明裏，一面城根三面山。

許承祖《西湖漁唱》卷二《南山東路・問水亭》 問水亭，《錢塘縣志》：在湧金門外。萬曆間，司禮監孫隆建，爲解維繫纜之所。築塘堆沙，晴雨兩便。今改關帝廟，而舟人猶稱問水亭焉。《西湖雜記》：亭即宋豐豫樓址。折而南有樓外樓，明會稽商周祚别墅。陶望齡顔其門曰：小瀛洲，見《水天閣集》，久圮。

二十五萬丈葑去，三千四百畝湖深。行人多少維舟立，極目斜陽看滲金。

蘇軾《乞開西湖狀》：臣輙已差官打量，湖上葑田計二十五萬餘丈。楊萬瑛《開湖條議》：陳之御史車梁請于朝，拆毁田蕩三千四百八十一畝，除豁額糧九百三十餘石，自是西湖始復唐宋之舊。

許承祖《西湖漁唱》卷二《南山東路·介亭》 介亭，《咸淳臨安志》：在鳳凰山，與排衙石對。《聖果寺志》謂：御教場，平頂，北宋熙寧中郡守祖無擇作，天風冷然，有縹緲憑虚之意，因自爲銘。今不存。

落日荒臺一片愁，祖公遺蹟蘚痕留。無情三折之江水，閲盡古今人白頭。

許承祖《西湖漁唱》卷二《南山東路·樟亭驛》 樟亭驛，在江干。《輿地志》：今爲浙江亭。白居易、鄭谷、孟浩然，俱有題樟亭驛樓詩。明洪武初，改設城南税課司。康熙四十二年，聖祖仁皇帝御題「恬波利濟」四字扁額，恭建層樓。乾隆辛未，皇上登樓觀潮，御製觀潮歌。驛前宋時置閘以限潮水，曰龍山閘，歲久湮塞。元丞相脱脱開浚龍山河，建石橋，復立上下二閘。

樟江亭下客思家，秋聽江聲對月華。樓畔何人吹玉笛，難憑驛使寄梅花。

許承祖《西湖漁唱》卷三《北山西路·春淙亭》 春淙亭，《靈隱寺志》：舊在合澗橋，貝瓊有記。今移建迴龍橋。即吴越時，名清繞橋也。又瀑雷橋，在冷泉上，久廢。

在山泉水聽淙淙，一鑑清流冷夜窻。斜日龍溪亭影静，乍疑飛雨亂春江。

許承祖《西湖漁唱》卷三《北山西路·冷泉亭》 冷泉亭，在飛來峯下，雲林寺前。《浙江通志》：唐刺史元藇建。舊傳，冷泉深廣，可通舟楫。亭在水中，堆藍漾碧，冬夏常盈。白樂天亭記：坐而翫之，可濯足于牀下。卧而狎之，可垂釣于枕上。蓋紀實也。宋郡守毛友，以水中加亭，如明鏡中加繪畫，移置岸上，倚泉而立。《咸淳臨安志》：先是，領郡者相里君，作虚白亭。韓僕射臯，作侯仙亭。裴庶子棠棣，作觀風亭。盧給事元輔，作見山亭。五亭相望，若指之列，稱冷泉五亭。又蘄王韓世忠，作翠微亭。安撫趙與𥲅，作壑雷亭，紫微舍人唐詢，作紫微亭。俱在泉畔，並廢。《遊覽志》：亭額冷泉二字，乃白樂天書。蘇子瞻續書亭，于後爲盱江左贊隸。皆不存。今易華亭董其昌書。

醴谷温源跡莫論，冷然亭上坐忘喧。松陰一逕獨閒嘯，此是人間無熱軒。

醴泉在澗渚右，大曆六年，忽出，酌之療疾。温泉在冷泉之上，見《武林舊事》、《靈隱寺志》。今不可考，《西湖志》，失載温泉名。

許承祖《西湖漁唱》卷三《北山西路·夢謝亭》 夢謝亭，一名夢兒亭。晏公《類要》：靈隱山畔，舊有夢謝亭，晉杜明禪師爲謝靈運建。《遊覽志》：靈運會稽人，其父舉之，憂不宜畜，乃于杜明師舍寄養。杜夜夢東南有賢人相訪，及曉靈運至，遂以名亭。亦名客兒亭。盧元輔詩：長松晉家樹，絶頂客兒亭。是也。

池塘何日生春草，草長池塘夢已非。指點客兒遺事在，亭空屐散冷雲飛。

《上天竺山志》：宣梵法師静處觀堂，陟南峯之麓，石磴紆盤，每出入，必三休焉。喜着屐，嘗曰：「安石隱東山，携妓遊薔薇洞。吾以松竹爲薔薇，卒無開落，以白雲明月爲妓，空色兩忘，何忝安石哉。」選逕之半，爲謝屐亭，以述厥志。又《靖逸小稿》，有《登謝屐亭贈行》詩，自注云：在天竺。《游覽》、《西湖志》，俱失載。

許承祖《西湖漁唱》卷三《南山西路·鶴澗亭》 鶴澗亭，《理安寺志》：在山門外，澗水環之，松篁交翠，與白鶴諸峯相映帶，爲寺門絶勝處。亭下有橋，跨澗，亦名過溪。乾隆十六年，皇上南巡，御製《理安寺》詩，刻石亭内。

夾路林巒一逕通，孤亭静俯水淙淙。鹿馴伏虎獅停吼，時有霜禽下碧松。

許承祖《西湖漁唱》卷三《南山西路·洗心亭》 《西湖志》：在雲栖寺門外里許。適當梵徑之半，筠篁蒙密，仰不見日。清泉鏡開作天碧色，奔流不絶。遊人至此，豁然心朗，萬慮頓釋。因名。

千層飛瀑萬篔簹，六月僧堂似水涼。行到洗心亭子上，浮嵐濕翠滴衣裳。

《古今圖書集成·經濟匯編·考工典》卷一一〇《亭部·鐵笛亭》 《名勝志》：隱屏峯在武夷五曲溪之北，有羅侯洞，洞背即鐵笛亭故址。亭爲李陶真人創，真人以宋熙豐至武夷出。祠牒乃唐開元時所給。真人好吹鐵笛，每遇節臘，衆道人各於雲房招飲，皆赴，諸房笛聲同時並作。一日别衆，留詩云：毛竹森森自剪裁，試吹一曲下樓臺。當途不遇知音聽，拂袖白雲歸去來。遂吹鐵笛，隱隱而去。

于敏中《日下舊聞考》卷三一《宫室·圓亭》 圓亭在延華閣後，芳碧亭在延華閣後。圓亭東三間，重簷，十字脊，覆以青琉璃瓦，飾以緑琉璃瓦，脊置金寶瓶。徽清亭在圓亭西，制度同芳碧亭。浴室在延華閣東南隅東殿後，旁有鹿頂井亭二間，又有鹿頂房三間。輝和爾殿在延華閣右六間，旁有窨花半屋八間。木香亭在輝和爾殿後。

厲鶚等《南宋雜事詩》卷五《翠微亭》 《浙江通志》：「韓世忠忤秦檜，解兵柄，逍遥湖上，最愛此山，故建翠微亭。紹興十一年冬，岳飛死。十二年三月，世忠建此亭，謝兵柄，時獨游焉。岳有《登池州翠微亭》詩曰：經年塵土滿征衣，特地尋芳上翠微。好水好山看未足，馬蹄催趁月明歸。蓋韓當時憶岳此詩，故以名亭，而亦隱痛之也。亭在飛來峯半。

《（成化）杭州府志》：「翠微亭，紹興十三年韓蘄王建。乾道五年，安撫周淙重建。」

王鳴盛《蛾術編》卷四〇《説地四・駱山人池亭》 出東門，行不遠，有駱山人池亭。《唐語林》云：駱浚者，度支司書手，李吉甫擢用之典郡，有令名。于春明門外築臺榭，食客皆名人，盧申州題詩云「地甃如拳石，谿横似葉舟」云云。蓋浚雖出胥吏，頗好事，且愛客。池亭幽雅，恰在大道旁，出京者初程遄發，解鞍憩此。有家口寄京者，先寄信回，然後前進。入京者以至此離京密邇，或須先遣僕往摒擋一切，亦歇馬焉。計吉甫用浚，必在憲宗元和中，卜築亦在此時。白樂天于穆宗長慶初，自中書舍人出守杭州，有《過駱山人野居小池》詩云：茅覆環堵亭，泉添方丈沼。紅芳照水荷，白頸銜魚鳥。門前車馬客，奔走無昏曉。名利驅人心，賢愚同擾擾。自注棄官居此。李義山于文宗太和九年有《宿駱氏亭寄懷崔雍崔兖》詩云：竹塢無塵水檻清，相思迢遞隔重城云云。劉得江亦太和開成間人，有《冬日駱家亭子》詩云：亭臺臘月時，松柏見貞姿。林積煙藏日，風吹水合池云云。

《（雍正）廣東通志》卷五三《古蹟志・新興縣・五里亭》 五里亭，明萬曆十九年，兵巡道黄時雨以東北二路爲肇高孔道，每五里建一亭，北路凡四座，東路凡五座。

顧炎武《肇域志・西安府・宣澤亭》 宣澤亭，宋真宗拜嶽壇也。在太華驛側。大中祥符四年，真宗拜嶽之所，仍賜名爲宣澤亭。有御製碑存焉。

《（乾隆）紹興府志》卷七二《古蹟志二・蘭亭》 蘭亭，《嘉泰會稽志》：在山陰縣西南二十七里。王右軍修禊序云，此地有崇山峻嶺，茂林修竹。《越絶書》：句踐種蘭渚田。杜佑《通典》：蘭亭，山陰漢舊縣亭。王羲之《曲水序》于此作。《元和郡縣志》：蘭亭山在越州西南二十里。《十道志》：越州蘭亭，王逸少會處。《三朝國史》：越州山陰有蘭渚鑑湖。《水經注》：浙江東與蘭溪合湖南天柱山，湖口有亭，號曰蘭亭，亦曰蘭上里。太守王羲之、謝安兄弟數往造焉。吴郡太守謝勗封蘭亭侯，蓋取此亭以爲封號也。太守王廙之移亭在水中。晉司空何無忌之臨郡也，起亭于山椒，極高盡眺。亭宇雖壞，基陛尚存。姚令威《叢語》：蘭亭之會，自右軍、謝安而次四十一人。至唐大曆中朱迪、吕渭、吴均等三十七人經蘭亭故地，聯句有「賞是文辭會，歡同癸丑年」之句。《舊唐書》：元稹刺越州，所辟皆文士，鏡湖秦望之遊，月三四焉。詩什盈帙，與副使竇鞏酬唱，稱蘭亭絶唱。桑世昌《蘭亭考》：至道二年，内侍高班内品裴愈奏，于蘭亭傍置寺，賜額「天章」，書堂基上。建樓藏三聖御書。仁宗皇帝賜御篆寺額。《華鎮記》云：山陰天章寺，即逸少修禊之地。有鵞池、墨池，引溪流相注。每朝廷有命，池墨必見。其將見則池有浮沫大如斗，涣散滿池，雲舒霞卷，如新研墨。下流水復清澈。皇祐中，三日連發。未幾，太宗、真宗、仁宗三朝御書皆至。方勺《泊宅編》云：蘭亭有逸少硯池，朝廷每頒降，池水黑可染緇。太常卿沈紳紀其事。景祐中，太守蔣堂于蘭亭修永和故事，有詩。新增事實：國朝康熙三十四年，奉勅重建，聖祖御書《蘭亭敘》，命織造部臣敖福合員外郎宋駿業等，勒石於蘭渚山天章寺側，上覆以亭。三十七年，復御書「蘭亭」二大字懸之。其前疏爲曲水，後爲右軍祠。密室迴廊，清流碧沼。入門架以小橋，翠竹千竿環繞左右。遊人至，初無虚日焉。乾隆十六年，翠華臨幸，有《御製蘭亭即事》詩，又《恭詠皇祖橅帖御筆》及《蘭亭雜詠》諸詩。

《（乾隆）江南通志》卷三〇《輿地志・古迹一・賞心亭》 賞心亭在江寧縣西下水門城上。下臨秦淮，盡觀覽之勝。宋丁謂建。《方輿勝覽》云：謂始典金陵，陛辭，真宗出八幅《袁安卧雪圖》付謂曰：卿到金陵，可選一絶景處張此圖。謂遂張於賞心亭。景定元年，亭毁。馬光祖復建。又有臨淮亭，亦丁謂建，後名朝宗觀。

《（乾隆）江南通志》卷三一《輿地志・古迹二・滄浪亭》 滄浪亭在長洲縣郡學東南。《石林詩話》云：錢氏廣陵王元璙別圃也。宋慶曆間，蘇舜欽得之，作亭曰滄浪。後爲章惇家所有。紹興後，歸韓蘄王世忠，俗名韓王園。附：宋蘇舜欽《滄浪亭記》：予以罪廢無所歸，扁舟南遊，旅於吴中，始僦舍以處。時盛夏蒸燠，土居皆褊狹，不能出氣。思得高爽虚闢之地，以舒所懷，不可得也。一日過郡學，東顧草樹鬱然，崇阜廣水，不類乎城中。並水得微徑於雜花修竹之間，東趨數百步，有棄地，縱廣亘五六十尋，三向皆水也。矼之南，其地益闊，旁無民居，左右皆林木相虧蔽。訪諸舊老，云：錢氏有國，近戚孫承佑之池館也。坳隆勝概，遺意尚存。予愛而徘徊，遂以錢四萬得之，構亭北碕，號「滄浪」焉。前竹後水，水之陽又竹，無窮極，澄川翠幹，光影會合於户庭之間，尤與風月爲相宜。予時榜小舟，幅巾以往，至則灑然忘其歸，觴而浩歌，踞而仰嘯，野老不至，魚鳥共樂。形骸既適，則神不煩。觀聽無邪，則道以明。返思向之汩汩榮辱之場，日與錙銖利害相磨戛，隔此真趣，不亦鄙哉！噫！人固動物，情横於内而性伏於外，寓於物而後遣，寓久則溺，以爲當然。非勝是而易之，則悲而不開，唯仕宦溺人爲至深。古之才哲君子，有一失而至於死者多矣，是未知所以自勝之道。予既廢而獲斯境，安於冲曠，不與衆驅，因之復能見乎内外失得之源，浩然有得，笑傲萬古。尚未能忘其所寓，故用是以爲勝焉。明歸有光《滄浪亭記》：浮圖文瑛居大雲菴，環水即蘇子美滄浪亭之地也。亟求余作《滄浪亭記》，曰：昔子美之記，記亭之勝也。請子記吾所以爲亭者。余曰：昔吴越有國時，廣陵王鎮吴中，治南園於子城之西南，其外戚孫承佑亦治園於其偏。迨淮海納土，此園不廢。蘇子美始建滄浪亭，最後禪者居之，此滄浪亭爲大雲菴也。有菴以來二百年，文瑛尋古遺事，復子美之構於荒殘滅没之餘，此大雲菴爲滄浪亭也。夫古今之變，朝市改易。嘗登姑蘇之臺，望五湖之渺茫，羣山之蒼翠，泰伯、虞仲之所建，闔閭、夫差之所争，子胥、種、蠡之所經營，今皆無有矣，菴與亭何爲者哉？雖然，錢鏐因亂攘竊，保有吴越，國富兵強，垂及四世，諸子姻戚，乘時奢僭，宫館苑囿，極一時之盛。而子美之亭，乃爲釋子所欽重如此。可以見士之欲垂名於千載之後，不與其澌然而俱盡者，則有在矣。文瑛讀書喜詩，與吾徒游，呼之爲滄浪僧云。

《〔乾隆〕江南通志》卷三二《輿地志・古迹三・榮賜亭》 榮賜亭在武進縣狀元橋西南。宋大觀三年，合試天下貢士，獨毘陵五十有三人。詔褒之，賜州守徐申爵一級。申遂立坊於橋南，曰「進賢」；建亭曰「榮賜」。

《〔乾隆〕江南通志》卷三三《輿地志・古迹四・浮香亭》 浮香亭在泰州舊治藕花洲之後，有古梅，秦太虚諸人唱《和黄法曹梅花》是也。宋紹興初，陳垓守泰州，鐫茂陵御書額及秦觀、蘇軾、蘇轍詩於上。垓又建須友亭，與浮香亭對，種竹爲屋曰「須友」，以竹必友梅也。又建歸鶴亭，在州東七里響林昇真觀内。每歲二月勸耕，坐亭中，勞父老以酒果；或與客觴詠竟日。

《〔乾隆〕江南通志》卷三三《輿地志・古迹四・天開圖畫亭》 天開圖畫亭，舊在儀徵縣西城上，取山谷「天開圖畫即江山」之句以名。宋淳熙中，郡守姚恪建。後因甃城而廢，以其名揭於瀕江樓。嘉定間，吴機别建於朝宗門外江濱，又於其後創水竹、喜涼、漣漪、聞凱、傳幽五亭。

《〔乾隆〕江南通志》卷三三《輿地志・古迹四・壯觀亭》 壯觀亭在儀徵縣北三里北山之巔。宋政和中，郡守詹度建，米芾題額。芾詩：「邀賓壯觀不辭寒，玉立風神氣上干。」又東有扃岫亭，宋發運使張嗣昌創。附：宋楊萬里《重建壯觀亭記》：儀徵遊觀登臨之勝處有二：發運司之東園，北山之壯觀亭是也。亭立北山之椒，居高俯下，江淮表裏皆在目中。自城中以望，亭中如高人勝士，登山臨水而送歸人也；如仰中天之臺，縹緲於烟雲之外也。自亭中以望，江南之羣山如驪黄、騄耳，競奔争馳而不可縶也；如安期、羡門御風騎氣，隔水相招而不得親也。米元章嘗官發運司，暇則徘徊其上，爲之城，且大書其扁。至建炎庚戌，火於兵再。至紹興辛巳，又火於兵。淮人過者，罔不慨歎。今太守左昌時屬工徒，爲屋三楹，爲墻百堵，前敞以軒，後邃以檻。種萬松以繚其西北，又藝桃、李、梅、杏、楊柳千本以牣其南谷。儀徵之士民，登而樂之，相與謁予記，且曰：吾侯秩滿將歸於朝，留之不可。惟侯奉法循理，節用愛人，至於葺府庾，繕溝壘，訓兵戎，虞疆埸，夙夜殫力，以整以備。江海盜寇，悉縛至麾下。姦愚跡熄，不敢竊發。年穀洊登，倍蓰他境。因治之餘，復此壯觀。州人耄倪再見承平氣像，俾過之者得以挹江南之形勝，而起騷人之思，北望神州，而動擊楫枕戈之想。則斯亭豈特遊觀登臨之勝而已哉！願爲特書，惠爾淮士，以詔於無止。余曰：諾哉！紹熙二年四月記。

《〔乾隆〕江南通志》卷三三《輿地志・古迹四・賞心亭》 賞心亭在江都縣。唐李蔚鎮淮海，於戲馬臺西建此亭。適薛陽陶至，奏蘆管一曲，其聲自然，如來天上。蔚大佳賞，贈以詩云：「虚心纖質鴈銜餘，鳳吹龍吟定不如。」亭未有名，因名賞心。《春明退朝録》云：唐成都有散花樓，河中有薰風樓、緑莎廳，揚州有賞心亭，潤州有千嵓亭，皆勝蹟。

《〔乾隆〕江南通志》卷三三《輿地志・古迹四・泗水亭》 泗水亭在沛縣東南里許。漢高祖爲亭長，即其地。附：漢班固《沛水亭碑銘》：皇皇聖漢，兆自沛豐。乾降著符，精感赤龍。承魁流裔，襲唐(木)〔末〕風。寸天尺土，無竢斯亭。建號宣基，維以沛公。揚威斬蛇，金精摧傷。涉關陵郊，係獲秦王。應門造勢，斗璧納忠。天期乘祚，受爵漢中。勒陳東征，剟擒三秦。靈威神祐，鴻溝是乘。漢軍改歌，楚衆易心。誅項討羽，諸夏以康。陳張畫策，蕭勃翼終。出爵褒賢，裂土封功。炎火之德，彌光以明。源清流潔，本盛(木)〔末〕榮。敘將十八，贊述股肱。休(顯運)〔勛顯〕祚，永永無疆。國寧家安，我君是升。根生葉茂，舊邑是仍。於皇舊亭，苗嗣是承。天之福祐，萬年是興。

《〔乾隆〕江南通志》卷三三《輿地志・古迹四・蘇墨亭》 蘇墨亭在府東南百步洪洲上。明成化中，主政尹珍於洪東崖亂石間得石刻一，上書「郡守蘇軾、山人張天驥、詩僧道潛月中遊」十六字，蓋軾守徐時筆也。因建亭百洪之洲，名曰「蘇墨」。嘉靖間，李汝蘭葺之。

《〔乾隆〕江南通志》卷三五《輿地志・古迹六・姑孰亭》 姑孰亭在當塗姑孰溪上。附：唐李白《宴姑孰亭序》：通驛公館南，有水亭焉，四甍翬飛，巉絶浦嶼。蓋有前攝令河東薛公棟而宇之；今宰隴西李公明化開物成務，又横其梁而閣之。晝鳴閒琴，夕玩清月，蓋爲接䡅軒、祖遠客之佳境也。製置既久，莫知何名。司馬武公長材博古，獨映方外，因據胡牀，岸幘嘯咏，而謂前長史李公及諸公曰：此亭跨姑孰之水，可稱爲姑孰亭焉。嘉名勝槩，自我作也。且夫曹官紱冕者，大賢處之，若游青山，卧白雲，逍遥偃傲，何適不可？小才居之，窘而自拘，悄若桎梏，則清風朗月，河英嶽秀，皆爲棄物，安得稱焉。所以司馬南隣，當文章之旗鼓；翰林客卿，揮辭鋒以戰勝。名教樂地，無非得俊之場也。千載一時，言詩紀志。

《〔乾隆〕江南通志》卷三四《輿地志・古迹五・翠微亭》 翠微亭在齊山之巔。九華清溪、秋浦皆隱隱屬望，中唐時建。宋岳飛詩：經年塵土滿征衣，得得尋芳上翠微。好水好山觀未足，馬蹄催送月明歸。又有三奇亭，亭以石鼓洞、仙人橋、妙空嵓爲三奇，故名。又有青霄亭。舊爲觀郡樓，宋王哲易今名。

《〔乾隆〕衡州府志》卷七《古蹟・己公亭》 己公亭，在南鄉崇勝寺。因杜甫遊湘江，有訪己公詩，後人慕之，建亭。

《〔乾隆〕衡州府志》卷七《古蹟・望嶽亭》 望嶽亭，在雁峯寺前。唐采訪使韋虛舟建，明嘉靖間知府李循義訪遺址更建，邑人劉黻記。

《〔乾隆〕衡州府志》卷七《古蹟・合江亭》 合江亭，在石鼓山蒸湘合流處。唐刺史齊映建，吕温增葺。韓愈有詩，宋南軒張子書碑。

《〔同治〕上海縣志》卷二《建置・衙署・受福亭》 受福亭，在市舶司西北。宋市舶司董楷記曰：咸淳五年八月，楷忝命舶司。既逾二載，自念鈍愚，於市民毫無補益，乃痛節浮費，市木於海舟，陶埴於江濆，自舶司右趨北建拱辰坊，盡拱辰坊創益慶橋，橋南甃井築亭，名曰「受福」。前曠土悉繡以磚，爲一市闤闠之所。其東舊有橋，已圮。巨濤浸齧且迫，建橋對峙，曰迴瀾橋。又北爲上海酒庫，建福惠坊。迤西爲文昌宫，建文昌坊。文昌宫本塗泥，概施新甃。文昌坊又北建致民坊。盡致民坊，市民議徙神祠，爲改建橋曰福謙。由福謙趨齊昌寺，臣子於此頌萬壽，廣承滋（夜）〔液〕，施及羣動，改建橋曰泳飛。橋之壽不能三十年，雖無述可也。亭之壽以百歲計，井之壽以千歲計，詎可無述也。人非水火不生活。水於五行最先，聖人觀象立卦，取巽木入坎水之義，名之曰井，井以養爲利，以汲爲功，故王明則受其福，用汲之驗也。念陽明當宁，俊（久）〔乂〕在列，郡縣之吏，各稱乃職，有勿幕之吉，無不食之惻。原泉汋潏，溥及懷生，敕甘飲芳，兆蒙嘉祉，咸遂厥宇，誰之賜也。因刻諸石示爾民，且使來者有考焉。

《〔乾隆〕澎湖紀略》卷二《廟祀・嘉蔭亭》 嘉蔭亭，亭在廳治西二里許，前廳胡格於乾隆四年建。因澎湖道旁不長樹木，行人無所休息，故建此以備往來偶憩之所；如樾之有蔭，因以名其亭焉。亭內，中祀三官神、左祀文武二帝、右祀龍王神；余改祀文武二帝居中、三官神居左、龍王神居右焉。亭久漸圮，乾隆二十九年里人重修。余揭其額曰「古嘉蔭亭」云。

《〔嘉慶〕常德府志》卷六《山川考・子胥亭》 子胥亭，在漢壽城〔邊〕。傳子胥伐楚時建，或曰漢人修城時建。舊志。按劉禹錫《漢壽城春望》詩自注，古荆州刺史治亭下有子胥廟、楚王古墳。舊志或謂子胥所掘平王之墓，或謂楚昭王墓，恐屬傅會。

《〔嘉慶〕常德府志》卷六《山川考・楚望亭》 臨睨亭、仰止亭俱善卷壇上，後圮。郡人楊時芳於楚望亭基上建八方樓，題咏成帙。明季燬於兵燹。宋袁申儒《楚望臨睨仰止三亭記》曰：郡有德山，瞰江近城；山陬有亭，舊扁「楚望」，載在圖志。沅水演迤，陽山雄峙，臨枉渚以想朝發，望秦城而慨秋緑，遊觀之最也。中更新名「江山平遠」，而移楚望於舊亭之旁，非矣。未幾，易名「雲深」，而楚望之名遂泯，非之甚矣。幸而墨本未泯，寺有藏焉。申儒與太守許公捐金，俾主僧介山之中度地於善卷壇之西，平坡礱石，以亭其上，匾楚望舊名。又即善卷壇前，臨江迫岸，别爲亭，名「臨睨」。善卷壇、雲深之間，又爲亭，名「仰止」。梅桃茶桂，芙蓉橘奴，夾道分植，舍旁設庖厨。

《〔嘉慶〕常德府志》卷六《山川考・善卷亭》 善卷亭在孤峯頂善德觀前。嘉慶四年邑人重建。按：善德觀，今爲佛廬，並祀真武，而善卷祠祀轉隱。今亭以祀善卷，即舊楚望亭故址重建也。

《〔嘉慶〕常德府志》卷六《山川考・招屈亭》 招屈亭在城南。《方輿勝覽》：招屈亭，在城南。相傳三閭大夫以五月五日由黔中投汨羅，士人以舟救之，爲《何由得渡河》之歌。《武陵競渡略》武陵門外，舊有招屈亭。劉禹錫詩「昔日居鄰招屈亭」，《競渡曲》云「曲中人故空愁暮，招屈亭前水東注」，是競渡始於武陵，斯《隋志》競會亭上之驗。其地本名屈原巷，近有小港名三閭河，蓋原生平所遊集也。又曰：龍船歌每唱四聲，前聲畢，餘邪野二音；後聲畢，餘阿婀二音而已。抵暮散船，則必唱曰「有也回，無也回，莫待江邊冷風吹」，其來甚遠。按《隋書・地里志》屈原以五月望日赴汨羅，土人追至洞庭不見，湖大船小，莫得濟者乃歌曰「何由得渡湖」，因而鼓棹争歸，競會亭上。又曰：《龍船歌》邪野阿婀餘音，惟武陵爲然，諸處不爾。一云其音爲些些，本《招魂》楚些之遺，弔屈意也。按宋玉《招魂》「帝告巫陽，有人在下，我欲輔之。魂魄離散，汝筮予之。」蓋原歿後語，今划船用巫，實始於此。又曰：船中兩旗，方幅各尺五寸，以布爲之。《楚辭》「乘迴風兮載雲旗」，又曰「乘舲船余上沅兮，齊吴榜而擊汰。船容與而不進兮，淹回水而凝滯。」此原生平遭遇，掩抑迍邅。後人寫之，疾鼓輕橈，轟霆捲雪，庶一洗其離憂之氣耳。

《〔嘉慶〕常德府志》卷六《山川考・楚貢亭》 楚貢亭，縣東南二里新街上。縣志。《通志》：宋大中祥符中，封祀泰山，遣使沅江采三脊茅。老人王皓能辨其茅，一莖三脊，芬芳殊甚。其茅遂成額貢，故立此亭。後燬，元人王儒真有記。

《〔道光〕保寧府志》卷一五《古蹟・捧硯亭》 捧硯亭，舊在南崖。宋司馬池遊此賦詩，子光捧硯，勾龍亶遂以名亭。久廢。嘉慶十六年，川北道黎學錦築春曉園於錦屏山，補建此亭，額曰「矜式」，摩崖鑿「捧硯遺思」四字。亭東爲雲屏小榭，臨江背巖，極江山之勝。又有落奕山房。屏山舊有亭，在其西。

《〔同治〕畿輔通志》卷一一六《古迹・保定府・乾坤北海亭》 乾坤北海亭，在定興縣東南十五里江村。明太常卿鹿善繼築。數椽結第，不髹不繪。園蔬幾色，灌木兩行。善繼講學，子化麟下帷之所。天啓時，璫禍起，忠節以館海內清流投止。

《〔道光〕廣東通志》卷三一《雜記・愛蓮亭》 愛蓮亭，濂溪爲吾廣提刑，舊於西湖上建濂泉書院以祠之。湖水浩蕩，連白蓮池、五仙觀。洪武初，移觀於坡山上，池入於市舶公館。人家截斷爲閭閻，留池一泓，環藥洲之傍，植蓮建亭於州上，扁曰愛蓮，取濂溪所爲説也。其前爲提學廳事，歲久傾圮。今提學憲副林南澗先生粹夫始新書院，更曰崇正。填池之半，植禾其中，以爲經營之漸，未暇成也。前此一載，荷花猶盛開。亭之基址柱礎具在沮洳，與仙湖通衢隔截，而禾則蒙密矣。有無名子題韻語於楹上曰：當日紅藥蘸碧波，薰風時節一來過。於今景色非前度，誰道元公又愛禾。先生見之大笑，而已亟命植蓮建亭云。

《〔道光〕廣東通志》卷二一八《古蹟畧三・浴日亭》 浴日亭在扶胥鎮，南海王廟之右。小山屹立，亭冠其巔，前瞰大海，茫然無際。《輿地紀勝》。鷄鳴見日，若凌倒景。《大清一統志》。明洪武初，平章廖永忠易名拱日。黄《志》。今仍名浴日。《採訪册》。

顧鑾《廣陵覽古》卷二《斗野亭》 斗野亭，在召伯鎮梵行院之側，宋熙寧二年建。揚州于天文屬斗分野，故名。紹興元年，郡守鄭裔更造于迎恩橋南。嘉定間，崔與之改題曰「江淮要津」，而移「斗野」扁揭于北門外。宋蘇軾《次孫覺韵斗野亭》詩：「落帆謝公渚，日脚東西平。孤亭得心憩，暮春含餘清。坐待斗與牛，錯落挂南甍。老僧如夙昔，一笑意已傾。新詩出故人，舊事疑前生。吾生七往來，送老海上城。逢人輒自哂，得魚不忍烹。似聞績溪老，復作東都行。小詩如秋菊，艷艷霜中明。過此感我言，長篇發春榮。」

顧鑾《廣陵覽古》卷二《波光亭》 九曲亭、波光亭，宋藝祖破李重進，駐蹕蜀岡。寺有龍門于九曲池，命立九曲亭以紀其事，後圮。乾道二年，郡守周淙重建，易以「波光亭」額，已而亭廢池塞。慶元五年，郭杲命工浚池，引注諸塘之水，建亭于上，遂復舊觀。又築風臺、月樹，東西對峙，繚以柳陰，亦一時勝境也。宋陳造有《波光亭賦》。

顧鑾《廣陵覽古》卷二《無雙亭》 無雙亭，《一統志》謂蕃釐觀内瓊花天下無雙，宋歐陽修守揚州作「無雙亭」。《聞見雜録》謂宋郊構亭花側，榜曰「無雙」。未知孰是。宋歐陽修《無雙亭答劉發運》詩：「瓊花芍藥世無倫，偶不題詩便怨人。曾向無雙亭上醉，自知不負廣陵春。」劉敞《無雙亭觀瓊花贈聖民》詩：「東風萬木競紛華，天下無雙獨此花。那有靈英凌暖日，不爲琪樹隔流沙。祠城寂寂春空老，江雨冥冥日易斜。仙品國香俱妙絶，少傾高興盡流霞。」鑾按，《齊東野語》云：揚州后土祠瓊花無二本，仁宗朝嘗分植禁苑，輒枯；復載還，敷榮如故。淳熙中，壽皇亦嘗移植南内，逾年憔悴，仍送還之。杜游《瓊花記》謂紹興辛丑，金人揭本而去，其小者，剪而誅之。明年，根旁復生三蘖，道士金大寧培護，久之暢茂如故。元至元十三年忽枯，道士金丙以聚八仙代之。是兩移于宋，一揭于金，卒枯于元，而瓊花之種絶矣！

顧鑾《廣陵覽古》卷二《竹西亭》 竹西亭，舊址在禪智寺側，取杜牧「誰知竹西路，歌吹是揚州」句命名。宋郡守向子固易爲「歌吹亭」，紹興中毁；郡守周淙重建，復舊名。歲久圮廢，復建于北岸皂角樹側。宋歐陽修詩：「十里樓臺歌吹繁，揚州無復似當年。古來興廢皆如此，徒使登臨一慨然。」梅堯臣詩：「結雨竹西若若川，揚州歌吹似當年。劉郎若向風前唱，夢入青樓事惘然。」蘇軾詩：「竹西失却上方老，石塔還逢惠照師。我亦化身東海去，姓名莫遣世人知。」吕本中詩：「十年走塵土，重上竹西亭。草木新榮態，江山舊典型。狂風掃毒暑，落月伴疏星。認取揚州路，荒城一抹青。」

藝文

白居易《白氏長慶集》卷六《新構亭臺示諸弟侄》 平臺高數尺，臺上結茅茨。東西疏二牖，南北開兩扉。蘆簾前後捲，竹簟當中施。清泠白石枕，疏凉黄葛衣。開襟向風坐，夏日如秋時。嘯傲頗有趣，窺臨不知疲。東窗對華山，三峯碧參差。南檐當渭水，卧見雲帆飛。仰摘枝上果，俯折畦中葵。足以充飢渴，何必慕甘肥。況有好羣從，旦夕相追隨。

白居易《白氏長慶集》卷四三《冷泉亭記》 東南山水，餘杭郡爲最。就郡言，靈隱寺爲尤。由寺觀言，冷泉亭爲甲。亭在山下，水中央，寺西南隅，高不倍尋，廣不累丈。而撮奇得要，地搜勝槩，物無遁形。春之日，吾愛其草薰薰，木欣欣，可以導和納粹，暢人血氣。夏之夜，吾愛其泉渟渟，風泠泠，可以蠲煩析酲，起人心情。山樹爲蓋，巖石爲屏，雲從棟生，水與階平。坐而翫之者，可濯足於牀下。卧而狎之者，可垂釣於枕上。矧又潺湲潔澈，粹冷柔滑。若俗士，若道人，眼耳之塵，心舌之垢，不待盥滌，見輒除去，潛利陰益，可勝言哉。斯所以最餘杭而甲靈隱也。杭自郡城抵四封，叢山複湖，易爲形勝。先是領郡者，有相里君造虚白亭，有韓僕射皐作候仙亭，有裴庶子棠棣作觀風亭，有盧給事元輔作見山亭。及右司郎中河南元藇最後作此亭，於是五亭相望，如指之列，可謂佳境殫矣，能事畢矣。後來者雖有敏心巧目，無所加焉。故吾繼之，述而不作。長慶三年八月十三日記。

白居易《白氏長慶集》卷七一《白蘋洲五亭記》 湖州城東南二百步，抵霅溪，溪連汀洲，洲一名白蘋。梁吴興守柳惲於此賦詩云：汀洲採白蘋，因以爲名也。前不知幾千萬年，後又數百年，有名無亭，鞠爲荒澤。至大曆十一年，顔魯公真卿爲刺史，始翦榛導流，作八角亭，以遊息焉。旋屬災潦薦至，沼堙臺圮。後又數十載，萎蕪隙地。至開成三年，弘農楊君爲刺史，乃疏四渠，濬二池，樹三園，構五亭。卉木荷竹，舟橋廊室，洎游宴息宿之具，靡不備焉。觀其架大溪、跨長汀者，謂之白蘋亭。介三園、閲百卉者，謂之集芳亭。面廣池、目列岫者，謂之山光亭。翫晨曦者，謂之朝霞亭。狎清漣者，謂之碧波亭。五亭間開，萬象迭入，嚮背俯仰，勝無遁形。每至汀風春，溪月秋，花繁鳥啼之旦，蓮開水香之夕，賓友集，歌吹作，舟棹徐動，觴詠半酣，飄然怳然。游者相顧，咸曰：此不知方外也？人間也？又不知蓬瀛、崑閬，復何如哉？時予守官在洛陽，楊君緘書賫圖，請予爲記。予按圖握筆，心存目想，覼縷梗槩，十不得其二三。大凡地有勝境，得人而後發。人有心匠，得物而後開。境心相遇，固有時耶？蓋是境也，實柳守濫觴之，顔公椎輪之，楊君繪素之，三賢始終，能事畢矣。楊君前牧舒，舒人治，今牧湖，湖人康。康之由，革弊興利，若改茶法，變税書之類是也。利興，故府有羡財。政成，故居多暇日。繇是以餘力濟高情，成勝概，三者旋相爲用，豈偶然哉？昔謝、柳爲郡，樂山水，多高情，不聞善政。龔、黄爲郡，憂黎庶，有善政，不聞勝概。兼而有者，其吾友楊君乎？君名漢公，字用乂。恐年祀寖久，遠來者不知，故名而字之。時開成四年十月十五日記。

《全唐文》卷六一八李直方《白蘋亭記》 新作白蘋亭，書時，且志政也。梁太守柳惲賦詩於始，因以名州，今邦伯李公成室於終，兹用目亭，度乎事則位均，考乎地則境同，合美配德，古今相望，亭之時義至矣。吴江之南，震澤之陰，曰湖州。幅員千里，棊布九邑。卞山屈盤，而爲之鎮。五谿叢流，以導其氣。其土沃，其候清，其人壽，其風信實。公之始至也，用恭寬明恕以懷之，敬事昚罰以勸之。賦令之先，必度其物宜，而咨於前訓。故居者逸，亡者旋，或蹈境而留，或聆聲而遷。提封之内無榛灌，繩墨之下無姦傲。既而外邑多材，郡不能渫。公命懸諸善價，俾代常徭。於是乎幽巖之巨木斯出，積歲之逋租必入。公家受其利，山氓蒙其惠，繇是白蘋之制經矣。洲在郡城南，東亂霅谿而即焉。白沙如浮，流波環之。前有大野，緜雲繚以萬峯。後有名都，壓水駢以千室。邑居可望，而喧埃不及。空水交映，而雲天在下。造物之工，若有私於是焉。芰菰叢生，鳧鶴朋游。嘉名雖曜，清境或棄。公於是相顯爽之宜，立卑高之程，據洲之陽，揆日之正，揭大亭一焉。修廊雙注，北距於霅，浮軒轍流，峩水亭二焉。大可以施筵席，小可以容宴豆。凡棟宇之法，輪奂之美，銛刮密石，用成翬飛。施宏壯而有度，備彤紫而不踰。内則庭除朗潔，彌望鋪雪。曲沼逶迤以中貫，飛梁夭矯而對起。紫桂翠篁，辛荑木蘭，碧枚丹實，蛇走珠綴，鮮飆暗起，縈葉振蘂，落英飄飖，灑空浮水。天目神池之上，多不名之卉。洞庭水府之下，産怪狀之石。嶙峋乎玉容，葳蕤乎瑶芳。衆榮偶植，羅列布濩。外則差以白蘋，間之紅蕖。川與天遠，百里如組。邦君之來，肅肅旆旌。綵舟徐移，魚躍鳥鳴。亭成之日，三吴之賢大夫集焉。公用鼓鐘羽籥以樂之，然後使臣之臨，重客之來，獲游是者，怳乎有遺區之歎。則爲邦之成績，作亭之良規，參合二美，游揚四海。坐馳而逝，與庡置偕。矧蘋之爲用，風有季女之奠，騷有放臣之望。夫以澗谿之賤微，而可充王公之殷薦，是故君子重之。今扶贊勝賞也如彼，哲賢咏歌也如此，則是亭憑眺之外，又有傳經之道焉。若乃乘農隙之暇時，購武夫之羡功，廛閭不煩，財用不屈，揚昔人之休烈，垂不朽之遐觀。咨其創物之智，有以加人，不如是，烏能及此。己卯歲冬十月，予將浮淛河，上會稽，凌縉雲，觀赤城，道出公之仁宇，目覽亭之崇構，舉書其實，合《春秋》傳信之經，後之人無視十洲孟浪之説，而没其誼云。

《全唐文》卷二九四王泠然《汝州薛家竹亭賦》 梁潁多士，聞來久矣。出伊洛以南遊，登嵩峴以顧視，信乎精華實息，恢怪森起。惟萬户與千門，咸帶山而傍水，畿甸殷壯，閭閻密邇。當天象之西郊，近皇居之百里，其人和而賢俊，其地厚而淳美，則吾先文王行化之始，烈祖成王定鼎於此，宜乎蓄我良能，誕生君子。世序雖遠，英靈不窮，其氣渾渾，其光雄雄。橫古今而特秀者，惟我辟公。卜幽棲於汝北，夷舊業於河東。夫其禮樂成器，清明在躬。官非稱才，吾不謂之仕宦；人非克己，吾不謂之交通。處未全隱，和而莫同。且欲墀岦崿，苑蒙籠，開亭一所，修竹一叢，蕭然物外，樂自其中。其竹也，初栽尚少，未長仍小，雜以喬木，環爲曲沼，遵遠水以澆浸，編長欄而護遶。向日森森，當風嫋嫋。勁節迷其寒燠，繁枝失其昏曉。疏莖歷歷傍見人，交葉重重上聞鳥。其亭也，溪左巖右，川空地平。材非難得，功則易成。一門四柱，石礎松櫺。泥含淑氣，瓦覆苔青。纔容小榻，更設短屏。後陳酒器，前開藥經。辟公謂予曰：自造此亭，未有茲客。跪而應曰：自從爲客，未見此亭。既而物且遍好，多能所造。亭間坐卧，清户開而向林。門下往來，翠陰合而無草。禁行路使勿伐，命家僮使數埽。遊子見而忘歸，居人對而遺老。余何爲者，累載棲遑。學應成癖，走則非狂。宇宙至寬，顧立錐而無地，公卿未識，久彈鋏而辭鄉。一見竹亭之美，竟嗟歎而成章。

柳宗元《柳河東集》卷二七《零陵三亭記》 邑之有觀游，或者以爲非政，是大不然。夫氣煩則慮亂，視壅則志滯，君子必有游息之物、高明之具，使之清寧平夷，恆若有餘，然後理達而事成。零陵縣東有山麓，泉出石中，沮洳汙塗，羣畜食焉，牆藩以蔽之。爲縣者積數十人，莫知發視。河東薛存義，以吏能聞荆楚間；潭部舉之，假湘源令，會零陵政厖賦擾，民訟於牧，推能濟弊，來莅茲邑。遁逃復還，愁痛笑歌。逋租匿役，期月辨理。宿蠹藏奸，披露首服。民既卒税，相與歡歸道途，迎賀里閭，門不施胥吏之席，耳不聞鼛鼓之音。雞豚糗醑，得及宗族。州牧尚焉，旁邑倣焉。然而未嘗以劇自撓，山水鳥魚之樂，澹然自若也。乃發牆藩，驅羣畜，決疏沮洳，搜剔山麓，萬石如林，積坳爲池，爰有嘉木美卉，垂水藂峯。瓏璮蕭條，清風自生，翠煙自留，不植而遂。魚樂廣閑，鳥慕靜深。別孕巢穴，沈浮嘯萃。不蓄而富，伐木墜江，流於邑門。陶土以埴，亦在署側。人無勞力，工得以利。乃作三亭，陟降晦明。高者冠山巔，下者俯清池。更衣膳饔，列置備具。賓以燕好，旅以館舍。高明遊息之道，具於是邑，由薛爲首。在昔裨諶謀野而獲，宓子彈琴而理，亂慮滯志，無所容入。則夫觀遊者果爲政之具歟？薛之志其果出於是歟？及其弊也，則以玩替政，以荒去理。使繼是者咸有薛之志，則邑民之福其可既乎？予愛其始而欲久其道，乃撰其事以書於石。薛拜手曰：吾志也。遂刻之。

柳宗元《柳河東集》卷二七《柳州東亭記》 出州南譙門，左行二十六步，有棄地在道南，南值江，西際垂楊傳置，東曰東館。其内草木猥奥，有崖谷傾亞缺圮，家得以爲囿，蛇得以爲藪，人莫能居。至是始命披剕蠲疏，樹以竹箭松檉桂檜柏杉，易爲堂亭，峭爲杠梁，下上徊翔，前出兩翼，憑空拒江，江化爲湖。衆山横環，嶛闊瀴灣。當邑居之劇，而忘乎人間。斯亦奇矣。乃取館之北宇，右闢之以爲夕室。取傳置之東宇，左闢之以爲朝室。又北闢之以爲陰室，作屋於北墉下，以爲陽室。作斯亭於中，以爲中室。朝室以夕居之，夕室以朝居之，中室日中而居之，陰室以違溫風焉，陽室以違淒風焉，若無寒暑也，則朝夕復其號。既成，作石於中室，書以告後之人，庶勿壞。元和十二年九月某日，柳宗元記。

柳宗元《柳河東集》卷二七《邕州柳中丞作馬退山茅亭記》 冬十月，作新亭于馬退山之陽。因高丘之阻以面勢，無欂櫨節梲之華，不斵椽，不翦茨，不列牆，以白雲爲藩籬，碧山爲屏風，昭其儉也。是山崒然起於莽蒼之中，馳奔雲矗，亘數十百里，尾蟠荒陬，首注大溪。諸山來朝，勢若星拱，蒼翠詭狀，綺綰繡錯。蓋天鍾秀於是，不限於遐裔也。然以壤接荒服，俗參夷徼，周王之馬跡不至，謝公之屐齒不及，巖徑蕭條，登探者以爲歎。歲在辛卯，我仲兄以方牧之命，試于是邦。夫其德及故信孚，信孚故人和，人和故政多暇，由是嘗徘徊此山，以寄勝概。迺塈迺塗，作我攸宇，於是不崇朝而木工告成。每風止雨收，煙霞澄鮮，輒角巾鹿裘，率昆弟友生冠者五六人，步山椒而登焉。於是手揮絲桐，目送還雲。西山爽氣，在我襟袖，以極萬類，攬不盈掌。夫美不自美，因人而彰，蘭亭也，不遭右軍，則清湍脩竹，蕪没於空山矣。是亭也，僻介閩嶺，佳境罕到。不書所作，使盛跡鬱湮，是貽林澗之媿，故志之。

柳宗元《柳河東集》卷二七《桂州訾家洲亭記》 大凡以觀游名于代者，不過視于一方，其或旁達左右，則以爲特異。至若不鶩遠，不陵危，環山洄江，四出如一，夸奇競秀，咸不相讓，遍行天下者，唯是得之。

桂州多靈山，發地峭堅，林立四野。署之左曰灕水，水之中曰訾氏之洲。凡嶠南之山川，達于海上，於是畢出，而古今莫能知。

元和十二年，御史中丞裴公來莅茲邦，都督二十七州諸軍州事。盜遁奸革，德惠敷施，期年政成。而當天子平淮夷，定河朔，告于諸侯，公既施慶于下，乃合僚吏，登茲以嬉。觀望悠長，悼前之遺。于是厚貨居氓，移于閑壤，伐惡木，剕奥草，前指後畫，心舒目行。忽然若飄浮上騰，以臨雲氣，萬山面内，重江束隘，聯嵐含輝，旋視具宜，常所未睹，倏然互見。以爲飛舞奔走，與游者偕來。乃經工庀材，考極相方。南爲燕亭，延宇垂阿，步檐更衣，周若一舍。北有崇軒，以臨千里。左浮飛閣，右列閑館。比舟爲梁，與波升降。苞灕山，涵龍宫，昔之所大，蓄在亭内。日出扶桑，雲飛蒼梧。海霞島霧，來助游物。其隙則抗月檻于回溪，出風榭于篁中。晝極其美，又益以夜。列星下布，灝氣回合，邃然萬變，若與安期、羡門接于物外。則凡名觀游于天下者，有不屈伏退讓以推高是亭者乎？

既成以燕，歡極而賀。咸曰：昔之遺勝概者，必于深山窮谷，人罕能至，而好事者後得以爲己功。未有直治城，挾闤闠，車輿步騎，朝過夕視，訖千百年，莫或異顧，一旦得之，遂出于他邦，雖博物辨口，莫能舉其上者。然則人之心目，其果有遼絶特殊而不可至者耶？蓋非桂山之靈，不足以瓌觀；非是州之曠，不足以極視；非公之鑒，不能以獨得。噫！造物者之設是久矣，而盡之于今，余其可以無藉乎？

劉禹錫《劉賓客文集》卷九《洗心亭記》　天下聞寺數十輩，而吉祥尤彰彰。蹲名山，俯大江，荆吴雲水，交錯如繡。始余以不到爲恨，今方弭所恨而充所望焉。既周覽讚嘆，於竹石間最奇處得新亭，彤焉如巧人畫鼇背上物。即之四顧，遠邇細大，雜然陳乎前。引人目去，求瞬不得。徵其經始，曰僧義然。嘯侣爲工，即山求材。槃高孕虚，萬景坌來。詞人處之，思出常格。禪子處之，遇境而寂。憂人處之，百慮冰息。鳥思猿情，繞梁歷榱。月來松間，彫縷軒墀。石列筍簴，藤蟠蛟螭。修竹萬竿，夏含涼颸。斯亭之實録云爾。然上人舉如意挹我曰：既志之，盍名之以行乎遠夫。余始以是亭圜視無不適，始適乎目而方寸爲清，故名洗心。長慶四年九月二十三日，劉某記。

李德裕《李衛公别集》卷二《項王亭賦并序》　丙辰歲孟夏，余息駕烏江，晨登荒亭，曠然遠覽，因覩太尉清河公刻石，美項氏之材，嘆其屈於天命，且曰：漢祖困阨之時，生計非蕭張所出。余以爲不然矣，自古聰明神武之主，未嘗不應天順人，以定大業。項氏縱火咸陽，失秦中之固，遷主炎裔，傷義士之心。違天違人，霸業隳矣。漢皆反是，故能成功。據秦遺業，東制區夏，數敗於外，常有關中。爲舊主縞素，以義動天下，雖項氏猶存，而王業基矣。若乃蠖屈鴻門，龍潛天漢，始降志於一人，終申威於四海。則蕭張之計，不亦遠乎？余嘗論之，漢祖猶龍，項氏如虎，龍雖困而其變不測，虎雖雄而其力易摧。一神一鷙，宜乎夐絶。然巋舟不渡，留騅報德，亦可謂知命矣。自湯武以干戈創業，後之英雄，莫高項氏。感其伏劍此地，因作賦以弔之。

登彼高原，徘徊始曙，尚識巋舟之崖，焉知繫馬之樹。望牛渚以悵然，嘆烏江之不渡，想山川之未改，嗟斯人之何遽。思項氏之入關，按秦圖而割據，恃八千之剽疾，棄百二之險固。咸陽不留，王業已去。將衣錦於舊國，遂揚旌而東顧，雖未至於陰陵，誰不知其失路。恥沐猴之醜詆，乃烹韓而洩怒。謂天命之可欺，何霸王之不寤。嗟呼！楚聲既合，漢圍已布。歌既闋而甚悲，酒盈樽而不御。當其盛也，天下侯伯自我而宰制。及其衰也，帳中美人寄命而無處。季數遁而不亡，羽一敗而終仆。豈非獨任於威力，不由於智慮。追昔四隤之下，風烟將暮，大叱雷奮，重瞳電注，叱漢千騎，如獵狐菟。謝亭長而依然，愧父兄兮不渡。既伏劍而已矣，彼羣帥兮猶懼。雖霸業之無成，亦終古而獨步。周視陳迹，緬然如素。聽喬木之悲風，感高秋之零露。因獻弔於兹事，庶神靈之可遇。

李德裕《李衛公别集》卷一〇《流杯亭》　激水自山椒，析波分淺瀨。迴環疑古篆，詰曲如縈帶。寧愬羽觴遲，惟歡親友會。欲知中聖處，皓月臨松蓋。

姚鉉《唐文粹》卷七四韓愈《燕喜亭記》　太原王弘中在連州，與學佛人景常、元慧遊。異日從二人者，行於其居之後，丘荒之間，上高而望，得異處焉。斬茅而嘉樹列，發石而清泉激，輦糞壤，燔椔翳，却立而視之，出者突然成丘，陷者呀然成谷，窪者爲池，而闕者爲洞，若有鬼神異物，陰來相之。自是弘中與二人者，晨往而夕忘歸焉。乃立屋以避風雨寒暑，既成，愈請名之，其丘曰竢德之丘，蔽於古而顯於今，有竢之道也。其石谷曰謙受之谷，瀑曰振鷺之瀑，谷言德，瀑言容也。其土谷曰黄金之谷，瀑曰秩秩之瀑，谷言容，瀑言德也。洞曰寒居之洞，志其入時也。池曰君子之池，虚以鍾其美，盈以出其惡也。泉之源曰天澤之泉，出高而施下也。合而名之以屋曰燕喜之亭，取《詩》所謂「魯侯燕喜」者頌也。於是州民之老，聞而相與觀焉。曰：吾州之山水名天下，然而無與燕喜者比。經營於其側者相接也，而莫直其地。凡天作而地藏之，以遺其人乎？弘中自吏部郎貶秩而來，次其道途所經，自藍田入商洛，涉淅湍，臨漢水，升峴首以望方城，出荆門，下岷江，過洞庭，上湘水，行衡山之下，繇郴踰嶺，蝯狖所家，魚龍所宫，極幽遐瑰詭之觀，宜其於山水飫聞而厭見也。今其意乃若不足。《傳》曰：知者樂水，仁者樂山。弘中之德與其所好，可謂協矣。智以謀之，仁以居之，吾知其去是而羽儀於天朝也不遠矣。遂刻石以記。

元結《元次山集》卷九《寒亭記》　永泰丙午中，巡屬縣至江華。縣大夫瞿令問咨曰：「縣南水石相映，望之可愛，相傳不可登臨。俾求之，得洞穴而入，棧險以通之，始得構茅亭於石上。及亭成也，所以階檻憑空，下臨長江，軒楹雲端，上齊絶顛。若旦暮景氣，煙靄異色，蒼蒼石墉，含映水木。欲名斯亭，狀類不得。敢請名之，表示來世。」於是休于亭上爲商之曰：今大暑登之，疑天時將寒。炎蒸之地，而清涼可安。不合命之曰寒亭歟。乃爲寒亭作記，刻之亭背。

李之儀《姑溪居士後集》卷一《夢遊覽輝亭賦》　露下木落，天宇澄徹。日欲傾頽，蟬方凄咽。姑溪居士，枝筇步履。臨階之絶，顧視節物。推遷歲月，感覽輝之昔游，詠生塵之羅襪，惝怳差池，躊躇騷屑，御者不進，將誰與說。既鵠立以不怡，疑株枸之無别。已而人斷風怵，月出雲裂，繁星不能蔽其光，萬籟於此號其穴。兹欲遣而不暇，益百糾而千結。於是解衣就枕，寤寐纔分。紅舒緑卷，蘭郁麝薰。更笑語於鶯燕，襲環珮於烟雲。恨秀絶之不與，方展轉而疑魂。忽若星墜，倏如鸞停。拊背藉以相款，極情柔而見文。謂予之約何爽，叩予之實彌勤。顧倚玉之未及，俄司晨之遽聞。嗚呼！夢邪覺邪，則亦莫知其然哉。今已非是，昔安可追。懲夢幻於逐物，割昵網於頑癡。庶幾夢覺與今昔，不能俯仰於羣迷。

《〔乾隆〕江南通志》卷三四權德輿《響山亭記》　元和二年冬十月，宣城長帥中執法襄陽郡王潞公作新亭、新營，凡周月而厥功成。先是，郡城之南，阨陋磽确，山木不剪，樵門不開。公因暇日，觀視原野，直南一里所，得響山焉。兩崖聳峙，蒼翠對起，其南得響潭焉。清泚可鑒，潆迴澄淡。又其南則博敞平夷，澶漫逶迤，從古之隙地，是邦之休利。目與心會，闇然自得。述以條陳，實蒙報可。乃董日力，計徒庸，闢於弇中，成是夷道。揭東、西二亭於雙峯之上，相距百步。華軒峻宇，皆據勝勢。廣厦疏寮，可棲灝氣。碧山亘目，清流在下。跨以虹梁，抵兹近郊。因其爽塏，乃列營署。度野以步，度堂以筵。上棟下宇，各有區處。規地之廣袤，分左右營部焉。牙門新軍而下，左至八，右至七。既而左次莽平，采石之師與宴設堂又在。廣場開館，窅窱縈帶，可以閲軍實，可以容晏豆。度羡材則不費，因悦使則不勞。巽之申命，師之畜衆，楚莊之匏居，衛文之楚丘，得其時制而不煩也。官業盡在於是。爰初師所處，在郡之北偏，地泐墊下，水泉沮洳，積弊不遷，介大病焉。至是則修武備，建長利。興寢得安其室處，坐起以觀其習變。而公又饗士於斯，娱賓於斯。公之心大則神王，神王則中和旁達。士體寧則氣全，氣全則餘勇可賈夫。然則不出楹堦俎豆之間，而威儀交修，上下浹洽，在此物也。以公之平粹淑均，天資吏師，昔嘗四部符，一司武，皆有利澤施於州壤。及是，則貴爲元侯，疏以大封。推心術而行千里，所繇屬城而流於支郡。程功底績，觀發知智。亭與營之制宜乎哉！前賢之以循政聞者有矣，而遺於是，豈徯公之爲而裕斯人也？凡由此塗出者，東南抵於歙，西北抵於涇，肩摩轂，往復自便。絶東谿有浮橋，過西亭得蓮池。觸類滋長，皆爲絶境。公以鄙夫春秋之徒也，繪而傳焉，使實録於石。

權德輿《權文公集》卷八《奉和禮部李尚書酬楊著作竹亭歌》　直城朱户相邐連，九逵丹轂聲闐闐。春官自有花源賞，終日南山當目前。晨摇玉佩趨温室，莫入竹溪疑洞天。烟銷雨過看不足，晴翠鮮飆逗深谷。獨謡一曲泛流霞，閑對千竿連净緑。縈迴疏鑿隨勝地，石磴岩扉光景異。虚齋寂寂清籟吟，幽澗紛紛雜英墜。家承麟趾貴，劍有龍泉賜，上奉明時事無事。人間方外興偏多，能以簪纓狎薜蘿。常通内學青蓮偈，更奏新聲白雪歌。風入松，雲歸棟，鴻飛滅處猶目送。蝶舞閑時夢忽成，蘭臺有客敘交情，返照中林曳履聲。直爲君恩催造膝，東方辨色謁承明。

徐鉉《徐公文集》卷一四《喬公亭記》　同安城北有雙溪禪院焉，皖水經其南，求塘出其左。前瞻城邑，則萬井纚連；却眺平陸，則三峯積翠。朱橋偃蹇，倒影于清流；巨木輪囷，交陰于别島。其地豐潤，故植之者茂遂；其氣清粹，故宅之者英秀。聞諸耆耋，喬公之舊居也。雖年世屢遷，而風流不泯。故有方外之士，爰構經行之室。回廊重宇，耽若深嚴；水瀕最勝，猶鞠茂草。甲寅歲，前吏部郎中鍾君某，字某，左官兹郡，來游此溪，顧瞻徘徊，有懷創造，審曲面勢，經之營之。院主僧自新，聿應善言，允符夙契，即日而裁，逾月而畢。不奢不陋，既幽既閑。憑軒俯眄，盡濠梁之樂；開牖長矚，忘漢陰之機。川原之景象咸歸，卉木之光華一變。每冠蓋萃止，壺觴畢陳，吟嘯發其和，琴棋助其適，郡人瞻望，飄若神仙。署曰喬公之亭，志古也。噫！士君子達則兼濟天下，窮則獨善其身，未若進退以道，小大必理，行有餘力，與人同樂之爲懿也。是郡也，有汝南周公以爲守，有潁川鍾君以爲佐，故人多暇豫，歲比順成。旁郡行再雩之禮，而我盛選勝之會；鄰境興闃户之歎，而我賦考室之詩。播之氓頌，其無愧乎！余向自禁掖，再從放逐，故人胥會，山水窮游。良辰美景，賞心樂事，有一于此，宜其識之。立石刊文，以示來者。于時歲次乙卯保大十三年三月日，東海徐鉉記。

王禹偁《小畜集》卷一六《李氏園亭記》　重城之中，雙闕之下，尺地寸土，與金同價，其來舊矣。雖聖人示儉，宫室孔卑，而郊廟市朝不可闕。已有百司之局署，六師之營壁，侯門主第，釋宇玄宫，總而計之，蓋其半矣。非勳戚世家，居無隙地。設或有之，則又牽于邸店之利，其能捨錐刀之末，資耳目之娱者亦鮮矣。故隰牧隴西李侯與神德皇帝有布衣之舊，在乾德、開寶中，繼刺邊郡，時并、汾未下，屢有軍功銘于旂常，此不煩述。侯幼讀《春秋》，故戰必尚計而不尚力；晚好道術，故處必務實而不務華。居某坊之後第，在大内之東南，實繁會之所也，而能開一園，構二亭，竹樹花卉少而且備，游賞譙息近而不勞。其始也，患土地之不廣，則倍價以市之，故善鄰獻其第。病樹藝之不滋，則厚利以誘之，故老圃效其力。不議其物之貴賤，不計乎時之有無，又掘舊地以及泉，輦野土而袤丈，費數十萬，不以爲難。與夫謀衣食之源，作子孫之計者遠矣。洎侯之捐館也，諸子尚幼，爲季父納質于富家，其取直四百萬，將稔其利以奪之。上聞而駭其事，遽命出内府錢購而還焉。君子曰：李侯之好義忘利也既如彼，諸子之謹身節用也又如此，宜乎有是之光也。吾見乎爲公侯廣第宅，連坊斷曲，日侵月占，死而不已。及乎墳土未乾，則爲子弟獄訟之具者，亦足悲也。先是，侯嘗牧于濟，即予之故里也，以是知其政。又同舍紫微郎畢公，即侯之外姻也，以是熟其事。己丑歲，與予游其園，息其亭，一則歎舊館之喪，一則思甘棠之政。因目其亭之中央者曰「克家」，取象于《易》也；謂其東南者曰「肯構」，徵義于《書》也。又總述其始終之狀，爲《李氏園亭記》。其幽致嘉況，則見羣公之詩什。大宋淳化元年九月日記。

胡宿《文恭集》卷三五《流杯亭記》　城邑之粹，依於山川，所以通氣象而宣底滯；府寺之勝，寄於亭沼，所以棲神明而外氛濁。許昌之右，其水曰「西湖」。自東北導潩水一支，納於湖中。淼漫瀰淪，浸可數里，精氣利澤，秋冬不涸，蓋璧田所依之川也。一名「緑鴨陂」，唐薛能增廣其沚，作亭其上，所謂「緑鴨亭」者，名今在焉。大抵湖水脩於南北，狹於東西。芹蘋茨芰，菰蒲菡萏之植，含葩聳幹，或丹或白，羅映洲沚，粲若繪境。秋鷺寒鶴，鼓浪往來，晨鳧夕雁，乘煙上下。翩翩去翼，嗈嗈餘聲，江湖幽情，滿於眺聽。天王都汴，許在寰内，殿藩之重，率用二府。前弼及兩禁邇臣，於以均執恪之勞，就偃休之適，亦由湖水名勝，可以濯煩襟而養妙氣也。前後諸公，構亭環其上者甚夥。釣臺射堋，左右棲映，隨所面勢，咸極佳趣。其規摹宏大者，有若湖中之堂，曰「清暑」，錢思公之所作也。橋跨一面，樹環四際，青蒼俯映，潺湲可弄。湖陰之亭曰「會景」，呂文靖之所構也。正據北岸，臨瞰泉水，禽魚卉木，形無遁者。會景之北，有梅梨桃杏之園，履中十畝，中有堂曰「净居」。净居之北，有池曰「迷魚」。清泉碧樹，幽邃閒静，有山間林下之思。慶曆丙戌，植直李公給事之治許也，年獲豐茂，日多暇豫。間引參佐，觴於湖上，躊躇四顧，超然獨得。曰湖居之麗，前人系作，究奇選勝，殆窮目巧。然上巳修禊，勝集也，念此獨闕。潩水在側而弗知用，豈未之思耶？乃立亭於迷魚之後，西北置閼礱石作渠，析潩上流，曲折凡二百步許，彎環轉激，注於亭中，爲浮觴樂飲之所。東西植雜果，前後樹衆卉，與清暑、會景，參然互映，爲深遠無窮之景焉。亭成，榜之曰「流杯」，落之以鐘鼓。車騎夙駕，冠蓋大集。賢侯莅止，嘉賓就序，朱鮪登俎，渌醑在樽，流波不停，來觴無算。人具醉止，莫不華藻篇章間作。足以續永和之韻矣。復即湖之坤隅，乘羨水以作磑，紓旅力之弊，廣羣游之觀。使漢陰老父見之，其必曰「施於觴酌遊觀之美，何其佳哉！」時友人梅聖俞參畫郎幕，且導府意，託記亭事。因念《小雅·鹿鳴》之詩必言燕樂者，所以和人心而通政道也。李公宣風阜俗，怡神樂職，以餘力治亭榭，以暇日飲賓友，式宴以樂，既惠且和。引而伸之，河潤九里，政之在物，從可知焉。又惟杭、潁二州西偏，皆映帶流水，同得西湖之號，與許爲三。嘗試評之，杭挾武林、天竺之秀，而地偏東南，潁占女台，林刹之佳，而傳舍居其内，許在三輔，密邇神甸，芣騩作鎮，轘、嵩在西，介於二京，嘗遊七聖。《春秋》重地，尊先京師，神明氣象，湖水之勝，應以陪京爲首焉。慶曆丁亥三月五日記。

袁説友《成都文類》卷四三張俞《望岷亭記》　凡爲亭觀池臺於得勝之地，則雖無山川而曠，無江海而閑。況郫城據岷之陽，繚江宅川，自古都邑，故有叢亭之勝，山海備焉。今邑大夫安定胡君自江南來，從茲遊觀，然恨尚有餘勝，鬱而未揚。會方牧廣平公命作縣之重門，門臨閒田，盡掃蕪穢，植爲西園，遂作大亭，號曰望岷。是亭西至岷山百里而近，蟠地鬱天，萬峯連延，終古孕碧，擁臨三蜀。其望伊何？春雲始波，崑柔閬藹，涵蔚瀛海。火宇無陰，萬木交蒸，重巖杳嶂，倚雲峨冰。秋空凝輝，秀卓天骨，朝陽夕月，異態殊色。寒日慘烈，時見城闕，青城、天闕，各岷之一山耳。三峯含光，隱射天末。崑有第一第二峯及大面，是爲三峯。此望岷之大概也。故君子望之則目益加明，形益加静，心益加清。故可以脱拘攣之域，入道義之庭，清静無爲，而治功日成矣。苟使小人望之，則目若加盲，心若加昏，俯仰悲戚，蹙其本生，有若越人之視章甫，海鳥之聞鍾鼓，豈其性哉？俾之違義冒利，入於刑死，則欣然自謂登蓬萊，樓崑崙之不若也，奚肯謂岷山之尚可望耶？然則岷峨之靈秀，亦烏爲小人而設也？以一山而推天下之理，則君子小人之道亦若是焉而已爾。胡君字希逸，強明公潔，治遂無訟。且觀前宰長樂馮君道元修叢亭之事，復大修之，又特作斯亭，可以見志。某遂爲文以示愛山之君子。

袁説友《成都文類》卷四三田況《浣花亭記》 人之情，久居勞苦則體勤而事怠，過佚則志荒而功廢，此必然之理也。善爲勸者節其勞佚，使之謹治其業，而不失休游和樂之適，斯有方矣。近世治蜀者以行樂爲郡務之一端，蓋壤土迫陿，民齒稠夥，農工趨力，猶水火漂燔之急。雖年穡屢獲，丁強下户尚不饜菽芋，一不勤而重歉，當何如哉！至若機杼刺繡，錦繒纑纊之出，則衣被四方，無如此饒者。然民之力亦已劇矣，典是邦者未言政之精疏峻弛，歲時出入，燕遨必盛，騎從鼓鐃，歌優雜技，以悦民觀賞，慰其勞苦。每歲皆有定日，亦不甚過，然輒易其常，則民懟而失所望。自歲旦涉孟夏，農工未盛作時，觀者填溢郊郭。過浣花之游，則各就其業，太守雖出游，觀者希矣。故浣花一出，在歲中爲最盛。綵舲方百尾，泝洄久之而下，歌吹振作，夾岸游人肩摩足累，綿十里餘。臨流競張飲次，朋侶歌呼，或迎舟舞躍獻伎。曛夜老幼相扶，挈醉以歸，其樂不可勝言已。信乎，皇仁溥遠浸滲，蒙幸太平之效致然歟！浣花舊有亭，在今梵安佛寺中，唐盧求記成都事，言之頗詳。亭廢已久，遇出游，則即其地幪以席幕，爲饌賓之所。既庳且疏，風雨不能庇，饌已撤毁，吏亦以爲勞。予既游而歸，遂飭工度材爲亭，崇博壯顯，彌十旬，圬雘皆具。案舊興壞，與衆共樂，不可不書，其所謂以示來者。

范仲淹《范文正公集》卷一《秋香亭賦并序》 提點屯田鉅鹿公，就使居之北，擇高而亭。背孤巘，面横江，植菊以爲好，命曰秋香亭。呼賓酹酒以落之，僕賦而侑焉。

鄭公之後兮，宜其百禄。使于南國兮，鏗金粹玉。倚大旆于江干，揭高亭于山麓。江無煙而練迴，山有嵐而屏矗。一朝賞心，千里在目。時也，秋風起兮寥寥，寒林脱兮蕭蕭。有翠皆歇，無紅可凋。獨有佳菊，弗治弗夭。采采亭際，可以卒歲。畜金行之勁性，賦土爰之甘味。氣驕松筠，香滅蘭蕙。露溥溥以見滋，霜肅肅而敢避。其芳其好，胡然不早。歲寒後知，殊小人之草；黄中通理，得君子之道。飲者忘醉，而餌者忘老。公曰：時哉時哉，我賓我來。緩泛遲歌，如春登臺。歌曰：賦高亭兮盤桓，美秋香而酡顔。望飛鴻兮冥冥，愛白雲之閑閑。又歌曰：曾不知吾曹者將與夫謝安，不可盡歡，而聿去乎東山；又不知將與夫劉伶，不可復醒，而蔑聞乎雷霆。豈無可而無不可兮，一逍遥以皆寧。

歐陽修《歐陽文忠公集》卷三九《泗州先春亭記》 景祐二年秋，清河張侯以殿中丞來守泗上。既至，問民之所素病，而治其尤暴者，曰：「暴莫大於淮。」越明年春，作城之外堤，因其舊而廣之，度爲萬有九千二百尺，用人之力八萬五千。泗之民曰：「此吾利也，而大役焉。然人力出於州兵，而石出乎南山，作大役而民不知，是爲政者之私我也。不出一力而享大利，不可。」相與出米一千三百石，以食役者。堤成，高三十三尺，土實石堅，捍暴備災可久而不壞。既曰：「泗，四達之州也，賓客之至者有禮。」於是因前蔣侯堂之亭新之，爲勞餞之所，曰思邵亭，且推其美於前人，而志邦人之思也。又曰：「泗，天下之水會也，歲漕必廩於此。」於是治常豐倉西門二夾室，一以視出納，曰某亭；一以爲舟者之寓舍，曰通漕亭。然後曰：「吾亦有所休乎。」乃築州署之東城上爲先春亭，以臨淮水而望西山。是歲秋，予貶夷陵，過泗上，於是知張侯之善爲政也。昔周單子聘楚而過陳，見其道穢，而川澤不陂梁，客至不授館，羈旅無所寓，遂知其必亡。蓋城郭道路，旅舍寄寓，皆三代爲政之法，而《周官》尤謹著之以爲禦備。今張侯之作也，先民之備災，而及於賓客往來，然後思自休焉，故曰知爲政也。先時歲大水，州幾溺，前司封員外郎張侯夏守是州，築堤以禦之，今所謂因其舊者是也。是役也，堤爲大，故予記其大者詳焉。

歐陽修《歐陽文忠公集》卷六三《豐樂亭記》 修既治滁之明年夏，始飲滁水而甘，問諸滁人，得於州南百步之近。其上豐山聳然而特立，下則幽谷窈然而深藏，中有清泉，滃然而仰出。俯仰左右，顧而樂之。於是疏泉鑿石，闢地以爲亭，而與滁人往遊其間。滁於五代干戈之際，用武之地也。昔太祖皇帝，嘗以周師破李景兵十五萬於清流山下，生擒其將皇甫暉、姚鳳於滁東門之外，遂以平滁。修嘗考其山川，按其圖記，升高以望清流之關，欲求暉、鳳就擒之所，而故老皆無在者。蓋天下之平久矣。自唐失其政，海内分裂，豪傑并起而争，所在爲敵國者，何可勝數！及宋受天命，聖人出而四海一。嚮之憑恃險阻，剗削消磨，百年之間，漠然徒見山高而水清。欲問其事，而遺老盡矣。今滁介於江、淮之間，舟車商賈、四方賓客之所不至，民生不見外事，而安於畎畝衣食，以樂生送死，而孰知上之功德，休養生息，涵煦百年之深也？修之來此，樂其地僻而事簡，又愛其俗之安閒。既得斯泉於山谷之間，乃日與滁人仰而望山，俯而聽泉，掇幽芳而蔭喬木，風霜冰雪，刻露清秀，四時之景無不可愛。又幸其民樂其歲物之豐成，而喜與予遊也。因爲本其山川，道其風俗之美，使民知所以安此豐年之樂者，幸生無事之時也。夫宣上恩德，以與民共樂，刺史之事也，遂書以名其亭焉。慶曆丙戌六月日，右正言、知制誥、知滁州軍州事歐陽修記。

歐陽修《歐陽文忠公集》卷六三《醉翁亭記》 環滁皆山也。其西南諸峯，林壑尤美，望之蔚然而深秀者，琅邪也。山行六七里，漸聞水聲潺潺，而瀉出於兩峯之間者，釀泉也。峯回路轉，有亭翼然臨於泉上者，醉翁亭也。作亭者誰？山之僧曰智僊也。名之者誰？太守自謂也。太守與客來飲於此，飲少輒醉，而年又最高，故自號曰醉翁也。醉翁之意不在酒，在乎山水之間也。山水之樂，得之心而寓之酒也。若夫日出而林霏開，雲歸而巖穴暝，晦明變化者，山間之朝暮也。野芳發而幽香，佳木秀而繁陰，風霜高潔，水落而石出者，山間之四時也。朝而往，暮而歸，四時之景不同，而樂亦無窮也。至於負者歌於塗，行者休於樹，前者呼，後者應，傴僂提攜，往來而不絶者，滁人遊也。臨谿而漁，谿深而魚肥，釀泉爲酒，泉香而酒洌，山肴野蔌，雜然而前陳者，太守宴也。宴酣之樂，非絲非竹，射者中，弈者勝，觥籌交錯，起坐而諠譁者，衆賓懽也。蒼顔白髮，頽然乎其間者，太守醉也。已而夕陽在山，人影散亂，太守歸而賓客從也。樹林陰翳，鳴聲上下，遊人去而禽鳥樂也。然而禽鳥知山林之樂，而不知人之樂；人知從太守遊而樂，而不知太守之樂其樂也。醉能同其樂，醒能述以文者，太守也。太守謂誰？廬陵歐陽修也。

歐陽修《歐陽文忠公集》卷六三《叢翠亭記》 九州皆有名山以爲鎮，而洛陽天下中，周營、漢都，自古常以王者制度臨四方，宜其山川之勢雄深偉麗，以壯萬邦之所瞻。由都城而南以東，山之近者闕塞、萬安、轘轅、緱氏，以連嵩室，首尾盤屈踰百里。從城中因高以望之，衆山靡迤，或見或否，惟嵩最遠最獨出。其巔巖聳秀，拔立諸峯上，而不可掩蔽。蓋其名在祀典，與四嶽俱備天子巡狩望祭，其秩甚尊，則其高大殊傑當然。城中可以望而見者，若巡檢署之居洛北者爲尤高。巡檢使、内殿崇班李君，始入其署，即相其西南隅而增築之，治亭於上，敞其南北嚮以望焉。見山之連者、峯者、岫者，駱驛聯亘，卑相附，高相摩，亭然起，崒然止，來而向，去而背，頽崖怪壑，若奔若蹲，若鬬若倚，世所傳嵩陽三十六峯者，皆可以坐而數之。因取其蒼翠叢列之狀，遂以叢翠名其亭。亭成，李君與賓客以酒食登而落之，其古所謂居高明而遠眺望者歟！既而欲紀其始造之歲月，因求修辭而刻之云。

蘇舜欽《蘇學士文集》卷一三《滄浪亭記》 予以罪廢無所歸，扁舟南遊，旅於吴中，始僦舍以處。時盛夏蒸燠，土居皆褊狹，不能出氣，思得高爽虚闢之地，以舒所懷，不可得也。一日過郡學，東顧草樹鬱然，崇阜廣水，不類乎城中。并水得微徑於雜花修竹之間，東趨數百步，有棄地，縱廣合五六十尋，三向皆水也。杠之南，其地益闊，旁無民居，左右皆林木相虧蔽。訪諸舊老，云錢氏有國，近戚孫承佑之池館也。坳隆勝勢，遺意尚存。予愛而徘徊，遂以錢四萬得之，構亭北碕，號滄浪焉。前竹後水，水之陽又竹，無窮極。澄川翠榦，光影會合於軒户之間，尤與風月爲相宜。予時榜小舟，幅巾以往，至則灑然忘其歸。觴而浩歌，踞而仰嘯，野老不至，魚鳥共樂。形骸既適則神不煩，觀聽無邪則道以明。返思向之汩汩榮辱之場，日與錙銖利害相磨戛，隔此真趣，不亦鄙哉！噫！人固動物耳。情横於内而性伏，必外寓於物而後遣，寓久則溺，以爲當然，非勝是而易之，則悲而不開。惟仕宦溺人爲至深，古之才哲君子，有一失而至於死者多矣，是未知所以自勝之道。予既廢而獲斯境，安於沖曠，不與衆驅，因之復能見乎内外失得之原。沃然有得，笑閔萬古，尚未能忘其所寓目，用是以爲勝焉。

范成大《吴郡志》卷三七章岷《延射亭記》 胥臺故封，爲一都會，郡領五邑，吴實首之。百里之封，五品之令，曩歲限以常調，治付中銓，是將赤子，奉其吐齧。國家精求治本，重字人之寄。近制：銅墨之任闕，即以京僚泊朝列或幕賓以補之。先是縣署占勝，逼于闠闠，綿歷歲祀，梁木將壞，乃有前宰棘寺丞徐君繕完之。圬墁訖功，移符罷去，則今南越郡計馮君寔代之也。君世襲衣纓，練明吏術，下車未幾，政用佳茂。乃因聽訟之隙，周睨廨舍，患無清曠之所，得奉讌息之娱。縣之西偏，舊有幽圃，俯于佛舍，并吞仍歲。君披圖按籍，命工糞除，疊繚垣以入之。由是砥平其基而巋然爲亭，雲集板築而岌乎爲堋。蔭以佳木之清，畦以雜花之英，穿沼以類滄溟，築山以擬蓬瀛。五畝之地，百步之徑，而嘉致足矣。君衆藝畢給，愛客忘疲。每鉐筩絶稀，簿領多暇，春華爛而在目，暑風泠然罷扇，秋英墜砌，冬霰集楹，君賞心樂事，擊鮮爲具，召貴介公子、同僚諸英，注弦筈以引滿，攝絲管以度曲，賽百嬌之楛矢，争半先之弈路。中厨出乎豐饌，而千里之蒓下豉；雕盤薦乎佳賓，而庭山之橘厥苞。白日已過，賓醉未去；燭已見跋，主歌未晞。雖洛中之季倫，山陰之辟疆，咸有名園，雅好賓侶，吾不知其彼爲勝此爲劣也。亭之既成，命賓以落之。監郡集賢公嘉乃好事，隨其景趣，悉爲雅名，揭于華牓，觀者知意，此用略諸。若君愷悌之政，殊尤之績，采風謡者入境可知，固不在因亭以敷暢之也。下幕不佞，嘗從事於文墨，請書締結之始，謹用《春秋》之法。異時宰是邑者，集簪纓於斯，豢犬彘於斯，惟其圖之。天聖七年春三月二十有六日，吴郡從事、試芸臺讎書郎武寧章珉字伯鎮記。

《全宋文》卷一〇三一陳洙《漫泉亭賦》 漫泉，唐元子漫叟所銘冰泉也。去今七百餘年，泉湮銘石廢，亦其宜矣。然銘字盡泐，獨元子官名尚存，若冥護然者。吁，亦異矣哉！今御史大夫崑山葉公重元子仁政庸箴有官，以迪民教，作廢而易名，蓋非細故也。公又紀文於石而亭覆其上，洙爲之賦，義無他取，亦同歸於賢賢而申警在位焉耳。其辭曰：

天與貞良，七葉中唐，令聞令望，漫叟漫郎。繫大曆之初載，駐玉節於南荒，諭蠻酋而王化洽，綏八州而民事康。爰顧以瞻，曰此邊土，政雖少紓，俗或未煦。乃駕輶車，乃歷險阻，乃采風謡，以問疾苦。於時蒼梧東、灕水北，地闢元脉，決決涓涓，盈盈湙湙，注醴泉之芳溶，溜石髓之香液，滙六月之甘寒，貯兩涵之深碧。挹之而杯勺冰澌，歃也而齒牙霜刺。清飈颯兮凄容，霽月湛其流魄，斯媲潔於襘帷，又鑑榮於棨戟。心爾醒兮澄凉，熱斯濯兮疏澤。於是俯而歎，仰而興，洙休沐美，命名曰冰。伐堅貞於星魄，繹雅思以鐫銘。穹龜負兮屹屹，蟠螭紐兮亭亭，麗林谷兮鳳鸞翥，燭天壤兮奎章明。雖星移以物換，愈境勝而地靈。火山畏滋而收燄，疾疫飲潤而攸寧。亭累廢而累植，卒昭燦於遐齡。聖明盛世，用賢致理，盡嶺海之瘡痍，出弼臣之德履。豸冠兮峩峩，繡衣兮煒煒，曰撫曰巡，於皇至止。莽四瞻兮就湮，碑一角兮無幾。洗蝸篆於蘚青，剔蚓文於苔紫。固皆殘蝕之無餘，僅存官名於元子。噫嘻，殆天乎哉，光有唐而斂庶位，表楨幹於賢才。攄忠貞而偃蹇，庇民物而勞來。耿遺文之光燄，曉誦讀以增懷。今復全名於毁石，夫豈人力之能爲？矧於泉而固休澤之儼在，抑兹州而又仁愛之所遺，忍置焉而不治，於以慰遺黎之永思。乃鳩而工，乃斲而木，爰葺爰營，紀勒貞玉。易漫以冰兮，人政之潔浮於泉，冠泉以亭兮，蓋因泉以覆屋。庶登斯亭也，曰元子也仁明之牧。而觀斯泉也，昔冰寒於水，今冰凛於人。寧不澡煩洗熇，引後兮光明。所係兮，匪獨敦民教兮警士風。夫豈適觀遊兮，而於斯取繇。亂曰：有唐元子，賢也哲兮，世皆溷濁，彼獨潔兮。受命南綏，駐玉節兮。嗜泉甘寒，曰冰冽兮。刻以銘詩，溥莫竭兮。後百千年，石殘缺兮。不有君子，澤其替兮。易名覆亭，匪遊資兮。爾古爾今，民幾陧兮。契仁於斯，庶咥咥兮。凡百有官，佩章曳兮。履亭誦文，嚙冰於熱兮。豈惟泉時渫兮，去吾民憂，未忘惙惙兮。

呂祖謙《宋文鑒》卷七八劉牧《待月亭記》 春卿劉侯監兵於兖之明年，作新基，侈舊亭於園池之廉，名之曰「待月」。一日，燕賓友之酒三行，客有長揖主人，請問「待月」之旨。答曰：「先是，署有西園，園有舊亭。昔人尸之，荒榛與并。棲雞於垣，閉馬於楹。或寢以羊，或宿以兵。有風至止，林籟少清。有月來思，池光不盈。一日，植足於園，縱觀而歎曰：『景物否閉久矣，將祈泰於予乎！』繇是呼卒夫，具畚掬，薙糞穢，鉏蒿茅。一之日，培竹與松，育美材也；二之日，浚池及泉，養清德也；三之日，因池土以封其基；四之日，即亭材而廣其構。不役於民，不擾於公，以潰於厥成。魯山巖巖，惠我蒼翠；魯水湯湯，遺予潺湲。而又周公之宇，仲尼之鄉，聖賢遺迹，盡圖於壁。若有神物，陰來相之。咸疑化工，私以與之。夫亭以池遷，盡能事也；月以水鑒，取善類也。予今是亭，西南去天，空曠千尺，不植草木，爲月之地。若秋之夕、夏之夜，素魄初上，納於清池，嬋娟淪漣，相與爲一，如金在鎔，如圭在磨。忽憶湘江之流，若洞庭之波。登新亭，對斯景，發吾人浩歌。則待月之名，不曰當歟！」主人之詞既畢。客有舉觴而言曰：「春卿！吾聞『士閑燕，相與言，則及仁與義』，又曰『文武之道，未墜於地，在人，賢者志其遠者大者』。君今揭亭待清月，宜乎禮賢材，廣賓友，求仁義之說，與文武之用。內則思建明堂、興辟雍，與三代之故事；外則思復河湟、平薊壤，纘唐漢之舊服。用之則爲事業、爲功名，垂光册書；不用之則有孚在道，以蓄其實。與夫宴安之流，游西園，寢北堂，同心而異志焉。」主人曰：「晉人善禱，或譏輪奐；周人落成，祇美寢興。吾子博我以王道，勤我以功名，君之言，古人不如。」顧謂牧曰：「先生業文，爲我書今日賓主之辭，與亭成之歲月。」牧固不讓云。

劉敞《公是集》卷三六《漢中三亭記》 五年，伯父以選爲興元。既至，平獄訟，時賦役，協羣吏，程百工，政事備舉矣。明年，作廉讓、弭節、漢三亭，於是相攸而勢，或因或創，高其閈閎，厚其垣墉，謹其塈塗，以交賓客，以休主人，以燕僚友。屬役於其貳蔣侯，瓦木之費，不出於府而財有餘；板築之任，不求於民而力有餘；壯麗之度，不越於法而巧有餘。處者欣欣，來者熏熏。而是歲大有年，禾合穎，木連理，牛兩犢。百姓胥慶，吏請著記，患不得其說，伯父因舉圖授某。某以爲凡南面而聽治者皆公侯，公侯之於其國，有所興，無不記者。其在《春秋》，作南門，新延厩，築王姬之館，或以得其制書，或以得其宜書，或以得其時書。嗚呼，聖人治天下必自人道始，而世或以爲不然，靳於財，嗇於力，陋於禮，故郡國廢送勞之節，簡燕豫之樂。夫興元固都會也，使四方之賓來而無所於接，三監之大夫至而無所於息，執政之士，勞而無所於游，又何以觀政也哉？作三亭而可以觀政，非得其宜乎？有因有創，因者無絶也。創者無侈也，非得其制乎？不傷財，不害民，而歲以有年，非得其時乎？是三者有一焉，固盡於《春秋》矣，況其參也哉！某請進此説，以示後世之君子。後世之君子將大有得於三亭焉爾。若夫風土之樂，山川之美，耳目可及者，不足道也。某年月日，某記。

蘇頌《蘇魏公文集》卷六四《潤州州宅後亭記》 吳、楚之俗，大抵信禨祥而重淫祀。潤介其間，又益甚焉。民病且憂，不先醫而先巫。其尤蠹者，羣巫掊貨財，偶土工，狀夔獶傀魁、泆陽彷徨之象，聚而館之叢祠之中，鼓氣燄以興妖，假鬼神以譁衆。奇衺譎詐之人，殖利擅私，公行於道，顧科禁莫之警也。甚矣，風俗之窳薄若是！長人者獨不能矯其枉而率諸正乎？慶曆七年，祠曹員外郎彭城錢侯以方聞署等，來作民牧，下車之初，視庶政之苛慝，與習俗之抗弊，既興且治之，細大之務，銖兩之奸無所容。惟是里巫之蠹俗，始未及治。明年夏，有挾鬼説以邀賄於郡官者，吏得以白，即命寘於法。因大索他黨，悉鉤致之。斥巫師者數十，撤房祀者十餘，土木幻誕之容碎於庭，幃牀供具之器籍於公。架梁植楹，蓋瓦級甎，積以萬計，視之皆良材而有用也。乃相治署之西北墉，得廣輪方十弓之地，有軒宇遺基在焉，高山環前，長川帶旁，下視郛郭，闤闠闉然。可以覽土風，眺形勝，察民物。於是頤指工人，不日構亭其上。凡功費之給，畢出於廢祠，而無一簪之財取於官府。既成，題其榜曰某，所以志革弊且勵夫汙俗也。官僚之暇，從賓客以臨之，或目其題而贊之曰：美夫！吾侯之作斯亭也，其有意於民乎！因於神巫，示昏淫可化而爲敦龐也；揭石以寄政，欲編户曉然論善道也；引美以爲戒，惡夫流弊久而復遷染也；登高以省風，雖在豫遊不忘乎拊封略也。昔狄梁公之拊循江表，李衛公之廉察是邦，皆嘗翦除淫祠，澄清郡邑，當時美之，唐史稱焉。紀風俗、述政事，其來舊矣。是亦君子善政之義，敢鑱諸石以書首事，示將來，成賢侯之意，不以無似見命之辱。是役也，既始於巫蠱而終於戒後，是豈獨爲觀遊燕嬉而作也？故著其大者宜詳，小者可略。後之人登斯亭，覽斯文，由是知良二千石政事之美，本乎革風俗而一中和也。

楊慎《全蜀藝文志》卷三九吳師孟《劍州重陽亭記》 治平二年夏四月二十有五日，師孟從蜀帥南陽公次劍州。是日，會於東園之見溪亭。公未至，郡將揖賓憑欄而語。見東山一峯，特竦千仞，衆小山迤邐卑附，如奔走，如侍從。茂林蒼崖，煙靄蒙密。有一亭焉，冠於山(側)〔椒〕，碧瓦鱗差，朱欄霞明，長溪清潯，流影不去。貳車、太博扶風馬君淵仰而指其巘曰：「予與太守張侯頌，他日於是得異處焉，乃唐刺史蔣侑所建重陽亭，商隱序而銘之者也。亭圮以來，不知幾許年。予嘗登訪其址，西首頫瞰，一郡之境，矗矗高下，叢於目前。捫其碑辭，尚可省讀。會前官伐木，將以構予廨舍之後堂，予得即其材而新是亭。當以歲月識其興廢，敢屬以記。」師孟退而考義山之銘，乃宣宗大中八年所纂。大中距今二百一十有二年矣，其間豈無好事之人一出口以憐其亭之廢乎，將雖有好事之意，而但以治郡惟簿領是先，當途惟勞餞是經，遑卹是耶？噫，融結以來，兹溪山者實此州之勝，至蔣侯方建是亭。寂寥榛蕪，踰二百餘載，暨扶風君，乃與張侯力起其廢。是知溪山景物，無情於人者也，含清蘊秀，如有道之士，充然内足，安其所守，無待於外，何嘗欲人之愛耶？古今之人，或愛或否，亭之興廢有時，而溪山之景自若也，烏能有毫髪之損益於其清且秀邪！自古至唐，自唐迄今，僅偶得二真賞耳。自今以往，庸詎知人之愛否，亭之興廢，更幾許年而復值其人歟？是歲六月晦日，朝奉郎、尚書職方員外、通判閬州軍州兼管内勸農事、上輕車都尉、賜緋魚袋吳師孟撰。

沈括《長興集》卷二一《揚州九曲池新亭記》 建隆元年，太祖親討李重進之亂，駐蹕於城北，使石守信破壁取重進，重進以火死。揚州既歸，後因即其地以爲原廟。天子歲五遣使獻祠，以家人之禮進於廟下。揚州刺史率其官屬月再朝焉。嘉祐八年，詔以直史館丹陽刁公守揚州，當淮南大水之後，民艱不支，歲籍不入。公以惠和慈仁康集勞來，直心正身修明百職。文武賓吏各率其業，罔敢怠傲。民卒用寧，歲以大康。乃以吉日巡視宫廟，按垣揆室，曰：「此上聖所以眷錫我邦，休有惠烈，實冒邦土。祠事弗虔，無以報稱。廢徹無所，神惠不歆。」於是墁甃丹髹，弊脱黯黕一新以爲環麗宏潔。而又治其北垣蜀岡之困，廢宫之墳，哆其故堂，博而新之。對峙二亭，臂張於前。木茂泉清，鳧雁與與。光氣上下，朝霏夕陰，浮動於檐櫨之閒，而不知其有故宫廢苑，荒榛斷蔓之可悲也。治平二年二月之晦，工徒告休，公將勞成，於是屬其參軍事沈某考詞於碑，而繼之以詩曰：

昔在建隆，天子有征。環揚有師，盜不敢膺。體礫肩分，孰爲肘肱？推其中軍，車裂馬騰。截截疆場，炎不可薄。既逆其吭，附者益落。士勵而奮，高噪大躍。車盤轂交，有萬其羣。氣抑不揚，投兵而奔。我師蹙之，潰其國門，軍於其軍。持其大醜，徇於淮人。天子在師，將以武克。不驚不愆，以殄元慝。有赫在天，降則在廟。孔威有神，綏我億兆。公在朝廷，崇事有嚴。卒奠以出，龍旂纖纖。廢無燕私，其福不下。公作新亭，以御尊斝。諸臣友朋，孔燕俟俟。我邦有休，公實來爲。不泯有考，我公之思。

蘇軾《蘇文忠公全集》卷一一《放鶴亭記》 熙寧十年秋，彭城大水，雲龍山人張君天驥之草堂，水及其半扉。明年春，水落，遷於故居之東，東山之麓。升高而望，得異境焉，作亭於其上。彭城之山，岡嶺四合，隱然如大環，獨缺其西十二，而山人之亭適當其缺。春夏之交，草木際天。秋冬雪月，千里一色。風雨晦明之間，俯仰百變。山人有二鶴，甚馴而善飛。旦則望西山之缺而放焉，縱其所如，或立於陂田，或翔於雲表，暮則傃東山而歸。故名之曰放鶴亭。郡守蘇軾，時從賓客僚吏往見山人，飲酒於斯亭而樂之，揖山人而告之曰：「子知隱居之樂乎？雖南面之君，未可與易也。《易》曰：『鳴鶴在陰，其子和之。』《詩》曰：『鶴鳴于九皋，聲聞于天。』蓋其爲物，清遠閒放，超然于塵垢之外。故《易》、《詩》人以比賢人君子隱德之士。狎而玩之，宜若有益而無損者。然衛懿公好鶴則亡其國。周公作《酒誥》，衛武公作《抑戒》，以爲荒惑敗亂無若酒者，而劉伶、阮籍之徒以此全其真而名後世。嗟夫，南面之君，雖清遠閒放如鶴者猶不得好，好之則亡其國。而山林遁世之士，雖荒惑敗亂如酒者猶不能爲害，而況於鶴乎？由此觀之，其爲樂未可以同日而語也。」山人听然而笑曰：「有是哉。」乃作放鶴招鶴之歌曰：「鶴飛去兮，西山之缺。高翔而下覽兮，擇所適。翻然斂翼，婉將集兮，忽何所見，矯然而復擊。獨終日於澗谷之間兮，啄蒼苔而履白石。鶴歸來兮，東山之陰。其下有人兮，黃冠草履葛衣而鼓琴。躬耕而食兮，其餘以汝飽。歸來歸來兮，西山不可以久留。元豐元年十一月初八日記。

蘇軾《蘇文忠公全集》卷一一《靈壁張氏園亭記》 道京師而東，水浮濁流，陸走黃塵，陂田蒼莽，行者倦厭。凡八百里，始得靈壁張氏之園於汴之陽。其外修竹森然以高，喬木蓊然以深。其中因汴之餘浸，以爲陂池，取山之怪石，以爲巖阜。蒲葦蓮芡，有江湖之思；椅桐檜栢，有山林之氣；奇花美草，有京洛之態；華堂厦屋，有吳蜀之巧。其深可以隱，其富可以養。果蔬可以飽鄰里，魚鼈筍茹可以餽四方之賓客。余自彭城移守吳興，由宋登舟，三宿而至其下。肩輿叩門，見張氏之子碩。碩求余文以記之。維張氏世有顯人，自其伯父殿中君，與其先人通判府君，始家靈壁，而爲此園，作蘭皋之亭以養其親。其後出仕於朝，名聞一時，推其餘力，日增治之，於今五十餘年矣。其木皆十圍，岸谷隱然。凡園之百物，無一不可人意者，信其用力之多且久也。古之君子，不必仕，不必不仕。必仕則忘其身，必不仕則忘其君。譬之飲食，適於饑飽而已。然士罕能蹈其義、赴其節。處者安於故而難出，出者狃於利而忘返。於是有違親絶俗之譏，懷祿苟安之弊。今張氏之先君，所以爲其子孫之計慮者遠且周，是故築室藝園於汴、泗之間，舟車冠蓋之衝，凡朝夕之奉，燕遊之樂，不求而足。使其子孫開門而出仕，則跬步市朝之上；閉門而歸隱，則俯仰山林之下。於以養生治性，行義求志，無適而不可。故其子孫仕者皆有循吏良能之稱，處者皆有節士廉退之行，蓋其先君子之澤也。余爲彭城二年，樂其土風。將去不忍，而彭城之父老亦莫余厭也，將買田於泗水之上而老焉。南望靈壁，雞犬之聲相聞，幅巾杖屨，歲時往來於張氏之園，以與其子孫遊，將必有日矣。元豐二年三月二十七日記。

蘇轍《欒城集》卷二四《黃州快哉亭記》 江出西陵，始得平地。其流奔放肆大，南合湘沅，北合漢沔，其勢益張。至於赤壁之下，波流浸灌，與海相若。清河張君夢得謫居齊安，即其廬之西南爲亭，以覽觀江流之勝，而余兄子瞻名之曰快哉。蓋亭之所見，南北百里，東西一舍，濤瀾洶湧，風雲開闔。晝則舟楫出没於其前，夜則魚龍悲嘯於其下。變化倏忽，動心駭目，不可久視。今乃得玩之几席之上，舉目而足。西望武昌諸山，岡陵起伏，草木行列，烟消日出，漁夫樵父之舍，皆可指數，此其所以爲快哉者也。至於長洲之濱，故城之墟，曹孟德、孫仲謀之所睥睨，周瑜、陸遜之所騁騖。其流風遺迹，亦足以稱快世俗。昔楚襄王從宋玉、景差於蘭臺之宮，有風颯然至者，王披襟當之曰：「快哉此風，寡人所與庶人共者耶？」宋玉曰：「此獨大王之雄風耳，庶人安得共之？」玉之言蓋有諷焉。夫風無雌雄之異，而人有遇不遇之變。楚王之所以爲樂，與庶人之所以爲憂，此則人之變也，而風何與焉？士生於世，使其中不自得，將何往而非病？使其中坦然，不以物傷性，將何適而非快？今張君不以謫爲患，竊會計之餘功，而自放山水之間，此其中宜有以過人者。將蓬戶甕牖無所不快，而況乎濯長江之清流，揖西山之白雲，窮耳目之勝以自適也哉？不然，連山絶壑，長林古木，振之以清風，照之以明月，此皆騷人思士之所以悲傷憔悴而不能勝者，烏覩其爲快也哉？元豐六年十一月朔日，趙郡蘇轍記。

蘇轍《欒城集》卷二四《武昌九曲亭記》 子瞻遷於齊安，廬於江上。齊安無名山，而江之南武昌諸山坡陁蔓延，澗谷深密，中有浮圖精舍。西曰西山，東曰寒谿。依山臨壑，隱蔽松櫪，蕭然絶俗，車馬之迹不至。每風止日出，江水伏息，子瞻杖策載酒，乘漁舟亂流而南。山中有二三子好客而喜游，聞子瞻至，幅巾迎笑，相携徜徉而上，窮山之深，力極而息，掃葉席草，酌酒相勞，意適忘反，往往留宿於山上。以此居齊安三年，不知其久也。然將適西山，行於松柏之間，羊腸九曲而獲少平，遊者至此必息，倚怪石，蔭茂木，俯視大江，仰瞻陵阜，旁矚溪谷。風雲變化，林麓向背，皆效於左右。有廢亭焉，其遺址甚狹，不足以席衆客。其旁古木數十，其大皆百圍千尺，不可加以斤斧。子瞻每至其下，輒睥睨終日。一旦，大風雷雨拔去其一，斥其所據，亭得以廣。子瞻與客入山，視之笑曰：「兹欲以成吾亭耶？」遂相與營之。亭成而西山之勝始具，子瞻於是最樂。昔余少年從子瞻遊，有山可登，有水可浮，子瞻未始不褰裳先之。有不得至，爲之悵然移日。至其翩然獨往，逍遥泉石之上，擷林卉，拾澗實，酌水而飲之，見者以爲仙也。蓋天下之樂無窮，而以適意爲悦。方其得意，萬物無以易之；及其既厭，未有不灑然自笑者也。譬之飲食雜陳於前，要之一飽而同委於臭腐。夫孰知得失之所在？惟其無愧於中，無責於外，而姑寓焉。此子瞻之所以有樂於是也。

陸佃《陶山集》卷一一《適南亭記》 會稽爲越之絶，而山川之秀，甲于東南。自晉以來，高曠宏放之士多在于此。至唐，餘杭始盛而與越争勝，見元白之稱。然杭之習俗華媚，善占形勝，而丹樓翠閣，輝映湖山，如畫工小屏，細巧易好，故四方之賓客過而覽者，往往後越。夫越之美，豈至此而窮哉？意者江山之勝雖在，而昔賢往矣，距今千歲，幽深寂寞，殆有鬱而不發者也。熙寧十年，給事中程公出守是邦。公，吏師也，所至輒治。故其下車未幾，弗出庭户之間，而政成訟清，州以無事。乃與賓客沿鑑湖，上蕺山，以尋將軍秘監之跡。登望稍倦，未愜公意，于是有以梅山勝告公者。蓋其地，昔子真之所居也。今其少西有里，曰梅市，其事應史。公聞，往焉。初届佛刹，横見湖山一面之秀，以爲未造佳境也，因至其上望之。是日也，天和景晴，竹莖尚疏，木葉微合，峯巒如削，間見層出。公曰：「此山之佳處也。」已而北顧，見其煙海杳冥，風帆隱映，有魁偉絶特之觀，而高情爽氣，適相值也。夕陽在下，不得已而後去。其山之僧用和者，契公之意，因高構宇，名之曰「適南」，蓋取莊周大鵬圖南之義。暇日，以衆飲而賞焉。水轉挹轉清，山轉望轉碧。而俯仰之間，海氣浮樓臺，野氣墮宫闕。雲霞無定，其彩五色，少頃百變，殆詞人畫史不能寫也。于是，闔州以爲美觀，而春時，無貴賤皆往。又其風俗潔雅，嬉遊皆乘畫舫。平湖清淺，晴天浮動。及登是亭，四眺無路，風輕日永，若在蓬萊之上，可謂奇矣，然則所謂餘杭者，未必如也。公，蘇人也。自其少時，已有詩名，咳唾成珠，人以傳玩。則摹寫物象，道所難言，其在公賦之乎。雖然，公之美志，喜于發揚幽懿，豈特貴一山而已。凡此鄉之人，藏道蓄德，晦于耕隴、釣瀨、屠市、卜肆、魚鹽之間者，正仰天子仁聖，拔用忠賢，夢想多士，斯可以出矣。庶幾托公之翼，搏風雲而上哉！

黄裳《演山集》卷一四《看山亭記》 郡宇之西北隅，昔有小亭，前假兩山對峙而中望，不知其誰爲之也，頹壞且廢。予至治事之三月，役工以修之，叢列有巋，特立有巒，聳起有嶠，環合有嶧，幾於自然，皆出於造物者。公餘乘輿杖屨獨往，有如春明秋静，雲開雨過之見武夷、雁蕩也。客曰：「南有雲門，西有堯山，真者不覽，何事乎假？」予曰：「子之見有真假耳。有道存焉，非真非假。由道以觀物，假亦真也，真亦假也。則予之看山何異乎？子必待雲門、堯山而後得樂山之意，非善觀物者也。」客曰：「愚得之矣，請書以爲之記。」

黄庭堅《山谷全集·正集》卷一二《休亭賦》 吾友蕭公餉濟父，往有聲場屋間，數不利於有司。歸教子弟，以宦學而老於清江之上，開田以爲歲，鑿池灌園以爲籩豆。兒時藝木，今憩其陰，獨立無鄰，自行其意。築亭高原，以望玉笥諸山，用其所以齋心服形者，名之曰「休亭」。乞余言銘之，將游居寢飯其下。豫章黄庭堅爲作《休亭賦》。

槃礴一軌，萬物并馳。西風木葉，無有静時。懷蠹在心，必披其枝。事時與黄間同機，世智與太行同巇。飲羽於市門之下，血刃於風波之上。至於行盡而不休，夫如是奚其不喪？故曰：衆人休乎得所欲，士休乎成名，君子休乎命，聖人休乎物，莫之嬰。吾友濟父，居今而好古。不與不取，亦莫予敢侮。將強學以見聖人，而休乎萬物之祖。曩游於世也，獻璞玉而取刖，圖封侯而得黥。驕色未鉏而物駭，機心先見而鷗驚。撫四方者倦矣，乃歸休於此亭。濯纓於峽水之上游，晞髮於舞雩之喬木。彼玉笥之隱君子，惠我以生芻一束。是謂不蓍而筮從，無龜而吉卜。

黄庭堅《山谷全集·外集》卷二〇《放目亭賦有序》 走馬承受丁君作亭於其廨東北，吾友宋楙宗以爲盡表裏江山之勝，名其亭曰「放目」，而黔江居士爲之賦。

放心者逐指而喪背，放口者招尤而速累。自作訕訕，自增憒憒。登高臨遠，唯放目可以無悔。防心以守國之械，防口以挈瓶之智。以此放目焉，方丈尋常而見萬里之外。

晁補之《鷄肋集》卷二《披榛亭賦》　舒陳儀甫官於魏，覽觀公圃廢城之堞，墾其土作亭堞上，名曰「披榛」。斬木枝爲梁柱，菅蒯衣之。目踰四垣，矚五里外。進客而語曰：「樂哉此亭！」客曰：「微主人言之，固願有謁也。今夫山居者，遺世遠舉，煙霞之府。厜㕒之顛，翠微之顔，穹石曲隖。上正宛中，如堂如防，猱玃之所處。首更奔星，高出雲霧。足蹈太虛，下見雷雨。邈乎杳冥，一攬九土。此人以登邑門之垤，蹤步齟齬。若絆若禦，若見陆櫓，遊意無所。至於平原案衍，秫麥之土，漫漫漠漠，蔑有堆阜。下澤之車，短轂幎爾。晝日旁午，出汗霑湑。此人適逢沙丘宿莽，廣不蔭路。怠而願息，解轡弛負。相携傴僂，忽如飛翔，延頸顧慕矣。若乃平時室處，朦朧環堵，窮年不出，四壁爲伍。周以闠閈，域以牖户，如彼井谷，潛逃之鮒。衡從北南，適在跬步，仰而視之，不識天宇。此人出城而望，見桑麻緑野，猶將樂之，況乃矗乎巍巍，據城之陴，出屋之危，前無蔽虧，俯首而窺哉！夫明不求晦，處内慕外，各以其不足，所遇生貴。雍門之技，悲者驚心；鍾儀見縶，尚猶南音。主人殆倦遊窮居者耶？不然何以趯然於此，而志意洋溢也？嘗與主人周覽五嶽，岱、嵩、衡、霍，巫、廬、九疑，白鹽、赤甲，青城、峨嵋。歲暮深林，攀援桂枝，結軌羑門、高谿，方駕赤須、安期。委區中之蹻踖，遊太上之無涯。則主人樂此耶？嘗又與主人服纖離、騄駬，夸父前乘，魯陽奉轡。超人跡、馳萬里。以觀乎八紘九野、觚竹北户，與西王母日下之地。扶桑月窟，紫淵丹水，大章所步，盧敖所履。殊方怪物，齊諧之志，焜煌譎誑，經目而記。則主人樂此耶？嘗又與主人觀乎京洛神州、宋魏兩都，未央、建章，天子之居。前殿武庫，金闕玉除。東華耀靈，西華望舒。複道氤氲，飛閣渠渠。千官鏘鏘，劍佩以趨。朝會而出，冠蓋布途。富貴潤奴隸，衣食仁里閭。則主人樂此耶？嘗又與主人校術孫、吴，抗技頗、牧。左象弭，右魚服。韓厥中御，州綽爲右。馮軾而寓目，以觀三軍之斬伐擊刺。琅琅磕磕，風起雲會。北登燕然，躪轢長塞，西屠石堡，飲馬瀚海。麒麟圖形，贖死胄代。則主人樂此耶？嘗又與主人出咸陽、經上蔡、過邯鄲，桑中大隄、石城之間。士女亟會，倡樂止客。盃酒相索，吹竽鼓瑟，鳴筝擊筑，六博蹋鞠。宛珠之簪，傅璣之珥，羅裾從風，衆曲入耳。人生得意，亦何能已？則主人樂此耶？」主人油然而笑曰：「人壽幾何，而時易失。細猶不果，巨安可必？深山大澤，實生龍蛇。高明之家，鬼瞰其室。吾非以狹驕廣、以儉笑侈也。狹易治，儉易供，此吾所以樂也。窮秋九月，狐狸出穴，宇宙隆冽，時亦登吾亭而支頤。叢棘之分披，朱實之離離，秋風鳴枝，久而不去。羣竅盡奏，若歌若歔，起左作右，時亦杖藜隱几而聽之。寂寥兮無爲，淡乎熙熙似遺，已離物而不知。飛鴻滅没，夕陽就微，月出埤堄，樂而忘歸。則客亦樂此乎哉？」於是客曰：「我以衆夸主人，而主人以少奪我。主人賢哉，非僕所及也！」

晁補之《鷄肋集》卷二《北渚亭賦》　北渚亭，熙寧五年集賢校理南豐曾侯鞏守齊之所作也。蓋取杜甫《宴歷下亭》詩以名之，所謂「東藩駐皂蓋，北渚凌清河」者也。風雨廢久，州人思侯，猶能道之。後二十一年而秘閣校理南陽晁補之來承守乏，侯於補之丈人行，辱出其後，訪其遺文故事，廑有存者。而圃多大木，歷下亭又其最高處也。舉首南望，不知其有山。嘗登所謂北渚之址，則羣峯屹然列於林上，城郭井閭皆在其下，陂湖迤邐，川原極望，因太息語客：「想見侯經始之意，曠然可喜，非特登東山小魯而已。」乃撤池南葦間壞亭，徙而復之。或請記其事，補之曰：「賦可也。」作《北渚亭賦》，其詞曰：

登爽丘之故墟兮，睇岱宗之獨立。根旁礴而維坤兮，支扶疏而走隰。跆琅邪與鉅野兮，梁清濟而北出。前淡漫而將屯兮，後摧嶊其相襲。坯者、扈者，嶧者、峘者、礐者、礅者，障魯屏齊，曰惟歷山。或胏附之箕，拱環連勢；厓絶而脉泄兮，萬源發於其間。谷射沙出，浸淫潗㵫，瀺灂汩泌，澎濞渤潏，忽濻起而成川。經民閭經營一國，其利汾澮。防爲井沼，壅爲碓磑。得平而肆，乃滉漾而滂沛。而貫府舍兮，渚爲池之千畝。惟守之居，面巖背阻。邈闉闍之遺址兮，肇嘉名乎北渚。悲經始之幾何兮，牛羊牧而宇顛。非境勝之爲難兮，善擇勝之爲難。嘗試觀夫其園，千章之萩，合抱之楊，立而成阡。躋歷下之岧嶢，望南山之孱顔，修幹大枝，出欄造天。藐砠岫之蔽虧，乍髣髴其雲煙。思仙人之樓居，尚輕舉而高翻。盍駕言其北游，登斯渚而盤桓。岡巒忽其翔舞，萩楊眇以如箸。撫千里於一眒，牧城郭乎環堵。其下坡湖汗漫，葭蘆無畔，菱荷荇藻，蘅荃杜茝，衆物居之，浩若煙海。歲秋八月，草木始衰。乃命罾罟，觀漁其腊。鳴根四合，方舟順涯。鱨鯉窘乎深塘兮，鴻雁起於中沚。復有桂舫蘭枻，浮游其中，榜歌流唱，自西徂東。纖餌投隈，微鱗掛空。客顧而嬉，傾盃倒鍾。明月出於缺嶺，夕陽眇其微紅。天耿耿而益高，夜寥寥其方中。駭河漢之衝波，披海岱之泠風。恐此樂之難留兮，願乘槎乎星渚。期韓終與偓佺兮，采芝英乎瑶圃。庶忘老而遺死兮，路漫漫其修阻。於是酒含太息，中座語客曰：「自昔太公，奄有此丘，是征五侯。桓公用之，攘狄尊周。方其盛時，山河十二，號稱東秦。臨菑遨樂，中具五民。秋田青丘，實囿海濱。而薛又其小邑也，區區之賦，食三千人。其彊孰與比哉！觀華不注，揭其孤巘，虎牙桀立，芙蓉菡萏。尚想三周，追奔執轡，下車取飲，僅以身免。困責質於蕭同，尚何私乎紀甗？而齊自是亦不競矣。夸奪勢窮，雖彊安在，事以日遷，而山不改。則物之可樂，固不可得而留也。認而有之，來不可持；所玩無故，去何必悲？此齊侯之所雪涕，而晏子之所竊嗤也。今我與客，論古人則知迷，屬有感而歔欷，豈不重惑也哉！仕如行賈，孰非逆旅？託生理於四方，固朝秦而暮楚。曾無必於一笑，尚何知乎千古？」於是客輾然喜，再拜舉觴而前曰：「凡主人言，理實易求，而我曠然，已忘昔憂。使客常滿，使酒不空，請壽主人，如漢孔公。」主人亦輾然喜，受飲反觴，執客之手而言曰：「詩固有之，『未見君子，憂心忡忡。既見君子，云乎不樂？』」再拜，洗觴而酬客，舍然大笑。

張耒《柯山集》卷四一《思淮亭記》 淮之源發于桐柏，其初甚微，或積或行，洋洋而東，旁會支合，滂沛淫溢，連潁合蔡，一流而下，會于壽春，其流浩然。于是蛟龍之所藏，風雨之所興，包山界野而負千斛之舟。又東行數百里，而汴、泗合焉，水益壯，其所負益重，而游者益謹。旁沾遠溉，豐田沃野，物賴其利。而縈抱城郭，間以山麓，洄洑清泚，長魚美蟹，茭蒲葭葦之利，沾及數百里。而南商越賈，高帆巨艫，羣行旅集。居民旅肆，烹魚釃酒，歌謡笑語，聯絡于兩隅。自泗而東，與潮通而還于海。予淮南人也，自幼至壯，習于淮而樂之。凡風平日霽，四時之變，與夫蛟龍風雨之怪，無所不歷。而今也得官于洛陽之壽安，而官居福昌。凡風俗之所宜，飲食之所嗜，與淮之南異矣。官居之西，有泉幽幽，出于北阜，瀹而注之，有聲淙然，聚爲小潭。其上有亭，環以修竹。吾遊而樂之，漱濯汲引，無一日不在其上，而時時慨然南望，思淮而莫見之也。于是易亭之故名，曰「思淮」焉。夫士雖耻懷其故居，而君子之于故國也，豈漠然若秦越之人哉！故孔子之去魯也，遲遲吾行也，曰：「去父母國之道也。」君子不敢樂其所私而無志于天下，故自其壯也，則出身委質，奔走從事于四方，以求行其學。至安其舊而樂其習，豈與人異情哉！特與夫懷土而不遷異耳。夫棄故而不念，流寓而忘返，則必薄于仁者也。予既不敢愛其所處，出而仕矣；然少之所居處，耳目之所習狎，豈能使予漠然無感于中哉！且夫懷居而不遷，流寓而忘返者，均有罪矣。然與其輕棄其舊也，則累于所習者，不猶厚歟？

《〔正德〕建昌府志》卷一一童宗説《遺愛亭記》 紹興戊寅春二月甲辰，知軍事新安胡公勸農于從姑山靈峯寺，畢，率僚屬探索幽境，登石屋，觀定應泉，窺虎穴，四顧丘壑秀整，度其間必有奇勝。步自西廡，出穿支徑，盤紆而上，得高坡焉。列位小憩，矯首遐觀，萬山崔崔，若跂若伏，岡阜林麓，呈巧競秀，盱水東注，島嶼洲渚交於其中，邐延野緑，遠混天碧。城市樓觀，層疊於掌握指顧之内；雲煙杳靄，出没乎空曠有無之間。闔坐喜愕，徜徉弗忍去，桑陰漸徙，清飈倏來，發快哉之嘆。僉曰：去郡郛不數里，有勝地環絶若此，而遊亭未立，誠闕典也，敢以爲請。公顧南城尹曰：「與民同樂，緊君是賴，亭成，即以『快哉』名之。」尹曰：「唯。」既反旆，公又賦詩，簡别乘督其事。翼日招官之餘材，假吏之餘力，片瓦尺木不徵於民，梓匠翕然，剞劂紛若，越十有七日庚申告成，間以楹計一十有二，廣以尺計二十有五，平之以瓴甓，周之以塗塈，窗牖四闢，饔餼有所，呑光挹瀨，耳目增爽。於是士庶耋老雜然而至，曰：「吾儕生是邦，藝是埜，頭童齒豁，未嘗知此，豈天畀地涌，設兹奇觀以彰我公之德歟？」既賀而請名，公曰：「『快哉』命名，吾既言之矣。」耋老又請曰：「懿夫公之名號也，豈專爲景物而已哉？公愛斯民如良子弟，揚仁風以厚其生；民愛公如慈父母，欲永久以美其成。公來治郡，一稔餘四朏矣，課最上聞。擢鎮延平，此邦士民叩閽借留，雖欲而未果。是亭之作，適當膏車之時，願易名『遺愛』，以慰邦人去思之念，可乎？」公辭至于三，耋老請益固，乃相與榜之曰「遺愛」，請宗説識其事。宗説嘗聞東坡先生有言曰，何武所至無赫赫名，去而人思之，此之謂遺愛。元豐中東海徐君猷守齊安，有美政，既去，東坡以「遺愛」名其亭。歷時滋久，未有繼其美者。公爲治本於忠恕，謹守三尺而以儒術緣飾之，寬猛適中，教化興行，彬彬乎有古循吏之風。今又於憩茇之所經創新亭，以稱闔郡遊觀之美。德風所被，山若增而高，水若濬而秀，不待飾而已奂矣。伊夕匪朝，公自大郡入侍清光，則是亭也，爲南國之甘棠，豈特徐齊安之比而已哉！人皆以斯言爲然，敢刻諸石。公名舜舉，字汝士。

韓元吉《南澗甲乙稿》卷一《萬象亭賦》 紹興十有三年，石林先生自建康留鑰移帥長樂。惟公以文章道學伯天下，推其緒餘，見於政事。時閩人歲饑，餘盜且擾，曾未易歲，既懷且威，倉廩羡贏，野無燧烟，民飽而歌。乃闢府治燕寢後，築臺建亭，盡攬四山之勝，字曰「萬象」。公時以宴閒臨之，命賓客觴酒賦詩，以紀一時之盛。某適以舊契之末，獲拜公於庭，知邦人之德公而公之能與其樂也，退而爲之賦。其詞曰：

石林先生治閩之初，邦人詠歌。延覽登眺，臨城之阿。面長江之迴旋，俯重嶠之嵯峨。翦凡草于荆杞，發層臺之新基。收攬宇宙，以萬象而目之。先生曰天地之内，所謂景與物者，不可以既也。方其交于吾前，而其象無窮，觸于吾心，而其意無窮，惟達者可以道會而不可以知通矣。斯亭也，處于户庭重複之末，而出於闤闠膠擾之中。危梯直上，十尋倚空。窺井邑之鱗次，張九衢之飛塵。囂聲四起，人烟繽紛。勵絲竹之餘響，郁椒蘭之清芬。當其連山如環，秀色四出，林巒鬱其映帶，烟雲度而髣髴。陰晴變態，所獲非一。極東南而凝睇，莽游目于窮髮。海波蕩漾，蛟龍驚獝。粲朝日之初升，數山川於異域。颶風角於天際，卷千帆之飄忽。或一瞬而千里，或窮年於咫尺。瞻雲鵬之獨運，哀斥鷃之短翼。天池倏其九萬，羌決起于篙藾。白鷗去而西飛，澹長烟之遠没。田疇俯見，禾黍如績。耕夫耦而長謡，牛羊散于砂磧。餘霞被於林杪，明月皎其東壁。掛北斗於欄楯，瀉銀漢於雉堞。披風露之冷爽，想飛仙之來接。聽雞犬于雲中，奏笙簧之激越。嘆佳賞之奚盡，雖妙意其莫述。惟吾興之所寓，與彼物而所得。故可以追閬風之遊，而謝華胥之國也。客有聞而歎曰，嗟嗟先生，百代之英。玉堂金馬，載蜚厥聲。厭帝所之鈞天，斂光芒于一藩。而餘風所被，猶足以息潢池之盜而慶高廩之豐年矣。今夫此邦之形勢，最于八州。繚周垣其百里，渺澄瀾而爲溝。三峯峙而鼎足，蓋有類夫蓬萊與瀛洲。自無諸迄今，千有餘載，中更王氏，窮侈自泰。異時離宮别館，乘山瞰海，而今之所存，大則浮屠老氏之室，小則公卿大夫之廬，鳴鐘相聞，擇勝以居，飛欄危榭，往往而在。倚巖壑之幽清，翳松檜其晻藹。雖一斑之或見，曾未若斯亭之宏大。碧油畫戟，來藩此府。往賢近臣，蓋已百數。慨登臨之遺跡，咸褊陋而無取。獨先生至而有之，舞山光於簾幕，馮地勢之襟帶。雜支離之萬種，爛錦幄其旆旆。薦醽醁于樽俎，剥珍錯之螺貝。發角徵之清唱，挽行雲於天外。使邦人聚觀，白首驚拜。豈吾先生浩然之氣，六合爲隘。蟠萬象于胸中，耿星辰而不寐。遇至美而一發，借佳名以自快。而景物之來，適際其會，彼千古而莫識，信一時之有待者耶。于是先生聞之，冁然而笑，衆賓避席，迭起爲壽。

范成大《石湖居士詩集》卷三四附《望海亭賦并序》　會稽太守參政魏公，作望海亭於卧龍之巔，率其屬爲歌詩以落成，録與書來，且使賦之。余謹掇其膏馥之餘，擬賦一首以寄，後日獲從杖屨，其上於山川之神，尚有舊焉。其辭曰：

諸侯之客，有來自東，而姹會稽之游者，曰：佳乎麗哉！越之爲邦也。縈山帶湖，樓觀相望。背卧龍而崛起，焕丹碧之翬翔。躋攀下臨，顧瞻無旁。平疇蔚以稺緑，喬木森其老蒼。淙萬壑之春聲，寫千巖之秋光。朝霞暝霏，扶疎微茫。望山河之故墟，弔草木之餘社。夏后萬國之朝，勾踐百戰之野。興亡梗概，猶有存者。至於流觴泛雪，高人之舊事。浣紗采蓮，游女之遺跡。鬱溪山之如畫，尚仿佛其可識。訪故老以問訊，興慨歎於疇昔。是爲游覽之大略，而蓬萊觀風之所得。雖然，士固多感，而況於對景以懷古，撫事而凝情。往往使人魂斷意折，酒澹而歌不平。故麗則麗矣，而未擅乎登臨之勝也。若夫浩蕩軒豁，孤高伶俜。騰駕碧寥，指麾滄溟。墮憂端於眇莽，挹顥氣於空明。飄飄焉有連鼇跨鯨之意，舉莫如望海之新亭。嘗試登兹而望焉：沃野既盡，遥見東極。送萬折之傾注，黯寒光之迸射。浸地軸以上浮，盪天容而一色。珠輝具芒，蠹蝀横霓。快宇宙之清寬，悵百年之偪仄。當其三星曉横，萬境俱寂。浴日未動，晨光先激。波鱗鱗而躍金，天晃晃而半赤。頳輪騰上，東方皆白。煙消塵作，棲鳥振翼。俯羣動而紛起，寄一笑於遐覿。永我暇日，苒其將夕。餞斜暉於孤嶂，候佳月於滄浦。沉沉上下，杳無處所。驚玉地之破碎，漾銀盤而吞吐。忽褰雲而湧霧，獻霜影於庭宇。夜色既合，初聞鐘鼓。觴屢至而不辭，詩欲成而起舞。又若潮生海門，萬里一息。浮光如線，濤頭千尺。方鐵馬之横潰，倏銀山之崩坼。氣平怒霽，水面如席。吴帆越檣，飛上空碧。此亦天下之偉觀，然猶未及乎目力。燕香春容，俗客莫陪。神清意消，徙倚徘徊。天風激吹，波濤闔開。五雲明滅，丹宫絳臺。睇三山之不遠，其爲公而飛來。遂招汗漫之勝游，下飆車之逸軌。屬紫霄之妙質，侑玉雪之清醴。勤歌鸞與舞鳳，壽仙伯以多祉。恍風雨之皆散，但驚塵之四起。悟真靈之不隔，而何有乎弱水之三萬里也。噫！昔之居此者多矣，曾靡暇於經營。逮山靈之效奇，發遺址於巖扃。殫妙巧於天藏，超埃壒而上征。極觀聽之所接，遂杳渺而難名。嗟此樂之無央，與來者而同登。決眥盪胸，雪其塵纓。且安知前日之蒼煙白露，斷蔓而荒荆者哉！顧客子之所能道者，纔管中之一斑。惟覽者之自得，會絶景於憑闌。心凝神釋，浩如飛翰。而後知兹亭之仙意，而凌虚御風之無難。主人瞿然而起曰：有是哉！吾將觀焉。

陳造《江湖長翁集》卷一《波光亭賦爲帥相郭公作》　汾王後身，金阜老僊。笑譚功名，師友簡編。手神丹而活國，身長城之護邊。虎節所臨，犢佩已捐。興仆振蠱，輩古所傳。有亭屹立，城闉右偏。插深池之清泚，凌蒼靄而高寒。面勢之孤危，簷桀之躧連。在公之設張經畫，纔太倉之稊米，已度越於後前。想旌纛之每臨，宛笙鶴之雲軿。賓從嫭姱，笑歌嬋娟。掃亡國之淫哇，奏新唱之清妍。泛淑景之香紅，鏡靚粧於明蠲。接罷亞於畦疇，眩縞潔於山川。春秋冬夏信非我有，而我按與之周旋。佳月上兮闖冰奩，微風動兮媚漪漣。撫物而得之，應世之心，池月之湛寂，緯武有文，風漪之自然。推此用之，躋世五三，軼動四七，將俯拾而需旃。是猶衡氣機也耶。世識之規恢之後，吾得之拱默之先。彼不知者方以吾爲億中，而或者必予其知言。

楊冠卿《客亭類稿》卷七《君子亭賦》 時子以衆香草植於其居，命名曰君子之亭。郭友屬余賦之，爲作楚語。

震澤兮百里，朝余隮兮西澨。望幽篁兮隔水，願一見兮君子。中洲兮若英，白蘋兮既盈。芳菲菲兮誰采，睠下女兮幽貞。荷屋兮蔆蓋，繚之兮以杜衡。攬蘭茝兮紉佩，薜荔纚兮垂纓。俯麗澤兮潛鑑，系寶璐兮自程。麋何食兮林間，鱣何游兮水裔。承朝蔭兮芙蓉，容夕飲兮佳蕙。帝鄉兮悠悠，望道兮遠遊。藹衆芳兮襲予，邅吾道兮夷猶。紛兹世兮詭好，然侘傺兮多憂。擷兹秀兮自媚，荃獨爲兮宜修。願鶗鴂兮不鳴，恐蕙草兮先秋。擢繁枝兮繼佩，聊偃蹇兮淹留。

《〔景定〕建康志》卷二二吴淵《翠微亭記》 六朝以石頭爲重戍，府庫甲兵萃焉，至南唐始爲離宫，此天所以開混一也。然而翠微之景實甲于天下，林和靖隱居西湖，得得來游，見之賦詠，則其稱絶可知矣。中興以來，創總領所，亭隸之，豈以金穀之冗瑣易生煩厭，非江山之清絶不足陶寫耶！又不然，則中間必有文人騷客，名輩清流，以是人而居是官，故能爲皇官而有是景邪！淳祐己酉春，余自當塗來，故人少司農大台陳綺伯奇實護餉事，嘗因暇日相與徜徉其上。余舉酒屬伯奇曰：是亭之址，居山之顛，無所障礙，故無非景物。夫其南爲方山，則秦皇之所以鑿而爲瀆，以厭東南天子氣者也；其北爲環滁，則歐陽公之所以與客遨遊，作亭其上而名爲「醉翁」者也；其西爲三山，則元暉之所登以望京邑、太白之所眺以懷長安者也；其東爲鍾阜，爲雞籠，則雷次宗、周顒、阮孝緒、韋渠年輩之所以隱居求志、遯世無悶者也。迺若長江，自西亘北，銀濤雪瀾，汹湧湍疾，烟帆風席，杳靄滅没，朝宗于海，晝夜不息，與夫遥岑近岫，危峯斷嶺，如列畫圖，如植屏障。或雲靄之出入，或煙霞之明晦，或晴霽而日月朗，或風雨而雷電暝，朝暮四時，千變萬態，不可名狀者，無非此亭之景也。然景大而亭小，不可以縱目而騁懷，景四面而亭一面，不可以總觀而並覽。坡翁有曰：「登臨不得要，萬象覺偃蹇。」子盍圖之！伯奇曰諾。會其以憂于職而病，又以最于職而召。夫憂于職而病，則所亟者藥囊；最于職而召，則所趣者行裝。其于游眺之所，必不暇過而問，是不惟人意之，雖余亦意之也。居無何，忽折柬告，曰亭已成矣，昔亭一面而今亭四面矣。余驚喜，冗未能造，亟命工繪圖。取而觀，則自西自東，自南自北，凡景之所在，亭皆延之，亭之所在，景皆赴之。余之所以舉酒而屬者無一不酬，而土木之壯，丹雘之工，營繕之巧，則又其次也。夫金陵六朝舊都，故其形勢周遭迴環，其江山雄偉壯麗，非偏州小壘可望萬分一。前人登覽之地，如賞心，如鳳凰，如雨華，如青溪，皆最佳處，不獨翠微而已也。而大景物每無大棟宇以彈壓之，不惟無大棟宇，而其小小者亦皆將仆焉。余雖有志于此而力未暇及，今伯奇當財賦正赤、病疾未瘳、命召將行之際，而能鼎新之，使三百年之景物，一旦軒豁呈露無餘，則其丘壑之襟，楚楚不凡，鞭筭之才，綽綽有餘，蓋非餘子之所能及，而尤余之所甚愧焉者也。夫翠微之爲景一絶也，伯奇之爲亭二絶也，又以鶴山魏公了翁舊扁而揭之，人與斯亭斯景俱稱三絶也，故書。亭爲屋二十四楹，落成于庚戌之十一月旦。資政殿學士、太中大夫、沿江制置使、充江南東路安撫使、馬步軍都總管、兼營田使、兼知建康軍府事、兼管内勸農使、兼行宫留守、節制和州無爲軍安慶府、兼三郡屯田使、金陵郡開國侯、食邑一千三百户、食實封一百户吴淵記。

《〔乾隆〕衡州府志》卷三三二文天祥《合江亭》 天上名鶉尾，人間説虎頭。春風千萬岫，合水雨三洲。客晚驚黄葉，官閒笑白鷗。雙江日東下，我欲賦扁舟。

董天工《武夷山志》卷七祝穆《武夷山記》 幔亭峯在大王峯後。古記云：秦始皇二年八月十五日，武夷君與皇太姥、魏王子騫輩置酒會鄉人於峯頂。召男女二千餘人，虹橋跨空，魚貫而上。設綵屋幔亭可數百間，飾以明珠寶玉。中設一牀，謂之玉皇座。西爲太姥、魏真人座，東爲武夷君座。悉施紅雲裀、紫霞褥。金盂貯花，異香氤靄。初，鄉人至幔亭外，聞鼓聲。少頃，空中有讚者呼鄉人爲曾孫，使男女分東西，依次進拜。畢真人抗聲言：汝等曾孫各安好。遂命男女以東、西坐。又亭之東西有青綾幛幄。内各設牀，陳樂具。又聞讚者命鼓師張安陵打引鼓，趙元奇拍副鼓，劉小禽坎鈴鼓，曾小童擺鼗鼓，高智滿振曹鼓，高子春持短鼓，管師鮑公希吹橫笛，板師何鳳兒拊節板。於是，東幄奏賓雲左仙之曲。次命絃師董嬌娘彈坎篌，謝英妃撫長琴，吕荷香戛圓鼓，管師黄次姑噪篳篥，秀淡鳴洞簫，宋小娥運居巢，金師羅妙容揮鏈銚。於是西幄奏賓雲右仙之曲。乃命行酒，其食品皆非人世所有。酒數行，命歌師彭令昭唱人間可哀之曲，曲云：天上人間兮會何稀，日落西山兮夕鳥飛。百年一瞬兮事與願違，天宫咫尺兮恨不相隨。歌罷，彩雲四合，環珮車馬之音亘空而至。又聞讚者云：曾孫可再拜爲别。既下山，風雨暴至，虹橋飛斷。回顧山頂，寂無一物，但葱翠峭拔如初耳。鄉人感幸，因相與立祠於山下，號同亭云。

洪邁《容齋三筆》卷六《琵琶亭詩》 江州琵琶亭，下臨江津，國朝以來，往來者多題詠，其工者輒爲人所傳。淳熙己亥歲，蜀士郭明復以中元日至亭，賦古風一篇，其前云：「白樂天流落湓浦作《琵琶行》。其放懷適意，視憂患死生禍福得喪爲何物，非深於道者能之乎？賈傅謫長沙，抑鬱致死。陸相竄南賓，屏絶人事，至從狗竇中度食飲。兩公猶有累乎世，未能如樂天逍遥自得也。予過九江，維舟琵琶亭下爲賦此章。香山居士頭欲白，秋風吹作湓城客。眼看世事等虚空，雲夢胸中無一物。舉觴獨醉天爲家，詩成萬象遭梳爬。不管時人皆欲殺，夜深江上聽琵琶。賈胡老婦兒女語，淚濕青衫如著雨。此公豈作少狂夢，與世浮沉聊爾汝。我來後公三百年，潯陽至今無管絃。長安不見遺音寂，依舊康廬翠掃天。」郭君成都人，隆興癸未登科。仕不甚達，但賈誼自長沙召還，後爲梁王傅，乃卒。前所云少誤矣。吾州餘干縣東于越亭有琵琶洲在下。唐劉長卿、張祐輩皆留題。紹興中，王洋元勃一絶句云：「塞外烽煙能記否，天涯淪落自心知。眼中風物參差是，只欠江州司馬詩。」真佳句也。

何薳《春渚紀聞》卷二《天繪亭記》 昭州山水佳絶，郡圃有亭名天繪。建炎中，吕丕爲守，以天繪近金國年號，思有以易之。時徐師川避地於昭，吕乞名於徐，久而未獲。復乞於范滋，乃以「清輝」易之。一日徐策杖過亭，仰視新榜，復得亭記於積壤中，亟使滌石，視之乃丘濬寺丞所作也。其略云：「余擇勝得此亭，名曰天繪，取其景物自然也。後某年某日，當有俗子易名『清輝』，可爲一笑。」考范易名之日，無毫髪差也。

王安石《臨川先生文集》卷八三《石門亭記》 石門亭在青田縣〔西〕若干里，令朱君爲之。石門者，名山也。古之人咸刻其觀遊之感概留之山中，其石相望。君至而爲亭，悉取古今之刻立之亭中。而以書與其甥之壻王某，使記其作亭之意。夫所以作亭之意，其直好山乎？其亦好觀遊眺望乎？其亦於此問民之疾憂乎？其亦燕閒以自休息於此乎？其亦憐夫人之刻，暴剥偃踣而無所庇障且泯滅乎？夫人物之相好惡必以類。廣大茂美，萬物附焉以生，而不自以爲功者，山也。好山，仁也。去郊而適野，升高以遠望，其中必有概然者。《書》不云乎：予耄遜于荒。《詩》不云乎：駕言出遊，以寫我憂。夫環顧其身無可憂，而憂者必在天下，憂天下亦仁也。人之否也敢自逸，至即深山長谷之民，與之相對接而交言語，以求其疾憂，有其壅而不聞者乎？求民之疾憂，亦仁也。政不有小大，不以德則民不化服。民化服，然後可以無訟。民不無訟，令其能休息無事、優遊以嬉乎？古今之名者，其石幸在，其文信善，則其人之名與石且傳而不朽。成人之名而不奪其志，亦仁也。作亭之意，其然乎？其不然乎？

王質《雪山集》卷一二《綺川亭賦》 苕溪之北，有山曰貝錦之山，並山而西，有亭曰綺川之亭。仰睨葛仙之丹鼎，旁招卞山之白雲。王子愛之，坐見于牆，食見于羹，夜航溪而十往返，晝履山而百降登。客有問焉者，曰：造化冶形，耳目分職。耳則司聲，目則司色。彼聲色之無有，顧耳目之何得？胡乃廢寢興，輟飲食，隳目于窈窈之境，喪耳于默默之域。王子曰：子嘗覽于綺川之亭乎？曰未也。綺川何如？王子曰：子欲聞之乎？曰：然。然則爲子言之。綺川之上，巖穹谷淵。青松魁奇，翠竹净娟。絡以蒼藤，激以飛泉。聲如應和，上徹雲天。百鳥吟呼，或高或低。或僄疾而激烈，或清深而逶迤。如天球大鏞，並作于庭。笙以《小雅》之《南陔》，歌以《召南》之《采蘋》。綺川之下，洲渚參差。緑水紅蓮，汎兮相依。露濯而清，風摇而馡。月麗而皎，煙蒙而奇。白蘋青藻，前導後隨。屬玉鵁鶄，戀不忍飛。如洛水之浦，巫山之陽。戴金摇兮熠耀，振文佩兮飃颻。此其大略也。故曰：不律吕而聲者，天下之至聲也。不黼黻而色者，天下之至色也。且有喜而無憂，有利而無害，有得而無喪，有成而無敗。今夫洪震纖響，銷神奪精，命之曰伐命之兵。豐頰長眉，秀骨鮮膚，命之曰銷軀之鑪。非獨聲色而已。美酒甘餐，温醇濃渥，命之曰腐腸之藥。縟衣邏裳，靡曼繁鮮，命之曰沈躬之淵。子亦知之乎？於是客俯而思仰而歎曰：嗚呼殆哉！容與夷猶而戲虎狼，禹行舜趨而涉瞿唐，然則流蕩遁逸，清宫洞房。眩曜恍惚，蜀文吴章。邪氣湊襲，正氣蔽藏。精魄紛紜，若有若亡。日盛月新，乃溘而僵，嗚呼殆哉！向也，吾見子之陋；今也，吾見子之高。小人敢不敬再拜受賜。

曾鞏《曾南豐文集》卷一一《道山亭記》 閩故隸周者七，至秦開其地，列於中國，始并爲閩中郡；自粤之大末，與吴之豫章，爲其通路。其路在閩者，陸出則陀於兩山之間，山相屬無間斷；累數驛，迺一得平地，小爲縣，大爲州；然其四顧亦山也。其途或逆坂如緣絙，或垂崖如一髮，或側徑鉤出於不測之谿；上皆石芒峭發，擇然後可投步。負戴者雖其土人，猶側足然後能進；非其土人，罕不躓也。其谿行則水皆自高瀉下，石錯出其間，如林立，如士騎滿野；千里下上，不見首尾。水行其隙間，或衡縮蟉糅，或逆走旁射；其狀若蚓結，若蟲鏤；其旋若輪，其激若矢。舟泝沿者投便利，失毫分，輒破溺；雖其土長川居之人，非生而習水事者，不敢以舟楫自任也。其水陸之險如此。漢嘗處其衆江淮之間，而虛其地；蓋以其陿多阻，豈虛也哉？

福州治侯官，於閩爲土中，所謂閩中也。其地於閩爲最平以廣，四出之山皆遠；而長江在其南，大海在其東。其城之內外皆涂，旁有溝，溝通潮汐；舟載者晝夜屬於門庭。麓多桀木，而匠多良能；人以屋室鉅麗相矜，雖下貧必豐其居；而佛老子之徒，其宮又特盛。城之中三山：西曰閩山，東曰九僊山，北曰粵王山。三山者，鼎趾立，其附山蓋佛老子之宮以數十百，其瓌詭殊絶之狀，蓋已盡人力。

光祿卿直昭文館程公爲是州，得閩山嶔崟之際，爲亭於其處；其山川之勝，城邑之大，宮室之榮，不下簟席，而盡於四矚。程公以謂在江海之上，爲登覽之觀，可比於道家所謂蓬萊、方丈、瀛州之山；故名之曰道山之亭。

閩以險且遠，故仕者常憚往；程公能因其地之善，以寓其耳目之樂，非獨忘其遠且險，又將抗其思於埃壒之外；其志壯哉！程公於是州以治行聞，既新其城，又新其學；而其餘功又及於此。蓋其歲滿，就更廣州，拜諫議大夫，又拜給事中、集賢殿修撰，今爲越州；字公闢，名師孟云。

曾鞏《曾南豐全集》卷上《清心亭記》 嘉祐六年，尚書虞部員外郎梅君爲徐之蕭縣，改作其治所之東亭，以爲燕息之所，而名之曰清心之亭。是歲秋冬，來請記於京師，屬余有亡妹殤女之悲，不果爲。明年春又來請，屬余有悼亡之悲，又不果爲。而其請猶不止。至冬乃爲之記曰：夫人之所以神明其德，與天地同其變化者，夫豈遠哉？生於心而已矣。若夫極天下之知，以窮天下之理，於夫性之在我者能盡之，命之在彼者能安之，則萬物自外至者，安能累我哉？此君子之所以虛其心也。萬物不能累我矣。而應乎萬物，與民同其吉凶者，亦未嘗廢也。於是有法誡之設，邪僻之防，此君子之所以齋其心也。虛其心者，極乎精微，所以入神也。齋其心者，由乎中庸，所以致用也。然則君子之欲修其身，治其國家天下者可知矣。今梅君之爲是亭，曰不敢以爲遊觀之美。蓋所以推本爲治之意，而且將清心於此，其所存者，亦可謂能知其要矣。乃爲之記而道予之所聞者焉。十一月五日，南豐曾鞏記。

楊慎《全蜀藝文志》卷二闓苑《述賢亭賦并序》 黄星既殞，火井重炎。孔明志在電掃荆揚，席捲許洛。布四頭八尾於平沙之上，乃昔人臨流感嘆之所。余慕其風烈而述其德業，因名斯亭曰「述賢」。

考其陣法，則方以八環一而爲九，馬隆遵之以破賊；圓以六包一而爲七，李靖遵之以平虜。蓋戰守處晝，部伍節制，所重者勝，所忽者敗。所以觀宏規者仰服，指奇蹤者稱美也。且益州分應井絡，僻在坤維。而武侯以區區之蜀，蒞政至公，董武立信。貫許國之精誠，伸命世之勇略。令施竹帛，不纊而温；律嚴斧鉞，不寒而慄。方其鷹揚上國，虎視中原，驍將聞風而奪心，壯士望塵而破膽。擁精鋭之衆者，堅壁受辱；稱骨鯁之臣者，仗節包羞。玩敵於股掌之上，措勝於談笑之間。比昔賢則過之，責斯人而備矣。余構亭於此，俾其登之者，識常山蛇勢，知天下奇才。壯雄圖之不朽，想英風而猶在。

嗚呼！天假其年，則禮樂攸興；天命有歸，則智力無用。大筆方籌，長星遽墜。陵谷已遷，尚有典刑。蠻夷雖化，不忘武備。況今夏賊干常，遼人稱號。冠帶遺民，雜窮髮之種；漢唐故地，混茹毛之俗。而受鉞登壇，專長城之寄者，節制可忽耶？秘殿華閣，當方面之權者，勤勞可繼耶？

今步遊灘上，鑒前追往，作古賦以述其始終，使夔人歲時歌之，不無感慨焉。雖然，孔明方躬耕之時，處布衣之賤，倘不遇三顧之主，安能縱七擒之酋？噫！自古英雄之士，時命不遇，其名湮滅而無聞者，惜哉！賦曰：

鼎分率土，姦賊陸梁。孔明布石於平沙之上，高步於大江之傍。志馳許洛，欲掃荆揚。按井字九宫之法，本河圖八卦之祥。縱横魚貫，曲折雁行。雖云蛇勢，實曰龍驤。其始也，荷寫誠於傾蓋，遂感激而褰裳。應雲龍之隱隱，信魚水之洋洋。其終也，酬三顧而不爽，縱七擒之所長。資一時之談笑，播千載而芬芳。況夫才兼管樂，政黜申商。曹氏父子襲申商法。蜀則冬日，魏則秋霜。蜀民暖於布帛，魏人困於豺狼。於是并聲東下，響應西方。折曹氏之牙角，挫仲達之鋒鋩。至今秦隴恥其巾幗，梁益詠乎《甘棠》。論高節，則勝棲巖之入夢，鄙負鼎之干湯。推治體，則蕭何爲政之咳唾，子産遺愛之粃糠。量行事，則用兵如晉文之示信，教民如周《誥》之成章。觀施設，則肩輿、羽扇以節金鼓，木牛、流馬以代梯航。遵節制，則馬隆以八陣用於晉，李靖以六花顯於唐。宜其斬王雙而走郭淮，殺張郃而辱宣王。

吁哉！飲渭之龍，隨天數而已没；吞吴之蛇，如寶氣而難藏。所以餘威遠震，遺跡尤彰。忠義撫劍而嘆息，英雄沾襟而感傷。戎夷懷德而縞素，士民追昔而蒸嘗。

余徘徊灘上，不見鵝鸛變變，龜蛇央央，但覺雙魂失宅，三甲負芒。瞿唐風急，起波聲之嗚咽；巫峽雨散，連天際以淒涼。縱使秦雲變色，魯日迴光，竟與草木同朽，皆無益於興亡。

元好問《遺山集》卷二《歷下亭懷古分韻得南字》 東秦富佳境，北渚擅名談。兹遊亦已久，纔得了二三。南山壓城頭，十里奎與函。洑流出地底，城隅滿泓潭。金絲弄曉光，玉玦響空嵌。清漣通畫舫，秀水深雲龕。華峯水中央，鬱鬱堆烟嵐。荷華望不極，緑净紛紅酣。毒熱非山陽，卑溼無江南。承平十萬户，他州隔仙凡。劫火十一丘，樹老草不芟。巧盡露天質，到眼皆奇探。千年歷下亭，規摹見覃覃。懷賢成獨詠，勝賞何由參。

《〔嘉靖〕山東通志》卷二一徐琰《萃美亭記略》 天下名山巍然而大，巖然而尊者，泰山而已。泰山勝境，窈然而深，蔚然而秀者，西溪而已。溪居岱宗之右麓，延袤數十里。樹林陰翳，蹬道崎嶇，清泉奇石，瑰瑋萬狀。行愈遠而山愈奇，境愈勝。極溪之所窮，顛崖百尺，懸流下擲，望之如垂練，天神泉也。天神之西有巨壑焉，一水自天勝巖落，爲盤石所散漫，瀉於壑之上簷，若建瓴然，水簾洞也。而又芙蓉、懸刀、飛鴉、獅子諸峯削萃其上，黑蜧、白龍、神潭、水府潛環其下。雲煙吐吞，晦明變滅，跳珠濺沫，轟雷掣電，顧接有所不暇。真山水之窟宅，天壤之奥區也。

戴表元《剡源集》卷一《寒光亭記》 寒光亭，在溧陽州西五十里梁城湖上。亭之下爲寺，曰「白龍」。歲月湮漫，不知興創之所由始。宋元豐間重修塔記，稱父老相傳已七百載，則沿而至今，可知其久也。東閩、浙西、淮襄，宦客游人之所必至，至必有歌詩詠歎，以發寒光之美，無虚覽者。張安國、趙南仲、吴毅父，雄詞健墨，最爲人所推重。而棟宇垂廢，不足以相暎發。州有進士湯君，以文辭爲之徵，施於江湖之往來，值一二名公卿喜之，亭得改立。如此十年又廢。大德辛丑春，進士君之諸孫實來相游尋。顧瞻徘徊，則昔之華榱畫檻，惟荒榛存焉。喟然曰：「兹亭之興，吾祖固有力，今安得瘝其勤。」傾貲庀工，亭又加築。既又捐田「白龍」，以爲修葺之助。功完事具，寺僧乃爲進士君置祠，而來徵記于余。人嘗言江南佳山川，造物者靳畀于人，而惟僧佛者可以得而居之。是蓋不然。人之獲如此意者，孰加於王侯將相。彼其占形勝，營園池，斥臺榭，徒欲樂于其身，有餘丐及於賓游僮伎。僧佛之樂，常願與人同之，故人之從之，材者不吝於言，仁者不吝於財，無怪也。此非惟有數，而用心之公私廣狹，吾徒有愧焉者多矣，豈止於係一亭之興廢而已哉！進士君諸孫曰德裕，曰佑孫；寺僧曰祖慧。余，剡源戴表元。十年丙午季秋二十六日記。

戴表元《剡源集》卷一《喬木亭記》 喬木亭，在清河張君燕居之東。張君望清河，籍西秦。其先世忠烈王，嘗以功開國于循而邸于杭。子孫五世，而所居邸之坊，至今稱清河焉。余兒童遊杭，見清河之張方盛。往來軒從，騶蓋填擁，歲時會合，鳴鐘鼉鼓，笙絲磬筑，相讌樂。飛樓疊榭，東西跨搆，纍纍然無間壤。豈惟清河，雖它貴族，蓋莫不然。如此不數十年重來杭，睹宫室衣冠，皆非舊物，他族亦皆湮微，播徙殆盡。而惟清河之張猶存。余嘗登所謂「喬木亭」而喜之。風煙蔽遮，林樾清湊，美乎哉！其可以庶幾古之故國喬木者乎。主人對余而歎曰：「嗟乎！吾喬木乎！是亭者，幾不爲吾有，吾幸而復得之。吾生于忠烈之家，自吾之先，未嘗無尺寸之禄。當其時，出而逸游，入而恬居，耳目之於靡曼妖冶，心體之於芬華安燕，固未嘗知有喬木之樂也。自吾食貧，不免於寒暑飢渴之患。吾之處世不待倦而休，涉事不待困而悔，日夜謀所以居吾躬者百方，欲復疇昔之髣髴不可得。時時無以寄吾足，騁吾心，則瞰好風景佳時，取古聖賢之遺言，就喬木之傍而諷之。其初不過物與意會，久而覺其境之可以舒吾憂也。爲之徘徊，爲之偃息，爲之留連，不忍舍去。故倦則倚喬木而憩，悶則扣喬木而歌，沐則晞髮於喬木之風，卧則曲肱於喬木之陰。行止坐卧，起居動静，無一事不與喬木相爾汝。蓋吾昔也無求于喬木，而今者知喬木之不可一日與吾疏也。吾是以必復而有之。」余聞其言益驚喜。昔人有欲存謝公宅者，云愛召公者愛其甘棠，有文靖之德，而不能芘數畝之宅。李衛公愛平泉草木，至自作記戒子孫。夫勳名世禄之家，自不能保其存，而使子孫存之；子孫又不能存，而使他人存之。今清河忠烈王諸孫，乃自能以力學好修存其先業。至於皆仆而獨完，幾棄而復振，不惟無愧於後，而反若有光於前，真美乎哉！於是張君止歎而作，洗酌而謝曰：「非君吾亦不自知吾美之至此也。盍書其詞於吾亭以自勸，且亦勸後之人。」

戴表元《剡源集》卷一《臨池亭記》 臨池亭者，山陰右軍祠塾之別築也。祠塾始自部使者東平王公侯。按郡乘所載，蘭亭舊跡，以全氏廬爲之，官爲置塾長，聚生徒，講學其中。及是十年，而東楚湯君亙實來。既大出義理之學教塾徒，餘暇，巡行丘壑，周視垣宇，慨焉有興弊飾陋之意。乃先修右軍祠，增繪象，設龕几，凡所以展奉嚴事之具，必與禮稱。地迫山麓，遇甚雨湍決，則水流堂間，爲甃石渠以疏其餘。有好事者蓄石本《蘭亭序》，甚善，幸見與，因併刻諸詩暨傳文之類，分置兩壁，塾事幾略振矣。惟墨池之在江南，往往而有，此正永和修禊處，反闕不具。遂捐俸倡率諸生，又亟謀于時僚之賢而文者。東平彭郎中榮祖，若右軍之遠孫易簡潤之等，志諧力均，爰相爰鑿，于是就面勢之宜，得池於塾西，而翼之以茲亭。亭成，伐石請誌其事。余惟古之名人，能以其所長行世不廢者，未有不始于勤勞，而成於有以自重。今右軍書擅天下，學士大夫極力模楷之。而幸且有得，莫不翛然內暢，以爲清脩妙解，雖連城之富，三公之貴，有不與易。而是邦之山川形勢，前後名馳勢驅，計不知凡幾何車轍馬跡。獨右軍遺事，令人追慕不已，良必有激摩動盪於翰墨之外，此臨池之所以爲美也。湯君年方富，尊賢好古，能行其家學。居職不以營斗升、苟歲月爲事，志於興文美俗。又方謀增置田租，以完教養，其事可書者未艾云。大德五年歲在辛丑仲夏既望，戴表元謹記。

吳澄《吳文正集》卷四五《蛾眉亭重修記》 姑熟之水西入大江，其汭有山突起，曰采石，橫遏其衝。江之勢撞激齧射，浩蕩而不可禦；山之骨峻削刻露，巉絶而不可攀。其下有磯，曰牛渚，晉温常侍嶠然犀燭怪之所也。其上有亭，曰蛾眉，宋元祐張守環之所創也。俯眺淮甸，平睨天門，一水中通，三山旁翼，修曲如蛾眉狀，亭之所以名也。據險而臨深，憑高而望遠，水天一色，景物千態，四時朝暮，變化不同，雖巧繪莫能殫也，瀕江奇觀未能或之雙者。元祐至今餘二百年，亭嗣葺蓋亦屢矣。延祐五年秋，予舟過之，又得寓目，而慨亭之將敝也。明年夏，留金陵，姑孰郡侯命其客持書抵予曰：「采石鎮距郡三十里，自昔號爲重地。多事之際，英雄豪傑鷹揚虎鬭；承平之世，韻人勝士醉吟醒賞，流風槩可想見。蒙恩守此土，幸與千里之民相安。境內凡有前代遺跡，不可坐視其廢壞。蛾眉亭三間，榱之朽者易矣，瓦之闕者補矣，壁之圮者今以甓矣，塗之以堊，繚之以楯。肇謀於歲初，訖功於春杪。一時聞者樂趍其事，中朝達官大書其扁，亭與名額焕然一新。重修歲月不可以無述，敢徵一言。」惟侯嘗仕江西行省，綽有令譽。其牧郡也，廉正如江西時，聲實孚于上下，郡事治而心思靡所不周。一亭之微，可以觀政。他日郡民思之，觸目皆遺愛也，豈特四方來游、來觀之人唶唶嘆美而已哉，烏乎！近年氣習日異，仕而無媿恥者十八九也。旦夕繭絲其民，苟獲盈厭，則翩翩而高翔，官府猶傳舍爾。事之當爲者有不暇爲，況可以不爲者，而肯爲之乎？如侯之爲，其識慮遠矣。然侯之聲不待今而著也，侯之實又豈以久而渝哉？侯名鐵柱，亞中大夫、太平路總管、翰林學士承旨司徒公之子也。是歲五月丙辰記。

徐明善《芳穀集》卷三《聚遠亭記》 德興山水甲旁州，而聚遠亭據鹿阜最高勝處，復甲德興。幽人韻士，几席其間，有馭奇翼遊八表之意，次則吟者得逸思於天末，飲者擴醉鄉於世外。至於永日娛遊，雖暮色蒼然，留不忍去，則凡遊者莫不然矣。蓋古之君子，必有遊息之物，高明之具。古者長民，未有不選勝於地，同樂於人。而茲邑又山川之美，則亭宜不得廢也。昔熙寧間，余氏創樓，單令名之，樓圮而亭不知自何年。至思陵，又特賞蘇文忠公所題詩，親灑宸翰下飾，四方聞者莫不想至其處。大德庚子，亭燹幾半，雖鹿阜形勝固在，而亭不足以聚之，則山川遠人而耳目陋矣。是年冬，令尹陳均仲寧來登覽，慨然曰：「吾其可弗葺？」又明年，乃卒葺之，翼然如新成。門垣徑級，既繚既闢，又命邑士倪均天倪，購求自二蘇公而下詩之鑱于石而散逸者，置亭壁如舊觀。於是均即亭以休，其暇日或領客命觴。而邑人咸喜遊息之有其所也，相與謁於明善曰：「願有託。」予謂納鮮碧於一宇，窮莽蒼於雙明，此單令命扁意也，豈復有說乎？然牆面者憒如，亭天衢者豁如，景變乎外，心動乎內，何也？遠者，心之休也；聚遠者，內外合一之妙也。本心廓然，天無旁際，而宇宙之廣，山川之勝，忽放目而盡得之，外觀內體合一無間，此道人之所以有得於亭也。然利害得喪一累乎其內，則遠者隔，聚者離矣。斯累也，有暫忘者，有寡有者，有無有者，凡又有得於亭者，所以爲高下淺深歟！今之君子，遊觀之樂尠矣，而選勝地、同人樂，又非俗吏之所爲也。乃今陳均一旦還二百三十餘年瓌偉之觀，不惟於此開爽襟慮，以清政源，而又使邦人知國遣吏治民，務以聚其所欲，遠其所見，休息而安樂之也。豈非賢哉！不可以無述，遂爲之記。

陳櫟《陳定宇先生文集》卷一二《風雩亭賦》 判縣先生創風雩亭，弘齋曹先生記之，至矣，盡矣。然昔張宣公《風雩亭》詞之餘意，猶有可言者。里晚學陳櫟敢發宣公未盡言之蘊而賦之。

雲屋趙公，風雩有亭。家世琴鶴，其風最清。不此焉以爲足，上泝沂水之曾。慕彼舞雩之風，適樂意之春容。觀點也之所懷，與三子兮不同。龍見而雩，壇壝聿崇。爰有茂樹，蔭蔚可蒙。當春和氣，風景恬融。見天理之流行，欲無芥乎其中。風來自天，風之者人，淡蕩適至，偶披其襟。風此春風，宇宙吾心，宜聖師之所與，獨喟然其賞音。點也雖狂，其心不泯。春風無窮，千古常新。坐風雩以乘風，諒何古兮何今？大儒先生，椽筆作記，窮深發微，已詣其至。今復賦之，毋乃或贅？辨不厭明，敢獻所疑：點之見處，深契聖師，行有不掩，以狂獲譏。既曰「與之」，曷又狂之？始超出于由、求，卒僅儕于牧、皮。昔子張子，已慮及兹。初新岳麓之亭，特繫風雩之詞，謂尋點心之所造，當究顔氏之深工。防外誘，務敬恭，浸私意之脱落，斯樂意之内充。今究顔氏，深又安在？非在乎他，克己復禮。點見處之雖高，惜行處之未實，使徒慕其氣象，而未知所用力，寧不荒于過高，致有體而用虛？必以克復之學，補曾點之所無，克去己私，復乎天理，匪徒見此地位，必實致其踐履。倘私欲之蟬蛻，得春融乎理趣，追顔樂之不改，庶風雩之無弊。惟雲屋公，卓哉先覺，豈惟風曾點之風，蓋以樂顔子之樂。亭扁「翠侍」，克己晞顔。翠不于其蛾于其山，侍不于其人于其巒。不復陽臺云夢，興入蒼翠之間。己克兮禮復，欲净兮理純。儼儀刑之相對，爲樂山静壽之仁人。吹面而受和風，披予襟兮欣欣；臨風雩兮長嘯，如咲鶴而鼓琴。

陳櫟《陳定宇先生文集》卷一二《春先亭賦》 溪山種德，與梅俱深。亭扁「春先」，延佇清吟。吟不足而酣賞，炤疏影以頻斟。陋茅亭兮儀曹，媲蘭亭兮山陰。有善繼之賢孫，念大父之手植，每見此而敬恭，忍等之於枯枿？冀紅葩之有實，取白賁之無色。儼若面乎公槐，匪直同于卿棘。一枝具一乾坤，陽動根于太極。慨彼有唐，幾昧履霜，貌肖蓮花，惟愛六郎。豈知愛梅？臨風一覷。廣平一賦，不忘者壽。年方廿五，秀發華滋，見已卓然，挺特不疑。陪立樹花，厭厭醉夜，笑彼江總，何哉僕射！尚此孤根，陽回凝閉，偶點宮額，豈屑街髻？見魏徵兮嫵媚，鄙令德兮温柔。宜曉角之悲壯，任吹笛於高樓。當高齋之索笑，異成蹊之不言。仁權輿于微酸，認生意之存存。玉堂何喜？竹籬何怒？貫榮悴于一視，恬窮達而默悟。玉質兮盼倩，遠違兮鶯燕，日遶樹兮千迴，朝巡簷兮百遍。曁作相於開元，搜杞梓與棫柞。鼎和傅説之羹，籠儲梁公之藥。贊化調元，燠寒時若。接詔使而談默，辭瓊宴而疾託。儼如斯梅，隆冬不痿。力能斡乎造化，香不隨乎變衰。衆木方槁，橫枝獨妍。早占魁于春規，忘司冬之執權。特立萬物之表，覺在羣蒙之先。嗟襲美之與元輿，賦艷葩之啾喧，豈若公之賦梅，大音希聲而鳴自然之天。刻之屏間，妙擅奇絶。廊廟之姿，豈淹巖穴？振七葉之貂蟬，將主知之早結。觀我尚之如斯，不愧文貞公之節。既增光於大父，尤景行乎先哲。想後山翁神遊，而喜之曰子孫德輿；萬物氣吐，實與梅兮同素。相時來兮則爲，輔皇圖兮鞏固。

揭傒斯《揭文安公集·文集》卷七《陟亭記》 泰定四年夏六月，余自清江鎮買舟泝流而上。未至廬陵二十里，有巨石如夏屋嵌立江右，漁舟賈舶膠葛其下，前挹二洲，人烟雞犬，出没誕漫。又挐舟前行數百步，有小溪出谷中，仰見層巒聳擁，雲木森悦，遂舍舟循溪而入。越五里，劃然開朗。左右環合，風氣蓄密，有巨塚隆然在山半。由塚之左又入小谷，有屋數間，題曰「陟亭」。乃坐亭上，召守塚者而問曰：「地爲何？」曰：「爲書堂原。」「葬爲誰？」曰：「爲阮氏。」「何字？」曰：「民望。」曰：「吾知其爲人矣。是嘗以年十三風雪徒步求書福建憲使出其父於獄者。是嘗佐其父連山簿尉攝兵馬鈐轄撫洞獠有方者。是嘗拔俘虜之子於軍中以還其友，贖俘虜之母于邑大夫以還淮僧，責名家之女於歌筵以還其夫，且給其家，使改過易行者。是嘗爲郡曹，又爲縣都曹，寬海艘之役，罷坑冶之害者。是嘗受知滕國李武愍公恆及其子平章公世安、楚國程文憲公鉅夫、南臺薛中丞居敬、孫御史世賢者。是嘗爲翰林潘侍讀昂霄爲監察御史時舉爲江西憲掾不果用，廣東帥答刺海朝京時，湖廣燕右丞公楠爲司農時，欲舉爲掾不就者。」遂升高而望，青原、夫容、天王諸峯如劍如戟，如屏如帷，如卓筆者，陳乎其前。東山、墨潭、蛇山之屬，如騫如倚，如據如伏，如黝如紺者，繚乎其後。飄然如匹素，渺然如白蛇，自天南下千里不息而橫截乎黨灘者，贛江也。朝暉夕景，長雲廣霧，明滅變化，不可殫紀。宜乎孝子慈孫於此興「屺岵」之悲而無窮也。於是愴然而下，復坐亭上，拊髀而歌曰：「山川信美兮心孔悲，往者不可作兮來不可期。」左右皆欷歔不自禁。乃就舟，至郡，以其狀告知往來者，曰：「然，是其仲子清江教諭浩嘗廬墓其中，且將葬其父於山之左腋，他日爲投老之地者也。」居數日，浩來見，戚乎其容，懇乎其言，與語陟亭事，泫然流涕曰：「先子之藏也。」再閲月，乃請記。夫父子者，人之大倫也。生死者，人之大故也。子雖甚愛其親，不能使其親之長存。父雖甚愛其子，不能使其子之皆孝。及夫登高丘，臨墟墓，覩其親之所藏，未有不悄然傷懷、徬徨躑躅者，人之至情也。況浩兄弟之孝，臨其親之所藏者乎！然孝於親莫大於敬其身，敬其身莫大於勵其行。雖歌管盈耳，獻酬交錯，常如「陟屺陟岵」之時，庶毋負茲亭之所以名也。烏乎！當至元風虎雲龍之世，使民望少自損，何所不至，而寧爲鄉善人以終？撫其山川，天固將啓其後之人矣。民望諱霖，號石峯居士，好學而尚義，晚尤嗜佛、老之書。娶吴氏，有四子，曰均、浩、鐸、焕，女四，嫁士族，孫男七人。是歲九月記。

劉詵《桂隱文集》卷四《詠歸亭賦》 緊青原之崔峨，維文學之奧區；前忠節之馳驟，後賢哲之步趨。振文德於昭代，深化雨於涵濡；紛洋洋而濟濟，咸砥礪於廉隅。屹宫墻之數仞，接道義之通衢；嗟遊息其何所，得遺地於榛蕪。宛城南之沂泗，用建亭而象諸，江山窮於一覽，蓋亦庶乎詠歸於風雩也。嗚呼，千載而上，聖門此樂；千載而下，我亭此作。剖洙泗之藩籬，遡淵源於濂洛，雖興廢其何常，初無問於今昨。蓋將示天下之廣居，振士林之教鐸，而豈眺達之娱、觀美之託也哉？且其風和景曛，萬物欣睹，勃鬱蕭森，生機畢露，則青春之將暮也。亦有良朋，與子偕行，單袷初試，微凉乍生，則我服之既成也。章甫峨峨，衣裳楚楚，來遊來歌，爰笑爰語，何啻冠者五六、童子六七其侶也。鷺渚泱泱，可濯可湘，温乎沂水之净也；螺峯蒼蒼，可息可藏，鬱乎雩林之盛也。於以濯我纓，於以陶我性，吟風弄月之襟懷，隨柳傍花之意興，登斯亭以玄覽，尚彷彿於見聖，悟狂點之雍容，本胸次之昭瑩。豈世異而事殊，固合轍而同徑，彼醉夢之紛拏，何莫踐於斯境。於是撫事興懷，因名致慨，亭夕陽而愈悲，亭山陰而安在。連昌之宫檻半欹，北苑之沉香速壞，華亭之唳鶴不聞，湖亭之蔭魚何怪。是皆逞富貴於一時，擅風流於當代。縱情肆欲，歡雖盛以奚爲；極侈窮奢，志雖得而愈殆。曾不若此亭翼然，聖途伊邇，建梁棟於仁義，立磐石於忠信。禮樂其簷翬，詩書其封畛，可以樂日用之經常，掃人欲於净盡。如天理之流行，等氣象於堯舜；倘聖賢之可歸，庶努力於日進。亂曰：詠歸之樂，著於經兮；世遠人亡，示以亭兮。我造斯亭，詠而歸兮；希聖希賢，殆其庶幾兮。

劉詵《桂隱文集》卷四《蘭亭賦》 越州山陰縣西南二十里爲蘭渚，越王種蘭處也。晉王右軍、謝太傅兄弟數往造焉，築亭其上，名曰蘭亭。永和九年上巳日，右軍與同遊者四十一人，流觴曲水，倡詠其間，不能成詩者十六人。時方尚幻，以一死生、齊彭殤爲高。右軍獨有感於修短之數，慨然嘆老之將至，豈以司馬氏之偏安不自奮者，政坐淪溺於老莊之無爲乎？觀其與謝安石、殷深源書，其經綸爲何如哉。而蹉跎出懷祖下，茲其所以峻誓松楸也，而晉事不復振矣。嗚呼！歷今且千載，無能爲興懷者，獨知寶其遺帖，可慨也。作蘭亭賦。

道浙江而東下兮，澹沙樹之雲堤，莽鑑湖之蕪絶兮，訪古縣之會稽。青山四列而臚分兮，斷雲曳空而橫犀。曲水婉而縈流兮，急鳴湍之清漪。湖柳高而翳翳兮，羣鶯飛而亂啼。弔舊遊之榜舟兮，得種蘭之故基。睠羣賢之伊昔兮，偉一代之雄姿；當春景之浸暮兮，曖天宇之和熙。造斯亭之修禊兮，曰暢敘乎幽懷；雖其懷之不齊兮，乃俱集而同嬉。寄飛觴而傲八極兮，託高悰於賦詩；或短長之兼就兮，或數語而争奇。獨可疑於獻瑰之長才兮，何乃竟日而無一辭；豈欲託於昏冥兮，寧甘受於罰巵。嗟神州之陸沉兮，莽宫門之銅駝；自一馬之既化兮，豢百年之江沱。弔誓江之無人兮，落日澹而水揚波；洒新亭之囚淚兮，邈故陵之山河。誠談玄之誤國兮，千載爲之痛歌；胡當時之悠悠兮，玩杯酒以自多。覽光景之留連兮，忽不知其英氣之消磨；彼諸賢之淪溺兮，亦孰責其不可。惟右軍之懿美兮，迥獨立乎江左；曾内史之足淹兮，鬱酒酣之磊砢。聞廣陵之管角兮，擁千騎之駊騀；懷祖嫌隙亦以此。慨非才之不如兮，怪大鈞之誰播。指塋楸以爲證兮，高出處以在我。痛死生之俯仰兮，彼豈歎老而嗟衰。誠歔欷之有寄兮，諒同遊之孰知；誚東山而爲書兮，危深源之北師。彼其區畫之何如兮，奈流落而不施。嗟千載之不能一慨兮，獨以遺墨而見奇。彼敬宗之何人兮，顧以金石而況之。偉虬髯之英雄兮，睨六合於一笑。曾用舍之不論兮，付興亡於不弔。乃睠戀於末技兮，死不忘於茲妙。炯玉匣之深藏兮，以爲昭陵之禍召。作茲賦以爲傷兮，遡長風而孤嘯。

劉詵《桂隱文集》卷一《山月亭記》 當宋南渡時，廬陵宣溪王氏爲詩書大族，嘗築第城西南湖橋之近。面永豐門廣衢，棟甍比屬，巷陌縱横。後則高崖峻絶，下瞰支江，市區買場，延亘周遭，百貨交集。然後大江横陳，千山對峙，王氏信臣於崖之高作亭，扁之曰「山月」。作臺，扁之曰「雲端」。名人勝士日遊其上，誠齋楊文節公爲之記者是也。自國朝前至元十三年，郡既内附，此屋遂累易主。數十年來，予故人袁本厚得而居之，徹舊易新，勢加雄壯。而所謂「山月亭」、「雲端臺」者，皆重建於其址，制益於舊而扁不改。余暇日固嘗登之，徘徊四顧，渺焉無極。隔江諸山，如拜如躍，磊磊若赴江而欲渡者。想見寒夜月高，萬里一白，乾坤之清氣沁入肌骨，居是亭者，晝遊而夜息，何其樂也。本厚屢屬予記。予念斯文之在天地間，非盡無清淑之氣，然貧賤奔走，往往汩没而失之。而富貴之士，又沉酣於聲色勢利，不能自拔。處華屋奥室、重簾累幕之下，而悠然遐思山間明月者，幾何人哉？陸務觀自言，錦城歌吹之盛，以爲七年夜雨。而不知務觀未必醉生夢死，若此特言其樂，而不知其辭之過也。於是本厚可勉矣。

袁桷《清容居士集》卷二四《瑞芝亭賦詠序》 昔之聖人，建中和之本，畜四靈以爲應焉。麟鳳則其儀，龜龍效其文。倏火之利以制五穀，養其太初，壹情性以齊形色。四方不同，而養生送死，莫敢有異焉者，教使之然也。中古而降，道德不能以一，而昔之所睹，悉以爲異。表章鋪模，圖記所載，不常有於動植，遂名之曰瑞焉。繇是，眩幽抉奇之士，棄所服食，吸空制景，烹冶飛伏，卒枯槁無所成就。甚者則曰，吾治法有未盡。吁！可哀也矣！延祐五年，中和夏真人明適承詔祝祠上清宮，精一不懈，竣事憩館于崇真院。松竹交列，睹厥墳壤，擢莖而光，玉質鏐章，瑩然以敷，咸曰：「是芝也，誠爲瑞。」稽圖徵史，復曰：「無以異。」遂積竹爲亭以落之。迺曰：「繄吾道祖之應焉耳矣！」鏗鏘春容，攄藻獻秀，筆争綴而簡争續也。余讀而歎曰：頌聲之變基於魯。登高能賦，始之以洋溢，終之以託寓，其理然也。《神農書》定芝爲上品，神僊家服之，云可得上壽。蜿蜒清淑之氣，嘗閟而不發，地非愛其寶，待其人而始彰也。維今開府大宗師張公，際休明之運，陟降帝所幾五十年，子孫繼承，罔敢暇豫。是芝之瑞，吾見耄期稱道，益莊而愈完，表于山中，夫豈榮觀之美！挹其粹和，道充氣腴。異日駕青牛之車，歸返故山，撫芝一笑，則其爲瑞也畢矣！願敘以爲徵。

唐元《筠軒集》卷一〇《醒心亭記》 星源之嚴田，古號山水之勝，風氣蓄聚，鍾爲衣冠之區，非易地比。余二十餘一再過家上塚，迺拜伯父直軒先生於堂上。居有間，經石山僧舍，尋青羅石洞，因謁江東表兄。江東有學而文，吾樂與之談焉，初未知醒心亭之所在也。後五十年，爲至正乙酉秋七月，表兄深谷翁書來曰：「吾兒某從族家購醒心故址，今亦亭於其間，亭在上田，市心鼻祖所創，不知所由始，而朱文公父韋齋先生所爲記，尚如星月炯然。地延袤若干，中闢一大池，歲蓄魚利，以供賓養。傍植花竹果木，有足觀者。吾弟號能文，其爲記之。」元謂醒心之旨，非儒先何能知之？世之人醉而醒，夢而醒，似喜豁然過一關矣。然醒而復醉，醒而復夢，膠擾紛雜，何時而可已耶？苟知吾心之常醒，則不墮非僻，日進高明，亦曰持吾敬而已。昔淵明愛卧醉石，德裕愛卧醒酒石，二公至竟沉酣於麯蘖之中，未可定議。元又聞歐公創亭於滁州泉水之涯，亦名醒心，吾鼻祖必有默契焉。南豐曾氏爲之説曰：「今同遊之賓客，尚未知公之難遇，後千百年，有慕公之爲人而不可得也。」元每讀至此，有異代尊賢之嘆。兄今年八十二，清健如五六十人，子孫環侍，酒後耳熱，想其意氣豪邁，不減年少時，以是知兄之亦難遇也。走也病足槃散，雖欲一見公而不可得，又何論千百年之遠哉？其所感發，有甚於歐公之在門者。雲林蒼蒼，南山在望，祝兄之壽，惟朝夕惓惓耳。吾家仲容力還故物，上以悅親，可謂有志者，宜得以書。是爲記。

張養浩《歸田類稿》卷八《綽然亭上梁文》 常慕閑而未遂，久搴清泉白石之思；不待年而遽歸，已冥皂蓋朱幡之慮。必功成而始去，恐時失而莫追。聞健休官，用期寡過。伏念某夙非閥閲，雅鬱經綸。玄裳豈願乎乘軒，頳尾本期於縱壑。偶操刀於外邑，俄持斧於中臺。抗言幾血於虎牙，珥筆復塵於螭首。在棘闈而兩叨貢舉，入蘭省而三預贊襄。簿書身憊於奔馳，期會耳煩於呼叱。五更待漏，遥瞻兔魄於璇霄；一疏論燈，誤得驪珠於滄海。衆皆過譽其忠藎，已獨自悔其狂愚。雖蒙鈇鉞之寬，實出神明之祐。幸今完璧，理合迴輈。王夷甫宦情之無，哂清談之多僨；錢若水急流而退，嘆奇節之鮮儔。非有心敢擬乎名賢，固無技可呈於治世。疇昔之捧檄非詘，而今之税駕何疑。人謂歐陽公踐言之遲，我喜陶弘景掛冠之早。爰於别墅，肇構斯亭。適當華鵲之衝，兼有泉石之勝。芳叢錯綉繞風煙，移榻而觀；老瓦傾銀掬水月，洗觴而飲。於心足矣，何福如焉。昌晚景於桑榆，傲歲寒於松栢。一蓑煙雨，絶無庾亮之塵；四面雲山，盡是王維之筆。或天游於汗漫，或雲卧於荒寒。或散髮以弄扁舟，或披襟而坐茂樹。或投轄以留飲，或臨池以學書。或倚笻而聽猿啼，或投芥以命鶴舞。或弦誦以教子，或吐納以學仙。或酣歌賓客之前，或長嘯煙霞之表。惟日不足，其樂無涯。一壑一丘，聊以償半生之苦；五年五詔，將何報九重之知。仰架脩梁，俯陳善禱。

東，繞屋煙嵐萬玉峯。莫道歸來無用處，也能善頌效華封。

南，林影山光水倒涵。一自角巾還第後，懶將心事向人談。

西，竹塢蓮塘接稻畦。榮辱從今都識破，不須鵬鷃校高低。

北，郊原處處皆春色。牧童也識太平懽，落日一聲牛背笛。

上，朝暮雲煙千萬狀。紅塵不到笑談邊，何處人間有蓬閬。

下，世累而今都不挂。閑來底處用吾心，看水看山仍看稼。

伏願上梁之後，神人胥悦，物我皆春。書添架上之芸香，酒溢床頭之松乳。佳客常盈於座榻，好山永對乎軒楹。居畎畝而遺安，竊比襄陽之隱士；處巖穴而索價，不爲少室之山人。

虞集《雍虞先生道園類稿》卷二五《馬清獻公墓亭記》 今秘書監卿致仕薛

超吾兒昂夫，昔葬其先獻公於龍興北門之外，伐石太湖，刻吳興趙公書清河元公所著銘，而清苑郭公所篆額者而樹之。其高丈有七尺，龜趺螭首，皆一品之制。又爲亭覆其上，前爲闕，中有表，曰「元故上柱國御史大夫覃國清獻公神道碑」。前後三十年，始如其志以成。壯麗奇絶，特出於江湖之間。都人士以爲見未曾有，達官貴人與四方之遊士賓客，過而覽者，咨嗟歎息，以爲昂夫之顯揚其親，無所不用其極也。集嘗與昂夫得侍同朝，老而僑耕臨川之上，目有恒疾，不能一望其設施，未嘗不往來於懷也。昂夫不以予之不敏，使其客楊邈列其詳。豫章之城，爲東南一會府，城陰之趾，高厚盤礴，如重車之行止於金柅，風氣之畜，目力之放，幾千百年於兹。昂夫營剛擇吉而得之，固非偶然也。其爲藏也，深固得宜，封樹從禮。固昂夫之智之學，足以及之也。仁皇在御，昂夫得召見，以大宗伯之屬士通禁從，主天子符璽，官典瑞，三加而彌尊，眷遇日親顯。適有近臣爲他官，奏封贈恩，上若曰：「贈官所以表賢臣之思，伸孝子之志，可汎及妄得乎！」顧謂昂夫曰：「若爾先臣則可矣。」於是以御史中丞贈御史大夫，易名清獻。覃懷，公嘗家焉，而上潛邸之所出居也，以覃爲國而封之，於是爲異數焉。當是時，文學之士，盡聚於朝廷。吳興、清河及清苑三公，翰墨擅名海内。一日奉詔，各以能事致褒美，是謂之三絶。石本未具摹傳，已徧好事家矣。至治初，昂夫請守外郡，得以其間遊乎東吳，求美石焉。美木舟虚載而浮之，出江陰海口，泝流而西，至于豫章。昂夫與其子，渡浙江，逾浙嶺，趨墓下，恒以風濤爲虞。亟訊之，則已至洪橋門矣。北沙近墓而善陷，輦以入城，經市井者五里。出北門，以達于墓，日役百夫，委曲除道，乃以二十日而後達。度所宜置，在墓之近，重幣購之。掘地及泉，得古鏡完釜，香柟之木，出而加深焉。下石錮澤，彌縫塗蜃，細壤密處，積厚以崇，庶久而無傾焉。工人定趺其上，而豐碑重大莫能起。昂夫之子吳伯都拉，縛竹加衡，教以機發，起而植之，若舉羽然，咸以爲神。則又懼夫風日雨雪之見及也，乃加亭焉。亭之爲制，方廣丈餘，其崇覆碑而有餘。建八方，啓四門，前後左右，自礎至楣，皆堅緻方長，刻董豫章之境山川之可名者爲飾，摹本可得也。周亭爲廊以外護，凡十二楹。出兩廡以接諸闕，闕之起爲石與甓，闕中之表，則今臨川太守維陽楊友直用漢法隸書也。植碑之日，行省平章貫只哥唤住，廉使兩參政憲使董鵬飛，各率其僚佐吏士來會。飲酣，兩平章起撫碑曰：「清獻公有子如此，若吾徒其如後事何？」皆極樂增感而去，則泰定甲子十一月也。始謀作亭，昂夫守太平，再守池，公田之入，不足以集事。三守衢，則積其贏以興役焉。四守廣德，歸而後大成，事繼萬石君家矣，衆人豈有是哉？亭之西廡曰「瞻雲」，又西有亭曰「流憩」，又西有「頤貞」之堂，南有「傲梅」之牕，北有「遠庖」之舍，又有「九皋」亭，則昂夫舊所自名也。九皋之前有美石，高丈許，雙峯峯然，則宋丞相京鏜家所得，南唐宋齊丘故物也。最後有閣，可以盡龍沙之景焉。亭闕前臨官道，辟其南爲神道，中道爲樓跨之，有西域義塚，以待其故鄉之歸終於此者，曰「龍沙雲徑」者，是爲大府。出北門，春秋閱武之所經，父老云：「此旌賢坊。」得印橋之故處，地非一主，皆委曲厚遺之直而完之。亭内外皆刻時人書畫，家僮守墓者，得摹印以爲食。其周詳細微極矣。惟清獻之歷官行事，著在國史，勒諸金石者，有元清河之文在。記之所著，以見昂夫於先公體魄之藏，畢力貽示於久遠者，重大如此，極觀美以爲遊宴之樂者則何有哉？然士大夫遊宦千里，傍徨歲晚而無見於將來，至昂夫之亭，忠孝之心，可以油然而生矣。予聞豫章之城南有徐孺墓，東有澹臺滅明墓。彷徨蒼煙野草之間，恍惚悽愴不可必得。而數千年來，耆耋幼稚，春雨霜露或一至焉，躊躇哀敬而不能去。龍沙之勝，歲時大夫士民庶，朝往而夕歸，覩乎壯觀而慨然興懷者，其有以乎？

虞集《雍虞先生道園類稿》卷二六《小孤山新修一柱峯亭記》 延祐五年，集以聖天子之命，召吳伯清先生於臨川。七月二十八日，舟次彭澤。明日，登小孤山。觀其雄特險壯，浩然興懷。想夫豪傑曠逸名勝之士，與凡積幽憤而懷感慨者之登兹山也，未有不廓然樂其高明遠大而無所留滯者矣。舊有亭，在山半，足以納百川於足下，覽萬里於一瞬，泰然安坐而受之，可以終日。石級盤旋以上，甃結堅縝，闌護完固，登者忘其險焉。蓋故宋江州守臣厲文翁之所築也。距今六十三年，而守者弗虔，日就圮毀，聚足以涉，顛覆是懼。至牧羊亭上，蕪穢充斥，曾不可少徙倚焉。是時彭澤邑令咸在，亦爲赧然愧，艴然怒，奮然將除而治之。問守者，則曰：「非彭澤所治境也。」乃相與憮然而去。明日，過安慶，府判李侯維肅，集故人也，因以告之。曰：「此吾土也。吾爲子新其亭，而更題曰『一柱』可乎？夫所謂一柱者，將以卓然獨立無所偏倚，而震淩衝激，八面交至，終不爲之動摇。使排天沃日之勢，雖極天下之驕悍，皆將靡然委順，聽令其下而去，非兹峯，其孰足以當之也邪？新亭峥嵘，在吾目中矣，子當爲我記之。」至池陽，求通守周侯南翁爲吾書之以來也。」李侯真定人，仕朝廷數十年，歷爲郎官，謂之舊人。文雅有高材，以直道剛氣自持，頗爲時輩所忌。久之起佐郡，人或憤其不足，侯不屑也。觀其命亭之意，亦足以少見其爲人矣。且一亭之微，於郡政非有大損益也。到郡未旬日，一知其當爲，即以爲己任。推而知其當爲之大於此者，必能有爲無疑矣。

虞集《雍虞先生道園類稿》卷二六《龍興路重建章江迎恩亭記》 江西行中書省，治豫章。豫章之城，前臨大江。天子有詔令，使者自北至，則省臣憲府，率僚屬郡縣文武百執事迎於郊序，立水滸俟望，至岸則有亭焉。奉璽書其上，再拜成禮，導以歸府，受命而奉行。使者還，餞之如初。至於貴人重臣之至者，亦接於是。其地在章江門外，滕王閣之西南。因循歲久，庭宇不足以周旋，憲官有迎餞之事至，周覽而歎之。蓋爲不稱大藩之體，無以昭事上之恭也。乃命重作迎恩之亭，戒有司庀工徒，度材木。中爲正廳三間，名之曰「星拱」，示内向而有所尊也。廳東西各有室，以肅至者。前爲樓五間，名之曰「南薰」。列屋爲東西廡。東有重屋，其北接舊址，疊石以爲亭。登高眺遠，凡滕閣之所見，一舉目而盡得之。崇敞宏偉，羽翼前後，而亭之爲制，可以稱其遠大光華者矣。經始於至正某年某月某日，畢工於至正某年某月某日。董之者，宣使八札帖木兒，以材器見知，敏而有度。不以華麗爲夸大，不以疎簡爲文具。經營之勤，可以悠久。其資用一出於公帑，無加賦於民，是以事成而民弗知也。洪惟聖天子以恭儉爲治，萬方化之。江湖之表，荷上恩德，庶用休息，小有興繕，亦尚事也。然猶審材力，謹制度，節用而愛人，非必不可不爲者不爲也，如斯役是矣。今名公大臣之在於斯也，以德業相尚，高風清節，適萃於一時。先其憂而後其樂，吾民賴焉，誠不可無記也。請列其爵里名字於後，以示方來者云。

虞集《雍虞先生道園類稿》卷二六《南康路學重建水鏡亭記》 至正三年冬，濟南孫侯天民來守南康，新政令以濯其舊。人和歲豐，廢闕具舉。出歲俸以修學，學有泮池，池有亭。揚瀾左蠡當其前，取歐公詩中「水鏡」之語以名之。蓋淳熙七年，朱文公以守臣修學時所置也。内附後，亭燬，軍士寓焉，遂居有之。孫侯之來，始復其地，作亭凡四楹，前爲軒，廣二十有八尺，深三十有二尺。前臨川太守洛陽楊友直，以漢隸書其額，如文公所名。又得其傍空地爲屋三間，以容僚吏受事之往來，使守屋者居之。又甃石隄其涯，以防水之衝齧。董其役者，星子令蔡君瑛也。將刻石以示諸永久，求予爲書之。夫水，天下之至險，揚瀾左蠡居其一焉。風濤洶湧之不時，魚龍變化之不測。千態萬狀，自獻於几席之下，亦千里之奇觀也。君子於登臨覽觀之際，乃獨取夫安静平易，不競不息，清明瑩徹，無所留礙者，以爲之名焉，亦可以見君子之心矣。若夫搏擊躍濆，潰冒衝突，動心駭目者，豈水之本性哉？故夫感於物而動，利害之變生焉。登斯亭也，可以知所戒矣。予聞朱文公之在是邦也，嘗以月夜與客泛舟出彭蠡門，至於西灣，歌「擊空明、遡流光」之章而還。餘風遺跡，猶可想見。安得從孫侯於兹亭，尚論先哲於千載之上者哉？

虞集《雍虞先生道園類稿》卷二六《環翠亭記》 臨川城中，李氏居宅之後，有竹千百竿，作亭其中，名之曰「環翠」。其鄉先生孫君履常氏書程伯子所賦《環翠亭》詩於其上，使其父兄子弟覽觀而諷詠焉。元統癸酉冬，予謁告歸田，而召還之使遄至，從之入城府，而病復作，留居久之。李氏嘗邀予至亭，而不能往也。後五年，李氏之仲浩卿，與其從子本，訪予山中，道斯亭之勝意，欲予賦之者。嗟夫！古之大夫君子，所謂能賦者，豈必皆己作也。昔人之言，有慨于衷，則永歌之以寄其意云爾。孫君之書，蓋爲得之，且温柔敦厚之教，孰有加於程子之言哉？然程子之詩，其首章曰：「城居不見萬山重。」而臨川之爲郡，城中多岡阜，城南第一峯爲獨高。别支曼衍而西出，其止也爲羅家之山。李氏之亭，在其東麓，程子之所謂不見者，而斯亭得之，則其地似有以勝之者矣。其卒章，猶有暫遊遽去之歎，而李氏之「環翠」，予乃未嘗一至焉，此又何由賦之也邪？雖然，李氏之先，有活人陰德。竹之生意，沛然似之。李氏羣從子弟八九人，皆好讀書，伊吾庭户，聲若金石。其秀挺玉立，又庶幾似之。且聞其好賓客，琴書觴詠無虚日。《詩》曰：「有斐君子，如切如磋，如琢如磨。」亦有從容於猗猗之間者乎？噫！郡之城於此者，幾四百年矣。其民今數十萬家，所謂園池亭榭，富者或過侈，而貧者不能有也。至於竹樹之植久遠者，或日就剪伐，而方興者，晝夜之所息，雨露之所養，亦未必遽能有此也。李氏之亭，本諸其先之陰德，續以其子孫之讀書。賓客之來於斯者，尚有以識之也哉！

《〔康熙〕沂州志》卷一八劉文蔚《平野亭賦》 瑯琊古郡，海右雄藩。介青徐之遐境，跨蒙羽之名山。按經圖兮，歷二千年之城廓；詢父老兮，曾十萬户之廛闤。嗟繁華逝而不返兮，久瀟灑於兵革之殘。追前賢創造之遺蹟兮，認舊碑剥落之苔痕。一臺存於公署之左兮，其勢俯瞰東北之城垣。寂寂兮瓦礫之墟，森森兮荆棘之攢。昔郡守備邊之未暇兮，其來亦孰爲之一觀。越至元之己卯，屬大統之中原。郡守以善政而底譽，謂儲企範也。監司由上考而來官。謂老撤公也。乃因政之暇，乘農之閑。且陶且冶，載伐載刊。役不兩旬而既畢，用無百姓之所闗。崇峻峭拔兮，葺故基於九仞，輪奐翬飛兮，搆新亭之十間。眠其下也，緑樹漫漫，市井班班。甍宇參差兮鱗次，車馬彷彿兮往還。靄萬竈之炊煙兮，隔物我以僊凡。忽一掃其風埃兮，驚夢寐於塵寰。流好音兮幽鳥，生繞砌兮芳蘭。棲朝雲於畫棟，堆野色於危欄。忘萬感之紛擾，覺六月之微寒。鷺孤飛於霞際兮，疑星轉乎天端；鷗羣集於沙上兮，若波起乎平灘。不雕不畫兮，入雲烟之清雅；無陰無晦兮，極村曲之縈盤。每公餘而自適，縱却顧而前看。一帶高深兮山水秀，千里沃壤兮邦畿寬。莫不豁詞林之風月，瀉胸次之波瀾。若夫與客共飲，因公置熕，列雲霄之雅聽，促玉漏之清彈。倒鯨杯而吸翠，發酣歌而怡顏。懷古人之興感，豈賞心之易闌。非不知役不可兮難舉，事不可兮尚繁。蓋賢者之所作，能勞民於既安。況乃諭之以道兮，人得其歡；使之以時兮，孰憚其難。不徒宴樂於此兮，欲坐觀乎稼穡之勞，庶幾知民之艱也。

馬祖常《石田文集》卷五《草亭賦》 長清先生被召供奉翰林之明年，構亭於所居之前，扁名曰「草亭」。謂其友夷門之客曰：「古者能賦可爲大夫，客盍賦斯亭以見志哉？且無盈辭以誇，無曲辭以競，無剞辭以飾，而亦無寓辭以病也。」遂爲賦曰：都邑雄雄，有亭厥中。廣可函丈，而高如廣。蹤赤埴外塗，而白茅上崇者，非先生之草亭耶？予蓋得觴酒賦詩於其下矣。弱篠小草，葱菁乎其左茁也。丹花碧萼，窈窕乎其右擷也。壺箭博局，琴几畫圖，庋而設也。筆簡研石，書帙劍器，布且別也。秩然其有截也，憺乎其能潔也。冠屨肅肅，佩玉在躬。籩豆晏晏，言笑有容，朋合悅也。登降步趍，衣帶委如，姬孔輿輿，諷言徐徐，自整攝也。是則游息之植學，燕閒之脩業者，固可徵於前哲也夫。至乃葺屋作室，黝堊丹漆，華目鑠心，文采差參。回廊曲房，翱翔步瑺，飛閣虛堂，擊鼓吹笙。此固侯王之所當，而非下士之所可常。俄有一人歌於坐旁，其歌曰：「衡門之下，可以棲遲。有美君子，不恤其私。不恤其私，煒也古辭。作亭叢叢，蝸螬黽穹。于室之東，緊古之宗兮。」又歌曰：「爰有人兮好儒，視藐藐兮獨趍。不齷齪兮以濡，疇道之依兮而孰與居！」

吳師道《禮部集》卷一二《山意亭記》 東平辛侯守蘭溪，即其居之東築亭焉，名之曰「山意」。州固多山，獨城之南與山接。桃花塢者，實金華之支，傅溪而止，高而環，窈而容，勢涵蓄而紆徐，舊以植桃，故名。今其下多喬松豫章，清池古石，幽邃斗絶，不異穹石碪岩。侯之來也，顧樂居之。亭制踰丈，因崇爲基，覆以茅，椽以竹，板以代甓，示儉也。壁其背而扉其前，旁兩窗，因方相時，而實以山可見也。休暇時，或斂衣晏坐，凝眺徙倚，拱翠浮嵐，近在目睫，爲之欣然忘食。侯政尚清簡，恬于世好，所至杜門，不通請謁，微其薄彼而此厚焉，何于山獨惓惓也？然愚觀侯仁名而壽字，其名是亭也，復有合，非徒適游觀、表高勝，若夫拄頰之玩朝爽，採菊之見夕佳，以逍遥于塵外而已。聖人以樂山喻仁，静言體，壽言用也。侯爲人重厚安裕，天資爲近之，樂是也固宜。理之在天地間，無處不有，在人者不異于物，而在物者亦以示人也。仁之根心與生俱來。山之接于目，無一日而不見也。善體仁者，得之于目而喻之于心，凡天下之山無小無大，而陳于前者，皆吾爲仁之助也。奚特此哉？體之而得焉，則有吾胸中之山，目雖無山可也，古人所謂得意而忘言者，其此類歟？然則侯之意爲可識也已。因書其概，俾登斯亭者省焉。

吳師道《禮部集》卷一三《梅公亭記》 士君子遊宦之邦，去之數百年，人猶想其風烈而不忘，至於崇表而彰顯之，是雖好德之心，然其所以使人至此而爲末俗之勸者，豈小補哉！池之建德，故宋尚書都官員外郎國子監直講梅公聖俞景祐間爲知縣事，集中詩幾百篇，皆在是邑作，而當時風物官況之大畧可考見也。後人嘗即官舍西偏爲梅公堂以祠之，既廢，而今柴夢規重建於縣圃之北。世易事更，復改縣後之半山亭爲梅公亭以識其舊，未幾，亦化爲荒墟。師道之來也，按行遺趾，見大礎在茀草中，蕘兒牧豎躑躅其上，老木三數株，錯立蒼然，爲之躊躇太息，自是營搆之念往來於懷。越明年，始克就緒，爲屋三間，復扁其號，限以周垣，鍵以外扃，飛簷虛楹，高亢疏明，既與邑人慰其景仰之思，而溪山室屋，環繞映帶，又得登臨之美以相樂也。當宋之初，文體卑陋，公倡古淡之作，一變其習。歐陽子以一世巨人而盛推尊之，若己弗及，又以「仁厚樂易、温恭謹質」稱其人，同時諸公交口論薦，雖仕不大顯，而文學行義足以儀當時而表後世。建德肇邑自唐，令長凡幾何人，而公之名獨稱之至今，是豈可以勢力致哉？使凡吏於此者登公之亭，誦公之詩，思公之所樹立以自勵，則斯邑之民將受其賜於無窮；不然，是皆公之罪人也。師道於公無能爲役，然不可謂無志於自勵者，斯亭之作，既自爲之經營，而衆來致助，乃命邑人某董其事，不以煩民，庶幾可久，尚告來者，嗣有葺焉。其或迂吾之爲，漫不加省，任其圮壞泯滅，亦獨何心哉？亭成當至元三年丁丑之歲十二月乙亥，明年春三月某日記。

楊維楨《東維子文集》卷二二《芳潤亭志》 君子論根源者，莫大乎世澤之厚；論福壽者，莫大乎六藝之學也。故得其學者，根固而芳菲，源深而潤敷。前人以是始之，後人以是終之。芳之菲無時而歇，潤之敷無時而涸矣。世之言芳潤者與是異，曰爵以芳其身，而其芳也，朝榮而夕悴；曰富以潤其屋，而其潤也，乍濡而忽槁。豈知六藝之芳潤者，遠且大哉！吾來吳中，得所見之家，證其信者曰琴虞氏也。虞氏，自某公至宣慰使，公用六藝之學，厚仁根義，不食其報者已若干世。宣慰始克亨，有榮名五十餘年，而其子若孫，林立穎發，出典大縣者三，掾史院者一，以經行應賢能之書者，不一而止。其爲芳也彰矣，潤渥矣。此任氏講禮樂之亭，而有名「芳潤」者，非以林池華竹之勝，世澤之允蹈也。主是亭者爲伯璋，宣慰公之第五孫也。伯璋齒方壯，惇行孝友，又善尊師好學，光于前人，一時名卿賢大夫，皆折行輩交之。吾知任氏之芳潤，方全盛而未艾也。不然，何其子孫之多且賢歟？吾不及識宣慰公，而幸伯璋與吾遊。嘗觴吾亭之上，講求六藝之所深得，且求言以爲志。吾於任氏之芳之潤，益培而馥，使世而彌章；益疏而沃，使及物而彌大也，實有望於伯璋，故書。

楊維楨《東維子文集》卷二二《竹西亭志》 客有二三子，持竹西楊公子卷來見鐵崖道人者，一辯曰：「大夏之西，有嶰谷之竹，斷兩節而吹之，協夫鳳凰，此吾公子之所以取號也。」一辯曰：「首陽之西，孤竹之二子居焉，清風可以師表百世，此吾公子之所以取號也。」一辯曰：「江都之境，有竹西之歌吹，騷人醉客之所歌詠，此吾公子之所以取號也。」道人莞爾而笑曰：「求竹西者，何其遠也哉！伶倫協律於嶰谷，未既竹之用也。孤竹之子，餓終于首陽，亦未適乎中庸之道也。廣陵歌吹，又淫哇之靡，竹之所嫌也。地無往而無竹，不必在淇、在渭、在少室、在長石。羅浮、慈姥，文竹之所也。公子居雲之澳，滌蕩之所，敷箘簵笘之所蕞，結亭一所，在竹之右，即吾竹西也，奚求諸遠哉？雖然，東家之西，迺西家之東也，竹又何分於東西界哉。吾想夕陽下春，新月在庚，閶闔從兑至，公子鼓琴亭之所，歌商聲，若出金石，不知協律之有嶰谷，餓隱之有西山，騷人醉客之有平山堂也。推其亭於兔園，莫非吾植。推其西於東南，莫非吾美。二三子何求西之隘哉？」三子者矍然失容，懅然下意，逡巡而退，道人復爲之歌。明日，公子來請曰：「先生之言，善言余竹西者，乞書諸亭爲記。」歌曰：望之娟娟兮雲之篁，結氤氳兮成堂。百草棼而易藎兮，孰與玩遺芳。曰美人之好修兮，辟氛垢而清涼。豈大東之無所兮，若稽首乎西皇。虛中以象道兮，體員以用方。又烏知吾之所兮，爲西爲東。叶當。

貝瓊《清江貝先生文集》卷一五《游冶亭記》 君子不觀山川之勝，無以廣其志、宣其文。金陵之山川不一，而冶亭特據會通之地，盡有其勝者乎？洪武三年春，余客金陵，思一至其所，以求吳孫權之故蹟。時預編纂《元史》，蚤夜不得休。及史成謁歸，雖可游而不暇矣。既抵舍，親友相過者，屢以冶亭爲問，而茫然莫知所對，心亦竊悔之。六年，復徵爲國子助教，以爲必償向之所願，而日與諸生講肄，安敢舍其所事以遂吾私哉？五月朔，有一日休沐之暇，遂與二三子道出虹橋，西過朝天宮，而所謂冶亭者，始獲登焉。亭在宮中之土山上，山有三亭，由冶亭而東曰鍾英，由鍾英北折而西曰飛龍。飛龍者，元文宗出居金陵時所構。及嗣位，道士陳玉林名亭以榮之。歲久與鍾英俱毁，惟冶亭抗於古木叢篠間，亦無黝堊丹漆之飾矣。是日也，夏雨初止，四無留雲，東望鍾山，高插天半，而蟠龍之勢，蜿蜿蜒蜒，欲挾雲而上下。其西則大江隱隱然白引一絲，依山而東。江右諸山，起伏向背者，又若青芙蓉萬朵，歷歷可數。而北山石皆瑪瑙色，方旦時與日光霞氣相射，蓋亦鍾山之僎介乎！近有民廬萬區，鱗次櫛比，及南北二塔，屹然對峙。金陵之奇觀畢效於茲矣。境與心會，久而忘返，不知没没埃壒中者，知有此樂否也？因爲之歎曰：昔六朝皆國金陵，若鳳凰臺、謝公墩已湮於荒煙野草，而冶亭翼然尚存，余幸得一寓目其上，不可以無述。乃各賦詩一首，且志游之始。

仙宮有山如虎蹲，石古不洗泥沙痕。山頭冶亭久寂寞，日夜雲烟相吐吞。我來登山恐無路，雨過新緑如雲屯。解衣亭上坐盤礴，身同野鶴初離樊。攢青疊翠起相向，插天喜有鍾山尊。蟠龍之勢欲飛舞，起伏高下何蜿蜿。大江西來赴碧海，腥風五月吹江豚。東南形勝此第一，擬問六代英雄魂。珠簾羽帳俱已燔，荒基草合鵶鳥喧。百年死樹剥鱗甲，秋聲夜作波濤奔。嵯峨更愛北山秀，霞氣曉射扶桑暾。周顒何處草堂閉，往往月落聞驚猿。山窮水盡見平野，人家彷佛淮南村。莫愁艇子不復繫，桃葉渡口愁黄昏。可憐今古竟何事，區區王謝猶争墩。向來海内俱腥臊，聖主匹馬開中原。黄旗紫蓋今始見，青春一氣回乾坤。重遊京國非少壯，耆老如星今幾存。金鞭走馬白下門，胡姬坐調諸王孫。一時光彩動左右，豈意零落悲蓬根。方今幸樂太平日，衰朽自荷皇天恩。平生英氣獨未盡，賦詩尚敵曹劉垣。長干買酒唤李白，江風山月須吾論。

盧琦《圭峯集》卷一《悠然亭賦》 蘇子瞻説陶詩云「本自採菊，而舉頭見山，悠然忘情，趣閑而景遠」，可謂深得此詩之旨矣。然此老自彭澤去官歸，不爲世故所縛，隨所寓輒悠然，非特採菊見山之詩而已。靖山蔣君慕靖節之風，而以「靖山」爲號，取採菊之句，而以「悠然」名亭，其趣向從可知矣。予因爲之賦，以擬君之趣。賦曰：驛溪之山層層，驛溪之水泠泠，有隱君子，俯溪而亭。窗八面兮玲瓏，屋數椽兮丹青。景無禁而可取，門雖設而不扃。儉不及陋，奢不及侈，而扁以悠然之名。主人無事，日遊于亭。曰昔義熙哲人，解組來歸，神契靈均，節凌伯夷。念夙世之所慕，冀往躅之能追。忽舞蹈以有得，乃援琴而歌之。歌曰：「若有人兮山之下，步東籬兮容與。紛春妍兮何之，撫秋香兮遲遲。暮秋香兮娱人，立西風兮誰晤？」又歌曰：「若有人兮山之麓，步東籬兮彳亍。日將夕兮忘歸，采芳馨兮盈匊。盈匊兮遺誰？羌好修兮公所獨。」又歌曰：「若有人兮山之陰，樽有酒兮床有琴。撫琴兮無絃，釃酒兮屢斟。何千載兮寥寥，羌獨會兮余心。」歌闋，于時有客坐于亭上，聞歌而晤，攬衣而起曰：「大化一漚，浮世萬殊，事有共途而異域，人有異世而同趨。維先生之所尚，與靖節兮相符。至若灝氣橫空，荷枯柳敗，盻芳蘂之始華，傲晚節而獨在。方離披以向榮，丰璀璨而可愛。幽馥散乎庭户，雅韻凌乎蕙茝。既列屏以競秀，亦排闥而自獻。嵐光凝而暮寒，木葉下而秋遠。雲出岫以來歸，鳥投林而已倦。登斯亭也，對斯景也，其靖節之所見者歟？維亭之下，鑿苔而池，分數畝之静幽，開一鑑之漣漪。導泉流之縈迴，泛瓦影之參差。亭亭者華，不蔓不枝；圉圉者鱗，躍波而嬉。於此而嘯咏，何異乎臨清流之賦詩？維亭之側，瀕池而圃，恍惚乎三逕，依稀乎五畝。夕延竹外之月，朝拂花間之露。時摘我蔬，時種我樹。清陰在觴，佳色在屨。於此而逍遥，何異乎涉南園以成趣。綸巾翩翩，羽扇載揚。薰風南來，衾枕晝長。似卧北窗，夢寢羲皇。佳賓既至，歡伯在席。留連投轄，談笑岸幘。似遊廬阜，偃仰醉石。左圖右史，前經後傳，秩然插架，可味可翫。爾遺埃壒，身謝軒冕，澹然閑情，孰羈孰絆。似乎歌歸來之詞，以遊下潠之館。嗟卷舒有時，顯晦惟遇。釋莘野之耒而澤民，投渭川之竿而佐主。墅平泉者，秉國之鈞；堂緑野者，中興之輔。今也四海爲家，萬國車書，吾子將爲鳴陽之鳳乎？抑將爲空谷之駒乎？將爲在林之鶴乎？抑將爲泛水之鳧乎？」主人笑而謝曰：「北山有移文之誚，終南貽捷徑之譏。謹我優游，勉我遁思。夜鶴不可使之蕙怨，曉猿不可使之林悲。」言畢，但見空山寂寥，凉飆颯爽，四簷露冷，雙溪月漲。付物我於兩忘，夫奚有乎得喪？又安知夫蔣之爲陶，而陶之復爲蔣也耶？

陳基《夷白齋稿》卷二七《水雲亭記》 都水庸田使西夏楊公雙泉涖官吴門，寓第有池焉。池上爲亭，雕甍錯栱，綈構偉麗。中設匡床，左右圖書筆硯，參置嘉華美竹香草之屬。冬則撤南户，斵木爲疏，承以素楮。水光雲影，顛倒几席，顧而樂之，因名其亭曰「水雲」。今江浙行中書平章康里明德公實手題其扁。公既刻置亭中，復俾其客臨海陳基爲文以記之。夫水光徘徊，雲影下上，君子觀乎朱子方塘之詩，有以見夫心之體焉。是心也，人皆有之，朱子獨先得其所同然者爾。故昔之觀於川上者，曰：「悠然而虚者與神謀，淵然而静者與心謀。」今公退於休沐，逍遥斯亭，讀古人之書，求古人之心，廓乎有容，湛焉不昧。萬物交乎前，吾不隨以遷；衆慾誘乎外，吾不從以化。舉天下之物孰足以諭之，其惟水與雲乎！蓋水以清爲體，雲以潔爲質。清者不瀆，潔者不汙。君子思所以神明其德，而與昔之賦方塘、觀川上者夷猶容與，同游乎顥氣之始，必於此焉觀之可也。公名亭之義亦遠矣！雖然，水不徒清，所貴乎利世也；雲不徒潔，所貴乎澤物也。今公以耳目近臣權衡水政，財成地利，輔相歲功，始於江湖，達於四海。譬猶泰山之雲，起於觸石，合於膚寸，及其從龍鼓風雷、周八極，爲雨以潤澤天下，則其爲利也斯溥矣！《詩》云：「維其有之，是以似之。」遂書以爲記。至正十四年夏四月戊戌記。

朱善《朱一齋先生文集後卷》卷四《歷下亭記》 洪武戊午臘月，善與山東從事崔思晟歸自遼東，謁布政使吴公、參政閻、宋二公於濟南。吴公復命思晟陪余登歷下之亭，顧瞻久之，嘆曰：「濟南之勝，在歷下一亭；而斯亭之勝，又在大明一湖。觀其近接泉流，遠通山色，垂楊低暎，飛雲閑度，鳧鷺翔集，魴鯉游泳，亦斯湖之大概也。若乃春日載陽，晴波瀲灎，夏雨初霽，荷香襲人，秋露既降，稻田穲稏，冬曉冰凝，湛如明鏡，雖四時之景不同，其爲可樂一也。然君子之登斯亭也，豈徒快一時游觀之樂而已哉？俯仰今古，必有所慕之人焉。即其人之行事，觀其人之用心，於以爲政，吾知其利澤之及人，遠矣！」或者則曰：「歷下之亭，所以名重天下者，以有杜拾遺、李北海焉耳。」噫！是亦淺之爲論也。齊國洋洋，表兹東海，太公肇基於前，桓公繼霸於後。管仲、晏子之功，孟子猶不屑也。北海之才名，拾遺之文采，雖匪後人所敢望，然君子所以自期待者，寧當止於是而已乎？吾聞近城數里，有閔子墓焉。九京可作，非斯人吾誰與歸？昔范希文之記岳陽也，曰：「先天下之憂而憂，後天下之樂而樂。」蓋必有如是之心胸，而後能與洞庭同其廣大。愚亦曰：「君是邦者，必能志閔子之志，學閔子之學，斯可與歷下之亭、大明之湖同其悠久矣。」謹以是復命於吴公，而遂一書之以爲記。

劉楚《槎翁文集》卷六《茅亭記》 茅亭者，族子劉仲啓之所作，以居息焉者也。深廣僅千尺，而高之度復贏其三焉。亭在大原三岡之陽，直其故廬東偏。故廬嘗燬於兵，仲啓思有以復之，而相忘於簡易也。乃鬪壤爲基，因石爲趾，伐山取材，曲直隨勢，不甚煩繩削，上列條枝，結爲疏椽，覆以茨茅，堅厚比密，望之隆然陂陀，若蓬之累，若囷之積，而丘阜之中峙也。其東北西三向皆繚以環堵，空其南以通明，其旁復築土爲垣以周之。潭潭幽幽，風雨攸除，炎暑斯豁，几榻周布，囂塵不驚，但見喬木參差，前出垣端，復有橫岡蜿蜒，翼乎其右，嵐光晴翠，下窺户牖，坐而覽之，不知萬間之有廣廈，而飛甍之有重閣也。仲啓芳年盛氣，倜儻通敏，方志學而博於藝文，又能以其閑曠之日彈棋賦詩，樵林釣水以爲樂。故其事親既極旨甘之奉矣，而尊賢取友之意尤孳孳不倦，故凡徜徉燕集於斯者，類皆擷蘭搴桂懷芳而志絜者也。余嘗過而憇之，以爲斯亭無雕刻之華，無翬采之飾，無鏝杇之巧，而取材於山，干茅於野，不庳不陋，類有質朴淳厖之意，宜資之易而可無待於他求，居之安而可繼以常葺，則凡超富貴利達之塗，得以安乎平素而不移於巧異者，其視太古林栖野處之風亦豈遠哉。他日，仲啓介予甥陳雲來求文以記。嗟乎！一茅亭之資地，人孰無之，亦孰不能爲也，然而有莫之爲者矣。顧乃勞筋骨、疲心志於土木文繡之工，而過爲其所甚難與不可必得者，傲然自以爲雄一邑而誇一世，然計其身之所經營曾不易也，忽焉與榛棘瓦礫同一凋落，卒不能以復振者，往往皆是也，則劉氏茅亭之作，又豈可易而少之哉。矧仲啓予同姓也，儉而無慕乎其外者也，敦孝友而能樂乎其常者也，余安得不述而記之，俾以告其後之葺斯亭者。

袁中道《珂雪齋近集》卷一《樗亭記》 金粟園後，有蓮池二十餘畝，臨水有園，樗樹叢生焉。予欲寘一亭納涼，或勸予：此不材木也，宜伐之，而種松柏。予曰：松柏成陰最遲，予安能待？或曰：種桃李。予曰：桃李成陰，亦須四五年。道人之跡如游雲，安可桎之一處，予期目前可作庇陰者耳。樗雖不材，不同商丘之木，嗅之狂酲三日不已者。蓋亦界于材與不材之間者也。以爲材，則不中梁棟枅櫨之用。以爲不材，則皮可爲紙，子可爲藥，可以染繪，可以頮面，其用亦甚夥。昔子瞻作《宥老楮》詩，蓋亦有取于此。今年夏，酷暑，前堂如炙，至此地則水風泠泠襲人，而樗葉皆如掌大，其陰甚濃，遮樾一臺。植竹爲亭，蓋以箬，即曦色不至，并可避雨。日西，驕陽隱蔽層林，啼鳥佛葉中，沉沉有若深山。數日以來，此樹遂如飲食衣服，不可暫廢，深有當于予心。自念設有他樹，猶當改而植此，而況已森森如是。豈惟宥之哉，且將九錫之矣。遂取之以名吾亭。

張居正《張太岳先生文集》卷三二《答湖廣巡按朱謹吾辭建亭》 承示欲爲不穀作「三詔亭」以彰天眷，垂有永，意義甚厚。但數年以來，建坊營作，損上儲，勞鄉民。日夜念之，寢食弗寧。今幸諸務已就，庶幾疲民少得休息。乃無端又興此大役，是重困鄉人，益吾不德也。且古之所稱不朽者三，若夫恩寵之隆、閥閲之盛，乃流俗之所艷，非不朽之大業也。吾平生學在師心，不蘄人知；不但一時之毀譽不關于慮，即萬世之是非，亦所弗計也。況欲侈恩席寵，以夸耀流俗乎？張文忠近時所稱賢相，然其聲施于後世者，亦不因「三詔亭」而後顯也。不穀雖不德，然其自許，似不在文忠之列。使後世誠有知我者，則所爲不朽，固自有在，豈藉建亭而後傳乎？露臺百金之費，中人十家之産，漢帝猶惜之，況千金百家之産乎？當此歲饑民貧之時，計一金可活一人，千金當活千人矣。何爲舉百家之産、千人之命，棄之道傍，爲官使往來游憩之所乎？且盛衰榮瘁，理之常也；時異勢殊，陵谷遷變。高臺傾，曲池平。雖吾宅第，且不能守，何有于亭？數十年後，此不過十里鋪前一接官亭耳，烏睹所謂三詔者乎？此舉比之建坊表宅，尤爲無益。已寄書敬修兒達意府官，即檄已行。工作已興，亦必罷之。萬望俯諒！

袁中道《珂雪齋近集》卷一《西蓮亭記》 篔簹谷中有亭曰朋石，舊主人王君堯名，以前有恠石，故取《褚伯玉傳》中朋于松石意也。予得之，以亭五向西，不可銷夏，移之雜華林後。前有睡香一本，縈文數畝，每開可數千萬朵，芬香酷烈，遂名此亭爲紫蓬萊，以此花亦名紫蓬萊也。谷中亭館既多，而此亭三方皆美箭，逼霤而生。每筍出時，如盤如盂者多茁亭中，至棟而止，不得遂其翔翥之勢，意甚惜之。欲去亭以蓄竹，而紫蓬萊爲竹根所穿，亦槁死。予既買園沙市，常依中郎，不數至篔簹。會金粟園後蓮花盛開，日暮香愈熾，意欲使花氣通于夢寐，將營一室，而力不支。乃拆紫蓬萊亭于塘上，名之曰西蓮。以此花名西番蓮，又名千葉蓮，每一朵其瓣層疊而不結實。人家多植之盆池中，未有栽于池塘，蔓衍數里者。幾可呼爲芙蓉湖。其蓋最高，綠騰一方，而雨至沓沓，作朱鷺聲，甚可聽。予方修香光之業，故以西蓮名，并志觀想。亭成而中郎過焉，謂予曰：此亭已大得通。予咲曰：非謂其有神足耶？中郎笑，已而又曰：此亭酷似主人。予曰：何也？中郎曰：主人好遊，移徙不常。而字號亦數數改易，惟此亭酷似之。予笑曰：此後方類主人。中郎曰：何也？予曰：主人從此好静，而此亭亦永不移矣。中郎搖首曰：未必。予曰：何必？復相與大咲，而置酒以侑之。時庚戌秋七月十五日也。

劉基《誠意伯文集》卷六《尚節亭記》 古人植卉木而有取義焉者，豈徒爲玩好而已？故蘭取其芳，諼草取其忘憂，蓮取其出污而不染。不特卉木也，佩以玉，環以象，坐右之器以欹，或以之比德而自勵，或以之懲志而自警。進德脩業，於是乎有裨焉。會稽黄中立，好植竹，取其節也，故爲亭竹間，而名之曰尚節之亭，以爲讀書游藝之所，澹乎無營乎外之心也。予觀而喜之，夫竹之爲物，柔體而虚中，婉婉焉，而不爲風雨摧折者，以其有節也。至于涉寒暑，蒙霜雪，而柯不改，葉不易，色蒼蒼而不變，有似乎臨大節而不可奪之君子。信乎有諸中，形於外，爲能踐其形也。然則以節言竹，復何以尚之哉？世衰道微，能以節立身者鮮矣。中立抱材未用，而早以節立志，是誠有大過人者，吾又安得不喜之哉？夫節之時義，大易備矣。無庸外而求也。草木之節，實枝葉之所生，氣之所聚，筋脈所湊，故得其中和，則暢茂條達而爲美植。反之，則爲瞞，爲液，爲瘻腫，爲樛屈，而以害其生矣。是故春夏秋冬之分至，謂之節。節者，陰陽寒暑轉移之機也。人道有變，其節乃見。節也者，人之所難處也。於是乎有中焉。故讓國，大節也，在泰伯則是，在季子則非。守死，大節也，在子思則宜，在曾子則過。必有義焉，不可膠也。擇之不精，處之不當，則不爲暢茂條達，而爲瞞液瘻腫樛屈矣。不亦遠哉！《傳》曰：行前定則不困，平居而講之，他日處之，裕如也。然則中立之取諸竹，以名其亭，而又與吾徒游，豈苟然哉？

歸有光《震川先生集》卷一五《滄浪亭記》 浮圖文瑛，居大雲庵，環水，即蘇子美滄浪亭之地也。亟求余作滄浪亭記，曰：「昔子美之記，記亭之勝也。請子記吾所以爲亭者。」余曰：昔吳、越有國時，廣陵王鎮吳中，治南園於子城之西南。其外戚孫承佑，亦治園於其偏。迨淮、海納土，此園不廢。蘇子美始建滄浪亭，最後禪者居之。此滄浪亭爲大雲庵也。有庵以來二百年，文瑛尋古遺事，復子美之構於荒殘滅没之餘。此大雲庵爲滄浪亭也。夫古今之變，朝市改易。嘗登姑蘇之臺，望五湖之渺茫，羣山之蒼翠，太伯、虞仲之所建，闔閭、夫差之所争，子胥、種、蠡之所經營，今皆無有矣。庵與亭何爲者哉？雖然，錢鏐因亂攘竊，保有吳、越，國富兵強，垂及四世。諸子姻戚，乘時奢僭，宫館苑囿，極一時之盛。而子美之亭，乃爲釋子所欽重如此。可以見士之欲垂名於千載之後，不與其澌然而俱盡者，則有在矣。文瑛讀書喜詩，與吾徒游，呼之爲滄浪僧云。

歸有光《震川先生集》卷一七《畏壘亭記》 自崑山城水行七十里，曰安亭，在吳淞江之旁；蓋圖志有安亭江，今不可見矣。土薄而俗澆，縣人争棄之。予妻之家在焉。予獨愛其宅中閒靚，壬寅之歲，讀書於此。宅西有清池古木，壘石爲山；山有亭，登之，隱隱見吳淞江環遶而東，風帆時過於荒墟樹杪之間，華亭九峯，青龍鎮古刹浮屠，皆直其前。亭舊無名，予始名之曰畏壘。莊子稱：庚桑楚得老聃之道，居畏壘之山。其臣之畫然智者去之，其妾之挈然仁者遠之。擁腫之與居，鞅掌之爲使。三年，畏壘大熟。畏壘之民，尸而祝之，社而稷之。而予居於此，竟日閉户。二三子或有自遠而至者，相與謳吟於荆棘之中。予妻治田四十畝，值歲大旱，用牛輓車，晝夜灌水，頗以得穀。釀酒數石，寒風慘慄，木葉黄落；呼兒酌酒，登亭而嘯，忻忻然。誰爲遠我而去我者乎？誰與吾居而吾使者乎？誰欲尸祝而社稷我者乎？作《畏壘亭記》。

張岱《陶庵夢憶・湖心亭看雪》 崇禎五年十二月，余住西湖，大雪三日，湖中人鳥聲俱絶。是日更定矣，余拏一小舟擁毳衣爐火獨往湖心亭，看雪霧凇沆碭，天與雲與山與水上下一白。湖上影子惟長隄一痕，湖心亭一點，與余舟一芥，舟中人兩三粒而已。到亭上，有兩人鋪氈對坐，一童子燒酒，爐正沸，見余大喜，曰：「湖中焉得更有此人？」拉余同飲，余強飲三大白而别。問其姓氏，是金陵人，客此。及下船，舟子喃喃曰：「莫説相公癡，更有癡似相公者。」

《〔乾隆〕興安府志》卷二五劉卿《改修尊經閣敬一亭碑記》 漢陰學治敬一亭，原居明倫堂後基是矣。第規模稍未協矩，頻年來又幾於傾頹。尊經閣建自嘉靖戊午，居文廟左旁稍次，直抵儒學門内。道從學門而入，壁立而峙，義奚取而奚裨於文運。閣建之後十數□科，寥寥無人，當事者無不扼腕痛心，議修議改，而經費無從，輒已其事。寖久寖壞，其圮狀不忍側目。癸丑冬，邑侯張公來蒞此土。甫下車，即惻然毅然亟於改修於視事之初，而土木尚未遑也。迄今五載，輕徭薄税，公之撫治漢邑者誠切，邑是有起色矣。旋爲之極力補缺，建文昌宫，起魁樓，築河堤，恢拓四門，橋則立八蜡祠，次第舉行，若無留難者。繼營尊經閣於敬一亭後，爲臺千尺，爲閣千丈，與敬一亭之相望，叠翠聯珠。一切經制總裁於一心，晨夕殫力。經始於是年三月，迄八月告厥成焉。巍然焕然，其飛采流丹，直插雲霄者，尊經閣也。闊亮静深，壁箴輝映者，敬一亭也。想公之胸中預有定置，故事不煩，民不擾，規制中程，而功無難於立。奏語曰：非常之舉，黎民懼焉，及臻厥成，天下晏如也。則今日之修祠亭是已。漢庠得所瞻仰，其啟以經業一以專經，宏謨高議，稱雄宇内。爲臣盡忠，爲子盡孝，俾經常昭揭中天，萬世如一日焉。是所以克副張公合建之意，吾固知漢庠後之愛閣也，深於甘棠遠矣。是爲記。

《〔道光〕龍安府志》卷九上戴仁《竇圌山超然亭記》 余少讀《吕氏春秋》，考天下九山，心竊慕之。長而逐坐車馬，足跡所至，得獵九山之概。然皆富於宫闕樓觀，且在名都鉅邑，爲王公賢士所品題，而其跡始昭顯。若夫奇偉秀絶，本於大塊之生成者，不過王屋、太華、太行、孟門四山而已。始知古今勝地，多不符所載，以山之得名，在人也。江油雖蜀西僻壤，治北有竇圌山，山之高，著於綿劍，雙峯峭拔，巍然如闕。路盤繞而上，窮右峯之頂，有東嶽祠，左峯梯逕不通，祠前横鐵索以渡，香火之盛，甲于一方。而古碑無可稽，惟飛天藏鐘磬，有宋、元年號。鐵鎖橋之設，俗傳子明所創，無乃以蹤跡怪異，神其説以欺人耳。故登臨者至望仙臺見險，至石門見奇，迨夫躡巉崖，距虎豹，攀附而升，玄覽衆概，握兹山之上游者，在岱宇之南、索橋之西焉。客至，無不徜徉眺望，而無亭舍止息，以抒不窮之趣，未免闕然於中。乙酉孟冬，龍安司理朱公捧檄眎邑，至旬月，爲竇圌之游，税駕履巔，爽瞻而嘆曰：山乎，山乎！山不負人，而人可負山乎？乃度地勢謀爲宇，顧私心計之，而未告人也。再踰月，仍往一觀，籌其費，捐俸金若干許，市木午溪，授匠作亭。亭之高，翼然獨聳，四望羣山，如在杯案。外夾欄柵，俯臨千仞。又于三峯甃砌嚴整，東西三祠，一時竝葺。工始於臘初，落成於是歲七月。公不忍以官役奪民，且欲匠士緩圖自善，故不務欲速如此。工竣之日，公具奠白神，集鄉大夫屬吏讌於亭，其亭曰超然。問記於余。余惟山之來無亭，而亭成於今日，無論榱甍薄漢，丹雘連雲，即長泓帶捲，萬山屏列，娑蘿倒懸，虹梁偃卧，遠樹籠烟，平川羃翠，景物映發，依依在目。于斯時也，攬山川之清輝，慕仙人之遐舉，則天籟清塵想絶，浩浩乎，直欲御風乘氣以遊於無窮，而物我形體不在胸襟之内矣。公之爲是亭也，豈特賦詩吊古，釃酒放歌已哉！公文章有藻譽，爲治寬平，議獄惟緩，莅任以來，急公恤隱，遠邇頌德。暇日繹《左》、《國》、杜詩，灑灑自適，然則超然之趣，蓋得諸心而託諸亭也。他日好奇之士，列竇圌於九山，不以公重耶？公江右安福人，弱冠舉於鄉，諱仲廉，字中甫，察吾其別號云。

曹學佺《蜀中名勝記》卷二《合江亭》 《括地志》云：大江一名汶江，西南自温江縣來。郫江一名永平江，西北自新繁縣來。昔李冰穿二江，城中皆可行舟，合於城之東南岸。曲有合江亭，唐符載云：一郡之奇勝也。是亭鴻盤如山，横架赤霄，廣場在下，砥平雲截。而東南西北敻然矣。宋吕大防《合江亭記》云：「沱江自岷而別，張若、李冰之守蜀，始作堋以揵水。而闢溝以釃之，大溉蜀郡，廣漢之田，用以富饒。今成都二水，此江沱支流，來自西北，而匯于府之東南，乃所謂二江雙流者也。沱舊循南湟，與江並流以東。唐高駢斥廣其穢，遂塞縻棗故瀆，始鑿新渠，繚出府城之北。然猶合於舊渚。舊渚者合江故亭，唐人宴餞之地，名士題詩，往往在焉。久荒不治，余始命葺之，以爲船官治事之所。俯而觀之，滄波修闊，渺然數里之遠，東山翠麓，與煙林篁竹，列峙于其前。鳴瀨抑揚，鷗鳥上下。商舟漁艇，錯落游衍。春朝秋夕，置酒其上，亦一府之佳觀也。」按即今之錦官驛矣。宋周燾《合江亭》詩云：共思赤脚踏層冰，聊適江皋興自清。昨夜雨聲驅濁暑，曉來煙水快新晴。山疑九疊張雲勢，灘激千巖落布聲。巾屨從來在丘壑，願陪閒日此閒行。其二：卻暑追隨水上亭，東郊乘曉戴殘星。餘歌垂綸去，天末遥岑寸寸青。和者爲田望、吴栻、孫族諸君子，惟族有舊聞蜀地四時雨，今快岷山千里晴之句，可謂得驪珠矣。楊甲《合江泛舟》詩云：莫踏街頭塵，寧飲城東水。江頭放船去，葦間問漁子。岸深魚有家，鳧雁在中沚。得酒可以歌，得樹可以艤。年年舟中客，顔色不相似。風波無前期，遊者亦如此。短篙醉時策，遠山醉時几。我老不奈醒，日落西風起。晁公遡《合江舟中》詩云：雲氣昏江樹，春流没釣磯。何如連夜漲，似欲送人歸。亂石水聲急，片帆風力微。舟師且停櫓，白鷺畏人飛。白麟《合江探梅》詩云：艇子飄摇唤不回，半溪清影漾疏梅。有人隔岸頻招手，和月和霜翦取來。何耕《自合江亭過渡觀趙穆仲園亭》詩：唤舟芳草渡，繫馬緑楊陰。步入莓苔徑，門開花竹林。王孫隨蝶遠，婺女隱雲深。想見西南望，悠悠空賞心。陸務觀有《遊東郭趙氏園》詩：清晨呼馬出，馭吏請所之。錦城浩如海，我亦無與期。有花即入門，莫問主人誰。下馬據胡牀，傲睨忘訶譏，人言白頭翁，胡爲尚兒癡。老翁故不癡，借花發吾詩，詩句帶花香，東風不敢吹。徘徊雙蛺蝶，許汝鼻端知。此二園者，亦與錦江相左右也。

潘之恒《亘史鈔》卷一二《宿湖心亭記》 亭更新四拓，方廣各二丈許，軒敞整麗倍昔。構阿閣重階，金碧照暎，望若瓊臺。日爲榜檝所趨，聚囂處溷，稍失清曠之致。李如期病，三年始一出户，訪余吴山。從牖隙見湖色若發鏡光，意頗相親，而畏人跡殊甚。余招程仲權、沈祖量小飲，強令一出，覺有跫然之喜。約旦日由涵鏡亭放舟，經南屏，一曲而返，薄暮各散去。余早出湧金門，祖量先遣奴艤舟亭畔，如期乘油壁登，風大競波蹴立，蓴葉萍梗盡翻，禽鳥不寧棲，止膠莽中者。移時，豪客四人蕩槳來覔祖量不得，目如期，驚詫不已，亟障袂而避之。祖量小選挾陳治標來，市甕醪五斛，頗負酒人氣。余遲仲權不至，屬侄儀卿往促。仲權醉忘約，猶困酒逡巡。侄大詬曰：叔望若歲終不能以視稿復矣。遂行。余語如期，仲權昨就孫君不伐飲，豪士也。誠與諸來，祖量易敵耳。遥望小舟岸白幘一人，呼不伐而應，氣遂大振。方飲雨集，泊錢王祠下。俄而晚霽，游客争赴城闉。湖心闃無人，乃燃炬戛北砌。如期司酒甚嚴，坐不得動。中令而登亭，長卧起執爨，具糜良謹。如期申令徑酣，甕垂覆矣。遣奴取襆被于招提，夜半乃就寢。夢境如登閬風。質明，客醉未甦。如期病深而獨奮，宜若不勝，乃能後勁，尤異耳。孫君生平結慕，幸一當吾輩頗快意於此游。遽謂有西湖來所無，有新亭後所絶。千古一時，不足攀蘇企白，請得備記事。余以二公風流，誠不易及，諸君勝友何減元黄。若琴操、樊素諸家，如期直以俊爽淩之矣。有同社議祠先達，配以名姬，而蘇小列焉。如期且目攝之耳。語未竟，客乃扣舷爲吴音三闋。其音慷慨悲切，流漢遏雲。聞者莫不神怡酲解，和歌相答。孫君益大快，解仲權餉金兊甕醪五斛，大醉而去。祖量亦辭歸吴江，且述余語筆之。時辛丑仲夏十四日也。

李夢陽《空同集》卷四九《觀風亭記》 亭在風穴之山，迴峻峭削，環千里而孤者也。形拓勢積，靈秀出没，登之目豁神迅，志摇襟擴。嘉靖七年夏，監察御史譚君巡而歷汝，而遊於亭，乃俛首而歎曰：「嗟！美哉！山河弗改，世代遷矣，吾其觀哉！」以問分守伍君。曰：「天地既中，風雨時會，卜洛定陜，表方測景，吾觀其時。」譚君曰：「美哉！是古今之慨也。」以問分巡王君。曰：「冠嵩帶汝，伊闕我朝，沃野廣麓，樵獵樹藝，吾觀其土。」譚君曰：「美哉！是利用之思也。」二君於是避席而請曰：「敢問先生何觀也？」譚君曰：「谽谺窈如，噫如，噴如，嘘如，吾觀其風。」曰：「風者，何也？」譚君不答。他日二君遇空同子，述其事，空同子曰：「美哉觀！各得其職矣。雖然，風其大乎？夫天下之氣，必有爲之先者而鼓之，則莫神於風，故颼颼乎莫知所從，渢渢乎莫知所被，溜溜乎莫知所終也。其德巽，故其入深，其幾微，故入物而物不自知，其行疾徐，故其入不齊，其變也乖和殊故，物有瘠腴純駁，性隨之矣。性發情逸，淯澆是効，而俗隨之矣。俗沿習成，美惡相安，而政隨之矣。是故先王知風之神也，於是節八音以行八風。然患其乖也，於是使陳詩觀焉。詩者，風之所由形也，故觀其時，以知其政；觀其政，以知其俗；觀其俗，以知其性；觀其性，以知其風。於是彰美而癉惡，湔澆而培淯，迪純以剷其駁，而後化可行也。夫監察者，周舉刺之要臣，以風爲觀者也。然登其亭，履其穴，而後歎何也？天下未有不觸而動者也。觸以動歎，叩而不答，臣之要也。得其職矣！職神於風，故稱大焉。雖然，二君不小矣！昔者文王之化行也，不自汝墳始乎？今之汝，固古之汝，汝之土，猶古之土也。昔者風之南也，『蔽芾甘棠』，詠愛也，守之行也。『野有死麕』，歌嚴也，巡之政也。監察臨之，二君行之，何患乎非時！故曰：斯民也，三代之所以直道而行也。」二君曰：「美哉！空同子之言風也。」請諸監察，以名其亭。刻諸堅石。

王守仁《王文成全書》卷二三《君子亭記》 陽明子既爲何陋軒，復因軒之前榮，架楹爲亭，環植以竹，而名之曰「君子」。曰：「竹有君子之道四焉：中虚而静，通而有間，有君子之德；外節而直，貫四時而柯葉無所改，有君子之操；應蟄而出，遇伏而隱，雨雪晦明，無所不宜，有君子之時；清風時至，玉聲珊然，中采齊而協肆夏，揖遜俯仰，若洙泗羣賢之交集，風止籟静，挺然特立，不撓不屈，若虞廷羣后，端冕正笏，而列於堂陛之側，有君子之容。竹有是四者，而以「君子」名，不愧於其名；吾亭有竹焉，而因以竹名名，不愧於吾亭。」門人曰：「夫子蓋自道也。吾見夫子之居是亭也，持敬以直，内静虚而若愚，非君子之德乎？遇屯而不懾，處困而能亨，非君子之操乎？昔也行於朝，今也行於夷，應物而能當，雖守方而弗拘，非君子之時乎？其交翼翼，其處雍雍，意適而匪懈，氣和而能恭，非君子之容乎？夫子蓋嫌於自名也，而假之竹。雖然，亦有所不容隱也。夫子之名其軒曰『何陋』，則固以自居矣。」陽明子曰：「嘻！小子之言過矣，而又弗及。夫是四者，何有於我哉？抑學而未能，則可云爾耳。昔者夫子不云乎：『汝爲君子儒，毋爲小人儒。』吾之名亭也，則以竹也；人而嫌以君子自名也，將爲小人之歸矣，而可乎？小子識之。」

劉大杰《明人小品集》卷二陶望齡《也足亭記》 吾越多崇山，環溪多植美竹，每與山爲峭衍。上下蒙密延袤，恣目未已，大溪潰然，時罅籬而出，余時常樂觀焉。其他羅生門巷藩圃間者，雖畦畹連絡，以爲窄迫不足遊也。然樵客牧叟，嬉玩於山溪者，日飽其陰，亦猶以爲門巷間物，或聞賞譽，輒更詫笑。而余北來涉淮，問其人，遂絶不知有竹。又二千里而抵京師，則諸名園争珍植之，數幹靡靡而已。朱晉甫齋後有兩藂特盛，余數飲其下，輒徘徊不能去。因自嗤物以希見貴，竹不實於越而實於燕固然。而余與晉甫皆越産，夫亦好其爲燕之竹耶？

越之人固亦有知好竹如吾二人者乎？然余向之所欲，意必深箐廣林，縱廣其苞山懷溪之勝而後厭。今晉甫有數百竿而已據其最勝，吾從之快然焉。然則物之豐約，與情之侈嗇，其何常之有。居無何，晉甫即隙地亭之，即宋人語顏之曰「也足」。語余曰：「吾日左右於此君也，展膝袒坐，身足其蔭。闃而聽之，簌簌然風，足於吾耳。良夕月流，疏影交砌，反著壁上，層層如畫，足於吾目。耳清目開，脱然忘身，趣足於心，口不得喻。客能來者，觥籌時設，嗒然相對，與我皆足。子嘗登茅山，窮天姥，而觀於竹者信侈矣。當其所得，亦奚以加於我，且吾子之有好於是也，必爲我記之。」余曰：「子之言甚近於道，知道者有所適無所繫，足乎已也，殆將焉往不足哉。」今夫川巖之奇，林薄之幽，是逸者所適以傲夫朝市者也。耽耽焉奇是崇而惟慮川巖之勿深，幽是嗜而惟憂林薄之勿邃，斯未免乎繫矣。凡繫此者，不能適彼，必此之逃而彼是傲，是繫於適也。以適爲繫者，其不能適也乃等。晉甫釋乎世俗穠麗之好而放情乎詩書，處朝市之囂雜而有林皋之趣，其於竹宜有契者。至夫執尚超絶而又解其膠固，寄於物而不繫焉。視彼數竿，富若渭川之千畝而有以自足，此吾所謂近於道者也。某之有意於斯道久矣。把臂入林，晉甫其尚教之。

蘇伯衡《蘇平仲集》卷二《望雲亭志》 余游南鴈蕩，次於平陽間，過余可立。可立坐予亭上，目其楣間榜曰望雲。余笑謂可立曰：「子日夜持籌與商賈較錙銖於市區，亦暇望雲若余也耶？余嘗登仙壇，時積雨方霽，見山氣與澤氣，初若萬竈煙，升自出腹，少焉上薄於天，彌漫充斥，類物持兜綿覆冒者。而隙處杉松櫧檜栝柏，不翅小草見雪中。俄大風海上來，力與之搏，翕霍動盪，若鎔銀，若流汞，久而不勝也。遂劃劚解剥，若鷺鶴，若裂帛，若東西散去。爥然日出，虹光上燭，林彩掩映，紅駭翠霏。又類補僧伽黎衣，奇哉觀也。余躊躇凝望不能去，自是新雨後，輒登而望焉。子於雲也，亦暇若余之望，而亦同余之所見否歟？」可立曰：「先生之望，適意也。吾之望，寓意也。蓋吾南昌人，上距宋豫章太守孝頃十二世，而翰林直學士驤，則六世祖也。朝廷以吾粗知讀書，見謂儒者，召至京師，授以征商之職，而以去年秋至於此。顧吾母在南昌，今年六十有三矣，高年不樂就養遠方，迎致不可也，歸侍不獲也。定省之久曠，思慕有不可勝言者。引領而望焉，吾親不可見，所可見者，親舍上之雲耳。雲也朝夕卷舒於吾親舍上，而吾曾不如，以故望而感焉。雲也飛揚晻靄，而吾親舍其下，吾見雲猶見吾親。以故望而慰焉，足感而又足慰也。以故朝而望焉，暮而望焉，乃若先生之適，吾何有焉。」余聞而歎曰：「孝哉！可立乎！子之望不同於余，其與登太行而望者，夫豈不同乎？固有曠百世而同情若是哉！雖然，子知思而親矣。望雲以自慰矣。亦知親之思子而倚門而望乎？而倚閭而望乎？可不思所以慰之乎？將何圖以慰之乎？余意子之出仕也，而親教忠之訓，豈無望子之能官乎？亦恪遵於早夜黽勉以舉職而已。職舉則能官，能官則子職亦脩，子職脩則悦親有道，悦親有道則雖不在親側，而親未有不喜慰者也。而子亦足以自慰矣。又安用於是雲，朝焉夕焉而望焉也哉。」可立曰：「先生有以處我矣，請揭諸壁間，以時觀省焉。」作《望雲亭志》。

蘇伯衡《蘇平仲集》卷八《洗心亭記》 東陽蔡伯圭氏，通判撫州之二年，作亭於公堂之西池上，退食之暇，則於斯危坐而息煩，内省而滌慮，因名之曰洗心。而以書來告，願有以記之。於乎伯圭，夫豈有取於坎然一勺之水乎？殆其志存乎聖賢之學，因借《易》所謂「洗心以退藏於密」者以發之也。余雖淺陋，能不樂告以所聞乎。夫天下之事，不爲少矣，而古之所謂聖賢者，萬事至而無不接，接之而無不得其情。天下之變，亦無窮矣。而古之所謂聖賢者，萬變觸而無不應，應之而無不得其當。今世之士，左一人呼焉，右一人問焉，其唯諾不亂者鮮矣。前一人挽之，後一人推之，其舉措不失者鮮矣。而聖賢者，以一心之微，應接天下之事變，常恢然有餘裕，此豈偶然哉。主静而已矣。惟其静也，夫然後足以制動。静足以制動者，静亦静而動亦静也。是以無爲而無不爲，無不爲而未嘗有爲。此之謂寂然不動，感而遂通天下之故也。故聖人之心，湛乎其猶澄江，魚龍居焉，鰕蛤生焉，鳧鷗浴焉，蟯蚘投焉，牛馬飲焉，神妖怪物藏焉，荒查醜石容焉，千漚萬泡起滅焉，摇焉溷焉，莫能汩焉，而映徹萬象，纖毫見也，妍媸鉅細，無遁形也，遺針墮芥，可指取也。夫其静何以能爾也，則亦仁而已矣。故曰：仁者静。淵哉仁乎？其洗心之要乎？果能仁其有不静乎？焉有静而不退藏於密乎？聖賢之學，無先於此矣。然則其洗心也，豈真有以澡雪之，而其退藏也，亦豈兀然伏其身，頹然無所用其心哉。彼揚雄者，顧以爲世之賢人之所以自養其心者，如人之弱子幼弟，不當出而寘之紛華轇轕之地。嗟乎！亦已不思矣。吾恐其習之無素，卒然與事變相遇，義利不辯，取舍不明，幾何其無錯謬而顛冥也。而是心難乎免於梏亡矣。獨不見未嘗更事之子弟，一旦出而任其家，豪奴悍婢皆與之伉，盜賊又乘間而入罅其室，朝夕擾擾且不暇，尚何暇雍容應接賓客哉。故夫養心猶將兵也，善將兵者，素蓄方略。治三軍之衆，麾八面之敵，而其身嘗逸善養心者，去情卻欲，羣於萬有之中，立於萬物之表。而其心嘗靜，又烏事夫兀然頹然如木偶人者，而後曰靜哉。雖然，余之言何足徵也。伯圭，黄文定公、王文憲公、金文安公、許文懿公里中子，而四賢實以朱文公之學相授受。伯圭夙既有聞，今出而仕，又適在陸文安公鄉郡。文安雖不可作，然而尊其所聞，行其所知，詎不有其人耶？伯圭嘗試就而詢焉，不有得於此，必有得於彼矣。其殆有以啓予者乎？而余言烏足徵哉。

蘇伯衡《蘇平仲集》卷八《梅初亭記》 翰林學士江夏魏公，有别業在蒲圻，嘉花美卉，種種並植。而公於梅，獨有取焉。遂本邵子所謂梅初，以名其亭。公之言曰：吾嘗求之晝夜矣，日往則月來，月往則日來，而晝夜莫不有初也。徵諸四時矣，寒往則暑來，暑往則寒來，四時莫不有初也。又嘗質諸天地矣，浮而在上者爲天，疑而在下者爲地，天地莫不有初也。合之爲宇宙，宇宙各有初也。散之爲萬物，萬物各有初也。然而未易窺也，而吾於梅見焉。時乎冬也，雪霜凝沍，萬木枯槁，兩間之生意幾乎息矣。而梅也，粲然而有華，盎然而獨春，傲極陰於方隆，回微陽於最先。造物之發育，於是乎權輿矣。故吾之取夫梅也，豈曰翫物云乎？吾之名吾亭爲梅初也，豈曰其秀爲其實之初乎？蓋以其方於一陽來復之初，爲衆芳敷榮之始，猶正爲歲之初也，猶朔爲月之初也，猶辰爲日之初也。伯衡聞而歎曰：嗟乎！草木之榮，非自榮也，固有榮之者焉，草木之悴，非自悴也，固有悴之者焉。而其榮悴乃氣運之先見者也。故曰：天命不僭，賁若草木。是以君子往往觀之，以識夫屈申消長之理、進退存亡之機，然非有道者，其孰能與於斯？今夫梅之榮於冬，人之所同見也。至於驗陽剛之復，則公之所獨也。公真有道者哉！且國之將興，必也卓識之士明炳機先，察人心之趨向，神鼓舞之術，而相與維持作興之，沛王化於大行，以共享乎成亭嘉之治，考諸載籍可見矣。聖神啓運，萬象維新，又天地開闢之一初也。而公以夙德雅望，爲天子之所優禮，出則持憲度，入則居侍從。神化宜民，臻斯世於雍熙，不維公是望而望之誰哉？伯衡不佞，請以是記公之亭。

袁宏道《袁宏道集》卷八《飲湖心亭，同兩陶、黄道元、方子公賦》 便可無方丈，何須説洞庭。雖云舊山水，終是活丹青。濃淡粧常變，夭喬性亦靈。白波千丈許，最好湖心亭。

瞿佑《剪燈新話・附録・秋香亭記》 至正間，有商生者，隨父宦游姑蘇，僑居烏鵲橋，其鄰則弘農楊氏第也。楊氏乃延祐大詩人浦城公之裔，浦城娶于商，其孫女名采采，與生中表兄妹也。浦城已殁，商氏尚存。生少年，氣禀清淑，性質温粹，與采采俱在童丱。商氏，即生之祖姑也。每讀書之暇，與采采共戲于庭，爲商氏所鍾愛，嘗撫生指采采謂曰：「汝宜益加進修，吾孫女誓不適他族，當令事汝，以續二姓之親，永以爲好也。」女父母樂聞此言，即欲歸之，而生嚴親以生年幼，恐其怠于學業，請俟他日。生、女因商氏之言，倍相憐愛。數歲，遇中秋月夕，家人會飲霑醉，遂同游于生宅秋香亭，上有二桂樹，垂蔭婆娑，花方盛開，月色團圓，香氣穠馥，生、女私于其下語心焉。是後，女年稍長，不復過宅，每歲節伏臘，僅以兄妹禮見于中堂而已。閨閣深邃，莫能致其情。後一歲，亭前桂花始開，女以折花爲名，以碧瑶箋書絶句二首，令侍婢秀香持以授生，屬生繼和。詩曰：

秋香亭上桂花芳，幾度風吹到綉房。自恨人生不如樹，朝朝腸斷屋西墻！

秋香亭上桂花舒，用意殷勤種兩株。願得他年如此樹，錦裁步障護明珠。

生得之，驚喜，遂口占二首，書以奉答，付婢持去。詩曰：

深盟密約兩情勞，猶有餘香在舊袍。記得去年携手處，秋香亭上月輪高。

高栽翠柳隔芳園，牢織金籠貯彩鴛。忽有書來傳好語，秋香亭上鵲聲喧。

生始慕其色而已，不知其才之若是也，既見二詩，大喜欲狂。但翹首企足，以待結褵之期，不計其他也。女後以多情致疾，恐生不知其眷戀之情，乃以吴綾帕題絶句于上，令婢持以贈生。詩曰：

羅帕薰香病裏頭，眼波嬌溜滿眶秋。風流不與愁相約，纔到風流便有愁。

生感嘆再三，未及酬和。適高郵張氏兵起，三吴擾亂，生父挈家南歸臨安，展轉會稽、四明以避亂；女家亦北徙金陵。音耗不通者十載。吴元年，國朝混一，道路始通。時生父已殁，獨奉母居錢塘故址，遣舊使老蒼頭往金陵物色之，則女以甲辰年適太原王氏，有子矣。蒼頭回報，生雖悵然絶望，然終欲一致款曲于女，以導達其情，遂市剪彩花二盝，紫綿脂百餅，遣蒼頭賫往遺之。恨其負約，不復致書，但以蒼頭己意，托交親之故，求一見以覘其情。王氏亦金陵巨室，開彩帛鋪于市，適女垂簾獨立，見蒼頭趦趄于門，遽呼之曰：「得非商兄家舊人耶？」即命之入，詢問動静，顔色慘怛。蒼頭以二物進，女怪其無書，具述生意以告。女吁嗟抑塞，不能致辭，以酒饌待之。約其明日再來敘話。蒼頭如命而往，女剪烏絲襴，修簡遺生曰：

伏承來使，具述前因。天不成全，事多間阻。蓋自前朝失政，列郡受兵，大傷小亡，弱肉強食，薦遭禍亂，十載于此。偶獲生存，一身非故，東西奔竄，左右逃逋；祖母辭堂，先君捐館；避終風之狂暴，慮行露之霑濡。欲終守前盟，則鱗鴻永絶；欲徑行小諒，則溝瀆莫知。不幸委身從人，延命度日，顧伶俜之弱質，值屯蹇之衰年，往往對景闢情，逢時起恨。雖應酬之際，勉爲笑歡；而岑寂之中，不勝傷感。追思舊事，如在昨朝。華翰銘心，佳音屬耳。半衾未暖，幽夢難通，一枕才欹，驚魂又散。視容光之減舊，知憔悴之因郎；悵後會之無由，嘆今生之虚度！豈意高明不棄，撫念過深，加沛澤以滂施，回餘光以返照，采葑菲之下體，記蘿蔦之微踪；復致耀首之華，膏唇之飾，衰容頓改，厚惠何施！雖荷恩私，愈增慚愧！而況邇來形銷體削，食減心煩，知來日之無多，念此身之如寄。兄若見之，亦當賤惡而棄去，尚何矜恤之有焉！倘恩情未盡，當結伉儷于來生，續婚姻于後世耳！臨楮嗚咽，悲不能禁，復製五十六字，上瀆清覽，苟或察其辭而恕其意，使篋扇懷恩，綈袍戀德，則雖死之日，猶生之年也。詩云：

好因緣是惡因緣，只怨干戈不怨天。兩世玉簫猶再合，何時金鏡得重圓？彩鸞舞後腸空斷，青雀飛來信不傳。安得神靈如倩女，芳魂容易到君邊！

生得書，雖無復致望，猶和其韵以自遣云：

秋香亭上舊因緣，長記中秋半夜天。鴛枕沁紅妝泪濕，鳳衫凝碧唾花圓。斷弦無復鸞膠續，舊盒空勞蝶使傳。惟有當時端正月，清光能照兩人邊。

并其書藏巾笥中，每一覽之，輒寢食俱廢者累日，蓋終不能忘情焉耳。生之友山陽瞿佑備知其詳，既以理諭之，復製《滿庭芳》一闋，以著其事。詞曰：

月老難憑，星期易阻，御溝紅葉堪燒。辛勤種玉，擬弄鳳凰簫。可惜國香無主，零落盡露蕊烟條。尋春晚，緑陰青子，鶗鴂已無聊。　藍橋雖不遠，世無磨勒，誰盗紅綃？悵歡踪永隔，離恨難消！回首秋香亭上，雙桂老，落叶飄飖。相思債，還他未了，腸斷可憐宵！

仍記其始末，以附于古今傳奇之後。使多情者覽之，則章臺柳折，佳人之恨無窮；仗義者聞之，則茅山藥成，俠士之心有在。又安知其終如此而已也！

《〔乾隆〕衡州府志》卷三一　陳沆《重修合江亭記》　衡治合江亭，在石鼓山前，以其會蒸、湘二水而亭臨其上，因以名亭。自昌黎韓公有詩道其勝，而紫陽、南軒兩先生亦講學於此，韓詩又南軒手書勒石，並朱、張兩先生遺跡存焉。以石鼓之奇拔，横截江流，號爲佳勝，重以前賢之遺跡不可泯滅，於是，兹亭屢圮屢復，至於今不廢。雍正戊申八月，予來守衡州，齋宿石鼓書院，遍觀前後石刻，唯時代近者差完好，而合江亭韓、朱、張之刻石多剥落不可讀，亭亦漸不支。顧方視事之始，不暇改作。次年己酉春，延孝廉宋君席雲主石鼓書院講席，稍葺左右廡居諸生之肄業者，其他亭臺欄楯，將以次修葺。會予領咨文赴部，倉猝未果。及秋八月，予復衡任，則兹亭爲風雨震撼，不復存矣。觀風院憲李公，山右名儒，醇養篤行，有河津先生之風，適駐節衡陽，登石鼓山，尋韓、朱之遺刻，方埋没覆亭瓦礫中，爲之大息不已。予乃出碑加拂拭立於舊址，並謀所以新兹亭者。選材於耒，得鉅木十餘株，棟梁節棁皆稱，計可支數十年。其前環以石欄，望之有鉅麗之觀。復求李公之文刻石亭右，覺悟後學。因竊自念，幸生右文之代，束髮受書，垂五十年，其於正學之宗旨，不可謂不窺其一二矣，而備員守土，又適當前賢過化之地，風流餘韻，去人不遠，顧弗能推闡緒言，俾衡屬之士感奮而興，又方僕僕於吏事，求如近世新會、吉水諸君子，幅巾杖屨，徜徉於蓬山道院之間，往復磨切，都不可得，愧何可言也！亭成，磨石記重修之歲月，亦謂修舉廢墜，守土之責，並以告後之同志云爾。

《〔乾隆〕衡州府志》卷三三　玉德《緑猗亭記》　衡郡署後一園，廣可四五畝，修竹蒙密，望之蔚然。惜再進爲儀門，予大書「清慎勤儉、静正和平」八大字，刻石分竪，以助箴規。門内两旁爲吏胥科房。再進爲大堂五間，予顏額曰「天理國法人情」。再進有川廊。後爲二堂，予顏曰「寧静致遠」。左爲官廳，州縣晉謁暫憇處，予有郡守題名碑嵌於壁。再進爲五馬門，有舊額，字體疎古，相傳爲康熙初石浪和尚所書，不知者廢置他處，余索之，得於庫壁，仍挂原處，以俟識者珍重。再進爲宅門，有内外門房，以處厮役。再進爲三堂五間，予顏曰「仁恕」。左爲厨房，右爲府庫。余刻石曰「足國裕民」。堂之西有月門，門内書室三間，予匾曰「雙清」，刻石額曰「無逸乃逸」，又有《同官讌集叠真西山湘亭諭屬》詩嵌於壁，前有方池，澄澈可鑑。中峙石山，予甃磚爲垣，刻石曰「鑑池」，有《鑑池跋》。又刻碑陰曰「半潭秋水一房山」。其南爲墻，墻上嵌《鑑池觀魚》詩。三堂後爲内宅門，門内住房五間，予題曰「家政嚴肅」。再進有樓五間，中爲神位，題曰「敬天尊祖」。再進後門，尚有閒屋二重，闃無居人。自雙清軒而入，有井欄，井前有正側屋八間，以居幕客。再進有軒四間，廓乎有容，予額曰「敬事」。再進一門有堂，另爲一院，典郡代卸於此暫住，予額曰「傳舍相禪」，題外門曰「行臺」。門内有亭，翼然樹木陰翳，園地寬敞。予嘗習射於此，刻石曰「觀德亭」。亭後有堂，刻曰「内省」。有《習射和韻》詩嵌於壁。其餘迴廊曲室，尚難僕數。嗟乎！彤弓湛露，所以報有功也。廣厦坐擁，退食從容，忠愛之念，能無油然自生乎哉！

全祖望《鮚埼亭集外編》卷一八《水雲亭記》 鄞西湖之柳汀，當宋嘉祐中，錢集賢公輔始建衆樂亭於中央，左右夾以長廊三十間。南渡後，莫尚書將又建逸老堂於亭南。未幾而魏王愷至，又建涵虚館於亭北，遂爲十洲絶勝。嘉定以後，居人皆呼爲湖亭。元人取其地爲驛，於是逸老堂作南館，涵虚作北館，叛臣王積翁之徒立祠享祀，而湖上之風流盡矣。

方氏據有慶元，幕寮劉仁本、丘楠皆儒者，始重爲點綴，復建逸老堂於東，衆樂亭於西。明初并南館入北館，移逸老堂與亭俱西，而以其東爲花圃，雖未能復柳汀之舊，然稍稍振起矣。

先宫詹居湖上，重修衆樂亭，相度於驛館之後，即以魏王當日遺址作四宜樓，一覽蒼茫，湖光盡在襟袖，其北與碧沚菴遥對。樓前深入水二十餘丈，去菴亦二十餘丈，有水雲亭空峙湖心，欲過此亭，必泛舟就之。過者皆賞其結構之奇，而其地所踞，更極日景斗樞之勝，不祗景物之移人，則知者尤希。

凡吾鄉城中之水，皆自小江湖而來，逕長春門以滙西湖，而支流自大雷者，則自望京門而入，以一行「山河兩戒」之説考之，蓋亦四明西南兩地絡也。小江湖上諸山，其與大雷諸山之脈分道而下，磅礴綿延，直入城中。其在城外者，則會於長春、望京兩門之間，即豐氏紫清觀一帶也。其入城中者，正會於柳汀之北，故其氣象倍覺空濛浩渺，明瑟無際，而是亭適當之，左顧右眄，以攬其全。方丈之地，洞天東道七十峯如在目前。吾嘗謂李太守之鎮明山也，世皆知爲收拾城南巖壑之紐，而不知是亭之卜地，蓋亦有深意存焉，夫豈徒夸澄湖之清景，以恣詞客之遨遊者哉。

吾聞宫詹之爲此也，監牧諸公率與薦紳先生來遊，環舟亭下，列酒罏茶具而燕集焉，蓋有錢集賢之遺風。百年以來，湖上遊蹤闃寂，而亭亦日以摧，舊有王忠烈公「印月」二字題額，今亦不存。嗚呼！豈知昔人經營之慘淡也，爰記之。是時，陸氏亦築會泉亭於岸西，然其地不如湖中之勝。

尤侗《尤西堂雜俎》卷上《揖青亭記》 亦園隙地耳，問有樓閣乎？曰無有。有廊榭乎？曰無有。有層巒怪石乎？曰無有。無則何爲乎園？園之東南巋然獨峙者，有亭焉。問有窗櫺欄檻乎？曰無有。有簾幙几席乎？曰無有。無則何爲乎亭？曰凡吾之園與亭，皆以無爲貴者也。《月令》云：「可以居高明，可以遠眺望。」夫登高而望遠，未有快于是者。忽然而有丘陵之隔焉，忽然有城市之蔽焉，忽然而有屋宇林莽之障，雖欲首搔青天，皆決滄海，而勢所不能。今亭之内既無樓閣欄檻之類以束吾身，亭之外又無丘陵城市之類以塞吾目，廓乎百里，邈乎千里，皆可招其氣象，攬其景物，以獻納于一亭之中，則夫白雲青山，爲我藩垣，丹城緑野，爲我屏䄄，竹籬茅舍，爲我柴栅，名花語鳥，爲我供奉。舉大地所有，皆吾有也，又無乎哉？由斯以論，雖有亭如沉香，不以易吾亭，園如沁水，不以易吾園矣。或曰：「亭名揖青者何？」亭之西南，鬱然相望者，有山焉。亭爲主人，則山其客也。吾聞山有木，工則度之；賓有禮，主則擇之。惡有終日相對，而不以禮相接者乎？米南宫云：「吾何嘗拜，乃揖之耳。」

戴名世《戴名世集》卷一〇《數峯亭記》 余性好山水，而吾桐山水奇秀，甲於他縣。吾卜居於南山，距縣治二十餘里，前後左右皆平岡，逶迤迴合，層疊無窮，而獨無大山，水則僅陂堰池塘而已，亦無大流。至於遠山之環繞者，或在十里外，或在二三十里外，浮嵐飛翠，疊立雲表，吾嘗以爲看遠山更佳，則此地雖無大山，而亦未嘗不可樂也。出大門循牆而東，有平岡，盡處土隆然而高，蓋屋面西南，而此地面西北，於是西北諸峯盡效於襟袖之間。其上有古松數十株，皆如虬龍，他雜樹亦頗多有，而有隙地稍低，余欲鑿爲池，蓄魚種蓮，植垂柳數十株於池畔。池之東北仍有隙地，可以種竹千個。松之下築一亭，而遠山如屏，列於其前。於是名亭曰數峯，蓋此亭原爲西北數峯而築也。計鑿池、構亭、種竹之費，不下數十金，而余力不能也，姑豫名之，以待諸異日。

朱彝尊《曝書亭集》卷七《飲歷下亭泛舟蓮子湖作二首》 濟水來王屋，源泉處處清。自從湖口入，不復地中行。柳岸鳴蟬急，荷風浴鳥輕。江南歸思緩，髣髴櫂歌聲。

海右亭仍在，城隅路不賒。竹深池館静，山轉柁樓斜。小隊千行柳，行厨五色瓜。未愁霑席雨，歸櫂豁晴霞。

宋犖《西陂類稿》卷二六《重修滄浪亭記》 予來撫吴且四年，蕲與吏民相安于無事，而吏民亦安予之簡拙，事以浸少，故雖處劇而不煩。暇日，披圖乘，得宋蘇子美滄浪亭遺址于郡學東偏，距使院僅一里而近，間過之，則野水瀠洄，巨石頽仆，小山藂翳于荒烟蔓草間，人迹罕至。予于是亟謀修復，構亭于山之巓，得文衡山隸書「滄浪亭」三字，揭諸楣，復舊觀也。亭虚敞而臨高，城外西南諸峯，蒼翠吐欱檐際。亭旁老樹數株，離立拏攫，似是百年以前物。循北麓，稍折而東，構小軒曰「自勝」，取子美記中語也。迤西十餘步，得平地，爲屋三楹，前亘土岡，後環清溪，顔曰「觀魚處」，因子美詩而名也。跨溪橫略彴，以通游屐，溪外，菜畦民居，相錯如綉。亭之南，石磴陂陀，欄楯曲折，翼以修廊，顔曰「步碕」。從廊門出，有堂翼然，祠子美木主其中，而榜其門曰「蘇公祠」，則仍舊屋而新之。予暇輒往游，杖履獨來，野老接席，鷗鳥不驚，胸次浩浩焉、落落焉，若游于方之外者。或者疑游覽足以廢政，愚不謂然。夫人日處塵坌，困于簿書之徽纆，神煩慮滯，事物雜投于吾前，憧然莫辨。去而休乎清泠之域，寥廓之表，則耳目若益而曠，志氣若益而清，然後事至而能應，物觸而不亂。嘗誦王陽明先生詩曰：「中丞不解了公事，到處看山復尋寺」，先生豈不了公事者，其看山尋寺，所以逸其神明，使不疲于屢照，故能決大疑、定大事，而從容暇豫，如無事然。以予之駑拙，何敢望先生百一，而愚竊有慕乎此。然則斯亭也，僅以供游覽與？亭廢且百年，一旦復之，主守有僧，飯僧有田，自是度可數十年不廢。嗟乎！當官傳舍耳，予有時而去，而斯亭亡恙，後之來者，登斯亭，豈無有與予同其樂而謀所以永之者與？子美事，詳《宋史》，與茲亭之屢興廢，宜別有記者，皆不書。經始以乙亥八月，落成以明年二月，買僧田七十畝有奇，并著之碑陰，令後有考。

姚鼐《惜抱軒全集》卷一四《峴亭記》 金陵四方皆有山，而其最高而近郭者，鍾山也。諸官舍悉在鍾山西南隅，而率蔽於牆室，雖如布政司署瞻園最有盛名，而亦不能見鍾山焉。巡道署東北隅有廢地，昔棄土者聚之成小阜，雜樹生焉。觀察歷城方公，一日試登阜，則鍾山翼然當其前，乃大喜，稍易治其巔作小亭，暇則坐其上。寒暑陰霽，山林雲物，其狀萬變，皆爲茲亭所有，鍾山之勝於茲郭，若獨爲是亭設也。公乃取見山字合之，名曰峴亭。昔晉羊叔子督荆州時，於襄陽峴山登眺，感思今古。史既載其言，而後人爲立亭曰峴山亭，以識慕思叔子之意。夫後人之思叔子，非叔子所能知也。今方公在金陵數年，勤治有聲，爲吏民敬愛，異日或以茲亭遂比於羊公峴山亭歟？此亦非公今日所能知也。今所知者，力不勞，用不費，而可以寄燕賞之情。據地極小而冠一郭官舍之勝，茲足以貽後人矣。不可不識其所由作也。嘉慶三年四月，桐城姚鼐記。

廖燕《廖燕全集》卷上《隱樂亭記》 鑒湖吳君某嘗仕於朝，以忤權貴見斥，遂拂袖歸。茲歲乙卯，築室於鑒湖之西山，又於其居之南構亭曰隱樂。亭成，乃不遠數千里走書屬予爲記。

予未嘗至其地親覩所謂隱樂亭者，不知亭左右何山何水，木之濃淡，廬宇之向背，而但從亭名以想見而隱居之概焉。則雖不知其山，而隱者所在之山，必從巃而蔥鬱，巖壑幽邃，蘭桂生而麋鹿遊也。則雖不知其水，而隱者所在之水，必浩盪而瀠洄，沙石雜錯，鷗鷺翔之而網艇集也。修竹茂林之下，則隱者之廬在焉。時見君撫琴於其間，或倚嘯行吟，放扁舟以垂釣，結伴侶而採樵，優遊卒歲而忘其身之得失也。此予所能想像而記也。其他景物之變幻，煙雲嵐氣，四時出没而無窮，雖造物不能預設者，予亦不能想像而形之言焉。至若想像之，而於斯亭之景或然或不然，則予又不得而知之也。

雖然，古之君子以隱稱者多矣，予獨怪東方朔仕漢爲上卿，以譎諫名，可謂得其時矣，而乃自稱避世金馬門，豈真隱者流耶？欲進説於其君，而借此爲名，以免雄主之忌也，則雖謂朔以仕爲隱可也。然魏侯生隱於夷門，而乃教公子無忌竊兵符以救趙，欲何爲者耶？徐洪客已爲泰山道士矣，而乃上書李密，密不能從，及後兵敗，始思洪客言，至欲官之，而洪客已遯矣。使密能從其言，吾知洪客必不以黄冠老矣。則雖謂二人以隱爲仕可也。今君以直道不容於時，雖欲爲東方生而不得，況爲侯生、洪客之爲者乎？宜有以樂乎此而不出也。嗚呼！蓋其時云。

廖燕《廖燕全集》卷上《品泉亭記》 韶芙蓉山有泉曰玉井泉，松數千株覆其上，泉出松石間，性甘而冽。剖竹引流，直與廚接，蓋山寺之最勝者也。泉之右舊有亭，久圮，斷碑苔蝕，字殘缺不可讀，不知幾歲月於茲矣。履其勝，稽其時，則欲修而復之者，將於是乎在。戊戌，凌公來宰韶首邑，教養兼舉，三年政成，乃構斯亭。較舊加闢，幽廠而明，因顔曰品泉，命燕記之。

燕，韶人也，惟韶知韶。粤之水以瀕海而多鹹，韶處粤上流，故其水獨甘美。然韶之爲治，居湞、武二水中，武水出郴州臨武縣，道經宜章、樂昌，至府治西南與湞水合，較湞水一升獨重二兩有奇，則韶之水又以武爲上。茲山居武之陽，宜其泉之甘芳清冽，遠出諸水上，爲公之所品騭，且以名其亭，使後人稱道傳誦而不置者，良有由也。然陸鴻漸著《茶經》，品天下水曰：某爲上，某次之，某爲下，而茲泉則無聞焉，非公物色，幾失此泉。況乎懷奇抱道之士，耻於自干，不遇人品題賞鑒，而終身隱伏於泥塗，至老死不得見知於世者，又曷可勝道哉！燕固賀茲泉之遭也。雖然，韶之東有湧泉，爲太守杜公所賞，邑人余襄公作記。又東之南有曹溪，先爲西僧智藥識記，至今爲惠禪師卓錫地。韶之泉，抑何遭遇之多幸歟！然則燕之所致美乎公者，將不在是。

或曰公尤善品士，故一試即首拔子。燕不敢對。公亦曰：「使予品士，當如斯泉。」公諱作聖，號睿公，五河人。壬寅三月某日記。

施閏章《施愚山集》一二《就亭記》 地有樂乎遊觀，事不煩乎人力，二者常難兼之；取之官舍，又在左右，則尤難。臨江地故磽确，官署壞陋，無陂臺亭觀之美。予至則構數楹爲閣山草堂，言近乎閣阜也。而登望無所，意常怏怏。一日，積雪初霽，得軒側高阜，引領南望，山青雪白，粲然可喜。遂治其蕪穢，作竹亭其上，列植花木，又視其屋角之障吾目者去之，命曰就亭，謂就其地而不勞也。

古之士大夫出官於外，類得引山水自娱。然或偪處都會，訟獄煩囂，舟車旁午，内外酬應不給，雖僕僕於陂臺亭觀之間，日饜酒食，進絲竹，而胸中之丘壑蓋已寡矣。何者？形怠意煩，而神爲之累也。臨之爲郡，越在江曲，閴焉若窮山荒野。予方愍其凋敝，而其民亦安予之拙，相與休息。俗儉訟簡，賓客罕至，吏散則閉門，解衣盤礴移日，山水之意未嘗不落落焉在予胸中也。頃歲軍興，徵求絡繹，去閣阜四十里，未能舍職事一往游。聊試登斯亭焉，悠然户庭，憑陵雉堞，厥位東南，日月先至，碧嶂清流，江帆汀鳥，烟雨之出没，橘柚之菁葱，莫不變氣象，窮妍巧，戛胸拂睫，輻輳於欄檻之内，蓋若江山雲物有悦我而睢就者。

夫君子居則有宴息之所，游必有高明之具，將以宣氣節情，進於廣大疏通之域，非獨游觀云爾也。予竊有志，未之逮，姑與客把酒詠歌，陶然以就醉焉。

耿介《敬恕堂文集》卷一《湖心亭行》 何曾識湖面？今日見湖心。湖心一亭當水潯，插空連霄府城陰。畫棟飛甍白日侵，參差照水影嵌岑。亭上何所見？妍冶秋光楓樹林；湖中何所有？歷落菱芡護鮪鱘。憑虚對酒重開襟，興來思集不可任。湖山老，湖水深，緑波層巒何古今？晚天簫鼓動微吟，令人從此賤華簪。

查慎行《敬業堂詩集》卷三六《道院集・初遊城南陶然亭》 望遠村東緩轡遊，忽從飲馬得清流。黄塵烏帽抽身晚，白露蒼葭洗眼秋。風偃萬梢鋪井底，日斜雙鷺起城頭。誰憐一派蕭蕭意，我是江湖未泊舟。

張之洞《張之洞詩文集》卷四《翠微亭》 明光曳地來，長如一匹練。不登石頭城，幾疑天塹誕。邱垤齊斂避，形勢頓涌現。是日積雨晴，千里無陰闇。夕陽生金采，青緑染郊甸。尺樹藏百村，片嵐連數縣。南北交映發，不爲洲渚間。姑孰及朱方，左右一顧盼。保大雖孱王，此亭江表冠。涼風掃盛暑，夜夜金輿玩。霸圖偶起滅，山川長絢爛。窮蛙食井泥，安有超世見。欲攬大瀛環，凌虚思羽翰。江神傲河伯，醯雞兩足歎。遠略我所乏，老朽頗自厭。登高或能賦，含毫窮汗漫。

雜録

《史記》卷一〇九《李將軍列傳》 頃之，家居數歲。廣家與故潁陰侯孫屏野居藍田南山中射獵。嘗夜從一騎出，從人田間飲。還至霸陵亭，霸陵尉醉，呵止廣。廣騎曰：「故李將軍。」尉曰：「今將軍尚不得夜行，何乃故也！」止廣宿亭下。居無何，匈奴入殺遼西太守，敗韓將軍，後韓將軍徙右北平。於是天子乃召拜廣爲右北平太守。廣即請霸陵尉與俱，至軍而斬之。

《後漢書》卷一七《馮異傳》 及王郎起，光武自薊東南馳，晨夜草舍，至饒陽無蔞亭，時天寒烈，衆皆飢疲，異上豆粥。明旦，光武謂諸將曰：「昨得公孫豆粥，飢寒俱解。」及至南宫，遇大風雨，光武引車入道傍空舍，異抱薪，鄧禹焚火，光武對竈燎衣。異復進麥飯、菟肩。因復度虖沱河至信都，使異别收河閒兵。還，拜偏將軍。從破王郎，封應侯。

《晉書》卷四九《謝鯤列傳》 越尋更辟之，轉參軍事。鯤以時方多故，乃謝病去職，避地于豫章。嘗行經空亭中夜宿，此亭舊每殺人。將曉，有黄衣人呼鯤字令開户，鯤憺然無懼色，便於窗中度手牽之，胛斷，視之，鹿也，尋血獲焉。爾後此亭無復妖怪。

《陳書》卷五《宣帝本紀》 〔太建七年〕閏九月壬辰，都督吴明徹大破齊軍於吕梁。是月，甘露頻降樂遊苑。丁未，輿駕幸樂遊苑，採甘露，宴羣臣，詔於苑龍舟山立甘露亭。

干寶《搜神記》卷一六 漢，九江何敞，爲交州刺史，行部到蒼梧郡高安縣，暮宿鵠奔亭，夜猶未半，有一女從樓下出，呼曰：「妾姓蘇，名娥，字始珠，本居廣信縣修里人。早失父母，又無兄弟，嫁與同縣施氏，薄命夫死，有雜繒帛百二十疋，及婢一人，名致富，妾孤窮羸弱，不能自振；欲之傍縣賣繒，從同縣男子王伯賃牛車一乘，直錢萬二千，載妾并繒，令致富執轡，乃以前年四月十日到此亭外。於時日已向暮，行人斷絶，不敢復進，因即留止，致富暴得腹痛。妾之亭長舍乞漿，取火，亭長龔壽，操戈持戟，來至車旁，問妾曰：『夫人從何所來：車上所載何物？丈夫安在？何故獨行？』妾應曰：『何勞問之？』壽因持妾臂曰：『少年愛有色，冀可樂也。』妾懼怖不從，壽即持刀刺脅下一創，立死。又刺致富，亦死。壽掘樓下，合埋妾在下，婢在上，取財物去。殺牛，燒車，車釭及牛骨，貯亭東空井中。妾既冤死，痛感皇天，無所告訴，故來自歸于明使君。」敞曰：「今欲發出汝屍，以何爲驗？」女曰：「妾上下著白衣，青絲履，猶未朽也，願訪鄉里，以骸骨歸死夫。」掘之，果然。敞乃馳還，遣吏捕捉，拷問，具服。下廣信縣驗問，與娥語合。壽父母兄弟，悉捕繫獄。敞表壽，常律，殺人不至族誅，然壽爲惡首，隱密數年，王法自所不免。令鬼神訴者，千載無一，請皆斬之，以明鬼神，以助陰誅。上報聽之。

干寶《搜神記》卷一八 南陽西郊有一亭，人不可止，止則有禍。邑人宋大賢以正道自處，嘗宿亭樓，夜坐鼓琴，不設兵仗。至夜半時，忽有鬼來登梯，與大賢語，矃目，磋齒，形貌可惡。大賢鼓琴如故。鬼乃去，於市中取死人頭來，還語大賢曰：「寧可少睡耶？」因以死人頭投大賢前。大賢曰：「甚佳！我暮卧無枕，正欲得此。」鬼復去，良久乃還，曰：「寧可共手搏耶？」大賢曰：「善！」語未竟，鬼在前，大賢便逆捉其腰。鬼但急言死。大賢遂殺之。明日視之，乃老狐也。自是亭舍更無妖怪。

干寶《搜神記》卷一八 安陽城南有一亭，夜不可宿；宿，輒殺人。書生明術數，乃過宿之，亭民曰：「此不可宿。前後宿此，未有活者。」書生曰：「無苦也。吾自能諧。」遂住廨舍。乃端坐，誦書，良久乃休。夜半後，有一人，著皁單衣，來往户外，呼亭主。亭主應諾。「見亭中有人耶？」答曰：「向者有一書生在此讀書。適休，似未寢。」乃喑嗟而去。須臾，復有一人，冠赤幘者，呼亭主。問答如前。復喑嗟而去。既去，寂然。書生知無來者，即起，詣向者呼處，效呼亭主。亭主亦應諾。復云：「亭中有人耶？」亭主答如前。乃問曰：「向黑衣來者誰？」曰：「北舍母豬也。」又曰：「冠赤幘來者誰？」曰：「西舍老雄雞父也。」曰：「汝復誰耶？」曰：「我是老蝎也。」於是書生密便誦書至明，不敢寐。天明，亭民來視，驚曰：「君何得獨活？」書生曰：「促索劍來，吾與卿取魅。」乃握劍至昨夜應處，果得老蝎，大如琵琶，毒長數尺；西舍，得老雄雞父；北舍，得老母豬。凡殺三物，亭毒遂静，永無災横。

任昉《述異記》卷上 螺亭，在南康郡。昔有一女採螺爲業，曾宿此亭，夜聞空中風雨聲，乃見衆螺張口而至，便亂噉其肉。明日惟有骨存焉。故號此亭爲螺亭。

杜寶《大業雜記》 十年，總兵東進，幸北平臨渝宫。是年正月，又以許公宇文述爲元帥，將兵十萬刻到鴨緑水。乙支文德遣行人僞請降以緩我師；又求與述相見，以觀我軍形勢。述與之歡飲，良久乃去。停五日，王師食盡，燒甲札食之，病不能興。文德乃縱兵大戰。敗績，死者十餘萬。

四月，車駕幸汾陽宫避暑。宫所即汾河之源，上有山名管涔，高可千仞。帝於山上造亭子十二所，其最上名翠微亭，次閬風、彩霞、臨月、飛芳、積翠、合璧、含暉、凝碧、紫巖、澄景，最下名尚陽亭。亭子内皆縱廣二丈，四邊安劒闌，每亭鋪六尺榻子一合。山下又有臨汾殿，敕從官縱觀。

李濬《松窗雜録》 開元中，禁中初重木芍藥，即今牡丹也。得四本，紅、紫、淺紅、通白者。上因移植於興慶池東沉香亭前。會花方繁開，上乘月夜，召太真妃，以步輦從。詔特選梨園弟子中尤者，得樂十六色。李龜年以歌擅一時之名，手捧檀板，押衆樂前，欲歌之。上曰：「賞名花，對妃子，焉用舊樂詞爲？」遂命龜年持金花牋，宣賜翰林學士李白，進《清平調》詞三章。白欣承詔旨，猶苦宿醒未解，因援筆賦之：「雲想衣裳花想容，春風拂曉露華濃。若非羣玉山頭見，會向瑶臺月下逢。一枝紅豔露凝香，雲雨巫山枉斷腸。借問漢宫誰得似，可憐飛燕倚新妝。名花傾國兩相歡，長得君王帶笑看。解釋春風無限恨，沉香亭北倚闌干。」龜年遽以詞進，上命梨園弟子約略調撫絲竹，遂促龜年以歌。太真妃持頗梨七寶盃，酌西涼州蒲萄酒，笑領意甚厚。上因調玉笛以倚曲，每曲遍將换，則遲其聲以媚之。太真飲罷，飾繡巾重拜上意。龜年常話於五王，獨憶以歌得自勝者，無出於此。抑亦一時之極致耳。上自是顧李翰林，尤異於他學士。會高力士終以脱烏皮六縫爲深恥，異日太真妃重吟前詞，力士戲曰：「始謂妃子怨李白深入骨髓，何拳拳如是？」太真妃因驚曰：「何翰林學士能辱人如斯？」力士曰：「以飛燕指妃子，是賤之甚矣。」太真頗深然之。上嘗欲命李白官，卒爲宫中所捍而止。

封演《封氏聞見記》卷五《第宅》 天寶中，御史大夫王鉷有罪賜死。縣官簿録太平坊宅，數日不能遍。宅内有自雨亭，從簷上飛流四注，當夏處之，凛若高秋。又有寶鈿井欄，不知其價，他物稱是。

陸廣微《吴地記》 嘉興縣，本號長水縣，在郡南一百四十三里，周敬王十年置，在谷口湖。秦始皇二十六年重移，改由拳縣。景龍三年，嘉禾野生，改嘉禾縣。吴赤烏二年，避吴王太子名，改嘉興縣。前有晉妓錢唐蘇小小墓，東五里有天心池，東二里有會稽太守朱買臣墳，西五百步有晉兵部尚書徐恬宅，捨爲靈光寺。縣北三十里有檇里地，是吴越戰敵處。縣南一百里有語兒亭，勾踐令范蠡取西施以獻夫差，西施於路與范蠡潛通，三年始達於吴，遂生一子，至此亭。其子一歲能言，因名語兒亭。《越絶書》曰：西施亡吴國後，復歸范蠡，同泛五湖而去。東二十五里有長谷亭，入華亭縣。西北行七十里，有震澤，今升縣望，管鄉五十，户二萬七千五十四。

王仁裕《開元天寶遺事》卷下《山猿報時》 商山隱士高太素，累徵不起，在山中構道院二十餘間。太素起居清心亭下，皆茂林秀竹，奇花異卉，每至一時，即有猿一枚詣亭前，鞠躬而啼，不易其候。太素因目之爲報時猿。其性度有如此。

王仁裕《開元天寶遺事》卷上《唤鐵》 太白山有隱士郭休，字退夫，有運氣絶粒之術。於山中建茅屋百餘間，有白雲亭、鍊丹洞、注易亭、修真亭、朝玄壇、集神閣，每於白雲亭與賓客看山禽野獸，即以槌擊一鐵片子，其聲清響，山中鳥獸聞之，集於亭下，呼爲唤鐵。

《新唐書》卷一八〇《李德裕傳》 所居安邑里第，有院號起草，亭曰精思，每計大事，則處其中，雖左右侍御不得豫。不喜飲酒，後房無聲色娱。生平所論著多行于世云。

《新唐書》卷一九四《司空圖傳》 圖本居中條山王官谷，有先人田，遂隱不出。作亭觀素室，悉圖唐興節士文人，名亭曰休休，作文以見志曰：「休，美也，既休而美具。故量才，一宜休；揣分，二宜休；耄而聵，三宜休；又少也惰，長也率，老也迂，三者非濟時用，則又宜休。」因自目爲耐辱居士。其言詭激不常，以免當時禍災云。豫爲冢棺，遇勝日，引客坐壙中賦詩，酌酒裴回。客或難之，圖曰：「君何不廣邪？生死一致，吾寧暫游此中哉！」每歲時，祠禱鼓舞，圖與閭里耆老相樂。王重榮父子雅重之，數饋遺，弗受。嘗爲作碑，贈絹數千，圖置虞鄉市，人得取之，一日盡。時寇盜所過殘暴，獨不入王官谷，士人依以避難。

《新唐書》卷二〇三《孟浩然傳》 初，王維過郢州，畫浩然像于刺史亭，因曰浩然亭。咸通中，刺史鄭諴謂賢者名不可斥，更署曰孟亭。

吴處厚《青箱雜記》卷七 檢正官張諤家起亭，名允中，蓋取《易》允升義。後諤遷太子中允停官，或者解曰：「允中亭者，官至中允而後必停也。」

太子中書舍人陳有方知蘄水縣，臨水創亭，名必觀，蓋取荀況「君子必觀於水」之義。或者解曰：「必觀亭者，必停官也。」後有方竟以罪免官而去。

叶夢得《石林詩話》卷上 姑蘇州學之南，積水瀰數頃，旁有一小山，高下曲折相望，蓋錢氏時廣陵王所作。既積土山，因以其地瀦水，今瑞光寺即其宅，而此其别圃也。慶曆間，蘇子美謫廢，以四十千得之爲居。旁水作亭，曰滄浪，歐陽文忠公詩所謂「清風明月本無價，可惜衹賣四萬錢」者也。子美既死，其後不能保，遂屢易主，今爲章僕射子厚家所有。廣其故址爲大閣，又爲堂山上，亭北跨水復有山，名洞山，章氏併得之。既除地，發其下，皆嵌空大石，又得千餘株，亦廣陵時所藏，益以增累其隙，兩山相對，遂爲一時雄觀。土地蓋有所歸也。

吕本中《東萊吕紫微詩話》 洪龜父朋。《寫韻亭》詩云：「紫極宫下春江横，紫極宫中百尺亭。水入方洲界玉局，雲映連山羅翠屏。小楷四聲餘翰墨，主人一粒盡仙靈。文簫采鸞不復返，至今神界花冥冥。」作詩至此，殆無遺恨矣。

陳善《捫虱新話》 題滄浪亭 蘇子美居姑蘇，買水石作滄浪亭。歐陽公以詩寄題。有云：「荒灣野水氣象古，高林翠阜相回環。」此兩句最爲著題。予嘗訪其遺跡，地經兵火，已數易主矣，今屬韓郡王府亭，非舊創也。然荒灣野水，高林翠阜，猶可想像當時景物。予每至其上，徘徊不能去。因思古人「柳塘春水漫」與「池塘生春草」之句，似專爲此亭設也，非意到目見，不知其妙。予嘗有《游西園》詩，戲述其事，其卒章云：「不到滄浪亭上望，那知此句是天成。」蓋謂此也。

李昉等《太平廣記》卷二一三《駱山人》 王庭湊始生於恒山西南三十里石邑别墅。當生之後，常有鳩數十，朝集庭樹，暮宿簷户之下。有里人路德播異之。及長駢脅，善陰符鬼谷之書，歷居戎職，頗得士心。以長慶元年春二月曾使河陽，迴及沇水，酒困，寢於道，忽有一人荷策而過，熟視之曰：貴當列土，非常人。有從者竇載英寤，以告庭湊。庭湊馳數里及之，致敬面問。自云：濟源駱山人，向見君鼻中之氣，左如龍而右如虎，龍虎氣交，當王於今年秋，子孫相繼，滿一百年。吾相人多矣，未見有如此者。復云：家之庭合有大樹，樹及於堂，是兆也。庭湊既歸，遇田弘正之難。中夜，有軍士叩門，僞呼官稱。庭湊股慄欲逃，載英曰：駱山人之言時至矣。是夜七月二十七日也。庭湊意乃安，及爲留後。他日歸其别墅，視家庭之樹，婆娑然暗北舍矣。墅西有飛龍山神，庭湊往祭之。將及其門百步，見一人被衣冠，折腰於庭湊，庭湊問左右，皆不見。及入廟，神乃側坐，衆皆異之，因令面東起宇。今尚存焉。尋以德播爲上賓，載英列爲首校。訪駱山人，久而方獲，待以函丈之禮。乃別搆一亭，去則懸榻，號駱氏亭，報疇昔也。

王辟之《澠水燕談録》卷八《事志》 皇祐中，范文正公鎮青，興龍僧舍西南洋溪中有醴泉湧出。公構一亭泉上，刻石記之。其後青人思公之德，目之曰：「范公泉」。環泉古木蒙密，塵迹不到。去市廛才數百步，而如在深山中。自是，幽人逋客往往賦詩鳴琴，烹茶其上。日光玲瓏，珍禽上下，真物外之遊，似非人間世也，歐陽文忠公、劉翰林貢父及諸名公多賦詩刻石，而文忠公及張禹功、蘇唐卿篆石榜之亭中，最爲營丘佳處。元祐中，青守以其地與王氏爲水磑，稍復完葺。

蘇軾《東坡志林》卷四《臨皋閑題》 臨皋亭下八十數步，便是大江，其半是峨嵋雪水，吾飲食沐浴皆取焉，何必歸鄉哉！江山風月，本無常主，閑者便是主人。聞范子豐新第園池，與此孰勝？所以不如君子，上無兩税及助役錢爾。

郭若虛《圖畫見聞志》 李靄之，華陰人，工畫山水寒林。有江鄉之思，鄴帥羅中令厚禮之，爲建一亭爲援毫之所，名金波亭。時號金波李處士也。有賣藥修琴歸山圖、野人荷酒寒林并山水卷軸傳于世。

釋文瑩《湘山野録》卷上 金陵賞心亭，丁晉公出鎮日重建也。秦淮絶致，清在軒檻，取家篋所寶《袁安卧雪圖》張於亭之屏，乃唐周昉絶筆。凡經十四守，雖極愛而不敢輒覬，偶一帥遂竊去，以市畫蘆鴈掩之。後君玉王公琪復守是郡，登亭留詩曰：「千里秦淮在玉壺，江山清麗壯吴都。昔人已化遼天鶴，舊畫難尋《卧雪圖》。冉冉流年去京國，蕭蕭華髮老江湖。殘蟬不會登臨意，又噪西風入座隅。」此詩與江山相表裏，爲貿畫者之蕭斧也。

陸游《老學庵筆記》卷一 李莊簡公泰發奉祠還里，居於新河，先君築小亭，曰千巖亭，盡見南山。公來必終日，嘗賦詩曰：「家山好處尋難遍，日日當門只卧龍，欲盡南山巖壑勝，須來亭上少從容。」每言及時事，往往憤切興歎，謂秦相曰「咸陽」。一日來坐亭上，舉酒屬先君曰：「某行且遠謫矣。咸陽尤忌者，某與趙元鎮耳。趙既過嶠，某何可免？然聞趙之聞命也，涕泣別子弟，某則不然，青鞋布襪，即日行矣。」後十餘日，果有藤州之命。先君送至至諸暨縣，言曰：「泰發談笑，慷慨一如平日。」問其得罪之由，曰：「不足問，但咸陽終誤國家耳。」

陸游《老學庵筆記》卷六 先君入蜀時，至華之鄭縣，過西溪，唐昭宗避兵，嘗幸之。其地在官道旁七八十步，澄深可愛。亭曰西溪，蓋杜工部詩所謂鄭縣亭子澗之濱者。亭旁古松間，支徑入小寺，外弗見也。有柟木版揭梁間甚大，書杜詩，筆亦雄勁，體雜顔柳，不知何人書。墨挺然出版上，甚異。或云：墨着柟木皆如此。

陸游《老學庵筆記》卷三 瀘州自州治東出芙渠橋至大樓曰南定，氣象軒豁。樓之右繚子城數十步有亭，蓋梁子輔作守時所創也。正面南下臨大江，名曰來風亭，亭成，子輔日枕簟其上，得末疾歸雙流，蜀人謂亭名有徵云。

徐度《却掃編》卷下 歐陽文忠公始自河北都轉運謫守滁州，於琅邪山間作亭，名曰醉翁，自爲之記。其後王詔守滁，請東坡大書此記而刻之。流布世間，殆家有之，亭名遂聞於天下。政和中，唐少宰恪守滁，亦作亭山間，名曰同醉，自作記，且大書之，立石亭上，意以配前人云。

周密《齊東野語》卷二〇《張功甫豪侈》 張鎡功甫，號約齋，循忠烈王諸孫，能詩，一時名士大夫莫不交游。其園池聲妓服玩之麗甲天下。嘗於南湖園作駕霄亭於四古松間，以巨鐵絙懸之空半而羈之松身。當風月清夜，與客梯登之，飄摇雲表，真有挾飛仙遡紫清之意。

洪邁《夷堅志》卷一五《朱僕射》 豫章豐城縣江邊寶氣亭，建炎三年，居民連數夕聞呼朱僕射，而不見其人。已而，新虔州守馮季周詢修撰赴官，泊舟亭下，從行僕朱秀者溺死。八月四日也。

洪邁《容齋四筆》卷一《亭榭立名》 立亭榭名最易蹈襲，既不可近俗，而務爲奇澁亦非是。東坡見一客云近看《晉書》，問之曰：「曾尋得好亭子名否？」蓋誚其難也。秦楚材在宣城，於城外並江作亭，目之曰「知有」。用杜詩「已知出郭少塵事，更有澄江消客愁」之句也。王仲衡在會稽，於後山作亭，目之曰「白涼」。亦用杜詩「越女天下白，鑑湖五月涼」之句。二者可謂甚新，然要爲未當。廬山一寺中有亭頗幽勝，或標之曰「不更歸」，取韓詩末句，亦可笑也。

洪邁《容齋三筆》卷二《題咏絶唱》 錢伸仲大夫於錫山所居漆塘村作四亭，自其先人，已有卜築之意而不克就，故名曰「遂初」；先壟在其上，名曰「望雲」；種桃數百千株，名曰「芳美」；鑿地涌泉，或以爲與惠山泉同味，名曰「通惠」。求詩於一時名流，自葛魯卿、汪彦章、孫仲益既各極其妙，而母舅蔡載天任四絶獨擅場。《遂初亭》曰：「結廬傍林泉，偶與初心期。佳處時自領，未應魚鳥知。」《望雲亭》曰：「白雲來何時，英英冠山椒。西風莫吹去，使我心摇摇。」《芳美亭》曰：「高人不惜地，自種無邊春。莫隨流水去，恐污世間塵。」《通惠亭》曰：「水行天地間，萬派同一指。胡爲穿石來？要洗巢由耳。」四篇既出，諸公皆自以爲弗及也。

李材《解酲語》　燕帖木兒奢侈無度，嘗屠百羊，以會寮吏。又于苐中起水晶亭，亭四壁皆水晶鏤空，貯水養五色魚。其中剪綵爲白蘋紅蓼等花，置水上壁。內置琥珀欄杆，箱以八寶奇石。紅白掩映，光彩玲瓏，前代無有也。洞房設樓床廣褥，擇美姬温軟少骨者，枕籍而睡，謂之香肌席。脂紅粉白之嬌羅列左右，隨其所取，以爲花嬉玉樂也。

陶宗儀《輟耕録》卷一九　道士張伯雨。號句曲外史，又號貞居，嘗從王溪月真人入京。初，燕地未有梅花，吴閒閒宗師全節。時爲嗣師，新從江南移至，護以穹廬，扁曰漱芳亭。伯雨偶造其所，恍若與西湖故人遇，徘徊既久，不覺熟寝于中。真人終日不見伯雨，深以爲憂，意其出外迷失街道也。夢覺，日已莫矣。歸道所由，嗣師笑曰：伯雨素有詩名，宜作詩以贖過。伯雨遂賦長詩，有風沙不憚五千里，將身跳入仙人壺之句。嗣師大喜，送翰林集賢嘗所往來者，袁學士伯長、謝博士敬德、馬御史伯庸、吴助教養浩、虞脩譔伯生和之。他日伯雨往謁謝諸公，惟虞先生全不言儒者事，只問道家典故。雖荅之，或不能詳。末問能作幾家符篆，曰：不能。先生曰：某試書之，以質是否。連書七十二家，伯雨汗流浹背，輒下拜曰：真吾師也。自是託交甚契，故與先生書必稱弟子焉。伯雨，杭州人。

陳繼儒《銷夏部》卷一　安公叢春亭，可望洛水。蓋洛水自西洶湧，奔激而東。天津橋者，疊石爲之直，方滀其怒而納之洪下。洪下皆大石底，與水争噴薄成霜雪，聲聞數十里。嘗月夜登此亭，聽洛水聲，久之，覺清冽侵入肌骨，不可留也。

于慎行《穀山筆麈》卷一五《雜記二》　沉香亭子，玄宗已有其名，未考其制，及敬宗即位，波斯獻沉香亭子料，蓋純以沉香爲料也。沉香，林邑所出，土人破斷其木，積以歲年，心節獨在，入水則沉，其形不同，名亦各異，有犀角、燕口、附子、横陽等號，至可爲亭材，則其條段又大非諸沉比矣。導侈召亂，乃不祥之材，而積累貴重，得之不易如此。若夫茅茨土階，近取如拾，安所不足哉？

沈德符《萬曆野獲編》卷九《内閣》　江陵以天下爲己任，客有諛其相業者，輒曰：我非相，乃攝也。攝字於江陵固非謬，但千古唯姬旦、新莽二人，今可三之乎？庚辰之春，以乃弟居謙死，決意求歸。然疏語不曰乞休，而曰拜手稽首歸政，則上固儼然成王矣。晚年亦自知身後必不保，其辭楚按臣朱璉建亭書曰，作三詔亭，意甚厚。但異日時異勢殊，高臺傾，曲沼平，吾居且不能有。此不過五里鋪上一接官亭耳。烏睹所謂三詔哉？蓋騎虎之勢自難中下，所以霍光、宇文護，終於不免。曇陽子稱江陵爲一世豪傑，太倉相公駭而信之，故入都不復修郤，反加調護，亦用化女之言也。

《清高宗實録》卷九七　〔乾隆四年七月甲子〕鴻臚寺奏，請修龍亭衙署。得旨：龍亭於雍正三年改用黄瓦修理，其衙署又於八年修理，甫經幾載，即至如此傾圮，此次著照所請修理。修理後，該衙門官員不時留心查看。

《明會要》卷五一《民政二·里老》　申明亭、旌善亭，宣德七年正月乙酉，陝西僉事林時言：「洪武中，天下邑里皆置『申明』、『旌善』二亭。民有善惡，則書之，以示勸懲。凡户、婚、田、土、鬭毆常事，里老於此剖決。今亭宇多廢，善惡不書。小事不由里老，輒赴上司。獄訟之繁，皆由於此。」《實録》。

臺部

題解

許慎《說文解字》卷一二上《至部》 臺，觀四方而高者也。〔段玉裁注〕《釋名》曰：觀，觀也。於上觀望也。觀不必四方，其四方獨出而高者，則謂之臺。《大雅》：經始靈臺。《釋宮》：《毛傳》曰：四方而高曰臺。傳意高而不四方者則謂之觀謂之闕也。《釋名》：臺，持也。築土堅高，能自勝持也。古臺讀同持。心曰靈臺，謂能持物。《淮南子》：其所居神者，臺簡以游大清。注：臺，持也。又臺無所鑒，謂之狂生。注：臺，持也。此皆作臺自可通。或作古文握。古文握與臺形相似。從至，從高省，與室屋同意。按：臺不必有屋。李巡注《爾雅》曰：臺上有屋謂之榭，然則無屋者謂之臺。築高而已。云與室屋同意者，室屋篆下皆云從至者所止也。是其意也。

畢沅《釋名疏證》卷五《釋宮室第一七》 臺，持也。築土堅高，能自勝持也。《初學記》、《太平御覽》引築土上有言字。《爾雅》曰：四方而高曰臺。

計成《園冶》卷三《屋宇》 臺，《釋名》云：「臺者，持也。言築土堅高，能自勝持也。」園林之臺，或掇石而高上平者，或木架高而版平無屋者，或樓閣前出一步而敞者，俱爲臺。

綜述

袁康《越絕書》卷一二《內經九術》 昔者，越王句踐問大夫種曰：「吾欲伐吳，奈何能有功乎？」大夫種對曰：「伐吳有九術。」王曰：「何謂九術？」對曰：「一曰尊天地，事鬼神；二曰重財幣，以遺其君；三曰貴糴粟槀，以空其邦；四曰遺之好美，以爲勞其志；五曰遺之巧匠，使起宮室高臺，盡其財，疲其力；六曰遺其諛臣，使之易伐；七曰彊其諫臣，使之自殺；八曰邦家富而備器；九曰堅厲甲兵，以承其弊。故曰九者勿患，戒口勿傳，以取天下不難，況於吳乎？」越王曰：「善。」

於是作爲策楯，嬰以白璧，鏤以黃金，類龍蛇而行者。乃使大夫種獻之於吳，曰：「東海役臣孤句踐，使者臣種，敢修下吏，問於左右。賴有天下之力，竊爲小殿，有餘財，再拜獻之大王。」吳王大悅。申胥諫曰：「不可。王勿受。昔桀起靈門，紂起鹿臺，陰陽不和，五穀不時，天與之災，邦國空虛，遂以之亡。大王受之，是後必有災。」吳王不聽，遂受之而起姑胥臺。三年聚材，五年乃成。高見二百里。行路之人，道死屍哭。

越乃飾美女西施、鄭旦，使大夫種獻之於吳王，曰：「昔者，越王句踐竊有天之遺西施、鄭旦，越邦洿下貧窮，不敢當，使下臣種再拜獻之大王。」吳王大悅。申胥諫曰：「不可。王勿受。臣聞五色令人目不明，五音令人耳不聽。桀易湯而滅，紂易周文而亡。大王受之，後必有殃。胥聞越王句踐晝書不倦，晦誦竟旦，聚死臣數萬，是人不死，必得其願。胥聞越王句踐服誠行仁，聽諫，進賢士，是人不死，必得其名。胥聞越王句踐冬披毛裘，夏披絺綌，是人不死，必爲利害。胥聞賢士，邦之寶也；美女，邦之咎也。夏亡於末喜，殷亡於妲己，周亡於褒姒。」吳王不聽，遂受其女，以申胥爲不忠而殺之。

越乃興師伐吳，大敗之於秦餘杭山，滅吳，禽夫差，而戮太宰嚭與其妻子。

李誡《營造法式》卷三《馬臺》 造馬臺之制：高二尺二寸，長三尺八寸，廣二尺二寸。其面方，外餘一尺六寸，下面分作兩踏。身內或通素，或疊澁造；隨宜彫鐫華文。

李誡《營造法式》卷一六《馬臺》 馬臺，一坐，高二尺二寸，長三尺八寸，廣二尺二寸，

造作功：

剜鑿踏道，三十功。疊澁造二十功。

彫鐫功：

造剔地起突華，一百功；造壓地隱起華，五十功；造減地平鈒華，二十功；臺面造壓地隱起水波內出没魚獸，加一十功。

午榮、章嚴《魯班經》卷一《司天臺式》 此臺在欽天監左。下層土磚石之類，週圍八八六十四丈，闊高三十三丈。下一十八層，上分三十三層。此應上觀天文，下察地利。至上層週圍俱是衝天欄杆，其木裏方外圓，東西南北(反)〔及〕中央立起五處旗杆。又按：天牌二十八面寫定二十八宿星主，上有天盤流轉各位星宿吉凶乾象。臺上又有衡天一直平盤。闊方圓一丈三尺，高七尺。下四平脚穿枋串進，中立圓木一根，門上平盤者，盤能轉。欽天監官每看天文立於

此處。

文震亨《長物志》卷一《室廬·臺》 築臺忌六角，隨地大小爲之。若築於土岡之上，四周用粗木作朱闌，亦雅。

李斗《揚州畫舫録》卷一五《岡西録》 熙春臺在新河曲處，與蓮花橋相對。白石爲砌，圍以石欄，中爲露臺。第一層横可躍馬，縱可方軌，分中左右三堦皆城。第二層建方閣，上下三層。下一層額曰熙春臺，聯云：碧瓦朱甍照城郭(杜甫)。淺黄輕緑映樓臺(劉禹錫)。柱壁畫雲氣，屏上畫牡丹萬朵。上一層舊額曰小李將軍畫本，王虚舟書。今額曰五雲多處，聯云：百尺金梯倚銀漢(李順)。九天鈞樂奏雲韶(王淮)。柱壁屏幛，皆畫雲氣，飛甍反宇，五色填漆，上覆五色琉璃瓦。兩翼複道閣梯，皆螺絲轉。左通圓亭重屋，右通露臺。一片金碧，照耀水中，如崑崙山五色雲氣變成五色流水，令人目迷神怳，應接不暇。

李斗《揚州畫舫録》卷一七《工段營造録》 兩邊起土爲臺。可以外望者爲陽榭，今曰月臺曬臺。晉麾曰：登臨恣望，縱目披襟，臺不可少。依山倚巘，竹頂木末，方快千里之目。湖上熙春臺，爲江南臺制第一傑作。

黄宗羲《明文海》卷一一九程敏政《測影臺考》 按：《周禮》以土圭之法測日景，凡立五表，其中表在陽城，即今登封東南告縣舊治是也。予至其地，有二臺存焉。其南一臺，琢大石爲之，上狹下闊，高丈餘，廣半於高，中樹一石碑，刻曰「周公測景臺」。臺北三丈所，復有一臺，約高三丈餘，壘塼爲之。其北之中爲缺道，深廣二尺許，下列石爲道，直達於北，約五丈許。石上爲二小渠，渠側刻尺寸甚精密，最北一石爲二小竅以出水。詢其土人，云故老相傳爲量天尺，又以爲銅壺滴漏。考之縣志，此名觀星臺，亦周公所築。然予見其刻尺寸所書，特今文耳，恐非出於周公。況歷代律書言尺度者，亦未嘗言及陽城測星臺尺，蓋不可信。恐惟石臺乃周公遺跡，所謂觀星臺者，則後人因而建耳。且其地嘗置金昌府治，又嘗置告縣治，建斯臺者，豈其時耶？又按禮疏，四方之表，各去中表千里。予以《禹迹圖》考之，南表當在郢之北，東表當在遼之東，北表當在肅之北，西表當在華之西南，終南山之東。今其地不知亦有遺跡在否。姑記兹臺之制，以備參考。

紀事

《春秋穀梁傳·莊公三十一年》 秋，築臺于秦。不正罷民三時，虞山林藪澤之利。且財盡則怨，力盡則懟。君子危之，故謹而志之也。或曰，倚諸桓也。桓外無諸侯之變，内無國事，越千里之險，北伐山戎，爲燕辟地。魯外無諸侯之變，内無國事，一年罷民三時，虞山林藪澤之利，惡内也。

《春秋左傳·襄公十七年》 (十一月甲午)宋皇國父爲大宰，爲平公築臺，妨於農收。子罕請俟農功之畢，公弗許。築者謳曰：「澤門之皙，實興我役。邑中之黔，實慰我心。」子罕聞之，親執扑，以行築者，而抶其不勉者，曰：「吾儕小人皆有闔廬以辟燥濕寒暑。今君爲一臺，而不速成，何以爲役？」謳者乃止。或問其故。子罕曰：「宋國區區，而有詛有祝，禍之本也。」

左丘明《國語·楚語上·章華之臺》 靈王爲章華之臺，與伍舉升焉，曰：「臺美夫！」對曰：「臣聞國君服寵以爲美，安民以爲樂，聽德以爲聰，致遠以爲明。不聞其以土木之崇高、彤鏤爲美，而以金石匏竹之昌大、囂庶爲樂；不聞其以觀大、視侈、淫色以爲明，而以察清濁爲聰。

先君莊王爲匏居之臺，高不過望國氛，大不過容宴豆，木不妨守備，用不煩官府，民不廢時務，官不易朝常。問誰宴焉，則宋公、鄭伯；問誰相禮，則華元、駟騑；問誰贊事，則陳侯、蔡侯、許男、頓子，其大夫侍之。先君以是除亂克敵，而無惡於諸侯。今君爲此臺也，國民罷焉，財用盡焉，年穀敗焉，百官煩焉，舉國留之，數年乃成。願得諸侯與始升焉，諸侯皆距無有至者。而後使太宰啓疆請於魯侯，懼之以蜀之役，而僅得以來。使富都那豎贊焉，而使長鬣之士相焉，臣不知其美也。

夫美也者，上下、内外、小大、遠近皆無害焉，故曰美。若於目觀則美，縮於財用則匱，是聚民利以自封而瘠民也，胡美之爲？夫君國者，將民之與處；民實瘠矣，君安得肥？且夫私欲弘侈，則德義鮮少；德義不行，則邇者騷離而遠者距違。天子之貴也，唯其以公侯爲官正，而以伯子男爲師旅。其有美名也，唯其施令德於遠近，而小大安之也。若斂民利以成其私欲，使民蒿焉忘其安樂，而有遠心，其爲惡也甚矣，安用目觀？

故先王之爲臺榭也，榭不過講軍實，臺不過望氛祥。故榭度於大卒之居，臺度於臨觀之高。其所不奪穡地，其爲不匱財用，其事不煩官業，其日不廢時務。瘠磽之地，於是乎爲之；城守之木，於是乎用之；官僚之暇，於是乎臨之；四時之隙，於是乎成之。故《周詩》曰：『經始靈臺，經之營之。庶民攻之，不日成之。經始勿亟，庶民子來。王在靈囿，麀鹿攸伏。』夫爲臺榭，將以教民利也，不知其以匱之也。若君謂此臺美而爲之正，楚其殆矣！」

賈誼《新書》卷七《退讓・章華之臺》 翟王使使至楚，楚王欲誇之，故饗客於章華之臺上。上者三休，而乃至其上。楚王曰：「翟國亦有此臺乎？」使者曰：「否。翟，窶國也，惡見此臺也？翟王之自爲室也，堂高三尺，壤陛三絫，茆茨弗翦，采椽弗刮，且翟王猶以作之者大苦，居之者大佚，翟國惡見此臺也！」楚王媿。

《韓非子》卷七《説林上第二十二》 秦康公築臺三年。荆人起兵將欲以兵攻齊，任妄曰：饑召兵，疾召兵，勞召兵，亂召兵。君築臺三年，今荆人起兵將攻齊，臣恐其攻齊爲聲，而以襲秦爲實也。不如備之，戍東邊。荆人輟行。

《列子》卷三《周穆王第三・中天之臺》 周穆王時，西極之國有化人來，入水火，貫金石；反山川，移城邑；乘虚不墜，觸實不硋。千變萬化，不可窮極。既已變物之形，又且易人之慮。穆王敬之若神，事之若君。推路寢以居之，引三牲以進之，選女樂以娱之。化人以爲王之宫室卑陋而不可處，王之厨饌腥螻而不可饗，王之嬪御膻惡而不可親。穆王乃爲之改築。土木之功，赭堊之色，無遺巧焉。五府爲虚，而臺始成。其高千仞，臨終南之上，號曰中天之臺。簡鄭衛之處子娥媌靡曼者，施芳澤，正娥眉，設笄珥，衣阿錫，曳齊紈，粉白黛黑，珮玉環，雜芷若以滿之；奏《承雲》、《六瑩》、《九韶》、《晨露》以樂之。

洪邁《容齋四筆》卷三《中天之臺》 中天之臺有二。其一，《列子》曰：「西極化人見周穆王，王爲之改築宫室，土木之功，赭堊之色，無遺巧焉。五府爲虚，而臺始成。其高千仞，臨終南之上，名曰中天之臺。」其一，《新序》曰：「魏王將起中天臺，許綰負操鍤入，曰：『臣能商臺。』王曰：『若何？』曰：『天與地相去萬五千里，今王因而半之，當起七千五百里之臺，高既如是，其趾須方八千里，盡王之地不足以爲臺趾。必起此臺，先以兵伐諸侯，盡有其地，又伐四夷，得方八千里，乃足以爲臺趾。度八千里之外，當定農畝之地，足以奉給王之臺者。臺具以備，乃可以作。』王默然無以應，乃罷起臺。」

《史記》卷二《夏本紀・夏臺》 孔甲崩，子帝皋立。帝皋崩，子帝發立。帝發崩，子帝履癸立，是爲桀。帝桀之時，自孔甲以來而諸侯多畔夏，桀不務德而武傷百姓，百姓弗堪。迺召湯而囚之夏臺，已而釋之。湯修德，諸侯皆歸湯，湯遂率兵以伐夏桀。桀走鳴條，遂放而死。桀謂人曰：「吾悔不遂殺湯於夏臺，使至此。」湯乃踐天子位，代夏朝天下。湯封夏之後，至周封於杞也。

《史記》卷三《殷本紀・鹿臺》 〔商紂〕於是使師涓作新淫聲，北里之舞，靡靡之樂。厚賦税以實鹿臺之錢，而盈鉅橋之粟。益收狗馬奇物，充仞宫室。益廣沙丘苑臺，多取野獸蜚鳥置其中。

《史記》卷一二九《貨殖列傳・懷清臺》 烏氏倮畜牧，及衆，斥賣，求奇繒物，閒獻遺戎王。戎王什倍其償，與之畜，畜至用谷量馬牛。秦始皇帝令倮比封君，以時與列臣朝請。而巴(蜀)寡婦清，其先得丹穴，而擅其利數世，家亦不訾。清，寡婦也，能守其業，用財自衞，不見侵犯。秦皇帝以爲貞婦而客之，爲築女懷清臺。夫倮鄙人牧長，清窮鄉寡婦，禮抗萬乘，名顯天下，豈非以富邪？

班固《漢武帝内傳・附録・通靈臺》 乃命其門曰堯母門，後至甘泉，因幸告帝曰：妾相運正應爲陛下生一男，男年七歲，妾當死。今年必不得歸，願陛下自愛，言終遂卒。既殯，不斃。香聞十餘里，因葬之雲陵。帝甚哀悼，又疑其非常人，乃發塚開視。空棺無尸，唯衣履存焉。乃爲起通靈臺于甘泉，常有青鳥集臺上往來，至宣帝時乃止。

劉向《説苑》卷一三《五仞之臺》 楚莊王與晉戰，勝之。懼諸侯之畏己也，乃築爲五仞之臺。臺成而觴諸侯，諸侯請約。莊王曰：我薄德之人也。諸侯請爲觴，乃仰而曰：將將之臺，窅窅其謀，我言而不當，諸侯伐之。於是遠者來朝，近者入賓。

劉向《新序》卷五《雜事・許由臺》 《御覽》百七十七引戴延之《西征記》曰：許昌城本許由所居，大城東北九里有許由臺，高六丈，廣三十步，長六十步。由耻聞堯讓而登此山，邑人慕德，故立此臺。

劉向《新序》卷六《中天臺》 魏王將起中天臺，令曰：「敢諫者死。」許綰負操鍤入，曰：「聞大王將起中天臺，臣願加一力。」王曰：「子何力有加？」綰曰：「雖無力，能商臺。」王曰：「若何？」曰：「臣聞天與地相去萬五千里，今王因而半之，當起七千五百里之臺。高即如是，其趾須方八千里。盡王之地，不足以爲臺趾。古者堯、舜建諸侯，地方五千里。王必起此臺，先以兵伐諸侯，盡有其地，猶不足，又伐四夷，得方八千里，乃足以爲臺趾。臺木之積，人徒之衆，倉廩之儲，數以萬億。度八千里之外，當定農畝之地，足以奉給王之臺者，臺具以備，乃可以作。」魏王默然無以應，乃罷起臺。

趙曄《吴越春秋》卷八《勾踐歸國外傳・靈臺》　越王曰：「苟如相國之言，孤之命也。」范蠡曰：「天地卒號，以著其實，名東武。起游臺其上，東南爲司馬門，立增樓冠其山巔，以爲靈臺。起離宫於淮陽，中宿臺在於高平，駕臺在於成丘，立苑於樂野，燕臺在於石室，齋臺在於襟山。勾踐之出游也，休息食室於冰厨。」

郭憲《漢武帝别國洞冥記》卷一《騰光臺》　建元二年，帝起騰光臺以望四遠。於臺上撞碧玉之鐘，掛懸黎之磬，吹霜條之篪，唱來雲依日之曲。方朔再拜於帝前曰：臣東遊萬林之野，獲九色鳳雛，洿源丹瀨之水赤色。西過洞壑，得滄淵虬子静海遊珠。洞壑在虞淵西，虬泉池在五柞宫北。中有追雲舟、起風舟、侍仙舟、含煙舟。或以杉棠爲枻檝，或以木蘭文柘爲櫓棹。又起五層臺於月下。

佚名《三輔黄圖》卷三《建章宫・神明臺》　神明臺，《漢書》曰：「建章有神明臺。」《廟記》曰：「神明臺，武帝造，祭仙人處，上有承露盤，有銅仙人，舒掌捧銅盤玉杯，以承雲表之露，以露和玉屑服之，以求仙道。」《長安記》曰：「仙人掌大七圍，以銅爲之。魏文帝徙銅盤折，聲聞數十里。」

郭憲《漢武帝别國洞冥記》卷二《神明臺》　〔元封中〕起神明臺，上有九天道金牀象席虎珀鎮。雜玉爲簟，帝坐良久。設甜水之冰以備洪濯。酌瑶琨碧酒，砲青豹之脯。果則有塗陰紫梨、琳國碧李，仙衆與食之。

酈道元《水經注》卷一九《渭水・神明臺》　神明臺，《傅子・宫室》曰：上于建章中作神明臺、井幹樓，咸高五十餘丈，皆作懸閣，輦道相屬焉。《三輔黄圖》曰：神明臺在建章宫中，上有九室，今人謂之九天臺，即實非也。泬水又逕漸臺東。《漢武帝故事》曰：建章宫北有太液池，池中有漸臺，高三十丈。

郭憲《漢武帝别國洞冥記》卷二《望風臺》　太初三年，起甘泉望風臺。臺上得白珠如花一枝，帝以錦蓋覆之，如照月矣。因名照月珠，以賜董偃，盛以琉璃之筐。

郭憲《漢武帝别國洞冥記》卷三《俯月臺》　〔天漢二年〕帝於望鵠臺西起俯月臺。臺下穿池，廣千尺。登臺以眺，月影入池中，使仙人乘舟弄月影，因名影娥池，亦曰眺蟾臺。酌雲葅酒，葅以玄草、黑蕨、金蒲、甜蓼，果以青櫻、龍瓜、白芋、紫莖、寒蕨、地花、氣葛。此葛於地下生花，入地十丈，乃得此葛。其根倒出，亦名金虎鬚草，因名紫鬚葛也。

韓嬰《韓詩外傳》卷八《九重之臺》　齊景公使人於楚，楚王與之上九重之臺。顧使者曰：齊有臺若此乎？使者曰：吾君有治位之坐，土階三等。茅茨不翦，樸椽不斲者。猶以謂爲之者勞，居之者泰，吾君惡有臺若此者？於是楚王蓋悒如也。使者可謂不辱君命，其能專對矣。

孔鮒《孔叢子》卷上《嘉言篇・淩陽之臺》　陳惠公大城，因起淩陽之臺，未終而坐法死者數十人。又執三監吏。夫子適陳，聞之，見陳侯。與俱登臺而觀焉。夫子曰：「美哉斯臺，自古聖王之爲城臺，未有不戮一人而能致功若此者也。」陳侯默而退，遂竊赦所執吏。既而見夫子，問曰：「昔周作靈臺，亦戮人乎？」答曰：「文王之興，附者六州。六州之衆，各以子道來。故區區之臺，未及期日而已成矣，何戮之有乎？夫以少少之衆，能立大大之功，唯君爾。」

佚名《三輔黄圖》卷三《長樂宫・鴻臺》　鴻臺，秦始皇二十七年築，高四十丈，上起觀宇，帝嘗射飛鴻於臺上，故號鴻臺。《漢書》：惠帝四年，長樂宫鴻臺災。

佚名《三輔黄圖》卷五《臺榭・周靈臺》　周文王靈臺，在長安西北四十里。《詩序》曰：「靈臺，民始附也。文王受命，而人樂其有靈德，以及鳥獸昆蟲焉。」鄭玄注云：「天子有靈臺者，所以觀祲象、察氛祥也。文王受命而作邑於豐，立靈臺。」《詩》曰：「經始靈臺，庶民子來。經之營之，不日成之。」劉向《新序》云：「周文王作靈臺及爲池沼，掘得死人之骨，吏以聞於文王。文王曰：更葬之。吏曰：此無主矣。文王曰：有天下者，天下之主；有一國者，一國之主。寡人者，死人之主，又何求主。遂令吏以衣冠更葬之，天下聞之，皆曰：文王賢矣，澤及枯骨，又況於人乎。」周靈臺，高二丈，周回百二十步。

駱天驤《類編長安志》卷三《苑囿池臺・周靈臺》　《關中記》云：「在長安西北四十里。」《詩》云：「經始靈臺，經之營之，庶民攻之，不日成之。」《詩序》曰：「《靈臺》，民始附也。文王受命，而人樂其有靈德以及鳥獸昆蟲焉。」鄭玄曰：「天子有靈臺者，所以觀祲象察氣之妖祥也。文王受命，而作邑於豐，立靈臺。」《正義》：「靈臺所處，在國之西郊。」劉向《新序》曰：「周文王作靈臺，及爲池沼。掘地得死人之骨，吏以聞於文王，文王曰：『更葬之！』吏曰：『此無主矣！』文王曰：『有天下者，天下之主也。有一國者，一國之主也。寡人固其主也，又安求主？』遂令吏以衣棺更葬之。天下聞之，皆曰：『文王賢矣！澤及朽骨，又況於人乎！』」《水經注》曰：「豐水，北經靈臺西，文王又引水爲辟雍、靈沼。」《括地志》曰：「今悉無復處所，唯靈臺孤立。」今案臺高二丈，周回百二十步。

佚名《三輔黃圖》卷五《臺榭・漢靈臺》 漢靈臺，在長安西北八里。漢始曰清臺，本爲候者觀陰陽天文之變，更名曰靈臺。郭延生《述征記》曰：「長安宮南有靈臺，高十五仞，上有渾儀，張衡所製。又有相風銅烏，遇風乃動。一曰：長安靈臺，上有相風銅烏，千里風至，此烏乃動。又有銅表，高八尺，長一丈三尺，廣尺二寸，題云太初四年造。」

佚名《三輔黃圖》卷五《臺榭・柏梁臺》 柏梁臺，武帝元鼎二年春起。此臺在長安城中北闕內。《三輔舊事》云：「以香柏爲梁也，帝嘗置酒其上，詔羣臣和詩，能七言詩者乃得上。太初中臺災。」

駱天驤《類編長安志》卷三《苑囿池臺・柏梁臺》 《漢書》曰：「武帝元鼎元年春起。」服虔曰：「用百頭梁作臺，因名焉。」師古曰：「《三輔舊事》云：『以香柏爲之。』今書字皆作栢，服説非。」《漢武故事》曰：「以香柏爲之，香聞數十里。」《郊祀志》曰：「武帝鑄柏梁銅柱。」《五行志》曰：「太初元年十一月乙酉，未央宮柏梁臺災。先是大風發其屋，夏侯始昌先言其災日。」《廟記》曰：「柏梁臺，漢武帝造。在北闕內道西。」《三秦記》曰：「柏梁臺上有銅鳳，名鳳闕。」《漢武帝集》：「武帝作柏梁臺，詔羣臣二千石有能爲七言者乃得上坐。帝曰：『日月星辰和四時。』梁王曰：『驂駕駟馬從梁來。』大司馬曰：『郡國士馬羽林才。』丞相曰：『惣領天下誠難治。』大將軍曰：『和撫四夷不易哉。』御史大夫曰：『刀筆之吏臣執之。』太常曰：『撞鐘擊鼓聲中詩。』宗正曰：『宗室廣大日益滋。』衛尉曰：『周御交戟禁不時。』光祿勳曰：『惣領從官柏梁臺。』廷尉曰：『平理請讞決嫌疑。』太僕曰：『修飾輿馬待駕來。』大鴻臚曰：『郡國吏功差次之。』少府曰：『乘輿御物主治之。』司農曰：『陳粟萬石揚其箕。』執金吾曰：『徼道宮下隨討治。』左馮翊曰：『三輔盜賊天下尤。』右扶風曰：『盜阻南山爲民災。』京兆尹曰：『外家公主不可治。』詹事曰：『椒房率更領其財。』典屬國曰：『蠻夷朝貢常會期。』大匠曰：『柱枅薄櫨相枝持。』太官令曰：『枇杷橘栗桃李梅。』上林令曰：『走狗逐兔張罝罘。』郭舍人曰：『齧妃女唇甘如飴。』東方朔曰：『廹窘詰屈幾窮哉。』」

佚名《三輔黃圖》卷五《臺榭・漸臺》 漸臺，在未央宮太液池中，高十丈。漸，浸也，言爲池水所漸。又一説：漸臺，星名，法星以爲臺名。未央宮有滄池，池中有漸臺，王莽死於此。

駱天驤《類編長安志》卷三《苑囿池臺・漸臺》 《漢書》曰：「文帝夢上天不能，有一黃頭郎推上，覺而之漸臺，以夢中陰目求推者郎，見鄧通。」師古曰：「未央殿西南有蒼池，池中有漸臺。」又王莽爲元后置酒未央宮漸臺，大縱衆樂。《關中記》曰：「未央宮中有蒼池，池中有漸臺，王莽死於是也。」《括地志》曰：「既云就車而之漸臺，與未央、建章複道相屬，但漢兵既迫，不應駕車踰城，此即非建章之漸臺矣。然則未央、建章，似各有漸臺，非一所也。」

佚名《三輔黃圖》卷五《臺榭・通天臺》 通天臺，武帝元封二年作甘泉通天臺。《漢舊儀》云：「通天者，言此臺高通於天也。」《漢武故事》：「築通天臺於甘泉，去地百餘丈，望雲雨悉在其下，望見長安城。」「武帝時祭泰乙，上通天臺，舞八歲童女三百人，祠祀招仙人。祭泰乙，云令人升通天臺，以候天神，天神既下祭所，若大流星，乃舉烽火而就竹宮望拜。上有承露盤，仙人掌擎玉杯，以承雲表之露。元鳳間，自毀，椽桷皆化爲龍鳳，從風雨飛去。」《西京賦》云：「通天眇而竦峙，徑百常而莖擢，上瓣華以交紛，下刻峭其若削。」亦曰候神臺，又曰望仙臺，以候神明、望神仙也。

佚名《三輔黃圖》卷五《臺榭・涼風臺》 涼風臺，在長安故城西，建章宮北。《關輔記》曰：「建章宮北作涼風臺，積木爲樓。」

《三國志》卷一九《魏書・陳思王植傳・銅爵臺》 陳思王植字子建。年十歲餘，誦讀詩論及辭賦數十萬言，善屬文。太祖嘗視其文，謂植曰：「汝倩人邪？」植跪曰：「言出爲論，下筆成章，顧當面試，柰何倩人？」時鄴銅爵臺新成，太祖悉將諸子登臺，使各爲賦。植援筆立成，可觀，太祖甚異之。

陸翽《鄴中記・銅爵臺、金鳳臺、冰井臺》 銅爵、金鳳、冰井三臺，皆在鄴都北城西北隅，因城爲基址。建安十五年，銅爵臺成，曹操將諸子登樓，使各爲賦，陳思王植援筆立就。金鳳臺初名金虎，至石氏改今名。冰井臺則凌室也，金虎、冰井皆建安十八年建也。銅爵臺高一十丈，有屋一百二十間，周圍彌覆。其上金虎臺，有屋百三十間。冰井臺有冰室三，與涼殿，皆以閣道相通。三臺崇舉，其高若山云。至後趙石虎，三臺更加崇飾，甚于魏初。于銅爵臺上起五層樓閣，去地三百七十尺。周圍殿屋一百二十房，房中有女監女伎。三臺相面，各有正殿。上安御牀，施蜀錦流蘇斗帳。四角置金龍頭，銜五色流蘇。又安金鈕屈戍屏風牀，牀上細直女三十人，牀下立三十人。凡此衆妓，皆宴日所設。又于銅爵臺穿二井，作鐵梁地道以通井，號曰命子窟。于井中多置財寶飲食，以悦蕃客，曰聖井。又作銅爵樓，巔高一丈五尺，舒翼若飛。南則金鳳臺，有屋一百九間，置金鳳于臺巔，故名。北則冰井臺，有屋一百四十間，上有冰室，室有數井。井深十五丈，藏冰及石墨，石墨可書，又爇之難盡，又謂之石炭。又有窖粟及鹽，以備不虞。今窖上石銘尚存焉。三臺皆甎甃，相去各六十步。上作閣道如浮橋，連以金屈戌，畫以雲氣龍虎之勢，施則三臺相通，廢則中央懸絶也。石季龍于冰井臺藏冰，三伏之月，以冰賜大臣。

《北齊書》卷四《文宣本紀·銅爵臺、金鳳臺、冰井臺》 〔天保九年〕八月乙丑，至自晉陽。甲戌，帝如晉陽。是月，陳江州刺史沈泰以三千人内附。先是，發丁匠三十餘萬營三臺於鄴下，因其舊基而高博之，大起宫室及遊豫園。至是，三臺成，改銅爵曰金鳳，金獸曰聖應，冰井曰崇光。十一月甲午，帝至自晉陽，登三臺，御乾象殿，朝讌羣臣，並命賦詩。

酈道元《水經注》卷一〇《漳水·銅雀臺、金鳳臺、冰井臺》 城之西北有三臺，皆因城爲之基，巍然崇舉，其高若山。建安中魏武所起，平坦略盡。《春秋古地》云：葵丘，地名，今鄴西三臺是也。謂臺已平，或更有見，意所未詳。【略】中曰銅雀臺，高十丈，有屋百餘間。臺成，命諸子登之，並使爲賦。陳思王下筆成章，美捷當時。亦魏武望奉常王叔治之處也。昔嚴才與其屬攻掖門，脩聞變，車馬未至，便將官屬步至宫門。太祖在銅雀臺望見之，曰：彼來者必王叔治也。相國鍾繇曰：舊，京城有變，九卿各居其府，卿何來也？脩曰：食其禄，焉避其難？居府雖舊，非赴難之義。時人以爲美談矣。石虎更增二丈，立一屋，連棟接榱，彌覆其上，盤迴隔之，名曰命子窟。又于臺上起五層樓，高十五丈，去地二十七丈。又作銅雀于樓巔，舒翼若飛。南則金鳳臺，高八丈，有屋一百九間。北曰冰井臺，亦高八丈，有屋一百四十間。上有冰室，室有數井。井深十五丈，藏冰及石墨焉。石墨可書，又然之難盡，亦謂之石炭。又有粟窖及鹽窖，以備不虞。今窖上猶有石銘存焉。左思《魏都賦》曰：三臺列峙而崢嶸者也。

《魏書》卷四上《世祖本紀·馬射臺》 〔始光三年〕秋七月，築馬射臺于長川，帝親登臺觀走馬；王公諸國君長馳射，中者賜金錦繒絮各有差。

《晉書》卷八六《張軌傳·靈鈞臺》 歲餘，〔張〕茂築靈鈞臺，周輪八十餘堵，基高九仞。武陵人閻曾夜叩門呼曰：「武公遣我來，曰：何故勞百姓而築臺乎？」姑臧令辛巖以曾妖妄，請殺之。茂曰：「吾信勞人。曾稱先君之令，何謂妖乎！」太府主簿馬魴諫曰：「今世難未夷，唯當弘尚道素，不宜勞役崇飾臺榭。且比年已來，轉覺衆務日奢於往，每所經營，輕違雅度，實非士女所望於明公。」茂曰：「吾過也，吾過也！」命止作役。

酈道元《水經注》卷五《河水·蒲臺》 東流傾注爲海，溝南海側，有蒲臺，臺高八丈，方二百步，《三齊略記》曰：鬲城東南，有蒲臺，秦始皇東遊海上，於臺下蟠蒲繫馬。至今每歲蒲生，縈委若有繫，狀似水楊，可以爲箭，今東去海三十里。

酈道元《水經注》卷九《沁水·白起臺》 《上黨記》曰：長平城在郡之南，秦壘在城西。二軍共食流水澗，相去五里。秦坑趙衆，收頭顱，築臺於壘中，因山爲臺，崔嵬桀起。今仍號曰白起臺。

酈道元《水經注》卷一一《易水·釣臺》 其水之故瀆南出，屈而東轉，又分爲二瀆。一水逕故安城西，側城南注易水，夾塘崇峻，邃岸高深。左右百步，有二釣臺，參差交峙，迢遞相望，更爲佳觀矣。其一水東出注金臺陂，陂東西六七里，南北五里，側陂西北有釣臺，高丈餘，方可四十步。陂北十餘步有金臺，臺上東西八十許步，南北加減。北有小金臺，臺北有蘭馬臺，並悉高數丈，秀峙相對，翼臺左右，水流徑通，長廡廣宇，周旋被浦。棟堵咸淪，柱礎尚存，是其基構，可得而尋。

酈道元《水經注》卷二二《渠水·梁王吹臺》 《續述征記》曰：汴沙到浚儀而分也。汴東注，沙南流，其水更南流逕梁王吹臺東。《陳留風俗傳》曰：縣有蒼頡師曠城，上有列僊之吹臺，北有牧澤，中出蘭蒲，土多儁髦，衿帶牧澤，方一十五里，俗謂之蒲關澤，即謂此矣。梁王增築以爲吹臺，城隍夷滅，略存故跡，今層臺孤立於牧澤之右矣。其臺方一百許步，即阮嗣宗《詠懷》詩所謂駕言發魏都，南向望吹臺，簫管有遺音，梁王安在哉？晉世喪亂，乞活憑居，削墮故基，遂成二層，上基猶方四五十步，高一丈餘，世謂之乞活臺，又謂之婆臺城。

酈道元《水經注》卷二四《睢水·蠡臺》 司馬彪《郡國志》曰：睢陽縣有盧門亭，城内有高臺，甚秀廣，巍然介立，超焉獨上，謂之蠡臺，亦曰升臺焉。當昔全盛之時，故與雲霞競遠矣。《續述征記》曰：迴道似蠡，故謂之蠡臺，非也。余按《闕子》，稱宋景公使工人爲弓，九年乃成。公曰：何其遲也？對曰：臣不復見君矣，臣之精盡于弓矣。獻弓而歸，三日而死。景公登虎圈之臺，援弓東面而射之，矢踰于孟霜之山，集于彭城之東，餘勢逸勁，猶飲羽于石梁。然則蠡臺即是虎圈臺也，蓋宋世牢虎所在矣。晉太和中，大司馬桓温入河，命豫州刺史袁真開石門，鮮卑堅戍此臺，真頓甲堅城之下，不果而還。螽臺如西，又有一臺，俗謂之女郎臺。臺之西北城中有涼馬臺，臺東有曲池，池北列兩釣臺，水周六七百步。螽臺直東，又有一臺，世謂之雀臺也。城内東西道北，有晉梁王妃王氏陵表，竝列二碑，碑云：妃諱粲，字女儀，東萊曲城人也。齊北海府君之孫，司空東武景侯之季女，咸熙元年嬪于司馬氏，泰始二年妃于國，太康五年薨，營陵于新蒙之。太康九年立碑。東即梁王之吹臺也。基陛階礎尚在，今建追明寺。故宮東即安梁之舊地也，齊周五六百步，水列釣臺。池東又有一臺，世謂之清泠臺。北城憑隅，又結一池臺。晉灼曰：或説平臺在城中東北角，亦或言兔園在平臺側。如淳曰：平臺，離宮所在，今城東二十里有臺，寬廣而不甚極高，俗謂之平臺。余按《漢書・梁孝王傳》稱：王以功親爲大國，築東苑，方三百里，廣睢陽城七十里，大治宮室，爲複道，自宮連屬于平臺三十餘里，複道自宮東出楊之門，左陽門，即睢陽東門也。連屬于平臺則近矣，屬之城隅則不能，是知平臺不在城中也。

酈道元《水經注》卷二六《濰水・琅邪臺》 琅邪，山名也。越王句踐之故國也。句踐并吴，欲霸中國，徙都琅邪。秦始皇二十六年，滅齊以爲郡。城即秦皇之所築也。遂登琅邪大樂之山，作層臺于其上，謂之琅邪臺。臺在城東南十里，孤立特顯，出于衆山，上下周二十里餘，傍濱巨海。秦王樂之，因留三月，乃徙黔首三萬户于琅邪山下，復十二年。所作臺基三層，層高三丈，上級平敞，方二百餘步，廣五里。刊石立碑，紀秦功德。臺上有神淵，淵至靈焉，人汙之則竭，齊潔則通。神廟在齊八祠中，漢武帝亦嘗登之。漢高帝吕后七年，以爲王國，文帝三年，更名爲郡，王莽改曰填夷矣。

王嘉《拾遺記》卷三《周靈王・宣昭臺》 二十三年，起「昆昭」之臺，亦名「宣昭」。聚天下異木神工，得崿谷陰生之樹，其樹千尋，文理盤錯，以此一樹，而臺用足焉。大幹爲桁棟，小枝爲栭桷。其木有龍蛇百獸之形。又篩水精以爲泥。臺高百丈，昇之以望雲色。時有萇弘，能招致神異。王乃登臺，望雲氣蓊鬱，忽見二人乘雲而至，鬚髮皆黄，非謡俗之類也。乘遊龍飛鳳之輦，駕以青螭。其衣皆縫緝毛羽也。王即迎之上席。時天下大旱，地裂木燃。一人先唱：「能爲雪霜。」引氣一噴，則雲起雪飛，坐者皆凛然，宮中池井，堅冰可瑑。又設狐腋素裘、紫羆文褥，羆褥是西域所獻也，施於臺上，坐者皆温。又有一人唱：「能使即席爲炎。」乃以指彈席上，而喧風入室，裘褥皆棄於臺下。時有容成子諫曰：「大王以天下爲家，而染異術，使變夏改寒，以誣百姓，文、武、周公之所不取也。」王乃疏萇弘而求正諫之士。時異方貢玉人、石鏡，此石色白如月，照面如雪，謂之「月鏡」。有玉人，機戾自能轉動。萇弘言於王曰：「聖德所招也。」故周人以萇弘幸媚而殺之，流血成石，或言成碧，不見其尸矣。

王嘉《拾遺記》卷四《秦始皇・雲明臺》 始皇起雲明臺，窮四方之珍木，搜天下之巧工。南得烟丘碧桂，酈水燃沙，賁都朱泥，雲岡素竹，東得葱巒錦柏，漂檖龍松，寒河星柘，岏山雲梓；西得漏海浮金，狼淵羽璧，滌嶂霞桑，沉塘員籌；北得冥阜乾漆，陰坂文杞，褰流黑魄，闇海香瓊，珍異是集。二人騰虚緣木，揮斤斧於空中，子時起工，午時已畢。秦人謂之「子午臺」，亦言於子午之地，各起一臺，二説疑也。

王嘉《拾遺記》卷七《魏明帝・凌雲臺》 魏明帝起凌雲臺，躬自掘土，羣臣皆負畚鍤，天陰凍寒，死者相枕。洛、鄴諸鼎，皆夜震自移。又聞宮中地下，有怨嘆之聲。高堂隆等上表諫曰：「王者宜静以養民，今嗟嘆之聲，形於人鬼，願省薄奢費，以敦儉樸。」帝猶不止，廣求瑰異，珍賂是聚，飭臺榭累年而畢。諫者尤多，帝乃去煩歸儉，死者收而葬之。人神致感，衆祥皆應。太山下有連理文石，高十二丈，狀如柏樹，其文彪發，似人雕鏤，自下及上皆合，而中開廣六尺，望若真樹也。父老云：「當秦末，二石相去百餘步，蕪没無有蹊徑。及魏帝之始，稍覺相近，如雙闕。」土石陰類，魏爲土德，斯爲靈徵。苑囿及民家草樹，皆生連理。有合歡草，狀如蓍，一株百莖，晝則衆條扶疏，夜則合爲一莖，萬不遺一，謂之「神草」。沛國有黄麟見於戊己之地，皆土德之嘉瑞。乃修戊己之壇，黄星炳夜。又起昴畢之臺，祭祀此星，魏之分野，歲時修祀焉。

楊衒之《洛陽伽藍記》卷一《瑶光寺・凌雲臺》 瑶光寺【略】千秋門内道北有西游園，園中有凌雲臺，即是魏文帝所築者。臺上有八角井，高祖於井北造涼風觀，登之遠望，目極洛川。臺下有碧海曲池。臺東有宣慈觀，去地十丈。觀東有靈芝釣臺，累木爲之，出於海中，去地二十丈。風生户牖，雲起梁棟，丹楹刻桷，圖寫列僊。刻石爲鯨魚，背負釣臺；既如從地踊出，又似空中飛下。釣臺南有宣光殿，北有嘉福殿，西有九龍殿。殿前九龍吐水成一海。凡四殿，皆有飛閣向靈芝往來。三伏之月，皇帝在靈芝臺以避暑。

劉義慶《世説新語》卷下之上《巧藝第二十一・凌雲臺》 陵雲臺樓觀精巧，

先稱平衆木輕重，然後造構，乃無錙銖相負揭。臺雖高峻，常隨風摇動而終無傾倒之理。魏明帝登臺，懼其勢危，别以大材扶持之，樓即頽壞。論者謂輕重力偏故也。《洛陽宫殿簿》曰：「陵雲臺上壁方十三丈，高九尺。樓方四丈，高五丈，棟去地十三丈五尺七寸五分也。」

王嘉《拾遺記》卷七《燭臺》 又築土爲臺，基高三十丈，列燭於臺下，名曰「燭臺」，遠望如列星之墜地。又於大道之傍，一里一銅表，高五尺，以誌里數。故行者歌曰：「青槐夾道多塵埃，龍樓鳳闕望崔嵬。清風細雨雜香來，土上出金火照臺。」此七字是妖辭也。爲銅表誌里數於道側，是土上出金之義。以燭置臺下，則火在土下之義。漢火德王，魏土德王，火伏而土興，土上出金，是魏滅而晉興也。靈芸未至京師十里，帝乘雕玉之輦，以望車徒之盛，嗟曰：「昔者言『朝爲行雲，暮爲行雨』，今非雲非雨，非朝非暮。」改靈芸之名曰夜來，入宫後居寵愛。外國獻火珠龍鸞之釵。帝曰：「明珠翡翠尚不能勝，況乎龍鸞之重！」乃止不進。夜來妙於鍼工，雖處於深帷之内，不用燈燭之光，裁製立成。非夜來縫製，帝則不服。宫中號爲「鍼神」也。

王嘉《拾遺記》卷八《榴環臺》 吴主潘夫人，父坐法，夫人輸入織室，容態少儁，爲江東絶色。同幽者百餘人，謂夫人爲神女，敬而遠之。有司聞於吴主，使圖其容貌。夫人憂戚不食，減瘦改形。工人寫其真狀以進，吴主見而喜悦，以虎魄如意撫按即折，嗟曰：「此神女也，愁貌尚能惑人，況在歡樂！」乃命雕輪就織室，納於後宫，果以姿色見寵。每以夫人遊昭宣之臺，志意幸愜，既盡酣醉，唾於玉壺中，使侍婢瀉於臺下，得火齊指環，即掛石榴枝上，因其處起臺，名曰環榴臺。時有諫者云：「今吴、蜀争雄，『還劉』之名，將爲妖矣！」權乃翻其名曰榴環臺。又與夫人遊釣臺，得大魚。王大喜，夫人曰：「昔聞泣魚，今乃爲喜，有喜必憂，以爲深戒！」至於末年，漸相譖毁，稍見離退。時人謂「夫人知幾其神」。吴主於是罷宴，夫人果見棄逐。釣臺基今尚存焉。

陸翽《鄴中記·西臺》 西臺高六十七丈，上作銅鳳。窗皆銅籠疏、雲母幌。日之初出，乃流光照曜。

陸翽《鄴中記·涼馬臺》 涼馬臺高三十尺，周廻五百步，後趙石虎所築。建武六年，虎都鄴，洗馬于洹水，築此臺以涼馬，故以名云。

趙王虎建武六年造涼馬臺，在城西漳水之南。虎常于此臺簡練騎卒。虎牙宿衞(蛇)〔號〕雲騰黑稍騎五千人，每月朔望，閱馬于此臺。乃于漳水之南，張幟鳴鼓，列騎星羅。虎乃登臺，射髇箭一發，五千騎一時奔走。從漳水之南，齊走至于臺下，隊督以下皆班賚。虎又射一箭，騎五千又齊走于漳水之北。其五千騎流散攢促，若數萬人。皆以漆稍從事，故以黑稍爲號。季龍又嘗以女伎一千人爲鹵簿。皆著紫綸巾、熟錦袴、金銀鏤帶、五文織成鞾，遊臺上。

《山海經》卷一二《大荒西經·軒轅之臺》 有軒轅之臺。射罘不敢西嚮。射畏軒轅之臺。

《山海經》卷一二《海内北經》 帝堯臺、帝嚳臺、帝丹朱臺、帝舜臺，各二臺。臺四方，在昆侖東北。

歐陽詢《藝文類聚》卷六二《居處部·朝臺》 《廣州記》曰：尉佗立臺，以朝漢室。圓基千步，直峭百丈。螺道登進，頂上三畝。朔望升拜，號爲朝臺。

梁廷枏《南漢叢録補徵》卷一《朝漢臺》 郝玉麟《廣東通志》：朝漢臺，在廣州城西硬步。五代南漢郊天于此，亦名郊臺。《舊志》在郡北席帽山者非。

補徵：朝漢臺，爲漢初南越王趙佗遥拜上漢處。佗以漢使陸賈之説而「去帝制黄屋左纛」，然「其居國竊如故號名，其使天子，稱王朝命如諸侯」(見司馬遷《史記》卷一百一十三《南越列傳》)。表里非一。諸史無載朝漢臺事，惟筆記、小説、邑志有載，且説不一。如晉裴淵《廣州記》(見《藝文類聚》卷六二《臺》、《太平御覽》卷一七七《臺》)：尉佗築臺，以朝漢室。圓基千步，直峭百丈，螺道登進，頂上三畝，朔望升拜，號爲「朝臺」。北魏酈道元《水經注》卷三十七《泿水》：佗因岡作臺，北面朝漢，圓基千步，直峭百丈，頂上三畝，複道回環，逶迤曲折，朔望升拜，名曰「朝臺」。前後刺史、郡守遷除新至，未嘗不乘車升履，於焉逍遥。

《(道光)廣東通志》卷二一八《古蹟三·朝臺》 朝臺在番禺縣東北。《大清一統志》。裴氏《廣州記》：尉佗築朝臺以朝天子。《寰宇記》。熙安縣東南，有圓岡十丈，四面爲羊腸道，尉佗登此臺，望漢而朝。《天中記》引《南越志》。在南海縣東北二十一里，昔尉佗初遇陸賈之處也。《元和志》。佗因岡作臺，北面朝漢。圓基千步，直峭百丈，頂上三畝，複道迴環，委迤曲折。朔望升拜，名曰朝臺。前後刺史、郡守遷除新至，未嘗不乘車振履，於焉逍遥。治中姚文式《問答》云：朝臺在州東北三十里。《水經·泿水注》。

謹案：朝臺所在，舊説雖殊，而總不越乎廣州之東境。《大清一統志》所以定爲番禺也。黄《志》乃謂在郡城西北硬步五里，臺址纍纍尚存，則屬之南海。其説實本于宋蔣之奇及毛漸之詩。金、郝《志》皆宗之。不知此特南漢郊臺耳。

豈二千餘載久廢之朝臺，猶有纍纍之址，可得而識哉！

蘇鶚《杜陽雜編》卷下《武宗皇帝・望仙臺》　上好神仙術，遂起望仙臺以崇朝禮。復修降真臺，舂百寶屑以塗其地，瑶楹金栱，銀檻玉砌，晶熒炫燿，看之不定。內設玳瑁帳，火齊牀，焚龍火香，薦無憂酒。此皆他國所獻也。上每齋戒沐浴，召道士趙歸真已下共探希夷之理。

王仁裕《開元天寶遺事》卷下《望月臺》　玄宗八月十五日夜，與貴妃臨太液池。憑欄望月不盡，帝意不快。遂勅令左右，於池西岸别築百尺高臺，與吾妃子來年望月。後經禄山之兵，不復置焉，惟有基址而已。

張敦頤《六朝事迹編類》卷上《樓臺門第第四・衛玠臺》　衛玠臺。《晉書》云：玠字叔寶，初字豫章。南辭王敦，歸建鄴。都人聞其姿容，觀者如堵。尋以疾終，年二十七，時人謂之看殺，葬江寧。楊修有詩云：年少才非洗馬才，珠光碎後玉光埋。江南第一風流者，無復羊車過舊街。其臺傳在城南十里。

張敦頤《六朝事迹編類》卷上《樓臺門第第四・梁昭明書臺》　梁昭明書臺。《舊傳》：梁昭明太子著書于此，今遺址尚存。蔣山定林寺後山北高峯上。

張敦頤《六朝事迹編類》卷上《樓臺門第第四・周處臺》　周處臺。府雉東南有故臺基，曰周處臺。今鹿苑寺之後。梅摯《記》云：按西晉史，處字子隱，義興陽羨人。弱冠時，好馳騁，不修細行，州曲患之。自知爲衆所惡，慨然有改勵之志。里人以三害切諷，於是射虎、斬蛟，往見陸雲。具以誠告曰：「古人學道，貴朝聞夕死。君前途尚可，第患志之不立，何憂名之不彰。」遂退而嚮學。有文，言必信，行必謹，如是期年。州府交辟，仕吳爲東觀左丞。吳平，入洛界，遷郡太守，率有善狀，拜御史中丞。凡所糾劾，不避權貴，卒樹功名，没世遠耀。噫！天地至大，根一氣，陶萬化，未始無過。陰陽寒暑，小有繆戾，則從而改之，卒歸大順，而況于人乎？古聖賢本天地之性，以修其性，亦未嘗諱過。後之人不獨諱之而已，抑又從而文之，自底悔尤，良可嗟惜。惟子隱少而不逞，長乃自悟。一旦番然去惡即善，遂爲名世忠賢，可不重乎？則中人所禀，因物染遷，爲時詿誤，德有小眚，言小疵，未甚子隱之害于而鄉，又何憚改爲哉？予因來是臺，新是堂，非止卜高明之居，包遊覽之勝，而與民同樂，亦將有激時世云。

張敦頤《六朝事迹編類》卷上《樓臺門第第四・九日臺》　九日臺。《南史》：齊武帝永明四年四月，作商飈館于孫陵岡，世呼爲九日臺。《十道四蕃志》云：武帝九月九日以宴羣臣孫陵岡，即吳大帝蔣陵。今在鍾山鄉蔣廟之西南，俗呼爲松陵岡，去縣十二里。楊修有詩云：甲光如水戟如霜，御酒杯浮菊半黄。東日西風滿天仗，簫韶一部奏清商。

王溥《唐會要》卷二六《尚書臺》　顯慶二年十一月二十一日，講武於滍水之南，行三驅之禮。上設次于尚書臺以觀之。許州長史封道弘奏，尚書臺本因漢南郡太守馬融講《尚書》于此，因以爲名。今陛下親降此臺，以觀校習，請改爲講武臺。從之。

《新唐書》卷一四《禮樂志四・圓臺》　玄宗開元十二年，四方治定，歲屢豐稔，羣臣多言封禪，中書令張説又固請，乃下制以十三年有事泰山。於是説與右散騎常侍徐堅、太常少卿韋縚、祕書少監康子元、國子博士侯行果刊定儀注。立圓臺於山上，廣五丈，高九尺，土色各依其方。

祝穆《方輿勝覽》卷六《浙東路・紹興府・越王臺》　越王臺。《舊經》：「在種山。」今在卧龍之西，汪綱創。氣象開豁，極目千里，爲一郡登臨勝處。

祝穆《方輿勝覽》卷一四《江東路・建康府・雨花臺》　雨花臺，梁武帝時，有雲光法師講經于此，感得天雨賜花，天厨獻食。楊無爲詩：「空書來震旦，康樂造淵微。貝葉深山澤，曼花半夜飛。香清雖透筆，蘂散不霑衣。舊社白蓮老，遠公應望歸。」王介甫詩：「盤互長干有絶陘，並包佳麗入江亭。新霜浦溆綿綿净，薄晚林巒往往青。南上欲窮牛渚怪，北尋難望草堂靈。箯輿却走垂楊陌，已載寒雲一兩星。」劉潛夫詩云：「昔日講師何處在，高臺猶以雨花名。有時寶向泥尋得，一片山無草敢生。落日磬殘鄰寺閉，晴天牛上廢陵耕。登臨不用深懷土，君看鍾山幾個争。」

祝穆《方輿勝覽》卷一五《江東路・太平州・凌歊臺》　凌歊臺在城北黄山上。宋武帝南遊，嘗登此臺，且建離宫焉。李白詩：「曠望登古臺，臺高極人目。叠嶂列遠空，雜花間平陸。閑雲入窗牖，野翠生松竹。欲覽碑上文，苔侵豈堪讀？」

祝穆《方輿勝覽》卷二〇《江西路・贛州・鬱孤臺》　鬱孤臺在麗譙。坤維隆阜，鬱然孤起平地數丈，冠冕一郡之形勢，而襟帶千里之江山。唐李勉爲虔州刺史，登臨北望，慨然曰：「余雖不及子牟，而心在魏闕一也。鬱孤豈令名乎？」改爲望闕。

祝穆《方輿勝覽》卷二〇《江西路・贛州・八境臺》　八境臺在城上。蘇子瞻《詩序》云：「南康江水，歲歲壞城。孔君宗翰作石城，城上樓觀臺榭東望七閩，南望五嶺，覽羣山之參差，俯章、貢之奔流，乃作詩八章，題之圖上。」

祝穆《方輿勝覽》卷二〇《湖南路・潭州・定王臺》 定王臺，俗傳定王載米博長安土築臺于此，以望其母唐姬墓。張安國名曰定王臺，自爲書扁。

范成大《吴郡志》卷八《古跡・姑蘇臺》 姑蘇臺在姑蘇山。《舊圖經》云在吴縣西三十里，《續圖經》云三十五里，一名姑蘇，一名姑餘。《史記正義》云：「在吴縣西南三十里，横山西北麓姑蘇山上。」《山水記》云：闔閭作，春(秋)〔夏〕遊焉。又云：夫差作臺，三年不成，積材五年乃成。造九曲路，高見三百里。勾踐欲伐吴，於是作栅楣。嬰以白璧，鏤以黄金，狀如龍蛇，獻吴王。吴王大悦，受以起此臺。《越絶書》云：闔廬造九曲路，以遊姑胥之臺。栅楣之義未詳，此楣所謂神木一雙，大二十圍，長五十尋者。吴王將起臺，子胥諫曰：王既變禹之功，而高高下下，以罷民於姑蘇，吴民離矣。弗聽。《洞冥記》云：吴王夫差築姑蘇之臺，三年乃成。周旋詰屈，横亘五里。崇飾土木，殫耗人力。宫妓千人，臺上别立春宵宫，爲長夜之飲。造千石酒鍾，又作天池。池中造青龍舟，舟中盛致妓樂，日與西施爲嬉。又於宫中作海靈館、館娃閣，銅溝玉檻。宫之楹榱，皆珠玉飾之。《吴地記》云：「闔閭十一年，起臺於姑蘇山，因山爲名，西南去國三十五里，夫差復高而飾之。越伐吴，焚之。」又云：「闔閭十年築，經五年始成。高三百丈，望見三百里，造曲路以登臨。吴王春夏遊姑蘇臺，秋冬遊館娃宫、興樂、華池、南城之宫。又獵於長洲之苑。」《太史公》云：「余登姑蘇(臺)望五湖。」案：五湖去此臺尚二十餘里。《越絶書》云：「夫差伐齊，越范蠡、洩庸帥師屯海道江，以絶吴路。敗太子友，遂入吴國。燒姑胥臺，徙其大舟。」《續圖經》：「考之傳記，謂闔廬食不二味，居不重席，器不雕鏤，宫室不觀，舟車不飾。」而《吴越春秋》言：闔廬晝游蘇臺。蓋此臺始基於闔廬，而成於夫差。庶可以合傳記之説云。

《〔同治〕蘇州府志》卷三五《古蹟・姑蘇臺》 姑蘇臺，一名胥臺。《越絶書》作姑胥臺。《史記正義》：在吴縣西南三十里，横山西北麓姑蘇山上。《吴地記》：在吴縣西南三十五里，闔閭造。經營九年，始成其臺。高三百丈，望見三百里外。作九曲路以登之。《圖經》：在吴縣西三十里。《續記》：一名姑餘。吴王闔閭所造。《吴越春秋》：闔閭既立夫差爲太子，使太子屯兵守楚留止，自治宫室：立射臺於安平里，華池在平昌，南城宫在長樂。闔閭出入遊卧，秋冬治於城中，春夏治於城外，治姑蘇之臺。旦食䱉山，晝游蘇臺，射於鷗陂，馳於游臺，興樂石城，走犬長洲。案：《吴地記》：闔閭十一年起臺於姑蘇山，因山爲名，西南去國三十五里。夫差復高而飾之。據此，則《圖經》、《續記》謂始基于闔閭，新作于夫差，其説良是。夫差增築。《吴越春秋》：王使木工三千餘人入山伐木。一年，作士思歸，皆有怨望之心，而歌木客之吟。一夜，天生神木一雙，大二十圍，長五十尋，陽爲文梓，陰爲梗楠。巧工施校，制以規繩，雕治圓轉，刻削磨礱，分以丹青，錯畫文章，嬰以白璧，鏤以黄金，類龍蛇，文采生光。乃使大夫種獻於吴。子胥諫不聽，遂受而起姑蘇之臺。三年聚材，五年乃成，高見三百里。行道之人，道死巷哭，不絶嗟嘻之聲，民疲士苦，人不聊生。《洞冥記》：吴王夫差築姑蘇之臺，三年乃成。周旋詰屈，横亘五里，崇飾土木，殫耗人力。宫妓千人，别立春宵宫。爲長夜之飲，造千石酒鍾。又作天池，池中造青龍舟，舟中盛致妓樂，日與西施爲嬉。又於宫中作海靈館、館娃閣、銅溝、玉檻，宫之楹榱皆珠玉飾之。及越入吴，焚之。盧志《越傳》云：秦皇東巡會稽，還走吴，上姑蘇臺。太史公亦云：登姑蘇，望五湖。周子充《南歸録》：姑蘇前後兩臺相距半里，俗云拜郊臺。爲城三重，遺基儼然，夫差與西施宴游之地。前有溪，越勾踐由此攻吴，號越來溪。范致能云：淳熙六年重九，與客登蘇臺，山頂平正，有坳堂蘚石，可列坐，相傳爲吴故宫閒臺别館。其前湖光接松陵，獨見孤塔之尖。少北點墨一螺，爲崑山。其後西山競秀，縈青叢碧，與洞庭林屋相賓。大約目力踰百里，具登高臨遠之勝。今姑蘇驛臺據郡城之西，乃紹興間所創，以存故事耳。

范成大《吴郡志》卷八《古迹・吴王郊臺》 吴王郊臺在横山東麓，下臨石湖。壇壝之形，儼然相傳。吴僭王時，或曾祀帝也。

李昉《太平御覽》卷一七八《郡國志・青臺》 又曰：蒲州蚩尤城鳴條野。禹娶塗山女，思戀本國，築臺以望之，謂之青臺。上有禹祠，下有青臺驛。

周密《齊東野語》卷一八《史記無燕昭築臺事・黄金臺》 王文公詩云：「功謝蕭規慙漢第，恩從隗使詫燕臺。」然《史記》止云：「爲隗改築宫而師事之。」初無「臺」字。李白詩有「何人爲築黄金臺」之語，吴虎臣《漫録》，以此爲據。

按《新序》、《通鑑》亦皆云「築宫」，不言「臺」也。然李白屢慣用黄金臺事，如「誰人更埽黄金臺」，「燕昭延郭隗，遂築黄金臺」，「埽灑黄金臺，招邀廣平客」，「如登黄金臺，遥謁紫霞仙」，「侍筆黄金臺，傳觴青玉案」。杜甫亦有「楊梅結義黄金臺」，「黄金臺貯賢俊多」。柳子厚亦云：「燕有黄金臺，遠致望諸君。」《白氏六帖》有：「燕昭王置千金於臺上，以延天下士，謂之黄金臺。」此語唐人相承用者甚多，不特本於白也。

又按《唐文粹》，有皇甫松《登郭隗臺》詩。又梁任昉《述異記》：「燕昭爲郭隗築臺，今在幽州燕王故城中。土人呼賢士臺，亦爲招賢臺。」然則必有所謂臺矣。後漢孔文舉《論盛孝章書》曰：「昭築臺以延郭隗。」然皆無黄金字。宋鮑照《放歌行》云：「豈伊白屋賜，將起黄金臺。」然則黄金臺之名，始見於此。李善註引王隱《晉書》：「段匹磾討石勒，屯故燕太子丹黄金臺。又引《上谷郡圖經》曰：「黄金臺在易水東南十八里，昭王置千金臺上，以延天下士。」且燕臺多以爲昭王，而王隱以爲燕丹，何也？余後見《水經註》云：「固安縣有黄金臺，耆舊言昭王禮賢，廣延方士，故修建下都，館之南陲。燕昭創於前，子丹踵於後」云云，以此知王隱以爲燕丹者，蓋如此也。

楊億《楊文公談苑・砌臺》 砌臺即今之擦臺也。王侯家多作砌臺，以爲林觀之景。唐張仲素詩云：「寫望臨香閣，登高下砌臺。林間見青使，意上直錢來。」即知唐來有之。太祖朝大王都尉家，其子曰承裕，幼時其父戲補砌臺使。

駱天驤《類編長安志》卷三《苑囿池臺・倉頡造書臺》 倉頡造書臺，《長安志》曰：「長安縣西宫張村三會寺，中有臺，乃倉頡造書臺。」詩云：「釋子談經處，軒臣造字臺。」

駱天驤《類編長安志》卷三《苑囿池臺・老子説經臺》 老子説經臺，新説曰：「在樓觀南三里。《樓觀内傳》云：『説經臺，又曰昇天臺。老君傳道既畢，於宅南小阜上乘雲駕景，昇入太微。』《華陽子録記》：『秦始皇好神仙，於此建老子廟。晉惠帝元康五年重修，蒔木萬株，南北連亘七里，給户三百供灑掃。隋文帝開皇元年復修。』金末荒廢。大元至元中增修，構殿建碑，倍加疇昔。」

駱天驤《類編長安志》卷三《苑囿池臺・通天臺》 通天臺，《史記》：「公孫卿曰：『仙人好樓居。』於是上令長安則作蜚廉、桂觀，甘泉則作益壽、延壽觀，使卿持節設具，而候神人。乃作通天莖臺，置祠具其下，將招來神仙之屬。於是甘泉更置前殿，始廣諸宫室。夏，有芝生殿房内中。」徐廣曰：「通天莖臺，在甘泉。」《漢書》曰：「武帝元封二年，作甘泉通天臺。」師古曰：「言此臺高，上通於天。」《漢舊儀》曰：「通天臺高三十丈，望雲雨悉在其下，去長安三百里，望見長安城。黄帝已來祭天圜丘處。武帝祭天，上通天臺，舞八歲童女三百人。置祀祠，招仙人。祭天已，令人升通天臺以候天神。天神既下祭所，若大流星。乃舉烽火而就竹宫，望拜神光。」《漢儀注》：「上有承露仙人，掌擎玉杯，承雲表之露。元鳳間，臺自毁，椽桷皆化爲龍鳳，隨風雨飛去。」《西京賦》曰：「通天眇而竦峙，經百常而莖擢，上班華以交紛，下刻峭其若削。」《關中記》曰：「左右通天臺，高三十餘丈，祭天時，於此候天神下也。」

駱天驤《類編長安志》卷三《苑囿池臺・祈僊臺》 祈僊臺，《三秦記》曰：「坊州橋山，有漢武帝祈僊臺，高百尺。」李欽止題詩云：「四方禍結與兵連，海内空虛在末年，謾築此臺高百尺，不知何處有神僊。」

駱天驤《類編長安志》卷三《苑囿池臺・曲臺》 曲臺，如淳曰：「行禮射于曲臺，后倉爲記，故名曰《曲臺記》。」《漢官》：「大射於曲臺。」晉灼曰：「射官也。」

駱天驤《類編長安志》卷三《苑囿池臺・東山臺》 東山臺，《三輔故事》曰：「未央宫前有東山臺、西山臺、釣臺。」《三輔黄圖》又曰：「未央宫有果臺、東山臺、西山臺、釣臺。」《廟記》曰：「未央宫有鉤弋臺。」

駱天驤《類編長安志》卷三《苑囿池臺・波若臺》 波若臺，《西征記》曰：「姚興起波若臺，作須彌山，四面巖嶺，重嶂峭崖，神禽怪獸，靡不畢有，僊人佛像，變化萬端，靈木嘉草精奇，一代無有也。」

駱天驤《類編長安志》卷三《苑囿池臺・望仙臺》 望仙臺，《東觀奏記》：「望仙臺，高一百尺，勢侵天漢。」《武宗舊記》：「神策奏修望仙臺及廊舍五百餘間。」大中八年，復命葺之。補闕陳嘏上疏諫，遂罷以爲文思院。

駱天驤《類編長安志》卷三《苑囿池臺・御史臺》 御史臺，《御史記》曰：「御史臺門北開，取肅殺就陰之義。」《鄴都故事》：「御史臺在京城宋《志》宫城。西南。」龍朔中，爲東朝憲府。元和中，御史臺佛舍火災，罰御史李膺俸一月。

駱天驤《類編長安志》卷三《苑囿池臺・司天臺》 司天臺，《地理志》云：「在長安外郭城内東南八里永寧坊。乾元元年，改太史監爲司天臺。」渾儀臺高百二十尺，前有太歲廟。臺雖摧崩，猶高五六十尺。

陶宗儀《説郛》卷三〇《魯僖公・思烟臺》 僖公十四年，晉文公焚林以求介子推。有白鵶遶烟而噪，或集子推之側，火不能焚。晉人嘉之，起一高臺，名曰思烟臺。

《明太祖實録》卷九一《觀星臺》 〔洪武七年秋七月壬辰〕造觀星臺於中立府，命欽天監令管豫往董其事。

李濂《汴京遺迹志》卷八《宫室・奉天臺》 奉天臺。洪武元年，車駕幸汴，駐蹕於河南行省，以爲行宫，於圓堂後西北築臺，以爲奉天之所，故名。後屢經黄河入城淤平。

《〔嘉靖〕彰德府志》卷八《鄴都宫室志第八・冰井臺》 冰井臺，在銅雀臺北。建安十八年，曹操既築金虎臺，明年復築此臺，以有凌室，故曰冰井。《魏都賦》注曰：銅雀（臺）〔園〕西有三臺，中央曰銅雀臺，南有金鳳臺，北有冰井臺。

銅雀臺有屋一百一間，金凰臺有屋〔一〕百三十五間，冰井臺上有冰三室。與法殿皆以閣道相通。《水經注》曰：城西北有三臺，皆因城爲基，巍巍崇舉，其高若山。建安十五年，魏武所起。其中曰銅雀臺，高十丈，有屋百餘間，魏武望奉常王叔治處也。後石虎更二丈立一屋。連棟接榱，彌覆其上，盤回隔之，名曰命子窟。又於屋上起五層樓，高十五丈，去地二十七丈。又作銅雀於樓顛，高一丈五尺，舒翼若飛。南則金鳳臺，高八丈，有屋一百九間。北曰冰井臺，亦高八丈，有屋一百四十間，上有冰室，室有數井，井深十五丈，藏冰及石墨焉。石墨可書，又然之難盡，亦謂之石炭。又有粟窖及鹽，以備不虞。今窖上猶有石銘存焉。

彭大翼《山堂肆考》卷一七二《九層臺》　劉向《説苑》：晉靈公造九層臺，三年不成，人力困敝，出令敢諫者斬。荀息曰：「臣不敢諫，臣能累十二博棊加九雞卵于上。」公曰：「子試作之。」荀息乃正顏色定志意而作之。左右懼慴息，靈公氣息不續曰：「危哉！危哉！」荀息曰：「不危，復有危于此者。公造臺三年不成，男不耕，女不織，國用空虛，社稷將亡，亦甚危矣。」靈公即壞其臺。

彭大翼《山堂肆考》卷一七二《撫琴臺》　撫琴臺在瀘州城北，昔尹吉甫子伯奇被後母譖，于此臺撫琴，作《履霜操》以自悲。宓子賤琴臺在兖州單縣治北，漢司馬相如琴臺在成都府華陽縣市橋西。

彭大翼《山堂肆考》卷一七二《金石臺》　金石臺在江西撫州城西，有（名）〔石〕峯五，第一峯獨高，（餘）〔第〕五峯差小，名金石臺，與第四峯聯屬。後石洲水流其中，故諺有「金石臺分丞相出」之語。宋晏殊、王安石相繼拜相，人以爲應。

彭大翼《山堂肆考》卷一七二《釣臺》　釣臺在嚴州城東西，二臺各高數百丈，東漢嚴子陵垂釣處。宋范仲淹詩：漢包六合網英豪，一箇冥鴻惜羽毛。世祖功臣三十六，雲臺争似釣臺高。

彭大翼《山堂肆考》卷一七二《通靈臺》　王褒《雲陽記》：鈎弋夫人從上至甘泉而卒，屍香聞十餘里，葬雲陽。武帝思之，起通靈臺于甘泉宮。有一青雀集臺上，時常往來，至宣帝時乃不至。

彭大翼《山堂肆考》卷一七二《軒轅臺》　岳州君山有軒轅臺，一名鑄鼎臺。黄帝鑄鼎荆山之下，鼎成，騎龍上昇。唐胡曾詩：五月扁舟過洞庭，魚龍吹浪水雲腥。軒轅黄帝今何在，回首巴山蘆荻青。

彭大翼《山堂肆考》卷一七二《章貢臺》　章貢臺在贛州府治西，宋郡守趙抃建。據章貢二水之會，憑高眺遠，城北水光山色，盡出乎几席履舄之間。形勢與鬱孤臺對峙，而甲乙稱雄。蘇軾詩：濤頭寂莫打城還，章貢臺前暮靄寒。倦客登臨無限意，孤雲落日是長安。

彭大翼《山堂肆考》卷一七二《鳳凰臺》　鳳凰臺故址在江寧縣治南鳳臺山。劉宋元嘉中，王觀見異鳥集此山，時謂鳳凰，遂築臺其上，故名。李白詩：鳳凰臺上鳳凰遊，鳳去臺空江自流。吴宫花草埋幽徑，晉代衣冠成古丘。三山半落青天外，二水中分白鷺洲。總爲浮雲能蔽日，長安不見使人愁。

陳繼儒《筆記》卷二《顧野王讀書臺》　顧野王讀書臺，一在亭林，一在檇李之雙溪橋後，一在海寧縣之峽石山。和靖讀書臺在虎丘。梁昭明讀書臺在招隱。段文昌讀書臺在廣都縣之南龍華山。董子讀書臺在廣川。

傅梅《嵩書》卷三《臺殿七・玉女臺》　玉女臺，漢武帝於嵩高山見三仙玉女，因以名臺。見盧元明《嵩高山記》。又《雜道書》云：嶽廟東二十里有龍門山。其東有三臺山，昔漢武東巡過此，見學仙女，遂以名焉。二事相類，而名稱不同，今其地土人不知有三臺山。山下聚落，俗稱爲玉臺村，豈玉爲三字之訛耶？抑原名三玉女臺，而古今省文呼耶？

傅梅《嵩書》卷三《臺殿七・望母臺》　望母臺，洧水之南，有鄭莊公望母臺。蓋克段置武姜於城潁之後，故築臺以望母。後感考叔之言，爲母子如初。見《水經注》。按：《地理志》：洧水，出陽城。

傅梅《嵩書》卷三《臺殿七・怨臺》　怨臺在太室之下。相傳前邑令有偃蹇負奇，而有所感觸，束於世法不得敢言，時登此臺以自遣，遂以怨名之。惜令之名無所考矣。予録至此，竊笑此君之褊也。浮雲泡水，石火空華，偶爾現前，轉眼成幻，何所怨乎？已而思之，子曰「可以怨」，則怨亦聖人所不禁矣。

蔣一葵《長安客話》卷一《黄金臺》　臺故燕昭王所築，置千金於上以延天下士，後人因以名臺。按昭王時燕人郭隗謂王：「昔有以千金買駿骨者，期年而千里馬至者三，王必欲致士，先從隗始。」昭王乃改築宫，師事之。未幾樂毅、騶衍之儔歸燕，遂併强齊。至今燕地借是爲重，故並以金臺稱，亦稱燕臺。

黄金臺有二，故燕昭王所爲樂、郭築而禮之者，其勝跡皆在定興。今都城亦有二，是後人所築。荆川唐順之《金臺行》：「君不見，七雄割據勢相均。得士者富失士貧。燕昭信義明日月，不惜千金買駿骨。郭卿談笑吐深謀，海内賢豪競馳突。就中樂生尤絶奇，按劍魏朝人豈知？一朝遇主同心腹，親屈君王爲推轂。

指麾燕兵百餘萬，蹴蹋齊城七十六。於今六合無並吞，寂寞古臺空復存。少年未上麒麟閣，且學浮沈金馬門。」北海馮琦《燕臺懷古》詩：「駿骨何年事，黄金上此臺。燕陵空北望，易水自東來。百里賢良聚，千秋霸業開。如何別壯士，獨奏羽歌哀。」又貴筑邱禾實詩：「昭王當日有高臺，陛級原因郭隗開。千載黄金留士價，多年駿骨不重來。」

都城黄金臺，出朝陽門循濠而南，至東南角，巋然一土阜是也。日薄崦嵫，茫茫落落，弔古之士，登斯臺者，輒低回睠顧，有千秋靈氣之想。京師八景有曰「金臺夕照」，即此。本朝鄒緝詩：「高臺百尺倚都城，斜日蒼茫弄晚晴。千里江山迴望迥，萬家樓閣人空明。黄金尚想招賢意，白髮難勝慨古情。看盡翩翩歸鳥没，古原秋草暮雲平。」又雷映詩：「高臺百尺倚雲平，日殢殘霞弄晚晴。惆悵黄金招士後，孤煙蔓草幾縱横。」

蔣一葵《長安客話》卷三《釣魚臺》 平則門外迤南十里花園村，有泉從地湧出，匯爲池，其水至冬不竭。金時，郡人王鬱隱此，作臺池上，假釣爲樂。至今人呼其地爲釣魚臺。本朝王嘉謨詩：「登高遠眺自堪悲，日暮持竿對曲池。漁父何人徒仰止？幾年憔悴苦相思。」又「秋滿西山鬱不開，空池潦水浄青苔。紛紜蕪草迷平野，繩亂雲霞擁古臺。詎有魚龍驚寂寞？頻看雁鶩遠徘徊。中原極目堪長歎，垂釣無端媿酒杯。」馮琢庵琦《登釣魚臺》二首：「翳然林水處，便自遠人寰。麥隴雙鳧没，松雲獨鶴還。高低春澗柳，深淺夕陽山。坐憶垂竿叟，高蹤未可攀。」又「是處堪垂釣，誰家常閉關？樹多偏近水，雲薄更宜山。鳥語扶疏裏，人蹤杳靄間。日斜仍策馬，太息野鷗閒。」

蔣一葵《長安客話》卷四《謊糧臺》 東嶽廟東五里許，唐太宗東征高麗嘗屯兵於此，虛設囷倉以疑敵人，俗因呼其地曰謊糧臺。

蔣一葵《長安客話》卷五《李牧將臺》 固安縣西南十八里有土臺故迹，俗呼雀臺。世傳是趙李牧將臺，將與雀聲相近，故誤稱也。

蔣一葵《長安客話》卷六《霸臺》 益津八景，其一曰「霸臺朝陽」。然故霸臺在州署後圃，蓋周宋時將臺第一坯土耳，烏覩所謂朝陽者哉？今改題於譙樓之臺。譙樓在州治左方，崇基倍仞，拾級而升，則境内居然眉睫。厥位面震，得旭最先。厥名既符，故稱是，宜標以舊勝。郡人王遴詩：「兩朝寤寐燕雲地，作郡因修百尺臺。殺氣高臨弧矢動，英風曉射蹕林開。日生海窟依稀見，凰爲陽明次第來。倚劍長空頻眺望，太平何處有塵埃？」又王減詩：「霸臺興廢幾春秋，人遠臺荒霸業留。西望黄金臨易水，東連碣石控神州。曈曨日上千門曉，屈曲河分九派流。鳥革翬飛新鼎建，休文八詠映吴鉤。」

蔣一葵《長安客話》卷六《將臺》 通州城西有將臺，武寧王徐達所築以駐軍者，成祖曾駐蹕於此。王宣詩：「高臺曾迓翠華臨，叢木猶承雨露深。八陣龍蛇歸廟算，六軍貔虎簇雲林。彭城戲馬空陳迹，沛邑歌風見霸心。聖代不須招郭隗，九圍均被傅巖霖。」

蔣一葵《長安客話》卷六《晾鷹臺》 晾鷹舊臺在縣西南得仁務西，相傳遼主遊獵處，遺址尚存。臺東三塚相望，西北有岡隆起，古洞深邃。昔人曾以燭入，行里許，見瓷甕貯油，一鐙熒然，什物俱備。擲之以磚，鏗然有聲，金鏃四發，其人懼而止。意必遼金諸王貴人之墓。漷人董方《晾鷹臺》詩：「蒼鷹已去不重回，金殿荒蕪盡緑苔。簫鼓聲湮惟鳥噪，羽林軍散祇雲迴。晴川應識霓旌影，寒菊曾迎鳳輦開。彼日誰能歌五子？至今殷鑒使人哀。」

蔣一葵《長安客話》卷七《龍虎臺》 居庸關南口地勢高平如臺，廣二里，袤三里，背山而面水。以其有龍蟠虎踞之形故名。元時車駕行幸上都，往還駐蹕於此。馬祖常詩：「龍虎臺高秋意多，翠華來日似鑾坡。天將山海爲城塹，人倚雲霞作綺羅。」至正間浙江鄉試嘗擬爲題取士。

蔣一葵《長安客話》卷八《李陵臺》 龍門城南界有土臺，高二丈餘，相傳漢李陵望鄉處。前元設分臺於此。許有壬詩：「李陵臺下駐分臺，紅藥金蓮滿地開。斜日一鞭三十里，北山飛雨逐人來。」又馬祖常《車簇簇行》：「李陵臺西車簇簇，行人夜向灤河宿。灤河美酒斗十千，下馬飲者不計錢。青旗搖搖出華表，滿堂醉客俱年少。侑杯小女歌竹枝，衣上翠金光陸離。細肋沙羊成體薦，共訝高門食三縣。白髮從官珥筆行，毳袍衝雨桓州城。」李陵既陷匈奴不得歸，當登此臺望漢，故後人因名曰李陵臺。海豐楊司馬巍《登龍門城樓詩》：「朔塞樓頻倚，新秋天乍晴。雲山兼日色，鼓角帶邊聲。路有元人轍，臺餘漢將名。楊公石柱在，極目舊開平。」又楚中石開府崑玉過李陵臺有詩：「幾上河梁淚溼衣，隴西入望夢來稀。神魂不忿南歸雁，倒作旋風令北飛。」

屈大均《廣東新語》卷一七《四臺》 趙佗有四臺。其在廣州粵秀山上者，曰越王臺，今名歌舞岡。其在廣州北門外固岡上者，曰朝漢臺。岡形方正峻立，削土所成，其勢孤，旁無丘阜，蓋塋臺也。與越王臺相去咫尺。其在長樂縣五華山下者，曰長樂臺，佗受漢封時所築。長樂本龍川地，佗之舊治，故築臺。又新興縣南十五里有白鹿臺。佗獵得白鹿，因築臺以志其瑞。是爲四臺。自古諸侯王築臺以朝天子，始自佗。戰國之築帝宫，奉冠帶以事强秦者，無斯恭順，佗亦賢也哉。

曹學佺《輿地名勝志・麓臺》　《名勝志》：程符山在濰縣西南二十里，左畔有臺，方二丈許。四望皆山，獨留月色，里人謂之麓臺秋月。

姚之駰《元明事類鈔》卷二九《宫室門・平臺》　平臺，《西苑詩序》：太液池西隄出兎園東北，臺高數丈，中作團頂小殿，左右各四楹，有馳道可以走馬，乃武皇所築閲射之地，亦曰平臺。

于敏中等《日下舊聞考》卷四六《觀象臺》　觀象臺在城東南隅。臺上有渾天儀，鑄銅爲器，四柱以銅龍架而懸之。又有簡儀，狀相似而省十之七，止周圍數道而已。玉衡亦以銅爲之，如尺而首尾皆曲，有二孔，對孔直闚以候中星。又有銅毬，左右轉旋以象天體，以方函盛之，函四周作二十八宿真形。南面有正統御製銘。臺下小室有量天尺，鑄銅人捧尺北面，室穴其頂，以候日中測景之長短。中爲紫微殿，殿旁有銅壺滴漏。其簡儀乃耶律楚材製。《春明夢餘録》。

臣等謹按：紫微殿今存。殿内扁曰觀象授時。聯曰：敬協天行所無逸；順敷星好勑時幾。皆皇上御書。簡儀、仰儀及諸儀表並元郭守敬所製，史載甚明。《春明夢餘録》以爲耶律楚材，誤矣。殿東小室曰壺房，即浮漏堂。内有銅人一，銅壺五，曰日天壺，夜天壺，平水壺，萬水壺，分水壺。日月交食前三日調壺，置銅人於萬水壺上，南面抱箭。箭又名量天尺，長三尺一寸，鐫晝夜時刻，上起午正，下起午初。壺中安箭舟如銅鼓形，水長舟浮，則箭上出，水盈箭盡，則洩於池。箭上時刻與赤道符，晝夜一周再注水，亦如之。雖陰雨時刻無差。是銅人爲調壺用，並不占日晷短長。東廂五間爲測量所。别有室三楹，爲晷影堂。南北平置銅圭於石臺，長一丈六尺二寸，闊二尺七寸，周以水渠，南端置銅表，高八尺，上設横梁，用影符以取中景。本朝加表二尺，上施銅葉，中穿圓孔，徑二分，午正景自孔透圭面成橢形，南爲上景，北爲下景，中爲中景。京師夏至景二尺九寸四分八釐，冬至一丈九尺九寸四分，以次盈縮。北端設圭，高三尺五寸，冬至上立圭二尺七寸四釐，並無銅人。《春明夢餘録》謂銅人捧箭以候日中，蓋以銅漏與日表混而爲一耳。

震鈞《天咫偶聞》卷二《南城・觀象臺》　觀象臺，在都城東南隅，坿城而起，下爲欽天監之外署。臺在測算房後，拾級而登，上設儀器九事。順治初，西人湯若望所造。甲午春闈後，曾因監人得登其上，儀器絶精。渾儀徑丈，一人之力，轉之有餘。黄道遊儀尤精，中有窺管，可以旋轉四望，畧無少礙。臺下院中别有元代廢儀器二，按天算之學，以本朝爲最精。

孫楷《秦會要》卷二六《方域下・高四臺》　高四臺。《法苑珠林》云：秦穆公時，扶風獲一石佛。穆公不識，問侍臣。由余答曰：「臣聞周穆王時，有化人來此土，云是佛神。穆王信之，於終南山造中天臺高千餘尺。又於倉頡臺造神廟。」公聞之悦，欲造佛像，絶於工人。由余曰：「昔穆王造寺之側，應有工匠。」遂於其處得老人王安，年百八十，云：「臣年老，無力能作，有兄弟四人，曾爲諸匠執作，請共造。」依言作之，成一銅像圓備。公悦，大賞賚之。彼人得財物，並造功德於土臺上，建重閣，高三百尺。時人謂之高四臺，或曰高四樓。其人姓高，大者名四。或曰：兄弟四人同立故也。

孫楷《秦會要》卷二六《方域下・蒲臺》　蒲臺。《述異記》：東海上有蒲臺，秦始皇至此臺下，縈蒲繫馬，蒲至今縈紆。《三齊略記》：蒲臺在城東南五十里，臺高八十丈。

孫楷《秦會要》卷二六《方域下・雲明臺》　雲明臺。《拾遺記》：秦始皇起雲明臺，窮四方之珍木，搜天下之巧工。南得烟丘碧桂，麗水然沙，賁都朱泥，雲岡素竹；東得葱巒錦柏，縹檖、龍松，雲梓、寒河星柘；西得漏海浮金、狼淵羽璧、滌嶂霞桑；北得冥阜乾漆、陰坂文杞、褰流黑魄、晴海香瓊，珍異是集。有二人皆騰虚緣木，揮斤斧於空中。子時興工，至午時已畢，秦人謂之子午臺。又云：二客於子午之地，各起一臺。

孫楷《秦會要》卷二六《方域下・琅邪臺》　琅邪臺。《始皇本紀》：二十八年，東行郡縣，南登琅邪，大樂之。留三月，作琅邪臺。《水經・濰水注》：始皇二十八年，南登琅邪，大樂之。作層臺於其上，謂之琅邪臺。臺在城東南十里，孤立特顯，出於衆山上，下周二十里餘，傍濱巨海，臺基三層，層高三丈，上級平敞，方二百餘步，廣五里。臺上有神淵，淵至靈焉。人汙之則竭，齋潔則通。

《〔咸豐〕青州府志》卷二四上《古迹考上・琅邪臺》　琅邪臺，在縣東南一百五十里，臨東海，可望日出。秦碑尚存。《水經注》：臺孤立特顯，出於衆山上，下周二十餘里，傍濱叵海。臺基三層，層高三丈，上級平敞，方二百餘步，高五里，漢武帝亦嘗登之。臺下路有三，廣三四丈，皆人力爲之。萬曆二十六年，知縣顔悦道建海神廟，掘地得古瓦、文石，瓦製甚大，石方二尺許，皆刻窗櫺形。渠深數分，或以爲秦時物，悦道又建禮日亭於臺上，今圮。

朱一新《京師坊巷志稿》卷上《旋磨臺》 旋磨臺，俗訛轉馬臺。《春明夢餘録》引明宫殿額名，作旋波臺。《日下舊聞》引作旋坡臺。明嚴嵩《鈐山堂集》：小山在仁壽宫西。入清虚門，蹬道盤屈，甃甓皆肖小龍文，疊石爲峯，巉巖森聳，元氏故物也。案：旋磨臺，嘉靖二十八年更名仙臺。《明英宗實録》：天順四年作西苑亭軒成，苑中蓬萊山頂有廣寒殿，金所築也。西南有小山，亦建殿其上，規制尤巧，元所築也。蓬萊山即萬歲山，西南之小山也，疑即兔兒山。明時爲重九登高之地，見《蕪史》。餘詳「宫禁」。

仇巨川《羊城古鈔》卷七《古迹・妙高臺》 妙高臺，在靈洲寶陀寺。臺中祀坡仙遺像，有石刻坡公詩：「靈洲山上寶陀寺，白髮東坡又再來。前世德雲今我是，依稀猶記妙高臺」之句嵌于壁。

錢泳《履園叢話》卷一八《古迹・豐臺》 豐臺，在京城西便門外，爲京師看花之所。鑿池開沼，連畛接畦，無花不備，而芍藥尤勝于揚州。相傳即金時之拜郊臺，當時有豐宜門、遠風臺諸名，故曰豐臺也。京師。

錢泳《履園叢話》卷一八《古迹・吹臺》 吹臺，漢梁孝王築，在開封城東南二里許，即師曠繁臺。梁孝王增築之，一曰平臺，坏然高聳，鬱然深秀，阮嗣宗詩所謂「駕言發魏都，南向望吹臺。簫管有遺音，梁王安在哉」是也。乾隆五十三年三月，余在畢秋帆尚書幕下，嘗偕方子雲、洪稚存、徐朗齋、淩仲子輩登此臺，惟一望平疇，黄沙撲面而已。上有禹王廟，故土人又謂之禹王臺。又有三賢祠，祀李白、杜甫、高適三人。今又增李崆峒、何大復，爲五賢矣。祥符。

錢泳《履園叢話》卷一八《古迹・越王臺》 《名勝志》云：「蕭山縣西九里有越王臺，李太白詩『西陵拱越臺』是也。《祥符圖經》云種山東北亦有越王臺。種山即今之卧龍山，在紹興府城内。其山盤旋回繞，形如卧龍，相傳越大夫文種葬此，故名。府志云嘉定十五年，郡守汪綱于卧龍山西南又築一臺，有曾耆年篆書三大字，刻諸石，今不存。山陰。

錢泳《履園叢話》卷一八《古迹・孔子臺》 孔子臺，在巢縣西北五十里，土名柘皋。《名勝志》云：「孔子南遊至槖皋，與弟子憩臺而反。」即此。按巢縣即夏、商時南巢地，周爲巢伯國，後屬楚，秦置居巢縣，《史記・項羽本紀》居巢人范增是也。其云槖皋者，春秋時爲吴邑，哀十二年「公會吴于槖皋」，漢置槖皋縣，屬九江郡。《三國・吴志・朱桓傳》及杜預《左傳注》、《括地志》，俱有槖皋之名，不知何時訛爲柘皋。想「槖」「拓」音相近，後人又因「拓」字類「柘」，而再訛也。巢縣。

錢泳《履園叢話》卷一八《古迹・釣臺》 七里瀧在嚴州府東北二十里，乾隆甲寅、乙卯之間，余往來者凡數次。其所謂釣臺者甚高，臺上有嚴公祠，兩側配享者爲唐之賀知章、宋之謝皋羽也。臺下急流洶湧，怪石嵯峨，緑樹青山，四圍環繞。祠旁有嚴氏子孫數家，以奉祀事，多以漁樵爲業。余有詩云：「直鉤釣國曲鉤名，富貴原無足重輕。我亦久忘名利者，合來祠下拜先生。」「祠堂傾側草蕭蕭，奉祀雲礽亦寂寥。猶有先人家法在，多因避客混漁樵。」建德。

于敏中等《日下舊聞考》卷一〇九《京畿・將臺》 將臺有三：其二在州城西，相傳武寧王徐達建，或曰唐薛仁貴征遼所築，用席壘土爲之；其一在州城北，通京師東直門中路，舊傳慕容氏拜將臺也。

臣等謹按：將臺故址今存。

于敏中等《日下舊聞考》卷一四八《九引臺》 九引臺，七夕乞巧之所。至夕，宫女登臺，以五采絲穿九孔鍼，先完者爲得巧，遲完者謂之輸巧，各出資以贈得巧者。

《〔乾隆〕江寧縣新志》卷一一《古迹志・鳳凰臺》 鳳凰臺，在保寧寺後。寶祐元年，倪總領垕重建。南宋元嘉中，置鳳凰里，起臺于山，因名。詳見「鳳凰里」。按：《宫苑記》又有鳳凰樓。《金陵志》云：臺與樓皆彭城王義康所建。登臨之勝，題詠爲多。明萬曆中，有人于臺旁得斷碑，遂附會爲阮籍墓。事載《郡志》。國朝程廷祚有辨及詩。

《〔乾隆〕江南通志》卷三〇《輿地志・古迹一・鳳凰臺》 鳳凰臺，在江寧縣保寧寺後。南宋元嘉十六年，秣陵王覬見三異鳥，文彩五色，衆鳥附翼羣集。時謂之鳳，乃置鳳凰里，起臺於山，因名。按：《宫苑記》又有鳳凰樓。《金陵志》云：臺與樓皆彭城王義康所建。宋淳熙中，留守范成大重建，更榜曰鳳凰臺。

《〔乾隆〕江南通志》卷三〇《輿地志・古迹一・觀象臺》 觀象臺，在上元縣雞鳴山之巔，元至正元年建。明改爲欽天臺。山側有北極閣。康熙二十三年，聖祖仁皇帝南巡，御書「曠觀」二字，建亭勒石。康熙三十八年，賜御書「欣然有得」四字額。御書陰長生詩，臨宋臣米芾帖刻石：維余好道，辟世自匿。二十餘年，名山之側。寒不遑衣，饑不暇食。思不敢歸，勞不敢息。奉事聖師，承悦顔色。面垢足胝，乃敢哀識。邂傳要訣，恩深不測。妻子延年，咸享無極。黄白既成，貨財千億。役使鬼神，玉女侍側。余得度世，神丹之力。

《〔乾隆〕江南通志》卷三三《輿地志·古迹四·弩臺》 弩臺高十丈，周二百步。陳太建中，吴明徹圍東廣州，增築之以射城内，故名。府志云：一名雞臺。唐武德中，葬煬帝於吴公臺下，即此。其下有路，號玉鈎斜，爲隋宫女葬處。

《〔乾隆〕江南通志》卷三三《輿地志·古迹四·厭氣臺》 厭氣臺在豐縣城内縣治東。始皇東遊，築以厭王氣者。附：宋王禹偁《厭氣臺銘》：古之王者，築靈臺，視雲物，察氣候之吉凶，知政教之善惡。苟理合天道，垂休降貞，則必日新其德以奉之；化失民心，爲妖作沴，則必夕惕其躬以懼之。如是，則變禍福而反災祥不爲難矣。烏有築高臺，厭王氣，行巫覡之事，禦天地之災者乎？嬴政之有天下也，始以利嘴長距，雞鬭六國而擅場，復以鈎爪鋸牙，虎噬萬方而食肉，終以多藏厚斂，蠶食兆民而富國。然後成五嶺，築阿房。驅周孔之書，盡付回禄。惑神仙之術，但崇方士。收大半之賦，則黔首崩分。用慘刻之刑，則赭衣櫛比。鯨鯢國政，螻蟻人命。原膏野血，風腥雨羶。六國嗷嗷，上訴求主。天將使民息肩於炎漢，故望氣者云：東南有天子氣。於是祖龍巡狩，築臺以厭之。殊不知民厭秦也，訴之於天，天厭秦也，授之於漢。秦獨厭天厭民而自王乎？向使築是臺，告天引咎，遷善樹德。封六國之嗣，復萬民之業。薄賦斂，省傜役，銷戈鎔兵，最稼穡。除高、斯之暴政，修唐、虞之墜典。下從人望，上答天意，則王氣不厭而自銷矣，劉、項之族何由而興哉？某遊豐之沛間，覩臺之舊址，思古覽今，悵然有懷。灑翰濡毫，遂爲之銘曰：臺之築兮，救秦之衰。〔厭〕〔救〕之不得，爲漢之基。氣之厭兮，慮漢之昌。厭之不得，速秦之亡。秦之厭漢，其惟一身。漢之厭秦，乃有萬民。高臺巍巍，王氣氤氳。秦政已矣，漢德爲新。泱泱前古，茫茫後塵。故國蕪没，荒臺草蓁。行人環竦，惻愴斯文。

《〔乾隆〕杭州府志》卷二七《名勝·澄觀臺》 澄觀臺，鳳凰山之右翼。唐人謂之中峯。吴越國建勝果禪寺于此。釋處默詩「到江吴地盡，隔岸越山多」，即謂此也。山頂翠石林竦，如侍衛分列，名排衙石。宋熙寧中太守祖無擇面石作亭，名介亭。南渡後，以地爲殿前司衙，又于介亭後建樓，名沖天樓。極頂有平地，長廣約三十餘畝。相傳爲殿司教場。宋高、孝、光三朝，皆嘗御校于此。今猶相沿稱御教場。其地巖壑靈秀，景蹟彙萃。升巔則自江湖以外南眺於越，西望富春，浦漵、岡巒，了了在目。國朝乾隆二十九年，巡撫熊學鵬疏剔泉石，葺治亭宇，恭脩宸覽。三十年至四十九年，俱蒙臨幸。有御題聯額及御製詩。

《〔乾隆〕紹興府志》卷七一《古蹟志一·越王宫臺》 越王宫臺，《越絶書》：句踐小城。今倉庫是其宫臺處也。周六百二十步，柱長三丈五尺三寸，霤高丈六尺。宫有百户，高丈二尺五寸。稷山者，句踐齋戒臺也。龜山者，句踐起怪游臺也。東南司馬門因以照龜高四十六丈五尺二寸，周五百三十二步。駕臺周六百步。今安成里離臺，周五百六十步。今淮陽里丘美人宫，周五百九十步。陸門二、水門一。今北壇利里丘樂野者，越之弋獵處，大樂，故謂樂野。其山上石室，句踐所休謀也，去縣七里。中指臺馬丘，周六百步，今高平里丘北郭外路南溪北城者，句踐鼓鐘宫也，去縣七里。其邑爲龔錢丹室者，句踐船宫也，去縣五十里。《吴越春秋》：東武起游臺其上，東南爲司馬門，立曾樓，冠其山巔，以爲靈臺。《水經注》：怪山者，越起靈臺于山上。又作三層樓，以望雲物。起離宫於淮陽，《越舊經》：淮陽宫在會稽縣東南一里。宿臺在於高平，《越舊經》：中宿在會稽縣東十里。駕臺在於成邱，立苑於樂野，《十道志》：樂野，句踐以此野爲苑。今有樂瀆村。燕臺在於石室，《越舊經》：燕臺在州東南十里。齋臺在於襟山，越境無襟山，當作稷。稷山在會稽縣東五十三里。句踐之出遊也，休息食室於冰厨。《水經注》：鼓吹山之西嶺有賀臺，越伐吴還而成之，故曰賀臺。

《〔乾隆〕西安府志》卷六〇《古蹟志下·西五臺》 西五臺，鄂海《碑記》：在城西北隅。是臺基於唐，創於宋，屢葺於明。有禱必應。六月大會，歲以爲常。爰於康熙戊戌，捐俸重修。由三天門拾級而升，層臺紺閣，環列左右。最高處爲大士殿，收二郡之勝。

《〔乾隆〕兖州府志》卷一九《古迹志·周公臺》 周公臺，《水經注》曰：季武子臺西北二里，有周公臺。臺高五丈，周五十步。臺南四里許爲孔子廟，即夫子之故宅也。今文憲王廟在城北高阜上，世所稱魯太廟舊址者，此其地也。書雲臺，在縣治東南，即今南溪也。《左傳·僖公五年》：日南至，公既視朔，遂登臺以望而書。亦曰泮宫臺。《水經注》曰：靈光殿東南即泮宫也，在臯門直北道西，宫中有臺，高八十尺。臺南水，東西一百步，南北六十步；臺西水，南北四百步，東西六十步。臺、池咸結石爲之。《詩》所爲「思樂泮水」也。《東遊記》云：臺有水，自西而東，深丈餘而無源。大學士李東陽有《南溪賦》，詳具《藝文》。

《〔嘉慶〕常德府志》卷六《山川考·沈約臺》 沈約臺，府西南五里、沅水之南，上有福光寺，其側有丘，古樟一株，垂蔭數畝。相傳爲沈約讀書臺。劉禹錫《武陵書懷詩》：沈約臺榭故，李衡墟落存。《名勝志》：沈公臺碑，在城西福光寺竹林中，今猶存。古碑題額六字，云「重遊沈公臺記」，碑字漫滅，記謂沈約爲沅南令。《寰宇記補》：宋時武陵屬郢州，蔡興宗爲郢州刺史，引約爲安西外兵參軍兼記室。約必曾至武陵，故有此臺。約實未嘗爲沅南令也。

《〔道光〕寧陝廳志》卷一《古蹟・石佛臺》 石佛臺在廳東北八里，俗名老母臺。山頂一石，宛然螺形。廟建其上，下以四柱橫撑。越二百餘年，其木未損折。廟上層爲古佛，旁列二十四位諸天佛。廟外左右側有十八羅漢。下層爲文昌帝君俱屬。石像莊嚴。據石所鐫云，天啓二年脩。

《〔道光〕濟南府志》卷一一《古迹一》 釣魚臺，《縣志》云：在縣治南十八里，高三丈，方十餘丈。上有姜太公嚴子陵廟。有井，深不及臺之半，四時不竭，號曰懸泉。

《〔道光〕濟南府志》卷一一《古迹二・故王臺》 故王臺，《縣志》云：在城東南三十五里李家莊。舊傳其王田獵於此。高一丈，周圍三十四步。

《〔道光〕廣東通志》卷二一八《古蹟畧三・越王臺》 越王臺在番禺縣北。《大清一統志》。在州北悟性寺。唐庚記云：臺北據山，南臨小溪，橫浦，牂牁之水輻輳于其下。《輿地紀勝》。在府城北二里，臺岡一名越井岡，又謂之天井。唐廣州司馬劉恂謂岡頭有古臺基，即趙佗所築也。連帥李玭於遺址搆亭，僕射鄭愚又加崇飾，舊夾道蒔菊以待登高。朱、元間，屢毀屢建。經畧陳宗禮扁曰「極高明」，後經畧劉應龍仍牓曰「越王臺」。元宣慰使塔剌海顔曰「拱極」。明永樂元年，都指揮花英建觀音閣其上，今改爲名德祠。黄《志》。

謹案：尉佗有臺四，越王、朝漢兩臺外，又有新興之白鹿臺，長樂之長樂臺。粤中臺榭之古，無踰此者。

《〔道光〕廣東通志》卷二一八《古蹟略三・石屏臺》 石屏臺在南海縣治西，宋蔣之奇建。《大清一統志》。有池百餘步，池中列石，其狀若屏，祝穆《方輿勝覽》。即南漢明月峽玉液池也。舊有含珠亭、紫霞閣。每端午，令宫人競渡其間。黄《志》。

《〔咸豐〕武定府志》卷九《壇壝志・雙臺》 雙臺，在縣東二十里，明天啓年築。臺高一丈，周圍十餘丈。其上爲三官殿，前有石磴四十級，弔橋一座。國朝康熙初，又於絶頂處建玉皇閣，制度更極壯麗。

《〔同治〕嘉定府志》卷五《古蹟・授道臺》 授道臺，峩山上，昔軒轅訪道於天皇真人處。臺上有軒皇觀，視其處，常紫氣氤氳，爲雲爲峯，倶在縹緲間也。舊有道紀堂，幽館別室三百五十間。臺右有千人洞，是名虚靈第七洞天。見《峩山志》、《袁子讓集》。

顧鑾《廣陵覽古》卷二《吴公臺》 吴公臺，在城西北四里。《通鑑》：武德元年八月，隋江都太守陳稜求得煬帝之柩，改葬于江都宫西吴公臺下，即此。唐劉長卿《登吴公臺》詩：「古臺摇落後，秋入望鄉心。野寺人來少，寒峯水隔深。夕陽依舊壘，寒磬滿空林。惆悵南朝事，長江獨至今。」

鑾按，《方輿紀要》：宋沈慶之攻竟陵王誕，築臺以弩射城中，故名「弩臺」。陳太建中，吴明徹圍北齊東廣州刺史敬子猷增築之，亦以射乘堞之士，故號「吴公臺」，又名「鷄臺」。昔隋煬帝常于此游，恍惚遇陳後主。後主指其女侍曰：「此張麗華也。每憶桃葉山前，乘戰艦，與此子北渡。時麗華方倚臨春閣，試紫毫筆，書小砑紅綃，作璧月詞。未終，見韓擒虎躍青驄，擁萬甲，直來冲入。人都不存，就至今日，大抵人生各圖快樂，曩時何見罪之深耶？」帝悟，叱之，恍然不見。

藝文

《全漢賦・邊讓・章華臺賦并序》 楚靈王既遊雲夢之澤，息於荆臺之上。前方淮之水，左洞庭之波，右顧彭蠡之隩，南眺巫山之阿。延目廣望，騁觀終日。顧謂左史倚相曰：「盛哉此樂，可以遺老而忘死也！」於是遂作章華之臺，築乾谿之室，窮木土之技，單珍府之實，舉國營之，數年乃成。設長夜之淫宴，作北里之新聲。於是伍舉知夫陳、蔡之將生謀也，乃作新賦以諷之：

胄高陽之苗胤兮，承聖祖之洪澤。建列藩於南楚兮，等威靈於二伯。超有商之大彭兮，越隆周之兩號。達皇佐之高勳兮，馳仁聲之顯赫。惠風春施，神武電斷，華夏肅清，五服攸亂，旦垂精於萬機兮，夕回輦於門館。設長夜之歡飲兮，展中情之嬿婉。竭四海之妙珍兮，盡生人之秘玩。爾乃携窈窕，從好仇，徑肉林，登糟丘，蘭肴山竦，椒酒淵流。激玄醴於清池兮，靡微風而行舟。登瑶臺以回望兮，冀彌日而消憂。於是招宓妃，命湘娥，齊倡列，鄭女羅。揚激楚之清宫兮，展新聲而長歌。繁手超於北里，妙舞麗於陽阿。金石類聚，絲竹羣分。被輕袿，曳華文，羅衣飄颻，組綺繽紛。縱輕軀以迅赴，若孤鵠之失羣。振華袂以逶迤，若遊龍之登雲。於是歡嬿既洽，長夜向半，琴瑟易調，繁手改彈，清聲發而響激，微音逝而流散。振弱支而紆繞兮，若綠繁之垂榦。忽飄飖以輕逝兮，似鸞飛於天漢。舞無常態，鼓無定節，尋聲響應，修短靡跌。長袖奮而生風，清氣激而繞結。爾乃妍媚遞進，巧弄相加，俯仰異容，忽兮神化。體迅輕鴻，榮曜春華，進如浮雲，退如激波。雖復柳惠，能不咨嗟。於是天河既回，淫樂未終，清籥發徵，激楚揚風。於是音氣發於絲竹兮，飛響軼於雲中。比目應節而雙躍兮，孤雌感聲而鳴雄。美繁手之輕妙兮，嘉新聲之彌隆。於是衆變已盡，羣樂既考。歸乎生風之廣夏兮，修黄軒之要道。携西子之弱腕兮，援毛嬙之素肘。形便娟以嬋媛兮，若流風之靡草。美儀操之姣麗兮，忽遺生而忘老。爾乃清夜晨，妙技單，收尊俎，徹鼓盤。惘焉若醒，撫劍而嘆。慮理國之須才，悟稼穡之艱難。美吕尚之佐周，善管仲之輔桓。將超世而作理，焉沈湎於此歡！於是罷女樂，墮瑶臺。思夏禹之卑宫，慕有虞之土階。舉英奇於仄陋，拔髦秀於蓬萊，君明哲以知人，官隨任而處能。百揆時敘，庶績咸熙。諸侯慕義，不召同期。繼高陽之絶軌，崇成、莊之洪基，雖齊桓之一匡，豈足方於大持？爾乃育之以仁，臨之以明。致虔報於鬼神，盡肅恭乎上京。馳淳化於黎元，永歷世而太平。

曹植《曹植集》卷一《登臺賦》 從明后之嬉遊兮，聊登臺以娱情。見天府之廣開兮，觀聖德之所營。建高殿之嵯峨兮，浮雙闕乎太清。立衝天之華觀兮，連飛閣乎西城。臨漳川之長流兮，望衆果之滋榮。仰春風之和穆兮，聽百鳥之悲鳴。天功恒其既立兮，家願得而獲呈。揚仁化於宇内兮，盡肅恭於上京。雖桓文之爲盛兮，豈足方乎聖明。休矣美矣！惠澤遠揚。翼佐我皇家兮，寧彼四方。同天地之矩量兮，齊日月之輝光。永貴尊而無極兮，等年壽於東王。

《全唐詩》卷一李世民《登三臺言志》 未央初壯漢，阿房昔侈秦。在危猶騁麗，居奢遂役人。豈如家四海，日宇罄朝倫。扇天裁户舊，砌地翦基新。引月擎宵桂，飄雲逼曙鱗。露除光炫玉，霜闕映雕銀。舞接花梁燕，歌迎鳥路塵。鏡池波太液，莊苑麗宜春。作異甘泉日，停非路寢辰。念勞慚逸己，居曠返勞神。所欣成大厦，宏材佇渭濱。

《全唐詩》卷三李隆基《春臺望》 暇景屬三春，高臺聊四望。目極千里際，山川一何壯。太華見重巖，終南分叠嶂。郊原紛綺錯，參差多異狀。佳氣滿通溝，遲步入綺樓。初鶯一一鳴紅樹，歸雁雙雙去綠洲。太液池中下黄鶴，昆明水上映牽牛。聞道漢家全盛日，別館離宫趣非一。甘泉逶迤亘明光，五柞連延接未央。周廬徼道縱横轉，飛閣回軒左右長。須念作勞居者逸，勿言我後焉能恤。爲想雄豪壯柏梁，何如儉陋卑茅室。陽烏黯黯向山沉，夕鳥喧喧入上林。薄暮賞餘回步輦，還念中人罷百金。

《全唐文》卷四李世民《臨層臺賦》 惟萬幾之暇景，屏千慮於巖廊。玄英移其暮節，白日黯其斜光。鬱金階兮起霧，碧玉宇兮流霜。延複道於阿閣，啓重門於建章。爾乃崇基迴構，危簷閒出。暑結冬臺，寒濃夏室。望雕軒之拱漢，觀鏤檻之擎日。柱引桂而圓虚，芬舒蓮而倒實。霞觀近兮紅逼，煙樓遥兮翠密。念作者兮爲勞，愧居之而有逸。於是慨然自思，情懷不怡。雖移新之建址，實從故而裁基。鑒前王之御世，亦因機而化之。换卑宫於穴處，改巢樹於茅茨。何燥濕之殊致，乃澆淳之换時。有前前之累改，無後後之相師。則若阿房初製，窮八荒之巧藝；甘泉始成，極三秦之壯麗。工靡日而不勢，役無時而暫憩。加以長城亘地，絶脈遐荒。叠鄣峙漢，層簷映廊。反是中華之弊，翻資北狄之强。烽繞煙而已備，河欲凍而先防。玉帛殫於帑藏，黎庶殞於風霜。噴胡塵於渭水，騰朔馬於漁陽。罄有限之賦斂，給無厭之豺狼。既陵轢於千古，乃虔思於百王。屬虚躬之纂武，登皇圖而御宇。弘三策於廟堂，變千機於狂虜。頓王綱於沙漠，製雲羅於海浦。移種落，殄凶渠。卷毳帳，埽穹廬。門無關於地軸，户不納於天樞。肆黎元於耕鑿，一文軌於車書。循今蹤兮覽前跡，俯層城兮臨太液。鑑高深之外固，蕩心神而内益。有土木之二勞，非干戈之兩役。雖復重基數仞，異細柳之初營；叠岸盈丈，開上林而翫兵。彼露臺之一儉，乃延德於蒼生。此崇基之漸泰，方起謗於黎甿。利懷小而忘大，害棄重而思輕。是猶蜀侯之貪金，喪其國於岷峨。智伯之縱辯，迷自灌於洪波。鑒損益而爲寡，殊禍福而成多。故庸愚之尚志，豈賢達之殊智。至若膏雨雲飛，八紘廣被。信觸類而流澤，非有求於報施。故謂施而不自矜者，亦成功之大義。受而不知感者，乃悖德之深累。澄遺心意，坐怡情抱。一德是珍，萬物非寶。不避辱於真惡，豈求榮於僞好。既同德而同心，共流芳於王道。

白居易《白氏長慶集》卷三《司天臺引古以儆今也》 司天臺，仰觀俯察天人際。羲和死來職事廢，官不求賢空取藝。昔聞西漢元成間，上陵下替謫見天。北辰微暗少光色，四星煌煌如火赤。耀芒動角射三台，上台半滅中台坼。是時非無太史官，眼見心知不敢言。明朝趨入明光殿，唯奏慶雲壽星見。天文時變兩如斯，九重天子不得知。不得知，安用臺高百尺爲？

姚鉉《唐文粹》卷一六上李白《登金陵鳳凰臺》 鳳凰臺上鳳凰游，鳳去臺空江自流。吴宫花草埋幽徑，晉代衣冠成古丘。三山半落青天外，二水中分白鷺洲。總爲浮雲能蔽日，長安不見使人愁！

《全唐詩》卷五三宋之問《登粵王臺》 江上粵王臺，登高望幾回。南溟天外合，北户日邊開。地溼煙嘗起，山晴雨半來。冬花採盧橘，夏果摘楊梅。跡類虞翻枉，人非賈誼才。歸心不可見，白髮重相催。

《全唐詩》卷五五王勃《臨高臺》 臨高臺，高臺迢遞絶浮埃。瑶軒綺構何崔嵬，鸞歌鳳吹清且哀。俯瞰長安道，萋萋御溝草。斜對甘泉路，蒼蒼茂陵樹。高臺四望同，帝鄉佳氣鬱葱葱。紫閣丹樓紛照耀，璧房錦殿相玲瓏。東彌長樂觀，西指未央宫。赤城映朝日，緑樹摇春風。旗亭百隧開新市，甲第千甍分戚里。朱輪翠蓋不勝春，叠樹層楹相對起。復有青樓大道中，繡户文窗雕綺櫳。錦衾夜不襞，羅帷晝未空。歌屏朝捹翠，妝鏡晚窺紅。爲君安寶髻，蛾眉罷花叢。塵間狹路黯將暮，雲間月色明如素。鴛鴦池上兩兩飛，鳳凰樓下雙雙度。物色正如此，佳期那不顧。銀鞍繡轂盛繁華，可憐今夜宿娼家。娼家少婦不須顰，東園桃李片時春。君看舊日高臺處，柏梁銅雀生黄塵。

張九齡《曲江集》卷三《登古陽雲臺》 庭樹日衰颯，風霜未云已。駕言遣憂思，乘興求相似。楚國兹故都，蘭臺有餘址。傳聞襄王世，仍立巫山祀。方此全盛時，豈無嬋娟子。色荒神女至，魂蕩宫觀啓。蔓草今如積，朝雲爲誰起。

陸贄《陸贄集・補遺・傷望思臺賦》 桃野之右，蒼茫古原；草木春慘，風煙晝昏。攬予轡以躊躇，見立表而斯存；乃漢武戾嗣勦命地也，然後築臺以慰遺魂。

吁！自古有死，胡可勝論？苟失理以横斃，雖千祀而猶冤。當武帝之季年，德不勝而耄及。浮誕之士疊至，詭怪之巫繼集。忠見疑而莫售，讒因隙而競入。忘嗜欲之生疾，意巫詛而是因。將搜蠱以滌災，縱庸瑣之姦臣。言何微而莫讐，冤雖毒而奚伸？搆儲后以掛殃，矧具寮與齊人。旋激怒而誅充，竟奔湖而滅身。異哉漢后！因姦邪之是誘，俾冢嗣而罹咎。彼傷魂之冥冥，故築臺其何有。嗟爾戾嗣，盍入明以見志，遽興戈而自棄？諒君父之是叛，雖竄身其焉寘。嗚呼！一失其理，孝慈兩墜，不其傷哉！

夫邪不自生，釁亦有託。信其讒興，利則妖作。恣鬼神之愆變，實人事之紛錯。故子不語於怪亂，道亦貴乎淡泊，蓋爲此也。水滔滔而不歸，日杳杳而西馳。時徑往兮莫追，人共盡兮臺隳。榛焉莽焉，俾永代而傷悲。

陸贄《陸贄集・補遺・登春臺賦以「晴眺春野，氣和感深」爲韻。》 春發生以煦物，臺居高而處明。俯而望焉，舒郁郁之和氣；登可樂也，暢怡怡之遠情。觸類斯感，衆芳俱榮。風出谷以天霽，雲歸山而景晴。俛視平皐，傍臨遠嶠。窮漢苑以周覽，匝秦城而迴眺。林巒彩翠，浮佳氣於遥天；宫觀參差，麗飛甍於夕照。望莫若兮望遠，感何深兮感春。登其臺則歷階而至極，應乎律故陰慘而陽伸。令行斯順，澤布惟均。視雖微而必審，思何遠而不親。懿夫情之誘人，人罔或舍；時之感物，物莫能假。臺有春而必望，春何情而不寫。條風始至，散灼灼之紅桃；穀雨初收，潤萋萋之緑野。天何言哉生衆彙，人有靈兮感元氣。既望春而可樂，亦升高而足貴。賞同沂水，聊舞雩以詠歌；登異觀臺，寧覘蠟而增欷。周望既極，含情則多。媚遲日之未下，愛清風之屢過。目眇眇以心遠，野悠悠而氣和。可以樂芳時之景物，壯皇室之山河。豈比夫羈士登樓而作賦，碩人在軸而爲歌者哉！春無物而不滋，臺無遠而不覽。豈老氏之或論，伊潘生之所感。稽其趣時之規遠，創意之義深。春非臺而何樂，臺非春而罔尋。故望春者惟臺是履，登臺者惟春是臨。緊在物之可用，必從時之所任。儻自下而可託，庶升高而至今。

魏齊賢《五百家播芳大全文粹》卷一〇八王禹偁《王氣臺銘》 觀古之王者，築靈臺，視雲物，察氣侯之吉凶，知政教之善否。理合天道，垂休降祥，則必日新其德以奉之；化失民心，爲妖作沴，則必夕惕其躬以懼之。如是，則變禍福而返災祥，不爲難矣。烏有築高臺，厭王氣，行巫覡之事，禦天地之災者乎？嬴政之有天下也，始以利觜長距，雞鬥六國而擅場；復以鉤爪鋸牙，虎噬萬方而擇肉；終以多藏厚斂，蠶食兆民而富國。然後戍五嶺，作阿房。驅周孔之書，盡向回禄；惑神仙之術，但崇方士。收大半之賦，則黔首豆分；用三夷之刑，則赭衣櫛比。鯨鯢國政，螻蟻人命，原膏野血，風腥雨膻，六合敖敖，上訴求主。天將使息肩于炎漢，故望氣者云東南有天子之氣。于是祖龍巡狩，築臺以厭之。殊不知民厭秦也，(拔)〔訴之于天，天厭秦也，授〕之于漢，秦獨厭天厭民而自王乎？向使築是臺，告天引咎，遷善樹德，封六國之嗣，復萬民之業，薄賦斂，省徭役，銷戈鎔兵，勖茲稼穡，誅高、斯之暴政，修唐、虞之墜典，下從人望，上答天意，則王氣不厭而自消矣，劉、項之族何由而興哉？某游豐沛間，睹臺之舊址，思古眺覽，悵然有懷，捉翰濡毫，遂以爲銘曰：

臺之築兮，救秦之衰。救之不得，爲漢之基。氣之厭兮，慮漢之昌。厭之不得，速秦之亡。秦之厭漢，其惟一身。漢之厭秦，乃有萬民。高臺巍峨，王氣氤氳，秦政已矣，漢德惟新。快快前古，芒芒後塵。故國蕪没，荒臺行春。行人環睇，惻愴斯文。

沈括《長興集》卷二一《蒼梧臺記》 予始至海州，入其境，聞有朐、羽之山，書於經，見於傳紀小說，疑其爲非常，而未覩其爲物也。東望有山蔚然，立於大海洪波之中，日月之光蔽映下上，疑此爲二山者，問之則二山。顧在其西，庳薄禿陋，不充所望。嚮予所覩蔚然者，乃獨在其海中，故瑯琊、贛榆之墟，而今之東海縣也。予過海州，登朐山而壯之。其望大海，若吾之左右臂，天地日月之遊動出没，可俯而窺也。朐山，昔予小之而不顧者，能尚可以如此，況其瞠然意可以無朐山者，予得從而登焉，豈不益壯吾觀耶？於是有職不得往。其明年，東海令以事去，而予得攝其官。其往也，以歲之四月，方草木修茂，山氣秀蔚。下礸口，帆海而渡，以至邑之九日，登蒼梧之山，望大海之津。晨雞初鳴，夜漏未極，而東方雲騫，氣如渥朱，旛懸幟羅，煙光四發。久之，溟波洞赤，鬱揚沸騰，爚如洋金，而朝日始放。條焉乍安，茫洋扶輿，光景仰射，隙麗上指，人動馬行，影在霄漢。反顧海之爲州，僅在蒼煙晦霧杳藹之間，藐然如一浮萍之不可分。此其卑者，猶有大山焉，曰「由吾闞山」，予雖得至其下，竟不果登而歸。聞其多猛獸異物，往嘗有死於遊者。其言未必信然，而予固未可以與猛獸異物辨之也。蒼梧之爲孤秀挺絶，四游八騖，仰高俛下，日月之所徧，耳目之所接，吾得而盡於此山矣，蓋可以無求於彼而足也。乃謀築觀其上，以與邑人歲時彷徉翱翔，遊乎浩渺混茫之中，以忘吾憂。勢不能遽成，而予之不久於此也，粗記其一日之遊，使後之人可以跡予言而爲之，猶足樂其不廢也。

文同《丹淵集》卷一《超然臺賦》 方仲春之盎盎兮，覽草木之菲菲。胡怫鬱於余懷兮，悵獨處而無依？陟危譙以騁望兮，丘阜摧崣而參差。窮莽蒼以極視兮，但浮陽之輝輝。忽揚飈以晦昧兮，灑氛霾於四垂。躓余心之所行兮，欲溷溷其安之。蛻余神以遐騖兮，控泬寥而上馳。闢晻曖以涉鴻洞兮，揮霓旌而掉雲旗。導長彗以天矯兮，從宛虹之委蛇。曳采旒以役朱鳳兮，駕瓊輈而驅翠螭。涉横潢以出没兮，歷大曜而蔽虧。抳萬里以一息兮，俯九州而下窺。有美一人兮在東方，去日久兮不能忘。凛而潔兮岌而長，服忠信兮被文章。中皦皦兮外琅琅，蘭爲襟兮桂爲裳。儼若植兮奉珪璋，戢光耀兮秘芬芳。賈世用兮斯卷藏，倚遊物外兮肆猖狂。余將從之兮遥相望，回羊角兮指龍骯。轉嵎夷兮蹴扶桑，倚泰山兮聊徜徉。下超然兮拜其旁，願有問兮遇非常。勿掉頭兮告以詳，使余脱亂天之罔兮，解逆物之韁。已而釋然兮，出有累之場。余復僊僊兮，來歸故鄉。

蘇軾《蘇文忠公全集》卷一一《超然臺記》 凡物皆有可觀。苟有可觀，皆有可樂，非必怪奇瑋麗者也。餔糟啜漓皆可以醉，果蔬草木皆可以飽。推此類也，吾安往而不樂。夫所爲求福而辭禍者，以福可喜而禍可悲也。人之所欲無窮，而物之可以足吾欲者有盡。美惡之辨戰乎中，而去取之擇交乎前，則可樂者常少，而可悲者常多。是謂求禍而辭福。夫求禍而辭福，豈人之情也哉！物有以蓋之矣。彼遊於物之内，而不遊於物之外。物非有大小也，自其内而觀之，未有不高且大者也。彼挾其高大以臨我，則我常眩亂反覆，如隙中之觀鬭，又烏知勝負之所在。是以美惡横生，而憂樂出焉。可不大哀乎！余自錢塘移守膠西，釋舟楫之安，而服車馬之勞，去雕墻之美，而庇采椽之居，背湖山之觀，而行桑麻之野。始至之日，歲比不登，盜賊滿野，獄訟充斥，而齋厨索然，日食杞菊。人固疑余之不樂也。處之朞年，而貌加豐，髮之白者，日以反黑。余既樂其風俗之淳，而其吏民亦安予之拙也。於是治其園圃，潔其庭宇，伐安丘、高密之木以修補破敗，爲苟完之計。而園之北，因城以爲臺者，舊矣，稍葺而新之。時相與登覽，放意肆志焉。南望馬耳、常山，出没隱見，若近若遠，庶幾有隱君子乎？而其東則盧山，秦人盧敖之所從遁也。西望穆陵，隱然如城郭，師尚父、齊桓公之遺烈，猶有存者。北俯濰水，慨然太息，思淮陰之功，而弔其不終。臺高而安，深而明，夏涼而冬温。雨雪之朝，風月之夕，余未嘗不在，客未嘗不從。擷園蔬，取池魚，釀秫酒，瀹脱粟而食之，曰，樂哉遊乎！方是時，余弟子由適在濟南，聞而賦之，且名其臺曰超然，以見余之無所往而不樂者，蓋遊於物之外也。

蘇軾《蘇文忠公全集》卷一一《凌虛臺記》 國于南山之下，宜若起居飲食與山接也。四方之山，莫高于終南；而都邑之麗山者，莫近于扶風。以至近求最高，其勢必得。而太守之居，未嘗知有山焉。雖非事之所以損益，而物理有不當然者。此凌虚之所爲築也。方其未築也，太守陳公杖履逍遥于其下。見山之出于林木之上者，纍纍如人之旅行于墻外而見其髻也。曰："是必有異。"使工鑿其前爲方池，以其土築臺，高出于屋之檐而止。然後人之至于其上者，怳然不知臺之高，而以爲山之踊躍奮迅而出也。公曰："是宜名凌虚。"以告其從事蘇軾，而求文以爲記。軾復于公曰："物之廢興成毁，不可得而知也。昔者荒草野田，霜露之所蒙翳，狐虺之所竄伏。方是時，豈知有凌虚臺耶？廢興成毁，相尋于無窮，則臺之復爲荒草野田，皆不可知也。嘗試與公登臺而望，其東則秦穆之祈年、橐泉也，其南則漢武之長楊、五柞，而其北則隋之仁壽、唐之九成也。計其一時之盛，宏杰詭麗，堅固而不可動者，豈特百倍于臺而已哉？然而數世之後，欲求其仿佛，而破瓦頽垣，無復存者，既已化爲禾黍荆棘丘墟隴畝矣，而况于此臺歟！夫臺猶不足恃以長久，而况于人事之得喪，忽往而忽來者歟！而或者欲以夸世而自足，則過矣。蓋世有足恃者，而不在乎臺之存亡也。"既以言于公，退而爲之記。

蘇軾《蘇軾詩集》卷三八《鬱孤臺》　八境見圖畫，鬱孤如舊游。山爲翠浪湧，水作玉虹流。日麗崆峒曉，風酣章貢秋。丹青未變葉，鱗甲欲生洲。嵐氣昏城樹，灘聲入市樓。烟雲侵嶺路，草木半炎州。故國千峯外，高臺十日留。他年三宿處，準擬繫歸舟。

楊萬里《誠齋集》卷一五《三月晦日游越王臺》　榕樹梢頭訪古臺，下看碧海一瓊杯。越王歌舞春風處，今日春風獨自來。越王臺上落花春，一掬山光兩袖塵。隨分杯盤隨處醉：自憐不及踏青人。

王安石《王文公文集》卷四八《梁王吹臺》　繁臺繁姓人，埋滅爲蒿蓬。况乃漢驕子，魂游誰肯逢。緬思當盛時，警蹕在虚空。娥眉倚高寒，環珮吹玲瓏。大梁千萬家，回首雲蒙蒙。仰不見王處，雲間指青紅。賓客有司馬，鄒枚避其風。洒筆飛鳥上，爲王賦雌雄。惜今此不傳，《楚辭》擅無窮。空餘一丘土，千載播悲風。

陸游《劍南詩稿》卷一二《登擬峴臺》　層臺縹緲壓城闉，倚杖來觀浩蕩春。放盡樽前千里目，洗空衣上十年塵。縈迴水抱中和氣，平遠山如醖藉人。更喜機心無復在，沙邊鷗鷺亦相親。

文天祥《文天祥全集》卷一四《指南後録》卷一下《越王臺》　登臨我向亂離來，落落千年一越臺。春事暗隨流水去，潮聲空逐暮天迴。烟横古道人行少，月墮荒村鬼哭哀。莫作楚囚愁絶看，舊家歌舞此噺盃。

高啓《大全集》卷一一《登金陵雨花臺望大江》　大江來從萬山中，山勢盡與江流東。鍾山如龍獨西上，欲破巨浪乘長風。江山相雄不相讓，形勝争誇天下壯。秦皇空此瘞黄金，佳氣葱葱至今王。我懷鬱塞何由開？酒酣走上城南臺。坐覺蒼茫萬古意，遠自荒烟落日之中來。石頭城下濤聲怒，武騎千羣誰敢渡？黄旗入洛竟何祥？鐵鎖横江未爲固。前三國，後六朝，草生宫闕何蕭蕭！英雄乘時務割據，幾度戰血流寒潮。我生幸逢聖人起南國，禍亂初平事休息。從今四海永爲家，不用長江限南北。

朱國禎《湧幢小品》卷一六《厄臺》　漢祖追項王于固陵，其地今在陳州西北三十里。汲長孺守淮陽，即今之陳州也，州城中尚有卧治閣遺址。州有厄臺，蓋孔子絶糧之處。其地以"厄臺夕照"作八景之一，王元之記云：

天地厄于晦冥，日月厄于薄蝕，山川厄于崩竭。聖人生而肖天地之貌，禀日月之靈，鍾山川之粹，得無厄乎？所以帝舜厄于歷山，大禹厄于洪水，成湯厄于夏臺，文王厄于羑里，我先聖厄于陳蔡，其道一也。于時，周室卵危，魯道糜潰，仁義路塞，奢侈源開。列國用權，猬芒而起。壞禮樂爲糠秕，視詩書如蒭蕘。孩提王室，變壞儒風，俎豆不修，軍旅用事。苟有衣縫掖而冠章甫者，鮮不拔戟而叱之。三綱五常，蓋掃地矣。吾夫子抱帝王之道，處衰亂之世，痛五教之大裂，嫉四維之不張。刳道德爲舟楫，將欲濟天下之墊溺；斫禮法爲耒耜，將欲芟天下之荒穢。故不程其力，不顧其勢，聚三千之徒，聘八十之國，應機設教，與世垂範。然佩蘭于鮑肆，孰聞其香？施法于亂主，孰知其政？所謂天柱將傾折，建一枝而扶之，厥惟艱哉！故教不用于哀、定，位不崇于季、孟，辭遜于陽貨，見忌于子西。文行忠信未得用世，卒致天厭聖道，絶糧于陳，顔、冉之徒，餒目相視。我先聖則坦爾無悶，怡然自居，腹空腸乾，未嘗太息。蓋聖人爲人也，不爲己也；憂道也，不憂貧也。但欲綴皇綱之絶緒，辟帝王之坦途，酌二代之禮文，垂萬世之典則。興彼王澤，浸于生民。苟道至于是，雖不食而死，復何憾哉！吁！奸喉佞舌者，圖一日之飽飫；道醉德飽者，謀萬世之利功。故教不用于當時，而用于今世；位不顯于生前，而顯于殁後。何則？祖述憲章之義，雷行天地之間。俾夫爲君臣父子者，不可斯須離也，得非用于今世耶？名載典籍，身享廟食，得非顯于殁後耶？與夫圖一日之飫者，又何遼絶哉！余客在宛丘，得睹斯臺之地，披蓁訪古，馳筆而銘曰：

僭禄尸位，殁則絶祀。所謂伊人，若敖之鬼。夫子耻之，不其餒而。飽德醉義，殁則垂世。所謂伊人，東山之士。夫子求之，可謂仁乎？巍巍聖人，生而道迍。歷聘求合，絶糧于陳。箕山之士，可齊其名。若敖之鬼，決非其倫。廟食不匱，祀典惟新。我來舊國，荒臺磷磷，拂石勒銘，德音益振。

袁宏道《袁宏道集》卷四《錦帆集之二》 胥門城上有小石亭一間，去門數武，俗説姑蘇臺舊址在此。余考諸書俱不類。《吴越春秋》云：「闔閭春夏治于姑蘇之臺，旦食鮔山，晝遊蘇臺。」《越絶書》云：「胥門外有九曲路，闔閭造以遊姑蘇之臺。」《洞冥記》云：「吴王夫差築姑蘇之臺，三年乃成。周旋詰曲，横亘五里。」《山水記》云：「姑蘇臺作五年乃成，高見三百里。」《吴地記》云：「闔閭十一年，起臺于姑蘇山，因山爲名，去國五里。夫差復高而飾之。」由此觀之，臺倚山枕流，峻絶人境，當在踞湖、胥山之間矣。

吴廷翰《吴廷翰集·詩集》卷下《董子讀書臺》 正訝才名擬《過秦》，還嗟相業付平津。當時儒雅誰人似，兩漢文章萬古新。童子至今羞五伯，老師從此識三仁。讀書何處臺猶在，落日高丘半莽榛。

孔尚任《孔尚任詩文集》卷二《湖海集·戊辰存稿·登文游臺同李松嵐、端梅菴、徐夔攄》 突兀何年臺，宋賢同寄傲。僻瞰裏外湖，一堤通飛瀑。海氣極蒼茫，曉昏接煙竈。風流舊主翁，踵蹟加築鑿。石磴蔭青松，丹樓壯海壖。江梅驛路傍，探奇遂枉道。但見流亡廬，荒礎無人掃。何處問遊蹤？枯骨引鴉噪！登臺復登樓，千村哭水潦。饑溺聖人心，兩河皆覆幬。禹蹟底有時，涕淚誰入告？三年下澤車，載酒來相勞。今昔景事殊，鬱懷莫傾倒。昏黑返孤舟，春雪吹盈帽。

文游臺題壁

彷彿羣賢此地登，殘碑古木總無憑。只餘攜酒行吟路，雨洗苔皮去幾層。

二

吴楚春風何處收？海雲連水下江流。一從秉燭尋詩去，直接今年雪夜舟。

王士禛《精華録》卷一《登文游臺》 玻璃江上謫仙人，東來萬里辭峨岷。熙寧元豐不得意，翩然戲弄淮南春。龍圖學士忤權要，祥符宰相餘王孫，《黄樓》一賦軼屈宋，無雙國士推髯秦。四公相逢向淮海，酒酣耳熱氣益振。珠湖三十六陂澤，高臺下瞰何嶙峋。錦繡詩篇照天地，與臺光景長鮮新。雲烟過眼一飛鳥，黄河曲注江東奔。人民城郭半遷改，此臺屹立當湖濱。惠州儋耳垂萬死，後生望古傷吟魂。何人請籍元祐黨，至今洮潁慚安民。豈知此臺好名字，永絶狐鼠芟荆榛。我來遊眺歲幾度，溪毛明信古所敦。遠帆如鳥樹如薺，湖光雲霧相摩吞，嚴冬沆瀣但一氣，大雪片片鋪龍鱗。酹公一語公莫嗔，「作詩一笑君應聞。」

宋犖《西陂類稿·游姑蘇臺記》 予再莅吴將四載，欲訪姑蘇臺，未果。丙子五月廿四日，雨後，自胥江泛小舟，出日暉橋。觀農夫插蒔，婦子滿田塍，泥滓被體；桔槔與歌聲相答，其勞苦殊甚。迤邐過横塘，羣峯翠色欲滴。未至木瀆二里許，由别港過兩小橋，遂抵臺下。山高尚不敵虎丘，望之僅一荒阜耳！舍舟，乘竹輿，緣山麓而東，稍見村落。竹樹森蔚，稻畦相錯如繡。山腰小赤壁，水石頗幽，髣髴虎丘劍池。夾道稺松、叢棘，簷葡點綴其間，如殘雪，香氣撲鼻。時正午，赤日炎歊，從者皆喘汗；予興愈豪，褰衣賈勇，如猿猱騰踏而上，陟其巔。黄沙平衍，南北十餘丈，闊數丈，相傳即胥臺故址也，頗訝不逮所聞。吾友汪鈍翁記稱：「方石中穿，傳爲吴王用以竿旌者」，又「矮松壽藤，類一二百年物」，今皆無有。獨見震澤掀天陷日，七十二峯出没於晴雲淼淼中，環望穹窿、靈巖、高峯、堯峯諸山，一一獻奇於臺之左右；而霸業銷沉，美人黄土，欲問夫差之遺跡，而山中人無能言之者。不禁三歎！從山北下，抵留雲庵，庵小有泉石。僧貧而無世法，酌泉烹茗以進。山中方採楊梅，買得一筐，衆皆飽啖，仍攜其餘返舟中。時已薄暮，飯罷，乘風容與而歸。侍行者：幼子筠，孫韋金，外孫侯最。六日前，子至方應試北上，不得與同遊，賦詩紀事，悵然者久之。

邵廷采《思復堂文集》卷四《重修文雅臺記乙丑》 臺在歸德府治東南，梁孝王建。世傳夫子習禮大樹下即此。萬曆中知府鄭三俊立碑，順治中知府丘正策摹石像祀夫子，今知府胡公國佐、商丘知縣趙公申喬重修。

三韓胡公知歸德五年，既修象賢祠祀微子，明年又偕商丘令趙公重修文雅臺而祀先師焉。客有謂其記室邵廷采曰：「是臺之作非爲先師也。按顧況記云『梁客司馬、鄒、枚、嚴忌宴處唱和』，是有文雅之臺，而先師習禮出世俗所傳，圖志莫能紀實。故鄭公立碑，竟未有所營治；至于因臺鐫像，二者並而爲一，則丘公之誤耳。且夫子之道在《六經》，其苗裔之守在闕里。學宮、文廟之祀接于邊徼，何有于一臺？文雅之役謂當且已乎？」

采曰：「不然。夫祭川者必先河，封山者亦益壤。粤自契爲唐、虞司徒造商，伊尹式商受命，微子再封宋，木金父去宋適魯，六世而孔子習禮于此。億萬世人倫之教，實惟有商啓之。則學宫之祀孔子也，天下之公也；斯臺之祀孔子也，殷人之私也。《傳》曰：「諸侯宋、魯，于是觀禮。」今雖古烈云微，宋之文獻猶爲天下最。余愛其俗不喜浮屠、老氏教，道宫、梵觀之設頗簡陋，而荒墟野墅，聖賢名迹，往往獲存。如商丘之祀閼伯，穀孰之祀伊尹，郡城之祀微子其尤著者。而范文正公書院則自鄭公再創以來七十年，至于今不廢。又上丁釋奠，一切樂舞、授器、俎豆、籩篚、樽爵、簠簋之屬，亦惟歸獨備。學官從弟子臨祭，升降俯仰，雍容以莊，觀者嘆息。是皆宋之先世，賢士大夫於遺經殘碣中討求掌故，而刺史、守宰又能乘簿書之暇，修舉典禮，以與吏民從事。雖功令所不急，要其有裨于教化者大矣。

且夫文雅之地，實爲一郡名勝。延袤數畝，迤城而南，清池環之，水光接天。殆若聖澤淵遠，借手孝王以貽後人者。就令大樹遺址傳疑失真，即因藝文之場爲道德之圃，考古者以爲知變，譚禮者以爲合經。丘公之事猶鄭公之志爾，庸爲誤乎？

我胡公來守是邦，吏載其清静，民安其業次。趙公輔之，百里之内，户不夜閉，嘉樹列道，被野桑禾，弦歌四聞。乃增崇是臺，旁治亭榭，以爲高明游息之具。政成事節而民不罷勞，非興制立教之盡善者與？夫章先王之迹以風起人心，並以勸後之良司牧，斯實政體緊賴，又烏可已？

肅客而退。既落成，因請記兹臺壁，備考郡志者之采擇。

毛西河師曰：夫子哀二年過宋，則在宋地宜有其迹。文具根柢，故枝葉扶蘇，轉見茂實。

金赤蓮曰：言言衛道。比之歐、曾學記，亦其亞也。

劉大櫆《劉大櫆集》卷一〇《重修鳳山臺記》 秋官郎程君晉升重修鳳山臺，二年而成。其用白金蓋萬有餘兩。程氏世居巖鎮。巖鎮之北，溪水自西而東流。當明嘉靖之時，里人副使鄭佐用形家言，率居人爲臺於其地之東，北臨水際。臺據鳳山之脊，故名鳳山臺。臺高二丈，廣輪皆百尺，虚其下以爲三門，而臺上之爲榭者亦三焉。臺成而居民從以殷盛。

古之爲臺者以書雲物，後之爲臺者以作觀遊；鄭君之爲此臺也，以蓄地氣。夫氣回於天，藴於地，匯於下，止於高，故凡民人所次，得水而導，得澤而紆，得山而祕。居者相地形，就其舒斂，宜其逆順，有澗溝以宣其理解，有陂沼以豐其委積，有岡陵以大其含藏。然後天不淫陽，地不閉陰，無結轖，亦無消耗。民居於是，財産給足，家室和康，無餒凍之憂，無疫癘之苦，生有保聚之樂，而没有弔祭之榮。臺也者，所以濟山之不足，極人力以相天工，其爲用於斯民大矣。

然不能有興而無壞也。晉升之曾祖其賢始一修之，費數千兩，其賢中子佶復繼修之。惟佶之子志洛生不及修之時，然嘗語其子曰：「吾受先人遺資，當擇一事以善用之。」晉升志之於心不敢忘。歲在庚寅，適值臺壞。晉升曰：「吾父之志也。」遂起而獨任之。自有此臺，壞者屢矣。而程氏祖、子、孫四世，凡三修焉。

先是，晉升之祖佶既修鳳山之臺，又修孫公之橋。橋在臺之西北。溪水之西來也，民之在溪北而往鎮者，爲水所限隔，橋其上以通往來，或石或木凡四橋。孫公之橋，自東而西，第在二，本以木爲之，而佶易之以石，費白金以萬計，閲九年而成。

古之君子欲生之有益於人也，在朝則澤及萬國之生民，在家則利及於鄉鄰里黨。鳳山之臺成，而居民殷盛。晉升蓋率祖德，尊父命，將使里人之居於是者，同歸於完美富壽，而非如世之人第知爲一人一家子孫之計也，於是乎書。

方苞《方望溪全集》卷一四《絃歌臺記代》 陳州城外西南隅，相傳孔子絶糧處，舊有祠曰阨臺。明嘉靖中，巡按御史某更名絃歌祠。屢修屢廢。客以告余，因遣人鳩工飭材營葺，俾復其舊。經始於康熙五十一年某月某日，告訖於次年某月某日。州之人士，備述其川原林麓之勝，因董役者以請記於余。余思之經旬，而未得所以爲言之義焉。將陳夫子之德與道與，則乾坤之容、日月之光，不可繪畫。且語之至者，已備於前賢矣。將謂兹臺爲邑人所瞻仰與，則今天下郡州縣學，皆有夫子廟堂。過者不戒而肅恭，亦不係乎兹臺之存毀。至於川原林麓之觀，又不足道也。是役也，特以至聖遺蹟所留，有以告者，則不得任其終圮。故第書所緣起，以及畢工之月日云。

劉鶚《鐵雲詩存・登伯牙臺》 琴臺近在漢江邊，獨立蒼茫意惘然！後世但聞傳古迹，當時誰解重高賢！桐焦不廢鈞天响，人去空留漱石泉。此地知音尋不着，乘風海上訪成連。

康有爲《南海先生詩集・秋登越王臺》 秋風立馬越王臺，混混蛇龍最可哀。十七史從何説起，三千劫幾歷輪迴。腐儒心事呼天問，大地山河跨海來。臨睨飛雲横八表，豈無倚劍嘆雄才。

俞蛟《夢厂雜著・夢遊天台記》 余居恒讀孫興公《天台賦》，而深景行仰止之思焉。竊謂天台離紹郡僅數百里，而遥不在天上；又非若崑崙之在絶塞，與夫圓嶠、方壺之必憑雲馭風而後可登陟也。會當招勝侶，治裝裹糧，芒鞋竹杖，捫藤蘿，攀絶磴，作汗漫遊。肯令司馬子長、向平輩，誇遊蹤於千古乎？顧饑驅奔走，三十餘年無停軌，遂使泉石烟霞之志，潛消磨於車塵馬足之餘。歲庚子，遇吕子鳴謙於京邸，賦詩酌酒，時相過從。鳴謙家新昌之斑竹，距天台百數十里。一日，酒酣，留宿寓齋，爲余述天台山勢之峻極，峯巒之奇拔，松檜之叢鬱，溪澗之紆迴，飛瀑之激湍；及琳宫梵宇，邃閣幽軒，可以憑弔，可以讌遊，歷歷如繪。其衆峯平列，乍低乍昂，如覆盂几案者，牛姑嶺也。巨杉千餘株，皆二十圍，木杪隱見梵刹者，萬年寺也。巨石左右兀立，蘭蕙叢生，芳流襟袂者，香谷巖也。磐石大如屋，瀑水蜿蜒其上，光潤膩滑，旁有井深不可測者，觀龍潭也。小山環繞，由窄徑屈曲行，度石橋，遥望一峯插天際者，華頂峯也。其間亂峯拔起如筍，作紅霞色，瀑布千丈，直飛而下者，即興公賦中所謂「赤城霞起而建摽，瀑布飛流以界道」也。由此折而東，有石梁，修二丈有奇，寬不盈二尺。梁盡處，有洞極明敞者，相傳劉阮採藥遇仙處也。他如靈巖、龍湫、慧墅、桃源，暨望月峽、桐柏宫、惆悵溪諸勝，不可枚舉矣。言者不煩，聽者忘倦。余不禁爲之馳神運思，恍若置身於台嶽也。須臾就睡，見一羽客，搴簾而入曰：「余天台山道士也。知君慕天台之遊，非一日矣。兹風日晴和，盍擔簦杖策以畢斯願，舍余其莫爲導者。」於是欣然隨往。薄曛灑影，涼飈襲裙，黛色參天，松濤聒耳，而幽邃窈窕，峭崿峥嶸之狀，俱在有無杳冥間。道士曰：「此處由龍湫登雁山不遠，君亦有意乎？」余曰：「唯唯！」正欲取道，爲吕子讌語而覺。急披衣起，以語鳴謙〔，鳴謙〕曰：「子殆班孟堅所謂魂與神交，精誠發於夢寐者乎？昔興公見天台圖畫而作賦，固未嘗親歷其境也。而子則得諸傳聞，遊於夢寐，均恍惚不可爲象。然而泉石膏肓，烟霞錮疾，足下有焉。盍記之，以爲他日歸遊之券？」余因援筆而爲之記。

雜録

《竹書紀年》卷上　帝啓元年癸亥，帝即位于夏邑，大饗諸侯于鈞臺。諸侯從帝歸于冀都，大饗諸侯于璿臺。

《漢書》卷四《文帝本紀》　贊曰：孝文皇帝即位二十三年，宫室苑囿車騎服御無所增益。有不便，輒弛以利民。嘗欲作露臺，召匠計之，直百金。上曰：「百金，中人十家之産也。吾奉先帝宫室，常恐羞之，何以臺爲？」

劉向《戰國策》卷二三《魏策二・梁王魏嬰觴諸侯章》　梁王魏嬰觴諸侯於范臺。酒酣，請魯君舉觴，魯君興，避席擇言曰：「昔者帝女令儀狄作酒而美，進之禹，禹飲而甘之，遂疏儀狄，絶旨酒，曰：『後世必有以酒亡其國者。』齊桓公夜半不嗛，易牙乃煎敖燔炙，和調五味而進之，桓公食之而飽，至旦不覺，曰：『後世必有以味亡其國者。』晉文公得南之威，三日不聽朝，遂推南之威而遠之曰：『後世必有以色亡其國者。』楚王登強臺而望崩山，左江而右湖，以臨彷徨，其樂忘死，遂盟強臺而弗登，曰：『後世必有以高臺陂池亡其國者。』今主君之尊，儀狄之酒也，主君之味，易牙之調也，左白臺而右閭須，南威之美也，前夾林而後蘭臺，強臺之樂也，有一於此，足以亡其國，今主君兼此四者，可無戒與！」梁王稱善相屬。

劉向《説苑》卷九　楚莊王築層臺，延石千重，延壤百里。士有反三月之糧者，大臣諫者七十二人皆死矣。有諸御己者，違楚百里而耕，謂其耦曰：「吾將入見於王。」其耦曰：「以身乎？吾聞之，説人主者，皆閒暇之人也，然且至而死矣。今子特草茅之人耳！」諸御己曰：「若與子同耕，則比力也。至於説人主，不與子比智矣。」委其耕而入見莊王，莊王謂之曰：「諸御己來，汝將諫邪？」諸御己曰：「君有義之用，有法之行。且己聞之：土負水者平，木負繩者正，君受諫者聖。君築層臺，延石千重，延壤百里，民之釁咎血成於通塗，然且未敢諫也。己何敢諫乎？顧臣愚，竊聞昔者虞不用宫之奇而晉并之，陳不用子家羈而楚并之，曹不用僖負羈而宋并之，萊不用子猛而齊并之，吴不用子胥而越并之，秦人不用蹇叔之言而秦國危，桀殺關龍逢而湯得之，紂殺王子比干而武王得之，宣王殺杜伯而周室卑。此三天子、六諸侯，皆不能尊賢用辯士之言，故身死而國亡。」遂趨而出，楚王遽而追之曰：「己子反矣，吾將用子之諫。先日説寡人者，其説也不足以動寡人之心，又危加諸寡人，故皆至而死。今子之説，足以動寡人之心，又不危加諸寡人，故吾將用子之諫。」明日令曰：「有能入諫者，吾將與爲兄弟。」遂解層臺而罷民。楚人歌之曰：「薪乎萊乎，無諸御己訖無子乎。萊乎薪乎，無諸御己訖無人乎。」

楚昭王欲之荆臺游，司馬子綦進諫曰：「荆臺之游，左洞庭之波，右彭蠡之水。南望獵山，下臨方淮。其樂使人遺老而忘死，人君游者盡以亡其國。願大王勿往游焉。」王曰：「荆臺乃吾地也，有地而游之，子何爲絶我游乎？」怒而擊之，於是令尹子西駕安車四馬，徑於殿下曰：「今日荆臺之游，不可不觀也。」王登車而拊其背曰：「荆臺之游，與子共樂之矣。」步馬十里，引轡而止曰：「臣不敢下車，願得有道，大王肯聽之乎？」王曰：「第言之。」令尹子西曰：「臣聞之爲人臣而忠其君者，爵禄不足以賞也。爲人臣而諛其君者，刑罰不足以誅也。若司馬子綦者忠君也，若臣者諛臣也。願大王殺臣之軀，罰臣之家，而禄司馬子綦。」王曰：「若我能止，聽公子，獨能禁我游耳。後世游之，無有極時，奈何？」令尹子西曰：「欲禁後世易耳。願大王山陵崩阤，爲陵於荆臺，未嘗有持鐘鼓管絃之樂而游於父之墓上者也。」於是王還車，卒不游荆臺。令罷先置。孔子從魯聞之曰：「美哉！令尹子西諫之於十里之前，而權之於百世之後者也。」

劉向《列仙傳》卷上《蕭史》 蕭史者，秦穆公時人也。善吹蕭，能致孔雀白鶴於庭。穆公有女字弄玉，好之。公遂以女妻焉。日教弄玉，作鳳鳴。居數年，吹似鳳聲。鳳凰來止其屋，公爲作鳳臺。夫婦止其上，不下數年。一旦，皆隨鳳凰飛去，故秦人爲作鳳女祠於雍宫中，時有簫聲而已。

郭憲《漢武帝别國洞冥記》卷四 帝昇望月臺，時暝望南端有三青鴨羣飛，俄而止於臺上。帝悦之。【略】元封三年，鄭過國獻能言龜一頭。長一尺二寸，盛以青玉匣，廣一尺九寸。匣上豁一孔以通氣，東方朔曰：唯承桂露以飲之，置於通風之臺。上欲往卜，命朔而問焉，言無不中。唯有一女人，愛悦於帝，名曰巨靈。帝傍有青珉唾壺，巨靈乍出入其中，或戲笑帝前。東方朔望見巨靈，乃目之。巨靈因而飛去，望見化成青雀。因其飛去，帝乃起青雀臺，時見青雀來，則不見巨靈也。

吴處厚《青箱雜記》卷五 徐州歌風臺，題者甚多，惟尚書張公方平最爲絶唱，曰：「落魄劉郎作帝歸，樽前一曲大風辭。才如信、越猶葅醢，安用思他猛士爲？」

黄朝英《靖康緗素雜記》卷七《三臺》 李濟翁《資暇集》云：今之啐酒三十拍促曲名三臺，何如？或曰：昔鄴中爲三臺，石季倫常爲游宴之地。樂工倦怠，造此以促飲也。一説蔡邕自侍書御史累遷尚書，三日之間，周歷三臺。樂府以邕曉音律，製此曲動邕心。抑希其厚遺，亦近之。又劉公《嘉話》云：人以三臺送酒，蓋因北齊高洋毁銅雀臺，築三箇臺，宫人拍手呼上臺，因以送酒。案魏武帝建安十四年冬，作銅雀臺。十八年九月作金虎臺。《古樂府》云：鑄銅爲雀，置于臺上，因名焉。又案《北史》齊文宣帝發三十餘萬人，營三臺于鄴。因其舊基而高博之，大起宫室，及游豫焉。至是三臺成，改銅雀曰金鳳，金虎曰聖應，冰井曰崇光。冬十一月，登三臺御乾象殿朝宴羣臣，則三臺所建舊矣。但魏之冰井臺，不知起自何年，至北齊但因其故基而高博之耳。《嘉話》乃云：北齊高洋毁銅雀臺，築三箇臺，與《北史》所載不同。以余意測之，曲名三臺者，蓋因北齊營三臺以朝宴羣臣得名也。

黄朝英《靖康緗素雜記》卷一《吹臺》 《西清詩話》云：《唐書·杜甫傳》云：甫與李白、高適同登吹臺，慨然莫測也。質之少陵《昔游詩》：昔者與高李，同登單父臺。則知非吹臺。三人皆詞宗，果登吹臺，豈無雄詞傑唱著後世邪。余謂此論太疎。案杜子美《遺懷詩》云：憶與高李輩，論交入酒壚。兩公壯藻思，得我色敷腴。氣酣登吹臺，懷古視平蕪。註云：兩公，高適、李白也。吹臺，梁王歌臺也。今謂之繁臺，獨不見此何耶？又《名賢詩話》云：國初王仁裕暮春與門生五六人登繁臺，飲酒題詩，抵夜方散。詩云：柳陰如霧絮成堆，又引門生上吹臺。淑景即隨風雨去，芳尊宜命管弦來。漫誇鼎食鳴鐘貴，寧免朝烏夜兔催。爛醉也須詩一首，不能空放馬頭回。即知繁臺乃吹臺也。

洪邁《容齋隨筆》卷三《李太白》 世俗多言李太白在當塗采石，因醉泛舟於江，見月影俯而取之，遂溺死，故其地有捉月臺。予按李陽冰作太白《草堂集序》云：「陽冰試弦歌於當塗，公疾亟，草稿萬卷，手集未修，枕上授簡，俾爲序。」又李華作《太白墓誌》，亦云：「賦《臨終歌》而卒。」乃知俗傳良不足信，蓋與謂杜子美因食白酒牛炙而死者同也。

查慎行《人海記》 太祖於後湖中築一臺，藏天下兵册，避火災也。築屢潰，乃命囊所誅髑髏爲基，即就。此洪武三年事也。

樓部

題解

《爾雅·釋宮第五》 狹而修曲曰樓。

許慎《説文解字》六篇上《木部》 樓，重屋也。〔段玉裁注〕：重屋與複屋不同。複屋不可居，重屋可居。《考工記》之重屋謂複屋也。《釋名》曰：樓，謂牖户之閒諸射孔樓樓然也。

劉熙《釋名》卷五《宮室》 樓，言牖户諸射孔婁婁然也。畢沅疏：今本作樓，謂牖户之閒有射孔，樓樓然也。《太平御覽》引作樓有户牖諸孔，婁婁然也。兹從《初學記》所引。《初學記》，婁字加心旁，譌也，不可從。《説文》云：婁，空也。作婁，爲是。

綜述

計成《園冶》卷一《屋宇·樓》 《説文》云：重屋曰「樓」。《爾雅》云：陝而修曲爲「樓」。言窗牖虚開，諸孔慺慺然也。造式，如堂高一層者是也。

計成《園冶》卷一《立基·樓閣基》 樓閣之基，依次序定在廳堂之後，何不立半山半水之間，有二層三層之説？下望上是樓，山半擬爲平屋，更上一層，可窮千里目也。

計成《園冶》卷一《立基·門樓基》 園林屋宇，雖無方向，惟門樓基，要依廳堂方向，合宜則立。

文震亨《長物志》卷一《室廬·樓閣》 樓閣作房闥者，須迴環窈窕。供登眺者，須軒敞宏麗。藏書畫者，須爽塏高深。此其大略也。樓作四面牕者，前楹用牕，後及兩旁用板。閣作方樣者，四面一式。樓前忌有露臺捲篷，樓板忌用磚鋪。蓋既名樓閣，必有定式。若復鋪磚，與平屋何異。高閣作三層者最俗，樓下柱稍高，上可設平頂。

王概《芥子園畫譜》卷三《人物屋宇譜·城郭橋梁法》

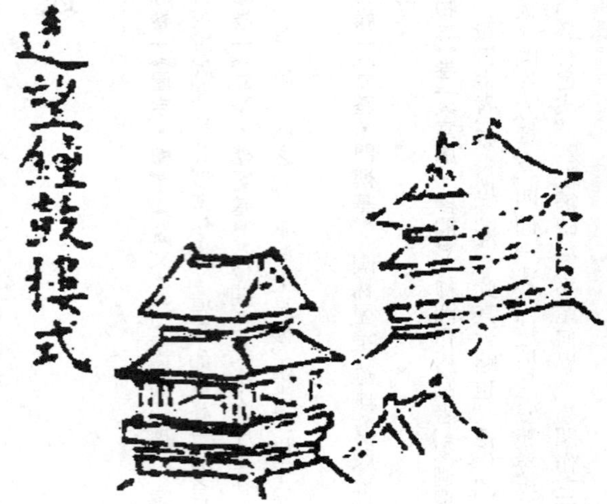

王概《芥子園畫譜》卷三《人物屋宇譜・墻屋式》

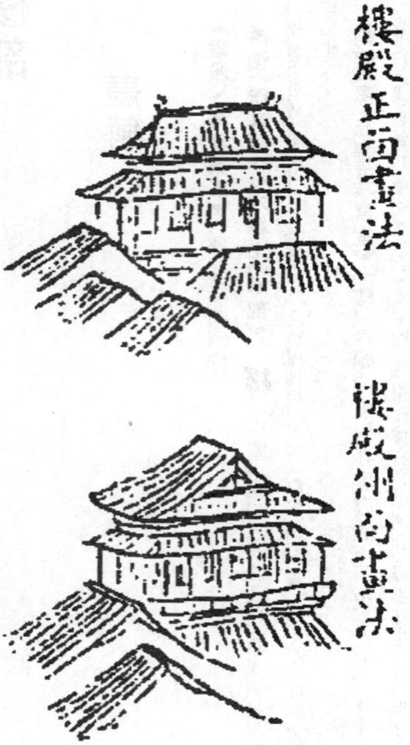

王概《芥子園畫譜》卷三《人物屋宇譜・墻屋式》

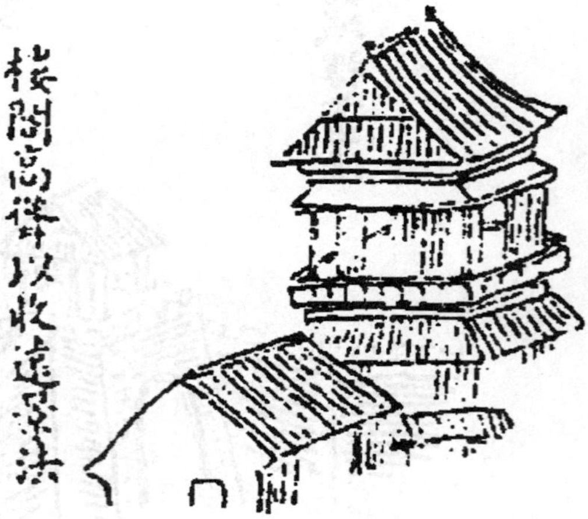

王概《芥子園畫譜》卷三《人物屋宇譜・墻屋式》

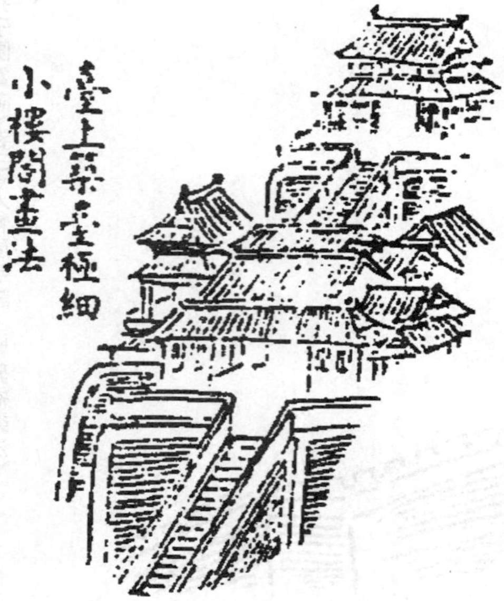

王概《芥子園畫譜》卷三《人物屋宇譜・城郭橋梁法》

王概《芥子園畫譜》卷三《人物屋宇譜·城郭橋梁法》

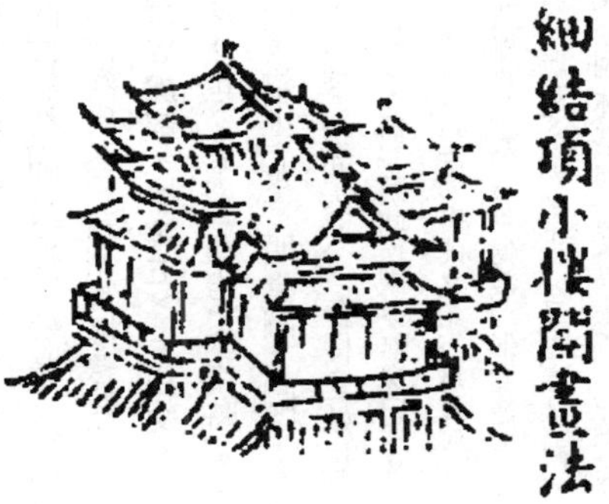

王概《芥子園畫譜》卷三《人物屋宇譜·界臺樓閣法》　畫樓閣諸法：畫中之有樓閣，猶字中之有《九成宮》、《麻姑壇》之精楷也。筆偏意縱者，未嘗不栩栩以爲第不屑屑事此，果事此則必度越古人。及其操筆，而十指先已蚓結，終日不能落點墨。故古人中即放誕如郭恕先，以尋丈之卷，僅得其一灑墨亂作屋木數角。可謂漫無法則矣。一旦而操矩尺，纍黍粒而成臺閣，則宋桷欂櫨以訖罘罳，無不霞舒風動，毫髮可數，層層折折，可以身入其境也。絶非今人可及之功，乃知古人必由小心而放誕，未有放膽而不小心者。豈可以界劃竟曰匠氣置而不講哉？夫界劃猶禪門之戒律也，學佛者必由戒律進步，則終身不走滾。否則涉野孤。界劃洵畫家之玉律，學者之入門。

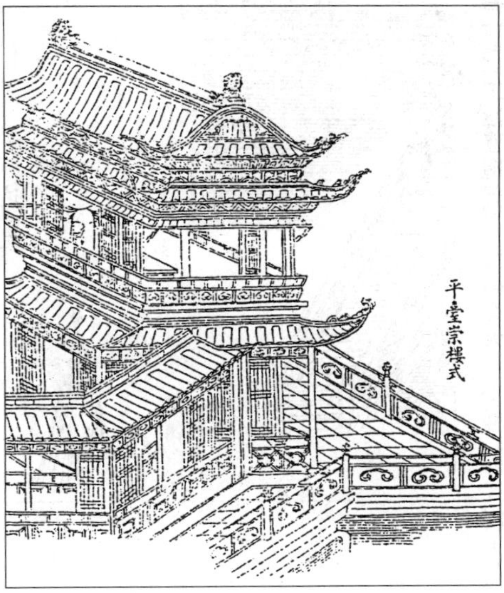

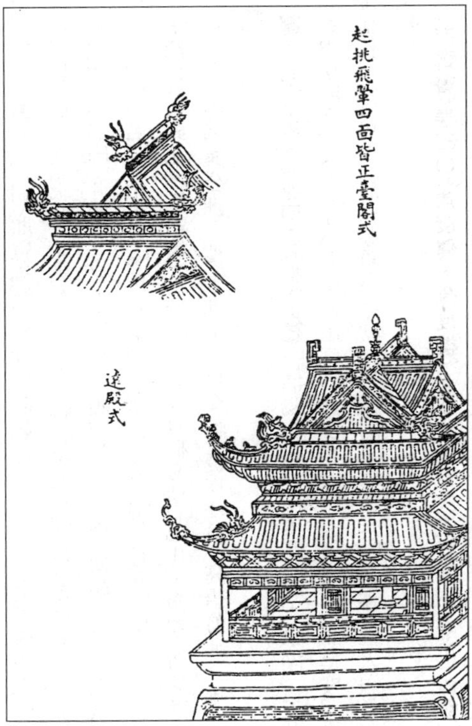

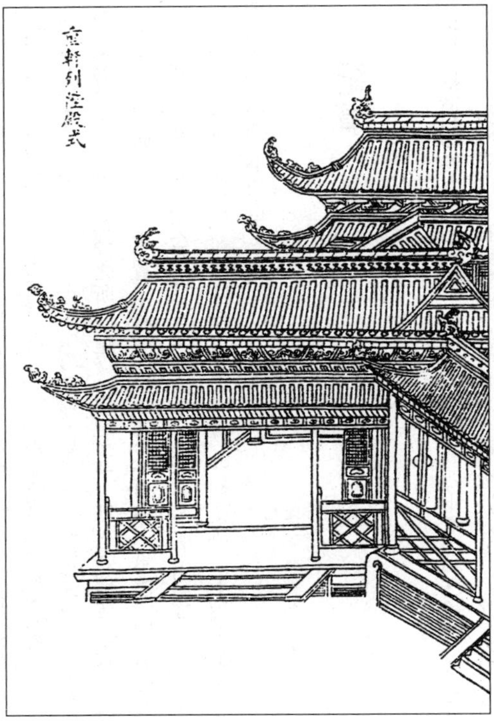

李斗《揚州畫舫録》卷一七《工段營造録》　樓與閣大同小異。梯式創于黃帝。今曲梯折磴，極窈窕深邃，非持火莫能登，謂之螺螄轉。京師柏林寺大悲閣，最稱詭制。湖上以平樓第三層梯效之，崇屋欹前爲榭，蓋樓臺中之斜者，即錦泉花嶼中藤花榭之屬。

《北史》卷四三《列傳》三一《李崇》　兗土舊多劫盜，崇乃村置一樓，樓懸一鼓，盜發之處，雙槌亂擊，四面諸村，聞鼓皆守要路。俄頃之間，聲布百里，其中險要，悉有伏人，盜竊始發，便爾禽送。諸州置樓懸鼓，自崇始也。

徐堅《初學記》卷二四《居處部・樓第五》　《説文》曰：樓，重屋也。又《釋名》曰：言牖户諸射孔慺慺然也。案：《漢書》武帝時，方士言黃帝爲五城十二樓，以候神人。又濟南人公玉帶上《黃帝明堂圖》，圖中有一殿，四面無壁，以茅蓋，通水，圜宫垣爲複道，上有樓，從西南入。蓋樓之始也。其後魏有麗譙，越有飛翼，漢有井幹，並樓名也。《莊子》曰：魏武侯謂徐無鬼曰：欲見先生久矣，吾欲愛民而爲義偃兵，其可乎？徐無鬼曰：不可。愛民，害民之始；爲義偃兵，造兵之本也。君自此爲之則殆不成，凡成美惡器也。君雖爲仁義，幾且僞哉！形固造形，成固有伐，變固外戰，君亦必無盛鶴列于麗譙之間。注曰：麗譙，戰樓名也。《吴越春秋》曰：勾踐立飛翼樓。《漢書》云：武帝立井幹樓，高五十丈。羽林亭樓，見《漢書》。馬伯騫樓、貞女樓，見《漢宫閣名》，在長安。魏有白門樓，在下邳。《魏志》曰：呂布敗，乃登白門樓。圍之急，布下降，遂生得布。吴有白雀樓，見《吴紀》。晉有伺星樓、儀鳳樓、翔鳳樓，見《晉宫閣名》。《幽明録》云：鄴城鳳陽門五層樓，安金鳳皇二頭于其上，石季龍將衰，一頭飛入漳河。《述異記》云：江下有黃鶴樓。陶季直《京都記》曰：宋華林園造景雲樓。《齊書》云：置鐘于景陽樓，上令宫人聞鐘聲早起粧飾。且樓之所居也。《史記》云：仙人好樓居，設具而候神人。《墨子》云：城備三十步，置坐候樓，出堞四尺，百步一木樓。樓前面九尺，二百步一立樓，去城中二丈五尺。又《淮南子》云：亂之所由生者，皆在流遁。大構架，興宫室，延樓棧道，雞棲井幹，欂櫨，以相支持。木巧之飾，此遁於木也。歷代營建所不同也。

紀事

王嘉《拾遺記》卷九　石虎於太極殿前起樓，高四十丈，結珠爲簾，垂五色玉珮，風至鏗鏘，和鳴清雅。盛夏之時，登高樓以望四極，奏金石絲竹之樂，以日繼夜。於樓下開馬埒射場，周廻四百步，皆文石丹沙及彩畫於埒旁。聚金玉錢貝之寶，以賞百戲之人。四廂置錦幔，屋柱皆隱起爲龍鳳百獸之形，雕斲衆寶，以飾楹柱，夜往往有光明。集諸羌互於樓上。時亢旱，春雜寶異香爲屑，使數百人於樓上吹散之，名曰「芳塵」。臺上有銅龍，腹容數百斛酒，使胡人於樓上嗽酒，風至望之如露，名曰「粘雨臺」，用以灑塵。樓上戲笑之聲，音震空中。

王韶之《始興記・栖霞樓》　城西百餘步有栖霞樓，臨川王營置，清暑游焉，羅君章居之，因名羅公洲。樓下洲上果竹交蔭，長楊傍映，高梧前竦。雖即城隍，趣同丘壑。

酈道元《水經注》卷四〇《桐亭樓》　浦陽江自嶀山東北，逕太康湖，車騎將軍謝玄田居所在，右濱長江，左傍連山，平陵脩通，澄湖遠鏡，於江曲起樓，樓側悉是桐梓，森聳可愛，居民號爲桐亭樓，樓兩面臨江，盡升眺之趣，蘆人漁子，汎濫滿焉。

《南齊書》卷三〇《焦度傳・焦度樓》　武陵王贊代燮爲郢州，度仍留鎮，爲贊前軍［參軍］。沈攸之事起，轉度中直兵，加寧朔將軍、軍主。太祖又遣使假度輔國將軍、屯騎校尉。攸之大衆至夏口，將直下都，留偏兵守郢城而已。度於城樓上肆言罵辱攸之，至自發露［形體穢辱之］，故攸之怒，改計攻城。度親力戰，攸之衆蒙楯將登，度令投以穢器，賊衆不能冒，至今呼此樓爲「焦度樓」。

《北史》卷二二《長孫儉傳·清德樓》　儉清正率下，兼懷仁恕，有竊盜者，原情得實，誨而放之。荆蠻舊俗，少不敬長。儉殷勤勸導，風俗大革。務廣耕桑，兼習武事，故邊境無虞，人安其業。吏人表請爲儉構清德樓，樹碑刻頌，朝議許之。吏人又以儉秩滿，恐有代至，詣闕乞留儉，朝廷嘉而許之，在州遂歷七載。

韋述《兩京新記》卷一《走馬樓》　大福殿在三殿北，重樓連閣綿亘，西殿有走馬樓，南北長百餘步，樓下即九仙門，西入苑。

李德裕《次柳氏舊聞·花萼相輝樓》　興慶宮，上潛龍之地，聖曆初五王宅也。上性友愛，及即位，立樓於宮之西南垣，署曰「花萼相輝」。朝退，亟與諸王遊，或置酒爲樂。時天下無事，號太平者垂五十年。及羯胡犯闕，乘傳遽以告，上欲遷幸，復登樓置酒，四顧淒愴，乃命進玉環。玉環者，睿宗所御琵琶也。異時，上張樂宮殿中，每嘗置之別榻，以黄帕覆之，不以雜他樂器，而未嘗持用。至，俾樂工賀懷智取調之，又命禪定寺僧段師取彈之。時美人善歌從者三人，使其中一人歌《水調》。畢奏，上將去，復留眷眷，因使視樓下有工歌而善《水調》者乎？一少年心悟上意，自言頗工歌，亦善《水調》。使之登樓且歌，歌曰：「山川滿目淚沾衣，富貴榮華能幾時。不見只今汾水上，唯有年年秋雁飛。」上聞之，潸然出涕，顧侍者曰：「誰爲此詞？」或對曰：「宰相李嶠。」上曰：「李嶠真才子也。」不待曲終而去。

王溥《唐會要》卷三〇《興慶宮·花萼相輝樓、勤政務本樓》　開元二年七月二十九日，以興慶里舊邸爲興慶宮。初，上在藩邸，與宋王等同居于興慶里。時人號曰五王子宅。至景龍末，宅内有龍池湧出，日以浸廣。望氣者云：有天子氣。中宗數行其地，命泛舟，以駞象踏氣以厭之，至是爲宮焉。後于西南置樓，西面題曰花萼相輝之樓，南面題曰勤政務本之樓。至二十五年，玄宗謂諸王曰：我自奉先帝宮室，不敢有加。時時補葺，已愧于勞人矣。惟興慶創制，乃朝廷百辟卿士以吾舊邸因欲修建，不免羣卿考室之詞，以俟庶民子來之請，亦所以表休徵之地。新作南樓，本欲察甿俗，採風謠，以防壅塞。是亦古闢四門達四聰之意，時有作樂宴慰，不徒然也。

《舊唐書》卷九五《列傳》第四五《睿宗諸子·花萼相輝樓、勤政務本樓》　初，玄宗兄弟聖曆初出閤，列第於東都積善坊，五人分院同居，號「五王宅」。大足元年，從幸西京，賜宅於興慶坊，亦號「五王宅」。及先天之後，興慶是龍潛舊邸，因以爲宮。憲於勝業東南角賜宅，申王撝、岐王範於安興坊東南賜宅，薛王業於勝業西北角賜宅，邸第相望，環於宮側。玄宗於興慶宮西南置樓，西面題曰花萼相輝之樓，南面題曰勤政務本之樓。玄宗時登樓，聞諸王音樂之聲，咸召登樓同榻宴謔，或便幸其第，賜金分帛，厚其歡賞。諸王每日於側門朝見，歸宅之後，即奏樂縱飲，擊毬鬬雞，或近郊從禽，或別墅追賞，不絶於歲月矣。遊踐之所，中使相望，以爲天子友悌，近古無比，故人無間然。

駱天驤《類編長安志》卷三《館閣樓觀·花萼相輝樓》　花萼相輝樓，《天寶遺事》：「寧王憲、申王撝、岐王範、薛王業邸第相連環於興慶側，明皇因題花萼相輝之名，取詩人《棠棣》之義。帝時登樓，聞諸王音樂，咸召升樓，設五花帳，同榻飲宴。」《金石録》：「《花萼樓詔》，李白撰碑文，徐浩書丹。」喬宬詩曰：「花萼樓空有故基，行人空讀火餘碑。可憐興慶池邊月，曾伴寧王玉笛吹。」

《新唐書》卷二二四下《高駢傳·迎仙樓》　駢造迎仙等樓，皆度高八十尺，飾以金珠琛玉，侍女衣羽衣，新聲度曲，以擬鈞天，薰齋其上，祈與仙接。

辛文房《唐才子傳》卷九《高駢·迎仙樓》　中和元年，用之以神仙好樓居，請於公廨邸北跨河爲迎仙樓。其斤斧之聲，晝夜不絶，費數萬緡，半歲方就。自成至敗，竟不一遊，扃鐍儼然，以至灰燼。

《新五代史》卷七二《四夷附録第一·四樓》　世里，譯者謂之耶律。名年曰天贊。以其所居爲上京，起樓其間，號西樓，又於其東千里起東樓，北三百里起北樓，南木葉山起南樓，往來射獵四樓之間。契丹好鬼而貴日，每月朔旦，東向而拜日，其大會聚、視國事，皆以東向爲尊，四樓門屋皆東向。

馬令《南唐書》卷二四《木平和尚·百尺樓》　木平和尚保大中至金陵。知人禍福死生，所言輒驗。傾都瞻禮，闐塞街巷。金帛之遺，日積萬數。元宗召見于百尺樓。百尺樓，元宗新建，以備登覽，制度宏壯。木平指曰：此宜望火。初不喻其意，後數載淮甸兵起，龍安山置烽候，以應江北。常登此樓，以觀動静。又慶王尚幼，元宗問壽命幾何。木平曰：郎君聰明智哲，預知九十年事。遂書九十乙字予之。保大九年，慶王卒，年十九。其書九十而繼之以乙字者，乃乙其九十而爲十九也。

曾慥《類説》卷二六《國史纂異·崔公望省樓》　崔日知恨不居八座，爲太常卿。起樓與尚書省相對，人謂崔公望省樓。

方勺《泊宅編》卷二《懷嵩樓》　唐李一品貴極當時，嘗爲滁州刺史，作懷嵩樓西城上，刻文于石，以懷嵩、洛，有「白雞黃犬」之歎，後竟以謫死。樓有公畫像，頎然七尺，真偉人也，但鼻端微曲耳。

錢易《南部新書・辛・五福樓》 元和初，陰陽家言五福太一在蜀，故劉闢造五福樓，符載爲文記。

王應麟《玉海》卷一六四《薰風樓》 河中府市中樓，唐廣明中王重榮誓衆于此，名爲克復。祥符四年二月，上幸河中，曰：克復一時事，不若因舜都爲號。丁卯乃賜名薰風樓，命陳堯叟爲記。甲子次河中府，幸紫極宮。還召從臣登逍遥樓，觀唐帝詩石。又登白樓，觀令狐楚《登白樓賦》、王祐詩。上作《登逍遥樓》詩賜從臣。

樂史《太平寰宇記》卷一《河南道・開封府・望京樓》 望京樓，城西門樓。本無名，唐文宗太和二年節度使令狐綯重修，因登臨賦詩曰：「夷門一鎮五經秋，未得朝天未免愁；因上此樓望京國，便名樓作望京樓。」

張敦頤《六朝事迹編類》卷上《樓臺門第・烽火樓》 烽火樓，《圖經》云：在石頭城西南最高處。楊修詩注云：沿江築臺，以舉烽燧。自建康至江陵五千七百里，有警半日而達。按：《南史》：宋文帝元嘉二十七年，魏太武至瓜步，聲欲渡江。始議北侵，朝士多有不同。至是，帝登烽火樓，極望不悦。謂江湛曰：北伐之計，同議者少。今日貽大夫之憂，在予過矣。又齊武帝登烽火樓，詔羣臣賦詩。蕭頴胄詩合旨，帝謂頴胄曰：宗室便不乏才。

張敦頤《六朝事迹編類》卷上《樓臺門第・景陽樓》 景陽樓，《輿地志》云：宋元嘉二十二年築。至孝武大明中，紫雲出景陽樓，因名之。今法寶寺西南，遺址尚存。

張敦頤《六朝事迹編類》卷上《樓臺門第・落星樓》 落星樓，《圖經》：在縣東北，臨沂縣前。吴大帝時，山上置三層樓。樓高，以此爲名。左太冲《吴都賦》云：饗戎旅乎落星之樓。是也。今石步相去一里半，有落星墩，里俗相傳，即當時建樓處。今去城四十里。

張敦頤《六朝事迹編類》卷上《樓臺門第・入漢樓》 入漢樓，《東晉書》云：義熙八年，于石頭城東起入漢樓。在城西門外。

劉泌《壟起雜事・樊樓》 〔韓〕林兒居汴時，事皆決于左右。日惟于福源池捕魚以爲樂。得魚則鱠之，與羣小沉醉，自謂斫鮮之會。又起樊樓于土市子街西，飾紅裙綺瑟于上。將帥出師，飲餞于此。林兒自稱樊樓主人，或暮夜燈火遊翫。

范成大《吴船録》卷上《芳華樓》 石湖居士以淳熙丁酉歲五月二十九日戊辰離成都。是日，泊舟小東郭合江亭下。合江者，岷江别派自永康離堆分入成都及彭、蜀諸郡合於此。以下新津，緑野平林，煙水清遠，極似江南。亭之上曰芳華樓，前後植梅甚多。故事：臘月賞梅於此。管界巡檢營在亭傍。每花開及三分，巡檢司具申一兩日開燕，監司預焉。蜀人入吴者，皆自此登舟。

范成大《吴郡志》卷六《官宇・西樓》 西樓在郡治子城西門之上。唐舊名西樓，後更爲觀風樓，今復舊。紹興十五年，郡守王㬇重建。二十年，郡守徐琛篆額。下臨市橋曰金母橋，亦取西向之義。㬇初落成，郡人競獻詩，以進士耿元鼎所賦爲最。

范成大《吴郡志》卷六《官宇・譙樓》 譙樓，紹興二年，郡守席益鳩工。三年，郡守李擢成之。二十年，郡守徐兢篆平江府額。然止能立正門之樓，兩傍挾樓至今未復，遺基巋然。

范成大《吴郡志》卷六《官宇・齊雲樓》 齊雲樓在郡治後子城上。紹興十四年，郡守王㬇重建。兩挾循城爲屋數間，有二小樓翼之。輪奐雄特，不惟甲於二浙；雖蜀之西樓，鄂之南樓，岳陽樓、庾樓，皆在下風。父老謂兵火之後，官寺草創，惟此樓勝承平時。樓前同時建文、武二亭。淳熙十二年，郡守丘崇又於文、武亭前建二井亭。

祝穆《方輿勝覽》卷九《浙東路・瑞安府・思遠樓》 思遠樓，劉述建。對西山羣峯，瞰會昌湖，里人於此觀競渡。今人歌「思遠樓前路」之詞，即此是也。

祝穆《方輿勝覽》卷六《浙西路・紹興府・飛翼樓》 飛翼樓，汪綱《柱記》：「越之爲都，距今二千年。遺宫故苑，漫不可考。獨飛翼樓范蠡所築，雄據西山之顛。樓雖不存，邦人尤有能指其處者。中間易以爲亭，曰望海，曰五桂。既而亭與桂俱廢，復爲望海。寶慶丁亥六月，余帥越，至是六年矣。望日大風雨，屋瓦飛墮，亭幾壓焉。遂撤而新之，爲樓三楹於其上，復飛翼之舊，而樓之下則仍望海之名。萬壑千巖，四顧無際，雲濤煙浪，渺渺愁予。使登斯樓者，撫霸業之餘基，思卧薪之雄槩，感憤激烈，以毋忘昔人復仇之義，庶幾乎鴟夷子之風尚有嗣餘響於千百世者。余老矣，無能爲役，姑識歲月云。」越王樓。唐子西《登樓》詩：「左綿城北長安道，馬足翻翻人自老。越王高樓藏道邊，道上行人迷不到。樓前西日墮江紅，一見如逢鄰舍翁。向來何處識面目，應在杜陵詩句中。」

祝穆《方輿勝覽》卷一五《江東路・寧國府・叠嶂樓》　叠嶂樓，在府治。唐刺史獨孤霖建。獨孤霖書云：「郡地四出皆卑，即阜以垣，故於樓爲易，而賦名必著。其當正據扉，亦雄盱競侈。由是繚步逾千，萬目相瞪，則壯邦麗廨之勳，慊在第一。繁絲機羅，錯卉障錦，春以融；獨峯揉雲，雙波屹風，暑以澄；曉黛嚬入，夕蟾娟來，秋以揚；雲併半空，水偏一岸，冬以明。此槩舉，醜縷不盡也。然而月話方狎，獨醉始酣，則防城健卒籌三而環警緒至，越（活）鋋走（奏）榻，彙呼（去）族譟，雖黄度、展和不能不憮而斅。嚮之歷舉四美，悉佔而陪之，不足贖矣。余春至，逮秋，偶步池北，得小亭之直上，居然最勝。因命植楝闢梁，出城屋之脊，周方數間，小亭如初，而中與諸樓相差者，自爲一地。其上則朗出高際，平與空等。向所謂越譟者，不復遊慮，則其四美不俟説而聞，不假到而見。非聞非見，其然也。始聞始見，其向之未必然也。且聞且見，而今之所以然也。向既舉槩，今不可默。夫北望條風清暑之流，皆偏擅攸哉，莫全厥美。或能伸左臂，或睇右目，或獨全正面，總而有諸，則我無讓，斯又不聞不見，而以其然爲然矣。郡以溪山著名，而溪小負，則叠嶂之名爲宜。至於欄干、踏道、沙子、門户等，咸有曲旨，成於新致，舉之則縷，將煩於槩，故抑之；而中地亦晦而不彰。咸通十二年十二月辛亥，宣州刺史某書。」

駱天驥《類編長安志》卷三《館閣樓觀・叡武樓》　叡武樓，宣宗詔修右銀臺門樓、屋宇、及南面城牆，至叡武樓。翰林學士赴宴歸院，過叡武樓。

駱天驥《類編長安志》卷三《館閣樓觀・結麟樓》　結麟樓，在大明宮中。《七聖紀》曰：「鬱華赤文，與日同居。結麟黄文，與月同居。鬱華，日精。結麟，月精也。」又《太上黄庭内景王經》曰：「高奔日月吾上道，鬱儀、結隣善相保。」梁丘子注曰：「鬱儀，奔日之僊。結隣，奔月之僊。一作結綺，非是。」《六典》作結鱗閣。鱗、隣、麟未知從何字爲是。

駱天驥《類編長安志》卷三《館閣樓觀・羯鼓樓》　羯鼓樓，《天寶遺事》：「明皇御華清宮羯鼓樓，打遍《涼州》，羣花皆坼。」古詞曰：「羯鼓樓聲，打開蜀道，《霓裳》一曲，舞破潼關。」

駱天驥《類編長安志》卷三《館閣樓觀・秦樓》　秦樓，《新説》曰：「長安舊有秦樓。古詞云：『秦樓東風裏，燕子還來尋舊壘。』又云：『吞漢武之金莖沆瀣，吹弄玉之秦樓鳳簫。』又曲名有《秦樓月》。」

駱天驥《類編長安志》卷三《館閣樓觀・青樓》　青樓，《新説》曰：「古老相傳，秦樓、青樓，俱在畫橋東平康坊，煙脂、翡翠，兩坡相對。古詩：『種花滿西園，下有青樓道。花下一莖禾，去之爲惡草。』」

駱天驥《類編長安志》卷三《館閣樓觀・紫雲樓》　紫雲樓，《唐實録》：「文宗大和九年，發左右神策軍三千人淘曲江，修紫雲樓、綵霞亭，内出二額，仇士良以百戲迎，帝御日華門臨觀。」

《明太祖實録》卷二三四《京都酒樓》　〔洪武二十七年八月〕庚寅，新建京都酒樓成。先是，上以四海内太平，思欲與民偕樂，乃命工部作十樓於江東諸門之外，令民設酒肆其間，以接四方賓旅。其樓有鶴鳴、醉仙、謳歌、鼓腹、來賓、重譯等名，既而又增作五樓。至是，皆成。詔賜文武百官鈔，命宴於醉仙樓。

彭大翼《山堂肆考》卷一七一《紫雲樓》　紫雲，唐主嘗詠杜甫《曲江詞》宫殿千門之語，意天寶時環江有觀榭宫室，即詔兩神策軍治曲江、昆明，作紫雲樓、采霞亭，詔公卿得列舍堤上。

彭大翼《山堂肆考》卷一七一《迷樓》　隋煬帝開汴河，泛艦爲江都之遊。浙人項昇進《新宫圖》，帝愛之，即如圖營建。樓既成，幸之，曰：使真仙遊此，亦當自迷。可目爲迷樓。

彭大翼《山堂肆考》卷一七一《月波樓》　月波樓在嘉興府西北城上。宋元祐中，知州令狐挺建。政和中，毛滂重修，自爲之記。鄭獬有詩：野色更無山斷絶，天光真與水相通。張伯玉詩：風光似逐水仙去，物色如從雲漢歸。

彭大翼《山堂肆考》卷一七一《望春樓》　唐德宗建中二年，發京西防秋兵萬二千戍關東。上御望春樓宴勞之。神策將士獨不飲，上使詰之。其將楊惠元對曰：臣等發，奉天軍帥張巨濟戒之曰：此行大建功名，凱旋之日相與爲歡。苟未捷，勿飲酒。故不敢奉詔。及行，有司緣道設酒食，獨惠元所部餅罍不發。上深嘆之，賜書將大勞。

彭大翼《山堂肆考》卷一七一《五鳳樓》　五鳳樓在河南府城。後梁太子即位，羅紹威取魏良材爲之。宋梁周翰嘗作《五鳳樓賦》曰：五鳳翹翼，若鵬運風。雙龍蟠首，若鼇載宫。繡楣焜耀，雕栱玲瓏。椒壁塗赭，綺窗暈紅。雙闕偶立，突然如峯。平見千里，深映九重。奔星墜而交觸，靈景互而相逢。五代于闐有七鳳樓。

彭大翼《山堂肆考》卷一七一《夕陽樓》　夕陽樓在開封府滎陽縣，唐時建。李義山詩：花明柳暗暮天愁，上盡重城更上樓。欲問歸鴻何處去，不知身世自悠悠。

彭大翼《山堂肆考》卷一七一《昭慶縣樓》 唐李陽題名於昭慶縣樓，韋蟾留詿曰：渭水秦川拂眼明，希仁何事寡詩情。只因學得虞姬壻，書字纔能記姓名。

彭大翼《山堂肆考》卷一七一《望省樓》 唐崔日知歷職中外，恨不居八座。於東部廳後起一樓，與尚書省相望，號望省樓。又開封府西門有望京樓，唐令孤綯有詩。

彭大翼《山堂肆考》卷一七一《萬卷樓》 萬卷樓，在保定府治内，元首帥賈輔建。以經傳子史百家衆流法書名畫別爲九等置其上。又邀致郝經，築堂於樓側居之，盡畀以書，肆其觀覽。嘗爲之記。

彭大翼《山堂肆考》卷一七一《齊雲樓》 五代唐韓建爲鎮國匡國節度使，昭宗幸其鎮，登齊雲樓，西北顧望京師，作《菩薩蠻》三章以思歸。其卒章曰：野煙生碧樹，陌上行人去。安得有英雄，迎歸大内中。酒酣，與從臣悲歌泣下。按：鎮國，匡國，唐之軍名。鎮國治華州，匡國治同州。昭宗乾寧三年，李茂貞舉兵犯闕，上從韓建議幸華州。

彭大翼《山堂肆考》卷一七一《李白樓》 濟寧州南城上有李白酒樓。白客任城時，縣令賀知章觴之於此。唐咸通中，吴興沈光過任城，嘗爲作記：齊魯結構凌雲者無限。獨斯樓也，廣不踰數席，瓦缺椽蠧，雖樵兒牧竪過，亦指之曰：李白常醉於此矣。元著作郎陳儼，有《重修李白樓記》。

彭大翼《山堂肆考》卷一七一《竹樓》 黄州府治西北城上有竹樓，宋郡守王禹偁元之建。自作記云：子城西北隅，雉堞圮毁，榛莽荒穢。因作小樓二間，與月波樓通。遠吞山光，平挹江瀨。夏宜急雨，有瀑布聲。冬宜密雪，有碎玉聲。宜鼓琴，琴調和暢，宜詠詩，詩韻清絶，宜圍棋，子聲丁丁然，宜投壺，矢聲錚錚然。皆竹樓之所助也。公退之暇，披鶴氅衣，戴華陽巾，手執《周易》一卷，焚香默坐，消遣世慮。江山之外，第見風帆沙鳥，煙雲竹樹而已。待其酒力醒，茶烟歇，送夕陽，迎素月，亦謫居之勝槩也。彼齊雲落星，高則高矣。井幹麗譙，華則華矣。止於貯妓女，藏歌舞，非騷人之事，吾所不取。

彭大翼《山堂肆考》卷一七一《八詠樓》 金華府治西，舊有元陽樓，南齊太守沈約建。有八詠詩，宋郡守馮伉因此詩更名八詠樓。李易詩：千古風流八詠樓，江山留與後人愁。水通南國三千里，氣壓江城十四州。

彭大翼《山堂肆考》卷一七一《白雪樓》 白雪樓在安陸州石城西，下臨漢水，取宋玉對楚襄王陽春白雪之義。唐劉賓客詩：江上樓高十二梯，梯梯登遍與雲齊。人從別浦經年去，天向平蕪儘眼低。寒色不堪長黯黯，秋光無奈更凄凄。闌干曲盡愁無盡，水正東流月正西。

陶宗儀《説郛》卷四《成都古今記・張儀樓》 張儀樓，高百尺。初，張儀築城，雖因神龜，然亦順江山之形。以城勢稍偏，故作樓以定南北。

陶宗儀《説郛》卷四《成都古今記・望妃樓》 望妃樓在子城西北隅，亦名西樓。開明以妃墓在武擔山，爲此樓以望之。

陶宗儀《説郛》卷四《成都古今記・紅樓》 紅樓，先主所建，綵繪華侈。初，潁川人華洪隨先主入蜀，賜姓王，名宗侃。至是造紅樓。城中人相率來觀，曰：看畫紅樓。先主以爲應華洪之讖，乃誅之。

陶宗儀《説郛》卷四《成都古今記・錦樓》 錦樓在龜城山，前臨大江，下瞰井邑，西眺雪嶺，東望長松。白敏中常賦詩於其上。舊記云：路岩所建。非也，岩在敏中之後。

汪砢玉《西子湖拾翠餘談》卷上《太虚樓》 西湖功德主，今當首推二孫。一爲司禮監隆，一爲郡太守名孟者。風流蘊藉，無俗吏卑庸之氣。栽花彌谷，錦繡被磴。種荷花滿湖，堤畔柳絲成畦。荒祠廢殿，丹青一新。建太虚樓於吴山絶巘，捐俸不給，從木客貿千金足成其事。樓成，望見百里，時時與琴酒客來登。晝游夕冶，公事無留。後竟爲言者所中，投劾去。不知白傅、蘇公之曠達，何以見容于當時，亦復有沾沾善宦者在耶。

錢希言《楚小志・仲宣樓》 仲宣樓，枕郡東南公安門上。飛甍插霄，刻桷麗日，清池激岸，長楊絡堤，信美消夏，殆非虚語。

錢希言《楚小志・庚樓》 庚樓，去郡東南二里。一名明月樓。制亦華整，但不無假借于武昌耳。余謂武昌近日諸公，無一風流好事若庚太尉者。今并其樓已亡之，安得不令荆人士擅美千秋，惡知其非有也。

錢希言《楚小志・武昌樓》 武昌樓，巍峨壯麗，第覺西門柳色蕭索無聊，惟有隔江漢陽樹，猶歷歷如故耳。漢川門與武昌門，東西對峙。江面七里三分，望大別小別之勝，便思褰裳。

姚之駰《元明事類鈔》卷二九《宮室門・綵樓》 綵樓，元《李俊明集》：高平縣綵樓，今始親見。議者猶謂高下侈麗不及向者三分之一，因感而賦之：層層華構高且崇，萬綵糾結填青紅。何人下手奪天巧，都入意匠經營中。楊允孚詩：結綵爲樓不用檠。

《清會典則例》卷一二七《鼓樓》　鼓樓在皇城地安門北，趾高一丈二尺，廣十六丈七尺有奇，縱減三之一。四面有階，上建樓五間，重檐。前後券門六，左右券門二，磴道門一，繞以圍廊，甎垣周匝。鐘樓在鼓樓北，制相埒。建樓三間，柱梲榱題，悉制以名。舊制用木，乾隆十年改建以石，十二年告成。

屈大均《廣東新語》卷一七《宫語·崇樓》　廣州有崇樓四，在南者曰拱北，故唐之清海樓也。其地本番、禺二山之交，劉龑鑿平之，疊石建雙闕其上。宋經略某改雙闕爲雙門，民居其下，今號曰雙門底云。北曰鎮海，在粤秀山之左。洪武初，永嘉侯朱亮祖所建，以壓紫雲黄氣之異者也。廣州背山面海，形勢雄大，有偏霸之象。是樓巍然五重，下視朝臺，高臨鴈翅，實可以壯三城之觀瞻，而奠五嶺之堂奥者也。西曰觀海，在大觀橋上，今廢。中曰嶺南第一樓，在坡山五仙觀中。洪武初，行省參知政事汪廣洋所建。四穿無壁，棟柱皆出石墻上，以懸禁鐘而已。四樓惟鎮海最高，自海上望之，恍如蛟蜃之氣，白雲含吐，若有若無。晴則爲玉山即粤秀。之冠，雨則爲崑崙番大舶也。之舵。横波濤而不流，出青冥以獨立。其瑋麗雄特，雖黄鶴、岳陽莫能過之。外則有端州閱江樓。江，西江也。其水自梁、益二州，經流數千里，會五十餘州之水而下。其大者爲鬱、黔、桂、繡、臨、賀之水，分爲二江，復合而爲一。洪波莽瀁，無支流以疏播之。至端州，而羚羊之峽縮轂其口，不能遽洩。每當夏月，崩騰怒涌，載於高地，爲暴漲以魚鼈吾民。樓之建，所以砥狂瀾而鎖鑰西疆者也。其基在石頭岡之上。岡臨江崛起，巨石匽㕒，府治第一重捍門也。樓勢峥嶸，望如山嶽。前後樓二，各三重。左右樓一，各二重。左右耳樓四，各二重。凡大小八樓，合而爲一。外此則惠州有合江樓，東、西二江匯其東，豐、鰐二湖瀦其西，而象嶺、羅浮前後屏擁。其水大而山雄，境清而氣秀，又爲嶺以東之最勝。是爲東粤六樓也。

屈大均《廣東新語》卷一七《宫語·三樓》　三樓，一曰越華樓，故在廣州城西戚船澳。南越王佗，以陸大夫有威儀文采，爲越之華，故作斯樓以居之。或曰：越華樓一名越華館，佗作此以送陸賈。因邇朝臺稱朝亭，唐改曰津亭云。自古文人至越者，始陸賈，繼終軍，皆有光於越。而軍與韓千秋節烈尤偉，予嘗欲重建此樓以祀之。一曰越望樓，在藩司堂後。枕玉山而面珠海，山川千里，極目無際，亦南天傑構。今不存。一曰玉山樓，在粤秀山上。洪武初，都指揮花英所建。以祀越先賢高固、楊孚、董正、羅威、唐頌、疏源、陳臨、王範、黄恭九人。玉山爲五嶺山川之望，九賢爲十郡人文之望。玉山有此樓，樓有此九賢，可以不朽。

屈大均《廣東新語》卷一七《宫語》　廣州濠水，自東西水關而入。逶迤城南，逕歸德門外。背城舊有平康十里，南臨濠水。朱樓畫榭，連屬不斷，皆優伶小唱所居。女旦美者，鱗次而家，其地名西角樓。隔岸有百貨之肆，五都之市，天下商賈聚焉。屋後多有飛橋跨水，可達曲中，讌客者皆以此爲奢麗地。有爲濠畔行者曰：花舫朝昏争一門，朝争花出暮花入。背城何處不朱樓，渡水幾家無畫楫。五月水嬉乘早潮，龍舟鳳舸飛相及。素馨銀串手中燈，孔雀金鋪頭上笠。風吹一任翠裙開，雨至不愁油壁溼。是地名濠畔街，當盛平時，香珠犀象如山，花鳥如海，番夷輻輳，日費數千萬金，飲食之盛，歌舞之多，過於秦淮數倍。今皆不可問矣，噫嘻！

屈大均《廣東新語》卷一七《宫語·高樓》　廣州諸大縣，其村落多築高樓以居，凡富者必作高樓，或於水中央爲之，樓多則爲名鄉。遥望木棉榕樹之間，矗立烟波，方正大小，一一相似，勢如山嶽之峙，皆高樓也。樓基以堅石，其崇一丈七八尺。墻以磚或牡蠣殼，其崇五六丈。樓或單或複，複者前後兩樓，盤迴相接。雨水從露井四注，名回字樓。罩以鐵網銅罛，隱隱通天。樓内分爲三重，每重開三四小牖以瞭望。頂爲戰棚，積兵器砲石其上，以爲禦敵之具。寇至則一鄉婦女相率登樓，男子從樓下力鬭。鬭或不勝，則寇以鞦韆架巨木撞樓，或聲大銃擊之，或以烟火焚薰。樓中人不能自固，争從樓窗自墮，以求緩須臾之死，慘不可言。是樓雖壯觀瞻，亦寇盗之招，此鄉落之莫可如何者也。

屈大均《廣東新語》卷一七《宫語·碧玉樓》　碧玉樓在白沙先生宅，小廬山西。碧玉長六寸許，寬半之。上鋭下豐。旁有兩耳，耳有孔可以組穿約，蓋古命圭之屬，記曰：命圭自九寸以下。又曰：圭博三寸，厚半寸。剡上，左右各寸半，是也。白沙以總督朱英之薦，於是憲廟以此圭聘先生。先生建樓藏之，名碧玉樓。又嘗自稱碧玉老人。郡人黄泰泉詩：百年聞道屬斯人，碧玉中藏太古春。鄺湛若詩：碧玉樓前千仞雪，肯容狂簡禮簪裾。

周城《宋東京考》卷一一《豐樂樓》　豐樂樓。在城内景明坊。舊名樊樓，汴京酒樓也。徽宗建。劉子翬詩有「憶得承平多樂事，夜深燈火上樊樓」之句。

《夢華録》：宣和間，更脩三層相高，五樓相向，各有飛橋欄檻，明暗相通。珠簾繡額，燈燭晃耀。初開數日，每先到者，賞金旗，過一兩夜則已。元夜，則每一瓦隴中，各置蓮燈一盞。內西樓禁人登眺，以第一層下視禁中也。

《揮麈後録》：艮嶽成，詔翰林學士王安中登豐樂樓，望而賦詩云：「日邊高擁瑞雲深，萬井喧闐正下臨。金碧樓臺雖禁籞，烟霞岩洞却山林。巍然適構千齡運，仰止常傾四海心。此地去天真尺五，九霄歧路不容尋。」

《宋稗類鈔》：京師東華門外景明坊，有酒樓，人謂之樊樓。或以爲樓主之姓，非也。本商賈鬻礬於此，後爲酒樓，因名礬樓，一名白礬樓。

顧鑾《廣陵覽古》卷二《文選樓》 文選樓，相傳在太平橋北，旌忠寺乃其故址。祀梁昭明太子像于寺。

鑾按，《大業拾遺記》云：「帝幸昭明文選樓，先命宫娥數十人升樓迎侍。」宋王觀《揚州賦》云：「帝子去兮，空文選之樓。」此外無指。昭明文選樓在揚州者，惟《明一統志》辨之最悉。謂隋秘書監曹憲，江都人，以《文選》教授生徒。李善、魏模皆出其門。所居號文選巷，樓蓋以憲得名。今阮中丞元宅，即憲故址，于家廟後建樓。兩江鐵制軍保書額曰「隋文選樓」。

顧鑾《廣陵覽古》卷二《迷樓》 迷樓，在城西北七里。唐杜枚詩：「煬帝雷塘上，迷藏有舊樓。誰家唱《水調》，明月滿揚州。」

鑾按，《古今詩話》：浙人項昇進《新宫》圖于煬帝，令揚州依圖營建。既成，帝幸之曰：「使真仙游此，亦自當迷。」乃名。

顧鑾《廣陵覽古》卷二《摘星樓》 摘星樓，《名勝志》云：「寶祐城樓，故摘星樓也。江淮南北，一覽可盡。」賈似道置額曰「三城勝處」。紹聖間，晁補之坐修摘星樓不核實支省錢左遷。

顧鑾《廣陵覽古》卷二《騎鶴樓》 騎鶴樓，在府東北大街。《太平廣記》云：「昔有四人，各言所願。甲願多財，乙願爲揚州守，丙願爲仙，丁曰『腰纏十萬貫，騎鶴上揚州』。蓋兼三人之願也。」後人因以名樓。

顧鑾《廣陵覽古》卷二《明月樓》 明月樓，在府東北大街。鑾按，《語林》云：「揚州趙氏好客，有明月樓，一時題咏甚多，咸未當意。趙子昂過揚州，主人乞作楣帖，索筆題云：『春風閬苑三千客，明月揚州第一樓。』主人喜甚，撤酒器爲贈。」蓋唐徐凝之有句云：「天下三分明月夜，二分無賴是揚州」，子昂意實本此。

查慎行《人海記・聽經樓》 成祖靖難後，於都城四達之衢，必建一聽經樓。每夜，令僧於上諷誦經義，俾臣民席地静聽之。既遷都百年後，舊制盡失，尚存其一於北門橋，與十廟相近。嘉靖初，僧復新之，人莫知其爲聽經樓之故址也。

高士奇《天禄識餘》卷上《麗譙樓》 麗譙，郡縣更鼓樓多名譙樓，出《莊子》。本魏城門名麗譙，壯麗而譙嶢也。

梁章鉅《歸田鎖記》卷一《文選樓》 揚州有文選樓、文選巷之名，見於王象之《輿地紀勝》及羅願《鄂州集》，乃隋曹憲以《文選》學開之，唐李善等以注選繼之，非梁昭明太子讀書處也。儀徵師宅即文選巷舊址。嘉慶十年，始於阮氏家廟之西建隋文選樓，樓上祀隋祕書監曹憲，以唐沛王府參軍公孫羅、左拾遺魏模、模子度支郎景倩、崇賢館直學士李善、善子北海太守邕、句容處士許淹配之，吾師撰銘，所謂「建隋選樓，用别於梁者」是也。余素仰樓名，初謁師宅，即擬登樓以慰夙願，而不知樓實在家廟之西，與吾師宅尚隔一衖也。一日，師折柬召余飲，且傳諭曰：「席設文選樓。」余爲之狂喜，吾師所藏鐘鼎古器，悉庋於此。是日，即飲於樓下，縱觀之時，無雜客，而錢梅溪適至，因同入座。師甚喜，曰：「似此三老一堂，而所摩挲皆三代法物，人間此會，能有幾回，不可無以紀之也。」時梅溪八十四，吾師七十九歲，余年最少，而獨居首坐，甚以爲愧。乃踰日而朱蘭坡至，即留余寓園中。又數日而王子卿亦至，子卿亦八十四歲，蘭坡七十五歲，吾師方欲團爲五老會，而嘆船警報日迫，吾師已往南萬柳堂，梅溪、蘭坡均各回蘇。余不得已，亦挈眷匆匆渡江南返。回憶文選樓之會，竟可一而不可再，吾師若預知其幾者，不禁黯然也。

《〔景定〕建康志》卷二一《景陽樓》 宋元嘉二十二年，修廣華林園，築景陽山，始造景陽樓。孝武大明元年，紫雲出景陽樓，狀如烟，回薄久之。詔改爲慶雲樓。齊武帝時，置鐘景陽樓上，令宫人聞鐘聲並起粧飾。

《〔康熙〕雲南府志》卷四《建設・彩雲樓》 彩雲樓，在城東南隅。本朝康熙三十四年，總督王繼文、巡撫石文晟倡同八營副參遊守公建。閣凡三層：上奉昊天上帝，中奉漢昭烈帝、關壯繆公、張桓侯，下奉諸葛武侯。高峻弘敞，維係風脈，爲水口之鎖鑰，作巽位之文峯。登臨其上，俯瞰一切，滇中第一樓也。

《〔康熙〕常州府志》卷一五《學校・御書樓》 御書樓，即文昌樓舊址。康熙二十六年，紳士議因規模窄隘，與前明倫堂不相稱，將樓拆改啓聖公祠，業經竪蓋，竟未完工。生員黄暉謀等募衆購現成樓屋三間，欲謀改建，以缺費中止。木料磚瓦，漸成侵朽。康熙三十三年，知府于琨捐俸，特搆三楹，內奉藏御書「萬世師表」四字，崇閎闊大，高峙城中，爲一郡勝觀。

子城上。《南史》：宋明帝時，度爲武陵王贊參軍。沈攸之起兵至夏口，度於城樓上辱駡，攸之怒，攻城，度力戰。攸之與衆蒙楯將登，度投以穢器，敵不能冒。後遂呼爲焦度樓。

《〔雍正〕湖廣通志》卷七七《古迹志・武昌府・黄鶴樓》 黄鶴樓，在黄鵠磯上。《南齊書》：仙人子安乘黄鵠過此。又世傳費文禕登仙，駕鶴憩此。唐閻伯理作記，以文禕事爲信。按《述異記》：荀懷字叔禕，憩樓上西望，有物飄然降自雲端，乃駕鶴之賓也。賓主歡對，辭去，跨鶴騰空，渺然煙滅。後人誤爲文禕也。宋張栻亦辨其非。唐崔顥有詩，南樓在黄鵠山頂，一名白雲樓。宋陸游記樓在郡儀門之南石城上，一曰黄鶴山。制度閎偉，登望尤勝。鄂州樓觀爲多，而此獨得江山之要會。山谷所謂「江東湖北行畫圖，鄂州南樓天下無」是也。

《〔雍正〕湖廣通志》卷七七《古迹・武昌府・涵輝樓》 涵輝樓，在縣内。韓琦詩：臨江三四樓，次第壓城首。山光偏軒檻，波影撼窗牖。張安國取《赤壁賦》中語，大書其榜曰：無盡藏樓。後又有坐嘯堂及無倦、味道二齋。

《〔雍正〕湖廣通志》卷七九《古迹・長沙府・岳陽樓》 岳陽樓，《風(上)〔土〕記》：城西門樓也。莫詳創始。唐開元四年中書令張説除守是州，每與才士登樓賦詩，自爾名著。宋郡守滕宗諒取古今詩賦刻石其上，並求范仲淹撰記，樓名益重天下。吕巖遊廬山，遇異人得道，多遊湘潭鄂岳間。嘗留題云：朝遊北海暮蒼梧，袖有青蛇膽氣麤。三醉岳陽人不識，朗吟飛過洞庭湖。

《〔雍正〕山西通志》卷五九《古迹三・澤州府・鸛鵲樓》 鸛鵲樓在西南城上，唐李翰《鸛鵲樓集》序：周太宰宇文護鎮河外之地，築爲層樓。遐標碧空，倒影洪流。二百餘載，獨立乎中州。以其佳氣在下，代爲勝槩。王之涣詩：白日依山盡，黄河入海流。欲窮千里目，更上一層樓。金明昌中，河中府録事李逵書額。

《〔乾隆〕江南通志》卷三〇《輿地志・古迹一・十六樓》 十六樓在江寧縣。《金陵瑣事》云：在城内者曰南市，曰北市。在聚寶門外之西者曰來賓，東曰重譯。在瓦屑壩者曰集賢，曰樂民。在西關中街北者曰鶴鳴，在西關中街南者曰醉仙。在西關南街者曰輕烟，曰淡粉。在西關北街者曰柳翠，曰梅妍。在石城門外者曰石城，曰謳歌。在清涼門外者曰清江，曰鼓腹。俱洪武中建，以爲行人憩息遊觀之所，並以處官妓焉。今盡毁。

《〔乾隆〕江南通志》卷三〇《輿地志・古迹一・朝日、夕月二樓》 朝日、夕月二樓在上元縣華林園内，梁武帝於景陽山東起通天觀，觀前又起重閣，上曰重雲殿，下曰光嚴殿。殿前當堦起二樓，左曰朝日，右曰夕月。堦道繞樓數轉。

《〔乾隆〕江南通志》卷三一《輿地志・古迹二・齊雲樓》 齊雲樓在長洲縣郡治後子城上，即古月華樓。《吴地記》云：唐曹恭王所建。白居易有《齊雲樓晚望》詩。今名飛雲閣。

《〔乾隆〕江南通志》卷三一《輿地志・古迹二・紅月樓》 紅月樓在新陽縣通闤橋西。元人朱君璧善畫，嘗作紫霧龍宫圖，十年始就，人謂其妙入神品。末年兵亂，君璧抱圖坐樓中，寇遥望虹氣貫月，疑有至寶，踪跡而至，攘取觀之，寇怒裂之而去。楊鐵崖易其名曰虹月樓，並記。

《〔乾隆〕江南通志》卷三一《輿地志・古迹二・翡翠碧雲樓》 翡翠碧雲樓在福泉縣杜村。元杜元芳構，以其高出林表，故名。中貯書萬卷。下有蒼碧灣及竹深、荷浄、晴好、雨奇諸齋軒，凡七十二所。其别業在東南，雲林池島尤勝。

《〔乾隆〕江南通志》卷三二《輿地志・古迹三・北固樓》 北固樓在丹徒縣城北一里北固山上。下臨長江，三面皆水，晉蔡謨建此以貯軍實。梁武帝幸之，登降甚狹。蕭正義乃廣其路，傍設欄楯。後再幸，遂通小輿。帝悦，賜以束帛。唐李白詩：「丹陽北固是吴關，畫出樓臺雲水間」。

《〔乾隆〕江南通志》卷三三《輿地志・古迹四・鳳凰樓》 鳳凰樓在江都縣廣北鄉鳳凰池側。《十道志》云：隋煬帝建。

《〔乾隆〕江南通志》卷三三《輿地志・古迹四・明月樓》 明月樓在江都縣大街東。元富民趙氏嘗晏客樓上，趙孟頫過之，乞作楣帖，題云「春風閬苑三千客，明月揚州第一樓」。主人大悦，徹酒器爲壽。

《〔乾隆〕江南通志》卷三四《輿地志・古迹五・忠勤樓》 忠勤樓在府南門宕吴氏村口。宋景定間，吴淵置樓於丞相第中，御書「忠勤樓」三字額賜之。今祀吴柔勝、吴淵、吴潛三公於其上。《府志》云：明萬曆初改建。

《〔乾隆〕江南通志》卷三四《輿地志・古迹五・賣花樓》 賣花樓在建德縣南里許。自唐至五代時，有花樓二十四間。土人善剪繡作花以市，四方置酒會多至此市花。諺云：江南茶飯，建德先知。近樓名胭脂港，亦舊管弦地，今悉荒廢。

《〔雍正〕浙江通志》卷四〇《古迹二・杭州府下・聚遠樓》 聚遠樓，《玉堂雜記》：德壽宮一樓巍然，宋高宗名之曰聚遠。自題其額，大書蘇軾「賴有高樓能聚遠，一時收拾與閒人」之句於屏。

《〔雍正〕浙江通志》卷四一《古迹三・嘉興府・烟雨樓》　烟雨樓，《嘉禾百詠考》：在秀水縣滮湖之濱，吳節度使廣陵王錢元璙建。宋嘉定中，王希吕重修。明嘉靖間，知府趙瀛濬内隍淤土移填湖中，構樓五楹。兵部沈煃復闢其後爲釣魚磯，遂爲南湖之勝。《秀水縣志》：萬曆間，守龔勉起層臺名釣鼇磯，後以河爲放生河，立碑曰魚樂國。

《〔雍正〕浙江通志》卷四二《古迹四・湖州府・消暑樓》　消暑樓，《西吳里語》：在譙門東，唐貞元十五年，刺史李詞建。與清風、會景三樓鼎峙於子城之上，譙門翼於前，卞蒼擁於後，爲一郡偉觀。宋淳祐中，知州高衡孫即舊址建二樓，消暑改曰鎮雪，清風仍舊名，會景則爲修廊。子城上又有賞春、望闕、玩景、映溪、照霞五樓。

《〔雍正〕浙江通志》卷四三《古迹五・寧波府・東西酒樓》　《〔天啓〕慈谿縣志》：東西郭皆有酒樓，東樓自東郭橋至接官亭；西樓乃今山川壇基。宋元以來，皆爲戲臺，歌鼓之聲不斷。臺之四面皆樓，樓前商舶雲屯，往往於樓上宴樂。

《〔雍正〕浙江通志》卷四七《古迹九・元暢樓》　元暢樓，《太平寰宇記》：金華縣城南，臨溪高阜上有樓，曰元暢，太守沈約建。宋沈約吟咏於此。《八詠》詩注：南齊隆昌元年，太守沈約作《八詠》詩留題於元暢樓壁間。《〔萬曆〕金華府志》：八詠樓在府學西，舊名元暢，太守沈約建。有《八詠》詩，宋至道間知州馮伉易名八詠。景祐三年，知州林洙重建，後改爲星君樓之玉皇閣，移其扁於八詠門城樓上。

《〔乾隆〕續修臺灣府志》卷一九《雜記・赤嵌樓》　赤嵌樓在鎮北坊，荷蘭所築也，又名紅毛樓。雕欄凌空，鄭氏以貯火藥軍器。今漸圮。

《〔乾隆〕西安府志》卷五九《古蹟志中・林垌・烽火樓》　烽火樓，《雍勝略》：在驪山上。《史記・周本紀》：褒姒不好笑，幽王欲其笑，舉烽火，諸侯至而無寇，乃大笑。王説之，爲數舉烽火。其後諸侯不信。犬戎攻幽王，徵兵莫至，遂殺王驪山下。《長安志》：一名幽王壘，在臨潼縣東南戲水上。城高八尺，周二百八十步。《國語》曰：幽王滅于戲。蘇林曰：新豐縣東南戲亭是也。

《〔乾隆〕福州府志》卷一八《公署一・譙樓》　譙樓，在儀門南，即威武軍門。《三山志》：唐元和十年，觀察使元錫建州門。乾寧三年，升爲威武軍，遂爲威武軍門。吕權書額。宋嘉祐八年，元絳更爲雙門，上建樓九間。熙寧二年，始造滴漏，有鼓角更點，下爲亭以翼之，左宣詔，右班春。《〔萬曆〕府志》：宋嘉祐間，火，安撫使楊長孺重建。元泰定四年，又火，重建。石柱四十四，長各二十八尺，廣二尺八寸，樓高九十八尺，深八十一尺，廣二百八十尺。明嘉靖四十三年，布政使陳大賓改建，南額曰「海國先聲」，北額曰「拱辰」。萬曆三十九年，左布政使丁繼嗣、右布政使袁一驥重修，曰第一樓，南曰「海天鼇柱」，北仍舊名。門直方山，五虎對之，因杜中門，從左旁門出。《福建通志》：國朝順治十八年，火，石柱俱壞。康熙十一年，布政使何中魁重修，規制卑狹，非前日之舊。

《〔乾隆〕延平府志》卷一二《古蹟・白鶴樓》　白鶴樓，在縣南興文坊，宋淳熙間建，祀鍾、吕二仙。相傳邑人趙希參以郡守歸，春三月建丹陽會，忽有道人戲畫一鶴於壁，道人撫掌歌舞，鶴亦舞，既而莫知道人所之。

《〔嘉慶〕常德府志》卷六《山川考・南熏樓》　南熏樓，明洪武七年咏歸亭圮，常德衛指揮孫德修復城池，乃於石櫃建樓，以補其缺。監察御史黄義書「南熏樓」額。永樂十五年，知府應履平重葺。八窗玲瓏，雨烟晴翠，爲登眺佳景。

《〔嘉慶〕常德府志》卷六《山川考・勅書樓》　勅書樓，在縣南。明正統間，按察副使胥必彰孫本初尚義，受勅建閣貯之。

《〔嘉慶〕常德府志》卷六《山川考・龍津書館》　龍津書館，故址縣南梅溪。宋紹定間周範建。遺址猶存。舊志。袁中儒記畧曰：是地也，羣山四挹而左右顧望，賓從拱揖，滄浪水横。其前演迤如帶，澄潔如鑑，上下交映，遠水環接。俗子巧夫以智力求得而不能者，今不謀而得，陰陽家以爲地之勝也。

《〔嘉慶〕常德府志》卷一《修建・奎星樓》　奎星樓，在筆架城左。《武陵志稿》：乾隆二十二年，知府耿興宗、知縣尹德裕建。三十五年正月燬。嘉慶十二年，教授范仲映、訓導楊文曜重修。按：奎星樓，相傳即鼎文閣故址。考舊志，鼎文閣本屬前南薰樓故址，而南薰樓又因咏歸亭廢而補修之者，原在儒學前石櫃上，其改建今處，未知何時。

《〔道光〕廣東通志》卷二一八《古蹟畧三・鎮海樓》　鎮海樓，一名望海，在府北城上。明洪武初，永嘉侯朱亮祖建。樓五層，高八丈許，上矗雲漢，俯極四陲，山川形勝，瞻顧在目。嶺南奇觀，此爲最焉。國朝康熙二十五年，李士楨重建。郝《志》。明黎民表《鎮海樓》詩：朱甍畫棟遍星河，秋色蒼然隱薜蘿。地轉青山開越井，天懸緑水下牂牁。憑欄漸覺清商冷，顧影其如白髮何。烏鳥有情成悵望，浮雲西北晚來多。

《〔道光〕廣東通志》卷二一八《古蹟畧三·海山樓》 海山樓，建于嘉祐中。今在市舶亭前。唐子西有《登樓懷古詩》。宋時，經畧安撫于五月五日閱水軍教習，于其上嘗新荔。《南海百詠》。在鎮南門外，山川拱揖，百越偉觀，此爲第一樓。下即市舶亭。宋嘉祐中，經畧魏炎建。元季燬。黄《志》。

《〔道光〕廣東通志》卷二一八《古蹟畧三·遠華樓》 遠華樓，舊名粤樓，在大市中。高五(尺)〔丈〕許，諸峯北峙，鉅海南繞，氣象雄偉，爲南州冠。宋紹興四年，漕使王正言重建，易名共樂。元大德中，元帥羅壁新之，扁曰「遠華」。元季燬。

《〔道光〕濟南府志》卷一一《古迹二·鐘樓》 鐘樓，縣志云：在縣治儀門内偏東。金大定八年、即宋之乾道四年建。下圍十二丈，中圍八丈，上圍木架三丈六寸，臺高二丈三尺。乾隆六十年，知縣鍾大受修。

《〔咸豐〕安順府志》卷一八《壇廟·鐘鼓樓》 鐘鼓樓，在城内大十字街中，元時建。明末兵毁。乾隆三十三年，知府吕正音重建。道光元年，副榜楊春發等補修，重竪第三層樓頂上魁星像。

《〔同治〕南昌府志》卷七《地理·名蹟·高觀樓》 高觀樓，在布政司左。萬曆中，布政使陸長庚、王佐伐石築基，建樓其上，俯瞰雉堞，蒼翠四圍，長江如帶，城内之巨觀也。《江城名蹟記》。成化中，布政使王克復刱建爲東樓。萬曆中，布政使陸長庚、王佐築石改建，名曰「攬秀」。湯顯祖有賦。明季，兵毁。舊志。國朝順治中，左布政盧震陽重建。乾隆八年，燬於火。布政使彭家屏增建，復名高觀樓。《新建縣志》。今市人稱爲鼓樓。

《〔同治〕廣信府志》卷二之三《建置·古蹟·讀月書樓》 讀月書樓，《江岸記》：家大學博也，少瑰琦，性愛讀書，厭制舉業，工詩賦古文。既選大學，三十年繭足山林，屏絶喧囂，萃古今圖書數百種，構樓屋三間於其室之西偏，顔曰「讀月」，蓋取倚樓隨月之意也。樓址南嚮，規方不越尋丈，屋間架廣袤豐殺稱其址，環堵步武計一畝許，如楊子雲元亭。樓既落成，鑿平池，引活水如注，注魚池内，池中植菡萏數株，環以謝家春草。頃樓外風來，吹花落玷平池上，魚習與人狎，如如唼花片，魚樂之，主人顧魚而樂之，各樂其樂，各不相知，彷彿濠濮間意。樓題桷不尚雕飾，多設窗櫺，開闔纓絡，四面峙奇巒，林木蓊蔚，清溪襟樓左右。主人科頭坐樓上，眇青峯，俛平疇，一切山雲，倏忽風雨，蔽虧如海如蜃。縱横睥睨，凡遠近數百里，覽之不盈一掌。迨夫日墜煙迷，晚炊若霧，晦冥昏黑，走電劃光，樓岌岌似動摇。已而雲翳脱卸，月自東徐上，與樓内燈火注射，主人方湛虚沉寂，别開眼界，隨啓窗户，引月盡滿樓中。於是酌酒賦詩，或坐而笑，或起而呼，取架上書信口哦去，醉倚月色卧床上，體化神遊，栩栩然不知是夢是蝶，是月是我。樓自朝抵暮，景凡數變，主人日以次第給賞，多歷歲月於斯矣。昔陸子静遊象山，嘆爲山林泉石之趣，目所未覩，遂置講院以決終焉之志。白太傅左遷江州，結草堂於廬阜諸峯之限，且曰：吾左手引妻子，右手抱琴書，老於此足矣。摶既吐納六經，逍遥百氏，復甘住問心於白雲，寄孤標於明月，大似白、陸二公之亞。其視帝京襛纖侯門齷齪之士，杳不知其幾千萬里。月樓占江坊勝地，距城六十里。許子湖陵散人，心企摶也之高致，而莫之從也，乃援筆作記。

《〔同治〕嘉定府志》卷五《古蹟·家慶樓》 家慶樓，縣北二里，唐懿宗勅建。高九丈，寬十二丈，制度工巧壯麗。樓上四壁皆唐人名畫。一壁海棠一株，花葉繁盛，枝幹錯綜雜出，明目者莫能理其端緒；四圍飛蟲羽族最多，人嘗見花叢中有小鳥往來，亦仙筆也。宋魏了翁楷書「家慶樓」額，明嘉靖中尚存。見《一統志》、《峩山書畫志》、《方輿考畧》。

《〔同治〕嘉定府志》卷五《古蹟·萬景樓》 萬景樓，城内高幖山麓。宋宣和中，州牧吕由誠建。所望空濶，諸邑邊呰，指顧在目。范石湖詩：若爲唤得涪翁起，題作西南第一樓。見《一統志》。

按：《吴船録》：漢嘉登臨山水之勝，既豪西州，而萬景所見，又甲於一郡。其前大江之所經，犍爲戎瀘，遠山縹緲明滅，烟雲無際。右列三峩，左横九頂，殘山剩水，間見錯出。萬景之名，真不濫歟！余詩蓋題爲西南第一樓也。又《石湖集》：樓在漢嘉城中山上，登覽絶勝，殆冠西川。予令畫工作圖以歸。山谷來游時，但有安樂園，未有此樓也。

《〔同治〕徐州府志》卷一八上《古迹考·彭祖樓》 彭祖樓，《水經注》：彭城東北角，起層樓於其上，號曰彭祖樓。《寰宇記》：魏神龜二年，刺史元延明移彭祖廟於子城東北樓下，俗呼樓爲彭祖樓。《明一統志》：舊有石刻「彭祖樓」三字，久毁。順治間，淮徐道項錫允移建南城，與井宅相離，失古意矣。

《〔光緒〕敘州府志》卷一四《古蹟·譙樓》 譙樓，經書樓西，砌石爲臺，中空四達，備極堅緻。明末毁於賊。康熙中，知府張利賓復建。乾隆甲申，爲火所燬，臺址尚存。乙酉，知府託隆重建，題曰「大觀樓」。《縣志》。

《〔光緒〕嘉興府志》卷一四《古蹟一·烟雨樓》 烟雨樓，鴛鴦湖東有烟雨樓，五代時中吴節度使景陵王錢元璙築臺爲登眺之所。建炎中廢。嘉定間，吏部尚書王希吕因舊址建樓，有司相繼拓治，爲一方之勝。元季楊苗之亂毁。明嘉靖戊申，知府趙瀛修浚内隍，令民出土崇其故址。趙圖記。案《嘉禾百詠考》云：知府趙瀛濬内隍淤土移填湖中，構樓五楹。邑人范言有記。隆慶辛未，兵備沈奎築石臺於樓後。萬曆壬午，郡守龔勉復築層臺曰釣鼇磯。彭輅有記。【略】庚子，郡守劉應鈳修葺，以湖爲放生池，立碑曰魚樂國。袁《志》。凝碧亭、浮玉亭竝在樓側。秀水李《志》。國朝順治十八年，知府許焕重建，尋廢。康熙二十年，同知李舜有重修。又圮。雍正八年，總督李衛重建，樓旁更創亭軒傑閣，以復舊蹟。《浙江通志》。【略】乾隆十六年以後，鑾輿六幸，屢荷宸題。四十五年春，南巡駐蹕烟雨樓，御筆倣米芾意寫爲圖，頒刻湖樓，永遠供奉。又於熱河山莊之青蓮島舊址，仿式爲之。遂令江邨烟景，移入上林，澤國林亭，益增勝概。所有前後御製詩，敬謹哀敘，恭載卷首，以昭盛遇云。伊《志》。【略】咸豐十年兵燬。同治年知府許瑶光陸續重建清暉堂、亦方壺、八詠亭、系以詩並序，屬包山秦敏樹繪圖勒石。鑑亭自爲銘勒石。於樓址四旁。郡人公建觀音閣。光緒元年，知府許瑶光建寶梅亭。新纂。

《〔宣統〕山東通志》卷三六《古蹟三·啓秀樓》 啓秀樓，俗名古樓，在土城東水門内啓秀津上。高可百尺，南枕運河，北控城垣，與舍利塔、土山鼎峙而三。登臨遠眺，景物盡收。舊志十景所謂「津樓夜雨」即此。相傳明景泰築城時所建。咸豐十一年知州陳寬重修。

藝文

蕭統《文選》卷一一王粲《登樓賦》 登茲樓以四望兮，聊暇日以銷憂。覽斯宇之所處兮，實顯敞而寡仇。挾清漳之通浦兮，倚曲沮之長洲。背墳衍之廣陸兮，臨皋隰之沃流。北彌陶牧，西接昭丘。華實蔽野，黍稷盈疇。雖信美而非吾土兮，曾何足以少留！遭紛濁而遷逝兮，漫逾紀以迄今。情眷眷而懷歸兮，孰憂思之可任？憑軒檻以遥望兮，嚮北風而開襟。平原遠而極目兮，蔽荆山之高岑。路逶迤而脩迥兮，川既漾而濟深。悲舊鄉之壅隔兮，涕横墜而弗禁。昔尼父之在陳兮，有「歸歟」之嘆音；鍾儀幽而楚奏兮，莊舄顯而越吟。人情同于懷土兮，豈窮達而異心！惟日月之逾邁兮，俟河清其未極。冀王道之一平兮，假高衢而騁力。懼匏瓜之徒懸兮，畏井渫之莫食。步棲遲以徙倚兮，白日忽其將匿。風蕭瑟而並興兮，天慘慘而無色。獸狂顧而求羣兮，鳥相鳴而舉翼。原野闃其無人兮，征夫行而未息。心悽愴以感發兮，意忉怛而憯惻。循階除而下降兮，氣交憤于胸臆。夜參半而不寐兮，悵盤桓以反側。

張載《張孟陽集·登成都白菟樓》 重城結曲阿，飛宇起層樓。累棟出雲表，嶢嶭臨太虚。高軒啓朱扉，迴望暢八隅。西瞻岷山嶺，嵯峨似荆巫。蹲鴟蔽地生，原隰殖嘉蔬。雖遇堯湯世，民食恆有餘。鬱鬱少城中，岌岌百族居。街術紛綺錯，高甍夾長衢。借問楊子宅，想見長卿廬。程卓累千金，驕侈擬五侯。門有連騎客，翠帶腰吴鉤。鼎食隨時進，百和妙且殊。披林採秋橘，臨江釣春魚。黑子過龍醢，果饌踰蟹蝑。芳荼冠六清，溢味播九區。人生苟安樂，茲土聊可娱。

謝靈運《謝康樂集·登池上樓》 潛虬媚幽姿，飛鴻響遠音。薄霄愧雲浮，棲川作淵沈。進德智所拙，退耕力不任。狥禄反窮海，卧痾對空林。衾枕昧節候，褰開暫窺臨。傾耳聆波瀾，舉目眺嶇嶔。初景革緒風，新陽改故陰。池塘生春草，園柳變鳴禽。祁祁傷豳歌，萋萋感楚吟。索居易永久，離羣難處心。持操豈獨古，無悶徵在今。

鮑照《鮑明遠集》卷二《淩煙樓銘並序》 臣聞憑飈薦響，唱微効長；垂波鑒景，功少致深。是以冰臺築乎魏邑，鳳閣起於漢京，皆所以贊生通志，感悦幽情者也。伏見所置淩煙樓，棲置崇迥，延瞰平寂。即秀神皐，因基地勢。東臨吴甸，西眺楚闗。奔江永寫，鱗嶺相葺，重樹窮天，通原盡日。悲積陳古，賞絶舊年。誠可以暉曠高明，藻澈遠心矣。夫識緣感傾，事待言彰，匪言匪述，綿世罔傳。敢作銘曰：

巖巖崇樓，藐藐層隅。階基天削，户牖雲區。瞰江列楹，望景延除。積清風路，合綵煙塗。俯窺淮海，俛眺荆吴。我王結駕，藻思神居。宜此萬春，脩靈所扶。

鮑照《鮑明遠集》卷三《代陳思王京洛篇》 鳳樓十二重，四户八綺窻。繡桷金蓮花，桂柱玉盤龍。珠簾無隔露，羅幌不勝風。寶帳三千所，爲爾一朝容。揚芬紫煙上，垂綵緑雲中。春吹回白日，霜歌落塞鴻。但懼秋塵起，盛愛逐衰蓬。坐視青苔滿，卧對錦筵空。琴瑟縱横散，舞衣不復縫。古來共歇薄，君意豈獨濃。唯見雙黄鵠，千里一相從。

佚名《迷樓記》 煬帝晚年，尤沉迷女色。他日顧詔近侍曰：「人主享天下之富，亦欲極當年之樂，自快其意。今天下安富，外内無事，此吾得以遂其樂也。今宮殿雖壯麗顯敞，苦無曲房小室、幽軒短檻。若得此，則吾期老于其中也。」近侍高昌奏曰：「臣有友項昇，浙人也，自言能構宮室。」翌日詔而問之，昇曰：「臣乞先進圖本，後數日進圖。」帝覽大悦，即日詔有司供具材木，凡役夫數萬，經歲而成。樓閣高下，軒窗掩映。幽房曲室，玉欄朱楯，互相連屬，迴環四合。曲屋自通，千門萬牖，上下金碧。金虬伏於棟下，玉獸蹲于户傍。壁砌生光，瑣窗射日，工巧之極，自古無有也。費用金玉，帑庫爲之一虚。人誤入者，雖終日不能出。帝幸之大喜，顧左右曰：「使真仙遊其中，亦當自迷也。可目之曰迷樓。」詔以五品官賜昇，仍給内庫帛千疋賞之。詔選後宮良家女數千以居樓中，每一幸，有經月而不出。是月大夫何稠進御童女車。車之制度絶小，秪容一人，有機處于其中。以機礙女之手足，女纖毫不能動。帝以處女試之極喜，召何稠謂之曰：「卿之巧思，一何神妙如此。」以千金贈之，旌其巧也。何稠出，爲人言車之機巧。有識者曰：「此非盛滿之器也。」稠又進轉關車。車周挽之，可以昇樓閣如行平地。車中御女，則自摇動。帝尤喜悦，帝謂稠曰：「此車何名也？」稠曰：「臣任意造成，未有名也。願賜佳名。」帝曰：「卿任其巧意以成車，朕得之任其意以自樂，可名任意車也。」何稠再拜而去。帝令畫工繪士女會合之圖數十幅懸于閣中。其年上官時自江外得替回，鑄烏銅屏數十面，其高五尺而闊三尺，磨以成鑑爲屏，可環於寢所。詣闕投進，帝以屏内迷樓，而御女於其中，纖毫皆入於鑑中。帝大喜曰：「繪畫得其象耳，此得人之真容也。勝繪圖萬倍矣。」又以千金賜上官時。帝日夕沉荒於迷樓，罄竭其力，亦多倦怠。顧謂近侍曰：「朕憶初登極日，多辛苦無睡，得婦人枕而藉之，方能合目。纔似夢，則又覺。今睡則冥冥不知返，近女色則憊。何也？」他日矮民王義上奏曰：「臣田野廢民，作事皆不勝人，生於遼曠絶遠之域。幸因入貢，得備後庭掃除之役。陛下特加愛遇，臣當自宮以侍陛下。自兹出入卧内，周旋宮室。方今親信，無如臣者。臣由是竊覽書殿中簡編，反覆玩味，微有所得。臣聞精氣爲人之聰明，陛下當龍潛日，先帝勤儉，陛下鮮親聲色，日近善人，陛下精實於内，神清於外，故日夕無寢。陛下自數年聲色無數，盈滿後宮，日夕游宴。自非歲節大辰，何常臨御前殿？其餘多不受朝，設或引見遠人，非時慶賀，亦日晏坐朝。曾未移刻，則聖躬起入後宮。夫以有限之體而投無盡之慾，臣固知其竭也。臣聞古者野叟，獨歌舞於磐石之上。人詢之曰：『子何獨樂之多也？』叟曰：『吾有三樂，子知之乎？何也？人生難遇太平世，吾今不見兵革，此一樂也。人生難得支體完備，吾身不殘疾，此二樂也。人生難得壽，吾今年八十矣，此三樂也。』問者歎賞而去。陛下享天下之富貴，聖貌軒逸龍顔鳳姿而不自愛重，其思慮固出於野叟之外。臣蕞爾微軀，難圖報効。罔知忌諱，上逆天顔。」因俯伏泣下，帝乃命引起。翌日召義詔之曰：「朕昨夜思汝言極有深理，汝真愛我者也。」乃命義後宮擇一静室而帝居其中，女皆不得入。居二日，帝忽然而出曰：「能悒悒居此乎？若此，雖壽千萬歲，亦安用也？」乃復入宮。宮女無數，不得進御者，亦極衆。後宮侯夫人有美色。一日自經於棟下，臂懸錦囊，中有文。左右取以進帝，乃詩也。《自感三首》云：庭絶玉輦迹，芳草漸成窠。隱隱聞簫鼓，君恩何處多。欲泣不成淚，悲來翻强歌。庭花方爛熳，無計奈春何。春陰正無際，獨步意何如。不及閒花草，翻承雨露多。《看梅二首》云：砌雪無消日，捲簾時自顰。庭梅對我有憐意，先露枝頭一點春。香清寒艷好，誰惜是天真。玉梅謝後陽和至，散與羣芳自在春。《粧成》云：粧成多自惜，夢好却成悲。不及楊花意，春來到處飛。《遺意》云：秘洞扃仙卉，雕窗鎖玉人。毛君真可戮，不肯寫昭君。《自傷》云：初入承明日，深深報未央。長門七八載，無復見君王。春寒浸入骨，獨卧愁空房。颯履步庭下，幽懷空感傷。平日新愛惜，自待聊非常。色美反成棄，命薄何可量。君恩實疎遠，妾意徒徬徨。家豈無骨肉，偏親老北堂。此方無羽翼，何計出高墻。性命誠所重，棄割良可傷。懸帛朱棟上，肝腸如沸湯。引頸又自惜，有若絲牽腸。毅然就死地，從此歸冥鄉。帝閲其詩，反覆傷感。帝往視其屍曰：「此已死顔色猶美如桃花。」乃急召中使許廷輔曰：「朕向遣汝擇後宮女入迷樓，汝何獨故棄此人也？」乃令廷輔就獄，賜自盡。厚禮葬侯夫人。帝日誦詩，酷好其文，乃令樂府歌之。帝又於後宮親擇女百人入迷樓。大業八年方士進大丹，帝服之，蕩思愈不可制，日夕御女數十人。入夏，帝煩躁，日引飲幾百杯，而渴不止。醫丞莫君錫上奏曰：「帝心脉煩盛，真元太虚，多飲即大疾生焉。」因進劑治之，仍乞置冰盤於前，俾帝日夕朝望之，亦治煩燥之一術也。自兹諸院美人各市冰爲盤以望行幸，京師冰爲之踴貴。藏冰之家，皆獲千金。大業九年，帝將行幸江都，有迷樓宮人抗聲夜歌云：「河南楊柳謝，河北李花榮。楊花飛去落何處，李花結果自然成。」帝聞其歌，披衣起聽。召宮女問之云：「孰使汝歌也？汝自爲之邪。」宮女曰：「臣有弟在民間」，因得此歌。曰：道途兒童多唱此歌。」帝默然久之曰：

「天啓之也。天啓之也。」帝因索酒自歌云：「宮木陰濃燕子飛，興衰自古漫成悲。他日迷樓更好景，宮中吐豔戀紅輝。」歌竟，不勝其悲。近侍奏無故而悲又歌，臣皆不曉。帝曰：「休問，他日自知也。」後帝幸江都，唐帝提兵起義，入京見迷樓。太宗曰：「此萬民膏血所爲。」乃命焚之。數月火不滅，前謡前詩皆驗矣。方知世代興亡，非無自也。

王粲《麟角集・附録・白雪樓賦》 余嘗自雍南游，經過郢州。此地曾歌乎白雪，後人因刱其朱樓。觀夫迢迢山峙，奕奕雲浮。屹臨江岸之旁，將其麗曲；傑起郡城之上，得以銷憂。是何棟觸晴霞，簷侵虚碧。旁瞻目盡于千里，俯瞰心懸于百尺。何年結構，取宏制于庾公；此日登臨，仰嘉名于郢客。其爲狀也，巉嶸隆崇，攢煙遏空。勢聳晴蜃，梁横曉虹。偉殊規之罕及，猶清唱之難同。試問鄒生，豈似梁王之館。如延孟子，何慚齊國之宮。莫不高與調侔，妙將蘭比。籠輕霧以轉麗，帶微霜而增美。浮雲齊處，疊櫺檻之幾重；明月照時，引笙歌而四起。斯則處涼無匹，顯敞難名。天未秋而氣爽，景當夏以寒生。風觸棼楣，髣髴雜幽蘭之響；煙分井邑，依微聞下里之聲。且樓之爲號也，有翠有紅，或瓊或玉。豈若表此名地，彰斯妙曲。況復楚山入座，黛千點而暮青；漢水横簾，帶一條而春緑。亦足以任彼清暢，憑兹麗譙。掩露臺之高峙，軼煙閣之孤標。似繼餘聲，謝朓閒吟于暇日；疑遺妙響，劉琨長嘯于清宵。有旨哉！每見岧嶢，如聞宛雅。覽宏模之特秀，知屬和之彌寡。人或誇黄鶴，奇落星。予云俱弗如也。

李白《李太白全集》卷一八《宣州謝朓樓餞别校書叔雲》 棄我去者，昨日之日不可留。亂我心者，今日之日多煩憂。長風萬里送秋雁，對此可以酣高樓。蓬來文章建安骨，中間小謝又清發。俱懷逸興壯思飛，欲上青天覽明月。抽刀斷水水更流，舉杯消愁愁更愁。人生在世不稱意，明朝散髮弄扁舟。

李賀《李賀集》卷四《江樓曲》 樓前流水江陵道，鯉魚風起芙蓉老。曉釵催鬢語南風，抽帆歸來一日功。鼉吟浦口飛梅雨，竿頭酒旗换青苧。蕭騷浪白雲差池，黄粉油衫寄郎主。新槽酒聲苦無力，南湖一頃菱花白。眼前便有千里思，小玉開屏見山色。

陳子昂《陳子昂集》卷二《登澤州城北樓宴》 平生倦遊者，觀化久無窮。復來登此國，臨望與君同。坐見秦兵壘，遥聞趙將雄。武安軍何在，長平事已空。且歌玄雲曲，銜酒舞薰風。勿使青衿子，嗟爾白頭翁。

王維《王右丞集》卷一《登樓歌》 聊上君兮高樓，飛甍鱗次兮在下。俯十二兮通衢，緑槐參差兮車馬。却瞻兮龍首，前眺兮宜春。王畿鬱兮千里，山河壯兮咸秦。舍人下兮青宮，據胡牀兮書空。執戟疲於下位，老夫好隱兮牆東。亦幸有張伯英草聖兮龍騰虬躍，擺長雲兮捩迴風。琥珀酒兮彫胡飯，君不御兮日將晚。秋風兮吹衣，夕鳥兮争返。孤砧發兮東城，林薄暮兮蟬聲遠。時不可兮再得，君何爲兮偃蹇。

杜甫《杜工部集》卷一一《登樓》 花近高樓傷客心，萬方多難此登臨。錦江春色來天地，玉壘浮雲變古今。北極朝廷終不改，西山寇盜莫相侵。可憐後主還祠廟，日暮聊爲梁父吟。

杜甫《杜工部集》卷一八《登岳陽樓》 昔聞洞庭水，今上岳陽樓。吴楚東南坼，乾坤日夜浮。親朋無一字，老病有孤舟。戎馬關山北，憑軒涕泗流。

《全唐詩》卷六八崔融《登東陽沈隱侯八詠樓》 旦登西北樓，樓峻石墉厚。宛生長定□，俯壓三江口。排階銜鳥衡，交疏過牛斗。左右會稽鎮，出入具區藪。越巖森其前，浙江漫其後。此地實東陽，由來山水鄉。隱侯有遺詠，落簡尚餘芳。具物昔未改，斯人今已亡。粤余忝藩左，束髮事文場。悵不見夫子，神期遥相望。

《全唐詩》卷七八駱賓王《初秋登王司馬樓宴得同字並序》 司馬公千里騰光，翼外臺而展足。九日多暇，敞麗譙以開筵。于時葭散秋灰，檀移夏火。鴻飛漸陸，流斷吹以來寒。鶴鳴在陰，振中天而警露。于是餚開玉饌，交雜佩而薰蘭。酒泛金翹，映清尊而湛菊。雖傍臨廣派，有異章渠之遊。而俯瞰崇墉，雅叶城隅之會。物色相召，江山助人。請振翰林，用濡筆海云爾。

《全唐詩》卷九七沈佺期《登瀛州南城樓寄遠》 層城起麗譙，憑覽出重霄。兹地多形勝，中天宛寂寥。四榮摩鸛鶴，百拱厲風飆。北際燕王館，東連秦帝橋。晴光七郡滿，春色兩河遥。傲睨非吾土，躊躇適遠嚻。離居欲有贈，春草寄長謡。

《全唐詩》卷一三〇崔顥《黄鶴樓》 昔人已乘白雲去，此地空餘黄鶴樓。黄鶴一去不復返，白雲千載空悠悠。晴川歷歷漢陽樹，春草萋萋鸚鵡洲。日暮鄉關何處是，煙波江上使人愁。

《全唐詩》卷一四三王昌齡《芙蓉樓送辛漸二首》 寒雨連天夜入湖，平明送客楚山孤。洛陽親友如相問，一片冰心在玉壺。

丹陽城南秋海陰，丹陽城北楚雲深。高樓送客不能醉，寂寂寒江明月心。

《全唐詩》卷一六〇孟浩然《登萬歲樓》　萬歲樓頭望故鄉，獨令鄉思更茫茫。天寒雁度堪垂淚，日落猿啼欲斷腸。曲引古堤臨凍浦，斜分遠岸近枯楊。今朝偶見同袍友，卻喜家書寄八行。

《全唐詩》卷二五三王之渙《登鸛雀樓》　白日依山盡，黄河入海流。欲窮千里目，更上一層樓。

《全唐詩》卷三七一呂温《上官昭容書樓歌》　漢家婕妤唐昭容，工詩能賦千載同。自言才藝是天真，不服丈夫勝婦人。歌闌舞罷閒無事，縱恣優游弄文字。玉樓寶架中天居，緘奇祕異萬卷餘。水精編帙緑鈿軸，雲母搗紙黄金書。風吹花露清旭時，綺窗高挂紅綃帷。香囊盛煙繡結絡，翠羽拂案青琉璃。吟披嘯卷終無已，皎皎淵機破研理。詞縈彩翰紫鸞迴，思耿寥天碧雲起，碧雲起，心悠哉，境深轉苦坐自摧。金梯珠履聲一斷，瑶階日夜生青苔。青苔祕空關，曾比羣玉山。神仙杳何許，遺逸滿人間。君不見，洛陽南市賣書肆，有人買得研神記。紙上香多蠹不成，昭容題處猶分明，令人惆悵難爲情。

《全唐詩》卷五四〇李商隱《夕陽樓》　花明柳暗繞天愁，上盡重城更上樓。欲問孤鴻向何處，不知身世自悠悠。

沈括《夢溪筆談》卷一五《藝文二・鸛雀樓詩》　河中府鸛雀樓三層，前瞻中條，下瞰大河，唐人留詩者甚多，唯李益、王之奂、暢諸三篇能狀其景。李益詩曰：「鸛雀樓西百尺墻，汀洲雲樹共茫茫。漢家簫鼓隨流水，魏國山河半夕陽。事去千年猶恨速，愁來一日即知長。風烟並在思歸處，遠目非春亦自傷。」王之奂詩曰：「白日依山盡，黄河入海流。欲窮千里目，更上一層樓。」暢諸詩曰：「迥臨飛鳥上，高出世塵間。天勢圍平野，河流入斷山。」

田錫《咸平集》卷六《疊嶂樓賦》　宛陵之丘，玄暉舊遊，城連延兮百雉，世緜歷兮千秋。流水白雲，惜依然而在覽；遺風往事，信恍若兮如浮。余以丹陛策名，皇華奉使，通莅于此，秉春以至。驛梅江柳，動游宦之芳懷；風觀露臺，起高明之逸意。疊嶂居先，登之悦焉。憑落絮之危檻，向飛花之晚天。複嶺連岡，峙昭亭兮作鎮；平蕪遠樹，引句水兮爲川。因而以古興懷，臨高凝睇。自春秋戰國之後，洎吴魏鼎分之際，干戈僭王，乘輿擬帝。斯爲形勝之區，恃以控臨之地。襟帶三江，咽喉五湖。歸句踐兮稱越，隸夫差兮曰吴。比弈棋之靡定，唯霸略兮能圖。方今禹迹重新，堯封復古，銜王命于北闕，詠皇風于南浦。登高而賦，憐宋玉以才多；覽景自怡，非仲宣之思苦。江渺渺兮涵春，草萋萋兮感人。指蘇杭之達道，介常歙兮爲鄰。兩槳何歸，引迴眸于天際；微雲似畫，帶斜陽于水濱。既而閲謝守之詩，蒼苔滿石；覽獨孤之文，芳塵在壁。杏花含露，念昔我之來時；菊蕊迎霜，乃今余之暇日。歲云豐稔，民之悦逸；思命儔兮嘯侶，聊登樓兮自適。

楊億《武夷新集》卷六《婺州開元寺新建大藏經樓記》　昔如來登菩提坐，爲天人師，萬德莊嚴，十號具足，大千世界，以願力而攝受；十二部經，自悲心而流出。所以宣暢了義，提拯羣迷，開方便門，示真實相。有條不紊，譬以綫而貫花；得象忘言，如標指之見月。自鶴林示滅，大教方行，並龍宫秘藏，所傳無幾。爰暨像法之運，乃流震旦之區。大士繼生，廣繹五天之語；精廬錯峙，並緘三藏之文。于是大雄之法音，雷震于兹土矣。勾吴之域，介于海隅；東陽之墟，上直婺女。蒙太伯至德之化，俗敦廉讓之風；漸初平好道之餘，人稟清真之氣。有恥且格，見善乃遷。邑居相望，悉奉竺乾之教；弦誦之隙，必閲貝多之言。繇是棄塵勞而爲苾蒭者，實繁有徒；闢净土而崇塔廟者，比比而是。開元寺者，兹郡之大招提也。前臨九逵，旁接萬井。金碧絢彩，上擬天宫。鐘梵交音，居然福地。土木壯且麗矣，歲祀寖以遠矣。龍象六和之衆，禪律交修；香燈四事之供，檀施總萃。而琅函寶揭，有所缺然。乃有本寺僧文靖，與本州都知兵馬使曹維旭，同發志誠，共營勝利。爰以淳化中，相率詣闕，擊登聞鼓，求借方版，摹印真文。奏牘上聞，帝俞其請。逮至道初，維旭等始共輦置楮墨之直，聿來京都。詔免關市之征，授以要券。繕造既畢，護持而歸。特給上計之迴舟，俾達金華之本郡。維旭等又相與刻軸以文木，織條以色絲。香芸染籤，丹漆塗匣，崇飾既以備矣，誓願既已圓矣。而經臺舊基，圮毁滋久，軒廡摧撓，墁繪踳駮。維旭等遂請于郡閣，躬詣屬城，徧募有情，共成衆善。鳩工度費，即舊謀新，建重樓，開法藏。其上級置盧舍那、文殊、普賢及十六大阿羅漢之像；中級設虎座，作八神王箕踞捧持；其下象七金山，法四大海。寶地平布，祥雲周繞。締構雕鏤，殫匠石之精能；像設焚修，見天龍之護衛。固使黑白之衆有所歸依，利鈍之根因而起發。皮紙骨筆，學道者靡涉于艱辛；寶藏金言，開卷者並諧于悟入。廣大利益，豈勝言哉！維旭又嘗于雍熙中，募衆緣累甓爲浮屠，凡七級，直經樓之南十數步。訖役之日，白光燭天，晴空泬寥，久之始滅。行路瞻覩，道俗嗟嘆。斯亦樹善之冥感，殖福之昭報也。予咸平中罷守縉雲，道出兹郡，維旭者捧持事狀，拜于道周，求得片文，以刻貞石。會予入掌書命，不遑官次，而勤請彌篤，踐言是冀。予固從事于空宗者也，隨喜稱讚，豈有慊焉？削簡含毫，兹用無愧云耳。時景德二年，歲次乙巳，十二月朔日記。

汪森《粵西文載》卷三〇許申《柳州待蘇樓記》 凡遊觀者，必策杖躡嶠，嬰翊勃崒，胸中無廟堂而有丘壑者，然後足以盡山水之樂。若夫役徒御、盛輿服，以勢臨之，則雲霞亦將偃蹇隨去而不與我較矣。此朝廷之士，所以與山水相反者如此。龍城山水之秀，多在水南，而州治在水北，其宦者雖有登臨之興，而限于大江，非輿與舟楫，不能以至焉。其間治簿書、決刑獄，興來而爲俗物之所敗者多矣。此古人所以有「仙山不屬分符客」之歎也。予爲州之明年，民事稍簡，每欲寓目江山。以暇日，迺于州治城之上得飛宇焉。鑿垣以通之，爲户北向。由是水北諸山，雜然並出，不煩跬步，可見于几席之上。左臨翠埠，右盼石壁，更柳侯祠直其東，天慶觀直其西，古木森然，短堞繚繞，綵雲晝舒，淡煙曉留，清風時興，毒霧冰釋，登而翫之，無不動心滌慮矣。因榜其額曰「待蘇」，蓋取杜少陵之詩也。夫炎荒之地，温寒不時，一垂其度，則五疾間作，藥無良劑，醫無良工，有不幸而死者矣。幸而不死，豈非玄冥飛廉之功乎。若乃饑寒迫于身，勞苦見于外，則人之所以待蘇者，又不特瘴癘而已也。余才謭德薄，效用故不能以及遠，姑樂是之雅淡簡古，不煩輿與舟楫之勞而得山水之勝也。于是朝而登，登而飲，飲而歌。歌曰：北風之涼，吾民之康兮。有美羣峯，跂予望兮。帝閽不見，使我惆悵兮。

夏竦《文莊集》卷二一《重修潤州丹陽縣門樓記》 縣門樓，建鼓之所也。號令之發，始乎鐘鼓。興居之期，啓閉之節，由是乎達。故其墉巋如，其樓軒如，冠廳事旁屋，狀人之有冠冕，若之何毁之？今年夏初，予視厥職，憫夫斯樓積有年所，墉敗于左，木橤其右，風雨所陵，埃壒所侵，官而弗省，其誰治之？乃役工百餘指，伐木十餘本，易其數梁，替其數楹，塗其墉，赭其欄。取其壯而不取其宏，務其完而不務其華。後負練塘，前壓驛道。山阜表其東，津梁續其右。望之敞然，有宫府之風；登之廓然，有小天下之心。使吾民如樓之完善，政如樓之新，則百里之間可以無瘡痏矣，後之爲政者可不勉之哉！

范仲淹《范文正公集》卷七《岳陽樓記》 慶曆四年春，滕子京謫守巴陵郡。越明年，政通人和，百廢具興，乃重修岳陽樓，增其舊制，刻唐賢今人詩賦于其上，屬予作文以記之。予觀夫巴陵勝狀，在洞庭一湖。銜遠山，吞長江，浩浩湯湯，横無際涯，朝暉夕陰，氣象萬千。此則岳陽樓之大觀也，前人之述備矣。然則北通巫峽，南極瀟湘，遷客騷人，多會于此，覽物之情，得無異乎？若夫霪雨霏霏，連月不開，陰風怒號，濁浪排空，日星隱耀，山岳潛形，商旅不行，檣傾楫摧，薄暮冥冥，虎嘯猿啼。登斯樓也，則有去國懷鄉，憂讒畏譏，滿目蕭然，感極而悲者矣。至若春和景明，波瀾不驚，上下天光，一碧萬頃，沙鷗翔集，錦鱗游泳，岸芷汀蘭，郁郁青青。而或長煙一空，皓月千里，浮光躍金，静影沉璧，漁歌互答，此樂何極！登斯樓也，則有心曠神怡，寵辱偕忘，把酒臨風，其喜洋洋者矣。嗟夫！予嘗求古仁人之心，或異二者之爲，何哉？不以物喜，不以己悲。居廟堂之高，則憂其民；處江湖之遠，則憂其君。是進亦憂，退亦憂。然則何時而樂耶？其必曰：先天下之憂而憂，後天下之樂而樂乎！噫！微斯人，吾誰與歸！時六年九月十五日。

吕祖謙《國朝二百家名賢文粹》卷一三〇孫堪《孫氏書樓記》 弟闢既建爲重樓，連甍堂于户之隅，以聚古書，以來學徒，功立事就，乃走僕奉書于漢陽，告乞記于其兄某，且曰：「闢嘗欲積書勸學，每患墳集之多闕、文字之多謬也。去歲中遂離蜀川，抵京輦，納橐金于國庠，據書府都市所有之書，盡請之以歸。自六藝之典，諸子之篇，史臣記録之策，儒生解詁之説，至於或纂舊聞殊號，或集小説名家，文士之述作，才人之章句，今皆波分雲屯，溢于私室。且念素編露積多腐蠹之虞，巾箱所設乃蕞陋之事，故敞斯樓，庶寳斯書。樓凡數室，室凡數櫝，櫝之所列，各以類分。其興造之，工除鎪臒，敦簡朴也；材黜瘣痺，期久固也。加以新其巇帙，嚴其扃鐍，風雨弗能侵，埃壒弗能及。登樓而素風泠然，開櫝而簡編爛然。尚何必訪蔡邕之碑始定漆書，登孔子之堂乃聞金石？於是閭門韓侯永錫既篆其榜，均翰錢公易首詩其事。惟碑石久磨，而其記尚闕，兄素古文名于兩蜀間，宜爲闢一紀其跡，庶垂於不朽，可乎？」某因念，世有好事者建園池亭館以備嬉游，景色物態稍奇耳目，屬辭之士尚詠歌贊述之不暇。且人齎金錢詣京邑者，非廣貿奇貨，以希厚利，則必多易珠翠，以贍私欲；而闢乃能萬里市義，千金奉儒。況乎劍棧鏁雲，峯劍倚壁，其索之也不辭道塗之險，其蓄之也不吝土木之費。跡其用心，則其出於人也亦遠矣。夫如是，則秉筆者豈有可於彼而返不可於此乎？遂諾其請，而爲其記曰：教學之道，與時盈虚。大道之方行也，則家有塾而黨有庠，術有序而國有學。大教之或斁也，則人祠伯陽以徼福，户塑浮屠以禱罪。非夫世累儒素、克昌紹緒者，諒不能端勁草於薄俗；非夫運丁神聖、丕變囂漓者，諒不能復淳源於古始。某之七世朴始以李唐之世涖官西蜀，旋屬諸侯阻兵，歸朝弗果，遂卜其辟地保族之所，得眉陽而家焉。六世祖長孺愍世塗之圮閉，懼素業之不續，乃萃九流之典，築爲層樓以保藏之，且曰：「鳩書于小邦，俗必讁吾之不知時也，吾要將以存吾家世胄之訓焉。聳樓于陋户，俗必罪吾之不量力也，吾要將以示後裔基構之旨焉。惟爾子孫，勉蹈吾心而已矣。」故自五世而下，以迄于某，其間雖隱晦未耀，至於瓜瓞先業，箕裘祖訓，歷百祀而一志焉。故迨今眉陽之人咸目吾家爲書樓族，且以樓之名名其里巷焉。眉陽城中今有書樓巷，乃因吾祖所建之跡而立名也，其樓具存。復值皇宋受命，四聖繼明，聲教文物，滌濡九域。闢於是時果能奮拔傑立，成是能事，則是役也，所以見吾祖之慶延，而吾君之化被也，亦所以見闢之爲人真能好古懋而克隆負荷者也。某既樂道好善，且將寓辭以辨其學焉。夫羣書駢羅，衆説互興，雖以致博物之益，亦所以成異端之害。而今而後，有登是樓、閱是書者，又宜以某之言籲而戒之，曰：四部之書，蓋以類分，非謂皆可等肩而齊列也。故其間覆載天地、照臨日月者，止聖人之經爾。聖人之經，其名雖六，其道無二也。天下之事業，莫不成於敦本，而害於逐末。故善爲學者，博之以六藝之文，約之以一貫之道，體要於仁義之統，賾象於教化之域，然後泝洄於衆流，礲錯於百家。故以經觀子，而醇駁無所隱其奥；以經觀史，而失得無所竄其質。羣言紛綸，則斷之以六經之言；衆事傾奪，則折之以六經之事，至多而不能惑。君子所以樹大功、振大名，出入而無窮，弛張而不闋者無他，用是道而已矣。如曰，吾之於書，剽章句以資文彩也，經於何有焉？吾之於學，勤鞶帨以備藝也，道於何有焉？則主是樓者謝而遣之，庶無累於名教可也。時天聖四年丙寅歲七月十七日，漢陽公署爲記。

宋祁《宋景文集》卷四六《山東德州重修鼓角樓記》 明道元年，清河張君以尚書曹員外，佩二千石印綬，來莅州事。君之下車也，以縣官詔書慰安元元。事無尤違，獄無頗纇，吏不諉官，軍不慁農。曩之捐瘠富而教，嚮之愁嘆歌且舞。五月報成，邦人宜之。於是考前守之遺慮，興公家之長利，細大貫行，各有後先。惟時州門，因陋且久，風雨弛其桴棟，塵壒漶其丹堊。衆謀不輯，憚於改爲。君喟曰：「吏，民之師也。居處位署，所宜有制。況四邦結轍，萬夫屬目，禮容不稱，其謂我何？姑欲因舊謀新，焜照蕃屏。豐不至侈，則統上之尊；儉不至偪，則容下之羞。」目以成心，發以知智。乃伻而圖，上下協從。長度員程，無慮役要。材取羡木，力課冗兵。增庳以崇，易朽以堅。桓柱林植，長梁虹亘。限以重扃列牖，翼以飛闌曲楯。即之奐如，望之翬如。其板言言，其廈耽耽。層光晝激，虛景夜熠。邪繚睨墻，下敞嚴扉。僝工樂勸，悉如其素。揭州榜於前廡，仍舊常也；列鼓角於中楹，雄聲氣也。州人駭觀，宷僚奔走。乃大和會，從君落成。中飲，紀綱駕且稱曰：「在周建侯有都，在漢置守有兵。今之爲州，咸統軍事。故飾軒城，峨脩曲，沿臺門之遺象；奏鳴鐘，讙鼙鼓，本司馬之成法。況我邦北控戎索，上直天街，財雄地劇，爲千里表率。而歸然譙觀，久不能興，數闔枚過，爲諸侯笑。逮君之至，更張勿亟。人鮮克舉，遂優爲之。既麗且雄，我君攸濟。君乎永年，其增如陴；君且受福，其積如茨。」未幾，天子修復舊章，即拜君本路詳刑使者。掾屬欝陶詠嘆，僉謂成功不可以不紀。以僕職在東觀，悉裒沿改之勤，願刻金石，盡信其傳。謹按，君爲州之明年，營新樓，役且百人。興正月，止四月。樓成，東西八筵有奇，南北三丈而贏。雉堞高顯，率皆稱是。謹始以書時，褒君以不名，用古《陽秋》之法也。後二年，記成，甫刊勒云。謹記。

朱熹《朱文公文集》卷七八《江陵府曲江樓記》 廣漢張侯敬夫守荆州之明年，歲豐人和，幕府無事。顧常病其學門之外即阻高墉，無以宣暢欝湮，道迎清曠，乃直其南鑿門，通道以臨白河，而取旁近廢門舊額以榜之，且爲樓觀，以表其上。敬夫一日與客往而登焉，則大江重湖縈紆渺瀰，一日千里，而西陵諸山空濛晻靄，又皆隱見出没於雲空煙水之外。敬夫於是顧而歎曰：「此亦曲江公所謂江陵郡城南樓者邪！昔公去相而守於此，其平居暇日，登臨賦詠，蓋皆翛然有出塵之想。至其傷時感事，寤歎隱憂，則其心未嘗一日不在於朝廷，而汲汲然惟恐其道之終不行也。於戲悲夫！」乃書其扁曰「曲江之樓」，而以書來屬予記之。

時予方守南康，疾病侵陵，求去不獲，讀敬夫之書，而知兹樓之勝，思得一與敬夫相從遊於其上，瞻眺江山，覽觀形制，按楚漢以來成敗興亡之效，而考其所以然者，然後舉酒相屬，以詠張公之詩，而想見其人於千載之上，庶有以慰夙心者。顧乃千里相望，邈不可得，則又未嘗不矯首西悲，而喟然發歎也。抑嘗思之，張公遠矣，其一時之事，雖唐之治亂所以分者，顧亦何預於後之人？而讀其書者，未嘗不爲之掩卷太息也。是則是非邪正之實，乃天理之固然而人心之不可已者，是以雖曠百世而相感，使人憂悲愉佚，勃然於胸中，恍若親見其人而真聞其語者，是豈有古今彼此之間，而亦孰使之然哉！《詩》曰：「天生烝民，有物有則。民之秉彝，好是懿德。」登此樓者，於此亦可以反諸身而自得之矣。予於此樓既未得往寓目焉，無以寫其山川風景，朝暮四時之變，如范公之書岳陽也，獨次第敬夫本語，而附以予之所感者如此，後有君子，得以覽觀焉。淳熙己亥十有一月己巳日南至。

吕陶《净德集》卷一三《重修成都西樓記》　嘉祐六年夏四月，予自延安就領成都節制。至則考求風俗之敝，及其所便安，乃知蜀人循柔思義，易以誠感，治得其道，皆能樂生。於是平心而思，律己而動，事罔鉅細，務中適宜，庶幾宣布皇澤，使之泳游，則亦無愧。既而普淖大熟，新陳相仍，物遂平價，昔之饑者有腴其膚，向之寒者或温其軀，野農晝嬉，廛叟夜娱，皞皞然不知其從來，若處於唐虞。豈非堯仁舜明，覆被幽遠，庶黎蒙福之效歟！夫然，奉詔令，導德惠，因其安生而與之共樂者，亦牧守之事也。府署西樓，創建遠矣。據藩翰之峻勢，宅林園之勝地。登臨闊視，可以極山川之秀景；燕閒高會，可以快風月之清意。歲之方春，物狀尤異，紅葩鮮妍，臺榭交輝，緑樹茂密，亭宇争蔭。吾民來游，醉於樓下，實一方之偉觀，四時之絶賞也。惜乎基級傾圮，梁栱腐橈，遽一風雨，慮至剥覆。此而不葺，殆非修舊起廢，悦民便俗之理。然議者重於興作，欲改竪廳舍。予以爲斯樓之建，亦西州故事，一日乘毁輒易，民其謂何？乃辦材鳩功，因而新之，不賦於民，不耗於公，未踰月而事具。觀夫巍構山立，重楹翬飛，上虚下廣，内顯外壯，穹隆奂麗，疑若天設。既落成之，酌而謂同僚曰：「昔齊宣、梁惠有園囿臺沼之勝，不與民共，孟子議之。會今承平，遠方無他憂，斯人熙熙，知樂生之趣。予幸守土，不咈其欲，則是役也，庶不爲孟子所譏耳。」因筆爲記云。

楊慎《全蜀藝文志》卷三四董鉞《制勝樓記》　蜀稱天下至險之國，陸有劍門，水有瞿峽，設爲兩關，以扼秦楚之衝，一夫當關，百萬之師睥睨而不敢進。五代之亂，孟氏盜有其國垂四十年。宋宅中土，開一統之運，而分遣王全斌出秦塞，劉光義率楚師，水陸並進，而兩關俱不克守，俘僞昶於闕下。顧天命人謀，有足勝其險者。予嘗客過劍門，徘徊周覽，切歎太平之久而警備闊略。及承夔部乏使，而瞿峽適在部中，其備往往加闊略於劍門。洒請於朝曰：「夔州，古雲安郡，節度寧江軍，舊治瞿峽之口。景德中詔徙今治，距峽口纔八里，實據上游，宜城夔以鈐截其險。」尋既報可。會東宫舍人程君德孺來同漕事，協濟其謀。大合役於熙寧十年春正月之己巳，而考以夏四月之甲午。未幾，尚書司門郎王君仲祥繇夷陵選領州牧，行閲新城，以規畫餘事。得川圃故月臺者屹倚城側，因展廣而增崇。平接城面，而方楹横棟，經構大備。内疏軒檻，以還月臺燕游之舊，而外嚴敵具，以完壯形勢。一日，予三人者相與臨登其上，四望羣山，參差拱揖於雲煙縹緲之際，而紫翠環合，以爲女墻之衛。面有白鹽、赤甲、豆倉、勝巳、卧龍、馬嶺之列，峭崒凌空而直上，斷闕偃半而平削。至於猱蹊鳥徑，高下隱顯於荒苔秀蔓之間。南顧江流，遠經益都旁郡，而斜引嘉陵之源，雜匯以蠻鄉獠社澗谷崖竇奔衝滴瀝之餘，而夾以東西二瀼，以當三面之壕。而有三鈎之鏁，八陣、龍脊之灘，與夫灩澦、馬襆之變，怒聲激石而洶湧，晴影隨波而摇曳。至於漁舠商舸，往來出没於窮濆窊湥之側。嗚呼，江山之勝不亦盡得之乎？是在物者也。因而言曰：「物有勝形，人有勝幾。形，吾所以致用於周旋指顧之内，而幾，吾所以應變於無形不測之外。夔爲一路都會，而領州牧者昔用武人，近易文吏，乃總一十三郡甲兵盜賊之政，蓋當左右全蜀之口。而蜀之郡邑類夷漢錯居，而負恃險阻，易生姦孽，比嘗覘伺罅隙，或肆侵剽。今兹隱然有金湯之固，將使之聞風望塵，而魄散膽落於崎嶇巖箐之下，是豈徒得之勝形，亦所以得勝幾也。宜命之爲『制勝』云。」二君皆曰：「然。請書而刻諸石。」元豐元年秋八月戊辰，鄱陽董鉞記。通議程之元篆額，鉅野王延禧立石。

蘇軾《蘇文忠公全集》卷一一《眉州遠景樓記》　吾州之俗，有近古者三。其士大夫貴經術而重氏族，其民尊吏而畏法，其農夫合耦以相助。蓋有三代、漢、唐之遺風，而他郡之所莫及也。始朝廷以聲律取士，而天聖以前，學者猶襲五代之弊，獨吾州之士，通經學古，以西漢文詞爲宗師。方是時，四方指以爲迂闊。至於郡縣胥史，皆挾經載筆，應對進退，有足觀者。而大家顯人，以門族相上，推次甲乙，皆有定品，謂之江鄉。非此族也，雖貴且富，不通婚姻。其民事太守縣令，如古君臣，既去，輒畫像事之，而其賢者，則記録其行事以爲口實，至四五十年不忘。商賈小民，常儲善物而别異之，以待官吏之求。家藏律令，往往通念而不以爲非，雖薄刑小罪，終身有不敢犯者。歲二月，農事始作。四月初吉，穀稚而草壯，耘者畢出。數十百人爲曹，立表，下漏，鳴鼓以致衆。擇其徒爲衆所畏信者二人，一人掌鼓，一人掌漏，進退作止，惟二人之聽。鼓之而不至，至而不力，皆有罰，量田計功，終事而會之，田多而丁少，則出錢以償衆。七月既望，穀艾而草衰，則仆鼓決漏，取罰金與償衆之錢，買羊豕酒醴，以祀田祖，作樂飲食，醉飽而去，歲以爲常。其風俗蓋如此。故其民皆聰明才智，務本而力作，易治而難服。守令始至，視其言語動作，輒了其爲人。其明且能者，不復以事試，終日寂然。苟不以其道，則陳義秉法以譏切之，故不知者以爲難治。今太守黎侯希聲，軾先君子之友人也。簡而文，剛而仁，明而不苟，衆以爲易事。既滿將代，不忍其去，相率而留之，上不奪其請。既留三年，民益信，遂以無事。因守居之北墉而增築之，作遠景樓，日與賓客僚吏游處其上。軾方爲徐州，吾州之人以書相往來，未嘗不道黎侯之善，而求文以爲記。嗟夫，軾之去鄉久矣。所謂遠景樓者，雖想見其處，而不能道其詳矣。然州人之所以樂斯樓之成而欲記焉者，豈非上有易事之長，而下有易治之俗也哉！孔子曰：「吾猶及史之闕文也。有馬者，借人乘之。今亡矣夫。」是二者，於道未有大損益也，然且録之。今吾州近古之俗，獨能累世而不遷，蓋耆老昔人豈弟之澤，而賢守令撫循教誨不倦之力也，可不録乎！若夫登臨覽觀之樂，山川風物之美，軾將歸老於故丘，布衣幅巾，從邦君於其上，酒酣樂作，援筆而賦之，以頌黎侯之遺愛，尚未晚也。元豐元年七月十五日記。

蘇轍《欒城集》卷一七《黄樓賦並敘》 熙寧十年秋七月乙丑，河決於澶淵，東流入鉅野，北溢於濟，南溢於泗。八月戊戌，水及彭城下。余兄子瞻適爲彭城守。水未至，使民具畚鍤，畜土石，積芻茭，完窒隙穴，以爲水備，故水至而民不恐。自戊戌至九月戊申，水及城下者二丈八尺，塞東西北門，水皆自城際山，雨晝夜不止。子瞻衣製履屨，廬於城上，調急夫、發禁卒以從事，令民無得竊出避水。以身帥之，與城存亡，故水大至而民不潰。方水之淫也，汗漫千餘里，漂廬舍，敗冢墓，老弱蔽川而下，壯者狂走，無所得食，槁死於丘陵林木之上。子瞻使習水者浮舟楫，載糗餌以濟之，得脱者無數。水既涸，朝廷方塞澶淵，未暇及徐。子瞻曰：「澶淵誠塞，徐則無害。塞不塞，天也，不可使徐人重被其患。」乃請增築徐城，相水之衝，以木堤捍之。水雖復至，不能以病徐也。故水既去，而民益親，於是即城之東門爲大樓焉，堊以黄土，曰：「土實勝水。」徐人相勸成之。轍方從事於宋，將登黄樓，覽觀山川，弔水之遺迹，乃作黄樓之賦。其詞曰：

子瞻與客遊於黄樓之上，客仰而望，俯而歎曰：「噫嘻殆哉！在漢元光，河決瓠子，騰蹙鉅野，衍溢淮、泗，梁、楚受害二十餘歲。下者爲汙澤，上者爲沮洳。民爲魚鼈，郡縣無所。天子封祀太山，徜徉東方，哀民之無辜，流死不藏，使公卿負薪以塞。宣房瓠子之歌，至今傷之。嗟惟此邦，俯仰千載。河東傾而南洩，蹈漢世之遺害。包原隰而爲一，窺吾墉之摧敗。吕梁齟齬，横絶乎其前；四山連屬，合圍乎其外。水洄洑而不進，環孤城以爲海。舞魚龍於隍壑，閲帆檣於睥睨。方飄風之迅發，震鞞鼓之驚駭。誠蟻穴之不救，分閭閻之横潰。幸冬日之既迫，水泉縮以自退。棲流枿於喬木，遺枯蚌於水裔。聽澶淵之奏功，非天意吾誰賴？今我與公，冠冕裳衣，設几布筵，斗酒相屬，飲酣樂作，開口而笑，夫豈偶然也哉？」子瞻曰：「今夫安於樂者，不知樂之爲樂也，必涉於害者而後知之。吾嘗與子馮兹樓而四顧，覽天宇之宏大。繚青山以爲城，引長河而爲帶。平皋衍其如席，桑麻蔚乎旆旆。畫阡陌之從横，分園廬之嚮背。放田漁於江浦，散牛羊於煙際。清風時起，微雲靃靃。山川開闔，蒼莽千里。東望則連山參差，與水皆馳。羣石傾奔，絶流而西。百步涌波，舟楫紛披。魚鼈顛沛，没人所嬉。聲崩震雷，城堞爲危。南望則戲馬之臺，巨佛之峯，巋乎特起。下窺城中，樓觀翱翔，嵬峨相重。激水既平，眇莽浮空。駢洲接浦，下與淮通。西望則山斷爲玦，傷心極目。麥熟禾秀，離離滿隰。飛鴻羣往，白鳥孤没。横煙澹澹，俯見落日。北望則泗水湠漫，古汴入焉，匯爲濤淵，蛟龍所蟠。古木蔽空，烏鳥號呼。賈客連檣，聯絡城隅。送夕陽之西盡，道明月之東出。金鉦湧於青嶂，陰氛爲之辟易。窺人寰而直上，委餘彩於沙磧。激飛楹而入户，使人體寒而戰栗。息洶洶於羣動，聽川流之蕩潏。可以起舞相命，一飲千石，遺棄憂患，超然自得。且子獨不見夫昔之居此者乎？前則項籍、劉戊，後則光弼、建封。戰馬成羣，猛士成林。振臂長嘯，風動雲興。朱閣青樓，舞女歌童。勢窮力竭，化爲虚空。山高水深，草生故墟。蓋將問其遺老，既已灰滅而無餘矣。故吾將與子，弔古人之既逝，閔河決於疇昔。知變化之無在，付杯酒以終日。」於是衆客釋然而笑，頹然而就醉。河傾月墮，携扶而出。

陳師道《後山居士文集》卷一五《披雲樓記》紹聖四年十一月 曹，故周之成，國亡而爲陶，今定陶之故城是也。陶之西南有丘焉，《禹貢》所謂陶丘，《墨子》、《竹書紀年》所謂釜丘，《圖記》所謂南左山，而州人所謂南魯太師之墓者也。漢哀帝由定陶王而爲天子，尊其父恭王爲皇帝，置寢廟如祖宗，周丘而城，以爲陵邑，今州治是也。州之北數里而近，兩丘相屬，六國魏王之墓也。有岡自東北屈而西南，隱如伏龍，魏之所以葬也。擇地而葬尚矣，而曰魏隧王墓者，以其始隧而葬也。其後名州曰左城，墓曰左山，岡曰左岡。記曰，左山其下多左姓，故名，然莫得而考也。余謂《爾雅》「丘再成爲陶」，釜者，負也，猶陶也。而皇甫謐云舜陶河濱而名，郭璞又云在定陶城中者，皆誤矣。然則州之所治，猶曹國之舊也。朱公謂陶天下之中，諸侯四通，貨所交易。班氏亦謂「堯作成陽，舜漁雷澤，湯居亳，故其民有先王之遺風，重厚多君子，好稼穡，惡衣服，以致畜藏」。秦漢去今未久，而側僻荒虚，商旅不出其塗。承唐之亂，田里壯少棄本業，酒食歌舞，馳狗馬，飾冠屨，彊悍喜攻劫，佩刀引彊，指人之藏以爲費，至殺吏士，冒城郭，皆與古異。世亦多變矣，故常選用武吏，重法厚賞，擊伐斬殺，獄市無虚日，號曹、濮爲盜區。吏常日夜訊掠證驗，省文書，出購募，調兵選將，期會赴告，不得休息。故郊無臺池苑囿，而府無閑館，賓不勞贈，吏無燕賜。號爲輔州大府而威重不稱，豈上所崇極而下所觀聽者哉！曹近京師，皇化所先，承平百年，風俗移易，金鼓不作，獄市屢空，吏始於其間興築除飾，以待四方之賓與閭巷之士，而來者繼焉。堂館相望，如古諸侯居，而連簷曲室，坐者揮汗，每盛夏常閉閤謝客，於禮猶有闕也。朝請大夫郭侯之爲是州，不忍盜賊其民，必以仁恕，而人益勸。振其綱目，百職具舉，而府益無事。又連歲大穰，家有藏積。其明年之春，始因其舊，廣而新之，爲披雲之樓。其地之宜與登望之樂、棟宇之制，爲一州之勝，而其費蓋不及民也。夫人不可以久勞，亦不可以久逸，逸者所以待勞也。勞逸相濟，然後身安而事治。《禮》曰：「仲夏之月，可以居高明，可以遠矚望。」昔呂不韋與其客記其所聞，以爲《月紀》，則居高矚遠乃先王之政也。而世之吏道，致期會、程文書以爲治，蓋亦知其一焉。臺池苑囿，燕射田漁，雖非政之所先，亦非其所不爲也。今夫失其先後之序，與不勤其事而受其養者，則有愧矣。雖然，吏之所以能有此者，豈非世之承平、歲之豐穰而政之暇豫也耶？則居其職者可不知乎？余常從侯而登，極目四顧，則昔之范蠡、慎到、穰侯、甯武子，與夫漢、魏之墓也。其人非萬乘之君則其相也，其功譽、富貴、文學、辯議，皆驚世而絶俗，而今日之風霜荆棘，狐貉之與穴也。河、濟之間，禹之所治，聲烈赫然，而通川廣澤皆失其故處，使人悲傷忼慨而興起，蓋可采而賦也。顧吾老矣，力不足以及此，而爲之記。紹聖四年十一月五日，彭城陳師道記。

洪适《盤州文集》卷三二《得江樓記》 江出岷山，行萬里，至于朱方受浙引淮，益大以肆，衝激洄折，過海門而東之。潮生洲滅，不見垠隒，駭濤静練，瞬息異狀。金焦二山，屹然中立，形勢雄絶，於是爲最。昔人謂長江當百萬之師，而曰天隔南北，得其險也。至於轉漕得之，則陳陳銜舳，費減流馬。浮家者得之，則布颿千里，朝發夕屆。行商得之，則稛載奇貨，什一可逐。騷人得之，則可以導詞源，助子墨。漁者得而網罟，耕者得而溉灌。筭計見效，隨其所得，江固自若也。予官寺占鐵甕之西，登墉以望，巨浸横前，境與心遠。有地數畮，窊闕高下，吏卒散處，猶蜂房然。會羽書不馳，官事少間，徙茅茨，去蕪穢，立屋其顛，以「得江」扁之。右爲「供軍」之堂，左爲「花信」之亭，堂言職，亭言景也。當沉迷錢穀之間，神耗思滯，攬鏡自歎，非復故吾。伺隙一至，如起宿痾，如逃醉鄉。長川遥岑，寄我清嘯，陰晴朝暮，無時不勝，豈直吞八九雲夢而已？顧瞻襄回，以今監古，考戰争之陳迹，憤侵陵之近事，飲馬之役，春秋所必報。予再書下考，視蔭懷歸，天開風競，中流擊楫，後之人將於此乎觀之。

韓元吉《南澗甲乙稿》卷一五《風鶴樓記》 樓在合淝淮之南，故秦九江郡也。至漢孝文析其郡，又爲廬江，實今西路也。自春秋季年，吴嘗會於橐皋，而漢封淮王，皆社於此。及孫、曹紛争，則以合淝寓揚州之治，築爲新城。晉人扼淝水以敗秦師，周世宗厲兵正陽，攻戰於紫金山下，遺跡具在。故今廬州形勝，腹巢湖，控渦潁，膺濡須，枕灊皖，隱然爲用武之郊，置連帥以總兵民，厥任重矣。乾道初，詔遣大將暨建康留鑰之臣，同視廬城，浚其溝隍，增其甓埴，益固以堅。乃營田以寓兵，列戍以衛民，由是帥守之寄，尤遴其選。淳熙八年，武節大夫延侯璽來鎮是邦，屬歲旱荒，流徙塞塗，公私睊睊。侯内撫饑羸，外弭寇攘，整財治軍，凖繩有度，官吏協和，民庶安輯。其明年秋，政成事簡，益求所未至葺而更之。會大雨，水暴注，兩市橋壞，伐木於山，以濟病涉。又訪州之賢哲故象，廟而享之，以興起其俗。於是民服侯之化，知所後先，惠而不擾，忠而能力也，相與言曰：吾侯勞於我矣，宜有以佚之。先是州廨之背有臺，號「熙熙」，爲歲時登臨燕樂之所，久廢不治，蓬生而土圮，願復其舊，以紀吾成，以侈後觀。侯則謝曰：臺固美矣，其可爲樂乎？然民之幸相與也，其取橋之餘材，臺之舊址，因農之隙、卒伍之暇，爲一樓以望四郊，雖不敢效前賢籌邊之作，而驤首縱目，慨然俯仰，以無忘聖君顧憂，庶思效吾職者，則猶可哉。其冬樓既成，因其郡佐來請記之而問所以名者。予嘗行燕、趙、魏之野，有感於戰國之事，蓋城堞相望二三百里，坦坦而近，非有高山巨川之阻，而迭爲長雄，勢莫相下，世則以謂兵爲險也。然兵固自若，亡慮常數十萬。以樂毅、廉頗用之則强，以龐涓、趙括用之則敗，是豈在於兵，特以人爲重焉。及觀謝幼度之戰，正今合淝。是時晉之渡江餘五十年，西北勁兵梟騎寧有在者，而能用吴楚之人以破其百萬之衆，至聞風聲鶴唳，以爲王師。豈天之助者耶，亦人力爾。今朝廷視淮西幾河朔比也，以爲長城，以爲北門，匪文武之英，智略之士，疇克任此？而折衝厭難，俾數千里之地既庶而教，習於技擊而隱於耕鋤，蓄憤養威，不勝從軍之樂而務爲安强，如侯之用心，豈易云者！夫幼度遠矣，方萬竅之號，九皋之鳴，聞於天外，功名之士，蓋有起舞而歎者。今遂以「風鶴」命之，亦紀其故實也。予雖不獲奉侯之樽俎，從容樓上，以臨淝水，望洛澗，八公之山，草木依然，英風壯氣，可想而見。後之登臨者，識侯之用心，其忍忘哉？

吕祖謙《國朝二百家名賢文粹》卷一三〇洪邁《饒州鄱江樓記》 鄱城南嚮啓門三，上築樓觀，左曰楚東閣，中爲月波，少西則鄱江樓，相去各不能百步。澄波練横，野緑萬畝，煙雲風景，大氐無小異。而鄱樓臨戟衛之前，堪輿禨祥，最係千里領會，校計輕重之，二者不庸比也。往年暴於水，與門俱摧。千騎出入，必顧之膪□奔奏，僚宷文武内謁，視傾弗支。邦人環拱睨歎，公共誦言：吾儕細人，邸僦以爲居，雖蠢牖圭竇而外闔無敢不揵閉，此獨置不問，柰瞻聽何？故侯趙德勤以興仆自詭，唤工慮材，約略且集，而星家牽拘，未克而徙。濟南王叔明來受印，騶導入闉闍，回首亟見，心以爲不可。下車之五日，即寘力焉。法掾樓知運佳吏也，實董攝之。擇木於山，買竹於林，灰釘瓦甓、堊黍赤白之須，隨手畀直，價弗損於市。百匠旦赴役，莫得錢，爭先讙趨，毋假督召。再浹辰屋已立，五閲月崇成。三楹挾誃，高出墉表者二十有五尺，脩倍常有七尺，衡二十九尺，巍然雄尊，屹爲澤國偉觀，規橅一制，視昔蓋有過之。倚闌盡目，水函太空，天際帆檣，可歷指而數也。方斧斤振作，淵龍舞於幽宫，炎威赫舒，當雨而雨，應是得善歲，民又益喜。使君命酒高宴，延賓朋賀成。客或起而語曰：城郭有臺榭，辟由人之一身，正冠肅容，儼若居位，則人望而敬，莫予敢攖。苟無閎無闉，四達皇皇，往來肩摩，將掉臂生慢，於勢休矣。故臯門、應門之伉，書於《大雅》，隆侯邦而儀萬室，非直以登臨接要爲美也。叔明天資長者，爲治知後先緩急。御民如完，夜漏未盡三刻，輿視文書，聽牒愬，庭户之間不聞大聲疾呼，而上下相安。來者志滿願獲，懼其未終更踐，璽書褒優，不使淹此留，將無以寓異時卷卷意，於是相與斲石置樓上，求文紀之，得勒名不朽。叔明名寅。紹熙三年閏月壬戌記。

秦觀《秦觀集》卷一《黄樓賦并引》 太守蘇公守彭城之明年，既治河決之變，民以更生；又因修繕其城，作黄樓於東門之上。以爲水受制於土，而土之色黄，故取名焉。樓成，使其客高郵秦觀賦之，其詞曰：

惟黄樓之瓌瑋兮，冠雉堞之左方。挾光晷以横出兮，干雲氣而上征。既要眇以有度兮，又洞達而無旁。斥丹雘而不御兮，爰取法乎中央。列千山而環峙兮，交二水而旁奔。岡陵奮其攫拏兮，谿谷效其吐吞。覽形勢之四塞兮，識諸雄之所存。意天作以遺公兮，慰平日之憂勤。緊大河之初決兮，狂流漫而稽天。御扶摇以東下兮，紛萬馬而爭前。象罔出而侮人兮，螭蜃過而垂涎。微精誠之所貫兮，幾孤墉之不全。偷朝夕以昧遠兮，固前識之所羞。慮異日之或然兮，復厭之以兹樓。時不可以驟得兮，姑從容而浮遊。儻登臨之信美兮，又何必乎故丘。觴酒醪以爲壽兮，旅殽核以爲儀。儼雲霄以侍側兮，笑言樂而忘時。發哀彈與豪吹兮，飛鳥起而參差。悵所思之遲暮兮，綴明月而成詞。噫變故之相詭兮，遒傳馬之更馳。昔何負而遑遽兮，今何暇而遨嬉。豈造物之莫詔兮，惟元元之自貽。將苦逸之有數兮，疇工拙之能爲。哲人之知其故兮，蹈夷險而皆宜。視蚊虻之過前兮，曾不介乎心思。正余冠之崔嵬兮，服余佩之焜煌。從公於斯樓兮，聊裴回以徜徉。

子瞻謝詩云：「太虚以《黄樓賦》見寄，作詩爲謝：我坐黄樓上，欲作黄樓詩。忽得故人書，中有黄樓詞。黄樓高十丈，下建五丈旗。楚山以爲城，泗水以爲池。我詩無傑句，萬景驕莫隨。夫子獨何妙，雨雹散雷椎。雄辭雜今古，中有屈宋姿。南山多磬石，清滑如流脂。朱蠟爲摹刻，細妙分毫釐。佳處未易識，當有來者知。」

王禹偁《小畜集》卷一七《黄岡竹樓記》 黄岡之地多竹，大者如椽。竹工破之，刳去其節，用代陶瓦，比屋皆然，以其價廉而工省也。子城西北隅，雉堞圮毁，蓁莽荒穢，因作小樓二間，與月波樓通。遠吞山光，平挹江瀨，幽闃遼夐，不可具狀。夏宜急雨，有瀑布聲。冬宜密雪，有碎玉聲。宜鼓琴，琴調和暢。宜詠詩，詩韻清絶。宜圍棊，子聲丁丁然。宜投壺，矢聲錚錚然。皆竹樓之所助也。公退之暇，被鶴氅衣，戴華陽巾。手執《周易》一卷，焚香默坐，消遣世慮。江山之外，第見風帆沙鳥，烟雲竹樹而已。待其酒力醒，茶烟歇，送夕陽，迎素月，亦謫居之勝概也。彼齊雲落星，高則高矣。井幹麗譙，華則華矣。止於貯妓女，藏歌舞，非騷人之事，吾所不取。吾聞竹工云：竹之爲瓦，僅十稔，若重覆之，得二十稔。噫！吾以至道乙未歲，自翰林出滁上，丙申移廣陵，丁酉又入西掖，戊戌歲除日，有齊安之命。己亥閏三月到郡。四年之間，奔走不暇，未知明年又在何處，豈懼竹樓之易朽乎？後之人與我同志，嗣而葺之，庶斯樓之不朽也。

《（同治）嘉定府志》卷四〇范成大《萬景樓》在漢嘉城中山上，登覽勝絶，殆冠西川。予令畫工作圖以歸。山谷來遊時，但有安樂園，未有此樓也。 左披九頂雲，右送大峩月。殘山剩水不知數，一一當樓（俱）〔供〕勝絶。（坡）〔玻〕瓈濯錦遥相通，指揮大渡來朝宗。川靈胥命各東去，我亦順流飛短篷。詩無傑語慚風物，賴有丹（書）〔青〕傳小筆。仍添詩客倚闌看，令與山川相映發。龍鸞歸路繞烏尤，棟雲簾雨邀人留。若爲唤得涪翁起，題作西南第一樓。

范成大《石湖詩集》卷一九《鄂州南樓》 誰將玉笛弄中秋？黄鶴飛來識舊游。漢樹有情横北渚，蜀江無語抱南樓。燭天燈火三更市，摇月旌旗萬里舟。却笑鱸鄉垂釣手，武昌魚好便淹留！

李清照《李清照集》卷二《題八咏樓》 千古風流八咏樓，江山留與後人愁。水通南國三千里，氣壓江城十四州。

陸游《劍南詩稿》卷五《宴西樓》 西樓遺跡尚豪雄，錦繡笙簫在半空。萬里因循成久客，一年容易又秋風。燭光低映珠韝麗，酒暈徐添玉頰紅。歸路迎涼更堪愛，摩訶池上月方中。

陳櫟《陳定宇先生文集》卷一二《朝陽樓記》 朝陽樓，子西金侯之所創也。其先君子桐岡公捐館之一月，侯聞訃，自江陵官所奔歸，水陸三千里，以十有一日而達。又二月，即其祖宅之東建爲樓三層，高明宏敞，不二三月竣事。亟爲之者何？承先志也。其名若何？標先字也。祖居西澗，澗之東可一樓，其地數十弓，犬牙入鄰壤，樓幾無地起，兩世數十稔欲之未得。侯歸大義交相感，樓址甫完。《書》所云「若考作室」肯構者，此樓之所創也。「朝陽」之云，見於《卷阿》，桐岡公字，實本諸此，自雅號熟齒頰，字鮮克知。樓巋然宅東，大明東升，樓先受日。公之音容，日遠日忘，登斯樓也，旦旦寅賓，思親而不得見，見朝陽如見其親焉。揭而彰之，示不忘親，此樓之所名也。澗之西瀕澗舊有亭，侯鼎新之。夾澗有梅，益增植之，取其尊先大父主簿公之舊扁曰「春先」者扁之。主簿公遊國學，登上第，春先事業，受用未盡，標以遺後之人。侯不忘祖訓，復揭以期子姪。「朝陽」之樓，不忘父也。「春先」之亭，不忘祖也。雖一樓一亭，而倫紀關焉。斯亭一澗隔之，欲登樓，由宅門度壽安之橋，百舉武不趐始克蒞。乃横一橋屋其上，爲舟形，以通之，扁曰「横舟」。雖狀形紀實，亦不無意云。

趙孟頫《松雪齋集》卷七《明肅樓記》 至元十六年，詔立後衛親軍都指揮司，設使副簽事，統選兵萬人，車駕所至常從，營白鴈口。既成，官有廨，士有舍，糗糧有倉，金鼓有樓，器械有局，交易有市，凡軍中之政畢舉。營南迫信安河，西臨滹沱白溝，東與郎城蛤蜊港接。越六年，當至元廿一年秋，大霖雨。明年秋，又雨，羣川漫流，營居水中，士馬告病。樞密院以聞，得旨，移稍西。於是重作圓營，去卑就高，舍危即安，衆心胥説，不日成之，士强馬蕃，視昔爲雄。由是開屯田千頃，用其農隙以講武事，無坐食倉廩之弊，而有古者寓兵於農之遺意焉。中營爲樓，凡數十楹，懸金鼓以警士之視聽，雄偉壯麗，去地百尺，憑高遠望，可盡數十百里之外。歲時椎牛釃酒，高會饗士，三令而五申之，〔士皆不敢仰視〕，坐作進退，無不如法。自衛帥以下，咸請名斯樓而記之。僕聞之古人有言曰：「兵政貴明，軍令貴肅。」舍明與肅，非政令之善者，迺名之曰「明肅」，而求集賢侍講學士宋公大書以扁其顔。方今天子聖明，四海之内晏然無桴鼓之警，宿衛之士皆安生樂業，〔除〕其器械，足其衣食。春秋屬櫜鞬，簡車馬，從乘輿，巡幸蒐獮，出入神旗豹尾之間，示不忘武備而已。而諸公能於無事之時，勤於軍政如此，其所謂暇且整者耶！夫君子聞鼓鼙之聲，則思將帥之臣，況入其營壘，登斯樓，見其行事者乎？可以知一時將帥之賢矣。抑又聞之，古之謀帥者，以説禮樂、敦詩書爲賢。詩、書、禮、樂，疑若於將帥邈然不相及，然欲使士卒皆有尊君親上之心，非是四者，其孰與於此？故因記斯樓之成而併書之，以爲諸君勉。〔是役也，諸帥既定議，簽事劉公實董其事云。〕

《〔至正〕四明續志》卷三鄧文原《譙樓記》 古者挈壺氏凡軍事，縣壺以序聚欜。司寤氏掌夜時，以星分夜，以詔夜士夜禁。鼓人凡軍旅夜鼓鼜。掌固夜三鼜以號戒。皆命士董其職。後世鼓角特戍卒之事，挈壺則有司令陰陽者流番直之，異古制矣。昌國隸慶元郡，在海東南古翁山地。世傳周穆王伐徐偃，王死，其民遷之洲上。或云越王欲遷吴王夫差於甬東是也。唐曰翁山縣，宋元豐年間改曰昌國。登高而望，鯨波汗瀾，極天無岸。若高麗、流求毛人之屬，綿亘海外，諸番舶道所經日本市易，則遣兵戍守，以鎮海道。迨皇朝至元中陞州，凡官署符移、圭田俸賜，悉易其舊。而麗譙未建，非所以重侯藩而威遠裔也。泰定丙寅，吴興趙侯仲穆至，諗諸州長及寮佐等，僉言惟允。於是諏日之吉，庸工庀具，乃幹乃址，以構以臒，敞爲飛樓。匪事觀游，惟軍容是肅。測景有規，警嚴有節。樓成，大飲酒合樂以落之。鼓角初奏，如蟄之雷，如沍之春，聲陽敷舒，羣情暢達。帆檣下上，瞻望斯樓，溥乎霄漢。咸太息曰：「前是未之有也。」有父老言曰：「官於是者，以是邦邈居海陬，率鄙夷吾民。懦者弛慢，貪者鷙暴，徵斂狎至，期會星火，我民用不得恬息。今侯一以廉平致民於理，枹鼓弗驚，不識吏卒。田有上腴，隰有淳鹵。銍艾既登，鹺賦羨入。始制銅漏以節晨夜，嚴鼓角以戒昏旦。八風既正，四時既叙，以新民聽，以導民和。願侯毋去，以重我邦民之思。」余曰：鼓角者，號令也，而挈壺則號令所由本也。今夫陰陽寒暑，化機不停，而丈席之内，銅壺漏箭，實司其權衡。古創物者，范金必精，挹注必清，必代時日之運行，是以威信旁浹而聲教宣明。辰入酉退，官有法守。出作入息，民由訓程。

常虛以受其成，静以持其平。寓智於物，而不自用其智；取則於水，而水無縮贏。雖風雨晦冥，萬變莫測，而不失常經。爲政之道，有以異是夫！侯其益加惠於是邦之人，有興除者，無不爲也。後之登斯樓者，亦因創作之勤，繕修必時，以勿替前規。致和元年四月日記。

張養浩《歸田類稿》卷五《甘肅行省創建來遠樓記》 維昔聖人之有天下，晝九州，規五服，惟内是理，而外之庭與否弗校也。肇嬴秦反古自帝，欲籠有八荒，於是耀武邊陲者殆無虛歲。迨漢興，武帝尤勤遠略，臣下既弗克正，又吹波揚瀾，以侈厥欲，若唐蒙、張騫、司馬相如輩，植功一時而蔓禍千載下，魏晉隋唐爲尤甚。於戲！己之未盡，惟人不禮不恭之讓；邇之未悅，惟遠不王不臣之攻。以是持心，宜夫怨構兵拏，厲無有紀極也。我國家體乾御極，奄甸方夏，古所未賓，罔弗率服，或有所梗，亦未嘗威服力劫，聽其殄然後舉之，故深仁宏澤，上昭天下漏泉，傍洽四遠。維是甘肅，實漢通西域時曰張掖、酒泉郡地。往年朝廷以密邇邊鄙，詔闢行省填之，爲省者率狃故習，常選耎弗力于治。大德丙午秋仲，改浙西道肅政廉訪使陳公彦卿參兹省政，鏟弊澣汙，化敷威振，餫無愆序，而軍實裕如。政隙又偕辨章某官洎僚佐出公府羡財如干，樓于城東門上，凡五楹，閎壯崇麗，卓冠一方。中懸金革，以節昏昕，以肅列鎮瞻聽。權輿至大改元之春，僝功其年十月。因上計吏徵名翰林學士承旨姚公燧，乃俾昭文館大學士李溥光筆曰「來遠」，且命太子文學張某記其故。某辭不允。竊惟張掖距京師爲里數千，民錯居其間者種復非一，其隸省州郡，犬牙相靡，劇者以十數，地邈俗悍，利馴病逆，綏御小有失，易摇以離，使他人相之，必將畏難憚遠，不一日留。走聞侯自下車，閲兩寒暑，凡可以裨國若民，如興學賓士，贊邊畐吏，招懷攜遠者，靡朝以夕，盡瘁亡倦。其建是樓，不惟章聖天子同仁一視神武不殺之懿，抑令彼反側子聞之，將不煩申諭，輩琛駿奔，惟恐來格之後矣。然則斯樓之建，更漏云乎哉！侯名英，彦卿其字，嘗奉使采訪江西，奏課最諸道云。

張養浩《歸田類稿》卷一四《白雲樓賦》 吁！其高哉！兹樓之有如此兮，括萬象於宏敞，飛四阿於鴻冥。初疑陽侯海底鞭出一老蜃，噴雲噀霧，扶輿五色，凝結而成形。又疑大鵬九萬失羊角，踞兹勝境而不去兮，翼截華鵲之煙雨，背摩霄漢之日星。我來宣鬱一登眺兮，衆山故爲出奇秀，恍然身世遊仙庭。憑欄俯視魄四散，耳根但聞風鐵音令令。上有浮雲容與臥蒼狗，下有驚湍澎湃奔流霆。憶昔我公分符握節尹東土，聲名遐邇流芳馨。脯鱗膾鳳，羣賢方此日高宴，不意有奸闖境，闔城萬室無一寧。公乘疾傳出聞上，亂臣必討存諸經。雄兵一夕自天至，縱餘渠帥獨典刑。九重賜券且與盟，帶礪寵光浮動堂與庭。惜余才疏生晚後，機會不及奮筆爲擬燕然銘。雄心霸氣、龍韜虎略見無復，空聞燕雀鳴幽扃。當時風景今盡易，惟有風光山色無年齡。朱簾香歇桂花老，金鋪色暗苔痕青。長歌慷慨弔陳迹，風動彷彿來英靈。忽然暮色自遠而至兮，斷霞斜照互明滅，詩成欲掃雲間屏。貪徵興廢玩餘景，須更不覺一輪古月升東溟。

張養浩《歸田類稿》卷一五《重修會波樓記》 吾鄉山水之勝名天下。代之談佳麗者，多以江左爲稱首，疇嘗游焉。南方之山，大槩肖其風土，沉雄潭㕓者少，穠鮮清婉、靚粧雅服之比，道路相望。惟吾鄉則兼而有之。其曰歷山者，迤嵐突翠，虎逐龍從，南楗岱宗，東屬于海，華鵲兩峯，屹然劒列，峭拔無所附麗，衆山皆若相率拱秀而君之。大明湖則匯碧城郭間，涵光倒景，物無遁形。自遠而視，則華鵲又若據上游而都其勝者。至於四時之變，與夫陰霽早暮，水行陸走，隨遇出奇。凡可以排囂宣鬱，使人蜕凡近心，高明可喜，可愕可詩，可觴可圖者，靡一不具。其基城北水門翹然而屋者，爲會波樓。蓋濟南形勝，惟登兹樓，可得其全焉。繇吾鄉多名泉，衆流至此而合，故以名之。往年官轉運者，嘗一增葺，今國子司業張先生臨，爲記其成。距兹殆三紀周矣。泰定改元，秋雨甚，城少圮，樓亦挈挈入於壞，舟者仰視縮頸，連舞櫂過之，怖其見壓。於是司憲諸公以語監郡都侯，侯曰：「是不難。」遂割己俸購工，式新厥構，不華侈尚，惟固是圖。未浹月潰成，民弗知勞，倏還舊觀。一日，邀余落之。酒半，余指衆山謂客曰：「有天地則有是山，其閲變故多矣。蓋代有興替，山則亘今古而自如。惟人也有生有卒，雖曰最靈且貴，要之反有不逮物之榮悴循環者，況能山之久乎？故凡登眺者，無論先後彼此，往往燕樂甫洽，而感慨踵至。此無他，蓋有見乎是也。雖然，人而苟欲與山並存，抑亦有不難者。前輩謂死而不朽，是謂之壽。臣焉以皋、夔、稷、契爲心，子焉以舜之事親爲法，儒焉以顔、孟、伊、洛諸公自期，若然，則其形雖不壽於山，而令聞長世，亦足與山無窮矣，又何感慨之有哉！」於是都侯矍然興，灑然喜，引盃相屬曰：「公之此言，非直詠景述事，又足廉頑立懦，振聳人之善心，殆不可使無傳焉。」遂書以貽之。都侯國人，名某，蒞官廉慎，由世爲都達魯花赤濟南，故以官氏云。

虞集《雍虞先生道園類稿》卷二六《南康路重建譙樓記》 彭蠡，九江之水合，匡廬屹然而止焉。前代以江湖闊遠，置南康，治星子，以制其要。自江右會府視之，則有門户閉遮之勢矣。宋南渡，恃江以立國，南康亦重地也。淳熙中，朱文公嘗守之，固喜其山川之雄秀，風俗之淳美。然嘗以土瘠人稀，役煩税重，無以寬民力爲憂也。爲之期年，治修化行，比於鄒魯，而制作之遺，猶可想見。國朝既一海内，置三行省於江南，封疆之界，接畛是邦。視昔荆楊吴楚之交，郡守之託，爲甚重矣。郡有隄防門垣之固，軍旅市里之區，社稷廟學之所，庾獄府史之藏。今昔因革，緩急先後，各有其時。郡治本故宋乾道所作，百數十年矣。後至元乙亥燬焉。八九年來，守者數易，而不遑及也。今郡守之寄，猶古諸侯宫室有制，其守居有室，有堂，有聽事之庭。重門在前，不得以簡陋廢也。至正三年冬，嘉議大夫孫侯天民來守是邦。勵志以自立，平心以治人。作新觀聽於頹靡之餘，隨事休養於裒斂之極。未及期月，僚佐稍集，稼穡告登。始作郡治南門之譙樓，督其役者，承事郎星子縣尹蔡君瑛也。兩端爲臺，崇十有八尺。中爲門，以通道。樓於其上，其楹三十有八尺，屋三間，有左右翼。廣若干，深若干。臺之基，至屋之極，通五十八尺有奇。起手於四年十二月之九日，成於明年某月日。用有節而財不告匱，賦有時而民不告勞。於是嚴鼓角以謹朝夕，出教令以示民人。貢賦獄訟之出入，使命賓客之來往，必此乎達焉。而侯之爲治，明通而無隱，作止之有度，於此可見矣。乃使建昌州儒學正王宗震，走臨川求予記之。予通古今以覽夫人物治道之升降，慨文公於既往，善孫侯之方來，乃爲書其歲月，以刻諸石，使後之人有所觀焉。孫侯字可達，濟南商邑人。在郡有清節，多善政，民甚安之，觀風者稱焉。嘗以所受禄修學宫，所部學田久見侵於浮圖老氏之徒者，理而歸之以養士，其將有意於斯文者乎？蔡令字子華，鎮江人，儒者也。侯未至前，郡有誣服殺人獄具者，屬子華竟之。子華訪得所殺人實在不死，密使人致之，出諸審，決之庭，獄解，事類錢若水。同州之政而多牽制尤難，云侯至以是賢而屬之也。

《〔光緒〕臨桂縣志》卷二六虞集《明遠樓記》　天地之大也，著明於日月，而照臨無私焉。上下四旁，無不見也；古往今來，無不知也。古之有天下者法焉，必求諸天下之賢，託之以耳目之寄，以通天下之志，以成天下之能，羣疑盡忘，一誠通貫，萬物之理，萬事之變，廓然無所蔽隱。雖四海之外，後世之久，猶無間焉，況其邇者乎？我國家有輔相股肱腹心之方伯、連帥、郡守、縣令，次第承之，規模密矣。又設御史司憲之官，託之以耳目，相爲經緯表裏，以參錯其間，見聞盡達於天子，則兼内外，通遠邇，故凡有司，不得而比焉。廣西遐在南服，而動息治忽，無一不聞於天子者，以其有耳目之託，而得其人也。至元二十八年，始立憲治，因宋舊官舍而爲之署。延祐四年，監憲董福復新廳事，作樓於其後，題曰「明遠」，下爲清燕之堂，則退食自公所在也。至今三十年，敝而弗葺。至正四年，監憲康里脱脱公、憲副高昌妥安穆爾公、河東李公思敬、憲僉河東宋公思義與經歷忽都、知事王士勖，公事之餘，慨然以爲前人之所爲，憲體之所係，不可莫之振也，相與命工度材而更新之。監憲脱公至官，遂以疾去，數君子實卒成之。樓五間，凡三十有二楹。上施欄楯，下有墉垣之固。光敞雄麗，丹碧輝映。費自公出，役以傭作，民無與焉。數月而落成，仍命曰「明遠」。明年冬十二月，仕於桂府者真定范淳，至臨川山中，請予記之。其言曰：樓之高也，登而望焉，灕江左帶，西山右峙，奇峯怪石，陳態獻狀於几席者，可指而名也。城郭之完固，形勝之要害，煙雲杳靄，林壑熙暢，民風景象，一寓目而在睫矣。此樓所以爲「明遠」與？公寓於斯也，服忠孝於厥身，本清慎以律己，不苛察爲嚴，不姑息爲惠，諮詢謀度，每懷靡及。暇則登樓，將以達其聞見，息其思慮，以答天子負託之重，豈真優游休暇，圖爲游覽之樂者乎？且桂在嶺嶠之外，地方數千里，自秦漢以來，至於我朝，皆以爲巨鎮。昔之君子，嘗以禮義治之。然今之作吏於郡縣者，無遠慮明識以制其變，無廉節公道以服其民，軍旅之興，餽餉之苦，爲朝廷憂者久矣。聖天子仁履四海，視民如傷，帥武臣力，民始得其休息焉。況桂府去京師甚遠，遥瞻天子之光，不遠咫尺。斯樓也，耳目之官在焉。使安不忘危，易不忘險，而爲深謀遠慮，圖爲永久之計，庶幾桂之山澤嶺海之民，沐浴雨露，若彼中州之安，則吾司臬之大夫君子，其無愧於斯樓之「明遠」者矣。

《〔同治〕新建縣志》卷八四虞集《黄堂鐘樓記》　黄堂隆道宫，舊傳旌陽真君，得仙道於丹陽諶母，歲往謁諸黄堂之館。久之，母謂許君曰：「無勤數來也。」因擲靈茆空中飛去，曰：「子歸西山之南，得此茆則立靖室，歲與子相見於是矣。」許君歸豫章，尋得此茆已叢生，則今之黄堂觀也。曰黄堂者，因丹陽之舊云耳。或曰：「許君與郭景純擇地而得諸此。」余嘗過之，前宋石曼卿作觀記，而不言飛茆事，豈疑於飛茆之説，而不察地之豐美，則至靈至潔之物生焉，夫何疑之有哉？自許君仙去，里中父老子孫相傳，歲以八月初四日，載真君像至黄堂，北面謁諶母，如其在世時。僕徒衣幘歌謡之聲，特爲奇賞。噫！猶是當時之遺制，千餘年而不廢，其遺俗亦可稱也哉！夫神仙道士之宫，多托諸靈山奇阜。而黄堂乃在於良疇沃壤之間，平遠夷曠，無所障礙，重岡複嶺，隱隱隆隆。北極於玉隆之墟，大家之族居，聚落之成市，林樾水曲，星羅棊布，可平視者百數十里。風氣温燠，民事淳簡，水旱扎瘥之厲，蓋鮮聞焉。其爲宫也，清流環之，花木巨竹，深静蕭散。中有三清之殿，諶母、許君之祠，東西對立。宫有門，道士之居列布兩翼，蓋湛湛乎，古仙人之館也。其東廊舊有鐘樓，則前道士皮惟新作之，歲久傾圮。里人廖君時亨，其居在數里之近，數遊，宫之士語之曰：「子得無意於斯乎？」時亨曰：「有父母在，不敢專也。」其父南昌縣主簿，諱幼清，曰：「是吾責也。」即命工庀材，乃得異木四，皆長五十餘尺。因大水溝港，無所曲折，皆得至宫下。儘其高以爲樓，構緻堅密，甍桷比櫛，不侈不樸，飛階三折，乃至其上。樓成，其舊鐘弗稱，更鑄之，用銅二千餘觔。既成，主簿歿，道士祠之鐘室。下宫之道士，浮雲提舉羅壽遠，及余門求爲之記，未暇也。至元之三年二月初吉，余遊逍遥山，過而登焉。徬徨躊躇，所謂仰觀宇宙，俯察品類，而思夫古仙神人及物之深，師弟相與爲禮之盛，使人没世不忘如此，其孰爲而然哉！樓益高，鐘益大，聲聞益遠。晨夕之間，鍧鏗震動，夢者以覺，昏者以警，於斯人之耳目心思，其有所益哉！時亨嘗以儒業遊京師，受知親王，奏而命之官，非所樂也，歸而隱居教子，其族亦多好事者云。至元四年，歲在戊寅三月十五日。

黄溍《文獻集》卷七上《東陽縣門樓記》 古者國無小，必爲臺門，所以嚴等威，重教令，非苟致崇飾而已也。以爲不若是，無以習民於上下之分，而壹其觀聽也。古今殊時，郡國異體，所謂麗譙者，不皆出諸侯三門之制。其以樓易臺，或猶有取《禮》之以高爲貴者乎？《春秋》譏新作南門，非謂夫修舊而加其度也，蓋失時也。東陽，婺壯縣，提封幾二百里，民堵至四萬區，不啻如古子男國。縣署之大門故有樓，庳仄下陋，歲久，且就圮。丞耿君某以爲，是不稱古者嚴等威、重教令之意，爰合其鄉之大家，俾撤而新之。尋有二尺，以爲基之崇。參其基以爲屋之崇。修去屋崇五尺，廣參其修而益五尺。凡修廣視舊率加什二，而崇倍焉。爲間者五，而加其舊者二焉。君之惠孚于人，故民樂獻其力；智周于物，故工喜薦其伎。始作於延祐二年冬十月，而訖役於三年春二月，又不失乎土功之時。是宜舉之易、成之亟也。學校之士咸相與言：「吾黨不可拱手視具。」乃買石，而以書來曰：「吾耿君之興壞起廢，可稱述者非一。而樓爲大，願紀成事，來者尚有考也。」溍不佞，無能贊美頌勸。然竊觀是役也，有《禮》之貴，而無《春秋》之譏，能勿喜聞而樂書之哉？動而法於《禮》、《春秋》，則夫所宜書者，茲樓云乎哉！程工屬役之凡，庸可畧也。

《〔道光〕休寧縣志》卷二一黄溍《休寧縣新門樓記》 休寧自漢建安中爲縣，曰休陽；吴曰海陽；晉曰海寧；隋開皇中，始改今名。唐天寶中，乃徙治今所，而國朝因之。縣署之外門故爲樓其上，所以尊臨乎一邦。至於伐鼓以警昏昕，下漏以接晝夜，又所以謹天時也。歲月寖遠，棟宇摧壞，左支右吾，匱官勤民，公私交以爲病，而事至苟簡，不足以革陋起廢。任程督者或並緣其間，則民益弗堪。至正五年春，縣尹唐君視事伊始，顧瞻太息，將舍舊圖新，而未有以市材甓、僦匠傭。乃以禮延致大家之有餘貲而無雜役者，得十有四人，使合力以庀事。起夏六月，訖冬十有一月，屋之崇七尋，東西之廣七尋有四尺，南北之深半之。列楹十有六，而爲楹間三。修宎厚棟，重簷複宇，顯敞宏麗，殆昔所無。箭漏笳鼓，設置如式。昔之所有，亦莫不備。官無一粟之費，民無半餉之勞，而亟潰于成，靡愆于素。非唐君智周於物，惠孚於人，何以及此哉？邑之士民謂宜有述以畀來者，不遠千里，俾任士敏謁辭，泐之貞珉。蓋古之爲國者，必嚴等威、重教命，是故諸侯臺門，禮家記其以高爲貴。挈壺氏不能舉其職，詩人刺號令之不時。休寧夙稱望縣，提封之大、生聚之衆，奚啻古子男國。雖以世代之殊、儀制之異，不必悉具三門，曷可因仍簡陋，無以習民于上下之分，而一其觀聽乎？唐君遭值聖時，以布衣入對，即日被旨，補郡文學，而甘于廉退，筮仕踰三十年，乃以資格序遷，來莅茲邑。敭歷已久，故其政事不失乎本末次第。既覈田糧以均民繇，且興廟學以淑士類。迨是役也，有禮家之所貴，而不徒誇土木之壯觀；無詩人之所刺，而遂至垂金石之頌聲，豈非後人所宜取法歟？嗣爲政者，尚有考也。唐君吴興人，名棣，字子華云。

《〔嘉靖〕湖廣圖經志書》卷六劉應奎《荆門譙樓記》 漏刻之作蓋肇於軒轅，宣於夏商之代，《周禮》挈壺氏掌其職。夫一晝一夜，有陰陽之消長，寒暑之推移，風雨之晦冥，非漏刻不足以爲法，非鍾鼓不足以爲節，此譙樓之所當建也。荆門居漢之南，江之北，翰林朱公於此講《易》，文定胡公於此焉論學。宋年，城池率爲荆榛瓦礫，譙樓實在州治之南，頹垣敗壁，震風凌雨，於茲四十餘年，舉而中輟者固多，棄而弗治者亦不少，自非卓犖人物，更嘗事變，烏足以與此。逹魯花赤朵兒只承直來領是郡，慨念夫鼓樓爲州郡耳目，銅漏乃晝夜凖則，倘置之不問，是使邦民聽聽爲瞶，而積疑成真，又何以宣布德音，張主政教哉？於是詢及同寅，率及富室，鋭志一舉。未期月而斯樓亟成，始自下累石，廣七丈，深三丈，有五構架，而上重簷複棟計三間，高三丈有奇，總三百餘椽，窗櫺户牖，丹漆塗腰，無不備具。望之屹然而干雲霄，登之豁然而吞山川。遂乃立模範、鑄壺漏，黑金千餘斤，一冶而就。更籌點板，靡不如法。命陰陽家者流以主其事，實千萬年盛典也。蓋嘗思之，天下無難事，惟有志者竟成。宣差朶相，胸襟磊落，氣節高爽，於政事知無不爲；知州馮相，寬仁慈愛，沉静重厚；同知吴承務譯融貫，資性特達；州判師公，從仕吾道綱領，文筆老練；幕賓周公，梗介倜儻；皆一時人材表表，成此不朽之功，豈偶然哉？大抵爲政之道，莫先於天時。故《詩》之「東方未明，顛倒衣裳」，而序者其以爲挈壺氏不能掌其職，由此觀之，更漏分明，政事修舉之説不謬矣。既落成，朶相扁其額曰「勤政」，以見用心之萬一。若夫嗣而葺，推而行，相與於無窮，是有望於後之君子。因系之詩曰：

壯哉荆岑，賢侯用情，聿修厥典，譙樓遽成。棟梁屹立，絢爛丹碧，如翬斯飛，嚴嚴翼翼。更籌既平，晷刻分明，政於此儆，善心叢生。月明華屋，角聲宣逐，三弄梅花，無窮耳目。延祐己未。

陳樵《鹿皮子集》卷一《八詠樓賦》 融火謝，梧葉飛，碧雲暮，靈雨晞。烏有客卿目迎歸鴻，相羊依遲。悼夕陰，望崦嵫，送日車，招月妃。于時天漢焞焞，明河澄徹。烏夜嘑，璠燭滅，沆瀣生，丹露浹。颼風來，飛音絶，偃蘼蕪，動巾箑。微雲解，金波發。露井飛霜，陰渠沃雪。凍樹連花，封條屬葉。瓊弁盈牀，玉塵生襪。于是解羽衣，被須捷，發妍唱，歌皓月。傷令德之未崇，怨急景之凌奪。胥靡先生過而詫之，曰：風月無際，而客得之，所謂庶人之風月也。極目之樓，迎華之觀，在城東偏。玄暢之樓，出其西南。背梁涉宋，不知紀年。南樓黄鶴，聯鑣方輦；黄樓白雪，並驅争先。登斯樓以馳明，長風浩其吹衣。瓊璧霜寒，丹臒霞披。重橑攢羅，欄楯巖巍。桷怒拱走，柱浮棟飛。椽欒涎涎，築棁熺熺。西榮隱乎琳房，東榮昭其梁麗。閈閎在其北際，饔舍出于西垂。户朱殷兮初日昇，瓦積翠兮朝露晞。飛雲繫乎檐牙，芳塵屬乎榱題。清樾以爲簾薄，遠林以爲罘罳。與觀同榮，非譙而麗。顧風物之清新，瞰市列之闤闠。雖有庶人之風月，將無以容之也。客卿曰：室則盛矣美矣，彼何以爲容室之地耶？曰：城樓所屬，山澤效奇。其南莽平，綿地百里，落脈兩端，大川交至。退不夷漫，進不迫賈。畦畹皓其紛績，金沙及于河麋。迫而翫之，則倒影在庭，水紋浮袂。若泉之榮，若波之詭。釣車離合，行艓棲遲。亦有屠釣隱淪，仙舟暫駐。張志和之艇東來，李供奉之帆西去。錦袍之影未寒，欸乃之聲在樹。水鳥沙禽，無今無古。其北則金華石室，洞玄之天，珍林建木，蔚蔚漫漫。若張羽蓋，若立曲旃。紛青繚碧，蓊薆芊眠。延目視之，則水光山色，融液轇轕乎其前。非煙非雲，非埃非霧，團玢青熒，蕤綏扶輿。若霧染空，若景涵虚。入閈閎，溢餘胥，屬上榮，周步廡。排飛闥，冒綺疏，度懸箔，依硐户。搏之不得，攬之非無。招之不來，麾之不去。得之者不綺錯而雕麗，值之者不塗澤而改度。此人間之爽塏，山澤之清暉，所以娱人者也，子能從我而閲之乎？曰：高明之具，翫時愒日，志士所畏。請言其餘。先生曰：東陽之牧，江左英偉。蕭子雲之翰墨，百金一字。離鴻脱手，驚蛇落紙，豔動行間，金生字裏。吴興玉唾，見之失色，漁陽艷曲，爲之褫氣。而沈謝之在越中也，翳白雲，訪芝髓。胹明月以爲胾，縷光風以爲餌。剸裁楚豔，鋪張漢侈。拾趙帶之餘妍，出燕裾之華詭。錦官取其光榮，雒花得其富麗。若礫鸞鳳于黿鼎，屠飛龍于牛几。種光璧以成烟，解佩瑲而取淚。大曆之子獻譏建安，避其精鋭者也。今都司集賢之墨未乾，會圃登臺之詩在耳。客惠顧焉，而審定之，其視開元爲何似也？客卿曰：蕩子之春華，雲章之清翫，非所以崇德也。請言其餘。曰：石室硐井，謝君之域，赤誦之宫。蓋金華玉竇處乎北際，鼎湖太鶴出于南中。董方成、趙廣信之窟宅，又參錯其西東。羣仙羽會，曄如芙蓉。虚步霞起，振衣爲風。目留鸞鳳，氣使飛龍。青骨緑髓，碧矑方瞳。四體集爲琅玕，虚白生其心胸。開陽斂秋，與元氣均。六天爲羽，八極爲門。馭飈車，馳羽輪，游汗漫，從列真。棲神不死之庭，煉形三丘之樊。丹砂鼎竈，荆榛蕪没，砂雞走狗，莫知其垠。而光燄竊發，金華朱殷，碧雞迺晨。疇昔之夜，吾嘗登斯樓以北顧，赫焉如熒，躍焉如金，大如車輪，焜燿輪囷。得其毫髪，則無以墮襄陽之淚，雩齊侯之襟。雍門亦無慮乎池臺之隍者也。子能從我而求之乎？客卿曰：金石之壽，萬不得一。魯多君子，學無不殖。業之不修，其何能國耶？胥靡先生色憙而言曰：昔者晉在中葉，謝公在位，袁宏朱幡。藹然仁風，與扇俱南。歷宋至梁，亦莫能辨。蓋東海之先民，慕季子之風績。故尊堯陳瓘。之忠烈，潘卿良貴。炙之；潘卿遺直，司諫陳良佑。得之；而其遺風餘烈，憲臺則之。今謝公之風，不泯而益，不落而殖，抑外憲之力耶？客亦聞之乎否也？客卿乃蹶然而作，周旋里巷，臨顧山溪。問故老之緒言，昭前修之風軌。蓋沈侯方盡瘁于東陽，而梁王已撫帶而傷已。今歷年八百，金銷石盡，城市皆非。而謝公扇上之風，至今不墜，自沈侯以下，有賢大夫繼之也。不然，則庶人憔悴，雖有風月，烏得而食之。今天下之言曰：「江山不惡，胡不勝衣？」彼徒知東陽以風月而消瘦，又烏知其庶民以風月而瓠肥也哉？遂稱歌曰：

明月爲燭兮，吴越千里；夫何解帶槃礴兮，言不及帝。抑君臣憔悴，未嘗相謂耶？宮中故帶不以示約，欲誰示耶？吁嗟乎！黎庶之肥，東陽之瘦；粱王消瘦，天下之肥也。舍東陽而相國，則侯之肥瘠未若是而已耶？

于是胥靡先生起而爲亂，亂曰：

飛觀硉兀城東隅兮，蘭堂豐屋交綺疏兮。繡衣金節玉唾壺兮，渠黄紫燕油壁車兮。飛蓋摇裔風清途兮，瓊纓華綬照碧梧兮。[illegible]花壓玉炊雕胡兮，手揮五弦罷吴趨兮。長吏著白兮疲民甦，牒訴簡寡兮圜空虚。水雲在柳兮日在榆，風乎大澤兮歌唐虞。

吴師道《禮部集》卷一二《婺源州靈順廟新建昭敬樓記》 婺源五顯之神聞於天下尚矣，蓋其上當天星之精，〔下〕據山川之雄，儲英發靈，烜赫震疊，自唐至於近代，跡具紀載。國朝加廟號，崇封爵，香旛金幣之賜，遣使時至。每歲夏初，四方之人以祈福會集祠下者，上窮荆、越，下極揚、吴，銜舟塞川，(重)〔薫〕霧翳陌；百賈列區，珍貨填積，賦羡於官，施溢於廟，浹旬日乃止，尤爲一邦之盛。故廟之穹堂華殿、飛樓複閣，宏侈鉅麗，所以致崇極於神者，靡遺餘力焉。至大四年俄毁於火，繼而土木薦興，二十年間所營建者十已八九，獨大門昭敬樓猶闕，且爲最先之地，而反後焉，一簣之功若有待然者。元統元年，今(達嚕噶齊伊克蘇)〔達魯花赤赤思嗒〕公實總廟事，首議及之，庀工於夏，搆架於冬，爲屋三重，楹亦三之，其費皆出於廟之田租與其施財。(後)〔役〕既非常，懼弗克給。明年，知州(于)〔干〕公文傳至，乃相與謀，稽其出内，括其隱欺，沛然有餘，功以不輟。秋七月落成，舊觀復還，高廣有加，金碧煌煌，榱棟峩峩，如浮宫嶢闕，出雲氣而臨風雨，騰龍翔鳳，奮頭角而鼓羽翼也。視瞻丕聳，肅敬自生，神居尊嚴，名號斯稱。凡材與工之費，中統鈔以貫數之四萬五千五百有奇。先是，夏初之會，干公實督其税入，革複重之害而薄其征，來者益倍，歡頌四出，時有金芝之産於殿之右梁，奇芬瑞采數月不變，今猶矗其上，亦異哉。二公之雋功盛美，吏民咸願勒石，會某適過是邦，俾執筆以序。徵諸見聞，可信不誣。竊聞聖賢之語政，治民、事神而已，然必曰先成民而後致力於神。何哉？使其職業之不修，怨嗟之不卹，而徒媚神以徼一日之祐，彼聰明正直者豈肯顧而歆之？今二公叶志和衷，帥正自躬，政肅令清，化以大行，年穀比登，疵癘不作，耄稚歌舞，涵煦惠澤，明靈寵加，彰示貺賜，其於神人之間，可謂無愧者矣！是誠宜書。凡州之僚屬贊是役者，同知某、州判某、吏目某也。

楊維楨《東維子文集》卷一四《南樓記》 信都吴公僑居吴興，築樓岸霅水，北枕蒼弁，金蓋、玉几諸山拱在離嚮，因命樓曰「南」，且以自號。置書萬卷樓上，一時名士，考經斷史及東南民事，必客是樓。余亦在客數，而徵記於余。余謂南樓在武昌〔名〕於晉庾亮氏，代之貴家富室，高甍峻宇，偭陽而樓，庋玉帛，栖歌舞，以都山川風物之勝者，以萬萬數，而亮後無名焉。越數百年，而吴公之名於吴興者繼之，豈非樓倚於地之靈，而地又倚於人之傑也耶？雖然，亮非人傑也。亮本莊老氏學，善清談之士也，識闇才短，徒以周公親受重顧，四海惻心，奸臣肆志，非賴二三方岳，則(未)〔東〕度之國幾至大弊，末路之窮至欲竄山遁海。不獲已爲蕪湖之出，武昌之駐。其在武昌也，未聞有所經畧，顧欲任猜忌，黜大臣，諸(左)〔佐〕吏皆(東)〔束〕閣之物，又未聞雄特其中。月色横陳，秋思不淺，南樓之登，徒與浩輩談詠光景，曾無裨於中州多故越雷池一步也，其才不足與有爲如此。今公以〔北〕方之學，相家之英，既出爲天子耳目，剗除奸惡，登進忠良；遭吴喪亂，又出而身任城社之重，而樓與門客寮友之所講白者，皆經國之道、弘濟時艱之策也。今日之吴興，豈與昔日武昌同一秋月哉？吁，秋月無古今，而人物有古今，庸詎知夫今人之不優於古也耶？登兹樓者，攬山川人物之勝，又安知無善賦大夫，飲酒山川之神，以述大業頌隆功，以鄙浩輩之所談詠光景者哉？書諸樓爲記。公名鈞，字元播，平章冀國公之季子，御史中丞南囪公之仲氏云。至正十三年夏五月記。

貝瓊《清江貝先生詩集》卷一〇《不礙雲山樓賦並序》 赤松溪楊竹西氏，築樓一所，在居第之南。而海中大小兩金山飛舞而前，因取杜少陵詩語，顔之曰「不礙雲山」，鐵崖楊先生爲之記。夫有雲山之境者，恒不得其人。有雲山之趣者，恒不得其地。而兹樓獨領其要，朝嵐夕翠，不起燕坐而盡得之，豈非先生所謂境以人高，人如境勝哉？竹西嘗命余爲賦，久未克就。歲閼逢執徐之春，放舟溪上，始獲登竹西樓。遠眺五茸三泖，窮目力所至爲限，飄飄乎若一羽凌空飛度三素雲中也。命酒共酌，操蹙雷之琴，歌《白雪》之辭，極驩而罷。因援筆爲賦，不惟狀雲山之勝，且寓感今思古之意焉。賦曰：

巍乎層構之造天兮，既内敞而外隅。滄海浩浩而左匯兮，銀河淵淵而右紆。激迴風於四阿兮，宿雲氣於薄櫨。七星掛於北户兮，送結隣而迎望。舒荷倒植而菡萏兮，芝旁生而扶疏。寔仙人之所居兮，候安期於虚無。兩金崟峩而並峙兮，蛾眉巧以迎予。斷太華之仙掌兮，剪蓬萊之左股。掃新黛之聯娟兮，洗海門之秋雨。九山北起而向背兮，翩鸞迴而鳳舞。秦山拱以旁繞兮，列邾莒於齊魯。雲霏霏以晨蒸兮，散玉衣而輕舉。何卷舒之無恒兮，倏爲龍而爲馬。羌不起於燕坐兮，挹爽氣於尊俎。招夸娥之二子兮，夢高唐之神女。聊徙倚而四望兮，悼吾行其孰與。日散輝於斷岡兮，鳥没影於平楚。美人期而中訣兮，魂煢煢而若睹。吾令雲以申誡兮，山復險而道阻。願從赤松以授道兮，邈清塵之萬古。昔祖龍之帝六合兮，度浙江而東巡。王氣颯以燐滅兮，璠草萋而自春。悼三女之中天兮，高塚崒其猶存。暗沙窋之風雨兮，猶想夫萬乘之雷奔。偉希馮之夙悟兮，逮九齡而知名。荒臺圮而荆棘兮，餘鳥跡之縱横。金石輟而弗聞兮，激流水之泠泠。平原振藻於東吴兮，翔雙鳳於太清。胡鹿苑之一敗兮，竟鎩翼而就烹。黄耳去而不返兮，唳鶴寂而無聲。羡記室之見幾兮，遂南旆而孤征。念丹轂之易僨兮，鱸秋美而可謈。卒全軀於濁世兮，歷千春而尚榮。尋古洞之丹砂兮，弔黄鶴之仙人。天瞢瞢而無光兮，哭深林之帝魂。白鹽皎以雪積兮，火萬竈之飛烟。憤仲父之厲階兮，冀海水而桑田。博陸忠而覆族兮，宋南度而肇祀。漢寔薄而少恩兮，獨弗念乎厥始。嗟時俗之好怪兮，語荒唐而無紀。竦余轡於高丘兮，濯余足於清泚。訪吴子之獵場兮，平蕪緑而靡靡。挾白羽以命中兮，感翩翩之飛雉。寵西施以亡國兮，猶痛恨於後嗣。爰抗音以高歌兮，酌兕觥之芳醴。諒高明之可居兮，胡汩没而弗止。陋齊奴之金谷兮，歲曾幾而荒蕪。雪月空而燕去兮，鳥雀啾以驚呼。斥粉黛而弗貯兮，列圖史而自娱。誶曰：雲動不測，氤霳霽，勃夢夢兮。山静不遷，嶔崟巀嶪，鬱叢叢兮。飛樓蔽虧，青延翠攬，棟隆隆兮。瞻望美人，于彼夕陽，思無窮兮。弦吾素琴，目送飛鴻，煙空濛兮。

貝瓊《清江貝先生文集》卷一八《武昌譙樓記》 縣有譙門，古也。或以譙門爲城門，見於《陳涉世家》，豈亦施之縣乎？後建重屋於其上，故又稱譙樓。蓋令丞所居，必嚴内外之限，辯上下之分，非徒侈之以壯麗而已。謝叔賓治武昌之三年，自垣而門，自堂而廡，舉新而完之，而譙樓未及建也。父老有謁而爲言者，乃謀於衆，即山伐材，濱河陶甓，因其舊址而經營，越十月而功成。飛甍巨棟，高出雲雨，無雕斲之費，而弘敞殆過於前。於是棲鼓角以謹晨昏之節，可謂稱其嚴内外、辯上下者矣。惟工築之歲月不可不紀，遂狀其顛末，馳書京師，求予文以鑱諸石。按志，武昌在漢爲江夏郡，至吴改武昌。晉庾亮、陶侃嘗出鎮其地。而環境之内，層厓峭壁之竦峙者，則有鳳凰、大洪；驚湍悍流之扼束者，則有江、漢。此非險固之當保者歟？破壘已湮，荒臺已夷，而英雄陳迹，尚想見於千載之下矣。今所轄七縣，武昌其一也。唐、宋以來，民之至而土著者，日益繁夥。元季之變，所至阻兵，苦於攻戰，千里蕭條，過者興慨。國朝混一區宇，休養既久，凋瘵始復，流亡四歸。而叔賓興壞起廢，一新邑人之觀聽，厥有次第哉。登高望遠，凡昔之荆棘參天，宅狐兔而盤蛇虺者，今皆禾黍矣。昔之白骨彌望，嘯魑魅而號烏鳶者，今皆宫室矣。抑可以見聖天子之深仁厚澤，被乎南服之廣如此，故兹役亦易而不煩也。大抵時之不得爲者，《春秋》書新延厩是也。制之不當爲者，《春秋》書新作南門是也。譙樓既得其時制，寔出政之所關，雖重於用民，非若延厩、南門，爲《春秋》之所譏，惡可後而不急邪？凡吏之出入於門，民之來往於道，亦各有其時而不遠與。故詳書以著更作之始，俾來者有所考云。洪武八年歲在乙卯春二月初吉，將仕佐郎、國子助教檇李貝瓊記。

陳基《夷白齋稿》卷二四《春暉樓記》 吴郡崑山之界溪，有園池曰「玉山佳處」，隱居子顧仲瑛甫之别業也。山之西爲草堂，堂之北爲春草池，跨池爲屋，以藏法書名畫，如昔人之舫齋者，舫上構重屋，曰「春暉樓」，與所謂湖光山色者相值。仲瑛日率其子若孫爲壽於其親，畢輒與賓客者沉吟六義，爲詩以適登臨之趣。嘗誦唐貞曜先生孟郊氏《游子吟》而有感焉，既以春暉名樓，且徵予文以爲記。嗟乎！世之難遇者太平，人之至樂者具慶，故風人之歎恒不足於所遭，而天下之情莫不願於逮養。彼重堂層軒迴廊複館，與夫珎禽異卉，世之好事者皆可以力致。至於俛仰四世，具慶一門，行無羈旅之思，居有園池之勝，盡天下逮養之樂，無風人不足之歎，此蓋非人之所能必者。雖萬乘之卿相，不可强而致也。然則太平之士如仲瑛者，亦可謂樂其心不違其志矣。而登臨容與，顧猶有感於春暉，豈所謂愛日之心，自知不足者乎？然是樓也，廣不四楹，高不十仞，近則綽阜之坡陀，馬鞍之峿崒，遠則海虞之綿延，揚城之鉅浸，與夫洞庭、陽山，朝光暮景，出没變化，凡爲其賓客者皆執筆而賦之矣。余獨推本名樓之義，而爲之記云。至正十年十一月甲子也。

劉楚《槎翁文集》卷六《興國修城樓記》 歲癸卯正月甲辰，興國縣既浚城之隍，乃三月甲寅，又大修城樓戰屋，示戒備也。城爲門者五，門外復合爲甕城，以包絡之，設重關焉。内爲正門，累石立楗，上出重屋，凡若干楹，高深各若干尺。城周圍三餘里，三十步復爲列屋以周覆之，凡四百六十有三間，一千八百五十二楹，工役凡若干，食粟費若干。由是垣墉環顧，廬舍翼張，土石無圮裂漂蝕之虞，居而守者無風雨矢石之慮。凡遊其中者，如行通市，如息廣廈。瞻其外，則將將乎其嚴正，奕奕乎其聯屬而不絶也。縣雖小，城不亦壯矣乎。於是西隅蔡某以嘗從事於屬工之役也，則來求文以紀陳侯之嘉績。余時過而見之，其何可辭。夫城所以域民而保險也，而其患嘗在於難守而速壞。既浚其池而立之門矣，又重護以甕城之固；既建重屋於門之巔矣，又周覆以列屋之深。豈非防患於幾微，貽慮於久遠，必不使斯民有一日之弗安者？矧儼然萬山間，翬飛鰲峙，又有以折其凌噬之心，而起其敬畏之意者乎？侯之用心亦勤矣。是役也，用民之力而不自以爲勞，因民之財而不自以爲費，何也？役興於上而利達於下故也。侯字文彬，清江人，明敏剛果，而綜理周密，蓋能憂民之憂者也。爲政先備類如此。

顧瑛《玉山名勝集》卷下張天英《湖光山色樓記》 前十載秋八月，余嘗登羣玉之山，遠見太湖西南下，繞陽山海虞麓流，東滙爲陽城湖。湖之上有大林壑，神秀融結，是爲界溪，隱君子顧仲瑛氏居之。是時，余一至焉。今八月，又一至焉，會稽外史出肅客爾，客入，坐小東山。未幾，由西階過別墅，上芝雲堂。主人與客道故舊，歡甚。坐定，作而曰：「吾有湖光山色樓，欲得子文章以記之久矣。子今來，毋庸讓。」於是外史進客樓上，見所居三代漢唐禮樂之器，典墳經史諸子百氏之書，有古人氣象。至若草堂、書畫舫、浣花諸亭，與夫山玄水蒼之石，皆列之左右後前。其地宜植物，異卉珍木，樹之無或不良。麋鹿羽鱗之屬，罔不畢致。日與賢士大夫燕游其上，憑高四望，清氣逼人，三山十湖，宛然在目。余謂：「凡爲天地間得其氣之清者，莫山水若也。水生於天，天氣又與山接，亦未始不因人而得之者也。宋蘇文忠《西湖詩》作，而湖山之氣益清，安知後五百載湖山之勝不在彼而在此矣。」客既醉，屬余歌以爲壽。歌曰：「山蒼蒼兮水溶溶，月皎皎兮羣玉之峯。仙子不來兮吾將曷從，仙子既見兮我心則降。」叶歌既，隱君請誌之于石。是年蒼龍集屠維赤奮若。外史爲神仙中人，姓于氏。余則承華書客、清河張天英也。

顧瑛《玉山名勝集》卷下于立《湖光山色樓後記》 崑山濱海爲邑，地平夷曼衍，無山水之勝。民樂於田畝，無登覽之適。州治西行三十里爲馬鞍山，又十五里爲界溪，而顧仲瑛氏居焉。仲瑛氏素爲吳著姓，居溪上蓋累世矣。溪南出真儀，北流入陽城湖。湖大且百里，烟波蒼莽，天與水接。其北則海虞之山，虞仲之所居也。於是即湖壖爽塏之地，有園池之勝，疊石爲島，激流爲湍，亭臺館榭，曲盡其制，合而名之曰「玉山佳處」。其景之尤勝者，則有「湖光山色」之樓，樓列古器物、圖畫，及經史百氏之言，日與賓客游息其上，幅巾杖屨，逍遥自適。風日清美，憑高遠望，惟見風檣往來，漚波出没，而山色葱蘢明秀，如在几格間。其或水氣上行，與山氣磅礴，變而成龍虎，合而爲烟霏，千態萬狀，不可盡述。予謂：「天地清淑之氣，峙而爲山，流而爲川，得其勝絶，以適吾生者，亦將有待於人乎？何凝蘊之資久而發揮之在斯也？」君曰：「予陋世俗之隘。每登斯樓，慨思古人而不可得，方將駕長風，凌烟波，際湖之北，登海虞之巔，訪虞仲之遺跡，望三山銀闕於雲濤縹緲之中，予將有所得也。同我者誰哉？」乃歌曰：「水浩蕩兮山蘢葱，幽幽而深兮馮夷之宮。激長波兮駕風，仙之人兮吾從。」又歌曰：「月皎皎兮波粼粼，山巉巖而嶙峋。超凌厲兮無鄰，我所思兮古人。」是爲之記。至正九年九月一日，匡廬于立書。

朱元璋《明太祖文集》卷一四《閱江樓記》 朕聞三皇五帝下及唐宋，皆華夏之君，建都中土。《詩》云：「邦畿千里。」然甸服五百里外，要荒不治，何小小哉。古詩云：「聖人居中國而治四夷。」又何大哉。詢於儒者，考乎其書，非要荒之不治，實分茅胙土，諸侯以主之，天王以綱維之。然秦漢以下，不同於古者何？蓋諸侯之國以拒周，始有刦列土分茅之胙，擅稱三十六郡，可見後人變古人之制，如是也。若以此觀之，豈獨如是而已乎？且如帝堯之居平陽，人傑地靈。堯，大哉聖人，考終之後，舜都蒲坂，禹遷安邑。自禹之後，凡新興之君，各因事而制宜，察形勢以居之，故有伊洛陝右之京，雖所在之不同，亦不出乎中原，乃時君生長之鄉，事成於彼，就而都焉。故所以美稱中原者，爲此也。孰不知四方之形勢，有齊中原者，有過中原者，何乃不京而不都？蓋天地生人而未至，亦氣運循環而未周故耳。近自有元失馭，華夷弗寧，英雄者興亡疊疊，終未一定，民命傷而日少，田園荒而日多。觀其時勢，孰不寒心？朕居擾攘之間，遂入行伍，爲人調用者三年。俄而匹馬單戈，日行百里，有兵三千，效順於我。於是乎帥而南征，來棲江左，撫民安業，秣馬厲兵，以觀時變，又有年矣。凡首亂及正統者，咸無所成，朕方乃經營於金陵，登高臨下，俯仰盤桓，議擇爲都。民心既定，發兵四征，不伍年間，偃兵息民，中原一統，夷狄半寧。是命外守四夷，内固城隍，新壘具興，低昂依山而傍水，環繞半百餘里，軍民居焉。非古之金陵，亦非六朝之建業，然居是方，而名安得而異乎？不過洪造之鼎新耳，實不異也。然宫城去大城西北將二十里，抵江干曰龍灣。有山蜿蜒如龍，連絡如接翅飛鴻，號曰盧龍。趨江而飲水，末伏於平沙，一峯突兀，凌烟霞而侵漢表，遠觀近視，實體狻猊之狀，故賜名曰獅子山。既名之後，城因山之北半，壯矣哉。若天霽登峯，使神馳四極，無所不覽，金陵故迹，一目盈懷，無有掩者。俄而復顧其東，玄湖鍾阜，倒影澄蒼，巖谷雲生而靄水，市烟薄霧而蓊鬱，人聲上徹乎九天。登斯之山，東南有此之景。俯視其下，則華夷舸艦泊者檣林，上下者如織梭之迷江。遠浦沙汀，樂蓑翁之獨釣。平望淮山，千巖萬壑，羣嶁如萬騎馳奔青天之外。極目之際，雖一葉帆舟，不能有蔽。江郊草木，四時之景，無不繽紛，以其地勢中和之故也。備觀其景，豈不有禦也歟？朕思京師軍民輻輳，城無暇地，朕之所行，精兵鐵騎，動止萬千，巡城視險，隘道妨民，必得有所屯聚，方爲公私利便。今以斯山言之，空其首而荒其地，誠可惜哉。況斯山也，有警則登之，察奸料敵，無所不至。昔僞漢友諒者來冦，朕以黄旌居山之左，赤幟居山之右，謂吾伏兵曰：赤幟摇而敵攻，黄旌動而伏起。當是時，吾伏精兵三萬人於石〔灰〕山之陽，至斯而舉旌幟，(畢)〔軍〕如我約，一鼓而前驅，斬溺二萬，俘獲七千。觀此之山，豈泛然哉！乃於洪武七年甲寅春，命工因山爲臺，構樓以覆山首，名曰閱江樓。此樓之興，豈欲翫燕趙之窈窕，吴越之美人，飛舞盤旋，酣歌夜飲？實在便籌謀以安民，壯京師以鎮遐邇，故造斯樓。今樓成矣，碧瓦朱楹，簷牙摩空而入霧，朱簾風飛而霞捲，彤扉開而彩盈。正值天宇澄霽，忽聞雷聲隱隱，亟倚雕欄而俯視，則有飛鳥雨雲翅幕於下。斯樓之高，豈不壯哉！噫，朕生淮右，立業江左，何固執於父母之邦？以古人都中原，會萬國，嘗云道理適均。以今觀之，非也。大概偏北而不居中，每勞民而不息，亦由人生於彼，氣之使然也。朕本寒微，當天地循環之初氣，創基於此。且西南有疆七千餘里，東北亦然，西北五千之上，東南亦如之，北際沙漠，與南相符，豈不道里之均？萬邦之〔貢，皆下水而趨朝，公私不乏，利益大矣。故述文紀之〕。

宋濂《宋學士全集》卷二《閱江樓記》 金陵爲帝王之州。自六朝迄于南唐，類皆偏據一方，無以應山川之王氣。逮我皇帝定鼎于兹，始足以當之。由是聲教所暨，罔間朔南，存神穆清，與天同體。雖一豫一遊，亦可爲天下後世法。京城之西北，有獅子山自盧龍蜿蜒而來，長江如虹貫，蟠繞其下。上以其地雄勝，詔建樓于巔，與民同遊觀之樂，遂錫嘉名爲「閱江」云。登覽之頃，萬象森列，千載之秘，一旦軒露。豈非天造地設，以俟大一統之君，而開千萬世之偉觀者歟？當風日清美，法駕幸臨，升其崇椒，憑闌遥矚，必攸然而動遐思。見江漢之朝宗，諸侯之述職，城池之高深，關阨之嚴固，必曰：「此朕櫛風沐雨，戰勝攻取之所致也。」中夏之廣，益思有以保之。見波濤之浩蕩，風帆之下上，番舶接跡而來庭，蠻琛聯肩而入貢，必曰：「此朕德綏威服，覃及内外之所及也。」四夷之遠，益思有以柔之。見兩岸之間，四郊之上，耕人有炙膚皸足之煩，農女有將桑行饁之勤，必曰：「此朕拔諸水火，而登于衽席者也。」萬方之民，益思有以安之。觸類而推，不一而足。臣知斯樓之建，皇上所以發舒精神，因物感興，無不寓其致治之思，奚止閱夫長江而已哉？彼臨春、結綺，非不華矣，齊雲、落星，非不高矣。不過樂管絃之淫響，藏燕趙之豔姬。一旋踵間，而感慨係之。臣不知其爲何説也。雖然，長江發源岷山，委蛇七千餘里而始入海，白涌碧翻。六朝之時，往往倚之爲天塹。今則南北一家，視爲安流，無所事乎戰争矣。然則果誰之力歟？逢掖之士，有登斯樓而閱斯江者，當思聖德如天，蕩蕩難名，與神禹疏鑿之功，同一罔極。忠君報上之心，其有不油然而興耶？臣不敏，奉旨撰記，故上推宵旰圖治之切者，勒諸貞珉。他若留連光景之辭，皆畧而不陳，懼褻也。

馮俊傑《山西戲曲碑刻輯考》卷五王玹《重修樂樓之記》 嘗稽諸《易》曰：「先王以享帝立廟。」又曰：「先王作樂崇德，殷薦之上帝，以配祖考。」故廟所以聚鬼神之精神，而樂所以和神人也。此前人立廟祀神之由，樂樓所建之意也。予誦《湯誓》曰：「王懋昭大德，建中於民。表正萬邦。兆民允殖。」王之德如此其盛也。觀之史傳，大旱七年，齋戒剪髮，身嬰白茅，以身爲犧，禱於桑林之野，六事自責之餘，大雨方數千里。王之澤如此其深也。德盛而澤深，民豈能忘其王於千百世之下哉！覩廟貌而興思，遇享祭而致敬，非勉然也，天理之在人心，自有不容已者矣。是以縣治西南去城七十餘里，有山曰析城，草木分析，山峯如城，即《禹貢》所載之名山也。世傳王嘗禱雨於斯，故立其廟像。民歲取水以禳旱，其來遠矣。其山之東北，有下交之地居民，正北有阜巍然，南山羣峯屏繞，襟帶兩河，極爲奇秀佳麗之地。原其所自，亦析城之餘支遠脉伏而顯者也。王之行宫在焉。每遇水旱疾疫，有禱即應，亦王祈禱之遺意也。觀其舊記，殿宇、行廊、門樓大小五十餘間，建自大元太安二年，迄今三百餘載。各殿宇損壞，聖像剥落，里人原大器輩，歷年重修補塑。惟樂樓規模廣大，年久風雨所摇，飛簷樑柱，傾頹殆盡。至我國朝正德五年庚午，里人原宗志、原應瑞、國學生原應軫等，會集社衆曰：「成湯古聖帝也。樂樓蕪廢如此，與諸君完葺之何如？」衆咸曰：「諾。」於是鳩工萃材，各輸資力，重修樂樓，一高二底，四轉角並出厦三間，功成於正德十年乙亥。棟宇臺榭，高大宏偉，金碧丹青之飾，焕然一新。其功倍於昔矣。茲者宗志、應瑞俱捐館，惟應軫字文璧，任廬州經府，已歸林下十載矣。予與文璧有姻戚之誼，又布衣時同游邑庠，一日囑予爲文，以記盛事。予歸休日久，素拙於文，直書其重修始末之實。噫嘻！文璧建樓之意，豈爲諂事邀福之舉，尤有深意存焉。其心以爲，林下之士，苟徒以詩酒爲樂，幾近於晉之放達，與時何益哉！然假廟享帝之餘，爲彥芳誘善之計，與鄉人萃於廟庭，共宴神惠，必曰耕讀事神，誠善事也。嘗聞「作善降之以祥，作不善降之以殃」，使善者有所勉，不善者知所戒，而表正勸懲之典寓焉。且舉祀之際，談敘廟之舊記，又曰某人始建何廟，某人重建何祠，而修舉廢墜之意，又將垂於無窮者矣。嗚呼！後之視今，亦猶今之視昔，千百載之下，覩廟樓之傾頹而復修飾者，未必不由文璧興作之也。予年老學荒，謹述其實，如其文，以俟後之能者。大明嘉靖十五年歲次丙申正月吉旦

上海博物館圖書資料室編《上海碑刻資料選輯·秦嘉楫·改建丹鳳樓記》

丹鳳樓者，故順濟祠樓也。祠與樓相繼廢久矣，而樓之名猶存。考之邑乘，蓋創于宋咸淳間。其地襟帶江海，控扼雄勝，而一時鴻巨，若三山陳珩、吳興趙孟頫、會稽楊維禎爲之顔，若碑若詩，其赫奕蓋可想見。

曰丹鳳者，謂楝宇軒翔，丹雘照江水，若長離欲翥然。或曰：樓以祀女釐云爾。兵燹以來，惟見青莎白鳥，迷離于崩濤缺岸間，其碑板亦銷蝕無復存者，僅樓顔三字，爲陸文裕公藏無恙。迄數十載，而興復之議，讓弗遑也。

蓋自邑以倭難始有城，城東北陬爲樓，以偵敵者。三楹凌睥睨而出，下直丹鳳遺址。先封公登覽徘徊，即其所楹而拓之，用爲復古權輿。顧視以爲公者，毀弗惜也；視以爲私者，鐍弗啓也。公謝賓客無幾何，而樓就圮矣。

不佞慨古迹之漸湮，幸先猷之可紹，乃捐橐裝，卑道士顧拱元鳩工庀材，重爲飭治，加綴層軒于楹，洞三面以供瞻眺。從文裕公孫都事君，請「故顔」顔之，書楊詩于楣，且謀復文敏碑，以悉還其舊。

于是川原之繚繞，烟雲之吐吞，日月之出没，舉在眉睫；而冬之雪，秋之濤，尤爲偉觀。遠而世所稱方壺、員嶠、岱輿三神山者，亦若可盱衡見也。而樓之勝，遂冠冕一邦矣。既訖工，則爲之書其歲月，且以諗于後曰：

于戲！吾于斯樓，始惜其廢之易，而嘆其興之難也；繼因其興之難，而益虞其廢之易也。雖然，物吾自有之，則吾爲主；吾有盡，而物亦有盡。物吾不自有之，舉而付之人人。俾人爲主人無盡，而同此心者亦無盡，則物亦無盡。借令公毋胡越之，而私毋室廬之，間損其一朝享，以沾溉羽人，俾日守而月新焉。則斯樓也，詎但稱勝一時而已哉。嗟乎！余髮漸短，第知移胡床，呼斗酒，時一憑欄縱目，以相羊自適，且無忘先封公之意已爾。若夫爲斯樓久遠計，令永爲吾邑勝區者，請以屬諸後之君子。

賜進士第、奉議大夫、浙江按察司僉事、前江西道監察御史、邑人秦嘉楫撰，萬曆十五年十月吉旦立，仙人胡守之書丹。

徐渭《徐渭集》卷二三《鎮海樓記》 鎮海樓，相傳爲吳越王錢氏所建，用以朝望汴京，表臣服之意。其基址樓臺，門户欄楯，極高廣壯麗，具載別志中。樓在錢氏時，名朝天門，元至正中，更名拱北樓，皇明洪武八年，更名來遠。時有術者病其名之書畫不祥，後果驗，乃更今名。火於成化十年，再建。嘉靖三十五年九月又火。予奉命總督直浙閩軍務，開府於杭，而方移師治寇，駐嘉興。比歸，始與某官某等謀復之。人有以不急病者，予曰：「鎮海樓建當府城之中，跨通衢，截吳山麓，其四面有名山大海江湖潮汐之勝，一望蒼茫可數百里，民廬舍百萬户，其間村市官私之景不可億計，而可以指顧得者，惟此樓爲傑特之觀。至於島嶼浩眇，亦宛在吾掌股間，高翥長騫，有俯壓百蠻氣。而東夷之以貢獻過此者，亦往往瞻拜低迴而始去，故四方來者，無不趨仰以爲觀遊的。如此者累數百年，而一旦廢之，使民悵然若失所歸，非所以昭太平，悦遠邇。非特如此已也，其所貯鍾鼓刻漏之具，四時氣候之榜，令民知昏曉，時作息，寒暑啓閉，桑麻種植漁佃，諸如此類，是居者之指南也。而一旦廢之，使民懵然迷所往，非所以示節序，全利用。且人傳錢氏以臣服宋而建此，事昭著已久，至方國珍時，求緩死於我高皇，猶知借鏐事以請。誠使今海上羣醜而亦得知錢氏事，其祈款如珍之初詞，則有補於臣道不細，顧可使其跡湮没而不章耶？予職清海徼，視今日務莫有急於此者，公等第營之，毋浚徵於民而務先以己。」於是予與某官某某等捐於公者計銀凡若干，募於民者若干，遂集工材，始事於某年月日。計所搆，甃石爲門，上架樓，樓基疊石高若干丈尺，東西若干步，南北半之，左右級曲而達於樓，樓之高又若干丈，凡七楹，礎百，巨鐘一，鼓大小九，時序榜各有差，貯其中，悉如成化時制，蓋歷幾年月而成。始樓未成時，劇寇滿海上，予移師往討日不暇，至於今五年；寇劇者禽，來者遁，居者懾不敢來，海始晏然，而樓適成，故從其舊名曰鎮海。

張岳《小山類稿》卷一四《鎮海樓記》 廣東，海邦也。其會城故治番禺，自

漢以來，號稱都會。我國家臨制，宇内幅員萬里，因嶺海以爲金湯，是邦隱然實當管鑰之寄。城内北偏有山，曰「粤秀」，拔地二十餘丈。國初天兵南下，列郡既聽受約束，守將永嘉朱侯亮祖，始作樓五層，以冠山巔，曰「鎮海」。樓成，而會城之形勢益壯。其後樓漸圮。成化中，總督都御史襄毅韓公命有司修完之。比燼于火，極圖再作，以費鉅力艱，持弗決者累年。

嘉靖甲辰，提督尚書蔡公經、巡按御史陳君儲秀，折衷羣議，出帑金二千二百有奇，以爲木石、瓦甓、丹漆、僦傭之費。選用能吏，稽董工程，以明年乙巳閏月興工。既而蔡公去，余來代之。陳君去，御史楊君以誠代之。越又明年丁未正月朔，工告成，規制如舊，而閎偉壯麗視舊有加。樓前爲亭，曰「仰高」。左右兩端，跨衢爲華表，左曰「駕鰲」，右曰「飛蜃」，舊所無也。

方樓之未作也，環海百萬家，撟首齎嗟，若失所負。及其既作，重檐飛閣，迥出雲霄，以臨北户，羣山内向，大海浩渺，如免者之冠，痿者之起。凡海邦之形勝精神，有不迅張翕沓以赴茲樓者乎？

昔我太祖皇帝以丙午、丁未歲命大將帥師北伐，是歲又偏師徇嶺外，然後天下合于一，樓于是乎始作。列聖繼統，昭受休烈，至我皇上，稽古重光，禮文焕然，樓之廢而復興也，又適值于斯時，蓋斗綱之端，貫營室、織女以指牽牛之初，粤所分星也。其日丙丁、其辰午未，其方宿爲朱鳥之精，文明之象，氣數參會，有足徵者。斯樓之成，豈徒抗形勝于一邦，實所以章我國家一統休明之盛，元元本本，明示德意于無窮也。《書》稱有虞氏之治曰：「帝光天之下，至于海隅蒼生，萬邦黎獻，共惟帝臣。」亦必以是爲盛。當其時，陽德昭融，雖海隅之遠，爲其臣者莫不靖共一心，以敬承上德，無一毫陰濁以翳其間。蓋其君臣之際如此，今吏而食于嶺外者，冠蓋相接也。登高聘望，寧獨無帝臣之感矣乎？夫苟目前之安，而忽遠圖，蔽于一方，而不知自有政理之要，風俗之本。此徇禄之臣，非體國者也。撤去户牖之私，獨觀消息之原，不以遠自肆，不以位自畫，一食息，一起居，無一念不屬于君父。其于政理之要，風俗之本，爲之必盡其方，而又擴之以廣大，持之于久遠，精粹明白，夙夜匪懈，庶幾于古所謂黎獻者，于以登降俯仰此樓，豈不有光而無愧也哉！故書以告後之君子。

王守仁《王陽明全集》卷一九《外集一·太白樓賦》 歲丙辰之孟冬兮，泛扁舟余南征。凌濟川之驚濤兮，覽層構乎任城。曰太白之故居兮，儼高風之猶在。蔡侯導余以從陟兮，將放觀乎四海。木蕭蕭而亂下兮，江浩浩而無窮；鯨敖敖而湧海兮，鵬翼翼而承風；月生輝於采石兮，日留景於嶽峯；蔽長煙乎天姥兮，渺匡廬之雲松。慨昔人之安在兮，吾將上下求索而不可。蹇余雖非白之儔兮，遇季真之知我。羌後人之視今兮，又烏知其不果？吁嗟太白公奚爲其居此兮？余奚爲其復來？倚穹霄以流盼兮，固千載之一哀！

昔夏桀之顛覆兮，尹退乎莘之野；成湯之立賢兮，迺登庸而伐夏。謂鼎俎其要説兮，維黨人之擠詬。曾聖哲之匡時兮，夫焉前枉而直後！當天寶之末代兮，淫好色以信讒。惡來、妹喜其猖獗兮，衆皆狐媚以貪婪。判獨毅而不顧兮，爰命夫以僕妾之役。寧直死以顑頷兮，夫焉患得而局促。開元之紹基兮，亦遑遑其求理。生逢時以就列兮，固雲臺麟閣而容與。夫何漂泊于天之涯兮？登斯樓乎延佇。信流俗之嫉妒兮，自前世而固然。懷夫子之故都兮，沛余涕之湲湲。廟堂之偃蹇兮，或非情之所好。唯不合於斯世兮，恣沈酣而遠眺。

進吾不遇於武丁兮，退吾將顏氏之簞瓢。奚麴糵其昏迷兮，亦夫子之所逃。管仲之輔糾兮，孔聖與其改行。佐璘而失節兮，始以見道之未明。覩夜郎之有作兮，横逸氣以徘徊；亦初心之無他兮，故雖悔而弗摧。吁嗟其誰無過兮，抗直氣之爲難。輕萬乘於褐夫兮，固孟軻之所嘆。曠絶代而相感兮，望天宇之漫漫。去夫子其千祀兮，世益隘以周容。媒婦妾以馳鶩兮，又從而爲之吮癰。賢者化而改度兮，競規曲以爲同。

卒曰：嶧山青兮河流瀉，風颼颼兮澹平野。憑高樓兮不見，舟楫紛兮樓之下。舟之人兮儼服，亦有庶幾夫子之蹤者！

湯顯祖《湯顯祖詩文集》卷二七《玉銘堂賦之六·豫章攬秀樓賦有序》 江南洪州藩司之樓，紫薇是居。東維攬秀，西儷辯章。晷漏存焉。仰答天桴，昏旦之候無爽；俯和民紀，旬宣之政有序。厥由來矣。屬乃赤熛示舊，靈仰告新。革不日而已孚，鼎有時而傾否。岳伯嘉禾陸公、四明王公相與謀曰：「休哉！功有半而可倍，事有一而得三。斯樓之設，時夜是司。顧以吾屬宣懷，未乏羊、杜，賓至燕言，或假僑、札。爰有沙城神仙之路，遠在數里，滕閣帝子之洲，近隔重闠。非期便人，難以卜夜。微寧就此一臺之基，增爲三成之制。咫尺足以逌體，尋常可以發志。出不嫌於久次，進無妨於設險。利用大作，莫便乎是者。」上下僉同，時物會貞，賦取幣餘，役以流傭。令信工敏，浹月而就。剞甃並舉，重複湊緻，楣極蜿蟺，軒牕玲瓏。龐素而不露其材，髹堊而不傷其質。都作告備，司時練吉。二公相與攝英寮，從妙屬，帥而登焉。則見山川畢升，天日加朗，出草樹於綦履，度魚鳥於几席，南浦西山，不在闉城之外矣。徘徊流觀，則朱邸華閈，環珥于府寺；英躉貴俊，冠蓋于逵巷。以至都人琇厲之觀，方外玄緇之處，偉雅神麗，指顧而詳。漁唱田歌，夾重湖之表裏；軍漕估舶，沸瀕江之上下。孰非宇宙之精氣，國家之利寶乎！嗟夫，事有合而成貴，物有大而可觀。我勞如何，煙霞取日用之適；有客蒞止，風雨惟時至之期。至于鼓角晴飛，戾天霄而益爽；壺尊夕轉，遲月露以方盈。節之以陽陰，文之以禮樂，不其懿與！樓成而中丞衞公適來撫我，益新其政。恢軍國之容，復隍臺之制。模觀精偉，神色異昔。樓增麗而勝焉。歲戊之申，月日之九，陸公偕岳伯四明丁公、永春李公觴予此樓。晝漏之聞，連於晡下；夜烏之咽，通乎晨戒。澄日氣於煙霏，寫月精於露靄。固已極斐亹之妍譚，盡淋漓之雅致矣。總而攬之，秀其外者，山川備仁知之所樂；秀其中者，人物兼富教之所歎。儻干霄有異之氣恒存，薄收無憂之言每驗，則諸公取適於來旬，吾屬從歡於上日，蓋亦太平之盛事，宜長久而無極乎。彼夫城隅之宴，忘其喪亂；歒臺之什，夸乎霸餘，方今洪淑，吾無取焉。諸公粲然而笑曰：「然則子爲我賦之。」一言均賦，敢居王子之先；九日登高，辱在大夫之後云爾。

若夫圖書上計之省，樞璇布政之宮，蕃北宸而拱峻，劃南夏以成雄。正經途於一軌，極高閌而有融。金城遶霤于兑西，玉漏欐梁而震東。取陽陰而定體，亦登降而在中。制豈懸於飾樸，時有適於汚隆。象除舊而布新，事有約而助洪。政自公而燕喜，禮賓遊而會通。勝寄攢羅於一舉，意匠圖回於再重。允規隨而命作，叶和會而勸功。引章貢之瓌材，集臨汝之精工。乃作高門，爰及遺垝。土緣剥而厚下，木層升而致美。下如甕以穹窿，上若堂其瑰瑋。隥礙懸施，繩斵兼掎。矗以危挺，鋪以密砥。重欒承而窈窱，枝掌複以玲瓏。乍井幹而宿斗，倏丹艧以流虹。納靈曦於陽馬，閣玄溜於陰蟲。庶歡呼而勿亟，公賞成於具逢。擁睇刻漏於蓮花，叶信晷於祥風。寅亮者資其察，貞觀者賴其同。謹户牖而知時，官聯而上陞，立嶒峵而正容。恍靈區兮湧地，迫慶霄兮麗空。蠱有事而後大，革取新而不窮。地響奮而盱豫，天際翔而上豐。准燥濕以維則，度几筵而載容。倒衣裳而在公。且三爵以興言，會羣龍之高盼。承交臂以宣劬，暢遠心而釋倦。仍攬秀以楄危，臨辯章而聳絢。諒所攬之多秀，豈吴餘而楚羡。判休明於昔今，豁懷袖於聞見。方外内其具賞，期霽晦而兼善。紛慘悚以孤遊，被温沖之餘眷。

遲九日兮晞令期，佇三山兮登薄軀。沙城出谷其將晚，滕閣扶櫨而未舒。竟夜飲其厭厭，儼新構之渠渠。清酒溢而山光凝，纖歌揚而潛思紆。時則籟稍沉於風律，節懸瑩于霜鍾。雲晶暉其斂色，露溥腓而向濃。霧罘川而晻晻，日罩野以曨曨。沙含虚於近阯，灌吟寒於遠峯。歷倒茄而去燕，遵反宇以來鴻。援山中兮桂枝，渺江上之芙蓉。迫年衢之冉冉，曠天宇之溶溶。蕩芳英於蘭苑，懷幽人於菊叢。陶頽然於刺史，嘉率爾於桓公。折萸房而醑醴，警蕭辰而切衷。坐紛想於遊極，起延竚於巖櫳。像長雲之蜿蜒，若飛雨之空濛。躧前榮而恣觀，良鬱鬱以葱葱。

鬱葱兮直下，西山兮若畫。測地象於神州，輒金方其款跨。上都隱屏於太行，中土開靈於少華。彼拔地以常然，此瀕江而潤化。暾迴隍於溆渚，出清都之臺榭。影四序以恆流，氣千年而不謝。江則括坤爲墟，委乾爲畔，淙淙潼潼，浩浩㳬㳬，出没還沱，縱横泮涣。繹絡乎東溟之盡，灩瀲乎南紀之半。川魑水夷之所盤嘯，海錯天琛之所流灌。晦冥而風雲霾䨴，澹蕩而星河炫焕。洞窅眇以無倪，愜虚明之所玩。流玩兮蒼郊，筠之山兮以超。矯迴風于丹陵，上留田而逍遥。睨青峯于梅葛，指緱氏於巖椒。白雲英其嫖飛，碧海堆而峴摇。認落花於桃崦，訝沉書於石橋。乃有紫清懸瀑，斗絶而起，喂若秦人，秀若蕭史，天寶開而霞曙，雲蓋移而煙靡。崑膏玉以明球，岡流珠而覆米。灑泉壇于冠石，度松門于屏几。蓋西山之高二千其咫，西山之延四百其里，雖發地而厭原，默匡廬之徙委。浥山帶以披衣，遡屏風而叠綺。輪菌接香罏之雲，溶液下清溢之水。勢遠而危，鬱峍崚嶁。虧夕陽於半江，宿初月於層崖。映松栯而氣美，漬嵐霏而色滋。日射則陰霞委金，雨過而生煙拂霓。岸明涓而翠寫，風增瀾而紺瀕。江女窺而巒霧紫，幽綃織而巖户移。白鳥光颺於壁嶂，舟人影映於沉暉。遞菁熒其可悦，動沖溶而倍姿。擁名城而論都，極敞顯之南戒。潁陰雄成于漢首，武陽式廓于江外。水竇按黿而潛洩，岡勢鑿龍而抗會。湟洫艨艟而布遠，樓觀儲胥而備大。比志物以維屏，恃休明而勿壞。動迴飇而佇想，步循環於衿帶。故其内眪則東西湖水，漭沆日月，鶴池之煙霧猶鮮，龍門之風雨自出。長橋度以殷雷，鎖院開而辯蜺。東二泖於淞函，涣大明於濟碣。水花凈而香遠，風色迥而態溢。率良士以思瞿，必都人而秀發。時泛客於三洲，唱淩波而未闋。遶百花兮霞匯，約九津兮雲泄。緣淥漉以周洄，記斗門之約節。蓋宜遶樓以西逝，迺負闕而東決。散旴章而脈清，會宫亭而勢折。卷八郡之風濤，立二孤於喉咽。信東南之都會，備西北之門闕。豈太真之議徧，將昇元之氣歇。大中潛而龍起，建炎噓而鳳瞥。

自中迤西，官方所治。巍峩約繹，文樞武毘。建中臺之龍節，設行馬以驄麾。既鼎立而置參，亦嶽峙而分司。受官成之統總，裁氣脈之機宜。大府承而望縣翼，壇祠蒼而庠序徽。物色音華之所莅止，明謨風愛之所棲遲。訓恪則宵嚴於柝署，務閑而畫偃於鈴扉。通溝轉減，經衢緯陌。參差流離，朱邸有赫。啓北維寧，載南而國。委縢嬰於歌吹，帶劉宗之盤石。怵章山兮采銅，款扶疎兮屬籍。席芬英乎獻靖，跨文明於淮益。屬宗師而綺正，收茂才而路闢。被儒素以矜華，朗慧滋而秀奕。時節物以斯游，傃國風而詠適。罷聞樂之層歈，食衣税之舊德。扶輿中央，精華喬皇。山液而流，川暉而翔。貴相上將，公卿丞郎，或橋梓而槐棘，或塤篪而圭璋。駢緋夾棨，嗣鼎承筐，偶必大而無降，交累懿而益詳。典則獨藏於望國，風徽時映於公行。必百世而猶祀，在式微而亦張。故老敦詩，成童誦章。道述門素，經營國常。七族奄而魯阜，八姓彩而吴襄。冠事業於本朝，襲俎豆於其鄉。月旦重於汝潁，科目兼乎顔商。里聚星與通德，藹喬木而相望。餘則所至而煙火萬家，所向而雲樹千牕。或望止以如歸，代謠作而無嚨。

至乃郛廛表裏，百物流物。輳估客之風期，浹章門於廣潤。綵精奇乎萬里，舶魚鱗於重鎮。槩展成而授序，紛駢擊而沸震。貨如臺兮累槅，寶若星兮流暈。烔琲珏以彌出，孰槻鋳而見吝。步旗亭以稽詣，夥闤干而售俊。敂物力之膏華，識山淵之美藴。固頑豔之共往，取資生而適韻。然猶貴不粥於周度，賤難得於老訓。稟方岳之理静，忘闗賦之徵峻。市無擾以無虞，賈亦廉而亦信。民日中而自退，士三倍而無近。却服御於夭邪，劭康功於田畯。惟江之壖，厥田十千。雖水耕而火耨，職善坊而固泉。懸穜稑於歲秒，視黍稷於昏前。怙寛鄉而償瘠，趾樂郊而趣先。適斯樓之倚徙，厥高眺于天田。原隰素而夷衍，塍阜繡而邈綿。意民天而遠想，澹如雲之漠漠，計井牧以無愆。望杏花兮輕弱，訊泠風兮陌阡。豈煙景之留連。若乃湖圩宕迭，五百餘里。黄荆白沙，松蒲柏子。柘葉長玲，桃花淺水。皪蓮芡於蒲稗，唼鷺鳧於鰋鯉。列漁步之攸界，緊澤梁之所坻。風鮮景明，煙消水平。鶩鳴榔其如織，鼓釣絲而互經。拂顱翎於旅鴈，雜漁唱於高鶩。晝炊煙乎樵舍，夕弭柵於吴城。喜多魚而獻公，佐涼酎於軒楹。逗滄洲兮歲晚，莞江潭而獨醒。

對時物於《嘉魚》，詠聖風於《有杞》。則有逢掖深衣，圜橋方履，顒顒祈祈，雍雍濟濟。或翱于庠，或吟于里。容服既則，周行有禮。尊悦皇風，瞻趨素齒。披文采犮，來會於此。摘秀升之章句，析孝文之經史。鏤道祖於圖緯，紬次宗於玄旨。若顯若靚，或哦或倚。企飛榱而逸想，循伏檻以流思。汰塵滓而空清，引芳妍而緼滋。類矯指而角鮮，實交頭其取師。江山有興文之助，風雲爲接武之資。龍門自天，揭彼雲陲，鹿鳴于苹，宴我薇司。駭樓中之撰結，成世表之威儀。江湖瀕而猥大，豫章拱而見奇。皆我公之攬擷，獻王書而載馳。厥有學道之侶，高隱之倫。慕澹臺之友教，絫三百以爲羣。處孺子之式閭，倚一木而自珍。來遊來歌，載言載欣。仰吴會兮傾言子，俯滄浪兮弔蘇君。豈風流之遂遠，緬容與於青雲。世何流而不波，路有方而必塵。章之門兮塵茀，章之流兮波逝。毓元命於江湖，曄開神而演祕。蛟宫啓靈，巍乎真君。沙城表讖，多乎聖人。樽雲仞於西峯，結飛客於南津。撫城闕以逾故，展空明而互新。吹笙之臺晻藹，文簫之宅氤氲。側控鶴之玄景，挹寫韻之清神。緲仙尉兮難即，掞丹華而散雯。睩伶崖兮有覿，饗天樂以鳴真。庶仙人於樓居，故延庚而挹辛。西山之陽，不死之鄉；西山之陰，無生之林。渡江之旨奇特，遠谿之笑清越。西江之水無盡，南嶽之風有鬱。下雲居而振幡，過上藍而拄拂。聖諦冥兮體常露，凡情盡兮境超忽。坐盤中兮何事？講虚空兮何物？相與詫黄龍於山中，笑丹露於木末。喚裴休乎斷際，點韋丹於靈徹。樓觀等而平視，誼寂泯而何設。領玄釋於簪組，玩今風而古轍。誕江陽之俶詭，常寄言而設端。曩神明之鱗萃，今巖岫之空寒。諒獨往之能事，洵絶地之匪難。乍遊陟以成趣，岌人寰而詎安。

閔吾流兮閱世，蹇川途而獨詣。南上瀨以忘疲，朔通津而必暨。樓艦分風而轉颿，鐃鼓接韻而浮吹。路八達以如絲，坐交衢而委轡。疇四方之都雅，極宦遊之體勢。公應接以餘閒，客周諮而有寄。或雅歌兮投壺，試清倡兮舉袂。足登高而送遠，具成歡而既醉。乃至放臣淚國，遷客思鄉，赴建康而不果，適交莞而未行。亦有賢士失志，遊子迷方。覩還謝而多悲，感留滯而自傷。一登樓而慷慨，冀宣寫於毫芒。客也無勤，聽我勞音。會計之司，成賦是欽。日至而鍾石斯起，歲獻而漕艎載歆。絶控引以無期，灌天淵而在今。則有兑士煩於星渚，檣廣於山林。流粟羡於沙礫，籌策高於崖崟。艑柁取於魚鳥，邪許殷乎笳音。橦旗幟撓於荆吴，讙囂徹乎曖陰。見軍國之有衍，慨塗泥之所任。戒驕譁於水次，妥積膾於潢潯。時我公之約飾，往聽矚以迴臨。喟民膏於庶土，悚國賦之惟金。延少内以涓煩，屬都官而獻斟。終古有稻粱之色，刑民無醉飽之心。鼓摻發而念遠，棹歌齊而思深。

思深兮太息，倒景兮西夕，秋志激而彌亮，風候紹而無射。梶流華於末光，動寒姿于瞑色。紛下馳兮煙闕浮,傾霞晦兮禽啁啾。感授衣兮謝歡懊,焫華燭兮重登遊。進匏瓜而更酌,承湖海之下流。悵涼天兮北河,遺佳人兮南州。月微波而灩席,風析木以宜秋。發浮樽於漸臺,進河鼓於宵籌。絶天潢之閣道,奉紫薇而披廓。宛衡殷其在南,正杓欓於龍角。轄左右之煌煌,輔帝車而軌若。偶少府於關梁,躡天堦而用作。步飛光兮意折,想壯武於豐城。何千年之寶氣,得斯人而夜明。河魁載西,形如戴匡。津梁在中,號曰文昌。王臨川而集計,愧余生之草鄉。草木落而自出,風雲興而詎央。廓凜秋其在此,若端居而遠行。喜布政之優游,逡樂職以翔徉。究由來之陂復,豈逢今而太康。

蓋我江南以西也,挾淺原于漢汭,抗虔樞乎甌粤。錯餘方而有隧,翦叢徼而或蘖。巒隰體寬而重緼,江湖氣急而輕發。首柏舉之興替,逮蘄黄而合裂。王政痺而澤弛,物力恢而氣竭。阻喪亂以何言,諉尋常其固然。算鴻醲之美業,各未逾乎百年。山川黷色,窮于有元。誕我高皇,戴斗履衡,虎變龍興。日在金水,風清漢荆。歲在星紀,天飛吴京。初震出于南昌,訖乾戰于康郎。賜觀燈于南浦,詔騰鹿于西岡。宴羣臣而天歌夜清,禮玄聖而春旌曉翔。父老欣欣,士女洋洋。何江漢之首被,而韶英之遽鏘。至于今二百餘年,洪都拱真人之蹕,廬山爲天子之障。法物具而加精,官列盛而彌莊。

偉我諸公,有濟其郁。衛公撫兹,益斐其菉。漢流聲于次公,唐宣風乎九齡。陶姑孰之大志,顧太康之廉貞。耿河南之槩亮,王新建之虚靈。九皐來而憲重,三原至而賦輕。讞決爽鳩於林鶚,文學猗蘭于蔡清。並師濟而休嘉,各勤施而茂祉。郡榻奮平輿之節,邑絃奉道州之理。迴秀色於干旄,諲惠氛於蘭醴。雲無覆而不卿,露有瀼而必旨。南斗之熒不入,西郊之霖自瀰。出明月于海昏,蕘枯章于郡邸。武寧希夏雪之零,新吴斷玄穀之秕。麥窺閭而岐秀,稻旅生而再蕤。洲野牧而不收,户肥狩而有醨。女遵行以綢直,叟遊詠而都偉。擘秀盛以恭承,起歡娱而伏膺。會大往其何極,犖方來而載寧。善諸公兮有作,慶微生兮樂成。蔭層覆之躭躭,對清佩之盈盈。景斜延於夕佳,趣遥攝於秋屏。目煩燎而下盡,興澄歊而上征。商颷卷而户洞,暗河低而坐傾。悟挈壺之戒曉,憬通鼙而遲明。樂燕胥其匪報,激高歌乎列星。

歌曰:山巃嵸兮江逶迤,結飛樓兮含翠微。雨陽貞兮流音徽,鼓淵淵兮漏遲遲。宣明政兮發嘉德,宜登臨兮受光色。來清觴兮眷今昔,江南西兮秀無極。

王士翹《西關志・紫荆》卷八孟銘《紫荆關新建城樓記》 紫荆關形勝甲諸關。山河險固,盤道縈紆,誠雲、并之都會,而京畿之扃鑰也。景泰初以迄於今,往往以爲重地,命將鎮之,壯形勢固關要也。弘治三年春,適巡撫張公偕閲視左通政元公、巡按蔣公,按部之餘,咸謂守備紫荆關太監羅公、都閫左公、揮使李公曰:關城東北山形峭拔,於此建樓寔宜。羅公等惟命是聽,委把總指揮杜雄往董其事。卜日鳩工伐材,構樓五間,規模宏壯輪奂,翬飛雄冠一方。與夫修教場以練戍卒,置將臺以觀軍容,築運道牌墻,建察院儀門牌樓兩座、馬廠一所,以至右門修飾之固,盤道削治之平,嚴條約,謹教閲,繕城堡,廣耕屯,確乎皆實政,前此未之有也。以是年庚戌三月始事,至次年辛亥六月訖功。是役也,羅公督之,左公實贊成之,蓋不忘巡撫諸公之初心也。始終竭慮而已,不憚其勞,經畫有方而人不知其費,制作壯麗而人不以爲侈。壯武威,禦虜寇,脩廢舉墜,百度一新。君子曰:政之先務匪直爲觀美已也。樓成命予爲記,故述其興作之由,俾誦而傳之,以垂永久焉。

阮元《揅經室集四集》卷二《揚州隋文選樓銘》 揚州隋文選樓巷,多見于宋王象之《輿地紀勝》等書。隋曹憲以《文選》學開之,唐李善等以注《選》繼之,非昭明太子讀書處也。羅願《鄂州集》所謂文選巷劉氏墨莊亦其地也。予之宅,爲選巷舊址。嘉慶十年冬,遵先大夫遺志,于家廟西建隋文選樓。樓下爲廟之西塾,樓上祀隋祕書監曹憲。以唐沛王府參軍公孫羅、左拾遺魏模、模子度支郎景倩、崇賢館直學士李善、善子北海太守邕、句容處士許淹配之。嘉慶十一年,服除,乃爲銘曰:

文選樓巷,久著於揚。曹氏創隋,李氏居唐。祥符以後,厥有墨莊。阮氏居之,廟祀江鄉。建隋選樓,用别于梁。棟充書袟,窗散芸香。刻銘片石,樹我山膚。

《正陽門工程表》袁世凱等《正陽門樓工程奏稿》 奏爲正陽門城樓原建丈尺無案可稽,謹會同酌擬辦法,請旨定奪,飭遵以昭慎重,恭折仰祈聖鑒事。竊臣等欽奉光緒二十八年十一月二十六日上諭:「正陽門工程著派袁世凱、陳璧核實、查估、修理,欽此。」當即欽遵會商辦理。

伏思正陽門,宅中定位,氣象巍峨,所以仰拱宸居,隆上都而示萬國。現在奉旨修復,其工費固宜核實撙節。而規模制度,究未可稍涉卑隘,致損觀瞻。臣等一面遴委新授天津道王仁寶敬謹馳往,詳細勘估;一面咨部調查舊卷,稽考原建丈尺,以便有所遵循。旋准工部覆,稱該部自經庚子之變,從前案卷全行遺失無存。臣等迭次往復函商，博采輿論。原建丈尺既已無憑稽考，惟有細核基址。按地盤之廣狹，酌樓度之高低，並比照崇文、宣武兩門樓度酌量規畫，折衷辦理。

查崇文門大樓，面寬十丈一尺五寸，高八丈二尺八寸，箭樓現尚未經修復；宣武門大樓面寬十丈二尺二寸，高八丈二尺二寸，箭樓面寬十丈九尺五寸，高六丈八尺四寸二分。以上樓度尺寸，皆係自地平至正獸上皮止計算，城身均不在内。

復查正陽門大樓舊址，面寬十三丈零六寸，較崇文、宣武兩門，大樓面寬均增二丈有奇，其箭樓舊址面寬十一丈八尺五寸，較正陽門大樓面寬已窄一丈二尺一寸，較宣武門箭樓面寬仍增九尺。自應准寬爲高，格外崇隆，以閎體制。

今擬除城身不計外，正陽門大樓自地平至正獸上皮止，謹擬九丈九尺。較崇文門大樓高一丈六尺二寸，較宣武門大樓高一丈六尺八寸。正陽門箭樓自地平至正獸上皮止，謹擬七丈六尺三寸，較正陽門大樓低二丈二尺七寸，較宣武門箭樓高七尺八寸，後仰而前俯，中高而東西兩旁皆下。似與修造作法相合，而體格亦尚屬勻稱。

惟是此事關係重大，又無舊案可稽。臣等參互比較酌擬辦法，是否有當，未敢擅專，相應請旨定奪飭遵。俟命下之日，再由臣等督飭承辦各員，敬謹興修，庶足以昭慎重。所有請旨遵行緣由，謹合詞恭折具陳，伏乞皇太后、皇上聖鑒訓示。謹奏。

光緒二十九年二月二十三日具奏，四月十一日奉旨：「依議。欽此。」

雜録

《史記》卷一二《孝武本紀》 其明年，東巡海上，考神僊之屬，未有驗者。方士有言「黄帝時爲五城十二樓，以候神人於執期，命曰迎年」。上許作之如方，名曰明年。上親禮祠上帝，衣上黄焉。

桓譚《新論》卷上《言體第四》 更始帝到長安，其大臣辟除東宮之事，爲下所非笑，但爲小衛樓，半城而居之，以是知其將相非蕭、曹之儔也。

《後漢書》卷一六《鄧寇列傳》第六 及王郎起兵，光武自薊至信都，使禹發奔命，得數千人，令自將之，別攻拔樂陽。從至廣阿，光武舍城樓上，披輿地圖，指示禹曰：「天下郡國如是，今始乃得其一。子前言以吾慮天下不足定，何也？」

《後漢書》卷七三《陶謙傳》 初，同郡人笮融，聚衆數百，往依於謙，謙使督廣陵、下邳、彭城運糧。遂斷三郡委輸，大起浮屠寺。上累金盤，下爲重樓，又堂閣周回，可容三千許人，作黄金塗像，衣以錦綵。每浴佛，輒多設飲飯，布席於路，其有就食及觀者且萬餘人。

《三國志》卷七《魏書・陳登傳》 汜曰：「昔遭亂過下邳，見元龍。元龍無客主之意，久不相與語，自上大牀卧，使客卧下牀。」備曰：「君有國士之名，今天下大亂，帝主失所，望君憂國忘家，有救世之意，而君求田問舍，言無可采，是元龍所諱也，何緣當與君語？如小人，欲卧百尺樓上，卧君於地，何但上下牀之間邪？」表大笑。備因言曰：「若元龍文武膽志，當求之於古耳，造次難得比也。」

《三國志》卷八《魏書・公孫瓚傳》 瓚軍數敗，乃走還易京固守。爲圍塹十重，於塹裏築京，皆高五六丈，爲樓其上；中塹爲京，特高十丈，自居焉，積穀三百萬斛。瓚曰：「昔謂天下事可指麾而定，今日視之，非我所決，不如休兵，力田畜穀。兵法，百樓不攻。今吾樓櫓千重，食盡此穀，足知天下之事矣。」欲以此弊紹。紹遣將攻之，連年不能拔。

《三國志》卷三五《蜀書・諸葛亮傳》 劉表長子琦，亦深器亮。表受後妻之言，愛少子琮，不悦於琦。琦每欲與亮謀自安之術，亮輒拒塞，未與處畫。琦乃將亮游觀後園，共上高樓，飲宴之間，令人去梯，因謂亮曰：「今日上不至天，下不至地，言出子口，入於吾耳，可以言未？」亮答曰：「君不見申生在内而危，重耳在外而安乎？」琦意感悟，陰規出計。

《三國志》卷四二《蜀書・周羣傳》 父舒，字叔布，少學術於廣漢楊厚，名亞董扶、任安。數被徵，終不詣。時人有問：「《春秋讖》曰代漢者當塗高，此何謂也？」舒曰：「當塗高者，魏也。」鄉黨學者私傳其語。羣少受學於舒，專心候業。於庭中作小樓，家富多奴，常令奴更直於樓上視天災，纔見一氣，即白羣，羣自上樓觀之，不避晨夜。故凡有氣候，無不見之者，是以所言多中。

《三國志》卷五五《吳書・徐盛傳》 後魏文帝大出，有渡江之志，盛建計從建業築圍，作薄落，圍上設假樓，江中浮船。諸將以爲無益，盛不聽，固立之。文帝到廣陵，望圍愕然，彌漫數百里，而江水盛長，便引軍退。諸將乃伏。

任昉《述異記》卷上　荀瓌字叔偉，潛棲却粒。嘗東遊，憩江夏黃鶴樓上。望西南有物，飄然降自霄漢，俄頃已至，乃駕鶴之賓也。鶴止户側，仙者就席，羽衣虹裳，賓主歡對。已而辭去，跨鶴騰空，眇然而滅。

干寶《搜神記》卷一〇　後漢張奂爲武威太守。其妻夢帝與印綬，登樓而歌，覺以告奂，奂令占之，曰：「夫人方生男，後臨此郡，命終此樓。」後生子猛。建安中，果爲武威太守，殺刺史邯鄲商，州兵圍急，猛耻見擒，乃登樓自焚而死。

《南齊書》卷二二《豫章文獻王》　「後堂樓可安佛，供養外國二僧，餘皆如舊。與汝遊戲後堂船乘，吾所乘牛馬，送二宫及司徒，服飾衣裘，悉爲功德。」子廉等號泣奉行。

世祖哀痛特至，至冬乃舉樂宴朝臣，上歔欷流涕。諸王邸不得起樓臨瞰宫掖，上後登景陽，望見樓悲感，乃敕毁之。薨後，第庫無見錢，世祖敕貨雜物服飾得數百萬，起集善寺，月給第見錢百萬，至上崩乃省。

劉義慶《世説新語》卷下《輕詆二六》　桓公入洛，過淮泗，踐北境，與諸僚屬登平乘樓，眺矚中原，慨然曰：「遂使神州陸沈，百年丘墟，王夷甫諸人不得不任其責！」袁虎率爾對曰：「運自有廢興，豈必諸人之過？」桓公懍然作色，顧謂四坐曰：「諸君頗聞劉景升不？有大牛重千斤，噉芻豆十倍於常牛，負重致遠，曾不若一羸牸。魏武入荆州，烹以饗士卒，于時莫不稱快。」意以況袁。四坐既駭，袁亦失色。

劉義慶《幽明録》卷六《鳳頭入漳》　鄴城鳳陽門五層樓，去城二十丈，長四十丈，廣二十丈，安金鳳凰二頭于其上。石季龍將衰，一頭飛入漳河，清朗見在水底，一頭今猶存。

《北史》卷四二《王肅傳》　二十年七月，帝以久旱不雨輟膳，百僚詣闕。帝在崇虚樓，遣舍人問肅。對曰：「伏承陛下輟膳，已經三旦，羣臣不敢自寧。臣聞堯水湯旱，自然之數，須聖人以濟世，不由聖以致災，是以國儲九年，以禦九年之變。」

《晉書》卷七三《庾亮傳》　初亮所乘馬，有的顱，殷浩以爲不利於主，勸亮賣之。亮曰：「曷有己之不安，而移之于人。」浩慙而退。亮在武昌，諸佐吏殷浩之徒，乘秋夜往共登南樓，俄而不覺亮至，諸人將起避之，亮徐曰：「諸君少住，老子於此處，興復不淺。」便據胡床，與浩等談詠竟坐，其坦率行己，多此類也。三子彬、羲、龢。

李商隱《樊南文集》卷八《李賀小傳》　長吉將死時，忽晝見一緋衣人，駕赤虬，持一版，書若太古篆或霹靂石文者，云當召長吉。長吉了不能讀，欻下榻叩頭，言：「阿㜷老且病，賀不願去。」緋衣人笑曰：「帝成白玉樓，立召君爲記，天上差樂，不苦也。」長吉獨泣，邊人盡見之。少之，長吉氣絶。嘗所居窗中，勃勃有烟氣，聞行車嘒管之聲。太夫人急止人哭，待之，如炊五斗黍許時，長吉竟死。王氏姊非能造作謂長吉者，實所見如此。

裴庭裕《東觀奏記》卷下　上委信宰輔，言發計從，就中於元輔恩禮稍異。白敏中赴邠寧行宫，上幸興福樓送之，自樓上投下朱書御劄一封與敏中，言君臣倚注之分。崔鉉赴鎮淮南，幸通化樓送之，並賜詩四韻，以寵行邁。鉉刻其詩於宣化驛。

趙璘《因話録》卷一　德宗初登勤政樓，外無知者。望見一人衣緑乘驢戴帽至樓下，仰視久之，俛而東去。上立遣宣示京尹，令以物色求之。尹召萬年捕賊官李鎔，使促求訪。李尉佇立思之曰：「必得。」及出，召幹事所由於春明門外數里内，應有諸司舊職事使藝人，悉搜羅之。而緑衣者果在其中。詰之，對曰：「某天寶教坊樂工也。上皇時數登此。每來，鵶必集樓上，號隨駕老鵶。某自罷居城外，更不復見。今羣鵶盛集，又覺景象宛如昔時。心知聖人在上，悲喜且欲泣下。」以此奏聞。敕盡收此輩，却係教坊。李尉亦爲京尹所擢用，後至郡守。

釋道世《法苑珠林》卷一四《感應緣》　又有天人，姓陸，名玄暢，來謁律師云：「弟子是周穆王時生在初天。本是迦葉佛時天爲通化，故周時暫現。所問高四土臺者，其本迦葉佛於此第三會説法度人。至穆王時，文殊目連來化，穆王從之。即《列子》所謂化人者是也。化人示穆王高四臺，是迦葉佛説法處，因造三會道場。至秦穆公時，扶風獲一石佛。穆公不識，棄馬坊中，穢汙此像。護像神瞋，令公染疾。公又夢遊上帝，極被責數。覺問侍臣由余，便答云：『臣聞周穆王時有化人來此土，云是佛神。穆王信之，於終南山造中天臺，高千餘尺，基趾見在。又於蒼頡臺造神廟，名三會道場。公今所患，殆非佛爲之耶？』公聞大怖，語由余曰：『吾近獲一石人，衣冠非今所製，棄之馬坊。將非此是佛神耶？』由余聞往視之，對曰：『此真佛神也。』公取像澡浴，安清浄處，像遂放光。公又怖，謂神瞋也，宰三牲以祭之。諸善神等擎棄遠處。公又大怖，以問由余。答曰：『臣聞佛神清潔，不進酒肉，愛重物命，如護一子。所有供養，燒香而已。所可祭祀，餅果之屬。』公大悦，欲造佛像，絶於工人，又問由余。答曰：『昔穆王造寺之側，應有工匠。』遂於高四臺南村内得一老人，姓王名安，年百八十。自云：

「曾於三會道場見人造之。臣今年老，無力能作。所住村北有兄弟四人，曾於道場内爲諸匠執作，請追共造。」依言作之，成一銅像，相好圓備。公悦，大賞賚之。彼人得財，並造功德，於土臺上造重閣，高三百尺。時人號之高四臺，或曰高四樓。其人姓高，大者名四。或曰兄弟四人同立故也。或取大兄之名以目之，故高四之名，至今稱也。」

王仁裕《開元天寶遺事》卷下　宫中以錦結成樓殿，高百尺，上可以勝數十人，陳以瓜果酒炙，設坐具，以祀牛、女二星。嬪妃各以九孔針、五色線，向月穿之，過者爲得巧之候。動清商之曲，宴樂達旦，士民之家皆效之。

王仁裕《開元天寶遺事》卷下《樓車載樂》　楊國忠子弟，恃后族之貴，極於奢侈，每春遊之際，以大車結綵帛爲樓，載女樂數十人，自私第聲樂前引，出遊園苑中，長安豪民貴族皆效之。

《新五代史》卷六九《南平世家第九・子從誨》　從誨爲人明敏，多權詐。晉高祖遣翰林學士陶穀爲從誨生辰國信使，從誨宴穀望沙樓，大陳戰艦于樓下，謂穀曰：「吴、蜀不賓久矣，願脩武備，習水戰，以待師期。」穀還，具道其語，晉高祖大喜，復遣使賜以甲馬百匹。襄州安從進反，結從誨爲援，從誨外爲拒絶，陰與之通。晉師致討，從誨遣將李端以舟師爲應，從進誅，從誨求郢州爲屬郡，高祖不許。

《新唐書》卷一三三《王君㚟傳》　開元十四年，吐蕃酋悉諾邏寇大斗拔谷，君㚟間其怠，率秦州都督張景順乘冰度青海襲破之。以功遷大將軍，封晉昌縣伯；拜其父壽爲少府監，聽不事。君㚟凱旋，玄宗宴君㚟及妻夏於廣達樓，賜金帛，夏亦自以戰功封武威郡夫人。俄而吐蕃陷瓜州，執刺史田元獻及壽，殺居人，取資糧，進攻玉門軍，使人靳君㚟曰：「將軍常自以忠勇，今不一進戰，奈何？」君㚟登陴西向哭，兵不敢出。

尤袤《全唐詩話》卷六《張建封妓》　樂天有《和燕子樓》詩，其序云：「徐州張尚書有愛妓盼盼，善歌舞，雅多風態。余爲校書郎時，遊淮泗間，張尚書宴余。酒酣，出盼盼以佐飲，歡甚。余因贈詩，落句云：『醉嬌勝不得，風嫋牡丹花。』盡歡而去。爾後絶不復知，茲一紀矣。昨日司勳員外郎張仲素繪之訪余，因吟新詩，有《燕子樓》詩三首，詞甚婉麗。詰其由，乃盼盼所作也。繪之從事武寧軍累年，頗知盼盼始末，云：張尚書既没，彭城有張氏舊第，中有小樓，名燕子。盼盼念舊愛而不嫁，居是樓十餘年，于今尚在。盼盼詩云：『樓上殘燈伴曉霜，獨眠人起合歡牀。相思一夜情多少，地角天涯未是長。』又云：『北邙松柏鎖愁煙，燕子樓中思悄然。自埋劍履歌塵散，紅袖香消一十年。』又云：『適看鴻雁岳陽回，又覩玄禽逼社來。瑶瑟玉簫無意緒，任從蛛網任從灰。』余嘗愛其新作，乃和之云：『滿窗明月滿簾霜，被冷燈殘拂卧牀。燕子樓中寒月夜，秋來衹爲一人長。』又：『今春有客洛陽迴，曾到尚書墓上來。見説白楊堪作柱，争教紅粉不成灰。』『鈿帶羅衫色似煙，幾回欲起即潸然。自從不舞《霓裳曲》，疊在空箱十二年。』又贈之絶句：『黄金不惜買蛾眉，揀得如花四五枝。歌舞教成心力盡，一朝身去不相隨。』後仲素以余詩示盼盼，乃反覆讀之，泣曰：『自公薨背，妾非不能死，恐百載之後，以我公重色，有從死之妾，是玷我公清範也，所以偷生耳。』乃和云：『自守空樓斂恨眉，形同春後牡丹枝。舍人不會人深意，訝道泉臺不去隨。』盼盼得詩後，怏怏旬日，不食而卒。但吟云：『兒童不識沖天物，漫把青泥汙雪毫。』」

蘇軾《東坡志林》卷四《合江樓下戲》　合江樓下，秋碧浮空，光摇几席之上，而有茅店廬屋七八間，横斜砌下。今歲大水再至，居人散避不暇。豈無寸土可遷，而乃眷眷不去，常爲人眼中沙乎？

邵伯温《邵氏聞見録》卷一　真宗皇帝東封西祀，禮成，海内晏然。一日，開太清樓宴親王、宰執，用仙韶女樂數百人；有司以宫嬪不可視外，於樓前起彩山幛之。樂聲若出於雲霄間者。李文定公、丁晉公坐席相對，文定公令行酒黄門密語晉公曰：「如何得倒了假山？」晉公微笑。上見之，問其故，晉公以實對。上亦笑，即令女樂列樓下，臨軒觀之，宣勸益頻，文定至霑醉。

洪邁《夷堅志》卷一五《燕子樓》　潭州府舍後燕子樓，去宅堂頗遠，家人不能至。守帥某卿好游其上。卿晚得良家女爲妾，名之曰酥酥兒，嬖寵殊甚。一日亦登樓，問其所以來，答曰：「願見主翁，心不憚遠。」卿益喜，留連經時，使之去。薄晚卿還，酥迎於堂，卿顧曰：「適歸無它否？」妾愕然曰：「今日在房中，足跡未嘗出外，安有是耶？」卿怒曰：「汝來燕子樓視我，我與汝語，良久乃去，何諱之有？」酥面發赤曰：「素不識樓上路，何由敢獨行？公特戲我？」傍人盡證其不然，卿惘惘不樂，入燕寢徑卧。疑向者所見，定鬼物也。少時酥入室，拊其背，掖之使起坐，曰：「我真至公所，恐他人知之，故匿不言。亦因以惱公爾，何以戚戚爲？」卿意方自解，又與嬉笑，忽曰：「今以實告公，我非酥酥也。請細視我。」視之，則一大青黑面，極可憎怖。卿拊牀大叫，外人疾趨至，無所覩，即抱病遂卒。

《宋史》卷四四二《文苑傳》四　延年喜劇飲，嘗與劉潛造王氏酒樓對飲，終日不交一言。王氏怪其飲多，以爲非常人，益奉美酒肴果，二人飲啖自若，至夕無酒色，相揖而去。明日，都下傳王氏酒樓有二仙來飲，已乃知劉、石也。延年雖酣放，若不可攖以世務，然與人論天下事，是非無不當。

《宋史》卷四五一《忠義傳》六　太學故岳飛第，有飛祠，應鑣具酒肉祀飛曰：「天不祚宋，社稷爲墟，應鑣死以報國，誓不與諸生俱北。死已，將魂魄累王，作配神主，與王英靈，永永無斁。」琦亦賦詩以自誓。祭畢，以酒肉餉諸僕，諸僕醉卧，應鑣乃與其子女入梯雲樓，積諸房書籍箱笥四周，縱火自焚。一小僕未寐，聞火聲，起至樓下穴牖視之，應鑣父子儼然坐立，如廟塑像。

劉玉《已瘧編》　三山門外有醉僊樓，以中秋與學士劉三吾、宋濂、董倫、王景，陶安等醉飲得名。樂民樓以春時賜民花酒錢傳盃浪盞得名。又有鶴鳴樓亦在三山門。

馮夢龍《古今譚概》卷上《造五鳳樓手》　韓浦、韓洎兄弟皆有文辭。洎嘗輕浦，語人曰：「吾兄爲文，譬如繩樞草舍，聊蔽風雨。予之爲文，是造五鳳樓手。」浦聞而笑之。適有人遺蜀箋，浦作詩與洎曰：「十樣蠻箋出益州，寄來人自浣溪頭。愚兄得此全無用，助爾添修五鳳樓。」

馮夢龍《情史》卷五《情豪類》　謝希孟者，陸象山門人也。少豪俊，與妓陸氏狎。象山責之，希孟但敬謝而已。他日復爲妓造鴛鴦樓，象山又以爲言。希孟謝曰：「非特建樓，且爲作記。」象山喜其文，不覺曰：「樓記云何？」即占首句云：「自遜、抗、機、雲之死，而天地英靈之氣不鍾於男子，而鍾於婦人。」象山嘿然，知其侮也。

田汝成《西湖游覽志餘》卷二一《委巷叢談》　錢唐祝吉甫，居西河上，搆小樓，眺盡湖山之勝，賓客常滿。隣有富豪，築高牆數仞蔽之，吉甫因鬱鬱不樂。趙松雪訪吉甫，登樓，爲書二字扁曰「且看」。一日，貫酸齋來，亦題於左云：「酸齋也看。」無何，隣以通番薄録家徙，垣屋摧毁，小樓内湖山如故。

陸深《聖駕南巡日録》　遂與屠陳南過陽和樓。樓下兩複道通衢，頗有偉觀。漸山云此樓雨不霑灑，四面隨風若避，故曰陽和。問之土人，曰：然。

沈德符《萬曆野獲編》卷六《内監》〔箭樓〕京師正陽門樓燬于火。庚戌年，議重建，時内監同工部官估計。營繕司郎中張嘉言，楚人也，素以負氣稱。内監屈指云：「當用銀十三萬。」張大怒，厲聲云：「此樓在民間，當費三千金。今天家舉事，不可同衆，宜加倍爲六千。」諸大璫忿極，氣滿口重，不能辨詰，但奮拳欲毆之。時監督科道在列，亦不出一言剖析，但勸解散去。次年大計，張竟以不謹被斥。所坐事雖多，此亦其一端也。後數載，箭樓已成，問之計部諸君，云動工銀三萬。蓋初估爲張所詘，其後終不能滿内璫之欲也。張起家司李，好與人訐，且自尊大，以故屢躓宦塗。其正郎乃自憲幕遷入，列銜爲署郎中事，都察院經歷。同寅戲之曰：「君名位已尊，今後行文移牌票，可竟書爲本部院矣。」蓋總制大臣，以部堂兼中丞者，方有此稱，故用以爲謔。張雖不堪，然默無以應。

沈德符《萬曆野獲編·補遺卷三·畿輔》　建酒樓，洪武二十七年，上以海内太平，思與民偕樂，命工部建十酒樓於江東門外。有鶴鳴、醉仙、謳歌、鼓腹、來賓、重譯等名。既而又增作五樓，至是皆成。詔賜文武百官鈔，命宴於醉仙樓。而五樓則專以處侑酒歌妓者，蓋倣宋世故事。但不設官醖，以收榷課，最爲清朝佳事。宴百官後不數日，定正蔡氏《書傳》。上又命宴博士錢宰等於新成酒樓，各獻詩謝，上大悦。比書成，賜書名曰《書傳會通》，命禮部刊行天下。按：上初觀蔡氏《書傳》，日月星辰運行與朱子詩傳不同，及他注與鄱陽鄒季友所論，間有未安，遂徵天下儒臣定正之。於是翰林致仕編修張美和、國子致仕博士錢宰，致仕助教靳權，教授高讓等共二十七人，俱遣行人馳傳徵至。上命學士劉三吾總其事開局。翰林院禮遇諸儒甚厚，至御製詩以賜，命之屬和。及其歸，又賜宴馳驛而還。以修書鉅典，而令之歌館爲歡，非開天聖人無此韻致。但鄒季友者何人，致勤高皇葑菲之采。至永樂二年，又有饒州人朱友季獻書，專攻程朱。文皇命杖逐之，其人同生一地，姓名又相似，其爲一人二人未可定也。

沈德符《萬曆野獲編·補遺卷三·畿輔》　禁歌妓，太祖所建十樓，尚有清江、石城、樂民、集賢四名。而五樓則云：輕煙、淡粉、梅妍、柳翠，而遺其一。此史所未載者，皆歌妓之藪也。國初臨川人揭軌，以舉明經至京，宴南市樓。有詩云：「詔出金錢送酒壚，綺樓勝會集文儒。江頭魚藻新開宴，苑外鶯花又賜酺。趙女酒翻歌扇濕，燕姬香襲舞裙紆。繡筵莫道知音少，司馬能琴絶代無。」則知不第儒臣錫宴，即舉子亦叨聖賜，高會其中矣。今南市樓雖居六院之一，而價在下中，第爲商賈所游集耳。至宣德中，以百僚日醉狹邪，不修職業，爲左都御史顧佐奏禁。廷臣有犯者至褫職，迄今不改。好事者以爲太平缺陷，遠遜唐宋。但唐以宜春、教坊二地，爲内廷供奉之所。如阿布思妻爲女優之類，非士大夫所得游。至季年而翰林學士亦得闌入教坊，此僖宗以後事，非盛世之舊也。惟藩鎮軍府例設酒糾以供宴享，名曰營妓。其知名者如薛濤、劉采春之屬，而京師則無之。宋世朝士各有家姬供客，若官妓不過州郡守倅應奉過客，及佳節令辰侍觴侑酒，與之狎者仍有厲禁。如秦弱蘭之制使臣，王宫花之誘勘吏，及南渡大儒之坐唐仲友，皆是物也。則顧佐一疏，保全士人實多。今人但知金陵十四樓，而不知有十五，蓋因續建五樓，其一偶失其名耳。

陸壽名《續太平廣記·剩史》 官妓。國初不禁官妓，唯挾娼飲宿者有律。永樂末，都御史顧公佐始奏革之。國初于京師建官妓館六樓于聚寶門外，以安遠人，故名曰「來賓」、曰「重譯」、曰「輕烟」、曰「淡粉」、曰「梅妍」、曰「柳翠」，其四名主女侍言也。其時雖憲法嚴肅，諸司每朝退相帥飲于妓樓，羣婢歌侑暢飲逾時，以朝無禁令故也。後乃浸淫放恣，解帶盤薄，喧呶竟日。樓窗懸繫牙牌，纍纍相比，日昃歸署，半已霑醉，曹多廢務。朝廷知之，遂從顧公之言。顧公太康人，剛嚴爲朝紳冠，時謂「明之包公」。每待漏朝房，諸僚無人與同坐，並連壁三五室内皆寂然畏其聞。或過門見有雙藤外立，知是公也，趨而辟之。

閣部

題解

許慎《説文解字》卷一二上《門部》 閣，所以止扉也。从門，各聲。古洛切。

〔段玉裁注〕《釋宫》曰：所以止扉謂之閣。郭注：門辟旁長橛也。引《左傳》「高其閈閣」，而又云「閣長杙，即門橛也」。按：郭云門辟旁長橛者，謂門開則邊旁有兩長橛，使其止而不過也。云即門橛者，謂《左傳》之閣，即他經之闑，兩扉中之橛也。是二者皆所以止扉，皆謂之閣。但《左傳》主謂中門者耳。許闑訓門橛，閣訓所以止扉，則畫然二義。許本諸《釋宫》，今本《釋宫》譌爲閎。陸氏《音義》不辯是非，云本亦作閣，音各，郭注本無此字。不知郭氏於「衖門謂之閎」下引《左》「盟諸僖閎」，於「所以止扉謂之閣」下引《左》「高其閈閣」。郭作注時，閣絶未誤爲閎，注亦絶無誤也。顔師古《匡謬正俗》分别閎、閣二字不同，所引《左傳》作閈閣，所引《爾雅》及注皆作閣。今雅雨堂刻本譌亂不可讀。《左傳》：高其閈閣，閈猶門也。高其門，則所以止扉亦必高。蓋晉館門不容車，失於狹小，致子産壞垣，故士文伯飾説門雖小而甚高，此處無取閈閎連文，陸氏《音義》亦誤從閎轉云讀者，因《爾雅》或作閣，因改《左傳》作各音。與《爾雅》音義皆爲顛倒，見其誤不可不正也。閣本訓直橛所以扞格者，引申之，横者可以庋物亦曰閣。如《内則》所云天子諸侯大夫士之閣，漢時天禄石渠閣皆所以閣書籍皆是也。閣字之義如此，故凡止而不行皆得謂之閣。倘《爾雅》作謂之閎，於所以止扉何涉乎。子産何以毁垣，因門不容車也。亦因門閣高也。觀孫叔敖患民卑車，因教閭里高其梱，居半歲，民悉自高其車。此非閣高而車不得人之證乎。故郭云《左傳》之閣即門橛也。《左傳》閈閎，杜注：閎，門也。此必有誤，杜本乃誤本。郭景純、顔師古所據本不誤，陸之《音義》、孔之《正義》皆據誤本爲之。又《左傳》閈字，沈重云閉也，此必古説，蓋閈閣猶《禮記》之扞格也。閈本不从門，後人因閣亦加門耳。蔡邕《月令章句》於脩鍵閉云：鍵，門牡，所以止扉，亦謂之剡移。《鄭注》亦云：鍵，牡。閉，牝。按蔡謂鍵爲門牡，許則云闑爲門牡。蓋闑居闑之下，門之中。《漢書》所謂門牡者，而閣居兩旁，每扉以一長杙，上貫於過門板，下拄於地，故云所以止扉。古謂之剡移，有闑有闑又有閣者，慎於待暴也。故曰高其閈閣，厚其牆垣，以無憂客使。閣亦得稱牡，而與闑異物。闑與閣皆閉門乃用之，不比闌爲死物，謂梱即閣，誤矣。

計成《園冶》卷一《屋宇·閣》 閣者，四阿開四牖。漢有麒麟閣，唐有凌烟閣等，皆是式。

綜述

計成《園冶》卷一《立基·樓閣基》 樓閣之基，依次序定在廳堂之後，何不立半山半水之間，有二層三層之説？下望上是樓，山半擬爲平屋，更上一層，可窮千里目也。

文震亨《長物志》卷一《室廬·樓閣》 樓閣作房闥者，須迴環窈窕。供登眺者，須軒敞宏麗。藏書畫者，須爽塏高深。此其大略也。樓作四面牕者，前楹用牕，後及兩旁用板。閣作方樣者，四面一式。樓前忌有露臺捲篷，樓板忌用磚鋪。蓋既名樓閣，必有定式。若復鋪磚，與平屋何異？高閣作三層者最俗，樓下柱稍高，上可設平頂。

高濂《遵生八箋》卷七《起居安樂箋》上《居室建置》 煴閣。南方暑雨時，藥物、圖書、皮毛之物，皆爲黴浥壞盡。今造閣去地一丈有多，閣中循壁爲厨二三層，壁間以板弭之，前後開窗，梁上懸長笐，物可懸者，懸于笐中，餘置格上。天日晴明，則大開窗户，令納風日爽氣。陰晦則密閉，以杜雨濕。中設小爐，長令火氣温鬱。又法：閣中設床二三，床下收新出窑炭實之，乃置畫片床上，永不黴壞，不須設火。其炭至秋供燒，明年復换新炭。床上切不可卧，卧者病瘖，屢有驗也，蓋火氣所爍故耳。

清閟閣，雲林堂，閣尤勝。客非佳流不得入。堂前植碧梧四，令人揩拭其皮，每梧墜葉，輒令童子以針綴杖頭亟挑去，不使點污，如亭亭緑玉。苔蘚盈庭，不容人踐，緑褥可愛。左右列以松桂蘭竹之屬，敷紆僚繞。其外則高木修篁，蔚然深秀，周列奇石。東設古玉器，西設古鼎尊罍，法書名畫。每雨止風收，杖履自隨，逍遥容與，咏歌以娱。望之者，識其爲世外人也。

佚名《識餘纂》 人家居室，自門而庭，自庭而堂，自堂而室，基址必取寬，體勢必取整。考工自有制度，大略如此。或有宅中隙地，必爲之藝花莳竹，壘石疏沼。又於隙地之據勝者，則構重閣以爲賓朋遊息之所。樊川賦所云「五步一樓，十步一閣」者此也。有角落之義，故名曰閣。又人家居止，門户爲出入往來之路，堂爲賓客會集之所。又有正室，有燕室，飲食作息於是乎，在其有服物器皿，非日用所需。或重器奇玩，恐招慢藏誨盗之譏，則必於曲房邃室中，構小閣，架重屋以處之。或什襲，或封緘，非時非地不出示人。是閣又有庋置之義也。至貧賤家與富貴家，事勢迥然不同。環堵一室，會集於此，飲食於此，作息於此。然即醜妻蠢子亦必有破衲數事，擔之脚頭，未可卒歲。且必取椽數根板數片，繩縛釘鉸，使可庋置，舉敝籠負置於上。又力不能爲梯，或土磚數坺，稍藉足以爲上下之具，亦强名之曰閣，是貧賤家一家之産，盡一閣可舉置無餘矣。閣之切於民用如此。

李斗《揚州畫舫録》卷一七《工段營造録》 正構皆謂閣，旁構爲閣道，加飛椽攢角爲飛閣，露處爲飛道，露處有階爲磴道，磴道曲折紆徐者爲頻頓，是皆閣之制也。湖上閣以錦鏡閣爲最，閣道以篠園爲最，飛閣、飛道、磴道、步頓，以東園爲最。

孫希旦《禮記集解》卷二七《内則》第一二之一 大夫無秩膳，大夫七十而有閣。天子之閣，左達五，右達五。公侯伯於房中五，大夫於閣三，士於坫一。鄭氏曰：大夫無秩膳，謂五十始命，未甚老者也。七十有閣，有秩膳也。閣，以板爲之，庋食物也。達，夾室。愚謂膳，美食也。秩膳，謂常置美食於左右，以備食也。夾室與房，謂燕寢之夾室與房也。《檀弓》：「始死之奠，其餘閣也與？」《士喪禮》「醴酒、脯、醢，升自阼階」，「奠於尸東」。疾必居正寢，而餘閣之奠别從他處來，是閣在燕寢明矣。士禮如此，天子諸侯可知。坫，土坫也。士不得爲閣，爲土坫以庋食也。公侯伯不言「閣」者，蒙天子之文也。大夫士不言「於房中」者，蒙公侯之文也。大夫特言「於閣」者，别於士之坫也。士之坫亦在房，《王制》曰「九十飲食不離寢」，則未九十者飲食不得在寢室，當在房可知也。曰「五」曰「三」曰「一」者，謂閣與坫之數，非謂膳之種數也。士於坫一，而餘閣有脯、醢，則大夫以上非一閣，惟置一種明矣。士坫亦七十乃有之。對文則板爲者曰閣，土爲者曰坫，散文則坫亦謂之閣，《檀弓》言「餘閣」是也。鄭氏謂「諸侯之五，爲三牲、魚、腊」，非也。諸侯朔食止少牢，則閣不得備三牲矣。鄭氏又謂「大夫之閣與天子同處」，亦非也。諸侯於房中亦爲閣，大夫之閣，士之坫亦於房中，非大夫與天子同處也。孔疏謂「天子尊，庖厨遠，故左夾室五閣，右夾室五閣，諸侯卑，庖厨宜稍近，故於房中」，亦非也。夾室與房，特庋食之所耳，庖厨初不在此也。自「飯黍稷」至此，雜記飲食之法。

王概《芥子園畫譜》卷三《人物屋宇譜·墻屋式》

王概《芥子園畫譜》卷三《人物屋宇譜·界臺樓閣法》

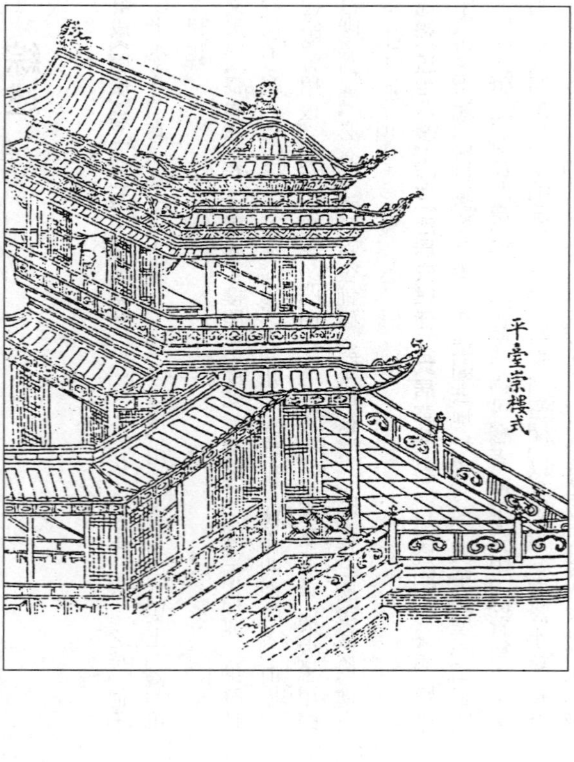

畫樓閣諸法：畫中之有樓閣，猶字中之有《九成宮》、《麻姑壇》之精楷也。筆偏意縱者，未嘗不栩栩以爲第不屑屑事此，果事此則必度越古人。及其操筆，而十指先已蚓結，終日不能落點墨。故古人中即放誕如郭恕先，以尋丈之卷，僅得其一灑墨亂作屋木數角，可謂漫無法則矣。一旦而操矩尺，纍黍粒而成臺閣，則宋桷搏攎以訖罘罳，無不霞舒風動，毫髮可數，層層折折，可以身入其境也。絶非今人可及之功。乃知古人必由小心而放誕，未有放膽而不小心者。豈可以界劃竟曰匠氣，置而不講哉？夫界劃猶禪門之戒律也，學佛者必由戒律進步，則終身不走滚，否則涉野狐。界劃洵畫家之玉律，學者之入門。

趙璘《因話録》卷五　古者三公開閣，郡守比古之侯伯，亦有閣。所以世之書題有閣下之稱。前輩呼刺史太守，亦曰節下。與宰相大僚書，往往呼執事，言閣下之執事人耳。劉子玄爲史官，與監修宰相書，呼足下。韓文公與使主張僕射書，呼執事。即其例也。其記室本繫王侯賓佐之稱，他人亦非所宜。執事則指斥其左右之人，尊卑皆可通稱，侍者士庶可用之。近日官至使府御史及畿令，悉呼閣下，至于初命賓佐，猶呼記室，今則一例閣下，亦謂上下無別矣。其執事纔施於舉人侍者，止行于釋子而已。今又布衣相呼，盡曰閣下。雖出于浮薄相戲，亦是名分大壞矣。又中表疎遠卑行，多有座前之目，尤可懲恠。夫閣下去殿下一階，座前降几前一等，此之乖僭，其可行耶？宗從叔姑及姨舅之行，施之可也。

黄朝英《靖康緗素雜記》卷一《黄閣》　天子曰黄闥，三公曰黄閣，給事舍人曰黄扉，太守曰黄堂。凡天子禁門曰黄闥，以中人主之，故號曰黄門令。秦漢有給事黄門之職是也。天子之與三公禮秩相亞，故黄其閣以示謙。《漢舊儀》云：丞相聽事門曰黄閣。

又《王瑩傳》云：既爲公，須開黄閣。張敬兒謂其妻嫂曰「我拜後府開黄閣」是也。黄門郎給事，于黄闥之内入侍禁中，後漢獻帝初，置侍中給事、黄門侍郎員各六人。唐郭承嘏嘗爲給事中矣，文宗謂宰臣曰：「承嘏久在黄扉」。是也。黄堂者，太守聽事之堂也。亦謂之雌堂。杜詩爲南陽太守，請郭丹爲功曹，勑以丹事，編署黄堂，以爲後法是也。或以大拜爲身到黄扉，余所未諭。故杜少陵《與嚴閣老》詩云：扈聖登黄閣，明公獨妙年。宋子京《與王相公》云：薰琴順署，雌閣偃潘。又《和公序再入玉堂》云：七年辭玉署，再入佐黄扉。《與徐舍人》云：果紆繡扆之知，趣上黄扉之試。又《初到郡齋》云：姑俟天藏疾，雌堂曰燕居。又《謝寄公醪》云：老依滴曲作蕃牧，月例黄堂給宴醪。又《重修諸亭記》云：太守牙居，惟有黄堂便坐。則三公爲黄閣，給事舍人爲黄扉，太守爲黄堂明矣。

洪邁《容齋三筆》卷一三《政和宫室》　自漢以來，宫室土木之盛，如漢武之甘泉、建章，陳後主之臨春、結綺，隋煬帝之洛陽、江都，唐明皇之華清、連昌，已載史册。國朝祥符中，姦臣導諛，爲玉清昭應、會靈、祥源諸宫，議者固以崇侈勞費爲戒，然未有若政和蔡京所爲也。京既固位，竊國政，招大璫童貫、楊戩、賈詳、藍從熙、何訢五人，分任其事。於是始作延福宫，有穆清、成平、會寧、睿謨、凝和、崑玉、羣玉七殿，東邊有蕙馥、報瓊、蟠桃、春錦、疊瓊、芬芳、麗玉、寒香、拂雲、偃蓋、翠葆、鉛英、雲錦、蘭薰、摘金十五閣，西邊有繁英、雪香、披芳、鉛華、瓊華、文綺、絳蕚、穠華、緑綺、瑶碧、清音、秋香、叢玉、扶玉、絳雲，亦十五閣。又疊石爲山，建明春閣，其高十一丈，宴春閣，廣十二丈。鑿圓池爲海，横四百尺，縱二百六十七尺。鶴莊、鹿砦、孔翠諸柵，蹄尾以數千計。五人者各自爲制度，不相沿襲，争以華靡相誇勝，故名「延福五位」。其後復營萬歲山，艮嶽山，周十餘里，最高一峯九十尺，亭堂樓館，不可殫記。徽宗初亦喜之，已而悟其過，有厭惡語，由是力役稍息。靖康遭變，詔取山禽水鳥十餘萬投諸汴渠，折屋爲薪，剪石爲砲，伐竹爲笓籬，大鹿數千頭，悉殺之以啗衛士。

紀事

佚名《三輔黄圖》卷六《麒麟閣》　麒麟閣，《廟記》云：「麒麟閣，蕭何造。」《漢書》：宣帝思股肱之美，乃圖霍光等十一人於麒麟閣。《三秦記》云：「未央宫有堯閣。」《廟記》云：「未央宫有白虎閣、屬車閣。」

《漢書》卷五四《李廣蘇建傳·麒麟閣》　甘露三年，單于始入朝。上思股肱之美，乃圖畫其人於麒麟閣，法其形貌，署其官爵姓名。唯霍光不名，曰大司馬大將軍博陸侯姓霍氏，次曰衛將軍富平侯張安世，次曰車騎將軍龍額侯韓增，次曰後將軍營平侯趙充國，次曰丞相高平侯魏相，次曰丞相博陽侯丙吉，次曰御史大夫建平侯杜延年，次曰宗正陽城侯劉德，次曰少府梁丘賀，次曰太子太傅蕭望之，次曰典屬國蘇武。皆有功德，知名當世，是以表而揚之，明著中興輔佐，列於方叔、召虎、仲山甫焉。凡十一人，皆有傳。

佚名《三輔黄圖》卷六《天禄閣》 天禄閣，藏典籍之所。《漢宫殿疏》云：「天禄麒麟閣，蕭何造，以藏秘書、處賢才也。」劉向於成帝之末，校書天禄閣，專精覃思。夜有老人著黄衣，植青藜杖，叩閣而進。見向暗中獨坐誦書，老父乃吹杖端，煙然，因以見向，授五行《洪範》之文。恐詞説繁廣忘之，乃裂裳及紳以記其言，至曙而去。請問姓名，云我是太乙之精，天帝聞卯金之子，有博學者，下而觀焉。乃出懷中竹牒，有天文地圖之書，曰：余略授子焉。至子歆，從授其術，向亦不悟此人焉。

《漢書》卷八七下《揚雄傳·天禄閣》 王莽時，劉歆、甄豐皆爲上公，莽既以符命自立，即位之後欲絶其原以神前事，而豐子尋、歆子棻復獻之。莽誅豐父子，投棻四裔，辭所連及，便收不請。時雄校書天禄閣上，治獄使者來，欲收雄，雄恐不能自免，乃從閣上自投下，幾死。莽聞之曰：「雄素不與事，何故在此？」間請問其故，乃劉棻嘗從雄學作奇字，雄不知情。有詔勿問。然京師爲之語曰：「惟寂寞，自投閣；爰清静，作符命。」

王嘉《拾遺記》卷六《天禄閣》 劉向於成帝之末，校書天禄閣，專精覃思。夜有老人，着黄衣，植青藜杖，登閣而進，見向暗中獨坐誦書。老父乃吹杖端，烟然，因以見向，説開闢已前。向因受《洪範五行》之文，恐辭説繁廣忘之，乃裂裳及紳，以記其言。至曙而去，向請問姓名。云：「我是太一之精，天帝聞金卯之子有博學者，下而觀焉。」乃出懷中竹牒，有天文地圖之書，「余畧授子焉」。至向子歆，從向受其術，向亦不悟此人焉。

佚名《三輔黄圖》卷六《石渠閣》 石渠閣，蕭何造，其下礱石爲渠以導水，若今御溝，因爲閣名。所藏入關所得秦之圖籍，至於成帝，又於此藏秘書焉。《三輔故事》曰：石渠閣，在未央宫殿北，藏秘書之所。

《漢書》卷八八《儒林傳·石渠閣》 施讎字長卿，沛人也。沛與碭相近，讎爲童子，從田王孫受《易》。後讎徙長陵，田王孫爲博士，復從卒業，與孟喜、梁丘賀並爲門人。謙讓，常稱學廢，不教授。及梁丘賀爲少府，事多，乃遣子臨分將門人張禹等從讎問。讎自匿不肯見，賀固請，不得已乃授臨等。於是賀薦讎：「結髪事師數十年，賀不能及。」詔拜讎爲博士。甘露中與《五經》諸儒雜論同異於石渠閣。

陸勳《集異志》卷二《凌霄閣》 魏明帝景初元年，凌霄閣始構，有鵲巢其上，鵲體白黑雜色。帝以問高唐隆，對曰：《詩》云：惟鵲有巢，惟鳩居之。今興起宫室，而鵲來巢，此宫室未成，身不得居之象也。於是帝改容動色。

《陳書》卷七《世祖沈皇后傳·臨春閣·結綺閣·望仙閣》 史臣侍中鄭國公魏徵考覽記書，參詳故老，云後主初即位，以始興王叔陵之亂，被傷臥于承香閣下，時諸姬竝不得進，唯張貴妃侍焉。而柳太后猶居柏梁殿，即皇后之正殿也。後主沈皇后素無寵，不得侍疾，别居求賢殿。至德二年，乃於光照殿前起臨春、結綺、望仙三閣。閣高數丈，竝數十間，其窗牖、壁帶、懸楣、欄檻之類，竝以沈檀香木爲之，又飾以金玉，間以珠翠，外施珠簾，内有寶牀、寶帳，其服玩之屬，瑰奇珍麗，近古所未有。每微風暫至，香聞數里，朝日初照，光暎後庭。其下積石爲山，引水爲池，植以奇樹，雜以花藥。後主自居臨春閣，張貴妃居結綺閣，龔、孔二貴嬪居望仙閣，竝複道交相往來。

谷神子《集異記》卷一《平等閣》 隋開皇中，釋子澄空，年甫二十，誓願於晉陽汾西鑄鐵像，高七十尺焉。鳩集金炭，細求用度，周二十年，物力乃辦。於是告報遐邇，大集賢愚，然後選日而寫像焉。及烟焰息滅，啓鑪之後，其像無成。澄空即深自咎責，稽首懺悔，復堅前約，再謀鑄造。精勤艱苦，又二十年，事費復備。則又告報遐邇，大集賢愚，然後選日而寫像焉。及啓鑪，其像又復無成。澄空於是呼天求哀，叩佛請罪，大加貶挫，深自勤勵。又二十年，功力復集。乃告遐邇，大集賢愚，然後選日而寫像焉。及期，澄空乃登鑪巔，百尺懸絶，揚聲謂觀者曰：「吾少發誓願，鑄寫大佛，今年八十，兩已不成。此更違心，則吾無身以終志矣。況今衆善虚費積年，如或踵前失，吾亦無面目見衆善也。吾今俟其啓鑪，欲於金液而捨命焉。一以謝愆於諸佛，二以表誠於衆善。儻大像圓滿，後五十年，吾當爲建重閣耳。」聚觀萬衆，號泣諫止，而澄空殊不聽覽。俄而金液注射，赫耀踴躍。澄空於是揮手辭謝，投身如飛鳥而入焉。及開鑪，鐵像莊嚴端妙，毫髪皆備。自是并州之人咸思起閣以覆之。而佛身洪大，功用極廣，自非殊力，無由而致。開元初，李暠充天平軍節度使，出游，因仰大像歎曰：「如此相好，而爲風日所侵，痛哉！」即施錢七萬緡。周歲之内，而重閣成就，只今北都謂之平等閣者是也。計僧死像成之日，至暠，正五十年矣。以釋法推之，則暠也得非澄空之後身歟？

羅隱《廣陵妖亂志·延和閣》 是冬，又起延和閣於大廳之西，凡七間，高八丈，皆飾以珠玉，倚樓繡户，殆非人工。每旦焚名香，列異寶，以祈王母之降。及師鐸亂，人有登之者，於藻井垂蓮之上，見二十八字云：延和高閣上干雲，小語猶疑太乙聞。燒盡降真無一事，開門迎得畢將軍。此近詩妖也。用之公然云與上仙來往，每對駢或叱咤風雲，顧揖空中，謂見羣仙來往過於外，駢隨而拜之。用之指畫紛紜，略無媿色，左右稍有異論，則死不旋踵矣。

辛文房《唐才子傳》卷九《高駢・延和閣》 是冬，又起延和閣於大廳之西，凡七間，高八丈，皆飾以珠玉，綺窗繡户，殆非人工。每旦焚名香，列異寶，以祈王母之降。【略】用之公然云與上仙來往。每對駢，或叱咄風雲，顧揖空中，謂見羣仙來往，過於外，駢隨而拜之。用之指畫紛紜，略無愧色。【略】駢嘗授道家秘法，用之、守一無增焉。因刻一青石，如手板狀，隱起龍蛇，近成文字：「玉皇授白雲先生高駢。」潛使左右置安道院香几上。駢見之不勝驚喜。用之曰：「玉皇以令公焚修功著，特有是命。計其鸞鶴不久當降。某等此際謫限已滿，便應得陪幢節，同歸真境也。他日瑶池席上，亦是人間一故事。」言畢歡笑不已。遂相與登延和閣，命酒肴，極歡而罷。後於道院庭中刻木爲鶴，大如小駟，羈轡中設機棙，人或逼之，奮然飛動。駢嘗羽服跨之，仰視空闊，有飄然之思矣。自是嚴齋醮，鍊金丹，費耗資財，動逾萬計。

郭憲《漢武帝别國洞冥記》卷二《招仙閣》 元鼎元年，起招仙閣於甘泉宫西，編翠羽麟毫爲簾，青瑠璃爲扇，懸黎火齊爲床，其上懸浮金輕玉之磬。浮金者，色如金，自浮於水上。輕玉者，其質貞明而輕，有霞光繡，有藻龍繡，有連烟繡，有走龍錦，有雲鳳錦，有翻鴻錦。閣上燒荃靡香屑，燒粟許，其氣三月不絶。進峅嵻細棗，出峅嵻山，山臨碧海上，萬年一實。如今之軟棗，咋之有膏，膏可燃燈。西王母握以獻帝，燃芳苡燈，光色紫，有白鳳黑龍鼻足來戲於閣邊。有青鳥赤頭，道路而下以迎神女，神女留玉釵以贈帝，帝以賜趙婕妤。至昭帝元鳳中，宫人猶見此釵。黄淋欲之，明日示之，既發匣，有白鷰飛昇天。後宫人學作此釵，因名玉鷰釵，言吉祥也。

范成大《吴郡志》卷六《官宇・逍遥閣》 逍遥閣，在舊凝香堂後，蓋取韋應物「逍遥池閣涼」之句。此閣舊觀復堂也。逍遥額，郡守蔣璨書。後守韓彦古欲更名，乃除去舊額，而迄不果更名。

范成大《吴郡志》卷一四《園亭・紅梅閣》 紅梅閣，在小市橋。天聖中，殿中丞吴感所居。吴有姬曰紅梅，因以名閣。又作《折紅梅》詞，傳於一時。蔣堂亦有《吴殿丞新葺兩圃》詩，有「深鏁煙光在樓閣，旋移春色入門牆」之句。吴死，閣爲林少卿家所得。

葉夢得《石林燕語》卷六《龍圖閣》 祥符中，始建龍圖閣，以藏太宗御集。天禧初，因建天章、壽昌兩閣於後，而以天章藏御集，虚壽昌閣未用。慶曆初，改壽昌爲寶文，仁宗亦以藏御集，二閣皆二帝時所自命也。神宗顯謨閣，哲宗徽猷閣，皆後追建之，惟太祖英宗無集，不爲閣。

羅大經《鶴林玉露》卷五《甲編・格天閣》 秦檜少遊太學，博記工文，善幹鄙事，同舍號爲「秦長脚」。每出遊飲，必委之辦集。既登第，又中詞科。靖康初，爲御史中丞。金人陷京師，議立張邦昌。檜陳議狀，大略謂：「趙氏傳緒百七十年，號令一統，綿地萬里，子孫蕃衍，布在四海，德澤深長，百姓歸心。只緣姦臣誤國，遂至喪師失守，豈可以一城而決廢立哉！若必欲舍趙氏而立邦昌，則京師之民可服，而天下之民不可服；京師之宗子可滅，而天下之宗子不可滅。望稽古揆今，復君之位，以安天下。」虜雖不從，心嘉其忠，與之俱歸。檜天資狡險，始陳此議，特激於一朝之諒。既至虜廷，情態遂變，諂事撻辣，傾心爲之用。兀朮用事，侵擾江淮，韓世忠邀之於黄天蕩，幾爲我擒。一夕鑿河，始得遁去。再寇西蜀，又爲吴玠敗之於和尚原，至自髡其鬚髮而遁。知南軍日强，懼不能當，乃陰與檜約，縱之南歸，使主和議。檜至行都，紿言殺虜之監己者，奔舟得脱。見高宗，首進「南自南，北自北」之説，時上頗厭兵，入其言。會諸將稍恣肆，各以其姓爲軍號，曰「張家軍」、「韓家軍」。檜乘間密奏，以爲諸軍但知有將軍，不知有天子，跋扈有萌，不可不慮。上爲之動，遂決意和戎，而檜專執國命矣。方虜之以七事邀我也，有毋易首相之説，正爲檜設。洪忠宣自虜回，戲謂檜曰：「撻辣郎君致意。」檜大恨之。厥後金人徙汴，其臣張師顔者作《南遷録》，載孫大鼎疏，備言遣檜間我，以就和好。於是檜之姦賊不臣，其迹始彰彰矣。方其在相位也，建一德格天之閣，有朝士賀以啓云：「我聞在昔，惟伊尹格于皇天；民到于今，微管仲吾其左衽。」檜大喜，超擢之。又有選人投詩云：「多少儒生新及第，高燒銀燭照娥眉。格天閣上三更雨，猶誦《車攻》復古詩。」檜益喜，即與改秩。蓋其胸中有慊，故特喜此諛語，以爲掩覆之計，真猾夏之賊也。余觀唐則天追貶隋臣楊素詔曰：「朕上嘉賢佐，下惡賊臣，嘗欲從容於萬機之暇，褒貶於千載之外。矧年代未遠，耳目尚存者乎！」夫楊素異代之姦臣，則天一女主，尚知惡而貶之。矧如檜者，密奉虜謀，脅君誤國，罪大惡極，上通於天，其可赦乎！開禧用兵，雖嘗追削，嘉定和戎，旋即牽復，是可嘆也。

潛説友《咸淳臨安志》卷六《昭勳崇德閣》 昭勳崇德閣，寶慶元年八月建。自趙韓王普，至葛文定公邲，合文武勳臣二十有三人，繪像其中。理宗皇帝御書扁，命翰林學士臣鄭清之爲記。紹定元年十一月癸巳，制詔翰林學士臣鄭清之，以昭勳崇德閣成，宜書其事于石。臣恭惟皇帝陛下誕膺駿命，憲章鴻烈，翼翼兢兢，思懋厥紹。考嗣位之元，顧二三大臣曰：洪惟前寧人，貽則垂裕，規閎矩修，予曷敢不迪，有未輯者，其議來上，亟緒成之。既而太常禮官，舉嘉定表章勳臣之旨以聞，皇帝曰：「都來汝相臣，汝爲世臣，協心同德，保乂我宗社，丕績光于文，人其輔朕祇遹先志，式序前朝股肱之美，以昭不朽。維爾先正，亦寵嘉之。」于是少師右丞相臣彌遠，奉命咨閱故府，凡以功宗作元祀，自韓忠獻王趙普至鄜文定公葛邲，合文武二十有三人，爰即頌臺建傑閣，肖像登繪。洎寶慶二禩八月告成，賜名「昭勳崇德之閣」，親洒宸奎，揭以珍扁，八法端麗，雲漢昭回，煌煌乎纘述之鉅典，激勸之曠儀，弗可尚也。臣幸以鉛槧末學，待罪北門，鋪宏休、對顯命，職也，敢拜手稽首而言曰：自古先民遭時致主，匪功之難，德其功實難。唐虞揖遜，恭己致平，誰歟贊襄？皐、夔、稷、契。商周繼世，創業守文，誰歟佐佑？伊、傅、周、召。峨弁端軷，雍容治朝，而奮庸紀績，彪炳典誥，皆篤實之光發于事業。降及漢唐，依乘風雲之士，殫智畢勇，以功著見，固不乏人，然書盟勒籍，或隳厥終，勳德之難并若此。惟深純博大之器，而濟之雄剛應變之略，卓犖奇偉之姿，而居以忠實匪懈之志，静以蓄德，而動則爲功，人材渾成，體周而用，廣追唐虞，儷商周，跨漢軼唐者，惟我朝爲然。竊觀五代之季，疆宇龐裂，人物窳陋，太祖皇帝更造人極，洒濯多士，烝髦籲俊，雷奮雲合，豐芑涵濡，燕及累世，聖作明述，垂三百年。造區夏，登太平，恢中興，代有顯庸，流芳無極，雖祖宗禮隆恩厚，敻異前代，而諸臣之所自致，有不徒以功名稱者。論相業則培立國之仁，語將略則本止戈之武，固人心于綴旒，維帝業于帶礪，宏度淵識，莫可涯涘。至若擁立元嗣，坐鎮危疑，以措天下泰山之安，輔成潛德，决定大計，以續聖代無疆之緒，又皆忠貫日月，功塞宇宙，而謙抑韜晦，身名俱榮，非德之鉅者，勳必全歟。緊昔褒功之典，法形貌，書官爵氏名，考其顛末，事多遺恨，猶以憑籍寵靈，風示民宇，矧如今日，丕視功載，龎臣碩輔，忠烈純白，卓然爲世標表，尊崇昭顯，輪奂翼如，丹青炳如，與國之禮樂憲度相爲無窮。凡爾臣工，顧瞻遐想，欽乃攸則，思紹阿衡之美，式周公之訓，以長我王家，兹惟休哉！臣既叙其梗概，作而嘆曰：大哉列聖之澤乎！而寧宗發之懿哉！寧宗之志乎，而隆下成之，誕敷隆指，兼舉勳德，以章既往，而厲方來。眂麒麟、凌烟之繪，溟涬然弟之矣。《詩》不云乎：維其有之，是以似之。于千萬年，永永無斁。端平二年，以趙福王汝愚配寧廟，遂併圖形于閣。

忠獻趙韓王普　武惠曹周王彬
文惠薛太師居正　元懿石太師熙載
武惠潘鄭王美　文靖李太師沆
文正王魏公旦　忠武李太師繼隆
文正王沂公曾　文靖吕許公夷簡
武穆曹侍中瑋　忠獻韓魏王琦
宣靖曾魯公公亮　文靖富魏公弼
文正司馬温公光　文定韓魏公忠彦
忠穆吕秦公頤浩　忠簡趙太傅鼎
忠武韓蘄王世忠　忠烈張循王俊
文正陳魯公康伯　忠定史越王浩
文定葛少師邲　忠定趙福王汝愚

王溥《五代會要》卷一八《集賢院·凌煙閣》 唐應順元年閏正月，集賢院奏，准敕書創修凌煙閣。又奉正月二十二日詔，問閣高下等級。謹案：凌煙閣，都長安時，元在西内三清殿側，畫像皆北向。閣有中隔，隔内面北寫功高宰輔，南面寫功高諸侯王。隔外面次第圖畫功臣題贊。自西京傾陷，四十餘年，舊日主掌官吏，及畫像工人淪喪。集賢院元管寫真官、畫真官，人數不少，自遷都洛京，並皆省廢。今將起閣，特請先定佐命功臣人數，下翰林院，預令寫真本及下將作八作，與畫工相度間架修蓋。緣院内有先寫真官沈居隱，畫真官王武瓊二人，身死，即日無人應用，伏候敕旨。敕集賢御書院，復置寫真官、畫真官各一員，餘依所奏。

司馬光《資治通鑑》卷一九六《唐紀一二·凌煙閣》 戊申，上命圖畫功臣趙公長孫無忌、趙郡元王孝恭、萊成公杜如晦、鄭文貞公魏徵、梁公房玄齡、申公高士廉、鄂公尉遲敬德、衛公李靖、宋公蕭瑀、褒忠壯公段志玄、夔公劉弘基、蔣忠公屈突通、鄖節公殷開山、譙襄公柴紹、邳襄公長孫順德、鄖公張亮、陳公侯君集、郯襄公張公謹、盧公程知節、永興文懿公虞世南、渝襄公劉政會、莒公唐儉、英公李世勣、胡壯公秦叔寶等於凌煙閣。

蘇轍《龍川别志》卷下《望仙閣》 乖崖公張詠家在濮州，少時尚氣節，喜飲酒，每遊京師，寄封丘之逆旅。有一道人，與之鄰房，初不相識，而意相喜也。日會飲酒家，及將去，復大飲至醉。張公曰：「與子傾蓋於此，不知何人，異日何以相識？」客曰：「吾隱者，何用姓名？」固問之，曰：「我神和子也，異日見子成都矣。」至淳化中，成都亂，張公爲成都守，始異其言。西行，常以物色訪之。然一時入蜀，終無所見。後修天慶觀，以家財建一閣，榜曰望仙閣。至殿日輒出遊焉，屏騎從門外，步而登閣。燕坐終日，冀有所遇。如此者二年，代者將至，復一登之，將絶意於此。日暮出張廡下，得一小逕，入，得一小院，堂中四壁，多古人畫像。掃壁視之，中有一道人，彷彿逆旅所見，題曰「神和子」。公悵然自告，所見正此也。按神和子姓屈突，名無爲，字無不爲，五代時人，所著書亦以神和子爲名。

釋文瑩《玉壺清話》卷一《飛白閣》　興國中，太宗建秘閣，選三館書以實焉，命參政李至耑掌。一日，李昉、宋琪、徐鉉三學士叩新閣求書以觀，至性畏慎，拒曰：「扃鑰誠某所掌，篋函巾羃，嚴秘難啓，柰諸君非所識，竊窺不便。」三人者笑謂至曰：「請無慮，主上文明，吾輩苟以觀書得罪，不猶愈他咎乎？」因强拉秘鑰啓窺。至密遣閣吏聞奏。上知之，亟走就閣賜飲，仍令盡出圖籍古畫，賜昉等縱觀。昉上言：「請升秘閣于三館之次。」從之。仍以飛白閣額賜之，及賜草書《千字文》。至請勒石，上曰：「《千字文》本無稽，梁武帝得鍾繇破碑，愛其書，命周興嗣次韻而成之，文理無足取。夫孝爲百行之本，卿果欲勒石，朕不惜爲卿寫《孝經》本刻於閣壺，以敦教化也。」

王闢之《澠水燕談録》卷四《高逸・龍圖閣》　真宗優禮种放，近世少比。一日，登龍圖閣，放從行，真宗垂手援放以上，顧近臣曰：「昔明皇優李白，御手調羹，今朕以手援放登閣，厚賢之禮，無愧前代矣。」

洪邁《容齋三筆》卷一三《圖象徽調閣》　國朝崇寧三年，用方士魏漢津言鑄鼎，四年三月成，於中太一宮之南爲殿，名曰九成宮。中央曰帝鼐，北方曰寶鼎，東北曰牡鼎，東方曰蒼鼎，東南曰罔鼎，南方曰彤鼎，西南曰阜鼎，西方曰晶鼎，西北曰魁鼎。奉安之日，以蔡京爲定鼎禮儀使。大觀三年，又以鑄鼎之地作寶成宮。政和六年，復用方士王仔昔議，建閣於天章閣西，徙鼎奉安。改帝鼐爲隆鼐，餘八鼎皆改焉，名閣曰圓象徽調閣。

佚名《錦綉萬花谷・前集》卷一二《邇英閣、延義閣》　仁宗景祐二年，置邇英、延義二閣。邇英在迎陽門之東北向，延義在崇政殿西南向。賈昌朝以書筵進對，爲二閣記注，命章得象等接續帝學。

駱天驤《類編長安志》卷三《館閣樓觀・紫閣》　《新説》曰：「紫閣在御宿川南紫閣山。唐御史薛昌朝詩曰：『閣下寒溪漲碧湍，閣前蒼翠數峯環。危梯續蹬穿松外，細竹分泉落石間。好鳥啁啾争唤客，亂雲開合巧藏山。獨來應爲禪僧笑，少有人能伴我閑。』章惇詩曰：『我生山水鄉，習得山中樂。每觀唐人詩，夢寐思紫閣。』杜甫有詩云：『紫閣峯陰入渼陂。』」

駱天驤《類編長安志》卷三《館閣樓觀・朝元閣》　《新説》曰：「朝元閣，在華清宮南驪山上。《明皇雜録》：『天寶二載，起朝元閣。』黄裳詩云：『東別家山十六程，曉來和月到華清。朝元閣下西風急，都入長楊作雨聲。』《津陽門詩》：『朝元閣成老君現。』改降聖閣。」

駱天驤《類編長安志》卷三《館閣樓觀・紫陽閣》　《新説》曰：「乃河南轉運使紫陽先生書閣，在鄠郊終南山下。自題詩曰：『碧瓦朱甍動紫煙，清風吹袂緲翩翩。夢回憶得三生事，悔落黄塵六十年。』先生姓楊，名奂，字涣然。」

《宋史》卷二四五《越王元傑傳・御書閣》　趙宗望，字子國，允言第七子，嗣元傑後。仕終右武衛大將軍、舒州防禦使。嘉祐八年卒，年四十四。贈安化軍節度觀察留後，追封高密郡公。仁宗嘗試宗子書，以宗望爲第一，御書「好學樂善」四字賜之。即所居建御書閣，帝爲題其榜。

《宋史》卷四六二《王仔昔傳・圓象徽調閣》　王仔昔，洪州人。始學儒，自言遇許遜，得《大洞》、《隱書》豁落七元之法，出游嵩山，能道人未來事。政和中，徽宗召見，賜號沖隱處士。帝以旱禱雨，每遣小黄門持紙求存昔畫，日又至，忽篆符其上，仍細書「焚符湯沃而洗之」。黄門懼不肯受，强之，乃持去。蓋帝默祝爲宮妃療赤目者，用其説一沃，立愈。進封通妙先生，居上清寶籙宮。獻議九鼎神器不可藏於外，乃於禁中建圓象徽調閣以貯之。

陶宗儀《南村輟耕録》卷一九《稽古閣》　稽古閣。《博古圖》：宋徽廟朝所修書，故世知有博古之名，而不知更有稽古等閣。蔡京《保和殿曲燕記》云：宣和元年九月十二日，皇帝召臣京等燕保和殿，臣儵等東曲水，朝於玉華殿。上步西曲水，循酴醾架，至太寧閣，登層巒、林霄、騫風、垂雲亭，始至保和。殿三楹，楹七十架，兩挾閣，中楹置榻。東西二間，列寶玩與古鼎彝器玉。左挾閣曰妙有，設古今儒書史子楮墨。右曰日宣，道家金櫃玉笈之書，與神霄諸天隱文。上步前行，稽古閣有宣王石鼓，歷邃古、尚古、鑑古、作古、傳古、博古、祕古諸閣，藏祖宗訓謨與夏、商、周尊彝鼎鬲爵斝卣敦盤盂，漢、晉、隋、唐書畫，多不知識，上親指示，爲言其概。

陶宗儀《南村輟耕録》卷二《宣文閣》　天曆初建奎章閣于西宮興聖殿之西廊，爲屋三間，高明敞爽。南間以藏物，中間諸官入直所，北間南嚮設御座，左右列珍玩，命羣玉内司掌之。閣官署銜，初名奎章閣，階正三品，隸東宮屬官。後文宗復位，乃陞爲奎章閣學士院，階正二品，置大學士五員，並知經筵事侍書學士二員，承制學士二員，供奉學士二員，并兼經筵官，幕職置參書二員，典籤二員，并兼經筵參贊官，照磨一員，内掾四名，内二名兼檢討，宣使四名，知印二名，譯史二名，典書四名。屬官則有羣玉内司，階正三品，置監羣玉内司一員，司尉一員，亞尉二員，僉司二員，典簿一員，令史二名，典吏二名，司鑰二名，司膳四名，給使八名，專掌祕玩古物。藝文監，階正三品，置太監兼檢校書籍事二員，少監同檢校書籍事二員，監丞參檢校書籍事二員，或有兼經筵官者，典簿一員，照磨一員，令史四名，典吏二名，專掌書籍。鑒書博士司，階正五品，置博士兼經筵參贊官二員，書吏一名，專一鑒辨書畫。授經郎，階正七品，置授經郎兼經筵譯文官二員，專一訓教怯薛官大臣子孫。藝林庫，階從六品，置提點一員，大使一員，副使一員，司吏二名，庫子一名，專一收貯書籍。廣成局，階從七品，置大使一員，副使一員，直長二員，司吏二名，專一印行祖宗聖訓及國制等書。特恩創製象齒小牌五十，上書奎章閣三字，一面篆字，一面蒙古字與畏吾兒字，分散各官懸佩，出入宮門無禁。學士院凡與諸司往復，惟劄送參書廳行移而已。命侍書學士虞集撰記，御書，刻石閣中。今上即位，改奎章曰宣文。其記曰：大統既正，海内定一，乃稽古右文，崇德樂道，以天曆二年三月，作奎章之閣，備燕閒之居，將以淵潛遐思，緝熙典學。乃置學士員，俾頌乎祖宗之成訓，毋忘乎創業之艱難，而守成之不易也。又俾陳夫内聖外王之道，興亡得失之故，而以自儆焉。其爲閣也，因便殿之西廡，擇高明而有容，不加飾乎采斲，不重勞於土木，不過啓户牖以順清燠，樹庋閣以棲圖畫而已。至於器玩之陳，非古製作中法度者，不得在列。其爲處也，跬步户庭之間，而清嚴邃密，非有朝會、祠享、時巡之事，幾無一日而不御於斯。於是宰輔有所奏請，宥密有所圖回，爭臣有所繩糾，侍從有所獻替，以次入對，從容密勿，蓋終日焉。而聲色狗馬，不軌不物者，無因而至前矣。自古聖明叡知，善於怡心養神，培木浚源，泛應萬變而不窮者，未有易乎此者也。蓋聞天有恒運，日月之行不息矣。地有恒勢，水土之載不匱矣。人君有恒居，則天地民物有所係屬而不易矣。居是閣也，靜焉而天爲一，動焉而天弗違，庶乎有道之福，以保我子孫黎民於無窮哉。至順辛未孟春二日記。

陶宗儀《南村輟耕録》卷二一《承天閣》 平江承天寺，初畜大木，將造千佛閣。會浙省災，責有司籍所在木植，官酬以價。寺一豁僧，於閣木上皆鑿萬歲閣三字，於是有司不敢取。及閣成，其字固在。諸寺觀凡起造，必作儷語題兩梁間，其餘則記住持檀越主名。此所必然，獨承天諸殿俱否。至正丙申春，今張太尉士誠未歸順時，僞稱誠王，國號大周，改元天祐，曆曰明時，由淮渡浙，攻破平江，即承天以居，盡撤去殿上像，設坐於其中，日以僧元鑿字名其閣。豈亦有定數乎？

陶宗儀《説郛》卷六一《含薰閣》 長安富室王元寶起高閣，以銀鏤三稜，屏風代離落，密置香槽，香自花鏤中出，號含薰閣。

彭大翼《山堂肆考》卷一七二《招靈閣》 漢武帝起招靈閣，有神女留玉釵與帝，帝賜趙婕妤。至昭帝元鳳中，宮人猶見此釵，共謀欲碎之。及視釵匣，惟見白燕升天。後宮人常作玉釵，因名玉燕釵，言其吉祥也。又起招仙閣於甘泉宮西。唐宋之問詩：起草儀仙閣。

彭大翼《山堂肆考》卷一七二《藏書閣》 婺源縣學宮講堂之上有重屋焉，牓曰藏書，而未有以藏。莆田林侯慮知縣事，始出其所寶大帝神筆石經若干卷以填之，而又益廣市書凡千四百餘卷列庋其上，俾肄業者得以講讀而誦習焉。名曰藏書閣。朱元晦爲之記。

彭大翼《山堂肆考》卷一七二《崇德閣》 宋寶慶元年建昭勳崇德閣，繪文武勳臣，自趙普至葛邲二十三人像於其中。理宗御書扁，命鄭清之爲記。端平三年，又增趙汝愚爲二十四人。

彭大翼《山堂肆考》卷一七二《蓬萊閣》 蓬萊閣在登州府城北丹崖山之頂，宋郡守朱處約建。至今爲州人遊賞之所。趙抃詩：山顛危構號蓬萊，水闊風長此快哉。天地涵容百川入，晨昏浮動兩潮來。

王鏊《震澤長語》卷上《文淵閣》 文淵閣在奉天殿東廡之東，文華殿之前，前對皇城，深嚴禁密，百官莫敢望焉。吏人無敢至其地。閣中趨侍使令，惟廚役耳，防漏泄也。禁密文書，一小匣在几上，鑰之而不合。大學士暮出，鑰其門，匙懸門上，恐禁中不時有宣索也。故事，禁中不得舉火，雖閣老亦退食於外。相傳宣宗一日過城上，令内豎覘閣老何爲，曰：方退食於外。曰：曷不就内食？曰：禁中不得舉火。上指庭中隙地曰：是中獨不可置庖乎？今烹膳處是也。自是得會食中堂。又傳一日過城上，瞰閣老何爲？曰：方對弈。何不聞落子聲？曰：棊以紙。上笑曰：何陋也？明日，賜象牙棋一副，至今藏閣中。又内閣庭中花臺上有芍藥三本，相傳亦宣宗時植，至今盛開。

姚之駰《元明事類鈔》卷二九《宮室門・荔支閣》 明曹學佺《荔支閣記》：閣介如雙樹，樹故有垣繚之，而枝葉扶踈，特出垣外。閣借徑於別室，以梯以橋，皆因於樹，坐露臺如在綠幄中。荔子熟時，可掇而食。

顧巒《廣陵覽古》卷二《彭城閣》 舊爲彭城村，煬帝因以名閣。先是開皇末有泥彭城口之謡，迨後果驗。唐李益詩：「故國歌鐘地，長橋車馬塵。彭城閣邊柳，偏似不勝春。」

顧巒《廣陵覽古》卷二《雲山閣》 在城西北，宋陳升之建。宋秦觀詩：「雲山檐楯接低空，公宴初開氣鬱葱。照海旌旗秋色裏，徹天簫鼓月明中。香槽旋滴珠千顆，歌扇驚圍玉一叢。二十四橋人望處，臺星正在廣寒宮。」巒按，《寶祐志》：閣建于陳升之，後吕公著嘗游其上。值中秋燕客時，秦觀以舉子入謁。吕素聞其才，命即席爲樂語。觀作此詩，一坐嘆服。淳熙間，郡守鄭興裔增大之，名「雲山觀」，後圮。賈似道鎮淮之五年，復雲山觀于小金山。

仇巨川《羊城古鈔》卷七《古迹・御書閣》 在聚龍岡西。舊有康與之隱順庵，紹興中謫居于此，以藏宋高宗御書，故名。又謂學士李祐卿墓在此，宋度宗嘗賜以「恩袍草色動，仙籍桂花香」之聯，建閣以藏之。未知孰是。

李慈銘《越縵堂讀書記・史部・正史類・銅壺閣》 閲《宋史・蔣堂傳》，堂知益州。慶曆初詔天下建學，漢文翁石室在孔子廟中堂，因廣其舍爲學宮，選蜀官以教諸生，士人翕然稱之。又建銅壺閣，其制宏敞，而材不豫具，功既半，乃伐喬木於蜀先主惠陵江瀆祠，又毁后土及劉禪祠，蜀人浸不悦。久之，或以爲私官妓，徙河中府。然則後主宋以前蜀亦有祠也。

周城《宋東京考》卷一一《資聖閣》 在府治東北相國寺内，唐天寶四載建。閣上有銅羅漢五百尊，及佛牙等。凡有齋供，取旨方開。都人夏月於此納涼，所謂「資聖薰風」是也。金季兵燬。

周城《宋東京考》卷一一《熙春閣》 在景龍江擷芳園中，政和三年建。《研北雜志》：汴梁熙春閣，舊名壺春堂，徽宗稱道君時居之，在擷芳園中，俗呼爲八滴水閣。汲郡王暉仲謀有《熙春閣遺制記》。

《明史》卷二九八《倪瓚傳・清閟閣》 倪瓚，字元鎮，無錫人也。家雄於貲，工詩，善書畫。四方名士日至其門。所居有閣曰清閟，幽迥絶塵。藏書數千卷，皆手自勘定。古鼎法書，名琴奇畫，陳列左右。四時卉木，縈繞其外，高木修篁，蔚然深秀，故自號雲林居士。時與客觴咏其中。爲人有潔癖，盥濯不離手。俗客造廬，比去，必洗滌其處。求縑素者踵至，瓚亦時應之。

于敏中《日下舊聞考》卷三一《宮室・穆清閣》 至元十三年正月，重建穆清閣。臣等謹按：穆清閣，《禁扁》注在上都。《析津志》：至正年間新葢穆清閣，與大安相對。則是閣屬上都無疑。朱彝尊原書誤入耳。

于敏中《日下舊聞考》卷六二《官署・文淵閣》 永樂初，選翰林文學之臣六七人直文淵閣，參典機務，詔册制誥皆屬之。而謄副繕正則中書分直更入，事竣輒出。宣德間，三楊始置廚饌於閣之東偏，而選能書者處以閣之西小房，謂之西制勅房。諸學士則居閣之東五楹，專管誥勅，具槀定正於閣老，乃付中書繕進，謂之東誥勅房。而帶知制誥銜則惟閣老與諸學士而已，中書等官不敢僭也。

翰林舊選學士六七人直内閣，掌誥勅，居閣之東號東誥勅房。以閣西小房處中書能繕寫者爲西制勅房。諸學士晨與閣老會食。至陳循時，劉鉉過自遜避，會食之例遂廢。後止輪一人專掌，多挨次入閣者。吴寬以司制誥久，雖不相，例稱閣老，蘇郡閣老坊見存。嘉靖中罷，今爲中書官供事之所。

成化年間，中書與閣下如同僚然，投刺俱平交，葢一堂共處，今之西房即文淵閣也。閣臣居中，中書居東西兩房，各辦其事。已撤内庫十間，以西五間居閣下，謂之文淵閣。以東五間藏書籍，而東房中書亦遷居之，故今以閣下稱中堂。而東西非房矣，猶稱兩房者，沿舊名耳。

中書舍人每大朝會則與翰林史官上殿，東西班侍立，東宮朝賀文華殿，導駕侍班，其初本與翰林宫坊六科同爲侍從之臣，諸司無相並者。

文淵閣本翰林内署，非衙門名，故朝廷之宣召，諸司之文移，雖事關機務，亦止稱翰林院或稱會同翰林堂上官，初不以内閣名。

王文端直題梁用之詩後謂内閣在東角門内，常人所不能到。其外爲文淵閣，則翰林諸公所處也。今内閣傍文淵而不在東角門之内，諸學士所處則在左順門之南廊，而旁爲東閣云。

舊制輔臣直閣率辰入申出。崇禎間，出必二鼓，始議輪一人宿精微科候票。

會極門在皇極門之東，凡京官上下接本俱於此處。南入爲内閣，輔臣票本地也。宣廟賜有文淵閣印一顆，凡封進票本、揭帖、聖諭、勅稿用此鈐之。萬曆中爲人開内閣鎖盜去。上命補鑄賜之。

東閣五間，夾爲前後十間，前中一間供先聖位，爲諸輔臣分本公敍之所。閣輔第四員以下則居後房，雖白晝亦秉燭票擬。薛韓城當國，特鑿一牖，復開門構數椽以通日色。及韓城賜死，説者謂破壞風水。然韓城即不破壞風水，能免此禍哉？

永樂初，内閣官遇常朝，立金臺東，錦衣衛在西，後因不便，移下貼御道東西對立。後因雨，各衙門俱上奉天門奏事，五府立西檐柱外，六卿序立東檐柱内，内閣遂無地可立。景泰二年秋，以户部尚書兼學士陳循奏，始令常朝内閣學士與錦衣衛官東西對立。

文淵閣在奉天門東廡之東，文華殿之前，前對皇城，深嚴禁密，百官莫敢望焉。吏人無敢至其地，閣中趨侍使令惟廚役耳。防漏泄也。禁密文書一小匣在几上，鑰之而不合，大學士暮出，鑰其門，匙懸門上，恐禁中不時有宣索也。

永樂初，命編修等官於文淵閣參預機務，謂之内閣，漸陞至學士諸職。洪熙元年，或加師保及尚書、侍郎、卿，仍兼學士、大學士銜，自後因之，稱内閣大學士。凡大學士加三師則爲一品，加尚書二品，侍郎三品，若未加陞而止係大學士者，則仍正五品。

永樂四年，上視朝之暇，御便殿閲書史，問：文淵閣經史子集皆備否？解縉對曰：經史麤備，子集尚多闕。上曰：士人家稍有餘貲，尚欲積書，況於朝廷乎？遂召禮部尚書鄭賜，命擇通知典籍者四出購求遺書。且曰：書籍不可較值，惟其所欲與之。又顧縉等曰：置書不難，須常覽閲乃有益。凡人積金玉亦欲遺子孫，金玉之利有限，書籍之利豈有窮也！

永樂辛丑，北京大内新成，敕翰林院凡南内文淵閣所儲書，自有一部至百部，各取一部送北京。時修撰陳循如數取進，得一百櫃，督舟十艘，載以赴京。

十九年四月，三殿災，火勢猛烈。奉天門東廡切近秘閣，學士楊榮麾武士三百人將御書圖籍舁至東華門河次。是時書籍淆亂無紀，典籍周翰理淆葺亂，逾二載而後復舊。今館閣書目，蓋永樂間定也。

宣德四年十月，上臨視文淵閣，少傅楊士奇，太子少傅楊榮，太子少保金幼孜，學士楊溥、曾棨、王直、王英，侍讀李時勉、錢習禮，侍講陳循等侍。上命典籍取經史，親自披閲，與士奇等討論已，詢以時政，從容密勿者久之。命中官出尚膳酒饌賜士奇等，并賜纂修實録等官。士奇等叩首謝。上曰：朕聞有道之朝，願治之主，崇禮儒碩，講求治道。卿等爲朕傅保，與諸學士皆處秘閣，朕躬至訪問，冀有所聞耳。稍暇當復至，卿等必有所陳論也。已而親製詩賜士奇等。

中秘書在文淵閣之署，約二萬餘部，近百萬卷，刻本十三，抄本十七。閣凡五楹，中一楹當梁栱間竪一金龍柱。宣廟常幸其地，與閣臣繙閲咨詢，故史臣不得中立設坐。

正統六年六月，少師兵部尚書兼華蓋殿大學士楊士奇、行在翰林院侍講學士馬愉，侍講曹鼐上言：文淵閣見貯書籍有祖宗御製文集及古今經史子集之書，自永樂十九年南京取來，向於左順門北廊收貯，未有完整書目。近奉旨移貯於文淵閣東閣，臣等逐一點勘，編置字號，輯成《文淵閣書目》，請用廣運之寶鈐識，仍藏於文淵閣，永遠備照，庶無遺失。奉旨：是。次日於左順門用寶訖。

弘治五年，大學士邱濬請於文淵閣近地別建重樓，不用木植，但用甎石，以累朝實録御製玉牒庋於樓上，内府藏書庋之下層，每歲曝書，委翰林堂上官查驗封識。上嘉納之。

弘治九年三月，大學士徐溥以内閣書籍浩繁，請以翰林待詔潘辰管典籍事，仍乞命吏部於教官内選除典籍一員與之共事。從之。因以河南息縣教諭夏賫爲翰林院典籍。

正德十年十一月，大學士梁儲等言：内閣并東閣藏書年久殘闕，必須專官管理，方可次第修補。詔敕房辦事中書舍人胡順、序班劉偉，俱堪委用，宜令順仍舊，偉改典籍，同原管主事李繼先管理前項書籍。從之。由是其書爲繼先等所盗，亡失者多矣。

初《永樂大典》書成，貯之文樓。及三殿災，上命左右趣登文樓，出《大典》。甲夜中，諭凡三四傳，是書遂得不毀。嘉靖四十一年，選善書人禮部儒士程道南等百人重録一部，命高拱、張居正等校理之。

文淵閣藏書，十九皆宋板，但歷朝以來所失已强半。正德十年乙亥，命原管主事李繼先查校，由是更攘取其精者，所亡益多。向來傳聞，俱云楊升庵太史因父爲相，潛入竊去，然乙亥則新都公方憂居在蜀，升庵又安得闌入禁地？

文淵閣藏書皆宋元秘閣所遺，雖不甚精，然無不宋元板者。因典籍多貲生，既不知愛重，閣老亦漫不檢省，往往爲人竊去，今所存僅千百之一矣。

朱彝尊原按：宋靖康二年正月，金人索秘書監文籍，節次解發。見丁特起《孤臣泣血録》。而洪容齋《隨筆》亦云宣和殿、太清樓、龍圖閣所儲書籍，靖康蕩析之餘，盡歸於燕。元之平金也，楊中書惟中於軍前收集伊洛諸書，載送燕都。及平宋，王承旨構首請輦宋三館圖籍，宋之實録正史皆完。當時勑平章政事太原張易兼領秘書監事，有詔許京朝官假觀。由是言之，文淵閣藏書乃合宋金元所儲而匯於一，益以明永樂間南都所運百櫃。考正統六年編定目録，凡四萬三千二百餘册，而列朝實録寶訓不下數千卷。若《永樂大典》一書，多至二萬二千九百三十七卷，皆藏諸皇史宬，不與焉。縹緗之富，古所未有。其後典守不嚴，歲久被竊。萬曆三十三年，内閣制勅房辦事大理寺左寺副孫能傳、中書舍人張萱等奉閣諭校理，纂輯書目，則并累朝續添書籍入焉。大半殘闕，校之正統目録十僅存二三爾。崇禎甲申之變，散佚轉多，秘本罕得。欲復香廚四庫之盛，戛戛其難矣。

永樂十七年三月，上在北京，遣侍講陳敬宗至南京起取文淵閣所貯古今書籍，自一部至百部以上各取一部北上。皇太子乃遣修撰陳循如數齎送，其餘封貯本閣。

臣等謹按：此條與原採《青谿暇筆》略同，但奉命取書者陳敬宗，而陳循則係太子遣送書籍，其紀載較前條尤明晰耳。

又按：明代文淵閣逼邇内閣，庳狹暗黑。所藏宋元以來秘籍，典籍官既不知愛惜，閣臣又無暇留心，故積久闕失，無復香廚四庫之盛。我皇上稽古右文，搜宛委之奇，發鄉嬛之祕。命儒臣纂校《四庫全書》，幾暇親爲釐訂，特建文淵閣爲珍貯之府，有領閣、直閣事及校理、檢閲諸職。文治光昭，曠古罕儷矣。

于敏中《日下舊聞考》卷六〇《城市・憫忠閣》 憫忠寺建於唐貞觀十九年，太宗憫東征士卒戰亡，收其遺骸，葬幽州城西十餘里，爲哀忠墓。又於幽州城内建憫忠寺，中有高閣。諺曰「憫忠高閣，去天一握」是也。

《〔乾隆〕浙江通志》卷四八《古迹十・衢州府・桂巖閣》 桂巖閣。《名勝志》：開化縣東南馬阨溪之上。五代時侍御史江景房卜築於此。前有山壁立百仞，中有秋香一本自石竅出，與巖對峙。宋隆興間，七世孫侍御溥構閣。

《〔乾隆〕浙江通志》卷二三一《寺觀六・天章之閣》 寺在山陰蘭渚山。今蘭亭曲水在其側，舊有右軍畫像及書堂。宋至道二年，神宗降御書「天章之閣」四字，既成，聖意未愜，再書之。有内侍奏章獻太后言：越州天章寺天下名山，今欲乞皇帝更書一「寺」字易「閣」字，以賜太后與？帝欣然許之，此四字是也。紹興八年，高宗降御書《蘭亭序》，石刻。元季寺燬於火，碑像猶在。

《〔乾隆〕杭州府志》卷二七《名勝・文瀾閣》 文瀾閣在聖因寺旁。乾隆四十七年，《四庫全書》告成，皇上垂念江浙多好古之士，願讀中秘書，官給鈔胥繕寫三部，頒發江浙，建閣貯之。其建於杭州聖因寺者，爲文瀾閣。閣五間，中貯《古今圖書集成》一部，閣上貯《欽定四庫全書》。閣前有池，池旁有亭。四十九年聖駕臨幸，賜題「敷文觀海」扁額。有御製詩。

案：浙江大吏於乾隆三十八年，採進遺書，杭州鮑士恭、吴玉墀、汪啓淑、孫仰曾、汪汝瑮各以所藏書籍進呈，擇其善本御題簡端，給還藏弆，爲藏書家希覯之遇。兹復頒《欽定四庫全書》，俾好古者得以窺繹教思無窮之澤，益閎遠矣。

《〔乾隆〕江南通志》卷三〇《輿地志・古迹一・三閣》 在上元縣臺城，陳至德二年建，曰臨春，曰結綺，曰望仙。在華林園光昭殿前，高數十丈，並數十間。窻牖户壁欄檻之類，皆以沉檀爲之，又飾以金玉，間以珠翠，外施珍簾，内設寶帳。閣下積石爲山，引水爲池，植以奇樹，雜以花藥。

《〔乾隆〕江南通志》卷三〇《輿地志・古迹一・瓦官閣》 在江寧縣城西南隅瓦官寺。《輿地紀勝》謂梁所建，邵思《雁門野説》云晉哀帝時造。一説晉時陸地生蓮，因掘得瓦棺，蓮從僧舌底出，始建寺，遂名。閣高二百四十尺。《運曆圖》云：瓦官寺閣西南久傾，因風自正。唐狄仁傑宴此，有「雲散便凝千里望，日斜常占半城陰」之句，坐客盡驚。吴順義中，改爲吴興閣。南唐昇元初，改爲昇元閣。

《〔乾隆〕江南通志》卷三三《輿地志・古迹四・棲雲閣》 在州狼山西，宋咸寧中建。《輿地志》云：閣後即望仙橋，宋王覿記謂仙人吕洞賓臥於雲中，騰空去，州人翹望之。閣名因此。

《〔嘉慶〕常德府志》卷一五《修建・文昌閣》 文昌閣在小西門内。康熙初建，雍正間修。乾隆二十六年，武舉吴之駒捐貲鼎建，有前後閣。過廳字藏基前，左抵走巷，係閣内址。五十二年，有周姓侵佔閣左基地，知縣鄧謙利清復。嘉慶十二年加修葺。按：文昌閣舊附學宫，今已特建廟，其閣仍附録於此。

《〔嘉慶〕常德府志》卷六《山川考・寓賢閣》 寓賢閣，府城西南上石櫃二聖寺之左。明王守仁謫龍埸驛時，過武陵，與郡人蔣信、冀元亨講學於此。

《〔道光〕廣東通志》卷三三二《雜録二・平雲閣》 唐武后時，遣使羅浮採藥會醫，迷路，使者禱于山神。是夕，羣象踏山，遲明路開，建平雲閣。學士張鷟立碑紀其事，今不存。

《〔道光〕鄜州志》卷二《建置部・祠宇・文昌閣》 文昌閣在文廟東。創建年代無考。今閣内大鐵醮盤鑄有「大金大定戊申年閏三月」數十字。明嘉靖間，知州蘇璜重建。國朝雍正間，知州李如沆增建。乾隆三十年乙酉，知州景明重修。道光元年水決，後殿一座三間、廂房六間，及週圍牆垣俱坍。二年，知州楊名颺重修。鳴捷因神像供奉閣上，閣高數仞，朔望不能瞻仰。道光十三年春，商之紳士，改建正殿五間，饗亭五間，東西齋房六間，大門五間。一切工費暨捐輸姓名，另立碑記。一在硷子頭舊城，嘉慶十八年建，州舉人乾州訓導緱家駿勒石爲記。

《〔咸豐〕安順府志》卷二〇《安平壇廟·文昌閣》 文昌閣，舊名梓潼閣，在城内西北坡上。萬曆四十七年，邑人劉民仰等捐建。天啓七年，建下殿。後燬。康熙初年，邑人鳩建。乾隆間，重修上下樓閣、兩廡、頭門。一在柔西齊伯房，明崇禎間建。後燬。道光六年，知縣劉祖憲偕三排士民捐建，與蠶神、福德正神同廟分祀。一在老樂平。

《〔同治〕嘉定府志》卷五《古蹟·大像閣》 大像閣，即大佛閣，宋之天寧閣也。在凌雲山之南，當瀆水、沬水、濛水三江之衝，悍流怒浪之濱。唐開元中，僧海通鑿山爲彌勒大像，高踰三百六十尺，目廣二丈，爲樓十三層，自頭面以極其足，極天下佛像之大。至韋皋鎮蜀時，積十九年矣，工始備。陸游謂每歲漲水不能及佛足者，即此閣。正面三峩，餘三面皆佳山，衆江錯流諸山間。見《吴船録》、《劍南集》、《一統志》、《方輿勝覽》、《墨莊漫録》。

《〔同治〕南昌府志》卷七《地理·名蹟·滕王閣》 滕王閣。在章江、廣潤二門之間。唐顯慶四年，滕王元嬰都督洪州，營建此閣，迨落成而滕王之封適至，因以名之。後閻伯璵來督，其婿吴子章能文，令宿搆閣序，因九日宴僚屬，欲出以誇之。先是，龍門王勃往交趾省親，舟次馬當山，去南昌七百餘里，神見夢焉，且許助風，及明而至，遂得預宴。閻徧請諸賓客爲序，皆辭謝，至勃，不辭而賦，一座驚服。有序並詩。其後王緒爲賦，王仲舒爲記，韓昌黎所稱三王是也。【略】大中間，閣燬，觀察使紇於衆重建。

韋慤《重修滕王閣記》節畧曰：鍾陵郡控連山大江，環合州城，揭起樓樹，遊之者莫不目駭魂褫，號爲一方勝概。先是，背郛郭不二百步有巨閣，稱滕王者，懿夫峻修廣袤，非常製所能擬及者。尋結構之始，蓋自永徽後，時滕王作蘇州刺史，轉洪州都督之所營造也。距今大中歲戊辰，亦將垂三百年。將利恢復，果憑智謀。適我鴈門公按節廉問，方頒條詔。令肅而兵戎讋服，政和而疲瘵昭蘇。值歲比善熟，俗臻治平，故州民相與稱賀，繼而歌曰：自公之來，闔境讙咍；飲公之化，若乳嬰孩。雖國僑理鄭國而多方，長孺緝淮陽而布效，方公今日，不足過也。宜乎享亨跡，居全功。無何，值祝融發其災，回禄煽其焰，曾未竟夕，煤侔秋蓬，則閣之製，盪無餘矣。其他廩廥之地，接續郵亭，甍棟纚連，疾飈一驚，遂至延及。公至是領徒夜出，俾撤屋開道，毒燄方熾，逡巡不能救。翌日，公往觀焉，召將校謂之曰：吾幸得備位廉察，不能懇求人瘼，敬避天戒，致火之患，時予之辜。遂審量日力，詳度費務，役不加重而烝徒湊，事協於中而公用省。衆謂難集，我方指期，遂得鼛鼓不勝而築之閣閣，梓材並搆而勢已耽耽。自非智用周敏，政齊畫一，則安能刱規模之豐麗如彼，程制造之速疾如此？不有廢絶，孰能興也。今按舊圍基趾，南北濶八丈，今增九丈三尺；其峻修北自土際達閣板，高一丈二尺，今增至一丈四尺；濶板上舊長一丈，今增至一丈三尺；中柱北上聳於屋脊，長二丈四尺，今增至三丈一尺；舊正閣通龜首，東西六間，長七丈五尺，今增至七間，共長八丈六尺，濶三丈五尺。固可謂宏廓顯敞，殊形詭狀，草弊鼎新，有如是乎！夫易舊圖新，樹非常之績，天其或者必將候魁岸博達，負出人智能，而俾張大其所爲。不然，何當瘡痍未復之前，而妙於救藥；煨燼已成之際，而遽及經營。況不奪農時，不勤人力，帑藏免竭，日時免賒。覩之者咸謂神化翕忽，殆非人力之所爲也。噫，夫瓌瑀特殊，巍峩相扶。似乘靈濤，湧出方壺。壽厦峥嶸，開闔睢盱。用鎮遐俗，尤光奥區。是必知千百年後，閣之名可與公之政俱垂不朽矣。愚今所以爲異者，但舉乎閣之廢墜，自公復興而已。其他壯麗形勝，已備列諸公述作，故不能一一覼縷。時大中執徐歲秋八月哉生明記。

宋大觀，元至元、元統間，累修。前後譔記者，右丞范致虚，直學士姚燧，學士虞集。元虞集《龍興路重建滕王閣記》【略】

明初，太祖幸南昌，嘗宴詞臣閣上，命放陳友諒所蓄鹿於西山。《名勝志》。自聖祖親征僞漢燕諸將後，閣頹壓已盡，遺趾亦淪於江。正統初，布政使吴潤於其地築館，作迎恩之堂。景泰中，都御史韓雍復於堂後建重屋，取韓記中語意，名曰「江西第一樓」。大學士陳循、少保劉儼、大理卿李奎並有記。成化乙酉，司空莆陽吴世資爲江西布政使，再加葺治，始復其名曰滕王閣。距今六十年。自逆濠搆難，戎馬相尋，閣益以敝。今都御史武陵陳洪謨來撫江右，撤其舊而重建之，始於嘉靖丙戌季秋，落成於丁亥春仲。羅欽順記。萬曆至崇禎，巡撫夏良心、解學龍，巡按方大美，相繼修葺。

國初，燬於兵。順治甲午，巡撫蔡士英重建。康熙己未迄壬戌，閣凡兩燬，皆巡撫安世鼎重建。癸未歲，巡撫張志棟特建亭於閣左，以奉御書「滕王閣序」。丙戌，閣又災，及亭而火熄，咸以爲有神呵護云。本年巡撫郎廷極復建閣。雍正辛亥，又燬，而亭仍無恙。至乾隆丙辰，總督趙宏恩、巡撫俞兆岳重建閣。乾隆癸亥，布政使彭家屏復其舊額曰「西江第一之樓」，併刻石甃於壁。《省志》。己巳年，又於閣後建迎恩亭，爲接恩詔拜御賜之所，書額以紀其事。丁未，閣圮。戊申，巡撫何裕城撤而新之，門庭、階礒、臺樹、廊廡，規模焕然。學使翁方綱書王勃《序》於閣之屏門。舊志。嘉慶乙丑，巡撫秦承恩重修。壬申，巡撫先福重修。

癸酉，工竣。道光丙午，燬於火。丁未，省中大吏修葺。咸豐癸丑，復燬。同治十一年壬申，巡撫劉坤一重修。新增。

舊志《跋》云：《唐書·太宗本紀》：貞觀十三年六月，封弟元嬰爲滕王。何至顯慶四年建閣時而王封始至耶？韋慤、虞集諸人記中，皆言閣建自永徽中，亦非顯應四年，則又何也？至迎恩亭本建於閣後，乾隆丙申，巡撫海成始移於閣前。

《〔嘉慶〕四川通志》卷六〇　瀘之合江邑居之南，轉清溪而上六十里，曰安樂山，世傳隋開皇劉珍先生登真之地，杜光庭爲之傳，李淑爲之記。開皇所置三觀，其一尚在，乃命道士作劉真人祠堂，因名其閣曰吏隱閣。

姚瑩《識小録》卷六《凌烟閣二十四人》　唐太宗貞觀十七年，圖畫功臣于凌烟閣：長孫無忌、趙郡王孝恭、杜如晦、魏徵、房玄齡、高士廉、尉遲敬德、李靖、蕭瑀、段志元、劉宏基、屈突通、殷開山、柴紹、長孫順德、張亮、侯君集、張公謹、程知節、虞世南、劉政會、唐儉、李世勣、秦叔寶，凡二十四人。愚謂無忌椒房之戚，孝恭帝叔之親，雖有大功，固當別論；今考其贊襄帷幄，則功不如房杜，戰勝疆場，則功不如二李，直諫不如魏徵，忠節不如敬德，乃褒然居元功之首，人謂太宗無私，吾不信也。昔漢明帝以馬援椒房之戚，不與雲臺，夏侯勝以帝師名儒而不與麒麟閣，以功在社稷，非徒以爲榮也。以伏波之功，猶避嫌不與，誠慎重其選，無使人議其私，且不使後世貴戚冒功者得以借口也，文皇于此愧明帝遠矣。

姚瑩《識小録》卷六《昭勳崇德閣》　宋理宗寶慶二年三月，建昭勳崇德閣。趙普、曹彬、薛居正、石熙載、潘美、李沆、王旦、李繼隆、王曾、吕夷簡、曹瑋、韓琦、曾公亮、富弼、司馬光、韓忠彦、吕頤浩、趙鼎、韓世忠、張浚、陳康伯、史浩、葛泌、趙汝愚，凡二十四人，皆圖形其上。此則通一代將相功名昭著者列之。然宋代名臣極選，固不盡于此，而此中所列，亦或未盡當也。

藝文

張九齡《曲江集》卷三《晚憩王少府東閣》　披軒肆流覽，雲壑見深重。空水秋彌净，林煙晚更濃。坐隅分洞府，簷際列羣峯。窈窕生幽意，參差多異容。還慚大隱跡，空想列仙蹤。賴此昇攀處，蕭條得所從。

王勃《王子安集》卷八《滕王閣序》　豫章故郡，洪都新府；星分翼軫，地接衡廬。襟三江而帶五湖，控蠻荆而引甌越。物華天寶，龍光射牛斗之墟；人傑地靈，徐孺下陳蕃之榻。雄州霧列，俊采星馳。臺隍枕夷夏之交，賓主盡東南之美。都督閻公之雅望，棨戟遥臨；宇文新州之懿範，襜帷暫駐。十旬休假，勝友如雲；千里逢迎，高朋滿座。騰蛟起鳳，孟學士之詞宗；紫電青霜，王將軍之武庫。家君作宰，路出名區；童子何知，躬逢勝餞。

時維九月，序屬三秋；潦水盡而寒潭清，煙光凝而暮山紫。儼驂騑於上路，訪風景於崇阿。臨帝子之長洲，得天人之舊館。層臺聳翠，上出重霄；飛閣翔丹，下臨無地。鶴汀鳧渚，窮島嶼之縈迴；桂殿蘭宫，即岡巒之體勢。披繡闥，俯雕甍。山原曠其盈視，川澤紆其駭矚。閭閻撲地，鐘鳴鼎食之家；舸艦迷津，青雀黄龍之軸。雲銷雨霽，彩徹區明。落霞與孤鶩齊飛，秋水共長天一色。漁舟唱晚，響窮彭蠡之濱；雁陣驚寒，聲斷衡陽之浦。

遥襟甫暢，逸興遄飛。爽籟發而清風生，纖歌凝而白雲遏。睢園緑竹，氣凌彭澤之樽；鄴水朱華，光照臨川之筆。四美具，二難并。窮睇眄於中天，極娱游於暇日。天高地迥，覺宇宙之無窮；興盡悲來，識盈虚之有數。望長安於日下，目吴會於雲間。地勢極而南溟深，天柱高而北辰遠。關山難越，誰悲失路之人；溝水相逢，盡是他鄉之客。懷帝閽而不見，奉宣室以何年。嗟乎！時運不齊，命途多舛；馮唐易老，李廣難封。屈賈誼於長沙，非無聖主；竄梁鴻於海曲，豈乏明時。所賴君子見機，達人知命。老當益壯，寧移白首之心；窮且益堅，不墜青雲之志。酌貪泉而覺爽，處涸轍而相歡。北海雖賒，扶摇可接；東隅已逝，桑榆非晚。孟嘗高潔，空餘報國之情；阮籍猖狂，豈效窮途之哭。

勃，三尺微命，一介書生。無路請纓，等終軍之弱冠；有懷投筆，愛宗慤之長風。舍簪笏於百齡，奉晨昏於萬里。非謝家之寶樹，接孟氏之芳鄰。他日趨庭，叨陪鯉對；今兹捧袂，喜託龍門。楊意不逢，撫凌雲而自惜；鍾期相遇，奏流水以何慚。嗚呼！勝地不常，盛筵難再；蘭亭已矣，梓澤丘墟。臨別贈言，幸承恩於偉餞；登高作賦，是所望於羣公。敢竭鄙懷，恭疏短引；一言均賦，四韻俱成。請灑潘江，各傾陸海云爾。

元結《元次山集》卷八《茅閣記》永泰元年　乙巳中，平昌孟公鎮湖南。將二歲矣，以威惠理戎旅，以簡易肅州縣，刑政之下，則無撓人，故居方多閑。時與賓客嘗欲因高引望，以紓遠懷。偶愛古木數株，垂覆城上，遂作茅閣。蔭其清陰，長風寥寥，入我軒檻，扇和爽氣，滿於閣中。世傳衡陽暑濕鬱蒸，休息於此，何爲不然。今天下之人正苦大熱，誰似茅閣，蔭而庥之。於戲！賢人君子爲蒼生之庥蔭，不如是耶！諸公歌詠以美之，俾茅閣之什，得系嗣於風雅者矣。

韓愈《韓昌黎文集》卷二《新修滕王閣記》 愈少時則聞江南多臨觀之美，而滕王閣獨爲第一，有瓌偉絶特之稱。及得三王所爲序賦記等，壯其文辭，益欲往一觀而讀之，以忘吾憂。繫官於朝，願莫之遂。十四年，以言事斥守揭陽，便道取疾以至海上，又不得過南昌而觀所謂滕王閣者。其冬，以天子進大號，加恩區内，移刺袁州。袁於南昌爲屬邑，私喜幸自語，以爲當得躬詣大府，受約束於下執事，及其無事且還，儻得一至其處，竊寄目償所願焉。至州之七月，詔以中書舍人太原王公爲御史中丞，觀察江南西道，洪、江、饒、虔、吉、信、撫、袁悉屬治所。八州之人，前所不便及所願欲而不得者，公至之日，皆罷行之。大者驛聞，小者立變，春生秋殺，陽開陰閉，令修於庭户數日之間，而人自得於湖山千里之外。吾雖欲出意見，論利害，聽命於幕下；而吾州乃無一事可假而行者，又安得捨己所事以勤館人？則滕王閣又無因而至焉矣！

杜甫《杜工部集》卷三《飛仙閣》飛仙嶺在略陽東南，徐佐卿化鶴於此，故名。上有閣道百間，總名連雲棧。 土門山行窄，微徑緣秋毫。棧雲闌干峻，梯石結構牢。萬壑欹疏林，積陰帶奔濤。寒日外澹泊，長風中怒號。歇鞍在地底，始覺所歷高。往來難坐臥，人馬同疲勞。浮生有定分，飢飽豈可逃。歎息謂妻子，我何隨汝曹。

杜甫《杜工部集》卷三《龍門閣》龍門山在利州綿谷縣東北八十里，一名葱嶺。有石穴，高數十丈，故號龍門。他閣雖險，尚附山腰，微徑可緣。此獨石壁斗立，虛鑿石孔，架木爲道，尤險絶。 清江下龍門，絶壁無尺土。長風駕高浪，浩浩自太古。危途中縈盤，仰望垂綫縷。滑石欹誰鑿，浮梁裊相拄。目眩隕雜花，頭風吹過雨。百年不敢料，一墜那得取。飽聞經瞿塘，足見度大庾。終身歷艱險，恐懼從此數。

杜甫《杜工部集》卷三《石櫃閣》石闌橋在綿谷縣北一里，自城北至大安軍界。營闌橋閣，共一萬五千三百一十六間。最著者石櫃、龍門。 季冬日已長，山晚半天赤。蜀道多早花，江間饒奇石。石櫃曾波上，臨虛蕩高壁。清暉回羣鷗，暝色帶遠客。羈棲負幽意，感歎向絶跡。信甘孱懦嬰，不獨凍餒迫。優游謝康樂，放浪陶彭澤。吾衰未自安，謝爾性所適。

《全唐詩》卷五二二杜牧《題宣州開元寺水閣》 六朝文物草連空，天澹雲閒今古同。鳥去鳥來山色裏，人歌人哭水聲中。深秋簾幕千家雨，落日樓台一笛風。惆悵無因見范蠡，參差煙樹五湖東。

錢起《錢起詩集》卷八《朝元閣賦》 上將恢帝宇，壯神皋。斷景山之松，用而有節；感子來之衆，役不告勞。成仙閣之宏敞，配紫極之崇高。先是徵規模，宏大壯。經始聖迹，責成梓匠。當桂户而八水悠遠，植玉階而千巖相抗。升陽烏於赤霄之表，棲玉兔於翠微之上。可以吞貝闕，壓崑閬。盛矣哉，亦神明之化也，不可得而稱狀。觀乎儉以示德，高即因山。虹梁天近，丹陛雲還。漢武求仙，望蓬萊於海上；吾君有道，致方士於人間。厥構既崇，其寧惟永。正色深沈於木末，浮光嶙亂於山頂。如翬斯飛，獨出於潁。農務暇，霜氣澄。天門闢，龍輅升。俯人烟於萬井，小雲樹於五陵。天臨宇宙，日照黎蒸。是時也，靈仙響集，品物交感。因高載著於人風，有象寧遺於睿覽。聖人垂化，稽古上清。彼會昌之構宇，得朝元之美名。不奪穡地，知庶心胥悦；高標靈阜，表聖壽長亨。襟懷動植，指掌寰瀛。將九圍載廣，與三光克明。斯乃棟宇之大也，雖前史莫之與京。夫如是，古之濬城隍，飭宫苑，孰比我君居高而致遠。

《文苑英華》卷六一許堯佐《五經閣賦》 王者爲邦，實先學校。不有載籍，何以垂教？必由乎文字，使知乎忠孝。東序西序，取乎游焉息焉；八索九丘，俾其是則是傚。粤我后矣，聖哲者歟。命儒官兮，至公以居。所崇惟學，所寶惟書。搜羣言而斯在，立重閣以藏諸。觀其結構孤高，軒扉對啓。飾不及侈，儉而中禮。刮楹之上，標銀牓之煌煌；峻宇之前，閱子衿之濟濟。於是六籍咸萃，百代無遺。恭儉之教，比事之詞。虞夏商周之五典，國風雅頌之四詩。既精微之與廣博，莫不森羅而在兹。文移科斗之質，字别魚魯之疑。軸星攢而花散，帶蜺舒而草滋。櫺檻風來，動芸香之苾苾；綺疏日映，見鉛槧之纍纍。覽彼縑緗，請披記傳。或崇其臺，以邀非望之福；或邃其榭，以逞荒怠之讌。未若事惟師古，政以化成。齗樸之勤，毋弛怠於儒學；黼藻之飾，不加賁於檐楹。由是事美德風，人歌懿績。校則同於天禄，藏乃異於魯壁。左平右墄，雖有陋於明堂；上棟下宇，乃不踰於大易。别有名繫庠序，身衣縫掖。覩兹閣之岧嶢，諒吾道之宏益。

歐陽修《歐陽文忠公集》卷三九《御書閣記》 醴陵縣東二十里，有宫曰登真，其前有山，世傳仙人王喬鍊藥於此。唐開元間，神仙道家之説興，天子爲書六大字，賜而揭焉。太宗皇帝時，詔求天下前世名山異迹，而尤好書法。聞登真有開元時所賜字，甚奇，乃取至京師閱焉，已而還之，又賜御書飛白字使藏焉。其後登真大火，獨飛帛書存。康定元年，道士彭知一探其私笈以市工材，悉復宫之舊，建樓若干尺以藏賜書。予之故人處士任君爲予言其事，來乞文以志，凡十餘請而不懈。予所領職方，悉掌天下圖書，考圖驗之，醴陵老、佛之居凡八十，而所謂登真者，其説皆然，乃爲之記。夫老與佛之學，皆行於世久矣，爲其徒者常相訾病，若不相容於世。二家之説，皆見斥於吾儒，宜其合勢并力以爲拒守，而乃反自相攻，惟恐不能相弱者，何哉？豈其死生性命所持之説相盭而然邪？故其代爲興衰，各繫於時之好惡，雖善辯者不能合二説而一之。至其好大宫室，以矜世人，則其爲事同焉。然而佛能箝人情而鼓以禍福，人之趣者常衆而熾。老氏獨好言清浄遠去、靈仙飛化之術，其事冥深，不可質究，則其爲常以淡泊無爲爲務。故凡佛氏之動摇興作，爲力甚易；而道家非遭人主之好尚，不能獨興，其間能自力而不廢者，豈不賢於其徒者哉！知一是已。慶曆二年八月八日，廬陵歐陽修記。

蘇頌《蘇魏公文集》卷六四《靈香閣記》 棟宇可以庇風雨，臺榭可以遠燥濕，庭除可以肅賓客，山川可以廣眺望。此居處之壯觀也。而爲浮屠之説者則不然。曰不閎偉不足以容衆大，不盛麗不足以來信向，故惟善經構者，增飾窮年而不已。既而已閎麗矣，而吴、越之俗猶以爲未也。丹雘金碧，斲礱炫熀，至於殫人之財，極工之巧，而不知止。故其山林之峻深，郊郭之爽塏，幽人之所卜，智士之所營，非爲浮屠者不得而居有也。思允師居睦州兜率寺之法華院，佛學之外，兼妙岐、黄之術。有以疾病告者，必盡其技以而爲之診視。凡湯液之所餌，砭針之所加，無不如期而應。自郡官至於編户，皆稱其方技之神良而功施之周普。由是車馬之踵門者，日月相繼而不絶也。嘗患其居宇之湫陋，賓至無所容，遂闢故址，革而新之。又於其傍爲閣五間，楹桷崇高，軒檻虚朗，經像嚴於中，草石蓄於次。齋房客館，左右布列；藥欄花圃，前後相望。升其堂則聞芝木之芬氲，游其庭則見竹樹之蔭翳。雖密邇闤闠，而山居巖處之趣備焉。考成之日，太守集賢王微之率賓僚燕飲其上，且嘉儲峙之美，因題其顔曰「靈香」。又賦詩以紀其事，繼而作者貳車史館劉元忠也。觀二詩則院與閣之所有，皆可見矣。後三年，予自東陽赴亳社，憩郡郵，會故人留止。過允之居，因得一遊目焉。嘗謂桐廬郡溪山之清絶，自晉、宋以來文士多稱述之，往往載於題咏。觀夫城邑閭井，皆坦塗平陛，蓋與他州無有異也。及登高而望，則羣峯迴環，一水縈帶，烟雲晻靄，朝暮異狀，不離指顧而萬景在目。信乎吴、越之佳郡，前人之所稱詠不爲虚談也。而兹閣又占一郡之勝處，高高下下，皆有幽致，足爲端居造適之樂。復以甘辛寒温之上味，給人朝夕之求，其爲利固已博矣。然則不得與夫競土木而誇閎麗者并也，宜乎微之、元忠嘆賞之勤勤如此。因書所見，以繼二詩之後云。

郭祥正《青山集・附録・繁昌建御書閣記》 聖宋御天下，垂百有餘年，滋煦生息，内恬外安，民不知兵，可謂極治無爲之時矣。皇帝乃留神翰墨，龍蹤天畫，充盈内府，或賜近臣之家，或頒名山洞府之寺。觀太平州隱静山普惠寺所藏，百有二十軸，歲久寺圮，兼主者非其人，御書所藏，幾不蔽風雨。前太守集賢刁侯約、縣令夏君希道觀瞻之餘，咨嗟省惧，遂下主者於獄，命達觀禪師曇穎主之。穎大葺舍宇，工未既，以疾求去。弟子懷賢者，是爲圓通大師，代厥寺事，益肆其力。七八年間，高甍巨棟罔不新者，於是御書之閣，尤甲於諸屋。屬工課督，實縣之大姓楊氏緒也。造深原，窮茂林，擇材之美，至于瓦甃漆雕之工，無不求盡其妙。閣成，凡三十有六楹，栱、桷、榱、棟稱之，總用錢一百三十萬，積工二千五百八十，役歷日一百四十八而竣，實惟嘉祐三年八月既望也。後八年，治平三年六月，求文刻石以記之。緒性倜儻，喜赴人之急難，客至無不滿其意而去，是以來請予文，余因樂爲之記。

王十朋《梅溪先生後集》卷一《蓬萊閣賦并叙》 越中自古號嘉山水，而蓬萊閣實爲之冠。昔元微之作《州宅詩》，世稱絶唱。近代張公伯玉三章，膾炙人口，好事者從而和之。獨未聞有賦之者。某筮仕之初，辱爲蓬萊客，廼者中秋之夕，與同僚會飲于兹閣，覽湖山之勝，翫月于樽俎間，即席賦詩，諸公皆和。既而念之，閣不可以常登，一詩不足以盡意，遂從而賦焉。

王子游會稽，客蓮幕，登卧龍之山，躡巨鼇之閣。秀閲千巖，流觀萬壑，縱遠目於東州，暢幽懷於廖廓。于時天高氣肅，秋色平分，簪盍良朋，把酒論文，俯仰湖山，懷古傷今，登高賦詩，以寫我心。周覽城闉，鱗鱗萬户，龍吐成珠，龜伏東武，三峯鼎峙，列障屏布，草木蘢葱，煙霏霧吐。棟宇峥嶸，舟車旁午，壯百雉之巍垣，鎮六州而開府。東望稽山，思禹之功。喬松鬱乎故陵，丹青儼於祠宫，藏丹書於魅穴，流遺畫於無窮。南目秦望，哀秦之過。方鑱石以頌德，驕顔色以相賀。嗟仙藥之不來，俄腥風之已播。西望夕陽，送目蘭亭。懷王謝之風流，感斯文而涕零，徒觀夫茂林脩竹，鎖烟靄而冥冥。北望滄海，渺其無涯。方吴門之晝龍，視越國其如蛇，轟雷鼓於一震，虚吴國而成窪。訪麗譙之故址，第見乎古木之號鴞。前瞻鑑湖，滿目雲水。嘉馬侯之偉績，慕賀監之高軌。祠荒兮遺迹半湮，宅冷兮黃冠無幾，徒有漁舟賈楫，風樵航葦，往來乎鷗鷺之鄉，欸乃乎煙波之裏。仰瞻高閣，翬飛崔嵬，俯瞰州宅，緬懷高才。面無時之屏障，家終日之樓臺，長湖山之價於几席之上，惜斯人之安在哉！言未畢，客有指斯閣而謂予曰：「子亦知夫閣之所以得名者乎？蓋始於元和才子也。以玉皇案吏之尊，擁旌麾於千里也；蓬萊隔弱水三萬里，以筆刀坐移於是也。齊名有白，從事有鞏，胸中有萬頃之湖，真一代之奇偉也。詩章一出，遂能發秦望之精神，增鑑湖之風采，蘭亭絕唱，亘古今而莫擬也。子亦讀夫才子之傳否乎？姑問訊其從何而來、集乎彼而至于此也？才子之才，固足以起吾子數百年之聳慕，才子之所以獲侍玉皇者，亦吾子之所喜攻而深耻也。夫何昔之有？」予於是引客之手，揚袂而起，言契予心，諾諾唯唯，有是哉，斯人也而至於斯也，尚忍言之哉！俄而鼓角作於人間，明月出於林端，妙三弄之梅花，爛十分之銀盤，釂一觴而徑醉，有不盡之餘歡。頃之陰雲忽興，點綴青天，漸山川之蒙籠，若有妒乎嬋娟。倚危闌而感慨，覺興盡而思旋矣。於是相與啜茗於清白之堂，漱齒於清白之泉，閱唐宋之題名，終夕爲之慨然。嗚呼噫嘻，死者可作，吾與誰歸，其無出乎文正范公之賢。

胡寅《斐然集》卷二一《觀瀾閣記》 水之變態多矣，非其本然也。淵然其渟，油然其平，滲然其清者，水之性也。載而逝，溉而浹，浣而潔，沃而滅者，性之用也。石齟齬之，則激、則蹙焉；風震薄之，則騰、則湧焉，性於是亂，用於是失，非水之正也。故善觀水者愛其澄澹而不愛其渾潰，喜其流衍而不喜其決溢，是故浩浩湯湯，神禹平之，百川沸騰，周大夫憂之。斯閣瞰兩溪之會，而以安瀾名者，得非意出於此歟？胡子曰：美則美矣，義則未盡。夫水之流也，沄沄然，鱗鱗然，若鯉之躍，若鷺之翻，差差之紋若漾沙，疊疊之勢若層雲，起伏追隨，散漫無垠，斯其浪之形乎！曰波，曰漾，則浪之巨者也。曰濤，曰潮，曰澐，曰瀨，則波之大者也。惟瀾之爲言，古今未有訓而當其義者。文中子曰：「吹波助瀾。」退之《南山詩》曰：「微瀾動水面。」其《進學解》曰：「迴狂瀾於既倒。」是則二子皆從趙岐、顧野王以瀾爲波，特有大小之異，而目之曰微者，語雖近而意已遠矣。夫瀾非波也，謂水流動之狀也。流動之狀，汩汩袞袞，沖融演迤，浩乎其方來，洮然而不窮，惟有源之水爲然，蓋未嘗不安也。彼其無源者，雖萬頃之瀦，非有激之，則固安矣。而求其瀾，又不可得。此義也，惟孟子知之，故曰「觀水有術，必觀其瀾」，蓋觀其有源也。不觀其源而徒觀其波，是猶觀人者不考其實，觀道者不要其用，觀政者不稽其心，觀言者不質其事，失之遠矣。夫水之爲物，不盈科不行，盈科而後進，則放乎四海。凡喻夫學者不可無本也。君子任重道遠，事業無涯。古之祭川者先河而後海，不造乎本而能濟者，末矣。閣上主人倘欲聞本之說，請於孟子焉求之。因易安曰觀，而爲之記。

呂祖謙《宋文鑒》卷一三蘇軾《法惠寺橫翠閣》 朝見吴山橫，暮見吴山從。吴山故多態，轉側爲君容。幽人起朱閣，空洞更無物。惟有千步岡，東西作簾額。春來故國歸無期，人言悲秋春更悲。已泛平湖思濯錦，更看橫翠憶峩眉。彫欄能得幾時好，不獨憑欄人易老。百年興衰更堪哀，懸知草莽化池臺。遊人尋我舊遊處，但覓吴山橫處來。

王安石《王安石全集》卷一一《清風閣》 飛甍孤起下州牆，勝勢崢嶸壓四方。遠引江山來控帶，平看鷹隼去飛翔。高蟬感耳何妨静，赤日焦心不廢涼。况是使君無一事，日陪賓從此傾觴。

王安石《王安石全集》卷一一《留題微之廨中清輝閣》 故人名字在瀛洲，邂逅低徊向此留。鷗鳥一雙隨坐嘯，荷花十丈對冥搜。水涵樽俎清如洗，山染衣巾翠欲流。宣室應疑鬼神事，知君能復幾來遊。

朱熹《朱子文集》卷九《藏書閣記》 道之在天下，其實原於天命之性，而行於君臣父子兄弟夫婦朋友之間。其文則出於聖人之手，而存於易書詩禮樂春秋孔孟氏之籍。本末相須，人言相發，皆不可以一日而廢焉者也。蓋天理民彝，自然之物，則其大倫大法之所在，固有不依文字而立者。然古之聖人，欲明是道於天下，而垂之萬世，則其精微曲折之際，非託於文字，亦不能以自傳也。故自伏羲以降，列聖繼作，至於孔子，然後所以垂世立教之具，粲然大備。天下後世之人，自非生知之聖，則必由是以窮其理，然後知有所至，而力行以終之。固未有飽食安坐，無所猷爲，而忽然知之，兀然得之者也。故傳説之告高宗曰：「學於古訓乃有獲」，而孔子之教人亦曰「好古敏以求之」，是則君子所以爲學致道之方，其亦可知也已。然自秦漢以來，士之所求乎書者，類以記誦剽掠爲功，而不及乎窮理修身之要。其過之者，則遂絕學捐書，而相與馳騖乎荒虚浮誕之域。蓋二者之弊不同，而於古人之意，則胥失之矣。嗚呼！道之所以不明不行，其不以此與。婺源學官講堂之上，有重屋焉，牓曰「藏書」，而未有以藏。莆田林侯慮，知縣事，始出其所寶《大帝神筆石經》若干卷，以填之。而又益廣市書，凡千四百餘卷，列庋其上。俾肄業者，得以講教而誦習焉。熹故邑人也，而客於閩，兹以事歸，而拜於其學，則林侯已去而仕於朝矣。學者猶指其書以相語，感歎久之，一旦遂相率而踵門，謂熹盍記其事，且曰：「比年以來，鄉人子弟，願學者衆，而病未知所以學也。子誠未忘先人之國，獨不能因是而一言以曉之哉？」熹起對曰：「必欲記賢大夫之績，以詔後學，垂方來，則有邑之先生君子在，熹無所辱命。顧父兄子弟之言，又熹之所不忍違者。其敢不敬而諾諸？」於是竊記所聞如此，以告鄉人之願學者，使知讀書求道之不可已，而盡心焉，以善其身，齊其家，而及於鄉，達之天下，傳之後世，且以信林侯之德於無窮也。是爲記云。湻熙三年丙申夏六月甲戌朔旦，邑人朱熹記。

《（道光）東陽縣志》卷二三曹冠《東陽中興寺環翠閣記》　東陽，婺之壯縣，以佳山水得名，而襟帶溪流，雄傑秀麗者，南山其尤也。山之下有寺焉曰中興，規模宏大，甲於諸刹。治平甲辰，權令陳恂司直建閣於寺之坤維。紹興初，令尹王榕德林名之曰環翠。憑欄徙倚，極目虛曠，東接涵碧，西望甑山，南臨峴峯，北瞰畫水。疎篁密樾，烟霏斂散，平田迥野，鷗鷺去來，松聲泉溜，清音唱喁，雨暘晦明，變態萬狀。四序之景不同，而覽物之際，咸足以暢幽情也。若夫春日遲遲，民物熙熙，蘭徑桃溪，芬馥芳菲，遊人絡繹，蓋有竟夕而忘歸者矣。序應薰弦，清風颯至，雲峯多奇，餘霞散綺，披襟逭暑，蓋有愛長日而醉吟者矣。至於金飈肅巖，桂芳萬寶告成，橘緑橙黄。于斯時也，清宵玩月，嘉節吹帽，豈羨夫庾樓之集，龍山之陰哉？而或同雲布密，雪飛瓊樹瑶林，一望千里，於斯時也，乘興相羊，騁懷觸詠，豈羨夫剡溪訪戴之遊，梁園授簡之賦哉？《爾雅》曰：「山未及上曰翠微。」是閣也，迄乎翠微之間，近巘遥岑，迴環拱揖，寒光翠色，亹亹逼人。榜以環翠，信乎盡得其美矣。然予嘗謂懷材抱道之士，養浩自得，極耳目之翫，不足以動其心。居陋室如廟堂，而何取乎登臨之樂？君子之至於斯也，情感於物若是。豈所養之不固哉？嘗考其所以然矣，蓋詩人六義，興居其一，君子九能，升高之賦與焉。夫懷忠畎畝，志在澤民，登覽以娱情，對物而有感。樂山之静，以象吾仁；觀水之動，以象吾志。此固聖門之所取，而又何疑乎？縣當孔道，而斯閣密邇，過客經從，靡不遊覽。多歷年所，梁楹朽蠹。玉牒趙彦珖國器以丞攝邑，慨其將圮，庀工重修。敞南簷，闢四壁以面山光；夷阜堆，廣廊廡以便陟降。而環翠之名，始賓其實矣。既訖功，求予文以紀歲月。予謂斯閣之建，百十有六年，而未始有記，兹亦闕典。乃不辭而記之，亦使九牧之人，知吾邑登臨之壯觀也，猗歟偉哉！淳熙中署事丞趙彦珖重修。

錢穀《吴都文粹》卷一洪邁《御書閣記》　若稽古高宗皇帝，實天生德，既以聰明聖武，戡濟多難，垂中興億年之基。洎保大定功，投戈息馬於世紛萬殊，洎乎無一嗜玩，唯翰墨梱域，天縱神與，特致志顓心，不舍食息。淵妙沉著，顧韋誕、鍾繇。所擅正書中取威定霸，高處視古無上，帝中第一，殆隘麽不足言，羲、獻、諸庾，固已望洋斂避，矧唐歐、虞、褚、薛輩，直可輿臺命也。《詩》、《書》、《易》、《春秋》、《孝經》、《論語》、《孟軻氏》，凡幾書，書凡幾帙，帙凡幾字，一一肆筆而成。翥鳳翔鸞，震蕩輝赫，端正嚴重，肅如神明。當是時，每終一經，輒詔玉册官摹刻，編以石本，侈錫方夏光天之内，蓋郡載其書。昔人謂萬世之下一遇大聖而知其解者，是爲旦暮之遇，況乎親見帝王以爲之師，恩斯勤斯，士宜如何報也？妥奉當在頖宫，蘇爲吴盛府，故有六經閣，燬於兵。紹興中，守臣寶文閣學士王喚始改建學，室宇宏備，夸雄他邦，閣獨未克立，而庋置石經於大成殿。仍儉就寡，瓜華薌火之敬，弗答弗涓，揆於祇瞻，殊甚不稱。寥寥向四紀，郡博士領諸生數有請，二千石亦數留意，然畫不堅定，會其凡輒中止，更數十政，訖莫之能爲。淳熙十四年，秘閣修撰趙彦操至，平易中和，敏絜莅業，用善政得民。蘇比比多事，且去天咫尺，南北問途者銜舟接軸。冗叢厥身，居東道主，第知承迎過客，趣了停傳爲先務，樸遫馬上，戴星而入，民瘼不暇問，尚安以教化勸功爲哉？彦操纔旬月久，非能滋民使多，浚財使豐，闢土使廣，而千里一旦廊廊如仙晨道院，於是以一閣之任自予。即舊址度爲三楹兩翼，三其檐爲高六十尺，爲廣七十有五尺。材木以壯買，瓦石以碩市，工以募來，發公帑贏儲千萬給費，相以浼錢二十之一，毫釐之須，於我何取！慮卜於素，五縣乃不知。去年秋七月壬戌命日，今年春二月丁卯成。一區之宫，若飛從天外，行人駭觀，凝立如植。彦操寫其製以告當塗守邁，使識本末。臣恭維西箱清穆敞閒之處，至尊壽皇聖帝奉先追孝，方勤崇焕章。建官列職，燕迪宸奎之昭回，上模紫清，一時臣子，宜有以効尺寸。彦操羽儀宗支，嘗典正京邑，參侍從，兹息偃輔藩，首能擴尊君親上然後興學之誼，鳩此巨役，章天顯休，僉謂當刊表樂石，以誌不朽。其詞曰：

故吴所都，上直斗牛。今爲畿輔，氣壓百州。沉沉學宫，鼎以傑閣。爛其天光，照我海嶽。倬哉高皇，肆筆成書。石經百卷，方國是儲。岧嶤干雲，翬若有造。誰其尸之？臣曰彦操。洞庭之山，具區五湖。龍螭萬數，右翼左趨。惟爾有神，實主張是。時即來朝，敬千萬禩。

祝穆等《古今事文類聚・前集》卷一七洪邁《臨湖閣記》　燭於遠者遺於近，

廛市之居江與山，燕、越如也。豈地勢則然？天實嗇之。予家番城，面澹津三湖，有勝矣，而山不副。買小圃撰樓以爲高，平林四出，山意如鶩，而澄江之境政墮滅没蔽虧中，非霜清木落不見也。二者不得兼，其難如此。吾友向巨源獨以書來曰：「自吾卜居南昌，擅東湖之陽，人行湖邊，頫大明鏡，荷華十里，照影徹目。晨霏夕靄，開闔而摩蕩，屬玉交青，浮游而後先。西山横陳，蜿蟺旁薄，空翠長煙，舒慘異狀，常若洪崖浮丘翁挹袂拍肩其間。凡湖山賦我以佳賞，撩我以瓌觀，謂不能俯而有也。今吾臨之以桀閣，崇而爲丈者四，去一以爲從，益一以爲横。既成而日登焉，湖之所以爲湖，山之所以爲山，次且自失，不能嘉遯。相與收精會神，俎豆於吾軒楹之間。東則十畝之園，池臺竹花，輸幽呈茂。有草堂在湖隄北，其北與西折旋皆山，淡然如修眉，横遠可翫而不可狎。物色位置，大略似輞川臨湖亭，故即而名之。吾夷猶其上，非更衣就枕不釋也。吾困阨與世不諧偶，一旦獨得此，吾心樂焉，願子爲我記。」予發書疑不信者累日，私自策曰：巨源詩人也，其詞夸。是其孑孑來南，僅得邊一障，財爲郎亟去之，酸寒却掃，於是四年矣，未聞有朽貫腐粟可以汰。予從土木之事久，頗解商工費，斯閣也，度不滿百萬不可止，巨源安有是哉！彼特文其滑稽，餉我一笑耳。巨源詩人也，其詞夸，記未可作。會有客從南昌來，爲予笑曰：「巨源再爲人諛墓，鄭重答謝，通得百萬錢，妻子睥睨咨曉，規作求田計。巨源左遮右紿，如護頭目，舉以付工師，不留一錢，故其就斯閣也勇之甚。書生定可笑，君無庸疑。」予曰：「誠然。又有説於此，有閣如是，將不得以瓦器飲，以一豆飴客，以老無齒婢佐酒。巨源其鑄黄金之栝，行白玉之柈，喚儔命侣，巽風介月，哀絲豪竹，光妓侍繞，熊蹯豹胎，飫及童騎，傾駭山川之神，日夜鼓舞之，於是爲至，敢問策安出？」客憮然，予曰：「爲我謝巨源，筆尚在足矣。」乾道五年月日記。

呂祖謙《宋文鑑》卷七九張伯玉《吳郡州學六經閣記》　六經閣，諸子百家皆在焉，不書，尊經也。吳郡州學始由高平范公經緝之，至今尚書富郎中，十年更八政，學始大成，而成年六經閣又建。先時，書籍草創，未暇完緝，厨之後廡，澤地汙晦，日滋散脱，觀者惻然，非古人藏象魏、拜六經之意。至是，富公始與吳邑、長洲二大夫，以學本之餘錢，僦之市材，直公堂之南，臨泮池層屋。起夏六月乙酉，止秋八月甲申，凡旬有七浹。計庸千有二百，作楹十有六，棟三架，霤八，桷三百八十有四，二戶六牖，梯衡窔棁，圬墁陶甓稱是。祈於久，故爽而不庳；酌於道，故文而不華。經南嚮，史西嚮，子、集東嚮，標之以油素，揭之以油黄，澤然區處，如蛟龍之鱗麗，如日月之在紀，不可得而亂矣。判天地之極致，皇王之高道，生人之紀律，舉在是矣。古者聖人之設教也，知函夏之至廣，生齒之至衆，不可以頤解耳授，故教之有方，導之有原，乃本庠序之風，師儒之説，始於邦，達於鄉，至於室，莫不有學。烜之以文物，聳之以聲明，先用警策其耳目，然後清發其靈腑，故其習之也易，其得之也深。其教不肅而成，不煩而治，驅元元之入善域，優而柔之，俾自得之。萬世之後，尊三王四代法者無他焉，教化之本末馴漸也。然則觀是閣者，知六經之在，則知有聖人之道；知有聖人之道，則知有朝廷之化；知有朝廷之化，則嚮方之心日懋一日。禮義之澤流於外，弦誦之聲格於内，其爲惡也無所從，其爲善也有所歸。雖不欲從善遠罪，納諸大和不可。召康公之詩曰：「豈第君子，來游來歌。」子思子之説云：「布在方册，人存則政舉。」凡百君子，由斯道，活斯民，暢皇極，序彝倫者，捨此而安適？得無盡心焉！諸儒謂伯玉嘗從事此州，游學滋久，宜刊樂石，庶幾永永無忽。

袁説友《成都文類》卷二六吳師孟《重修西樓閣記》　師孟少賤多病，而有登覽之癖。苟有異境佳處，層樓危榭，不問遠近，必往觀焉，然後沉塞底滯、憂愁無聊之思隨望暢釋。故成都樓觀之盛，登覽殆徧。獨西樓直府寢之北，謹嚴邃静，非參僚賓客，不得輒上。每春月花時，大帥置酒高會於其下，五日縱民游觀，宴嬉西園，以爲歲事，然亦止得到其廡序而已。自數十年來，柱欹礎墊，鑿枘銷脱，震風淩雨，顛壓可慮。常以大木數十，叉牙撐扶，行者疾趨，坐者寒慄。蓋無記石可考其所建年代，訪諸耆宿近百歲者，漫不省知。飛梯凝塵，人不復工者幾二十載。更十餘守，重於修完，非牽陰陽，則憚勞費。嘉祐六年，東平呂公爲蜀守。其明年，顧謂僚屬曰：「民有室廬，尚或繕治。以成都總府，事體雄重，爲天下藩鎮之冠，兹樓之名，實聞四方，基構疏壯，復爲成都臺榭之冠。予平生所歷郡國多矣，求之他處，無有也。壞然後修，厥費兹廣。」於是驛獻其狀，旨報曰俞。乃鳩工于營，掄材于場，經始於孟夏，落成於初冬。調費計工，率如其素。高明爽塏，曩觀來復。簷拱翼騫，勢若飛動。又明年春，復爲花時之會。酒半，揖賓而上，憑欄寓目，氣思飄飄，空闊川平，一瞬千里，江山草木，紫翠明潤，宫刹臺榭，四面環向，次第高下，如揖如侍。民居十萬室，棋布目前，遠近之物，容四時之風景，蓋千態萬狀，不可得而狀也。南陽公治蜀歲餘，居一日，顧師孟曰：「昔我先正忠憲公來鎮此邦，吾得侍行，與伯仲日遊其上。今予獲繼先治，復登此樓，景物依依，緬懷疇昔，雖忘情者，能不慨然！且嘉呂公不憚小勞，不牽流俗，復積壞將顛之屋，爲與民共樂之所，誠可尚也。一日必葺，《春秋》所與，子其爲我識興脩之時。」師孟生長此土，樓之興廢，實少長耳目焉。矧獲從諸公游息於其處有年矣，願書其事與其歲月，使後人再修時得以考信焉。

王惲《秋澗集》卷三八《熙春閣遺制記》 梓人鈕氏者，向余談熙春故閣形勝，殊有次第，既而又以界畫之，言曰：此閣之大槩也。構高二百二十有二尺，廣四十六步有奇，從則如之。雖四隅闕角，其方數紆餘于中。下斷鰲爲柱者，五十有二。居中閣位與東西耳構九楹。中爲楹者五，每楹尺二十有四，其耳爲楹者各二，共長七丈有二尺。上下作五檐覆壓，其檐長二丈五尺，所以蔽虧日月而却風雨也。閣位與平座叠層爲四，每層以古座通藉，實爲閣位者三，穿明度闇而上，其爲梯道凡五折焉。世傳閣之經始，有二子掖醉翁過前，將作者曰：「此即閣之制也。」取其成體，故兩翼旁構，俯在上層，欄檻之下，止一位而已。其有隆有殺，取其漂渺飛動、上下崇卑之序。此閣之形勢所以有瑰偉特絶之稱也。予因念汴自壬辰兵後，故苑蕪没，惟熙春一閣，巋然獨存。昔嘗與客三至其上，徙倚周覽，雖悵然動麥秀黍離之感，且詫其巍業壯麗，如神營鬼構，洞心駭目，有不可端倪者。至不藉井幹，不堦峻址，飛翔突起于青宵而矗上，又似夫鼇掀而鳳翥也。予歷考秦漢已來宫殿之制，漢不復於秦，而唐不及於漢，如未央、長樂，曾何得阿房之萬一？含元、華清，又奚敢跂兩都之規制也？蓋天地氣衰，國資民力與林林之材不克取盈，而尺度不足其數焉故也。然熙春遺構，亦可爲近代之傑觀。彼騷人詞客，雖稱述賦詠極其偉麗，是猶臆説建章，而徒彷像其千門萬户而已，終非梓匠，不能知其規模與勝概之所以然。閣廢撤已久，及聞紐氏之説，使觚稜金爵上雲霄而飛舞空際者，盡在吾目中矣。然不文之言，不足以達遠，因作記以遺之。鈕氏者，蓋世所共稱工師之良者也。至元廿三年冬十月記。

程文海《雪樓集》卷一三《太和州重脩快閣》 廬陵有閣，最一郡之勝，在太和東南城上。邑令太常博士沈遵名曰「快閣」。迨黄太史庭堅繼至，賦詩其上，而閣之名聞天下。蓋自豫章溯流五百餘里，江盤峽束，牽挽欝隘，罷心怵目。至是而山平川舒，曠浪褰開，躍然如龍蛇之伸、鵾鵬之息，跂而四顧，快可知已。邑爲州，官事繁，遊覽廢，閣壞爲廐，爲驛，爲獄訟之庭，旋葺旋毀，豈復知有所謂快者哉？至大四年，邦侯聖陰、徒貳車楊學文議改作，而侯以監察御史召，留俸五百緡，屬寓公高安尹嚴用父成之。已而郎侯祐來議克合，掄材徵工，撤而新之，爲屋三重，重十楹，前爲閣，後祠太史，中爲燕休之堂。三年而畢，弗亟弗徐，屋加於舊，而民弗與知。登斯閣也，天高水夐，陽開陰翕，禾黍滿野，舟行如飛，仙地之勝，若始闢焉。明年，高安之孫莊侍其諸兄威來京師以圖請記，且道侯之政。予雖未登兹閣，竊爲之一快，告之曰：「州曰太和，至治之稱也；閣曰快，自得之謂也。治欲其至，而民欲其自得，蓋相須也。民不自得，求其治之至，難已。山川雖勝，而暇登覽乎哉？」於虖！太和，邑也。而爲州守尊而親於下民，下而敬乎上，上下各安其素，非自得之驗而至治之候乎？知此則是閣之勝獨最於一郡乎哉。書以遺之，俾刻之石。董是役者劉冲、蕭佐。延祐元年九月朔記。

蒲道源《閑居叢稿》卷一一《崇文閣上梁文》 伏以爰集四方，京師爲首善之地；若稽三代，國學乃風化之原。今上皇帝發政施仁，仰繩祖武，右文尚德，創設儒科。政府揚休，期大猷之是闡；中臺集議，懼闕典之未興。以爲教胄子既有成均，尊聖經可無傑閣？欽承上旨，大發積緡。官不科需，用咸資於素畫；農無妨作，役盡募於閑民。朝士程工，梓人奏技。前瞻離位，後鎮坎宫。切雲漢之昭回，萃菁莪之樂育。致廣大也，擴充吾道之規模；極高明焉，振起斯文之氣象。圜橋門之冠帶，藏闕里之詩書。擇吉旦而舉虹梁，協衆誠而修燕賀。輒伸善頌，以佐歡謡。

東，百尺巍巍壯辟雝。何止都城爲偉觀，要教萬里振文風。

南，魚躍鳶飛理可探。爲學要須真踐履，休誇晉士好清談。

西，遥望晴山步武齊。聖道巍然正如此，管商功利本來低。

北，士貴懷才兼抱德。寄聲胄學衆儒英，勉力進修毋自惑。

上，時際明君與賢相。潭潭栢府力扶持，突兀今朝見新創。

下，一一牙籤懸滿架。窮經自可應時需，焉用區區求學稼。

伏願上梁之後，朝廷清謐，禮樂興行。洋洋藹弦誦之音，濟濟登茹連之士。上不負於天子，仰答殊恩；下可濟於蒼生，以攄宿志。四海底雍熙之治，一時稱作養之功。罔俾斯樓，徒爲虛器。

《〔道光〕鄱陽縣志》卷三元明善《悠然閣記》 昔年予在豫章，馹至自建業，取道鄱陽北而西。後二年，又自錢塘，馹至豫章，取道鄱陽東之南。前王號鄱爲饒，予雖未暇詳求所以饒，而山者水者，悉爲人利。烹陶五金者往焉，伐取諸材者往焉，穀者佃焉，魚獸者漁獵焉，而繭絲麻枲，百用足焉。厥民富庶，甲乎他郡，既富且庶，率尚儒學。昔嘗樂其風土，念之至今。去饒城若干里，峨峨羣山間，有周氏之居，地愈饒，周氏用之家益饒，讀書好義，傳業數世。其父梅山先生，前朝進士知名。伯爲郡治中，仲集賢司直。治中君予未及識，識司直君。司直字南翁，處士，時其居之東里，最別墅之勝，構重屋，環重室，窮池亭草樹之麗。登庋而望，近面南山，遠瞰溪流，林巒村落，映帶揖抱。牓其屋之顏曰「悠然閣」，若陶處士「悠然見南山」云也。南翁既出仕，每憶之，謂予言其所以閣，求予爲閣記。余雅念饒之風土，聞之躍躍以喜，甚欲上言，乞補饒一吏，否則往家焉，果予遂也。予之好友，多在饒、信間，今又得南翁。彼時南翁或謝事歸，予歲時從諸君還抵南翁，登悠然閣。崇殽於俎，實酒於觴，命琴者弦之，矢者壺之，羣修效能，衆樂畢至，酒酣起舞，亦一快也。天猶幕然而高也，地猶席然而厚也，萬化漫漫，萬物紛紛，處乎今而唏乎古也，後古者又且唏余今也。彼達者慨予之通也，胡不實其懷，使無外慘入焉；制其腹，無致內樂出焉。蔚乎華乎，簡乎約乎，孰予加，孰予損，塊焉守吾之一真，是之謂悠然閣者耶？願與南翁共之。若夫基構落成之歲月，在所當略。皇慶元年十一月。

虞集《雍虞先生道園類稿》卷二四《袁州路南軒書院新建藏書閣記》 袁州路南軒書院者，祠廣漢張子宣公而列於學官者也。故宋時，宣公之弟杓定叟守宜春，宣公至焉，郡人士思宣公而不敢忘也。端平丙申，郡守廬山彭方度地於東湖之上，始創書院，又七年而後成。彭守時爲尚書，兵部侍郎記之。內附國朝以來，莫之改也。近歲水齧其北址，藏書之閣圮焉，其勢未已，講堂且圮。仍改至元之三年，山長廬陵趙某始至，凜然憂之。告諸大府，請加完繕。大府聽其言，思其所屬焉。幕府之長嚴君仲毅進曰：「仲毅之在此，不可使學校有所遺缺也。」明年，前太守真定張侯宗顏去爲漕，今太守廣信張侯熙祖始來。同寅協和，民以無事，仲毅得以致其力焉。然書院之田，不足以供祭祀、廩稍之用，是以營繕有所未遑也。乃出月俸爲之先，而上下應之。即書閣之舊址，斲松爲枋，沈布水底，加層石焉。延十有五丈，廣百步，崇二丈，畚石加土，平接講堂之址，凡若干尺，堂始無虞。是時郡學新作尊經閣，舊閣之材，尚有堅完者。以今侯之意，與書院奠諸新隄之上，復藏書之舊觀。閣凡三層，皆出飛簷以遠風雨，奉宣公之像於閣下以爲祠。又作東西廡，以屬諸講堂。作詠歸亭，與立雪亭對。大門之東，與老氏之宮接。正其界，爲亭以表之。至元五年某月某日告成。又作水櫃於上流，以防衝突之及。是役之始終，嚴君日至，而趙某，譯史鄧某，府吏胡某，直學趙某，皆勤敏覈實，克相其功。屬予記其事如此。嗟夫！使幕府之佐其長身任其勞而不辭，則府安有缺事哉？然予不敢徒書其土木之功也。蓋聞之，聖人既遠，周子興焉，作爲圖書，以發不傳之秘。兩程子繼之，而其道大行。龜山楊氏之歸閩，叔子固歎其道之南矣。其傳諸豫章延平者得朱子。而張子得於五峯胡氏者，生同時而學同源也。斯世斯文之所係者重矣。張子以丞相魏公之元子，天資粹美，異於常人。自其弱冠，已知求學聖人之道，及得所傳，遠有端緒。察乎幾微萌動之端，以博極乎求仁之道。玩心神明，不舍晝夜。極講明問辨之功，從容以和而不激；極舒遲溫厚之意，端嚴以正而不阿。朝進暮繹，同歸一致。任重道遠，死而後已。及夫蟬蛻人欲之私，春融天理之妙，其所至盛矣哉！以之事上涖民，以之立言垂教，百世之下學者可考焉。昔在魏公相思陵於艱難之中，屢出於險姦之手。大忠大義，時人比之諸葛武侯。宣公以爲武侯王佐之才，而自比於管樂，必不然也。取舊傳而更定之，蓋以明其父之心焉。定叟之爲弟也，才略幾有父風。治袁之日，宣公閒暇而過之，所以端其爲政之本源，以見諸行事。其民被其德，而不知者多矣。當彭守時，其殘墨餘論之猶存，而今不復可見，豈不重可歎哉？遺像儼然，衣冠容色之在於斯也，學者想見其沖和純粹之氣，洋溢充滿，反求諸已，知其所不及，以自致其變化焉，則固君子之所望也。

虞集《雍虞先生道園類稿》卷二五《新會縣學觀海閣記》 廣之新會縣者，始漢以百粵故地置義寧郡，晉以爲岡州，唐以爲縣，至于今因其名。南去廣州會府二百餘里，依於桂山之崇大，以爲邑而治焉。前臨大海，海中有三山，曰能山。能之南六十里，大崖對峙若門焉，潮汐之所通海，南諸郡舟檝之所出入，是爲崖山。縣治之東北，夫子之宮在焉。至正二年六月，前進士臨川黃昭，以承務郎來爲之令。既視事，謁先聖先師於其廟。進其學之師弟子員，躬與之揖遜爲禮，講習其所以爲學者，而講堂弊陋不足以爲容。與邑之人士圖增之，出俸錢以爲先。冠帶之士，勸然從之。爲閣五間，廣七丈五尺，深三丈五尺，高如深之數，簷三重。其材木，取諸其地之所宜，堅若鐵石，非中州之所有也。明年五月告成。會其費，爲中統鈔萬有五千緡。計其食米之數，爲斗千云。閣之上，尊先聖之遺經，及先儒傳道之緒言以居之，與凡古今治亂簡册之可考者，以求而在。閣之下施教受業，各有位序。有考於經傳者，得請其書而奉持翫索焉。以其閣之高出凡近也，目力所極，惟海爲鉅。度所以名之者，得諸孟子之言曰：「觀於海者難爲水，遊於聖人之門者難爲言。」表其閣曰「觀海之閣」。人生治平之時，安土樂業，無所事乎外，遊不出於其鄉。爲之士者，見聞不出州里。教之之道，不有以擴其忘慮，廣其心目，亦何以釋去組滯而示之高明哉！故至於此而有能觀者，天之高也，日月星辰之明且遠也。黿鼉蛟龍之變化，寶藏之興，一寓目而盡得之。有以知其心量之廣大，無町畦封閉之吝，汪洋通達，流動充滿，則於聖人之門，庶幾可遊也哉！《書》曰：「東漸于海，西被于流沙，朔南暨聲教。」則生乎是者，食飲衣服，老安幼懷，以至于今，則固漸乎堯舜聲教之遺化也哉！況乎聖元龍興朔方，撫定萬國。至于我世祖皇帝，師武臣力，無遠弗屆。宋之亡國纍臣，窮蹙轉死，奉其社稷之微燼，淪喪以死，而從之者無孑遺焉，宋命遂訖，則崖山寔其地也。於是天下既一，大業已定。櫜弓矢包干兵不復起矣。邑之父老，必有七八十之餘，至於百歲者，猶當見之。赫然神武之臨，沛然聖澤之久，浹於耳目，淪於子孫，磨崖刻銘，垂功千載，又在於此。豈其他僻小之邦，荒遠之民，所得同哉？是故朝廷以一進士臨之，進而教之，豈無所望哉？宜乎黄君惓惓於斯閣也。或曰：「其爲邑也，有賦役公上之供，二三大府臨之在上，簡書奉承，不給是懼，山谷島嶼，負固好私鬭，而緩帶俎豆以待之，不亦迂乎！」噫！昔者，子游以絃歌治武城，其言曰：「君子學道則愛人，小人學道則易使也。」夫道者何也？君臣、父子、夫婦、長幼、朋友之所以行也。斯民也，無上下之交，骨肉之愛，睦婣之好，友望之助乎？爲政者進其豪傑，而語之以義利之辨，延其俊秀，而申之以孝弟忠信之説，待之以至誠，處之以至公，示之以不慾，行之以悠久，安有不獲乎上，而不信其下者哉？君子之所爲，常以人民爲心，不外乎政令之常。爲其所可爲於不可爲之時，則子游之心也。孰謂廣海之間，而不可以鄒魯乎？昔者，鄰境四夫，攘臂草間，牽引歲月。賴朝廷清明，隨起隨定。然而思所以致之者，奪之不饜，而等死之念生，御之無道，而無忌憚之禍起。則學道之説，受天子邊民之寄者，可不思乎？推其建閣之意而廣之，《書》曰：「至于海隅蒼生，萬邦黎獻。共爲帝臣，惟帝時舉。」將無權輿於斯乎！董是役者，邑教諭郡人崔振宗，則故丞相清獻公與之之諸孫也。

虞集《雍虞先生道園類稿》卷二六《龍興路重建滕王閣記》　國朝分建行中書省，其鎮乎江西者，即龍興而治焉。郡城之上，有曰「滕王閣」者，俯臨章江，面直西山之勝。自唐永徽，至元和十五年，百七十餘年之間，其重修而可知者，昌黎韓文公記之。後五百四十九年，當我朝之至元三十有一年，省臣以兹郡貢賦之出，隸屬東朝，乃得請隆福皇太后賜錢而修之，記其事者，柳城姚文公也。又四十年，今天子即位，改元元統。其明年甲戌，江南行臺御史大夫塔失帖木兒，時以丞相來鎮兹省，嘗登斯閣而問焉，追惟裕皇先后之遺德，期有以廣聖上之孝心。平章馬合睦贊之曰：「重熙累洽之餘，民力亦既紓息，名蹟弗治，將無以致執事之恪恭也。」集衆思於僚佐，請于朝而作新之。既而丞相移鎮江浙，丞轄以次，或陞或遷。平章寔克始終其事焉。厥既落成，省府使人適臨川之野，而命集記之。集曰：「噫！昔韓文公之記是閣也，猶以名列三王之次爲幸。今韓、姚兩文公之文，卓然相望於千載之上，而辱俾集繼之，能無弗稱之懼乎？且一閣之遺，見崇於今昔者如此，彼滕王何其幸歟？」將命者曰：「吾相君之屬筆於子也，其諮度於上下也審矣。且子嘗從事於國史，今若而寓諸其境，於書事爲宜。宜勿辭也。」乃爲稽諸郡牘，以是年十二月丙子，授工庀役，越明年乙亥，仍改元至元之歲，其五月之吉，柱立梁舉。又明年丙子七月竣事。閣之崇爲尺四十有四，深如崇之度，而廣倍之。材石堅緻，位置周密，簷宇虚敞，丹刻華麗，有加於昔焉。會其費，爲中統鈔十六萬五千餘緡。因前至元故事，給自内帑，用之有制，民不知勞，赫然足以成大藩之盛觀焉！嗚呼！洪惟聖天子躬修孝理，化成於天下。登庸宅揆之臣，承之以慶賞刑威之制。風紀之司，振肅中外。自方伯連率至于郡縣，奉行教令，罔敢踰越。其規模宏遠，漸被所及，無有不至者矣。顧兹江湖嶺嶠之交，至于海島，邈在南服，勢若遼遠。然而涵煦之久，保障之固。生齒數千萬，日滋以庶。無外事以奪農時，舟車畢通，無所底滯。俛焉咸知畏法而安分，以服力于公上，況乎禮義文物，尚有可觀於其間者乎？于斯時也，來莅是藩者，及歲時之閒暇，而與往來之公卿大夫，觀風之使，四方之賓客，若屬吏之來受事者，相與登臨，覽觀於斯閣，優游雍容以歌頌國家之盛，而發揮其尊主庇民之心，不亦偉乎！

馬祖常《石田先生文集》卷五《悠然閣賦》　舒吾眺之落落兮，覩寥廓之無跡。會冥冥之遐思兮，契萬品之攸職。擬大化而罔象兮，悼世德之囿形。聿逍遥而容與兮，泊乎游乎泰清。是有當於吾衷兮，表吾廬以自肆。騁余馬於析津兮，崇吾屋乎江汜。揭高躅於古道兮，追前修其或然。偉一世之君子兮，又贈之以蘭荎。曰予未有知兮，何私意之彷彿？懿夫子之悠然兮，殆反予乎空谷。

許有壬《至正集》卷四五《勅賜興元閣碑》　太祖聖武皇帝之十五年，歲在庚辰，定都和林。太宗皇帝培植煦育，民物康阜，始建宫闕，因築梵宇，基而未屋。憲宗繼述，歲丙辰，作大浮屠，覆以傑閣，鳩工方殷，六龍狩蜀，代工使能，伻督絡繹，力底於成。閣五級，高三百尺，其下四面爲屋，各七間，環列諸佛，具如經旨。至大辛亥，仁皇御天，聞有弊損，遣延慶使搠思監輦鏹葺之。又三十二年爲至正壬午，皇上念祖宗根本之地，二聖築搆之艱，勑怯憐府同知、今武備卿普達失理暨嶺北行中書省右丞、今宣政院使月魯帖木兒專督重修，歷四年，方致完美。周垗塗金，晃朗奪目，閣中邊頂踵，鉅細曲折，若墄平髹堊，靡不堅麗精至。重三其門，繚以周垣，煥乎一新。縣官出中統楮幣爲緡二十六萬五千有奇，費視昔半而功則倍之。丙戌十一月七日，上御明仁殿，中書省臣奏，閣修惟新，不可不銘。勑翰林學士承旨臣有壬文諸石。臣有壬拜手稽首而言曰：天地運用之妙，臣無得而名焉，即其形迹近者言之。風雷雨暘之散動潤烜，發生萬物者，皆自上而施於下；源泉陂澤之流通行泄灌溉大田者，亦由高以及乎卑。我國家興王之地，俯瞰萬國，大聖人首出庶物，位乎天德，引閎孳萌，紐牙開闢，而後蓄而未發之氣，以資始品彙，自上而施於下，由高以及乎卑，故澤之流若高屋之建瓴，師之出如泰山之墜石。功烈之成，登三邁五，漢而下莫我擬也。定都和林，造邦之基立矣。太宗、憲宗，雖干戈間而以不嗜殺人爲心，聞象教清淨，覺皇慈仁之旨，有契宸衷，資其説以格蚩蚩之未格者，非大示尊崇，則無以爲感觸之地。而大聖人疊空四海，撮土八埏，囊括宇宙，席卷河山之量，實兆朕於是焉。臣有壬生長熙洽之世，朔南名刹，罔不歷觀，聞嶺北人談閣之大，竊疑其夸。質諸嘗行陝蜀江廣閎制且任嶺北之人，信天下之閣無與爲比也。昔祇洹寺基八十頃，一百二十院，祇陀須達二人成之。我國家富有四海，視布地之金，特錙銖耳。則此閣締搆之峻偉傑峙，與雪山相高，鷲嶺侔盛宜也。閣始無名，但以大閣寺著稱，皇上賜名曰「興元之閣」，蓋經始之日，實我元順天應人，龍興之初，名協乎實矣。且和林自元昌路爲轉運司，爲宣慰司，又爲嶺北行中書省，丙辰迄今九十一年，而列聖峻極之蹟，雄都瑰異之觀，無一人一言及紀述者，一旦形諸玉音，刻之堅珉，遲速其亦有緣乎？於戲，休哉！爲大利益其可量也夫。銘曰：

鴻蒙再闢世再初，聖神立極卑黃虞。建邦乃握天地樞，俯拾萬國如墜枯。顧兹磬磬赤子飢待餔，后奚後我來其蘇。天戈豈欲專天誅，心以不殺人自孚。象教非虛無，與我異世而同符。以大智慧明羣愚，開極樂國包寰區。祇園方欲鳩其徒，乘龍遽爾反鼎湖。後聖繼作志不渝，巍巍成此兜率居。不宏其規豈遠模，矗天拔地高標孤。中有屹立金浮屠，諸佛環擁分四隅。至大修廢走使車，三十一年等須臾。吾皇法祖恢聖謨，坐令金碧新渠渠。麗恩覆幬均堪輿，如閻容塔綽有餘。中書有請帝曰俞，汝臣有壬其大書。不騫不磷磐石如，億萬斯歲綿皇圖。

佚名《青雲梯》上孟泌《凌煙閣賦》 敘云：人君創一代之業，必有一代之臣爲之佐命，故能成不世之功。有功之不報，豈爲人主之道歟！此太宗所以圖功臣之意也。獲居是列者，若趙公長孫無忌、趙郡元王孝恭、萊成公杜如晦、鄭文貞公魏徵、梁公房玄齡、申公高士廉、鄂公尉遲敬德、衛公李靖、宋公蕭瑀、褒忠壯公段志玄、夔公劉弘基、蔣忠公屈突通、鄖節公殷開山、譙襄公柴紹、邳襄公長孫順德、勛公張亮、陳公侯君集、郯襄公張公謹、盧公程知節、永興文懿公虞世南、渝襄公劉政會、莒公唐儉、英公李世勣、胡忠壯公秦叔寶，凡二十四人。噫，此可見御下之得其術，使人思之而不忘，自非太宗之明哲，其孰能之乎？故美其舉而賦。其辭曰：

伊昔太宗之肇造區宇也，豪傑林立，俊乂雲從。建丕基於咫尺，受大命於從容。乃君臨之既久，爰崇德而報功。固推恩以示衆，實王業之攸隆。是故丹青映日以炳煥，傑閣凌煙而峥嶸。乃俾以像，乃圖其形。揭其衣冠，表其姓名。對丹楹以皎潔，照藻井以鮮明。獲居是列，何其有榮！原夫始於長孫無忌，終於叔寶秦瓊。兹廿四人者，蓋同心而戮力，致恭而効誠。或疏附而盡節，或先後以時行。或奔走以承命，或侮禦以捍生。惟文武之羣材，莫不盡在於經營。故能掃妖氛於四遠，開王業於八紘。革殘隋於委靡，爲大唐之澄清。及夫四方無虞，萬國來庭。道行化美，治洽德馨。況褒賞之大典，乃有國之常經。若凌煙之不作，於太宗之心其能有寧乎？嗚呼噫嘻，帝王盛事，接武傳聲。彼西漢之麒麟，既著明於甘露；而東漢之靈台，又發揮於永平。俱不若兹閣，光耀前後，其誰能與之抗衡也哉！

楊維楨《麗則遺音》卷二《麒麟閣》 壯西京之翼翼兮，觀宮闕之穹窿。鬱雲雨以上出兮，見傑閣之橫空。層覆隔乎光景兮，虛櫺敞乎八風。聯天祿之北兮，翼未央之東。肇酇侯之經始兮，繼武皇之重規。獲獨角之奇獸兮，遂被號爲扁題。懷皇度以增大兮，至甘露之丕承。曩單于之崛强兮，今匍匐而來庭。呼萬歲而稱臣兮，實雪耻于白登。予何修而至此兮，實賴予之股肱。既崇爵以報功兮，復審象以庋之。儼洋洋乎在上兮，聳具瞻之在兹。來遠人之快覩兮，曾不啻鳳麟之與景星。後予生以尚論兮，將某某以指評。若博陸之稱首兮，胡獨氏而不名。寵之以殊禮兮，迺冠屨之自凌。何末路之少恩兮，顧寡妻之弗刑。偉金城之老臣兮，實漢家之叔虎。富平龍頟之論功兮，追平嬰之智武。丙魏洋乎其有聲兮，並謀謨以濟世。何毅者之不弘兮，或含弘而不毅。陽城宗國之良兮，建平比功於朱虛。少府得乎易學兮，僅以筵而幸之。太傅貞而不撓兮，失保躬之明哲。謇穹廬之老使兮，紛獨有此姱節。嗟丹青之所畫兮，何以過吾子卿。何列序之特卑兮，曾未諗其殿陛。自屬國之見薄兮，吾以恨霍氏之不情。曰黄于與朱尹兮，又遺棄夫丹青。傷靈修之雜伯兮，實未盡乎典刑。嗚呼，我思古之明良兮，寫聖經之畫工。文謨武烈去之千載兮，猶若見其聲容。逮書之以旂常兮，銘之以鼎鐘。歎忠信之已薄兮，重輪奐之尊崇。雖子雲之追頌兮，敢三代其同風。粉墨忽其蕭瑟兮，曾歲月之去幾。矧恩失於保終兮，名先閣而已毁。迨永平之追迹兮，繼雲臺之崚嶒。洎天策之懷功兮，兀煙閣之凌兢。或椒房之掩美兮，或逆德之齊名。紛雜糅夫芳穢兮，羌有玷兮丹青。嗚呼，麒麟燕麥兮，銅駝棘荆。曰臺曰閣兮，雲煙滅冥。吾將求亮天功於二十二人之目兮，耿不没之寒星。

楊維楨《鐵崖賦稿》卷上之三《閔忠閣賦》 閣在京師城南。故老相傳，唐太宗伐東夷，遠涉蒼海，無功而旋。於是帝深傷陣亡之衆不可以恩覃也，乃創斯閣，若將招之，庶忠靈之有托也，遂以閔忠名閣云。今閣尚存，雖大内龍樓鳳宇，有不及其雄者。夫太宗是舉，亦平生好大喜功之過也，君子何取焉？然猶憫忠於六師，而萌悔過之善，則與秦穆郊迎之誓，漢武輪臺之悔同。皆足以收人情於既泮，保國祚於顛危者也。騷人詞客，尚有取于此，以爲之賦云：

真龍飛兮晉陽，加海内兮威揚。當羣雄之馳逐，開帝業之搶攘。既内安兮中土，復決討兮東方。涉蒼海以耀武，乃見衄于小邦。於是帝心懇切，聖意彷徨。傷六師之塗炭，感衆魂之散亡。乃創飛閣，相去北陲。雖以閔飛魂之無托，招忠靈之有歸；實以悔前事于既往，存戒心於將來。此閣以閔忠爲名，而猶存後聖之鑒戒，若有衆靈之護持，而至今閱千祀而不墮也。觀是閣也，重威幽都，壯觀冀方。右太行之峨峨，左蒼海之湯湯。居庸掩映乎其前，薊門逶迤乎其旁。天山拱顧，易水流長。右陵萬歲之飛棟，左壓金臺之洪梁。瞰星辰于下界，軼雲雨于空蒼。崒如五嶽干霄而屹立，峨若三山出海而昂藏。巍巍業業，嘽嘽焞焞。引流景以内照，煥金碧其外環。聱牙撑柱，俯后土之固鞏；唅呀洞豁，仰天宇之重開。鰲背摩空，風鸞鏘金而欲翥；旋題刷霧，雲螭爛錦而層堆。岌乎如麒麟之出漢而壁立，業乎如凌煙之衝霄以龍回。若其深簷跂翼，層搆翬飛。彤綵半濕，晴文始輝。動清漢之微瀾，留落照之餘暉。雲擁寒蟾而珠簾影轉，風連清露而玉漏聲遲。實忠靈之攸托，而衆魂之依歸。泣鬼母於秋郊，挽神隊于東垂。望朝聲而神斷，洎箕野而涕悲。此閔忠之所以馳名于往古，而爲悲歌慷慨之士之所懷思也。愚嘗歷幽都，訪陳迹。至閔忠之墟，而重爲文皇太息也。當其諫復於遂良之言，忠起乎大亮之策，而輿是役者，徒得於張亮世勣輩之啓邊功談戰術也。遂使暴萬骨於窮荒，殘生民於遠役。海上之兵不返，塞北之血塗地。使非衷由天啓，臍悔自噬，發閔忠之心，爲恤民之計，不待武塁、玉環之厄，而幽都之地，豈得以爲唐室之利也？我元宅冀之區，全燕作都。搆奎章之傑閣，而文命方朗；創宣文之弘規，而文治誕敷。九宇賓服，百獸率舞。方且挾金臺之市才，而況閔忠之尚乎？賦已，復繫之歌曰：「于崢有誓，秦伯强兮。輪臺有悔，漢獲康兮。東伐有閔，唐治張兮。吁嗟君心，暴復良兮。一反而復，易天壤兮。吁嗟唐之君兮，過以爲戒，悔以爲尚兮。」

《歷代賦彙》卷七五岑士貴《凌煙閣賦有序》 序云：貞觀十七年二月，詔圖畫趙公、長孫無忌等二十四人於凌煙閣，冠劍崢嶸，照耀金碧，朝野傳誦，瞻望踴躍。惟此閣深列紫禁，傑出青霄，萬幾之暇，游矚所憩。四年之春，突厥既平，上皇召上與貴臣及諸王妃主，置酒於斯。縱閒爲劇，極歡而罷，豈特國家盛事，實爲凌煙之寵。蓋十有四年矣。今則繪畫股肱，燦爛昭列，與甘露之麒麟，永平之雲臺，相輝前後，而功名之盛，抑又過之。臣不敏，辱綴鴛行，贊揚之私，實過常情，敢拜手稽首而獻賦曰：

皇家之作室也，爰謀爰契，負陰嚮陽。紫閣當前，灃水流長。指周漢之故址，相山澤而爲疆。含元蔽於前，宣政峙於後。弘文立於左，集賢立於右。千室翬飛，萬礎鼇負。呼吸八紘，籠絡九有。觀凌煙之特出，勢上摩於蒼旻。映景星之燦爛，護卿雲之繽紛。動清漢之微瀾，留落照之餘曛。秦山逶迤，欲散而猶屬；八川洄沄，終合而忘分。窮遠睇而莫及，萃都邑之孔殷。觀其竣橑衝雲，飛欄宿霧。亟白輝日，丹紅濕露。尋尺不遺於先畫，高卑允合於良度。焕銀牓之争輝，映瑶階之列素。雄梁萬鈞，修桷千尋。望之杳杳，即之沉沉。周覽而日已昃，旋步而宵已深。陋蘭室之非並，挾芝館而忘臨。擅玉禁之崇高，凌金臺而蕭森。神堯倦勤，曆數在秦。出少陽而南面，薄四海而帝臣。彼突厥之倔强，屢跳擲於邊庭。逮漠南之一掃，始匍匐而歸仁。聿彰大孝，雪我宿忿。喜動上皇，天語無隱。謂白登之莫報，何渭橋之足憤。爾乃命酒正，飭膳夫。醢馴龍，膾鮮魚。召我元后，曷不樂胥。乘輿雲來，貴臣于于。列茅土之子姓，分湯邑之妃主。共慶斯辰，其從如雨。乃登是閣，仰瞻天宇。酒闌御樂，樂罷而舞。迭起爲壽，龍驤鳳舉。萬歲如雷，天下父父。美鴻聲之克永，偉盛觀而無古。兹凌煙所以重於帝宸，而不敢以褻處也。獻陵既成，神昭於天。陟降是思，遺跡凛然。豈觀游之敢憑，懷創業之乾乾。載稽漢治，孝宣有嚴。表功麒麟，以爲世瞻。至於東都，亦圖雲臺。曰將曰相，文武奇才。惟武德之御天，閔四方之塗炭。來龍虎之雲風，迄佐平之時難。功豈遜於蕭曹，德或希於奭旦。備股肱與耳目，寓圖畫以相燦。上以慰九重之思，下以傳萬世之贊。猗與趙公，用匪椒房。贊成大計，轉危而昌。是冠羣賢，遺烈煌煌。惟房與杜，潛龍之素。從容雅道，同翊王度。開國梁萊，以永終譽。鄭公秉直，金石爲姿。鑑亡言在，日星昭垂。英衛褒鄂，氣酣百戰。風驅電掃，用平九縣。元王國族，襄公帝親。兩鄖宋夔，郯盧渝申。曰邳曰胡，曰莒曰陳。屈突烈士，永興儒臣。惟兹二十有四人，文足以經緯邦家，武足以戡定禍亂。勁節雄風，高姿直幹。古今相較，軼於兩漢。彼甘露之圖繪博陸，徒以擁立爲首；永平之追寫高密，徒以先從爲冠。豈若有唐，明良相會，足以扶元化而彰維翰也。噫！明君立極，製作有義。崇德報功，豈曰無意。俾聖子神孫，繼繼承承，懷治功而弗替。思創業之孔勤，知守成之匪易。惟賢非后不食，惟后非賢不乂。鶴乘軒而來怨，鵜在梁而興刺。故必得夫才德出羣之士，而後可與食天祿而共天位也。彼趨事赴功者，每懷靡及，安得不覩之而內媿。宜想像而取法，亦模倣而自勵。使致治而隆平，而常若貞觀君臣之懿。豈惟愛冠佩之陸離，棟宇之嵯峨，以作一時之觀美也。頌曰：「帝式九圍，義師雲飛。既作霖雨，萬物熙熙。聖不自伐，表裏精微。曰匪我德，惟秉化機。六子五行，寒暑陰暉。二十四氣，循環相依。功成罔覺，萬世巍巍。峩峩進賢，繡裳衮衣。凛然丹青，雷電孔威。巨璞萬鎰，不數珠璣。五鼎玉鉉，不問采薇。明良慶會，古今云希。邦家億年，宸居愈輝。凡百君子，德音莫違。覩此垂勸，永仰柔徽。」

《（乾隆）遂寧縣志》卷一〇馮元《建稽古閣記》　天下郡國莫不有學，爲扶世道、明人倫而立也。自世道下衰，有皇帝、王、伯之業，猶時變遷，有春夏秋冬之異。人心天理，萬世不易者，賴聖人之教澤有以輔焉。否則，□於物者幾希。世之君子，言道德者爲扶人極，語政理者必師古人。刑名兵家，知畏天顯，惟稽古能之。苟好而不稽，效伯夷則雖懦能立志，未免忿疾於頑，效展禽則雖和而不流，未免視人如禽獸。曷思孟氏願學孔子信而好古，切在救時，斟酌四代，取其可久，卓立不倚，呈變若神，不抗志於强暴，不低迴而没世，其稽我古人之德而爲集大成者與。或謂二典三謨，虞史所作，其曰若稽古者，獨稱堯舜禹皋，他有不及，莫知當時所讀何書乎。噫！聖人定書，去三墳，略五典，謂舍權衡度量，不可行於後世，保赤子之道，不可施諸庶頑與。若夫八卦甲子，先天之經，河圖洛書，文字之始，苟非聖人祖之、述之、稽之，則之爲六藝本源，何以示天下後世乎。箕子《洪範》《九疇》，幸脱秦火所焚，此建皇極、叙彝倫，賴是而存。夏殷周學，明此道也；三五六經，載此理也。光武有言曰：「主不稽古，何以承天；臣不述古，何以奉辟。」其是之謂乎？間有鑒秦之失，不敢重斂，鑒隋之踣，去奢從儉者焉。審古聖賢所爲，繫生民命本，有土有民者，不可不稽而求之也。觀夫孟子嗟田氏、魏氏欲强其國而未能教以事半古之人，功必倍之，惟此時爲然。惜二家自謂：「吾惛不能進於是矣。」悲夫！今之學而仕者亦宜有感於心也。至順辛未，隴右汪侯敬昌襲世勳爵，來監兹郡，始至，首謁學宮，周視舊制，雖禮祭有殿，講道有堂，門廡卑污，未稱郡治。憩廟南門外，顧瞻書臺、金魚兩山前峙，儼若象魏，夾道古柏，誠爲孔林，如臨泮池，層架傑閣，崇十數仞，聚萬卷書，屹若三山，是爲奇觀，既壯郡望，繇斯文興。自今試藝，舉子擢科紀名於塔，必復始也。於是合郡將王禿渾、州倅張良玉、幕職趙應祥等，構木石，具工徒，計用度，聚資糧，斵削有序，覆餘有方，民不勞力，士不費財，凡鄉邑之人知立己由聖人之道者，助各有差，凡越三月而成。明年，侯至渝上，有事於乃祖梁國公祠，序其所以，屬僕爲記。僕謂侯與諸大夫知所先務，治由師古，今建是閣，將使遂之。凡百君子，來游來歌，賢者超然，期於有用，中材勉焉，以待上之教化，非欲後之學者效桓榮視輜車乘馬印綬爲稽古之力也。謹述己見，僭爲記，俾遠近遊聖人之門者可得而監焉。

梁寅《新喻梁石門先生集》卷三《石渠閣賦》　維大漢甘露三年，詔諸儒講五經同異。於是，名儒自蕭望之以下，咸集於石渠閣。聖上親稱制臨決，五經學官至是始備。諫議大夫臣褒竊睹陛下以戎狄賓服，海内乂安，詔講經籍，丕崇化本，甚盛事也。愚臣幸陪縉紳末議，而學術譾陋，不能窺要義、折衆言，至於著之賦頌，以鋪張鴻休，較其劣能，亦僅可采。竊惟石渠閣者，乃圖書之府，考論之地，宜敷其事以彰徽猷。謹拜手稽首而獻賦曰：

猗赫赫乎，聖明之中興也！化洽於九區，二十有三祀。重明揭乎日月，茂德參乎天地。慕商宗古訓之聞，陋周宣大蒐之事。於是發睿斷，詔羣儒。啓金匱，臨石渠。卦爻窮其至賾，謨誥訂其衆疑。考風雅之辭義，審儀制之等差。聖感麟而有作，亦褒貶之宜稽。蓋非閎碩之士，無以覈是非、辨同異；非高敞之居，無以儲篇籍、列冠帶。蔚乎盛哉！信治朝之偉觀，人文之鉅麗也。是閣也，據神都之域，冠未央之宫。擬麒麟之壯，伉天禄之雄。鄭侯設其棸，班匠呈其功。峻齊山嶽，巧若鬼神。俯壓坤軸，仰跂穹旻。凌埃堁而危跱，儼翬飛以孤騫。狀崔嵬而菌層，勢轇轕而雲屯。架杏梁之夭蟜，刻芝柄以叢欑。掀觚稜之鳳翅，燦雕甍之龍文。璇題照日以暠曜，蛛網蒙霧以紛綸。迎朝霞而納夕灝，際河漢而邇星辰。其中則玲瓏綺疏，璘瑞列錢，若總章之牖户；其傍則嬹娟曲室，窅窱閒宇，若閟宫之廣邃。環而爲渠，則端若引繩，深若川池。微波龍鱗，藻荇參差。露湫湫之鰋鯉，散泛泛之鳧鷖。甃以密石，則堅比金鏐，瑩類圭璧。上廉鋒削，下址鐵積。象峭壁之將將，亘周除之滌滌。若乃夷道縱屬，朱扉洞開。車騎絡繹，於兹往來。閲其編簡，則購於秦灰之餘，侈於孔壁之舊，先王之策府，莫之尚焉；聆其辨説，則可否五味之濟，倡和八音之諧，帝廷之吁俞，無以異焉。於是天子迺備法駕，乘次輅，樹萃華之旗，駕蒼龍之駟。公卿庶僚，雲滃飈戾，濟濟之臣，于于之士，下逮羽林之兒、帶劍之夫，靡不森立而駢侍。奉簡以進，協於帝衷。臣向臣勝，爲夔爲龍。凡在縉紳，諮諏是同。訓必明夫聖之義，義必揆夫道之中。蓋以其一日之論，紹乎千載之宗。是豈不足以示來裔而耀無窮也哉！凡觀聽之士，莫不心醉奥旨，辭贊懿德。暢若春熙，疑若冰釋。迺爲之頌曰：

石渠之闢，以演聖澤，流泱泱兮。阿閣與侔，祥鳳斯集，烜陽光兮。日月久照，列星咸麗，皇文昌兮。前聖之啓，後聖之嗣，胠閟藏兮。恩被湛露，化周仁風，覃萬方兮。典章炳焕，鴻業緜邈，垂無疆兮。

羣臣於是洋洋驩洽，再拜而退。咸願紀述，昭於世世。

劉仁本《羽庭集》卷六《奉化州儒學重修尊經閣記》 名閣以尊經，于以尊聖人之道也。道在六經，猶日星炳麗，蟠天地，亘古今，百姓由之而不知，聖賢傳授而不泯。故即心爲道，吐辭爲經。經者常也，日用彝倫之載籍是也。自六經既燬，聖賢不作，異端並起，處士横議，大道隱淪，不有表著而尊崇之，則不尊不信。不信民弗從，此儒者之教行道必自尊經始也。尊經也者，尊斯道也，章句簡册云乎哉！鄞之奉化州舊爲縣，縣有儒學，在東北隅半里許。既陞州，延祐末，廣平馬侯稱德來爲守。拓廓之始，作尊經閣十六楹于論堂之後。後四十年，爲至正二十一年春三月，海颶大作，而閣仆矣。越明年春二月，知州李侯樞進諸儒，諗舊址，議重建。乃構材鳩工，舉勝其任。植以二十有四楹，周章蓋覆，傑然突兀。計其崇八十尺有奇，廣稱是，深半之。雖規模仍舊，而宏麗視昔有加焉。扉垣户牖，板壁馳道，闌楯塗塈，未底于就。會侯擢宥府幕職，解組去。而州長馬侯元德以夏四月來涖事，尤惓惓學宫。顧前經閣有未備者，悉力營補，於是始完。既落成，中設宣尼司寇像，旁爲庋笥者四，藏舊所畜經書若干卷，暨諸子史百家文帙。閣底兩掖室，右爲徽國文公朱子祠，左則祀鄉先生樓正議、舒文靖、王琅琊數公。此其梗概本末也。秋九月，諸儒介前上虞縣學教諭陳子翬狀來請記。噫嘻！經學不修，道之不明也久矣。道不明則數日瘝，懼其瘝，則當有以振興之者。我國家以明經取士，闡修齊治平之學，扶三綱五常之道，亦豈賢知者過之、愚不肖者不及也。禮樂將興迨未百年，而或姦宄寇攘，俶擾天紀，禍起中原，枝蔓旁溢。斯道雖暫晦，然未嘗不在民生日用彝倫間，顧上之人何如耳。今鄞海一區，桓桓保障，詩書弦誦，頎然鄒魯。如二侯者，皆經學之士，故能當世變而尊崇道德，修明文事，以勵人心。《傳》曰：「知所先後，則近道矣。」是尊經閣者，其中興作極之基歟？而奉化於是乎可觀政也已。書爲記。

羅欽順《整庵存稿》卷一《江藩重建滕王閣記》 滕王閣，自唐永徽中創建，其後蓋屢廢而屢興。南昌之版圖初入我國朝，遺構猶在。聖祖親征僞漢，嘗於此宴諸將領。既而頹壓以盡，遺址亦頗淪於江。正統初，布政使吴公潤始於其地築館，作迎恩之堂。景泰中，都御史韓公雍復於堂後建重屋，取韓記中語意，名曰「西江第一之樓」。成化乙酉，布政使翁公世資再加修葺，始復其名，曰滕王閣，於今六十餘年矣。自逆濠搆難，戎馬之跡相尋，閣以益敝。今都御史武陵陳公宏謨，以宏才偉望，撫循江右，百度既飭，爰及於兹。謀協於鎮守太監黎公玠、提督南贛軍務都御史潘公希曾、巡按御史秦君鉞、徐君岱清、戎御史潘君壯，議采於三司諸君，遂撤其舊而重建之。閣凡七間，高四十有六尺，視舊有加。堂凡五間，大門前峙，其壯皆與閣稱。閣之後爲堂三間，以祠文文山、謝疊山二公，名曰「二忠祠」。蓋以義起者也。自大門以達於祠下，左右各有廊廡，以次相承，爲間通計三十有二。祠有垣以嚴其限。中垣爲門，以時啓閉。隨面勢稍拓其址，周垣凡七十四丈有奇。經始于嘉靖丙戌季秋，落成以丁亥春仲。蓋出羨財以僦工，故民不勞。移在官間樓以爲助，故用財省。領甓甃石，皆取諸廢邸；丹漆諸物，一出於和市。堂堂藩府，連城數十，樓觀相望，於遠近未有若是其壯麗而傑出者也。僉謂兹役不可以不書，乃走使山間，徵文爲記。吁！記斯閣者多矣，必其文之典、人之賢，斯其行之也遠。以欽順之荒陋而當是筆也，其可乎，然竟不獲辭也。惟斯閣之勝，著聞自昔，傳九百餘年以至於今，似有非偶然者。然在異時，要不過以備登臨，寄游觀之適。其在今日，則於時奉迎詔勅，於時館穀使介，於時宴餞賓朋，政體之所關，衣冠文物之所會，固當與異時異視。況於表章忠烈，廟貌顯嚴，高山景行，嚮仰斯在。其關於世教不尤重乎！則諸公之協心以成，是役誠亦有非徒然者矣。蓋古之君子，凡有興作，未嘗不致其慎至，若維持政教之具。爲天下國家之所不容已者，則往往相先相勸，而爲之故觀。於是役之成，而君子之政可知也。或乃徒以爲續名蹟於往古，崇一方之偉觀，豈足以盡之哉！維時圖議克成，藩使則孫君修、葉君相，參政則方君楷、馮君馴，參議則陸君溥、張君懷、邵君天和，憲使則張君羽，副使則林君大輅、李君緋、何君棐、徐君一鳴、沈君良佐，僉事則高君賁亨、鍾君雲瑞、陳君璧、趙君光，都閫則馮君勳、劉君璽、王君寧、張君鑾也。二忠之議發於前提學副使周君廣，移樓之議發於前僉事江君應軫。督工則藩司照磨黄某、南昌衛指揮孫某。法皆得書，具書以爲記。

王守仁《王文成公全書》卷七《稽山書院尊經閣記》 經，常道也。其在於天，謂之命。其賦於人，謂之性。其主於身，謂之心。心也，性也，命也，一也。通人物，達四海，塞天地，亘古今。無有乎弗具，無有乎弗同，無有乎或變者也。是常道也。其應乎感也，則爲惻隱，爲羞惡，爲辭讓，爲是非。其見於事也，則爲父子之親，爲君臣之義，爲夫婦之别，爲長幼之序，爲朋友之信。是惻隱也，羞惡也，辭讓也，是非也，是親也，序也，别也，信也，皆所謂心也，性也，命也。通人物，達四海，塞天地，亘古今。無有乎弗具，無有乎弗同，無有乎或變者也。是常道也，以言其陰陽消長之行，則謂之易。以言其紀綱政事之施，則謂之書。以言其歌詠性情之發焉，則謂之詩。以言其條理節文之著焉，則謂之禮。以言其欣喜和平之生焉，則謂之樂。以言其誠僞邪正之辨焉，則謂之春秋。是陰陽消長之行也，以至於誠僞邪正之辨也。一也，皆所謂心也，性也，命也。通人物，達四海，塞天地，亘古今。無有乎弗具，無有乎弗同，無有乎或變者也。夫是之謂六經。六經者非他，吾心之常道也。故易也者，志吾心之陰陽消息者也。書也者，志吾心之紀綱政事者也。詩也者，志吾心之歌詠性情者也。禮也者，志吾心之條理節文者也。樂也者，志吾心之欣喜和平者也。春秋也者，志吾心之誠僞邪正者也。君子之於六經也，求之吾心之陰陽消息而時行焉，所以尊易也。求之吾心之紀綱政事而時施焉，所以尊書也。求之吾心之歌詠性情而時發焉，所以尊詩也。求之吾心之條理節文而時著焉，所以尊禮也。求之吾心之欣喜和平而時生焉，所以尊樂也。求之吾心之誠僞邪正而時辨焉，所以尊春秋也。蓋昔聖人之扶人極，憂後世，而述六經也。猶之富家者之父祖，慮其産業庫藏之積其子孫者，或至於遺亡散失，卒困窮而無以自全也。而記籍其家之所有以貽之，使之世守其産業庫藏之積而享用焉，以免於困窮之患。故六經者，吾心之記籍也。而六經之實，則具於吾心，猶之産業庫藏之實積。種種色色，共存於其家。其記籍者，特名狀數目而已。而世之學者，不知求六經之實於吾心，而徒考索於影響之間，牽制於文義之末，硜硜然以爲是六經矣。是猶富家之子孫，不務守視享用其産業庫藏之實積，日遺亡散失，至爲窶人、匄夫，而猶囂囂然指其記籍曰：斯吾産業庫藏之積也。何以異於是。嗚呼！六經之學，其不明於世，非一朝一夕之故矣。尚功利，崇邪說，是謂亂經。習訓詁，傳記誦，没溺於淺聞小見，以塗天下之耳目，是謂侮經。侈淫辭，競詭辯，飾奸心盜行，逐世壟斷，而猶自以爲通經，是謂賊經。若是者，是并其所謂記籍者，而割裂棄毁之矣。寧復知所以爲尊經也乎。越城舊有稽山書院，在卧龍西岡，荒廢久矣。郡守渭南，南君大吉，既敷政於民。則慨然悼末學之支離，將進之以聖賢之道。於是使山陰令吴君瀛拓書院而一新之。又爲尊經之閣於其後，曰：「經正則庶民興，斯無邪慝矣。」閣成，請予一言，以諗多士。予既不獲辭，則爲記之若是。嗚呼！世之學者，得吾說而求諸其心焉，其亦庶乎知所以爲尊經也矣。

顧雲《鉢山文録》卷三《遊觀瀾閣記》 金焦二山并名于揚子，然金山以棟宇勝，雖亦臨江，所見猶可竟；焦山則中大江而立，翛乎憀乎，若置身天半，游諸目而神志之，湛然以融，翕然以滿者，塵想爲蠲，蓋天下至曠也。而枕江樓、觀瀾閣并名于焦山，然樓迴出無徒，獨可呼造化與語。其下崩崖激浪，若千乘萬騎騁原隰間，又若殷雷奮于地，抑亦天地間不數數得之境，而中不可以榻游者，特須臾焉而已。觀瀾之閣，與隔岸象山并峙，中束大江如川。其上游自京峴迤邐以往，城郭燈火樓臺，皆粲然可睹。而海門居下游，遠望烟村雲樹在杳靄間，中江之帆影櫓聲，時時掠軒檻過。晦明風雨所狀無不宜，尤宜月夜。雲游始癸亥歲，循山一覽，未得其深也。戊寅再游，艤舟雙合峯，不逾日，得之矣，而未盡。洎三游，則歲在丙戌焉。合肥張君楚寶爲之主，客則宿松熊君仲山、天長后君和卿、江寧翁君鐵梅、瑞安孫君仲彤。而雲與鐵梅榻于閣下，日出登眺，歸息其間，嵐光披帷，江聲撞枕，不離几席。而千里而近，百里而遥，莫不效所有于是閣，蓋其爲適，天下莫尚焉。

一夕，月光正滿，開軒而宴，聽隔江棹歌，來自萬籟俱寂外。鐵梅、楚寶并有所作，雲亦成五言律一，有云：「雙峯明月上，一笑大江橫。」時自謂于寫送無負，然疑有先我者，楚寶戲曰：「山谷『出門一笑大江横』句，綿歷累代，遽爲君所攘，誤乎？故乎？」雲亦戲曰：「彼之一笑，乃須出門，我今者反勝之矣。」既罷，各就寢。雲獨剪燭觀僧所庋《焦山志》，中載洪稚存詩數篇，知嘗宿是閣，恨其不生百年後，不獲偕我游，不與我共歌呼笑謔。于是持茗碗臨江東望，酹之曰：「君知我今日者之游之樂，且無極也歟？」俄而江波半頳，與天外霞光相輝，知日已將出，反促鐵梅起，并憑閣觀焉。其昇以漸而巨，其色非紅非朱非赤，而不外乎紅朱與赤，其艷奪目。其體附天凸出，若頗厚，而江波益煜煜。獨上流仍晦其光曜，若中截者。然始以爲異，既思觀于閣，故光曜若止于閣，設觀于上流洲若嶼，其光曜亦必從而至焉。觀者爲之也，光曜豈可截哉？但未見或出或没，久之，一躍數丈，而天下皆曉，若所謂濯日扶桑者。鐵梅曰：「昔人爲是説，意嘗觀日出于海。海上巨浪如山，浪起故障日若没，浪平故若出，至一躍數丈者，或數數爲巨浪所障，不可睹，迄日昇乃已。抑或説者神奇之也。」

居數日，將南渡，既爲《觀瀾閣記》記游，因歌與閣别，且自釋其低徊不能去之私焉。歌曰：「蓬萊員嶠方壺山，仙之人兮虚無間。何如佳境共栖托，觴咏往往回朱顔。文章況足斡元氣，牢籠萬有差能嫻。一時攝之歸筆底，穹岩飛宇陳班班。雲爲車兮風爲馬，神游那必時來還。」

全祖望《鮚埼亭集外編》卷一五《天一閣藏書記》 南雷黄先生記天一閣書目，自數生平所見四庫，落落如寶諸掌，予更何以益之。

但是閣肇始於明嘉靖間，而閣中之書不自嘉靖始，固城西豐氏萬卷樓舊物也。豐氏爲清敏公之裔，吾鄉南宋四姓之一，而名德以豐爲最。清敏之子安常；安常子治監倉揚州，死於金難，高宗錫以恩卹；治子誼，官吏部，以文名；誼子有俊，以講學與象山、慈湖最相善，亦官吏部；有俊子雲昭，官廣西經署；雲昭子稌、稌子昌傳，並以學行爲時師表，而雲昭羣從曰芑，曰茝，皆有名。蓋萬卷樓之儲，實自元祐以來啓之。自吏部以後，遷居紹興。其後至庚六，遷居奉化。庚〔六〕從黄本補。子茂四遷居定海。茂〔四〕從黄本補。孫寅初，明建文中官教諭。寅初子慶，睠念先疇，欲歸葬父於鄞，而歲久，其祖塋無知者，旁皇甬上。或告之曰：城西大卿橋以南紫清觀，吉地也。慶乃卜之，遇《豐》之革，私自喜曰：「符吾姓矣。」是日，適讀元延祐《四明志》云：「紫清觀者，宋豐尚書故園也。」慶大喜，即呈於官，請贖之，並爲訪觀中舊籍，得其附觀圃地三十餘畝，爲隣近所據者，盡清出之，遂葬其親，而以其餘治宅。慶喜三百年故居之無恙也，作十咏以志之，而於是元祐以來之圖書，由甬上而紹興，而奉化，而定海者，復歸甬上。慶官河南布政；慶子秐官教授；秐子熙官學士，即以諫「大禮」，拜杖遣戍者也。豐氏自清敏後，代有聞人，故其聚書之多亦莫與比。迨熙子道生晚得心疾，潦倒於書淫墨癖之中，喪失其家殆盡，而樓上之書，凡宋槧與寫本，爲門生輩竊去者幾十之六。其後又遭大火，所存無幾。

范侍郎欽素好購書，先時嘗從道生鈔書，且求其作藏書記，至是以其幸存之餘，歸於是閣。又稍從弇州互鈔以增益之，雖未能復豐氏之舊，然亦雄視浙東焉。

初，道生自以家有儲書，故謬作《河圖》石本、《魯詩》石本、《大學》石本，則以爲清敏得之祕府，謬作朝鮮《尚書》、日本《尚書》，則以爲慶得之譯館，貽笑儒林，欺罔後學，皆此數萬卷書爲之厲也。然則讀書而不善，反不如專己守陋之徒，尚可帖然相安於無事。吾每登是閣，披覽之餘，不禁重有感也。

吾聞侍郎二子，方析産時，以爲書不可分，乃别出萬金，欲書者受書，否則受金。其次子欣然受金而去，今金已盡，而書尚存，其優劣何如也。自易代以來，亦稍有闕佚，然猶存其十之八，四方好事，時來借鈔。閩人林佶嘗見其目，而嫌其不博，不知是固豐氏之餘耳。且以吾所聞，林佶之博亦僅矣。

《〔同治〕永順府志》卷一二彭慶鍾《水星閣記》 谿州昔無水星閣，今創是閣，何也？豈其不恤民力哉？民苦於火久矣。余於己未九月，奉檄權守谿州，下車之明日，周視其城，自東而南而西，俯覽城内，户不盈千，而頹垣碎瓦之中，榛荆滿目。念民無以爲家，悽然者久之。轉至北，其門扃苔蘚封焉，詫甚。問諸同僚，皆曰：北門之不啓，由來已久，相傳開則必有虎患。余聞此言，乃恍然於郡内之屢被火災，蓋有由也。五行生克，乃天地自然之理，吉凶休咎恒因之。北屬水而南屬火，其位相配，其理實相克。楚地居南，又有祝融峯以司火，今南門開，北門閉，是無水以克火也。火之爲災，職此之故。嗟乎！彼被火之家，罄其所有，頃刻化爲灰燼，終歲流離，靡所棲止，其力不能修葺者什之八九。即或家本素封，修葺而旋又火，亦苦於力之難以爲繼，況被火且不僅於至再至三也。夫災降自天，賴人以補救，苟深思之，未有不得其補救之方者。城北一高阜，聳然獨峙，俯臨南山。一日，余登阜以望，忽欣然有所得。火之性畏水，而主水者坎也。

北門不啟，坎與離無以相配。今欲補偏救弊，於坎方高阜建閣，以奉水星，以理揆之，庶幾其可以克火矣。驗不驗未可知，而爲民弭災，此守土者之職，亦盡其心焉耳矣。維時集同僚商之，僉以爲然。乃召諸匠估工，約計需錢六百緡。甫閱月，而錢已備。於是，度地審方，坐坎而向離，水生於西而旺於北，故定其位於子癸之交。其諏日庀材量工，悉選能於紳士，而紳士亦體余心民之心，爭先恐後也。閣前爲文昌宫，取徑於其東，繞而北，石爲砌，歷級以升，高十六丈。入門，四面軒敞，廣二丈有八尺，高一丈六尺。閣中棁桷、宊窗、棟楹之屬，材皆輪囷，間以梓枏。建樓二，奉水星位於中樓，以從祀焉。衺廣稍殺其制，以次削而上。閣之外，周以八方，每方廣一丈二尺有奇。其牆址悉甃以全石焉。自最上層之樓瓦以至於地，高四丈有八尺。是役也，材美工堅，而價又廉。偕籌費者爲永順縣孫司馬堯翹澤，董其成者爲茂才熊生夢祥、蕭生永憙。經始於庚申歲八月，越辛酉正月而兩樓成。一切功程未竟厥成，適余瓜期已及，行有日矣，熊生、蕭生請記於余。爰舉是閣之所以創，畧書其概。自茲以往，於其閣之未備者完之，又從而潤色之。幸值綏豐，衆人熙熙，如登春臺，官斯土者與民同樂。花之晨，月之夕，閣中臨眺，怡然揮毫，則又爲谿州遊覽之勝地矣。願以俟諸君子。

《〔道光〕貴陽府志・餘編》卷八衛既齊《重修文昌閣碑記》 會城東郊外有峯突起，是爲木筆文星，支衍蟠曲而入城中爲院司塲屋之祖，術家嫌其未盡聳拔，思有以助之，乃於子城之上建閣三層，中祀文昌，上以祀奎，下祀武安王，而總名之曰文昌閣，蓋從其類也。閣成，而人文蔚起，科目奪省榜之半，薦南宫、宴鷹揚者從不乏人。即莅官於兹土者，亦多譽寡咎，不數歲輒遷擢，扶輿之靈，信亦有所鍾邪？邇來戈戟頻仍，城闕蕩焉若掃，而此閣巋然獨存，不可謂非呵護之力也。然嵐侵雹損，桷敗瓦飛，神且不免於櫛風而沐雨，幾幾有不能復全之勢。余見而有觸於衷，遂蠲貲募工以整理之，未幾而朽者輪，敝者奂，摩空切日，頓還舊觀。因伐石以志之，曰：吾聞文昌六星：一曰上將，二曰次將，三曰貴相，四曰司祿，五曰司中，六曰司勳。爲天六府，計集天道，而其司籙之神則東晉越巂張亞子，在周爲張仲詩，所稱孝友者是也。在建興爲謝艾，傳所云以鐵如意贈姚萇，一麾而戈盾戎馬畢列者是也。若夫斗柄戴筐一星奎，其形似履，履以行遠，言之不文，行之不遠，故文章之事歸之。而武安王則所謂絶倫超羣，讀春秋明大節，義以成仁者也。是皆有裨於風教，其從而祀之也宜然，非徒祀之已也。古之大聖至神，即古之忠臣孝子、信友仁人，苟大倫之無忝，斯百世而可師，生爲上

卿，殁爲明神，在天爲日星，在地爲河嶽，無二道也。則欲紹往烈，啓新圖，掇鴻名，樹駿業，當思與鬼神合德，砥躬飭行，補造化之所不及，庶幾可相可將，景命有僕，百祿是遒，不負重修之意也夫。

李紱《朱子晚年全論》卷八《福州州學經史閣記》 福州之學，在東南爲最盛，弟子員常數百人。比年以來，教養無法，師生相視漠然如路人，以故風俗日衰，士氣不作，長老憂之，而不能有以救也。紹熙四年，今教授臨邛常君濬孫始至，既日進諸生，而告之以古昔聖賢斆學之意，又爲之飭厨饌，葺齋館，以寧其居，然後謹其出入之防，嚴其課程之法，朝夕其間，訓誘不倦。於是學者兢勸，始知常君之爲吾師；而常君之視諸生，亦閔閔焉，唯恐其不能自勉以進於學也。故嘗慮其無書可讀，而業將病於不廣，則又爲益置書史，合舊爲若干卷，庋故御書閣之後，更爲重屋以藏之，而以書來請記其事，且致其諸生之意曰：「願有以教之也。」

予惟古之學者無他，明德新民，求各止於至善而已。夫其所明之德，所至之善，豈有待於外求哉？識其在我，而敬以存之，其亦可矣。其所以必曰讀書云者，則以天地、陰陽、事物之理，修身、事親、齊家及國，以至於平治天下之道，與凡聖賢之言行，古今之得失，禮樂之名數，下而至於食貨之源流，兵刑之法制，是亦莫非吾之度内，有不可得而精粗者，若非考諸載籍之文，沉潛參伍以求其故，則亦無以明夫明德體用之全，而止其至善精微之極也。然自聖學不傳，世之爲士者，不知學之有本而唯書之讀，則其所以求於書，不越乎記誦、訓詁、文詞之間，以釣聲名，干祿利而已。是以天下之書愈多，而理愈昧；學者之事愈勤，而心愈放；詞章愈麗，論議愈高，而其德業事功之實，愈無以逮乎古人。然非書之罪也，讀者不知學之有本，而無以爲之地也。今觀常君之爲教，既開之以古人斆學之意，而後爲之儲書以博其問辨之趣，建閣以致其奉守之嚴，則亦庶乎本末之有序矣。予雖有言，又何以加於此哉？然無已而有一焉，則亦曰：「姑使二三子者，知夫爲學之本，有無待於外求者，而因以致其操存、持守之力，使吾方寸之間清明純一，真有以爲讀書之地，而後宏其規，密其度，循其先後本末之序，以大玩乎閣中之藏，則夫天下之理，其必有以盡其纖悉，而一以貫之，異時所以措諸事業者，亦將有本而無窮矣。」因序其事，而并書以遺之，二三子其勉之哉！

凡閣之役，始于慶元初元五月辛丑，而成於七月之戊戌。材甓傭食之費，爲錢四百萬有奇。則常君既率其屬，輸俸入以首事，而帥守詹侯體仁、使者趙侯像

之，許侯知新咸有資之。至於旁之守趙侯伯璜、十二邑之長陳君珏等，亦以其力來助，而董其役者，學之選士楊誠中、張安仁、蕭孔昭也。是歲九月丁亥，朝奉大夫提舉南京鴻慶宫新安朱熹記。

慶元元年，朱子年六十六。其爲此記，乃不專爲記誦之末，而歸重於爲學之本，豈非晚年定論？朱子與林德久書云：「近覺向來所論，於本原上甚欠工夫，間爲福州學官作一記，發此意」，即此記也。此記所論，全與陸子説合。朱子之學，晚年合於陸子，惟此記尤爲確證，彼道聽而塗説者，可以息其喙矣！

雜録

郭憲《漢武帝别國洞冥記》卷一　釣影山，去昭河三萬里，有雲氣，望之如山影，丹萏生於影中，葉浮水上。有紫河萬里，深十丈，中有寒荷，霜下方香盛。有降靈壇、養靈池。分光殿五間，奔雷室七間，望蟾閣十二丈。上有金鏡，廣四尺。元封中，有祇國獻此鏡，照見魑魅，不獲隱形。

郭憲《漢武帝别國洞冥記》卷一　漢武帝未誕之時，景帝夢一赤彘從雲中直下入崇蘭閣。帝覺而坐於閣上，果見赤氣如煙霧來蔽户牖，望上有丹霞蓊鬱而起。乃改崇蘭閣爲猗蘭殿。後王夫人誕武帝於此殿，有青雀羣飛於霸城門，乃改爲青雀門。乃更修飾，刻木爲綺橑。雀去，因名青綺門。

《宋書》卷二七《符瑞志》　黄帝黄服齋于中宫，坐于玄扈洛水之上，有鳳皇集，不食生蟲，不履生草，或止帝之東園，或巢于阿閣，或鳴於庭，其雄自歌，其雌自舞。麒麟在囿，神鳥來儀。有大螻如羊，大螾如虹。黄帝以土氣勝，遂以土德王。

《陳書》卷二四《袁憲傳》　憲詳練朝章，尤明聽斷，至有獄情未盡而有司具法者，即伺閒暇，常爲上言之，其所申理者甚衆。嘗陪醼承香閣，賓退之後，高宗留憲與衛尉樊俊徙席山亭，談宴終日。高宗目憲而謂俊曰「袁家故爲有人」，其見重如此。

李冗《獨异志》卷上　魏建臨雲閣既成，匠人誤釘其額。文帝乃令車繩引上韋誕，題三字而下。頃刻之間，頭鬚皓白。

佚名《梅妃傳》　會太真楊氏入侍，寵愛日奪，上無疎意。而二人相嫉，避路而行。上方之英皇，議者謂廣狹不類，竊笑之。太真忌而智，妃性柔緩，亡以勝。後竟爲楊氏遷於上陽東宫。後上憶妃，夜遣小黄門滅燭，密以戲馬召妃至翠華西閣，敘舊愛，悲不自勝。繼而上失寤，侍御驚報曰：「妃子已届閤前，當奈何？」上披衣，抱妃藏夾幙間。太真既至，問：「梅精安在？」上曰：「在東宫。」太真曰：「乞宣至，今日同浴温泉。」上曰：「此女已放屏，無並往也。」太真語益堅，上顧左右不答。太真大怒曰：「肴核狼籍，御榻下有婦人遺舄，夜來何人侍陛下寢，懽醉至於日出不視朝？陛下可出見羣臣。妾止此閤俟駕回。」上愧甚，拽衾向屏假寐曰：「今日有疾，不可臨朝。」太真怒甚，徑歸私第。上頃覓妃所在，已爲小黄門送令步歸東宫。

李肇《唐國史補》卷中　蘇州重元寺閣一角忽墊。計其扶薦之功，當用錢數千貫。有遊僧曰：「不足勞人。請一夫斫木爲楔，可以正也。」寺主從之。僧每食畢，輒持楔數十，執柯登閣，敲椓其間。未逾月，閣柱悉正。

王仁裕《開元天寶遺事》卷下　國忠又用沉香爲閣，檀香爲欄，以麝香乳香篩土和爲泥飾壁，每於春時木芍藥盛開之際，聚賓友於此閣上賞花焉。禁中沉香之亭，遠不侔此壯麗也。

李昉《太平廣記》卷三《漢武帝》　漢孝武皇帝，景帝子也，未生之時，景帝夢一赤彘從雲中下，直入崇芳閣，景帝覺而坐閣下，果有赤龍如霧，來蔽户牖。宫内嬪御，望閣上有丹霞蓊蔚而起，霞滅，見赤龍盤迴棟間。景帝召占者姚翁以問之，翁曰：吉祥也。此閣必生命世之人，攘夷狄而獲嘉瑞，爲劉宗盛主也。然亦大妖。景帝使王夫人移居崇芳閣，欲以順姚翁之言也。乃改崇芳閣爲猗蘭殿。旬餘，景帝夢神女捧日以授王夫人，夫人吞之，十四月而生武帝。景帝曰：「吾夢赤氣化爲赤龍，占者以爲吉，可名之吉。」至三歲，景帝抱於膝上，撫念之，知其心藏洞徹，試問兒樂爲天子否。對曰：「由天不由兒。」

彭乘《墨客揮犀》卷三　鍾弱翁所至好貶剥榜額，字畫必除去之，出新意自立名，令具牌當爲重書之。鏤刻工匠十數輩，然自畫不工，人皆苦之。嘗經過廬陵一山寺，有高閣壯麗，弱翁與僚屬部曲擁立，望其榜，曰「定慧之閣」。自徑入寸，旁題姓名漫滅。弱翁放意稱謬，使僧呼梯取之。拭拂視之，乃魯國顔真卿書。弱翁顧謂客曰：「似此字畫，何不刻石？」即令刻石，傳者以爲笑。

《新唐書》卷七八《李晦傳》　晦，乾封中爲營州都督，以治狀聞，璽書勞賜。遷右金吾將軍，檢校雍州長史，摧擿姦伏無留隱，吏下畏之。高宗將幸洛，詔晦居守，謂曰：「關中事一以屬公，然法令牽制，不可以成政，法令外苟可以利人者行之，毋須以聞。」故晦治有異績。武后時，遷秋官尚書。卒，贈幽州都督。初，晦第起觀閣，下臨肆區，其人候晦曰：「庶人不及以禮，然室家之私，不願外窺，今將辭公。」晦驚，遽毁徹之。子榮，奉吴王恪祀。

王明清《揮麈録・餘話》卷一 《保和殿曲宴記》：宣和元年九月十二日，召臣蔡京等宴保和殿。由東曲水朝於玉華殿，上步西曲水，循荼蘼架至大寧閣，登層巒、凌霄、騫鳳、垂雲亭，景物滿前，徧歷奇勝，始至保和殿。殿三楹，楹七十架。兩挾閣，無綵繪飾，落成於八月。中楹置御榻，東西二間列寶玩與古鼎彝玉器。左挾閣曰妙有，設古今儒書子史，楮墨名畫。右挾閣曰日宣，設道家金櫃玉笈之書與神霄諸天隱文。上步前行，登稽古閣，有宣王石鼓，歷邃古、尚古、鑑古、作古、傳古、祕古諸閣，藏祖宗訓謨與夏商周尊、彝、鼎、鬲、爵、斝、卣、敦、盤、盂，漢、晉、隋、唐書畫。抵玉林軒，過宣和殿、列岫軒、天真閣、凝德殿。殿之東，崇石峭壁，林壑茂密。過翠翹閣諸處至全真閣，乃出瑶林。殿中賜坐，賜荔子、黄橙、金柑，相間布列，命剖分賜，酒五行始休。許至玉真軒，軒在保和西南廡，即安妃糚閣。

《延福宫曲宴記》：宣和二年十二月癸巳，召宰執、親王等曲宴於延福宫。特召學士承旨臣李邦彦、學士臣宇文粹中，與示異恩也。是日初御睿謨殿，設席如外廷賜宴之禮，然器用殽品，瓌奇精緻，非常宴比。仙韶執樂，和音曼聲，合變争節，亦非教坊工人所能髣髴。上遣殿中監蔡行諭旨曰：「此中不同外廷，無彈奏之儀，但飲食自如。食味果實有餘者，自可攜歸。」酒五行，以碧玉醆宣諭。侍宴諸臣云：「前此曲宴，早坐未嘗宣勸，今出異數。」少憩於殿門之東廡。晚，召赴景龍門觀燈。玉華閣飛陛，金碧絢耀，疑在雲霄間。設衢樽鈞樂於下。都人熙熙，且醉且戲，繼以歌誦，示天下與民同樂之恩，侈太平之盛事。次詣穆清殿，後入崆峒洞天，過霓橋，至會寧殿，有八閣東西對列，曰琴、棋、書、畫、茶、丹、經、香。臣等熟視之，自崆峒入，至入閣，所陳之物，左右上下皆琉璃也，映徹焜煌，心目俱奪。閣前再坐，小案玉斝，珍異如海陸羞鼎，又與睿謨不同。

周密《齊東野語》卷四 楊和王居殿巖日，建第清湖洪福橋，規製甚廣。一僧善相宅，云：「此龜形也，得水則吉，失水則凶。」時和王方被殊眷，從容聞奏，欲引湖水以環其居。思陵首肯。【略】繼而後建傑閣，藏思陵御劄，且揭上賜「風雲慶會」四大字於上，蓋取大龜昂首，下視西湖之象，以成僧説。自此百餘年間，無復火災，人皆神之。至辛巳歲，其家捨閣爲佑聖觀，識者爲龜失其首，疑爲不祥；次年五月竟燬延燎，潭潭數楹，不數刻而盡，益驗毁閣之禍云。

周密《齊東野語》卷八 秦檜之當國，四方餽遺日至。方德帥廣東，爲蠟炬，以衆香實其中，選駃卒持詣相府，厚遺主藏吏，期必達，吏使候命。一日宴客，吏曰：「燭盡，適廣東方經略送燭一罨，未敢啓。」乃取而用之，俄而異香滿座，察之則自燭中出也，亟命藏其餘枚，數之適得四十九，呼來卒問故，則曰：「經略專造此燭供獻，僅五十條，既成，恐不佳，試爇其一，不敢以他燭充數。」秦大喜，以爲奉己之專也，待方益厚。鄭仲爲蜀宣撫，格天閣畢工，鄭書適至，遺錦地衣一鋪，秦命鋪閣上，廣袤無尺寸差，秦默然不樂，鄭竟失志，至於得罪。二公爲計正同，而一以見疑，一以見厚，固有幸不幸，要不若居正之無悔吝也。

周密《雲烟過眼録》卷下 沉香連三暖閣窗隔皆鏤花，其下替板亦然，下用抽替打篆。香在内則氣芬郁，終日不散。前後皆施錦繡簾掛，瓶皆官窑，粧飾侈靡，舉世未有。後獻之福邸。

蘇軾《東坡志林》卷四 元豐三年冬至過山陽，登西閣，時景繁出巡未歸。某方乞歸常州得請，春中方當復過此。故有閣欲名，思之未有佳者。蔡謨、廓名父子也，晉、宋間第一流，輒以「仰公」名，不知可否？

吴處厚《青箱雜記》卷五 臨潼縣華清宫朝元閣，題者亦多，唯陳文惠公二韻尤爲絶唱，曰：「朝元高閣迥，秋毫無隱情。浮雲忽以蔽，不見漁陽城。」

葉夢得《石林燕語》卷二 梁遷都汴，貞明中始於右長慶門東北，設屋十餘間，謂之「三館」，蓋昭文、集賢、史館也。初極卑隘。太宗太平興國中，更命於左昇龍門裏，舊車輅院地改作，置集賢書於東廡，昭文書於西廡，史館書於南廡，賜名崇文院，猶未有祕書省也。端拱中，始分三館，書萬餘卷，别爲祕閣，命李至兼祕書監，宋泌兼直閣，杜鎬兼校理，三館與祕閣始合爲一，故謂之「館閣」，然皆但有書庫而已。元豐官制行，遂改爲祕書省。

葉夢得《石林燕語》卷三 太宗留意字書。淳化中，嘗出内府及士大夫家所藏漢、晉以下古帖，集爲十卷，刻石於祕閣，世傳爲「閣帖」是也。中間晉、宋帖多出王貽永家。貽永，祁公之子，國初藏名書畫最多，真蹟今猶有爲李駙馬公炤家所得者，實爲奇蹟。而當時摹勒出待詔手，筆多凝滯；間亦有僞本，如李斯書，乃李陽冰、王密《德政碑》，石本也。石後入禁中，被火焚，絳人潘師旦取閣本再摹，藏於家，爲絳本。慶曆間，劉丞相沆知潭州，亦令僧希白摹刻於州廨，爲潭本。絳本雜以五代近世人書，微出鋒。希白自善書，潭本差能得其行筆意。元祐間，徐王府又取閣本刻於木板，無甚精彩。建中、靖國初，曾丞相布當國，命劉燾爲館職，取淳化所遺與近出者，别爲《續法帖》十卷，字多作燾體，又每下矣。

《攷異》：淳化官帖，黄魯直、秦少游所記，皆云「刻板」，此乃云「刻石」，非也。魯直云：「元祐中，親賢宅從禁中借板墨百本，分遺官僚。」此云「徐王府取閣本刻於木板」，豈各自一事耶？《續法帖跋》云：「元祐五年四月十三日，祕書省請以祕閣所藏墨蹟，未經太宗朝摹刻者，刊於石，有旨從之。至建中靖國元年四月二十三日，出内藏緡錢十五萬趣其工，以八月旦日畢，釐爲十卷，上之。」此云：曾丞相當國，命劉燾别爲《續法帖》十卷，非也。

葉夢得《玉澗雜書》 陶通明既隱茅山，自號「華陽隱君」。復遍游名山，每經澗谷，必坐臥其間，吟咏不已。謂門人曰：「吾見朱門廣厦，雖識其華樂，而無欲往之心。望高巖，瞰大澤，知難久止，自常欲就之。永明中，求禄得輒差舛，不爾，豈得今日之事乎？」通明仕齊本爲諸王侍讀，永明十年，脱朝服，掛神虎門，上表辭禄而去。自淵明以來，誠未有其比也。梁武受禪，雖屢聘不至，然猶援引圖讖，合爲梁瑞以獻。或者譏之。吾謂通明本自曉曆數符讖者，此乃素學，未必有意附會。讀《詩苑英華》，載其《答武帝問山中何所有》一詩云：「山中何所有，嶺上多白雲。只可自怡悦，不堪持贈君。」此事本傳不記。吾山朱氏子作小閣於石橋之下，與西山相面，景物極幽遠。一日往過之，朱求閣名，因爲談通明本末，遂以怡雲名之云。

王明清《揮麈録·餘話》卷二 紹興甲子歲，衢、婺大水，今首臺余處恭未十歲，與里人共處一閣，凡數十輩在焉。閣被漂幾沈，空中有聲云：「余端禮在内，當爲宰相，可令愛護之。」少選，一物如黿鼉，其長十數丈，來負其閣，達於平地，一閣之人皆得無它。

田汝成《西湖游覽志餘》卷四 當檜用事時，佞士盈庭，引古今而頌功德者，例沐汲獎。檜嘗建一德格天閣，朝士有賀啓曰：「在昔惟伊尹，格于皇天；到今微管仲，吾其左衽。」檜喜，超擢之。有選人投詩曰：「多少儒生新及第，高燒銀燭照蛾眉。格天閣上三更雨，猶誦《車攻》復古詩。」檜即與改秩。

張居正《帝鑒》下篇《玉樹新聲》 陳史紀：后主起臨春、結綺、望仙三閣，各高數十丈，連延數十間，其牕牖欄檻，皆以沉檀爲之，飾以金玉，間以珠翠。其服玩瑰麗，近古所未有。上每飲宴，使諸妃嬪及女學士與狎客共賦詩，互相贈答。采其尤艷麗者，被以新聲，選宫女千餘人歌之。其曲有《玉樹后庭花》、《臨春樂》等，大略皆美諸妃嬪之容色。君臣酣歌，自夕達旦以爲常。

瞿佑等《剪燈新話·附録·寄梅記》 朱端朝，字廷之，宋南渡後，肄業上庠，與妓女馬瓊瓊者善，久之，情愛稠密。端朝文華富贍，瓊瓊識其非白屋久居之人，遂傾心焉，凡百資用，皆悉力給之。屢以終身爲托。端朝雖口從，而心不之許，蓋以其妻性嚴，非薄倖也。值秋試，端朝獲捷，瓊瓊喜而勞之。端朝乃益淬勵，省業春闈，揭報果復中優等。及對策，失之太激，遂置下甲，初注授南昌尉。瓊瓊力致懇曰：「妾風塵卑賤，荷君不棄，今幸榮登仕版，行將雲泥隔絶，無復奉承枕蓆，妾之一身，終淪溺矣！誠可憐憫。欲望君與謀脱籍，永執箕帚，雖君内政謹嚴，妾當委曲遵奉，無敢唐突。萬一脱此業緣，受賜于君，實非淺淺。且妾之箱篋稍充，若與力圖，去籍猶不甚難。」端朝曰：「去籍之謀固易，但恐不能使家人無妒。吾計之亦久矣。盛意既濃，沮之則近無情，從之則虞有辱，奈何！然既出汝心，當徐爲調護，使其柔順，庶得相安，否則計無所措也。」一夕，端朝因間，謂其妻曰：「我久居學舍，雖近得一官，家貧，急于干禄，豈得待數年之闕？且所得官，實出妓子馬瓊瓊之賜。今彼欲傾箱篋，求托于我。彼亦小心，能迎合人意，誠能脱彼于風塵，亦仁人之恩也。」其妻曰：「君意既决，亦復何辭。」端朝喜謂瓊瓊曰：「初畏不從，吾試叩之，乃忻然相許。」端朝于是宛轉求脱，而瓊瓊花籍，亦得除去，遂運橐與端朝俱歸。既至，妻妾怡然。端朝得瓊瓊之所攜，家遂稍豐。因闢一區，爲二閣，以東、西名，東閣以居其妻，令瓊瓊處于西閣。闕期既滿，迓吏前至。端朝以路遠俸薄，不欲携累，乃單騎赴任。將行，置酒相别，因囑曰：「凡有家信，二閣合書一緘；吾復亦如之。」端朝既至南昌，半載方得家人消息，而止東閣一書。端朝亦不介意。既裁復，西閣亦不及見，索之，頗遭忌嫉，乃密遣一僕，厚給裹足，授以書，囑之曰：「勿令孺人知之。」書至，端朝發閲，無一字，乃所畫梅雪扇面而已。反復觀玩，後寫一「減字木蘭花」詞云：

雪梅妒色，雪把梅花相抑勒。梅性温柔，雪壓梅花怎起頭？ 芳心欲破，全仗東君來作主。傳語東君，早與梅花作主人。

端朝自是坐臥不安，日夜思欲休官。蓋以僥倖一官，皆瓊瓊之力，不忘本也。尋竟托疾棄歸。既至家，妻妾出迎，怪其未及盡考，忽作歸計，叩之不答。既而設酒，會二閣而言曰：「我羈縻千里，所望家人和順，使我少安。昨見西閣所寄梅扇詞，讀之使人不遑寢食，吾安得不歸哉！」東閣乃曰：「君今已仕，試與判此孰是。」端朝曰：「此非口舌可盡，可取紙筆書之。」遂作「浣溪沙」一闋云：

梅正開時雪正狂，兩般幽韻孰優長？且宜持酒細端詳。　梅比雪花輸一白，雪如梅蕊少些香，天公非是不思量。

自後二閣歡會如初，而端朝亦不復仕矣。

陶宗儀《説郛》卷七　學士院第三廳，學士閣子當前，有一巨槐，素號槐廳。舊傳居此閣者，多至入相。學士争槐廳，至有抵徹前人行李而强據之者。予爲學士時，目觀此事。

陳繼儒《銷夏部》卷二　鉅野金鄉山北有石洞，口清涼，深十餘丈，内鑿石作四小閣，閣外一堂，陛高三尺，堂外兩門，門外兩大閣，石道長三十丈，闊十有六尺，世傳秦始皇避暑宫也。

查慎行《人海記・南内藏書》　永樂辛丑，北京大内新成，敕翰林院：凡南内文淵閣所藏古今書籍，各取一部，送至北京。餘收貯封識如故。修撰陳循如數取進，得一百櫃，督舟載以進京。至正統乙巳，南内災，文淵閣所藏書悉爲灰燼。

齋部

題解

許愼《説文解字》卷一上《示部》 齋，戒絜也。〔段玉裁注〕《祭統》曰：齋之爲言齊也。齊不齊以致齊者也。齋戒或析言，如七日戒，三日齋是。此以戒訓齋者，統言則不別也。从示，𠆣省聲。謂減𠆣之二畫，使其字不緐重也。凡字有不知省聲，則昧其形聲者，如融、蠅之類是。側皆切。十五部。

綜述

計成《園冶》卷一《屋宇・齋》 齋較堂，惟氣藏而致斂，有使人肅然齋敬之義。蓋藏修密處之地，故式不宜敞顯。

文震亨《長物志》卷一《室廬・山齋》 宜明净，不可太敞。明净可爽心神，太敞則費目力。或傍簷置牕檻，或由廊以入，俱隨地所宜。中庭亦須稍廣，可種花木，列盆景。夏日去北扉，前後洞空。庭際沃以飯瀋，雨漬苔生，緑褥可愛。遶砌可種翠芸草令遍。茂則青葱欲浮。前垣宜矮，有取薜荔根瘞牆下，灑魚腥水於牆上以引蔓者，雖有幽致，然不如粉壁爲佳。

高濂《遵生八箋》卷七《起居安樂箋》卷上《高子書齋説》 高子曰：書齋宜明静，不可太敞。明净可爽心神，宏敞則傷目力。窗外四壁，薜蘿滿墻，中列松檜盆景或建蘭一二，繞砌種以翠芸草令遍，茂則青葱鬱然。旁置洗硯池一，更設盆池。近窗處蓄金鯽五七頭，以觀天機活潑。齋中長卓一，古硯一，舊古銅水注一，舊窑筆格一，班竹筆筒一，舊窑筆洗一，糊斗一，水中丞一，銅石鎮紙一。左置榻床一，榻下滚脚凳，床頭小几一。上置古銅花尊，或哥窑定瓶一，花時則插花盈瓶以集香氣；閑時置蒲石于上，收朝露以清目。或置鼎爐一，用燒印篆清香。冬置煖硯爐一。壁間掛古琴一。中置几一，如吴中雲林几式佳。壁間懸畫一。書室中畫惟二品，山水爲上，花木次之，禽鳥人物不與也。或奉名畫山水雲霞中神佛像亦可。名賢字幅，以詩句清雅者可共事。上奉烏思藏鏒金佛一，或倭漆龕，或花梨木龕以居之。否用小石盆一，或靈壁應石、將樂石、昆山石，大不過五六寸，而天然奇怪，透漏瘦削，無斧鑿痕者爲佳；次則燕石、鐘乳石、白石、土瑪瑙石，亦有可觀者。盆用白定官哥青東磁均州窑爲上，而時窑次之。几外爐一，花瓶一，匙箸瓶一，香盒一，四者等差遠甚，惟博雅者擇之。然而爐制惟汝爐、鼎爐、戟耳彝爐三者爲佳，大以腹横三寸極矣。瓶用膽瓶、花觚爲最，次用宋磁鵝頸瓶，餘不堪供。壁間當可處懸壁瓶一，四時插花。坐列吴興竹凳六，禪椅一，拂塵、搔背、棕帚各一，竹鐵如意一。右列書架一，上置《周易古占》、《詩經旁注》、《離騷經》、《左傳》、林注《自儆》二编、《近思録》、《古詩紀》、《百家唐詩》、《王李詩》、《黄鶴補注杜詩》、《説海》、《三才廣記》、《經史海篇直音》、《古今韵釋》等書。釋則《金剛鈔義》、《楞嚴會解》、《圓覺注疏》、《華嚴合論》、《法華玄解》、《楞伽注疏》、《五燈會元》、《佛氏通載》、《釋氏通鑒》、《弘明集》、《六度集》、《蓮宗寶鑒》、《傳燈録》。道則《道德經新注指歸》、《西升經句解》、《文始經外旨》、《冲虚經四解》、《南華經義海纂微》、《仙家四書》、《真仙通鑒》、《參同分章釋疑》、《陰符集解》、《黄庭經解》、《金丹正理大全》、《修真十書》、《悟真》等編。醫則《黄帝素問》、《六氣玄珠密語》、《難經脉訣》、《華佗内照》、《巢氏病源》、《證類本草》、《食物本草》、《聖濟方》、《普濟方》、《外臺秘要》、《甲乙經》、《朱氏集驗方》、《三因方》、《永類鈐方》、《玉機微義》、《醫壘元戎》、《醫學綱目》、《千金方》、丹溪諸書。閑散則《草堂詩餘》、《正續花間集》、《歷代詞府》、《中興詞選》。法帖：真則《鍾元常季直表》、《黄庭經》、《蘭亭記》；隸則《夏丞碑》、《石本隸韻》；行則李北海《陰符經》、《雲麾將軍碑》、《聖教序》；草則《十七帖》、《草書要領》、《懷素絹書千文》、孫過庭《書譜》。此皆山人適志備覽，書室中所當置者。畫卷舊人山水人物花鳥，或名賢墨迹，各若干軸，用以充架。齋中永日據席，長夜篝燈，無事擾心，閲此自樂，逍遥餘歲，以終天年。此真受用清福，無虚高齋者得觀此妙。

文震亨《長物志》卷一《清齋位置》 位置之法，煩簡不同，寒暑各異。高堂廣榭，曲房奥室，各有所宜。即如圖書、鼎彝之屬，亦須安設得所，方如圖畫。雲林清秘，高梧古石中，僅一几一榻，令人想見其風致，真令神骨俱冷。故韻人所居，入門便有一種高雅絶俗之趣。若使前堂養雞牧豕，而後庭侈言澆花洗石，政不如凝塵滿案，環堵四壁，猶有一種蕭寂氣味耳。

坐几

天然几一設於室中，左邊東向，不可迫近牕檻，以逼風日。几上置舊研一，筆筒一，筆規一，水中丞一，研山一。古人置研俱在右，以墨光不閃眼。且於燈下，更宜書册鎮紙各一，時時拂拭，使其光可鑒乃佳。

坐具

湘竹榻及禪椅皆可坐。冬月以古錦製褥，或設皐比俱可。

椅榻屏架

齋中僅可置四椅一榻。他如古須彌坐，短榻、矮几、壁几之類，不妨多設。忌靠壁平設數椅，屏風僅可置一面。書架及橱俱列以置圖史。然亦不宜太雜如書肆中。

懸畫

懸畫宜高，齋中僅可置一軸於上。若懸兩壁及左右對列最俗。長畫可挂高壁，不可用挨畫，竹曲挂畫。卓可置奇石或時花盆景之屬，忌置朱紅漆等架。堂中宜挂大幅横披，齋中宜小景花鳥。若單條、扇面、斗方、挂屏之類，俱不雅觀。畫不對景，其言亦謬。

置鑪

于日坐几上置倭臺几方。大者一，上置爐一，香盒大者一，置生熟香；小者二，置沉香香餅之類，筯瓶一。齋中不可用二鑪。不可置於挨畫卓上及瓶盒對列。夏月宜用磁鑪，冬月用銅鑪。

置缾

隨缾製置大小倭几之上。春冬用銅，秋夏用磁。堂屋宜大，書室宜小。貴銅瓦，賤金銀，忌有環，忌成對。花宜瘦巧，不宜煩雜。若插一枝，須擇枝柯奇古。二枝須高下合插，亦止可一二種，過多便如酒肆。惟秋花插小瓶中不論。供花不可閉牕户，焚香烟觸即萎，水仙花尤甚。亦不可供於畫卓上。

小室

几榻俱不宜多置，但取古製。狹邊書几一，置於中，上設筆、硯、香盒、薰鑪之屬，俱小而雅。别設石小几一，以置茗甌茶具。小榻一，以供偃卧趺坐。不必挂畫，或置古奇石，或以小佛廚，供鎏金小佛於上亦可。

卧室

地屏天花板雖俗，然卧室取乾燥用之亦可，第不可彩畫及油漆耳。面南設卧榻一，榻後别留半室，人所不至，以置薰籠、衣架、盥匜、廂奩書燈之屬。榻前僅置一小几，不設一物。小方杌二，小廚一，以置香藥玩器。室中清潔雅素，一涉絢麗，便如閨閣中，非幽人眠雲夢月所宜矣。更須穴壁一，貼爲壁牀，以供連牀夜話。不用抽替以置履襪。庭中亦不須多植花木，第取異種宜祕惜者，置一株於中，更以靈壁英石伴之。

亭榭

亭榭不蔽風雨，故不可用佳器。俗者又不可耐，須得舊漆方面粗足、古朴自然者置之。露坐宜湖石平矮者，散置四傍。其石墩瓦墩之屬，俱置不用。尤不可用朱架架官磚於上。

敞室

長夏宜敞室，盡去牕檻，前梧後竹，不見日色。列木几極長大者於正中，兩傍置長榻無屏者各一，不必挂畫。蓋佳畫夏日易燥，且後壁洞開，亦無處宜懸挂也。北牕設湘竹榻，置簟於上，可以高卧。几上大硯一，青緑水盆一，尊彝之屬俱取大者。置建蘭一二盆於几案之側，奇峯古樹，清泉白石，不妨多列。湘簾四垂，望之如入清涼界中。

紀事

李斗《揚州畫舫録》卷一七《工段營造録》 古者肅齊不齊曰齋。黄岡石刻東坡墨蹟一帖，有思無邪齋。《晉塵》曰：「齋宜大雅，窗櫺朗明，庭苑清幽，門無輪蹄，徑有花鳥。」

周煇《清波雜志》卷二 舊立扁牓，必系以亭堂齋閣之名，今或略去。嘗見黄岡所刻東坡墨蹟一帖云：「新居在大江上，風雲百變，足娱老人。有一書齋，名思無邪齋。」若欲省文，去下一「齋」字，何不可者。蓋亦隨時所尚爾。

佚名《雍州記·高齋》 高齋，其泥色具鮮浄，故此名焉。南平世子恪臨州有甘露降此齋前竹林，昭明太子於齋營集道義，以時相繼。

佚名《雍州記·下齋》 高齋東北有一齋，名曰下齋，次於高齋。制度壯麗，極爽塏。刺史辯決獄訟，舊出此齋。

佚名《雍州記·白土齋》 白土齋南道有一齋，以栗爲屋。梁武帝臨州，寢卧於此。齋中常有五色雲回轉，狀如盤龍。屋上恒紫雲騰起，形似傘蓋，遠近望者，莫不異焉。梁武帝於此龍飛。

《梁書》卷三九《羊侃傳·通梁水齋》 侃性豪侈，善音律，自造《採蓮》、《棹歌》兩曲，甚有新致。姬妾侍列，窮極奢靡。有彈箏人陸太喜，著鹿角爪長七寸。儛人張浄琬，腰圍一尺六寸，時人咸推能掌中儛。又有孫荆玉，能反腰帖地，銜得席上玉簪。敕賚歌人王娥兒，東宫亦賚歌者屈偶之，並妙盡奇曲，一時無對。初赴衡州，於兩艖䑧起三間通梁水齋，飾以珠玉，加之錦繢，盛設帷屏，陳列女樂，乘潮解纜，臨波置酒，緣塘傍水，觀者填咽。

《南史》卷二二《王曇首傳·長梁齋》 武帝即位，以風疾欲陳解，遷侍中、左光禄大夫、開府儀同三司。僧虔少時，羣從並會，客有相之云：「僧虔年位最高，仕當至公，餘人莫及。」及此授，僧虔謂兄子儉曰：「汝任重於朝，行當有八命之禮，我若復此授，一門有二台司，實所畏懼。」乃固辭，上優而許之。客問其故，僧虔曰：「吾榮位已過，無以報國，豈容更受高爵，方貽官謗邪。」儉既爲朝宰，起長梁齋，制度小過，僧虔視之不悦，竟不入户。儉即日毁之。永明三年薨，時年六十。追贈司空，侍中如故。謚簡穆。

《晉書》卷八五《劉毅傳·龍盤齋》 初，桓玄於南州起齋，悉畫盤龍於其上，號爲盤龍齋。毅小字盤龍，至是，遂居之。

王闢之《澠水燕談録》卷四《高逸》 陝右魏處士野、蒲中李徵君瀆乃中表也，俱有高節，以吟咏相善。野于東郊鑿土室方丈，蔭以脩竹，泉流其前，曰樂天洞；瀆結茅齋中條之陰，曰浮雲堂，皆有蕭灑之趣。每乘興相過，賦詩飲酒，累日乃去。

王闢之《澠水燕談録》卷四《忠孝·義榮齋》 鉛山劉輝，俊美有辭學，嘉祐中，連冠國庠及天府進士。四年，崇政殿試，又爲天下第一，得大理評事，簽書建康軍判官。喪其祖母，乞解官以嫡孫承重服，國朝有諸叔而嫡孫承重服者，自輝始。輝哀族人之不能爲生者，買田數百畝以養之。四方之人從輝學者甚衆，乃擇山溪勝處處之。縣大夫易其里曰義榮社，名其館曰義榮齋。

張邦基《墨莊漫録》卷八《雪浪齋》 紹聖初元，東坡帥中山，得黑石白脈，如孫知微所畫石間奔流，盡水之變。又作白石大盆以盛之，激水其上，名其室曰雪浪齋。公自銘，有云：「玉井芙蓉丈八盆，伏流飛空漱其根。」時四月二十日也，閏四月三日乃有英州之命，其後謫惠州，又徙海外，故中山後政以公遷謫，雪浪之名廢而不問。元符庚辰五月，公始被北歸之命，明年夏，方至吴中。時張芸叟守中山，方葺治雪浪齋，重安盆石，方欲作詩寄公，九月聞公之薨，乃作《哀詞》，有云：「我守中山，乃公舊國。雪浪蕭齋，于焉食宿。俯察履綦，仰看梁木。思賢閲古，皆經貶逐。玉井芙蓉，一切牽復」云云。其詞曰：「石與人俱貶，人亡石尚存。却憐堅重質，不減浪花痕。滿酌山中酒，重添丈八盆。公兮不歸北，萬里一招魂。」「思賢」、「閲古」，皆中山後圃堂名也。

葉夢得《避暑録話》卷下《容齋》 吴正肅公育罷政事，守蔡州，嘗即州宅爲容齋。自序其意，以爲上爲天子所容，中爲士大夫所容，下爲吏民所容。又謂知足而心虚曠，然後能容。達生以爲寓，則無往而不容。且作詩著之。余爲蔡守時，已不復存。物色其處，西北隅僅有屋四楹，深不滿三丈，手可及檐，意以爲是。用稍修葺之，不敢加其舊。以見公之志。遣人洛中求公集，得所作詩，因刻之壁間。高賢遺迹，世不多有，況公之名德風節，相去未百年，而來者曾不經意，況求其所用心也哉。

葉夢得《避暑録話》卷上《高齋》 趙清獻公自錢塘告老歸。錢塘州宅之東，消暑堂之後。舊據城闉，横爲屋五間。下瞷虚白堂，不甚高大，而最超出州宅及園圃之中，故爲州者多居之，謂之高齋。既治第衢州，臨大溪，其旁不遠數步，亦有山麓屹然而起，即作别館其上，亦名高齋。既歸，唯居此館，不復與家人相接，但子弟晨昏時至。以二浄人一老兵爲役，早不茹葷。以一浄人治膳于外功德院，號餘慶。時以佛慧師法泉主之。泉聰明高勝，禪林言泉萬卷者是也。日輪一僧伴食，泉三五日一過之。晚略取肉及鮓脯于家，蓋不能終日食素。老兵供掃除之役，事已即去。唯一浄人執事其旁。暮以一風爐置大鐵湯瓶，可貯斗水，及列盥漱之具亦去。公燕坐至初夜就寢。雞鳴浄人治佛室香火，三擊磬公乃起。自以瓶水頮面，趨佛室。暮冬尚能日禮百拜，誦經至辰時。余年二十一，嘗登高齋，尚髣髴其處。後見公客周竦道其詳，欣然慕之。今吾居此，日用亦略能追公一二。但不能朝食素、精進佛事，愧之爾。

葉夢得《巖下放言》卷中《近仁齋、近智齋》 吾素頑惰，固非二公之比。自得此山，樂其泉石，欲爲藏書之所。且携數僕夫，荷鍤持畚，平夷澗谷，搜剔巖竇，雖風雨不避。旁觀皆以爲甚勞，而余實未嘗倦，殆其役於物耶！新居將成，頗亦有所警。夫仁智性之成德，由是以入聖，雖動其何傷，其必有以養之，而後不至於弊。因榜其廳事東西兩齋，曰近仁，曰近智，而廳曰樂壽。非曰能之，蓋雖老猶將學焉，又以戒爲子孫者也。

李心傳《建炎以來朝野雜記・甲集》卷一《高宗聖學・損齋》 紹興末，上嘗作損齋，屏去玩好，置經史古書其中，以爲燕坐之所。上早年謂輔臣曰：「朕居宮中，自有日課，早閱章疏，午後讀《春秋》、《史記》，夜讀《尚書》，率以二鼓罷。尤好《左氏春秋》，每二十四日而讀一過。」胡康侯進《春秋解》，上置之坐側，甚愛重之。又悉書《六經》，刻石寘首善閣下。及作損齋，上亦老矣，因自爲之記，刻石以賜近臣焉。

范成大《吴郡志》卷六《官宇・坐嘯齋》 坐嘯齋，在四照亭南。紹興二十七年郡守蔣璨建，并書額。

《宋史》卷四二八《尹焞傳・三畏齋》 劉豫命僞師趙斌以禮聘焞，不從則以兵恐之。焞自商州奔蜀，至閬，得程頤《易傳》《十卦》於其門人吕稽中。又得全本於其壻邢純，拜而受之。紹興四年，止于涪。涪，頤讀易地也，闢三畏齋以居。邦人不識其面。

《宋史》卷四三〇《李燔傳・宏齋》 初見熹，熹告以曾子宏毅之語。燔因以宏名其齋。凡諸生未達者，熹先令訪燔，俟有所發，乃從而折衷之，諸生畏服。燔嘗曰：凡人不必待仕宦，有位爲職事方爲功業，但隨力到處，有以及物，即功業矣。居家講道，學者宗之。

《宋史》卷四三〇《李方子傳・果齋》 李方子，字公晦，昭武人。少博學能文，爲人端敬純篤。初見熹，熹謂曰：「觀公爲人，自是寡過，但寬大中要規矩，和緩中要果決。」方子遂以果名其齊。嘗曰：「吾於學問未能盡，然幸於大本有見處。此心常覺泰然，不爲物欲所漬耳。」

陸友仁《研北雜志》卷上《困學齋》 漁陽鮮于樞伯機，於廢圃中得怪松一株，移植所居旁，名之曰「支離叟」。名其齋曰「困學」，又作霜鶴堂。落成之日，會者凡十有二人：楊子構、趙明叔、郭右之、燕公楠、高彦敬、李仲賓、趙子昂、子俊、張師道、石民瞻、吴和之、薩天錫。

錢士升《二十五別史・南宋書》卷三九《誠齋》 楊萬里，字廷秀，吉水人。調永州零陵丞。時張浚謫永，杜門謝客。萬里三往，不得見，以書力請，始見之。浚勉以正心誠意之學，乃名讀書之室曰「誠齋」。

錢士升《二十五別史・南宋書》卷四五《難齋》 〔趙〕蕃年五十，猶問學於朱熹。既耄，猶患末路之難，命所居曰「難齋」。周必大屢加引薦，蕃竟不受。

劉宰曰：「文獻之家，典刑之彦，巋然獨存，有以繫學者之望者，蕃一人而已。」謚文節。

彭大翼《山堂肆考》卷一七三《茅齋》 杜甫題《巳上人茅齋詩》：巳公茅屋下，可以賦新詩。枕簟入林僻，茶瓜留客遲。江蓮摇白羽，天棘蔓青絲。空忝許詢輩，難酬支遁詞。

彭大翼《山堂肆考》卷一七三《藏法帖齋》 宋米芾出守無爲軍，作寶晉齋，藏晉人法帖。又作寶月齋、鑒墨池、仰高堂、明遠樓。愛潤州京口溪山之勝，遂家焉。作庵城東，號爲海岳。後潤州火，惟存李衛公塔與此庵。故米詩云：神護衛公塔，天留米老庵。

彭大翼《山堂肆考》卷一七三《貯古文齋》 歐陽脩《東齋記》：河南主簿張某者，素病羸。然力自爲學，每體之不康，則取六經百氏，若古人述作之文章誦之。愛其深博、閎遠、雄富、偉麗之説，則必茫乎以思，暢乎以平，釋然不知疾之在體。因多取古書文貯之齋，少休則則探以覽焉。夫世之善醫者，必多畜金石百草之物以毒其疾，須其瞑眩而後瘳應之。能安居是齋以養思慮，又以聖人之道和平其心，而忘厥疾。真可謂藥喜者歟！

彭大翼《山堂肆考》卷一七三《畫舫齋》 歐陽脩《畫舫齋記》：予至滑之三月，即其署東偏之室，治爲燕私之居，而名曰畫舫齋。凡入于室者，如入乎舟中。其温室之奥，則穴其上以爲明。其虚室之疏以達，則欄檻其兩傍，以爲坐立之倚。凡偃休于吾齋者，又如偃休乎舟中。巖石㟏崒，佳花美木之植，列于兩岸之外。又似汎乎中流，而左山右林之相映，皆可愛者。故因以名舫焉。

彭大翼《山堂肆考》卷一七三《安定教湖齋》 胡安定先生教學于蘇湖間二十餘年，束修弟子以千計。時方尚詞賦，獨胡學有經義、治事齋。經義齋者，擇疏通有器局者居之。治事齋者，人各治一事，又兼一事，即如邊防水利之類。故天下謂湖學多英彦，其出而筮仕，往往取高第。及爲政，多適于世用，若老于吏事者。由講習有素也。

彭大翼《山堂肆考》卷一七三《高齋》。齋在杭州府舊治上，據城闉下瞰虚白堂，超出州宅及園圃之中，故謂之高齋。唐嚴維詩：詩家九日憐芳菊，有客高齋對浙江。漁浦浪花摇素壁，西陵樹色入秋牕。又衢州府西安縣北亦有齋，宋趙抃歸老所作。見《致仕》。

彭大翼《山堂肆考》卷一七三《六有齋》 宋尹焞字彦明，晚歲手書聖賢所言治心養氣之要，粘之屋壁以自警。一室名六有齋，取張横渠「言有教，動有法，晝有爲，宵有得，瞬有養，息有存」之意。一室名三畏堂。

彭大翼《山堂肆考》卷一七三《浩齋》　宋馬存字子才，爲於越許淳翁作《浩齋記》云：予請以一齋之事言之，則所謂浩然者，可以立見而不惑。今子之齋圖書，拂拭几案，卧琴于牀，掛劒于壁，冠珮在上，細故在下。異時之輔相天子、措置公卿大夫百執事下，至于庶人，微至于萬物，有異于此乎？子有役而呼童子，小不如意，則必叱而去之。奔走顛倒，唯子所指。異時將百萬之騎，大戰于陰山之墟，朔野之北，使熊罷貙虎之猛，將畢力赴難，萬死而不顧。亦有異于此乎？或志倦體疲，神倦欠伸，撫體露腹，便便然酣卧于一榻之上。異日之厭功名、辭富貴，歸休乎江湖之間，泉石之畔，高尚以養德，醉吟而適真。亦有異于此乎？子之居是齋也，試以此觀之，則所謂浩然者，豈不壯哉？

彭大翼《山堂肆考》卷一七三《怡齋》　宋馬子遂良爲齋，以怡命名。洪景盧記曰：自子之去親戚遠墳墓，行游四方有年矣。僅歲時歸休覲父母，再拜寒温罷入室。則刺刺與子語勞苦，平生百未一厭。復别去，上馬恝然，無一分樂易色。行年三十七，拄腹五千卷書，未能合有司度程，掇取一第，眐眐棲棲，不自聊賴。顧方以怡自滿，傲視容膝之室，得微太欺我歟？遂良且笑，怒曰：子貌則士也，夫何言之陋？方吾家居，入怡顔以事父母，出怡色以與兄弟，處暇時讀書以怡吾心，食與口怡，寢與體怡。吾窮到骨矣，而其怡常自在也。且吾遊越，則越爲吾廬。暮吾遊燕，則燕爲吾廬。在室爲吾齋，固也。出而見子坐，子之舍亦吾齋也。孰賓孰主哉？

彭大翼《山堂肆考》卷一七三《進學齋》　宋張文潛記：元豐乙丑，余官于咸平，即其所居之室，撤其舊而完之。既潔以新矣，于是悉取詩書古史陳于其中。有誦習之牖，有休偃之席。暑則啓扇，寒則塞向。朝夕處乎其中，取書而讀之，名曰進學齋。而書其説，庶朝夕得以自警焉。

彭大翼《山堂肆考》卷一七三《潛齋》　宋晁補之字無咎，作《潛齋記》：客有過予者曰：吾子生二十，長六尺，出不能提桴鼓，以動百萬之師，左烏號之弓，右昆吾之劒，喑嗚叱咤，北牧祁連，西虜靈夏。入不能陪黄扉之末議，聯紫薇之末班，正容端色以齊肅百吏，操紙握管以號令四海。今反幽幽默默，逃形遠迹，以頑處心，以潛名齋，豈非所謂倒行而逆施者耶？予憮然而笑曰：有是哉？請爲客言潛。《易》曰：雷在地中，復。此天地之潛也，而陽氣已萌此黄泉矣。尺蠖之屈以求伸也，龍蛇之蟄以存身也。此萬物之潛也。而小者獲伸，大者獲存矣。故不能静者，不能動。不能處者，不能出。然則奚行之倒而施之逆耶？昔者聞老莊于道，故闇然而日彰。黄綺潛于聲，故默然而寖揚。予之潛，將爲不潛者矣。客俛而出。因記其語于壁。

王鏊《姑蘇志》卷二二《官署中・東齋》　高宗駐蹕燕射於此。紹興三十年，朱翌新之爲天臨堂，會去任。隆興間，沈度乃更名復齋。紹熙三年，沈揆又改思政堂，自書扁。

王鏊《姑蘇志》卷二二《官署中・西齋》　元稱西齋，紹興十四年王㬇建。紹熙元年，長洲有瑞麥四岐，及後池出雙蓮。袁説友葺舊齋，表以是名。嘉定十三年，又改思政。寶祐中作新堂，舊稱併廢。

何良俊《四友齋叢説》卷二七《書・談苑醍醐・蕭齋》　梁武帝造寺，令蕭子雲飛白大書一「蕭」字，至今存焉。李約竭産自江南買歸東洛，建一小亭以翫，號曰蕭齋。

于敏中等《日下舊聞考》卷四五《城市内城・東城一・古墨齋》　《耳譚》：良鄉縣有《雲麾將軍碑》，爲學博瘞爲柱礎，閩人董生見之，言於宛平令李襲美蔭。蔭委曲寓書於令，輦致，嵌其署壁間，匾曰「古墨齋」，黎惟敬、王敬美皆有記。

《明史》卷二八八《張溥傳・七録齋》　溥幼嗜學，所讀書必手抄，抄已，朗誦一過，即焚之，又抄，如是者六七始已。右手握管處，指掌成繭。冬日手皸，日沃湯數次。後名讀書之齋曰「七録」。

陳運溶《湘城訪古録》卷八《肯齋》　《宋史》云：李芾，字叔章，其先廣平人。曾祖椿徙家衡州，遂爲衡人。魏了翁一見禮之，謂有祖風，易其名曰肯齋。

吴乘權《綱鑒易知録》卷七二《宋紀・待賓齋・吏師齋》　太學自蔡確起大獄，連引朝士，有司緣此造爲法禁，煩苛凝密，博士諸生禁不相見，教諭無所施。御史中丞劉摯以爲言，至是命程頤、孫覺、顧臨同太學長貳看詳修定條制。頤大概以爲：學校，禮義相先之地，而月試之爭，殊非教養之道。請改試爲課，有所未至，則學官召而教之，更不考定高下。置尊賢堂，以延天下道德之士，鐫解額以去利誘，省繁文以專委任，勵行檢以厚風教，及置待賓、吏師齋，立觀光法，如是者亦數十條。

吴乘權《綱鑒易知録》卷六八《宋紀・經義齋、治事齋》　初，海陵人胡瑗爲湖州教授，訓人有法，科條纖悉備具。以身率先，雖盛暑必公服坐堂上，嚴師弟子之禮，視諸生如其子弟，諸生亦信愛如其父兄，從之遊者常數百人。時方尚詞賦，湖學獨立經義、治事齋以教實學。及興太學，詔下湖州取其法，著爲令式。

厲鶚《宋詩紀事》卷五一《謝諤・艮齋》 諤字昌國，臨江軍新喻人，紹興二十七年進士。孝宗朝，累官監察御史。光宗朝，除御史中丞，權工部尚書，請祠歸卒。初居縣南竹坡，名其燕坐曰艮齋。人稱艮齋先生。

葉廷珪《海録碎事》卷九下《奉佛仙門・救苦齋》 梁大通二年，都下疫甚，帝於重雲殿爲百姓設救苦齋，以身爲禱。

《〔雍正〕湖廣通志》卷四五《名宦志・永州府・誠齋》 楊萬里，《宋史・列傳》：字廷秀，吉水人，零陵丞。時張浚謫永，杜門謝客。萬里三往，不得見。以書力請，始得見之。浚勉以正心誠意之學，萬里服其教終身。迺名讀書之室曰「誠齋」。

《〔雍正〕湖廣通志》卷五八《人物志・永州府・善齋》 唐如晦，姓譜字幼光，零陵人。博學無所不通。山齋先生易祓題其書堂曰「善齋」。

《〔雍正〕江西通志》卷四一《古迹・饒州府・汲古齋》 汲古齋，《林志》：在樂平縣。宋程剛慤振之齋，其子邁復揭扁曰「汲古」，以承先志。曾慥銘：惟士尚志，追探古心。必有修綆，其汲乃深。

《〔雍正〕陝西通志》卷六五《釋道・水齋》 水齋。嘉靖中持静商州羅漢洞，檀越請供齋。師曰：吾日飲水一盂，不須穀食。衆供水一載。時有蟒漸長，將出洞噬人。師仗劍覓之，蟒前後遁避。師掛衲洞前，自立洞後。蟒趨見衲，返洞後，師迎斬之。是夜投崖飛昇，遺蜕民收葬。

《〔雍正〕畿輔通志》卷五三《古迹・順天府・古墨齋》 在宛平縣署。明萬曆中知縣李蔭掘地得唐李邕雲麾將軍碑記，建此。

《〔雍正〕畿輔通志》卷五四《古迹・真定府・雪浪齋》 在州學内。宋蘇軾得石於恒山，狀如雪浪，鑿石爲芙蓉盆盛之，置於學中。因以名其齋。

《〔雍正〕畿輔通志》卷五四《古迹・真定府・容谷齋》 在無極縣城西南半里。元隱士何體仁讀書處。

《〔乾隆〕浙江通志》卷三九《古迹一・杭州府上・學古齋》 戴表元《學古齋記》：州城之西，西秦張仲實居之。邑西鄧善之與仲實交，分一室共居，題曰「學古齋」。

《〔乾隆〕浙江通志》卷四六《古迹八・台州府・集寶齋》 《赤城志》：在州治清平閣右。舊在雙巖堂左，治平四年守葛閎建。集葛元、司馬承禎、柳公權及近世名人翰墨刻其間。嘉定元年，守李兼徙今處。

《〔乾隆〕浙江通志》卷四六《古迹八・台州府・依正齋》 趙師回《台州推官重建廳事記》：舍人孔公在官日，庭植雙檜。後曾文清命其堂曰「遺直」。賦詩十二章，有「百年依正直」之句。榜其齋曰「依正」。

《〔乾隆〕浙江通志》卷四一《古迹三・嘉興府・希賢齋》 《至元嘉禾志》：桐廬方誼，爲朱文公門人。乾道四年徙居於嘉興北門，築希賢齋，文公爲書扁。

《〔乾隆〕浙江通志》卷四八《古迹十・衢州府・怡顔齋》 胡翰《怡顔齋銘序》：衢之超化寺，昔朱子、吕子嘗寓焉。寺故有雲山閣、怡顔亭，悉廢矣。惟朱子所書亭扁石刻，余於祝仲文家見之。仲文有吏能，退居委巷，遂名其齋曰「怡顔」，乃爲之銘。

《〔乾隆〕浙江通志》卷四一《古迹三・嘉興府・只是齋》 《嘉興府志》：在嘉善縣。魏學洢之齋，以忠節被逮時，有「只是讀書」數語，因以名齋。

《〔乾隆〕浙江通志》卷四二《古迹四・湖州府・訟希齋》 弘治《湖州府志》：在郡治西廳之西廊。舊名静勝，宋慶元中知州事李景和易今名。

《〔乾隆〕浙江通志》卷三九《古迹一・杭州府上・雪齋》 《武林舊事》：在方家峪西林法慧寺。《武林雜記》：宋慶曆中僧法言作激水爲池，叠石爲山，灑粉樹杪，狀若飛雪。蘇軾題曰「雪齋」，秦觀爲記。

《〔乾隆〕浙江通志》卷三九《古迹一・杭州府上・隱秀齋》 《名勝志》：在通判北廳，宋蘇軾書。紹興四年始刻石，趙令時書其下。

《〔乾隆〕浙江通志》卷三九《古迹一・杭州府上・高齋》 《避暑録話》：在州宅内清暑堂之後，舊踞城闉，横爲屋五間。下瞰虚白，雖不甚高大，而超出州宅之上，故爲州者多居之。

《〔乾隆〕浙江通志》卷三九《古迹一・杭州府上・莫能名齋》 《咸淳臨安志》：在寶蓮山慈湖，楊文元公創。萬曆《杭州府志》：在浙西安撫司幹辦公事廳内。

《〔乾隆〕浙江通志》卷三九《古迹一・杭州府上・易安齋》 《四朝聞見録》：光堯御書於郊壇易安齋，曰：謁款泰壇。因過易安齋，愛其去城不遠，巖石幽邃，得天成之趣，爲題《梅巖》詩。

《〔乾隆〕江南通志》卷三五《輿地志・古迹六・太平府・盤龍齋》　盤龍齋，在當塗縣南州津，晉桓玄建齋，畫龍於上。後劉毅鎮此居之。毅小字盤龍，遂爲符驗云。

藝文

李白《李太白文集》卷二〇《秋日與張少府楚城韋公藏書高齋作》　日下空亭暮，城荒古跡餘。地形連海盡，天影落江虛。舊賞人雖隔，新知樂未疎。彩雲思作賦，丹壁間藏書。查擁隨流葉，萍開出水魚。夕來秋興滿，回首意何如。

杜甫《杜工部詩集》卷三《白水縣崔少府十九翁高齋三十韻》　客從南縣來，浩蕩無與適。旅食白日長，況當朱炎赫。高齋坐林杪，信宿游衍闃。清晨陪躋攀，傲睨俯峭壁。崇岡相枕帶，曠野懷咫尺。始知賢主人，贈此遺愁寂。危堦根青冥，曾冰生淅瀝。上有無心雲，下有欲落石。泉聲聞復息，動静隨所激。鳥呼藏其身，有似懼彈射。吏隱適情性，茲焉其窟宅。白水見舅氏，諸翁乃仙伯。杖藜長松陰，作尉窮谷僻。爲我炊雕胡，逍遥展良覿。坐久風頗怒，晚來山更碧。相對十丈蛟，欻翻盤渦坼。何得空裏雷，殷殷尋地脈。煙氛藹崷崒，魍魎森慘戚。崑崙崆峒巔，迴首如不隔。前軒頽反照，巉絶華嶽赤。兵氣漲林巒，川光雜鋒鏑。知是相公軍，鐵馬雲霧積。玉觴淡無味，胡羯豈强敵。長歌激屋梁，淚下流衽席。人生半哀樂，天地有順逆。慨彼萬國夫，休明備征狄。猛將紛塡委，廟謀蓄長策。東郊何時開，帶甲且未釋。欲告清宴罷，難拒幽明迫。三歎酒食傍，何由似平昔。

劉昌詩《蘆浦筆記》卷九張栻《慤齋銘》　家君命杓以慤名其齋，而命栻銘以告之。栻敬問所以爲銘之意，蓋取夫孔子曰「志必慤而後求，智能退而深思」，以爲之銘。

胡宿《文恭集》卷三五《高齋記》　南中江山，類多託賞之美。金陵故都，緒餘六代，華人夏士，盛棲此土。雖一丘一壑之細，皆經高賢名輩，嘗所留連。茅、許世外之風，王、謝江表之德，山林臯壤，號爲名勝。子城東北，趨鍾山爲近，南唐李氏嘗因城作臺。臺上望月，人相呼爲月臺。下臨濬濠，正面覆舟，南對長干，西望冶城。榛烟漁火，泉華谷氣，川禽山鳥，翔嬉其間，林木嘘唫之聲，雲霞起滅之狀，須臾眺聽，萬態遞出。此名勝之内，特又名勝者也。臺傾地荒，介在人外，一境之秀，未有晒者。康定辛巳之夏，龍閣南陽公自三司拜符，安輯江介，政尚凝簡，日多休暇，寄意琴酒之適，留好風泉之賞。他日因行後圃，遂登故城，適廢臺，留壞趾，躊躇四眄，愛歎形勝。指言佳麗之觀，此最妙處。因裒材瓦之羨，調兵幹之使，搴蕪穢，養華薄，開逕自下，立齋其上。環植百柱，通敞四軒。高侔譙樓，廣容宴豆。檐宇飛竦，勢將干雲。旁矚郊坰，俯見廬井。句曲之地肺，華陽之洞墟，三峯參差，彷彿在目。雖進躁之士，怵迫之人，蹔遊其藩，一踐茲境，其心翛然，猶以爲已登崑崙，涉閬風，淡乎忘歸，有超離昏俗之意。又況真粹之流，平日隱几，反照正性，保御太和，人境相得，其樂如何哉！公既用鐘鼓落其成，復須金石記其始。比辱來教，見命記事，曰：「我作是齋，姑欲榜之佳名，而絶境難摹，了不可得。今采謝宣城宴坐之意，直題曰『高齋』。」夫齋，戒潔之稱，休舍之所。君子根本於道德，拯墊於性命，利用於安身，有餘於治人，不役志以營己，常虚心以待物。其有爲也，精義致用，以經世務之韞；及其無事也，恬熙相養，以濟天均之和。故道不用勤，而氣守自若。庖丁之奏刀，老扁之斲輪，顔生之坐忘，伊公之强德，神機之王，繇此物也。公抱道混成，栖神高映。初總機劇，未嘗榮華；比辭禁奥，亦忘欣戚。方舍山水之所，以穆仁智之性，高情遠尚，焉可跂耶？人之登是齋者，當領會公意，不止邀樂壺觴，取悦於林岫而已。足使軋者忘其名，夸者辭其權，長留清風，以遺永年。慶曆二年四月十九日記。

《〔光緒〕諸暨縣志》卷三吴處厚《逍遥齋記》　天地萬物參差散殊，恢詭譎怪，不能相一，而莊生能一之，是亦辯之志也。前其著書，首以《逍遥》名篇，其言宏綽，其理疏曠，其旨幽妙，其致高邈，王公大人不能器其説，造代真宰不能材其用。誕則誕矣，而僕竊喜之，又以「逍遥」之名名其齋，亦莊生之意也。嘗試論之。夫性有定分，理有至極。力不能與命鬭，才不能與天爭。而貪羨之流、進躁之士乃謂富貴可以力掇，功名可以智取，神仙可以學致，長生可以術得，抱恨老死，而終不悟，悲夫！使天下之富必如陶朱、猗頓耶，則原憲、黔婁不復爲賢人矣。使天下之壽必盡如王喬、彭祖耶，則顔氏之子、閔氏之孫不復爲善人矣。使天下之仕必盡如稷、契、伊、管耶，則乘田委吏不復爲孔子矣。使天下之色必盡如毛嬙、西施耶，則嫫姆、孟光不復嫁於人矣。蓋富者自富，貧者自貧，壽者自壽，夭者自夭，達者自達，窮者自窮，妍者自妍，醜者自醜，天地不能盈縮其分寸，鬼神不能損益其錙銖。是以達觀君子，立性樂分，含真抱樸，心無城府，行無町畦。天下有道則激激與世相清，天下無道則混混與世相濁。壓之泰山不以爲重，付之秋毫不以爲輕。升之青雲不以爲榮，墜之深淵不以爲辱。震之雷霆不以爲恐，劫之白刃不以爲懼。喻死生爲旦暮，用盈虚爲消息。仰觀宇宙之廓落，俯視生死之卑蹙，譬如一浮萍之適大海，一稊米之寄太倉，又何足議重輕於其間哉！故所至皆樂，所處皆適。出與天爲民，入與道爲鄰。若是，則安往而不逍遥乎？此命齋之大略也。齋凡三架，十有八楹。東西之廊翼然而趨，左右之房洞然而虚。地可載屋，不求其餘；堂可容几，不求其舒。可以聽訟，可以燕居，可以偃仰，可以自娱。室有《浄名經》三卷，《真誥》兩帙，道書數十軸，其餘琴弈圖畫舞樂之具率皆稱是。故卯而升坐於堂，則奉版抱牘，雁鶩而并進。階前沸於闤闠，堂下鬧如囹圄。於是與里胥、亭長、市井閭巷之民辨曲直，質是非。於亭午而退休於室，則前溪後山，軒窗四豁，身兀坐於環堵，心恍遊於大庭。於是與釋家、老聃、莊周、列禦寇之徒談性空、論名理於書。此僕之所以爲逍遥也。衆人但見僕汩汩而進，碌碌而退，塵埃滿巾，泥汙滿韡，而不知一室之内，自有此樂。金朱煌煌，軒冕崇崇，爵甚榮而位甚尊，任甚大而責甚重，怨謗之所藪，憂吝之所窟，又不知與僕室内之樂何如哉？乃知古人韜光戢景，陸沈於世，柱下之史，漆園之吏，柳下惠之小官，東方朔之爲郎，皆有所謂，又何必遁逃山林，跧伏草野，而爲方外之士哉！夫位之卑者不競則躁，職之賤者不快則悲。今吾於是齋也，齊鵬鷃之大小，均鳬鶴之短長，荒唐汗漫，覼縷重複，廣《南華》之意，述《逍遥》之旨者，不惟用以自釋，又將告諸後來者，使之息躁競悲快，熙乎澹泊者焉。

歐陽修《歐陽文忠公集》卷三九《畫舫齋記》　予至滑之三月，即其署東偏之室，治爲燕私之居，而名曰畫舫齋。齋廣一室，其深七室，以户相通，凡入予室者，如入乎舟中。其温室之奥，則穴其上以爲明；其虚室之疏以達，則欄檻其兩旁以爲坐立之倚。凡偃休於吾齋者，又如偃休乎舟中。山石崷崒，佳花美木之植列於兩簷之外，又似泛乎中流，而左山右林之相映，皆可愛者。故因以舟名焉。《周易》之象，至於履險蹈難，必曰涉川。蓋舟之爲物，所以濟險難，而非安居之用也。今予治齋於署，以爲燕安，而反以舟名之，豈不戾哉？矧予又嘗以罪謫走江湖間，自汴絶淮，浮於大江，至於巴峽，轉而以入於漢沔，計其水行幾萬餘里。其羇窮不幸而卒遭風波之恐，往往叫號神明以脱須臾之命者數矣。當其恐時，顧視前後，凡舟之人，非爲商賈，則必仕宦，因竊自歎，以謂非冒利與不得已者，孰肯至是哉？賴天之惠，全活其生，今得除去宿負，列官於朝，以來是州，飽廪食而安署居。追思曩時山川所歷，舟檝之危，蛟鼉之出没，波濤之洶欻，宜其寢驚而夢愕。而乃忘其險阻，猶以舟名其齋，豈真樂於舟居者邪！然予聞古之人，有逃世遠去江湖之上，終身而不肯反者，其必有所樂也。苟非冒利於險，有罪而不得已，使順風恬波，傲然枕席之上，一日而千里，則舟之行，豈不樂哉！顧予誠有所未暇，而舫者宴嬉之舟也，姑以名予齋，奚曰不宜？予友蔡君謨善大書，頗怪偉，將乞其大字以題於楹，懼其疑予之所以名齋者，故具以云。又因以置於壁。壬午十二月十二日書。

歐陽守道《巽齋文集》卷一五《存存齋記》　安成蕭君次膺名其齋曰「存」，以告東山先生楊公，楊公增一字曰「存存」，而爲書其匾。後二十餘年，蕭君求予文以爲記，且諗予曰：「子謂存存，何以異於存也？」予以所見對曰：操存人也，存存天也。君有志於存，楊公告君以存存，豈謂存之上又有所謂存哉？請言存存。存存猶生生也，凡天下之物生必有死，存必有亡。苟存必有亡，苟麗於形，無不歸於壞滅，不曰生死而曰生生，不曰存亡而曰存存，則豈非不壞不滅者哉？而誰能識之。聖人指以示人曰：「生生之謂易。」曰成性存存，生生之生不與死對，存存之存不與亡對，識《易》之所謂生生，則知性之所謂存存矣。水在地中，不以掘井而有，不以廢井而無，故曰无喪无得，往來井井。日月在天，不以人所見而見，不以人所不見而隱，故曰日月有明，容光必照，焉比存也。朱、吕二先生編《近思録》，首卷示人以道體，而後及凡爲學之事。然則從事於操存者苟不先明乎存存之本體，則雖曰操存，無乃外襲取之以極力控持爲能哉！君日處是齋，而思道義無不一出於成性，以爲固有以爲當然，以爲不可須臾離，則於楊公所以詔君，固自得於意言之表。是爲記。

蘇轍《欒城集》卷一〇《遺老齋記》　庚辰之冬，予蒙恩歸自南荒，客於潁川，思歸而不能。諸子憂之曰：「父母老矣，而居室未完，吾儕之責也。」則相與卜築，五年而有成。其南修竹古柏，蕭然如野人之家。乃闢其四楹，加明窗曲檻，爲燕居之齋。齋成，求所以名之，予曰：「予潁濱遺老也。盍以『遺老』名之？汝曹志之：予幼從事於《詩》、《書》，凡世人之所能，茫然不知也。年二十有三，朝廷方求直言，有以予應詔者。予采道路之言，論宫掖之秘，自謂必以此獲罪，而有司果以爲不孫，上獨不許曰：『吾以直言求士，士以直言告我，今而黜之，天下其謂我何？』宰相不得已，寘之下第，自是流落凡二十餘年。及宣后臨朝，擢爲右司諫，凡有所言，多聽納者，不五年而與聞國政。蓋予之遭遇者再，皆古人所希有。然其間與世俗相從，事之不如意者，十常六七，雖號爲得志，而實不然。予聞之，樂莫善於如意，而憂莫慘於不如意。今予退居一室之間，杜門卻掃，不與物接。心之所可，未嘗不行；心所不可，未嘗不止。行止未嘗少不如意，則予平生之樂，未有善於今日者也。汝曹志之，學道而求寡過，如予今日之處遺老齋可也。」

楊時《楊龜山集》卷四《求仁齋記》 元祐戊辰秋七月，予至自京師。友人黄君過予，問勞苦之暇，因謂予曰：吾於縣北墉之隅，西山之麓，得廢址焉。薙草輂石，闢地爲黌舍，有講誦之堂，燕休寢息之廬，賓客之位，無一不完。將聚族親子弟教之，雖鄉人願至者不拒也。子盍爲我名之，盡其義以告。居數日，予相與一臨之。其地高明亢爽，下臨康莊之衢，負城西南諸峯，首尾盤厲，聯亘十餘里，皆隱然得之几席之上。而俯仰之際，如在深山大澤，丘荒之間，埃壒之表，此真學者之所居也。予徘徊久之，乃昌言誦之曰：吾邑距中州數千里之遠，舟車不通，搢紳先生與一時懷德秉義之士，足以表世範俗者，皆無自而至。士之欲爲君子者，何所取資耶。故後生晚學，無所窺覯，游談戲諭，不聞箴規切磨之益，同則嬉狎，異則相訾，至悖義踰禮而不悔，雖英材異稟，間時有之，亦不過誦六藝之文，百家之編，爲章句之儒釣聲利而已。一日衒鬻而不售，則反視平昔所有，皆陳腐剽剥，無所用之。往往轉而易業者，十嘗六七。此與廛夫販父，積百貨坐市區，逐什一之利，流徙無常者何異耶。予嘗悼之，又竊自悲其力之不足，欲逃此而未能，思得吾黨之士，柔不溺於隨，剛不憤於慾者，相進於道，庶幾少激頹俗。今吾子乃能經營於此，以教學爲事，是真有志者哉。然予嘗謂古之學者，求仁而已矣。《傳》曰：放於利而行多怨。又曰：求仁而得仁又何怨。夫衒鬻而不售，轉而易業者，皆放於利而怨者也。吾願以求仁名子之齋，庶乎求之必得而無怨也。雖然，古之人所以求仁者，不亦難乎。夫孔子之徒問仁者多矣，而孔子所以告之者豈一二言歟。然而猶曰罕言，豈不以仁之道至矣，而言之不能盡歟。故凡孔子之所言者，皆求仁之方也。若夫仁則蓋未之嘗言，是故其徒如由、賜者，雖曰升堂之士，至於仁則終身莫之許也。然則所謂求之難，不其然歟。學者試以吾言思之，以究觀古之人所以求之之方，將必有得矣。

王安石《臨川先生文集》卷八二《君子齋記》 天子諸侯謂之君，卿大夫謂之子，古之爲此名也，所以命天下之有德。故天下之有德，通謂之君子。有天子、諸侯、卿大夫之位而無其德，可以謂之君子，蓋稱其位也。有天子、諸侯、卿大夫之德而無其位，可以謂之君子，蓋稱其德也。位在外也，遇而有之，則人以其名予之，而以貌事之。德在我也，求而有之，則人以其實予之，而心服之。夫人服之以貌而不以心，與之以名而不以實，能以其位終身而無謫者，蓋亦幸而已矣。故古之人以名爲羞，以實爲慊，不務服人之貌，而思有以服人之心。非獨如此也，以爲求在外者，不可以力得也。故雖窮困屈辱，樂之而弗去，非以夫窮困屈辱爲人之樂者在是也，以夫窮困屈辱不足以概吾心爲可樂也已。河南裴君主簿於洛陽治齋於其官，而命之曰「君子」。裴君豈慕夫在外者而欲有之乎？豈以爲世之小人衆，而躬行君子者獨我乎？由前則失己，由後則失人，吾知裴君不爲是也，亦曰勉於德而已。蓋所以榜於其前，朝夕出入觀焉，思古之人所以爲君子，而務及之也。獨仁不足以爲君子，獨智不足以爲君子，仁足以盡性，智足以窮理，而又通乎命，此古之人所以爲君子也。雖然，古之人不云乎：「德輶如毛。」毛猶有倫，未有欲之而不得也。然則裴君之爲君子也，孰禦焉。故余嘉其志，而樂爲道之。

朱熹《朱子文集》卷九《復齋記》 昔者聖人作《易》，以擬陰陽之變，於陽之消於上而息於下也。爲卦曰「復」，復，反也，言陽之既往而來反也。夫大德敦化而川流不窮，豈假夫既消之氣，以爲方息之資也哉。亦見其絶於彼而生於此，而因以著其往來之象爾。惟人亦然，太和保合，善端無窮。所謂復者，非曰追夫已放之心而還之，録夫已棄之善而屬之也。亦曰不肆焉以騁於外，則本心全體，即此而存。固然之善，自有所不能已耳。嗚呼！聖人於復之卦，所以贊其可見天地之心，而又以爲德之本者，其不以此歟。吾友黄君仲本，以復名齋，而謁於予曰：願得吾子之言，以書於壁，庶乎其有以目在之而不忘也。予不敢辭，而請其所名之意。仲本則語予曰：吾之幼而學也，家公授以程氏之書。讀之而有不得於其説者，則以告而願請益焉，公曰思之。又問，則曰：反諸爾之身以求焉可也。自吾之得是言也，居處必恭，執事必敬，其與人也必忠。如是以求之，三年而後有得也。然其存之也未熟，是以充之不周，往者不循其本，顧欲雜乎事物之間以求之，或反牽於外，而亦眩於内。今也既掃一室於家庭之側，揭以是名而日居之，蓋將悉其温清定省之餘力，以從事於舊學，庶乎真積力久，而於動静語默之間，有以貫乎一，而不爲内外之分焉。然猶懼其怠而不能以自力，是以願吾子之相之也。予惟仲本所以名齋之意，蓋與予之所聞者合。然其守之固而行之力，則吾黨之士，皆有愧焉。則起謝曰：僕之言未有以進於吾子，而子之賜於僕，則已厚矣。且將銘諸心，移諸同志，以警夫空言外徇之弊，而豈敢有所愛於子之求哉。抑予聞之，古人之學，博文以約禮，明善以誠身，必物格而知至，而後有以誠意而正心焉。此夫子、顔、曾、子思、孟子，所相授受，而萬世學者之凖程也。仲本誠察於此，有以兩進而交養焉。則夫道學之體用，聖賢之德業，不在仲本而安歸乎。願書此言以記於壁，且將因其過庭之際，而就正焉。予亦庶乎其又有以自新也。淳熙丙申冬十月戊寅，新安朱熹記。

陸九淵《陸九淵集》卷一九《敬齋記》 古之人自其身達之家國天下而無愧焉者，不失其本心而已。凡今爲縣者豈顧其心有不若是乎哉？然或者遏於勢而狃於習，則是心殆不可考。吏縱弗肅，則曰事倚以辦；民困弗蘇，則曰公取以足；貴勢富彊，雖姦弗治；貧羸孤弱，雖直弗信；習爲故常。天子有勤恤之詔，迎宣拜伏，不爲動心，曰奚獨我責。吏縱弗肅，民困弗蘇，姦弗治而直弗信，天子勤恤之意不宣于民，是豈其本心也哉？勢或使之然也。方其流之未遠，平居靜慮，或有感觸，豈能不忸怩於其心？至其同利相挺？同波相激，視己所行爲天下達道，訕侮正言，仇讐正士，則是心或幾乎泯矣。人之所以異於禽獸幾希，庶民去之，君子存之，是心或幾乎泯，吾爲懼矣。天地鬼神不可誣也，愚夫愚婦不可欺也，是心或幾乎泯，吾爲懼矣。黄鍾大吕施宣於内，能生之物莫不萌芽。奏以大簇，助以夾鍾，則雖瓦石所壓，重屋所蔽，猶將必達。是心之存，苟得其養，勢豈能遏之哉？貴溪信之大縣，綿地過百里，民繁務劇。暨陽吴公爲宰於兹。吏肅矣，而事未始不辦；民蘇矣，而公未始不足；姦治直信，民莫不説。而惴惴焉惟恐不能宣天子勤恤之意，是其本心之所發，而不遏於其勢者耶？然公之始至，則修學校，延師儒，致禮甚恭。余屢辱其禮，不敢受。今爲齋於其治之東偏，名之以敬。請紀於余文，至於再三，望道之重，若不可及者。某聞諸父兄師友，道未有外乎其心者。自可欲之善至於大而化之之聖，聖而不可知之神，皆吾心也。心之所爲，猶之能生之物得黄鍾大吕之氣，能養之至於必達，使瓦石有所不能壓，重屋有所不能蔽。則自有諸己至於大而化之者，敬其本也，豈獨爲縣而已。雖然，不可以不知其害也。是心之稂莠，萌於交物之初，有滋而無芟，根固於怠忽，末蔓於馳騖，深蒙密覆，良苗爲之不殖。實著者易拔，形潛者難察，從事於敬者尤不可不致其辨，公其謹之。某雖不敏，它日周旋函丈，願有所請。公名博古，字敏叔。淳熙二年十有二月望日，迪功郎新隆興府靖安縣主簿陸某記。

王十朋《王十朋全集》卷六《至樂齋賦并引》 予讀歐陽詩，有「至哉天下樂，終日在書案」之句，因採其語，以名齋，又從而賦之：

予與客坐於書齋之内，客仰而顧，俯而笑曰：子知天下之樂乎？散於事物之萬端，會於窮達之兩途，然皆有窮焉。吾言而子聽諸。高車駟馬，腰金曳組，前者呵，後者衛，士之得志於當時者之樂也。然有時而厭焉，前日朝廷之士，扁舟去而烟浪深也。枕流漱石，吟風嘯月，採於山，緡於泉，士之無求於世者之樂也。然有時而改焉，前日山林之士，繐帳空而猿鶴驚也。予曰：子之言，皆外物之樂也。樂故有窮，烏知天下有所謂無窮之至樂哉。一簞食，一瓢飲，顔回之樂也；宅一廛，田一區，揚雄之樂也。是固無心於軒冕，亦不放志於山林，得乎内而樂乎道也。吾今游心於一齋之内，適意乎黄卷之中，師顔回，友揚雄，遊於斯，息於斯，天下之至樂也，又烏得而能窮？

陸游《渭南文集》卷一七《東屯高齋記》 少陵先生晚遊夔州，愛其山川不忍去，三徙居皆名高齋。質於其詩：曰「次水門」者，白帝城之高齋也；曰「依藥餌」者，瀼西之高齋也；曰「見一川」者，東屯之高齋也。故其詩又曰：「高齋非一處。」予至夔數月，弔先生之遺迹，則白帝城已廢爲丘墟百有餘年，自城郭府寺，父老無知其處者，況所謂高齋乎！瀼西蓋今夔府治所，畫爲阡陌，裂爲坊市，高齋尤不可識。獨東屯有李氏者，居已數世，上距少陵，財三易主，大曆中故券猶在，而高齋負山帶谿，氣象良是。李氏業進士，名襄，因郡博士雍君大椿屬予記之。予太息曰：少陵，天下士也，早遇明皇、肅宗，官爵雖不尊顯而見知實深，蓋嘗慨然以稷、卨自許。及落魄巴、蜀，感漢昭烈、諸葛丞相之事，屢見於詩，頓挫悲壯，反覆動人，其規模志意豈小哉？然去國寖久，諸公故人熟睨其窮，無肯出力。比至夔，客於柏中丞、嚴明府之間，如九尺丈夫俛首居小屋下，思一吐氣而不可得。予讀其詩，至「小臣議論絶，老病客殊方」之句，未嘗不流涕也。嗟夫，辭之悲乃至是乎！荆卿之歌，阮嗣宗之哭，不加於此矣。少陵非區區於仕進者，不勝愛君憂國之心，思少出所學佐天子，興正觀、開元之治，而身愈老，命愈大謬，坎壈且死，則其悲至此，亦無足怪也。今李君初不踐通塞榮辱之機，讀書絃歌，忽焉忘老，無少陵之憂而有其高。少陵家東屯不浹歲，而君數世居之。使死者復生，予未知少陵自謂與君孰失得也。若予者仕不能無媿於義，退又無地可耕，是直有慕於李君爾，故樂與爲記。乾道七年四月十日山陰陸某記。

蘇軾《蘇軾詩集》卷一三《西齋》 西齋深且明，中有六尺牀。病夫朝睡足，危坐覺日長。昏昏既非醉，踽踽亦非狂。褰衣竹風下，穆然中微涼。起行西園中，草木含幽香。榴花開一枝，桑棗沃以光。鳴鳩得美蔭，困立忘飛翔。黃鳥亦自喜，新音變圓吭。杖藜觀物化，亦以觀我生。萬物各得時，我生日皇皇。

吴澄《吴文正公集》卷二二《尊德性道問學齋記》 天之所以生人，人之所以爲人，以此德性也。然自孟氏以來，聖傳不嗣，士學靡宗，誰復知有此哉？漢唐千餘年間，儒者各矜所長，奮迅馳騖，而不自知其缺。董、韓二子依稀數語近之，而原本竟昧昧也，則亦漢唐之儒而已矣。宋初如胡、如孫，首明聖經以立師教，一時號爲有體有用之學，卓行異材之士多出其門，不爲無補於人心世道。然稽其所極，度越董、韓者無幾，是何也？於所謂德性未嘗知所以用其力也。逮夫周、程、張、邵興，始能上通孟氏而爲一。程氏四傳而至朱，文義之精密，句談而字議，又孟氏以來所未有者，而其學徒往往滯於此而溺其心。夫既以世儒記誦詞章爲俗學矣，而其爲學亦未離乎言語文字之末，甚至專守一藝而不復旁通它書，掇拾腐説而不能自遣一辭，反俾記誦之徒嗤其陋、詞章之徒譏其拙，此則嘉定以後朱門末學之弊，而未有能救之者也。夫所貴乎聖人之學，以能全天之所以與我者爾。天之與我，德性是也，是爲仁義禮智之根株，是爲形質血氣之主宰。舍此而它求，所學果何學哉？假而行如司馬文正公，才如諸葛忠武侯，亦不免爲習不著、行不察，亦不過爲資器之超於人，而謂有得於聖學，則未也，况止於訓詁之精、講説之密，如北溪之陳、雙峯之饒，則與彼記誦詞章之俗學相去何能以寸哉？漢唐之儒無責焉，聖學大明於宋代，而踵其後者如此，可歎已。清江皮公字其子潛曰昭德，其師名其讀書之齋曰學。潛從吾游，請以「尊德性道問學」更其扁名，合父師所命而一之。噫！而父所命，天所命也，學者，學此而已。抑子之學詞章則云至矣，記誦則云富矣。雖然，德性無預也，姑置是。澄也鑽研於文義，豪分縷析，每猶以陳爲未精、饒爲未密也。墮此科臼之中垂四十年，而始覺其非。因子之請，惕然於歲月之已逝。今之語子，其敢以昔之自誤者而誤子也哉？自今以往，一日之内子而亥，一月之内朔而晦，一歲之内春而冬，常見吾德性之昭昭，如天之運轉，如日月之往來，不使有須臾之間斷，則於尊之之道，殆庶幾乎！於此有未能，則問於人、學於己，而必欲其至。若其用力之方，非言之可喻，亦味於《中庸》首章、《訂頑》終篇而自悟可也。夫如是，齊於聖，躋於聖，如種之有穫，可必其然也。願與子偕之。若夫爲是標榜，務以新美其名，而不務允蹈其實，是乃近代假託欺誑之儒所以誤天下、誤國家而自誤其身，使異己之人得以藉口而謂之爲僞學者，其獘又浮於朱學之外，而子不爲是也。

吴澄《吴文正公集》卷三八《必葺齋記》 昔人於其齋居之室，或謂之齋宫，或謂之齋廬。齋也者，固所以名其室也。後人去其所謂宫、所謂廬而專謂之齋，於是又汎取美名以名其所謂齋者，名愈衍而義愈非。然其意猶古者銘户銘牖之意也，是以君子亦無訾焉。汴人張君仲默官淮南，僦一室，扁之曰「必葺齋」。官既滿而去，或仕或止，遷徙不一，隨所寓而謂之齋，「必葺」之名亦因而不易也。或訝之，君曰：「吾所謂齋，豈有所謂宫、所謂廬者邪？上覆下甃，不資於陶；巨楹小桷，不資於匠；塗塈不以土，鍵錮不以金也。吾所以葺，又豈人之所得而知哉？」余聞而嘉之曰：「君之意勤矣。今有一室於此，每日必葺，斯已爲勤，而君之葺則未易也。終食而違，終食不葺矣；須臾而離，須臾不葺矣。人孰不欲葺是齋也？求其善葺者，千人萬人不一見也，十世百世不一人也。君其懋哉！塵則拂之，穢則坌之；隙則墐之，漏則裨之。其甚也，蠹者剔之，朽者易之；缺者完之，傾者支之。非徒爲是崇廣之容、毋堊之飾以觀於外，而欲人之稱其美也，葺豈易能哉！雖然，必有其道。室有人居，則雖久常新；一日無主，則毀敗立至。君之齋所以未免勤勤於必葺者，或以主之者出入之不常與往來之靡定與？苟定矣，苟常矣，不必葺而未常不葺也。始之以必葺，終之以不必葺，上下四方，一吾齋也；春秋冬夏四時之行以至於後天地而無終始，皆吾不必葺而未嘗不葺之時也。夫如是，真足爲必葺齋之主矣。然則君如之何？」曰：「葺之哉！葺之哉！」」

危素《危太樸文集》卷一《存存齋賦》 緊太極之混淪兮，爲生化之本根。維二氣之闔闢兮，暢萬物之滋蕃。羌易道之廣大兮，備吾身於乾坤。極知崇以效天兮，循禮卑而法地。體成性之存存兮，由道義之不匱。信弛張之靡忒兮，亦柔剛之相濟。偉鄒孟之崛起兮，當戰國之兵争。悼民心之迷繆兮，揭皇極而載明。謂君子之善存兮，異羽毛之頑冥。彼嵬瑣之紛紛兮，遂梏亡於外誘。湛明鏡之當臺兮，竟昏蒙於塵垢。蔚嘉穀之羅生兮，胡雜糅於稂莠。懷咎繇之苗裔兮，蚤奮迹於滕邦。闞冰壺之交暎兮，粹白璧之無雙。玩玄理於簡册兮，驅長才於海江。爰紬書於史館兮，持憲度於臺閣。善和燮於羣情兮，或誾誾而諤諤。沛大旱之甘霖兮，蘇八紘之毒蘁。退休沐而齋居兮，撫《易》象而觀天。亶存存之不息兮，契洙泗之心傳。雖首路之邈悠兮，傒白首而不遷。憶旋輈於虎林兮，卻傾蓋於京闕。詹雲霄之軒翥兮，莫策厲於駑劣。葆貞白於歲晏兮，追往行於前哲。樂几筵之潔清兮，陳左圖而右書。殖卉木之芬芳兮，啓韋編而載愉。託中情於藻翰兮，著懿戒於坐隅。

黄溍《金華黄先生文集》卷一五《古齋記》 古齋者，雲間曹君之所游息也。曹君之先，嘉禾大族。其別於雲間，有爲宋季名進士者，君之所祖也。家既益充，所居亦益以侈大。尺椽寸瓦，皆非先廬之舊。獨此齋之屋，猶爲六世故物。自君之曾大父徙置今所，號爲西齋，於是又八十有六年矣。至君復加繕治藻飾，環以佳花美木，池臺水月之勝，蕭然如在穹林邃壑間。其堂之顯敞，可以燕朋友；其室之靚深，可以休四方之賓客。琴樽書册，左右森列，而朝昏燠寒，所須之物無不畢具。乃更號之曰古齋，而以書來徵文爲記。蓋將示後之人，使無忘也。夫所貴乎古者，豈不以先世氣澤之所存乎？彼沾沾焉慕爲榮古而陋今者，曾不以爲意，方且巧取豪奪乎人之缺壺破釜、枯竹敗素、棄遺無所可用之物，摩挲把玩，而以博古自命。至於其先人之廬，一椽之折，一瓦之墜，易而去之，惟恐不亟，視君之爲，亦可少愧矣。商人之詩曰：「自古在昔，先民有作。」夫謂之先民，而又謂之昔，謂之古，其辭之繁而不殺者，非以致意於居處物器之細而已，引而勿替，必有事焉。庸書而歸之，俾刻石陷諸壁間，庶幾後之人復以今爲古，而彌謹其存也。

虞集《雍虞先生道園類稿》卷一《木齋賦》 奎章閣藝文監秀才方積，昔在匡廬，讀書羣木之間，謂之「木齋」。余愛其高秀而賦之。其辭曰：

夫何硉矹以嵯峨兮，據積水而鬱盤。有楩楠與豫章兮，翳松柏之丸丸。攬芳草之盈庭兮，聽呦呦之鳴鹿。濯余纓於滄浪兮，沐余髮乎飛瀑。余潔清以有待兮，歎望之而彌高。結余驂而弗駝兮，氣緜薄而心勞。感春物之芳芼兮，又晚實之不食。更千歲其未已兮，退自脩乎茲室。

戴表元《剡溪集》卷二一《容容齋賦》 東平徐公書燕居之齋曰「容容」。剡源戴表元嘗過之，問曰：「是非漢人之所云『白璧不可爲』者耶？」公曰：「不然。」因擬其意，作容容齋賦。久不即就，而公歸東平，懷感舊話，不敢負言。乃爲賦曰：

大智幽，小智仇。機鳴轍奔，萬類一丘。厥有黄髮真逸，青雲雋遊。偃駕於希夷之林，濯纓於清泠之流。笑衆雛之相役，弛然示之以無求。始其昂頭瞠目，驕面怒腹。咸峥嵘以思逞，如不行其所欲。既静竢以自休，亦逡巡而心伏。故力敵者攻，勢兼者雄。才十百者不强而從，量千萬者容之又容。升容於斗，釜容於庾，舉而投之大倉，不知其有；澗容於谷，湖容於瀆，輸而寫之滄海，不知其足。豐狐之擇燠，乾鵲之違風，知陵阿叢薄之功，而不知託氣於太空。海鵬息以六月，澤龍神於勺水，脩脩乎知太空之容已，而不知太空之所倚。物之相容，何有窮已。昔者周公端揆，日容千士；仲尼閒居，容七十子。當其垂紳端委，擘拳曲跽，前俞後唯，而不爲之喜。及乎危疑轉徙，詩鴟鴞，歌虎兕，風拔雨圮，亦無所毁。第汎汎而容之，遺簪墜履，殘籩賸簋。或聞風披靡，或承流迤邐，不知其幾。蓋何必家陳羔雉之贄，人擁軒車之華，而誰不曰：「我嘗趨明堂而遊闕里。」彼有託一時之喜事，誇四海之龍門，侈公孫之華館，開文舉之芳罇。唾面教忍，佩韋矯温，所謂擬富於聯珠之室，衒明於扶桑之暾。吁嗟乎！獲容於人則幸爾，烏足以盡彼我之所存。

袁桷《清容居士集》卷一《餘閒齋賦》 曷不觀夫農父之治田，春耕夏耘，晝作夜緝。望歲常有思，憫苗若不及。候其陰晴，謹其涼熱。食不滿嗛，目不承睫。穡事告成，以祀以享。入此室處，曰余將有養，休其四肢。里閭熙熙，甕牖迎陽。茲其爲一歲之隙，得以自怡者與！古之志士，範圍天地之初。冥搜密籌，心如淵珠。據會以集要，積神以合虛。冬爐夏葛，謝而弗居。逮其蓄極以通，若燭計龜卜，物莫能沮。燕居申申，欲不踰矩。倚門而歌，聲裂金石。恢乎其有容，順化而有得。蓋其勤者若此，則其終也迺以豫佚。惟昔賢之肥遯，屹乎其頹波。青林扶疏，擢茲瓊柯。味道以觀，澹乎不頗。閲世推移，飲茲無何。養其粹精，不激不阿。有客仰止，摭其嘉名，以處以息，慨然而言，曰：「悲濁垢之駢臻，御吾輪兮焉窮。愍逐日以道死，異惜陰之度功。厥今金馬公車，屨舄接踵。承色以求，爲疲爲冗。退食以休，濯其靈根。藏真養恬，疏清滌袢。廉式庸似，著于門顔。維四民之有制，實士農之居先。惰于初者躓于後，弊于智者罹于艱。歸休乎！」君援琴而歌曰：「羣動兮夜息，貿貿兮吾徒，曷猖恣不能以自適？書兮在庋，罍兮在席，復吾初兮以無忒。」

劉因《静修先生文集》卷一八《麟齋記》 編修王之才，治《春秋》而專門《左氏》者也。嘗有取於獲麟之義，名其所居之室曰「麟齋」，而請予記之。夫獲麟，仲尼作《春秋》所書之一事爾，而《春秋》之義，非居所係於此者，歐陽氏固已言之於前矣。然春秋之時，仲尼實天理元氣之所在，而與濁亂之氣數相爲消長於當時。如麟者，則我之氣類也。其來也，固非偶然而來也。然而斯氣之在當世者蓋無幾焉，在彼之氣足以害之，在此之氣不足以養之，由麟可以卜我之盛衰，由我可以卜世運之盛衰，而聖人固不能恝然於其獲也。謂之致麟，可也；謂之感麟，亦可也：皆理之所不無者。雖然，聖人之作《春秋》，因天道人事自成之文從而文之，其義皆因事而寓焉，安可曲爲一定之説也。雖然，子既有取於麟，則吾不得嘿嘿於麟矣。夫麟之所以爲麟者，乃天地之所以生，而人之所以能爲天地之心者也。在《春秋》，則聖人所賞之善也，在《易》，則聖人所指之陽也，而人之所未嘗一日無者也。苟自吾身之麟而致之，則凡害人者，如長蛇，如封豕，如饕餮，如檮杌，莫不消鑠蕩滌於魑魅之域，而天下振振皆吾氣湛行之地矣。今聖人雖不得盡其所致於當時，然其所以扶此抑彼者，而斯麟固已麟於萬世矣。子之讀《春秋》者，予知子將思有以麟夫一齋而已也。雖然，予於聖人剥廬閉關之戒，見聖人之拳拳於此，乃歎鳳鳥之不至，傷魯麟之致獲之心也。嗚呼！麟乎！又當以聖人之心爲心，而自麟其麟也夫！年月日記。

宋濂《宋濂全集・朝京稿》卷五《静學齋記》 三代以下，人物之傑然者，諸葛孔明數人而已。孔明事功著後世，或儕之於伊、吕，固爲少褒。或又以孔明與管仲并稱，則卑孔明矣。以其事言之，管仲輔桓公，僅以齊霸。孔明奉昭烈於艱難之中，尺地一民，皆奪之於羣盜之手，徒以大義震撼天下，裂天下而三分之。使孔明後死，後主足輔，復漢之舊疆，致刑措之治，於孔明何有哉，在管仲未必能爾也！以其本心論之，管仲所陳於桓公，而見於行事者，皆微權小智，雖假尊周爲名，其意則富强其國而已，固君子所羞道也。孔明當干戈鞍馬間，所與其主論者，必以德義爲先，其忠漢之心，至於瞑目而後已。至今誦其言，想其人，真伊、吕之亞乎！史氏不知其本心，謂孔明慕管仲、樂毅之爲人。嗟乎，孔明豈二子比哉？

孔明於聖賢之學蓋有聞矣，其所謂「學須静也」之言，信古今之名言也。止水之明，風撓之則山嶽莫辨；渾天之察，人撓之則晝夜乖錯，况方寸之心乎。古聖賢之成勳業、著道德於不朽者，未有不由於静者也。蓋静則敬，敬則誠，誠則明，明則可以周庶物而窮萬事矣。苟雜然汨其中，偶然應乎事，卒然措之於謀爲，其不至於謬亂者鮮哉。孔明之學惟本乎此，故其所爲，當世無及焉。至今無有非焉者，而又從效慕之，區區霸術之徒，固不能然也。然世之慕古人者，吾惑焉。古人所以爲聖賢者，其道德著乎其言，其才智形乎功業，而存乎册書，非徒以其名稱之美而已也。苟欲效乎孔明，於孔明之所學，必無不學也；於孔明之所能，必無不能也而後可。孔明之所學而有未至也，孔明之所能而有未能也，而曰學孔明何可哉！於孔明且爾，况乎學孔孟之學者，而可徒誦其言乎哉？近代之所學者，浮於言而劣於行。孔孟之言非特言而已也，雖措之行事亦然也。學者不之察，率視之爲空言，於是孔孟之道，不如霸術之盛者久矣。欲如孔明者，安可得乎？

錢唐羅宗禮名其弦誦之室曰「静學」，庶幾慕孔明者。余欲勉其成也，辯孔明之爲學、與學孔明之道以告之。

雜録

《南齊書》卷三八《蕭赤斧傳》 建武中，荆州大風雨，龍入柏齋中，柱壁上有爪足處，刺史蕭遥欣恐畏，不敢居之。至是以爲嘉祐殿。

《南史》卷二四《王裕之傳》 延之字希季，昇之子也。少静默，不交人事。仕宋爲司徒左長史。清貧，居宇穿漏，褚彦回以啓宋明帝，即敕材官爲起三間齋屋。歷吏部尚書，尚書左僕射。延之居身簡素，清静寡慾，凡所經歷，務存不擾。在江州，禄俸外一無所納。獨處齋内，未嘗出户，吏人罕得見焉，雖子弟亦不妄前。時時見親舊，未嘗及世事，從容談詠而已。

《南史》卷二九《蔡廓傳附蔡凝傳》 尋授吏部侍郎。凝年位未高，而才地爲時所重，常端坐西齋，自非素貴名流，罕所交接，趣時者多譏焉。

《晉書》卷七四《桓彝傳》 嗣字恭祖。少有清譽，與豁子石秀並爲桓氏子姪之冠。沖既代豁西鎮，詔以嗣督荆州之三郡豫州之四郡軍事、建威將軍、江州刺史。莅事簡約，修所住齋，應作版檐，嗣命以茅代之，版付船官。轉西陽、襄城二郡太守，鎮夏口。後領江夏相，卒官。追贈南中郎將，謚曰靖。子胤嗣。

惠洪《冷齋夜話》卷一〇《日延一僧對飯》 趙悦道休官歸三衢，作高齋而居之，禪誦精嚴，如老爛頭陀。與鍾山佛慧禪師爲方外友，唱酬妙語，照映叢林。性喜食素，日須延一僧對飯，可以想見其爲人矣。

彭大翼《山堂肆考》卷一七三《齋・王肅東齋》 《輿地志》：漢王朗爲會稽

太守，王肅隨之郡，住東齋。夜半，有女子從地出，稱趙王女。與肅談至曉别，贈一丸墨。肅方欲注《周易》，因此，便覺才思開悟。

王君玉《國老談苑》卷二 魯宗道以孤直遇主公家之事，知無不爲。每中書罷歸私宅，别居一小齋。繪山水，題曰「退思巖」。獨游其間，雖家人罕接焉。

葉昌熾《藏書紀事詩》卷三 《眉公筆記》：文壽承云：在長安時，過顧舍人汝由研山齋，見其窗明几静，折松枝梅花作供，鑿玉河冰烹茗啜之。又新得彝鼎奇古，目所未見。炙内府龍涎香，恍然如在世外，不復知有京華塵土。

軒部

題解

段玉裁《説文解字注》第一四篇上《車部》 軒，曲輈藩車也。謂曲輈而有藩蔽之車也。曲輈者，戴先生曰：小車謂之輈，大車謂之轅。人所乘欲其安，故小車暢轂梁輈。大車任載而已，故短轂直轅。《艸部》曰：藩者，屏也。服虔注《左傳》、薛綜解《東京賦》、劉昭注《輿服志》皆云：車有藩曰軒。皆同許説。許於藩車上必云曲輈者，以輈穹曲而上，而後得言軒。凡軒舉之義引申於此。曲輈，所謂軒轅也。杜注《左傳》於軒皆曰「大夫車」。《定九年》曰：犀軒，卿車。

《康熙字典・酉集》下《車部》 檐宇之末曰軒。左思《魏都賦》：周軒中天。註：周軒，長廊有窗而周迴者。又殿堂前檐特起曲椽無中梁者亦曰軒。天子不御正座而御平臺，曰臨軒。《前漢・史丹傳》：天子自臨軒檻。註：軒檻，欄版也。

綜述

計成《園冶》卷一《屋宇・軒》 軒式類車，取「軒軒欲舉」之意，宜置高敞，以助勝則稱。

高濂《遵生八箋》卷七《起居安樂箋》上《居室建置》 松軒，宜擇苑囿中向明爽塏之地構立，不用高峻，惟貴清幽，八窗玲瓏。左右植以青松數株，須擇枝幹蒼古屈曲如畫，有馬遠、盛子昭、郭熙狀態甚妙。中立奇石，得石形瘦削，穿透多孔，頭大腰細，裊娜有態者立之松間。下植吉祥、蒲草、鹿葱等花，更置建蘭一二盆，清勝雅觀。外有隙地，種竹數竿，種梅一二，以助其清，共作歲寒友想。臨軒外觀，恍若在畫圖中。

李斗《揚州畫舫録》卷一七《工段營造録》 廊貴有欄，廊之有欄，如美人服半背，腰爲之細，其上置板爲飛來椅，亦名美人靠。其中廣者爲軒。《禁扁編》云：「窗前在廊爲軒。」

王概《芥子園畫譜》卷三《人物屋宇譜・墻屋式》

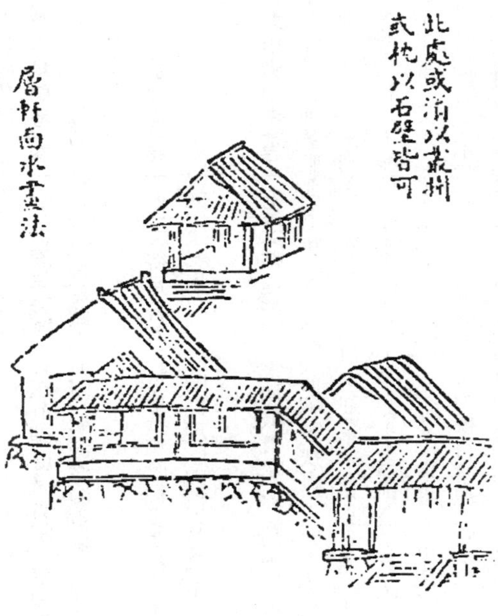

王概《芥子園畫譜》卷三《人物屋宇譜・墻屋式》

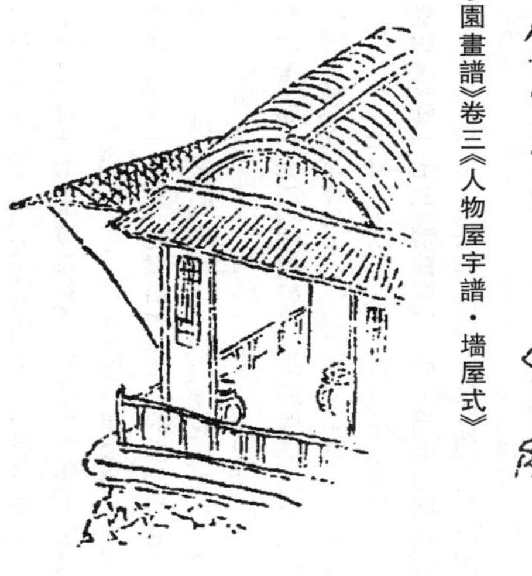

周壽昌《漢書注校補》卷五五　師古訓軒爲軒車，壽昌謂非也。帝時幸主家，豈無一室可尚衣而至於車中？且幸女子耶？案：本書《史丹傳》：天子自臨軒檻。注：軒檻，欄板也。凡殿堂前檐特起曲椽無中梁者。天子不御正座，而御平臺，曰臨軒。左思《魏都賦》：周軒中天。注：周軒，長廊有窗而周迴者。此軒中，主第旁室中也。

紀事

江萬里《宣政雜録·芝軒》　政和中，宗室士頓所居鈍軒，忽生白芝數本於梁棟上，因易名芝軒。賓客詠歌以爲和氣。次年，士頓死。又一年，賜所居入四聖觀，族衆散徙，蓋不祥也。壬寅春，太傅王黼賜第，有白芝生於正寢，附臥榻後屏風而出。又一本在廳事照壁上。隔六年，有戮身之禍。

范成大《吴郡志》卷一四《復軒》　復軒，在吴縣之黄村。處士章憲自作記，謂：葺先人之廬，治東廡之軒，以貯經史百氏之書，名之曰復，以警其學。其後圃又有清曠堂，詠歸、清閟、遐觀三亭，以慕古尚賢，各有詩。

岳珂《程史》卷一二《味諫軒》　戎州有蔡次律者，家于近郊。山谷嘗過之，延以飲。有小軒極華潔，檻外植餘甘子數株。因乞名焉，題之曰「味諫」。後王子予以橄欖遺山谷，有詩曰：方懷味諫軒中果，忽見金盤橄欖來。想共餘甘有瓜葛，苦中真味晚方回。時蓋徽祖始登極，國論稍還，是以有此句云。

陶穀《清異録》卷下《小魯軒》　宜春城中有堆阜，郡人謂之袁臺，地屬李致。致有文馳聲，衆築室於袁臺，取登東山而小魯之義，榜爲「小魯軒」。

祝穆《方輿勝覽》卷一四《江東路·建康府·軒榭·南軒》　南軒，在保寧寺。方丈旁有小屋，魏公開督府時，子讀書於此，號南軒。下有井，土人指爲建業水。曾景建詩：「劍磨驢膊倦征途，三歲南軒客寓居。建業水甘供日飲，波間亦有武昌魚。」

宋雷《西湖里語》卷二《清容軒》　清容軒，在郡城内慈感寺。元袁桷字伯長，號清容居士，嘗讀書於此，故名。倪思《慈感寺東軒》詩云：水花風葉暮蕭然，靄靄雲山帶暝煙。竚立東軒未能去，更看明月湧晴天。

王鏊《姑蘇志》卷三二《園池·萬玉清秋軒》　萬玉清秋軒在吴江同里鎮。元江南財賦司副使里人甯昌言之別墅。中有菊坡、梧桐、脩竹，揔謂之萬玉清秋華亭。繪士張可觀爲之圖。

彭大翼《山堂肆考》卷一七三《幽蘭軒》　軒在汝寧府治内。金義宗自歸德奔汝寧，以府治爲行宮。宋端平初，襄陽帥孟珙攻城甚急，義宗自盡於此軒。

彭大翼《山堂肆考》卷一七三《遺真軒》　軒在雷州西湖，近蘇公樓。元辛鈞詩：一家兄弟兩詩仙，同在蠻邦豈偶然。今日開軒見遺像，當時美政亦相聯。

彭大翼《山堂肆考》卷一七三《聽雪軒》　松江府龍門寺有聽雪軒。元楊維禎詩：老夫聽雪龍門寺，淅瀝霰鳴飄雪多。龍噴雨花天作瑞，象占雲葉氣生和。月明蟹過銀沙岸，風細魚沉玉海波。萬籟一空天地老，誰憐聲色墮婆娑。

彭大翼《山堂肆考》卷一七三《瑞榴軒》　邵武縣學内有瑞榴軒。宋時有石榴樹，士人觀其結實之數，以爲登科之驗。熙寧間結實頗大，是歲葉祖洽、上官均中在一二名。祖洽詩：已分桂葉争雲路，不負榴花結露枝。

彭大翼《山堂肆考》卷一七三《清節軒》　軒在嘉興府海鹽縣治内。宋紹興初，李益爲相，因名此軒。李正民詩：新種脩篁翠葉稠，凜然清節坐驚秋。官曹正類崔斯立，風味仍同王子猷。

彭大翼《山堂肆考》卷一七三《滴翠軒》　軒在蕪湖縣廣齋院，舊名檜軒。黄庭堅嘗讀書其間。郭祥正詩：青幢碧蓋儼天成，濕翠濛濛滴畫楹。禪客自陪千歲老，遊人時把一樽傾。

彭大翼《山堂肆考》卷一七三《待月軒》　軒在瑞州府行春門外大愚山。宋蘇轍謫筠州，舟行，偶登廬阜訪隱者，舉日月以喻性理。因悟其説，至筠作待月軒以自省，并記其事。

彭大翼《山堂肆考》卷一七三《帶經軒》　宋楊誠齋《帶經軒記》：楊子將闢軒于南溪之北涯，其地甚肥而美，可爲畦以蔬，而朝夕挾書于斯。一日，與客觀之，且誇其地。客曰：美則美矣，然今之人，目辨紅紫者，其心不能應答問之是非；手捉方圓者，其耳不能聽英莖之節奏。子于此乎書，則蕪子之蔬。子于此乎蔬，則蕪子之書。又焉召乎帶經而鋤？余曰：不然。書者，吾事蔬者，所以寓吾意也。故説者謂君子不當忘乎意。況畦而列之，横斜有徑，高下有陳，則君子宫庭壇宇也。種植有時，采掇有方，芬馨辛甘，有類有族，則君子之陳立經紀也。灌之溉之，由是得涵養之術；鋤之耰之，由是得脩慝之理。如是則荷鋤而趦趄，不害其爲書，帶經而囁嚅，不害其爲蔬。吾豈若樊遲哉規規然專務爲老圃之事，而董仲舒又爲不窺之勤。彼二子，所謂楚失而齊亦未爲得也。

《古今圖書集成・經濟匯編・考工典》第九二卷《軒部・清樾軒》 《廣信府志》：曾文清所居清樾軒，在廣教寺。曾侍郎逮詩云「開軒在獨園，繞屋得清樾。不知何年樹，殆爲今日設」是也。尋燬。又孔雀院横碧軒，亦文清所居，今亦廢。

《古今圖書集成・經濟匯編・考工典》第九二卷《軒部・友直軒》 《廣信府志》：溪南友直軒，宋諫議大夫尹穡所居。曾文清爲之名，而賦詩曰：友義喪來久，琢磨復誰能。直哉少稷甫，一室清於冰。危坐對書帙，曲几非所憑。物或亂真贋，君其別淄澠。攘羊而證父，是子烏足稱。所以貴温潤，不令見觚稜。要我細商略，此言有師承。按《宋史》：穡自謂半生養得許名，乃爲思退所誤，末路不終。深可悼惜。軒名友直，其猶在自好之時乎？

《古今圖書集成・經濟匯編・考工典》第九二卷《軒部・松石軒》 城中朱參政廷珍之第有軒，軒前古松蛟騰，怪石鵠峙。鄱陽周伯琦扁曰松石，爲詩曰：華軒貢秀萃雙清，石友松君宿締盟。鱗甲高騫風雨合，洞岩虚激珮環聲。平泉官暇閑游盼，緑野功成寄賞情。誰爲澄江修郡乘，好將勝迹播芳名。

《（雍正）湖廣通志》卷七七《古迹志・安陸府・鴻軒》 在縣北古城内。宋張耒謫居日建。其側植薔薇，後起倅黄州，臨别題詩云：單車又向黄州去，風月相望一嘆嗟。又在黄州云：他年若問鴻軒人，堂下薔薇應解語。

《（雍正）江西通志》卷三八《古迹一・瑞州府・東軒》 《豫章集》：温陵吕晉夫爲武寧縣，於其歲豐，民間新作東軒。

《（雍正）江西通志》卷三九《古迹二・吉安府・適軒》 《明一統志》：在安福縣清真觀，宋縣令李康成寓此。黄山谷詩：琳宫接叢霄，緑水連翠微。幽花露林薄，好鳥娱清暉。道人勤灑掃，令君每忘歸。

《（雍正）江西通志》卷四二《古迹・南安府・瑞露軒》 《明一統志》：在南康縣治，宋令陳廷傑有善政，甘露降於古松，因以名軒。

《（雍正）江西通志》卷六〇《古迹四・芮城縣・涼軒》 在縣治内，宋嘉祐間縣令吴郏建，河南李實作記。

《（雍正）陝西通志》卷七三《古迹第二・西安府・玉峯軒》 在興教寺北。松檜半原，地形高爽，南對玉案峯。宋元豐中，龍圖吕公祈禱太湫，道經是寺，登此崗南瞰玉案，令僧創是軒爲登眺之所。權長安令陳正舉爲之記。

《（乾隆）江南通志》卷三一《古迹二・蘇州府・復軒》 在吴縣黄村，處士章憲貯書之所。其後圃又有清曠堂，詠歸、清秘、遐觀三亭，各題以詩。

《（乾隆）江南通志》卷三一《古迹二・松江府・萬卷軒》 在福泉縣青龍江，元莊肅聚書其中。

《（乾隆）江南通志》卷三五《古迹六・廬州府・迴瀾軒》 在府南門外香花墩。有包孝肅拯祠，軒蓋爲公設也。

《（乾隆）浙江通志》卷三九《古迹一・杭州府上・此君軒》 嘉靖《於潛縣志》：舊名緑筠，東坡行縣題詩，後徙於縣治。宋寶慶初易名此君，在今儒學後軒。

《（乾隆）浙江通志》卷三九《古迹一・杭州府上・君子軒》 戴表元《張園玩月詩》序：元大德戊戌八月，合讌於君子軒之圃，圃主清河張楧仲實，其族子熇烈。客剡源戴表元、錢塘屠約、龍泉陳康祖、會稽王潤之、戴錫、嘉興顧文琛並集焉。

《（乾隆）浙江通志》卷三九《古迹一・杭州府上・樂清軒》 徐一夔《樂清軒記》：姑孰鄭君芳桂擢知錢塘，治其公署之東偏爲退食之所，顔之曰樂清。

《（乾隆）浙江通志》卷三九《古迹一・杭州府上・楝花軒》 舊《浙江通志》：去海寧縣五十里，環溪多楝，因以名溪。宋安化王之裔構數椽於上，明青田劉基署曰楝花軒。

《（乾隆）浙江通志》卷三九《古迹一・杭州府上・環緑軒》 嘉靖《海寧縣志》：在長安鎮環水。宋濂爲鎮人游氏賦云：水竹佳致，詩書雅懷。樂只君子，悠哉悠哉。

《（乾隆）浙江通志》卷三九《古迹一・杭州府上・石林軒》 乾道《臨安志》：在舊府治後。至和中，郡守孫沔建。初號燕思閣，又取臨安浄土寺立石七株置之閣前，蒼然奇怪，號七賢石。元祐中，郡守蒲宗孟改名石林軒。

《（乾隆）浙江通志》卷三九《古迹一・杭州府上・雙檜軒》 《海寧縣志》：在悟空塔前。蘇文忠公有雙檜詩。又有問牛軒，亦在塔前，鹽官令張昱有詩。

《（乾隆）浙江通志》卷三九《古迹一・杭州府上・聽雨軒》 咸淳《臨安志》：在府治中和堂後。景定五年，安撫劉良貴建，取東坡詩「中和堂後石楠樹，與君對床聽夜雨」之句爲名。

《（乾隆）浙江通志》卷三九《古迹一・杭州府上・萬玉軒》 《西湖游覽志》在石人嶺後時思薦福寺側，地近西溪，最多古梅，游河渚者必至焉。

《〔乾隆〕浙江通志》卷三九《古迹一·杭州府上·友梅軒》 劉基《友梅軒記》：臯亭之山有隱者，以友梅字其軒。環其居皆梅也。隱者王姓杲名。

《〔乾隆〕浙江通志》卷三九《古迹一·杭州府上·醉墨軒》 徐一夔《醉墨軒碣》：錢塘俞和子中所居，元至正時朝廷修宋遼金三史，行文浙江行省繕寫鏤版，屬子中校正。

《〔乾隆〕浙江通志》卷四三《古迹五·寧波府·餘軒》 戴表元《餘軒記》：程士安佐浙東元帥府，於明所居軒有餘地，種蔬以給。余名之曰餘軒。

《〔乾隆〕浙江通志》卷四三《古迹五·寧波府·朝暉軒》 嘉靖《奉化縣志》：趙孟頫、戴表元、黄溍聚講之所。凡戴、黄有作，趙書之。時稱三絶。今爲法華寺。

《〔乾隆〕浙江通志》卷四三《古迹五·寧波府·龍虎軒》 天啓《慈谿縣志》：在縣東普濟寺東岡。怪松踞危石，若龍虎狀。元豐中，令盛次仲有石刻詩。

《〔乾隆〕浙江通志》卷八八《驛傳上·長興縣·清風軒》 崇禎《長興縣志》：在縣治東崇仁坊。洪武六年知縣蕭洵建，以館往來使客。今廢。

藝文

柳宗元《柳宗元集》卷二八《永州龍興寺西軒記》 永貞年，余名在黨人，不容於尚書省。出爲邵州，道貶永州司馬。至則無以爲居，居龍興寺西序之下。余知釋氏之道且久，固所願也。然余所庇之屋甚隱蔽，其户北向，居昧昧也。寺之居，於是州爲高。西序之西，屬當大江之流；江之外，山谷林麓甚衆。於是鑿西墉以爲户，户之外爲軒，以臨羣木之杪，無不矚焉。不徙席，不運几，而得大觀。

夫室，嚮者之室也；席與几，嚮者之處也。嚮也昧而今也顯，豈異物耶？因悟夫佛之道，可以轉惑見爲真智，即羣迷爲正覺，捨大闇爲光明。夫性豈異物耶？孰能爲余鑿大昏之墉，闢靈照之户，廣應物之軒者，吾將與爲徒。遂書爲二：其一志諸户外，其一以貽巽上人焉。

杜牧《樊川文集》卷四《寄題甘露寺北軒》 曾上蓬萊宫裏行，北軒欄檻最留情。孤高堪弄桓伊笛，縹緲宜聞子晉笙。天接海門秋水色，煙籠隋苑暮鐘聲。他年會着荷衣去，不向山僧道姓名。

陳均《九朝編年備要》卷二八蔡京《保和殿曲燕記》 至玉真軒。軒在保和西南廡，即安妃粧閣。命使傳旨曰：「雅燕酒酣添逸興，玉真軒内看安妃。」詔臣賡補成篇，臣即題曰：「保和新殿麗秋輝，詔許塵凡到綺闈。」方是時，人自謂得見妃矣，既而但畫像掛西垣，臣即以詩謝，奏曰：「玉真軒檻暖如春，只見丹青未有人。月裏常娥終有恨，鑑中姑射未應真。」須臾，中使召臣至玉華閣，上手持詩曰：「因卿有詩，况姻家，自當見。」臣曰：「頃緣葭莩，已得拜望，故敢以詩請。」上大笑。妃素粧，無珠玉飾，綽約若仙子。臣前進再拜叙謝，妃答拜，臣又拜。

陸游《劍南詩稿》卷二四《小軒》 四面山如碧玉城，小軒聊得愜幽情。乍飛乳燕低無力，自落來禽静有聲。麟筆殘功成《水品》，蛇圖餘思入棋枰。閑中事業吾能了，未恨林廬送此生。

楊萬里《誠齋集》卷四四《清虚子此君軒賦》 吾友清虚子家有竹軒，命曰「此君」，誠齋楊某爲賦之：

客有問於清虚子曰：「昔者子猷愛竹，字之曰『此君』，謂此君一日之不可無，古之知竹者未有若子猷之勤者歟？」清虚子曰：「子猷可謂愛竹矣，知竹則未也。古之知竹者，其惟吾夫子乎？蓋嘗聞之，夫子適衛，公孫青僕。子在淇園，有風動竹，聞蕭瑟檀欒之聲，欣然忘味，三月不肉。顧謂青曰：『人不肉則瘠，不竹則俗，汝知之乎？』其詩曰『瞻彼淇奥，緑竹如簀』，『言念君子，温其如玉』。吾乃今知竹之所以清，武公之所以盛也。蓋君子於竹比德焉。汝視其節凛然而孤也，所謂『直哉史魚，邦有道如矢』者歟？汝視其貌頎然而臞也，所謂『伯夷叔齊餓於首陽之下，民到於今稱之』者歟？汝視其中洞然而虚也，所謂『回也其庶乎屢空』，『有若無』者歟？故古之知竹者，其惟夫子乎？子猷非知竹者也。」客曰：「甚哉，清虚子之言似夫子也！敢賀此君，從陳蔡者皆不及門，君何修何飾，乃得與四子而同席乎？願堅晚節於歲寒，以無忘夫子之德。」

文天祥《文山全集》卷一〇《跋吕元吉先人介軒記後》 巽齋先生曰：「徂徠石先生名介，質肅唐公名介，鄭公俠字介夫，半山老人字介甫。凡有取乎介者，其人必可觀也。」予嘗評之：徂徠之介爲孤峭，質肅之介爲直方，鄭公之介爲敢决，荆公之介爲執拗。三公之介純於天資，荆公之介雜於客氣，介則一，而其所以介則不同也。予獨悲夫强辨堅忍，虚名僞行，介甫以誤於其君，以厲於其時。

至今天地易位，人極不立，皆此介之流也。徂徠不得爲諫官，唐公爭新法不勝，發憤死；鄭以一跌，碌碌州縣，不復能自振迅。介，美德也，三公得其純，坎坷於當世。彼其角血氣之私，竊名譽之盛，而遺毒迨今日而未已。嗚呼！僞行之誤人，而直道之難行，久矣。吕元吉之先人名介軒。予不及識其人，諸君品題，類以爲言和而行果，色温而氣剛。然則是介也，視前三君子有光焉。然君止於布衣，懷其耿耿，不見於用，則君之所遇又爲不幸者。雖然，介在我，幸不幸在天，吾求無作乎本心可矣，何外物之較？風氣淺薄，其能刻厲矯揉，以竊毅然丈夫之名者已不多見。若夫以直自懟，而毁方爲圓，以就外物者多矣，外物卒不可得，而本心空自喪失，是則介軒之罪人也。元吉重念之哉！

蘇轍《欒城集》卷二四《待月軒記》 昔予遊廬山，見隱者焉，爲予言性命之理曰：「性猶日也，身猶月也。」予疑而詰之。則曰：「人始有性而已，性之所寓爲身，天始有日而已，日之所寓爲月。日出於東。方其出也，物咸賴焉。有目者以視，有手者以執，有足者以履，至於山石草木亦非日不遂。及其入也，天下黯然，無物不廢，然日則未始有變也。惟其所寓，則有盈闕。一盈一闕者，月也。惟性亦然，出生入死，出而生者，未嘗增也，入而死者，未嘗耗也，性一而已。惟其所寓，則有死生。一生一死者身也。雖有生死，然而死此生彼，未嘗息也。身與月皆然，古之治術者知之，故日出於卯，謂之命，月之所在，謂之身。日入地中，雖未嘗變，而不爲世用。復出於東，然後物無不睹，非命而何？月不自明，由日以爲明。以日之遠近，爲月之盈闕，非身而何？此術也，而合於道。世之治術者，知其説不知其所以説也。」

予異其言而志之久矣。築室於斯，闢其東南爲小軒。軒之前廓然無障，幾與天際。每月之望，開户以須月之至。月入吾軒，則吾坐於軒上，與之徘徊而不去。一夕舉酒延客，道隱者之語，客漫不喻曰：「吾嘗治術矣，初不聞是説也。」予爲之反復其理，客徐悟曰：「唯唯。」因志其言于壁。

蘇轍《欒城集》卷二四《東軒記》 余既以罪謫監筠州鹽酒税，未至，大雨。筠水泛溢，蔑南市，登北岸，敗刺使府門。鹽酒税治舍，俯江之漘，水患尤甚。既至，敝不可處。乃告於郡，假郡使者府以居。郡憐其無歸也，許之。歲十二月，乃克支其攲斜，補其圮缺，闢聽事堂之東爲軒，種杉二本，竹百個，以爲宴休之所。

然鹽酒税舊以三吏共事，余至，其二人者，適皆罷去，事委於一。晝則坐市區，鬻鹽沽酒税豚魚，與市人爭尋尺以自効；莫歸，筋力疲廢，輒昏然就睡，不知夜之既旦；旦則復出營職，終不能安於所謂東軒者。每旦暮出入其旁，顧之，未嘗不啞然自笑也。

余昔少年讀書，竊嘗怪以顔子簞食瓢飲，居於陋巷，人不堪其憂，顔子不改其樂。私以爲雖不欲仕，然抱關擊柝，尚可自養，而不害於學，何至困辱貧窶自苦如此。及來筠州，勤勞鹽米之間，無一日之休。雖欲棄塵垢，解羈縶，自放於道德之場，而事每劫而留之。然後知顔子之所以甘心貧賤，不肯求斗升之禄以自給者，良以其害於學故也。

嗟夫！士方其未聞大道，沉酣勢利，以玉帛子女自厚，自以爲樂矣。及其循理以求道，落其華而收其實，從容自得，不知夫天地之爲大，與死生之爲變，而況其下者乎！故其樂也，足以易窮餓而不怨，雖南面之王不能加之，蓋非有德不能任也。余方區區欲磨洗濁汙，睎聖賢之萬一，自視缺然，而欲庶幾顔氏之福，宜其不可得哉？若夫孔子周行天下，高爲魯司寇，下爲乘田、委吏，惟其所遇，無所不可。蓋彼達者之事，而非學者之所望也。

余既以讁來此，雖知桎梏之害，而勢不得去，獨幸歲月之久，世或哀而憐之，使得歸復田里，治先人之敝廬，爲環堵之室而居之。然後追求顔氏之樂，懷思東軒，優游以忘其老，然而非所敢望也。

曾鞏《元豐類稿》卷二七《南軒記》 得鄰之苐地，蟠草樹竹木，灌蔬於其間，結茅以自休，囂然而樂。世固有處廊廟之貴，抗萬乘之富，吾不願易也。

人之性不同，於是知伏閑隱隩，吾性所最宜。驅之就煩，非其器所長，況使之爭於勢力、愛惡、毁譽之間邪？然吾親之養無以修，吾之昆弟飯菽藿羹之無以繼，吾之役於物，或田於食，或野於宿，不得常此處也，其能無焰然於心邪？少而思，凡吾之拂性苦形而役於物者，有以爲之矣。士固有所勤，有所肆識，其皆受之於天而順之，則吾亦無處而非其樂，獨何必休於是邪？顧吾之所好者遠，無與處於是也。然而六藝百家史氏之籍，箋疏之書，與夫論美刺非，感微託遠，山鑱冢刻，浮誇詭異之文章，下至兵權、曆法、星官、樂工、山農、野圃、方言、地記、佛老所傳，吾悉得於此，皆伏羲以來，下更秦漢至今，聖人賢者魁傑之材，殫歲月，憊精思，日夜各推所長，分辨萬事之説，其於天地萬物，小大之際，修身理人，國家天下治亂安危存亡之致，無不畢載。處與吾俱，可當所謂益者之友非邪？

吾窺聖人旨意所出，以去疑解蔽，賢人智者所稱事引類，始終之概以自廣，養吾心以忠，約守而恕行之。其過也改，趨之以勇，而至之以不止，此吾之所以求於内者。得其時則行，守深山長谷而不出者，非也。不得其時則止，僕僕然求行其道者，亦非也。吾之不足於義，或愛而譽之者，過也。吾之足於義，或惡而毀之者，亦過也。彼何與於我哉？此吾之所任乎天與人者。然則吾之所學者雖博，而所守者可謂簡，所言雖近而易知，而所任者可謂重也。

書之南軒之壁間，蚤夜覽觀焉，以自進也。南豐曾鞏記。

胡聘之《山右石刻叢編》卷一七李元儒《潞公軒題記》 太師潞國文公，昔宰翼城，修河亭於聽事之後，親書歲月，榜於屋極。後人更以國爵名軒。以曆推之，天聖六年歲在戊辰，越政和七年丁酉，凡九十年矣。閲日雖久，真蹟尚完。謹勒於石，以傳不朽。三月二十一日，承議郎、知縣事李元儒書。

趙秉文《滏水集》卷二《拙軒賦》 宣撫移剌公築室于私第，榜之曰「拙軒」。以告閒閒居士曰：余有拙病，似愚而强。矯矯亢亢，踽踽涼涼。人皆喜圓，己獨喜方。將適東溟，顧登太行。將之暘谷，反走寒鄉。鬼笑揶揄，人怒中傷。神醫不能療，蓍蔡不能詳。且子以爲何如可愈而康也？居士曰：拙者自拙，吾不知其短；巧者自巧，吾不知其長。或善宦而九卿，或白首而潛郎。以俗觀之，有窳有良。以道觀之，孰否孰臧。較榮枯於瞬息，等一夢於黄粱。神龜曳尾，大勝刳腸。漢陰抱甕，焉知泆湯。蜂以蜜而割，蚌以珠而戕。錮桓山之石，豈若鶉衣之負朝陽。憶上蔡之犬，何如羊裘之釣滄浪。天道茫茫，何有何亡。老龜不爛，禍延枯桑。魯酒味薄，邯鄲被殃。吉凶無眹，智不能量。鄙夫自私，蝨處裩襠。達人大觀，物我兩忘。縱心浩然，與道翱翔。言未既，公笑曰：予病良已，謝夫子之愈膏肓也。

蒲道源《閒居叢稿》卷一《雪軒賦》 延祐四年，余與牛君楚臣同官於翰林國史院，始獲相識。君京師人，宰相知其賢而有文，以白衣辟用，授國史院編修官，未幾求去。余私謂從君游者檢閲宋文郁曰：「第語牛先生，云：『今司文柄者徒欲得君之賢，以爲此職非責以朝夕奔走期會，姑少留得俸金以給饘粥可乎？』」文郁以告，君曰：「蒲之意甚厚，然吾以早衰不能勉强，非不樂此職也。但食人之食而不事其事，吾不爲也。」遂決辭。余聞之，深有愧其言。暨余承乏國學，君使人持《雪軒卷》求余序引，余竊思：君之取義於雪，其必有深意焉。今試以君平昔觀之，則夫雪之皓然一色，皎而不污者，庸非君之潔乎？其掩穢覆瑕者，庸非君之有容乎？其倏然而集，忽爾而釋，與時變化者，庸非君之出處乎？若夫爲秾麰之瑞，則君之孜孜講學以善及人者，可知矣！至如天葩繽紛，匪雕匪刻，作正疏密，飛舞之態，而其文章之妙，天機所到，非有意而爲之者似焉。宜君之以雪名軒，而識者亦以爲然也。向所謂賢而有文，與其翻然而去，不以窮達累其心者，於茲而益信。噫！君子樂道人之善而欲播於歌詠者，觀此有以識其大方云。既以爲之序，又從而賦之：

牛君楚臣，以雪名軒。太常陳子，悉著于篇。而又徵文於余也，余掇取陳子之所棄者以爲言。方其玄冥用事，白晝將夕。嚴風乍止，同雲坌集。天花散墜，彌望如一。飄然而入吾之户，忽爾而縞吾之室。余乃掩關退處，蟄坏其居。蕭蕭騷騷，鳴吾竹窗之紙；皎皎潔潔，映吾棐几之書。悦虛白之漸生，渺俗慮之絶無。當此時也，或倚團蒲以聽其聲，或據槁梧以觀其色。神魂灑然而昭蘇，肝膽以之而瑩澈。如生乎鴻濛之世，彝澆風之懸隔。如獨立萬物之表，蜕垢氛而超邈。此伯夷采薇於西山，求仁而有得。而顔子躬四勿之訓，已私之盡克之時也歟。噫！微斯人，而與言啜茗，飲以冲默。

袁桷《清容居士集》卷一《榕軒賦》 南粤之區，温風戛摩。積炎吹雲，流金爲波。少負老息，盼兹庭柯。爰有弱木，攀緣嘉生。連理纚結，附枝膏凝。蔭旋萬牛，廣容專城。千柱承宇，百尋傲空。翬焉莫争，希賢同風。長與少殊，如昂如顛。溜微生於一髮，寄豐壤而敷茸。詎擁腫以丐全，眇頽波之容容。厥類滋夥，其名曰榕。東魯先生見而笑之，曰：「目無常形，嫫毋以爲能；耳無常聲，折楊以爲清。美醜相乘，孰完其生。眷兹連蜷，棄諸同辭。薪者鄙之，斲者訾之。輪者絶之，器者揮之。夫好惡不齊，莫與之争，吾何行焉？」舉觴以噫，噫極而歌。歌曰：「木之詵詵，匪委佗兮。木之萋萋，匪婆娑兮。巧爲彼矢，名爲彼戈。徂徠維松，新甫維柏。奈何奈何！」客有踵門而言曰：「議物産者必以良。舍所用而求無用，將安所嚮？」先生曰：「多謀者神泣，多才者形傷。維彼阻窮，百虐備嘗。蔚然以修，充然以光。四海立賢，勿云其方。窮髮之北，殆將駭兮。榕兮榕兮，吾以爲楷兮。」

戴表元《剡溪集》卷二一《静軒賦》 東平閻公，名其居「静軒」，剡源戴表元爲之賦曰：

世有欲静者問於其師，其師教之以學坐。蓋屏居久之，能安於足，而不能安於饑窮之水火。於是教之以學默。又絶語久之，能忘於口，而不能忘愛憎之荆棘。於是教之以息交，則不能蟄穴而棲巢；教之以寡求，則不能餐松而飲流。

故嵇叟以慕仙傷生，楊卿以忤物招咎。暗雁先盡，柔木速折。惡影者走而滋多，逃聲者除而愈有。嗚呼悲夫！事有適至，理有固然。子不觀於空洞渺没、滄溟之淵，方其決陰谷，瀉層巔，經蒼莽而始激，觸縈紆而彌喧。迨至乎鉅海，則沈沈湛湛，人莫測其虧全。又不觀於寒暑陰陽四時之去來，前者誰挽，後者誰推，但見河漢烏飛而兔走，草木實落而花開。人之營營，與識俱生。識步而馳，識取而争；窮血氣之所趨，雖賢愚而同情。惟夫大静之士，得智遺智，居名避名，用能玩外物若蟬蜕，戲世好爲孩嬰。時然後出，不得已於出，則山摇而嶽動；時然後處，不得已於處，則鵠峙而鸞停；時然後默，不得已而默，則風收而霆息；時然後語，不得已而語，則玉振而金聲。彼沾沾之小夫，與硜硜之俗子，勺水盈縮，杯羹愠喜。間有聞蘇門而習歗，望箕山而結軌，豈不賢於其徒語諸大人先生之門，是猶過蓬萊而談海市也。

《〔民國〕光福志》卷五高巽志《耕漁軒記》 古者民有恒産，咸食其力而已，故農者服田而勤穡，商者交易而懋遷，工者利器而效役，雖勞而勿怨也，雖羡而弗輟也。果怨而輟，何以獨善其身哉？惟士則不然，學成于己，行孚于人，其大而用天下，小而爲天下用，無不可者。苟得其位，則天地日星之運行，以之而有常；華嶽江海之流峙，以之而得宜。其發於事業，可謂盛矣。故萬鍾之禄，不足爲其富；百里之封，不足爲其貴；而農工商之民，不足以班之也。雖然，弗際可爲之時，固不能行其道；弗得大有爲之君，亦不能成其功。是以豪傑奇偉之士，有潛身於農者，寄跡於工商者，寧藏器而有待，没世而不悔也。噫！豈非士之不遇者。吴人徐君良夫，世家笠澤之陂，慕學無所不讀，凡往古之成敗污隆，人物之是非得失，莫不周知有愈，叩而不窮。其爲人平易而坦夷，尊賢而好禮，弗矯激以干名，弗姱婾以趨利。予得而友之。一日，造予曰：「不肖生居山澤，躬耕以具簞食，無所仰給于人，遭時乂寧，野無螟螣之災，鄉無桴鼓之警，官無徵召之役，穫于田而觀黍稷之斂穧，緡于水而遂鱣鮪之涪湛，而又暇日挾册以學，思古人之微以適于道，吾於是充然而有餘，囂然而自得，怡然以盡夫修年而無所覬覦矣。因名居室曰耕漁，所以寓吾志也，敢求文以爲記。」予聞而歎曰：「士之抱璞藴賢，固不欲自售于世，亦不可遺世而弗顧也。苟振耀一時，而事業不足以堪之，又不若獨善而食其力也。以君之才，而所志如此，抑豈有待而然歟？」蓋士必有待，然後能有所立，何獨徐君也哉！是爲記。時至正廿一年五月。

貝瓊《清江貝先生文集》卷四《筆議軒記》 瓊從鋉崖楊公在錢唐時，公讀遼、金、宋三史，慨然有志取朱子義例，作《宋史綱目》，且命瓊曰：「宋南北三百年間，載籍視前代尤繁，爾及諸門生當與吾共成之。」瓊因告曰：「孔子作《春秋》，雖據舊史，而十二公之事，有得於見聞及傳聞之辭，故筆削褒貶，一斷於心，而垂法萬世。今生百年之後，而欲竄定百年之前，宜不易也。昔歐陽子居史館，嘗論本朝之史，有可書而不得書，有欲書而不敢書。史官務脩前事，不及詳於見聞。而趙元昊自僭叛至稱臣一事不書，他可知矣。由是觀之，當時君臣善惡功過廢置百事，關大體者，舉不得直書爲勸戒，乃據以定褒貶，惡敢犯天下不韙之罪哉？」公以爲然，且曰：「考之書，質之人，當必爲之。」尋值兵變，流離散處，閲十五年，復會于雲間，公又曰：「吾《宋史綱目》已有成書，中又有可論者，未敢出也。」嗚呼！公之學下上古今，貫穿百家，其論事直而不詭，足以追遠遷、董，而其慎重如此。一日，何溪彭宗璉氏過瓊清江讀書所，求記所謂筆議軒者。而公且以宋太祖之禍爲趙普之罪，高宗不復中原爲張濬之罪，以至韓通、李筠、李重進以下凡五十餘人悉授之，俾有所論焉。因觀所著，則皆祖於龍川、水心，而其言鑿鑿，合於人心天理之正，使死者復生，亦不爲過。可見其爲有識之士，而權衡素定於胸中，故敢爲予之所不敢爲也。龍川論唐己未、庚申之變，太宗忍於同氣，此天實爲之，而非其過，可謂曲文其短，而乖於誼。宗璉於建隆二年杜后疾革一事，不特誅后私其所出，且誅太祖不知公義，趙普無忠告之言，君子固無以易之。俟其全書既出，獲盡觀前古得失之大義，豈非幸歟！雖然，天禍人刑，亦作史者所畏，蓋必有如歐陽子所陳者，宗璉其戒之哉！故樂爲之記，而首舉其與公前所言者云。

劉基《誠意伯文集》卷六《棣蕚軒記》 至正四十年春二月，予以事至蕭山，過故人包與善，留舍于其棣蕚之軒。明日，予還居越，無何，與善以書來言曰：大同之先，舊爲山陰人，今徙家蕭山三世矣。先人一身無兄弟，而大同之兄弟五人。先人因以棣蕚名其軒。且卒，遺命無負吾所以命名之意。願先生爲我記之。按棣蕚之義，出自《小雅》。周公不幸，遭管蔡之變，故作《棠棣》之詩，極天下之人情，以致儆于世之爲兄弟者。今包君之命其軒，不亦遠哉？夫兄弟，一氣之分也。兄弟不親，亂之本也。雖有家室，將焉保之？先王之教不行，此義不明於人心久矣。血氣之欲，流爲忿争，簞食豆羹，不能相讓。由是干戈尋於門庭，闘鬩作於户牖。然後手足化爲豺狼，而人道絶矣。夫父母之生子，無不願其人人昌且熾也。父母没，而兄與弟不相容，死者之目，其不瞑於地下矣。包氏兄弟能無忘其先人，取詩人之旨，而服膺焉。去其所戒，而敦其所勸，使祖考慰于上，而子孫法于下。吾見其世澤之未艾而方隆也。昔者，湯以「日新」銘其盤，武王以「敬義」書其几杖器用，朝夕見之，以啓其心，迪其德，學聖人者師焉。然則茲軒之扁，當無愧于古人矣。吾子勗哉！

王守仁《王陽明全集》卷一九《思歸軒賦》　陽明子之官於虔也，廨之後喬木蔚然。退食而望，若處深麓，而遊於其鄉之園也。構軒其下，而名之曰思歸焉。

門人相謂曰：「歸乎？夫子之役役於兵革，而没没於徽纆也。而靡寒暑焉，而靡昏朝焉，而髮蕭蕭焉，而色焦焦焉。雖其心之固囂囂也，而不免於呶呶焉，嘵嘵焉，亦奚爲乎？槁中竭外而徒以勞勞，焉爲乎哉？且長谷之迢迢也，窮林之寥寥也，而耕焉，而樵焉，亦焉往而弗宜矣。夫退身以全節，大知也；斂德以亨道，大時也；怡神養性以遊於造物，大熙也；又夫子之夙期也。而今日之歸，又奚以思爲乎哉？」則又相謂曰：「夫子之思歸也，其亦在陳之懷歟？吾黨之小子，其狂且簡。倀倀然若瞽之無與偕也。非吾夫子之歸，孰從而裁之乎？」則又相謂曰：「嗟乎！夫子而得其歸也，斯士之人爲失其歸矣乎？天下之大也，而皆若是焉。其誰與爲理乎？雖然，夫子而得其歸也，而後得於道，惟夫天下之不得於道也。故若是其貿貿。夫道得而志全，志全而化理，化理而人安。則夫斯人之徒，亦未始爲不得其歸也。而今日之歸，又奚疑乎？而奚以思爲乎？」

陽明子聞之憮然而歎曰：「吾思乎！吾思乎！吾親老矣。而暇以它爲乎？雖然，之言也，其始也吾私焉，其次也吾資焉，又其次也吾幾焉。」乃援琴而歌之。歌曰：歸兮歸兮！又奚疑兮！吾行日非兮，吾親日衰兮，胡不然兮！日思予旋兮，後悔可遷兮。歸兮歸兮，二三子之言兮。

瞿佑《剪燈新話》卷二《滕穆醉遊聚景園記》　延祐初，永嘉滕生名穆，年二十六，美風調，善吟詠，爲衆所推許。素聞臨安山水之勝，思一游焉。甲寅歲，科舉之詔興，遂以鄉書赴薦。至則僑居涌金門外，無日不往來于南北兩山及湖上諸刹，靈隱、天竺、淨慈、寶石之類，以至玉泉、虎跑、天龍、靈鷲。石屋之洞，冷泉之亭，幽澗深林，懸崖絶壁，足跡殆將徧焉。七月之望，于麯院賞蓮，因而宿湖，泊舟雷峯塔下。是夜，月色如晝，荷香滿身，時聞大魚跳躑于波間，宿鳥飛鳴于岸際。生已大醉，寢不能寐，披衣而起，遶堤觀望，行至聚景園，信步而入。時宋亡已四十年，園中臺館，如會芳殿、清輝閣、翠光亭皆已頹毀，惟瑶津西軒巋然獨存。生至軒下，憑欄少憩。俄見一美人先行，一侍女隨之，自外而入，風鬟霧鬢，綽約多姿，望之殆若神仙。生于軒下屏息以觀其所爲。美人言曰：「湖山如故，風景不殊，但時移世換，令人有黍離之悲耳！」行至園北太湖石畔，遂詠詩曰：

湖上園亭好，重來憶舊游。徵歌調玉樹，閲舞按梁州。徑狹花迎輦，池深柳拂舟。昔人皆已殁，誰與話風流！

黄宗羲《明文海》卷三三一桑悦《獨坐軒記》　予爲西昌校官，學圃中築一軒，大如斗，僅容臺椅各一，臺僅可置經史數卷，賓至無可升降，弗肅以入，因名之曰獨坐。予訓課暇，輒憩息其中，上求堯、舜、禹、湯、文、武、周公、孔子之道，次窺關、閩、濂、洛數君子之心，又次則咀嚼左傳、荀卿、班固、司馬遷、揚雄、劉向、韓、柳、歐、蘇、曾、王之文。更暇，則取秦漢以下古人行事之迹，少加褒貶，以定萬世之是非。悠哉悠哉，以永終日。軒前有池半畝，隙地數丈，池種芰荷，地雜植松檜竹柏，予坐是軒，塵坌不入，胸次日拓。又若左臨太行，右抉東海，而蔭萬間之廣厦也。且坐惟酬酢千古，遇聖人則爲弟子之位，若親聞訓誨；遇賢人則爲交遊之位，若親投膝而語；遇亂臣賊子，則爲士師之位，若親降誅罰于前；坐無常位，接無常人，日覺紛挐糾錯，坐安得獨。雖然，予之所紛挐糾錯者，皆世之寂寞者也。而天壤之間，坐予坐者寥寥，不謂之獨，亦莫予同。作獨坐軒記。

方孝孺《遜志齋集》卷八《友筠軒賦》　惟青青之玉立，俯漪漪之軒構。憩樂矣之幽情，處蔚然之深秀。蒼雪灑乎涼飈，緑陰蔽乎清晝。春之時也，暖律乍起，和氣方剛。對穆穆之龍孫，列斑斑之鵷行。風節持以雅素，體質直而端莊。其夏色也，南薰解籜，丹鳳來儀。香馥累累而貝簇，密葉重重而翠圍。笙簧弭乎節奏，佩玉鳴乎參差。眄佳麗以褒雄，據静便而伏雌。若一塵不到之際，萬事脱羈之辰，渭川致乎斯景，黄岡寓乎此身。風徐來而韶合，雨初歇而香勻。至若色侵書帙，涼溢芳樽，日穿漏以噀金，水環迴而啾銀。座擁碧筒之杯，地敷翡翠之裀。或彈棋而雅歌，或解衣而脱巾，或焚香而啜茗，或聯句而頂真。固平生以足樂，雖百罰而弗醺。越若秋之與冬，金氣肅兮萬木凋，玄冥降兮羣陰驍。履霜兮冰將至，摧枯拉朽兮焉逃。稟抗雪之英姿，健凌雲之高標。或强董宣之項，或折陶潛之腰，或簇白雲之調，或作重華之韶。既不婉以不麗，亦弗矜而弗驕。世上有玉堂之貴，此豈無甕牖之安？乃緩步以當車，復謝崇而慕閑。彼將聽晨鷄而拜楓陛，此獨咀明霞而扃柴關。忘情於漢庭之寵，避世於商陽之山。至於侶魚蝦而友麋鹿，豈復對隆準而瞻龍顔。采玉芝於蒼烟之表，洗兩耳於清溪之灣。

然而清則清矣，未有得兹軒之真樂者也。辭曰：「清清兮歲寒之心，温温兮琳琅之音，君子居之兮實獲我心。正俟命兮履薄臨深，君子處兮慨古傷今。古人汩汩兮誰爭。子所蔬一器兮酒一觴。樂以忘憂兮歲月長。羌彼五陵豪富兮，乃積乃倉。朝重白璧兮，暮手秕糠。松花飯兮荷葉衣，聵兩耳兮遠是與非。朝其游兮暮而歸，安得從子兮其樂有餘。」

歸有光《震川先生集》卷一七《項脊軒志》　項脊軒，舊南閣子也。室僅方丈，可容一人居。百年老屋，塵泥滲漉，雨澤下注，每移案，顧視無可置者。又北向，不能得日，日過午已昏。余稍爲修葺，使不上漏；前闢四窗，垣墻周庭，以當南日，日影反照，室始洞然。又雜植蘭桂竹木于庭，舊時欄楯，亦遂增勝。借書滿架，偃仰嘯歌，冥然兀坐。萬籟有聲，而庭階寂寂，小鳥時來啄食，人至不去。三五之夜，明月半墻，桂影斑駁。風移影動，珊珊可愛。然予居于此，多可喜，亦多可悲。

先是，庭中通南北爲一。迨諸父異爨，内外多置小門墻，往往而是。東犬西吠，客逾庖而宴，鷄棲于廳。庭中始爲籬，已爲墻，凡再變矣。家有老嫗，嘗居于此。嫗，先大母婢也。乳二世，先妣撫之甚厚。室西連于中閨，先妣嘗一至，嫗每謂予曰：「某所，而母立于兹。」嫗又曰：「汝姊在吾懷，呱呱而泣。娘以指扣門扉曰：『兒寒乎？欲食乎？』吾從板外相爲應答。」語未畢，余泣，嫗亦泣。

余自束髮讀書軒中。一日，大母過余曰：「吾兒，久不見若影，何竟日默默在此，大類女郎也？」比去，以手闔門，自語曰：「吾家讀書久不效，兒之成，則可待乎？」頃之，持一象笏至，曰：「此吾祖太常公宣德間執此以朝，他日汝當用之。」瞻顧遺迹，如在昨日，令人長號不自禁。

軒東故嘗爲廚，人往，從軒前過。余扃牖而居，久之能以足音辨人。軒凡四遭火，得不焚，殆有神護者。

項脊生曰：蜀清守丹穴，利甲天下，其後秦皇帝築女懷清臺。劉玄德與曹操爭天下，諸葛孔明起隴中，方二人之昧昧于一隅也，世何足以知之？余區區處敗屋中，方揚眉瞬目，謂有奇景。人知之者，其謂與坎井之蛙何異！

余既爲此志，後五年，吾妻來歸。時至軒中，從余問古事，或憑几學書。吾妻歸寧，述諸小妹語曰：「聞姊家有閣子，且何謂閣子也？」其後六年，吾妻死，室壞不修。其後二年，余久卧病無聊，乃使人復葺南閣子，其制稍異于前。然自後余多在外，不常居。庭有枇杷樹，吾妻死之年所手植也，今已亭亭如蓋矣。

王禕《王忠文集》卷九《緯蕭軒記》　丹丘子僑居秦淮之上，結屋三楹間，制甚僕陋，蓋不用瓦而織荻爲簟，覆其上以蔽雨。屋之四傍爲屏障者，皆是物也。他日臨江君造焉，笑曰：「是豈莊周氏所謂緯蕭者乎？以此爲屋，殆貧賤者之居爾。子顧安之，盍遂以爲軒名也？」丹丘子走見金華生曰：「臨江君之名吾軒也，近取諸物，誠亦稱矣。抑君子居室之義，未之聞也。先生盍有以言我之意哉？」金華生矖然良久，乃謂之曰：「若知之乎？君子之爲居也，不飾於物，不累於俗，苟安其身焉，斯可矣。彼世之貴富者，我知之矣。廣宇渠渠，隆棟巍巍，藻棁而文楣，綺疏而錦帷，於是乎其居之也。志肆而神怡，若是者誠亦足樂矣。然孰知樂者哀之媒，侈者禍之基，不旋踵間覆亡而滅夷者，往往而是也。彼所藉以爲樂者，吾見其爲桎梏鞫羈而已耳，曾足歆豔乎？唯君子也不然。環堵之區，方丈之室，茅茨不翦，蕙藥是飾。蓬户甕牖，無異乎瑣牕罘罳也；木榻菅席，不殊乎重茵氍毹也。若是者何也？吾之心與理一，吾之身與道一。物不能以誘之，俗不能以變之，故常熙熙焉，休休焉。其處之若浮，其行之若游，人見其有所不堪也，而不知其可以樂也。彼貴富人之所爲樂者，果可以同日而語之哉？今吾子之居也，固君子之所爲居也。充是以往，安之能終身焉，爲樂殆不可言矣，尚曷以余言爲。抑吾聞之，古有至人者，其四爲居也，以亡何有爲鄉，以太虛爲家，視天地猶蘧廬也，八紘之遠，猶我户我闥也，吾子倘有意居於彼乎？子苟舍此而居於彼也，將吾有日乘成以相從，未爲晚矣。」丹丘子謝曰：「先生之言，其造於理矣。」於是筆之以記其軒。丹丘子者，王復本；臨江君者，練伯上；金華生，王禕子充也。

袁枚《小倉山房文集》卷二九《所好軒記》　所好軒者，袁子藏書處也。袁子之好衆矣，而胡以書名？蓋與羣好敵而書勝也。其勝羣好奈何？曰：袁子好味，好色，好葺屋，好遊，好友，好花竹泉石，好圭璋彝尊、名人字畫，又好書。書之好，無以異於羣好也。而又何以書獨名？曰：色宜少年，食宜飢，友宜同志，遊宜晴明，宫室花石古玩宜初購，過是欲少味矣。書之爲物，少壯老病，飢寒風雨，無勿宜也，而其事又無盡，故勝也。雖然，謝衆好而暱焉，此如辭狎友而就嚴師也，好之僞者也。畢衆好而從焉，如賓客散而故人尚存也，好之獨者也。昔曾晳嗜羊棗，非不嗜膾炙也。然謂之嗜膾炙，曾晳所不受也。何也？從人所同也。余之他好從同，而好書從獨，則以所好歸書也固宜。余幼愛書，得之苦無力。今老矣，以俸易書，凡清祕之本，約十得六七。患得之，又患失之。苟患失之，則以「所好」名軒也更宜。

雜録

南卓《羯鼓録》　嘗遇二月初，詰旦，巾櫛方畢，時當宿雨初晴，景色明麗，小殿内庭，柳杏將吐，覩而嘆曰：「對此景物，豈得不爲他判斷之乎？」左右相目，將命備酒，獨高力士遣取羯鼓，上旋命之，臨軒縱擊一曲，曲名《春光好》，上自製也。神思自得。及顧柳杏，皆已發拆，上指而笑謂嬪御曰：「此一事，不喚我作天公可乎？」嬪御侍官皆呼萬歲。

蘇軾《東坡志林》卷四　陶靖節云：「倚南窗以寄傲，審容膝之易安。」故常欲作小軒，以容安名之。

釋文瑩《玉壺野史》卷一〇　江南李建勳構一竹軒，置四器其中，榜曰「四友軒」：以琴爲嶧陽友；以磬爲泗濱友；南華經爲心友；湘竹簟爲夢友。果遂閒曠，五年而卒。江南之佳士也。

蔣一葵《長安客話》卷六　來青軒五楹，檻楯外垣以磚甓。下臨絶壑，玉泉諸峯按伏其前，朱殿撰之蕃題楹云：「恐壞雲根開地窄，愛看山色放牆低。」憑欄東望盡挹山川之秀。若流憇亭不及來青遠甚，然仰視山巔，高插雲漢，亦奇境也。至寒泉亭，斯可有無矣。來青軒之前兩腋，皆疊嶂環列。賓軒爲金章宗祭星臺。其西南道上章宗經此，有松密覆，因呼爲護駕松。

于敏中等《日下舊聞考》卷五三《城市内城·西城四》　浄業寺門臨水岸，去水止尺許。其東有軒，坐蔭高柳，荷香襲人，江南雲水之勝無以過此。

王頌蔚《明史考證捃逸》卷一九　按：王世貞所撰傳，居正所坐步輿，前重軒，後寢室，旁翼兩廡，廡各立一童子，左右侍揮箑炷香，凡用卒三十二舁之。

堂部

題解

許慎《説文解字》卷一三下《土部》 堂，殿也，从土，尚聲。徒郎切。

《釋名》卷五《釋宮室》 堂，猶堂堂高顯貌也。

徐堅《初學記》卷二四《堂第七》 《釋名》曰：堂，謂堂堂高明貌也。按《禮記》：天子之堂九尺，諸侯七尺，大夫五尺，士三尺。《尚書大傳》云：天子之堂高九雉，公侯七雉，子男五雉。雉長三丈。歷代之堂，《論衡》云：《墨子》稱堯舜堂高三尺。《帝王世紀》曰：武王入殿登堂，見美玉，曰：誰之玉？或曰：諸侯之玉也。王取而歸之。天下聞之曰：王廉於財矣。《漢武故事》：有玉堂，去地十二丈。《漢書》云：成帝生甲觀中畫堂。《東觀漢記》曰：光武生有赤光，堂中盡明如畫。《續漢書》云：靈帝造萬金堂於西園。《魏名臣奏》有翦吳堂。《水經注》有魏茅堂。見酈善長《水經注》。《晉宮闕名》有堯母堂、永光堂、長壽堂。見《晉宮閣名》。在郡國，魯城北有孔子學堂，見《國都城記》。蜀有文翁講堂，見《華陽國志》。北海有鄭玄儒林講堂，見《鄭玄别傳》。永康縣有縉雲堂。黄帝鍊丹處。費北有積弩堂。晉成帝作。以上並見宋永初《山川古今記》。崑崙山有光碧堂。西王母所居。見《十洲記》。此其略也。又摯虞《決疑要》注曰：在殿堂之上，唯天子居牀，其餘皆鋪席，前設筵几。天子之殿，東西九筵，南北七筵，故曰度堂以筵，度室以几也。《禮》：堂上接武，堂下布武。武，迹也。見《禮記》。一曰：堂上遠於百里，堂下遠於千里，門庭遠於萬里。《管子》云：今步者一日，百里之情通，堂上有事，一月而君不聞。步者十日，千里之情通，堂上有事，而君十月不聞。步者百日，萬里之情通，門庭有事，周年而君不聞。此謂遠於萬里也。

綜述

計成《園冶》卷一《立基・廳堂基》 廳堂立基，古以五間三間爲率；須量地廣窄，四間亦可，四間半亦可，再不能展舒，三間半亦可。深奥曲折，通前達後，全在斯半間中，生出幻境也。凡立園林，必當如式。

計成《園冶》卷一《屋宇二・堂》 古者之堂，自半已前，虚之爲堂。堂者，當也。謂當正向陽之屋，以取堂堂高顯之義。

文震亨《長物志》卷一《室廬・堂》 堂之製宜宏敞精麗，前後須層軒廣庭，廊廡俱可容一席，四壁用細磚砌者佳，不則竟用紛壁。梁用毬門，高廣相稱，層階俱以文石爲之，小堂可不設牕檻。

文震亨《長物志》卷一《佛堂》 築基高五尺餘，列級面上，前爲小軒，及左右俱設歡門，後通三楹供佛。庭中以石子砌地，列旛幢之屬。另建一門，後爲小室，可置卧榻。

高濂《遵生八箋》卷第八《起居安樂箋》下 佛堂。内供釋伽三身，或一佛二菩薩像，或供觀音。烏思藏鏒金之佛，價雖高大，其金鏒甚厚，且慈容端整，結束得真，印結趺跏，妙相俱足，宛如現身，人能供理，亦增善念。案頭以舊磁浄瓶獻花，浄碗酌水。列此清供，晝爇印香，夜燃石燈，稽首焚修，當得無量莊嚴功德。

李斗《揚州畫舫録》卷一七《工段營造録》 正寢曰堂，堂奥爲室。古稱一房二内，即今住房兩房一堂屋是也。今之堂屋，古謂之房。今之房，古謂之内。湖上園亭皆有之，以備游人退處。廳事無中柱，住室有中柱，三楹居多。五楹則藏東西兩稍間于房中，謂之套房，即古密室、複室、連房、閨房之屬。又巖穴爲室，潛通山亭，謂之洞房。各園多有此室，江氏之蓬壺影、徐氏之水竹居最著。又今屋四週者謂之四合頭，對霤爲對照。三面連廡謂之三間兩廂，不連廡謂之老人頭。凡此又子舍、丙舍、四柱屋、兩徘徊、兩厦屋、東西霤之屬。其二面連廡者，謂之曲尺房。

程廷祚《青溪集》卷四《古人堂庭辨》 古者天子之正室名曰路寢，路寢之制與祖廟同，皆有堂有庭。路寢之堂，所以行禮聽政也。前爲路門，一曰畢門。庭者，下堂而出于路門之所由也。《爾雅》「廟中路謂之唐，堂途謂之陳」，皆言庭也。自天子諸侯，下及卿大夫士，體制略同，考之《禮》經，言庭者因堂以見，故無特解。惟《斯干》之詩，疏云「殖殖然平正者爲宮寢之前庭」一語，可見庭之名義。近日毛大可乃謂庭者割堂之前半爲之，中堂名堂上，前庭名堂下，是舍羣經與傳疏之言而自爲説矣。毛氏不聞堂前之有東西階乎？此堂與庭之限也。《禮》之所謂升者，上乎堂也；所謂降者，下堂而至庭也，皆由乎階。《覲禮》：侯氏取圭，升致命，降階，再拜稽首，擯者延之曰：升。升成拜，乃出。疏云：從左堂途升自西階致命也。聽事畢，王勞之亦然。《燕禮》：公席阼階上，賓入及庭，公降一等，揖之。疏謂：賓入門而由堂途北向。《郊特牲》：天子不下堂而見諸侯；《喪大記》：婦人迎客送客不下堂。疏云：若君夫人吊，則主婦下堂至庭，是夷王之失禮，而庭見諸侯可知也。庭之不得爲堂，其義較然矣。樂有堂上堂下，肇自上古。琴瑟歌者在上，笙鏞舞者在下。故《詩》曰「公庭萬舞」。《周頌》言堂下樂器初備，故曰「有瞽有瞽，在周之庭」。《論語·八佾》言舞于庭，而雍徹，則曰三家之堂，以徹俎爲堂上之事也。今曰割堂之前半爲庭，則雖天子之庭不足以容堂下之樂矣。不觀《大射禮》乎？庭一曰中庭。《覲禮》：中庭，西上奠幣。疏云：中庭當庭南北之中也。古有庭實，《左傳》：庭實旅百。注云：諸侯朝王，陳摯幣于庭，故曰庭實。疏云：庭實之幣，皆庭受之，唯馬受之于門外耳。《昏禮》、《聘禮》皆曰庭實。則皆陳之于庭也。又有庭燎。《雅》有《庭燎》之詩，《周禮·司烜》：凡邦之大事，共墳大也。燭庭燎。注：樹于門外曰大燭，于門內曰庭燎。于門内在庭中，故謂之庭燎。《燕禮》：旅酬之後，宵則庶子執燭于阼階上，司宮執燭于西階上，甸人執大燭于庭，閽人爲大燭于門外。按：既樹大燭，又設庭燎，皆以堂下至于門外，其地甚遠，而使之益助爲光明也。《內則》：洒掃室堂及庭。此男女居室之常也。《郊特牲》：納牲詔于庭，血毛詔于室，羹定詔于堂。此祭者求神之無不至也。《公羊傳》《注：夏后氏逆于庭，殷人逆于堂，周人逆于户。此三代親迎之禮，由漸而親也。《士相見禮》：受贄于庭，不受于堂。《聘禮》：賓私面，于卿則受幣于楹間；衆介面，則受幣于中庭。此又以堂爲重，以庭爲輕之節也。合而觀之，俱未見割半之義。且庭北限于堂前之階，而南則以門爲界。故《覲禮》之庭實，既曰中庭；《昏禮》納徵，其庭實則曰參分庭。一在南。《少牢》：宗人奉槃，東面于庭南。疏云：庭南者，于庭近南，近門而盥是也。苟不求庭之所止，而猥欲縮庭于堂，且使兩階漫滅而無可考，則羣經所言其將何以通之？尤有不可解者：割堂之半，使後爲寢，前爲庭，則兩楹之北，僅存數椽，幾于無堂矣。所謂庭者，爲地幾何？殯，大事也，然則周人之殯，其越所謂庭而殯于西階乎？抑即殯于所謂庭乎？《檀弓》云大斂于阼，殯于客位，祖于庭。說又何也？且古者自寢廟庠序以及客館，庭中其不有碑。主賓三揖至此。注謂當碑一揖，疏云碑是庭中之大節，準以兩楹前爲庭，則碑之設當于何所？若聘禮歸饔牢鼎之盛，既陳于碑之左右，而醯醢百罋，復夾碑而南，所謂庭者，恐其廣大不至于此也。其説既皆不可得而通矣，則疑宫懸列舞無在露地之理，不思《周官》之有幕人乎？朝覲、會同、軍旅、田役、祭祀、大喪，共其帷幕幄帟綬之事，而掌次與之聯職。《聘禮》言管人布幕于寢門外，即二官之任也。古人固有所以豫此者矣，曾何露地之足虞？世之震于毛氏者，其可昧經義而從之哉！

孫希旦《禮記集解》卷二《曲禮上一之二》 帷薄之外不趨，堂上不趨，執玉不趨。堂上接武，堂下布武，室中不翔。

孫希旦《禮記集解》卷二三《禮器第十之一》 有以高爲貴者：天子之堂九尺，諸侯七尺，大夫五尺，士三尺。天子諸侯臺門。此以高爲貴也。

堂九尺，謂堂廉至地之度也。天子堂九尺，而階九等，盡等至堂，復爲一級，則每等不及一尺也。諸侯堂七尺，階七等；大夫堂五尺，階五等；士堂三尺，階三等。

紀事

楊衒之《洛陽伽藍記》卷一《建中寺·涼風堂》 建中寺，普泰元年尚書令樂平王尒朱世隆所立也。本是閹官司空劉騰宅。【略】中有一涼風堂，本騰避暑之處。淒涼常冷，經夏無蠅，有萬年千歲之樹也。

《魏書》卷一九《景穆十二王傳·清徽堂》 五等開建，食邑一千户。後從征至懸瓠，以篤疾還京。駕餞之汝濆，賦詩而別。車駕還洛，引見王公侍臣於清徽堂。高祖曰：「此堂成來，未與王公行宴樂之禮。後東閤廡堂粗復始就，故今與諸賢欲無高而不昇，無小而不入。」因之流化渠。高祖曰：「此曲水者亦有其義，取乾道曲成，萬物無滯。」次之洗煩池。高祖曰：「此池中亦有嘉魚。」澄曰：「此所謂『魚在在藻，有頒其首』。」高祖曰：「且取『王在靈沼，於牣魚躍』。」次之觀德殿。高祖曰：「射以觀德，故遂命之。」次之凝閑堂。高祖曰：「名目要有其義，此蓋取夫子閒居之義。不可縱奢得以忘儉，自安以忘危，故此堂後作茅茨堂。」謂李沖曰：「此東曰步元廡，西曰遊凱廡。此堂雖無唐堯之君，卿等當無愧於元、凱。」沖對曰：「臣既遭唐堯之君，不敢辭元、凱之譽。」

《晉書》卷八六《涼武昭王李元盛傳·靖恭堂》 初，吕光之稱王也，遣使市六璽玉於于寘，至是，玉至敦煌，納之郡府。仍於南門外臨水起堂，名曰靖恭之堂，以議朝政，閱武事。圖讚自古聖帝明王、忠臣孝子、烈士貞女，玄盛親爲序頌，以明鑒戒之義，當時文武羣僚亦皆圖焉。有白雀翔于靖恭堂，玄盛觀之大悦。又立泮宫，增高門學生五百人。起嘉納堂於後園，以圖讚所志。

《南史》卷二《宋孝武帝紀・連理堂》 丙寅，芳香琴堂東西有雙橘連理，景陽樓上層西南梁栱間有紫氣，清暑殿西甍鴟尾中央生嘉禾，一株五莖。改景陽樓爲慶雲樓，清暑殿爲嘉禾殿，芳香琴堂爲連理堂。

《北齊書》卷二九《鄭述祖傳・白雲堂》 初述祖父爲光州，於城南小山起齋亭，刻石爲記。述祖時年九歲。及爲刺史，往尋舊迹，得一破石，有銘云：「中岳先生鄭道昭之白雲堂。」

《周書》卷一七《若干惠傳・射堂》 惠於諸將年最少。早喪父，事母以孝聞。太祖嘗造射堂新成，與諸將宴射。惠竊歎曰：「親老矣，何時辦此乎？」太祖聞之，即日徙堂於惠宅。其見重如此。

蘇鶚《杜陽雜編》卷上《芸輝堂》 元載末年，造芸輝堂於私第。芸輝，香草名也，出于闐國。其香潔白如玉，入土不朽爛，舂之爲屑，以塗其壁，故號芸輝焉。

王仁裕《開元天寶遺事》卷下《禮賢堂》 王元寶，都中巨豪也。常以金銀疊爲屋。壁上以紅泥泥之。於宅中置一禮賢堂，以沉檀爲軒檻，以碔砆甃地面，以錦文石爲柱礎，又以銅線穿錢甃於後園花徑中，貴其泥雨不滑也。四方賓客，所至如歸。故時人呼爲王家富窟。

《新唐書》卷一七三《裴度傳・緑野堂》 度不復有經濟意，乃治第東都集賢里，沼石林叢，岑繚幽勝，午橋作別墅，具燠館涼臺，號緑野堂。激波其下，度野服蕭散，與白居易、劉禹錫爲文章，把酒窮晝夜相歡，不問人間事。

張敦頤《六朝事迹編類》卷上《樓台門第第四・聽箏堂》 晉元帝幸謝安宅，命讌，安侍坐，使桓伊吹笛。爲一弄畢，又撫箏，按徽金縢曲，聲伊慷慨，俯仰可觀。安淚下霑襟，乃越席捋其鬚曰：使君于此不凡。帝甚有媿色。此堂基至今樵采者不敢近。楊修詩云：鴈柱鸞絃十有三，南山安石位崑巖。逡巡奏罷金縢曲，堂上霑襟嘆不凡。

張敦頤《六朝事迹編類》卷上《樓台門第第四・祓禊堂》 楊修金陵詩注云：在縣北五里臺城内。天淵池中架石引水，爲流杯之所。六朝上巳日，宴錫公卿于此。《輿地志》云：宋元嘉二十二年，鑿天淵池，造景陽樓。今法寶寺之南，有景陽樓古基，側有池，舊傳即天淵池，歲久湮没，今不復有堂矣。

張敦頤《六朝事迹編類》卷上《樓台門第第四・儀賢堂》 《建康實録》：吴時造，號爲中堂。楊修詩注云：在臺城内。梁武帝謙恭待士，大通中，有四人來，年七十餘，鶉衣躡履，行丐經年，無人知者。帝召入儀賢堂，給湯沐，解御服賜之。帝問三教九流及漢舊事，了如目前。帝心異之，舉朝無識者。惟昭明太子識而禮重之，四人喜揖昭明如舊交。時目爲之四公子。楊修有詩云：兩兩鶉衣白髮翁，講延談柄坐生風。昭明太子歡相得，應與商山四皓同。

《新唐書》卷一六三《崔鄲傳・德星堂》 崔氏四世緦麻同爨，兄弟六人至三品，邠、郾、鄲凡爲禮部五，吏部再，唐興無有也。居光德里，構便齋，宣宗聞而嘆曰：「鄲一門孝友，可爲士族法。」因題曰「德星堂」。後京兆民即其里爲「德星社」云。

陳師道《後山叢談》卷二《澄心堂》 澄心堂，南唐烈祖節度金陵之宴居也。世以爲元宗書殿，誤矣。趙内翰彦若，家有《澄心堂書目》，才三千餘卷，有建業文房之印。後有主者皆牙校也。

蘇軾《東坡志林》卷四《陳氏草堂》 慈湖陳氏草堂，瀑流出兩山間，落于堂後，如懸布崩雪，如風中絮，商本作「云」。如羣鶴舞。參寥子問主人乞此地養老，主人許之，東坡居士投名作供養主。龍邱子欲作庫頭，參寥不納，云：「待汝一口吸盡此水，令汝作。」

王栐《燕翼詒謀録》卷三《資善堂》 大中祥符八年，仁宗封壽春郡王，以張士遜、崔遵度爲友，講學之所爲資善堂。此資善之名所由始也。自後元良就學所皆曰資善。

釋文瑩《湘山野録》卷上《碧落堂》 大參元厚之公成童時，侍錢塘府君於荆南，每從學於龍安僧舍。後二十年，公以龍圖、貳卿帥於府，昔之老僧猶有在者，引旌鉞訪舊齋，而門徑窗扉及泉池釣游之迹，歷歷如昨。公感之，因構一巨堂，榜曰「碧落」。手寫詩於堂，詩有「九重侍從三明主，四紀乾坤一老臣」，及「過盧都失眼前人」之句。雖向老，而男子雄贍之氣殊未衰歇。未幾，果以翰林召歸爲學士。俄而又參熙寧天子大政，真所謂乾坤老臣也。其堂遂爲後進之大勸。

釋文瑩《玉壺清話》卷上《畫廳堂》 淳化甲午，李順亂蜀，張乖崖鎮之。僞蜀僭侈，其宫室規模皆王建、孟知祥乘其弊而爲之。公至則盡損之，如列郡之式。郡有西樓，樓前有堂，堂之屏乃黄筌畫雙鶴花竹怪石，衆名曰「雙鶴廳」。南壁有黄氏畫湖灘山水雙鷺。二畫妙格冠於兩川。賊鋒既平，公自壞壁盡置其畫爲一堂，因名曰「畫廳」。

徐度《却掃編》卷下《慶朔堂》 范文正公自京尹謫守鄱陽，作堂於後圃，名曰慶朔。未幾，易守丹陽，有詩曰：「慶朔堂前花自栽，便移官去未曾開。如今憶着成離恨，秖託春風管句來。」予昔官江東，嘗至其處，龕詩壁間，郡人猶有能道當時事者，云：春風，天慶觀道士也。其所居之室曰春風軒，因以自名。公在郡時與之遊，詩蓋以寄道士云。

葉夢得《避暑録話》卷一《平山堂》 歐陽文忠公在揚州作平山堂，壯麗爲淮南第一。堂據蜀岡，下臨江南。數百里真、潤、金陵三州，隱隱若可見。公每暑時，輒凌晨攜客往遊，遣人走邵伯取荷花千餘朵，以畫盆分插百許盆。與客相間，遇酒行即遣妓取一花傳客，以次摘其葉，盡處則飲酒。往往侵夜載月而歸。余紹聖初始登第，嘗以六七月之間館于此堂者幾月。是歲大暑，環堂左右，老木參天，後有竹千餘竿，大如椽，不復見日色。蘇子瞻詩所謂「稚節可專車」是也。寺有一僧，年八十餘，及見公，猶能道公時事甚詳。邇來幾四十年，念之猶在目。今余小池植蓮雖不多，來歲花開，當與山中一二客修此故事。

顧鑾《廣陵覽古》卷二《平山堂》 平山堂，在蜀岡法浄寺側，宋歐陽修建。宋劉敞《登平山堂寄歐陽内翰》詩：「蕪城此地遠人寰，盡借江南萬叠山。水氣横浮飛鳥外，嵐光平墮酒杯間。主人留賞來何暮，游子消愁醉不還。無限秋風桂枝老，淮王仙去可誰攀。」歐陽修和詩：「督府繁華久已闌，至今形勝可躋攀。山横天地蒼茫外，花發池臺草莽間。萬井笙歌遺俗在，一樽風月屬吾閑。遥知爲我留真賞，恨不相隨暫解顔。」王安石詩：「城北横岡走翠虬，一堂高視兩三州。淮岑日對朱甍曲，江岫雲齊碧瓦浮。墟落耕桑公愷悌，杯觴談笑客風流。不知峴首登臨處，壯觀當時有此不。」蘇軾《平山堂次王居卿祠部韻》詩：「高會日陪山簡醉，狂言屢發次公醒。酒如人面天然白，山向吾曹分外青。江上飛雲來北固，檻前修竹憶南屏。六朝興廢餘丘壟，空使奸雄笑寧馨。」

鑾按：宋慶曆八年，廬陵歐陽修守揚州時建。以南徐諸山環拱，望與堂平，故名。夏月，修每宴客堂中，走人召伯湖折荷插壁，命妓以花行酒，載月而歸。後縻師旦、刁約、周淙、鄭興裔、趙師古、史岩之先後修葺之；張懷古、沈括、洪邁、樓鑰各有記。國朝列聖臨幸，欽頒宸翰。名山賢守，遭遇殊榮矣。

邵伯温《邵氏聞見録》卷一〇《竚瞻堂》 元豐五年，文潞公以太尉留守西都，時富韓公以司徒致仕，潞公慕唐白樂天九老會，乃集洛中公卿大夫年德高者爲耆英會。以洛中風俗尚齒不尚官，就資勝院建大厦曰耆英堂，命閩人鄭奂繪像其中。【略】洛之士庶又生祠潞公於資勝院，温公取神宗送潞公判河南詩，隸書於榜曰竚瞻堂，塑公像其中，冠劍偉然，都人事之甚肅。

王明清《揮麈録・餘話》卷二《超覽堂》 蔡元長元符末間居錢塘，無憀中，春時往霅川，游郊外慈感寺，寺僧新建一堂，頗偉勝，元長即拈筆題云「超覽堂」。適有一客在坐，自云能相字，起賀云：「以字占之，走召入見，而臣字旁觀如月，四字居中，當在初夏。」已而果然。

岳珂《桯史》卷五《見一堂》 孝宗朝尚書郎鹿何年四十餘，一日，上章乞致其事。上驚諭宰相，使問其繇，何對曰：「臣無他，顧德不稱位，欲稍矯世之不知分者耳。」遂以其語奏，上曰：「姑遂其欲。」時何秩未員郎，詔特官一子，凡在朝者，皆詩而祖之。何歸，築堂扁曰「見一」，蓋取「人人盡道休官去，林下何嘗見一人」之句而反之也。何去國時，齒髮壯，不少衰，居二年，以微疾卒。或較其積閥，謂雖居位，猶未該延賞，天道固有知云。所官之子曰昌運，余在故府時，昌運爲左帑，嘗因至北關送客，吴勝之爲余道其事，今知連州。

祝穆《方輿勝覽》卷二《浙西路・江陰軍・堂亭・浮遠堂》 浮遠堂，在君山上，取蘇子瞻「江遠欲浮天」之句。北臨大江，南望城市，東睨鵝鼻，西俯黄田，號爲勝概。孫覿詩：「月墮山城曉，沙寒水國秋。雲根拔地起，冰柱蹴天浮。紫翠分鰲嶺，青紅雜蜃樓。舟舡通萬里，城郭數三州。」

祝穆《方輿勝覽》卷六《浙東路・紹興府・堂舍・鎮越堂》 鎮越堂，汪綱《柱記》：「由蓬萊而下，凡三級始達。廳事承平時皆有，堂宇廢圮已久。後來者乃由中甃磴道以便往來，而享軍延見吏民之所遂爲通行之路。非獨失帥府之觀瞻，其於陰陽家尤爲妨忌。郡寖不如昔，民亦多艱，未必不由於此。於是補苴罅漏，芟夷草萊，築一堂於其上，以『鎮越』名。蓋東南之鎮，其山曰會稽，而鎮東又越之軍鎮也。名實而核，地高而爽，堂奥而明，秦望諸山皆欣然領會其效奇獻秀之勢。又創行廊四十間於兩翼，聯屬蓬萊，且併與閣一新之。山川朝拱，氣象環合，而斯堂之勝，遂將獨擅於越中矣。」

祝穆《方輿勝覽》卷二〇《江西路・建昌軍・堂亭・平遠堂》 平遠堂，在郡治東。地勢高爽，眺望江山，宛若圖畫。取郭熙善畫山水平遠以名之。

祝穆《方輿勝覽》卷二〇《江西路・建昌軍・堂亭・十賢堂》 十賢堂，在仙都觀。繪陳彭年、李泰伯、曾子固、子宣、子開、王無咎、吕南公、鄧温伯、朱京、朱彦十賢，皆近之先達。

陸游《老學庵筆記》卷五《六鶴堂》 蔡京賜第有六鶴堂，高四丈九尺，人行其下，望之如蟻。

范成大《吴郡志》卷六《官宇·黄堂》 《郡國志》：在雞陂之側，春申君子假君之殿也。後太守居之，以數失火，塗以雌黄，遂名黄堂，即今太守正廳是也。今天下郡治，皆名黄堂，昉此。

范成大《吴郡志》卷六《官宇·雙蓮堂》 在郡治木蘭堂東，舊芙蓉堂也。至和初，吕濟叔大卿守郡，以雙蓮花開，易此名。

范成大《吴郡志》卷六《官宇·木蘭堂》 在郡治後。《嵐齋録》云：唐張摶自湖州刺史移蘇州，於堂前大植木蘭花。當盛開時，燕郡中詩客，即席賦之。陸龜蒙後至，張聯酌浮之，龜蒙徑醉，強執筆題兩句云：「洞庭波浪渺無津，日日征帆送遠人。」頽然醉倒。摶命他客續之，皆莫詳其意。既而龜蒙稍醒，援毫卒其章曰：「幾度木蘭船上望，不知元是此花身。」遂爲一時絶唱。按舊堂基在今觀德堂後，古木猶森列。郡守數有欲興廢者，而卒未就。承平時，堂近有治平二年郡守陳經所刻御書飛白字碑，揭于木蘭堂之新閣上，今不復存。

范成大《吴郡志》卷六《官宇·雙瑞堂》 舊名西齋。紹興十四年，郡守王映建。前有花石小圃，便坐之佳處。紹熙元年，長洲有瑞麥四岐，及後池出雙蓮。郡守袁説友葺西齋，以雙瑞名堂，以識嘉祥。

范成大《吴郡志》卷六《官宇·平易堂》 在小廳東挾。紹興間，郡守蔣璨立，自書扁榜。淳熙五年，郡守單夔易以隸書。

范成大《吴郡志》卷六《官宇·思政堂》 舊名東齋。紹興三十年，郡守朱翌建。隆興間，郡守沈度更名復齋。紹熙三年，郡守沈揆更今名，自書扁榜。

范成大《吴郡志》卷六《官宇·思賢堂》 舊名思賢亭，以祠韋應物、白居易、劉禹錫，後改曰三賢堂。紹興二十八年，郡守蔣璨建。三十二年，郡守洪遵又益以王仲舒及范文正公二像，更名思賢。

范成大《吴郡志》卷六《官宇·瞻儀堂》 舊在廳事之東。紹興三十一年，郡守洪遵建。吴俗貴重太守，來者必繪其像。春秋則陳於齊雲樓之兩挾，令吏民瞻禮。至是，洪公恐爲風日所侵，故作此堂藏之。紹熙三年，郡守沈揆始遷諸像於後圃舊凝香堂中，並其名遷焉。

范成大《吴郡志》卷一四《園亭·七檜堂》 在天慶觀之東。葉参少卿嘗守吴，既謝事，因居焉，作此堂以佚老。見其子清臣至大官。餘見《人物》條。

范成大《吴郡志》卷一四《園亭·中隱堂》 在大酒巷。都官員外郎分司南京龔宗元所居。取樂天詩：「大隱住朝市，小隱入丘樊。不如作中隱，隱在留司間。」乃作中隱堂。與屯田員外郎程適、太子中允陳之奇游從，極文酒之樂。皆耆德碩儒掛冠而歸者。吴人謂之三老。

范成大《吴郡志》卷一四《園亭·三瑞堂》 在閶門之西楓橋。孝子姚淳所居，家世業儒，以孝稱。蘇文忠公往來，必訪之。嘗爲賦《三瑞堂》詩。姚氏致香爲獻，公不受，以書抵虎丘通長老云：姚君篤善好事，其意極可嘉。然不須以物見遺，惠香八十罐，却託還之。已領其厚意，實爲他相識所惠，皆不留故也。

范成大《吴郡志》卷一四《園亭·逸野堂》 在崑山，老儒王僖所居。僖累試不利，以讀書自娱，教其姪孫葆爲名儒。至今此堂爲邑人所稱。

駱天驤《類編長安志》卷四《堂宅亭園·堂·德星堂》 《大唐遺事》：「吏部尚書崔邠與弟浙西觀察使郾、金吾大將軍鄯、淮南觀察使鄲皆顯貴，同居構堂。宣宗歎曰：『崔氏一門孝友，可爲士族之法。』題其堂曰德星。」宅在光宅坊。

駱天驤《類編長安志》卷四《堂宅亭園·堂·偃月堂》 《長安志》：「平康坊，有唐右相李林甫宅。内有偃月堂，林甫欲排構大臣，即處之，思所以中傷者，若喜而出，即其家瓦解矣。」

駱天驤《類編長安志》卷四《堂宅亭園·堂·合歡堂》 《天寶遺事》：「虢國夫人，楊貴妃之姊也。於永昌坊構堂，曰合歡，費萬金。堂成，召匠污漫，以二十萬償其直，匠者不顧，復與紅羅五千段，工者又不顧，虢國問其由，匠曰：『某平生之能，殫於此矣！苟不信，願得螻蟻、蜴蜥、蜂蠆之類，數其目，没之堂中，有間隙亡一物，即不論工直也。』於是復與金盆二、瑟瑟二斗、繒綵爲賞。後有暴風拔樹，委於堂上，略無所損。既撤瓦而觀，皆承以木瓦。其精妙制作，有如此者。」

駱天驤《類編長安志》卷四《堂宅亭園·堂·讀書堂》 《新説》曰：「鄠縣南有柳塘，中有讀書堂，乃紫陽先生講學之所。商左山詩曰：『牙籤聲散絳帷風，人在參乎一唯中。名教會心真樂在，區區應笑事雕蟲。』」

駱天驤《類編長安志》卷四《堂宅亭園·堂·雙桂堂》 《新説》曰：「雙桂堂，在京兆景風里。正大甲申，張浩然二子琚、珪同榜及第，長安令王公一題詩曰：『雙飛兄弟古難全，雁塔題名問後先，誰似二公方巨廈，不離一榜在同年。』

得官雖自文章力，教子都因父母賢。泉下吕公何命薄，不能雙桂慰生前。」吕諮議，乃二公之師。」

《宋史》卷四六四《外戚傳中·雙節堂》　大觀中，進安德軍節度使、醴泉觀使。與兄評同日拜，立雙節堂於家，戚里榮之。

《宋史》卷三九三《彭龜年傳·止堂》　龜年學識正大，議論簡直，善惡是非，辨析甚嚴，其愛君憂國之忱，先是之識，敢言之氣，皆人所難。晚既投閑，悠然自得，幾微不見於顔面。自僞學有禁，士大夫鮮不變者，龜年於關、洛書益加涵泳，扁所居曰止堂，著《止堂訓蒙》，蓋始終特立者也。聞蘇師旦建節，曰：「此韓氏之陽虎，其禍韓氏必矣。」及聞用兵，曰：「禍其在此乎？」所著書有《經解》、《祭儀》、《五致録》、奏議、外制。

《宋史》卷四〇九《高定子傳·棣鄂堂》　頃之，召入奏事，吏民追送，莫不流涕；鄰郡聞定子至，焚香夾道，舉手加額曰：「微公，吾屬塗炭久矣。」定子之未去郡也，伯兄稼以權利路提刑上印而歸，了翁亦至自靖州，過定子於綿，定子爲築棣鄂堂，飲酒賦詩爲樂，一時以爲美談。入對，極言時敝。時史彌遠執國柄久，故有曰：「陛下優禮元勛，俾得以弛繁機而養静壽，朝廷得以新百度而革因循，不亦善乎？」既對，人爲定子危之，定子曰：「乖逢得喪，是有命焉，吾得盡言，乃報君職分也。」越兩月，乃遷刑部郎中。彌遠没，言之者紛然，識者謂定子先事有言，視諸人爲難。

《宋史》卷四一六《胡穎傳·來諗堂》　〔紹定〕五年，登進士第，即授京秩。歷官知平江府兼浙西提點刑獄，移湖南兼提舉常平，即家置司。性不喜邪佞，尤惡言神異，所至毁淫祠數千區，以正風俗。衡州有靈祠，吏民夙所畏事，穎撤之，作來諗堂奉母居之，常語道州教授楊允恭曰：「吾夜必瞑坐此室，察影響，咸無有。」允恭對曰：「以爲無則無矣，從而察之，則是又疑其有也。」穎甚善其言。

《元史》卷一四四《答里麻傳·七星堂》　帝宴大臣於延春閣，特賜答里麻白鷹以表其貞廉。帝嘗命答里麻修七星堂。先是，修繕必用赤緑金銀裝飾，答里麻獨務樸素，令畫工圖山林景物，左右年少皆不然。是歲秋，車駕自上京還，入觀之，乃大喜，以手撫壁嘆曰：「有心哉，留守也！」賜白金五十兩、錦衣一襲。

《元史》卷一五九《商璉傳·晦道堂》　璉字禮符。仕爲右衛屯田千户。歲餘，謝病侍親，時年纔三十一。後還鄉里，築室曰晦道堂，蓋取七世祖宗弼，宋仁宗時爲太子中舍人，年五十掛冠所築堂名也。

郭子章《豫章詩話》卷五《勉耘堂》　文文山《安福勉耘堂》説：「百聖在天，六經行世。譬之五穀，皆美種也。錢鎛必庤，荼蓼必薅。既堅且好，實穎實栗。不然，略閩蜀之蹲鴟，拾燕趙之棗栗，而吾未嘗不飽。嗚呼！此豈樂飢常法哉！彭君奇宗之爲學也，知所以種，而以『勉耘』顔其堂，其必自五穀始，是穮是蓘，必有豐年。」

田汝成《西湖游覽志餘》卷一〇《美堂》　嘉祐二年，梅公儀摯以龍圖閣直學士出守杭州，仁宗賜之詩云：「地有湖山美，東南第一州。剖符宣政化，持橐輟才流。暫出論思列，遥分旰仄憂。循良勤撫俗，來暮聽歡謳。」摯既履任，名其堂曰「有美」，歐陽永叔爲之記，蔡君謨爲之書，士夫題詠者甚多。蘇子瞻倅杭，嘗令從史盡録其詩，不著姓字，默定高下，以賈耘老爲首，其詩云：「自刊宸畫入雲端，神物應須護翠巒。吴越不藏千里色，斗牛常占一天寒。四簷望盡回頭懶，萬象搜來下筆難。誰信静中疎拙意？略無蹤蹟到波瀾。」【略】有美堂，在鳳山之頂，左江右湖，舉陳目下。子瞻九日泛湖，而魯少卿會客堂上，妓樂殷作，子瞻從湖中望之，戲以詩云：「指點雲間數點紅，笙歌正擁紫髯翁。誰知愛酒龍山客，卻在漁舟一葉中。」又云：「西閣珠簾捲落暉，水沈烟斷珮聲微。遥知通德凄涼甚，擁髻無言怨未歸。」通德乃趙飛燕女史，後爲伶玄妾。魯公使事已完，不回朝，家有美妾，故子瞻譏之。一日，子瞻會客堂上，妓樂殷作，周長官邠同數僧泛湖，戲以詩，子瞻因和二首：「靄靄君詩似嶺雲，從來不許醉紅裙。不知野屐穿山翠，惟見輕橈破浪紋。頗憶呼盧袁彦道，難邀駡坐灌將軍。晚風落日元無主，不惜清涼與子分。」又云：「載酒無人過子雲，掩關晝卧客書裙。歌喉不共聽珠貫，醉面何因作纈紋？僧侣且陪香火社，詩壇欲斂鸛鵝軍。憑君遍遶湖邊寺，漲漾晴來已十分。」

田汝成《西湖游覽志餘》卷一〇《玉照堂》　張功甫爲梅園於湖上，作堂其間，曰「玉照堂」。其自敍云：「梅花爲天下神奇，而詩人尤所酷好。淳熙歲乙巳，予得曹氏荒圃于南湖之濱，有古梅數十，散輟地十畝，移種成列，增取西湖北山別圃紅梅，合三百餘本，築堂數間以臨之。又挾以兩室，東植千葉緗梅，西植紅梅，各一二十章，前爲軒楹，如堂之數。花時，居宿其中，環潔輝映，夜如對月，因名曰『玉照』。復開澗環繞，小舟往來，未始半月，捨去。自是客有遊桂隱者，必求觀焉。頃者，太保周益以秉鈞，予嘗造東閣，坐定，首顧予曰：『一棹徑穿花十里，滿城無此好風光。』蓋予舊詩尾句，衆客相與歆艷，於是游玉照者，又必求觀焉。值春凝寒，又能留花，過孟月始盛，名人才士，題詠層委。亦可謂不負此花矣。但花豔並秀，非天時清美不宜，又標韻孤特，若三閭、首陽二子，寧槁山澤，終不肯頫首屏氣，受世俗湔拂。間有身親貌悦，而此心落落，不相領會，甚至於汚褻附近，略不自揆者。花雖眷客，然我輩胸中空惘，幾爲花呼叫稱寃，不特三歎而足也。因審其性情，思所以爲奬護之策，凡數月，乃得之。今疏花宜稱、憎嫉、榮寵、屈辱四事，總五十八條，揭之堂上，使來者有所警省，且示人徒知梅花之貴，而不能愛敬也。使予與之言，傳布流誦，亦將有媿色云。花宜稱凡二十六條，爲澹陰，爲曉日，爲薄寒，爲細雨，爲輕烟，爲佳月，爲夕陽，爲微雪，爲晚霞，爲珍禽，爲孤鶴，爲清溪，爲小橋，爲竹邊，爲松下，爲明窗，爲疏籬，爲蒼厓，爲緑苔，爲銅瓶，爲紙帳，爲林間吹笛，爲膝上横琴，爲石枰下棋，爲掃雪煎茶，爲美人淡妝篸戴。花憎嫉凡十四條，爲狂風，爲連雨，爲烈日，爲苦寒，爲醜婦，爲俗子，爲老鴉，爲惡詩，爲談時事，爲論差除，爲花徑喝道，爲對花張緋幙，爲賞花動鼓板，爲作詩用調羹驛使事。花榮寵凡六條，爲烟塵不染，爲鈴索護持，爲除地鏡浄，落瓣不淄，爲主人旦夕留盼，爲詩人閣筆評量，爲妙妓淡妝雅歌。花屈辱凡十二條，爲主人不好事，爲主人慳鄙，爲種富家園内，爲與麤婢命名，爲蟠結作屏，爲賞花命猥妓，爲庸僧窗下種，爲酒食店内插瓶，爲樹下有狗屎，爲枝下曬衣裳，爲青紙屏粉畫，爲生猥巷穢溝邊。」

田汝成《西湖游覽志餘》卷一二《顧曲堂》 周美成邦彦，錢唐人，疎雋少檢，不爲州里推重，而博涉百家。元豐初，游京師，獻《汴都賦》，神宗奇之，累官徽猷閣待制，提舉。能自度曲，製樂府長短句，詞韻清蔚，名其居曰「顧曲堂」。

錢謙益《列朝詩集小傳》丁集中《湯遂昌顯祖傳・玉茗堂》 義仍志意激昂，風骨遒緊。扼腕希風，視天下事數着可了。其所投分李于田、道甫、梅克生之流，皆都通顯，有建豎。而義仍一發不中，窮老蹭蹬。所居玉茗堂，文史狼藉，賓朋雜坐。鷄塒豕圈，接跡庭户。蕭閒詠歌，俯仰自得。

蔣一葵《長安客話》卷二《候氣堂》 順天府治後有候氣堂，冬至日以葭管吹灰。聞近來候氣者旦夕置灰坎中，潛通地隧，按時以沸石灰湯從隧穴灌之，湯至而灰飛也。

李濂《汴京遺迹志》卷八《宮室・三槐堂》 三槐堂，在仁和門外，宋兵部侍郎王祐手植三槐于庭，曰：「吾後世子孫必有爲三公者。」祐子旦，相真宗，遂號三槐王氏，因扁其堂曰「三槐堂」。蘇軾爲銘。金季兵燬。

沈德符《萬曆野獲編・補遺》卷三《畿輔・安樂堂》 安樂堂，禁城北安門外，有安樂堂，爲永樂十五年所建，以處工匠之疾病者。近來則與工匠無涉，惟内臣卑秩無私宅可住，無名下官可依者，遇疾且殆，即徙入此中，以待其殞。且槥送浄樂堂焚化，不欲以遺骼汚禁掖也。其中或氣未絶稍能言動，尚爲攤錢博塞之戲，争勝嘵嘵，聞者歎笑。内廷宫人，無位號名秩而病故，或以譴責死者，其尸亦傳達安樂堂，又轉致停尸房，易朱棺再送火葬。其有不願焚者，則瘞之地，亦内中貴嬪所捨焚塚也。

顧玠《海槎餘録・載酒堂》 載酒堂，即蘇長公寓儋耳游宴之地也。今有堂三楹，祀公像於中。元廉訪使伯琦周公，隸書碑文一道，列堂東隅，書法甚精。堂周遭有墻，相去百步，有塘，寬畝餘，水土深淺異處，蒲薐蘆葦之屬最茂密。每春秋二祀，例率郡僚師儒會飲堂中，即漁此塘以爲樂。名洗勞會，亦洗闔境諸祀之勞之謂也。故傳乳泉井、桄榔菴、茉莉軒，今皆湮廢，遺址尚存。

陳仁錫《潛確居類書》卷四一五《玉堂》 《華陽國志》：文翁立講堂作石室，一曰玉堂，在城南。初，堂遇火，太守更修立，又謂二石室。

陶宗儀《南村輟耕録》卷八《雙硯堂》 雙硯堂，周待制白岩先生仁榮，買地於府城之鄭捏兒坊，刱義塾以淑後進。築礎時，掘地深纔數尺，有青石，獲雙硯，硯有欵識，乃唐鄭司户虔故物。塾既成，遂名雙硯堂。爾後，先生之弟本道先生仔肩登庚申科，仕至惠州判官。虔字弱齊，俗譌爲捏兒云。

陶宗儀《南村輟耕録》卷九《萬柳堂》 萬柳堂，京師城外萬柳堂，亦一宴游處也。野雲廉公，一日於中置酒，招疏齋盧公、松雪趙公同飲。時歌兒劉氏名解語花者，左手折荷花，右手執盃，歌小聖樂云：「緑葉陰濃，徧池亭水閣，偏趁凉多。海榴初綻，朶朶蹙紅羅乳燕雛鶯弄語，對高柳鳴蟬相和。驟雨過，似璚珠亂撒，打遍新荷。人生百年有幾，念良辰美景，休放虛過。富貧前定。何用苦張羅。命友邀賓宴賞，飲芳醑、淺斟低歌。且酩酊，從教二輪，來往如梭。」既而行酒，趙公喜，即席賦詩曰：「萬柳堂前數畝池，平鋪雲錦蓋漣漪。主人自有滄洲趣，遊女仍歌白雪詞。手把荷花來勸酒，步隨芳草去尋詩。誰知只尺京城外，便有無窮萬里思。」此詩，集中無。小聖樂乃小石調曲，元遺山先生好問所製，而名姬多歌之，俗以爲「驟雨打新荷」者是也。

周城《宋東京考》卷一一《三聖堂》 在宜秋門外百步許，即都亭西驛，以待西番、阿黎、于闐、新羅、渤海使臣之所。三聖者，祀觀音大士、義勇武安王、清源妙道真君也。按《夢華録》云：都亭西驛在寶相寺之東，相對都城。元末兵廢。明洪武初，周藩即其舊址創立廟宇，乃移白瓦廠之神祀之於内，其三聖之像仍舊不改。景泰中，居民甄義等率衆重修。明末復廢。

周城《宋東京考》卷一一《寶籙堂》 寶籙堂，在金梁橋西南。徽宗建，爲曹仙姑所栖之處。後姑化去，遂爲女冠所居。又名曹仙姑菴。明洪武三十一年，黄河入城，渰没圮壞。有編修鄭昂《祠堂記》碑，移置延慶觀内，今亦無存矣。

顧炎武《歷代宅京記》卷七《雒陽上・萬金堂》 中平二年，造萬金堂於西園。三年春，復修玉堂殿，鑄銅人四，黄鐘四。《宦者傳》曰：帝造萬金堂於西園，引司農金錢繒帛，仞積其中。

于敏中等《日下舊聞考》卷一〇七《郊坰・賢樂堂》 延祐四年，詔作林園於大都健德門外，以賜太保庫春，且曰：令可爲朕春秋行幸駐蹕地。受詔閲月而成，南瞻宫闕，雲氣鬱葱；北眺居庸，峯巒崒嵂。前包平原，卻依絶崿。山迴水漈，誠畿甸之勝境也。中園爲堂，搆亭其前，列樹花果松柏榆柳之屬。孟頫請名其堂曰賢樂，孟子所謂賢者而後樂此也。亭曰燕喜，詩所謂魯侯燕喜者也。

趙吉士《寄園寄所寄》卷上《壽考・世壽堂》 崑山周壽誼年一百十三歲，生於宋而鄉飲於洪武六年，子孫皆有百歲，家建世壽堂。六世孫震正德中令鄱陽，出寺壽卷，士夫多題詠之。

趙吉士《寄園寄所寄》卷上《壽考・壽愷》 胡忠安公濙天順初年，年八十二休致。其弟克恭、克寧、克誠並年踰七十，蒼頭白髮，燕樂一堂，遂扁曰壽愷，一時以爲榮。

張宗橚《詞林紀事》卷下《倪瓚・雲林堂》 雲林性好潔，每盥頸，易水數次，冠服著時，數十次振拂。齋閣前樹石，常洗拭。見俗士，避去如恐浼。又云：元鎮所居，有清閟閣、雲林堂，其清閟閣尤勝。前植碧梧，四周列以奇石，藏古法書名畫。其中客非佳流，不得入。嘗有外人入貢，道經無錫，聞元鎮名，欲見之。以沉香百斤爲贄，元鎮令人紿云：適往惠山飲泉。翼日再至，又辭以出探梅花。其人以不得一見，徊徘其家。元鎮密令開雲林堂使登焉。堂東設古玉器，西設古鼎彝尊罍，其人方驚顧間，問其家人曰：聞有清閟閣者，可一觀否？家人曰：此閣非人所易入，且吾主已出，不可得也。其人望閣再拜而去。

宋長白《柳亭詩話》下《玉堂》 世人稱翰苑曰「玉堂」，以宋太宗《賜蘇易簡》詩「翰林承旨貴，清浄玉堂中」也。然此二字肇見於楚大夫《風賦》，至漢則有殿名玉堂，在太液池南，《翼奉傳》「久污玉堂之署」是也。文翁講室亦號玉堂，楊雄《解嘲》：「登金門，上玉堂。」謝朓《後園賦》：「周步檐以升降，對玉堂之泬寥。」古樂府：「黄金爲君門，白玉爲君堂。」薛維翰詩：「白玉堂前一樹梅，今朝忽見數花開。」則是白玉亦如鬱金之類，不必以飛白翰苑爲定名也。

屈大均《廣東新語》卷一七《萬卷堂》 東莞陳琴軒先生璉致仕後，開萬卷堂，書多秘館所無。四方學者至，必館穀之。而丘文莊於瓊州學宫爲石室，藏書以惠學者，皆盛德事也。

梁章鉅《歸田瑣記》卷一《南萬柳堂》 邵伯湖之北數十里，有儀徵師別墅，在水中央，四圍種柳數萬株，每歲長夏必於此避暑，自題爲南萬柳堂，以别於京師之萬柳堂也。繪圖作詩者屢矣，近復得清湘子畫片作爲南萬柳堂第四圖，以新卷命余首題，余謹次自題韻成七律二首，吾師甚稱賞之，爲附刻於《揅經室續詩》中。詩云：「天然一幅水村圖，眼福欣當寄廡初。問字忽逢苦瓜畫，臨流便想坐茅漁。北來戢戢投林鳥，東望茫茫縱壑魚。安得牽船隨杖屨，太平鄉裡補三餘。」「若個將身入畫圖，每逢佳處警吾愚。白鷗敢作誰馴想，黄鳥真知所止隅。南北平分萬楊柳，主賓晤對幾桑榆。鑑湖底似珠湖好，卅六陂前卅二湖。」朱蘭坡謂余曰：「我適晤閣老，極折服此詩。謂次韻之作，能如無縫天衣，自非老手莫辦，並命我亦效顰。我謂此詩選辭沈着，託興遥深，已如『崔顥題詩在上頭』，繼聲者必難見好，不如善刀而藏也。閣老亦以爲知言。」

仇巨川《羊城古鈔》卷七《古迹・齊雲堂》 在白雲山上。宋創，明嘉靖中重建，今廢。宋索求詩：「巍堂聳太清，日暮倚前楹。飛鳥却在下，落霞相與平。眼中窮百粤，掌上瞰三城。送客一樽酒，懷歸無限情。」

《〔乾隆〕杭州府志》卷二五《古蹟三・翠寒堂》 翠寒堂在宋大内，孝宗建。《武林舊事》。堂以日本國櫂木爲之，不施丹艧，白如象齒。嘗召趙丞相雄、王樞使淮奏事堂下。古松數十，清風徐來。上曰：松聲甚清，遠勝絲竹。子贍以風月爲無盡藏，信哉。《建炎以來朝野雜記》。禁中避暑多御翠寒堂。堂前長松修竹，蒼翠蔽日。寒瀑飛空，下注大池，可十畝。池中紅白菡萏萬柄。蓋園丁以瓦盆別種，分列水底，時易新者。又置南花數百盆于廣庭，鼓以風輪，清芬滿座。初不知人間有塵暑也。洪景盧學士嘗賜對于翠寒堂，當三伏中，體粟戰慄，上問故，笑遣中貴以北綾半臂賜之。境界可想見矣。

《〔乾隆〕江南通志》卷三〇《輿地志・古迹一・宣猷堂》 宣猷堂在上元縣，

晉置，後在梁東宮。《梁紀》云：修飾國學，增廣生員，立五館，置五經博士。皇太子、宣城王亦於是堂講釋老。《蕭子顯傳》云：謝嘏出守建安，於宣猷堂宴餞賦詩，用十五劇部。《陳・姚察傳》云：察年十三，即引於宣猷堂聽講論難，爲儒者所稱。

《〔乾隆〕江南通志》卷三〇《輿地志・古迹一・武帳堂》 武帳堂在上元縣幕府山武帳岡上，宋文帝建。元嘉二十一年，宴於此堂，將行，敕諸子且勿食，至會所賜饌。日旰，食不至，皆有飢色。上曰：汝曹少長豐逸，不見百姓艱難，今使汝曹識有飢苦，知以節儉期物。

《〔乾隆〕江南通志》卷三三《輿地志・古迹四・平山堂》 平山堂在甘泉縣蜀岡上，宋郡守歐陽修建。江南諸山拱列簷下，因名。咸淳五年，李庭芝鎮揚州，築城包之。城廢，堂亦爲栖靈寺僧所據。康熙二十年，郡守金鎮建堂寺右，堂後增樓五楹，額曰「真賞」，祀歷代賢郡守於其上。二十三年，聖祖南巡，臨幸，御書「怡情」二字。四十四年，又御書「平山堂」及「賢守清風」四字，懸額堂内。聖祖御製《平山堂詩》。恭紀首卷。附：宋沈括《平山堂記》：揚州，常節制淮南十一郡之地，自淮南之西，大江之東，南至五嶺、蜀、漢，十一路百州之遷徙貿易之人，往還皆出其下。舟車南北日夜灌輸京師者，居天下之七。雖選帥常用重人，而四方賓客之至者，語言面目不相誰何，終日環坐滿堂，而太守應決一府之事，往往亦不暇盡舉其職。故凡州之宴賞享勞，太守之所游處起居，率皆有常處，不能以意有所揀擇，以爲賓客之歡。前守今參政歐陽公爲揚州，始爲平山堂於北岡之上，時引客過之，由是平山之名盛聞天下。嘉祐八年，直史館丹陽刁公自工部郎中領府事，去歐陽公之時纔七十年。而平山僅若有存者，皆朽爛剥漫不可支撑。公至踰年之後，悉撤而新之。又封其庭中以爲行春之臺。昔之樂聞平山之名而來者，今又將登此，以博望遐觀，其清凉高爽有不可以語傳者也。揚爲天下四方之衝，朝至乎此者，夕不知其往。民視其上，若通道大途，相值偶語，一不快其意，則遠近搔摇謗喧，紛不可解。公於此時，能使威令德澤，洽於人心；政事大小，無一物之失；而寄樂於山川草木、虚明曠快之間。人之得此，足以爲樂，而不知其致此之爲難也。後之人登是堂，思公之所以樂，將有指碑以告者也。

《〔乾隆〕江南通志》卷三四《輿地志・古迹五・萬卷堂》 在寧國縣南屏山、琴山間。宋乾道中，楊秉讀書處。秉故人湯鵬舉入參大政，爲印國子監書籍藏其中。府志云：又有玉書案、石硯閣。今廢。

《〔嘉慶〕常德府志》卷六《山川考・古迹・九芝堂》 九芝堂，在大西門内。明天啓辛酉歲，武陵龍氏祠堂產芝九本。龍氏自弘治甲子九科内科第不絶，遂顔其堂曰「九芝」。龍君御《谿園六記》序云：「西第九芝堂，花石奇秀，華榱曲榭，亦稱君子之居。」

《〔嘉慶〕常德府志》卷八《建置考・公署・子民堂》 子民堂，宋唐介建，知縣顧智尋遺址重修。乾隆六十年知縣傅景錞修之，懸額於二堂。顧智記畧曰：「唐公介爲武陵尉，建教子堂，韓魏公爲記，蔡忠惠書之。自尉遷沅江令，又建子民堂，僅存其名。余承乏兹土，見頹垣中有垂堂四楹，湫隘僅如蝸宫，内念殊默默，已惕然曰：『公宰兹邑，惓惓爲子民是念，名堂之意，歷千載如昨。顧今日當念民之能子與不能子，不必辨堂之存與否也。』無何，民茅屋火延及堂不付祝融者，僅呼吸間，人力無所施，左綴一楹，倏如崩雷，焰頓息，風頓反，堂遂賴以不燬。因仍其舊，展布葺之。堂成，難其額，既而曰：『噫！此堂雖小，閲人多矣。易一官或易一額，前之所題，後來者必更爲標異，不知後之易今亦猶今之易昔，况今所題未必勝於昔也。一堂額名心不化，徒勞梓人之僕僕。』於是仍追宋直臣所題『子民堂』額而鼎顔之，庶幾顧其名因以存其堂，存其堂因以想見其人。今讀宋史者，知唐子方爲當時真御史，詎知其起家是邑，爲宋真循吏乎？人如子方，流芳青史；堂名如子方所題，亦久膾炙人口，予又何敢易焉。後之君子登兹堂者，當思唐公子民之意，慎勿亟亟易公之堂名。」

《〔同治〕嘉定府志》卷五《古蹟・盡心堂》 盡心堂，城内舊提刑司署内。宋楊王休爲憲使，以一路渠堰源派鍾泄，及西南夷邊寨堡障道里斥堠，繪之壁間，制如籌邊樓，而加詳於民事焉。見《一統志》。

藝文

歐陽詢《藝文類聚》卷六三李尤《堂銘》 因邑制宅，爰興殿堂。夏屋渠渠，高敞清涼。家以師禮，修奉蒸嘗。延賓西階，主近東厢。宴樂嘉客，吹笙鼓簧。

歐陽詢《藝文類聚》卷六三庾闡《樂賢堂頌》 峩峩隆構，岌岌其峻。階延白屋，寢登髦俊。神心所寄，莫往非順。靈圖表像，平敷玉潤。游虬一壑，栖鸞一叢。川澄華沼，樹拂椅桐。林有晨風，翩有西雍。高觀迴雲，疎猋綺窗。洋洋帝猷，恢恢天造。思樂雲基，克配祖考。仰瞻崑丘，俯懷明聖。玄珠雖朗，離人莫映。清風徘徊，微言絶詠。有邈高構，永廓靈命。

吕温《吕衡州文集》卷一〇《虢州三堂記》 應龍乘風雲，作雷雨，退必蟠蟄，以全其力。君子役智能，統機劇，退必宴息，以全其性。力全則神化無窮，性全則精用不竭。深山大澤，其所以蟠蟄乎。高齋清地，其所以宴息乎。虢州三堂者，君子宴息之境也。開元初，天子思二南之風，並選宗英，共持理柄，虢大而近，匪親不居。時惟五王，出入相授，承平易理，逸政多暇，考卜惟勝，作爲三堂。三者明臣子在三之節，堂者勵宗室克構之義。豈徒造適，實亦垂訓。居德樂善，何其盛哉？然當時漢同家人，魯用王禮，棟宇制度，非諸侯居。後刺史馬君錫，因其頽陊，始革基構。豐而不侈，約而不陋，以琴尊詩書之幽素，易綺紈鐘鼓之繁喧。惟林池烟景，不讓他日。觀其廣踰百畝，深入重扃，迴塘屈盤，沓島交映。溟渤轉於環堵，蓬壺起於中庭。浩然天成，孰曰智及。春之日衆木花折，岸鋪島織，沈浮照耀，其水五色。於是乎襲馨擷奇，方舟逶迤，樂魚時翻，飄蘂雪飛，泝沿迴環，隱映差池，咫尺迷路，不知所歸。此則武陵仙源，未足以極幽絶也。夏之日石寒水清，松密竹深，大柳起風，甘棠垂陰。於是乎濯纓漣漪，解帶升堂，畏景火雲，隔林無光，虛甍沈沈，皓壁如霜，羽扇不摇，南軒清涼。此則楚襄蘭臺，未足以滌炎鬱也。秋之日金飆掃林，蓊鬱洞開，太華爽氣，出關而來。於是乎弦琴端居，景物廓如，月委皓素，水涵空虛，鳥驚寒沙，露滴高梧，境隨夜深，疑與世殊。此則庾公西樓，未足以澹神慮也。冬之日同雲千里，大雪盈尺，四眺無路，三堂虛白。於是乎置酒褰帷，憑軒倚楹，瑶階如銀，玉樹羅生，日暮天霽，雲開月明，冰泉潺潺，終夜有聲。此則子猷山陰，未足以暢吟嘯也。於戲！不離軒冕，而踐夷曠之域；不出户庭，而獲江海之心。趣近懸解，跡同大隱。序閲四時之勝，節宣六氣之和。貴而居之，可曰厚矣。若知其身既安，而思所以安人；其性既適，而思所以適以。不以自樂而忽鰥寡之苦，不以自逸而忘稼穡之勤，能推是心，以惠境内，則良二千石也。方今人亦勞止，上思乂息，州郡之選，重如廷臣。由是南陽張公，輟揮翰之任，受剖符之寄，游刃而理，此焉坐嘯。静政令若水木，閒人民如魚鳥。馴致其道，闇然日彰。小子以通家之好，獲拜牀下，且齒諸子，侍坐於三堂，見知惟文，不敢無述。捧筆避席，請書堂陰。俾後之人知此堂非止燕遊，亦可以觀清静爲政之道。

《全唐詩》卷七三六王仁裕《題麥積山天堂》 躡盡懸空萬仞梯，等閒身共白雲齊。檐前下視羣山小，堂上平分落日低。絶頂路危人少到，古巖松健鶴頻棲。天邊爲要留名姓，拂石殷勤身自題。

柳宗元《柳宗元集》卷二六《嶺南節度饗軍堂記》 唐制，嶺南爲五府，府部州以十數。其大小之戎，號令之用，則聽于節度使焉。其外大海多蠻夷，由流求、訶陵，西抵大夏、康居，環水而國以百數，則統于押蕃舶使焉。内之幅員萬里，以執秩拱稽，時聽教命；外之羈屬數萬里，以譯言贄寶，歲帥貢職。合二使之重，以治于廣州，故賓軍之事，宜無與校大。且賓有牲牢饔餼，嘉樂好禮，以同遠合疏；軍有犒饋宴饗，勞旋勤歸，以羣力一心。於是治也，閛闔階序，不可與他邦類，必厚棟大梁，夷庭高門，然後可以上充於揖讓，下周於步武。

今御史大夫扶風公廉廣州，且專二使，增德以來遠人，申威以脩戎政。大饗宴合樂，從其豐盈。先是爲堂於治城西北陬，其位，公北向，賓衆南向，奏部伎于其西，視泉池于其東。隅奥庳側，庭廡下陋，日未及晡，則赫炎當目，汗眩更起，而禮莫克終。故凡大宴饗、大賓旅，則寓于外壘，儀形不稱。公於是始斥其制，爲堂南面，横八楹，從十楹，嚮之宴位，化爲東序，西又如之。其外更衣之次，膳食之宇，列觀以游目，偶亭以展聲，彌望極顧，莫究其往。泉池之舊，增濬益植，以暇以息，如在林壑。問工焉取，則師輿是供；問役焉取，則蠻隸是徵；問材焉取，則隙宇是遷。或益其闕，伐山浮海，農賈拱手，張目視具。

乃十月甲子克成，公命饗于新堂。幢牙茸纛，金節析羽，旆旗旟旞，咸飾于下。鼓以鼖鼛，金以鐸鐃。公與監軍使，肅上賓，延羣僚；將校士吏，咸次于位。卉裳罽衣，胡夷蜑蠻，睢盱就列者，千人以上。鉶鼎體節，燔炮胾炙，羽鱗貍互之物，沉泛醍盎之齊，均飫于卒士。興王之舞，服夷之伎，揳擊吹鼓之音，飛騰幻怪之容，寰觀于遠邇。禮成樂遍，以敘而賀，且曰：「是邦臨護之大，五人合之，非是堂之制不可以備物，非公之德不可以容衆。曠于往初，肇自今兹，大和有人，以觀遠方，古之戎政，其曷用加此！」

華元，名大夫也，殺羊而御者不及；霍去病，良將軍也，餘肉而士有飢色。猶克稱能，以垂到今。矧兹具美，其道不廢，願訪于金石，以永示後祀。遂相與來告，且乞辭。某讓不獲，乃刻于兹石云。

白居易《白居易集》卷四三《草堂記》 匡廬奇秀，甲天下山。山北峯曰香爐，峯北寺曰遺愛寺，介峯寺間，其境勝絶，又甲廬山。元和十一年秋，太原人白樂天見而愛之，若遠行客過故鄉，戀戀不能去。因面峯腋寺作爲草堂。明年春，草堂成。三間兩柱，二室四牖，廣袤豐殺，一稱心力。洞北户，來陰風，防徂暑也。敞南甍，納陽日，虞祁寒也。木斵而已，不加丹；墻圬而已，不加白。墄階用石，羃窗用紙，竹簾紵幃，率稱是焉。堂中設木榻四，素屏二，漆琴一張，儒、道、佛書各三兩卷。樂天既來爲主，仰觀山，俯聽泉，傍睨竹樹雲石，自辰及酉，應接不暇。俄而物誘氣隨，外適内和，一宿體寧，再宿心恬，三宿後頹然嗒然，不知其然而然。自問其故，答曰：是居也，前有平地，輪廣十丈；中有平臺，半平地；臺南有方池，倍平臺。環池多山竹野卉，池中生白蓮、白魚。又南抵石澗，夾澗有古松、老杉，大僅十人圍，高不知幾百尺。修柯戛雲，低枝拂潭，如幢竪，如蓋張，如龍蛇走。松下多灌叢，蘿蔦葉蔓，駢織承翳，日月光不到地，盛夏風氣如八九月時。下鋪白石，爲出入道。堂北五步，據層崖積石，嵌空垤堄，雜木異草，蓋覆其上。緑陰蒙蒙，朱實離離，不識其名，四時一色。又有飛泉植茗，就以烹燀。好事者見，可以〔銷〕永日。堂東有瀑布，水懸三尺，瀉階隅，落石渠，昏曉如練色，夜中如環珮琴筑聲。堂西倚北崖右趾，以剖竹架空，引崖上泉，脈分綫懸，自簷注砌，纍纍如貫珠，霏微如雨露，滴瀝飄灑，隨風遠去。其四傍耳目杖屨可及者，春有錦繡谷花，夏有石門澗雲，秋有虎谿月，冬有鑪峯雪：陰晴顯晦，昏旦含吐，千變萬狀，不可殫紀，覼縷而言，故云甲廬山者。噫！凡人豐一屋，華一簀，而起居其間，尚不免有驕穩之態。今我爲是物主，物至致知，各以類至，又安得不外適内和，體寧心恬哉？昔永遠宗雷輩十八人，同入此山，老死不返。去我千載，我知其心以是哉！矧予自思：從幼迨老，若白屋，若朱門，凡所止，雖一日二日，輒覆簣土爲臺，聚拳石爲山，環斗水爲池，其喜山水，病癖如此。一旦蹇剥，來佐江郡。郡守以優容而撫我，廬山以靈勝待我。是天與我時，地與我所，卒獲所好，又何以求焉？尚以冗員所羈，餘累未盡，或往或來，未遑寧處。待予異時弟妹婚嫁畢，司馬歲秩滿，出處行止，得以自遂；則必左手引妻子，右手抱琴書，終老於斯，以成就我平生之志。清泉白石，實聞此言。時三月二十七日，始居新堂。四月九日，與河南元集虚、范陽張允中、南陽張深之、東西二林長老湊、朗、滿、晦、堅等凡二十有二人，具齋施茶果以落之。因爲《草堂記》。

黄庭堅《山谷全書・正集》卷一六《大雅堂記》 丹稜楊素翁，英偉人也，其在州閭鄉黨有俠氣，不少假借人，然以禮義，不以財力稱長雄也。聞余欲盡書杜子美兩川夔峽諸詩，刻石藏蜀中好文喜事之家，素翁粲然，向余請從事焉，又欲作高屋廣楹庥此石，因請名焉。余名之曰「大雅堂」，而告之曰：由杜子美以來四百餘年，斯文委地，文章之士隨世所能，傑出時輩，未有升子美之堂者，況室家之好邪！余嘗欲隨欣然會意處，箋以數語，終日汩没世俗，初不暇給。雖然，子美詩妙處，乃在無意於文。夫無意而意已至，非廣之以《國風》《雅》《頌》，深之以《離騷》《九歌》，安能咀嚼其意味，闖然入其門邪！故使後生輩自求之，則得之深矣。使後之登大雅堂者，能以余説而求之，則思過半矣。彼喜穿鑿者，棄其大旨，取其發興，於所遇林泉人物、草木魚蟲，以爲物物皆有所託，如世間商度隱語者，則子美之詩委地矣。素翁可並刻此於大雅堂中。後生可畏，安知無涣然冰釋於斯文者乎！元符三年九月涪翁書。

歐陽修《歐陽文忠公集》卷四〇《有美堂記》 嘉祐二年，龍圖閣直學士、尚書吏部郎中梅公出守於杭。於其行也，天子寵之以詩，於是始作有美之堂，蓋取賜詩之首章而名之，以爲杭人之榮。然公之甚愛斯堂也，雖去而不忘，今年自金陵遣人走京師，命予誌之，其請至六七而不倦。予乃爲之言曰：夫舉天下之至美與其樂，有不得而兼焉者多矣。故窮山水登臨之美者，必之乎寬閑之野、寂寞之鄉而後得焉；覽人物之盛麗、夸都邑之雄富者，必據乎四達之衝、舟車之會而後足焉。蓋彼放心於物外，而此娱意於繁華，二者各有適焉。然其爲樂，不得而兼也。今夫所謂羅浮、天台、衡嶽、廬阜，洞庭之廣，三峽之險，號爲東南奇偉秀絶者，乃皆在乎下州小邑、僻陋之邦，此幽潛之士、窮愁放逐之臣之所樂也。若乃四方之所聚，百貨之所交，物盛人衆，爲一都會，而又能兼有山水之美，以資富貴之娱者，惟金陵、錢塘，然二邦皆僭竊於亂世。及聖宋受命，海内爲一，金陵以後服見誅，今其江山雖在，而頹垣廢址，荒煙野草，過而覽者莫不爲之躊躇而悽愴。獨錢塘自五代時知尊中國，效臣順，及其亡也，頓首請命，不煩干戈，今其民幸富完安樂。又其俗習工巧，邑屋華麗，蓋十餘萬家。環以湖山，左右映帶。而閩商海賈，風帆浪舶，出入於江濤浩渺、煙雲杳靄之間，可謂盛矣。而臨是邦者，必皆朝廷公卿大臣若天子之侍從，又有四方游士爲之賓客，故喜占形勝，治亭榭，相與極遊覽之娱。然其於所取，有得於此者必有遺於彼。獨所謂有美堂者，山水登臨之美，人物邑居之繁，一寓目而盡得之。蓋錢塘兼有天下之美，而斯堂者又盡得錢塘之美焉，宜乎公之甚愛而難忘也。梅公清慎好學君子也，視其所好，可以知其人焉。四年八月丁亥，廬陵歐陽修記。

歐陽修《歐陽文忠公集》卷三九《夷陵縣至喜堂記》 峽州治夷陵，地濱大江，雖有椒、漆、紙以通商賈，而民俗儉陋，常自足，無所仰於四方。販夫所售，不過鱅魚腐鮑，民所嗜而已。富商大賈，皆無爲而至。地僻而貧，故夷陵爲下縣，而峽爲小州。州居無郭郛，通衢不能容車馬，市無百貨之列，而鮑魚之肆不可入，雖邦君之過市，必常下乘，掩鼻以疾趨。而民之列處，竈、廩、匽、井無異位，一室之間，上父子而下畜豕。其覆皆用茅竹，故歲常火災，而俗信鬼神，其相傳曰作瓦屋者不利。夷陵者，楚之西境，昔《春秋》書荆以狄之，而詩人亦曰蠻荆，豈其陋俗自古然歟？景祐二年，尚書駕部員外郎朱公治是州，始樹木，增城柵，甓南北之街，作市門市區。又教民爲瓦屋，別竈廩，異人畜，以變其俗。既又命夷陵人劉光裔治其縣，起勑書樓，飾廳事，新吏舍。三年夏，縣功畢。某有罪來是邦，朱公於某有舊，且哀其以罪而來，爲至縣舍，擇其廳事之東以作斯堂，度爲疏絜高明，而日居之以休其心。堂成，又與賓客偕至而落之。夫罪戾之人，宜棄惡地，處窮險，使其憔悴憂思，而知自悔咎。今乃賴朱公而得善地，以偷宴安，頑然使忘其有罪之憂，是皆異其所以來之意。然夷陵之僻，陸走荆門、襄陽至京師，二十有八驛；水道大江、絶淮抵汴東水門，五千五百有九十里。故爲吏者多不欲遠來。而居者往往不得代，至歲滿，或自罷去。然不知夷陵風俗朴野，少盜爭，而令之日食有稻與魚，又有橘、柚、茶、筍四時之味，江山美秀，而邑居繕完，無不可愛。是非惟有罪者之可以忘其憂，而凡爲吏者，莫不始來而不樂，既至而後喜也。作《至喜堂記》，藏其壁。夫令雖卑而有土與民，宜志其風俗變化之善惡，使後來者有考焉爾。

歐陽修《歐陽文忠公集》卷四一《非非堂記》 權衡之平物，動則輕重差，其於静也，錙銖不失。水之鑒物，動則不能有睹，其於静也，毫髮可辨。在乎人，耳司聽，目司視，動則亂於聰明，其於静也，聞見必審。處身者不爲外物眩晃而動，則其心静，心静則智識明，是是非非，無所施而不中。夫是是近乎諂，非非近乎訕，不幸而過，寧訕無諂。是者，君子之常，是之何加！一以觀之，未若非非之爲正也。予居洛之明年，既新廳事，有文紀於壁末。營其西偏作堂，户北嚮，植叢竹，闢户於其南，納日月之光。設一几一榻，架書數百卷，朝夕居其中。以其静也，閉目澄心，覽今照古，思慮無所不至焉。故其堂以非非爲名云。

蘇軾《蘇軾文集》卷一二《雪堂記》 蘇子得廢圃于東坡之脅，築而垣之，作堂焉，號其正曰雪堂。堂以大雪中爲之，因繪雪於四壁之間，無容隙也。起居偃仰，環顧睥睨，無非雪者。蘇子居之，真得其所居者也。蘇子隱几而晝瞑，栩栩然若有所適而方興也。未覺，爲物觸而寤，其適未厭也，若有失焉。以掌抵目，以足就履，曳於堂下。

客有至而問者曰：「子世之散人耶，拘人耶？散人也而天機淺，拘人也而嗜慾深。今似繫馬而止也，有得乎而有失乎？」蘇子心若省而口未嘗言，徐思其應，揖而進之堂上。客曰：「嘻，是矣，子之欲爲散人而未得者也。予今告子以散人之道。夫禹之行水，庖丁之投刀，避衆礙而散其智者也。是故以至柔馳至剛，故石有時以泐。以至剛遇至柔，故未嘗見全牛也。予能散也，物固不能縛，不能散也，物固不能釋。子有惠矣，用之於内可也。今也如蜎之在囊，而時動其脊脅，見於外者，不特一毛二毛而已。風不可搏，影不可捕，童子知之。名之於人，猶風之與影也，子獨留之。故愚者視而驚，智者起而軋，吾固怪子爲今日之晚也。子之遇我，幸矣，吾今邀子爲藩外之游，可乎？」

蘇子曰：「予之於此，自以爲藩外久矣，子又將安之乎？」客曰：「甚矣，子之難曉也。夫勢利不足以爲藩也，名譽不足以爲藩也，陰陽不足以爲藩也，人道不足以爲藩也。所以藩予者，特智也爾。智存諸内，發而爲言，則言有謂也，形而爲行，則行有謂也。使子欲嘿不欲嘿，欲息不欲息，如醉者之恚言，如狂者之妄行，雖掩其口執其臂，猶且喑嗚跼蹶之不已，則藩之於人，抑又固矣。人之爲患以有身，身之爲患以有心。是圃之構堂，將以佚子之身也？是堂之繪雪，將以佚子之心也？身待堂而安，則形固不能釋。心以雪而警，則神固不能凝。子之知既焚而燼矣，燼又復然，則是堂之作也，非徒無益，而又重子蔽蒙也。子見雪之白乎？則恍然而目眩。子見雪之寒乎？則竦然而毛起。五官之爲害，惟目爲甚。故聖人不爲。雪乎，雪乎，吾見子知爲目也。子其殆矣！」

客又舉杖而指諸壁，曰：「此凹也，此凸也。方雪之雜下也，均矣。厲風過焉，則凹者留而凸者散，天豈私於凹而厭於凸哉，勢使然也。勢之所在，天且不能違，而況於人乎？子之居此，雖遠人也，而圃有是堂，堂有是名，實礙人耳，不猶雪之在凹者乎？」蘇子曰：「予之所爲，適然而已，豈有心哉，殆也，奈何！」

客曰：「子之適然也，適有雨，則將繪以雨乎？適有風，則將繪以風乎？雨不可繪也，觀雲氣之洶湧，則使子有懼意。風不可繪也，見草木之披靡，則使子有懼意。覩是雪也，子之内亦不能無動矣。苟有動焉，丹青之有靡麗，水雪之有水石，一也。德有心，心有眼，物之所襲，豈有異哉？」蘇子曰：「子之所言是也，敢不聞命。然未盡也，予不能默。此正如與人訟者，其理雖已屈，猶未能絶辭者也。子以爲登春臺與入雪堂，有以異乎？以雪觀春，則雪爲静。以臺觀堂，則堂爲静。静則得，動則失。黄帝，古之神人也。游乎赤水之北，登乎崑崙之丘，南望而還，遺其玄珠焉。游以適意也，望以寓情也。意適於游，情寓於望，則意暢情出，而忘其本矣。雖有良貴，豈得而寶哉。是以不免有遺珠之失也。雖然，意不久留，情不再至，必復其初而已矣，是又驚其遺而索之也。余之此堂，追其遠者近之，收其近者内之，求之眉睫之間，是有八荒之趣。人而有知也，升是堂者，將見其不邇而優，不寒而栗，凄凜其肌膚，洗滌其煩鬱，既無炙手之譏，又免飲冰之疾。彼其趦趄利害之途、猖狂憂患之域者，何異探湯執熱之俟濯乎？子之所言者，上也。余之所言者，下也。我將能爲子之所爲，而子不能爲我之爲矣。譬之厭膏粱者，與之糟糠，則必有忿詞。衣文綉者，被之皮弁，則必有愧色。子之於道，膏粱文繡之謂也，得其上者耳。我以子爲師，子以我爲資，猶人之於衣食，缺一不可。將其與子游，今日之事，姑置之以待後論。予且爲子作歌以道之。」歌曰：

雪堂之前後兮，春草齊。雪堂之左右兮，斜徑微。雪堂之上兮，有碩人之頎頎。考槃於此兮，芒鞋而葛衣。挹清泉兮，抱瓮而忘其機。負頃筐兮，行歌而采薇。吾不知五十九年之非而今日之是，又不知五十九年之是而今日之非。吾不知天地之大也，寒暑之變，悟昔日之癯，而今日之肥。感子之言兮，始也抑吾之縱而鞭吾之口，終也釋吾之縛而脱吾之羈。是堂之作也，吾非取雪之勢，而取雪之意。吾非逃世之事，而逃世之機。吾不知雪之爲可觀賞，吾不知世之爲可依違。性之便，意之適，不在於他，在於群息已動，大明既升，吾方輾轉，一觀曉隙之塵飛。子不棄兮，我其子歸。

客忻然而笑，唯然而出，蘇子隨之。客顧而頷之曰：「有若人哉。」

蘇軾《東坡全集》卷九七《三槐堂銘》 天可必乎？賢者不必貴，仁者不必壽。天不可必乎？仁者必有後。二者將安取衷哉！吾聞之申包胥曰：人定者勝天，天定亦能勝人。世之論天者，皆不待其定而求之，故以天爲茫茫。善者以怠，惡者以肆。盜跖之壽，孔顔之厄，此皆天之未定者也。松柏生於山林，其始也困於蓬蒿，厄於牛羊，而其終也，貫四時閲千歲而不改者，其天定也。善惡之報，至於子孫，則其定也久矣。吾以所見所聞考之，而其可必也審矣。國之將興，必有世德之臣，厚施而不食其報，然後其子孫能與守文太平之主共天下之福。故兵部侍郎晉國王公，顯於漢周之際，歷事太祖太宗，文武忠孝，天下望以爲相，而公卒以直道不容於時。蓋嘗手植三槐於庭，曰：吾子孫必有爲三公者。已而其子魏國文正公相真宗皇帝於景德祥符之間，朝廷清明天下無事之時，享其福禄榮名者十有八年。今夫寓物於人，明日而取之，有得有否。而晉公修德於身，責報於天，取必於數十年之後，如持左契，交手相付。吾是以知天之果可必也。吾不及見魏公，而見其子懿敏公，以直諫事仁宗皇帝，出入侍從將帥三十餘年，位不滿其德。天將復興王氏也歟？何其子孫之多賢也。世有以晉公比李栖筠者，其雄才直氣，真不相上下。而栖筠之子吉甫，其孫德裕，功名富貴略與王氏等，而忠恕仁厚，不及魏公父子。由此觀之，王氏之福，蓋未艾也。懿敏公之子鞏與吾遊，好德而文，以世其家。吾是以録之。銘曰：嗚呼休哉！魏公之業，與槐俱萌。封植之勤，必世乃成。既相真宗，四方砥平。歸視其家，槐陰滿庭。吾儕小人，朝不及夕。相時射利，皇卹厥德。庶幾僥倖，不種而穫。不有君子，其何能國。王城之東，晉公所廬。鬱鬱三槐，惟德之符。嗚呼休哉！

蘇轍《蘇文忠公全集》卷一一《墨君堂記》 凡人相與號呼者，貴之則曰公，賢之則曰君，自其下則爾汝之。雖公卿之貴，天下貌畏而心不服，則進而君、公，退而爾汝者多矣。獨王子猷謂竹君，天下從而君之無異辭。今與可又能以墨象君之形容，作堂以居君，而屬余爲文，以頌君德，則與可之於君，信厚矣。與可之爲人也，端静而文，明哲而忠。士之修潔博習，朝夕磨治洗濯，以求交於與可者，非一人也，而獨厚君如此。君又疎簡抗勁，無聲色臭味可以娱悦人之耳目鼻口，則與可之厚君也，其必有以賢君矣。世之能寒燠人者，其氣燄亦未至若雪霜風雨之切於肌膚也，而士鮮不以爲欣戚喪其所守。自植物而言之，四時之變亦大矣，而君獨不顧。雖微與可，天下其孰不賢之。然與可獨能得君之深，而知君之所以賢，雍容談笑，揮灑奮迅而盡君之德，稚壯枯老之容，披折偃仰之勢。風雪凌厲以觀其操，崖石犖确以致其節。得志，遂茂而不驕；不得志，瘁瘠而不辱。群居不倚，獨立不懼。與可之於君，可謂得其情而盡其性矣。余雖不足以知君，願從與可求君之昆弟子孫族屬朋友之象，而藏於吾室，以爲君之别館云。

《〔雍正〕慈溪縣志》卷一四王休《清清堂賦》 清清堂，清清然。人踪兮市井，風景兮林泉。空庭弗養鶴，翩翩好鳥飛山前；靚几弗張琴，雍雍雅調來湖邊。山隴勾連兮明秀，湖波渟蓄兮清漣。白露乘風兮墮茵席，青蘿懸樹兮牽茶烟。公門沉沉兮晝静，里閈熙熙兮春妍。客至兮嘉話，客去兮陳編。清清堂，清甚矣。玉壺冰，金井水。冰無渣，水無滓。堂上之人當若此，堂下之人見底裏。古稱慈令張清清，今日堂名良有以。我來弔古天茫茫，一曲清歌白鷗起。朝望清清而行，暮望清清而止。吟耳嘗聽松竹聲，幽襟不着塵埃氣。道義苟非，彼千駟兮焉視？苞苴永絶，于四知兮何畏？仰希孤竹之風，俯嘗冰檗之味。祇恐清太過而罔中，不以人弗知而自棄。嗟夫！山川不改，棟宇常更。品類不一，好尚殊情。匪人則然，物亦有徵：鳳皇非竹實不食，鵷鶵見腐鼠而爭。秋蟬吸林杪之露，蒼蠅集砧几之腥。欲知清濁兩途之肯綮，實分乎公私一念之初萌。嗚呼！日月皎皎兮古今悠悠，誰爲清流兮誰爲濁流？公評在人兮何恩何讐？濁流貽斯堂之羞兮，清流垂斯堂之休。

朱熹《朱子大全》卷七七《歸樂堂記》 予嘗爲吏於泉之同安，而與僊游朱侯彦實同僚相好也。其後予罷歸，且五六年，病臥田間，浸與當世不相聞知。獨朱侯時時書來，訪問繾綣，道語舊故，如平生驩。一日書抵予曰：「吾方築室先廬之側，命之曰『歸樂之堂』。蓋四方之志倦矣，將託於是而自休焉。子爲我記之。」予惟幼而學，強而仕，老而歸，歸而樂。此常物之大情，而士君子之所同也。而或者怵迫勢利，睠睠軒冕印韍之間，老而不能歸。或歸矣，而酣豢之餘，厭苦淡泊，顧慕疇昔，不能忘情。方且咨嗟戚促，自以爲不得其所，而豈知歸之爲樂哉？或知之矣，而顧其前日從官之所爲，有不能無愧悔於心者。則於其所樂，雖欲暫而安之，其心固不能也。然則仕而能歸，歸而能樂，斯亦豈不難哉？朱侯名卿子，少有美材，學問慷慨，入官三十年，以彊直自遂。獨行所志，不爲勢屈。以故浮湛選調。行年五十，乃登王官。然予視其簿書期會之餘日，蓋無一日不命賓友，從子姪，登山臨水，絃歌賦詩，放浪於塵埃之外，而無幾微留落不偶之意。見於言面，則其於勢利如何哉？其仕而能歸，歸而能樂，不待斯堂之作而可信無疑矣。顧予未獲一登斯堂而覽其勝概，然其林壑之美，泉石之饒，足以供徙倚館宇之邃，啓處之適，足以寧燕休。圖史之富，足以娱心目，而幽人逸士，往來於東阡北陌者，足以析名理而商古今。又不待接於耳目，而知侯之樂有在乎是也。是以承命不辭，而記其意如此。如天之福，異時獲從遊於堂上，尚能爲侯賦之。

范成大《吴郡志》卷六《思賢堂記》 吴郡治故有思賢亭，以祠韋、白、劉三太守，更兵燼久之，遂作新堂，名曰「三賢」。其四年，當紹興辛巳，鄱陽洪公始益以唐王常侍、本朝范文正之像，復其舊之名亭者榜焉。先是公以歲五月來臨吾州，由州南鄙，望洞庭，略具區，觀三江五湖之吐吞，濤波聒天，旁無邊垠，而石堤截然，浮於巨浸之上，若有鬼神之扶傾鯨鼇背負而湧以出也。暮夜，人語馬嘶，匈匈不絶，公固已語其人，思常侍之功矣。周覽原田，而相其溝防，東南之播於江，東北之委於海者，脉絡釃通，堙蕪滌涂。夏旱，易以陂，潦水時至，不能齧渚涯以決汙邪，荒寒化爲麥禾。起景祐，迄兹歲，無大浸。於是，公又曰：「非文正范公之勤其民者乎？」退而參石記竹書之傳，詳兩賢行事，尚什百於此。韓退之名知言，碑王之墓隧，謂治蘇最天下。蓋遺册廑存於一堤，其變滅無考者，不知幾也。文正自郡召還，遂參永昭陵大政，德業光明，爲宋宗臣，通國之誦曰文正公，而不以姓氏行焉。韋、白、劉之餘愛，邦人既已俎豆之，語在舊碑，尚矣。王、范風烈如此，且有德於吴，宜俱三賢不没，以爲無窮之思，此堂之所爲得名者。嘗謂士才高，必自賢。位高或不屑其官，世通患也。洪公，忠宣公之子，擢博學宏詞第一，名字滿四海。餘二十年。既入翰林爲學士，未幾自列去，甫及里門，制書以左魚來矣。邦人度公且上朝謁，莫能久私公也。然始至之日，咨民所疾苦，退然不自居其智能，亟從掌故吏訪諸賢之舊，圖畫彷彿，想見其平生。公既以道學文章命一世，顧有羨於五君子者，意將迹其惠術，講千里之長利，以膏雨此民，彼憧憧往來，眎桑蔭趣舍人裝者，慮安肯出此。夫才高而不自賢，位高而滋共其官，盛德事也。斯堂法廳得書。會公使來屬筆紀歲日，成大世占名數西郭，樂其州多賢守令之不歉於古也，文正公又吾東家丘焉。竊願託斯堂以夸鄰邦，以爲邑子榮，乃不辭而承公命。八月既望，州民左從事郎范成大記並書。

張耒《張耒集》卷四九《冰玉堂記》 熙寧中，予爲臨淮主簿，始得拜劉公道原于汴上。是時道原方修《資治通鑑》，而執政有素高其才者，欲用以爲屬，道原義不屈，遂與絶，復以親老求爲南康酒官，故書未成而去。予既慕公之義，而望其眉宇，聽其論議，其是非與奪之際，凛然可畏而服也。士大夫皆曰：「劉君之賢，非獨其信道篤，立心剛，博學洽聞之所至，是蓋得父之風烈。」

公之父諱渙，字凝之，有詞學，爲小官，數以事屈在勢者，節高不能容于世。年五十餘爲潁上令，即致仕歸隱于廬山，築室種蔬而食之，無求于物，人皆師尊焉，于是既老矣。公歸廬山無幾何，得疾，以元豐元年九月卒。公諱恕，道原蓋其字。後十餘年而當元祐元年，予受詔校《資治通鑑》于祕書省。是時公同時修書之人往往而在，道公之事本末尤詳，皆曰：「道原廉介剛直，其仕必欲達其道，不以一毫挫于人者也。方其激于義而作，雖足蹈坎井、手攬虎兕，視之若無見，雖古烈士或愧焉。平居自負經濟大略，而視其爲吏，則嚴簿書，束胥吏，撫鰥寡，繩豪猾，纖悉曲當，皆可爲後法。其學自書契以來以至于今，國家治亂，君臣世系，廣至于郡國山川之名物，詳至于歲月日時之後先，問焉必知，考焉必信，有疑焉必決，其言滔滔汩汩，如道其閭里族黨之事也。其著書有《疑年譜》、《年略譜》、《通鑑外紀》、《十國紀年》，惟《十國紀年》先成，世傳之。世以比遷、固、歆、向，公亦自以不愧，而自蔚宗以降不論也。當時司馬君實、歐陽文忠，號通史學，貫穿古今，亦自以不及而取正焉。」凝之晚善養性，篤行，老益壯，年八十一，後道原數年卒，累官至屯田員外郎。其終也未嘗疾，沐浴正冠而絶。嗚呼！亦異矣。

元符中，予謫官廬陵。道原之子義仲主簿，于德安敘其大父與父之事于予，且曰：「頃眉山蘇子由嘗道廬山，拜我大父于牀下，出而歎曰：『凛乎非今世之士也！』其卒，爲詞以哭曰：『凝之爲父，與道原之爲子，潔廉不撓，冰清而玉剛。』鄉人是其言，名吾大父故居之堂曰『冰玉』。君爲我實記之。」予曰：「昔司馬談能推明孔子作《春秋》之意，欲爲史未成，以授其子遷。而遷遂能網羅三代放逸舊聞，馳騁上下數千歲，成一家之意，與六經並傳。父子之于文學美矣，而風節無聞焉。疏廣、疏受于漢宣帝有師傅恩，而父子一旦棄去，視舍富貴如棄塵垢，骨肉之際，風節同矣，而文學無傳焉。孰如君家父子，文學風節輝焯並著，名立于父而顯于子，千載之遠，四海之廣，而一家擅之。嗟乎！世固未嘗有也。」

始予應舉時，與道原之弟格遊，愛其學博而論正，是蓋得其兄之餘。而義仲敏于學而健于文，屹然好名而立節者也，予知冰玉堂之洒掃有繼矣。其爵里世系與其行事之詳，則既有誌之者矣，故不復出。因爲詞以系之曰：

我所思之人兮，嗟可想而不可見。意其人兮，俯青雲而下睨，矚九日而不眩。超然不知其何之兮，遺此空山之故居。豈訪重華而陳義兮，父唱子和與仙聖乎爲徒。紓爲雲霓兮，注爲江湖。偉爲哲人兮，我言在書。超駕言而從之兮，指廬山乎休吾車。耕山而食兮，梁溪而漁。儼頓轡而不敢留兮，恐其尚謂我污也。

《永樂大典》卷七二三八張舜民《敀學三友堂記》 天子巡守而引高年，臨雍而行老老。諸侯之政，遺老失賢則有罰。誠以老者人之所敬，賢者治之所宗。敬老尊賢，爲國乎何有？河東李公子長爲邠之守，乃得其要。下車之初，采訪人物，得善士者三人焉。其一曰朝奉郎致仕李舒，其一曰國子助教李展，其一曰宣義郎致仕張舜儀。是三人者皆邠之士也，耆老惇德，言行有常，爲鄉人之所宗信。暇日，公詢考風俗，參驗政事。又與之遨遊登覽，陟觀南岡，泛舟北湖。酌玉峯之泉，臨涇水而釣。歌舞以侑醉，賦詩以寫懷。皆鶴髪之叟，精力敏劭。籃輿野僕，褐衣鳩杖，與金珮相輝。千人之騎，雙旗六纛，錯摩於莊逵之間，公以是爲未足也。又圖其象於學館，名其堂爲「三友」。以當年鼓篋之地，爲後進式瞻之表。邠之好事者相與樂成之。無賢愚，無大小，咸相語曰：「彼皆吾少小鄉人也，以何能致是哉？不以學乎，以其有德也。我雖民，寧不爲善？顧嘗犯法以辱公之廷。我有子孫不俾之學，顧爲游手末技。」邠自是犯法者少，而學者爲多。於時好賢尚德之風，藹然見於西土，予聞而賀之，公及三友曰「吁」。是三人者，生長同鄉里，學問舍，仕同籍，老同歸。幸而優游晚節，又得賢太守發明乎素，以風勸鄉人。仕雖不達，要其報亦可得不謂之充矣乎？心同迹異，後作者之七人；官小家貧，望洛中之九老。虚堂東國，方隆禮於蓋公；解榻南州，豈獨賢於孺子。風流可紹，紀述何慚。

顧瑛《玉山名勝集》卷下楊維楨《碧梧翠竹堂記》 至正八年秋，崑山顧君仲瑛於其居之西偏治别業一所，架石爲山，簌土爲池，層樓複館，悉就規制。明年，中奥之堂成，顔曰「碧梧翠竹」。迺馳書數百里寄於友人楊維楨曰：「堂瞰金粟，沼枕湖山樓，漁莊、草堂相爲儐介，蓋予玉山佳處之尤宏而勝者也。鴻生茂士，爲予記詠者多矣。玆堂之志，非名鉅手不以屬，敢有請？」余謂：仲瑛愛花木，治園池，位置品列，曰桃溪，曰金粟，曰菊田，曰芝室，不一足矣。而於中堂焉，獨取梧竹，非以梧竹固有異於春妍秋馥者耶？人曰：梧竹，靈鳳之所棲食者，宜資其形色，爲庭除玩。吁，人知梧竹之外者云耳。吾觀梧之華始於清明，葉落於立秋之頃，言曆者占焉。是其覺之靈者在梧，而絲絃琴瑟之材未論也。竹之盛於秋而不狥秋零，通於春而不爲春媚，貫四時而一節焉，是其操之特者在竹，而籩簡笙篪之器未論也。《淮南子》曰：「一葉落而天下知秋。」吾以淮南子爲知梧。記《禮》者曰：「如竹箭之有筠。」吾以記禮者爲知竹。然則仲瑛之取梧竹也，盍亦徵其覺之靈、操之特者？《書》以爲「取諸物者法，毋徒資其形色之外」云也。子韓子美馬少傅之辭，曰：「翠竹碧梧，能守其業者也。」徒取其形色之外，而不得其靈與特者，未必爲善守。仲瑛氏，吴之衣冠舊族也，有學而不屑於是。兹堂之建，將日與賢者處，談道德禮義以益固其守者，其不以吾言取梧竹乎？書以復仲瑛，俾刻諸堂爲記。

年之月九日之二十有五，李黼榜第二甲進士、會稽楊維楨書。

顧瑛《玉山名勝集》卷下高明《碧梧翠竹堂後記》 崑山顧君仲瑛名其所居之室曰「玉山草堂」，築圃鑿池，積土石爲丘阜，引流種樹於中。爲堂五楹，還植脩梧鉅竹，森密蔚秀，蒼縹陰潤，袢歊不得達其牖，羲暉不能窺其户，迺名其堂曰「碧梧翠竹」。堂中列琴、壺、觚、硯、圖籍及古鼎彝器，非韻士勝友不輒延入也。凡自吴來者，既誇仲瑛之美，則必盛稱梧竹之雅致。今年八月，余至崑山，過仲瑛所居，仲瑛延客入堂。時日已暮，餘暑尚酷，及既坐，蕭爽闃寂，清氣可沐。須臾，有風出梧竹之間，摩戛柯葉，調調刁刁，泠然于喁，如耳琴筑。久焉，皎月自水際出，光景穿漏，泛漾欄檻。仲瑛出酒觴客。客數人皆能詩，歌談辨飲甚樂。夜將半，露瀼瀼下梧竹中，清光拂席，涼吹襲人，毛骨欲寒。客相與笑曰：「安得從浮丘公招青童吹靈霄之笙，擊洞陰之磬，以終此樂耶？」飲酣，客將就寢，余以公事有程不得留。舟至河滸，時已曙矣，回望玉山之居，樹木葱翠，烟霏芊綿，樓閣縹緲，隱露若圖畫。因嘆曰：「史稱蓬萊、方丈、瀛洲，有欲至者，風輒引其船去。世或疑其怪誕。然以余觀之，若梧竹之勝，雖欲優游夷猶，而以塵累牽掣，不得少留而去，況欲涉海求所謂方丈、瀛洲、蓬萊者哉？然則引船之風，意或有之也。」余又觀史傳中所載古今人物類，皆功名勢位之人，而以潔身遁世稱者僅一二見，豈非山林泉石之樂固少有得之者耶？乃知謝幼輿自以一丘一壑過人，彼蓋深有所見也。遂乃命舟人緩移蘭櫂，且顧且去，意眷眷不能舍也。比至城郭，車馬雜遝，塵紛滃起，慨想昨昔所游，則已疑爲夢中所見矣。適袁君子英來自崑山，乃記其事以示子英，俾以遺仲瑛。且語之曰：「爲我語仲瑛君，碧梧翠竹之樂不易得也，第安知他日毋或汩於禄仕，而若予之不能久留也。」

至正九年九月既望，永嘉高明記。

虞集《雍虞先生道園類稿》卷二七《克復堂記》 克己復禮之説，在聖門惟顏子得聞之。當是時，七十子者，蓋有不及盡聞者矣。後學小子，迺得誦其言於方册之中，聞其説於千載之下，豈非幸歟？蓋予嘗反而求之，沈冥於物欲之塗者，固無與乎此也。而知致力焉者，僅足以爲原憲之所難而已。其拔本塞原，脱然不遠，而能復者，世甚鮮也。然則苟有志於聖賢者，舍此奚適矣。然而難言也。昔者，程伯子少而好獵，及見周子而有得焉。自以爲此好絶於胸中矣。而周子曰：是何言之易也。後十餘年，程子見獵者於道傍，不覺有喜意。夫然後知周子識察之精也。嗚呼！自顏子而降，若程子之高明而敦厚，純粹而精微，一人而已。其爲學也，心不爲原氏之剛制也明矣。其十數年間，豈無所用其功哉？而是好也，深潛密伏於纖微之際，不能不發見於造次之間。噫！亦微矣。鄉非周子識察之精，固不足以知其必動於十數年之前。非程子致察之密，亦何足以自覺其動於十數年之後。是固不可與迂生曲學者論也。而衆人迺欲以鹵莽苟且之功，庶幾近似其萬一，可乎？不可乎？此則予之所甚懼，而旦暮不忘者也。國子伴讀掌儀康生敏，以「克復」名其堂，而來求文以爲記。予既嘉其慕向之高遠，而又懼其易之也。故著其説，使寘諸壁間，因得以觀覽，而資其行遠升高之一二也。

虞集《雍虞先生道園類稿》卷二七《誠存堂記》 昔者君子之言居也，宅曰「安宅」，居曰「廣居」。泰哉！其所以自處者乎？何其安重尊高之若是也。竊意君子之所以爲安重、尊高者，固無待於外，而上棟下宇，益得以休其體，而致其養，夫豈苟然也哉？集賢司直番陽周君之爲堂也，築必固，材必美。攻斲必純澤，構締必堅緽，面勢必周正，户牖必疏達，温凊必宜適，待其後之人，必久而無斁，凡作室之道備矣。及其成也，曾不以是自佚。方挈挈然以「誠存」題之，此其意豈淺淺者。顧使集爲之記，集何足以知之。嘗試即堂而言之：仰升俯降，卑高之位定矣。處深嚮明，内外之辨嚴矣。左揖右讓，少長之序列矣。以祀以養，以宴以食，父兄宗族之親在是矣，鄉黨僚友之情可得而洽矣。静以養，動以思，朝以興，夕以寧。皦皦乎燭之而弗迷也，粲粲然列之而有文也。循乎其行之無忤步也，確乎其歸之無異本也。繹繹乎其繼也，渾渾乎其無竅隙之有待於彌縫也。若是者，庶乎其名義之近之也夫，而集又何足以言之。大江之南，番爲大郡，物殷而家給。土木之盛，甲乙爲比。而又以文雅相尚，抑豈無以美名表其居者乎？夸者已張，警者已末，未有反身切求若是其實而大者也。集又安敢不爲之記哉？惜乎，集之不足以知之，不足以言之也。謹記之曰：「周氏誠存之堂，作以某歲。名之者，集賢大學士姚公端甫。題之者，集賢侍講學士趙公子昂也。」

戴表元《剡溪集》卷二一《喜友堂賦》 梅林先生，家於海隅，柔兆之歲，失其先廬。先生攜孥，東西竄奔，三歲而歸，蒿蓬没垣。有季纍纍，亦倦於行。顧瞻嗟傷，潸然不寧。嘻彼行旅，道途之人，望屋而館，心援色親。烏巢於林，獸穴於麓，日暮相求，各以其族。先君之息，惟季與余，出此萬死，乃不共居，是曾行路之人與二物之不如也。爰議築堂，黽食其舊，除荒疏穢，以户以牖。先生左處，其季在右，雍雍于于，子姓先後。徵嘉名於陶詩，命是堂以「喜友」。名成益喜，與客飲酒。酒半有客，離席而歎，揚襟振弁，粲齒舒顏，曰：「子所謂喜，吾能言之。凡人喜幸，出於憂患。病者喜愈，客者喜還，困者喜舒，危者喜安。又有人焉，緣物而喜。誇者喜權，譁者喜市，荒者喜色，貪者喜賄。今先生羇旅之餘，藜藿之伍，行無軒車，居無妾園，退無貨財，進無官府，於彼所喜，既棄不取。脱鬼爲人，化墟作家，驚還痛定，未遑其他，恂恂骨肉，感歎咨嗟。遂團欒於一室，浩慰喜而無涯，此於人情相去幾何哉！且子不聞之乎：『有庳放象，舜實爲兄；周公管蔡，不免相兵。』兄弟之間，聖賢所難。下至漢文，淮南斗粟，魏邸急語，唐宮飛鏃。貴極萬乘，富兼九州，豈曰無家，兄弟爲仇。先生之居，雖陋不完，我行其庭，爾篪爾塤。先生之身，雖窮不偶，我覿其私，爾足爾手。食不待奢，分饔併餐；衣不待華，同温共寒。霜露之晨，風月之夕，行吟接屨，坐諷聯席。昔也斯墟，風棲霧泊；今也斯堂，歗歌燕樂。昔也斯墟，螢飛燐走；今也斯堂，圖書俎豆。且先生自以無願於人，而道伸於閨門；自以無用於世，而政行於丘園。三畝之宅，十畝之原；弟耨於後，兄耕於前。既孝既友，從容笑言；醞比醇醴，盎如春温。凡登斯堂，與飲斯醴；歸視其家，誰無兄弟。是先生之喜，不私諸己。將令吾徒聞風而起，將令吾居胥爲孝友之里也。」於是先生欣然，環坐皆喜。衆客酢酒，先生起舞，取而酌其季曰：「豈無他人，不如我同父。」兄弟更醉，衆客欲行，先生又起而酌客曰：「雖有兄弟，不如友生。」

汪克寬《汪氏三先生集·環谷集》卷一《三友堂賦有序》　余友張文玉，鄉先輩明善先生四世孫也。伯仲三人，刻苦自樹，不墜先業。構堂，植松、竹、梅，扁曰「三友」。其兄介玉愛松，弟仲玉愛竹，皆以儒術就吏禄。而文玉癖於詩，以梅自娱，訓導鄉校有年矣。郡太守嘗辟爲司會，不就，士輩咸異之。暇日與登斯堂，徵余爲之賦。

承先祖之嘉惠，宅雉堞之東隅。構櫚楹之閑曠，列軒檻之敞虚。植松梅與茂竹，象棣樓之鼎居。儷清賞之朋從，篤高誼之友于。時三會而笑傲，矧又樂夫潘輿。緊厲操之不易，歷歲晏而與俱。彼美大夫，蒼髯倒植。走虬龍而偃蓋，披介鱗而櫛比。身昂藏而逾秀，節磥砢而多異。撼半空之靈籟，挺萬古之葱翠。滴琥珀而下藏，蔓蔦蘿而旁施。聳冠劍之交横，若大臣之廷議。暫榱桷於琴堂，茲繩墨之小試。苟匠石之一顧，作棟梁之偉器。粵有魁仙，澹然幽姿。列峥嶸之高柯，敷的皪之芳蕤。欺冰雪以逞媚，粲珠玉之生輝。稟造化之貞潔，發英華之瓌奇。占羣芳之上流，遠桃李之栖遲。備太極之至理，表隱士之範儀。月疎影而錯落，風清臭而芳菲。雖韜采乎丘園，猶暎照於潢池。待青子之有仁，調鼎鼐於明時。懿哉此君，猗猗叢碧。心洞然而中虚，幹修然而外植。卸斕斑之錦褐，峙琅玕之緑戟。森意氣之嚴毅，覆濃陰而静寂。來清飈之故人，袪大暑而辟易。姑備用於簡牘，畫刀筆於篆刻。行登進於玉堂，俾編修於史策。若乃風霜高潔，陰谷嚴凝。柔花萎薾，茂草摧零。既芳華之寞寞，驚肅氣之稜稜。唯三世之榮茂，特強項而守貞。稟後凋之健德，歃末景之三盟。宜高人之景行，爰尚友而怡情。於是萬寶告成，三餘多暇。折含黄之滿筐，泛新緑之盈斝。偉昆季之壇欒，胥燕坐乎堂下。媚萱草而介壽，祝喬松之純嘏。春一枝兮班班，日三竿兮灑灑。締久交於無射，樂天倫之閑雅。嗤市道之澆漓，或朝逢而夕舍。眡同氣如仇讐，剖連枝於中野。始強笑而追逐，倏擠石而擲瓦。睹清河之高風，盍顔忸而面赭。乃從而歌曰：「蒼松鬱鬱，交繁陰兮。義竹叢生，如相親兮。中有横斜，漏先春兮。凌寒參立，儼幽人兮。志士取友，惇天倫兮。紅紫棼棼，特微塵兮。」又歌曰：「高堂輪奂，屹華構兮。雁序詵詵，三益友兮。歲晏怡愉，驩永久兮。齊奏慈君，介眉壽兮。節誼堅貞，世鮮有兮。抽思作賦，貽不朽兮。」

危素《危太樸文集》卷一《三節堂賦》　稽受氏於高堂兮，莫傒肇之攸居。際神元之興運兮，肆強暴而攘除。偉令子之俶儻兮，從世皇以平吴。匪徒戮力於戰陣兮，陳征討之訏謨。信直道以迕時兮，轉漕輓於番禺。屬羣盜之交熾兮，集草間而嘯呼。阨險隘以弄兵兮，值陸梁之兇渠。矢赤心而奮鬬兮，凛英烈而莫渝。俄勢窮以被執兮，必臨難而捐軀。慘海霧之陰翳兮，誳山鬼而乘狐。嗟良配之嫠居兮，歷三紀而有餘。撫青鏡以含悲兮，收涕泗於衣裾。哀孤惸於幼稚兮，念生我之勞劬。憫無父之何怙兮，賴慈母之攜扶。嬰疾疢以莫瘳兮，吾豈愛於肌膚。刲股肉以和藥兮，欣沈痼之獲蘇。世驚歎乎忠義兮，作人紀之良模。表三節以詠歌兮，峙堂構於東湖。葆遺器以櫝藏兮，矧緹襲乎詩書。惟延祐之后皇兮，思蒐羅於文儒。爰趾美於高科兮，羌簪笏之滿家。振羽儀於天朝兮，流四海之名譽。匪顯庸之足夸兮，拯黎庶於泥塗。雖余文之飢散兮，揭潛德以張鋪。信天道之孔昭兮，式原本於厥初。

徐渭《徐渭集》卷一九《豁然堂記》　越中山之大者，若禹穴、香爐、蛾眉、秦望之屬，以十數，而小者至不可計。至於湖，則總之稱鑑湖，而支流之别出者，益不可勝計矣。郡城隍祠，在卧龍山之臂，其西有堂，當湖山環會處。語其似，大約繚青縈白，髻峙帶澄。而近俯雉堞，遠問村落。其間林莽田隰之布錯，人禽宫室之虧蔽，稻黍菱蒲蓮芡之産，畊漁犂楫之具，紛披於坻窪，煙雲雪月之變，倏忽於昏旦。數十百里間，巨麗纖華，無不畢集人衿帶上。或至遊舫冶尊，歌笑互答，若當時龜齡所稱「蓮女」「漁郎」者，時亦點綴其中。於是登斯堂，不問其人，即有外感中攻，抑鬱無聊之事，每一流矚，煩慮頓消。而官斯土者，每當宴集過客，亦往往寓庖於此。獨規製無法，四蒙以辟，西面鑿牖，僅容兩軀。客主座必東，而既背湖山，起座一觀，還則隨失。是爲坐斥曠明，而自取晦塞。予病其然，悉取西南牖之，直辟其東一面，令客座東而西向，倚几以臨，即湖山，終席不去。而後向之所云諸景，若舍塞而就曠，却晦而即明。工既訖，擬其名，以爲莫豁然。宜既名矣，復思其義曰：「嗟乎，人之心一耳。當其爲私所障時，僅僅知有我七尺軀，即同室之親，痛癢當前，而盲然若一無所見者，不猶向之湖山，雖近在目前，而蒙以辟者耶？及其所障既徹，即四海之疏，痛癢未必當吾前也，而燦然若無一而不嬰於吾之見者，不猶今之湖山雖遠在百里，而通以牖者耶？由此觀之，其豁與不豁，一間耳。而私一己，公萬物之幾係焉。此名斯堂者與登斯堂者，不可不交相勉者也，而直爲一湖山也哉？」既以名於是義，將以共於人也，次而爲之記。

方孝孺《遜志齋集》卷一五《草心堂記》　養親之道難矣，以具滑朧甘美可以爲養矣，則饒財者皆可盡孝，而古之孝子未必皆富也。以備采色聲音可以養耳目，車馬衣服可以養身體，則崇於位者皆可盡孝，而古之貴者未必皆以孝稱也。以先意承志可盡乎孝，則敏慧者可以爲之，以愉色婉容可盡乎孝，則篤厚者可以爲之，而敏慧篤厚之士不能皆孝子也。然則豈非父母之恩爲至大，故報之爲甚難也耶！故養口體，順顏色，察嗜好，孝之末也，而非其至者也。必也致其身爲聖賢，而喻父母以道，使德之在己者，無可憾，而名之顯乎親者，有可傳，然後爲庶幾焉。然亦難矣！果能至是，亦何足報父母之恩乎？此吏部郎中永嘉楊景衡草心之堂所由名也。

景衡早游庠序，通春秋學，領薦書于鄉，擢居是官。京師去永嘉數千里，母夫人在堂，以舟車之難也，不敢奉迎就養，因名所居堂以見志，蓋取諸孟郊東野之言。昔者詩人謂欲報之德，昊天罔極，東野亦謂寸草難報三春之暉，皆善言孝子之心者也。天下之事無難易，惟自以爲不足者，所爲必有成；而自以爲已至者，恒不能進乎道。景衡篤志好古，以有禄位，爲時名大夫，亦可謂顯揚父母矣。而退然自托於窮人之辭，感親恩之難報，其不自足之意，何可及哉！

古之君子大過人者，無他，亦惟不自滿足而已。爲子而自足，必不能底乎孝，爲臣而自足，必不能盡乎忠，爲學而自足，必不能至乎聖賢之域。景衡年尚壯強，爲學方未止，而不自足如此，推是以事君治人，道德功業之成可望矣。他日宦成而歸，奉觴爲壽，使鄉人父老談事親者，以景衡爲法，而後世有稱焉，則其爲孝也，豈有既乎？楊子雲曰：事父母自知不足者，其舜乎？顏子曰：舜何人也？有爲者亦若是，師舜如之何？亦勉于爲善而已矣！

楊士奇《東里文集》卷二四《清白堂銘》　翰林學士兼右春坊右庶子建安楊公勉仁以清白名其燕處之堂，謹先訓也。蓋今天下之楊，皆祖漢太尉。太尉明聖賢之道，以清白持其身，卒爲名臣，千載而下之爲臣者，皆所取法，矧出於其裔者乎？公侍天子，爲詞臣之首，文學行義，炳然有稱於時，而拳拳於先訓如此，蓋君子不恃其所已能者，而忘自進也。余與公同宗同官，請申爲之銘，且以自勵云：

浩浩楊宗，肇于弘農，累華載德，繇太尉公。太尉克明，聖賢之道，反諸其躬，允踐實蹈。其蹈維何？絶利循義，維清維白，弗涅弗滓。篤時之行，以貽厥家，肆其臣節，日星皦如。後有君子，是撫是師，矧曰支裔，敢背而馳？猗嗟君子，力學清履，爰陟顯融，爲天子使。任重道遠，兢兢夕惕，景範先德，揭是清白。川流匪防，汎濫孰禦，維義維敬，爲德之據。猗嗟君子，永篤念哉，匪直銘堂，亦於我規。

李東陽《李東陽集》卷五《芝秀堂銘有序》　東吴盧氏，居越來溪之上。處士府君惟明，少而孤。母王氏守節不貳，撫教篤至。處士奉養甚謹，孝聞于鄉。天順癸未，有芝産于庭。人曰：「此孝徵也。」其子伯常甫隱居教授，追念先德，名所居爲「芝秀堂」。其孫雍舉進士，爲監察御史，請予銘。予聞御史君賢而有文，乃爲作銘。銘曰：

靈芝無根，實出氣類。匪仙則祥，異彼凡卉。國望有吴，族望有盧。有芝在庭，惟孝子之符。孝子失怙，無母何恃？惟養之善，匪色伊志。孝子有子，教成于鄉。孝子有孫，名顯于邦。其顯惟何？賢科憲府。曰有是父，曰無忝祖。匪惟物華，惟地之靈。亦有人瑞，實相須以成。石湖左匯，橫山右抱。惟斯堂之銘，來世是考。

雜録

劉緯毅《漢唐方志輯佚・晏謨・齊地記》　臨淄城西門有古講堂，基柱猶存。齊宣王修文學處也。

王充《論衡》卷一七《是應篇》　儒者又言古者蓂莢夾階而生，月朔日一莢生，至十五日而十五莢。於十六日，日一莢落，至月晦莢盡。來月朔一莢復生。王者南面視莢生落，則知日數多少，不須煩擾案日曆以知之也。夫天既能生莢以爲日數，何不使莢有日名。王者視莢之字，則知今日名乎？徒知日數，不知日名。猶復案曆，然後知之。是則王者視日則更煩擾，不省蓂莢之生，安能爲福？夫蓂，草之實也，猶豆之有莢也。春夏未生，其生必於秋末。冬月隆寒，霜雪霣零，萬物皆枯。儒者敢謂蓂莢達冬獨不死乎。如與萬物俱生俱死，莢成而以秋末，是則季秋得察莢，春夏冬三時不得案也。且月十五日生十五莢，於十六日莢落，二十一日六莢落，落莢棄殞，不可得數。猶當計未落莢以知日數，是勞心苦意，非善祐也。使莢生於堂上，人君坐户牖間，望察莢生，以知日數，匪謂善矣。今云夾階而生，生於堂下也。王者之堂，《墨子》稱堯舜高三尺，儒家以爲卑下。假使之然，高三尺之堂，蓂莢生於階下，王者欲視其莢，不能從户牖之間見也。須臨堂察之，乃知莢數。夫起視堂下之莢，孰與懸曆日於扆坐，傍顧輒見之也。天之生瑞，欲以娛王者，須起察乃知日數。是生煩物以累之也。且莢，草也，王者之堂，旦夕所坐，古者雖質，宮室之中，草生輒耘，安得生莢。而人得經月數之乎？且凡數日一二者，欲以紀識事也。古有史官典曆主日，王者何事而自數莢。堯候四時之中，命曦和察四星以占時氣，四星至重，猶不躬視，而自察莢以數日也。儒者又言，太平之時，屈軼生於庭之末，若草之狀，主指佞人，佞人入朝，屈軼庭末以指之，聖王則知佞人所在。夫天能故生此物以指佞人，不使聖王性自知之。或佞人本不生出，必復更生一物以指名之，何天之不憚煩也。

劉向《説苑》卷五 故聖人之於天下也，譬猶一堂之上也，今有滿堂飲酒者，有一人獨索然向隅而泣，則一堂之人皆不樂矣。聖人之於天下也，譬猶一堂之上也，有一人不得其所者，則孝子不敢以其物薦進。

《後漢書》卷五四《楊震傳》 震少好學，受《歐陽尚書》於太常桓郁，明經博覽，無不窮究。諸儒爲之語曰：「關西孔子楊伯起。」常客居於湖，不荅州郡禮命數十年，衆人謂之晚暮，而震志愈篤。後有冠雀銜三鱣魚，飛集講堂前，都講取魚進曰：「蛇鱣者，卿大夫服之象也。數三者，法三台也。先生自此升矣。」年五十，乃始仕州郡。

干寶《搜神記》卷一〇 夏陽盧汾，字士濟，夢入蟻穴，見堂宇三間，勢甚危豁。題其額曰「審雨堂」。

《晉書》卷一〇二《劉聰載記》 立左貴嬪劉氏爲皇后。聽將爲劉氏起鷃儀殿於後庭，廷尉陳元達諫曰：「臣聞古之聖王愛國如家，故皇天亦祐之如子。夫天生蒸民而樹之君者，使爲之父母以刑賞之，不欲使殿屎黎元而蕩逸一人。晉氏闇虐，視百姓如草芥，故上天剿絶其祚。乃眷皇漢，蒼生引領息肩，懷更蘇之望有日矣。我高祖光文皇帝靖言惟茲，痛心疾首，故身衣大布，居不重茵；先皇后嬪服無綺綵。重逆羣臣之請，故建南北宮焉。今光極之前足以朝羣后饗萬國矣，昭德、温明已後足可以容六宮，列十二等矣。陛下龍興已來，外殄二京不世之寇，内興殿觀四十餘所，重之以饑饉疾疫，死亡相屬，兵疲於外，人怨於内，爲之父母固若是乎！伏聞詔旨，將營鷃儀，中宮新立，誠臣等樂爲子來者也。竊以大難未夷，宮宇粗給，今之所營，尤實非宜。臣聞太宗承高祖之業，惠呂息役之後，以四海之富，天下之殷，尚以百金之費而輟露臺，歷代垂美，爲不朽之迹。故能斷獄四百，擬於成康。陛下之所有，不過太宗二郡地耳，戰守之備者，豈僅匈奴、南越而已哉！孝文之廣，思費如彼；陛下之狹，欲損如此。愚臣所以敢昧死犯顔色，冒不測之禍者也。」聽大怒曰：「吾爲萬機主，將營一殿，豈問汝鼠子乎！不殺此奴，沮亂朕心，朕殿何當得成邪！將出斬之，並其妻子同梟東市，使羣鼠共穴。」時在逍遥園李中堂，元達抱堂下樹叫曰：「臣所言者，社稷之計也，而陛下殺臣。若死者有知，臣要當上訴陛下於天，下訴陛下於先帝。朱雲有云：『臣得與龍逢、比干游於地下足矣。』未審陛下何如主耳！」元達先鎖腰而入，及至，即以鎖繞樹，左右曳之不能動。聽怒甚。劉氏時在後堂，聞之，密遣中常侍私敕左右停刑，於是手疏切諫，聽乃解，引元達而謝之，易逍遥園爲納賢園，李中堂爲愧賢堂。

《晉書》卷一二六《秃髮傉檀載記》 傉檀讌羣僚于宣德堂，仰視而歎曰：「古人言作者不居，居者不作，信矣。」孟禕進曰：「張文王築城苑，繕宗廟，爲貽厥之資，萬世之業，秦師濟河，灌然瓦解。梁熙據全州之地，擁十萬之衆，軍敗於酒泉，身死于彭濟。呂氏以排山之勢，王有西夏，率土崩離，銜璧秦雍。寬饒有言：『富貴無常，忽輒易人。』此堂之建，年垂百載，十有二主，唯信順可以久安，仁義可以永固，願大王勉之。」傉檀曰：「非君無以聞讜言也。」傉檀雖受制于姚興，然車服禮章一如王者。以宗敞爲太府主簿、録記室事。

《南史》卷三五《庾悦傳》 初，劉毅家在京口，酷貧，嘗與鄉曲士大夫往東堂共射，時悦爲司徒右長史，要府州僚佐出東堂，毅已先至，遣與悦相聞曰：「身並貧躓，營一遊甚難。君如意人，無處不可爲適，豈不能以此堂見讓。」悦素豪，徑前不答。毅語衆人並避，唯毅留射如故。

蘇軾《蘇軾文集》卷六六《跋子由栖賢堂記後》 子由作《栖賢堂記》，讀之便如在堂中，見水石陰森，草木膠葛。僕當爲書之，刻石堂上，且欲與廬山結緣，他日入山，不爲生客也。

葉夢得《避暑録話》卷二 吾明年六十歲，今春治西塢隙地作堂，其間取蘧伯玉之意名之曰「知非」。趙清獻年五十九，聞雷而得道，自號知非子，此真爲伯玉者也。今吾無清獻之聞，而遽以名其居，姑志其年耶？抑將求爲伯玉耶？夫伯玉亦何可求爲。南郭子綦有言，今之隱几，非昔之隱几者也。古之人于一隱几之間，猶有所辨，尚何論六十年，豈不知其有與物俱遷而獨存者乎？苟知存者之爲是，則遷者無物而不非也。自是觀之，則吾亦可以少税駕于此堂矣。始吾守蔡州，方三十九，明年作堂于州治之西廡，名之曰不惑。吾以爲僭，然吾有志學焉者也。今二十年，幸其所願學者未嘗廢，亦粗以爲不至于顛迷流蕩而喪其本心者。雖求爲伯玉可也。

洪邁《容齋五筆》卷第一〇《唐人草堂詩句》 予於東圃作草堂，欲採唐人詩句書之壁而未暇也，姑録之於此。杜公云：「西郊向草堂」，「昔我去草堂」，「草堂少花今欲栽」，「草堂塹西無樹林」。白公有《别草堂》三絶句，又云：「身出草堂心不出。」劉夢得《傷愚溪》云：「草堂無主燕飛回。」元微之《和裴校書》云：「清江見底草堂在。」錢起有《暮春歸故山草堂》詩，又云：「暗歸草堂静，半入花源去。」朱慶餘：「稱著朱衣入草堂。」李涉：「草堂曾與雪爲鄰。」顧況：「不作草堂招遠客。」郎士元：「草堂竹徑在何處？」張籍：「草堂雪夜攜琴宿。」又云：「西峯月猶在，遥憶草堂前。」武元衡：「多君能寂寞，共作草堂遊。」陸龜蒙：「草堂祗待新秋景。」又云：「草堂盡日留僧坐。」司空圖：「草堂舊隱猶招我。」韋莊：「今來空訝草堂新。」子蘭：「策杖吟詩上草堂。」皎然有《題湖上草堂》云：「山居不買剡中山，湖上千峯處處閑。芳草白雲留我住，世人何事得相關？」

周密《癸辛雜識・别集》上《因庸堂》 謝府有因庸堂，穆陵御書二字，蓋出《崧高》之詩云：「因是謝人，以作爾庸。」注云：「謝乃周之南國也。」此詩美宣王能建國，褒賞申伯，於此取義，固佳。然於兩句中各取一字，亦太穿鑿矣。

陸粲《庚巳編》卷一 相傳高皇帝時，初入太學，上臨視之，顧學之宏麗，聖情甚悦。行至廣業堂前，偶發一言云：「天下有福兒郎，應得居此。」迄今百四十年來，學生居此堂者，往往占魁選，躋位通貴，他所不及也。又諸堂中都無蜘蛛，云上來時，見蛛布網屋隅，曰：「我纔建屋，爾輒據之耶？」顧呵之出，語訖而蛛遂遁，從兹遂絶。

陶宗儀《南村輟耕録》卷五《清風堂屍迹》 福州鄭丞相府清風堂，石階上有卧屍迹，天陰雨時，迹尤顯。蓋其當宋季，以暮年登科，未幾拜相，至今閭巷表之曰「耆德魁輔之坊」。鄭顯時，侵漁百姓，至奪其屋廬以廣居宅。有被逼抑者，遂自殺於此。今所居爲官勢豪奪，子孫不絶如綫。因記宋臨川吴曾《能改齋漫録》云：「建炎四年五月，楊勍叛卒由建安寇延平，道出小常村，掠一婦人，逼脅，欲犯之。婦人毅然誓死不受污，遂遇害。横屍道傍，賊退，人爲收瘞之，而其屍枕藉處，痕迹隱然不滅。每雨，則其迹乾，晴即溼，宛如人影。往來者莫不嗟異。鄉人或削去之，隨即復見。覆以它土，而其迹愈明。今三十年矣。與順昌軍員范旺事略同，但范現迹街磚，而此現於土上耳。范死以忠，婦死以節。小常村去劍浦縣治二十里。」以《漫録》言之，則二人之死，足以驚動萬世，宜其英烈之氣不泯如此。若清風堂者，不過冤抑之志不伸，以決絶於一時耳。亦何爲而然哉？豈幽憤所積結致是耶？此理殆不可曉。

郎瑛《七修類稿》卷上《辯證類上・黄堂五馬》 《孫覿尺牘》曰：「蘇郡太守之堂，數因失火，以雌黄塗而禳之，故曰黄堂，後天下盡稱之。」非也。天子之居曰黄闥，三公曰黄閣，給事曰黄扉，太守曰黄堂。見《緗素雜記》。《遯齋閑覽》云：「漢時朝臣出爲太守，增一馬，故曰五馬。」見《學林》。蓋漢制，公卿皆駟馬故也。若曰：「北齊柳元伯五子同時領郡，時稱五馬。」非矣。

郎瑛《七修類稿》卷上《辯證類上・名諱壽堂》 生稱名，死稱諱，自古而然；故古今名公作亭堂等記，則曰公名某，作誌銘神道碑則曰公諱某。今人不察於是，凡遇人則請問曰「尊諱」，答人者曰「諱某」。又稱人之母曰「壽堂」，以謂崇敬，殊不知邱墓祭祀之處乃「壽堂」也。按陸士衡《挽歌》云：「壽堂延魍魎」，註曰：「壽堂，祭祀處也。」言既死於祭祀之處，獨相處魑魅耳。」林逋有《壽堂詩》曰：「湖外青山對結廬，墳前修竹亦蕭疎。茂陵他日求遺藁，猶喜曾無封禪書。」觀此可知矣。今皆背義而言，可發一笑！

陳繼儒《筆記》卷一 慧遠禪師退隱硤石山，著《涅槃經》成，擲其筆曰：「若疏義契理，筆當駐空。」已而果然。後人名「擲筆堂」。

紀昀《閱微草堂筆記》卷七《如是我聞》 有游士借居萬柳堂，夏日，湘簾棐几列古硯七八，古器、銅器、磁器十許，古書册、畫卷又十許，筆牀、水注、洒箋、茶甌、紙扇、棕拂之類，皆極精緻。壁上所粘，亦皆名士筆迹。焚香宴坐，琴聲鏗然。人望之若神仙，非高軒駟馬，不能登其堂也。一日，有道人二人，相攜游覽，偶過所居，且行且言曰：前輩有及見杜工部者，形狀殆如村翁。吾曩在汴京，見山谷、東坡亦都似如措大風味，不及近日名流有許多家事。朱導江時偶同行，聞之怪訝。竊隨其後，至馬車雜處，紅塵漲合，倏已不見，竟不知是鬼是仙。

《〔康熙〕常熟縣志》卷二六《雜記》 邑西南四十里有馬墅，宋丞相馬公亮故居也。相傳公亮有膽畧，未遇時，讀書中堂，被衆鬼擡至堂下，公叱之曰：「復能舁至堂上乎？」既登堂，則又叱曰：「復能下堂乎？」衆鬼羅拜曰：「適以試公雅度耳，烏敢輙無禮。」

坊表部

題解

許慎《説文解字》卷一三下《土部》新附　坊，邑里之名，从土，方聲。古通用埅，府良切。

崔豹《古今注》卷下　程雅問曰：「堯設誹謗之木，何也？」答曰：「今之華表木也，以横木交柱頭，狀若花也，形似桔槔，大路交衢，悉施焉。或謂之表木，以表王者納諫也，亦以表識衢路也。秦乃除之，漢始復修焉，今西京謂之交午也。」

羅願《爾雅翼》卷一三《鶴》　古以鶴爲祥，故立之華表。《説文》：相亭，郵表也。一説漢法，亭部四角，建大木，貫以方表，名曰相表。又鶴之膝特隆，故吴矛骹大者名鶴膝。又作詩者，以中字平爲鶴膝。

戴侗《六書故》卷二一　桓。桓，户官切。柱之植立者曰桓，雙植以爲門者謂之桓門，亦謂和門，亦謂華表，桓和華，一聲也。《周禮》曰：以旌爲左右和之門。古者諸侯之葬，植桓楹穿中爲鹿盧，以縣率下棺。天子之葬，斲石爲碑，以爲鹿盧。《記》曰：公室視豐碑，三家視桓楹。後人效之，因刻碑焉以志墓，謂之桓碑也。公執桓圭，則以其摶直如桓也。别作瓛。引之爲桓。桓之義，植立武毅之貌也。《説文》作桓。又借爲盤桓之桓，盤桓、裴回，聲義相近而差不同。

徐炬《新鐫古今事物原始全書》卷一二《宫室》　《演義》云：坊者，方也。言人所居之里爲方也。漢宫闕，洛陽故宫有九子坊，而太子之宫名曰春坊。按《史記》：周末殺萇弘於蜀，其血碧色，數里之土色皆青，故蜀有青泥坊。然則坊之名始於周末時矣。

朱謀㙔《駢雅》卷三　華表，柱識也。

《康熙字典·申集》下《衣部·表》　又表異。《書·畢命》：表厥宅里。《傳》：表異其宅里。

陳元龍《格致鏡原》卷二〇《宫室二》　西方之庭爲商庭。《漢書》注：舊亭傳於四角面百步，築土四方，上有屋，屋上有柱，出高丈餘，有大板貫柱，四出名曰桓表。縣所治，夾兩邊各一桓。陳宋之俗言桓，聲如和，今猶謂之和表，即華表也。

綜述

《荀子·儒效篇第八》　君子言有壇宇，行有防表，道有一隆。

《後漢書》卷五《安帝紀》　〔元初六年二月〕乙卯，詔曰：「夫政，先京師，後諸夏。《月令》仲春『養幼小，存諸孤』，季春『賜貧窮，賑乏絶，省婦使，表貞女』，所以順陽氣，崇生長也。其賜人尤貧困、孤弱、單獨穀，人三斛；貞婦有節義十斛，甄表門閭，旌顯厥行。」

俞汝楫《禮部志稿》卷二四《旌表》　國初，凡有孝行節義爲鄉里所推重者，據各地方申報，風憲官覈實奏聞，即與旌表。其後止許布衣編民委巷婦女得以名聞，其有官職及科目出身者，俱不與焉。

洪武元年令：凡孝子順孫、義夫節婦志行卓異者，有司正官舉名，監察御史、按察司體覈轉達，上司旌表門閭。又令民間寡婦三十以前夫亡守制、五十以後不改節者，旌表門閭，除免本家差役。

二十一年，榜示天下：本鄉本里有孝子順孫、義夫節婦，及但有一善可稱者，里老人等以其所善實跡一聞朝廷、一申有司，轉聞於朝。若里老人等已奏有司，不奏者罪及有司。此等善惡，每遇監察御史及按察司分巡到來，里老人等亦要報知，以憑覈實入奏。二十六年，定禮部，據各處申來孝子順孫、義夫節婦理當旌表之人，直隷府州咨都察院差委監察御史覈實，各布政司所屬從按察司覈實，著落府州縣同里甲親鄰保勘相同，然後明白奏聞，即行移本處旌表門閭，以勵風俗。二十七年，詔：申明孝道，凡割股或至傷生，卧冰或至凍死，自古不稱爲孝。若爲旌表，恐其倣傚，通行禁約，不許旌表。又奏準：天下軍民衙門，將已經旌表軍民孝子節婦於所在旌善亭附内寫行孝守節緣繇，其未經旌表，果係義夫節婦、孝子順孫卓異者，不拘軍民人等，一體保勘申報。

天順元年，詔：民間同居共爨五世以上、鄉黨稱其孝友者，有司取勘以聞，即爲旌表。

成化元年，奏準：凡旌表貞節孝行，里老呈告到官，掌印官親自研審，坐令有職官關保備，開實跡，具奏禮部行勘覈實，類奏旌表。如有扶同妄將夫亡時年已三十以上及寡居未及五十婦人增減年甲，舉保者被人首發，或風憲官覈勘得出，就將原保各該官吏、里老人等通行治罪。

正德六年，令：近年山西等處不受賊污貞烈婦女已經撫按查奏者，不必再勘，仍行有司，各先量支銀三兩以爲殯葬之資，仍於旌善亭傍立貞烈碑，通將姓氏年籍鐫石，以垂永久。

十三年，令：軍民有孝子順孫、義夫節婦事行卓異者，有司具實奏聞，不許將文武官、進士、舉人、生員、吏典、命婦人等例外陳請。

嘉靖二年，奏準：今後天下文武衙門，凡文職除進士、舉人係貢舉賢能已經竪坊表宅，及婦人已受誥敕封爲命婦者，仍照前例，不準旌表外，其餘生員、吏典一應人等，有孝子順孫、義夫節婦志行卓異，足以激勵風化、表正鄉閭者，官司仍具實跡以聞，一體旌表。又奏準：今後節婦，但係風憲官覈實到部，雖有病故者，亦準類奏旌表。三年，詔：孝子順孫、義夫節婦已旌表、年及六十者，孝子冠帶榮身，節婦照八十以上例給。

俞汝楫《禮部志稿》卷六五《旌表備考・旌表總例》 旌表節孝

諸司職掌。本部據各處申來孝子順孫、義夫節婦理當旌表之人，直隸府州咨都察院差委監察御史覈實，各布政司所屬從按察司覈實，着落州府縣官同里甲親隣保勘相同，然後明白奏聞旌表。

《大明令》：凡民間寡婦三十以前夫亡守志，五十以後不改節者旌表門閭，除免本家差役。

《大明會典》：洪武間，詔：申明孝道，凡割股或致傷生，卧冰或致凍死，自古不稱爲孝。若爲旌表，恐其倣效，通行禁約，不許旌表。

嘉靖二年，奏准：今後天下文武衙門，凡文職，除進士舉人係貢舉賢能已經竪坊表宅及婦人已受勑詔封爲命婦者，仍照前例，不准旌表外，其餘生員吏典一應人等，中間孝子順孫、義夫節婦志行卓異足以激勵風化表正鄉閭者，官司仍具實跡以聞，一體旌表。又奏准：今後節婦但係風憲官覈實本部，雖有病故者，亦奏准類奏旌表。

嘉靖四年二月，内禮部題爲旌表事。查得節年卷内，凡節婦該有司具奏到部行勘覈實，案候類奏旌表，間有覈實到部者，或病故不與旌表。緣查節婦，必須年三十以下，守節至五十以上者，志行已定，方許有司具奏。但中間行勘竝風憲官覈實，往返經年，加之官吏里胥刁蹬，又不可以歲月計也。所以一經行勘之後，回文未及到部，遂致抱節而死者，容或有之，此其平生志行堅定，不獲表彰，良可矜恤。況奉明詔訪求，特加旌表，無非激勸風俗之盛典也。合無今後節婦，但係風憲官覈實到部者，雖已病故，應同見在，亦准類奏旌表等，因題奉欽，依准議行，欽此。除欽遵外，伏覩嘉靖三年四月十九日貞烈詔書内一欵，孝子順孫、義夫節婦，有司開具實跡，奏聞以憑旌表，不許里書人等掯勒刁難，致令無由上達。若守節年久，果有貞烈實跡，例該旌表而身故者，一體奏聞舉行，欽此。欽遵，今照各處有司，援此將遠年已故孝子節婦一概具奏乞要旌表。今若不拘久近，則自洪武永樂年間已故孝子節婦皆來奏擾，有礙舊例，相應再爲酌處，覈奉欽依，今後除正德十六年以前身故者，爲舊例所拘，仍舊不准旌表，其嘉靖元年以後，民間果有孝子順孫、義夫節婦，未經有司具奏病故者，遵照詔書内事理，許其一體奏聞舉行，照例旌表。

嘉靖十年十月内禮部題爲旌表節孝事。查得本部節年稿簿，内開凡民間孝子順孫、義夫節婦等項見行事例，先據有司具奏，到部仍行有司覈勘，回文至日，復行彼處風憲衙門覈實，取具結狀，到部案候類奏旌表。中間多有六七十歲以上年已衰邁，而文移勘覆，動經數年，寵光未沐，已先朝露，蓋有抱節操行，終身不獲表異之榮者。臣等看得旌表節孝事例，實爲朝廷激勵風俗之盛典，所以必行再三覆勘者，恐有僞爲，無非欲考其實耳。然至於文移輾轉，動淹歲月，吏緣爲奸，恩不下究，亦不可不爲之所也。覆奉欽依，今後凡民間孝子順孫、義夫節婦等項，但係有司勘實具奏者，免其覆勘，徑行風憲官覈實。若風憲官覈實具奏者，免其再覈候，每季終，類奏旌表一次。

凡節婦等項，必係撫按衙門保奏，方與覆題旌表，其司府州縣衛所舉奏者，俱咨都察院，行彼處撫按衙門覈勘，取結回部，方與類題。其已經奏過應該旌表者，付精膳司，類給勘合，行各該原籍官司，照例給與無礙，官銀三十兩，令本家自行起蓋牌坊。除已故不優免外，見在者仍照例優免二丁，侍養身終之日，子孫仍舊當差。

類表節孝

正德八年二月，山東巡按御史張璿奏山東賊所過州縣，有子救父，婦衛夫而死者，凡百有十九人，宜皆旌表。禮部議：「以人多費廣，宜準山西例，於所在旌善亭側立石牌二，各聯書姓名、籍貫，併疏其孝義貞烈大畧於下，仍官給殯殮費。他凡被賊處有奏至者，皆如例。」行詔下所司。

類表貞烈

正德十年二月，旌表定遠居民方淳妻丁氏等，俱不受賊污而死，有司具實以聞。禮部議：「定遠兵燹之餘，公私匱竭，立坊於門，恐人衆不能遍及，宜如近例，刻石於旌善亭，以彰貞烈，人給銀三兩，以助殮葬。」詔可。

旌孝

定旌表孝行例

洪武二十七年，青州府日照縣民江伯兒以母病割脅肉，食之不愈，乃禱於岱嶽祠，誓云：「母病愈，則殺子以祀神。」既而母病愈，竟殺其三歲子以祭。有司以聞，上怒曰：「父子天倫至重，禮，父爲長子三年服。今百姓無知，賊殺其子，絶滅倫理，宜亟捕治之，勿使傷壞風化。」遂逮伯兒，杖一百，謫戍海南。因命禮部定議旌表孝行事例，行於天下。禮部議曰：「人子之事其親，居則致其敬，養則致其樂，有疾則託之良醫，投之以善藥。至於呼天告神，斯又懇切之至，此爲人子所當然也。卧冰割股，前古無聞，雖出後世，亦是間見。至若割肝，殘害尤甚，且如父母，止有一子，割肝刲股或至喪生，卧冰或至凍死，使父母無依，宗祀永絶，反爲不孝之大者。原其所自，皆愚昧之徒，務爲詭異，以驚世駭俗，希求旌表，以規避徭役。割股不已，至於割肝，割肝不已，至於殺子，違道傷生，莫此爲甚。自今人子，遇父母有疾，醫治弗愈，無所控訴，不得已而割股卧冰，亦聽其所爲，但不在旌表之例。」詔從之。

宣德元年六月，旌表孝子權謹等孝行。上諭行在禮部尚書胡濙曰：「孝者，人道當然，賢智之人，不待勸勉，中人以下，須激勵乃能爲善，旌表之意正如此。若權謹，則朕所知謹質實人也，宜旌之，使人人見而思奮，其於治道，豈不有益？」

例外旌奬

嘉靖三十年二月，該巡撫宣府右僉都御史劉、闕。直隸巡按御史胡宗憲各題稱：開平衛軍人萬國正，因母董氏病危，割肝救療，母愈身亡，乞要旌表。本部查有會典不許旌表前例，難以題請，移咨都察院，轉行該管衙門，徑自以禮表異優恤。

例外不准旌表

宣德元年五月，行在禮部奏：「錦衣衛總旗衡整女母病篤，刲肝煮液，飲之而痊，宜旌表。」上曰：「爲孝有道，孔子曰：『身體髮膚，受之父母，不敢毀傷。』剖腹刲肝，此豈是孝？若致殺身，其罪尤大。況太祖皇帝已有禁令，今若旌表，使愚人效之，豈不大壞風俗？女子無知，不必加罪，所奏不允。」

旌節

守節未旌而没

弘治十六年十一月，掌國子監事禮部右侍郎謝鐸奏：「臣祖母趙氏守節四十餘年，未蒙旌表而殁，請以本身應得誥命移爲旌表之恩。」禮部覆奏，上曰：「趙氏准與旌表，鐸應得誥命，仍給之。」

貞節已故追旌

弘治十七年，旌表直隸太倉州民顧鉞妻俞氏貞節。舊制，節婦已故者，不與旌表之列。中書舍人顧守元奏：「臣父鉞棄背，時母俞氏年僅二十四歲，遺腹有臣，甫及三月，臣既生，復嬰險疾，每見臣疾勢危迫，輒欲自縊保護。成立，又教誨之。臣竊科第以有今日，皆母氏力也。有司舉臣母守節艱苦之狀，禮部行勘得實，例當旌表。類奏之際，臣母不幸卒於官邸，禮部拘例，不爲覆奏。使臣母一生苦節，泯滅無聞，實爲可憫，伏乞一體旌表，則臣母雖死猶生，而臣之志願亦永畢矣。」禮部覆奏，許之。

姑婦同旌

成化二十一年十二月，福建武平縣奏：「本縣民王宗安妻鍾一娘，夫亡守節，年已八十有九。其子英妻鍾妙賢，亦守節三十八年。」禮部奏一娘已老，恐以例覆勘，而先婦死，終不能沾恩，乞先旌之，妙賢則仍待覈實。上以姑婦一節可嘉，命俱旌之，不必覆勘。

表四節之門

成化二十三年二月，桐城縣陶氏有婦三世四人，夫亡，皆守節無二志，有司以事聞。上曰：「朝廷旌表節義，所以激勵風俗。然通都大邑，有司僅舉一二，雖所遺者多而亦可見全節之難也。今陶氏一家之内，三世四婦，相繼守節，蓋有所視法而然，誠天下所罕有者，其即旌表爲四節之門，不必如例覆勘。」

旌未嫁節

宣德元年九月，監察御史尹崇高奏：「諸暨縣孟氏女蘊許嫁縣學生員蔣文勗，未嫁，文勗充貢入監爲御史，病卒。蘊年纔二十，號哭，歸蔣氏，執喪三年，甘守苦節，年已六十，乞旌表其門。」上謂行在禮部臣曰：「夫死婦守節，世恒有之，此女但許嫁，能執婦禮，守志不二，可謂貞女，人所難能者，宜旌表以勵風化。」

例外旌獎

嘉靖二十九年十二月，該浙江東陽縣知縣鄭綺奏稱：「本縣民人趙惟機妻郭氏，事姑至孝，乞要旌表。」本部查無旌表孝婦事，例移咨都察院，轉行巡按衙門，許有司量行旌表，以勵風化。

命婦表貞烈例

隆慶二年，旌表山西石州生員喬芝母蘇氏及其女、車同軌妻喬氏爲貞烈之門。蘇氏者，副使喬應光妻也。隆慶元年九月十三日，北兵攻陷州城，蘇氏義不受辱，攜其女喬氏入井，其同居王氏等十人亦相繼赴井死。事聞禮部，言蘇氏雖業已受封，而貞烈異常，又能率居民等同時殉節，宜一體旌表。詔從之。

《明史》卷三〇一《列女傳一》 婦人之行，不出於閨門，故《詩》載《關雎》、《葛覃》、《桃夭》、《芣苢》，皆處常履順，貞静和平，而内行之修，王化之行，具可考見。其變者，《行露》、《柏舟》，一二見而已。劉向傳列女，取行事可爲鑒戒，不存一操。范氏宗之，亦采才行高秀者，非獨貴節烈也。魏、隋而降，史家乃多取患難顛沛，殺身殉義之事。蓋輓近之情，忽庸行而尚奇激，國制所褒，志乘所録，與夫里巷所稱道，流俗所震駭，胥以至奇至苦爲難能。而文人墨客往往借俶儻非常之行，以發其偉麗激越跌宕可喜之思，故其傳尤遠，而其事尤著。然至性所存，倫常所係，正氣之不至於淪澌，而斯人之所以異於禽獸，載筆者宜莫之敢忽也。

明興，著爲規條，巡方督學歲上其事。大者賜祠祀，次亦樹坊表，烏頭綽楔，照耀井閭，乃至僻壤下户之女，亦能以貞白自砥。其著於實録及郡邑志者，不下萬餘人，雖間有以文藝顯，要之節烈爲多。嗚呼！何其盛也。豈非聲教所被，廉恥之分明，故名節重而蹈義勇歟。

黄道周《坊記集傳·原序》 臣聞之《記》曰：禮，禁亂之所繇生，猶坊止水之所自來也。以舊坊爲無所用而壞之者，必有水敗。以舊禮爲無所用而棄之者，必有亂患。亂患之坊，莫大於《春秋》。聖人本春以立禮，本王以立刑，本天以立命。命以坊欲，刑以坊淫，禮以坊德。三坊立而亂患息，亂患息而後禮樂可舉也。《易》之立坊，始於天地。以天地而正父子，以父子而正君臣，以君臣而正夫婦。《詩》始於夫婦，《春秋》始於兄弟，三始雖殊，其以坊德、坊淫、坊欲則一也。左氏以春秋之亂魯，始於羽父，終於三桓。晉始於曲沃，終於六卿。故於「鄭伯克段」之章，首明其義，以爲寵禄不過都城，有制爲立坊之要領。因而推於桓莊文宣之間。外釁所從入，内慝所從出，歸重於別微明嫌，爲立坊之要歸。《坊記》因之，以端源於禮制，鄣流於淫欲，先之以敬讓，衷之以孝悌，終始於富而不驕、貴而不淫，以爲君臣、父子、夫婦、昆弟、朋友之所繇正。雖其所稱引，不過楚喪、晉亂、吴子三事，而於以定君臣、辨上下、正妃耦，春秋千七百餘事，其大指盡於此矣。蓋當時夫子既作《春秋》，諸子莫讚一辭，退而窺其意義，不過以扶綱出絛，明堯舜之道，闡文武之憲，其大者在於喪葬婚娶，其細者至於車服飲食、登降揖讓，皆示之以節，受之以制，是天地所以生成萬物之義也。春秋以生成萬物爲天地之大禮，禮失而流於刑，刑窮而反於命，故先別其條貫以坊之，而《春秋》之義例亦從是以起。宋淳化、至道間，嘗以坊表二記頒賜廷臣，今禮學備在學宫，而習者相沿爲曲臺遺言，無復知爲《春秋》義例之所從出者，故復略舉大意，使相屬比引伸觸類，後有以究其指歸焉。黄道周自序。

叶芳靄等《孝經衍義》卷六七《天子之孝》 漢文帝每朝郎從官上書疏，未嘗不止輦受其言。言不可用，置之；言可用，采之，未嘗不稱善。二年五月，詔曰：「古之治天下，朝有進善之旌，誹謗之木，所以通治道而來諫者也。今法有誹謗妖言之罪，是使衆臣不敢盡情而上，無由聞過失也，將何以來遠方之賢良，其除之。」

臣按：漢文止輦受言，隱惡揚善，其謙抑虚受之氣象，後世未有過之者。載考高帝一章之法，已除去誹謗偶語法條。而二年五月詔云今法有誹謗妖言之罪，或者入關之始，但與父老口約而未及删去律文故也。進善之旌，應劭曰：「旌，幡也。堯設之五達之道，令民進善也。」如淳曰：「欲有進善者，立于旌下言之。」誹謗之木，服虔曰：「堯作之橋梁午柱頭。」應劭曰：「橋梁邊板，所以書政治之愆失也。」鄭康成註《禮》云：「一縱一横爲午，謂以木貫柱四出，即今之華表。」蓋至秦，皆去之，孝文乃令復施也。計當時必有立旌書木者，史略而不書，後世亦有詔公車，設謗木、肺石二函，與置紙筆于陽武門外，以求得失者。匪鮮終，則繁文也已。

俞森《荒政叢書》卷一〇上《社倉考》 一議義穀。凡社中富而好行其德者，能於本穀外，願輸二石入倉者，紀善一次。四石者，紀善二次。十石者，紀大善一次。二十石者，紀二大善。三十石者，紀三大善。州縣掌印官獎賞。輸五十石以上者，該府暨州縣送扁，書「好義」二字。輸百石以上者，本道送匾，書「施仁」二字，照例給與冠帶。輸至二百石以上者，准給冠帶優禮，本道及兩司送匾，書「樂善」二字。其輸四百石以上者，申請兩院送匾，書「積德」二字，給與冠帶，仍優免雜泛差役，犯罪不許加刑。此外若輸粟八百石以上者，申請兩院，照例奏請，豎坊表里。

黄生《義府》卷下 王子雅碑。淯水南道側有二石樓，相去六七丈。欒櫨承拱，雕簷四柱，窮巧綺刻，妙絶人工。題云：「蜀郡太守姓王，字子雅，南陽西鄂人，有三女，無男，一女築墓，二女建樓，以表孝思。」按：墓上石樓，蓋即今石牌坊，又謂之牌樓。古宮廟及墓門立雙柱者，謂之闕。其上綴以飛簷罘罳者，謂之連闕曲閣。此立四柱而雕刻奇妙，更加華侈，想當時無一定之制，有力者得肆意爲之耳。

王鏊《姑蘇志》卷一七《坊巷》 表厥宅里，自周有之，所以賢其人也。後世乃以表科第，近又以表其官。此有司崇重激勵之意，其亦甚矣。吴中古坊甚多，其巷名亦多，沿於古今並列焉。然其義則或有不可攷者矣。

葉夢得《避暑録話》卷下 吴下全盛時，衣冠所聚，士風篤厚，尊事耆老。來爲守者多前輩名人，亦能因其習俗以成美意。舊通衢皆立表揭爲坊名，凡士大夫名德在人者，所居往往因之以著。元參政厚之居名「衮繡坊」；富祕監嚴居名「德壽坊」；蔣密學堂居嘗産芝草，名「靈芝坊」；范侍御師道居名「豸冠坊」；盧龍圖秉居奉其親八十餘，名「德慶坊」；朱光禄□居有園池，號「樂圃」，名「樂圃坊」。臨流亭館，以待賓客舟航者，亦或因其人相近爲名。褒德亭，以德壽富氏也。旌隱亭，以靈芝蔣氏也。蔣公蓋自名其宅前河爲招隱溪，來者亦不復敢輒據，此風惟吾邦見之，他處未必皆然也。

陸深《儼山集》卷一〇〇《京中家書》 牌樓扁字，求諸能書者寫成，一時技藝只如此。學士是五品，例不及三代蒙恩，得此亦是千載奇逢，正可標揭以示後人，遠勝於盡寫官名，聚於一榜耳。昨與黄甥標詳論之，撫按諸公，曾有作興者，俱要查題。府縣學官，題於左方。

牌坊既蒙當道作興，亦甚感悦。榮美之事，世所難得，須承以謙。所議題扁，如吾兒意，無不可者。昨與黄標論此，只有一官分樹二三坊者，若以一坊並寫三官，恐非制度。吾意只題爲學士坊，兩旁雕花補之，或題解元鼎魁，以足鄉會試，似爲得禮。如何如何。

紀事

《新五代史》卷六《唐本紀第六・明宗》 〔長興二年〕冬十一月戊申，吐蕃遣使者來。辛丑，旌表棣州民邢釗門閭。干戈之世，王道息而禮義亡，民猶有自知孝悌，而時君旌表，猶有勸民之意，故兩善而書之。

《新五代史》卷三四《一行傳》 李自倫者，深州人也。天福四年正月，尚書户部奏：「深州司功參軍李自倫六世同居，奉敕准格。按格，孝義旌表，必先加按驗，孝者復其終身，義門仍加旌表。得本州審到鄉老程言等稱，自倫高祖訓，訓生粲，粲生則，則生忠，忠生自倫，自倫生光厚，六世同居不妄。」敕以所居飛鳧鄉爲孝義鄉，匡聖里爲仁和里，准式旌表門閭。九月丙子，户部復奏：「前登州義門王仲昭六世同居，其旌表有聽事、步欄，前列屏，樹烏頭正門，閥閲一丈二尺，烏頭二柱端冒以瓦桶，築雙闕一丈，在烏頭之南三丈七尺，夾樹槐柳，十有五步，請如之。」敕曰：「此故事也，令式無之。其量地之宜，高其外門，門安綽楔，左右建臺，高一丈二尺，廣狹方正稱焉，圬以白而赤其四角，使不孝不義者見之，可以悛心而易行焉。」

范成大《吴郡志》卷六《坊市・武狀元坊》 武狀元坊二：淳熙十一年，林嶸爲廷魁，郡守謝師稷以表其閭，在樂橋之南。慶元二年，周虎爲廷魁，亦以名坊，在雍熙寺之東。

范成大《吴郡志》卷六《坊市・狀元坊》 狀元坊，淳熙八年，黄由魁天下，郡守韓彦質以表其閭。十一年，衛涇魁天下。涇居崑山之石浦，亦立狀元坊。

周密《齊東野語》卷一六《省狀元同郡・雙元坊》 掄魁、省元同郡，自昔以爲盛事。熙寧癸丑，省元邵剛、狀元余中皆毗陵人。淳熙丁未，省元湯璹、狀元王容皆長沙人。紹熙癸丑，省元徐邦憲、狀元陳亮皆婺州人。紹熙庚戌，省元錢易直、狀元余復皆三山人。寶慶丙戌，省元趙時覩、狀元王會龍皆天台人。紹定己丑，省元陳松龍、狀元黄朴皆福人。至淳祐甲辰，省元徐霖、狀元留夢炎，皆三衢人。一時士林歆羨，以爲希闊之事。時外舅楊彦瞻以工部郎守衢，遂大書狀元坊以表其閭，既以爲未足，則又揭雙元坊以誇大之，鄉曲以爲至榮。二公不欲雄成，各以書爲謝且辭焉。彦瞻答之，略云：

嘗聞前輩之言曰：「吾鄉昔有及第奉常而歸，旗者、鼓者、饋者、迓者、往來而觀者，闐路駢陌如堵墻。既而閨門賀焉，宗族賀焉，姻者、友者、客者交賀焉。至於鎡者，亦茹恥羞愧而賀且謝焉。獨鄰居一室，扃鐍遠引，若避寇然，余因怪而問之，愀然曰：『所貴乎衣錦之榮者，謂其得時行道也，將有以庇吾鄉里也。今也，或竊一名，得一官，即起朝富暮貴之想。名愈高，官愈窮，而用心愈繆。武斷者有之，兼並者有之，庇姦慝持州縣者有之，是一身之榮，一害之增也。其居日以廣，鄰居日以蹙。吾將入山林深密之地以避之，是可弔，何以賀爲？』」吾聞而異其言，因默識而謹書之。凡交遊間，必道此語相訓切，而非心相知者，不道也。執事於不肖，可謂心相知，而不以告，罪也。且今日此扁之揭，所以獨異於尋常者，蓋僕之望於執事者亦異焉。人於此時，每以諛獻，僕乃獨以忠告，非求異於人也，所冀進執事之德，成執事之器也。執事不以僕之言爲然則已，若以爲然，則是扁之揭，可以無愧矣。前之不賀者，必將先衆人而賀矣。今冠南宮者，執事友也，幸亦以是語之。

二公得書，爲之悚然。其後徐以道學名，留以功業顯，或者此書有以啓發之乎？

蘇軾《東坡志林》卷七《忠直坊》 范忠宣公薨，朝廷賜墓碑之額曰「世濟忠直」，時唐彥猷君益知潁昌，爲表其居曰「忠直坊」。范公之子正平、正思，謂君益曰：「荷公之意，但上之所賜刻于螭首，揭于墓隧，假寵于公，若施于康莊，以爲往來之觀，非朝廷之意也。」君益曰：「此州郡之事，于君家無與也。」二公曰：「先祖、先人，功名聞于遠邇，何待此而顯！且十室之邑，必有忠信，流俗所尚，識者所耻。異時不獨吾家爲人嗤誚，公亦寧逃于指議！故不得不力請也。」時李端叔官于許下，乃見唐公，且言曰：「頃胡文恭宿知蘇州時，蔣堂希魯將致政歸，文恭昔爲諸生，嘗受學于蔣公，乃即其里第，表之爲『難老坊』，蔣公見之不樂，曰：『此俚俗歆焰，內不足而假之人以爲誇者，非所望于故人也。願即撤去。』文恭謝之，欲如其請，則嘗繕已畢，乃咨其嘗獲芝草之瑞，更爲『靈芝』。文恭退而語人曰：『識必因德而後達，蔣之德蓋所畏，而其識如此，非吾所及也。』」君益聞端叔之言，遂撤去之。范氏二公聞之，乃謝端叔曰：「非公之語，莫遂于心也。」因復笑曰：「凡以伎能物貨自營，圖倍于人，則名曰元本某家。至于假供御供使州土爲名，殆與此一類。顏子居陋巷，一簞食，一瓢飲，人不堪其憂，回不改其樂。故與禹稷同道。當時未聞表其巷何坊也。」端叔亦笑之。後復陳此語于君益，君益大笑之。

《宋史》卷四三九《朱昂傳》 昂前後所得奉賜，以三之一購奇書，以諷誦爲樂。及是閒居，自稱退叟，著《資理論》三卷上之，詔以其書付史館。弟協以純謹著稱，仕至主客郎中、雍王府翊善。昂以書招之，協亦告老歸。兄弟皆眉壽，時人比漢之二疏。知府陳堯咨署其居曰「東西致政坊」。

《宋史》卷四五六《孝義·龐天祐傳》 龐天祐，江陵人，以經籍教授里中。父疾，天祐割股肉食之。疾愈，又復病目喪明，天祐號泣祈天舐之。父年八十餘，大中祥符四年卒，天祐負土封墳，結廬其側，晝夜號不絕聲。知府陳堯咨親往致奠，上其事，詔旌表門閭。天祐家無儋石儲，居委巷中，堯咨爲徙里門之右，築闕表之。

《宋史》卷四五六《孝義·郭義傳》 郭義，興化軍人。早游太學，以操尚稱。年四十餘，客錢塘，聞母喪，徒跣奔喪，每一慟輒嘔血。家貧甚，故人有所饋，不受。聚土爲墳，手蒔松竹，而廬于其旁。甘露降于墓上，烏鵲馴集。郡上其事，詔旌表其閭，于所居前安綽楔，左右建土台，高一丈二尺，方正，下廣上狹，飾白，間以赤，仍植所宜木。

《宋史》卷四五六《孝義·楊慶傳》 楊慶，鄞人。父病，貧不能召醫，乃刲股肉啖之，良已。其後母病不能食，慶取右乳焚之，以灰和藥進焉，入口遂差，久之乳復生。宣和三年，守樓异名其坊曰「崇孝」。紹興七年，守仇悆爲之請。十二年，詔表其門，復之。

陶宗儀《南村輟耕錄》卷一五《恭敏坊》 李恭敏公者，所居在江陰之南門。其門首巷坊亦題曰「恭敏」。不知當日名坊之義。而七八十年來，子孫消削，第宅傾圮殆盡，棄遺故址，竟爲里豪薛德昭所吞，土木一新，鄉閭健羨。忽有人獻諂於薛云：「若不除去舊坊，終非君家利也。」薛深然之。指數恭敏之族尊且長者，惟李唐卿可主其事，乃呼至。贈泉百緡，李忻然撤之。一夕，囈語呻吟甚苦，妻急呼之，覺，問其故曰：「我夢見袍笏大官，自云是我祖，責以不能世守其業，又毀其坊，既罵且撻。我負痛叫號，故致此耳。」語既，暴死，莫救。又數年，城燬于兵，薛氏室屋財產悉空，貧無爲計，遂執幹役於時貴之家。噫！子孫之不肖，強霸之用心，皆可爲後人鑒也。

傅維鱗《明書》卷九一《大功坊》 嘗從容謂徐兄功大，未有寧止，欲以吾吳時舊邸居若，達固謝不敢。一日與之邸，強沃以酒，醉而覆之被，舁卧正寢。醒瘠大驚，輒俯伏階下，叩首呼死罪。上益悦，命有司治甲第，表其坊曰「大功」。令天下後世毋忘爾。

陳建《皇明通紀·皇明啓運録》卷七《狀元坊》 廷試進士，賜任亨泰等及第，出身有差。亨泰，襄陽人。上命有司建狀元坊以旌之，聖旨建坊自此始。

田汝成《西湖遊覽志》卷一四《南山分脈城内勝跡·忠清里坊》 忠清里，本名昇平巷，北爲褚家堂。正德十六年，里人胡世寧爲都御史，時御史唐鳳儀按浙，欲爲世寧建坊於門閭，世寧辭之曰：「僕計偕時，已得坊費，後遭宸濠之難，被逮京師，當道義助，補前之缺，家人先後妄費，非有司不曾加惠也，豈敢瞞昧，再叨厚貺？竊念僕居近褚堂，以遂良故里得名。近世同里有王公琦者，歷官教職、御史、僉事，皆有政蹟，而清介絶俗。晚年休歸，枵腹以歿，諸孫見爲傭工。項公麒者，歷官司務員外、郎中，文學廉孝，冠絶一時，而病歸四十餘年，閉户以終，一子貧贅依人。蓋以俗尚通達而賤方介，以致二公泯滅如是也。此堂街口有平安坊，蓋取在籍坊名爲額，今廢已久。欲請於官，復造一小石牌，上刻三公名氏，更題曰『忠清里』，以勵夫人，而後死者亦與有榮焉。」鳳儀從之。

王鏊《姑蘇志》卷一七《坊巷·狀元坊》 醋庫巷口。淳熙間，郡守韓彦質爲黄由立。已上紹定二年重建。又一坊，南星橋西，咸淳中郡守陳均爲阮登炳立，留夢炎書。

王鏊《姑蘇志》卷一七《坊巷·晝錦坊》 南營西。元豐中晏和止守郡，爲程師孟立。適其第落成，坊未名。朱長文有詩：「勝地寬閑舊卜鄰，耆年得意闢高門。吴中晝錦如君少，好作坊名賁故園。」晏得之，遂以名坊。

王鏊《姑蘇志》卷一七《坊巷·豸冠坊》 仁王寺前。侍御史范師道所居，范之前已有豸冠坊，蓋倣古也。

王鏊《姑蘇志》卷一七《坊巷·迎春坊》 百口橋西。歲以立春前一日自婁東門迎春至郡，故名。已上紹定二年重建。

王鏊《姑蘇志》卷一七《坊巷·孝感坊》 在縣市片玉坊内。寶祐己卯，邑人曹椿年刲股療母病，知縣胡啓白于郡，郡守趙汝歷立坊以表之，及借補椿年爲承信郎。

王鏊《姑蘇志》卷一七《坊巷·儒學坊》 烏鵲橋南。宋樞密林希與諸弟所居，因父概先在國史儒學傳，故名。

王鏊《姑蘇志》卷一七《坊巷·靈芝坊》 杉瀆橋西侍其巷内。皇祐五年，爲侍郎蔣堂立，初名「難老」。兵部員外郎李晉卿守屏之明年，因所居産靈芝，故名堂。有詩《謝兵部》：「黄菌誕名園，靈配賁醴泉。至和非我召，美化自公宣。秀色鄰三徑，幽光被一廛。時髦乘筆郡，爲我列詳編。」又：「使君有意飾門閭，雅爲靈芝揭表初。招隱溪邊往還者，從兹認得野人居。」

王鏊《姑蘇志》卷一七《坊巷·樂圃坊》 清嘉坊南。朱長文所居，名樂圃，知州章岵建坊表之。其詳見園第。

王鏊《姑蘇志》卷一七《坊巷·旌孝坊》 震澤鎮。宋寶祐二年，知府趙汝歷爲孝子陸十七立，已廢。洪武三年，知州孔克中立。【略】在忠正坊北。咸淳壬申，邑人榮生刲股救母，縣爲建坊。

王鏊《姑蘇志》卷一七《坊巷·進士坊三十》 爲張祝、韓雍、趙禎、黄鑑、吴璘、陳僎、張翥、孔鏞、馮定、劉瀚、馬愈、周觀、文林、張習、董彝、徐源、劉纓、沈元、薛英、沈林、孫霖、顧源、文森、沈杰、沈熹、曹嵩、陸完、黄暐、張約、許銘立。

王鏊《姑蘇志》卷一七《坊巷·進士坊》 爲陳璉、陳琦、陸昶、顧瑾、郭經、夏時、陸容、姜昂、黄宣立。

王鏊《姑蘇志》卷一七《坊巷·和令坊》 槐樹巷。唐末舊有名，紹興初楊存中居此，追封和王，亦先兆也。

王鏊《姑蘇志》卷一七《坊巷·純孝坊》 湯家浜東。里人剖心療母病，今亡其名。已上紹定二年重建。純孝坊，嘉熙中郡守吴潛建。

李清馥《閩中理學淵源考》卷五七《博士張先生寬·翀霄坊》 張寬，晉江人。正統丁卯舉人，四擁臯比，以醇誠博雅爲名博士。所至與諸生講《易》，娓娓皆性體心宗。臺使輙署上考，而甘隱乞休。嘗自題曰：「質不美，皆困學而知；貌不莊，唯正道自持。不敢虚天之賦予，而尚敢較位之崇卑？」有司爲立坊表曰「翀霄」。

《清德宗實録》卷二七九《光緒十五年十二月下》 以損施賑款，予户部主事沈紹遠爲其父母建坊。以捐置書院，予貴州遵義縣記名總兵何行保建坊。

《清會典》卷七〇《工部》 天安門，五闕，上覆重樓，九間，彤扉，三十有六門，前環御河，跨石梁五。即外金水橋。石橋前立華表二，門之内立華表二。東西兩廡各二十六間，東廡正中爲太廟街門，西廡正中爲社稷街門，兩廡之北正中南嚮者爲端門。門制與天安門同。

《續文獻通考》卷一七三《經籍考·儒志坊》 開祖字景山，永嘉人。皇祐進士，試秘書省校書郎，佐處州麗水縣。後退居郡城之東山，設塾授徒，爲東嘉道學倡。郡守楊蟠立儒志坊表之。

佚名《日下尊聞録》卷一《太液秋風・金鼇、玉蝀》 太液池在皇城之右，東瞰瓊華島，而西、北、南三面極深廣，芰荷菱芡，舒紅捲翠，魚躍鳥浮，上下天光，真勝境也。東南有儀天殿，中架長橋以通往來。又有土臺，松檜蒼蒼然，天氣清明，日光滉瀁，波瀾漣漪，清澈可愛，故又曰「太液晴波」。高宗純皇帝《御製燕山八景疊舊作韻》詩序：太液池在西苑中，亘長橋，列二華表，曰金鼇、玉蝀。北爲北海，南則瀛臺。《西京賦》所稱「滄池漭沆，列瀛洲，夾蓬萊」者，方斯蔑矣。

《（雍正）河南通志》卷六四《孝義・義民坊》 扈敬，寶豐人。正統初，捐穀麥一千二百餘石助賑。建義民坊旌表。

《（雍正）河南通志》卷六七《列女上・節孝坊》 福山令宋沾妻張氏，商丘人。事姑田氏孝，姑卒，氏哀痛亦卒。天啓間，御史丘兆麟以孝聞，詔建節孝坊。後以子權貴贈夫人。

《（雍正）河南通志》卷六七《列女上・節婦坊》 宋張旨妻李氏，河内人。旨游學數年不返，家人欲嫁，李竟守節而死。表其坊曰「節婦」。

《（雍正）河南通志》卷六八《列女下・烈女坊》 申情女，鄧州人，名桂姐。許字程子通，未娶而子通溺死。女聞即自縊。有司上其事，敕建烈女坊，祀開封府列女祠。

《（雍正）山西通志》卷一五一《列女三・從容就義坊》 梁宗孟妻楊氏。宗孟卒，有導氏他適者，氏微哂不答。一日，禮翁姑神主，走拜夫墓。歸而求水澡身，家人不之察，氏忽掩闢下鍵自縊死。事聞，建坊旌表，顔曰「從容就義」。

《（雍正）山西通志》卷一五四《列女六・乾坤正氣坊》 邢光裕妻郜氏。裕負矢戍邊，竟裹馬革。氏典衣取屍歸，殯畢即縊。柩前二女從死。有司奏聞，建坊旌表曰「乾坤正氣」。

《（雍正）山西通志》卷一五五《列女七・雙節貽慶坊》 張寧妻雷氏，少寡，子誼幼，苦節數十年，壽七十有二卒。誼繼妻解氏，賢淑有德。解素饒，奩具甚厚，姑嫁仲女，鮮裝送。姑慙且愴，氏聞，即出己貲遺之。後亦以節顯。孫四維貴，二氏俱贈一品夫人，建有雙節貽慶坊。

《（雍正）山西通志》卷一五五《列女七・捐生從一坊》 李天育妻王氏，義士王海女。夫病革，誓以身殉。比卒，哀毀出血，水漿不入口。殮畢，遍拜舅姑娣姒，所有服飾各以輕重贈遺，自縊柩旁。家人覺而救之，稍甦，曰：「我亡人也，拚一死耳。若奚救焉？」防稍疎，竟縊死，年二十四。萬曆間，建坊曰「捐生從一」。

《（雍正）山西通志》卷一五六《列女八・雙節坊》 生員趙曰炷妻宋氏，年十九而寡。趙曰熺妻甄氏，歸曰熺四十日而寡。胥守志節，歿身無玷。建雙節坊，顔曰「内政流芳」。

《（雍正）山西通志》卷一五八《列女十・貞烈坊》 生員安汝光妻王氏，汝光死，氏不哭，人詰之。氏曰：「夫既死，不復生，奚以哭爲？」及發喪就葬，氏終不哭，人竊議之。殯訖，氏忽投繯畢命。向之不哭，恐人之有覺而防也。事聞，建貞烈坊。

《（雍正）江南通志》卷一六〇《人物志・旌義坊》 汪思義，潛山人，喜施予。正統戊午間，江北旱潦頻仍，思義輸穀賑之，敕建旌義坊表其門。

《（雍正）江南通志》卷一八〇《人物志・貞烈坊》 李玉妻石氏，臨淮人。年二十四，玉病，多方療治，及卒，竭蹶殯殮。候蓋棺畢，縊死柩傍。赤貧無遺，郡邑爲之棺殮合葬。奏聞，建貞烈坊。

《（雍正）江西通志》卷六七《人物二・精孝坊》 朱仁，靖安人。至正間，母劉氏病篤，醫禱無應，于是割股取肝救母，得活。有司立精孝坊表之。

《（雍正）江西通志》卷七二《人物七・逍遥坊》 韋無強，宜春人，隱居十五年不出户。郡守董禎欲表不求聞達科，固辭不就，爲立逍遥坊表之。

《（雍正）江西通志》卷九九《列女・貞節坊》 曾世臣妻劉氏，廬陵人。早寡，撫孤女守節。有司上其事，建坊表曰「貞節」。

《（雍正）江西通志》卷一〇〇《列女・節壽坊》 陳本倪妻詹氏，樂安人。年二十三夫亡，與媳畢氏同守節，詹年八十九而終。巡撫鄭岳立節壽坊表之，羅明德爲之傳。

《（雍正）湖廣通志》卷一四《關隘志・道岸文津坊》 靈官渡，一名朱張渡，在縣南三里西河街口。此處江心有洲，無風波之險。宋朱子與張栻講學，往來城南嶽麓，問渡於此。舊有坊曰「道岸文津」。

《（雍正）湖廣通志》卷二二《學校志・尚義坊》 濂溪書院在府學前，舊爲社圃亭。明嘉靖二十四年，都御史張雨改建。懷宗六年，御史白士麟移建明月橋西。右爲濂溪祠，祠前鑿池，引明月湖水種蓮。立坊，額曰「愛蓮」。後廢。明周瓛、方良、羅詔謙、饒世祿，俱武昌縣人。正統間各輸米一千石賑饑，賜諭嘉獎，建尚義坊旌之。

《〔雍正〕湖廣通志》卷六四《義民志・義民坊》 毛貴，公安人，讀書知大義。宣德間，山東饑，輸粟千二百石以賑。勅建坊，旌曰「義民」，豎立大偃山。

《〔雍正〕湖廣通志》卷六五《義士志》 明石瑗，武陵人。瑗十世祖廷河訓約子孫同爨。至瑗，族益蕃衍，恪守祖訓，長幼無間。太守陸埛造其廬，奏瑗家十世同居，敦睦可風。詔建坊表之，並復其家。

《〔雍正〕湖廣通志》卷六八《列女志・忠孝坊》 佘某妻戴氏，蒲圻人。姑疾革，氏刲左臂肉啖之，立愈。子恭，鄉舉入太學，以材幹督大工。邑令爲立忠孝坊。

《〔雍正〕湖廣通志》卷七二《列女志・二孝坊》 五代林氏，華容人，居縣北市。母疾，藥弗愈。禱於天，刲股肉爲粥以啖母，疾遂瘥。同時有楊氏女者效之，有司竝上其事，詔旌焉。有二孝坊。

《〔雍正〕廣西通志》卷一三《山川・仙鶴坊》 白鶴池，又名鶴沼，縣城西郊外。相傳當年池中忽產並蒂金色蓮數本，時有雙鶴集於池上，建有仙鶴坊，今址尚存。

《〔雍正〕廣西通志》卷四二《壇廟・批鱗坊》 劉公祠在府城舊書院，祀明御史劉臺。臺，江西人，萬曆間以建言忤張居正，謫潯州。卒後贈太常卿，立批鱗坊表其忠。郡人建祠祀之。蘇濬有記。

《〔雍正〕廣西通志》卷八八《列女・貞烈坊》 莫氏，蒼梧人，舉人劉思聰妻。思聰授程鄉縣教諭，赴府，爲賊所執。氏聞，撫膺嘔血死。邑人士憐之，爲立貞烈坊於程鄉學前。

《〔雍正〕廣西通志》卷八八《列女・孝忱坊》 馬氏，全州馬脉女也。在室時，脉病，女晝夜侍藥不效，割股進，父疾瘥。隣里聞於官。淳祐十年，太守朱朝散爲之立孝忱坊。

《〔雍正〕廣西通志》卷八八《列女・節耀南天坊》 劉氏，上思州人。其夫黄旻以州兵從軍古田，死軍中。氏聞之，哀不自勝。恪守婦道，操履冰霜。誨二子日和、日曙勤學，曰：「兵凶戰危，汝父遭厄，即前鑒也。」後二子相次歿，復教孫德裕。士民公舉，正德六年建坊旌表，曰「節耀南天」。

《〔道光〕廣東通志》卷三九《名宦・五馬坊》 傅芳，不傳籍貫，權知南恩州，文章政事迥出衆表。民稱其賢，立五馬坊以榮之。

《〔道光〕廣東通志》卷四六《人物三・清朝廉吏坊》 陳茂芳，字仲敏，定安人。少穎悟，博學通經史。九歲能文，十五歲應舉。時以神童目之。弱冠中，嘉靖壬子鄉試。名節自勵，授清豐諭。歷知龍巖縣，民德之。後龍巖人蔡夢説按瓊，思其舊政，立坊表曰「清朝廉吏」，祀鄉賢。

藝文

《〔雍正〕浙江通志》卷二三九文彦博《節義坊碑記》 天地有正氣，而人得之則爲節爲義，節義之於人重矣哉！登山采薇，義聲千古，明燭達旦，節垂萬禩，大丈夫且或難之，況責之女子乎？邵君彦榮，龍邱人也，以孝行著於鄉，鄉之人敬羡之，父母兄弟無間言。翰林李公迪薦於朝，徵授青州郡判。青之學士大夫延及齊民，皆篤於行誼，號稱易治。時元昊叛，環慶告急，奉敕禦寇，設險練兵，以固藩屏。既而虜衆猖狂，我師受困，而偵者訛傳官軍潰而主帥亡矣。邵妻胡氏方少艾，痛夫之亡，慨慕三良，欲以身殉。而權貴子窺其姿，欲強娶之，遂觸刃而殞。邵聞之，棄職絶客，結廬於九峯之原，終身不娶焉。夫人之所恃以斡旋萬變者，氣而已。此氣一定，可以殞霜貫日，吐虹霓而衝霄漢，豈以安富尊榮而存，豈以困抑挫摧而亡哉！邵之義不更娶，胡之節不辱身，一門雙美，蓋得天地之正氣，而浩然獨存者也。有司高其行，摭其實以聞。聖天子知節義與國家相有無，下旌䘏之典，立坊褒贈，以焜耀其後。夫豈私一士女哉？蓋欲勉人以所難，而風人以仗節蹈義之事也。彼世有適分鴛侶而輕裾滿前，有方瞻修壟而慮身無託者，墮情義而不忌，負鬼神而不顧，其爲人之賢不肖何如哉！廬陵歐陽永叔嘉其事，乞文於余，余惟邵君舉於孝，終於禦虜，而完節義於夫婦之間，四美具矣，爲之序，令與峴山之跡同志不朽云。葬地名節義，益不朽矣。

真德秀《西山文集》卷二四《懿孝坊記》 懿孝坊爲呂氏女立也。呂氏女名良子，年十八，父得疾瀕殆，女晨夕侍湯劑，非口嘗不敢進。醫屢易弗效，無所歸尤，則禱於祖若妣，拜且泣曰：「吾父所以屬疾者，意吾祖若妣欲其相從於地下也。父平生獨喜耽書，不善執事，善執事者莫如兒，兒請以身代。」又拜且泣，夜則焚薌祀天，詞甚苦，且刃股肉粥而進。時譙門鼓再通，羣鵲遶屋飛噪，仰眂空中有大星三，燁煜如月，正照欄楹間，精魄森然，若有鬼神異物陰相之者。越翌日而父瘳，十日而遂復。予聞而嘉之。夫以身代君者，金縢之事也。呂氏女生深閨中，未嘗從師友講學問，而其請父之辭乃與金縢之義叶，顧不異哉！君親之身重於其身，無哲愚咸知也，物欲昏焉，利患怵焉，始喪其本真爾。惟誠於孝者，心純而慮一，心純而慮一則其天者全，天者全則其心與聖賢之心一也。夫以女子而能致其一日之誠猶若是，況於道學之君子，終其身而從事焉，則其進於聖賢之域庸可禦乎？始良子請代父時，女弟細良年十六，輒相從拜禱。良子却之，細良恚曰：「豈姊能之，兒不能耶？」蓋二女子爭相爲孝如此。嗚呼！人誰無親，有親而不知孝，孝而不一於誠者，皆呂氏之罪人也。昔柳子厚作《孝門銘》曰：「懿厥孝思，兹惟淑靈。」予謂懿孝之名施之呂氏爲宜稱，故以是表其閭。父洙，字魯望，世儒家，居貧自立於學，視其女可知其父云。嘉定十二年八月丁亥，郡守建安真某記。

吴淵《退庵遺稿》卷下《廣惠坊記》 淵不肖，少聞先君子之訓，曰：「先儒有云，志伊尹之所志，學顏子之所學，又云自一命已上，苟有志於及物，於人必有所濟。此吾之所以終身拳拳，服膺而勿失者也。《書》曰：『一夫不獲，時予之辜。』孟子曰：『思天下之民有不被堯舜之澤者，若己推而納之溝中。』此伊尹之所志也，小子識之！」淵入耳注心，三十年於此矣，故自領一簿、宰一邑，以至貳一州，佐一臺，未嘗不日思先君子言，求所以及物濟斯民者。乃庚寅之冬，被命守姑蘇，道過吴江橋下，因延見所部吏艤舟焉。時夜雪凝栗，霜風凛冽，襲裘不知其爲温，附火不知其爲炎，於是惻然動心，進左右而問之曰：「爾邦城大民夥，鰥寡孤獨、癃老廢疾、顛連而無告者，其多乎？」曰：「然。」「郡有廬以聚之，有廩以食之乎？」曰：「否。」因獨念言，窮州陋縣猶有所謂居養安濟之所，吴門夾三輔，多名守，富課租，不應有此缺典。既領印，即括夫田之没入于王官者、廢絶於緇黄者，未足則以公財市民之膏腴者，寸積尺累，厥數既登，乃卜地鳩材，爲屋七十程，總土木夫役費錢緡九千六百八十、米石三百一十七。既成，扁曰「廣惠坊」。廳堂躭如，廊廡翼如，男子婦人，各有位置，倉廩庖湢，井臼牀几，鼎鬵備具，無一乏缺。適然而疾病者，又別室以居之。大者人日粟一升半、錢三十有三，小者半之，米則三殺其一焉。夏有湯沐，冬有裘纊，病有藥，死有櫘，額以二百人爲率，亡者得續。此其大略也。竊嘗考祖宗時，在京有四福田院，外郡有居養、安濟院，當時奉行惟謹，甚者至有設帟帳，具酒食，其所全活不可勝紀，深仁厚澤，與天同普。此國家運祚之所以久長，州縣長吏之所當遵守，而廣惠坊之所由以作也。後之人與我同志，尚思先儒之言，葢而侈之，是亦上不負天子，下不負所學之一端云。若夫租入多寡，別石具載，兹故不書。紹定四年八月既望，吴淵記。

姚勉《雪坡舍人集》卷三五《五桂坊記》 廣梁夢雷南震既擢第而歸，里人豔之，易字其所居之坊甘溪者曰五桂，用燕山竇氏故事，以喜書也。南震謂某曰：「夢雷，南海邑人也。先是，邑未有能貢於鄉者，曾大父以舉首實倡之，貢者乃相繼，然擢第則未之聞焉。行藝者不必賓興，賓興者不必論爵，學者無所於慕。今夢雷幸以鄉舉取第，里人知勸而揭其芳於閭之楣，以擬竇氏。夢雷不得當，而亦不得辭也。夢雷二親俱壽康，視竇氏靈椿一株者幸過之。而有弟四人，皆進于學未倦。竇之五桂，亦庶幾能及。里之人儻真以是爲勸，爲子者思顯其親，爲兄者思詔其弟，鄉之風俗不爲無所補也。子爲我書其扁矣，願就記之，可乎？」余曰可。雖然，盍遡其始。燕山之所以芳五桂也，豈無所根而遽華者哉。種而茂之，舊矣。方諫議之種之也，周人之窮，卹人之孤，葬不能喪，助不能婚，給不能衣食，未嘗有倦色。於是神授之夢，五子出焉。五子既貴顯，諫議方壽健。每見客，五子列侍，天福善之道，昭不誣矣。某聞南震先世亦世其德，務以好生賑窮爲第一事，至今未見其止。祖之所以啓其孫，父之所以遺其子者，皆燕山之似矣。五桂得不似乎？尋其根則知其芳，故曰盍遡其始。雖然，又有聞焉。夫花類至夥也，不它乎取，而獨取於桂，豈無義哉？桂之爲物，芳馨而辛烈者也。楚靈均擷衆芳以菲其身，而於木焉，則獨取桂。桂非他植類也。花不芳於煙柔日媚之春，而芳於風高露潔之秋，且又歲寒不凋，與松柏一節，盛芬醲郁，滂葩四達，物有芳者，莫能似焉。故自唐有科目以來，皆榮之以折桂，而托之於月桂，其萬木之首出者歟。桂何以能若是哉？亦曰辛烈之所發耳。士之有風節，桂之辛烈也。予觀竇氏兄弟，立朝皆挺然剛正，不辱於桂。南震以妙年取南宫異等，弟四人方且聯英競秀，出爲世用，然則比竇氏之五桂者，固又有在也，豈止豔科第之榮哉。廣之先達，在昔爲菊坡崔公，在今爲文溪李公，皆辛烈而芳者也。南震生於鄉黨，熏其德而芳矣。願與其弟與其里人，皆爲流芳百世思焉，則環南海之邦皆桂也，又奚止於五。他日欲書之記之，請嗣執筆。

戴栩《浣川集》卷五《永嘉重建三十六坊記》 分畫井鄽，標表術衖，此政也，而有教焉。何謂教？示以好惡而著之風聲，與其視聽而納之軌物，斯爲教矣。古者閭必有門，孝友睦婣，任恤有學，昕出夕入，實具而名未立也。唐人以在市爲坊，坊門縱閉，水沴穰焉。然則唐之坊，古之閭也。其後植以雙木，結屋覆之，門不設而揭扁於上，爲美名以誌。名者教之所自出也，詎容漫漶而就湮，摧圮而終廢哉！永嘉州郛延袤十八里，較諸雄藩會府雖不及，視列城則過之。在昔民聚未稠，甲乙可數，比緇黄者稱寺觀，目姓氏者兼藝能，大略有以辨識足矣，質而俚，厖而未純者弗計也。後乃文化寖成，藩飾聿至。《祥符圖經》坊五十有七，紹聖間，楊侯蟠定爲三十六坊，排置均齊，架締堅密，名立義從，各有攸趣。故摭其勝地則容城、雁池、甘泉、百里是已；遡其善政則竹馬、棠陰、問政、德政是已；挹其流風則康樂、五馬、謝池、墨池是已。否則歆艷以儒英，掖導以世美，梯雲、雙桂，儒志、棣華，與夫揚名、襲慶、繡衣、晝錦云者，彪布森列，可景可效。而最切於防範，俾家警户省，則孝廉、孝睦之號，遺忠、遺愛之目，或旌以招賢從善，或蘄以簡訟平市，義利明而倫類彰，取舍審而操嚮正，有不説之教焉。獨慨夫風霜之剥泐，水火之蕩燬，百二十餘年而沈守樞更建，如楊侯之舊。又五十年而煥章少卿史公實來，其規設益逾於沈矣。觀其博楝竦楹，翼以楗礎，飛榱延橑，被之藻彤，阡周陌匝，絢焉如眉目之在人。出者入者，觸名感義，一睹而三思焉，渠不知所以自懋哉！紹其續增者曰狀元、衮繡、祈報、豐和，復其續廢者曰崇仁、榮親。又永寧噀酒，寶珠井蓮，爲一郡都會，撤而新之。還明倫曰登瀛，易浣紗曰鼎桂。總四十而仍舊稱，以楊侯重也。初，楊侯既名其坊，又什以詠之，曰「三十六坊月，一般今夜圓」，至今稚髫弱孌交口誦道，豈非以其人藴藉而平易近民之效哉！今煥卿公以鋭志恢永圖，以餘力輯小務。凡城郭途路役之至難者既已燦然畢就，其於區坊瑣瑣若不足爲公紀，而郡人請伐石以侈之。蓋公不獨優於治辦，而其禮賢下士，有足多者。鄉飲、釋菜，日與諸生周旋揖遜，士至歌而頌之，如魯泮然。公於教思無窮之義，其必有得於政理之外矣。

盧俊民《仙居集》卷五《忠孝坊記》　黄巖州知州吴公，世居台之仙居折桂里，宋給事芾之五世孫也。公胚胎秀異，生而警敏，爲童子時，日記千餘言。既長，知親書史，尚儒雅。事親敬長，克盡其職。其於宗族，無親疏貴賤，待之如一。鄉里故舊，又能周旋委曲。然負大志，有膂力，雅好騎射。鄉有強梗弗順者，必摧挫之；罷弱不能自存者，則扶植之。煦撫施予，周急無吝。平居假酒自娱，日必飲，飲必醉，慷慨吟嘯，由是人多壯之。至正十三年，會台城有兵變，郡監聞公有氣節，遣使禮聘，公力辭弗就。勉之再四，乃起，署事黄巖州判官，命守台城。公鍛礪器械，嚴整部伍，不弛於律，不擾於民，由是人益加重焉。至正十六年春，處州睦溪盗起，犯仙居境，遂陞公同知州事，總制其鄉之義兵。公於是慨然曰：「吾今爲王臣矣，當勤王事。況仙居吾父母邦也，捕之其可後乎？」即修戎器，備糗糧，招集亡命，合鄉兵數千人，奮躍而往。禦戰於羅漢潭，賊危困不敢進。鄉民吴奉一者陰爲賊向導，賊乃凌晨潛出突圍，襲其不備，官軍倉卒，兵校多散去。公獨披甲上馬，與之戰，手刃數十人。而賊衆潛掩其後，遂遇害。遠近聞之，莫不嗟悼。事聞元帥府，時憲僉伯顔不花公爲覈其事，遂舉公長子熅襲其官。既而，邑之士民咸謂：「吾邑自有元以來，幾百年矣，民皆安居樂業，未嘗識兵革。一旦草竊蜂起，百里震悼，而發憤能先、鋭志擒賊者，吴公一人而已。公之心，蓋將衛鄉里，安民庶，以宣忠於國家，使其一鼓而得狂寇，則吾人均賴安享之利。茲不幸而遇害，其功亦不爲少矣，宜立祠邑里以旌之。」帥府議允其請，遂給官貲一千緡，士民翕然從之。乃於邑治之南狀元坊，擇地之剛燥夷坦者七百武，度材貞以良，鳩工勤且齊，凡梁楝榱桷，門牖闌楯之具，皆堅實如法，飾之以粉漆，塗之以丹雘，奢不過侈，儉不踰質。經始於至正十七年六月，訖工於明年正月。祠成，塑公像其中，冠裳嚴肅，肖貌端毅，觀者莫不竦敬。朝廷遣名臣經理江南，贈功褒德，有司復上其事，贈公台州路黄巖州知州，表其廟曰「忠烈」。公諱揚，字仲修，剛而好禮，貴而不驕。以公長子襲授其職。俊民來尹茲邑，邑之士民請予記之。竊聞：古之制，有功烈於民者，得配食於社稷，受享於尸祝，歷數十百載，而民神明之。今公以父母之邦，奮不顧身，戰死於狂寇之手，其功誠可尚矣。公死不踰時，而公之仲子熹、季子炘負不共戴天之讎，立攻戰必克之志，集兵賈勇，趨擣賊巢，生獲渠魁，獻馘剖心，又獲昔之爲賊向導者，登殺以祭其父。是雖出於其子之志之功，皆公之英靈不昧，必用除其害於一方，而有以陰相其子。蓋公之身雖亡，而公之志、公之氣猶未亡也。奉祠於茲邑，又何歉焉？功狀上聞，天子爲之褒贈殊厚，易其里曰「忠孝坊」，以熅襲爵，擢熹浙東都元帥兼縣尹，炘佐處州府幕。熹能清白自守，馭民以寬，訟於庭者，折以片言，咸得其歡心，邑政太和。後亦退處里中，乃作新其堂，所以彰其親之徽，表其昆季之志，又扁曰「忠孝堂」云。

《（康熙）當塗縣志》卷二八楊德宗《孝蓮坊記》　士有一節之著，足以風勵流俗；一行之善，足以稱譽州里。此承流宣化者之所樂聞，表而異之，爲風化計也。蓋有太守榜李常之閭曰「遺直」，邑令名鄭玄之里曰「通德」者，職此之故。夫以一節一行，昔人猶拳拳焉，況孝爲德之本，其有關於民彝世教之大者乎？此孝感坊之爲慵庵張鐩而立也。鐩，東平人，漸漬鄒魯聖賢之教，事親爲至孝。至元辛巳，以治中别駕來涖姑孰，迎養太夫人，怡顔順色，不但甘旨之奉而已。公始至，僦民居，常以不便親養爲慮。會秩滿，買居城之東南隅，得境之勝。鑿池種蓮，築亭其上，板輿輕軒，子孫在前，所以樂太夫人之志也。如是者且十年。甲午秋七月，太夫人仙去，鐩倚廬讀禮，寢苫枕塊，酒葷不入口，哀絰不□體，劬勞在念，哀哀罔極。未周期，鬢髮爲白，亦不自知其形之瘵。先是，池有紅蓮，乙未夏悉開白華，見者驚歎。鄉之士大夫、朝之名公卿歌詠盈軸。白華，孝子之潔白也，所以彰鐩之孝也。張九齡居母喪，而紫芝産於坐側，公疑其裔耶？不然，何孝感之相類如此！郡守董章始至此郡，每以宣明教化爲急務，喜聞其事，特書「孝感坊」以表其閭。於是慵庵之孝，不特行之於一己，又將以其感於造物者，而使斯民觀聽之下，亦皆爲之感動矣。其於風教，豈小補哉？德宋以文學掾與聞其事，故敘其事以爲之記，使來者知所激勵云。

雜録

楊衒之《洛陽伽藍記》卷三　永橋南道東有白象、獅子二坊。白象者，永平二年乾陀羅國胡王所獻。

韋述《兩京新記》卷二《右外城郭》　東都嘉慶坊有李樹，其實甘鮮，爲京都之美，故稱嘉慶李。今人但言嘉慶子，蓋稱謂既熟，不加李，亦可記也。

韋述《兩京新記》卷三　次南曰金城坊。本漢博望苑之地。初移都，劃以爲坊，百姓分地板築，土中見金聚，欲取便没。以事上聞，隋文曰：「此朕之金城之兆。」因以「金城」爲坊名。【略】

次南曰醴泉坊。本名「承明坊」。開皇初繕築此坊，忽聞金石之聲，因掘得甘泉浪井七所，飲者疾愈，因以名坊及寺焉。【略】

次南曰豐邑坊。南街西通延平門。此坊多假賃方相輀車送喪之具。武德中，有一人姓房，好自矜門閥，朝廷衣冠，皆認以爲近屬。有一人惡其如此，設便折之。先問周隋間房氏知名者，皆云是從祖從叔。次曰豐邑公相與公遠近，亦云是族叔。其人大笑曰：「公是方相姪兒，只可嚇鬼，何爲誑人！」自是大媿，遂無矜誑矣。

陸廣微《吴地記》　又孔子登山，望東吴閶門，嘆曰：「吴門有白氣如練。」今置曳練坊及望館坊因此。

陸深《儼山集》卷九八《京中家書》　聞得造牌樓一事，出自當道意思，亦是相愛相厚，知感知感。但吾平生不喜作此等華耀事，況無相應地方。若立在西街，却犯白虎太盛，且逼近約齋先生家，無甚意思。吾欲造在浦東祖宅，却稱四柱，可與三叔、四叔等酌量。必在街上，益慶橋南有地步否？棠姪回，再作計較。家中事體緩急，宜作急報來。七日。

楊慎《丹鉛總録》　《唐書》「編民有雁户」，謂流民也。古者民曰編民，《書》所謂「彰善癉惡，表厥宅里」。今之坊牌綽楔，排門粉壁是也。古者卒字從衣，卒衣有題識，三代之晝衣冠，秦之赭衣也。《古樂府・雁門太守行》有云：「移惡子姓，篇著里端。」又云：「財用錢三十，買繩禮竿」，即書其惡迹，以標示戒，即《莊子》所謂「竿牘」也。

劉元卿《賢奕編》卷四　林司寇公後嘗過吴門，訪二泉邵公寶于里第。及門見邵公經始建坊，大詫曰：「盛德如公，亦效世俗子營此耶？」邵公曰：「公學科第雲仍，此故可省。某門第初起，立如制表宅里，似亦非過也。」林公終不謂然。由此以觀，前輩名公以建坊爲詬矣。嘗謂人苟修德，即華門蓬户，後世仁賢且過而式之。德苟不類，即今市童甿竪，多相指訕詬之矣。然則坊表之建，不爲播惡之具耶，而士紳以此煩擾有司，其識何卑卑也？

于敏中等《日下舊聞考》卷一四四《京畿附編》　陽翁伯者，盧龍人，事親以孝，葬父母於無終山。山高八十里，其上無水。翁伯廬於墓側，晝夜號痛，神明感之，出泉於其墓側，因引水就官道以濟行人。嘗有飲馬者，以白石一斗與之，令翁伯種之，當生美玉，果生白璧，長二尺者數雙。北平徐氏有女，翁伯欲求婚。徐謂媒者曰：「得白璧一雙可矣。」翁伯以白璧五雙，遂壻徐氏。數年，雲龍下迎，夫婦俱昇天。今謂所居爲玉田坊。翁伯仙去後，子孫立大石柱於田中，以紀其事。

中華大典·工業典

建築工業分典　引用書目

説　明

一、本書目包括本分典所徵用的典籍。選書原則主要參考《中華大典》通用書目，但鑒於近年古代典籍研究的進步以及本分典的特殊性，部分引用典籍不在通用書目中。

二、各書著録順序依次爲書名、作者、作者時代、出版社、出版時間、版本。

三、本分典所徵用典籍儘量吸收現有研究成果，選用當代整理本或較具影響之通行本，並注明主要整理者與整理方式。

四、本書目按書名首字筆畫爲序遞增排列，首字筆畫相同者，按筆形「横、竪、撇、點、折」排序。

書名	作者	時代	版本
二畫			
二十五別史	錢士升	明	齊魯書社二〇〇〇年陸吉點校本
十六國春秋	崔鴻	北魏	上海商務印書館一九三七年版
八旗通志	紀昀等	清	文淵閣四庫全書本
八瓊室金石補正	陸增祥	清	文物出版社一九八五年縮印本
人海記	查慎行	清	北京古籍出版社一九八九年石繼昌點校本
〔嘉靖〕九江府志	馮曾修，李汛纂	明	嘉靖六年刊本
〔同治〕九江府志	達春布修，黄鳳樓等纂	清	同治十三年刊本
三畫			
三台文獻録	李時漸	明	書目文獻出版社一九九八年影印本
三州輯略	和寧	清	嘉慶十年修舊鈔本
三國志	陳壽	西晉	中華書局一九五九年點校本
三國會要	錢儀吉	清	上海古籍出版社一九九一年劉修明等點校本
三輔黄圖	佚名	漢	中華書局二〇〇五年何清谷校注本
于湖居士文集	張孝祥	宋	四部叢刊本
工程做法	愛新覺羅·允禮等	清	續修四庫全書本
大元官制雜記	文廷式	清	續修四庫全書本
大元倉庫記	佚名	元	中華書局二〇一四年影印本
大元通制條格	佚名	元	法律出版社二〇〇〇年郭成偉點校本

大元聖政國朝典章	佚名	元	中國廣播電視出版社一九九八年影印本
(正德)大同府志	張欽修	明	正德年間刊本
(道光)大同縣志	黎中輔纂修	清	道光十年刊本
大全集	高啓	明	四部叢刊初編本
(正德)大名府志	張燈修,唐錦纂	明	正德年間刊本
大事記解題	吕祖謙	宋	文淵閣四庫全書本
大事記續編	王褘	明	文淵閣四庫全書本
大明律	李善長等	明	法律出版社一九九九年懷效鋒點校本
大金國志	宇文懋昭	宋	中華書局一九八六年崔文印校證本
大泌山房集	李維楨	明	四庫全書存目叢書本
(道光)大定府志	唐古特修,鄒漢勛纂	清	道光二十九年刊本
大唐西域記	玄奘	唐	上海古籍出版社二〇一一年范祥雍匯校本
大唐新語	劉肅	唐	上海古籍出版社二〇一二年恒鶴校點本
(康熙)大理府志	潘拱辰修,黄元治纂	清	康熙年間刊本
大清一統志	和珅	清	文淵閣四庫全書本
大清律例		清	文淵閣四庫全書本
大清畿輔先哲傳	徐世昌	清	北京古籍出版社一九九三年王道成等點校本
大學衍義補	邱濬	明	京華出版社一九九九年林冠群等校點本
(萬曆)上元縣志	程三省修,李登總纂	明	萬曆二十一年刊本
上海碑刻資料選輯	上海博物館圖書資料室		上海人民出版社一九八〇年版
(同治)上海縣志	應寶時修,俞樾等纂	清	同治十年刊本
小山類稿	張嶽	明	文淵閣四庫全書本
小倉山房文集	袁枚	清	續修四庫全書本
小畜集	王禹偁	宋	四部叢刊本
山左金石志	畢沅等	清	續修四庫全書本
山右石刻叢編	胡聘之	清	續修四庫全書本
(雍正)山西通志	覺羅石麟等	清	文淵閣四庫全書本
(嘉靖)山東通志	陸釴等纂修	明	嘉靖十二年刊本
(乾隆)山東通志	岳睿修,杜詔等纂	清	文淵閣四庫全書本

山居新語　楊瑀　元　上海古籍出版社二〇一二年李夢生校點本
（嘉慶）山陰縣志　徐元梅修，朱文翰纂　清　嘉慶八年刊本
山堂肆考　彭大翼　明　文淵閣四庫全書本
已瘧編　劉玉　明　叢書集成初編本

四畫

王子安集　王勃　唐　上海古籍出版社一九九五年蔣清翊注釋本
王文正筆録　王曾　宋　文淵閣四庫全書本
王文忠集　王結　元　文淵閣四庫全書本
王右丞集箋注　王維　唐　中華書局上海編輯所一九六一年校訂本
王安石全集　王安石　宋　上海古籍出版社一九九九年秦克、鞏軍標點本
王叔杲集　王叔杲　明　上海社會科學院出版社二〇〇五年張憲文校注本
王忠文集　王禕　明　文淵閣四庫全書本
王季重集　王季重　明　浙江古籍出版社二〇一二年任遠點校本
王陽明全集　王守仁　明　上海古籍出版社一九九二年吳光編校本
王端毅奏議　王恕　明　文淵閣四庫全書本
王徵全集　王徵　明　三秦出版社二〇一一年林樂昌編校本
天一閣集　范欽　明　寧波出版社二〇〇六年袁慧整理本
天一閣藏明鈔本天聖令校證　吕夷簡等　宋　中華書局二〇〇六年天一閣博物館、中國社會科學院歷史研究所天聖令整理課題組校證本
天工開物　宋應星　明　中國社會出版社二〇〇四年點校本
天中記　陳耀文　明　文淵閣四庫全書本
（民國）天津衛志　薛柱斗修，高必大纂　清　民國二十三年鉛印本
天咫偶聞　震鈞　清　北京古籍出版社一九八二年顧平旦點校本
天都載　馬大壯　明　四庫全書存目叢書本
天禄識餘　高士奇　清　四庫全書存目叢書本
天爵堂文集筆餘　薛岡　明　叢書集成續編本
元氏長慶集　元稹　唐　文淵閣四庫全書本
元文類　蘇天爵　元　文淵閣四庫全書本
元史　宋濂等　明　中華書局一九七六年點校本

元次山集	元結	唐	中華書局上海編輯所一九六〇年孫望校點本
元明事類鈔	姚之駰	清	文淵閣四庫全書本
元和郡縣志	李吉甫	唐	文淵閣四庫全書本
元朝典故編年考	孫承澤	清	文淵閣四庫全書本
元稹集	元稹	唐	中華書局一九八二年冀勤點校本
元豐類稿	曾鞏	宋	康熙五十六年顧崧齡刊本
元獻遺文補編	勞季言輯	清	民國南城李氏宜秋館三刊本
五百家播芳大全文粹	魏齊賢	宋	文淵閣四庫全書本
五禮通考	秦蕙田	清	文淵閣四庫全書本
五雜俎	謝肇淛	明	崇禎年間刊本
〔雍正〕太平府志	甘汝來等纂修	清	雍正四年刊本
太平御覽	李昉等	宋	中華書局一九九八年影印本
太平寰宇記	樂史	宋	文淵閣四庫全書本
太白陰經	李筌	唐	氣象出版社一九九二年謝志寧等譯注本
〔民國〕太谷縣志	劉玉璣修，胡萬凝等纂	清	民國二十年鉛印本
太岳太和山紀略	王概	清	四庫全書存目叢書本
〔嘉靖〕太原縣志	高汝行修	明	嘉靖三十年刊本
〔道光〕太原縣志	員佩蘭、楊國泰等纂修	清	道光六年刊本
〔崇禎〕太倉州志	周士佐修，張寅纂	明	崇禎二年刊本
尤西堂雜俎	尤侗	清	大達圖書供應社一九三五年朱太忙標點本
日下舊聞考	于敏中	清	北京古籍出版社一九八一年點校本
日知録集釋	顧炎武	清	上海古籍出版社二〇〇六年欒保群等點校本
〔光緒〕日照縣志	陳懋修，張庭詩等纂	清	光緒十二年刊本
中山詩話	劉攽	宋	影印文津閣四庫全書本
水心集	葉適	宋	中華書局一九六一年劉公純等點校本
水東日記	葉盛	明	中華書局一九八〇年魏中平點校本
水經注	酈道元	北魏	中華書局二〇〇七年陳橋驛校釋本
午夢堂集	葉紹袁	明	中華書局一九九八年冀勤輯校本
毛詩正義	孔穎達疏	唐	北京大學出版社二〇〇〇年李學勤等整理本

毛詩講義	林岊	宋	文淵閣四庫全書本
仁皇帝御製文集	愛新覺羅・玄燁	清	文淵閣四庫全書本
介亭詩文集	江濬源	清	清介亭全集本
公是集	劉敞	宋	道光二十五年廣雅書局重刊本
月令解	張虙	宋	文淵閣四庫全書本
丹淵集	文同	宋	四部叢刊本
六安州志	金弘勳等	清	乾隆十六年刊本
六家詩名物疏	馮復京	明	文淵閣四庫全書本
六書本義	趙撝謙	明	文淵閣四庫全書本
六書故	戴侗	宋	文淵閣四庫全書本
六書統	楊桓	元	文淵閣四庫全書本
六朝事蹟編類	張敦頤	宋	商務印書館一九三六年版
六藝之一録	倪濤	清	文淵閣四庫全書本
文子	辛研	戰國	巴蜀書社二〇〇六年彭裕商校注本
文天祥全集	文天祥	宋	中國書店一九八五年據一九三六年世界書局版影印本
文苑英華	李昉等	宋	文淵閣四庫全書本
文昌雜録	龐元英	宋	中華書局上海編輯所一九五八年點校本
文定集	汪應辰	宋	叢書集成初編本
文恭集	胡宿	宋	文淵閣四庫全書本
文莊集	夏竦	宋	文淵閣四庫全書本
文選	蕭統編	梁	上海古籍出版社一九八六年點校本
	李善注	唐	
〔光緒〕文縣志	白長賓等纂	清	光緒二年刊本
文獻通考	馬端臨	元	中華書局二〇一一年裴汝誠等點校本
方舟集	李石	宋	文淵閣四庫全書本
方言	揚雄	漢	四部叢刊本
方望溪全集	方苞	清	中國書店一九九一年版
方輿勝覽	祝穆、祝洙	宋	中華書局二〇〇三年施和金點校本
方麓集	王樵	明	文淵閣四庫全書本

〔嘉靖〕巴東縣志	楊培之纂修	明	嘉靖三十年刊本
孔尚任詩文集	孔尚任	清	中華書局一九六二年汪蔚林輯本

五畫

玉山名勝集	顧瑛	元	中華書局二〇〇八年楊鐮、葉愛欣整理本
玉光劍氣集	張怡	清	中華書局二〇〇六年魏連科點校本
玉海	王應麟	宋	文淵閣四庫全書本
玉堂嘉話	王惲	元	中華書局二〇〇六年楊曉春點校本
玉壺清話	文瑩	宋	上海古籍出版社二〇一二年黃益元校點本
玉篇	顧野王	梁	文淵閣四庫全書本
玉澗雜書	葉夢得	宋	上海書店出版社一九九四年版
〔乾隆〕甘肅通志	許容、李迪纂修	清	文淵閣四庫全書本
〔宣統〕甘肅新通志	升允等修	清	宣統元年刊本
世宗憲皇帝上諭內閣	允祿等	清	文淵閣四庫全書本
世説新語	劉義慶	南朝宋	中華書局二〇一一年朱碧蓮等譯注本
古今考	魏了翁	宋	文淵閣四庫全書本
古今事文類聚	祝穆	宋	文淵閣四庫全書本
古今治平略	朱健	明	續修四庫全書本
古今説海	陸楫	明	上海文藝出版社一九八九年影印本
古今譚概	馮夢龍	明	中華書局二〇〇七年欒保群點校本
古文苑	章樵	宋	文淵閣四庫全書本
古微書	孫瑴	明	叢書集成初編本
古微堂外集	魏源	清	光緒四年刊本
古詩紀	馮惟訥	明	文淵閣四庫全書本
古詩源	沈德潛	清	中華書局一九六三年重印文學刊印社一九五七年校訂本
古經解鉤沉	余蕭客	清	文淵閣四庫全書本
古樓觀紫雲衍慶集	朱象先	元	正統道藏本
古歡堂集	田雯	清	文淵閣四庫全書本
古穰集	李賢	明	文淵閣四庫全書本
古靈先生文集	陳襄	宋	文淵閣四庫全書本

石田先生文集	馬祖常	元	北京圖書館出版社二〇〇六年影印本
石村詩文集	郭金臺	明	岳麓書社二〇一〇年陶新華點校本
石林燕語	葉夢得	宋	中華書局一九八四年侯忠義點校本
石倉歷代詩選	曹學佺	明	文淵閣四庫全書本
石湖詩集	范成大	宋	文淵閣四庫全書本
石遺室文集	陳衍	清	續修四庫全書本
〔乾隆〕平陽府志	章廷珪修，范安治纂	清	乾隆元年刊本
〔乾隆〕平遠州志	李雲龍修，劉再向纂	清	乾隆二十一年刊本
北山集	程俱	宋	文淵閣四庫全書本
北史	李延壽	唐	中華書局一九七四年點校本
北野閑鈔	婁謙	清	續修四庫全書本
史記	司馬遷	漢	中華書局一九五九年點校本
史記正義	張守節	唐	文淵閣四庫全書本
史記索隱	司馬貞	唐	叢書集成初編本
史記集解	裴駰	宋	文淵閣四庫全書本
〔雍正〕四川通志	黄廷桂等修，張晉生等纂	清	文淵閣四庫全書本
〔嘉慶〕四川通志	常明修，楊芳燦等纂	清	嘉慶二十一年刊本
四川歷代碑刻	高文、高成剛編		四川大學出版社一九九〇年版
四庫全書總目	永瑢等	清	中華書局一九六五年影印本
四朝聞見録	葉紹翁	宋	中華書局一九八九年沈錫麟等點校本
白居易集	白居易	唐	中華書局一九七九年顧學頡校點本
册府元龜	王欽若等	宋	文淵閣四庫全書本
〔嘉靖〕汀州府志	邵有道總撰	明	嘉靖六年刊本
〔同治〕汀州府志	余良楝修，李紱纂	清	同治六年刊本
〔弘治〕永平府志	吴傑修，張廷綱等纂	明	弘治十四年刊本
〔康熙〕永州府志	劉道著修，錢邦芑等纂	清	康熙九年刊本
〔道光〕永州府志	吕恩湛修，宗績辰纂	清	道光八年刊本
〔康熙〕永昌府志	羅綸修，李文淵等纂	清	康熙年間刊本
〔同治〕永順府志	張天如等纂，魏式曾等增纂	清	同治十二年增刻乾隆本

皮子文藪	皮日休	唐	上海古籍出版社一九八一年蕭滌非整理本
台州金石録	黃瑞	清	民國五年嘉業堂刊本

六畫

式古堂書畫彙考	卞永譽	清	文淵閣四庫全書本
成都文類	袁説友等	宋	中華書局二〇一一年趙曉蘭整理本
圭峰集	盧琦	元	文淵閣四庫全書本
圭齋文集	歐陽玄	元	文淵閣四庫全書本
考工記解	林希逸	宋	文淵閣四庫全書本
考工記圖	戴震	清	商務印書館一九五五年版
老子	李耳	戰國	上海古籍出版社一九八五年任繼愈注譯本
老學庵筆記	陸游	宋	中華書局一九七九年李劍雄等點校本
西山文集	真德秀	宋	文淵閣四庫全書本
西子湖拾翠餘談	汪砢玉	明	叢書集成續編本
〔乾隆〕西安府志	舒其紳修，嚴長明纂	清	乾隆四十四年刊本
西吳里語	宋雷	明	四庫全書存目叢書本
西陂類稿	宋犖	清	康熙五十年刊本
西京雜記	劉歆	漢	上海古籍出版社一九九一年向新陽等校注本
西河集	毛奇齡	清	文淵閣四庫全書本
西湖志	傅王露等修	清	光緒四年刊本
西湖遊覽志餘	田汝成	明	中華書局上海編輯所一九五八年點校本
西湖夢尋	張岱	明	上海古籍出版社一九八二年馬興榮點校本
西湖漁唱	許承祖	清	叢書集成續編本
西溪叢語	姚寬	宋	中華書局一九九三年孔凡禮點校本
西漢會要	徐天麟	宋	叢書集成初編本
〔乾隆〕西寧府新志	蘇銑、楊應琚纂修	清	乾隆十二年刊本
西隱集	宋訥	明	文淵閣四庫全書本
西關志	王士翹	明	北京古籍出版社一九九〇年吳夢麟等標點本
亙史鈔	潘之恒	明	四庫全書存目叢書本
列子	列御寇	戰國	中華書局一九七九年楊伯峻注釋本

列仙傳	劉向	漢	叢書集成初編本
列朝詩集小傳	錢謙益	明	上海古籍出版社一九八三年點校本
夷白齋稿	陳基	元	四部叢刊三編本
夷陵州志	劉允、沈寛纂修	明	弘治九年刊本
夷堅志	洪邁	宋	中華書局一九八一年何卓點校本
至正直記	孔齊	元	續修四庫全書本
至順鎮江志	俞希魯纂	元	江蘇古籍出版社一九九九年楊積慶等校點本
光孝寺志	顧光修，何淙纂	清	廣東省立編印局一九三五年版
〔光緒〕順天府志	周家楣、張之洞纂修	清	續修四庫全書本
曲江集	張九齡	唐	文淵閣四庫全書本
吕氏春秋	吕不韋等	秦	上海古籍出版社二〇〇二年陳奇猷校釋本
吕氏家塾讀詩記	吕祖謙	宋	文淵閣四庫全書本
吕衡州集	吕温	唐	文淵閣四庫全書本
同人集	冒襄	清	四庫全書存目叢書本
因話録	趙璘	唐	叢書集成初編本
朱一齋先生文集	朱善	元	四庫全書存目叢書本
朱子全書	朱熹	宋	上海古籍出版社、安徽教育出版社二〇〇二年朱傑人等點校本
朱子語類	黎靖德	宋	中華書局一九八六年王星賢點校本
竹洲集	吴敬	宋	文淵閣四庫全書本
竹書紀年	沈約注	梁	文淵閣四庫全書本
〔同治〕延平府志	熊象階修，陶元藻纂	清	同治十二年重刊本
延祐四明志	袁桷	元	文淵閣四庫全書本
〔康熙〕延慶州志	暹日豫修，程光祖纂	清	康熙十九年刊本
行水金鑑	傅澤洪	清	文淵閣四庫全書本
〔天啓〕舟山志	何汝賓輯	明	天啓六年何氏刊本
全宋文	曾棗莊、劉琳主編		上海辭書出版社二〇〇六年版
全祖望集	全祖望	清	上海古籍出版社二〇〇〇年朱鑄禹校注本
全唐文	董浩等	清	中華書局一九八三年影印本
全唐文補編	陳尚君輯校		中華書局二〇〇五年版

全唐詩	彭定求等	清	中華書局一九九九年增訂本
全蜀藝文志	楊慎	明	文淵閣四庫全書本
全漢賦	費振剛等輯校		北京大學出版社一九九三年版
全遼文	陳述輯校		中華書局一九八二年版
〔嘉靖〕全遼志	李輔等纂	明	嘉靖四十四年刊本
〔萬曆〕合州志	劉芳聲修，田九垓纂	明	萬曆七年刊本
名臣經濟録	黄訓編	明	文淵閣四庫全書本
羊城古鈔	仇巨川	清	廣東人民出版社一九九三年陳憲猷校注本
江西通志	林庭㭿、周廣同纂	明	嘉靖年間刊本
江西通志	謝旻等	清	文淵閣四庫全書本
〔光緒〕江西通志	曾國藩等修纂	清	光緒七年刊本
〔乾隆〕江南通志	趙宏恩等	清	文淵閣四庫全書本
江湖長翁集	陳造	宋	文淵閣四庫全書本
〔乾隆〕江寧新志	袁枚纂修	清	乾隆十三年刊本
江蘇省明清以來碑刻資料選集	江蘇省博物館編		三聯書店一九五九年版
〔嘉靖〕池州府志	柯實卿等	明	嘉靖二十四年刊本
〔正德〕汝州志	王雄修，承天貴纂	明	正德五年刊本
守城録	陳規	宋	解放軍出版社一九九〇林正才注釋本
〔同治〕安仁縣志	張景垣等修	清	同治八年刊本
〔嘉靖〕安吉州志	楊維新修，張元忭等纂	明	嘉靖三十六年刊本
安陽集	韓琦	宋	乾隆三十五年黄邦寧重刊本
〔咸豐〕安順府志	鄒漢勛纂	清	咸豐元年刊本
〔嘉靖〕安溪縣志	林有年等纂	明	嘉靖三十年刊本
〔光緒〕安徽通志	吴坤修等修，何紹基等纂	清	光緒四年刊本
〔光緒〕祁州續志	陳汝咸修，劉學海纂	清	光緒元年刊本
〔萬曆〕祁門志	余士奇修，謝存仁纂	明	萬曆二十八年刊本
祁彪佳集	祁彪佳	明	中華書局上海編輯所一九六〇年標點本

七畫

攻媿集	樓鑰	宋	叢書集成初編本

赤城集	林表民	宋	文淵閣四庫全書本
〔康熙〕均州志	党居易纂修	清	康熙十二年刻二十八年續修本
坊記集傳	黄道周	明	文淵閣四庫全書本
芥子園畫傳	胡佩衡選編		人民美術出版社一九七八年版
杜工部集	杜甫	唐	北京圖書館出版社二〇〇八年影印本
杜陽雜編	蘇鶚	唐	叢書集成初編本
李太白文集	李白	唐	文淵閣四庫全書本
李北海集	李邕	唐	文淵閣四庫全書本
李東陽集	李東陽	明	岳麓書社二〇〇八年周寅賓校點本
李清照集	李清照	宋	上海古籍出版社二〇〇二年徐培均箋注本
李賀詩集	李賀	唐	人民文學出版社一九五九年葉葱奇編訂本
李衛公會昌一品集	李德裕	唐	叢書集成初編本
李鴻章全集	李鴻章	清	安徽教育出版社二〇〇八年顧廷龍戴逸主編本
酉陽雜俎	段成式	唐	上海古籍出版社二〇一二年曹中孚校點本
吴地記	陸廣微	唐	江蘇古籍出版社一九九九年曹林娣校注本
吴廷翰集	吴廷翰	明	中華書局一九八四年容肇祖點校本
吴郡志	范成大	宋	江蘇古籍出版社一九九九年陸振嶽點校本
吴郡圖經續記	朱長文	宋	江蘇古籍出版社一九九九年金菊林校點本
吴都文粹	鄭虎臣	宋	文淵閣四庫全書本
吴都文粹續集	錢穀	明	文淵閣四庫全書本
吴船録	范成大	宋	中華書局二〇〇二年孔凡禮點校本
吴越春秋	趙曄	漢	江蘇古籍出版社一九八六年苗麓點校本
〔康熙〕吴縣志	孫鳴庵	清	廣陵古籍刻印社一九八九年影印本
佛國記	法顯	東晉	上海商務印書館一九三七年版
冷齋夜話	惠洪	宋	中華書局一九八八年陳新點校本
〔乾隆〕沅州府志	瑭珠修，朱景英等纂	清	乾隆二十二年刊本
〔嘉靖〕沔陽志	曾儲修，童承敍纂	明	嘉靖十年刊本
〔萬曆〕汾州府志	王道一等纂	明	萬曆三十七年刊本
〔乾隆〕汾州府志	孫和相修，戴震纂	清	乾隆三十六年刊本

汴京遺跡志	李濂	明	中華書局一九九九年周寶珠等點校本
〔萬曆〕忻州志	楊維岳纂修	明	萬曆三十六年刊本
〔光緒〕忻州志	方戊昌修，方淵如纂	清	光緒六年刊本
宋大事記講義	吕中	宋	文淵閣四庫全書本
宋元憲集	宋庠	宋	文淵閣四庫全書本
宋文鑒	吕祖謙	宋	中華書局一九九二年齊治平點校本
宋史	脱脱等	元	中華書局一九七七年點校本
宋史紀事本末	陳邦瞻	明	中華書局一九七七年點校本
宋代蜀文輯存	傅增湘編		北京圖書館出版社二〇〇五年版
宋刑統	竇儀等	宋	中華書局一九八四年吴翊如點校本
宋東京考	周城	清	中華書局一九八八年單遠慕點校本
宋高僧傳	釋贊寧	宋	中華書局一九八七年范祥雍點校本
宋書	沈約	梁	中華書局一九七四年點校本
宋朝名畫評	劉道醇	宋	文淵閣四庫全書本
宋景文集	宋祁	宋	湖北先正遺書本
宋稗類鈔	潘永因	清	書目文獻出版社一九八五年劉卓英點校本
宋會要輯稿	徐松	清	中華書局一九五七年影印本
宋濂全集	宋濂	明	浙江古籍出版社二〇一四年點校本
初學記	徐堅	唐	中華書局一九六二年點校本
〔同治〕即墨縣志	林溥修，周翕鐄纂	清	同治十二年刊本
阿育王山志	郭子章	明	乾隆二十二年刊本
邵氏聞見後録	邵博	宋	中華書局一九八三年李劍雄、劉德權點校本
〔嘉靖〕邵武府志	陳讓纂修	明	嘉靖二十二年刊本

八畫

武夷山志	董天工	清	道光刊本
武夷新集	楊億	宋	嘉慶十六年刊本
〔康熙〕武定府志	王清賢修，陳淳纂	清	康熙二十八年刊本
〔咸豐〕武定府志	李熙齡修，鄒恒纂	清	咸豐九年刊本
武溪集	余靖	宋	明成化九年刊本

青山集	郭祥正	宋	北京圖書館出版社二〇〇四年影印本
〔嘉靖〕青州府志	杜思修,馮惟訥纂	明	嘉靖四十四年刊本
〔咸豐〕青州府志	毛永柏修,李圖等纂	清	咸豐九年刊本
青箱雜記	吴處厚	宋	中華書局一九八五年李裕民點校本
長安志	宋敏求	宋	文淵閣四庫全書本
長安志圖	李好文	元	文淵閣四庫全書本
長安客話	蔣一葵	明	北京古籍出版社一九八〇年點校本
〔康熙〕長沙府志	蘇佳嗣纂修	清	康熙二十四年刊本
〔乾隆〕長沙府志	吕肅高修,張雄圖等纂	清	乾隆十二年刊本
〔隆慶〕長洲縣志	張德夫、皇甫汸纂修	明	隆慶五年刊本
長興集	沈括	宋	文淵閣四庫全書本
拙政園圖詠	文徵明	明	中國建築出版社二〇一二年卜複鳴注釋本
拙齋文集	林之奇	宋	文淵閣四庫全書本
范文正公集	范仲俺	宋	宣統二年重康熙雕歲寒堂本
范忠宣公集	范純仁	宋	宣統二年重雕康熙歲寒堂本
〔乾隆〕直隸商州志	王如玖纂修	清	乾隆九年刊本
〔道光〕直隸南雄州志	戴錫綸纂	清	道光四年刊本
〔弘治〕直隸鳳陽府宿州志	曾顯纂修	明	弘治十二年刊本
直講李先生文集	李覯	宋	四部叢刊本
析津志	熊夢祥	元	北京古籍出版社一九八三年北京圖書館善本組輯佚本
〔正德〕松江府志	陳威等修	明	正德七年刊本
松陵集	皮日休	唐	文淵閣四庫全書本
松雪齋集	趙孟頫	元	四部叢刊初編本
松鄉集	任士林	元	明萬曆刊本
松窗雜録	李濬	唐	叢書集成初編本
〔成化〕杭州府志	夏時正等	明	成化年間刊本
〔乾隆〕杭州府志	鄭澐修,邵晉涵纂	清	乾隆四十九年刊本
述異記	任昉	梁	文淵閣四庫全書本
杼山集	釋皎然	唐	文淵閣四庫全書本

東里文集	楊士奇	明	中華書局一九九八年劉伯涵點校本
〔道光〕東阿縣志	李賢書	清	道光九年刊本
〔道光〕東陽縣志	黨金衡修，王恩注纂	清	民國三年刊本
東坡志林	蘇軾	宋	中華書局二〇〇七年劉文忠評注本
東坡書傳	蘇軾	宋	叢書集成初編本
〔嘉慶〕東昌府志	嵩山修，謝香開等纂	清	嘉慶十三年刊本
東京夢華録	孟元老	宋	中華書局二〇〇六年伊永文箋注本
東萊呂紫微詩話	呂本中	宋	叢書集成初編本
東漢會要	徐天麟	宋	上海古籍出版社一九七八年校點本
東觀奏記	裴庭裕	唐	中華書局一九九四年田廷柱點校本
事物紀原	高承	宋	中華書局一九八九年金圓等點校本
兩京新記	韋述	唐	三秦出版社二〇〇六年辛德勇輯校本
兩當軒集	黄景仁	清	上海古籍出版社一九八三年李國章標點本
尚書大傳	孫之騄輯	清	文淵閣四庫全書本
尚書正義	孔穎達疏	唐	北京大學出版社一九九九年廖名春、陳明標點本
尚書全解	林之奇	宋	文淵閣四庫全書本
昌平山水記	顧炎武	清	北京古籍出版社一九八〇年標點本
〔光緒〕昌平州志	麻兆慶纂	清	光緒十八年刊本
明一統志	李賢	明	文淵閣四庫全書本
明人小品集	劉大傑編		北新書局一九三四年版
明文在	薛熙編	清	四庫全書存目叢書本
明史	張廷玉等	清	中華書局一九七四年點校本
明史考證捃逸	王頌蔚	清	文物出版社一九八二年重印本
明史紀事本末	谷應泰	清	叢書集成初編本
明夷待訪録	黄宗羲	明	中華書局一九八一年點校本
明孝陵志	王焕鑣	民國	南京出版社二〇〇六年周鈺雯點校本
明宮史	劉若愚	明	北京古籍出版社一九八二年標點本
明會典	徐溥等	明	文淵閣四庫全書本
明會典	申時行等	明	中華書局二〇〇七年縮印本

明會要	龍文彬	清	中華書局一九五六年標點本
明經世文編	陳子龍等編	明	中華書局一九六二年影印本
〔萬曆〕固原州志	楊經等	明	萬曆四十四年刊本
忠正德文集	趙鼎	宋	文淵閣四庫全書本
忠武録	陳鳳	明	嘉靖十七年刊本
忠肅集	劉摯	宋	文淵閣四庫全書本
〔康熙〕岷州志	汪元絅修，田而穟纂	清	康熙四十一年刊本
乖厓先生文集	張詠	宋	續古逸叢書本
〔弘治〕岳州府志	劉璣、劉襲修纂	明	弘治元年刊本
〔乾隆〕岳州府志	黄凝道修，謝仲坃纂	清	乾隆十一年刊本
岳陽風土記	范致明	宋	文淵閣四庫全書本
徂徠石先生文集	石介	宋	中華書局一九八四年陳植鍔點校本
金石萃編	王昶	清	嘉慶十年經訓堂刊本
金石續編	陸耀遹	清	續修四庫全書本
金史	脱脱等	元	中華書局一九七五年點校本
〔萬曆〕金華府志	王懋德、陸鳳儀纂修	明	萬曆年間刊本
〔康熙〕金華府志	張藎纂修	清	康熙二十二年刊本
金鼇退食筆記	高士奇	清	北京古籍出版社一九八〇年標點本
周易口義	胡瑗	宋	文淵閣四庫全書本
周易注疏	韓康伯注	晉	中華書局一九八〇年《十三經注疏》影印本
周官新義	王安石	宋	上海商務印書館一九三六年版
周書	令狐德棻等	唐	中華書局一九七一年點校本
周禮正義	孫詒讓	清	中華書局二〇一三年王文錦點校本
周禮注疏	賈公彦疏	唐	北京大學出版社一九九九年趙伯雄標點本
周禮訂義	王與之	宋	文淵閣四庫全書本
周禮圖説	王應電	明	文淵閣四庫全書本
〔洪武〕京城圖志	王俊華纂修	明	清鈔本
法苑珠林	釋道世	唐	中華書局二〇〇三年周叔迦等校注本
河南先生文集	尹洙	宋	四部叢刊初編本

〔乾隆〕河南府志	施誠修，童鈺等纂	清	乾隆四十四年刊本
〔乾隆〕河南通志	田文鏡等	清	文淵閣四庫全書本
河南程氏文集	程頤	宋	同治十年刊本
河朔訪古記	納新	元	文淵閣四庫全書本
〔嘉靖〕河間府志	樊深	明	嘉靖十九年刊本
〔乾隆〕泗州志	葉蘭編纂	清	乾隆五十三年刊本
泊宅編	方勺	宋	中華書局一九八三年許沛藻等點校本
〔光緒〕定遠廳志	余修鳳纂修	清	光緒五年刊本
〔同治〕宜昌府志	聶光鑾修，王柏心等纂	清	同治五刊本
〔同治〕宜黄縣志	張興言修，謝煌等纂	清	同治十年刊本
空山堂文集	牛運震	清	嘉慶八年刊本
空同集	李夢陽	明	文淵閣四庫全書本
郎潛紀聞四筆	陳康祺	清	中華書局一九九〇年褚家偉等整理本
〔康熙〕建水州志	陳肇奎修，葉涞等纂	清	康熙五十四年刊本
〔同治〕建昌府志	邵子彝修，魯琪光纂	清	同治十一年刊本
建炎以來朝野雜記	李心傳	宋	中華書局二〇〇〇年徐規點校本
建炎以來繫年要録	李心傳	宋	中華書局二〇一三年胡坤點校本
建康實録	許嵩	唐	中華書局一九八六年張忱石點校本
〔嘉靖〕建寧府志	夏玉麟、汪佃修纂	明	嘉靖二十年刊本
〔康熙〕建寧府志	張倚修，鄒山等纂	清	康熙三十二年刊本
居易録談	王士禛	清	叢書集成初編本
〔萬曆〕承天府志	孫文龍纂	明	萬曆三十年刊本
〔光緒〕承德府志	海忠纂修	清	光緒十三年廷傑重訂本
孟子注疏	趙岐注	漢	北京大學出版社一九九九年廖名春等標點本
	孫奭疏	宋	
孟子傳	張九成	宋	文淵閣四庫全書本
孟東野詩集	孟郊	唐	文淵閣四庫全書本
姑溪居士後集	李之儀	宋	文淵閣四庫全書本
〔正德〕姑蘇志	王鏊等	明	文淵閣四庫全書本

九畫

春在堂雜文　俞樾　清　續修四庫全書本
春明夢餘録　孫承澤　清　北京古籍出版社一九九二年王劍英點校本
春秋分記　程公説　宋　文淵閣四庫全書本
春秋公羊傳注疏　徐彦疏　唐　北京大學出版社二〇〇〇年浦衛忠整理本
春秋左傳正義　孔穎達疏　唐　北京大學出版社一九九九年標點本
春秋左傳要義　魏了翁　宋　文淵閣四庫全書本
春秋穀梁傳注疏　楊士勳疏　唐　北京大學出版社二〇〇〇年夏先培整理本
春秋釋例　杜預　西晉　叢書集成初編本
春風堂隨筆　陸深　明　寶顔堂祕笈本
春渚紀聞　何薳　宋　中華書局一九八三年張明華標點本
春融堂集　王昶　清　嘉慶十二年塾南書社刊本
珂雪齋集　袁中道　明　上海古籍出版社一九八九年錢伯城點校本
封氏聞見記　封演　唐　中華書局二〇〇五年趙貞信校注本
拾遺記　王嘉　晉　中華書局一九八一年齊治平校注本
〔光緒〕荆州府志　倪文蔚等修，顧嘉蘅等纂　清　光緒六年刊本
荆溪林下偶談　吴子良　宋　臺灣商務印書館一九八六年影印本
〔同治〕茶陵州志　福昌修，譚鍾麟等纂　清　同治十年刊本
茶餘客話　阮葵生　清　道光年間刊本
荀子　荀況　戰國　中華書局二〇〇七年安小蘭譯注本
荒政叢書　俞森　清　文淵閣四庫全書本
胡正惠公集　胡則　宋　綫裝書局二〇〇四年影印本
南史　李延壽　唐　中華書局一九七五年點校本
〔嘉靖〕南安府志　劉節纂修　明　嘉靖十五年刊本
〔同治〕南安府志　黄鳴珂修，石景芬纂　清　同治七年刊本
〔康熙〕南安縣志　劉佑修，葉獻論等纂　清　康熙十一年刊本
南村輟耕録　陶宗儀　明　中華書局一九八〇年標點本
〔同治〕南昌府志　許應鑅等修，曾作舟等纂　清　同治十二年刊本
南阜山人斆文存稿　高鳳翰　清　上海古籍出版社一九八三年影印本

南京歷代碑刻集成　南京市文化廣電新聞出版局編　上海書畫出版社二〇一一年版
南軒集　張栻　宋　文淵閣四庫全書本
南部新書　錢易　宋　中華書局二〇〇二年黄壽成點校本
南海先生詩集　康有爲　清　上海廣智書局一九一一年版
〔同治〕南海縣志　鄭夢玉　清　同治十一年刊本
〔正德〕南康府志　陳霖纂修　明　正德十五年刊本
〔同治〕南康縣志　沈恩華纂　清　同治十一年刊本
南朝宋會要　朱銘盤　清　上海古籍出版社一九八四年顧吉辰等點校本
〔嘉靖〕南雄府志　胡永成修，譚大初纂　明　嘉靖二十一年刊本
南齊書　蕭子顯　梁　中華書局一九七二年點校本
〔嘉靖〕南寧府志　方瑜纂修　明　嘉靖四十三年刊本
南澗甲乙稿　韓元吉　宋　文淵閣四庫全書本
〔嘉靖〕南畿志　聞人詮、陳沂纂　明　嘉靖十三年刊本
柯山集　張耒　宋　叢書集成初編本
柳河東集　柳宗元　唐　中華書局上海編輯所一九六〇年點校本
柳亭詩話　宋長白　清　續修四庫全書本
咸平集　田錫　宋　巴蜀書社二〇〇八年羅國威校點本
咸淳臨安志　潛説友　宋　浙江古籍出版社二〇一二年點校本
〔乾隆〕威海衛志　畢懋第修，郭文大續修，王兆鵬增訂　清　民國十八年鉛印本
研北雜志　陸友仁　元　中華書局一九九一年影印本
思玄集　桑悦　明　四庫全書存目叢書本
思南府續志　蕭琯纂　清　道光二十一年刊本
思復堂文集　邵廷采　清　浙江古籍出版社一九八七年祝鴻傑點校本
幽明録　劉義慶　南朝宋　文化藝術出版社一九八八年鄭晚晴輯注本
香祖筆記　王士禛　清　上海古籍出版社一九八二年湛之點校本
〔光緒〕重刊江寧府志　黄瑞圖修，姚鼐纂　清　光緒六年刊本
〔天順〕重刊襄陽郡志　張恒纂修　明　天順三年刊本

（光緒）重修天津府志	沈家本、榮銓修等纂	清	光緒二十五年刊本
（道光）重修平度州志	吴慈修，李圖等纂	清	道光二十九年刊本
（嘉慶）重修揚州府志	阿克當阿修，姚文田纂	清	嘉慶十五年刊本
（道光）重修膠州志	張同聲修，李圖等纂	清	道光二十五年刊本
（萬曆）重慶府志	張文耀修	明	萬曆三十四年刊本
（康熙）重慶府涪州志	董維祺修，馮懋柱纂	清	康熙五十四年刊本
（光緒）保定府志	勞逢源修，張豫塏纂	清	光緒十二年刊本
（乾隆）信陽州志	張鉞、萬侯纂修	清	乾隆十四年刊本
皇王大紀	胡宏	宋	文淵閣四庫全書本
皇明文衡	程敏政編	明	文淵閣四庫全書本
皇霸文紀	梅鼎祚	明	文淵閣四庫全書本
（光緒）泉州府志	張廷珩修，黄任纂	清	光緒八年補刊本
侯鯖録	趙德麟	宋	文淵閣四庫全書本
追昔遊集	李紳	唐	文淵閣四庫全書本
後山談叢	陳師道	宋	中華書局二〇〇七年李偉國點校本
後周文紀	梅鼎祚編	明	文淵閣四庫全書本
後漢書	范曄	南朝宋	中華書局一九六五年點校本
弇山堂别集	王世貞	明	中華書局一九八五年魏連科點校本
卻掃編	徐度	宋	叢書集成初編本
（乾隆）兖州府志	覺羅普爾泰修，陳顧聯纂	清	乾隆二十五年刊本
帝京景物略	劉侗、于奕正	明	北京古籍出版社一九八三年點校本
帝鑒圖説	張居正	明	中國言實出版社二〇〇一年柯夫等點校注釋本
迷樓記	佚名	唐	説郛本
洹詞	崔銑	明	文淵閣四庫全書本
洛陽伽藍記	楊衒之	後魏	中華書局二〇〇六年楊勇校箋本
浄德集	吕陶	宋	文淵閣四庫全書本
恬致堂集	李日華	明	上海古籍出版社二〇一二年趙杏根整理本
（乾隆）宣化府志	吴廷華修，王者輔纂	清	乾隆八年修二十二年訂補重刊本
宣和畫譜	趙佶	宋	文淵閣四庫全書本

〔光緒〕宣城縣志　李應泰修，章綬纂　清　光緒十四年刊本
宣政雜録　江萬里　宋　叢書集成初編本
客亭類稿　楊冠卿　宋　文淵閣四庫全書本
客座贅語　顧起元　明　中華書局一九八七年譚棣華等點校本
退庵先生遺集　吴淵　宋　宋集珍本叢刊本
〔嘉靖〕陝西通志　趙廷瑞修，馬理等纂　明　嘉靖二十一年刊本
〔雍正〕陝西通志　劉於義、沈青崖纂修　清　文淵閣四庫全書本
姚少監詩集　姚合　唐　文淵閣四庫全書本
癸辛雜識　周密　宋　中華書局一九八八年吴企明點校本
紀曉嵐文集　紀昀　清　河北教育出版社一九九五年孫致中等校點本
紀録彙編　沈節甫　明　中國文獻珍本叢書本

十畫

〔光緒〕泰州志　王有慶修，陳世鎔纂　清　光緒三十四年補刻本
〔乾隆〕泰安府志　顏希深修，成城等纂　清　乾隆二十五年刊本
泰泉集　黄佐　明　文淵閣四庫全書本
秦觀集　秦觀　宋　人民文學出版社二〇〇一年周義敢等編注本
〔正德〕袁州府志　嚴嵩纂修　明　正德九年刊本
〔咸豐〕袁州府志　陳喬樅纂修　清　咸豐十年刊本
都官集　陳舜俞　宋　文淵閣四庫全書本
華陽國志　常璩　晉　巴蜀書社一九八四年劉琳校注本
荷香館瑣言　丁國鈞　清　叢書集成續編本
莊子注疏　成玄英疏　唐　中華書局二〇一一年曹礎基等整理本
桂苑叢談　馮翊　唐　叢書集成初編本
〔嘉慶〕郴州總志　朱偓等修，陳昭謀纂　清　嘉慶二十五年刊本
〔雍正〕連平州志　聶緝慶修，顏希聖纂　清　雍正八年刊本
晉令輯存　張鵬一　清　三秦出版社一九八九年版
晉書　房玄齡等　唐　中華書局一九七四年點校本
晉陽秋輯本　湯球輯　清　叢書集成初編本
晏子春秋　晏嬰　周　中華書局二〇一一年湯化譯注本

倘湖樵書二編	來集之	清	續修四庫全書本
徐公文集	徐鉉	宋	徐乃昌影宋明州刻本重刊本
〔嘉靖〕徐州志	梅守德修，任子龍纂	明	嘉靖年間刊本
〔同治〕徐州府志	吴世熊修，劉庠纂	清	同治十三年刊本
徐徐集	王梃	明	叢書集成初編本
徐渭集	徐渭	明	中華書局一九八三年程毅中等點校本
徐霞客遊記	徐霞客	明	中華書局二〇〇九年朱惠榮譯注本
翁萬達集	翁萬達	明	上海古籍出版社一九九二年朱仲玉等校點本
〔光緒〕高州府志	朱椲修，陳蘭彬纂	清	光緒十一年刊本
〔乾隆〕亳州志	鄭交泰、王雲萬等纂	清	乾隆三十九年刊本
郭嵩燾奏稿	郭嵩燾	清	岳麓書社一九八三年楊堅點校本
唐才子傳	辛文房	元	中華書局二〇一〇年周紹良箋證本
〔光緒〕唐山縣志	李人鏡修，杜靄纂	清	光緒七年刊本
唐六典	李林甫等	唐	中華書局一九九二年陳仲夫點校本
唐文粹	姚鉉	宋	上海涵芬樓藏明嘉靖本
唐文續拾	陸心源	清	光緒刊本
唐宋傳奇集	魯迅校録		文學古籍刊行社一九五六年版
唐兩京城坊考	徐松	清	三秦出版社一九九六年李健超增訂本
唐律疏義	長孫無忌等	唐	中華書局一九八三年劉俊文點校本
唐前志怪小説輯釋	李劍國輯釋		上海古籍出版社一九八六年版
唐國史補	李肇	唐	上海古籍出版社二〇〇〇年《唐五代筆記小説大觀》曹中孚校點本
唐會要	王溥	宋	上海古籍出版社一九九一年方詩銘等點校本
唐詩品彙	高棅	明	文淵閣四庫全書本
唐詩紀事	計敏夫	宋	文淵閣四庫全書本
〔雍正〕朔州志	汪嗣聖修，王霷纂	清	雍正十三年刊本
〔乾隆〕浙江通志	嵇曾筠等	清	文淵閣四庫全書本
〔光緒〕浦江縣志	善廣修，張景青纂	清	光緒二十二年刊本
〔嘉慶〕涇縣志	洪亮吉、李德淦纂修	清	嘉慶十一年刊本
〔隆慶〕海州志	張峰纂	明	隆慶六年刊本

〔嘉慶〕海州直隸州志	唐仲冕修，汪梅鼎纂	清	嘉慶十六年刊本
〔嘉靖〕海門縣志	吴宗元修，崔桐纂	明	嘉靖十五年刊本
海峰先生文集	劉大櫆	清	光緒十四年刊本
海槎餘録	顧岕	明	廣百川學海本
〔乾隆〕海寧州志	戰效曾修，高瀛洲纂	清	乾隆四十年刊本
海録碎事	葉廷珪	宋	文淵閣四庫全書本
〔天啓〕海鹽縣圖經	胡震亨	明	天啓四年刊本
浣川集	戴栩	宋	文淵閣四庫全書本
浪語集	薛季宣	宋	文淵閣四庫全書本
悦齋文鈔	唐仲友	宋	續修四庫全書本
宸垣識略	吴長元	清	北京古籍出版社一九八三年點校本
家禮	朱熹	宋	文淵閣四庫全書本
容臺集	董其昌	明	西泠印社出版社二〇一二年邵海清點校本
容齋隨筆	洪邁	宋	中華書局二〇〇七年冀勤評注本
〔順治〕祥符縣志	李同亨纂	清	順治十八年刊本
書畫彙考	卞永譽	清	文淵閣四庫全書本
書經大全	胡廣等	明	文淵閣四庫全書本
陸九淵集	陸九淵	宋	中華書局一九八〇年鍾哲點校本
陸游集	陸游	宋	中華書局一九七六年點校本
陸贄集	陸贄	唐	中華書局二〇〇六年王素點校本
陳子昂集	陳子昂	唐	中華書局上海編輯所一九六〇年點校本
陳定宇先生文集	陳櫟	元	北京出版社二〇一一年影印本
陳書	姚思廉等	唐	中華書局一九七二年點校本
陳維崧集	陳維崧	清	上海古籍出版社二〇一〇年陳振鵬校點本
陳鵬年集	陳鵬年	清	岳麓書社二〇一三年李鴻淵校點本
孫可之集	孫樵	唐	文淵閣四庫全書本
孫光祀集	孫光祀	清	齊魯書社二〇一四年魏伯河點校本
陶山集	陸佃	宋	叢書集成初編本
陶庵夢憶	張岱	明	上海古籍出版社一九八二年馬興榮點校本

陶澍全集	陶澍	清	岳麓書社二〇一〇年陳蒲清等校點本
陶廬雜録	法式善	清	中華書局一九五九年涂雨公校點本
〔萬曆〕通州志	林雲程、沈明臣纂修	明	萬曆六年刊本
〔康熙〕通州志	吴存禮修，陸茂騰纂	清	康熙三十六年刊本
通志	鄭樵	宋	中華書局一九八七年影印本
通典	杜佑	唐	中華書局一九八八年影印本
通制條格	完顔納丹	元	浙江古籍出版社一九八六年黄時鑒點校本
通鑑地理通釋	王應麟	宋	中華書局二〇一三年傅林祥點校本
通鑑總類	沈樞	宋	文淵閣四庫全書本
通鑑續編	陳桱	元	文淵閣四庫全書本
十一畫			
捫虱新話	陳善	宋	叢書集成初編本
授堂文鈔	武億	清	叢書集成初編本
萇楚齋隨筆	劉聲木	清	中華書局一九九八年劉篤齡點校本
〔萬曆〕萊州府志	龍文明修，趙耀等纂	明	萬曆三十一年刊本
〔乾隆〕萊州府志	嚴有禧纂	清	乾隆五年刊本
〔嘉靖〕萊蕪縣志	陳甘雨	明	嘉靖二十七年刊本
黄文獻公集	黄溍	元	國家圖書館出版社二〇一三年影印本
〔弘治〕黄州府志	盧希哲纂修	明	弘治十三年刊本
〔光緒〕黄州府志	英啓修，鄧琛纂	清	光緒十年刊本
黄御史集	黄滔	唐	文淵閣四庫全書本
菽園雜記	陸容	明	中華書局一九八五年佚之點校本
〔同治〕梧州府志	吴九齡修，史鳴皐纂	清	同治十二年刊本
桯史	岳珂	宋	中華書局一九八一年吴企明點校本
梅村集	吴偉業	清	四部叢刊本
梅溪先生後集	王十朋	宋	四部叢刊初編本
〔嘉靖〕鄆城縣志	趙應式纂	明	嘉靖三十三年刊本
曹子建集	曹植	魏	文淵閣四庫全書本
〔乾隆〕曹州府志	周尚質修，李登明等纂	清	乾隆二十一年刊本

曹南文獻録清	徐繼儒	清	曹縣徐氏民國六年刊本
曹植集	曹植	三國魏	人民文學出版社一九八四年趙幼文校注本
曹操集	曹操	東漢	中華書局一九五九年點校本
雪山集	王質	宋	叢書集成初編本
雪坡舍人集	姚勉	宋	綫裝書局二〇〇四年影印本
(康熙)常州府志	于琨修,陳玉瑻纂	清	康熙三十四年刊本
(嘉靖)常德府志	陳洪謨纂修	明	嘉靖十四年刊本
(嘉慶)常德府志	應先烈修,陳楷禮纂	清	嘉慶十八年刊本
(弘治)常熟縣志	楊子器、桑瑜纂修	明	弘治十六年刊本
婁水文徵	王寶仁輯	清	江蘇廣陵古籍刻印社一九九一年影印本
晦庵先生朱文公文集	朱熹	宋	北京圖書館出版社二〇〇六年影印本
異苑	劉敬叔	宋	文淵閣四庫全書本
國老談苑	王君玉	清	叢書集成初編本
國朝二百家名賢文粹	吕祖謙	宋	北京圖書館出版社二〇〇六年影印本
國朝耆獻類徵初編	李桓	清	揚州廣陵書社二〇〇七年影印本
國語	左丘明	春秋	上海古籍出版社一九七八年點校本
(嘉靖)崑山縣志	楊逢春修,方鵬纂	明	嘉靖十七年刊本
(康熙)敘州府志	宋敏學修,袁斯恭等纂	清	康熙二十六年刊本
逸周書	佚名	春秋	文淵閣四庫全書本
許州志	張良知纂	明	嘉靖十九年刊本
許鄭學廬存稿	王紹蘭	清	上海古籍出版社二〇一〇年影印本
康熙字典	陳廷敬等	清	文淵閣四庫全書本
(光緒)鹿邑縣志	于滄瀾等纂	清	光緒二十二年刊本
章氏遺書	章學誠	清	全國圖書館文獻縮微中心二〇〇五年影印本
章玄應集	章玄應	明	線裝書局二〇一一年阮伯林校注本
(康熙)商邱縣志	葉澐修纂	清	康熙四十四年刊本
商君書	商鞅	戰國	中華書局一九八六年蔣禮鴻校釋本
剪燈新話	瞿佑	明	古典文學出版社一九五七年版
清代檔案史料叢編	中國第一歷史檔案館編		中華書局一九八四年版

清江貝先生文集	貝瓊	元	四部叢刊本
〔崇禎〕清江縣志	秦鏞等纂	明	崇禎年間刊本
清容居士集	袁桷	元	北京圖書館出版社二〇〇〇年影印本
清異録	陶穀	宋	叢書集成初編本
清朝文獻通考	張廷玉等	清	浙江古籍出版社二〇〇〇年影印本
清朝通志	嵇璜等	清	浙江古籍出版社二〇〇〇年影印本
清朝通典	嵇璜等	清	浙江古籍出版社二〇〇〇年影印本
清詩别裁集	沈德潛	清	中華書局一九七五年影印本
清源文獻	何烱編	明	萬曆刊本
清溪文集續編	程廷祚	清	道光戊戌東山堂藏本
清實録			中華書局一九八六、一九八七年版
〔萬曆〕淮安府志	郭大綸修，陳文燭纂	明	萬曆元年刊本
〔光緒〕淮安府志	孫雲錦修，吴昆田纂	清	光緒十年刊本
淮南子	劉安	漢	中華書局二〇〇九年版顧遷譯注本
涼州記	段龜龍	北涼	叢書集成初編本
淳熙三山志	梁克家	宋	文淵閣四庫全書本
〔康熙〕涪州志	富申修，陳于宣纂	清	康熙五十年刊本
〔同治〕淡水廳志	陳培桂等纂修	清	同治十年刊本
梁書	姚思廉等	唐	中華書局一九七三年點校本
梁谿集	李綱	宋	文淵閣四庫全書本
〔民國〕淄川縣志	張鳴鐸修，張廷寀等纂	清	民國九年石印本
情史	馮夢龍	明	江蘇古籍出版社一九九三年周方等校點本
惜抱軒全集	姚鼐	清	中國書店一九九一年影印本
〔嘉靖〕惟陽志	盛儀纂	明	嘉靖二十一年刊本
寄園寄所寄	趙吉士	清	大達圖書供應社一九三五年版
〔嘉靖〕宿州志	余鍧纂修	明	嘉靖十六年刊本
張之洞全集	張之洞	清	河北人民出版社一九九八年苑書義等整理本
張氏可書	張知甫	宋	文淵閣四庫全書本
張文忠公全集	張居正	明	全國圖書館文獻縮微中心二〇〇七年影印本

張孟陽集	張載 張溥編	晉 明	光緒五年信述堂刊本
隋仁壽宮・唐九成宮考古發掘報告	中國社會科學院考古研究所編		科學出版社二〇〇八年版
隋書	長孫無忌等	唐	中華書局一九七三年點校本
〔嘉靖〕隆慶志	謝庭桂等纂	明	嘉靖二十八年刊本
〔乾隆〕紹興府志	李亨特修,平恕等纂	清	乾隆五十七年刊本
巢林筆談	龔煒	清	中華書局一九八一年錢炳寰整理本

十二畫

琴川志	馬莊	宋	委宛別藏本
〔宣統〕項城縣志	施景舜等纂修	清	宣統三年石印本
越絶書	袁康	漢	上海商務印書館一九五六年張宗祥校注本
越縵堂讀書記	李慈銘	清	中華書局二〇〇六年由雲龍整理本
〔萬曆〕揚州府志	楊洵、陸君弼等纂	明	萬曆二十九年刊本
〔雍正〕揚州府志	尹會一、程夢星等纂	清	雍正十一年刊本
揚州畫舫録	李斗	清	中華書局一九六〇年汪北平等點校本
揚雄集	揚雄	漢	四川大學出版社二〇〇一年林貞愛校注本
彭城集	劉攽	宋	叢書集成初編本
搜神記	干寶	東晉	上海古籍出版社二〇一二年曹光甫校點本
揮麈録	王明清	宋	上海古籍出版社二〇一二年田松青點校本
葬經	郭璞	晉	四庫提要著録叢書本
〔同治〕萬安縣志	歐陽駿修,周之鏞纂	清	同治十二年刊本
萬姓統譜	淩迪知	明	文淵閣四庫全書本
萬曆野獲編	沈德符	明	上海古籍出版社二〇〇五年楊萬里校點本
敬恕堂文集	耿介	清	中州古籍出版社二〇〇五年梁玉璋等校點本
敬業堂詩集	查慎行	清	上海古籍出版社一九八六年周劭標點本
朝野僉載	張鷟	唐	中華書局一九七九年趙守儼點校本
〔嘉靖〕惠州府志	姚良弼修,楊載鳴纂	明	嘉靖三十五年刊本
〔光緒〕惠州府志	鄒景文原本,鄧掄斌纂	清	光緒十年刊本

雲仙散録	馮贄	唐	北京圖書館出版社二〇〇六年影印本
雲谷雜紀	張淏	宋	叢書集成初編本
雲南山川志	楊慎	明	説郛本
〔康熙〕雲南府志	張毓碧修，謝儼纂	清	康熙三十五年刊本
〔萬曆〕雲南通志	鄒應龍修，李元陽纂	明	萬曆四年刊本
〔乾隆〕雲南通志	鄂爾泰等纂修	清	文淵閣四庫全書本
雲煙過眼録	周密	宋	叢書集成初編本
斐然集	胡寅	宋	中華書局一九九三年容肇祖點校本
掌記	茅元儀	明	四庫禁燬書叢刊本
開元天寶遺事	王仁裕等	五代	上海古籍出版社一九八五年丁如明輯校本
開元釋教録	釋智升	唐	文淵閣四庫全書本
〔光緒〕開化縣志	徐名立、潘紹詮纂修	清	光緒二十四年刊本
〔光緒〕開州志	祁德昌修，陳兆麟纂	清	光緒七年刊本
〔萬曆〕開封府志	曹金纂	明	萬曆十三年刊本
〔康熙〕開封府志	管竭忠、張休纂	清	康熙三十四年刊本
閒居編	釋智圓	宋	續藏經本
〔景定〕建康志	周應合纂	宋	嘉慶六年刊本
〔嘉靖〕貴州通志	張道等	明	嘉靖三十四年刊本
〔咸豐〕貴陽府志	周作楫修，蕭琯等纂	清	咸豐二年刊本
鄖溪集	鄭獬	宋	文淵閣四庫全書本
喻林	徐元太	明	文淵閣四庫全書本
〔弘治〕無錫縣志	吳鳳翔、李舜明纂	明	弘治七年刊本
程文德集	程文德	明	上海古籍出版社二〇一二年程朱昌等點校本
筆法記	荆浩	宋	文淵閣四庫全書本
筆記	陳繼儒	明	叢書集成初編本
〔萬曆〕順天府志	沈應文修，張元芳纂	明	萬曆二十一年刊本
〔光緒〕順寧府志	隆慶修，周宗洛纂	清	光緒刊本
〔乾隆〕順德府志	徐景曾纂修	清	乾隆十五年刊本
〔康熙〕順慶府志	李成林修，羅成順等纂	清	康熙二十五年刊本

集玉山房稿	葛昕	明	文淵閣四庫全書本
集異記	薛用弱	唐	中華書局一九八〇年點校本
焦氏筆乘續集	焦竑	明	續修四庫全書本
粵西文載	汪森	清	文淵閣四庫全書本
御定淵鑒類函	張英等	清	文淵閣四庫全書本
御定歷代賦匯	陳雲龍	清	文淵閣四庫全書本
御製文二集	愛新覺羅·弘歷	清	文淵閣四庫全書本
御製文初集	愛新覺羅·弘歷	清	文淵閣四庫全書本
御製數理精藴	何國宗等	清	文淵閣四庫全書本
〔嘉靖〕欽州志	林希元	明	嘉靖十八年刊本
〔雍正〕欽州志	董紹美修，吴邦瑷纂	清	雍正元年刊本
欽定大清會典	允祿等監修	清	文淵閣四庫全書本
欽定大清會典事例	昆岡等	清	光緒二十五年重修本
欽定大清會典則例	允裪等	清	文淵閣四庫全書本
欽定歷代職官表	永瑢等	清	文淵閣四庫全書本
詞林紀事	張宗橚	清	古典文學出版社一九五七年版
敦煌寫本唐開元水部式校釋	王永興		北京大學出版社一九八六年版
〔嘉靖〕普安州志	高廷愉纂修	明	嘉靖二十八年刊本
道家金石略	陳垣編		文物出版社一九八八年版
道園學古録	虞集	元	上海商務印書館一九三七年版
曾國藩全集	曾國藩	清	岳麓書社二〇一一年唐浩明點校本
湛然居士文集	耶律楚材	元	中華書局一九八六年謝方點校本
湖北文徵	湖北省人民政府文史研究館　湖北省博物館整理		湖北人民出版社二〇一三年版
〔萬曆〕湖州府志	栗祁、唐樞纂修	明	萬曆年間刊本
〔同治〕湖州府志	宗源瀚、周學濬纂	清	同治十三年刊本
〔雍正〕湖廣通志	邁柱等修	清	文淵閣四庫全書本
湘山野録	釋文瑩	宋	中華書局一九八四年鄭世剛等點校本
湯斌集	湯斌	清	中州古籍出版社二〇〇三年范志亭等輯校本

湯顯祖詩文集	明	湯顯祖	上海古籍出版社一九八二年徐朔方箋校本
〔乾隆〕温州府志	清	李琬修、齊召南撰	乾隆二十五年刊，民國三年補刻本
温國文正司馬公文集	宋	司馬光	四部叢刊初編本
渭南文集	宋	陸游	文淵閣四庫全書本
游城南記	宋	張禮	三秦出版社二〇〇三年史念海等校注本
湧幢小品	明	朱國禎	上海古籍出版社二〇一二年王根林校點本
惲敬集	清	惲敬	上海古籍出版社二〇一三年萬陸等點校本
補史記	唐	司馬貞補撰並注	文淵閣四庫全書本
〔嘉靖〕尋甸府志	明	王尚用纂修	嘉靖二十九年刊本
畫史會要	明	朱謀垔	文淵閣四庫全書本
費宏集	明	費宏	上海古籍出版社二〇〇七年吴長庚等點校本
賀長齡集	清	賀長齡	岳麓書社二〇一〇年雷樹德校點本

十三畫

〔正德〕瑞州府志	明	熊相纂修	正德十年刊本
〔同治〕瑞州府志	清	黄廷金修，蕭浚蘭等纂	同治十二年刊本
〔嘉靖〕瑞金縣志	明	趙勳修，林有年纂	嘉靖二十一年刊本
〔康熙〕瑞金縣志	清	朱維高修，楊長世纂	康熙二十二年刊本
鼓山志	清	黄任	海南出版社二〇〇一年影印本
聖祖仁皇帝聖訓	清	愛新覺羅・玄燁	文淵閣四庫全書本
聖駕南巡日録	明	陸琛	叢書集成初編本
夢厂雜著	清	俞蛟	上海古籍出版社一九八八年駱寶善點校本
夢溪筆談	宋	沈括	上海古籍出版社二〇一三年金良年等注譯本
〔正德〕蓬州志	明	吴德器、徐泰纂修	正德十三年刊本
〔乾隆〕蒲州府志	清	周景柱纂修	乾隆十九年刊本
楚小志	明	錢希言	説郛本
〔宣統〕楚雄縣志	清	沈准修，沈宗舜纂	宣統二年鈔本
楊嗣昌集	明	楊嗣昌	岳麓書社二〇〇四年梁頌成輯校本
楊龜山集	宋	楊時	叢書集成初編本
〔道光〕榆林府志	清	李熙齡纂修	道光二十一年刊本

槎翁文集	劉崧	元	國家圖書館出版社二〇一四年影印本
揅經室集	阮元	清	中華書局一九九三年鄧經元點校本
碑傳集	錢儀吉	清	中華書局一九九三年靳斯標點本
(嘉慶)雷州府志	林佐修,陳昌齊纂	清	嘉慶十六年刊本
虞初新志	張潮輯	清	上海古籍出版社二〇一二年王根林校點本
暇日記	劉跂	宋	説郛本
跨鼇集	李新	宋	文淵閣四庫全書本
路史	羅泌	宋	文淵閣四庫全書本
園冶	計成	明	中國建築工業出版社一九八八年陳植注釋本
園綜	陳從周、蔣啓霆選編		同濟大學二〇一一年版
蜀中廣記	曹學佺	明	文淵閣四庫全書本
蜀都雜抄	陸深	明	廣百川學海本
(康熙)嵩明州志	李惟丙修,任洵纂	清	康熙五十九年刊本
嵩書	傅梅	明	海南出版社二〇〇一年影印本
圓明園	中國第一歷史檔案館編		上海古籍出版社一九九一年版
圓明園四十景圖詠	唐岱、沈源	清	中國建築工業出版社一九八五年標點本
稗説	宋起鳳	清	江蘇人民出版社一九八二年謝國楨等點校本
筠軒集	唐元	元	文淵閣四庫全書本
(同治)會理州志	鐃應祺修,吴鍾崙纂	清	同治九年刊本
會稽志	施宿等	宋	文淵閣四庫全書本
會稽掇英總集	孔延之	宋	人民出版社二〇〇六年鄒志方點校本
解醒語	李材	元	叢書集成初編本
詩地理攷	王應麟	宋	文淵閣四庫全書本
詩集傳	蘇轍	宋	文淵閣四庫全書本
詩集傳名物鈔	許謙	元	文淵閣四庫全書本
詩經集傳	朱熹	宋	文淵閣四庫全書本
誠意伯文集	劉基	明	上海古籍出版社一九九一年影印本
誠齋集	楊萬里	宋	四部叢刊本
誠齋雜記	林坤	元	四庫全書存目叢書本

〔道光〕廈門志	周凱纂修	清	道光十九年刊本
〔乾隆〕廉州府志	周碩勳修，王家憲纂	清	清内府本
〔道光〕鄘州志	吴鳴捷修，譚瑀等纂	清	道光十三年刊本
資治通鑑前編	金履祥	宋	文淵閣四庫全書本
資治通鑑後編	徐乾學	清	文淵閣四庫全書本
〔嘉慶〕資陽縣志	宋潤修，陳鳳廷等纂	清	嘉慶二十二年刊本
靖康要録	汪藻	宋	四川大學出版社二〇〇八年王智勇箋注本
靖康緗素雜記	黄朝英	宋	中華書局二〇一四年吴企明點校本
新五代史	歐陽修	宋	中華書局一九七四年點校本
新安志	羅願	宋	文淵閣四庫全書本
新唐書	歐陽修、宋祁	宋	中華書局一九七五年點校本
新書	賈誼	漢	中華書局二〇一二年方向東譯注本
新喻梁石門先生集	梁寅	元	光緒十五年刊本
新論	桓譚	漢	上海人民出版社一九六七年點校本
〔光緒〕新疆四道志	佚名	清	光緒鈔本
新鐫京版工師雕斫正式魯班木經匠家鏡	午榮、章嚴	明	續修四庫全書本
義府	黄生	清	文淵閣四庫全書本
〔光緒〕慈溪縣志	馮可鏞修	清	光緒二十五年刊本
滇志	劉文征	明	雲南教育出版社一九九一年古永繼校點本
〔乾隆〕福州府志	夏日琖校，魯曾煜纂	清	乾隆十九年刊本
〔乾隆〕福建通志	郝玉麟等修，謝道承等纂	清	文淵閣四庫全書本
〔同治〕福建通志	陳壽祺、高澍然等纂修	清	同治七年刊本
〔嘉靖〕福寧州志	陳應賓、閔文振纂	明	嘉靖十七年刊本
〔光緒〕福寧府志	汪鴻孫修，李拔纂	清	光緒重刊本
群書考索	章如愚	宋	文淵閣四庫全書本
遜志齋集	方孝孺	明	寧波出版社一九九六年徐光大校點本
經濟文衡續集	滕珙	宋	文淵閣四庫全書本
經禮補逸	汪克寬	元	文淵閣四庫全書本

十四畫

趙孟頫集	趙孟頫	元	浙江古籍出版社二〇一二年錢偉强點校本
〔康熙〕嘉定縣志	趙昕修，蘇淵纂	清	康熙十二年刊本
嘉祐雜志	江休復	宋	文淵閣四庫全書本
嘉靖以來首輔傳	王世貞	明	文淵閣四庫全書本
〔光緒〕嘉興府志	許瑶光修，吴仰賢纂	清	光緒五年刊本
〔光緒〕嘉應州志	宋起鳳原本，温仲和纂	清	光緒二十四年刊本
〔嘉靖〕壽州志	粟永録	明	嘉靖二十九年刊本
蔡中郎集	蔡邕	漢	文淵閣四庫全書本
蔡忠惠公文集	蔡襄	宋	綫裝書局二〇〇四年影印本
〔嘉靖〕磁州志	孫紹等	明	嘉靖三十二年刊本
爾雅注疏	郭璞注	晉	北京大學出版社二〇〇〇年李傳書整理本
	陸德明音義	唐	
	邢昺疏	宋	
爾雅翼	羅願	宋	文淵閣四庫全書本
聞見録	陳繼儒	明	寶顔堂秘笈本
閩部疏	王世懋	明	説郛本
圖書編	章潢	明	文淵閣四庫全書本
圖畫見聞志	郭若虚	宋	人民美術出版社一九六三年黄苗子點校本
管子	管仲	春秋	中華書局二〇〇九年李山譯注本
鳳凰台記事	馬生龍	明	説郛本
〔乾隆〕鳳翔府志	達靈阿修，周方炯纂	清	乾隆三十一年刻道光元年補刻本
説文解字	許慎	東漢	上海古籍出版社一九九一年版
説略	顧起元	明	文淵閣四庫全書本
〔嘉靖〕廣平府志	秦民悦等修纂	明	嘉靖二十九年刊本
〔嘉靖〕廣西通志	黄佐、林富纂修	明	嘉靖年間刊本
〔雍正〕廣西通志	金鉷等纂修	清	文淵閣四庫全書本
〔光緒〕廣州府志	李文烜修，史澄纂	清	光緒五年刊本
〔乾隆〕廣安州志	闞學優修，鄧時敏纂	清	乾隆三十四年刊本

廣志繹	王士性	明	中華書局一九八二年呂景琳點校本
廣東新語	屈大均	清	中華書局一九八五年點校本
(道光)廣東通志	阮元修,陳昌濟等纂	清	上海古籍出版社一九九〇年影印本
(康熙)廣東輿圖	蔣伊、韓作棟等	清	康熙二十四刊本
(光緒)廣南府志	李熙齡修	清	光緒三十一年重鈔本
(同治)廣信府志	蔣繼洙修,李樹藩纂	清	同治十二年刊本
廣陵妖亂志	羅隱	唐	叢書集成續編本
廣陵思古編	汪廷儒	清	廣陵書社二〇一一年田豐點校本
廣陵覽古	顧鑾	清	廣陵書社二〇〇五年王明發點校本
廣博物志	董斯張	明	文淵閣四庫全書本
廣雅	張揖	魏	文淵閣四庫全書本
廖燕全集	廖燕	清	上海古籍出版社二〇〇五年林子雄點校本
(嘉靖)彰德府志	崔銑纂修	明	嘉靖刊本
(同治)韶州府志	暴大儒修,單興詩纂	清	同治十三年刊本
端肅奏議	馬文升	明	文淵閣四庫全書本
齊東野語	周密	宋	中華書局一九八三年張茂鵬點校本
養一齋文集	李兆洛	清	道光二十三年刊本
精華録	王士禎	清	文淵閣四庫全書本
(嘉慶)漢州志	戴肇辰修,侯肇元纂	清	嘉慶十七年刊本
漢武帝別國洞冥記	郭憲	漢	叢書集成初編本
漢唐方志輯佚	劉緯毅		北京圖書館出版社一九九七年版
漢書	班固	漢	中華書局一九六四年點校本
(嘉慶)漢陰廳志	錢鶴年修,董詔纂	清	嘉慶二十三年刊本
(嘉靖)漢陽府志	賈應春修,朱衣纂	明	嘉靖二十五年刊本
漢魏六朝百三家集題辭	張溥	明	中華書局二〇〇七年殷孟倫注釋本
滹南遺老集	王若虛	金	遼海出版社二〇〇六年胡傳志等校注本
(光緒)漳州府志	沈定均,吴聯薰增纂	清	光緒三年刊本
演山集	黄裳	宋	文淵閣四庫全書本
寧古塔紀略	吴振臣	清	昭代叢書本,道光世楷堂刻本

（嘉靖）寧州志	龔暹纂修	明	嘉靖二十二年刊本
（光緒）寧羌州志	馬毓華修，鄭書香等纂	清	光緒十四年刊本
（乾隆）寧武府志	魏元樞、周景桂纂	清	乾隆十五年刊本
（乾隆）寧波府志	曹秉仁纂	清	乾隆六年補刊本
（道光）寧陝廳志	林一銘修，焦世官等纂	清	道光九年刊本
（弘治）寧夏新志	王珣主修，胡汝礪編纂	明	弘治十四年刊本
（嘉靖）寧海州志	李光先修，焦希程纂	明	嘉靖二十七年刊本
（嘉靖）寧國縣志	范鎬纂修	明	嘉靖二十八年刊本
（民國）寧遠州志	馮昌奕修，范勳等纂	清	民國二十三年鉛印遼海叢書本
（崇禎）肇慶府志	梁招孟修，鄭伯升纂	明	崇禎年間刊本
（光緒）肇慶府志	萬廷樹修，胡森纂	清	光緒二年重刊本
（咸豐）鄧川州志	戰效曾修，侯允欽纂	清	咸豐四年刊本
（嘉靖）鄧州志	潘庭楠纂修	明	嘉靖四十三年刊本
十五畫			
（光緒）撫州府志	許應鑅修，謝煌等纂	清	光緒二年刊本
（同治）增修施南府志	松林等修，何遠鑒等纂	清	同治十年刊本
（光緒）增修登州府志	方汝翼等修，周悦讓等纂	清	光緒七年刊本
樊川文集	杜牧	唐	上海古籍出版社二〇〇七年陳允吉校點本
樊南文集詳注	馮浩詳注	清	中華書局上海編輯所一九六二年標點本
樊榭山房集	厲鶚	清	上海古籍出版社一九九二年陳九思點校本
歐陽文忠公集	歐陽修	宋	北京圖書館出版社二〇〇五年影印本
歐陽行周文集	歐陽詹	唐	文淵閣四庫全書本
歐陽南野集	歐陽德	明	鳳凰出版社二〇〇七年陳永革編校本
遼史	脱脱等	元	中華書局一九七四年點校本
（光緒）遼州志	徐三俊、陳棟續纂修	清	光緒十六年增修補刻本
（嘉靖）遼東志	任洛等纂	明	嘉靖十六年刊本
震川先生集	歸有光	明	上海古籍出版社二〇〇七年周本淳校點本
（咸豐）噶瑪蘭廳志	陳淑均總纂	清	咸豐二年刊本
閱世編	葉夢珠	清	中華書局二〇〇七年來新夏點校本

墨子　墨翟　戰國　中華書局一九九三年孫啓治點校本

墨子閑詁　孫詒讓　清　中華書局二〇〇一年版孫啓治點校本

墨客揮犀　彭乘　宋　中華書局二〇〇二年孔凡禮點校本

墨莊漫録　張邦基　宋　中華書局二〇〇二年孔凡禮點校本

〔光緒〕黎平府志　俞渭修，陳瑜纂　清　光緒八年刊本

黎岳集　李頻　唐　文淵閣四庫全書本

〔隆慶〕儀真縣志　申嘉瑞修，李文等纂　明　隆慶元年刊本

儀禮圖　楊復　宋　文淵閣四庫全書本

儀禮釋宫　李如圭　宋　上海商務印書館一九三七年版

樂全集　張方平　宋　文淵閣四庫全書本

〔光緒〕樂亭縣志　游智開　清　光緒三年刊本

〔乾隆〕德州志　王道亨修，張慶源纂　清　乾隆五十三年刊本

盤州文集　洪适　宋　四部叢刊本

銷夏部　陳繼儒　明　叢書集成初編本

劍南詩稿　陸游　宋　上海古籍出版社二〇〇五年錢仲聯校注本

劉大櫆集　劉大櫆　清　上海古籍出版社一九九〇年吴孟複標點本

劉禹錫集　劉禹錫　唐　上海人民出版社一九七五年點校本

劉壽曾集　劉壽曾　清　臺北中研院中國文哲研究所籌備處二〇〇一年林子雄點校本

劉隨州集　劉長卿　唐　文淵閣四庫全書本

〔宣統〕諸暨縣志　陳遹馨修，蔣鴻藻等纂　清　宣統二年刊本

論語注疏　邢昺疏　宋　北京大學出版社二〇〇〇年朱漢民整理本

談遷詩文集　談遷　清　遼寧教育出版社一九九八年羅仲輝校點本

慶元條法事類　謝深甫　宋　續修四庫全書本

〔乾隆〕慶遠府志　李文琰修，何天祥纂　清　乾隆十九刊本

羯鼓録　南卓　唐　叢書集成初編本

〔康熙〕遵化州志　徐作梅修，葉向升纂　清　康熙年間鈔本

遵生八箋　高濂　明　人民衛生出版社二〇〇七年王大淳等整理本

〔道光〕遵義府志　賈弘文修，鄭珍纂　清　道光刊本

遵巖集　王慎中　明　文淵閣四庫全書本

〔乾隆〕澎湖紀略	胡建偉纂修	清	乾隆三十六年刊本
〔光緒〕潮州府志	周碩勳纂修	清	光緒十九年重刊本
潛確居類書	陳仁錫	明	四庫禁燬書叢刊本
澄懷園文存	張廷玉	清	光緒十七年刊本
履園叢話	錢泳	清	中華書局一九七九年張偉校點本
豫章詩話	郭子章	明	江西教育出版社二〇〇七年王琦珍點校本
緝古筭經	王孝通	唐	文淵閣四庫全書本
〔雍正〕畿輔通志	李衛等纂修	清	文淵閣四庫全書本
〔光緒〕畿輔通志	李鴻章等修	清	光緒十年刊本
十六畫			
燕在閣知新録	王棠	清	續修四庫全書本
燕翼詒謀録	王栐	宋	上海古籍出版社二〇一二年孔一校點本
橘洲文集	釋寶曇	宋	禪門逸書初編本
整庵存稿	羅欽順	明	文淵閣四庫全書本
歷代宅京記	顧炎武	明	中華書局一九八四年于傑點校本
歷代通鑒輯覽	傅恒	清	上海古籍出版社一九九〇年影印本
歷城縣志	宋祖法修	明	崇禎十三年刊本
〔嘉靖〕冀州志	張景達、張璽纂	明	嘉靖年間刊本
戰國策	劉向集録	西漢	上海古籍出版社一九八五年點校本
〔道光〕興安府志	李國麒纂修	清	道光二十八年刊本
〔咸豐〕興義府志	藍煦修，朱逢甲纂	清	咸豐四年刊本
學餘堂文集	施閏章	清	文淵閣四庫全書本
〔康熙〕衡州府志	張奇勳纂	清	康熙十年刊本
〔乾隆〕衡州府志	饒佺修，曠敏本纂	清	乾隆二十八年刊刻清光緒元年補刻本
錢牧齋全集	錢謙益	清	上海古籍出版社二〇〇三年錢曾箋注、錢仲聯標校本
錢起詩集校注	錢起	唐	浙江古籍出版社一九九二年王定璋校注本
錢通	胡我琨	明	文淵閣四庫全書本
錢塘集	韋驤	宋	文淵閣四庫全書本
〔萬曆〕錢塘縣志	聶心湯修，虞淳熙纂	明	清校刊萬曆三十七年本

錦繡萬花谷	佚名	宋	北京圖書館出版社二〇〇三年影印本
鮑參軍集注	鮑照	南朝宋	上海古籍出版社一九八〇年錢仲聯校注本
〔乾隆〕獨山州志	福昌修，艾茂等纂	清	清内府本
獨異志	李冗	唐	中華書局一九八三年張永欽點校本
龍川别志	蘇轍	宋	中華書局一九八二年俞宗憲點校本
營造法式	李誡	宋	文淵閣四庫全書本
澠水燕談録	王闢之	宋	中華書局一九八一年吕友仁點校本
〔乾隆〕潞安府志	張淑渠修，姚學甲等纂	清	乾隆三十五年刊本
〔雍正〕澤州府志	張淑等修，田嘉穀纂	清	雍正十三年刊本
避暑録話	葉夢得	宋	叢書集成初編本
隱秀軒集	鍾惺	明	上海古籍出版社一九九二年李先耕等點校本

十七畫

戴名世集	戴名世	清	中華書局一九八六年王樹民編校本
藏書紀事詩	葉昌熾	清	上海古典文學出版社一九五八年版
舊唐書	劉昫	後晉	中華書局一九七五年點校本
韓非子	韓非	戰國	上海古籍出版社二〇一二年張覺注釋本
韓昌黎文集	韓愈	唐	三秦出版社二〇〇四年閻琦校注本
隸釋	洪适	宋	文淵閣四庫全書本
〔隆慶〕臨江府志	管大勳修，劉松纂	明	隆慶六年刊本
〔同治〕臨江府志	德馨等修，朱孫詒等纂	清	同治十年刊本
〔萬曆〕臨洮府志	荆州俊纂修	明	萬曆三十三年增刻本
〔嘉慶〕臨桂縣志	蔡呈韶等纂修	清	嘉慶七年修光緒六年補刊本
〔康熙〕臨海縣志	洪若皋等纂修	清	康熙二十二年刊本
〔光緒〕臨榆縣志	趙允祜纂修	清	光緒四年刊本
嶺雲海日樓詩鈔	丘逢甲	清	上海古籍出版社二〇〇三年丘鑄昌校點本
魏文帝集	曹丕	三國魏	續修四庫全書本
魏書	魏收	齊	中華書局一九七四年點校本
〔嘉靖〕徽州府志	彭澤修，汪舜民纂	明	嘉靖四十五年刊本
結埼亭集外編	全祖望	清	續修四庫全書本

謝康樂集	謝靈運	南朝宋	明嘉靖刊本
〔光緒〕襄陽府志	恩聯等修，王萬芳等纂	清	光緒十一年刊本
〔乾隆〕襄陽縣志	陳鍔纂修	清	乾隆二十五年刊本
襄毅文集	韓雍	明	文淵閣四庫全書本
〔萬曆〕應州志	田蕙	明	萬曆二十七年刊本
〔康熙〕濮州志	李先芳纂，張實斗增修	明	康熙十二年增修刻本
〔道光〕濟南府志	王贈芳修，成瓘等纂	清	道光二十年刊本
〔乾隆〕濟源縣志	蕭應植修，沈樗莊纂	清	乾隆二十六年刊本
禮記正義	鄭玄注	漢	北京大學出版社二〇〇〇年龔抗雲整理本
	孔穎達疏	唐	
禮記集解	孫希旦	清	中華書局一九八九年沈嘯寰等點校本
禮記集説	陳澔注	元	鳳凰出版社二〇一〇年萬久富整理本
禮部志稿	俞汝楫	明	文淵閣四庫全書本
禮書	陳祥道	宋	文淵閣四庫全書本
牆東類稿	陸文圭	元	文淵閣四庫全書本
十八畫			
〔正德〕瓊臺志	唐胄纂	明	正德六年刊本
職官分紀	孫逢吉	宋	文淵閣四庫全書本
藝文類聚	歐陽詢	唐	中華書局上海編輯所一九六五年汪紹楹校訂本
瞿式耜集	瞿式耜	明	上海古籍出版社一九八一年點校本
雙槐歲鈔	黄瑜	明	上海古籍出版社二〇〇五年王嵐校點本
歸田瑣記	梁章鉅	清	中華書局一九八一年于亦時點校本
歸田録	歐陽修	宋	中華書局一九八一年李偉國點校本
歸莊集	歸莊	清	上海古籍出版社二〇一〇年點校本
〔嘉靖〕歸德志	黄鈞、李嵩纂修	明	嘉靖年間刊本
〔乾隆〕鎮江府志	高龍光修，朱霖纂	清	乾隆十五年增刊本
〔光緒〕鎮安府志	羊復禮纂修	清	光緒十八年刊本
〔乾隆〕鎮遠府志	蔡宗建修，龔傳紳纂	清	乾隆五十四年刊本
雞肋集	晁補之	宋	四部叢刊初編本

十九畫

蘆浦筆記	劉昌詩	宋	文淵閣四庫全書本
蘇平仲集	蘇伯衡	明	叢書集成初編本
〔洪武〕蘇州府志	盧熊	明	洪武十二年刊本
〔光緒〕蘇州府志	李銘皖修，馮桂芬纂	清	光緒九年刊本
蘇軾全集	蘇軾	宋	河北人民出版社二〇一〇年張志烈等校注本
蘇學士文集	蘇舜欽	宋	四部叢刊本
蘇魏公文集	蘇頌	宋	道光二十二年刊本
曝書亭集	朱彝尊	清	四部備要本
羅昭諫集	羅隱	唐	文淵閣四庫全書本
譚襄敏奏議	譚綸	明	文淵閣四庫全書本
譚獻集	譚獻	清	浙江古籍出版社二〇一二年羅仲鼎等點校本
識小録	姚瑩	清	黄山書社一九九一年黄季耕點校本
〔光緒〕廬江縣志	錢鑅修，俞燮奎等纂	清	光緒十一年刊本
廬陵周益國文忠公集	周必大	宋	綫裝書局二〇〇四年影印本
龍起雜事	劉泌	明	叢書集成初編本
類編長安志	駱天驤	元	中華書局一九九〇年黄永年點校本
懷星堂集	祝允明	明	西泠印社出版社二〇一二年孫寶點校本
寶晉英光集	米芾	宋	文淵閣四庫全書本
寶慶四明志	羅濬	宋	中華書局一九九〇年影印本
〔康熙〕寶慶府志	梁碧海修，劉應祁纂	清	康熙二十四年刊本
〔道光〕寶慶府志	張鎮南修，鄧顯鶴纂	清	道光二十九年刊本
嬾真子録	馬永卿	宋	上海古籍出版社二〇一二年田松青校點本
繹史	馬驌	清	中華書局二〇〇二年王利器整理本
繪事備考	王毓賢	清	文淵閣四庫全書本

二十畫

覺非集	羅亨信	明	四庫全書存目叢書本
鐔津文集	釋契嵩	宋	四部叢刊三編本
釋名	劉熙	漢	四部叢刊初編本

(同治)饒州府志　錫德修,石景芬等纂　清　同治十一年刊本
(光緒)騰越州志　屠述濂纂修　清　光緒二十三年重刊本
二十一畫
權文公集　權德輿　唐　文淵閣四庫全書本
(嘉靖)霸州志　唐交等修,高濬等纂　明　嘉靖二十七年刊本
鐵雲詩存　劉鶚　清　齊魯書社一九八三年劉蕙孫標注本
鐵圍山叢談　蔡絛　宋　中華書局一九八三年馮惠民等點校本
(正德)夔州府志　馮汝弼修,傅汝舟纂　明　正德年間刊本
顧亭林詩文集　顧炎武　清　中華書局一九八三年華忱之點校本
鶴山集　魏了翁　宋　文淵閣四庫全書本
鶴林玉露　羅大經　宋　中華書局一九八三年王瑞來點校本
續太平廣記　陸壽名　清　北京出版社一九九六年版
(光緒)續太原縣志　薛元釗修,王效尊纂　清　光緒八年刊本
續文獻通考　王圻　明　浙江古籍出版社二〇〇〇年影印本
續世説新語　何良俊　明　天津人民出版社一九九九年陳洪等校注本
(乾隆)續修臺灣府志　文儀修　清　乾隆三十九年刊本
(萬曆)續修嚴州府志　吕昌期修　明　萬曆年間刊本
續高僧傳　道宣　唐　中華書局二〇一四年郭紹林點校本
續通典　嵇璜等　清　浙江古籍出版社二〇〇〇年影印本
續資治通鑑長編　李燾　宋　中華書局一九九五年上海師範大學古籍整理研究所、華東師範大學古籍研究所點校本
(康熙)續漢州志　富申修,陳于宣纂　清　康熙五十年刊本
(同治)續纂揚州府志　英傑修,晏端書等纂　清　同治十三年刊本
二十二畫
聽雨閒談　桐西漫士　清　上海古籍出版社一九八三年影印本
巖下放言　葉夢得　宋　叢書集成續編本
讀禮通考　徐乾學　清　文淵閣四庫全書本
龔自珍全集　龔自珍　清　中華書局上海編輯所一九六一年點校本
二十三畫
欒城集　蘇轍　宋　上海古籍出版社一九八七年曾棗莊等校點本

欒城應詔集　蘇轍　宋　文淵閣四庫全書本
麟角集　王棨　唐　文淵閣四庫全書本

二十四畫

鹽鐵論　桓寬　漢　中華書局一九九二年王利器校注本
〔光緒〕靈寶縣志　周淦修，高錦榮纂　清　光緒二年刊本
靈巖集　唐士恥　宋　文淵閣四庫全書本
蠶尾集　王士禎　清　四庫全書存目叢書本
〔光緒〕衢州府志　楊廷望纂修　清　光緒八年重刊本
〔嘉靖〕贛州府志　康河修，董天錫纂　明　嘉靖十五年刊本
〔同治〕贛州府志　魏瀛修，魯琪光等纂　清　同治十二年刊本
〔同治〕贛縣志　黄德溥等修　清　同治十一年刊本

二十九畫

〔光緒〕鬱林州志　馮德材修，文德馨纂　清　光緒二十年刊本

《中華大典》辦公室

主　任：于永湛

副主任：伍　傑

　　　　姜學中

編　審：趙含坤

　　　　崔望雲

　　　　馮寶志

　　　　宋志英

　　　　谷笑鵬

裝幀設計：章耀達

上海市《中華大典·工業典》工作小組

組　長：王興康

組　員：吕　健

　　　　郭子建

　　　　占旭東

　　　　張旭東

《中華大典·工業典》編輯部

負責人：吕　健

工作人員：占旭東

　　　　　吕瑞鋒

　　　　　徐樂帥

　　　　　王　珺

　　　　　陳麗娟

　　　　　張旭東

《建築工業分典》責任編輯

李夢生　占旭東

曹明綱　鄭明寶

吴旭民　史良昭

馬　顥　郭子建

圖書在版編目(CIP)數據

中華大典·工業典·建築工業分典/《中華大典》工作委員會,《中華大典》編纂委員會編. —上海:上海古籍出版社,2016.12
ISBN 978-7-5325-7944-0

Ⅰ.①中… Ⅱ.①中… ②中… Ⅲ.①百科全書—中國②建築工業—工業史—中國 Ⅳ.①Z227②F426.9

中國版本圖書館 CIP 數據核字(2016)第 018423 號

ISBN 978-7-5325-7944-0

中華大典·工業典·建築工業分典(全四册)

編纂:《中華大典》工作委員會
《中華大典》編纂委員會
出版:上海世紀出版股份有限公司
上海古籍出版社
(上海瑞金二路二七二號 郵政編碼 二〇〇〇二〇)
(1)網址: www. guji. com. cn
(2)E-mail: gujil@guji. com. cn
(3)易文網網址: www. ewen. co
印刷:中華商務聯合印刷有限公司
發行:上海世紀出版股份有限公司發行中心
上海古籍出版社
開本:七八七×一〇九二毫米 十六開
印張:一九三·二五 字數:六二五〇千字
二〇一六年十二月第一版 二〇一六年十二月第一次印刷
ISBN 978-7-5325-7944-0/K·2150
定價:一四八〇圓